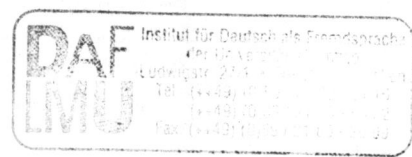

Sprachgeschichte
HSK 2.2

2. Auflage

Handbücher zur Sprach- und Kommunikations- wissenschaft

Handbooks of Linguistics
and Communication Science

Manuels de linguistique et
des sciences de communication

Mitbegründet von
Gerold Ungeheuer

Herausgegeben von / Edited by / Edités par
Armin Burkhardt
Hugo Steger
Herbert Ernst Wiegand

Band 2.2

2. Auflage

Walter de Gruyter · Berlin · New York
2000

Sprachgeschichte

Ein Handbuch zur
Geschichte der deutschen Sprache
und ihrer Erforschung

2., vollständig neu bearbeitete
und erweiterte Auflage

Herausgegeben von
Werner Besch · Anne Betten
Oskar Reichmann · Stefan Sonderegger

2. Teilband

Walter de Gruyter · Berlin · New York
2000

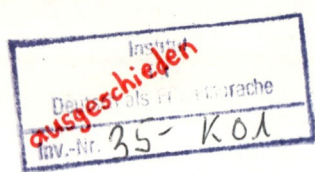
♾ Gedruckt auf säurefreiem Papier, das die
US-ANSI-Norm über Haltbarkeit erfüllt.

Die Deutsche Bibliothek − CIP-Einheitsaufnahme

Sprachgeschichte : ein Handbuch zur Geschichte der deutschen Sprache
und ihrer Erforschung / hrsg. von Werner Besch .... − Berlin ; New York :
de Gruyter
    (Handbücher zur Sprach- und Kommunikationswissenschaft ; Bd. 2)

Halbbd. 2. − 2., vollständig neu bearb. und erw. Aufl. − 2000
    ISBN 3-11-015882-5

Printed in Germany
Satz: Arthur Collignon GmbH, Berlin
Druck: Oskar Zach GmbH & Co. KG, Berlin
Buchbinderische Verarbeitung: Lüderitz & Bauer-GmbH, Berlin
Einbandgestaltung und Schutzumschlag: Rudolf Hübler, Berlin

Inhalt

X.   Ergebnisse der Sprachgeschichtsforschung zu den historischen Sprachstufen III: Das Mittelhochdeutsche

XI.   Ergebnisse der Sprachgeschichtsforschung zu den historischen Sprachstufen IV: Das Mittelniederdeutsche

XII. Ergebnisse der Sprachgeschichtsforschung zu den historischen Sprachstufen V: Das Frühneuhochdeutsche

XIII. Ergebnisse der Sprachgeschichtsforschung zu den historischen Sprachstufen VI: Das Neuhochdeutsche in seiner Entwicklung vom 17. bis zur Mitte des 20. Jahrhunderts

XIV.   Entwicklungstendenzen der deutschen Sprache seit der Mitte des 20. Jahrhunderts

Erster Teilband

I. Deutsche Sprachgeschichte im Rahmen der Kulturgeschichte

Dritter Teilband (Übersicht über den vorgesehenen Inhalt)

XVI. Ergebnisse der Sprachgeschichtsforschung im Gesamtüberblick II: Sprachsystematische Aspekte

XVII. Regionalsprachgeschichte

VII. Aspekte einer europäischen Sprachgeschichte

63. Sprach- und Nationenbildung in Westeuropa (bis zur Jahrtausendwende)

1. Zum Problem des Verhältnisses von Staat und Sprache in der Antike

Wählt man die klassische Antike als Ausgangspunkt für die Darstellung des Verhältnisses von Sprachgemeinschaft und Staats- und Nationenbildung, läßt sich feststellen, daß dieses Thema für diesen Zeitraum und für die ausgesuchte Sprachlandschaft zum einen kaum Relevanz besitzt und zum andern, wenn überhaupt, im Grunde nur am Beispiel der Entwicklung der *lingua Latina* zur *lingua Romana* und den *linguae Neolatinae* oder *linguae Roman(ic)ae* dargestellt werden kann. Griechenland kommt kaum in Betracht, denn der Vielzahl von *Polis*-Einheiten entsprach eher die große Anzahl stark ausgeprägter, zunächst koexistierender Dialekte (Bechtel 1921−1924; Thumb [2]1959; R. Schmitt 1977), und das Gebiet der griech. *Koiné* hatte seinen Schwerpunkt außerhalb Europas. Vom Verhältnis der kelt. Varietäten (Windisch [2]1905, 371−404) und der germ. Dialekte (Bach [6]1956, 73ff.; Hutterer 1975, 43−76; Feuillet 1989, 84−104; Wells 1990, 35−74) zu Stammes- und sonstigen Gebietseinheiten wissen wir zu wenig, da schriftliche Dokumente fehlen, und so verbleibt zunächst als Betrachtungsobjekt nur die Sprache, deren erster Text in der Inschrift *Manios med fhe fhaked Numasioi* auf einer Fibel aus Praeneste (Deutschmann 1971, 9), dem Stammland der Latiner, erhalten ist (klassisch lat. Übersetzung: *Manius me fecit Numerio*); diese Sprache hat nach heute weitgehend anerkannter Auffassung neun Tochtersprachen (Rumänisch, Italienisch, Alpenromanisch [Räto-

romanisch, Ladinisch, Friaulisch], Sardisch, Okzitanisch, Französisch, Katalanisch, Spanisch, Portugiesisch) hinterlassen, von denen Französisch, Portugiesisch und Spanisch zu den wichtigsten Weltsprachen gehören; von der ehemals noch größeren Ausdehnung zeugen die Relikte in der Onomastik der heutigen *Romania submersa* (Tagliavini 1973, 129ff.).

Wer in den Handbüchern zur romanischen Philologie nach dem Stichwort *Sprachpolitik* sucht, müht sich vergeblich; eine politische Intention ist mit dem Prozeß, den man Romanisierung nennt (Renzi 1985, 125ff.), offenbar nicht verbunden, ja soll es auch nie gegeben haben:

„Rom hat nie die Absicht gehabt, die besiegten Völker mit Gewalt hinsichtlich der Sprache und Religion zu assimilieren, und hat infolgedessen niemals versucht, ihnen die eigene Sprache aufzuzwingen, sondern hat im Gegenteil dort den Gebrauch des Lateinischen als eine Ehre betrachtet. Daß das römische Heer, was das Lateinische betrifft, in den unterworfenen Gebieten einen gewaltigen Druck auf die Bevölkerung ausgeübt hat, ist leicht verständlich, als ein Zwang kann das jedoch nicht angesehen werden, weil es nicht offensichtlich geregelt und nicht von oben auferlegt wurde" (Vidos 1968, 202).

Wenn es also von Staats wegen keinen Zwang gab, Latein oder *Romanice* bzw. *Latine* zu sprechen und die römische Verwaltung „keine ‘Sprachpolitik’ betrieb" (Untermann 1995, 78), so gab es doch zumindest zahlreiche Zwänge, denen sich die Sprecher in den von Rom unterjochten Gebieten ausgesetzt sahen, und so läßt sich sicher nicht in Abrede stellen, daß politische und wirtschaftliche Gründe eine schnelle Romanisierung bewirkten, da Alternativen nicht vorhanden waren, wollte man nicht sein Leben als Bürger zweiter Klasse fristen. Wie Tagliavini betont, bildete die sprachliche Assimilierung eine „direkte Konsequenz der politischen Expansion Roms" (1973, 66), die ja nicht ganz gewaltlos vor sich ging, sondern *cum imperio* vollzogen wurde, und so muß auch Vidos einige Einschränkungen hinsichtlich der angenommenen freiwilligen Anpassung an die Sprache der militärischen Sieger einräumen:

„Obgleich sich Rom beispielsweise gegenüber der gallischen Sprache alles andere als feindlich verhielt, mußten natürlich die Verhandlungen mit den Behörden in Lateinisch erfolgen. Um ihre Vorrechte im Reich behaupten zu können, übernahm die gallische Aristokratie im eigenen Interesse das Lateinische und schickte ihre Kinder gerne nach Italien, von wo sie noch stärker romanisiert wiederkamen.
Mit dieser Haltung der Römer gegenüber den unterworfenen Völkern stimmt die Bezeichnung *Románus, Románia* überein, die, ursprünglich ein rein politisch-rechtlicher Terminus, durch die Romanisierung, d. h. durch Roms tolerante kulturelle und sprachliche Durchdringung, nach seinem Untergang als politische Größe ein kultureller und sprachlicher Begriff für die römische Zivilisation geworden und geblieben ist" (1968, 202f.).

Die hier beschriebene 'Freiwilligkeit' dürfte sich nur unwesentlich von der Begeisterung der Ureinwohner der durch die Europäer eroberten Gebiete in Afrika, Asien und Amerika für die Sprachen ihrer Kolonialherren unterscheiden, die im Gegensatz zur Sprache Roms auch offizialisiert wurden. Immerhin verfügen wir z. B. über ein Dekret (Dig. 42,1,48), das sich kaum von den Verordnungen der europ. Kolonialherren der Neuzeit unterscheidet, in dem festgelegt wird, daß *decreta a praetoribus Latine interponi debent* „decrees of the praetor are to be issued in Latin" (Watson 1985, IV, 541), was belegt, daß politisch motiviertes Sprachdenken den Römern doch nicht völlig unbekannt war. Tatsache bleibt, daß sich durch die sozialen Bedingungen eine sprachenrechtliche Regelung im Römischen Reich erübrigte, so daß — abgesehen vom Griechischen, das sich in Süditalien sogar bis ins 20. Jh. punktuell halten konnte (Rohlfs 1924; 1950) — alle Sprachen (mit Ausnahme des Baskischen, evtl. auch des Bretonischen) zu Substratsprachen der Romania degradiert wurden; und selbst in bezug auf das Griechische sind Einschränkungen angebracht, wie Zgusta ausführt, der hier Philipp von Makedonien mit Rom vergleicht: „(...) selbst Philipp II. hat sich dadurch auf seine Intervention in Griechenland vorbereitet, daß er das Griechische als offizielle Sprache Makedoniens einführte, und die römischen Eroberer haben sehr bald mit ihren neuen Untertanen auf Griechisch verhandelt" (1980, 122). Doch be-

reits im 3./4. Jh. waren die sozialen und faktisch auch die rechtlichen Vorteile für Lateinsprecher evident, ohne daß dadurch die Identitätsfunktion des Griechischen zerstört worden wäre (Zgusta 1980, 122f.). Anfangs gar verhandelten die Römer mit den Griechen nur in lateinischer Sprache; Valerius Maximus bringt daher klar zum Ausdruck, daß es sich dabei „um das *imperii pondus et auctoritas* handelt und darum, daß *Latinae vocis honos per omnes gentes venerabilior difunderetur*" (Zgusta 1980, 131). Die Sprachen des Römischen Reiches (Neumann/Untermann 1980) gehen im Reichslatein auf und hinterlassen ihre Spuren in der Toponomastik, ferner leben sie z. B. in — stets problematischen, weil nie topographisch adäquaten — genealogischen Sprachbezeichnungen wie iberoromanisch, galloromanisch, rätoromanisch etc. fort (Tagliavini 1973, 70ff.).

Faktisch fungierte die lat. Sprache als Staatssprache im Römischen Reich, denn trotz des hohen Ansehens, das das Griechische stets genoß (vgl. Horaz, *Ep.* 2,1,156f.), läßt sich diese These aufstellen, daß „le latin a progressé comme langue nationale au rythme même de l'unité italique dirigée par Rome. Plus précisément, il s'affirme au fur et à mesure des différents contacts" (Dangel 1995, 19); es muß sich dabei schon eine rudimentäre Form des Bewußtseins ausgebildet haben, daß Latein die National- oder Staatssprache bildete: Wie anders wäre es sonst — nach dem Zeugnis des Sueton oder des Cassius Dio — möglich gewesen, „daß Kaiser Claudius einem *splendidum virum Graecum provinciae principem* aus Lykien das Bürgerrecht nahm, als er feststellte, daß der Mann nicht lateinisch konnte" (Zgusta 1980, 132)? Die geographische Norm scheint dabei stets die *Urbs* gebildet zu haben, denn Abweichungen werden nie positiv beurteilt; doch waren diese offensichtlich weniger ausgeprägt als im Griechischen, wie ein Zeugnis Quintilians (*Inst.* 1,5,29) vermuten läßt, der behauptet, das Griechische müsse mit höherem Aufwand erlernt werden, „quia plura illis loquendi genera, quas διαλέκτους vocant (...)", im Gegensatz zum *orbis Romanus*, wo „apud nos vero brevissima ratio". Die Quellen über Varietäten des Lateins beziehen sich zum einen auf die — erwartbaren — sozialen Divergenzen innerhalb der in Rom und im Reich gesprochenen *sermones* (Schmitt 1974, 78ff.; Meyer-Lübke 1904—06, 451—497) und die Konventionen des Vortrags mit der *oratio soluta*, der *oratio numerosa* und der *oratio vincta* (Dangel 1995, 32), zum andern − und dies ist häufiger der Fall − stehen im Rahmen der *rusticitas* diatopische Beobachtungen im Vordergrund der Sprachreflexion. Dabei ist seit Moeller (1875), Sittl (1882) und Kroll (1897) viel über die letztlich nicht beweisbare *Africitas* geschrieben worden (Reichenkron 1965, 287−294), wurde ausgehend von Hadrians Mißgeschick einer mit 'spanischem Akzent' vorgetragenen Rede genauestens das Lat. der Inschriften (Carnoy ²1906; Martin 1909; Mariner Bigorra 1952) in Spanien analysiert, ohne daß von der Latinistik eindeutige Ergebnisse vorgelegt worden wären, wie dies die Romanistik (Meier 1930, 93 ff.) getan hat, oder auch das gallische Lat. (Budinszky 1881, 111) analysiert, ohne daß gesicherte Aussagen über seine Qualität ausgehend von lat. Zeugnissen gemacht werden könnten. Die Behauptung, Sulpicius Severus berichte bereits über ein nördliches und ein südliches Lat. in Frankreich (vgl. Wilmotte 1927, 222−230), die eigentlich von Budinszky (1881, 111) stammt, sagt allenfalls etwas über die intensivere Romanisierung des frz. Midi aus, nichts jedoch über die Existenz zweier neulat. Sprachen auf dem Boden des früheren Galliens; daher ist Schmidt zuzustimmen, wenn er ausführt, man spreche dem auf einem Zitat des Sulpicius Severus basierenden Zeugnis „die Beweiskraft ab" (1980, 37). Auf noch unsichererem Boden befinden wir uns hinsichtlich der sprachlichen Situation in der Ostromania (Mihăescu 1993; Katičić 1980) und ihrer Latinität (Mihăescu 1960), die wohl auf einem stark variierenden Soziolekt basiert (Schmitt 1986, 296−316; 1993, 678−690).

Es läßt sich damit festhalten, daß trotz des Fehlens expliziter sprachpolitischer Regelungen die Sprachverwendung bis zu einem gewissen Grade ein Politikum darstellte und daß das Römische Reich zumindest *in nuce* eine Tendenz zur Einsprachigkeit kannte, die auch vom Staat gefördert wurde. Wenn das Griech. sich dem Zugriff Roms entziehen konnte, so darf daraus nicht gefolgert werden, Rom habe nicht auch hier versucht, seinen Einfluß geltend zu machen.

Sicher galt in dieser Zeit, wie auch für das Mittelalter mit der Ausbildung zahlreicher Nationen, die sich auf Rom beriefen, die Devise:

„Nachdrücklich muß von seiten des Historikers betont werden, daß mittelalterlichem Rechtsdenken zufolge *populum non diversificat varietas linguae*, wie es 1215 im Laterankonzil bestimmt und im Liber Extra festgehalten wurde (X,1,31,14)" (Schneidmüller 1987, 204),

doch kann das nicht bedeuten, daß die Wirkung assimilatorischer Kräfte, die im Sinne des *Imperium* nivellierend wirkten, in Frage gestellt werden darf. Zu zahlreich sind die Zeugnisse, die belegen, daß die Staatssprache − wenn auch nicht in dem Maße und mit den Mitteln, wie wir dies heute kennen − auch Teil des *regere imperio* (Virgil, *Aen.* VI, 851) bildete und Modellfunktion übernahm.

2. Nation und Sprache im Mittelalter

Folgt man den Historikern, ist es wenig sinnvoll, das Verhältnis von Sprache und Nation für das frühe oder selbst noch das Hochmittelalter definieren zu wollen, denn der mittelalterliche Staat verstand sich nicht als kommunikative Einheit, in der die Zentralgewalt ein besonderes Interesse am Informationsaustausch der Gruppen untereinander hatte. Nach heutigen Vorstellungen bildeten alle politischen Einheiten des Mittelalters mehr oder weniger enge Verbände sprachlich unterschiedlicher *nationes*, oder Vielvölkerstaaten, in denen die Sprachenfrage im Grunde nur eine sekundäre Rolle spielte. Eine Notwendigkeit für sprachliche Regelungen bestand nicht, denn das Lat. genügte voll und ganz für die Erstellung der Texte von Kirche und Verwaltung. Daß sich in dieser Zeit z. B. die neulat. und germ. Volkssprachen herausbildeten, nahm man zwar wahr, doch sind die Zeugnisse über die Volkssprachen so unzulänglich und widersprüchlich, daß sogar der Titel eines Beitrags von Ferdinand Lot (1931) begründet erscheint: „A quelle époque a-t-on cessé de parler latin?" Die rom. Sprachen bestehen sicher (zumindest rudimentär) seit der Völkerwanderung, über das Verhältnis der frühen mlat. Texte zur Volkssprache lassen sich jedoch kaum gesicherte Feststellungen treffen, wie es auch problematisch ist, z. B. Aussagen über das Auftauchen von Romanismen wie z. B. den Artikel (Schmitt 1987; 1988, 11−53; Selig 1992) oder die deiktischen Systeme zweistufiger oder dreistufiger Qualität (Abel 1971; Schmitt 1974 a) in mittel- und spätlateinischen oder auch christlich-lateinischen Texten zu machen.

Es überrascht daher nicht, daß das erste Zeugnis für die Existenz rom. (und germ.) Sprachen nicht von Beobachtern einer Auseinanderentwicklung des Lat. und seiner Tochtersprachen stammt, sondern von Kirchenjuristen, die den Sprachgebrauch im Gottesdienst regeln wollten, nachdem längst Fakten geschaffen waren. Der − nicht dokumentierten und daher nur mit philologischen Methoden rekonstruierbaren − Entwicklung der Vulgärsprache(n) wurde keine Beachtung geschenkt, wie auch die Philologie des 19. und 20. Jhs. weniger die innere Entwicklung des seit seinen Anfängen ein Varietätenkontinuum bildenden Volkslateins als den sprachextern erklärbaren, stratologisch bedingten Wandel beschrieben hat (Tagliavini 1973, 62 ff. und 208 ff.). In diesem Sinne ist das Konzil von Tours (813), das anordnet, Predigten *in rusticam Romanam linguam aut theotiscam* zu übersetzen, ein Zeugnis eher für die faktisch bestehende Zweisprachigkeit als für die Existenz der rom. Sprache(n), wie dies auch Wolff ausführt:

„Die Frage, welche Sprache beim Gottesdienst und beim Gebet benutzt werden soll, hat sicherlich Diskussionen ausgelöst. Wie bei der Ausarbeitung eines verbindlichen Bibeltextes bewies Karl der Große auch hier seine Neigung zur „Einheit": Er hatte durch Alcuin die römische Liturgie kennengelernt, der ihr noch einige fränkische und spanische Riten und Gebete hinzufügte, und ordnete ihren Gebrauch im ganzen Reich an. Nun galt es noch die Frage des Gebets und der Predigt zu regeln. Mehrere Kanones, die sich gegen das allzu einfache Bestreben richteten, den Gebrauch der lateinischen Sprache kurzerhand vorzuschreiben, lassen uns ahnen, welch heftige Diskussionen über dieses Problem entbrannt sein müssen. Die Synode von Frankfurt (794) erklärte: „Niemand möge glauben, zu Gott dürfe nur in den drei Sprachen gebetet werden. In allen Sprachen wird Gott gepriesen, in allen Sprachen werden die Gebete des Menschen erhört, wenn sein Flehen aufrecht ist." In diesem Zusammenhang gehört auch die oft zitierte Entscheidung des Konzils von Tours (...). „Die Geburtsurkunde der Nationensprachen" rief Walther von Wartburg aus: Ja − wie eben eine Geburt von den Behörden erst dann amtlich bekanntgegeben wird, wenn sie von ihr erfahren haben" (1971, 116 f.).

Von einer Nationalsprache ist aber hier ebenso wenig die Rede wie z. B. im Rolandslied, wo die Recken sich nach der *dolce France*, ihrem Heimatland der Île-de-France, sehnen, Aussagen über die Notwendigkeit einer Nationalsprache jedoch ebenso fehlen wie in der Epik im allgemeinen und erst recht in den höfischen Romanen des 12. und 13. Jhs. Gleichwohl konstatiert der Historiker bereits für das 9./10. Jh. aufgrund der Texte, die Richter aus Reims hinterlassen hat:

„Die Geschichtsschreibung des Reimser Mönches beruht auf neuen Wurzeln und deutet bereits auf

ein modernes Frankreichbewußtsein mit seinen natürlichen Grenzen hin. Dieser neue Raum, nicht mehr durch Hypotheken fränkischer Geschichte belastet, besaß um 1000 zudem ein Vorteil, in einem einheitlichen Lehnsverband unter dem französischen König zu stehen" (Schneidmüller 1987, 48).

Doch bleibt auch außer Zweifel, daß, obwohl sich

„eine tiefere, bereits rationalisierte Identifikation des handelnden Subjekts mit seinem Land [vollzog], die freilich nur indirekt in versteckten Äußerungen, in Reichsvorstellungen, in Eigen- und Fremdbezeichnungen aufzuspüren bleibt" (Schneidmüller 1983, 91),

der Gedanke einer Verbindung von Sprache und Nation sich bis ins Hochmittelalter nicht belegen läßt, da er eindeutig im Widerspruch zum Laterankonzil gestanden hätte. Gleichwohl läßt sich mit sprachwissenschaftlichen Argumenten und Dokumenten die Ausbildung von Sprachräumen im Mittelalter ausmachen und die Existenz der Volkssprachen und ihre dynamische Entwicklung neben dem alles überdachenden Lat. nachweisen, wobei allerdings eine Verbindung von Sprache und Nation nicht zu bestehen scheint.

Die Galloromania, i.e. grosso modo das heutige Frankreich (und eigentlich auch Norditalien, das hier ausgeklammert bleibt), hat von Anfang der Romanisierung an die Ausbildung von drei rom. Sprachen gekannt, die alle zunächst auf der Differenzierung des Lat. basieren (Schmitt 1974): das Okzitanische, das Frankoprovenzalische und das Französische. Dabei erhielt der *domaine d'oc* ein archaisches Lat., das sich entlang der Römerstraßen ausbreitete, während das Frankoprovenzalische das qualitativ bessere Lat. der Hauptstadt Lugdunum fortsetzt (Gardette 1971, 1−26) und die *langue d'oïl* auf einem jüngeren, qualitativ schlechteren Latein basiert. Zu diesen aus dem Lat. erklärbaren Differenzierungsfaktoren traten noch weitere die Ausgliederung begünstigende außersprachliche Phänomene, die vor allem in der Tradition der Wartburgschule eine besondere Würdigung erfahren haben und hier in ihrer Auswirkung sicher überschätzt wurden: die Superstrate. Bekanntlich hat v. Wartburg in seiner *fragmentation* (1967, 59) die germ. Landnahme als entscheidenden Faktor für die Ausgliederung der Galloromania erkannt und dabei die in zahlreichen Studien wiederholte These aufgestellt, das Frz. verdanke seine Eigenart den Franken, das Frankoprovenzalische hingegen seine charakteristischen

Züge den um 500 n. Chr. dort angesiedelten Burgundern, während das Okzitanische, dessen Gebiet zunächst von den Westgoten eingenommen wurde, in dieser Sicht stratologisch kaum beeinflußt worden wäre. Die These vom Frz. als einem *romance ore germanico* (Alonso 1951, 117), die bereits in der Renaissance vertreten wurde (Schmitt 1997, 371−379), basiert auf der inzwischen widerlegten Annahme einer „fragmentation de l'unité latine" (1967, 25ff.), die nicht nur die Grundthese von W. v. Wartburgs ganze Generationen von Romanisten prägendem Hauptwerk *la fragmentation linguistique de la Romania* ([1]1950 in Deutsch; [2]1967 in erweiterter, aktualisierter und noch stärker ideologisierter Form in Frz.) bildete, sondern auch das sprachhistorische Verständnis mehrerer Dekaden ab etwa 1936 bestimmte und durch das von 1946 bis 1968 in sieben Auflagen erschienene Lehrbuch *évolution et structure de la langue française* für sich Alleinvertretungsanspruch erhob ([7]1968, 54ff.). Hier werden kritiklos die Thesen von Steinbach (1926) und Petri (1937; 1939; vgl. auch 1977) und teilweise auch von Gamillscheg (1934−1936) für die galloromanische Sprachengenese nutzbar gemacht und alle anderen Thesen (Morf 1909 und 1911; Alonso 1951; Merlo 1959; ebenso die Subsubstratthese von Brun 1936) einfach totgeschwiegen, während in der *fragmentation* apodiktisch gegen Morf (1911) vorgebracht wird, daß seine These „repose sur des bases insuffisantes en matière d'histoire linguistique" (1967, 62), ohne daß dafür der Beweis angetreten würde oder v. Wartburg überzeugende Argumente vorgebracht hätte, die für eine superstratologische Deutung des Sprachwandels in der Galloromania sprechen.

3. Völkerwanderung und neulateinische Sprachen

Es steht für die Romanistik heute außer Frage, daß man nicht von einem einheitlichen Reichslatein ausgehen darf und daß die Faktoren Zeit, Raum und Intensität sowie Qualität der Romanisierung für die erste Ausgliederung der romanischen Sprachlandschaften verantwortlich zu machen sind; hinzu kommen noch die Substrate als differenzierende, die Qualität des Lateins beeinflussende Kräfte, doch darf man als Resultat einer schon fast zwei Jahrhunderte andauernden Diskussion festhalten, daß allenfalls einzelne Dialekte, jedoch keine der neulateinischen Sprachen als substratbedingte Einheiten verstanden werden dürfen. Was den Faktor Zeit betrifft, so wurde er bereits früh durch Gröber in zahlreichen Studien in die Diskussion eingebracht (vgl. Schmitt 1974, 21f.); die Bedeutung von Arealnormen und mithin des Raumes für die Ausgliederung hat Bartoli im Rahmen seiner *linguistica spaziale* (1925) begründet, deren systematischer Ausführung wir Rohlfs' *Romanische Sprachgeographie* (1970) und einen *piccolo atlante linguistico pan-romanzo* (Rohlfs 1986) verdanken (vgl. auch Tagliavini [5]1969, 34f.; Vidos 1968, 99ff.), sie bildet auch die Grundlage für H. Lüdtkes Dichotomie von der *Romània terrestre* und der *Romània delle strade* (1962/65, 1103−1109; 1964, 3−21); die Intensität und Qualität der Romanisierung spielen in den ätiologischen Darstellungen von Alonso (1951, 101−127), Griera (1922, 34−53) und Gardette (1962, 71−89; 1971, 1−26) die entscheidende Rolle, während substratologische Erklärungsversuche auf die nicht ausgeführte Opposition von Apennino-Balkanisch vs. Pyrenäo-Alpinisch (Bartoli 1906, I, §§ 160−165) und die − in ihren sprachlichen Folgen wohl unerhebliche − Opposition von Bevölkerung mit Langschädeln im Norden und Rundschädeln im Süden Frankreichs und Hausbau mit Flachziegeln (im Bereich der *langue d'oïl*) und Rundziegeln (im Bereich der *langue d'oc*) von Brun (1936, 165−251) ohne jede Überzeugungskraft angewandt wurden.

Wer sich in der Wissenschaftsgeschichte umsieht, wird feststellen, daß *in nuce* bereits alle Thesen im 16. Jh. vertreten wurden, wobei dem Zeitgeist entsprechend jedoch stratologischen Erklärungsversuchen der höchste Kredit eingeräumt wird. Für den klassisch gebildeten Humanisten (wie übrigens auch für den Puristen) stellt sprachliche Evolution grundsätzlich eine sprachliche Korruption dar, und diese versuchte man meist sprachextern zu erklären.

3.1. Wissenschaftshistorischer Exkurs: Die Sprachengenese aus der Sicht der Humanisten

Die Renaissance war in ihrem Sprachdenken, wie Borst (1957−63) gezeigt hat, eindeutig von den Aussagen der Genesis und christlichen Vorstellungen geprägt, ihre Thesen waren von biblisch-patriotischen Traditionen bestimmt, religiöse Rücksichten führten zwangsläufig zu einer einseitigen Sicht des Sprach(en)wandels.

Ein Carolus Bovillus (1533) konnte nicht anders, als im Frz. seiner Zeit − vergleichbar Dante in *de vulgari eloquentia* für das Ital. oder Aldrete (1606) für das Span. − eine korrumpierte Sprache zu erkennen, die gegenüber der lat. Muttersprache wie ganz allgemein den drei heiligen Bibelsprachen kein Prestige besitzen konnte. Nicht anders war die Situation in Spanien, wo z. B. Juan de Lucena das Span. als Fortsetzer einer vorromanischen *lengua bárbara* (1463/1892, 111) identifizierte, die dann durch den Import des Lat. geadelt wurde, denn Caesar „acordó transportar muchas gentes ispanas en Roma y muchas romanas en Ispania: y en esta guisa ambas lenguas se bastardaron: (era antes la lengua romana perfecta latina); y dende llamamos nuestro comun fablar *romance*, porque vino de Roma" (1463/1892, 112), auch wenn dadurch die durch *arte* (i.e. durch Grammatik) erworbene reine lat. Sprache untergehen mußte.

Doch beginnt für Nebrija und seine Zeitgenossen die eigentliche Korruption des Lat. nicht mit der Mischung des Lat. mit der hispanischen Ursprache, sondern mit den Konsequenzen der Ereignisse des Jahres 570,

„cuando la ocuparon los godos, los cuales, no solamente acabaron de corromper el latin i lengua romana, que ia conlas muchas guerras avia començado a desfallecer, mas aun torcieron las figuras i traços de las letras antiguas" (Nebrija 1492/1946, 16).

Die Korruption kommt dabei bezeichnenderweise von außen, von den Barbaren, wie die germ. Stämme generell bezeichnet wurden. Ähnliche Vorstellungen bestimmen auch die genealogischen Erklärungsversuche eines Flavio Biondo in Italien (Klein 1957, 83ff.) oder Carolus Bovillus in Frankreich (1533; vgl. Schmitt 1982 a), sie stehen auch am Anfang von Mischthesen wie z. B. der Verbindung der sog. Druidenthese und der Frankuslegende mit der Germanenthese (Gerighausen 1963, 61ff.). Selbst Valdés sieht im − nach heutigen Erkenntnissen wenig bedeutenden (Lapesa [8]1980, 113−124) − Einfluß der Goten ein die Geschichte der neulateinischen Sprache Spanisch stärker depravierendes Moment als im Einfluß der Mauren, wobei er jedoch, im Gegensatz etwa zu Nebrija, den extern bedingten Wandel mit einer Substratthese, einer Superstratthese, einer Adstratthese und sozial bedingter Evolution (Schmitt 1982, 42) verbindet.

Mit Aldrete (1606/1970) ist methodisch ein Diskussionsstand erreicht, wie wir ihn in der Romanistik auch im 20. Jh. aus den Darstellungen von Baldinger ([2]1972) und Lapesa ([8]1980) oder Lleal Galceran (1990) kennen:

„(...) los vencidos se vuieron de acomodar ala lengua de los vencedores, los quales desearon, i procuraron aprender la Latina, que se les dio mui mal, i la corrompieron, i unos, i otros cada uno por diverso camino, vinieron a dar principio ala lengua Italiana, i Castellana" (1606/1970, 151).

Der Unterschied besteht nur in der Bewertung des Einflusses: Während vor allem die Wartburg-Schule diese Sicht auf das Frz. übertragen hat, dürfte es heute keinen Italinisten oder Hispanisten geben, der die Einschätzung Aldretes für die Italoromania oder die Iberoromania teilt, für den die Goten das Kastilische und die Sueben das Galegische durch Depravierung geprägt haben (1606/1970, 165f.). Für das Span. setzt die Trendwende mit Mayáns i Siscár (1737/1981, 69) ein, der dem Einfluß der Strate nur noch sekundären Wert beimißt und das Got. weit unten in der Tabelle rangieren läßt, denn hier figuriert ganz oben das Lat., gefolgt vom Arab. und vom Griech. und Hebr., das selbst als „major [...] que en la Celtica; mayor en la Celtica, que en la Goda; mayor en la Goda, que en la Punica; mayor en la Punica, que en la Vizcaína" (1737/1981, 1, 67) eingeschätzt wird.

Insgesamt läßt sich resümierend feststellen, daß in der Tradition des Humanismus den Straten in der Wissenschaftsgeschichte bis hin zur Gegenwart ein zu hohes Gewicht bei der Ausgliederung der rom. Sprachen beigemessen wurde, während evolutionsbestimmende Kräfte bis zum 19. Jh. nur marginal in Erwägung gezogen wurden. Positiv bleibt jedoch festzuhalten, daß alle methodischen Ansätze (Schmitt 1988, 73−116) der Moderne bereits *in nuce* bei den Humanisten vorliegen (Schmitt 1983, 75−101), ja daß die modernen Erklärungsansätze im Vergleich zu den früheren Deutungsversuchen als optische Verengung und monistische Sichtweisen (Schmitt 1982, 39−61) bewertet werden müssen.

3.2. Die sprachliche Differenzierung aus der Sicht der modernen Sprachwissenschaft

Da auswertbare, verläßliche Zeugnisse aus der Zeit der frühen Sprach- und Nationenbildung fehlen, ist die historische Sprachwissenschaft − wie auch schon die Humanisten erkannt hatten − auf die Auswertung aller verfügbaren Quellen und Dokumente angewiesen, die dann — wie zur Zeit der Renaissance — in einen Zusammenhang mit den historischen Fakten gebracht werden.

Mit Diez beginnt eine auf geographisch-stratigraphischen Kriterien basierende Aufgliederung der lat. Volkssprache in je zwei östliche, westliche, südwestliche und nordwestliche Sprachräume (1836—44, 1, 4), wobei die These vertreten wird, die soziale, regionale und stilistische Differenzierung des Lat. habe dessen Ausgliederung bedingt. Dabei ist die Evolutionsthese nicht neu, wie auch die geringe Gewichtung stratologischer Faktoren bereits Vorläufer in der Wissenschaftsgeschichte kennt. Für die Diskussion charakteristisch bleibt, daß in der Folge die Mischthesen der Humanisten aufgegeben und monistisch vorgetragene, auf ein Phänomen des Sprachwandels abhebende Thesen zur Ausbildung der rom. Sprachräume aufgestellt werden. Am Anfang der rigoristisch vertretenen Evolutionsthesen standen die von der Latinistik durchgeführten Analysen zur lokalen, sozialen und chronologischen Varianz innerhalb des Lat., wie sie von Sittl (1882) und Mohl (1899) begründet wurden. Von diesen Arbeiten ausgehend begründete Gröber (in: Kontzi 1978, 23—32) die These, Zeitpunkt und Modalität der Romanisierung seien entscheidend für die Ausbildung der rom. Sprachen: Hispanien, Unteritalien und vor allem Sardinien hätten damit ein älteres, Dakien ein jüngeres Lat. erhalten und weiterentwickelt. Diesem Prinzip werden einzelne Phänomene, vor allem im Bereich des Wortschatzes (Rohlfs 1971; 1986), gerecht, doch läßt sich damit ebenso wenig die Ausbildung der rom. Sprachen und Nationen begründen (vgl. Meier 1941) wie mit den viel zu mechanistischen Prinzipien der von Bartoli (1925; 1945) inaugurierten *linguistica spaziale*, die wissenschaftshistorisch der viele Einzelfragen erklärenden, aber das Ausgliederungsphänomen *in toto* doch nicht erfassenden Unterscheidung Lüdtkes vorausgeht, der eine „'Romània terrestre' oppure la 'Romània delle strade'" (1962/1965, 1105) erkennt. Dieses Prinzip läßt sich auch als Grundlage von Alonsos Gruppierung ansehen, derzufolge sich eine profund latinisierte *Romania continua* von einer kaum weiter klassifizierbaren *Romania discontinua* abheben soll (1951, 101—127).

Auch die rigoristische Anwendung von Substratthesen führte schnell in die Aporie: Bartolis bereits erwähnte Zweiteilung der Romania in einen apennino-balkanischen und einen pyrenäo-alpinen Block (1906, 1 col. 297—308) besitzt den evidenten Nachteil, daß diese beiden Großgruppen mit einem historisch faßbaren Substrat auch nicht im entferntesten konvergieren. Auch Křepinskýs These, die rom. Sprachen und Nationen seien die direkten Fortsetzer der von den Substraten geschaffenen lat. Regionalsprachen (1958), muß an dem Rigorismus ihrer Anwendung scheitern: bekanntlich ist keine einzige rom. Sprache geographisch deckungsgleich mit der Ausdehnung eines historischen Substrats, wie dies für Hispanien Untermann (1995, 73—92) ausgeführt hat und auch durch die Karte bei v. Hesberg (1995, 185) dokumentiert wird.

Unter diesen Voraussetzungen mag die immer noch die Handbücher bestimmende Wartburg-These von der Ausgliederung der rom. Sprachen (W. v. Wartburg 1950; frz. 1967) auf den ersten Blick wenigstens methodologisch einen Fortschritt darstellen, da hier neben sozialen Varietäten des Lat. auch die Strate (i.e. die verschiedenen germ. Superstrate, nicht jedoch die zahlreichen Substrate) Berücksichtigung finden. Doch basiert die *fragmentation* nicht auf der Verbindung der bereits von den Humanisten erwogenen Erklärungsprinzipien, sondern lediglich auf der Addition zweier letztlich mit Ausschließlichkeitscharakter vertretenen Thesen: der Evolutions- und der Superstratthese. Für die mit keiner historischen Gliederung konvergierende Makrostrukturierung (die auf lat. Gegebenheiten basierende Zweiteilung in West- und Ostromania mit der Grenze La Spezia-Rimini) wird die soziale Varianz des Lat. verantwortlich gemacht, für die Mikrostrukturierung (wie z. B. die Unterscheidung von Okzitanisch und Französisch) und die weitere Untergliederung der Blöcke in rom. Einzelsprachen wird ausschließlich das Superstrat herangezogen (1950, 59ff.; 1967, 65ff.).

Der evolutionistische Teil der 'Ausgliederung' basiert zum einen auf der doktrinär vertretenen, aus sprachgeographischen wie soziolinguistischen Gründen (Schmitt 1974) nicht haltbaren These von der sprachlichen Einheit des Römischen Reiches und der nur marginal bestehenden Differenzierung des Vulgärlateins; dabei war speziell von der mlat. Philologie auf Varietäten im Reichslatein hingewiesen worden, wie selbst Väänänen einräumen muß, der jedoch insgesamt die Wartburg-These akzeptiert:

„Le grand latiniste suédois Einar Löfstedt ayant signalé, dans ses *Syntactica* II, les synonymes tardifs et populaires *spatula* et *pāla* 'pelle' de *humerus* 'épaule', W. v. Wartburg, dans son compte rendu critique (ZRPh, LV, 1935, pp. 372−376), attira l'attention sur la répartition régionale de ces termes: *spatula* est attesté chez Grégoire de Tours, donc sur le sol où il devait survivre (frz. *épaule*), alors que *pāla* se trouve chez l'Africain Caelius Aurelianus (date incertaine), ce qui indiquerait, comme l'aire de ce terme, la côte africaine et les régions contiguës: en effet, ce mot survit en sarde au sens d''épaule'. En plus des variations de style et de milieu social, il y aurait lieu de tenir compte de différences géographiques correspondant aux données de la dialectologie romane, différences que − toujours d'après W. v. Wartburg, à la suite de tant d'autres − les documents latins ne manqueraient pas de révéler bien plus qu'on ne le pense en général" (Väänänen 1968, 142f.).

Die Naivität, mit der vor allem das lateinische *Corpus inscriptionum* immer wieder für die Rekonstruktion der römischen Sprechsprache herangezogen wurde, erhellt ebenfalls aus der Einschätzung dieses Quellenmaterials durch den großen finnischen Philologen und Pompei-Spezialisten ([2]1959):

„Etant bien entendu que les inscriptions latines − à l'exception des épigraphes officielles: dédicaces, fastes consulaires, éloges de magistrats − constituent une mine précieuse du latin spontané, quelle valeur peut-on attacher, dans les cas donnés, aux graphies fautives, aux écarts de la norme orthographiques et grammaticales, notamment à ceux qui coïncident avec des développements romans (*veces* pour *vices*, *bono* pour *bonum* ou *bonus*, etc.)? En particulier, est-il loisible de tenir pour pièces probantes les cas isolés? Comment juger des groupes d'inscriptions isolés, tels que les graffiti de Pompéi et d'Herculanum? Enfin, en dressant des proportions numériques relatives à des traits donnés que révèlent divers ensembles régionaux d'inscriptions, pourrait-on en tirer des conclusions sur la distribution de ces traits ou sur les divergences territoriales du latin parlé? Voilà autant de questions qui, me semble-t-il, sont généralement restées dans l'encrier des chercheurs qui s'occupent du protoroman" (Väänänen 1968, 143).

Man stelle sich analogisch vor, ein Germanist würde heute die spontane Umgangssprache aus Inschriften oder ein Romanist die Volkssprache auf der Basis von Grabinschriften beschreiben wollen: ein absolutes Adynaton! Zum andern geht diese Ausgliederungsthese davon aus, zwei entscheidenden Veränderungen sei die erste Untergliederung des Volkslateins zuzuschreiben: der Bewahrung bzw. Restitution des auslautenden -*s* im Westromanischen und der Sonorisierung der intervokalischen Verschlußlaute [-p-], [-t-] und [-k-] in der Westromania, die meistens mit der im Keltischen nachweisbaren Lenisierung in

Verbindung gebracht und auch als das „Echo einer ähnlichen keltischen Lenisierung" (Bartoli 1925; 46; vgl. Tagliavini 1973, 105) bezeichnet wurde, tatsächlich aber kaum ursächlich mit dem kelt. Substrat in Verbindung gebracht werden kann; Vidos weist mit Recht darauf hin, daß es auch die „Bewahrung von intervokalisch *k*, *p*, *t* im bearnesischen Dialekt des Aspe- und des Barétous-Tals und in den angrenzenden Tälern von Hoch-Aragonien" gibt, und daß die Bewahrung von *k*, *p*, *t* zwischen Vokalen „ursprünglich in beiden Gebieten viel weiter verbreitet" (1968, 303) war, also sich über einen Teil der West-Romania Wartburgscher Prägung erstreckte. Neben diesen sprachgeographischen Schwierigkeiten schafft diese Ausgliederungsthese weitere sprachhistorische Probleme, denn sie basiert auf der zumindest fragwürdigen Annahme, diese zwei Phänomene dürften auch als Zeugnisse für zwei unterschiedliche Romanisierungsmodalitäten ausgelegt werden: Die Westromania mit der Bewahrung des auslautenden, Morphemstatus besitzenden [-s] sei 'von oben' romanisiert worden, die Ostromania hingegen 'von unten' (obwohl das Rum. etwa für sich beanspruchen darf, durch die Bewahrung von drei Kasus hier dem Lat. typologisch insgesamt näher zu stehen). Die Kritik an dieser wenig begründeten These ließ nicht lange auf sich warten; zu Recht wurde immer wieder betont, daß Wartburgs These in erster Linie an den Gegebenheiten des Sardischen und des Iberoromanischen scheitern muß. Im Sardischen gibt es das Problem der Zwitterstellung dieser rom. Sprache, die nicht überzeugend erklärt werden kann (Wagner 1955, 361ff.), im Spanischen hingegen scheitert diese Ausgliederungsthese an der Tatsache, daß die Sonorisierung partiell nicht eingetreten ist (García de Diego [3]1970, 93f.).

Auch die wiederum mit Ausschließlichkeitscharakter vorgetragene These von der superstratbedingten Ausgliederung der Galloromania, die auf der Gleichsetzung von Frz. mit Einflußgebiet der Franken, Frankoprovenzalisch mit Wirkungsraum der Burgunder und Okzitanisch mit politisch von den Westgoten zusammengefaßtem, sprachlich jedoch kaum beeinflußtem Gebiet basiert, läßt sich in dem von W. v. Wartburg vertretenen Rigorismus aus zumindest sieben Hauptgründen nicht halten:

(1) Das wichtigste Argument, die angeblich durch die Aussprache der Germanen bewirkte Diphthongierung der Hauptton-

vokale in offener Silbe im galloromanischen Sprachraum nördlich der Loire (v. Wartburg 1967, 65−76), darf nicht länger gelten, seit Schürr (1970) diese Entwicklung überzeugender aus innerromanischen Gegebenheiten erklärt hat.

(2) Die für das Frankoprovenzalische aufgestellten Etymologien sind vielfach ideologische Konstrukte, die nicht einmal mit den Erklärungen des FEW in Einklang gebracht werden können (Jänicke 1979, 829−841; Schmitt 1977, 91−103; Schüle 1971, 27−55). Von einem entscheidenden Beitrag des burgundischen Superstrats zur Ausbildung des Frankoprovenzalischen kann nicht die Rede sein (Gardette 1971, 1−26).

(3) Sprachgeographisch besteht keine Übereinstimmung zwischen dem germanischen Siedlungsgebiet und dem Gebiet der Diphthongierung (Müller 1971); die von Pignon beschriebene phonetische Sonderstellung des Poitevinischen (1960, 131−150) bleibt ätiologisch schwer erklärbar.

(4) Die mit germanischem Einfluß verbundene angebliche Rücknahme der Palatalisierung von lat. k^a in der nördlichen Galloromania läßt sich nicht mit v. Wartburgs Kriterien verteidigen; vielmehr zeichnet sich die nördliche Trias (Normandisch, Pikardisch, Wallonisch), wie Müller (1979, 725−744) gezeigt hat, zusammen mit dem Moselromanischen (Schmitt 1996) durch sprachlichen Konservativismus aus und konvergiert hier − wie auch vielfach im Wortschatz − mit der langue d'oc (Schmitt 1974, 271ff.).

(5) Auch historisch vermag die Germanenthese nicht zu überzeugen, da sie von der Annahme ausgeht, eine politische Grenze, die nur 20 Jahre Bestand gehabt hat, habe für Frankreich den entscheidenden Einfluß ausgeübt (Müller 1971, 20f.).

(6) Wie Wüest (1979) gezeigt hat, stimmt die erste Dialektisierung der Galloromania nicht mit den Siedlungsräumen überein, welche die Träger der Superstratsprachen eingenommen haben; überzeugender bleibt noch immer der Erklärungsversuch von Morf (1911), denn zumindest teilweise läßt sich in der Galloromania eine von den vorromanischen Stammesgrenzen über die römischen Verwaltungseinheiten bis hin zu den römisch-katholischen Sprengelgrenzen reichende Tradition nachweisen.

(7) Besonders evident bleibt die methodologische Schwäche der Superstratthese v. Wartburgscher Prägung: Zunächst wurde die Eventualität einer schon vor der fränkischen Landnahme bestehenden Sprachgrenze überhaupt nicht in Erwägung gezogen. Brun, der eine auf vorromanischen Substraten basierende Zweiteilung postuliert hatte (1936, 165ff.), wird von v. Wartburg nicht ernst genommen (1955, 23ff.) und daher auch nicht diskutiert, Merlos These von der Gleichsetzung des dialektalen Frankreich mit Caesars Gallien (1959, 203ff.) wird ebenso diskussionslos verworfen (1967, 62ff.) wie Windischs Keltenthese (1897, 96ff.); für eine auf lateinischer Basis beruhende Sprachgrenze − wie sie damals bereits für die Iberoromania vorgetragen wurde (Menéndez Pidal 1929; Meier 1930) − wurde durch die (im Grunde durch nichts begründete) Annahme eines homogenen Reichslateins der Blick verstellt, wie sich v. Wartburg aus Voreingenommenheit auch nicht bemühte, die unbestreitbaren Fakten der Morfthese zu würdigen (1967, 62ff.; vgl. auch Schmitt 1974, 316ff.). Nur ein einziger der Aspekte der von Gamillscheg (1922, 50ff.) betonten Ausgliederungsfaktoren wird hier systematisch ausgebaut: der (vermeintliche) Beitrag des Superstrats.

Diese summarische Übersicht zeigt deutlich, daß sich im Grunde die Thesen seit dem Humanismus immer wieder argumentativ wiederholen, daß aber dabei eine zu rigoristische Anwendung stets zur Ausblendung der im Grunde zusammenwirkenden Faktoren zugunsten eines einzigen geführt hat; die als Kelten-, Germanen- oder Subsubstratthesen bekannten Erklärungsversuche sind zu einseitig und müssen deshalb in ihrer Exklusivität abgelehnt werden. Dies gilt sowohl hinsichtlich der Konstituierung von Sprachräumen wie auch hinsichtlich der Ausbildung von Gemeinschaften, die den im 16. Jh. entstehenden Nationen vorausgehen.

4. Raum und Nation

Bis zur Jahrtausendwende kann von einer deutlich vollzogenen Ausbildung der Sprachräume in Mittel- und Westeuropa nur bedingt die Rede sein, zumindest in bezug auf die Romania; wie die Ausbildung der Nationen ist auch das Prinzip des cuius regio, eius lingua eine Errungenschaft des Zeitalters des Humanismus und der Renaissance; solange keine Bindung des Sprachenprinzips an die Nation gesucht wurde, konnten auch keine sprachpolitischen Prinzipien und Kriterien ausgebildet werden. Für die Romania läßt sich bis zum Hochmittelalter keine Konvergenz zwischen den Frühformen der Nationen und den dominierenden Sprachräumen erkennen:

- Rumänien, ein ohne Zweifel romanisches Land, kennt bis etwa 1500 kein Zeugnis seiner Volkssprache, ja die walachischen und moldawischen Kanzleien gebrauchen noch vom 14.−17. Jh. das Altkirchenslawische; von einer Nation kann also mit Sicherheit nicht die Rede sein.
- Italien, das ehemalige Zentralgebiet und Mutterland des *orbis Romanus*, ist dialektal stark zersplittert in vier Teile (Norditalienisch, mit den Varietäten nördlich der Linie La Spezia−Rimini; toskanische Mundarten; mittel- und süditalienische Dialekte, *marchigiano, umbro, laziale, abruzzese, campano, pugliese, lucano*; äußerster süditalienischer Dialektraum mit *siciliano, calabrese, salentino*), wobei eine Affinität zwischen Nationenbildung und Sprachraum auch nicht rudimentär gegeben ist; das erste sichere Dokument für schriftlichen Sprachgebrauch bildet der *placito di Capua* (960), ein Gerichtsurteil in einem Streit um Ländereien, die die Äbte aus Montecassino beanspruchen (vgl. Michel 1996, 271−309; 1997, 148−154), der erste längere Prosatext ist eine umbrische Beichtformel (*formula di confessione umbra*) aus der zweiten Hälfte des 11. Jhs.
- Spanien (Gimeno Menéndez 1995, 79−130) bildet bis um die Jahrtausendwende kaum mehr als einen geographischen Begriff: Die Halbinsel war noch zu mehr als zwei Dritteln in maurischer Hand, der Norden war weder sprachlich noch politisch geeint, die Einheit mußte politisch, kulturell und sprachlich erst langsam wiederhergestellt werden (Lleal Galceran 1990, 131−188).

  Das Katalanische, ursprünglich Sprache der östlichen Pyrenäentäler vom Empordà bis zur Cerdanya, beginnt, sich ab 801 (Eroberung Barcelonas durch Ludwig den Frommen) nach Süden auszudehnen, doch wird erst Mitte des 12. Jhs. der Ebro erreicht. Aber auch hier gibt es bis 1000 weder Nation noch Nationalsprache, da

erst im 11. Jh. Eidestexte und sonstige juristische Texte in einer romanisierten Form vorliegen; die eigentliche Textproduktion beginnt erst im 12. Jh.

Das kastilische Sprachgebiet kann bis um die Jahrtausendwende noch nicht einmal als das zentrale Dialektgebiet des (christlichen) Nordens bezeichnet werden. Der Sprachraum des Aragonesischen, der zwischen dem Katalanischen und dem Kastilischen liegt, besitzt ab dem 10. Jh. dieselbe Bedeutung, ja wird, als 1035 Aragón zum Königreich erhoben wird (Hauptstadt: Jaca/Chaca), zu einem mächtigen Zentrum, vergleichbar Navarra, das bereits im 9. Jh. sich als Königreich um die Städte Pamplona, Sanguesa und Leire ausgebildet hat. Die Expansion des Kastilischen auf Kosten des Navarresischen und Aragonesischen läßt sich erst ab dem 12./13. Jh. nachweisen; im 9. und 10. Jh. bleibt es noch auf seinen Ausgangspunkt im östlichen kantabrischen Gebirge und die durch die frühe Reconquista entstandene, militärisch bedeutende Grafschaft Kastilien (Hauptstadt: Burgos) begrenzt.

Das *Bable* (< lt. *fabula*), ein Dialekt, der auch Leonesisch oder Asturianisch genannt wird, hat sich aus dem zwischen den Flüssen Asón und Eo gesprochenen Latein heraus entwickelt; obwohl Asturien seit 722 ein Königreich bildete, dem die Reconquista wichtige Impulse verdankt, entstand auch dort nicht die Verbindung von Nation und Nationalsprache.

Das Galegische (oder Galicische) war jahrhundertelang von León, das Oviedo (Uviéu) als Hauptstadt Asturiens folgte, abhängig, konnte daher nie ein eigentliches kulturelles Zentrum ausbilden.

Die Grafschaft Portugal wurde 1095 gegründet, das Königreich ist erst um 1140 unter Alfonso Henriques aus dem Königreich León ausgegliedert worden. Die neulateinische Varietät der zwischen Minho und Douro gesprochenen Volkssprache besaß bis 1000 keine supraregionale Bedeutung mit Identifikationsfunktion.

- Das Gebiet der Galloromania umfaßte bis zur Jahrtausendwende mindestens drei jeweils zusammengehörige Dialekträume: die Gebiete der *langue d'oc*, der *langue d'oïl* und des Frankoprovenzalischen.

  Dabei stellt vor allem der französische Sprachraum mit einer bis etwa 1000 n. Chr. zweisprachigen Oberschicht für die sprachliche Gestaltung des Raumes die entscheidende Kraft dar. Doch bedeutet selbst im Rolandslied (Ende 11. Jh.) *françois* (noch) nicht „französisch", sondern „aus der Île-de-France"; auch hier stellt die Verbindung von Sprache und Staat eine Errungenschaft des in der Renaissance entstandenen Nationalstaates dar, wie dies primär aus den Zeugnissen des Claude de Seyssel (1559) erhellt, die auch erklären, warum hier die Sprachpolitik zuerst nachweisbar ist.

Der äußerste Norden der Galloromania war zwar dem germanischen Ad- und Superstrat stärker ausgesetzt, doch hat eine eigene Latinität zur Herausbildung der sehr markanten Dialekte Normandisch, Pikardisch und Wallonisch beigetragen, die sich deutlich von den zentralfranzösischen Dialekten unterscheiden. Die Sprachgrenze zum Flämischen wird bald als Ausgleichsgrenze, bald als Ergebnis geographischer Faktoren (Kohlenwaldtheorie) oder ethnischer Komponenten (germanisch vs. nicht germanisch), bald als durch den Limes geschaffene Scheidelinie interpretiert; für die nordfranzösischen Mundarten ist die Erklärung der Sprachgrenze jedoch nicht vorrangig; entscheidend bleibt, daß im normandisch-pikardisch-wallonischen Raum sich (mit Ausnahme des Moselraumes) alle röm. Zentren befinden, die in der Lage waren, ein weites Um- und Hinterland profund zu romanisieren (Roger 1940, 1—19). Es ist kein Zufall, daß die Isoglossen entlang der Limes-Linie alle in ost-westlicher Richtung verlaufen, also grosso modo parallel zu den Straßen Köln—Boulogne bzw. Trier—Rouen. Damit ist eine Romanisierung ausgehend vom Seine-Marne-Becken auszuschließen.

— Das Moselromanische nimmt eine besondere Stellung ein (wie auch die bis spätestens im 7./8. Jh. verschwundenen romanischen Reliktgebiete am Mittel- und Oberrhein sowie im Schwarzwald): Hier wurde bereits romanisierter Raum durch germ. Siedlungen und Sprache überlagert und vom galloromanischen Gebiet abgetrennt, so daß der Kontakt mit der Galloromania abbrechen mußte; dabei lassen sich aus den Untersuchungen von Kleiber und Pfister (1992) für die Entstehung dieses rom. Gebiets keine stratologischen Argumente anführen: Die nur sprachlich, aber nicht aus historischen Quellen begründbare An-

nahme von rom. Sprachinseln muß im Zusammenhang mit einer besonders profunden Latinität der Städte Trier, Mainz und Köln gesehen werden, während die Neckar- und Schwarzwaldromania (falls sich letztere überhaupt sicher nachweisen läßt) als Rückzugs- und Ausgleichsphänomene — vergleichbar dem Nordgalloromanischen (Schmitt 1974, 343) — zu verstehen sind. Diese isolierten Randflächen hatten keinerlei Einfluß auf die Ausbildung der germ.-rom. Sprachgrenze und sind im Wmd. aufgegangen, ohne — abgesehen von der Winzerterminologie (Kleiber 1975) — bedeutendere Relikte zu hinterlassen. Dabei ist Versuchen, den Fortbestand dieser Sprachinseln bis ins Hochmittelalter heraufdatieren zu wollen, mit Skepsis zu begegnen: Linguistische Kriterien für eine solche Annahme fehlen (Schmitt 1982 b, 478—484), die rom. Sprachinseln dürften spätestens im 8./9. Jh. völlig in den germanischen Dialekten aufgegangen sein.

— Für das an die rom. Sprachräume angrenzende Gebiet galt analogisch, daß eine Verknüpfung von Sprache und Nation oder eine Abhängigkeit von Nationenbildung und Sprache sich nicht abzeichnen konnte; dieses Programm wurde erst im Humanismus von Frankreich übernommen, konnte hier aber infolge erst späterer Ausbildung der Nation(en) faktisch nicht umgesetzt werden (Daube 1940; von See 1970; 1994).

Man tut sicher gut daran, sich bei diesem Thema vor einer modernistischen Interpretation oder einer nicht zeitgemäßen Auslegung zu hüten. Für das Früh- und Hochmittelalter gibt es keine sprachpolitischen Programme, da das Verhältnis von Staat mit Volkssprache oder Nation mit Nationalsprache nicht thematisiert wurde. So berufen sich auch die modernen Interpreten ausschließlich auf Ansätze aus dem Zeitalter der Renaissance, denn

„historisch gesehen waren Zusammenhänge dieser Art in der deutschen und in Teilen der europäischen Geschichte der Neuzeit so zentral, daß sie als nicht bezweifelbare fixe Argumentationsvoraussetzungen behandelt werden konnten: in Definitionen des Landes nach der Verbreitung der Sprache (seit den Humanisten des 16. Jhs.) und in propagandistischen Doppelformen des Typs 'Sprache und Nation' (z. B. Ratke 1612) ebenso wie in der Auffassung vom kultur- und potentiell staatsnationalen Zweck der Sprachpflege des 17. bis 19. Jhs.

und der zumindest für das 19. und 20. Jh. gültigen politischen Maxime cuius regio eius lingua einschließlich ihrer Umkehrung in cuius lingua eius regio" (Reichmann [2]1980, 515).

Die alles verbindende Kraft war in dem hier betrachteten Zeitraum nicht die den verschiedenen Gruppen − *nationes* ist sicher unangebracht − gemeinsame Sprache, sondern allein die gemeinsame Religion oder, vielleicht noch angemessener: die von der christlichen Kirche bestimmte und mit ihr verbundene Kultur, die mit der Regierung Karls des Großen ausgehend vom Fränkischen Reich auch den Osten erfaßte, der vom 10. Jh. an in einen Kiever Bereich (mit Christianisierung von Byzanz aus) und einen römisch-katholischen zerfällt; so ist die Grenze zwischen Mittel- und Osteuropa ebenfalls nicht sprachlich, sondern durch die jeweiligen Missions- und Kirchengrenzen geschaffen, wobei die Erzbistümer Gran für Ungarn und Gnesen für Polen die Anbindung an Mitteleuropa leisteten, die auch nach 1000 Jahren nicht in Frage gestellt werden kann.

Auch hier unterscheiden sich Romania und Germania prinzipiell nicht, nur sind für die Romania die einzelnen Etappen jeweils um mindestens ein Jahrhundert früher (Schmitt 1988, 73−116) anzusetzen, während das Prinzip des *cuius regio eius lingua* von Spanien aus im 15. Jh. und seine dialektische Umkehrung in *cuius lingua eius regio* von Frankreich aus im 16. Jh. (Schmitt 1977 a; 1979; 1982) seinen unseligen Siegeszug angetreten und sich in den Köpfen der Nationalisten bis heute eingenistet hat.

5. Literatur (in Auswahl)

Abel, Fritz, L'adjectif démonstratif dans la langue de la bible latine. Etude sur la formation des systèmes déictiques et l'article défini des langues romanes. Tübingen 1971. (Beihefte zur ZrPh, 125).

Aldrete, Bernardo, Del origen y principio de la lengua castellana ò romance que oi se usa en España, Rom (Reprografischer [sic] Nachdruck, bajo la dirección de G. Mancini, unter dem Titel: ... ò romance qui [sic] oi se usa ...). Hildesheim/New York 1606 [1970].

Alonso, Amado, Partición de las lenguas de occidente. In: Ders., Estudios lingüísticos, temas españoles. Madrid 1951, 101−127.

Alvar, Manuel, Por los caminos de nuestra lengua. 2. Aufl. Alcalá de Henares 1996.

Bach, Adolf, Geschichte der deutschen Sprache. 6. Aufl. Heidelberg 1956.

Bahner, Werner, Beitrag zum Sprachbewußtsein in der spanischen Literatur des 16. und 17. Jhs. Berlin 1956. (Neue Beiträge zur Literaturwissenschaft 5).

Baldinger, Kurt, La formación de los dominios lingüísticos de la península ibérica. 2. Aufl. Madrid 1972. (Biblioteca Románica Hispánica Serie I: Tratados y Monografías.

Bartoli, Matteo, Das Dalmatische. 2 Bde. Wien 1906.

Ders., Introduzione alla neolinguistica. Principi, scopi, metodi. Genf 1925.

Bechtel, Friedrich, Die griechischen Dialekte. 3 Bde. Berlin 1921−1924.

Berschin, Helmut/Julio Fernández-Sevilla/Josef Felixberger, Die spanische Sprache. Verbreitung, Geschichte, Struktur. 2. Aufl. München 1995.

Beumann, Helmut (Hrsg.), Beiträge zur Bildung der französischen Nation im Früh- und Hochmittelalter. Sigmaringen 1983.

Boltanski, Jean-Élie, La linguistique diachronique. Paris 1995.

Borst, Arno, Der Turmbau von Babel. Geschichte der Meinungen über Ursprung und Vielfalt der Sprachen und Völker. 4 Bde. Stuttgart 1957−1963.

Bovillus, Carolus, Liber de differentia vulgarium linguarum et Gallici sermonis varietate. Paris 1533.

Brun, Auguste, Linguistique et peuplement. Essai sur la limite entre les parlers d'oïl et les parlers d'oc. In: RLiR 12, 1936, 164−251.

Budinszky, Alexander, Die Ausbreitung der lateinischen Sprache über Italien und die Provinzen des Römischen Reiches. Berlin 1881.

Carnoy, Albert Joseph, Le latin d'Espagne d'après les inscriptions. 2. Aufl. Bruxelles 1906. [Louvain [1]1902/03].

Coulmas, Florian, Sprache und Staat. Studien zur Sprachplanung. Berlin/New York 1985.

Dangel, Jacqueline, Histoire de la langue latine. Paris 1995.

Daube, Anna, Der Aufstieg der Muttersprache im deutschen Denken des 15. und 16. Jhs. Diss. phil. Rostock. Frankfurt 1940.

Deutschmann, Olaf, Lateinisch und Romanisch. Versuch eines Überblicks. München 1971. (Hueber Hochschulreihe, 6).

Devoto, Giacomo, Geschichte der Sprache Roms. Heidelberg 1968.

Diez, Friedrich, Grammatik der romanischen Sprachen. 3 Bde. Bonn 1836−1844. [[2]1856−1860].

Durante, Marcello, Geschichte der italienischen Sprache vom Latein bis heute. Stuttgart 1993.

Ehlers, Joachim, Kontinuität und Tradition als Grundlage mittelalterlicher Nationsbildung in Frankreich. In: Beiträge zur Bildung der französischen Nation im Früh- und Hochmittelalter. Hrsg. v. Helmut Beumann. Sigmaringen 1983, 7−47.

Feuillet, Jack, Linguistique diachronique de l'allemand. Berne [etc.] 1989.

Galsterer, Hartmut, Provinz und Metropole in Italien. Ulubrae und Bututi. In: Was ist eigentlich Provinz? Zur Beschreibung eines Bewußtseins. Hrsg. v. Henner v. Hesberg. 1995, 119–131.

Gamillscheg, Ernst, Zur sprachlichen Gliederung Frankreichs. In: Hauptfragen der Romanistik. Festschrift Philipp August Becker zum 1. Juni 1922. Heidelberg 1922, 50–74.

Ders., Romania Germanica. 3 Bde. Berlin 1934–1936.

García de Diego, Vicente, Gramática histórica española. Madrid ³1970.

Gardette, Pierre, A l'origine du provençal et du francoprovençal: quelques mots de Lugdunum. In: RLiR 26, 1962, 71–89.

Ders., La romanisation du francoprovençal. In: Colloque francoprovençal. Neuchâtel 1969. Hrsg. v. Zygmunt Marzys. Neuchâtel 1969. Neuchâtel/Genf 1971, 1–26.

Gerighausen, Josef, Die historische Deutung der Nationalsprache im französischen Schrifttum des 16. Jhs. Bonn 1963.

Gimeno Menéndez, Francisco, Sociolingüística histórica (siglos X–XII). Madrid 1995.

Griera, Antoni, Afroromànic o ibero-romànic? In: Butlletì de dialectologia catalana 10, 34–53.

Gröber, Gustav, Die romanischen Sprachen. Ihre Einteilung und äußere Geschichte. In: Ders., Grundriß der romanischen Philologie. Straßburg. 2. Aufl. 1904–1906, 535–563.

Haarmann, Harald, Die Sprachenwelt Europas. Geschichte und Zukunft der Sprachnationen zwischen Atlantik und Ural. Frankfurt 1993.

Helgorsky, Françoise, Les méthodes en histoire de la langue. Evolution et stagnation. In: Le français moderne 49, 119–144.

Herman, Joseph, Varietäten des Lateins. In: LRL II,1. Tübingen 1996, 44–61.

Hesberg, Henner v. (Hrsg.), Was ist eigentlich Provinz? Zur Beschreibung eines Bewußtseins. Köln 1995.

Hutterer, Claus Jürgen, Die germanischen Sprachen. Ihre Geschichte in Grundzügen. Budapest 1975.

Jänicke, Otto, Betrachtungen zu weiteren frankoprovenzalischen Wörtern vermeintlich burgundischen Ursprungs. In: Festschrift Kurt Baldinger zum 60. Geburtstag. 17. November 1979. Hrsg. v. Manfred Höfler/Henri Vernay/Lothar Wolf. Bd. II. Tübingen 1979, 829–841.

Katičić, Radoslav, Die Balkanprovinzen. In: Die Sprachen im Römischen Reich. Hrsg. v. Günter Neumann/Jürgen Untermann. Köln 1980, 103–120.

Kleiber, Wolfgang, Zur arealen Gliederung der rheinischen Winzerterminologie. In: Festschrift

Karl Bischoff. Hrsg. v. Günter Bellmann/Günter Eifler/Wolfgang Kleiber. Köln/Wien 1975, 130–156.

Ders./Max Pfister, Aspekte und Probleme der römisch-germanischen Kontinuität. Sprachkontinuität an Mosel, Mittel- und Oberrhein sowie im Schwarzwald. Stuttgart 1992.

Klein, Hans Wilhelm, Latein und volgare in Italien. München 1957.

Kluge, Friedrich, Deutsche Sprachgeschichte. Werden und Wachen unserer Muttersprache von ihren Anfängen bis zur Gegenwart. Leipzig 1925.

Knobloch, Johann, Substrate des Lateins. In: LRL II,1. Tübingen 1996, 19–31.

Kontzi, Reinhold (Hrsg.), Zur Entstehung der romanischen Sprachen. Darmstadt 1978.

Křepinský, Maximilian, Romanica II. La naissance des langues romanes et l'existence d'une période de leur évolution commune (latin vulgaire, période romane). Prag 1958.

Kroll, Wilhelm, Das afrikanische Latein. In: Rheinisches Museum 52, 1897, 569–590.

Langosch, Karl, Mittellatein und Europa. Führung in die Hauptliteratur des Mittelalters. Darmstadt 1990.

Lapesa, Rafael, Historia de la lengua española. Prólogo de Ramón Menéndez Pidal. 8. Aufl. 1980.

Lot, Ferdinand, A quelle époque a-t-on cessé de parler latin? In: Bulletin Du Cange 6. 1931, 97–159.

Lucena, Juan de, Libro de vida beata (Joannis de vita felici). In: Opúsculos literarios de los siglos XIV á XVI, los publica la Sociedad de Bibliófilos Españoles. Madrid 1463 [1892], 103–205.

Lüdtke, Helmut, Le vie di comunicazione dell'impero romano e la formazione dei dialetti romanzi. In: Actes du Congrès international de linguistique et de philologie romanes, Strasbourg 1962. Paris 1965, 1103–1109.

Ders., Die Entstehung romanischer Schriftsprachen. In: Vox Romanica 23, 1964, 3–21.

Lugge, Margret, Gallia und Francia im Mittelalter. Untersuchungen über den Zusammenhang zwischen geographisch-historischer Terminologie und politischem Denken vom 6.–15. Jh. Bonn 1960.

Lleal Galceran, Coloma, La formación de las lenguas romances peninsulares, Barcelona 1990.

Mariner Bigorra, Sebastián, Inscriptiones hispanas en verso. Barcelona 1952.

Martin, Henry, Notes on the Syntax of Latin Inscriptions Found in Spain. Baltimore 1909.

Mayáns i Siscár, Gregorio, Orígenes de la lengua española, compuestos por varios autores recogidos por Don Gregorio Mayáns i Siscár, Bibliothecario del Rei Nuestro Señor. Madrid 1737 [1981]).

Meier, Harri, Beiträge zur sprachlichen Gliederung der Pyrenäenhalbinsel und ihrer historischen Begründung. Hamburg 1930.

Ders., Die Entstehung der romanischen Sprachen und Nationen. Frankfurt 1941.

Menéndez Pidal, Ramón, Orígenes del español. Estado lingüístico de la península ibérica hasta el siglo XI. Madrid 1929.

Merlo, Clemente, La Francia linguistica odierna e la Gallia di Giulio Cesare. In: Ders., Saggi Linguistici. Pubblicati in occasione del suo ottantesimo compleanno dall'Instituto di Glottologia dell'Università di Pisa e dalla Scuola Normale Superiore. Pisa 1959, 203–217.

Meyer-Lübke, Wilhelm, Die lateinische Sprache in den heutigen romanischen Ländern. In: Gustav Gröber, Grundriß der Romanischen Philologie. 2. Aufl. Straßburg 1904–1906, 451–497.

Michel, Andreas, Für eine textlinguistische Interpretation der placiti campani. In: Kohäsion, Kohärenz, Modalität in Texten romanischer Sprachen. Akten der Sektion 'Grundlagen für eine Textgrammatik der romanischen Sprachen' des XXIV. Deutschen Romanistentages, Münster 1995. Hrsg. v. Alberto Gil/Christian Schmitt. Bonn 1995, 271–309.

Ders., Einführung ins Altitalienische. Tübingen 1997.

Mihăescu, Haralambie, Limba latină în provinciile dunărene ale imperiului roman. Bucureşti 1960.

Ders., La romanité dans le sud-est de l'Europe. Bucureşti 1993.

Moeller, Carl Wilhem, Titulorum Africanorum orthographia. Greifswald 1875.

Mohl, F. George, Introduction à la chronologie du latin vulgaire. Paris 1899.

Morf, Heinrich, Mundartenforschung und Geschichte auf romanischem Gebiet. In: Bulletin de dialectologie romane 1, 1909, 1–17.

Ders., Zur sprachlichen Gliederung Frankreichs. In: APreußA Phil.-hist. Classe. Mem. II, 1911, 3–37.

Müller, Bodo, La bi-partition linguistique de la France (mise au point de l'état des recherches). In: RLiR 35, 1971, 17–30.

Ders., Der Nordosten der Galloromania und die Palatalisierung von k, g vor a. In: Festschrift Kurt Baldinger zum 60. Geburtstag. 17. November 1979. Hrsg. v. Manfred Höfler/Henri Vernay/Lothar Wolf. Bd. II. Tübingen 1979, 725–744.

Ders., Geostatistik der gallischen/keltischen Substratwörter in der Galloromania. In: Beiträge zur allgemeinen indogermanischen und romanischen Sprachwissenschaft. Festschrift für Johannes Hubschmid zum 65. Geburtstag. Hrsg. v. Otto Winkelmann/Maria Braisch. Bern 1982, 603–620.

Nebrija, Elio Antonio de, Gramática castellana. Texto establecido sobre la ed. 'princeps' de 1492 por Galindo Romeo y L. Ortiz Muñoz, con una introducción, notas y facsímil, prólogo del Excmo. Sr. D. J. Ibañez Martín. Madrid 1492 [1946].

Neumann, Günter/Jürgen Untermann (Hrsg.), Die Sprachen im Römischen Reich. Köln 1980.

Ohly, Friedrich, Schriften zur mittelalterlichen Bedeutungsforschung. Darmstadt 1977.

Petri, Franz, Germanisches Volkserbe in Wallonien und Nordfrankreich. Die fränkische Landnahme in Frankreich und den Niederlanden und die Bildung der westlichen Sprachgrenze. Bonn 1937.

Ders., Die fränkische Landnahme und das Rheinland. Bonn 1939.

Ders., Die fränkische Landnahme und die Entstehung der germanisch-romanischen Sprachgrenze in der interdisziplinären Diskussion. Bericht I: 1926–1953. Bericht II: 1953–1976. Darmstadt 1977.

Pignon, Jacques, L'évolution phonétique des parlers du Poitou (Vienne et Deux-Sèvres). Paris 1960.

Polenz, Peter v., Deutsche Sprachgeschichte vom Spätmittelalter bis zur Gegenwart. Bde. I/II. Berlin/New York 1991/1994.

Poza, Andres de, De la antigua lengua, poblaciones, y comarcas de las Españas, en que de paso se tocan algunas cosas de la Cantabria. Bilbao 1587 [1959].

Raupach, Manfred, Expansion und Rückzug des Lateins. In: LRL II,1. Tübingen 1996, 5–19.

Reichenkron, Günter, Historische latein-altromanische Grammatik. 1. Teil. Wiesbaden 1965.

Reichmann, Oskar, Nationalsprache. In: LGL 1980, 515–519.

Renzi, Lorenzo, Nuova introduzione alla filologia romanza. Bologna 1985.

Roelcke, Thorsten, Periodisierung der deutschen Sprachgeschichte. Analysen und Tabellen. Berlin/New York 1995. (SLG 40).

Roger, Lucien, La frontière linguistique et la colonisation germanique en Belgique wallonne et en France septentrionale. In: ZfSL 63, 1–19.

Rohlfs, Gerhard, Griechen und Romanen in Unteritalien. Florenz/Genf 1924. [it. Übersetzung: B. Tomasini, 1933].

Ders., Historische Grammatik der unteritalienischen Grazität. München 1950.

Ders., Romanische Sprachgeographie. München 1970.

Ders., Romanische Sprachgeographie. Geschichte und Grundlagen, Aspekte und Probleme, mit dem Versuch eines Sprachatlas der romanischen Sprachen. München 1971.

Ders., Die rumänische Sprache in ihrer sprachgeographischen Beziehung zu anderen romanischen Sprachen. München 1980.

Ders., Panorama delle lingue neolatine. Piccolo atlante linguistico pan-romanzo. Tübingen 1986.

Scaglione, Aldo, The Rise of National Languages: East and West. In: Ders., The Emergence of National Languages. Ravenna 1984, 9–49.

Schlemmer, Gerd, Die Rolle des germanischen Superstrats in der Geschichte der romanischen Sprachwissenschaft. Hamburg 1983.

Schmidt, Karl Horst, Gallien und Britannien. In: Die Sprachen im Römischen Reich. Hrsg. v. Günter Neumann/Jürgen Untermann. Köln 1980, 19–44.

Ders., Latein als indogermanische Sprache. In: LRL II,1. Tübingen 1996, 1–5.

Schmitt, Christian, Die Sprachlandschaften der Galloromania. Eine lexikalische Studie zum Problem der Entstehung und Charakterisierung. Frankfurt/Bern 1974.

Ders., Rezension von Fritz Abel (1971). In: ZrPh 90, 1974 a, 274–289.

Ders., A propos de la formation linguistique du domaine francoprovençal. In: Revue de linguistique romane 41, 1977, 91–103.

Ders., Sprachgesetzgebung in Frankreich. In: Osnabrücker Beiträge zur Sprachtheorie 5, 1977 a, 107–135.

Ders., Die französische Sprachpolitik der Gegenwart. In: Bildung und Ausbildung in der Romania. Bd. II. Sprachwissenschaft und Landeskunde. Hrsg. v. Rolf Kloepfer. München 1979, 470–490.

Ders., Die Ausbildung der romanischen Sprachen. Zur Bedeutung von Varietät und Stratum für die Sprachgenese. In: Die Leistung der Strataforschung und der Kreolistik. Typologische Aspekte der Sprachkontakte. Hrsg. v. P. Sture Ureland. Tübingen 1982, 31–61.

Ders., Bovelles, linguiste. In: Charles de Bovelles en son cinquième centenaire 1479–1979, Actes du colloque international tenu à Noyon les 14–15–16 septembre 1979. Paris 1982 a, 247–263.

Ders., Besprechung von W. Jungandreas, Moselromanisch. In: Revue de linguistique romane, 46, 1982 b, 478–484.

Ders., Zur Rezeption antiken Sprachdenkens in der Renaissancephilologie. In: Die Antike-Rezeption in den Wissenschaften während der Renaissance, Mitteilungen X der Kommission für Humanismusforschung. Hrsg. v. August Buck/Klaus Heitmann. Weinheim 1983, 75–101.

Ders., Zur Latinität des Rumänischen. In: Rumänistik in der Diskussion. Hrsg. v. Günter Holtus/Edgar Radtke. Tübingen 1986, 296–316.

Ders., Die Ausbildung des Artikels in der Romania. In: Latein und Romanisch. Hrsg. v. Wolfgang Dahmen (u. a.). Tübingen 1987, 94–125.

Ders., Typen der Ausbildung und Durchsetzung von Nationalsprachen in der Romania. In: Sociolinguistica 2, 1988, 73–116.

Ders., Contribuciones a la lingüística evolutiva. Temas románicos. Barcelona/Caracas 1988 a.

Ders., Español: tecnolectos. In: LRL VI,1. Tübingen 1992, 295–327.

Ders., Le vocabulaire roumain et la fragmentation linguistique de la Romania. In: Actes du XXᵉ Congrès international de linguistique et philologie romanes. Bd. II. Tübingen/Basel 1993, 678–690.

Ders., La romanisation de la Vallée de la Moselle: le témoignage des noms de lieux. In: Studia ex hilaritate, mélanges de linguistique et d'onomastique sardes et romanes. Festschrift für Heinz Jürgen Wolf. Hrsg. v. Dieter Kremer/Alf Monjour. Strasbourg/Nancy 1996, 469–482.

Ders., Vulgärlatein und germanisches Superstrat. Erkenntnisse und Lehren aus einem Humanistenstreit über Etymologie. In: Festschrift für Alfons Weische. Wiesbaden 1997, 371–379.

Schmitt, Rüdiger, Einführung in die griechischen Dialekte. Darmstadt 1977.

Schneidmüller, Bernd, Französisches Sonderbewußtsein in der politisch-geographischen Terminologie des 10. Jhs. In: Beiträge zur Bildung der französischen Nation in Früh- und Hochmittelalter. Hrsg. v. Helmut Beumann. Sigmaringen 1983, 49–91.

Ders., Nomen patriae. Die Entstehung Frankreichs in der politisch-geographischen Terminologie (10.–13. Jh.). Sigmaringen 1987.

Schröder, Gerhard, Sprache, Literatur und kulturelle Identität in der spanischen Renaissance. In: Frühe Neuzeit. Studien und Dokumente zur deutschen Literatur im europäischen Kontext. Nation und Literatur im Europa der Frühen Neuzeit. Akten des 1. Internationalen Osnabrücker Kongresses zur Kulturgeschichte der Frühen Neuzeit. Hrsg. v. Klaus Gerber. Tübingen 1989, 305–317.

Schüle, Ernest, Le problème burgonde vu par un romaniste. In: Colloque francoprovençal. Neuchâtel 1969. Hrsg. v. Zygmunt Marzys. Neuchâtel/Genf 1971, 27–55.

Schürr, Friedrich, La diphtongaison romane. Tübingen 1970.

Schweikle, Günther, Germanisch-deutsche Sprachgeschichte im Überblick. Stuttgart 1986.

Selig, Maria, Die Entwicklung der Nominaldeterminanten im Spätlatein. Romanischer Sprachwandel und lateinische Schriftlichkeit. Tübingen 1992.

See, Klaus von, Deutsche Germanen-Ideologie vom Humanismus bis zur Gegenwart. Frankfurt 1970.

Ders., Barbar, Germane, Arier. Die Suche nach der Identität der Deutschen. Heidelberg 1994.

Seyssel, Claude de, Les histoires universelles de Trogue Pompee, abbregees, par Justin Historien, translatees de Latin en François, par Messire de Seyssel Evesque de Marseille. Paris 1559. [Text von 1509].

Sittl, Karl, Die lokalen Verschiedenheiten der lateinischen Sprache, mit besonderer Berücksichtigung des afrikanischen Lateins. Erlangen 1882.

Steinbach, Franz, Studien zur westdeutschen Stammes- und Volksgeschichte. Jena 1926.

Tagliavini, Carlo, Le origini delle lingue neolatine. Bologna ⁵1969. (deutsch: Einführung in die romanische Philologie. München 1973).

Teyssier, Paul, Portugiesisch: Externe Sprachgeschichte/Histoire externe de la langue. In: LRL VI,2. Tübingen 1994, 461–472.

Thumb, Albert, Handbuch der griechischen Dialekte. 2. Aufl. Heidelberg 1959.

Ders./E. Kieckers, Handbuch der griechischen Dialekte. 2. Aufl. Heidelberg 1932.

Untermann, Jürgen, Hispania. In: Die Sprachen im Römischen Reich. Hrsg. v. Günter Neumann/Jürgen Untermann. Köln 1980, 1–17.

Ders., Die Sprache in der Provinz. In: Was ist eigentlich Provinz? Zur Beschreibung eines Bewußtseins. Hrsg. v. Henner von Hesberg. Köln 1995, 73–92.

Väänänen, Veikko, Le latin vulgaire des inscriptions pompéiennes. 2. Aufl. Berlin 1959.

Ders., Autour du problème de la division du latin. Appoint des sources écrites, en particulier des inscriptions. In: TLL 6/1, 1968, 141–148.

Valdés, Juan de, Diálogo de la lengua, ed. y notas por J. F. Montesinos. Madrid 1535 [1928].

Vidos, Benedetto Elemér, Handbuch der romanischen Sprachwissenschaft. München 1968.

Vitale, Maurizio, La questione della lingua. 3. Aufl. Palermo 1978.

Wagner, Max Leopold, Pro domo. In: RF 64, 1953, 416–420.

Ders., Pro domo II, zur Romanisierung Sardiniens. In: RF 66, 1955, 361–373.

Walter, Henriette, L'aventure des langues en occident. Paris 1994.

Wartburg, Walther von, Die Ausgliederung der romanischen Sprachräume. Bern 1950.

Ders., La fragmentation linguistique de la Romania. Paris 1967.

Ders., Evolution et structure de la langue française. 7. Aufl. Bern ⁷1968 [¹⁰1971].

Watson, Alan, The Digest of Justinian. Latin Text Edited by Theodor Mommsen with the Aid of Paul Krueger, English Translation by Alan Watson. Bd. IV. Philadelphia 1985.

Wells, Christopher Jon, Deutsch: eine Sprachgeschichte bis 1945. Tübingen 1990.

Wilmotte, Maurice, Celtice loqui. In: Mélanges V. Tille. Prag 1927, 222–230.

Windisch, Ernst, Zur Theorie der Mischsprachen und Lehnwörter. Berichte der Königl. sächsischen Gesellschaft der Wissenschaften 49, 1897, 101 ff.

Ders., Keltische Sprache. In: Grundriß der romanischen Philologie. Bd. I. Hrsg. v. Gustav Gröber. 2. Aufl. Straßburg 1904–1906, 371–404.

Wolff, Philippe, Sprachen, die wir sprechen. Ihre Entwicklung aus dem Lateinischen und Germanischen von 100–1500 n. Chr. München 1971.

Wüest, Jacob, La dialectisation de la Gallo-Romania. Problèmes phonologiques. Bern 1979.

Zgusta, Ladislav, Die Rolle des Griechischen im römischen Kaiserreich. In: Die Sprachen im Römischen Reich. Hrsg. v. Günter Neumann/Jürgen Untermann. Köln 1980, 121–145.

Christian Schmitt, Bonn

64. Sprachgeschichtliche Aspekte der europäischen Christianisierung

1. Der geschichtliche Rahmen:
    Christianisierung als zeitlich übergreifender
    Prozeß (1.–2. Jahrtausend)
2. Sprachliche Voraussetzungen: Christentum
    als vielsprachige Buchreligion
3. Auswirkungen der Christianisierung
4. Zusammenfassung und Ausblick
5. Literatur (in Auswahl)

1. Der geschichtliche Rahmen: Christianisierung als zeitlich übergreifender Prozeß (1.–2. Jahrtausend)

Die europäische Christianisierung ist als zeitlich übergreifender Prozeß zu verstehen, welche das gesamte erste Jahrtausend und die ersten drei Jahrhunderte des zweiten Jahrtausends umfasst (vgl. dazu die Fachlit. unter 5.2 sowie Schäferdiek 1978). Im Hinblick auf die Geschichte der dt. Sprache ist die Chronologie der mittel- und nordeuropäischen Christianisierung von besonderer Bedeutung (dazu Abb. 64.1): Sie reicht von der zunächst gegen große Widerstände und von Christenverfolgungen begleiteten allmählichen Christianisierung im römischen Reich der ersten drei Jahrhunderte vorerst in Italien, in Gallien (2./3. Jh.) und Hispanien (seit Mitte 3. Jh.) über die Anerkennung des Christentums als erlaubte Religion unter Konstantin d. Gr. (313 Mailänder Edikt), der 325 das erste Konzil zu Nicaea eröffnete, dann als Staatsreligion (380 Edikt Theodosius' d. Gr.) zur Christianisierung der umliegenden Völker und Länder (Goten, Burgunder, Langobarden 4.–5. Jh., Irland 5. Jh., Franken um 500 und 6. Jh., Angelsachsen um 600 und 7. Jh., Alemannen und Baiern 7. Jh., Friesen, Hessen und Thüringer 7./8. Jh., Sachsen vor und nach 800, einzelne mitteleuropäische Slaven 9./10. Jh., Skandinavien 9.–11. Jh., Island um 1000, Ungarn vor und nach 1000, elb- und ostseeslavische Stämme 12. Jh., Finnen 12./13. Jh., Balten und Ostseefinnen 13. Jh., z. T. frühes 14. Jh.). Erst im Spätmittelalter, d. h. um 1300, kann von einem Abschluss der äußeren Christianisierung, d. h. der so gut wie vollständigen Bekehrung der europ. Völker und Länder gesprochen werden. Im übrigen hat der zeitlich in verschiedenen Jahrhundertschritten vollzogene Christianisierungsvorgang zu unterschiedlichen sprachgeschichtlichen Beeinflussungsvorgängen wie Gotisch → Festlandgermanisch, Irisch-Angelsächsisch → Althochdeutsch-Altsächsisch, Festlandgermanisch – Angelsächsisch → Skandinavisch geführt, um wenigstens einige sprachgeographische Bewegungen im Hinblick auf das Germanische zu erwähnen. Indessen hatte bei jedem neu christianisierten Stamm, Volk oder Land nach der Missionierung und Bekehrung die innere Glaubenserfüllung und christliche Durchdringung zu erfolgen, der Aufbau einer Kirchenorganisation mit entsprechender Terminologie in den betroffenen Sprachgebieten und die Verwirklichung eines religiösen Schrifttums nach Katechetik, Homiletik und Bibelübersetzung, später einer geistlichen Literatur und z. T. auch volkssprachlichen Theologie. Darin waren, was die christliche Durchdringung der Volkssprachen betrifft, die nichtromanischen Sprachgemeinschaften, insbesondere die alt- und mittelgermanischen – wie übrigens auch das Altirische – den romanischen Sprachen zeitlich um Jahrhunderte voraus, da letztere sich im wesentlichen bis ins Hoch- und Spätmittelalter in christlichen Glaubenssachen der lat. Sprache als ihres sprachgenealogischen Hintergrundes bedienen konnten, während erstere aus kommunikativen Gründen geradezu gezwungen waren, ein christliches Schrifttum in ihren Volkssprachen seit dem Frühmittelalter aufzubauen, welches freilich wiederum sehr von der lat. – seltener griech. – Bibel- und Liturgiesprache mitbestimmt blieb (vgl. dazu Abschnitt 2).

In einem weiteren zeitlichen Verständnis reichen die sprachgeschichtlichen Auswirkungen der europ. Christianisierung natürlich über das Früh- und Hochmittelalter hinaus, da nach der Bekehrungszeit und ersten Konsolidierung des Christentums die europäisch übergreifende geistliche Literatur mit zunehmendem Schwerpunkt im Spätmittelalter (u. a. volkssprachliche Mystik) einsetzt, gefolgt von der Glaubenserneuerung durch Reformation und Gegenreformation mit den für die Geschichte der neuzeitlichen europ. Schrift- oder Standardsprachen weitgehend entscheidenden Bibelübersetzungen (vgl. für das Dt. Art. 15), nachwirkend in den verschiedenen spirituellen Bewegungen wie dem Pietismus in der Neuzeit. Der vorläufige Endpunkt im Aufbau einer umfassenden christlichen Terminologie des Glaubensbereichs ist damit nicht schon nach der Bekehrungszeit im Verlauf des Mittelalters, sondern erst durch die breite volkssprachliche Verfestigung auf dem Hintergrund der frühneuzeitlichen Bibelübersetzungen und ihrer Erneuerungen bis zu sogenannten Einheitsübersetzungen oder Standardbibeln in den europ. Standardsprachen des 20. Jh. erreicht. Insofern reichen die sprachgeschichtlichen Aspekte der europ. Christianisierung bis zur Gegenwart, auch wenn u. a. der Pietismus als „die letzte kirchengeschichtlich bedeutsame Bewegung" angesehen wird, „die auf die Gestaltung der dt. Sprache Einfluß gehabt hat" (Kähler 1959, 83; doch vgl. auch Art. 4 mit entsprechender Lit.).

Der Name *Christen* und die Bezeichnung *Christentum* geht auf den Beinamen griech. Χριστός 'der Gesalbte, der Messias, Christus', lat. *Christus*, zurück (griech. schon in der Septuaginta [Psalter], sodann im NT, vgl. Bauer 1988, Sleumer 1926) und setzte sich als unverwechselbare Kennzeichnung der neuen Glaubensgemeinschaft rasch durch (Harnack 1924, 424–455). Der Erstbeleg für lat. *Christiani* 'Christen' ist in des römischen Historikers Tacitus Annales lib. XV, 44 (spätestens 116 n. Chr.) zu finden, wo es nach dem von Kaiser Nero angestifteten Brand von Rom heißt, dieser hätte die Schuld auf andere geschoben: „quos per flagitia invisos vulgus Christianos appellabat. Auctor nominis eius Christus Tiberio imperitante per procuratorem Pontium Pilatum supplicio adfectus erat." Das bedeutet (nach Tacitus, lat.-dt. ed. C. Hoffmann, Tusculum Bücherei, 1954, 775): „Es waren jene Leute, die das Volk wegen ihrer (angeblichen) Schandtaten haßte und mit dem Namen Christen belegte. Dieser Name stammt von Christus, der unter Tiberius vom Procurator Pontius Pilatus hingerichtet worden war." Griech. χριστιανισμός

Zeit	Vorgang	Raum (Volk, Stamm)
1. bis 3. Jh.	Zunehmende Ausformung des Christentums (χριστιανισμός, christianismus, später christianitas)	Römisches Reich (Römer und Untertanen)
seit 312	Förderung des Christentums durch Konstantin d. Gr. (Kaiser 306—337)	
313	Mailänder Edikt	Christentum wird im Römischen Reich erlaubte Religion
325	Konstantin d. Gr. eröffnet das Konzil von Nicaea	
Mitte 4. Jh.	Arianische Christianisierung der Westgoten (zunächst der Gothi minores) durch Bischof Wulfila (mit Auswirkungen auf die übrigen Westgoten und Wandalen)	Teile der Westgoten im untersten Donauraum (später Westgoten vor allem in Südfrankreich und Spanien)
380	Edikt Theodosius' d. Gr.	Christentum wird im Römischen Reich Staatsreligion
5. Jh.	Christianisierung von Irland (i. w. durch den Heiligen Patrick, 431 förmliche Einführung des Christentums)	Irland (Hibernia)
5. Jh. 1. Hälfte	Arianische Christianisierung der Burgunder	Burgunderreich von Worms und Burgunder in Südgallien
5. Jh. 2. Hälfte	Arianische Christianisierung der Ostgoten und weiterer Ostgermanen	Oberitalien (Reich Theoderichs d. Gr. 474—526)
Ende 5. Jh.	Christianisierung der Langobarden	Pannonien, seit 568 in Oberitalien
um 500 und 6. Jh.	Christianisierung der Franken seit Chlodwigs Taufe durch Remigius von Reims (496/498 oder 508)	Fränkisches Merowingerreich
um 600 und 7. Jh.	Christianisierung der Angelsachsen auf Initiative Papst Gregors d. Gr. (seit 597 römisch-kontinentale Mission), gefolgt von der iroschottischen Mission	England (angelsächsische Königreiche)
7. Jh.	Christianisierung der Alemannen und Bajuwaren (Baiern) sowie der Niederlande, primär durch die irofränkische Mission	Fränkisches Reich nördlich der Alpen und im Gebiet von Schelde-Niederrhein
7./8. Jh.	Christianisierung der Friesen, Hessen und Thüringer, im wesentlichen durch die angelsächsische Mission	Friesland, östliches Hessen, Thüringen
789	Admonitio generalis Karls d. Gr. (unter Mitwirkung Alkuins) zur geistlichen und bildungspolitischen Erneuerung	Fränkisches Reich der Karolinger
vor und nach 800	Christianisierung der Sachsen (Karls d. Gr. Sachsenkriege 772—804)	Nordwestdeutschland (sächsisches Stammland)
9. Jh.	Erste Versuche zur Christianisierung von Dänemark und Schweden durch den karolingischen Missionar Ansgar (um 801—865)	südliches Skandinavien
9. Jh. 2. Hälfte	Christianisierung einzelner slavischer Stämme durch die Heiligen Konstantin und Method in Mähren (um 863), in Bulgarien (864/865) sowie später in Böhmen (um 894)	östliches Mitteleuropa und Südosteuropa
10. Jh.	Christianisierung der Dänen und allmählich auch der Norweger	Dänemark, Norwegen
	Christianisierung des Kiever Rus'-Reiches seit der Taufe Vladimir des Heiligen 988	westliches Rußland
1000	Einführung des Christentums auf dem Allthing in Island	Island
vor und nach 1000	Christianisierung Ungarns	Ungarn
11. Jh.	Christianisierung der Schweden (z. T. erst im 12. Jh.)	Schweden
12. Jh.	Christianisierung der elb- und ostseeslavischen Stämme (u. a. Lutizen)	Nordostdeutschland und mittlere bis obere Elbe

Zeit	Vorgang	Raum (Volk, Stamm)
Mitte 12./13. Jh.	Christianisierung der Finnen von Schweden aus	Finnland
13. Jh.	Christianisierung der Balten und Ostseefinnen (Litauen z. T. erst im 14. Jh.)	Baltikum und Finnland
um 1300	Im wesentlichen Abschluß der äußeren Christianisierung Europas	

Abb. 64.1: Chronologie der mittel- und nordeuropäischen Christianisierung

'Christentum' erscheint erstmals in den Briefen des Ignatius von Antiochien um 110−120 n. Chr. (u. a. κατὰ Χριστιανισμὸν ζῆν 'nach dem Christentum leben', vgl. Bauer 1988), wird als *christianismus* in das Lat. übernommen, wo aber *christianitas* mehr und mehr überwiegt (Mlat. Wb. 2, 1971, 553 ff.). Die Vervolkssprachlichung von griech.-lat. *Christus, christianus, christianismus / christianitas* in den agerm. Sprachen ist in Abb. 64.2 dargestellt. Eine Besonderheit liegt dabei in der vom Aengl. ausgehenden Bedeutung 'taufen, bekehren' des abgeleiteten Verbs im angelsächsisch-friesisch-skandinavischen Bereich vor (aengl. *cristnian*, afries. *kerstna, -enia*, anord. *kristna*). Das ursprünglich lange *-ī-* in griech.-lat. *Chrīstos/-us* wurde früh gekürzt und mit kurz *-i-* in die Volkssprachen aufgenommen.

Für das Nhd. ist der eingeschränkte Gebrauch von *Christenheit* als kollektives Konkretum im Unterschied zu *Christentum* als Abstraktum zu vermerken, was im Ahd. und Mhd. noch nicht der Fall war und deshalb von Joh. Christoph Adelung in seinem Versuch eines vollst. grammatisch-kritischen Wörterbuches der Hochdeutschen Mundart I, 1774, 1202 ausdrücklich erklärt wird. Der nhd. Unterscheidung *Christentum / Christenheit* entsprechen i. ü. engl. (veraltet) *christendom / christianity* (doppeldeutig), nl. *christendom* (älter *kerstendom*) / *christenheid* (älter *kerstenheid*), während die rom. Sprachen dafür den Unterschied auf der Basis lat. *christianismus* (ital. *cristianesimo*, frz. *christianisme*) und *christianitas* (ital. *cristianità*, frz. *chrétienté*) vollziehen.

Eine umdeutende Vervolkssprachlichung ergab sich in einigen germ. Sprachen bei der Übernahme von griech. ἀντίχριστος, lat. *antichristus* 'der zur Endzeit auftretende Gegner des Messias' (vgl. Bauer 1988; TRE 3, 1978, 21 ff.) bzw. 'Irrlehrer, falscher Prophet' u. ä.: ahd. *Antikrist, -o* neben *Endikrist*, mhd. *Ente-, Endekrist* (neben *Anti-, Anter-, Ander-*)

'der am (Welten-)Ende kommende (bzw. andere) Christus' (zur weiteren Terminologie Kettler 1977), noch frnhd. *End-, Endechrist* (dazu Adj. *endchristisch*, v. a. bei Luther); anord. *Andakristr* (neben *Anti-, Anta-*) 'Gegenchristus' (zu *and-* 'entgegen').

Für die Nichtchristen bzw. Nichtjuden, griech. NT Pl. τὰ ἔθνη eig. 'die Völker', lat. *gentiles* 'Heiden' (und Adj. *gentilis*) oder *pagani* (und Adj. *paganus*) entstand in den germ. Sprachen eine einheitliche Gesamtbezeichnung dt. *Heide* (Pl. *-en*), nl. *heiden* (Pl. *heidenen*), engl. *heathen* (auch kollektiver Pl., sonst Pl. *-s*), skand. Adj. *heden*, Subst. *hedning*, welche nach neueren Forschungen auf einem got. Lehnwort, belegt als bibelgot. *haiþnō* f. 'Heidin' (mit ⟨*ai*⟩ Graphem für einen *e*-Laut; Mark. 7,26 für griech. Ἑλληνίς 'Hellenin, Griechin') beruhen, dem spätgriech. aspirierten *hethnē* nachgebildet, unter semantischer Anlehnung an germ. got. *haiþi* f. 'Feld', ahd. *heida* f. 'Heide': ahd. *heidan*, aengl. *hǽþen*, anord. Adj. *heiðinn* und Ableitungen davon (Pfeifer 1989, 664; Kluge [23]1999). Die rom. Sprachen und teilw. auch das Engl. gebrauchen dafür auf der Grundlage von lat. *paganus* (und *paganismus* seit Augustin 'Heidentum') frz. *païen* m., *-ne* f. (dazu *paganisme*), ital. *pagano* (Subst. *paganesimo*), engl. *pagan* (auch Adj., ferner *paganisme*); auf der Grundlage von *gentilis*, Pl. *-es* frz. Pl. *gentils*, engl. *gentile* (auch Adj.).

Was die Christianisierung der Germanen und Deutschen im besonderen betrifft, kann zusammenfassend von sechs entscheidenden geschichtlichen Etappen gesprochen werden:

1. Etappe: Spätantike	Annahme des arianischen Christentums v. a. bei den Ostgermanen und erste germ. Bibelübersetzung auf griech. Grundlage ins Gotische, wobei der Arianismus den germ. Vorstellungen zunächst näher stand (Gott unumschränkter, Christus nur wesensähnlich, Königtum mit priesterlicher Funktion, kein Ekklesianismus)

griech.	Χριστός	'der Gesalbte, der Messias, Christus'
lat.	*christus, Christus*	'gesalbt, geweiht; Christus'
got.	*Xristus* (Gen. *-aus*, Dat. *-au*),	'Christus' (mit got. u-Dekl.)
	dazu: *galiugaxristus*	'falscher Christus'
		griech. ψευδόχριστος
ahd.	*Christ, Krist, Kirst*	'Christus, Gesalbter; Christ'
and. (asächs.)	*Crist, Christ*	'Christus, Christ'
afries.	*Krist, Kerst*	'Christus'
mnl.	*Kerst*	'Christus'
aengl.	*Crist, Krist*	'Christus, Christ'
	dazu: *Cristes bōc*	'the Gospel'
anord.	*Kristr*	'Christus (< aengl.), christl. Gott'
	dazu: *krist(s)kirkja* f.	'Kathedrale, besondere Kirche'

griech.	χριστιανός	'christlich, Christ'
lat.	*christianus*	'christlich, kirchlich; Christ'
ahd.	*christāni, kristāni, -e*	'christlich, gläubig; Christ'
	christānig	'christlich'
	kristīn	'christlich, kirchlich'
and. (asächs.)	*cristin*	'christlich'
afries.	*kersten, kristen*	'christlich, Christ'
	kerstena, kristena m.	'Christ'
	kerstenlik, kristenlik	'christlich'
	dazu: *kerstna, kristenia*	'taufen'
aengl.	*cristen, cristena* m.	'Christ'
	cristlīc	'christlich'
	dazu: *cristnian*	'bekehren, taufen'
anord.	*kristinn*	'christlich' (< aengl.)
	dazu: *kristna*	'bekehren, taufen' (< aengl.)
	kristning f.	'Taufe'

griech.	χριστιανισμός	'Christentum'
lat.	*christianismus/christianitas*	'christlicher Glaube, Christentum; christliches Volk, Christenheit; kirchliche Ordnung und Autorität'
ahd.	*christānheit, kristān-* f.	'Christenheit, Christentum'
	christānheite n.	'Christenheit, Kirche'
and. (asächs.)	*cristenhēd* f.	'Taufgelübde'
afries.	*kerstendōm* m.	'Christentum'
	kerstenhēde f.	'Christenheit'
mhd.	*kristenheit* f.	'christlicher Glaube, Christenheit'
	kristentuom m. n.	'Christentum, Christlichkeit'
aengl.	*cristendōm* m. (selten *cristness* f.)	'christianity, the christian world'
anord.	*kristinsdómr* m. (auch: *kristinn dómr*)	'Christentum'
	kristni f.	'Christentum, christlicher Glaube, Taufe; Zeit der Bekehrung'

Abb. 64.2: Die Vervolkssprachlichung von griechisch-lateinisch *Christus, christianus, christianismus/christianitas* in den altgermanischen Sprachen

| 2. Etappe:
Frühmittel-
alter
seit um 500 | Annahme des katholischen Christentums durch die Franken unter Chlodwig mit nachfolgender Missionierung auf dem europ. Festland und in Skandinavien, Beginn der europ. Klosterkultur und kirchlichen Bistumsverfassung | | NW- und Mitteleuropa und z. T. in Skandinavien, wobei dem ags. Christentum stets eine gewisse Sonderstellung verblieb (1215 Magna charta libertatum „Anglicana ecclesia sit libera", später Anglikanische Kirche) |
| 3. Etappe:
Frühmittel-
alter
seit um 600 | vom Kontinent unabhängige Christianisierung der Angelsachsen im seit dem 3./4. Jh. weitgehend christlichen Britannien mit zusätzlicher Auswirkung auf die Missionierung in | 4. Etappe:
6.–7. Jh. | Zerschlagung des Arianismus und dadurch bedingter Untergang der got. Bibel- und Kirchensprache, was auch die Loslösung von der griech. Bibelvorlage bedeutet hat |

| 5. Etappe:
Mittelalter | Kirchliche Durchdringung während des ganzen Mittelalters auf katholischer bzw. sprachlich gesehen lat. Grundlage |
| 6. Etappe:
Frühe
Neuzeit | Glaubenserneuerung durch die Reformation unter Rückgriff auf die biblischen Grundsprachen und dadurch ausgelöste Gegenreformation mit ihrer wesentlich vom Dt. ausgehenden umfassenden Vervolkssprachlichung der Bibel, welche v. a. auch nach Skandinavien und in die Niederlande, ja selbst nach Finnland ausgestrahlt hat. |

2. Sprachliche Voraussetzungen: Christentum als vielsprachige Buchreligion

Der Schlüssel zur umfassenden wie langanhaltenden Wirkung des Christentums auf die europ. Sprachgeschichte liegt zweifellos auf dem Wesen des Christentums als vielsprachiger Buchreligion. „Es war eine Religion des heiligen Buches" betont Curtius 1948 (S. 312). Die Voraussetzungen dazu liegen auf folgenden Gegebenheiten:

- Mehrsprachigkeit der biblischen Überlieferung (AT hebräisch mit früher griech. Übersetzung in der vorchristlichen Septuaginta, NT griech. Koine mit z. T. aramäischer Grundlage, altlat. Übersetzungen (Vetus Latina seit dem späten 2. Jh.) und Vulgata des Hieronymus (vor und nach 400), womit dem Übersetzungsproblem und Übersetzungsbewußtsein wie später der Bibelphilologie im Christentum eine große Bedeutung zukommt.
- Mehrsprachigkeit des frühchristlichen Raumes, wobei sich die Hauptsprachen der östlichen und der westlichen Provinzen des römischen Reiches teilweise überlagern (Neumann/Untermann 1980, Schmitt 1983): im Osten das allgem. verbreitete Griech. (bes. Koine des NT neben klass. Sprache des Attizismus) neben Lat. bes. als Verwaltungssprache, unangefochten als Militär- und Rechtssprache; im Westen das Lat. (Vulgärlat. neben klass. Lat., vgl. Luiselli 1992, 513–533) neben Griech. als zweiter Bildungssprache der Oberschicht und „Mutttersprache vieler unterer Schichten" (Schmitt 1983, 561).
- Weiterverbreitung der christlichen Vielsprachigkeit in die spätantiken bzw. frühmittelalterlichen Volkssprachen v. a. durch die Bibelübersetzungen in Buchform (Aland 1972, Metzger 1977 betr. ältere Versionen des NT, vgl. i. ü. unten).

Schon in den ersten Jahrhunderten ist die Geschichte der christlichen Kirche „in ihrer Gesamtheit bestimmt durch einen mehrfachen Übergang von einem Sprachgebiet in ein anderes: Aramäisch − Griechisch, Griechisch − Lateinisch, Griechisch − orientalische Nationalsprachen" (Schneemelcher 1959, 66). Dies setzt sich in West- und Nordeuropa dann vor allem zur Folge Lateinisch − west- bzw. nordeuropäische Sprachen, im Osten Griech./Lat. − slavische Sprachen fort. Für die Kirche ist es schließlich besonders seit dem 4. Jh. (Konstantinopel [Byzanz] als neues Rom [Reichshauptstadt 330] und Einrichtung eines Patriarchates durch die Konzile daselbst 381 und in Chalkedon 451) und 1054 (Schisma, gegenseitiger Bann des Papstes Leo IX. und des Patriarchen von Konstantinopel) zur Trennung zwischen griech.-orthodoxer Ost- und römisch-katholischer Westkirche gekommen (vgl. Schneemelcher 1959, 67; zu den Sprachverhältnissen im Röm. Reich im einzelnen vgl. Neumann 1983, Polomé 1983, Schmidt 1983, Schmitt 1983).

Ein Zeugnis für die schriftliche Mehrsprachigkeit im römischen Reich mit Bezug auf das Christentum liegt bereits im NT hinsichtlich der Kreuzüberschrift in der Passionsgeschichte Lukas 23, 37−38 (*Hic est rex Iudaeorum*) wenigstens in einem Teil der Handschriften und Johannes 19, 20 (*Iesus Nazarenus Rex Iudaeorum*) vor, also in der Zeit um 90 n. Chr. vielleicht in Rom (Lukas-Evangelium) und zwischen 100 und 110 n. Chr. in Kleinasien (vielleicht Ephesus, Johannes-Evangelium; vgl. Schnelle 1996, 285, 538−541), mag dies auch mehr einer idealen Vorstellung als der historischen Wirklichkeit entsprechen:

Luk. 23, 38   ἦν δὲ καὶ ἐπιγραφὴ ἐπ' αὐτῷ γράμμασιν Ἑλληνικοῖς καὶ Ῥωμαϊκοῖς καὶ Ἑβραϊκοῖς.
Erat autem et superscriptio scripta super eum litteris Graecis et Latinis et Hebraicis.

Joh. 19, 20:   καὶ ἦν γεγραμμένον Ἑβραϊστί, Ῥωμαϊστί, Ἑλληνιστί.
Et erat scriptum Hebraice, Graece, et Latine.

Damit ist jedenfalls schon in den Anfängen des Christentums der überregionale, sprachenübergreifende Anspruch der Lehre Christi zum Ausdruck gebracht, wie er sich dann vor allem im Pfingstwunder sowie in den Paulinischen Briefen manifestiert und dementsprechend in der mehr als tausend Jahre dauernden Christianisierung Europas auch verwirklicht hat. Dazu gehört auch die Lehre vom *Logos* als dem Wort Gottes, welches letztlich die Schöpfung trägt, vor allem im Johannes-Prolog (Joh. 1, 1−18; vgl. die Artikel Logos in Hist. Wb. d. Philosophie 5, 1980, 499−502; TRE 21, 1991, 432 ff.; von Loewenich 1960 betr. Luther). Damit war gegenüber den schriftferneren, undogmatischen und von Theokrasie (Göttermischung) − die nach Jacob Burckhardt 1852 zu Götterverwechslung führt − erfüllten nichtchristlichen Religionen eine neue Vertraubarkeit über die Heilige Schrift gegeben, welche zudem den Weg vom fatalistischen Schicksalsglauben in Spätantike und Germanentum zum Glauben an das ewige Leben − nach Burckhardt die „selige Unsterblichkeit" − eröffnet. Von Harnack 1924 unterstreicht, dass im Christentum „Individualismus und Menschentum an Stelle des Nationalismus" traten (S. 36) und bezeichnet es − zwar mit Einschränkungen − als „Religion des Buchs und der erfüllten Geschichte" (S. 289 ff.), was auch in der positiven Stellung zum AT bzw. der christlichen Einverleibung dieses im Vergleich mit anderen Religionen einzigartigen Buches zum Ausdruck kommt. Die durch das Christentum ausgelöste Entnationalisierung der Religion zugunsten einer zwar individuell mitgeprägten Internationalisierung zeigt sich gerade auch im Sprachleben, wo ebenso sehr wie in regionaler-christlicher Ausformung der neuen Religiosität „der Synkretismus der Universalreligion" (Harnack 1924, 325) zum Ausdruck kommt: christlich-religiöser Wortschatz nicht nur aus den einzelnen Volkssprachen heraus, sondern in der Regel übergreifend vom Hebräisch−Griechisch−Lateinischen her in die Volkssprachen, aber auch innerhalb dieser durch manche Austauschvorgänge neu belebt, einmal wiederum mehr aus einheimischem, dann wieder aus fremdem Wortgut neu erfüllt. Vor allem darf das mittelalterliche Europa als internationale christliche Einheit verstanden werden, deren gemeinsames Band eine besonders intensive Religiosität und so gelebte wie literarisch immer aufs neue artikulierte Frömmigkeit war (dazu grundlegend Angenendt 1997).

Auf diesem Hintergrund verwundert es nicht, dass die volkssprachliche Buchkultur sich immer wieder an der Bibel als der wichtigsten christlichen Form des spätantiken Codex orientiert, nachdem in den ersten Jahrhunderten sich der christliche Kanon der heiligen Schriften herausgebildet hatte (dazu TRE 6, 1980, 38 ff.). In den agerm. Sprachen zeigen sich auf der Grundlage von *bōk- 'Zeichen, Los mit Zeichen', dann 'Schriftzeichen'

sechs Bedeutungen, unter denen 'Buch, i. d. R. auch Teil eines Werkes, insbes. Heilige Schrift, liturgisches Buch' alle Sprachen umfasst: Got., Ahd., Asächs., Afries., Aengl. Anord., wie aus Abb. 64.3 hervorgehen mag (dazu Sonderegger 1997, 26 ff.); got. Bibelübersetzung z. B. *saggws bōkō* 'Vorlesung der hl. Schriften', *siggwan bōkōs* 'aus den hl. Schriften vorlesen (in der Synagoge)'; ahd. z. B. *thio/thia buah* 'die hl. Schriften, Bücher', *buah frōno* 'Evangelien, Bücher des Herrn' (Otfrid), asächs. z. B. *thiu bōk* 'die (heiligen) Bücher, Schriften' (Heliand), aengl. z. B. *Cristes bōc* 'Evangelium', Pl. *ealle Cristes bēc* 'alle (vier) Evangelien', anord. z. B. *bók* 'Evangelienbuch, liturgisches Buch', auf welchem man den *bókareið* 'den Eid mit Handauflegung auf einer Bibel' ablegte (dagegen bedeutet anord. *biblia, biflia* f. nur 'lat. Buch'). Der vorwiegend pluralische Gebrauch im Agerm. beruht auf den bibelsprachlichen Vorlagen griech. αἱ γραφαί 'die hl. Schrift als Ganzes', lat. *scripturae* 'die überlieferten hl. Schriften'. Relativ einheitlich ist europäisch gesehen die Bezeichnung der Bibel, da das kirchenlat. *biblia* f. 'sacra scriptura, Bibel' (Mlat. Wb. 1,1461; ursprüngl. griech. Pl. τὰ βιβλία zu τὸ βιβλίον 'Buch, Schriftstück') in den rom. wie germ. Sprachen weiterlebt: franz. *la bible*, ital. *la bibbia*, dt. *Bibel* (mhd. *biblie, bibel* f., frnhd. und älter nhd. als Titel noch bis ins 18. Jh. *Biblia [deutsch]*), nl. *bijbel* (mnl. *bībele, bīble* < frz. *bible*), engl. *Bible*, skand. *bibel* (älter oft *biblia*). Die Bücher der heiligen Schrift galten im Mittelalter wie die Reliquien als *res sacrae*, d. h. durch den Kult im Gottesdienst geheiligte Objekte. Deshalb kam es immer wieder zu besonders reich ausgestatteten Prachthandschriften, selbst in Bibelübersetzungen wie z. B. im Codex Argenteus der got. Bibel Wulfilas (nach 450) aus ostgot. Werkstatt in Ravenna zur Zeit Theoderichs d. Gr. (frühes 6. Jh., heute Univ. Bibl. Uppsala) oder in der illuminierten Wenzelsbibel für den humanistisch gesinnten König Wenzel von Böhmen zwischen 1390 und 1400 in Prager Kanzleiprosa (heute Österreich. Nationalbibliothek Wien), um nur zwei germanistisch bedeutsame Beispiele zu nennen. Eine besondere Bedeutung kommt dabei dem Psalter aus pädagogischen und liturgischen Gründen zu. Als *das* Gebetsbuch selbst in der Volkssprache wurde er zum meist vorgelesenen, gesungenen, übersetzten und kommentierten Buch des Mittelalters, als Schulbuch diente er dem Lateinunterricht durch Auswendiglernen

Germ. *bōk- 'Zeichen, Schriftzeichen, Buch'	Sprachen					
	Got.	Ahd.	As.	Afries.	Ae.	Anord.
Einzelsprachliche Formen (ohne alle Dialektvarianten)	*bōka* f. Pl. *bōkōs*	*buoh, buah* f. n. m. Pl. *buoh, buah*	*bōk* n. Pl. *bōk, bōki*	*bōk* f. n.	*bōc* f. Pl. *bēc*	*bók* f. Pl. *bœkr*
Bedeutungen 1. Schriftzeichen, Buchstabe	+	+				
2. Schreibtafel			+			
3. mit Figuren oder Zeichen versehener Stoff (Gewebe)						+
4. Schriftstück, Brief, Urkunde	+ Pl.	+ meist Pl.			+	
5. Buch (Schriftrolle, Codex) i. d. R. auch Teil eines Werkes, insbes. Hl. Schrift, Evangelium, liturgisches Buch, Rechtsbuch	+ Pl.	+ meist Pl.	+ meist Pl.	+	+	+
6. Wissenschaften, Gelehrsamkeit (auf lat. Hintergrund)		+ Pl.				+

Abb 64.3: Form und Bedeutung von germ. *bōk- '(Schrift-)Zeichen, Buch' in den altgermanischen Sprachen

(vgl. LMA 7, 1995, 296–302). Noch Luther nennt in seiner Biblia von 1534 den Psalter (Vorrede dazu) „ein kleine Biblia / darinn alles auffs schoenest vnd kuertzest / so inn der gantzen Biblia stehet / gefasset / vnd zu einem feinen Enchiridion oder Handbuch gemacht vnd bereitet ist / ...", so dass es ihm vorkommt, der Hl. Geist habe „die gantze summa verfasset jnn ein klein Buechlin". Lat. *psalterium* wird seit dem Frühmittelalter in die germ. Volkssprachen übernommen: z. B. ahd. *(p)saltari, -eri* n. (neben *(p)saltarsang* m. u. ä.), aengl. *sealmlēoþ, -ð* n. (engl. *psalter*), anord. *(p)saltari* m. (schwed. *psaltare*) 'Psalter'. Auf dem Nachleben der Psalmen beruht auch weitgehend die religiöse Lyrik des Mittelalters (Singer 1933).

Eine weitere typisch christliche Buchform des europ. Frühmittelalters sind die mit Tausenden bis Zehntausenden volkssprachlicher Personennamen ausgestatteten Memorialbücher (*libri confraternitatum* 'Verbrüderungsbücher', auch *libri vitae* genannt; ferner *Necrologia*) im Rahmen der die Klostergemeinschaften verbindenden Gebetsverbrüderungen und des Totengedenkens im Hinblick auf das ewige Leben, deren wichtigste Vertreter etwa entsprechende Buchzeugnisse aus Durham (England), Remiremont (Lothringen), Reichenau, St. Gallen und Salzburg sind, die ihrerseits aber viele weitere Klosterorte mit ihren lebenden oder verstorbenen Mönchen oder auch eingetragenen Laien vermitteln (vgl. Schmid/Wollasch 1984, Rappmann/Zettler 1998). Dadurch ergab sich eine Hauptquelle für die mittelalterliche Personennamenforschung in Westeuropa. Die Verschriftlichung in ausgedehnten Listen „erklärt sich letztendlich aus der Hoffnung, Gott möge die aufgeschriebenen und in den ⟨Liber vitae⟩ eingetragenen Namen ins ⟨himmlische Buch des Lebens⟩ einschreiben" (Schmid in Schmid/Wollasch 1984, 32).

3. Auswirkungen der Christianisierung

3.1. Klosterkultur und Bildungswesen

Grundlegend für die nachhaltigen Auswirkungen der Christianisierung nach Verfestigung des Glaubens, Ausbreitung in noch heidnische Gebiete und Aufbau eines neuen Bildungswesens mit Einschluß einer griech.-lat. wie allmählich auch volkssprachlichen Schrifttumskultur ist für Europa die Entstehung von Mönchtum und Klosterwesen. Das westeuropäisch-fränkische Mönchtum geht von Gallien (St. Martin in Tours, Bischof 375−401) aus, wie Prinz 1965, ²1988 (vgl. auch Prinz 1976) gezeigt hat, und lässt sich in eine erste monastische Phase des 4.−5. bzw. 6. Jh., in eine zweite irofränkische zwischen 590 (Columban) und dem Ende des 7. Jh. und eine dritte durch angelsächsische Missionare geprägte, i. w. benediktinische seit um 690 bis ins 8. Jh. gliedern. Diesen Phasen entspricht eine etappenweise Verdichtung und Ausbreitung der Klostergründungen bes. nach Osten und Nordosten (entsprechende Karten bei Prinz). Unabhängig davon war in Irland und im angelsächs. England bes. seit dem 6. Jh. eine bedeutende Klosterkultur entstanden, welche im besonderen bildungs- und schriftgeschichtlich bis weit über die Zeit Karls d. Gr. auf den Kontinent ausstrahlte. Die wichtigsten christlichen Bildungsväter, Kirchenväter und regionalen Kirchenbegründer sind auf Abb. 64.4 zusammengestellt und werden im folg. Text nur noch mit Bezug auf ihre besondere sprachgeschichtliche Relevanz erwähnt. Jedenfalls bilden sie über ihre religionsgeschichtliche Bedeutung hinaus einen ständigen literarischen Bezugspunkt, vor allem für Übersetzung und Glossierung in die Volkssprachen.

Der relativ uneinheitlichen, aber vielseitigen Bezeichnung für 'Kloster' im Lat.-Mlat.

Christliche Bildungsväter

Anicius Manlius Severinus Boethius (475/480−524)
spätantik-frühchristlicher Philosoph und Übersetzer aus dem Griechischen (v. a. Aristoteles) von bedeutender Ausstrahlung für das gesamte, auch volkssprachliche Mittelalter (v. a. durch sein literarisches Werk *De consolatione Philosophiae*)

Flavius Magnus Aurelius Cassiodorus (um 485−um 580)
Philologe, Bildungsbeamter unter Theoderich d. Gr. und Gründer des Klosters Vivarium, durch seine *Expositio psalmorum* und *Institutiones divinarum et saecularium litterarum* von grundlegender Bedeutung für die mittelalterliche Bildungs- und Bibliotheksgeschichte

Hauptsächliche Kirchen- und Mönchtumsväter

(1) Lateinische

Ambrosius (um 339−397), Bischof von Mailand, Begründer des Kirchengesangs im Westen (Hymnen)

Hieronymus (347−420), Bibelübersetzer (Vulgata) und Bibelkommentator

Augustinus (354−430), umfassender philosophisch-theologischer Kirchenlehrer, Bibelkommentator (v. a. der Psalmen) und Schriftsteller (u. a. *Confessiones*)

Benedikt (-ctus) von Nursia (um 480−um 547), Vater des westlichen Mönchtums und Verfasser der *Regula Benedicti* (um 540)

Gregor d. Gr. (um 540−604), Kirchenlehrer, Bibelkommentator (v. a. *Moralia in Iob*), Schriftsteller (*Dialogi*), Papst (seit 590)

Isidor von Sevilla (um 560−636), daselbst Bischof, sog. letzter Kirchenvater, umfassender theologischer und bildungsgeschichtlicher Schriftsteller (v. a. *Etymologiae*, Handbuch des gesamten Wissens aus Antike und frühem Christentum)

(2) Griechische

Athanasius (-os) d. Gr. (328−373), Bischof von Alexandreia, Bekämpfer des Arianismus (Konzil von Nikaia 325)

Basilius/Basileios d. Gr. (um 330−379), Bischof von Caesarea (Kappadokien), Vater des östlichen Mönchtums, Moraltheologe, Dogmatiker und Prediger, mit positiver Einstellung gegenüber der profanen antiken Literatur

Gregor/Gregorios von Nazianz (um 326−um 390), Bischof von Konstantinopel (Konzil 381), bedeutender spiritueller Theologe und Dogmatiker

Johannes Chrysostomos (344/354−407), Bischof von Konstantinopel, größter Prediger der griech. Kirche (*Homilien*)

Johannes Damaskenos/Damascenus (um 650−um 750), aus Damaskus, Prediger und theologischer Schriftsteller, sog. letzter Kirchenvater der Ostkirche

Regionale Kirchenbegründer oder Kirchenlehrer vorab im nördlichen Europa

(1) Gallien

Martin von Tours (um 336—397), frühchristlicher Heiliger und Wundertäter, Missionar und Bischof von Tours

Gregor von Tours (538/539—593/594), Bischof daselbst, hagiographischer und herausragender historischer Schriftsteller (*Decem libri historiarum*, fälschlich als *Historiæ Francorum* bezeichnet)

(2) Irland

Patrick (Patricius), 5. Jh. (v. a. 2. Hälfte), irischer Nationalheiliger, Missionar und Kirchenorganisator, Verfasser von Briefen

(3) England

Aldhelm (um 640—709), Abt und später Bischof, Begründer der lat. Literatur und Kultur der Angelsachsen, dessen Werke oft volkssprachlich glossiert wurden

Beda venerabilis (673/674—735), angelsächsischer Mönch und Gelehrter auf allen Wissensgebieten, v. a. Grammatik, Metrik und Stilistik, Chronologie und Kosmographie, Hagiographie, Kirchengeschichte (*Historia ecclesiastica gentis Anglorum*) und Theologie (Bibelkommentare, Patristik), mit Anteil an der frühen altengl. Literatur (sog. Totenlied, Bede's Death-Song, Sterbesang; verloren ist eine Übersetzung des Johannes-Evangeliums)

(4) England-Frankreich

Alkuin (Alcuin, Alchwine) (um 730—804), angelsächsischer Gelehrter und Leiter der Kathedralschule von York, später der Hofschule Karls d. Gr., seit 796 Abt des Klosters St. Martin in Tours, Bibeltextrevisor (sog. Alkuin-Bibel), mlat. Orthographiereformer, Schriftsteller und Dichter

(5) Niederlande-Friesland

Willibrord (um 657/658—739), northumbrisch-angelsächsischer Herkunft, Missionar und Erzbischof der Friesen, sog. Apostel der Niederlande, wirkte von Utrecht und später von Echternach aus

(6) Fränkisch-deutsches Reich

Bonifatius (Winfrid) (672/675—754), Missionserzbischof angelsächsischer Herkunft (aus Exeter), war in Friesland, Hessen und Thüringen sowie in Bayern tätig, bedeutender Kirchenorganisator und Bistumsgründer, sog. Apostel der Deutschen, 744 Begründer des Klosters Fulda, Schulschriftsteller, Dichter und Verfasser von 150 Briefen (*Epistolae*)

Hrabanus Maurus (um 780—856), Abt von Fulda 822—842, seit 847 Erzbischof von Mainz, bedeutender karolingischer Kirchenlehrer, Bibelexeget fast aller Teile des AT und NT, Schulschriftsteller und geistlicher Dichter von europäischer Ausstrahlung, sog. Praeceptor Germaniae

(7) Norddeutschland und Skandinavien

Ansgar (Anskar) (um 801—865), karolingischer Missionar aus der Pikardie (NW-Frankreich), Erzbischof von Hamburg-Bremen, gelangte 823 nach ⟨Neu-Corbie⟩ oder Corvey in Sachsen, missionierte dann mit wechselndem Erfolg in Norddeutschland, Dänemark und Schweden, Verfasser von Visionsliteratur, Gebeten und Briefen

(8) Slavisches Osteuropa

Brüderpaar Konstantin (Constantinus), später Kyrillos (Mönchsname) (um 815—869) und Method (Methodius) (826/827—885) aus Thessalonike, die beiden ⟨Lehrer der Slaven⟩, Bibelübersetzer in das von ihnen vor 863 standardisierte Altkirchenslavische und Missionare in Mähren, Pannonien und Illyrien

Abb. 64.4: Die wichtigsten christlichen Bildungsväter, Kirchenväter und regionalen Kirchenbegründer

entspricht die lexikalische Vielfalt in den europ. Sprachen:

- lat. *monasterium* (griech. μοναστήριον 'Eremitenzelle') 'Kloster, Klostergebäude, Mönchsgemeinschaft', ahd. *munastiri, munistiri* 'Kloster', mhd. *munster, -ü-*, auch 'Klosterkirche', später 'Kathedrale, Münster'; aengl. *mynster* 'Kloster(kirche)', engl. *monastery* (erneut < lat.); anord. *mustari* u. ä.; franz. *monastère*, ital. *monastero*
- mlat. *claustrum* 'Riegel u. ä., Kloster(gebäude), Klausur (mit Kreuzgang)' (Mlat. Wb. 2, 700) – neben **clōstrium* > afrz. *cloistre*, engl. *cloister* 'Kloster, Kreuzgang' –, ahd. *klōstar*, mnd. *klōster* (> skand. *kloster*), mnl. *clooster* 'Kloster'; aengl. *clauster* (> anord. *klaustr*)

– mlat. *conventus* 'Mönchsgemeinschaft, Klostergemeinde', franz. *couvent*, ital. *convento* 'Kloster(gemeinschaft)'

Zu den großen bildungsgeschichtlichen Errungenschaften des Christentums gehört die Toleranz gegenüber der antiken Bildung, ja deren Einverleibung als philologisch-literarische Voraussetzung für das Studium der Theologie und die Exegese der Bibel. Darin auf Boethius und Augustinus fußend, hat dies nachdrücklich und einflussreich der christliche Bildungsvater Cassiodor (vgl. Abb. 64.4) in seinen *Institutiones divinarum et saecularium litterarum* vertreten (vgl. Curtius 1964,

446 ff., LMA 2, 1983, 1553), auf den auch die im MA verbreitete Auffassung der *artes liberales* als 'Buchgelehrsamkeiten' (Institutiones 2,4 *liber autem dictus est a libro*, bei Notker III. v. St. Gallen um 1000 ahd. *septem artes liberales* als *die siben bûohliste*, d. h. 'Buchkünste', vgl. Sonderegger 1999) zurückgehen dürfte. Dieser Tradition folgend kann beispielsweise Notker III. in seinem werkbiographischen Brief an Bischof Hugo von Sitten um 1015 die pädagogische Einsicht in die Notwendigkeit weltlich-antiker Bildung als Instrumentarium für das volle Verständnis der *libri ecclesiastici* vertreten, die in der Schule zwar vorrangig zu lesen seien. Als Gründer des Klosters Vivarium (Unteritalien) wurde Cassiodor Vorbild für Bibliotheksaufbau, Schreib- und Übersetzungstätigkeit. Voller Bezüge zu den *artes liberales* wie deren Bibliothekshintergrund ist auch des spätantik-frühchristlichen Philosophen Boethius (vgl. Abb. 64.4) literarisches Werk *De consolatione Philosophiae* 'Über die Tröstung durch die Philosophie', welches schon im FrühMA einerseits durch Alfred d. Gr. in der 2. Hälfte des 9. Jh. ins Aengl., durch Notker III. von St. Gallen im späteren 10. Jh. ins Ahd., später u. a. durch Geoffrey Chaucer ins Meng. (2. H. 14. Jh.) übersetzt wurde. Boethius ist außerdem eine lat. Übersetzung der Hauptschriften des Aristoteles zu verdanken, die wiederum als Grundlage für die Tradierung in die Volkssprachen (so durch Notker III. teilweise ins Ahd. [Kategorien, Hermeneutik]) diente. Aber auch Boethius' *opuscula sacra* und seine Schriften zum Quadrivium sind für den mittelalterlichen Schulunterricht bis ins 14. Jh. von Bedeutung (Bernhard 1996). Über Boethius heißt es beispielsweise im Prolog der aengl. Consolatio-Übersetzung (ed. Sedgefield 1899, ²1968, 7) *se wæs in boccræftum ond on woruldþeawum se rihtwisesta*, d. h. „er war in den Wissenschaften (Buchgelehrsamkeiten) und weltlichen Geschäften der geschickteste".

Scriptorium und diesem angegliederte Bibliothek sind das Bildungszentrum eines Klosters und gleichzeitig Voraussetzung für die Klosterschule. „Claustrum sine armario est sicut castrum sine armamentario" heißt es bei Geoffroy de Sainte-Barbe-en-Auge (zit. Berschin 1987, 5: „Ein Kloster ohne Bücherkasten ist wie eine Burg ohne Waffenkammer"). Die sog. Königshalle aus karolingischer Zeit in Lorsch war nach neuen Erkenntnissen eine Bibliothek mit Skriptorium. Lat. *bibliotheca* wird in den frühmittelalterlichen germ.

Volkssprachen recht verschieden übersetzt, z. B. ahd. *bûohchámera* f. (u. a. Notker), *buohfaz* n. (auch 'Bücherkasten'), *buohgistriuni* n.; aengl. *bōchord* n., *bōchūs* n., *bōcgestrēon* n., *bōcgesamnung* f. (mengl. dann *librarie* etwa bei Chaucer < franz. *librairie* < mlat. *librāria*). Lat. *bibliothecarius* erscheint ahd. etwa als *buohgoumil* 'Buchhüter', *buohwart*, lat. *pergamentum* oder *membranum* als ahd. *buohfel* n., aengl. *bōcfel*, anord. *bócfell* 'Pergament(blatt)'. Wie sehr die neue klösterliche Schreibtätigkeit außerhalb des Ritzens von Runen in den agerm. Volkssprachen erst terminologisch differenziert werden musste, zeigen die verschiedenen Ausdrücke dafür (vgl. Sonderegger 1996):

— agerm. *wrītan*, skand. *ríta, rita* neben dem Ritzen von Runen im Engl. seit aengl. Zeit (*wrītan*) für 'schreiben' überhaupt (engl. *write*), im Asächs. neben *skrīban* gebraucht (vgl. Heliand 1085 f. *Gescrīban uuas it giu lango / an bōcum geuuriten*);

— got. in Wulfilas Bibelübersetzung (und später in den ostgot. Urkundenunterschriften in Oberitalien) *mēljan* allgemein für griech. γράφειν, eigentlich '(mit Tinte, Farbe) malen', entsprechend dem kalligraphisch gepflegten Schreiben liturgischer Hss. auf Pergament;

— festlandgerm. und skand. **scrīban* (ahd. *scrīban*, asächs. *scrīban*, anord. *skriva, skrifa*, wahrscheinlich unter Einfluß von lat. *scribere* 'schreiben') als am meisten verbreitetes Wort der neuen Schreibtechnik (auch aengl. *scrīfan*, aber in der Bedeutung von 'vorschreiben, anweisen, Beichte hören, auferlegen', *to shrive*, ähnlich afries. *scrīva*).

Ähnlich uneinheitlich sind die hauptsächlichen germ. Entsprechungen für lat. *legere*, griech. ἀναγινώσκειν, ἀναγνῶναι: im Got. steht dafür *siggwan, ussiggwan* 'singen (d. h. liturgisch lesen)', im Engl. aengl. *rǣdan* 'to read' (so Ælfrics Grammatik 11. Jh. *Ic rǣde lego, dū rǣtst legis*, neben ursprünglich 'raten, beraten, herrschen u. ä.'), in den übrigen germ. Sprachen *lesan* (ahd. *lesan*, skand. *läsa, læse* u. ä.), mit der Lehnbedeutung von lat. *legere* 'Geschriebenes lesen, vorlesen' und dem Nachleben der ursprünglichen Bedeutung von 'sammeln, zusammen legen' (so got. *lisan*, aengl. *lesan* usw.). Handarbeit und Lesung der hl. Schrift wie von Büchern überhaupt schreibt die Benediktinerregel Kap. 48 ausdrücklich vor (Text und Übers. bei Steidle ²1975), z. B. lat. *occupari debent fratres in labore manum, certis iterum horis in lectione divina* (aengl. Übers. *mid godcundre rǣdinge*; *lectio* ahd. Ben. R. *lectia, leczia, leczea* f., sonst auch *lirnunga* f. 'Lehre (durch Lesen), das Lernen'). Das klösterliche Leben mit Lernen durch Lesen, Schreiben und Gottesdienst bezeugt exemplarisch Beda venerabilis in seiner lat. Kirchengeschichte des englischen Volkes (Spitzbart 1997, 543): „seither habe ich die ganze Zeit meines Lebens in den Gebäuden dieses Klosters verbracht, habe alle Mühe auf das Studium der Schriften verwendet und habe neben der Beachtung der Regeldisziplin und der täglichen Pflege des Kirchengesangs immer Freude am Lernen oder Lehren oder Schreiben gehabt" (*semper aut discere aut docere aut scribere dulce habui*). Wie anspruchsvoll, ja anstrengend die mittelalterliche Schreibtätigkeit war, belegen viele mlat. Schreibersprüche etwa von der Art *Tres digiti scribunt / totum corpusque laborat* „drei Finger schreiben und der ganze Leib arbeitet" (Berschin 1987, 8; vgl. Duft 1964) wie auch der einzigartige ahd. St. Galler Schreibervers des 9. Jh. *Chumo kiscreib filo chumor kipeit* „Mühsam habe ich [dieses Buch] fertig geschrieben, noch viel mühsamer habe ich es [d. h. das Ende des Schreibens] erwartet" (vgl. VL ²2, 1980, 1047 f.). Für die gesamte mittelalterliche Kultur Europas bleibt das Schreiben die zentrale wissensvermittelnde Tätigkeit (vgl. Meier 1992).

Grundlegend für die mittelalterliche europ. Schrift- und Bildungskultur sind dabei die benediktinischen Klöster mit ihren Bibliotheken und Schulen geworden, weshalb der hl. Benedictus von Nursia (vgl. Abb. 64.4) auch „Symbol abendländischer Kultur", seit 1980 durch päpstlichen Erlaß „Patronus totius Europae" genannt wird (vgl. Benedictus 1980/1997). Rückblickend erkannte dies schon der geistliche Humanist Johannes Trithemius in seinem Werk *De laude scriptorum*, Mainz 1494, der zu einem Lob der benediktinischen Klosterbibliotheken ausgeholt hat (Sonderegger 1996, 65–66). Die im Frühmittelalter weit verbreitete Regula Benedicti wurde schon im frühen 9. Jh. ins Ahd. (St. Gallen) und im späten 10. Jh. ins Aengl., seit dem Hochmittelalter in fast alle europ. Volkssprachen übersetzt. Ihrer Vorschrift der *lectio* (Lesung der Codices, vgl. oben) wird die Bewahrung und Tradierung antiken Buchwissens zugeschrieben.

In engem Zusammenhang mit den Klöstern und Bischofssitzen ist die Entwicklung eines Schulwesens, im Frühmittelalter der Dom- und Klosterschulen zu sehen (vgl. Specht 1885, Ehlers 1996), zunächst neben Italien im westgotischen Spanien und in England, seit der Karolingerzeit auch in Deutsch-

land und Frankreich. Neben die Bibelexegese trat auch das Studium der sieben freien Künste (Trivium: Grammatik, Dialektik [Philosophie], Rhetorik; Quadrivium: Arithmetik, Geometrie, Astronomie, Musik), beispielhaft etwa im schulischen Übersetzungswerk Notkers III. von St. Gallen (vgl. Sonderegger 1999). Die Schullektüre folgte einem Kanon ausgewählter Autoren (Glauche 1970), die auch für volkssprachliche Glossierung und Übersetzung wichtig waren. Gesamteuropäisch ist die Bezeichnung für 'Schule' geworden (vgl. TRE 30, 1999, 591 ff.): griech. σχολή ursprüngl. 'Ruhe, Muße, wiss. Beschäftigung während der Mußestunden', dann 'Schule, Ort wo sich Lehrer und Schüler aufhalten' (so auch NT Apg. 19,9), lat. *schola*, mlat. mit -ō- (ital. *scuola*, frz. *école*), germ. Lehnwörter ahd. *scuola*, aengl. *scolu*, *scōl* f. 'school', anord. *skóli* m. (skand. *skole, -a*: Lehnwörter < aengl. oder mnl. *school, schole* m. f. n.), wozu viele Ableitungen gebildet sind, die teilw. vom Lat. ausgehen (z. B. *scholaris* Adj. und Subst. 'Schüler', *scholasticus* 'Schüler, Gelehrter, Lehrmeister').

Für Hinweise auf die mittelalterliche christliche Buch- und Wissenschaftskultur sei auf entsprechende Artikel in den Fachlexika (Abschnitt 5.1) sowie auf neuere Sammelbände bes. betr. den dt. Sprachraum verwiesen, so etwa für

– geschichtliche Grundlagen: Die Franken, Katalog-Handbuch, 1996
  Die Alamannen, Begleitband zur Ausstellung, 1997
– Irland (und insulare Einflüsse): O'Neill 1984
– Karl d. Gr.: Bischoff 1965
– Karolingerzeit: Kunst und Kultur der Karolingerzeit 1999
– Echternach: Ferrari/Schroeder/Trauffler 1999
– Fulda: Schrimpf 1996
– Köln: Glaube und Wissen im MA 1998
– Lorsch: Bischoff 1989
– Reichenau (und St. Gallen): Maurer 1974, Berschin 1987
– St. Gallen: Ochsenbein 1999
– Österreich i. a.: Wissenschaft im MA 1975
– Niederlande im Spätmittelalter: Obbema 1996.

3.2. Schrifttumsentwicklung und volkssprachliche Bibelübersetzung

Die spätantik-frühmittelalterliche Schriftkultur ist aufs engste mit der Christianisierung und Verfestigung des Christentums verbunden. Gerade die Entwicklung von den antiken und jüdischen Schriftrollen zur Buchform mit in Lagen gefalteten und eingebundenen Pergament-Codices ist ein Merkmal vorab christlicher Kultur (vgl. LMA 2, 1983, 2197 f.). Erst der Codex mit seinen Blattseiten hat auch die Entfaltung der vorzugsweise religiösen Buchmalerei und der Initialtechnik ermöglicht. Freilich sind auch im frühen Inschriftenwesen bereits christliche Einflüsse festzustellen, so im noch keltischen Britannien des 5./6. Jh. (Jackson 1953, 149–193) oder teilweise in den südgerm. Runeninschriften aus der Merowingerzeit (Opitz 1977, 57 ff., 112–141; Düwel 1999), seit der Jahrtausendwende auch in den jüngeren nordischen Runendenkmälern. Indessen entstehen die ältesten volkssprachlichen Schriftdenkmäler der Buchkultur in Ost- und Westeuropa ausschließlich im Zusammenhang von Christianisierung und Klosterkultur auf dem Hintergrund von Bibel, Totengedenken, geistlicher Literatur, spätantiker Schullitera-

tur und erstmaliger Rechtsaufzeichnung. Der späten Christianisierung Skandinaviens und der Slaven (vgl. Abb. 64.1) entspricht der vergleichsweise späte Beginn einer volkssprachlichen Buchkultur. Eine Übersicht dazu vermittelt Abb. 64.5 für die Sprachgebiete außerhalb der Romania, da dort durch die Nähe der spätlat.-frührom. Volkssprache zum Lat. die Schriftkultur von wenigen Ausnahmen abgesehen bis ins Hoch- und teilw. Spätmittelalter rein lat. blieb. Im frz. Sprachgebiet z. B. kommt es erst seit dem 12. Jh. zu volkssprachlichen Bibelübersetzungen, im italien. Raum seit dem 13. Jh. In die früher Übersetzungstätigkeit offener stehende osteuropäische griech.-christliche Kultur (vgl. RLGA ²4, 1981, 578) gehört die erste Bibelübersetzung in eine germ. Sprache, die (nur teilw., vorab im NT erhaltene) Übersetzung des gotischen Missionsbischofs Wulfila seit

Christianisie-rungszeit	Stammesverband	Sprache	Zeit	erste volkssprachliche Schrift-denkmäler
4. Jh. Mitte	Westgoten (sog. Gothi minores)	Gotisch	seit um 350 4. Jh., 2. Hälfte	Bibelübersetzung durch Bischof Wulfila Skeireins (Erklärung des Johannes-Evangeliums)
5. Jh.	Iren (in Irland)	Altirisch	5.–6. Jh. um 600 7./8. Jh.	christlich beeinflußte Ogam-Gedenkinschriften (z. T. auch aus Wales, Cornwall, England und Schottland) Lobgedicht auf den hl. Columba (altir. Amra Choluim Chille) von Dallán Forgaill (Forcellius) Beginn einer geistlichen und rechtlichen Literatur und Glossierung
5. Jh., 2. Hälfte	Ostgoten in Oberitalien	Gotisch	5./6. Jh.	Tradierung der westgotischen Bibelübersetzung des Wulfila und einige kleinere Schriftdenkmäler (darunter die ostgot. Urkundenunterschriften aus Ravenna)
um 500 und 6. Jh.	Franken unter Chlodwig	Altwestfränkisch (mit Galloromanisch vermischt) der vorkarolingischen Zeit	seit etwa 507, 6.–7. Jh.	Lex Salica (lat. Text) mit germ. Rechtswörtern (sog. Malbergische Glossen), aber in verderbter Überlieferung
Ende 5. Jh.	Langobarden (Pannonien, Oberitalien)	Langobardisch (in Oberitalien)	7. Jh.	643 Edictus Rothari, langobardisches Gesetzbuch mit volkssprachlichen Rechtswörtern

Christianisierungszeit	Stammesverband	Sprache	Zeit	erste volkssprachliche Schriftdenkmäler
um 600 und 7. Jh.	Angelsachsen	Altenglisch (mit versch. Dialekten)	7. Jh., 2. Hälfte	Tätigkeit des christl. Dichters Cædmon (etwa in den Jahren 657–680), von dem wenigstens sein Hymnus (Preis des Schöpfers) erhalten ist
			735	Bedas Sterbelied (Bede's Death-Song)
			8./9. Jh.	zunehmende Aufzeichnung der altengl. geistlichen und weltlichen Literatur, deren Entstehung z. T. bis ins späte 7. und 8. Jh. zurückreicht, ferner von Rechtsdenkmälern und Urkunden
7. Jh. (bis 8. Jh.)	Alemannen, Baiern, Hessen, Thüringer (und Franken seit dem 6. Jh.)	Althochdeutsch (mit versch. Dialekten)	8. Jh. 2. Hälfte 9. Jh.	Beginn der ahd. Glossierung und katechetischen Literatur, zunehmende Aufzeichnung der ahd. geistl. und weltlichen Literatur
vor und nach 800	Sachsen	Altsächsisch	um 800 Mitte 9. Jh.	erste katechetische Texte Heliand (neutestamentl. Bibeldichtung in Stabreimen)
			gegen 900	Genesis (alttestamentl. Bibeldichtung in Stabreimen)
			9./10. Jh.	weitere Glossen und kleinere Denkmäler
9. Jh., 2. Hälfte	Slavische Stämme in Mähren, Bulgarien und Böhmen sowie in Randgebieten des fränkischen Reiches	Altkirchenslavisch	863–885	Bibelübersetzung der Slavenapostel Konstantin (Kyrillos) und Method (sowie anderer Mitarbeiter) und liturgische Texte in kyrillischer Schrift
		Altslowenisch	um 1000	erste geschriebene Hs. in slowenischer Sprache, sog. Freisinger Denkmäler (Beichtformeln, Exhortatio ad poenitentiam) in lateinischer Schrift
Ende 10. Jh.	Westrussen (im Kiever Rus'-Reich)	Altrussisch	11. Jh.	Chronistik des Kiever Höhlenklosters, Hagiographie und liturgische Texte
10.–11. (z. T. 12.) Jh.	Skandinavische Völker und Stämme	Altnordisch	12. Jh.	vereinzelter Beginn volkssprachlicher Aufzeichnungen juristischer und geistlicher Texte außerhalb der Runenüberlieferung im Westnordischen (vor allem auf Island), die sich erst im 13. und 14. Jh. vervielfacht
			13. Jh.	erste volkssprachliche Aufzeichnungen im Ostnordischen seit der ersten Jahrhunderthälfte

Abb. 64.5: Das Verhältnis zwischen Christianisierung und der Entstehung von volkssprachlichen Schriftdenkmälern im spätantik-mittelalterlichen Europa außerhalb der Romania

um 350 in ein durch ihn geschaffenes Bibel-got. mit eigener Schrift in Anlehnung an das griech. und lat. Alphabet und vereinzelt Runenzeichen (vgl. Stutz 1972). Wulfila gilt seit der Wiederentdeckung seiner Übersetzung im 16./17. Jh. sozusagen als germ. Hieronymus, als Urvater einer germ. Bibel, von der man auch im dt. Mittelalter eine vage Vorstellung hatte (Sonderegger 1964, 1996). Alle späteren volkssprachlichen Schriftdenkmäler in Abb. 64.5 − mit Ausnahme der (nicht vollständigen) Bibelübersetzung der Slavenapostel Kyrillos und Method sowie der Kiever altruss. liturgischen Texte − beruhen nicht auf griech., sondern allein auf lat. Grundlage. Die relativ reiche Vertretung von Rechtstexten unter den ersten volkssprachlichen Schriftdenkmälern entspricht der starken Verankerung des Rechtsdenkens im AT und NT (göttliches Recht ist auch das geschriebene Recht der Bibel), so dass das weltliche Recht und dessen Aufzeichnung sozusagen unter Gott oder Christus gestellt werden konnte − jedenfalls finden sich in den Prologen oder Einleitungen zu den frühmittelalterlichen Rechtsbüchern meist einbettende Bezüge zur Christlichkeit in irgendeiner Form. Sicher darf eine gewisse Parallelität volkssprachlich biblisch-geistlicher wie rechtlicher Verschriftung angenommen werden, wenn auch das weltliche Recht außerhalb des römischen Rechts mehr mündlich überliefert blieb und erst allmählich und zunächst lat. (mit volkssprachlichen Rechtswörtern) zur Verschriftung gelangte (vgl. v. a. Schmidt-Wiegand 1991). Für die Geschichte der dt. Sprache ist das Wirken Karls. d. Gr. vor und nach 800 von grundlegender Bedeutung (vgl. Bischoff 1965) − Karl d. Gr. steht auch bewusstseinsgeschichtlich seit dem 15./16. Jh. am Anfang dt. Sprachgesch. (vgl. Art. 27) −, für das Aengl. sind es die Kodifikation des westsächs. Rechts und die Übersetzungstätigkeit Alfred d. Gr. in der zweiten Hälfte des 9. Jh. (vgl. RLGA ²1, 1973, 167−169). Über die rein katechetische Volkssprachliteratur (wie Taufgelöbnisse, Beichten, Gebete [u. a. Paternoster-Übers.]) hinaus verband sich in den germ. Sprachgebieten die christliche Schriftkultur mit der bislang nur mündlich überlieferten Oralkultur, deren Stabreimdichtung alsbald und zunächst vorzugsweise christlichen Inhalts auf Pergament bzw. in Büchern aufgezeichnet wurde (z. B. ahd. Wessobrunner Schöpfungsgedicht nach 800, asächs. Heliand- und Genesisdichtung 9. Jh., aengl. Hymnus Caedmons auf den Schöpfer

7. Jh. und Bedas Sterbelied 8. Jh., um nur die Anfänge zu nennen). Selbst die Genese der volkssprachlichen Endreimdichtung hat mit Otfrids von Weißenburg Evangelienharmonie an deren Anfang (863−871) christliche Wurzeln, da sein *schema omoeoteleuton* die frühchristliche Reimlehre der Bibelpoetik und des binnengereimten Hexameters seit Cassiodor und Beda aufnimmt und „mit vollem Bewusstsein und formaler Konstanz erstmals den Gleichklang in einer epischen Großdichtung angewandt" hat (Ernst/Neuser 1977, 435; VL ²7, 1989, 183 f.), in der Vierhebigkeit seiner Verse auch der lat. Hymnendichtung folgend: z. B. I, 1, 113 a−b/114 a−b

> *Nu uuill ich scrîban unsêr heil,*
> *êvangeliôno deil,*
> *sô uuir nu hiar bigunnun*
> *in frenkisga zungûn.*

(„Nun will ich unser Heil aufschreiben, einen Teil der Evangelien, wie wir nun hier begannen in fränkischer Sprache", vgl. die lat. Vorrede *Scripsi namque … euangeliorum partem franzisce*). Insgesamt stehen die Anfänge volkssprachiger Schriftlichkeit fast ausschließlich im Einflussbereich christlicher Bildung (vgl. Haubrichs 1995 für das Ahd. und Asächs.).

Was die Bibelübersetzungen im einzelnen betrifft, wie sie Abb. 64.6 für die agerm. Sprachen zusammenstellt, ist außerhalb des Gotischen mit deren Einsetzen auf lat. Textgrundlage vereinzelt seit dem 8., reicher seit dem 9. Jh. auf dem Kontinent und im angelsächs. England (vgl. Morrell 1965), aber erst seit dem 12. Jh. in Skandinavien (entsprechend der späten Christianisierung, vgl. Kirby 1986) zu rechnen. Hauptsächliche Übersetzungsbereiche bilden: Psalter (aengl., dazu Wiesenekker 1991; ahd., vgl. Sonderegger ²1987, 79; teilw. erhalten asächs., anl., anord.), dessen breiteste, um lat. und ahd. Kommentare aus den Kirchenvätern erweiterte Fassung Notker III. von St. Gallen nach 1000 geschaffen hat; Evangelien (aengl., ahd. vor allem Tatian-Übers. [Diatessaron], teilw. anord.). Demgegenüber treten das AT und die übrigen Teile des NT, wiewohl häufig glossiert, mehr zurück, mit Ausnahme des Hohen Liedes, das seit dem 11. Jh. reich vertreten ist. Wirklich vollständige Bibelübersetzungen gibt es in dem germ. wie rom. und slav. Sprachen erst seit dem Spätmittelalter und der frühen Neuzeit (vgl. TRE 6, 1980, 228 ff.). Sprachlicher Hintergrund der kontinentalen Bibelübersetzungen seit dem 8./9. Jh. ist die Mehrsprachigkeit im Karolinger-

Sprache	Zeit	Umfang der Bibelübersetzungen
Gotisch	Mitte 4. Jh.	Bibel des Missionsbischofs Wulfila (Übersetzung aus dem Griechischen): NT, AT ohne Regum; erhalten sind größere Teile des NT (Evangelien und Briefe), Fragment des AT (Nehemias) aus späterer ostgotisch-oberitalienischer Überlieferung des 5. und 6. Jh.
Altenglisch	8. Jh. 1. Hälfte	Bericht über die Übersetzung des Johannes-Evangeliums durch Beda venerabilis (673/674–735) in seinen letzten Jahren (nicht erhalten)
	9.–10. Jh.	Altenglische Psalter, insbesondere die Interlinearversionen Vespasian Psalter (9. Jh.), Junius Psalter (10. Jh.), Cambridge Psalter (11. Jh.), Royal (Regius) Psalter (10. Jh.) (und spätere Versionen), ferner der selbständige Paris Psalter (10. Jh., freiere Prosaübersetzung Ps. 1–50, metrische Übertragung Ps. 51–150)
	nach 890	Alfreds d. Gr. Übersetzung Mosaischer Kapitel (Exodus 20–23, u. a. mit Dekalog) und aus der Apostelgeschichte (15,23–29) im Gesetzbuch der Könige Ælfred-Ine
	seit Mitte 10. Jh.	Altenglische Evangelien, nämlich die Interlinearversionen Lindisfarne Gospels (um 950), Rushworth Gospels (10. Jh. 2. Hälfte) und die selbständige Fassung West Saxon Gospels (um 1000, mit späteren Abschriften)
	um 998	Ælfric's Heptateuch, Paraphrasen aus dem AT und weitere Homilien durch Ælfric Grammaticus (ca. 955–um 1025)
Althochdeutsch	Ende 8. Jh.	St. Pauler Lukas-Glossen (interlineare Teilübersetzung)
	vor und nach 800	Beginn der reichen Paternoster-Übersetzungen an ganz verschiedenen Orten
	um 800	Mondseer Bruchstücke des Matthäus-Evangeliums
	um 840	Althochdeutscher Tatian (Evangeliensynopse) mit wesentlichen Teilen aus den vier Evangelien
	9./10. Jh.	verschiedene Fragmente interlinearer Psalmenübersetzungen
	um 1000	Notkers des Deutschen Psalter (mit Cantica und katechetischen Stücken)
	1060	Willirams von Ebersberg Paraphrase des Hohen Liedes
Altsächsisch	Ende 9. Jh.	Fragmente einer Psalmenübersetzung (sog. Lubliner Psalmen oder altsächs. Psalmenfragmente)
	Anfang 10. Jh.	Fragmente einer Psalmenauslegung
Altniederländisch	9. oder 10. Jh.	Altniederländische Psalmenfragmente (und Glossen) aus einem Psalter aus Alt-Limburg oder vom Niederrhein (sog. Wachtendoncksche oder altostniederfränkische Psalmen)
Altnordisch (Altnorwegisch-Altisländisch, d. h. Altwestnordisch)	12. Jh.	vermutlicher Beginn verschiedener Bibelübersetzungen nach Einzelteilen (Psalmen, Apostelgeschichte, Teile AT, Evangelienharmonie) Stjórn, Name der AT Teilübersetzung (bis Buch der Könige), in verschiedenen Fassungen seit dem frühen 13. Jh. (Stjórn II), Mitte 13. Jh. (Stjórn III) und 1. Hälfte 14. Jh. (Stjórn I) überliefert, früheste Fassung wohl im 12. Jh.

Abb. 64.6: Übersicht zu den wichtigeren Bibelübersetzungen in den altgermanischen Sprachen

reich (dazu Hellgardt 1996 weiterführend zu McKitterick 1989, vgl. auch Richter 1982), welche im Rahmen des Aufbaus einer umfassenden christlichen Kultur zur Vervolkssprachlichung zunächst katechetischer Texte, dann über die bereinigten lat. Bibeln seit Alkuins Tätigkeit in Tours zu deren Glossierung und teilweisen Übertragung – z. B. in Form von Bibelbilinguen, d. h. zweisprachiger Bibeln, wie der lat.-ahd. Tatian (Cod. Sang. 56) – führen musste. Zentrale Bedeutung kommt der *Admonitio generalis* von 789 zu, welche wie darauf beruhende spätere Kapitularien Karls d. Gr. Vorschriften zur Vermittlung der Glaubensinhalte (*fides catholica sanctae trinitatis et oratio dominica atque symbolum fidei* gem. der Frankfurter Synode 794) formulierte. Deshalb kam es vor und nach 800 im ahd. Sprachgebiet zur polygenetischen Entstehung vieler Paternoster-Übersetzungen und weiterer Gebrauchstexte für das kirchliche Leben, die von den Priestern auswendig den Laien vermittelt und von diesen nachgesprochen werden mussten (Sonderegger [2]1987, 76 ff., 95 ff.). An ein mehrsprachiges Publikum wendet sich im 9. Jh. auch die ahd.-afrz. Formulierung der Straßburger Eide 842, auch hier ein Rechtstext mit christlicher Einleitung, im übrigen „die erste dt.-frz. Parallelurkunde" (Gärtner-Holtus 1995), aber zum Vorsprechen durch die beteiligten Könige (Ludwig der Deutsche und Karl der Kahle) und ihre Vasallen vor den beiden Heeren der Ost- und Westfranken. Über den engeren Bereich von Bibelübersetzung und Bibelglossierung oder Auslegung ist es schon im Frühmittelalter in den agerm. Sprachen zu

einer reichen Entfaltung weiterer christlicher Schriftdenkmäler gekommen, wie sie für den Aufbau der Sprachkultur von großer Bedeutung sind (vgl. Art. *Frühchristl. Dichtung* RLGA [2]10, 1998, 138–160). Abb. 64.7 stellt die Bereiche nach betroffenen Sprachen zusammen (vgl. auch Art. *Bibel* in RLGA [2]2, 1976, 487–499). Umfassend ist deren Ausformung im Ahd. und Aengl., wo alle Bereiche (Katechetik und Homiletik, christl. Übersetzungsliteratur, christl. Hymnik, Bibeldichtung, christl. Kosmogonie und Eschatologie) bis hin zur artes-Literatur im Rahmen christlicher bzw. klösterlicher Schriftkultur – z. T. wie bei Notker III. von St. Gallen um eine *interpretatio christiana* bereichert – vertreten sind. Auch die i. w. erst spätmittelalterliche anord. Überlieferung – immerhin mit aisl. Vorläufern seit um 1000, einer neuen religiös verinnerlichten Dichtung seit der 2. Hälfte des 12. Jh. – weist viele Bereiche auf, während im Asächs. die Bibeldichtung besonders gut vertreten ist. Erst recht hat sich dann in den Volkssprachen des Hoch- und Spätmittelalters eine christlich-geistliche Literatur gesamteuropäisch verbreitet. Die Grundlagen volkssprachlicher Schrifttumsentwicklung in Europa liegen indessen auf der frühmittelalterlichen Christlichkeit und ihrer jahrhun-

Christliche Schriftendenkmäler	Altgermanische Sprachen					
	Got.	Ahd.	As.	Anl.	Ae.	Anord. im weiteren Sinn
Bibelübersetzung	x	x	x	(x)	x	x
Bibelglossierung und -auslegung	x Skeireins	x	x	(x)	x	x
Katechetik und Homiletik		x	x		x	x
Christliche Übersetzungsliteratur		x	(x)		x	x
Christliche Hymnik		x als Übers.			x Caedmon, Beda	x christl. Skaldik
Bibeldichtung		x	x		x	
Christliche Kosmogonie und Eschatologie		x			x	
Artes-Literatur (im Rahmen der christl. Schriftkultur)		x			x	x

Abb. 64.7: Die Staffelung bei der Verbreitung christlicher Schriftdenkmäler in den altgermanischen Sprachen. In Klammern ( ) nur beschränkt bezeugt

dertelangen Bibelaneignung, mit allem, was an Glaubensvermittlung und selbst antikem Bildungshintergrund durch Schreiben und Lesen zunächst in den Klöstern und Schreibschulen dazu gehört hat. Während die Bibeldichtung die althergebrachten stabreimenden wie die neuen i. d. R. vierhebig endreimenden poetischen Formen pflegt, darf die artes-Literatur zusammen mit Predigt, Homiletik und theologischem Traktat als Keimzelle europäischer Prosa verstanden werden (zur Typologie volkssprachlicher Predigt im MA Valente Bacci 1993, zu den altdt. Symbola Barbian 1964).

3.3. Aufbau eines christlichen Wortschatzes in den Volkssprachen

Die Erforschung des christlichen Wortschatzes in den germ. Volkssprachen ist bes. seit der Mitte des 19. Jh. in Gang gekommen. Ausgangspunkt war Rudolf von Raumers bahnbrechendes Buch ⟨Die Einwirkung des Christentums auf die Althochdeutsche Sprache⟩ von 1845 (Raumer 1845, vgl. auch Raumer 1852), „geschrieben in einer Zeit, als man noch mehr die archaischen Spuren des auslaufenden Germanentums im Ahd. aufspürte als nach der neuen Durchdringung mit den Begriffen christlichen Glaubens suchte" (Sonderegger 1997, 49; ähnlich für das Anord. Kahle 1890). Neue Impulse ergaben sich von der Lehnwortforschung her, wie sie der Etymologe Friedrich Kluge mit gesamtgerm. Blick und unter Berücksichtigung rom. Einflüsse begründet hat (v. a. Kluge 1897 mit der bahnbrechenden Liste in Kap. 4 „Die lat. Lehnworte der agerm. Sprachen", S. 333–347), worauf später ebenfalls romanistisch ausgerichtet Theodor Frings seit 1932 und vertieft um die Materialien des Leipziger Ahd. Wb. (1952 ff.) aufbauen konnte (Frings/Müller 1966, Müller/Frings 1968 mit Lit.-Nachweis auch für die rom. Hintergründe). Eine stärkere Rückbesinnung auf lat. Textvorlagen und sog. Übersetzungsgleichungen vollzogen v. a. Luginbühl 1933 und 1936/37, Lindquist 1936, Betz 1936 und 1949, was schulbildend wurde (Zusammenfassung Betz 1974, vgl. auch Toth 1980 mit weiterer Lit.), sodann Steiner 1939 und v. a. de Smet (Sammelbd. 1991), von der Wortfeldforschung her v. a. Trier 1931, Gesichtspunkte, die seither die gesamte ahd. und z. T. agerm. Wortforschung mitbestimmen, bis in die Lexikographie hinein (vgl. die lat.-altgermanist. oder ahd.-lat. Wörterverzeichnisse Köbler 1973, 1983, 1991–92; vertieft fürs Ahd. Götz 1999, vgl. auch Art. 74). Versuche einer chronologi-

schen Schichtung der verschiedenen christlichen Einflüsse auf den Wortschatz der germ. Sprachen finden sich v. a. bei Wessén 1928 und (bes. für das Dt.) bei Eggers 1978, 1982, 1986. Freilich muss dabei auch das Verhältnis von Erbgut und Lehngut (vgl. zu Otfrid von Weißenburg Siebert 1971) und die kulturgeschichtliche Umformung agerm. Wörter in den Geist des Christentums bedacht werden (vgl. Freudenthal 1959, Green 1965, 1998), was insbesondere auch zentrale Rechtswörter betrifft (Sonderegger 1965 mit Lit.; 1997): etwa ahd. *suntea*, asächs. *sundea*, aengl. *syn(n)* f. (davon anord. *synd* oder aus dem Asächs.) 'Verbrechen gegen das vom Menschen gesetzte Recht, Vergehen, Schuld', dann 'Sünde', nengl. 'sin'; ahd. asächs. *huldî*, aengl. *hyldu, -e*, anord. *hylli* f. 'Huld, gütige Gesinnung des Gefolgsherrn, treue Ergebenheit des Gefolgsmannes', dann 'Ergebenheit Gott gegenüber, Gnade von Gott her'; ahd. *triuwa*, aengl. *trēow* f., daneben anord. *trú*, aengl. *trūw* f. 'Vertragstreue, Verlässlichkeit u. ä.' (vgl. got. *triggwa* f. 'Bündnis'), dann 'Treue gegenüber Gott, Glaube' in allen erwähnten agerm. Sprachen (asächs. *treuwa* f. 'Treue, Friede'), vgl. z. B. ahd. Notker *Daz ist réhtiu triúua. daz uuir gelouben* für lat. *Est ergo fides recta ut credamus*. Nach Wissmann 1975 sind vor allem christliche Begriffe im Bereich von Lehre (*laizō zu *laisjan*, ahd. asächs. *lēra*, aengl. *lār* f.), Glaube (etwa ahd. *gilouba* f. u. ä. zu germ. got. *galaubjan*), Taufe (ahd. *touf* m., *toufa* f. zu germ. got. *daupjan*), ferner Opfer, Predigt, Gebet, Martyrium u. ä. agerm., bes. westgerm. durch Rückbildungen aus Verben gebildet: „So angesehen gehören auch die Postverbalia in jenen welthistorischen Prozeß der Durchdringung des Germanentums mit christlichen Bildungselementen" (S. 118). Die Notwendigkeit, im Hinblick auf Christentum und damit verbundene neue Bildung Abstrakta, d. h. Bezeichnungen für entkonkretisierte, gedanklich verdichtete Sachverhalte und Vorstellungs- und Begriffsbezeichnungen zu schaffen, führte in allen germ. Sprachen zu einer Vielzahl neuer Substantive, vor allem als neue Präfix- oder Suffixbildungen (zu den Abstraktbildungen im Ahd. grundlegend Meineke 1994). Dichterische Texte finden außerdem seit der christlichen Frühzeit neue Wege vergeistigter Sinnlichkeit, so bei Otfrid von Weißenburg nach Ohly 1969 eine neue „geistige Süße" (u. a. V,23,215 *ēwīnīga suazī*), die Helianddichtung im Asächs. nach Ilkow 1968 eine neue Form religiöser Nominalkomposita (z. B. *thiodgod* verstärkend 'Gott', eig. 'Volksgott', *aðalord-frumo* 'hoher Schöpfer', *kristinfolk, himil-fader, himilrīki*), wie sie z. T. auch aengl., ahd. usw. vorkommen. Differenziert werden 'Geist' und 'Seele' z. B. im Ahd. und Asächs. ausgedrückt (Becker 1964, Eggers 1982, 1 ff.): *sēla / seola* ursprünglich die Totenseele, *geist / gēst* ist der Geist Gottes, der heilige Geist (*spiritus dei, spiritus sanctus*), nicht aber der *spiritus rationalis*, wofür *sin* 'Sinn' oder *muot / mōd* oder menschlich verinnerlicht *hugi / hugu* steht. Die reiche Lit. zu den aengl. Denkmälern ist etwa bei Wiesenekker 1991, zum Anord. bei Walter 1976 zu finden. Im folgenden sollen wenigstens Einblicke in bes. aussagekräftige Gebiete des christlichen Wortschatzes vermittelt werden.

Grundlegend ist die Einsicht, dass durch die Christianisierung Europas ein neues kulturell-religiöses Beziehungsnetz unter den europ. Sprachen entsteht und dass es − entgegen älteren Anschauungen nationalhistorischer Ausrichtung − kaum ausgeprägte Sonderformen einer beispielsweise typisch germ.

Christlichkeit oder gar einer Germanisierung des Christentums gegeben hat (vgl. RLGA [2]11, 1988, 388−395, Art. *Germanen* § 46 *Christianisierung* v. K. Schäferdiek, vgl. auch Baetke 1973, v. a. 370 ff.). Vielmehr ordnet sich das gesamte Abendland des Frühmittelalters etappenweise in die neue vom Griech.-Lat., seiner Bildung und seinem Mönchtum ausgehenden Frömmigkeit und Vergeistigung ein, die sich im übrigen regionalen Gegebenheiten anzupassen und solche in sich aufzunehmen wusste. Dementsprechend sind auch die Wortschatzbewegungen nach den Einflussbereichen der christlichen Hauptsprachen und früh verchristlichten Volkssprachen zu sehen, wie dies im Hinblick auf das Ahd. und As. in Abb. 64.8 aufgezeichnet ist. Sie reihen sich außerdem an die spätgriech.-spätrömischen Kultureinflüsse der Mittelmeerkultur an und vermischen sich teilweise mit diesen, wie dies etwa die Verwirklichung der griech.-lat.-rom.-germ. Wochentagsnamen erweist (dazu Abb. 64.9), wo sich keine durchgehende Verchristlichung ergibt.

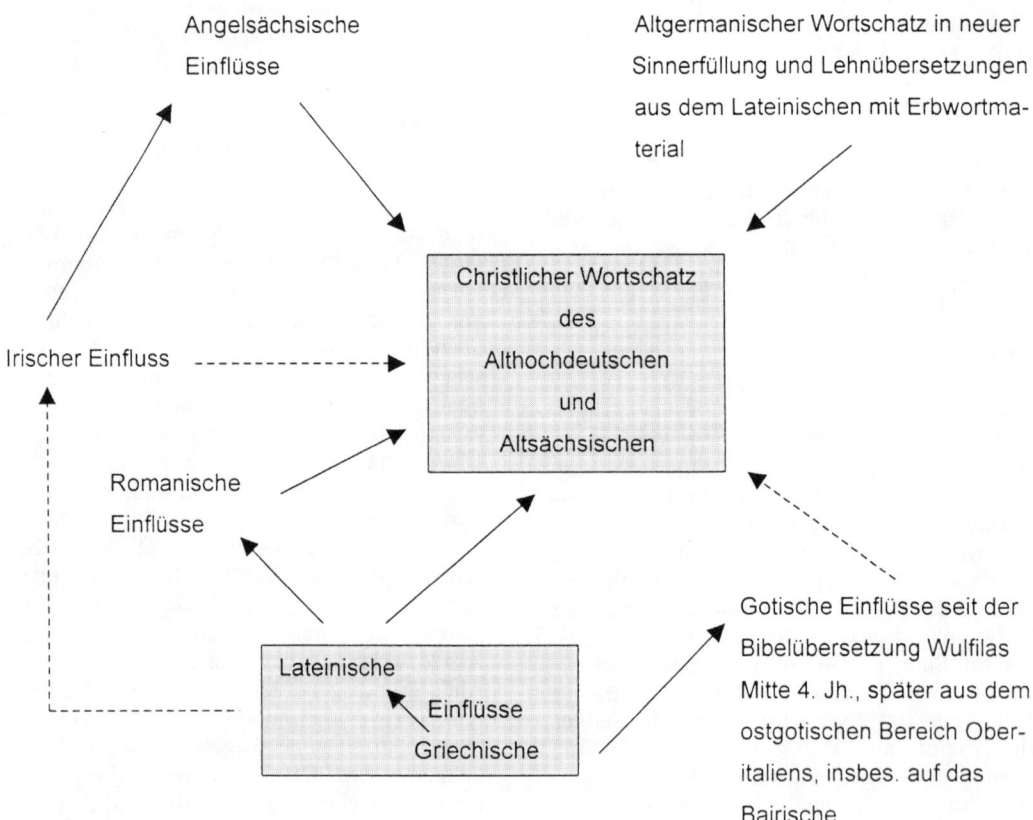

Abb. 64.8: Einflußbereiche für den Aufbau des christlichen Wortschatzes im Althochdeutschen und Altsächsischen

Wochentag	Griechisch (Auswahl)	Lateinisch und Romanisch (Auswahl)	Germanisch

Sonntag	(1) ἡμέρα Ἡλίου
	(2) κυριακὴ ἡμέρα
		(1) *Solis dies*
		(2) *dominicus dies*
		    dominica
		    ital. *domenica*
		    franz. *dimanche*
			(1) ahd. *sunnūntag*, as. *sunnundag*
			    ae. *sunnandæg* 'Sunday'
			    an. *sunnudagr*, skand. *söndag*
			    nl. *zondag*
			(2) ahd. *frōntag* 'Tag des Herrn'
			    ae. *hāligdæg* 'Heiligtag'

Montag	ἡμέρα Σελήνης	*dies Lunae* *Lunae dies, lunis* ital. *lunedi* franz. *lundi*	ahd. *mānintag* ae. *mōnandæg* 'Monday' an. *mánu-, mánadagr* skand. *mån-, mandag* nl. *maandag*

Dienstag	ἡμέρα Ἄρεως	*dies Martis*
		Martis dies
		ital. *martedi*
		franz. *mardi*
			(1) vermutlich got. **Areins dags*
			    'Tag des Ares'
			    mhd. (bair.) *eri(n)-, erg(e)tac*
			    u. ä.
			    bair.-österr. *Ertag*
			(2) germ. **Tīwesdagaz* (zu **Tīwaz*
			    'Gott Ziu')
			    mhd.-alem. *zīstac*, nhd.-dial.
			    Ziischtig
			    ae. *Tīwesdæg* 'Tuesday', nfries.
			    tiisdei
			    an. *Tý(r)sdagr*, skand. *ti(r)s-*
			    dag
			(3) germ. **þingesdagaz* (zu lat.-
			    agerm. *Mars Thingsus* 'Ge-
			    richtsgott')
			    mhd. *di(e)nstac*, nhd. *Diens-*
			    tag, mnd. *dinges-*, mnl. *din-*
			    xendach, nl. *dinsdag*

Mittwoch	(1) ἡμέρα Ἑρμοῦ
	(2) spätgriech.
	    μέση ἑβδομάς
		(1) *dies Mercurii*
		    Mercuri dies
		    ital. *mercoledi*
		    franz. *mercredi*
		(2) *media hebdomas*
		    ital. (dial.) *mezzedima*
		    rätorom. *meziamma*
		    u. ä.
			(1) germ. **Wōðanesdagaz* (zu
			    *Wōđanaz 'Gott Wotan/
			    Odin')
			    ae. *Wōdnesdæg* 'Wednesday'
			    afries. *Wednes-, Wern(e)sdei*,
			    nfries. *woans, wensdei*
			    mnl. *wōdensdach*, nl. *woensdag*
			    an. *Óðinsdagr*, skand. *onsdag*
			(2) ahd. *mittawecha*, mnd. *midd-*
			    weke
			    ais. *miðvikudagr* 'Mittwoch-
			    tag'
			    schweiz. dial. *Mecktig* 'Mitt-
			    wochtag'

Donner-stag	(1) ἡμέρα Διός
	(2) ἡμέρα πέμπτη
	    (5. Tag)
		dies Iovis
		Jovis dies, jovia
		ital. *giovedi*
		franz. *jeudi*
			(1) germ. **þunaresdagaz* (zu **þu-*
			    naraz 'Donar, Donnergott,
			    Thor')
			    ahd. *donarestag*, nl. *donderdag*
			    ae. *þu(n)resdæg* 'Thursday'
			    an. *þórsdagr*, skand. *torsdag*
			(2) mhd. *pfinztac*, bair.-österr.
			    Pfinztag
			    (< germ. Lehnbildung **pent-*
			    dagaz)

Wochentag	Griechisch (Auswahl)	Lateinisch und Romanisch (Auswahl)	Germanisch
Freitag	(1) ἡμέρα Ἀφροδίτης (2) ἡμέρα παρασκευῆς	(1) *dies Veneris* *Veneris dies* ital. *venerdi* franz. *vendredi* (2) *parasceue*	(1) ahd. *frīatag*, nl. *vrijdag* ae. *Frīgedæg* 'Friday' an. *Friádagr*, skand. *fredag* (zu germ. **Frījō* 'Göttin Freia') (2) ahd. *garotag, pherintag* 'Rüsttag, Freitag', frühmhd. *pherntag*
Samstag	(1) ἡμέρα Κρόνου (2) τὸ σάββατον τὰ σάββατα vulgärgriech. auch σάμβατον	(1) *dies Saturnis* *Saturni dies* (2) *dies Sab(b)atus* *Sab(b)atus dies* *sab(b)atum* *Sambatus dies* ital. *sabato* franz. *samedi* rum. *sambata* (3) mlat. *dominica vespera* 'Sonntagvorabend, -vortag'	(1) germ. entlehnt **Saternesdag* ae. *Sæter(n)es-, Sæterndæg* 'Saturday' afries. *sāterdei*, mnd. *sater(s)-dach*, nhd. dial. *Satertag*, nl. *zaterdag* (2) ahd. *sambaztag*, nhd. *Samstag* (3) ahd. *sunnūn-āband*, nhd. *Sonnabend* ae. *sunnan-æfen* afries. *sunna ewende*, nfries. *sneon*, ostfries. *son-, sanneifend* (4) an. *laugardagr*, skand. *lördag* vielleicht 'Waschtag' (fraglich)

Abb. 64.9: Die hauptsächlichen Benennungen der Wochentage im Griechischen, Lateinisch-Romanischen und Germanischen

Antike und Christentum begegnen sich, zusammen mit alten volkssprachlichen Elementen, in den europ. Bezeichnungen der Wochentage und Monatsnamen (Lit. dazu über die etym. Wb. wie Kluge ²³1999; Wochentage griech. Thumb 1901, lat. Gundermann 1901, rom. Meyer-Lübke 1901, 1935, Rohlfs 1949, weiteres ZdWf 1, 1901). Die Tage der vorderorientalischen siebentägigen Woche wurden bei den Griechen und Römern nach Sonne, Mond und den Planetengöttern bezeichnet, was sich bei den Germanen in den Entsprechungen mit germ. Gestirns- und Götternamen fortsetzt. Daneben finden sich aber auch christliche Benennungen, so der jüdische Sabbat im NT griech. τὸ σάββατον oder τὰ σάββατα, vulgärgriech. auch mit *-m-* σάμβατον, und als Auferstehungstag Christi der Sonntag als Tag des Herrn, griech. κυριακὴ ἡμέρα, lat. *dominicus dies* oder *dominica*, welcher auch neuer Ausgangspunkt für die christliche Zählung von 1 (Sonntag) bis 7 (Samstag) z. B. im Griech. wurde, weshalb der Mittwoch zur Mitte der Woche wurde. Die hauptsächlichen Benennungen der Wochentage im Griech., Lat.-Rom. und Germ. sind vergleichend in Abb. 64.9 zusammengestellt. Daraus geht eine recht unterschiedliche Verchristlichung der Wochentagsnamen hervor.

(1) durchgehend verchristlicht vereinzelt im kirchl. Bereich der Frühzeit (nach der christl. Zählung), unter bewusster Ablehnung der alten Götternamen

(2) Sonntag als *dominica* 'Tag des Herrn' teilw. griech. und alle rom. Sprachen, germ. nur vereinzelt (ahd. *frōntag*, aengl. *hāligdæg*)

(3) Samstag nach der vom Christentum übernommenen Bezeichnung des Sabbats: teilw. griech., christl. lat. und alle rom. Sprachen, ferner got. (< griech.) *sabbatō* m., ahd. *sambaztag* (neben germ. vereinzelt 'Sonnabend' nach der Vigil am Samstagabend, offenbar vom Aengl. ausgehend, vgl. Avedisian 1963)

(4) Vereinzelte christl. Zählungen in der Wochenmitte (*Mittwoch*) und in bair.-österr. *Pfinztag* für Donnerstag

(5) jüd.-christl. als Rüsttag für Freitag, vereinzelt griech., lat., ahd.-frühmhd.

Demgegenüber sind jedoch die alten Bezeichnungen nach Planetengötternamen in der Überzahl, durchgehend im Engl. und Nl., fast durchgehend im Skand. und teilw. (außer Mittwoch und Samstag) auch im Dt. und (außer Sonntag, Samstag) in den meisten rom. Sprachen.

Noch spärlicher sind die Monatsnamen verchristlicht worden. Grundlage für die modernen westeuropäischen Sprachen sind die lat. Bezeichnungen (mit dem März als erstem Monat des Jahres, deshalb September, Oktober, November, Dezember etymologisch als 7., 8., 9. und 10. Monat). Doch gibt es in den germ. Sprachen neben vielen alten einheimischen Bezeichnungen einige wenige alte verchristlichte Monatsnamen im Ahd. und Aengl., so in der von Karl. d. Gr. eingeführten ahd. Namensreihe (Einhard, Vita Karoli cap. 29): *Ostarmanoth* 'April' (auch aengl. *ēastermōnaþ*), *Heilagmanoth* 'Dezember' (dagegen aengl. *hāligmōnaþ* nach heidnischen Opferbräuchen für 'September', nach Beda, De ratione temporum cap. 13), später auch nhd. regional *Seelenmonat* 'November' (nach 'Aller Seelen' am 2. Nov.), *Christmonat* 'Dezember'.

Uneinheitlich ist auch die Terminologie für die christlichen Festtage, wo sich im Germ. teilweise in Anlehnung an vorchristliche jahreszeitliche Gegebenheiten oder gar an heidnische Bräuche neue Bezeichnungen durchgesetzt haben, so dass es gelegentlich zur Staffelung griech.-lat.-rom.-teilgerm. Wörter christlichen Ursprungs / teilgerm. Wörter nichtchristl. Ursprungs oder erst sekundär an christliche Vorstellungen angelehnte Termini gekommen ist, was nicht immer deckungsgleich mit Lehnwörtern gegen Erbwörter sein muss. So stehen (vgl. Frings 1932, 1957, Frings-Müller 1966, Müller-Frings 1968; fürs Rom. Meyer-Lübke 1935, Jud 1919, 1934, Thierbach 1951, Aebischer 1970):

(1) griech.-lat.-rom.-nordwestgerm. τὸ πάσχα 'Passalamm, Ostern' − *pascua* (ital. *pasqua*, franz. *Pâques*) − nl. und rhein. *pas(ch)en* (Kölner Kirchenprovinz), mnd. *pāsche(n)* (> anord. *páskar* m. pl., skand. *påsk, paaske*) neben dt.-engl. *Ostern / Easter* (ahd. *ōstarūn* f. pl., aengl. *ēaster, -or* n., Dat. pl. *ēastron*), entweder zu *Osten*, germ. **austa-* '(Göttin der) Morgenröte' oder 'Tagesanbruch' (liturgisch verstanden wie lat. *albae [paschalis]* 'Ostern' nach den weißen Kleidern der Neugetauften, vgl. Kluge ²³1999).
(2) griech.-lat.-germ. Lehnwort ἡ πεντηκοστή (sc. ἡμέρα) 'der 50. Tag nach Ostern, Pfingsten' − *pentecoste* (ital. *pentecoste*, frz. *Pentecôte*) − dt. *Pfingsten* (ahd. Dat. pl. *fimfchustim*, asächs. *te pincoston*), nl. *pinksteren*, mnd. *pinkesten, pinxten* (> skand. *pins, pingst, pinse*) neben lat.-rom. *quinquagesima* (rom. dialektal nachlebend), wovon mnl. *senexen*, fläm. *sinksen*; daneben hat sich auf der Basis von lat. *dominica in albis* 'Sonntag in weißen Gewändern, weißer Sonntag' (aber 1. Sonntag nach Pfingsten) diese Bezeichnung in engl. *Whitsunday* (aengl. *hwīta sunnandæg*, davon auch anord. *hvítasunnudagr*) als eine weitere germ. Bezeichnung für Pfingsten verfestigt, obwohl auch aengl. *pentecosten* (wie nengl. *Pentecost*) vorhanden war.
(3) Lat.-rom. *natalis, -e* 'Weihnachten' (ital. *natale*, frz. *noël*, afrz. *natal, les nataux*) neben ganz verschiedenen germ. Bezeichnungen:

− vorchristl. *jūl-*, z. B. got. *jiuleis* 'Dezember', anord. *jól* n. pl. 'Julfest', skand. *jul* 'Weihnachten', aengl. *Iūla* 'Dezember, Januar', *Gēol* n., *Gēola* m. 'Weihnachtszeit', neuengl. *Yule(tide)*, von ungeklärter Etymologie (Basis **jiuh[u]la-, *jehwla-*)
− nach der Christusterminologie nl. *Kerstmis* (mnl. *kersmisse*), mnd. *kerstesmisse*, engl. *Christmas* (aengl. *Cristes mæsse*), alle zu spätlat. *missa* 'Messe, Feiertag'; ähnlich auch afries. *Kerstestīd*, neuwestfries. *Krysttyd*, dt. mda. (vor allem mdt.) *Christtag* (pl. *-e*)
− in Anlehnung an vorchristliche Mittwinter-(nacht)vorstellungen eines mehrtägigen Mittwinterfestes, sekundär zur christlichen Heilignacht-Vorstellung umgedeutet in dt. *Weihnachten, Weihnacht* (mhd. *diu wîhe naht, ze wîhen naht, ze wîhen nahten, wîhenahten, wînahten*, auch mnd. seit dem 14. Jh. *wînahten*).

Schließlich lässt sich die Vielfalt, oft auch Uneinheitlichkeit des christlichen Wortschatzes in den europ. Sprachen aus der griech.-lat. Zweisprachigkeit des frühen Christentums − oft mit sprachgeographischen Varianten für einzelne Begriffe bes. im Rom. − und seiner gestaffelten volkssprachlichen Ausformung durch bisweilen von Sprache zu Sprache weitergegebene Lehnwörter oder neue Eigenbildungen erklären. Auf verschiedene griech. Wörter geht der Kirchenbegriff zurück, und je nachdem sind sie in den europäischen Volkssprachen so oder anders verfestigt worden (vgl. die etymolog. Wb., bes. Kluge ²³1999, Meyer-Lübke 1935, Buck 1949, ferner Masser 1966):

(a) griech. ἡ ἐκκλησία 'Versammlung, christl. Gemeinde, lokale wie universale Kirche' (v. a. paulinisch), 'Kirchengebäude', davon got. *aikklesjō* f. 'Gemeinde, Kirche, Gotteshaus', lat. *ecclēsia* f., ital. *chiesa*, frz. *église*, span. *iglesia*, ebenso irisch *eaglais*
(b) vulgärgriech. ἡ κυριακή (NT nur als 'Sonntag' gebraucht) 'dem Herrn gehöriges Haus, Gotteshaus' über **kyrikē* ins Fränk. entlehnt und von da germ. weiterverbreitet: ahd. *kirihha*, alem. *kilihha*, asächs. *kirika, kerika*, afries. *kerke, zerke*, aengl. *cirice* (> anord. *kirkja, kyrkja*) usw., dt. *Kirche*, nl. *kerk*, engl. *church*, ebenso die slav. Wörter akirchenslav. *crŭky*, russ. *cerkov'* usw.
(c) lat. *basilica* 'christliches Kultusgebäude' (< griech. βασιλική στοά 'königlicher Bau, Palast') teilrom. verbreitet (früher und in ON nach Glättli 1937, 95 ff. auch frz. bes. im Westen), v. a. rumän. *biserică*, rätorom. (engadinisch) *baselgia* (neben ital. *basilica*, dt. *Basilika* usw. 'kirchenrechtlich bes. ausgezeichnete Kirche')
(d) lat. *ecclesia cathedralis* (zu griech. καθέδρα 'Sitz, Sessel') 'Kirche des Bischofssitzes' (Mlat. Wb. 2,376), davon ital. *cattedrale*, frz. *cathédrale*, dt. *Kathedrale*, engl. *cathedral*, wofür ahd. mhd.

i. d. R. *tuom*, mhd. *dôm* m., entlehnt aus *domus (ecclesiae) episcopalis* steht, neben *tuomkirche*, mnd. *dômkerke*, während nhd. *Dom* 'Hauptkirche, Stiftskirche' über frz. *dôme* (entsprechend ital. *duomo* < *domus ecclesiae* 'Wohnung des Klerus, Domkapitel, dann Domkirche') erst im 16./17. Jh. neu entlehnt wurde

(e) lat. *monasterium* (aus griech. μοναστήριον, vgl. oben 3.1) hat im Ostfrz. seit dem Frühmittelalter auch die Bedeutung 'Kollegiatskirche', dann 'Pfarrkirche, ecclesia parochialis' angenommen, woraus sich afrz. *mostier, moustier* (in ON *Môtier, Moutier* u. ä.) entwickelt hat (Glättli 1937, 133 ff.), während auch für mhd. mnd. *munster* (< ahd. Lehnwort *munistiri* n. u. ä.) wie für nhd. *Münster* (bes. süddt., auch in ON ohne Klosteranlage) die Bedeutung von 'Kirche, v. a. große Pfarrkirche, Klosterkirche' vorliegt, ebenso in engl. *minster* v. a. für 'größere Kirche eines heute nicht mehr existierenden Klosters'.

Lat. Ursprungs im Frankenreich seit dem 7. Jh. ist dt. *Kapelle*, frz. *chapelle*, engl. *chapel*, da mlat. *capella* 'Kapuzenmantel' nach dem zu den fränk. Reichsreliquien gehörenden Mantel des hl. Martin von Tours um die Bedeutung 'Reliquienschatz, Hofkapelle, Kapelle überhaupt, kleine Kirche' erweitert wurde (Mlat. Wb. 2, 201 ff.), welche Bedeutung über mnd. *kapella* auch in die skand. Sprachen gelangte (z. B. anord. *kapella*, schwed. *kapell*). Mlat. *capellanus* 'Geistlicher best. Grades' ist die Basis für dt. *Kaplan*, frz. *chapelain* (davon engl. *chaplain* neben schon aengl. *capellān*) usw.

Neben diesen oben genannten allgemein gewordenen Bezeichnungen im Umkreis von 'Kirche' gibt es viele weitere mehr einzelsprachliche Wörter bis hin zu Gelegenheitsbezeichnungen (für das Dt. vgl. Masser 1966). Zu erwähnen ist noch nhd. *Stift* (auch *Stiftskirche, Stiftsbibliothek*), mhd. *stift* (auch *gestifte*, mnd. *sticht, gestichte* n. 'Gestiftetes'), i. d. R. Übersetzung von lat. ecclesia canonica (vel collegiata), güterrechtlich reich ausgestattet und insofern über die engere Klostergemeinschaft in einen weiteren Herrschaftsbereich hinausragend, als *Hochstift* Bezeichnung eines Bistums mit dessen Territorium und Verwaltung (LMA 8, 1997, 171 ff.).

Innerhalb des griech.-got.-lat.-westeurop.-germ. Beziehungsgeflechtes christlicher Glaubensterminologie ist es oft zu mehrseitigen Entlehnungen bzw. Übersetzungen oder Angleichungen von Sprache zu Sprache gekommen. So wird das zentrale griech. εὐαγγέλιον des NT 'frohe Botschaft Gottes an den Menschen' (schon vorchristl. 'Freudenbotschaft',

Bauer 1988) einerseits in der got. Bibel (Mitte 4. Jh.) als Lehnwort *aiwaggeljō* f., *aiwaggeli* n., ebenso lat. *evangelium* teilw. als ahd. *euangélio* m. (Otfrid), mhd. *êwangeli, -je* n. übernommen, andererseits in ganz verschiedenen Lehnübersetzungen westeurop. nachgebildet (Sonderegger 1984, 255; 1998, 236 f.):

- air. *soscéle*, aengl. *gōdspell* n. 'gute Botschaft', hier aber auch umgedeutet als *godspell* 'Gottes Wort oder Verkündigung' (davon ausgehend asächs. *godspell*, ahd. *gotspel*, anord. und nisl. *guđspjall* n.), nengl. *gospel*
- ahd. z. B. *cuatchundida* f. 'gute Verkündigung', *gûot ârende* n. 'gute Botschaft', selbst bei Luther NT 1522 noch vielfach variiert (Vorrede): *gutte botschaft, gute meher, gutte newzeytung, gutt geschrey* u. ä., neben *Euangelion* als Titelbezeichnung.

Oder griech. εὐλογεῖν 'segnen' (mit direkten slav. Nachbildungen, akirchenslav. *blagosloviti*, zu *blagŭ* 'gut' und *slovo* 'Wort', Buck 1949, 1479 f.) wird got. als *(ga-)þiuþjan* (zu *þiuþ* 'Gutes') nachgebildet, lat. *benedicere* (ital. *benedire*, frz. *bénir*) einerseits in die kelt. Sprachen übernommen (z. B. air. *bendachaim*), andererseits germ. unterschiedlich ausgeformt:

- vor allem auf der Basis von lat. *signare* '(mit dem Kreuz) bezeichnen' als ahd. *seganōn* 'benedicere, gratias agere', anord. *signa*, nhd. *segnen*, nl. *zegenen*, skand. *(väl)signa* (so schwed.) übernommen, älter auch in der Bedeutung 'das Kreuzzeichen machen' (so aengl. *segnian*)
- aber auch in Anlehnung an heidnische Opferbräuche aengl. *blœdsian* (zu *blōd* 'Blut', eig. 'mit Blut röten'), *blēdsian, -tsian* 'benedicere, consecrare', nengl. *bless.*

Bei der Bezeichnung für 'Kreuz' hat sich, nach anfänglichen agerm. Unsicherheiten, in den westeurop. Sprachen lat. *crūx* (Akk. *crūcem*) f. auch als Lehnwort durchgesetzt:

- griech. σταυρός 'Kreuz (urspr. auch Pfahl), Kreuzestod, Kreuz Christi' wird got. als *galga* m. 'Pfahl, Galgen', σταυροῦν 'kreuzigen' als *(us-)hramjan* eig. 'befestigen, aufhängen' wiedergegeben
- lat. *crūx* bzw. *crūcem* (ital. *croce*, frz. *croix*) bildet die Basis des weit verbreiteten Lehnwortes: air. *cross* (< lat. Nom.), *croch* (< lat. Akk.), aengl. *cross* (< air., vgl. Förster 1921, 28 ff.) mit Ausstrahlung in die skand. Sprachen (anord. *kross* m., schwed. dän. *kors*); ahd. *krūzi* n., mhd. *kriuz(e)*, afries. *kriōze, krūs* n., nl. *kruis*; teilw. auch westslav.-balt. (Buck 1949, 902)
- daneben erscheinen noch ahd. asächs. *galgo* m. bzw. *boum/bōm* m. in der Bedeutung 'Kreuz' (wie im Got. *galga*), ferner aengl. *rōd* f. 'Kreuz, Kruzifix' (nengl. *rood* 'Kruzifix'), asächs. *rōda* 'Galgen, Kreuz' (verwandt mit dt. *Rute*)

– *crucifigere* (bzw. mlat. *crucificare*) wird allmählich als ahd. *krūzōn, (gi-)kriuzigōn* 'kreuzigen' (neben *in krūzi slahan* u. a.), mengl. *crucifien* (< afrz. *crucifier*) (statt noch aengl. z. B. *rōdfæstnian*), engl. *crucify* vervolkssprachlicht.

Ganz allgemein lässt sich sagen, dass ein neuer christlicher Wortschatz in den germ. Sprachen zu einem großen Teil auf der Aufnahme und Durchsetzung von Lehn- oder Fremdwörtern aus dem Lat.-Griech. beruht, wodurch sich auf dem Hintergrund des christlichen Glaubens auch eine mindestens westeuropäische, z. T. sogar gesamteurop. Sprachannäherung vollzieht, die bis in die Neuzeit nachwirkt, während alte germ. Synonyme schon früh ausgeschieden wurden (Beispiele für das Ahd. bei Sonderegger 1978, 261 ff. bzw. 1997, 45): z. B. lat.-griech. *diabolus* (griech. διάβολος 'Verleumder, Teufel, Widersacher', ital. *diavolo*, frz. *diable*), got. (< griech.) *diabaulus*, mlat. Nebenform **diuvalus* > germ. **diufal* u. ä., ahd. *tiuval* (mhd. *tiufel*, nhd. *Teufel*), asächs. *diuƀal*, aengl. *dēofol* (nengl. *devil*), anord. *djǫfull* (schwed. *djävul*), akirchenslav. *dijavolŭ* (russ. *djavol*), unter Zurückdrängung alter Erbwörter wie got. *unhulþa* 'Unhold, Teufel', ahd. *(alt)fīant, unholdo, widerwarto* u. ä., aengl. *fēond, unholda, scucca* u. ä. (vgl. Jente 1921, 146 ff.), anord. *andskoti, fjándi, skelmir, úvinr* (KLNM 3, 1958, 130). Insbesondere kommt dem Lat. als lingua franca Westeuropas eine Schlüsselfunktion (Richter 1994) zu, für das Ahd. ist es geradezu Vorbild als Buch-, Kleriker-, Urkunden- und Ausgangssprache für die vielen Übersetzungen geistlicher und weltlicher Literatur in ihren Anfängen (Sonderegger 1985; zur frühen Glossierung Bergmann 1983).

Kontrovers wird der got. Spracheinfluß des ältesten germ.-arianischen Christentums auf das Ahd. (bes. das Bair. und Alem.) und weitere germ. Bereiche beurteilt, sowohl was dessen Umfang (maximal 20, doch neuerdings auf plus/minus 10 reduziert) als auch dessen Weg (Donauweg, ostgot.-langobard. Alpenweg, westgot.-fränk. Weg) betrifft (Forschungsgesch. differenziert bei Stutz 1980, vgl. auch Wiesinger 1985, Kluge ²³1999). Sicher got. Ursprungs oder got. vermittelt dürften sein:

ahd. *pfaffo* 'Geistlicher, Priester' (nhd. *Pfaffe*) zu got. *papa* < griech. παπᾶς 'Kleriker'; *Pfingsten* (siehe oben); ahd. *toufen* 'taufen' zu got. *daupjan* 'taufen', eigentl. 'eintauchen', für griech. βαπτίζειν; ahd. *dult*, bair. und älter alem. *dult* 'Fest, Jahrmarkt', zu got. *dulþs* 'religiöses Fest' für griech. ἑορτή; ahd. *gilouben* 'glauben' zu got. *ga-*

laubjan für griech. πιστεύειν, lat. *credere* (und in den weiteren nichtnord. Sprachen asächs. *gilōƀian*, aengl. *gelīefan, -lyfan*, vgl. Hinderling 1986), Grundbedeutung 'Vertrauen erwecken' (zu got. *galaufs*, ahd. *giloub* 'vertraut'); ahd. *irfullen* 'erfüllen, zur Vollendung bringen' zu got. *usfulljan*, vor allem für griech. πληροῦν (Hinderling 1971); dt. *Heide* usw. (vgl. oben Abschnitt 1); die bair. Wochentagsnamen *Ertag* 'Dienstag' und *Pfinztag* 'Donnerstag' (vgl. oben); ahd. *ablāz* m. 'Ablaß' zu got. *aflēt* n. (oder *aflēts* m.) für griech. ἄφεσις 'Erlaß von Schuld, Strafe, Sünde'.

Auf das südliche Ahd. beschränkt bleiben i. w. *anst* f. für 'Gnade, gratia', got. *ansts* für griech. χάρις (sonst auch 'Gunst, Freude, Liebe' und in dieser Bedeutung gesamtgerm.), *wīh* 'heilig, sanctus' entsprechend got. *weihs* v. a. für griech. ἅγιος; früh ausgeschieden wird das dem got. *nasjands, sa nasjanda* für σωτήρ entsprechende frühahd. *nerrendeo (truhtin), nerriento* 'Retter', Erlöser' (auch asächs. *neriand, neriendo Crist*), während sich ahd. *heilant*, asächs. *hēliand*, aengl. *hælend* als Lehnübersetzung von lat. *salvator* bald allgemeiner (neben ahd. *haltanto, haltare* u. ä.) durchsetzt und im Nhd. und Nl. als *Heiland* mit altertümlicher Endung fest geworden ist, auch wenn sich noch Verschiedenheiten bis in frnhd. Zeit ergaben (neben *heyland* u. ä. auch z. B. *behalter*, Ahlzweig 1975).

Was die Frage des altirischen Einflusses auf die germ. Sprachen betrifft, muß betont werden, dass dieser mehr allgemein kultur-, insbes. missions- und schriftgeschichtlich wirksam wurde als im einzelnen sprach- oder wortgeschichtlich (vgl. relativ positiv Reiffenstein 1958, einschränkend Sonderegger 1984, kulturgesch. Löwe 1994). Sicher auf irischer Grundlage (air. *clocc*) beruht ahd. *glocca, clocca* f. 'Glocke' (neben aengl. *clugge*), was auch kulturgesch. naheliegt, über mlat *clocca* in allen älteren germ. Sprachen verbreitet. Lat. *clēricus* 'Geistlicher, Kleriker' wurde über air. *clérech* in ahd. *chlirich* übernommen. Weitergehende Spekulationen bleiben zumeist unsicher, da auch für die irische Mission die lat. Kirchensprache maßgeblich blieb. Selbst im Aengl. sind die irischen Lehnwörter recht spärlich (Förster 1921, 28 ff.), ebenso im Awestnord.

Bei den angelsächs. Einflüssen zeigt sich ein besonderer Schwerpunkt vom späten 7. bis ins frühe 9. Jh. auf das Ahd. und Asächs. durch die angelsächs. Missionare, Klostergründer, Mönche und Bischöfe (vgl. Abb. 64.4) über die Zentren Utrecht, Echternach, Fulda, Würzburg, Mainz und ihr Ausstrahlungsgebiet nach Nordwesten und Nordosten (vgl. Haubrichs 1987), wobei es bes. um die Vertiefung der Frömmigkeit im Wortschatz geht, nicht selten durch semantische Umformung nach aengl. Vorbild (z. B. ahd. *heilag*, asächs. *hēlag* nach aengl. *hālig* 'heilig'; ahd. *geist* in *der heilago geist* 'spiritus sanctus' nach aengl. *se hālga gāst*; ahd. *ōdmuoti, ōdmuatig*, asächs. *ōdmōdi* 'humilitas, humilis' nach aengl. *ēaðmōd* 'demütig' usw.).

Bei den Gottesbezeichnungen im Germ. überlagern sich alte Erbwörter aus vorchristlicher Zeit mit Lehnbildungen nach griech.-lat. Vorbild (vgl. Wiens 1935, fürs Ahd. Green 1965, i. a. Kluge [23]1999). Alt- und gesamtgerm. ist **guþa* für griech. θεός, lat. *deus*, ursprünglich altes Neutrum, in christlichem Sinn aber Maskulinum geworden: got. *guþ*, ahd. *got*, asächs. aengl. *god*, anord. *goð, guð* m. n. (nisl. *guð* 'Gott', *goð* 'Abgott'), nl. *god*, nhd. *Gott*, skand. *gud*. Nachdem sich im Ahd. *got* singularisch als 'christlicher Gott' durchgesetzt hatte, musste für die nichtchristlichen Vorstellungen *abgot* m. 'Abgott, Götze' (auch aengl. *afgod*, anord. *afguð*, got. als Adj. *afguþs* 'gottlos', Subst. *afgudei* f. 'Gottlosigkeit') bzw. fnhd. *Götze* (v. a. bei Luther) eintreten — neben Wörtern wie *unhold* 'Dämon, Teufel' (auch got. *unhulþa*) oder zunächst auch noch ahd. *got* im Pl. wie im fränk. Taufgelöbnis um 800: *forsahhistu … den gotum, thie … heidene man … zi gotum habent?* D. h. „Entsagst du den Göttern, welche heidnische Leute zu Göttern haben?" Im älteren Aengl. hat sich neutrales *god* (Pl. *godu*) als 'heidnischer Gott' neben m. Pl. *godas* 'Götter' erhalten.

Eine besondere wortgeschichtliche Schwierigkeit ergab in den germ. Sprachen die Nachbildung der christlichen Trinitätsvorstellung. Das erst nachbiblische Wort griech. τριθεία, lat. *trinitas* (ital. *trinità*, frz. *trinité*, daraus mengl. *trinitee* 'trinity') wurde ahd. v. a. als *drînissa* f., *thrinissî* f., *-i* n., *driunissa* f., *drisgheit* f. (ähnlich aengl. *þrin(n)ess* f.), seit mhd. Zeit als *drîeinecheit* 'Dreieinigkeit' (so auch nl. *drieëenheid, drieënigheid*) und *drîvaltecheit* 'Dreifaltigkeit' eingedeutscht, während in den agerm. katechetischen Texten etwa unterschieden wird zwischen ahd. *got fater almahtîgo, Christ gotes sun heilento / neriento, heilago geist / ātum wîho*, aengl. *god ælmihtiga fæder, sunu hǽlend Crist, se hālga gāst*. Die christliche *trinitas in unitate et unitas in trinitate* (bei Notker III. von St. Gallen *drisgheit in einigheite unde einigheit in drisgheite* im Athanasianischen Glaubensbekenntnis; aengl. *ðæt ānne God on þrynnesse and*

þrynnesse on Ānnesse im Lambeth Psalter) musste immer wieder erklärt werden, ebenso wie der 'eingeborene Sohn', griech. μονογενὴς υἱός, got. *ainaha / ainabaura sunus*, lat. *filius unigenitus*, ahd. *einag(o) / einboran(o) sun*, aengl. *ānboren sunu*. Besonders für Christus, aber auch für Gott i. a., erscheinen dann die weiteren Herr- und Herrscherbezeichnungen entsprechend griech. κύριος, lat. *dominus* mit folgenden germ. Wörtern, die meist auch schon vorchristlich oder auch weltlich sind:

- germ. **frauja*, so got., ahd. *frō* (aussterbend), asächs. *frō, frōio, frāho, frōho*, aengl. *frēa* 'Herr'
- germ. **druhtinaz*, ahd. *truhtīn, trohtīn, -in*, asächs. *druhtin, drohtin*, aengl. *dryhten, drihten*, anord. *dróttinn* 'Gefolgsherr, Herrscher, Fürst', im Ahd. und Mhd. semantisch isoliert und mehr und mehr zur Anredeform für Christus/Gott geworden (mhd. *truhtîn, trehtîn, -en*)
- aengl. *hlāford*, eig. 'Brotherr', 'Herr, Gefolgsherr', zunächst mehr weltlich, dann auch geistlich (aengl. *heofeones hlāford and ealles middangeardes* 'des Himmels Herr und der ganzen Erde', nengl. *Lord*)
- ahd. *hēriro, hērro*, mhd. *hêrre, her* 'Herr', Komparativ zu *hēr* 'erhaben, hoch', Lehnbildung nach lat. *senior* 'der Ältere', spätlat. auch 'Priester' (vgl. franz. *(le) seigneur* '(der) Herr, Gott'), auch asächs. *hērro* (und von da vereinzelt anord. *hearra* und anord. *herra, harri*), gemeinahd. übergreifend und spätahd. mhd. im geistlichen und weltlichen Gebrauch deutlich zunehmend.

In den neugerm. Sprachen reduziert sich der Gebrauch auf engl. *Lord* und dt.-nl.-skand. *Herr, Heer, Herre*, im Dt. seit mhd. Zeit auch als Zusammensetzung *Herrgott* (für Gott und Christus). Umformung eines agerm. Lexems liegt auch in ahd. *gināda, -ī* f. (bei Notker *gnâda*) 'Hilfe, Beistand, Schutz, Ruhe, Friede, Gunst, Barmherzigkeit, Gnade', auch anl. *genātha*, asächs. *(gi-)nāða*, afries. *nēthe*, anord. *nāð* f. (vielleicht aus dem Nd. entlehnt) vor (zu germ. **neþ, nēþ*, got. *niþan* 'helfen'), das sich offenbar vom Dt. aus zum zentralen theolog. Begriff für griech. χάρις, lat. *gratia* des NT im dt. *Gnade*, nl. *genade* und (unabhängig?) im Skand. (z. B. schwed. *nåd*, dän. *naade*) entwickelt hat, sei die Grundbedeutung eher 'Sich-Niederlassen, Ruhe' oder mehr rechtlich 'Hilfe, Schutz' gewesen (vgl. DWB IV/I,5,505 ff., Walter 1976, 124 f., Green 1965, 196 ff.). Die Sonderstellung dieses Wortes beruht offenbar auf der nicht reziproken Bedeutung 'von Gott ausgehende Liebe zum Menschen', die sich allmählich durchgesetzt hat. Jedenfalls zeigen die älteren agerm. Sprachen daneben andere reziproke „Gnadenwörter" wie got. *ansts*, ahd. *anst*, aengl. *ēst*; ahd. *geba*, asächs. *geƀa*, aengl. *geafa, gifu, gife* f.; ahd. *huldī*, aengl. *hyldu, hyld* f.; anord. auch *miskunn* f. Im Nengl. hat sich seit mengl. Zeit *grace* (aus afrz. *grace*, vgl. frz. *grâce*) durchgesetzt.

Entwicklungsgeschichtlich sind im Aufbau des christlichen Wortschatzes in den germ. Sprachen vier Grundströme festzustellen:

(1) der Aufbau einer volkssprachlichen Katechetik im Anschluß an die Bekehrung (Gebete, Glaubensbekenntnisse, Beichten, Anfänge der Predigt)

(2) die textliche Erschließung der Bibel durch Glossierung und Übersetzung, z. T. über die Bibel hinaus (Hymnen)

(3) die Spiegelung von Kirchenorganisation, Gebäuden, Ämtern, kultischen Handlungen u. ä. im Lexikon, weitgehend dem Lat.-Griech. direkt verpflichtet (meist Lehnwörter)

(4) die Vertiefung des religiösen Sprachgebrauchs im Rahmen von theologischer Erörterung, Verinnerlichung und Bibelexegese, i. w. nach dem Prinzip des vierfachen Schriftsinns (literarisch bzw. historisch, moralisch bzw. tropologisch, allegorisch und anagogisch bzw. eschatologisch, vgl. Ohly 1958/59, LMA 7, 1995, 1568 ff.), schon bei Otfrid von Weißenburg im 9. Jh. in seiner Evangeliendichtung nach dem historischen Erzählteil in den Erörterungen unter den Überschriften *moraliter, spiritaliter* und *mystice* eingefügt. Höhepunkte einer christlich verinnerlichten Sprache erreicht im Spätmittelalter insbesondere die Mystik, deren volkssprachliche Ausformung im Nl. und Dt. gipfelt (vgl. dazu Haas 1979, Kunisch 1968, Ruh 1986) und deren Nachwirkungen weit über die Reformation hinausgehen.

4. Zusammenfassung und Ausblick

Die europäische Christianisierung ist, nach ihrer Wirkung auf die Sprachgeschichte befragt, ein Musterbeispiel für die Einwirkung einer religions- und kulturgeschichtlichen Entwicklung auf die Geschichte der davon betroffenen Sprachen:

− einerseits im Erhaltungs- oder Traditionsbereich der biblischen Grundsprachen Hebräisch und Griechisch, gefolgt vom Lat. der westlichen Kirchentradition, was diesen drei alten oder toten Sprachen eine religiöse wie durch die Bibelphilologie auch wissenschaftlich einzigartige Lebendigkeit ermöglicht hat, was sich durch die Offenheit des Christentums für die antike Bildungstradition auch

auf den Fortbestand des antiken Schrifttums als Bildungsgrundlage Europas ausgewirkt hat;
− andererseits im Neuerungs- und Veränderungsbereich, indem die drei alten Bibel- und Kirchensprachen übersetzungsgeschichtliches Vorbild, das Griech. und Lat. zudem über lange hin beispielhafte Liturgiesprachen und lexikalische Grundlage für den neuen Glauben in den vom Bekehrungsvorgang erfassten Volkssprachen durch Lehnwörter, Lehnbildungen, semantische Umformungen ihres alten Wortschatzes oder abstrakte Neubildungen wurden.

Damit entstand ein neues europ. Beziehungsnetz von gegenseitigen Spracheinflüssen über Glaube und Kirche, Missionierung und Bekehrung, religiöse Durchdringung und Erneuerung, wie es sich bis in die Neuzeit fortgesetzt und auch die Namengebung nach Bibel oder Heiligen mehr und mehr beeinflusst hat. In diesem Sinn weist Frings 1971 auf die je verschiedene Herkunft von *Glaube* aus dem got. Südosten, *Hoffnung* aus dem angelsächs. Nordwesten und *Liebe* aus dem mitteldt. Osten hin: gerade die dt. Kirchensprache hat verschiedene Wurzeln. Selbst in den Säkularisierungstendenzen der letzten Jahrhunderte seit der Aufklärung ist insofern ein Einfluss christlicher Sprache festzustellen, als alte religiös verstandene Begriffe nun in neuer Fassung weiterleben. Sogar die Ideale der frz. Revolution *liberté, égalité, fraternité* sind christlich bzw. biblisch vorgeformt: ἐλευθερία, *libertas* als Freiheit des Christenmenschen; ἰσότης, *aequalitas* im Sinn von Gleichheit, Rechtsgleichheit, paulinisch sogar Ausgleich, seit der Reformation auch Gleichheit aller Sprachen vor Gott; ἀδελφότης, *fraternitas* als brüderliche Gesinnung wie Brüderlichkeit in Liebe durch den Glauben, als Nachstenliebe (vgl. Rheinfelder 1968, 273 ff.). Insofern ist die Wirkung der Christianisierung auf die Sprachgeschichte noch keineswegs abgeschlossen und wird, so lange christlicher Glaube lebendig bleibt, auch nie zum Abschluß kommen. Literarisch gesehen steht vor allem die mittelalterliche Literatur Europas zunehmend bis fast völlig im Bann von Verchristlichung (selbst antiker Stoffe) und Religiosität, ebenfalls mit Nachwirkungen bis weit in die Neuzeit hinein.

5. Literatur (in Auswahl)

5.1. Neuere Fachlexika (mit entsprechender Fachliteratur)

KLNM = Kulturhistorisk Leksikon for nordisk middelalder fra vikingetid til reformationstid. Bd. I−XXI, København 1956−1977, Register Bd. XXII 1978.

LMA = Lexikon des Mittelalters, Bd. I–IX, München/Zürich (1977–) 1980–1998, Studienausgabe Stuttgart 1999. Registerband Stuttgart/Weimar 1999.

RLGA = Reallexikon der Germanischen Altertumskunde von Johannes Hoops. Zweite, völlig neu bearbeitete und stark erweiterte Auflage hrsg. von Heinrich Beck (und anderen). Bd. 1–, Berlin/New York 1973– [bis 1999 Bd. 13 Gr–H].

TRE = Theologische Realenzyklopädie, hrsg. von Gerhard Krause und Gerhard Müller, ab Bd. 13 von Gerhard Müller. Bd. 1–, Berlin/New York 1977– [bis 1999 Bd. 30 S]. Register zu Bd. 1–27, Berlin/New York 1998.

VL = Die deutsche Literatur des Mittelalters. Verfasserlexikon. Begründet von Wolfgang Stammler, fortgeführt von Karl Langosch. Zweite, völlig neu bearbeitete Auflage hrsg. von Kurt Ruh u. a., ab Bd. 9 von Burghart Wachinger u. a. Bd. 1–, Berlin/New York 1978– [bis 1999 Bd. 10 Ul– ff.].

5.2. Neuere Lexika-Artikel (mit Fachliteraturnachweis)

Bekehrung und Bekehrungsgeschichte. In: RLGA 2, 1976, 175–205 (O. Gschwantler/K. Schäferdiek).

Bekehrung, I. Alte Kirche und Mittelalter. In: TRE 5, 1980, 440–459 (William H. C. Frend/Michael Wolter/Pius Engelbert).

Christentum der Bekehrungszeit. In: RLGA 4, 1981, 501–599 (K. Schäferdiek/W. Haubrichs/R. Hartmann/H.-J. Diller/H. Schottmann/ H. Beck/H. Roth/T. Capelle).

Mission. In: LMA 6, 1993, 669–679 (H.-D. Kahl/L. Hödl/H. M. Biedermann/H. G. von Mutius/P. Heine).

Mission, IV. Alte Kirche. V. Mittelalter. In: TRE 23, 1994, 31–39 (Henneke Gülzow/Eckhard Reichert).

Missionsverksamhet. In: KLNM XI, 1966, 646–650 (Jarl Gallén).

Trosskiftet. In: KLNM XVIII, 1974, 702–710 (Einar Molland).

5.3. Bibliographie

Meckbach, Silke, Bibliographie zur christlichen Mission im früheren Mittelalter. In: Kurt Schäferdiek (Hrsg.), Die Kirche des früheren Mittelalters. Erster Halbband, München 1978, 507–542.

5.4. Fachliteratur im einzelnen

Aebischer, Paul, Histoire religieuse et linguistique: La Christianisation de l'Europe centrale d'après quelques faits lexicaux. In: Schweizerische Zs. für Geschichte 20, 1970, 1–22.

Ahlzweig, Claus, Untersuchungen zum Wortfeld des Erlösens im Frühneuhochdeutschen. Hamburg 1975. (Hamburger Philologische Studien 37).

Die Alamannen, Begleitband zur Ausstellung, hrsg. vom Archäologischen Landesmuseum Baden-Württemberg, Stuttgart 1997.

Aland, K. (Hrsg.), Die alten Übersetzungen des Neuen Testaments, die Kirchenväterzitate und Lektionare. Der gegenwärtige Stand ihrer Erforschung und ihre Bedeutung für die griechische Textgeschichte. Berlin/New York 1972. (Arbeiten zur neutestamentlichen Textforschung 5).

Angenendt, Arnold, Geschichte der Religiosität im Mittelalter. Darmstadt 1997.

Avedisian, Arthur D., Zur Wortgeographie und Geschichte von Samstag/Sonnabend. In: DWEB, hrsg. von Ludwig Erich Schmitt. Bd. 2, Gießen 1963, 230–264.

Baetke, Walter, Kleine Schriften. Geschichte, Recht und Religion in germanischem Schrifttum. Hrsg. von Kurt Rudolph/Ernst Walter. Weimar 1973.

Barbian, Karl-Josef, Die altdeutschen Symbola. Beiträge zur Quellenfrage. Steyl 1964. (Veröffentlichungen des Missionspriesterseminars St. Augustin, Siegburg, Nr. 14).

Bauer, Walter, Griechisch-deutsches Wörterbuch zu den Schriften des Neuen Testaments und der übrigen urchristlichen Literatur. 6. Aufl. Berlin 1988.

Becker, Gertraud, Geist und Seele im Altsächsischen und im Althochdeutschen. Der Sinnbereich des Seelischen und die Wörter gêst-geist und seolasêla in den Denkmälern bis zum 11. Jahrhundert. Heidelberg 1964. (Germ. Bibl. 3. Reihe: Untersuchungen und Einzeldarstellungen).

Benedictus. Symbol abendländischer Kultur. [Sammelband] unter der Leitung von Dom Pieter Batselier O. S. B. Antwerpen 1980 bzw. Stuttgart/Zürich 1997.

Bergmann, Rolf, Die althochdeutsche Glossenüberlieferung des 8. Jahrhunderts. Göttingen 1983. (AAkGött 1983, Nr. 1).

Bernhard, Michael, Boethius im mittelalterlichen Schulunterricht. In: Schule und Schüler im Mittelalter. Beiträge zur europäischen Bildungsgeschichte des 9. bis 15. Jahrhunderts. Hrsg. von Martin Kintzinger/Sönke Lorenz/Michael Walter. Weimar/Wien 1996, 9–27.

Berschin, Walter, Eremus und Insula. St. Gallen und die Reichenau im Mittelalter – Modell einer lateinischen Literaturlandschaft. Wiesbaden 1987.

Betz, Werner, Der Einfluß des Lateinischen auf den althochdeutschen Sprachschatz. I Der Abrogans. Heidelberg 1936. (Germ. Bibl. 2. Abt. 40).

Ders., Deutsch und Lateinisch. Die Lehnbildungen der althochdeutschen Benediktinerregel. Bonn 1949.

Ders., Lehnwörter und Lehnprägungen im Vor- und Frühdeutschen. In: Friedrich Maurer/Heinz Rupp (Hrsg.), Deutsche Wortgeschichte, 3. Aufl. Bd. I, Berlin/New York 1974, 135–163.

Bischoff, Bernhard (Hrsg.), Karl der Große. Lebenswerk und Nachleben. Bd. II: Das geistige Leben. Düsseldorf 1965.

Ders., Die Abtei Lorsch im Spiegel ihrer Handschriften 2. Aufl. Lorsch 1989.

Blank, Walter, Deutsche Sprachgeschichte und Kirchengeschichte. In: Sprachgeschichte 1. Teilbd., ²1998, 63–72 (Art. 4).

Buck, Carl Darling, A Dictionary of Selected Synonyms in the Principal Indo-European Languages. A Contribution to the History of Ideas. Chicago/London 1949.

Burckhardt, Jacob, Die Zeit Constantins des Großen. Basel 1852. Zweite und vermehrte Auflage. Leipzig 1880. [Auf Grund der 2. Aufl. mit eingearbeiteten Zusätzen] hrsg. von Felix Stähelin, Basel 1929 (= Gesamtausgabe, Zweiter Bd.).

Curtius, Ernst Robert, Europäische Literatur und Lateinisches Mittelalter. Bern 1948. (Nachdruck Bern/München ⁹1977).

Duft, Johannes, Mittelalterliche Schreiber. Bilder, Anekdoten und Sprüche aus der Stiftsbibliothek St. Gallen. 2. überarb. Aufl. St. Gallen 1964.

Düwel, Klaus, Die Runenschnalle von Pforzen (Allgäu) – Aspekte der Deutung. 3. Lesung und Deutung. In: Pforzen und Bergakker. Neue Untersuchungen zu Runeninschriften. Hrsg. von Alfred Bammesberger. Göttingen 1999, 36–54.

Eggers, Hans, Die Annahme des Christentums im Spiegel der deutschen Sprachgeschichte. In: Knut Schäferdiek (Hrsg.), Die Kirche des früheren Mittelalters, Erster Halbband. München 1978, 466–504.

Ders., Kleine Schriften. Hrsg. von Herbert Backes/Wolfgang Haubrichs/Rainer Rath. Tübingen 1982.

Ders., Deutsche Sprachgeschichte. Bd. 1 Das Althochdeutsche und das Mittelhochdeutsche. Bd. 2 Das Frühneuhochdeutsche und das Neuhochdeutsche. Überarbeitete und ergänzte Neuauflage. Reinbek bei Hamburg 1986. (rowohlts enzyklopädie 425–426).

Ehlers, Joachim, Dom- und Klosterschulen in Deutschland und Frankreich im 10. und 11. Jahrhundert. In: Schule und Schüler im Mittelalter. Beiträge zur europäischen Bildungsgeschichte des 9. bis 15. Jahrhunderts. Hrsg. von Martin Kintzinger/Sönke Lorenz/Michael Walter. Weimar/Wien 1996, 29–52.

Ernst, Ulrich/Peter-Erich Neuser, Bausteine zu einer Geschichte der Reimtheorie. Dokumentation und Analyse. In: Dies. (Hrsg.), Die Genese der europäischen Endreimdichtung. Darmstadt 1977, 432–486. (WdF Bd. CCCCXLIV).

Ferrari, Michele Camillo/Jean Schroeder/Henri Trauffler (Hrsg.), Die Abtei Echternach 698–1998. Luxembourg 1999.

Förster, Max, Keltisches Wortgut im Englischen. Eine sprachliche Untersuchung. Halle (Saale) 1921.

Die Franken. Wegbereiter Europas. Katalog-Handbuch in zwei Teilen. Mannheim/Mainz 1996.

Freudenthal, Karl Fredrik, Gloria – temptatio – conversio. Studien zur ältesten deutschen Kirchensprache. Göteborg 1959. (Göteborger Germanistische Forschungen 3).

Frings, Theodor, Grundlegung einer Geschichte der deutschen Sprache. Dritte erweiterte Aufl. Halle (Saale) 1957.

Ders., Germania Romana. [1932]. 2. Aufl. besorgt von Gertraud Müller. I. Halle (Saale) 1966. (MdSt. 19/1).

Ders., Glaube, Liebe, Hoffnung. In der Schweiz, in Schweden, zuletzt 1958 in Rumänien gehaltener, bisher ungedruckter Vortrag. In: PBB (H) 91, 1971, 30–38.

Gärtner, Kurt/Günter Holtus, Die erste deutsch-französische 'Parallelurkunde'. Zur Überlieferung und Sprache der Straßburger Eide. In: Kurt Gärtner/Günter Holtus, Beiträge zum Sprachkontakt und zu den Urkundensprachen zwischen Maas und Rhein. Trier 1995, 97–127. (THF 29).

Glättli, Hugo, Probleme der kirchlichen Toponomastik der Westschweiz und Ostfrankreichs. Paris/Zürich/Leipzig 1937. (Romanica Helvetica vol. V).

Glaube und Wissen im Mittelalter. Die Kölner Dombibliothek. Katalogbuch zur Ausstellung im Erzbischöflichen Diözesanmuseum Köln 7. August bis 15. November 1998. München 1998.

Glauche, Günter, Schullektüre im Mittelalter. Entstehung und Wandlungen des Lektürekanons bis 1200 nach den Quellen dargestellt. München 1970. (Münchener Beiträge zur Mediävistik und Renaissance-Forschung 5).

Götz, Heinrich, Lateinisch-althochdeutsches-neuhochdeutsches Wörterbuch. Berlin 1999. (Ahd. Wb. Beiband).

Green, Dennis Howard, The Carolingian lord. Semantic studies of four Old High German words: balder, frô, truhtin, hêrro. Cambridge 1965.

Ders., Language and history in the early Germanic world. Cambridge 1998.

Gundermann, G., Die Namen der Wochentage bei den Römern. In: ZdWf. 1, 1901, 175–186.

Haas, Alois M., Sermo mysticus. Studien zu Theologie und Sprache der deutschen Mystik. Freiburg Schweiz 1979. (dokimion 4).

Harnack, Adolf von, Die Mission und Ausbreitung des Christentums in den ersten drei Jahrhunderten. 4. Aufl. Leipzig 1924. (Nachdruck Wiesbaden o. J.).

Haubrichs, Wolfgang, Die Angelsachsen und die germanischen Stämme im frühen Mittelalter: Sprachliche und literarische Beziehungen. In: Irland und die Christenheit – Ireland and Christendom. Bibelstudien und Mission. Hrsg. von Próinséas Ní Chatháin/Michael Richter. Stuttgart 1987, 387–412.

Ders., Die Anfänge – Versuche volkssprachiger Schriftlichkeit im frühen Mittelalter. 2. Auflage. Tübingen 1995. (Geschichte der deutschen Literatur von den Anfängen bis zum Beginn der Neuzeit, hrsg. von Joachim Heinzle, Bd. 1.1).

Hellgardt, Ernst, Zur Mehrsprachigkeit im Karolingerreich. In: PBB (T) 118, 1996, 1–48.

Hinderling, Robert, „Erfüllen" und die Frage des gotischen Spracheinflusses im Althochdeutschen. In: ZdS 27, 1971, 1–30.

Ders., Dran glauben. In: wortes anst. verbi gratia. donum natalicium gilbert a. r. de smet. h. l. cox, v. f. vanacker & e. verhofstadt (eds.). Leuven/Amersfoort 1986.

Ilkow, Peter, Die Nominalkomposita der altsächsischen Bibeldichtung. Ein semantisch-kulturgeschichtliches Glossar. Hrsg. v. W. Wissmann/H.-Fr. Rosenfeld. Göttingen 1968.

Jackson, Kenneth, Language and History in Early Britain. A Chronological Survey of the Brittonic Languages First to Twelfth Century A. D. Cambridge/Massachusetts, 1953.

Jente, Richard, Die mythologischen Ausdrücke im altenglischen Wortschatz. Eine kulturgeschichtlich-etymologische Untersuchung. Heidelberg 1921. (Anglistische Forschungen 56).

Jud, Jakob, Zur Geschichte der Bündnerromanischen Kirchensprache. In: 49. Jahresbericht der Historisch-Antiquarischen Gesellschaft von Graubünden, Chur 1919, 1–56. Nachdruck in: Jakob Jud, Romanische Sprachgeschichte und Sprachgeographie. Ausgewählte Aufsätze, hrsg. von Konrad Huber/Gustav Ineichen. Zürich/Freiburg i. Br. 1973, 161–211.

Ders., Sur l'histoire de la terminologie ecclésiastique de la France et de l'Italie. In: Revue de Linguistique romane 10, Paris 1934, 1–62. Nachdruck in: Ders., Romanische Sprachgeschichte und Sprachgeographie. Ausgewählte Aufsätze, hrsg. von Konrad Huber/Gustav Ineichen. Zürich/Freiburg i. Br. 1973, 213–278.

Kahle, Bernhard, Die altnordische Sprache im Dienste des Christentums. Berlin 1890. I. Teil: Die Prosa. (Acta Germanica I, 4).

Kähler, Ernst, Der Niederschlag kirchengeschichtlicher Bewegungen in der deutschen Sprache. In: Das Problem der Sprache in Theologie und Kirche. Referate vom Deutschen Evangelischen Theologentag 27.–31. Mai 1958 in Berlin. Hrsg. von Wilhelm Schneemelcher. Berlin 1959, 68–84.

Kettler, Wilfried, Das Jüngste Gericht. Philologische Studien zu den Eschatologie-Vorstellungen in den alt- und frühmittelhochdeutschen Denkmälern. Berlin/New York 1977. (QFSK NF 70 [194]).

Kirby, Ian J., Bible Translation in Old Norse. Genève 1986. (Université de Lausanne, Publications de la Faculté des Lettres XXVII).

Kluge, Friedrich, Vorgeschichte der altgermanischen Dialekte. 2. Aufl. Strassburg 1897. (SA aus der 2. Aufl. von Pauls Grundriss der germanischen Philologie, S. 323–528 und Vorwort bzw. Inhaltsverz. S. I–XIII).

Ders., Etymologisches Wörterbuch der deutschen Sprache. 22. Aufl. ... völlig neu bearbeitet von Elmar Seebold, Berlin/New York 1989. 23., erw. Aufl. 1999.

Köbler, Gerhard, Lateinisches Register zu den frühmittelalterlichen germanistischen Übersetzungsgleichungen. Göttingen 1973. (GSR, Sonderbd. 20).

Ders., Lateinisch-germanistisches Lexikon. 2. Aufl. Göttingen/Gießen 1983. (Arbeiten zur Rechts- und Sprachwiss. 5).

Ders., Althochdeutsch-neuhochdeutsch-lateinisches Wörterbuch. 3. Aufl. Teil 1–2. Gießen/Lahn 1991–1992. (Arbeiten zur Rechts- und Sprachwiss. 20/1–2).

Kunisch, Hermann, Die mittelalterliche Mystik und die deutsche Sprache. Ein Grundriß. In: Ders., Kleine Schriften. Berlin 1968, 21–77, Nachweise 551–552.

Kunst und Kultur der Karolingerzeit – 799. Karl der Große und Papst Leo III. in Paderborn. Katalog der Ausstellung Paderborn 1999, hrsg. von Christoph Stiegemann/Mattias Wemhoff. Bd. 1–2 und Beitragsband. Mainz 1999.

Löwe, Heinz, Religiosität und Bildung im frühen Mittelalter. Ausgewählte Aufsätze hrsg. und mit einer Einleitung versehen von Tilman Struve. Weimar 1994.

Loewenich, Walther von, Die Eigenart von Luthers Auslegung des Johannes-Prologes. München 1960. (Bayer. Ak. d. Wiss. Phil.-hist. Kl. Jg. 1960, 8).

Luginbühl, Emil, Studien zu Notkers Übersetzungskunst. Diss. Zürich. Weida i. Thür. 1933. Nachdruck Berlin 1970. (Ahd. St. Gallen 1).

Ders., Die Altdeutsche Kirchensprache. Wiss. Beilage zum 80. Programm der St. Gallischen Kantonsschule, St. Gallen 1936. Nachdruck in Ders., Studien zu Notkers Übersetzungskunst, Berlin 1970, 137–171. (Ahd. St. Gallen 1).

Luiselli, Bruno, Storia culturale dei rapporti tra mondo romano e mondo germanico. Roma 1992. (Biblioteca di Helikon, Nuova collana di testi e studi 1).

Masser, Achim, Die Bezeichnungen für das christliche Gotteshaus in der deutschen Sprache des Mittelalters. Berlin 1966. (PSQ 33).

Matzel, Klaus, Karl der Große und die lingua theodisca. In: RVj. 34, 1970, 172–189.

Maurer, Helmut (Hrsg.), Die Abtei Reichenau. Neue Beiträge zur Geschichte und Kultur des Inselklosters. Sigmaringen 1974.

McKitterick, Rosamond, The Carolingians and the written word. Cambridge 1989.

Meier, Hans H[einrich], Writing and Medieval Culture. In: Writing & Culture, editet by Balz Engler. Tübingen 1992, 33–52. (SPELL, Swiss Papers in English Language and Literature, vol. 6).

Meineke, Eckhard, Abstraktbildungen im Althochdeutschen. Wege zu ihrer Erschließung. Göttingen 1994. (StAhd 23).

Metzger, Bruce M., The Early Versions of the New Testament. Their Origin, Transmissions, and Limitations. Oxford 1977.

Meyer-Lübke, W., Die Namen der Wochentage im Romanischen. In: ZdWf. 1, 1901, 192−193.

Ders., Romanisches etymologisches Wörterbuch. 3., vollst. neub. Aufl. Heidelberg 1935.

Mittellateinisches Wörterbuch bis zum ausgehenden 13. Jahrhundert. Hrsg. von der Bayerischen Akademie der Wissenschaften und der Deutschen (bzw. der Berlin-Brandenburgischen) Akademie der Wissenschaften zu Berlin. Bd. I−, München 1967 ff. Abkürzungs- und Quellenverzeichnis, 2. Aufl. München 1996.

Morrell, Minnie Cate, A manual of Old English Biblical materials. Knoxville 1965.

Müller, Gertraud/Theodor Frings, Germania Romana II. Dreißig Jahre Forschung. Romanische Wörter. Halle (Saale) 1968. (MdSt. 19/2).

Neumann, Günter/Jürgen Untermann (Hrsg.), Die Sprachen im römischen Reich der Kaiserzeit. Kolloquium vom 8. bis 10. April 1974. Köln/Bonn 1980. (Beihefte der Bonner Jahrbücher, Bd. 40).

Neumann, Günter, Die Sprachverhältnisse in den germanischen Provinzen des Römischen Reiches. In: Aufstieg und Niedergang der römischen Welt. Geschichte und Kultur Roms im Spiegel der neueren Forschung. Teil II: Principat, 29. Bd., 2. Teilbd. Hrsg. von Wolfgang Haase. Berlin/New York 1983, 1061−1088.

Obbema, Pieter, De middeleeuwen in handen. Over de boekcultuur in de late middeleeuwen. Hilversum 1996.

Ochsenbein, Peter (Hrsg.), Das Kloster St. Gallen. Die kulturelle Blüte vom 8. bis zum 12. Jahrhundert. Darmstadt bzw. Stuttgart 1999.

Ohly, Friedrich, Geistige Süße bei Otfrid. In: Typologia Litterarum. Festschrift für Max Wehrli. Zürich/Freiburg i. Br. 1969, 95−124.

Ders., Vom geistigen Sinn des Wortes im Mittelalter. In: ZfdA 89, 1958/59, 1−23. (Nachdruck u. a. Darmstadt 1966, Reihe Libelli CCXVIII*).

O'Neill, Timothy, The Irish Hand. Scribes and their manuscripts from the earliest times to the seventeenth century with an exemplar of Irish scripts. Introduction by Francis John Byrne. Mountrath, Portlaise, Ireland 1984.

Opitz, Stephan, Südgermanische Runeninschriften im ältesten Futhark aus der Merowingerzeit. 2. Aufl. Kirchzarten 1977. (Hochschul-Produktionen Germanistik, Linguistik, Literaturwissenschaft 3).

Pfeifer, Wolfgang, Etymologisches Wörterbuch des Deutschen. Berlin 1989.

Polomé, Edgar C., The Linguistic Situation in the Western Provinces of the Roman Empire. In: Aufstieg und Niedergang der römischen Welt. Geschichte und Kultur Roms im Spiegel der neueren Forschung. Teil II: Principat, 29. Bd., 2. Teilbd. Hrsg. von Wolfgang Haase. Berlin/New York 1983, 510−553.

Prinz, Friedrich (Hrsg.), Mönchtum und Gesellschaft im Frühmittelalter. Darmstadt 1976. (WdF Bd. CCCXII).

Ders., Frühes Mönchtum im Frankenreich. Kultur und Gesellschaft in Gallien, den Rheinlanden und Bayern am Beispiel der monastischen Entwicklung (4. bis 8. Jahrhundert). 2., durchgesehene und um einen Nachtrag erg. Aufl. München 1988, bzw. Lizenzausgabe Darmstadt 1988. (1. Aufl. 1965).

Rappmann, Roland/Alfons Zettler, Die Reichenauer Mönchsgemeinschaft und ihr Totengedenken im frühen Mittelalter. Mit einem einleitenden Beitrag von Karl Schmid. Sigmaringen 1998. (Archäologie und Geschichte, Freiburger Forschungen zum ersten Jahrtausend in Südwestdeutschland, Bd. 5).

Raumer, Rudolf von, Die Einwirkung des Christenthums auf die Althochdeutsche Sprache. Ein Beitrag zur Geschichte der Deutschen Kirche. Stuttgart 1845.

Ders., Ein Wort zum Verständnis der Schrift: Die Einwirkung des Christenthums auf die althochdeutsche Sprache. Erlangen 1852.

Reiffenstein, Ingo, Das Althochdeutsche und die irische Mission im oberdeutschen Raum. Innsbruck 1958. (IBK, Sonderheft 6).

Rheinfelder, Hans, Philologische Schatzgräbereien. Gesammelte Aufsätze. Mit einem Geleitwort von Alfred Noyer-Weidner. München bzw. Darmstadt 1968.

Richter, Michael, Die Sprachenpolitik Karls des Großen. In: Sprachw. 7, 1982, 412−437.

Ders., Latein als Schlüssel zur Welt des früheren Mittelalters. In: Mittellateinisches Jahrbuch 28/Jg. 1993, 1. Halbbd. Stuttgart 1994, 15−26.

Rohlfs, Gerhard, Les noms des jours de la semaine dans les langues romanes. In: Miscelânea Fr. A. Coelho, Lisboa 1949, Bd. I, 88−94. Nachdruck in: Gerhard Rohlfs, An den Quellen der romanischen Sprachen. Halle (Saale) 1952, 40−45.

Ruh, Kurt, Überlegungen und Beobachtungen zur Sprache der Mystik. In: Brüder-Grimm-Symposion zur Historischen Wortforschung. Beiträge zu der Marburger Tagung vom Juni 1985. Hrsg. von Reiner Hildebrandt/Ulrich Knoop. Berlin/New York 1986, 24−39. (HW Bd. 1).

Schäferdiek, Knut (Hrsg.), Die Kirche des früheren Mittelalters. Erster Halbband. München 1978. (Kirchengeschichte als Missionsgeschichte, Bd. II).

Schmid, Karl/Joachim Wollasch (Hrsg.), Memoria. Der geschichtliche Zeugniswert des liturgischen Gedenkens im Mittelalter. München 1984. (MM-S 48).

Schmidt, Karl Horst, Keltisch-lateinische Sprachkontakte im römischen Gallien der Kaiserzeit. In: Aufstieg und Niedergang der römischen Welt. Geschichte und Kultur Roms im Spiegel der neueren Forschung. Teil II: Principat, 29. Bd., 2. Teilbd. Hrsg. von Wolfgang Haase. Berlin/New York 1983, 988−1018.

Schmidt-Wiegand, Ruth, Stammesrecht und Volkssprache. Ausgewählte Aufsätze zu den Leges barbarorum. Weinheim 1991.

Schmitt, Rüdiger, Die Sprachverhältnisse in den östlichen Provinzen des Römischen Reiches. In: Aufstieg und Niedergang der römischen Welt. Geschichte und Kultur Roms im Spiegel der neueren Forschung. Teil II: Principat, 29. Bd., 2. Teilbd. Hrsg. von Wolfgang Haase. Berlin/New York 1983, 554−586.

Schneemelcher, Wilhelm, Das Problem der Sprache in der Alten Kirche. In: Ders. (Hrsg.), Das Problem der Sprache in Theologie und Kirche. Referate vom Deutschen Evangelischen Theologentag 27.−31. Mai 1958 in Berlin. Berlin 1959, 55−67.

Schnelle, Udo: Einleitung in das Neue Testament. 2., durchgesehene Auflage. Göttingen 1996.

Schrimpf, Gangolf (Hrsg.), Kloster Fulda in der Welt der Karolinger und Ottonen. Frankfurt a. M. 1996. (Fuldaer Studien, Schriftenreihe der Theologischen Fakultät 7).

Siebert, Eberhard, Zum Verhältnis von Erbgut und Lehngut im Wortschatz Otfrids von Weißenburg. München 1971.

Singer, Samuel, Die religiöse Lyrik des Mittelalters (Das Nachleben der Psalmen). Bern 1933. (Neujahrsblatt der Literarischen Gesellschaft Bern, N. F. 10).

Sleumer, Albert, Kirchenlateinisches Wörterbuch. Zweite, sehr vermehrte Auflage des „Liturgischen Lexikons" unter umfassendster Mitarbeit von Joseph Schmid. Limburg a. d. Lahn 1926. (Nachdruck Hildesheim/Zürich/New York/Vaduz 1990).

de Smet, Gilbert, Kleine deutsche Schriften. Ausgewählt und hrsg. von L. de Grauwe. Gent 1991.

Sonderegger, Stefan, Überlieferungsgeschichte der frühgermanischen und altnordischen Literatur. In: Geschichte der Textüberlieferung der antiken und mittelalterlichen Literatur. Bd. II Überlieferungsgeschichte der mittelalterlichen Literatur. Zürich 1964, 703−761.

Ders., Die ältesten Schichten einer germanischen Rechtssprache. In: Festschrift Karl Siegfried Bader. Hrsg. von Ferdinand Elsener/Wilhelm Heinrich Ruoff. Zürich/Köln/Graz 1965, 419−438.

Ders., Althochdeutsche Sprache und Literatur. Eine Einführung in das älteste Deutsch. Darstellung und Grammatik. Berlin/New York 1974, 2. Aufl. 1987. (SaGö 8005).

Ders., Tendenzen zu einem überregional geschriebenen Althochdeutsch. In: Helmut Beumann/Werner Schröder (Hrsg.), Aspekte der Nationenbildung im Mittelalter. Ergebnisse der Marburger Rundgespräche 1972−1975. Sigmaringen 1978, 229−273. (Nationes Bd. 1).

Ders., Die Bedeutung des religiösen Wortschatzes für die Entfaltung des Althochdeutschen: von früher Vielfalt zu allmählicher Vereinheitlichung. In: Irland und Europa. Die Kirche im Frühmittelalter. Hrsg. von Próinséas Ní Chatháin/Michael Richter. Stuttgart 1984, 240−257.

Ders., Latein und Althochdeutsch. Grundsätzliche Überlegungen zu ihrem Verhältnis. In: Variorum munera florum. Festschrift Hans F. Haefele. Hrsg. von Adolf Reinle/Ludwig Schmugge/Peter Stotz. Sigmaringen 1985, 59−72.

Ders., Language and Culture in the Germanic-Speaking World: The History of the Written Word. In: Kungl. Humanistiska Vetenskaps-Samfundet i Uppsala, Årsbok 1996, Uppsala 1997, 57−89.

Ders., Althochdeutsch als Anfang deutscher Sprachkultur. Freiburg Schweiz 1997. (Wolfgang Stammler Gastprofessur für Germanische Philologie − Vorträge − hrsg. vom Mediävistischen Institut der Universität Freiburg Schweiz, Heft 2).

Ders., Tradition und Erneuerung der germanischen Rechtssprache aus der Sicht des Gotischen. In: Wirkungen europäischer Rechtskultur. Festschrift für Karl Kroeschell zum 70. Geburtstag. München 1997, 1219−1243.

Ders., Geschichte deutschsprachiger Bibelübersetzungen in Grundzügen. In: Sprachgeschichte 1. Teilband., ²1998, 229−284 (Art. 15).

Ders., Fachsprachliche Phänomene in den zum Trivium gehörenden Werken Notkers III. von St. Gallen. In: Fachsprachen − Languages for Special Purposes. Ein internationales Handbuch zur Fachsprachenforschung und Terminologiewissenschaft. Hrsg. von Lothar Hoffmann u. a. 2. Halbbd. Berlin/New York 1999, 2319−2333. (HSK 19.2).

Specht, Franz Anton, Geschichte des Unterrichtswesens in Deutschland von den ältesten Zeiten bis zur Mitte des dreizehnten Jahrhunderts. Stuttgart 1885. (Nachdruck Wiesbaden 1967).

Spitzbart, Günter (Hrsg.), Venerabilis Bedae Historia ecclesiastica gentis Anglorum. Beda der Ehrwürdige, Kirchengeschichte des englischen Volkes. Ed./übersetzt von G. S. Sonderausgabe Darmstadt 1997.

Sprachgeschichte. Ein Handbuch zur Geschichte der deutschen Sprache und ihrer Erforschung. Hrsg. von Werner Besch/Oskar Reichmann/Stefan Sonderegger. 2 Halbbde. Berlin/New York 1984−1985. 2. Aufl. zusätzlich hrsg. von Anne Betten. 3 Teilbände. Berlin/New York 1998−2001. (HSK 2.1; 2.2; 2.3).

Steidle, Basilius (Hrsg.), Die Benediktinerregel. Lateinisch-Deutsch. Beuron 1963, ²1975.

Steiner, Maria Petronia, Gleichheit und Abweichungen im Wortschatz der althochdeutschen Bibelglossen und der zusammenhängenden Bibeltexte. Diss. München. Speyer a. Rh. 1939. (Nachdruck Hildesheim/New York 1976).

Stutz, Elfriede, Das Neue Testament in gotischer Sprache. In: Kurt Aland (Hrsg.), Die alten Übersetzungen des Neuen Testaments, die Kirchenväterzitate und Lektionare. Berlin/New York 1972, 374–402.

Dies., Die germanistische These vom „Donauweg" gotisch-arianischer Missionare im 5. und 6. Jahrhundert. In: Die Völker an der mittleren und unteren Donau im fünften und sechsten Jahrhundert. Hrsg. von Herwig Wolfram und Falko Daim. Wien 1980, 207–223. (Österreichische Akademie d. Wiss., Philosophisch-historische Klasse, Denkschriften, 145. Bd.).

Thierbach, Alfred, Untersuchungen zur Benennung der Kirchenfeste in den romanischen Sprachen. Berlin 1951. (Dt. Akademie d. Wiss. zu Berlin, Veröffentlichungen des Instituts für Romanische Sprachwissenschaft Nr. 6).

Thumb, Albert, Die Namen der Wochentage im Griechischen. In: ZdWf 1, 1901, 163–173.

Toth, Karl, Der Lehnwortschatz der althochdeutschen Tatian-Übersetzung. Würzburg 1980. (Epistemata, Reihe Literaturwiss. 6).

Trier, Jost, Der deutsche Wortschatz im Sinnbezirk des Verstandes. Die Geschichte eines sprachlichen Feldes. Bd. I: Von den Anfängen bis zum Beginn des 13. Jahrhunderts. Heidelberg 1931. (Germ. Bibl. 2. Abt., Bd. 31).

Valente Bacci, Anna Maria, The typology of medieval German preaching. In: De l'homélie au sermon. Histoire de la prédication médiévale. Louvain-La-Neuve 1993, 313–329.

Walter, Ernst, Lexikalisches Lehngut im Altwestnordischen. Untersuchungen zum Lehngut im ethisch-moralischen Wortschatz der frühen lateinisch-altwestnordischen Übersetzungsliteratur. Berlin 1976. (Sächs. Ak. Wiss. 66, Heft 2).

Wessén, Elias, Om den äldsta kristna terminologien i de germanska fornspråken. In: Arkiv för Nordisk Filologi 44, 1928, 75–108.

Wiens, Gerhard Lebrecht, Die frühchristlichen Gottesbezeichnungen im Germanisch-Altdeutschen. Berlin 1935. (Neue Forschung, Arbeiten zur Geistesgesch. der germ. und rom. Völker 25).

Wiesenekker, Evert, Word be worde, andgit of andgite. Translation performance in the Old English interlinear glosses of the Vespasian, Regius and Lambeth psalters. Academisch proefschrift Vrije Universiteit te Amsterdam. Huizen 1991.

Wiesinger, Peter, Gotische Lehnwörter im Bairischen. Ein Beitrag zur sprachlichen Frühgeschichte des Bairischen. In: Frühmittelalterliche Ethnogenese im Alpenraum, hrsg. von Helmut Beumann/Werner Schröder. Sigmaringen 1985, 153–200. (Nationes Bd. 5).

Wissenschaft im Mittelalter. Ausstellung von Handschriften und Inkunabeln der österreichischen Nationalbibliothek [...] 1975. Katalog bearbeitet von Otto Mazal/Eva Irblich/István Németh. Wien 1975.

Wissmann, Wilhelm, Die altnordischen und westgermanischen Nomina postverbalia. Heidelberg 1975. (Germ. Bibl. 3. Reihe: Untersuchungen und Einzeldarstellungen).

Stefan Sonderegger, Zürich

65. Latein und westeuropäische Sprachen

1. Vorbemerkungen

Die lat. Sprache hat in unterschiedlicher chronologischer wie qualitativer Form auf die europäischen Sprachen eingewirkt. Es braucht nicht näher begründet zu werden, daß die unterjochten Völker im Römischen Reich oder auch die Nachbarn an der Peripherie mit einem qualitativ anderen Latein konfrontiert wurden als etwa die Gläubigen des Mittelalters oder der Neuzeit bei Kontakten mit religiösen Texten oder das gemeine Volk, wenn es − in welcher Form auch immer − juristische Texte in lat. Sprache rezipierte. Denn die (sog. vulgär-lateinische) Reichssprache (Sofer 1971; Schmeck 1955, 12−18; Meyer-Lübke ³1920, 19) war diatopischer, diastratischer und diachronischer Varianz unterworfen (Devoto 1968, 131−134; Marouzeau ²1970, 105), das formal gefestigtere, in Schule und Kirche gebrauchte Lat. hingegen besaß eher die Qualitäten, von denen in den *Acta Ioannis PP. XXIII* in der

Constitutio apostolica 'de Latinitatis studio provehendo' der *Servus servorum dei ad perpetuam rei memoriam* folgende Vorstellungen entwickelt hat.

„Quarum in varietate linguarum ea profecto eminet, quae primum in Latii finibus exorta, deinde postea mirum quantum ad christianum nomen in occidentis regiones disseminandum profecit. Siquidem none sine divino consilio illud evenit, ut qui sermo amplissimam gentium consortionem sub Romani Imperii auctoritate saecula plurima sociavisset, is et proprius Apostolicae Sedis evaderet et, posteritati servatus, christianos Europae populos alios cum aliis arto unitatis vinculo coniungeret.

Suae enim sponte naturae lingua Latina ad provehendum apud populos quoslibet omnem humanitatis cultum est peraccommodata: cum invidiam non commoveat, singulis gentibus se aequabilem praestet, nullius partibus faveat, omnibus postremo sit grata et amica. Neque hoc neglegatur oportet, in sermone Latino nobilem inesse conformationem et proprietatem; siquidem *loquendi genus pressum, locuples, numerosum, maiestatis plenum et dignitatis* habet, quod unice et perspicuitati conducit et gravitati.

His de causis Apostolica Sedes nullo non tempore linguam Latinam studiose asservandam curavit eamque dignam existimavit, *qua tamquam magnifica caelestis doctrinae sanctissimarumque legum veste* uteretur ipsa in sui exercitatione magisterii, eademque uterentur sacrorum administri. Hi namque ecclesiastici viri, ubicumque sunt gentium, Romanorum sermone adhibito, quae sunt Sanctae Sedis promptius comperire possunt, atque cum ipsa et inter se expeditius habere commercium" (1962, 130).

Nur folgerichtig scheint, daß diese besondere Sprache vom heiligen Stuhl als ein Segen der Menschheit angesehen wird:

„Eam igitur, adeo cum vita Ecclesiae conexam, *scientia et usu habere perceptam, non tam humanitatis et litterarum, quam religionis interest,* quemadmodum Decessor Noster imm. mem. Pius XI monuit, qui, rem ratione et via persecutus, tres demonstravit huius linguae dotes, cum Ecclesiae natura mire congruentes: *Etenim Ecclesia, ut quae et nationes omnes complexu suo contineat, et usque ad consummationem saeculorum sit permansura … sermonem suapte natura requirit universalem, immutabilem, non vulgarem"* (1962, 130f.).

Auch kennen und kannten das Lat. und die europ. Sprachen unterschiedliche Kontaktverhältnisse. Dabei ist zum einen zu unterscheiden zwischen (a) lat. Stratum und (b) kulturell bedingtem Konvergenzverhältnis; zum andern aber tritt das Lat. auch insofern als Kontaktsprache auf, als es über nichtlat. Sprachen, die als Mittlersprachen fungieren, expandiert und somit zur (Re-)Latinisierung der jeweiligen Empfängersprache beiträgt.

Bei dem unter (a) erfaßten Kontaktverhältnis ist zu unterscheiden zwischen dem (1) lat. Stratum, verstanden als sprachliches Kontinuum, dem (2) lat. Superstrat, (3) dem lat. Adstrat und (4) dem lat. Substrat. Stratum bildet die Sprache Roms überall da, wo sich die angesetzte vulglat. Basis beim Prozeß der Romanisierung durchgesetzt hat, d. h. wo eine lat.-rom. Kontinuität von der Zeit der Romanisierung bis heute fortbesteht (Tagliavini 1973, 158ff.; Vidos 1968, 201ff.; Renzi 1985, 125ff.). Dies ist überall in der *Romania vetus* der Fall, während in der *Romania nova* die Romanisierung von den rom. bzw. neulat. Sprachen ausgegangen ist. Ein lat. Substrat liegt grundsätzlich in der *Romania submersa* vor, d. h. in allen Sprachräumen, in denen ursprünglich bzw. früher eine Form des Volkslateins gesprochen wurde, später aber durch eine oder mehrere nichtrom. Sprachen überlagert wurde und Reste in dieser überlagernden Sprache hinterlassen hat. Dies ist in Nordafrika (Sittl 1882, 77−143; Reichenkron 1965, 287−294), auf der britischen Insel, im Rheinland, im Gebiet der Mosel, am Neckar, in den westlichen Teilen des Schwarzwaldes, in Bayern, Pannonien (Kleiber/Pfister 1992) und großen Teilen des Balkans (Mihăescu 1993, 131ff.) oder in Kleinasien eine historisch gesicherte Tatsache, wo das Lat. z. B. in Ortsnamen oder Berg- und Flußnamen fortbesteht bzw. sich in mehr oder weniger zahlreichen Substratwörtern der dort heute gesprochenen Sprachen manifestiert (Schmitt 1974, 78−95). Superstrat ist das Lat. in den Sprachräumen, wo es sich − trotz politischer Herrschaft − gegen die autochthonen Idiome nicht durchsetzen, wohl aber diese beeinflussen konnte, wie etwa in Griechenland, Kleinasien, Ägypten, Teilen Britanniens oder auch im Baskenland (Rohlfs 1927, 58−87) und − mit großer Wahrscheinlichkeit − auch in der Bretagne, wenn man für das dortige Festlandkeltisch eine Kontinuitätsthese vertritt. Adstrat bildet das Lat. für alle Sprachen, mit denen es in Kontakt stand, ohne deren Existenz zu beeinträchtigen oder gar zu bedrohen. Solche Adstratverhältnisse bestehen z. B. zu kelt. und germ. Sprachen, aber auch zu Sprachen am Schwarzen Meer, zum Persischen, Arabischen, zu den Berbersprachen, zum Baskischen und anderen benachbarten Kulturräumen, mit denen ein Austausch von Sachen und Kommunikation bestand (Budinszky 1981; Meier 1941).

Wichtiger für die Evolution der westeurop. Sprachen ist das von der Bildungssprache

Lat. (Schrijnen 1932; Mohrmann 1947; 1955) ab dem Ende der Antike begründete — zunächst mit der Kultur der römisch-katholischen Kirche eng verknüpfte — Adstratverhältnis, und dies nicht nur, weil dieses Adstratverhältnis zwischen der lat. Kult(ur)-sprache und den verschiedenen rom. wie nichtrom. Sprachen besonders intensiv und von langer Dauer gewesen ist, sondern weil es noch heute fortbesteht und dabei mit dem Phänomen der Europäisierung der westeurop. Sprachen wohl am besten charakterisiert werden kann (Munske 1996). Hier ist nämlich eine ganz Westeuropa bestimmende sprachliche Konvergenz auszumachen, für die das in den Wissenschaftssprachen dominierende Lat. (wie das Griech., das aber vielfach über die lat. Tradition vermittelt wurde) die eigentliche Antriebskraft bildet. Dabei können verschiedene chronologische Schichten für die zunehmende Affinität zwischen den neulat. Sprachen, aber auch den westeurop. Sprachen allgemein verantwortlich gemacht werden: das klassische Lat., das durch Texte primär der augusteischen Klassik weiterhin über kulturelle Prozesse auf die westeurop. Sprachen Einfluß ausübt, das (etwas weniger stark normierte und daher an produktiven Bildungsmechanismen reichere) Mittellatein, das primär die bereits im Mittelalter ausgebildeten Wissenschaftssprachen bestimmte und weiterhin formt, und das (dem klassischen Lat. wiederum viel näherstehende und durch die humanistische *ne-varietur*-Grammatik stärker standardisierte) Neulatein, das ab der Epoche der Renaissance die Ausbildung primär der modernen Wissenschaftssprachen voranbrachte und auch und gerade noch heute als potentielles Sprachsystem der internationalen Kommunikation bei der fachsprachlichen Aufforstung den westeurop. Sprachen die größten Dienste erweist (Schmitt 1996; 1996 a; 1996 b).

Angesichts der verschiedenen Kontaktverhältnisse, die oft nebeneinander für ein und denselben Sprachraum bestehen, ist es vielfach schwierig, formale Kriterien für eine eindeutige Zuordnung zu ermitteln. Bei Sprachen wie dem Ital. oder Span., die sich lauthistorisch und morphologisch nicht so stark vom Lat. entfernt haben, fällt es oft schwer, gelehrten von halbgelehrtem und ererbtem Wortschatz formal zu unterscheiden; wichtigstes Kriterium sind hier oft die Erstdatierung und die Kontinuität der Belege. Bei Sprachen wie dem Frz. oder Rätorom., deren lautliche Distanz zur lat. Muttersprache ausgeprägter

bleibt, läßt sich hingegen die genealogische Filiation einfacher bestimmen. Doch gilt auch hier, daß vielfach Kriterien für die Zuordnung gebraucht werden, die wenig gesichert scheinen, da zum einen die chronologische Bearbeitung der verschiedenen Formen des Lat. speziell für das Spät-, Mittel- und Neulatein noch größere Defizite aufweist und zum andern die Erstdatenforschung zu wenig mit der Erfassung der Textqualität der frühesten Belege in Verbindung gesetzt wurde; es ist für die Beurteilung einer rom. Form vielfach von größerem Gewicht zu wissen, in welcher Textsorte sie zunächst auftritt, als das genaue Datum des Erstbelegs zu kennen.

2. Romanisierung und die Propagierung des Lateins

Wie Tagliavini mit Recht betont, stellt die lat.-rom. Sprachgeschichte ein Kontinuum dar: „In der Entwicklung vom Latein zum Romanischen gibt es keine Unterbrechung" (1973, 62); wohl aber war die Beeinflussung durch das Lat. für eine Reihe von Sprachlandschaften in Europa von entscheidender Bedeutung. In Italien selbst wurden die ital. Dialekte von der — den ieur. Kentumsprachen zugehörigen — *lingua latina* überlagert und mit Ausnahme der griech. Reliktzonen in Süditalien (Rohlfs 1950; Tagliavini 1973, 82—86) zu Substratsprachen degradiert.

In den übrigen Teilen des Römischen Reichs wiederholen sich dieselben Prozesse: Die bodenständigen Sprachen werden vom Lat. überlagert, das in zahlreichen regional wie sozial und chronologisch differenzierten Varietäten das zentrale Kommunikationsmittel von Portugal bis zum Schwarzen Meer und von Nordafrika bis nach England und Germanien bildet. Dabei läßt sich die Gliederung nicht stratologisch begründen, obwohl Bezeichnungen wie *Dakaromania, Iberoromania, Galloromania* u. a. m. eine solche Erklärung plausibel erscheinen lassen; die rom. Sprachräume sind von Substraten und Superstraten nur modifiziert, keineswegs jedoch geschaffen worden. Vielmehr sind für die Ausbildung der Romania in erster Linie innersprachliche Faktoren verantwortlich zu machen, über deren Gewichtung bis heute unterschiedliche Auffassungen bestehen. Für Sittl (1882), Mohl (1899) und Gröber (1904—1906, 535—563) liegen die Differenzierungsfaktoren im Vulgär- oder Reichslatein selbst, wobei Gröber vor allem im Zeitpunkt der Romanisierung ein wichtiges Kriterium für die Ausgliederung erkannte. Bartoli (1925) hingegen erklärte die Romania mit seinen rigoristischen Lehrsätzen der *linguistica spaziale* als Resultat der konservativen Rand- und innovativen Zentralräume und damit ausgehend von Arealnormen, in denen das räumliche Nebeneinander und das zeitliche Nacheinander eine wichtige Rolle spielen. Für Lüdtke (1964; 1965) steht eine *Romània maritima* der *Romània terrestre* und der *Romània delle strade* gegenüber, während v. Wartburgs Gliederung der Romania in eine West- und eine Ostromania im wesentlichen auf zwei Kriterien basiert: der Sonorisierung der stimmlosen lat. Verschlußlaute -p-, -t-, -k- (1950, 31f.), die er ohne Überzeugungskraft mit dem Festlandkeltischen in Verbindung setzen möchte, und der sprachsoziologisch erklärten Bewahrung des auslautenden -s im Westromanischen (1950, 20–24), die Ausdruck besserer Latinität darstelle. Eine innersprachliche Erklärung bildet auch Alonsos Klassifikation in *Romania continua* und *Romania discontinua* (1951, 101–127), für die viele Argumente sprechen, die allerdings recht vage bleibt und die Ausgliederung *in toto* nicht zu erklären vermag.

Mit Menéndez Pidal (1939), der die sprachliche Gliederung der Iberoromania mit der Ausbildung einer baetischen und einer tarragonensischen Latinität verbindet, wird der Blick mehr und mehr auf die Modalitäten der Latinisierung und damit in erster Linie auf die Wirkung von Irradiationszentren gelenkt; seine Thesen wurden im wesentlichen von Griera (1929) und Meier (1930) bestätigt. Die Gliederung der Galloromania kennt ätiologisch zahlreiche Gemeinsamkeiten mit der Latinitätsthese Menéndez Pidals: Bereits Morf (1909; 1911) wies darauf hin, daß vielfach die Verwaltungsgrenzen der römischen *civitates* und *provinciae* mit den kirchlichen Grenzen und den Sprachgrenzen zusammenfallen, und Merlo (1959, 65ff.) verdanken wir die allerdings etwas zu vereinfachende Formel „LA FRANCIA DIALETTALE ODIERNA è la GALLIA DI GUILIO CESARE" (1959, 208), wobei auch er die Konvergenz von *romanae civitates* und *christianae diœceses* für aufschlußreich hält. Müller (1971, 17–30) hat die sprachliche Zweiteilung in Französisch und Okzitanisch als mit germ. Superstrat unvereinbare Grenzbildung dargestellt, während Gardette (1971, 1–26) im Zusammenhang mit dem Frankoproven-

zalischen immer wieder mit guten Argumenten die Bedeutung des Romanisierungszentrums Lyon herausgestrichen hat. Die Distribution des lat. Wortschatzes zeigt eindeutig die Bedeutung innersprachlicher Faktoren für die Ausgliederung der Galloromania (Schmitt 1974): Dabei spielen der Zeitpunkt der Romanisierung, die Wege der Romanisierung, die Qualität des Lateins und die jeweiligen Romanisierungszentren die entscheidende Rolle.

Für die *Romania submersa* läßt sich eine solche Klassifikation nur *cum grano salis* vornehmen. Über das in England gesprochene Lat. lassen sich nur Rückschlüsse ziehen, die aus dem lat. Substratwortschatz gewonnen werden können. Beim Mosel-, Neckar- und Schwarzwaldromanischen werden von Kleiber und Pfister z. Z. recht kühne Thesen vorgetragen, deren Beweis aber nicht gelungen ist; so kann z. B. von einer moselrom. Latinität, die bis ins 13. Jh. gedauert hätte, nicht die Rede sein, da der Beleg -retum → -roth/ -rott nicht zwangsläufig die gallorom.-moselrom. Lautentwicklung -reit → -roit → -rot voraussetzt, sondern auch als volksetymologische Erklärung des Lautstandes des 8./ 9. Jhs. durch germ. *roden* gedeutet werden kann. Auch sollte das sehr unterschiedliche Ergebnis von lat. -etum (für *roboretum* und *cassanetum* werden als moselrom. Entsprechungen *Roveroth* bzw. *Kasnode* angenommen) zu einer kritischen Überprüfung des etymologischen Ansatzes Anlaß geben (Kleiber/Pfister 1992, 73). Insgesamt wird man sicher gut daran tun, das Moselrom. mit der Sprache Triers und im weiteren der nördlichen Galloromania bis zur Karolingerzeit zu identifizieren, wie auch die untergegangenen, in der Toponomastik jedoch noch viele spätlat. Formen bewahrenden Teile der niederrheinischen, mittelrheinischen und oberrheinischen Romania im wesentlichen als Fortsetzer der gallorom. Latinität zu betrachten sind, mit der sie fast alle bis ins 8./9. Jh. reichenden typischen Lautentwicklungen verbinden, wie dies auch z. B. der Wortschatz lat. Herkunft – speziell die Weinbauterminologie – nahelegt. Auch die zahlreichen in der Toponomastik der nrhein., mrhein. und orhein. *Romania submersa* fortbestehenden lat. Formen – Namen wie ehemalige, teilweise nur regional bewahrte Appellativa – sind im wesentlichen als Fortsetzer der gallorom. Latinität zu betrachten, mit der sie lauthistorisch vielfach konvergieren. Dies schließt nicht aus, daß hier Formen bestehen, die sonst in der gesamten Romania nicht ausgewiesen werden können, wie z. B. der zu panrom. *catinus* „Napf" gebildete Diminutiv *catillus*, der in der Germania got. *katilus*, ndl. *ketel*, engl. *kettle*, dt. *Kessel* ergeben hat, aber auch — geographisch völlig isoliert — in bask. *gathilu* „Napf, Schüssel" weiterlebt (Frings 1932, 58; Jud 1917, 31) und daher Teil der Sprache der Händler und Kaufleute gewesen sein muß; oder auch Lexeme überlebt haben, die in der Romania keine Fortüne gehabt haben, wie z. B. lat. *caupo* „Schenkwirt" (Tagliavini 1973, 131), das in der Romania fehlt, im ahd. aber *koufo* „Händler" und ausgehend von der Basis **kaup-* ein Verb gebildet hat, aus dem dt. *kaufen* hervorgegangen ist, zu dem überall an der germ.-rom. Sprachgrenze Entsprechungen nachgewiesen werden können. Auch bei lat. *spicarium* → dt. *Speicher* könnte man zunächst an eine Rhein- und Mosellatinität denken; doch zeigt port. *espigueiro* deutlich, daß man solche Thesen erst nach sorgfältiger Prüfung des Gesamtmaterials aufstellen sollte (REW 8146 a, mit anderer Erklärung).

Kaum anders stellt sich das von Rohlfs (1927) umfassend analysierte Verhältnis des Lat. zum Baskischen dar, wo die Durchsetzung dieser äußerst resistenten vorrom. Sprache von den römischen Garnisonsstädten aus erfolgte, ohne jedoch — wie in der übrigen Romania — der autochthonen Sprache den Todesstoß versetzen zu können. Die oberflächliche, nur punktuell erfolgte Romanisierung Großbritanniens läßt sich hinsichtlich ihrer Qualität und ihres Umfangs deshalb noch schwerer nachweisen, weil die schriftliche Überlieferung des Inselkeltischen erst im Mittelalter beginnt und lautliche Kriterien für die Unterscheidung von stratologisch bedingtem Wortschatz der Romanisierung von Entlehnungen schriftlicher Prägung vielfach fehlen oder zumindest spekulativ bleiben; auch darf nicht übersehen werden, daß die einwandernden Germanen schon früher in Kontakt mit den Römern standen und so aus dem Adstratverhältnis erklärbare lat. Elemente nach Britannien gebracht haben können.

3. Latein und Volkssprache im Mittelalter

Bis zur Renaissance ist die Entwicklung der westeurop. Volkssprachen untrennbar mit dem Lat. verbunden. Dabei bleibt für das Mittelalter das als Träger des Kulturwissens weiterentwickelte Mittellatein, das nirgendwo Muttersprache bildete und überall als Zweitsprache erlernt werden mußte, die bestimmende Größe:

„In der Geschichte der europäischen Kultur leistete das Mittellatein zwei gewaltige Aufgaben; es baute die Buchliteratur des Mittelalters als dessen erste und hauptsächliche auf und aus, zum andern erzog es die eigentlich nur für mündlichen Gebrauch geeigneten Muttersprachen zur Buchfähigkeit. Das trifft auch für die Romania zu; ihre Schriftliteratur brauchte zwar nur über das Ende der Antike weitergetragen zu werden und wurde dabei wie im übrigen Europa mittelalterlich fortentwickelt; daneben aber gingen dort aus dem gesprochenen Latein neue Buchsprachen hervor, die altfranzösische, altspanische, altitalienische ..., und aus ihnen neue Buchliteraturen" (Langosch 1990, 1).

Von dieser Buchliteratur ging ein gewaltiger Einfluß aus, der in allen westeurop. Sprachen nachweisbar ist. In nichtrom. Sprachräumen wurden dabei Nachbildungen des Lat. — semantischer, morphologischer und syntaktischer Art — geprägt und unzählige Anleihen an den lat. Wortschatz getätigt, während in der Romania — neben diesen auch hier überall feststellbaren Phänomenen — mit dem Nebeneinander der zunächst nur oral gebrauchten Volkssprache und dem auf den skripturalen Bereich und damit auch auf die Vortragsformen — schriftlicher Texte spezialisierten Lat. das unendlich weite Gebiet des gelehrten Einflusses — sp. *cultismos, semicultismos*, frz. *mots savants*, it. *parole dotte* — und der Rivalität von ererbter und gelehrter Form verbunden bleibt, das mit Ausnahme des Rumänischen den Zentralbereich der historischen Grammatik bildet, die allerdings in der Tradition der romantischen Sprachauffassung stets die volkssprachliche Entwicklung in den Vordergrund gerückt und die gelehrten Formen teils bewußt marginalisiert, teils unbewußt als im Grunde lat. Formen übergangen hat.

Ferdinand Lots Fragestellung *à quelle époque a-t-on cessé de parler latin?* (1931) ist sicher nur didaktisch begründet, denn eine Antwort ist selbst bei sehr differenzierter Betrachtung nicht möglich. Zur Zeit, da die Überlieferung der rom. Sprachen beginnt, also im 8./9. Jh., sind diese Sprachen längst als Kommunikationsmittel des Volkes etabliert, aber das Lat. ist immer noch Sprache der Schriftlichkeit, ja für eine sehr eingegrenzte Gruppe, wohl auch noch Sprechsprache. Was uns jedoch als rom. Sprachdenkmäler überliefert ist, stellt nie die tatsächlich vom Volk gebrauchte Sprache dar: Es handelt sich stets um Verschriftungsformen durch Schreiber und Autoren, die Lat. zu schreiben gelernt haben und unbewußt oder bewußt die erlernte Bildungssprache in die in der Volkssprache verfaßten Texte einfließen lassen. Umgekehrt stellen mlat. Texte immer Schriftlichkeit von Autoren dar, die eine Kultursprache (scil. das Lat.) mit einigem Aufwand erlernt haben, insbesondere aber aufgrund formaler Ähnlichkeit mit der Volkssprache nie uneingeschränkt in der Lage sind, Interferenzerscheinungen völlig zu vermeiden.

Es ist sicher kein Zufall, daß die ältesten rom. Sprachdenkmäler fast ausschließlich sakrale (bzw. sakral motivierte) oder juristische Texte darstellen. Hier wirken lat. Traditionen fort, die besondere Bedeutung für die mittelalterliche Gesellschaft besaßen und deshalb Gelehrten wie auch dem Volk zugänglich sein mußten. Dabei ist − je nach gewähltem Standpunkt − hier eine von beiden Seiten ausgehende Beeinflussung festzustellen: Die lat. Texte kennen z. B. in Frankreich eine zunehmende Romanisierung, i.e. Beeinflussung durch die Volkssprache, die erst durch die Rückbesinnung auf die kelt. Sprache zur Zeit der Karolingischen Renaissance eingeschränkt wurde, in Spanien läßt sich gar bis zur Zeit von Alfons VI. (1072−1109) eine Dominanz des sog. *latín arromanzado* ausmachen, das erst durch die von Cluny ausgehende, für Westeuropa bestimmend gewordene benediktinische Renaissance langsam zurückgedrängt wurde, so daß das klassische Lat. nach und nach − unter Schaffung eines sich stetig vergrößernden Grabens zwischen Volks- und Gelehrtensprache − seinen Platz einnehmen konnte; die rom. Texte wiederum waren aufgrund der lexikalischen und morphologischen Defizite der Volkssprachen auf ständigen Transfer aus dem durch den dauernden Gebrauch als Wissenschaftssprache vorzüglich ausgestatteten Lat. (und Griech.) angewiesen, denn religiöse oder juristische Sachverhalte waren stets in einem der *idiomata sacra* dargestellt worden, und so erscheinen hier von Anfang an Latinismen und Gräzismen vor allem dann, wenn es um die Darstellung fachlichen Wissens oder juristischer Sachverhalte geht. Ein überzeugendes Beispiel stellen die Straßburger Eide dar (842), denn der von Ludwig auf frz. gesprochene Eid enthält eine Reihe von religiösen (*Deo, amor, christian, salvament, salvar,* etc.) und juristischen (*en quant, di en avant, en*

damno, et en aiudha et en cadhuna cosa, etc.) Latinismen, kennt mit Karls artikellosem *sagrament* gar syntaktischen Einfluß des Lat. und latinisierendes *pro* für volkssprachliches *por* oder *numquam* für *nonqua* dürfen als Scriptaformen im Sinne Gossens (1967) gewertet werden: Der Schreiber wollte volkssprachliches *por* bzw. *nonqua* realisieren, schreibt aber aus der schriftlichen Übung heraus *pro* und *numquam*, die ihm aus der Tradition der (lat.) Urkundensprache vertraut sind.

Solange die Schriftlichkeit Monopol des Klerus und der Gerichtsschreiber bildete, war der Primat des Lat. gesichert; hinsichtlich der Volkssprache mußte gelten, daß ein Ausbau nur über Entlehnungen und Anleihen an das (Mittel-)Lat. möglich war: „Die mittellateinische Sprache war die europäische Vatersprache und die mittellateinische Literatur die erste, das Mittelalter beherrschende Buchliteratur Europas. Seine Volkssprachen erzog das Mittellatein zur Buchfähigkeit" (Langosch 1990, XIV).

In der rom. Sprachgeschichtsschreibung wird immer noch nicht klar zwischen dem Beitrag des klassischen Lat., des Spätlat., des Mittellat. und des Neulat. zu den rom. Einzelsprachen unterschieden, wie das z. B. anhand der verschiedenen Lehnformen von (klassisch-lat., spätlat. oder mlat. [?]) *integrare* überzeugend dargelegt wurde (Schmitt 1995, 420f.); die germanistische Forschung ist hier um keinen Deut weiter fortgeschritten: Auch hier werden die verschiedenen Sprachstufen, aus denen das Dt. entlehnt hat und die kulturell recht unterschiedliche Abschnitte der Sprache Lat. repräsentieren, unter der bequemen, für die Entlehnungsmodalitäten wenig aussagekräftigen Etikette 'Latein' subsumiert, wie dies z. B. die ansonsten aufschlußreiche tabellarische Erfassung der Entlehnungen aus Fremdsprachen ins Dt. zur frühbürgerlichen Zeit (v. Polenz 1991, 221), aber auch die Ausführungen zur Entlehnung allgemein (*ibid.,* 44f.) und zur lat.-dt. Zweisprachigkeit im Humanismus (*ibid.,* 225ff.) verdeutlichen. Entscheidend bleibt hier immer der Erstbeleg der Entlehnung, obwohl es für die Sprachgeschichte kulturhistorisch von größerer Bedeutung wäre, etwas über den ausgangssprachlichen Text und die Textsorte zu erfahren, aus der ein Lexem entlehnt wurde. Es dürfte außer Frage stehen, daß das aufgrund des Übersetzungsvergleichs durch Betz ermittelte innere Lehngut sakraler Texte (1949; [3]1974, 135−164) wenig gemein hat mit dem Material des von Schulz begonnenen *Deutschen Fremdwörterbuchs* (1913ff.) und daß das Epitheton 'lateinisch' hier jeweils etwas völlig anderes bedeuten kann. Ferner dürfte auch darüber eine Übereinstimmung erzielt werden, daß die für alle Sprachräume Westeuropas numerisch bedeutenderen Übersetzungslatinismen wiederum anders zu bewerten sind als lat. Lehngut in volkssprachlichen Texten ohne lat. oder griech. Ausgangstext.

Ähnliche Probleme verbinden sich auch mit der Geschichte der engl. Sprache, wobei allerdings zu bemerken bleibt, daß jeweils chronologische Schichten und Varietäten des Lat. den einzelnen Etappen der engl. Sprachgeschichte zuzuordnen sind: Die lat. Volkssprache dürfte für die römischen Ortsnamen verantwortlich gemacht werden; während das Vulgärlatein hier also Substrat bildet, dürfte es gleichzeitig als von Angeln, Sachsen und Jüten als Adstrat aufgenommenes Wortgut über die germ. Mittlersprachen ein zweites Mal auf die Insel gelangt sein, wie dies aengl. *straet/stret* „Straße" (< lat. [*via*] *strata*), aengl. *weall* „Wall" (< lat. *vallum*, aengl. *mynet* „Münze" (< lat. *moneta*), aengl. *cese* „Käse" (< *caseum*, und nicht lat. *formaticum*, das im Frz. fortbesteht), aengl. *piper* „Pfeffer" (< lat. *piperem*), etc. zeigen, die über das Germ. vermittelt wurden, so daß im Engl. mit zwei verschiedenen vlat. Traditionen zu rechnen ist. Die nächste Lehnwortschicht fällt chronologisch mit der Christianisierung Englands und varietätenlinguistisch mit dem 'getauften Latein' zusammen: Dieser umfangreiche Lehnwortschatz wurde dem frühmittelalterlichen Kirchenlatein entnommen, wie dies der Lautstand (Wollmann 1990) und die begriffssystematische Gliederung (Gneuss 1955) nachhaltig dokumentierten: Fast alle Entlehnungen beziehen sich auf die Kirche oder durch die Mönchskultur verbreitete Gegenstände. Infolge der kulturellen Dominanz der französisch-anglo-normannischen Kultur wurden ganze Sachbereiche zu Domänen frz. Lehnguts (Scheler 1977, 153f.), durch das natürlich auch − weitgehend dem Mittellatein zuzurechnende − Latinismen vermittelt wurden; die weitere Entwicklung der engl. Sprache bleibt in erster Linie vom frz. Einfluß bestimmt, doch wird das Mlat. über die Fachsprachen (religiöses und historisches Schrifttum, naturwissenschaftliche und philosophische Fachliteratur, Universitätsunterricht) in die Gemeinsprache transferiert, ja es lassen sich sogar Reflexe einer britischen Weiter-

entwicklung des Lat. in der engl. Alltagssprache ermitteln:

„Auf der Insel bildet sich eine anglolateinische Sonderform mit Wörtern wie *parliamentum* mit seiner Stammerweiterung auf -i-, *brocator*, *burg(ul)ator*, *bondagium*, *francalanus*, *pagina* (> ne. *parliament* 'Parlament', *broker* 'Makler', *burglar* 'Einbrecher', *bondage* 'Leibeigenschaft', *franklin* 'Freisasse', *pageant* 'mittelalterliche Schaubühne; Festspiel, Prunk) heraus. Das Kirchenlatein stellt Wörter wie me. *canticle* 'Lobgesang', *requiem*, *salvator* (von anglo-franz. *saviour* 'Heiland, Erlöser' verdrängt), *temptation* 'Versuchung', *magi* (Plur. von lat. *magus* 'Magier, Weiser, Schriftgelehrter'), *fornicator* 'Hurer', aus der Rechtsprechung stammen *arbitrator* 'Schiedsrichter', *client* 'Lehnsmann', aus der Astronomie *equinox*, *equator*, *ascension* (alle bei Chaucer † 1400), *dial* 'Sonnenuhr > Zifferblatt', die Welt der Schulen und Universitäten stellte *desk* (< mlat. *desca* < lat./griech. *discus/diskos* 'Wurfscheibe'), *index*, *scribe* (< lat. *scriba* 'öffentlicher Schreiber'), *library*, *style*, *dative*, *ablative*, *gerundive*" (Scheler 1996, 155).

Wie die westrom. Sprachen und das Dt. (Objartel ²1980, 714f.) sich latinisierten, so wurden auch zahlreiche Latinismen durch Übersetzungen dem Engl. vermittelt, wobei anfänglich das schriftliche Lat. als dominierende Varietät auftrat, ab dem 15. Jh. jedoch die in klassischen Texten belegte Varietät die Mehrheit der Entlehnungen lieferte. Die Latinität, der sich die kulturstiftende Römische Kirche verpflichtet fühlt, ist die einzige verbindende Kraft, der es das Mittelalter hindurch gelingt, eine Klammerfunktion zwischen den rom. und germ. Kulturräumen auszuüben:

„Die einzige wirkliche Macht, die in der *Romania* fortbestand, war der Klerus. In zunehmendem Maß leiteten die Bischöfe die Verwaltung der Städte, und das Leben auf dem Land spielte sich immer mehr im Rahmen der Pfarrgemeinden ab. Sobald die Glaubensgemeinschaft einmal gefestigt war, bildete sich das stärkste Band zwischen der einheimischen Bevölkerung und den Eroberern. Sie vereinigte in sich die Sehnsüchte einer zutiefst zerrütteten Welt. Man begreift, welch neue Bedeutung dem 'christlichen Latein' zugemessen wurde, das bis zu einem gewissen Grad einen Einigungsfaktor darstellte" (Wolff 1971, 80).

Da dieses Kräfteverhältnis im Grunde etwa tausend Jahre Bestand hatte, ist nicht verwunderlich, daß das schriftliche Lat. nicht nur, wie Curtius überzeugend herausgearbeitet hat (1948), die Grundlage der abendländischen Literatur, sondern auch Basis der westeuropäischen Literatursprachen bildet.

4. Humanismus und Renaissance

Besser bekannt und auch umfangreicher erforscht wurde der Beitrag des Lat. zur Entwicklung der Volkssprachen zur Zeit des Humanismus und der Renaissance, die hinsichtlich der Aufnahme der antiken Sprachen keinen Bruch darstellen, sondern stufenweise Übergänge kennen. Denn zum einen bleibt die Bedeutung des 'Kirchenlateins' und der traditionellen lat. Juristen- und Verwaltungssprache durchaus erhalten, zum andern erfaßte die von Lorenzo Valla initiierte Rückbesinnung auf das klassische (ciceronianische) Lat. eben doch nur eine kleine Elite, so daß man − zumindest für die Romania − die These aufstellen kann, daß sich die Volkssprachen im Schatten und in Abhängigkeit des langsam die Wissenschaften dominierenden, eher nach der klassischen *ne-varietur*-Norm ausgerichteten Humanistenlateins sowie des weiterhin zahlreiche Bereiche beherrschenden supraregionalen und supranationalen Mlat. entwickelten. Beide Varietäten haben in gleicher Weise die rom. Fachsprachen der Grammatik beeinflußt, wo zum einen Cicero und Quintilian zu bestimmenden Größen werden konnten, ohne daß die mittelalterlichen Autoren aus dem Kanon geschwunden wären (Schmitt 1983, 75−101).

Auch die Strukturierung der volkssprachlichen Grammatik nimmt die mittelalterliche wie die Tradition des klassischen Lat. auf, und selbst als radikale Neuerer bezeichnete Autoren wie Nebrija in Spanien oder Meigret in Frankreich bleiben den beiden lat. Mustern verpflichtet. Selbst die für die Emanzipation der Volkssprachen so entscheidende *usus*-Diskussion holt ihre Argumente aus den Werken der antiken Autoren wie der mittelalterlichen, auf Quintilian und Priscian basierenden Grammatiktradition. Die Lehre der Wortklassen und ihrer Akzidenzien in Spanien, Italien, Frankreich, England und Deutschland ist ohne die Vorbilder der antiken und der mittelalterlichen Grammatiken ebensowenig denkbar.

Der Einfluß der verschiedenen Varietäten des Lat. ist hier ebenso bedeutend wie beispielsweise der Beitrag des Lat. zu Translaten aus antiken wie mittelalterlichen Texten, der vielfach zu Relatinisierungen der rom. Sprachen (Gougenheim 1959, 5−18) und zu einer starken Überfrachtung mit Lehngut bei den germ. Sprachen geführt hat, speziell in den dt. Fachtexten der frühen Neuzeit (Habermann 1996, 12−46), aber auch mit hohen

Entlehnungsschüben im Engl., wo der Entlehnungsprozeß aus dem Lat. „zwischen 1500 und 1650 seinen Höhepunkt fand" (Scheler 1996, 161) und Lehngut in morphologisch unveränderter Form, in gekürzter Form und morphologisch substituierter Form in die Sprache eingegangen ist. Dabei gehen − vergleichbar der lexikalischen Struktur des Neulat. und seinen morphologischen Regeln −

„nicht wenige der neu ins Englische aufgenommenen Latinismen nicht auf klassisch-lateinische, sondern spätlateinische, kirchenlateinische und gelegentlich auch auf mittellateinische Bildungen zurück. Während z. B. im 17. Jh. entlehntes *supervene* auf klassischem *supervenire* beruht, ist im gleichen Jahrhundert entlehntes *superhuman* Reflex des spätlateinischen *superhumanus*, im 16. Jh. erstbelegtes *supernatural* mlt. (bei Th. v. Aquin begegnendem) *supernaturalis* entnommen und 1534 von Thomas Morus zuerst benutztes *supersubstantial* eine Entlehnung des im *Pater noster* (Matth. VI/11) der Vulgata auftretenden kirchenlateinischen *supersubstantialis* (*Panem nostrum supersubstantialem da nobis hodie*") (Scheler 1996, 161f.).

Wie im Engl. ist das Lat., speziell das Neulat., die morphologische und lexikalische Hauptquelle der modernen Wissenschaftssprachen: Wenn im Ital., wie Rettig (1996, 212−215) zeigt, neben dem volkssprachlichen Stamm *labbr-* der gelehrte und heute weitaus produktivere Stamm *labi-* „Lippe" oder neben ererbtem Stamm *latt-* der entlehnte und heute dank seiner Verbreitung in den Wissenschaftssprachen ebenfalls frequentere und für die Wortbildung disponiblere Stamm *lact-* „Milch" besteht, dann muß dafür der Einfluß der Wissenschaftssprache Lat. verantwortlich gemacht werden. Da aber die Stämme *lact-* und *labi-* nicht isoliert im Ital. existieren, sondern auch dabei sind, die ererbten Stämme sp. *lech-* und frz. *lait-* zu bedrängen (Schmitt 1995, 429−431), muß man von einem übereinzelsprachlichen, ja westeurop. Phänomen (dt. *lakt-*, engl. *lact-*; dt. *labi-*, engl. *labi-*, etc.) sprechen, denn die Erklärungen als eigene Wortbildungen in jeder der beteiligten Sprachen sind anzuzweifeln. Die gelehrten Formen stammen samt und sonders aus dem Eurolatein (Schmitt 1995; Munske 1996, 82−105), das vom 16. Jh. an begonnen hat, die ererbte Wortbildung speziell der rom. Sprachen einzuschränken (Schmitt 1988 a; 1988 c, 79−109) und die Wortbildung in vielerlei Hinsicht zu einem Relatinisierungsprozeß werden zu lassen.

Eine systematische Untersuchung zu den westeurop. Sprachen steht noch aus; was wir hier benötigen, sind Detailanalysen zu neuen Wortbildungsmustern, wie sie z. B. Höfler zum Morphem -(o)maniel-(o)mane vorgelegt hat (1972), Studien zu einzelnen Morphemen, wie z. B. aero- im Dt. (Kirkness 1996) und in den rom. Sprachen (Guilbert 1965; Zastrow 1963), sowie Analysen zum durch Euromorpheme hervorgerufenen Systemwandel, wie er etwa bei den Nomina agentis des Frz. durch die Expansion von -(o)graphe und -(o)loguel-(o)logiste (Schmitt 1996) eingetreten ist. Es bedarf in erster Linie sprach- und sprachfamilienübergreifender Analysen zur Europäisierung primär der Wortbildungslehre (Schmitt 1993 a), da nur auf diese Weise die Idee von einer regelmäßigen Polygenese als Fata Morgana erwiesen werden kann. Wie stark der Wandel z. B. im suffixalen System des Frz. durch die zahlreichen Lehnmorpheme gewesen ist, verdeutlicht die folgende Tabelle, die nach Bloch/Wartburg (BlW) und Dauzat/Dubois/Mitterand (DDM) die Produktivität einiger gelehrter Suffixe zeigt, von denen viele auch in der übrigen Westromania, im Engl. oder Dt. bekannt sind: (Abb. 65.1)

Diese Analyse genügt bereits, um den starken Anschub der Sprachentwicklung, ausgehend vom Lat. als Bildungssprache, allein für das Frz. zu dokumentieren. Ohne die zahlreichen Euromorpheme (Schmitt 1996 a, 119—146), die für die frz. Sprache ein offenes Morphemreservoir darstellen, wäre der Ausbau der Nationalsprache in so kurzer Zeit nicht möglich gewesen. Die Tabelle, die sich auch cum grano salis auf andere westeurop. Sprachen übertragen läßt, dokumentiert eindeutig zwei Tatbestände, die die frz. Wortbildungslehre ebenso wie die neuere frz. Sprachgeschichte betreffen: Die gelehrte, auf die Überdachung durch das Eurolatein und das Eurogriechisch zurückgehende Wortbildung, die das moderne Frz. ebenso dominiert wie die übrigen westeurop. Sprachen (Schmitt 1995), ist weitgehend das Resultat der sprachextern bestimmten Entwicklung des 16. Jh. und der in Renaissance und Humanismus dominierenden Sprachauffassung, die in der Übernahme von lat. und griech. Morphemen und der (Re)Aktivierung der Möglichkeiten des Mlat. eine treffliche Möglichkeit für den Ausbau der Volkssprachen erkannte; dabei ist das 16. Jh. die Zeit, in der ein großer Teil der auch noch für die heutige Wissenschaftssprache wichtigen Formantien − hier: der Suffixe − übernommen wurde; zur Zeit des Humanismus und der Renaissance beginnen die Übernahme und die analogische Bildung

von Derivaten auf -acé, -cide, -cole, ,-cratel -cratie, -éen(ne), -fère, -forme, -gène, -ide, -ile, -oïde, -ome und -vore, während die Produktion mithilfe der Morpheme -ablel-ible, -ation/-ition/-ution, -ique, -isme, -iste, -té und -ule, die ebenfalls zum Eurolatein zu rechnen sind, obwohl auch schon klassische Derivate ausgewiesen werden, den wohl entscheidenden Impuls für die endgültige Festsetzung und Integration im frz. Wortbildungssystem erhalten hat. Auch wenn, wie Gougenheim (1959, 5−18) gezeigt hat, durch die Relatinisierung in der Renaissance zahlreiche Aufnahmen erfolgt sind, die wenig Fortüne gehabt haben, und die frz. Sprache, wie das Ital., Span. oder Port., mit manchen Dubletten ohne kommunikativen Wert ausgestattet wurde, läßt sich doch als wichtigstes Resultat festhalten, daß damit der Grundstein für die volkssprachliche Wissenschaftssprache gelegt und die materiellen Voraussetzungen geschaffen wurden, auf denen dann das Siècle des Lumières, das 19. Jh. mit dem rasanten Ausbau der naturwissenschaftlichen Nomenklaturen und Fachsprachen und vor allem das 20. Jh. mit den europaweit immer stärker konvergierenden Wissenschaftssprachen aufbauen konnten. Den Humanisten verdankt man auch die Schaffung der sprachsystematischen Voraussetzungen für die Integration des Griech. (Chantraine 1957, 9−31).

5. Latein und die westeuropäischen Sprachen der Neuzeit

Ohne die Überdachung der westeurop. Sprachen durch das Lat. wäre die seit der industriellen Revolution des 19. Jhs. feststellbare rasante Entwicklung der überall auf das Lat. zurückgreifenden technischen Fachsprachen kaum möglich gewesen. Dabei haben der lat. und griech. Fundus sowie die griech.-neulat. Wortbildung die wichtigste Quelle sowohl für die Weiterführung der bereits antiken und mittelalterlichen Reihen der artes liberales (mit dem Trivium Grammatik, Rhetorik und Dialektik und dem Quadrivium Arithmetik, Musik, Geometrie, Astronomie), der artes mechanicae (Handwerk, Kriegswesen, Seefahrt/Erdkunde/Handel, Landbau/Haushalt, Wald und Tiere, Heilkunde, Hofkünste) und der artes occultae (Magie, Mantik) sowie für die technisch-wissenschaftlichen Bereiche gestellt, die vom 17. Jh. an europaweit insbesondere von den Akademien der sich ausbildenden Nationalstaaten gefördert werden (Pörksen 1986, 57−60).

Jahrhundert		10	11	12	13	14	15	16	17	18	19	20	
Morphem:	-able	0	1	36	37	49	20	42	20	44	43	3	BlW
	-ible	0	2	45	41	75	41	49	35	46	65	20	DDM
	-acé	0	0	0	0	0	0	1	1	3	1	0	BlW
		0	0	0	0	0	0	1	3	16	31	1	DDM
	-otion	0	0	4	7	23	19	27	75	79	69	10	BlW
	-i/-ution	0	3	123	166	251	108	152	54	125	180	134	DDM
	-cide	0	0	0	0	0	0	1	0	0	1	1	BlW
		0	0	2	0	0	1	2	1	1	3	4	DDM
	-cole	0	0	0	0	0	0	1	1	1	6	1	BlW
		0	0	0	0	0	0	1	1	1	14	2	DDM
	-crate	0	0	0	0	0	0	1	0	3	1	0	BlW
	-cratie	0	0	0	0	0	0	3	1	5	11	2	DDM
	-éen	0	0	0	0	0	0	1	0	0	3	0	BlW
		0	0	0	0	0	0	2	0	2	7	1	DDM
	-fère	0	0	0	0	0	0	1	0	0	1	0	BlW
		0	0	0	0	0	0	6	3	5	30	1	DDM
	-forme	0	0	0	0	0	0	1	0	1	1	0	BlW
		0	0	0	0	0	1	2	1	6	24	2	DDM
	-gène	0	0	0	0	0	0	1	0	0	3	1	BlW
		0	0	0	0	0	0	2	0	1	12	12	DDM
	-ide	0	0	0	0	0	0	1	0	1	3	2	BlW
		0	0	0	0	0	0	1	0	2	8	7	DDM
	-ile	0	0	0	0	0	0	1	0	2	1	1	BlW
		0	0	0	0	0	0	2	0	5	2	1	DDM
	-ique	0	0	0	1	3	4	26	11	51	51	2	BlW
		0	0	5	24	50	28	111	47	113	302	85	DDM
	-isme	0	0	1	0	0	0	8	16	45	99	15	BlW
		0	0	1	3	1	3	26	30	85	270	147	DDM
	-iste	0	0	1	0	1	1	17	27	39	88	15	BlW
		0	0	1	2	3	3	40	44	67	204	111	DDM
	-oïde	0	0	0	0	0	0	3	3	2	5	0	BlW
		0	0	0	1	0	0	8	8	8	16	2	DDM
	-ome	0	0	0	0	0	0	1	0	0	3	1	BlW
		0	0	0	0	0	0	2	0	1	6	1	DDM
	-té	0	3	11	11	26	19	32	46	61	50	0	BlW
		4	12	66	61	118	65	77	57	88	137	49	DDM
	-ule	0	0	0	0	0	1	4	2	3	5	0	BlW
		0	0	0	0	3	3	7	5	5	15	1	DDM
	-vore	0	0	0	0	0	0	1	0	1	1	0	BlW
		0	0	0	0	0	0	1	0	7	2	0	DDM

Abb. 65.1: Produktivität gelehrtensprachlicher Suffixe

Die Aufwertung und der fachliche Ausbau gerade der *artes mechanicae* im 18. Jh. läßt zum einen die Erkenntnis wachsen, der bestehenden lexikalischen Polymorphie sei mit sprachlicher Normalisierung zu begegnen, und zum andern müsse das Fehlen von *termini technici* durch Sprachpflege ausgeglichen werden (Rey 1979, 5), wofür natürlich in erster Linie das Lat. als Spendersprache in Frage kam. Nach Max Fuchs sind für das 18. Jh. in Frankreich, das (neben England) hier führend ist, drei Phasen zu unterscheiden:

„la première est celle des premiers contacts de la science et du public, auquel des vulgarisateurs comme Réaumur et l'abbé Nollet la révèlent; la seconde est celle de l'élaboration d'une langue technique, dont, à partir de 1751, l'Encyclopédie fera connaître les résultats; enfin, dans la troisième, sous l'influence de Condillac, prévaudra une théorie de la langue scientifique systématique, dont la création de la nomenclature chimique de Lavoisier est une application éclatante et décisive" (in: Brunot 1966, VI, 524).

Die *Encyclopédie* bildet nicht nur einen wichtigen Meilenstein zu der (Re-)Latinisierung des Frz. und der Ausbildung des *discours scientifique* (Pöckl 1990), sondern ist auch vielfach für die Nachbarsprachen Frankreichs zu einem Modell und damit auch zu einem zentralen Transfermedium für gelehrte Bildungen geworden, deren Geschichte umfassend bei Wolf (1979) dargestellt wird. Das frz. Muster wird von Spanien übernommen, wo das epochale Werk von Diderot und D'Alembert das Vorbild für den *Diccionario Castellano con las voces de ciencias y artes y sus correspondientes en las tres lenguas francesa, latina é italiana* (Madrid, Ibarra 1786–1793, 4 Bde.) von Terreros y Pando abgegeben hat, auf dem die wissenschaftliche Lexikographie der Folgezeit basiert (Schmitt 1992, 311 f.), bis hin zum heute führenden *Diccionario de términos científicos y técnicos* (Barcelona/Madrid, 1981) von McGraw-Hill/Boixareu, dessen Bedeutung von Metzeltin (1992, 440) hervorgehoben wird. Bereits dieses Beispiel genügt, um zu belegen, daß nicht der direkte Rückgriff auf das Griech. oder das Lat. die Latinisierung der westeurop. Sprachen bedingt, sondern in erster Linie die Entlehnung von Latinismen aus denjenigen Sprachräumen, die maßgeblich an der Entwicklung technischer Sachnormen beteiligt sind, sowie die Nachbildung dort etablierter gelehrter Bildungen.

Dies gilt ebenso für das Port., beginnend mit dem zehnbändigen *Vocabulario* (Coimbra/Lisboa, 1712–1728) von Rafael Bluteau (1638–1734), das viel dem Wörterbuch der Académie française (1694) und Furetière (1695) verdankt, über das wissenschaftliche Kompendium von Avelar Brotero (1788), bis hin zu den zentralen Werken von Mateus José da Costa und António Albino da Fonseca Benevides, deren Bedeutung Verdelho (1994, 346) zu Recht hervorhebt, der auch die Abhängigkeit des Port. von der europ. Terminologiebildung betont:

„As languages especializadas solicitam, deste modo, as línguas naturais para uma prática internacionalista, ou pelo menos para um convívio interlinguístico, no qual algumas línguas privilegiadas disputam a iniciativa inovadora e acabam por impor os modelos terminológicos mais geralmente adoptados" (1994, 347 a).

Die Auswirkungen dieser Modelle beschreiben Vilela (1994, 220) und Messner (1994, 515f.); es handelt sich dabei sicher um eine Relatinisierung des Port. (Teyssier 1994, 463f.), doch besteht hierbei keine direkte Verbindung zum Lat., sondern ein Abhängigkeitsverhältnis zu Nachbarsprachen, die diese Latinismen zuvor aufgenommen oder ausgebildet haben, und hierin besteht kein Unterschied zum Ital. (Manlio Cortelazzo 1988), bei dem „ha subito negli ultimi decenni un notevolissimo impulso per opera degli anglolatinismi e degli affisoidi paneuropei", der sich in „numerosissime somiglianze formali di vocaboli tecnico-scientifici" (Manlio Cortelazzo 1988, 406) manifestiert.

Die Konvergenz mit dem Dt. (Munske 1996, 82–105), das eine stark ausgeprägte Europäisierung kennzeichnet (Bergmann 1995; Braun/Schaeder/Volmert 1990), und dem Engl. ist deutlich. Dabei ist das Engl. oft Nehmersprache, entgegen den primär von frz. Sprachpuristen immer wieder kolportierten Vorurteilen, denn

„neben die Wortentlehnungen aus dem Lateinischen und Griechischen tritt, seit dem Frühneuenglischen deutlich verstärkt, die Wortneubildung aus griechischem oder/und lateinischem Morphemmaterial, wobei dem Neulateinischen eine besondere Rolle zufiel. Es ist die lexikalische Hauptquelle der modernen Wissenschaftssprachen" (Scheler 1996, 162).

Dabei liegt für Scheler dann eine Neubildung (des Engl.) vor, wenn „ein Wort kein identisches griechisches oder lateinisches Gegenstück besitzt. Wohl aber kann es im Griechi-

schen bzw. Lateinischen vorgegebenen Wortbildungsmustern folgen" (1996, 162). Daß
diese Definition nur *cum grano salis* anwendbar ist, zeigen bereits seine Gallizismen *kilometre* und *kilogramme*, seine Germanismen
telephone, *biology* oder *neo-Latin*, sein Italianismus *telescope*, aber auch Fälle wie das von
Goethe gebildete und europaweit akzeptierte
Morphologie (Schmitt 1996 a, 136f.) und die
Mehrzahl der auf die Suffixoide *-logue* und
-graphe im Frz. auslautenden Wortgebildetheiten (Schmitt 1996). Im einzelnen dürfte es
von geringem Aussagewert sein, daß das Latein (als Vermittlersprache) dreizehn Bildungen mit *-ologus* und zweiundzwanzig mit *graphus* gekannt hat: Entscheidend bleibt, daß
nach der Integration der Morpheme in die
Wissenschaftssprache Komposita mit griech.
Ersttteil (*aérographe*, *typographe*, *sténographe*;
andrologue, *graphologue*, *rhumatologue*) ebenso möglich waren wie solche mit lat. Erstglied (*coronographe*, *solarigraphe*, *spectrographe*; *glaciologue*, *pomologue*, *virologue*); den
Schöpfer der Wortbildung dürfte dabei kaum
die Frage beschäftigt haben, ob das lat. oder
griech. Wörterbuch diese Bildungen ausweist,
wie die Sprachbenutzer auch – analog zu
byzantinologue und *assyriologue* etc. – ohne
den Blick ins Wörterbuch *marxologue* (1957),
pékinologue (1972) oder *soviétologue* (1968)
kreiert haben.

Wie in den übrigen westeurop. Sprachen
dominiert auch in der engl. Wissenschaftssprache bei der Präfigierung die Bildung nach
dem neulat. Muster: „Zu den produktiven
lat. Präfixen bei der Wortbildung nach neulat. Vorbild gehören *intra-* 'innerhalb'
(19. Jh.: *intra-arterial*, *intra-cellular*, *intra-orbital*), *multi-* 'viel' (*multiangular*, *multiarticulate*), weiter *retro-*, *sub-*, *supra-* usw." (Scheler
1996, 163); im Dt. ist hier, wie Kirkness
(1996) anhand von *aero-* gezeigt hat, die Situation vergleichbar. Auch in den rom. Sprachen tauchen dieselben präfixalen Morpheme
wieder auf, doch ergibt sich hier recht häufig
eine Dublettenbildung, da zum einen das
neulat. Präfix in lauthistorisch korrekter
Form vorliegt, zum andern durch neulat. Bildung oder Entlehnung ein phonetisch dem
Lat. näherstehendes, semantisch meist nur
wenig oder kaum divergierendes gelehrtes
Morphem in die Sprache aufgenommen wird
(Schmitt 1986 b): so rivalisieren beispielsweise im heutigen Span. *entrevenir* und *intervenir*, *trascurso* und *transcurso*, *sojuzgar* und
subjuzgar, *sobreabundancia* und *superabundancia*, *desconforme* und *disconforme* etc.,

wobei grundsätzlich die erstgenannte Form
und damit das erbwörtliche Resultat der
Morpheme weniger Aussicht auf Fortbestand
hat als die zweitgenannte, die als gelehrt anzusehen ist. Genau so verhält es sich im Port.,
wo zunehmend die ererbten Präfixe durch
Kultismen verdrängt werden (Schmitt 1996 c).

Parallel dazu nehmen auch die neulat. und
neugriech. Suffixe zu: nicht nur in der dt. und
der engl. Wissenschaftssprache, sondern auch
im Rom., wobei grundsätzlich dieselben Suffixe in allen westeurop. Sprachen Fortüne besitzen. Für das Engl. verweist Scheler (1996,
163f.), der auch die Bedeutung der neoklassischen Wortkomposition hervorhebt (z. B. gr.
nephrós „Niere" + *álgos* → *nephralgia*), auf
umfangreiche, selbst die Frequenz berücksichtigende Studien, im Rom. wurde das Problem zunächst exemplarisch für das Frz. von
Höfler angegangen (1972); Studien zu den
übrigen rom. Sprachen ergaben, daß hier
nicht nur quantitativ wie qualitativ vergleichbare Entwicklungen zum Dt. und zum Engl.
vorliegen (Schmitt 1996 a), sondern daß die
besondere Situation der das Lat. neu aufnehmenden lat. Tochtersprachen auch hier die
Bildung von Dubletten ganz besonders gefördert hat: So rivalisieren im Neuspan. *encantamiento* und *encantamento*, *discordanza* und
discordancia, *despolvorear* und *despolvorizar*,
apaciguar und *pacificar*, etc. (Schmitt 1993,
87–92), und wie im Frz. *-ation* dem ererbten
Suffix *-aison* (< lat. *-ationem*) wohl endgültig
den Todesstoß versetzt hat, so hat auch span.
-ación inzwischen ererbtes *-azón* (< lat. *-ationem*) zu einem unproduktiven Morphem werden lassen (Schmitt 1988 a). Die Verteilung
der Bildungen nach Jahrhunderten zeigt
deutlich, daß der Untergang von frz. *-aison*
und span. *-azón* mit der Ausbildung der
modernen Wissenschaftssprache zusammenhängt (Schmitt 1988, 96f.).

Durch die Eliminierung der aus der Auseinanderentwicklung der rom. Sprachen formal resultierenden ererbten Formen und die
Integration formal wie semantisch *grosso
modo* identischer Formen entsteht eine zunehmende Konvergenz der rom. Sprachen
untereinander wie der rom. Sprachen mit
dem Dt. und dem Engl.

6. Die sprachlichen Bereiche der (Re-)Latinisierung

Das Phänomen der Latinisierung umfaßt alle
Ebenen der Sprache: Es manifestiert sich bereits in der Phonetik, wo die Relatinisierung

eine Homologisierung der Aussprache bei Kultismen bewirkt: So ist es keinesfalls erstaunlich, daß z. B. lat. *conceptum* „Plan", das im Frz. [kɔ̃sɛ] ergeben hatte und im Span. *conceto*, heute in beiden Sprachen die 'Eurobasis' [konsept-] aufweist. Straka hat dieses Prinzip klar für das Frz. dargestellt (1990), und Catalán hat für das Span. gar den Beweis erbracht, daß durch die Relatinisierung nicht nur bereits geschwundene, in der Orthographie teilweise erhaltene Konsonanten wieder eingeführt werden, sondern auch neue Konsonantengruppen entstanden sind, ja daß sich durch die Relatinisierung, die im Grunde eine Europäisierung bildet, die Silbenstruktur des zeitgenössischen Span. dergestalt verändert, daß eine Annäherung an die übrigen westeuropäischen Sprachen augenfällig ist (1971, 77–110). Hatte noch R. Carnicer hinsichtlich der Entwicklung der Sprachen – vor allem im Wortschatz – zugunsten der „*tendencia popular, más vigorosa que la culta*" (1977, 152) gesprochen, so hat sich diese Tendenz sowohl für das Frz. (Schmitt 1984, 424ff.) wie das Span. umgekehrt. Dabei darf

festgestellt werden, daß die sog. *spelling pronunciation* und die Relatinisierung vielfach in gleicher Weise zur Europäisierung beitragen. Dieser Trend wird noch zusätzlich durch die Präferenz der normgebenden Instanzen und Akademien der romanischsprachigen Länder für lat. Lösungen bei der Sprachplanung und -lenkung gestützt.

Nicht anders, ja eher noch deutlicher stellt sich die Situation im Bereich der Wortbildung dar, für die bereits 1993 die Teildisziplin 'Euromorphologie' als Desiderat dargestellt wurde (Schmitt 1996 a, 119–146): Hier kann von einem morphologischen Umbau der westeurop. Sprachen gesprochen werden, der von den Fachsprachen seinen Ausgang nahm, inzwischen aber auch die Gemeinsprache erfaßt hat und das System der westeurop. Sprachen zunehmend affiziert. Beim Vergleich von PRob [2]1977 und PRob [2]1988 nehmen die griech. und lat. Formantien bei den Neuaufnahmen (N) wie bei den Ausfällen (A) deutlich den ersten Platz ein (Schmitt 1996 a, 122ff.): Für die Affixe lat. Provenienz läßt sich dabei folgende Tabelle erstellen:

Lateinische Präfixe	(N)	(A)	Lateinische Suffixe	(N)	(A)
multi-	4	1	-ate	1	0
inter-	2	2	-ifère	0	1
bi-	2	0	-ule	0	1
mini-	2	0			
anté-	1	0			
audio-	1	0			
intra-	1	0			
rétro-	1	0			
sono-	1	0			
trans-	1	0			
bis-	0	1			
radio-	0	2			
Summen: 12	16	6	Summen: 3	1	2

Abb. 65.2: Affixe lateinischer Provenienz

Noch deutlicher ist die Erfassung der – grundsätzlich zunächst über die lat. Bildungssprache vermittelten, teilweise bereits

in dieser Funktion im Griech. ausweisbaren – Formantien, die auf das Griech. zurückgehen:

Griechische Präfixe	Neuauf- nahme	ausge- schieden	Griechische Suffixe	Neuauf- nahme	ausge- schieden
anti-	5	2	-ologie	3	1
auto-	4	0	-scopie	3	0
bio-	4	1	-gène	2	1
psycho-	4	0	-graphie	2	0
neuro-	3	0	-centèse	1	0
hyper-	2	1	-cratie	1	0
micro-	2	1	-cyte	1	0
a-	2	0	-émie	1	0
andro-	2	0	-gramme	1	0
géront(o)-	2	0	-ite	1	0
ostéo-	2	0	-lalie	1	0
phyto-	2	0	-logue	1	0
ana-	1	0	-mètre	1	0
agro-	1	0	-métrie	1	0
chrono-	1	0	-naute	1	0
éco-	1	0	-ose	1	0
glosso-	1	0	-pathe	1	0
gyro-	1	0	-pathie	1	0
hexa-	1	0	-phile	1	0
holo-	1	0	-philie	1	0
horo-	1	0	-phone	1	0
hypo-	1	0	-oïde	1	0
kilo-	1	0	-thèque	1	0
mélan(o)-	1	0	-tomie	1	0
méta-	1	0	-tone	1	0
mono-	1	0	-plasie	1	0
myco-	1	0	-plasme	1	0
para-	1	0	-(s)ie	0	1
péri-	1	0			
pharmaco-	1	0			
toxico-	1	0			
pico-	0	1			
zoo-	0	1			
Summen: 33	53	7	Summen: 28	33	3

Abb. 65.3: Formantien griechischer Herkunft

Im Grunde erübrigt sich der Hinweis auf die Tatsache, daß alle in den beiden obigen Tabellen erfaßten Formantien − in teilweise variierender orthographischer Form − auch in den übrigen rom. sowie in den nichtrom. Sprachen Westeuropas in derselben Funktion Verwendung finden und daß die Expansion der gelehrten Morpheme natürlich eine Einschränkung der volkssprachlichen Wortbildung bedingt hat, die fast nur noch die sozial oder situativ markierten Bereiche der Gemeinsprache beherrscht.

Noch deutlicher wird die durch das Lat. und das Eurogriechisch bedingte Konvergenz der westeurop. Sprachen, wenn man eine wissenschaftliche Fachsprache näher analysiert. Die Zunahme der Wortgebildetheiten des frz. medizinischen Fachwortschatzes von PRob 1967 zu PRob 1982 (Schmitt 1996 a, 129ff.) spiegelt sich in der nachfolgenden Tabelle, die die Präfigierung erfaßt. (Abb. 65.4)

Kaum anders stellen sich die mit Nominalsuffixen gebildeten Einheiten dar: (Abb. 65.5) und auch die Adjektivsuffixe dieser Fachsprache kommen ausschließlich aus demselben Fundus (Abb. 65.6), wobei auch hier zu bemerken ist, daß genealogisch verwandte, formal weitgehend entsprechende Affixe nicht nur in den rom. Sprachen, sondern darüber hinaus auch in den westeurop. Sprachen vorhanden sind.

Noch deutlicher bleibt die Konvergenz innerhalb dieser Fachsprache bei den Suffixoiden, die sich *cum grano salis* in alle westeurop. Sprachen übertragen lassen (Abb. 65.7): Die einzigen Unterschiede betreffen die Orthographie sowie die Genus- und Numerusgrammeme; formal wie semantisch entspricht jedoch frz. *-algie* dt. *-algie*, frz. *-esthésie* it. *-estesia*, frz. *-logie* port. *-logia*, frz. *-scope* engl. *-scope* oder frz. *-thérapie* dt. *-therapie* etc.

Kaum anders präsentiert sich der Wortschatz: Natürlich gibt es Latinismen, die auf eine Sprache, ja einen Autor beschränkt bleiben; in der Regel aber nehmen die westeurop. Sprachen fast synchronisch dieselben Latinismen auf, wobei dann meist eine einzige die Latinismen entlehnt oder ausbildet und diese dann an die übrigen Sprachen weitergibt. Dadurch können − weniger im Engl., häufiger jedoch im Dt. − aus dem Nebeneinander von ererbter Form und Lehnwort Dubletten entstehen, vgl.

- frz. *communication*/dt. *Kommunikation*; *Verständigung*/sp. *comunicación*/ital. *communicazione*/port. *comunicação*;

- frz. *cohésion*/dt. *Kohäsion*; *Zusammenhalt*/sp. *cohesión*/ital. *coesione*/port. *coesão*;
- frz. *compliment*/dt. *Kompliment*; *Empfehlung*/span. *cumplido*/ital. *complimento*/port. *cumprimento*, etc.

die dann zum langsamen Untergang meist des ererbten Wortes oder zu einer semantischen Aufgabenteilung unter beiden Wörtern führen kann.

Der Bereich des fachsprachlichen Wortschatzes ist in noch stärkerem Maße auf den Import von Latinismen bzw. Eurolatinismen und Gräzismen angewiesen. Es ist unmöglich, auch nur approximativ die Vielzahl der Lexeme zu erfassen. Tatsache bleibt, daß „le *vocabulaire* qui en est *l'élément essentiel et constitutif*, peut s'amplifier démesurément. En *chimie*, par exemple, le nombre des combinaisons chimiques reconnues s'élevait à environ 75.000 en 1900, environ 150.000 en 1910 et dépassait 200.000 dès 1925" (Muller 1985, 187); von einer systematischen Erfassung aller Fachsprachen kann keine Rede sein, doch läßt sich auch so die These aufstellen, daß in allen modernen Fachsprachen das Eurolatein eine bevorzugte Stellung einnimmt. Diese Aussage stützen in erster Linie Untersuchungen zum Frz., wie z. B. Analysen zum Fachwortschatz von Recht und Wirtschaft (Lerat/Sourioux 1995), Physik (Candel 1995), Katalysatortechnik (Schmitt 1991, 122ff.), zum Bildschirmtext (Schmitt 1989, 196ff.), zur Kompaktdiskette (Schmitt 1989, 185 ff.), zur Medizin (Sournia 1995), zur Psychiatrie (E. Martin 1995), zum technischen Wortschatz allgemein (Mortureux 1995), können sich aber auch auf Vorarbeiten zum Span. beziehen, wie etwa die Analyse von Handbüchern zur Computertechnik (Schmitt 1993) oder auch die Terminologie der Aidskrankheit (Schmitt 1996a, 132−134). Die hier ermittelten Befunde lassen sich mit den Analysen des Engl. vergleichen (Scheler 1996, 161), wie auch die Suffixoid- und Präfixoidbildung der rom. Sprachen ihr Pendant in der dt. neoklassischen Wortkomposition (Betz 1957) und dem engl. *neo-classical compounding* (Scheler 1996, 164ff.) kennt. Als Desiderat stellt sich hier vordringlich die Aufgabe einer übereinzelsprachlichen Beschreibung.

Das Lat. beeinflußt natürlich auch die Syntax der westeurop. Sprachen. Dieses Phänomen ist für den heutigen Sprachzustand nur selten angemessen untersucht worden, sicher wohl deshalb, weil hier die Beweisführung schwieriger bleibt: Zum Einfluß des Lat.

Präfix	Bedeutungsschwerpunkt	PRob 67	PRob 82
a-, an-	Negation, Mangel	24	37
anti-	Gegensatz; Schutz vor/gegen	15	28
dé-, dés-	Negation; gegensätzliche Handlung	36	55
dys-	schlechter Zustand	12	39
en-	in, hinein	4	5
endo-	innerhalb	10	10
entér(o)-	Darm(-)	7	7
gastr(o)-	Bauch(-), Magen(-)	11	11
gluco-, glyco-	weich, sanft	6	10
hémo-	Blut(-)	5	7
hétéro-	anders	3	6
hydro-	Wasser(-)	12	13
hyper-	Übermaß	9	18
hypo-	unterhalb; unzureichend	18	29
inter-	zwischen	7	9
leuco-	weiß	5	6
lipo-	Fett(-)	3	5
mono-	allein, einzig	5	7
neur(o)-	Nerv(en)-	9	10
ostéo-	Knochen(-)	6	7
phlébo-	Vene(n)-	3	5
pneumo-	Lunge(n)-	8	8
para-	gegen; am Rande von	9	12
pro-	(nach) vorn	4	5
proct(o)-	Anus, Mastdarm(-)	5	5
psycho-	Seele(n)-	4	10
radio-	Strahlung	3	7
re-, ré-	wieder; zurück	6	10
toxico-	Gift	6	6
typho-	Betäubung, Erstarrung	5	5

Abb. 65.4: Wortbildung im medizinischen Fachwortschatz des Französischen I: Präfigierung

Suffix	Bedeutungsschwerpunkt	PRob 67	PRob 82
-age	Vorgang, Resultat	24	40
-aire	Handlungsträger; Kollektiv	29	43
-ance, -ence	Vorgang; Ergebnis	9	10
-ase	Enzym	15	17
-(is)ation	Vorgang; Ergebnis	91	110
-émie	Blut(-)	9	15
-(isse)ment	Vorgang; Ergebnis	35	37
-eur, -euse	bewirkend	12	11
-ide	homologe Reihe	8	14
-ie	Eigenschaft	20	29
-ine	Produkt; Amin	29	43
-isme	Krankheitszustand; System	49	60
-iste	Beruf	3	8
-ite	Entzündung	44	57
-ité	Eigenschaft	18	22
-ion	gehend	7	7
-ome	Geschwulst	12	14
-on	diminutiv (Hormon)	9	11
-ose	Erkrankung; Glycosid	47	62
-ure	Zustand, Ergebnis; Salz	13	13

Abb. 65.5: Wortbildung im medizinischen Fachwortschatz des Französischen II: Nominalsuffixe

verfügen wir über den Forschungsbericht von Sørensen zum Engl. (1957), der zahlreiche bibliographische Hinweise enthält; der Einfluß auf das Frz. wurde von Nykrog (1957) dargestellt, der allerdings fast ausschließlich historisch arbeitet und die am meisten interessierende Frage der westeurop. Latinität im Bereich der Syntax nur als Desideratum anspricht: „Il serait intéressant aussi de chercher quel a été le rôle des langues romanes dans l'histoire des latinismes sur le plan européen général" (113). Die heute noch zuverlässigste Darstellung der Problematik verdanken wir Franz Blatt (1957), in dessen Studie zum Einfluß des Lateins auf die Syntax der europ. Sprachen zum ersten Mal das aus der Entwicklung der Balkansprachen entlehnte

Bild von der westeurop. kulturbedingten Konvergenz auftaucht:

„To explain certain instances of agreement between the Balkan tongues Sandfeld invokes the unifying force of the Byzantine civilization and the Greek church, he refers to the intimate contact of different nations (la symbiose de différentes parties des nations balkaniques) and to the temporary existence of a group of bilingual individuals" (34).

Natürlich gibt es auch für Blatt auf die zentrale Frage „how will it be possible for us to distinguish whether a syntactical agreement between Latin and a modern European language is due to influence or to parallel development?" (38) keine klare Antwort, doch führt er eine Reihe von Argumenten wie sprachgeographische Aspekte, Abhängigkeit

Suffix	Bedeutungsschwerpunkt	PRob 67	PRob 82
-al(e)	bezüglich; in der Art wie	26	34
-ant(e)	bewirkend	20	25
-ateur, -atrice -oteur, -otrice	bewirkend	19	19
-é(e)	die Eigenschaft besitzend	22	23
-el(le)	bezüglich	8	9
-et(te)	diminutiv	8	9
-eur(e)	bewirkend	7	12
-eux(se)	die Eigenschaft besitzend	39	39
-ien(ne)	typisch für	34	38
-ier(ère)	bezüglich	8	8
-if, -ive	die Eigenschaft besitzend	9	15
-in, -ine	zugehörig	4	7
-(at)ique	bezüglich	102	123
-oïde	ähnlich	14	20

Abb. 65.6: Wortbildung im medizinischen Fachwortschatz des Französischen III: Adjektivalsuffixe

von Übersetzungstexten, Tradition in Religion und Kultur, chronologisch-kulturhistorische Momente (z. B. Renaissance, Reformation, etc.), Rechtstradition etc. an, die als sprachexterne Faktoren für Wandel bei syntaktischer Subordination, Partizipialkonstruktionen, Akkusativ-cum-Infinitiv-Verwendungen und Veränderungen beim Periodenbau gelten dürfen; alle syntaktischen Veränderungen dienen dabei einem gemeinsamen Ziel:

„Through most syntactic latinisms in modern European two general traits emerge clearly. One is the wish to give as much perspicuity as possible to the linguistic expression of a complicated thought − to emphasize the main thing and to subordinate what is less important. This holds true for the arrangement of subordinate clauses as well as for the use of participles and infinitive constructions. Another prominent feature of Latin loan-syntax is the desire for logicality, which appears in learned style not only in the use of particles indicating logical relation between various sentences, but even in what is now considered as the correct use of negative particles in European standard languages" (68 f.).

Auch hier muß noch viel Textarbeitet geleistet werden, bevor völlig gesicherte Aussagen gewagt werden können, wie auch übereinzelsprachliche Untersuchungen zur textsortenkonstituierenden Leistung des Latinismus immer noch ausstehen, da die bisherigen Studien zu sehr auf das Beschreiben und Erfassen der disparaten Einheiten des Lexikons ausgerichtet waren. Dabei steht außer Frage, daß z. B. eine Isotopienkette von Latinismen aus einem gemeinsprachlichen Text einen fachsprachlichen machen kann, also konstituierendes Element der Fachlichkeit bilden kann.

7. Ergebnisse und Perspektiven

Die verschiedenen Varietäten des Lat. haben − regelmäßig und konstant, aber in unterschiedlichem Maße, je nach der kulturellen Ausrichtung der einzelnen Epochen − die Ausbildung der westeurop. Sprachen begleitet und sich dabei als zentrale Größen erwiesen. Die Beiträge des Lateins zu den Sprachständen früherer Epochen sind besser

Formans	Bedeutungsschwerpunkt	PRob 67	PRob 82
-algie	„douleur"	20	22
-esthésie	„sensation, sensibilité"	3	5
-gène, -génie	„naissance, origine"	3	8
-genèse, -génèse	„naissance, formation, production"	2	5
-gramme	„unité de masse"	12	17
-graphe, -graphie	„écrire"	16	34
-logie	„théorie, discours"	14	20
-métrie, -mètre	„mesure"	5	6
-pathe, -pathie	„affection, maladie"	7	10
-rr(h)agie	„briser", au pass. „jaillir"	4	5
-rr(h)ée	„couler"	8	8
-scope, -scopie	„examiner, observer"	12	14
-tome, -tomie	„couper, découper"	9	10
-thérapie	„soin, cure"	21	31
-urie, -urèse	„action d'uriner"	8	14

Abb. 65.7: Wortbildung im medizinischen Fachwortschatz des Französischen IV: Suffixoide

erforscht als die Einwirkung dessen, was ich bereits 1982 in Saarbrücken als Eurolatein und auf einem weiteren Saarbrücker Kolloquium 1993 Euromorphologie genannt habe (Schmitt 1996, 119) und was − davon unabhängig − Félix Sánchez Vallejo und Francesco Gligora als (semantisch divergierendes) *Eurolatinum* in die Diskussion eingebracht haben (1983), wobei sie gar in diesem Zusammenhang von der „necessità di una convergenza linguistica" (55ff.) sprechen.

Im Gegensatz zu Vallejo/Gligora, für die *Eurolatinum* puristisch in der Sprachplanung angewandt werden soll, vgl.

„Immaginiamo, per essere concreti, l'ipotesi che un giorno, fra le non migliori notizie che ci vengono incontro, dovesse saltar fuori anche l'incendio di qualche grattacielo in qualche città del nostro mondo; come dire in Latino 'grattacielo'? Chi oggi conosce anche bene il Latino di scuola, trovandosi sprovvisto, inorridirebbe dinanzi a parole come *caelifricium* o *caeliscalpium* (ambedue sono state proposte nelle riviste specializzate; e non si renderebbe conto che lo stesso orrore aveva accompagnato la nascita dell'originario *skyskraper* e della nostra traduzione in 'grattacielo'. Come dire poi,

ad esempio, che 'la gente impazzita dava l'assalto agli *ascensori*'"? Il Bacci propone, per ascensore *pegma scansorium*, cioè 'scattolone per salire'. Altri, per maggiore brevità preferirebbero *anabathrum*, che sarebbe l'ascensore, o meglio 'montacarichi', che nel Colosseo portava le belve dai sotterranei al livello dell'arena. Quindi, nel proporre quei neologismi entro in contesto vivo delle notizie del giorno, avremo automaticamente lo scatto di un processo pienamente vitale, tanto da consentirci di immaginare che ragazzi di mezza Europa, sentita questa notizia, potrebbero il giorno dopo accapigliarsi per rubare l'*anabathrum* alla ragazza del piano di sopra, e qualcuno si vanterebbe di abitare al 12° piano del maggiore *caeliscalpium* della sua città." (Sánchez Vallejo/Gligora 1983, 149),

wird hier unter Eurolatein das Phänomen des durch die Wirkung des kulturellen lat. Adstrats sich mehr oder weniger parallel in den westeurop. Sprachen vollziehenden Wandels als Konvergenzphänomen gemeint, dessen Beschreibung noch weitgehend ansteht, weil die (historische wie deskriptive) Sprachwissenschaft sich zu einseitig mit einzelsprachlichen Fragestellungen befaßt und die heute mit unvergleichbarer Virulenz ablaufenden Prozesse weitgehend vernachlässigt hat.

Für die westeurop. Sprachen gilt ohne Einschränkung, daß das Eurolatein ihre Systeme überdacht und zur entwicklungsbestimmenden Größe geworden ist: Ohne dieses Potential gibt es keine Sprache der theoretischen oder angewandten Wissenschaften, wie dies die Darstellung verdeutlicht (Abb. 65.8):

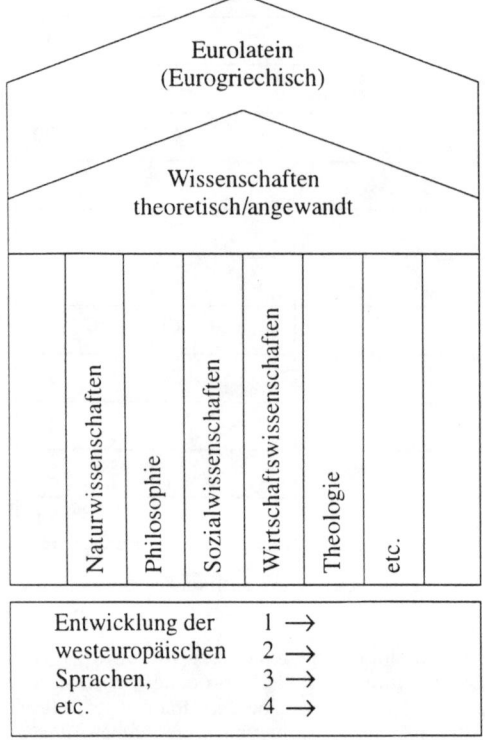

Abb. 65.8: Eurolatein und europäische Wissenschaftssprachen

Da die (wissenschaftlichen) Fachsprachen vielfach die treibende Kraft für die Entwicklung auch der Gesamtsprache bilden, erklärt dieses Modell auch, warum sich eine immer stärkere Konvergenz einstellen muß: Es ist nicht, wie etwa im Mittelalter, die Zweisprachigkeit dafür verantwortlich zu machen, denn gute Lateinkenntnisse haben seit Ende des 2. Weltkriegs überall in Westeuropa abgenommen. Dafür aber sind die Beherrschung und Anwendung der Regeln des Eurolateins (und Eurogriechischs) für jeden Wissenschaftler, ja schon für den Gymnasiasten unverzichtbare Teile seiner sprachlichen Kompetenz. Eine Beteiligung an der Diskussion über die modernen Entwicklungen unserer technisierten Welt ist nur demjenigen möglich, der zumindest die Grundlagen der

Strukturen und Bestandteile des Teils besitzt, der als gemeinsame Überdachung für alle Sprachen dient; und so darf prognostiziert werden, daß das Lat. in der Evolution der westeurop. Sprachen eine zentrale Kraft bleiben und die Klammer bilden wird, die die Wissenschaftssprachen zusammenhält und ihre weitere Konvergenz fördert, wie dies auch ein − vielleicht − nicht mehr der gesamten *res publica litterarum* verständlicher lat. Beitrag mit dem Titel *Latinitas Europae fundamentum spirituale ab antiquis aetatibus atque Caroli Magni saeculo ad praesentia pertinens tempora* (Neuhausen 1996) zeigt, der die nun schon über tausendjährige Tradition der Beeinflussung der Volkssprachen durch die lat. Bildungssprache exemplarisch verdeutlicht.

8. Literatur (in Auswahl)

Alonso, Amado, Partición de las lenguas románicas de occidente. In: Ders., Estudios lingüísticos, temas españoles. Madrid 1951, 101−127.

Bahner, Werner, Beitrag zum Sprachbewußtsein in der spanischen Literatur des 16. und 17. Jhs. Berlin 1956. (Neue Beiträge zur Literaturwissenschaft 5).

Bartoli, Matteo, Introduzione alla neolinguistica. Principi-scopi-metodi. Genf 1925. (Biblioteca dell'Archivum Romanicum. Serie 2. Linguistica 12).

Bec, Pierre, Manuel pratique de philologie romane. 2 Bde. Paris 1970. (Connaissance des langues 5 u. 6).

Becerra Hiraldo, José Maria, Tendencias cultistas en el español del Renacimiento. In: Kulturen, 1−29.

Bergmann, Rolf, 'Europäismus' und 'Internationalismus'. Zur lexikologischen Terminologie. In: Sprachw. 20, 1995, 239−277.

Berschin, Helmut/Julio Fernández-Sevilla/Josef Felixberger, Die spanische Sprache. Verbreitung−Geschichte−Struktur. 2. Aufl. München 1995.

Betz, Werner, Deutsch und Lateinisch. Die Lehnbildungen der althochdeutschen Benediktinerregel. Bonn 1949.

Ders., Antiker Einfluß auf den europäischen Wortschatz. In: Travaux du Cercle Linguistique de Copenhague 11, 1957, 71−73.

Ders., Lehnwörter und Lehnprägungen im Vor- und Frühdeutschen. In: Deutsche Wortgeschichte. Hrsg. v. Friedrich Maurer/Heinz Rupp. 3. Auflage. Bd. I. Bern/New York 1974, 135−164.

Blatt, Franz, Latin Influence on European Syntax. In: TCLC 11, 1957, 33−69.

Ders., Influence latine sur la syntaxe européenne. In: TCLC 11, 1957 a, 223−235.

BlW = Bloch, Oscar/Walther von Wartburg, Dictionnaire étymologique de la langue française. 5. Aufl. Paris 1968.

Braun, Peter/Burkhard Schaeder/Johannes Volmert, Internationalismen. Studien zur interlingualen Lexikologie und Lexikographie. Tübingen 1990. (RGL 102).

Brunot, Ferdinand, Histoire de la langue française des origines à nos jours. Paris 1966. [Nachdruck].

Budinszky, Alexander, Die Ausbreitung der lateinischen Sprache über Italien und die Provinzen des Römischen Reiches. Berlin 1881.

Candel, Danielle, Le vocabulaire de la physique (physique quantique, atomique et nucléare). In: Histoire, 367–397.

Carnicer, Ramón, Tradición y evolución en el lenguaje actual. Madrid 1977.

Catalán, Diego, En torno a la estructura silábica del español de ayer y del español de mañana. In: Sprache und Geschichte. Festschrift für H. Meier. Hrsg. v. Eugenio Coseriu/Wolf Dieter Stempel. München 1971, 77–110.

Chantraine, Pierre, Le grec et la structure des langues modernes de l'Occident. In: TCLC 11, 1957, 9–31 und 219–221.

Cortelazzo, Manlio, Etimologia e storia del lessico. In: LRL IV. Tübingen 1988, 401–419.

Cortelazzo, Michele A., Lingue speciali. In: LRL IV. Tübingen 1988, 246–255.

Curtius, Ernst Robert, Europäische Literatur und lateinisches Mittelalter. Bern 1948.

[DDM =] Dauzat, Albert/Jean Dubois/Henri Mitterand, Nouveau dictionnaire étymologique et historique. Paris ⁵1981.

Dellit, Otto, Über lateinische Elemente im Mittelenglischen. Marburg 1906.

Deutschmann, Olaf, Lateinisch und Romanisch. Versuch eines Überblicks. München 1971. (Hueber Hochschulreihe 6).

Devoto, Giacomo, Geschichte der Sprache Roms. Heidelberg 1968.

Ernst, Gerhard, Latinismen des Italienischen in DELI und LEI. In: Linguistica 31, 1991, 185–200.

[Eurolatein =] Eurolatein. Das griechische und lateinische Erbe in den europäischen Sprachen. Hrsg. v. Horst Haider Munske/Alan Kirkness. Tübingen 1996. (RGL 169).

Frings, Theodor, Germania romana. Halle 1932.

Gardt, Andreas/Klaus J. Mattheier/Oskar Reichmann (Hrsg.), Sprachgeschichte des Neuhochdeutschen. Gegenstände, Methoden, Theorien. Tübingen 1995. (RGL 156).

Gardette, Pierre. La romanisation du domaine francoprovençal. In: Colloque francoprovençal. Neuchâtel 1971, 1–26.

Gneuss, Helmut, Lehnbildungen und Lehnbedeutungen im Altenglischen. Berlin 1955.

Gougenheim, Georges, La relatinisation du vocabulaire français. In: Annales de l'Université de Paris 29, 1959, 5–18.

Gossen, Carl Th., Französische Skriptastudien. Untersuchungen zu den nordfranzösischen Urkundensprachen des Mittelalters. Wien 1967.

Griera, A., Notes sur l'histoire de la civilisation et l'histoire des langues romanes. In: Revue de Linguistique Romane 5, 1929, 180–261.

Gröber, Gustav, Die romanischen Sprachen. Ihre Einteilung und äußere Geschichte. In: Ders., Grundriß der romanischen Philologie. 2. Aufl. Straßburg 1904–1906, 535–563.

Guilbert, Louis, La formation du vocabulaire de l'aviation. Paris 1965.

Habermann, Mechthild, Latinismen in deutschen Fachtexten der frühen Neuzeit. In: Eurolatein 1996, 12–46.

Hammerich, L. L., Germanistic Reflections on Antique After-Effects on European Culture. In: TCLC 11, 1957, 121–129.

[Histoire =] Histoire de la langue française 1914–1945. Hrsg. v. Gérald Antoine/Robert Martin. Paris 1995.

Höfler, Manfred, Zur Integration der neulateinischen Kompositionsweise im Französischen, dargestellt an den Bildungen auf -(o)manie, -(o)mane. Tübingen 1972.

Ders., Zur Datierung von Eurolatinismen in der französischen Lexikographie. In: Eurolatein 1996, 194–203.

Holtus, Günter, Geschichte des Wortschatzes/Histoire du lexique. In: LRL V, 1. Tübingen 1990, 519–529.

Ioannes Episcopus, (acta Ioannis PP. XXIII) Constitutio Apostolica de Latinitatis studio provehendo. In: Acta Apostolicae Sedis LIV, 31 Martii (Ser. III, v. IV) N. 3. 1962, 129–135.

Jud, Jakob, Probleme der altromanischen Wortgeographie. In: ZrPh 38, 1917, 1–75.

Keipert, Helmut, Das Lateinische in der Geschichte der russischen Sprache. In: Eurolatein 1996, 106–128.

Kirkness, Alan, Zur lexikographischen Dokumentation eurolateinischer Wortbildungseinheiten: Vergleichende Beobachtungen am Beispiel aero-. In: Eurolatein 1996, 236–274.

Kleiber, Wolfgang/Max Pfister, Aspekte und Probleme der römisch-germanischen Kontinuität. Sprachkontinuität an Mosel, Mittel- und Oberrhein sowie im Schwarzwald. Stuttgart 1992.

Kukenheim, Louis, Contributions à l'histoire de la grammaire italienne, espagnole et française à l'époque de la renaissance. Amsterdam 1932.

[Kulturen =] Kulturen im Dialog. Die iberoromanischen Sprachen aus interkultureller Sicht. Akten der gleichnamigen Sektion des Bonner Hispanisten-

tages (2.–4. 3. 1995). Hrsg. v. Christian Schmitt/
Wolfgang Schweickard. Bonn 1996.

Langosch, Karl, Mittellatein und Europa. Führung
in die Hauptliteratur des Mittelalters. Darmstadt
1990.

Lapesa, Rafael, Historia de la lengua española.
8. Aufl. Madrid 1980.

Lerat, Pierre/Jean-Louis Sourioux, Droit et écono-
mie. In: Histoire, 353–365.

Lot, Ferdinand, A quelle époque a-t-on cessé de
parler latin? In: Bulletin Du Cange 6, 1931, 97–
159.

Lüdtke, Helmut, Die Entstehung romanischer
Schriftsprachen. In: Vox Romanica 23, 1964,
3–21.

Ders., Le vie di comunicazione dell'impero romano
e la formazione dei dialetti romanzi. In: Actes du
Xᵉ Congrès International de Linguistique et Philologie Romanes. Hrsg. v. Georges Straka. Stras-
bourg/Paris 1965, 1103–1109. (Actes et Colloques
4).

Marouzeau, Jules, Das Latein. 2. Aufl. München
1970.

Martin, Éveline, Le vocabulaire de la psychiatrie.
In: Histoire de la langue française 1914–1945.
Hrsg. v. Gérald Antoine/Robert Martin. Paris
1995, 413–443.

McGraw-Hill/Boixareu Daniel N. Lapedes (redac-
tor jefe), Diccionario de términos científicos y técnicos. 5 vol. Barcelona/Madrid 1981.

Meier, Harri, Beiträge zur sprachlichen Gliederung
der Pyrenäenhalbinsel und ihrer historischen Begründung. Hamburg 1930. (Hamburger Studien zu
Volkstum und Kultur der Romanen 3).

Ders., Die Entstehung der romanischen Sprachen
und Nationen. Frankfurt 1941. (Das Abendland.
Forschungen zur Geschichte europäischen Geistes-
lebens 4).

Menéndez Pidal, Ramón, Orígenes del español.
Estado de la Península Ibérica hasta el siglo XI.
Madrid 1929.

Ders., Sobre el sustrato mediterráneo occidental.
In: ZrPh 59, 1939, 189–206.

Merlo, Clemente, La Francia linguistica odierna e
la Gallia di Giulio Cesare. In: Ders., Saggi Linguistici. Pubblicati in occasione del suo ottantesimo
compleanno dell'Instituto di Glottologia dell'Università di Pisa e dalla Scuola Normale Superiore.
Pisa 1959, 203–217.

Messner, Dieter, Etymologie et histoire du lexique.
In: LRL VI, 2. Tübingen 1994, 511–517.

Metzeltin, Michael, Etimologia e historia del lé-
xico. In: LRL VI, 1. Tübingen 1992, 440–457.

Meyer-Lübke, Wilhelm, Einführung in das Studium der romanischen Sprachwissenschaft. 3. Aufl.
Heidelberg 1920.

Mihăescu, Haralambie, La romanité dans le sud-
est de l'Europe. Bucureşti 1993.

Mohl, F. George, Introduction à la chronologie du
latin vulgaire. Etude de philologie historique. Paris
1899. (Bibliothèque de l'Ecole des hautes études.
Sciences philologiques et historiques. Fasc. 122).

Mohrmann, Christine, Le latin commun et le latin
des chrétiens. In: Vigiliae Christianae 1, 1947,
1–12.

Dies., Latin vulgaire, latin des chrétiens, latin mé-
diéval. Paris 1955.

Morf, Heinrich, Mundartenforschung und Geschichte auf romanischem Gebiet. In: Bulletin de
dialectologie romane 1, 1909, 1–17.

Ders., Zur sprachlichen Gliederung Frankreichs.
In: A Preuß A, phil. hist. Classe. Berlin 1911,
3–37.

Mortureux, Marie-Françoise, Les techniques dans
la vie quotidienne. In: Histoire, 445–461.

Müller, Bodo, La bi-partition linguistique de la
France (mise au point de l'état des recherches). In:
Revue de Linguistique Romane 353, 1971, 17–30.

Müller/Bodo, Das Lateinische und das Latein der
etymologischen Wörterbücher der romanischen
Sprachen. In: Latein und Romanisch. Hrsg. v.
Wolfgang Dahmen. Tübingen 1987, 311–322.
(TBL 308).

Muller, Bodo, Le français d'aujourd'hui. Paris 1985.

Munske, Horst Haider. Ist eine europäische
Sprachgeschichtsschreibung möglich? In: Gardt/
Mattheier/Reichmann, 399–411.

Ders., Eurolatein im Deutschen: Überlegungen
und Beobachtungen. In: Eurolatein 1996, 82–105.

Neuhausen, Karl August, Latinitas Europae fundamentum spiritale ab antiquis aetatibus atque Caroli Magni saeculo ad praesentia pertinens tempora. In: Artes liberales. Hrsg. v. Peter L. Butzer/
Max Kerner/Walter Oberschelp. Bd. I. Turnhout
1997, 521–548.

Nykrog, Per, L'influence latine savante sur la syntaxe du français. In: TCLC 11, 1957, 89–114.

Objartel, Georg, Deutsche Literatursprache der
frühen Neuzeit. In: LGL ²1980, 712–729.

Ohly, Friedrich, Schriften zur mittellateinischen
Bedeutungsforschung. Darmstadt 1977.

Pöckl, Wolfgang, Fachsprachen/Langues de spécialité. In: LRL V, 1. Tübingen 1990, 267–282.

Pörksen, Uwe, Deutsche Naturwissenschaftsspra-
chen: historische und kritische Studien. Tübingen
1986. (FF 2).

Polenz, Peter v., Deutsche Sprachgeschichte vom
Spätmittelalter bis zur Gegenwart. Bde. I/II. Ber-
lin/New York 1991/1994.

Raible, Wolfgang, Relatinisierungstendenzen. In:
LRL II, 1. Tübingen 1996, 120–134.

Reichenkron, Günter, Historische Latein-Altromanische Grammatik. 1. Teil. Wiesbaden 1965.

Renzi, Lorenzo, Nuova introduzione alla filologia
romanza. Bologna 1985.

Rettig, Wolfgang, Die Latinität des französischen und des italienischen Wortschatzes. In: Eurolatein 1996, 204−218.

Rey, Alain, La terminologie: noms et notions. Paris 1979.

Rohlfs, Gerhard, Baskische Kultur im Spiegel des lateinischen Lehnwortes. In: Philologische Studien aus dem romanisch-germanischen Kulturkreise. Festschrift für Karl Voretzsch. Hrsg. v. Bernhard Schädel/Werner Muler. Halle 1927, 58−87.

Ders., Historische Grammatik der unteritalienischen Gräzität. München 1950.

Ders., Romanische Sprachgeographie. Geschichte und Grundlagen, Aspekte und Probleme, mit dem Versuch eines Sprachatlas der romanischen Sprachen. München 1971.

Ders., Die rumänische Sprache in ihrer sprachgeographischen Beziehung zu den anderen romanischen Sprachen. München 1980.

Ders., Panorama delle lingue neolatine. Piccolo atlante linguistico pan-romanzo. Tübingen 1986.

Sánchez Vallejo, Félix/Francesco Gligora, EUROLATINUM. Il latino lingua d'Europa. Prefazione di E. Paratore. Roma 1983.

Scheler, Manfred, Der englische Wortschatz. Berlin 1977.

Ders., Zur Rolle des griechischen und lateinischen Elements im englischen Wortschatz. In: Eurolatein 1996, 152−170.

Schiewe, Jürgen, Kontinuität und Wandel des akademischen und wissenschaftlichen Wortschatzes im Übergang der Universitäten vom Lateinischen zum Deutschen. In: Eurolatein 1996, 47−64.

Schmeck, Helmut, Aufgaben und Methoden der modernen vulgärlateinischen Forschung. Heidelberg 1955.

Schmidt, Hartmut, Lehnpräpositionen aus dem Lateinischen in der deutschen Gegenwartssprache. In: Eurolatein 1996, 65−81.

Schmitt, Christian, Die Sprachlandschaften der Galloromania. Eine lexikalische Studie zum Problem der Entstehung und Charakterisierung. Frankfurt/Bern 1974.

Ders., Wortbildung und Purismus. In: Proceedings of the Twelfth International Congress of Linguists, Vienna 1977. Hrsg. v. Wolfgang Dressler/Wolfgang Meid. Innsbruck 1978, 456−459.

Ders., Die französische Sprachpolitik der Gegenwart. In: Bildung und Ausbildung in der Romania. Hrsg. v. Rolf Kloepfer [e. a.]. München 1979, 470−490.

Ders., Die Ausbildung der romanischen Sprachen. Zur Bedeutung von Varietät und Stratum für die Sprachgenese. In: Die Leistung der Strataforschung und der Kreolistik. Typologische Aspekte der Sprachkontakte. Akten des 5. Symposiums über Sprachkontakt in Europa. Mannheim 1982. Hrsg. v. P. Sture Ureland. Tübingen 1982, 39−61.

Ders., Zur Rezeption antiken Sprachdenkens in der Renaissancephilologie. In: Die Antike-Rezeption in den Wissenschaften während der Renaissance. Mitteilungen X der Kommission für Humanismusforschung. Hrsg. v. August Buck/Klaus Heitmann. Weinheim 1983, 75−101.

Ders., Variété et développement linguistiques. Sur les tendances évolutives en français moderne et en espagnol. In: Revue de Linguistique Romane 48, 1984, 397−437.

Ders., Typen der Ausbildung und Durchsetzung von Nationalsprachen in der Romania. In: Sociolinguistica 2, 1988, 73−116.

Ders., Funktionale Variation und Sprachwandel. Zum Verhältnis von ererbter und gelehrter Wortbildung im Spanischen und Französischen. In: Energeia und Ergon. Sprachliche Variation, Sprachgeschichte, Sprachtypologie. Studia in honorem Eugenio Coseriu. Hrsg. v. Jörn Albrecht/ Jens Lüdtke/Harald Thun. Bd. II. Tübingen 1988 a, 183−203.

Ders., Gemeinsprache und Fachsprache im heutigen Französisch. Formen und Funktionen der Metaphorik in wirtschaftsfachsprachlichen Texten. In: Fachsprachen in der Romania. Hrsg. v. Hartwig Kalverkämper. Tübingen 1988 b, 113−129. (FF 8).

Ders., Contribuciones a la lingüística evolutiva. Temas románicos. Barcelona/Caracas 1988 c.

Ders., Zur Ausbildung technischer Fachsprachen und Terminologien im heutigen Französisch. In: Technische Sprache und Technolekte in der Romania. Romanistisches Kolloquium II. Hrsg. v. Wolfgang Dahmen. Tübingen 1989, 173−219. (TBL 326).

Ders., Französisch: Sprache und Gesetzgebung. In: Lexikon der Romanistischen Linguistik. Bd. V, 1. Tübingen 1990, 354−391.

Ders., L'Europe et l'évolution des langues de spécialité. In: Terminologie et Traduction 2, 1991, 115−127.

Ders., Kontrastive Linguistik als Grundlage der Übersetzungswissenschaft. Prolegomena zu einer Übersetzungsgrammatik für das Sprachenpaar Deutsch/Französisch. In: Zeitschrift für französische Sprache und Literatur 101, 1991 a, 227−241.

Ders., Español: tecnolectos. In: LRL VI, 1. Tübingen 1992, 295−327.

Ders., Der Personalcomputer und sein Einfluß auf die Entwicklung des Wortschatzes der spanischen Gegenwartssprache. Ein Beitrag zur lexikalischen Wortbildungslehre. In: Verbum Romanicum. Festschrift für Maria Iliescu. Hrsg. v. Johannes Kramer/Guntram A. Plangg. Hamburg 1993, 317− 325. (Romanistik in Geschichte u. Gegenwart 28).

Ders., Sprachliche Evolution als gelenkte Symbiose. Zur Europäisierung der modernen und zeitgenössischen spanischen Wortbildung. In: ASNS 145, 1993 a, 78−98.

Ders., Deutsch-französische und deutsch-spanische Translatanalyse als Beitrag zur Übersetzungsdidaktik. In: Studien zum romanisch-deutschen Sprachvergleich. Hrsg. v. Giovanni Rovere/Gerd Wotjak. Tübingen 1993 b, 41−53. (LA 297).

Ders., Wörterbuch für Industrie und Technik, Französisch−Deutsch, Deutsch−Französisch. Paris 1993 c.

Ders., Affinitäten und Konvergenzen in der Entwicklung westeuropäischer Sprachen. Für eine soziokulturell ausgerichtete Wortbildungslehre der romanischen Sprachen und des Deutschen. In: Gardt/Mattheier/Reichmann 1995, 413−437.

Ders., Distanz und Nähe romanischer Sprachen: Zum Beitrag des Übersetzungsvergleichs, dargestellt an den Sprachenpaaren Deutsch−Französisch/Spanisch. In: Konvergenz und Divergenz in den romanischen Sprachen. Romanistisches Kolloquium VIII. Hrsg. v. Wolfgang Dahmen [e. a.]. Tübingen 1995 a, 349−380. (TBL 396).

Ders., Zur Europäisierung der französischen Nomina agentis: „die Internationalismen -(o)graphe und -(o)loguel-(o)logiste". In: Eurolatein 1996, 171−193.

Ders., Euromorphologie: Perspektiven einer neuen romanistischen Teildisziplin. In: Die Bedeutung der romanischen Sprachen im Europa der Zukunft. Hrsg. v. Wolfgang Dahmen [e. a.]. Tübingen 1996 a, 119−146. (TBL 408).

Ders., La europeización del español actual. In: Estudios de Filología Hispánica. Hrsg. v. Antonio Martínez González. Granada 1996 b, 69−93.

Ders., Zur Europäisierung des modernen Portugiesisch. In: Kulturen 1996, 74−90.

Ders., Wolfgang Schweickard (Hrsg.), Kulturen im Dialog. Die iberoromanischen Sprachen aus interkultureller Sicht. Akten der gleichnamigen Sektion des Bonner Hispanistentages (2.−4. 3. 1995). Bonn 1996.

Schrijnen, Jos, Charakteristik des altchristlichen Latein. Nijmegen 1932. (Latinitas Christianorum Primaeva. Studia ad sermonem latinum christianum pertinentia Fasc. 1).

Schulz, Hans/Otto Basler, Deutsches Fremdwörterbuch. 7 Bde. Straßburg/Berlin/New York 1913−1988.

Sittl, Karl, Die lokalen Verschiedenheiten der lateinischen Sprache mit besonderer Berücksichtigung des afrikanischen Lateins. Erlangen 1882.

Sofer, Johann, Der Stand der Erforschung des Vulgärlateins. In: FoL 4, 1971, 148−156.

Sørensen, Knud, Latin Influence on English Syntax. A Survey with a Bibliography. In: TCLC 11, 1957, 131−155.

Sommerfelt, Alf, Some Notes on the Influence of Latin on the Insular Celtic Languages. In: TCLC 11, 1957, 157−162.

Sournia, Jean-Charles, Le langage des sciences médicales. In: Histoire de la langue française 1914−

1945. Hrsg. v. Gérald Antoine/Robert Martin. Paris 1995, 499−411.

Stefenelli, Arnulf, Geschichte des französischen Kernwortschatzes. Berlin 1981 (Grundlagen der Romanistik 10).

Ders., Dal lessico latino al lessico italiano. In: Linguistica 31, 1991, 177−184.

Straka, Georges, Phonétique et phonématique. In: LRL V, 1. Tübingen 1990, 1−33.

Strauß, F., Vulgärlatein und Vulgärsprache im Zusammenhang der Sprachenfrage im 16. Jh. (Frankreich und Italien). Marburg 1938.

Tagliavini, Carlo, Einführung in die romanische Philologie. München 1973.

Taton, René, Bovelles et les premiers traités de géométrie en langue française. In: Charles de Bovelles en son cinquième centenaire 1479−1979. Actes du Colloque international tenu à Noyon. Hrsg. v. Jean-Claude Margolin. Paris 1982, 183−198.

Teyssier, Paul, Histoire externe de la langue. In: LRL VI, 2. Tübingen 1994, 461−472.

Valla, Laurentius, Laurentii Vallae viri cum Graecae tum Latinae linguae doctissimi Elegantiarum libri sex valde utiles. Basileae 1543.

Vega, Pedro, Evolución lingüística en relación con la armonización legal en Europa. In: Kulturen, 91−105.

Verdelho, Telmo, Tecnolectos. In: LRL VI, 2. Tübingen 1994, 339−355.

Vidos, Benedetto E., Handbuch der romanischen Sprachwissenschaft. München 1968.

Vilela, Mário, Lexicologia e semântica. In: LRL VI, 2. Tübingen 1994, 216−232.

Volmert, Johannes. Die Rolle griechischer und lateinischer Morpheme bei der Entstehung von Internationalismen. In: Eurolatein 1996, 219−235.

Wartburg, Walther v., Die Ausgliederung der romanischen Sprachräume. Bern 1950.

Winkelmann, Otto, Sprachnormierung und Standardsprache. In: LRL V, 1. Tübingen 1990, 334−353.

Wolf, Heinz Jürgen, Französische Sprachgeschichte. Heidelberg 1979. (UTB 823).

Wolff, Philippe, Sprachen, die wir sprechen. Ihre Entstehung aus dem Lateinischen und Germanischen. Von 100 bis 1500 n. Chr. München 1971.

Wollmann, Alfred, Untersuchungen zu den frühen lateinischen Lehnwörtern im Altenglischen − Phonologie und Datierung. München 1990. (Texte und Untersuchungen zur englischen Philologie 15).

Zastrow, Dieter, Entstehung und Ausbildung des französischen Vokabulars der Luftfahrt mit Fahrzeugen 'leichter als Luft' (Ballon, Luftschiff) von den Anfängen bis 1910. Tübingen 1963.

Christian Schmitt, Bonn

66. Die Herausbildung neuzeitlicher Schriftsprachen

1. Gegenstandsbereiche

1.1. Bei der Skizzierung der Herausbildungsprozesse neuzeitlicher Schriftsprachen geht es um einen sprachhistorischen Entwicklungsprozeß, der in allen europ. Sprachgemeinschaften von größter Bedeutung gewesen ist: um die Standardisierung, die Herausbildung von Standardsprachen. Schriftsprachen werden in diesem Zusammenhang also — der terminologischen Tradition der Prager Schule folgend — als Standardsprachen betrachtet (vgl. dazu Ammon 1986, 34—37). Zugleich ist mit der Kategorie „Schriftlichkeit" ein wichtiges Definitionsmerkmal für „Standardsprache" genannt, das zumindest für alle neuzeitlichen Standardsprachen Gültigkeit haben dürfte (Stewart 1962, 24). Andere, in verschiedenen Definitionsversuchen immer wieder genannte Definitionskriterien für *Standardsprache* werden von Ammon (1986, 17—52) diskutiert: überregional, oberschichtlich, invariant, ausgebaut bzw. multifunktional und schließlich kodifiziert. Ammon stellt die Bedeutsamkeit aller dieser Merkmale mit Ausnahme von *kodifiziert* in Frage. Eine Betrachtung des Prozesses der Standardisierung einer Sprache, wie sie hier versucht wird, tut jedoch gut daran, alle diese Faktoren als bedeutsam im Blick zu behalten. Denn diese Kategorien zeigen gleichzeitig den Entwicklungsraum an, in dem sich eine werdende Standardsprache ausbildet und verallgemeinert. So ist es unzweifelhaft, daß es heute auch eine gesprochene Form der Standardsprache gibt. Trotzdem hat die Schriftlichkeit im Prozeß der Standardisierung eine entscheidende Rolle gespielt. Ein anderer terminologischer Vorschlag von Ammon (1986, 52—54) soll hier übernommen werden. Ammon unterscheidet zwischen *Standardsprache* und *Standardvarietät*, wobei eine Standardvarietät durch die oben genannten Merkmale — bei Ammon ausschließlich durch das Merkmal *kodifiziert* — bestimmt wird, während eine Standardsprache eine historische Gesamtsprache im Sinne von Coseriu/Steger darstellt, die unter den in ihr ausgebildeten Varietäten auch eine Standardvarietät (Stv.) aufweist. Unter diesem Gesichtspunkt handelt es sich bei der Sprachstandardisierung um einen Prozeß, an dessen Ende Standardsprachen entstanden sind. Der Standardisierungsprozeß muß dabei in erster Linie die Entwicklungen sprachlicher und gesellschaftlicher Art aufzeigen, die zur Ausbildung einer Stv. geführt haben. Gleichzeitig verursacht die Entstehung einer neuen Varietät in einer Sprache gewichtige strukturelle Verschiebungen im Sprachsystem und in der Sprachgemeinschaft, die im Rahmen der Analyse der Sprachstandardisierungen nicht aus dem Blick geraten sollten.

Mirra M. Guchmann (1973, 468—470) definiert *Standardvarietät* als die Gesamtheit derjenigen kollektiven Realisierungen des Sprachsystems, die durch eine Standardnorm geprägt sind. Dadurch lieferte Guchmann einen Ansatzpunkt für das Theoriekonzept, das im Zusammenhang mit Standardsprache und Standardisierung von zentraler Bedeutung ist, die Standardnorm. Unter *Standardnorm* versteht Guchmann das Wissen um die Gesamtheit derjenigen kollektiven Realisierungsmöglichkeiten eines Sprachsystems, die von der Gesellschaft als richtig und vorbildlich aufgefaßt werden. Die Analyse einer Sprachstandardisierung hat demnach die Aufgabe, linguistisch und soziolinguistisch den Prozeß nachzuzeichnen, durch den sich eine solche Standardnorm innerhalb des Varietätensystems einer Sprache und innerhalb einer Sprachgemeinschaft ausbildet und vorbildlich wird. Wichtig ist dabei, daß die Standardnorm dadurch in einen engen Zusammenhang gerückt wird mit einer Sprachgemeinschaft, in der diese Form/Varietät als vorbildlich angesehen wird. Ammon hat gezeigt, daß dazu nicht jeder Typ von Sprachgemeinschaft in gleicher Weise tauglich ist. Für Ammon (1986, 50—52) ist der entscheidende Teil dessen, was die Standardnorm ausmacht, durch das Merkmal *kodifiziert* gekennzeichnet, d. h. in einem orthographischen, lexiko-

1086

VII. Aspekte einer europäischen Sprachgeschichte

graphischen bzw. grammatischen Anweisungs-
buch für den normangemessenen Sprachgebrauch verzeichnet und als Präskription formuliert. Eine derartige Präskription erfordert
eine gesamtgesellschaftliche Institution, die
das Recht und die Macht hat, derartige Vorschriften zu propagieren und einzufordern
(vgl. Gloy 1973, 34–36). Eine solche Institution ist in vielen Sprachgemeinschaften der
Staat, so daß auf diese Weise die Standardnorm zurückgebunden ist an den gesellschaftlichen und auch topographischen Raum, der
von der staatlichen Macht überdacht wird.

Neben diesem präskriptiven Typ von Standardnormen gibt es jedoch noch einen anderen Sprachnormentyp, der nicht auf der offiziellen Kodifiziertheit beruht, sondern auf
dem sog. Usus. Gloy (1973, 31) hat diese
Normen im Anschluß an die soziologische
Normentheorie *subsistente Normen* genannt.
Ammon spricht von sekundären Normen, die
zwar nicht offiziell kodifiziert, jedoch trotzdem offiziell akzeptiert werden, und er meint
damit wohl, daß diese Normen von der Gesellschaft – wie es bei Guchmann heißt –
als richtig und vorbildlich aufgefaßt werden.
Erworben werden diese Normen in Routine-
Konstellationen durch Imitation. Während
präskriptive Normen in einem Standardisierungsprozeß oftmals mittels offizieller Akte
des Staates installiert werden, also intentionale Sprachveränderungshandlungen voraussetzen, stellt die Ausbildung und Durchsetzung subsistenter Normen einen sehr vielschichtigen Prozeß dar, bei dem unterschiedliche Motive und Bewertungsstrukturen zusammenwirken.

1.2. Zwei weitere Einschränkungen sind bei
der hier vorgelegten Analyse von Sprachstandardisierungsprozessen notwendig: die Konzentration auf die Neuzeit, d. h. auf die Zeit
seit dem Ausgang des Mittelalters, und auf
den europ. Raum – natürlich unter Einschluß des europ. Teils von Rußland. Die
Einschränkung auf die Entwicklungszeit seit
der frühen Neuzeit bedeutet, daß für Europa
so prägende Standardsprachen wie das
Griech. und das Lat. nicht in die Betrachtung
mit einbezogen werden, zumindest nicht in
der Phase der Standardisierung. Das Lat.
wird jedoch in der Phase der Destandardie-
rung im Untersuchungszeitraum greifbar.

Eine Eingrenzung der Darstellung auf die
Zeit seit der frühen Neuzeit ist in erster Linie
dadurch gerechtfertigt, daß wir damit einen
allgemeinen gesellschaftlichen Transforma-

tionsprozeß erfassen, der einen engen Zusammenhang mit der Standardisierung insbesondere der europ. Sprachen bildet, den Prozeß
der gesellschaftlichen Modernisierung. Hans-
Ulrich Wehler hat ein Bündel von gesellschaftlichen Wandlungsprozessen zusammengestellt, die diesen Übergang von der
alteurop. Gesellschaft zur modernen Industriegesellschaft markieren: durchgängiges
wirtschaftliches Wachstum aufgrund einer
dauerhaften industriell-technischen Expansion; zunehmende soziostrukturelle Differenzierung in einem Prozeß der Arbeits-, Auf-
gaben- und Funktionenteilung; zunehmende
räumliche und gesellschaftliche Mobilität;
Ausgestaltung des allgemeinen Kommunika-
tions- und auch Bildungssystems; wachsende
Partizipation der Bevölkerung an ökonomischen und politischen Entscheidungsprozes-
sen; Ausbildung von großräumig akzeptierten gesellschaftlichen Wert- und Normensy-
stemen (Wehler 1975, 16f.). Mehrere dieser
Faktoren bilden mittelbare und sogar unmittelbare Rahmenbedingungen für die Entwicklung von Standardvarietäten; man denke
etwa an die Multifunktionalität des Standards, an seine Überregionalität und an die
Demotisierungstendenzen, die sich im letzten
Jahrhundert gezeigt haben. Weil diese Entwicklungen innerhalb Europas zu unterschiedlichen Zeitpunkten einsetzten und abliefen, wird man mit großen zeitlichen Differenzen innerhalb der Standardisierungsprozesse in den verschiedenen staatlichen Gemeinschaften zu rechnen haben.

Da der gesellschaftliche Modernisierungsprozeß in erster Linie ein europ. Phänomen
darstellt, das allenfalls in der Spätphase
durch parallele Entwicklungen in den USA
überholt worden ist, rechtfertigt sich auch
eine Konzentration auf Europa und die europ. Staaten- und Standardsprachengemein-
schaft. Sicherlich ist Europa unter dem Gesichtspunkt der gesellschaftlichen und kommunikativen Entwicklung kein homogener
und stabiler Block. Eine scharfe Grenze zwischen dem griech.-kslaw. Osten und dem lat.
Westen zieht sich mitten durch Europa. Und
über Jahrhunderte hinweg waren der europ.
Südwesten und der Südosten durch außereurop. Mächte unterworfen. Andererseits
sind die zentralen geistigen Bewegungen der
Neuzeit, Humanismus/Renaissance, Reformation, Rationalismus/Aufklärung, Nationalismus und Menschenrechtsbewegung genuin
europ. Vorgänge, die, wie zu zeigen sein wird,

entscheidende Auswirkungen auf die Standardisierung der europ. Sprachen gehabt haben.

2. Standardsprache und Nationalsprache

Die Definition der Stv. impliziert die Existenz von sozialen Gemeinschaften, die die Gültigkeitsbereiche für sprachliche Standardnormen bilden und auch die Existenz von politischen Machtzentralen, die die Institutionen umfassen, die eine Stv. kodifizieren lassen und die Norm dann auch gebieten und einfordern können. Die ersten theoretischen Überlegungen über den Zusammenhang zwischen der Sprache und der Herrschaft stellt der span. Grammatiker Nebrija im Jahre 1492 an (vgl. dazu Schmitt 1988), und er faßt sie zusammen in dem wahrscheinlich auf Augustinus (de Civ. Dei 19, cap. 7) zurückgehenden Diktum „que siempre la lengua fue compañera del imperio". Ein erstes Programm der Beziehungen zwischen dem Staat und der Sprache formuliert der Berater des frz. Königs François I. Claude de Seyssel im Jahre 1559. Die drei zentralen Thesen lauten: (1) Nur eine allgemein gebrauchte Sprache sichert die Unabhängigkeit des Staates; (2) Die Herrschaft in einem neu eroberten Land kann nur durch die sprachliche Assimilation der Beherrschten sichergestellt werden; (3) Das Ansehen eines Staates hängt entscheidend von dem Prestige der dort verwendeten Sprache ab (vgl. dazu Schmitt 1988, 76–77). Hier wird, der Maxime „cuius regio eius lingua" folgend, eine enge Verbindung zwischen staatlicher Herrschaft und Sprache hergestellt. Insbesondere die Standardisierung der frz. Sprache ist bis zur Revolution stark durch diese sprachpolitischen Maximen beeinflußt. Standardsprache ist in erster Linie die Sprache des Königs, des Hofes und der Herrschaftszentrale. Hier setzten seit Mitte des 16. Jhs. massive Normierungstendenzen ein. Auf die Volkssprache in Frankreich hat diese Entwicklung bis 1789 nur minimalen Einfluß, so daß man von einer nationalen Identifizierungsfunktion dieser Hofsprache nicht reden kann. Diese nationale Identifizierungsfunktion ist eine zentrale Komponente bei der definitorischen Festlegung von *Nationalsprache*. Häufig werden in der Forschungsliteratur National- und Standardsprache nicht unterschieden, was dann zu Schwierigkeiten führt, wenn in einem Staat wie Belgien zwei Nationalsprachen Standardsprachecharakter haben, oder wenn eine Standardsprache in mehreren Nationalstaaten verbreitet ist. Reichmann (1978) unterscheidet zwei Bedeutungsperspektiven von *Nationalsprache*. Einmal handelt es sich um ein einzelsprachliches Gesamtsystem, „dem von Sprechergruppen dieser Sprache in jeweils besonderen geschichtlichen Zusammenhängen eine Reihe von spezifischen Qualitäten zugeschrieben" wird. Nationalsprache im engeren Sinne ist dagegen jedoch eine Stv. als Leitsystem, der ebenfalls solche spezifischen Qualitäten zugeschrieben werden.

Sprache wird dabei nicht symbolfunktional in ihrer kognitiv-kommunikativen Funktion betrachtet, sondern symptomfunktional als Zeichen für die Zugehörigkeit des Sprechers zu einer bestimmten ethnisch-kulturell-politischen Gruppierung *Nation*, die sich in der europ. Geschichte seit der frühen Neuzeit in verschiedenen Formen herausgebildet hat und dann insbesondere seit dem 19. Jh. geschichtsmächtig geworden ist (Schulze 1994). Dabei kann unterschieden werden zwischen einem westl. Typ von Staatsnation, der sich eher an das Konzept der älteren Stände- und Adelsnation anschließt und einer Volksnation, bei der die in dem lat. Etymon *natio* angelegte Bedeutungskomponente der Abstammungsgemeinschaft in den Vordergrund tritt. Das Konzept der Symbolisierung ethnischer Gemeinsamkeiten über Sprache entwickelt sich ebenfalls erst in der frühen Neuzeit. Von *Nationalsprachen* als Ausdruck der ethnischen Zugehörigkeit eines ganzen Sprachvolkes zu einer Gemeinschaft ist zuerst im Zusammenhang mit der Volkssprachenideologie der Reformation und ihrer Vorläufer, etwa der Hussitenbewegung, die Rede. Sprache wird hier eindeutig zum Symptom der ethnischen Zugehörigkeit zu einem Volk im modernen Sinne. Von einer Entwicklungskontinuität dieses Konzepts bis in die Neuzeit kann jedoch nicht die Rede sein. Durch die allgemein europ. Entwicklung von absolutistischen Machtstaaten seit dem 17. Jh. tritt das Konzept der Staatsnation in den Vordergrund, in der Sprache allenfalls Herrschaftsmittel, aber nicht Identifikationsinstrument für das Volk ist. Seit der Mitte des 18. Jhs. wird das Konzept der Volksnation als ethnisch-sprachlicher Gemeinschaft wieder bedeutsam. Die Theoreme Herders und Humboldts wirken insbesondere in den Osten und Südosten Europas und lösen die nationalen Besinnungsprozesse und Nationalsprachenbildungen aus. Aber auch auf die westl. Staatsnationen wirkt sich im Gefolge der Französischen Revolution das Konzept der Volksnation als Sprachnation aus. Dabei ergibt sich eine interessante Differenzierung. Einmal tritt uns die Volksnation als eine ethnische Einheit mit einer sprachlichen Gemeinschaft entgegen, wobei sich diese Gemeinsamkeit in erster Linie in einer historisch gemeinsamen sprachlichen und ethnischen Wurzel zeigt, die sich inzwischen jedoch in eine unübersehbare dialektale Vielfalt verwandelt hat. Nationalsprache ist hier die historisch gewordene Einzelsprache mit ihrer gesamten Varietätenvielfalt. Daneben existiert jedoch gleichzeitig, nicht zuletzt aufgrund der Vorbildwirkung früh standardisierter Sprachen wie des Frz., eine Vorstellung von einer einheitlichen gemeinsamen Sprache, die den Zusammenhalt des Volkes dadurch garantiert, daß sie Kommunikation miteinander ermöglicht. Diese Nationalsprache, also eine nationale Stv. nach unserer Terminologie, ist eher das Ergebnis gemeinsamer kultureller Entwicklung, also Produkt der entstehenden Kulturnation.

3. Die Ausbildung der Standardsprache als Phase innerhalb der Sprachgeschichte

Der Standardisierungsprozeß einer Einzelsprache bildet einen bedeutsamen Abschnitt in der Geschichte von Sprachgemeinschaften und ihrem Varietätenspektrum. In den meisten sprachhistorischen Darstellungen steht die Rekonstruktion dieses Prozesses der Ausbildung und Durchsetzung einer Standardvarietät im Vordergrund (Mattheier 1995). Alle anderen Entwicklungen innerhalb der sprachlich-kommunikativen Strukturen einer Gemeinschaft werden − wenn überhaupt − dann unter dem Gesichtspunkt betrachtet, welchen Beitrag sie zu der Standardisierung leisten. Dabei kann man allgemein davon ausgehen, daß Sprachen sich in langen Epochen ihrer sonstigen linguistischen und soziolinguistischen Entwicklung nach ganz anderen Strukturprinzipien entwickeln als der Ausrichtung auf eine vorgegebene Leitvarietät.

Die Standardisierungsphase einer Einzelsprache beginnt mit der Entstehung und Ausformulierung einer als vorbildlich deklarierten Leitvarietät/-norm, die für die gesamte Sprache/Sprachgemeinschaft Gültigkeit beansprucht. Neben die eigene Sprache tritt dadurch zum ersten Mal das Konzept von der

Sprache der anderen, die die „richtige" Sprache ist. Die Standardisierungsphase einer Sprachgeschichte endet mit der Durchsetzung eines standardisierten Kommunikationsmittels auf der Schrift- und Sprechebene. Insofern sind viele Einzelsprachen Europas bis heute noch nicht vollständig standardisiert. Dabei muß vorerst offen bleiben, wohin Entwicklungen einzuordnen sind, die sich aus der für viele europ. Sprachen typischen starken Differenz zwischen der kodifizierten Standardvarietät und einer durch subsistente Normen gestalteten Gebrauchsvarietät ergeben. Als abgeschlossen sollte eine Sprachstandardisierung erst betrachtet werden, wenn zumindest eine deutliche Konvergenz zwischen der expliziten kodifizierten Norm und der subsistenten Gebrauchsnorm sich abzeichnet, wie das etwa in der dt. Stv. der Fall ist.

Der sprachhistorische Prozeß, in den die Sprachstandardisierung vieler Einzelsprachen eingebettet ist, soll hier in acht Phasen eingeteilt werden, die jedoch häufig parallel verlaufen, da sie teils das Sprachsystem, teils aber auch den Sprachgebrauch und die Struktur der Sprachgemeinschaft betreffen.

(1) Die erste Phase einer Sprachgeschichte besteht in der Verankerung einer Sprache oder einer Gruppe von ähnlichen Varietäten in einem bestimmten Raum, etwa durch Siedlung oder durch sprachliche Überschichtung. In dieser Siedlungsphase geht es um einen Prozeß, der in Europa häufig nur indirekt erschlossen werden kann, da hier nicht eine schriftlich manifeste Kultursprache im Spiel ist, sondern die ländliche und nicht alphabetisierte Volkssprache. Welch große Bedeutung diese Siedlungsphase unter Umständen für die Geschichte auch der Standardsprache haben kann, zeigt etwa die Fringsthese von der Ausbildung einer kolonialen Ausgleichssprache im Munde der bäuerlichen Siedler des omd. Raumes und ihrer Bedeutung für die Ausbildung der nhd. Schriftsprache.

(2) Der zweite wichtige Schritt in einer Sprachgeschichte ist die Verschriftlichung dieser Sprache, die Umsetzung von bisher nur gesprochenen Texten in schriftliche mittels eines Alphabets. Die meisten europ. Sprachen stellen hier insofern eine Ausnahme dar, als sie sich schon bestehender Schriftsysteme, sei es lat., griech. oder kslaw. Herkunft, bedienen.

(3) Eng mit dieser zweiten Phase verbunden ist in der Regel die dritte Phase der Sprachentwicklung, die Ausbildung von sog. regionalen Schreibsprachen, also schriftlichen Kommunikationsmitteln, die zwar gewisse Vereinheitlichungen aufweisen, jedoch von den Sprechern/Schreibern als eine schriftliche Form ihrer eige-

nen Sprechsprache angesehen werden. Diese in der frz. Forschungstradition auch *scripta* genannten Schreibvarietäten stellen trotz der Nähe zu der noch völlig dialektgeprägten Sprechsprache den ersten Schritt zu einer typischen Auseinanderentwicklung zwischen der mündlichen Volkssprache und einer regionalen und danach überregionalen Schreibsprache dar.

(4) Die Ausbildung regionaler Schreibsprachen geht in der Sprachgemeinschaft in der Regel einher mit dem Übergang der Gesellschaft von einer oralen Struktur zu einer skribalen. Immer mehr Sozialbeziehungen erfordern Schriftlichkeit für ihren Vollzug, wie sich etwa in der Skribalisierung des Rechtswesens seit dem hohen Mittelalter und der Entwicklung des Urkundenwesens überall in Europa zeigt. Innerhalb der Sprache selbst verursacht die Ausweitung der Schriftsprache auf immer mehr verschiedene Textsorten eine enorme funktionelle und strukturelle Differenzierung und einen erheblichen Ausbau der sprachlichen Mittel.

(5) Zeitlich häufig von den Phasen 3 und 4 nicht zu trennen ist der Prozeß der Alphabetisierung der Sprachgemeinschaft, d. h. der allgemeinen Verbreitung von Schreib- und Lesefähigkeit, die wiederum in enger Wechselwirkung zur technischen Entwicklung der Möglichkeiten zur Bereitstellung von ausreichendem Lese- und Schreibmaterial steht. Die Alphabetisierung hat sich in den meisten europ. Industrienationen erst am Ende des 19. Jhs. weitgehend durchgesetzt, also in einer Zeit, in der auch die Standardisierung einen ersten Endpunkt erreicht hat.

(6) Die sechste Phase bildet die Standardisierung, d. h. die Ausbildung einer überregionalen, multifunktionalen und kodifizierten Varietät. Von ihr wird im folgenden ausführlich die Rede sein.

(7) und (8): Entwicklungen in den frühen und großen heutigen Standardsprachen, also etwa im Lat. und im Engl., zeigen, daß mit der durchgeführten Standardisierung eine Sprachentwicklung keineswegs an ihr Ende kommt. Es gibt in den Sprachgeschichten viele Beispiele dafür, daß Standardsprachen *de-standardisieren* und auch, daß alphabetisierte Gesellschaften *de-alphabetisieren*, d. h. die Fähigkeit zum selbständigen Umgang mit Schriftsprache verlieren. Der Zerfall der Latinität in der Völkerwanderungszeit ist dafür ein gutes Beispiel, wenn auch zu beachten ist, daß lat. Schriftlichkeit sicherlich nur sehr begrenzt verbreitet gewesen ist.

4. Typologie der Standardsprachenentwicklung: bisherige Forschungsansätze

In der vorliegenden Forschungsliteratur hat man sich bisher erst sehr sporadisch und nur ansatzweise empirisch abgesichert mit verglei-

chenden oder allgemein theoretisierenden Überlegungen zur Herausbildung von Standardsprachen beschäftigt (Fodor, Hagège 1993). Dabei lassen sich zwei unterschiedliche Ansatzpunkte für derartige Forschungen unterscheiden:

Erstens sind allgemeine Konzepte oder Modellvorstellungen zur Entstehung von Standardsprachen/-varietäten Ergebnis vergleichender Beobachtungen von realen Standardisierungsprozessen, wobei fast ausschließlich die Standardisierungsentwicklungen europ. Sprachen in den Blick kommen. Dieses Vorgehen wird erheblich dadurch behindert, daß die Materialgrundlage für den Vergleich in den Sprachgeschichten gesucht werden muß, die in den jeweiligen Einzelphilologien bisher erarbeitet worden sind. Nun finden sich aber, abgesehen davon, daß die Erforschung der eigenen Standardsprachenentwicklung innerhalb der europ. Einzelsprachen sehr unterschiedlich weit entwickelt ist, auch innerhalb der gut erforschten Sprachgeschichten einzelphilologiebedingt sehr unterschiedliche Akzentsetzungen. Das zeigt sich etwa außerhalb der Standardisierungsentwicklung in der dt. und frz. Sprachgeschichte an der Erforschung regionaler Schreibsprachen des Dt. und an der sog. *scripta*-Forschung der frz. Sprachgeschichte. Hier sind völlig unabhängig voneinander sowohl theoretische Konzepte als auch Analyse- und Darstellungsmethoden entwickelt worden, die erst in den letzten Jahren unter dem gemeinsamen Dach der historischen Dialektgeographie zusammengeführt werden (Kleiber 1994). Die fehlende einzelphilologieübergreifende Perspektive wird auch an dem die ital. Standardisierungsdebatte dominierenden Konzept der *questione della lingua* deutlich. Forscher wie Picchio und Goldblatt (Picchio 1978; Goldblatt 1984, 119−123) haben herausgearbeitet, daß der dahinter verborgene Diskurs über *dignitas* und *norma* einer Sprache seine Wurzeln in der Diskussion um die griech. und die lat. Standardsprache hat, und daß er zugleich eine in jedem Standardisierungsprozeß auftretende Entwicklungsphase darstellt.

Den zweiten Ansatz für die bisherige wissenschaftliche Beschäftigung mit der Ausbildung von Standardsprachen bilden Forschungskonzepte, die aus der gegenwartsbezogenen soziolinguistischen Forschung zu Sprachstandardisierung, Sprachplanung und Sprachnormierung stammen. Dabei geht man davon aus, daß eine Theorie der Sprachstandardisierung, die etwa in einem heutigen Entwicklungsland im Rahmen eines soziolinguistischen Sprachplanungskonzepts in eine Sprachenpolitik umgesetzt wird, letztlich ihre Gültigkeit und Leistungsfähigkeit auch an Sprachstandardisierungsprozessen europ. Einzelsprachen erweisen können müsse. Denn die grundlegend linguistischen und soziolinguistischen Problemstellungen bleiben konstant.

Einige dieser, die Einzelphilologie übergreifenden Typologisierungsversuche der Sprachstandardisierung sollen hier skizziert werden. Weit verbreitet insbesondere in der dt. Sprachgeschichtsschreibung ist die Unterscheidung zwischen zwei Standardisierungstypen unter den europ. Einzelsprachen, einem zentralen westeurop. Typ und einem dezentralen mittel- (und süd-)europ. Typ (Besch 1983, 986). Der westeurop. Standardisierungstyp, der sich etwa in der Sprachgeschichte Spaniens oder Frankreichs, aber teilweise auch Englands zeigt, ist dadurch charakterisiert, daß sich dabei schon sehr früh ein politisch und/oder wirtschaftlich bedeutsames Zentrum herausbildet, dessen Schreibdialekt ein besonderes Prestige erhält, das im Laufe der Geschichte nicht durch störende historische Entwicklungen infragegestellt wird. Durch diese Entwicklungskonstellationen entsteht schon sehr früh ein sprachliches Orientierungsmodell, das im Laufe der Zeit zwar durchaus mehr oder weniger starken sprachlichen Einflüssen ausgesetzt sein kann, das jedoch als Basis-Varietät erhalten bleibt und die Grundlage der Stv. bildet. Am klarsten ist dieser Typ wohl in der frz. Sprachgeschichte verwirklicht, wo sich das Zentrum um Paris schon vor dem 100jährigen Krieg herausbildet und etwa Alternativen wie das Picardische verdrängt. In der Konsolidierungsphase der königlichen Macht seit der Mitte des 15. Jhs. setzt sich diese Norm auch gegen relativ ausgebaute Schreibsprachen des Südens durch. Auch die span. Sprachgeschichte weist eine relative einsinnig-gradlinige Entwicklung auf, obgleich in der Anfangsphase das Zentrum politischer Macht von Toledo nach Madrid verschoben worden ist. In der Standardisierung des Engl. durchläuft die Schreibsprache des sich schon relativ früh herausbildenden politisch-ökonomischen Zentrums London im späten Mittelalter eine krisenhafte Entwicklung durch die sehr starke Zuwanderung aus den östlichen Midlands, doch schon um 1450 hat sich die Schreibsprache soweit in Richtung auf eine

Standardnorm verfestigt, daß die überlieferten Texte nicht mehr eindeutig lokalisierbar sind (Görlach 1988).

Der zweite, plurizentrische Typ der Standardisierung wird durchweg an der dt. Sprachgeschichte exemplifiziert. Da sich das Dt. Reich nicht um ein stabiles politisch-ökonomisches Kerngebiet herum entwickelt hat, fehlt der dt. Sprachgemeinschaft auch ein klarer Orientierungspunkt für die Ausbildung einer einheitlichen Schriftsprache sowie dann später einer gemeinsamen Sprechsprache. Zentren wie der staufische Kernraum im Südwesten, der ostfrk.-bair. Wirtschafts- und Kulturraum um Augsburg und Nürnberg, der anfangs konfessionell motivierte, dann jedoch auch ökonomisch-kulturell wirksame omd. Raum um Leipzig und Dresden und schließlich die konkurrierenden Zentren Berlin und Wien lösten sich im (Sprach)prestige ab, so daß sich die Ausbildung der dt. Standardsprache eher als ein mehrfacher Überschichtungs- und Ausgleichsprozeß zwischen sehr verschiedenen regionalen Sprachen darstellt, die im heutigen Standard ein komplexes Mischungsverhältnis ergeben (Mattheier 1981). Aber auch die ital. Sprachgeschichte scheint diesem Entwicklungstyp zuzugehören, da auch dort die politische Geschichte erst sehr spät zu einem Zentrum geführt hat. Doch hier zeigt sich auch die Problematik derartiger Modelle, die die komplexeren Prozesse einer Standardisierung auf einen Faktor reduzieren. In der ital. Sprachgeschichte hat sich schon früher als bei allen anderen Einzelsprachen ein regionalkulturelles Zentrum um Florenz herausgebildet, das trotz intensiver Diskussion letztlich bis weit in das 19. Jh. hinein seine Bedeutung unangefochten erhalten hat. Zum monozentrischen Typ gehören weiterhin die Entwicklungen in Dänemark und in Schweden, während zum plurizentrischen Typ die Entwicklungen im Nl., im Ung., im Norw. und wohl auch im Poln. und Russ. gehören, obwohl in Rußland der Varietätenwechsel nicht in einer regionalen Verschiebung zu suchen ist, sondern in der Ablösung des Kslaw. als Schriftsprache im 18. Jh. Ein weiteres Standardisierungsmodell der Einzelsprachen Europas, das auf Grund vergleichender Untersuchungen erarbeitet wurde, ist das Zweiphasenmodell von Harald Haarmann (1988). So durchläuft etwa das Norw. in der Zeit von 1150 bis 1450 neben dem Verschriftlichungs- auch einen Ausgleichsprozeß als Vorform der Standardisierung. Dieser Prozeß wird jedoch durch die politische Entwicklung, also die Entwicklung der Hanse und die Eingliederung Norwegens in Dänemark, unterbrochen und erst im 19. Jh. wieder aufgenommen. Ähnliche Entwicklungen durchlaufen das Galizische, das Weißrussische und einige Balkansprachen. Es gibt also offensichtlich in der europ. Kulturgeschichte zwei Phasen, in denen die Neigung zur Ausbildung von überregional gültigen Sprachformen besonders ausgeprägt ist: die frühe Neuzeit, also das 15./16. Jh., und dann das 19. Jh. Haarmann betont jedoch, daß beide Entwicklungsphasen in völlig unterschiedliche gesellschaftliche Entwicklungsprozesse eingebettet sind. Die Volkssprachenentwicklung und -normierungstendenzen im 15./16. Jh. stehen im engen Zusammenhang zu reformatorischen Bewegungen. Am Anfang stehen dabei etwa die Bemühungen um die tschech. Schriftsprache, die im Rahmen der Hussitenbewegung einsetzen. Die Motivation der Reformatoren ist in erster Linie darin zu sehen, daß man ein wirksames Kommunikationsmittel zur Verbreitung eines neuen sozialen Moralkodexes brauchte. Die Gegenreformation hat diesen Ansatz – mit eigenen Bibelübersetzungen und teilweise alternativen Normvorstellungen – aufgegriffen (Haarmann 1988, 46f.). Die patriotisch-nationale Komponente tritt in dieser ersten Phase deutlich gegenüber der konfessionellen zurück, obgleich ihre Bedeutsamkeit in vielen einzelsprachlichen Entwicklungen durchaus zu erkennen ist, wie sich etwa im Tschech., aber auch im Sorb. zeigt. Religiöse Emanzipation ist in dieser Epoche vielmals untrennbar mit einem ethnischen Selbstfindungs- und Selbstversicherungsprozeß verknüpft. In der zweiten Phase der Standardisierung dominiert dagegen eindeutig die Besinnung auf die nationale Identität im Gefolge der Französischen Revolution und der Ideen von Herder und Humboldt. Die Sprache wird dadurch explizit zu einem primären Symbol nationaler Identität. Das Zeitalter des Nationalismus kulminiert in dem Versuch der Herausbildung von Sprachnationen als Staatsnationen. Das führte dann unmittelbar zum Konflikt mit den bestehenden Staatswesen und zu dem sog. Nationalitätsproblem, das Europa im ganzen 19. und auch bis weit ins 20. Jh. hinein bewegt hat und nach dem Zerfall der Blöcke 1990 wieder an Bedeutung gewonnen zu haben scheint.

Neben diesen auf vergleichender Grundlage aufbauenden Standardisierungsmodellen, die sich in erster Linie auf die europ. Entwicklungen beschränken, gibt es einige übereinzelsprachlich ansetzende Überlegungen zu der typischen Strukturierung von Standardsprachenentwicklungen. Erwähnt werden sollen hier zwei Konzepte des dt. Soziolinguisten Heinz Kloss", auf die auch in der internat. Forschung immer wieder referiert wird: das Sprachausbaumodell und das Struktur-/Statusmodell. Das Struktur-/Statusmodell von Kloss (1969), das später von Haarmann (1988) aufgegriffen und ausgebaut sowie durch die Komponente des Sprachprestiges erweitert worden ist, geht davon aus, daß alle Entwicklungen, die sich innerhalb eines Standardisierungsprozesses erkennen lassen, zwei unterschiedlichen Arbeitsfeldern zugeordnet werden können, die sich parallel zueinander und in gegenseitiger Wechselwirkung entfalten. Die erste Entwicklung betrifft das Sprachvarietätensystem einer historischen Einzelsprache selbst mit seiner linguistischen Struktur. Diskussionen um eine Propagierung des phonologischen oder des etymologischen Prinzips bei der Festlegung einer Standardorthographie gehören ebenso zur Strukturentwicklung einer Standardvarietät wie die Erarbeitung eines ersten Wörterbuchs einer Sprache. Am Ende eines Strukturplanungsprozesses steht eine weitgehend kodifizierte Stv. Aber auch die Festlegung einer bestimmten Varietät als Stv. gehört zur Strukturentwicklung einer Stv. Völlig davon zu trennen ist die Statusentwicklung einer Varietät. Damit ist die Ausbreitung dieser Varietät innerhalb der gesamten Sprachgemeinschaft gemeint. Maßnahmen, wie das Verbindlicherklären einer Orthographie für die Schulen eines Staates oder die Durchsetzung einer bildungsbürgerlich geprägten Schriftsprache als Stv. für alle Sprecher einer Sprache, sind Prozesse im Bereich der Statusentwicklung einer Varietät. Eine solche Statusentwicklung verläuft normalerweise innerhalb einer Sprachgemeinschaft gemäß dem Coseriuschen Sprachgemeinschaftsmodell entlang der diatopischen und der diastratischen Dimension. Eine Verbindung zu der Strukturentwicklung des Standards stellt die dritte dieser Dimensionen, die diaphasische Dimension, dar. Die Ausbreitung einer Stv. über immer mehr Textfunktionen und Verwendungssituationen führt zur Multifunktionalität, die eines der wichtigen Definitionskriterien der Stv. ist. Haarmann hat in Ergänzung des Struktur-/Statusmodells von Kloss vorgeschlagen, als dritte Komponente das Prestige hinzuzunehmen und von einer Prestigeentwicklung bzw.

Prestigeplanung des Standards zu sprechen. Sicherlich ist das Prestige ein wichtiger Steuerfaktor für die Durchsetzung von Normfestlegungen innerhalb der Sprachgemeinschaft. Das hohe Ansehen der Hofgesellschaft hat entscheidend dazu beigetragen, die engl. Stv. im 17. und 18. Jh. zu stabilisieren. Doch sagt Haarmann selbst (1988, 46), daß eine Abgrenzung zur Statusentwicklung nicht leicht ist. Vielleicht wäre es besser, beide Komponenten als soziolinguistischen Teil der Standardentwicklung von der im engeren Sinne linguistischen Strukturentwicklung zu trennen.

Für die innere Struktur der diaphasischen Entwicklung einer Stv. hat Heinz Kloss sein Konzept der Ausbausprachen entwickelt (Kloss 1976). Darin unterscheidet er zuerst einmal vier Ebenen unterschiedlicher kultureller Kraft einer Varietät: (1) die Verwendung in kulturellen Schlüsseltexten, wie etwa der Bibel; (2) die Verwendung in Dichtung und Literatur; (3) die Verwendung in mündlichen Zusprachetexten, wie im Rundfunk; (4) die Verwendung im Sachschrifttum. Erst wenn eine Schriftsprache in einer Sprachgemeinschaft auch für das Schreiben bzw. den Druck von Sachschrifttum verwendet wird, ist ein Ansatzpunkt für eine eigenständige Standardentwicklung gegeben. Innerhalb des Sachschrifttums unterscheidet Kloss dann zwischen drei verschiedenen Anwendungsbereichen und drei Entfaltungsstufen, die er kreuzklassifiziert, wodurch er neun Ausbaustufen erhält (vgl. dazu Ammon 1986, 29–34). Selbst das Hochdeutsche ist danach keine voll ausgebaute Standardvarietät, weil auf der höchsten Ausbaustufe technisch naturwissenschaftliche Texte auf Universitätsniveau häufig in engl. Sprache verfaßt sind. Die hier skizzierten Entwicklungsmodelle für Stv. und auch einige weitere beleuchten jeweils einen mehr oder weniger zentralen Detailaspekt der Standardisierung. Ein übergreifendes Modell, in das *die Sprachstandardisierung* als ganzes eingebettet werden könnte, ist noch nicht vorgelegt worden (vgl. jedoch Joseph 1987).

5. Vorüberlegungen zu einer theoretischen Einbettung der Standardsprachenbildung

5.1. Bei der Suche nach Theoremen, die eine Basis oder einen Rahmen für die Analyse von Sprachstandardisierung bieten könnten, ist es

wichtig, auf den ambivalenten Charakter dieses Vorgangs zu achten: einmal handelt es sich um einen linguistischen Prozeß, der eine besondere Form von Sprachveränderung, von Sprachwandel darstellt. Und zum anderen haben wir hier einen soziolinguistischen Prozeß vor uns, bei dem es sich um die Institutionalisierung gesellschaftlicher Normen handelt. Es erscheint daher angemessen, den Prozeß der Entwicklung von Standardsprachen als einen unter besonderen Bedingungen stehenden soziolinguistischen und linguistischen Sprachveränderungsprozeß zu betrachten. Es ist an dieser Stelle nicht möglich, eine ausführliche Darstellung der Strukturen moderner Sprachwandeltheorien zu bieten (vgl. Art. 46).

Man geht jedoch heute allgemein davon aus, daß das Wirkungsfeld eines Sprachveränderungsprozesses nicht auf die Sprache oder gar das Sprachsystem beschränkt ist, sondern auch die soziokommunikativen Strukturen der gesamten Sprachgemeinschaft mit einschließt. Den Gesamtprozeß der Sprachveränderung teilt man in drei aufeinander aufbauende Teilprozesse: die Phase der Bildung von Sprachvarianten im normalen Vollzug des Sprechens, die Selektionsphase, in der aus der Menge ungerichteter Varianten einige als Innovationen ausgewählt werden, die die eigentlichen Ansatzpunkte für dauerhafte Sprachveränderungen bilden, und schließlich die Generalisierungsphase, während der eine Innovation sowohl innerhalb des Sprachsystems als auch im Sprachgebrauch und in der Sprachgemeinschaft institutionalisiert wird und oftmals dabei eine traditionelle Variante verdrängt. Unterschieden werden fünf Typen von Sprachvarianten:

die artikulatorisch-perzeptive Variante, die etwa bei Koartikulationskonstellationen erscheint, die innersystematische Variante, zu der Variation durch Analogie gehört, die kontaktinduzierte Variante, bei der eine Sprachform aus einer koexistierenden Varietät entlehnt wird, die meist über gesellschaftlichen Mehrwert verfügt, die soziokommunikative Variante, die sich bildet, wenn die kommunikativen Mittel an neuartige Kommunikationsbedarfskonstellationen angepaßt werden müssen, und schließlich die intentionale Variante, die etwa in Sprachplanungs- oder Kodifizierungskonstellationen entsteht.

Die Generalisierung läuft als innersprachlicher bzw. innersystematischer und zugleich als soziolinguistischer Verallgemeinerungsprozeß einer Innovation ab. Dabei unterscheiden wir zwischen diaphasischer Generalisierung, die eine Neuerung auf alle situativ-funktionalen Verwendungskonstellationen ausweitet, diastratischer Generalisierung, die den Gültigkeitsbereich auf die gesamte Sprachgemeinschaft ausweitet, und diatopischer Generalisierung, die auch den gesamten Sprachraum mit einschließt. Eine Standardsprache, d. h. ein einzelsprachiges Varietätensystem mit einer ausgebildeten Stv., stellt nun einen speziellen Fall von Varietätenkonstellation dar, bei dem eine Varietät einen erheblichen Anteil an kodifizierten Varianten enthält und auch über die nichtkodifizierten, jedoch als angemessen angesehenen Varianten des subsistenten Normbereichs weitgehend in der gesamten Sprachgemeinschaft Einverständnis besteht. Die Ausbildung einer derart weitgehend generalisierten Standardvarietät ist Ergebnis eines bestimmten gesellschaftlichen und soziolinguistischen Prozesses, des Modernisierungsprozesses. Gesellschaftliche Modernisierung bedarf eines Kommunikationsmittels, das sich durch Großräumigkeit der Geltung, Dauerhaftigkeit und Multifunktionalität auszeichnet. Nach den sich daraus ergebenden kommunikativen Handlungsmaximen finden während des Standardisierungsprozesses über längere Zeiten hinweg die Variantenbildungs- und Selektionsprozesse statt. So ist etwa ein wichtiger Schritt die Festlegung einer der bestehenden Varietäten als Leitvarietät, wobei sich bestimmte soziokulturell oder sozioökonomisch herausragende Varietäten gegenüber denjenigen durchsetzen, die im Modernisierungsprozeß eher randständig sind. So setzt sich im mittelalterlichen Frankreich die französische Varietät als regionale Schreibsprache gegenüber etwa dem Picardischen durch, obwohl diesem etwa aus etymologischen Gründen ein Vorrang einzuräumen wäre (Schmitt 1988, 79). Nur selten verläuft die Festlegung der Leitvarietät in einer sprachhistorischen Entwicklung konfliktfrei, da in der Regel verschiedene Kandidaten für diese Position miteinander konkurrieren. Oftmals entfaltet sich um die angemessene Basis der Standardnorm eine langwierige Auseinandersetzung, die uns etwa in der ital. Sprachgeschichte als *questione della lingua* entgegentritt, aber auch in vielen anderen europ. Einzelsprachen in ähnlicher Weise zu beobachten ist.

Ist einmal eine Leitvarietät institutionalisiert, dann entsteht ein deutliches Prestigegefälle zwischen den verschiedenen Varietäten, und die kontaktinduzierte Variantenbildung verschiebt sich in Richtung auf diese Leit-

norm. Daneben tritt eine potentielle Standardsprache nach der Festlegung der Leitvarietät in die Phase der Strukturplanung, also in die Kodifizierungsphase, in der durchaus auch noch andere Normierungsprinzipien wirksam werden können, die jedoch die Wahl der Leitvarietät normalerweise nicht mehr in Frage stellen. So steht etwa die Kodifizierungsarbeit der frz. Akademie über lange Jahrhunderte unter dem Diktum der Rationalität und Systematizität, was dazu führte, daß innersystematische Varianten bestimmten Typs selegiert und generalisiert wurden. In den meisten europ. Standardisierungsprozessen tritt im Laufe der Zeit neben die Anforderungen einer modernen Kommunikationsgesellschaft noch ein zweiter Funktionsbereich der Sprache und insbesondere der Stv. In vielen europ. Sprachgemeinschaften wird die nationale Identität über Sprache symbolisiert. Nun kann nationale Identität grundsätzlich durch jede Varietät einer historischen Einzelsprache symbolisiert werden. Der nationale Einheitsstaat des 19. Jhs. jedoch wird besonders eindrucksvoll durch eine einheitliche Stv. symbolisiert. Dieser Faktor spielt etwa in der Kodifizierungsdiskussion um die dt. Rechtschreibung und die Orthoepie ebenso wie um das große dt. Wörterbuch eine wichtige Rolle.

Betrachtet man einen Standardisierungsprozeß als eine Sonderform eines Sprachveränderungsprozesses, dann wird auch erkennbar, daß wohl die meisten Entwicklungsansätze zu einer inner- bzw. außersprachlichen Generalisierung nicht zu Ende geführt werden, sondern vor dem Erreichen des total generalisierten Stadiums von Gegenentwicklungen gebremst und teilweise rückgängig gemacht werden. Man denke etwa an den Standardisierungsprozeß der mnd. Schriftsprache im 14. und 15. Jh., in dem sich gerade mit der lübischen Kanzleisprache eine Leitvarietät auszubilden begann, als dieses Kommunikationsmittel wegen einer Verlagerung der Modernisierungsfaktoren in der Umgebungsgesellschaft in den Süden Deutschlands von der dort üblichen Leitvarietät, dem *Gemeinen Deutschen*, überschichtet wurde.

Auch ist die Sprachstandardisierung keineswegs der einzige Typ von Generalisierungsprozeß innerhalb einer Sprachgemeinschaft. Standardisierung ist das Ergebnis gesellschaftlicher Modernisierung, wie wir sie in den europ. Gesellschaften heute überall beobachten können. Voraussetzung ist eine durchgehende Zentralisierung der Gesellschaft. Dabei ist jedoch Sprachentwicklung durchaus unter extrem dezentralen Bedingungen denkbar, wie das etwa im mittelalterlichen Europa in den ländlichen Regionen der Fall war. Ergebnis einer solchen Entwicklung, die ebenfalls als Generalisierungsprozeß beschreibbar ist, ist etwa eine vielfältig gekammerte Dialektlandschaft. Dominierendes Variations- und Selektionsmotiv ist die artikulatorisch-perzeptive und die innersystematische Variation.

5.2. Das zweite Theoriemodell, in das eine Einbettung der Überlegungen zu Sprachstandardisierung möglich erscheint, ist das Konzept von der Standardsprache als Sprachnorm und insofern als eine Spezialform von sozialen Normen. Ohne ausführlich auf die normentheoretischen Fragen im Zusammenhang mit Sprachnormen und insbesondere auf die terminologischen Differenzierungen zwischen Sprachnormen und Sprachregeln einzugehen (Gloy 1975; Bartsch 1989; Ammon 1986), soll hier, den Forschungsansatz Gloys aufgreifend, Sprachnorm nicht unter statischem, sondern unter dynamischem Gesichtspunkt als ein gesellschaftlicher Institutionalisierungsprozeß angesehen werden, der seinerseits wiederum in allgemeine soziohistorische Prozesse, wie gesellschaftliche Modernisierung oder Nationalstaatenbildung, eingebettet ist. Die Norm und auch die Sprachnorm wird dabei angesehen als „Vorschrift, die das (kommunikative) Handeln des Menschen als Mitglied einer Gesellschaft regelt" (Gloy 1975, 34). Die Sprachnorm ist also eine Handlungsnorm, und, wenn man die Ambivalenz der Sozialhandlungen beachtet, zugleich eine Erwartungsnorm. Soll nun die Entstehung einer solchen Sprachnorm, nämlich der Norm der Stv., dargestellt werden, so kann das nur geschehen, indem die einzelnen an diesem Normierungsprozeß beteiligten Normelemente durch soziolinguistisch-sprachhistorische Forschung herausgearbeitet und in ihrem Zusammenwirken dargestellt werden. In diesem Zusammenhang unterscheidet Gloy in dem Personenkreis im Umfeld einer Sprachnorm etwa Normverfasser, Normsetzer, Normvermittler/-formulierer, Normüberwacher, dann Sanktionssubjekte, Normbefürworter, Normbenefiziare und Normopfer. Weiterhin wird der normierte Handlungsbereich vom Norminhalt getrennt. Unterschieden wird zwischen Normlegitimation, Normstigma, Normfunktion, Normleistung, Normzweck und Normtoleranz sowie zwischen Normset, Normensystem, Norm-

hierarchie, Normenkonkurrenz und Normenkonflikt. Eine systematische Einbeziehung dieser Elemente in eine historische Rekonstruktion der Entstehung einer Standardsprache ergibt einen Problemzusammenhang, der in den bisherigen vorliegenden Darstellungen von Sprachstandardisierung nicht ansatzweise gesehen wird (vgl. hierzu Gloy 1984, 283—286). Eine entscheidende Schaltfunktion für die Herausbildung von Standardnormen haben die in einer Gesellschaft dominierenden (oder auch konfligierenden) Legitimationskriterien für Normen. Gloy unterscheidet (1979, 1980, 366—367) folgende Positionen: (1) den Sprachgebrauch kultureller Autoritäten (Eliten, Leitbilder), (2) historisch-etymologische Bedeutsamkeit, (3) regionale Reichweite, (4) Integrationsleistung, (5) Zweckrationalität und Verständlichkeit, (6) dominierende Auftretenshäufigkeit, (7) linguistische Strukturgemäßheit, (8) die Sicherung gesellschaftlich etablierter Deutungsschemata, die Angemessenheit oder Korrektheit des Gegenstandsbezuges, (9) die kognitiven und/oder emotionalen Konsequenzen bestimmter Sprachverwendungen, die Beschaffenheit sprachlicher Erscheinungen als Grundlage der Intelligenz/der Sittlichkeit des Menschen. Wie eng diese Beobachtungen mit Analyseergebnissen im Bereich der Standardisierungsforschung etwa des Dt. zusammenstimmen, zeigt sich daran, daß etwa Besch völlig unabhängig von diesem Kriterienschema vier Ausgleichsfaktoren für Sprachvarianten herausgearbeitet hat, die den genannten Kriterien völlig entsprechen. Obgleich nur Umrisse einer Einbettung von Sprachstandardisierungsprozessen in allgemeine sprachwandeltheoretische und normentheoretische Zusammenhänge geboten werden konnten, hat es den Anschein, daß sich hier die Möglichkeit eines die einzelne Sprachgeschichte überschreitenden Rasters von Analysedimensionen abzeichnet.

6. Vergleichende Skizzen von Standardisierungsentwicklungen in europäischen Sprachen

Nicht zuletzt wegen des unter sprachwandeltheoretischem und normentheoretischem Gesichtspunkt völlig unzureichenden und äußerst unterschiedlichen Forschungsstandes bei der Standardisierungsforschung europ. Sprachen wird es nicht möglich sein, hier eine Darstellung der Standardisierungsprozesse vorzulegen, die die Kategorisierungen und Kriterien des vorigen Abschnitts systematisch aufgreift. Trotzdem soll versucht werden, die übereinstimmenden Entwicklungen in den Vordergrund zu rücken, um die Grundposition dieses Beitrages deutlich zu machen, daß Sprachstandardisierungen allgemeinen linguistischen und soziolinguistischen Regularitäten folgen, die nur jeweils unterschiedliche sprachhistorische Ausformungen und Konkretisierungen erfahren.

Schon Haarmann (1988) hat darauf hingewiesen, daß die Standardisierungsprozesse europ. Standardsprachen in ihrer Anfangsphase interessante Übereinstimmungen aufweisen. In der Regel existiert eine meist ethnisch fremde Schriftsprache als Kultursprache, der eine mehr oder weniger große Anzahl von Dialekten gegenübersteht, von denen einige Schreibdialekte sind (Besch 1983), d. h. regional begrenzte schriftliche Ausgleichsvarietäten bilden. Das eröffnet zwei unterschiedliche Sprachveränderungsprozesse: die Ausbildung einer autochthonen Leitnorm in der Schriftlichkeit und die Verdrängung der alten Schriftsprache, sei es Lat., wie in Deutschland, in Frankreich, in Italien, in Spanien usw., oder Aksl., wie in vielen osteurop. und südosteurop. Sprachgemeinschaften, oder etwa Dt., wie in Tschechien oder in der Slowakei im 19. Jh. (vgl. auch Guchmann 1973, 443−453).

6.1. Spanien

Im heutigen Staatsgebiet Spanien setzt die Entwicklung, die zur Ausbildung der span. Stv. führt, schon sehr früh im 13. Jh. ein (für das folgende vgl. Schmitt 1988, 87−94). Spätestens unter Alfons X. (1252−1284) tritt neben das Lat. als Hof- und Kanzleisprache die Volkssprache Kastilisch. Auch als Literatursprache und Rechtssprache gewinnt das Kastil. schon sehr früh, nicht zuletzt durch die umfangreiche Rezeption der alfonsischen Schriften ein Prestige, das auch eine Orientierung der Schreibdialekte anderer Herrschaftszentren an der höfischen Schreibsprache von Toledo verursacht. Schon unter Zeitgenossen gilt die kastil. Hof- und Kanzleisprache als Vorbild, und dieser Topos findet sich noch im 17./18. Jh. In der folgenden historisch-politischen Entwicklung behauptet sich Kastilien als zentrale und staatsbildende Macht in Spanien. In welchem Ausmaß jedoch die spätmittelalterlichen Herrschaftszentren ihre regionale Schriftlichkeit tatsächlich an einer kastil. Norm ausgerichtet haben,

muß wohl noch stärker geklärt werden. Die zweite Phase der span. Standardsprachenentwicklung beginnt gerade in dem Jahr, das für die Entwicklung der historisch-politischen Identität Spaniens von großer Bedeutung ist, im Jahre 1492. In diesem Jahr gelingt es den beiden anfangs nur lose vereinigten Reichen Kastilien und Aragon/Katalonien, durch die Vertreibung des letzten islamischen Herrschers aus Spanien die Reconquista abzuschließen, und zugleich eröffnet sich mit der Entsendung von Columbus eine neue weltpolitische Perspektive. In demselben Jahre erscheint die „Grammatica castellana" von Elio Antonio Nebrija (1492, 1946), wohl die erste volkssprachige Grammatik Europas. Die Normgrundlage dieser Grammatik ist das Kastil. des Hofes, wobei Nebrija diese Festlegung, jedoch nicht mit historischen Argumenten, sondern mit der zeitgenössischen sozialen und politischen Bedeutung des Hofes begründet. Bis zum Ende des 17. Jhs. bleibt der Topos von der normgebenden Funktion der Sprache des königlichen und dann später kaiserlichen Hofes erhalten, gestützt durch die literatursprachlichen Entwicklungen des siglo de oro. Wenig weiß man jedoch darüber, wie normloyal die Schriften wirklich waren, wie weit die diastratische, diatopische und diaphasische Homogenisierung der Sprache in dieser Zeit tatsächlich fortgeschritten waren und insbesondere, ob diese für die Schriftsprache angenommenen Entwicklungen auch Auswirkungen auf die zeitgenössische Sprechsprache gehabt haben. Interessant ist jedoch, daß von einer Auseinandersetzung um die Norm einer einheitlichen Schriftsprache oder die Legitimationsprinzipien dieser Norm bis zum Ende des 17. Jhs. nicht gesprochen werden kann. Eine *questione della lingua* setzt in Spanien erst mit dem politisch-historischen und auch kulturellen Ausgreifen des absolutistischen Frankreich auf diese Region ein. Nachdem 1713 nach frz. Vorbild die Real Akademie gegründet worden war, erscheinen in raschen Folgen die zentralen Kodifizierungsschriften des Standardspan., 1726−1739 erscheint das „Diccionario de Autoridades", 1741 die Orthographie und 1771 die Grammatik. Der *uso*, die Normautorität Nebrijas, wird − die Traditionen der Académie française aufgreifend − ersetzt durch die *arte*. Logik und Vernunft, Funktionalität und Analogie werden die zentralen Berufungsinstanzen für die richtige Standardsprache. Dabei stehen sich lange Zeit in dem nationalistischen *casticismo* und dem aufgeklärten *afrancessado* zwei gegensätzliche Positionen gegenüber, die aber beide Prinzipien der streng normativen Grammatik huldigten. Bis in die heutige Zeit hat die in den Akademie-Kodizes festgelegte offizielle span. Stv. einen sehr rückwärtsgewandten Charakter, was sich etwa daran zeigt, daß noch 1959 die meisten Belegzitate aus dem Wörterbuch in das siglo de oro, also das 17. Jh., weisen. Daneben ist in der Zwischenzeit ein im schriftlichen und mündlichen Alltag weit verbreitetes Alltagsspan. getreten, das eher subsistenten Normen folgt. Die Real Akademia hat 1973 durch die Veröffentlichung der „Esbozo de una nueva grammatica de la lengua española" auf diese Entwicklungen reagiert. Auf ein weiteres Problem der span. Stv. soll hier nicht eingegangen werden, den ausgeprägten Eurozentrismus der Sprachnormdiskussionen, in dem die weltweite Entwicklung des Span. nicht zur Kenntnis genommen wird. Wir befinden uns in der Gegenwart offensichtlich in einer Phase der Reform des vor 200 Jahren erstkodifizierten Span., einer Reform, in der der durchgehenden Alphabetisierung der gesamten Bevölkerung und auch der Ausbildung tendenziell überregionaler Sprechsprachigkeit in ganz Spanien Rechnung getragen werden muß.

6.2. Frankreich

Ähnlich wie in Spanien fällt in Frankreich der Übergang von der lat. zur volkssprachlichen Schriftlichkeit fast mit der Herausbildung einer auch überlandschaftliche Geltung beanspruchenden Schreibsprachennorm zusammen (vgl. zum folgenden Schmitt 1988, 78–87). Schon im 12. Jh. findet sich eine sprachlich-stilistische Orientierung der volkssprachigen Urkundensprache an der franzischen regionalen Schreibsprache des Herrschaftszentrums um Paris (Pfister 1973). Gossen (1957, 430) zeigt, daß auch im literarischen Bereich die Bereitschaft da ist, den eigenen Literaturdialekt zugunsten der franzischen Hof- und Verwaltungssprache aufzugeben, und diese Bereitschaft zur Fremdorientierung bei der Wahl der Sprachnorm bildet durchweg ein gewichtiges Indiz für den Anfangspunkt einer Standardisierungsentwicklung. Dabei stellt sich jedoch die Frage nach der Kontinuität dieser hochmittelalterlichen Entwicklungen im Spätmittelalter und in der Zeit des 100jährigen Krieges, in der sich, wie etwa auch in Deutschland, wohl die regionalen Schreibdialekte der verschiedenen

Provinzen und Teilstaaten ausgebildet haben, wie sie uns dann im 16. Jh. entgegentreten. Seit der Mitte des 15. Jhs. finden sich Hinweise und Forderungen nach einer Vereinheitlichung insbesondere der Verwaltungs- und Rechtssprache, die die Sprache des Königshofes als Leitnorm erscheinen lassen. Eindeutig für eine allgemeine Verbreitung der Sprache des Hofes und gegen sowohl das Lat. als auch die Regionalsprachen gerichtet ist die „Ordonnanz von Villers-Cotterêts" von Franz I. aus dem Jahre 1539 (vgl. für die Deutung Schmitt 1988, 79f.). Unklar ist dabei, welche Rolle die nationale Komponente in dieser Diskussion gespielt hat. Sicherlich stehen in der Diskussion um das „richtige" Frz. eindeutig das politische Argument der Stärkung des Königtums und das rationale Argument der Verwaltungsvereinfachung im Vordergrund. Wie weit die beiden frühen Nationalisierungsschübe der frz. Geschichte – die Spätphase des 100jährigen Krieges und die Reformation – sich auch in Richtung auf einen Nationalsprachengedanken ausgewirkt haben, wird noch zu klären sein. Seit der Mitte des 16. Jhs. liegt die Leitvarietät für die Standardisierung fest und wird nicht mehr in Frage gestellt. Es ist die Schriftsprache des Königs, des Hofes, der königlichen Kanzleien, der Stadt Paris und der Ile-de-France. Gewisse Differenzen in der Schwerpunktsetzung zwischen der Sprache des Hofes und der Sprache der Parlamente werden dann im 17. Jh. durch das Vaugelas-Konzept von dem *bon usage* zugunsten des Hofes entschieden. Gleichzeitig setzt die Kodifizierungsphase dieser Standardvarietät mit der Gründung der Académie Française ein. Mit den Bemühungen der Akademie und anderer Institutionen um die Strukturplanung des geschriebenen und dann auch des gesprochenen Frz. im 17./18. Jh. setzt zugleich eine kontinuierliche Statusplanung zur Verbreitung dieser Stv. innerhalb der frz. Bevölkerung und insbesondere unter den nicht Frz. sprechenden Angehörigen des frz. Staates ein. So ist das staatliche Schulwesen, wo es sich schon in absolutistischer Zeit entwickelt, streng an die Stv. gebunden, und der starre administrative und auch ökonomische Zentralismus wirkt sich auch durch die Verbreitung der Stv. aus. Am Vorabend der Revolution ist ca. ein Drittel der Bevölkerung Frankreichs dieser Varietät mehr oder weniger mächtig. Die Bemühungen um die Durchsetzung der Stv. in ganz Frankreich erfahren durch die Französische Revolution eine erhebliche Intensivierung,

und auch im 19. Jh. setzt sich die Statusarbeit
fort. Um 1900 ist − wie in Deutschland so
auch in Frankreich − die Alphabetisierung
der Bevölkerung weitgehend abgeschlossen,
und die Intensivierung der Schulbildung sowie ihre staatliche Zentralisierung haben die
Stv. in der Schriftsprache und tendenziell
auch in der Sprechsprache durchgesetzt.
Auch die Strukturarbeit an der Kodifizierung
der Stv. ist, geleitet von der Académie und
orientiert an den Prinzipien des *bon usage*, im
19. und 20. Jh. weitergeführt worden, wobei
jedoch, ähnlich wie im Span., die Beziehung
zwischen dem offiziellen Kommunikationsmittel *Standardfrz.*, das in Schulen und Universitäten sowie in der *guten Gesellschaft* verbreitet ist und gepflegt wird, und der allgemeinen Alltagssprache sich immer mehr gelockert hat (vgl. dazu Müller 1985). Inzwischen haben sich deutlich unterscheidbare
Sprachniveaus mit unterschiedlicher diastratischer, diaphasischer und diamedialer Verbreitung herausgebildet, die zwar keine kodifizierte Norm aufweisen, jedoch deutlich erkennbaren (und beschreibbaren) subsistenten
Normen folgen. Bis in die erste Hälfte des
20. Jhs. hinein suchte man diese Entwicklung
durch die Beschwörung eines allgemeinen
Sprachverfalls in den Griff zu bekommen. Es
hat jedoch den Anschein, daß sich die frz.
Standarsprache wie die span. heute in der
Phase der Reform der Erstkodifizierung befindet, d. h. also in einer *questione-della-lingua*-Konstellation.

6.3. Italien

In dem historisch-politischen Raum, der später zu dem Nationalstaat Italien zusammenwachsen sollte, setzt die Ablösung von der
lat. Schriftsprache schon im 11./12. Jh. mit
der Ausbildung unterschiedlicher regionaler
Schreibdialekte ein (vgl. zum folgenden
Schmitt 1988, 95−100). Diese dezentrale Va-
rietätenstruktur erfährt eine Vertikalisierung
durch die volkssprachige Literatursprache
der tre corone, Dante (1265−1321), Petrarca
(1304−1374) und Boccaccio (1313−1375),
die alle drei die florentinische regionale
Schreibsprache zum Medium ihrer Werke
wählen und dadurch dieser Varietät ein Prestige verschaffen, das über die Jahrhunderte
hinweg bis in die zweite Hälfte des 19. Jhs.
wirksam bleibt. Das Toskanische war gegenüber anderen regionalen Schreibdialekten
wohl auch deshalb besonders für diese Position geeignet, weil es nur schwach latinisiert
war, einen relativ deutlich hervortretenden

Dialektanteil enthielt und insofern eine angemessene literatursprachliche Alternative zum
ansonsten noch allgegenwärtigen Lat. darstellen konnte. Mit der Herausbildung der
toskanischen Sprache als verbindlicher litera-
tursprachlicher Norm auch über die Grenzen
der Region hinaus ist die Leitvarietät für die
einsetzende Standardisierungsdebatte festgelegt. Inwieweit diese Norm in der Folgezeit
dann auch in andere Sprachdomänen eindringt und insbesondere in welchem diastratischen Umfeld sie akzeptiert und verbreitet
wird, muß wohl wie eine Reihe weiterer Probleme der Statusentwicklung des frühen Ital.
noch geklärt werden. Die Forschung zur
Standardvarietätenbildung hat sich sehr intensiv mit den Problemen der Strukturplanung und -entwicklung beschäftigt. Zentrales
Thema der am Ende des 15. Jhs. mit dem
an den lat. Autoren geschulten Instrumentarium des Humanismus und der Renaissance
ausgestatteten Sprachwissenschaftler war die
Frage, ob die Grundlage der toskanischen literatursprachlichen Norm die damals schon
historische Literatursprache der tre corone
oder die lebende toskanische Sprache des
Hofes und der Stadt sei. Durchgesetzt hat
sich schließlich die These Bembos von der
Bindung des zeitgenössischen Toskanisch an
die historische Norm der Trecentisten. Durch
das 1612 erscheinende Vocabulario degli Ac-
cademici della Crusca, das zur führenden Ko-
difizierungsinstitution der folgenden Jahrhunderte wird und das sich ebenfalls an den
Trecentisten orientiert, wird diese Entscheidung verfestigt. Versuche im 17. und dann
besonders im 18. Jh., diese traditionalistisch-
konservative Tendenz in der ital. Stv. aufzu-
lockern, scheitern. In dieser Entwicklungsphase wird die Grundlage gelegt zu der heute
noch spürbaren Abtrennung der ital. Litera-
tur- und Standardsprache von den gesprochenen Sprachen und den Dialekten. Einen
neuen Akzent, der dann zu einer zweiten
questione-della-lingua-Debatte hinüberleitete,
führt Alessandro Manzoni (1785−1873) mit
seinem literarischen Hauptwerk (I promessi
sposi, 1840−42) und mit seinen sprachkritischen Äußerungen in den Diskurs ein: den
Nationalsprachenaspekt. Die ital. Sprache ist
in der Phase der ital. Nationalstaatsbildung
im 19. Jh. ein wichtiges Symbol nationaler
Identität. Manzoni sieht diese Sprache in
dem lebenden Toskanisch der gebildeten
Oberschicht verwirklicht und sucht dadurch
einen Kompromiß zwischen der traditionellen Auffassung und den modernen Entwick-

lungen und Erfordernissen. Die Kritik, zu der sich Philologen wie Cattaneo, Tenco und Ascoli zusammenfanden, setzt an der für einen ital. Gesamtstaat zu engen diatopischen und diastratischen Bindung dieser Varietät an und plädiert für eine systematische Berücksichtigung der natürlichen Entwicklungsbedingungen, die sich im Gesamtsystem des Ital. zeigen. Diese Überlegungen werden im 20. Jh. durch die Forderung Gramscis nach einer Stv., die auf der Mehrheit der Sprecher basiert, und auch durch Pasolinis Überlegungen zu einer Soziologisierung der *questione-della-lingua* weitergeführt. Wir haben in Italien also eine mit Spanien und auch Frankreich vergleichbare gegenwärtige Konstellation vor uns, in der sich die kodifizierte und auch in der Schule vermittelte Norm der Stv. weit von der gesprochenen und auch der geschriebenen Alltags- oder Gebrauchssprache entfernt hat, die ihrerseits durchaus subsistenten Normen gehorcht. Wichtigste Aufgabe ist eine Reform der Erstkodifizierung, die die inzwischen eingetretenen sprachlichen Entwicklungen und soziolinguistischen Verschiebungen berücksichtigt.

6.4. Deutschland

Im Deutschen Reich (vgl. dazu Besch 1988) gibt es, ähnlich wie in Frankreich, schon um 1200 mit der sog. mhd. Dichtersprache einen ersten Ansatz zu der Ausbildung einer überregionalen Varietät mit Standardanspruch. Wie in Frankreich wird diese Varietät, die sich aus der regionalen Schreibsprache des staufischen Südwestens entwickelte, auch von Literaten aus anderen Sprachgebieten verwendet. Unklar ist, inwieweit die Normen dieser Sprache auch in dem Verwaltungsschrifttum der Zeit auftaucht, das sich seit der ersten Hälfte des 13. Jhs. vom Lat. emanzipiert. Während in Frankreich die frühneuzeitliche überregionale Schriftsprache wieder an dieselbe Institution und teilweise wohl auch an dieselbe Tradition anknüpfen kann, gibt es in Deutschland wohl keine Kontinuität zwischen dieser mhd. Dichtersprache und der sich im 15. Jh. herausbildenden Schriftsprache mit überregionalem Anspruch, den schon die zeitgenössische Bezeichnung *Gemeines Deutsch* signalisiert. Die regionale Grundlage dieser Varietät bildet der ökonomisch und kulturell hochentwickelte Raum zwischen Augsburg und Nürnberg, ohne daß hier auch eine politische Macht diese Entwicklung gestützt hätte. Erst später tritt mit der Lokalisierung des *Gemeinen Deutschen* in

der kaiserlichen Kanzlei auch ein politisch-historischer Faktor hinzu.

Auswirkungen dieses *Gemeinen Deutschen* können wir bis um die Mitte des 16. Jhs. bis in die mnd. Norden des Deutschen Reiches feststellen. Durch die zu Beginn des 16. Jhs. einsetzende Reformation und die daran anschließenden fast 150jährigen kriegerischen Auseinandersetzungen und ökonomisch-kulturellen Verfallszeiten wird die mit der Ausbildung des *Gemeinen Deutschen* begonnene Entwicklung abgebrochen oder doch zumindest umgelenkt (Mattheier 1981). Die oobd. geprägte Orientierung der ersten Leitvarietät wird durch eine eher omd. geprägte dialektale Orientierung ersetzt, was erheblich zu dem Mischungs- und Ausgleichscharakter der dt. Stv. beiträgt. Dieser Umlagerungsprozeß erfaßt zuerst die protestantischen Gebiete und wird erst gegen Ende des 18. Jhs. durch das Ausgreifen der omd.-gottschedischen Norm auf Österreich und Bayern abgeschlossen. Bis zu diesem Zeitpunkt gab es immer noch das Plädoyer für eine Stv., die zwar linguistisch immer mehr an Differenzsubstanz zu der omd. Norm verlor, die aber von den Sprachwissenschaftlern als Alternative diskutiert wurde. Beide Stv. durchlaufen im 17. und 18. Jh. eigenständige Verallgemeinerungsprozesse. Gegen Ende des 18. Jhs. ist die omd. Version der Stv. als Schriftsprache bei allen Alphabetisierten verbreitet. Im Gegensatz zu Frankreich ist die Standardisierung jedoch weniger eine von den Herrschaftszentren und den Höfen ausgehende Entwicklung, als eine bürgerliche Entwicklung, der der Adel noch bis ins 19. Jh. hinein kritisch gegenüberstand. Hieraus ergibt sich dann auch die enge Verbindung zwischen der Stv. und dem Bildungsbürgertum um 1800, die den Ansatzpunkt für eine von dieser Gruppe ausgehende Generalisierung bildete. Die Kodifizierungsarbeit der dt. Stv. setzt schon im 16. Jh. mit der Publikation der ersten dt. Grammatiken ein. Eine *questione-della-lingua*-Konstellation ergibt sich im 17. Jh., wenn in den Sprachgesellschaften die *Usus*-orientierten Positionen etwa des Grammatikers Gueintz mit der an der inneren Sprachrichtigkeit, an der *norma*, orientierten Position von Schottelius konkurrieren (von Polenz 1994, 151 ff.). Da in Deutschland — anders als in Frankreich und Spanien — die staatliche Akademie als wichtige Normierungsinstanz fehlt, entwickelt sich der Prozeß der Kodifizierung des Dt. bis hin zu der Grammatik von Gottsched (1748) und dem

Wörterbuch von Adelung (1774–1786) insgesamt langsamer. Die letzten Normierungsschritte erfolgen mit der Orthographie-Normierung durch Konrad Duden (1872) und mit dem Versuch der Normierung der orthoepischen Ebene durch Siebs (1902). Die relativ späte und nicht dirigistisch von einer Institution ausgehende Normierung der dt. Stv. hat zur Folge, daß das Dt. eine wesentlich geringere Distanz zwischen der kodifizierten Norm und der Alltags- und Gebrauchssprache aufweist. Zwar gibt es etwa am Ende des 19. Jhs. eine intensive Diskussion um den Sprachverfall und die Sprachverderber in der Gesellschaft, die sich hauptsächlich aus der Distanz des Alltagsdeutschs zu den bildungsbürgerlichen Normen des Klassikerdeutschs herleitete. Von Polenz spricht hier von einer krisenhaften Entwicklung für die dt. Stv. Aber die Verbreitung und Verwendung der Stv. war nicht in der Weise diastratisch und diaphasisch eingeschränkt, wie etwa im Frz. oder im Span. Auch die Kodifizierungspublikationen der zweiten Hälfte des 20. Jhs. zeigen eine relativ große Elastizität und ein Bemühen, die Distanz zwischen kodifizierter Sprachnorm und Standardvarietätgebrauch nicht zu groß werden zu lassen.

6.5. England

Die Ausbildung einer Stv. beginnt in England im 14. Jh. (zum folgenden vgl. Görlach 1988). Zu früheren Standardisierungsansätzen des 10. Jhs. gibt es wegen des normannisch-frz. Spracheinbruchs nach 1066 keinerlei Kontinuitäten. Im Zuge des Verfalls der frz. und auch der lat. Sprache lassen sich unter den verschiedenen mittelengl. regionalen Schreibsprachen in den zentralen Midlands erste Koineisierungstendenzen feststellen. Die regionale Schreibnorm des Londoner Raumes mischt sich seit der Weiterbesiedlung der Stadt nach der Pest von 1349 durch Zuwanderung aus diesen Regionen mit den Sprachformen der Midland-Region. Durch ein ganzes Bündel von soziolinguistischen Faktoren, wie den Zentralismus der Administration, die Wirtschaftskraft Londons, das Prestige des Hofes und auch durch Frühformen sprachpatriotischer Ideologie bildet sich bis zur Mitte des 15. Jhs. eine überregionale Schriftsprache in und um London aus. Seit dieser Zeit sind überlieferte Texte nicht mehr lokalisierbar. Nachdem auf diese Weise die Leitnorm für die engl. Stv. festgelegt worden war, setzte eine die beiden folgenden Jahrhunderte andauernde Kodifizierungs- und Normdebatte

ein, in der – wie auch in anderen Sprachgemeinschaften – die Vertreter einer Orientierung am Usus, am Sprachgebrauch der Zeit, sich gegen die Vertreter der Orientierung an einer entweder historisch oder normativ motivierten Sprachrichtigkeit durchsetzen mußten. Seit der Rückkehr der Monarchie 1660 beginnt in der Entwicklung der engl. Stv. eine Phase der Orientierung an Autoritäten, wobei sowohl außersprachliche Autorität wie die Sprache des Königs und des Hofes gemeint sind als auch innersprachliche Autoritäten wie die Analogie, die logische Korrektheit und das lat. Vorbild. Zur eigentlichen Leitnorm wird die Schriftsprache, und die Aufgaben der Grammatiker erschöpfen sich im Korrigieren, Verbessern und Stabilisieren durch die Erarbeitung von präskriptiven Grammatiken und Stillehren sowie von Fremdwörterlisten. Erst im 19. Jh. breitet sich diese Stv. über den engen Kreis des hoforientierten Adels und des oberen Bürgertums der Stadt London auf weitere Kreise der Gesellschaft aus, wobei die Schule zu diesem Prozeß flächendeckend erst seit der Einführung der allgemeinen Schulpflicht im Jahre 1870 beiträgt. Trotzdem bleibt diese Varietät weitgehend beschränkt auf die gebildeten Oberschichten, die die klassischen Bildungsinstitutionen Eton/Harrow und Cambridge/Oxford durchlaufen haben. Neben diese alte Bildungselite tritt seit dem Beginn des 20. Jhs. eine zweite Elite, die sich anfangs durch den „modified standard", den Standard mit Akzent aus der Oberschicht, ausgegrenzt findet, in der Nachkriegszeit jedoch vermehrt und erfolgreich den klassischen Standard in Frage stellt. In die gleiche Richtung wirken die massiven Veränderungen der engl. Gesellschaft, die unter Stichwörtern wie Regionalismus, Einwanderungen und USA-Einfluß angesprochen werden können. In der Stv. hat das zu einer erheblichen Zunahme der Variationsbreite und der stilistischen Akzeptabilität sowie zu einer allgemeinen Öffnung in Richtung auf informelle Ausdrucksmöglichkeiten geführt. Ob man diese Entwicklungen durch die Beschwörung der Gefahr der Sprachverwilderung und des Sprachverfalls auffangen und einfangen kann, ist zu bezweifeln.

Wie im Dt., so hat wohl auch im Engl. die kodifizierte Standardnorm eine relativ schwache Position gegenüber der alltäglichen überregionalen Gebrauchssprache.

6.6. Ungarn

Erste Schritte in Richtung auf eine überregionale Stv. lassen sich in der ung. Sprachgeschichte erst im 16. Jh. feststellen (zum folgenden vgl. Benkö 1992). Bis dahin gab es neben dem weithin dominierenden Lat. zwar schon volkssprachige Schriftlichkeit, die jedoch regional gebunden war. Die Situation des 16. Jhs. ist geprägt durch die Niederlage der Ungarn in der Schlacht bei Mohacs (1526). Seit dieser Zeit steht der größte Teil Ungarns unter ottomanischem Einfluß, der keine eigenständige Sprachentwicklung zuläßt. Die westlichen und nördlichen Teile Ungarns stehen unter starkem dt. Einfluß. Zum eigentlichen Bewahrer ung. Kultur und Sprache wurde das in Siebenbürgen gegründete ung. Fürstentum, das sich sehr bald dem Protestantismus öffnete. Die muttersprachliche Orientierung des Protestantismus wie auch der aufblühende Buchdruck und die Ausbildung einer protestantischen Literatenschicht führten zu einer schriftlichen Norm des Ung. im 16./17. Jh., die stark durch die regionalen Besonderheiten dieser Gegenden geprägt war. Großen Einfluß auf weite Kreise der Bevölkerung hat etwa die sog. Vizsolyi Biblia von 1590, die aus dieser nordostung. Schreibtradition entstanden ist.

Nach dem Ende der Türkenherrschaft und auch schon durch die habsburgischen Bemühungen um die Gegenreformation in diesen Regionen kommt es in Ungarn einmal zu einer Verstärkung des dt. und auch des lat. Elements in der Standardsprache sowie zu einer teilweisen Verdrängung des Ung. durch diese beiden Sprachen insbesondere in der Administration. Außerdem hatte sich im Westen Ungarns unter habsburgischem Einfluß und geprägt durch den Katholizismus eine alternative ung. Schriftsprachennorm ausgebildet, die nun im 18. Jh. in Konkurrenz zu der nordöstlich-protestantischen Variante trat. Auch diese Variante war teilweise kodifiziert worden. Insgesamt führte jedoch die Eingliederung Ungarns in den habsburgischen Vielvölkerstaat zu einer Schwächung der Diskussion um eine ung. Standardsprache, da viele wichtige Institutionen entweder das Lat. oder das Dt. als Schriftsprache verwendeten. Das änderte sich erst mit dem Ausgreifen der europ. Aufklärung auf Ungarn in den 70er Jahren des 18. Jhs. Im Gegensatz zu vielen westlichen Staaten, in denen die nationalsymbolische Komponente der Standardsprache eine nachgeordnete oder erst später hinzutretende Bedeutung hat, ist die nationalung. Bewe-

gung, die die Aufklärung und die Rezeption Herders auslösten, ihrerseits der eigentliche Auslöser für die Standardisierungsbewegung der Sprache gewesen, die in der wissenschaftlichen Tradition Ungarns die *Spracherneuerung* genannt wird. Der führende Kopf dieser Bewegung war Ferenc Kazinczy, der besonders in seiner umfangreichen Korrespondenz mit den führenden Literaten und Intellektuellen der Zeit sprachnormierend und sprachpflegend wirkte. Entwicklungen, die in anderen Standardisierungsprozessen nacheinander gelaufen sind, entfalteten sich in der ung. Sprachgeschichte gleichzeitig. So fällt etwa die Diskussion um die angemessene Leitvarietät für eine ung. Standardsprache mit der ersten Kodifizierungsphase und mit intensiven Bemühungen um die Ungarisierung der Berufs- und Wissenschaftssprachen zusammen. In den ersten fünf Jahrzehnten des 19. Jhs. entstanden mehr als vierzig Grammatiken, Wörterbücher, Orthographieleitfäden und Anweisungen zur Aussprachenormierung. Gleichzeitig zeichnete sich als Resultat der stürmischen Debatte um die angemessene dialektale Basis für die Stv. ein gewisses Übergewicht der nordöstlichen Schriftvariante gegenüber der habsburgisch geprägten westlichen Variante ab. Auch Kazinczy entstammte dieser Region. Zugleich wurde die Arbeit an der ung. Stv. durch die 1825 gegründete Ungarische Akademie der Wissenschaften institutionalisiert. Schon sieben Jahre später publizierte die Akademie einen Leitfaden für die Rechtschreibung. Gestützt wurden die Entwicklungen auf eine ausgebaute und in der Bevölkerung weit verbreitete Stv. hin auch durch die historisch-politischen Entwicklungen, die die Position Ungarns innerhalb der Doppelmonarchie zunehmend stärkten. Seit den 60er Jahren des 19. Jhs. setzten, vermittelt durch den Schulunterricht, deutliche Ungarisierungstendenzen auch im bis dahin dt. geprägten Westungarn und im Bürgertum der größeren Städte ein.

Die kodifizierte Sprachnorm des Ung. wurde durch die sprachlichen Leistungen der Literaten, insbesondere der drei ung. Klassiker Mihaly Vörösmarty, Sandor Petöfi und Lanos Arany verfeinert und auch diatopisch ergänzt, da von Vörösmarty und Petöfi regionalsprachliche Elemente Mittel- und Westungarns integriert wurden. Gegen Ende des 19. Jhs. war die Kodifizierung der ung. Stv. abgeschlossen. Das 20. Jh. brachte mit dem Ausgang des I. Weltkrieges eine politische

Zersplitterung des ung. Sprachraums. Zugleich ist es jedoch geprägt durch eine zunehmende Verbreitung der Stv. innerhalb der Bevölkerung. Heute ist die Stv. sowohl in ihrer schriftlichen als auch in ihrer mündlichen Variante in allen Regionen Ungarns und in den meisten gesellschaftlichen Gruppen verbreitet. Kodifizierte Normen und Sprachrealität fallen nicht weit auseinander, und die ung. Sprachpflege ist nicht auf traditionalistisch ausgerichtete Normerhaltung orientiert, sondern bemüht sich um kontinuierliche Anpassung an die autochthonen Entwicklungen im Sprachgebrauch.

6.7. Rußland

Der Standardisierungsprozeß des Russ. (zum folgenden vgl. Panzer 1992; Goldblatt 1984) unterscheidet sich insbesondere in der Anfangsphase deutlich von dem westeurop. Muster. Während dort die Ablösung vom Lat. als gemeinsamer Schriftsprache schon im frühen Mittelalter beginnt und in der frühen Neuzeit ihrem Ende zugeht, behauptet in Rußland das Kslaw. als Sprache der Kirche und der Geistlichkeit und auch der höheren offiziellen Literatur noch bis zum Beginn des 18. Jhs. seine Position. In der 1696 in Oxford erschienenen „Grammatica Russica" des Heinrich Wilhelm Ludolf heißt es über das Verhältnis zwischen der kslaw. Schriftsprache und der als „vulgaris dialectus" bezeichneten heimischen Sprache: „Sed sicuti nemo erudite scribere vel disserere potest inter Russos sine ope Slavonicae linguae, ita e contrario nemo domestica et familiara negotia sola lingua Slavonica expediet; nomina enim plurimarum rerum communium, quarum in vita quotidiana usus est, non extant in libris, e quibus lingua Slavonica haurienda est. Adeoque apud illos dicitur, loquendum est Russice et scribendum est Slavonice" (1696; 1959, XI). Nicht in die Standardisierungsdiskussion gehört ein *questione-della-lingua*-Diskurs, der die Norm des Kslaw. betraf. Hier lassen sich in Abhängigkeit von wichtigen historisch-politischen Entwicklungen wie der Übersiedlung des Metropoliten von Kiew nach Moskau noch im 13. Jh., dem Fall von Byzanz im Jahre 1453, der Bildung des polnisch-litauischen Großreiches und der Abtrennung Weißrußlands und der Ukraine (1569) Verschiebungen der Norm zwischen eher traditionell bulgar. Prägung, antilat. Tendenzen und der Öffnung für Russismen beobachten.

Der eigentliche Prozeß der Sprachstandardisierung des Russ. setzt im Zusammenhang mit den säkularisierenden und europäisierenden petrinischen Reformen am Anfang des 18. Jh. ein. Der erste Schritt war 1708 die Einführung der an lat. Formen sich orientierenden bürgerlichen Schrift in der jedoch weiterhin Kslaw. geschrieben wurde. In den ersten Kodifizierungsversuchen des sich herausbildenden Russ., das sich an der regionalen Sprache des Raums um die Hauptstadt Moskau orientierte, dem Wörterbuch von Trediakowski (1731) und der Grammatik von Lomonossow (1755), geht es um die Frage, wieviel Kslaw. man in der nichtkirchlichen Schriftlichkeit und der Literatursprache braucht.

Ein zweites Diskussionsfeld eröffnete sich durch den intensiven Einfluß des Dt. und des Frz. auf die russ. Sprachgemeinschaft, insbesondere den Adel. Auf der einen Seite standen westlich orientierte Kreise, die Russ. für intellektuelle Konversation und Literatur insgesamt für untauglich hielten. Auf der anderen Seite standen Gruppen, die möglichst jedes westliche Lehnwort durch russ.-volkssprachliche Wörter ersetzen wollten. Als dritter Faktor trat der Aspekt des Russ. als Symbol für die russ. nationale Identität hinzu, der besonders wirkungsmächtig durch Lomonossow und Vasilij Tatiscew vertreten wurde. Gelöst wurde dieser Gordische Knoten nicht durch sprachplanerische Entscheidungen oder Kodifizierungen, sondern durch die Praxis der Literatursprache der großen russ. Klassiker im 19. Jh.: Puschkin, Lermontow, Turgenew, Dostojevski und schließlich Tolstoi, die die Sprache des Volkes literaturfähig machten, aber zugleich eine westliche Orientierung zeigten. Hinzu kommen für den Bereich der staatlichen Verwaltung Entwicklungen, die schon früher in der Moskauer Geschäftssprache eingesetzt hatten und die ebenfalls Ansatzpunkt für eine Ausbildung der standardsprachlichen Norm des Russ. bildeten. Bei diesen Überlegungen zur Strukturplanung des russ. Standards ist zu bedenken, daß bis zum Ende des 19. Jhs. nur die sehr kleine Gruppe der alphabetisierten adligen und städtischen Bevölkerung Träger dieser Entwicklung war. Fast 90% der Russen waren bis weit in das 20. Jh. hinein Analphabeten. Erst mit den Alphabetisierungskampagnen seit 1918 und der Einführung der allgemeinen Schulpflicht 1930 setzt eine allgemeine Verbreitung der russ. Stv. ein, die zu diesem Zeitpunkt schon über feste Normen bis in die Aussprache hinein verfügte. Dieses Faktum hat zusammen mit der Rigorosität, mit der die Standardisierung durchgeführt worden ist, dazu geführt, daß heute die russ. Stv. überall im russ. Staatsgebiet weitestgehend verwendet wird. Damit hängt wohl auch die weitgehende Zurückdrängung der Dialekte in Rußland zusammen.

6.8. Dänemark

Die Herausbildung einer Stv. im dän. Sprachraum setzt ein mit dem Buchdruck und der Reformation (vgl. zum folgenden Loman 1988, 209—215). Der Buchdrucker Christier Pedersen errichtete 1533 eine eigene Druckerei, in der er systematisch nach einer von ihm schon in den 20er Jahren entwickelten Orthographie reformatorische Texte druckte. Diese Orthographie wurde dann, wie es den Anschein hat, ohne Diskussion auch für die erste dän. Bibelübersetzung Christians III. von 1550 übernommen. Damit wurde eine Leitnorm zumindest für die Orthographie geschaffen, die trotz vieler Reformen und Differenzierungen im Grunde bis heute erhalten geblieben ist. Die Verdrängung des Lat. als Schriftsprache hatte schon vorher begonnen und erfaßte zuerst das Rechtswesen und den reformierten kirchlichen Bereich sowie die private Schriftlichkeit, die jedoch regional geprägt blieb. Schulen und Universitäten waren die letzten Lateinbastionen. Daneben spielte in der dän. Sprachgemeinschaft von alters her das Dt. eine gewichtige Rolle, bis zum 16. Jh. das Mnd. und dann insbesondere im 17. Jh. und 18. Jh. das Hd., das den Adel, die Königsfamilie und den Hof, aber auch die kaufmännischen Zentren beherrschte und erst im Zusammenhang mit der Struensee-Affaire 1772 und den dadurch ausgelösten nationalen Emotionen entscheidend zurückgedrängt wurde. Doch setzt die wissenschaftliche Diskussion um eine einheitliche dän. Schriftsprache schon 100 Jahre früher ein, anfangs getragen durch eine Gruppe von Wissenschaftlern und gebildeten Laien, unter denen sich einige seeländische Pfarrer besonders hervortaten. Ansatzpunkt für diese dän. *questione-della-lingua*-Debatte sind die von der frz. Aufklärung ausgehenden Vorstellungen von der Zweckmäßigkeit einer einheitlichen Sprache, die politische Schwäche des Deutschen Reiches und die politische Aufwertung Dänemarks, aber auch schon historische Argumente des besonderen Alters des Dän. und seiner germ. Wurzeln. Die in diesem Zusammenhang entstandene erste dän. Grammatik von Erik Pontoppidan und die grammatischen und orthographischen Schrif-

ten sowie die ersten Wortschatzsammlungen von Jens Høysgaards waren jedoch stark historisch-etymologisierenden Prinzipien verpflichtet. Daneben verfestigte sich nach und nach ein Schreib- und Sprachgebrauch der gesellschaftlichen Oberschicht Kopenhagens, die enge Verbindung zum Königshof und zu den Verwaltungszentren hatte. Die 1742 nach frz. Vorbild gegründete Videnskabernes Selskap begann 1775 mit der Arbeit an einem dän. Wörterbuch, dessen erster Band 1793 und dessen letzter, 13. Band, 1905 erschien. Wichtiger für die Sprachnormierungsarbeit waren das 1828 bis 1833 herausgegebene zweibändige Wörterbuch des Dän. von C. Molbech und die Grammatik von Jakob Baden aus dem Jahre 1785, in der die historisch-etymologisierende Haltung zugunsten der Normierung des gegenwärtigen Sprachgebrauchs zurückgenommen wurde. Baden konnte dabei auf einen modernisierten dän. Prosastil zurückgreifen, den die literarischen Schriften der Zeit unter dem Einfluß der frz. und engl. Aufklärung geprägt hatten. Wir können also davon ausgehen, daß in Dänemark — ähnlich wie in Deutschland — um 1800 eine relativ fest standardsprachliche Norm installiert war, deren Trägerschicht sich jedoch auf den Hof, die Verwaltung und die gebildeten bürgerlichen Kreise insbesondere der Hauptstadt beschränkte. Das 19./20. Jh. ist der Popularisierung und der Pädagogisierung dieser Norm erst auf schriftlicher und dann auch auf mündlicher Ebene vorbehalten, wobei die zwischen 1845 und 1890 in 21. Auflage erschienene „Kortfattet dansk Sproglaere" von Bojensen eine wichtige Rolle spielte. Die Schulpflicht wird 1814 eingeführt, kann aber erst 1850 auch auf dem Lande durchgesetzt werden. Trotzdem verfügen wegen der agrarischen Struktur des Landes zu Beginn des 20. Jhs. erst etwa 20 Prozent der Bevölkerung über die schriftliche Stv. Erst durch die im 20. Jh. sich auswirkende Umstrukturierung im agrarischen Bereich werden größere Kreise auch der ländlichen Bevölkerung von der Stv. erfaßt.

6.9. Schweden

Wie in Dänemark, so nimmt auch in Schweden (zum folgenden vgl. Loman 1988, 215—223) die Entwicklung der Stv. ihren Ausgangspunkt in der Reformation und der volkssprachlichen Bibelübersetzung von Gustav Vasa (1541). Lange Zeit konkurriert die volkssprachige Schriftsprache innerhalb der kleinen Gruppe der Alphabetisierten mit dem

Lat. in Schule und Wissenschaft und dem Frz. in den oberen Gesellschaftsschichten. Die Sprache der Vasa-Bibel und der sich an ihr orientierenden kirchlichen und administrativen Schriften war schon zu ihrer Entstehungszeit traditionalistisch geprägt, und sie folgte der Schreibsprache der alten schwed. Klosterschulen, namentlich des Klosters Vadstena. Trotzdem war diese Schriftsprachennorm bis ins 18. Jh. hinein verbindliches Vorbild für die Kanzleien und die Druckereien, und sie wurde durch ein staatlich-kirchliches Zensursystem gesichert, das erst 1766 durch die Druckfreiheitsverordnung aufgehoben wurde. Zaghafte Reformdiskussionen setzten schon im 17. Jh. ein, wobei es in erster Linie um eine eher etymologische oder eher phonetische und ususbedingte Basis für die Rechtschreibung ging. Die Bibelrevision Karls XII. von 1703 brachte denn auch grundlegendere Reformen nur im Bereich der Orthographie. Relativ unabhängig von diesen Entwicklungen rückte im 18. Jh., dem frz. Konzept des *bon usage* folgend, der Schriftsprachegebrauch der Gebildeten im Umkreis der Hauptstadt und des Hofes in den Mittelpunkt. 1769 wird er zur Grundlage der schwed. Grammatik von Abraham Sahlstedt gemacht, die von der 1741 gegründeten Wissenschaftsakademie von Stockholm gedruckt wurde. Im Auftrage dieser Akademie bearbeitete Sahlstedt dann auch noch das „Swensk ordbok" (1773), das über mehrere Generationen weite Verbreitung fand. Staatliche Institutionen ergriffen dann in diesem Prozeß seit der Gründung der Schwedischen Akademie der Wissenschaften durch Gustav III. (1786) die Initiative, deren wichtigste Aufgabe die Entwicklung und Kodifizierung sowie die Pflege der schwed. Stv. war und ist. Im gesamten 19. und im beginnenden 20. Jh. dominierte in Schweden die Auseinandersetzung um eine kodifizierte Rechtschreibung. Ähnlich wie bei der zeitlich parallel laufenden Rechtschreibdiskussion im Dt. lassen sich hier drei Positionen unterscheiden: die historisch-etymologisch argumentierenden Reformer, eine eher radikale Gruppe um Adolf Noreen, die lautliche Prinzipien in den Vordergrund rückte, und eine gemäßigte Gruppe, die zwar Reformierungsbedarf sah, deren Ziel jedoch in erster Linie eine einheitliche Lösung war, die allgemein durchzusetzen war. Führender Vertreter dieser Richtung war der Sprachwissenschaftler Esaias Tegner. Die erste gemäßigte Kodifizierung der schwed. Rechtschreibung mit offiziellem Charakter

erfolgte 1889 in der 1. Aufl. des SAOL, des schwed. Dudens. Nach Einwänden der Schwedischen Volksschullehrervereinigung im Jahre 1903, die in einigen Fällen weitergehende Reformen verlangte, wurde die Rechtschreibnorm 1906 einer ersten Reform unterzogen, die sich dann 1914/1916 offiziell durchsetzte. Wenig ist bisher über die Statusentwicklung der schwed. Stv. bekannt. Doch setzt die systematische Pädagogisierung schon wesentlich früher als in vielen anderen Sprachgemeinschaften ein. Schon 1807 wird die Muttersprache in den schwed. Elementarschulen ein anerkanntes Schulfach mit festem Kursplan.

6.10. Norwegen

Norwegen (vgl. dazu Loman 1988, 224−231) unterscheidet sich von den meisten anderen europ. Staaten durch seine besondere historische Entwicklung in der Zeit, in der andere Staaten Stv. ausbilden. Im Laufe des 13. Jhs. verlor das Land seinen Status als selbständiger Staat. Die bis dahin angelaufenen Entwicklungen einer anord. Gemeinsprache werden unterbrochen. Nach einer Phase starken mnd. Einflusses durch die Hanse gerät Norwegen in wechselnde Abhängigkeitsverhältnisse zu Schweden und Dänemark. Besonders prägend für die Sprachentwicklung ist die Bindung an Dänemark als Vasallenstaat (1537), die dann ab 1660 in eine weitgehende Dänisierung der Verwaltung überführt wird. Von 1814 bis 1905 bildet Norwegen dann eine Union mit Schweden, und erst seit dem Beginn des 20. Jhs. ist ein historisch-politischer Rahmen für eine eigenständige Standardsprachenentwicklung gegeben. Bis 1814 ist die in Norwegen verbreitete Schriftsprache eine nationale Variante der dän. Schriftsprache, deren Standardisierungsprozesse sie auch widerspiegelt. Nach der Verbindung mit Schweden 1814 zeigen sich in der Schriftsprache sogar deutliche Dänisierungstendenzen, die wohl eine Abwehr gegen den schwed. Einfluß darstellen. Die gebildete Sprechsprache war ebenfalls an der dän. Schriftsprache orientiert, jedoch mit einer deutlichen norw. Ausspracheprägung. Von dieser Entwicklung waren jedoch allenfalls 10% der Norweger betroffen, die alphabetisierten und gebildeten Schichten insbesondere im Südosten Norwegens. 90% der Bevölkerung waren Dialektsprecher und hatten keinen Zugang zur Schriftsprache. Allenfalls in den größeren Städten hatten sich schon früh unter dem Einfluß der dän.-norw. Sprechsprache Übergangsformen gebildet. Um die Wende zum 19. Jh. beginnt die Diskussion um eine eigenständige norw. Stv., wobei sowohl die romantische Rückbesinnung auf die Geschichte und frühere Sprache Norwegens als auch der sich langsam durchsetzende nationalpolitische Gedanke Auslöser sind. Der aus Südnorwegen stammende Dichter Henrik Wergeland (1808–1845) plädierte dafür, daß der norw. Nationalbildungsprozeß auch seinen sprachlichen Ausdruck finden muß. Dafür bietet sich die große anord. Tradition an. Seine Vorstellungen von einer allmählichen Norwegisierung der dän. Schrift- und Literatursprache wurden aufgegriffen und systematisiert durch Knud Knudsen. Dieser gibt 1856 ein Handbuch zur dän.-norw. Sprachlehre heraus, in dem er das Dän.-Norw. als eine eigenständige Sprache beschreibt. Parallel dazu wurde von Ivar Aasen aus dem Vestland der Versuch unternommen, eine eigenständigere norw. Schriftsprache auf der Grundlage der Dialekte und insbesondere der sehr traditionellen Dialekte Westnorwegens zu bilden, die anfangs *landsmål*, später dann *nynorsk* genannt wurden. Aufgrund intensiver Dialektforschungen gab Aasen 1848 eine Grammatik und 1850 ein Wörterbuch dieser Schriftsprache heraus, die eine altertümliche, an anord. Formen orientierte Prägung hatte. Wir haben es hier mit einem klassischen *questione-della-lingua*-Diskurs zu tun, in dem seit der Mitte des 19. Jhs. um die regionalen und historischen Grundlagen und um die stilistische Prägung einer einheitlichen Stv. gerungen wird. Seit dem Beginn des 20. Jhs. erfährt dieser Disput eine Politisierung, als die radikale Partei Venstre mit der Mehrheit im Parlament versuchte, das *landsmål* als Stv. durchzusetzen. In einer vielbeachteten Rede trat damals der berühmte norw. Dichter Bjørnstjerne Bjørnson für die traditionelle, am Dän. orientierte Schriftsprache des Landes ein, die er Norwegens eigentliche Reichssprache nannte.

1933 machte die regierende Arbeiterpartei die Arbeit an einer gesamtnorw. Schriftsprache auf der Grundlage der Volkssprache zu einem Programmpunkt ihres Kulturprogramms, was zu kühnen Sprachexperimenten und insbesondere zu einer Verunsicherung der muttersprachlichen Ausbildung führte. Der Konflikt zwischen dem *nynorsk* und dem *bokmål*, wie seit 1929 das *rikmål* genannt wird, wirkt bis in die unmittelbare Gegenwart, wobei man offiziell von der Existenz zweier nationaler Varianten ausgeht, die mit-

einander koexistieren. Dabei ist 1960 *nynorsk* etwa bei 20 Prozent der norw. Bevölkerung verbreitet, während *bokmål* seine Stellung in der Öffentlichkeit und im kulturellen Leben immer weiter festigt.

7. Allgemeine Strukturen der Standardisierung europäischer Sprachen

Eine verallgemeinernde Skizze der Entwicklung von Stv. in Europa ist bei dem gegenwärtigen Forschungsstand der einzelsprachlichen Standardisierungsprozesse, wie das vorige Kapitel gezeigt hat, nur in ersten Ansätzen möglich, insbesondere deshalb, weil das Schwergewicht der bisherigen sprachhistorischen Forschungen im Bereich der Strukturentwicklung und -planung des Standards ansetzt und den soziolinguistischen Status sowie die Attitüdenstruktur eher zufällig thematisiert. Hier soll, auch mit Blick auf allgemein theoretische Überlegungen zur soziolinguistischen Normentheorie und zur Sprachwandeltheorie (vgl. Abschnitt 5.), von drei Phasen der Standardentwicklung ausgegangen werden, die jedoch im Einzelfall auch teilweise zusammenfallen können: erstens die Selektionsphase, zweitens die Kodifikationsphase und drittens die Demotisierungsphase (vgl. dazu auch Joseph, 1987).

7.1. Den Anfangspunkt jeder Standardsprachenentwicklung bildet die Auswahl einer autochthonen Varietät aus einem Spektrum von Varietäten und Sprachstilen. Vor dem Einsetzen dieses Prozesses gab es in Europa mit dem Lat. bzw. dem Kslaw. usw. überall autochthone Sprachen, die partiell die Funktionen einer schriftlichen Stv. übernommen hatten. Und die Selektion einer autochthonen Varietät ist daher zugleich auch ein Emanzipationsprozeß von der traditionellen, aber eben nicht eigenständigen Stv. Ein solcher Selektionsprozeß ist dann abgeschlossen, wenn eine der Varietäten auch von Vertretern der anderen in der Sprachgemeinschaft vorhandenen Varietäten als die angemessene Varietät für überregionale normgemäße Kommunikation angesehen wird. So gut wie nirgends ist dieser Prozeß in Europa konfliktlos angelaufen. Die dialektale Grundlage war dabei ebenso umstritten wie das Ausmaß der Bindung an historisch-etymologischen Vorformen oder die führenden Eliten der Gesellschaft. Riccardo Picchio hat (1978) darauf

hingewiesen, daß derartige Sprachkonflikt-
phasen in fast allen europ. Standardsprachenentwicklungen festgestellt werden können und daß sich hier offensichtlich eine
wichtige strukturelle Gemeinsamkeit zeigt.
Wie die Gewichte der an diesen Konflikten
beteiligten Norminstanzen in einer bestimmten soziohistorischen Konstellation verteilt
sind, kann jeweils nur die einzelphilologische
Forschung klären. So wirkt sich etwa, was die
regionale und soziale Selektion innerhalb der
frz. Sprachgeschichte angeht, schon sehr früh
die starke Position des Königs und des schon
seit dem hohen Mittelalter an einen bestimmten Raum gebundenen Hofes aus. Und auch
als es um die stilistische Ausgestaltung des
Standards geht, setzt sich die Hofgesellschaft
gegen das Parlament durch. Von allgemeinem, die Einzelsprache übergreifendem
Interesse sind Fragen danach, welche Institutionen denn überhaupt im Rahmen eines
solchen *questione-della-lingua*-Diskurses aus
welchen Motivationen heraus Interesse an
der Ausbildung einer Stv. in einer bestimmten
Form haben. Hier wird die enge Verzahnung
derartiger soziolinguistischer Analysen mit
der jeweiligen Sozialgeschichte erkennbar.

7.2. Sobald der Selektionsprozeß einen gewissen Abschluß gefunden hat, beginnt in
den meisten Sprachgeschichten der Standardsprachen der Kodifizierungsprozeß. In diese
Entwicklung wirken häufig noch die drei
sprachkritischen Positionen hinein, die auch
schon den Selektionsdiskurs mitbestimmt haben: soll in der kodifizierten Norm eher die
historisch-etymologische Bindung an – oftmals prestigetragenden – Vorformen erkennbar bleiben, soll man sich besonders eng an
der sprechsprachlichen Form der Leitvarietät
orientieren, oder soll die Schriftspracheform
der jeweils führenden Eliten der Gesellschaft
zum Ausdruck kommen. Kodifizierung von
Stv. besteht in europ. Sprachgemeinschaften
in der Regel in einem komplizierten und lang-
dauernden Prozeß, der sich auf den Wortschatz, die Orthographie und die Grammatik
der Varietät konzentriert, wobei der Kodifizierung der Rechtschreibung, insbesondere
im 19. Jh., eine spezielle symbolische Funktion für die Einheitlichkeit der Sprache zukommt. Mit der Gründung der Accademia
della Crusca in Florenz und der Académie
française in Frankreich gab es zwei Modelle
für die Institutionalisierung. Während etwa
in Deutschland und auch in den Niederlanden Sprachkodifizierung innerhalb von Ge-

lehrtengesellschaften bzw. kulturellen Vereinigungen vorangetrieben wurde, steht in Spanien und auch in Schweden das frz. Modell
einer staatlich autorisierten Institution im
Vordergrund.

Bei der Kodifizierung der Stv. steht in der
Forschung bisher eindeutig die Strukturentwicklung des Systems im Vordergrund.
Gleichzeitig durchläuft eine werdende Stv. in
dieser Phase aber noch einen weiteren Prozeß, der eher die Statusentwicklung betrifft:
die diatopische, diastratische und diaphasische Generalisierung innerhalb der Sprachgemeinschaft. In Deutschland hat es etwa bis
zur zweiten Hälfte des 18. Jhs. gedauert, um
die omd.-gottschedische Form des Standards
im ganzen dt. Sprachgebiet durchzusetzen,
und in Norwegen stehen bis heute zwei regionale Varianten der Stv. gegeneinander.

Weiterhin ist der Geltungs- und Verwendungsbereich der Stv. anfangs in der Regel
auf einen sehr kleinen Bereich der Sprachgemeinschaft beschränkt. So beschränkt sich
die Gruppe der aktiven Verwender der ausgebildeten dt. Stv. um 1780/1800 auf einen zahlenmäßig sehr kleinen Kreis von Bildungs-
bürgern, und es bedurfte noch zahlreicher
Popularisierungs- und Pädagogisierungsent-
wicklungen im 19. Jh., um die Stv. allgemein
zu verbreiten (Mattheier 1991). In Ländern
wie Frankreich, Spanien und auch England
hat es den Anschein, daß dieser gesellschaftliche Verallgemeinerungsprozeß überhaupt
nicht zu Ende geführt worden ist. Hier ließ
die Ausweitung der gesellschaftlichen Trägerschicht des Standards eine Spannung zwischen der kodifizierten Norm und der Praxis
des Sprachgebrauchs entstehen, die die Kodifizierungen in Frage stellt. Generalisierungs-
entwicklungen betreffen jedoch nicht nur die
räumliche und gesellschaftliche Verallgemeinerung der Stv. Hinzu kommt auch die Entwicklung der Multifunktionalität des Standards. Stv. sind in der Anfangsphase ihrer
Ausformung meist diaphasisch sehr begrenzt
verwendbar: die ital. Stv. als Sprache der
schönen Literatur, die frz. als Sprache der
Verwaltung und des Hofes. Im Laufe der Zeit
weiten sie ihr Verwendungsspektrum auf
alle Kommunikationssituationen aus. Dabei
ist der Übergang von schriftsprachigen zu
sprechsprachigen Verwendungsweisen für eine
Sprachgeschichte immer von besonderer Bedeutung. Am Ende dieser Statusentwicklung
einer Stv. steht idealiter eine Sprachform, die
in allen soziokommunikativen Konstellationen verwendet werden kann und die von al-

len Mitgliedern der Sprachgemeinschaft beherrscht wird. Diesen Punkt hat innerhalb von Europa wohl noch keine Stv. erreicht.

7.3. Im vorhergehenden Abschnitt war schon die Rede davon, daß sich im Rahmen der diastratischen und diatopischen Verallgemeinerung der kodifizierten Norm innerhalb der Sprachgeschichten europ. Standardsprachen insbesondere seit dem Ende des 19. Jhs. Spannungen zeigen, die die Gültigkeit und auch die Legitimation der Stv. teilweise in Frage stellen. Man könnte diese Entwicklung, in der sich Ansätze zu einer Destandardisierung (Mattheier 1997) bzw. eine Reform der Erstkodifizierung zeigen, als Demotisierungsphase bezeichnen. Die Kodifizierung des Standards war nahezu überall in Europa eine Angelegenheit der intellektuellen Eliten, die dabei von den Machteliten der Zeit unterstützt wurden. Das prägte naturgemäß auch die Kodifizierung selbst. Wenn etwa im Rahmen einer Kodifizierung die historisch-etymologische Komponente stark in den Vordergrund rückt, dann haben all diejenigen Gesellschaftskreise, die aufgrund ihrer beschränkten schulischen Ausbildung keinen Zugang zu dieser Ebene der Sprache haben, besondere Schwierigkeiten mit der kodifizierten Norm. Auch eine stark literatursprachlich fundierte Norm, wie die ital., wird nur schwer − oder überhaupt nicht − von den gesellschaftlichen Kreisen erfaßt, die der bildungsbürgerlichen Literatur Italiens fernstehen. Versuche einer direkten Fundierung der Stv. auf der Sprache des „Volkes", wie sie in Norwegen und in Italien unternommen worden sind, haben bisher keinen Erfolg gehabt. Andererseits bieten ein allzu starres Festhalten an der kodifizierten Norm, wie es etwa für Frankreich charakteristisch ist, und eine Beschwörung des drohenden Sprachverfalls auch keine Lösung. In der engl. Entwicklung zeigt sich noch am ehesten ein gangbarer Weg. Hier hat sich die noch in den 30er Jahren unangefochtene Sprachnorm unter dem Einfluß der gesellschaftlichen Entwicklung, also etwa der Ausbildung neuer Eliten mit anderem Bildungshintergrund oder auch der Dezentralisierung der Eliten, ausgeweitet und für neue Formen, etwa für die regional geprägte Aussprache, geöffnet. Wir haben es also hier wie in anderen europ. Ländern mit Destandardisierungsentwicklungen zu tun, die sicherlich in vielen Fällen zu einer Reform der Sprachkodifizierung führen werden.

8. Literatur (in Auswahl)

Ammon, Ulrich, Explikation der Begriffe „Standardvarietät" und „Standardsprache" auf normentheoretischer Grundlage. In: Sprachlicher Substandard. Hrsg. v. Günter Holthus/Edgar Radtke. Tübingen 1986, 1−63.

Bartsch, Renate, Sprachnormen: Theorie und Praxis. Tübingen 1985.

Benkö, Lorand, Sprachliche Standardisierungsprozesse im Ungarischen. In: Sociolinguistica 6, 1992, 84−99.

Besch, Werner, Dialekt, Schreibdialekt, Schriftsprache, Standardsprache. Exemplarische Skizze ihrer historischen Ausprägungen im Deutschen. In: Dialektologie. Hrsg. v. Werner Besch [u. a.]. Berlin/New York 1983, 961−990. (HSK 1.2).

Fodor, István, Claude Hagège (Hrsg.), Language Reform. History and Future. 6 Bde. Hamburg 1993.

Gloy, Klaus, Sprachnormen I. Linguistische und soziolinguistische Analysen. Stuttgart 1975.

Ders., Sprachnorm. In: LGL 1980, 363−368.

Ders., Sprachnormierung und Sprachkritik in ihrer gesellschaftlichen Verflechtung. In: Sprachgeschichte. Hrsg. v. Werner Besch/Oskar Reichmann/Stefan Sonderegger. Berlin/New York 1984, 281−289. (HSK 2.1).

Goldblatt, Harvey, The language question and the emergence of slavic national languages. In: The emergence of national languages. Hrsg. v. Aldo Scaglione. Ravenna 1984, 119−173.

Görlach, Manfred, Sprachliche Standardisierungsprozesse im englischsprachigen Bereich. In: Sociolinguistica 2, 1988, 131−185.

Gossen, C., Die Einheit der französischen Schriftsprache im 15. und 16. Jh. In: ZRPh 73, 1957, 427−459.

Guchmann, Mirra, Literatursprache. In: Allgemeine Sprachwissenschaft. Hrsg. v. B. A. Serebrennikow. Bd. 1. München/Salzburg 1973.

Haarmann, Harald, Allgemeine Strukturen europäischer Standardsprachenentwicklung. In: Sociolinguistica 2, 1988, 10−51.

Joseph, John Earl, Emergence and Power. The Rise of Language Standards and Standard Languages. London 1987.

Kleiber, Wolfgang, Historische Dialektologie unter besonderer Berücksichtigung der historischen Dialektographie. In: Dialektologie des Deutschen. Forschungsstand und Entwicklungstendenzen. Hrsg. v. Klaus J. Mattheier/Peter Wiesinger. Tübingen 1994, 259−322.

Kloss, Heinz, Grundfragen der Ethnopolitik im 20. Jh. Die Sprachgemeinschaften zwischen Recht und Gewalt. Wien/Stuttgart 1969. (Ethnos 7).

Ders., Abstandssprachen und Ausbausprachen. In: Zur Theorie des Dialekts. Hrsg. v. Joachim Göschel [u. a.]. Wiesbaden 1976, 301−322.

Loman, Bengt, Sprachliche Standardisierungsprozesse in Skandinavien. In: Sociolinguistica 2, 1988, 209−231.

Ludolf, Heinrich Wilhelm, Grammatica Russica. Oxford 1696. [Neudr. Oxford 1959].

Mattheier, Klaus J., Wege und Umwege zur neuhochdeutschen Schriftsprache. In: ZGL 9, 1980, 274−307.

Ders., Standardsprache als Sozialsymbol. Über kommunikative Folgen gesellschaftlichen Wandels. In: Das 19. Jh. Sprachgeschichtliche Wurzeln des heutigen Deutsch. Hrsg. v. Rainer Wimmer. Berlin/New York 1991, 41−72. (JIdS 1990).

Ders., Sprachgeschichte des Deutschen: Desiderata und Perspektiven. In: Sprachgeschichte des Neuhochdeutschen. Hrsg. v. Andreas Gardt/Klaus J. Mattheier/Oskar Reichmann. Tübingen 1994, 1−18. (RGL 156).

Ders., Über Destandardisierung, Umstandardisierung und Standardisierung in modernen europäischen Standardsprachen. In: Klaus J. Mattheier/Edgar Radtke (Hrsg.), Destandardisierung europäischer Nationalsprachen. Frankfurt 1997 I−II. (Variolingua 1).

Müller, Bodo, Le français d'aujourd'hui. Paris 1985.

Nebrija, A. de, Gramática castellana. Salamanca 1492. [Neudruck P. Galindo Romeo/L. Ortiz Muñoz. Madrid 1946].

Panzer, Baldur, Zur Geschichte der russischen Standardsprache. Identität, Kontinuität, Entwicklung. In: Sociolinguistica 6, 1992, 1−10.

Pfister, M., Die sprachliche Bedeutung von Paris und der Ile-de-France vor dem 13. Jh. In: VRom 32, 1973, 217−253.

Picchio, Riccardo, Introducion à une étude comparée de la question de la langue chez les Slaves. In: R. Piccio, Études littéraires slavo-romane. Florenz 1978, 159−196. (Studia Historica et Philologica Nr. 6).

Von Polenz, Peter, Deutsche Sprachgeschichte vom Spätmittelalter bis zur Gegenwart. Bd. 2: 17. und 18. Jh. Berlin/New York 1994.

Reichmann, Oskar, Deutsche Nationalsprache. Eine kritische Darstellung. In: GL 2−5, 1978, 389−423.

Schmitt, Christian, Typen der Ausbildung und Durchsetzung von Nationalsprachen in der Romania. In: Sociolinguistica 2, 1988, 73−116.

Schulze, Hagen, Staat und Nation in der europäischen Geschichte. München 1994.

Stewart, William A., An outline of linguistic typology for describing multilingualismus. In: Study of the role of second languages in Asia, Africa and Latin America. Hrsg. v. F. E. Rice. Washington 1982, 15−25.

Wehler, Hans-Ulrich, Modernisierungstheorie und Geschichte. Göttingen 1975.

Klaus J. Mattheier, Heidelberg

67. Französisch als dominante Sprache Europas

1. Frankreichs Kultur im Spiegel der deutschen Sprache
2. Kultur und Sprache
3. Französische Kultur und Sprache als Schöpfung
4. Französische Kultur und Sprache als Entwicklung
5. Universalität und Weltgeltung französischer Kultur und Sprache
6. Frankophonie
7. Literatur (in Auswahl)

1. Frankreichs Kultur im Spiegel der deutschen Sprache

„Gehen wir den *Einflüssen* nach, die im 11./12. Jh. von *außen* her auf die dt. Sprachgemeinschaft einwirkten, so ist neben dem in allen Zeiten unserer Sprachgeschichte wirksamen Latein vor allem auf die *Bedeutung des Französischen* hinzuweisen" (Bach 1970, 191). Diese Bedeutung, die in Gestalt von Entlehnungen in der ritterlichen Fachsprache und in der Sondersprache der höfischen Welt ihren gut dokumentierten Niederschlag findet (vgl. Bach 1970, 191ff.; Brunot 1966−85, 1, 400ff.; Eggers 1963−77, 2, 129ff.; Lüdtke 1984, 872ff.; Moser 1969, 126f.; von Polenz 1978, 53f.; Schildt 1984, 90f.; Tschirch 1971−75, 59ff.), ist Ausdruck der führenden Rolle des frz. Rittertums und der in seinem Umfeld seit der Mitte des 12. Jhs. entstandenen 'höfischen Kultur' (vgl. Bumke 1986, 83ff.). Der in der Folgezeit, vor allem während des 15. Jhs., in seiner Dynamik geminderte, aber nicht verebbende frz. Spracheinfluß erstarkt in der zweiten Hälfte des 16. Jhs. und erreicht im 17. Jh., im Gefolge des sog. Alamodewesens, der „Ausrichtung des modisch-gesellschaftlichen Lebens nach dem französischen Vorbild" (Bach 1970, 311), einen zweiten Höhepunkt.

„Das Französische ist um die Wende des 17. und 18. Jh. nicht nur Diplomatensprache, Verhandlungssprache gelehrter Körperschaften, Sprache des gesellschaftlichen Umgangs; immer verbreiteter wird die Gewohnheit, daß selbst im Bürgertum die Kinder von frühester Jugend an dazu angehalten werden, mit ihren Eltern und untereinander französisch zu sprechen, während die Muttersprache auf den Verkehr mit dem Gesinde beschränkt wird" (von Polenz 1978, 107).

Eine abermalige Steigerung erfährt der Einfluß des Frz. in der ersten Hälfte des 18. Jhs., um − ähnlich wie das Ital. der Renaissance − den absoluten Höhepunkt zu erreichen (vgl. Réau 1971). Friedrich II. als Zeitzeuge führt dieses Faktum auf das unterschiedliche Niveau von dt. und frz. Gelehrsamkeit zurück:

„La plupart des savans allemands étoient des manœvres, les françois des artistes. Cela fut cause que les ouvrages françois se répandirent si universellement, que leur langue remplaça celle des Latins, & qu'à présent quiconque sait le françois, peut voyager par toute l'Europe sans avoir besoin d'un interprète" (Friedrich II. 1746, 97f.; vgl. Brunot 1966−85, 8, 1, 561).

Ein ital. Zeitgenosse widmet diesem Befund − noch vor der berühmten Diskussion über die Universalität des Frz. der Berliner Akademie der Wissenschaften − eine Monographie: Paris, le modèle des nations étrangères, ou l'Europe françoise (Caraccioli 1777; vgl. Réau 1971, 9ff.).

2. Kultur und Sprache

Der Umfang des frz. Elements im dt. Wortgut − fast 350 Fremdwörter, Ableitungen und Zusammensetzungen mit frz. Bestandteilen im 12. Jh., rund 700 im 13. Jh. und insgesamt etwa 2000 im 14. Jh. (Bach 1970, 194f.) − kann als Indiz für den Grad der Wirkungsmächtigkeit einer Kultur gewertet werden, die unter Ludwig VII. (1137−1180) und Philipp-August (1180−1223) ihre erste Ausprägung erfährt (Vossler 1929, 3). Im Spiegel anderer Sprachen − so läßt sich ganz allgemein folgern − wird die Strahlkraft einer Kultur augenfällig. Zeugen von Sprachkontakt sind nicht zuletzt Zeugnisse kulturellen Kontakts, dessen Modalitäten unterschiedlicher Natur sind: zum einen die unmittelbare Erfahrung in der direkten Begegnung mit dem 'Fremden', zum anderen die mittelbare Beeinflussung im Umgang mit 'ver-

schrifteter Kultur'. Es sind Umfang und Ausprägung der letzteren, die die 'Morphologie' einer 'Kultursprache' bestimmen.

Kultursprachen sind − entstehungsmäßig betrachtet − Sprachen des 'historischen Menschen' und somit *historische Sprachen*.

„Das bedeutet einmal: es gibt kein geschichtliches Ereignis und keine politische Institution, die nicht auch durch den Geist der dabei verwendeten Sprache mitbestimmt worden wären und die nicht ihrerseits auf Geist und Form dieser Sprache eingewirkt hätten. [...] Das bedeutet aber weiterhin: die Weltgeschichte ist von dem Vorhandensein der *Schrift als des eigentlichen historischen Mittels der Verständigung* in einem Grade beherrscht, dessen sich die Forschung noch kaum bewußt ist" (Spengler 1981, 741f.).

Funktionsmäßig wären Kultursprachen − auch in historischer Sicht − als 'optimale' Sprachen einzustufen. Mit ihrer Hilfe kann prinzipiell alles, was als relevant und belangvoll erachtet wird, zum 'Ausdruck' gebracht werden. Sinnliches und Geistiges, Konkretes und Abstraktes. Kultursprachen sind das Korrelat einer Kultur und die Triebfeder kultureller Entwicklung; es sind Instrumente *universeller Versprachlichung* (vgl. Baum 1987, 103ff. und 150ff.).

3. Französische Kultur und Sprache als Schöpfung

3.1. De la clergie la some

„C'est sous Louis IX [...] que le français progresse de façon décisive" (Le Goff 1996, 515). Die Erklärung hierfür liefert die Tatsache, daß Frankreich zu dieser Zeit auf dem Wege der Nation, deren Konstituierung und Konsolidierung durch eine 'eigene' Sprache wesentlich befördert wird, bereits weit fortgeschritten ist. Die in diesem Rahmen entstehende Kultur, die auf dem Zusammenwirken von Königtum und Kirche beruht und deren Entfaltung mit der Niederlassung der Kapetinger in Paris, dem „idealen Mittelpunkt" Frankreichs im Mittelalter (Olschki 1913 a; vgl. Olschki 1913 b) beginnt, begünstigt andererseits die Ausbildung einer am Leitbild der provenzalischen Koine orientierten Sprache (vgl. Nyrop 1979, 1, 22ff., u. Brunot 1966−85, 1, 328ff., „Progrès du francien"). Im Bereiche der Kultur − nicht zuletzt durch die Förderung der 'Pariser Schulen' und der aus ihnen hervorgehenden 'Universitas magistrorum et scholarium Parisiis studentium' (Garin 1964, 16ff.) − setzt Frankreich neue

Maßstäbe: „Dans tout l'Occident chrétien et féodal, son prestige est immense. Non contente de participer à l'élaboration d'une pensée neuve, qui devait s'épanouir en de monumentales synthèses, elle est à l'avant-garde dans le domaine des arts et des lettres" (Le Gentil 1963, 194). Den Grund für die vorausgehende kulturelle Entwicklung aber legte Karl der Große mit seiner Studienreform:

„Die lateinische Bildung und Dichtung geht voraus, die französische folgt. Das Latein hat dem Französischen die Zunge gelöst. Weil Frankreich der Träger des *studium* war; weil die *artes*, Grammatik und Rhetorik an der Spitze, dort ihr Hauptquartier hatten − deshalb sproßt dort zuerst der Flor der volkssprachlichen Poesie" (Curtius 1954, 387f.; vgl. Krämer 1996, 113ff.).

Die volkssprachlichen Dichter betrachten sich − wie die Protagonisten der zeitgenössischen lat. Renaissance (vgl. Paré/Brunet/Tremblay 1933 u. Micha 1964, 189f.) − selbstbewußt als *moderni* und damit als Mittler zwischen der alten und der neuen Zeit. Chrétien de Troyes bringt dies zu Beginn seines um 1176 entstandenen Romans *Cligés* zum Ausdruck (vgl. Curtius 1954, 388f.):

„Par les livres que nos avons / Les fez des ancïens savons / Et del siegle qui fu jadis. / Ce nos ont nostre livre apris / Qu'an Grece ot de chevalerie / Le premier los et de clergie. / Puis vint chevalerie a Rome / Et de la clergie la some, / Qui or est an France venue […]" [Durch die Bücher, die wir besitzen, kennen wir die Taten der Alten und die Welt, so wie sie einstens war. Unsere Bücher haben uns auch gelehrt, daß Griechenland den ersten Ruhm des Rittertums und der Gelehrsamkeit erlangte. Dann kam das Rittertum nach Rom und mit ihm die Blüte der Gelehrsamkeit, die jetzt ihren Sitz in Frankreich hat …].

Mit zu veranschlagen wäre in diesem Zusammenhang der 'Umfang' der Gelehrsamkeit, der in „de la clergie la some" anklingt. Das Schrifttum in der Volkssprache, das den Primat des Frz. besiegeln sollte, zeichnet sich im Panorama der volkssprachlichen Literaturen der Epoche durch einen ungewöhnlichen Reichtum − durch imposante Breite und thematische Vielfalt − aus (vgl. Micha 1964 u. Bossuat/Pichard/Raynaud de Lage 1992). Neben die Dichtung, die mit einer Epik, Lyrik und Dramatik 'neuen Stils' Maßstäbe setzt, tritt eine richtungweisende wissenschaftliche Literatur in Vers und in Prosa.

„Lorsqu'on considère la littérature en langue vulgaire, on ne peut manquer d'être frappé par un goût croissant de l'exactitude, indice d'un esprit critique qui finira par transformer non seulement la langue et la littérature françaises mais aussi la civilisation tout entière" (Mario Roques, zit. nach Schon 1960, 25).

3.2. La lengue franceise cort parmi le monde

Noch ehe im Zeitalter der Kreuzzüge das frz. Rittertum zur Verbreitung seiner Sprache in den Kreuzfahrerstaaten beiträgt, gelangen romanische Kultur und frz. Sprache durch die Normannen nach England, nach Unteritalien und nach Sizilien. Aus Kreuzzugsgeist und Romidee erwächst „jener Glaube an die französische Mission, der in dem späten Kulturbewußtsein seine organische Fortsetzung findet". Im Bereiche der europ. Kultur gilt Frankreich unbestritten als Vorbild. „Es fühlt sich selbst als 'la terre majeure', das große führende Land" (Rohlfs 1949, 112), und zwar zu Recht, denn auch seine Sprache steht im Zeichen der Universalität.

Wo immer Sinn für Poesie und Bildung sich regt, begegnet das Frz.: in der gebildeten Gesellschaft Südenglands, der Niederlande und Italiens ebenso wie in den höfischen Kreisen Siziliens und Portugals, Griechenlands und Konstantinopels (Brunot 1966−85, 1, 376ff.; vgl. Nyrop 1979, 1, 31ff.; Rohlfs 1949, 111ff.). Im dt. Sprachraum besitzt es, wie Art und Ausmaß der Entlehnungen bezeugen, ebenfalls den Rang einer 'Gemeinsprache'. Kunde davon gibt auch Adenet le Roi in seinem Versroman *Berte aus grans piés* (um 1274; vgl. Nyrop 1979, 1, 36):

„Avoit une coustume ens el tiois païs / Que tout li grant seignor, li conte et li marchis / Avoient entour aus gent françoise tous dis / Pour aprendre françois lor filles et lor fis. / Li rois et la roïne et Berte o le cler vis / Sorent pres d'aussi bien le françois de Paris / Com se il fussent né au bourc a Saint Denis." [In deutschen Landen war es Sitte, daß alle großen Herren, Grafen und Markgrafen, allzeit Leute aus Frankreich um sich scharten, um ihren Töchtern und Söhnen Französisch zu lehren. König, Königin und Berta mit dem holden Antlitz beherrschten das Französische von Paris beinahe so gut, wie wenn ihre Wiege im Flecken Saint-Denis gestanden hätte].

Damit im Einklang steht der Rat, der dem Prinzen von seinem Erzieher in dem in Norwegen entstandenen 'Fürstenspiegel' (*Konungs-Skuggsjá*, Ende 13. Jh.; vgl. Nyrop 1979, 1, 36, u. Rohlfs 1949, 113) erteilt wird:

„Ok ef Þu vilt verða fullkominn í fróðleik, Þá nemdu allar mállyzkur, en allra heltzt latínu ok völsku Þvíat Þær tungur ganga viðast." [Wenn Du es in der Wissenschaft zur Vollkommenheit bringen willst, lerne alle Sprachen, zuallererst aber Latein und Französisch, weil sie die größte Verbreitung haben.]

Der Befund der 'Universalität' des Frz. wird durch auf ital. Boden entstandene Werke gleichsam bestätigt (vgl. Meyer 1904; Marigo 1957, 75f., Klein 1957, 16ff., u. Ewert 1958, 4). Zu nennen wären Werke der Dichtung, wie der *Lancelot*-Roman, die verschiedenen Fassungen des *Tristan*-Romans (um 1250) und die Kompilation von Artusromanen (um 1270) aus der Feder Rustichellos da Pisa, aber auch Werke der Gelehrsamkeit, wie *Li Livres dou Tresor* (um 1265) von Brunetto Latini, und Werke mit Chronikcharakter, wie Martinos da Canale *Estoires de Venise* (um 1275) und Marco Polos *Devisament du monde* (um 1300). Brunetto Latinis Begründung des Entschlusses, sich für sein Werk des Frz. zu bedienen − „por çou que la parleure est plus delitable et plus commune a tous langages" [weil die Redeweise von allen Sprachen die gefälligste und die verbreitetste ist] − findet bei Martino da Canale eine Entsprechung: „La lengue franceise cort parmi le monde et est plus delitable a oir que nule autre." [Die französische Sprache ist weltläufig und dem Ohr gefälliger als jedwede andere].

Dante erwähnt in *De vulgari eloquentia* (1304) als weiteren Vorzug der frz. Sprache, die er − nach der Bejahungspartikel − *lingua oil* nennt, ihre Eignung für jederlei Art von Prosa; diese hat die Ausprägung ihrer Wesensart befördert und die Entstehung eines universellen Schrifttums ermöglicht:

„Allegat ergo pro se lingua *oil* quod propter sui faciliorem ac delectabiliorem vulgaritatem quicquid redactum est sive inventum ad vulgare prosaycum, suum est [...]" (I, x, 2). [Die französische Sprache führt zu ihren Gunsten an, daß − wegen ihrer leichteren und gefälligeren Verwendbarkeit − alles, was in volkssprachlicher Prosa übersetzt oder geschaffen worden ist, ihr gehöre ...].

An der Ausformung des Frz. zu einer voll ausgebauten Sprache sind die Chronisten mit ihren Prosawerken, allen voran Robert de Clari und Geoffroi de Villehardouin mit ihrer *Conqueste de Constantinople* (jeweils um 1210) sowie Henri de Valenciennes mit seiner *Histoire de l'empereur Henri de Constantinople* (ebenfalls um 1210), maßgeblich beteiligt. Sie liefern die ersten Zeugnisse „einer selbständigen und aus einer geistesgeschichtlichen Entwicklung heraus entstandenen Prosa", die dem Informationsbedürfnis eines

realistisch orientierten Publikums entgegenkommt. Hand in Hand mit dem im Zeitalter der Kreuzzüge entstandenen Nationalbewußtsein geht „das Besinnen auf die eigene Sprache, die nationale Sprache, die immer mehr Ausdrucksform des *nationalen* Lebens wird" (Schon 1960, 24 u. 36). In Frankreich beginnt damit zugleich die Epoche der *Kulturnation*.

4. Französische Kultur und Sprache als Entwicklung

4.1. Cuius regio, eius lingua

In Frankreich ist die Sprache − wie nunmehr präzisiert werden kann − eine Angelegenheit des Staates, und zwar nicht erst seit der Zeit der Kapetinger, sondern seit dem 14. Februar 842, dem Tage, da Karl der Kahle und Ludwig der Deutsche zu Straßburg durch einen Eidschwur in den Volkssprachen 'Deutsch' (*Teudisca lingua*) und 'Französisch' (*Romana lingua*) ihre Allianz gegen den Bruder Lothar bekräftigten. Mit einem staatspolitischen Akt, dessen 'sprachgetreue' Überlieferung Nithard, dem Chronisten des frz. Königs, zu verdanken ist, beginnt die Existenz des Frz. und damit die Existenz eines eigenständigen Staatswesens (vgl. Cerquiglini 1991 u. Baum 1995, ferner Beaune 1985).

Staat und Sprache stehen seitdem in einem symbiotischen Verhältnis. Es manifestiert sich mithin lange vor der Epoche der Renaissance, während der es − bei zunehmender Ausprägung des historischen Bewußtseins − zu einer regelrechten 'Entdeckung' der staatskonstituierenden Bedeutung der Muttersprache kam (vgl. Weisgerber 1948). Angeregt wurde diese Entdeckung durch Lorenzo Valla, für den das Latein „wegen der weiten Verbreitung des politischen römischen Imperiums den Grund zu einer übernationalen civitas und damit zu einer allgemeinen Humanisierung legte" (Gerl 1989, 105).

Die staatspolitische Verkürzung dieses kulturpolitischen Konzepts − generalisierend auf die Formel *cuis regio, eius lingua* gebracht − begegnet 1492 im Vorwort zur ersten Grammatik des Spanischen, die ihr Autor, Antonio de Nebrija, Isabella von Kastilien widmete: „siempre la lengua fue compañera del imperio" (vgl. Weisgerber 1948, 76ff., u. Asensio 1962). Die politische Umsetzung dieses Konzepts erfolgte in Frankreich durch königliche Verordnungen der Jahre 1510, 1533, 1535, 1539 und 1563, in denen − vor allem im Rahmen der Gerichtsbarkeit −

das Frz. als Amtssprache vorgeschrieben wird. Unterstützt wurden diese Initiativen durch einen weiten Kreis von Autoren.

„On ferait un livre entier avec les préfaces ou même les fragments de préfaces, dans lesquels les auteurs les plus divers, poètes et grammairiens, médecins et historiens, conteurs et philosophes, remercient François Ier, Henri II, Charles IX, Henri III du soin qu'ils prennent d'enrichir la langue française. Sebilet et Du Bellay, Des Periers et Amyot, Heroet et Henri Estienne, s'accordent dans leurs éloges" (Brunot 1966−85, 2, 27; vgl. Rickard 1968, 18ff., u. Schmitt 1990).

4.2. Translatio studii

Im Gefolge der Auseinandersetzung mit der Sprachkonzeption Vallas (vgl. Gerl 1974, 231ff.; Zintzen 1994; Klein 1957, 53ff.; Apel 1975, 183ff.; Pfeiffer 1982, 54ff.) kommt es − ganz allgemein gesprochen − zu einer Potenzierung von *Sprachbewußtheit*, dem Wesensmerkmal des sog. 'Vulgärhumanismus'. Greifbare Gestalt gewinnt diese Bewegung während der beiden ersten Jahrzehnte des 16. Jhs. im Freundeskreis der *Orti Oricellari* (vgl. Yates 1988, 6f.; Lieber 1996) und nach 1540 in der 'staatlichen' Institution der *Accademia Fiorentina* (vgl. Olschki 1922, 175ff.; Buck 1977, 17ff., u. Vitale 1978, 133f.). Das Ziel dieser von Großherzog Cosimo I. in den Dienst der Kulturpolitik gestellten Institution bestand darin, das Ital. an die Stelle des Lat. zu setzen und in den Rang einer Gelehrtensprache zu erheben, um auf diesem Wege Bildung und Wissenschaft möglichst breiten Kreisen zugänglich zu machen. Die mit eigener Satzung und weitreichenden Privilegien ausgestattete Körperschaft stellt den Prototyp der europ. Sprach- und Wissenschaftsakademien dar.

Das Organisationsprinzip und das Konzept von Kultur und Sprache der *Accademia Fiorentina* werden von der *Académie française* übernommen. Eine Mittlerrolle spielten dabei zum einen die 1583 etablierte *Accademia della Crusca* (vgl. Parodi 1983; Parodi/Nencioni 1987), die sich ganz der Pflege von Sprache und Literatur verschrieb, zum anderen zwei Institutionen, die unter Karl IX. und Heinrich III., den Söhnen Katharinas von Medici, sich schwerpunktmäßig zunächst der Dichtung, sodann der Dichtung und den *artes liberales* widmeten: die *Académie Françoise de poésie et de musique* (1570−1576) und die *Académie du Palais* (1576−1585; vgl. Frémy 1887 und Yates 1988).

Karl IX. betont in der von ihm im November 1570 unterzeichneten Gründungsurkunde

der ersten '*Académie française*', daß ihm − wie schon seinem Großvater Franz I. − die Erreichung eines Ziels ganz besonders am Herzen liegt, nämlich „de voir par tout celuy nostre Royaume les Lettres & la science florir, & mesmement en nostre ville de Paris". Durch die Annahme der ihm angetragenen Schirmherrschaft und Mitgliedschaft soll zum Ausdruck gebracht werden, „que tous les Exercises qui s'y feront soient à l'honneur de Dieu, & à l'accroissement de nostre Estat & à l'ornement du nom du Peuple François". Im Text der Urkunde wird das Verdienst der Gründerväter der Akademie, Jean-Antoine de Baïf und Joachim Thibault de Courville, gewürdigt: „[ils ont] vnanimement trauaillé pour l'aduancement du langage François, à remettre sus, tant la façon de la Poësie, que la mesure & reglement de la Musique anciennement visitée par les Grecs & Romains, au temps que ces deux Nations estoient plus florissantes [...]" (Yates 1988, 319f.). Valentin Conrart, das Oberhaupt des Kreises, aus dem die eigentliche *Académie française* hervorgehen sollte, besaß eine eigenhändige Abschrift dieser Urkunde; er ließ den Akademiegedanken wieder aufleben, inspirierte sich hinsichtlich der Zielsetzung allerdings an derjenigen der *Accademia della Crusca*, der sein Freund Jean Chapelain später angehören sollte.

In der Gründungsurkunde der *Académie française*, die Ludwig XIII. im Januar 1635 unterzeichnete, wird die Überzeugung zum Ausdruck gebracht, „qu'vne des plus glorieuses marques de la félicité d'vn Estat estoit que les Sciences et les Arts y fleurissent, et que les lettres y fussent en honneur aussi bien que les armes, puisqu'elles sont vn des principaux instrumens de la Vertu". Der Pflege der vornehmsten Kunst, der des sprachlichen Ausdrucks, gebühre daher der erste Rang. Die frz. Sprache, 'plus capable que jamais de devenir la plus parfaite des langues modernes', solle daher feste Regeln erhalten, um Künsten und Wissenschaften Ausdruck verleihen zu können. Damit wäre zugleich das zentrale Anliegen der *Académie française* umrissen, wie es in Artikel 24 der von Conrart redigierten, am 5. Februar 1635 von Richelieu paraphierten und am 22. Februar 1635 von Ludwig XIII. sanktionierten Statuten formuliert wird:

„La principale fonction de l'Académie sera de travailler avec tout le soin, et toute la diligence possibles, à donner des règles certaines à nostre langue, et à la rendre pure, éloquente, et capable à traitter les Arts, et les Sciences" (Baum 1989, 4f. und 11; vgl. Castries 1985, Caput 1986, Fumaroli 1986, u. Stackelberg 1977).

Der Zielsetzung der in Frankreich ins Leben gerufenen Akademie liegt, wie unschwer erkennbar, die alte Vorstellung der *translatio studii*' zugrunde, die in der Idee der *translatio imperii*', der Triebfeder der mittelalterlichen Geschichtstheorie, ein staatspolitisches Pendant besitzt (Curtius 1954, 38; vgl. Buck 1987, 77 ff., u. Krämer 1996, 32 ff.).

4.3. Lingua universalis

Der sich seit dem Ende des 15. Jhs. anbahnende Kontakt zu Italien, wo die griech.-lat. Renaissance im Zenit steht und die durch sie inspirierte *Rinascita* vulgärsprachlicher Prägung dem Höhepunkt zustrebt, stellt für das staatlich gefestigte Frankreich eine kulturelle Herausforderung dar. Nach einer Phase bewunderungsgeprägter *Imitatio* konsolidiert sich wiederum − im Verlaufe der daran anschließenden Phase der *Aemulatio* − die Überzeugung vom Wert der eigenen Sprache: wie das Lat. die Nachfolge des Griech. antrat, so tritt das Frz. die des Lat. an (vgl. Gmelin 1932, 248 ff.; François 1936; Bahner 1976).

Die auf der Grundlage des metasprachlichen Schrifttums im 16. Jh. erstarkende Sprachbewußtheit manifestiert sich in einer idealtypischen Sprachkonzeption, die die Funktion eines *Leitbildes* übernimmt und in der *Sprachcharakteristik*, einer eigenen − bislang nur wenig beachteten − Gattung kultursprachenbegleitenden Schrifttums, ihren Niederschlag findet (vgl. Fumaroli 1992). Das für das 17. Jh. und die Folgezeit maßgebende Sprachideal formuliert François de Malherbe, der sich an den Prämissen antiker Sprachkultur, dem Kriterienkatalog der *virtutes elocutionis* der Rhetorik orientiert (vgl. Brunot 1891 u. Bruno 1966−85, 3, 1 ff., ferner Lausberg 1950). Das Frz. selbst aber erhält seine 'moderne' Ausprägung im 16. Jh. und in den ersten Jahrzehnten des 17. Jhs. vor allem durch *bewußte Gestaltung*, nicht zuletzt durch die Annäherung an die Sprache von Rom und Florenz auf dem Wege des *Übersetzens*.

Das Ergebnis dieser konzertierten Aktion − denn um eine solche handelt es sich − ist um die Mitte des 17. Jhs. deutlich erkennbar:

„[...] Mésieurs de l'Académie ont travaillé si heureuzemant à la perféxion de nôtre Langue, & à la traduxion des plus beaus livres Grecs, & Latins, qu'ils font avoüer à tous ceus qui sont raizonnables que les Francés peuvent étre savans, sans le secours de la Langue Latine" (Lesclache 1668, 64).

Umfang und Bedeutung des übersetzten Schrifttums, das − kreative Impulse freisetzend − die Entstehung neuer Literatur begünstigt, garantiert sodann, wie zu Zeiten der mittelalterlichen Universalität der frz. Kultur, die Akkumulation eines *Thesaurus*, die Entstehung einer 'Universalbibliothek'. Die Ausformung des Frz. zu einer voll ausgebauten, modernen Kultursprache geht im Zeitalter Ludwig XIII. und Ludwig XIV. einher mit der Entstehung einer *République des lettres*. Sie − im Verein mit der vom frz. Hofe ausgehenden zivilisatorischen Wirkung − ebnen der Verbreitung des Frz. den Weg zur *langue universelle* im Zeitalter des Barocks und der Aufklärung (vgl. Brunot 1966−85, 5, Le français en France et hors de France au XVIe siècle; 8, Le français hors de France au XVIIe siècle [8,1, Le français dans les divers pays d'Europe; 8,2, L'universalité en Europe; 8,3, Le français hors d'Europe]).

4.4. Aurea aetas

Auf diesem Hintergrund betrachtet, erweist sich die Gründung der *Académie française* zugleich als der erste Schritt auf dem Wege zur *Universalité*. Weitere Akademiegründungen, in die gleiche Richtung führend, sollten folgen. Eine Unterabteilung der *Académie française*, die sogenannte *Petite Académie*, die zunächst nur aus vieren ihrer Mitglieder bestand, wurde 1663 ins Leben gerufen. Zwanzig Jahre später, als die Zahl ihrer Mitglieder auf sechs erhöht worden war und Boileau und Racine in sie Aufnahme gefunden hatten, wurde sie − der ihr obliegenden Aufgabe gemäß − in *Académie des Inscriptions et Devises* umbenannt. Mit der Veränderung der Aufgabenstellung, die in weiteren Umbenennungen zum Ausdruck kam − *Académie des Inscriptions et Médailles* (1701), *Académie Royale des Inscriptions et Belles-Lettres* (1716) − ging der Ausbau zu einer eigenständigen Institution weiter (vgl. Yates 1988, 275 u. 290 ff., sowie Pevsner 1986).

Die Gründung der zweiten bedeutenden Akademie erfolgte auf Betreiben Charles Le Bruns im Jahre 1648: die Gründungsversammlung der *Académie Royale de Peinture et Sculpture* fand am 1. Februar statt. Die Registrierung ihrer Statuten durch das Parlament ließ allerdings auf sich warten; sie wurden erst − im wesentlichen durch fachliche

Rivalitäten verzögert − am 23. Juni 1655 vorgenommen. Die *Académie de France*, die 1666 in Rom eingerichtete Pflanzstätte dieser Institution, erfuhr − wie schon die *Petite Académie* und die 1661 von dem jungen Ludwig XIV. ins Leben gerufene *Académie de Danse* − ihre systematische Förderung durch Colbert. Der weitblickende Minister Ludwigs XIV., der die Bedeutung der nach ital. Vorbild konzipierten Akademien erkannte und sie − in der geistigen Nachfolge Richelieus − als ideales Instrument im Dienste von Staats- und Kulturpolitik begriff, beförderte durch tatkräftige Unterstützung die Entstehung weiterer Akademien: die der *Académie Royale des Sciences* (1666), die der *Académie Royale de Musique* (1669) und die der *Académie Royale d'Architecture* (1671). „[...] Was das 16. Jh. erstrebt hatte: ein dem klassischen Altertum ebenbürtiges, normatives französisches Kultursystem − das war jetzt verwirklicht" (Curtius 1975, 12).

Die Bedeutung dieser Akademien − ebenso wie die der sie ergänzenden Institutionen des 18. und 19. Jhs. − beruht auf kontinuierlicher Aktivität, die in der regelmäßigen Veröffentlichung eines alle Bereiche der Kunst und der Wissenschaft umfassenden Schrifttums einen wirkungsmächtigen Niederschlag findet. Dem *Journal des Savants*, das 1665 zu erscheinen beginnt, tritt eine Vielzahl periodischer Publikationen zur Seite. Sie dokumentieren, ebenso wie die *Encyclopédie* (1751−80) und die Schriften der Enzyklopädisten, daß das Frz. schrittweise zur Wissenschaftssprache ausgebaut wird. Der Versuch, das Wissen der Zeit in seiner ganzen Komplexität zu durchdringen und darzustellen, führt nicht nur zur Entdeckung der Möglichkeit, den 'fachspezifischen' Wortschatz systematisch zu bearbeiten und als heuristisches Instrumentarium im Dienste eines im Zeichen von Effizienz stehenden Erwerbs von Wissen und Erkenntnis zu gebrauchen (vgl. Schalk 1960), sondern auch zu der Einsicht in die Notwendigkeit seiner 'institutionellen' Verbreitung. Damit ist das Prinzip *sekundärer Sprachgestaltung* erkannt (vgl. Baum 1992); sie gründet sich auf das von der *Académie* im Zuge primärer Sprachgestaltung Geschaffene.

4.5. Lingua et traditio

Die *Académie française* verdankt ihre Autorität in erster Linie dem Rang der Autoren, die ihr von Anbeginn an angehörten. Gewiß, nicht alle Autoren von Rang und Namen wurden in ihre Reihen aufgenommen, doch die Liste ihrer Mitglieder liest sich wie ein Kanon klassischer Autoren: Corneille, Bossuet, Perrault, Racine, Boileau, La Fontaine, Fontenelle, Fénelon, La Bruyère, Montesquieu, Crébillon, Marivaux, Voltaire, Buffon, d'Alembert, Marmontel, Condillac, La Harpe, Condorcet, Bernardin de Saint-Pierre, Chateaubriand, Delavigne, Lamartine, Nodier, Hugo, Mérimée, Sainte-Beuve, Vigny, Musset − es *ist* ein Kanon, und die Aufzählung ließe sich ausweiten und fortsetzen. Der von der *Académie française* ausgehende Einfluß wurde richtungweisend für die Entfaltung der frz. Literatur; mehr noch, es ist − im Sinne von Goethe − europ. Weltliteratur.

„Les panégyristes de Louis XIV, les encyclopédistes, les notables irréconciliables avec le naturalisme et le symbolisme ont, continûment, en tenant compte des temps et des idéaux différents, maintenu l'*orientation* de la littérature nationale dans le sens qui lui assurait une vocation universelle de forum des esprits" (Fumaroli 1986, 109).

Am Anfang dieser Literatur, deren Entfaltung mit der Gestaltung der Sprache einhergeht, steht Malherbe, der Begründer der modernen Poetik und Propagator des 'klassischen' Sprachideals. Mit ihm beginnt eine neue Epoche in der Geschichte der *République des lettres*. „Enfin Malherbe vint [...]" − so lautet die prägnante Formel Nicolas Boileaus (*L'Art poétique* 1674, I, 131), die in Frankreich zum geflügelten Wort wurde; im Bewußtsein der Tragfähigkeit seines Konzepts hatte dieser fünfzig Jahre zuvor ein Ludwig XIII. gewidmetes Sonett mit den Versen beschlossen: „Tous vous savent louer, mais non également: / Les ouvrages communs vivent quelques années; / Ce que Malherbe écrit dure éternellement" (vgl. Fumaroli 1992, 220ff.).

Die *Académie française*, die den von Malherbe gewiesenen Weg konsequent beschreitet, sieht ihre Hauptaufgabe zunächst darin, die seiner Programmatik entsprechende Literatur systematisch zu fördern und das Geschaffene als Konstituenten eines nationalen Kanons zu tradieren. In dieser Perspektive betrachtet, gewinnt Sprachpflege eine kulturelle Dimension: die „défense de la langue française" garantiert die Gegenwart der Vergangenheit der Literatur, die ihrerseits − als integrierender Bestandteil des Bildungswesens − die Einheit und Einheitlichkeit der Sprache gewährleistet. Die relativ geringe Zahl von Auflagen des *Dictionnaire de l'Aca-*

démie française (1694, 1718, 1740, 1762, 1798, 1835, 1878, 1935, 1986ff.; vgl. Baum 1989) belegt eindrucksvoll den Erfolg des Konzepts „lingua et traditio".

5. Universalität und Weltgeltung französischer Kultur und Sprache

Als kulturelles Gewissen der Nation trägt die *Académie française* wesentlich dazu bei, daß der Beitrag frz. Schriftsteller, Künstler und Gelehrten zur „universalité de la civilisation française" nicht in Vergessenheit gerät. Der Bereich dieser 'Zivilisation' umfaßt − nach frz. Verständnis − nicht allein Kulturelles: „Wie Gallien das Ganze der spätantiken Kultur von Rom empfangen und sie dem neuen fränkisch-romanischem Volkstum überliefert hat, so trägt Frankreich die Güterwelt seiner Zivilisation durch die Zeiten" (Curtius 1975, 26). Diese 'Güterwelt' hat in allen Sprachen Europas, nicht zuletzt im Deutschen, ihre Spuren hinterlassen. Das frz. Wortgut im Deutschen des 18. Jhs. läßt sich − wie Brunot (1966−85, 8,1, 680ff., u. 8,2,−3, 1216ff., „Le français en Allemagne") höchst anschaulich demonstriert − über neunzig mehr oder weniger komplexen 'Sinnbezirken' zuordnen (vgl. Réau 1971, 65ff.; ferner Bach 1970, 310ff.; Lüdtke 1984, 875ff.; von Polenz 1978, 108ff.; Tschirch 1971−75, 2, 261ff.).

Einen augenfälligen Beweis für die fraglose Anerkennung der Universalität des Frz. im Europa des 18. Jhs. liefert auch die Berliner Akademie der Wissenschaften, die seit ihrer Neubegründung durch Friedrich II. im Jahre 1744 für ihre Veröffentlichungen den Vorrang dem Frz. einräumt, „langue aussi répandue que le latin et plus capable que toute autre d'illustrer la compagnie" (Suran 1930, 74). Weitere Vorzüge des Frz. werden von Pierre-Louis Moreau de Maupertuis, dem ersten Präsidenten der neuen Akademie, herausgestellt:

„Ce sont la perfection de la langue même, l'abondance que nos progrès dans tous les arts et dans toutes les sciences y ont introduite, la facilité avec laquelle on peut s'y exprimer avec justesse sur toutes sortes de sujets, le nombre innombrable d'excellents livres écrits dans cette langue" (Storost 1994, 11).

Den explizitesten Beweis für die Universalität des Frz. aber lieferte die diesem Thema im Jahre 1782 von der Berliner Akademie gewidmete Preisfrage, die neunzehn Abhandlungen zeitigte (vgl. Brunot, 1966−85, 8, 2−

3, 839ff.; Suran 1930, 70ff.; Piedmont 1984, u. Storost 1994). Einer der beiden 1784 preisgekrönten Autoren, Antoine de Rivarol, der durch seinen Beitrag zu dauerhafter Berühmtheit gelangte, beginnt seine Ausführungen im Stil der Apotheose:

„Le temps semble être venu de dire le *monde français*, comme autrefois le *monde romain*; et la philosophie, lasse de voir les hommes toujours divisés par les intérêts divers de la politique, se réjouit maintenant de les voir, d'un bout de la terre à l'autre, se former en république sous la domination d'une même langue" (Rivarol 1930, 168f.).

Rivarol bringt damit die Quintessenz der frz. Vorstellung von 'Zivilisation' zum Ausdruck, die − wenn man Ernst Robert Curtius (1975, 25) um analytische Hilfestellung bemüht − verschiedene Dimensionen besitzt: „Bindung an das Nationalbewußtsein, an den Menschheitsbegriff, an die Gesamtheit des Volkes, an die Totalität aller Lebensgebiete". Hinzu käme eine zeitliche Dimension: „Das französische Zivilisationsgefühl ist Kontinuitätsbewußtsein."

6. Frankophonie

Die Erinnerung an die große Zeit der Universalität des Frz., die sich bis zum Ende des Ersten Weltkrieges erstreckt, und die Überzeugung von der Möglichkeit des Fortbestandes eines in frz. Sprache gestalteten Kulturraumes jenseits aller Ideologien begünstigten − nach dem Ende der Kolonialherrschaft − die Renaissance des Universalitätsbewußtseins. In den sechziger Jahren beginnt somit, befördert durch Initiativen recht unterschiedlicher Natur, eine *dritte Epoche der Universalität*.

Leopold Sédar Senghor, der afrikanische Schriftsteller und Staatsmann, entwirft − im Bewußtsein einer nach Jahrhunderten sich bemessenden kulturellen Tradition − das Konzept einer weltweiten Gemeinschaft auf der Grundlage einer traditionsstiftenden und traditionsbewahrenden Sprache:

„[...] la principale raison de l'expansion du français hors de l'hexagone, de la naissance d'une Francophonie est d'ordre culturel" (Senghor 1962, 838; vgl. Duron 1963, 152ff.).

Der Typ von Kultur, den Frankreich repräsentiert − „France et Humanité ne sont pas deux mots qui s'opposent l'un à l'autre; ils sont conjoints et inséparable [...]" (Ernest Lavisse, zit. nach Curtius 1975, 23) −, wird zum Inbegriff des Wesens der Frankophonie:

„La Francophonie, c'est cet Humanisme intégral, qui se tisse autour de la terre: cette symbiose des 'énergies dormantes' de tous les continents, de toutes les races, qui se réveillent à leur chaleur complémentaire" (Senghor 1962, 844; vgl. Baum 1981, XVI f.).

Aus der Vision der Frankophonie, die als Katalysator sprachplanerischer kultureller und politischer Initiativen fungiert, ist im Verlaufe dreier Jahrzehnte ein wohlorganisiertes Ganzes, die Realität einer „universalité politiquement structurée" (Druon 1994, 190; vgl. Deniau 1992 u. Guillou 1995) geworden. In dem frankophonen Sprach- und Kulturraum, den weltweit mehr als vierzig Länder und Regionen konstituieren, haben Hunderte von öffentlichen und privaten Institutionen und Organisationen auf allen Ebenen und in allen nur denkbaren Bereichen ihre Aktivitäten entfaltet. Der stetigen Verbreitung des Spektrums frankophoner Initiativen und der kontinuierlichen Erweiterung des Registers frankophoner Aufgabenbereiche wird in Frankreich auf Regierungsebene seit 1986 durch die Einrichtung einer politischen Koordinierungsinstanz Rechnung getragen, an deren Spitze eine Persönlichkeit im Rang eines Ministers oder Staatssekretärs steht.

Damit ist nicht nur die Voraussetzung für eine Kulturpolitik, in deren Mittelpunkt die Sprache und die auf sie gegründete und durch sie vermittelte Tradition steht, geschaffen, sondern zugleich auch die Vorbedingung für eine Staatspolitik im Zeichen der Frankophonie. Die Zusammenkunft von Staats- und Regierungschefs auf Mauritius (1993) stellt insofern eine wichtige Etappe auf dem zu Beginn der sechziger Jahre eingeschlagenen Weg dar, als sich nunmehr die Konturen einer politischen Zielvorstellung deutlicher abzuzeichnen beginnen: „En effet, les plus hauts responsables de quarante-sept Etats et gouvernements ont pensé que le moment était propice pour que la Francophonie s'engage de manière plus politique sur la scène internationale" (Briand 1994, 15). Die Frankophonie tritt damit ins Zeichen einer Universalität neuer Dimension.

Die Dominanz der frz. Sprache in Europa, ihre Universalität im Mittelalter und im Zeitalter von Barock und Aufklärung, ist der sichtbare Ausdruck einer Kultur, die in der bewußten Nachfolge der auf griech. Fundament ruhenden Kultur Roms steht. Das Einheit und Tradition stiftende Potential von Kultur und Sprache, im 9. Jh. bereits als Poli-

tikum erkannt, führt zur Symbiose von Staat und Kultur und begründet — in der Gegenwart ebenso wie in der Vergangenheit — den Rang des Frz. als Weltsprache.

7. Literatur (in Auswahl)

Alighieri, Dante, De vulgari eloquentia, ridotto a miglior lezione, commentato e tradotto da Aristide Marigo. Terza edizione. Firenze 1957.

Apel, Karl-Otto, Die Idee der Sprache in der Tradition des Humanismus von Dante bis Vico. Durchges. 2. Aufl. Bonn 1975.

Asensio, Eugenio, La lengua compañera del imperio. Historia de una idea de Nebrija en España y Portugal (1962). In: Revista de filología española 43, 1960−62, 399−413.

Bach, Adolf, Geschichte der deutschen Sprache. Durchges. 9. Aufl. Heidelberg 1970.

Bahner, Werner, La revendication de la diginité du français et l'exemple italien au XVe siècle. In: Kwartalnik neofilologiczny 23, 1976, 11−18.

Baum, Richard, Frankophonie — eine neue Dimension der französischen Sprachgemeinschaft. In: Weltsprache Französisch. Kommentierte Bibliographie zur Frankophonie (1945−1978). Hrsg. v. Wolfgang Heckenbach/Frank G. Hirschmann. Tübingen 1981, XIII−XXII.

Ders., Hochsprache, Literatursprache, Schriftsprache. Materialien zur Charakteristik von Kultursprachen. Darmstadt 1987.

Ders., Sprachkultur in Frankreich. Texte aus dem Wirkungsbereich der Académie française. Bonn 1989.

Ders., Die Revolution in der Chemie im Spiegel der Sprache. Das terminologische Manifest Antoine Laurent Lavoisiers von 1787. In: Fachsprache und Terminologie in Geschichte und Gegenwart. Hrsg. v. Jörn Albrecht/Richard Baum. Tübingen 1992, 145−167.

Ders., Die Geburt des Französischen aus dem Geiste der Übersetzung. In: Übersetzen im Wandel der Zeit. Probleme und Perspektiven des deutsch-französischen Literaturaustausches. Hrsg. v. Willi Hirdt. Tübingen 1995, 21−63.

Beaune, Colette, Naissance de la France. Paris 1985.

Boussat, Robert/Louis Pichard/Guy Raynaud de Lage, Le Moyen Age. [Neubearb.]. Paris 1992.

Briand 1994 s. Etat de la Francophonie 1994.

Brunot, Ferdinand, La Doctrine de Malherbe d'après son Commentaire sur Desportes. Paris 1891.

Ders., Histoire de la langue française des origines à nos jours. Nouvelle édition. 24 Bde. Paris 1966−85.

Buck, August, Die humanistischen Akademien in Italien. In: Der Akademiegedanke im 17. und

18. Jh. Hrsg. v. Fritz Hartmann/Rudolf Vierhaus. Bremen/Wolfenbüttel 1977, 11–25.

Ders., Humanismus. Seine europäische Entwicklung in Dokumenten und Darstellungen. Freiburg (Breisgau)/München 1987.

Bumke, Joachim, Höfische Kultur. Literatur und Gesellschaft im hohen Mittelalter. 2 Bde. München 1986.

Caput, Jean-Pol, L'Académie française. Paris 1986. (Que sais-je? 2322).

Caraccioli, Domenico, Paris, le modèle des nations étrangères, ou l'Europe françoise; par l'éditeur des lettres du Pape Ganganelli. Paris 1777.

Castries, René de la Croix de, La Vieille Dame du Quai Conti. Une histoire de l'Académie française. Nouvelle édition mise à jour. Paris 1985.

Cerquiglini, Bernard, La Naissance du français. Paris 1991. (Que sais-je? 2576).

Curtius, Ernst Robert, Europäische Literatur und lateinisches Mittelalter. Durchges. 2. Aufl. Bern 1954. 1. Aufl. 1948; 11. Aufl. 1993.

Ders., Die französische Kultur. Eine Einführung. 2. Aufl. Bern/München 1975. 1. Aufl. 1930.

Deniau, Xavier, La Francophonie. 2e édition refondue. Paris 1992. (Que sais-je? 2111). 1. Aufl. 1983.

Druon, Maurice, Lettre aux Français sur leur langue et leur âme. Paris 1994.

Duron, Jacques, Langue française, langue humaine. Paris 1963.

Eggers, Hans, Deutsche Sprachgeschichte. 4 Bde. Reinbek b. Hamburg 1963–77.

Etat de la Francophonie dans le monde. Données 1994 et 5 enquêtes inédites. Ed. par Serge Briand. Paris 1994.

Ewert, Alfred, Of the Precellence of the French Tongue. Oxford 1958.

François, Alexis, D'une préfiguration de la langue classique au XVIe siècle. In: Mélanges offerts à M. Abel Lefranc par ses élèves et ses amis. Paris 1936, 91–100.

Frémy, Edouard, L'Académie des derniers Valois. Paris 1887.

Friedrich II. König von Preußen, Histoire de mon temps (1746). In: Œuvres posthumes de Frédéric II, roi de Prusse. 15 Bde. Berlin 1788, Bd. 1 u. 2.

Fumaroli, Marc, La coupole (1986). In: Fumaroli 1994, 9–109.

Ders., „Le génie de la langue française" (1992). In: Fumaroli 1994, 211–314.

Ders., Trois Institutions littéraires. Paris 1994.

Garin, Eugenio, Geschichte und Dokumente der abendländischen Pädagogik. I. Mittelalter. Reinbek b. Hamburg 1964.

Gerl, Hanna-Barbara, Rhetorik als Philosophie. Lorenzo Valla. München 1974.

Dies., Einführung in die Philosophie der Renaissance. Darmstadt 1989.

Gmelin, Hermann, Das Prinzip der Imitatio in den romanischen Literaturen der Renaissance. In: RF 46, 1932, 83–360.

Guillou, Michel, La Mangue et la pomme. Voyages en Francophonie. Paris 1995.

Klein, Hans Wilhelm, Latein und Volgare in Italien. Ein Beitrag zur Geschichte der italienischen Nationalsprache. München 1957.

Krämer, Ulrike, „Translatio studii et imperii" – zum Geschichts- und Kulturverständnis in der französischen Literatur des Mittelalters und der frühen Neuzeit. Bonn 1996.

Lausberg, Heinrich, Zur Stellung Malherbes in der Geschichte der französischen Schriftsprache. In: RF 62, 1950, 172–200.

Le Gentil, Pierre, La Littérature française du moyen âge. Paris 1963.

Le Goff, Jacques, Saint Louis. Paris 1996.

Lesclache, Louis de, Les Véritables Règles de l'ortografe francèze. Paris 1668. [Nachdruck: Genève 1972].

Lieber, Maria, Dibattito sulla lingua e ricerca di una norma linguistica. Gli Orti Oricellari. In: Actas do XIX Congreso internacional de lingüística e filoloxía románicas. Universidade de Santiago de Compostela. VIII. A Coruña 1996, 53–62.

Lüdtke, Helmut, Französisch und Frankoprovenzalisch/Deutsch (1984). In: Sprachgeschichte. Ein Handbuch zur Geschichte der deutschen Sprache und ihrer Erforschung. Hrsg. v. Werner Besch/Oskar Reichmann/Stefan Sonderegger. 2 Halbbde. Berlin/New York 1984–85, 1, 869–879. (HSK 2.1).

Marigo 1957 s. Alighieri 1957.

Meyer, Paul, L'expansion de la langue française en Italie pendant le moyen âge (1904). In: Atti del Congresso internazionale di scienze storiche, Roma 1903. 12 Bde. Roma 1904–07, Bd. 4, 58–103.

Micha, Alexandre, Überlieferungsgeschichte der französischen Literatur des Mittelalters (1964). In: Geschichte der Textüberlieferung der antiken und mittelalterlichen Literatur. 2 Bde. Zürich 1961–64, 187–259.

Moser, Hugo, Deutsche Sprachgeschichte. Mit einer Einführung in die Fragen der Sprachbetrachtung. Tübingen 1969.

Nyrop, Kristoffer, Grammaire historique de la langue française. 4e édition revue. (Réimpr. de l'éd. Paris. Copenhague 1914–60). Genève 1979. 1. Aufl. 1899–1930.

Olschki, Leonardo, Der ideale Mittelpunkt Frankreichs im Mittelalter in Wirklichkeit und Dichtung. Heidelberg 1913 (a).

Ders., Paris nach den altfranzösischen nationalen Epen. Topographie, Stadtgeschichte und lokale Sagen. Heidelberg 1913 (b).

Ders., Bildung und Wissenschaft im Zeitalter der Renaissance in Italien. Leipzig [etc.] 1922.

Paré, Gérard Marie/A. Brunet/P. Tremblay, La Renaissance du XIIᵉ siècle. Les écoles et l'enseignement. Paris/Ottawa 1933.

Parodi, Severina, Quattro secoli di Crusca, 1583–1983. IV Centenario dell'Accademia della Crusca. Firenze 1983.

Dies./Giovanni Nencioni, L'Accademia della Crusca. Revisione di S. P. e G. N. Supervisione Piero Fiorelli. Firenze 1987.

Pevsner, Nikolaus, Die Geschichte der Kunstakademien. München 1986.

Pfeiffer, Rudolf, Die Klassische Philologie von Petrarca bis Mommsen. München 1982.

Piedmont, René M., Beiträge zum französischen Sprachbewußtsein im 18. Jh. Der Wettbewerb der Berliner Akademie zur Universalität der französischen Sprache von 1782/84. Tübingen 1984.

Polenz, Peter von, Geschichte der deutschen Sprache. Neubearb. der früheren Darstellung von Hans Sperber. Überarb. 9. Aufl. Berlin 1978.

Réau, Louis, L'Europe française au siècle des Lumières. [2. Aufl.] Paris 1971. 1. Aufl. 1938.

Rickard, Peter, La Langue française au seizième siècle. Etude suivie de textes. Cambridge 1968.

Rivarol, Antoine de, De l'universalité de la langue française. Texte établi et commenté par Théodore Suran. Paris/Toulouse 1930.

Rohlfs, Gerhard, Die Weltgeltung der französischen Sprache. In: ASSL 186, 1949, 111–118.

Schalk, Fritz, Wissenschaft der Sprache und Sprache der Wissenschaft im Ancien Régime. In: Sprache und Wissenschaft. Vorträge, gehalten auf der Tagung der Joachim-Jungius-Gesellschaft der Wissenschaften Hamburg, am 29. und 30. Okt. 1959. Göttingen 1960, 101–120.

Schildt, Joachim, Abriß der Geschichte der deutschen Sprache. Zum Verhältnis von Gesellschafts- und Sprachgeschichte. Überarb. 3. Aufl. Berlin 1984.

Schmitt, Christian, Französisch: Sprache und Gesetzgebung – a) Frankreich. In: LRL V, 1. Französisch. Tübingen 1990, 354–379.

Schon, Peter M., Studien zum Stil der frühen französischen Prosa (Robert de Clari, Geoffroy de Villehardouin, Henri de Valenciennes). Frankfurt a. M. 1960.

Senghor, Léopold Sédar, Le français, langue de culture. In: Esprit 30, 1962, 837–844.

Spengler, Oswald, Der Untergang des Abendlandes. Umrisse einer Morphologie der Weltgeschichte. München 1981. 1. Aufl. 1923.

Stackelberg, Jürgen von, Die Académie Française. In: Der Akademiegedanke im 17. und 18. Jh. Hrsg. v. Fritz Hartmann/Rudolf Vierhaus. Bremen/Wolfenbüttel 1977, 27–46.

Storost, Jürgen, Langue française – langue universelle? Die Diskussion über die Universalität des Französischen an der Berliner Akademie der Wissenschaften. Zum Geltungsanspruch des Deutschen und Französischen im 18. Jh. Bonn 1994.

Suran, Théodore, Introduction. In: Rivarol 1930, 17–161.

Tschirch, Fritz, Geschichte der deutschen Sprache. 2 Bde. 2. Aufl. Berlin 1971–75.

Vitale, Maurizio, La questione della lingua. Nuova edizione. Palermo 1978.

Vossler, Karl, Frankreichs Kultur und Sprache. Geschichte der französischen Schriftsprache von den Anfängen bis zur Gegenwart. Neubearb. 2. Aufl. Heidelberg 1929.

Weisgerber, Leo, Die Entdeckung der Muttersprache im europäischen Denken. Lüneburg 1948.

Yates, Frances A., The French Academies of the Sixteenth Century. London/New York 1988. 1. Aufl. 1947.

Zintzen, Clemens, Bedeutung und Wertung der lateinischen Sprache bei Lorenzo Valla. In: Diskurs über Sprache. Ein interdisziplinäres Symposium für Edmund Braun. Hrsg. v. Holger Burckhardt. Würzburg 1994, 126–142.

Richard Baum, Aachen

68. Englisch als neuer Typ von Weltsprache und europäische Nationalsprachen

1. Einleitung

Die Ausbreitung des Engl. über die ganze Welt, besonders im Verlauf der letzten zweihundert Jahre, hat der Sprache eine Stellung verschafft, die sich nur schwer mit der anderer internationaler Verkehrssprachen vergleichen läßt. Im folgenden wird zunächst die Rolle des Engl. als Siedlersprache, mit der Entstehung neuer nationaler Normen, skizziert werden. Darauf folgt die Darstellung seiner Geschichte als Kolonialsprache in Ländern, die sie nach der Unabhängigkeit meist als Zweitsprache beibehalten haben, und schließlich die Ausbreitung des Engl. als Fremdsprache, d. h. als Mittel internationaler Kommunikation. Dabei wird ein Vergleich mit anderen europ. Sprachen einbezogen, wo es der Erklärung der Stellung des Engl. dienlich ist.

2. Die Ausbreitung des Englischen als Siedlersprache und neue Normen

Nach päpstlichem Edikt von 1494 war die Welt außerhalb Europas unter den Spaniern

1536	Endgültige Annexion von Wales
1588	Sieg über die Spanier (Armada); erster Höhepunkt eines beginnenden politischen (und sprachlichen) Selbstbewußtseins
1600	Gründung der East India Company
1601	Eroberung Irlands (Beginn der Anglisierung des Landes, verstärkt durch die Kolonisierung Ulsters 1609 und Cromwells erneute Eroberung von Zentralirland 1649–55; der Sprachwechsel der gälischsprachigen Bevölkerung zum Engl. war praktisch abgeschlossen bis 1900)
1603	Die Personalunion beendet die Unabhängigkeit Schottlands und damit auch die (halbherzigen) Versuche, eine Nationalsprache Scots zu etablieren; 1707 Vereinigung beider Parlamente
1607	Erster erfolgreicher Versuch engl. Auswanderer, Siedlungen in Nordamerika zu begründen (Jamestown); die 'Pilgerväter' folgten 1620
1627	Beginn der Landnahme in der Karibik (Barbados, Bahamas); Jamaika folgt 1655 usw.; Engl. wird (nach dem Span.) wichtigste Sprache der Region
1667	Eroberung der (Küstenforts an der) Goldküste begründet langfristig die engl. Kolonialmacht in Afrika, bes. neben frz. und span. Ansprüchen
1713	Im Frieden von Utrecht erhält Großbritannien Teile Ostkanadas zugesprochen;

und den Portugiesen aufgeteilt. Noch heute bezeugen die Vormacht des Spanischen (Span.) im karibischen Raum (trotz der Vielfalt der dort vertretenen europ. Sprachen und ihrer Kreolformen) und Reste portugiesischer (= port.) Sprachgemeinschaften in Afrika und Asien diese Aufteilung. Das Engl. mußte sich – ähnlich wie das Frz. und Nl. – als Kolonialsprache gegenüber dem Span. und Port. durchsetzen. Die Anfänge dieser Rolle liegen verhältnismäßig spät: erst nach der Durchsetzung als Seemacht (nach der Vernichtung der span. Armada 1588) und einer Phase von Seeräubertum (Sir Francis Drake) wurden von England koloniale Interessen in Amerika und Indien angemeldet (vgl. die folgende Übersicht historischer Ereignisse mit ihren sprachlichen Folgen):

	die Vorherrschaft über ganz Kanada wird mit Wolfes Eroberung von Quebec (1759) besiegelt
1757	Clives Sieg bei Plassey sichert die britische Vorherrschaft in Indien
1775–83	Der amerikanische Unabhängigkeitskrieg bedeutet Verlust der größten brit. Kolonie, sichert aber Fortdauer und Expansion der engl. Sprache – und Entwicklung einer zweiten Leitvarietät
1788	Die Strafkolonie in Australien begründet das Engl. als Nationalsprache des Kontinents (praktisch einsprachig bis 1914)
1806	Die Kapprovinz in Südafrika wird erobert (zur Sicherung des Seeweges nach Indien gegen Napoleon) und ab 1820 gezielt besiedelt; dies legt die Grundlage für die englischsprachige Minderheit (heute 6%), für die politische Macht und das Engl. als ko-offizieller Landessprache; 1843 Annexion von Natal; 1891–5 Eroberung von Rhodesia, Nyassaland und Uganda und Formulierung der Kap-bis-Kairo-Politik; 1899–1902 Burenkrieg
1830	Siedlung in Neuseeland (letzte vorwiegend durch Siedler bestimmte Kolonie)
1843–7	Eroberung weiterer Teile Südasiens sichert endgültige Vorherrschaft auf dem indischen Subkontinent

Abb. 68.1: Die Ausweitung der engl. Herrschaft 1600–1850 und ihre sprachlichen Folgen

Diese Entwicklungen hatten zur Folge, daß das engl. Empire um 1900 die größte Ausdehnung erreichte, die je ein Weltreich in der Weltgeschichte innehatte. Politische Herrschaft ist jedoch nicht notwendig mit sprach-

licher Dominanz gleichzusetzen: das Engl. ist vielmehr als Muttersprache auf Regionen beschränkt, wo die Briten intensiv gesiedelt hatten. (Schotten und Iren gingen zur engl. Sprache der Siedlerkolonien über, sofern sie nicht sowieso schon Muttersprachler waren). Dabei ist weniger erheblich, ob Englisch-Sprachige heute dort die Mehrheit bilden (USA, Australien, Neuseeland), die Mehrheit mit bedeutender anderssprachiger Minderheit (Kanada) oder ob sie selbst in der Minderheit sind (Südafrika). Nur in diesen Ländern der frühen Siedlungsphase wird das Engl. heute von der Mehrheit der Bevölkerung beherrscht — im Gegensatz zu Ländern mit Engl. als Zweitsprache (= ESL), wo die Kenntnisse üblicherweise auf Bildungseliten konzentriert sind.

Ein Vergleich der Sprecherzahlen des Engl. mit denen anderer europ. Sprachen ist erhellend (vgl. Abb. 1 a & 1 b bei Ammon 1991, 46). Das Frz. war eindeutig die führende Sprache in Europa bis zu den Zeiten Napoleons, kraft der Zahl der Muttersprachler und seiner Funktion als Bildungssprache Europas; danach aber schrumpfte seine Bedeutung, besonders im Vergleich mit dem Engl. und Span. Wichtig ist dabei, daß für beide Sprachen schon um 1800 die Zahl der Muttersprachler in Übersee diejenige in Europa überstieg und der weitere Anstieg im 19. und 20. Jh. bes. von den außereurop. Gebieten getragen wurde — während in Europa die Zunahme aller verglichenen Sprachen etwa ähnlich verlief. Mit Selbstbewußtsein bemerkt 'A. C. C.' schon 1829:

„The English language [...] stand(s) an excellent chance of becoming more universally diffused, read, and spoken, than any other now is, or ever has been. In Germany, Russia and Scandinavia it is esteemed an essential, in France a highly useful, branch of education; in Africa it is gradually superseding the Dutch [...]. In Asia so great is the desire manifested to learn [...] that, if proper facilities were afforded, it would, in fifty years supersede Hindostanee, and become the court and camp language of India. In America, millions already speak, write, and read it, as their mother tongue; and it is rapidly obliterating the savage languages and French from Canada, and the rest of the Northern Continent. Never before did a language look forward to so bright a prospect as this [...] (zitiert nach Bailey 1991, 107).

Die Sonderstellung des Engl. gegenüber allen anderen Sprachen (vgl. Scaglione 1984; Wardhaugh 1987), ergibt sich aber daraus, daß in der Neuzeit die Zahl der Zweitsprachler die der Muttersprachler fast erreicht hat und die Zeit nicht mehr fern sein dürfte, wo auch die Zahl der Fremdsprachler sich diesen Zahlen annähert. Erst diese Dreigliedrigkeit hat die Funktionen des Engl. als Weltsprache im 20. Jh. so sehr verfestigt, daß eine Umkehr des Expansionsprozesses nicht vorstellbar erscheint.

Die politische Unabhängigkeit der früheren Kolonien erlaubte grundsätzlich auch ihre Lösung von den sprachlichen Normen des Mutterlandes (vgl. Bailey/Görlach 1982; Görlach 1990), was das Engl. zu einer polyzentrischen Sprache machte (ein Vergleich dieser Entwicklung mit anderen polyzentrischen Sprachen findet sich in den Beiträgen in Clyne 1992). Die Geschichte der USA zeigt allerdings die Schwierigkeiten, die kolonialen Minderwertigkeitskomplexe zu überwinden und zu einer eigenen Standardvarietät zu finden. Webster hatte schon 1789 gefordert, daß die sprachliche Unabhängigkeit auf die politische folgen müsse:

„We have therefore the fairest opportunity of establishing a national language, and of giving it uniformity and perspicuity, in North America, that ever presented itself to mankind" (1789, 36).

Er hatte selbstbewußt auf das Gewicht des amerikanischen Engl. (= AmE) verwiesen, das sich aus der Sprecherzahl ableiten ließe:

All other [languages in America] will gradually waste away — and within a century and a half [i.e. 1939], North America will be peopled with a hundred millions of men, *all speaking the same language*. [...] Compare this prospect, which is not visionary, with the state of the English language in Europe, almost confined to an Island and to a few millions of people [...] (Webster 1780, 21).

Diese Unabhängigkeit einer amerik. Norm mußte gegen Widerstände Englands, aber auch gegen Teile der Bildungseliten im eigenen Lande durchgesetzt werden. Seit dem 18. Jh. ist die britisch geprägte Meinung weit verbreitet, daß „America will be the end of English". Dabei sind die nachweisbaren Unterschiede im britischen Engl. (= BrE, außerhalb der Aussprache) eher gering: im Bereich der Syntax lassen sie sich in wenigen Fußnoten in den Grammatiken zusammenfassen, und selbst im Wortschatz werden die Unterschiede oft überbetont. Sie ergeben sich durch:

1) den Verlust der meisten Dialektwörter des BrE als Folge kolonialen Ausgleichs und Aufgabe der Wörter, für die keine Referenten in der Umwelt im neuen Kontinent vorhanden waren;
2) die Bewahrung (weniger) alter Wörter, die im europ. Mutterland aufgegeben wurden; diese Gruppe, die oft als Beleg für den angeblichen 'Colonial Lag' des amerik. Engl. herangezogen wird, schließt *druggist* 'Apotheker', *wilt* 'verwelken' und *andiron* 'Kaminbock' ein;

3) die Aufnahme von Lehnwörtern aus Indianer-
sprachen (bes. in der frühen Zeit), aus anderen
Kolonialsprachen (bes. Frz., Span., Nl.) und
den Sprachen der späteren Einwanderer und
afrikan. Sklaven. Insgesamt ist jedoch der Einfluß all dieser Sprachen erstaunlich gering geblieben; die wenigen hundert Lehnwörter, die in
den Alltagswortschatz des AmE eingedrungen
sind, stehen in keinem Verhältnis zu dem kulturellen Beitrag all dieser nicht-englischen Gruppen.
4) die Nutzung von produktiven Wortbildungsmustern zur Schaffung eines Wortschatzes, der den
referentiellen Bedürfnissen der neuen Umwelt
genügte – bes. Komposita mit ihrer hohen
Transparenz erwiesen sich Lehnwörtern weit
überlegen.
5) die Übertragung alter Wörter auf neue Inhalte,
d. h. Bedeutungs- und Bezeichnungswandel.
Diese Übertragung, z. B. auf Tiere und Pflanzen, die europ. Spezies als ähnlich empfunden
wurden, war nicht nur ökonomisch, sondern sie
half auch beim Abbau der Fremdheit gegenüber
der neuen Umgebung. Schon Webster (1828)
verwies nachdrücklich auf die Notwendigkeit eines solchen Bedeutungswandels auch im Bereich der Institutionen.

Es ist bedeutsam, daß der Abstand des AmE
zum BrE in der Zeit des nationalen Selbstbewußtseins im 19. Jh. wuchs, um 1920 vielleicht seinen Höhepunkt erreichte (nicht zufällig erschien 1919 Menckens einflußreiches
Buch mit dem programmatischen Titel *The
American Language*) und seither in Folge einer immer stärker von Amerika bestimmten
Weltkultur bes. im Wortschatz auf einen
neuen Ausgleich hinstrebt.
Die soziolinguistischen Grundlagen des
australischen Engl. (= AusE) waren durch
die frühe Geschichte des Landes als Sträf-
lingskolonie bestimmt (auch wenn nur drei
der Einzelstaaten überhaupt Sträflinge aufnahmen, und dies oft nur für wenige Jahre).
Im Laufe des 19. Jhs. ergab sich ein geographischer und sozialer Ausgleich (u. a. durch
den Aufstieg vieler Mitglieder der unteren
Klassen), der zu einer sehr homogenen,
sprachlich stark südenglisch geprägten Gesellschaft geführt hat, in die schottische und
irische Elemente und (bes. seit 1914) andere
europ. und später asiat. Einwanderer einge-
schmolzen wurden. Das soziale Stigma des
bodenständigen AusE blieb bis weit ins
20. Jh. erhalten, wobei die Bildungseliten auf
die Einhaltung der britischen Norm besonderen Wert legten. Im 20. Jh. wurde das AusE
als eigenständige Standardsprache nicht nur
weitgehend anerkannt, es strahlte auch als
neue Norm in den pazifischen Raum aus.

Wieder ist die Aussprache (mit geschichtlich
begründeter Nähe zum Londoner Cockney)
das verläßlichste Unterscheidungsmerkmal.
Im Wortschatz finden sich, wie beim AmE,
nur wenige Lehnwörter aus Eingeborenen-
und Einwanderersprachen; dagegen herrschen unter den Neuwörtern Komposita und
Ableitungen vor. Die Sozialgeschichte der
australischen Gesellschaft begründet die
große Offenheit des Allgemeinwortschatzes
zur Umgangssprache und zum Slang. Die
(Sprach-)Geschichte Neuseelands ist mit dem
großen Nachbarn eng verflochten; jedoch ist
dort – wohl auch als Folge einer für nötig
erachteten Abgrenzung – die britische Norm
noch unbefragter übernommen worden, was
wiederum der Entwicklung einer eigenständigen Standardsprache im Wege gestanden hat.
Das Phänomen des 'großen Bruders' erklärt auch weitgehend das Problem des kana-
dischen Engl. (= CanE); die Definition einer
nationalen Identität zwischen brit. Tradition
und US-amerik. Nachbarschaft ist für viele
Lebensbereiche eine ungelöste Aufgabe geblieben. Das Problem wird verstärkt durch
die Tatsache, daß Kanada in der Frühzeit
weitgehend von den US besiedelt wurde und
sprachliche Ähnlichkeiten heute über die
Grenze hinweg oft bestimmender sind als Gemeinsamkeiten auf nationaler Ebene. Lautlich (mit dem *Canadian Raising*) und lexikalisch (mit einer gewissen Sonderstellung des
Wortschatzes in Verwaltung, Recht und Umwelt) ist die sprachliche Eigenständigkeit des
CanE nur schwach ausgeprägt. Vielfach wird
das Engl. in Kanada (auch von Kanadiern)
als 'Mischung' von BrE (bes. in der Verwaltung und Bildung) und AmE (bes. in der
Wirtschaft und den Medien) angesehen –
eine Erscheinung, die oft mit seiner 'gemischten' Orthographie belegt wird.
Andere Varietäten zeigen bestenfalls Ansätze zu homogenen nationalen Normen
(Südafrika, und bes. ESL-Länder wie Indien
und Nigeria); inwieweit solche neuen Normen die internationale Verstehbarkeit des
Engl. beeinträchtigen (oder ob dieser Prozeß
ohne Normierung sich noch schneller vollzieht), bleibt abzuwarten. Jedenfalls scheint
die immer wieder beschworene Furcht, das
Engl. könne in Einzelsprachen zerfallen wie
früher die rom. Sprachfamilie, im Bereich des
schriftlichen Gebrauchs unbegründet.

3. Englisch als Zweitsprache

Als Sprache der Verwaltung, der Parlamente,
Schulen und Universitäten und weitgehend
der Medien nimmt das Engl. vor allem in frü-

heren engl. Kolonien heute eine beherr-schende Stellung ein; UsE als Zweitsprache herrscht dagegen in Puerto Rico, Liberia und den Philippinen. Von anderen europ. Kolonialsprachen (Frz., Span., Port.) unterscheidet sich das Engl. besonders durch die überwiegend neutrale Verwendung, die oft interne regionale Sprachunterschiede (wie in Nigeria oder Indien) überbrücken hilft. Ein Statuswandel des Engl. zur Fremdsprache ist dort vollzogen, wo in der neueren Zeit eine einheimische Nationalsprache durchgesetzt wurde (Tansania, Somalia, Pakistan, Bangladesch, Malaysia; im Prozeß: Philippinen). Das Hauptproblem der ESL-Staaten bleibt, einen gewissen Standard des Engl. zu sichern, um es intern und international als Kommunikationsmittel zu erhalten, obwohl die für Sprachunterricht verfügbaren Mittel (bei wachsenden Lernerzahlen) nicht ausreichen. Die Bereitschaft, nationale Gebrauchsnormen − notgedrungen − zu akzeptieren, ist zwar größer als im frz. Sprachbereich, aber noch unzureichend ausgebildet − auch weil das Gefühl, mit einem zweitklassigen Engl. abgespeist zu werden, bei vielen Sprechern neokolonialistische Bedenken weckt.

Bei allen individuellen Sonderheiten zeigt das Engl. der Zweitsprachenländer wiederkehrende Gemeinsamkeiten:

1) außerhalb der Bildungseliten bes. in der Aussprache zunehmend vom Internationalen Englisch (IntE) verschiedene und oft schwer verständliche Sprachformen; dies ist leicht dadurch zu begründen, daß der Unterricht oft für viele Lernergenerationen ohne muttersprachliche Lehrer erfolgen mußte;
2) in der schriftlichen Form eine gewisse Altertümlichkeit, was sich durch Orientierung an den klassischen Modellen des Kanons der englischen Literatur, der Bibel und der Verwaltungs- und Rechtssprache erklärt; Verwendung in anderen Bereichen führt oft zu Stilbrüchen, bes. wo das anspruchsvollere und für den Kontext zu formelle Wort gewählt wird;
3) zahlreiche durch Interferenzen aus den Muttersprachen und Übergeneralisierungen zu erklärende Abweichungen in der Grammatik (auffällig bes. im variablen Gebrauch von Artikeln, Tempus und Aspekt, Modalverben, Wortstellung).

Trotz all dieser Entwicklungen bleibt die internationale Verständlichkeit des geschriebenen Engl. durchgehend gewahrt.

4. Englisch als Fremdsprache

Nach langsamem Wachstum als Sprache der internationalen Kommunikation im 18.−19. Jh. ist der Durchbruch für das Engl. im 20. Jh. erfolgt, als bes. das Frz. (als erste Fremdsprache in Schulen, Sprache der Diplomatie und des Handels und Sprache der Kultur) und das Dt. (als Sprache der Wissenschaft) in den meisten Ländern abgelöst wurden. Das Russ. hat nach dem Zusammenbruch des Sowjet-Imperiums die internationale Rolle selbst regional weitgehend verloren, während das Span., Port., Ital. und Chin. vor allem an Mutter- oder Zweitsprachler gebunden geblieben sind, Hindi, Haussa, Suaheli usw. solche Rollen nur regional erfüllen und das Arab. auf den religiösen Bereich beschränkt ist.

Der Gebrauchswert des Engl. wurde früh gesehen (so bei der Modernisierung Japans seit dem 19. Jh.), zumal auch Plansprachen (Esperanto usw.) keine Alternative zu bieten scheinen. Diese sprachliche, auf den Nutzen gerichtete Interesse hat auch Versuche begünstigt, das Erlernen des Engl. durch weitere Vereinfachung zu erleichtern: Im BASIC English (entwickelt in den 1920er Jahren von Ogden und Richards) wurde der Versuch gemacht, das Engl. als Welthilfssprache in seinen Strukturen und im Wortschatz drastisch zu reduzieren; in ESP- (English for Special Purposes) Programmen wird die Sprache nur so weit erlernt, wie sie für den Zweck benötigt wird (z. B. nur für das Lesen fachsprachlicher Literatur). Das Engl. des internationalen Luftverkehrs ist auf die Vermeidung von Mißverständnissen hin als Reduktionssprache geplant worden.

Dabei kam dem Engl. seine morphologische Einfachheit zugute, die seit 1595 (von Carew und Sidney) als ein Vorzug der Sprache hervorgehoben wurde und sich bis in die Gegenwart als Argument für seine besondere Eignung als Weltsprache findet (so in einer vielzitierten Äußerung Jakob Grimms, der in seiner Akademierede von 1851 fand, das Engl. sei „durch den Wegfall beinahe sämtlicher Flexionen […] mit vollem Rechte eine Weltsprache", Müllenhoff 1864, 293; vgl. Bailey 1991, 107 f.). Der gemischte Wortschatz des Engl. − mit 60%−70% romanischem Anteil − bot ein weiteres Argument für seine Qualifikation als Weltsprache. Obwohl das Engl. mit seiner schwierigen Aussprache und undurchsichtigen Orthographie nicht durchweg als leicht lernbare Sprache gelten kann, ist doch wahr, daß für den Lernenden schnell eine Stufe erreicht ist, auf der Verständigung möglich wird. Diese Tatsache wird dadurch unterstützt, daß weltweit Teile des engl. Wortschatzes (bes. im Bereich von

Technik, Wissenschaft, Wirtschaft, Medien, Unterhaltung und Sport) auch als Lehnwörter bekannt sind, ja, daß für neue Inhalte oft gar keine heimischen Ausdrücke mehr geprägt werden, oder daß Sprecher ins Engl. überwechseln (Code-switching), sobald solche Bereiche berührt werden.

Neben der stark expandierenden Verbreitung der engl. Sprache als Kommunikationsmittel steht nämlich der durchdringende Einfluß auf die anderen Sprachen weltweit (vgl. Viereck/Bald 1986; Görlach 2001): Seit dem 19. Jh. ist das Engl. zu *der* Gebersprache geworden, und seine Einflüsse beschränken sich schon längst nicht mehr auf die Domänen, in denen die engl. Sprachgemeinschaft als vorbildlich gilt. Dies zeigt sich bes. in Bereichen, in denen das Engl. das Frz. zurückgedrängt hat (Diplomatie, Politik, z. T. Handel) oder die sich neu entwickelt haben, wie internationale Kommunikation. Von immer größeren Anteilen der Bevölkerung kann angenommen werden, daß sie Engl. beherrschen; in Verwendungen wie im Bankwesen und in wissenschaftlichen Publikationen ist das Engl. in vielen Ländern heute durchgesetzt – andere, wie die Sprache des See- und Luftverkehrs, sind durch internationale Abmachungen längst auf das Engl. festgelegt.

Umfassende vergleichende Untersuchungen zur Intensität des engl. Einflusses auf die Einzelsprachen fehlen, jedoch ist deutlich, daß die Einflüsse alle sprachlichen Ebenen betreffen. So weist das Deutsche neue Phoneme (/ei/ in *Laser: Leser*) und Kombinationen (in *Slip, Snob, Spot: Spott*) sowie Derivationsmorpheme (*-ing*) auf; die Häufigkeit des Pluralmorphems *-s* ist gesteigert. Romanische Sprachen zeigen nicht nur Elemente wie *-ing* sondern auch weitreichende phonologische Veränderungen in nicht angepaßten Lautstrukturen von Lehnwörtern, endungslose Pluralformen, usw. – aber auch Entwicklung neuer Typen von Komposita. Von Sprachen wie dem Hindi werden syntaktische Übernahmen, wie eine vom engl. Muster beeinflußte Wortstellung, berichtet. Allerdings stehen allergische Reaktionen, wie sie sich u. a. in der neueren frz. Sprachgesetzgebung ausdrücken, in keinem Verhältnis zur aktuellen 'Bedrohung'. Das Dt. hat noch heute ein Vielfaches an frz./lat. Lehngut im Vergleich zu den neuen Übernahmen aus dem Engl.

Obwohl die Verbreitung des Engl. durch eine aktive Kulturpolitik (bes. durch den British Council) kräftige Unterstützung erfahren hat (vgl. Philippson 1992), scheint diese Förderung – anders als beim Frz. – in der neuesten Zeit gar nicht mehr nötig, da die Nachfrage nach dem Engl. weltweit unaufhörlich wächst. Diese Nachfrage ist besonders bemerkenswert, wo Länder trotz negativer Erfahrungen mit der brit. Kolonialmacht das Engl. als offizielle Sprache beibehalten haben (zuletzt: verschiedene afrik. und asiat. Staaten) oder wo nach dem politischen Wandel der jüngsten Zeit sich der Drang nach dem Engl. – als Repräsentant 'westlicher' Lebensweise – Bahn gebrochen hat, wie in Rußland oder zunehmend auch in China.

Das Nebeneinander von so vielen regionalen, sozialen und stilistischen Varietäten hat die Toleranz gegenüber nicht normgerechten Sprachverwendungen allgemein wachsen lassen. Neben dieser Vielfalt steht aber das weitgehend homogene geschriebene Engl. als Weltsprache, das einen Bezugspunkt für Korrektheit bietet, wo sie denn gewünscht wird und Möglichkeiten der Erlernung gegeben sind.

5. Ausblick

Das weitere Wachstum des Engl. ist leicht vorhersehbar: Sprecherzahlen und Verwendungen der Sprache werden weiter zunehmen, wobei konvergente wie divergente Tendenzen sich die Waage halten. Internationale Kommunikation, zunehmend unter Nichtmuttersprachlern, mag die Abweichungen bes. als Folge unvollständigen Spracherwerbs erhöhen – diese Tatsache erweitert aber auch die Toleranz gegenüber unvollkommenen Äußerungen. Dagegen steht die starke Klammer der schriftsprachlichen Norm, die vor allem im Wortschatz Ausgleichstendenzen zeigt. Jespersens Zusammenfassung kann noch heute gelten:

„The English language is a methodical, energetic business-like and sober language, that does not care much for finery and elegance, but does care for logical consistency and is opposed to any attempt to narrow-in life by police regulation and strict rules either of grammar or lexicon" (1905, zitiert nach Fishman u. a. 1977).

Allerdings entzieht sich eine solche Wertung einer empirischen Überprüfung – auch was die im impliziten Vergleich angedeutete negative Wertung der anderen europ. Sprachen betrifft.

6. Literatur (in Auswahl)

Ammon, Ulrich (Hrsg.), Status and Function of Languages and Language Varieties. Berlin 1989. (Foundations of Communication).

Ders. (Hrsg.), Die internationale Stellung der deutschen Sprache. Berlin 1991.

Ders. (Hrsg.), The Present Dominance of English in European International Communication. Tübingen 1994. (Sociolinguistica 8).

Bailey, Richard W., Images of English. A Cultural History of the Language. Ann Arbor 1991.

Ders./Manfred Görlach (Hrsg.), English as a World Language. Ann Arbor 1982.

Carew, Richard, „The excellency of the English tongue", ca. 1595? Hrsg. v. G. G. Smith, Elizabethan Critical Essays. London 1904, II: 285−95.

Clyne, Michael (Hrsg.), Pluricentric Languages. Berlin 1992. (Contribution to the Sociology of Language 62).

Fishman, Joshua [et al.] Eds.), The Spread of English. Rowley, Mass. 1977.

Görlach, Manfred, Word-formation and the ENL: ESL:EFL distinction. In: English World-Wide 10, 1989, 279−313.

Ders., The development of Standard Englishes. In: Studies in the History of the English Language. Heidelberg 1990, 9−64. (Anglistische Forschungen 210).

Ders., Colonial lag? The alleged conservative character of American English and other colonial varieties. In: English World-Wide 8, 1987, 41−60. [Nachgedruckt in: Englishes. Studies in Varieties of English 1984−1988. Amsterdam 1991, 108−21. (Varieties of English around the World, G9)].

Ders., Innovation in New Englishes. In: English World-Wide 15, 1994, 101−126.

Ders., The emergence of emigrant Englishes. In: RASK 2. Hrsg. v. Hans Nielsen. Odense 1996, 117−40.

Ders. (Hrsg.), Dictionary of European Anglicisms: A Usage Dictionary of Anglicisms in Selected European Languages. Oxford 2001.

Grimm, Jakob, Kleinere Schriften. Hrsg. v. Karl Müllenhoff. Berlin 1864.

Kachru, Braj B., The Alchemy of English. The Spread, Functions and Models of Non-native Englishes. Oxford 1986.

Ogden, C. K. & I. A. Richards, The Meaning of Meaning. London 1923. (4. Aufl. 1936).

Philippson, Robert, Linguistic Imperialism. Oxford 1992.

Platt, John/Heide Weber/Mian Lian Ho, The New Englishes. London 1984.

Scaglione, Aldo, The Emergence of National Languages. Ravenna 1984.

Sidney, Sir Philip, Apologie for Poetrie. London 1595.

Trudgill, Peter, Dialects in Contact. Oxford 1986.

Ders./Jean Hannah, International English: A Guide to Varieties of Standard English. London 1982.

Viereck, Wolfgang/Wolf-Dietrich Bald (Hrsg.), English in Contact with Other Languages. Budapest 1986.

Wardhaugh, Ronald, Languages in Competition. Oxford 1987.

Webster, Noah, Dissertations on the English Language. Boston 1789. [Repr. Menston 1967].

Ders., An American Dictionary of the English Language. New York 1828.

Manfred Görlach, Köln

69. Gemeinsamkeiten und Unterschiede im Wortschatz europäischer Sprachen

1. Das antike Erbe
2. Das Französische und andere romanische Sprachen
3. Das Englische
4. Das Deutsche und die skandinavischen Sprachen
5. Die slavischen und andere osteuropäische Sprachen
6. Literatur (in Auswahl)

Jeder Deutschsprachige, der in der Schule eine oder mehrere Fremdsprachen lernt − Engl., Frz., Lat., seltener Russ. oder eine andere slav. Sprache − macht die Erfahrung, daß die 'fremde' Sprache ihm nicht in allen Teilen fremd, sondern in manchen Einzelteilen von der eigenen Sprache, also dem Dt., her vertraut ist: Wörter wie engl. *water, eat, and, that, when, house, green, great, drink, run* usw., aber auch lat. *habere, est, longus, murus, fenestra, corpus, nasus, scribere, ager, mus* sind uns schon irgendwie bekannt oder wir können sie leicht an uns bekannte Wörter anknüpfen. Und wenn wir unsere zweite oder dritte Fremdsprache lernen, wird der Bestand an Wörtern, die wie aus der ersten oder zweiten Sprache schon kennen, noch wesentlich größer. Das ist uns so selbstverständlich, daß es uns schon gar nicht bewußt ist, geschweige denn, daß wir darüber nachdächten. Dabei ist es doch a priori alles andere als selbstverständlich, daß zwei beliebige Sprachen der Welt überhaupt irgend etwas miteinander gemeinsam haben; man sollte vielmehr erwarten, daß jede neue Sprache, der wir begegnen, 'ganz anders' ist. Daß das bei uns nicht so ist, hat im wesentlichen zwei Gründe: 1) unsere Sprache ist mit den Sprachen, die um uns herum gesprochen werden − wir wollen sie die 'europäischen' nennen − historisch-genetisch verwandt; 2) die europ. Sprachen haben sich in verschiedenen Epochen in verschiedenen Richtungen gegenseitig beeinflußt. Die Differenzen, die trotzdem in großem Umfang zwischen ihnen bestehen, erklären sich ebenfalls aus zwei Gründen: 1) die einzelnen Sprachen der ursprünglichen genetischen Einheit ('Urindogermanisch' genannt) haben sich in je verschiedene Richtungen durch Sprachwandelprozesse auf jeder Ebene (Phonologie, Morphologie, Syntax, Lexikologie, Semantik) auseinanderentwickelt; 2) jede einzelne Sprache hat andere Einflüsse als ihre Nachbarsprachen erfahren.

Diese verschiedenen Kriterien sollen hier besonders mit Blick auf den Wortschatz der wichtigsten europ. Sprachen und Sprachgruppen dargestellt werden. Dabei wollen wir nach einer kurzen einleitenden Betrachtung der alten europ. Kultursprachen Griech. und Lat. nacheinander die rom., die germ. und die slav. Sprachen mit ihren wichtigsten Vertretern besprechen; insbesondere werden das Frz., das Engl. und Dt. (mit einem Blick auf das Schwed. und Dän.) sowie das Russ. (mit Ausblicken auf das Bulgarische und andere Sprachen Eurasiens) näher behandelt werden. Im Blick bleibt dabei immer − dem Ort dieses Artikels gemäß − das Dt., als nehmende, aber auch als gebende Sprache.

1. Das antike Erbe (Griechisch und Lateinisch)

Ein beträchtlicher Teil der Gemeinsamkeiten im Wortschatz europ. Sprachen geht auf das gemeinsame Erbe aus der griechisch-römischen Antike zurück. Eine Einheit ('griechisch-römisch') bildet dieses Erbe insofern, als ein großer Teil des Wortschatzes griech. Ursprungs durch römisch-lat. Vermittlung in die europ. Sprachen gelangt ist, nur ein geringer Teil auf direktem Wege ohne Vermittlung. Dies läßt sich in manchen Fällen orthographisch-phonetisch nachweisen, z. B. weist die Schreibung th, ph, y im lat. Alphabet z. B. des

Dt., Frz. oder Engl. in der Regel auf lat. Vermittlung griech. Wörter. Hierauf wird an den entsprechenden Stellen bei der Behandlung der einzelnen Sprachen bzw. Wörter hingewiesen werden. Im Slav. (z. B. Russ.) lassen sich so direkt aus dem (byzantinischen) Griech. und indirekt über das Dt., Frz. oder Lat. entlehnte Wörter unterscheiden.

1.1. Griechische Wörter

Direkt oder indirekt entlehnt, betreffen sie vor allem den wissenschaftlichen (inkl. technischen) und religiösen Wortschatz der europ. Sprachen. Nicht dazu gehören nur Wörter wie nhd. *Tisch* (über lat. *discus* aus griech. *diskos*), Kirche (aus griech. *kyri(a)ké* direkt oder über eine nicht belegte Variante des Gotischen?), *Minze* (aus griech. *minthe*, über lat. *menta*?), *Petersilie* (aus griech. *petroselinon*, über lat. *petroselinum*), *Pferd*, nd. *Peerd*, ndl. *paard* (aus griech. *para-* plus splat. *-veredus*, *paraveredus*) u. ä. Zu diesen noch aus der Spätantike oder dem Frühmittelalter stammenden Entlehnungen kommen dann im Dt. (wie auch in anderen europ. Sprachen) mehrere Schübe griech. Wörter meist über das Lat. wie in der Karolingerzeit, der Zeit des Humanismus und der Renaissance, der Klassik des 18. bis 19. Jh. und noch bis in die Neuzeit. Seit nach dem Fall Konstantinopels 1453 mit den geflüchteten griech. Gelehrten das Studium des Griech. in Italien, Frankreich, Deutschland und anderen Ländern sehr schnell aufblühte, ist auch mit direkter Übernahme griech. (gelehrter) Wörter in die europ. Sprachen zu rechnen, wenn auch latinisierte Schreibungen, Formen, Endungen und Betonungen bis in die neueste Zeit üblich sind, weil alle 'Humanisten' und 'Neuhumanisten' sich des Lat. als Arbeits- und Schulsprache bedienen. So schrieb und sagte man im 19. und bis ins 20. Jh. im Dt. *Áschylus*, *Sóphokles*, *Eurípides* mit lat. Betonung auf der drittletzten Silbe für griech. *Aischýlos*, *Sophoklés*, *Euripídes*; *Homér(us)*, *Ásóp(us)* mit lat. Betonung der Länge der Paenultima für griech. *Hómeros*, *Aisopos* mit Anfangsbetonung. Die technischen Erfindungen des 19. Jh. wurden von humanistisch gebildeten Ingenieuren oft mit griech. oder griech.-lat. Neuwörtern benannt, die so weder im antiken griech. noch lat. Wortschatz gebraucht wurden, vgl. *Telephon*, *Telegramm*, *Telegraph* (heute engl. frz. *television*), *Elektrizität*, *Dynamo*, *Auto(mobil)* usw. Hierdurch ist im heutigen Dt. (ähnlich wie in den anderen europ. Sprachen) ein Fundus von griech. (und lat.) Wörtern und Morphemen entstanden, der frei kombinierbar ist, so daß dies (historisch gesehen) nicht nur zu griech.-lat., sondern auch zu griech.-dt. oder lat.-dt. Zwitterbildungen ('Bastarden') führt, wie die genannten *tele-vision, Auto-mobil, Elektriz-ität,* aber auch *elektr-isch, Tele-kom, Radio-logie, Elektro-gerät, Automechanik-er* usw.

Der wissenschaftliche Wortschatz ist besonders in den Grundbegriffen, den Bezeichnungen verschiedener Wissenschaften, ihrer Hauptteile und Basisbegriffe großenteils griech. Ursprungs oder griech. Herkunft; man vgl. die Komposita mit *-logie* (mit griech. oder frz. Betonung auf dem *i*; lat. Betonung auf dem *o*):

Astro-, Bio-, Christo-, Chrono-, Dendrochrono-, Dermato-, Ethno-, Geo-, Histo-, Hydro-, Ikono-, Kosmo-, Limno-, Malako-, Meteoro-, Morpho-, Neuro-, Öko-, Patho-, Philo-, Phono-, Rhino-, Semasio-, Tauto-, Theo-, Uro-, Zoo-...-logie.

Ähnliche Wortreihen gibt es etwa mit *-graphie (Bio-, Ethno-, Geo-, Historio-, Ikono-, Kosmo-...-graphie), -tik (Apologe-, Glossema-, Homile-, Kosme-, Noe-...-tik).*

In der Sprachwissenschaft sind die Wörter für die Hauptbegriffe und Hauptkategorien griechisch, z. B.

Phonetik, Phonologie, Morphologie, Paradigmatik, Syntagmatik, Syntax, Semantik, Lexik(ologie); Parataxe, Hypotaxe, auch *Diathese, Aorist, syndetisch, asyndetisch, autosemantisch, synsemantisch ...,*

aber die Bezeichnungen für Wortklassen und Flexion und deren Kategorien fast durchweg lat. (s. u. 1.2.), wenn auch in den meisten Fällen schon im Altertum aus dem Griech. meist wörtlich übersetzt.

In den modernen Naturwissenschaften, vor allem in der Chemie, aber auch in der Biologie und Medizin, ist mit griech. (und lat.) Wortelementen (Morphemen) geradezu eine neue rationale Kunstsprache entstanden, die logisch und systematisch eine abbildende 1:1-Struktur von Inhalt und Ausdruck herzustellen versucht, vgl. die Morpheme *-at, -id, -it, -itis, -gen, -yl* usw. oder die Abbildung der Struktur $6 \times H_2C + 4 \times N$ als *Hexa-methylen-tetr(a)-amin* u. v. a. m. Das hier im einzelnen zu verfolgen, wäre sehr reizvoll und lohnend, wie überhaupt die Untersuchung und Betrachtung vieler Fachsprachenterminologien, würde hier aber viel zu weit führen. Vgl. Grad 1979; Glucker 1989; Hemme 1900, 1901; Lurquin 1978; 1979; Poeschl 1968, Schaller 1984; Panzer 1991).

1.2. Lateinische Wörter

Sie sind, wie schon angedeutet, seit den ersten Berührungen der Römer mit Kelten und Germanen im Altertum in deren Sprachen eingedrungen und aufgenommen worden. Dabei ist es hier ohne Belang, woher diese lat. Wörter selbst stammen (dazu vgl. Panzer 1993 und oben 1.1.). Besonders in den germ. Sprachen, vor allem im Dt., sind die älteren und ältesten Lehnwörter aus dem Lat. oft gut von späteren Entlehnungen relativ leicht durch ihre lautliche Gestalt zu unterscheiden, weil sie wie die ererbten Wörter die verschiedenen Sprachwandelprozesse, z. B. die sog. Lautverschiebungen, besonders die zweite oder 'hochdeutsche', mitgemacht haben (wie z. B. *planta − Pflanze, postis − Pfosten, tegula − Ziegel*) oder auch die mhd.-nhd. Diphtongierung von langem *i, u* zu *ei, au* (z. B. *vinum − Wein, murus − Mauer*). Diese sog. Lehnwörter sind für den unreflektierten Sprecher des Dt. voll integriert und als solche deutlich von den später übernommenen, im wesentlichen noch in Laut- und Formenlehre ihr lat. Gepräge tragenden gelehrten Wörtern aus der Zeit des Humanismus und danach als 'Fremdwörter' zu unterscheiden. In anderen europ. Sprachen, wie natürlich besonders den rom., aber auch im Engl., ist das nicht in gleichem Maße der Fall, da hier ein wesentlich größerer, ja der weit überwiegende Teil des Wortschatzes rom.-lat. ist. Selbst für die sprachwissenschaftliche Analyse ist es zwar oft, aber nicht immer möglich, die genaue Zugehörigkeit eines bestimmten Wortes zu einer bestimmten Entlehnungsschicht auszumachen. Dazu im einzelnen unter den verschiedenen Sprachen!

Die slav. Sprachen sind hier uneinheitlich, je nach der Zugehörigkeit zu den verschiedenen Kulturregionen Europas und der Epoche der Herausbildung der jeweiligen Schrift- und Standardsprache: Während die ost- und ostsüdslav. Sprachen von Anbeginn dem dominierenden Einfluß des byzantinischen Griech. ausgesetzt waren und allenfalls durch dessen Vermittlung lat. Wortgut erhielten (wie z. B. *cesar'* aus griech. *kaisar* spr. *kesar*, aus lat. *Caesar*), unterlagen die west- und westsüdslav. schon in ihrer Frühzeit direktem oder indirektem (über das Dt. oder Ital.) lat. Einfluß aus dem angrenzenden ofrk. bzw. dt. Reich. Besonders die jüngeren slav. Schriftsprachen, die im 19. oder 20. Jh. erst ihre heutige Norm errungen haben, sind z. T. bis heute sehr empfindlich gegen derartiges und anderes fremdes Wortgut und haben es häufig mit rigorosem Purismus wieder beseitigt. Ältere Schriftsprachen wie etwa das Russ. oder auch das Poln. sind da weitaus toleranter; ein Sonderfall ist das Tschech., als Schriftsprache eigentlich älter als das Poln., dem es im 14. Jh. sogar Pate gestanden hat: In und nach der 'Wiedergeburt' (so bezeichnen die West- und Südslaven allgemein die Bestrebungen zur Bildung einer eigenen modernen Sprache und Nation im 19. Jh.) hat sich das Tschech. rigoros von vielem fremdem Wortgut (auch grammatischen Erscheinungen) besonders des Dt., aber auch des Lat. (und griech.) befreit und es durch Eigenes ersetzt. Dazu gehören auch solche 'Internationalismen' wie z. B. *mluvnice* 'Grammatik', *hudba* 'Musik', *divadlo* 'Theater', *dějiny* 'Geschichte' usw. (vgl. Panzer 1993, 22 ff. mit weiteren Beispielen aus dem Tschech., Slov., Kroat.).

Was aber gewöhnlich den verbohrtesten Puristen entgeht und darum fast überall Bestand hat, das sind die das fremde Wortbildungsmuster nachahmenden Lehnübersetzungen (*calques*), die sich meist innerhalb einer Generation so weit einbürgern, daß selbst Linguisten immer wieder erstaunt sind, ein wie großer Teil des gewohnten und für ererbt gehaltenen Wortschatzes (übrigens auch der Phraseologie und grammatischer Konstruktionen) von gelehrten Übersetzern, aber auch von bilinguen Sprechern bei der Akkulturation und Zivilisation Nachahmungen ursprünglich fremder Muster sind.

Das beginnt in Europa schon bei den Römern, die noch im ersten vor- und im ersten nachchristlichen Jahrhundert in offizieller Rede Griech. mieden (in den Briefen etwa eines Cicero sieht es schon ganz anders aus als in den Staatsreden), dafür aber eifrig die griech. Muster übersetzten wie z. B. im grammatischen Bereich: *rhema* − *verbum*, *onoma* − *nomen*, *hypokeimenon* − *subiectum*, *kategorumenon* − *praedicatum*, *ptosis* − *casus*, *dotiké* − *dativus*, *aitiatiké* − *accusativus* (falsch statt *effectivus* o. ä.), *chronos* − *tempus* u. ä. m. (vgl. Panzer 1983).

Bekannt ist, daß auch das Dt. in und seit ahd. Zeit in großem Maße durch derartige Lehnübersetzungen seinen Wortschatz ausgebaut und so überhaupt erst fähig gemacht hat, die neuen Inhalte und Begriffe der übernommenen Religion und Wissenschaften sowie kulturellen Phänomene adäquat zu bezeichnen und auszudrücken, vgl. etwa: *conscientia* − *giwizzan* Gewissen, *misericordia* − *(b)armherzigkeit*, *beneficium* − *wolatat*, *con-*

tradictio − *Widerspruch*, *accipere* − *annehmen*, *influentia* − *Einfluß*.

Ähnliches läßt sich auch für das Engl. in eher noch größerem Umfang nachweisen (vgl. dazu unten sowie Vossen 1978; Bauer 1991; Stein 1991 u. a.). Dasselbe gilt von den westlicheren slav. Sprachen gegenüber dem Lat. und dem Dt. sowie von den östlicheren Slavinen gegenüber dem Griech., vgl. z. B. gr. *theologos* − (r.(aksl.) *bogoslov*, gr. *diathesis* − r.bg. *zalog*, gr. *eulogia* − sl. *blagoslovie*, gr. *thetokos* − sl. *bogorodica*, vgl. unten Kap. 5!

Auch die Syntax ist in älterer Zeit in den kyrillisch schreibenden Slavinen weitgehend griech. (Wort-für-Wort-Übersetzungen), wovon z. B. auch im heutigen Russ. noch viel geblieben ist, z. B. die in der geschriebenen Sprache sehr häufigen Partizipialkonstruktionen, obwohl seit dem 18. Jh. vieles beseitigt oder gemildert und durch westliche Sprachmuster (vor allem frz.) ersetzt worden ist.

2. Das Französische und andere romanische Sprachen

Die rom. Sprachen haben natürlich vor allem den aus dem Lat. ('Vulgärlatein') ererbten Wortschatz einschließlich aller durch Entlehnung in das Lat. selbst von außen übernommenen Bestandteile, z. B. vor allem auch der griech., in der jeweils spezifischen Lautform tradiert. Hinzu kommen aber jeweils weitere Bestandteile aus Sub- und Superstratsprachen, je verschieden in den verschiedenen 'romanischen' Regionen: in Italien etwa aus den altitalischen Sprachen (Oskisch-Umbrisch, Venetisch u. a.), den kelt. Sprachformen Oberitaliens, den germ. Sprachen der Völkerwanderungszeit (vor allem Got. und Langob.), dem Dt. (in alem. und bair. Varianten), Frk., Frankogallischen bzw. Frz.; in Spanien etwa vorrömische hispanische Substratsprachen, wovon wohl das bis heute lebendige Baskische der letzte Rest ist, das Westgot., Frk., Arab., Hebr. u. a.; in Rumänien und überhaupt auf der Balkanhalbinsel das Dakische, Thrakische, Illyrische, Griech., Slav. (vor allem Bulgarische), das Osmanisch-Türkische u. a.; in Gallien (Frankreich) das Kelt., Germ. (vor allem Frk., aber auch evtl. Burg., Got., Vandalische) und Dt. sowie neuerdings immer stärker das Engl. Außerdem haben alle rom. Sprachen zu verschiedenen Zeiten in verschiedenem Umfang einen direkten Einfluß des mittelalterlichen, humanistischen und klassizistischen Lat. erfahren, der sich zwar nicht immer, aber doch sehr oft in seiner Lautstruktur vom ererbten rom. Wortschatz klar unterscheiden läßt. Viele Neolatinismen sind in die rom. Sprachen über die lange Perioden der Neuzeit kulturell dominierende frz. Sprache oder nach ihrem Muster gelangt, zusammen mit vielen genuin-französischen Wörtern. Überhaupt ist das Frz. so und aus diesem Grunde zur Quellen- und Ausgangssprache vieler lexikalischer Elemente (und grammatischer Strukturen) in den meisten europ. Kultursprachen geworden, so z. B. sehr früh schon im Engl. (s. u. Kap. 3), aber auch im Dt., im Russ. und vielen anderen Sprachen Europas (und der Welt).

Es ist unmöglich, hier auf diese Fragen für jede Sprache im einzelnen einzugehen; dazu muß auf die einschlägige Fachliteratur verwiesen werden, z. B. Berschin/Felixberger/ Goebl, Claußen, Mader, Popescu/Fischer 1987, 1992, Steffenelli, Vossen u. a. Es kann und soll hier nur das Frz. exemplarisch etwas näher betrachtet werden, um das, was oben allgemein formuliert worden ist, am Sprachmaterial zu dokumentieren und zu veranschaulichen.

Periodisiert wird die Entwicklung des frz. Wortschatzes (etwa von Steffenelli) in „vulgärlateinisch-protoromanisch", „Gallolatein und Protofranzösisch", „altfranzösisch", „mittelfranzösisch" und „neufranzösisch". Dabei wird jeweils die innere Entwicklung (Ausbau des Wortschatzes durch Bedeutungsveränderung und Derivation) von Ausbau und Bereicherung durch äußere Einflüsse (Entlehnung aus anderen Sprachen) unterschieden. Beides kann im Vergleich zu anderen rom. Sprachen zu Differenzierungen, aber auch zu sekundären Gemeinsamkeiten führen. Wir können nur auf die Entlehnungsprozesse kurz hinweisen und eingehen.

„Fremdsprachliche Einflüsse", die schon vor der regionalen Differenzierung im (Vulgär)Lat. erfolgten, kommen vor allem aus dem Griech., Germ. und Kelt. Dazu gehören etwa:

a) aus dem Griechischen: lat. *ecclesia, monasterium, diabolus, parabola* − frz. *église, monastère, diable, parole.*
b) aus dem Germanischen: germ. **blank, werra, wardon* − frz. *blanc, guerre, garder.*
c) aus dem Keltischen: lat. *cambiare, caminus, carrus, sapo, camisia* − frz. *changer, chemin, char, savon, chemise.*

Im „Gallolatein" und „Protofranzösischen" wird vor allem unterschieden zwischen:

a) „gallischem Substrat" (etwa 180 Worttypen): frz. *charrue, brasser, chêne, mouton.*
b) „fränkischem Superstrat": frz. *danser, jardin, salle, besoin, bleu, riche, franc, trop* u. v. a. m. (etwa 2−300 Wörter in der frz. Schriftsprache, ca. 600 incl. Dialekte).

Im „Altfranzösischen", das seit dem 9. Jh. sich als eigene Sprache vom Lat. löst, ist besonders vom 11. bis 13. Jh. zum ersten Mal nun auch der Einfluß der lat. Gelehrtensprache zu beobachten; dazu gehören z. B. frz. Wörter wie: *figure, présenter, contraire, moment, question, région, patron, texte, auteur, cas, famille, centre, politique, possible, particulier, complet, content, discuter, terminer, supposer* [...].

An Quellen fremdsprachlicher Einflüsse werden seit dem 12. Jh. in verschiedenem Umfang schon das Engl., Ital., Okzitanische, Span., Dt. und Nl. genannt (vgl. Steffenelli 164 mit Belegzahlentabelle vom 12. bis zum 20. Jh.).

Diese Sprachen sowie in immer neuen Schüben das Gelehrtenlatein bilden neben dem hier nicht darstellbaren inneren Ausbau die Quellen der Erweiterung des frz. Wortschatzes. Das führt z. T. auch zu regelrechten Reihen von Dubletten im heutigen Frz. (natürlich mit Verwendungsunterschieden) wie

z. B. *direct − droit*   *fragile − frêle*
      naviguer − nager   *grave − grief*
      natal − noël   *frigide − froide*

oder zu Derivationsparadigmen, die nur auf lateinischer Basis durchsichtig sind:

z. B. *oeil − oculaire*   *louer − laudatif*
      doigt − digital   *sur − sécurité*
      eau − aqueux   *nez − nasal*
      (vgl. Berschin [u. a.] 1978, 202).

Es ist wohl deutlich, daß durch diese Aufnahme fremden Wortgutes aus verschiedenen europ. Sprachen, die ihrerseits heute in ihren Fortsetzern weiterexistieren und die z. T. aus denselben Quellen geschöpft haben, neue Gemeinsamkeiten über die Grenzen genetisch getrennter Sprachfamilien oder Sprachzweige entstanden sind. Zudem ist das Frz. in seiner jeweiligen Entwicklungsstufe, wie wir im folgenden sehen werden, seinerseits zur ausgiebig genutzten Entlehnungsquelle geworden, die eine Fülle neuer Gemeinsamkeiten in den europäischen Wortschatz gebracht hat.

Die anderen rom. Sprachen, die hier nicht im einzelnen behandelt werden können, haben bei weitem nicht in gleicher Weise und in gleichem Umfang Einfluß auf andere europ.

Sprachen ausgeübt, allenfalls in einigen Teilbereichen, z. B. das Ital. in der Sprache der
Kunst (nhd. *Barock, Gotik, Fresko*) und besonders der Musik (*presto, adagio, Piano, dur,
moll, Pizzicato, Sonate, Sinfonie*), auch im
Bank- und Geldwesen (*Bank, Giro, Konto,
Disagio, Finanzen ...*) (vgl. Lüdtke 1968).

3. Das Englische

Es läßt sich hier besonders gut anschließen,
weil es nicht nur die Rolle der 'lingua franca',
die früher das Lat., dann das Frz. innehatte,
in Europa und der Welt übernommen hat,
sondern diese Rolle auch − von sicher ausschlaggebenden politischen Faktoren abgesehen − deswegen mit so großer und weltweiter
Akzeptanz spielen kann, weil es eine vom genetischen Ursprung her germ., gerade aber
im Wortschatz stark und weitgehend romani-
sierte Sprache ist. Hier können nur die we-
sentlichsten Etappen der Sprachentwicklung
angedeutet und illustriert werden, für Einzelheiten verweisen wir auf die umfangreiche
Spezialliteratur; hier etwa die mehr oder weniger ausführlichen Darstellungen von Ayers,
Bauer, Hemmer, Mader, Stein, Vossen und
die dort zitierte Literatur.

Die Römer trafen im 1. Jh. v. Chr. (Caesar) auf den britannischen Inseln eine keltische Bevölkerung an, die möglicherweise in
den Zentren der römischen Besatzung bis
zum Beginn des 5. Jh. (410) schon mehr oder
weniger stark romanisiert wurde, worüber
aber wenig bekannt zu sein scheint. Kaum ein
halbes Jahrhundert nach dem Abzug der Römer erlebten die Britannier die Invasion der
Angeln und Sachsen aus Nordwestdeutschland (Mitte des 5. Jhs., Hengist und Horsa),
womit der historisch-politische und ethnische
Grund für die Germanisierung Britanniens
gelegt wurde (seither 'Eng(la)land', 'Essex,
Wessex, Sussex' u. a. geographische Namen).
Dem folgten Ende des 8. Jhs. (793 Lindis-
farne) bis zum 10. Jh. mehrere Wellen nordgerm. Eroberer aus Norwegen und Dänemark ('Wikinger'), die politisch dominierend
und sprachlich nicht ohne noch heute faßbaren Einfluß waren. Politische und verwandt-
schaftliche Beziehungen dieser Nordmänner
('Normannen') zu ihren Stammesbrüdern in
Nordfrankreich ('Normandie') führten in
Form von Erbfolgestreitigkeiten zur Invasion
und Eroberung Englands durch die sprachlich bereits romanisierten 'französischen'
Normannen. Seither ist bis zur Mitte des

14. Jh. (1349 Schulwesen, 1362 vor Gericht)
die Sprache der führenden Schicht und des
Staates das normannische Frz., dann erst
wieder 'Englisch', das aber in den fast dreihundert Jahren ein völlig anderes Aussehen
angenommen hatte: statt des fast rein
westgerman. Idioms (mit nordgerm. Ein-
sprengseln) der Zeit bis zum 11. Jh., das wir
'Altenglisch' nennen, tritt uns das Engl. nun
im wesentlichen als die germ.-rom. 'Mischsprache' entgegen, wie wir sie heute noch
kennen. Danach hat sie sich sowohl phonetisch als auch natürlich lexikalisch weiterentwickelt, z. B. durch weitere Entlehnungen aus
dem (moderneren) Frz., vor allem aber wie
dieses durch mehrere und immer neue Schübe
von Entlehnungen und Übernahmen aus dem
Gelehrtenlatein, aber sein grundlegendes
Aussehen hat es bis heute nicht mehr geändert. Das Engl. ist auf diese Weise zu
dem Paradebeispiel einer Sprache geworden,
die sich der Beschreibung durch das verbreitete historisch-genetische Entwicklungsmo-
dell weitgehend entzieht und wegen seiner
prinzipiell unbeschränkten Bereitschaft und
Fähigkeit zur Aufnahme fremden Wortguts
sich einer eindeutigen Zuordnung zu einer
der etablierten Sprachgruppen (germ.-rom.)
widersetzt. Zugleich hängt damit sicher die
eingangs erwähnte Akzeptanz, Flexibilität
und weltweite Verwendbarkeit dieser Sprache zusammen.

Zur Veranschaulichung hier nur jeweils
wenige Beispiele aus den erwähnten historischen Schichten des Wortschatzes, wobei wir
vom Kelt. in Orts- und Personennamen absehen; nicht weiter auszuführen und zu belegen
ist auch der gemein- und wgerm. Wortschatz,
da er jedem Deutschsprachigen in den entsprechenden engl.-dt. Wortgleichungen unmittelbar einsichtig ist (z. B. etwa *eat, drink,
run, house, mouse, finger, green, great, eight,
nine, ten*). Nordgerm. Ursprungs sind Wörter
wie *skin, skill, sky, ask, call, die, hit, want,
take, law, ill, ugly, wrong, fellow, root, win-
dow*). Das Lat. ist schon im Aengl. im gelehrten, technischen und kirchlichen Wortschatz
in (schon adaptierten) Wörtern wie *apostol,
bisceop, preost, mynster* (alle ursprünglich
griech.), *čeaster* (l. *castra*), *plant, mynet* (l.
moneta), *sacerd* u. a. vorhanden, wird aber
nun direkt und indirekt (über das Frz.) immer erneut zur Quelle der Wortschatzerweiterung durch Entlehnung. Die Zeit von Humanismus und Renaissance (1510 bis 1710) mit
einem absoluten Gipfel um 1610 (mit über
tausend Wörtern) zeigt den lat. Einfluß auf

dem Höhepunkt, weit vor allen anderen Sprachen, auch dem Frz. (ca. 300 Wörter; vgl. Stein 85 mit Aufschlüsselung nach Sachbereichen). Wichtig ist, daß auch Morpheme, also Wortelemente, z. B. *ante-, anti-, de-, dis-, in-, intra-, per-, post-, pro-, re-, sub-, trans-, ultra-*, oder *-ance, -ation, -ment, -ty* u. a. frei verfügbar wurden, also z. B. auch an Morpheme germ. Ursprungs angefügt werden können, z. B. *re−read, re−write, hindrance, bearable* u. a. Bekannt ist auch, daß im heutigen Engl. viele Wörter nur phonetisch anglisiert worden sind, wie z. B. *exterior, interior, major, minor, senior, agenda, memorandum, climax, apparatus* usw. oder die bekannten Abkürzungen wie *a. m.* (= *ante meridiem*), *p. m.* (= *post meridiem*), *A. D.* (= *Anno domini*), *e. g.* (= *exempli gratia*), *etc.* (= *et cetera*), *i.e.* (= *id est*), die z. T. nur noch geschrieben werden, aber mit engl. Wörtern ausgesprochen wie *i.e. = for instance, etc. = and so on, i.e. = that is* usw.

Andere Sprachen (außer Lat. und Frz.) haben nur sporadische Spuren im Engl. Wortschatz hinterlassen, so daß man kaum von 'Schichten' sprechen kann. Hierzu gehören auch die Musiktermini des Ital. wie *concert, opera, piano, solo, sonata* oder auch die wenigen oft bergbautechnischen Termini aus dem Dt. wie *zinc, gneiss, nickel, wacke, wolfram* oder *hamster, iceberg, meerschaum* u. a.

Andere Wörter, besonders aus dem politischen Bereich, wie z. B. *ostpolitik* o. ä., sind wohl kaum als dauerhafte Entlehnungen, sondern eher als aktuelle 'Zitate' zu betrachten, wie andererseits solche Anglizismen in der politischen und Zeitungssprache des 'Deutschen' wie z. B. *disengagement, flexible response, appeasement*, die heute schon nicht mehr aktuell sind, sobald die Diskussion darüber beendet oder obsolet geworden ist.

4. Das Deutsche und die skandinavischen Sprachen

Da das Dt. Thema dieses Sammelwerkes ist und in anderen Artikeln auch der Wortschatz in seiner Entwicklung dargestellt wird, einiges zum Dt. als Fortsetzer und Vermittler des antiken Erbes schon eingangs gesagt wurde, soll hier das Dt. ebenfalls in seiner Stellung und Mittlerfunktion in Europa kurz beleuchtet werden. Dabei ist diese Funktion besonders im Norden und im Osten Europas bedeutsam geworden, also in den skandinavischen (nordgerm.) und in den slav. Sprachen.

Dabei wird durch das Deutsche nicht nur ererbtes germ. Wortgut, sondern vor allem auch der gesamteuropäische, internationale, also griech.-lat., aber auch frz., kaum der engl., Wortschatz weitergegeben, z. B. die frz. Militärterminologie ans Russ. (r. *oficer, unteroficer, lejtenant, general,* usw.). Die Rolle des Dt. in den skandinavischen Sprachen des Festlandes (also nicht im Isländischen und Färingschen), vor allem im Dän. und Schwed., aber auch im Norweg., durch viele Jahrhunderte wird erst neuerdings immer klarer, vgl. die Forschungen und Darstellungen von Braunmüller/Dierks, Elmevik, Haugen, Hyldgaard-Jensen, Schöndorf, Törnquist, Ureland, Winge u. a. Hierbei ist besonders in der Zeit der Hanse das Mnd., erst später (nach der Reformation) das Hd. im Wortschatz greifbar. Es läßt sich zeigen, daß der dän. und schwed. Wortschatz durch das Nd. geradezu überschichtet worden ist, so daß viele ererbte Wörter und Wortformen durch wgerm.-nd. ersetzt worden sind. Dies ist vom Dt. her oft schwer erkennbar, da natürlich die Gemeinsamkeiten zwischen Nd. und Skan. ohnehin groß und unmittelbar auffällig sind. Nur der innernordische historische Vergleich läßt den dt. Einfluß sichtbar werden.

Am Beginn der historischen Überlieferung, zur Zeit der Christianisierung, kommen klerikale Termini meist griech.-lat. Ursprungs nicht nur aus Norddeutschland (Asächs.), sondern auch aus dem Aengl. ins Festlandskandinavische; es findet also auch eine Rückwirkung aus England statt, wo ja gerade zu dieser Zeit der nordgerm. Einfluß sich ausbreitet (Wikinger, Normannen). Wegen der Ähnlichkeit der gebenden und nehmenden Sprachen ist es oft nicht leicht, auf Grund linguistischer Kriterien zu entscheiden, ob das Aengl., Asächs., Mnd., evtl. auch das Mnl. oder das Afries., die Quelle für das nordische Lehngut, wie z. B. *mynster, munkr* ('Mönch') ist. *Kirkia, mässa, bläza, ärkebiskoper* gelten als Lehnwörter aus dem Engl., *kapitel, påve, domkirkia, stift, dop, klokke* u. a. als solche aus dem Nd. Zur Hansezeit wird dann der sprachliche Einfluß des Mnd. in vielen Lebensbereichen von Politik und Gesellschaft bis zu Handel und Handwerk derart dominierend, daß man den Anteil dieser Entlehnungen im Wortschatz der festlandskandinavischen Sprachen auf 50 bis 66 Prozent geschätzt hat. Es ist hier nicht möglich, auch nur die Bereiche kurz zu nennen und zu illustrieren, die hiervon betroffen sind (vgl. hierzu besonders Haugen 1984,

272−85, 398−410; Wessén 1968, 151-9, Törnquist 1973, und die dort verwertete Literatur). Wichtig scheint mir, daß sich herausgestellt hat, daß der (mittelnieder)deutsche Einfluß sich nicht nur auf vorhandene Defizite in den nordischen Sprachen erstreckt, die mit dem Kultur- und Zivilisationseinfluß sowohl sachlich als auch sprachlich behoben wurden, sondern daß die Interferenzen zu einem allmählichen Sprachwechsel geführt haben, der großenteils das alte nordische Substrat verdrängt hat, z. B.

asw. *vidögha* − nsw. *fönster*, asw. *bryti* − ns. *förvaltare*

asw. *vrén* − nsw. *hingst*; asw. *äril* − nsw. *härd* usw.

Es sind auch Teilsynonyma und stilistische Varianten entstanden, indem nordische und nd. Wörter jeweils beide in Gebrauch blieben, z. B.

bedja − *begära*, *svika* − *bedraga*, *gälda* − *betala*, *hjälpa* − *bistå*, *skär* − *klar*,

fager − *skön*, *leka* − *spela*, *lott* − *del*, *spörja* − *fråga*, *röna* − *erfara* usw.

Das Sprachsystem tangiert dies insofern, als der Wortbildungstyp mit Präfixen wie z. B. *be-*, *bi-*, *för-* in Wörtern wie *betala*, *befalla*, *begynna*, *begripa*, *bihang*, *bilaga*, *biträda*, *fördärva*, *försumma* usw. oder mit Suffixen wie *-inna* (in *gevinna*, *väninna*), *-het* (in *godhet*, *storhet*, *trohet*), *-bar*, *-aktig* u. a. erst durch die vielen Entlehnungen im Schwed. (wieder) heimisch geworden ist. Auch so manchem Kompositum oder Berufsnamen auf *-are* sieht man die nd. Herkunft heute noch an: *rådhus*, *borgmästare*, *hantverkare*, *lärling*, *skomakare*; *kurfurste*, *marskalk*; *borgare*; *snikkare*, *skräddare*, *krögare*, *slaktare* usw.

„Die schnelle Entwicklung städtischer Varianten der skandinavischen Sprachen nach 1250, besonders in Dänemark und in Schweden, spiegelte die bilinguale Welt, in der die privilegierten Klassen lebten, wider. Nur um Haaresbreite überlebten die skandinavischen Sprachen. Ihr Überleben bezahlten sie mit der Anpassung an die neue, hierarchisierte mittelalterliche Welt. Die Veränderung drang 'nur' langsam in die ländlichen Gemeinden ein, insbesondere auf die im Westen gelegenen Inseln (weder Isländisch noch Färöisch wurden damals in einer städtischen Gemeinde gesprochen). Der fremde Einfluß hatte deshalb den doppelten Effekt, eine soziale Trennung zwischen den unteren und den oberen Klassen zu schaffen und das Festlandskandinavische und das Inselskandinavische zu trennen. Das war der Anfang der Trennung der übrigen skandinavischen Sprachen vom Isländischen und Färöischen. Es geschah zur gleichen Zeit, als durch die gemeinsamen Änderungen im ADä, Aschw und

ANw sich diese Sprachen ähnlicher wurden. Dazu kam auch die Tendenz, sie unter dem Einfluß Dänemarks zu zentralisieren" (Haugen 1984, 283).

„Erst mit dem Abflauen der hanseatischen Macht und der beginnenden Reformation der Neuzeit fängt die niederdeutsche Sprache an, ihre Machtstellung allmählich zu verlieren und tritt damit ihre Hegemonie an das Hochdeutsche ab, das von dieser Zeit an als der bei weitem größte sprachliche Darleiher des Schwedischen, wie überhaupt der nordischen Sprachen, zu betrachten ist" (Törnquist 1974, 64).

Auf diesen hd. Einfluß wie auch die Einflüsse des Griech. und Lat. (besonders zur Zeit des Humanismus und der Renaissance) sowie des Frz. (seit dem 17. Jh.), des Engl. (seit dem 18., bes. aber in unserem Jahrhundert), kann und soll hier nicht weiter eingegangen werden (zum Schwed. vgl. die Zusammenstellung in Wessén 1968, 151−9), zumal diese Quellen und Strömungen schon weiter oben genannt und besprochen wurden, weil sie ja ein gesamteuropäisches Phänomen darstellen. Damit soll dies nicht abgetan und abgewertet, sondern im Gegenteil als eine ganz entscheidende Entwicklungstendenz aller europ. Sprachen herausgestellt werden, die wie im Süden, im Westen und in der Mitte, so auch im Norden Europas zu einer Integration griech., lat., rom. und germ. Wortgutes (sowie grammatischer Kategorien und Strukturen) und damit zu einer Angleichung und Homogenisierung, ja Internationalisierung der Wortschätze der Sprachen Europas geführt haben.

5.   Die slavischen und andere osteuropäische Sprachen

Der Osten Europas, dessen Andersartigkeit den Mittel- und Westeuropäern besonders in unserem Jahrhundert durch die politischen Verhältnisse nach 1945 und deren Umbruch 1990 überhaupt erst richtig bewußt geworden ist, hat tatsächlich schon seit mindestens einem Jahrtausend wenn nicht ein Eigenleben geführt, so doch eigene Traditionen entwikkelt und fortgesetzt, die den Westen nicht in gleichem Maße tangiert haben wie die lat.-röm. Kultur- und Kirchentradition. Zwar ist auch hier das antike Erbe unübersehbar, aber doch im wesentlichen in seiner östlichen, sprachlich griech. Variante. Hinzu kommt, daß schon im frühen Mittelalter die auslaufende Völkerwanderungszeit den gesamten Osten Europas bis weit nach Mitteleuropa hinein ethnisch und damit auch sprachlich völlig neu gestaltet hat, so daß von den in der Antike hier als seßhaft bezeugten oder vermuteten Völkern (wie Venetern, Illyrern, Dakern, Thrakern, Sauromaten, Bastarnen, Skythen) heute nichts übrig geblieben ist, sondern größtenteils Slaven, daneben Albaner, Rumänen, Balten, Finnougrier und Turkvölker diesen Raum ausfüllen. An die mittelmeerisch-europäische Kultur herangeführt wurden sie durch das griech. Byzanz im Süden und Osten, durch das frk.-dt. 'lateinische' Reich im und vom Westen her. Zwar gehören sowohl die slav. Sprachen wie auch das Griech. genetisch ebenso zum Idg. wie die westeuropäischen Kultursprachen (lat. bzw. rom., germ.), aber sie sind doch von diesen und untereinander noch weiter entfernt als diese unter- und voneinander. Das betrifft sowohl die Laut- und Formenlehre als auch die Grammatik und den Wortschatz. Besonders der slav. Wortschatz ist den Mittel- und Westeuropäern bis heute weitgehend fremd und unzugänglich, weil die Tendenz- und Einflußrichtungen immer von West nach Ost und kaum je umgekehrt verlaufen sind; lediglich der griech. Wortschatz in beiden Sphären sowie die westlichen (lat., frz., engl., dt. usw.) Entlehnungen, die direkt oder indirekt im Laufe der Jahrhunderte auch in den Osten gelangt sind, lassen den Westeuropäer spüren, daß auch in den östlichen Sprachen europ. Kulturgut vorhanden ist.

Obwohl dies auch für das Albanische (mit einem großen Anteil z. T. sehr alter Latinismen bzw. Romanismen), Rumänische (eine im Kern rom. Sprache), das Ungarische und Finnische (zwei uralische Sprachen, zu denen im äußersten Nordosten Europas beiderseits des Urals bis zum nördlichen Eismeer und bis an die Ostsee auch Estnisch, Livisch, Wepsisch, Syrjänisch, Mordvinisch usw. gehören) sowie die balt. Sprachen (Lit., Lett., ebenfalls idg. Sprachen) gilt, kann hier aus Raumgründen nur einiges Wesentliche über die slav. Sprachen, vor allem über das Russ. ausgeführt werden, was vielleicht exemplarisch die historischen, kulturellen und sprachlichen Verhältnisse in Osteuropa beleuchten kann.

Da die slav. Sprachen in unserem Bildungssystem immer noch keinen festen Platz haben, ist es für die Leser dieses Handbuches wohl nicht überflüssig, in aller Kürze darauf hinzuweisen und zu demonstrieren, daß der Grundwortschatz auch der slav. Sprachen idg. Herkunft ist. Daß dies für den Deutschsprachigen nicht immer leicht erkennbar ist, liegt eher an der Distanz des Dt. als des Slav.

zum altindogermanischen Lautstand. Ich beschränke mich auf leicht durchschaubare Wortbeispiele aus dem modernen Russ. in orthographischer Transliteration, die allerdings die Aussprache nur sehr grob wiedergibt (wie ja auch im Dt.). Idg. Herkunft sind russ. Wörter wie z. B. für

Körperteile: *boroda, nos, oko, rebro, serdce, ucho*; Verwandtschaft: *brat, vdova, doč', mat', sestra, syn*; Natur: *voda, volna, dol, zoloto, luna, more, noč', sneg, solnce, sol'*; Tiere: *volk, gus', myš', svin'ja, tur*; Verben: *beret, vertit, vidit, dat', est', est, iti, ležit, stat', seet, stonet*; Zahlen: *odin, dva, tri, četyre, pjat', šest', se(d)m', vosem', devjat', desjat', sto* usw.

Aus späterer, wenn auch immer noch vorurslavischer Zeit stammen Wörter, die das Slav. (hier Russ.) mit dem Balt. gemeinsam hat, baltoslavische Wörter wie z. B. russ. (lit.)

golova (galva) 'Kopf', *noga (naga* 'Huf') 'Fuß', *ruka (ranka)* 'Hand', *večer (vakaras)* 'Abend', *blocha (blusa)* 'Floh', *voron (varnas)* 'Rabe', *vorona (varna)* 'Krähe', *prošu (prašau)* 'bitte', *drug (draugas)* 'Freund', *gorod* 'Stadt' *(gardas)* 'Hürde', *korova (karve)* 'Kuh', *sito (sietas)* 'Sieb', *čeln (kelnas)* 'Kahn' usw.

Natürlich gibt es eine sehr große Anzahl von Wörtern, die zum ererbten slav. Bestand gehören, ohne daß sie nachweisbare außerslavische, balt. oder sonstige idg. Verwandtschaft hätten. Dazu im einzelnen mit vielen Belegen Kiparsky (1975, 46–53). Schon in sehr früher (ur- oder gemeinslavischer) Zeit hat das Slav. aber auch Lehnbezeichnungen zu den umgebenden Sprachen aufgenommen, insbesondere zum Iranischen und Germ., während die finnougrischen Sprachen zunächst wohl eher die nehmenden waren.

Als urgerm. (vorgotische) Lehnwörter gelten z. B. die russ. Wörter (*urgerm., germ. Entsprechung):

glaz 'Auge' (*glaza* – 'Glas'), *duma* 'Gedanke, Rat' (*domaz-*, got. *doms* 'Ruhm'), *knjaz'* 'Fürst' (*kuningaz)*, *skot* 'Vieh' (*skattaz*, got. *skatts* 'Geld'), *tyn* 'Pfahlzaun' (*tuna*, ne. *town*, nhd. Zaun), *cholm* 'Hügel' (*chulma*, as. swd. *holm*) u. a.

Aus dem Got. stammen dagegen wohl eher

bljudo 'Schüssel' (got. *biuda* 'Tisch'), *verbljud* 'Kamel' (got. *ulbandus* 'Elefant'), *kotel* 'Kessel' (got. *katil(u)s*), *lichva* 'Wucher' (got. *leihvan* 'leihen'), *chleb* 'Brot' (got. *hlaib-*), *chudožnik* 'Künstler' (got. *handags* 'geschickt, weise'), *car', cesar'* (got., griech. *kaisar*), *čužoj, čuždyj* 'fremd' (got. *thiuda* 'Volk') u. a.

Während die urgerm. und got. Lehnwörter wohl aus der Völkerwanderungszeit stammen, in der germ. Völker an der mittleren und oberen Weichsel bis hin zum Karpatenbogen, zur heutigen Südwestukraine und zur Krim (Krimgoten!) in Kontakt mit Slaven gekommen sein können (Näheres berichten die Quellen nicht), beginnt mit der Ausdehnung der Slaven aus ihren transkarpatischen Ursitzen nach Süden in den Donauraum und nach Westen und Nordwesten in das böhm. Bekken und in das Gebiet zwischen unterer Weichsel und Oder bis zur Elbe eine breite Kontaktzone mit den wgerm. 'vordeutschen' Stämmen, im Süden mit Griechen und Romanen. Als wgerm. werden im Russ. (und anderen Slavinen) angesehen: *buk* 'Buche', *vaga* 'Gewicht', *klej* 'Leim', *korol'* 'König' (Karl d. Gr.), *myto* 'Maut', *plug* 'Pflug', *remen'* 'Riemen', evtl. auch *pop* 'Pfaffe', *post* 'Fasten', *cerkov'* 'Kirche' (indirekt oder auch direkt aus dem griech. *kyri(a)ké*) u. a. m.

Schon in urslav. Zeit müssen im 'südrussischen' Raum Kontakte mit iranischsprachigen Skythen stattgefunden haben, aus deren Sprache einige Wörter im Slav. und besonders im Russ. erhalten sind, so z. B. *bog* 'Gott', *morda* 'Schnauze', *sapog* 'Stiefel', *topor* 'Axt', *štany* 'Hose' u. a.

Turksprachen waren jedenfalls den östlichen Slaven immer benachbart, so daß insbesondere im Oslav. eine große Zahl von ihnen aus den verschiedensten Entlehnungsperioden bis heute erhalten sind; so sind schon vortatarisch (vor 1240 belegt) so geläufige russ. Wörter wie *ataman* 'Kosakenführer', *barin*, *bojarin*, *bogatyr'* 'Held', *kniga* 'Buch', *lošad'* 'Pferd', *stakan* 'Trinkglas', *tovar* 'Ware', *tolmač* 'Dolmetscher' u. a.

Eine große Zahl von Lehnwörtern kam dann während der Tatarenherrschaft und danach vor allem ins Russ., darunter so bekannte Wörter wie *den'gi* 'Geld', *kazak*, *kulak*, *kurgan*, *neft'*, *orda*, *sančak*, *saraj*, *tamga* 'Zoll', *tovarišč*, *chozjain* 'Wirt', *čaprak* u. a. sowie: *karandaš* 'Bleistift', *karakul'*, *pilav*, *tajga*, *torba*, *čaj*, *jar* 'Steilufer' u. a. m.

Aus den finnougrischen Sprachen verzeichnet Kiparsky (1975, 86−92), zwar rund 80 Lehnwörter im Russ., diese betreffen aber vor allem Fauna und Flora und sonstige Naturerscheinungen und sind nur regional verbreitet; geläufig sind nur *mamont* 'Mammut', *tundra* und *chata* 'ukr. Bauernhaus'.

Ähnliches gilt von nur 12 Lehnwörtern aus balt. Sprachen, wovon nur *jantar'* 'Bernstein' (aus lit. *gintaras*) allgemein bekannt ist.

Von alles überragender Bedeutung wurde aber der Kontakt vor allem der Ostslaven und der östlichen Südslaven mit dem byzantinischen Reich. Nachdem schon seit dem 6. Jh. slav. Stämme vor Byzanz erschienen waren, die sich schließlich an der unteren Donau vor den Toren der Metropole niederließen und mit Hilfe der von Bolgar an der mittleren Wolga eingefallen turkstämmigen 'Protobulgaren' ein slavisch-bulgarisches Reich gegründet hatten, das von den Byzantinern notgedrungen geduldet und anerkannt werden mußte, erschienen um die Mitte des 9. Jh. (862) die nordgerm. 'Varäger', über die Ostsee und die Flußsysteme von Düna, Njemen und Dnepr kommend, ebenfalls in kriegerischer Absicht vor Byzanz. Diese östlichen 'Normannen' wurden von den Byzantinern (wohl nach einer ihrer Selbstbezeichnungen) 'Ros' genannt. Zur Sicherung ihrer Verbindungswege von Nord nach Süd bildeten sie ein 'Reich' mit den Zentren Novgorod und Kiew, sehr bald von den dort siedelnden und unterworfenen östlichen Slaven 'Kiewer Ruś' (*Kiev'skaja Ruś*) genannt. Für die bald mit den Varägern verschmelzenden Slaven bedeutete dies nicht nur einen (relativ geringen) nordgerm. sprachlichen Einfluß, z. B. sind von den ca. 34 Lehnwörtern nur *varjag*, *knut*, *krjuk* 'Haken', *pud*, *Ruś*, *sel'd'* (dän. *sild*) 'Hering', *šelk* 'Seide', *jaščik* 'Kasten' allgemein bekannt, sondern vor allem durch den Kontakt mit dem hochzivilisierten christlichen Byzanz den Anstoß und Beginn ihrer eigentlichen Akkulturation und Europäisierung. Dabei kam für die Ostslaven erleichternd die Vorreiterrolle der schon im 9. Jh. christianisierten, sprachlich völlig slavisierten 'Bulgaren' ins Spiel: schon 863 hatte sich Byzanz genötigt gesehen, den zwischen dem Ostfrankenreich und seinem eigenen Herrschaftsgebiet gelegenen mährisch-pannonischen Raum durch die sog. 'Slavenapostel' Konstantin (Kyrillos) und Methodios, zwei 'Reichsgriechen' aus dem ethnisch und sprachlich slavisierten Raum von Thessaloniki, in slav. Sprache missionieren zu lassen. Nach erheblichen Schwierigkeiten mit dem lat.-frk. Reich (Erzbistum Salzburg) zogen sich die Schüler Methods nach dessen Tode (885) nach Bulgarien zurück, wo sie ihr Missionswerk erfolgreich durch- und fortsetzen konnten. Damit war der Grund für die erste slav. Missions- und Kirchensprache auf altbulgarischer Sprachbasis gelegt, die wir heute 'Altkirchenslavisch' oder 'Altbulgarisch' nennen. Als etwa ein Jahrhundert später (988) der Kiewer Großfürst Vladimir sich nach einigen Vorläufern und nach Abwägung der

Vorteile verschiedener Religionen zur Annahme des orthodox-byzantinischen Christentums entschloß, waren damit die Weichen
nicht nur gegen Rom und für Byzanz, sondern nach dem Vorgang von Bulgarien auch
für die bereits seit gut einem Jahrhundert existierende kslav. Sprache gestellt. Diese Sprache wird nach Rußland praktisch unverändert mit den Büchern und Missionaren aus
dem slav. Bulgarien mit nur wenigen phonetischen (oft unwillkürlichen und ungewollten)
Adaptionen übernommen. Damit beginnt ein
jahrhundertelanger 'südslavischer',   d. h.
praktisch bulgarischer, Einfluß in Rußland,
der zu einer Diglossie führt, die noch Ludolf
in seiner lat. geschriebenen 'Grammatica
Russica' 1696 so beschreibt: „Adeoque apud
illos dicitur, loquendum est Russice et scribendum Slavonice". „Russice" bezeichnet
hier schon längst nicht mehr (wie im 10. Jh.)
das normannische Varägisch, sondern die
Volkssprache 'Rußlands', „Slavonice" die
eben definierte älteste slav. Schriftsprache,
also einfach 'slavisch' (*język sloven'skyj*). Ihre
Spuren sind auch im heutigen Russ. deutlich
erkennbar.

Bevor wir auf die neuere Geschichte der
slav. Sprachen und auch speziell des Russ.
eingehen, müssen wir zunächst die Folgen des
byzantinisch-slav. Sprachkontakts näher beschreiben. Da ist zuerst natürlich die Übernahme griech. Wortgutes direkt oder indirekt
(Lehnprägungen) in das Slav., zunächst also
ins Altbulgarische, dann aber auch ins Aksl.
russ. 'Redaktion' (wie man in der Slavistik
sagt).

Griech. Wörter im Aksl. betreffen natürlich vor allem zunächst die religiöse und geistige Sphäre, speziell des Christentums. Im
Russ. gehören hierzu etwa *ad* 'Hölle, Hades',
*angel, apostol, archangel, archiepiskop, archie-
rej, gigant, gramota, demon, despot, d'javol,
d'jak, episkop, evangelie, eres', igumen* usw.
usw.

Hinzu kommt eine große Anzahl von Lehnübersetzungen nach griech. Vorbild, z. B.
*bessmertie = athanasia, bezbožnyj = atheos,
blagodarit' = eucharistein, bogorodica = theo-
tokos, velikodušnyj = megalopsychos, živopi-
sec = zographos, nastavnik = epistates, ruko-
pisanie = cheirographon, samoderžec = auto-
krator* [...].

Reiches Material zu „slavischem Erbe und
griechischem Vorbild", d. h. Lehnübersetzungen, Lehnbildungen, Lehnprägungen, Lehn-
übertragungen u. ä. im Altserbischen bei Zett
(1970, bes. 92—131). Nimmt man dazu die oft
sklavisch an das Griech. angelehnte Syntax

und Phraseologie der kyrillisch (= griech.)
schreibenden Slavinen älterer Zeit, so erkennt
man, daß wir hier Tochtersprachen des
Griech. haben, die nur in Phonologie und
Morphologie slav. sind.

Wir können hier nicht die weiteren Entlehnungen auch nur des Russ. dokumentieren,
etwa die ca. 180 Wörter aus dem Poln. oder
durch das Poln. vermittelten, die 47 vorpetri-
nischen und ca. 450 petrinischen und nachpe-
trinischen Lehnwörter aus dem Dt., die ca.
tausend aus dem Frz., 260 aus dem Nl., ca.
hundert (älteren) Lehnwörter aus dem Engl.,
23 aus dem Ital., 20 aus dem Ukrain., die Kiparsky (1975, 98 ff.) verzeichnet, ebensowenig
wie die der anderen slav. Sprachen, die natürlich hiervon z. T. erheblich abweichen, da sie
andere Kontaktsprachen hatten und haben,
insbesondere die im Westen, die dem lat. und
dt. Kulturkreis 'näherstehen', was sich im
Wortschatz etwa des Poln., Tschech., Sloven.
oder Kroat. deutlich bemerkbar macht. Auch
die spätmittelalterliche und neuzeitliche
Überschichtung des Wortschatzes der bal-
kanslav. Sprachen (Bulgarisch, Serb., z. T.
auch Kroat.) durch das osmanische Türkische kann hier nur erwähnt, nicht dokumentiert werden, obwohl sie große Teile des
Wortschatzes dieser Sprachen, besonders im
Bereich des täglichen, häuslichen Lebens,
aber auch der Verwaltung u. a. entscheidend
geprägt und deslavisiert hat. Wichtig ist, daß
bei der Neukonstituierung ('Wiedergeburt')
dieser Sprachen seit dem Ende des 18. und
mit dem Beginn des 19. Jhs. bis in unsere Zeit
Puristen sich bemüht haben, diese jetzt als
„fremd" weil nichtslavisch empfundenen Bestandteile wieder auszuscheiden und durch
slav. zu ersetzen, die man entweder in der
eigenen Vergangenheit, im Altbulgarischen,
Altserbischen, Altkroatischen, auch Alttsche-
chischen oder bei den slav. Schwesteridio-
men, z. B. dem Russ., Poln., Tschech. fand.
Ähnlich gingen auch die westslav. Sprachen
besonders mit dt., weniger mit lat. Wortgut
um. Dabei entsprach dies gar nicht immer
dem Sprachbewußtsein und dem Willen der
Sprecher, wie z. B. die Tatsache zeigt, daß
etwa Beron 1824 in seiner 'Fischfibel' (kirchen)slavische Wörter durch offenbar bekanntere türkische Wörter des Bulgarischen
'erklärt' und Neofit Rilski als Anhang seiner
bulgarischen Grammatik 1835 ein alphabetisches Wörterverzeichnis mit dem Titel beigibt 'Türkische und einige griechische Wörter,
die gegenwärtig in ganz Bulgarien in Gebrauch sind, verdolmetscht nach Möglichkeit

mit gleichbedeutenden slavischen oder russischen.' Ebenso fügt Kipilovski seinem aus dem Russ. übersetzten 'Kurzen Abriß einer allgemeinen Geschichte' (1836) einen Anhang an mit dem Titel 'Wörterbuch oder Lexikon slavischer Wörter, die in unserer Sprache aufgenommen werden sollen und die wir mit türkischen erläutern, um dem Leser zu erleichtern, mit vollem Verständnis zu lesen, was er liest, und damit er sie sich merkt und sie in seiner Rede gebraucht, damit sich unsere Sprache von fremden Wörtern reinigt.'

Dies ist nur ein Teilaspekt einer allgemeinen Tendenz aller osteurop., besonders auch der slav. Sprachen, sich stärker zu europäisieren. Hierzu gehört auch — und dies mag hier am Ende auch dieses Abschnitts stehen —, daß trotz der entgegenstehenden puristischen Bemühungen des 19. Jhs., die insbesondere im Tschech. zu fast grotesken Resultaten geführt haben (s. o. *divadlo* = 'Theater' u. ä.), auch in der gesamten Slavia, unter Führung des Russ. und des Poln., die als schon lange fest etabliert kaum Berührungsängste mit 'fremdem' Wortgut zeigen, in der Neuzeit und besonders im 19. und 20. Jh. die große Masse des gesamteurop. Lehnguts griech.-lat. Ursprungs sowie des Frz. und Engl. adaptiert wird. Das Russ. hat im 18. Jh. (petrinische Reformen) sogar einen bewußten Bruch mit seiner byzantinisch-kirchenslavischen Tradition unternommen und nicht nur in der Schrift, sondern auch in Wortwahl, Grammatik, Syntax, Phraseologie und Stilistik das westeurop. (frz., lat., dt.) Sprachmuster übernommen und nachgeahmt. Die Sprachen Osteuropas reihen sich damit in die schon oben für den Westen, die Mitte und den Norden Europas festgestellte gesamteurop. Tendenz ein, die bewußt der genealogischen Differenzierung der Sprachen durch ausgleichende Konvergenz entgegenwirkt. Insbesondere am Wortschatz konnte hier gezeigt werden, daß die verschiedensten Komponenten überall mehr und mehr integriert werden, so daß eine wesentlich größere Einheit und Einheitlichkeit entsteht, als es nach dem äußeren Bild der phonetischen Strukturen den Anschein hat.

Schließlich sei noch darauf hingewiesen, daß das Russ. als überregionale Verkehrs- und Verwaltungssprache in der ehemaligen Sowjetunion einen unermeßlichen Einfluß auf die große Zahl (offiziell 130) der in diesem riesigem Raum des eurasischen Kontinents gesprochenen Sprachen (uralische, altaiische, paläoasiatische, kaukasische u. a.)

ausgeübt hat, der im Wortschatz so offensichtlich ist, daß vor allem die Bereiche Gesellschaft, Politik, Technik, Wissenschaft u. a. nahezu vollständig russifiziert, d. h. aber zugleich europäisiert worden sind, da hier vor allem die internationale (griech.-lat.) Terminologie gebraucht wird. Damit reicht der europ. Einfluß und die entsprechende Konvergenz wirklich vom Atlantik bis zum Pazifik. Nicht nur daß die sowjetische politische Terminologie wie z. B. *kommunizm, socializm, partija, klass, proletariat, kolchoz, sovchoz, komsomol* usw. wohl praktisch in alle Sprachen der Sowjetunion eingegangen ist, sondern auch die technische, gesellschaftliche und wissenschaftliche Terminologie des Russ. wie *avtobus, brigada, traktor, radio, kino, klub, kilo, fizika, matematika, geometrija, muzyka, filosofija, universitet, fabrika, škola, žurnal, gazeta, kosmodrom* usw. findet sich nicht nur im Kumykischen, einer Turksprache in Dagestan (JNS II 1966, 209), sondern auch im Erza-Mordvinischen und Komi-Syrjänischen, zwei uralischen Sprachen (vgl. JNS III 1966, 196; 297), und in vielen anderen Sprachen ähnlich wieder. Für das Nivchische (= Giljakische) am Amur und auf Sachalin zeigt die zufällig aufgeschlagene Seite 270 des Nivchisch-Russischen Lexikons von Savel'eva-Taksami (1970) außer einem Eigennamen 32 Lemmata, die alle ausnahmslos russ. Wörter darstellen, 12 europ. Internationalismen (von *pressa, priz, primus* bis *programma, programnyj*) und 20 slav.-russ. Wörter (von *prenija, prepodavatel'* bis *prisjaga, provod*).

Hier haben wir also heute dieselben Interferenzerscheinungen, die in ähnlicher Form aus dem Angelsächsischen und Normannisch-Französischen zum modernen Engl. geführt haben; nur ist davon in West- und Mitteleuropa so gut wie nichts bekannt, weil hier niemand diese Sprachen kennt.

6. Literatur (in Auswahl)

Ayers, Donald M., English words from Latin and Greek elements. Fifth Printing. Tucson Arizona 1972.

Batori, Istvan, Russen und Finnougrier. Wiesbaden 1980.

Bauer, Anton, 'Mutter' Latein und ihre englische 'Stieftochter'. Gymnasium 98/5, 1991, 454—73.

Beron, Petar, Bukvar' s različny poučenija ('Riben bukvar' = 'Fischfibel'. 1824. Vgl. Rusinov, 98).

Berschin, Helmut/Josef Felixberger/Hans Goebl, Französische Sprachgeschichte. München 1978.

Betz, Werner, Deutsch und Lateinisch. Die Lehnbildungen der althochdeutschen Benediktinerregel.
Bonn 1949.

Braun, Peter/Burkhard Schaeder/Johannes Volmert (Hrsg.), Internationalismen. Studien zur interlingualen Lexikologie und Lexikographie. Tübingen 1990.

Braunmüller, Kurt, Der Einfluß des Mittelniederdeutschen auf die altskandinavischen Sprachen in
neuerer Sicht: NdJb. 117, 1994, 93−108.

Ders./Willy Diercks (Hrsg.), Niederdeutsch und die
skandinavischen Sprachen I. Heidelberg 1993.

Claußen, Theodor, Die griechischen Wörter im
Französischen I. 1. Tl. Erlangen 1904.

Eggers, Hans, Deutsche Sprachgeschichte. Bd. 1.
1991. (re 425).

Elmevik, Lennart/Kurt Erich Schöndorf (Hrsg.),
Niederdeutsch in Skandinavien III. Berlin 1992.
(ZfdPh, Beihefte 6).

Falk, Hjalmar/Alf Torp, Wortschatz der germanischen Spracheinheit. 4. Aufl. Göttingen 1909; 5.
unveränderte Aufl. 1979.

Glucker, John, The Continuity of Greek. In: Medi-
terranean Language Review 1989, 4−5, 129−138.

Grad, Antun, Ancient Greekisms in Slovenian Linguistics 1979, 19, 99−118.

Haarmann, Harald, Die Sprachenwelt Europas.
Frankfurt a. M. 1993.

Haugen, Einar, Die skandinavischen Sprachen.
Eine Einführung in ihre Geschichte. Hamburg
1984.

Hausmann, Franz Josef/Wilfried Seibicke, Das
Internationalismenwörterbuch. In: Wörterbücher.
Ein internationales Handbuch zur Lexikographie.
[…] Hrsg. v. Franz Josef Hausmann [u. a.]. Berlin
1990, 1179−1184. (HSK 5.2).

Hemme, Adolf, Was muß der Gebildete vom Griechischen wissen? Leipzig 1900.

Ders., Griechisch-deutsche Lehn- und Fremdwörter. Leipzig 1901.

Ders., Das lateinische Sprachmaterial im Wort-
schatze der deutschen, französischen und englischen Sprache. Leipzig 1904. [Nachdruck 1979].

Hyldgaard-Jensen, Karl/Vibeke Winge/Birgit Christensen, Niederdeutsch in Skandinavien II. Berlin
1989. (ZfdPh, Beihefte 5).

JNS = Jazyki Narodov SSSR II (1966), III (1966),
V (1968).

Kiparsky, Valentin, Russische Historische Grammatik. Band III. Entwicklung des Wortschatzes.
Heidelberg 1975.

[Kipilovski =] Anastas Stojanovič Kotljanin,
Kratko načertanie na vseobštata istorija. 1836 (vgl.
Rusinov, 99).

Lüdtke, H., Geschichte des romanischen Wortschatzes. 2 Bde. Freiburg 1968.

Lurquin, Georges, List of Greek and Latin Term
Components in the International Scientic and
Technical Vocabulary 5, Languages et l'Homme
1978, 38, Oct., XXIII−XL.

Ders., List of Greek and Latin Elements in International Scientific and Technical Vocabulary. Ibid.
1979, 39, Jan., XLI−XLVIII.

Mader, Michael, Lateinische Wortkunde für Alt-
und Neusprachler. Stuttgart [etc.] 1979.

Menke, Hubertus/Kurt Erich Schöndorf, Niederdeutsch in Skandinavien IV. Berlin 1993. (ZfdPh,
Beihefte 7).

Munske, Horst Haider/Alan Kirkness (Hrsg.), Eurolatein. Das griechische und lateinische Erbe in
den europäischen Sprachen. Tübingen 1996.
(RGL 169).

Panzer, Baldur, Grammatische Kategorien und
Grammatiktradition in Lomonosovs Beschreibung
des russischen Verbums. In: Ders., Studien zum
slavischen Verbum. 1991, 81−89. [Erstpublikation
1983].

Ders. (Hrsg.), Aufbau, Entwicklung und Struktur
des Wortschatzes in den europäischen Sprachen.
Frankfurt a. M. 1993, 1−27. (Heidelberger Publikationen zur Slavistik, Linguistische Reihe 6).

Ders., Wortschatzdifferenzierung in europäischen
Sprachen. In: Ders., 1993, 1−27.

Poeschel, Hans, Die Griechische Sprache. 5. Aufl.
München 1968.

Popescu-Fischer, Sebastiana, Old Greek Lexical
Elements and Their Reflexion in Romanian. Studii
si cercetari lingvistice 1987, 38, 3, May−June,
234−40.

Dies., Old Greek Lexical Elements and Their Reflexion in the Romanian Language. Studii si cercetari lingvistice 1992, 43, 1, Jan−Feb, 61−65.

Rusinov, Rusin, Učebnik po istorija na novobal-
garskija knižoven ezik. Sofija 1980.

Schaller, Helmut Wilhelm, Das byzantinische Erbe
im Wortschatz der Balkansprachen. In: W. Gierke/
H. Jachnow (Hrsg.), Aspekte der Slavistik. München 1984, 191−196.

Schöndorf, Kurt Erich/Kai Erik Westergaard
(Hrsg.), Niederdeutsch in Skandinavien I. Berlin
1987. (ZfdPh, Beihefte 4).

Steffenelli, Arnulf, Geschichte des französischen
Kernwortschatzes. Berlin 1981.

Stein, Gabriele, Lexical Strata and Lexical Structures in English. In: Panzer 1993, 76−93.

Törnquist, Nils, Niederdeutsche Lehnwörter im
Bereich der schwedischen Militärterminologie. In:
NdJb. 91, 1968, 93−107.

Ders., Alte niederdeutsche Lehnwörter im Schwedischen. Zur Aufklärung ihrer Herkunft. In: NdJb.
93, 1970, 70−79.

Ders., Über den mittelalterlichen niederdeutschen
Einfluß auf die schwedische Sprache. In: NdJb. 96,
1973, 54−64.

Trubačev, O. N., Etimologičeskij slovar' slavjans-kich jazykov. Praslavjanskik leksičeskij fond. Vyp. 1–19. Moskva 1974–92.

Ureland, P. Sture (Hrsg.), Sprachkontakt in der Hanse. Tübingen 1987.

Vasmer, Max, Greko-slavjanskie etjudy. Sanktpe-terburg I. 1906. II. Grečeskija zaimstvovanija v sta-roslavjanskom jazyke. 1907. III. Grečeskija zaimst-vovanija v russkom jazyke. 1909.

Vossen, Carl, Latein Muttersprache Europas. Düs-seldorf 1978.

Werner, Jürgen, Ernstes und Heiteres zum Thema „Griechische Lexik im Deutschen". In: Gymna-sium 102, 5, 1995, 385–412.

Wessén, Elias, Die nordischen Sprachen. Berlin 1968.

Winge, Vibeke, Dänische Deutsche – deutsche Dä-nen. Geschichte der deutschen Sprache in Däne-mark 1300–1800 mit einem Ausblick auf das 19. Jh. Heidelberg 1992.

Wolff, Friedrich/Otto Wittstock, Latein und Grie-chisch im deutschen Wortschatz. Lehn- und Fremdwörter. Berlin 1990.

Zett, Robert, Beiträge zur Geschichte der Nomi-nalkomposita im Serbokroatischen. Die altserbi-sche Periode. Köln/Wien 1970.

Baldur Panzer, Heidelberg

70. Gemeinsamkeiten in der grammatischen Struktur europäischer Sprachen

1. Einleitung
2. Morphologische Kasus und Verbstellung
3. Verbale Flexionskategorien und Verbkonstruktionen
4. Nominalglieder
5. Satzkomplemente und -attribute
6. Generelle typologische Charakterisierung
7. Literatur (in Auswahl)

1. Einleitung

Die in Europa gesprochenen Sprachen gehö-ren verschiedenen Sprachfamilien an: Ieur., Finn.-Ugr., Baskisch. Es überwiegen bei wei-tem die ieur. Sprachen: Albanisch, Griech., Kelt., Baltisch, Slaw., Rom., Germ. Bei dieser Sprachenvielfalt ist die Frage nach grammati-schen Gemeinsamkeiten am ehesten dadurch zu beantworten, daß einschlägige grammati-sche Parameter im Hinblick auf sprachspezi-fische Realisierungen untersucht werden. Da-durch werden vor allem Gemeinsamkeiten zwischen Gruppen von Sprachen sichtbar, die teils auf genetischer Verwandtschaft be-ruhen, teils auch darüber hinausgehende areale Beziehungen erkennen lassen. Im fol-genden stehen die modernen Sprachfamilien mit der größten Verbreitung – Germ., Rom., Slaw. – im Vordergrund.

2. Morphologische Kasus und Verbstellung

2.1. Von den germ. Sprachen haben Dt., Isl. und Färöisch die vier grammatischen Kasus Nom., Akk., Dat. und Gen. sowohl bei Pron.

als auch bei Nominalgliedern mit substantivi-schem Kern. Im Festlandskand., Wfries., Nl. und Engl. ist morphologische Kasusmarkie-rung als Opposition zwischen einer Subjekt-form und einer obliquen Form bei Personal-pron. nur relikthaft vorhanden (engl. *I* – *me*). Der sog. Gen. ist in der ersteren Spra-chengruppe (außer Färöisch) in adverbaler und adnominaler Funktion geläufig, in der letzteren aber auf ein -s-Morphem und attr. Stellung morphologisch bzw. funktional be-schränkt. Die Westromania folgt in den Hauptzügen den kasusarmen germ. Spra-chen, jedoch liegt im Frz. und Ital. noch eine Akk. ≠ Dat.-Opposition bei ein paar Perso-nalpron. vor (frz. *il* – *le* – *lui*). In den wrom. Sprachen ist ein morphologischer Gen. nicht mehr vorhanden. Im Osten Europas zeigt das Rumänische bei den Personalpron. eine drei-gliedrige Nom. ≠ Akk. ≠ Dat./Gen.-Opposi-tion, der bei definiten Subst. eine Reduktion auf eine Norm/Akk. ≠ Dat./Gen.-Opposition und bei indefiniten Subst. gar keine Kasusop-position entspricht. In slaw. Sprachen finden sich zusätzlich zu den „abstrakten" Kasus Nom., Akk., Dat. und Gen. noch die beiden eher „konkreten" Kasus Instr. und Lokativ (und darüber hinaus vereinzelt auch ein Vo-kativ). Die Zahl der insbesondere lokale Re-lationen spezifizierenden konkreten Kasus liegt in den finn.-ugr. Sprachen Europas be-deutend höher.

2.2. Verbendstellungsstrukturen finden sich in den drei kontinentalgerm. Sprachen Dt.,

Nl. und Wfries., jedoch ist die Gliedstellung innerhalb der jeweiligen satzfinalen Verbketten eine andere in den drei Sprachen: Im Dt. ist die Linksverzweigung grundlegend (V_n ... V_1: *weil ihm das Auto gestohlen worden sein soll*), jedoch findet sich unter gewissen Bedingungen gemischte Rechts-/Linksverzweigung (V_1 V_3 V_2: *weil er dies nicht hat tun wollen*; Bech 1955: 60−72). Wfries. hat durchgehende Linksverzweigung (V_n ... V_1), Nl. kann dies in zweigliedrigen Verbketten haben (V_2 V_1), weist aber ansonsten durchgehende Rechtsverzweigung (V_1 ... V_n) oder gemischte Rechts-/Linksverzweigung (z. B. V_3 V_1 V_2, V_1 V_3 V_2) auf. In den anderen germ. Sprachen und in den rom. Sprachen stehen Verben und Verbketten satzintern, und die Verbketten sind durchgehend rechtsverzweigend (abgesehen von ein paar Sonderfällen im Isl. und Fäöischen).

2.3. In den germ. Sprachen dient die Stellung des finiten Verbs der Enkodierung des hauptsächlichen Illokutionsunterschieds zwischen Aussagehauptsatz einerseits und Satzfrage andererseits. Aussagesätze haben das finite Verb an zweiter − im Engl. u. U. auch an einer späteren − Stelle, Fragesätze an erster Stelle (wobei im Engl. die *do*-Periphrase bewirkt, daß das Subjekt anders als in den übrigen germ. Sprachen im allgemeinen vor dem lexikalischen Hauptverb zu stehen kommt). Eine ähnliche topologische Unterscheidung ist ansatzweise (bzw. relikthaft) auch im Frz. vorhanden (*Pierre est-il venu?*), nicht aber in den anderen rom. Sprachen. Im Frz. können Satzfragen durch das Satzpräfix *est-ce que* gekennzeichnet werden, in slaw. Sprachen durch eine satzinterne Partikel (russ. *li*).

In den meisten germ. Sprachen unterscheiden sich auch Hauptsätze, insbesondere Aussagesätze, und Nebensätze im Hinblick auf die Stellung des finiten Verbs. Am deutlichsten ist dies der Fall in den kontinentalgerm. Sprachen, wo sich satzfinales Finitum in Nebensätzen und Finitum an zweiter (bzw. erster) Stelle in Hauptsätzen gegenüberstehen. Im Festlandskand. (fakultativ auch im Fäöischen, nicht aber im Engl. und Isl.) liegt ein ähnlicher Unterschied zwischen Stellung des Finitums vor und nach Satzadverb in Haupt- bzw. Nebensätzen vor (V/2 bzw. V/3, letzteres nach der Subjunktion; vgl. z. B. norw. *han har ikke penger* vs. *... at han ikke har penger*). Auch diese Art der topologischen Satztypenmarkierung geht den rom. und slaw. Sprachen ab.

2.4. Isl. und Fäöisch haben in den Hauptzügen das gleiche Kasussystem wie Dt. und die gleiche, auch gleich feste Gliedstellung wie die festlandskand. Sprachen. Im Isl. und Fäöischen finden sich aber präverbale Glieder in obliquen Kasus (Dat., Akk.), die gleiche syntaktische Eigenschaften haben wie Nominativsubjekte (sog. „oblique Subjekte") (während die entsprechenden syntaktischen Regeln des Dt. eindeutig auf den morphologischen Kasus Nominativ bezogen sind; vgl. isl. *ég vonast til að − (A) vanta ekki peninga (A)* vs. dt. **ich hoffe, − (D) das Geld (N) nicht zu fehlen*). Dies zeigt, daß V/2 im Isl. und Fäöischen trotz der umfangreichen Kasusmorphologie und beim Vorhandensein von V/2-Subjekt-Abfolgen eine konfigurationelle VP-Konstituente der gleichen Art konstituiert, wie sie in den kasusarmen festlandskand. Sprachen mit V/2 (und V/2-Subj.-Abfolge) und V/3 vorliegt. In diesen Zusammenhang gehört weiter die Beobachtung, daß in den skand. Sprachen rhematischen indefiniten, sog. „logischen Subjekten" in Präsentierungskonstruktionen weitgehend syntaktische Objekteigenschaften zukommen.

Eine wenigstens oberflächlich betrachtet andere Art der VP-Konfigurationalität liegt im Engl. vor, wo V/2-Subj.-Abfolge nur in gewissen Präsentierungskonstruktionen (ohne *there*) möglich ist (*on the table lay an account book*). Ähnlich liegen die Verhältnisse im Frz. Im Rom. läßt sich eine VP-Konstituente aus Verb und Objekt im allgemeinen nicht spalten. Im Span. und Ital. wird das Subjekt intrans. Verben, im Span. auch das Subjekt trans. Verben zu Rhematisierungszwecken dem einfachen oder komplexen verbalen Prädikat nachgestellt (ital. *è arrivato il treno*, span. *compró el coche Elena*).

In den slaw. Kasussprachen herrscht im Prinzip eine weitgehend freie Verb- bzw. Gliedstellung, jedoch überwiegt textlich V/2. Auch in den finn.-ugr. Sprachen Europas ist Ähnliches zu beobachten.

3. Verbale Flexionskategorien und Verbkonstruktionen

3.1. Die Flexionskategorien des ieur. finiten Verbs sind Numerus, Person, Tempus, Modus, Genus verbi, die alle über zwei oder mehr Werte verfügen.

Keine germ. Sprache hat Paradigmen mit allen 6 möglichen Personalendungen (1., 2., 3. Person Sg., Pl.). Finite Verbformen ohne

jegliche Personen- und Numerusvariation finden sich nur im Festlandskand. Ihnen am
nächsten steht von den übrigen germ. Sprachen Engl. mit seiner auf das Präs. beschränkten Opposition zwischen 3. Person
Sg. einerseits und den übrigen Person-Nume-
rus-Kombinationen andererseits. Nl., Wfries.
und Färöisch weisen im Sg. zwei oder drei
unterschiedliche Personalformen auf, neutralisieren aber die Personenoppositionen im Pl.
Isl. und dt. Verben haben je nach Tempus
und Modus 4 oder 5 unterschiedliche Personalendungen. In keiner germ. Sprache dürfen
(außer im Imp.) pronominale Subjekte weggelassen werden.

Frz. verhält sich praktisch ähnlich wie
etwa Dt. und Isl., zeichnet sich aber dadurch
aus, daß im Sg. vielfach mehr neutralisiert
wird als im Pl. (In der Orthographie werden
aber etliche in der gesprochenen Sprache
nicht mehr vorhandene Oppositionen festgehalten). Ital., Span. und Rumänisch haben
(wenigstens im Ind.) 6 distinktive Formen
und lassen − anders als Frz. − Weglassung
des pronominalen Subjekts zu. Die slaw.
Sprachen haben im Präs. ähnlich distinktive
Personalformen. Weglassung des pronominalen Subjekts ist üblich im Wslaw. und Serbokroat., im Russ. aber eher stilistisch markiert.

Die germ. Sprachen haben nur eine einfache Vergangenheitsform (Prät.), die rom. traditionell aber zwei (Imperfekt und Perf. bzw.
„passé defini“). Die letztere Form des Frz. ist
nur noch in narrativen literarischen Texten
heimisch.

3.2. Es besteht die allgemeine Tendenz, das
System der einfachen Vergangenheitsformen
durch periphrastische Fügungen zu ergänzen
oder gar zu ersetzen. In allen germ. und rom.
Sprachen ist ein neues periphrastisches Perf.
entstanden, das auf Objektprädikativkon-
struktionen mit 'haben' oder Subjektprädika-
tivkonstruktionen mit 'sein' zurückgeht. Es
finden sich folgende moderne Systeme: 1.
'haben' mit unflektiertem Part. (Supinum)
und 'sein' mit flektiertem Part. (Färöisch,
Neunorw., Ital., Frz. − das Part. ist unter
besonderen Bedingungen auch bei 'haben'
flektiert); 2. 'haben' (port. 'halten') oder
'sein' mit unflektiertem Part. (Supinum) (Dt.,
Wfries., Nl., Dän.); 3. verallgemeinertes 'haben' mit unflektiertem Part. (Supinum)
(Schwed., Isl., Engl., Span., Rumänisch). Im
Frz. und Standardrumänischen hat das periphrastische Perf. das einfache Perf. bzw.
„passé defini“ weitgehend ersetzt. Im Ergeb-

nis besteht dann in diesen Sprachen wie im
Germ. eine Opposition zwischen einer einfachen Vergangenheitsform mit kursiver und einer periphrastischen mit resultativer Bedeutung bzw. Gegenwartsrelevanz. Der nächste
Schritt wäre die Aufgabe dieser Opposition
zugunsten der verallgemeinerten periphrastischen Form. Dieser Zustand ist im Sdt., weitgehend auch im gesprochenen Frz. erreicht.
Damit hängt auch die Herausbildung der
„temps surcomposés“ in diesen Sprachen zusammen.

Den allgemein geläufigen slaw. Vergangenheitsformen liegen vergleichbare Fügungen
aus 'sein' und einem aktivischen Part. zugrunde. Im Serbokroat. ist das Auxiliarverb
noch voll vorhanden, im Russ. aber geschwunden, was typologisch ungewöhnliche,
mit dem Subjekt in Genus oder Numerus
kongruierende finite Formen ergeben hat.
Tschech. hat ein gespaltenes System mit Auslassung des Auxiliarverbs in der 3. Person,
aber Beibehaltung desselben in 1. und 2. Person. Im Poln. ist die finite Form von 'sein'
mit dem Part. zusammengewachsen, was sekundäre finite Formen mit der üblichen Per-
sonen- und Numeruskongruenz ergeben hat.
Die so gebildeten slaw. Vergangenheitsformen erlauben aufgrund der durchgehenden
lexikalischen Komplementarität imperfektiver und perfektiver Verbvarianten eine semantische Differenzierung, die der innerhalb
der Romania üblichen Imperfekt ≠ Perf.-Un-
terscheidung gleichkommt.

3.3. Zur Bezeichnung zukünftigen Geschehens stehen sowohl synthetische als auch
analytische Formen zur Verfügung. In den
germ. Sprachen (wohl außer dem Engl.) werden vielfach einfache Präsensformen in dieser
Funktion gebraucht. Die westlichen rom.
Sprachen (Frz., Span., Ital.) haben synthetische Futurformen. In den germ. und rom.
Sprachen treten folgende Verben als desemantisierte Futurauxiliare mit Inf. auf: 'werden' (Dt.), 'sollen' (Engl., Festlandskand.,
Wfries., Nl.), 'wollen' (Engl., Festlandskand.,
Rumänisch), 'gehen' (Frz., Nl., engl. *be going
to*), 'kommen' (Norw., Schwed.). Im Slaw.
wird das Futur imperfektiver Verben mit dem
Auxiliarverb 'sein' (russ. *byt'*) und dem Inf.
gebildet, während die einfache Präsensform
perfektiver Verben futurisch ist.

3.4. Alle europäischen Sprachen haben wenigstens (aber am häufigsten nur) eine vom
Ind. morphologisch unterschiedliche Impera-

tivform. Festlandskand., Engl., Nl. und Wfries. weisen keine weiteren Modusoppositionen auf. Ein Kj. Präs. ist im Färöischen, ein Kj. Prät. im Schwed. relikthaft vorhanden. In diesen Sprachen wird (gegenwärtige) Irrealität durch das Prät. als allgemeine „Distanzform" oder periphrastisch durch eine desemantisierte Modalverbfügung (am häufigsten mit 'wollen', 'sollen') zum Ausdruck gebracht. In abhängigen Referatsätzen folgt die Verteilung der Tempusformen dem Prinzip der Consecutio temporum. Isl. und Dt. haben eine morphologische Kj. Präs. ≠ Kj. Prät.-Opposition (mit entschieden mehr Modussynkretismus im Dt. als im Isl.). In beiden Sprachen werden der Kj. Prät. als gegenwartsbezogener und der periphrastische Kj. Plquperf. als vergangenheitsbezogener Irrealis verwendet. Der indirekten Rede im Isl. liegt sowohl bei indikativischer als auch bei konjunktivischer Gestaltung das Prinzip der Consecutio temporum zugrunde. Dieses Prinzip ist im Dt. zugunsten eines morphologischen Distinktivitätsprinzips aufgegeben worden. Die sog. „berichtete Rede" – Referatsätze in syntagmatischer Unabhängigkeit von einem Anführungslexem – weist diesen Kj. Präs./Prät. als eine funktional eigenständige morphologische Referatmarkierung aus.

Rom. Sprachen haben traditionell morphologisch unterschiedliche Kj. Präs.-, Kj. Imperfekt- und – auch synthetische – Konditionalis-Formen. Das Vorkommen von Kj.-Formen in abhängigen Sätzen einschließlich der indirekten Rede ist (anders als im heutigen Dt.) durch das Verb bzw. durch die Subjunktion lexikalisch gesteuert. Die indirekte Rede gehorcht darüber hinaus der Consecutio temporum. Im Frz. macht sich die Entwicklung in Richtung auf Periphrastisierung nicht zuletzt auch in den herkömmlichen Bereichen der nichtindikativischen Modi geltend. Der rumänische Konditional ist periphrastisch und besteht aus 'haben' und dem Inf.

Slaw. Sprachen weisen keine Modusmorpheme beim Verb. auf. Irrealität wird durch eine Partikel (russ. *by*) zum Ausdruck gebracht. In der indirekten Rede steht unabhängig vom Tempus des Obersatzes das Tempus der Originaläußerung (was mit dem umgangssprachlichen Gebrauch des Ind. Präs. in abhängigen dt. Referatsätzen vergleichbar wäre).

3.5. Im Slaw. ist Aktionalität als bei Verblexemen durchgehende Imperfektiv ≠ Perfektiv-Opposition grundlegend (vgl. die obigen Bemerkungen zu den Vergangenheits- und Futurformen). Im germ. Raum zeichnen sich vor allem Engl. und Isl. durch grammatikalisierte Aktionalitätskonstruktionen aus, und zwar Engl. wegen der in systematischer Opposition zum einfachen Präs. stehenden kursiven Periphrase aus 'sein' und -*ing*-Form (die in den kelt. Sprachen deutliche Parallelen hat) und Isl. mit den drei jeweils kursiven, resultativen und inchoativen Konstruktionen mit Inf. (*veralvera buinnlfara að* − Inf.) und dazu einer vom Perf. verselbständigten Fügung aus 'sein' und Perfektpart. Einschlägig ist in diesem Zusammenhang des weiteren die Opposition zwischen Prät. bzw. Imperfekt und Perf., wo sie noch aufrechterhalten wird. Im Span. und Ital. liegen kursive Aktionalitätsperiphrasen aus 'sein' und dem sog. Gerundiv vor (span. *estaba andando*).

3.6. Als verbale Passivmorphologie finden sich analytische Auxiliarkonstruktionen, Reflexivkonstruktionen und synthetische Suffixbildungen (die auf Reflexivkonstruktionen zurückgehen). Im Slaw. sind suffixales Passiv und periphrastische Konstruktion mit 'sein' und Part. auf jeweils imperfektive und perfektive Verben komplementär verteilt. Auch im Festlandskand. ist ein suffixales Passiv vorhanden, das aber nur im Schwed. in allen in Frage kommenden Verbformen (Inf., Präs., Prät., Part.) allgemein möglich ist, im Norw. und Dän. aber im Prät. und Part. Restriktionen unterliegt bzw. ausgeschlossen ist. In allen Sprachen liegen analytische Passivkonstruktionen vor. In einigen Sprachen werden sie nur mit 'sein' gebildet und erlauben dann je nach dem vorliegenden Hauptverb entweder eine Vorgangs- oder eine Zustandspassiv-Interpretation (Isl., Engl., Rom. außer Span., wo zwischen *ser* als Vorgangs- und *estar* als Zustandspassiv zu unterscheiden ist). Sprachen mit sowohl 'werden'- als auch 'sein'-Passiv sind Dt., Nl., Friesisch, Festlandskand. und Färöisch. Das Part. ist in einigen Sprachen flektiert (Isl., Färöisch, Neunorw., Schwed., Rom., Slaw.), in anderen nichtflektiert, d. h. supinisch (Dt., Wfries., Nl., Dän., Norw., Engl.). In den rom. Sprachen finden sich auch passivische Konstruktionen mit Reflexivpronomen, die in den Auxiliarpassiven nicht mögliche unpersönliche, subjektlose Konstruktionen gestatten (ital. *si dorme bene in campagna*).

4. Nominalglieder

4.1. Personalpron. in der 1. und 2. Person weisen keine Genusunterscheidungen auf (Ausnahmen sind hier die 1. u. 2. Person Pl. im Span.: *nosotros, -as, vosotros, -as*), während die Personalpron. der 3. Person (eventuell mit Neutralisierung von Genusoppositionen im Pl.) das Genussystem der Subst. reflektieren. Die slaw. Sprachen und im germ. Raum Isl., Färöisch, (Neu-)Norw. und Dt. verfügen beim Substantiv über die drei Genera M., N. und F. Innerhalb der Romania liegt eine Opposition zwischen M. und F. vor. (Die sog. Neutra des Rumänischen sind keine eigenständige morphologische Kategorie, sondern Subst., die im Sg. M., im Pl. aber F. sind.) In den germ. Sprachen Schwed., Dän., Nl. und Wfries. liegt eine Reduktion auf Genus commune (aus M. und F.) und N. vor. Beim engl. Subst. sind alle Genusunterschiede geschwunden.

In den rom. Sprachen mit M. ≠ F.-Opposition, in allen slaw. und in den meisten germ. Sprachen mit drei Genera orientiert sich die pronominale Referenz (in der 3. Person) nach dem Genus des entsprechenden substantivischen Nominalgliedes, das bei belebten (vor allem menschlichen) Subst. normalerweise mit dem natürlichen Geschlecht (Sexus) übereinstimmt. Die festlandskand. Sprachen mit Genus commune ≠ N. bei den Subst. haben eine semantisch gesteuerte M. ≠ F.-Opposition bei auf belebte Subst. bezogenen Personalpron. (z. B. dän. *han − hun*). Mit Bezug auf nichtbelebtes Genus commune wird ein anderes Pron. verwendet (z. B. dän. *den*). Für das N. steht einheitlich ein Pron. ohne Belebtheitsdifferenzierung (dän. *det*). Ein ähnliches pronominales Hinweissystem ist im Nl. wenigstens in den Ansätzen vorhanden. Im Engl., wo keine Genera mehr vorhanden sind, liegen zwei grundsätzlich geschlechtsanzeigende und ein geschlechtsfremdes Pronomen vor (*he, she* vs. *it*).

4.2. Sog. Artikel als Ausdrucksmittel für Definitheit bzw. Indefinitheit sind nicht in allen Sprachen vorhanden und unterscheiden sich im Hinblick auf morphematische und lexikalische Realisierung. Abgesehen vom Bulgarischen fehlen den slaw. Sprachen Artikel. In der Mehrheit der Sprachen mit Artikel(n) finden sich sowohl ein definiter als auch ein indefiniter Artikel; das Isl. und Bulgarische beschränken sich aber auf den definiten Artikel. Der indefinite Artikel hat sich überall aus dem Zahlwort 'eins' entwickelt und steht in pränominaler Stellung als selbständiges Lexem. Im Span. und Rumänischen liegen davon auch Pluralformen vor (span. *unos, -as*). Der bestimmte Artikel ist in den westlichen germ. und rom. Sprachen ein dem Indefinitartikel paralleles Lexem, im Rumänischen und Nordgerm. (Festlandskand., Isl., Färöisch) ein Definitheitssuffix (das Genus und Numerus mit enkodiert). Wenn ein definites Subst. mit einem (pränominalen) Adjektiv versehen ist, steht im Festlandskand. ein pränominaler definiter Artikel, im Dän. ohne (*den gamle mand*) und im Schwed. und Norw. mit Definitheitssuffix beim Subst. (norw. *den gamle mannen*). Im Frz. hat sich der sog. „Teilungsartikel" als dritte Artikelart herausgebildet.

4.3. Attr. Adj. kongruieren meistens mit dem substantivischen Kern des Nominalgliedes in bezug auf Genus, Numerus, Kasus. In den germ. Sprachen besteht noch ein Unterschied zwischen einer sog. „starken" Deklination in indefiniter und einer sog. „schwachen" Deklination in definiter Umgebung, der im Isl., Färöischen, Dt. und Festlandskand. voll greifbar ist. In der schwachen Deklination sind freilich die Möglichkeiten der morphologischen Kongruenzmarkierung im Dt. und in den festlandskand. Sprachen neutralisiert. Diese Deklinations- und Kongruenzunterschiede sind im Wfries. und Nl. auf eine Opposition zwischen den beiden Flexionsmorphemen -e ≠ -Ø und im Engl. auf eine Klasse indeklinabler Adjektive reduziert worden. Im Germ. und Slaw. sind attr. Adj. und ähnlich flektierende Determinative normalerweise pränominal. In den rom. Sprachen sind Determinative pränominal, gewöhnliche Adj. aber normalerweise postnominal. Bei einer beschränkten Anzahl von Adj. dient der Unterschied zwischen prä- und postnominaler Stellung der semantischen Differenzierung (frz. *la dernière semaine des vacances − la semaine dernière*).

4.4. NP-interne Unterordnung von Nominalgliedern kommt durch morphologischen Gen. oder Präpositionen zustande. In der westlichen Romania werden postnominale Präpositionsglieder, im Rumänischen aber ein postnominaler Gen. gebraucht. In den slaw. Sprachen finden sich normalerweise postnominale Gen. (im Bulgarischen jedoch präpositionaler Anschluß). Damit konkurrieren in den slaw. Sprachen vielfach von EN und anderen Subst. abgeleitete flektierende Possessivadj. (tschech. *sestřina kniha*). Im germ. Raum haben Isl. und Dt. überwiegend postnominale, die anderen Sprachen aber pränominale Gen. Außerhalb des Isl. und Dt. macht sich eine mehr oder weniger starke Tendenz bemerkbar, den attr. Gen. auf EN und namenähnliche Nominalglieder zu beschränken und in anderen Fällen durch postnominale Präpositionalattr. zu ersetzen. In gewissen germ. Sprachen findet sich auch eine analytische pränominale Possessivfügung mit reflexivem Possessivadj. (*dem Mann sein Haus*), was im Dt. umgangssprachlich, im Nl. und Wfries. (und Afrikaans) standardsprachlich ist und auch im Norw. zunehmend akzeptiert wird.

4.5. Im Bereich der pronominalen Possessivausdrücke sind hauptsächlich drei verschiedene Systeme zu verzeichnen. Zum einen liegt ein morphologisch gespaltenes System mit pron. Gen. in der 3. Person (eventuell auch in der 2. Person Pl.) einerseits und kongruierendem adjektivischem Possessivpron. in der 1. u. 2. P. andererseits (Isl., Färöisch, Festlandskand., slaw. Sprachen; im Rumänischen sind die betreffenden Formen der 3. Person Dat.) vor. Andere Sprachen haben durchgehend adjektivische Possessivpron. (Dt., wrom. Sprachen, Bulgarisch; das Span. hat einen weiteren Unterschied zwischen pränominalen Possessivpron. mit Sg. ≠ Pl.-Opposition und postnominalen mit zusätzlicher Genusmarkierung: *su amigo − sus amigos − un amigo suyo*). Ein drittes System ohne jegliche Flexion findet sich im Wfries., Engl. und Nl. Darüber hinaus haben einige Sprachen besondere Formen für das nichtattr. (prädikative) Possessivpron. (Wfries., Nl., Engl., Frz.).

4.6. Bei den Personalpron. sind häufig im Vergleich zu anderen − substantivischen − Nominalgliedern unterschiedliche Positionsregeln zu beobachten (Dt., in geringerem Ausmaß auch Skand. und Engl., vgl. *you give it me* vs. *he gave the man the book*). Hinzu kommt noch, daß in gewissen germanischen (Nl., Wfries.), slaw. (außer Russ.) und in den romanischen Sprachen von den Personalpron. selbständige Formen einerseits und sog. „unbetonte" bzw. klitische Varianten andererseits mit besonderen Distributionseigenschaften vorliegen. Den „unbetonten" bzw. klitischen Pron. schließen sich u. U. auch positionsgleiche Adverbien bzw. adverbielle

Verwendungsweisen an (nl. *er*, wfries. *der*, frz. *y*, *en*, ital. *ci*, *vi*).

4.7. In einzelnen Sprachen reflektiert die Markierung direkter Objekte hohen Stellenwert in einer semantischen Belebtheitshierarchie. Dies betrifft den in Einzelheiten etwas differierenden Gebrauch des Gen. in den slaw. Sprachen, den Gebrauch der Präposition *a* im Span. bei persönlichen Objekten und des weiteren die Verwendung der Präposition *pe* vor Pron. und EN im Rumänischen.

5. Satzkomplemente und -attribute

5.1. In den Balkansprachen (Ngriech., Rumänisch, Albanisch, Serbokroat.) werden vielfach Komplementsätze mit finitem Verb verwendet, wo andere europäische Sprachen einen Inf. verwenden. Ansonsten unterscheiden sich die Sprachen insbesondere im Hinblick auf Bestand und syntaktische Verwendung infiniter Verbalformen. In den germ. Sprachen sind vor allem Perfektpart. und partikelloser Inf. (Ø-Inf.) Bestandteil von Auxiliarfügungen, während die Partikelinf. (*zu*-Inf. usw.), im Wfries. auch das sog. Gerundiv (ohne oder mit Partikel) und im Engl. die *ing*-Form (außer der „progressive form") eher in Komplementkonstruktionen eingehen. Im Germ. liegt nur eine Infinitivpartikel vor. Im rom. Bereich weisen Frz. und Ital. zwei Infinitivpartikeln auf (*à*, *de* bzw. *a*, *di*), und im Span. kommen noch mehr (Präpositionen) in Betracht. In einigen Sprachen ähnelt die Infinitivpartikel insofern mehr einer Subjunktion, als zwischen sie und die Verbform ein oder mehr Glieder eingeschoben werden können (z. B. Schwed., Engl., Frz.), während dies in anderen Sprachen nicht möglich ist (z. B. Dt., Nl., Wfries., Dän.).

Auffällig ist die große lexikalische Produktivität sog. „Anhebungskonstruktionen" einschließlich der traditionellen A. c. I.-Konstruktionen im Engl., die mit der semantisch-funktionalen „Offenheit" der Subj.- und Obj.-Kategorien in dieser Sprache zusammenhängen dürfte. Anders als in den rom. Sprachen sind innerhalb der Germania − außer Engl. − Adverbialsätzen entsprechende infinite Konstruktionen insgesamt wenig geläufig (vgl. frz. *allumant une cigarette, il s'affaissa dans un fauteuil*). Den rom. Sprachen stehen in dieser Hinsicht slaw. Sprachen näher. Hier finden sich auch aktivische Part. mit Gleichzeitigkeits- bzw. Vorzeitigkeitsbezug, die nur zu derartigen adverbialen Zwecken und nicht als Bestandteil von Komplementkonstruktionen (mit Verbrektion) oder von Auxiliarkonstruktionen verwendet werden.

5.2. Auf Nomina bezogene Relativsätze werden in den skand. Sprachen einschließlich Färöisch und Isl. durch indeklinable Partikeln und in den übrigen Sprachen durch Pron. (mit unterschiedlich weit gehenden Flexionsmöglichkeiten) eingeleitet. Statt Relativsätzen mit finitem Verb werden insbesondere im Dt. vielfach erweiterte Partizipial- und Adjektivattr. verwendet (*das allgemein damit in Verbindung gebrachte wirtschaftliche Elend — das wirtschaftliche Elend, das allgemein damit in Verbindung gebracht wird*). Dies entspricht der allgemeineren Tendenz des Dt. zur Herausbildung von Satellit-Kern-Abfolgen, die sich auch in den Verbendstellungsstrukturen und in der größeren Geläufigkeit von Postpositionen (und Zirkumpositionen, vgl. *am Fluß entlang*) manifestiert.

6. Generelle typologische Charakterisierung

6.1. Zusammenfassend lassen sich die im vorangehenden herangezogenen europäischen Sprachen ausgehend von dem Universale 41 von Greenberg (1966: 96: „If in a language the verb follows both the nominal subject and nominal object as the dominant order, the language almost always has a case system.") einerseits und der klassischen typologischen Analytizität-Synthetizität-Unterscheidung andererseits beschreiben. Im Rahmen von Greenberg (1966) verteilen sich die germ. Sprachen auf vier Gruppen (SOV/SVO bezieht sich auf die anzunehmende Basisabfolge, und ± Kasusmarkierung auf nichtpronominale Glieder):

Typ I Dt.:   SOV + Kasusmarkierung
Typ II Wfries., Nl.:   SOV − Kasusmarkierung
Typ III Festlandskand.,
        Engl.:   SVO − Kasusmarkierung
Typ IV Isl., Färöisch: SVO + Kasusmarkierung

Sämtliche wrom. Sprachen und von den slaw. Sprachen das Bulgarische gehören am ehesten zum Typ III, das Rumänische und die übrigen slaw. Sprachen wenigstens in statistischer Hinsicht zum Typ IV. Jedoch besteht zwischen den slaw. Sprachen einerseits und dem Isl. und Färöischen andererseits der Unterschied, daß in den ersteren Sprachen gewisse syntaktische Regeln − wie im Dt. − morphologisch, in den beiden letzteren Kasussprachen aber topologisch-konfigurationell (vgl. die „obliquen Subjekte") bezogen sind.

6.2. Im nominalen Bereich können fehlende Kasusmarkierung und weitgehender Gebrauch von präpositionalen Konstruktionen, und im verbalen Bereich die Aufgabe von Flexionsendungen und Herausbildung periphrastischer Konstruktionen als Merkmale der Analytizität aufgefaßt werden. Dabei fällt vor allem auf, daß Analytizität im nominalen Bereich nicht mit Analytizität im verbalen Bereich eindeutig korreliert ist. Am deutlichsten generell analytisch in beiden Bereichen sind die germ. Sprachen der obigen Gruppen II und III. Die wrom. Sprachen und das Bulgarische zeichnen sich durch Analytizität im nominalen, aber z. T. sehr weitgehende Synthetizität im verbalen Bereich aus. Die slaw. Kasussprachen, Dt., Isl. und Färöisch weisen im nominalen Bereich unterschiedlich weitgehende Synthetizität auf, wobei im Dt. die herkömmliche Kasuskongruenz zwischen Kern und flektierenden Attr. weitgehend einem ökonomischeren Prinzip der „monoflexivischen Kooperation" (distinktive morphematische Markierung von Flexionskategorien an einer oder höchstens zwei Konstituenten des betreffenden Nominalgliedes; Weinrich 1993: 487) gewichen ist. Der verbale Bereich ist im Isl., Dt. und Färöischen durch die Herausbildung analytischer periphrastischer Konstruktionen gekennzeichnet, in den beiden ersteren Sprachen bei nicht nur relikthafter Beibehaltung synthetischer Modusmarkierung. In den slaw. Kasussprachen haben sowohl eine radikale Vereinfachung des Verbalsystems (vgl. Aksl. und noch Bulgarisch) als auch ein unterschiedlich weit gehender Abbau der Periphrastisierung im Bereich der Vergangenheitsformen stattgefunden.

7. Literatur (in Auswahl)

Abraham, Werner, Deutsche Syntax im Sprachenvergleich. Grundlegung einer typologischen Syntax des Deutschen. Tübingen 1994. (Studien zur deutschen Grammatik 41).

Ders./Theo Janssen, Tempus − Aspekt − Modus. Die lexikalischen und grammatischen Formen in den germanischen Sprachen. Tübingen 1989. (LA 237).

Askedal, John Ole, Geographical and Typological Description of Verbal Constructions in the Modern

Germanic Languages. In: Drei Studien zum Germanischen in alter und neuer Zeit. Hrsg. v. John Ole Askedal/Harald Bjorvand. Odense 1995. (NOWELE Supplement 13).

Ball, Martin/James Fife, The Celtic Languages. London 1993.

Bech, Gunnar, Studien über das deutsche verbum infinitum. Bd. 1—2. Kopenhagen 1955/57.

Comrie, Bernard/Greville Corbett, The Slavonic Languages. London/New York 1993.

Greenberg, Joseph H., Some Universals of Grammar with Particular Reference to the Order of Meaningful Elements. In: Universals of Language 2nd Ed. Ed. by Joseph H. Greenberg. Cambridge, Mass./London 1966, 73—113.

Harris, Martin/Nigel Vincent, The Romance Languages. London 1990.

Hawkins, John A., A Comparative Typology of English and German. Unifying the Contrasts. London/Sydney 1986.

Hulthén, Lage, Studier i jämförande nunordisk syntax. Bd. I—II. Göteborg 1944/48. (Göteborgs högskolas årsskrift L, 1944: 3; LIII, 1947: 4).

König, Ekkehard/Johan van der Auwera, The Germanic Languages. London/New York 1994.

Mayerthaler, Willy/Günther Fliedl/Christian Winkler, Infinitiv-Prominenz in europäischen Sprachen. Teil. I: Die Romania (samt Baskisch). Tübingen 1993.

Siewierska, Anna, The passive: A comparative linguistic analysis. London (etc.) 1984.

Weinrich, Harald, Textgrammatik der deutschen Sprache. Mannheim (etc.) 1993.

John Ole Askedal, Oslo

VIII. Ergebnisse der Sprachgeschichtsforschung zu den historischen Sprachstufen I: Das Althochdeutsche

71. Soziokulturelle Voraussetzungen, Sprachraum und Diagliederung des Althochdeutschen

1. Begriff, Zeit- und Sprachraum des Althochdeutschen

1.1. Zum Begriff *Althochdeutsch*

Althochdeutsch nennt man die frühmittelalterliche Volkssprache der *hoch*deutschen
Dialekte vom Beginn ihrer schriftlichen
Überlieferung bis ins 11. Jh. in räumlicher
Abgrenzung zu den sie umgebenden nd. und
nicht-dt. Mundarten. Als Sammelbegriff bezeichnet *Ahd.* keine einheitliche Sprachform,
sondern „recht verschiedene Systeme in verschiedenen Landschaften, Schreiborten und
Denkmälern" (Schützeichel 1973, 24). Ahd.
ist als älteste Stufe des Hd. nach der 2. oder
hd. Lautverschiebung die früheste geschichtliche Periode der dt. Sprache und Literatur.
Die wichtigsten sprachlichen Merkmale des
Ahd., an denen die einzelnen Dialekte allerdings in unterschiedlichem Maße teilhaben,
sind (nach Sonderegger 1987, 33−34; 1979,
182; vgl. König 1978, 61 f.):

im Konsonantismus: die Verschiebung der
postvokalischen germ. $/p/$, $/t/$, $/k/$ zu den Reibelau-
ten $\langle ff \rangle$, $\langle zz \rangle$, $\langle hh \rangle$; die Verschiebung der anlautenden, geminierten oder postkonsonantischen
germ. $/p/$, $/t/$, $/k/$ zu den Affrikaten $\langle pf \rangle$, $\langle tz \rangle$, $\langle kh \rangle$
(zur Medienverschiebung s. unten 3.2. und 3.3.).

  im Vokalismus: die teilweise durchgeführte
Monophthongierung von germ. $/ai/ > \langle \bar{e} \rangle$ und
germ. $/au/ > \langle \bar{o} \rangle$, die Diphthongierung von germ.
$/\bar{e}_2/ > \langle ia \rangle$ und germ. $/\bar{o}/ > \langle uo \rangle$, $\langle ua \rangle$; der Umlaut
von $/a/ > \langle e \rangle$ vor $/i, j, \bar{\iota}/$ der Folgesilbe; die zum
späteren Ahd. hin zunehmende Schwächung der zu
Beginn dieser Periode noch vokalisch vollen Nebensilbenvokale;

der Einfluß des Lat.: auf den Wortschatz
und die Wortbildung des Ahd. (s. Artikel 74 und
76); auf die Syntax durch Übersetzung aus dem
Lat. (s. Artikel 75);
  schließlich ist das Nebeneinander der einzelnen
Dialekte ohne eine gemeinsame Hochsprache ein
Charakteristikum des Ahd.: Obwohl eine Tendenz
zur Herausbildung überregionaler Sprachmerkmale erkennbar ist, fehlt dem Ahd. ein einheitliches
Laut-, Sprach- oder Schreibsystem.

1.2. Der Zeitraum

1.2.1. Sieht man die untere zeitliche
Grenze des ahd. Zeitraumes mit dem Aufkommen der ersten schriftlichen Textzeugnisse in der 2. Hälfte des 8. Jhs. gegeben, so
ergibt sich von der hd. Lautverschiebung
„um 600" (Braune/Eggers 1975, 1 und 83) bis
zur Mitte des 8. Jhs. eine Phase, die man als
vorahd. (Braune/Eggers 1975, 1; Wolf 1981,
30), besser jedoch als *frühahd.* (Sonderegger
1987, 46; 1979, 181) bezeichnet, weil sie
sprachgeschichtlich durchaus dem Ahd. zuzurechnen ist. „Die Anfänge des Ahd. als einer Sprachstufe, die sich von einer wie immer
aussehenden wgerm. Vorstufe klar abhebt,
sind in der Merowingerzeit zu suchen, in der
sich auch die Grundlagen der hd. Sprachlandschaften herausgebildet haben" (Schützeichel 1973, 29). Dies gilt sowohl bezüglich
der Lautverschiebung, für die Sonderegger
(1987, 157; 1979, 128) eine gestaffelte Datie-
rung − $/t/ > \langle zz \rangle$, $/t/ > \langle tz \rangle$: 5./6. Jh.; $/p/ >$
$\langle ff \rangle$, $/p/ > \langle pf \rangle$: 6./7. Jh.; $/k/ > \langle hh \rangle$, $/k/ >$
$\langle kh \rangle$: 7./8. Jh. − vorschlägt, als auch hin-
sichtlich der Entwicklungen, die auf der
Grundlage der wgerm. Konsonanten-Gemi-
nation (Simmler 1974) erfolgt sind. Zudem
kann heute angesichts der volkssprachigen
Wörter in den frühesten Aufzeichnungen der
Volksrechte und der umfangreichen Glossen-
und Namenüberlieferung des frühen 8. Jhs.,
deren sprachgeschichtliche Erschließung und
Auswertung in den letzten Jahren erst begon-

nen, aber noch keineswegs abgeschlossen wurde, nicht mehr von einem Einsetzen der Schriftlichkeit etwa mit dem *Abrogans* in den 60er Jahren des 8. Jhs. ausgegangen werden. Vielmehr wird man die untere zeitliche Grenze des Ahd. um 600 ansetzen (Schützeichel 1973, 21 und 34; Sonderegger 1987, 46; 1979, 181).

1.2.2. Die obere zeitliche Grenze des

Ahd. markiert das Übersetzungswerk Notkers († 1022), dessen Sprache nach Sonderegger (1979, 178) bereits als „lautlich-morphologisches Mittelsystem zwischen dem Ahd. und dem Mhd." bezeichnet werden kann. Aufgrund der starken Abhängigkeit vom lat. Text wird Notkers Werk jedoch im allgemeinen noch dem Ahd. zugerechnet. Trotz im einzelnen unterschiedlicher Zeitangaben herrscht Einigkeit darüber, daß spätestens in der 2. Hälfte des 11. Jhs. (De Henrico, Williram) die Periode des Ahd. endet und das (Früh-)Mhd. mit einem neu entwickelten Graphemsystem (König 1978, 73) einsetzt. Spätere Texte mit konservativer „altertümlicher Ausrichtung" (Sonderegger 1979, 188f.) zeigen noch eine bewußte Orientierung an der längst vergangenen Sprachstufe des Ahd.

1.2.3. Binnengliederung: Bezeichnet man

die früheste Periode des Ahd. (600–800) als *Frühalthochdeutsch* und die Spanne des Übergangs zum (Früh-)Mhd. (950–1050/70) als *Spätalthochdeutsch*, so stellt sich die Frage nach einer Definition des *Normalalthochdeutschen* (Sonderegger 1980, 570; 1979, 181) oder des „Althochdeutschen im engeren Sinne" (Wolf 1981, 71). Obwohl die volkssprachige Überlieferung im 9. Jh. ihre größte Dichte erreicht, läßt auch diese Periode keine einheitliche Entwicklung erkennen. Eine gewisse „Stufenleiter" ist mit Sonderegger (1987, 47) von der Glossierung über die Interlinearversionen zu den freien Übersetzungen zu sehen, während die großen literarischen Werke „weitgehend einsam" und unvermittelt entstanden. Charakteristisch erscheint, daß Otfrid von Weißenburg und Notker von St. Gallen dies auch so empfanden. Ihre Werke sind ebenso wie die meisten anderen ahd. Texte vielmehr in der Bildungstradition ihrer Klöster verankert. Dies gilt auch für die Fuldaer Tatianübersetzung unter Abt Hraban, die gemeinhin als zentraler Text des Normalahd. angesehen wird (vgl. die Anordnung der Belege bei Schützeichel 1995,

Einl.). – Als problematisch hat sich der Versuch erwiesen, das Ahd. nach Gesichtspunkten der politischen Geschichte zu gliedern. Die vor allem in der Literaturgeschichte gebräuchlichen Charakterisierungen *vorkarlisch*, *karlisch* (Baesecke 1966, 377ff.; von Polenz 1959, 27ff.; de Boor 1979, 8), *karolingisch* (= *nachkarlisch*) und *ottonisch* verbinden die Sprachdenkmäler mit frühmittelalterlichen Herrschern und Dynastien, ohne daß dieser Bezug durch die Texte selbst genügend gerechtfertigt wäre (Geuenich 1983, 113ff.; 2000, 322ff.).

1.3. Der Sprachraum

Der ahd. Sprachraum umfaßt die wmd. Dialekte des Mittel- und Hochfrk. (mit Ofrk., Rhfrk. und Srhfrk.) sowie die obd. Dialekte des Alem. und Bair. (dazu im einzelnen unten 3.2. und 3.3.). Nach Norden läßt sich das Ahd. aufgrund der Lautverschiebung, an der das And. nicht teilhat, klar abgrenzen. Die sog. Benrather oder *maken/machen*-Linie verläuft noch heute von der frz. Sprachgrenze südlich von Aachen zum Rhein, den sie südlich von Düsseldorf bei Benrath überquert, wendet sich dann südostwärts und vom Rothaargebirge an nordostwärts zur poln. Sprachgrenze. Entgegen der Auffassung von Frings (1957, 13ff.; 1966, 94ff.), die Lautverschiebungsgrenze sei im Frühmittelalter weiter südlich verlaufen, konnte Schützeichel (1976, 313) sie aufgrund historischer Zeugnisse als Nordgrenze des Ahd. aus merowingerzeitlichen Verhältnissen erklären. Weitaus schwieriger ist die Abgrenzung des Ahd. gegenüber dem Anl.-Anfrk. im Nordwesten und erst recht nach Westen hin, wo die Reichweite des Ahd. keineswegs an der heutigen germ.-rom. Sprachgrenze endete. Germ. Orts- und Personennamen, eine beachtliche Glossenüberlieferung und nicht zuletzt das Ludwigslied können als Zeugnisse des Westfrk. aus dem Gebiet jenseits der Sprachgrenze angeführt werden (Schützeichel 1963, 468ff.; 1966/67, 291ff.; 1973, 26f.). Nach Westen ist ebenso wie zum Süden hin vor allem in der Frühzeit der ahd. Sprachperiode mit weiten Überlagerungsgebieten zu rechnen, die erst im ausgehenden 9. und im 10. Jh. zunehmend der Romanisierung erlagen. Vom Langob. südlich der Alpen fehlen literarische Sprachdenkmäler, und bezüglich der aus der Frühzeit überlieferten Wörter und Namen ist fraglich, ob sie als Zeugnisse eines eigenständigen Langob. gelten können (Schützeichel 1973, 25f.). Vom bair. Kernland ging bereits in ahd.

Zeit eine kontinuierliche Siedlungsbewegung nach Osten aus, die nach der Überwindung der Awaren und Hunnen das Bair. über Kärnten, die Steiermark und Niederösterreich ausdehnte. Das Thür. hat außer vereinzelten Namen keine Spuren hinterlassen. − Angesichts des grob umrissenen Sprachraumes und seiner Grenzlinien muß stets beachtet werden, daß sich die ahd. Dialekte nur punktuell erfassen lassen, und so können Aussagen über zusammenhängende Sprachgebiete nur mit Vorbehalt gemacht werden (dazu im einzelnen unten 3.2. und 3.3.).

2. Soziokulturelle Voraussetzungen des Althochdeutschen

2.1. Entstehung aus Stammessprachen

Die früher vertretene Auffassung, daß der Entwicklung zu den einzelnen ahd. Dialekten eine gemeinsame „urdeutsche" Periode voraufgegangen sei, hat sich als unhaltbar erwiesen und gilt heute zu Recht als überwundene Hilfskonstruktion. Während die Vertreter der alten Stammbaumtheorie (vgl. dazu Höfler 1955/56) die frühmittelalterlichen Dialekte als Abspaltungen eines konstruierten „Urdeutsch" erklärten, sieht man heute in ihnen eng verwandte Stammessprachen, die sich „im politischen und kulturellen Verkehrsraum des frk. Reiches konvergierend weiterentwickeln und sich einander nähern" (Braune/Eggers 1975, 1). Die frühmittelalterlichen Stammesmundarten sind folglich nicht einer ursprünglichen sprachlichen Einheit entsprungen, sondern das Dt. ist umgekehrt aus den Dialekten der nicht romanisierten germ. Stämme erwachsen, die im frk. und späteren dt. Reich politisch zusammengefaßt wurden (Moser 1979, 33). Dementsprechend blieb die volkssprachige Schriftlichkeit im Frühmittelalter noch nachhaltig durch die Stammessprachen der Rhein- und Ostfranken, der Alemannen und Baiern geprägt und entbehrte weitgehend eines einheitlichen Sprach-, Schreib- und Lautsystems, wenngleich sich vom 8. zum 11. Jh. hin zunehmend übergreifende Sprachmerkmale herausbildeten.

2.2. Anfänge der Schriftlichkeit

Die Geschäftssprache des Merowingischen Reiches war zweifellos das Lat.; volkssprachige Rechtswörter begegnen jedoch schon seit dem 7. Jh. in den einzelnen Volksrechtsaufzeichnungen. Daneben sind Personennamen in lat. Quellen, in Sukzessionslisten und

auf Münzen Zeugnisse des frühesten Ahd. Die eigentlichen Anfänge der Schriftlichkeit des Dt. sind dann mit dem Aufbau von Bibliotheken und Scriptorien in den Klöstern und Domschulen verbunden, die im Gefolge der ir. (Kolumban, Gallus, Kilian, Korbinian, Virgil), ags. (Willibrord, Bonifatius) und frk. Mission (Pirmin, Emmeram) auch auf rechtsrheinischem Gebiet entstanden (Salzburg um 700, Reichenau 724, Freising 739, Fulda 744, Lorsch 764 usw.). In Form von Glossen gelangten vor allem im mfrk. Köln, Aachen, Echternach und Trier, im ofrk. Fulda und Würzburg, im alem. Reichenau, St. Gallen und Murbach sowie im bair. Freising, Regensburg und Tegernsee Wort-für-Wort-Übersetzungen aus dem Lat. in die von der jeweiligen Mönchs- oder Klerikergemeinschaft gesprochene Mundart, die nicht immer dem in der näheren Umgebung des Schreibortes gesprochenen Dialekt entsprach. Bei diesen frühesten Versuchen, antike und christliche Schriftsteller in das Ahd. zu übertragen, waren große Schwierigkeiten zu überwinden. So läßt sich beobachten, wie mit einer adäquaten Wiedergabe neuer Begriffe (lat. *trinitas*: ahd. *drīnissa*; lat. *resurrectio*: ahd. *irstantnissi* usw.) und − unter Beschränkung auf die 24 Zeichen des lat. Alphabets − mit einer Graphieregelung für die bislang nicht schriftlich aufgezeichnete Volkssprache gerungen wurde (vgl. etwa $\langle (t)s \rangle$, $\langle (z)z \rangle$ oder $\langle v \rangle$, $\langle u \rangle$, $\langle w \rangle$ usw.). Die Ergebnisse dieses Ringens waren, wie die unterschiedlichen Vater-unser-Übertragungen beispielsweise deutlich machen, von Scriptorium zu Scriptorium verschieden.

„Im Grunde kennen wir nur einzelne Klosterdialekte, die wir in Ermangelung anderer Quellen − und gewiß vielfach nicht zu Recht − mit der Mundart des Gebiets gleichsetzen, in dem das Kloster liegt; streng genommen müßten wir, besonders im älteren Ahd., fuldisch statt ofrk., murbachisch statt els., reichenauisch bzw. st. gallisch statt alem. usw. sagen" (Tschirch 1971, 131).

Analog wäre auch jeweils zeitlich einzuschränken, da sich die regionale Herkunft der Konventsmitglieder eines Klosters im Laufe der Zeit ändern konnte, wie dies beispielsweise für Reichenau (Baesecke 1966, 126f., 180) und Fulda (Braune/Eggers 1975, 5; dazu jedoch kritisch Geuenich 1976, 277 und 1978, 24) anzunehmen ist. Dennoch lassen sich genügend sprachliche Gemeinsamkeiten etwa zwischen den volkssprachigen Überlieferungen aus Reichenau, St. Gallen und Murbach feststellen (germ. /ō/ > $\langle ua \rangle$ im 9. Jh. usw.), die wir als *alem.* zu bezeichnen gewohnt sind, oder aus Salzburg, Passau und Regensburg (germ. /au/ > ⟨ao⟩ im 8. Jh. usw.), die wir als *bair.* zu bezeichnen gewohnt sind, ohne daß wir allerdings exakte Grenzlinien zwischen diesen ahd. Dialektgebieten angeben können. Die Bezeichnung der frühmittelalterlichen Mundarten nach den germ. Volksstämmen der Alemannen, Baiern und Franken, aber auch der Thüringer, Langobarden und Sachsen, macht deutlich, daß im allgemeinen davon ausgegangen wird, es handle sich bei den genannten und anderen differenzierenden Erscheinungen im phonologischen, graphologischen, morphologischen und lexikalischen Bereich vorwiegend um Eigentümlichkeiten der einzelnen Stammessprachen. Die Übereinstimmung von ahd. Dialekt- und frühmittelalterlichen Stammesgrenzen ist zwar durchaus naheliegend und wahrscheinlich, läßt sich aber aufgrund der punktuellen Überlieferung aus ahd. Zeit kaum nachweisen. Es fällt auf, daß die kirchlichen Grenzen der Karolingerzeit selten mit den Stammesgrenzen zusammenfallen und auch die Reichsteilungspläne Pippins und Karls wenig Rücksicht auf die Stammesgrenzen nahmen (Tellenbach 1939, 8; Wenskus 1967, 204 f.).

2.3. Althochdeutsch im Reich Karls des Großen

Da Karl der Große die politische Einung der Stämme im karolingischen Frankenreich bewirkte, schrieb man ihm bislang auch durchweg eine Tendenz zur sprachlichen Vereinheitlichung, zur „staatlichen Sprachregelung" (von Polenz 1959, 32 f.; 1978, 38) zu, „die der unheilvollen Sprachmischung im merowingischen Franken ein Ende bereiten sollte". Angesichts seines rom. und germ. Volksstämme umfassenden Reiches muß jedoch bezweifelt werden, ob bereits Karl „ein ausgeprägtes Sprachgemeinschaftsbewußtsein" und ein „Wille zur Pflege und Reinerhaltung" (Rexroth 1978, 277) des Ahd. unterstellt werden kann. Waren doch erst nach dem Teilungsvertrag von Verdun (843) die Voraussetzungen für ein sprachliches Zusammengehörigkeitsbewußtsein der dt. Stämme im Ostfrk. Reich Ludwigs „des Deutschen" gegeben (Geuenich 1983, 104 ff.; 2000, 322 ff.). Daß Karl d. Gr. die Verwendung der *propria lingua*, der Volkssprache(n), neben dem Lat. zuließ und in seinen Kapitularien forderte, hatte zweifellos in erster Linie seelsorgerische Gründe: *Ut omnes intellegere possent*, erlaubt es die Reimser Synode des Jahres 813, *secun-*

dum proprietatem linguae praedicare. Eine Gleichstellung des Dt. (Baesecke 1966, 301) mit dem Lat. war damit noch nicht gefordert. Wenn aber die Mainzer Synode (813) bestimmt, die Priester sollten das Volk zum Erlernen des Glaubensbekenntnisses und des Vaterunser ermahnen, und dabei für diejenigen, die das Lat. nicht beherrschen, auch die Volkssprachen zuläßt (*qui vero aliter non potuerit vel in sua lingua hoc discat*), so liegt hier die Initiative für die Niederschrift der bair., alem., nd. und frk. Versionen des Credo, des Paternoster, der Beicht- und Taufformulare, der Katechismusfragen und Gebetstexte in den einzelnen Klöstern und Domschulen des Reiches. Der Gebrauch der Volkssprachen zielte auf das Verstehen der kirchlichen Gebrauchstexte. *Ut quisque sciat quid petat a Deo* begründet Karls *Admonitio generalis* (789) die Verwendung der ahd. Dialekte zur Erklärung der lat. Gelöbnis- und Gebetstexte. In diesem Bemühen, auch den *illiterati* das Verständnis der wichtigsten christlichen Glaubensinhalte zu ermöglichen, wurde Karl durch Alkuin von Tours und später durch dessen Schüler Hraban von Fulda (Tatian-Übersetzung) und andere Äbte, Bischöfe und Mönche im Reich tatkräftig unterstützt. Eine Tendenz zur Vereinheitlichung der ahd. Dialekte zu einer verbindlichen Orthographieregelung oder gar einer „karlingischen Hofsprache" (Müllenhoff/ Scherer 1964, XXVII ff.) läßt sich aber trotz der qualitativ hochstehenden Übersetzungen der Isidor-Gruppe (dazu Matzel 1970, 526 ff.; 1971, 15 ff.) nicht nachweisen. Es dürfte wohl kaum der Konzeption Karls entsprochen haben, eine der germ. Stammessprachen in den Rang einer Hofsprache, Kirchensprache oder Literatursprache zu erheben und innerhalb seines rom. und germ. Bevölkerung umfassenden Reiches verbindlich vorzuschreiben. Ebenso wie die unterschiedlichen alten Volksrechte, die Karl unter Verzicht auf ein reichsweites Einheitsrecht aufzeichnen ließ, akzeptierte er neben dem Lat. die gentilen Sprachgewohnheiten der Sachsen, Baiern, Alemannen und Langobarden, aber auch der rom. sprechenden Volksgruppen wie etwa der Aquitanier. In diesem Sinne wurden 813 in Tours die Bischöfe des Reiches ermahnt, das Wort Gottes sowohl in rom. als auch in germ. Volkssprache zu verkünden (*transferre … in rusticam romanam linguam aut thiotiscam, quo facilius cuncti possint intellegere quae dicuntur*).

2.4. Das Wort *deutsch*

Im Beschluß der Synode von Tours wurden die germ. Volkssprachen als *thiotisca lingua* bereits von den rom. (*rustica lingua*) unterschieden. Das vom germ. Subst. **þeudō* abgeleitete Adj. **þeudisk* bedeutete ursprünglich soviel wie „zum Volk gehörig". Der älteste Beleg des Wortes bezieht sich auf den Bericht eines päpstlichen Legaten 786 an Papst Hadrian I. über eine Synode in England, auf der die Beschlüsse einer früheren Synode, wie es heißt, *tam latine quam theodisce* verlesen worden seien. Als Begründung wurde auch dort angemerkt: *quod omnes intellegere potuissent.* Während 786 u. ö. *theodisce* offensichtlich die Bedeutung „nicht-lat., volkssprachig" zukam, war 813 in Tours und dann 842 in den Straßburger Eiden der Gegensatz *romana (rustica)* − *teudisca lingua* gegeben. In diesem Sinne konnte das primär den sprachlichen Gegensatz ausdrückende Adj. im Ostfrk. Reich sprachlich verwandter germ. Stämme, im werdenden „dt." Reich, zur ethnischen Selbstbezeichnung werden; es gilt insofern als „Indiz für die Genese und Entwicklung volkssprachlicher Bewußtseinswerdung" (Sonderegger 1980, 570). Neben latinisiertem *theodiscus*, das auch Otfrid in seiner lat. Praefatio verwendet, läßt sich seit dem 2. Viertel des 9. Jhs. die ahd. Graphie *thiutisce/diutisce* mit ⟨iu⟩ statt ⟨eo⟩ nachweisen. *Teutonicus*, zum frühgerm. Völkernamen *Teutoni, -es* und damit zum selben Wortstamm gehörig, ist dann (seit 876) die vor allem in den Urkunden Ottos I. und bei Notker im lat. Kontext gebräuchliche Form des Adj. (Genaueres zu *deutsch* usw. vgl. in Art. 156).

2.5. Althochdeutsch im Ostfränkischen Reich

Nach dem Tode Karls d. Gr. gelangen erste literarische Texte in Volkssprache auf das Pergament; dabei handelt es sich zum Teil noch um Stabreimgedichte (Hildebrandslied, Muspilli), zum Teil aber auch bereits um Endreimdichtung (Petrus-, Georgs-, Ludwigslied). Otfrid von Weißenburg, der sein Evangelienbuch Ludwig d. Dt. widmet und von ihm Approbation, Förderung und Verbreitung seines Werkes erhofft, begründet in seinem einleitenden Kapitel den Gebrauch der frk. (*frencisc*) Sprache mit einem emphatischen Lob des fränkischen Volkes, das er selbstbewußt mit dem römischen vergleicht. Im Ostfrk. Reich Ludwigs d. Dt. war eine weitgehende volkssprachige Einheit von *Frankono thiot* und *Frankono lant* gegeben, so

daß Otfrid seine Dichtung in *frenkisca zungun* − im lat. Kontext auch bei ihm *theotisc* genannt! − abfassen konnte. Die Begründung Otfrids, *cur theotisce dictaverit*, zeugt von einem Selbstverständnis, wie es sich erst in der Sprachgemeinschaft des Ostfrk. Reiches unter Ludwig d. Dt. entwickeln konnte (Geuenich 1983, 122; 2000, 322ff.).

„Unter dem Eindruck des tatkräftigen Königtums Ludwigs, auf der Grundlage der gemeinsamen christlichen und antiken Bildung und gefördert durch die die Stammesgrenzen übergreifenden Adelsbeziehungen, war ein Bewußtsein der Zusammengehörigkeit entstanden, das die Teilung des Reiches nach seinem Tode überdauern sollte" (Löwe 1981, 185).

Merkwürdig ist allerdings, daß die volkssprachige Literatur im 10. und beginnenden 11. Jh., als sich das dt. Reich unter den Ottonen zunehmend gefestigt hatte, an Bedeutung einbüßte und für mehrere Jahrzehnte völlig verstummte. Auch Notker, der ohne unmittelbare Vorgänger und Nachfolger um 1000 in St. Gallen schrieb, ändert wenig an diesem Bild, zumal er sein Übersetzungswerk selbst als etwas Neuartiges, bis dahin nahezu Unerhörtes (*rem paene inusitatam*) bezeichnete. So entbehrt das Ahd., zumindest in seinen überkommenen schriftlichen Zeugnissen, einer kontinuierlichen Entwicklung.

3. Die althochdeutschen Dialekte und Überlieferungsorte

3.1. Die Quellen

Es ist festzuhalten, daß zur Rekonstruktion der Dialektgebiete des oben zeitlich (1.2.) und räumlich (1.3.) eingegrenzten Ahd. im Grunde nur die schriftlichen Aufzeichnungen aus dem Frühmittelalter zur Verfügung stehen und herangezogen werden dürfen. Eine Rückprojektion der erst in späterer Zeit erkennbaren und zum Teil bis heute gültigen Mundartgrenzen in die Frühzeit der dt. Sprache ist methodisch unzulässig, da diese Grenzen, wie zumindest für einige Mundartgebiete nachgewiesen werden konnte (Bach 1969, § 71ff.; 1970, § 94ff., § 119; vor allem nach Frings 1957, 134ff.; 1966, 94ff.), ihre Grundlagen zum Teil in Territorialbildungen und Kulturräumen des Spätmittelalters und der frühen Neuzeit haben. Inwieweit aber die erhaltenen frühmittelalterlichen Schriftzeugnisse ein zutreffendes Bild des gesprochenen Ahd. bzw. der ahd. Dialekte vermitteln (vgl. Heinrichs 1961, 97ff.) und in ihrer nur punktuellen Überlieferung die Abgrenzung von Sprachräumen erlauben, ist problematisch und kann kaum mit Sicherheit ermittelt werden. „Vor solchem Hintergrund steht und fällt die Rekonstruktion historischer Dialektgebiete mit den Möglichkeiten, die durch die verfügbaren Quellen eröffnet werden" (Debus 1983, 931). Die relativ wenigen literarischen Werke sowie die biblischen, exegetischen, liturgischen und katechetischen Gebrauchstexte und Textfragmente reichen in ihrer zeitlichen und räumlichen Verteilung jedenfalls nicht aus, das Ahd. in seiner sprachgeschichtlichen Entwicklung vom 8. bis 11. Jh. und in seiner sprachgeographischen Untergliederung in die verschiedenen Dia-

lekte in gewünschter Deutlichkeit zu beschreiben. Denn zum einen sind die bekannten Überlieferungsorte, wie die Abb. 71.1 erkennen läßt, zahlenmäßig sehr beschränkt und nicht dicht genug in ihrer Verbreitung, so daß auf dieser Basis keine hinlänglich genauen Mundartgrenzen ermittelt werden können; zum anderen liegt für die meisten ahd. Sprachdenkmäler keine exakte Datierung und Lokalisierung vor, da oft mit Abschriften von Vorlagen zu rechnen ist, über deren zeitliche und sprachgeographische Zuweisung nur Vermutungen möglich sind. Bezeichnend ist beispielsweise, daß die fuldische Niederschrift des Hildebrandsliedes im 2. Viertel des 9. Jhs. lediglich aufgrund paläo-

Abb. 71.1: Die Hauptorte althochdeutscher Überlieferung (in Großbuchstaben; nach Sonderegger 1970, 13 und Bergmann 1966, 83) ergänzt um die Orte, aus denen frühmittelalterliche Namenlisten in Gedenkbüchern überliefert sind (kleinere Schrift). Vgl. auch Geuenich 1992, 672.

graphisch-codicologischer Kriterien (Bischoff
1971, 112f.) — und nicht aufgrund sprach-
historisch-sprachgeographischer Beurteilung
(Geuenich 1976, 272—274; 1978, 119—122) —
gesichert werden konnte; über die Herkunft
der Vorlage des Liedes aus dem nd., bair.
oder langob. Sprachraum besteht indes nach
wie vor Unklarheit.

Ein zeitlich und räumlich erheblich dichte-
res Bild des Ahd. ergibt sich durch die Einbeziehung der Glossen- (Bergmann 1973) und
vor allem der Namenüberlieferung (Geuenich
1992) in frühmittelalterlichen Handschriften.
Die überaus zahlreichen Personennamen in
den Verbrüderungsbüchern, Necrologien und
Urkunden, die in der Regel exakt datierbar
und hinsichtlich ihrer Provenienz lokalisierbar sind, haben erst in jüngster Zeit „die ahd.
Namenkunde zu einem Schlüsselpunkt für
die Erforschung ahd. und mittelalterlicher
Sprachgeschichte überhaupt" (Sonderegger
1965, 61; Debus 1983, 931) werden lassen
(vgl. auch Art. 226).

Der Auswertung harren Hunderte von Listen geistlicher und monastischer Gemeinschaften aus dem
gesamten Karolingerreich und eine noch größere
Zahl von laikalen und „gemischten" Personengruppen, die in den Gedenkbüchern zum Zwecke des
Gebetsgedächtnisses aufgezeichnet worden sind.
Da diese oft sehr umfangreichen Namengruppen
vornehmlich dem 8. bis 10. Jh. entstammen, sich
zeitlich und räumlich meist genau zuordnen lassen
(s. Abb. 71.1) und zudem einer einheitlichen
Sprachschicht (vgl. dazu Heinrichs 1961, 97ff.) angehören, sind von der Auswertung der Memorial-
überlieferung „bedeutende neue Erkenntnisse für
die Sprachgeschichte des dt. Mittelalters, für die
ahd. Grammatik und für die dt. Namenkunde
überhaupt zu erwarten" (Sonderegger 1965, 96).
Sie konnten, dem Stand der Erforschung dieser
Überlieferung entsprechend (Schützeichel 1971,
132ff.; Geuenich 1973/75, 118ff.), in dem folgenden
Überblick über die ahd. Dialekte und Überlieferungsorte noch nicht systematisch verwertet werden. „So etwas wie ein Gesamtbild des Ahd. wird
erst nach einer umfassenden Einarbeitung des Namenmaterials in das bisherige Gefüge sprachlich-
literarischer und glossenbezogener Betrachtung
möglich sein" (Sonderegger 1965, 96). „Die sachge-
rechte Erschließung der Personennamenüberliefe-
rung des 8. bis 10. Jhs. im Rahmen des alten Karo-
lingerreiches wird ... das Bild der germ. Sprachgeschichte auf dem europäischen Festland um manches verändern und weitere Forschung auf ein soli-
des Fundament stellen" (Schützeichel 1971, 142).

Auch zur Frage sprachsoziologischer Schichtungen werden aufgrund mehrfacher Überlieferung desselben Namengutes in offiziellen
und weniger offiziellen Aufzeichnungen Aus-

sagen möglich (Sonderegger 1961, 251ff.), die
das Verhältnis von Schreibsprache und gesprochener Sprache erhellen. Ebenso tritt beispielsweise in den Verbrüderungsbüchern und
Necrologien der Vorgang sprachlicher Umsetzung durch Abschreiber, der seit jeher die
sprachgeschichtliche Analyse und sprachgeographische Zuordnung literarischer und glos-
sographischer Zeugnisse erschwert, klar erkennbar zutage (Geuenich 1973/75, 142).
Wenn bei diesen Quellen auch der syntaktische und semantische Bereich ausgeklammert
sind, so kann doch zumindest genau verfolgt
und exakt beschrieben werden, welche Erscheinungen des Konsonantismus und Vokalismus in den einzelnen Sprachlandschaften
lautlicher Umsetzung unterlagen.

3.2. Das Oberdeutsche

Die obd. Mundarten des Alem. und Bair.
„standen sich in ahd. Zeit näher als späterhin" (Braune/Eggers 1975, 7). Sie gelten als
die „Kerndialekte der Lautverschiebung in
ahd. Zeit" (Sonderegger 1979, 134) und wurden deshalb von J. Grimm u. a. als *strengalt-
hochdeutsch*, d. h. als ahd. im engeren Sinne,
bezeichnet, da sie den größten Bestand an hd.
Sprachmerkmalen aufweisen. Räumlicher
Ausgangspunkt der hd. Lautverschiebung
war nach Sonderegger (1979, 134) das Alem.
für die Tenuesverschiebung und das Bair. für
die Medienverschiebung, „so daß man von einer obd. Lautverschiebungskernlandschaft
sprechen darf, die nach Norden ins Frk. und
etwas nach Süden ins Langob. ausstrahlt, soweit nicht gemeinsame Entfaltungstendenzen
wirksam waren". Den monogenetischen
Theorien einer Entstehung im Alem. (Mitzka
1968, 3ff.; 22ff.), Bair. (Brinkmann 1965,
138ff.) oder Langob. (Betz 1953, 94ff.) ist von
den Verfechtern einer Polygenese der Konso-
nantenverschiebung widersprochen worden
(vgl. die Literatur bei Wolf 1981, 40); und vor
allem Schützeichel (1976 u. ö.) hat auf den
autochthonen Ursprung der Verschiebung im
Obd. und Mfrk. hingewiesen (s. 3.3.4.). —
Die obd. Dialekte zeigen zahlreiche Merkmale, die ihnen gegenüber dem Frk. gemeinsam sind. So ist die Tenuesverschiebung
im Überlieferungszeitraum vollständig und
die Medienverschiebung weitgehend durchgeführt. Während die frk. Mundarten die
Schreibungen ⟨eo⟩, ⟨io⟩ (< germ. /eu/) vor
/a, e, o/ der Folgesilbe aufweisen, begegnen
sie im Obd. nur, wenn dem Diphthong dentale Konsonanten oder germ. /h/ folgen. Vor
Labial und Guttural (außer germ. /h/) ist die

Schreibung demnach in der Regel ⟨iu⟩ (frk. *liogan, tiof* — obd. *liugan, tiuf*). Bei den schw. Subst. und Adj. bevorzugt das Obd. Dekl.-Formen auf *-in* (Gen., Dat. Sg. m., n.) und *-un* (Akk. Sg. m., Nom., Akk., Pl. m., n.), wo im Frk. *-en* und *-on* die Regel sind. An dieser und anderen obd. Gemeinsamkeiten (vgl. Sonderegger 1987, 64—65) partizipiert zum Teil auch das Ofrk. und Srhfrk.

3.2.1. Alemannisch

Für die ahd. Zeit läßt sich eine Einteilung des Alem. in Untermundarten (Nieder-/Hochalem./Schwäb.) aufgrund der vorhandenen Quellen nicht rechtfertigen. Als wichtigste Überlieferungsorte gelten die Klöster Reichenau, St. Gallen und Murbach. Namenlisten in den Verbrüderungsbüchern von Reichenau, St. Gallen, Pfäfers und Remiremont, aus etwa 30 weiteren Orten links und rechts des Oberrheins sowie beiderseits des Hochrheins, darunter auch aus den Bischofsstädten Straßburg, Basel und Konstanz (s. Abb. 71.1), ergänzen das Bild des Alem. vor allem für die Frühzeit, aus der auch die größtenteils original erhaltene, reiche St. Galler Urkundenüberlieferung stammt. Zu den alem. Glossen s. Bergmann 1973, 128. — Die Entwicklung des germ. /ō/ zu ⟨ua⟩, die für das 9. Jh. (vorher ⟨oa⟩, ⟨o⟩ — nachher ⟨ua⟩) gilt, ist eines der auffallendsten alem. Sprachmerkmale, das eine Abgrenzung zum Bair. und Frk. (mit Ausnahme des Srhfrk.) ermöglicht. Frk. Einfluß in der Graphie, „wie er sich aus der Stellung des Klosters im Reiche und der Art der Rekrutierung ergibt" (Baesecke 1966, 180 und 126f.), ist besonders in den frühen Zeugnissen der Abtei Reichenau erkennbar. Zur An- und Auslautregelung bei Notker s. Sonderegger 1970, 110f.

3.2.2. Bairisch

Die Lechlinie als Grenze zum Alem. und die Einteilung des Bair. in Untermundarten (Nord-/Mittel-/Südbair.) lassen sich aus den Quellen der ahd. Sprachperiode nicht begründen, obwohl das Bair. relativ gut bezeugt ist. Die wichtigsten Überlieferungsorte sind Augsburg, Freising, Regensburg, Passau, Wessobrunn, Ebersberg, Tegernsee, Monsee und Salzburg (Verbrüderungsbuch aus der Zeit Virgils † 784); Namenlisten geistlicher Gemeinschaften aus Metten, Niederaltaich, Moosburg, Chiemsee und Mattsee sowie Urkunden (Freising) und Güterverzeichnisse (Salzburg) verdichten das Bild des frühen Bair. Zu den bair. Glossen s. Bergmann 1973,

128 f. — Kennzeichnend ist neben der Medienverschiebung, die meist auch inlautend (germ. /b/ > ⟨p⟩: *hapēn*, germ. /g/ > ⟨k⟩: *manake*, germ. /d/ > ⟨t⟩: *kot*) durchgeführt ist, die Schreibung ⟨o(o)⟩ für germ. /ō/, die bis ins 9. Jh. hinein gilt (ab ca. 900: ⟨uo⟩). Für das spätere Bair. ist die Graphie ⟨a⟩ für kurzes oder langes ⟨e⟩ in Nebensilben charakteristisch.

3.2.3. Langobardisch

Die Sprache des Langobardenstammes, der vermutlich einst den Alemannen im Bereich der Unterelbe benachbart war, ist durch kein literarisches Denkmal bezeugt. Die Namen und Wörter, vornehmlich in Rechtsquellen (*Edictum Rothari*), lassen kein hinreichend klares Bild eines eigenständigen Langob. erkennen, zumal sich der Grad sprachlicher Beeinflussung durch die frk. und alem. Oberschicht im 774 eroberten Langobardenreich kaum ermessen läßt. So ist nicht nur die Frage nach der dialektgeographischen Stellung des Langob. innerhalb des Ahd., sondern auch nach seiner Zugehörigkeit zum Ahd. offen. Das von Bruckner (1895) gesammelte Material läßt sich durch die Memorialbücher aus Brescia und Cividale sowie durch umfangreiche Namenlisten aus Nonatola, Leno, Pavia, Civate und weiter südlich gelegene Orte erweitern. — Die Sprachzeugnisse zeigen einen recht altertümlichen Vokalismus ohne Diphthongierung des germ. /e₂/ und /ō/ (*Rodulfus*) und in der Regel auch ohne Monophthongierung des germ. /ai/ und /au/ (*Gairisius, Gauspertus*), während im Konsonantismus die Verschiebung zwar schon früh, aber offensichtlich nur teilweise durchgeführt erscheint (Sonderegger 1987, 66—67; vgl. auch Art. 156).

3.3. Das Fränkische

Der nördlich der Benrather Linie (s. 1.3.) gelegene Teil des Frk., das Nfrk., gehört, da dort die hd. Lautverschiebung nicht durchgeführt wurde, nicht zum Sprachgebiet des Ahd. Zum hd. Gebiet des Frk. zählen die obfrk. Dialekte des Ost-, Rhein- und Südrheinfränkischen sowie das Mittelfränkische, dessen Untermundarten (Ribuarisch—Moselfränkisch) erst in mhd. Zeit deutlicher hervortreten, und das Westfränkische, das hinsichtlich seiner Beteiligung an der Lautverschiebung zum Ahd. gehört (Braune/Eggers 1975, 9; anders Sonderegger 1980, 571). Die Abgrenzung der frk. Dialektgebiete erfolgt auch für die ahd. Zeit in der Regel nach den

Linien des „Rheinischen Fächers" (Frings 1957, 86; Schützeichel 1976, 184). So trennt die Speyrer oder Germersheimer Linie (*appel/apfel*) das Rhfrk. vom Srhfrk. und Ofrk., und die „Hunsrück-Schranke" (*dat/das*) scheidet das Rhfrk. vom Mfrk. Die dialektgeographische Gliederung der ahd. Mundarten ist also maßgeblich durch die hd. Lautverschiebung, d. h. im Konsonantismus, begründet (vgl. auch Art. 158). Dementsprechend ergeben sich auch Anhaltspunkte, das Ofrk. und Srhfrk. den obd. Dialekten zuzurechnen (vgl. Franck 1971, 4; zu den gemeinsamen Sprachmerkmalen des Frk. gegenüber dem Obd. s. oben 3.2.). Über das Alter der Lautverschiebungslinien und die Frage, ob und in welchem Maße sich einzelne Dialektgrenzen seit ahd. Zeit verändert und verschoben haben, besteht keine Einigkeit.

3.3.1. Ostfränkisch
Odenwald, Spessart und Rhön scheiden das Rhfrk. vom Ofrk., dem gleichwohl das in rhfrk. Gebiet liegende Kloster Fulda zugerechnet wird. Die Schreibsprache dieses ahd. Kulturzentrums hat vor allem im Übersetzungswerk des Tatian ihren Niederschlag gefunden (zuletzt Masser 1991), der als zentraler Text des „Normal"-Ahd. (1.2.3.) gilt. Da außer aus Würzburg und dem erst in frühmhd. Zeit hervortretenden Bamberg kaum volkssprachige Zeugnisse aus dem als *ofrk.* bezeichneten Gebiet bekannt sind, ist *ofrk.* (nicht identisch mit dem politischen Begriff des „Ostfränkischen Reiches"! s. oben 2.5.) im Grunde die Bezeichnung für die durch Texte, Glossen und Namen außerordentlich gut bezeugte fuldische Kloster(schreib)sprache des 8. und 9. Jhs. Zu den ofrk. Glossen s. Bergmann 1973, 129. – Mit Ausnahme des anlautenden /k/ ist die Tenuesverschiebung fast vollständig durchgeführt, während die Medienverschiebung nur bei germ. /d/ > ⟨t⟩ (bis ca. 900) und mitunter bei anlautendem germ. /b/ > ⟨p⟩ in der Frühzeit realisiert erscheint. Im Vokalismus ist die Diphthongierung von germ. /ē²/ > ⟨ie⟩ und germ. /ō/ > ⟨uo⟩ von den frühesten Zeugnissen an durchgeführt. – Das Thür., das sich nördlich an das Ofrk. anschließt, ist in ahd. Zeit kaum bezeugt.

3.3.2. Rheinfränkisch
Getrennt durch die *pund/pfund*-Linie schließt sich westlich an das Ofrk. die *Francia Rhinensis* mit dem rhfrk. Dialektgebiet an, das auch das nur durch Namen bezeugte Hessen um-

faßt. Die Nordgrenze zum Mslfrk. verläuft im Bereich der Hunsrück-Schranke (*dat/das*), während die Südgrenze durch die *appel/apfel*-Linie markiert ist. Als wichtigste Schreiborte gelten Mainz, Frankfurt, Lorsch, Worms, Speyer und seit dem 10. Jh. Fulda. Zu den Glossen s. Bergmann 1973, 129. – Im Rhfrk. ist die Tenuesverschiebung nicht vollständig durchgeführt: germ. /t/ ist zwar zu ⟨z⟩ bzw. ⟨zz⟩, germ. /p/ aber nur im In- und Auslaut (außer /pp/, /mp/) verschoben. Germ. /d/ erscheint nur auslautend als ⟨t⟩. Während germ. /p/ erst im 10. Jh. durchgängig als ⟨d⟩ begegnet, ist die Diphthongierung von germ. /ō/ > ⟨uo⟩ und germ. /ē²/ > ⟨ia⟩, ⟨ie⟩ schon seit dem 8. Jh. die Regel.

3.3.3. Südrheinfränkisch
Der südliche Teil des Rhfrk., etwa von Speyer bis zur Nordgrenze des Alem., sondert sich insofern vom Rhfrk. ab, als germ. /p/ im Anlaut (*pfund*), in der Gemination (*apfel*) und in der Verbindung mit /m/ (*limpfan*) als ⟨pf⟩ erscheint. Das Srhfrk. hat diese Graphien mit dem Ofrk. und den obd. Mundarten gemeinsam. Otfrid weist „in Abweichung vom Weißenburger Dialekt" (Franck 1971, 101) anlautend ⟨p⟩-Schreibung auf, hat aber die für das Srhfrk. charakteristische Diphthongierung des germ. /ō/ > ⟨ua⟩ regelmäßig durchgeführt. Diese Form des Diphthongs zeigen die weiteren Quellen aus Weißenburg ebenso wie die Namenlisten aus dem nördlicher gelegenen Klingenmünster und Speyer.

3.3.4. Mittelfränkisch
Heute begrenzen die Benrather Linie (*maken/machen*) und die Hunsrück-Schranke (*dat/das*) das Mrfk., das sich durch die Eifel-Barriere (*dorp/dorf*) in einen nördlichen Teil, das Ribuarische, und einen südlichen Teil, das Mslfrk., untergliedern läßt. Diese Zweiteilung hebt sich jedoch erst in mhd. Zeit deutlicher ab, und es gibt Anhaltspunkte, „daß die Grenze zwischen verschobenem und unverschobenem postkonsonantischem p im Mittelalter weiter südlich verlief" (Bergmann 1966, 318). Auch das Alter der heutigen Nord- und Südbegrenzung des Mfrk. sowie deren ursprünglicher Verlauf sind umstritten (Frings 1957, 38f.; Schützeichel 1976, 312ff.; 396ff.). Eine inzwischen durch Glossen und Namen erheblich vermehrte Zahl von mfrk. Sprachzeugnissen aus ahd. Zeit macht jedoch merowingerzeitliche Grundlagen der Raumbildung im westlichen Mitteldeutschen wahrscheinlich und läßt für die hd. Lautverschiebung ein hohes Alter und eine autochthone

Entstehung im Frk. vermuten (s. 3.2.). Als wichtigste Überlieferungsorte können Köln, Aachen, Echternach und Trier gelten; hinzu kommen Namenlisten aus Prüm, Inden, Stablo-Malmedy und Bonn. Zu den mfrk. Glossen s. Bergmann 1966; 1973, 129. – Das Mfrk. hat die Verschiebung der Tenues am wenigsten vollständig durchgeführt und weist in der Regel keine Medienverschiebung auf. Weitere Sprachmerkmale sind u. a. die Erhaltung des anlautenden ⟨w⟩ vor ⟨r⟩, die Entwicklung /ft/ > ⟨cht⟩, die ⟨f⟩-Schreibung für auslautendes /b/ und – in der Frühzeit – ⟨v⟩- oder ⟨u⟩-Graphie für inlautendes /b/.

3.3.5. Westfränkisch

Keine hinreichende Klarheit besteht bislang darüber, ob es in ahd. Zeit im galloromanischen Westen jenseits der heutigen Sprachgrenze noch frk. sprechende oder zweisprachige Bevölkerungsgruppen gegeben hat. Schützeichel (1976, 125f.; 1963, 517ff.) vertritt die Auffassung, „daß das ‘Wfrk.’ wenigstens in inselhaften Resten noch im 9. Jh. inmitten galloromanischer Umgebung weiterexistierte … Im ganzen aber dürfte das ‘Wfrk.’ gegen und um 900 jedoch vor dem Verlöschen gestanden haben“. Als Zeugnis einer (zweisprachigen?) wfrk. Oberschicht gilt das Ludwigslied, das 881/2 gemeinsam mit der afrz. Eulalia-Sequenz in eine Handschrift des Klosters St. Amand eingetragen wurde und rhfrk., mfrk. und nfrk. Sprachmerkmale aufweist (Schützeichel 1966/7, 302). Große Bedeutung bezüglich des ‘wfrk. Problems“ kommt zukünftig zweifellos der Auswertung der zahlreichen Namenlisten geistlicher und monastischer Kommunitäten aus dem galloromanischen Westen zu, die in den Verbrüderungsbüchern der Bodenseeklöster überliefert sind (Schützeichel 1971, 132ff.).

4. Literatur (in Auswahl)

Bach, Adolf, Deutsche Mundartforschung. Ihre Wege, Ergebnisse und Aufgaben. 3. Aufl. Heidelberg 1969.

Ders., Geschichte der deutschen Sprache. 9. Aufl. Heidelberg 1970.

Baesecke, Georg, Einführung in das Althochdeutsche. Laut- und Flexionslehre. München 1918. (Handbuch des deutschen Unterrichts an höheren Schulen 2, 1/2).

Ders., Vor- und Frühgeschichte des deutschen Schrifttums 1: Vorgeschichte des deutschen Schrifttums. Halle 1940; 2: Frühgeschichte des deutschen Schrifttums. 1. Lieferung, hrsg. v. Ingeborg Schröbler. Halle 1953.

Ders., Kleinere Schriften zur althochdeutschen Sprache und Literatur. Hrsg. v. Werner Schröder. Bern/München 1966.

Bergmann, Rolf, Mittelfränkische Glossen. Studien zu ihrer Ermittlung und sprachgeographischen Einordnung. Bonn 1966. (RA 61).

Ders., Verzeichnis der althochdeutschen und altsächsischen Glossenhandschriften. Mit Bibliographie der Glosseneditionen, der Handschriftenbeschreibungen und der Dialektbestimmungen. Berlin/New York 1973. (AzF 6).

Betz, Werner, Das gegenwärtige Bild des Althochdeutschen. In: DU 5, 1953, H. 6, 94–108.

Bischoff, Bernhard, Paläographische Fragen deutscher Denkmäler der Karolingerzeit. In: FSt 5, 1971, 101–134.

de Boor, Helmut, Die deutsche Literatur von Karl dem Großen bis zum Beginn der höfischen Dichtung. 770–1170, 9. Aufl., bearb. v. Herbert Kolb. München 1979. (Geschichte der deutschen Literatur von den Anfängen bis zur Gegenwart 1).

Braune, Wilhelm/Hans Eggers, Althochdeutsche Grammatik. 12. Aufl. Tübingen 1975. (SkG A, Hauptreihe 5).

Brinkmann, Hennig, Studien zur Geschichte der deutschen Sprache und Literatur 1: Sprache. Düsseldorf 1965.

Bruckner, Wilhelm, Die Sprache der Langobarden. Straßburg 1895. Nachdr. Berlin 1969. (QFSK 75).

Debus, Friedhelm, Deutsche Dialektgebiete in älterer Zeit: Probleme und Ergebnisse ihrer Rekonstruktion. In: Dialektologie. Ein Handbuch zur deutschen und allgemeinen Dialektforschung. Hrsg. v. Werner Besch/Ulrich Knoop/Wolfgang Putschke/Herbert E. Wiegand. 2. Halbbd. Berlin/New York 1983, 930–960.

Eggers, Hans, Deutsche Sprachgeschichte 1: Das Althochdeutsche. Hamburg 1963. (rde 185).

Franck, Johannes, Altfränkische Grammatik. Laut- und Flexionslehre. 2. Aufl. hrsg. v. Rudolf Schützeichel. Göttingen 1971.

Frings, Theodor, Grundlegung einer Geschichte der deutschen Sprache. 3. Aufl. Halle 1957.

Ders., Sprache. In: Hermann Aubin/Theodor Frings/Josef Müller, Kulturströmungen und Kulturprovinzen in den Rheinlanden. Geschichte – Sprache – Volkskunde. Neudr. Bonn 1966, 94–189.

Geuenich, Dieter, Vorbemerkungen zu einer philologischen Untersuchung frühmittelalterlicher Personennamen. In: Alemannica. Landeskundliche Beiträge. Festschrift für Bruno Boesch, zugleich: Alemannisches Jahrbuch 1973/75, 118–142.

Ders., Die Personennamen der Klostergemeinschaft von Fulda im früheren Mittelalter. München 1976. (MM-S 5).

Ders., Zur althochdeutschen Literatur aus Fulda. In: Von der Klosterbibliothek zur Landesbibliothek. Beiträge zum zweihundertjährigen Bestehen der Hessischen Landesbibliothek Fulda. Hrsg. v. Artur Brall. Stuttgart 1978.

Ders., Die volkssprachige Überlieferung der Karolingerzeit aus der Sicht des Historikers. In: Deutsches Archiv für Erforschung des Mittelalters 39, 1983, 104–130.

Ders., Zum Zeugniswert frühmittelalterlicher Personennamen für die Sprachgeschichte des Althochdeutschen. In: Verborum Amor. Studien zur Geschichte und Kunst der deutschen Sprache. Festschrift für Stefan Sonderegger. Hrsg. v. Harald Burger/Alois M. Haas/Peter von Matt. Berlin/New York 1992, 667–679.

Ders., Ludwig „der Deutsche" und die Entstehung des ostfränkischen Reiches. In: Theodisca. Beiträge zur althochdeutschen und altniederdeutschen Sprache und Literatur in der Kultur des frühen Mittelalters. Hrsg. v. Wolfgang Haubrichs u. a. Berlin/New York 2000, 313–329.

Goossens, Jan, Strukturelle Sprachgeographie. Eine Einführung in Methodik und Ergebnisse. Heidelberg 1969. (Sprachwissenschaftliche Studienbücher, 2. Abteilung).

Heinrichs, Heinrich Matthias, 'Wye grois dan dyn andait eff andacht is …'. Überlegungen zur Frage der sprachlichen Grundschicht im Mittelalter. In: ZMF 28, 1961, 97–153.

Höfler, Otto, Stammbaumtheorie, Wellentheorie, Entfaltungstheorie. In: PBB (T) 77, 1955, 30–66, 424–476; PBB (T) 78, 1956, 1–44.

König, Werner, dtv-Atlas zur deutschen Sprache. München 1978.

Löwe, Heinz, Deutschland im fränkischen Reich. In: Gebhardt, Handbuch der deutschen Geschichte. 6. Aufl. München 1981. (dtv-Ausgabe, Bd. 2).

Masser, Achim, Die lat.-ahd. Tatianbilingue des Cod. Sangall. 56. Göttingen 1991. (NAG I. Phil.-hist. Klasse 1991 Nr. 3).

Matzel, Klaus, Untersuchungen zur Verfasserschaft, Sprache und Herkunft der althochdeutschen Übersetzungen der Isidor-Sippe. Bonn 1970. (RA 75).

Ders., Das Problem der 'karlingischen Hofsprache'. In: Mediævalia litteraria. Festschrift für Helmut de Boor zum 80. Geburtstag. Hrsg. v. Ursula Hennig/Herbert Kolb. München 1971, 15–31.

Mitzka, Walther, Kleine Schriften zur Sprachgeschichte und Sprachgeographie. Berlin 1968.

Moser, Hugo, Deutsche Sprachgeschichte. 5. Aufl. Tübingen 1965.

Ders., Annalen der deutschen Sprache von den Anfängen bis zur Gegenwart. 4. Aufl. Stuttgart 1972. (SM 5).

Ders., Studien zu Raum- und Sozialformen der deutschen Sprache in Geschichte und Gegenwart. Kleine Schriften I. Berlin 1979.

Müllenhoff, Karl/Wilhelm Scherer, Denkmäler deutscher Poesie und Prosa aus dem VIII–XII Jahrhundert. 2 Bde. Hrsg. v. Elias Steinmeyer. 3. Aufl. Berlin 1892, Nachdr. 1964.

Penzl, Herbert, Lautsystem und Lautwandel in den althochdeutschen Dialekten. München 1970.

von Polenz, Peter, Karlische Renaissance, Karlische Bildungsreformen und die Anfänge der deutschen Literatur. In: Mitteilungen Universitätsbund Marburg 1/2, 1959, 27–39.

Ders., Geschichte der deutschen Sprache. Erw. Neubearbeitung der früheren Darstellung von Hans Sperber. 9. Aufl. Berlin/New York 1978. (SaGö 2206).

Rexroth, Karl Heinrich, Volkssprache und werdendes Volksbewußtsein im ostfränkischen Reich. In: Aspekte der Nationenbildung im Mittelalter. Hrsg. v. Helmut Beumann/Werner Schröder. Sigmaringen 1978, 275–315. (Nationes 1).

Schatz, Josef, Altbairische Grammatik. Laut- und Flexionslehre. Göttingen 1907. (Grammatiken der althochdeutschen Dialekte 1).

Ders., Althochdeutsche Grammatik. Göttingen 1927. (Göttinger Sammlung indogermanischer Grammatiken und Wörterbücher 6).

Schützeichel, Rudolf, Das westfränkische Problem. In: Deutsche Wortforschung in europäischen Bezügen. Untersuchungen zum deutschen Wortatlas 2. Hrsg. v. Ludwig Erich Schmitt. Gießen 1963, 469–523.

Ders., Das Ludwigslied und die Erforschung des Westfränkischen. In: RVj. 31, 1966/67, 290–306.

Ders., Die Libri Confraternitatum als Quellen der Namen- und Sprachgeschichtsforschung. In: Festschrift für Paul Zinsli. Hrsg. v. Maria Bindschedler/Rudolf Hotzenköcherle/Werner Kohlschmidt. Bern 1971, 132–144.

Ders., Grenzen des Althochdeutschen. In: Festschrift für Ingeborg Schröbler zum 65. Geburtstag. Hrsg. v. Dietrich Schmidtke/Helga Schüppert. Tübingen 1973, 23–38. (PBB (T) 95, Sonderheft).

Ders., Grundlagen des westlichen Mitteldeutschen. Studien zur historischen Sprachgeographie. 2. Aufl. Tübingen 1976. (HGF NF. 10).

Ders., Althochdeutsches Wörterbuch. 5. Aufl. Tübingen 1995.

Simmler, Franz, Die westgermanische Konsonantengemination im Deutschen unter besonderer Berücksichtigung des Althochdeutschen. München 1974. (MM-S 19).

Sonderegger, Stefan, Das Althochdeutsche der Vorakte der älteren St. Galler Urkunden. Ein Beitrag zum Problem der Urkundensprache in althochdeutscher Zeit. In: ZMF 28, 1961, 251–286.

Ders., Aufgaben und Probleme der althochdeutschen Namenkunde. In: Namenforschung. Festschrift für Adolf Bach zum 75. Geburtstag am 31. Januar 1965. Hrsg. v. Rudolf Schützeichel/Matthias Zender. Heidelberg 1965, 55–96.

Ders., Althochdeutsch in St. Gallen. Ergebnisse und Probleme der althochdeutschen Sprachüberlieferung in St. Gallen vom 8. bis ins 12. Jh. St. Gallen/Sigmaringen 1970. (Bibliotheca Sangallensis 6).

Ders., Grundzüge deutscher Sprachgeschichte. Diachronie des Sprachsystems. Bd. 1: Einführung − Genealogie − Konstanten. Berlin/New York 1979.

Ders., Althochdeutsch. In: Lexikon der Germanistischen Linguistik. Hrsg. v. Peter Althaus/Helmut Henne/Herbert Ernst Wiegand. 2. Aufl. Tübingen 1980, 569−576.

Ders., Althochdeutsche Sprache und Literatur. Eine Einführung in das älteste Deutsch. Darstellung und Grammatik. 2. Aufl. Berlin/New York 1987. (SaGö 8005).

Tellenbach, Gerd, Königtum und Stämme in der Werdezeit des deutschen Reiches. Weimar 1939. (Quellen und Studien zur Verfassungsgeschichte des deutschen Reiches in Mittelalter und Neuzeit 7/4).

Tschirch, Fritz, Geschichte der deutschen Sprache 1: Die Entfaltung der deutschen Sprachgestalt in der Vor- und Frühzeit. 2. Aufl. Berlin 1971. (GG 5).

Wenskus, Reinhard, Die deutschen Stämme im Reiche Karls des Großen. In: Karl der Große. Lebenswerk und Nachleben. Bd. 1: Persönlichkeit und Geschichte. Hrsg. v. Helmut Beumann. 3. Aufl. Düsseldorf 1967, 178−219.

Wolf, Norbert Richard, Althochdeutsch − Mittelhochdeutsch. Heidelberg 1981. (Hans Moser/Hans Wellmann/Norbert Richard Wolf, Geschichte der deutschen Sprache. Bd. 1).

Dieter Geuenich, Duisburg

72. Phonetik und Phonologie, Graphetik und Graphemik des Althochdeutschen

1. Forschungsstand
2. Methoden und Abstraktionsebenen zur Phonemermittlung
3. Untersuchungen zum Vokalismus
4. Untersuchungen zum Konsonantismus
5. Literatur (in Auswahl)

1. Forschungsstand

Die ahd. Sprachperiode beginnt − von früheren Namenszeugnissen abgesehen − mit dem Einsetzen der schriftlichen Überlieferungen Mitte des 8. Jhs. und reicht bis ca. 1000 (Schützeichel 1973, 35) bzw. 1070 (Sonderegger 1979, 181). Die Aufzeichnungen erfolgen an 25 Hauptorten in Klöstern und Domschulen durch Mönche und Kleriker und bestehen aus Einzelglossen, Glossaren, katechetischen, biblischen, liedhaften und juristischen Textgattungen, Zaubersprüchen und Segensformeln, Gedichten vom Weltanfang und -untergang und einzelnen Textgattungen der Artes (Sonderegger 1974, 68−73). Bei den rund 300 Jahren Sprachtradition ist zu beachten, daß sie keinen einheitlichen Sprachzustand repräsentiert, daß keine überlandschaftliche Ausgleichssprache zu erkennen ist, daß von örtlich gebundenen und nur von einer sozialen Gruppe aufgezeichneten Textgattungen nur bedingt auf die Sprache aller Gruppen in einer den Ort umgebenden Schreiblandschaft geschlossen werden kann (Penzl 1987a) und daß ausschließlich in lat. Alphabet fixierte Denkmäler die alleinige Grundlage zur Ermittlung von Einheiten der *langue* bilden. Wegen dieser Überlieferungslage ist es methodologisch möglich, auf eine phonologische Auswertung der Graphe zu verzichten und nur distinktive graphische Einheiten aufzustellen (vgl. 2). Theoretisch unhaltbar ist es dann aber, wenn Grapheme wie ⟨f⟩ (mit den graphischen Repräsentanten *f, F, u, v, b, ph, ff*) und ⟨uu⟩ (mit *uu, Uu, u, v, ø, i*) angesetzt und Graphemen der Status als sprachliche Zeichen mit „Zeichenkörper und Bedeutung" (Zürcher 1978, 12; 152; 176) zugesprochen wird. − Der gegenwärtige Forschungsstand ist durch die Erarbeitung eines Methodenkanons und seine exemplarische Erprobung und durch vollständige graphemisch-phonisch-phonemische Auswertungen der Überlieferungen Denkmal für Denkmal und Schreibdialektgebiet für Schreibdialektgebiet bestimmt. Ziel ist dabei die Ermittlung von Phoneminventaren, -distributionen, -systemen, um neben Aufbauprinzipien der Systeme aus koexistierenden und zeitlich aufeinander folgenden Systemen die Möglichkeiten einer Kommunikation ohne überregionale Ausgleichssprache erfassen und Einsichten in Sprachwandelphänomene gewinnen zu können. Dieser Forschungsstand zwingt gerade nicht dazu,

„besonders für das ahd. und für die mhd. Kanzleisprachen mit phonologischen Over-all-Systemen zu operieren, die zum großen Teil hypothetischen Charakter haben, indem sie von Dialektunterschieden abstrahieren und lediglich die mit Sicherheit [sic] relevanten Elemente der Lautstruktur wiedergeben, und zwar auf Grund von schriftlichen Überlieferungen und Rekonstruktionen" (Szulc 1987, 78).

Die so postulierte Sicherheit ist trügerisch, geht von einer nicht vorhandenen Einheitlichkeit aus, formuliert allophonische Zwischenstadien nach universellen Plausibilitätsüberlegungen und entfernt sich in einer ausschließlich positiv gewürdigten Abstraktheit weit von der graphisch vorhandenen Variabilität, ohne überhaupt den Versuch zu unternehmen, sie systematisch auszuwerten und in die Aufstellung von Phonemsystemen und in die Formulierung von Gesetzmäßigkeiten des Sprachwandels zu integrieren.

2. Methoden und Abstraktionsebenen zur Phonemermittlung

Für die ahd. Schreibdialekte wurden folgende Methoden erprobt: 1. Minimalpaarbildung (Wagner 1982, 10f.), 2. Distributionsanalyse unter Einschluß von Frequenzangaben, 3. kontrastiver Sprachvergleich zu zeitlich gleichen, früheren und späteren unter regionalem Aspekt vergleichbaren graphischen Überlieferungsformen, 4. philologische Textanalyse. Sie bilden primäre, immer gemeinsam anzuwendende Methoden. Sie können durch weitere, sekundäre Methoden ergänzt werden, die aber die primären nicht ersetzen können. Es sind 1. Überlegungen zur Symmetrie und Ökonomie von Systemen, 2. Aspekte der Kommunikationstheorie, 3. Fragestellungen der Soziolinguistik und 4. kontrastiver Sprachvergleich zu gegenwärtigen gesprochenen Formen der Standardsprache und vergleichbarer Dialekte (zur Begründung Simmler 1976, 10−16; zu weiteren Methoden bei mhd. Texten Art. 90). − Die Anwendung der Methoden ist mit insgesamt vier Abstraktionen verbunden, die vom handschriftlichen Kontinuum ausgehen und zur Phonemermittlung führen. Die Verfahrensweisen lassen sich schematisch so verdeutlichen (aus Simmler 1979, 427):

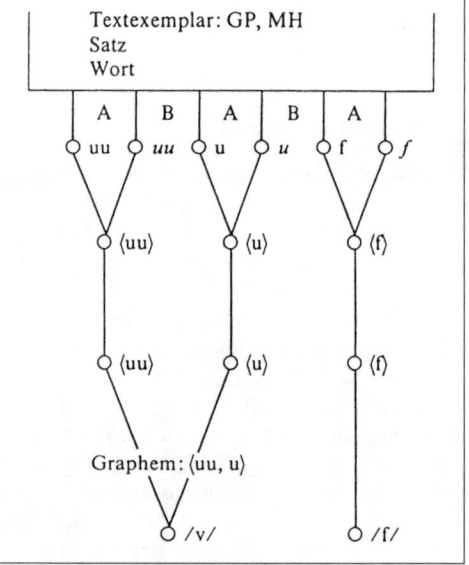

1. Handschriftliches Kontinuum (Wortbeispiele: *himil, uuân, fater — uuân, uuâr, uâro — rôs-faro, faran*)

   Textexemplar: GP, MH
   Satz
   Wort

2. Erste Abstraktionsebene:
   Schreiberhände

3. Zweite Abstraktionsebene:
   Klassifizierung in Graphe und Graphfolgen
   (= distinktive graphische Einheiten)

4. Dritte Abstraktionsebene:
   Klassifizierung in Allographe als Glieder von Graphemen

5. Vierte Abstraktionsebene:
   Klassifizierung in Phoneme (= distinktive phonemische Einheiten)

Abb. 72.1: Abstraktionsebenen zur Ermittlung von Phonemen (GP = Sankt Galler Paternoster und Credo; MH = Murbacher Hymnen)

Das handschriftliche Kontinuum besteht zunächst nur aus einer Ausdrucksseite, der eine Inhaltsseite zugeordnet werden muß (B. Wierzchowska/J. Wierzchowski 1981), damit eine Klassifizierung als Textexemplar und weiter in Sätze und Wörter erfolgen kann.

Von der Wortebene aus werden die distinktiven Segmente allein der Ausdrucksseite ermittelt. Mit Hilfe der philologischen Textanalyse wird der Schriftduktus unter Berücksichtigung paläographischer bzw. graphetischer Aspekte so analysiert, daß Schreiberhände erkannt werden können, die im Schema mit A und B angegeben sind. Die graphischen Zeichen ⟨uu⟩, ⟨u⟩, ⟨f⟩ bzw. ⟨*uu*⟩, ⟨*u*⟩, ⟨*f*⟩ verweisen auf verschiedene individuell geprägte Realisierungen der Wörter *uuān* 'Hoffnung' und *fater* 'Vater'. Auf der zweiten Abstraktionsebene wird durch die Anwendung von philologischer Textanalyse und Distributionsanalyse vom Schriftduktus der Schreiber abstrahiert, d. h. die Wörter werden zu einer einheitlichen Ausdrucksseite zusammengefaßt. So entstehen Wortdinstinktionen wie *uuān* : *uuār* 'Amen' : *uāro* Adverb 'wahr' : *rōs-faro* 'rosenfarbig' : *faran* '(sich) begeben'. Wortunterscheidend vor dem Graph ⟨*a*⟩ wirken die Graphfolge ⟨*uu*⟩ und die Graphe ⟨*u*⟩ und ⟨*f*⟩, d. h. sie bilden distinktive graphische Einheiten; ihre inhaltsdifferenzierende Funktion auf der *langue*-Ebene ist damit jedoch noch nicht erwiesen. Dies gelingt erst, wenn zusätzlich die Minimalpaarbildung, die eine strengere Anwendung der Distributionsanalyse ist, und der kontrastive Sprachvergleich angewandt werden. Durch letzteren kann für ⟨*uu*⟩ und ⟨*u*⟩ eine einheitliche historische Herkunft aus germ. *u̯* erkannt werden; bei zeitgleichen Textexemplaren und bei schreibdialektal folgenden finden sich vergleichbare graphische Regelungen. Die sekundäre Einbeziehung der standardsprachlichen Verhältnisse zeigt eine einheitliche Folgeentwicklung im Phonem /v/; einheitlich, wenn auch regional differenziert, sind auch die Folgeentwicklungen in den alem. Einzeldialekten. Dies führt dazu, ⟨*uu*⟩ und ⟨*u*⟩ als zwei fakultative Allographe eines Graphems ⟨*uu, u*⟩ aufzufassen, die ein einziges Phonem /v/ repräsentieren. Sie besitzen eine inhaltsdifferenzierende Funktion gemeinsam in Opposition zu anderen Graphemen, die aus einem oder mehreren Allographen bestehen können. Ein Ansatz von Allographen setzt immer einen Bezug zur Phonemebene voraus und verbindet die dritte und vierte Abstraktionsebene miteinander. Die Auffassung von

Kohrt (1985, 329), daß hier „ohne daß eine Gruppierung von Allographen zu Graphemen theoretisch besonders ausgewiesen würde und ohne daß der faktische Wechsel zwischen den Ebenen der geschriebenen und der gesprochenen Sprache beim Übergang von der dritten zur vierten 'Abstraktionsebene' ausgezeichnet würde", vorgegangen wird, ist in dieser Allgemeinheit unbegründet. Glaser (1987, 327) vermißt im Schema „klare Analysevorschriften", die an anderer Stelle gegeben und vorgeführt werden und in einer zusammenfassenden schematischen Darstellung nicht möglich sind.

3. Untersuchungen zum Vokalismus

3.1. Ansatz eines einheitlichen althochdeutschen Vokalsystems

Die Phonemermittlungsmethoden werden bei den Untersuchungen zum Vokalismus mit unterschiedlichen Zielen angewandt. Neben der Behandlung von Einzelproblemen zur ahd. Diphthongierung (Dal 1951), zu Zentrum und Peripherie bei der ahd. Monophthongierung (Morciniec 1981; Taylor 1989), zur Vokallänge (Russ 1975), zu Vokalkombinationen (Rauch 1973), zu Überlieferungsproblemen bei der Auswertung der Umlautmarkierungen des /ā/ in den Wachtendoncksen Psalmen (Quak 1983), zum Zusammenhang von phonemischen und morphemischen Bedingungen bei Umlaut-Alternationen (Van Coetsem/McCormick 1982), zur Verbindung von Vokal + ⟨*h*⟩ (Lloyd 1968), zur Vokalepenthese (Howell 1991) und zur ahd. Vokalverschiebung (Van Coetsem 1993), geht es um die Anzahl von *e*-Phonemen (zum Umlaut s. Art. 90) und ihre Entstehung über Allophonenbildungen bzw. ihre Integration in ein Vokalsystem (Lasatowicz 1980; Szulc 1988) und um den Aufbau eines Gesamtsystems. So stellt Moulton (1970, 500) für die frühesten ahd. Denkmäler ein einheitliches Vokalsystem auf:

i	*u*	*ī*	*ū*		*iu*	*io*	*ie*	*uo*
e	*o*	*ė*	*ō*				*ei*	*ou*
	a		*ā*					
snit	*lust*	*wīt*	*brūt*		*liut*	*niot*	*riet*	*guot*
gibet	*gibot*	*zēh*	*brōt*				*breit*	*boum*
	bat		*tāt*					

Abb. 72.2: Vokalsystem des Althochdeutschen (nach Moulton 1970)

Es besteht aus drei Teilsystemen für Kurz- und Langvokale und Diphthonge. Die Anordnungskriterien sind − wie in der Gegenwartssprache − Mundöffnungsgrad, Zungenstellung und Lippenrundung. Die Diphthonge werden nach der Position des ersten Vokals im Vokaldreieck angeordnet. Moulton will sprachliche Entwicklungstendenzen genereller Art aufzeigen und „die Forderungen, die man heute an eine historische Lautlehre stellt" (480), in einem ersten Versuch demonstrieren. Daher verzichtet er auf eine vollständige Distributionsanalyse und auf eine Zuordnung aller Grapheme mit ihren Allographen zu den vokalischen Phonemen. − Auch Penzl (1969, 63) legt für das Frühahd. ein einheitliches Vokalsystem vor: (s. Abb. 72.3).

	palatal	velar	Diphthonge
Hoch	ī	ū	iu
	i	u	ei
Mitte	ẹ̄	ọ̄	eo
	ẹ e	o ǫ	∎
Tief	a	ā	au

Beispiele:

	palatal	velar	Diphthonge
Hoch	swīn	mūs, hūsir	liut, liuti
	fisc	hunt, ubir	ein
Mitte	hẹ̄r	flōt, fōri	keosan
	mẹr	rōt, hōren	
	ezzan, gesti	wolf, holzir	
Tief	maht, mahti	tāt, tāti	hlauffan,
			hlauffit

Abb. 72.3: Vokalsystem des Frühalthochdeutschen (nach Penzl 1969)

Es unterscheidet sich von dem Moultons a) in der schematischen Zusammenfassung von Kurz- und Langvokalen, b) durch den Ansatz je eines zusätzlichen Langvokalphonems und c) durch Unterschiede in der Anzahl und der systematischen Anordnung der Diphthonge. So nimmt Penzl bei den Wörtern rōt 'rot' (< rauþs), flōt 'Flut' (< flōdus) bzw. mẹr 'mehr' (< mais), hẹ̄r 'hier' (< hēr) aufgrund der in Klammern angegebenen got. Verhältnisse jeweils zwei verschiedene Phoneme /ọ̄/ (< *au), /ǭ/ (< *ō) bzw. /ẹ̄/ (< *ai), /ę̄/ (< *ē₂) an. Dabei sollen sich /ọ̄/, /ẹ̄/ durch Geschlossenheit gegenüber einer Offenheit von /ǭ/, /ę̄/ unterscheiden. In den vorhandenen graphischen Befunden findet sich keine Stütze für diese Annahme; sie ist ausschließ-

lich das Ergebnis der kontrastiven Berücksichtigung eines erschlossenen germ. Sprachzustandes. Außerdem ist zu beachten, daß im ostfrk. Tatian die gleichen Wörter in den Formen rōt, fluot; mēr, hier (Sievers 1966) vorkommen, also einen Gegensatz von Langvokal und Diphthong zeigen. Penzl (1969, 58f.) nimmt daher weiter an, daß /ọ̄/ > /uo/ und /ẹ̄/ > /iə/ diphthongiert werden (= ahd. Diphthongierung) und sich /ǭ/ > /ọ̄/ und /ę̄/ > /ẹ̄/ entwickelten. Diese Hypothese ist überflüssig, wenn von den Graphen ausgegangen und aus ihnen nur ein einziges ō- bzw. ē-Phonem hergeleitet wird. − Bei den Diphthongen erscheinen /eo/ und /au/, die bei Moulton fehlen. Sie lassen sich in der alem. Benediktinerregel und dem srhfrk.-lothr. Isidor (Matzel 1970, 464) belegen. Es zeigen sich jedoch in diesen Schreibdialekten weitere Diphthonge, die Penzl nicht aufführt. Im Isidor kommt anstelle von /ẹ̄/ der Diphthong /ea/ wie in hear vor, und als Reflexe des germ. ō erscheinen /ō/ und /uo/ wie in ōdhil 'Besitztum, Heimat' und muoter 'Mutter' (Hench 1893, 65f.). In der Benediktinerregel findet sich /ia/ in hiar neben /ual/ als Reflex von germ. ō in pruader 'Bruder' (Daab 1959, 115; dazu das Vokalsystem bei Stanich 1972, 63). Der Verzicht auf die Diphthonge /ea, uol bzw. /ia, ual oder auf Moultons Diphthonge /uo/ und /iel hängt dabei mit der Annahme der Langvokale /ọ̄/ und /ẹ̄/ zusammen. Die aufgezeigten Unterschiede zwischen Moulton und Penzl und die skizzierten Abweichungen in einzelnen Schreibdialekten machen eine Klärung notwendig, welche Überlieferungsformen mit welcher graphischen Berechtigung als Grundlage eines einheitlichen frühahd. Vokalsystems gewählt werden und ob ein solcher Ansatz überhaupt begründbar ist.

3.2. Koexistierende Vokalsysteme und Distributionsunterschiede

Von der Vorstellung eines einheitlichen ahd. Vokalsystems bzw. derjenigen eines ofrk. geprägten Normalahd. (Sonderegger 1979, 181) lösen sich Valentin (1962), Penzl (1971) und Lühr (1982) und zeigen Vokalsysteme auf, die in verschiedenen Schreibdialekten zeitgleich nebeneinander vorkommen. Valentin (1969) weist zusätzlich auf die systemrelevanten Unterschiede hin, die bei betonten und unbetonten Silben innerhalb verschiedener Morphemtypen vorkommen, und bezieht vokalische Distributionsunterschiede ein. Lühr (1982, 75; 90) nutzt denkmalgebundene Vokalsysteme zur Herausarbeitung der asächs., bair. und ofrk.-fuldischen Anteile bei der Abfassung des Hildebrandsliedes. – Für Otfrids srhfrk. Schreibdialekt wird für die betonten Silben in Grundmorphemen folgendes System angegeben (nach Penzl 1971, 83 f.) (s. Abb. 72.4).

		Einzellaute			Diphthonge	
		Vorderzungen-vokal	Mittelzungen-vokal	Hinterzungen-vokal	palatal	velar
Hoch	lang	/ī ū		ū	/iü	iu
	kurz	i ü		u	iə üə	uə
Mitte	lang	ē ō		ō	ei öü	ou/
		ẹ	ə			
	kurz	ę ö		o		
Tief						
	lang, kurz	å ä		a ǎ/		
Hoch		sin bruti		nu	liuti thiu	
		in vuurti		súnnun	hiar guati	guat
Mitte		mera nóti		ostana	nihein loufit	ouh
		henti	yr			
		theru folli		fon		
Tief		mari mahti		man gidan		

Abb. 72.4: Vokalsystem Otfrids (nach Penzl 1971)

Die Unterschiede zum fahd. System ergeben sich aus dem konsequenten Ansatz von durch den *i*-Umlaut bewirkten palatalen zu den entsprechenden velaren Phonemen (zur Problematik Art. 90). Mit welcher graphischen Berechtigung ein solcher Ansatz für das Fahd. unterbleibt, für Otfrids Sprache aber erfolgt, bleibt unbegründet. – Der Vergleich zum Vokalsystem, das Penzl (1971, 52) nach der Exhortatio aus dem Anfang des 9. Jhs. für das bair. Schreibdialektgebiet aufstellt, ergibt ein Fehlen palataler Umlautvokale, „weil in Nebensilben deren bedingende *i*-Laute meist noch unversehrt erhalten sind, z. B. /j/ in *purgeo, sunteono*". Dieser Befund ist – von der Problematik der Interpretation des Graphs ⟨*e*⟩ als Repräsentation eines /j/ abgesehen – kaum in der Lage, bei Otfrids Lexem *nōti* den Ansatz eines /ō/ und bei der Verbform *ganōtit* aus der Exhortatio zu *nōten* 'nötigen' (Schützeichel 1989, 200; nicht zu *ginōten*, wie Heffner 1961, 155 meint) den eines /ō/ zu begründen. Eine widerspruchsfreie Argumentation ist nur möglich, wenn neben den Inventaren alle Distributionen der Phoneme einschließlich ihrer Grapheme ermittelt werden und die Analyse Denkmal für Denkmal, Schreibdialekt für Schreibdialekt und Jahrhundert für Jahrhundert geschieht, Überlieferungszufälligkeiten im Wortschatz berücksichtigt und Übernahmen von Ergebnissen aus anderen Denkmälern genau vermerkt werden.

3.3. Proto-Systeme und Sprachwandeltendenzen

Durch den kontrastiven Sprachvergleich können aus den vorhandenen Texten unmittelbar vorausgehende oder weiter zurückreichende Proto-Systeme wie das Vorahd. oder Wgerm. erschlossen werden, um von diesen aus die Sprachwandeltendenzen beschreiben zu können, die zu den vorhandenen Systemen führen. Im Ahd. spielen dabei vor allem die ahd. Monophthongierung und die ahd. Diphthongierung eine Rolle. Innerhalb der ahd. Sprachperiode wird der Wandel von fahd. /eo/ und die Vokalveränderung in den Nebensilben behandelt (dazu Penzl 1971, 124–147; Herrlitz 1970, 41 f.; 59). Neben den bisher erwähnten taxonomischen Darstellungen sind auch generative vorhanden (vgl. Schaefer 1971; Voyles 1976; dazu kritisch Penzl 1974; 1987 a; Simmler 1978).

4. Untersuchungen zum Konsonantismus

Wie zum Vokalismus gibt es zum Konsonantismus Untersuchungen zu Einzelphänomenen und solche zu Gesamtsystemen. Als Einzelphänomene werden die Graphe für /i/ und /j/ (Must 1965) und für /f/ und /v/ (Must 1966), die ⟨*ch*⟩-Schreibungen im merowingischen Personennamen (Wagner 1990) und der phonemische Status des intervokalischen ⟨*h*⟩ (Armborst 1979) behandelt. Stärker auf

den Phonembestand und die Aufbauprinzipien eines Gesamtsystems wirken sich die Arbeiten aus, die auf die phonemischen Wertungen der Doppelgraphien, der graphischen
Reflexe von germ. *ƀ đ g* und der 2. Lautverschiebung eingehen (4.2.). Zwar wird
die Notwendigkeit hervorgehoben, Gesamtsysteme einschließlich aller Phonemdistributionen aufzustellen (Penzl 1986, 116), entsprechende Untersuchungen jedoch, die zusätzlich den langue-Einheiten der Phoneme
alle graphischen parole-Einheiten zuordnen
und nicht nur auswählend vorgehen, sind selten. Zum Konsonantismus liegt eine Arbeit
vor (Simmler 1981), in der zwei Schreibdialekte des 9. Jhs. unter Angabe aller Distributionen und unter erneuter Überprüfung der
handschriftlichen Überlieferungen vollständig graphemisch-phonisch-phonemisch ausgewertet sind. Zur Sprache Otfrids und der
in mfrk. Glossenhandschriften werden zusätzlich Phonemfrequenzen und funktionelle
Belastungen von Oppositionen und Oppositionsarten angegeben. Da sehr unterschiedliche und heterogene Überlieferungsformen
die Grundlage der Analyse bilden, wird die
Praktikabilität der Auswertungsverfahren bestätigt (vgl. 2.).

4.1. Konsonantensystem, Teilsysteme und graphemisch-phonisch-phonemische Distributionstabellen (am Beispiel der Sprache Otfrids)

So wie die Vokalsysteme aus drei Teilsystemen, so bestehen die Konsonantensysteme
der Schreibdialekte aus je einem für den Le-
xemanlaut/-auslaut und den Lexeminlaut. Für
die Sprache Otfrids haben sie folgendes Aussehen (Simmler 1981, 214; 351) (s. Abb. 72.5
und 72.6).

Einige ausgewählte Minimalpaarbildungen
können die Oppositionen verdeutlichen:

1. initiale Position: *bad* 'Bad' : *pad* 'Pfad' : *rad*
   'Rad' = /b/, /p/, /r/; *dolk* 'Tod' : *folk* 'Volk' = /d/
   , /f/; *guat* 'Gutes' : *muat* 'Absicht' = /g/, /m/ mit
   den stimmhaften Verschlußphonemen /b d g/ (zu
   den Distributionen weiter unten).
2. finale Position: *leib* 'Brot' : *leid* 'Leid' = /b/, /d/;
   uuīg 'Kampf' : *uuīs* 'Weise' = /g/, /s/ mit den
   stimmhaften Verschlußphonemen in finaler
   postvokalischer Position nach Langvokal/Di-
   phthong.
3. mediale Position: *habēta* zu *habēn* 'haben': *ha-*
   rēta zu *harēn* 'jemanden anrufen' = /b/, /r/; *que-*
   dan 'sagen' : *queman* 'kommen' = /d/, /m/;
   flugun zu *fliagan* 'fliegen' : *fluhun* zu *fliahan* 'fliehen' = /g/, /h/ mit den stimmhaften Verschluß-

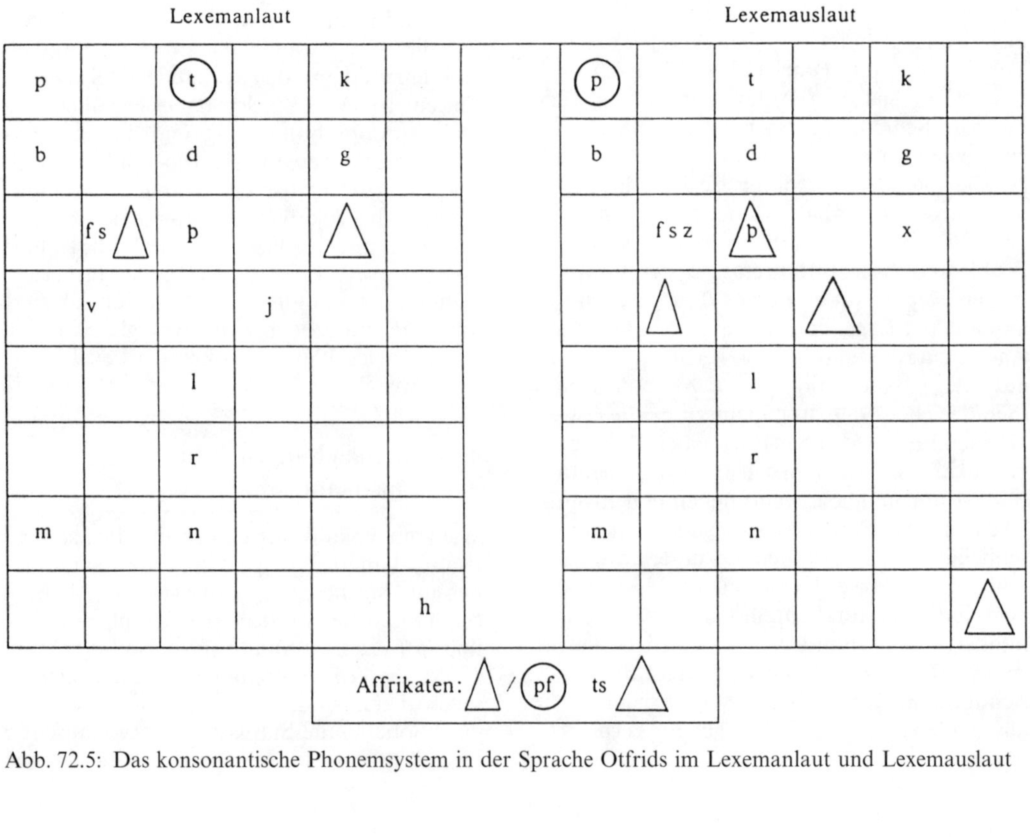

Abb. 72.5: Das konsonantische Phonemsystem in der Sprache Otfrids im Lexemanlaut und Lexemauslaut

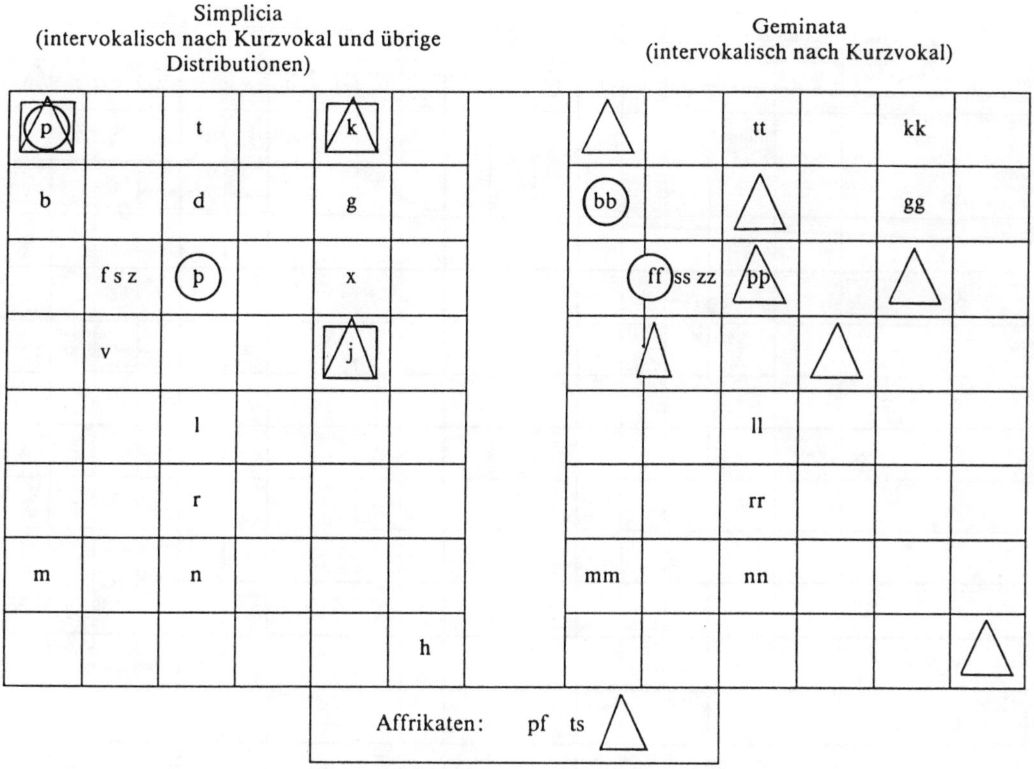

Simplicia (intervokalisch nach Kurzvokal und übrige Distributionen)				Geminata (intervokalisch nach Kurzvokal)		
(p)	t	(k)		△	tt	kk
b	d	g		(bb)	△	gg
f s z	(þ)	x		(ff) ss zz	(þþ)	△
v		(j)		△	△	
l				ll		
r				rr		
m	n			mm	nn	
	h					△

Affrikaten: pf   ts   △

Abb. 72.6: Das konsonantische Phonemsystem in der Sprache Otfrids im Lexeminlaut

phonemen in medialer intervokalischer Position nach Kurzvokal.

4. mediale Position: *miti* Adverb 'damit' : *mitti* 'Mitte' = /t/, /tt/; *filu* Adverb 'viel' : *fillu* 'ich schlage' = /l/, /ll/; D. S. *uuine* zu *uuini* 'Freund' : *uuinne* zu *uuinnen* 'kämpfen' = /n/, /nn/ mit der Simplex/Geminata-Opposition in medialer intervokalischer Position nach Kurzvokal.
5. mediale Position: *mitti* (belegt: *mitte*) 'Mitte' : *missi-dāti* zu *missedāt* 'Vergehen' = /tt/, /ss/; *liggan* 'liegen' : *bilinnan* (belegt: *bilinnen*) 'ablassen von' = /gg/, /nn/; *heffen* 'sich aufmachen' : *bihellen* (belegt: *bihellēn*) 'verhüllen' = /ff/, /ll/; *uuirrit* zu *uuerran* 'in Verwirrung bringen' : *uuinnit* zu *uuinnan* 'kämpfen' = /rr/, /nn/ mit der Geminata/Geminata-Opposition in medialer intervokalischer Position nach Kurzvokal.

Der Kreis weist auf eine geringe Frequenz des Phonems hin; die Oppositionsart, an der dieses Phonem beteiligt ist, ist dadurch funktionell schwach belastet. Ein leeres Dreieck signalisiert ein fehlendes Phonem und ist ein Hinweis auf unsymmetrische Anordnungen und auf funktionell nicht belastete Oppositionsarten. Ist ein Segment im Dreieck vorhanden, verweist es auf ein phonemisch nicht relevantes Allograph oder eine Überliefe-

rungszufälligkeit. − Am Aufbau der Teilsysteme sind − wie in anderen zeitgleichen Schreibdialekten auch − die Oppositionsarten *Fortis/Lenis* bzw. *Simplex/Geminata* unterschiedlich beteiligt. Die Teilsysteme sind bereits Vereinfachungen des vollständigen distributionellen Befundes, der sich für die Zweierkombinationen in initialer Position aus folgender Tabelle ergibt (Simmler 1981, 362; + markiert die Existenz der Phonemkombination) (s. Abb. 72.7).

Der Distributionstabelle entspricht − für /b d g/ auswählend dargestellt − folgender graphischer und allophonischer Befund (Simmler 1981, 135) (s. Abb. 72.8).

Die Siglen KV, LV weisen auf die Vokalquantität (Kurz-, Langvokal) und die Siglen Hs. V, P auf die beiden srhfrk. Otfridhandschriften der Materialbasis hin. Vor dem doppelten Schrägstrich sind die Allographe verzeichnet; links steht das häufigste, rechts das mit geringster Frequenz; Unterschiede bei Lexemgruppen ohne und mit allographischer Variation müssen aus den Einzelartikeln zu den Phonemen entnommen werden. Nach den Schrägstrichen sind entweder zusätzliche

2. Glied / 1. Glied	Typus K + V		Typus K + K															
	KV	LV	p	t	k	b	d	g	f	s	þ	h	v	j	l	r	m	n
p	+	+													+	+		
t	+	+							+							+		
k	+	+											+		+	+		+
b	+	+													+	+		
d	+	+											+			+		
g	+	+													+	+		
f	+	+													+	+		+
s	+	+	+	+	+								+		+		+	+
þ	+	+											+			+		
h	+	+																
v	+	+																
j	+	+																
l	+	+																
r	+	+																
m	+	+																
n	+	+																

Abb. 72.7: Die phonematischen Zweierkombinationen in initialer Position

allophonische Realisationen neben der regelmäßigen phonischen Artikulation des jeweiligen Phonems angegeben oder ihr durch „0" markiertes Fehlen.

Belege für die einzelnen Distributionen sind *barm* 'Schoß', *bāga* 'Streit', *blīdi* 'froh', *brōt* 'Brot', *galla* 'Galle', *gāha* 'Augenblick'; eine graphische Variation zeigt sich nur in der Hs. V bei *gumisgi* 'Menschheit', wo der Schreiber ⟨k⟩ setzt, das der Korrektor Otfrid durch Unterpungieren und Überschreiben eines ⟨g⟩ korrigiert, so daß *k̊umisgi* in der Hs. V steht; *grab* 'Grab', *glat* 'glänzend', bei der Lexemgruppe *dasga* 'Tasche', *doub* 'taub', *droum* 'Traum', *dragēn* 'sich verhalten', *duellen* 'verweilen', *duāla* 'Zögern' existiert keine graphische Variation; bei *derren* 'schaden', *doufen* 'taufen' kommen die Allographe ⟨d⟩ und ⟨t⟩ in Hs. V, P vor; nur bei *terren* in Hs. P entsteht durch falsche Korrektur − bedingt durch die in gleicher Zeile stehenden Wörter *themo thurren* − das Allograph ⟨th⟩.

Während Simmler eine allophonische Interpretation von Allographen für möglich hält (so auch Cable 1990), bleibt Penzl (1982) zunächst generell skeptisch; seine Gegenüberstellung von „schreibungspositivistischer" und „schreibungsstrukturalistischer" Auswertung ausschließlich graphischer Überlieferung bevorzugt letztere an ausgewählten Beispielen jedoch zu einseitig und führt eher zu einem methodischen Gegensatz als zu der von ihm gewünschten methodischen Verbindung (1982, 173; 186). Später schließt Penzl (1986, 37; 119) im Tatian beim Phonem /f/ durch das Allograph ⟨u⟩ einen Hinweis auf „stimmhafte Allophone" nicht mehr aus; bei den Graphien ⟨ff, hh, zz⟩, die er als Phonemfolgen und nicht lange Konsonantenphoneme deutet, hält er einen zusätzlichen Hinweis auf „Länge und Stärke der Artikulation" für möglich; bei Notker nimmt er aufgrund von

Distribution / Phoneme — Grapheme — Allophone —		praevokalisch vor		praekonsonantisch in Zweierkombinationen vor den Phonemen		
		KV	LV	r	l	v
Phonem /b/						
Grapheme //	Hs. V	⟨b⟩ // 0	⟨b⟩ // 0	⟨b⟩ // 0	⟨b⟩ // 0	
Allophone	P	⟨b⟩ // 0	⟨b⟩ // 0	⟨b⟩ // 0	⟨b⟩ // 0	
Phonem /d/						
Grapheme //	Hs.V	⟨d, t⟩ // [t]	⟨d, t⟩ // [t]	⟨d⟩ // 0		⟨d⟩ // 0
Allophone	P	⟨d, t⟩ // [t]	⟨d, t, th⟩ // [t]	⟨d, t⟩ // [t]		⟨d⟩ // 0
Phonem /g/						
Grapheme //	Hs.V	⟨g, $\frac{g}{k}$⟩ // 0	⟨g⟩ // 0	⟨g⟩ // 0	⟨g⟩ // 0	
Allophone	P	⟨g⟩ // 0	⟨g⟩ // 0	⟨g⟩ // 0	⟨g⟩ // 0	

Abb. 72.8: Die Grapheme und Allophone zu den Phonemen /b d g/ in initialer Position

sûone-tagen mit Fortis /t/ und *díu* mit ⟨d⟩ „nach stimmhaftem Laut" bzw. *tíu* mit ⟨t⟩ „nach stimmlosem oder Pause" eine „phonetische Überschneidung des einen Allophons mit /t/" an. Moulton (1961/1970, 506) teilt zunächst die skeptische Position Penzls, modifiziert jedoch später seine Ansicht, indem er auf ahd. Allographe verweist, die auch Allophone kennzeichnen (1987, 73).

4.2. Koexistierende Konsonantensysteme, Proto-Systeme und Sprachwandeltheorien (am Beispiel des Mittelfränkischen)

Die synchron feststellbaren Fortis/Lenis- und Simplex/Geminata-Oppositionen sind diachron gesehen Reflexe der zweiten Lautverschiebung und der wgerm. Konsonantengemination. Während die Rolle der letzteren bei der Gestaltung der Konsonantensysteme in den vorhandenen Überlieferungen weniger strittig ist (Simmler 1974) und neben der Unterscheidung allgemein westgerm. und dialektspezifischer Verhältnisse nach Langvokalen aufgrund von Silbenstrukturgesetzen (Murray 1986) und der ausschließlich systemtheoretisch bedingten Annahme einer Opposition von Kürze zu Länge bei allen Konsonanten einschließlich /w/ : /ww/ bzw. /j/ : /jj/ (Szulc 1987, 94) mehr synchrone Wertungsunter-

schiede der Doppelgraphe im Vordergrund des Interesses stehen (Moulton 1971, 343; Cercignani 1979, 34; Leys 1982; Penzl 1983, 230; Glaser 1987, 70f.), führt die phonemische Interpretation der Rolle der zweiten Lautverschiebung zu der heftig geführten Kontroverse um ihre Deutung als Ausbreitungs- und Entfaltungsvorgang (Goossens 1978; 1979; Schützeichel 1979; Bergmann 1980; 1983; Tiefenbach 1984; Klein 1990). Diese Kontroverse wurde vor allem mit zeitlichen und geographischen Argumenten geführt, ehe Lerchner (1971) phonemisch-soziolinguistische Argumente für die Ausbreitungstheorie geltend machte. Er untersucht die mfrk. Denkmäler jedoch nicht selbst, sondern übernimmt aus Francks (1909) mit junggrammatischen Methoden aufgearbeiteter Grammatik die phonischen Angaben und interpretiert sie unter Heranziehung vor allem der sekundären Methoden der Systemsymmetrie und -ökonomie und soziologischer Aspekte phonemisch um. Dabei behandelt er das mfrk. Schreibdialektgebiet als ein *overall system*, d. h. daß Francks handschriftenspezifische Befunde und Hinweise auf einzelne graphische Traditionen unberücksichtigt bleiben. Lerchner (1971) stellt auf der Basis folgender Distributionstabelle (185) (s. Abb. 72.9)

C−	Cr−/Cl−	sC	NCV	NC#	LCV	LC#	$_R$C	VCV	VC#	VCob	#C
p_1	p_1	p_1	p_1	p_1	p_1	p_1		$p_{1,4}$	p_4		
$b_{1,2}$			b_2					b_5			
f, v_3	f, v_3			f_3		$f_{2,3}$		$f_{1,6}$	$f_{1,2,3}$	f_3	
			$v_{2,3}$		$v_{2,3}$			$v, u_{2,3}$			
w_{21}	w_{21}	w_{21}			w_{21}			w_{21}			
t_7	$t_{7,8,9}$	t_7	t_{10}	t_8		$t_{7,8}$	t_7	$t_{10,11}$	$t_{7,8}$		
$d_{8,9,(L)}$	$d_{8,9}$		$d_{8,9}$		$d_{8,9}$			$d_{8,9(?)}$			
					z_7	z_7		z_7	z_7		
$t\text{z}_7$								$t\text{z}_{10}$	$t\text{z}_{10}$		
s_{13}	s_{13}		s_{13}	s_{13}	s_{13}	s_{13}	s_{13}	s_{13}	$s_{13,14}$		
								$ss_{14,17+13}$			
th_9								th_{12}	th_9		
								dh_9			
k_{15}	k_{15}	k_{15}	k_{15}	k_{15}	k_{15}	k_{15}		k_{18}	$k_{16,18}$		
	g_{16}		g_{16}	g_{16}				g_{19}			
							$? x_{16}$	$\chi, x_{15,20}$	$\chi, x_{15,16,17}$	$\chi, x_{3,17(?)}$	
$\gamma, \text{z}_{16,22}$								γ, z_{16}			
h_{17}								$? h_{17}$			

Abb. 72.9: Distributionstabelle altmittelfränkischer Konsonanten (nach Lerchner 1971)

dieses altribuarische Geräuschlautsystem (186) auf:

/p/ : /b/	/f/ : /v/	
/t/ : /d/	/th/ : /dh/	/ss/ : /z/ : /z/
/k/ : /g/	/x/ : /γ/	
		/h/
/w/	/j/	

Abb. 72.10: Altribuarisches Geräuschlautsystem (nach Lerchner 1971)

In diesem System existieren erstens bis auf /ss/ keine phonemisch relevanten Geminaten; zweitens erscheinen die Reflexe von germ. b, g als Frikativae (in der Distributionstabelle werden sie als /v_2, u_2/ und /γ_{16}/ bezeichnet, wobei die Indices 2 und 16 in Anlehnung an

Kufner (1960) die historische Herkunft angeben); drittens ist in der Reihe der Frikativae eine parallele Anordnung nach der Sonoritätskorrelation erkennbar, die den Gesamtaufbau des Systems bestimmen soll. – Aus einer Arbeit von Kufner (1960, 13) leitet Lerchner (1971, 254) ein aobd. Geräuschlautsystem her und vergleicht beide Systeme unter der Hypothese eines Bilinguismus wie folgt (s. Abb. 72.11).

Bei der hypothetischen Kontaktsituation zeigt das Aobd. den Zustand nach dem Eintritt der zweiten Lautverschiebung, während das Afrk. ein Proto-System ohne die Reflexe dieser Erscheinung darstellt. Beim Kontakt wird für das Afrk. die Primär- und für das Aobd. die Sekundärsprache angenommen. Der Systemvergleich ergibt leere Fächer bei

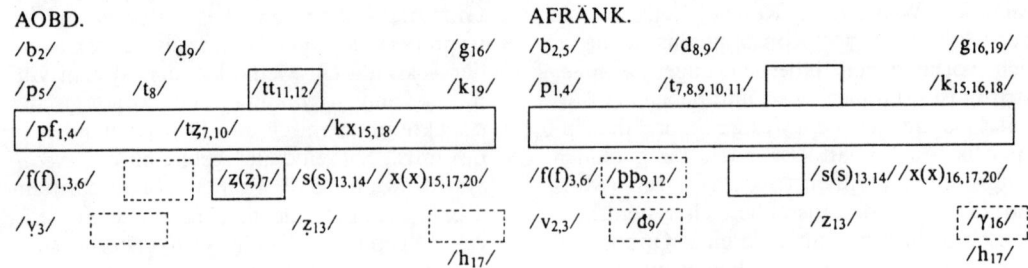

Abb. 72.11: Altoberdeutsches Geräuschlautsystem und Kontaktmodell mit dem Alt(mittel)fränkischen (nach Lerchner 1971)

den Affrikaten /pf, ts, kx/ und dem Reibephonem /z (z)/ und soll systembedingte Übernahmenotwendigkeiten einzelner Reflexe der zweiten Lautverschiebung im Afrk. erkennen lassen. − Die Analyse der Phonemsysteme im mfrk. Schreibdialektgebiet führt Simmler (1981, 503; 594; 639; 667) zu anderen Phonemermittlungen, anderen die Systeme konstituierenden Korrelationen und zur empirischen und theoretischen Zurückweisung der strukturellen Versuche, aus bloßen Systemvergleichen reale Ausbreitungsvorgänge herzuleiten. Aus dem Codex Leipzig Rep. II.6 leitet Simmler (1981, 503; 594) folgende Teilsysteme her (s. Abb. 72.12 und 72.13).

Das Quadrat kennzeichnet Phoneme, die ausschließlich in medialer postkonsonantischer Position nachgewiesen werden können. − Folgende Belege können die Phonemermittlungen begründen, die von den Befunden Lerchners abweichen:

Aus den Flexionsformen *kērrende* 'zurückziehen' : *v̄arun* zu *v̄esan* 'werden'; *marrunga* 'Hinderung', *merrit* 'Anstoß erregen' : *dare* 'dorthin' ergibt sich, daß ⟨rr⟩ : ⟨r⟩ nach Langvokal und Kurzvokal eine distinktive Funktion besitzen und somit eine Quantitätsopposition in /rr/, /r/ existiert und keine automatische Setzung von Doppelgraphen zur Kennzeichnung der Kürze des vorhergehenden Vokals vorhanden ist. Aus den Belegen *kekeben* 'geben', *ubil* 'Schandtat', *drīben* 'treiben'; *selben* 'selbst'; 3. Sg. Prät. Ind. *forgap* 'geben' bzw. *bāga* 'Streitigkeit', *sagane* 'Bericht'; *uolgendi* 'folgen'; *kekanka* 'sich beziehen auf', *zikenkit* 'sterben', *uberga[n]gant* 'überschreiten' ergibt sich der Verschluß- und nicht etwa der Reibecharakter von ⟨b⟩ und ⟨g⟩, ⟨k, g⟩. Aus den Belegen *ouarleuon* 'Überlebender' (Codex Köln Dombibliothek CVII) bzw. *dih, dich* (< germ. *k*), *ēruuirthih* 'ehrwürdig', *ūzuuerdich* 'auswärtig' (< germ. *g*; alle im Codex Brüssel 18 723) läßt sich in ⟨u⟩ = /v/ bzw. ⟨h, ch⟩ = /x/ eine neue sprachliche Tendenz, die der Lenisierung, herleiten. Sie ist nur in einzelnen mfrk. Handschriften vorhanden, distributionell und morphemisch gebunden und tritt neben die ältere, in den Verschlußphonemen /b d g/ erkennbare sprachliche Tradition. In medialer intervokalischer Position ist die Lenisierung mit der Stimmhaftigkeit, in finaler postvokalischer Position mit der Stimmlosigkeit gekoppelt. Für den Gesamtaufbau des Systems erweisen sich so die Druckstärke- und die Quantitätskorrelation als relevant und nicht die Sonoritätskorrelation.

Anders als Simmler werten Draye (1984; 1985; dazu die Entgegnung von Simmler 1985; 1986; ohne neue Argumente Draye

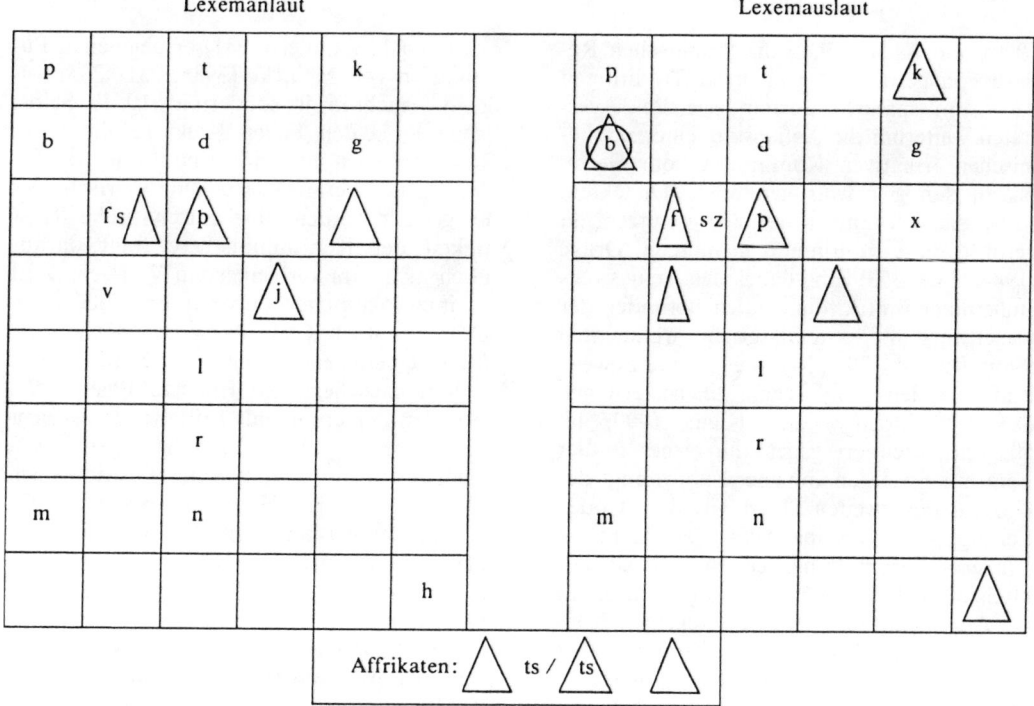

Abb. 72.12: Das konsonantische Phonemsystem im Codex Leipzig Rep. II.6 im Lexemanlaut und Lexemauslaut

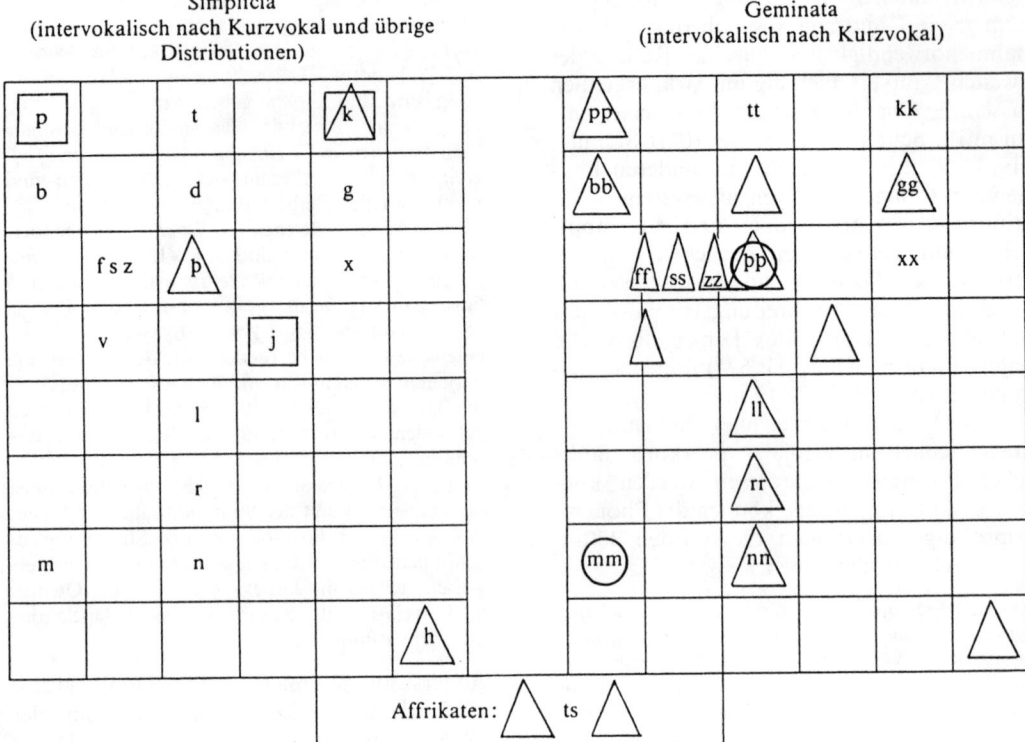

Abb. 72.13: Das konsonantische Phonemsystem im Codex Leipzig Rep. II.6 im Lexeminlaut

1990) und Klein (1990) die graphischen Reflexe von germ. *b d g* in mfrk. Traditionen des 9. und späterer Jahrhunderte. Beide vertreten weiterhin die Auffassung einer phonemischen frikativen Kontinuität vom Germ. bis zu den gegenwärtigen mfrk. Dialekten, wobei sie sich nur auf germ. *b g* stützen, da germ. *d* diese Kontinuität nicht zeigt. Draye (1984, 348; 350) gibt dabei den keineswegs einheitlichen mfrk. dialektalen Befunden der Gegenwart und systeminternen Argumenten (Simmler 1986, 29f.; 34) eine größere Beweiskraft als den graphischen Überlieferungen der ahd. Sprachperiode. Klein (1990, 44; 50f.) argumentiert gegen die bisher in der Forschung vorgenommene Zuordnung der Glossen der zweiten Hand aus dem Codex Leipzig Rep. II.6 ins Mfrk.; er denkt an „außermittelfränkische Bereiche des Altfränkischen", z. B. das Rhfrk., und glaubt, damit der Argumentation gegen eine fehlende Kontinuität einer Frikativa in intervokalischer und postkonsonantischer Position nach /v/ und /l/ „jede sichere Grundlage" entzogen zu haben. Die Glossen aus dem Codex Brüssel 18 723 datiert Klein (1990, 51) − der vier

Jahre nach Simmler (1981) erschienenen Publikation von Meineke (1985, 231−235) folgend − nicht ins 9., sondern ins 10. Jh. Selbst wenn in beiden Fällen Klein gefolgt wird, kann zunächst nur eine Reduktion des für das Mfrk. heranzuziehenden Wortschatzes festgestellt werden; eine automatische Richtigkeit der Kontinuitätsthese folgt daraus noch nicht. Im verbleibenden Wortschatz ist in intervokalischer Position im Cod. Köln Dombibliothek CVII dann nur noch *ouarleuon* 'Überlebender' mit ⟨u⟩ für /v/ < germ. *b* heranzuziehen; der früheste Beleg *halfu* 'Seite' mit einer auf eine Frikativa hinweisenden Schreibung ⟨f⟩ = /f/ ≠ /v/ < germ. *b* in medialer postkonsonantischer Position nach /l/ stammt aus dem 11. Jh. und besagt für das 9. Jh. nicht viel (Simmler 1981, 527; 539). Für die Reflexe von germ. *g* finden sich im Cod. Köln Dombibliothek CVII die Glossen *bugithi* 'Kaufgeld', *benagenēn* 'abgezehrt', *notnūftīgo* 'gewaltsam' in intervokalischer Position, deren Graph ⟨g⟩ nicht ohne Zwang als Kennzeichnung einer Frikativa /γ/ statt eines Verschlußphonemes /g/ (Simmler 1981, 647) gedeutet werden kann; für die postkonsonantische Position nach /l/, /r/ fehlen Überlieferungen. Bei den Glossen aus dem Codex Brüssel 18 723 bleiben auch bei einer Zuordnung zum 10. Jh. die phonemischen Auswertungsprobleme bestehen; sie werden lediglich um das Problem erweitert, welche Aussagekraft sie für das 9. Jh. besitzen, ein Problem, das für alle späteren Glossenüberlieferungen gilt. Selbst wenn die Glossen des Cod. Leipzig Rep. II.6 für das Mfrk. nicht berücksichtigt werden, sprechen die graphischen Reflexe von germ. đ, g in den übrigen Überlieferungen des 9. Jhs. gegen die Annahme einer frikativen Kontinuität im Mfrk., nur die von germ. ƀ könnten sie stützen.

Werden die Reflexe der zweiten Lautverschiebung aus den Phonemsystemen im Codex Leipzig Rep. II.6 getilgt, entstehen voramfrk. Teilsysteme (aus Simmler 1981, 704f.) (Abb. 72.14 und 72.15):

Sie können mit obd. Systemen der Benediktinerregel und entsprechenden Proto-Systemen in einem hypothetischen Kontaktmodell mit unterschiedlichen Annahmen zur Primär- und Sekundärsprache verglichen werden. Dabei entstehen genau die gleichen Störungen der Symmetrie im Aufbau des Phonemsystems bei der Entwicklung vom voraobd. Phonemsystem zu dem der Benediktinerregel, weshalb die Asymmetrie der Phonemstruktur nicht als Hinweis auf einen Entlehnungsvor-

gang interpretiert werden kann (Simmler 1981, 770−804). − Zwischen den im 9. Jh. koexistierenden Systemen im alem., bair. und mfrk. Schreibdialekt bleiben die Distributionsunterschiede bestehen, die die Staffelung des Rheinischen Fächers ausmachen. Sie reichen jedoch allein und ohne zusätzliches graphisches, zeitliches, bilinguales und strukturelles Argument nicht aus, das Sprachwandelphänomen der zweiten Lautverschiebung als Ausbreitungsvorgang zu deuten. Bei einer Analyse koexistierender Phonemsysteme ist die zweite Lautverschiebung eine Sprachwandelerscheinung neben anderen wie Gemination, Intensivierung und Lenisierung und bestimmt mit ihnen zusammen den Aufbau der Systeme. Ihre Reflexe führen in den Schreibdialekten zu phonemischen Unterschieden im Intenvar, in der Frequenz, in der Distribution und in der funktionellen Belastung von Phonemoppositionen, die dem − mit anderen Methoden erkannten − Prinzip der Entfaltung eher entsprechen (zustimmend Penzl 1984, 215). − Es ist zu erwarten, daß die Ermittlung aller graphemisch-phonisch-phonemischen Unterschiede in allen ahd. Schreibdialekten neben den Auseinandersetzungen um die Rolle von Diasystemen, um Phasen von Sprachwandelphänomenen und ihren Realitätsgehalt (Leys 1982; Penzl 1984; Vennemann 1991), um bi- und monophonemati-

Lexemanlaut

p		t		k	
b		d		g	
	f s	þ			
		v	j		
		l			
		r			
m		n			
					h

Lexemauslaut

p		t		k
b		d		g
	f s	þ		x
		l		
		r		
m		n		

Abb. 72.14: Das voraltmittelfränkische konsonantische Phonemsystem im Lexemanlaut und Lexemauslaut

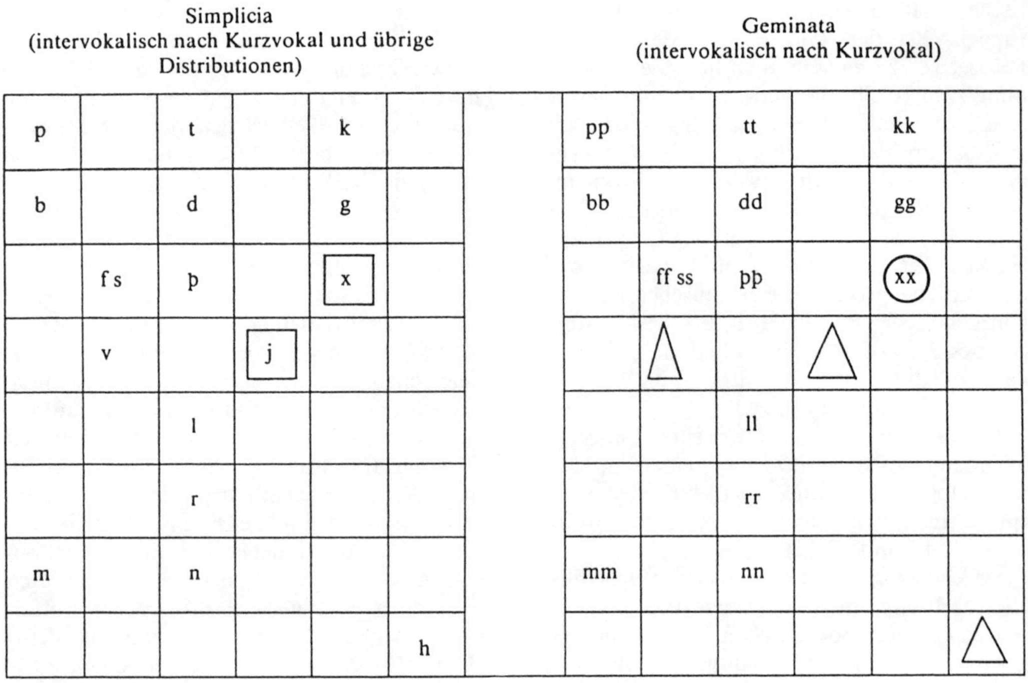

| Simplicia (intervokalisch nach Kurzvokal und übrige Distributionen) | | | | Geminata (intervokalisch nach Kurzvokal) | | | |

p	t	k		pp	tt	kk	
b	d	g		bb	dd	gg	
f s	þ	x		ff ss	þþ	ⓧⓧ	
v	j			△	△		
	l				ll		
	r				rr		
m	n			mm	nn		
		h					△

Abb. 72.15: Das voraltmittelfränkische konsonantische Phonemsystem im Lexeminlaut

sche Wertungen von Affrikaten (Penzl 1964; Barrack 1978; Cercignani 1983) das Erkenntnisinteresse auch auf Fragen nach den schreibdialektal gebundenen Kommunikationsmöglichkeiten der Sprecher/Schreiber in der ahd. Sprachperiode richtet, die bei ihren Mitteilungs- und Kommunikationsbedürfnissen nicht auf die Varietät einer überlandschaftlichen Ausgleichssprache ausweichen können.

5. Literatur (in Auswahl)

Althochdeutsch. In Verbindung mit Herbert Kolb/ Klaus Matzel/Karl Stackmann hrsg. v. Rolf Bergmann/Heinrich Tiefenbach/Lothar Voetz. I. Grammatik. Glossen und Texte. Heidelberg 1987. (GB. 3. Reihe).

Armborst, D., Ahd. intervokalisches ⟨h⟩ und 'hiatfüllende' ⟨h⟩, ⟨j⟩ und ⟨w⟩. In: LBij 68, 1979, 49–60.

Barrack, Charles Michael, The high german consonant shift: monogenetic or polygenetic? In: Lingua 44, 1978, 1–48.

Bergmann, Rolf, Methodische Probleme der Lautverschiebungsdiskussion. In: Sprachw. 5, 1980, 1–14.

Ders., Froumund von Tegernsee und die Sprachschichten in Köln. In: ZDL 50, 1983, 1–21.

Cable, Thomas, Philology: Analysis of written records. In: Research guide on language change. Ed. by Edgar C. Polomé. Berlin/New York 1990, 96–106. (TLSM 48).

Cercignani, Fausto, The consonants of german: synchrony and diachrony. Milano 1979.

Ders., Zum hochdeutschen Konsonantismus: phonologische Analyse und phonologischer Wandel. In: PBB (T) 105, 1983, 1–13.

Coetsem, Frans van, The old high german vowel shift anew. In: LBij 82, 1993, 289–304.

Ders./Susan McCormick, Old high german Umlaut and the notion of optimal patterning. In: ABäG 17, 1982, 23–27.

[Daab, Ursula], Die Althochdeutsche Benediktinerregel des Cod. Sang 916. Hrsg. v. Ursula Daab. Tübingen 1959. (ATB 50).

Dal, Ingerid, Die ahd. Diphthongierung von ē > ia, ie und ō > uo als Ergebnis einer sog. 'détresse phonologique'. In: ASNS 188, 1951, 115–116.

Draye, Luk, Neues zur zweiten Lautverschiebung? In: PBB (T) 106, 1984, 344–363.

Ders., Zur zweiten Lautverschiebung. Antwort an Franz Simmler. In: PBB (T) 107, 1985, 363–365.

Ders., Wellentheorie und Entfaltungstheorie. Methodisches zur Lautverschiebungsdiskussion. In: Sprache in der sozialen und kulturellen Entwicklung. Beiträge eines Kolloquiums zu Ehren von Theodor Frings (1886–1968). Hrsg. v. Rudolf Grosse. Berlin 1990, 323–327. (ASächsA 73,1).

Franck, Johannes, Altfränkische Grammatik. Laut- und Flexionslehre. Göttingen 1909. [2. Aufl. v. Rudolf Schützeichel. Göttingen 1971].

Glaser, Elvira, Die Stellung der Geminata *ss* im althochdeutschen Konsonantensystem. In: Althochdeutsch 1987, 54−71.

Goossens, Jan, Das Westmitteldeutsche und die zweite Lautverschiebung. Zur zweiten Auflage von Rudolf Schützeichels Buch 'Die Grundlagen des westlichen Mitteldeutschen' (1976). In: ZDL 45, 1978, 281−289.

Ders., Über Dialektologie und eine angeblich merovingische Lautverschiebung. In: NdW 19, 1979, 198−213.

Heffner, R[oe] − M[errill] S[ecrist], A word-index to the texts of Steinmeyer *Die kleineren althochdeutschen Sprachdenkmäler*. Madison 1961.

[Hench, George A.] Der althochdeutsche Isidor. Facsimile-Ausgabe des Pariser Codex nebst critischem Text der Pariser und Monseer Bruchstücke. Mit Einleitung, grammatischer Darstellung und einem ausführlichen Glossar. Mit 22 Tafeln. Hrsg. v. George A. Hench. Straßburg 1893. (QFSK 72).

Herrlitz, Wolfgang, Historische Phonologie des Deutschen. Tl. I: Vokalismus. Tübingen 1970. (GA 3).

Howell, Robert B., Modern evidence for ancient sound changes: Old english breaking and old high german vowel epenthesis revisited. In: Stæfcræft. Studies in germanic linguistics. Select papers from the first and the second symposium on germanic linguistics. University of Chicago, 24 April 1985, and University of Illinois at Urbana-Champaign, 3−4 October 1986. Ed. by Elmer H. Antonsen/ Hans Henrich Hock. Amsterdam/Philadelphia 1991, 103−113. (ASTH. Series IV, 79).

Klein, Thomas, Zur Nordgrenze des Althochdeutschen und zu germ. *b̄*, *g* im Altmittelfränkischen. In: PBB (T) 112, 1990, 26−54.

Kohrt, Manfred, Problemgeschichte des Graphembegriffs und des frühen Phonembegriffs. Tübingen 1985. (RGL 61).

Kufner, Herbert L., History of the central bavarian obstruents. In: Word 16, 1960, 11−27.

Lasatowicz, Katarzyna, Die deutschen *e*-Laute historisch betrachtet. In: Neophilologica 1, 1980, 131−140.

Lerchner, Gotthard, Zur II. Lautverschiebung im Rheinisch-Westmitteldeutschen. Diachronische und diatopische Untersuchungen. Halle/S. 1971. (MdSt. 30).

Leys, Odo, Zur Formulierung der hochdeutschen Tenuesverschiebung. Eine kritische Miszelle. In: PBB (T) 104, 1982, 3−9.

Lloyd, Albert L., Vowel plus *h* in Notker's alemannic. In: Germanic studies in honor of Edward Henry Sehrt. Presented by his colleagues, students, and friends on the occasion of his eightieth birthday, March 3, 1968. Ed. by Frithjof Andersen

Raven/Wolfgang Karl Legner/James Cecil King. Coral Gables/Florida 1968, 109−121. (Miami Linguistics Series 1).

Lühr, Rosemarie, Studien zur Sprache des Hildebrandliedes. Tl. 1: Herkunft und Sprache. Tl. 2: Kommentar. Frankfurt a. M./Bern 1982. (RBSL 22).

Matzel, Klaus, Untersuchungen zur Verfasserschaft, Sprache und Herkunft der althochdeutschen Übersetzung der Isidor-Sippe. Bonn 1970. (RA 75).

Meineke, Eckhard, Die Glossen der Handschrift Brüssel Bibliothèque Royale 18 723. Ein Beitrag zu ihrer Erschließung. In: Sprachw. 10, 1985, 209−236.

Morciniec, Norbert, Zentrum und Peripherie der althochdeutschen Monophthongierung. In: Logos Semantikos. Studia Linguistica in honorem Eugenio Coseriu 1921−1981. Horst Geckeler [u. a.] (Eds.). Bd. V. Berlin/New York 1981, 313−322.

Moulton, William G., Zur Geschichte des deutschen Vokalsystems. In: PBB (T) 83, 1961, 1−35. [Erneut abgedruckt in: Vorschläge für eine strukturale Grammatik des Deutschen. Hrsg. v. Hugo Steger. Darmstadt 1970, 480−517. (WdF 146)].

Ders., Rezension zu Penzl 1971. In: Phonetica 24, 1971, 238−247.

Ders., Zum Konsonantismus des Althochdeutschen: orthographisch, phonologisch, pädagogisch. In: Althochdeutsch. 1987, 72−85.

Murray, Robert W., Urgermanische Silbenstruktur und die westgermanische Konsonantengemination. In: PBB (T) 108, 1986, 333−356.

Must, Gustav, The symbols for /i/ and /j/ in german orthography: an historical survey. In: MLN 80, 1965, 584−595.

Ders., The marking of the f-sound in the german orthography. In: MdU 58, 1966, 150−156.

Penzl, Herbert, Die Phasen der ahd. Lautverschiebung. In: Taylor Starck Festschrift. Ed. by Werner Betz/Evelyn S. Coleman/Kenneth Northcott. London/The Hague/Paris 1964, 27−41.

Ders., Geschichtliche deutsche Lautlehre. München 1969.

Ders., Lautsystem und Lautwandel in den althochdeutschen Dialekten. München 1971.

Ders., Die 'kanonischen' distinktiven Merkmale in der historischen Phonologie. In: Probleme der historischen Phonologie. Von Herbert Penzl/Marga Reis/Joseph B. Voyles. Wiesbaden 1974, 1−22. (ZDL. Beihefte. NF 12).

Ders., Zur Methodik der historischen Phonologie: Schreibung − Lautung und die Erforschung des Althochdeutschen. In: PBB (T) 104, 1982, 169−189.

Ders., Rezension zu Simmler 1981. In: Language 59, 1983, 229−231.

Ders., Zur relativen Chronologie der hochdeutschen Konsonantenverschiebungen. In: Dialectology, Linguistics, Literature. Festschrift für Carroll E. Reed. Ed. by Wolfgang W. Moelleken. Göppingen 1984, 208−221. (GAG 367).

Ders., Althochdeutsch. Eine Einführung in Dialekte und Vorgeschichte. Bern/Frankfurt/M./New York 1986. (GeLe 7).

Ders., Dialektmerkmale und Dialektkriterien im Althochdeutschen. In: Althochdeutsch. 1987, 103−113. [= 1987 a].

Ders., Hokuspokus in der Linguistik. In: Studies in honour of René Derolez. Ed. by A. M. Simon-Vandenbergen. Gent 1987, 418−426. [= 1987 b].

Quak, Arend, Zum Umlaut des /ā/ in den Wachtendonckschen Psalmen. In: ABäG 19, 1983, 67−78.

Rauch, Irmengard, Old high german vocalic clusters. In: Issues in linguistics. Papers in honor of Henry and Renée Kahane. Ed. by Braj B. Kachru [u. a.]. Urbana/Chicago/London 1973, 774−779.

Russ, Charles V. J., Die Vokallänge im Deutschen: Eine diachronische Untersuchung. In: Akten des V. Internationalen Germanisten-Kongresses Cambridge 1975. Bd. II. Bern/Frankfurt a. M. 1976, 131−138.

Schaefer, Carl F., Phonology of the old high german dialect of *Tatian*. Diss. (Mikrofilm) Cornell 1971.

Schützeichel, Rudolf, Grenzen des Althochdeutschen. In: Festschrift für Ingeborg Schröbler zum 65. Geburtstag. Hrsg. v. Dietrich Schmidtke/Helga Schüppert. Tübingen 1973, 23−38.

Ders., Nochmals zur merovingischen Lautverschiebung. In: ZDL 46, 1979, 205−230.

Ders., Althochdeutsches Wörterbuch. 4., überarb. u. erg. Aufl. Tübingen 1989.

[Sievers, Eduard], Tatian. Lateinisch und altdeutsch mit ausführlichem Glossar. Hrsg. v. Eduard Sievers. 2. neubearb. Ausg. Paderborn 1892. Nachdr. Darmstadt 1966. (Bibliothek der ältesten deutschen Literatur-Denkmäler 5).

Simmler, Franz, Die westgermanische Konsonantengemination im Deutschen unter besonderer Berücksichtigung des Althochdeutschen. Mit 6 Karten. München 1974. (MM-S 19).

Ders., Synchrone und diachrone Studien zum deutschen Konsonantensystem. Amsterdam 1976. (APSL 26).

Ders., Rezension zu Voyles 1976. In: PBB (T) 100, 1978, 263−271.

Ders., Zur Ermittlung althochdeutscher Phoneme. In: Sprachw. 4, 1979, 420−451.

Ders., Graphematisch-phonematische Studien zum althochdeutschen Konsonantismus insbesondere zur zweiten Lautverschiebung. Mit 74 Tabellen und Skizzen. Heidelberg 1981. (MS 11).

Ders., Zur zweiten Lautverschiebung. Antwort an Luk Draye. In: PBB (T) 107, 1985, 359−362.

Ders., Zur Auswirkung der phonematisch-phonischen Interpretation der Reflexe von germ. *b̄, d̄, g*

im Mittelfränkischen auf die Entstehungstheorien zur zweiten Lautverschiebung. In: Sprachw. 11, 1986, 19−51.

Sonderegger, Stefan, Althochdeutsche Sprache und Literatur. Eine Einführung in das älteste Deutsch. Darstellung und Grammatik. Berlin/New York 1974. (SaGö 8005).

Ders., Grundzüge deutscher Sprachgeschichte. Diachronie des Sprachsystems. Bd. I. Einführung − Genealogie − Konstanten. Berlin/New York 1979.

Stanich, Helgard Maria, Phonologische Studien zur althochdeutschen Benediktinerregel. Diss. (masch.) Berkeley 1972.

Szulc, Aleksander, Historische Phonologie des Deutschen. Tübingen 1987. (Sprachstrukturen. Reihe A. Historische Sprachstrukturen 6).

Ders., Der phonologische Status der ahd. e-Laute und die Isographie-Hypothese. In: Festschrift für Ingo Reiffenstein zum 60. Geburtstag. Hrsg. v. Peter K. Stein/Andreas Weiss/Gerold Hayer unter Mitwirkung von Renate Hausner/Ulrich Müller/Franz V. Spechtler. Göppingen 1988, 2−13. (GAG 478).

Taylor, M. E., Old high german monophthongization: a theoretical solution. In: Lingua 78, 1989, 23−36.

Tiefenbach, Heinrich, Xanten−Essen−Köln. Untersuchungen zur Nordgrenze des Althochdeutschen an niederrheinischen Personennamen des 9. bis 11. Jhs. Göttingen 1984. (StAhd. 3).

Valentin, Paul, Althochdeutsche Phonemsysteme (Isidor, Tatian, Otfrid, Notker), mit Vorbemerkung von Jean Fourquet. In: ZMF 29, 1962, 341−356.

Ders., Phonologie de l'allemand ancien. Les systèmes vocaliques. Paris 1969. (Etudes Linguistiques 8).

Vennemann, Theo, The relative chronology of the high german consonant shift and the west germanic anaptyxis. In: Diachronica 8, 1991, 45−57.

Voyles, Joseph B., The phonology of old high german. Wiesbaden 1976. (ZDL. Beihefte. NF 18).

Wagner, Arthur, Das Minimalpaar. Hamburg 1982. (Forum Phoneticum 23).

Wagner, Norbert, Chalpaida, Aubedo, Ochelpincus. Zur Bewertung der merowingerzeitlichen Graphie ch. In: BNF. NF 25, 1990, 280−286.

Wierzchowska, Bożena/Józef Wierzchowski, Die Rolle der Bedeutung in der Untersuchung der lautlichen Sprachgestalt. In: Phonologica 1980. Akten der Vierten Internationalen Phonologie-Tagung Wien, 29. Juni−2. Juli 1980. Hrsg. v. Wolfgang U. Dressler/Oskar E. Pfeiffer/John R. Rennison unter redaktioneller Mitarbeit von G. Dogil. Innsbruck 1981, 409−411. (IBS 36).

Zürcher, Josef, Graphetik − Graphemik − Graphematik unter besonderer Berücksichtigung von Notkers Marcianus Capella. Diss. Zürich 1978.

Franz Simmler, Berlin

73. Morphologie des Althochdeutschen

1. Einleitung

Eine umfassende Darstellung der gesamten ahd. Morphologie vom 8. bis zum 11. Jh. ist nicht vorhanden. Sie könnte erst nach Vollendung des großen Ahd. Wb. von Karg-Gasterstädt/Frings u. a. 1952ff., worin die Flexionsformen im einzelnen detailliert aufgeschlüsselt sind, erarbeitet werden. So ist man auf die verschiedenen ahd. Grammatiken angewiesen, die sich nach Formenbelegdichte und dialektologischen Sonderformen bei gezielter Auswahl einigermaßen ergänzen: allgemein mit Fachlit. Braune/Eggers 1987, gerafft mit Entwicklungstendenzen bis zum Spätahd. Sonderegger 1974, ²1987, dialektologisch ausgerichtet Schatz 1927, für das Afrk. Franck 1909 bzw. Franck/Schützeichel 1971, für das Altbair. Schatz 1907, für den ahd. Tatian — was die Flexionsmorphologie des Verbs angeht — Sommer 1994. Außerdem ist die ahd. Morphologie in den großen historischen Grammatiken des Dt. mitberücksichtigt (Wilmanns Abt. III 1—2 1906—1909, Paul Bd. II bzw. Teil III 1917 sowie stark verkürzt Paul/Stolte 1951). Speziell auf die diachronische Phonologie und Morphologie des Ahd. ausgerichtet ist Szulc 1974, während von Kienle 1969 (nach rein junggrammatischer Tradition), Kern/Zutt 1977 und Russ 1978 die ahd. Morphologie in den Gesamtzusammenhang der geschichtlichen Entwicklung des dt. Flexionssystems überhaupt stellen. Die germ. Voraussetzungen für die ahd. Morphologie sind vor allem bei Prokosch 1939, Krahe 1970, van Coetsem 1972 und Ramat 1981, für die Verbalmorphologie bei Fullerton 1977 gegeben (weitere Lit. vgl. Art. 35). Typologische Vergleiche innerhalb des Alt- und teilweise Neugerm. stellt Hawkins 1998 an. Raven 1963/1967 vermittelt das vollständige Formeninventar der schw. Verben des Ahd. in der Anordnung eines alphabetischen Wörterbuches nach den drei Klassen (*jan-*, *ōn-*, *ēn*-Verben). Zu einem morpho-

logischen Wörterbuch des Ahd. Bergmann 1984, 1991. Neue Einsichten in die ahd. Deklinationsformen der ON seit dem 8. Jh. vermittelt der Sammelband Schützeichel 1992 (hierin v. a. Wiesinger 1992 für Bayern).

Die ahd. Morphologie stellt kein einheitliches System dar, sondern sie ist einerseits in gewisser räumlich-sprachgeographischer Verschiedenheit nach den Stammesmundarten des Frk. (mit Untergruppen), des Bair. und des Alem., andererseits tendenziell im entwicklungsgeschichtlichen Vereinheitlichungsprozeß vom Frühahd. des 8. und frühen 9. Jh. bis zum Spätahd. des 11. Jh. zu begreifen. Dabei bleibt die morphologische Systemgeschichte abhängig von den das Ahd. im Gefolge des dynamischen Stammsilbenakzentes bestimmenden Lautveränderungen der von Jh. zu Jh. zunehmenden Nebensilbenabschwächung sowie der graphematisch wenigstens teilweise zum Ausdruck kommenden Umlautwirkung (Primärumlaut $a > e$, vereinzelt spätahd. Sekundärumlaut weiterer Stammvokale vor ursprünglichem i, $\bar{\imath}$, j der Endsilben). Dadurch sowie durch weitere Systemausgleichsbewegungen ergibt sich eine Straffung der alten Klassenvielfalt besonders in der Deklination, wobei auch eine gemeinahd. Tendenz zur phonetischen Einheit des flektierten Wortes und zur Kategorisierung auf die Opposition Sg./Pl. festzustellen ist. Schon das Ahd. hat grundsätzlich an den drei Prinzipien der Flexion des Dt. Anteil (Sonderegger 1979, 241ff.): neben die noch sehr stark ausgebildete Endungsflexion (oder regressive Flexionssteuerung durch Morpheme in den Mittel- und Endsilben, wie im Germ.-Idg.) tritt meist in Verbindung damit die Stamm- oder Wurzelflexion (alt ererbt durch den Ablaut, weiter ausgebaut durch den Umlaut), während die Flexion durch vorangestellte Begleiter (progressive Steuerung durch Artikel beim Subst./Adj., durch Subjektspronomen beim Verb) als Neuentwicklung neben den beiden übrigen Prinzipien schon deutlich und im Verlauf des Ahd. zunehmend in Erscheinung tritt. Schließlich entstehen im Ahd. über die einfachen germ. Verbalformen hinaus viele neue zusammengesetzte Konjugationsformen des zunächst zweigliedrigen Prädikats (sog. periphrastische Verbalformen), welche meist als Nachbildung des differenzierteren lat. (und rom.) Formensystems beim Verb in der Übersetzungsliteratur zu verstehen sind. Im folgenden beschränken wir uns bewußt auf eine Kurzdarstellung des morphologischen Systems, dessen Füllung nach Einzelformen den Grammatiken des Ahd. zu entnehmen ist.

2. Übersicht über die Stamm- und Klassenbildung

Wie im Idg. und Germ. ist die Morphologie des Ahd. noch je nach der den verschiedenen Wortarten zukommenden Stamm- oder Klassenbildung recht differenziert, soweit nicht die germ. Auslautgesetze bzw. die allmähliche ahd. Endsilbenabschwächung zu vermehrtem lautlichen Zusammenfall der Flexionsmorpheme geführt hat, wie vor allem spätahd. bei Notker von St. Gallen. Insgesamt wird die ahd. Morphologie durch eine reiche Stamm- und Klassenbildung bestimmt (Übersichten bei Sonderegger 1974, ²1987, 174ff., 189ff., 201ff., 207ff., 222ff.), wie sie auf Abb. 73.1 zusammengefaßt ist. So müssen im Ahd. unterschieden werden (Resultat aus Abb. 73.1):

1. Substantive
   17 Deklinationsklassen (8 starke, 5 schwache, 3 konsonantische, 1 Wurzelstamm)
2. Adjektive (je stark und schwach)
   6 bis 5 Deklinationsklassen (3 starke, 3 bis 2 schwache), 2 schwache Komparative, 1 bis 2 Adverbbildungen
3. Zahlwörter
   3 gestaffelt abnehmende Flexionsklassen + unflektiert
4. Pronomina
   nach den 3 Geschlechtern differenzierte Personalpronomendeklination, Possessivpronomen mit starker Adj. Dekl. (z. T. differenziert nach gemeinahd. Langform und fränk. Kurzform), 2 Demonstrativpronomina (einfaches, auch best. Art., und zusammengesetztes mit z. T. zusätzlich innerer Flexion; daneben weitere adj. Bildungen st. und schw.), Interrogativpronomen neben weiteren adj. Bildungen, verschiedene meist st. adj. Indefinitpronomina
5. Verben
   4 Verbalgruppen
   5.1. starke Verben nach traditioneller Einteilung 7 Klassen; nach neuer Einteilung 3 Untergruppen mit total 11 Klassen
       5.1.1. germ. *e*-Gruppe 5 Klassen (alte Kl. 1–5)
       5.1.2. germ. *a*-Gruppe 4 Klassen (alte Kl. 6 und teilw. 7)
       5.1.3. germ. Langvokalgruppe 2 Klassen (Teile der alten Kl. 7)
   5.2. schwache Verben 3 Klassen (z. T. mit Untergruppen)

   5.3. Praeteritopraesentia 6 Klassen (wie st. Vb. Kl. 1 bis 6)
   5.4. Sondergruppe 4 Konjugationstypen

Als Grundlage der morphologischen Differenziertheit des Ahd. muß die vielfältige Stamm- und Klassenbildung verstanden werden. Diese ist zur Hauptsache altgerm. Erbe, auch wenn das Gesamtsystem im Verlauf des Ahd. vor allem im nominalen Bereich gestrafft wird. Eine zusätzliche Differenzierung der Morphologie erfolgt ferner durch spezifisch ahd. Entwicklungen wie Umlautflexion, Ausbau umschriebener Verbalformen, Neugruppierung der schw. Vb. der Klasse 1, z. T. zusätzliche progressive Steuerung durch Artikel und Subjektspronomen.

Vergleicht man das morphologische Gesamtsystem der Stamm- und Klassenbildung im Ahd. (Abb. 73.1) mit dem entsprechenden System der rund 400–600 Jahre älteren got. Sprache der Bibelübersetzung des Wulfila (Mitte 4. Jh.) gem. Abb. 73.2, so zeigt sich ein erstaunlich gleichgerichtetes morphologisches Bild der beiden Sprachstufen innerhalb des festländischen Altgerm., was wiederum die vergleichsweise hohe Altertümlichkeit des Ahd. erweist, bei allen sonst feststellbaren Unterschieden des Ahd. zum Got. vor allem in den nichtmorphologischen Teilsystemen der beiden Sprachen (vgl. dazu Art. 59). In der Regel ist das ahd. Flexionssystem nur gerade um eine Klasse mehr reduziert (vgl. die ähnlichen typologischen Ergebnisse für die agerm. Sprachen bei Hawkins 1998).

3. Bemerkungen zum Morpheminventar

Das Ahd. kennt bei den Flexionsendungen die folgenden Morphemtypen (vgl. dazu die Abb. 73.3 bis 73.9, vgl. auch die Aufstellung bei Hinderling 1972):

(1) rein vokalisch
    (vor allem bei den st. Subst., Adj., ferner im Verbalbereich)
    (a) diphthongisch (*-iu*) bzw. halbdiphthongisch (mit *i* und *e* als erstem Element)
    (b) langvokalisch (alem. auch *-ēe*, *-ōe*)
    (c) kurzvokalisch
(2) vokalisch-konsonantisch
    (in allen Wortarten und Klassen, nahezu regelhaft mit Vokal + *n* bei den schw. Subst./Adj.)
    (a) mit Langvokal oder (bei zweisilbigen Morphemen) in Kombination damit
    (b) mit Kurzvokal (auch zweisilbige)
(3) rein konsonantisch (selten im Verbalbereich)
(4) Nullmorphem (noch wenig verbreitet, dafür wird hier das Zeichen -Ø verwendet)

Substantive und Adjektive			Zahlwörter	Pronomina	Verben			
Stark (vokalische Stammbildung)	Schwach (Stammbildung durch Vokal + n)	Sondergruppen (rein konsonantische Stammbildung und Wurzelstämme)	Kardinalzahlen und Ordinalzahlen	Verschiedene Stämme mit z. T. suppletiver und Wurzel- neben Endungsflexion	Stark (Stammbildung durch Ablautreihen)	Schwach (Stammbildung durch Dentalsuffix)	Praeterito-Praesentia (alte Perfektstämme)	Sondergruppe (alte Verben auf idg. -mi)
1. Substantive acht Deklinationsklassen a-Stämme m. n. iz-/az-Stämme n. (Anlehnung an die a-Stämme) ja-Stämme m. n. wa-Stämme m. n. ō-Stämme f. jō-Stämme f. i-Stämme m. f. (n.) u-Stämme m. f. n. (mit Angleichung an die i- und a-Stämme) 2. Adjektive (je m. f. n.) drei Deklinationsklassen a/ō-Stämme ja/jō-Stämme wa/wō-Stämme	1. Substantive fünf Deklinationsklassen an-Stämme m. f. jan-Stämme m. ōn-Stämme f. jōn-Stämme f. īn-Stämme f. 2. Adjektive (je m. f. n.) drei bis zwei Deklinationsklassen an/ōn-Stämme frühahd. jan/jōn-Stämme wan/wōn-Stämme dazu i. d. R. schwache Steigerungsformen: Komparativ auf -iro bzw. -ōra, Superlativ auf -isto bzw. -ōsta	nur Substantive vier Deklinationsklassen r-Stämme m. f. (mit Angleichung an die a- und ō-Stämme) nt-Stämme m. (Partizipalstämme, mit Angleichung an die ō-Stämme) n-Stamm m. (man 'Mensch') Wurzelstämme f. (n.) (mit Anlehnung an die i-Stämme)	1. Kardinalzahlen mit sehr gestaffelter Flexionsweise 1.1. volle Flexion, stark/schwach (wie Adjektive) einēr, -iu, -az st. ein-o, -a, -a sw. 1.2. volle Flexion, nur stark zwēne, zwā/zwō, zwei beide, beido, beidiu (bēde, bēdo, bēdiu) drī, drio, driu 1.3. eingeschränkte Flexion, stark Zahlen 4–19 bei Nachstellung hinter Substantiv und in substantivischer Verwendung, sonst unflektiert 1.4. unflektiert übrige Zahlen, darunter -zug, -zig 'Zehnereinheit' 2. Ordinalzahlen grundsätzlich mit schwacher Deklination (außer ander, anderēr 'der zweite' auch stark)	1. Personalpronomina 1., 2. Person und Reflexivpronomen (mit Dualrest 1. Ps. Gen. Pl. unkēr zweio 'von uns zweien') 3. Person 2. vom Genetiv mīn, dīn, sīn, unsēr, iuwēr abgeleitete Possessivpronomina mit starker Deklination (z. T. mit Kurz- und Langform) 3. Demonstrativpronomina einfach thē/dēr, diu, daz (daraus schon ahd. der bestimmte Artikel), zusammengesetzt dēse, -ēr, dēsiu, diz und weitere Bildungen 4. Relativpronomina i. d. R. das einfache Demonstrativpronomen oder (kombiniert mit) Relativpartikel the, de, thi bzw. dar, der, dir 5. Interrogativpronomina 6. Indefinite Pronomina	drei Gruppen mit 7 (eigentlich 11) Klassen 1. germ. e-Gruppe (ursprünglicher Ablaut e/a) Klassen 1, 2, 3, 4, 5 2. germ. a-Gruppe (ursprünglicher Ablaut a/ō, a/ē², au/eu) Klassen 6 und teilweise 7 3. germ. Langvokalgruppe (ursprünglicher Ablaut ō/ē², ē¹/ē²) teilweise Klasse 7	drei Klassen 1. -jan-Verben (ahd. -ien, -en) mit Untergruppen (a) apophonisch, ohne Bindevokal (zellen, zalta, gizalt) (b) nicht apophonisch, ohne Bindevokal (hören, hōrta, gihōrit) (c) nicht apophonisch, mit Bindevokal (frummen, frumita, gifrumit) 2. -ōn-Verben (frühahd. zudem -eōn, -iōn), z. B. machōn, -ōta, gimachōt 3. -ēn-Verben, z. B. habēn, -ēta, gihabēt	sechs Klassen entsprechend den starken Verbalklassen 1 bis 6 mit sekundärem schwachem Dentalpräteritum und starkem oder schwachem Part. Prät.	vier Verben oder Sonderkonjugationen 1. Verbum substantivum (bim, bis[t], ist usw.) 2. ahd. tuon (frühahd. tōm, tōs, tōt usw.) 3. Kurzverben gān/gēn und stān/stēn (spätahd. weitere Kurzformen von st. Vb.) 4. ahd. wellen, wollen (ursprünglich Optativ willu, wili, wili usw.)

Adverbien auf -o, suffigiert auch -licho, Komparativ nur -ōr, Superlativ -ist bzw. -ōst

Abb. 73.1: Stamm- und Klassenbildung im Althochdeutschen

Substantive und Adjektive			Zahlwörter	Pronomina	Verben			Sondergruppe (alte Verben auf idg. -mi)
Stark (vokalische Stammbildung)	Schwach (Stammbildung durch Vokal + n)	Sondergruppen (rein konsonantische Stammbildung, Wortstämme, Heteroklitika)	Kardinal- und Ordinalzahlen	Verschiedene Stämme mit z. T. suppletiver und Wurzel- neben Endungsflexion	Stark (Stammbildung durch Ablautreihen)	Schwach (Stammbildung durch Dentalsuffixe)	Praeterito-Praesentia (alte Perfektstämme)	zwei Verben
1. Substantive neun Deklinationsklassen *a*-Stämme m.n. *iz/az*-Stämme n. (Anlehnung an die *a*-Stämme) *ja*-Stämme m.n. *wa*-Stämme m.n. *ō*-Stämme f. *jō*-Stämme f. *wō*-Stämme f. (wie *ō*-St.) *i*-Stämme m.f. *u*-Stämme m.f.n. 2. Adjektive (je m.f.n.) fünf Deklinationsklassen *a-lō*-Stämme *a-jō*-Stämme *ja-jō*-Stämme *wa-lwō*-Stämme *i*-Stämme *u*-Stämme	1. Substantive fünf Deklinationsklassen *an*-Stämme m.n. *nd*-Stämme m. (subst. Part. Präs.) *ōn*-Stämme f. *jōn*-Stämme f. *ein*-Stämme f. 2. Adjektive (je m.f.n.) drei Deklinationsklassen *an-lōn*-Stämme *jan-jōn*-Stämme *ein*-Stämme (nur Part. Präs. f. und Zahlwort *frumei*) dazu schwache Steigerungsformen im Komparativ auf *-iza, -izei (ein-St.), -izō* bzw. *-izō* (nur Lizenz bei *a*-St.), *-ōza, -ōzei, -ōzō*	nur Substantive fünf Deklinationsklassen 1. *r*-Stämme m.f. (Pl. wie *a*-St.) 2. *nd*-Stämme m. (subst. Part. Präs.) 3. *n*-Stämme *man*- (z.T. wie *an*-Stamm: *manna, mans, mann, mannan* usw.) 4. Wurzelstämme f. (m.) (z. T. nach *a*- und *i*-Stämmen) 5. Heteroklitika (d. h. Wechselflektierte): nur *fōn* n., *funins, funin, fōn* (dekl. als *an*-St.)	1. Kardinalzahlen mit sehr gestaffelter Flexionsweise 1.1 volle Flexion i. d. R. stark *ains* wie st. Adj. (auch Pl. 'allein') *twai, twōs, twa, twaddjē, twaim, twans, twōs, twa bai* 'beide' (wie *twai*, nur z. T. belegt) *bajōþs*, Dat.-*þum* *þreis*, Gen. *þrijē*, Dat. *þrim*, Akk. m. f. *þrins*, n. *þrija* 1.2 reduzierte Flexion 4–19 nur Gen., Dat. auf *-ē, -im fidwor: fidwōrim niun: niunē ainlif: -bim twalif: -bē, -bim* 1.3 Dekaden 20–60 mit **tigius, tigiwē, tigum, tiguns* 1.4 Dekaden 70–100 *-tēhund* (Gen.-*is*) 1.5 200–900 Pl. *hunda* n. (a) 1.6 1000 *þūsundi* f. (*jō*) 2. Ordinalzahlen grundsätzlich schwach (*fruma, frumei, frumō; þridja, -jō, -jō*), aber *anþar* nur stark	1. Personalpron. 1., 2. Person Sg., Dual, Pl., Reflexivpronomen 2. Possessivpron. vom Gen. Ps. Pron. abgeleitet 3. anaphor. Pron. *is, si, ita* 4. einfaches u. mit -(*u*)*h* erweitert. Demonstrativpron. (Artikel *sa, sō, þata*); Reste des Stammes *hi*- (*himma daga, hita*) 5. Relativpron. (= Dem. Pron. + *ei: saei, sōei, þatei*) 6. Interrogativpron. *hvas, hvō, hva, hvaþar, hvarjis* 7. Infinitpron. *sums, hvasuh, hvarjizuh, ainshun*	vier Gruppen mit vergleichsweise sieben (eig. zwölf) Klassen 1. germ. *e*-Gruppen (ursprünglicher Ablaut) *e* [+Vokal/Kons.]/ *a* [+Vok./Kons.]: Kl.1–5 2. germ. *a*-Gruppe (ursprünglicher Ablaut) *a* [+Kons.]/ *ō* [+Kons.]: Kl. 6 3. Reduplizierende Verben: Klasse 7 3.1 *ai*-Verben 3.2 *au*-Verben 3.3 *a* + Kons.-Vb. (sek. auch *a* + *h*) 3.4 *ē*-Verben 3.5 *ō*-Verben 4. Reduplizierend-ablautende Verben: Klasse 7 4.1 *ē*-Verben 4.2 *ai*-Verben Inf. *-an* (-*jan, -nan*, auch *n*-Infix) Prät. Ablaut, z. T. Reduplikation Part. Prät. Ablaut + *-an* + Dekl.zeichen (ohne Präfix *ga*-)	vier Klassen, semantisch verschieden 1. -*jan*-Verben 1.1 kurzsilbige *nasjan, nasida, nasiþslda* (st./sw.) 1.2 langsilbige *sōkjan, sōkida sōkiþslda* (st./sw.) 1.3 ohne Bindevokal (mit *t*-Prät./Part.) *bugjan, bauhta, bauhtslta þugkjan, þāhta; þagkjan, pahta; waurkjan, waurhta* 1.4 zusätzlich apophon. *briggan, brāhta* 2. -*ōn*-Verben *salbōn, -ōda, -ōþslōda* (st./sw.) 3. -*an*-Verben (germ. *ēn*-Vb.) *haban, habaida, habaiþslda* (st./sw.) 4. -*nan*-Verben *fullnan, -nōda* (ohne Part. Prät.)	fünf Klassen entsprechend den Ablautreihen 1, 2, 3, 4, 6 (5 nicht belegt) und zwei unregelmäßige (*mag/magum, aihl/aigum*) mit je neuer schwacher Präterital- und Part. Prät.-Bildung (nicht vollständig belegt) 1: *wait, witum, wissa, witan* 2: *daug* st. Ps. Sg. 3: *kann, kunnum, kunþa, kunþs, kunnan* 4: *man, munum, munda, munds, (ga-)munan* 6: *ōg*, Imp. *ōgeiþ, ōhta* *gamōt, mōsta* *mag, mugum, mahta* *aih, aigum (-h-), aihta, aihan*	1. Verbum substantivum (*im, is, ist, sijum, sijuþ, sind*) 2. *wiljan* (alter Optativ) (*wiljau, -eis, -i, -eima, -eiþ, -eina*)

Superlativ stark/schwach
-*ists, -ista, -ist*   -*ista, -istō, -istō*
-*ōsts* usw.   -*ōsta* usw.

Adverbien: -*ba, -ōl-jōl-wō, -ē* usw.
Adverbien Komparativ -*s, -is, -ōs*
Adverbien Superlativ -(*i*)*st*

Sonderformen: *gaggan* st., Prät. *gaggida* sw. bzw. *iddja*, Pl. 1. Ps. *iddjedum*

Gotische Sonderformen (Altertümlichkeiten):

1. Dual 1. und 2. Person beim Aktiv (Präs., Prät. je Ind., Konj. und im Imperativ) in allen Verbgruppen
2. synthetische Mediopassivformen Präs. Indikativ und Optativ in passivischer Bedeutung bei den starken Verben und den Kl. 1–3 der schwachen Verben

Abb. 72.2: Stamm- und Klassenbildung im Gotischen

Dazu tritt eine beschränkte Kombinierbarkeit mit dem *i*-Umlaut in der Stammsilbe, welche nur die Gruppen (1) und (2) betrifft (vgl. unten). Die Morphematik der verschiedenen starken, schwachen und rein konsonantischen bzw. wurzelstämmigen Substantivklassen und der starken und schwachen Adjektivklassen sowie der starken und schwachen Verben ist auf den Abb. 73.3 bis 73.9 in Form von leicht vereinfachenden Übersichten dargestellt. Daraus geht, was die Systematik der Morphologie betrifft, das Folgende hervor:

(1) Die Morphematik der starken oder vokalischen Substantivdeklinationsklassen (Abb. 73.3) ist noch ausgesprochen stammbestimmt, also je nach den verschiedenen Stämmen differenziert. Allerdings gleichen sich die alten *iz/az*-Stämme im Sg. den *a*-Stämmen (dazu Schenker 1971), die *jō*-Stämme den *ō*-Stämmen, die *u*-Stämme den *i*- und z. T. den *a*-Stämmen an.
(2) Etwas einheitlicher ist die Morphematik der schwachen Deklination (Abb. 73.4), doch zeigen sich auch hier stammbedingte Unterschiede neben dialektgeographischer Scheidung (frk. *-en*, *-eon*, *-on*, oberdt. *-in*, *-iun*, *-un*).
(3) Ursprünglich nahezu einheitlich ist die Morphematik der rein konsonantischen und Wurzelstämme mit zunächst fast durchgängigem Null-Morphem (ebenfalls Abb. 73.4), doch finden hier Angleichungen an die *a*-Stämme (z. B. Sg. G. *fateres*, *friuntes* usw., Pl. N. *fatera*, *muotera*, *friunta* usw.) bzw. (bei den Wurzelstämmen) an die *i*-Stämme (z. B. Pl. D. *nahtim*, *-in* neben *nahtun*, *-on*) statt.
(4) Relativ einheitlich ist die aus nominalen und pronominalen Formen gemischte Morphematik der starken Adjektive (Abb. 73.5), deren stammbedingte Differenzierung bei den *ja/jō*-Stämmen sich auf einzelne (meist frühahd., außer N. A. Sg., z. T. Pl.) Formen beschränkt, bei den *wa/wō*-Stämmen dagegen noch deutlich in Erscheinung tritt (zur historischen Erklärung Birkhan 1974).
(5) Das gleiche gilt für die Morphematik der schwachen Adjektive (Abb. 73.6), wo die *jan/jōn*-Stämme nur noch in Einzelformen aus frühahd. Zeit sichtbar werden (z. B. *der māreo sēo* Wessobrunner Schöpfungsgedicht), die *wan/wōn*-Stämme dagegen das *-w-* (soweit nicht vokalisiert wie im absoluten Auslaut) noch erhalten haben.
(6) Differenzierend tritt bei den starken Adjektiven und den stark flektierten Partizipien Praesentis die Doppelheit zwischen längerer, sog. flektierter Form neben kürzerer, sog. unflektierter (eigentlich echt nominaler) Form mit Morphem *-Ø* (*ja/jō*-St. *-i*, so auch Part. Praes.; *wa/wō*-St. *-o*) im N. Sg. aller Geschlechter und im A. Sg. n. (prädikativ auch im A. Sg. m. f. und im N. Pl. aller Geschlechter) hinzu (vgl. Abb. 73.5; 73.6). Indessen ist auch das prädikative Adj. im Ahd. noch oft flektiert.
(7) Die Verbalmorphematik scheidet sich grundsätzlich in die Gruppen

(a) einheitliche Endungsmorphematik bei den starken (ablautenden) Verben (aber klassengebundene apophonische Stammorphematik in den verschiedenen Zeitstufen bzw. im Part. Praet. entsprechend den Ablautklassen, z. T. zusätzlich mit kons. Wechsel [sog. grammatischem Wechsel] im Stammauslaut kombiniert; vgl. Abb. 73.7).
(b) nach den drei Klassen der *jan-*, *ōn-*, *ēn*-Verben differenzierte Endungsmorphematik bei grundsätzlich nicht apophonischem Stamm, außer in einer Untergruppe der *jan*-Verben (apophonisch, ohne Bindevokal: z. B. *retten*, *ratta*, *giretit*, flektiertes Part. Praes. *girattēr* 'retten', aber mit Ausgleichsbewegung in Richtung nicht apophonisch, mit Bindevokal *retten*, *retita*, *giretit*; vgl. Abb. 73.8, 73.9).
(c) weitgehend rein konsonantische Morpheme bei den sog. alten *mi*-Verben (*bim*, *bist*, *ist* 'ich bin' usw., *tōm/tuam/tuon*, *tōs/tuos[t]*, *tōt/tuat/tuot* 'ich tue' usw., *gām/gēm*, *gās[t]/gēs[t]*, *gāt/gēt* 'ich gehe' usw.).

Das Null-Morphem *-Ø* erscheint nur bei den starken Verben (2. Ps. Imperativ Sg. und 1./3. Ps. Sg. Praet.; vgl. Abb. 73.7).

Was die hier nicht im einzelnen vorgestellte Deklination der Zahlwörter und Pronomina betrifft, sei auf Abb. 73.1 verwiesen. Bei der Deklination der Pronomina (Übersicht und Geschichte der Pers. Pron. bei Howe 1996, bes. S. 242) ist (soweit sie nicht mit der Adj.-deklination zusammenfällt) folgende Typeneinteilung zu beobachten

(a) Wechselflexion durch verschiedene suppletive Wortstämme (z. B. *ih*, G. *mīn*; *ēr*, *siu*, *iz*, G. *sīn*, *ira*, *ēs/is*).
(b) wechselnde Stammflexion (z. B. *thū*, *dŭ*, G. *thīn*, D. *thir*, A. *thih* 'du' usw.).
(c) Kombination von (teilweiser) Endungsflexion mit teilweise innerer Flexion beim zusammengesetzten Demonstrativpronomen *thëse*, *dëse* bzw. *-ēr* u. ä. 'dieser' (z. B. Sg. G. m. n. *dësse*, *thës-ses*, *dës-ses*, *dëses*).

Kombinierbarkeit mit Umlaut im Stammvokal *a > e* (spätahd. auch *ū > iu* Graphem für /ǖ/) ist bei folgenden Morphemen festzustellen, eingeschränkt durch gewisse dialektal verschiedene, im Obd. zunehmende Umlauthinderung:
(1) vokalische *-i*, *-ī*, *-iu* (und frühahd. Verbindungen *-eo*, *-io*)
(2) vokalisch-konsonantische mit *i*, *ī*.
Schließlich bewirkt ein *-u* der Endsilbe die Erhöhung von *ë > i*, was vor allem im Verbalbereich für die Flexion wichtig ist. Dadurch ergibt sich eine kombinierte Flexion im Ahd., wie sie für sämtliche altgerm. Sprachen mit Ausnahme des wesentlich älteren Gotischen (Mitte 4. Jh.) charakteristisch ist: Wur-

1176   VIII. Ergebnisse I: Das Althochdeutsche

Stamm	st. Subst.		Singular					Plural			
			Nom.	Gen.	Dat.	Akk.	Instr.	Nom.	Gen.	Dat.	Akk.
a-St.	'Tag'	m.	tag-ø	-es	-e	-ø pers. auch -an	-u, -o	-a alem. -ā	-o	-um, -om	-a alem. -ā
	'Wort'	n.	wort-ø	-es	-e	-ø	-u, -o	-ø	-o	-um, -om -un, -on	-ø
iz-/az-St.	'Lamm'	n.	lamb-ø	-es älter lembires -ire	-e -ire	-ø	-u, -o	lemb-ir spätahd. lamb-ø	-iro	-irum	-ir lamb-ø
ja-St.	'Hirte, Geschlecht'	m.	hirt-i	-es	-(i)e	-i	-(i)u, -o	-e, -a spätahd. alem. -ā	-eo, -io	-im, -in -um, -on	-e, -a alem. -ā
		n.	kunn-i	-es	-(i)e	-i	-(i)u, -o	-i	-eo, -io -o	-im, -in -um, -on	-i
wa-St.	'Grabhügel'	m.	hlē-o	-wes	-we	-o		-wa alem. -wā	-wo	-wum, -wun, -won	-wa -wā
	'See'	m.	spätahd. sē-ø			-ø	-o		-won		
	'Schmutz'	n.	hor-o	-wes	-we	-o		-o	-wo	-wum, -wun, -won	-o
ō-St.	'Gabe'	f.	gēb-a	-a	-u, -o	-a		-ā	-ōno	-ōm, -ōn, -on	-ā
	Kurztypus 'Strafe'	f.	buoz-ø	-ø	-ø	-ø					
jō-St.	'Sünde'	f.	sunt-e -ea, -iā -a	-e -a	-iu -u	-e		-e, -a -eā, -iā -ā	-eōno -ōno	-eōm -ōm	-e -eā, -iā -ā
i-St.	'Königin'		kuning-in	-inna	-innu	-inna, -in		-innā	-innōno	-innōm, -ōn	-innā
	'Gast'	m.	gast-ø	-es	-e	-ø	-u (gest-iu)	gest-i	-eo, -io, -o -io, -o	-im, -in, -en -im, -in	-i
	'Ausspruch'	n.	quit-i	-es	-e	-i		-i	-io, -o	-im, -in	-i
	'Gunst'	f.	anst-ø	enst-i	enst-i	anst-ø	enst-iu	ensti	-eo, -io, -o	-im, -in, -en	-i
u-St.	'Sitte'	m.	sit-u	-es	-e	-u	-iu, -u	-i	-eo, -io, -o	-im, -in, -en -im, -in	-i
	'Friede' frühahd.	m.	frid-u	-ō	-iu	-u	-iu	-i			-i
	'Hand'	f.	hant-ø	hent-i	hent-i	hant-ø		hent-i	-eo, -io, -o fih-o	hant-um fih-um	hent-i fih-iu, -u
	'Vieh'	n.	fih-u	fēh-es fih-es	fēh-e fih-e	fih-u		fih-iu fih-u fēh-u, -o	fih-o	fih-um	fēh-u, -o

Abb. 73.3: Morpheme der starken oder vokalischen Substantivdeklinationsklassen im Althochdeutschen

Stamm		Singular Nom.	Gen.	Dat.	Akk.	Plural Nom.	Gen.	Dat.	Akk.
sw. Subst. und kons./Wz.-St.									
an-St. 'Hahn'	m.	han-o	-en / -in	-en / -in	-on / -un	-on / -un	-ōno	-ōm / -ōn	-on / -un
'Herz'	n.	hĕrz-a	-en / -in	-en / -in	-a	-un / -on	-ōno	-ōm / -ōn	-un / -on
jan-St. 'Wille'	m.	will-eo	-en / -in	-en / -in	-eon / -iun	-eon / -iun	-eōno	-eōm	-eon / -iun
ōn-St. 'Zunge'	f.	zung-a	-ūn	-ūn	-ūn	-ūn	-ōno	-ōm / -ōn	-ūn
in-St. 'Höhe'	f.	hōh-ī (-īn)	-ī (-īn)	-ī (-īn)	-ī (-īn)	-ī (-īn)	-ino	-īm / -in	-ī (in)
r-St. 'Vater'	m.	fater-ø	-ø / -es	-ø / -e	-ø	-a / spätahd. alem. -ā	-ø	-um	-a / -ā
'Mutter'	f.	muoter-ø	-ø	-ø	-ø	-ø / -a	-ø	-un / -on	-ø / -a
nt-St. 'Freund'	m.	friunt-ø	-es	-e	-ø	-ø	-ø	-um / -un / -on	-ø
'frühahd.'		frühahd.	-ø	-ø	-ø	-a		-um / -un	-a
n-St. 'Mann'	m.	man-ø	-nes	-ne	-ø	-ø	-no	-on / -num, -nun / -nom, -non	-ø
Wz.-St. 'Nacht'	f.	naht-ø	-ø, -i	-ø, -i	-ø	-ø, -i	-ø	-um, -un / -on / -im, -in	-ø

Abb. 73.4: Morpheme der konsonantischen Substantivdeklinationsklassen (schwache Deklination und Sonderklassen) im Althochdeutschen

st. Adj.	a/ō-St.			ja/jō-St.			wa/wō-St.		
Sing.	'blind'			'berühmt, mächtig'			'bereit'		
	m.	n.	f.	m.	n.	f.	m.	n.	f.
Nom.									
unflekt.	blint-ø	blint-ø	blint-ø	māri	māri	māri	garo	garo	garo
flekt.	blintēr	blintaʒ	blint(i)u	mārēr	māraʒ	mār(i)u	gar(a)wēr	gar(a)waʒ	gar(a)w(i)u
Gen.	blintes	blintes	blintera	māres	māres	mārera	gar(a)wes	gar(a)wes	gar(a)wera
Dat.	blintemu, -o	blintemu, -o	blinteru, -o	māremu, -o	māremu, -o	māreru, -o	gar(a)wemu, -o	gar(a)wemu, -o	gar(a)weru, -o
Akk.									
unflekt.	blint-ø	blint-ø	blint-ø	māri	māri	māri	garo	garo	garo
flekt.	blintan	blintaʒ	blinta	māran	māraʒ	mār(i)a	gar(a)wan	gar(a)waʒ	gar(a)wa
Instr.	blintu, -o	blintu, -o	—	mār(i)u, -o	mār(i)u, -o	—	gar(a)wu, -o	gar(a)wu, -o	—
Plural									
Nom.									
unflekt.	blint-ø	blint-ø	blint-ø	māri	māri	māri	garo	garo	garo
flekt.	blinte	blint(i)u	blinto	māre	mār(i)u	māro	gar(a)we	gar(a)w(i)u	gar(a)wo
Gen.	blintero	blintero	blintero	mārero	mārero	mārero	gar(a)wero	gar(a)wero	gar(a)wero
Dat.	blintēm, -n	blintēm, -n	blintēm, -n	mārēm, -n	mārēm, -n	mārēm, -n	gar(a)wēm, -n	gar(a)wēm, -n	gar(a)wēm, -n
Akk.	blinte	blint(i)u	blinto	māre	mār(i)u	māro	gar(a)we	gar(a)w(i)u	gar(a)wo

Abb. 73.5: Morpheme der starken Adjektivdeklinationsklassen im Althochdeutschen

sw.	Ahd. Normalflexion			Notker (um 1000)		
Adj.	m.	n.	f.	m.	n.	f.

Sg.

	m.	n.	f.	m.	n.	f.
Nom.	blinto	blinta	blinta	blíndo	blínda	blínda
Gen.	blinten, -in	blinten, -in	blintūn	blínden		blíndûn
Dat.	blinten, -in	blinten, -in	blintūn	blínden		blíndûn
Akk.	blinton, -un	blinta	blintūn	blínden	blínda	blíndûn

Pl.

	m.	n.	f.	m.	n.	f.
Nom.	blinton, -un	blintun, -on	blintūn	blínden		
Gen.	blintōno	blintōno		blíndôn		
Dat.	blintōm, -ōn	blintōm, -ōn		blíndên		
Akk.	blinton, -un	blintun, -on	blintūn	blínden		

Partizipia (stark und schwach)

	Partizipium Praesentis		Partizipium Praeteriti	
	stark	schwach	stark	schwach
	unflektiert als *ja/jō*-St. (*nëmanti* 'nehmend', *salbōnti* 'salbend') flektiert als *a/ō*-St. (mit *ja/jō*-Reflexen)	*an/ōn*-St.	*a/ō*-St.	*an/ōn*-St.
Mask.	nëmantēr usw.	nëmanto usw.	ginomanēr usw.	ginomano usw.
Fem.	nëmantiu usw.	nëmanta usw.	ginomaniu usw.	ginomana usw.
Neutra	nëmantaʒ usw.	nëmanta usw.	ginomanaʒ usw.	ginomana usw.

Abb. 73.6: Morpheme der schwachen Adjektivdeklinationsklassen sowie der Partizipia im Althochdeutschen

zel- oder Stammflexion durch *i*-Umlaut oder Erhöhung durch *-u* in Kombination mit Endsilbenflexion durch Endungsmorpheme. Davon sind morphologisch betroffen:

(1) Die allmählich zur *a*-Deklination übergehenden *iz/az*-Stämme (Einzelheiten bei Schenker 1971) mit Opposition frühahd. Sg. N. A./G. D. bzw. generell Sg./Pl.

frühahd. Opposition im Sg.	gemeinahd. Opposition Sg./Pl.
N. *lamb* n. 'Lamm'	Sg. *lamb-Ø, -es, -e, -Ø*
G. *lembires, lambires* > *lambes*	Pl. *lembir, -iro, -irum, -ir*
D. *lembire, lambire* > *lambe*	
A. *lamb*	

Hier setzt sich in der sprachgeschichtlichen Entwicklung allein die generelle Opposition unumgelauteter Sg./umgelauteter Pl. durch, welcher letzterer spätahd. auch auf weitere alte neutrale *a*-Stämme übertragen wird:

Notker

Sg.	Pl.
hûs 'Haus'	*hûs* neben *hiuser* 'Häuser'

(2) Die m. und f. *i*-Stämme mit der nur bei Feminina voll wirksamen Opposition Sg. N. A./G. D. I.

(bei den Mask. nur Instrumental mit Umlaut) und mit der generellen Opposition Sg./Pl. bei den Maskulina, teilweise bei den Feminina:

	Nichtumlaut		Umlaut
Sg. m.	*gast-Ø, -es, -e, -Ø*	Sg. I.	*gestiu* (neben *gastiu*) 'Gast'
Pl. m.			*gest-i, -(e)o, -im, -i*
Sg. f.	*anst-Ø* N. A. 'Gunst' spätahd. *hût* 'Haut'	G. D.	*ensti*, spätahd. *hiute*
Pl. f.		I.	*enstiu* (neben *anstiu*) *enst-i, -(e)o, -im, -i* spätahd. *hiute, -e, -en, -e*

(3) Die *iu*-Formen der st. Adj. im Fem. Sg. N. und Neutr. Pl. N. A. (z. B. *alliu* > *elliu*, fränk. *ellu*)

(4) Nur frühahd. bewirken die *in*-Flexionsformen im G. D. Sg. der m. n. schwachen *an*-Stämme im Obd. zunächst Umlaut, der aber normal- und gemeinahd. zugunsten der umlautlosen Form ausgeglichen wird:

	frühahd. obd. Subst.		frühahd. obd. Adj. m.
Sg. N.	*hano*	Sg. N.	*lango*
G.	*henin* > *hanin*	G.	*lengin*
D.	*henin* > *hanin*	D.	*lengin*
A.	*hanun*	A.	*langun*

st. Vb.			Älteste Form	Normalahd. (Tatian)	Späteres 9. Jh. (Otfrid)	Spätahd. (Notker)
Praes. Ind.	Sg.	1. Ps.	nimu	ziuhu	faru	râto
		2. Ps.	nimis	ziuhis, (-ist)	ferist, (-is)	râtest
		3. Ps.	nimit	ziuhit	ferit	râtet
	Pl.	1. Ps.	nëmumēs, -amēs, -emēs; (selten -ēm)	ziohemēs, (-ēn)	farēn	râtēn
		2. Ps.	nëmet, (nëmat)	ziohet	faret	râtent
		3. Ps.	nëmant	ziohent	farent	râtent
Praes. Opt.	Sg.	1. Ps.	nëme	ziohe	fare	râte
		2. Ps.	nëmēs	ziohēs, (-ēst)	farēs	râtêst
		3. Ps.	nëme	ziohe	fare	râte
	Pl.	1. Ps.	nëmēm; (selten -amēs, -emēs)	ziohemēs, (-ēn)	farēn	râtēn
		2. Ps.	nëmēt	ziohēt	farēt	râtênt
		3. Ps.	nëmēn	ziohēn	farēn	râtēn
Imperativ	Sg.	2. Ps.	nim-ø	ziuh-ø	far-ø	rât-ø
	Pl.	1. Ps.	nëmamēs, -emēs; nëmēm	ziohemēs, (-ēn)	faremēs, (-amēs)	râtēn
		2. Ps.	nëmet, (nëmat)	ziohet	faret	râtent
Infinitiv/			nëman	ziohan, (-en)	faran	râten
Gerundium	(Gen., Dat.)		nëmannes, -anne	ziohannes, -anne	farannes, -anne	râtennes, -enne
Part. Praes.			nëmanti, (-enti)	ziohenti, (-anti)	farenti, (-anti)	râtente, -ende
Praet. Ind.	Sg.	1. Ps.	nam-ø	zōh-ø	fuar-ø	ríet-ø
		2. Ps.	nāmi	zugi	fuari	ríete
		3. Ps.	nam-ø	zōh-ø	fuar-ø	ríet-ø
	Pl.	1. Ps.	nāmum; (selten -umēs)	zugumēs, (-un)	fuarun	ríeten
		2. Ps.	nāmut	zugut	fuarut	ríetent
		3. Ps.	nāmun	zugun	fuarun	ríeten
Praet. Opt.	Sg.	1. Ps.	nāmi	zugi	fuari	ríete
		2. Ps.	nāmīs	zugīs, (-īst)	fuarīs	ríetîst
		3. Ps.	nāmi	zugi	fuari	ríete
	Pl.	1. Ps.	nāmīm; (selten -īmēs)	zugīmēs (-īn)	fuarīn	ríetîn
		2. Ps.	nāmīt	zugīt	fuarīt	ríetînt
		3. Ps.	nāmīn	zugīn	fuarīn	ríetîn
Part. Praet.			ginoman	gizogan	gifaran	gerâten

Abb. 73.7: Morpheme der starken Verbalflexion im Althochdeutschen

(5) Die ahd. Komparativ- und Superlativformen auf -iro, -isto, wodurch eine Opposition Positiv (ohne Umlaut, wenn nicht im Stamm der ja-Adj.)/ Steigerungsformen (soweit nicht die Suffixvariante -ōro, -ōsto verwendet wird) entsteht.
(6) Die Verbalmorphologie Praes. Ind. Sg. 2.–3. Ps. auf -is(t), -it in Opposition zu den übrigen nicht umgelauteten Konjugationsformen (vgl. Abb. 73.7):

1. Ps. faru 'ich fahre, ziehe, reise'
2./3. Ps. feris(t), ferit

(7) Durch die Erhöhung von e > i vor auslautendem u in Kombination mit der schon germ. wirksamen Erhöhung von e > i vor i ergibt sich eine Stammvokalopposition Sg./Pl. im Bereich einiger st. Verben (vgl. Abb. 73.7):

Ind. Praes.	Sg.	Pl.
1. Ps.	nim-u	nëm-amēs
2. Ps.	nim-is(t)	nëm-et
3. Ps.	nim-it	nëm-ant
Imp. 2. Ps.	nim-Ø	nëm-et

Reste dieser Opposition sind auch in der Deklination festzustellen, wo sie aber ausgeglichen werden: ahd. fihu n. 'Vieh' (Notker fého), G. fëhes, D. fëhe, A. fihu, Pl. fihu (Notker fého), G. fëho, D. féhun, A. fihu.

Was den Umlaut in seinem Verhältnis zur Flexion betrifft, ist damit „schon im Ahd. die Grundtendenz umlautloser Sg./allenfalls umgelauteter Pl. beim Substantiv sowie umlautloser Positiv des Adjektivs (soweit nicht laut-

sw. Vb.		Klasse 1 (jan-/ahd. -[i]en-Verben)
Praes. Ind.	Sg. 1. Ps.	suochu; zellu; neriu (nerigu), nerru
	2. Ps.	suochis; zelis; neris; — -ist
	3. Ps.	suochit; zelit; nerit
	Pl. 1. Ps.	suochemēs; zellemēs; neriemēs; — -amēs, -ēn
	2. Ps.	suochet; zellet; neriet; nerret, — (-at), Notker -ent
	3. Ps.	suochent; zellent; nerient, nerrent; — -ant
Praes. Opt.	Sg. 1. Ps.	suoche; zelle; nerie (nerige), nerre
	2. Ps.	suochēs, -ēst etc.
	3. Ps.	suoche
	Pl. 1. Ps.	suochēm, -ēn; (-emēs, -amēs)
	2. Ps.	suochēt, Notker -ênt
	3. Ps.	suochēn
Imperativ	Sg. 2. Ps.	suochi; zeli; neri, Notker -e
	Pl. 1. Ps.	suochemēs; zellemēs; neriemēs; — -amēs; -ēn
	2. Ps.	suochet; zellet; neriet; nerret, — (-at), Notker -ent
Infinitiv/ Gerundium		suochen; zellen; nerien, nerren; — bes. obd. auch -an
	(Gen., Dat.)	suochennes, -enne
Part. Praes.		suochenti; zellenti; nerienti, nerrenti; — obd. auch -anti
Praet. Ind.	Sg. 1. Ps.	suohta; zalta, zelita; nerita
	2. Ps.	suohtōs, -ōst
	3. Ps.	suohta
	Pl. 1. Ps.	suohtum, -un; (-umēs)	alem. suohtōm, -ōn; (-ōmēs)
	2. Ps.	suohtut	alem. suohtōt, (-ōnt)
	3. Ps.	suohtun	alem. suohtōn
Praet. Opt.	Sg. 1. Ps.	suohti; zalti, zeliti; neriti; alem. suohtī etc.
	2. Ps.	suohtīs, -īst
	3. Ps.	suohti; alem. suohtī
	Pl. 1. Ps.	suohtīm, -īn; (-īmēs)
	2. Ps.	suohtīt, Notker sûohtînt
	3. Ps.	suohtīn
Part. Praet.		gisuochit (flekt. -suohtēr); gizelit, -zalt; ginerit

Abb. 73.8: Morpheme der schwachen Verbalflexion Klasse 1 im Althochdeutschen

gesetzlicher Primärumlaut in allen Formen)/ allenfalls umgelauteter Komparativ und Superlativ vorhanden, die sich als Konstante bis in das Nhd. hinein erhält, ja seit spätmhd.-frnhd. Zeit entscheidend verstärkt" (Sonderegger 1979, 309). Für die ahd. Substantivdeklination ist das Verhältnis von Morphematik (nach x-Morphem, d. h. reinvokalisch und vokalisch-konsonantisch zusammengenommen, bzw. nach Null-Morphem) und Flexionstypus (nach Endungsflexion bzw. Stamm- oder Wurzelflexion mit Umlaut) auf Abb. 73.10 dargestellt. Daraus resultiert die relative Beschränktheit des Nullmorphems und dessen Nichtkombinierbarkeit mit der Umlautflexion (im Gegensatz zum Spätmhd., Frnhd. und Nhd.) sowie die tendenzielle Ausrichtung der Umlautflexion auf den Plural. Was die Gesamtzahl ahd. Endungsmorpheme

betrifft, ergibt sich unter Einschluß der Varianten für das 8./9. Jh. das folgende Bild (vgl. differenzierter Sonderegger 1979, 247 für die Subst. und Adj. im Vergleich mit dem Mhd. und Nhd.):

Subst. 52 (davon 8 mit Umlaut kombinierbar)
Adj. (ohne Steigerungsformen) 47 (davon 2 mit Umlaut kombinierbar)
st. Vb. und schw. Vb. Kl. 1 rund 20−17, spätahd. 15
schw. Vb. pro Klasse plus/minus 20−15, spätahd. alem. 16

Im Verlauf des Ahd. ergibt sich durch die Endsilbenabschwächung eine stärkere Morphemstraffung, wie sie insbesondere bei Notker von St. Gallen durch die Wirksamkeit seines Auslautgesetzes in Erscheinung getreten ist (Länge bleibt Länge; Kurzvokal im absoluten Auslaut bleibt, aber -i wird zu -e, -u zu

sw. Vb.			Klasse 2 (ōn-Verben)		Klasse 3 (ēn-Verben)	
Praes. Ind.	Sg.	1. Ps.	salbōm, -ōn		habēm, -ēn	
		2. Ps.	salbōs, -ōst		habēs, -ēst	
		3. Ps.	salbōt		habēt	
	Pl.	1. Ps.	salbōmēs; salbōn, -ōēn		habēmēs; habēn, -ēēn	
		2. Ps.	salbōt, Notker -ônt		habēt, Notker -ênt	
		3. Ps.	salbōnt		habēnt	
			vor allem frk.	vor allem obd.	vor allem frk. u. bair.	vor allem alem.
Praes. Opt.	Sg.	1. Ps.	salbo	salbōe	habe	habēe
		2. Ps.	salbōs(t)	salbōēs(t)	habēs(t)	habēēs(t)
		3. Ps.	salbo	salbōe	habe	habēe
	Pl.	1. Ps.	salbōm, -ōn; (ōmēs)	— -ōēm usw.	habēm, -ēn; (-ēmēs)	— -ēēm usw.
		2. Ps.	salbōt	— -ōēt, Notker -oênt	habēt	— -ēēt
		3. Ps.	salbōn	— -ōēn	habēn	— -ēēn
Imperativ	Sg.	2. Ps.	salbo		habe	
	Pl.	1. Ps.	salbōmēs; salbōn, -ōēn		habēmēs; habēn, -ēēn	
		2. Ps.	salbōt		habēt	
Infinitiv/ Gerundium		(Gen., Dat.)	salbōn salbōnnes, -ōnne		habēn habēnnes, -ēnne	
Part. Praes. Praeteritum			salbōnti salbōta [usw. wie suohta]		habēnti habēta [usw. wie suohta]	
Praet. Opt.			salbōti; alem. -tī [usw. wie suohti]		habēti; alem. -tī [usw. wie suohti]	
Part. Praet.			gisalbōt		gihabēt	

Abb. 73.9: Morpheme der schwachen Verbalflexion Klasse 2 und 3 im Althochdeutschen

-o; alle Kurzvokale in konsonantisch gedeckten Endsilben werden zu e). Durch den Übergang von *iu* zu *ū* (Graphem ⟨*iu*⟩) wird außerdem das ursprünglich diphthongische Morphem -*iu* langvokalisch. Dergestalt entsteht folgendes Endungsmorphemsystem:

- rein vokalisch lang (wie normalahd.)
- vokalisch-konsonantisch lang (oder Kombination damit; im wesentlichen wie normalahd.)
- rein vokalisch kurz: nur -*a*, -*e*, -*o* (normalahd. -*a*, -*e*, -*i*, -*o*, -*u*)
- vokalisch-konsonantisch kurz (oder Kombination damit): nur -*e* + Kons. (+ Kons.) (normalahd. alle Kurzvokale)
- rein konsonantisch (selten im Verbalbereich, wie normalahd.)
- Nullmorphem (noch wenig verbreitet, wie normalahd.)

4. Staffelung der Kasussysteme

Sowenig man im Nhd. von einem voll ausgebildeten Vierkasussystem sprechen kann, darf man für das Ahd. ein durchgehendes Fünf- oder Vierkasussystem ansetzen. Vielmehr ist die Verwirklichung der Kasussysteme im einzelnen von den verschiedenen Wortarten und/oder grammatischen Kategorien abhängig, wobei sich eine langsame Kasusreduktion vom Frühahd. und Normalahd. des 8./9. Jh. zum Spätahd. des 10./11. Jh. ergibt. Abb. 73.11 faßt die Staffelung der ahd. Kasussysteme in systematischer und in zeitlicher Hinsicht zusammen. Daraus resultiert, daß im Früh- und Normalahd. vereinzelt noch ein durch die besondere Deklinationsform des Instrumentalis bedingtes Fünf- bis Vierkasussystem (N. G. D. A. I. oder N. = A., G. D. I., vgl. die Abb. 73.3 bis 73.5) vorkommt, mit Nachleben des Instrumentalis beim neutralen Demonstrativpronomen (auch Relativpron. bzw. bestimmter Artikel) und beim unbestimmten Artikel (*ein-u* > *ein-e*), während der Vokativ im Ahd. völlig mit dem Nominativ zusammengefallen ist. Demgegenüber ist das Einkasussystem lediglich bei den fem. *īn*-Stämmen im Sg. sowie ursprünglich im Sg. der rein kons. und Wurzelstämme wie

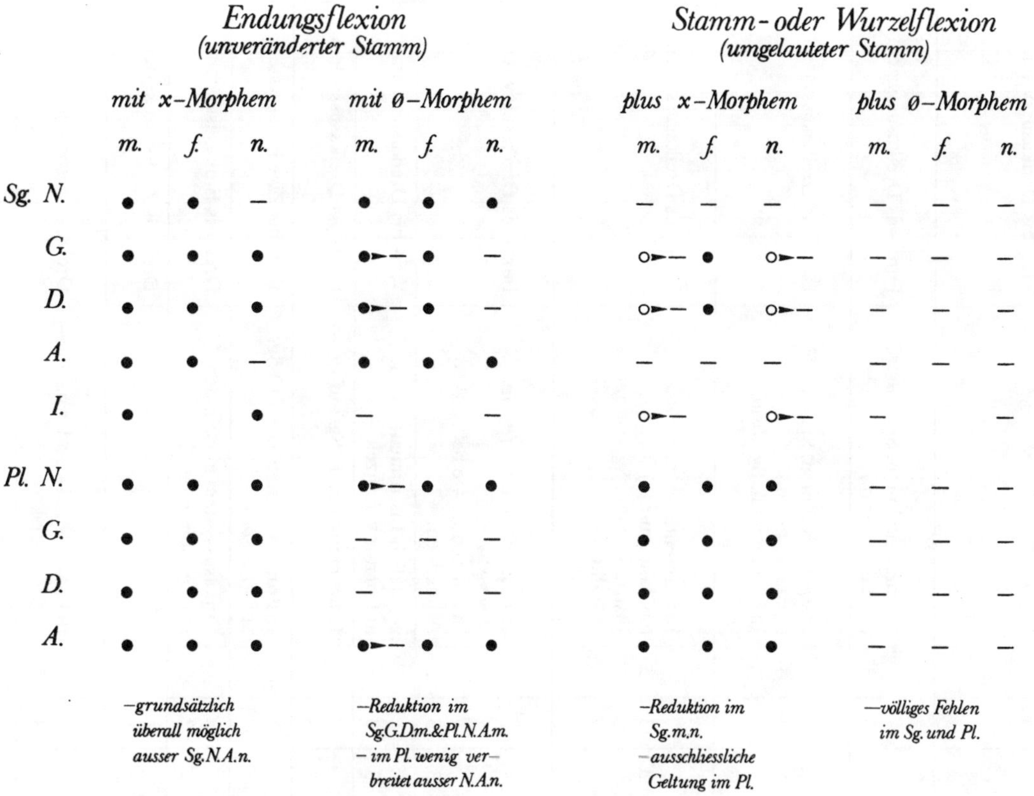

	Endungsflexion (unveränderter Stamm)						Stamm- oder Wurzelflexion (umgelauteter Stamm)					
	mit x-Morphem			mit ø-Morphem			plus x-Morphem			plus ø-Morphem		
	m.	f.	n.	m.	f.	n.	m.	f.	n.	m.	f.	n.
Sg. N.	•	•	—	•	•	•	—	—	—	—	—	—
G.	•	•	•	•►—	•	—	o►—	•	o►—	—	—	—
D.	•	•	•	•►—	•	—	o►—	•	o►—	—	—	—
A.	•	•	•	•	•	•	—	—	—	—	—	—
I.	•	•	—				o►—		o►—			
Pl. N.	•	•	•	•►—	•	•	•	•	•	—	—	—
G.	•	•	•	—	—	—	•	•	•	—	—	—
D.	•	•	•	—	—	—	•	•	•	—	—	—
A.	•	•	•	•►—	•	•	•	•	•	—	—	—

–grundsätzlich überall möglich ausser Sg.N.A.n. — *–Reduktion im Sg.G.D.m.&Pl.N.A.m. – im Pl. wenig verbreitet ausser N.A.n.* — *–Reduktion im Sg.m.n. –ausschliessliche Geltung im Pl.* — *–völliges Fehlen im Sg. und Pl.*

Abb. 73.10: Morphematik und Flexionstyp in der althochdeutschen Substantivdeklination

auch im Kurztypus der fem. *ō*-Stämme vertreten (vgl. Abb. 73.4, 73.3). Rechnet man die Positionen gemäß Abb. 73.11 zusammen, ergibt sich die folgende quantitative Verteilung der Kasussysteme im Ahd. (Sonderegger 1979, 251):

Kasussysteme	Ahd.	Spät-ahd.	
5-Kasussystem	5	0	Pron., Art., st. Adj.
4-Kasussystem	26	18	spätahd. nicht mehr beim Subst.
3-Kasussystem	42	50	Haupttypus, vor allem beim Subst.
2-Kasussystem	4	11	spätahd. v. a. beim Subst. zunehmend
1-Kasussystem	1	1	nur fem. *īn*-Stämme und Restgruppen

Dal 1942 weist darauf hin, daß sämtliche Artikelkasus und attributive Adjektivkasus im Dt. mit Kasusformans versehen werden, nachdem das starke Adj. bereits im Ahd. seine ursprünglich rein nominalen (sog. unflektierten) Kasus durch Pronominalformen (*guot-ēr*, *guot-iu*, *guot-az*) ergänzt hat. Dadurch entstand im Ahd. das Fünf- bis Vierka-

sussystem bei diesen Wortarten, was bereits in dieser Sprachstufe eine wichtige Stützfunktion für die Kasusmorphologie bedeutet hat, gegengewichtig zum allmählich zunehmenden Kasusausgleich beim Subst. Insgesamt ist im Ahd., wie übrigens auch im Mhd. und Nhd. (Sonderegger 1979, 251) das Dreikasussystem der (zunächst vor allem im Pl.) am meisten verbreitete Typus, gefolgt vom (besonders im Sg. gut vertretenen) Vierkasussystem. Während der zunächst noch gut bezeugte, später mit Präp. gestützte Instrumentalis beim Subst. seit dem 9. Jh. abstirbt und dem Dativ Platz macht, liegt ein alter Lokativ Sg. mit Morphem -Ø (< germ. -*i*) bei den Neutra (*ze*) *dorf*, *holz*, *hūs* (in ältesten Ortsnamenbelegen sogar noch -*i*) bis zu Notker (*ze holz*) vor. Wie Werner 1969 gezeigt hat, überwiegen im älteren Ahd. im Sg. die Kurzvokalmorpheme (mit Einschluß von häufigem -*e*), im Pl. dagegen erscheinen neben den vollen Kurzvokalmorphemen (selten ebenfalls -*e*) häufiger auch Langvokale (-*ā*, -*ōno*, -*ōn*). Dadurch wird der Numerusunterschied deutlicher markiert.

Wortarten und/oder grammatische Kategorien	Althochdeutsch						Spätalthochdeutsch (Notker)						Erläuterungen	Systembildung
	Singular			Plural			Singular			Plural				
	m.	f.	n.	m.	f.	n.	m.	f.	n.	m.	f.	n.		
Personalpronomen 1. Person, ahd. *ih*, Pl. *wir*	4	4		4	4		4	4		4	4			Vier- bis Dreikasussystem
2. Person, ahd. *thū, dū*, Pl. *ir*	4	4		4	4		4	4		4	4			
3. Person, ahd. *ër, siu, iz*, Pl. *sie, sio, siu*	4	4	3	3	3	3	4	3	3	3	3	3		
Relativpronomen der/die/das, ahd. *dër, diu, daz*	5	4	4	3	3	3	4	3	4	3	3	3	Instrumental m. n. Sg. *diu* (spätahd. nur n.)	Fünf- bis Dreikasussystem
Demonstrativpronomina 1. der/die/das (alleinstehend), ahd. *dër, diu, daz*	5	4	4	3	3	3	4	3	4	3	3	3	Instrumental m. n. Sg. *diu* (spätahd. nur n.)	Fünf- bis Dreikasussystem
2. dieser/diese/dieses, ahd. *dëse, -ēr, disiu, diz*	4	4	4	3	3	3	4	3	3	3	3	3	Instrumental n. Sg. *disiu, dësiu, -iu*	
Artikel 1. bestimmter Artikel der/die/das, ahd. *dër, diu, daz*	5	4	4	3	3	3	4	3	3	3	3	3	Instrumental m. n. Sg. *diu* (spätahd. nur n.)	Fünf- bis Dreikasussystem
2. unbestimmter Artikel einer/eine/eines, ahd. *ein(ēr), ein(iu), ein(az)*	4	4	4				4	3	4				Instrumental n. Sg. *ein(n)u, -o,* spätahd. *-e*	
Interrogativpronomina 1. wer?/was?, ahd. *(h)wër* m. f., *(h)waz*	4	4	4				4	4	4				Instrumental n. Sg. *(h)wio, (h)wuo* 'wie'	Fünf- bis Dreikasussystem
2. welcher?/welche?/welches?, ahd. *(h)welihēr, -iu, -az*	5	4	4	3	3	3	4	3	3	3	3	3	Instrumental wie bei starken Adjektiven	
Possessivpronomen ahd. *minēr, -iu, -az*, usw.	4	4	3	3	3	3	4	3	3	3	3	3	zusätzlich Instrumental m. n. Sg. auf *-u* nur vereinzelt	Vier- bis Dreikasussystem
Starkes Adjektiv ahd. *blint, -ēr/blint, -iu/blint, -az*	5	4	4	3	3	3	3	3	3	3	3	3	Instrumental m. n. Sg. auf *-u, -o*	Fünf- bis Dreikasussystem
Starkes Substantiv (verschiedene Klassen)	4	3/2	4	3	3	3	3	2	3	3	3/2	3	Instrumental m. n. (z. T. f.) Sg. auf *-(i)u, -o*	Vier- bis Zweikasussystem
Schwaches Substantiv (verschiedene Klassen)	3	2/1	2	3	3	3	2	2/1	2	2	2	2	Einkasussystem nur bei den fem. *in*-Stämmen	Drei- bis Einkasussystem
Schwaches Adjektiv ahd. *blinto, blinta, blinta*	3	2	3	3	3	3	2	2	2	3	3	3		Drei- bis Zweikasussystem
Zahlwörter zwei, drei, vier, usw., ahd. *zwēne, zwā, -ō, zwei*, usw.				3	3	3				3	3	3	flektiert als Subst. oder nachgestelltes Adjektiv	Dreikasussystem

Abb. 73.11: Staffelung der Kasussysteme im Althochdeutschen

Kasusausgleich findet im Verlauf des Ahd. bei den Feminina statt.

Sg. ō- (auch jō-)Stämme
N. gëb-a 'Gabe'
G. gëb-a ⎤ -u, -o
D. gëb-u ⎦ (oder -a)
A. gëb-a
Pl. ōn-Stämme bei Notker
N. zúngâ diernûn
G. zúngôn diernôn (< -ōno)
D. zúngôn diernôn (< -ōm)
A. zúngâ diernûn
'Zunge' 'Mädchen'

Dadurch entsteht tendenziell eine oppositionelle Neuverteilung der je gleichlautenden Kasuspaare N. A. gegen G. D., sei es im Sg. der starken ō/jō-Stämme (hier neben teilweisem Einheitskasus auf -a), sei es bei Notker im Pl. der ōn-Stämme.

Was die Eigennamen betrifft, zeigt sich trotz oft lat. Texteinbettung eine starke Tendenz zu volkssprachlichen Deklinationsformen (Sonderegger 1961), die auch auf fremde (vor allem biblische) Eigennamen in den ahd. Denkmälern übergreift (Scholl 1906). Bei den Personennamen und Personenbezeichnungen findet sich ein besonderer von der Pronominaldeklination übertragener Akk. Sg. auf -an der a-Stämme (z. B. Petrusan zu Petrus, -es, -e; truhtīnan zu truhtīn m. 'Herr'). Im übrigen bleibt auch für das ahd. Kasussystem die altgerm. Entwicklungstendenz wirksam, daß eine fortgesetzte Trennung zwischen Sg. und Pl. innerhalb des gleichen Kasus bestehen bleibt (vgl. Dittmer 1983).

5. Konjugationssysteme

5.1. Generelle Einteilung

Zunächst ist darauf hinzuweisen, daß der Aufbau des ahd. Verbalsystems entsprechend seiner germ. Grundlage ein stark ineinandergreifendes Formensystem aufzeigt, wie dies in Abb. 73.12 (nach Sonderegger 1979, 263) dargestellt ist. Darauf beruht ein nach den vier verbalen Systemgruppen je verschiedenes Stammformgefüge, welches die Konjugation mitbestimmt:

Verbgruppe	Stammformen
1. starke Verben (alte Kl. 1–7 und Untergruppen) mit Ablaut in den Stammformen	vier Stammformen – Inf./Praes./Part. Praes. – Praet. Sg. 1./3. Ps. – Praet. Pl. (dazu 2. Sg. und Optativ Praet. Sg./Pl.) – Part. Praet.
2. Praeterito-Praesentia (Kl. 1–6 wie bei den st. Vb.) mit Ablaut in den ursprünglichen Stammformen	zwei ursprüngliche Stammformen entsprechend dem Praet. der st. Vb. – Praes. Sg. (auch 2. Sg.) – Praes. Pl. (dazu Optativ Praes. Sg./Pl.) drei neue Stammformen (nicht durchgängig) – neuer Inf. nach dem Praes. Pl. (dazu Part. Praes.) – neues schwach gebildetes Praet. mit -d-/-t- (dazu Optativ Praet.) – neues stark (nach Praes. Pl.) oder schwach gebildetes Part. Praet.
3. schwache Verben mit Dental im Praet. und Part. Praet (Kl. 1–3, in Kl. 1 Untergruppe weniger apophonischer Praet./flekt. Part. Praet. bzw. mit oder ohne Bindevokal, vgl. Abb. 73.1	drei Stammformen, klassenweise differenziert – Inf./Praes./Part. Praes. – Praet. (mit Optativ Praet.) – Part. Praet.
4. Restgruppe	je verschiedene Stammformen

Was die Endungsmorphematik der Verben betrifft, sei auf die Abb. 73.6 bis 73.8 verwiesen (historische Erklärung aus dem Germ. bei Fullerton 1977, Praeteritalformen bei Meid 1971).

5.2. Stammformen der starken Verben

Die bereits oben in Abschnitt 3 (mit Abb. 73.7) besprochene einheitliche Endungsmorphematik der starken Verben ist mit den nach verschiedenen Ablautreihen gegliederten und deshalb sehr differenzierten Stammformen gekoppelt, so daß hier ein im Germ. gegründetes, ahd. zusätzlich durch verschiedene Lautentwicklungen (und Ausgleichsbewegungen) noch weiter aufgefächertes Ablautsystem resultiert. Seit van Coetsem 1956, ²1964 und 1972 sind die starken Verben des Germ. dabei in die drei Bereiche einer germ. e-Gruppe (mit ursprünglichem Ablaut e/a), einer germ. a-Gruppe (mit ursprünglichem Ablaut a/ē², o/ō, au/eu) und einer germ. Langvokalgruppe (mit ursprünglichem Ablaut ō/ē²) zu gliedern (vgl. auch Hinderling 1966, 1–20 mit weiterer Literatur). Auf dieser historischen Grundlage ergibt sich das in Abb. 73.13 aufgeführte System der Ablaut-

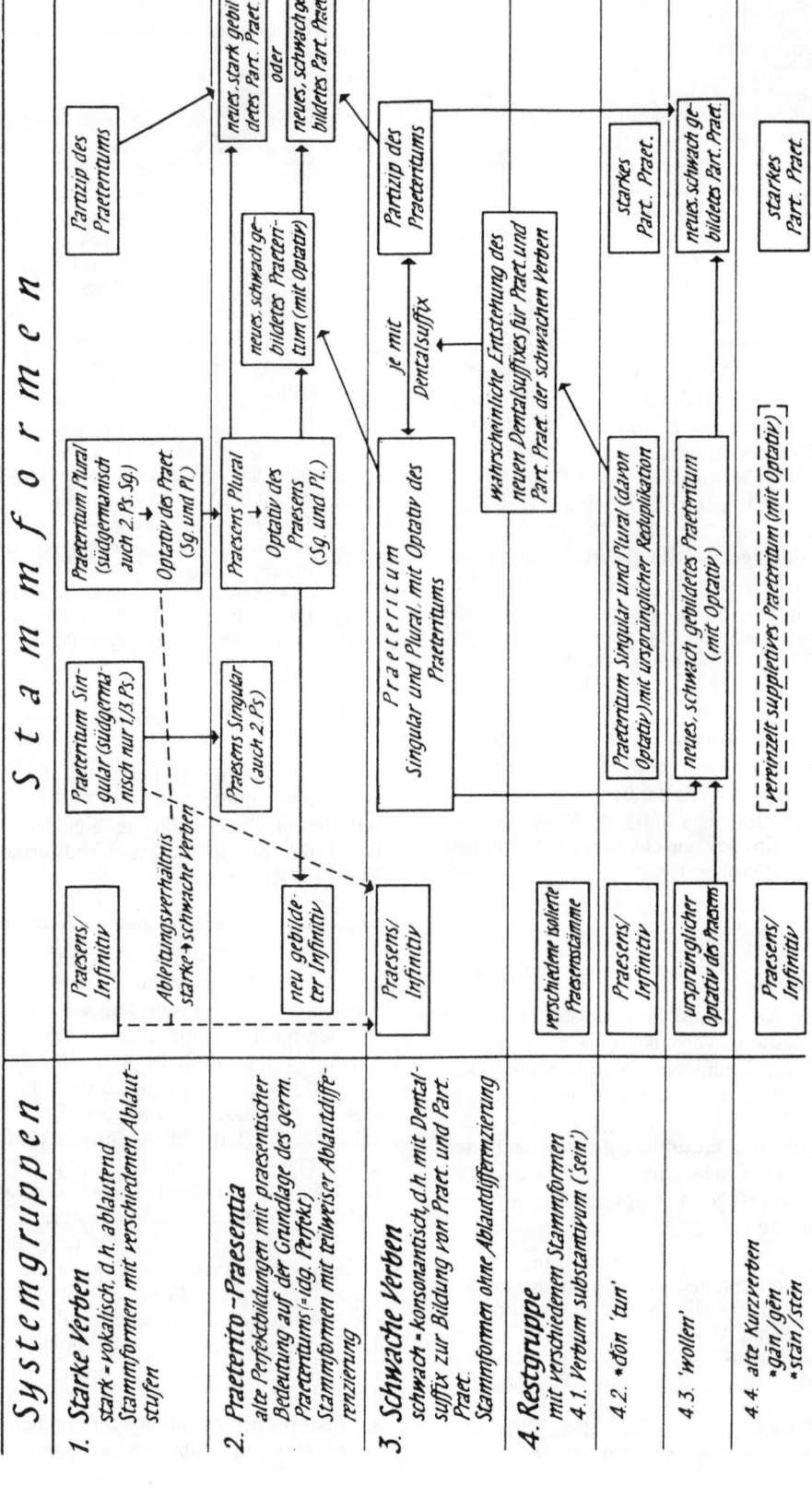

Abb. 73.12: Grundschema zum althochdeutschen Verbalsystem

(a) germ. *e*-Gruppe (ursprünglicher Ablaut *e/a*)

	Inf./Praes.	Praet. Sg. 1./3. Ps.	Praet. Pl. und 2. Sg.	Part. Praet.
Kl. 1	ī + Kons.	ei/ē	i	i
	rītan 'reiten'	reit	ritum	giritan
	līdan 'gehen, leiden'	leid	litum	gilitan (gr. W.)
	zīhan 'zeihen'	zēh	zigum	gizigan (gr. W.)
	līhan 'leihen'	lēh	liwum	giliwan (gr. W.)
Kl. 2	io/iu/ū + Kons.	ou/ō	u/ū	o/ū
	liogan, liugan 'lügen'	loug	lugum	gilogan
	bliuwan 'schlagen'	blou	blū(w)um	giblū(w)an
	biotan 'bieten'	bōt	butum	gibotan
	siodan 'sieden'	sōd	sutum	gisottan (gr. W.)
	kiosan 'wählen'	kōs	kurum	gikoran (gr. W.)
	sūfan 'saufen'	souf	suffum	gisoffan
Kl. 3	i + Nasal + Kons.	a	u	u
	ë + Liquid + Kons.	a	u	o
	bintan 'binden'	bant	buntum	gibuntan
	findan 'finden'	fand	funtum	funtan (gr. W., Part.
		fant	fundum	ohne gi-)
				fundan
	rinnan 'rinnen, laufen'	rann	runnum	girunnan
	wërfan 'werfen'	warf	wurfum	giworfan
	wërdan 'werden'	ward	wurtum	(gi)wortan (gr. W.)
			wurdum	wordan
	Sondergruppe: r, l			
	vor ë im Stamm	a	u	o
	brëttan 'ziehen, zücken'	bratt	bruttum	gibrottan
	brëstan 'bersten'	brast	brustum	gibrostan
			(obd. auch brāstum)	
	flëhtan 'flechten'	flaht	fluhtum	giflohtan
	irlëskan 'erlöschen'	irlask	irluskum	irloskan
	außerdem: fëhtan 'fechten'	faht	fuhtum	gifohtan
Kl. 4	ë + Nasal/Liquid	a	ā	o
	ë + hh (germ. k)			
	stëlan 'stehlen'	stal	stālum	gistolan
	quëman 'kommen'	quam	quāmum	giquoman
	neben cuman, chomen	cham	chāmum	gicoman, gechomen
	brëhhan 'brechen'	brah	brāhhum	gibrohhan
Kl. 5	ë + Kons. (nicht Nasal oder Liquid)	a	ā	ë
	i + Doppelkons. (bei ursprüngl. j-Praes.)			
	gëban 'geben'	gab	gābum	gigëban
	quëdan 'sprechen'	quad	quātum	giquëtan (gr. W.)
			quādum	giquëdan
	Notker chéden	chád	châden	(ge)chéden
	wësan 'sein'	was	wārum	(Part. fehlt) (gr. W.)
	bitten 'bitten'	bat	bātum	gibëtan
				(Inf. < *biđjan)
	sitzen 'sitzen'	saʒ	sāʒum	gisëʒʒan
				(Inf. < *sitjan)
	Sondergruppe:			
	ë	ā	ā	ë
	ëʒʒan 'essen'	āʒ	āʒum	(Part. fehlt)
	frëʒʒan 'fressen'	frāʒ	frāʒum	gifrëʒʒan

Abb. 73.13: System der Ablautklassen bei den starken Verben im Althochdeutschen (Fortsetzung auf S. 1188)

(b) germ. *a*-Gruppe (ursprünglicher Ablaut *a/ē²*, *a/ō, au/eu*)

	Inf./Praes.	Praet. Sg. 1./3. Ps.	Praet. Pl. und 2. Sg.	Part. Praet.
Kl. 7	ei + Kons.	ia (> ie)	ia (> ie)	ei
	heiʒan 'heißen'	hiaʒ	hiaʒum	giheiʒan
Kl. 7	ou + Kons.	eo (> io, ie)	eo (> io, ie)	ou/ō
	ō (< au) + Kons.			
	loufan 'laufen'	leof	leofum	giloufan
	stōʒan 'stoßen'	steoʒ	steoʒum	gistōʒan
Kl. 7	a + Nasal + Kons.	ia (> ie)	ia (> ie)	a
	a + Liquid + Kons.			
	ā + h (< *anχ)			
	spannan 'spannen'	spian	spianum	gispannan (nn > n nach Langvokal)
	gangan 'gehen'	giang	giangum	gigangan
	haltan 'halten'	hialt	hialtum	gihaltan
	fāhan 'fangen'	fiang	fiangum	gifangan (gr. W.) (Inf. < *faŋχan)
	außerdem:			
	erien 'pflügen'	iar	iarum	giaran (Inf. < *arjan)
Kl. 6	a + Nasal/Liquid	uo	uo	a (bzw. o in swerien)
	a + einf. Kons. bzw. hs, sk			
	a/e + Doppelkons.			
	spanan 'verlocken'	spuon	spuonum	gispanan
	faran 'fahren'	fuor	fuorum	gifaran
	wahsan 'wachsen'	wuohs	wuohsum	giwahsan
	waskan 'waschen'	wuosk	wuoskum	giwaskan
	stantan 'stehen'	stuont	stuontum	gistantan
	selten:	stuot, stuat	stuotum	
	heffen 'heben'	huob	huobum	gihaban (gr. W.) (Inf. < *hafjan)
	skepfen 'erschaffen'	skuof	skuofum	giskaffan (Inf. < *skapjan)
	swerien 'schwören'	swuor	swuorum	gisworan (Inf. < *swarjan)

(c) germ. Langvokalgruppe (ursprünglicher Ablaut *ō/ē²*, *ē¹/ē²*)

	Inf./Praes.	Praet. Sg. 1./3. Ps.	Praet. Pl. und 2. Sg.	Part. Praet.
Kl. 7	uo (< ō) + Kons.	eo (> io, ie)	eo (> io, ie)	uo
	wuofan 'schreien'	weof	weofum	giwuofan
	(h)ruofan 'rufen'	(h)reof	(h)reofum	gi(h)ruofan
Kl. 7	ā + Kons. (ā < ē¹)	ia (> ie)	ia (> ie)	ā
	rātan 'raten'	riat	riatum	girātan
	lāʒan 'lassen'	liaʒ	liaʒum	gilāʒan

Abb. 73.13: System der Ablautklassen bei den starken Verben im Althochdeutschen (Fortsetzung von S. 1187)

klassen bei den starken Verben im Ahd. (nach Sonderegger 1974, ²1987, 213–216). Was die Typologie der Ablautverbindungen betrifft, kommen die folgenden Stammformreihen Praes./Inf. = a, Praet. Sg. 1./3. Ps. = b, Praet. Pl. (und 2. Ps. Praet. Sg.) = c, Part. Praet. = d vor, wenn jeder Buchstabe eine neue Ab-

lautform (Kurzvokal, Langvokal oder Diphthong) bedeutet (entsprechende Beispiele in Abb. 73.13):

Typus	Anzahl verschiedener Ablautformen	Vertretung in den alten Klassen
a b c d	4	2, 3, 4, 5
a b c a	3	4, 5

a b b c	3	6, 7
a b c c	2	1, 2, 3
a b b a	2	5, 6, 7

Außerdem verfügt das ältere Ahd. (im Gegensatz zum Mhd.) noch über nur dem Praeteritalstamm Sg. oder Pl. zukommende Ablautstufen (*ia, eo*). Eine Diachronie des Ablauts Ahd.-Mhd.-Nhd. auf der Grundlage der generativen Phonologie hat Veith 1974 versuchsweise skizziert. Wie in Abb. 73.13 angegeben, zeichnen sich einige Formen des Praet. Pl. (und 2. Ps. Sg.) und Part. Praet. (sowie durch sekundären Ausgleich auch wenige des Praet. Sg.) zusätzlich durch konsonantischen (sog. grammatischen) Wechsel aus (Wechsel von *d* und *t*, *h* und *g* oder *w*, *h [< nχ]* und *ng*, *f[f]* und *b*, *s* und *r*). Wie allgemein im Süd- und Nordgerm. kommt dem Ahd. keine Reduplikation bei den starken Verben mehr zu (außer in einigen obd. Reliktfällen wie zu *stōzan* Praet. *sterōz* 'stieß' < **ste-záut* mit Dissimilation < germ. **ste-stáuta*, vgl. Meid 1971, 101f.), im Gegensatz zum Gotischen. Trotz einiger Übergänge von alten starken zu schwachen Verben (z. B. *hlahhen, lachen* < **hlahjan* 'lachen' Kl. 7 > *lachēn* swv. Kl. 3; *būan, būwan* ursprünglich stv. 'bauen, wohnen' > *būen* swv. Kl. 1) verfügt das Ahd. noch über rund 330 starke Verben (zum Bestand im Altgerm. vgl. Seebold 1970, in der Geschichte des Dt. Sonderegger 1979, 258).

5.3. Stammformen der Praeterito-Praesentia

Alte Perfektstämme mit präsentischer Bedeutung kommen vor allem in der Gruppe der germ. *e*-Verben (Kl. 1—5), in einem Fall auch in der germ. *a*-Gruppe vor. Die beiden ursprünglichen Stammformen bilden je Sg. und Pl. der Verben, entsprechen dem Praet. der starken Verben aber in präsentischer Bedeutung. In Abweichung zu den starken Verben wird die 2. Ps. Sg. Praes. Ind. auf *-t* mit der Vokalstufe des übrigen Sg. gebildet:

germ. *e*-Gruppe

Kl. 1	*weiz, weist, weiz* 'ich weiß, du
(Ablaut *ei/i*)	weißt' usw.
	wizzum, -ut, -un 'wir wissen' usw.
	(dazu sw. Praet. *wissa/wissta*,
	wëssa/wësta); *eigum, -ut, -un* 'wir
	haben' usw.
Kl. 2	*toug* 'es taugt' *tugun* 3. Pl. (dazu
(Ablaut *ou/u*)	sw. Praet. *tohta*)
Kl. 3	*(gi)an, gan* 'ich/er gönne/ -t'
(Ablaut *a/u*)	*(g)unnum, -ut, -un* 'wir gönnen'
	usw.
	(dazu sw. Praet. *onda, gionda,*
	-onsta)
	kan, kanst, kan 'ich kann' usw.

kunnum, -ut, -un 'wir können' usw.
(dazu sw. Praet. *konda, konsta*)
(bi-)darf, darft, darf 'ich bedarf' usw.
durfum, -ut, -un 'wir bedurften' usw.
(dazu sw. Praet. *dorfta*)
gitar, gitarst, gitar 'ich wage' usw.
giturrum, -ut, -un 'wir wagen' usw.
(dazu sw. Praet. *gitorsta*)

Kl. 4	*scal, scalt, scal* 'ich soll, werde'
(Ablaut *a/u*)	usw.
	sculum, -ut, -un 'wir sollen, werden' usw.
	(dazu sw. Praet. *scolta*)
	ga-nah, gi-nah 'es genügt'
Kl. 5	*mag, maht, mag* 'ich mag, kann,
(gestörter Ab-	vermag' usw.
laut *a/ā >*	*magum, -ut, -un* 'wir mögen' usw.
a/a, a/u)	(jünger *mugum* usw.)
	(dazu sw. Praet. *mahta, mohta*)

germ. *a*-Gruppe

Kl. 6	*muoz, muost, muoz* 'ich habe Gele-
(Ablaut	genheit' usw.
uo/uo)	*muozum, -ut, -un* 'wir können, mögen u. ä.' usw.
	(dazu sw. Praet. *muosa*, spätahd.
	muosta)

5.4. Stammformen der schwachen Verben

Von den vier Klassen der schwachen Verben des Germ. sind im Ahd. noch drei mit je verschiedener Stammbildung erhalten geblieben:

Kl. 1	germ. *-jan* > ahd. *-ien, -en*
kausativ	*setzen* 'setzen' < **satjan*, zu *sitzen*
	'sitzen' < *sitjan* stv. (mit *j*-Infix),
	Praet. *sazta* < **satida*
faktitiv	*heilen* 'heilen' < **hailjan* zu Adj.
	heil 'unversehrt, gesund', Praet.
	heilita < **hailida*
Primärverb	*suochen* 'suchen' < **sōkjan*, Praet.
	suohta < **sōkida*
Kl. 2 germ.	*-ōn* > ahd. *-ōn*
denominativ	*salbōn* 'salben', zu *salba* f. 'Salbe',
	Praet. *salbōta*
deverbativ	(meist intensiv) *sprangōn* 'sprudeln', zu *springan* stv. 'springen',
	Praet. *sprangōta*
Kl. 3 germ.	*-ēn* > ahd. *-ēn*
inchoativ	*fūlēn* 'faulen', zu *fūl* 'faul', Praet.
	fulēta
durativ	*wërēn* 'währen, dauern', zu *wësan*
	stv. 'sein', Praet. *wërēta*
	habēn 'haben', Praet. *habēta*

Die Entwicklungsgeschichte der schwachen Verben im Dt. führt, wie in Abb. 73.14 dargestellt, vom Vierklassensystem des Germ. mit semantischer Differenzierung zunächst zum Dreiklassensystem des Ahd. mit z. T. noch semantischer Differenzierung, wobei sich durch

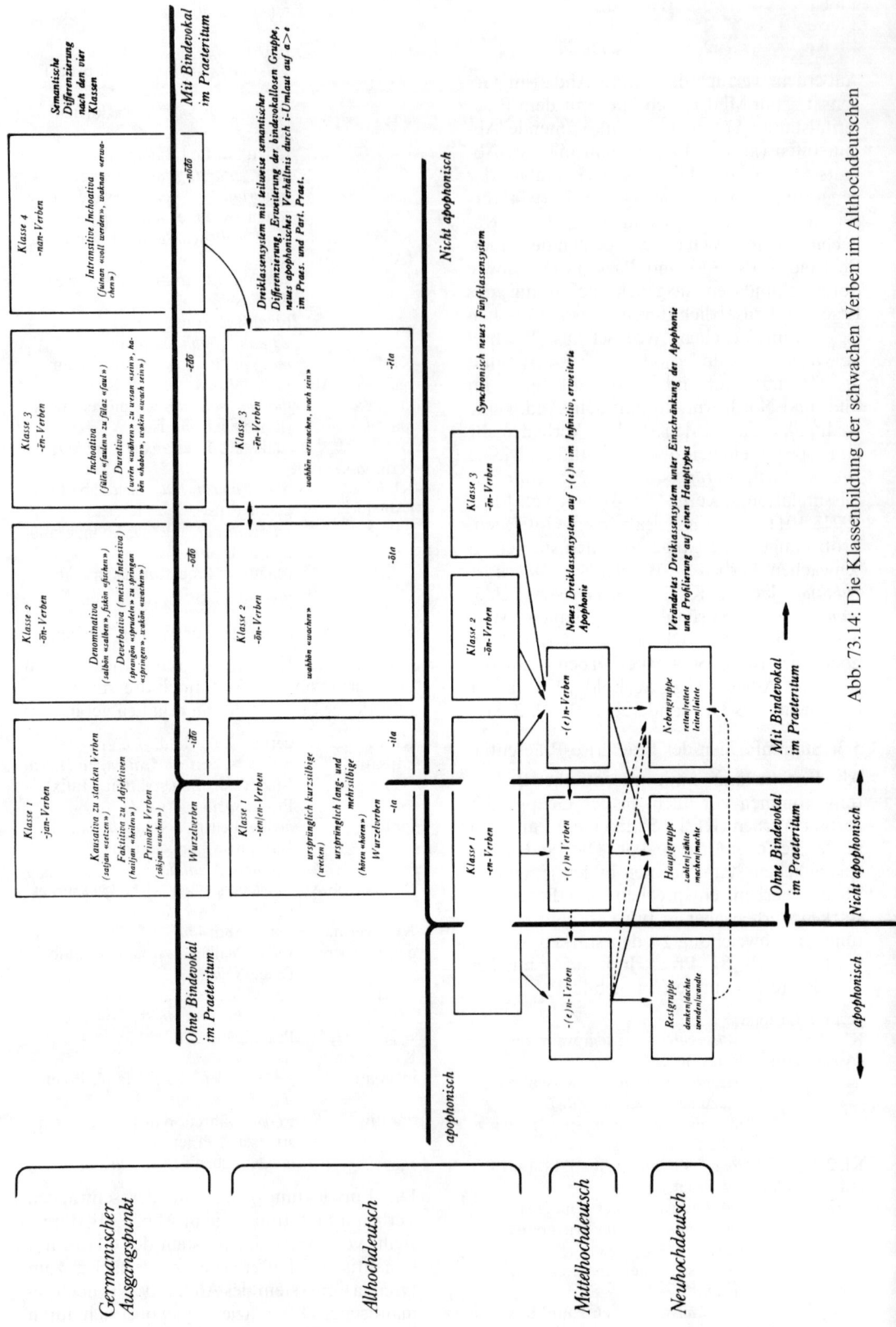

Abb. 73.14: Die Klassenbildung der schwachen Verben im Althochdeutschen

die Aufgliederung der Kl. 1 in drei Untergruppen synchronisch betrachtet ein neues
ahd. Fünfklassensystem ergibt:

Kl. 1.1. apophonisch (durch *i*-Umlaut im Inf./
Praes.-Stamm und teilweise im Part. Praet. gegenüber Nichtumlaut [sog. Rückumlaut] im Praet. und
im flektierten Part. Praet.), ohne Bindevokal

z. B. *zellen* 'sagen, erzählen', *zalta, gizelit* neben *gi-*
zalt
brennen 'verbrennen', *branta, gibrennit,* flekt.
gibrantēr usw.

Kl. 1.2. nicht apophonisch, ohne Bindevokal

z. B. *hōr(r)en* 'hören', *hōrta, gihōrit*
dunken 'dünken', *dūhta* (germ. *-nχ-*), *gidūht*

Kl. 1.3. nicht apophonisch (sei es ohne oder mit
durchgehendem Umlaut), mit Bindevokal

z. B. *frummen* 'durchführen, fördern', *frumita, gi-*
frumit
leggen, lecken 'legen', *legita, gilegit*

Kl. 2 nicht apophonisch, mit Bindevokal (wie im
Germ.)

z. B. *machōn* 'machen', *machōta, gimachōt*

Kl. 3 nicht apophonisch, mit Bindevokal (wie im
Germ.)

z. B. *lernēn* (alem. *lirnēn*) 'lernen', *lernēta, gilernēt*

Demnach lauten die drei Stammformen der
schwachen Verben im Ahd. (Reihenfolge Inf.,
Praet. 1./3. Sg., Part. Praet.) wie folgt:

Kl. 1.1	*-(i)en*	*-ta*	*-it/-t*
	mit Umlaut im Stamm	ohne Umlaut im Stamm	mit/ohne Umlaut im Stamm
Kl. 1.2	*-(i)en*	*-ta*	*-it*
	je ohne Umlaut im Stamm		
Kl. 1.3	*-(i)en*	*-ita*	*-it*
	je ohne (selten mit durchgehendem) Um- laut im Stamm		

Zwischen diesen Untergruppen ergeben sich einige
Vermischungen (vgl. Sonderegger 1974, [2]1987,
218−219). Obd. lautet der Inf. in Analogie zu den
st. Verb. auch *-an.* Das *j*-Suffix dieser ursprünglichen *jan*-Verben bewirkt Konsonantengemination
im Inf. und z. T. im Praes.-Stamm.

Kl. 2	*-ōn, -eōn*	*-ōta*	*-ōt*
Kl. 3	*-ēn*	*-ēta*	*-ēt*

Zu den Konjugationsformen im einzelnen
vgl. Abb. 73.7 und 73.8, wo sich die Gebundenheit der Flexion an die Stammformen erweist (Kl. 1 z. T. übereinstimmend mit den
stv., Kl. 2 und 3 im Prinzip langvokalisch).
Allen Klassen gemeinsam sind die mit Den-
talpraeteritum und Dentalpartizip des Prae-
teritums gebildeten Formen, vermutlich zum
Stamm von germ. *ðōn* 'tun' (vgl. Meid 1971,
107ff., Tops 1974). Spätahd. vermischen sich
die Klassen indessen zusehends, wobei auch
die Stammbildungs- und Endsilbenmorphe-
matik verwischt wird (Förster 1966).

5.5. Stammformen der verbalen Restgruppen

Das Verbum substantivum 'sein', ahd. älter
Inf. *wësan* stv., jünger *sīn,* bildet eine aus den
idg. Stämmen **es-* und **bheu-* unter Zuzug
des starken Verbums *wësan* (Kl. 5) zusammengesetzte Konjugation, ohne daß man von
tragenden Stammformen außer beim Optativ
sī- und beim Praet. Sg. *was/*Pl. (und 2. Sg.)
wār- sprechen könnte. Daraus ergibt sich die
auf Abb. 73.15 zusammengefaßte äußerst
komplizierte Konjugation, die sich im Verlauf der geschichtlichen Entwicklung im Dt.
zugunsten des **es-*Stammes verlagert und
vereinfacht, indem nachahd. Optativformen
in den Indikativ eindringen.

Zum ahd. Vb. *tuon* 'tun' wird das ursprünglich als redupliziert zu verstehende
Praet. Sg. *tëta, tāti, tëta,* Pl. *tātum, tātut, tā-*
tun (Opt. Praet. Sg. *tāti, -īs[t], tāti,* Pl. *tātīm,*
-īt, -īn) gebildet, so daß die Stammformen
lauten:

Inf./Praes.		Praet. Sg.	Praet. Pl.	Part. Praet.
tōn	*tōm*	1./3. Ps.	(und 2. Sg.)	*gi-tān*
tuon	*tuon* usw.	*tëta*	*tātum* usw. (*tāti*)	

Die Kurzverben *gān/stān* bzw. *gēn/stēn* 'gehen, stehen' weisen die folgenden Stammformen im Inf./Praes. auf:

Kurzformen mit *ā* alem. frühbair. vereinzelt auch fränk.	Kurzformen mit *ē* fränk. bair.	Langformen *gangan/stantan* alem. im Optativ Praes. *gange* usw. Imp. allgem. *gang,* *stant*

Das ahd. Verbum *wellen, wollen* 'wollen' zeigt
den lautgesetzlichen Wechsel von *i*- und *e*-
Formen im (ursprünglich als Optativ zu ver-
stehenden) Praesens (Sg. *willu, wili/wil* [auch
wil thu > wilt], *wili,* Pl. *wellemēs > wellēn,*
wellet, wellant, mit fränk. *o*-Formen Pl. *wolle-*
mēs > wollēn, wollet, wollent), dazu den
neuen Optativ Sg. *welle, -ēs, -e,* Pl. *-ēm, -ēt,*
-ēn. Dazu wird das schwache Praet. frühahd.
wëlta, gemeinahd. *wolta* (Optativ *wolti, -ī*
usw.) gebildet. Demnach sind die folgenden
Stammformen anzusetzen:

	Praes. Ind.	Praes. Opt.	Praet frühahd.
Sg.	*will-, wil-*	*well-*	*wëlta*
Pl.	*well-,* sekun- där *woll-*		später *wolta*

	Stamm idg. *es-	Stamm idg. *bheu-	Formen des starken Verbums germ. *wesan-
Praes. Ind. Sg. 1. Ps.		bim, bin	
2. Ps.		bis, bist	
3. Ps.	ist		
Pl. 1. Ps.		birum, -un (selten birumēs)	
2. Ps.		birut, birent, birnt	
3. Ps.	sint (selten sindun, -tun)		
Praes. Opt. Sg. 1. Ps.	sī		wëse
2. Ps.	sīs(t)		wësēs(t)
3. Ps.	sī		wëse
Pl. 1. Ps.	sīm(ēs), sīn		wësēm, -ēn
2. Ps.	sīt, sīnt		wësēt, -ēnt
3. Ps.	sīn		wesēn
Imperativ			wis, bis
Infinitiv	sīn (Gerundium ze sīnne)	wësan (Gerundium ze wësanne)	
Praet. Ind. Sg. 1. Ps.			was
2. Ps.			wāri
3. Ps.			was
Pl. 1. Ps.			wārum
2. Ps.			wārut
3. Ps.			wārun
Praet. Opt. Sg. 1. Ps.			wāri, -ī
2. Ps.			wārīs(t)
3. Ps.			wāri, -ī
Pl. 1. Ps.			wārīm, -īn
2. Ps.			wārīt, -īnt
3. Ps.			wārīn

Abb. 73.15: Konjugationsformen des Verbum substantivum im Althochdeutschen

5.6. Umschriebene Zeitformen

Von besonderer Bedeutung für das Ahd. ist die beginnende Differenzierung der Konjugationssysteme durch umschriebene oder zusammengesetzte Zeitformen (sog. analytische oder periphrastische Verbalformen), die besonders in den Übersetzungstexten (aber auch bei Otfrid von Weißenburg) eine weite Ausbreitung erfahren, sich im Ahd. aber noch auf zweigliedrige (biverbale) Formen beschränken (vgl. Sonderegger 1979, 269–276). Abb. 73.16 vermittelt den Überblick über die diesbezüglichen periphrastischen Verbalformen, welche nach Zeitstufe und/oder Aktionsart sowie innerhalb dieser nach Aktiv- und Passivumschreibungen aufgegliedert werden müssen. Innerhalb der Aktivumschreibungen sind zu notieren (Beispiele bei Dieninghoff 1904, von Ertzdorff 1966, Schröder 1972, 1993, Moskalskaja 1977, Oubouzar 1974, 115ff., Sonderegger 1979, 271, Grønvik 1986, mit Bezug auf syntaktische Auswirkungen Eroms 1997, für das Futur Saltveit 1962, 179–181, 185–188): ingressives und durati-

ves Praesens mit Praesens von sīn/wësan + Part. Praes., Futur I mit scal/sculum + Inf. oder wërdan + Part. Praes., ingressives und duratives Praeteritum mit Praet. von sīn/wësan + Part. Praes., Perfekt (Typus Otfrid eigun funtan 'sie haben es gefunden', Notker ih habo gesehen 'ich habe gesehen'), Plusquamperfekt (Typus Notker ih habêta gesehen 'ich hatte gesehen'). Bei den Passivumschreibungen ist zwischen Vorgangspassiv mit wërdan + Part. Praet. und Zustandspassiv mit sīn/wësan + Part. Praet. zu unterscheiden, wobei beide im Praesens oder im Praeteritum gebildet werden können (Beispiele Schröder 1955, Rupp 1956, Moskalskaja 1977, 116f., Sonderegger 1979, 275; vgl. etwa im Paternoster: scantificetur nomen tuum, ahd. Weißenburger Katechismus geuuīhit sī namo thin, Freising B kæwīhit uuerde dīn namo, Tatian sī giheilagōt thīn namo, Notker Dîn námo uuerde geheîligot; Otfrid uuanta gihōrit ist thīn gibet 'denn dein Gebet ist erhört worden'). Dazu treten verschiedene weitere umschriebene Verbalformen mit den modalen Praeterito-Praesen-

Zeitstufe und/oder Aktionsart		Aktivumschreibungen	Passivumschreibungen
Präsens	ingressiv und durativ	Präsens von *sīn/wēsan* + Part. Präs.	
	passiv		1. Vorgangspassiv: Präs. von *wērdan* + Part. Prät. 2. Zustandspassiv: Präs. von *sīn/wēsan* + Part. Prät.
Futur I	rein futurisch	Präs. *scal/sculum* + Infinitiv	
	inchoativ/ ingressiv	Präs. von *wērdan* + Part. Präs.	
Präteritum	ingressiv und durativ	Präteritum von *sīn/wēsan* + Part. Präs.	
	passiv		1. Vorgangspassiv: Prät. von *wērdan* + Part. Prät. 2. Zustandspassiv: Prät. von *sīn/wēsan* + Part. Prät.
Perfekt		Präs. von *habēn/sīn (wēsan)* + Part. Prät. Präs. Pl. *eigum, -ut, -un* + Part. Prät.	
Plusquamperfekt		selten Prät. von *habēn/sīn (wēsan)* + Part. Prät.	vereinzelt Präteritum Passiv in plusquamperfektischer Bedeutung

Abb. 73.16: Überblick über die periphrastischen Verbalformen des Althochdeutschen

tia + Infinitiv oder verbale Satzfügungen mit dem Gerundium. Damit wird die für die gesamte dt. Sprachgeschichte so wichtige Entwicklung zum mehrgliedrigen Prädikat eingeleitet, die ansatzweise auch bereits im Ahd. zur verbalen Klammerbildung führt (dazu Bolli 1975, Näf 1979, Borter 1982 mit vielen Beispielen aus Notkers Übersetzungswerken, auch für die umschriebenen Verbalformen).

6. Sprachgeschichtliche Entwicklungstendenzen

In der Morphologie des Ahd. zeigt sich eine Art von diachronischem Zyklenwechsel, insofern von einem Übergang vom Spätgermanischen zum Frühdeutschen gesprochen werden muß, wobei aus der germanischen Spätzeit eine durch neue Schriftlichkeit gekennzeichnete dt. Frühzeit entsteht (Betz 1962). Wir beschränken uns in diesem Zusammenhang auf einige wenige Entwicklungstendenzen. Im Kasussystem macht der Instrumentalis dem Dativ mit vorangestellter Praeposition Platz, so daß sich das alte z. T. noch geltende Fünfkasussystem allmählich abbaut.

Mehr und mehr wird das Kasussystem auf den Numerusunterschied Sg./Pl. hin strukturiert. Altertümliche Reste einer frühahd. Morphologie zeigt v. a. der Abrogans, das älteste deutsche Buch, vor und nach 800 überliefert, wo sich noch eine Femininendung -*o* (< urgerm. -*ō*, idg. -*ā*) des starken Subst. N. A. Sg. der *ō*-St. (statt später -*a*) sowie des flektierten starken Adj. N. Sg. fem. (*finistro* 'tenebrosa', später -*iu*) finden (Studer 1992). In der Konjugation werden die altertümlichen Langformen des Ind. Praes. 1. Pl. der st. und schw. V. 1 auf -*umēs, -amēs, -emēs* zugunsten der ursprünglichen Optativformen auf -*ēm, -ēn* verdrängt. Im Verbalplural setzt sich allgemein fast durchgehend teils aus lautgesetzlichen Gründen, teils durch Ausgleich ein Zweiformenparadigma anstelle der alten Dreiformigkeit durch (Notkers Ind. Praes. *râtên, râtent, râtent*; Opt. Praes. seit Otfrid *farēn, farēt, farēn*, Notker *râtên, râtênt, râtên*; ebenso im Praet. Ind. und Opt. seit dem 9. Jh., vgl. Abb. 73.6, 73.7). Die früh- und normalahd. Endungsmorphematik wird ebenfalls aus lautgesetzlichen oder analogischen Gründen teilweise stärker vereinfacht, so daß man bei den Verbalendungen von einem Verfallsprozeß sprechen kann (Förster 1966). Gegenbewegung dazu ist die vermehrte Setzung von Artikel insbesondere vor den schwachen Nominalklassen (dazu u. a. Heinrichs 1954, Neumann 1967, Oubouzar 1992) und Subjektspronomen vor den finiten Verbalformen (dazu Eggenberger 1961) sowie die Ausbildung periphrastischer Verbalformen (aktive Verbformen des Perfekts und Plusquamperfekts, voll ausgebildet seit dem 12. Jh., vgl. Grønvik 1986). Dennoch bleibt die Morphologie des Ahd. in ihrer weitgehend klassen- oder stammgebundenen Differenziertheit im Vergleich mit den übrigen altgerm. Sprachen relativ altertümlich (vgl. Abb. 73.1 mit Abb. 73.2), vor allem im älteren Ahd., solange die vollen Nebensilbenvokale noch erhalten blieben und graphematisch zum Ausdruck kamen. So beruht die ahd. Morphologie schwergewichtig auf der Endungsflexion, verbunden mit der Stammflexion vor allem als Folge des *i*-Umlauts und ergänzt durch die noch nicht obligatorische Setzung vorangestellter Begleiter. Lautgesetzlich entstandene Stammvarianten im gleichen Paradigma (z. B. im Sg. des Kasussystems oder im Sg. der Verbalflexion) werden zunehmend ausgeglichen, selbst im Gefüge verbaler Stammformen (Reduktion des grammatischen Wechsels bei den starken Verben, Rückgang der apophonischen Formen bei den schwachen Verben der Kl. 1). Doch kommen im Ahd. auch morphologische Differenzierungen vor, so bei den Unterklassen der starken Verben und bei der Neugruppierung innerhalb der ersten schwachen Verbalklasse.

7. Literatur (in Auswahl)

Bibliographie: Ronneberger-Sibold, Elke, Historische Phonologie und Morphologie des Deutschen. Eine kommentierte Bibliographie zur strukturellen Forschung. Tübingen 1989. (GA, Ergänzungsreihe 3).

Althochdeutsches Wörterbuch. Auf Grund der von Elias von Steinmeyer hinterlassenen Sammlungen bearb. und hrsg. v. Elisabeth Karg-Gasterstädt und Theodor Frings, weitergeführt von Rudolf Große u. a. Bd. Iff. Berlin 1968ff. [erste Lieferung 1952].

Bergmann, Rolf, Prolegomena zu einem Rückläufigen Morphologischen Wörterbuch des Althochdeutschen. Göttingen 1984 (StAhd. 4).

Ders., Rückläufiges morphologisches Wörterbuch des Althochdeutschen. Auf der Grundlage des „Althochdeutschen Wörterbuchs" von Rudolf Schützeichel. Tübingen 1991.

Betz, Werner, „Spätzeiten" in der Geschichte der deutschen Sprache. In: Spätzeiten und Spätzeitlichkeit. Vorträge, gehalten auf dem 11. Internationalen Germanistenkongreß 1960 in Kopenhagen. Hrsg. v. Werner Kohlschmidt. Bern/München 1962, 147−167.

Birkhan, Helmut, Das germanische starke Adjektiv. In: Fs. Blanka Horacek zum 60. Geburtstag. Wien/Stuttgart 1974, 1−24. (Philologia Germanica 1).

Bolli, Ernst, Die verbale Klammer bei Notker. Untersuchungen zur Wortstellung in der Boethius-Übersetzung. Berlin/New York 1975. (Ahd. St. Gallen 4).

Borter, Alfred, Syntaktische Klammerbildung in Notkers Psalter. Berlin/New York 1982. (Ahd. St. Gallen 7).

Braune, Wilhelm, Althochdeutsche Grammatik. 14. Aufl. bearb. von Hans Eggers. Tübingen 1987.

Dal, Ingerid, Systemerhaltende Tendenzen in der deutschen Kasusmorphologie. In: Norsk Tidsskrift for Sprogvidenskap 12, 1942, 199−212. [Nachdruck Ingerid Dal, Untersuchungen zur germanischen und deutschen Sprachgeschichte. Oslo/Bergen/Tromsö 1971, 158−170].

Dieninghoff, Joseph, Die Umschreibungen aktiver Vergangenheit mit dem Partizipium Praeteriti im Althochdeutschen. Diss. Bonn 1904.

Dittmer, Ernst, Entwicklungstendenzen der Substantivflexion in den altgermanischen Dialekten. In: Sprachw. 8, 1983, 437−455.

Eggenberger, Jakob, Das Subjektspronomen im Althochdeutschen. Ein syntaktischer Beitrag zur Frühgeschichte des deutschen Schrifttums. Diss. Zürich. Chur 1961.

Eroms, Hans-Werner, Verbale Paarigkeit im Althochdeutschen und das 'Tempussystem' im 'Isidor'. In: ZfdA 126, 1997, 1−31.

von Ertzdorff, Xenia, Die Wiedergabe der lateinischen Tempora Indicativi Activi durch Notker den Deutschen von St. Gallen. In: Archiv für das Studium der neueren Sprachen und Literaturen Bd. 202, Jg. 117, 1966, 401−427.

Förster, Uwe, Der Verfallsprozeß der althochdeutschen Verbalendungen. Dargestellt an den Bibelglossaren der Familie M. Tübingen 1966. (Hermaea N. F. 17).

Franck, Johannes, Altfränkische Grammatik. Laut- und Flexionslehre. 2. Aufl. mit Nachträgen hrsg. v. Rudolf Schützeichel. Göttingen 1971. (Grammatiken der ahd. Dialekte II).

Fullerton, G. Lee, Historical Germanic Verb Morphology. Berlin/New York 1977. (SLG 13).

Grønvik, Ottar, Über den Ursprung und die Entwicklung der aktiven Perfekt- und Plusquamperfektkonstruktionen des Hochdeutschen und ihre Eigenart innerhalb des germanischen Sprachraumes. Oslo 1986.

Hawkins, John A., A Typological Approach to Germanic Morphology. In: John Ole Askedal (Hrsg.), Historische germanische Syntax. Akten des internationalen Symposiums anläßlich des 100. Geburtstages von Ingerid Dal, Oslo, 27. 8. – 1. 10. 1995. Frankfurt a. M. 1998, 49–68. (Osloer Beiträge zur Germanistik 21).

Heinrichs, Heinrich Matthias, Studien zum bestimmten Artikel in den germanischen Sprachen. Gießen 1954. (Beiträge zur deutschen Philologie 1).

Hinderling, Robert, Studien zu den starken Verbalabstrakta des Germanischen. Berlin 1966. (QFSK N. F. 24 [148]).

Ders., Zur Didaktik im germanistischen Lehrbuch. In: LuD 11, 1972, 226–234.

Howe, Stephen, The Personal Pronouns in the Germanic Languages. A study of personal pronoun morphology and change in the Germanic languages from the first records to the present day. Berlin/New York 1996. (SLG 43).

Kern, Peter Chr./Zutt, Herta, Geschichte des deutschen Flexionssystems. Tübingen 1977. (Germanistische Arbeitshefte 22).

von Kienle, Richard, Historische Laut- und Formenlehre des Deutschen. 2. Aufl. Tübingen 1969.

Krahe, Hans, Germanische Sprachwissenschaft. II. Formenlehre. 7. Aufl. bearb. v. Wolfgang Meid. Berlin 1970. (Sammlung Göschen 780/780 a/780 b).

Meid, Wolfgang, Das germanische Praeteritum. Indogermanische Grundlagen und Ausbreitung im Germanischen. Innsbruck 1971. (Innsbrucker Beiträge zur Sprachwissenschaft 3).

Moskalskaja, O. J., Deutsche Sprachgeschichte. Moskau 1977.

Näf, Anton, Die Wortstellung in Notkers Consolatio. Untersuchungen zur Syntax und Übersetzungstechnik. Berlin/New York 1979. (Ahd. St. Gallen 5).

Neumann, Reinulf, Der bestimmte Artikel *ther* und *thie* und seine Funktionen im althochdeutschen Tatian. Gießen 1967. (Beiträge zur deutschen Philologie 37).

Oubouzar, Erika, Über die Ausbildung der zusammengesetzten Verbformen im deutschen Verbalsystem. In: PBB (H) 95, 1974, 5–96.

Dies., Zur Ausbildung des bestimmten Artikels im AHD. In: Yvon Desportes (Hrsg.), Althochdeutsch – Syntax und Semantik. Akten des Lyoner Kolloquiums zur Syntax und Semantik des Althochdeutschen (1–3 März 1990). Lyon 1992, 69–87.

Paul, Hermann, Deutsche Grammatik. Bd. II. Teil III: Flexionslehre. Halle a. S. 1917.

Ders./Stolte, Heinz, Kurze deutsche Grammatik. Auf Grund der fünfbändigen deutschen Grammatik von Hermann Paul eingerichtet von Heinz Stolte. 2. vermehrte Aufl. Tübingen 1951, 3. Aufl. 1962.

Prokosch, E., A Comparative Germanic Grammar. Philadelphia 1939. [Nachdruck 1960].

Ramat, Paolo, Einführung in das Germanische. Tübingen 1981. (LA 95).

Raven, Frithjof, Die schwachen Verben des Althochdeutschen. Bd. I–II. Gießen 1963–1967. (Beiträge zur deutschen Philologie 18 und 36).

Rupp, Heinz, Zum 'Passiv' im Althochdeutschen. In: PBB (H) 78, 1956, 265–286.

Russ, Charles V. J., Historical German Phonology and Morphology. Oxford 1978.

Saltveit, Laurits, Studien zum deutschen Futur. Die Fügungen *werden* mit dem Partizip des Präsens und *werden* mit dem Infinitiv in ihren heutigen Funktionen und in ihrer geschichtlichen Entwicklung. Bergen/Oslo 1962. (Årbok for Universitetet i Bergen, Humanistisk serie 1961 No. 2).

Schatz, Josef, Altbairische Grammatik. Laut- und Flexionslehre. Göttingen 1907. (Grammatiken der ahd. Dialekte I).

Ders., Althochdeutsche Grammatik. Göttingen 1927.

Schenker, Walter, *es/os*-Flexion und *es/os*-Stämme im Germanischen. In: PBB (T) 93, 1971, 46–58.

Scholl, Emma, Die flexivische Behandlung der fremden Eigennamen in den althochdeutschen und altsächsischen Denkmälern. Diss. Zürich 1906.

Schröder, Werner, Zur Passivbildung im Althochdeutschen. In: PBB (H) 77, 1955, 1–76. [Nachdruck in: Kleinere Schriften, Bd. III, Stuttgart 1993, 285–360].

Ders., Zur Behandlung der lateinischen Perfecta in Notkers kommentierter Übertragung der ersten beiden Bücher von 'De consolatione Philosophiae' des Boethius. In: Fs. für Hans Eggers zum 65. Geburtstag, hrsg. v. Herbert Backes. Tübingen 1972, 392–415. [Nachdruck in: Kleinere Schriften, Bd. III, Stuttgart 1993, 361–384].

Schützeichel, Rudolf (Hrsg.), Philologie der ältesten Ortsnamenüberlieferung. Kieler Symposion 1. bis 3. Oktober 1991. Heidelberg 1992. (BNF, NF Beih. 40).

Seebold, Elmar, Vergleichendes etymologisches Wörterbuch der germanischen starken Verben. The Hague/Paris 1970. (JL SPr. 85).

Sommer, Thomas, Flexionsmorphologie des Verbs im althochdeutschen Tatian. München 1994. (tuduv-Studien, Reihe Sprach- und Literaturwissenschaft 42).

Sonderegger, Stefan, Das Althochdeutsche der Vorakte der älteren St. Galler Urkunden. Ein Beitrag zum Problem der Urkundensprache in althochdeutscher Zeit. In: ZMF 28, 1961, 251–286.

Ders., Althochdeutsche Sprache und Literatur. Eine Einführung in das älteste Deutsch. Darstellung und Grammatik. Berlin/New York 1974. 2. Aufl. 1987. (SaGö 8005).

Ders., Tendenzen zu einem überregional geschriebenen Althochdeutsch. In: Helmut Beumann/Werner Schröder, Aspekte der Nationenbildung im Mittelalter. Sigmaringen 1978, 229–273. (Nationes 1).

Ders., Grundzüge deutscher Sprachgeschichte. Diachronie des Sprachsystems. Bd. I Einführung − Genealogie − Konstanten. Berlin/New York 1979.

Studer, Eduard, Abrogans 12. 9.−18. In: Harald Burger/Alois M. Haas/Peter von Matt (Hrsg.), Verborum amor, Studien zur Geschichte und Kunst der deutschen Sprache, Festschrift für Stefan Sonderegger. Berlin/New York 1992, 179−184.

Szulc, Aleksander, Diachronische Phonologie und Morphologie des Althochdeutschen. Warszawa 1974.

Tops, Guy A., The Origin of the Germanic Dental Preterit. A Critical Research History since 1912. Leiden 1974.

van Coetsem, Frans, Das System der starken Verba und die Periodisierung im älteren Germanischen. Amsterdam 1956. 2. Aufl. 1964. (Mededelingen van de Koninklijke Nederlandse Akademie van Wetenschappen, Afd. Letterkunde, nieuwe reeks, deel 19, No. 1).

Ders., Proto-Germanic morphophonemics. In: Frans van Coetsem/Herbert L. Kufner, Toward a Grammar of Protogermanic. Tübingen 1972, 175−209.

Veith, Werner H., Diachronie des Ablauts. Möglichkeiten und Grenzen der generativen Phonologie. In: Historizität in Sprach- und Literaturwissenschaft. Vorträge und Berichte der Stuttgarter Germanistentagung 1972. In Verbindung mit Hans Fromm und Karl Richter hrsg. v. Walter Müller-Seidel. München 1974, 47−68.

Werner, Otmar, Das deutsche Pluralsystem. Strukturelle Diachronie. In: Sprache, Gegenwart und Geschichte. Jahrbuch des Instituts für deutsche Sprache 1968. Düsseldorf 1969, 92−128. (Spr. d. Geg. 5).

Wiesinger, Peter, Zur Morphologie der bairischen Ortsnamen im Althochdeutschen. In: Rudolf Schützeichel (Hrsg.), Philologie der ältesten Ortsnamenüberlieferung. Heidelberg 1992, 355−400.

Wilmanns, Wilhelm, Deutsche Grammatik. Gotisch, Alt-, Mittel- und Neuhochdeutsch. Dritte Abteilung: Flexion. 1. Hälfte: Verbum. 2. Hälfte: Nomen und Pronomen. Straßburg 1906−1909.

Stefan Sonderegger, Zürich

74. Lexikologie und Lexikographie des Althochdeutschen

1.   Quantitativer Aspekt
2.   Aspekte sprachlicher Herkunft
3.   Wortgeographischer Aspekt
4.   Stilistischer Aspekt
5.   Wortverlust und Neuprägung
6.   Sachgruppen
7.   Wortfamilien
8.   Lexikographische Erschließung
9.   Literatur (in Auswahl)

Aufgrund der − was die Textsorten betrifft − disparaten und im Vergleich zu den folgenden Sprachstufen relativ spärlichen Überlieferung sind dem Versuch, Strukturen im ahd. Wortschatz aufzuweisen, enge Grenzen gezogen. Die unumgängliche Beschränkung auf das mehr oder weniger zufällig Überlieferte läßt eine die tatsächlichen Verhältnisse treffende Beschreibung überhaupt nicht oder nur annäherungsweise zu. Hinzu kommt, daß bis heute eine befriedigende lexikographische Aufarbeitung der gesamten ahd. Lexik in Form eines semasiologischen Belegwörterbuchs nicht vorliegt (vgl. 8).

1.   Quantitativer Aspekt

Die folgenden Zahlenangaben vermitteln einen groben Überblick darüber, wie sich der appellativische ahd. Wortschatz auf die einzelnen Sprachdenkmäler verteilt. Gewisse Abweichungen von bisherigen Angaben dürften ihren Grund darin haben, daß eine scharfe Abgrenzung des Wortbegriffs und eine eindeutige Zuordnung in vielen Einzelfällen problematisch bleiben müssen. Dies ist beispielsweise der Fall bei ungedeuteten bzw. kontrovers gedeuteten Stellen, beim Ansatz von Kompositum oder Wortgruppe, bei der Entscheidung, ob ahd. Lehnwort oder lat. Vokabel vorliegt.

Sprachdenkmäler	Anzahl der Wörter
Isidorübersetzung (um 800; srhfrk.)	750
Murbacher Hymnen (Anfang 9. Jh.; alem.)	850
Benediktinerregel (Anfang 9. Jh.; alem.)	1 600
Tatian (um 830; ofrk.)	2 200
Otfrid von Weißenburg (um 870; srhfrk.)	3 500
Notker von St. Gallen (um 1000; alem.)	7 000
Kleinere ahd. Sprachdenkmäler	2 450
Wortschatz insges. (ohne Glossen)	10 900

Abb. 74.1: Anzahl der Wörter in ahd. Sprachdenkmälern

Außerdem ist der in lat.-ahd. Glossaren und in Form der Textglossierung – dazu zählt auch die rund 50 Jahre jüngere Glossierung der Notkerschen Psalterübersetzung – überlieferte Wortschatz anzuführen, der hinsichtlich Lokalisierung, vor allem aber Datierung besondere Probleme aufwirft. Eine klare Abgrenzung zum Mhd. hin ist bei dieser 'Textgattung', die im Graphischen und Morphologischen größtenteils kontinuierlich von der ahd. zur mhd. Sprachform übergeht, nicht immer möglich. Ähnliches gilt für die Abgrenzung zum Asächs. bzw. Anfrk. Entsprechend unsicher sind hier die Zahlenangaben, die wegen der bis heute nicht systematisch aufgearbeiteten und lexikographisch nur unzureichend erfaßten ahd. Wörter in den lat. Quellen (Urkunden, Chroniken, Viten usw.) eher etwas zu niedrig angesetzt sein dürften. Dem Nachteil einer nur sekundären textuellen Einbettung bei den Glossen steht allerdings die Fülle an sonst nicht überliefertem Wortgut gegenüber, die neue, anderswo nicht abgedeckte Sachbereiche erschließt. Das zeigt u. a. das wohl in die Mitte des 8. Jhs. zu datierende Abrogansglossar, das in 14 699 Belegen 3 682 Wörter überliefert, von denen knapp 700 Wörter als Hapaxlegomena einzustufen sind. Insgesamt sind etwa knapp zwei Drittel des ahd. Wortschatzes nur durch Glossen bezeugt, die mit ihren rund 220 000 Belegen einen beachtlichen Teil der volkssprachlichen Überlieferung ausmachen.

Sprachdenkmäler	Anzahl der Wörter
Glossen	24 100
Sprachdenkmäler	10 900
davon nicht als Glossen bezeugt	4 400
Wortschatz insgesamt	28 500

Abb. 74.2: Anzahl der Wörter in ahd. Glossen und Sprachdenkmälern.

2. Aspekte sprachlicher Herkunft

Nach einem gängigen Einteilungsschema läßt sich der Wortschatz einer Sprache in einen Erbwortschatz, einen Lehnwortschatz und in Lehnprägungen gliedern. Die fast ausschließlich kirchlichen und klösterlichen Interessen dienende ahd. Schriftlichkeit weist einen überproportionalen Anteil an Lehnprägungen auf; nach einer Schätzung von W. Betz rund 15%. Dies ist zurückzuführen auf den vorherrschenden Einfluß des Lat., des Trägers und Vermittlers christlichen Gedankenguts, zumal es sich hier weithin um Übersetzungsliteratur handelt. Selbst der von H. Wesche zusammengestellte, aus dem Germ. ererbte 'heidnische' Wortschatz ist dann strenggenommen nicht dem Erbwortschatz zuzurechnen. Denn er wird eben im Rahmen christlich geprägter bzw. überformter Texte eingesetzt und ist damit zumindest inhaltlich als entlehnt, d. h. als Lehnbedeutungen, einzustufen. So etwa *haruch* (St. I, 285, 4) – als Wiedergabe von *nemus* 'heiliger Hain' in einer Bibelglosse zu *Abraham vero plantavit nemus in Bersabee* (Gen. 21, 33) –, *friskinch* (St. II, 641, 32) – eine Vergilglosse (Georgica III, 486) zu *hostia* 'Opfertier' – oder *galster* – bei Notker in der Präpositionalgruppe *mit kalstre* 'durch Zauberei' (Nb 35, 3) zu *nicromantia*. Bei einer solchen Betrachtung, die eine ausdrucksseitig angelegte Einteilung durch eine inhaltsseitige überlagert und so verunklart, wäre in letzter Konsequenz zumindest im Bereich des Religiösen kein Erbwortschatz anzutreffen. Klammert man die fragwürdige Kategorie 'Lehnbedeutung' aus, so reduziert sich der Anteil gemäß der genannten Schätzung auf 10%. Die mit dem Oberbegriff 'Lehnbildung' bezeichneten Wörter, die lat. Vorbilder „mit dem Material der eigenen Sprache nach- bzw. neubilde[n]" (Betz 1974, 136), sind in zahlreichen Arbeiten von Betz und seiner Schule zusammengestellt und nach dem Grad der Entlehnung als Lehnübersetzung, Lehnübertragung oder Lehnschöpfung klassifiziert worden. So etwa als

Lehnübersetzung:
drīnissa 'Dreifaltigkeit' – *trinitas*,
līhchamlīh 'leiblich' – *corporalis*,
zuahelfen 'helfen' – *adiuvare*;
Lehnübertragung:
uuāthūs 'Kleiderkammer' – *vestiarium*,
uuīntrunchal 'trunksüchtig' – *vinolentus*,
foraeruuechan 'aufrücken lassen' – *promovere*;
Lehnschöpfung:
namahaftii 'Anrede' – *appellatio*,
bettisioh 'bettlägerig krank, gelähmt' – *paralyticus*,
muazzōn 'Muße haben' – *vacare*.

Wie weit hier eine unmittelbare Einwirkung lat. Wörter angenommen werden kann, dürfte vielfach umstritten bleiben. Das gilt vor allem dann, wenn es sich um ahd. Wörter handelt, die produktiven Wortbildungsmustern zugeordnet werden können; denn strukturelle Gleichheit impliziert nicht ohne wei-

teres Abhängigkeit. Bei einer solchen isolie-
renden Betrachtungsweise, bei der Texte als
Folgen von Übersetzungsgleichungen erscheinen, wird außer acht gelassen, daß die Ent-
lehnungsvorgänge größtenteils bereits Jahrhunderte zurückliegen und daher die Wortwahl der ahd. Übersetzer nicht als eine Spiegelung dieser Vorgänge interpretiert werden
kann. Damit soll nicht bestritten werden, daß
es vor allem im Bereich der Textglossierung
und Wörterbuchübertragung auch Neubildungen in enger Anlehnung an die Struktur
bestimmter lat. Wörter gegeben hat; doch der
Prozentsatz derartiger Lehnbildungen dürfte
erheblich niedriger und Sicherheit im Einzelfall kaum zu erreichen sein.

Sehr viel klarer liegen die Verhältnisse bei
den Lehnwörtern, deren Anteil am ahd.
Wortschatz auf etwa 3% geschätzt wird. Anhand lautlicher Kriterien ist hier über die
bloße Zuordnung hinaus sogar eine zeitliche
und räumliche Staffelung – zumindest im
Bereich der Kirchensprache – feststellbar.
Nach Th. Frings (1957, 21 ff.) lassen sich folgende Lehnwortschichten unterscheiden: Der
Wortschatz des lat.-rom. Frühchristentums
der germ. und gall. Provinzen, dem u. a. ahd.
Wörter zuzuordnen sind wie etwa

kirihha 'Kirche' aus **kiri(a)kon* bzw. **kirika*, ei-
    nem griech. Lehnwort (vgl. griech. κυρι(α)κός
    'dem Herrn gehörig') im Lat.;
biscof 'Bischof' über altrom. **poscopu* aus griech.-
    lat. *episcopus*;
alamuosa 'Almosen' über das Romanische vermit-
    telt aus griech.-lat. *eleemosyna*.

Im Zusammenhang mit der Frankenbekeh-
rung unter Chlodwig und seinen Nachfolgern
steht die gall.-frk. Lehnwortschicht am
Rhein, die repräsentiert wird durch Wörter
wie beispielsweise

probost, -bist 'Vorsteher (eines Klosters)' aus *propos-
    s(i)tus*, das in spätlat. oder frührom. Zeit durch
    Präfixwechsel aus *praepositus* 'Vorgesetzter' um-
    gebildet worden ist;
seganōn 'segnen', das auf lat. *signare* in der christli-
    chen Bedeutung 'mit dem Zeichen des Kreuzes
    versehen' – mit provinziallat. *e* aus *i* – zurück-
    geht;
zinsera, -sāri 'Rauchfaß' aus mittellat. *incensarium*,
    das im Afrz. als *(en)censier* anzutreffen ist.

Die griech.-got. Lehnwortschicht der sdt.
Kirchensprache, die aufgrund fehlender
Zeugnisse einer got. Mission bei den obd.
Stämmen Probleme aufwirft und für die man
auch langob. Vermittlung in Erwägung gezo-
gen hat, bildet räumlich gesehen das Gegen-

stück zur frühchristlichen Lehnwortschicht
am Rhein. Als einigermaßen gesichert können gelten:

phaffo 'Priester, Weltgeistlicher', das – im Ahd. in
    zahlreichen Ableitungen und Komposita be-
    zeugt – über got. Vermittlung auf spätgriech.
    παπᾶς zurückzuführen ist;
*sambaz in *sambaztag* 'Samstag', das über eine an-
    zusetzende volkssprachige Nebenform σάμβατα
    letztlich auf hebr. *Sabbat* beruht.

Ohne erkennbaren Einfluß auf lexikalischem
Gebiet – zumindest was die Übernahme
nichtheimischer Wörter betrifft – ist die ir.
Festlandsmission des 7. bis 9. Jhs. geblieben.
Einzig das mit der Sache aus air. *clocc* entlehnte *glocca, clocca* 'Glocke' läßt sich namhaft machen. Dasselbe gilt für die vor allem
für die Entstehung eines ahd. Schriftwesens
bedeutsame ags. Mission des 8. Jhs., die im
Lehnwortbereich keine Spuren hinterlassen
hat.

All diese Einflüsse liegen vor dem Einsetzen der ahd. Überlieferung in der zweiten
Hälfte des 8. Jhs. und können daher nur indirekt mit Hilfe der Kulturgeschichte und -geo-
graphie aus den Texten erschlossen werden.
Dies gilt ebenso für Wörter aus dem profanen
Bereich, die zumeist mit der Sache von den
kulturell höherstehenden Römern entlehnt
worden sind. Besonders stark vertreten sind
hier der Stein-, Wein- und Gartenbau mit
noch heute gebräuchlichen Bezeichnungen
wie

ziegal 'Ziegel, gebrannter Stein' (< *tegula*),
c(h)alc, c(h)alh 'Kalk' (< *calx, calcem*),
mūra 'Mauer' (< *murus*),
astrīh, estrīh 'gepflasterter Fußboden, Est-
    rich' (< *astricum*),
finestra, fenstar 'Fenster' (< *fenestra*);
calcatura, kelcterre 'Kelter' (< *calcatorium*),
trahtāri, trehtere, trihtere 'Trichter' (< *traiec-
    torium*),
most 'junger Wein, Most' (< *[vinum] mo-
    stum*),
uuīn 'Wein' (< *vinum*);
phlanza 'Schößling, Pflanze' (< *planta*),
kōl(a) 'Kohl, Gemüse' (< *caulis*),
z(u)ibolle 'Zwiebel' (< *cepulla*),
prophōn 'pfropfen, (Obstbäume) veredeln' zu
    phrofa 'Setzling' (< *propago*),
kersa, kirsa 'Kirsche' (< *ceresia, cerasium*).

Die Mehrzahl der ahd. Wörter ist, wie nicht
anders zu erwarten, dem Erbwortschatz zuzurechnen. Die entsprechenden Simplizia wie
z. B.

dorn 'Dorn' (vgl. got. *þaurnus*; anord. aengl. *þorn*; afries. asächs. *thorn*),

rōt 'rot' (vgl. got. *rauþs*; anord. *rauðr*; aengl. *rēad*; afries. *rād*; asächs. *rōd*),

geban 'geben' (vgl. got. *giban*; anord. *gefa*; aengl. *giefan*; afries. *jeva*; asächs. *gevan*),

ubar 'über' (vgl. got. *ufar*; anord. *yfir*; aengl. *ofer*; afries. *over*; asächs. *ovar*)

stammen aus dem Germ. Bei den Ableitungen und Komposita ist jeweils zu unterscheiden, ob es sich um ererbte strukturierte Wörter handelt oder um solche, die erst in nachgerm. Zeit aus Erbwörtern gebildet worden sind. Zur ersten Gruppe gehören etwa Wörter wie

nōtdur(u)ft 'Notwendigkeit' (vgl. got. *naudiþaurfts*; asächs. *nōdthurft*),

angida 'Beklemmung' (vgl. got. *aggwiþa*; anord. *øngd*),

finfzehan 'fünfzehn' (vgl. got. *fimftaihun*; anord. *fimtán*; aengl. *fīftīene, -tȳne*; afries. *fīftīne*; asächs. *fīftein*),

unmahtīg 'schwach, kraftlos' (vgl. got. *unmahteigs*; aengl. *unmihtig*; afries. *unmachtig*),

artrīban 'vertreiben' (vgl. got. *usdreiban*; aengl. *ādrīfan*),

salbōn 'salben' (vgl. got. *salbon*; aengl. *sealfian*; afries. *salvia*; asächs. *salvōn*).

Aus formalen und teilweise inhaltlichen Gründen dürften die folgenden Bildungen zur zweiten Gruppe gehören:

suozstanchperg 'Berg des Wohlgeruchs',
darmgurtil 'Bauchriemen (des Pferdes)',
hūsilīn 'Häuschen, Hütte',
huaralīn 'liebessüchtig, geil',
leidogilīh 'jegliches Leid',
halsslegilōn 'ohrfeigen'.

Allerdings ist es oft nicht möglich, das Alter einzelner Bildungen auch nur annähernd zu bestimmen. Denn analog zu altererbten Bildungen können auch später noch neue gebildet werden, selbst wenn alles darauf hindeutet, daß kein produktives oder aktives Wortbildungsmuster vorliegt.

3. Wortgeographischer Aspekt

Da das Ahd. nicht durch Ausgliederung aus einem geschlossenen Sprachverband zustande gekommen ist, sondern auf die alten Stammesidiome zurückgeht, die im Rahmen des frk. Reiches zu einer in sich stark gegliederten, relativen Einheit zusammengewachsen sind, zeigen sich auch beim Wortschatz vielfältige räumliche Gegensätze. Diese Gegensätze sind allerdings nur sehr vermittelt greifbar; denn aufgrund der Überlieferungs-

verhältnisse beziehen sie sich strenggenommen nur auf Klostersprachen, deren Einbindung in die jeweilige Sprachlandschaft nicht so ohne weiteres feststeht. Dennoch läßt sich im Blick auf die Gesamtentwicklung des dt. Wortschatzes landschaftlich gebundenes Wortgut namhaft machen. So hat man beispielsweise für das Altmittelfränkische, das spärlich und fast ausnahmslos in Form von Glosseneinträgen bezeugt ist, folgende Kennwörter ermittelt:

kichilla 'Eiszapfen' (St. II, 703, 20),
merla 'Amsel' (St. III, 26, 58; 30, 42?; 88, 9; 458, 28),
muscha 'Sperling' (St. III, 365, 34; 457, 24; Summarium Heinrici, hrsg. v. R. Hildebrandt, I, 165) mit dem zugehörigen Kompositum *aggermuscha* (St. III, 88, 5),
*pasch in *paschwiese* 'Wiese, Weide' (St. III, 380, 49),
unelouh, unloich 'Zwiebel' (St. III, 387, 40; 471, 18).

Diesen entsprechen in den übrigen Sprachlandschaften, sofern Textzeugen vorhanden sind und sprachgeographische Zuordnungen erlauben, folgende Bezeichnungen für

'Eiszapfen' − *īssa* (bair.); *īsilla, issilla* (alem.); *(h)ichila* (rhfrk.) sowie die md./obd. Mischform *ihsilla*.

'Amsel' − *amsla* (md./obd.); *merlīn* (bair.).

'Sperling' − *sparo* (md./obd.); im Spätahd.: *sperch(e), sperling* und *spacz* noch ohne erkennbare sprachgeographische Fixierung; beim Notker-Glossator (alem.) die Bildung *smalfogel*.

'Wiese, Weide' − *uuisa* (frk./alem.); *uueida* (md./obd.); das im Ahd. nicht bezeugte **mata* ist indirekt durch Notkers *matoscregh* 'Heuschrecke' fürs Aalem. anzusetzen.

'Zwiebel' − *z(v)ibolle, c(w)iuolle* (md./obd.).

Entsprechende Kennwörter des Abair. sind etwa *khranauuitu* 'Wacholder' gegenüber sonst vor allem anzutreffenden *uuechalter* und *rechelter*, das in ahd. Zeit noch nicht auf das Alem. beschränkt ist, *pherintac* 'Freitag' gegenüber *frīadag* oder *mūta* 'Zoll' gegenüber *zol*. Für das Alem. lassen sich beispielsweise *(uuīn)trota* 'Kelter' im Gegensatz zu *torcul(a)* und *calcatura, hūuuo* 'Uhu' im Gegensatz zu *ūuo* oder *ancho* 'Butter', das in der Form des Kompositums *ancsmero* 'Butter(-schmalz)' allerdings auch in bair. Handschriften anzutreffen ist, im Gegensatz zu *butira* anführen. Als bair.-alem. Eigenheiten sind u. a. *pheit* 'Hemd, Schlitzüberwurf' oder *tuld, dult* 'Fest, Feier' zu fassen. Allerdings ist zu beachten, daß die obd. Überlieferung weit überwiegt und daher das Fehlen entsprechender Belege im Md. oft nur der Überlieferungslage anzulasten ist. Auch ist mit K. von

Bahder (1925, 7 ff.) vor der Projizierung spmhd. und frnhd. Wortgegensätze in diese frühe Zeit zu warnen, genauso wie vor der Vorstellung, die ursprünglichen, durch die verschiedenen Missionen hervorgerufenen wortgeographischen Unterschiede beim religiösen Wortschatz seien unmittelbar an den ahd. Sprachdenkmälern ablesbar. Spätere bzw. zuvor eingetretene Ausgleichsbewegungen, mit denen ohnehin im Rahmen der Wortgeographie ganz besonders zu rechnen ist, dürften die Wortlandschaft erheblich verändert haben. So sind z. B. die ahd. Wortpaare

fualen/intfindan 'fühlen, empfinden',
(brust)lappo/blezza 'Stückchen Tuch, Lappen',
nar(u)walmāsa 'Wundmal, Narbe',
zigalgeiz 'Ziege'

noch nicht wie im Frnhd. auf den Gegensatz md./obd. festgelegt, und Wörter der sogenannten sdt. Kirchensprache des 6./7. Jhs. sind bereits in frk. Sprachdenkmälern anzutreffen:

dulten 'dulden, ertragen' (Otfrid),
freuuen bzw. *frouuen* 'erfreuen, (sich) freuen' (Otfrid, Rheinfränkische Cantica) und *freuuida* 'Freude' (Isidor, Weißenburger Katechismus, Otfrid),
trōsten 'Zuversicht geben, trösten' (Otfrid, Ludwigslied) und *trōst* 'Tröstung, Zuversicht' (Otfrid),
trūrēn 'traurig sein, trauern' (Otfrid),
zuīuolōn '(am Glauben) zweifeln' und *zuīual* 'Zweifel, Ungewißheit' (Otfrid).

Die entsprechenden Konkurrenten − *druoēn, gifehen* und *gifeho, fluob(i)ren* und *fluob(a)ra, mornēn, zue(h)ōn* und *zueo* −, die sich u. a. noch im ofrk. Tatian und zum Teil im obd. Abrogansglossar finden, sind von ihnen zurückgedrängt worden und veralten. In entgegengesetzter Richtung verbreiten sich dagegen die frk. Rechtstermini, die − wie K. F. Freudenthal (1949, 199, Karte 1) nachweisen konnte − in der 2. Hälfte des 8. Jhs. das Obd. erreichen. Im Zuge dieser Entwicklung setzen sich die *urkund*-Bildungen wie

urkundo 'Zeuge' (u. a. Benediktinerregel, Murbacher Hymnen; zu lat. *testis, martyr*),
urchundī 'Zeugnis' (u. a. Monseer Fragmente, Benediktinerregel; zu lat. *testimonium*),
(ke)urchundōn 'bezeugen, bekunden' (u. a. Reichenauer Bibelglossar Ib/Rd, Notker; zu lat. *contestare, testificare, testimonium ponere*)

gegenüber den älteren *(gi)uuizz-* und *kund-* Bildungen durch, die im Abrogans noch allein herrschen und durch zahlreiche Glossierungen wie beispielsweise

conscius (testis) − *kauuizzo* (St. I, 64, 5),
testis − *chundeo* (St. I, 64, 6) und *chundāri* (St. I, 190, 28),
testimonium − *cauuizzida* (St. I, 40, 12; 138, 19; 207, 11),
testari − *chunden* (St. I, 211, 28)

vertreten sind. Ähnlich verhält es sich mit den *urteil*-Bildungen gegenüber den *tuom-* und *suona*-Bildungen (Freudenthal 1949, 200, Karte 2), die vorwiegend die lat. Schlüsselwörter *iudex, iudicium* und *iudicare* wiedergeben. Das zeigt sich etwa an der Ersetzung von älterem *sōneo* 'Richter' der Pariser und St. Galler Abroganshandschrift (St. I, 14, 35) durch jüngeres *urteilo* in der zugehörigen, später zu datierenden Reichenauer Handschrift. Zwar erscheint in den Samanunga, einer um a. 790 anzusetzenden Regensburger Bearbeitung des Abrogans, noch *sōnāri* 'Richter' in der Glossengruppe *Iudicator coniector uel sonari* (St. I, 193, 1), aber es fehlen Belege für die Abroganswörter *tōm* 'Urteil, Gericht' (St. I, 122, 32; 203, 5) und *tōmquiti* 'Urteilsspruch' (St. I, 70, 3). Nur in der Glosse *Arbitrium selptoom* 'freies Ermessen, Belieben' (St. I, 51, 22) ist noch eine *tuom*-Bildung nachweisbar, während die Glossierung *Censura Iudicium uel urteilida* 'Beurteilung' (St. I, 71, 2) und zwei weitere *urteilida*-Belege (St. I, 103, 33; 107, 37) die veränderte wortgeographische Situation verdeutlichen.

4.   Stilistischer Aspekt

Der stilistischen Charakterisierung des ahd. Wortschatzes sind über die Beschränkung durch die Überlieferungslage hinaus aufgrund der Problematik angemessener, über subjektive Vermutungen hinausgehender Kriterien zur Einschätzung der Stilwerte einzelner Wörter bei einer nur vermittelten Sprachkompetenz noch engere Grenzen als sonst gesetzt. Immerhin lassen sich auch hier Stilschichten unterscheiden, und zwar in erster Linie eine gehobene, dichterische Ausdrucksweise, die sich von einer 'prosaischen', gefühlsmäßig neutralen abhebt. Dazu gehören sicher die an Kenningar gemahnenden Fügungen *sunnūn pad* 'Sonnenpfad', *sterrōno strāza* 'Sternenstraße' und *uuega uuolkōno* 'Wolkenwege', die Otfrid (I, 5, 5 f.) zur Schilderung, wie der Engel der Verkündigung vom Himmel herabfliegt, wirkungsvoll einsetzt. Notker in seiner Consolatio-Übersetzung verwendet dagegen − natürlich in einem anderen Zusammenhang − das schlicht beschreibende *sunnūn uart* 'Bahn der Sonne' (Nb 15, 15). Anzuführen wären etwa auch Bildungen im Isidor wie *adhalsangheri* 'berühmter Sänger' (10, 7) oder *himilfleugende* 'Vögel des Himmels' (2, 17) gegenüber eigenem *erchno sangheri* (14, 8) bzw. gegenüber Tatians *himiles fugala* (38, 2; 51, 2; 73, 2). Nicht ganz so sicher ist die Zuordnung von Wörtern mit sogenannter übertragener Bedeutung wie *bluomo* 'Blüte, Glanz' (Isidor, Otfrid, Notker), *fleisc* 'Leib (Christi)' (Murbacher Hymnen, Tatian, Notker-Glossator), *heimleiti* 'Hochzeit' (Notker) oder *peh* 'Hölle(nfeuer)' (Murbacher Hymnen, Muspilli, Otfrid), denen die normalsprachlichen Bezeichnungen *zierī* bzw. *zier(e)da, līh(h)amo, brūtlouft* bzw. *hīleih* sowie *hella(fiur)* gegenüberstehen. Wohl auch aufgrund ihrer Altertümlichkeit sind die Hapaxlegomena des Hildebrandsliedes einer gehobenen Sprachschicht zuzurechnen:

asck '(Eschen)speer', *billi* 'Schwert, Streitaxt', *bretōn* 'niederstrecken, -schlagen', *gūdeo, hiltia* 'Kampf', *gūdhamo* 'Kampfgewand', *irmindeot* 'Volk, Menschen', *linta* 'Schild (aus Lindenholz)', *gimahalen* 'sprechen, sagen', *sēolīdanti* 'seefahrend', *? staimbort* '(Kampf)schild', *wēwurt* 'Unheil, Untat', *giwītan* 'gehen'.

Daß hier wirklich stilistische Gründe für die Wortwahl ausschlaggebend gewesen sind, zeigen u. a. die folgenden Entsprechungen, die vielfach auch als Glossen und keineswegs erst im Spahd. bezeugt sind:

sper, scaft 'Speer', *suuert, uuāfan* 'Schwert', *(nider)slahan, erfellen, niderstrecchen* 'niederstrecken, -schlagen', *uuīg, gifeht, einuuīg(ī), kampf* 'Kampf', *uuīc(ki)garauuī* 'Kampfgewand', *liut(i), man, menniscon, gommon* 'Menschen, Volk', *scilt* 'Schild', *quedan, sprehhan, sagēn* 'sprechen, sagen', *scefman, feri(g)o* 'Seemann', *chamfskilt* 'Kampfschild', *harm, leid(uuende), zāla* 'Unglück, Unheil', *gangan, faran* 'gehen'.

Nur vereinzelt sind Wörter aufs Pergament gelangt, die einer stilistisch niederen Ebene angehören und die man als derb oder gar als vulgär einzustufen pflegt. Die 'Altdeutschen Gespräche', ein Gesprächsbüchlein für den praktischen Gebrauch auf Reisen, sind nahezu das einzige Sprachdenkmal, das der sogenannten Grundschicht angehörende Wörter und Wendungen überliefert. So findet sich etwa dort der Ausdruck *[h]undes ars*, der wohl im Sinne von 'Teufelsarsch' zu verstehen ist, in dem Fluch *[h]undes ars in tine naso* 'Hundsarsch in deiner Nase' (Huisman 1969, 285, Nr. 42). *Begotta* 'bei Gott' dürfte

damals als anstößig empfunden worden sein, falls das folgende *En gualiche steta colernen ger* 'Wo habt ihr (das) gelernt?' (Huisman 1969, 286, Nr. 81f.) als vorwurfsvolle Entgegnung zu fassen ist. Anzuführen sind auch das wiederholte *(mine) terua* 'bei meiner Treu' (Huisman 1969, 282, Nr. 25 u. ö.), das eingeschobene, emphatische *pe desem [h]auda* 'bei diesem [= meinem] Kopf' (Huisman 1969, 287, Nr. 63) und das Schimpfwort *narra* 'Narr, Idiot' (Huisman 1969, 288, Nr. 65). In den Bereich des Obszönen gehört *serden* 'futuere', das zudem in einer Leipziger Terenzhandschrift gleichsam in Form eines Flexionsparadigmas eingetragen ist (E. Schröder 1925, 36).

5. Wortverlust und Neuprägung

In den rund 300 Jahren der ahd. Sprachepoche hat sich auch der Wortschatz — wie nicht anders zu erwarten — durch Wortverlust und das Aufkommen neuer Wörter vielfach verändert. So zutreffend und einleuchtend diese globale Feststellung ist, im konkreten Einzelfall ist sie nur sehr schwer mit sicheren Beispielen zu belegen, und dies nicht bloß aufgrund der mißlichen Überlieferungslage und der unzureichenden lexikographischen Aufarbeitung. Ähnliches gilt, wenn man darüber hinaus Gründe für den Untergang bzw. das Aufkommen bestimmter Wörter angeben will. Da es sich bei diesen Gründen mehr oder weniger nur um solche handelt, die zu allen Zeiten wirksam sein können und keineswegs alle gleichgelagerten Fälle erfassen, sollte man zudem zurückhaltender und damit präziser von Tendenzen oder Dispositionen sprechen. So dürfte es z. B. fraglich sein, ob allein der ehedem vorchristliche Bedeutungsgehalt dafür verantwortlich ist, daß die Bezeichnungen für 'Opfer' bzw. 'Opferstätten' wie *bluostar, gelstar, zebar* bzw. *paro, harug, lōh* untergegangen sind, wenn vergleichbare Wörter wie *(h)lōz* 'Los, Schicksal', *girūni* 'Geheimnis' oder *zoupar* 'Zauber(ei)' nicht betroffen sind. Dagegen ist euphemistischer Wortschatz wie etwa *luppi* 'Gift' durch *gift* 'Gabe' oder *(h)ref* 'Mutterschoß' durch *scōza* 'Kleiderzipfel' nichts Außergewöhnliches. Sogenannte Homonymenfurcht spielt möglicherweise beim Untergang von *diu* 'Dienerin, Magd' eine Rolle, das mit der femininen Artikelform *diu* lautlich zusammengefallen und durch *dierna* 'Mädchen, Dienerin' und im Mhd. durch *maget* 'Jungfrau, Magd' ersetzt worden ist. Vergleichbare Fälle wären etwa *potah, boteh* 'lebloser Körper, Leichnam' (vgl. *potacha* 'Bottich'), *lahan* 'tadeln, verbieten' (vgl. *(h)lahhen* bzw. *lahhēn* 'lachen'), *munt* 'Schutz' (vgl. *mund* 'Mund, Maul'), an deren Stelle u. a. Wörter wie *līh(h)amo, sceltan* oder *firbiotan, scirm* bzw. entsprechende Umschreibungen oder Synonyme treten. Im Hinblick auf *ei* 'Ei' und *ē* 'Gesetz, Ehe', das noch im Frnhd. in dieser Form geläufig ist, dürfte der Untergang von *ou* '(Mutter)schaf' wohl kaum auf das Bestreben zurückgeführt werden, im Dt. den Zusammenfall von Laut und Wort zu verhindern. Im Rahmen der Suffixablösung bei den Nomina agentis während der ahd. Periode, die O. Weinreich untersucht hat, ist eine Reihe von Bildungen auf *-(e)o* durch solche auf *-āri* ersetzt worden, ohne daß man im Einzelfall Gründe angeben könnte:

gebo 'Geber, Spender' – *kebāre*; *chaufo* 'Kaufmann' – *caufāri*; *leito* 'Führer' – *leitāri*; *leso* 'Leser' – *lesere*; *scrībo* 'Schreiber' – *scrībere*; *slinto* 'Fresser' – *slintāri*.

Wieweit es sich bei den nur in Glossaren und Textglossierungen überlieferten Wörtern um gebräuchliches Sprachgut oder nur um Augenblicksbildungen handelt, ist schwer abzuschätzen. Dementsprechend unsicher bleibt es auch, ob z. B. bei Hapaxlegomena tatsächlich von Wortverlust oder nur von einer nicht erfolgten Eingliederung in den geläufigen Wortschatz gesprochen werden kann. Weitgehende Bauentsprechung mit dem lat. Lemma ist jedenfalls kein hinreichendes Indiz für eine 'künstliche' Bildung, und altererbte Wörter können ebenso veralten wie neugebildete. So sind etwa *unarmōdenlīh* 'unermüdlich' als Wiedergabe von *indefessus* (St. II, 81, 29) oder *uorsangāri* 'Vorsänger' als Wiedergabe von *praecentor* (St. III, 133, 39; 180, 15), die nur als Glossen bezeugt sind, bis heute in Gebrauch, während sich die Notkerschen Bildungen *anauallunga* 'das Zufällige, äußerer Einfluß' zu *accidentia* (Nk 452, 24) oder *ursuochenōn* 'erörtern, untersuchen' zu *discutere* (Ns 617, 19) offensichtlich nicht haben durchsetzen können. So muß es in der Mehrzahl der Fälle von Wortverlust bei einem bloßen Konstatieren des Befundes bleiben, wobei allerdings zu bedenken ist, daß in einzelnen Dialekten Wörter weiterleben können, die im Bereich der Schriftlichkeit kein Lebensrecht erlangt haben. Bei den folgenden Beispielen handelt es sich um gängige ahd. Wörter, die – zum Teil mitsamt ihrer Wort-

familie – in spahd. Zeit veraltet bzw. untergegangen sind:

bouchan 'Zeichen', *firina* 'Verbrechen, Missetat', *(h)lēo* 'Grabhügel, Grabmal', *ougazoroht* 'bekannt, offenkundig', *quedan* 'sagen, sprechen', *simblum* 'immer, unablässig'.

Da vor der Mitte des 8. Jhs. keine nennenswerte, direkte Überlieferung des Ahd. existiert, ist bei der Deutung von Erstbelegen als Zeugen für Neuprägungen Vorsicht geboten. Die Systematik der in Notkers Martianus Capella-Übersetzung vorkommenden Bezeichnungen für antike Gottheiten wie

arzātgot 'Gott der Ärzte' (Äskulap), *fuirgot* 'Gott des Feuers' (Pluto), *fuotergot* 'Gott der Weide' (Pales), *herdcot* 'Gott des Herdes' (Lar), *hīgot* 'Gott der Ehe' (Hymeneus), *meregot* 'Gott des Meeres' (Neptun), *uuīgcot* 'Gott des Krieges' (Gradivus [= Mars]), *uuīngot* 'Gott des Weines' (Bacchus)

läßt aber den Schluß zu, daß er ein bestehendes Wortbildungsmuster konsequent angewandt und ausgebaut hat. Daß dies nicht durchgehend Neuschöpfungen sind, zeigen das in einer Prudentiusglosse des 10. Jhs. überlieferte *vvīngod* (St. II, 580, 70) sowie die in Glossen des 11. Jhs. bezeugten *fiurgod* (St. II, 481, 56) und *uuīggod* (St. II, 713, 11).

6. Sachgruppen

Außer dem vorherrschenden kirchlich-religiösen Wortschatz lassen sich keine, zumindest quantitativ besonders herausragende Teilwortschätze ausmachen. Vielfalt und örtlichzeitliche, eng an die Zufälligkeit der Überlieferung gebundene Beschränkung kennzeichnen den uns zugänglichen Teil der ahd. Lexik. Selbst im Summarium Heinrici, einer Art Enzyklopädie in ursprünglich elf Büchern wohl aus dem Anfang des 11. Jhs., sind die ahd. Glossen eine 'willkürliche, mal mehr, mal weniger hervortretende Zugabe' (R. Hildebrandt 1974, XXI). Ähnliches gilt auch für die immer wieder angeführte Rechtssprache, die u. a. durch das Bruchstück der Lex Salica-Übersetzung vom Anfang des 9. Jhs. und das Trierer Capitulare aus dem 10. Jh. als den beiden umfangreichsten ahd. Rechtstexten, die aber den Umfang von zwei modernen Druckseiten nicht überschreiten, bezeugt ist. Hier finden sich beispielsweise folgende Rechtstermini:

Lex Salica-Fragment:
alōd 'freier Besitz, Hinterlassenschaft' – *alodis*; *haubitgelt* 'zu erstattende Hauptsumme, Bußgeld' – *capitale*; *(gi)menen* '(vor)laden' – *mannire*;

sunne '(gesetzlich anerkannter) Hinderungsgrund' — *sunis*; *wirðria* 'Weigerungsgeld' — *delatura*;

Trierer Capitulare:

g(e)aneruo 'Miterbe' — *(co)heres*; *burigo* 'Bürge' — *fideiussor*; *mūzzunga* 'Immunität' — *immunitas*; *sala, salunga* 'Übertragung' — *traditio*; *geuuerī* 'Einsetzung (in einen Besitz)' — *vestitura*.

Nicht als Termini, aber als Wörter, die dem Rechtsbereich im weiteren Sinne angehören, lassen sich die vielfältigen, genau abgestuften Bezeichnungen für 'Richter' in Notkers Schriften anführen:

dingman 'Richter, Gerichtsredner' — *iudex, orator*; *ē(o)teilāre* 'Richter' (bezogen auf Gott) — *iudex, arbiter*; *fogat* 'Richter, Rechtsbeistand' — *iudex, advocatus(?)*; *chostāre* 'prüfender Betrachter, Richter' — *iudex, censor, arbiter*; *rihtāre* 'Richter, Lenker' — *rector, rex, iudex, approbator*; *stuolsazzo* 'Richter, Beisitzer' — *cognitor*; *irteilāre* 'Richter' — *iudex*.

Nicht Notker, sondern dem Notker-Glossator sind *dinchliut*, *uberteilare* und *urteildare* zuzuschreiben, die wie *stuolsazzo* und *irteilare* die von Notker unübersetzt gelassenen *iudex*-Belege glossieren. Sehr bescheidene Ansätze zu einer grammatischen Terminologie finden sich dagegen in der St. Galler Schularbeit, in der eine Reihe von Fachausdrücken aus dem Donat verdeutlicht wird:

Nomen námo (nam); Pronomen fúre dáz nomen (für nam); Verbum uuórt (wart); Aduerbium zûoze démo uerbo (zuewart); Participium téilnémunga (tailnemung); Coniunctio geuûgeda (ze samp[n]e-[m]ung); Preposicio fúresézeda (vorseczung); Interiectio úndéruuerf (vnterwerfung).

Die in Klammern stehenden Ausdrücke, die einem um a. 1400 zu datieren den Donatfragment entstammen und wie hier die acht partes orationis übersetzen, zeigen, daß sich die ahd. Nomenklatur größtenteils nicht durchgesetzt hat. Im Rahmen von Sachglossaren, die teilweise durch Auszug aus Schriften fachlichen Inhalts entstanden sind, sind vor allem zoologische, botanische und medizinische Sachwortschätze überliefert. So ist beispielsweise im Vocabularius St. Galli, einem praktischen Zwecken dienenden Sachglossar aus der zweiten Hälfte des 8. Jhs., folgende Gruppe von Tierbezeichnungen anzutreffen:

Singularis epur 'männliches Wildschwein, Eber', *Ceruus hiruz* 'Hirsch', *Ursus pero* 'Bär', *Lupus uuolf* 'Wolf', *Uulpes fōha* 'Fuchs', *Lepus haso* 'Hase', *Mustella uuisula* 'Wiesel', *Talbus scero* 'Maulwurf', *Fespertilia fredarmi* = *fledarmūs* 'Fledermaus', *Rana frosc* 'Frosch' (St. III, 6, 60 — 6, 1).

Hier sind auch die innerhalb der umfangreichen Bibelglossaturen vorkommenden Leviticus-Glossen anzuführen, die die dt. Bezeichnungen für die im Zusammenhang der jüdischen Speisegesetze aufgezählten Tiere überliefern. Die reichhaltigsten Sammlungen von Vogelbezeichnungen finden sich erst im Spahd. wie etwa die sogenannten Versus de volucribus, die aufgrund ihrer vielen Abschriften aus verschiedenen Zeiten und Gegenden die landschaftlich unterschiedlichen Bezeichnungen tradieren.

7. Wortfamilien

Aufgrund der Bedeutungsindizierung komplexer Wörter stehen die Einheiten eines Wortschatzes bekanntlich nicht isoliert nebeneinander, sondern sind durch ein morphosemantisches Beziehungsgeflecht miteinander verbunden. Um ein Kernwort gruppiert ergeben sich so in sich gestufte Wortfamilien, die wiederum durch Komposita untereinander verkettet sein können. Der ahd. Wortschatz gliedert sich solchermaßen in 2845 Wortfamilien. Nur etwa 2,7% — knapp 800 Wörter — sind isoliert und lassen sich keiner Wortfamilie zuordnen. In der folgenden Übersicht über die Größe und die darauf bezogene Anzahl der Wortfamilien sind auch die 207 nur bruchstückhaft überlieferten berücksichtigt, deren jeweils einziger Repräsentant entweder durch seine Struktur oder durch phraseologische Bezüge mit anderen Wörtern verbunden ist:

1 : 207	11 : 66	21 : 19	31 : 14
2 : 476	12 : 63	22 : 25	32 : 9
3 : 325	13 : 66	23 : 13	33 : 5
4 : 247	14 : 44	24 : 14	34 : 6
5 : 193	15 : 43	25 : 19	35 : 9
6 : 138	16 : 34	26 : 17	36 : 7
7 : 125	17 : 31	27 : 19	37 : 5
8 : 98	18 : 40	28 : 19	38 : 5
9 : 82	19 : 30	29 : 16	39 : 10
10 : 78	20 : 20	30 : 13	40 : 14
1969	2406	2580	2664

41 : 7	47 : 3	71 — 80 : 14
42 : 10	48 : 10	81 — 90 : 10
43 : 4	49 : 12	91 — 100 : 7
44 : 5	50 : 2	101 — 150 : 17
45 : 5	51 — 60 : 34	151 — 200 : 7
46 : 5	61 — 70 : 28	220 : 1
2700	2789	2845

Einen Einblick in die Struktur jeder einzelnen ahd. Wortfamilie, die u. a. durch positionelle

Anordnung und Strukturformeln eines jeden Wortes explizit aufgewiesen wird, bietet J. Splett (1993). Ein charakteristisches Strukturmerkmal hinsichtlich des internen Aufbaus der Wortfamilien ist die sogenannte Stufung, d. h. über wie viele Zwischenstufen die Wörter einer Wortfamilie mit dem Kernwort verbunden sind. Unter Einbeziehung der entsprechenden quantitativen Verteilung auf den einzelnen Stufen, der Anzahl der Stufen — es sind hier bis zu sechs nachweisbar — und der zu konjizierenden Zwischenglieder lassen sich sogenannte Stufenprofile erstellen, die einen Einblick in die Ausbaurichtung des Wortschatzes im Rahmen der Wortfamilien ermöglichen (J. Splett 1996). Zudem lassen sich so Wortfamilienstrukturen von Sprachstufe zu Sprachstufe miteinander vergleichen und damit verläßliche Grundlagen gewinnen für eine zukünftige Wortstrukturgeschichte.

8. Lexikographische Erschließung

Solange das *Leipziger Althochdeutsche Wörterbuch* von E. Karg-Gasterstädt und Th. Frings nicht abgeschlossen ist, das bisher nur die Buchstaben A—I (bis *ibu*) erschließt, ist der nach dem Stammwortprinzip angeordnete *Althochdeutsche Sprachschatz* von E. G. Graff aus der 1. Hälfte des 19. Jhs. noch nicht ersetzt. Vorläufige Abhilfe schafft teilweise das von R. Schützeichel herausgegebene *Althochdeutsche Wörterbuch*, das jedoch nur den Wortschatz der literarischen Denkmäler verzeichnet — einschließlich der Wörter des Notker-Glossators. Es ist ein Übersetzungswörterbuch ohne Buchung der einzelnen belegten Wortformen und ohne Stellenangaben. Über Siglen lassen sich aber die einzelnen Denkmäler und damit indirekt über die entsprechenden, in der Einleitung aufgeführten Indices und Spezialwörterbücher die jeweiligen Stellen ermitteln. Der die ahd. Glossen und den aus sonstigen lat. Quellen überlieferten Wortschatz erfassende Wörterbuchteil ist bis heute nicht erschienen; ebenfalls nicht ein Probeartikel, mit dessen Hilfe das Verhältnis zum Leipziger Wörterbuch zu beurteilen wäre (vgl. R. Schützeichel 1991, III, 53 ff.). Somit ist man bis heute auf das *Althochdeutsche Glossenwörterbuch* (mit Stellennachweis zu sämtlichen gedruckten althochdeutschen und verwandten Glossen) von T. Starck und J. C. Wells angewiesen, das in Form eines Index einen Zugang zu diesem wichtigen Teilbereich eröffnet. Hier wie auch

in den einzelnen Lieferungen des Leipziger Wörterbuchs werden auch die inzwischen neuentdeckten bzw. erstmals publizierten Glossen, Glossennachträge oder -verbesserungen bibliographisch nachgewiesen. Das *Althochdeutsche Wörterbuch* von J. Splett ist, obwohl es als Wortfamilienwörterbuch andere Ziele als ein semasiologisches alphabetisches Bedeutungswörterbuch verfolgt (vgl. 7.), hier dennoch aufzuführen, weil es Auskunft gibt über die Bedeutung aller althochdeutschen Wörter einschließlich der Glossen. Das „für jedermann auch ohne spezielle Vorkenntnisse" bestimmte, durchweg aus zweiter Hand zusammengestellte *Wörterbuch des althochdeutschen Sprachschatzes* — ohne Auflistung der überlieferten Wortformen und einer Zuordnung von Einzelbeleg und Bedeutung — des Rechtshistorikers G. Köbler ist hier nur unter Vorbehalt als ein sprachwissenschaftliches Werk einzustufen. Aufgrund dieser Lage bleiben Werke, die bestimmte Teilwortschätze lexikalisch aufgearbeitet haben und Stellennachweise enthalten, unentbehrlich; so etwa das *Verzeichnis der althochdeutschen und altsächsischen Composita* im Anhang von O. Grögers *Die althochdeutsche und altsächsische Kompositionsfuge*, das zweibändige Wörterbuch *Die schwachen Verben des Althochdeutschen* von F. Raven, das die ahd. Lehnwörter unter Benutzung der Materialien des Leipziger Wörterbuchs aufarbeitende Buch *Germania Romana II* von G. Müller/Th. Frings oder die wortgeschichtliche Untersuchung *Die deutschen Vogelnamen* von H. Suolahti. Hinzukommen die Wörterverzeichnisse vor allem in neueren Arbeiten zu einzelnen Glossaren, Glossengruppen oder Glossenhandschriften, die auch speziellere und weiterführende Literatur bieten. Außerdem ist darauf aufmerksam zu machen, daß hier und dort noch neue Glossen entdeckt werden wie etwa auf Hinweis von B. Bischoff durch H. Mayer, der a. 1994 über 200 ahd. Griffelglossen in der Salzburger Handschrift St. Peter a VII 2 veröffentlicht hat. Durch zahlreiche Publikationen von G. Köbler im Rahmen der 'Göttinger Studien zur Rechtsgeschichte' und den 'Arbeiten zur Rechts- und Sprachwissenschaft' wird der ahd. Wortschatz von der lat. Übersetzungsgrundlage her greifbar. Trotz gewisser linguistischer Vorbehalte sind diese verschiedenen 'Verzeichnisse der Übersetzungsgleichungen von …' nützliche, bis heute jedenfalls weithin nicht ersetzte Hilfsmittel. Auch das *Lateinisch-althochdeutsch-neuhochdeutsche*

Wörterbuch schließt nicht diese vielfach beklagte Lücke. Es berücksichtigt nämlich bei den Glossen nur die, die in den bisher erschienenen Teilen des Leipziger Althochdeutschen Wörterbuchs (Bde. I−IV, A−H) bereits bearbeitet worden sind.

9. Literatur (in Auswahl)

Alanne, Eero, Die deutsche Weinbauterminologie in althochdeutscher und mittelhochdeutscher Zeit. Helsinki 1950.

Bahder, Karl von, Zur Wortwahl in der frühneuhochdeutschen Schriftsprache. Heidelberg 1925.

Bergmann, Rolf, Verzeichnis der althochdeutschen und altsächsischen Glossenhandschriften. Mit Bibliographie der Glosseneditionen, der Handschriftenbeschreibungen und der Dialektbestimmungen. Berlin 1973. (AzF 6). [Nachträge und Verbesserungen in R. Schützeichel, Addenda und Corrigenda I, 227−241; II, 49−56; III, 151−173].

Ders., Mittelfränkische Glossen. Studien zu ihrer Ermittlung und sprachgeographischen Einordnung. 2. Aufl. Bonn 1977. (RA 61).

Betz, Werner, Lehnwörter und Lehnprägungen im Vor- und Frühdeutschen. In: Friedrich Maurer/Heinz Rupp (Hrsg.), Deutsche Wortgeschichte. Bd. I. 3. Aufl. Berlin 1974, 135−163.

Braune, Wilhelm, Althochdeutsch und angelsächsisch. In: PBB 43, 1918, 361−445.

Eggers, Hans, Vollständiges lateinisch-althochdeutsches Wörterbuch zur althochdeutschen Isidor-Übersetzung. Berlin 1960. (Dt. Ak. Wiss. Berlin, IDSL 20).

Ders., Deutsche Sprachgeschichte I. Das Althochdeutsche. 9. Aufl. Reinbek 1977. (rde 185/186).

Freudenthal, Karl Fredrik, Arnulfingisch-karolingische Rechtswörter. Eine Studie in der juristischen Terminologie der ältesten germanischen Dialekte. Göteborg 1949.

Frings, Theodor, Grundlegung einer Geschichte der deutschen Sprache. 3. Aufl. Halle/S. 1957.

Ders., Germania Romana I. 2. Aufl. besorgt v. Gertraud Müller. Halle/S. 1966. (MdSt 19, 1).

Götz, Heinrich, Lateinisch-althochdeutsch-neuhochdeutsches Wörterbuch. Berlin 1999.

Graff, Eberhard Gottlieb, Althochdeutscher Sprachschatz oder Wörterbuch der althochdeutschen Sprache I−VI. Berlin 1834−1842. Nachdr. Darmstadt 1963.

Gröger, Otto, Die althochdeutsche und altsächsische Kompositionsfuge mit Verzeichnis der althochdeutschen und altsächsischen Composita. Zürich 1911. (AGSZ 11).

Gutmacher, Erich, Der wortschatz des althochdeutschen Tatian in seinem verhältnis zum altsächsischen, angelsächsischen und altfriesischen. In: PBB 39, 1914, 1−83; 229−289; 571−577.

Hildebrandt, Reiner (Hrsg.), Summarium Heinrici. Bd. 1: Textkritische Ausgabe der ersten Fassung Buch I−X; Bd. 2: Textkritische Ausgabe der zweiten Fassung Buch I−VI sowie des Buches XI in Kurz- und Langfassung; Bd. 3: Wortschatz. Register der deutschen Glossen und ihrer lateinischen Bezugswörter auf der Grundlage der Gesamtüberlieferung. Bearb. und hrsg. v. Reiner Hildebrandt und Klaus Ridder. Berlin 1974/1982/1995. (QFSK NF. 61/78/109).

Huisman, Johannes A., Die Pariser Gespräche. In: RVj. 33, 1969, 272−296.

Ibach, Helmut, Zu Wortschatz und Begriffswelt der althochdeutschen Benediktinerregel. I−V. In: PBB (H) 78, 1956, 1−110; 79, 1957, 106−185; 80, 1958, 190−271; 81, 1959, 123−173; 82, 1960, 371−473.

Karg-Gasterstädt, Elisabeth/Theodor Frings, Althochdeutsches Wörterbuch. Auf Grund der von Elias von Steinmeyer hinterlassenen Sammlungen im Auftrag der Sächsischen Akademie der Wissenschaften zu Leipzig bearb. und hrsg. Bd. I, Berlin 1952−1968; Bd. II, Berlin 1970−1997; Bd. III, Berlin 1971−1985; Bd. IV, Lfg. 1−19, Berlin 1986−1999.

Kelle, Johann, Glossar der Sprache Otfrids. Regensburg 1881. Nachdr. Aalen 1963. (J. K., Otfrids von Weißenburg Evangelienbuch 3).

Klein, Thomas, Studien zur Wechselbeziehung zwischen altsächsischem Schreibwesen und ihrer sprach- und kulturgeschichtlichen Bedeutung. Göppingen 1977. (GAG 205).

Köbler, Gerhard, Wörterbuch des althochdeutschen Sprachschatzes. Paderborn 1993.

Ders., Lateinisch-althochdeutsches Wörterbuch. Göttingen 1971. (GSR, Sonderband 12).

Kolb, Herbert, Über das Aussterben eines Wortes: althochdeutsch 'quedan'. In: JIG 1, 1969, H. 2, 9−34.

Kölling, Birgit, Kiel UB. Cod. MS. K. B. 145. Studien zu den althochdeutschen Glossen. Göttingen 1983. (StAhd. 1).

Kranzmayer, Eberhard, Die bairischen Kennwörter und ihre Geschichte. Wien 1960.

Lauffer, Hartmut, Der Lehnwortschatz der althochdeutschen und altsächsischen Prudentiusglossen. München 1976. (MGB 8).

Luukkainen, Matti, Untersuchungen zur morphematischen Transferenz im Frühdeutschen dargestellt an den Tegernseer Vergilglossen. Ein Beitrag zur Transferenzlexikologie. Helsinki 1982.

Mayer, Hartwig, Die althochdeutschen Griffelglossen der Handschrift Ottob. Lat. 3295 (Biblioteca Vaticana). Edition und Untersuchung. Bern 1982. (Kanadische Studien zur deutschen Sprache und Literatur 27).

Ders., Die althochdeutschen Griffelglossen der Handschrift Salzburg St. Peter a VII 2. Göttingen 1994. (StAhd. 28).

Müller, Gertraud/Theodor Frings, Germania Romana II. Dreißig Jahre Forschung. Romanische Wörter. Halle/S. 1968. (MdSt 19, 2).

Raven, Frithjof, Die schwachen Verben des Althochdeutschen. 2 Bde. Gießen 1963/1967. (BdPh 18/36).

Rooth, Erik, Zu den Bezeichnungen für 'Eiszapfen' in den germanischen Sprachen. Historisch-wortgeographische und etymologische Studien. Lund 1961. (Kungl. Vitterhets Historie och Antikvitets Akademiens Handlingar. Filologisk-filosofiska serien 8).

Schade, Oskar, Altdeutsches Wörterbuch. 2 Bde. 2. Aufl. Halle/S. 1872/1882.

Schröder, Edward, Blattfüllsel. In: ZdA 62, 1925, 36.

Schützeichel, Rudolf, Addenda und Corrigenda zu Steinmeyers Glossensammlung. Göttingen 1982. (Nachrichten der Akademie der Wissenschaften in Göttingen. I. Philologisch-historische Klasse 1982, Nr. 6); Addenda und Corrigenda (II) zur althochdeutschen Glossensammlung; Addenda und Corrigenda (III) zum althochdeutschen Wortschatz, Göttingen 1985 bzw. 1991. (StAhd. 5 bzw. 12).

Ders., Althochdeutsches Wörterbuch. 4. Aufl. Tübingen 1989.

Sehrt, Edward H., Notker-Glossar. Ein Althochdeutsch-Lateinisch-Neuhochdeutsches Wörterbuch zu Notkers des Deutschen Schriften. Tübingen 1962.

Ders./Wolfram K. Legner (Hrsg.), Notker-Wortschatz. Das gesamte Material zusammengetragen von Edward H. Sehrt und Taylor Starck. Halle/S. 1955.

Siewert, Klaus, Die althochdeutsche Horazglossierung. Göttingen 1986. (StAhd. 8).

Sonderegger, Stefan, Althochdeutsch in St. Gallen. Ergebnisse und Probleme der althochdeutschen Sprachüberlieferung in St. Gallen vom 8. bis ins 12. Jahrhundert. St. Gallen 1970. (Bibliotheca Sangallensis 6).

Ders., Althochdeutsche Sprache und Literatur. Eine Einführung in das älteste Deutsch. Darstellung und Grammatik. 2. Aufl. Berlin/New York 1987. (SaGö 8005).

Splett, Jochen, Abrogans-Studien. Kommentar zum ältesten deutschen Wörterbuch. Wiesbaden 1976.

Ders., Samanunga-Studien. Erläuterung und lexikalische Erschließung eines althochdeutschen Wörterbuchs. Göppingen 1979. (GAG 268).

Ders., Althochdeutsches Wörterbuch. Analyse der Wortfamilienstrukturen des Althochdeutschen, zugleich Grundlegung einer zukünftigen Strukturgeschichte des deutschen Wortschatzes. I,1: Einleitung. Wortfamilien A−L; I,2: Wortfamilien M−Z. Einzeleinträge; II: Präfixwörter. Suffixwörter. Alphabetischer Index. Berlin/New York 1993.

Ders., Aspekte und Probleme einer Wortschatzstrukturierung nach Wortfamilien. In: Lexical Structures and Language Use. Proceedings of the International Conference on Lexicology and Lexical Semantics, Münster 1994. Ed. by Edda Weigand and Franz Hundsnurscher. Vol. 1. Tübingen 1996, 133−149.

Ders., Glossen und Glossare, ahd. u. as. In: Reallexikon der Germanischen Altertumskunde. 2. Aufl., Bd. 12. Berlin/New York 1998, 218−226.

Starck, Taylor/John C. Wells, Althochdeutsches Glossenwörterbuch. Heidelberg 1990. (GB, 2. Reihe: Wörterbücher).

Steinmeyer, Elias/Eduard Sievers, Die althochdeutschen Glossen. 5 Bde. Berlin 1879−1922. Nachdr. Zürich/Dublin 1968/1969. [Zitiert: St. mit Angabe von Band, Seite, Zeile].

Suolahti, Hugo, Die deutschen Vogelnamen. Eine wortgeschichtliche Untersuchung. Straßburg 1909.

Thoma, Herbert, Glossen, althochdeutsche. In: Werner Kohlschmidt/Wolfgang Mohr (Hrsg.), Reallexikon der deutschen Literaturgeschichte. Begründet von Paul Merker und Wolfgang Stammler. Bd. 1. 2. Aufl. Berlin 1958, 579−589.

Tschirch, Fritz, Geschichte der deutschen Sprache I: Die Entfaltung der deutschen Sprachgestalt in der Vor- und Frühzeit. 3. Aufl. bearb. v. Werner Besch. Berlin 1983. (GG 5).

Weinreich, Otto, Die Suffixablösung bei den Nomina agentis während der althochdeutschen Periode. Berlin 1971. (PSQ 56).

Weisweiler, Josef/Werner Betz, Deutsche Frühzeit. In: Friedrich Maurer/Heinz Rupp (Hrsg.), Deutsche Wortgeschichte. Bd. I. 3. Aufl. Berlin 1974, 55−133.

Wesche, Heinrich, Das Heidentum in der althochdeutschen Sprache. I: Die Kultstätte. Diss. Göttingen 1932.

Ders., Beiträge zu einer geschichte des deutschen heidentums. In: PBB 61, 1937, 1−116.

Ders., Der althochdeutsche Wortschatz im Gebiete des Zaubers und der Weissagung. Halle/S. 1940. (Untersuchungen zur Geschichte der deutschen Sprache 1). [Vgl. dazu Helmut de Boor in PBB 67, 1945, 65−110].

Jochen Splett, Münster

75. Syntax des Althochdeutschen

1. Forschungslage

Die Erforschung der ahd. Syntax hat die Analyse und Beschreibung der Satz- und Satzteilkonstruktionen zum Ziel, die in den hd. Texten des 8. bis 11. Jhs. realisiert sind. Es gibt hierzu seit mehr als 100 Jahren zahlreiche Untersuchungen, jedoch noch keine ahd. Gesamtsyntax, die das gesamte ahd. Textmaterial als Grundlage der Beschreibung hat und alle syntaktischen Strukturen, insbesondere aber alle Grundstrukturen des Satzbaus, erfaßt. Von den ahd. Grammatiken berücksichtigen nur die von Ellis (1953, 68−98) und Sonderegger (1987, 237−244) abrißartig die Syntax. Zahlreich sind dagegen Untersuchungen zu einzelnen ahd. Autoren oder Texten, unter welchen die Forschung ihr Hauptinteresse auf Otfrid, Notker, Tatian und Isidor(-Sippe) richtet. Aber auch hier existiert mit den *Untersuchungen über die Syntax der Sprache Otfrids* (Erdmann 1874/1876) nur ein Versuch, die Syntax eines großen Werkes ganz darzustellen. In Anbetracht der geringen Textmenge muß die Beschreibung der Syntax eines „kleinen ahd. Denkmals" fragmentarisch bleiben. In den meisten Fällen konzentrieren sich die Einzeluntersuchungen eines oder mehrerer ahd. Texte auf Teilbereiche der Syntax. Bevorzugte Themen sind Wortstellung, Aktionsarten und Aspekt, Artikel, Nebensätze und Konjunktionen, Modus und Modalität, Partizipien, Kasus und Verbalrektion, woran sich in neuester Zeit Untersuchungen zur Valenz ahd. Verben anschließen. − Trotz aller bislang aufgewendeten Bemühungen um die Beschreibung des ahd. Satzbaus fehlte es der Forschung an einem geschlossenen Konzept zur Beschreibung der Satzstrukturen. Es ist aber zu erwarten, daß sich die intensive Auseinandersetzung mit der Syntax allgemein und die Formulierungen neuer Syntaxtheorien der vergangenen Jahrzehnte positiv auf eine geschlossene Beschreibung des ahd. Satzbaus auswirken. Darauf lassen Versuche schließen, die ahd. Syntax im Rahmen der Dependenz- und Tiefenkasustheorie zu beschreiben (vgl. Greule 1982 und 1997). Beschreibungen im Rahmen der GTG sind selten (z. B. Juntune 1969).

2. Aufgaben und Probleme

Die Hauptaufgabe der ahd. Syntaxforschung besteht darin, auf eine ahd. Gesamtsyntax hinzuarbeiten. Dieses Unterfangen wird erschwert − wenn nicht unmöglich gemacht − durch die Heterogenität der zu beschreibenden Textmenge hinsichtlich Überlieferungszeit, -raum, Thematik und Umfang der Texte. Sie umfaßt Texte aus dem 8. bis 11. Jh. In Anbetracht dieses großen Zeitraums stellt sich die Frage, ob man sich bei der syntaktischen Beschreibung auf einen enger gefaßten Zeitraum konzentrieren sollte. Hierfür käme das 9. Jh. in Frage, aus dem die umfangreichsten Denkmäler, abgesehen vom Werk Notkers, stammen. Auch bei einer Beschränkung auf eine Teilepoche bleiben die Probleme der sprachgeographischen Variation und der thematischen Vielfalt der Texte bestehen. Weitere Schwierigkeiten bereitet der syntaktischen Beschreibung die Tatsache, daß die ahd. Hauptautoren bzw. -texte (Isidor, Tatian, Notker) Übersetzungen aus dem Lat. sind und daß deren syntaktische Abhängigkeit vom Lat. mitbedacht werden muß (s. u. 6.). Die Mehrzahl der nicht übersetzten Texte, darunter das Evangelienbuch Otfrids, ist metrisch gebunden, was ebenfalls Auswirkungen auf die syntaktischen Strukturen der betreffenden Texte hat (Greule 1982, 64−69). − Zu den methodischen Problemen zählt an erster Stelle die Ersatzkompetenz. Wer die ahd. Texte beschreiben will, muß über die notwendigen philologischen Kenntnisse verfügen und muß die ahd. Texte verstehen (Greule 1982, 72−76). Als weiteres Problem stellt sich die Frage, ob die Editionen der ahd. Texte zur Grundlage der Analyse gemacht werden sollen oder ob auf die Handschriften selbst zurückgegriffen werden muß. Letzteres ist vorzuziehen, wenn man bedenkt, daß die Editoren eine in den Handschriften meist nicht vorfindbare Textgliederung in moderner Interpunktion zu geben gezwungen sind. Die Feststellung der Sätze und Satzglieder, deren Strukturbeschreibung Aufgabe der

Syntax ist, kann stattdessen auf der Grundlage der Ersatzkompetenz und des an der Dependenztheorie orientierten Satz- und Wortgruppenbegriffs deduktiv und interpretativ erfolgen (Greule 1982, 107−112). In diesem Sinn werden der Verbalsatz als ein *Beziehungsgefüge aus einem Prädikat als Zentrum und weiteren Satzgliedern wie Ergänzungen* (E) *und Angaben* (A) und die Wortgruppe als ein *Beziehungsgefüge aus einem wortkategorialen Nukleus (Verb, Substantiv, Adjektiv usw.) und weiteren Konstituenten wie den Attributen* verstanden.

Der folgende knappe Überblick über die Ergebnisse der ahd. Syntaxforschung konzentriert sich auf die Struktur des einfachen und komplexen Satzes sowie der Wortgruppe. Diese Konstrukte werden − soweit dazu Forschungen vorliegen − formal, funktional, semantisch und stellungssyntaktisch beschrieben.

3. Wortgruppen

Die Wortgruppen fungieren als Satzglieder, teilweise auch als Konstituenten von Satzgliedern. Ist der Nukleus der Wortgruppe ein finites Verb, liegt eine Verbgruppe (VG) vor; ist er ein Nomen, liegt eine Nominalgruppe (NG) vor; ist er ein infinites Verb, liegt eine Infinitiv- (InfG) oder Partizipgruppe (PartG) vor.

3.1. Verbgruppe

Die VG fungiert als (komplexes) Prädikat. VG bilden reflexive Verben (z. B. *sih bilgit* „gerät in Zorn") und feste Wendungen (z. B. *scin uuegan* „aufleuchten lassen"), darunter auch solche, die den nhd. Funktionsverbgefügen ähnlich sind, z. B. *nehabent sie agez* „sie haben kein Vergessen" = „sie vergessen nicht" (Greule 1982, 177−180; Blum 1986). Ferner gehören hierher die auf ein einfaches Prädikat reduzierbaren sogenannten Verknüpfungsprädikate, die aus einem infiniten Vollverb und einem finiten „Hilfsverb" bestehen, z. B. *nioman mohta antlingen* „nemo poterat respondere" (Tatian 130, 3), *ist ze gebenne* „muß gegeben werden" (Notker, Psalter 68, 7), *uuarun heffenti* „waren dabei, zu erheben" (Otfrid 1, 4, 16), *habeta gihaltana* „hatte aufbewahrt" (Tatian 151, 7).

Durch die komplexen Prädikate werden im Ahd. zum Ausdruck gebracht:

(a) (Phasen-)Aktionsarten, und zwar durch „Hilfszeitwörter" + Infinitiv (z. B. ingressiv: *ih beginne rédinon*, Otfrid 1, 2, 7) oder durch *sîn* + Partizip I

(z. B. progressiv: *nu thu … bist formónanti* „weil du weiterhin verachtest …", Otfrid 1, 4, 65) (Raven 1963); (b) Futur durch *scall/mag/wili* + Infinitiv (Scaffidi-Abbate 1981), z. B. er *sculut bichennen* „cognoscetis" (Isidor 222 f.); (c) Perfekt und Plusquamperfekt durch *habên/eigan* + Partizip II, z. B. *heigun … biduungan* „haben bedrängt" (Ludwigslied 24); (d) Passiv durch *sîn/werdan* + Partizip II, z. B. *ist araugit* „demonstratur" (Isidor 204), *uuerdhe ardilet* „deleatur" (Isidor 450) (vgl. Schröder 1955; Rupp 1956); (e) Modalität durch Modalverb + Infinitiv, z. B. *gilimpfit gifullit uuerdan* „oportet impleri" (Tatian 166, 3); (f) Kausativität durch *machôn/lâzan* + Infinitiv, z. B. *ni líaz si sehan* … „sie ließ nicht sehen …" (Otfrid 4, 33, 2).

Wird das Prädikatsnomen bei den Verben *sîn*, *uuerdan* und *bilîban* nicht als eigenes Satzglied (etwa als Prädikativ-E, s. u. 4.1.) gewertet, dann ergibt sich je nach der Wortart des Prädikatsnomens ein weiterer Typus des komplexen Prädikats, nämlich Adjektiv- und Substantivprädikat, z. B. (*thiu uuórt*) … *uurtun mári* „die Worte wurden bekannt" (Otfrid 3, 19, 2 b), (*uuir*) *bírun thine scálka* „wir sind deine Knechte" (Otfrid 2, 24, 21 b) (Greule 1982, 159−161; 169−174).

3.2. Nominalgruppe

Unter den Terminus NG fallen der Einfachheit halber auch die selteneren Wortgruppen, die nicht ein Substantiv, sondern ein Adjektiv, Adverb oder Pronomen als Nukleus haben. Die NG, zu der auch die Präpositionalgruppe (PräpG) gezählt wird (Näf 1979, 385 f.), fungiert als Ergänzung, Angabe oder als Attribut. Nach ihrer Struktur werden (a) hypotaktische und (b) parataktische NG unterschieden.

(a) *Hypotaktische Nominalgruppen* liegen vor, wenn der Nukleus durch andere Konstituenten der NG näher bestimmt wird. Es handelt sich dabei um Determinantien („Artikelwörter") oder um Attribute. Die von Notker verwendeten Determinantien bespricht Näf (1979, 391−404). Zur Ausbildung eines bestimmten Artikels im Ahd. beobachtet Oubouzar (1992, 85), daß das schwach deiktische Determinativum *der, diu, daz* von Isidor über Tatian und Otfrid zu Notker stufenweise zum definiten Artikel grammatikalisiert wird.

Eine Typologie der ahd. Attribute bieten Penzl (1986, 103), Naumann (1993, 221) und Greule (1982, 139−145: für Otfrid). Die wichtigsten Typen sind die Attribuierung durch Adjektive (z. B. (*in einero*) *churzero* (*uuílo*), Notker, Consolatio 65. 28), Nomina (z. B. (*brunno*) *Iacobes*, Tatian 87, 1) bzw. NG (z. B. (*tiu manegi*) *dínero scalcho*, Notker,

Consolatio 102. 14) und durch Sätze (s. u. 5.2.). Die attributiven PräpG belegt Linz (1910, 11−27) nach Präpositionen geordnet mit Beispielen aus Isidor, Otfrid und Notker. − Ist das rechts vom Nukleus stehende Substantivattribut mit dem Nukleus referenzidentisch und kasuskongruent, dann liegt eine Apposition vor, z. B. (*Hadubrant ... Heribrantes*) *sunu* (Hildebrandslied), die Apposition ist hier durch ein links stehendes Genitivattribut erweitert. − Artikelform und Adjektiv sind mit dem Nukleus kasus-, numerus- und genuskongruent (Penzl 1986, 104), z. B. *ther selbo héilogo geist* (Otfrid 2, 3, 51). (b) *Parataktische Nominalgruppen* liegen vor, wenn der Nukleus gleichsam verdoppelt ist. Dies geschieht meist mit Hilfe einer Konjunktion wie *inti/unde, ioh, noh, odo*, z. B. *fáter inti múater* (Otfrid 3, 20, 5 b). Wird die Reihung ohne Konjunktion zum Ausdruck gebracht, liegt Asyndese vor; in Otfrids Dichtung bewirkt bei Asyndese häufig die Halbzeilen- oder Zeilenzäsur die Reihung (Greule 1982, 145−150); zur Reihung von Nominalgruppen bei Notker vgl. Näf (1979, 493−513). − Gleichsam verdoppelt ist der Nukleus auch bei der Prolepse und dem Nachtrag; die Verdoppelung verteilt sich jedoch auf ein Nomen und ein anaphorisches Element (Prolepse) bzw. auf ein Nomen und ein kataphorisches Element (Nachtrag), z. B. *Adam er* (*firkós mih*) „Adam verwarf mich" (Otfrid 1, 25, 19 a).

3.3. Infinitiv- und Partizipgruppe

InfG und PartG haben beide ein Verb in infiniter Form, den Infinitiv oder eines der beiden Partizipien, als Nukleus. Sie fungieren als nichtprädikatives Satzglied und als Attribut, z. B. InfG als Attribut: (*zi thén rachon*), *sálbun iro máchon* „zu dem Zweck, ihre Salben zu bereiten" (Otfrid 4, 35, 40). Die InfG kann auch mit der Präposition *zi*, die den Dativ des Infinitivs fordert, angeschlossen sein, z. B. (*sálbun filu díura*), *Krist zi sálbonne* „eine wertvolle Salbe, um Christus zu salben" (Otfrid 4, 35, 20). − Eine InfG mit besonderen Konstruktionsbedingungen ist der sogenannte AcI, wie er z. B. bei Otfrid (4, 19, 53−54 a) als Objekts-E zum Verb *sehan* vorliegt: (*... séhet ir ...*) *mih quéman* „... seht ihr mich kommen" (Dentschewa 1990, 341−343). − PartG treten besonders in der Funktion einer Prädikativ-A (s. u. 4.1.) auf (Greule 1982, 198), z. B. PartG mit Partizip I als Prädikativ-A zum Subjekt: (*Bisórgeta er thia muater*),

thar so hángenter „dort so hängend, sorgte er für seine Mutter" (Otfrid 4, 32, 11) (Greule 1982, 147−150).

3.4. Serialisierung innerhalb der Wortgruppe

Die Stellung der Wörter in der Wortgruppe erscheint in der Spannung zwischen genuiner Stellung einerseits, vom Latein der Vorlage bzw. durch metrische Anforderungen beeinflußter Stellung andererseits aus nhd. Sicht relativ frei. Zur Distanzstellung des Finitums in der Verbgruppe s. u. 4.2. Jedoch kann Näf (1979, 388; 420; 445; 464; 474) für Notker bezüglich der Serialisierung (a) in der einfachen dreiteiligen NG, (b) in der NG mit pronominalem Kern, (c) für die Stellung des Genitivattributs, (d) für das Präpositionalattribut und (e) für die Stellungsmöglichkeiten im Bereich des erweiterten Adjektiv- und Partizipialattributs feste Regeln aufstellen. − Dittmer (1992, 251) stellt für den Tatian fest, daß der Übersetzer die Teile der NG immer in genuiner Weise arrangiert: sie stehen in Kontaktstellung und in der Reihenfolge Pronomen/Adjektiv vor Substantiv. − Das Präpositionalattribut steht in den ahd. Texten meist direkt hinter dem übergeordneten Substantiv; Abweichungen von dieser Regel listet Linz (1910, 34−38) auf, z. B. Linksstellung des Attributs *von Názareth* (*ther héilant*) (Otfrid 4, 4, 64). − Nicht selten ist zumindest bei Otfrid die sogenannte Fernstellung, d. h. diskontinuierliche Stellung von zusammengehörenden Satzgliedteilen, z. B. *sún* (*bar sie tho*) *zéizan* „sie gebar dann einen anmutigen Sohn" (Otfrid 1, 11, 31) mit ferngestelltem Adjektivattribut.

4. Einfacher Satz

4.1. Verbalsatz

Der Verbalsatz besteht aus dem Prädikat, dem die Valenz tragenden Satzglied, und aus der/den vom Prädikat geforderten E, die unter bestimmten ko- und kontextuellen Gegebenheiten ausgelassen sein können. Ferner kann im Verbalsatz eine dritte Satzgliedkategorie, die A, vertreten sein. Alle Satzgliedtypen sind entweder nur durch ein Wort oder durch Wortgruppen (auch Sätze) realisiert. Während die Hauptfunktion der Prädikate das Prädizieren ist, sind die E ihrer Funktion nach Argumente des Prädikats. A hingegen prädizieren entweder über die aus Prädikat und E bestehende Proposition, indem sie diese z. B. lokal oder temporal situieren, oder sie prädizieren über ein Satzglied (Prädikativ-A). Während die A vorrangig semantisch klassifiziert werden, erfolgt eine Klassifikation der E meist in den Kategorien Subjekt/ Objekt, Prädikativ, Adverbiale (zu Versuchen der semantischen Klassifikation der E auf der Basis der Tiefenkasustheorie vgl. Greule 1997). Das Subjekt unterscheidet sich vom Objekt durch die Kongruenz mit dem finiten Teil des Prädikats. Auch nominale Prädikatsteile stimmen mit dem Subjekt (im Nominativ) überein, z. B. *gifulte (uurdun tho) taga* „impleti sunt dies" (Tatian 2, 11) (Penzl 1986, 102). Zur Setzung bzw. Nicht-Setzung eines Subjektspronomens können keine allgemeingültigen Aussagen gemacht werden; in den ahd. „Original"-Denkmälern wird das Subjektspronomen schon seit der frühesten Überlieferung angewendet (Eggenberger 1961, 166f.). Verben der Naturerscheinungen haben bereits im Ahd. das formale Subjektspronomen *iz*, vgl. *Tho iz aband uuortan uuard* „Cum sero autem factum est" (Tatian 212, 1) (Große 1990, 36). – Die Objekte werden nach dem Kasus des sie realisierenden Nomens unterschieden: Genitiv- (z. B. (… *thaz ir*) *thes alles (bidurfut)* „… daß ihr dies alles braucht", Tatian 38, 6), Dativ- (z. B. (*oblaz*) *uns (sculdi unseero)*, St. Galler Paternoster) und Akkusativobjekt (z. B. *ni unsih firleiti*, ebd.). Die Existenz von ahd. Präpositionalobjekten (mit nicht kommutierender, semantisch leerer Präposition) ist umstritten (Juntune 1969, 129–133). – Die Prädikativ-E ist ein Satzglied, das als Argument zu Verben wie *sîn, uuerdan, bilîban* sich zusätzlich auf das Subjekt oder ein Objekt bezieht. Die Prädikativ-E kann sein eine NG im Nom., Gen., Akk., eine PräpG, ein Adj., ein Gliedsatz, z. B. als PräpG *Tho uuard er zi mánne* (Otfrid 5, 12, 27 a) (vgl. Blum 1982). – Ein lokatives Adverbial als E findet man bei Verben der Fortbewegung, z. B. mit Kombination eines Adverbials des Ziels und des Ursprungs: *parentes Christi bringent in ze Ierusalem fone Bethleem* „Die Eltern Christi bringen ihn nach Jerusalem von Betlehem" (Notker, vgl. Blum 1984).

Die E, die bei einem bestimmten Verb möglich sind, konstituieren unterschiedliche Satzmuster („Satzbaupläne"). Eine Typologie der ahd. Satzmuster ist über erste Versuche noch nicht hinausgekommen. Die Satzmuster sind über die Angaben zur Valenz der ahd. Verben im Althochdeutschen Wörterbuch von E. Karg-Gasterstädt, Th. Frings und R.

Große (Blum 1990, 14–23) und im Syntaktischen Verbwörterbuch zu den althochdeutschen Texten des 9. Jahrhunderts von A. Greule erschließbar.

A sind in erster Linie Adverbiale (Umstandsbestimmungen), die gewöhnlich semantisch z. B. als lokales, temporales, finales, kausales Adverbial klassifiziert werden (vgl. den Überblick bei Greule 1982, 195–203). Morphosyntaktisch werden die ahd. Adverbiale vorzüglich durch Adverbien/Adverbgruppen, z. B. *sâr ze sînemo hûs* „gleich bei seinem Haus" (Notker, Consolatio 78, 14), Gliedsätze, PräpG, Partizipien und Infinitive gebildet. Auch Nomina bzw. NG ohne Präposition, vor allem solche im Dativ oder Akkusativ, kommen als A vor, z. B. der Dativus commodi *Thágtun sie imo … then uuég* „Sie bedeckten für ihn den Weg" (Otfrid 4, 4, 29) oder der Pertinenzdativ, dessen Funktion als Satzglied oder als Attribut umstritten ist, vgl. *demo Balderes uolon sin uuoz* „der Fuß von Balders Fohlen" (2. Merseburger Zauberspruch). Altertümlich ist die Verwendung des Instrumentals zur Bezeichnung des Instruments, z. B. *dinu speru* „mit deinem Speer" (Hildebrandslied). – Zu den A wird auch das sog. prädikative Attribut (Prädikativ-A) gerechnet, das als freies Satzglied eine Prädikation über Subjekt/Objekt leistet, z. B. zum Akkusativobjekt: *fundun inan in temple sizzentan* „sie fanden ihn im Tempel sitzend" (Blum 1982, 87f.; Greule 1982, 197–199). – Den A vergleichbar sind die Ausdrücke der Modalität (Sprechereinstellung) wie Modalpartikeln, von denen Wauchope (1988) ahd. *thoh, ia* und *thanne* untersucht und z. B. feststellt: „*Thoh*'s metacommunicative function … is to indicate a speaker's resistance to opposition from either a listener or from fate" (Wauchope 1988, 98 f.). Andere Möglichkeiten, die Sprechereinstellung satzgliedhaft zum Ausdruck zu bringen, sind NG/PräpG wie *in giuuissi* und (bei Otfrid) oft parenthetische „Beteuerungsformeln" wie *ih sagen thir tház* (vgl. Greule 1982, 202–204). In die Nähe der Modalpartikeln gehört auch die ahd. Negationspartikel *ni*.

4.2. Serialisierung

Untersuchungen zur relativ freien Stellung der ahd. Satzglieder im Satz konzentrieren sich auf die Stellung des Prädikats bzw. Finitums. Es fällt hierbei die Möglichkeit der Spitzenstellung des Prädikats auf. Sie findet sich überwiegend bei Aufforderungs- und uneingeleiteten Fragesätzen (z. B. *Forsahhistu*

unholdun „widersagst du den Unholden?",
Fränk. Taufgelöbnis). In Spitzenstellung
kann das Finitum aber auch im Aussagesatz
(mit Subjekt) vorkommen, z. B. *Heizit/her/*
Hludwig „Er heißt Ludwig" (Ludwigslied).
Im Hauptsatz herrscht jedoch die Zweitstel-
lung des Finitums vor, während für die Stel-
lung des Finitums im Nebensatz keine feste
Regelung beobachtet werden kann (vgl. auch
Naumann 1993, 220).

Durch die Möglichkeit, daß die Konstituenten der komplexen Prädikate diskontinuierlich stehen können, ergeben sich sog.
Satzfelder, wobei die Teile des Prädikats
gleichsam eine Klammer bilden. Im einfachen Satz gelten die Positionen links oder
rechts außerhalb der Klammer als Vor- bzw.
Nachfeld, die Stelle zwischen den Klammer-
teilen als Mittelfeld. Dittmer (1992, 253−256)
weist das Vorhandensein dieses Felderschemas
(einschließlich der „Nebensatzklammer") für
den Tatian nach, z. B. *nóh thanne ni* (Vorfeld)
was (1. Klammerteil) *Iohannes* (Mittelfeld) *gi-*
sentit (2. Klammerteil) *in carcari* (Nachfeld)
„nondum enim missus fuerat in carcerem Iohannes" (Tatian 21, 2). Bestens untersucht ist
das Satzfelderschema und seine Besetzung
durch die Satzgliedtypen bei Notker (vgl.
Bolli 1975; Borter 1982; Näf 1979, 114−382).

4.3. Nominalsatz

Nominalsätze sind Sätze, die aus einem oder
mehreren nominalen Satzgliedern bestehen
und einen nominalen (nichtverbalen) Nukleus besitzen. Es handelt sich dabei nicht um
Verbalellipsen. Simmler (1992) weist Nominalsätze für das Ahd. in verschiedenen Funktionen nach, z. B. als Überschrift: *fona horsa-*
mii (Benediktinerregel, Kap. 5, interlinear
über DE OBOEDIENTIA) oder als Ausruf:
ioh mihilo uuúnni „und große Freude!" (Otfrid 1, 3, 4 a).

5. Komplexe Sätze

Ein komplexer Satz setzt sich aus mehreren
Teilsätzen zusammen, die entweder koordiniert (Satzreihe) oder einander über- bzw. untergeordnet (Satzgefüge) sind. Der untergeordnete Teilsatz im Satzgefüge wird *Neben-*
satz genannt (vgl. Greule 1982, 113−126;
Naumann 1993, 216−219). − Bei der *Satz-*
reihe wird die Koordination − syndetisch −
durch die Konjunktionen *inti, ioh, noh, ouh,*
odo usw. bezeichnet, z. B. *Broot unseraz*
emezzigaz gib uns hiutu.endi farlaz uns sculdhi

unsero ... (Vaterunser im Weißenburger Katechismus). Eines von zwei gleichen Satzgliedern in der Satzreihe kann elliptisch sein,
z. B. *thio búah iz thar zellent ioh galiléa iz nen-*
nent „Die Schriften erwähnen es dort und
nennen es Galiläa" (Otfrid 3, 6, 6). Ausgedehnten Gebrauch von der asyndetischen
Koordination macht Otfrid. − Einer semantischen Analyse unterzieht Desportes (1992)
die *endi*-Koordination bei Isidor.

Die *Satzgefüge* entstehen auf zweierlei
Weise: entweder dadurch, daß ein Satzglied
durch einen Satz attribuiert ist (Attribut-, Relativsätze), z. B. ... *thaz uuort, thaz er sprah*
zi in (Tatian 12, 8), oder dadurch, daß ein
Satzglied durch einen Satz (= Gliedsatz) besetzt ist. Die Unterordnung der Nebensätze
wird meist durch Subjunktionen, beim Relativsatz durch das Relativpronomen zum Ausdruck gebracht. Die häufigste Subjunktion
ist ahd. *thaz* „daß". Andere Subjunktionen
sind *oba, ibu* (konditional), *uuanta* (kausal)
(vgl. Sonderegger 1987, 243 f.). Der Nebensatz kann auch ohne Subjunktion angeschlossen sein; das Finitum des Nebensatzes
steht dann z. B. im Konjunktiv, vgl. *ni uuán*
ih, imo brústi grozara ángusti „ich glaube
nicht, daß ihm große Angst fehlte" (Otfrid 2,
4, 36) (dazu Ulvestad 1958). Von der Möglichkeit, kataphorisch (mit den Korrelaten *iz/*
thaz) auf einen Subjekt- oder Objektsatz hinzuweisen, wird in den ahd. Texten bereits Gebrauch gemacht, z. B. *ther liut uuesti tház,*
theiz imo filu zórn uuas „Das Volk wußte, daß
er sehr zornig war" (Otfrid 4, 19, 59) (vgl.
Große 1990, 34). Die ausführlichste Darstellung der ahd. Nebensätze am Beispiel Otfrids
gibt Wunder (1965). Zum Nebensatz bei Isidor vgl. Robinson 1997. − Heterogene Satzkomplexe liegen vor, wenn ein Satz sowohl
koordinierte als auch subordinierte Teilsätze
enthält (vgl. Naumann 1993, 218 f.). Typisch
sind derart komplizierte Strukturen für Otfrid (Greule 1982, 121−124). − Mit Stel-
lungsfragen im Satzgefüge befaßt sich Erman (1913).

6. Lehnsyntax

Bei den ahd. Übersetzungen taucht die Frage
auf, wie spezifisch lateinische Konstruktionen im ahd. Text wiedergegeben werden,
durch genuine („idiomatische") oder lehnsyntaktische Konstruktionen. Es interessieren
hier nicht die Übersetzungen mit genuiner
Syntax, sondern nur die lehnsyntaktischen

Formulierungen. Ihre Feststellung setzt voraus, daß die Eigengesetzlichkeiten der ahd. Syntax bekannt sind. Lippert (1974, 188) rechnet dazu: (1) Zweitstellung des Verbs im Hauptsatz als Norm (s. o. 4.2.), (2) beschränkte Möglichkeiten in der Verwendung appositiver Partizipien, (3) Fehlen eines absoluten Partizipialgebrauchs. Lehnsyntaktische Formulierungen liegen z. B. vor bei (1) *So hear after dher selbo forasago quhad ...* „Sic in consequentibus idem propheta ait" (Isidor 285, Endstellung statt Zweitstellung im Aussagesatz, vgl. Lippert 1974, 52−97), (2) *Thô antlingonti thie engil quad imo* „Et respondens angelus dixit ei" (Tatian 2, 9; appositives Partizip, vgl. Lippert 1974, 98−144), (3) *gote hélphante* (Otfrid 5, 25, 7) = *kóte hélfentemo* (Notker) „deo adjuvante" (formelhafter „absoluter Dativ", vgl. Lippert 1974, 145−187). Die Wiedergabe lateinischer Konstruktionen bei Notker untersucht Eilers (1992; 1994).

7. Literatur (in Auswahl)

Althochdeutsch. Syntax und Semantik. Akten des Lyoner Kolloquiums zur Syntax und Semantik des Althochdeutschen, 1. bis 3. 3. 1990. Hrsg. v. Yvon Desportes. Lyon 1992.

Blum, Siegfried, Prädikatives Attribut und Objektsprädikativ im Althochdeutschen. In: ZfG 3, 1982, 85−93.

Ders., Vierwertige Verben im Althochdeutschen. In: Linguistische Arbeitsberichte, Universität Leipzig 43, 1984, 86−96.

Ders., Ahd. *habên* in Funktionsverbgefügen. In: BES 6, 1986, 80−95.

Ders., Althochdeutsches Wörterbuch. Charakteristik, Geschichte, Aspekte der Bedeutung und ihrer Darstellung. In: Historical Lexicography of the German Language. Vol. 1. Ed. by Ulrich Goebel and Oskar Reichmann. Lewiston N. Y. [etc.] 1990, 1−57.

Bolli, Ernst, Die verbale Klammer bei Notker. Untersuchungen zur Wortstellung in der Boethius-Übersetzung. Berlin/New York 1975. (Ahd. St. Gallen 4).

Borter, Alfred, Syntaktische Klammerbildung in Notkers Psalter. Berlin/New York 1982. (Ahd. St. Gallen 7).

Dentschewa, Emilia, Die Hebungstheorie bei der Beschreibung althochdeutscher A. c. I.-Strukturen. In: Sprache in der sozialen und kulturellen Entwicklung. Beiträge eines Kolloquiums zu Ehren von Theodor Frings. Hrsg. v. Rudolf Große. Berlin 1990, 337−347.

Desportes, Yvon, Die *endi*-Koordination im ahd. *Isidor*. Eine syntaktisch-semantische Analyse. In: Althochdeutsch 1992, 293−322.

Dittmer, Ernst, Die Wortstellung im ahd. Tatian. In: Althochdeutsch 1992, 245−258.

Eggenberger, Jakob, Das Subjektspronomen im Althochdeutschen. Ein syntaktischer Beitrag zur Frühgeschichte des deutschen Schrifttums. Chur 1961.

Eilers, Helge, Notkers Wiedergabe und Gebrauch lateinischer Konstruktionen in seiner Übersetzung der Consolatio (1. Buch − Prosa) des Boethius. In: Althochdeutsch 1992, 115−151.

Ders., Notkers Übersetzung der Carmina im 1. Buch der Consolatio des Boethius. In: Philologische Forschungen. Festschrift für Philippe Marcq. Hrsg. v. Yvon Desportes. Heidelberg 1994, 203−234.

Ellis, Jeffrey, An Elementary Old High German Grammar. Oxford 1953.

Erdmann, Oskar, Untersuchungen über die Syntax der Sprache Otfrids. 2 Teile. Halle/S. 1874/1876.

Erman, Konrad Bessel, Beziehungen zwischen Stellung und Funktion der Nebensätze mehrfacher Unterordnung im Althochdeutschen. In: ZfdPh 45, 1913, 11−46; 153−216; 426−484.

Greule, Albrecht, Valenz, Satz und Text. Syntaktische Untersuchungen zum Evangelienbuch Otfrids von Weißenburg auf der Grundlage des Codex Vindobonensis. München 1982.

Ders., Ein althochdeutsches syntaktisches Verbwörterbuch. In: Gedenkschrift für Ingerid Dal. Hrsg. v. John Ole Askedal/Cathrine Fabricius-Hansen/Kurt Erich Schöndorf. Tübingen 1988, 28−38.

Ders., Probleme der Beschreibung des Althochdeutschen. In: Semantik der syntaktischen Beziehungen. Akten des Pariser Kolloquiums zur Erforschung des Althochdeutschen 1994. Hrsg. v. Yvon Desportes. Heidelberg 1997, 107−122.

Ders., Syntaktisches Verbwörterbuch zu den althochdeutschen Texten des 9. Jahrhunderts. Frankfurt a. M. [etc.] 1999. (Regensburger Beiträge zur deutschen Sprach- und Literaturwissenschaft. Reihe B: Untersuchungen 73).

Große, Rudolf, Funktionen des Pronomens *iz* im Althochdeutschen. In: Neuere Forschungen zur historischen Syntax des Deutschen. Referate der Internationalen Fachkonferenz Eichstätt 1989. Hrsg. v. Anne Betten. Tübingen 1990, 29−38.

Juntune, Thomas William, Comparative Syntax of the Verb Phrase in Old High German and Old Saxon. PhD. Princeton (N. J.) 1969.

Linz, Karl, Das Präpositionalattribut des Substantivums im Alt- und Mittelhochdeutschen. Bonn 1910.

Lippert, Jörg, Beiträge zur Technik und Syntax althochdeutscher Übersetzungen unter besonderer Berücksichtigung der Isidorgruppe und des althochdeutschen Tatian. München 1974. (Med. Aev. 25).

Näf, Anton, Die Wortstellung in Notkers Consolatio. Untersuchungen zur Syntax und Übersetzungstechnik. Berlin/New York 1979. (Ahd. St. Gallen 5).

Naumann, Horst, (Althochdeutsch:) Zum Satzbau. In: Wilhelm Schmidt, Geschichte der deutschen Sprache. 6. Aufl. Stuttgart/Leipzig 1993, 215–221.

Oubouzar, Erika, Zur Ausbildung des bestimmten Artikels im Ahd. In: Althochdeutsch 1992, 69–87.

Penzl, Herbert, Althochdeutsch. Eine Einführung in Dialekte und Vorgeschichte. Bern [etc.] 1986.

Raven, Frithjof Andersen, Phasenaktionsarten im Althochdeutschen. In: ZdA 42, 1963, 165–183.

Robinson, Orrin J. Warner, Clause Subordination and Verb Placement in the Old High German Isidor Translation. Heidelberg 1997. (Germanische Bibliothek, Neue Folge, 3. Reihe Untersuchungen 26).

Rupp, Heinz, Zum Passiv im Althochdeutschen. In: PBB (H) 78, 1956, 265–286.

Scaffidi-Abbate, B. Augusto, Möglichkeiten der Futurbezeichnung im ahd. Tatian und in anderen ahd. literarischen Denkmälern. In: Sprachw. 6, 1981, 288–334.

Schröder, Werner, Zur Passivbildung im Althochdeutschen. In: PBB (H) 77, 1955, 1–76.

Simmler, Franz, Nominalsätze im Ahd. In: Althochdeutsch 1992, 153–197.

Sonderegger, Stefan, Althochdeutsche Sprache und Literatur. Eine Einführung in das älteste Deutsch. Darstellung und Grammatik. 2., durchgesehene u. erw. Aufl. Berlin/New York 1987. (SaGö 8005).

Ulvestadt, Bjarne, A Syntactical Problem in OHG. In: NphM 59, 1958, 211–219.

Wauchope, Mary Michele, The Grammar of the Old High German Particles *thoh*, *ia*, and *thanne*. PhD. University of California at Berkeley 1988.

Wunder, Dieter, Der Nebensatz bei Otfrid. Untersuchungen zur Syntax des deutschen Nebensatzes. Heidelberg 1965.

Albrecht Greule, Regensburg

76. Wortbildung des Althochdeutschen

1. Komposition
2. Präfixbildung
3. Suffixbildung
4. Literatur (in Auswahl)

Die strukturierten Wörter des Ahd. lassen sich hinsichtlich ihrer Bildungsweise als Komposita-, Präfix- oder Suffixbildungen analysieren. Inwiefern es sich dabei um Neubildungen aufgrund produktiver oder nur noch aktiver Wortbildungsmuster, um analoge Bildungen zu bestimmten einheimischen oder fremden Wörtern oder um überkommenes Wortgut handelt, läßt sich nur in den seltensten Fällen zweifelsfrei entscheiden. Selbst die Frage, ob gewisse Wörter noch als motivierte Bildungen aufzufassen oder als idiomatisierte Morphemkonstruktionen auszuscheiden und den Simplizia zuzuordnen sind, ist nicht immer eindeutig zu beantworten. Jedenfalls rechtfertigen es Überlieferungslage und – wie überhaupt bei älteren Sprachstufen – eine nur sehr vermittelt einsetzbare Sprachkompetenz, bei der Ausdrucksseite einzusetzen und dort auch die Schwerpunkte zu setzen.

1. Komposition

Getrennt nach Grund- und Bestimmungswort sind sämtliche Komposita des Ahd. im Rahmen von Wortfamilienstrukturen – näher bestimmt durch Position, Strukturformel und Bedeutungsangabe – nunmehr erfaßt bei J. Splett (1993, I,1, 3–578; I,2, 579–1208). Die Komposition als Zusammenfügung von Wörtern zu einer komplexen Worteinheit, zu einem Kompositum, läßt sich je nach zugrunde liegendem Grundwort in nominale und verbale Komposition unterteilen.

1.1. Nominale Komposition

Bei der gegenüber der verbalen weithin vorherrschenden nominalen Komposition ist unter historischem Aspekt zwischen der sogenannten *echten* und *unechten Komposition* zu unterscheiden. Bei der *echten* oder auch *eigentlichen Komposition* (= *Zusammensetzung*) – im Vergleich zu der *unechten* oder auch *uneigentlichen Komposition* (= *Zusammenrückung*) das ältere Wortbildungsverfahren – erscheint als Bestimmungswort ein reiner Nominalstamm. Unter Einfluß der Quantität des Stammes und seiner jeweiligen Vokalqualität erscheinen die untertonigen Stammbildungselemente, nunmehr in der Funktion als Fugenelemente, in abgeschwächter bzw. veränderter Form oder sind überhaupt nicht bzw. nicht mehr anzutreffen, wobei darüber hinaus regional, zeitlich und wortspezifisch Unterschiede festzustellen sind:

teiga-, teige-, daic-trŏc 'Backtrog', *spili-, spilo-, spile-, spil-hūs* 'Schauspielhaus', *chela-, chele-, khelo-tu(o)h* 'Halstuch', *hanta-, hant-lam* 'kraftlos', *fala-, uale-, ual-uahs* 'blond(haarig)'.

Eine unechte Komposition liegt dann vor, wenn die neue Worteinheit aus einem Syntagma hervorgeht, wobei die Form der einzelnen Glieder beibehalten wird. Im nominalen Bereich handelt es sich vor allem um sogenannte Kasuskomposita, und zwar um den zweigliedrigen Kompositionstyp mit genitivischem Bestimmungswort:

tages-zīt 'Tageszeit', *fliukōn-werī* 'Fliegenwedel', *sunnūn-tag* 'Sonntag', *hanen-fuoz* 'Hahnenfuß'.

Während sich bei *sigi-nemo/siges-nemo* 'Sieger' der Gegensatz von *i-* und altem *s*-Stamm zeigt, ist etwa bei *rep(a)-plat/rebūn-plat* 'Weinlaub', *hunt-fliega/hundes-fliuga* 'Hundsfliege' oder *taga-stern/tages-stern* 'Morgenstern' ein Nebeneinander von eigentlicher und uneigentlicher Komposition anzutreffen. Andererseits ist vor allem durch Assimilation, Schwächung und Schwund der Mittelvokale, sowie durch Umdeutung von ursprünglichen Kasuskennzeichen zu Fugenelementen bzw. durch Zusammenfall einzelner Formen von Kasus und Stamm eine Unterscheidung der beiden Kompositionsarten nicht immer möglich. So beispielsweise bei *helle-wazer* 'Fluß der Unterwelt', wo ein älterer Gen. auf *e-* wie auch Abschwächung von *-i* vorliegen kann, oder bei *suone-tag* 'Tag des Jüngsten Gerichts', dessen Bestimmungswort auch in der Form *sōna-, suonu-* und *suono-* bezeugt ist. Darüber hinaus bleibt es vielfach fraglich, ob ein Genitivkompositum oder ein Syntagma anzusetzen ist, zumal Zusammen- bzw. Getrenntschreibung noch kein verläßliches Kriterium darstellt.

Beim Grundwort von Nominalkomposita zeigt sich des öfteren abweichend von seiner Verwendung als Simplex schwache Flexion, die zumeist nicht als bloßer Flexionswechsel aufzufassen ist, sondern auf eine entsprechende, nicht mehr bezeugte Variante zurückgehen dürfte. So sind z. B. *crunt-frosto* 'Bodenfrost' neben *frost* und *krunt-frost*, *kneo-rado* 'Kniescheibe' neben *rad* und *stūa-tago* 'Tag des Gerichts' neben *tag* anzutreffen. Hiervon zu trennen sind die Wortbildungen, bei denen im Gegensatz zum Simplex ein neutraler *ja*-Stamm vorliegt. Dabei handelt es sich um suffixale Bildungen mit possessivem oder kollektivem Sinn, also um eine Kombination von Komposition und Ableitung:

niuwi-lenti 'Neuland'/*lant* 'Land', *rukki-beini* 'Rückgrat'/*bein* 'Knochen', *sibun-stirri* 'Siebengestirn'/*sterro* 'Stern'.

Sowohl Bestimmungs- als auch Grundwort sind in der Mehrzahl Simplizia. Daneben gibt es allerdings eine Reihe von Komposita mit Präfix- oder Suffixbildungen als erstem und/oder zweitem Glied:

unmez-wizzo 'Philosoph', *wuotan-herz* 'tyrannisch', *zuolich-mahha* 'luxuriöses Treiben', *henti-kiscrip* 'Handschrift, Handschreiben', *abuh-strītīg* 'hartnäckig, starrköpfig', *geloub-irrāre* 'Ketzer', *heiligmeineda* 'Sakrament'.

Relativ selten sind noch Trikomposita, wobei allerdings nicht auszuschließen ist, daß dies nur auf die Überlieferungslage zurückzuführen ist, zumal Mehrfachkomposita auch im Nhd. vornehmlich im fachsprachlichen Bereich anzutreffen sind. Ihre Struktur ist grundsätzlich zweigliedrig, nur daß das Bestimmungs- bzw. das Grundwort − dies aber weniger häufig − wiederum ein Kompositum ist:

pooh-stap = zīla 'Buchstabenzeile', *hasel-nuze = cherno* 'Haselnußkern', *suoz-stanch = perg* 'Berg des Wohlgeruchs', *wīh-rouh = brunst* 'Weihrauchopfer', *hirti = heim-stat* 'Wohnort der Hirten', *makan = nōt-duruft* 'dringende Notwendigkeit', *werlt = murg-fāre* 'irdisch-vergänglich'.

Semantisch betrachtet handelt es sich bei der Mehrzahl der Komposita um Determinativkomposita, bei denen das Grundwort durch das ihm vorangehende Bestimmungswort in einer ganz allgemeinen Weise determiniert wird. Diese vom Sprachsystem her nicht näher eingegrenzte Determination wird durch allgemeine und durch den Kontext vermittelte aktuelle Kenntnis außersprachlicher Sachverhalte in sehr unterschiedlicher und vielfältiger Form spezifiziert. So verwendet Notker z. B. *erd-kot* einmal in der Bedeutung 'Gottheit, die für die Erde zuständig ist' als Bezeichnung für Tellurus analog den Bezeichnungen für die antiken Bereichsgötter wie *fiur-got* für Pluto, *hī-got* für Hymeneus oder *mere-got* für Neptun, zum andern in der Bedeutung 'Gottheit, die von der Erde stammt' als Bezeichnung für den Heros, den Halbgott. Wenn ein entsprechender Kontext fehlt, können bei solchen Wortbildungen verschiedene, nur durch allgemeine Sachkenntnis spezifizierte Beziehungen angesetzt werden. So kann die Hildegard-Glosse *blī-garn*, die innerhalb einer Reihe von Webereiwörtern überliefert ist, sowohl 'Garn, das mit Bleifarben gefärbt ist', als auch 'Garn, das (nahezu) so schwer wie Blei ist' meinen. Zumeist ist jedoch die Beziehung zwischen Grund- und Bestimmungswort eindeutig erschließbar und dürfte durch den Sprachgebrauch festgelegt sein. Ein unmittelbarer Zusammenhang mit den jeweils beteiligten Wörtern besteht allerdings nicht, wie die folgenden Beispiele zeigen:

peor-faz 'Gefäß für Bier', *ēr-faz* 'Gefäß aus Metall', *hant-faz* 'Gefäß zum Waschen der Hände', *rouh-faz* 'Gefäß zur Erzeugung von Rauch'; *fuoz-fart* 'Reise zu Fuß', *fūz-fas* 'Gefäß zum Waschen der Füße', *fuoz-māz* 'Maß von der Größe eines Fußes', *fuoz-suht* 'Krankheit (Gicht) der Füße'.

Bei adjektivischem Bestimmungswort ist dagegen die Beziehung zwischen den Gliedern wie bei einem entsprechenden Syntagma immer nur eine attributive. Die Differenz der Bedeutung eines derartigen Kompositums gegenüber der eines entsprechenden Syntagmas ist dabei je nach Grad der Idiomatisierung unterschiedlich groß wie etwa bei *junc-man* 'junger Mann, Jüngling' gegenüber *jung-frouwa* 'Jungfrau'. Bei Komposita mit adjektivischem Grundwort – vgl. beispielsweise *mānōd-sioh* 'mondsüchtig' und *wītmāri* 'weitbekannt' – sind die semantischen Verhältnisse aufgrund ihrer relativ geringen Anzahl weniger eindeutig, aber wohl mit denen des Typus Subst. + Subst. vergleichbar. Es fällt auf, daß Vergleichsadjektive des Typs *gold-rōt* 'rot wie Gold' nur vereinzelt und erst im Spahd. überliefert sind.

Eindeutige Beispiele für den entwicklungsgeschichtlich jungen Kompositionstyp mit verbalem Bestimmungswort, der durch Umdeutung des nominalen Erstglieds von ursprünglich reinen Nominalkomposita entstanden ist, sind etwa *hengi-lachan* 'Vorhang, Gardine' oder *wezzi-stein* 'Wetzstein'. Bei Bildungen, deren Bestimmungswort sowohl auf ein Verb als auch auf ein entsprechendes Verbalnomen zurückgeführt werden kann, ist im Ahd. eine eindeutige Zuordnung nicht immer möglich wie etwa bei *beto-man* 'Beter' (zu *betōn/beta*) oder *strīt-louft* 'Wettlauf' (zu *strītan/strīt*). Die zunehmende Produktivität dieses Typs ist jedenfalls daran abzulesen, daß beispielsweise älteres *gōz-uaz* 'Gefäß zum Eingießen, Kanne' durch gleichbedeutendes *giez-uaz* oder älteres *scara-sahs* 'Rasiermesser' durch entsprechendes, auf *sceran* 'scheren' zu beziehendes *scer-sahs* ersetzt werden. Das semantische Verhältnis der Glieder ist zumeist von der Art, daß das verbale Element den Zweck angibt, zu dem das mit dem Grundwort Bezeichnete gebraucht wird:

blās-balc 'Balg zum Blasen (von Luft), Blasebalg', *jet-īsarn* 'Eisen(gerät) zum Jäten, Jäthacke', *scrīb-azzusi* 'Gerät zum Schreiben, Schreibzeug'.

Nur vereinzelt ist im Ahd. der Typ Verb + Adj. wie z. B. in *reche-gern* 'rachgierig' anzutreffen, sofern es sich um Adj. handelt, die nicht den Charakter eines Suffixes angenommen haben.

Als Grenzfall des Determinativkompositums ist das sogenannte *Kopulativkompositum* aufzufassen, das allerdings im Dt. keine bedeutsame Rolle spielt. Hier ist das determinative Verhältnis der Glieder gleichsam auf Null zurückgedrängt und an seine Stelle ein koordinierendes getreten. Mit Ausnahme des umstrittenen *sunu-fatarunga* '(Leute von) Vater und Sohn' bzw. 'Vater und Sohn betreffende Sache' und der Zahlwörter *drī-zēn* 'dreizehn' bis *niun-zēn* 'neunzehn' sind im Ahd. keine entsprechenden Bildungen nachzuweisen.

Auf einer ganz anderen Ebene liegen die den exozentrischen Komposita zuzuordnenden *Bahuvrihi*-Bildungen (= *Possessivkomposita*) wie:

ein-horn 'Tier mit einem Horn; Einhorn', *mana-houbit* 'Person mit einem Menschenkopf; Leibeigener', *sibin-blat* 'Pflanze mit sieben Blättern; Siebenblatt', *trī-uōz* 'Stuhl mit drei Füßen; Dreifuß'.

Hinsichtlich des syntagma-internen Verhältnisses sind sie Determinativkomposita, hinsichtlich der syntagma-externen, denotativen Beziehungen unterscheiden sie sich von den gängigen Bildungen dadurch, daß das mit dieser Bildung Bezeichnete nicht identisch ist mit dem, was das Grundwort bezeichnet. Sie begegnen vor allem als Tier- und Pflanzenbezeichnungen, überlieferungsbedingt erst im Spahd., und sind fast alle als Lehnübersetzungen einzustufen. Letzteres gilt auch für die Mehrzahl der sogenannten adj. Bahuvrihis, Bildungen mit einem Substantiv als Grundwort, aber adj. Verwendungsweise:

gold-fahs 'goldenes Haar habend; goldhaarig', *lang-līb* 'langes Leben habend; langlebig, hochbetagt', *mihhil-mōt* 'Großmut habend; großmütig'.

Darüber hinaus zeigt das Aufkommen von bedeutungsgleichen Suffixbildungen wie etwa *armherz-īch* zu *arm-herz* 'barmherzig' oder *langmuot-īg* zu *lang-muot* 'langmütig' und von Bildungen wie *fas-falo* 'gelblich' zu *fala-uahs* 'blondes Haar habend; blond(haarig)', daß es sich hier um keinen produktiven Typ handelt.

1.2. Verbale Komposition

Der Kompositionstyp Nomen + Verb ist im Ahd. nur vereinzelt anzutreffen; Fälle mit einem Subst. als Erstglied sind möglicherweise überhaupt nicht nachweisbar. So dürfte das aufgrund des Otfrid-Belegs *fuazfallōnti* angesetzte *fuaz-fallōn* 'zu Füßen fallen' nicht als reines Kompositum zu fassen sein — zumal das Simplex *fallōn* nicht bezeugt ist —, sondern als Verbindung von Komposition und Ableitung, die hier durch den Wechsel des zugrunde liegenden st. Verbs zur schw. Flexion angezeigt wird. Vergleichbares wäre etwa für *hanta-slagōn* 'Beifall klatschen', *muot-sprangōn* 'frohlocken' oder *hals-werfōn* 'den Hals drehen' anzunehmen, zumal entsprechende Bildungen mit einem st. Verb als Grundwort fehlen. Andererseits ist — falls nicht semantische Gründe dagegen sprechen — auch mit der Möglichkeit zu rechnen, daß es sich um Ableitungen von Nominalkomposita handelt wie beispielsweise *hamirslag-ōn* 'mit dem Hammer schlagen' zu *hamer-slag* 'Hammerschlag' oder *salmosang-ōn* 'Psalmen singen' zu *psalmo-sang* 'Psalmengesang', selbst wenn wie bei *wunnisang-ōn* 'jauchzen' das entsprechende Kompositum nicht überliefert ist. Zweifelsfrei Verbalkomposita sind dagegen Bildungen wie *eban-prinkan* 'vermachen; nützen', *fol(la)-zeohan* 'unterstützen', *missi-fāhan* 'fehlgreifen' oder *selp-farlāzan* 'aufgeben' mit adj. Erstglied, die allerdings aufgrund ihres reihenhaften Auftretens den Präfixbildungen nahestehen.

2. Präfixbildung

Eine vollständige Übersicht über die im Ahd. bezeugten 69 Präfixe und die ihnen zuzuordnenden Wörter — in einer Anordnung analog zu den Wortfamilien, in denen ihre jeweilige Struktur durch positionelle Einordnung, Strukturformel und Bedeutungsangabe aufgewiesen wird — bietet nunmehr J. Splett (1993, II, 1; II, 3–181).

2.1. Verbale Präfixbildung

Die sprachgeschichtlich als Komposition einzustufende Präfixbildung ist vor allem im verbalen Bereich anzutreffen. Die ursprünglich einmal selbständigen Partikeln, die durch Zusammenrückung mit Verben Präfixkomposita bildeten, erscheinen nun als Präfixe. Diese Entwicklung ist bei den sogenannten untrennbaren oder festen Präfixbildungen gleichsam am konsequentesten durchgeführt:

bi-grīfan 'umfassen', *fir-loufan* 'vor(aus)laufen', *gibintan* 'fesseln, festbinden', *int-ērēn* 'entehren', *ir-scouwōn* 'erblicken', *it-peran* 'wiedergebären', *zi-chnussen* 'zerschlagen', *ze-lir-gān* 'vergehen'.

Abgesehen von *ir-* und *bi-*, die im Ahd. noch als Präp. bzw. Adv. bezeugt sind, kommt keines der oben angeführten Präfixe als selbständiges Wort vor. Der eindeutige Präfixcharakter zeigt sich auch darin, daß ohne Vermittlung eines einfachen Verbs unmittelbar aus anderen Wortarten Präfixverben gebildet werden, also Präfigurierung und Suffigierung in Form des sogenannten Flexionstyps kombiniert auftreten, wie etwa *paseid-ōn* 'umgarnen' zu *seid* 'Fallstrick' oder *int-nein-en* 'verneinen' zu *nein* 'nein, nicht'. Bildungen mit Partikeln, die auch im freien Gebrauch als Präp. oder Adv. anzutreffen sind, sind weniger eindeutig als reine Präfixbildungen einzustufen. Doch das reihenhafte Auftreten dieser Wörter, ihre vielfach abstraktere lexematische Bedeutung als Erstglied gegenüber der in freier Verwendung und ihre vielfältigen semantischen Zusammenhänge synonymischer und antonymischer Art mit den erwähnten reinen Präfixen rechtfertigen wohl die hier gebotene Einordnung. Am engsten schließen sich diesen die Präfixe *duruh-*, *hintar-*, *ubar-* und *untar-* an, die im Ahd. im Gegensatz zur späteren Entwicklung regelmäßig nur als untrennbare Präfixbildungen vorkommen:

thuruh-tuon 'durchführen, vollenden', *hinder-chōsōn* 'verleumden', *ubar-qhueman* 'überraschen', *untar-fāhan* 'unterbinden'.

Die folgenden, aufgrund ihres gehäuften Vorkommens als Präfix vor allem zu nennenden Partikeln bilden im allgemeinen unfeste Verbindungen, so daß es z. B. *stīg ūf* 'steig auf' im Unterschied etwa zur festen Verbindung *ubar-stīg* 'übersteige' heißt:

aba-brechan 'abbrechen', *ana-werfan* 'werfen auf', *avur-pringan* 'wiederbringen', *dana-stōzzan* 'wegstoßen', *dara-leiten* 'dorthinführen', *fora-quedan* 'voraussagen', *fram-gangan* 'voranschreiten', *furitragan* 'voraustragen', *gagen-sezzen* 'entgegensetzen', *hera-queman* 'herkommen', *hina-faran* 'dahinfahren', *in-lāzan* 'einlassen', *ingagan-pellan* 'entgegenbellen', *miti-loufan* 'mitlaufen', *nidar-fallan* 'niederfallen', *ūf-springan* 'aufspringen', *umbi-sellen* 'umgeben', *ūz-spīwan* 'ausspeien', *widar-scouwōn* 'zurückblicken', *zisamine-fuagen* 'zusammenfügen', *zuo-legen* 'hinzufügen'.

Bei einzelnen Wörtern kommen hier allerdings auch feste Verbindungen vor wie etwa *umbi-graban* 'mit einem Graben umgeben' ge-

genüber unfestem *umbi-scouwōn* 'umherblik-
ken'. Ja selbst bei ein und derselben Bildung
findet sich mitunter beides; so beispielsweise
bei *ana-sehan* 'ansehen' in Notkers Boethius-
übersetzung. Darüber hinaus ist im Ahd. eine
Reihe von Partikeln bezeugt, die nicht so
häufig als Verbalpräfixe verwendet werden,
strukturell aber der zuletzt angeführten
Gruppe zuzuordnen sind. Hierunter fallen
u. a. Bildungen wie:

after-ruafan 'nachrufen', *az-wesan* 'dasein', *bī-stān*
'beistehen', *furder-sezzen* 'versetzen', *inne-ligen*
'drinnen bleiben', *nāh-loufan* 'nachlaufen', *obe-
sehen* 'von oben herabblicken', *samen-standan* 'bei-
sammenstehen'.

Ob es sich dabei immer um einen Verbzusatz
oder um eine selbständige Partikel handelt,
ist nicht immer eindeutig zu entscheiden.
Dies gilt auch für Bildungen mit zusammengesetzten Partikeln wie solche mit *dara-zuo*,
hara-in oder *hina-ūf*, oder für Bildungen, deren Grundwort bereits ein Präfixverb ist, wie
im Falle von *ūf-irstantan* 'auf(er)stehen' oder
dana-bechēren 'abkehren'.
 Bedeutungsmäßig ist das Präfix als ein den
Verbalbegriff im Sinne eines Adv. determinie-
rendes Element zu fassen, wobei in der Mehrzahl der Fälle die lokale Partikelbedeutung
erhalten ist. Vor allem bei den reinen, nicht
mehr als selbständige Wörter bezeugten Präfixen ist dagegen teilweise eine mehr grammatische Bedeutungskomponente festzustellen, die die Aktionsart des zugrunde liegenden Simplex verändert. So stehen z. B. nebeneinander das durative Verb *bluon* 'blühen'
und das Inchoativum *ir-pluon* 'er-, aufblühen'
oder das nichtperfektive *trenchen* 'zu trinken
geben, tränken' und das den Endpunkt einer
Handlung bezeichnende Verb *irtrenchen* 'er-
tränken'. Daß es in vielen Fällen keine einheitliche Präfixbedeutung gibt, versteht sich
von selbst, zumal wenn wie im Falle von *fir-*
drei ursprünglich verschiedene Partikeln formal nicht mehr zu differenzieren sind. So existieren nebeneinander u. a. ein *fir-* im Sinne
von 'voraus, heraus' − *fir-sehan* 'vorausse-
hen' −, eines im Sinne von 'zusammen' − *fir-
fāhan* 'zusammenfassen' − und eines im
Sinne von 'bis zu Ende' − *fer-bluon* 'verblü-
hen'.

2.2. Nominale Präfixbildung

Unter den primären Präfixen, die nur im No-
minalbereich auftreten, hebt sich vor allem
das Negativpräfix *un-* aufgrund seiner Produktivität von allen übrigen ab, die im Ver-

gleich dazu nur in wenigen und vereinzelt bezeugten Bildungen mit keineswegs einheitlicher Bedeutung anzutreffen sind. Als besonders produktiv erweisen sich darunter Bildungen mit einem Part. Perf. als Grundwort:

un-chraft 'Kraftlosigkeit, Schwäche', *un-frī* 'unfrei',
un-giwasgan 'ungewaschen', *ā-scrōt* 'Abgeschnitte-
nes', *ā-faro* 'entfärbt, verblichen', *ō-wahst* 'Nach-
wuchs, Sprößling', *uo-chalo* 'kahlköpfig vorn an
der Stirn', *zur-lust* 'Unlust, Widerwille', *zur-wāri*
'argwöhnisch'.

Darüber hinaus kommen fast alle trennbaren
Präfixe, die sich mit einem Verb verbinden,
auch − allerdings weit weniger häufig und
größtenteils bereits idiomatisiert − in primären Nominalbildungen vor. Da diese ursprünglichen Partikelkomposita im Germ.
Erstbetonung im Gegensatz zur verbalen
Stammsilbenbetonung aufweisen, haben die
Präfixe jeweils eine unterschiedliche Form:

ánt-dag 'Gedenktag, Oktavtag', *ánt-fahs* 'langhaa-
rig, mit aufgelöstem Haar' (vgl. *int-*); *bí-sprācha*
'üble Nachrede, Verleumdung', *bí-derbi* 'brauchbar, nützlich' (vgl. *bi-/be-*); *frá-tāt* 'Missetat, Verbrechen', *frábald* 'frech, unverschämt' (vgl. *fir-*);
ita-wīz 'Verspottung, Schande', *ít-niuwi* 'erneuert,
aufgefrischt' (vgl. *it-*); *úr-tiefel* 'Erzteufel', *úr-māri*
'weitbekannt, berühmt' (vgl. *ir-*).

Eine Ausnahme hinsichtlich der generellen
Anfangsbetonung bei den nominalen Präfixbildungen im Ahd. − abgesehen von Aus-
gleichserscheinungen und analogen Nachbildungen, abzulesen etwa am Nebeneinander
von *fer-séz* 'Meltau, Rost', und gleichbedeu-
tendem *frá-sez* − macht das Präfix *gi-*. So
stehen z. B. nebeneinander die stammbeton-
ten Wörter *gi-bruoder* 'Mitbruder' und *gi-hel-
len* 'zusammenstimmen'. Die Grundwörter
der meisten Bildungen mit auch frei vorkommenden Partikeln sind Verbalabstrakta,
wenngleich eine Reihe von nicht verbal motivierten Nomina wie z. B. *ab-got* 'Abgott',
fore-namo 'Beiname', *upar-ītali* 'überaus nich-
tig' oder *ūz-liute* 'fremde Leute, Ausländer'
bezeugt sind.
 Semantisch sind die Mehrzahl der nominalen Präfigierungen Determinativbildungen,
bei denen das Präfix adverbiale Funktion hat
wie etwa bei *ūf-himil* 'der Himmel oben' oder
dem Bahuvrihi *ant-fahs* 'mit aufgelöstem
Haar'. Unbeschadet der Tatsache, daß *gi-*
vor allem als Flexionselement im Rahmen
der Perfektbildung bedeutsam ist, ist es u. a.
in Possessivbildungen des Typs *gi-herz* 'be-
herzt' anzutreffen. Außerdem sind die Kollektivbildungen wie *gi-scuih-i* 'Schuhwerk' zu

scuoh 'Schuh' hervorzuheben, wo Präfigierung zusammen mit einem Wechsel des Flexionstyps festzustellen ist.

3. Suffixbildung

In gleicher Weise wie für die Präfixe bzw.
Präfixwörter bietet nunmehr J. Splett (1993,
II, 183f.; II, 185–385) eine vollständige
Übersicht über die im Ahd. bezeugten 154
Suffixe und die ihnen zuzuordnenden Wörter.

3.1. Substantivische Suffixbildung

Die Suffixbildung, die vor allem im nominalen Bereich wirksam ist, läßt sich aufgrund
der Tatsache, daß Suffixe wortartspezifisch
sind, nach den jeweilig sich ergebenden Wortbildungen in subst., adj. und verbale gliedern.
An produktiven Substantivsuffixen, soweit
dies anhand der heterogenen Überlieferungslage überhaupt feststellbar ist, erscheinen:

lēr-āri 'Lehrer', *tiuf-ī(n)* 'Tiefe, Abgrund', *irhug-
ida* 'Erinnerung', *finstar-nissi* 'Finsternis', *beit-
unga* 'Erwartung'.

Die meisten der mit dem Lehnsuffix -*āri* (aus
lat. -*arius*) gebildeten Wörter sind Deverbativa. Daneben kommen auch von Subst. abgeleitete vor wie etwa *lupp-āri* 'Zauberer' zu
luppi 'Zauberei', während in *burg-āri* 'Bürger,
Bewohner einer Stadt' – wie u. a. aengl.
burg-ware zeigt – das agerm. **-warjaz* 'Bewohner' zugrunde liegt, das im Ahd. mit -*āri*
zusammengefallen ist. Das Suffix -*ī(n)*, das
in seiner vollen Form nur noch vereinzelt begegnet, verbindet sich als produktives Wortbildungsmittel nur mit Adj. bzw. Part. – vgl.
etwa *irstantan-ī* 'Auferstehung' –; die wenigen ererbten, historisch zu trennenden Deverbativa vom Typ *mend-ī(n)* 'Freude', das von
menden 'sich freuen' her motiviert ist, sind
mit ihnen formal zusammengefallen. Die ursprünglich vor allem von adj. Basis abgeleiteten Bildungen auf -*ida* wie *spāh-ida* 'Klugheit,
Weisheit' zu *spāhi* 'klug, weise' treten im
Laufe der ahd. Zeit zurück gegenüber entsprechenden Deverbativa; bevorzugt werden
dabei besonders präfigierte schw. Verben.
Wie u. a. die Belege *thrī-nissi* (N.), *thrī-nissī*
(F.), *drī-nissa* (F.) 'Dreiheit, Dreifaltigkeit'
bzw. *sculdīc-nassī* (F.), *scultīc-nessī* (F.),
sculdīg-nussi (N.) 'Ergebenheit' zeigen, begegnet das Suffix -*nessi* in vielfältiger Gestalt,
und zwar mit charakteristischer Leitform je
nach zeitlicher, sprachgeographischer oder
textspezifischer Überlieferung. Außerdem ist
anzumerken, daß denominale Bildungen die
deverbativen wie z. B. *giruor-nessi* 'Bewe-

gung' ganz in den Hintergrund gedrängt haben. Das Umgekehrte ist dagegen bei den Bildungen auf -*unga* der Fall: Denominale Bildungen wie *chlein-unga* 'Kleinheit' sind relativ selten.

Darüber hinaus existiert noch eine ganze
Reihe von Suffixen, die aber offensichtlich
weniger produktiv sind und sich teilweise den
nur noch formal strukturierbaren Suffixbildungen nähern:

stein-ahi 'Land mit vielen Steinen, steiniges Land',
zuht-ā(r)a 'Ernäherin, Erzieherin', *miscel-āta* 'Mischung', *juhh-idi* 'Gespann, Joch', *wull-ido* 'Über-
druß, Ekel', *treg-il* 'Träger', *burg-ila* 'kleine Stadt,
Städtchen', *schalch-ilo* 'Knechtlein', *kind-ilīn*
'Kindlein', *gheizss-īn* 'Zicklein', *fīant-in* 'Feindin',
hūs-ing 'Hausgott', *āht-isal* 'Verfolgung', *sar-ling*
'Bewaffneter', *chlag-ōd* 'Klage', *mittil-ōdi* 'Mitte',
arn-ōt 'Ernte', *ein-ōti* 'Einöde, Wüste', *wahs-t*
'Wuchs'.

Zu dieser Gruppe dürften auch die vereinzelt
auftretenden kombinierten Suffixe wie etwa
in *esil-inkilīn* 'Eselchen' oder bei dem spobd.
Typ *fūl-nissida* 'Fäulnis, Verderbnis' zu stellen sein. Dagegen sind beispielsweise *himil-
izzi* 'getäfelte Decke', *lizzit-unc* 'Verstellung,
Lüge', *affol-tra* 'Apfelbaum', *frāg-unna* 'Untersuchung' oder *scrunt-ussa* 'Spalte' wohl als
Bildungen mit 'verdunkelten' Suffixen einzustufen. Auf der Grenze zu den Bildungen mit
Nullmorphem stehen die sogenannten Flexionstypen, die nur durch die Flexive ihrer
jeweiligen Deklinationsklasse gekennzeichnet
sind. Hier sind vor allem die Deverbativa
vom Typ *ezz-o* 'Fresser' bzw. *reck-io* 'Vertrie-
bener, Verbannter', die Feminina mit adj. Basis wie *wīh-a* 'Heiligkeit' und die vorwiegend
von Nomina her motivierten Neutra wie *fest-
i* 'Festigkeit' anzuführen. Auf der Grenze zu
den Komposita stehen dagegen die folgenden
Bildungen, deren Suffixe zwar noch als eigenständige Wörter nachzuweisen sind – *heit*
'Gestalt, Person', *scaf* 'Beschaffenheit, Ordnung', *tuom* 'Urteil, Macht, Fähigkeit' –, die
aber in ihrer Funktion als Ableitungssilbe
ihre Lexembedeutung mehr oder weniger eingebüßt haben:

cind-heit 'Kindheit', *trāg-heit* 'Trägheit', *lant-
scaf(t)* 'Landschaft, Gegend', *martar-tuom* 'Martyrium', *alt-tuom* 'Alter, Greisenalter'.

Sie haben insgesamt jeweils eine nominale
Basis, bei -*heit* sind es überwiegend Adj., bei
den übrigen Subst. Das konkurrierende Suffix -*scaft* ersetzt im Laufe der ahd. Zeit das
anfangs vorherrschende -*scaf*. Die ebenfalls
hier einzureihenden Bildungen des Typs *hīleih* 'Hochzeit' und *nachot-tag(o)* 'Nacktheit'

sind nur ganz vereinzelt bezeugt; dasselbe gilt für die sporadischen Bildungen auf *-olf* (< *-wolf*), *-rīh* und *-olt* (< *-walt*), die von Personennamen mit entsprechendem Hinterglied ausgegangen sind, wie etwa *naht-olf* 'Gott der Nacht', *wuot-rīh* 'Wüterich, Tyrann' oder *rāt-olf* 'Pharisäer'.

Obwohl es nicht möglich ist, jeweils präzise Wortbildungsmuster anzugeben, lassen sich die subst. Suffixe dennoch bestimmten Bedeutungskategorien zuordnen. Besonders vielfältig besetzt ist der Bereich der Abstrakta, wobei zur Bildung von Verbalabstrakta vor allem die Suffixe *-unga* und *-ida*, in zweiter Linie die Suffixe *-nissi*, *-ōd*, *-ōt*, *-t* und *-ido* dienen. In vielen Fällen stehen sie konkurrierend nebeneinander wie beispielsweise bei den Bildungen *scauw-unga*, *-ida*, *-ōd* 'Betrachtung' oder *arlōs-unga*, *-ida*, *-nessī* 'Erlösung'. Im nominalen Bereich begegnen die Abstraktsuffixe *-ī(n)*, *-heit*, *-nissi*, *-scaf(t)* und *-tuom*, in zweiter Linie die Suffixe *-ida*, *-unga*, *-ōdi*, *-ōti* und der Flexionstyp *fest-i*. Auch hier ist ein Nebeneinander zu beobachten wie z. B. bei *hēr-scaf(t)*, *-tuom* 'Herrlichkeit' oder bei *heilīg-ī*, *-heit*, *-nessi* 'Heiligkeit'. Daß die genannten Suffixe wenngleich überwiegend, so doch nicht ausschließlich diesen Bedeutungstyp vertreten, zeigen etwa die Konkretbildung *heilīgtuom* 'Heiligtum' oder die Kollektivbildung *kisint-scaf* 'Gefolge, Gesellschaft'. Ein weiterer Bereich ist der der Nomina agentis, der vor allem durch den Flexionstyp *ezz-o* bzw. *reck-io* und den diese Bildungsweise in ahd. Zeit ablösenden Typ auf *-āri* abgedeckt wird. Außerdem ist das Suffix *-il* zu nennen, das daneben auch zur Bildung von Gerätebezeichnungen wie etwa *sluzz-il* 'Schlüssel' zu *sliozan* 'schließen' dient. An Diminutivsuffixen sind *-ila*, *-ilo*, *-ilīn* und *-īn* hervorzuheben, wenn auch entsprechende Bildungen aufs Ganze gesehen eine untergeordnete Rolle im ahd. Wortschatz spielen.

3.2. Adjektivische Suffixbildung

Im Bereich der Adjektivbildung begegnen folgende altererbte Suffixe:

sculd-īg 'schuldig', *stāt-īg* 'beständig', *gifell-īg* 'passend, geeignet', *ēr-īn* 'ehern, metallen', *slāffil-īn* 'schläfrig', *himil-isc* 'himmlisch', *frenk-isc* 'fränkisch', *hofar-oht(i)* 'bucklig'.

Der Vokal des produktivsten Adjektivsuffixes *-īg* erscheint in sehr unterschiedlicher Form — vgl. etwa *heil-ag*, *-eg*, *-īg* 'heilig' oder *gōr-ag*, *-eg*, *-ug* 'arm, wenig' —, was auf Suffixablaut, Assimilation oder Abschwächung zurückzuführen ist. Die Mehrzahl der Bildun-

gen sind Ableitungen von Subst.; daneben finden sich auch Adj., die zumeist keine Bedeutungsänderung durch die Suffigierung erfahren wie etwa *freid-īg* zu *freidi* 'abtrünnig', während Deverbativa selten sind. Als Suffixbildung zu einem zugrunde liegenden Syntagma dürften zumindest aus synchroner Sicht Bildungen wie *reht-sit-īg* 'wohl gesittet, rechtschaffen' aufzufassen sein, die häufig einen gleichgebauten Flexionstyp — vgl. etwa *zwijār-i* 'zweijährig' und bedeutungsgleiches *zwijār-īg* — neben sich haben. Bei den ansonsten von Subst. abgeleiteten Adj. auf *-īn* begegnen auch solche mit adj. Basis. Es handelt sich dabei u. a. um Adj. mit dem nicht mehr produktiven Suffix *-al* wie z. B. *forsc-al* 'neugierig', die zu einer kleinen, aber semantisch einheitlichen Gruppe von sogenannten Neigungsadj. gehören, an die *-īn* pleonastisch antritt. Als besonders markante Gruppe gehört sie zum Adjektivtyp ((...)sA)sA, der hinsichtlich der beteiligten Suffixe und der synonymischen Bezüge differenzierter als bisher angenommen strukturiert ist. Beim Suffix *-isc* ist hervorzuheben, daß es sich schon in ahd. Zeit auch mit Namen verbindet, und zwar nicht nur mit einheimischen, wie u. a. *nazarēn-isc* 'nazarenisch' und *chrēhh-isc* 'griechisch' zeigen. Das Suffix *-oht(i)* — ob *a*- oder *ja*-Stamm anzusetzen ist, läßt sich oft nicht entscheiden — erscheint auch in der Form *-aht*: *horn-oht*, *-aht* 'mit Hörnern versehen, gehörnt'.

Die Funktion eines Suffixes haben die folgenden frei oder nur präfigiert bzw. suffigiert vorkommenden Wörter *līh* 'Gestalt, Form', *haft* 'gebunden', *samo* 'derselbe', *unbāri* 'unfruchtbar' und *kilōmo* 'häufig':

got-līh 'göttlich', *frō-līh* 'fröhlich, froh', *kipiugant-līh* 'gewunden, voller Krümmungen', *zistōr-līh* 'zerstörend, verwüstend', *sigi-haft* 'siegreich', *hrein-haft* 'keusch', *arbeit-sam* 'mühsam, beschwerlich', *irri-sam* 'unklar, verwirrt', *gihōr-sam* 'gehorsam', *egi-bāri* 'Schrecken erregend, furchtbar', *offan-pāri* 'öffentlich', *gast-luomi* 'gastlich'.

Diese nach abnehmender Produktivität angeordneten Adjektivsuffixe verbinden sich in erster Linie mit Subst., erst in zweiter Linie — das nur vereinzelt erscheinende *-luomi* überhaupt nicht — mit Adj. Bei adj. Basis besteht dann häufig kein Bedeutungsunterschied zwischen Ableitung und Simplex. Deverbativa auf *-sam* sind im Ahd. nur vereinzelt anzutreffen, und *-līh* verbindet sich in diesem Bereich vor allem mit präfigierten Verben. Überhaupt zeigt sich die Produktivität von *-līh* — neben *-ig* das wichtigste Adjektivsuffix

– auch darin, daß es an wortbildungsmäßig vielfältig strukturierte Wörter antritt wie beispielsweise in *ki-pūr-scaf-līh* 'bürgerlich' oder *ge-zumft-ih-līh* 'übereinstimmend'. Ein selbständiges Suffix *-īglīh* entwickelt sich allerdings erst in mhd. Zeit, während *-līhho* neben einfachem *-o* bereits im frühen Ahd. zur Bildung von Adverbien verwendet wird. Eine unter formalem, inhaltlichem und syntaktischem Aspekt von den übrigen Bildungen zu sondernde Gruppe bilden die Pronominaladjektive auf *-līh*, deren erster Wortteil mit einem Substantiv im Genitiv Plural korreliert.

Vor allem bei den produktiven Suffixen lassen sich sehr unterschiedliche und mannigfache semantische Funktionen festellen. Auffällig ist die Bedeutungsgleichheit vieler Bildungen auf *-īg* und *-līh* mit anderen Suffixbildungen wie etwa *suht-īg*, *-luomi* 'verseucht', *scīn-bāri*, *-haft*, *-bār-īg* 'glänzend, leuchtend' oder *ēr-haft*, *-līh*, *-sam* hinsichtlich der Bedeutungskomponente 'anmutig', sofern nicht die aufs Ganze gesehen spärliche Überlieferungslage eine solche Übereinstimmung nur vorspiegelt. Dieser variierenden Verwendungsweise entspricht andererseits eine differenzierende, die sich beispielsweise im Gegensatz von *stein-ac*, *-ahti* 'steinig' und *stein-īn* 'steinern, aus Stein' zeigt, wobei mit dem Suffix *-īn* vor allem, aber nicht ausschließlich – vgl. *wīl-īn* 'vorübergehend' zu *wīl(a)* 'kurze Zeit, Weile' – Stoffadjektive gebildet werden.

3.3. Verbale Suffixbildung

Bei der verbalen Wortbildung steht der sogenannte Flexionstyp im Zentrum, der im Ahd. in der Form der drei Klassen schw. Verben auftritt und bei dem alle Wortarten als Basis vorkommen. Bei der ersten Klasse ist häufig Wechsel des Wurzelvokals und Veränderung des wurzelauslautenden Konsonanten festzustellen, bewirkt durch Umlaut und – bei zugrunde liegendem st. Verb. – andere Ablautstufe sowie durch Gemination.

trenk-en 'zu trinken geben, tränken' (zu *trink-an* 'trinken'), *hels-en* 'umhalsen' (zu *hals* 'Hals'), *heiz-en* 'erhitzen' (zu *heiz* 'heiß'), *ūf-en* 'vorbringen, bekannt machen' (zu *ūf* 'auf'), *greif-ōn* 'greifen, betasten' (zu *grīf-an* 'greifen, berühren'), *fisc-ōn* 'fischen' (zu *fisc* 'Fisch'), *eban-ōn* 'ebnen, gleichmachen' (zu *eban* 'gleich'), *widar-ōn* 'zurückweisen' (zu *widar(i)* 'wieder, zurück'), *chunn-ēn* 'kennenlernen, erfahren' (zu *kunnan* 'kennen, verstehen'), *bart-ēn* 'bärtig werden' (zu *bart* 'Bart'), *grāw-ēn* 'ergrauen' (zu *grāo* 'grau'), *mēr-ēn* 'größer werden' (zu *mēr* 'mehr, größer').

Die größtenteils ererbten Deverbativa sind fast ausschließlich in der ersten Klasse anzu-

treffen, während den Verba der dritten Klasse vor allem Adj. zugrunde liegen. Zu den Subst., die synchron gesehen im Ahd. als Basis von schw. Verben zu fassen sind, zählen auch die sogenannten Nomina postverbalia wie etwa *lob* 'Lob' – Basis von *lob-ōn* 'loben, preisen' –, die entwicklungsgeschichtlich gesehen aus dem entsprechenden Verb zurückgebildet, also ursprünglich sekundär sind. Die semantischen Verhältnisse, bezogen auf die formale Einteilung, sind sehr vielfältig und uneinheitlich; dennoch heben sich gewisse Bedeutungsgruppen ab. So läßt z. B. das Nebeneinander von Wörtern des Typs *werm-en* 'warm machen, erwärmen' und solchen des Typs *warm-ēn* 'warm werden' erkennen, daß die Faktitiva vorwiegend der ersten, die Inchoativa vorwiegend der dritten Klasse zuzurechnen sind. Daneben kommen aber auch Bildungen ohne erkennbaren Bedeutungsunterschied vor wie beispielsweise *rein-en*, *-ōn* 'reinigen', *hazz-ōn*, *-ēn* 'hassen' oder *ēr-en*, *-ōn*, *-ēn* 'ehren'.

Bildungen mit Verbalsuffixen, die im Vergleich zu den Flexionstypen eine untergeordnete Rolle spielen, kommen – abgesehen vom Typ *-azzen* – nur in der zweiten Klasse der schw. Verben vor:

quit-il-ōn 'besprechen', *plecch-azz-en* 'blitzen', *bib-in-ōn* 'beben, zittern', *tiur-is-ōn* 'preisen, verherrlichen', *gang-ar-ōn* 'umherwandeln'.

Die nach abnehmender Häufigkeit der bezeugten Bildungen aufgeführten Suffixe erscheinen vielfach mit unterschiedlichem Vokalismus – vgl. z. B. *warb-al-*, *-(el)l-*, *-ol-ōn* 'sich drehen' –, bedingt durch Suffixvariation, Assimilation und Abschwächung. Erste Ansätze zu einem Verbalsuffix *-īg-(ōn)*, das sich aus schw. Verben mit zugrunde liegenden Adj. auf *-īg* verselbständigt hat, dürften im Hinblick auf Bildungen wie *gimunt-īg-ōn* 'gedenken' oder das synchron ebenfalls hier einzuordnende *chriuc-ig-ōn* 'kreuzigen' anzunehmen sein; produktiv wird es erst in mhd. Zeit. Semantisch gesehen handelt es sich vor allem um Iterativa, zum Teil mit diminutiver Komponente, und um Intensiva.

4. Literatur (in Auswahl)

Bauer, Erika, Anthroponyme im Althochdeutschen Wörterbuch. Mit einem Anhang zur Geschichte des *-âri*-Suffixes. In: Althochdeutsch II. Hrsg. v. Rolf Bergmann/Heinrich Tiefenbach/Lothar Voetz. Heidelberg 1987, 972–984; Sprachw. 17 (1992), 179–199.

Baumann, Friedrich Herbert, Die Adjektivabstrakta im älteren Westgermanischen. Diss. Freiburg i. Br. 1914.

Bergmann, Rolf, Rückläufiges morphologisches Wörterbuch des Althochdeutschen. Auf der Grundlage des „Althochdeutschen Wörterbuchs" von Rudolf Schützeichel. Tübingen 1991. [ohne Einbeziehung der ahd. Glossen].

Bürgisser, Max, Untersuchungen zur Wortbildung im Althochdeutschen und Altniederdeutschen. Form und Funktion von denominalen Ableitungen in der Benediktinerregel, im Tatian und im Heliand. Bern/Frankfurt a. M./New York 1983. (EH, Reihe I, 528).

Carr, Charles T., Nominal Compounds in Germanic. Oxford 1939. (St. Andrews University Publications 41).

Fabian, Erich, Das exozentrische Kompositum im Deutschen. Leipzig 1931. (Form und Geist 20).

Gröger, Otto, Die althochdeutsche und altsächsische Kompositionsfuge mit Verzeichnis der althochdeutschen und altsächsischen Composita. Zürich 1911. (AGSZ 11).

Gruber, Hans, Das adverbiale uz-Präfix im Gotischen und Althochdeutschen. Ein Beitrag zum Problem der Präfixkomposition. Jena 1930. (JgF 13).

Henzen, Walter, Deutsche Wortbildung. 3. Aufl. Tübingen 1965. (SkG, B, 5).

Hinderling, Robert, Studien zu den starken Verbalabstrakta des Germanischen. Berlin 1967. (QFSK, NF. 24).

Hoffmann, Erich, Die althochdeutschen und mittelhochdeutschen Deverbativa mit ableitenden Suffixen. Diss. Breslau 1921.

Johannisson, Ture, Verbal och postverbal partikelkomposition i de germanska språken. Mit einer Zusammenfassung in deutscher Sprache. Diss. Lund 1939.

Kjellmann, Nils, Die Verbalzusammensetzungen mit „durch". Diss. Lund 1945.

Kluge, Friedrich, Nominale Stammbildungslehre der altgermanischen Dialekte. 3. Aufl. bearb. v. Ludwig Sütterlin und Ernst Ochs. Halle/S. 1926 (SkG, Ergänzungsreihe: 1).

Leopold, Max, Die Vorsilbe VER- und ihre Geschichte. Breslau 1907. (GA 27).

Linquist, Axel, Studien über wortbildung und wortwahl im althochdeutschen mit besonderer rücksicht auf die nomina actionis. In: PBB 60, 1936, 1−132.

Meid, Wolfgang, Wortbildungslehre. Berlin 1967. (Hans Krahe, Germanische Sprachwissenschaft III; SaGö 1218/1218 a/1218 b).

Meineke, Birgit, Althochdeutsche -scaf(t)-Bildungen. Göttingen 1991. (StAhd. 17).

Möllmann, Ulrich, Die althochdeutschen Adjektive auf -sam. Göttingen 1994. (StAhd. 24).

Morciniec, Norbert, Die nominalen Wortzusammensetzungen in den westgermanischen Sprachen. Wrocław 1964. (Prace Wrocławskiego Towarzystwa Naukowego, Seria A, Nr. 99).

Munske, Horst Haider, Das Suffix *-inga/-unga in den germanischen Sprachen. Seine Erscheinungsweise, Funktion und Entwicklung dargestellt an den appellativen Ableitungen. Marburg 1964. (MBG 6).

Öhmann, Emil, Zur geschichte der adjektivabstrakta auf -ida, -î und -heit im deutschen. Helsinki 1921. (AASF 15,4).

Polzin, Albert, Studien zur Geschichte des Deminutivums im Deutschen. Straßburg 1901. (QFSK 88).

Richter, Johanna, Ursprung und analogische Ausbreitung der Verba auf -αζω. Diss. Münster, Leipzig 1909. [mit einem Exkurs 'Die germanischen Verba auf -atjan, -itjan im Vergleich mit den griechischen Verba auf -αζω'].

Sänger, Wilhelm, Der Vokal in der Kompositionsfuge in den ältesten althochdeutschen Sprachdenkmälern. Diss. Freiburg i. Br. 1910.

Schwarz, Hans, Präfixbildungen im deutschen Abrogans. Analyse und Systematik. Göppingen 1986. (GAG 458).

Seymour, Richard K., A Bibliography of Word Formation in the Germanic Languages. Durham/N. C. 1968 [2 000 Titel].

Splett, Jochen, Der Worttyp rossolîh im Althochdeutschen. In: Verborum amor. Studien zur Geschichte und Kunst der deutschen Sprache. Festschrift für Stefan Sonderegger zum 65. Geburtstag. Hrg. v. Harald Burger/Alois M. Haas/Peter von Matt. Berlin/New York 1992, 162−178.

Ders., Althochdeutsches Wörterbuch. Analyse der Wortfamilienstrukturen des Althochdeutschen, zugleich Grundlegung einer zukünftigen Strukturgeschichte des deutschen Wortschatzes. I,1: Einleitung. Wortfamilien A−L; I,2: Wortfamilien M−Z. Einzeleinträge; II: Präfixwörter. Suffixwörter. Alphabetischer Index. Berlin/New York 1993.

Ders., Der Adjektivtyp ((...)sA)sA) im Althochdeutschen. In: Lingua Theodisca. Beiträge zur Sprach- und Literaturwissenschaft. Jan Goossens zum 65. Geburtstag. Hrsg. v. José Cajot/Ludger Kremer/Hermann Niebaum. Münster 1995, 89−99. (Niederlande-Studien 16,1).

Voetz, Lothar, Komposita auf -man im Althochdeutschen, Altsächsischen und Altniederfränkischen. Heidelberg 1977. (MS 3).

Voyles, Joseph B., West Germanic Inflection, Derivation and Compounding. The Hague/Paris 1974. (JL SPr. 145).

Weinreich, Otto, Die Suffixablösung bei den Nomina agentis während der althochdeutschen Periode. Berlin 1971. (PSQ 56).

Wellmann, Hans (Hrsg.), Synchrone und diachrone Aspekte der Wortbildung im Deutschen.

Heidelberg 1993. (Sprache – Literatur und Geschichte 8).

Wilmanns, W[ilhelm], Deutsche Grammatik. Gotisch, Alt-, Mittel- und Neuhochdeutsch. II: Wortbildung. 2. Aufl. Straßburg 1899. Neudruck Berlin/
Leipzig 1922. [immer noch das Standardwerk].

Wissmann, Wilhelm, Nomina postverbalia in den
altgermanischen Sprachen nebst einer Voruntersu-

chung über deverbative ō-Verba. Göttingen 1932.
(Zvgl. Sprachf. Ergänzungsheft 11).

Ders., Die altnordischen und westgermanischen
Nomina postverbalia. Heidelberg 1975. (GB, Dritte
Reihe: Untersuchungen und Einzeldarstellungen).

Jochen Splett, Münster

77. Die Textsorten des Althochdeutschen

1.   Übersicht über die Textsorten des Althochdeutschen

In diesem Artikel gelangen wir zu folgendem
Vorschlag, die ahd. Denkmäler von den
ältesten Namen bis ins 11. Jh. nach Textsorten (= TSn.) einzuteilen:

(1) *Schule:* Glossen, Glossare, Übersetzungsübun-
gen (z. B. Isidor, Tatian, Physiologus), Notkers
Werke, Glossierung zu Notkers Psalter, Williram.
(2) *Gottesdienst:* kleinere katechetische und liturgische Texte, Benediktinerregel, Petruslied, Georgslied.
(3) *Lebenspraxis:* Runeninschriften, Zaubersprüche, medizinische Glossen, Gespräche, Schreiber-
verse.
(4) *Erbauung:* Christliche Stab- und Endreimdichtung (z. B. Muspilli, Wessobrunner Gebet, Otfrid,
Christus und die Samariterin).
(5) *Antiquarisches Interesse:* Hildebrandslied, Abecedarium Nordmannicum, Kölner Inschrift, Spottverse.
(6) *Verwaltung:* Namen und Sachwörter in Urkunden, Markbeschreibungen, Priestereid.
(7) *Politik:* Bruchstücke der Lex Salica, Straßburger Eide, Trierer Capitulare.
(8) *Traditionsbildung:* Ludwigslied, De Heinrico,
Vita Caroli Magni.

Die Zählung von (1) bis (8) werden wir im
folgenden beibehalten. Der Rest des Artikels
verfolgt den Zweck, diese Einteilung von der
Methode und vom Objekt her zu begründen.

2.   Definition der Textsorte und Nutzen ihrer Bestimmung

Die meisten TSn.-Definitionen enthalten explizit Angaben, nach welcher Methode die
TSn.-Zugehörigkeit eines Textes zu bestimmen ist. TSn. sind also Kategorien, denen ein
bestimmtes Vorgehen Texte als Elemente zu-
ordnet. Isenberg hat eine methodenunabhän-
gige Definition versucht. Eine TS. ist nach
Isenberg eine „Erscheinungsform von Texten,
die durch die Beschreibung bestimmter, nicht
für alle Texte zutreffender Eigenschaften bestimmt werden kann, unabhängig davon, ob
oder auf welche Weise diese Eigenschaften im
Rahmen einer Texttypologie theoretisch er-
faßbar sind" (Isenberg 1978, 566). Diesem
forschungsperspektivisch   unbefriedigenden
Phänomen stellt er sogleich den Texttyp gegenüber, eine „Erscheinungsform von Texten,
die im Rahmen einer Texttypologie beschrieben und definiert ist". Wir werden im folgenden versuchen, die 8 Klassen unter 1. aus
TSn. im Sinne Isenbergs zu Texttypen zu machen. Dabei können wir uns darauf beschränken, die verschiedenen Methodenangebote
für die ahd. Texte zu evaluieren.

Texttypologie (TSn.-Bestimmung) läßt sich
zunächst damit rechtfertigen, daß jeder Text,
sei er geschrieben oder gesprochen, als Exemplar einer TS. rezipiert wird. Wir können
Identifizierungsfehler erkennen und können
produktiv Texte als Angehörige einer TS.
wiederholen, ohne Wortlaut und syntaktische
Struktur beizubehalten. In das Verstehen einer Gebrauchsanweisung geht das Vorwissen ein, daß in der betreffenden Kultur eine
TS. „Gebrauchsanweisung" konventionalisiert
ist. Die korrekte TSn.-Zuordnung ist Teil der
Verstehensleistung (vgl. Schmidt 1978, 52;
de Beaugrande/Dressler 1981, 12; Lux 1981,
21; Heinemann/Viehweger 1991, 129). Text-

typologie ist sodann das anerkannte Klassifikationsprinzip einer Korpuserstellung (Lux 1981, 21; vgl. Wittgenstein 1971, § 122 f.).

3. Die Anforderungen an eine Texttypologie

Die elaborierteste Zusammenstellung von Anforderungen bietet − freilich generell und nicht speziell für das Ahd. − Horst Isenberg. Danach gehören zu jeder Texttypologie

(a) eine Charakterisierung des Geltungsbereiches
(b) ein Kriterium der Unterscheidung
(c) eine endliche Menge von Texttypen
(d) Anwendungsprinzipien.

Für unsere Aufgabe sind nur (b) und (d) problematisch. An Ansprüchen an diese vier Teile stellt Isenberg

(A) Homogenität (Einheitlichkeit von (b))
(B) Monotypie (ein Text darf nur zu einem ranghöchsten Texttyp gehören)
(C) Striktheit ((b) darf nicht mehrere Entscheidungen zulassen)
(D) Exhaustivität (alle Teile von (a) müssen erfaßt werden).

Darüber hinaus erwähnt Isenberg selbst, daß die Typologie (E) „wesentliche Eigenschaften von Texten" betreffen soll (Isenberg 1978, 568). Nies (1974, 276) stellt schließlich die Forderung (F) nach „einfacher Bestimmbarkeit".

4. Die Einteilungsprinzipien der Literaturgeschichte

Vorarbeiten zu einer Übersicht über die TSn. des Ahd. finden wir einzig in Literaturgeschichten. Wenn wir jetzt die dort gewählten Einteilungsprinzipien besprechen, so muß nachdrücklich betont werden, daß kaum eine literaturgeschichtliche Darstellung in der Absicht geschrieben worden ist, die hier gestellte Aufgabe zu lösen. So kann einer Literaturgeschichte z. B. an der Wahrung der Einheit einer Autorperson gelegen sein, ohne Rücksicht auf die verschiedenen TSn., deren sie sich in ihrem Werk bedient hat. − Abgesehen von alphabetischer Behandlung (Verfasserlexikon) lassen sich folgende Grundsätze der Stoffanordnung ausmachen:

(I) zeitlich (Kelle 1892; Golther 1922; Erb 1965; Frenzel/Frenzel 1962; Nusser 1992): Wir befinden uns außerhalb der Konzeption von TSn. als gleichzeitig nebeneinander bestehenden Kategorien, gleichgültig, ob epochale Untergruppen gebildet

werden (wie bei Kelle nach den Regierungszeiten der Herrscher) oder ob chronologisch vorgegangen wird (Frenzel/Frenzel). Erst in einem zweiten Schritt könnten aus dem Vergleich der TSn. zu einem Zeitpunkt X und zu einem Zeitpunkt Y diachronische Schlüsse gezogen werden. Man kann sich aber leicht davon überzeugen, daß zur Zeit Karls des Großen oder Ludwigs des Deutschen fast alle acht TSn. benützt worden sind. Der Versuch, das 8.−10. Jh. der „Bekehrungsliteratur" und das 10.−12. der „Belehrungsliteratur" zuzuordnen (Nusser 1992), ist für unsere Zwecke zu pauschal.
(II) räumlich (Nadler 1923): Das unter (I) behauptete Nebeneinander der TSn. ist kein geographisches, sondern eine Auswahlmöglichkeit grundsätzlich jedes Textproduzenten (jedes Skriptoriums). Bei den Franken etwa (Nadler wählt die Stämme der Völkerwanderung als Raster) kommen der Tatian (1), katechetische Texte (2), medizinische Glossen (3), Otfrid (4), das Hildebrandslied (5), die Markbeschreibungen (6), die Straßburger Eide (7) und das Ludwigslied (8) zusammen.
(III) formal (Koegel 1894 f.; Braune/Ebbinghaus 1965; Bergmann/Tiefenbach/Voetz 1987): Die folgenden Einteilungen gehen von der gattungspoetischen Unterscheidung in stabreimende, endreimende und Prosadichtung aus. Dabei kommt unter Prosa allzuviel zusammen, dessen Verschiedenartigkeit evident ist (z. B. der Abrogans und die Straßburger Eide). − Generell stellt sich hier die Frage nach dem Verhältnis von TS. und *Gattung*. Von der Neuzeit her besteht der Hauptunterschied darin, daß Gattungen literarische TSn. sind. Diese Unterscheidung fällt im Ahd. weg (abgesehen vielleicht von der Kategorie (4), obwohl auch dort das moderne Fiktionalitätskriterium nur schwer anwendbar ist). Die Beantwortung der Frage hängt also von den Definitionen einmal von „TS." und dann von „Gattung" ab. Da beide Termini ähnlich definiert werden und das Definieren beider Termini ähnliche Schwierigkeiten macht, sehen wir mit Gülich/Raible (1973, 147; 1975, 1), Hinck (1977, IX), Suerbaum (1973, 90) usw. keinen grundsätzlichen Unterschied und verwenden deshalb weiterhin den Begriff „TS." auch dort, wo die Sekundärliteratur von Gattungen spricht.
(IV) Korrelation zeitlich und formal (de Boor 1955; Schwietering 1957; Ehrismann 1918; Stammler 1954; Walz 1976; Żsygulski/Szyrocki 1967): Die Probleme der Bestandteile werden wegen der gegenseitigen Undurchdringlichkeit der Kriterien durch die Kombination nicht behoben. So läßt Ehrismann einem Kapitel „2. Prosa" ein Kapitel „3. Ottonisches" folgen.
(V) Korrelation formal und inhaltlich (Sonderegger 1974; Wehrli 1980): Form und Inhalt durchdringen einander in der klassischen Einheit des binären Zeichens. Deshalb leuchten viele der so gewonnenen Kategoriennamen ein (oder sehen nach älteren Benennungskonventionen aus). Andererseits stellt sich das Problem der Vergleichbarkeit der einzelnen Klassen (vgl. Isenbergs Homogenitätsforderung).

(VI) ideologisch (Gervinus 1871; Scherer 1883; Nadler 1923): Diesen Literaturgeschichten ist die Profilierung des Hildebrandsliedes gemeinsam. Wir haben es mit einem ad-hoc-Kriterium zu tun, das selbst ideologisch ist, indem der Mainstream der ahd. Überlieferung, ihre christlich-abendländische Tradition im Anschluß an die karolingische Renaissance, die doch die Bedingung der Aufzeichnung auch des Hildebrandsliedes ist, gegenüber dem authochthon Germ. entwertet wird.

(VII) Stärke der Abhängigkeit von der Latinität (Cholevius 1854): Der Fokus ist hier der umgekehrte wie unter (VI). So praktikabel (Kriterium (F)) die Unterscheidung nach der Übersetzungshaltung auch sein mag, so wenig trifft sie wesentliche Eigenschaften der Texte (Kriterium (E)).

(VIII) soziologisch (Koberstein 1847; Eggers 1963): Hier ist der Hinweis zu wiederholen, den wir schon bei (I) und (II) gegeben haben, daß nämlich TSn. als Repertoire verstanden werden, das den Angehörigen einer Kultur (und damit einer sozialen Gruppe) bei der Textproduktion zur Verfügung steht.

(IX) geistesgeschichtlich (Bertau 1972): Eine elitäre Etikettierung wie „Problematische Identität" (für Hildebrandslied und Tatian) oder „Literarische Verschlüsselung" (für Otfrid) geht einerseits von Denkmodellen aus, die der Zeit fremd sind, andererseits erfaßt sie nur einzelne Meisterwerke und erfüllt so das Kriterium der Exhaustivität (D) nicht.

5. Die Einteilungsvorschläge der Textlinguistik

Nach S. J. Schmidt (1978, 55) kann man beim Studium von TSn. entweder von den beobachtbaren Objekten ausgehen, wie es die Literaturgeschichten getan haben, ohne das Problem der Klassifikation zu lösen, oder man kann von einer Texttheorie ausgehen. Diesen zweiten Weg hat die Linguistik, genauer die seit etwa 1970 deutlich erkennbare *Textlinguistik* (de Beaugrande/Dressler 1981) oder *Texttheorie* (Schmidt 1976) oder *Textwissenschaft* (van Dijk 1980) beschritten. Betrachten wir ihre Einteilungsvorschläge, so fällt zuerst einmal auf, daß eine ganze Reihe von Kriterien aus der Literaturgeschichte übernommen worden ist. Vgl. zu diesen Kriterien das unter 4. (I) ff. Gesagte.

(I) formal (z. B. van Dijk 1972; Gülich/Raible 1973; Suerbaum 1973; Lockemann 1974): Der Versuch, TSn. „durch die Eingrenzung der in ihrem Rahmen verwandten sprachlichen Mittel gegenüber dem Gesamtvorrat der Sprache" (Suerbaum 1973, 88) zu bestimmen, wird dadurch erschwert, daß sich das formale Unterscheidungskriterium (zumindest außer-

halb der literarischen Gattungen) nicht in operationalisierbarer Weise angeben läßt.

(II) inhaltlich (z. B. Brettschneider 1975; Voßkamp 1977; Werlich 1975; Hempfer 1977; Zimmermann 1978): Hier steht der „kontextuelle Fokus" (Werlich) im Vordergrund, also die Frage, auf welchen Ausschnitt aus der situativen Umwelt ein Text Bezug nimmt. Die Problematik dieses Kriteriums sieht Isenberg darin, daß ein längerer Text (man denke an Otfrid) den kontextuellen Fokus wechseln kann.

(III) konventionell (z. B. Suerbaum 1973; Hinck 1977; Nies 1974; Lockermann 1974; Belke 1973; de Beaugrande/Dressler 1981; Jauß 1972; Gülich 1986): Es sind vor allem Textwissenschaftler, die von der Literaturtheorie herkommen, welche vorschlagen, die TSn.-Klassifikation nach bestehenden Selbstbezeichnungen konventionalisierter Gattungen vorzunehmen. Freilich können so keine Texttypen im Sinne Isenbergs (vgl. oben unter 3.) gewonnen werden, da die verschiedenen Bezeichnungsmotive keine Homogenität zulassen. Definitionsversuche, wie der von Hinck, daß „gemeinsame und gruppierende Merkmale literarischer Werke auch Antworten auf konkrete kulturelle und soziale Erfordernisse ihrer Zeit seien, die sich zu Konventionsformen verfestigt haben" (Hinck 1977, V), bleiben entsprechend vage. De Beaugrande/Dresslers Hinweis, daß die „traditionellen" TSn. nicht übergangen werden dürfen, weil sie „ja tatsächlich für den Textbenützer in den Verfahren der Produktion und Rezeption heuristischen Wert haben" (de Beaugrande/Dressler 1981, 189), bleibt bedenkenswert. Wir kommen darauf in 5. (VII) zurück.

(IV) soziologisch (z. B. Wienold 1975; Beck 1973; Sitta 1973): Der Vorschlag, TSn. nach dem „unterschiedlichen Verhalten von Sprachteilnehmern in der Verwendung von Texten" (Wienold 1975, 145) zu differenzieren und damit TSn. auf Soziolekte zu beziehen (Sitta 1973, 67), gibt eher den Rahmen einer Klassifikation an als ihre Heuristik.

Die Vorschläge der Textlinguistik, die nicht mit den von der Literaturgeschichte benützten Parametern vergleichbar sind, lassen sich drei weiteren Gruppen zuteilen:

(V) Korrelation mehrerer Merkmale (z. B. Gülich/Raible 1975; Sandig 1975; Dimter 1981; Heinemann/Viehweger 1991): Das bekannteste Beispiel jener Richtung, die TSn. „grundsätzlich als Konfiguration textexterner mit textinternen Merkmalen" (Gülich/Raible 1975, Vorwort) versteht, ist Barbara Sandigs Faktorenmodell. Ihre 20 Merkmale sind:

± gesprochen, spontan, monologisch, dialogisch, räumlicher Sender-Empfänger-Kontakt, zeitliche Kontinuität der Kommunikation, akustischer Kontakt, besonders markierter Textanfang, besonders markiertes Textende, festgelegter Textaufbau, festgelegtes Thema, Vorkommen der 1. Person, 2. Person, 3. Person, von Imperativformen, aller Tempora, Ökonomie, Redundanz, Nonverbales, Gleichberechtigung der Partner.

Setzt man in dieses Modell den Weißenburger Katechismus und Otfrids Evangelienbuch ein, so unterscheiden sie sich dadurch, daß bei Otfrid Dialoge, Bilder und Redundanzen vorkommen und die Partner eher gleichberechtigt sind — ein Befund, der den intuitiv feststellbaren Unterschieden zwischen beiden Denkmälern nicht gerecht wird. Man müßte wohl für das Ahd. andere Merkmale wählen, doch auch dann wäre der Schritt von einer Merkmalkonfiguration zu einer TS. nicht theoretisch erfaßt. Heinemann/Viehweger (1991) arbeiten mit einer Merkmalshierarchie, was zu sehr überzeugenden Einzelinterpretationen, aber zu einer wenig übersichtlichen Typologie führt. Wir wollen für das kleine Korpus des Ahd. ihre beiden ranghöchsten Ebenen korrelieren, die intentional-funktionale und die situative, zu denen zunächst noch einzeln etwas gesagt werden soll (Punkte VI und VII).

(VI) intentional (z. B. Coseriu 1975; Gniffke-Hubrig 1972; Sandig 1973; Große 1976; Kern 1969; Belke 1973; Franke 1990): Die Pragmatik versteht — ihr Name sagt es schon — Texte als Handlungen. So einleuchtend es auch ist, nach der Produzentenabsicht und Textfunktion zu fragen, so schwer fällt es auch, die Isenbergschen Kriterien der Monotypie und der Striktheit (3. (B) und (C)) zu erfüllen, wenn die quantitative Grenze des Sprechaktes und seiner Illokution überschritten wird. Isenbergs eigener Versuch, Konversationsmaximen als Klassifikationskriterium zu benützen (sei wahr für den wissenschaftlichen Diskurs, sei aufrichtig für Privates, sei sachgerecht für Information, sei sinnhaft für Literatur, sei echt für liturgische und sei engagiert für spielerische Texte; Isenberg 1984); wirft mehr Fragen auf, als er beantwortet. P. Kern hat diesen Einwand mit einem Modell zu entkräften versucht, bei dem Merkmale kombiniert werden können. Sein Ausgangspunkt ist das „formulierende Subjekt mit sei-ner Intention" (Kern 1969, 8), wobei diese Intentionen 1969 noch nicht mit Illokutionsklassen korreliert werden konnten. Kern stützt sich statt dessen auf Bühlers Organonmodell der Sprache, das — wie Beck (1980) zeigt — ohnedies jeder bekannten Sprechakttypologisierung Pate gestanden hat. Kern unterteilt alle Intentionen in die drei Beziehungsmuster (A) *ich—es* (vgl. Bühlers *Darstellung*), (B) *ich—du* (vgl. Bühlers *Appell*) und (C) *ich—ich* (vgl. Bühlers *Ausdruck*), die dann noch je die fünf an Morris orientierten Untergruppen (1) was?, (2) wie?, (3) wozu?, (4) in welchem Zusammenhang? und (5) spielerisch? erhalten. Er kommt dann zu Bestimmungen wie: Gebrauchsanleitung = A3 (ich—es, wozu?) oder Tagebuch = C1 (ich—ich, was?). TSn. können aber auch als Kombination solcher Typen definiert sein, z. B. Gesetzestexte = A1—B2 oder Feuilleton = B5—A4. Der nicht immer ganz leichte und eindeutige Versuch (vgl. Kriterium (F) in 3.), Kerns Methode auf die ahd. Überlieferung zu übertragen, wird das „formulierende Subjekt" durch den (sich selbst oder anderen) diktierenden Geistlichen ersetzt, der die Niederschrift eines Textes beschließt. Es ist dann möglich, zur selben Klassifizierung zu gelangen, wie wir sie in 1. vorgeschlagen haben:

Kategorie (1) = A1—B4
Kategorie (2) = A2—B3
Kategorie (3) = A3—B3
Kategorie (4) = A4—B2, 3, 4, 5
Kategorie (5) = A4—B5
Kategorie (6) = A3—B2, 3
Kategorie (7) = A3—B3, 4
Kategorie (8) = A4—B2, 4, 5

Ein Beispiel: Otfrids Evangelienbuch (Kategorie (4)) stellt die Welt im heilsgeschichtlichen Zusammenhang (A4) dar, der durch das Thema der Evangelien gegeben ist. Der ausdrückliche Rezipientenbezug (B) fächert sich auf in Präskription (B2) — siehe etwa Otfrid, I, 1, 45 —, Anleitung (B3) — siehe etwa Otfrid I, 1, 18 —, Definition des Du (B4) — siehe etwa Otfrid I, 2, 41 ff.; Dieser Aspekt fehlt beispielsweise im Ludwigslied (Kategorie (8)) —, und das alles in angenehmer Weise (B5), die geeignet ist, den „cantus obscenus" (Otfrid, Ad Liutbertum) weltlicher Dichtung zu übertönen.

Es darf aber nicht übersehen werden, daß die Striktheit dieser Klassifikation (vgl. oben 3. (C)) insofern nicht gewährleistet ist, als bei allfälligen Meinungsverschiedenheiten über eine vorgenommene Zuordnung kaum angebbar ist, wie diese zu schlichten wären. Das grundsätzliche Problem der zu großen Zahl möglicher TSn. fällt beim beschränkten Korpus der ahs. Denkmäler dagegen nicht ins Gewicht.

(VII) situativ (z. B. Sitta 1973; Pörksen 1974; Reiß 1980; Pfütze/Blei 1977; Lux 1981; de Beaugrande/Dressler 1981; Weigand 1986; Diewald 1991; Steger 1985): Uwe Pörksen zählt als Konstanten von Redekonstellationen u. a. Sprechercharakterisierung, Ort, Öffentlichkeitsgrad, Normen des sozialen Verhaltens und Typik der Situation auf, läßt aber zum letzten Punkt jene genaueren Angaben vermissen, die Sitta mit seinem Ruf nach einer „Situationstypologie" (Sitta 1973, 65) gefordert hat. Sitta steht damit in Einklang mit Pfütze/Blei. Wenn sie feststellen, daß die „Typisierung von Texten nach Kommunikationsaufgaben" zu erfolgen habe (Pfütze/Blei 1977, 189), so ruft das nicht nach einer rein intentionalen Betrachtung, da der Kommunikationsplan sich immer nach „äußeren Bedingungen" (Pfütze/Blei 1977, 190), also nach der Situation zu richten hat. Die für unsere Zwecke fruchtbarste Diskussion des Verhältnisses von Intention und Situation (siehe auch de Beaugrande/Dressler 1981, 189) führt F. Lux. Er geht vom Zentralbegriff der britischen Registerlinguistik aus: „Ein Register ist die sprachliche Füllung eines Situations- bzw. Handlungstyps" (Lux 1981, 158). Situation und Intention fließen insofern ineinander, als das Tun der Kontext, die signifikante Situation, eines Sagens ist. So spricht Lux von „Schulstunden-Textsorten" (Lux 1981, 227). TSn. treten hier allerdings nur im Plural auf, denn „es gibt eine Textsortenkompetenz" (Lux 1981, 5), die sich an den umgangssprachlichen Gattungsbezeichnungen orientiert. Auch de Beaugrande/Dressler betonen, daß die TSn.-Lehre sich ohne Rücksicht auf die von Isenberg geforderte methodische Stringenz mit den „aktualisierten Systemen" zu befassen habe: „Die Kommunikationsbedingungen sind einfach zu mannigfaltig, um solche rigorosen Kategorisierungen zuzulassen" (de Beaugrande/Dressler 1981, 193). Wenn wir im folgenden versuchen wollen, den situativen Ansatz für eine Texttypologie des Ahd. fruchtbar zu machen, so muß dem eine Entscheidung zwischen den methodischen Ansprüchen Isenbergs und den empirischen von Lux und de Beaugrande/Dressler vorausgehen.

6. Ein pragmatisches Modell zur Textsortenklassifikation des Althochdeutschen

1972 schreiben Gülich/Raible: „Bisher ist die Linguistik *noch nicht* in der Lage, Kriterien zur Verfügung zu stellen, mit denen sich die intuitiv gegebenen Textsorten vollständig beschreiben und differenzieren ließen". Sie lassen den Satz 1975 stehen – und könnten das heute noch tun. Der Widerspruch zwischen Methodik und Wirklichkeit scheint unüberbrückbar. Metzeltin/Jaksche (1983) und Adam (1992) beschreiben statt TSn. lieber Superstrukturen im Sinne van Dijks (1980), wie das Erzählen, das Beschreiben, das Argumentieren oder das Erklären, die freilich die Monotypie und damit die Texttypologie aufgeben. Bei unserem beschränkten Korpus mag mehr Optimismus angebracht sein. Gülich/Raible (1975, 1) unterscheiden zwei mögliche Forschungsstrategien:

a) von einzelnen TSn. ausgehend einen texttheoretischen Rahmen suchen
b) von einem gegebenen texttheoretischen Rahmen aus die einzelnen TSn. lokalisieren.

Werden diese beiden Wege alternativ gesehen, so gerät man in die geschilderte Zwickmühle. Ausgangspunkt unserer Typologie soll deshalb ein minimaler sprachtheoretischer Rahmen *und* eine gewisse Vertrautheit mit dem Korpus sein. Die Aufgabe besteht dann darin, behutsam beides zu verbinden, und zwar nur so lange verfeinernd, bis jene Korngröße erreicht ist, in der wir (a) immer schon vortheoretisch TSn. benennen und ansiedeln, und in der (b) die Theorie stimmig bleibt. Gemäß pragmatischem Ansatz rekonstruiert Verstehen Handlungen in Situationen (siehe Göttert/Herrlitz 1977, I, 25). Damit können wir uns des Verhältnisses von Situation und Intention im Sinne von Lux und der Registerlinguistik (siehe oben 5. (VII)) bedienen: die Intention ist die „innere", die signifikante und relevante Situation eines Zeichens oder Textes, doch zur „Umgebungssituation" gehört, wie Lux (1981, 101) betont, mehr als nur die Sprecherintention. Damit drängt sich folgendes Vorgehen auf: wir gehen von der – institutionell definierten – Umgebungssituation aus und verfeinern das situative Raster schrittweise so lange, bis wir bei der Korngröße der inneren Situation = Verwendungszweck der Niederschrift angelangt sind, d. h.

bis wir die situativen Segmente intentional (z. B. gemäß Kern, siehe oben 5. (VI)) kategorisieren können. Beispielsweise ist die „Schule" eine situative Größe, bei der wir — im Ahd. von der Oberkategorie „Kirche" herkommend — halt machen können, weil sie sich mit der Intention „systematische Wissensvermittlung" trifft. Das Ergebnis der Typologie ist dann untrennbar situativ-intentional, wie es das ja Göttert/Herrlitz (1977), Lux (1981), de Beaugrande/Dressler (1981) und Heinemann/Viehweger (1991) zufolge auch sein muß. Die weitere Unterteilung — z. B. in „Schulstunden-TSn." (vgl. 5. (VII)) — ist mit traditionellen Begriffen (Glossen, Beichten usw.) möglich, drängt sich aber weder methodisch noch klassifikatorisch auf. Wir kommen so zu einem Vorgehen mit folgenden Segmentierungsschritten:

A. Epoche: Althochdeutsch (versus Frühmittelhochdeutsch oder versus Altsächsisch usw.)
B. Sprachsorten: geschrieben versus gesprochen (nur ersteres besitzen wir), deutsch versus lateinisch (nur ersteres ist unser Thema)
C. Subkulturen: Kirche versus Staat (in ahd. Zeit (A.) werden geschriebene deutsche Texte (B.) nur in klösterlichen Skriptorien und in Kanzleien weltlicher Herrschaft produziert und an Rezipienten ausgegeben (siehe Sonderegger 1979, 145)).
D. Kontexttypen = Textsorten: die 8 Klassen in 1. (Schule, Gottesdienst, Lebenspraxis, Erbauung und antiquarisches Interesse gehören zur Subkultur Kirche; Politik und Traditionsbildung zur Subkultur Staat; Verwaltung gehört zu beiden Subkulturen).

Während unter C. nach Produktionssituationen gefragt wurde, zählt D. Verwendungssituationen auf. Es ist entscheidend, festzuhalten, daß diese Klassifikation und auch die nach den Intentionen, siehe oben unter 5. (VI), nur deshalb so leicht und in Einklang mit der pragmalinguistischen Theorie möglich gewesen ist, weil sowohl situativ wie auch intentional die ahd. Denkmäler nur einen sehr kleinen Ausschnitt aus jenem Spektrum bedecken, an das wir heute gewöhnt sind — und das den Textlinguistinnen und -linguisten naheliegenderweise vorschwebt, wenn sie über Texttypologie nachdenken.

7. Die Zuordnung der einzelnen Denkmäler

Es bleibt uns, die einzelnen überlieferten Denkmäler des Ahd. in dieses Schema einzufügen und damit gleichzeitig dessen Anwend-

barkeit und Exhaustivität zu zeigen (die auch dann gewahrt blieben, wenn da oder dort eine andere Zuweisung vorgezogen würde). Bibliographische Angaben über Sonderegger (1987), Wehrli (1980) und das Verfasserlexikon hinaus erfolgen aus Gründen der Übersichtlichkeit nur dort, wo keiner dieser Autoren einschlägig ist.

(1) Schule: Die hierhergehörigen Texte sind innerhalb des kirchlichen Bereiches von den Kategorien (2)—(6) dadurch unterschieden, daß ihnen die Verwendbarkeit im Gottesdienst (2), im Alltag (3), in der privaten Lektüre und zum Vorlesen (4), in der Bibliothek als Thesaurus (5) und in der Verwaltung (6) abgeht. Positiv ist der Sitz im Unterricht dann besonders gut erkennbar, wenn die Texte sich in den Lehrplan des Trivium und Quadrivium einfügen (vgl. Sonderegger 1970, 77—100, und Schwarz 1977). Im einzelnen handelt es sich um Glossen und Glossare (z. B. Abrogans, Vocabularius Sti. Galli, Summarium Heinrici; vgl. Sonderegger 1987, 59 u. 84; Assion 1973, 60), um Übersetzungstexte (z. B. Tatian, Isidor-Sippe, Notkers Werke und Glossierung zu Notkers Psalter, St. Galler Schularbeit, Otlohs Gebet, Physiologus, Williram; vgl. insgesamt Sonderegger 1987, 95—114, und zu Williram Wehrli 1980, 123, über die „studia ecclesiastica").

(2) Gottesdienst: Sonderegger spricht von „kirchlicher Gebrauchsprosa" (Sonderegger 1987, 101), die von der Reformarbeit um Karl den Großen ihren Ausgang nimmt (Wehrli 1980, 43) und katechetische und liturgische Texte umfaßt, genauer Paternoster-Übersetzungen und -Auslegungen, Glaubensbekenntnisse, Beichten, Predigten (McLintock in Verfasserlexikon, Bd. 1, Sp. 306—308) und die Benediktinerregel (die ja im Kloster abschnittweise vorgelesen wurde). Vom kirchlichen Gebrauch her gehören auch die „poetischen" Denkmäler Murbacher Hymnen, Petruslied und Georgslied (Bestimmung dieser beiden und des verlorengegangenen Galluslieds als „Prozessionslieder" bei Haubrichs 1979, 188; zum Petruslied Lomnitzer in Verfasserlexikon, Bd. 7, Sp. 522) in diese Klasse.

(3) Lebenspraxis: Orientierung und konkrete Hilfestellung im Alltagsleben bieten die ahd. Runenschriften, die Zauber- und Segenssprüche (vgl. Schlosser 1977, 80—84), die medizinischen und Kräuterglossen und die Gespräche, „gedacht für einen Reisenden romanischer Zunge im deutschen Sprachgebiet" (Wehrli 1980, 50), sowie, als psychische Ent-

lastung beim Niederschreiben, die Schreiber-
verse (Sonderegger in Verfasserlexikon,
Bd. 2, Sp. 1048). Es ist nicht auszuschließen,
daß die schriftliche Aufzeichnung des einen
oder anderen dieser Zeugnisse einem anti-
quarischen Interesse (Kategorie (5)) entsprungen ist.

(4) Erbauung: Damit ist „Literatur" in jenem
Sinne gemeint, der unserem modernen am
nächsten kommt. Über die grammatischen
Regeln hinaus gelten weitere formale Konventionen (Metrum und Reim), ja man
kann − neben dem Vortrag − sogar von privater Lektüre ausgehen (z. B. im Kloster

Abb. 77.1: Codex Sangallensis 30, S. 1. Aus Spaß an den vier Versen (vgl. Textsorte (5): Antiquarisches
Interesse) hat ein St. Gallener Schreiber des 9. Jhs. folgendes Spottgedicht auf die leere 1. Seite eines Bibelco-
dex geschrieben:
liubene ersazta sine gruz unde kab sina
tohter uz to cham aber starzfidere
prahta imo sina tohter widere
Das Gedicht funktioniert wie ein moderner Witz: sobald es zuende ist, fragen wir uns, weshalb wohl Liubene
Bier gebraut hat − für die Hochzeit seiner Tochter? − und weshalb Starzfidere sie zurückgegeben hat − bei
näherem Hinsehen?

während der Fastenzeit, vgl. Groseclose/Murdoch 1976, 60; Green 1987, 770). Stofflich habe ich Unaktuelles (Hildebrandslied deshalb in Kategorie (5) (mit Ebel 1987, 713)) und Tagesaktualität (Ludwigslied deshalb in Kategorie (8)) ausgeschieden. Lehrhaft sind diese Texte alle, aber es handelt sich um „in Dichtung integrierte Lehre" (Boesch 1977, 126). Die genannten Merkmale gelten für das Wessobrunner Gebet (vgl. aber zum Missionscharakter Gottzmann 1987), das Muspilli (Steinhoff in Verfasserlexikon, Bd. 6, Sp. 827), das Carmen ad Deum (auf dessen dichterische Konzeption Sonderegger 1987, 86, aufmerksam macht), Otfrid, Christus und die Samariterin, Psalm 138, vielleicht auch Notkers Psalter und Williams Hoheliedparaphrase, die wir unter (1) subsumiert haben (insgesamt vgl. Wehrli 1980, 60ff., zu Williram als Werk der Erbauung ebd. 124).

(5) Antiquarisches Interesse: Texten, deren „weltliche, wenn nicht heidnische" Ideologie (Wehrli 1980, 27) ihre Aufzeichnung vorstellbaren konkreten Verwertungszusammenhängen entzieht, möchte ich ein antiquarisches Interesse zusprechen, wie es gemäß Sonderegger (1987, 90) der ahd. Klosterkultur zuzutrauen ist. Ich denke an das Hildebrandslied (Wehrli spricht dagegen von einer „Schreib- und Sprachübung" (27), wofür mir der Text zu brisant zu sein scheint; vgl. Düwel in Verfasserlexikon, Bd. 3, Sp. 1252f.), sowie an das Abecedarium Nordmannicum (Sonderegger in Verfasserlexikon, Bd. 1, Sp. 7f.) und einige Kleinsttexte, wie die Kölner Inschrift und die St. Galler Spottverse.

(6) Verwaltung: Lat. Rechtstexte enthalten ahd. Namen (Sonderegger 1987, 62) und Sachwörter (ebd. 59f.). Dazu kommen die Hamelburger und Würzburger Markbeschreibungen und aus dem kirchenrechtlichen Bereich der Freisinger Priestereid (vgl. Sonderegger 1987, 105). Soweit die Verwaltung überhaupt der Schriftlichkeit bedurfte, handelte es sich (lange über die ahd. Zeit hinaus) fast ausschließlich um die lateinische.

(7) Politik: Im makroskopischeren Bereich der staatlichen Politik ist die Situation grundsätzlich gleich wie bei der Verwaltung. Volkssprachliche Ausnahmen sind die Straßburger Eide, die Bruchstücke einer Lex-Salica-Übersetzung (Schmidt-Wiegand in Verfasserlexikon, Bd. 5, Sp. 1194) und das Trierer Capitulare (vgl. insgesamt Sonderegger 1987, 87, wo auf den Zusammenhang dieser Denkmäler mit der gesprochenen Sprache verwiesen wird).

(8) Traditionsbildung: Deutlicher ist die Funktion der Volkssprachlichkeit einiger anderer Denkmäler, die sich mit politisch-geschichtlichen Ereignissen befassen: es geht um die Ausbildung eines kollektiven Gedächtnisses. Neben den politischen Gedichten Ludwigslied (vgl. die Bestimmung „Zeitlied" bei Wehrli 1980, 95) und De Heinrico (gleichgültig, um welchen Heinrich es sich handelt; Wehrli, 1980, 222, bevorzugt Heinrich den Zänker) sind auch die kleinen deutschen Bestandteile von Einhards Vita Karoli Magni (Angaben bei Braune/Ebbinghaus 1965, 162) hier zu nennen.

8. Literatur (in Auswahl)

Adam, Jean-Michel, Les textes: types et prototypes. Paris 1992.

Assion, Peter, Altdeutsche Fachliteratur. Berlin 1973.

de Beaugrande, Robert-Alain/Wolfgang Dressler, Einführung in die Textlinguistik. Tübingen 1981.

Beck, Götz, Textsorten und Soziolekte. In: Spr. d. Geg. 30 (Festgabe für Hans Glinz). 1973, 73–112.

Ders., Sprechakte und Sprachfunktionen. Tübingen 1980.

Belke, Horst, Literarische Gebrauchsformen. Düsseldorf 1973.

Bergmann, Rolf/Heinrich Tiefenbach/Lothar Voetz (Hrsg.), Althochdeutsch. 2 Bde. Heidelberg 1987.

Bertau, Karl, Deutsche Literatur im europäischen Mittelalter. Bd. 1. München 1972.

Boesch, Bruno, Lehrhafte Literatur. Berlin 1977.

de Boor, Helmut, Die deutsche Literatur von Karl dem Großen bis zum Beginn der höfischen Dichtung. 2. Aufl. München 1955.

Braune, Wilhelm/Ernst Ebbinghaus, Althochdeutsches Lesebuch. 14. Aufl. Tübingen 1965.

Brettschneider, Gunter, Zur Explikationsbasis für „Texte" und „Textsorten". In: Gülich/Raible 1975, 125–143.

Bühler, Karl, Sprachtheorie. Die Darstellungsfunktion der Sprache. Jena 1934.

Cholevius, Carl, Geschichte der deutschen Poesie nach ihren antiken Elementen. Bd. I. Leipzig 1854.

Coseriu, Eugenio, Diskussionsbeitrag zu einem Referat von Barbara Sandig. In: Gülich/Raible 1975, 139.

Diewald, Gabriele Maria, Deixis und Textsorten im Deutschen. Tübingen 1991.

van Dijk, Teun, Some Aspects of Text Grammars. Den Haag 1972.

Ders., Textwissenschaft. München 1980.

Dimter, Matthias, Textklassenkonzepte heutiger Alltagssprache. Tübingen 1981.

Dressler, Wolfgang (Hrsg.), Current Trends in Text Linguistics. Berlin/New York 1978.

Ebel, Uwe, Historizität und Kodifizierung. In: Bergmann/Tiefenbach/Voetz 1987, Bd. 1, 685–714.

Eggers, Hans, Deutsche Sprachgeschichte I: Das Althochdeutsche. Reinbek 1963.

Ehrismann, Gustav, Geschichte der deutschen Literatur bis zum Ausgang des Mittelalters. Bd. 1. München 1918.

Erb, Ewald, Geschichte der deutschen Literatur von den Anfängen bis 1160. Bd. 1. Berlin (DDR) 1965.

Frank, Manfred, Das Sagbare und das Unsagbare. Frankfurt/M. 1980.

Franke, Wilhelm, Elemente der Dialogstruktur. Tübingen 1990.

Frenzel, Herbert/Elisabeth Frenzel, Daten deutscher Dichtung. Bd. 1. München 1962.

Gervinus, Georg Gottfried, Geschichte der deutschen Dichtung. Bd. 1. 5. Aufl. Leipzig 1871.

Gniffke-Hubrig, Christa, Textsorten. In: DU 24, 1972, 39–52.

Göttert, Karl-Heinz/Wolfgang Herrlitz, Linguistische Propädeutik. Bd. 1. Tübingen 1977.

Golther, Wolfgang, Die deutsche Dichtung im Mittelalter. 2. Aufl. Stuttgart 1922.

Gottzmann, Carola L., Das Wessobrunner Gebet. In: Bergmann/Tiefenbach/Voetz 1987, Bd. 1, 637–654.

Green, Dennis H., Zur primären Rezeption von Otfrids Evangelienbuch. In: Bergmann/Tiefenbach/Voetz 1987, Bd. 1, 737–771.

Groseclose, J. Sidney/Brian D. Murdoch, Die althochdeutschen poetischen Denkmäler. Stuttgart 1976. (SM 140).

Große, Ernst U., Text und Kommunikation. Stuttgart 1976.

Gülich, Elisabeth, Textsorten und Kommunikationspraxis. In: JIdS 1986, 15–46.

Dies./Wolfgang Raible, Textsorten-Probleme. In: Spr. d. Geg. 35, 1973, 144–197.

Dies. (Hrsg.), Textsorten. 2. Aufl. Wiesbaden 1975. (1. Aufl. 1972).

Haubrichs, Wolfgang, Georgslied und Georgslegende im frühen Mittelalter. Königstein i. T. 1979.

Heinemann, Wolfgang/Dieter Viehweger, Textlinguistik. Tübingen 1991.

Hempfer, Klaus, Gattungstheorie. München 1973.

Ders., Zur pragmatischen Fundierung der Texttypologie. In: Hinck 1977, 1–26.

Hinck, Walter (Hrsg.), Textsortenlehre – Gattungsgeschichte. Heidelberg 1977.

Isenberg, Horst, Probleme der Texttypologie. In: WZUL 27, 1978, 565–579.

Ders., Texttypen als Interaktionstypen. In: ZfG 5, 1984, 261–270.

Jauß, Hans R., Theorie der Gattungen und Literatur des Mittelalters. In: Grundriß der romanischen Literaturen des Mittelalters. Bd. 1. Heidelberg 1972, 107–138.

Kelle, Johann, Geschichte der Deutschen Literatur von der ältesten Zeit bis zur Mitte des elften Jahrhunderts. Berlin 1892.

Kern, Peter, Bemerkungen zum Problem der Textklassifikation. In: FIdS 3, 1969, 3–23.

Koberstein, August, Grundriß der Geschichte der deutschen National-Literatur. Bd. 1. 4. Aufl. Leipzig 1847.

Koegel, Rudolf, Geschichte der deutschen Literatur bis zum Ausgange des Mittelalters. Bd. I. Straßburg 1894 und 1897.

Lockemann, Wolfgang, Textsorten versus Gattungen. In: GRM, NF. 24, 1974, 284–304.

Lux, Friedemann, Text, Situation, Textsorte. Tübingen 1981.

Metzeltin, Michael/Harald Jaksche, Textsemantik. Tübingen 1983.

Morris, Charles W., Signs, Language, and Behavior. Englewood Cliffs 1946, dt. Düsseldorf 1973.

Nadler, Josef, Literaturgeschichte der deutschen Stämme und Landschaften. Bd. 1. 2. Aufl. Regensburg 1923.

Nies, Fritz, Die ausgeklammerte Hauptsache. In: GRM, NF. 24, 1974, 265–283.

Nusser, Peter, Deutsche Literatur im Mittelalter, Stuttgart 1992.

Pfütze, Max/Dagmar Blei, Texttyp als Kommunikationstyp. In: StGr XVIII, 1977, 185–195.

Pörksen, Uwe, Textsorten, Textsortenverschränkungen und Sprachattrappen. In: WW 24, 1974, 219–239.

Reiß, Katharina, Zeichen oder Anzeichen. In: Wolfram Wilß (Hrsg.), Semiotik und Übersetzen. Tübingen 1980, 63–72.

Sandig, Barbara, Beispiele pragmalinguistischer Textanalyse. In: DU 25, 1973, 5–23.

Dies., Zur Differenzierung gebrauchssprachlicher Textsorten im Deutschen. In: Gülich/Raible 1975, 113–124.

Scherer, Wilhelm, Geschichte der Deutschen Literatur. Berlin 1883.

Schlosser, Horst Dieter, Die literarischen Anfänge der deutschen Sprache. Berlin 1977.

Schmidt, Siegfried J., Texttheorie. 2. Aufl. München 1976.

Ders., Some problems of communicative text theories. In: Dressler 1978, 47–60.

Schwarz, Alexander, Glossen als Texte. In: PBB (T) 99, 1977, 25–36.

Schwietering, Julius, Die deutsche Dichtung des Mittelalters. 2. Aufl. Darmstadt 1957.

Sitta, Horst, Kritische Überlegungen zur Textsortenlehre. In: Spr. d. Geg. 30 (Festgabe für Hans Glinz), 1973, 63−72.

Sonderegger, Stefan, Althochdeutsch in St. Gallen. St. Gallen 1970.

Ders., Grundzüge deutscher Sprachgeschichte, Bd. 1. Berlin/New York 1979.

Ders., Althochdeutsche Sprache und Literatur. 2. Aufl. Berlin/New York 1987.

Stammler, Wolfgang (Hrsg.), Deutsche Philologie im Aufriß. Bd. 2. Berlin 1954.

Steger, Hugo, Sprachgeschichte als Geschichte der Textsorten/Texttypen und ihrer kommunikativen Bezugsbereiche. In: Werner Besch/Oskar Reichmann/Stefan Sonderegger (Hrsg.), Sprachgeschichte. Berlin/New York 1985, 186−204.

Suerbaum, Ulrich, Text und Gattung. In: Bernhard Fabian (Hrsg.), Ein anglistischer Grundkurs. 2. Aufl. Frankfurt/M. 1973, 87−118.

Verfasserlexikon. Die deutsche Literatur des Mittelalters. 2. Aufl. Hrsg. v. Kurt Ruh. Berlin/New York 1978 ff.

Voßkamp, Wilhelm, Gattungen als literarisch-soziale Institutionen. In: Hinck 1977, 27−44.

Walz, Herbert, Die deutsche Literatur im Mittelalter. München 1976.

Wehrli, Max, Geschichte der deutschen Literatur. Bd. 1. Stuttgart 1980.

Weigand, Edda, Dialogisches Grundprinzip und Textklassifikation. In: Dies./Franz Hundsnurscher (Hrsg.), Dialogforschung. Tübingen 1986, 115−129.

Werlich, Egon, Typologie der Texte. Heidelberg 1975.

Wienold, Götz, Aufgaben der Textsortenspezifikation und Möglichkeiten der experimentellen Überprüfung. In: Gülich/Raible 1975, 144−160.

Wittgenstein, Ludwig, Philosophische Untersuchungen. Frankfurt/M. 1971.

Zimmermann, Klaus, Erkundungen zur Texttypologie. FIdS 39, Tübingen 1978.

Żsygulski, Zdzisław/Marian Szyrocki, Geschichte der deutschen Literatur. Bd. 1. 3. Aufl. Wrocław und Warszawa 1967.

Alexander Schwarz, Lausanne

78. Reflexe gesprochener Sprache im Althochdeutschen

1. Problemstellung
2. Denkmäler gesprochener Sprache
3. Erscheinungsformen gesprochener Sprache
4. Rückschlüsse auf die Volkssprache
5. Literatur (in Auswahl)

1. Problemstellung

Als älteste schriftlich bezeugte Sprachstufe des Deutschen vom 8. bis zum 11. Jh. steht die ahd. Überlieferung in einem erst eben einsetzenden Verschriftlichungsprozeß dt. Volkssprache für Kirche, Kloster- oder Domschule, Literatur und Recht, wobei dt. Sprache in schriftlicher Form erst allmählich neben dem übermächtigen Latein ihren langsamen Weg in Urkunden (Markbeschreibungen) und Codices finden mußte. Zwei Hauptmerkmale bestimmen dabei die ahd. Schriftlichkeit (vgl. Sonderegger 1985): erstens Anlehnung an das Latein im Schriftsystem wie im Sprachsystem, also im äußeren Gewand (Adaption der lat. Schriftzeichen für das Lautsystem der Volkssprache, Interpunktion, Manuskriptgestaltung) wie in der inneren Durchformung (Lehnwörter, Lehnbildungen, Lehnsyntax) und weitestgehend in der literarischen Ausrichtung, wobei zu beachten bleibt, daß der überwiegende Teil der ahd. Überlieferung aus Übersetzungen oder übersetzten Glossen nach lat. Vorlagen besteht (Übersicht bei Sonderegger 1974, ²1987, 60−61, 95−114); zweitens stammesmundartliche Gebundenheit nach den Dialekten oder Teilmundarten der Franken, Baiern, Alemannen und z. T. der Langobarden, also schreibsprachliche Grundlage sehr verschiedener dialektaler (auch mischmundartlicher) Ausrichtung, wenn sich dabei auch vereinheitlichende Tendenzen eines geschriebenen Ahd. im Verlaufe der Zeit durchaus erkennen lassen (Sonderegger 1978). Literarisch gesehen und mit Einschluß des Mhd. vollzieht sich dabei nach Bäuml 1979 ein „Übergang mündlicher zur artes-bestimmten Literatur des Mittelalters", was sich schon im Ahd. in den sich zeitlich nachfolgenden Gegensätzen zwischen formal noch agerm. bestimmtem Hildebrandslied und Otfrids christlich wie antik ausgerichteter Evangeliendichtung oder Notkers Übersetzungen aus dem Artes-Bereich aufzeigen ließe. Wehrli macht darauf aufmerksam, daß die zwar als regellos und barbarisch empfundene mittelalterliche Sprache keineswegs von einem prohibitiven Sprachnotstand gekennzeichnet war, sondern seit ihren Anfängen auch viele Elemente und Zeugnisse spontaner Sprache erkennen läßt (1984, 285–293). So darf man von frühen Erscheinungsformen spontan dichterischer aber auch gesprochener Sprache im Ahd. sprechen, deren Reflexe selbst in die Übersetzungsliteratur hineinreichen (Sonderegger 1969, 1971, 1980). Nach Haug 1983 muß die Entstehung und Entwicklung eines deutschsprachigen Schrifttums im Mittelalter im Blickfeld einer durch fünf grundlegende Oppositionen bestimmten Kultursituation begriffen werden: 1. Lateinisch gegenüber Vulgärsprachlich, 2. Schriftlich gegenüber Mündlich, 3. Geistlich gegenüber Profan, 4. Klerikal gegenüber Laikal, 5. Gelehrt gegenüber Ungelehrt. Sonderegger 1985 nennt sieben Gesichtspunkte für das Spannungsverhältnis zwischen Latein und Volkssprache in ahd. Zeit, welche die grundsätzliche Nähe des Ahd. zur Erscheinungsform gesprochener Sprache unterstreichen mögen: 1. lat. Bildungssprache – ahd. Volkssprache, 2. lat. Buchsprache – ahd. Glossensprache, 3. lat. Urkunden- und Formularsprache – ahd. Ergänzungs- und Zusatzsprache, 4. lat. Ausgangssprache – ahd. Übersetzungssprache, 5. lat. Vorbildsprache – ahd. Nachahmungssprache, 6. lat Schriftsprache – ahd. Schreibdialekt, 7. lat. Kirchen- und Klerikersprache – ahd. Laiensprache. Im Rahmen der mittelalterlichen Zweisprachigkeit der Bildungsträger kommt der Volkssprache primär die Rolle des spontan Gesprochenen zu, selbst wenn diese Volkssprache nach dem Vorbild der lat. Buch-, Kirchen- und Schriftsprache sich langsam zu einer eigenen Schriftlichkeit emporhebt. In dieser Funktion als gesprochene Sprache kann sie zur Erleichterung des Verständnisses schwieriger lat. Texte und im Rahmen der Texterläuterung stellenweise selbst zur Schulsprache im Unterricht werden, wie unter Magister Notker Teutonicus im Kloster St. Gallen vor und nach der Jahrtausendwende (Sonderegger 1980). Daneben wirken noch die alten Formen und Formeln der südgerm. oral poetry nach (dazu vor allem Hofmann 1971, für das Asächs. Zanni 1980, zusammenfassend Richter 1994). Auf diesem allgemeinen Hintergrund ist das von der älteren Forschung vernachlässigte Problem der gesprochenen Sprache im Ahd. zu sehen. Ältere Arbeiten haben sich auf

Gruß-, Abschieds- und Beteuerungsformeln beschränkt (Büge 1908, Stroebe 1911, Bolhöfer 1912) oder waren auf den literarischen Dialog der epischen Dichtung ausgerichtet (Heusler 1902). Die Gesamtdarstellungen zum Verhältnis der verschiedenen Sprachschichten zwischen Schriftsprache und Mundarten in der Geschichte des Dt. bieten nur Ansätze (Socin 1888, Henzen 1954), während Weithase 1961 nur gerade die ahd. Predigtsprache streift, im wesentlichen aber mit dem 13. Jh. beginnt. Moser 1955 vermutet aus grundsätzlichen Überlegungen heraus eine Nähe der ahd. Sprachdenkmäler zur Rede, besonders in der Rechts- und Predigtsprache. Auf die Bedeutung der gesprochenen Sprache als primärer Erscheinungsform für die Thematik der gesamtdt. Sprachgeschichte weist Sonderegger (1979, 25–27, 33) hin. Neue Gesichtspunkte vermittelt die historische Dialogforschung (Fritz 1994).

2. Denkmäler gesprochener Sprache

Zunächst ist davon auszugehen, daß sich die überlieferten Texte oder Denkmäler des Ahd. im Hinblick auf das Problem der gesprochenen Sprache in die folgenden Kategorien einteilen lassen (dazu Abb. 78.1): (a) der gesprochenen Sprache von Textsorte und Textgebrauch her unmittelbar nahestehende Denkmäler, (b) schulsprachliche Texte mit teilweiser Verwirklichung einer Unterrichtssprache, (c) weitere literarische und/oder Übersetzungstexte ohne einen direkten Funktionszusammenhang mit der gesprochenen Sprache, außer dem im Mittelalter üblichen Vorlesen oder Vortragen. Reflexe gesprochener Sprache finden sich in verschiedenen Erscheinungsformen bei abnehmender Dichte von (a) bis (c) in allen drei Kategorien, da sich die vorgegebene ahd. Volkssprache in ihrer spontanen Mündlichkeit immer wieder irgendwie selbst in verschrifteten Denkmälern spiegelt, doch kommt der Textgruppe (a) dabei der größte Aussagewert zu, während die Gruppe (b) eine Mittelstellung einnimmt. Als Sondergruppe (a₁) primär gesprochener Sprache sind schließlich noch die Namen einzustufen, vor allem die Personennamen mit Anruf- oder Aufruffunktion, wo sich außerdem viele sprechsprachliche Kurzformen der alten zweigliedrigen Vollformen nachweisen lassen. Was die Textgruppe (a) der Denkmäler weitgehend gesprochener Sprache im Ahd. betrifft, ergibt sich – wie aus Abb. 78.2 hervor-

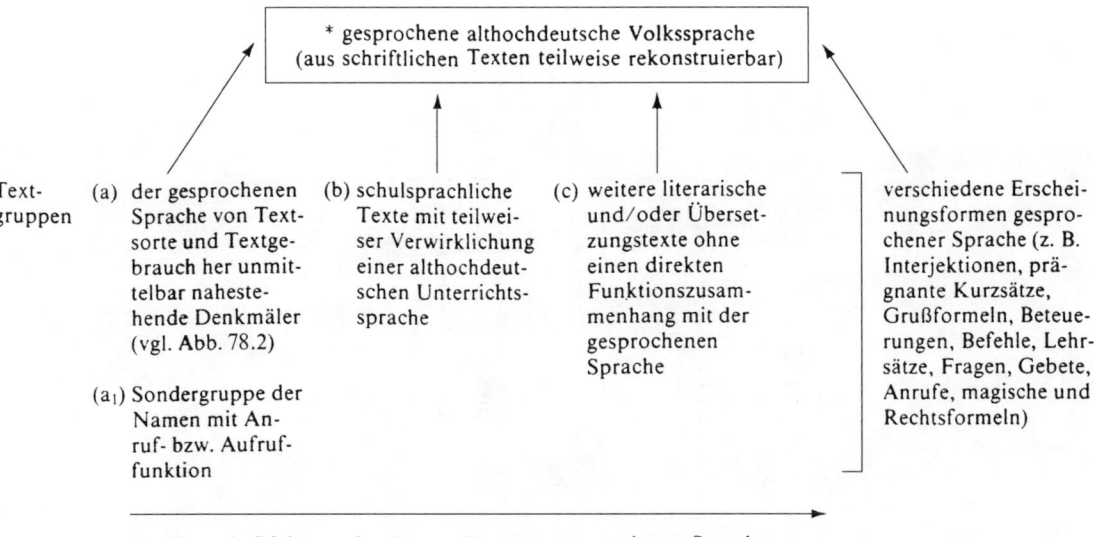

Abb. 78.1: Die Rekonstruierbarkeit gesprochener althochdeutscher Volkssprache aus Texten

geht — eine erstaunliche Fülle, die noch keineswegs umfassend ausgewertet ist: sie reicht von den letzten Resten sekundär verschrifteter Oralpoesie (hier besonders die exorzistischen Formeln wie Merseburger Zaubersprüche 1, 4 *insprinc haptbandun, inuar vigandun*; Straßburger Blutsegen Z. 4. *stant plŏt, stant plŏt fasto*; Bamberger Blutsegen Z. 10 *heil sis tu wnte*; Ad equum errẹhet Z. 11–12 *drit ez an den cesewen fuoz: so wirt imo des errẹheten buoz* usw. Ed. Steinmeyer 1916, Nr. LXII, LXVIII, LXIX, LXVI) über die früh verschriftete Rechtssprache (dazu grundsätzlich Sonderegger 1965, Schmidt-Wiegand 1996; vgl. etwa die Tatumschreibungen und Bußbestimmungen der Lex Salica-Übersetzung, Sonderegger 1964), die verschriftete weltliche Gebrauchsprosa für den Alltag (Kasseler Glossen des 9. Jh. aus Bayern, Altdeutsche Gespräche um 900 aus der sprachlichen Kontaktzone Roman.-Westfränk.-Ahd. [vgl. Haubrichs/Pfister 1989], Basler Rezepte aus Fulda vor 800), die verschriftete kirchliche oder missionarische Gebrauchsliteratur von Katechetik, Kirchenlied und Predigt der gesamten ahd. Zeit bis zu den weltlichen Lehr- und Erfahrungssätzen in Form von Sprichwörtern (z. B. Notker *álter ál genímet* Martianus-Capella-Übersetzung I, 36, was Notker ausdrücklich als Sprichwort, ahd. *bî-uuúrte* n., einführt). Natürlich sind nicht alle in Abb. 78.2 genannten Texte gleich aussagekräftig, doch finden sich ausnahmslos in allen deutliche Reflexe gesprochener Sprache.

Dies gilt selbst für das Hildebrandslied, wo Stellen wie V. 15ff. *dat sagetun mi usere liuti … dat Hiltibrant hætti min fater; ih heittu Hadubrant* oder das Rechtssprichwort V. 37f. *mit geru scal man geba infahan, ort widar orte* wie auch Wendungen von der Art V. 41 *pist also gialtet man* direkte Übernahmen aus der gesprochenen Sprache in die Stabreimdichtung darstellen (über ähnliche Fälle von dichterischer Einverleibung sprechsprachlicher Kurzsätze im mhd. Nibelungenlied Sonderegger 1981). Ohne auf Vollständigkeit auszugehen, seien im folgenden noch einige weitere Hinweise zu den in Abb. 78.2 genannten Texten vermittelt:

Was die verschriftete Rechtssprache betrifft, steht sie in ahd. Zeit zunächst im Schnittpunkt von mündlich tradiertem Rechtswort wie Rechtstext und von aus dem Lat. der Leges- wie der Urkundentradition übersetzter, schriftlich neu aufgebauter Textstruktur (vgl. allgemein den Sammelband Classen 1977, im besonderen Schmidt-Wiegand 1977, 1996). Aber gerade das Fragment der ahd. Lex Salica-Übersetzung des frühen 9. Jh. (Trierer Hs. aus Mainz), einziger Rest einer vollständigen rein ahd. Lex-Fassung, zeigt in seiner Straffung und Eigenständigkeit einige typische Stilelemente germ. Rechtssprache für den mündlichen Vortrag, u. a. durch Stabsetzung in der Prosa und teilweise prägnante rhythmische Satzgestaltung (Sonderegger 1964, vgl. auch VL [2]1, 1978, 303–305). Auf mündlicher Erwahrung des geltenden Gewohnheitsrechtes beruhen auch die ahd. Markbeschreibungen von Hammelburg (Grundlage a. 777, Überlieferung 9. Jh. aus Fulda) und Würzburg (9. Jh.,

sekundär verschriftete Oralpoesie	verschriftete Rechtssprache		verschriftete weltliche Gebrauchsprosa für den Alltag		verschriftete kirchliche bzw. missionarische Gebrauchsliteratur			weltliche Lehr- und Erfahrungssätze
altgermanische und verchristlichte Literatur (meist in Stabreimtechnik)	gesprochene Eide	Rechtstexte zur Bewahrung des Gewohnheitsrechtes	Konversationshandbüchlein für Reisende	Rezepte	auswendig zu lernende Katechetik	sangbares Kirchenlied	vorgetragene Predigt	Sprichwörter
gesprochen (mit exorzistischer Formel): Zaubersprüche, Segen vorgetragen (nur bedingt gesprochene Sprache): Hildebrandslied, Wessobrunner Gedicht mnemotechnische Merkverse: Abecedarium Nordmannicum	Straßburger Eide Priestereid	Lex-Salica-Übersetzung Markbeschreibungen Reflexe im Namenmaterial von Voraufzeichnungen (sog. *Vorakte*) zu den Urkunden	Altdeutsche Gespräche Kasseler Glossen viele weitere Glossen (als Segmentierung lat. Texte auf sprechbare Volkssprache hin)	Basler Rezepte	Paternoster Credo Taufgelöbnisse Weißenburger Katechismus Beichten Gebete in Prosa und einfache Reimgedichte	*Galluslied (ahd. Fassung verloren, nur mlat. Übersetzung erhalten) Petruslied Georgslied	Predigtsammlungen und geistliche Ratschläge aus Wessobrunn Sonderfall einer rhetorischen Stabreimpredigt: Muspilli	St. Galler Sprichwörter (Notker der Deutsche und sein Umkreis)

Abb. 78.2: Denkmäler weitgehend gesprochener Sprache im Althochdeutschen

lat. und ahd. Fassung), was sich in der Aufzeichnung von mündlichen Aussagen im Text Würzburg 2 (ahd.) wie folgt niedergeschlagen hat: *So sagant, daz so si Vuirziburgo marcha vnte Heitingesueldono, vnte quedent, daz in dero marchu si ieguuedar, Ióh chirihsahha sancti Kilianes, ióh frono, ióh friero Franchono erbi* (Ed. Steinmeyer 1916, 116). Eine bedeutende Schicht sprachlicher Namensformen mit vielen Assimilationen, Abschleifungen, aber auch echt ahd. flektierten Namen zeigen die Voraufzeichnungen (sog. *Vorakte*) zu den älteren St. Galler Privaturkunden des 8. und 9. Jh., in denen durch Klosterschreiber an Ort und Stelle auf dem Land vom Hörensagen her verkürzt aufgezeichnet wurde, was nachträglich in der Reinschrift der Urkunden in der Klosterkanzlei formulargerecht und latinisierend wie z. T. archaisierend ausgestaltet wurde (Material und Lit. Sonderegger 1961). Sprechsprachlich mitbestimmt sind schließlich die Eidformeln, wobei die Straßburger Eide in afrz. und ahd. Sprache von 842 (Ed. Steinmeyer 1916 Nr. XV) mehr einem Urkundenformular verpflichtet sind und „der mündlichen Realisierung mit großer Wahrscheinlichkeit eine sorgfältige Komposition aus Elementen bereits etablierter Eidformulare vorausgegangen ist" (Gärtner/Holtus 1995, 121), als dies beim ahd. Priestereid (9./10. Jh., Ed. Steinmeyer 1916 Nr. XIII) der Fall ist, in welchem sich stabende Formeln gesprochener Prosa finden (z. B. *so mino chrephti enti mino chunsti sint, kahorich enti kahengig*).

Im Zentrum der Denkmäler gesprochener Sprache aus ahd. Zeit stehen die seit der Grimm-Zeit beachteten Altdeutschen Gespräche (Lit. VL ²1, 1978, 284−285; Haubrichs/Pfister 1989) um 900 und die sog. Glossae Cassellanae oder Kasseler Glossen „mit eingestreuten oder angehängten Gesprächsfetzen" (Lit. VL ²3, 1981, 61−63) vom 1. Viertel des 9. Jh. aus Bayern (vielleicht Regensburg) über eine Hs. aus Fulda. Beide Denkmäler sind kleine Sammlungen typischer Gebrauchssätze, bei den Kasseler Glossen z. T. in Richtung einer Konversationsgrammatik ausgestaltet (Sonderegger 1971): *skir min fahs* 'schere, schneide mein Haupthaar', also 'Haarschneiden bitte'; *skir minan hals* 'Ausputzen bitte'; *skir minan part* 'den Bart stutzen, bitte', *firnimis?* 'verstanden?', *ih firnimu* 'ja, ich verstehe' (Kasseler Glossen). Die altdt. Gespräche bilden ein zweckgebundenes Reisehandbüchlein, das Wortschatz und Satzmuster für Körperteile, Kleidung, Dienstleistungen in der Herberge, Bekanntschaft und Konversation mit Fremden, Verkehr mit Dienstboten, zum Reiten und Waffentragen vermittelt (z. B. *Gimer [gib mir, sprechsprachlich verkürzt) min rós. i. da mihi meum equum; Gueliche lande cumen er. i. de*

qua patria, entsprechend in den Kasseler Glossen *De quale patria pergite? fona uueliheru lantskeffi sindos?*). Neuerdings finden die ahd. Glossen im Hinblick auf Reflexe gesprochener Sprache vermehrt Beachtung. Meineke 1997 spricht von einer „Segmentierung des lat. Textes im Lichte der Volkssprache" und weist auf Sprechformen „im Kopf des Glossators" hin, wozu auch Kontraktionen gehören (S. 56 f.). Reiche weitere Belege aus dem gewaltigen Sprachschatz der Glossen vermittelt Götz 1994 (S. 149−163) und typisiert sie in Ausrufe (wie lat. *age* 'vorwärts', ahd. *frumi thih* 'spute dich'), Beteuerungen, Bekräftigungen (wie lat. *nimirum* 'allerdings, zweifelsohne', ahd. *ânu zuuîfal*), Fragen (wie lat. *quod igitur* 'wie das?', ahd. *[h]uuio ferit iz thanne*) neben vielen Beispielen sprechsprachlicher Wortwahl oder volksnaher Wendungen.

Als vor- und nachsprechbare Texte sind die reichen Gruppen ahd. Katechetik zu verstehen (Überblick bei Sonderegger 1974, ²1987, 76−79, 85; Sonderegger 1984), wie sie vor allem durch Karls d. Gr. Admonitio generalis von 789 und weitere Reichsgesetze und Weisungen aus der Zeit vor und nach 800 ausgelöst und an ganz verschiedenen Orten größtenteils unabhängig voneinander vom 8. bis zum 11. Jh. entstanden sind. In diesem Sinn heißt es beispielsweise am Anfang der lat.-ahd. Exhortatio ad plebem christianam vom 1. Viertel des 9. Jh. aus Fulda mit altbair. Ursprung (Lit. VL ²2, 1980, 666−667) *Audite, filii, regulam fidei, quam in corde memoriter habere debetis*, usw. ahd. *Hloset ir, chindo liupostun, rihtida thera galaupa, the ir in herzin kahuctlicho hapen sculut* usw. (B, Ed. Steinmeyer 1916 Nr. IX) und im weiteren Text noch deutlicher, daß man die Glaubensinhalte (Credo und Paternoster) lernen, im Gedächtnis behalten und wiederum lehren (gemeint ist: durch Vorsprechen vermitteln) soll. Ganz in diesem Sinn des Vor- und Nachsprechens ist das Fränkische Taufgelöbnis des frühen 9. Jh. aus Fulda konzipiert, welches aus zehn katechetischen Fragen und den entsprechenden einfachen Antworten besteht (Lit. VL ²2, 1980, 822−824; Ed. Steinmeyer 1916 Nr. IV): z. B. *Forsahhistu unholdun? Ih fursahu. Forsahhistu unholdun uuerc endi uuillon? Ih fursahhu. Gilaubistu in got fater almahtigan? Ih gilaubu. Gilaubistu lib after tode? Ih gilaubu*. Ähnliche leicht faßliche oder auch ausgestaltetere Sätze finden sich in Gebeten, sangbaren Kirchenliedern und Predigten (z. B. Predigtsammlung A aus Wessobrunn,

Steinmeyer 1916 Nr. XXX, S. 162, in Anlehnung an Bibelstellen wie Matth. 5,44 und Luk 6,35, vgl. die ahd. Tatianübersetzung 32,2 und 32,8: *Minnot iuuera fiande, nefluochet den, die iu fluochent, sunder segenot siu*). Auch im Sonderfall der rhetorischen Stabreimpredigt Muspilli (bair., mit rhfrk. Spuren, nach Mitte 9. Jh.) über den Weltuntergang und das jüngste Gericht finden sich sprechbare, an die gesprochene Sprache anschließende Partien.

Ein reiches Material gesprochener Sprache findet sich sodann in Textgruppe (b) schulsprachliche Texte, da dort mehr oder weniger deutlich eine ahd. Unterrichtssprache verwirklicht ist. Auf diesem Hintergrund muß Notkers des Deutschen (um 950—1022) Übersetzungssprache ergänzend gewürdigt werden (Sonderegger 1980, Green 1984). Denn eine breite Schicht seiner Übersetzungssprache besteht aus schulisch auf ein Unterrichtsgespräch hin ausgerichteten Kurzsätzen der zusätzlichen rhetorischen Frage (z. B. *Uuîo dánne?*, *Uuîo mág áber dáz sin? Uuîo sól man chéden? Ziu?* 'Wozu, warum?', *Ziu ist táz?* 'Warum ist das so'), von eingestreuten Überleitungen zu einer neuen Unterweisung oder Erklärung (z. B. *hier mâht tu gehôren. uuîo man sól suadere; Lírne nóh páz pechénnen; Ferním nóh; Ferním áber nóh mêr*), von kurzen Lehrsätzen über den übersetzten Text hinaus (z. B. *Fólge mînes râtes* Boethius I, 10), von handwerklichen Anweisungen zum Ausmessen der Orgelpfeifen (De musica, Kap. 5, z. B. *téile sia* [*dia léngi dero suégelûn*] *in fîer téil* 'teile sie, d. h. die Länge der Pfeife, in vier Teile' usw.), von Rückbezügen auf bereits Behandeltes (*Tés ist târuôre gnûege geságet*). Daneben gelingt es Notker, schwierige lat. Sätze nicht nur aufzulösen und nach ihren Einzelteilen ins Ahd. zu übertragen, sondern oft genug im Sinne gesprochener Volkssprache umzuformen (z. B. Boethius I, 15 *At cuius criminis arguimur? Uuáz sínt tóh nû mîne scúlde?* 'Was sind denn nun meine Vergehen?'; Boethius I, 17 *Atque utinam esset ulla! Uuólti gót hábetin uuír dehéina.* 'Wollte Gott, wir hätten sie [d. h. die Freiheit] noch'.). Aus Liebe zu seinen Schülern zieht Notker die Volkssprache als Medium zum Verständnis des schwierigen Lateins heran: in diese Volkssprache hat er viele Elemente gesprochener Sprache einfließen lassen. Reflexe der Unterrichtssprache außerdem, welche um das Jahr 1000 im Kloster St. Gallen zwar grundsätzlich lat., z. T. aber, wie aus Notkers Schriften unmittelbar hervorgeht, teilweise auch ahd.

war. Das ist auch der Grund, warum sich selbst in Notkers lat. Schriften, vor allem in seiner Rhetorik, ahd. Übersetzungen und selbst ahd. Beispiele für Redefiguren finden. Ein Nachleben dieser ahd. Unterrichtssprache zum Verständnis des Lateins findet sich in der sog. St. Galler Schularbeit aus der 1. Hälfte des 11. Jh. (Lit. VL ²2, 1980, 1049—1051), wo sich auch ein Sprichwort von geradezu Notkerscher Prägung findet: *Cui deus placabilis, huic exorabilis*, ahd. *Témo die héiligen hólt sind, tér mág hórsko* ['zuversichtlich'] *gebétôn* (Ed. Steinmeyer 1916 Nr. XXVI). Weniger von Unterrichtssprache als von durch die Textvorlage bedingter Nähe zur gesprochenen Sprache darf man bei Williram von Ebersberg sprechen, dessen ahd. Paraphrase des Hohen Liedes in rhythmischer Prosa auf weite Strecken sehr sprechbar erscheint.

3. Erscheinungsformen gesprochener Sprache

Neben den gemäß Abb. 78.1 und 78.2 zu nennenden Denkmälern mit relativ dichter Vertretung gesprochener Sprache im Ahd. lassen sich Reflexe der Sprechsprache von ihren verschiedenen Erscheinungsformen her unabhängig von den Textsorten bestimmen (Sonderegger 1971): (1) sprechsprachliche Formen in der Namenüberlieferung (worauf wir hier über das folgende Beispiel hinaus aber nicht näher eingehen) wie *Kirst* für *Krist* 'Jesses' (Anruf Christi) im Eingang des Lorscher Bienensegens mit früher rheinischer (hier rhfrk.) *r*-Metathese, (2) spezifische Einzelwörter und Einzelformen der Sprechsprache als Bestandteile ganz verschiedener Texte, (3) Phraseologismen der gesprochenen Sprache (dazu Burger 1977) mit Einschluß von Formeln aller Art (zu den Rechtsformeln vgl. Schmidt-Wiegand 1977), (4) Teile der direkten Rede, soweit sie nicht allzu sehr literarisch oder übersetzungsmäßig gebunden sind.

Unter den sprechsprachlichen Einzelwörtern und Einzelformen sind beispielsweise zu nennen:

hiutu (Notker *hiúto*) aus **hiu tagu* zusammengezogener Instrumentalis 'an diesem Tag, heute' (entsprechend noch got. Dat. *himma daga* in Zweiwortverbindung); *neonaldre, neonaltre* bzw. *eonaldre, ni eonaltre* (Benediktinerregel, Murbacher Hymnen) neben *io in altare, nio in altare* (Tatianübersetzung, auch abgeschwächt *nio in altere, nio in altre*) 'immer bzw. nie im Leben, eh und je bzw. nie, keineswegs' (zu *altar* n. 'Alter, Lebensalter'); Interjektionen wie *sēnu, séno* (Notker *sino*, sogar mit der Erklärung *sino dáz chît nû síh*) 'ecce, sieh', mundartlich schweizerdt. *se*, übrigens fast ausnahmslos in der direkten Rede, oder mit unmittelbar folgender direkter Rede; *wolaga* (Notker *uuólge*) 'wohlan, oh, heil (dir)'; *weing* (neben *wêng*) 'oh weh' bei Otfrid von Weißenburg (und häufig im Mhd.) mit expressiver Diphthongierung (zu *wēnag* 'elend, erbärmlich'). Als Ausrufe kommen solche Einzelwörter selbst in mlat. Quellen vor (z. B. *hutz* 'foras' in der Vita Hludowici, vgl. Bergmann 1965). Neben der durch die gesamte ahd. Zeit nachweisbaren Grußformel *heil, heil wis thū, heil thū, hêil hêrro* (Notkers Psalter) findet sich in De Heinrico (11. Jh.) bereits das mhd. häufige *uuillicumo* 'willkommen, seid willkommen' (Ed. Steinmeyer 1916, Nr. XXIII Z. 12 *uuillicumo Heinrîch*, Z. 14 *uuillicumo sîd gi mî*), als *Uuillechomô* (mit emphatischer Dehnung im Auslaut) auch beliebte Grußformel i. w. für *osianna* bei Ekkehart IV. (1. Hälfte 11. Jh.; vgl. Hildebrandt 1992). Nicht selten lassen sich bestimmte Formvarianten desselben Textes der gesprochenen Sprache zuweisen, wenn Vollformen neben sprechsprachlich gekürzten stehen: Tatianübersetzung 132, 17 (Joh. 9, 29) *Nos scimus quia Moysi locutus est deus, hunc autem nescimus unde sit = Uuír uuizumes* [Vollform] *thaz Moysese spráh got: thesan ni uuizuuuir* [sprechsprachlich gekürzt < *uuizum uuir*] *uuanan her ist*; Otfrid (*ni*) *mag ih* neben offenbar sprechsprachlich durch die Enklise des Pronomens umgelautetem (*ni*) *meg ih*; Otfrid *zellu ih* neben sprechsprachlich *zell ih, zelluh* 'erzähle ich'; Williram *ine* für *ih ne* und ähnliche Fälle (Braune/Eggers 1987 § 282 Anm. 2); Notker *nîo* 'nie' neben *nîe*; Notker *nîoman* neben *nîeman* 'niemand'; Notker *nîouuiht* neben *nîeuuiht, nîeuuet, nîeht* 'nichts'; Notker bei *chéden* 'sprechen' Praes. Ind. 1. Ps. *chido*, 2. Ps. *chídis* neben überwiegendem *chîst*, 3. Ps. *chídit, chídet* neben überwiegendem *chît*, vor allem in der Wendung *daz chît* 'das heißt, das bedeutet' (auch Williram *du quidest* neben *quîst, er/diu/iz quît*, mit Nachleben im Frühmhd., vgl. Kolb 1969). Oft zeigen sich auch Spuren emphatisch (bis extrem mundartlich) gesprochener Sprache in bestimmten Lauterscheinungen wie der *h*-Prothese (vgl. Garke 1891) oder affektischen Verschärfung (vgl. Wissmann 1939), ohne daß man hier verallgemeinern dürfte. Was eine ahd. Phraseologie betrifft, hat Burger 1977 vom Lat. unabhängige Phrasmen festgestellt, unter denen auch solche aus dem Bereich der gesprochenen Sprache. Auch unter diesen sind sprechsprachliche Varianten festzustellen: die Wendung *sô eigi ih guot* 'so wahr ich Gutes haben möge' erscheint in der Glossierung zu Notkers Psalter Ps. 82, 8 für *utique* als *so êgih kuôt*, im Georgslied als *segih guot* (Hs. *shegih guot*, Steinmeyer 1916 Nr. XIX, V. 9). Gerade Beteuerungsformeln werden gerne abgeschliffen, so auch Altdeutsche Gespräche 48 *Semergot elfe* [für *sô mir got helfe*], *ne haben ne trophen* für lat. *si me deus adiuuet, non abeo nihil*.

Besonders aussagekräftig für Reflexe gesprochener Sprache im Ahd. sind die Partien direkter Rede innerhalb der Denkmäler, deren Kern meist Kurzsätze ausmachen, wie sie gesprochen worden sein könnten, um die sich dann aber oft zusätzliche Ausgestaltungen zumal im Vers ergeben, so häufig bei Otfrid, bei dem man oft von Versatzstücken gesprochener Sprache ausgehen kann.

So wird im Evangelienbuch V, 8, 37–38 der einfache sprechsprachliche Satz *Ih weiz thih bi namen* 'ich kenne dich namentlich' zweimal so in den Vers eingebettet: erste Langzeile (a) „*Ih*", *quad drúhtin*, „*wéiz thih* [Zäsur, dann] (b) *bi námen, thaz ni híluh thih* [= erweitertes Füllsel 'das verberge ich dir nicht']; zweite Halbzeile mit Variation der einfachen Aussage (a) *bi namen wéiz ih thih ál*, [Zäsur, dann] (b) *só man sinan drút scal*" [= erneute Erweiterung 'wie man einen Vertrauten (kennen) soll']. Dadurch entsteht aus und über dem einfachen Sprechsatz ein Langzeilenpaar, in welchem dieser Satz kunstvoll und rhythmisch aufgeteilt, ja variiert zwar noch als eine Art Grundgerüst erscheint, die Aussage aber zu einem neuen dichterischen Ganzen geworden ist (weitere Beispiele Sonderegger 1971, 191). Oft lassen sich ähnliche gesprochene Kurzsätze durch verschiedene Denkmäler hin verfolgen. So entsprechen der Tatianübersetzung Luk. 1, 34 *Quomodo fiet istud = wuo mag thaz sîn* die Kurzsätze bei Otfrid von der Art I, 25, 5 *Drúhtin, quád er, wio mag sin*; IV, 24, 17 *Quad Pilátus: wio mag sín*; V, 4, 39 *Wio mag wésan thaz io só* [usw.]; schließlich bei Notker *uuîo mág táz sîn, uuîo mág táz ánderes sîn, âne so man iz uueiz?* Dadurch ergeben sich unabhängig von den Übersetzungsvorlagen viele neue Gemeinsamkeiten eines gesprochenen Ahd., die bis dahin noch wenig bekannt waren.

4. Rückschlüsse auf die Volkssprache

Die Problematik des Ahd. im Hinblick auf die Annahme und Nachweisbarkeit einer breiten Schicht von Volkssprache besteht in der Wertung, ja Auswertung und Einstufung seiner schriftlichen Überlieferung. Hier ist indessen jede Einseitigkeit zu vermeiden: denn neben dem vorherrschenden Sprach- und Kultureinfluß von lat. Christentum und Antike her (Frings 1957), neben den vorherrschenden Lehneinflüssen durch Lehnprägungen nach lat. Mustern (zusammenfassend Betz 1974 mit Lit., vgl. Art. 74), neben den die ahd. Schriftlichkeit stark mitbestimmenden Übersetzungstexten zeigt sich immer wieder eine hohe Eigenständigkeit des Ahd., deren Hintergrund nichts anderes als die Volkssprache ist, auf die sich auch jeder verschriftete oder gar klösterliche Text in ahd. Zeit

notwendigerweise beziehen, für ein breiteres
Verständnis sogar ausrichten mußte. Eine
vom Volkssprachlichen völlig losgelöste
Schriftlichkeit des Ahd. existiert nicht oder
nur stellenweise. Zunächst ist es doch der
Stammesdialektbezug in seiner lautlichen,
formalen oder lexikalischen Regionalfülle,
welcher die neu auszubauende Verschriftung
von volkssprachlichen Texten in die ahd.
Schreibsprachen bestimmt, unabhängig von
mehr oder weniger starken Fremdeinflüssen.
Dann sind gerade im Wortschatz des Ahd.
selbst über den auslaufenden heidnisch-kulti-
schen Anteil genügend altvolkssprachliche
Schichten, die sich trotz gleichzeitig auch
stets feststellbarer Beeinflussung durch das
Latein immer wieder greifen lassen (vgl. zusammenfassend Weisweiler/Betz 1974): wir
nennen etwa die Rechtssprache (vgl. Sonderegger 1965, Köbler 1971, Schmidt-Wiegand
1996), die Waffenterminologie (vgl. Hüpper-
Dröge 1983), das Wirtschaftsleben (vgl. Heß
1940), das Handwerk (vgl. Tiefenbach 1983),
die Landwirtschaft (vgl. Tiefenbach 1980),
die Gruppe von Schallwörtern (vgl. Lötscher
1973), der Wortschatz im Bereich von Sprache und Sprechen (vgl. Schwarz 1975 zu Otfrid) neben manchen anderen. Schließlich ist
es die breite Schicht von gesprochener Sprache, deren Reflexe sich zu einem größeren
Korpus verdichten ließen und die sich im
Verlauf der ahd. Zeit bis zu Notker von
St. Gallen deutlich vermehren, da sie in die
klösterliche Unterrichtssprache Eingang gefunden haben. Dabei handelt es sich um einen
Grundstrom gesprochener Sprache, welcher
in Einzelwörtern, Wendungen, gewissen Na-
menschichten, Kurzsätzen, Formeln, literarischen Versatzstücken und Redepartien durch
die gesamte schriftliche Überlieferung des
Ahd. reicht. Darin ist ein Stück wirklicher
Volkssprache zu sehen, welche die strecken-
weise recht spröden ahd. Denkmäler immer
wieder lebendig macht, ja einen direkten Zugang zum frühmittelalterlichen Menschen eröffnet. Jedenfalls stellen die Reflexe gesprochener Sprache im Aufbau der ahd. Schreibsprache eine wichtige, nicht mehr zu überse-
hende Komponente dar.

5.   Literatur (in Auswahl)

Bäuml, Franz H., Der Übergang mündlicher zur artes-bestimmten Literatur des Mittelalters. Gedanken und Bedenken. In: Oral Poetry, Das Problem der Mündlichkeit mittelalterlicher epischer

Dichtung. Hrsg. v. Norbert Voorwinden/Max de Haan. Darmstadt 1979, 238−250. (WdF 555).

Bergmann, Rolf, Hutz 'foras' in der Trierer Handschrift der Vita Hludowici des Astronomus. In: ZdA 94, 1965, 17−21.

Betz, Werner, Lehnwörter und Lehnprägungen im Vor- und Frühdeutschen. In: Deutsche Wortgeschichte. Bd. 1. Hrsg. v. Friedrich Maurer/Heinz Rupp. 3. neubearb. Aufl. Berlin/New York 1974, 135−163.

Bolhöfer, Walther, Gruß und Abschied in Althochdeutscher und Mittelhochdeutscher Zeit. Diss. Göttingen 1912.

Braune, Wilhelm, Althochdeutsche Grammatik. 14. Aufl. bearb. v. Hans Eggers. Tübingen 1987.

Büge, Oskar, Die Beteuerungsformel in Otfrids Evangelienbuch. Diss. Greifswald 1908.

Burger, Harald, Probleme einer historischen Phraseologie des Deutschen. In: PBB (T) 99, 1977, 1−24.

Classen, Peter (Hrsg.), Recht und Schrift im Mittelalter. Sigmaringen 1977. (Vorträge und Forschungen XXIII).

Frings, Theodor, Grundlegung einer Geschichte der deutschen Sprache. 3. erw. Aufl. Halle (Saale) 1957.

Fritz, Gerd, Geschichte von Dialogformen. In: Gerd Fritz/Franz Hundsnurscher (Hrsg.), Handbuch der Dialoganalyse. Tübingen 1994, 545−562.

Garke, Hermann, Prothese und Aphaerese des H im Althochdeutschen. Straßburg 1891. (QFSK 69).

Gärtner, Kurt/Günter Holtus, Die erste deutsch-französische 'Parallelurkunde'. Zur Überlieferung und Sprache der Straßburger Eide. In: Kurt Gärtner/Günter Holtus (Hrsg.), Beiträge zum Sprachkontakt und zu den Urkundensprachen zwischen Maas und Rhein. Trier 1995, 97−127. (THF 29).

Götz, Heinrich, Übersetzungsweisen in althochdeutschen Texten und Glossen im Spiegel eines lateinisch-althochdeutschen Glossars. In: Sprachw. 19, 1994, 123−164.

Green, D. H., The primary reception of the works of Notker the German. In: Parergon, Bulletin of the Australian and New Zealand Association for Medieval & Renaissance Studies 1984, New Series No. 2, 57−78.

Haubrichs, Wolfgang/Max Pfister, „In Francia fui". Studien zu den romanisch-germanischen Interferenzen und zur Grundsprache der althochdeutschen 'Pariser (Altdeutschen) Gespräche' nebst einer Edition des Textes. Mainz 1989. (AWMainz Jg. 1989, Nr. 6).

Haug, Walter, Schriftlichkeit und Reflexion. Zur Entstehung und Entwicklung eines deutschsprachigen Schrifttums im Mittelalter. In: Aleida und Jan Assmann/Christof Hardmeier (Hrsg.), Schrift und Gedächtnis. Archäologie der literarischen Kommunikation I. München 1983, 141−157.

Henzen, Walter, Schriftsprache und Mundarten. Ein Überblick über ihr Verhältnis und ihre Zwischenstufen im Deutschen. 2. neu bearb. Aufl. Bern 1954.

Heß, Heinrich, Ausdrücke des Wirtschaftslebens im Althochdeutschen. Diss. Jena 1940.

Heusler, Andreas, Der Dialog in der altgermanischen erzählenden Dichtung. In: ZdA 46, 1902, 189–284. [Nachdruck in Andreas Heusler, Kleine Schriften, Bd. 2. Hrsg. v. Stefan Sonderegger. Berlin 1969, 611–689].

Hildebrandt, Reiner, Uuillechomô! Ekkehards IV. beliebte Grußformel. In: Harald Burger/Alois M. Haas/Peter von Matt (Hrsg.), Verborum amor, Festschrift für Stefan Sonderegger. Berlin/New York 1992, 238–248.

Hofmann, Dietrich, Vers und Prosa in der mündlich gepflegten mittelalterlichen Erzählkunst der germanischen Länder. IN: FSt 5, 1971, 135–175. (Nachdruck in Gesammelte Schriften I, Hamburg 1988, 101–141).

Hüpper-Dröge, Dagmar, Schild und Speer. Waffen und ihre Bezeichnungen im frühen Mittelalter. Frankfurt a. M./Bern/New York 1983. (GASK 3).

Köbler, Gerhard, Das Recht im frühen Mittelalter. Untersuchungen zu Herkunft und Inhalt frühmittelalterlicher Rechtsbegriffe im deutschen Sprachgebiet. Köln/Wien 1971. (Forschungen zur deutschen Rechtsgeschichte 7).

Kolb, Herbert, Über das Aussterben eines Wortes: althochdeutsch 'quedan'. In: JIG I/2, 1969, 9–34.

Lötscher, Andreas, Semantische Strukturen im Bereich der alt- und mittelhochdeutschen Schallwörter. Berlin/New York 1973. (QFSK NF 53 [177]).

Meineke, Birgit, Syntaktische und semantische Aspekte althochdeutscher Prudentiusglossen. In: Yvon Desportes (Hrsg.), Semantik der syntaktischen Beziehungen. Akten des Pariser Kolloquiums zur Erforschung des Althochdeutschen 1994. Heidelberg 1997, 54–91.

Moser, Hugo, Mittlere Sprachschichten als Quellen der deutschen Hochsprache. Eine historisch-soziologische Betrachtung. Rede [Antrittsrede an der Universität Nijmegen]. Nijmegen-Utrecht 1955.

Richter, Michael, The Oral Tradition in the Early Middle Ages. Turnhout 1994. (Typologie des Sources du Moyen Age occidental, Fasc. 71).

Schmidt-Wiegand, Ruth, Eid und Gelöbnis, Formel und Formular im mittelalterlichen Recht. In: Recht und Schrift im Mittelalter. Hrsg. v. Peter Classen. Sigmaringen 1977, 55–90. (Vorträge und Forschungen XXIII).

Dies., Rechtssprache in althochdeutscher Zeit. In: FSt 30, 1996, 1–18.

Schwarz, Alexander Carl, Der Sprachbegriff in Otfrids Evangelienbuch. Diss. Zürich, Bamberg 1975.

Socin, Adolf, Schriftsprache und Dialekte im Deutschen nach Zeugnissen alter und neuer Zeit.

Beiträge zur Geschichte der deutschen Sprache. Heilbronn 1888. [Nachdruck Hildesheim/New York 1970].

Sonderegger, Stefan, Das Althochdeutsche der Vorakte der älteren St. Galler Urkunden. Ein Beitrag zum Problem der Urkundensprache in althochdeutscher Zeit. In: ZMF 28, 1961, 251–286.

Ders., Die althochdeutsche Lex Salica-Übersetzung. In: Festgabe für Wolfgang Jungandreas. Trier 1964, 113–122. (Schriftenreihe zur Trierischen Landesgeschichte und Volkskunde 13).

Ders., Die ältesten Schichten einer germanischen Rechtssprache. Ein Beitrag zur Quellensystematik. In: Festschrift Karl Siegfried Bader. Zürich/Köln/Graz 1965, 419–438.

Ders., Frühe Erscheinungsformen dichterischer Sprache im Althochdeutschen. In: Typologia litterarum. Festschrift Max Wehrli. Zürich/Freiburg i. Br. 1969, 53–81.

Ders., Reflexe gesprochener Sprache in der althochdeutschen Literatur. In: FSt 5, 1971, 176–192.

Ders., Althochdeutsche Sprache und Literatur. Eine Einführung in das älteste Deutsch. Darstellung und Grammatik. Berlin/New York 1974. 2. Aufl. 1987. (SaGö 8005).

Ders., Tendenzen zu einem überregional geschriebenen Althochdeutsch. In: Helmut Beumann/Werner Schröder (Hrsg.), Aspekte der Nationenbildung im Mittelalter. Sigmaringen 1978, 229–273. (Nationes Bd. 1).

Ders., Grundzüge deutscher Sprachgeschichte. Diachronie des Sprachsystems. Bd. 1 Einführung–Genealogie–Konstanten. Berlin/New York 1979.

Ders., Gesprochene Sprache im Althochdeutschen und ihre Vergleichbarkeit mit dem Neuhochdeutschen. Das Beispiel Notkers des Deutschen von St. Gallen. In: Ansätze zu einer pragmatischen Sprachgeschichte. Zürcher Kolloquium 1978. Hrsg. v. Horst Sitta. Tübingen 1980, 71–88 und 132–134. (RGL 21).

Ders., Gesprochene Sprache im Nibelungenlied. In: Hohenemser Studien zum Nibelungenlied unter Mitarbeit von Irmtraud Albrecht hrsg. v. Achim Masser. Dornbirn 1981, 186–205 bzw. Montfort 1980, 360–379.

Ders., Die Bedeutung des religiösen Wortschatzes für die Entfaltung des Althochdeutschen: von früher Vielfalt zu allmählicher Vereinheitlichung. In: Irland und Europa. Die Kirche im Frühmittelalter. Hrsg. v. Próinséas Ni Chatháin und Michael Richter. Stuttgart 1984, 240–257.

Ders., Latein und Althochdeutsch. Grundsätzliche Überlegungen zu ihrem Verhältnis. In: Festschrift Hans F. Haefele. Sigmaringen 1985, 59–72.

Ders., „Gesprochen oder nur geschrieben?" Mündlichkeit in mittelalterlichen Texten als direkter Zugang zum Menschen. In: Claudia Brinker-von der Heyde/Niklaus Largier (Hrsg.), Homo Medietas. Aufsätze zu Religiösität, Literatur und Denkformen des Menschen vom Mittelalter bis in die Neu-zeit. Festschrift für Alois Maria Haas. Bern 1999, 649–666.

von Steinmeyer, Elias (Hrsg.), Die kleineren alt-hochdeutschen Sprachdenkmäler. Berlin 1916. [Nachdruck Berlin/Zürich 1963].

Stroebe, Klara, Altgermanische Grußformen. Diss. Heidelberg. Halle/S. 1911.

Tiefenbach, Heinrich, Bezeichnungen für Mist und Dünger im Althochdeutschen. [Und:] Bezeichnun-gen für Fluren im Althochdeutschen, Altsächsi-schen und Altniederfränkischen. In: Untersuchun-gen zur eisenzeitlichen und frühmittelalterlichen Flur in Mitteleuropa und ihrer Nutzung. Hrsg. v. Heinrich Beck/Dieter Denecke/Herbert Jankuhn. Teil II, Göttingen 1980, 45–54 bzw. 287–322. (AAkGött., 3. Folge, Nr. 116).

Ders., Bezeichnungen für Werkzeuge aus dem Bau-handwerk im Althochdeutschen. In: Das Hand-werk in vor- und frühgeschichtlicher Zeit. Teil II Archäologische und philologische Beiträge. Hrsg. v. Herbert Jankuhn/Walter Janssen/Ruth Schmidt-Wiegand/Heinrich Tiefenbach. Göttingen 1983, 717–750.

VL = Die deutsche Literatur des Mittelalters. Ver-fasserlexikon. Begründet von Wolfgang Stammler, fortgeführt von Karl Langosch. 2. völlig neubearb. Aufl. Hrsg. v. Kurt Ruh u. a. Bd. 1 ff. Berlin/New York 1978 ff.

Weisweiler, Josef/Betz, Werner, Deutsche Frühzeit. In: Deutsche Wortgeschichte. Hrsg. v. Friedrich Maurer/Heinz Rupp. 3. neubearb. Aufl. Berlin/ New York 1974, 55–133.

Wissmann, Wilhelm, Ausdrucksworte und Laut-verschiebung. In: ZdA 76, 1939, 1–12.

Wehrli, Max, Literatur im deutschen Mittelalter. Eine poetologische Einführung. Stuttgart 1984.

Weithase, Irmgard, Zur Geschichte der gesproche-nen deutschen Sprache. Bd. 1–2. Tübingen 1961.

Zanni, Roland, „Heliand", „Genesis" und das Altenglische. Altsächsische Stabreimdichtung im Spannungsfeld zwischen germanischer Oraltradi-tion und altenglischer Bibelepik. Berlin/New York 1980. (QFSK NF 76 [200]).

Stefan Sonderegger, Zürich

IX. Ergebnisse der Sprachgeschichtsforschung zu den historischen Sprachstufen II: Das Altniederdeutsche (Altsächsische)

79. Soziokulturelle Voraussetzungen und Sprachraum des Altniederdeutschen (Altsächsischen)

1. Begriff des Altniederdeutschen (Altsächsischen)

Von den beiden konkurrierenden Bezeichnungen „Altniederdeutsch" und „Altsächsisch" empfiehlt den Begriff „Altniederdeutsch" die terminologische Systematik sowohl in diatopischer als auch in diachronischer Hinsicht:

Altnieder-deutsch	Althoch-deutsch	Altnieder-ländisch
Mittelnieder-deutsch	Mittelhoch-deutsch	Mittelnieder-ländisch
Neunieder-deutsch	Neuhoch-deutsch	Neunieder-ländisch

Die Bezeichnung „Altsächsisch" mag überdies wegen ihrer Orientierung an einem als gentil homogene Größe gedachten „Sachsenstamm" bedenklich erscheinen (s. 2.). Sie ist jedoch so fest eingebürgert, daß sich „Altniederdeutsch" bisher nicht durchsetzen konnte.

2. Der sächsische Stammesverband: Ethnogenese und Entwicklung bis zur fränkischen Eroberung

2.1. Die Sachsen (Capelle 1998) werden zuerst Mitte des 2. Jhs. n. Chr. in der 'Geographia' des Ptolemaeus als östliche Nachbarn der bis zur Unter-Elbe siedelnden Chauken erwähnt. Die weiteren Nachrichten über die Sachsen von Seiten zunächst der römischen, dann der merowingischen Historiographen sind bis zum 8. Jh. „Begegnungsmeldungen" (Lammers 1957, 282−301, 291) mit meist kriegerischem Hintergrund, die nichts Genaueres über den sich ausdehnenden Siedlungsraum und nichts über Verfassung und ethnographische und soziale Gliederung der Sachsen mitteilen. So ist man auf die nur begrenzt aussagekräftigen archäologischen Befunde und auf Rückschlüsse aus den vieldeutigen, in ihrer Glaubwürdigkeit umstrittenen jüngeren Quellen des 8.−10. Jhs. angewiesen. Daher kann nicht wundern, daß Grundfragen der Sachsenforschung bis heute sehr unterschiedlich beantwortet werden.

2.2. Man nimmt an, daß sich der dann als *Sachsen* bezeichnete Stammesverband zuerst im 2./3. Jh. in Teilen des heutigen Schleswig-Holstein konstituierte. Welcher Zeugniswert der in verschiedenen Fassungen bekannten sächs. Stammessage für die Ethnogenese der *gens saxonica* zukommt, ist strittig (Lammers 1957; Wenskus 1967, 498−527; Freise 1983, 278f., 319f.; Becher 1996, 31−40). Rudolf v. Fulda (Translatio S. Alexandri, 9. Jh.), Widukind v. Corvey (2. H. 10. Jh.) und die Quedlinburger Annalen (Anf. 11. Jh.) stimmen darin überein, daß die Sachsen mit Schiffen übers Meer kamen und in Hadolaun/Haduloha (die Landschaft Hadeln südlich der Unterelbe) gelandet seien; die weiteren Geschehnisse sind mit der Eroberung des Thüringerreiches 531 durch den Frankenkönig Theuderich I. verknüpft: Der Sieg über die Thüringer gelingt den Franken nur mit Hilfe der Sachsen, die dafür das Land der Thüringer bis zur Unstrut als Lohn erhalten. Auch die ständische Gliederung der Sachsen (s. u. 3.2.) führen Rudolf und Widukind auf diese Umstände der sächs. Landnahme zurück.

2.3. Von seinem mutmaßlichen nordelbischen Ausgangsgebiet aus hat sich der Stammesverband in den folgenden Jahrhunderten jedenfalls nach Süden und Westen ausgebreitet, um nach der Eroberung des zuvor frk. Brukterergebiets südlich der Lippe um 700 seine größte Ausdehnung zu erreichen: im Westen bis zur Ijssel, im Süden bis zu einer Grenze, die in etwa von der Unstrut über Harz, obere Leine und Diemel zur Ruhr hin verläuft. – Strittig ist, in welcher Form diese Expansion vor sich gegangen ist, durch militärische Unterwerfung und gewaltsame Einverleibung weiterer Gruppen und Siedlungsgebiete („Eroberungstheorie") oder auf friedlich-föderativem Wege („Bündnistheorie"). Zu rechnen ist wohl mit unterschiedlichen Formen der Expansion im Laufe der mehrere Jahrhunderte dauernden Genese des sächs. Stammesverbandes bis 700 (Last 1977, 567; Wenskus 1961, 544; ders. 1967, 493): durch Eroberung (wie nachweislich beim Brukterergebiet gegen Ende des 7. Jhs.), föderativ (wie beim freiwilligen Anschluß von Teilen der Thüringer um 700: Vita Bonifatii Willibalds, SS. rer. Germ. 1905, 32f.), aber wohl auch durch Neubesiedlung weitgehend siedlungsleer gewordener Gebiete wie des Münsterlands nördlich der Lippe im 6./7. Jh. (Winkelmann 1983, 198, 204f., 226). Die Bedingungen der Ethnogenese und Expansion des sächs. Stammesverbandes sind von erheblicher Bedeutung für die Frage der Stellung des Asächs. im Kreis der nächstverwandten germ. Sprachen und die damit verbundene Frage seiner Heterogenität/Homogenität (dazu zuletzt Krogh 1996 mit knappem Referat der Forschungslage S. 138–140).

2.4. In den wechselvollen, sich von 772 bis 804 hinziehenden Sachsenkriegen Karls d. Gr. endet mit der politischen Selbständigkeit des sächsischen Stammesverbandes zugleich die Konstitutionsphase des Asächs., und es beginnt der Prozeß einer immer stärkeren Südorientierung des Nd.

3. Verfassung und Sozialordnung des sächsischen Stammesverbandes

3.1. Nach Beda (Historia ecclesiastica gentis Anglorum V,10) hatten die Sachsen keinen König, sondern wurden durch viele „Satra-

pen" (satrapas) regiert, die nur im Kriegsfall und für die Dauer des Krieges einen aus ihren Reihen durch Los zum Führer bestimmten. Die alte Vita Lebuini (um 840) ergänzt Angaben zur jährlichen Stammesversammlung in Marklo an der Weser, auf der die Gesetze erneuert, wichtige Rechtsfälle entschieden und über Krieg und Frieden beschlossen wurde. Dazu kamen alle „Satrapen" und aus jedem Gau je 12 Adelige (nobiles), 12 Freie (liberi) und 12 „Minderfreie" (lati) zusammen. „Das (anachronistisch anmutende) 'Repräsentativparlament' des gesamten Stammesverbandes hat ob seiner 'urdemokratischen', der (scheinbar) gleichberechtigten Beteiligung auch niederer Stände, immer wieder Bedenken ausgelöst" (Freise 1983, 282; Becher 1999, 16–18; Springer 1999; s. aber auch: Last 1977, 581), zumal die asächs. Sozialordnung im übrigen ein ganz anderes Bild vermittelt:

3.2. Die sächs. Gesellschaft der Karolingerzeit war, von den Unfreien abgesehen, in die drei Stände der Adeligen, Freien und „Minderfreien" (Laten/Liten) gegliedert. Nithard (IV 2) gibt ihre volkssprachigen Bezeichnungen als edhilingi (dazu Becher 1999, 13–15), frilingi und lazzi wieder. Ein im Vergleich ganz ungewöhnlich großer Abstand trennte dabei den Adel von den beiden anderen Ständen: nach der Lex Saxonum von 802 war das volle Wehrgeld für einen Adeligen sechsmal höher als für einen Freien, zwölfmal höher als für einen Laten. Heiraten über die Standesgrenzen waren, so berichtet Rudolf von Fulda 863, bei Todesstrafe verboten. Diese schroffen, kastenartigen Ständeschranken werden zumeist als Ergebnis der Überschichtung durch die sächs. Eroberer angesehen. Die sächs. Ständegliederung führen auch Rudolf und ein Jahrhundert später Widukind von Corvey auf die Umstände der sächs. Landnahme zurück (s. 2.2.). Auch archäologische Befunde deuten auf die schon frühe Herausbildung einer Oberschicht hin, wenngleich genauere soziale Konturen nicht erkennbar zu sein scheinen (Häßler 1991, 310–312; Wulf 1991, 354–357). Fraglich ist, ob sich die starke Bevorrechtung des Adels und die damit einhergehende Schlechterstellung der nichtadeligen Schichten teils erst mit und als Folge der frk. Eroberung ergeben haben (so Becher 1996, 29). Lothar habe, so jedenfalls Nithard IV 2, den sächs. frilingi und lazzi, den Trägern des nachfolgenden Stellinga-Aufstands von 840/41, versprochen, ihnen ihr vormaliges Recht wiederzugeben; dies dürfte sich auch auf die sozialen und ökonomischen Verhältnisse vor der Eroberung bezogen haben (zum Stellinga-Aufstand: Müller-Mertens 1972; Schmidt 1977, 38—41; Goldberg 1995).

4. Die sächsischen Heerschaften

Nach Widukind v. Corvey (I, 14) wurde die militärische Führung der Sachsen von drei Fürsten wahrgenommen, die den Ostsachsen (Ostfalen), Engern und Westfalen vorstanden. Alter und Bedeutung dieser drei Heerschaften (*herescephe*, altsächs. **heriscepi*, s. Foerste 1958, 100 Anm. 741), neben denen das nordelbische Sachsen (Nordalbingien) eine weitere Einheit gebildet haben mag (Cordes 1956, 72), sind umstritten (Bauermann 1947; Freise 1983, 286f., 322; Prinz 1970; Aubin 1955; Becher 1999, 19—28): Handelt es sich um militärische „Aufgebotsverbände" erst des 8. Jhs. oder um weit ältere sächs. Teilvölker? In den Sachsenkriegen des 8. Jhs. hat sich der sächs. Widerstand jedenfalls über diese selbständig agierenden Heerschaften vollzogen: 775 unterwerfen sich die Ostfalen und die Engern getrennt unter ihren *duces* Hassio und Bruno, später auch die Westfalen (wohl unter Widukind); auch an der Abfassung des Capitulare Saxonicum von 797 und der Lex Saxonum von 802 sind sie von Karl d. Gr. beteiligt worden. Andererseits gibt es allenfalls schwache Indizien dafür, daß den drei Heerschaften auch eine sprachräumliche Gliederung des Asächs. entsprach (Foerste 1950, zusammenfassend 150—155; ders. 1957, 1750—58; Cordes 1956, bes. 25ff.; Klein 1977, 493—498, 533f.; Niebaum 1989, 16—18); das gilt auch für die Wortgeographie: die Ostgrenzen einiger alter rom. Lehnwörter wie *pütte* 'gemauerter Brunnen', *prûme* 'Pflaume' erinnern zwar an die westfälisch-engrische Grenze, haben sich zumeist aber später ausgebildet (Foerste 1958, 16—19, 22f., Kt. 5—6; Müller 1989, 42 [Kt. 3], 46); und ungewiß ist, wie und wann ein engrisch wirkendes Wortareal wie das von *allhorn*, *ellhorn* 'Holunder' (Foerste 1958, 33f., 99f., Kt. 11; Müller 1989, 43 [Kt. 4]) entstanden ist. Bleibend ist die nd. Sprachgeographie durch die alte Dreiteilung jedenfalls nicht geprägt worden. Insbesondere ist der engrische Raum nahezu völlig im Ostwestfälischen, Ostfälischen und Nordniedersächsischen aufgegangen (zur Ausbildung der wortgeographischen Wesergrenze zwischen Westf. und Ofäl. Müller 1989, 38, 78f.).

5. Heidnische Religion und Christianisierung

5.1. Die Umrisse der heidnischen Religion der Sachsen bleiben ganz schemenhaft: Neben Wotan (*Uuoden*) und Donar (*Thunaer*) dürfte nach dem Asächs. Taufgelöbnis der sonst nur aus ags. Königsgenealogien bekannte Gott Sahsnot (*Saxnot*) eine wichtigere Rolle gespielt haben. Besondere kultische Bedeutung scheint der Irminsul ('riesige Säule') zugekommen zu sein, die Karl d. Gr. 772 auf der Eresburg zerstörte. Zur religiösen Vorstellungswelt der Sachsen gehörten Hexen, Werwölfe und Dämonen, zu den kultischen Praktiken Hain- und Quellenkult, Mantik, Menschenopfer und der Genuß von Menschenfleisch (zusammenfassend: Last 1977, 581—585; Freise 1983, 288f., 323).

5.2. Christianisierung

Frühe ags. Missionsbemühungen blieben ohne nachhaltigen Erfolg (Erschlagung der beiden Ewalde 694), obgleich vor allem Teile des sächs. Adels dem Christentum aufgeschlossen gegenüber standen. Erst die militärische Unterwerfung durch die Franken führte zu einer umfassenden äußeren Christianisierung Sachsens. Zeugnisse von Rückfalltendenzen und nachlebendem Heidentum lassen bezweifeln (Kahl 1966, bes. 508—512; Schmidt 1977), daß vor allem die nicht adelige Bevölkerung das Christentum so schnell und reibungslos annahm, wie es die Quellen der Folgezeit darstellen (Honselmann 1958; Beumann 1987; v. Padberg 1999).

5.3. Bistums- und Klostergründungen

Gegen Ende der Sachsenkriege wurde auf der Paderborner Synode 777 mit der Einteilung Altsachsens in Missionssprengel begonnen, die Ausbildung regulärer Bistümer erstreckte sich über weitere drei Jahrzehnte (Patze 1977; Freise 1983, 304—310, 329—332; Honselmann 1984). Wesentlich beteiligt an der Missionierungsarbeit und am Aufbau der Kirchenorganisation der neu eroberten Provinz waren u. a. Fulda (Minden, Raum an der oberen Weser und oberen Leine), Würzburg (Paderborn) und Lüttich (Osnabrück). Besondere Bedeutung für das kirchlich-kulturelle Leben — und für die sich entwickelnde asächs. Schriftlichkeit — erlangten die seit Ende des 8. Jhs. entstehenden sächs. Klöster (Freise 1983, 311—316): Werden (799) und Corvey (822), in besonderem Maße aber auch die Frauenklöster Herford (um 800), Essen (um 845), Gandersheim (852), Freckenhorst (um/vor 856) und Quedlinburg (936) (Althoff 1991), an deren Gründung oder späterer Entwicklung führende sächs. Adelsgeschlechter wie die Ekbertiner/Cobbonen (Corvey, Herford, Freckenhorst) und Liudolfinger (Gandersheim, Essen, Quedlinburg) maßgeblich beteiligt waren. Wichtig ist auch die Beteiligung Westfrankens an Aufbau und Stärkung der kirchlichen Institutionen Sachsens, besonders auch durch Reliquientranslationen (so Corbie u. St. Denis → Corvey, Notre-Dame in Soissons → Herford, Le Mans → Paderborn) (Honselmann 1962). − In den asächs. Klöstern und Stiftern ist wohl auch alle in Sachsen selbst aufs Pergament gekommene asächs. Überlieferung entstanden; sie ist damit noch ausschließlicher monastisch, als dies für die ahd. Sprachüberlieferung gilt. Der bedeutende Anteil der außerhalb Sachsens entstandenen asächs. oder asächs. beeinflußten Denkmäler stammt gleichfalls nicht zufällig zumeist aus jenen Klöstern und Bischofssitzen, die schon früher Missionsarbeit in Sachsen betrieben hatten (Fulda: Hildebrandslied, Mainz: As. Taufgelöbnis, Heliand u. Genesis V) oder denen sächs. Geiseln und Kriegsgefangene zugewiesen worden waren (Klein 1977, 305f.).

6. Sachsen im Karolingerreich und in ottonischer Zeit

6.1. Die Integration in das frk. Reich und die Christianisierung haben Sachsen und damit auch die Rahmenbedingungen des Asächs. tiefgreifend verändert. Sie erst schufen die Voraussetzung für die Entwicklung einer lat. und marginal auch asächs. Schriftkultur in Sachsen und damit für den Beginn der Verschriftlichung des Nd. Der Einbezug in den frk. Herrschaftsbereich (Einführung der Grafschaftsverfassung), die zunehmende Ausrichtung des sächs. Adels am frk. Königtum − zunächst des Gesamtreichs, dann des ofrk. Teilreichs und des *regnum Francorum et Saxonum* −, der weithin von außen getragene Aufbau der kirchlichen Verwaltungsstrukturen: das alles hat auch die kommunikativen Außenbeziehungen der sächs. Oberschicht erweitert und vermehrt und bildet den Hintergrund jener Frankonisierungstendenzen, die für das geschriebene Asächs. des 9. Jhs. (Heliandsprache) (Rooth 1949, 12−49; 108−141; Cordes 1956, 26ff.; Foerste 1950, 116f.; Krogh 1996, 257−262), aber auch für das

gesprochene Asächs. der Oberschicht angenommen werden (Mitzka 1950; Sanders 1974, 31f.; ders., 1982, 105, 109−112).

6.2. Mit der Wahl Heinrichs I. 919 erlangen die im Königsdienst aufgestiegenen Liudolfinger das ofrk. Königtum, das für ein Jahrhundert seinen Schwerpunkt im sächs. Südosten hat (Beumann 1991; Althoff/Keller 1985; Giese 1979; Becher 1996). Das infolgedessen gewachsene gentile und politische Selbstbewußtsein der Sachsen äußert sich möglicherweise auch in der stärkeren nordseegermanischen Prägung einiger asächs. − zumal osächs. − Quellen: Es scheine, so Rooth (1949, 34),

„dass zwischen der Periode der starken karolingischen Übermacht des 9. Jhs. und der von den fränkischen Saliern geförderten, wohl seit der Mitte des 12. Jhs. rascher fortschreitenden Periode der 'Verdeutschung' des Niedersächsischen, die in die *dûdesche* Sprache ausmündete, ein Interregnum bestanden hat, das der alten *saxonica lingua* eine kurze Galgenfrist gewährte."

7. Sprachraum des Asächsischen

Die Grenzen des asächs. Sprachraums werden gewöhnlich mit den mutmaßlichen Grenzen des sächs. Stammesgebietes gleichgesetzt (s. Abb. 79.1), doch ist das nur ein Notbehelf (Klein 1988). Aufgrund der asächs. Textüberlieferung ist eine Abgrenzung aus doppeltem Grunde nämlich nur ganz eingeschränkt möglich: 1. Die lokalisierbaren Quellen stammen ausschließlich aus wenigen Schreiborten des asächs. Südens. 2. Bei den nicht sicher lokalisierten Quellen ist teils der asächs. Charakter bezweifelt und eine Zuordnung zum Anl. oder Afries. vertreten worden (Gysseling 1980a, 19−42, 112−119; Huisman 1986). Auch wenn sich diese Quellen, vor allem der Heliand, aufgrund der Gesamtkonstellation der Merkmale zumeist wohl als asächs. erweisen lassen (Klein 1990; Sanders 1990), bleibt die Abgrenzung des Asächs. zum Anl. und Afries. hin aber schwierig. − Mehr Sicherheit für die Abgrenzung des Asächs. verspricht die systematische Auswertung der breiter gestreuten und besser lokalisierbaren Namenüberlieferung. So konnte der äußerste Südwesten (Essen), aus dem das Gros der kleineren asächs. Sprachdenkmäler stammt, anhand des Namenmaterials klar vom Anfrk./Anl. (Xanten) und Mfrk. (Köln) abgehoben werden (Tiefenbach 1984). Schwieriger ist eine beleggestützte sprachliche Abgrenzung

Karte 79.1: Der asächs. Sprachraum im 9. Jh. (aus Sanders 1973: nach Foerste 1957, Sp. 1739; Cordes 1956, n. S. 72)

von And. und Ahd. auf der Strecke vom Rothaargebirge bis zur Saale, da zahlreiche unverschobene ON-Schreibungen aus Hessen und Thüringen auf ein spätes Durchdringen der hd. Lautverschiebung zu weisen scheinen (Bischoff 1957; Cordes 1960).

8. Periodisierung der altsächsischen Zeit

Aus der Zeit vor ca. 800 gibt es abgesehen von den Weserrunen, die sich sprachlich nicht speziell dem Vorfeld des Asächs. zuordnen lassen, keine Schriftzeugnisse aus dem asächs. Sprachraum. Man läßt die asächs. Zeit daher gewöhnlich um etwa 800 beginnen und um 1150 oder erst 1200 enden. Das Frek-

kenhorster Heberegister zeigt Ende 11./Anfang 12. Jh. noch spätaltsächs. Sprachstand, die hd. beeinflußten Quellen aus der Mitte oder 2. Hälfte des 12. Jhs. sind in ihren nd. Anteilen schon eindeutig dem Frühmnd. zuzuordnen (so u. a. Wiggertsche Psalmen, Rolandslied A und S); dasselbe gilt für den Niederdeutschen Glauben, dessen Datierung unsicher ist (1. Hälfte 12. Jh. oder um 1200?). Die asächs. Periode läßt sich untergliedern in 1. das von 'Heliand' und 'Genesis' beherrschte 9. Jh. und 2. das 10./11. Jh., aus dem das Gros der übrigen Textüberlieferung und die asächs. Glossen stammen und in dem sich einerseits nordseegerm. Besonderheiten wie der „Zetazismus" zuerst schriftlich zu erkennen geben, andererseits aber der Übergang zum südlich beeinflußten Mnd. eingeleitet wird (so beim Ersatz der asächs. Pluralendung -os, -as durch -a, -e, der im Freckenhorster Heberegister schon abgeschlossen ist).

9. Literatur (in Auswahl)

Althoff, Gerd, Gandersheim und Quedlinburg. Ottonische Frauenklöster als Herrschafts- und Überlieferungszentren. In: FSt 25, 1991, 123–144.

Ders./Hagen Keller, Heinrich I. und Otto der Große. Neubeginn und karolingisches Erbe. 2 Bde. Göttingen/Zürich 1985.

Aubin, Hermann, Ursprung und ältester Begriff von Westfalen. In: Der Raum Westfalen. Bd. II.1. Hrsg. v. Hermann Aubin/Franz Petri. Münster 1955, 3–35.

Bauermann, Johannes, „Herescephe". Zur Frage der sächsischen Provinzen. In: Westfäl. Zs. 97, 1947, 38–68. Neudruck in: Ders., Von der Elbe bis zum Rhein. Aus der Landesgeschichte Ostsachsens und Westfalens. Gesammelte Schriften. Münster 1968, S. 1–23.

Becher, Matthias, Rex, Dux und Gens: Untersuchungen zur Entstehung des sächsischen Herzogtums im 9. und 10. Jh. Husum 1996. (Historische Studien 444).

Ders., 'Non enim habent regem idem Antiqui Saxones …' Verfassung und Ethnogenese in Sachsen während des 8. Jhs. In: Studien zur Sachsenforschung 12, 1999, 1–31.

Beumann, Helmut, Die Hagiographie „bewältigt" Unterwerfung und Christianisierung der Sachsen durch Karl den Großen. In: Ders., Ausgewählte Aufsätze aus den Jahren 1966–1986. Festgabe zu seinem 75. Geburtstag. Hrsg. v. Jürgen Petersohn/ Roderich Schmidt. Sigmaringen 1987, 289–323.

Ders., Die Ottonen. Stuttgart/Berlin/Köln ²1991.

Bischoff, Karl, Zur Geschichte des Niederdeutschen südlich der ik/ich-Linie zwischen Harz und Saale. Berlin 1957. (SbSächsA 102,8).

Capelle, Torsten, Die Sachsen des frühen Mittelalters. Stuttgart 1998.

Cordes, Gerhard, Zur Frage der altsächsischen Mundarten. In: ZMF 24, 1956, 1–51, 65–78.

Ders., Zur altsächsischen Mundartenfrage und zur Lautverschiebung. In: ZMF 27, 1960, 1–39.

Entstehung und Verfassung des Sachsenstammes. Hrsg. v. Walther Lammers. Darmstadt 1967. (WdF 50).

Foerste, William, Untersuchungen zur westfälischen Sprache des 9. Jhs. Münster 1950.

Ders., Geschichte der niederdeutschen Mundarten. In: Aufriß 1, 1957, 1729–1898.

Ders., Der wortgeographische Aufbau des Westfälischen. In: Der Raum Westfalen, Bd. IV. Münster 1958, 1–117.

Freise, Eckhard, Das Mittelalter bis zum Vertrag von Verdun (843). In: Westfälische Geschichte. Hrsg. v. Wilhelm Kohl, Bd. 1. Düsseldorf 1983, 275–335.

Giese, Wolfgang, Der Stamm der Sachsen und das Reich in ottonischer und salischer Zeit. Studien zum Einfluß des Sachsenstamms auf die politische Geschichte des deutschen Reiches im 10. und 11. Jh. und zu ihrer Stellung im Reichsgefüge mit einem Ausblick auf das 12. und 13. Jh. Wiesbaden 1979.

Goldberg, Eric J., Popular Revolt, Dynastic Politics, and Aristocratic Factionalism in the Early Middle Ages: The Saxon Stellinga Reconsidered. In: Speculum 70, 1995, 467–501.

Gysseling, Maurits (Hrsg.), Corpus van Middelnederlandse teksten (tot en met het jaar 1300). Reeks II: Literaire handschriften, deel 1, fragmenten. 's-Gravenhage 1980 [a].

Ders., Die nordniederländische Herkunft des Helianddichters und des 'altsächsischen' Taufgelöbnisses. In: NdJb. 103, 1980 [b], 14–31.

Häßler, Hans-Jürgen, Völkerwanderungs- und Merowingerzeit. In: Ur- und Frühgeschichte in Niedersachsen. Hrsg. v. Dems. Stuttgart 1991, 285–237.

Honselmann, Klemens, Die Annahme des Christentums durch die Sachsen. In: Westfälische Zeitschrift 108, 1958, 201–219.

Ders., Die Bistumsgründungen in Sachsen unter Karl dem Großen, mit einem Ausblick auf spätere Bistumsgründungen und einem Exkurs zur Übernahme der christlichen Zeitrechnung im frühmittelalterlichen Sachsen. In: Archiv für Diplomatik 30, 1984, 1–50.

Ders., Reliquientranslationen nach Sachsen. In: Das erste Jahrtausend. Kultur und Kunst im werdenden Abendland an Rhein und Ruhr. Hrsg. v. Victor H. Elbern. Textbd. I. Düsseldorf 1962, 159–193.

Huisman, J. A., Die Straubinger Heliandfragmente als altwestfriesische Übersetzung. In: wortes anst. verbi gratia. donum natalicium Gilbert A. R. de Smet. H. L. Cox, V. F. Vanacker & E. Verhofstadt (Eds.). Leuven/Amersfoort 1986, 227–235.

Kahl, Hans-Dietrich, Randbemerkungen zur Christianisierung der Sachsen. In: Vorchristlich-christliche Frühgeschichte in Niedersachsen. Hrsg. v. Hans-Walter Krumwiede (= Beiheft zum Jahrbuch der Gesellschaft für niedersächsische Kirchengeschichte 64, 1966), 118–135; zitiert nach dem Neudruck in: Die Eingliederung der Sachsen in das Frankenreich. Hrsg. v. Walther Lammers. Darmstadt 1970, 502–526. (WdF 185).

Klein, Thomas, Studien zur Wechselbeziehung zwischen altsächsischem und althochdeutschen Schreibwesen und ihrer sprach- und kulturgeschichtlichen Bedeutung. Göppingen 1977. (GAG 205).

Ders., Die Grenzen des Altsächsischen. Bericht über das sprachhistorische Kolloquium. In: Korrespondenzbl. des Vereins f. nd. Sprachforsch. 95, 1988, 45–48.

Ders., Die Straubinger Heliand-Fragmente: Altfriesisch oder Altsächsisch? In: Aspects of Old Frisian Philology, ed. by Rolf H. Bremmer Jr./Geart van der Meer/Oebele Vries. Amsterdam/Atlanta/Groningen 1990, 197–225.

Krogh, Steffen, Die Stellung des Altsächsischen im Rahmen der germanischen Sprachen. Göttingen 1996. (StAhd. 29).

Lammers, Walther, Die Stammesbildung bei den Sachsen. Eine Forschungsbilanz. In: Westfäl. Forschungen 10, 1957, 25–57; wieder in: Entstehung und Verfassung des Sachsenstammes, 263–331.

Last, Martin, Niedersachsen in der Merowinger- und Karolingerzeit. In: Geschichte Niedersachsens. Hrsg. v. Hans Patze, 1. Bd. Grundlagen und frühes Mittelalter. Hildesheim 1977, 543–652.

Mitzka, Walter, Die Sprache des Heliand und die altsächsische Stammesverfassung. In: NdJb. 71/72, 1950, 32–39; zit. nach dem Neudruck in: Der Heliand. Hrsg. v. Jürgen Eichhoff/Irmengard Rauch. Darmstadt 1973, 132–143. (WdF 321).

Müller, Gunter, Sprachliche Gliederungen und Schichtungen Westfalens. 2. Wortgeographie und Wortgeschichte. In: Der Raum Westfalen, Bd. VI, 1.Tl. Münster 1989, 32–92.

Müller-Mertens, Eckhard, Der Stellinga-Aufstand. Seine Träger und die Frage der politischen Macht. In: Zeitschrift für Geschichtswissenschaft 20, 1972, 818–842.

Niebaum, Hermann, Sprachliche Gliederungen und Schichtungen Westfalens. 1. Geschichte und Gliederung der sprachlichen Systeme in Westfalen. In: Der Raum Westfalen, Bd. VI, 1. Tl. Münster 1989, 1–31.

Padberg, Lutz E. v., Zum Sachsenbild in hagiographischen Quellen. In: Studien zur Sachsenforschung 12, 1999, 173–191.

Patze, Hans, Mission und Kirchenorganisation in karolingischer Zeit. In: Geschichte Niedersachsens. Hrsg. v. Hans Patze, 1. Bd. Grundlagen und frühes Mittelalter. Hildesheim 1977, 653–712.

Prinz, Joseph, Der Zerfall Engerns und die Schlacht am Welfesholz (1115). In: Ostwestfälisch-weserländische Forschungen zur geschichtlichen Landeskunde. Hrsg. v. Heinz Stoob. Münster 1970, 75–112.

Rooth, Erik, Saxonica. Beiträge zur niedersächsischen Sprachgeschichte. Lund 1949.

Sanders, Willy, Altsächsische Sprache. In: Niederdeutsch. Sprache und Literatur. Eine Einführung. Hrsg. v. Jan Goossens. Bd. 1. Neumünster 1973, 28–65.

Ders., Sachsensprache, Hansesprache, Plattdeutsch. Sprachgeschichtliche Grundzüge des Niederdeutschen. Göttingen 1982.

Ders., Sprachliches zu den Straubinger 'Heliand'-Fragmenten. In: Architectura poetica. Festschr. für Johannes Rathofer. Hrsg. v. Ulrich Ernst/Bernhard Sowinski. Köln 1990, 17–28.

Schmidt, Heinrich, Über Christianisierung und gesellschaftliches Verhalten in Sachsen und Friesland. In: Niedersächs. Jahrbuch für Landesgeschichte 49, 1977, 1–44.

Springer, Matthias, Was Lebuins Lebensbeschreibung über die Verfassung Sachsens wirklich sagt oder warum man sich mit einzelnen Wörtern beschäftigen muß. In: Studien zur Sachsenforschung 12, 1999, 223–239.

Tiefenbach, Heinrich, Xanten–Essen–Köln. Untersuchungen zur Nordgrenze des Althochdeutschen an niederrheinischen Personennamen des 9. bis 11. Jhs. Göttingen 1984. (StAhd. 3).

Wenskus, Reinhard, Stammesbildung und Verfassung. Das Werden der frühmittelalterlichen gentes. Köln/Graz 1961.

Ders., Sachsen–Angelsachsen–Thüringer. In: Walther Lammers (Hrsg.), Entstehung und Verfassung des Sachsenstammes, 1967, 483–545.

Winkelmann, Wilhelm, Frühgeschichte und Mittelalter. In: Westfälische Geschichte. Hrsg. v. Wilhelm Kohl, Bd. 1. Düsseldorf 1983, 187–230.

Wulf, Friedrich-Wilhelm, Karolingische und ottonische Zeit. In: Ur- und Frühgeschichte in Niedersachsen. Hrsg. v. Hans-Jürgen Häßler. Stuttgart 1991, 321–368.

Thomas Klein, Bonn

80. Phonetik und Phonologie, Graphetik und Graphemik des Altniederdeutschen (Altsächsischen)

1. Graphetik
2. Graphemik und Graphonemik
3. Phonetik und Phonologie
4. Literatur (in Auswahl)

1. Graphetik

Die asächs. Graphe (vgl. bes. Cordes 1973, 116 ff.; Sanders 1973, 35) sind zumeist dem ahd. Zeicheninventar entnommen. Das Zeichen ⟨đ⟩ ist zwar aengl. Herkunft, steht im Asächs. aber fast nur medial und final; analog dazu die asächs. Neubildung ⟨ƀ⟩: Beide Zeichen boten sich auch als leichte Modifikationen von ahd. ⟨d⟩, ⟨b⟩ an. In den literarischen Quellen sind beide Zeichen auf die Heliand/Genesis-Überlieferung und die Lubliner Psalmen beschränkt. Während sich đ und ƀ sicher schon für das Schreibsystem des Heliand-Archetyps erschließen lassen, sind đ und ƀ in Werdener Namengraphien erst deutlich später seit der Mitte bzw. gegen Ende des 9. Jhs. belegt (Tiefenbach 1997a, 173 f.; 1997b, 266 f.). – Abgesehen von dem in dt.-ags. Minuskel geschriebenen Asächs. Taufgelöbnis sind alle asächs. Quellen in karolingischer Minuskel überliefert. Die paläographische Zuweisung an bestimmte Schreiborte und -schulen ist schwierig, da die meisten nd. Skriptorien der asächs. Zeit mit Ausnahme von Werden und Corvey verschollen sind (vgl. Bischoff 1952/53, 7 ff.; 1971, 109 ff.; 127 ff.).

2. Graphemik und Graphonemik

2.1. Die asächs. Graphemsysteme sind im wesentlichen durch unterschiedliche Adaption und Modifikation aus dem ahd. Schreibsystem entwickelt. Wäre statt dessen aengl. Schreibgebrauch Vorbild gewesen, so hätte sich das Asächs. wohl weit nordseegermanischer (nsgerm.) dargeboten.

2.2. Vokalgrapheme

Die sehr disparate Graphemik des asächs. Vokalismus kann hier nur umrißhaft dargestellt werden. – Bereits die Heliand-Überlieferung bezeugt wenigstens vier Vokalgraphemsysteme, und die kleineren Denkmäler des 10./11. Jhs. setzen diese Vielfalt mit gewissen Abwandlungen fort. Im folgenden kann nur ein stark vereinfachter Überblick

über die Schreibsysteme der Heliand-Hss. gegeben werden: Cottonianus (C), Monacensis (M), Vaticanus (V), Prager (P) und Straubinger (S) Fragment. ⟨a~b⟩ bezeichnet komplementäre, ⟨a, b⟩ nicht streng komplementäre und/oder interkodizielle Verteilung der Varianten a und b. Zu der hier nicht berücksichtigten Akzentsetzung in den Heliand-Hss. vgl. Taeger 1981, 410 ff. Die Schreibsysteme unterscheiden sich vornehmlich in der Bezeichnung der Langvokale, des Diphthongs /ia/ und der unbetonten Endsilbenvokale.

Langvokalgrapheme

PVC		M		S	
⟨i⟩	⟨u⟩	⟨i⟩	⟨u⟩	⟨i⟩	⟨u⟩
⟨ie⟩	⟨uo⟩	⟨e⟩	⟨o⟩	⟨e⟩	⟨o⟩
⟨e⟩	⟨o⟩	⟨e⟩	⟨o⟩	⟨e⟩	⟨a, o⟩
	⟨a⟩		⟨a⟩		⟨e, a⟩

Diphthonggrapheme			**Kurzvokal-**
PVCM		**S**	**grapheme**

PVCM		S			
⟨io⟩	⟨iu⟩	⟨ia⟩	⟨iu⟩	⟨i⟩	⟨u⟩
⟨ei⟩	⟨eu⟩	⟨ei⟩	⟨eu⟩	⟨e, i⟩	⟨o⟩
				⟨e⟩	
	⟨au⟩		⟨au⟩		⟨a⟩

Endsilbenvokalgrapheme

PV		C		M		S	
⟨i⟩	⟨u⟩	⟨i⟩	⟨u⟩	⟨i⟩	⟨u⟩	⟨i⟩	⟨u⟩
⟨a⟩	⟨o⟩	⟨a⟩	⟨o⟩	⟨a, e⟩	⟨o⟩	⟨e⟩	⟨a, o⟩
			⟨a⟩				

Für Umlaut-*e* erscheint gelegentlich *i*, sonst wird es von altem *ë* nicht unterschieden. – Für *a* (und *ā*) vor Nasal steht in S häufiger *o*, für *ā* vor Nicht-Nasal meist *e*. – Für asächs. /ia/ < wgerm. *eo* bieten die Heliand-Hss. PVCM nur oder überwiegend *io*, *eo*; in S herrscht wie in den sonstigen Quellen ⟨ia⟩ (Rooth 1949, 50–107; Krogh 1996, 183–189).

2.3. Konsonantengrapheme

Für die Heliand-Hss., besonders PV, läßt sich folgendes *Konsonantengraphemsystem* aufstellen (vgl. auch Odwarka 1987).

⟨p⟩	⟨t⟩	⟨k, c, q, ki⟩
⟨b⟩	⟨d⟩	⟨g, i, h, ch⟩
⟨f~ƀ, b, u⟩	⟨th~đ, d⟩ ⟨s⟩	⟨h⟩
⟨uu⟩	⟨n⟩	⟨i, gi, g⟩
⟨m⟩	⟨l⟩	
	⟨r⟩	

Die Zeichen für Verschlußlaute und Sonanten begegnen nach Vokal auch verdoppelt: ⟨pp⟩, ⟨bb⟩, ⟨mm⟩ usw., außerdem auch ⟨ss⟩.

Zu ⟨f∼ƀ, b, u⟩: *f* steht initial (selten *u*), medial vor *t* und final; *ƀ*, *b*, *u* stehen medial vor Vokalzeichen, und zwar gilt *ƀ* ausschließlich in PV und überwiegt in CS; in M herrscht *b* mit wenigen Ausnahmen; *u*, in CM noch sehr selten, hält in S dem *ƀ* schon fast die Waage und wird in den kleineren Denkmälern des 10./11. Jhs. zur Regel. − ⟨b⟩ steht medial und final nur nach *m*. − Zu ⟨th∼đ⟩: initial steht *th*, sonst *đ* (in PVS) und *d* (in M); in C überwiegt und in den kleineren Denkmälern herrscht *th* auch medial und final. − Zu ⟨k, c, q, ki⟩: *c* steht nicht vor *i, e, q* nur in der Verbindung *qu*; im übrigen variieren *c* und *k*, wobei *c* vor *a, u, o* oder Konsonant überwiegt; statt *k* vor *e* steht in MC und den kleineren Denkmälern gelegentlich *ki* (*antkiennian* 'erkennen'). Zu ⟨i, gi, g⟩ für /j/: die Variante *g* begegnet vor *i, e* (*ger* 'Jahr'), *gi* vor *a, o, u* (*giamar* 'Jammer'), medial zwischen Vokalen auch *ge* (*uuacogeandi* 'wachend').

3. Phonetik und Phonologie

Wegen der spärlichen und heterogenen Überlieferung läßt sich die asächs. Phonologie nur bei Einbezug aller Quellen, aller Überlieferungsaspekte und aller dienlichen methodischen Ansätze mit Aussicht auf Erfolg untersuchen. Als vielversprechend erweist sich die systematische Untersuchung der Namenüberlieferung (Tiefenbach 1992, 1997 a−b).

3.1. Vokalphoneme

Aus den Graphemsystemen der Heliand-Hss. PVCM läßt sich zunächst folgendes asächs. Vokalsystem erschließen (vgl. Sanders 1973, 37, 39; Niebaum 1974, 230 f.; etwas abweichend Cordes 1973, 213):

/i/	/[ü u]/	/ī/	/[ū ū]/
		/ē/	/[ō̄ ō]/
/[e e]/	/[ö o]/		
		/ę̄/	/[ǭ ǭ]/
/[ä a]/		/[ā̄ ā]/	
/ia/	/[iü iu]/		
/ei/	/eu/		
	/[äu au]/		

Diese Rekonstruktion setzt den denkbar einfachen Fall voraus, daß der asächs. Vokalismus sich vom ahd. wesentlich nur bei den mittleren Langvokalen unterschieden hätte: asächs. /ē, ō/ − ahd. /ie, uo/; asächs. /ę̄, ǭ/ − ahd. /ē, ō/ ∼ /ei, ou/. Nimmt man aber Heliand S und die ihm nahestehenden Quellen hinzu und rechnet dementsprechend mit asächs. Reflexen der nsgerm. Wandel von

wgerm. *a, ā* und des nsgerm. i-Umlauts, so wird vor allem die Rekonstruktion der Vokalphoneme ganz anders ausfallen (vgl. 3.2. Zu Heliand S Taeger 1982, 10 ff.). Allerdings ist strittig, ob diese Merkmale mehrheitlich alte Gemeinsamkeiten mit dem Aengl. und Afries. darstellen oder aber selbständige asächs. Neuerungen sind, die zufällig zu ähnlichen Resultaten geführt haben wie im Aengl.-Afries. (so jetzt besonders Krogh 1996).

Mehr Sicherheit besteht für das spätasächs. Kurzvokalsystem nach der Phonemisierung der Umlautallophone, das sich von den Verhältnissen in den rezenten wfäl. und ofäl. Mundarten her folgendermaßen rekonstruieren läßt: Einem „geschlossenen" Primärumlaut-/e/ und „offenem" /ę/ für ë + Sekundärumlaut-ä standen „halboffene" /o/ und /ö/ in „phonologischer Zwischenstellung" gegenüber (Wiesinger 1983, 245 f.).

/i̯/	/ü̯/	/u̯/
/e/		
	/ö/	/o/
/ę/		
	/a/	

3.2. Zur Diachronie des altsächsischen Vokalismus

(1) Westgerm. *ai* und *au* blieben Diphthong *ei* bzw. *au* vor unmittelbar folgendem *j* bzw. *w*; sonst wurden sie zu *ę̄* bzw. *ǭ* monophthongiert. Zumindest *ǭ* muß − wenigstens in Teilen des Asächs. − wegen der häufigen Graphie *a* sehr offen gewesen sein (Krogh 1996, 283 ff.). Ob auch *ai* vor i-Umlautfaktor zunächst > *ę̄* und erst später > mnd. *ei* wurde oder immer diphthongisch blieb (so z. B. Niebaum 1974, 239), ist fraglich: Die konstante asächs. *e*-Schreibung spricht für die erste, der mnd.-nnd. Befund eher für die zweite Annahme.

(2) i-Umlaut: in der Regel ist im Asächs. wie im Ahd. nur der „Primärumlaut" von *a* > *e* vor erhaltenem *i, j* bezeichnet. Auch bei den übrigen umlautfähigen Vokalen wird aber mit der Entwicklung von Umlautallophonen schon in asächs. Zeit gerechnet. − Daneben gibt es jedoch Reste einer älteren Umlautschicht (vgl. Simon 1965, 7 ff.; 46 ff.; Rauch 1970, 365 ff.; Krogh 1996, 175 ff.), in der wie im Aengl. auch das nach langer Silbe synkopierte *i* Umlaut bewirkt hat; hierher zählen Formen wie *menn* 'Männer' und wohl auch die umgelauteten Prät. langwurzliger *jan*-Verben (*kenda* 'kannte'). An diese Formen knüpfen sich einige schwer beantwortbare, für die

Geschichte und Gestalt des asächs. Vokalsystems aber sehr bedeutsame Fragen:

Galt in ihnen [e] oder [ę]? Dürfen sie mit dem frühen aengl. und afries. Umlaut zusammengestellt werden (verneint von Krogh 1996, 175 ff.)? Gab es auch für die anderen Umlautvokale Restfälle dieses älteren Umlauts? Ist er zunächst unter südlichem Einfluß beseitigt und später vor erhaltenem *i, j* rephonemisiert worden? Oder wurde lediglich die Umlautregel nach „binnendeutschem" Muster restrukturiert?

(3) Aufhellung/Verdumpfung: Westgerm. *a* und *ā* sind nsgerm. in bestimmten Umgebungen zu *æ, ǣ* „aufgehellt" und vor Nasal „verdumpft" worden. Das Asächs. hatte an dieser Spaltung zwar teil, doch kommt sie graphisch nur in bestimmten Hss. deutlicher, sonst lediglich vereinzelt zum Ausdruck; vgl. z. B. Heliand S (Taeger 1982, 21 ff., 31 ff.): *uureksid* (*wraksid*) − *monn* (*mann*), *sprekana* (*sprākono*) − *son* (*sān*). Fraglich ist, inwieweit diese Unterschiede dialektal oder im verschieden starken ahd. Schreibeinfluß, der konstante *a*-Schreibung begünstigte, begründet sind; fraglich ferner, ob die Aufhellung phonemisiert war und wie sie zum Mnd. hin wieder beseitigt wurde; und schließlich, wie sich die aufgehellten *æ, ǣ* zu den Umlauten von *a, ā* und zu *ę* (mnd. *ê²*) und dessen Umlaut (mnd. *ê³*) verhielt (z. B. *uuerun* 'waren' − *uueri* 'wäre'). Die Aufhellung wurde im Asächs. anscheinend durch bestimmte konsonantische Umgebung gefördert, doch besteht über Art und Ausmaß dieses Einflusses keine Klarheit. Fraglich daher, ob die asächs. Belege ganz aus dem nsgerm. Zusammenhang gelöst und einer ganz unabhängigen asächs. „kombinatorischen Aufhellung" zugeschrieben werden dürfen (so jetzt Krogh 1996, 147 f., 158 f.). − Mit vergleichbaren aengl. und afries. Phonemspaltungen hat man auch die in Teilen des Nd. erfolgten Spaltungen von asächs. *ë* < germ. *e* und von *ę* < germ. *ai* in einen höheren und einen tieferen Vokal in Verbindung gebracht (vgl. Wortmann 1960, 15 ff.; Niebaum 1974, 257 ff.; Krogh 1996, 280 ff.). Dieser Lautwandel äußert sich allerdings in den asächs. Schreibungen noch nirgends, sondern wird erst im Mnd./Nnd. greifbar.

(4) „Nasalspirantengesetz" (Krogh 1996, 213 ff.): Über den gemeingerm. Schwund von *n* vor *h* hinaus schwand *n* im Nsgerm. auch vor den übrigen Spiranten *f, s, þ*. Der vorausgehende Vokal wurde dabei über eine nasalierte Zwischenstufe zum Langvokal („Ersatzdehnung"). Anders als im Aengl. ist im

Nd. jedoch nur der *n*-Schwund vor *f* regelmäßig und auf Dauer durchgedrungen (*sāfto* 'sanft'); vor *s* und *þ* dagegen zeigen zwar die asächs. Quellen vorherrschend *n*-Schwund, doch im Mnd. ist vor *s* meist und vor *d* < *þ* fast stets *n* wieder eingetreten (z. B. asächs. *gesīđi* − mnd. *gesinde*). Daraus wird teilweise geschlossen, daß der *n*-Schwund vor den einzelnen Spiranten im Asächs. unterschiedlich früh und intensiv eingetreten sei (vgl. bes. Cordes 1956, 11 ff.; Sanders 1973, 42 f.). − Man hat erwogen, daß die Nasalierung der vor geschwundenem *n* stehenden Vokale in asächs. Zeit andauerte (vgl. Lasch 1979, 75; Foerste 1957, 1743). Wenn ja, so hätte es neben den oralen noch ein Subsystem nasaler Vokale gegeben, zumindest /ĩ/, /[õ ǫ̃]/, /ũ ų̃/, z. B. /fĩf/ '5', /smõđi/ 'sanftmütig', /brõxtæ/ 'brachte', /ũs/ 'uns', /ũđia/ 'Woge'.

(5) Die Graphien *ie* für *ē* und *uo* für *ō* in PVC − und somit wohl im Heliand-Archetyp − sind als Zeugen dafür gedeutet worden, daß die ahd. Diphthongierung von *ē* > *ia*, *ō* > *uo* ins Asächs. hineinreichte. Heute glaubt man zumeist, daß die „fränkischen" Digraphen *ie, uo* nur dazu dienten, die geschlossenen asächs. *ē, ō* von den offen *ę* < *ai*, *ǫ* < *au* abzuheben (vgl. Rooth 1949, 12 ff.; 108 ff.; Cordes 1956, 26 ff.; Foerste 1950, 116 f.; Krogh 1996, 257−62; Sanders 1974, 31 f. denkt an Übernahme der fränkisch-diphthongischen Aussprache durch den sächs. Adel).

(6) Nebensilbenvokalismus: Die starke graphische Variation der nachtonigen Vokale in den asächs. Hss., besonders im *e-a-o*-Bereich, hat zu einer Vielzahl von Deutungsversuchen geführt. Zuletzt wurde vorgeschlagen (Klein 1977, 390 ff.; dazu Boutkan 1995, 152−62; Krogh 1996, 238−53), wie für das Aengl. auch für das Asächs. von einem nsgerm. Endsilbenvokalsystem /i, æ, å, u/ auszugehen, in dem aufgehelltes *-æ* < westgerm. *-a* mit *-æ* < germ. *-ai, -ē* zusammengefallen war; die schwankende Schreibung von asächs. /æ, å/ wäre teils dialektal, teils durch den Einfluß des abweichenden ahd. Graphemsystems bedingt.

3.3. Konsonantenphoneme

/p/	/t/		/[k c]/	
/b/	/d/		/[g g]/	
/[f v]/	/[þ đ]/	/[s z]/	/x/	/h/
/w/			/j/	
/m/	/n/			
	/l/			
	/r/			

Die asächs. Konsonanten können nach Vokal kurz oder lang sein (zur Gemination Woods 1977). Außerhalb der Quantitätskorrelation stehen /w, h, j/, die stets kurz sind, und /b/, das nach Vokal nur lang vorkommt. – Zum Ansatz von /x/ und /h/ trotz komplementärer Verteilung vgl. Niebaum (1974, 234). – Für den postkonsonantischen Gleitlaut /j/ ist wegen der Graphien i~e (vor a, o, u) an Vokalisierung zu denken. – Zu den Konsonanten mit komplementären Varianten vgl. 3.4.

3.4. Zur Diachronie des altsächsischen Konsonantismus

Den asächs. Konsonantismus kennzeichnet ein konservativer Grundzug; ihn prägen vornehmlich gemeinwestgerm. Erscheinungen. An den nsgerm. Neuerungen nimmt das Asächs. nur bedingt teil; die hd. Lautverschiebung erreicht es nicht; initiales h vor und j nach Konsonant bewahrt es weit länger als das Ahd. (z. B. hnēgian 'neigen').
(1) Dehnung und Kürzung: Vor j, teils auch l, r, sind Konsonanten (außer r, th) nach Kurzvokal gedehnt worden: *satjan > settian, *apl > appul. Vor Konsonant und wohl auch final sind lange Konsonanten gekürzt worden: fellian – felda, mannes – man; allerdings zeigt S im Auslaut regelmäßig und PVC überwiegend Doppelschreibung (mann, all, upp).
(2) Spiranten: /f/, /þ/ und wahrscheinlich /s/ sind medial nach Vokal oder Liquid zu stimmhaftem [v], [đ], [z] geworden; die Heliand-Hss. unterscheiden dementsprechend mediales đ, d und ƀ, b, u von initialem th und f. Germ. ƀ und f fielen (wie im übrigen außerahd. Nord-Westgerm.) medial in [v] und final in [f] zusammen (vgl. Cordes 1973, 230; Odwarka 1973, 59 ff.; 1982, 327 f.; anders Niebaum 1974, 236); infolgedessen trat anstelle von germ. /[b ƀ]/ ≠ /f/ der auf initiale Position beschränkte asächs. Kontrast /b/≠/[f v]/. – Auch initiales /þ, f, s/ scheint schon im Laufe der asächs. Zeit stimmhaft geworden zu sein (Niebaum 1974, 261 ff.; dagegen Cordes 1973, 227); dem Asächs. des Heliand war dieser Wandel aber wohl noch fremd. – /[g g]/: Verschlußlaut [g] stand nur nach Nasal und vielleicht auch vor n, l (vgl. Holthausen 1921, 78; Niebaum 1974, 234), sonst galt Reibelaut [g], dessen phonetischer Wert umgebungsabhängig gewesen sein wird; von /j/, mit dem es stabt und sich vor i, e graphisch überschneidet, war es initial wohl auch vor Palatalvokal geschieden (vgl. Lasch 1979, 173 ff.; Cordes 1973, 227; Odwarka 1973, 133 ff.;

Niebaum 1974, 267). Final dürfte [g] stimmlos geworden sein, obwohl sich dies nur in vereinzelten Graphien (h, ch) äußert (vgl. Cordes 1973, 230; Odwarka 1973, 141; 143; 149 f.; 1982, 336 ff.; Niebaum 1974, 266 f.).
(3) Palatales k: k vor i, e und ǣ < westgerm. ā ist im Asächs. palatalisiert worden (vgl. bes. Lasch 1979, 104 ff.; Cordes 1956, 17 ff.; Rooth 1957, 1 ff.; Krogh 1996, 193 ff.). Dies zeigt zunächst die schon in M begegnende und später nicht ganz seltene Graphie ki für k vor e-Laut, z. B. kiesos 'Käse'; welches Palatalisierungsstadium (Mouillierung oder schon Affrizierung?) damit bezeichnet wurde, ist ungewiß. Vom 10. Jh. an treten in ON Graphien wie sc, z, tz auf, die bereits Übergang zu tš, ts verraten, z. B. Scissanburgga 990 (Kissenbrück), Wallibizi (Walbeck), Quernbetsi 936 (Quarmbach). Diese Entwicklung erreicht ihren Endpunkt aber erst im 13. Jh.; damals muß die Spaltung in velares k und palatalisiertes c > cj > tj > tš in weiten Teilen des Nd. phonemisiert gewesen sein. Dann aber ist abgesehen von einigen ON mit „Zetazismus" (z. B. Zeven < Kivena) und vereinzelten Appellativen (tsever 'Käfer') überall k wieder eingetreten. – Die Palatalisierung von k ist eine nsgerm.(-nordgerm.) Erscheinung, die sich aber erst einzelsprachlich ausgeprägt hat: u. zw. nach den Wandlungen von germ. ai, au (vgl. aengl. čēap 'Kauf', aber afries. kāp, asächs. kōp; asächs. kiesur 'Kaiser', aber aengl. cāsere) und im Asächs. anders als im Aengl.-Afries. erst nach dem i-Umlaut (vgl. asächs. kiennian, aber aengl. cennan, afries. kenna); im Asächs. erreichte sie erst im 9./10. Jh. das Mouillierungsstadium, und sie hat sich im Nd. im Gegensatz zum Engl. und Fries. auf Dauer auch nicht behaupten können.

4. Literatur (in Auswahl)

Bischoff, Bernhard, Rez. von: „Richard Drögereit, Werden und der Heliand ...". In: AfdA 66, 1952/53, 7–12.

Ders., Paläographische Fragen deutscher Denkmäler der Karolingerzeit. In: FSt 5, 1971, 101–134.

Boutkan, Dirk, The Germanic „Auslautgesetze". A new interpretation. Amsterdam 1995. (Leiden Studies in Indo-European 4).

Cordes, Gerhard, Zur Frage der altsächsischen Mundarten. In: ZMF 24, 1956, 1–51, 65–78.

Ders., Altniederdeutsches Elementarbuch. Heidelberg 1973.

Foerste, William, Untersuchungen zur westfälischen Sprache des 9. Jhs. Münster 1950.

Ders., Geschichte der niederdeutschen Mundarten. In: Aufriß, I, 1957, 1729–1898.

Gallée, Johan Hendrik, Altsächsische Grammatik. 3. Aufl. mit Berichtigungen u. Literaturnachträgen von Heinrich Tiefenbach. Tübingen 1993.

Holthausen, Ferdinand, Altsächsisches Elementarbuch. 2. Aufl. Heidelberg 1921.

Klein, Thomas, Studien zur Wechselbeziehung zwischen altsächsischem und althochdeutschen Schreibwesen und ihrer sprach- und kulturgeschichtlichen Bedeutung. Göppingen 1977. (GAG 205).

Krogh, Steffen, Die Stellung des Altsächsischen im Rahmen der germanischen Sprachen. Göttingen 1996. (StAhd. 29).

Lasch, Agathe, Ausgewählte Schriften zur niederdeutschen Philologie. Hrsg. v. Robert Peters/Timothy Sodmann. Neumünster 1979.

Niebaum, Hermann, Zur synchronischen und historischen Phonologie des Westfälischen. Köln/Wien 1974. (NdSt. 22).

Odwarka, Karl Edward, The consonant system of manuscript M of the Old Saxon Heliand. Diss. (masch.) Univ. of Michigan 1973.

Odwarka, Karl, Evidence of Auslautverhärtung in Old Saxon. In: Papers from the 3rd International Conference on Historical Linguistics. Ed. by J. Peter Maher [u. a.]. Amsterdam 1982, 323–343.

Ders., A graphemic analysis of the Old Saxon consonant system. In: Folia Linguistica Historica 7 (1987), 291–316.

Rauch, Irmengard, 'Heliand' i-umlaut evidence for the original dialect of Old Saxon. In: Lingua 24, 1970, 365–373.

Rooth, Erik, Die Sprachform der Merseburger Quellen. In: Niederdeutsche Studien. Festschrift für Conrad Borchling. Neumünster 1932, 24–54.

Ders., Saxonica. Beiträge zur niedersächsischen Sprachgeschichte. Lund 1949.

Ders., Nordseegermanische Beiträge. Stockholm 1957. (Filologiskt arkiv 5).

Sanders, Willy, Altsächsische Sprache. In: Jan Goossens (Hrsg.), Niederdeutsch. Sprache und Literatur. Bd. 1: Sprache. Neumünster 1973. 28–65.

Ders., Die niederdeutsche Sprachgeschichtsforschung. In: NdJb. 97, 1974, 20–36.

Simon, Werner, Zur Sprachmischung im Heliand. Berlin 1965. (PSQ 27).

Steinger, Hans, Die Sprache des Heliand. In: NdJb. 51, 1925, 1–54.

Taeger, Burkhard, Das Straubinger 'Heliand'-Fragment. Philologische Untersuchungen. Tl. II. In: PBB (T) 103, 1981, 402–424; (Forts.): Graphematisch-sprachliche Auswertung. In: PBB (T) 104, 1982, 10–43.

Tiefenbach, Heinrich, Zur Philologie der frühen Corveyer Ortsnamenüberlieferung. In: Philologie der ältesten Ortsnamenüberlieferung. Hrsg. v. Rudolf Schützeichel. Heidelberg 1992, 107–133.

Ders., Zur frühen Werdener Sprachgeschichte. Die Namengraphien der Vita Ludgeri. In: Grammatica ianua artium. Festschrift für Rolf Bergmann. Hrsg. v. Elvira Glaser/Michael Schlaefer. Heidelberg 1997 [a], 169–183.

Ders., Schreibsprachliche und gentile Prägung von Personennamen im Werdener Urbar A. In: Nomen et gens. Hrsg. v. Dieter Geuenich/Wolfgang Haubrichs/Jörg Jarnut. Berlin/New York 1997 [b], 259–278.

Voyles, Joseph B., The phonology of Old Saxon. In: Glossa 4, 1970, 123–159; 5, 1971, 3–30.

Wiesinger, Peter, Zur Phonologie der kurzen E-Laute im Niederdeutschen. Ein Beitrag zur Rekonstruktion des spätaltsächsischen Kurzvokalsystems mit Hilfe der west- und ostfälischen Dialekte. In: Festschrift f. Laurits Saltveit. Oslo/Bergen/Tromsö 1983, 232–249.

Woods, John Douglas, A synchronic phonology of the Old Saxon of Heliand-M. Diss. (masch.). Univ. of Massachusetts 1975.

Ders., Gemination in Old Saxon Nouns. In: Orbis 26 (1977), 94–111.

Wortmann, Felix, Zur Geschichte der langen ê- und ô-Laute in Niederdeutschland, besonders in Westfalen. In: Münstersche Beiträge zur niederdeutschen Philologie. Köln/Graz 1960, 1–22. (NdSt. 6).

Thomas Klein, Bonn

81. Morphologie des Altniederdeutschen (Altsächsischen)

1. Deklination
2. Konjugation
3. Literatur (in Auswahl)

Die asächs. Flexionsformen differieren je nach Belegzeit und Schreibsprache sehr stark. Einflüsse des benachbarten Ahd., die hier ausgeblendet sind, beruhen vielleicht nicht in allen Fällen nur auf Mischungen durch Abschrift. Im Mittelpunkt der folgenden Darstellung steht der Befund der asächs. Bibeldichtung des 9. Jhs., die aber ebenfalls eine breite Varianz in der (handschriftlich vielfach jüngeren) Überlieferung zeigt.

1. Deklination

1.1. Deklination der Substantive

1.1.1. Vokalische Deklination (starke Flexion)

Die ursprünglich mit Themavokal gebildeten Stämme sind von den *n*-Stämmen (1.1.3.) meist klar unterscheidbar. Doch hat bei Fem. der *ō*-Stämme die Formidentität bei Nom. Sg., Gen. Dat. Pl. zu Unsicherheiten geführt. Die Binnendifferenzierung der vokalischen Stämme ist durch Ausgleichsvorgänge zum Teil erschwert.

Die *a*-Deklination enthält Maskulina und Neutra. Sg. Mask.: Nom. + Akk. *stēn*, Gen. *stēnes* (*-as*), Dat. *stēne* (*-a*), Instr. *stēnu* (*-o*); Pl. Nom. + Akk. *stēnos* (*-as*), Gen. *stēno*, Dat. *stēnun* (*-on*, resthaft *-um*, *-om*). Ebenso flektieren die Neutra, mit Ausnahme des Pl. Nom. + Akk., wo die kurzsilbigen (*fatu*) und die langsilbigen mit Endungsabfall (*word*) unterschieden sind. Die *ja*-Stämme zeigen das gleiche Paradigma, wobei das stammbildende *j* als *i* (oder *e*) bewahrt ist: Mask. *hirdi, hirdies* usw.; Neutr. *rīki, rīkies* (*-eas*) usw.; ähnlich die spärlich bezeugten *wa*-Stämme: *snēu* (*-o*), *snēwes* usw.

Bei der *i*-Deklination stimmen die langsilbigen Maskulina im Sg. flexivisch vollständig mit den *a*-Stämmen überein. Im Pl. erscheint *-i* (gegebenenfalls mit Umlaut, wie bei *gast*): Nom. + Akk. *gesti*, Gen. *gestio*, Dat. *gestiun*. Kurzsilbige haben das *-i* im Nom. + Akk. Sg. bewahrt (*hugi*), öfters auch in den obliquen Kasus (Dat. + Instr. Sg. *hugi*). Feminina haben die *i*-Flexive im gesamten Paradigma: Sg. Nom. + Akk. *dād* (kurzsilbig: *stedi*), Gen. + Dat. *dādi*; Pl. Nom. + Akk. *dādi*, Gen. *dādio*, Dat. *dādiun*. Diesem Flexionstyp haben sich die Adjektivabstrakta auf *-i* < *-īn-* und die Verbalabstrakta auf *-i* < *-īni* weitgehend angeschlossen (Einheitsform *huldi* oder *dōpi*, außer Pl. Gen. *huldio*, Dat. *huldion*).

Aus der *u*-Deklination sind wenige kurzsilbige Maskulina und Neutra mit ihren ursprünglichen Formen bewahrt (Sg. Nom. + Akk. *sunu* und *fehu*, Dat. *suno*), sonst meist schon zu den anderen Klassen hin ausgeglichen.

Nur Feminina enthält die *-ō*-Deklination, bei der außer im Sg. Dat. (*gebu*) und in den mit der schwachen Flexion übereinstimmenden Formen Pl. Gen. *gebono*, Dat. *gebon* (*-un*) die Einheitsform *geba* herrscht (Nom. + Akk. Sg. auch *gebe*), bei den *jō*-Stämmen entsprechend *sundia* usw. Den ursprünglich endungslosen Nom. Sg. der langsilbigen *-ō*-Stämme zeigt vor allem *thiod* (auch im Akk. Sg.).

1.1.2. Reste konsonantischer Deklinationsklassen und Wurzelnomina

Konsonantische Stammbildung weisen die auf *-r* auslautenden Verwandtschaftsbezeichnungen auf. Durchgehend gilt der Typ *fader* (Pl. Gen. unbelegt, Dat. *bruothron, brōdarun*). Die Partizipstämme auf *-nd* (Typ *friund*) haben meist Endungen der *a*-Deklination, daneben auch endungslose Formen im Sg. Dat. und Pl. Nom. + Akk. Flexionsformen der *-iz/az*-Neutra sind (sprachstilistisch bedingt?) erst in jüngeren Zeugnissen greifbar (Pl. Gen., *eiero, hōnero* im Freckenhorster Heberegister).

Umfangreichere Reste der ursprünglichen Flexion als Wurzelnomen bieten das Paradigma von *man(n)*, gelegentliche Formen von *burg, naht* und andere Einzelwörter, immer aber schon neben solchen nach der *a*- und *i*-Klasse, in denen sie aufgehen.

1.1.3. *n*-Deklination (schwache Flexion)

Das Stammbildungselement *-n*- prägt die Flexion in allen obliquen Kasus. Auf Vokal endet nur der Nom. Sg.: Mask. *bodo* (*-a*); Neutr. (+ Akk.) *herta* (*-e*); Fem. *tunga* (*-e*). Im Sg. Mask. + Neutr. herrschen sonst *-on* und *-en* (Heliand C), daneben auch *-an*, im Fem. *-un* (*-on* als Einfluß des Mask.?). Im Pl. Mask. gilt *-on*, im Neutr. und Fem. meist *-un* (neben *-on*), mit Ausnahme des Pl. Gen. *-ono* aller Genera. Die *j*-haltigen Stammbildungen bewahren das *j* in den Flexionsformen: *willio* (*-eo*, *-ia*), *willion* usw.

1.2. Deklination der Pronomen

1.2.1. Personalpronomen (der Sprecherrolle)

Beim genusindifferenten Rollenpronomen für den Sprecher (= 1. Person) und den Angesprochenen (= 2. Person) ist neben Singular und Plural der Dual bewahrt. Die Formen mit vokalischem Auslaut, die zum Teil ererbten (*wī*), zum Teil sekundär gedehnten (*mī*) Langvokal aufweisen, haben ihn öfters verkürzt. Für die sprechende Person gilt im Nom. Sg./Dual/Pl. *ik/wit/wi* (*we*), für die angesprochene *thu/git/gi* (*ge*). Im Dat. und Akk. erscheinen *mi* (*me*) */unk/ūs* und *thi/ink/iu* (*eu*). Die Genitivformen *mīn/unkero/ūser* und *thīn/ — /iuwer* (*euwer*) sind aus dem Possessivpronomen (1.2.5.) gewonnen. Für den Sg. Akk. sind vereinzelt auch *mik* und *thik* bezeugt.

1.2.2. Anaphorisches Pronomen (Personalpronomen der 3. Person)

Es erscheinen die gleichen Deklinationskategorien wie beim Nomen. Im Singular unterscheiden sich Mask. und Neutr. im Nom. *hē* (*hie*) ≠ *it* und Akk. *ina* ≠ *it*. Der Gen. lautet *is*. Vieldiskutiert ist die Dativform *im*, neben der die zweisilbige Form *imu* (*imo*) der kleineren Denkmäler und der späteren Teile von Heliand M steht; dieses Nebeneinander zeigen auch die noch folgenden Fälle pronominaler Flexion. Im Sg. Fem. tritt schon häufig Formenausgleich zwischen Nom. *siu* und Akk. *sia* auf, auch Gen. *ira* (*iro*) und Dat. *iru* (*iro*) zeigen ihn. Im Pl. sind die Flexionsformen der drei Genera schon vielfach zusammengefallen: Nom. + Akk. *sia* (*sie*), Gen. *iro*, Dat. *im*. Häufiger wird noch Nom. + Akk. Neutr. *siu* unterschieden. Dem Typ *hē* folgend erscheinen die vokalisch anlautenden Formen gelegentlich mit *h-* (*his*, *him*, *hina*, *hiro*).

Eigene Formen eines Reflexivpronomens sind unbelegt. Statt ihrer wird das anaphorische Pronomen verwendet.

1.2.3. Demonstrativpronomen

Das einfache Demonstrativpronomen fungiert außerdem als bestimmter (nichtobligatorischer) Artikel und als Relativpronomen. Im Pl. herrscht auch hier vielfach Formengleichheit der Genera: Nom. + Akk. *thia* (Neutr. daneben *thiu*), Gen. *thero*, Dat. *them*. Im Sg. haben Mask. + Neutr. Gen. *thes* und beim Dat. ähnlich wie zuvor *them* neben *themu*, Instr. *thiu*. Differenziert sind Mask. und Neutr. im Nom. (*thē* ≠ *that*) und Akk. (*thena* oder *thana* ≠ *that*). Im Fem. können Nom. *thiu* und Akk. *thia* einerseits und Gen. *thera* und Dat. *theru* (*-o*) andererseits füreinander eintreten.

Das verstärkte Demonstrativpronomen enthält die deiktische Partikel *s*: Sg. Instr. Neutr., Nom. Fem., Pl. Nom. + Akk. Neutr. *thius*; von unklarer Herkunft ist Sg. Nom. + Akk. Neutr. *thit(t)*. Außer im Falle dieser Formen ist die Flexionsendung jedoch hinter die Partikel getreten, so daß die Flexion mit der der starken Adjektive (1.3.) übereinstimmt, z. B. Gen. Sg. Mask. + Neutr. *theses* (*-as*), Heliand S *thesses* usw.

1.2.4. Interrogativpronomen

Es erscheinen nur Singularformen. Das formale Maskulinum, Nom. *hwē*, Akk. *hwena* (*hwene*), erfragt Personen, das formale Neutrum *hwat* Dinge. Die Flexionsformen sind die der Pronominalflexion: Gen. *hwes*, Dat. *hwem* neben *hwemu*, Instr. *hwiu* (*hwī*, *hwō*).

1.2.5. Possessivpronomen

Dualformen sind für die sprechende und die angesprochene Person belegt. Die Grundformen (Sg./Dual/Pl.) *mīn/unka/ūsa*; *thīn/inka/iuwa* (*euwa*) erscheinen im Nom. Sg. aller Genera sowie im Akk. Sg., Nom. + Akk. Pl. Neutr. Gleiches gilt für *sīn*, das nur für Mask. + Neutr. gebraucht wird. Daneben wird der Gen. Sg. des anaphorischen Pronomens (*is*) in gleicher Funktion verwendet, für das Fem. ausschließlich (*ira*), ebenso für den Plural aller Genera (*iro*).

1.2.6. Sonstige Pronomen

Die Flexion ist meist die der stark flektierten Adjektive, so *hweđer* 'wer von beiden', *ōđer* 'der eine/der andere', *sum*, *ēnig* 'irgendeiner', *nigēn* 'kein', die mit *-līk* gebildeten wie *hwilīk* 'welcher, irgendwer, jeder', *gihuilīk* 'jeder', *sulīk* 'solcher'. Die Flexion des zugrunde liegenden Interrogativpronomens zeigt *gihuē* 'jeder', die des Substantivs das pronominal verwendete *wiht* 'etwas'. Starke und schwache Flexion hat *self* 'selbst'.

1.3. Deklination der Adjektive

Adjektive folgen in der Flexion dem pronominalen Muster (= starke Flexion) oder dem der *n*-Deklination der Substantive (= schwache Flexion). In der starken Flexion existiert im Sg. Nom. aller Genera (+ Akk. Neutr.) nur die Nominalform (Nullendung: *gōd*). Ähnlich wie beim Pronomen steht im Sg. Dat. Mask. + Neutr. *-umu* neben *-um*; im Heliand C herrscht hier *-on*. Stammbildendes *-j-* ist meist bewahrt: *māri* 'berühmt' (*mārio*, *māreo*, Heliand S *mēria*), ähnlich *-w-*: *glau* 'klug', Pl. *glauw-a* (*-e*). Wie *māri* flektiert das Part. Präs. In der Regel schwache Flexion zeigen die mit *-(i)r-*, *-er-*, *-ar-*, *-or-* gebildeten Komparative und die mit *-ost-* und *-ist-* gebildeten Superlative (hier im Nom. Sg. + Pl. aller Genera häufig stark).

1.4. Deklination der Zahlwörter

Die Kardinalzahl *ēn/ēn/ēna* (Mask./Neutr./Fem.) flektiert wie ein starkes Adjektiv (ebenso als unbestimmter Artikel; in schwacher Flexion 'einzig'), *bēđia* 'beide' wie ein starkes *ja*-Adjektiv. Von den im Nom. + Akk. genusverschiedenen *twēna/twē/twā* und *thria/thriu/thria* sind Gen. *tweio* und Dat. *twēm* und *thrim* belegt. Von *fiuwar*, *fīf*, *se(h)s, siƀun, nigun, tehan, twelif* sind substantivisch und attributiv postnuklear Pluralformen der *i*-Deklination belegt (*twelifi*, Gen. *twelifio*, Dat. *fiuwariun*). Ordinalzahlen werden mit wenigen Ausnahmen schwach flektiert; *ōđer* 'zweiter' behält seine pronominale Flexion.

2. Konjugation

Neben den ererbten synthetisch gebildeten Tempora Präsens und Präteritum sind Vergangenheitsformen mit Auxiliarverben (*hebbian, ēgan; werđan, wesan*) + Part. Prät. (mit oder ohne Flexionsendung) bezeugt: *thia hie im habda [...] gicorana, thia im thar cōpstedi gicoran habdun; warth/was thiu tīd cuman* (Heliand 3037, 3735; 94/852). Stets periphrastisch wird das Passiv zum Ausdruck gebracht, und zwar mit *werđan* (Vorgang: *im warđ sunu giboran* Genesis 108) oder *wesan* (Zustand: *nu is Krist giboran* Heliand 399) + Part. Prät. eines transitiven Verbs.

2.1. Starke Verben

2.1.1. Präteritumbildung durch Ablaut

Die Tempusformen werden durch Vokalwechsel im Basislexem gebildet (zwei bis vier Vokale). Von den unten genannten, nach Ablautreihen geordneten Stammformen gilt die erste im Präsens (hier in der 1.–3. Sg. Ind. Varianten durch Einwirkung des Flexionsvokals: z. B. II. *biudu*, III. *hilpis*, IV. *sprikid*, V. *giƀu*, VI. *ferid* neben *farid*), die zweite in der 1. + 3. Sg. Ind. Prät., die dritte im übrigen Prät. und die vierte im Part. Prät.

Ablautreihen
I. *slītan* – *slēt* / *slitun* – *gislitan* 'schleißen'
II. *biodan* – *bōd* / *budan* – *gibodan* 'bieten'
    bilūcan – *bilōc* / *bilucun* – *bilocan* 'verschließen'
III. gedeckter Nasal oder Liquid
    bindan – *band* / *bundun* – *gibundan* 'binden'
    helpan – *halp* / *hulpun* – *giholpan* 'helfen'
IV. einfacher Nasal oder Liquid oder *-k-*
    niman (*neman*) – *nam* / *nāmun* – *ginuman* (*ginoman*) 'nehmen'
    helan – *hal* / *hālun* – *giholan* 'hehlen'
    sprekan – *sprak* / *sprākun* – *gisprokan* 'sprechen'
V. einfacher Konsonant (außer IV.)
    geƀan – *gaf* / *gāƀun* – *gigeƀan* 'geben'
VI. *faran* – *fōr* / *fōrun* – *gifaran* 'sich bewegen'.

Sonderformen zeigen die Verben mit ursprünglichem *j*-Präsens (V. *biddian* 'bitten', *liggian* 'liegen', *sittian* 'sitzen'; VI. *hebbian* 'heben', *-seffian* 'bemerken', *swerian* 'schwö-

ren' u. a.). Präsensinfix *-n-* ist bei VI. *standan* 'stehen' (Prät. *stōd*) bewahrt. Zweivokalisch und mit der Verteilungsregel von Typ VI. (Präs. + Part. Prät. ≠ finites Prät.) sind die ehemals reduplizierenden Verben (Typ VII.), die sich nach dem Präteritumvokal in drei Gruppen gliedern lassen (hier vertreten durch Inf. – 1. + 3. Sg. Ind. Prät.):

VII 1. *haldan* 'halten' – *held*; *fāhan* (< *-anh-*) 'fangen' – *feng*
VII 2. *lātan* (< *ǣ*) 'lassen' – *lēt* (*liet*); *hētan* (<*ai*) 'heißen' – *hēt* (*hiet*)
VII 3. *hrōpan* (< *ō*) 'rufen' – *hriop*; *stōtan* (<*au*) 'stoßen' – *stiot*.

Eine Anzahl von Verben zeigt Formverschiedenheit durch grammatischen Wechsel, z. B. *-heffian* 'heben', Prät. *huobun*; *werđan* 'werden', Prät. *wurdun*; *slahan* 'schlagen', Prät. *slōgun*; *kiosan* 'wählen', Prät. *kurun*, doch erscheinen auch Ausgleichsformen.

2.1.2. Personalendungen der starken Verben

Kennzeichen des Asächs. ist der Einheitsplural: Unterschiedliche Flexive für die 1., 2. und 3. Person existieren nur im Singular. Indikativ und Konjunktiv (Optativ) sind flexivisch unterschieden, für die 2. Sg. Imp. wird die Stammform verwendet: *help* (*hilp*), *gef* (*giƀ*), *sweri*.

Inf. *sprekan*, Part. Präs. *sprekandi*, Part. Prät. *gisprokan*		
Präsens	Indikativ	Konjunktiv
Sg. 1.2.3.	*sprik-u, -is, -id* (*-iđ*)	*sprek-e, -es, -e* (*-a, -as, -a*)
Pl.	*sprek-ad* (*-ađ*)	*sprek-en* (*-an*)
Sg. 2.	Imperativ *sprik*	
Präteritum	Indikativ	Konjunktiv
Sg. 1. + 3.2.	*sprak, sprāki*	*sprāk-i, -is*
Pl.	*sprāk-un*	*sprāk-in*

Abb. 81.1: Flexionsparadigma *sprekan* im Altsächsischen

2.2. Schwache Verben

2.2.1. Präteritumbildung durch Dentalsuffix

Das Dentalsuffix tritt als *-d-* nach den Bindevokalen auf (*nerida, thionoda*). Die langsilbigen Basen der *jan*-Klasse haben den Bindevokal *i* häufig nicht synkopiert (*nāhida*). Trotz Synkope kann der Umlautvokal der Basis auch im Präteritum erscheinen (*antkenda* zu *antkennian*; *legda*, *-e* ~ *lagda* Heliand C zu *leggian*). Im Basisauslaut erfolgt bei Synkope gegebenenfalls Desonorisierung (*dōpida* ~ *dōpta*). Die gleiche Erscheinung zeigen die alten bindevokalosen Bildungen: *brengian/brāhta, thenkian/thāhta, thunkian/thūhta, wirkian/warhta* und *sōkian/sōhta*.

Bildungen mit *-jan*-Suffix (erste Klasse) zeigen dieses noch in allen Flexionsformen deutlich (Schreibung *i* oder *e*: *sōkian* oder *sōkean*). Nur in der 2.3. Sg. Ind. Präs. ist es mit dem Flexiv verschmolzen: *sōkis, sōkid* aber Pl. *sōkiad* usw. Neben den *-on*-Formen (statt *o* häufig auch Schreibung *a*) der zweiten Klasse finden sich im Präsens Langformen: *thionon* ~ *thionoian* (*theonogean*); *folgon* (*-an*), *folgod* ~ *folgoiad*. Bis auf geringe Reste untergegangen ist die dritte Klasse. Erhalten sind *hebbian* 'haben', *seggian* 'sagen', *libbian* 'leben', die ihr Präteritum bindevokalos bilden (*habda, sagda, liƀda*).

2.2.2. Flexion

Die Flexionsendungen der ersten Klasse stimmen mit denen der starken Verben überein. Nur im Sg. Ind. Prät. lauten sie nach dem Dentalsuffix 1. + 3. *-a*, 2. *-es*, ebenso im Falle der zweiten Klasse. Dort ist der Flexionsvokal durchgehend *o*, also im Präs. (mit besonderer Formbildung der 1. Sg. Ind.) Ind. Sg. *tholon, -os, -od* (*-ođ*), Pl. *-od* (*-ođ*); Konj. *tholo* (*-oie*) usw.

2.3. Präterito-Präsentien

Wie in den anderen germ. Sprachen bilden die einstigen Perfektformen bestimmter starker Verben eine besondere Klasse, bei denen diese Formen aufgrund ihrer Bedeutung wie ein Präsens fungieren und ein neues bindevokaloses Dentalpräteritum entwickelt haben. Erhalten sind (in der Ordnung der Ablautreihen, Formen des Paradigmas: 1. + 3. Sg. Ind. Präs., Pl. Präs./1. + 3. Sg. Ind. Prät.): I. *wēt, witun/wissa*; −, *ēgun/ēhta*; II. *dōg, dugun/*−; III. *kan, kunnun/konsta; gidar, −/gidorsta; tharf, thurƀun/thorfta*; IV. *skal, skulun/skolda; -man, munun/-munsta*; V. *mag, mugun/mohta* und *mahta*; VI. *mōt, mōtun/mōsta*. Bei der

2. Sg. Ind. Präs. ist die Ablautstufe der Singularformen bewahrt. Belegt sind I. *wēst*; III. *kanst, tharft*; IV. *scalt, farmanst*; V. *maht*; VI. *mōst*.

Bindevokaloses Präteritum zeigt auch das einstige Optativ-Verb *willien* (*wellian*)/*welda*.

2.4. Besondere Verben

Als athematisch gebildete Wurzelverben sind bezeugt:
1) Die Präsensformen des Verbs 'sein': Ind. Sg. *bium, bist, is(t)*, Pl. *sind*; Konj. *sī* usw.
2) Das Verb *dōn* 'tun' (vielfach variierend, u. a. *duon, duan*, entsprechend in den Flexionsformen): Präs. Ind. Sg. *dōm, dōs, dōt* (*dōd*), Pl. *dōt* (*dōd*); Konj. *dōe* usw.; Prät. Ind. Sg. *deda, dādi* (*dedos*), *deda*, Pl. *dādun* (*dedun*); Konj. *dādi* (*dedi*) usw.
3) Die Verben *gān* und *stān* mit einigen Präsensformen: *stēs, stēd* (*stād*), Pl. *stād*.

3. Literatur (in Auswahl)

Cordes, Gerhard, Altniederdeutsches Elementarbuch. Heidelberg 1973.

Gallée, Johan Hendrik, Altsächsische Grammatik. Register von Johannes Lochner. 3. Aufl. mit Berichtigungen und Literaturnachträgen von Heinrich Tiefenbach. Tübingen 1993.

Holthausen, F[erdinand], Altsächsisches Elementarbuch. 2. Aufl. 1921.

Klein, Thomas, Studien zur Wechselbeziehung zwischen altsächsischem und althochdeutschem Schreibwesen und ihrer Sprach- und kulturgeschichtlichen Bedeutung. Göppingen 1977.

Krogh, Steffen, Die Stellung des Altsächsischen im Rahmen der germanischen Sprachen. Göttingen 1996.

Rauch, Irmengard, The Old Saxon Language. Grammar, Epic Narrative, Linguistic Interference. New York [etc.] 1992.

Sehrt, Edward H., Vollständiges Wörterbuch zum Heliand und zur altsächsischen Genesis. 2. Aufl. Göttingen 1966.

Taeger, Burkhard, Das Straubinger 'Heliand'-Fragment. In: PBB (T) 101, 1979, 181−228; 103, 1981, 402−424; 104, 1982, 10−43; 106, 1984, 364−389.

Heinrich Tiefenbach, Regensburg

82. Lexikologie und Lexikographie des Altniederdeutschen (Altsächsischen)

1. Wortschatzstruktur

Die Beschreibung der Wortschatzstruktur des And. ist nicht Deskription des mehr oder weniger vollständigen Lexikons der ältesten Periode einer germ. Einzelsprache. Vielmehr haben die quantitative Dürftigkeit der frühen Texttradition im sächs. Raum und deren qualitative Beschränkung auf insgesamt keineswegs repräsentative Wortschatzbereiche zur Folge, daß nur die Beschreibung eines begrenzten, inhomogenen Lexikonausschnitts möglich ist, der seine Begründung in der Überlieferung findet.

Der quantitative Bestand des and. Lexikons bewegt sich, unter Einbezug aller Derivativa und Komposita, die − soweit nicht lexikalisiert − in die Zuständigkeit der Wortbildungslehre fallen, um annähernd 4000 Wörter. Das ist viel weniger, als uns die Wörterbücher etwa des Ahd. oder Aengl. bieten und verschwindet geradezu im Blick auf den Wortschatz unserer modernen Sprachen. Geht man davon aus, daß auch damals ein zwar anders strukturiertes, doch jedenfalls umfassendes Vokabular existiert hat, muß demnach mit zahlreichen ‘Leerstellen’ im tatsächlich überlieferten and. Lexikon gerechnet werden.

Immerhin läßt sich die and. Überlieferungslücke bei solchen Wörtern unbedenklich schließen, die seit mnd. Zeit belegt sind und deren gleichzeitige Bezeugung im Aengl. oder anderen ‘ingwäonischen’ Sprachen auf ursprüngliche Gemeinsamkeit und Zugehörigkeit zum nordwestgerm. Wortschatz weist.

Beispielsweise ist in den Trierer Seminar-Glossen des 11./12. Jhs. die Maulwurf-Bezeichnung *uuandauuerpa* ‘talpa’ überliefert; das Wort gilt aber angesichts der disparaten Sprachkompilation in der Trierer Hs. meist als ags. Provenienz (aengl. *wandeweorpe*). Berücksichtigt man allerdings mnd. *wande-*, *windewerp* und Varianten sowie die weitflächige Verbreitung des Typs in den heutigen wnd. Mundarten, so kann diese Maulwurfsbenennung durchaus als alt und sächsisch angesehen werden.

Noch nicht voll aufgearbeitet ist auch das and. Wortgut in lat. Quellen wie z. B. jenes **hopa* ‘Hoffnung’, das aus einer Bemerkung Arnolds von St. Emmeram 1136/37 zu dem Namenglied *-hof* oder *-hove* zu erschließen ist: *Saxones enim spem aut sperationem huius vocabuli nomine finitimo vocitare suescunt* (vgl. Sanders 1986).

Das heutige lexikologische Interesse am And. richtet sich weitgehend auf den − womöglich spezifisch „sächsischen“ − Grundwortschatz. Dabei finden meist einige überlieferungsbedingte Verzerrungen nicht genügend Beachtung: Erstens enthält die noch zu einem großen Teil in germ. Tradition stehende Dichtung viel poetisch stilisiertes Wortgut, das so in der Normalsprache entweder nicht mehr gebräuchlich (Archaismen wie *gisunfader* ‘Vater und Söhne’, ahd. *sunufatarungo* im ‘Hildebrandslied’) oder von vornherein der Dichtersprache vorbehalten war (Poetizismen, z. B. *lagustrôm* ‘Meeresflut’, *hurnidskip* ‘geschnäbeltes Schiff’, *gêrfiund* ‘Feind auf Leben und Tod’). Zweitens führten die Folgen der politisch-kulturellen Integration der Sachsen in das christlich-frk. Karolingerreich dazu, daß Fremdwörter und Lehnbildungen einen überdurchschnittlich hohen Anteil am überlieferten Wortschatz ausmachen. Weiterhin hat die statistische Dürftigkeit des and. Lexikons wortsoziologische und wortgeographische Konsequenzen: Gewisse Wortschichten und Worträume fallen so gut wie vollständig aus, andere sind überproportional vertreten. Da das And. zudem eine Zeitspanne von nahezu vier Jahrhunderten umfaßt (rund 800−1200), spielen chronologische Unterschiede eine Rolle. Der ‘Sprachwandel’ äußert sich einmal in morphologischen Umbildungen: z. B. erscheint das mit unserem *Hei-rat* verwandte *hîwiski* ‘Familie’ im Straubinger ‘Heliand’ schon als Kontraktionsform *hiski* und in den Marienfelder Glossen, die um 1200 den Endpunkt der and. Glossentradition markieren, als *hiesche*; vgl. mnd. *hisk*, *hisch*. Zum andern wird aber auch der Wortschatz im ganzen umstrukturiert, indem alte Wörter verschwinden, so noch reliktär im *ehu-skalkos* des ‘Heliand’ − die biblischen Hirten als ‘Pferdeknechte’ − das idg. Erbwort für ‘Pferd’ (lat. *equus*), und neue treten an ihre Stelle wie etwa die noch heute gültigen Typen *sêo* und *meri*, die das alte *geban* ‘Meer’ verdrängen (Foerste 1957, 1746f.).

2. Lexikalische Interferenzen

Sprachenkontakt hat ein- oder wechselseitige Beeinflussungen, 'Interferenzen', zur Folge. In relativ weiter Auffassung dieses Begriffs (Sanders 1979, 227ff.; vgl. auch Cordes/ Möhn 1983, 660−782) werden hier, beschränkt auf den lexikalischen Aspekt, Übernahme und Integration fremden Wortgutes in das and. Lexikon behandelt. Da die Richtung des Interferenzprozesses sich weitgehend durch politische, ökonomische, kulturelle usw. Prävalenzen bestimmt, bleiben Entlehnungen slaw. Herkunft im And. eher selten (z. B. *hamustra* 'Hamster'). Die vorhandenen lexikalischen Verbindungen mit den nordwestlichen und nord. Sprachen beruhen mehr auf alter Gemeinsamkeit denn auf jüngerer Beeinflussung (umgekehrt zu and. Lehnwörtern im Aisl. Halldórsson 1969). Vielmehr werden für das And. hauptsächlich drei Faktoren sprachwirksam: die hochüberlegene antik-mittelalterliche Sach- und Geisteskultur, die Christianisierung und die frk.-dt. Reichspolitik Karls des Großen. In karolingischer Zeit vollzog sich für die Sachsen jener gewaltige Umschwung, der ihnen mit der Eingliederung in das Großreich der Franken eine neue politisch-rechtliche Verfassung, mit der Einführung des Christentums eine neue Religion und mit der Übernahme des mittelalterlichen Bildungssystems eine neue Kultur brachte. Jede dieser Neuerungen war mit starken Auswirkungen auf den Wortschatz verbunden. Das schließt keineswegs auch schon chronologisch frühere, also vorand. Interferenzen aus, so die Rezeption mancher lat. Lehnwörter und binnenländischen Neuerungen im Zuge der sächs. Südwest-Expansion seit dem 2. Jh. (z. B. Ersetzung der Präp. *af*, die zur Zeit der ags. Abwanderung noch gegolten haben muß, durch die südliche Entsprechung *fan(a)*, *fon*, hd. *von* − engl. *of*).

Gerade bei zahlreichen Neuwörtern der 'Germania Romana' (Frings 1932) läßt sich nicht in jedem einzelnen Fall sagen, wann und wo sie ins Nd. gelangt sind. Daß sie meist auch in anderen germ. Sprachen auftreten, vor allem aber daß sie vielfach im Ahd. noch die 2. Lautverschiebung mitgemacht haben (lat. *tēgula*, *pālus*, *spīcarium* − ahd. *ziagal[a]*, *pfâl*, *spîhhari*, and. *têgala*, *pâl*, *spîkari*), deutet wenigstens für einen Teil solcher Wörter auf eine Rückdatierung ins Vorand. Hauptsächlich waren es wohl Militärwesen, Handel, Landwirtschaft und Steinbau, wo sich nach den umfangreichen Wortlisten bei

Foerste (1957, 1749) die Neuerungen häuften. Sach- und Sprachveränderung gingen Hand in Hand, wie sich am Beispiel der hochentwickelten röm. Steinbautechnik mit ihren terminologischen Konsequenzen erweist: and. *kamera*, *keminada* 'heizbares Zimmer', *solari* 'Obergemach', *kalk*, *thrûfla* 'Maurerkelle' usw. (lat. *camera*, *caminata*, *solarium*, *calx*, *trulla*). Instruktiv wirkt die Übernahme von *mûra* 'Mauer', und zwar als steinerne Mauer, dies im Gegensatz zur ursprünglich geflochtenen *wand* des germ. Fachwerkbaus (etymologisch zu *winden*).

Nach 800 mehren sich die sprachlichen Entlehnungen vor allem im politisch-juristischen und kirchlichen Bereich. Innerhalb der adligen Führungsschicht der Sachsen prägte sich eine überwiegend frk. inspirierte Titulatur aus: and. *heritogo* 'Anführer, Herzog' (ahd. *herizogo*, letztlich eine Lehnübersetzung des griech. στρατηλάτης), das nach dem Vorbild von lat. *senior* gebildete *hêrro* 'Herr' (Komp. zu *hêr* 'vornehm, hoch'), *furisto* 'Erster, Höchster' (hd. *Fürst*) usw. Unverkennbar tritt auch die Einführung der frk. Gerichtsverfassung lexikalisch zutage, insofern in charakteristischen Dubletten wie *dôm* − *urdêli* 'Urteil', *dômian* − *adêlian* 'urteilen' oder *sôð* − *wâr* 'wahr' die alten sächs. Ausdrücke neben den nun gültigen erhalten blieben. Zum Teil mußten aber auch für bislang unbekannte Rechtsformen neue Begriffe eingeführt werden, so z. B. *scepino* 'Schöffe' oder *urkundeo* 'Zeuge'. Selbstverständlich wirkte sich der frk. Einfluß, vielleicht nicht überall gleich massiv, auch in den anderen Lebensbereichen aus.

Im Rahmen der kirchlichen Terminologie überkreuzten sich in der Frühzeit die Einwirkungen der ags. und sdt.-westfrk. Missionstätigkeit. Manche Wörter verraten deutlich ihre ags. Herkunft, etwa and. *godspell* 'Evangelium' (aengl. *gôdspell*), eigentlich 'gute Botschaft', das jedoch schon bald durch Kürzung des ersten Gliedes zu 'Gottesbotschaft' umgedeutet wurde, *hêliand* 'Erlöser' (aengl. *hâlend* 'salvator'), *bôkkraft* 'Gelehrsamkeit' (aengl. *bôccræft* 'Literatur') usw. Sie haben sich allerdings kaum im Dt. durchsetzen können. Eine Ausnahme bildet das Adj. *hêlag* 'heilig', dem es dank seiner Verwendung in der festen Verbindung *hêlago gêst* 'spiritus sanctus' (aengl. *hâlga gâst*) gelang, nicht nur im And., sondern sogar im Ahd. an die Stelle der sdt. Entsprechung *wîh* (*wîho âtum*) zu treten. Weitaus zahlreicher sind indes die nach dem Vorbild der ahd.-frk. Kirchensprache eingeführten Begriffe, z. B. *dôpian* 'taufen' (dazu *dôpi[sli]* 'Taufe'), *cristinhêd* 'Christentum', *hêthinussia* 'Heidentum', *engil* 'Engel', *diuƀal* 'Teufel', *kirica* 'Kirche' usw. Einige von ihnen dokumentieren den Sachverhalt der Übernahme klar durch ihre äußere Gestalt, etwa and. *anst* 'Gnade' (das in heimischer Form Nasalschwund aufweisen müßte wie aengl. *êst*); andere tun dies dadurch, daß die althergebrachten Ausdrücke neben den neuen fortbestehen, z. B. altes *twehon* 'zweifeln' − *twîflian*, *twîflon* oder *wôp* 'Wehklage, Jammer' − *klaga*, *klagunga*. Das mit aengl. *heofon* korrespondierende and. *heƀan* 'Himmel' erhielt damals Konkurrenz durch *himil*, wobei in nd. Mundarten bezeichnenderweise noch immer die Unterscheidung gemacht wird, daß *Häwen* vorwiegend den natürlichen, *Himmel* dagegen als Kanzelwort den kirchlichen Himmel meint.

3. Wortsoziologie

Die bislang schrift- und überlieferungslosen Sachsen übernahmen das frk. Schreib- und Bildungswesen, das den kirchlichen Institutionen, in erster Linie Dom- und Klosterschulen, angeschlossen war. Der dominierende sächs. Adelsstand, aus dessen Reihen die Stifter und Träger jener geistlich-geistigen Bildungsstätten kamen, war auch für das gesamte, demnach ebenfalls oberschichtlich einzuordnende and. Schrifttum verantwortlich. Das bedeutet aber, daß weite Bereiche der tatsächlich gesprochenen Sprache vor allem der mittleren und niederen Volksschichten in der kirchlich vermittelten Textüberlieferung ausfallen. Da somit − bei einer einzigen überlieferungstragenden Schicht − eine schichtenspezifische Zuordnung des Wortgutes so gut wie unmöglich wird (vgl. jedoch Art. 87), bietet sich allenfalls eine Untersuchung nach der Verschiedenartigkeit der überlieferten Werke an, ob Dichtung, Gebrauchsprosa, Glossen usw. Die 'Textsorten' dokumentieren sich nicht nur in verschiedenen Inhalten, sondern auch jeweils eigenen Darstellungsformen mit spezifischen sprachlich-stilistischen Eigenarten bis in den verwendeten Wortschatz hinein.

Von besonderem Gewicht erscheint die Tatsache, daß der Löwenanteil der and. Sprachüberlieferung (rund 80%) auf die Bibeldichtung entfällt, namentlich den 'Heliand'. Hier hat die christlich-poetisierende Stoffgestaltung, das Leben Christi in den al-

literierenden Langzeilen eines germ. Heldengedichts, dem Wortgut deutlich seinen Stempel aufgedrückt. Bildkräftige Fügungen wie *ađalordfrumo* 'Schöpfer', *erđliƀigiskapu* 'Erdenschicksal', zahlreiche Kriegerbezeichnungen wie *helmgitrôsteo*, *swerdthegan* oder *wâpanberand*, *ferndalu* 'Hölle', *ûhtfugal* 'Hahn' usw. charakterisieren sich zweifellos als dichterisch (vgl. Ilkow 1968). Dasselbe dürfte für die Tendenz gelten, in vielen Fällen nicht die einfachen Wörter, sondern anschaulich spezifizierende Zusammensetzungen zu gebrauchen, z. B. *ađalkuning* '(Edel-)König', *heƀantungal* '(Himmels-)Gestirn', *wintar-kald* '(winterlich) kalt' usw. Kennzeichnend ist die Verwendung überkommener Stabreimformeln der Heldenepik und ihrer Variationswörter, selbst wenn diese in der damaligen Alltagssprache vielleicht kaum noch bekannt waren. Beispiele für solche ehemals gemeingerm. Archaismen sind etwa *middilgard* als mythisch begründeter Ausdruck für den Erdkreis, das altertümliche *êld* 'Feuer' neben *fiur* und *logna*, *segg* 'Mann' neben gewöhnlichem *man* und *gumo*, *radur* 'Himmel' neben den schon genannten Himmelsbezeichnungen usw. Insgesamt herrscht in der Stabreimepik ein hohes, durch die Gesetze der Dichtung festgelegtes Sprachniveau.

Die kleineren Texte, die sich im großen und ganzen der Normalsprache zuordnen, erhalten dadurch ihren besonderen Wert, daß sie trotz ihres vergleichsweise geringen Umfangs zahlreiche in der Dichtung nicht vorkommende Wörter überliefern. Allerdings bestimmt bei diesem kirchlichen Schrifttum in offiziell-gebrauchssprachlicher Prosa der geistliche Inhalt durchweg die Wortwahl. Demgemäß dominiert die bereits erläuterte christlich-kirchensprachliche Terminologie. Eine Ausnahme machen lediglich mehrere 'Heberegister' (klösterliche Güter- und Abgabenverzeichnisse), deren Zweckbestimmung den relativ beschränkten, vorwiegend agrarökonomischen Wortgebrauch umreißt; z. B. *hûria* 'Steuer, Miete' (*hur-land* 'gepachtetes Land'), *hôk* 'Winkel, Ecke', *lunis* 'Lünse, Achsnagel' und mehr.

Ein besonderes Kapitel bilden die Glossen: volkssprachige Einzelwörter in lat. Texten oder erklärende Anmerkungen, oft interlinear über- oder marginal zugeschrieben, in der Mehrzahl jedoch schon fertige Wortlisten, die Interpretamente für schwierige Stellen der klassischen Schulautoren (im And. besonders Vergil) und des christlichen Schrifttums (Evangelienglossen und namentlich Prudentius) liefern. Die Glossen enthalten viele sonst eher seltene, „profane" Vokabeln, etwa *mezas* 'Messer' oder *arsbelli* 'Gesäßbacken', doch als Folge der Übersetzung auch recht ausgefallene Kunstwörter wie z. B. *stafslengeri* für eine antike Wurfmaschine, *skridskōh* für die Flügelschuhe Merkurs. All dies trägt dazu bei, daß insgesamt das and. Wortmaterial, abgesehen von seiner ungleichmäßigen Verteilung auf die verschiedenen Textsorten, sehr uneinheitlich wirkt (ausführlicher Sanders 1982, passim).

4. Wortgeographie

Die Schwierigkeit historischer Wortgeographie in and. Zeit liegt einmal mehr in der Überlieferungslage, insofern sich die wenigen Belegorte innerhalb weiter Leerräume geradezu verlieren. Die dennoch vorhandenen, allein schon durch die Distanz etwa zwischen so wichtigen Schreiborten wie Werden und Merseburg nahegelegten wortgeographischen Unterschiede lassen sich anhand der kirchensprachlichen Heteronyme *offern – oppern* aufzeigen:

offern, das in einem nordwestlichen Verband stehende Wort, ist entlehnt aus lat. *offerre* 'darbringen', das lautlich dem hd. *opfern* entsprechende *oppern* aus lat. *operari* in der Bedeutung 'Almosen spenden' (Müller 1960); schon in der and. Überlieferung treten in westlichen Glossen die Subst. *offar*, *offarman* auf, dagegen in den ofäl. Psalmenbruchstücken *oppraiu* 'sacrificabo' und *opperman* in einer Gandersheimer Glosse.

Bereits seit der Merowingerzeit haben sich die noch jetzt für die westnd. (nrddt.) Wortgeographie typischen Worträume und Interferenzbahnen ausgeprägt. Der westf. Westen unterhielt schon damals engere Beziehungen zum Rhein und hat seine Lehnwörter aus der Romania durchweg dorther bezogen. Hingegen war das Ofäl. von vornherein mehr mit dem östlichen Md. verbunden und bekam seine Entlehnungen aus dem Donau- und Oberrheingebiet vermittelt. Das dazwischen liegende Engrische, in sächs. Zeit wohl die stammespolitische Mitte, verlor im Laufe des And. immer mehr an Bedeutung; seitdem gewinnt die Wesergrenze, als Grenze zwischen *westfeles unde sassesch*, eine wortgeographische Realität (Foerste 1958, 105). Die beiden genannten Wanderbahnen fremden Wortgutes treten auch in der historischen Wortgeographie eindrucksvoll hervor. Aus den nach Norden vorrückenden „Wortkohorten" des

lat.-gallorom. Lehnguts sei nur die Bezeichnung für das Vorschneidemesser am Pflug herausgegriffen, bei dem westliches *kolter* (lat. *culter*) gegen östliches, über den Alpenweg gekommenes *seck* (aus einem rom. **secum, seca*) steht.

Die alten Bindungen wurden durch die karolingische Kirchenorganisation insofern noch vertieft, als Westfalen (außer dem Paderbörnischen) der Kirchenprovinz Köln mit ihrer eminenten Ausstrahlungskraft unterstand, Ostfalen und das Nordnd. aber im Wirkungsbereich des Mainzer Erzbistums lagen. In der and. Textüberlieferung machen sich diese Abhängigkeiten bis in den Schreib- und Sprachgebrauch deutlich bemerkbar (vgl. Klein 1977, passim). Auch Wortgegensätze meist kirchensprachlicher Art, die sich auf diese Weise erklären, gibt es in Fülle. Handelte es sich bei *kolter/seck* um ein älteres, agrartechnisches Wortpaar, so gehört die ebenfalls entlehnte Tinte bereits in den späteren Kulturzusammenhang der Übernahme kirchlichen Bildungsgutes, das aber den gleichen Wegen folgte. And. *blak* 'Tinte' als Ausdruck ags. Provenienz (aengl. *blæc*, eine Lehnübersetzung von lat. *atramentum*) vermochte sich nicht durchzusetzen; vielmehr gelangten im nd. Raum zwei andere Wörter zur Geltung, im Westf. seit älterer Zeit *inket*, *enket* wie im Rhein. (vgl. nl. *inkt*, engl. *ink*, alle aus einem gallorom. **encau[s]tum*), östlich dagegen Entsprechungen des hd. *Tinte* (lat. *tinctura*).

Als instruktivstes Beispiel gelten die Wochentagsnamen für 'Mittwoch' und 'Samstag'. Schon zu römischen Zeiten waren dafür im ganzen Nordwesten die lat. Benennungen *Mercurii dies* als *wōdanesdag übersetzt und *Saturnii dies* als *sāterdag* übernommen worden (nl. *woensdag, zaterdag*; engl. *wednesday, saturday*). Das Westf. ist fortan beim Wodanstag geblieben, nur unter leichter euphemistischer Anlautveränderung zu *gōdensdag* (heute *Gonsdag*) wie im Rhein. Hingegen setzte sich östlich der Weser die aus missionarischen Gründen neugeschaffene, recht farblose hd. Bezeichnung *Mittwoch* durch (ahd. *mittawehha*, mnd. *middewēke*). Ebenso mußte das westf. wiederum in Verbindung mit dem Rhein. beibehaltene *Saterdag* im übrigen Nd. der unanstößigen Neubildung *sunnunaƀand 'Vorabend bzw. Vortag des Sonntags' weichen (heute *Sünnavend*, daneben *Samstag*). Die hier skizzierten alten Sprach- und Wortgegensätze sind „Ausdruck der verschiedenen kirchlich-organisatorischen, kulturellen und wirtschaftlichen Bindungen des nd. Westens und Ostens, die letztlich auf ihrer Verkehrslage und allgemeinen geographischen Gegebenheiten beruhen" (Foerste 1957, 1758).

5. Lexikographie

Eine sprachhistorische Gesamtdarstellung des and. Wortschatzes unter Beachtung seiner diachronischen, diastratischen und diatopischen Gliederung gibt es bisher nicht (Ansätze bei Foerste 1957, 1746ff. und 1958, 95ff.; neuerdings Ahlsson 1983, 1985). Die vorliegenden Untersuchungen befassen sich, großenteils unter Einschluß des Ahd. oder des weiteren Germ., entweder etymologisch-semasiologisch mit Einzelwörtern oder verwandten Wortgruppen wie *gêst*, *wurth*, *craft*, *werk* und *wirken* oder aber onomasiologisch mit in irgendeiner Weise sachorientierten Wortkomplexen, etwa den Bezeichnungen für 'Gott', 'Leben' und 'Seele', 'Priester', 'Jüngstes Gericht', 'Auferstehung' usw. Wortkundliche Arbeiten beider Richtungen haben ihren unbestrittenen Wert, allerdings nur für bestimmte Teilaspekte des and. Lexikons.

Lexikographisch ist der gesamte Wortschatz erfaßt in dem Wörterbuch von F. Holthausen (2. Aufl. 1967). Karge grammatische Angaben, fehlende Belegstellen und meist etymologisch motivierte, nicht aus den Texten gewonnene Bedeutungsansätze machen das gleichwohl verdienstliche Werk zu einem wissenschaftlich nicht immer zufriedenstellenden Arbeitsinstrument. Hinzu kommt, daß hier (natürlich keineswegs systematisch) das asächs. Namenmaterial − trotz dessen hinlänglich bekannter Eigengesetzlichkeit − mit herangezogen wird, um zusätzliche Wortelemente zu gewinnen; z. B. nur in PN. belegtes **erp* 'rot', **munik* 'Mönch' in ON. usw. Von unterschiedlichem Nutzen, je nach Untersuchungsziel, können einige kleinere, unter EDV-Benutzung erstellte Wörterbücher mit lat. bzw. and. Lemmatisierung sein (Köbler 1972; Köbler/Quak 1973). Die and. Lexikographie verfügt außerdem über eine Reihe verschiedenartiger Spezialwörterbücher.

Am umfassendsten sind die 'Vorstudien' J. H. Gallées (1903), die freilich als ein in ihrem Quellenstand veraltetes, infolge mehrfacher Ergänzung relativ schwierig zu handhabendes und auch mit Vorsicht zu benutzendes Werk gelten müssen. Denn abgesehen davon, daß unter der Etikette 'and.' grundsätzlich das Anl. subsumiert ist, verwertete der Verfasser selbst solche Glossen, die ihrer äußeren Gestalt nach eindeutig als aengl. (†) oder

ahd. (*) erscheinen; Beispiele wie *âdexe* † 'Eidechse', and. *egithessa*, mnd. *egedisse*, oder **fôtdôk* 'Fußtuch', handschriftlich *fuazduoch*, sprechen für sich. Unverzichtbar als Standardwerk, das den Wortschatz der poetischen Denkmäler 'Heliand' und 'Genesis'-Bruchstücke mustergültig erfaßt, ist das Wörterbuch von E. H. Sehrt (2. Aufl. 1966). In der Form eines Textglossars zur Ausgabe der 'Kleineren Denkmäler' bietet E. Wadstein (1899, 166−250) eine gewisse Ergänzung, die allerdings in ihrer Materialbasis heute nicht mehr genügen kann. Seit geraumer Zeit liegt auch ein etymologisches Wörterbuch zum 'Heliand' vor von S. Berr (1971); vgl. zur Lexikographie des And. auch Art. 74; 102.

6. Literatur (in Auswahl)

Ahlsson, Lars-Erik, Nordseegermanisches und Nordseegermanisch-Nordisches im Wortschatz des Heliand. In: NdJb. 106, 1983, 23−42.

Ders., Nordseegermanisches und Nordseegermanisch-Nordisches im Wortschatz der kleineren altsächsischen Sprachdenkmäler. In: NdJb. 108, 1985, 87−103.

Ders., Zur altwestfälischen Wortkunde. In: ZDL 60, 1993, 257−279.

Becker, Gertraud, Geist und Seele im Altsächsischen und Althochdeutschen. Heidelberg 1964.

Berr, Samuel, An Etymological Glossary to the Old Saxon *Heliand*. Bern/Frankfurt/M. 1971.

Cordes, Gerhard/Dieter Möhn (Hrsg.), Handbuch zur niederdeutschen Sprach- und Literaturwissenschaft. Berlin 1983.

De Smet, Gilbert, *Auferstehen* und *Auferstehung* im Altdeutschen. In: PBB (H) 82. Sonderband für Elisabeth Karg-Gasterstädt, 1961, 175−198.

Eggers, Hans, Altgermanische Seelenvorstellungen im Lichte des Heliand. In: Der Heliand. Hrsg. v. Jürgen Eichhoff/Irmengard Rauch. Darmstadt 1973, 270−304. (WdF CCCXXI).

Foerste, William, Geschichte der niederdeutschen Mundarten. In: Aufriß. Bd. I 2. Aufl. Berlin 1957, 1729−1898.

Ders., Der wortgeographische Aufbau des Westfälischen. In: Hermann Aubin/Franz Petri/Herbert Schlenger (Hrsg.), Der Raum Westfalen. Bd. IV/1. Münster 1958, 1−118.

Freudenthal, Karl Fredrik, Arnulfingisch-karolingische Rechtswörter. Eine Studie in der juristischen Terminologie der ältesten germanischen Dialekte. Göteborg 1949.

Frings, Theodor, Germania Romana. Halle 1932. (MdSt. 2). 2. Aufl. besorgt v. Gertraud Müller. Bd. I. Halle 1966. (MdSt. 19/1).

Ders./Josef Niessen, Zur Geographie und Geschichte von 'Ostern, Samstag, Mittwoch' im Westgermanischen. In: IF 45, 1927, 276−306.

Gallée, Johan Hendrik, Vorstudien zu einem altniederdeutschen Wörterbuche. Leiden 1903. Neudruck Walluf-Nendeln 1977.

Green, Dennis H., The Carolingian Lord. Cambridge 1965.

Halldórsson, Halldór, Some Old Saxon Loanwords in Old Icelandic Poetry and their Cultural Background. In: Festschrift für Konstantin Reichardt. Hrsg. v. Christian Gellinek. Bern/München 1969, 109–126.

Holthausen, Ferdinand, Altsächsisches Wörterbuch. Köln/Graz 1954. 2. Aufl. 1967. (NdSt. 1).

Ilkow, Peter, Die Nominalkomposita der altsächsischen Bibeldichtung. Ein semantisch-kulturgeschichtliches Glossar. Hrsg. v. Wilhelm Wissmann/Hans-Friedrich Rosenfeld. Göttingen 1968.

Klein, Thomas, Studien zur Wechselbeziehung zwischen altsächsischem und althochdeutschem Schreibwesen und ihrer sprach- und kulturgeschichtlichen Bedeutung. Göppingen 1977. (GAG 205).

Köbler, Gerhard, Lateinisch-altniederdeutsches Wörterbuch. Göttingen 1972. (GSR, Sonderband 14).

Ders./Arend Quak, Altniederdeutsch-lateinisches Wörterbuch. Göttingen 1973. (GSR, Sonderband 18).

Kratz, Bernd, Zur Bezeichnung von Pflugmesser und Messerpflug in Germania und Romania. Gießen 1966. (BdPh 34).

La Frage, Beatrice, 'Leben' und 'Seele' in den altgermanischen Sprachen. Studien zum Einfluß christlich-lateinischer Vorstellungen auf die Volkssprachen. Heidelberg 1991. (Skandinavistische Arbeiten 11).

Lerchner, Gotthard, Studien zum nordwestgermanischen Wortschatz. Halle/S. 1965. (MdSt. 28).

Le Sage, D. E., *Craft* und seine Sinnverwandten im Heliand. In: NdJb. 98/99, 1975/76, 22–62.

Löfstedt, Ernst, Beiträge zur nordseegermanischen und nordseegermanischnordischen Lexikographie. In: NdM 19/21, 1963/65, 281–345; 22, 1966, 39–64; 23, 1967, 11–61; 25, 1969, 25–45.

Mahlendorf, Ursula, OS *Gēst* : OHG *Geist*. In: JEGP 59, 1960, 480–490.

Müller, Gertraud, Aus der Werkstatt des althochdeutschen Wörterbuchs 28. Althochdeutsch *opharōn–offrōn–offarōn*. In: PBB (H) 82, 1960, 152–160.

Dies./Theodor Frings, Germania Romana. Bd. II. Halle/S. 1968. (MdSt. 19/2).

Reichel, Ortrud, Zur Bedeutungsgeschichte der Wörter *werk* und *wirken* in altsächsischer, althochdeutscher und mittelhochdeutscher Zeit. Diss. (masch.) Tübingen 1952.

Sanders, Willy, Interferenz im Niederdeutschen. In: Wolfgang Kramer/Ulrich Scheuermann/Dieter Stellmacher (Hrsg.), Gedenkschrift für Heinrich Wesche. Neumünster 1979, 227–253.

Ders., Sachsensprache, Hansesprache, Plattdeutsch. Sprachgeschichtliche Grundzüge des Niederdeutschen. Göttingen 1982. (Sammlung Vandenhoeck).

Ders., Altsächsische Sprache. In: Jan Goossens (Hrsg.), Niederdeutsch. Sprache und Literatur. Bd. I. 2. Aufl. Neumünster 1983, 28–65.

Ders., Hoffnung. In: H. L. Cox/V. F. Vanacker/E. Verhofstadt (Hrsg.), *wortes anst–verbi gratia*. Donum natalicium Gilbert A. R. de Smet. Leuven/Amersfoort 1986, 411–417.

Schnerrer, Rosemarie, Altdeutsche Bezeichnungen für das Jüngste Gericht. In: PBB (H) 85, 1963, 248–312.

Sehrt, Edward H., Vollständiges Wörterbuch zum Heliand und zur altsächsischen Genesis. 2. Aufl. Göttingen 1966.

Shetter, W. Z./F. W. Blaisdell Jr., Altsächsisch *mahlian* und die Verben des Sprechens und Sagens. In: ZdWf. 18. N. F. 3, 1962, 129–140.

Thomas, Elisabeth J., Old Saxon 'wurth' and its Germanic Cognates. In: Archivum Linguisticum 12, 1960, 35–39.

Waag, Albert, Bezeichnungen des Geistlichen im Althochdeutschen und Altniederdeutschen. In: Teuth. 8, 1931, 1–54.

Wadstein, Elis (Hrsg.), Kleinere altsächsische sprachdenkmäler mit anmerkungen und glossar. Norden/Leipzig 1899. (NdD 6).

Willy Sanders, Bern

83. Syntax des Altniederdeutschen (Altsächsischen)

1. Prädikatskonstituente

Der Satz bzw. die Proposition besteht aus einer Relation oder einem Prädikator und einem Argument, z. B. *is engil bium* und *ik* (s. 1.1.2.). Die Subkategorisierungsregeln der Prädikatskonstituente lassen sich in acht Mengen unterteilen, je nach dem Komplement: einfaches Nominal, komplexes Nominal, Präposition, Adverbial, Infinitiv, Partizipium Präsentis, Partizipium Präteriti und Satz. Weiterhin beschreiben die Subkategorisierungsregeln den Kasus, z. B. N_1 (Prädikatsnominativ), der seinerseits mit einer semantischen Kategorie umschrieben wird, z. B. Essiv (s. 1.1.2.).

1.1. Einfaches Nominal

1.1.1. V + $\alpha N_0 \to$ [V] [α Ag] *erđa* biboda 'Die Erde bebte.' (m. Hiernach ist N_0 nicht berücksichtigt).

1.1.2. V + $N_1 \to$ [Intr] [Ess] ik is engil bium 'Ich bin sein Engel' (m. Intr : Kop eingeschlossen; s. 1.6.1., 1.7.1.).

1.1.3. V + $N_2 \to$ [Tr] [Obj] ik drinku *ina* 'Ich trinke ihn (den Kelch.' (m. tr = transitiver Sinn).

1.1.4. V + $N_3 \to$ a) [Kop] [Zugehörigkeit] he is theses *kunnies* 'Er gehört zu diesem Stamm.' b) [Tr] {partitives, ganzes Obj} hi fargebe *wateres* drinkan 'Er gebe Wasser zu trinken.'

1.1.5. V + $N_4 \to$ a) [Tr] [Pat] *gode* thionoda 'Er diente Gott.' b) [Intr] [Ziel] *im* quam drohtines engil 'Zu ihm kam Gottes Engel.'

1.2. Komplexes Nominal

1.2.1. V + N_4 + $N_1 \to$ {*wesan, werfan, thunkian*} [Pat] [Ess] ni thunkid *mit thit* somi *thing* 'Nicht dünkt es mich eine geziemende Sache.'

1.2.2. V + N_2 + $N_2 \to$ [Tr] [Obj-attribut] *ina* mahta god so ala *jungan giwikean* 'Ihn konnte Gott so ganz jung machen.'

1.2.3. V + N_2 + $N_3 \to$ [Tr] [Pat] [Obj] welda manno *barn mortes* atomian 'Er wollte die Menschenkinder von dem Tod befreien.'

1.2.4. V + N_2 + $N_4 \to$ [Tr] [Obj] [Pat] gaf *it* is *jungaron* 'Er gab es seinen Jüngern.'

1.2.5. V + N_2 + $N_5 \to$ [Tr] [Pat] [Obj] weldun that *barn* godes liƀu bilosien 'Sie wollten den Sohn Gottes seines Lebens berauben.'

1.2.6. V + N_4 + $N_3 \to$ [Tr] [Pat] [Obj] gi williad alatan liudeo *gihwilikun* thero *sacono* 'Ihr seid willig allen Menschen ihre Fehler zu vergeben.'

1.3. Präposition (anstatt Kasus)

1.3.1. $_1$[Ess] $\to$ *[te]* [N_4] Erodes was gikoran *te kuninge* 'Herodes war zum König erwählt.' (s. 1.1.2.).

1.3.2. $_3${partitives, ganzes Obj} $\to$ *[fora]* [N_4] scal allaro liudio gehwilic thinkean *fora* themu *thinge* 'Es soll sich jeder Mensch an das Gericht vorbereiten.' (s. 1.1.4. b).

1.3.3. $_2$[Obi-attribut] $\to$ *[for]* [N_2] habdun ina *for warsagon* 'Sie hielten ihn für einen Propheten.' (s. 1.2.3.).

1.3.4. $_3$[Obj] $\to$ *[mid]* [N_5] dag fulliad *mid* iro ferahu 'Sie füllen den Tag mit ihrem Leben.' (s. 1.2.5.).

1.3.5. $_4$[Pat] $\to$ *[an]* [N_2] swarostun *an* firiho *barn* fiund biwurpun 'Die Feinde warfen den Menschenkindern die allerschwersten (Krankheiten).' (s. 1.2.4.).

1.3.6. $_5$[Obj] $\to$ *[te]* [N_4] sunu drohtines adeldun *te dode* 'Den Sohn des Herrn verurteilten sie zum Tod.' (s. 1.2.5.).

1.4. Adverbial (mittels K oder präp Umschreibung eines K)

1.4.1. $N_2 \to$ {bestimmte zeitliche, räumliche Ausdehnung, Ziel} bidun *allan dag* that werod 'Die Leute warteten den ganzen Tag.'

1.4.2. N₃ → {unbestimmte Zeit, Raum, Art und Weise} *wi gisahun morgno gihwilikes blikan thena sterron* 'Wir sahen jeden Morgen den Stern glänzen.'

1.4.3. N₄ → {Mittel, Instrument} *nu ligid hie wundon siok* 'Nun liegt er krank mit Wunden.'

1.4.4. N₅ → a) {Mittel sg, Umstand sg} *gisahun iro barn qualmu sweltan* 'Sie sahen ihr Kind durch Mord umkommen.' b) [Zeit) *skin was that hiudu* 'Das wurde heute klar.'

1.4.5. *[umbi]* ₂[N] → [bestimmte Zeit] *gewet im umbi threa naht aftar thiu* 'Drei Nächte später ging er.' (s. 1.4.1.).

1.4.6. *[mid]* ₅[N] → [Umstand sg] *mid huilicu arbeđiu thea erlos lebđin* 'Mit welcher Mühsal die Leute lebten.' (s. 1.4.4. a).

1.4.7. *[te]* ₄[N] → [Zeit] *wi tholodun manage te dage* arabiđ werco 'Wir ertrugen heute manche mühevolle Arbeit' (s. 1.4.4. b.).

1.5. Infinitiv

1.5.1. V + Inf → [Intr] [adv Inf] *Tho quam thar en wif gangun* 'Da kam dorthin ein Weib gegangen.' (s. 1.4, 1.6.1 b, 1.7.2.).

1.5.2. V + α *te* + Inf + {N₂,₃, Präpph} → [Intr] [equi-Subj-tilgung] [α te] [Inf]]Obj] *giwitun im iro sunu sokean* 'Sie gingen ihren Sohn zu suchen.' (m. Intr schließt ein Kop + N, *witan, egan, willan*, die einzigen Modal-V, die als Nichthilfs-V funktionieren können; [equi-Subj-tilgung] = tilgt das Subj des eingebetteten S).

1.5.3. V + Nom₂,₃ α *te* + Inf → [Tr] [raise-Obj] [α te] [Inf] *hie ina kuman gisah* 'Er sah ihn kommen.' (m. [raise-Obj] = das Subj des Inf wird zum Obj des Tr V erhoben).

1.6. Partizipium Präsentis

1.6.1. V + Part Präs → a) [Kop] [Ess] *wurđun imu is wangun blicandi* 'Seine Wangen wurden glänzend.' (s. 1.1.2.). (m. Kop = *wesan, werđan*). b) [Intrans] [adv Part Präs] *quam im thie helago tuo gangandi godes suno* 'Da kam ihnen der heilige Sohn Gottes entgegen gegangen.' (s. 1.4., 1.5.1.).

1.6.2. V + N₂,₃ + Part Präs → [Tr] [raise-Obj] [Part Präs] *fand sia slapandie* 'Er fand sie schlafen.' (s. 1.5.3.).

1.7. Partizipium Präteriti

1.7.1. V + Intr Part Prät → [Kop] [Ess] *te Criste cumana wurđun bodan* 'Zu Krist waren Boten gekommen.' (m. Kop = *wesan, werđan*; s. 1.1.2., 1.6.1., 3.1., 3.3.).

1.7.2. V + Part Prät [Intr] [adv Part Prät] *gebolgane gengun nahor* 'Zürnend gingen sie näher.' (s. 1.4., 1.5.1., 1.6.1. b).

1.7.3. V + N₂,₃ + Part Prät → a) [Tr] [raise-Obj] [Part Prät] *fundun ina gifaranan* 'Sie fanden ihn abgereist (tot).' (s. 1.5.3.). b) *[hebbian]* [Obj] [Obj-attribut] *er ina gicoranan habda* 'Er hatte ihn als einen Erkorenen.' (s. 1.2.2., 3.1., 3.3.).

1.8. Satz

1.8.1. V + S → a) [V] {*that, hw* Pron}-S [α Konj] *hiet that fruoch gumo foraht ni wari* 'Er befahl, daß der alte Mann sich nicht fürchte.' (m. Fakultative *that*-Tilgung nach *queđan*). b) [V] {Adv, Konjunktion}-S [α Konj] *that ger furđor skred, unt that that friđubarn godes fiartig habda dago endi nahto* 'Das Jahr ging weiter, bis das Friedenskind Gottes vierzig Tage und Nächte zählte.'

2. Argumentskonstituente

Ein Argument, das in grammatischer/semantischer Verbindung mit dem Prädikator steht, ist aus einer Nominalphase, d. h. einem Determinans, möglicherweise ein Artikel, Quantor, oder Genitivnomen/-pronomen konstituiert. Ferner kann die Nominalphase durch ein Adjektiv oder sogar einen Satz erweitert werden.

2.1. Artikel

2.1.1. α Art + N {*the, en, these*} [N] *te themu wibe sprac* 'Er sprach zu dem Weib.'

2.2. Quantor

2.2.1. Quantor + N → a) {*sum, enig, odar, nigen, gihwe, gihwilik, hwilik, all, manag, sulik, ful, middi, half, ginog, faho*} [N] *he an abu lerid wordu gehuilcu* 'Er lehrt verkehrt mit jedem Wort.' b) {*sum* ...} [partitives N] *weldu im wundres filu tecno togean* 'Er wollte ihnen viel Wunder, viele Zeichen vor Augen stellen.'

2.3. Genitiv

2.3.1. Gen Pron + N → {*min, thin, sin, is, unka, inka, usa, euwa*} [N] *wendeat aftar minun wordun* 'Wandelt nach meinen Worten!'

2.3.2. Gen Verstärker + N → {*selb, egan*} [N] quađ that iru wari harm gistandan sorga at iru *selbaru* dohter 'Sie sagte, ihr wäre Harm begegnet, Sorge um ihre Tochter selbst'.

2.3.3. [Gen] [N] [N] tho giwet imu *sunu drohtines* 'Da ging der Sohn des Herrn zu ihm.'

2.4. Adjektiv

2.4.1. [Attributives Adj] [N] sie scoldun an buok scriban, *helag himilsic* word 'Sie sollten in ein Buch das heilige himmlische Wort schreiben.'

2.4.2. Adj Verstärker + Adj + N → {*so, suiđo*} [Adj] [N] ik moti an is giscuoha, an *so rikiumu drohtine* thea reomon antbindan 'Ich könnte die Riemen seiner Schuhe, für so reichen Herrn, entbinden.'

2.5. Satz

2.5.1. [N] [*that*-S] [α Konj] is *ođar* etara *that* he ina fram *werpa* 'Das andere, daß er es (das Glied) fortwerfe, ist besser.'

2.5.2. [− Bezugswort] [*th, so* α *thar*-S] botta, *them, thar* blinde warun 'Er heilte (diejenigen), die blind waren.' (m. Relativpron stimmt fakultativ mit *botta* überein, s. 2.5.3.).

2.5.3. [N] [{*hw, th*} α *thar*-S] sagde *them the* hi gecosan habda 'Er sagte denen, die er auserwählt hat.'

2.5.4. [N] [Ortsadv-S] quami te them *cnosla* gihue, *thanan* he cunneas was 'Jeder soll zu der Sippe, dessen Geschlecht (woher) er war.'

2.5.5. [N] [*so* α Pron-S] thia sundiun sculun allaro erlo *gihuem* ubilo githihan, *so* im tuo ferahes ahtiđ 'Die Sünden werden jedem der Männer übel gedeihen, die ihn zu Tode ächten.'

3. Modalitätskonstituente

Das Tempus, der Modus, der Aspekt, die Polarität und die Diathesis bezeichnen die Kategorien der Modalitätskonstituente, die zusammen mit der Argumentskonstituente und der Prädikatskonstituente die Nichtlinearsyntax bildet. Die zwei synthetischen Zeitstufen (Präsens, Präteritum) lassen sich auch periphrastisch ausdrücken in den betreffenden Diskursumgebungen. Analytisch gebildet werden das Futurum, Perfektum und Plus-

quamperfektum. Die Tempora werden durch die drei Modi (Indikativ, Konjunktiv, Imperativ) und die verschiedenen Aspekte (Imperfekt, Perfekt, Durativ-perfekt Effektiv oder/und Durativ-perfekt Ingressiv) überschnitten.

3.1. Tempus

3.1.1. Präs → a) [Präs Stamm] gi *sind* druobia 'Ihr seid betrübt.' b) [Präs *werđan*] [Part Präs] [Präs Kontext] *wirđin tefallen* an themu flode 'Es zerfällt in der Flut.' (s. 10.4.1.). c) [Präs *wesan*] [Part Prät + K] [Präs Kontext] ne *sint* mina noh tidi *cumana* 'Noch nicht sind meine Zeiten da (gekommen).' (m. K nicht immer durchgeführt). d) [Präs *hebbian*] [₂Tr Part Prät + K] [Präs Kontext] nu *habađ* that lioht *afgeben* Erodes 'Nun lebt Herodes nicht mehr.' (m. K nicht immer durchgeführt; ₂Tr = Tr + Akkusativobj].

3.1.2. Prät → a) [Prät Stamm] *giwet* imu an Galileoland 'Er kam nach Galiläa.' b) [Prät *werđan*] [Part Prät] [Prät Kontext] *warđ* it gilestid, giworđan, so thar *gisprak* engil 'Es wurde geleistet, es geschah, was der Engel sagte.' c) [Prät *wesan*] [Part Prät + K] *warum* im thea is gesidos *gesuikane*, al so he im gisprak 'Seine Nachfolger ließen ihn im Stich, wie er selbst sagte.' d) [Prät *hebbian*] [₂Tr Part Prät + K] [Prät Kontext] *habda* im waldand god helagna gest fasto *bifolhan* 'Der waltende Gott empfahl ihnen den heiligen Geist.' (m. K nicht immer durchgeführt; ₂Tr = Tr + Akkusativobj; Kontext s. Behagel/Mitzka 1965, 4−5).

3.1.3. Fut → a) [Präs Stamm] [Fut Adv] ik *gangu* imu *at erist* to 'Ich gehe zu ihm zuerst.' b) [Präs *skulan*] [Inf] mi *sculun* erlos *binden* 'Die Männer werden mich fesseln.' c) [Präs. *werđan*] [Intr Part Prät] nu *wirbid* sniumo *cuman* 'Nun wird er schnell kommen.' d) [Präs *wesan*] [Part Prät + K] [Fut Kontext] gi witun that *nu obar tua naht sind* tidi *kumana* 'Ihr wisst, daß heute in zwei Nächten die Zeiten kommen.' (m. K nicht immer durchgeführt).

3.1.4. (Plusquam)perfektum → a) [*hebbian*] [Part Prät-K] (Plusquam)perf Kontext] thiu fri *habdun gegangen* to them gardon 'Die Frauen waren in den Garten gegangen.' (Kontext s. Behaghel/Mitzka 1965, 199). b) [*wesan*] [Part Prät-K] [(Plusquam)perf Kontext] en was iro noh than firio barnum biforan endi thiu fibi *warun* vergangen 'Eines von ihnen stand noch vor den Menschenkindern und die fünf (Weltalter) waren vergangen.'

3.2. Modus

3.2.1.
Ind → a) {Möglichkeit, Realität} thu *bist* lioht mikil allun elithiodun 'Du bist ein helles Licht allen Erdenvölkern.' b) Realer Bedingungs-S → {*ef, of*} [Ind] so duot thea meginsundeon thea godes lera, *ef* he is ni *gomid* wel 'So tun die großen Sünden gegen den Lehren Gottes, wenn er es nicht wohl hütet.' c) Indirekter Frage-S → [V des {Wahrnehmens, Mitteilen, Verbergens} [{*hw, ef*}-S] [Ind] hordun, *hwo* thiu craft *lobodun* 'Sie hörten, wie die Schar lobte.' (s. 3.2.2. c). d) Faktiver-S → *[that]* [Ind] hi gikuđde, *that* hi *habda* craft 'Er verkündete, daß er die Kraft hat.' e) Realer Adv-S → [Konjunktion] [Ind] that jar furđor skred, *und that* that barn fiartig *habda* dago 'Das Jahr ging heran, bis das Kind vierzig Tage alt war.'

3.2.2.
Konj. → a) [Unwirklichkeit] → [Konj Prät] us *wari* thes firiwit mikil te witanne 'Uns wäre die Neugier groß, es zu wissen.' (s. 3.4.). b) Irrealer Bedingungs-S → {*ef, of*} [Konj Prät] libes weld ina bilosian, *of* he *mahti* gilestien so 'Er wollte ihm das Leben rauben, wenn er es erreichen könnte.' c) Indirekter Frage-S → [V des {Fragens, Suchens, Lernens, Wartens, Erwägens, Wollens, Bestimmens, Ratens, Gemütserregens}] [{*hw, ef*}-S] [Konj] talda, *hwo* sie *skoldin* iro sundea botean 'Er redete davon, wie sie ihre Sünden büßen sollten.' (m. V des Denkens, Sagens, Schreibens α Konj; *seggian* neigt zum Konj). d) Nichtfaktiver-S → *[that]* [Konj] kuđda, *that* sie *buottin* 'Er verkündete, daß sie büßen sollten.' e) Indirekte Rede → [V] [*that*-S] [Konj] quadun, *that* sie *wissin* 'Sie sagten, daß sie wüßten.' (s. 1.8.1. a; *seggian* α Konj). f) Irrealer Adv-S → [Konjunktions-S] [Konj Prät] was im tho, *al so* he thritig *habdi* wintro 'Es war ihm, als hätte er dreißig Winter.'

3.2.3.
Imp/Hortativ → a) Aufforderung [Imp] [2 Psg] [α Pron Subj] *gehugi thu* an thinumu herton 'Bedenke in deinem Herzen!' b) [Ind Präs] [− 2 Psg] [α Pron Subj] *hebbiad* ewan willion tharod 'Lenkt euren Willen dahin!' c) [Ind Präs {*skulan, mugan*}] [Inf] *skulun* gi *sorgon*, than gi an thene sið farad 'Ihr sollt sorgen, wenn ihr euch auf den Weg macht.' d) [wita] [Inf] *wita kiasan* im oðrana namon 'Laßt uns ihm einen anderen Namen erwählen.' e) [Konj Präs] diuriđa *si* drohtine 'Ehre sei dem Herrn!'

3.3. Aspekt

3.3.1.
Imperfekt → [duratives V] [Imperfekt Kontext] than was imu that luttil fruma, that he it *gio gehugda* 'Dann war das ihm kein Gewinn, was er immer im Herzen hatte.'

3.3.2.
Perfekt → a) [momentanes V] [perfekt Kontext] *reht so* thuo aband *quam* 'Gerade als der Abend eintrat.' b) *[biginnan]* [durativer Inf] tho *bigunnun* thea wison man *seggean* iro sueƀanos 'Dann fingen die weisen Männer an, ihren Traum zu erzählen.'

3.3.3.
Durativ-perfekt → a) Effektiv → *[wesan]* [momentanes Part Prät + K] ne *sint* mina noh tidi *cumana* 'Noch nicht sind meine Zeiten da.' b) Ingressiv → *[werdan]* [momentanes Part Prät] thuo *warth* aband *cuman* 'Da machte der Abend die Bewegung des Kommens.' c) Effektiv-ingressiv → *[hebbian]* [₂Tr Part Prät + K] Kaiphas was he hetan; *habdun* inan *gicoranan* Judeo liudi 'Er war genannt Kaiphas; die Judenleute hatten ihn als ihren Gewählten.' (m. K bei a) u. c) = Neigung zur Flexion; s. 3.1.1.; s. Lussky 1921).

3.4. Polarität

3.4.1.
Neg V → [α {*ni, ne*}] [α wiht] {*ni, ne*} [V] imu *nis biholan neowiht* ne sordo ne werko 'Ihm ist durchaus nichts verborgen, weder von Worten noch von Werken.'

3.4.2.
Neg S → a) neg nichtfaktiver *that*-S [Konj] got *ni gescop, that* the godo bom *bari* bittres wiht 'Gott nicht schuf, daß der gute Baum etwas Bittres brächte.' b) *[ni]* {x Präs, y Prät} {*ni, nebu*} {x Konj, y Ind} *nis* thes tweho enig, *ni* sie ina *fargelden* 'Es gibt keinen Zweifel, daß sie ihn (den Zins) nicht entgelten.' c) [{x Neg, y Positiver}-S] {*than, er*} {x Ind, y Konj} thes si *ni* mahtun farstandan, *er* it im Krist seggean *welda* 'Das konnten sie nicht verstehen, ehe Kristus es ihnen erklären wollte.' d) [{x Neg, y Positiver}-S] [adv *that*] {x Konj, y Ind} *ni* was gio femea so god, *that* siu lang libbian *mosti* 'Nie war eine Frau so trefflich, so daß sie lang leben konnte.' e) [Neg N] [{*hw, th*}-S] [Konj] *ni* was forlebid *with, that* skenkion *druogin* 'Es war nichts übrig, was die Schenken tragen könnten.' (s. 3.2.).

3.5. Diathesis

3.5.1.
Passiv → {*werdan, wesan*} [Tr Part Prät α K] [α Ag] *werđad* mina hendi *gebundana* 'Die Hände werden mir gebunden.'

4. Weitere fakultative Kongruenzregeln

4.1. Numerus

4.1.1. [Komplexes Subj] [sg V] *wann* [sg] *wind endi water* 'Wind und Wasser kämpften.'

4.2. Genus

4.2.1. [α Koreferenz] gisahun *that* (neut) *barn godes enna* (mask) *standan* 'Sie sahen das Kind Gottes allein stehen.'

4.3. Flexion

4.3.1. [Bestimmter Art] [sch Adj] *moste an thes mahtiges* (st) *Kristes barme restien* 'Er konnte in dem Schoß des mächtigen Kristes ruhen.'

4.3.2. [− Art] [st Adj] *ferid ina werodes lut, faho* (sch) *folcskepi* 'Wenige Leute fahren ihn (den Weg), ein kleines Volk.'

4.4. Kasus

[Bezugswort$_K$] [Relativpron$_K$] *gi sculun is geld niman alles*$_{(3)}$ *thes unrehtes, thes*$_{(3)}$ *gi ođrun gilestead* 'Ihr sollt seine Vergeltung empfangen für alles Unrecht, das ihr anderen leistet.' (m. Zu erwarten wäre *that*; s. 2.5.2.).

4.5. Person

[Bezugswort$_P$] [Relativpron$_P$] [V$_P$] *Gabriel bium ik hetan, the*$_{(3P)}$ *for goda standu*$_{(1P)}$ 'Gabriel heiße ich, der vor Gott steht.'

4.6. Modus

4.6.1. [Imp/Hortativ-S] [S α Konj] *late imu thit sorga, hwo he scal* (Ind) *standan* 'Er kümmere sich, wie er stehen soll!'

5. Satzfolgetypen

Die Linearsyntax beschreibt die Reihenfolge der Wörter im Satz und die der Sätze im Diskurs. Die unmarkierte Satzgliedstellung des selbständigen Aussagesatzes ist (X) VbSO, das wohl die Diskursstrategien des poetischen Heliandepos besagt (s. 10.2.2.). Die unmarkierte Satzgliedstellung des unselbständigen Aussagesatzes ist SOVb. Die Reihenfolge innerhalb der Phrase ist nicht typologisch eindeutig, so z. B. unmarkiert sind die rechtszweigenden Konstruktionen Nomen + Relativsatz und Präposition + Nomen, während das Adjektiv + Nomen und der Genitiv + Nomen linkszweigende Konstruktionen darstellen.

5.1. [α Xl [Subj] [V] [Obj] →

5.1.1. M: Sebst Aussage-S that *friđubarn tholode wređes willeon* 'Das Friedenskind duldete des Bösen Willen.'

5.1.2. M: Sebst Aufforderungs-S *thu habe grote giwald* 'Habe du große Macht!'

5.1.3. M: Sebst Frage-S *hwat scal* us thes te frumu werđan 'Was soll uns dafür zum Vorteil werden?' (m. Obj fehlt).

5.1.4. M: Unsebst-S so mag im thes godon giwirkean, so hwe so *habad* hluttra *trewa* up to them alomahtigon gode 'So wird er sich um das Gute bemühen, wer immer reine Treue dem almächtigen Gott entgegen hält.'

5.2. [α X] [V] [Subj] [Obj] →

5.2.1. U: Sebst Aussage-S *ledid* up *hebenkuning* thea hluttaron *theoda* 'Es leitet nach oben von dort der Himmelskönig die aufrichtigen Leute.'

5.2.2. U: Sebst Aufforderungs-S *erod* gi arme *man* 'Unterstützt arme Leute!'

5.2.3. U: Sebst Frage-S *scal ik* im iro *sundeo* alatan 'Soll ich ihnen ihre Sünden verzeihen?'

5.2.4. M: Unsebst-S wit habdun aldres er efno tuentig wintro, er than *quami* thit wif te mi 'Wir zwei hatten im Leben gleichmäßig zwanzig Winter, ehe das Weib zu mir kam.' (m. Obj fehlt).

5.3. [α X] [Subj] [Obj] [V] →

5.3.1. M: Sebst Aussage-S *hi gewald habda* te togeanna tecan 'Er hatte die Macht Wunderzeichen vor Augen zu stellen.'

5.3.2. M: Sebst Aufforderungs-S neo *gi* umbi iwan *meti* ni *sorgot* 'Sorgt euch nie um eure Speise!'

5.3.3. M: Sebst Frage-S te hwi *thu mik farlieti* 'Warum verließest du mich?'

5.3.4. U: Unsebst-S habdun ina gicoranan, that *he* thes godes *huses* gomien *scoldi* 'Sie hatten ihn als ihren Erwählten, daß er Gottes Haus hüten sollte.'

6. Komplexverbstellung (Sebst Aussage-S)

6.1. M: [− FV] [FV] *bidrogan habbiad* sie wihti 'Geister haben sie betrogen.'

6.2. U: [FV] [− FV] ni *mag faran* enig thegno 'Nicht kann ein Degen fahren.'

7. Nominalstellung

7.1. M: [N] [Adj] *wallos hoha* felliad te foldum 'Hohe Mauern stürzen zur Erde.'

7.2. M: [N] [Gen] scolda that sehsta cuman thuru *craft godes* 'Es sollte das sechste (Zeitalter) kommen, durch (die) Kraft Gottes.'

7.3. U: [N] [Relativ-S] habdun allaro barno bezta, *thero the* io giboran wurđi 'Sie hatten den Besten aller Kinder, der je geboren wurde.'

7.4. U: [Adj] [N] ferid ina werodes lut, *faho folcskepi* 'Wenige Leute fahren ihn (den Weg), (ein) kleiner Stamm.' (m. Komparativ wird vom Standard gefolgt).

7.5. U: [Gen] [N] tho sprak imu angegin the godo *godes sunu* 'Darauf sprach ihm entgegen der gute Sohn Gottes.'

7.6. M: [Relativ-S] [N] *hwena* thu gebindian willies, *themu* is himilriki bilokan 'Wen immer du binden wolltest, dem ist das Himmelreich verschlossen.'

8. Präpositionstellung

8.1. U: [Präp] [N] thea liudi stodon *umbi* that helaga *hus* 'Die Leute standen um das heilige Haus.'

8.2. M: [N] [Präp] hwurbun *ina umbi* 'Sie standen um ihn herum.'

9. Adverbialstellung

9.1. [V] [Adv] the cuning gibod *hardlico* 'Der König befahl in strenger Weise.'

9.2. [Adv] [V] *hludo* he sie kumid 'Er beklagt sie (seine Taten) laut.' (m. freie Stellung; Ausnahme = *[ni]* [V] immer).

10. Einige pragmatische Phänomene der Syntax

Die Pragmatik durchleuchtet alle Komponenten der altsächsischen Grammatik. Die Strategien der Pragmatik offenbaren sich sowohl in der Linearesyntax, z. B. Topikalisierung, wie auch in der Nichtlinearesyntax, z. B. backgrounding. Höchst subtil als pragmatischer Effekt wirkt die Dialektsyntax. Dialektunterschiede (s. 10.4.) sowie anscheinend irreguläre Kongruenzregeln (s. 4.) in der Syntax bezeugen die Natürlichkeit des Heliand Altsächsischen.

10.1. Direkte Rede

10.1.1. [α X] [V] [Subj] [Obj] → U *nu hiet he me* an thesan sid faran 'Nun befahl er mich, diese Reise zu machen.'

10.1.2. [α X] [Subj] [N₁] [V] → M [Direktheit, Gewißheit, Subj/N-Fokus] *ik is engil bium* 'Ich bin sein Engel' (s. 1.1.2.).

10.2. Anbindungsstrategien

10.2.1. [Obj] [V] [Subj] → [Topikalisierung, anaphorisch] sia bigunnun reckean that giruni. *that wolda* tho wisara *filo* liudo barno lobon 'Sie begannen, das Geheimnis zu erzählen. Das wollten viele der Weisen, der Menschenskinder loben.'

10.2.2. [α Partikel] [V] [Subj] → [satz-/textübergreifend, kohärent, weitererzählend] *tho ward* thiu *tid* cuman 'Es war die Zeit da' (m. verknüpft Fitte 1 mit Fitte 2). nu wit sus gifrodod sint, *habad* unc *eldi* binoman 'Nun sind wir zwei so veraltet; das Greisenalter hat uns beiden die Kraft genommen.

10.3. Nicht-lineare Syntax-Erscheinungen

10.3.1. [Plusquamperfektum] → [backgrounding] *habda* them heriscipie herta *gisterkid*, that sia *habdon bithwungana* thiedo gihuilica, *habdan* fan Rumuburg riki *giwunnan* helmgitrosteon '(Der Herrgott) hatte (hielt) der Leute Herzen gestärkt; daß sie viele Leute bezwungen hatten (hielten); ihre Helden hatten (hielten) das Reich von Rom gewonnen.' (s. 10.2.2.).

10.3.2. *[hell]* [stumme Flexion] → [dynamisch] faran thea fargriponon man an thea hetan *hel* 'Die verdammten Leute fahren in die heiße Hölle.' nu maht thu sehan thia suarton *hell* 'Nun mußt du die schwarze Hölle sehen.' (m. Zu erwarten wäre *helleal hellia*).

10.4. Zur Dialektsyntax

10.4.1. MS. C [Präs.]: MS. M [Präs werđan] [Part Präs] [Präs Kontext] ac wirdid teworpan than *tefellit* (MS. C): *tefallen* (MS. M) an themu flode 'Aber es (das Haus) wird zerstört. Es zerfällt: ist am Zerfallen in der Flut.' (s. 3.1.1.).

10.4.2. MS. C [Konj Präs]: MS, M [Ind Präs] gian then siđ *faran* (MS. C): *farad* (MS. M) 'Ihr macht euch auf den Weg.'

10.4.3. MS. C [*hell*] [stumme Flexion]: MS. M *helliu* sie guldun is im mid fiuru lon an theru heton *hell* (MS. C): *helliu* (MS. M) 'Sie zahlten ihnen den Lohn mit Feuer in der heißen Hölle.' (s. 10.3.2.).

10.4.4. MS. C [*geng*] [Reflexiv]: MS. M [*geng*] [− Reflexiv *geng im* (MS. C): *he* (MS. M) tho te themu wundon manne 'Er ging zu dem verwundeten Mann.'

11. Notationskonventionen

Adj(ektiv); Ad(verbial) = Adverb, Präpositionalphrase, Partikel, adverbialer Ausdruck; Ag(ent); Art(ikel); Ess(ive); F(inites) Verb; Fut(urum); Gen(itiv); Imp(erativ); (Imperfekt(iv); Ind(ikativ); Inf(initiv); Intr(ansitiv); K(asus); Konj(unktiv); Kop(ulativ); M(arkierte Wortfolge); Mask(ulinum); neg(iert); neut(rum); N(ominal) = Nomen, Pronomen, Prädikatsadjektiv, Zahlwort; Obj(ekt); Part(izipium); Pat(ient); Perf(ektum); pl(ural); Präp(ositional)ph(rase); Präs(ens); Prät(eritum); Pron(omen); S(atz); sch(wach); s(in)g(ular); st(ark); Subj(ekt); Tr(ansitiv); U(nmarkierte Wortfolge); (Un-s)se(l)b(st)st(ändig); *hw* = Interrogativpronomen; (1, 2, 3) P = (erste, zweite, dritte) P(erson); *th* = Relativpronomen; X = beliebiges Glied; α = fakultativ; [ ] = semantisch/syntaktisches Merkmal, wenn sonst kein anderes Zeichen dabei stehen muß, z. B. {[ ]} = { }, aber [{ }]; [ ] [ ] = Anreihung = +; N$_0$ = Subjektsnominativ; N$_1$ = Prädikatsnominativ; N$_2$ = Akkusativ; N$_3$ = Genitiv; N$_4$ = Dativ; N$_5$ = Instrumental.

12. Literatur (in Auswahl)

Behaghel, Otto, Die Syntax des Heliand. Wien 1897.

Clopton, Laura Dale, Reflexivized motion verbs in Old Saxon: Semantics, syntax and semiotics. In: AJGLL. 4, 1992, 131−148.

Heliand und Genesis. Hrsg. v. Otto Behaghel. 8. Aufl. bearb. v. Walther Mitzka. Tübingen 1965.

Der Heliand. Hrsg. v. Jürgen Eichhoff/Irmengard Rauch. Darmstadt 1973.

Heliand. Hrsg. v. Eduard Sievers. Halle 1878.

Högberg, John-Elis, Eine Untersuchung über die Wortstellung im Heliand. Ein Beitrag zur altgermanischen Wortstellungslehre, zur Syntax des Heliand und zugleich zur Alliterationslehre. Kemberg 1915.

Holthausen, Ferdinand, Altsächsisches Elementarbuch. 2. Aufl. Heidelberg 1921.

Juntune, Thomas William, Comparative syntax of the verb phrase in Old High German and Old Saxon. Diss. (masch.) Princeton 1969.

Lussky, George Frederic, Die mit dem Partizip des Präteritums umschriebenen Tempora im Altsächsischen. Borna/Leipzig 1921.

Rauch, Irmengard, Inversion, adjectival participle, and narrative effect in Old Saxon. In: NdJb. 104, 1981, 22−30.

Dies., Old Saxon *hell*, drawl and silence. In: Althochdeutsch: Festschrift für Rudolf Schützeichel. Hrsg. v. Rolf Bergmann/Heinrich Tiefenbach/Lothar Voetz. Heidelberg 1987, 1145−1151.

Dies., The Old Saxon language: grammar, epic narrative, linguistic interference. New York 1992. (Berkeley Models of Grammars 1).

Ries, John, Die Stellung von Subjekt und Prädikatsverbum im Heliand, nebst einem Anhang metrischer Exkurse. Ein Beitrag zur germanischen Wortstellungslehre. Straßburg 1880. (QFSK 41).

Sehrt, Edward H., Vollständiges Wörterbuch zum Heliand und zur altsächsischen Genesis. 2. Aufl. Göttingen 1966.

Irmengard Rauch, Berkeley

84. Wortbildung des Altniederdeutschen (Altsächsischen)

1. Grundlegung

Das Asächs. (And.) vertritt einen Ausschnitt der frühen dt. Sprachgeschichte. Damit sind zwei prägende Merkmale dieses Sprachausschnitts angesprochen: einerseits bestehen zahlreiche Gemeinsamkeiten mit anderen Sprachen wgerm. Provenienz, andererseits hat die intensiv betriebene zeitgenössische Christianisierung Sprachspuren hinterlassen. Bezogen auf die Wortbildung ist festzustellen, daß die gängigen Wortbildungsverfahren, d. h. Komposition, Derivation und Konversion, im Asächs. aufgrund der sprachlichen Zugehörigkeit zum Wgerm. bereits ausgeprägt sind. Zugleich bedingte die mit der Christianisierung verbundene neue Versprachlichung der Welt starke und differenzierte Wortbildungsimpulse. In ihrer Konsequenz wurden in großem Umfang neue Lexeme aus dem vorhandenen Morphembestand gebildet.

Mit dem Stichwort *Christianisierung* sind verschiedene innovative Gegenstandsbereiche zusammengefaßt: die christliche Botschaft und ihre Verbreitung, die kirchliche Organisation, die Ausbildung der Geistlichen, die Entwicklung einer Klosterkultur, der Kirchenbau, eine durchgeplante Besitzverwaltung. Angesichts des unter christlichem Vorzeichen stattfindenden Kulturwechsels und der damit eng verknüpften Etablierung einer volkssprachlichen Schriftlichkeit kann es nicht verwundern, daß die überlieferten Texte zum allergrößten Teil auf die genannten Gegenstandsbereiche Bezug nehmen. Naturgemäß dienten bei der Versprachlichung dieser Inhalte lat. Muster des öfteren als Vorbild.

In der Forschung ist die Wortbildung des Asächs. unter verschiedenen Aspekten von Interesse gewesen.

Einen wesentlichen Anteil haben dabei solche Arbeiten, die das Asächs. im Rahmen des Germ.-Wgerm. behandeln (z. B. Grimm 1877/1890; Hirt 1932; Carr 1939; Krahe/Meid 1967). In die dem Asächs. als Sprachsystem geltenden Darstellungen hat die Wortbildung erst relativ spät Eingang gefunden. Hier sind zuvorderst Cordes (1973) und

Rauch (1992) zu nennen. Eine andere Forschungsrichtung gilt der Frage, inwieweit Wortbildungsmuster stilbildend wirksam gewesen sind. Hierher gehört die Arbeit von Ilkow (1968) über die Nominalkomposita in der asächs. Bibeldichtung. Schließlich sind Wortbildungsmerkmale in der Diskussion über Verfasser und Schreibort berücksichtigt worden. In diesem Zusammenhang weist Geffcken (1912, 28) darauf hin, daß im Heliand 513 Komposita begegnen, von denen 213 ausschließlich in dieser Quelle bezeugt seien. Losgelöst von der Frage nach Verfasser und Herkunft existieren auch Ansätze, welche die Wortspezifik einzelner Quellen aufzeigen. Hierher gehören Geffcken (1912), Ilkow (1968, 26) und Cordes (1973, 66f.). Deutliche Defizite, die ihren Grund im Überlieferungsstand haben, sind fehlende chronologisch und geographisch ausgerichtete Darstellungen der Wortbildung im Bezugszeitraum (Ansätze bei Seelmann 1920; Ahlsson 1993).

Die Behandlung der Wortbildung des Asächs. hat mit folgenden Problemen zu rechnen: Selbst wenn die Christianisierung als Hauptimpulsgeber gelten kann, ist nicht auszuschließen, daß darauf bezogene neue Lexeme zunächst in einer eng verwandten benachbarten Sprache gebildet worden sind und erst anschließend ins Asächs. transferiert wurden. Mit anderen Worten: es darf nicht in jedem Falle von der Originalität asächs. Wortbildung ausgegangen werden. Darauf verweisen auch die Resultate von Geffcken, Carr und Ilkow, die etymologisch entsprechende Wortbildungsverwandtschaften in diversen germ. Sprachen aufzeigen. Auch wenn eine solche Einschränkung immer bedacht werden muß, ist es zu rechtfertigen, wenn die in den überlieferten Quellen dokumentierten Lexembildungen als Prototypen ihrer Zeit aufgefaßt werden. Dementsprechend werden im folgenden die gängigen Wortbildungsverfahren und die darauf bezogenen Lexemstände exemplarisch als asächs. dargestellt.

2. Komposition

2.1. Probleme der Abgrenzung

Komposita spielen in der and. Lexembildung eine hervorragende Rolle. Ihre Abgrenzung von syntaktischen Verbindungen ist in Einzelfällen schwierig, zumal Spatien in den Handschriften der Zeit nur wenig und unsystematisch Verwendung finden. Probleme bereiten im Bereich der Nominalkomposita (Ilkow 1968, 11ff.) besonders die sog. unechten Komposita, die aus gebräuchlichen syntaktischen Fügungen hervorgegangen sind und deren Vorderglieder das Flexionsmorphem bewahrt haben (zur Unterscheidung von echten und unechten Komposita Krahe/Meid 1967, 16ff.). Ehemals echte Komposita mit einem Sproßvokal (Svarabhakti) in der Kompositionsfuge, der formal einem Flexionsmorphem gleicht (z. B. *burugu-gisetu*, *eldi-barn*) sind in derselben Weise problematisch. Schwierigkeiten bereiten nicht zuletzt die Verbindungen Adj. + Subst., da im Asächs. ein attributives Adj. in einer syntaktischen Verbindung unflektiert vorangestellt werden konnte (Ilkow 1968, 13). Entscheidungshilfen hat die Forschung mit dem Kriterium der Isolierung geliefert (Paul 1975, 330f.). Neben der inhaltlichen Isolierung können formale Eigenarten den Status des Kompositums sichern. Dazu gehört, daß in der Komposition ein als zweites Glied fungierendes Lexem die Deklinationsklasse wechselt (vgl. *dag—ēndago*, *land—elilendi*). Formale Isolierung liegt auch bei jenen Komposita vor, deren Glieder als freie Morpheme nicht nachgewiesen werden können. Es handelt sich um unikale Morpheme wie z. B. *irmin* in *irminthiod(a)* und *thraka* in *mōdthraka*.

Wie zuweilen in den modernen Varietäten des Dt. bereitet die Unterscheidung von Derivation, zu der im folgenden auch die Präfixbildungen gerechnet werden, und Komposition auch im Asächs. Schwierigkeiten. Für die Deutung besonders präpositionaler und adverbialer Elemente als Präfix liefern Kriterien wie Bedeutung, Untrennbarkeit und fehlender Akzent nicht immer feste Anhaltspunkte (Cordes 1973, 67). Andererseits nähern sich der Funktion von Präfixen die sog. Intensivierungselemente, d. h. Adj. und Subst. wie *filu-*, *al(a)-*, *megin-*, deren Leistung als Kompositionsglied sich darauf beschränkt, den im Grundwort enthaltenen Begriff zu verstärken (Carr 1939, 344ff.; Ilkow 1968, 22f.). Aufgrund ihrer jeweils häufigeren Verwendung in Verbindung mit anderen Lexemen kann ihnen die Eigenschaft eines Präfixoids zugeschrieben werden. Weniger problematisch sind adj. und subst. Suffixe, die auch als freie Lexeme erscheinen wie etwa *dōm*, *lōs*, *sam*. Sie haben ihre Bedeutung, die sie in freier Verwendung haben, als Wortbildungselement weitgehend verloren.

2.2. Determinativkomposition

2.2.1. Substantive

Als Resultat der Komposition dominieren die zweigliedrigen Determinativkomposita, die eine fortschreitende differenzierte Weltversprachlichung manifestieren, andererseits eine Grunderfahrung voraussetzen, welche durch das Grundwort (Determinatum) repräsentiert ist. Die Vielfalt der Nutzung dieses Wortbildungstyps und der zugrundeliegenden Kognition läßt sich vordergründig an den als Bestimmungswort (Determinans) gewählten Wortarten aufzeigen. Diese Position nehmen beispielsweise ein: Subst. (*agal-thorn* 'Dornstrauch', *ambaht-mann* 'Dienstmann'), Adj. (*eđili-folk* 'edles Volk', *ēwan-dag* 'Ewigkeit'), Adv. (*forđ-weg* 'Weg, der fortführt', *hin-fard* 'Hingang, Tod') und Verbstämme (*brou-hūs* 'Brauhaus', *bakkīseren* 'Backeisen'). Die differenzierte Weltsicht wird noch deutlicher, wenn das Verhältnis von Grund- und Bestimmungswort näher betrachtet wird (Ilkow 1968, 19ff.). So kann z. B. das Bestimmungswort lokale, temporale, instrumentale und materiale Informationen liefern: *heban-rīki* 'Himmelreich', *dag-skīmo* 'Tageslicht', *wīn-fard* 'Tag zur Besorgung des Weins', *swef-resta* 'Ruhelager', *kirsik-bōm* 'Kirschbaum'.

Bei weiterer Betrachtung fällt die Produktivität einzelner Lexeme in der Position des Grund- und Bestimmungswortes auf. Derartige Häufungen zeigen Konzentrationen zeitgenössischer Versprachlichung und in gewisser Weise auch Analogiebildungen.

Zu den häufiger als Determinatum gebrauchten Lexemen gehören *hūs* (u. a. *afgodo-*, *bede-*, *brou-*, *fluht-*, *hōr-*, *korn-*, *seli-*, *sprākhūs*), *kuning* (u. a. *ađal-*, *folk-*, *heban-*, *himil-*, *thiod-*, *weroldkuning*), *word* (u. a. *ēđ-*, *firin-*, *gorn-*, *hosk-*, *lōs-*, *spāh-*, *thristword*). Zu den häufiger als Determinans gebrauchten Lexemen gehören *balu* (*balu-dād*, *-sprāka*, *-suht*, *-werk*, *-wīso*, *-wīti*), *firin* (*firin-dād*, *-quāla*, *-quidi*, *-sprāka*, *-sundia*, *-werk*), *himil* (*himil-fadar*, *-kraft*, *-kuning*, *-rīki*, *-tungal*, *-wolkan*).

Ein solcher Befund unterstreicht den eingangs (vgl. 1.) hervorgehobenen Zusammenhang von Wortbildungsaktivität und Christianisierung. Bei seiner Charakteristik des altwestf. Wortschatzes zeigt Ahlsson (1993) ebenfalls diesen Zusammenhang auf. Danach sind die von ihm angeführten Komposita „häufig Benennungen für Abgaben, Steuern und Zinsen" (S. 262) und vertreten vielfach die Verwaltungssprache der Klöster; vgl. etwa *hof-skuld* 'Abgabe aus einem Klosterhof', *skuld-lakan* 'Laken, Tuch als Abgabe, Zins'.

Neben den eindeutig vorherrschenden zweigliedrigen Komposita begegnen einige wenige dreigliedrige mit mehr als zwei Grundmorphemen, wobei entweder das Bestimmungswort oder das Grundwort zweigliedrig gestaltet sind (*norðōstrōno-wind* 'Nordostwind', *eorid-folk* 'Reitergeschwader', *aðal-ordfrumo* 'hoher Schöpfer').

2.2.2. Adjektive

Auch für die Vermehrung des Adjektivbestandes ist das Verfahren der Determinativkomposition genutzt worden. Als Determinanten begegnen Subst. und Adj. (*bōk-spāhi* 'gelehrt', *word-wīs* 'redegewandt', *wintar-kald* 'winterlich, kalt'; *aðal-burdig* 'von edler Geburt', *gōd-willig* 'guten Willens', *gram-hard* 'feindselig'). Beim Typ Adj. + Adj. läßt sich feststellen, daß das Grundwort in vielen Fällen aus einer anderen Wortart abgeleitet worden ist. Bei der semantischen Bewertung der Bildungen fällt auf, daß in vielen Fällen die Komposition zur Intensivierung und Gradation der Grundwortbedeutung genutzt worden ist; dabei kann nicht in jedem Fall zwischen Komposition und Derivation unterschieden werden. Beispiele sind etwa *all-swart* 'ganz schwarz', *heru-drōrag* 'blutig', *heru-grimm* 'grimmig', *kind-jung* 'sehr jung', *wīd-brēd* 'unendlich', *regin-blind* 'ganz blind', *sin-well* 'ganz rund'.

2.2.3. Verben

Verbale Determinativkomposita sind seltener vertreten. Sieht man von den unsicheren Bildungen *rād-frāgon* (Glossen-Beleg) und *full-gān* 'folgen, sorgen für', *full-lēstian* 'helfen' ab, sind vor allem Bildungen mit Adv. als Erstglied belegt wie *forð-brengian* 'vorbringen, aussprechen', *niðar-fallan* 'niederfallen', *saman-brengian* 'zusammenbringen'. Zuordnungsprobleme bereiten solche Bildungen, in denen als Erstglied Formative begegnen, die sowohl ein Grundmorphem (Adv./Präp.) als auch unselbständige Morpheme (Präfixe) sein können; vgl. die Diskussion u. a. von *aftar-waron*, *umbi-ridan* bei Cordes (1973, 70f., 83). Trotz dieser Problematik sind Bildungen mit *af*, *an*, *bi* usw. im folgenden bei den Präfixbildungen mitbehandelt, weil in diesen Fällen die Annahme einer Bedeutungsdifferenz von Grundmorphem und homonymem Präfix am ehesten nachvollzogen werden kann.

2.2.4. Weitere Wortarten

Das Muster der Determinativkomposition ist in weiteren Wortarten nachweisbar. Freilich muß besonders hier davon ausgegangen werden, daß die entsprechenden Bildungen nicht in den Motivationszusammenhang der Christianisierung eingeordnet werden können. Zu den in Frage kommenden Wortarten zählen

Pronomen wie *en-hwi-līk* 'irgendein', *eo-giwedar* 'jeder', *eo-mann* 'jemand', *gehtes-hwat* 'irgendetwas', *n-eo-mann* 'niemand', *n-eo-wiht* 'nichts' und Adverbien wie *noh-hwan* 'noch, künftig, einst', *hēr-to* 'hier', *hiu-du* 'heute'.

2.3. Kopulativkomposita

Das aus dem Idg. ererbte Wortbildungsmuster des Kopulativkompositums ist in den germ. Sprachen nur noch in Resten erhalten (Krahe/Meid 1967, 23f.). Für das Asächs. überliefert der Heliand die präfigierte Bildung *gi-sun-fader* 'die Söhne und der Vater' (entsprechend ahd. *sunu-fatar(ungo)*). In den Prudentius-Glossen wird die lat. Mischfarbenbezeichnung *fulvus* 'rotgelb, braungelb' in der Verbindung *fuluis ceraunis* mit *brūn-rād* 'braunrot' übersetzt (Wadstein 1899, 88). Diese beiden nominalen Belege sind nur noch um die Numeralia mit *-tein* zu ergänzen; bezeugt sind alle Zahlen von 13–19: *thriu-*, *fier-*, *fīf-*, *sehs-*, *sivun-*, *nigun-tein*, *ahto-tehan*.

2.4. Bahuvrihi-Komposita

Das Wortbildungsmuster ist in den idg. Sprachen bereits ausgebildet. Der Terminus entstammt der auf das Altindische bezogenen Grammatikographie und bezeichnet solche Komposita, die Eigenschaften für Personen/Gegenstände ausdrücken, wobei dieser Bezug nicht innerhalb des Kompositums vermittelt wird, sondern kontextuell zu ergänzen ist. Daher werden diese Bildungen auch exozentrische Komposita genannt (Krahe/Meid 1967, 30f.). Zu dieser semantischen Eigenart tritt eine formale, indem als Zweitglied jeweils ein Subst. fungiert. Im Asächs. sind nur solche Bahuvrihi-Bildungen nachweisbar, die mit substantivischem Endglied in der Funktion eines Adj. verwendet werden. Beispiele aus dem Heliand sind *dol-*, *frō-*, *gēl-*, *glad-*, *hriuwig-*, *slīð-*, *stark-*, *wēk-mōd*, *gēl-*, *gram-hert*, *hēlag-ferah*. Diese Bildungen sind in manchen Fällen um das die Wortart Adj. anzeigende Suffix *-ig* erweitert worden (*gēl-*, *hard-mōdig*). Derartige Ersatzbildungen lassen vermuten, daß die adj. Zugehörigkeit der Bahuvrihi-Bildungen nicht mehr in jedem Fall durchschaubar war.

3.   Derivation

3.1. Unterscheidungen

Generell lassen sich beim Wortbildungsverfahren der Derivation die explizite und die implizite Derivation unterscheiden. Im ersten

Fall treten an ein Grundmorphem Präfixe oder Suffixe oder beides, im zweiten Fall wird die Neubildung durch den Wechsel des Stammvokals indiziert. Was den ersten Fall betrifft, so ist bereits unter 2.1. und unter 2.2.3. auf die Probleme der Unterscheidung von Grundmorphemen und Affixen hingewiesen worden. Problematisch sind besonders solche Formative, die als Grundmorphem, allem Anschein nach aber auch als Präfix/Suffix gebraucht werden. Die für die Präfigierung genutzten Morpheme wie *af-*, *and-*, *bi-*, *far-*, *gi-*, *oƀar-*, *umbi-*, *un-* haben Entsprechungen in anderen germ. Sprachen und stammen offensichtlich aus älterer Zeit. Die gebräuchlichen Suffixe lassen sich im Hinblick auf Alter und Entstehung differenzieren. Im einen Fall handelt es sich um Suffixe, deren Formativ ursprünglich ausschließlich ein lexikalisches Morphem repräsentierte, später aber auch ein Suffix (Suffixoid) vertritt, vgl. das Nebeneinander von *dōm* 'Gericht, Urteil, Macht ...' und *hēr-dōm* 'Herrschaft', *kind-dōm* 'Kindheit', *kuning-dōm* 'Königswürde, Königsherrschaft'. Vergleichbares gilt für *hēd* 'Stand', *līk* 'Leib, Leichnam'. In anderen Fällen ist das zugehörige freie Morphem nicht mehr überliefert; das Formativ begegnet ausschließlich als Suffix (z. B. *god-kundi* 'Göttlichkeit', *bed-skepi* 'Beilager'). Daneben gibt es eine Vielzahl von reinen Suffixen wie z. B. *-i*, *-nissi*, *-ida*, *-isli/-islo*, *-ina*, *-ungal-inga*, *-(l)ing*. Offensichtlich jüngeren Datums (lat. Vorbild) ist das Suffix *-aril-eri*.

3.2. Substantivderivation

Im einzelnen sind zwei Wortbildungsziele zu unterscheiden: Einmal wird die Wortklasse der Subst. durch Präfigierung und Suffigierung vorhandener Subst., also wortklassenintern erweitert. Im anderen Falle erfolgt die Erweiterung des Substantivbestandes durch die Suffigierung von Lexemen aus anderen Wortklassen, also wortklassenextern.

3.2.1. Wortklasseninterne Derivation

Bevorzugte Präfixe bei diesem Verfahren sind *af-*, *gi-*, *oƀar-*, *un-*; vgl. Bildungen wie *afgod* 'Abgott', *afgrundi* 'Abgrund', *giskōhi* 'Schuhwerk', *gital* 'Zahl, Anzahl', *oƀarhōvdi* 'Oberhaupt', *oƀarmōdi* 'Übermut', *unhuldi* 'Feindschaft', *unreht* 'Unrecht'. Nicht hierher gehören Subst. wie etwa *gewinn*, denen ein präfigiertes Verb zugrundeliegt. Aus dem Bedeutungsspektrum der Präfixe sei die Indizierung

des Kollektiven (*giskōhi*), des Kontrastiven (*unreht*) und des Negativen (*afgod*) genannt.

Zu den bevorzugten Suffixen zählen *-dōm* (Beispiele s. 3.1.), *-hēd* (*juguđhēd* 'Jugend', *magađhēd* 'Jungfräulichkeit'), *-skepi* (*bodskepi* 'Botschaft', *erlskepi* 'Mannschaft, Leute'), *-ingl-ling* (*druhting* 'Brautführer, Hochzeitsgenosse', *gaduling* 'Verwandter, Landsmann'). Die Suffixe indizieren u. a. Besitz- und Machtverhältnisse (*-dōm*), Status (*-hēd*), Kollektives (*-skepi*) und Zugehörigkeit (*-ingl/-ling*). Eine semantische Modifikation des Grundmorphems ist auch die Diminution. Das Asächs. kennt die Diminutivsuffixe *-il* (*stengil* ← *stanga*), *-kīn* (*skipikīn* ← *skip*), *-klīn* (*nessiklīn* ← *nesso*), *-līn* (*stukkilīn* ← *stukki*). (Näheres zur Verwendung bei Seelmann 1920, 52).

3.2.2. Wortklassenexterne Derivation

Bei der Neubildung von Subst. spielt die Suffigierung von Adj. eine wichtige Rolle. Das Verfahren dient der Substantivierung von Eigenschaften und damit besonders der Abstraktbildung. Produktive Suffixe sind vor allem *-i* (*gōdi* 'Güte', *mikili* 'Größe'), *-hēd* (*dumphēd* 'Dummheit', *wārhēd* 'Wahrheit'), *-ida* (*hērida* 'Würde', *kuskida* 'Keuschheit'), *-nissil-nussi* (*gelīknissi* 'Bild, Gestalt', *grimmnussi* 'Grausamkeit').

Die deverbativen Ableitungen mittels Suffix bilden ebenfalls eine starke Gruppe. Herausragende Bedeutung kommt hier den Suffixen *-aril-eri*, *-i*, *-ina*, *-islol-isli*, *-ungal-inga* zu. Beispiele für derartige Bildungen sind *bakkari* 'Bäcker', *dōperi* 'Täufer', *kumi* 'Ankunft', *quidi* 'Rede, Wort' (von *quedan*), *drugina* 'Betrügerei', *lugina* 'Lüge', *samnunga* 'Versammlung, Gemeinde', *skuddinga* 'Ausschüttung'. Die Bildungen benennen Tätigkeiten und Handlungsresultate, oft durch dasselbe Lexem ausgedrückt (*slegi* 'Tötung', aber auch 'Mord'), sowie Personen, welche die im Verb ausgedrückte Handlung vollziehen (*bakkari*). Die Gruppe der Derverbativa wird ergänzt durch implizite Ableitungen wie *drank* (zu *drinkan*), *flōt* (zu *fliotan*), *sang* (zu *singan*).

3.3. Adjektivderivation

3.3.1. Wortklasseninterne Derivation

Gebräuchliche Präfixe sind allein *gi-* und *un-*. Während *un-* den Gegensatz markiert (*unhrēni* 'unrein', *unsundig* 'sündelos', *unwīs* 'töricht'), sind bei den Bildungen mit *gi-* semantische Unterschiede zu den nichtpräfigierten

Lexemen in den meisten Fällen nicht feststellbar, etwa bei *līk*—*gelīk* 'gleich', *triuwi*—*getriuwi* 'treu', *wittig*—*giwittig* 'weise'.

Insgesamt bedeutender für die Bildung neuer Adj. ist die Suffigierung. Dabei erweist sich das Suffix *-līk* als das mit Abstand produktivste. Besonders innerhalb der Gruppe der wortklasseninternen Ableitungen ist es hoch frequent, doch bleibt auch bei diesen Bildungen der semantische Zugewinn gering. Beispiele wie *berht* und *berhtlīk* 'glänzend', *hēlag* und *hēlaglīk* 'heilig' oder *hēr* und *hērlīk* 'vornehm' lassen Bedeutungsunterschiede kaum erkennen. In Fällen wie *gōd* 'gut' und *gōdlīk* 'herrlich', *lēd* 'feindlich' und *lēdlīk* 'schmerzlich' kann Verstärkung bzw. Abschwächung angenommen werden (Cordes 1973, 65). Neben *-līk* ist nur noch *-mōdig* erwähnenswert, das auch als Lexem fungiert (vgl. 3.3.2.). Beispiele sind *gēlmōdig* 'fröhlich, übermütig', *hardmōdig* 'kühn', *slīđmōdig* 'grimmig'.

3.3.2. Wortklassenexterne Derivation

Das Gros der externen Ableitungen bilden die Desubstantiva. Die bevorzugten Suffixe sind *-līk* (*burglīk* 'städtisch', *erđlīk* 'irdisch', *gēstlīk* 'geistig'), *-agl-ig* (*blōdag* 'blutig', *mōdagl-ig* 'zornig', *thurftig* 'bedürftig'), *-īn* (*brōdīn* 'von Brot', *nīđīn* 'feindselig', *strīdīn* 'streitbar'), *-lōs* (*endilōs* 'endlos', *sundilōs* 'sündelos, unschuldig', *treulōs* 'treulos'), *-sam* (*arbēđsam* 'mühselig', *lofsam* 'lobwürdig', *wunisam* 'wonnig'). Die Bildungen indizieren vorrangig Eigenschaften nach Maßgabe des Besitzes oder Nichtbesitzes, der materiellen Beschaffenheit, des Erfülltseins von etwas, der Wertigkeit.

Ableitungen von Adv. und Präp. erfolgen mit dem Suffix *-wardl-werd*. Beispiele sind *andward* 'gegenwärtig', *toward* 'bevorstehend', *obanwardl-werd* 'oben hin' (Akk. Sg. *obanwardan*). Von Numeralia sind Ableitungen mit *-fald* bezeugt, u. a. *ēnfald* 'einfach, wahrhaft', *managfald* 'mannigfaltig', *fīffald* 'fünffach'. Als Deverbativum kann *ōflīk* 'zierlich' (zu *ōvian* 'feiern') mit Sicherheit geltend gemacht werden. In anderen Fällen wie etwa *hetilīk* 'feindselig' (zu *haton* 'hassen', *heti* 'Haß') sind wohl eher Verbalabstrakta vorauszusetzen.

3.4. Verbderivation
3.4.1. Wortklasseninterne Derivation

Zu den meisten Verben gibt es Präfixbildungen. Ihre insgesamt große Zahl gewährleistet eine differenzierte Versprachlichung von Handlungsmöglichkeiten. Die wichtigsten Präfixe sind *a-*, *af-*, *and-*, *far-/for-/fur-*, *gi-*, *obar-*, *umbi-*, *widar-*. Die Vielfalt der Verwendungen sei am Beispiel *gangan* exemplifiziert: *agangan* 'zu Ende gehen, vergehen', *bigangan* 'behüten, sorgen für', *fulgangan* 'folgen, befolgen', *gigangan* 'gehen, sich ereignen, zukommen', *ti-*, *tegangan* 'zer-, vergehen', *thurhgangan* 'bis ans Ende gehen, zu Ende kommen'. Das Präfix *gi-* ist mit 190 verschiedenen Verben bezeugt. Allerdings ist sein semantisches Differenzierungspotential auch bei diesem Bildungstyp beschränkt. „Die Bedeutung ist bei sehr vielen Verben durch Präfix ⟨gi⟩ nicht merklich verändert, nicht selten variieren die Hel(iand)-Handschriften einseitig oder beliebig" (Cordes 1973, 72).

3.4.2. Wortklassenexterne Derivation

Zu nennen ist hier das Infix *-i-*, mit dessen Hilfe Verben mit kausativer Bedeutung gebildet werden. Zugrunde liegen Subst. und Adj. Ableitungen von Subst. sind u. a. *biddian* 'bitten, erbitten' (*beda* 'Bitte, Gebet'), *dōpian* 'taufen' (*dōpi* 'Taufe'), *wīhian* 'weihen, einweihen' (*wīh* 'Heiligtum'); von Adj.: *hētian* 'heizen' (*hēt* 'heiß'), *mārian* 'verkünden, rühmen' (*māri* 'berühmt, bekannt'), *niuwian* 'erneuern' (*niuwi* 'neu').

3.5. Adverbderivation

Wortklasseninterne Derivation ist hier relativ selten. Ihr dienen die Suffixe *-ungo* (*gegnungo* 'offenbar', *wissungo* 'gewiß, sicher') und *-ward(es)* (*forđward* 'vorwärts, fortan', *herodwardes* 'herwärts'). Größere Bedeutung haben die mit dem Suffix *-o* gebildeten Deadjektiva, z. B. *hardo* 'hart, sehr', *heto* 'heiß', *lango* 'lange'. Nicht selten erfolgt die Ableitung von Adj. auf *-līk* wie u. a. bei *berhtlīko*, *gilīko*, *wārlīko*.

4. Konversion

Der Ausbau des Lexikons durch Überführung von Wörtern in eine andere Wortklasse unter Ausschluß formaler Änderungen ist im Asächs. nicht ungewöhnlich und im Vergleich mit dem Vorkommen in den modernen Varietäten des Dt. entschieden häufiger anzutreffen. Das Nebeneinander von gleichlautenden Subst. und Adj. tritt dabei besonders in Erscheinung.

Neben vertrauten Fällen wie *dōd*, *lēd*, *reht*, *rīki*, *ubil* begegnen u. a. *elilendi* 'Fremde' und 'fremd', *full* 'Becher, Krug' und 'voll', *harm* 'Kummer' und 'schmerzlich', *hēt* 'Hitze' und 'heiß', *hol* 'Höhle' und 'hohl', *liof* 'Liebe' und 'lieb', *sēr* 'Schmerz' und 'schmerzlich, traurig', *skīn* 'Licht, Schein' und 'sichtbar', *sōđ* 'Wahrheit' und 'wahr', *swart* 'Finsternis' und 'schwarz', *torn* 'Zorn' und 'zornig, bitter', *wamm* 'Frevel' und 'frevelhaft, befleckt'.

Selten ist das Nebeneinander von Verb und Substantiv. Kulturgeschichtlich bemerkenswert ist hier das Beispiel *geƀan* 'Meer' und 'geben'. Insgesammt kann das häufige Vorkommen der Konversion als ein auffälliges Merkmal der Wortbildung im Asächs. gelten.

5. Literatur (in Auswahl)

Ahlsson, Lars-Erik, Zur altwestfälischen Wortkunde. In: ZDL 60, 1993, 257—279.

Berner, Nils, Die mit der Partikel ge- gebildeten Wörter im Heliand. Lund 1900.

Bürgisser, Max, Untersuchungen zur Wortbildung im Althochdeutschen und Altniederdeutschen. Form und Funktion von denominalen Ableitungen in der Benediktinerregel, im Tatian und im Heliand. Bern [etc.] 1983.

Carr, Charles T., Nominal Compounds in Germanic. London 1939. (St. Andrews University Publications XLI).

Cordes, Gerhard, Altniederdeutsches Elementarbuch. Mit einem Kapitel „Syntaktisches" von Ferdinand Holthausen. Heidelberg 1973.

Fleischer, Wolfgang/Irmhild Barz, Wortbildung der deutschen Gegenwartssprache. Unter Mitarbeit von Marianne Schröder. 2., durchgesehene und erg. Aufl. Tübingen 1995.

Geffcken, Gertrud, Der Wortschatz des Heliand und seine Bedeutung für die Heimatfrage. Marburg 1912.

Grimm, Jacob, Deutsche Grammatik. 2. und 3. Tl. Neuer vermehrter Abdruck, besorgt durch Wilhelm Scherer. Gütersloh 1877/1890.

Henzen, Walter, Deutsche Wortbildung. 3., durchgesehene und erg. Aufl. Tübingen 1965. (Sammlung kurzer Grammatiken germanischer Dialekte. B. Ergänzungsreihe 5).

Hirt, Hermann, Handbuch des Urgermanischen. Tl. II: Stammbildungs- und Flexionslehre. Heidelberg 1932. (Indogermanische Bibliothek. I. Reihe: Grammatiken 21).

Holthausen, Ferdinand, Altsächsisches Wörterbuch. Münster/Köln 1954. (NdSt. 1).

Hucko, Matthias, Bildung der Substantiva durch Ableitung und Zusammensetzung im Altsächsischen. Straßburg 1904.

Ilkow, Peter, Die Nominalkomposita der altsächsischen Bibeldichtung. Ein semantisch-kulturgeschichtliches Glossar. Hrsg. v. W. Wissmann/H.-Fr. Rosenfeld. Göttingen 1968.

Köbler, Gerhard, Altniederdeutsch-neuhochdeutsches und neuhochdeutsch-altniederdeutsches Wörterbuch. 2. Aufl. Gießen 1982. (Arbeiten zur Rechts- und Sprachwissenschaft 18).

Krahe, Hans, Germanische Sprachwissenschaft III. Wortbildungslehre von Wolfgang Meid. Berlin 1967. (SaGö 218, 218 a/b).

Munske, Horst Haider, Das Suffix *-inga/-unga in den germanischen Sprachen. Seine Erscheinungsweise, Funktion und Entwicklung dargestellt an den appellativen Ableitungen. Marburg 1964. (MBG 6).

Paul, Hermann, Prinzipien der Sprachgeschichte. 9., unveränderte Aufl. Tübingen 1975. (KSL 6).

Rauch, Irmengard, The Old Saxon Language. Grammar, Epic Narrative, Linguistic Interference. New York 1992. (Berkeley Models of Grammars 1).

Roedder, Edwin Carl, Wortlehre des Adjectivs im Altsaechsischen. Madison, Wisconsin 1901. (Bulletin of the University of Wisconsin 50).

Schwentner, Ernst, Das altfriesische Abstraktsuffix -nisse, -nesse (-ense) mit besonderer Berücksichtigung des Altsächsischen und Altniederfränkischen. In: NdJb. 74, 1951, 1—10.

Seelmann, Wilhelm, Altsächsische und mittelniederdeutsche Diminutive. In: NdJb. 46, 1920, 51—57.

Sehrt, Edward H., Vollständiges Wörterbuch zum Heliand und zur altsächsischen Genesis. 2., durchgesehene Aufl. Göttingen 1966.

Wadstein, Elis (Hrsg.), Kleinere altsächsische Sprachdenkmäler. Mit Anmerkungen und Glossar. Norden/Leipzig 1899. (Denkmäler. Hrsg. vom Verein für niederdeutsche Sprachforschung VI).

Zanni, Roland, Wortbildung des Altniederdeutschen (Altsächsischen). In: Sprachgeschichte. Ein Handbuch zur Geschichte der deutschen Sprache und ihrer Erforschung. Hrsg. v. Werner Besch/Oskar Reichmann/Stefan Sonderegger. 2. Halbbd. Berlin/New York 1985, 1094—1102. (HSK 2.2).

Jürgen Meier/Dieter Möhn, Hamburg

85. Die Textsorten des Altniederdeutschen (Altsächsischen)

1. Zur Überlieferung

Historische Sprachwissenschaft ist abhängig von den jeweils überlieferten Texten. Die Überlieferungs- und damit Materialgrundlage des And. kann, verglichen mit dem selbst nicht einmal überdurchschnittlich gut bewahrten Ahd., nur als äußerst schlecht bezeichnet werden. Das hat Folgen im Hinblick auf die Textsorten-Problematik und ihre Darstellung.

Die 1200jährige Schreib- und Bibliotheksgeschichte des nd. Raumes ist höchst unglücklich verlaufen; die Verluste betreffen nahezu sämtliche Handschriftenbestände der sächs. Zeit, mit Ausnahme allenfalls von Resten der ehemals ansehnlichen Werdener und Corveyer Bücherschätze: „Die wenigen as. Sprachdenkmäler, die dennoch die Stürme der Zeit überstanden, gewinnen so − jedes für sich − einen kaum zu überschätzenden Zeugniswert" (Rathofer 1976, 7). Dies findet seine Bestätigung in der Tatsache, daß die and. Überlieferung von wenigen Ausnahmen abgesehen nur aus Unica besteht, was ihre starke Abhängigkeit von den Zufälligkeiten kodikologischer Einzelschicksale zeigt und auch verständlich macht, daß ganze Textsorten überlieferungsbedingt fehlen können. So im Falle der 'Heldendichtung', wo immer wieder auf das Zeugnis der nordischen 'Thidrekssaga' um 1260 verwiesen wird, die eine norddeutsche Vermittlung ihrer Sagenstoffe voraussetzt (Rathofer 1971, 242f.). Immerhin hat der sächs. Sprachraum an der uralten nordwestlichen Runenkultur teil; die Inschriften der lange Zeit umstrittenen, nun jedenfalls teilweise als echt erwiesenen Weser-Runenknochen und der Soester Runenfibel, beide wohl 6. Jh., können nach neueren Forschungen (Hermann 1989; Pieper 1989) als gesicherte Dokumente des 'Vor- und Frühasächs.' gelten. Die eigentlich and. Texte und Textsorten, seit dem späten 8. Jh., zeichnen sich − trotz ihrer zahlenmäßigen Dürftigkeit und darüber hinaus überwiegend fragmentarischen Überlieferung − durch eine Vielge-

staltigkeit aus, die uns den ursprünglichen Reichtum der alten Literatur zumindest noch ahnen läßt.

Auch das And. verfügte über eine blühende Schreibkultur, getragen von den uns bekannten (oder, wie der Straubinger 'Heliand' zeigt, auch unbekannten) Skriptorien der Bischofssitze, Klöster, Stifte usw. − eine Schreibkultur freilich, die in erster Linie auf das im Mittelalter absolut dominierende lat. Schrifttum ausgerichtet war. Und selbst wo selten genug die Volkssprache den Weg aufs teure Pergament gefunden hat, liegen von der Interlinearversion bis zum freier gestalteten Text, sei es direkt oder vermittelt, lat. Vorlagen zugrunde. Als weiterer Einwirkungsfaktor kommt das ahd. Schreibsystem dazu, das die Sachsen übernahmen; denn sie mußten ja nach frk. Unterwerfung und Christianisierung − die insofern eine besondere Rolle spielt, als der ganze Bereich der Kultur, mit Einschluß auch des Schulwesens, zu den Obliegenheiten der Kirche gehörte − erst im elementarsten Sinne „schreiben" lernen. Das hinterließ nicht nur Spuren in orthographischer Hinsicht, sondern führte auch zu einer starken Interdependenz innerhalb der volkssprachigen Literatur auf beiden Seiten, wie Th. Klein in vielen Einzelheiten herausgearbeitet hat: „Kein Zweifel, die altsächsische Schreibtätigkeit ist ohne das Vorbild der althochdeutschen, besonders fränkischen, nicht denkbar" (Klein 1977, 1). Diese Abhängigkeit politisch-kirchlicher Art, die wohl von Anfang an durch ein kulturelles Süd/Nord-Gefälle unterstützt wurde, wirkte sich vor allem hinsichtlich der Spezifik volkssprachiger Gebrauchstexte aus; nur in der Dichtung herrschte offensichtlich eine eigene, bodenständige Tradition in Norddeutschland. Auf der einen Seite steht also kirchliche und weltliche Zweckprosa, auf der anderen die große Stabreimdichtung von 'Heliand' und 'Genesis'-Bruchstücken. Allerdings sollte hier nicht der Eindruck entstehen, als entspräche dem die moderne Unterscheidung von Gebrauchsschrifttum und Poesie; vielmehr konnten sich damals anders als heute äußere Form, Vers oder Prosa, und ästhetische Qualität in den Textsorten ohne weiteres überschneiden.

Die folgende Übersicht geht von einem festen Textkorpus and. Sprachdenkmäler aus, das dem gegenwärtigen Forschungsstand entspricht (vgl. Cordes 1973, 18 ff.). Seine prinzipielle Veränderbarkeit zeigt einerseits die Auffindung der neuen Straubinger 'Heliand'-Bruchstücke 1977 (Bischoff 1979), andererseits aber der Umstand, daß manche Textzuordnungen auch heute noch keineswegs endgültig gesichert sind. So hat M. Gysseling unlängst eine Reihe bisher als and. geltender Denkmäler für das Anl. in Anspruch genommen (Gysseling 1980a; auch 1980, passim); auf diese Problematik wird von Fall zu Fall kurz einzugehen sein. Die Textsorten-Gruppierung verfährt durchaus pragmatisch gemäß den Überlieferungsverhältnissen des And.: Bibeldichtung, Klein- und Merkversdichtung, kirchliche und weltliche Gebrauchsprosa sowie Glossen. Dabei sind die Grenzen zwischen der „Dichtung" und dem Gebrauchsschrifttum durchaus fließend, wie umgekehrt die „Gebrauchsprosa" ein breites Spektrum von simpelsten Zweckformulierungen z. B. der klösterlichen Heberegister bis zu religiösen Texten von hohem sprachkünstlerischem Rang umfaßt — alles in allem ein sehr weiter Begriff von „Literatur", der auch die unbedeutendste Glossierung als Sprachüberlieferung jener frühen Zeit ernst nimmt.

2. Bibeldichtung

Die überragende Textsorte der and. Überlieferung ist ohne jeden Zweifel die großartige Bibeldichtung des 'Heliand', den W. Stammler als „das schönste geistliche Epos des ganzen deutschen Mittelalters" bezeichnet hat, sowie der 'Genesis'-Bruchstücke (vgl. neuerdings Stellmacher 1990, 19ff.; Rauch 1992, 100ff.). Das gilt quantitativ wie qualitativ: quantitativ, weil die genannten Werke — und hier wieder hauptsächlich der mit seinen knapp 6000 Langzeilen bis auf den verlorenen Schluß fast vollständig erhaltene 'Heliand' — etwa 80 Prozent der and. Textüberlieferung ausmachen; qualitativ, weil sie zwar verchristlicht sind, doch wenigstens äußerlich noch ganz in der Tradition der germ. Stabreimdichtung stehen. Akzeptiert man die vieldiskutierte Unabhängigkeit des 'Heliand' von der ags. geistlichen Epik, so führt das zu dem Schluß, „daß die Verskunst und Darstellungsweise von Heliand und Genesis auf eigenständigen mündlichen Traditionen Niederdeutschlands beruhen müssen, auch wenn nicht auszuschließen ist, daß sie in gewissen Punkten auf dem Pergament literarisch weiterentwickelt worden sind" (Hofmann 1973, 338; vgl. Ders. 1986). Der 'Heliand', schon

zu seiner Zeit berühmt, wie frühe Abschriften und die für einen volkssprachigen Text ganz ungewöhnliche Zahl von Handschriften bezeugen (zwei erhaltene, eine andere noch im 16. Jh. bekannt, sowie Fragmente dreier weiterer Handschriften), hat in seiner Art um 830/40 nicht seinesgleichen.

Die Entdeckung der Straubinger Fragmente hat nicht nur zu Diskussionen über deren ausgeprägt 'ingwäonische' Sprachform geführt, die sogar als „altwestfriesische Übersetzung" betrachtet worden ist (vgl. Art. 87); auch die Frage der Verfasserschaft stellte sich erneut in Wiederaufnahme der schon älteren, sehr hypothetischen Annahme J. J. van Weringhs, der blinde fries. Sänger Bernlef sei der 'Heliand'-Dichter (Von Weringha 1965; Veenbaas 1992) — galt dieser doch nach der Praefatio als *apud suos non ignobilis vates*, jedoch *de gente Saxonum*. Demgegenüber hat M. Gysseling, ebenfalls nicht unwidersprochen, eine nordnl. Herkunft des Dichters vertreten, genauer seine Beheimatung in der Ijsselgegend um Zwolle, Deventer, Zutfen (Gysseling 1980, 29ff. und 1980a; kritisch Rooth 1981, 19ff.; Goossens 1982). Im übrigen steht die Berühmtheit des Werks keinesfalls im Widerspruch zur Anonymität des Verfassers; denn diese entspricht durchaus textsortenkonform der „ungelehrten", weil nicht lat., und weltlich-mündlichen Dichtungstradition (vgl. Taeger 1981, 958). Als eine Generation später der Weißenburger Mönch Otfrid den gleichen biblischen Stoff behandelte, tat er dies in völlig anderer Weise: als geistlich-gelehrter Dogmatiker, mehr erklärend und ausdeutend als erzählend, und formal im neuen, lat. Dichtung nachgebildeten Endreimvers. Es bleibt eine ansprechende, wenn auch schwer beweisbare Vermutung, daß Otfrid seinen sächs. Vorgänger gekannt und sich kritisch-distanziert von ihm habe absetzen wollen (Foerste 1973, 130).

Aus dem Textsorten„bündel" Bibeldichtung ist der 'Heliand' hinreichend genau auszugliedern durch seine Kennzeichnung als „geistliches Epos in alliterierenden Langzeilen"; durch diese spezielle Textsortenbestimmung erfolgt eine Abgrenzung inhaltlich gegenüber aller geistlichen Dichtung anderer Art, formal gegenüber Werken in Endreim oder Prosa. Die Textsorte hatte hinsichtlich der sprachlichen Gestaltung Konsequenzen, die sich hauptsächlich in folgenden Gesichtspunkten zusammenfassen lassen: christliche Lehre, epische Breite, Stabreimformeln und 'Bogenstil'. Darstellung des Lebens und Leidens Jesu, doch gleichzeitig auch Vermittlung der christlichen Glaubenslehre – das waren die Anliegen des 'Heliand'-Dichters, die er im Wechsel erzählerischer oder szenischer Darbietung und meist lehrhaft-didaktischer Redepartien künstlerisch meisterte. Trotz starker Raffung des biblischen Stoffes führte der epische Stil, insbesondere die Technik der Variation (mehrfache Wiedergabe eines Begriffs durch Synonymenreihung), zu rhetorischer Ausdrucksfülle und darstellerischer Breite. Zusätzlich wurde dies durch den Stabreim gefördert, der auf bestimmte, großenteils als feste Verbindungen im Formelschatz der älteren germ. Dichtung zur Verfügung stehende Reimwörter zurückgriff. Auch die Syntax erhielt durch das Langzeilen-Metrum ihr besonderes Gepräge; doch werden eine oft übermäßige Füllung der Verse („Schwellverse") und die Eigenart, den Sinneinschnitt jeweils ans Ende der ersten Halbzeile zu verlagern, so daß syntaktische und metrische Zäsur nicht zusammenfallen – 'Bogen- oder Hakenstil', im Gegensatz zum regelmäßigen 'Zeilenstil' –, allgemein als Merkmale eines literarisierten Spätstils der Stabreimdichtung gedeutet (vgl. Hofmann 1991, 1994). Insgesamt aber repräsentiert der 'Heliand', ebenso wie die 'Genesis'-Bruchstücke, hohe mittelalterliche Dichtkunst. Wortschatz, Satz- und Versbau, Darstellungsstil usw. charakterisieren sich demgemäß als poetisch, und dieses „poetisch" beinhaltet einen merklichen Abstand zur and. Normalsprache, wie sie durchweg in den kirchlichen und weltlichen Gebrauchstexten des 9. bis 11. Jhs. vorliegt.

3. Klein- und Merkversdichtung

Das gemeinsame Kriterium dieser Text(sorten)gruppe von „Klein- und Merkversdichtungen" besteht darin, daß sie sozusagen auf der Mitte zwischen Poesie und Gebrauchsschrifttum stehen: formale Strukturierung gleich „Gedichten", jedoch inhaltliche Zweckausrichtung wie in der Gebrauchsprosa. Den größten Teil dieses Überlieferungsstranges macht die Textsorte der 'Segensformeln' aus; hinzu kommen Merkverse, Auszüge aus einem Gedicht und Spruchartiges.

Germ.-heidnische Beschwörungen und Zaubersprüche fanden, auch im nd. Bereich, ihre christliche Fortsetzung in entsprechenden Segensformeln: Kleinformen der älteren Überlieferung, die aufgrund ihrer bewußt nach bestimmten Kompositions- und Formu-

lierungsprinzipien gestalteten Sprache in die Nähe von Poesie rücken – ohne, weder mittelalterlich noch modern, als solche verstanden zu werden. Um 900 sind ein and. Wurmsegen ('Contra vermes') und ein Pferdesegen zusammen aufgezeichnet worden; ersterer richtet sich gegen eine bestimmte Hufkrankheit der Pferde, letzterer – der noch in einer verhochdeutschten Trierer Fassung vorliegt (daher auch 'Zweiter Trierer Zauberspruch') – beschwört die *spurihelti* 'Spurlahmheit' des Pferdes, die sog. Windrähe. Unter dem Namen 'Erster Trierer Zauberspruch' ist ein aus zwei binnengereimten Langzeilen bestehender Blutsegen des 11. Jhs. bekannt, der den Blutfluß (*catarrus*) zum Stillstand bringen soll. Alle genannten Segensformeln sind von M. Gysseling, allerdings mit relativierenden Lokalisierungsangaben wie „Ostniederrheinisch-Westfälisch" oder „Nordniederrheinisch", in seine anl. Textsammlung aufgenommen worden (Gysseling 1980, 39; 118f.). Für die Beurteilung der Textsorte im ganzen erscheint zweierlei hervorhebenswert: erstens, daß die meisten dieser Segensformeln in mehreren, daneben auch noch in lat. und ahd. Textversionen vorliegen, was ein Licht auf ihren damals offensichtlich hohen Gebrauchswert wirft; zweitens, daß die Segensformeln in den Handschriften vielfach im Zusammenhang mit Rezepten überliefert werden.

Eine völlig andere Zweckbestimmung, nämlich die einer Gedächtnisstütze zum Einprägen der Runennamen, hat das in einer bemerkenswerten anord.-ahd.-and. Sprachmischung tradierte *Abecedarium Nord(mannicum)*, das 'Alphabet der Nordleute', d. h. Wikinger. Es handelt sich dabei um die anord. 16er Reihe des sog. jüngeren Futhark, die mittels Stabung, paar- bzw. gruppenweiser Anordnung und mnemotechnischer Formeln zu Merkversen ausgestaltet worden ist (Sonderegger 1978, 7f.). Aufschlußreich erscheinen die in diesem Fall bekannten näheren Umstände der Überlieferung: Die St. Galler Handschrift 878 aus der ersten Hälfte des 9. Jhs. ist als Vademecum des späteren Reichenauer Abtes Walahfrid Strabo identifiziert worden; dieser war es auch, der um 829 das Runen-Denkmal nach einer and. Vorlage innerhalb einer Zusammenstellung verschiedener älterer Alphabete kopierte – offenkundig aus gelehrt-antiquarischem Interesse, wie es auch für seinen Fuldaer Lehrer Hrabanus Maurus bezeugt wird. Wir haben es hier also gewissermaßen mit einer „wissenschaftlichen" Textsorte zu tun.

Echte Dichtung, wenn auch nur als eingeschobenes Stück and. Sprache im lat.-ahd. Mischkontext eines politisch-historischen Zeitgedichts (in der Cambridger Liederhandschrift, 11. Jh.), bietet die vierte Strophe, V. 12—14, von 'De Heinrico': and. Begrüßungsworte, die wohl im Sinne einer realistischen Charakterisierung seiner Sprechweise dem sächs. Kaiser Otto in den Mund gelegt werden (vgl. Sanders 1969; anders Klein 1990).

Kleinere Texte weniger dichterischen als vielmehr spruchartigen Charakters, beide aus dem Anfang des 11. Jhs., bieten die Münzinschrift von Gittelde (Schröder 1902, 174) und eine offensichtlich and. Sentenz, die in ein Briefkonzept des Bischofs Leo von Vercelli eingeflochten ist (Klein 1990, 45ff.).

4. Kirchliche und weltliche Gebrauchsprosa

Die „Kleineren Sprachdenkmäler" des And. umfassen in der Hauptsache kürzere, gebrauchssprachliche Texte vorwiegend geistlichen Inhalts: Textsorten wie Taufgelöbnis, Beichtformular, Predigt usw. Als kirchliche Zweckschriften bedienen sie sich — darin liegt, trotz des meist geringen Umfangs, ihr spezieller sprachgeschichtlicher Wert — durchweg einer prosaischen Sprachform, die man als verschriftlichte and. „Normalsprache" bezeichnen kann. Kirchlich im weiteren Sinne sind übrigens auch die hierhergehörigen „weltlichen" Texte, insofern diese ausschließlich durch klösterliche Güter- und Abgabenverzeichnisse ('Heberegister') vertreten werden. Entscheidend für ihre Zusammenfassung in einem Textsorten„bündel" ist, außer der Prosaform, die ihnen gemeinsame Zweckausrichtung. Es handelt sich vor allem um katechetische Texte im Dienste der Sachsenbekehrung und Lehrschriften zur christlichen Unterweisung: das ist hautnahe Christianisierung, noch nicht geistliche Erbauungsliteratur wie in den späteren Jahrhunderten. Alle diese Werke stehen, sei es im Rahmen der frühen ags. bzw. sdt.-frk. Missionstätigkeit oder des noch lange wirksamen Einflusses der fränkischen Reichskirche, in aengl. oder ahd. Textbeziehungen. Den allgemeinen Geisteshintergrund bildet die lat. Kirchensprache, die nur für den elementaren Glaubensunterricht in die and. „Laien"sprache des Volkes

umgesetzt wurde. Infolge dieser Abhängigkeiten sind die and. Gebrauchstexte entweder Übersetzungen, oft in Interlinearversionen, bestenfalls Bearbeitungen lat. Werke, oder aber Abschriften aengl. bzw. ahd.-frk. Vorlagen in mehr oder minder getreuer Kopie. Schreibinterferenzen solcher Art bilden vielfach den Grund jener Textkomplikationen, wie sie die karge and. Überlieferung in reichem Maße bietet.

Eine erste Textsorte sind die Taufgelöbnisse, die seit den Tagen des Bonifatius bei der Christianisierung germ. Völkerschaften in deren Sprachen übersetzt wurden, auch ins And. Der älteste erhaltene Text, nach neuerer paläographischer Datierung aus der Wende des 8./9. Jhs. stammend (Bischoff 1971, 110ff.), ist das sog. 'Sächsische Taufgelöbnis' mit seiner bekannten Abschwörung der Göttertrias Donar, Wodan und Saxnot. Das Denkmal reicht zweifellos noch in die Frühzeit der Sachsenmissionierung zurück, womit sich auch am besten die allgemeine Annahme vereinbaren läßt, daß wohl ein ags. Geistlicher die Übersetzung nach einer insularen Vorlage getätigt habe. Während die ältere Forschung als Entstehungsort das südöstliche Sachsenland oder das damals sächs. orientierte Kloster Fulda in Erwägung zog, glaubt man neuerdings an eine Entstehung in England selbst (Machielsen 1961, 97ff.) oder in der ags. Missionszentrale Utrecht (Gysseling 1980 a, 26ff.). Aus der eigenartigen Sprachmischung — relativ geringe ahd. Spuren vermutlich des Mainzer Kopisten der erhaltenen Handschrift sowie aengl. Einschläge vor allem orthographischer Natur, die im übrigen selbst beim heutigen Forschungsstand nicht immer eine eindeutige Abgrenzung gegenüber and. Sprachformen gestatten (vgl. Klein 1977, 475ff.) — wird als Zielrichtung der missionarischen Absichten eine wenigstens intendierte „Verniederdeutschung" ablesbar; daher hat dieses Taufgelöbnis, unabhängig von der Person des Bearbeiters und dem Bearbeitungsort, als and. Sprachdenkmal zu gelten. Ein zweites, jüngeres (10. Jh.), nur indirekt überliefertes Tauformular wird gemäß Sprachform und Provenienz als 'Altwestfälisches Taufgelöbnis' bezeichnet; deutlich in frk. Tradition stehend, geht es wohl auf die kirchenorganisatorischen Maßnahmen Karls des Großen zurück.

In engstem Zusammenhang mit dem letztgenannten Taufgelöbnis, wahrscheinlich sogar vom gleichen Redaktor bearbeitet, ist ein and. 'Beichtspiegel' entstanden. Als Textsorte gehört dieses Sündenbekenntnis, das sich durch sprachliche Gewandtheit und eine beachtliche Selbständigkeit in der erweiternden bzw. kürzenden Behandlung des Textes auszeichnet, in die Reihe jener mehr als dreißig adt. Beichtformeln, deren Textfiliation G. Baesecke im einzelnen verfolgt hat. Die Beichte ist mit ihren immerhin 55 modernen Druckzeilen (Wadstein 1899, 16f.) das umfangreichste and. Prosadenkmal.

Vielfach tritt in der älteren Überlieferung das Beichtformular vereint mit dem Glaubensbekenntnis auf, was auf ihre gleichartigen Verwendungszusammenhänge und Zugehörigkeit zur selben Textsortenklasse hinweist. Hier existiert nur ein sehr später and. Textzeuge im sog. 'Nd. Glauben', der überdies noch in entstellter Überlieferung des 17. Jhs. vorliegt (in der 'Historia universalis' des nl. Gelehrten M. Z. Boxhorn, 1652) und nach der üblichen Datierung „um 1200" bereits an die Schwelle zum Mnd. reicht. Obwohl eine gründliche Analyse der Sprache wie der verschiedenen Vorlagen- und Schreibeinflüsse noch aussteht, nimmt man heute bei diesem einzigen (spät)and. Symbolum nicht mehr Übersetzung aus dem Lat. an, sondern Bearbeitung nach einer älteren hd. Vorlage und Entstehung im nordwestlichen Westfalen.

Psalmen und Psalmenkommentare gehörten, entsprechend ihrer hohen Gebrauchsfrequenz als scholares Lehrmittel für Latein und Gesang, außerdem als beliebte Erbauungslektüre namentlich auch für Frauen, zu den meistverbreiteten Schriften des Mittelalters. Wären nicht mehrere Übertragungen ins And. − wenn auch nur in dürftigen Resten − bewahrt, hätte man ihre ehemalige Existenz ohne weiteres voraussetzen können. Erhalten sind zwei Doppelblätter eines Psalters, die in ungelenker Interlinearübersetzung acht Psalmen überliefern. Diese nach ihrem seinerzeitigen Aufbewahrungsort benannten 'Lubliner Psalmenfragmente' (heute Warschau) sind vermutlich in einem westf. Kloster während des 10. Jhs. nach einer ahd. Vorlage entstanden, und zwar wohl zu Unterrichtszwecken, da die Kopie durch mehrere Schreiber erfolgte. Wesentlich anspruchsvoller in der literarischen Qualität, jedoch desolat in ihrer Überlieferung − so kann man die Bruchstücke einer and. Psalmenauslegung charakterisieren, die literaturgeschichtlich unter dem wenig zutreffenden Namen „Gernroder Predigt" geführt wird. Es handelt sich um zwei stark vermoderte, stellenweise sogar in

Fetzen zerfallene Pergamentblätter, die als Umschlag einer aus der früheren Frauenabtei Gernrode (gegründet 961/63) stammenden Rechnung dienten. Der lückenhafte, schon im letzten Jahrhundert kaum noch zu entziffernde Text jener and. 'Psalmenauslegung', die in der Tradition der lat. Psalmenkommentierung steht, bietet sprachstilistisch wohl „die beste Leistung as. Prosa überhaupt" (Rathofer 1976, 23). Obwohl nach neuerer paläographischer Altersbestimmung auf das späte 10. Jh. (Bischoff 1971, 130) eine Niederschrift in Gernrode selbst von der Chronologie her nicht mehr ausgeschlossen ist, weist die Sprache doch weniger auf das Ofäl. als vielmehr Westf., am ehesten Werden.

Das einzige and. Denkmal homiletischer Literatur ist eine 'Allerheiligen-Predigt' (Ende 10. Jh.), die auf einer fälschlich Beda zugeschriebenen lat. Predigtvorlage 'De omnibus sanctis' beruht und daher bis in jüngste Zeit meist als 'Beda-Homilie' bezeichnet wird. Die Handschrift, die außer der Predigt auch and. Glossen und das 'Essener Heberegister' enthält, war früher Eigentum des Damenstiftes Essen, und es besteht nicht nur kodikologisch, sondern auch sprachlich (vgl. Ahlsson 1973) die größte Wahrscheinlichkeit, daß die genannten and. Texte dort niedergeschrieben worden sind.

An weltlichen Gebrauchstexten sind allein mehrere 'Heberegister' überliefert: eine spezifische Art mittelalterlicher „Geschäftsprosa". Ihrem Charakter als klösterliche Güter- und Abgabenverzeichnisse gemäß verzeichnen sie hauptsächlich die Namen betroffener Personen, Gehöfte und Orte; nur in einigen dieser Texte tritt die Angabe der zu entrichtenden Geldbeträge und Naturalien hinzu. Der eigentliche Wert dieser Heberegister, auch solcher, die bis auf das personale oder toponymische Namengut rein lat. sind (z. B. die zweite 'Herzebrocker Heberolle', vgl. Hartig 1971), liegt also im Arbeitsbereich der and. Namenkunde. Im einzelnen wären zu nennen die ältesten Aufzeichnungen der 'Werdener Urbare' aus dem 9./10. Jh., das bereits erwähnte 'Essener Heberegister', 10. Jh., sowie − am umfangreichsten und vollständigsten − das 'Freckenhorster Heberegister' aus der zweiten Hälfte des 11. Jhs.

5. Glossen

Die mittelalterliche Glossen„literatur" bildete damals nicht nur eine eigene, sondern auch eigenartige Textsorte; denn es sind erklärende Einzelwörter innerhalb oder am Rande von Texten ('Interlinear- und Kontext- sowie Marginalglossen'), die dann im Gefolge der älteren lat. Glossographie zu alphabetisch oder sachlich angeordneten Wortlisten – eben 'Glossaren' – zusammengestellt wurden: die Vorläufer unserer Wörterbücher. Im geistlich organisierten Unterrichtsbetrieb der Dom- und Klosterschulen hatten diese Glossierungen zwei Aufgaben zu erfüllen: Im Blick auf die absolut geforderte Beherrschung der lat. Kirchen- und Bildungssprache wurden lat. Wörter mit volkssprachiger Übersetzung versehen, um sie auf diesem Wege als „Vokabeln" zum Zweck des besseren Verständnisses der lat. Texte zu erlernen; da es sich in diesen Fällen vornehmlich um schwierigere Ausdrücke der biblischen Schriften oder lat. Schulautoren handelte, liegen hier die Anfänge philologischer Bemühung ums Dt. Andererseits ergab sich, von den Möglichkeiten der Volkssprache aus gesehen, häufig genug die Notwendigkeit, für solche lat. Sonderwörter oder spezielle Fachausdrücke der christlichen Terminologie erst noch Neubildungen, meist in Anlehnung an die ahd. Kirchensprache, erfinden zu müssen. Die Glossen dienten dann der Einübung in die neue Nomenklatur.

In weitgehender Übereinstimmung mit dem Ahd., wenn auch in erheblich geringerem Umfang, überliefert das And. Bibelglossierungen, Glossierungen von christlichen Schriftstellern wie Gregor dem Großen und Prudentius, Glossierungen der klassischen Werke Vergils usw. Der Wert dieser Glossen liegt einmal darin, daß sie uns einen Eindruck von der damaligen Schulausbildung und Wissenschaft im Sachsenland vermitteln; zum andern belegen gerade die Glossen, weil es dabei oft um die Interpretamente ungewöhnlicher, erklärungsbedürftiger Ausdrücke geht, zahlreiche sonst in der and. Dichtung und Gebrauchsprosa nicht vorkommende Wörter. Allerdings stellen sich hier auch besonders massiv die erwähnten Interferenzprobleme: Kaum eine der and. Glossensammlungen ist frei von hd. Einwirkungen; z. B. bieten die St. Petri-Bibel- und Mischglossen ahd. und and. Sprachformen nebeneinander, die Werdener Prudentius-Glossen enthalten „von feiner Hand" geschriebene mfrk. Wörter neben den and. Glossen mit ihrem gröberen Duktus, usw. Die Fremdeinflüsse sind vielfältiger Art: Einflüsse nur der Schreibung, Übernahmen aus ahd. Vorlagen oder heterogenen Quellen, Eintragungen zu verschiedener Zeit, doch auch von frk. Schreibern in sächs. Klöstern, so vor allem Werden und Essen. Dieses Phänomen hat indes auch eine umgekehrte Seite; erst in jüngster Zeit ist nachgewiesen worden, daß eine ganze Reihe mfrk. Quellen des 9. bis 11. Jhs. mehr oder weniger starke and. Einflüsse aufweisen (Klein 1977, 159ff.). Offenbar herrschte innerhalb der adt. Glossographie ein reger wissenschaftlicher Austausch zumindest zwischen geographisch naheliegenden oder in anderer Weise verbundenen Skriptorien.

6. Literatur (in Auswahl)

Ahlsson, Lars-Erik, Die altsächsische Beda-Homilie. In: NdM 29, 1973, 30–41.

Baesecke, Georg, Die altdeutschen Beichten. In: PBB 39, 1925, 268–355.

Belkin, Johanna/Jürgen Meier, Bibliographie zu Otfrid von Weißenburg und zur altsächsischen Bibeldichtung (Heliand und Genesis). Berlin 1975. (BLM 7).

Bischoff, Bernhard, Paläographische Fragen deutscher Denkmäler der Karolingerzeit. In: FSt 5, 1971, 101–134.

Ders., Die Straubinger Fragmente einer Heliand-Handschrift. In: PBB (T) 101, 1979, 171–180.

Cordes, Gerhard, Alt- und mittelniederdeutsche Literatur. In: Aufriß. Bd. II. 2. Aufl. Berlin 1960, 2473–2520.

Ders., Altniederdeutsches Elementarbuch. Heidelberg 1973.

Ders./Dieter Möhn (Hrsg.), Handbuch zur niederdeutschen Sprach- und Literaturwissenschaft. Berlin 1983.

Eichhoff, Jürgen/Irmengard Rauch (Hrsg.), Der Heliand. Darmstadt 1973. (WdF CCCXXI).

Eis, Gerhard, Altdeutsche Zaubersprüche. Berlin 1964.

Foerste, William, Altsächsische Literatur. In: RL I, 1958, 39–46.

Ders., Otfrids literarisches Verhältnis zum Heliand (1950). In: Eichhoff/Rauch 1973, 93–131.

Goossens, Jan, Oudnederlandse en vroegmiddelnederlandse letterkunde. In: TNTL 98, 1982, 241–272.

Gysseling, Maurits, Corpus van Middelnederlandse teksten (tot en met het jaar 1300). Reeks II: Literaire handschriften. Deel 1, Fragmenten. 's-Gravenhage 1980.

Ders., Die nordniederländische Herkunft des Helianddichters und des „altsächsischen" Taufgelöbnisses. In: NdJb. 103, 1980 a, 14–31.

Hartig, Joachim, Die zweite Herzebrocker Heberolle. In: NdJb. 94, 1971, 30–40.

Hermann, Rüdiger, Attos Gabe. Die Inschriften der Runenfibel von Soest und ihre Sprache. In: NdJb. 112, 1989, 7−19.

Hofmann, Dietrich, Die altsächsische Bibelepik, ein Ableger der angelsächsischen geistlichen Epik? (1959). Mit Nachtrag 1972. In: Eichhoff/Rauch 1973, 315−343.

Ders., Die altsächsische Bibelepik zwischen Gedächtniskultur und Schriftkultur. In: Settimane di studio del Centro italiano di studi sull'alto medioevo 23, 1986, 453−490.

Ders., Die Versstrukturen der altsächsischen Stabreimgedichte Heliand und Genesis. Bd. I−II. Heidelberg 1991. (Beiträge zur älteren Literaturgeschichte).

Ders., Stabstellung, Hakenstil und Verstypenwahl in den Langzeilen des Heliand. Eine metrisch-stilistische Studie. In: NdJb. 117, 1994, 7−23.

Huber, Wolfgang, Altniederdeutsche Dichtung. In: Cordes/Möhn 1983, 334−350.

Kartschoke, Dieter, Altdeutsche Bibeldichtung. Stuttgart 1975. (SM 135).

Klein, Thomas, Studien zur Wechselbeziehung zwischen altsächsischem und althochdeutschem Schreibwesen und ihrer sprach- und kulturgeschichtlichen Bedeutung. Göppingen 1977. (GAG 205).

Ders., 'De Heinrico' und die altsächsische Sentenz Leos von Vercelli. Altsächsisch in der späten Ottonenzeit. In: Ulrich Ernst/Bernhard Sowinski (Hrsg.), Architectura poetica. Festschrift für Johannes Rathofer zum 65. Geburtstag. Köln/Wien 1990, 45−66. (KgSt 30).

Kötzschke, Rudolf (Hrsg.), Die Urbare der Abtei Werden a. d. Ruhr. A. Die Urbare vom 9. bis 13. Jh. Bonn 1906. (Rheinische Urbare 2).

Krogh, Steffen, Zur Sprache des 'Sächsischen Taufgelöbnisses'. In: ZdA 124, 1995, 143−150.

Lasch, Agathe, Das altsächsische Taufgelöbnis. Die altsächsischen Psalmenfragmente. In: Ausgewählte Schriften zur niederdeutschen Philologie. Hrsg. v. Robert Peters/Timothy Sodmann. Neumünster 1979, 18−59, 60−103.

Machielsen, D. L., De Angelsaksische herkomst van de zogenaamde Oudsaksische doopbelofte. In: LBij 50, 1961, 97−124.

Pieper, Peter, Die Weser-Runenknochen. Neue Untersuchungen zur Problematik: Original oder Fälschung. Oldenburg 1989. (Archäologische Mitteilungen aus Nordwestdeutschland, Beiheft 2).

Rathofer, Johannes, Altsächsische Literatur. In: Kurzer Grundriß der germanischen Philologie bis 1500. Hrsg. v. Ludwig Erich Schmitt. Bd. 2: Literaturgeschichte. Berlin 1971, 242−262.

Ders., Realien zur altsächsischen Literatur. In: NdW 16, 1976, 4−62.

Rauch, Irmengard, The Old Saxon Language. Grammar, Epic Narrative, Linguistic Interference. New York [etc.] 1992. (Berkeley Models of Grammars 1).

Rooth, Erik, Nordseegermanische Studien. Bd. II. Stockholm 1981. (Filologiskt arkiv 24).

Sanders, Willy, Imperator ore iucundo saxonizans. Die altsächsischen Begrüßungsworte des Kaisers Otto in 'De Heinrico'. In: ZdA 98, 1969, 13−28.

Ders., Sachsensprache, Hansesprache, Plattdeutsch. Sprachgeschichtliche Grundzüge des Niederdeutschen. Göttingen 1982. (Sammlung Vandenhoeck).

Schöndorf, Kurt Erich, Die Tradition der deutschen Psalmenübersetzung. Untersuchungen zur Verwandtschaft und Übersetzungtradition der Psalmenverdeutschung zwischen Notker und Luther. Köln/Graz 1967. (MdF 46).

Schr[öder], Edward, Eine altsächsische Münzinschrift. In: AdA 28, 1902, 174.

Schwab, Ute, Einige Beziehungen zwischen altsächsischer und angelsächsischer Dichtung mit einem Beitrag von Wolfgang Binnig: Altsächsisch *tōm*, angelsächsisch *tōm* und althochdeutsch *zūomi(g)*. Spoleto 1988. (Centro italiano di studi sull'alto medioevo 8).

Sonderegger, Stefan, 'Abecedarium Nordmannicum'. In: VL I, 1978, 7f.

Stammler, Wolfgang, Geschichte der niederdeutschen Literatur von den ältesten Zeiten bis auf die Gegenwart. Sonderausgabe Darmstadt 1968. (Libelli CCLXIX).

Stellmacher, Dieter, Niederdeutsche Sprache. Eine Einführung. Bern [etc.] 1990. (GeLe 26).

Taeger, Burkhard, 'Altsächsische Genesis'. In: VL I, 1978, 313−317.

Ders., Das Straubinger „Heliand"-Fragment. Philologische Untersuchungen (I.−IV.). In: PBB (T) 101, 1979, 181−228; 103, 1981, 402−424; 104, 1982, 10−43; 106, 1984, 364−389.

Ders., Heliand. In: VL III, 1981, 958−971.

Veenbaas, Redbad, Bernlef und der Heliand. [Dazu Thomas Klein und Tette Hofstra.] In: NdJb. 115, 1992, 159−182.

Von Weringha, Juw, Heliand and Diatessaron. Assen 1965.

Wadstein, Elis, Kleinere altsächsische sprachdenkmäler mit anmerkungen und glossar. Norden/Leipzig 1899. (NdD 6).

Willy Sanders, Bern

86. Die Diagliederung des Altniederdeutschen (Altsächsischen)

1. Zur Terminologie

Eine Diagliederung des Altniederdeutschen (And.) vorzunehmen — dem Terminus 'and.' sollte, u. a. aus Gründen einer stringenten Systematik, der Vorzug vor 'altsächsisch' gegeben werden (Collitz 1902, 72*, Anm. 3, Sanders 1974, 10; vgl. zuletzt Cordes 1980), das zudem nicht frei von politisch-ethnischen Assoziationen ist (Kuhn 1973) —, Dia-Aspekte also des And. darstellen zu wollen, setzt die Interpretation dieser Frühstufe des Deutschen als eines Diasystems voraus, eines vielfältig strukturierten Bezugsgeflechtes aus untereinander ähnlichen oder miteinander verwandten Kommunikationssystemen, das vor allem relativ zu einer räumlichen, einer zeitlichen und einer soziokulturellen Komponente differenziert ist (Goossens 1983, Sanders 1974 a, Hildebrandt 1976). Die ob der Systematik erfolgte getrennte Darstellung diatopischer, diachronischer und diastratischer Aspekte des And. bringt Wiederholungen mit sich — die einer östl. Gruppe zuzuordnenden Denkmäler sind in der Regel jünger überliefert als die einer westl., so daß sprachliche Unterschiede zwischen beiden nicht solche des Raumes sein müssen, sondern ebensogut solche der Zeit sein können, im Prinzip auch solche verschiedener Quellengattungen —; sie lassen sich nicht ganz vermeiden. — Es sei wenigstens daran erinnert, daß auch für eine Untersuchung des And. gilt, daß die seinerzeitigen Formen gesprochener Sprache nicht direkt überliefert sind, sich vielmehr hinter schriftlichen Aufzeichnungen verbergen. Diese wurden zudem mit Schriftzeichen angefertigt, die den and. Phonemen grundsätzlich inadäquat waren, den über die fränk. Schreibtradition vermittelten Graphemen des lat. Alphabetes.

2. Diatopik

Den geographischen Rahmen für eine Darstellung diatopischer Aspekte des And. bilden die Grenzen jenes Sprachraumes, in dem and. gesprochen wurde und aus dem seit dem 9. Jh. Überlieferung in dieser Sprache vorliegt (Art. 83), der schließlich weitgehend identisch ist mit dem Herrschaftsbereich der Sachsen. Für ihn kann nicht von einer „den ganzen Stamm erfassenden Verkehrsgemeinschaft" ausgegangen werden, so daß es in ihm „auch nicht zur Ausbildung einer umfassenden Stammesmundart" kommen konnte (Eggers 1963, 36); auch aus diesem Grunde sollte 'and.' der Vorzug vor 'as.' gegeben werden. Die Summe der Sprachen jener germ. Stämme im Norddeutschland der ersten nachchristlichen Jhh., die später im karolingerzeitlichen Sachsenstamm aufgingen, mag als vor-and. bezeichnet werden; sie trug ausgeprägt ingwäonische oder nordseegerm. Züge. Wenn es auch — anders als für das Ae., das die unterschiedliche stammesmäßige Herkunft der Sprachträger deutlich erkennen läßt — für das And. nicht möglich ist, das jeweilige sprachliche Erbe einem der nichtsächsischen Erblasser — u. a. Chauken, Langobarden, Angrivarier, Cherusker — zuzuweisen, so dürfen dessen zahlreiche Verbindungen mit dem Binnendeutschen doch nicht pauschal nur als Beeinflussung des sprachlich passiven Nordens durch den sprachlich aktiven Süden angesehen werden. Sie können durchaus bodenständiges nicht-ingwäonisches Substrat unter sächsisch-ingwäonischem Superstrat sein (Lerchner 1965, 316). Das And. fällt nicht aus dem Rahmen der bei den Frühformen der anderen wgerm. Sprachen zu beobachtenden Sprachwirklichkeit heraus, wenn man es nicht von vornherein als monolithische Einheit auffaßt.

Da der and. Norden ob fehlender Überlieferung lange nicht in Erscheinung tritt, sind Aussagen zur Diatopik im wesentlichen nur für den Süden möglich. Er zerfällt erkennbar in einen westl. — Essen, Werden, Freckenhorst, Corvey — und einen östl. — Hildesheim, Bad Gandersheim, Halberstadt, Merseburg — Teil. Die ersterem zuzuordnenden Dialekte sind u. a. durch den Akk. Sg. mask. *thena* des bestimmten Artikels — gegenüber sonst *thana* — und durch -*emo* im Dat. Sg. mask. der starken Adjektivflexion — gegenüber sonst -*on* — gekennzeichnet (Foerste 1950). — Die Quellen der westl. Gruppe sind hinsichtlich der Graphien für den Endsilbenvokalismus bei durchgängiger Identität von ahd., and. ⟨i⟩, ⟨u⟩ durch ein (*a, o*)-System gekennzeichnet: ahd. ⟨e⟩ und ⟨a⟩ = and.

⟨a⟩, ahd. ⟨o⟩ = and. ⟨o⟩ (Klein 1977, 399ff.), die der östl., die schon Schlüter (1892, 223) erkannt und die Steinger (1925, 37) als „die engere Gruppe" bezeichnet hatte, durch ein (*e*, *a*)-System: ahd. ⟨e⟩ und ⟨a⟩ = and. ⟨e⟩, ahd. ⟨o⟩ = and. ⟨a⟩ (Klein 1977, 479ff.); ein drittes System (*e*, *o*) repräsentiert Hel. M: ahd. ⟨e⟩ und ⟨a⟩ = and. ⟨e⟩, ahd. ⟨o⟩ = and. ⟨o⟩ (Klein 1977, 416ff.). − Mit den Gruppen von Klein (1977) überlappen sich, ohne mit ihnen kongruent zu sein, jene, die sich aus einer Analyse der Graphien für die and. Entsprechungen von wgerm. /au/ und /o:/ ergeben (Cordes 1956, 25ff.). Einem *a*-System − die Wiedergabe von and. /ǫ:/ < /au/ schwankt zwischen ⟨a⟩ und ⟨o⟩ bei weitgehender Sicherheit der Wiedergabe von and. /o:/ < /o:/ durch ⟨o⟩ − steht ein *o*-System gegenüber, das durch ein deutliches Vorherrschen von ⟨o⟩ für /ǫ:/ und ein Schwanken zwischen ⟨o⟩ und ⟨uo⟩ für /o:/ gekennzeichnet ist. Das *a*-System hat sich vermutlich „im Bereich des nördl. Westfäl." ausgebildet (Cordes 1956, 34; vgl. auch Lasch 1932, 263f.) und gilt u. a. auch für das ältere Werdener Urbar − seine Ablösung dort durch das *o*-System nach der Mitte des 12. Jh.s ist eine Erscheinung der Diachronie −, im 11./12. Jh. für die Chronik Thietmars von Merseburg sowie für die Totenbücher von Halberstadt und Lüneburg, ist in Ansätzen auch in Hel. M erkennbar. Das *o*-System findet sich u. a. im Essener Beichtspiegel, hat sein Schwergewicht aber trotz Thietmar und Halberstädter Totenbuch im Südosten; ferner gilt es für den Hel. Die beiden Schreibsysteme lassen sich weder strikt geographisch scheiden, noch können sie „klar auf die Gruppen literarische Texte − Eigennamen verteilt werden" (Cordes 1956, 35), zeigen also auch keine deutliche stratische Differenzierung. − Der Südosten hebt sich auch sonst vom übrigen and. Sprachgebiet ab: In vielen seiner Quellen werden der Dat. und der Akk. des Personalpronomens formal unterschieden, bevor sie in mnd. Zeit auch hier in nur einer Form zusammenfielen, abweichend vom übrigen nd. Sprachgebiet − und in Übereinstimmung mit dem angrenzenden md. − allerdings in der Form des Akk.; die Akk.formen waren im And. sonst bis auf minimale Reste geschwunden (Wolff 1934, 140ff., Simon 1965, 55). Weitere Merkmale sind die früh und recht konsequent durchgeführte Hebung des durch Umlaut aus /a/ entstandenen /e/ in offener Tonsilbe zu /i/ (Cordes 1956, 19), Aufhellung von /a/ zu /e/

(Rooth 1932), reich bezeugter Zetazismus, Sibilierung also des palatalen [k] (Lasch 1939, Rooth 1957a, Krogh 1996, 193ff.), früher und rascher Übergang von ⟨ia⟩ zu ⟨ie⟩ für wgerm. /eu/ vor /a, e, o/ (Rooth 1949, 104). − Zahlreiche heutige wortgeographische Gegensätze zwischen dem Westen und dem Osten der nd. Stammlande − z. B. *Kolter* : *Seck* 'Vorschneidemesser am Pflug', *Prume* : *Plume* 'Pflaume', *Godensdag* : *Middeweken* 'Mittwoch' reichen nach Foerste (1957, 1755ff.) „in as. oder gar voras. Zeit" zurück und gründen in verschiedenen Entlehnungswegen (dazu auch Frings 1966).

3. Diachronie

Zetazismus und Übergang von ⟨ia⟩ zu ⟨ie⟩ können außer für die Diatopik auch für die Diachronik des And. ausgewertet werden. Daß ersterer z. B. im Hel. fehlt, ist nicht etwa dadurch zu erklären, daß der Hel. in einem Gebiet entstanden wäre, dessen Dialekt keinen Zetazismus kannte, sondern dadurch, daß dieser Lautwandel sich im And. erst im 10. Jh. durchsetzte, die Hel.sprache also noch gar nicht von ihm erfaßt werden konnte (Cordes 1956, 17ff.). Daß er zudem in einigen ursprünglich sibilierten Lexemen − vorwiegend OrtsN − später wieder rückgängig gemacht wurde, ist ebenfalls ein unter zeitlichem Aspekt zu sehendes Faktum. − Vor allem unter diachronischem Aspekt ist, folgt man Cordes (1956, 39), ⟨e⟩ für /a:/ besonders in der Stellung vor oder nach /r/ − *gēr* 'Jahr', PersonenN mit *rēd*, *mēr* (vgl. Lasch 1932, 264f.) − zu sehen, das von einer vorübergehenden Aufhellung des /a:/ zeugt. Im Cordesschen *a*-System stand mit ⟨a⟩ für /ǫ:/ und /a:/ nur ein Graphem zur Verfügung; wenigstens in den Lexemen, in denen das /a:/ palatalen Charakter hatte, konnte es durch ⟨e⟩ wiedergegeben werden, wodurch ⟨a⟩ für /ǫ:/ entlastet wurde. Mit der Zeit wurde ⟨e⟩ immer stärker als Graphem für den Umlaut von /a/ benutzt, wurde das palatale [a:] verdumpft, stand durch den Rückgang des *a*-Systems − vgl. seinen Ersatz durch das *o*-System im jüngeren Werdener Urbar − ⟨a⟩ wieder als Graphem für /a, a:/ ohne Konkurrenz zur Verfügung, so daß schließlich ⟨e⟩ als Bezeichnung für palatales [a:] völlig schwand. − Das and. Nebeneinander von Formen wie *fīthan* und *findan* in Hel. M, -*mūthe* und -*munde* als Grundwort in OrtsN, *nāth* und *gund* als Bestandteile von PersonenN ist von Cordes

(1956, 13 ff.) als systemimmanent und als Erscheinung der Diachronie erklärt worden: Im And. herrschte vorübergehend − und zwar gerade in jener Zeit, in die „die Sprache des Hel., seiner Überlieferung und der meisten kl. Dkm. fällt" − die Tendenz zum Ausfall des /n/ nach Kurzvokalen und vor /Þ/ bei gleichzeitiger Dehnung des Vokals. Sie erfaßte aber nicht alle in Frage kommenden Lexeme, traf die erfaßten zudem mit erkennbaren regionalen und zeitlichen Unterschieden, war vielfach gar wieder rückläufig und führte dann, wohl unter dem Einfluß des Übergangs der Spirans /Þ/ zum Verschlußlaut /d/, zur Restitution des /n/. Wir haben es bei diesem Ausschnitt des sog. Nasalspirantengesetzes (dazu jetzt Krogh 1996, 217 ff.) also mit einem recht komplizierten Ablauf in der Zeit zu tun. − Als weiteres Beispiel für längerfristige Entwicklungen ist die Geschichte der and. Entsprechungen von wgerm. /eu/ vor /a, e, o/ von Interesse, wie sie sich aus dem Wandel der Grapheme ablesen läßt, hinter dem sich vorausgegangene lautliche Veränderungen verbergen. In allen Quellen seit dem 9. Jh. mit Ausnahme des Hel., der von ⟨io⟩ bestimmt wird, ist ⟨ia⟩ diejenige Graphie, die das Schriftbild prägt (Rooth 1949, 50 ff.); lediglich in den ältesten Abschnitten der Corveyer Traditionen behauptet sich, bei einer mit abnehmendem Alter sinkenden Tendenz, daneben vor allem ⟨eo⟩ (Schröder 1897, 49 f.), das wohl als die ältere Form anzusehen ist. Im Laufe des 11. Jh.s wurde, zuerst im Südosten, ⟨ia⟩ durch ⟨ie⟩ abgelöst, das seinerseits seit etwa der Mitte des 12. Jh.s durch ⟨e⟩ verdrängt wurde, eine Neuerung aus dem Westen. Auf einen diastratischen Gegensatz gar scheint Rooth (1949, 72 ff.) abzuheben, wenn er das „io des Heliand im Verhältnis zum *ia* der kleineren Denkmäler und der Eigennamen" sieht. Zu ⟨ia⟩ vgl. jetzt auch Krogh 1996, 183 ff. − In erster Linie sind in diesem Zusammenhang Erscheinungen von Interesse, die von Veränderungen innerhalb einer längeren Sprachperiode zeugen. Neben ihnen gibt es aber auch Spuren langfristiger Konstanz, die ebenfalls genannt werden sollten. (Simon 1965, 52 ff.) hat *eft* 'aber', *biutan* 'außer' und *bet* 'besser' in Hel. M, *(gi)setta* 'setzte', *legda* 'legte' und *williad* 'wollte' in Hel. M, seltener in C, sowie die Akkusative *mik* 'mich' und *thik* 'dich' in Hel. C als aus vorliterarischer Zeit überkommene Konstanten angesprochen, auf die hinzuweisen ihm zu Recht wichtig scheint angesichts „der starken Umwandlung, die sicherlich zwischen dem 5.

und 9. Jahrhundert das kontinentale As. erlebt hat" (58).

Viel weniger noch als für die sog. kleinen Denkmäler kann eine Untersuchung der Hel.sprache den Anspruch erheben, zu gesprochener Sprache und ihrer Diatopik vorzustoßen. Selbst der gesicherte Fixpunkt, daß Hel. M in Corvey entstanden ist (B. Bischoff 1979), ermöglicht keine Einblicke in das Corveyer And. des 9. Jh.s, auch wenn z. B. Foerste (1950, 65, 151) sprachliche Kriterien für die Abfassung dieser Hs. in Ostwestfalen anführt und Corvey explizit nennt. Solange Herkunft und Bildungsweg der zwei oder gar drei Schreiber (B. Bischoff, zuerst 1952/53, 10; vgl. jetzt auch Taeger 1979 a), ihre Werktreue gegenüber ihrer Vorlage sowie deren Verhältnis zum Original unbekannt sind, lassen sich nicht einmal Schlüsse hinsichtlich der Sprache der Schreiber ziehen. Trotz der Divergenzen innerhalb einer Hs. und der Differenzen der Hss. untereinander ist es nicht möglich, diese Erscheinungen derart diatopisch zu interpretieren, daß man sagen könnte, dem and. Dialekt A eigne die eine, B und vielleicht weiteren Dialekten die andere Form. Selbst die sicher auf „eine sehr tiefgehende dialektische Differenz in der Sprache der Altsachsen" hinweisende Tatsache, für deren hohes Alter ein entsprechender dialektaler Gegensatz im Ae. spricht, daß nämlich Hel. M „für die satzeinleitende Konjunktion 'außer' *biutan*, *biuten*, *butan* und nichts weiter" hat, Hel. C dagegen „15mal *neuuan*, *neuan*, *neban*, *nouan* und nur 3mal *botan* für *butan*, das es offenbar gar nicht kennt" (Simon 1965, 54), ermöglicht kein Vordringen zur Sprache des Schreibers von C oder gar seines Herkunftsortes. Das Straubinger Fragment S (B. Bischoff 1979a), das in diesem Punkte zu C stimmt (Taeger 1979, 208 ff.), bietet „weitere Fälle von Wortersatz [...] gerade bei Formwörtern" − *tulgo*, *behuon*, *tigene* −, die „auf dialektische Umsetzung" hinweisen; wie *neuuan* haben sie im Ae. nur anglische Entsprechungen. Die bedeutendste and. Quelle, ein sprachliches Kunstwerk ersten Ranges, verschließt sich trotz solcher Ansatzpunkte − noch − einer Auswertung für die and. Dialektgeographie; einige Aufhellung ist von weiteren Untersuchungen Taegers zu S zu erwarten.

4. Diastratik

Mit der Feststellung von Sanders (1973, 33), daß „viele as. Sprachprobleme im Grunde Heliand-Probleme" seien, ist nicht nur das

quantitative Problem des Übergewichtes dieser Quelle gegenüber dem sonstigen and.
Untersuchungsmaterial angesprochen, sondern zugleich das diastratische der Repräsen-
tanz verschiedener Sprachschichten im Gesamtkorpus, wobei zu bedenken bleibt, daß
die gesprochene Sprache nicht direkt greifbar
wird. „Mittelalterliche Texte sind [...] schon
als Institution oberschichtlich orientiert"
(Sanders 1974a, 29), geben also den „Sprach"-
stand nur einer kleinen, gebildeten, der
Schrift mächtigen Gruppe wieder (Sonderegger 1979, 20ff.). Unterstellt man, daß in
and. Zeit die Angehörigen dieser Gruppe aus
Gründen, die nicht eigentlich sprachliche
sind, die ersten waren, die mit der Sprache
der fränk. Eroberer in Berührung kamen und
sie wegen ihres sozio-kulturellen Mehrwertes
auch zu akzeptieren bereit waren, dann darf
man folgern, daß in ihrer sprachlichen Hinterlassenschaft am ehesten und nachhaltig-
sten Spuren des südl. Einflusses auf das ursprüngliche And. zu finden sind. Das wichtigste erhaltene Sprachzeugnis dieser Schicht ist
der Hel., heute zwar der Textsorte 'literarisches Kunstwerk' zugeordnet, in der Zeit
aber, da er entstand und verbreitet wurde,
durchaus für den Gebrauch bestimmt, den
mündlichen Vortrag in größeren Gemeinschaften (Taeger 1979, 214); diese Kommunikationsfunktion mag eine der Ursachen für
die zahlreichen Divergenzen innerhalb einer
Hs. und aller Hss. untereinander sein.

Die Zuweisung des Hel. zu Sprachformen
der Oberschicht könnte helfen, die Diskussion darüber zu entschärfen, ob seine ⟨ie⟩
und ⟨uo⟩ für /e:/ und /o:/ lediglich fränk.
Schreibung seien, hinter der sich mono-
phthongische Lautung verberge (Rooth 1949,
23ff.), oder ob sie Ausdruck einer diphthongischen Lautung seien (Krogmann 1970,
219). Durchaus denkbar ist „eine partiell in
Erscheinung tretende diphthongische Aussprache als eine aus dem Fränkischen adap-
tierte oberschichtliche Sprechweise" (Sanders
1974 a, 31), die Übernahme also von Prestige-
formen. – Als vornehmlich diastratisch zu er-
klärendes Phänomen ist die Hel.sprache auch
sonst gesehen worden: Collitz (1902, 96*) in-
terpretierte sie als „eine Art Schriftsprache
oder Litteratursprache", Mitzka (1948/50, 38)
als eine Variante der auf den Stammesver-
sammlungen gesprochenen, fränk. beeinflußten „überlandschaftlichen, über den kleinlandschaftlichen Mundarten stehenden Umgangssprache"; beide Erklärungsversuche implizieren, daß die Hel.sprache das Ergebnis

eines – wenn auch erst zaghaften – Integra-
tionsprozesses von den Einzeldialekten zu einer überregionalen Form von Einheitlichkeit
gewesen wäre. – Auf den Unterschied zwischen gesprochener Sprache und traditions-
und formelgebundener Sprache der hohen
Dichtung hebt die Interpretation des Neben-
einanders von Kurz- und Langformen für
den Dat. Sg. mask., neutr. der pronominalen
Flexion ab (Dal 1934). Danach sind die
Langformen auf -mu als eine aus dem Süden
übernommene Neuerung anzusehen, die
Kurzformen dagegen als der nordseegerm.
und ursprünglich and. Bestand. Der Arche-
typ des Hel. hatte die nördl. Form, die auch
C, P und V bestimmt, während M durch die
Neuerung -mu gekennzeichnet ist, die auch in
S vorherrscht (Taeger 1979, 213). In Hel. M
und S schimmert hier also ein der Sprechsprache zuzuordnender Zug durch. – Andererseits fehlt Hel. M, das sicher nach Corvey
zu lokalisieren ist, und auch Hel. S die bei
den nicht-literarischen Denkmälern dieses
Raumes zu beobachtende Verdumpfung des
⟨a⟩, was wohl nur durch unterschiedliche
Sprachschichten erklärt werden kann: Vermutlich verbirgt hier die Sprache der hohen
Dichtung etwas, was die am Ort gesprochene
Variante durchaus kannte.

Repräsentieren vor allem der Hel., aber
auch die kleinen literarischen Denkmäler ein
von Geistlichkeit und Adel getragenes Litera-
turidiom (Moser 1957, 714f.), so stehen jene
Sprachdaten, die die Textsorten 'Glossen',
'Eigennamen' und 'Güter- und Abgabenverzeichnisse' liefern, näher an der immer wieder
apostrophierten 'Volkssprache'. Als eines von
deren wichtigsten Charakteristika gelten die
sog. Ingwäonismen, Phänomene, die das
And. mit dem Ae. und dem Afries. gemein
hat. Die ältere Forschung (vgl. zu deren
„wichtigsten Positionen" Lerchner 1965,
310ff.) suchte sie denn auch ursprünglich
nicht-sächsischen Stämmen zuzuschreiben,
wenn auch z. B. Collitz (1902, 68*ff., 91*ff.)
Bedenken dagegen erhob. Rooth (1932)
stellte dann am Beispiel der von Ingwäonismen durchsetzten Sprachform der Merseburger Quellen fest, daß diese Ausdruck der
„Volkssprache" sei, die „besonders in Denkmälern nichtoffiziellen Charakters zum Vor-
schein" komme und als „echt sächsisch" anzusprechen sei (53). Die nordseegerm. Züge
beschränken sich nicht auf diese Quellen,
sondern sind weit verbreitet. – Die Hervorhebung von „Volkssprache" durch Rooth impliziert eine stratische Interpretation der Ing-

wäonismen, ist der Begriff doch nur dann sinnvoll, wenn er in Opposition zu einer überdialektalen Sprachform gesehen wird. In der Diskussion mit Cordes (1956) betont Rooth (1957, 37) diese Opposition, wenn er noch einmal feststellt, „dass das Echtsächsische besonders in Eigennamen durchgeschlagen" habe, weil diese „dem Volke nahestanden, weil die Aussprache des Volkes massgebend war, während die kirchlichen Denkmäler [...] der fränkischen Kultur entwachsen waren". Die letzte Aussage ist sicher etwas überspitzt, die Differenzen zwischen der 'Volkssprache' mit echt sächsischem Gepräge und einer fränk. beeinflußten gehobenen Sprachschicht sind jedoch nicht zu leugnen. K. Bischoff (1967, 37) spricht in ähnlicher Terminologie von einer „nordseegermanischen oder ingwäonischen Grundschicht" des And. und bezeichnet die zugehörigen Züge ebenfalls als „echtsächsisch". – Haben als Träger einer überregionalen gehobenen Sprachschicht, wie sie insbesondere den Hel., aber auch die übrige geistliche Dichtung kennzeichnet, Adel und Geistlichkeit zu gelten, so kann der Anteil des Ingwäonischen am And. einer an sozial niedriger stehende Volksschichten gebundenen sprachlichen Grundschicht zugeschrieben werden (Heeroma 1970). Danach wären die Ingwäonismen keine Zeugnisse für eine „echte, komplette Sprache", sondern nur für „eine unterschichtliche Sprechtendenz in der nördlichen Hälfte des westgermanischen Bereiches" (239). Außerhalb des Frankenreiches bildeten sich nach Heeroma in den ersten nachchristlichen Jhh. „auf ingwäonischer Grundlage neue Kultursprachen" (240), unter ihnen das And., das dann seit der Merowingerzeit vom fränk. Superstrat überlagert wurde, wodurch seine ingwäonischen Bestandteile zum Substrat wurden. Diese „sprachsoziologische Hypothese" scheint für die Interpretation des sprachlichen, räumlichen und zeitlichen Befundes besonders fruchtbar zu sein, bereitet doch die Vorstellung, das Ingwäonische sei ein geschlossenes Sprachsystem gewesen, das geographisch auf einen verhältnismäßig engen Saum um die Nordseeküste zu begrenzen, zeitlich zwischen das Wgerm. und dessen spätere Einzelsprachen einzuschieben sei (dazu zusammenfassend Lerchner 1965, 313ff.), nicht geringe Schwierigkeiten.

Trotz des – bisher nicht sicher lokalisierten – Hel. ist die Überlieferung in and. Sprache räumlich und zeitlich wie auch mit dem Blick auf die vertretenen Textsorten punktuell und nicht sehr reichhaltig. Der Versuch einer Diagliederung des And. kann daher nur begrenzt zu befriedigenden Ergebnissen führen.

5. Literatur (in Auswahl)

Für alle Titel, die bei Meier (1975) verzeichnet sind, wird auf diese Bibliographie verwiesen.

Bischoff, Bernhard, Die Schriftheimat der Münchener Heliand-Handschrift. In: PBB (T) 101, 1979, 161–170.

Ders., Die Straubinger Fragmente einer Heliand-Handschrift. In: PBB (T) 101, 1979, 171–180. [= B. Bischoff 1979a].

Bischoff, Karl, Elbostfälische Studien. Halle (Saale) 1954. (MdSt. 14).

Ders., Sprache und Geschichte an der mittleren Elbe und der unteren Saale. Köln/Graz 1967. (MdF. 52).

Collitz, Hermann, Einleitung. [Zu] Karl Bauer, Waldeckisches Wörterbuch [...]. Hrsg. v. Hermann Collitz. Norden/Leipzig 1902, 1*–106*.

Cordes, Gerhard, Altniederdeutsch. In: LGL 1980, 576–580.

Eggers, Hans, Deutsche Sprachgeschichte I. Reinbek 1963. (rde 185/186).

Frings, Theodor, Germania Romana. 2. Aufl. Halle (Saale) 1966. (MdSt. 19/1).

Goossens, Jan, Niederdeutsche Sprache – Versuch einer Definition. In: Niederdeutsch. Sprache und Literatur. Eine Einführung. Hrsg. v. Jan Goossens. Bd. 1: Sprache. 2. Aufl. Neumünster 1983, 9–27.

Ders., Deutsche Dialektologie. Berlin/New York 1977. (SaGö 2205).

Heeroma, Klaas, Zur Problematik des Ingwäonischen. In: FSt 4, 1970, 231–243.

Hildebrandt, Reiner, Syn- und Dia-Aspekte in der Linguistik. In: GL 3–4/76, 6–20.

Hofmann, Dietrich, Die Versstrukturen der altsächsischen Stabreimgedichte Heliand und Genesis. 2 Bde. Heidelberg 1991.

Klein, Thomas, Studien zur Wechselbeziehung zwischen altsächsischem und althochdeutschem Schreibwesen [...]. Göppingen 1977. (GAG 205).

Korhammer, Michael, Altenglische Dialekte und der Heliand. In: Anglia 98, 1980, 85–94.

Krogh, Steffen, Die Stellung des Altsächsischen im Rahmen der germanischen Sprachen. Göttingen 1996. (Studien zum Althochdeutschen 29).

Kuhn, Hans, Altsächsische Sprache. In: Reallexikon der Germanischen Altertumskunde. Bd. 1. 2. Aufl. Hrsg. v. Heinrich Beck [u. a.]. Berlin/New York 1973, 239–241.

Lerchner, Gotthard, Studien zum nordwestgermanischen Wortschatz. Halle (Saale 1965). (MdSt. 28).

Meier, Jürgen, Bibliographie zur altsächsischen Bibeldichtung [...]. In: Johanna Belkin, Jürgen Meier, Bibliographie zu Otfrid von Weißenburg [...]. Berlin 1975, 61–137. (BLM 7).

Moser, Hugo, Deutsche Sprachgeschichte der älteren Zeit. In: Aufriß 1957, 621–854.

Rauch, Irmengard, The Old Saxon Language [...]. New York [...] 1992. (Berkeley Models of Grammars 1).

Rooth, Erik, Die Sprachform der Merseburger Quellen. In: Niederdt. Studien. Conrad Borchling zum 20. März 1932 dargebracht [...]. Neumünster 1932, 24–54.

Ders., Über Palatalisierung des k im Nordseegermanischen. In: Ders., Nordseegerm. Beiträge. Stockholm 1957, 1–18. (Filologiskt Arkiv 5).

Sanders, Willy, Deutsch, Niederdeutsch, Niederländisch [...]. In: NdW 14, 1974, 1–22.

Ders., Die niederdeutsche Sprachgeschichtsforschung. In: NdJb 97, 1974, 20–36. [= Sanders 1974 a].

Ders., Sachsensprache, Hansesprache, Plattdeutsch. Göttingen 1982.

Sonderegger, Stefan, Grundzüge deutscher Sprachgeschichte. Bd. 1. Berlin/New York 1979.

Taeger, Burkhard, Das Straubinger 'Heliand'-Fragment [...]. In: PBB (T) 101, 1979, 181–228.

Ders., Die Auswirkung des Schreiberwechsels auf die dialektologische Auswertung der Münchener 'Heliand'-Handschrift. In: Befund und Deutung. Hans Fromm zum 26. Mai 1979 [...]. Hrsg. v. Klaus Grubmüller [u. a.]. Tübingen 1979, 111–135. [= Taeger 1979 a].

Die übrigen im Text erwähnten Titel sind, in alph. Reihenfolge der Verfassernamen, die Nummern 159, 334, 387, 395, 336, 343, 135, 390, 153, 393, 337, 345, 366, 104, 406, 385, 330 der Bibliographie von Jürgen Meier (1975).

Ulrich Scheuermann, Göttingen

87. Reflexe gesprochener Sprache im Altniederdeutschen (Altsächsischen)

1. Schreib- und Sprechsprache
2. Phonetisch-morphologische Einzelzüge
3. 'Ingwäonismen' als Reflexe grundschichtlicher Sprechsprache
4. „Frankonisiertes" Altniederdeutsch der adligen Oberschicht
5. Literatur (in Auswahl)

1. Schreib- und Sprechsprache

Historische Sprachwissenschaft muß in ihrer Abhängigkeit von der Überlieferung immer textbezogen vorgehen. Wenn wir die Frage nach der in and. Zeit gesprochenen Sprache stellen, bedeutet dies methodisch den Schluß vom geschriebenen Buchstaben auf den gesprochenen Laut. Selbst unter der Annahme, daß mittelalterliche Schreiber ohne die z. T. künstlichen Normierungen moderner Schriftsprachen noch wesentlich laut- und sprachnäher geschrieben haben, setzt gerade die and. Überlieferung dem philologischen Erkenntnisstreben enge Grenzen. Denn die wenigen Texte sind zudem noch in verschiedener Hinsicht uneinheitlich: orthographisch (unterschiedliche Schreibtraditionen), sprachgeographisch (dialektale Rückwirkungen verschiedener Verfasser, Schreiber oder Schreib-

orte), nicht zuletzt textsortenspezifisch (Divergenzen in Abfassungszweck, -form, -stil usw.). All dies hat jedoch mit gesprochener Sprache wenig zu tun, ja verdeckt diese eher. Trotzdem bleibt die Frage relevant; denn die gesprochene Sprache hat damals, mehr noch als heute, den weitaus überwiegenden Anteil am Gesamtsprachvolumen ausgemacht.

Systematisch kann man Reflexe gesprochener Sprache in drei Bereichen suchen: (a) im phonetisch/phonologischen, (b) im morphologischen und (c) im syntaktisch-textuellen Bereich. Bezogen auf das and. Textmaterial ergibt sich, daß alle suprasegmentalen Spracheigenschaften wie Betonung, Intonationsweise usw. in der Verschriftlichung verlorengegangen sind. Gelegentlich können in abweichenden Schreibvarianten phonetische Eigenschaften sichtbar werden. Morphologisch äußert sich gesprochene Sprache in Formen der Assimilation, Kontraktion usw., die im Gegensatz zur durchweg exakt-grammatischen Schriftlichkeit stehen und – wie in der heutigen Umgangssprache – auf eine entsprechende Artikulation zurückzuführen sind. Demgegenüber fällt es zumal angesichts des Fehlens jeglicher Vorarbeiten schwer, im Satzbau Züge gesprochener Sprache ausfindig zu machen. Die Dichtung kommt wegen ihrer durch Stabreim und Langzeile gebundenen Kunstform ohnehin nicht in Betracht. Die kleineren Denkmäler sind teils in gehobener Schriftprosa, teils in etwas steifer Übersetzung nach dem Lat. abgefaßt (als Beispiel die Partizipialkonstruktion *helpandemo usemo drohtine* 'durch die Hilfe unseres Herrn'). Texte schließlich, die man auch nur annähernd als Wiedergaben gesprochener Sprache bezeichnen könnte, gibt es im And. nicht.

2. Phonetisch-morphologische Einzelzüge

Zeitgenössische Äußerungen metasprachlicher Art über and. Sprache, Sprachverwendung, Sprachunterschiede usw. fehlen. In den lat. Schriften der Zeit kommen gelegentlich volkssprachige Ausdrücke vor, die mit charakteristischen Formeln wie *quod vulgo* oder *lingua nostra/eorum … dicitur, vocant* oder ähnlich eingeführt werden (z. B. Sanders 1974, 29 f.). Doch gerade diese Wörter bieten in der Regel nichts Alltagssprachliches, sondern spezielle germ.-sächs. Vokabeln, die im Lat. keine Entsprechung hatten und dann ihrerseits vielfach latinisiert wurden (mlat. *bannus, marca, mundburdus* usw.). Auch Sprachspott, wie er in der älteren Zeit durchaus nicht selten war, würde in diesen Zusammenhang gehören; hinsichtlich der sächs. Sprache liefert er aber außer der Feststellung, daß man darüber lacht (vgl. Baesecke 1940, 409), keine detaillierteren Aussagen.

Die Aussprache des And. bestimmt man nach dem damaligen Lautwert der Zeichen des lat. Alphabets unter Berücksichtigung von Schreibvarianten und späterer Lautentwicklung. Geht man davon aus, daß schon in and. Zeit örtliche Schreibtraditionen mit bestimmten orthographischen Regelungen bestanden, an die man sich in den Skriptorien hielt, dann wird der unverfälschte mündliche Sprachgebrauch oft nur noch an mehr oder weniger vereinzelten „Fehlschreibungen" erkennbar. Dies gilt besonders für den Fall, daß ein Schreiber sich bei der Textabschrift mit der abweichenden Sprachform einer Vorlage auseinanderzusetzen hatte. Das Ergebnis ist häufig eine nur noch schreiberpsychologisch zu erklärende Mischung von Kopie, Abänderung, Ersetzung, hyperkorrekter Schreibung usw. Die Analyse derartiger Erscheinungen kann man sich bisweilen zunutze machen, um Reflexe echter Mündlichkeit in den alten Schrifttexten aufzuspüren. So indiziert das einmal vorkommende *chebur* 'Nachbar' (neben *gi-, gebur*) im 'Freckenhorster Heberegister' möglicherweise die im Westf. übliche Artikulation des anlautenden *g-* als velarer Reibelaut. Als phonetisch gesichert kann die 'Auslautverhärtung' stimmhafter Verschlußlaute gelten (vgl. Cordes 1973, 230), auch wenn diese vergleichsweise selten − z. B. *dumphêd* 'Dummheit', *stuot* 'Herde von Stuten' oder *ummihank* 'Umhang', meist in Glossen − neben überwiegend etymologischer Schreibung mit *b, d, g* zum Ausdruck kommt.

Während bei der Ausdeutung von Einzelbelegen stets Vorsicht geboten ist, können mehrfache gleichartige Schreibdubletten ohne weiteres für phonetische Rückschlüsse herangezogen werden. In den Grammatiken findet man z. B. eine phonologische Gesetzmäßigkeit beschrieben, die alte Kurzvokale vor Nasalverbindungen mit ursprünglich stimmlosen Reibelauten unter Nasalschwund und Ersatzdehnung zu Langvokalen werden ließ, das sog. 'Nasalspirantengesetz'.

Man kann den historischen Ablauf so rekonstruieren, daß sich beim *a* in der vorauszusetzenden Phonemsequenz /anþ/ zunächst die Nasalierung auf das vor dem Velarnasal stehende *a* übertrug, dann das *n* unter der Einwirkung des folgenden Spiranten þ (and. geschrieben ⟨th, đ⟩) schwand und endlich ein Wandel vom Nasalvokal zum oralen Langvokal vor sich ging, also /ãþ/ > /āþ/. Der vorherige Zustand der Nasalierung geht noch klar daraus hervor, daß der Vokal im Aengl. und Afries. regelmäßig als ō, im And. fakultativ als ā oder ō auftritt, z. B. ahd. *andar* − and. *âđar, ôđar*; diese Graphien lassen den Schluß zu, daß hier ein dumpfer, zwischen ā oder ō liegender Laut gesprochen wurde (phonetisch [ɔː]).

Mögen derartige Ergebnisse auch wenig bemerkenswert erscheinen, so ist doch zu bedenken, daß wir aus den graphemischen Befunden zwar exakte phonologische Systeme des And. gewinnen, daß uns aber nur beschränkt Einsichten in die phonetische Realisierung der Phoneme möglich sind (Überlegungen zur Artikulation verschiedener and. Laute bei Klein 1977, passim).

Die morphologischen Unterschiede zwischen Schreib- und Sprechsprache vermag im Grundsätzlichen ein vergleichender Blick auf das Mnd. in seiner Frühphase und klassischen Schriftsprachlichkeit zu verdeutlichen: hier grammatische Korrektheit mit etymologisch-archaisierender Tendenz (neben orthographischen Reglementierungen und angestrebter überregionaler Einheitlichkeit) −

dort noch eine die dialektale Differenzierung spiegelnde schreibsprachliche Vielfalt, die in zahlreichen Assimilationen und Kontraktionen eine deutliche Nähe zur gesprochenen Sprache erkennen läßt.

Auch in and. Zeit finden sich schon, abgesehen von vokalischen Angleichungen (*hagastalt*, *iungurun*, *gilîcnissi* usw.), die möglicherweise zu Lasten der Schreiber gehen, solche im späteren Nd. gesetzmäßigen Fälle von Assimilationen wie *mb > mm, nd > nn* oder *ld > ll*, z. B. in dem schon erwähnten *ummihank* neben *umbi*, *emmar* 'Eimer' neben *embar*, *winning* 'Beinschiene' neben *winding* (-*ll*- nur in Namen belegt). Da diese Erscheinungen offenbar artikulatorisch bedingt sind, handelt es sich um sprechsprachliche Wortveränderungen. Noch klarer liegt dies zutage in mehr oder weniger auffälligen Kontraktionsformen wie *uuillik* (*willi ik*), *gisahe* (*gisah hē*), *uuites* (*wita es*), *nēt* (*ni wêt*) usw. Daß sie verglichen mit den der grammatischen Norm entsprechenden Bildungen relativ vereinzelt bleiben, ist eine Auswirkung der erfahrungsgemäß konservativ-traditionellen Schriftlichkeit. Dagegen ist Mündlichkeit der Motor allen Sprachwandels: jahrzehntelanges (wenn nicht längeres), ständiges „Zerreden" kann zu einem Formenabbau führen, wie er beispielsweise die Zehnerzahlen 70–90 betroffen hat. Diese wurden ursprünglich in der nordwestlichen Germania und so noch im Aengl. bezeugt durch vorgesetztes *hund-* '100' gebildet, das in der and. Überlieferung jedoch nur mehr zu *ant-, at-* abgeschwächt erhalten (Anlehnung an das Präfix *and-*?) oder ganz geschwunden ist; jetzt aber *hunahtuđe* '80' in den neugefundenen Straubinger 'Heliand'-Fragmenten.

3. 'Ingwäonismen' als Reflexe grundschichtlicher Sprechsprache

Der zuvor exemplarisch herangezogene Nasalschwund steht in einem größeren Zusammenhang 'ingwäonischer' (ingw.) Spracherscheinungen. Von der nicht unproblematischen Verwendung des taciteischen Begriffs der *proximi Oceano* wohnenden *Ingaevones* 'Nordseegermanen' einmal abgesehen, streitet sich die Forschung bereits seit Jahrzehnten, was unter diesem Ingw. exakt zu verstehen sei. Es handelt sich um eine in vielem enger verbundene Sprachengruppe, der das Aengl., Afries., Anl. und And. zugerechnet werden. Immerhin läßt sich – bloße 'Anglofriesis-

men' oder lediglich 'Friesismen' nicht gerechnet – eine Anzahl von rund 20 charakteristischen Sprachmerkmalen anführen, die als 'Ingwäonismen' den genannten Sprachen eigen sind (vgl. zusammenfassend Markey 1976, 44ff.).

Die Erscheinungsweise dieser Ingwäonismen im And. zeigt auffällige Besonderheiten. Neben vielen bis ins heutige Nd. bewahrten Wörtern mit Nasalschwund finden sich auch *n*-haltige Formen, so im Falle des Beispiels *âđar, ôđar* auch *andar*, ferner *findan* neben *fiđan, uns* neben *ûs* usw. Aber nicht allein solche Dubletten werfen ein bezeichnendes Licht auf den sprachgeschichtlichen Status dieser ingw. Kennformen, sondern auch der Umstand, daß sie zuweilen nur sporadisch, geradezu versehentlich ihren schriftlichen Niederschlag gefunden haben. Das ist etwa der Fall bei der Tonerhöhung von kurzem und langem *a* ('ingw. Palatalisierung'), z. B. in *erm* 'Arm', *gêr* 'Jahr', Verdumpfung von *a > o*, z. B. -*mon* 'Mann' (nur in Namen belegt), *ā* als Ergebnis der Monophthongierung von germ. *au* (wie im Afries.), z. B. *bâm* statt *bôm*, usw. Nahezu völlig zurückgedrängt erscheint der im Aengl. und Afries. allgemein durchgeführte Übergang von *k* bei palataler Umgebung in einen Sibilanten. In westf. Texten des 10. Jhs. kommt eine Reihe von *ki*-Schreibungen vor, z. B. *antkiennian* 'erkennen', *folcsciepe* 'Völkerschaft', worin man wohl zu Recht einen orthographischen Reflex der Aussprache [*kj*] und damit die erste Stufe jenes als 'Zetazismus' bekannten Assimilationsprozesses sieht. Diese Entwicklung setzt sich aber nicht fort; vielmehr wird sie im Mnd. regelrecht unterdrückt (Lasch 1979, 104ff.), so daß heute nur noch einige Reliktformen in den nrddt. Mundarten wie *Ütze* 'Kröte', ON. wie *Celle* (a. 985 *Kiellu*) und zahlreiche, allerdings noch weniger erforschte Flurnamen für die ehemalige Verbreitung dieser ingw. Lauterscheinung im Nd. zeugen. Resümierend läßt sich feststellen, daß die wichtigsten Spracheigenschaften dieser Art (verbaler Einheitsplural, generelle *ai*- und *au*-Monophthongierung, pron. Einheitskasus *mi* 'mir/mich', *thi* 'dir/dich' usw.) das And. unverkennbar in enger Zusammengehörigkeit mit der nordseegerm. Sprachengruppe zeigen. Diese ingw. Grundlage erscheint aber, ähnlich wie im Anl., von vornherein dadurch reduziert, daß eine Reihe solcher Ingwäonismen (Nasalschwund, Zetazismus, ferner subst. *s*-Plural, die Zehner-Zahlwortbildung usw.) durch Konkurrenzformen, äußerst dürftige

Bezeugung oder gar völligen Schwund gekennzeichnet ist. Die klar zutage tretende Zurückdrängung ingw. Sprachmerkmale stellt offensichtlich eine Folge der frk. Herrschaft dar, die eine fortschreitende „Eindeutschung" der Sachsensprache mit sich brachte.

Daraus resultiert die widerspruchsvolle, als „dualistisch" bezeichnete Mittelstellung des And. zwischen der Sprache der Nordseeküste und dem Frk.-Binnendt., für die in der Forschung verschiedene Deutungen erwogen worden sind (Foerste 1957, 1739 ff.). In deutlichem Gegensatz zu dem „normalen", zugleich aber auch den frk.-dt. Kultureinflüssen offeneren And. vor allem der poetischen und der meisten kleineren Denkmäler zeigen hauptsächlich Namen in Urkunden, Totenbüchern, Heberegistern und historischen Quellen (vgl. Schlaug 1962) sowie bestimmte Glossensammlungen, namentlich die Merseburger, Lamspringer und Oxforder Vergil-Glossen, einen ausgesprochen ingw. Lautstand. Die vereinzelten sonstigen Belege machen den Eindruck, daß sie ihre Verschriftlichung in den oberschichtlich-literaten Texten z. T. nur Zufälligkeiten, Unachtsamkeit der Schreiber oder speziellen Überlieferungsbedingungen verdanken. Hingegen verkörpern die in den genannten Quellen auf uns gekommenen ingw. Namensformen und Glossen augenscheinlich eine Wiedergabe der Sprache, wie sie damals in den sozial tieferstehenden, sprachlich konservativeren Personenkreisen üblich war.

Dieser Auffassung kommt eine neuere, von K. Heeroma vertretene Deutung des Ingw. entgegen, der darin — ausgehend von seinem Reliktcharakter an der Nordsee — unter sprachsoziologischem Aspekt „ursprünglich keine echte, komplette Sprache", sondern „eine unterschichtliche Sprechtendenz" sieht (Heeroma 1970, 239). Demgemäß werden ingw. Kriterien wie Nasalschwund, *ai/au*-Monophthongierung usw. einer „sprachlichen Grundschicht" zugewiesen, die in bestimmten Sprachen des Nordwestens, so dem Aengl. und Afries., offenbar stärker durchdrang als im Nd. und Nl. Dies lag wohl an dem dort seit Karolingertagen dominierenden Einfluß des Frk.-Hd., dem es allem Anschein nach gelang, viele Ingwäonismen aus der schriftlichen Überlieferung ganz oder großenteils fernzuhalten wie auch ihren Gebrauch immer weiter an die Reichsperipherie zurückzudrängen. Hierfür spricht einerseits die ausgeprägte Reliktlage des Afries. (ebenso die Situation des nicht zum Frankenreich ge-

hörenden insularen Aengl.), andererseits der auffällige Rückgang bis Schwund derartiger volkssprachlich-ingw. Sprachphänomene im And. wie Anl. Daher dürfte die Folgerung gerechtfertigt sein, diejenigen Ingwäonismen, die and. nur noch verdeckt vorkommen, als Reflexe der im Volk gesprochenen, zäh noch alte sächs. Eigenart bewahrenden Sprechsprache zu betrachten.

Die erst kürzlich entdeckten Straubinger 'Heliand'-Bruchstücke (vgl. Taeger 1979—1984) könnten trotz ihrer ungeklärten Lokalisierung diese Auffassung bestätigen. Sicher ist jedenfalls, daß es sich um eine im Vergleich mit der bisher bekannten Überlieferung der Bibeldichtung markant umgestaltete Textversion handelt, deren Dialektmerkmale „eine starke nordseegerm. Prägung der Sprache" zeigen (Taeger 1983, 960). Die Ingwäonismen, sonst nur sporadisch — wie festgestellt — vor allen in Namenschreibungen und Glossen, treten hier im geistlich-poetischen Hauptwerk des And. derart sprachprägend in Erscheinung, daß man die Hs. S. für eine „altwestfriesische Übersetzung" gehalten hat (Huisman 1986). Die Widerlegung dieser Hypothese (vgl. Klein 1990; Sanders 1990) verlangt ihrerseits aber eine andere Erklärung der eigentümlichen Sprachform: Geht man von einer Zweckbestimmung des Textes zum mündlichen Vortrag aus, worauf die deutlich gebrauchsbezogene Akzentuierung hinweist (79 Akzente in den 174 Versen der Fragmente), so führt dies — im Hinblick auf Spuren „nachlässiger Artikulation" und „Lautungen der Umgangssprache", ja „tatsächlich gesprochene Mundart" (Taeger 1981, 413 ff.; 1984, 385 ff.) — zur Annahme einer bewußten sprachlichen Überformung des 'Heliand', deren Grundzug offenbar in der angestrebten Wiedergabe einer sprechsprachnahen, wo immer im nordwestlichen And. zu lokalisierenden örtlichen Volkssprache besteht.

4. „Frankonisiertes" Altniederdeutsch der adligen Oberschicht

Vom sächs. Adel wissen wir, daß er schon bald nach der endgültigen Befriedung in Loyalität gegenüber der frk. Reichsgewalt und dem christlichen Glauben enge Beziehungen sowohl zu den im Lande verbliebenen Franken als auch innerhalb des frk. Reichs knüpfte. Adlige Oberschicht und hohe Geistlichkeit waren, als Träger des Bildungswesens, auch für die and. Überlieferung zuständig, wodurch die in der Schreibsprache massiv hervortretenden Einflüsse frk. Orthographie, frk. Texttraditionen und frk. Sprache ihre Erklärung finden. Namentlich für E. Rooth haben wir es im 'Heliand' mit einer in vielem frankonisierten „Literatursprache auf echtsächsischer Grundlage" zu tun (Rooth 1973, 206). Bei aller Beachtung der orthographischen Einwirkungen, denen das neue and. Schreibsystem nachweislich von ahd.-frk. Seite ausgesetzt war, scheint hier aber ein Problem der Sprachschichtung auf ein Phänomen der Schriftlichkeit reduziert zu werden. Wenn auch schreibsprachlich und literarisch, so muß es doch eine für die als Adressatenkreis vorauszusetzende Adels- und Geistlichenschicht verständliche und das heißt: ihrer Sprechweise zumindest nahekommende Sprachform gewesen sein; z. B. hätten die immer wieder als hd. verzeichneten Wörter wie *felis*, *drokno*, *finstar* usw. sicher nicht verwendet werden können, wenn sie dem Publikum völlig unbekannt gewesen wären. So hat denn auch W. Mitzka die damalige Mündlichkeit ins Spiel gebracht, insofern für ihn die 'Heliand'-Sprache einer „über den kleinlandschaftlichen Mundarten stehenden Umgangssprache" entspricht (Mitzka 1973, 141). Allerdings sollte man lieber in ständischer Orientierung von einer frk. gefärbten Oberschichtssprache reden. Der rasche Fortschritt der „Eindeutschung" des And. weist gleichfalls in diese Richtung.

Ein ausdrücklich als hypothetisch zu bezeichnendes Beispiel könnten die umstrittenen *ie*- und *uo*-Schreibungen der and. Überlieferung für die langen *ē*- und *ō*-Laute liefern. Denn *ie* (*ia*) und *uo* bedeuten nichts anderes, als daß in diesen Fällen wenigstens in der Schrift die ahd. übliche 'frk. Diphthongierung' auftritt. Dieses Phänomen hat bisher noch keine schlüssige Erklärung gefunden, da einerseits die *ie*- und *uo*-Graphien zu zahlreich belegt sind, als daß man sie samt und sonders als Schreibfehler oder frk. Schreibungen ansehen könnte, sie andererseits aber in ihrer weiten Streuung auch die Annahme eines begrenzten Vordringens der frk. Diphthongierung über die and. Sprachgrenze hinweg schwerlich zulassen. Möglicherweise könnte es sich dabei um eine partiell in Erscheinung tretende diphthongische Aussprache innerhalb des sächs. Adelsstandes gehandelt haben, eine vielleicht nur kurzlebige sprachliche Mode, die in einer hyperkorrekten Artikulation der echt and. *ē*- und *ō*-Laute gemäß dem als „vornehmer" empfundenen

Frk. bestand (die soziolinguistische Forschung spricht in solchen Fällen von sog. Prestige-Formen). Da man die Sprache damals wie heute ohne Bedenken als oberschichtlich orientiert ansehen darf, war diese Sprachform sicherlich das „modernere" And.

5.   Literatur (in Auswahl)

Baesecke, Georg, Vor- und Frühgeschichte des deutschen Schrifttums. Bd. I. Halle/S. 1940.

Cordes, Gerhard, Altniederdeutsches Elementarbuch. Wort- und Lautlehre mit einem Kapitel „Syntaktisches" von Ferdinand Holthausen. Heidelberg 1973.

Eichhoff, Jürgen/Irmengard Rauch (Hrsg.), Der Heliand. Darmstadt 1973. (WdF CCCXXI).

Foerste, William, Geschichte der niederdeutschen Mundarten. In: Aufriß. Bd. I. 2. Aufl. Berlin 1957, 1729—1898.

Ders., Die Herausbildung des Niederdeutschen. In: Werner Schröder (Hrsg.), Festschrift für Ludwig Wolff zum 70. Geburtstag. Neumünster 1962, 9—27.

Heeroma, Klaas, Zur Problematik des Ingwäonischen. In: FSt 4, 1970, 231—243.

Ders., Zur Raumgeschichte des Ingwäonischen. In: ZDL 39, 1972, 267—283.

Huisman, J. A., Die Straubinger Heliandfragmente als altwestfriesische Übersetzung. In: *wortes anst — verbi gratia*. Donum natalicium Gilbert A. R. de Smet. Hrsg. v. H. L. Cox/V. F. Vanacker/E. Verhofstadt. Leuven/Amersfoort 1986, 227—236.

Klein, Thomas, Studien zur Wechselbeziehung zwischen altsächsischem und althochdeutschem Schreibwesen und ihrer sprach- und kulturgeschichtlichen Bedeutung. Göppingen 1977. (GAG 205).

Ders., Die Straubinger Heliand-Fragmente: altfriesisch oder altsächsisch? In: Aspects of old Frisian philology. Hrsg. v. Rolf H. Bremmer Jr./Geart van der Meer/Oebele Vries. Amsterdam/Atlanta, GA und Groningen (Grins) 1990, 197—225. (ABäG 31/32 und Estrikken 69).

Krogh, Steffen, Die Stellung des Altsächsischen im Rahmen der germanischen Sprachen. Göttingen 1996. (StAhd. 29).

Lasch, Agathe, Palatales k im Altniederdeutschen. In: Robert Peters/Timothy Sodmann (Hrsg.), Agathe Lasch. Ausgewählte Schriften zur niederdeutschen Philologie. Neumünster 1979, 104—217.

Markey, Thomas L., Germanic Dialect Grouping and the Position of Ingvæonic. Innsbruck 1976. (Innsbrucker Beiträge zur Sprachwissenschaft 15).

Mitzka, Walther, Die Sprache des Heliand und die altsächsische Stammesverfassung. In: Eichhoff/Rauch 1973, 132—143.

Rooth, Erik, Die Sprachform der Merseburger Quellen. In: Festschrift für Conrad Borchling. Neumünster 1932, 24−54.

Ders., Über die Heliandsprache. In: Eichhoff/Rauch 1973, 200−246.

Sanders, Willy, Die niederdeutsche Sprachgeschichtsforschung. In: NdJb 97, 1974, 20−36.

Ders., Altsächsische Sprache. In: Jan Goossens (Hrsg.), Niederdeutsch. Sprache und Literatur. Bd. I. 2. Aufl. Neumünster 1983, 28−65.

Ders., Sprachliches zu den Straubinger 'Heliand'-Fragmenten. In: Architectura poetica. Festschrift für Johannes Rathofer zum 65. Geburtstag. Hrsg. v. Ulrich Ernst/Bernhard Sowinski. Köln/Wien 1990, 17−28. (KgSt 30).

Scheuermann, Ulrich, Sprachliche Grundlagen. In: Hans Patze (Hrsg.), Geschichte Niedersachsens. Bd. I. Hildesheim 1977, 167−258.

Schlaug, Wilhelm, Die altsächsischen Personennamen vor dem Jahre 1000. Lund/Kopenhagen 1962. (LGF 34).

Taeger, Burkhard, Das Straubinger 'Heliand'-Fragment. In: PBB (T) 101, 1979, 181−228; 103, 1981, 402−424; 104, 1982, 10−43; 106, 1984, 364−389.

Ders., 'Heliand'. In: VL III, 1983, 958−971.

Wolff, Ludwig, Die Stellung des Altsächsischen. In: Ders., Kleinere Schriften zur altdeutschen Philologie. Berlin 1967, 1−24.

Willy Sanders, Bern

X. Ergebnisse der Sprachgeschichtsforschung zu den historischen Sprachstufen III: Das Mittelhochdeutsche

88. Soziokulturelle Voraussetzungen und Sprachraum des Mittelhochdeutschen

1. Bezeichnung, Zeitraum und Sprachraum

1.1. Zur Bezeichnung 'Mittelhochdeutsch'

'Mittelhochdeutsch' bezeichnet eine sprachgeschichtliche Epoche des Dt. im hohen und späten Mittelalter. Der Terminus ist zeitlich ('mittel'), geographisch ('hoch') und einzelsprachlich ('deutsch') definiert. In Analogiebildung zu den Bezeichnungen der vorhergehenden Sprachstufe des Althochdeutschen und der nachfolgenden des Neuhochdeutschen meint 'mittel' die zeitliche Mittelstellung innerhalb einer dreigliedrigen Periodisierung. Weiter grenzt 'hoch', das nicht im Sinne standardsprachlicher Normung zu verstehen ist, den obd. und md. Sprachraum gegen das in der norddeutschen Tiefebene gesprochene und geschriebene Mnd. aus; dies im Gegensatz zur zeitgenössisch-mittelalterlichen Auffassung, die Nd. und Hd. als Anwendungsvarianten einer gemeinsamen Sprache empfand (vgl. auch Sonderegger 1979, 44 und 49). Bei der Bezeichnung 'Mittelhochdeutsch' handelt es sich nicht um eine dem Mittelalter eigene Terminologie, sondern um eine Prägung der frühen sprachwissenschaftlichen Germanistik (Jacob Grimm).

1.2. Der Zeitraum

Die verschiedenen Vorschläge zur zeitlichen Ausdehnung des Mhd. sind bei Roelcke (1995, 177−192) in tabellarischer Übersicht zusammengestellt (s. dort auch die bibliographischen Angaben zu den einzelnen Sprachgeschichten, die hier nicht eigens aufgeführt werden). Danach wird der Beginn der mhd. Sprachperiode in der neueren Forschung im wesentlichen übereinstimmend in die Mitte des 11. Jhs. (1050 oder 1070) datiert (u. a. Gerdes/Spellerberg; Eggers; Moser/Wellmann/Wolf; Schildt; Sonderegger; Wolff), als nach längerer Überlieferungsphase deutschsprachige Literatur neu einsetzt. Nur selten wird die Grenze auf 1000 rückverlegt (u. a. Bräuer; Wolf) oder − nach einer Übergangszeit (u. a. Moser: 'jüngeres Frühdeutsch'; von Polenz) − in die 2. Hälfte des 12. Jhs. geschoben.

Umstrittener ist die zeitliche Abgrenzung zum (Früh-)Neuhochdeutschen, nachdem die in der älteren Auffassung um 1500 angenommene Grenze (mit den außersprachlichen Begründungen der Erfindung des Buchdrucks um 1450 und Luthers Übersetzung des Neuen Testaments 1522; vgl. bes. Moser 1952, 323) nicht mehr verbindlich ist (Ausnahmen neben Moser u. a. Bräuer und Schildt 1991: 'Spätmittelhochdeutsch' von 1250−1500). Periodisierungsvorschläge dagegen, die die dreigliedrige Struktur zugunsten des Frnhd. in eine viergliedrige aufbrechen, lassen das Mhd. im allgemeinen um 1350 enden (u. a. Eggers; Gerdes/Spellerberg; Moser/Wellmann/Wolf; Penzl). Sonderegger (1979, 171) schlägt vor, keine starren zeitlichen Grenzen für den Übergang vom Spmhd. zum Frnhd. zu setzen; danach wäre ein Übergangszeitraum von 1350 bis 1500 entsprechend dem unterschiedlichen Fortschreiten der Ausgleichstendenzen in den einzelnen Sprachlandschaften anzunehmen.

1.3. Sprachraum

Während sich die westliche Außengrenze des dt. Sprachraums bereits im 10. Jh. als feste Sprachgrenze zwischen Dt./Frz. im Elsaß und Lothringen ausgebildet hatte, im Norden das Mhd. ebenfalls deutlich vom Mnd. durch eine infolge der 2. Lautverschiebung entstandene

Dialektgrenze geschieden werden kann — wobei um 1300 das Nd. weiter in den Süden hineinreichte, als die sog. Benrather Linie besonders in ihrem östlichen Teil anzeigt —, ist eine starke Expansion durch Binnenkolonisation und Verschiebung der Süd- und Ostgrenzen für den mhd. Zeitraum kennzeichnend. Die Weiterentwicklung der Produktionsmittel, die eine Verbesserung und Intensivierung des Landbaus zur Folge hat, erlaubt die Kultivierung noch unbesiedelter Binnengürtel. Während in der 1. Hälfte des 11. Jhs. der Bayerische Wald, zwischen 1050 und 1200 der Oberpfälzer Wald erschlossen werden, erfolgt vom bayerischen Kernland aus in der 1. Hälfte des 12. Jhs. die Besiedlung umfangreicher Waldgebiete im heutigen Niederösterreich und im nördlichen Oberösterreich. Die südliche Sprachgrenze verschiebt sich im Alem. in den südlichen Alpenraum bis zum Monte Rosa (11.–14. Jh.). Das herausragende Ereignis ist jedoch die Kolonisation weiter Gebiete östlich der Elbe und Saale (12.–14. Jh.), in denen sich die Mundarten der dt. Siedler gegen das Slaw. der einheimischen Bevölkerung durchsetzen. Vor allem

zwei Gründe lassen sich für die umfassende Emigration in den Osten anführen: im Altsiedelland des Reiches ist die Bevölkerung so stark angewachsen (Zunahme von 3,5 auf 6,4 Mio. zwischen 1150 und 1350), daß sie auch durch Binnenkolonisation und Intensivierung des Landbaus nicht mehr ernährt werden kann. Seit dem 11. Jh. holen slaw. Landesfürsten dt. Bauern zur planmäßigen Erschließung in ihre noch dünn besiedelten Territorien. Die ehemals unfreien Bauern werden damit auf den neuen Rodungsgebieten im Osten zu freien, d. h. nur dem jeweiligen Landesherrn unterstellten Bauern. Als privilegierte Gruppe machen die dt. Bauern die slaw. Urbevölkerung zu abhängigen Pächtern; sprachliche und soziale Trennung bedingen einander. Städtegründungen unterstützen die bäuerliche Okkupation, vor allem aber die Kirche sieht in der Missionierung der Ostgebiete Möglichkeiten zur Expansion (zahlreiche Klosterneugründungen der Zisterzienser und Prämonstratenser).

Zwei Hauptsiedlungsströme lassen sich für den obd. und md. Raum unterscheiden. Über das Einfallstor Erfurt dringen mfrk. und

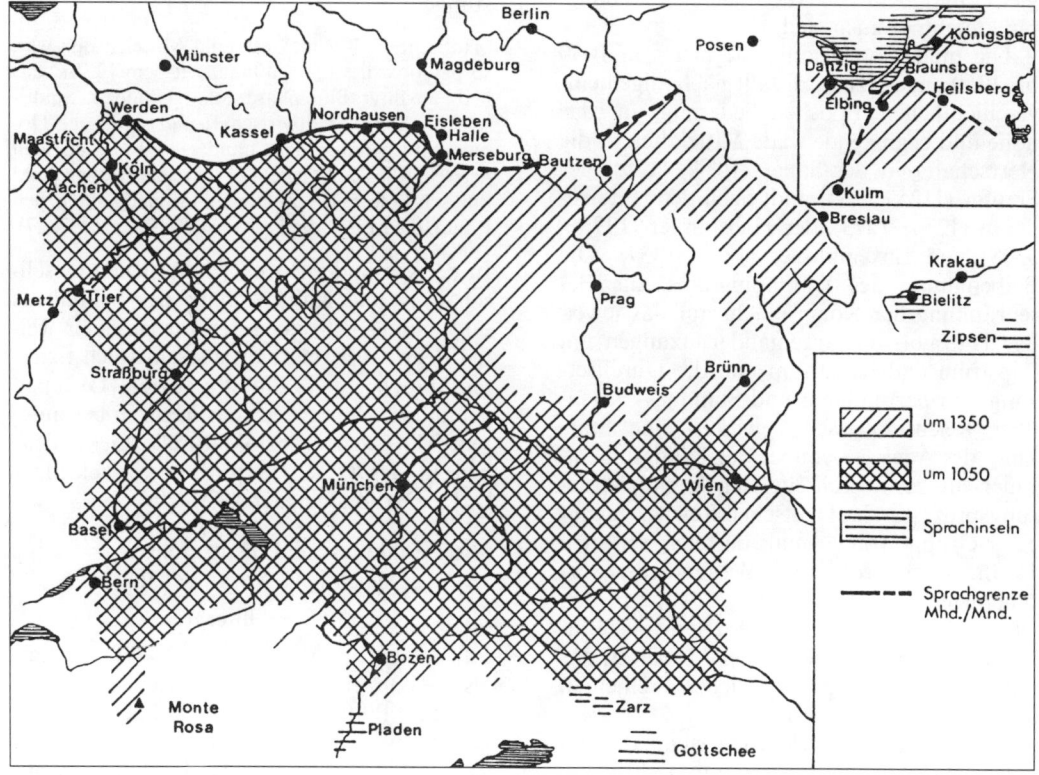

Karte 88.1: Der Sprachraum des Mittelhochdeutschen

hess. Siedler in die böhm.-mähr. Randgebiete vor; Mittelfranken begründen auch die Sprachinsel Siebenbürgen. Thür. Siedler wandern ins Erzgebirge, nach Nordmähren und Niederschlesien, während Niederschlesier nach Oberschlesien und in die Zips (Sprachinsel) ziehen. Über Bamberg und Regensburg kommen ostfrk. und bayerische Bauern nach Böhmen und Mähren, Ostfranken bis nach Obersachsen. In den neu besiedelten Kolonien entstehen, bedingt durch die Herkunft der Einwanderer aus unterschiedlichen Sprachräumen, Ausgleichs- und Mischmundarten. Entsprechend der Wanderungsbewegung der einzelnen Siedlungsströme zeigen diese Mundarten keine Abstufung von West nach Ost, sondern von Nord nach Süd.

2. Soziokulturelle Voraussetzungen des Mittelhochdeutschen

Ereignis-, sozial- und wirtschaftsgeschichtliche Daten, die im Zusammenhang mit der Sprachgeschichte des Mhd. gesehen werden können, sind im Rahmen dieses Artikels nicht annähernd befriedigend darzustellen. Ich verweise daher auf den Überblick bei Irsigler (1988), dem auch die folgenden Anhaltspunkte entnommen sind.

Die mhd. Sprachstufe, die hier von 1050 bis 1350 angesetzt wird, fällt nach allgemeingeschichtlicher Epochengliederung in das hohe und beginnende späte Mittelalter, in die Herrschaftszeit der Salier (1024—1125), der Staufer (1125—1254) und, nach dem Interregnum (1254—1273), der Habsburger (1273—1308) und Luxemburger (1308—1437). Die Beibehaltung des Wahlkönigtums, die Beschränkung der Königsmacht auf das jeweilige Hausgut, die Auseinandersetzungen um Papsttum und Kaisertum und die Durchsetzung von partikularen und Stammes- gegenüber Reichsinteressen bewirken eine Stärkung des Adels gegenüber der Königsmacht. Innerhalb des fortschreitenden Territorialisierungsprozesses des Deutschen Reiches gelingt einer Gruppe von ehemals unfreien, seit dem 11. Jh. zu Herren- und Waffendienst verpflichteten Dienstleuten der Aufstieg in den lebensfähigen niederen Adel. Die Ministerialen bieten ein Beispiel sozialer Mobilität, das nur der Gewinnung bürgerlicher Freiheit in den Städten vergleichbar ist.

In West- und Mitteleuropa steigt die Bevölkerung von um 1000 bis um 1340 stetig von 12 auf über 35 Mio., bis es von 1347 bis 1352 durch die Beulenpest zu einer Reduktion um ein Drittel kommt. 90 bis 95% der Einwohner sind bis 1350 in der Landwirtschaft tätig; Ausnahmen bilden im dt. Raum nur die gewerblich hochentwickelten Regionen an Rhein und Maas und im Bodenseeraum. Ein Stadt-Land-Gegensatz wird erst im Laufe des 12. Jhs. spürbar. Auch wenn die Phase der Urbanisierung im 12./13. Jh. dynamisch verläuft (Ausbau der gewachsenen Städte und Stadtneugründungen, z. B. Freiburg 1143), bleiben agrarisch-grundherrschaftliches und städtisches Wirtschaftssystem (Zünfte sind seit dem 11. Jh. in den rheinischen Bischofsstädten faßbar) eng verbunden. Die Städte sind Standorte herrschaftlicher Residenzen und Haushalte des weltlichen und monastischen Klerus, wie auch der Landadel und die außerhalb gelegenen Klöster Quartiere und Höfe in der Stadt unterhalten. Nahrungsmittel und Luxusgüter werden auf den städtischen Märkten gehandelt, wesentliche Funktionen des tertiären Sektors wie Botendienst, Münzwesen, Verkehrs- und Transportorganisation sind an die Städte gebunden. Die städtische Infrastruktur bietet damit wichtige Voraussetzungen für literarische (und damit auch sprachliche) Kulturleistungen:

„Höfische Kultur in West- und Mitteleuropa war, so paradox dies klingen mag, seit dem 12. Jh., das heißt in ihrer Blütephase, stadtgebunden. Städtische Siedlung, Stadtwirtschaft und städtische Dominanz gegenüber dem Land, gegründet auf den herrschaftlich-militärischen, wirtschaftlichen und kultisch-kulturellen Zentralfunktionen, boten den Raum, die Mittel, die Personen" (Irsigler 1988, 27).

In der vormodernen mittelalterlichen Gesellschaft ist die Kulturtechnik des Schreibens und damit auch von Literatur (in einer weiten Begriffsverwendung) als schriftlich fixierter Sprache an bestimmte soziale Gruppen gebunden. Damit weist das Mhd. in besonderem Maße eine „soziokulturelle Gebundenheit in der Gesellschaft ihrer Sprachträger […] auf" (Sonderegger 1979, 20).

2.1. Bildungs- und institutionengeschichtliche Voraussetzungen

2.1.1. 'Litteratus' — 'illiteratus'

Für das europ. Mittelalter gilt, daß das Lat. als Medium einer zunächst ausschließlich klerikalen Bildungselite die überdachende Schrift-, Wissenschafts- und Verkehrssprache schlechthin ist. Bis ins 12. Jh. hinein bleibt demgegenüber volkssprachlich Aufgezeichnetes die vereinzelte Ausnahme; der Emanzipationsprozeß volkssprachlicher Schriftlichkeit, der im 11. Jh. nur zögernd einsetzt, sich im 12./13. Jh. deutlich verstärkt, muß bis zum ausgehenden Mittelalter vor der Folie nach wie vor dominanter lat. Schriftkultur verstanden werden. Ihr indirekter Einfluß auf die Entwicklung des Mhd. zur leistungsfähigen Schreib- und Literatursprache kann kaum unterschätzt werden. Er reicht von innersprachlichen und literarischen Zwängen wie der Übertragung der lat. Buchstabenschrift auf volkssprachliche Lautzeichensysteme, der Ablösung des (germanischen) Binnenreims durch den Endreim, der Übernahme poetologischer und ästhetischer Kategorien in Stilistik, Struktur und Sinnstiftung literarischer Werke bis zur gesamten Organisation des Bildungssystems (dazu grundlegend Grundmann 1958; zur umfangreichen Forschungsliteratur vgl. die Bibliographie bei Scholz 1980 sowie die Forschungsberichte von Green 1990 [b] und Henkel/Palmer 1992).

Mit dem Zusammenbruch des Römischen Imperiums und dem Herrschaftsanspruch der nordalpinen Völker war auch eine Buch- und Schriftkultur hohen Niveaus untergegangen. Nur im kirchlichen Raum, in den Keimzellen der Klöster und Kirchen, überdauern spätantike Schrift- und Kulturformen im christlichen Gewand. Konsequenz der Übernahme kirchlicher Schriftkultur und römischer Verwaltungsstrukturen ist aber, daß die Kirche bis in die frühe Neuzeit hinein das Monopol institutionalisierter schulischer Trägerschaft beansprucht und ein lat. geprägtes, klerikales Bildungsideal lanciert. Das Christentum als Offenbarungsreligion ist auf Schrift und Buch als Überlieferungsträger angewiesen. Nicht umsonst meint 'das Buch' die Bibel, und in Analogie zur christlichen Berufung auf die Schrift sind noch die Quellenberufungen der mhd. Dichter zu verstehen, die, auch wenn sie Erzählstoffe mündlicher Tradition verarbeiten, auf das Buch als Quelle verweisen, das allein den Anspruch auf Wahrheit zu garantieren vermag.

Den wenigen an Kloster-, Dom- und Stiftsschulen ausgebildeten *clerici litterati* stehen im frühen und hohen Mittelalter die vielen *illiterati*, die *laici*, gegenüber. *litteraliter loqui* heißt geradezu 'lat. lesen und sprechen', denn nur mit und am Lat. wurde in der Regel Schreiben und Lesen gelehrt und gelernt (vgl. Grundmann 1958, 4). Mit der wachsenden ökonomischen Bedeutung der Städte aller-

dings entsteht das Bedürfnis nach neuen Schulen, die nicht nur der Reproduktion des geistlichen Nachwuchses dienen, sondern für die Ausbildung der städtischen Ober- und Mittelschichten, des Patriziats, der Kaufleute und der Handwerker sorgen. Die Schriftlichkeit des kaufmännischen Kontors (Briefverkehr und Buchführung) und der städtischen Kanzlei (Urkunden, Protokolle, Verwaltungsschrifttum) verlangen nach anderen Lehrinhalten. Dennoch ändern sich, als im 13. Jh. die Lateinschulen städtischer Trägerschaft in Konkurrenz zu den etablierten Schulen treten, Unterrichtsmethode, Lehrbücher und Bildungsinhalte kaum. Die Lehrer sind klerikal gebildete *scholaren*, ebenso wie die Rechtshoheit weiterhin bei der Kirche liegt. Als wichtigstes Erziehungsziel gelten nach wie vor die Beherrschung der lat. Grammatik und rhetorisch-stilistische Gewandtheit bei der Abfassung lat. Texte. Die Schulen dienen nicht der Einübung lebenspraktischer Fähigkeiten, sondern der Beherrschung eines tradierten Kanons lat. fixierten Wissens (vgl. Grubmüller 1989, 47).

Es zeigt sich allerdings, daß die Scheidelinie zwischen buchgelehrtem Kleriker und lateinisch-analphabetischem Laien durchlässig wird. Das im 12. und 13. Jh. noch in lat. Sprache zusammengetragene religiöse und gelehrte Bildungsgut wird im Auftrag der Laienbildung in volkssprachlicher Prosa verbreitet. Zwar ist auch dieses Schriftgut noch überwiegend von Klerikern verfaßt, doch tritt der 'Laie' weitaus häufiger als Adressat hervor als in den Jahrhunderten zuvor (vgl. Steer 1983). Es zeichnet sich der Aufstieg einer neuen Gruppe des Gebildeten ab, der zwischen den Literaten und den Analphabeten tritt. Mit der Gründungswelle der Universitäten auf dt. Boden in der zweiten Hälfte des 14. Jhs. (u. a. Prag 1348, Wien 1365, Erfurt 1379, Heidelberg 1386, Köln 1388) und im 15. Jh. öffnet sich die Hochschulbildung für bürgerliche und adlige Studenten. Elementarschulen, die Erwachsenen wie Kindern Grundkenntnisse im Lesen und Schreiben und in den einfachen Rechenarten vermitteln, ohne den Umweg über das Lat. zu nehmen, entstehen seit dem 15. Jh. in den 'Deutschen Schulen' oder den sog. 'Winkelschulen'. Elementare Fragen zum Gebrauch der Volkssprachlichkeit in den Lateinschulen, insbesondere auch nach der Beherrschung der Schriftlichkeit, die nicht mehr ausschließlich an das Lat. gebunden ist, sind jedoch ungelöst (Henkel/Palmer 1992, 9f.).

2.1.2. Mündlichkeit, Schriftlichkeit und Volkssprache

Die Begriffe 'litteratus' und 'illiteratus' unterscheiden weniger Bildungsgrade als vielmehr Bildungswelten. Neben der lat. Schriftkultur der Geistlichen stehen gewohnheitsmäßig funktionierende Lebens- und Erziehungsformen einer illiteraten Oberschicht, die die militärische Führung ausübt. Diese Kultur ist schriftlos, sie ist Sprechkultur, in der auch die Literatur in zunächst mündlichen Produktions- und Rezeptionssituationen lebt. Der Übergang von (germ.) Mündlichkeit zum Gebrauch der Volkssprache als Schreibsprache unter dem Einfluß des lat. Bildungssystems vollzieht sich in den einzelnen gesellschaftlichen Gruppen, denen Schrift überhaupt zugänglich ist, unterschiedlich. Berücksichtigt werden müssen auch Divergenzen zwischen Sprech-, Lese- und Schreibfähigkeit (vgl. die instruktive Fallstudie von Wendehorst 1986). Bis in die Neuzeit hinein ist nicht jeder Lesende auch ein Schreibender. Dies hängt einmal mit einer höheren Bewertung des Auswendiggelernten (Mnemotechnik) gegenüber der Aufzeichnungsfunktion von Schrift zusammen, andererseits muß sich das Schreiben gegen ein aus spätantiker Tradition stammendes Vorurteil behaupten, in der es als minderwertige 'Sklavenarbeit' gilt. Folgerichtig steht am Ende einer Entwicklung, in der auch die Schere zwischen Lese- und Schreibfähigkeit sich schließt, die Professionalisierung des Schreibens in den Berufen des Lohnschreibers in der spätmittelalterlichen Stadt.

Soweit der Adel nicht zum Feudalklerus bestimmt ist, ist seine Erziehung zunächst schriftlos. Sie orientiert sich an den Fertigkeiten des ritterlichen Kriegshandwerks und den Fähigkeiten, die zur Ausübung von Herrschaft dienen. Der Adlige ist Angehöriger einer hohen Sprechkultur, die ein normenkonformes Verhalten im höfischen Raum wie in der politischen Verhandlung erlaubt. Die Entwicklung zur Literarisierung des Adels setzt in der Mitte des 12. Jhs. mit der (scholastischen) Kritik am illiteraten Herrscher (*rex illiteratus est quasi asinus coronatus*) ein, jedoch ist das Ideal des wissenschaftlich gebildeten Herrschers in der Realität selten. Ab der 2. Hälfte des 14. Jhs. läßt sich bei Königen und Fürsten in rasch zunehmendem Maße die Beherrschung der Schrift, zunächst wohl nur als Lesefähigkeit, beobachten. Im Wertekanon des Rittertums nimmt die Schriftgelehrsamkeit nur einen untergeordneten Rang ein (Wendehorst 1986, 18 und 27).

Die Bildung der Frauen ist innerhalb der illiteraten Laienkultur eine Ausnahme. Töchter des Adels werden vom Hausgeistlichen unterrichtet oder erhalten zusammen mit den künftigen Nonnen eine lat. Grundausbildung in Kloster- und Stiftsschulen, die zumindest zum Lesen des lat. Psalters führt. Die höfischen Dichter wenden sich häufig explizit an Frauen, auch zeigen sie diese als Lesende und Vorlesende, selten als Schreibende (Grundmann 1935; Bumke 1986, Bd. 2, 704−706).

Die Schriftlichkeit der Städte ist im Zusammenhang zu sehen mit der Literalisierung der ökonomisch wichtigen Gruppe der Kaufleute. Diese sind wie alle Laien zunächst schriftlos; bis ins 13. Jh. begleiten schreibkundige *clerici* ihre Handelsreisen. Mit dem Übergang vom Wanderhandel zum festen Handelskontor in der Stadt werden eine umfangreiche Korrespondenz wie auch Geschäftsbücher unumgänglich. Spuren kaufmännischer Schriftlichkeit sind bereits seit dem 11./12. Jh. faßbar, eine kaufmännische Buchführung gegen Ende des 13. Jhs., die rasch von den Kaufleuten selbst übernommen wird (Lateinschulen). Das Schreiben gilt nun als unentbehrlich für die Betriebsführung; bis ins späte Mittelalter bleibt die kaufmännische Schriftlichkeit überwiegend beim Lat. (Skrzypczak 1956, 35−41; Wendehorst 1986, 29f.).

Mit der Latinisierung der Kaufmannschaft ist die Schriftlichkeit der kommunalen Verwaltung eng verbunden, da ein großer Teil der Ratsherren von den Groß- und Fernhandelskaufleuten gestellt wurde. Mit dem Aufkommen der Ratsverfassung um 1190 dringt die Schriftlichkeit in die städtische Selbstverwaltung ein, so daß die Beschäftigung eines angestellten Stadt-, Rats- oder Bürgerschreibers in der Kanzlei notwendig wird; die ersten ratsabhängigen Gerichtsschreiber sind faßbar am Ausgang des 13. Jhs. Bis zum Ende des 14. Jhs. finden sich jedoch nur vereinzelt Laienschreiber unter den Berufsschreibern; das − schlecht bezahlte − gewerbsmäßige Schreiben bleibt wohl aus ökonomischen Gründen weiterhin überwiegend in den Händen des Klerus (Skrzypczak 1956, 125−171).

Eine Erörterung der Bildungsvoraussetzungen der mhd. Autoren mag in diesem Zusammenhang als Randproblem erscheinen. Dennoch ist ihr Einfluß auf die Literalisierung des Adels, insbesondere der Frauen, nicht zu unterschätzen; der höfische Dichter und sein Publikum bewegen sich im Spannungsfeld von Literarität und Illiterarität, Schriftlichkeit und Mündlichkeit. Ebenso wäre zu fragen, ob nicht die erprobte buchliterarische Schreibsprache, die neben den Glossen bis um 1200 die Menge der überlieferten dt. Texte ausmacht, auch auf die Sprache pragmatischer Textsorten eingewirkt hat.

Der Bildungshorizont des mhd. (höfischen) Autors ist nur aus dem Wissen, das in seine Werke eingeflossen ist, sowie aus (auch literarisch stilisierten) Erzählerfiguren zu gewinnen. Aus einem 'professionellen' Umgang mit den überwiegend fremdsprachigen Quellen, aus literaturgeschichtlichen Kenntnissen, die antike Stoffe ebenso wie die frz. und die zeitgenössische dt. Literatur umfassen, und nicht zuletzt aus einer rhetorischen und poetologischen Schulung am Lat. läßt sich das Bild des gelehrten, mit der Klerikerkultur vertrauten Autors erschließen (vgl. Henkel 1991; Huber 1996). Für ein an Buch und Schriftlichkeit gebundenes Literaturverständnis spricht auch, daß die Autoren zumindest der Epik Wert auf die schriftliche Fixierung ihrer Werke legen. Dies dokumentiert die Überlieferung, die, wenn auch lükkenhaft und zumeist in Fragmenten, an die Lebenszeit der Autoren heranführt (vgl. Bumke 1991, 299).

Wenn Hartmann von Aue im Prolog des *Armen Heinrich* an prominenter Stelle Literarität für sich beansprucht („Ein ritter sô gelêret was/daz er an den buochen las/swaz er dar an geschriben vant; der was Hartman genant, dienstman was er ze Ouwe./ er nam im manige schouwe/ an mîslichen buochen [...]", 1ff.), so geschieht dies gerade im Bewußtsein dessen, wie ungewöhnlich ein ritterlicher Ministerial mit buchgelehrter Ausbildung ist. Umgekehrt stilisiert sich Wolfram von Eschenbach im *Parzival* und *Willehalm* demonstrativ als ungebildeter Ritter (u. a. „ine kan decheinen buochstap"; *Parzival*, 115,27). Die vieldiskutierten Stellen sind wohl dahingehend zu verstehen, daß Wolfram, der umfassende Kenntnisse auf vielen Fachgebieten besaß, hier „eine kulturtypologische Zuordnung zur Gruppe der volkssprachlich gebildeten Laien" sucht (Huber 1996, 180ff., hier: 182; vgl. auch Curschmann 1984, 234ff.).

Der schriftlich konzipierten und autornah fixierten volkssprachlichen Laienliteratur steht in primärer Rezeption ein adliges, weitgehend illitterates Publikum gegenüber. Bis

zum 12. Jh. war die Mehrheit der volkssprachlichen Dichtungen für die Rezeption mit dem Ohr vorgesehen; sie wurde auswendig vorgetragen, nach Manuskript vorgelesen oder vorgesungen. Nach nur vereinzelten Hinweisen, wobei die Priorität der geistlichen Literatur zukommt, mehren sich jedoch um 1200 die Belege für den lesenden Laien. Eine Schlüsselstellung kommt hier Hartmann von Aue zu, bei dem zuerst die Doppelformel *hœren sagen oder lesen* (in Analogie zum Lat. *legere aut legi facere*) in einem literarischen Text belegt ist (Green 1987, 11; vgl. auch Scholz 1980; Curschmann 1984; Green 1990 a). Von nun an ist mit einer Vielfalt von Rezeptionsweisen zwischen dem gemeinschaftlichen Hören im geselligen Rahmen und der individuellen Privatlektüre auszugehen (Saenger 1999).

Dies hat Konsequenzen für die textkritische Beurteilung der Überlieferung. Mit einer „eigentümlichen Mischung von Mündlichkeit und Schriftlichkeit" erklärt Bumke (1991, 302) das Problem der textlich 'gleichwertigen Parallelversionen', in der nahezu die gesamte höfische Epik um 1200 vorliegt, ein Phänomen, das sich im 13. Jh. fortsetzt. Es sei anzunehmen, daß es sich um Autorvarianten aus unterschiedlichen Präsentationssituationen handelt.

2.2. Zentren, Trägerschichten und Fomen mittelhochdeutscher Schriftlichkeit

Eine auch an sozial- und literaturgeschichtlichen Entwicklungen orientierte Binnendifferenzierung (vgl. Roelcke 1996) gliedert die Periode des Mhd. in das Frühmhd. (1050 bis 1170/80), das klassische oder höfische Mhd. (bis 1250) und das Spätmhd. (bis 1350).

2.2.1. Das Frühmittelhochdeutsche

Die älteste Stufe des Mhd. fällt zusammen mit einem sich seit der Mitte des 11. Jhs. vollziehenden politischen Umbruch (dazu detailliert Vollmann-Profe 1986, 15ff.). Mit dem Investiturstreit zerbricht die bisher selbstverständliche Vorstellung vom 'Sacrum Imperium'; Kaisertum und Papsttum müssen sich in ihrer Zuordnung neu definieren. Eine neue Auffassung begründet das Eigenrecht des Staates gegenüber der Kirche. Die Internationalität der kirchlichen Ordnung wird abgelöst durch eine Abgrenzung der Staaten gegeneinander; ein beginnendes nationales Selbstbewußtsein der europäischen Völker führt zur Aufwertung der Volkssprachen. Um 1090 erscheint zuerst nach Notker wieder der

Ausdruck *diutischin sprechin*, der auf eine höhere, über den Dialekten stehende Spracheinheit hinweist (Eggers 1965, 8; Sonderegger 1979, 46f.).

Nach einer Überlieferungspause von etwa anderthalb Jahrhunderten setzt die deutschsprachige Literatur, die mit dem Ende der karolingischen Dynastie versiegt war, um die Mitte des 11. Jhs. mit Bibeldichtung, Schrift- und Naturallegorese, religiöser Gebrauchsliteratur und ersten Versuchen historischer Literatur neu ein. Im Gegensatz zur ahd. Dichtung, die den klösterlichen Raum nicht verläßt, versucht nun die klerikale Sphäre eine zunehmend selbstbewußte Laienkultur zu durchdringen. Werke wie das *Ezzolied* oder das *Alexanderlied* des Pfaffen Lamprecht sind ausdrücklich auch an weltliche Herren adressiert. Auch unter den Autoren finden sich Laien wie Frau Ava, der Arme Hartmann und Heinrich von Melk. Dem *Alexanderlied* und dem *Rolandslied* des Pfaffen Konrad liegen bereits frz. Quellen aus dem Bereich der 'chansons de geste' zugrunde, die Übertragung ins Dt. erfolgte allerdings beim *Rolandslied* noch über die Zwischenstufe des Lat. Damit sind bereits im Frühmhd. erste Ansätze einer kontinuierlichen Entwicklung des Deutschen zu einer Literatursprache auf breiter Grundlage gelegt (vgl. Grubmüller 1989, 146f.; Wolf in Schmidt 1993, 83f.).

2.2.2. Das klassische oder höfische Mittelhochdeutsch

Die Rolle des Klosters als Bildungs- und Schreibzentrum bleibt auch in mhd. Zeit weiterhin bestehen. Als Schreibzentren kommen nun die Hausklöster der Landesfürsten hinzu, die die aus dem erhöhten Verwaltungsaufwand notwendig werdende Verschriftlichung (Landkäufe, Schenkungen etc.) übernehmen, sowie die Bischofssitze (Mainz, Trier, Worms, Speyer, Konstanz, Freising). Zu einem grundlegenden Neuansatz kommt es um die Mitte des 12. Jhs.: die Fürstenhöfe lösen den Kaiserhof als wichtigstes literarisches Zentrum außerhalb der Klöster und Stifte ab. Während dem mittelalterlichen Reisekönigtum der Aufbau eines zentralen Verwaltungszentrums nur schwer möglich ist, nutzen die Fürsten ihre wachsende Unabhängigkeit zum intensiven Ausbau einer kompakten, gut verwalteten Territorialherrschaft. Ihr Repräsentationsbedürfnis bedient sich vorwiegend der Architektur und der Literatur. Ein komplexes Textsortensystem in der Volkssprache bildet sich heraus (vgl.

Art. 95). Der Schwerpunkt der neuen 'höfischen' Dichtung laikaler Trägerschaft liegt neben dem Minnesang auf der epischen Großform unterschiedlicher Stoffkreise (Brautwerbungsepik, Heldenepik, Antikenroman, höfischer Roman). Der erste Artusroman im dt. Sprachbereich ist Hartmanns von Aue *Erec* (um 1185 nach einer frz. Vorlage Chrétiens de Troyes), der höfische Sachkultur und ritterliches Selbstverständnis für den deutschen Raum adaptiert. Die überlegene romanische Adelskultur Frankreichs, vermittelt auch über Flandern und Brabant im niederländischen Sprachraum, prägt spätestens seit dem spektakulären Ereignis des Mainzer Hoftags Friedrichs II. 1184 das Bild der hochmittelalterlichen Literatur und Kultur nachhaltig (zum Gesamtkomplex vgl. Mertens 1988 sowie die Forschungsübersicht bei Bumke 1992). Sprachgeschichtliche Spuren finden sich in zahlreichen Entlehnungen aus dem Französischen (1200 im 13. Jh.) und Niederländischen; häufig wiederkehrende, gruppenspezifisch definierte 'Lehnwörter' wie *triuwe, milte, êre, staete, zuht, mâze* und *tugent* deuten auf eine Selbstvergewisserung eines höfisch-christlichen Ritterideals in der Literatur (Wolf 1981, 181f.; 120ff.).

Mit der vor- und frühhöfischen Dichtung zeigen sich erste sprachlandschaftlich bedingte Literatur- und Schreibidiome; Zentren sind ab 1150 der Mittelrhein (*Alexanderlied, Trierer Floyris*, Eilhart von Oberg: *Tristant*, sowie die Spielmannsepen *König Rother* und *Herzog Ernst*) und der obd. Raum (Minnelyrik). In den Jahrzehnten um 1200 läßt sich das Bemühen höfischer Dichter (besonders Hartmann von Aue sowie Gottfried von Straßburg und Wolfram von Eschenbach) um einen überlandschaftlichen Sprachausgleich vor allem in der Lexik und im Reim beobachten. Diese sog. 'höfische Dichtersprache' auf alem.-frk. Grundlage ist eine reine Literatursprache, die kaum die Verkehrssprache einer adligen, ritterlichen Idealen verpflichteten Oberschicht widerspiegeln dürfte. Daß dem 'klassischen Mhd.' in der Literatur normative Geltung zukommt, zeigen seine überregionale Verbreitung sowie das Bemühen der späthöfischen Autoren, den gesetzten Maßstäben nachzufolgen (Art. 95).

Die höfische Literatursprache ist zur Grundlage des 'Normalmhd.', eines lautlich, graphemisch und morphemisch normalisierten Mhd. geworden, das von Karl Lachmann an den Werken Hartmanns und Wolframs entwickelt worden ist. Die sprachlichen Ei-

genheiten der handschriftlichen Überlieferung werden zugunsten einheitlicher Schreib-
regeln 'normalisiert'. Lachmanns Rekonstruktion einer „altertümlichen, aber genauen
Rechtschreibung" (Vorrede zur *Auswahl aus
den hochdeutschen Dichtern des 13. Jhs.*) ist
problematisch (Art. 90).

Produzent der höfisch-ritterlichen Dichtung ist entweder der gelehrte Autor meist
niederen Adels oder der Berufsdichter, der
zur Gruppe der Fahrenden gerechnet wird;
auch die nur reproduzierenden Spielleute gehören dieser Gruppe an. Allerdings ist die
ständische und gesellschaftliche Stellung der
Autoren differenziert und abhängig von den
verschiedenen Textsorten zu beurteilen. So
finden sich z. B. unter den Minnesängern
hochadlige Dilettanten, aber auch mit Walther von der Vogelweide der erste Berufsdichter; zu den gesellschaftlich niedrigsten
Schichten müssen die fahrenden Spruchdich-
ter gerechnet werden. Welchen Anteil die Ministerialität tatsächlich an der hochmittelalterlichen Literatur beanspruchen kann
(sog. 'Ministerialitätsthese'), ist unklar.

Werke der mhd. Großepik, die über einen
langen Zeitraum entstehen, setzen den gelehrten, von einem Mäzen dauerhaft unterstütz-
ten Dichter voraus. Insgesamt sind Produktion und Aufführung mhd. Literatur in hohem Maße gönnerabhängig. Die fürstlichen
Mäzene besorgen die Vorlagen, stellen das
kostspielige Pergament und eventuell auch
Schreiber zur Verfügung, entlohnen die Dichter und bieten den gesellschaftlichen Rahmen
für die Aufführung. Die Gönnerverhältnisse
und die Beziehungen der Mäzene untereinander tragen somit entscheidend zur Entstehung von Literaturlandschaften bei (vgl.
Bumke 1979 und 1986, Bd. 2, 638ff.; Thomas
1995 sowie Art. 95). Von einer Geschichte der
Textüberlieferung, die diatopische (nach der
aus Schreiberdialekten erschlossenen räumlichen Verteilung), diachronische (nach der
zeitlichen Streuung) und diastratische (nach
der sozialen Stellung der Auftraggeber und
Besitzer) Verbreitungsdimensionen der Epen-
überlieferung in Zusammenhang bringt, sind
wir jedoch „noch ein gutes Stück entfernt"
(Klein 1988, 110).

2.2.3. Das Spätmittelhochdeutsche

Nach sprachgeschichtlichen Periodisierungs-
vorschlägen setzt das Spmhd. um 1250 ein.
Dieser Einschnitt stimmt mit einer in der
(älteren) Geschichtswissenschaft angenommenen Zäsur zwischen dem hohen und dem

späten Mittelalter (Ende der staufischen
Herrschaft mit dem Tod Konrads IV. 1254)
überein. Für die literaturgeschichtliche Periodisierung hat Heinzle (1983, bes. 217ff.) einen
Einschnitt um 1220/30 begründet mit dem
Ausklang der hochhöfischen Dichtung (Ab-
treten Wolframs von Eschenbach und Walthers von der Vogelweide) und − wichtiger −
mit einem „ansehnlichen Bündel neuer Traditionen". Episch-didaktische Kleinformen,
Prosaroman, Rechtsprosa und Prosachronistik, geistliche Prosa und geistliches Spiel
sind zu sehen als wichtige Etappen im Prozeß
fortschreitender „Laienemanzipation".

Der Kreis literaturproduzierender und −
rezipierender Schichten weitet sich aus, indem nichtadlige, auf Gewerbe und Handel
angewiesene städtische Schichten in die
volkssprachliche Schriftlichkeit eintreten. Ein
städtisches Patriziat (Stadtadel und kaufmännische Oberschicht) ist seit dem 13. Jh. in
mehr als einhundert Städten faßbar, ein Rat
bis 1300 in vierhundert Städten. Innerhalb
der soziologischen Schichtung dominiert zahlenmäßig der Handwerker. Geld und Handel
bilden die Grundlage des städtischen Wirtschaftssystems (vgl. Bäuml 1987, 174f.),
gleichzeitig aber orientiert sich die städtisch
führende Schicht am Wertesystem und an Lebensformen des Adels. Der Anteil des volkssprachlich Überlieferten nimmt weiterhin gegenüber dem Lat. zu. Wichtige Neuerung ist
das Entstehen einer deutschsprachigen Prosa,
die nun in Bereiche eindringt, die größtenteils
bisher dem Lat. vorbehalten waren: Fachprosa in Recht, Medizin, Botanik und den
'artes mechanicae', Prosachronistik, wissenschaftliche und religiöse Übersetzungsliteratur, Predigt- und Erbauungsliteratur, Mystik.
Die poetisch gebundene Literatursprache gerät zunehmend in Opposition zur Prosa, der
von nun an die Funktion zukommt, 'wahres'
Wissen zu vermitteln.

In den städtischen Kanzleien formt sich
ein neuer Typ des Literaten, der Jurist,
Schreiber und Schriftsteller zugleich ist. Der
von 1230 bis 1240 in Straßburg als Leiter der
Kanzlei bezeugte Meister Hesse ist der erste
bekannte Stadtschreiber der Literaturgeschichte; in der Mitte des 13. Jhs. arbeitet
Gotfrid Hagen, Verfasser einer Kölner Stadtchronik in Versen, als Kölner Stadtschreiber.
Aber nicht nur als Schreiborte, sondern auch
als überregional bedeutende Literaturzentren
nehmen Städte nun eine besondere Stellung
ein. Zu nennen sind besonders Straßburg
(Gottfried von Straßburg, Bischof Konrad

von Lichtenberg und Dompropst Berthold von Tiersberg als Gönner), Erfurt (Ebernand von Erfurt; Zentrum der Geschichtsschreibung), Basel (Gönnerkreis um Konrad von Würzburg) und Zürich (Hadloub; Rüdiger Manesse als Auftraggeber der nach ihm benannten Liederhandschrift; vgl. Bumke 1979, 283–294).

In die Urkunden, die Rechts- und die Geschäftssprache dringt das Dt. ein. Als ersten Gesetzestext gibt Friedrich II. den Mainzer *Reichslandfrieden* 1235 in dt. Sprache: seine unmittelbare Verständlichkeit besonders beim niederen Adel sichert die Einhaltung des Gesetzes auf breiter Basis. Auf die nachfolgende Landfriedensgesetzgebung hatte er großen Einfluß; sie erfolgte besonders im Süden und Westen des Reiches in dt. Sprache. Ähnliches gilt für die volkssprachlichen Aufzeichnungen der mündlich tradierten Rechtsgebräuche: der nd. *Sachsenspiegel* des Eike von Repgow zieht den *Schwabenspiegel*, den *Deutschenspiegel* und das *Mühlhauser Rechtsbuch* nach sich. Mit dem Zunehmen von Privaturkunden treten Urkunden in dt. Sprache auf (Art. 95). Als frühestes Zeugnis für den zusammenhängenden Gebrauch des Dt. als Urkundensprache hat Gärtner (1994) auf Kölner Schreinskarten im 3. Viertel des 12. Jhs. hingewiesen, wobei in Dt. die Teile abgefaßt sind, die auf mündlichen Verhandlungen des Rechtsgeschäftes beruhen. Aber erst im letzten Jahrzehnt des 13. Jhs. nimmt die dt. Beurkundung in städtischen und fürstlichen Kanzleien einen größeren Umfang ein. Bis 1300 hat Wilhelm (1932, 20ff.) 4000 deutschsprachige Urkunden (gegenüber 500000 lat.) erfaßt, wobei der Schwerpunkt der Überlieferungsorte im süddt. Raum liegt.

Die großen religiösen Reformbewegungen der Bettelorden bringen ein reiches dt. Schrifttum in der Literatur der Franziskaner (Lamprecht von Regensburg, Berthold von Regensburg, David von Augsburg) und Dominikaner (Meister Eckhart, Johannes Tauler, Heinrich Seuse) hervor. Die dt. Predigten Bertholds sind, wie seine lat., wohl im Lat. schriftlich fixiert und dann ins Dt. rückübersetzt worden, so daß mündliche Sprache nur indirekt faßbar ist. Eine bedeutende geistliche Sondersprache schafft die dt. Mystik, in der erstmals Frauen (Beginen und Klosterfrauen; bes. Mechthild von Magdeburg) Anteil an der Literatursprache haben (Grundmann 1935).

Am Ende der drei Jahrhunderte umfassenden mhd. Sprachperiode hat sich der Kreis laikaler literaturtragender Schichten von zögernden Anfängen im Frühmhd. über die noch elitär-höfische Gesellschaft dem gebildeten Laien geöffnet. Von nun an ist von einem komplexen Verhältnis zwischen literaturproduzierenden und -rezipierenden Schichten auszugehen. Dem Autor steht ein heterogenes Publikum gegenüber. Auch wenn das Lat. weiterhin dominiert, ist das Dt. weitgehend schrift- und literaturfähig geworden. Es ist faßbar nicht mehr nur in der Sondersprache der höfischen Dichtung, sondern in sich herausbildenden überregionalen Schriftdialekten.

Die Überlieferung spiegelt den Konsolidierungsprozeß volkssprachlichen Schreibens. Sind bis 1100 nur 63 deutschsprachige literarische Handschriften erhalten und bis zum Beginn des 13. Jhs. bereits 269 (Hellgardt 1988), so dürfte im Laufe des 13. und 14. Jhs. ihre Zahl sprunghaft angestiegen sein; dies nicht zuletzt als Folge der Einfuhr oberitalienischer Papiere seit dem zweiten Drittel des 13. Jhs., die das Pergament als Beschreibstoff zu ersetzen beginnen. Älteste in Deutschland erhaltene Papierhandschrift ist das 1246 begonnene Registerbuch eines Passauer Domdechanten. Das Ausstattungsniveau der volkssprachlichen illustrierten Handschriften hat aber, von wenigen Ausnahmen abgesehen, nur in bestimmten Sparten, in Weltchronistik, karolingischer Reichsgeschichte und Recht, vor dem 15. Jh. das hohe Niveau der Buchkunst und Buchmalerei lat. Handschriftenproduktion erreicht (Ott 1995, 58ff.).

3. Literatur (in Auswahl)

Aus der Mündlichkeit in die Schriftlichkeit: Höfische und andere Literatur. 750–1350. Hrsg. v. Ursula Liebertz-Grün. Reinbek bei Hamburg 1988. (Deutsche Literatur. Eine Sozialgeschichte. Hrsg. v. Horst Albert Glaser. Bd. 1. rororo 6250).

Bäuml, Franz H., Mittelalter. In: Geschichte der deutschen Literatur. Bd. 1: Vom Mittelalter bis zum Barock. Hrsg. v. Ehrhard Bahr. Tübingen 1987, 1–244. (UTB 1463).

Boehm, Laetitia, Das mittelalterliche Erziehungs- und Bildungswesen. In: Propyläen-Geschichte 1982, 143–181.

Bumke, Joachim, Mäzene im Mittelalter. Die Gönner und Auftraggeber der höfischen Literatur in Deutschland 1150–1350. München 1979.

Ders., Höfische Kultur. Literatur und Gesellschaft im hohen Mittelalter. 2 Bde. München 1986.

Ders., Untersuchungen zur Überlieferungsgeschichte der höfischen Epik im 13. Jh. Die Herbort-Fragmente aus Skokloster. Mit einem Exkurs zur Textkritik der höfischen Romane. In: ZfdA 120, 1991, 256—304.

Ders., Höfische Kultur. Versuch einer kritischen Bestandsaufnahme. In: PBB (T) 114, 1992, 414—482.

Curschmann, Michael, Hören—Lesen—Sehen. Buch und Schriftlichkeit im Selbstverständnis der volkssprachlichen literarischen Kultur Deutschlands um 1200. In: PBB (T) 106, 1984, 218—257.

Deutsche Handschriften 1100—1400. Hrsg. v. Volker Honemann und Nigel F. Palmer. Tübingen 1988.

Eggers, Hans, Deutsche Sprachgeschichte II. Das Mittelhochdeutsche. Reinbek bei Hamburg 1965. (rde 191/192).

Fromm, Hans, Volkssprache und Schriftkultur. In: The role of book in medieval culture. Ed. by Peter Ganz. Turnhout 1986, P. 1, 99—108. (Bibliologia 3).

Gärtner, Kurt, Die deutschen Einträge in den Kölner Schreinskarten als früheste Zeugnisse für den Gebrauch des Deutschen als Urkundensprache im 12. Jh. In: Die Funktion außer- und innerliterarischer Faktoren für die Entstehung deutscher Literatur des Mittelalters und der frühen Neuzeit. Hrsg. v. Christa Baufeld. Göppingen 1994, 51—65. (GAG 603).

Green, Dennis H., Über Mündlichkeit und Schriftlichkeit in der deutschen Literatur des Mittelalters. Drei Rezeptionsweisen und ihre Erfassung. In: Philologie als Kulturwissenschaft. Festschrift für Karl Stackmann. Göttingen 1987, 1—20.

Ders., Hören und Lesen. Zur Geschichte einer mittelalterlichen Formel. In: Erscheinungsformen kultureller Prozesse. Jahrbuch 1988 des Sonderforschungsbereiches „Übergänge und Spannungsfelder zwischen Mündlichkeit und Schriftlichkeit". Hrsg. v. Wolfgang Raible. Tübingen 1990 [a], 23—44. (ScriptOralia 13).

Ders., Orality and reading: the state of research in medieval studies. In: Speculum 65, 1990 [b], 267—280.

Grubmüller, Klaus, Mündlichkeit, Schriftlichkeit und Unterricht. Zur Erforschung ihrer Interferenzen in der Kultur des Mittelalters. In: DU, NF. 1, 1989, 41—54.

Grundmann, Herbert, Die Frauen und die Literatur im Mittelalter. Ein Beitrag zur Frage nach der Entstehung des Schrifttums in der Volkssprache. In: AfK 26, 1935, 129—161.

Ders., Litteratus—illiteratus. Der Wandel einer Bildungsnorm vom Altertum zum Mittelalter. In: AfK 40, 1958, 1—65.

Haug, Walter, Schriftlichkeit und Reflexion. Zur Entstehung und Entwicklung eines deutschsprachigen Schrifttums im Mittelalter. In: Schrift und Gedächtnis. Beiträge zur Archäologie der literarischen Kommunikation. Hrsg. v. Aleida Assmann/Jan Assmann/Christof Hardmeier. München 1983, 141—157.

Heinzle, Joachim, Wann beginnt das Spätmittelalter? In: ZfdA 112, 1983, 207—223.

Ders., Wandlungen und Neuansätze im 13. Jh. (1220/30—1280/90). Königstein/Ts. 1984. (GdL 2,2).

Hellgardt, Ernst, Die deutschprachigen Handschriften im 11. und 12. Jh. Bestand und Charakteristika im chronologischen Aufriß. In: Deutsche Handschriften 1988, 33—81.

Henkel, Nikolaus, Litteratus—illiteratus. Bildungsgeschichtliche Grundvoraussetzungen der höfischen Epik in Deutschland. In: Begegnung mit dem „Fremden". Grenzen, Traditionen, Vergleiche. Akten des VIII. Internationalen Germanisten-Kongresses, Tokyo 1990. Bd. 9. München 1991, 334—345.

Ders./Nigel F. Palmer, Latein und Volkssprache im deutschen Mittelalter. 1100—1500. In: Latein und Volkssprache im deutschen Mittelalter. 1100—1500. Regensburger Colloquium 1988. Hrsg. v. Nikolaus Henkel und Nigel F. Palmer. Tübingen 1992, 1—18.

Huber, Christoph, Der gebildete Dichter im hohen Mittelalter. In: Literaten—Kleriker—Gelehrte. Zur Geschichte der Gebildeten im vormodernen Europa. Hrsg. v. Rudolf W. Keck/Erhard Wiersing/Klaus Wittstadt. Köln [etc.] 1996, 171—189. (Beiträge zur historischen Bildungsforschung 15).

Irsigler, Franz, Epoche — Sozialgeschichtlicher Abriß. In: Aus der Mündlichkeit 1988, 12—28.

Klein, Thomas, Ermittlung, Darstellung und Deutung von Verbreitungstypen in der Handschriftenüberlieferung mittelhochdeutscher Epik. In: Deutsche Handschriften 1988, 110—167.

Krohn, Rüdiger, Literaturbetrieb im Mittelalter. In: Propyläen-Geschichte 1982, 199—220.

Mertens, Volker, Rezeption der französischen Adelsliteratur. In: Aus der Mündlichkeit 1988, 135—157.

Moser, Hugo, Schichten und Perioden des Mittelhochdeutschen. In: WW 2, 1952, 321—336.

Ott, Norbert N., Die Handschriften-Tradition im 15. Jh. In: Die Buchkultur im 15. und 16. Jh. Erster Halbbd. Hamburg 1995, 47—124.

Propyläen — Geschichte der Literatur. Bd. 2: Die mittelalterliche Welt, 600—1400. Berlin 1982.

Roelcke, Thorsten, Periodisierung der deutschen Sprachgeschichte. Analysen und Tabellen. Berlin/New York 1995. (SLG 40).

Saenger, Paul, Lesen im Spätmittelalter. In: Die Welt des Lesens. Von der Schriftrolle zum Bildschirm. Hrsg. v. Roger Chartier/Guglielmo Cavallo. Frankfurt/New York 1999, 181—217.

Schmidt, Wilhelm, Geschichte der deutschen Sprache. Ein Lehrbuch für das germanistische Studium.

6. Aufl., erarbeitet unter der Leitung von Helmut Langner. Stuttgart/Leipzig 1993.

Scholz, Manfred Günter, Hören und Lesen. Studien zur primären Rezeption der Literatur im 12. und 13. Jh. Wiesbaden 1980.

Skrzypczak, Henryk, Stadt und Schriftlichkeit im deutschen Mittelalter. Beiträge zur Sozialgeschichte des Schreibens. Diss. (masch.) Berlin 1956.

Sonderegger, Stefan, Grundzüge deutscher Sprachgeschichte. Diachronie des Sprachsystems. Bd. 1: Einführung, Genealogie, Konstanten. Berlin/New York 1979.

Sprandel, Rolf, Gesellschaft und Literatur im Mittelalter. Paderborn [etc.] 1982. (UTB 1218).

Steer, Georg, Der Laie als Anreger und Adressat deutscher Prosaliteratur im 14. Jh. In: Zur deutschen Sprache und Literatur des 14. Jhs. Hrsg. v. Walter Haug [u. a.] Heidelberg 1983, 354–367.

Thomas, Heinz, Herrschersippen und höfische Epik im deutschen Mittelalter. In: Wirtschaft, Gesellschaft, Unternehmen. Festschrift für Hans

Pohl. Hrsg. v. Wilfried Feldenkirchen/Frauke Schönert-Röhle/Günther Schulz. 2. Teilbd. Stuttgart 1995, 757–781. (Vierteljahrschrift für Sozial- und Wirtschaftsgeschichte. Beiheft 120 b).

Vollmann-Profe, Gisela, Wiederbeginn volkssprachlicher Schriftlichkeit im hohen Mittelalter (1050/60–1160/70). Königstein/Ts. 1986. (GdL 1,2).

Wendehorst, Alfred, Wer konnte im Mittelalter lesen und schreiben? In: Schulen und Studium im sozialen Wandel des hohen und späten Mittelalters. Hrsg. v. Johannes Fried. Sigmaringen 1986, 9–33. (Vorträge und Forschungen 30).

Wilhelm, Friedrich, Corpus der altdeutschen Originalurkunden bis zum Jahr 1300. Bd. 1–5. Lahr 1932–1963 sowie Bd. 6 und Nachträge 1963 ff.

Wolf, Norbert Richard, Geschichte der deutschen Sprache. Bd. 1: Althochdeutsch–Mittelhochdeutsch. Heidelberg 1981. (UTB 1139).

Ursula Rautenberg, Erlangen

89. Grundlagenprobleme einer mittelhochdeutschen Grammatik

1.　Vorbemerkung

Eine neue wissenschaftliche Grammatik des Mittelhochdeutschen wird seit langem als eine große Lakune der Germanistik empfunden (vgl. dazu zuletzt Wegera 1990 und *Mittelhochdeutsche Grammatik als Aufgabe* 1991). Daß es sie bis heute nicht gibt, ist zum einen begründet in der Geschichte der germanistischen Mediävistik, zum anderen in der Besonderheit der Überlieferung. Anders als im Bereich des Ahd. oder Frnhd. lenkte der hohe literarische Rang der mhd. Texte, bes. der hochhöfischen Epoche, den Blick von Beginn an stärker auf die literarischen Werke und ihren Inhalt als auf deren Sprache. Die Suche nach der 'richtigen' Literatursprache führte – verbunden vor allem mit dem Namen Karl Lachmanns – zu Editionen, die einem harmonischen Lesetext den Vorzug vor der Originaltreue gaben und die weit entfernt lagen von der Sprachrealität (vgl. dazu Lutz-

Hensel 1975; Bein 1994). Als dieses normalisierte Mhd. dann zur Textgrundlage Mhd. Grammatiken herangezogen wurde, schloß sich der Kreislauf, der von nun an nicht mehr ernsthaft durchbrochen werden konnte (vgl. 2.).

Der Mangel an einer neuen, umfassenden wissenschaftlichen Grammatik des Mhd. wurde in den letzten Jahren besonders deutlich, nachdem die andere große Lücke, das Frnhd., nun weitgehend geschlossen werden konnte. Damit wurde das Mhd. zu der sprachgeschichtlichen Periode des Dt., über die wir am wenigsten genau unterrichtet sind.

2.　Quellengrundlage und Methoden bisheriger Mittelhochdeutscher Grammatiken

Nur wenige der zahlreichen Mhd. Grammatiken und grammatikographischen Darstellungen (vgl. die Auswahl unter 5.1.) weisen ihre Quellengrundlage nach. Bei dem weit überwiegenden Teil handelt es sich entweder um Abrisse größerer Werke oder um Lehr- bzw. Lerngrammatiken, die letztlich auf allgemein vorhandenes Handbuchwissen bzw. die größeren Grammatiken zurückgehen, ohne diese jeweils explizit zu nennen.

Die folgenden kritischen Ausführungen beziehen sich nur auf diejenigen Mhd. Grammatiken, die über ihr zugrundeliegendes Korpus informieren und die in Forschung und Lehre eine gewisse Rolle spielen. Dies sind Weinhold (1883/1967), Paul (1881/1989), Michels (1900/1979) und Mettke (1964/1993).

2.1. Die Qualität der Grundlagen

Materialgrundlage aller bisherigen Mhd. Grammatiken sind nicht Handschriften, sondern nahezu ausschließlich Editionen. Es handelt sich damit um Grammatiken, die die Inventare und Regeln einer normierten Kunstsprache abbilden bzw. beschreiben. Damit erhalten sie eine (wichtige) Hilfsfunktion zum Lesen und Verstehen mhd. Literatur. Inwieweit diese Inventare und Regeln das Mhd. der überlieferten Hss. repräsentieren, ist bisher kaum abzuschätzen; erste vergleichende Studien zeigen jedoch erhebliche Unterschiede zwischen den Regeln der Grammatiken und dem tatsächlichen Sprachstand (vgl. dazu Wolf 1989; 1991; Solms 1991). Die Literaturbezogenheit hat zudem zur Folge, daß der vermutlichen Entstehungszeit eines jeweiligen Werkes bei der zeitlichen Einordnung der Vorzug gegeben wird gegenüber der Entstehungszeit der Hs. Lokalisierungen und Datierungen werden zumeist kritiklos übernommen (lediglich Weinhold stellt hier eine gewisse Ausnahme dar); Vorlagenprobleme, besonders bei Werken mit einer längeren Rezeptionsgeschichte, werden nicht thematisiert und bei der Auswahl der Korpustexte nicht berücksichtigt.

2.2. Umfang und Struktur der Textgrundlage

Die aufgelisteten Textsammlungen sind nur in einem sehr eingeschränkten Sinne als Korpora zu bezeichnen. In keinem Falle handelt es sich um strukturierte, ausgewogene Korpora, sondern um einen entweder durch den Lehrstoff vorgegebenen Kanon oder mehr oder weniger durch Zufälle gesteuerte Sammlungen.

Am ehesten noch als Korpus im engeren Sinne lassen sich die Listen von Weinhold ansehen. Sie umfassen immerhin rund 300 Quellen, sortiert nach den drei Großlandschaften, allerdings wenig benutzerfreundlich auf drei Grammatiken verteilt: Alemannisch (Weinhold 1863), Bairisch (Weinhold 1867) und Mitteldeutsch (Weinhold 1883). Die 18 Druckseiten umfassende Liste bei Michels dagegen hat zunächst einmal die Funktion, einen Überblick über die Quellen des Mhd. und damit nicht auch schon über die Grundlage der Grammatik zu bie-

ten. Das Quellenverzeichnis bei Paul ist ein gewachsenes und durch Bearbeitungen erweitertes. Die Quellen bei Paul werden erstmals durch Mitzka in der 19. Aufl. (1963) anhand der Belegstellen im Syntaxteil aufgelistet. Die Mhd. Grammatik von Mettke beruft sich auf 29 Quellen (ausschließlich für den Syntaxteil). Keine der Textsammlungen spiegelt adäquat die regionale Variabilität oder die Diachronie von drei Jahrhunderten wider, noch wird eine Textsortenspezifik sichtbar. Den Schwerpunkt bilden in allen Fällen die poetischen Denkmäler des späten 12. und frühen 13. Jhs. obd. Provenienz. Einige wenige Urkunden und andere Prosatexte (nur bei Michels ist die Zahl größer) werden zwar genannt, doch bei der Auswertung kaum berücksichtigt.

2.3. Auswertung der Quellen

Die Auswertung der Quellen erfolgt in keiner Grammatik systematisch gesamthaft, sondern weitestgehend 'steinbruchartig' zum Beleg von Aussagen (Regeln, „Gesetzen"), deren Grundlagen im Dunkeln bleiben und die oft genug nur Behauptungscharakter haben. Die Auswertung erfolgt zudem recht willkürlich nach Vorlieben oder Bedarf. So bezieht sich der weit überwiegende Teil aller Belegangaben bei Paul auf nur wenige Texte/Autoren (vgl. Düwel 1977); in einigen Passagen beziehen sich rund die Hälfte aller Belegangaben auf vier Texte/Autoren ('Parzival', 'Iwein', 'Nibelungenlied' und Walther). Die Prosatexte bei Michels etwa werden so gut wie gar nicht ausgewertet. Im Syntaxteil, wo man Prosabelege am ehesten erwarten darf, wird bei ihm nur an wenigen Stellen auf Prosatexte verwiesen.

3. Grundlagenprobleme einer neuen Mittelhochdeutschen Grammatik

3.1. Prinzipien der Korpusgrundlage

Ein historisch orientiertes grammatikographisches Unternehmen hängt ab von der Menge der Textüberlieferung. Ist sie überschaubar wie im Ahd., kann die Gesamtheit des Überlieferten Grundlage einer Grammatik sein. Ist sie so umfangreich wie z. B. im Frnhd., kann die Quellengrundlage nur exemplarisch sein. Das Mhd. ist korpustheoretisch nicht einfach, weil beide genannten Überlieferungszustände sich etwa in der Mitte des 13. Jhs. treffen. Dies bedeutet, daß für die erste Hälfte (11. Jh. bis 1. Hälfte 13. Jh.) die Überlieferung weitestgehend komplett zu berücksichtigen ist — was nicht bedeutet, daß keinerlei Vorauswahl stattfinden muß. Von der 2. Hälfte des 13. Jhs. an gebietet die Menge der überlieferten Quellen eine exemplarische Auswahl, zunächst in einigen Landschaften. Damit ist auch der Anspruch einer solchen Grammatik, über eine exemplarische Darstellung hinaus für das gesamte Mhd. quasi als Handbuch zum Nachschlagen jedweder sprachlichen Besonderheit zu dienen, wenn überhaupt, nur für den ersten Abschnitt einlösbar.

Aus der Kritik bisheriger Grammatikographie des Mhd. leiten sich mühelos die Prinzipien für die materielle Grundlage einer neuen umfassenden wissenschaftlichen Grammatik ab, die in der Lage ist, heutigen Ansprüchen zu genügen. Die beiden wesentlichen Prinzipien der Grundlegung, denen weitere nachgeordnet sind, lauten:

(1) Es werden nur Handschriften (bzw. Faksimiles) zugrunde gelegt.
(2) Das Korpus muß strukturiert sein.

3.2. Das Prinzip der Handschriftentreue

Das Prinzip, nur Hss. und keine Editionen zugrunde zu legen, ist spontan plausibel, wenn man sich die Editionspraxis vor Augen hält. Editorische Eingriffe werden zwar in unterschiedlichem Maße vorgenommen — bei Urkunden und in religiösen oder juristischen Prosatexten in geringerem Maße als bei poetischer Literatur und hinsichtlich der Graphien weit stärker als in den anderen Bereichen — doch ist die Eingriffstiefe vorab kaum kalkulierbar, so daß der Rückgriff auf die Handschrift unerläßlich erscheint — dies zumal die Beschaffung der Hss. in Filmkopie heute kein Problem mehr darstellt.

3.3. Das Prinzip des strukturierten Korpus

Eine deskriptive historische Grammatik kann nur die Inventare und Regeln des Mhd. auf der Basis der überlieferten Schriftlichkeit abbilden und beschreiben. Alles darüber Hinausgehende ist spekulativ. Das Korpus im weitesten Sinne ist damit die Gesamtheit der bekannten Überlieferung. Doch eine Grammatik, die nicht eine normalisierte (standardisierte) und synchronisierte Sprache darbieten, sondern die auch und gerade der Variabilität und der Diachronie von drei Jahrhunderten Rechnung tragen will, muß ihr zugrundeliegendes Korpus nach bestimmten Kriterien — und dies sind zunächst einmal 'Raum', 'Zeitabschnitt' und 'Textsorte' — strukturieren. Ideal wäre ein Korpus mit einer in jedem Rasterfeld gleichmäßigen, hinsichtlich der Textmenge ausreichenden und

dennoch arbeitstechnisch zu bewältigenden Textmenge. Die strengen Forderungen von aus der Arbeit an der *Grammatik des Frühneuhochdeutschen* und deren kritischer Begleitung geschärften methodischen Prinzipien können zwar ideal formuliert werden, um nicht hinter den erreichten Standard zurückzufallen (vgl. Wegera 1990), aber jedem Kenner der mhd. Textüberlieferung ist bewußt, daß solche Forderungen kaum aufrechtzuerhalten sind und zahllose Zugeständnisse des Wünschenswerten an das Machbare zu leisten sind.

3.4. Umfang der Quellengrundlage

Die Quellengrundlage einer deskriptiven Mhd. Grammatik ist zunächst einmal nicht das Mhd., sondern ausschließlich die Menge (oder Teilmenge) des Überlieferten (das naturgemäß nur die schriftliche Seite der Sprache erfaßt). Doch auch die Menge des Überlieferten kann nicht einfach komplett zur Basis erklärt werden, sondern es muß eine durch eine Korpustheorie gesteuerte Abgrenzung und Auswahl stattfinden. Bereits aus dem ersten o. g. Prinzip, ausschließlich Hss. und keine sekundären Darstellungen zugrundezulegen, ergibt sich eine erste wichtige Reduktion. Es müssen konsequenterweise diejenigen Quellen ausgeschieden werden, die zwar bekannt sind, die aber als verschollen gelten bzw. bekanntermaßen vernichtet wurden. Man kann darüber streiten, ob dies auch dann gilt, wenn eine Abschrift vorliegt bzw. ein diplomatischer Abdruck vorhanden ist, deren Grad an Zuverlässigkeit allerdings nicht mit letzter Sicherheit geprüft werden kann. Dies gilt natürlich nicht, wenn eine photographische Kopie zur Verfügung steht (wie im Falle der Breslauer Williram-Hs.). Es ist somit zwischen 'bekannter' und 'verfügbarer' Überlieferung zu unterscheiden, und streng genommen darf nur letztere herangezogen werden.

Eine weitere Reduktion ergibt sich aus dem Umfang des Überlieferten in seiner Gesamtheit. Die Anzahl der überlieferten Hss. bzw. Fragmente wurde bisher meist unterschätzt. Für das 11. und 12. Jh. belegt eine Handliste von Hellgardt (1988; dann Nachträge 1990 und 1993) rund 300 Exemplare, von denen rund 40 als verschollen gelten oder vernichtet sind. Für das 13. Jh. belegt das *Marburger Repertorium* mhd. Hss. rund 1000 verfügbare Exemplare, von denen allerdings nur ein kleiner Teil in die erste Jahrhunderthälfte fällt. Hinzu kommen die Urkunden, die bis zum Ende des 13. Jhs. mit rund 4500 beziffert werden (vgl. Wilhelm 1932, 20ff.). Für das 14. Jh. gibt es keine vergleichbare Übersicht, doch ist die Menge des Überlieferten nochmals um ein Mehrfaches größer als im 13. Jh.

3.5. Zeitliche Abgrenzung und diachrone Binnendifferenzierung des Mittelhochdeutschen (Zeitabschnitte)

Vorab einigermaßen plausibel begründbar sind nur die äußeren Abgrenzungen des Mhd. Die Abgrenzung gegenüber dem Ahd. ergibt sich aus der Überlieferungslücke größerer Texte im 11. Jh. quasi von selbst. Mit dem Erscheinen von Willirams Hohelied-Paraphrase ist ein anderer, neuer Sprachstand gegenüber dem Ahd. erreicht. Die Festlegung des Ahd. bis ca. 1100 (vgl. etwa Braune/Eggers 1987, § 1) stützt sich vornehmlich auf die Entwicklung der Nebensilbenvokale. Diese sind zwar im 11. Jh. noch nicht zu *e* uniformiert — dies sind sie auch viel später noch nicht (vgl. *Grammatik des Frühneuhochdeutschen* 1.1.−1.3.) —, aber die Entwicklung der Nebensilbenvokale zeigt bereits eine vom Ahd. stark abweichende Vereinheitlichung. So gleicht etwa die Breslauer Williram-Hs. im Bereich der Substantivflexion tendenziell in Richtung *-on* aus.

Die Grenze gegenüber dem Frnhd. ergibt sich theoretisch aus den zahlreichen Argumenten, die inzwischen zur Abgrenzung des Mhd. vom Frnhd. zusammengetragen wurden (vgl. etwa Reichmann 1988; Hartweg 1989). Sie ergibt sich forschungspragmatisch aus dem Anschluß an die *Grammatik des Frühneuhochdeutschen*, die den Zeitraum 1350−1700 abdeckt.

Alle zeitlichen Binnenschnitte innerhalb des Mhd. sind dagegen zunächst willkürlich. Traditionell wird das Mhd. in drei Zeitstufen unterteilt: vor 1170, 1170−1250, nach 1250. N. R. Wolf (1981, 195ff.) plädiert für nur einen Schnitt um 1250. Solche Untergliederungen sind aber literaturgeschichtlich bzw. überlieferungsgeschichtlich motiviert (vgl. Klein 1991, Anm. 6). Eine auf Sprachwandelphänomenen basierende Einteilung kann sinnvoll erst nach Abschluß der Grammatikarbeit erstellt werden. Vorab denkbar ist ein nur wenig präjudizierendes, pragmatisches Verfahren, wie es im Rahmen der *Grammatik des Frühneuhochdeutschen* praktiziert wurde. Der Zeitraum 1050−1350 kann mechanisch in sechs 50-Jahre-Schnitte unterteilt werden. Dieses Verfahren bietet sich auch deshalb an,

weil die meisten Quellen ohnehin in aller Regel in eine Jahrhunderthälfte datiert werden. Feinere Unterscheidungen anhand genauer datierter Hss. sind damit keinesfalls ausgeschlossen.

Eine gröbere Vorab-Unterteilung etwa in 100-Jahre-Schnitte verbietet die Kenntnis der Sprachwandeldynamik im Frnhd., die zunächst auch für das Mhd. nicht ausgeschlossen werden kann. Sollte sich das Mhd. im nachhinein als ein wesentlich beharrenderer Zeitraum erweisen, können dann immer noch jeweils mehrere Zeitschnitte zusammengefaßt werden, ergänzt um die zahlreichen Texte, die nur vage in ein Jahrhundert (und nicht in Jahrhunderthälften) datiert werden. Die Zusammenschau zweier Zeitschnitte wird aus Gründen der geringen Überlieferungsdichte für das 11. und die 1. Hälfte des 12. Jhs. ohnehin nicht zu umgehen sein.

Das 11. und die erste Hälfte des 12. Jhs. nehmen eine Sonderstellung ein. Die Überlieferung wird bestimmt durch die beiden größeren Texte des sog. Wiener Notker (Wien, ÖNB 2681) und der breit gestreuten Überlieferung von Willirams Hohelied-Paraphrase (vgl. Gärtner 1988 und 1991). Alle übrigen Hss. dieser Zeit sind Kleintexte bzw. Fragmente. Die Williram-Überlieferung orientiert sich teils eng an den als autornah geltenden Breslauer (Br) und Ebersberger (Eb) Hss., teils bleiben die Veränderungen der Kopialhss. auf die lautlich-graphemische Ebene beschränkt. Solange eine gründliche Studie hierzu noch aussteht — die Arbeit von Bartelmez (1967) kann hier nur als Vorstudie gewertet werden — muß besonders für die Erarbeitung der Syntax von nur *einem* Text ausgegangen werden. Auch der Wiener Notker ist nicht unproblematisch als Textgrundlage einer neuen Grammatik. Unklar ist, wie groß der Anteil Notkers hier kalkuliert werden muß und welche Vorlagen es gab. Es bietet sich deshalb für die ersten beiden Zeiträume an, diese nicht nur zu einem zusammenzufassen, sondern auch auf eine diatopische Unterteilung zu verzichten. Der erste Zeitraum ist somit weitgehend durch zwei Texte repräsentiert. Die übrigen Denkmäler können dann nur für bestimmte Bereiche und Fragestellungen, etwa für den Bereich der Graphien, herangezogen werden.

3.6. Diatopische Binnendifferenzierung des Mittelhochdeutschen (Sprachlandschaften)

Die diatopische Einteilung des Mhd. erweist sich als noch schwieriger als die Einteilung in Zeitschnitte. Eine schlichte Übernahme der

Einteilung der rezenten Dialekte, die für das Frnhd. funktionierte, verbietet sich für das Mhd. aufgrund der weitreichenden „Inkongruenz sprechsprachlicher und schreibsprachlicher Großräume" (Klein 1991, 6). Dies gilt jedoch vornehmlich für Verstexte, weit weniger für Urkunden. Inwieweit dies auch die übrige Prosa betrifft, muß sich erst erweisen.

Da auch für die diatopische Struktur des Korpus gilt, daß die Feinheit des Rasters mit der Menge des Überlieferten korrespondieren muß, verbietet sich eine allzu feine Untergliederung von selbst. Außerdem steigt der Grad der Sicherheit bei der Lokalisierung naturgemäß mit der Größe eines Rasterfeldes. Es gilt also, die optimale Feldgröße aus den Faktoren Überlieferungsdichte und Lokalisierungsangaben zu finden. Diese könnte im ersten Zugriff bei den traditionellen Großräumen (oobd., wobd., wmd., omd.) liegen. In einen Großraum 'Oobd.' lassen sich dann neben den zahlreichen Zuweisungen mit der Angabe 'Oobd.' auch die Zuweisungen 'bair.', 'bair.-österreichisch', 'südbair.', 'bair. mit südlichem Einschlag', 'Regensburger Raum' etc. sinnvoll integrieren.

Doch die auf diese Weise gewonnenen 4 Großräume reichen nicht für den gesamten Zeitraum des Mhd. aus. Es ist vielmehr der sich allmählich verfeinernden Raumdifferenzierung und vor allem der starken Osterweiterung des dt. Sprachraums in der diatopischen Struktur Rechnung zu tragen.

Im Obd. sind im 11./12. Jh. zunächst lediglich die extremen östlichen und westlichen Teile einigermaßen sicher zuzuweisen. Ein großes Problem stellt die Abgrenzung zwischen dem Oobd. und dem Wobd. dar. Für das 12. Jh. hat Wilhelm (1960, B, 45) bereits auf den Umstand verwiesen, daß sich das Bair. und Schwäb. kaum scharf unterscheiden lassen. Klein (1991, 5f.) weist darauf hin, daß der schreibsprachliche Gegensatz zwischen West- und Ostalem. meist schärfer ausgeprägt ist als der zwischen Ostalem. und Bair. Er plädiert für einen zentral-obd. Raum, der das Oobd. und Oalem. umfaßt. Spätestens für die Quellen der 2. Hälfte des 13. Jhs. finden sich jedoch Lokalisierungen zahlreicher Hss. durch die Sekundärliteratur, die eine Dreiteilung des obd. Raumes nahelegen: Oobd., Wobd. und einen alem.-bair. Übergangsraum, über den allerdings wenig Gesichertes bekannt ist. Handelt es sich lediglich um einen Interferenzraum, oder stellt dieser Raum einen eigenständigen, sprachlich abgrenzbaren Raum dar, aus dem sich später

das Schwäb. als eigene Landschaft gegen das Bair. und das Alem. herausbildet? Und wo liegen die Grenzen? Denkbar ist eine Kombination der Standpunkte, indem man einen eigenen — seit dem 13. Jh. zunehmend faßbaren — alem.-bair. Übergangsraum ansetzt, aus dem sich dann im späten 13. und frühen 14. Jh. das Schwäb. deutlich vom Bair. einerseits und vom Oalem. andererseits abhebt. Noch schwieriger faßbar ist der südliche Teil dieses Raumes, der gelegentlich als „alpenländisch" bezeichnet wird und der das Vorarlbergische und zumindest Teile Tirols umfaßt.

Im Md. ist die Überlieferungslage noch komplizierter. Mit der zunehmenden Ausdehnung nach Osten geht eine zunehmende Binnendifferenzierung des md. Sprachgebietes einher. Hinzu kommt die weitgehend rudimentäre Überlieferung. Im 11. und 12. Jh. sind nur Hss. aus dem westlichen Md. überliefert. In der 1. Hälfte des 13. Jhs. finden sich zunehmend Hss., die nach Klein einen hess.-thür. Überlieferungszusammenhang bilden. In der 2. Hälfte des 13. Jhs. treten dann die rhfrk.-hess. und omd. Schreibsprache zunehmend deutlicher auseinander. Es könnten also auch im Md. drei Landschaften angesetzt werden: (1) das Wmd. (westliches Md.) seit dem 11. Jh., wobei aufgrund der Überlieferungslage frühestens ab dem 12. Jh. bei der Korpusanalyse zwischen mfrk. und rhfrk. unterschieden werden kann; (2) ein östliches Md., das sich zunächst als hess.-thür. Überlieferungszusammenhang abzeichnet und das sich in der zweiten Hälfte des 13. Jhs. deutlich in zwei Sprachräume untergliedern läßt: (2 a) rhfrk.-hess. und (2 b) omd. (östliches Md.).

3.7. Die Textsorten

Eine Textsortentheorie für das Mhd. existiert bislang nur in Ansätzen (vgl. Art. 95), obgleich die Überlieferung gut überschaubar ist. Die Grammatikographie muß zunächst einmal zwingend zwischen Vers- und Prosatexten unterscheiden, da die beiden Formen grundsätzlich unterschiedlichen Produktionsbedingungen unterliegen. Verstexte unterliegen den Zwängen von Metrum und Reim. Das Metrum beeinflußt vor allem die Syntax, die 'Reimnot' führt dazu, daß sich in Reimen sprachliche Neuerungsprozesse relativ früh zeigen und andererseits veraltete Formen lange tradiert werden. Diese Beobachtung aus der Frühneuzeit kann auch für den mhd. Reim nicht vorab ausgeschlossen werden. Zudem gilt für das Mhd., daß die Dichtung, insbesondere die höfische, in nicht geringem Maße Normen reflektiert (Stichwort: höfische Dichtersprache). Die Einbeziehung der Reimgrammatik wird in methodischer Hinsicht ein bedeutendes Element der mhd. Grammatikographie darstellen. Neben den älteren Arbeiten von Zwierzina (1900/1901) und Schirokauer (1923) sind besonders in jüngerer Zeit die Arbeiten von Wiesinger (1975; 1991; 1996) wegweisend.

Die Prosa ist zwar prinzipiell freier in der Gestaltung, doch gilt hier für das Mhd., daß es nur wenige autochthone dt. Prosatexte gibt. Entweder handelt es sich um Übersetzungen aus dem Lat. (in der Frühzeit um dt.-lat. Mischsprache und Interlinearversionen), oder es gilt zumindest, was noch im Frnhd. zu beobachten ist: die Produzenten der vor allem geistlichen Prosa sind gebildete Kleriker, die neben dt. auch und in der Regel häufiger lat. schreiben; sie haben das Schreiben in der Regel anhand des Lat. erlernt und diese Technik erst sekundär auf das Dt. übertragen. Somit ist der Einfluß des Lat. auf die dt. Prosatexte immer mit zu kalkulieren.

Innerhalb der Prosa sind die Urkunden als eigene Form zu unterscheiden. Sie unterliegen wiederum eigenen Produktionsbedingungen. Auch sie folgen oft lat. Mustern. Dabei handelt es sich jedoch meist um vorgefertigte Formeln und Formen, so daß hier ein eigener Formtypus vorliegt. Zudem wird erwartet, daß regionale Besonderheiten und Einflüsse an den Urkunden besonders augenfällig zu Tage treten (Stichwort: Urkundensprache).

Hier wird ein weiteres grammatikographisches Problem sichtbar. Bereits eine simple Unterscheidung der Hss. nach den drei Darbietungsformen 'Vers', 'Urkunden', 'Übrige Prosa' führt dazu, daß nicht alle Rasterfelder immer und vor allem gleichmäßig gefüllt werden können. Verstexte erscheinen zunächst recht zögerlich, verstärkt erst in der 2. Hälfte des 12. Jhs., deutschsprachige Urkunden erscheinen dagegen in nennenswerter Zahl erst seit der 2. Hälfte des 13. Jhs.; lediglich Prosatexte sind über den gesamten Zeitraum hin (mit Lücken) einigermaßen konstant verteilt.

Eine weitere Vorab-Untergliederung nach Textsorten, wie sie in Art. 95 beschrieben werden, ist daher kaum durchzuführen. Es muß vielmehr bei der Auswertung der Analyseergebnisse der Textsortenaspekt reflektiert werden. Lediglich in Rasterfeldern, in denen die Überlieferungsdichte eine echte Auswahl erlaubt, kann eine sinnvolle Streuung der Textsorten angestrebt werden.

Eine Beschränkung zunächst auf die drei Darbietungsformen 'Vers', 'Urkunden' und 'Übrige Prosa' ist jedoch auch positiv begründbar, da die drei Formen ein großes Stück weit mit den drei großen Inhaltsbereichen der mhd. Literatur korrespondieren. Das überlieferte (und verfügbare) Hss.-Material läßt sich grob in drei Bereiche gliedern:

(1) Rechtstexte mit primär sozialverbindender, seltener dokumentierender Intention/Funktion, zu denen in der Hauptsache die Urkunden zählen; daneben einige Prosatexte, insbesondere der Schwabenspiegel, einige Stadtrechte und Ordensregeln. Diese Textart tritt hinsichtlich der Überlieferung erst in der 2. Hälfte des 13. Jhs. deutlicher zutage.

(2) Dichtung mit primär unterhaltender (aber auch erbaulicher) Intention/Funktion. Sie erscheint zunächst im 11. und in der 1. Hälfte des 12. Jhs. als geistliche Dichtung, die im 12. Jh. durch Legenden- und Geschichtsdichtung erweitert wird. Im 13. Jh. überwiegt für eine gewisse Zeit die Überlieferung weltlicher Stoffe (heroische Dichtung, höfisch-ritterliche Versepik und Lyrik). Seit dem späten 13. Jh. wird diese aber wieder durch eine neuerliche Ausbreitung geistlicher Stoffe begleitet. Bis auf wenige Ausnahmen im späten 13. und in der 1. Hälfte des 14. Jhs. wird die Dichtung in gebundener Sprache verfaßt.

(3) Geistliche 'Gebrauchsliteratur' mit unterschiedlichen Intentionen/Funktionen (religiöse Wissensvermittlung, Erbauung und Belehrung). Diese Literatur ist nahezu durchweg in Prosa verfaßt und dominiert die gesamte mhd. Prosaüberlieferung. Zu dieser tritt bes. ab der 2. Hälfte des 12. Jhs. die Prosa-Sachliteratur mit anleitender und informierender Intention/Funktion.

3.8. Grammatikographische Tauglichkeit der Handschriften (Zuordnungsqualität)

Die Strukturierung eines Korpus hat zur Folge, daß nicht jede Hs. gleichermaßen gut geeignet erscheint. Aus diesem Grund wurden für das Korpus der *Grammatik des Frühneuhochdeutschen* Zuordnungsqualitäten definiert, die aus der Sicherheit von Datierung und Lokalisierung und biographischen Daten von Autor/Hersteller resultieren (vgl. Graser/Wegera 1978, 82). Diese sind in der für das Frnhd. praktikablen Form nicht auf das Mhd. übertragbar (vgl. Klein 1991, 94). Dennoch sind sie unverzichtbar; es muß vielmehr ein weit reduzierterer Qualitätsanspruch formuliert werden.

Im Gegensatz zu den frnhd. Drucken sind nur sehr wenige Hss. des Mhd. datiert. Die Datierung der übrigen und − in noch stärkerem Maße – ihre Lokalisierung wird mit unterschiedlicher Sicherheit und vielfach kontrovers vorgenommen. Hier kann ein erster Qualitätsanspruch in dem Sinne formuliert werden, daß Hss. mit einer sicheren, nicht kontrovers diskutierten Datierung und einer Lokalisierung in eine Sprachlandschaft besser geeignet sind als andere.

Es ist eine weitere Eigenheit der mhd. Überlieferung, daß nur sehr wenige Hss. als autornah angesehen werden können. In der Regel haben wir es mit einer längeren Text- und Rezeptionsgeschichte, also mit Abschriften und Abschriften von Abschriften zu tun. Es muß deshalb mit einer erheblichen regional bedingten Interferenz und mit einer zeitlichen Verzerrung des Sprachstandes gerechnet werden (Stichwort: Vorlagenproblematik). Hier kann nun ein weiterer Qualitätsanspruch formuliert werden: Eine Hs. ist dann besser geeignet, wenn der Autor des Textes (über den wir in der Regel wenig wissen) der gleichen Sprachlandschaft entstammt wie die Hs. (über deren Hersteller wir in den meisten Fällen nichts wissen) und die Hs. zeitlich möglichst nahe an der (in der Regel erschlossenen) Entstehungszeit des Textes liegt.

Es lassen sich somit vorab zumindest zwei Qualitätsstufen unterscheiden: Eine Qualitätsstufe A, die auf alle Hss. zutrifft, die einigermaßen sicher (möglichst außersprachlich) und nicht kontrovers lokalisierbar und datierbar sind, deren Sprache nicht in der Sekundärliteratur bereits als Mischsprache gilt und deren Entstehung nicht zu lange nach der Entstehung des Textes liegt. Bei allen Zugeständnissen, die man hier im Mhd. machen muß, sollte eine zeitliche Differenz zwischen Textdatierung und Handschriftendatierung nur wenig über 50 Jahre hinausgehen, da die zeitliche Verzerrung andernfalls zu groß und damit nicht mehr kalkulierbar wird. So wird man etwa die reichliche Williram-Überlieferung ab der 2. Hälfte des 12. Jhs. nicht mehr berücksichtigen können, ebenso die zahlreichen Hss. der hochhöfischen Epen spätestens Ende des 13., mit Sicherheit aber im 14. Jh.

Alle Hss., die die oben genannten Bedingungen nicht erfüllen, gehören dann automatisch in die Qualitätsstufe B. Dies bedeutet jedoch keinesfalls, daß nun ausschließlich A-Hss. herangezogen werden können, sondern lediglich, daß, wann immer eine Auswahl möglich ist, eine A-Hs. vorzuziehen ist. Bei den B-Hss. muß jedoch bei der späteren grammatischen Analyse und Darstellung immer der Vorbehalt der minderen Zuordnungsqualität im Blick bleiben und darstellungstechnisch etwa an der Sigle eines Textes signalisiert werden.

Eine besondere Rolle spielt der Umfang einer Hs. Eine moderne Grammatik, die die Quellen nicht wie bisher zumeist üblich 'steinbruchartig' ausschlachten, sondern 'gesamthaft', mit dem Ziel der Darstellung von (Teil-) Systemen, auswerten will, benötigt für die Analysen bestimmte Mindestumfänge der einzelnen Hss. Diese sind zwar noch nicht mit letzter Sicherheit ermittelt, es können aber aus Erfahrung Richtwerte angegeben werden. Die Arbeiten an der *Grammatik des Frühneuhochdeutschen* haben gezeigt, daß für die systematische Erarbeitung von Flexionsparadigmen 30 Seiten (mit jeweils 400 Wortformen = sog. Normalseiten) die untere Grenze darstellen. Dem entsprechen ca. 2500 Verse bzw. 12000 Wortformen. Für Einzelphänomene, wie etwa bestimmte selten belegte Stammformen starker Verben, reichen 30 Seiten nicht aus. Aber dafür reichen wiederum oft weit größere Textpartien des gleichen Textes auch nicht aus, so daß sog. Zusatzexzerptionen gegebenenfalls in anderen, räumlich und zeitlich benachbarten Texten nötig sind. Dies gilt auch für den Bereich der Wortbildung, soweit diese bisher Gegenstand der historischen Forschung war. Für den Graphembereich reicht eine weit geringere Textbasis aus. Probeläufe haben ergeben, daß bereits bei einem Umfang von 2 Normalseiten der weit überwiegende Teil zumindest des Inventars erfaßt werden kann. Für den Bereich Syntax stehen Erfahrungswerte noch aus, doch gilt auch hier, daß der notwendige und hinreichende Umfang jeweils von den einzelnen Untersuchungsphänomenen abhängt, bei bisherigen Probeläufen aber immer im Bereich der 30 Normalseiten lag.

Dies bedeutet, daß Hss., die länger sind als 30 Normalseiten, nicht komplett analysiert werden müssen; dies bedeutet umgekehrt, daß Hss., die unterhalb eines Blattes liegen, kaum für eine systematische Analyse herangezogen werden können. Sie bilden eine dritte Qualitätsstufe (C). Im 11. und 12. Jh. stellen diese Hss. (Fragmente, Bruchstücke und literarische 'Kleinformen' wie Segen, Gebete etc.) das Gros der Überlieferung dar. Sie dürfen nicht einfach ausgesondert werden, sondern können als sog. 'Fußnotentexte' bei auffälligen und wichtigen Besonderheiten sporadisch in ganz traditioneller Weise herangezogen werden. Im späten 13. und 14. Jh. spielen sie indes aufgrund der Überlieferung von ausreichend vielen umfangreichen Hss. keine so große Rolle mehr wie in den spärlicher besetzten frühen Zeiträumen. Für die 1. Hälfte des 13. Jhs. wird wohl von Fall zu Fall zu entscheiden sein, ob die C-Hss. herangezogen werden müssen.

Da einzelne Hss. oft über einen längeren Zeitraum hin entstehen und daher (auch bei gleicher Hand) erstaunlich inhomogen sein können, hat es sich als sinnvoll erwiesen, aus einem längeren Text nicht 30 Seiten fortlaufend, sondern 2−3 Partien, verteilt über den gesamten Text, auszuwählen.

Ein besonderes Problem stellen die einzelnen Hände einer Hs. dar. Selbst wenn man nicht den extremen Standpunkt vertritt, daß jede Hand eine eigene Hs. darstellt, wird man tunlichst Partien ein und derselben Hand auswählen. Hss. mit zahlreichen Händen, wie etwa das *Trierer Zisterzienserinnengebetbuch* (Trier, StB, Cod. 1149/451), haben somit bestenfalls eine B-Qualität.

3.9. Die Repräsentation der bedeutenden Denkmäler

Ein Korpus, das nach solch strengen Maßstäben erstellt wird, wird nur wenige der großen Denkmäler erfassen, da gerade diese Texte fast ausschließlich in Kopialhss. überliefert sind: es entfällt die gesamte Lyrik, die vornehmlich in großen Sammel-Liederhss. überliefert ist, es entfallen so wichtige Texte wie das *Rolandslied*, das *Nibelungenlied*, und es fehlen Autoren wie Hartmann, Gottfried, Wolfram, der Stricker etc. Da es sich um ein literaturwissenschaftliches Argument handelt, könnte es vernachlässigt werden. Aber: die genannten Texte bilden die Basis aller bisherigen mhd. Grammatiken. Eine Vergleichbarkeit des Materials wäre ohne sie kaum noch zu gewährleisten. Für die Wortbildung bleibt die Frage, ob die großen Denkmäler nicht auch die wirkungsmächtigeren gewesen sind und schon aus diesem Grund nicht außen vor bleiben dürfen. Zudem trägt eine Berücksichtigung dem quantitativen Vorherrschen der Überlieferung gerade dieser Quellen zumindest von ca. 1170 bis in die 2. Hälfte des 13. Jhs. Rechnung. Nicht zuletzt entspricht die Einbeziehung dieser Quellen dem vorherrschenden Benutzerinteresse an einer neuen Mhd. Grammatik.

Um dieses Dilemma zu lösen, sind zwei Verfahren denkbar:

1. Die großen Denkmäler bleiben, da sie als Quellen problematisch sind, im ersten Schritt ausgeschlossen und werden erst in einem zweiten Schritt vor dem Hintergrund des übrigen Materials beschrieben. Dies hätte den Vorteil, daß die sog. Mhd. Dichtersprache vor dem Hintergrund der geographischen Variabilität der übrigen Texte besser herausgearbeitet werden könnte.
2. Die großen Denkmäler werden in das Korpus eingebaut, und zwar so, daß die Verzerrung durch die Kopialhs. berücksichtigt wird. Während eine Hs. wie *Iwein* B etwa die Schreibung und Lautung des bair.-alem. Übergangsgebietes im zweiten Viertel des 13. Jhs. repräsentiert, stehen Morphologie und Syntax eher für das Hartmannsche Alemannisch der 2. Hälfte des 12. Jhs. Das könnte bedeuten, daß man den gleichen Text je nach der zu beschreibenden grammatischen Ebene in verschiedenen Rasterfeldern des Korpus führen kann.

3.10. Urkunden

Die Urkunden müssen nach etwas anderen Kriterien ausgewählt werden als die übrigen Texte. Urkunden erscheinen verstärkt erst in der zweiten Hälfte des 13. Jhs. und erst in den 90er Jahren in größerem Umfang in dt. Sprache. Da auch bei den Urkunden bestimmte Mindestumfänge unverzichtbar sind, die einzelnen Urkunden aber in der Regel zu kurz sind, können sog. Urkundenstrecken ausgewählt und zugrunde gelegt werden. Eine solche Strecke besteht aus mehreren Urkunden eines Schreibers, die zeitlich möglichst dicht beieinander liegen. Bei erkennbar gleichem Usus kann für bestimmte Fragestellungen auch eine Strecke aus einem Schreibzentrum (etwa einer Kanzlei) mit mehreren Schreibern herangezogen werden. Solche Strecken finden sich vereinzelt in den 90er Jahren des 13. Jhs. (etwa Celi in Konstanz, Gottfried Hagen in Köln) und etwas häufiger in der ersten Hälfte des 14. Jhs. Strecken können jeweils wie ein Text behandelt werden, wobei allerdings die sich möglicherweise wiederholende Formelhaftigkeit zu berücksichtigen ist. Die übrigen Urkunden werden behandelt wie andere Kurztexte. Allzu kurze Stücke bleiben als C-Texte verfügbar; Urkunden mit einem Umfang oberhalb eines Blattes können (in entsprechender Auswahl) für die Analyse im Bereich von Lautung und Schreibung herangezogen werden.

4. Das Bochumer Korpus

Anhand der o. g. Prinzipien und Überlegungen wurde das Bochumer Korpus mhd. Hss. zusammengestellt. Das Gesamtkorpus enthält ca. 350 Hss., die für eine grammatikographische Basis als geeignet angesehen werden. Dieses Korpus setzt sich zusammen aus einem Basiskorpus und einem Erweiterungskorpus. Das − im folgenden abgedruckte − Basiskorpus dient als Grundlage zunächst für die Erarbeitung von Morphologie, Wortbildung und Syntax. Es enthält im Idealfall pro Rasterfeld 6 Einheiten, je zwei Vers- bzw.

Prosatexte und zwei Urkundenstrecken mit einem Textumfang von je 30 Normalseiten. Doch nicht alle Felder lassen sich in der gewünschten Form besetzen: in einigen Fällen, bes. in den früheren Zeiträumen, gibt es keinen Text von geeigneter Länge, der zudem die übrigen Auswahlkriterien erfüllt, in einigen Fällen mußten hinsichtlich des Umfangs kleinere Zugeständnisse gemacht werden. Im Falle der Urkunden liegen brauchbare Strecken ohnehin nur für wenige Felder vor und bleiben meist unter 30 Normalseiten.

Das Erweiterungskorpus, das zusammen mit dem Basiskorpus die Grundlage für die Analyse und Darstellung von Schreibung und Lautung bildet, enthält alle kürzeren Texte bis hinunter zum Umfang eines Blattes und alle übrigen Texte, die die oben angeführten Kriterien erfüllen.

Im nachfolgenden ist das sog. Bochumer Mhd.-Korpus abgedruckt. Die Textauswahl entspricht dem aktuellen Stand bei Drucklegung des Handbuchs, kleinere Veränderungen, bedingt durch den Fortschritt der Bearbeitung, sind nicht ausgeschlossen.

Bochumer Mittelhochdeutsch-Korpus
(Stand 9/99)

2./11.//1./12. Jh.

Verstexte:

1. Ezzos Gesang [u.] memento mori (Straßburg, Bibl. univ., Cod. 1–2, 74 v u. 154 v–155 r)
   bald nach 1130

2. Merigarto (Karlsruhe, LB, Cod. Donaueschingen A III 57)
   1. Viertel 12. Jh.

3. Rheinauer Paulus (Zürich, ZB, Ms Rh 77, 1a u. 53b)
   1. Drittel 12. Jh.

Prosatexte:

1. Wiener Notker (Wien, ÖNB, Cod. 2681)
   um 1100; bair.

2. Williram (Br) (Breslau, Bibl. uniw., cod. R 347 -Film)
   Ende 11. Jh.; ofrk.
Varianten von: Williram (Pal) (Rom, Bibl. Vat., pal. lat. 73)
Varianten von: Williram (Eb) (München, SB, Cgm 10, 8 v–64 r)
Varianten von: Williram (Tr) (Trier, Stadtbibl., Cod. 805/5 8°)
   Ende 11. Jh.
Varianten von: Williram (Kr) (Kremsmünster, Stiftsbibliothek, CC 32, 95 r–176 r)
Varianten von: Williram (Vi) (Wien, ÖNB, Cod. 2686)
Varianten von: Williram (Ha) (London, BL, Cod. Harley 3014)
Varianten von Williram (Ein) (Einsiedeln, Stiftsbibliothek, Cod. 34, 3 v–22 v)
   1. Hälfte 12. Jh.

3. Bamberger Glaube und Beichte (München, SB, Cgm 4460, 103r-114r)
   1. Hälfte 12. Jh.

2./12. Jh.

Bairisch:

Verstexte:

1. Kaiserchronik (Vorau, Stiftsbibl., Cod. 276)
   letztes Viertel 12. Jh./um 1200; bair.

2. Heinrichs Litanei (Graz, UB, Cod. 1501, 70 r–105 r)
   2. Hälfte 12. Jh.; bair.

Prosatexte:

1. Physiologus (Wien, ÖNB, Cod. 2721, 129 v–158 r)
   letztes Viertel 12. Jh.; bair.

2. Windberger Psalter (München, SB, Cgm 17)
   letztes Viertel 12. Jh.; bair.

Bair.-alem. Übergangsraum:

Verstexte:

1. Deutung der Meßgebräuche (München, SB, Cgm 39, 132 v − 142 r)
   letztes Viertel 12. Jh.; wbair./schwäb.

Prosatexte:

1. Predigtsammlung 'Speculum ecclesiae deutsch' etc. (München, SB, Cgm 39, 3v-132v)
   letztes Viertel 12. Jh.; wbair./schwäb.

Alemannisch:

Verstexte:

1. Scoph von dem lône (Colmar, Archives départementales du Haut-Rhin, Série F. Varia 108, 2r − 5r)
   Ende 12. Jh.; alem.

2. Linzer Entecrist (Linz, Studienbibl., Cod. 33, 171 r-180 r)
   um 1200; alem. (Elsaß) nach bair. Vorlage

Prosatexte:

1. Züricher Predigten (Zürich, ZB, Cod. C 58 105 v − 114 v/182 r − 183 v)
   Ende 12. Jh.; alem.

2. Gebete und Benediktionen aus Muri (Sarnen, Kollegiumsarchiv, Ms. Membr. 69)
   letztes Viertel 12. Jh.; alem.

Westmitteldeutsch:

Verstexte:

1. Arnsteiner Marienlied (Wiesbaden, Staatsarchiv, Hs. Abt. 3004 C 8, 129 v − 135 v)
   letztes Viertel 12. Jh.; mfrk. (Arnstein/Beselich)

2. Mittelfränkische Reimbibel (A/A*) (Halle, UB, YG 34 4°)
   2. Hälfte 12. Jh.; mfrk.

Prosatexte:

1. Trierer Interlinearversion zum Psalter (Trier, Stadtbibl., Cod. 806/4 8°)
   um 1200; rhfrk.

Hess.-thür.:

Verstexte:

1. Trierer Ägidius (Trier, Stadtbibliothek, Mappe X, Mhd. Fragm. Nr. 14)
   um 1200; hess.-thür.

Prosatexte:

2. Frankfurter Predigtfragmente (Frankfurt, StUB, Fragm. germ. I.1)
   Ende 12. Jh.; hess.-thür.

1./13. Jh.

Oberdeutsch:

1. Wolfram, Parzival (D) (St. Gallen, SfB, Cod 857)
   1. Hälfte 13. Jh.; oberdeutsch

2. Hartmann, Iwein (B) (Gießen, UB, Hs. 97)
   2. Viertel 13. Jh.; oberdeutsch; Hs. ostobd.

3. Gottfried, Tristan (M) (München, SB, Cgm 51)
   Mitte 13. Jh.; oberdeutsch; Hs. bair.-ostalem.

4. Nibelungenlied (C) (Donaueschingen, FFHB, Hs. 63, 1 r − 89 r)
   2. Viertel 13. Jh.; oberdeutsch; Hs. alpenländisch

Bairisch:

> Verstexte:
>
> 1. Priester Wernher, Marienleben (D) (Krakau, Bibl. Jagl., mgo 109)
>   1. Viertel 13. Jh.; bair.
>
> 2. Die Hochzeit (Klagenfurt, Kärntner Landesarchiv, Hs. GV 6/19)
>   um 1200; bair.
>
> Prosatexte:
>
> 1. Kuppitsche Predigtsammlung (Krakau, Bibl. Jagl., mgq 484)
>   Mitte 13. Jh.; südwestbair.
>
> 2. St. Pauler Predigten (St. Paul, Benediktinerstift, Cod. 109/3)
>   2. Viertel 13. Jh.; bair.

Bair.-alem. Übergangsraum:

> Verstexte: –
>
> Prosatexte:
>
> 1. Zwiefaltener Benediktinerregel (Stuttgart, LB, Cod. theol. 4° 230)
>   1. Viertel 13. Jh.; schwäb.
>
> 2. Hoffmannsche Predigtsammlung (Wien, ÖNB, Cod. 2718, 26 v – 49 v)
>   1. Drittel 13. Jh.; bair.-ostalem. (Bodenseegebiet)

Alemannisch:

> Verstexte:
>
> 1. Frauenfelder Flore-Bruchstücke (Frauenfeld, kath. Pfarrarchiv, cod. II Bg.)
>   1. Hälfte 13. Jh.; alem.
>
> 2. Gottfried von Straßburg, Tristan (f/fl/m) (Köln, Historisches Archiv der Stadt, Hss.-
>   Frgm. A 44/Berlin, SB, mgf 923, Nr. 4/Augsburg, StB, Fragm. germ. 31)
>   Mitte 13. Jh.; westalem. (els.)
>
> Prosatexte:
>
> 1. St. Trudperter Hohelied (A) (Wien, ÖNB, Cod. 2719)
>   2. Viertel 13. Jh.; alem.
>
> 2. Lucidarius (Göl) (Göttingen, Niedersächsische Staats- u. UB,
>   Cod. theol. 101 n perg. 4°)
>   1. Viertel 13. Jh.; alem.

Westmitteldeutsch:

> Verstexte:
>
> 1. Rheinisches Marienlob (Hannover, LB, Cod. I 81, 1 – 93)
>   2. Viertel 13. Jh.; rip.
>
> 2. Tundalus (Krakau, Bibl. Jagl., mgq 642)
>   1. Viertel 13. Jh.; wmd.
>
> Prosatexte:
>
> 1. Vatikanische Gebete (Rom, Bibl. Vat., Cod. lat. 4763, 107 r – 128 v)
>   2. Viertel 13. Jh.; rhfrk. (Kloster Hane)

Hess.-thür.:

> Verstexte:
>
> 1. Graf Rudolf (Fragmente a – d/A – K) (Braunschweig, StB, Fragm. 36/Göttingen, SB
>   u. UB, Cod. Ms. philol. 184,7)
>   1. Viertel 13. Jh.; hess.-thür.
>
> 2. Athis und Prophilias A*C*, ABCDEF (Berlin, SB, Nachlaß Grimm 196/Krakau,
>   Bibl. Jagl., mgq 846)
>   Mitte 13. Jh.; hess.-thür.

Prosatexte:

1. Mitteldeutsche Predigten (K) (Berlin, SB, Fragm. Nr. 55)
   Mitte 13. Jh.; hess.-thür.

2./13. Jh.

Bairisch:

Verstexte:

1. Dietrichs Flucht (Berlin, SB, mgf 1062, 63 ra−102 va)
   Ende 13. Jh.; niederösterr.

2. Ulrich von Lichtenstein, Frauendienst (M) (München, SB, Cgm 44)
   um 1300; niederösterr.

Prosatexte:

1. Buch der Könige (Karlsruhe, LB, Cod. Donaueschingen 739)
   80er Jahre 13. Jh.; Regensburger Raum

2. Bartholomäus (München, SB, Cgm 92, 1 r−18 v)
   bald nach 1250; bair.

Bair.-alem. Übergangsraum:

Verstexte:

1. Winsbeke/Winsbekin (I) (Berlin, SB, mgf 474, 61 va 26−68 ra)
   um 1300; bair.-alem.

Prosatexte:

1. David von Augsburg, Traktate (München, SB, Cgm 183)
   Ende 13. Jh.; oschwäb. (Augsburg)

2. Stadtbuch Augsburg (München, Bayr. Hauptstaatsarchiv, RL Augsburg 32)
   nach 1276; schwäb. (Augsburg)

Alemannisch:

Verstexte:

1. Rudolf von Ems, Weltchronik (Z) (München, SB, Cgm 8345)
   Ende 13. Jh.; alem. (Basel-Freiburger Raum)

2. Rudolf von Ems, Wilhelm von Orlens (M) (München, SB, Cgm 63)
   70er Jahre 13. Jh.; alem. (Züricher Raum)

Prosatexte:

1. Schwabenspiegel (Karlsruhe, LB, Cod. Donaueschingen 738)
   23. Aug. 1287; Leiselheim bei Freiburg

2. Schwarzwälder Predigten (Gr) (Freiburg, UB, Cod. 460)
   vor 1300; alem.

Mittelfränkisch:

Verstexte:

1. Die Lilie (Wiesbaden, LB, Cod. 68, 26 v−115 r)
   1270/80; rip. (Köln)

2. Karl und Galie (D) (Darmstadt, LB u. Hochschulbibl., Hs. 3250 u. Hs. 3224, Nr. 13/
   Wolfenbüttel, Herzog-August-Bibl., cod. 404.9 (5) Novi)
   Ende 13. Jh.; mfrk.

Prosatexte:

1. Die Lilie (Wiesbaden, LB, Cod. 68, 3 r−26 v)
   1270/80; rip. (Köln)

2. Amtleutebuch St. Brigiden (Köln, Stadtarchiv, G 334)
   um 1300; rip. (Köln)

Rhfrk.-hess.:

Verstexte:

1. Rheinfränkische Marien Himmelfahrt (Gießen, UB, Cod. 876, 163−272)
   1278; rhfrk.-hess.

2. Rheinfränkische Reimpredigten (Hamburg, SB u. UB, cod. in scrin. 99, 12-319)
   um 1300/Anfang 14. Jh.; rhfrk.-hess.

Prosatexte:

1. Salomonis hûs (Gießen, UB, Cod. 876, 1−162)
   1278; rhfrk. (Mainz)

2. Mitteldeutsche Predigten (Frankfurt, StUB, Fragm. germ. II 2/Freiburg, UB, Cod.
   519/Nürnberg, GNM, Cod. 42526)
   4. Viertel 13. Jh.; rhfrk.

Ostmitteldeutsch:

Verstexte:

1. Passional (I) (Berlin, SB, mgf 778)
   um 1300/Anfang 14. Jh.; omd.

Prosatexte:

1. Mühlhäuser Reichsrechtsbuch (N) (Nordhausen, Stadtarchiv, Ms. II Na. 6)
   letztes Drittel 13. Jh.; thür. (Nordhausen)

2. Jenaer Martyrologium (Jena, UB, Ms. Bose q 3)
   letztes Viertel 13. Jh.; thür. (Geraer Raum)

1./14. Jh.

Bairisch:

Verstexte:

1. Johann von Würzburg, Wilhelm von Österreich (G) (Gotha, Forschungsbibliothek,
   Memb. II 39, 77 r−199 v)
   1. Hälfte 14. Jh.; bair.

2. Maria Magdalena (Verslegende) (Wien, ÖNB, Cod. 15225, 1 r−33 r)
   um 1300/1. Hälfte 14. Jh.; bair. (Steiermark)

Prosatexte:

1. Ruprecht von Freising, Rechtsbuch (A) (München, Stadtarchiv, Cim 1)
   1328; mbair.

2. Oberaltaicher Evangelistar (München, SB, Cgm 66)
   1. Hälfte 14. Jh.; bair.

Urkunden:

Urkunden Landshut (Bayr. Hauptstaatsarchiv München/Stadtarchiv Landshut)
24 Urkunden vom 02. November 1333 bis 22. Juni 1345

Schwäbisch:

Verstexte:

1. Ulrich von Türheim, Rennewart (B) (Berlin, SB, mgf 1063, 61 v−157)
   nach 1314; oschwäb.

Prosatexte:

1. Baumgarten geistlicher Herzen (L) (München, SB, Cgm 6247)
   kurz nach 1300; oschwäb. (Augsburg)

Urkunden:

1. Urkunden Augsburg (Stadtarchiv Augsburg)
   21 Urkunden vom 15. Februar 1336 bis 17. August 1341

Alemannisch:

Verstexte:

1. Rappoltsteiner Parzifal (Karlsruhe, LB, Cod. 97)
   1331−1336; els. (Straßburg)

2. Hugo von Langenstein, Martina (Basel, UB, Cod. B VIII 27)
   1. Hälfte 14. Jh.; alem.

Prosatexte:

1. St. Georgener Predigten (Z) (Zürich, ZB, Ms. C 76, 101 rb−110 rb)
   1. Hälfte 14. Jh.; alem.

2. Nikolaus von Straßburg, Predigten (C) (St. Florian, Stiftsbibl., Cod. XI 284, kl. 4°)
   1. Hälfte 14. Jh.; alem.

Urkunden:

Urkunden Freiburg (Generallandesarchiv Karlsruhe)
   29 Urkunden vom 24. Juli 1316 bis 11. August 1320

Mittelfränkisch:

Verstexte:

Prosatexte:

1. Tauler, Predigten (Wien, ÖNB, Cod. 2744)
   1346; rip. (Köln)

2. Rede von den 15 Graden (P) (Prag, Gedenkstätte des nationalen Schrifttums Kloster Strabov, Cod. DG IV 17, 1 r−103 r)
   frühes 14. Jh.; mfrk.

Rhfrk.-hess.:

Verstexte:

1. Leben der heiligen Elisabeth (A) (Darmstadt, LHB, Hs. 2269)
   1. Hälfte 14. Jh.; hess. (Marburg?)

2. Die Erlösung (Bl) (Berlin, SB, mgq 412)
   12. 1. 1337; rhfrk.-hess. (Mainz)

Prosatexte:

1. Oxforder Benediktinerregel (Oxford, Bodleian Library, Cod. Laud. Misc. 237)
   1. Hälfte 14. Jh.; hess. (Nassau)

Ostmitteldeutsch:

Verstexte:

1. Heinrich von Freiberg, Tristan (F) (Florenz, Bibl. Nazionale Centr., Cod. B. R. 226)
   1343; omd.

2. Landgraf Ludwigs Kreuzfahrt (Wien, ÖNB, Cod. 2737)
   Anfang 14. Jh.; schles.

Prosatexte:

1. Evangelienbuch des Matthias Beheim (Leipzig, UB, Ms. 34)
   1343; omd.

2. Berliner Evangelistar (Berlin, SB, mgq 533)
   1340; thür.-obs.

Urkunden:

Urkunden Jena/Weida (StadtA Jena, Thür. HSTA Weimar)
   7 Urkunden von 1317−1333

Ostfränkisch:

Verstexte:

1. Lupold von Hornburg, Reden (München, UB, 2° Cod. ms. 731, 226 ra−234 va)
vor 1350; ofrk. (Würzburg)

2. Hugo von Trimberg, Renner (E) (Erlangen, UB, Ms. B 4)
1347; ofrk. (Nürnberg)

Prosatexte:

1. Christina Ebner, Von der Gnaden Überlast (Nürnberg, GNM Hs. 1338)
vor 1346 ofrk. (Kloster Engeltal)

2. Satzungsbuch Nürnberg (I/A) (Nürnberg, Staatsarchiv, Amts- u.
Standbücher Nr. 228)
1301−1315; Nürnberg

3. Würzburger Polizeisätze (München, UB, 2° Cod. ms. 731, 238 va−251 va)
1343; Würzburg

Urkunden:

Urkunden Nürnberg (Staatsarchiv Nürnberg/Stadtarchiv Nürnberg)
37 Urkunden vom 04. April 1335 bis 05. August 1340

5. Literatur (in Auswahl)

5.1. Mittelhochdeutsche Grammatiken (in Auswahl)

Asher, John, A short descriptive grammar of Middle High German. With texts and vocabulary. Oxford 1967. 2. Aufl. London 1975.

Barthel, Karl, Grundriß der mittelhochdeutschen Formenlehre für Anfänger bearbeitet. Quedlinburg 1854.

Bernhardt, Ernst, Abriß der mittelhochdeutschen Laut- und Flexionslehre zum Schulgebrauch. 2. Aufl. Halle/S. 1881.

de Boor, Helmut, Mittelhochdeutsche Grammatik. Bearb. v. Roswitha Wisniewski. 9. Aufl. Berlin/New York 1984.

Brenner, Otto, Mittelhochdeutsche Grammatik. 2. Aufl. München 1889.

Dolfini, Giorgio, Grammatica del medio alto tedesco. Mailand 1967.

Eis, Gerhard, Historische Laut- und Formenlehre des Mittelhochdeutschen. Heidelberg 1950.

Engelmann, Lorenz, Mittelhochdeutsche Grammatik. München 1866.

Fielitz, Wilhelm, Mittelhochdeutsche Formenlehre. In: Programm des Gymnasiums zu Stralsund 1871, 17−26.

Gärtner, Kurt/Hans-Hugo Steinhoff, Minimalgrammatik zur Arbeit mit mittelhochdeutschen Texten. Die wichtigsten Abweichungen vom Neuhochdeutschen. 3. Aufl. Göppingen 1979.

Hahn, Karl August, Mittelhochdeutsche Grammatik. Neubearb. v. Friedrich Pfeiffer. 4. Aufl. Basel 1884.

Helm, Karl, Abriß der mittelhochdeutschen Grammatik. Neubearb. v. Ernst A. Ebbinghaus. 5. Aufl. Tübingen 1980.

Jolivet, Alfred/Fernand Mosse, Manuel de l'Allemand Du Moyen Age. Des Origines Au XIVe Siècle. Grammaire. Textes. Glossaire. 2. Aufl. Paris 1972.

Kainz, E., Praktische Grammatik der Mittelhochdeutschen Sprache. Mit vielen Lesestücken und Wörterverzeichnis. Wien/Pest/Leipzig o. J.

Kauffmann, Friedrich, Deutsche Grammatik. Kurzgefaßte Laut- und Formenlehre des Gothischen, Alt-, Mittel- und Neuhochdeutschen. 5. Aufl. Marburg 1909.

Kehrein, Victor, Mittelhochdeutsche Grammatik und Schulwörterbuch. Leipzig 1899. 3. Aufl. Würzburg 1910.

Knabe, C., Zur Syntax der mittelhochdeutschen Klassiker. Programm des Gymnasiums zu Magdeburg. Magdeburg 1874.

Koberstein, August, Laut- und Flexionslehre der mittelhochdeutschen und der neuhochdeutschen Sprache in ihren Grundzügen. 4. Aufl. Halle/S. 1878.

Martin, Ernst, Mittelhochdeutsche Grammatik. Nebst Wörterbuch zu der Nibelungen Not, zu den Gedichten Walthers von der Vogelweide und zu Laurin. Berlin 1897.

Mausser, Otto, Mittelhochdeutsche Grammatik auf vergleichender Grundlage. 3 Bde. München 1932/33 (Neudr. Walluf 1972).

Meisen, Karl, Altdeutsche Grammatik. 2 Bde. Bonn 1947. 2. Aufl. Stuttgart 1968.

Mettke, Heinz, Mittelhochdeutsche Grammatik. Halle 1964. 7. Aufl. Tübingen 1993.

Michels, Victor, Mittelhochdeutsches Elementarbuch. Heidelberg 1900. Neubearb. v. Hugo Stopp,

Mittelhochdeutsche Grammatik. 5. Aufl. Heidelberg 1979.

Müller, Josef, Vergleichende Zusammenstellung der gothischen, alt-, mittel- und neuhochdeutschen Declination und Conjugation. Breslau 1838.

Oksaar, Els, Mittelhochdeutsch. Texte, Kommentare, Sprachkunde, Wörterbuch. Stockholm/Göteborg/Uppsala 1965.

Pastré, Jean-Marc, Précis de langue et de littérature allemande au moyen âge. Paris 1972.

Paul, Hermann, Mittelhochdeutsche Grammatik. Halle 1881. Neubearb. v. Siegfried Grosse/Peter Wiehl. 24. Aufl. Tübingen 1998.

Russ, Charles V. J., Studies in the historical German phonology. Comparison of Mhg and Nhg with reference to modern dialects. Bern/Frankfurt/M. 1982.

Schädel, Karl/Friedrich Kohlrausch, Mittelhochdeutsches Elementarbuch. Lüneburg 1850. 2. Aufl. Hannover 1866.

Schieb, Gabriele, Die deutsche Sprache im hohen Mittelalter (mit Ausblick bis etwa 1500). In: Die deutsche Sprache. Kleine Enzyklopädie. Hrsg. v. Erhard Agricola/Wolfgang Fleischer/Helmut Protze. Bd. 1. Leipzig 1969, 147-188.

Dies., Mittelhochdeutsch. In: Kurzer Grundriß der germanischen Philologie bis 1500. Hrsg. v. Ludwig Erich Schmitt. Bd. 1: Sprachgeschichte. Berlin 1970, 347-385.

Volkmar, Karl, Abriß der mittelhochdeutschen Formenlehre. In: BNL XV. Quedlinburg 1845.

Wahlenberg, Fr. W., Kurzgefaßte Laut- und Formenlehre der mittelhochdeutschen Sprache nebst einem Anhang über mittelhochdeutsche Metrik. Sigmaringen 1858.

Weinhold, Karl, Alemannische Grammatik. Berlin 1863. (Nachdr. Amsterdam 1967).

Ders., Bairische Grammatik. Berlin 1867 (Neudr. Wiesbaden 1968).

Ders., Kleine mittelhochdeutsche Grammatik. Paderborn 1881. Neubearb. v. Gustav Ehrismann/Hugo Moser. 17. Aufl. Wien/Stuttgart 1980.

Ders., Mittelhochdeutsche Grammatik. Ein Handbuch. 2. Aufl. Paderborn 1883. (Nachdr. Darmstadt 1967).

Wilmanns, Wilhelm, Deutsche Grammatik. Gotisch, Alt-, Mittel- und Neuhochdeutsch. 4 Bde. Straßburg 1893-1909. (Nachdr. Berlin 1967).

Wright, Joseph, A Middle High German Primer with Grammar, Notes and Glossary. 5. Aufl. Oxford 1955.

Ziemann, Adolf, Altdeutsches Elementarbuch. 2 Bde. Quedlinburg 1833.

5.2. Sekundärliteratur

Bartelmez, Erminnie H., The 'Expositio in Cantica Canticorum' of Williram, Abbot of Ebersberg (1048-1085). A Critical Edition. Philadelphia 1967. (Memoirs of the American Philosophical Society 69).

Bein, Thomas (Hrsg.), Altgermanistische Editionswissenschaft. Frankfurt/M. 1994. (DGF 1).

Braune, Wilhelm, Althochdeutsche Grammatik. 14. Aufl. Bearb. v. Hans Eggers. Tübingen 1987.

Bumke, Joachim, Epenhandschriften. Vorüberlegungen und Informationen zur Überlieferungsgeschichte der höfischen Epik im 12. und 13. Jh. In: Philologie als Kulturwissenschaft. Festschrift für Karl Stackmann. Göttingen 1987, 46-59.

Deutsche Handschriften 1100-1400. Oxforder Kolloquium 1985. Hrsg. v. Volker Honemann/Nigel F. Palmer. Tübingen 1988.

Deutsche Sprachgeschichte. Grundlagen, Methoden, Perspektiven. Festschrift für Johannes Erben. Hrsg. v. Werner Besch. Frankfurt/M. [etc.] 1990.

Düwel, Klaus (Hrsg.), Stellenregister zur Syntax von Ingeborg Schröbler. In: Paul/Moser/Schröbler, Mittelhochdeutsche Grammatik. 20. Aufl. 1969. Bearb. v. Ingrid Gutzmann. Göttingen 1977.

Gärtner, Kurt, Zu den Handschriften mit dem deutschen Kommentarteil des Hoheliedkommentars Willirams von Ebersberg. In: Deutsche Handschriften 1988, 1-34.

Ders., Die Williram-Überlieferung als Quellengrundlage für eine neue Grammatik des Mittelhochdeutschen. In: Mittelhochdeutsche Grammatik als Aufgabe 1991, 23-55.

Graser, Helmut/Klaus-Peter Wegera, Zur Erforschung der frühneuhochdeutschen Flexionsmorphologie. In: ZfdPh 97, 1978, 74-91.

Hartweg, Frédéric, Periodisierungsprinzipien und -versuche im Bereich des Frühneuhochdeutschen - oder: ein Versuch, die große „Lücke" auszumessen. In: ZfdPh 108, 1989, 1-47.

Hellgardt, Ernst, Die deutschsprachigen Handschriften im 11. und 12. Jh. Bestand und Charakteristik im chronologischen Aufriß. In: Deutsche Handschriften 1988, 34-81. (Nachträge o. O. 4/1990 und 2/1993).

Klein, Thomas, Ermittlung, Darstellung und Deutung von Verbreitungstypen in der Handschriftenüberlieferung mittelhochdeutscher Epik. In: Deutsche Handschriften 1988, 110-167.

Ders., Zum Verhältnis von Sprachgeschichte und Literaturgeschichte in der gegenwärtigen Mittelaltergermanistik. In: DU 1, 1989, 19-103.

Ders., Zur Frage der Korpusbildung und zur computerunterstützten grammatischen Auswertung mittelhochdeutscher Quellen. In: Mittelhochdeutsche Grammatik als Aufgabe 1991, 3-23.

Lutz-Hensel, Magdalena, Prinzipien der ersten textkritischen Edition mittelhochdeutscher Dichtung. Berlin 1975.

Mittelhochdeutsche Grammatik als Aufgabe. (ZfdPh 110, 1991, Sonderheft. Besorgt von Klaus-Peter Wegera).

Penzl, Herbert, Zu mittelhochdeutschen Dialekten als Gegenstand der Forschung. In: Mittelhochdeutsche Grammatik als Aufgabe 1991, 170–182.

Reichmann, Oskar, Die Abgrenzung des Mittelhochdeutschen vom Frühneuhochdeutschen. In: Mittelhochdeutsches Wörterbuch in der Diskussion. Symposion zur mittelhochdeutschen Lexikographie. Hamburg. Oktober 1985. Hrsg. v. Wolfgang Bachofer. Tübingen 1988, 119–147.

Schirokauer, Arno, Studien zur Mittelhochdeutschen Reimgrammatik. Halle 1923; auch in: PBB 47 (1923), 1–127.

Schneider, Karin, Gotische Schriften in deutscher Sprache. I. Vom späten 12. Jh. bis um 1300. 2 Bde. Wiesbaden 1987.

Schulze, Ursula, Komplexe Sätze und Gliedsatztypen in der Urkundensprache des 13. Jhs. In: Mittelhochdeutsche Grammatik als Aufgabe 1991, 140–170.

Solms, Hans-Joachim, Das System der Präfixverben in der frühesten Überlieferung des Hartmannschen 'Gregorius' aus dem Alemannischen des 13. Jhs. In: Deutsche Sprachgeschichte 1990, 115–128.

Ders., Zur Wortbildung der Verben in Hartmann von Aues 'Iwein' (Hs. B): Das Präfix ge- im System der verbalen Präfigierung. Zugleich ein Beitrag zur Diskussion historischer Wortbildung. In: Mittelhochdeutsche Grammatik als Aufgabe 1991, 110–140.

Wegera, Klaus-Peter, Mittelhochdeutsche Grammatik und Sprachgeschichte. In: Deutsche Sprachgeschichte 1990, 103–113.

Ders., [Rez.] Hermann Paul, Mittelhochdeutsche Grammatik. 23. Aufl. neu bearb. v. Peter Wiehl/ Siegfried Grosse. Tübingen 1989. In: PBB 113, 1991, 275–279.

Wiesinger, Peter, Grundsätzliches zur Untersuchung des Lautstandes der Reime in der bairisch-österreichischen Dichtung des Spätmittelalters. In: Akten des V. Internationalen Germanistenkongresses Cambridge 1975. Hrsg. v. Leonhard Forster und Hans-Gert Roloff. Bd. 2. Bern/Frankfurt/M. 1976, 145–154.

Ders., Zur Reimgrammatik des Mittelhochdeutschen. Methodik–Anwendung–Perspektiven. In: Mittelhochdeutsche Grammatik als Aufgabe 1991, 56–93.

Ders., Schreibung und Aussprache im älteren Frühneuhochdeutschen. Zum Verhältnis von Graphem–Phonem–Phon am bairisch-österreichischen Beispiel von Andreas Kurzmann um 1400. Berlin/New York 1996.

Wilhelm, Friedrich (Hrsg.), Corpus der altdeutschen Originalurkunden bis zum Jahr 1300. Bd. I. Lahr 1932.

Ders. (Hrsg.), Denkmäler deutscher Prosa des 11. und 12. Jhs. 2. Aufl. München 1960.

Wolf, Norbert Richard, Althochdeutsch-Mittelhochdeutsch. Heidelberg 1981. (Geschichte der deutschen Sprache 1).

Ders., Mittelhochdeutsch aus Handschriften. Hinweise zum Problem der historischen Grammatik und der Überlieferungsgeschichte. In: Überlieferungsgeschichtliche Editionen und Studien zur deutschen Literatur des Mittelalters. Festschrift für Kurt Ruh. Hrsg. v. Konrad Kunze [u. a.]. Tübingen 1989, 100–108.

Ders., Mittelhochdeutsch aus Handschriften II: Zur Adjektivflexion. In: Mittelhochdeutsche Grammatik als Aufgabe 1991, 93–110.

Zwierzina, Konrad, Mittelhochdeutsche Studien. In: ZdA 44 (NF. 32), 1900, 1–116, 249–316, 345–406 und 45 (NF. 33), 1901, 19–100, 253–419. (Nachdr. Hildesheim/New York 1971).

Klaus-Peter Wegera, Bochum

90. Phonetik und Phonologie, Graphetik und Graphemik des Mittelhochdeutschen

1. Voraussetzungen und Konsequenzen
2. Analysemethoden
3. Untersuchungen zum Vokalismus
4. Untersuchungen zum Konsonantismus
5. Literatur (in Auswahl)

1. Voraussetzungen und Konsequenzen

Analysegrundlagen sind für die Zeit von 1170–1250 vorwiegend poetische Denkmäler, danach zusätzlich Urkunden, Rechtsdenkmäler, geistliche und weltliche Prosa. Die einschlägigen Grammatiken stützen sich vor allem auf Angaben zu poetischen Denkmälern, die aus normalisierten Editionen stammen und somit den tatsächlichen handschriftlichen Befund nur unzureichend wiedergeben. Neuere diplomatische Editionen und Faksimilia konnten noch nicht berücksichtigt werden. Eine modernen Ansprüchen genügende philologische Aufbereitung des Materials, d. h. Klärung der Überlieferungsverhältnisse, räumliche und zeitliche Einordnung, Unterscheidung von Original und Abschriften, ist noch nicht weit genug durchgeführt (Schieb 1970, 347 f.). — Die Aufbereitung des sprachlichen Materials folgt in den Grammatiken dem von den Junggrammatikern entwickelten kontrastiven Verfahren: die kleinsten sprachlichen Elemente werden isolierend nach einem idealisierten germ., westgerm. oder normalmhd. Lautstand dargeboten, dem die jeweiligen Graphe zugeordnet sind. — Diesen Voraussetzungen tritt die Phonologie mit der Forderung gegenüber, aus den allein vorhandenen Graphen ein Inventar von Phonen und Phonemen zu gewinnen, den Phonemen die sie repräsentierenden und aus Allographen bestehenden Grapheme zuzuordnen, die Phonemdistributionen zu ermitteln, Phonemsysteme aufzustellen und aus dem Vergleich zeitlich aufeinander folgender Systeme Einsichten in Sprachwandelphänomene zu gewinnen. Diese Forderungen werden in unterschiedlichem Maße erfüllt, indem auf die Voraussetzungen verwiesen wird, die folgende Konsequenzen erforderten:

a) vorläufiger Verzicht auf eine vollständige graphemisch-phonisch-phonemische Auswertung umfangreicher mhd. Handschriften unter Einschluß vollständiger Distributionsangaben und solchen zu Phonemfrequenzen und funktioneller Belastung von Oppositionen und Oppositionsarten;
b) Erprobung phonemischer Verfahrensweisen an ausgewählten Einzelaspekten mit Hilfe eines begrenzten Methodenkanons unter bewußter Benutzung eines zeitlich und räumlich nirgends exakt fixierbaren sog. Normalmhd. oder klassischen Mhd. (Penzl 1984);
c) Aufstellung vorläufiger vokalischer und konsonantischer mhd. Phonemsysteme vor allem als Kontrastbasis für Systemvergleiche zu Varietäten der Gegenwartssprache. Hierhin gehört auch das Metaphonemsystem bei Glaser (1985, 37), das sich an den idealisierten mhd. Lautstand anlehnt und als Tertium comparationis für Graphie-Analysen bzw. als Hypothese über ein Phonemsystem dient.

2. Analysemethoden

Für das Mhd. lassen sich aus der methodologischen Literatur (vor allem Penzl 1972) folgende Methoden zusammenstellen, deren Auswahl die erzielten Ergebnisse beeinflußt:

a) philologische Textanalyse unter Berücksichtigung der Vergleichbarkeit der eventuell verschiedene Sprachschichten repräsentierenden Quellenarten (Stopp 1964, 106 f.; Ludwig 1989, 47–50); sie schließt auch die Behandlung diakritischer Zeichen wie Akzente (Gärtner 1991) mit ein; b) Minimal-

paarbildung; c) Distributionsanalyse unter Einschluß von Frequenzangaben (Philipp 1969, 444); d) kontrastiver Sprachvergleich zu zeitgleichen, vorausgehenden und folgenden Überlieferungen (zur Literatur mit kontrastiver Materialaufbereitung Michels/Stopp 1979, 351–360); dies Verfahren kann zum Nachweis von orthographischen Variationen führen, die im Frnhd. eher als im Mhd. und Ahd. vorhanden sind, vgl. Glaser 1988, 324); e) universelle Tendenzen der Symmetrie und Ökonomie von Systemen, zu denen auch Reihenschritte und gekoppelte Lautgesetze gehören (Höfler 1967, 22 f.); f) Vergleiche zu Standardsprache, Einzeldialekten und Sprachinseldialekten; g) Wirtschaftlichkeit der Metasprache; h) soziologische und pragmatische Aspekte im Hinblick auf Schreiber und Textverwendungsformen (Löffler 1972, 282 f.); i) Reimverhältnisse zur Vokalismusanalyse (Wiesinger 1976, 146–148; 1991); j) Lehnlexeme; k) Orthographietraditionen mit Möglichkeiten wechselseitiger Beeinflussung (Singer 1965, 134); l) hyperkorrekte Schreibungen (van Dam 1929, 543; 546); m) graphische Direktanzeigen im Kontrast zu Einzeldialekten und für das Frnhd.; n) orthographische Zeugnisse von Grammatikern seit dem 16. Jh. (zu l, m Steffens 1988, 12 f.; zu l, m, n Tauber 1993, 17–19; zu n Russ 1986, 165; Moser 1987, 381 mit dem Hinweis auf die „spelling pronunciation").

Kranzmayer (1956, 4; 9; 11 f.; 17 f.) stützt sich ausschließlich auf die Methoden e, f, j und l, wobei er bei Gegensätzen zwischen den sog. konservativen Bauernsprachinseln und mhd. und ahd. Graphie ersteren eine größere Beweiskraft gibt. Hier liegt eine Überschätzung der Reichweite der ausgewählten Methoden vor, die eine Analyse der graphischen Quellenbasis nicht ersetzen können. Auch Reihenschritte sind nur ein mögliches, aber kein notwendiges Ergebnis von Untersuchungen. Bei Reliktformen in Bauernsprachinseln ist nicht anzunehmen, daß sie eine jahrhundertelange sprachliche Kontinuität repräsentieren, während Graphiewechsel aufgrund nirgends exakt nachgewiesener Orthographietraditionen irrelevant seien oder Schreibfehler darstellten (dazu Hornung 1987). Solange Schreibverhalten denkmalintern, lexemisch gebunden (so auch Glaser 1988, 319; Hill 1990, 245) und distributionell nicht exakt untersucht ist, sollten auch Hyperkorrekturen mit Vorsicht und nicht gegen den gesamten graphischen Befund ausgewertet werden. Bei Lehnlexemauswertungen ist ebenfalls Vorsicht geboten, weil mit Mehrfachentlehnungen zu rechnen ist und Substitutionsgesetze nicht automatisch ablaufen (Simmler 1981, 89 mit Anm. 101). — Bei der Ermittlung einer untersten dialektalen Schicht von Schreibprovinzen stützt sich Besch (1961, 288—291; 1965, 118—122) auf die Methoden h, k und l. Einzelne Quellenarten besitzen sicher eine unterschiedliche Nähe zu dialektalen Schichten und können als Basis weiterer Vergleiche dienen, so daß die Vielschichtigkeit mhd. Schreibdialekte sichtbar werden kann. Eine begründete Materialauswahl sagt jedoch noch nichts über die Reichweite der Methoden aus, die bei k und l nicht sehr groß ist. — Bei den genannten Untersuchungen fällt auf, daß die Methoden b und c, die für phonisch-phonemische Aussagen zur Gegenwartssprache entscheidend sind, keine Rolle spielen. Ausgehend vom an der Gegenwartssprache erprobten Methodenkanon nimmt Simmler (1976, 15; 1979, 426f.) unter dem Aspekt der Notwendigkeit eine Methodenhierarchisierung vor und integriert sie in einen Abstraktionsprozeß zur Ermittlung distinktiver Segmente. Er unterscheidet die Methoden a—d als primäre und e—h als sekundäre, wobei die primären immer anzuwenden sind. Die Methoden i—n spielen bei seiner Quellengrundlage keine oder nur eine untergeordnete Rolle und können unter Berücksichtigung des bisher Gesagten den sekundären Methoden zugewiesen werden. Auch Reimbeobachtungen sind kein primäres Verfahren, da die Reinheit des Reims nicht gegen den handschriftlichen Befund gefordert werden kann (Schützeichel 1978, 72; Stopp 1978, 196). Durch die Anwendung der primären Methoden ergibt sich gegenüber einer anderen Methodenauswahl die Möglichkeit einer genaueren Beurteilung der graphischen Überlieferung. Wie wichtig solche Methodenreflexionen sind, zeigt die Einführung in das Mhd. von Seidel/Schophaus (1979, 5; 37f.), die Einsichten in die Methoden synchroner und diachroner Sprachbetrachtung vermitteln wollen und zur Begründung phonisch-phonemischer Aussagen nur die Methoden d, f und i nennen (so bereits Herrlitz 1970, 4), aber die generelle Ungesichertheit solcher Aussagen sehr bestimmt behaupten. — Kohrt (1985, 332) berücksichtigt einen Großteil der methodenorientierten Literatur (vgl. auch Art. 72; Ronneberger-Sibold 1989) nicht, so daß sein Urteil, daß „in keiner einzigen von all den Arbeiten, die einer grundsätzlich phonologischen (= phonematischen) Orientierung der Orthographie das Wort geredet haben, ernsthaft versucht" worden sei, „präzise die Kriterien anzugeben, aufgrund deren gerade Phoneme als die relevanten Entsprechungseinheiten für die Elemente der geschriebenen Sprache zu gelten

haben", den Arbeiten nicht gerecht wird. Auch sein Versuch, die allgemein sprachwissenschaftliche und die Orthographie der Gegenwartssprache behandelnde Literatur auf die beiden Kriterien des Ausschlusses allophonischer Repräsentationen und der vollständigen Entsprechung von Laut- und Schriftsystem zurückzuführen und daraus ein „Dilemma" abzuleiten, vereinfacht Argumentationen, um sie anschließend scheinbar zu widerlegen (Kohrt 1985, 334; 341). Der eigene sog. autonome Ansatz, in dem Grapheme weitgehend präfigurierte „emische Einheiten der geschriebenen Sprache im Buchstabenformat" (ebd., 468) sein sollen, läßt sich so nicht begründen und geht an der Notwendigkeit vorbei, alle parole-Einheiten des Geschriebenen und Gesprochenen auf langue-Einheiten zu beziehen (Simmler 1994, 647; Glück 1987, 37).

3.   Untersuchungen zum Vokalismus

Die Erprobung phonemischer Verfahrensweisen erfolgt beim Vokalismus durch die Behandlung von Fragen des Umlauts, der Zahl der *e*-Phoneme und der Vokaldehnung und Vokalkürzung. Unter distributionellem Aspekt wird im Texttyp der Urbare, die der „regionalen Volkssprache" näher stehen als eine „überlandschaftliche Norm" anstrebende „dichterische Zeugnisse", auf fehlende Abschwächungen in Nebentonvokalen innerhalb der Substantivflexion eingegangen (Brogyanyi 1986, 82).

3.1. Am häufigsten werden die Umlautphänomene behandelt, wobei die Autoren einem in der Forschung vorgegebenen Erkenntnisinteresse folgen. Über nichtstrukturalistische Darstellungen (über Begriff, Umfang und Funktion, Umlauthinderung, sprachgeographische Interpretation als Wellentheorie, entstehungsgeschichtliche Deutungen als Mouillierungs-, Antizipations-, Kompensations- und Entfaltungstheorie) informiert ausführlich der Forschungsbericht von Sonderegger (1959, 1—12). — Diesen Beschreibungen fügen sog. taxonomische Strukturalisten (Twaddell 1938; Penzl 1949; Fourquet 1952; Moulton 1961; Antonsen 1961; 1969) eine eigene hinzu. Sie beruht auf Beobachtungen graphischer Veränderungen im gleichen Lexemschatz im Laufe der Sprachentwicklung, berücksichtigt Umlautphoneme und ihre freien und komplementären Allophone in Varietäten der Gegenwartssprache und versucht, die Termini Phonem, Allophon und Phon für die Erfassung von Sprachwandelphänomenen zu nutzen. – Alle Beschreibungen beruhen auf folgenden Prämissen:

a) Die Verteilung von Vokalen mit und ohne Umlaut ist distributionell vom Vokal der Folgesilbe abhängig. b) In der Graphie werden nur phonemische und nicht auch allophonische Verhältnisse markiert. c) Gleiche Bedingungen führen zu aus-

nahmslosen Phonemveränderungen. d) Alle Phonemwandlungen beruhen auf Allophonenbildungen. e) Mit der Theorie nicht übereinstimmende Graphe gehen auf Schreiberunvermögen, morphemische Systemzwänge und Analogiebildungen zurück.

Aufgrund dieser Prämissen wird der Vorgang des Umlauts als historisch faßbarer Prozeß einer Phonemisierung von Allophonen aufgefaßt, wie aus folgender Tabelle der Verhältnisse bei den Kurzvokalen zu entnehmen ist:

Althochdeutsch				Mittelhochdeutsch				Ndh.
Lexem	Graph	Phon	Phonem	Lexem	Graph	Phon	Phonem	Lexem
gast	⟨a⟩	[a]	/a/	gast	⟨a⟩	[a]	/a/	Gast
gesti	⟨e⟩	[e]	/e/	geste	⟨e⟩	[e]	/e/	Gäste
maht	⟨a⟩	[a]	/a/	maht	⟨a⟩	[a]	/a/	Macht
mahti	⟨a⟩	[ɛ]		måhte	⟨å⟩	[ɛ]	/æ/	Mächte
bogo	⟨o⟩	[o]	/o/	boge	⟨o⟩	[o]	/o/	Bogen
pocchilī	⟨o⟩	[ö]		bôckelīn	⟨ô⟩	[ö]	/ö/	Böcklein
brunno	⟨u⟩	[u]	/u/	brunne	⟨u⟩	[u]	/u/	Brunnen
brunia	⟨u⟩	[ü]		brünne	⟨ů⟩	[ü]	/ü/	Brustharnisch

Abb. 90.1: Umlaut als Phonemisierung von Allophonen (Kurzvokalbereich) im Mittelhochdeutschen

Die erste Phase ist die Herausbildung komplementärer palataler Allophone aufgrund der Einwirkungen von i, ī, j der Folgesilbe auf velare Vokale der vorausgehenden Silbe im Ahd. Sie zeigen sich bei /a, o, u/, werden aber auf der Graphebene nicht markiert, weil sie keine distinktive Funktion besitzen. Die Lexem- bzw. Morphemdistinktion wird von den Folgevokalen aufrechterhalten. Die zweite Phase bildet die Abschwächung von i, ī, j zu [ə], also der Bedingungsverlust für Allophone. Dadurch erhalten die ahd. komplementären Allophone im Mhd. distinktive Funktion, d. h. sie werden phonemisiert und auch graphisch fixiert. Diese Beschreibung führt zum Ansatz einer einzigen Umlautperiode und kann auf die Annahmen umlauthindernder Faktoren und wellenartiger Ausbreitung verzichten. – Es ergeben sich jedoch aufgrund theorieinterner Positionen folgende Einschränkungen: a) Die Phonemisierung von Allophonen wird für das Mhd. angesetzt, in dem die Bedingungen für Allophonenbildungen nicht mehr existieren. Beim Verschwinden einer Konditionierung ist generell auch ein Allophonenschwund möglich, so daß keine innere Kausalität vorliegen kann (Erdmann 1972, 17f.). Da wegen der Folgeentwicklungen diese Möglichkeit nicht erwogen wird, ergibt sich

ein Überwiegen diachroner gegenüber synchronen Argumenten. Um dieser Schwierigkeit zu entgehen, werden bereits für das Ahd. Umlautphoneme angesetzt (Antonsen 1964, 193; Valentin 1971, 498f.). Dies ist aber eine Scheinlösung, weil dann bei synchron gleicher Bedingung ein unterschiedliches graphisches Verhalten durch bezeichneten Primär- und unbezeichneten Sekundärumlaut entsteht, weil die Entwicklung neuer Graphe für neue Konsonantenphoneme einen Kontrast zum Fehlen dieser Fähigkeit bei Vokalen bildet und weil die verschiedenen Fähigkeiten ahd. und mhd. Schreiber zur Umlautkennzeichnung trotz einer häufig bemühten Defektivität der Schrift unbegründet bleiben (ähnlich Durrell 1989, 221f.). – Eine Scheinlösung ist es auch, den Umlaut ausschließlich als phonetischen Prozeß einer Höhenassimilation „mit der zusätzlichen Folge der Palatalisierung und der Rundung [sic!] von Vokalen" aufzufassen und „nicht unbedingt zu assoziieren mit der Bildung von neuen Phonemen" (McCray 1983, 116, 120), da sich bei der unterschiedlichen graphischen Wiedergabe der phonetischen Prozesse die gleichen Probleme wie bei einer phonemischen Interpretation ergeben. – Einen kommunikativ-semiotischen Lösungsvorschlag macht Ronneberger-Sibold (1990, 194f.). Für sie ist die

Existenz eines /i, ī, j/ in der Folgesilbe zunächst ein Hinweis darauf, daß das ⟨u⟩ in *wurmi* 'Würmer', *suntea, suntia* 'Sünde', *luzic* 'klein' ein Allophon [ü] zum Phonem /u/ repräsentiert. Von der neuen Einheit [ü] kann der Hörer auf die alte Einheit, ein /i, ī, j/ der Folgesilbe, schließen, d. h. er kann [ü] als „INDEX für die alte Einheit" verstehen. Damit hat [ü] „die für ihr Überdauern unerläßliche Eigenständigkeit noch vor dem Schwund der alten erreicht − die logische und strukturelle Eigenständigkeit folgt nahezu automatisch nach". Je weiter sich durch Abschwächungen „die Realisationen der *i*-Laute − quantitativ wie qualitativ − von der Normalrealisierung wegbewegten [...], umso wichtiger war die [ü]-artige Realisierung des /u/ der Haupttonsilbe". Der „Phonemstatus", die „strukturelle Eigenständigkeit" ist erreicht, wenn die Kindergeneration das von der Elterngeneration noch manchmal realisierte [j] der Folgesilbe nicht mehr erwarb, sondern nur noch das [ü] der Tonsilbe = /ü/. Für *sunta* bedeutet dies, daß „die Palatalisierung des /u/ überhaupt das einzige Anzeichen dafür war, daß das einfache /a/ der Endung 'eigentlich' als /-ja/ zu interpretieren war".

Als Konsequenz dieser Auffassung müßten die Tatian-Überlieferungen *suntig* 'sündig' = ⟨u⟩ = [ü] = /u/, *sunta* 'Sünde' (wegen im Tatian nicht vorkommendem *suntia*) = ⟨u⟩ = [ü] = /ü/, *suntar* 'besonders' = ⟨u⟩ = [u] = /u/, *sunu* 'Sohn' = ⟨u⟩ = [u] = /u/ sein, d. h. ein Graph ⟨u⟩ markiert bei *sunta, suntar* in völlig gleicher Distribution jeweils zwei verschiedene Allophone und Phoneme. Innerhalb der Nominalflexion von *cunni* 'Geschlecht' müßte bei den belegten Formen N. A. S. *cunni* ⟨u⟩ = [ü] = /u/ und bei G. S. *cunnes*, D. S. *cunne*, N. A. Pl. *cunnu* (wegen der got. Formen mit /j/) ⟨u⟩ = [ü] = /ü/ sein, d. h. ein Graph ⟨u⟩ markiert in einem Paradigma ein Allophon, aber zwei Phoneme.

Bei einer solchen mit isolierten Beispielen operierenden Vorgehensweise (ähnlich Wiese 1987; 1989; Scheutz 1989) dominiert das rein Spekulative in einem nicht zu rechtfertigenden Ausmaß über den synchron allein vorhandenen graphischen Befund.
b) Die Zuordnung von [ü], [u] zu /u/ ist nicht problemlos möglich, wenn man die phonische Ähnlichkeit als eine Bedingung für den Ansatz von Allophonen ernstgenommen wird. Bei ausschließlich distributioneller Argumentation können sehr divergierende Phone als Allophone eines Phonems fungieren, was dem Aspekt der Identifizierbarkeit von Phonemen widerspricht. Ist aber der graphische

Befund, für beide Allophone steht ⟨u⟩, erkenntnisleitend, kann er so defektiv wiederum nicht sein.
c) Bei fast allen *jō-, jōn-* und *jan*-Stämmen (z. B. ahd. *uuānnen, lōssen*, mhd. *uuænen, lȫsen*, nhd. *wähnen, lösen*) ist die Konditionierung, das *j*, überhaupt nicht synchron erkennbar, so daß auch kein Anlaß für eine Allophonenbildung vorliegt. Dies führt Penzl (1949, 229) dazu, auch ⟨e⟩ als bewirkenden Faktor anzusehen, ohne zu berücksichtigen, daß dann kein einheitliches Vorgehen beim Ansatz komplementärer Allophone selbst im Ahd. gewährleistet ist.
d) Die isolierende Betrachtung der Phonemebene und das Ausgerichtetsein auf primäre distinktive Merkmale unter Vernachlässigung sekundärer erweist sich als ungünstig, weil so die Rolle der Phonemisierung von Umlautallophonen bei der Aufrechterhaltung oder dem Neuaufbau morphemischer Kategorien nicht sichtbar wird.
e) Bei aller Anerkennung einheitlicher Aspekte der Umlautprozesse lassen sich bei der Phonemisierung deutlich zwei Phasen (Primär- und Sekundärumlaut) unterscheiden (zu d, e Dal 1971, 34−36; 42).
f) Es fehlt eine Zuordnung der Graph- zur Phonemebene, weshalb eine exakte zeitliche und räumliche Fixierung des Phonemisierungsvorgangs und eine Differenzierung nach Schreibdialekten noch aussteht. Solche Präzisierungen werden nicht ohne Rückwirkungen auf die Theorie im Hinblick auf den Ansatz ausnahmsloser phonemischer Prozesse und den allophonischer Überschneidungen in bestimmten Distributionen bleiben können.

Neben taxonomischen gibt es auch generative Umlautbeschreibungen (King 1971, 118−129; Vennemann 1972, 881−883; Russ 1977, 219−222; Voyles 1991, als „distillation" 1992). Sie gehen von einem nicht genügend gesicherten universellen Merkmalkanon zur Beschreibung phonemischer Segmente im Rahmen ihrer die Annahme einer autonomen Phonemebene aufgebenden Grammatiktheorie aus. Die Umlautphoneme versuchen sie über Regelhinzufügung, -umordnung und -verlust zu begreifen, wobei Simplifizierungsvorgänge eine Rolle spielen sollen. Da den Regeln eine ausnahmslose Geltung zugesprochen wird und eine Aufarbeitung des graphischen Befundes fehlt, ergeben sich die gleichen Einschränkungen wie bei den taxonomischen Beschreibungen. Penzl (1983, 134) weist noch auf die fehlende Unterscheidung von „borrowing, analogical transfer, independent sound-change" bei den Generativisten hin (darauf antwortend Voyles 1984).

3.2. Die Frage nach der Zahl der *e*-Phoneme bei den Kurz- und Langvokalen im Mhd. hängt eng mit den Umlautproblemen zusammen. Sie wird daher teils in der dort genannten Literatur mitbehandelt, teils ist sie Gegenstand besonderer Abhandlungen.

Aufgrund des kontrastiven Sprachvergleichs (verschiedene Herkunft aus germ. *e*, Primär- und Sekundärumlaut) und Reimbeobachtungen (Lexeme mit den E's unterschiedlicher Herkunft sollen nicht in Reimen vorkommen; dazu Zwierzina 1900; 1926) setzt Fourquet (1952, 133; zustimmend Marchand 1956, 89) für die Kurzvokale im Mhd. bei den Lexemen mhd. *berc* (ahd. *berg*, germ. **berga*-), *geste*, *măhte* (s. 3.1.) drei Phoneme /ẹ, e, ä/ an, die sich durch den Öffnungsgrad unterscheiden sollen. Aus gleichen Gründen gibt Moulton (1961, 30) für die Langvokale die beiden Phoneme /ē/ und /ǣ/ (mhd. *ēre*, *mǣre*) an. – Daß dieser Befund jedoch nach Schreibdialekten zu differenzieren ist, hat Stopp (1978, 161f.) gezeigt, der anhand von Graphregelungen beim Mittelrheinischen Passionsspiel des 14. Jhs. nur je ein kurzes /e/ und ein langes /ē/ unterscheiden kann. – Glaser (1985, 55– 63; 89–93; 191) setzt zwar fünf Metaphoneme an, kann aber zwischen /ẹ̈/ und /ẹ̈/ a. 1276 keine graphischen Distinktionen erkennen, ohne daß sich das auf die Anzahl der Metaphoneme als Vergleichselemente bzw. von Phonemen als langue-Einheiten auswirkt. – Moulton (1988) weist anhand der Nibelungenliedhandschriften A, B, C nach, daß die Kurzvokalphoneme /e/ und /ɛ/ in den Hss. A und C niemals graphisch und in der Hs. B nur selten unterschieden werden. Rückwirkungen auf den Phonembestand hat dieser Befund bei ihm nicht; vielmehr wird über die Annahme eines „phonologischen Raumes" ein „Prinzip der Verständigung" postuliert, bei dem die Schreiber „zur Schreibung von neuen (im lateinischen Alphabet nicht enthaltenen) Phonemen [...] nach den Zeichen für Nachbarphoneme" (169) greifen sollen. Warum dieses Prinzip bei den Langvokalen /ē/ und /ǣ/ zu konsequenten graphischen Oppositionen wie in *mere* 'mehr' : *mære* 'Kunde' führte, bei den Kurzvokalen /e/, /ẹ/ und /ä/ jedoch nicht, bleibt ungeklärt.

3.3. Zur Beschreibung der Dehnungs- und Kürzungsvorgänge werden von Reis (1974) verschiedene Konzeptionen vorgestellt und auf ihre Erklärungsadäquatheit hin überprüft. Die Überprüfung erfolgt aber nicht anhand mhd. Texte, sondern mit Hilfe theorieinterner Überlegungen zur Einfachheit und Widerspruchslosigkeit, wobei eine Relativierung bei einer Berücksichtigung der Graphebene eingeräumt wird. Dem Erkenntnisinteresse entsprechend wird vom Nhd.

und von bereits als kritisch erkannten Beispielen ausgegangen. Im Hinblick auf das synchrone Zusammenspiel der Faktoren Vokalquantität, -qualität, Folgekonsonanz, Anschluß/Silbenakzent, Lexemakzent und Silbenstruktur können drei Typen VCV, VCC(C)V, VC# unterschieden und mit Hilfe der Merkmale offen/geschlossen, stimmhaft/stimmlos, Einer-/Zweierkonsonanz beschrieben werden (Reis 1974, 26; 123–127; 174). Aus universell gewerteten nhd. Verteilungsbeziehungen und -beschränkungen wird auf zeitlich verschiedene Entstehungsstadien zurückgeschlossen. Für das Mhd. wird die Phonemisierung des Lexemakzents als entscheidend angesehen, die zum Verlust des distinktiven Status der Quantität bei Vokalen und zum Aufbau des Qualitätsgegensatzes gespannt/ungespannt bei Konsonanten führt. Unter gespannt/ungespannt wird der Gegensatz von stimmhaft/stimmlos verstanden, während Aspekte von geringerer/stärkerer Druckstärke/Muskelspannung (Lenis/Fortis) zurücktreten oder als identisch mit der Sonoritätsopposition angesehen werden. Die Dehnung und Kürzung bestehe nun darin, daß durch die Gespanntheit der Folgekonsonanz ehemalige gespannte Kurzvokale länger als ehemalige ungespannte Langvokale und letztere kürzer als erstere werden. Schließlich korrelieren Gespanntheit mit Länge und Ungespanntheit mit Kürze, d. h. Vokallänge und -kürze erweisen sich als abhängig von der Gespanntheit der Folgekonsonanz (Reis 1974, 194; 201; 206; 239). – Der Vorzug dieser Beschreibung besteht darin, auf größere Zusammenhänge zwischen vokalischen und konsonantischen Sprachwandelphänomenen hingewiesen zu haben. Der Versuch, von universell-phonischen Gesetzmäßigkeiten aus eine zeitliche Dimension ohne Bezug zur Graphebene in die Überlieferung hineinzuprojizieren, muß jedoch skeptisch beurteilt werden. So ist die Zuordnung mhd. Phoneme zu den Korrelationen von Druckstärke (Lenis/Fortis), Sonorität (stimmhaft/stimmlos) und Quantität (Simplex/Geminata) nach Langvokalen einschließlich von Korrelationsbündelungen theorieintern ungeklärt und auch universell-phonisch nicht zu entscheiden. Dies gilt auch für den Zusammenhang von Lenisierung, Fortisierung und Geminataaufgabe. – Die fehlende Ermittlung distinktiver Merkmale mhd. Phoneme tangiert auch den Versuch von Russ (1969, 85). Er will die Dehnung mhd. Kurzvokale auf ihre Position vor einfachen Leniskonsonanten und die Kontinuität der Vokalkürze auf folgende Geminata oder Doppelkonsonanz zurückführen. Zur Durchhaltung seiner Konzeption ist er aber gezwungen, Geminaten nur nach Kurzvokal zuzulassen, die Konsonantenlänge als sekundäres, an das primäre Merkmal der Druckstärke (Fortis) gekoppeltes Merkmal anzusehen und mhd. ⟨ch⟩ und ⟨sch⟩ als lange Fortes aufzufassen (Russ 1976, 132).

Auf schreibdialektale Sonderentwicklungen weist Kranzmayer (1956, 101) hin. In Kärnten folgt um 1300 auf die Geminataaufgabe bei Fortisfrikativen deren Lenisierung. Dadurch fallen sie mit älteren Lenesfrikativen zusammen und erfüllen eine Bedingung für die Dehnung ihnen vorausgehender Kurzvokale. Diesen Zusammenhang von Geminataaufgabe, Lenisierung und Vokaldehnung, die sog. Kärntner Dehnung, nimmt Rein (1972, 130; 140) zum Anlaß einer generativen Darstellung, in der die wahrscheinliche Reihenfolge durch zugrundeliegende logische Strukturen sichtbar werden soll. Bei einem Ansatz von Nasal-Lenisierungen ist kein Erkenntnisgewinn, sondern nur das Ausmaß der Abwendung von empirischen Grundlagen zu erkennen, einer Gefahr, der auch taxonomische Beschreibungen nicht immer entgehen (dazu Wiesinger 1970, I, 32 Anm. 78).

3.4. Das sich aus den Einzeluntersuchungen ergebende mhd. Vokalsystem zerfällt in drei Teilsysteme für Kurz-, Langvokale und Diphthonge und ist nach den phonischen Kriterien von Mundöffnungsgrad, Zungenstellung und Lippenrundung geordnet (Moulton 1961, 30):

Kurzvokale	Langvokale	Diphthonge
i ü u	ī ǖ ū	(iu) iə üə uə
e		
ö o	ē ȫ ō	ei öü ou
ę		
æ a	ǣ ā	unbetont: ə

Abb. 90.2: Das mittelhochdeutsche Vokalsystem

Bei den Kurzvokalen stellen /e, ę, æ/ die Reflexe von Primärumlaut, germ. e und Sekundärumlaut dar. Dieses System gibt die Verhältnisse in den Haupttonsilben wieder und erscheint in einzelnen Darstellungen in variierter Form. Diese betrifft weniger das Gesamtinventar als die Anordnung infolge der herangezogenen Kriterien. So unterscheidet Trost (1939, 322) /e/ und /ę/ nicht, sondern gibt nur ein /e/ an, dem er den gleichen Öffnungsgrad wie /ö, o/ zuspricht. Penzl (1969, 76) gibt /ę, ö, o/ den gleichen Öffnungsgrad

und weist den zweiten Segmenten der Diphthonge /ie, üe, uo/ eine andere Qualität zu. Später (Penzl 1975, 104) verbindet er Kurz- und Langvokale mit der Opposition gespannt/ungespannt und fügt sie in einem System zusammen; zugleich unterscheidet er die mittleren /e/ und /ę/ mit Hilfe der gleichen Opposition. In einer weiteren Arbeit (Penzl 1989, 39) hebt er hervor, daß die Langvokale „kein von den Kurzvokalen unabhängiges System" bildeten und daher „nie getrennt" angeführt werden sollten. Er ordnet die Kurzvokale unter den Langvokalen an und vermutet für sie „eine etwas niedrigere Mundraumstellung". Wiesinger (1970, I, 22) ordnet /a/, /ā/ der Reihe der palatalen gerundeten Phoneme zu, unterscheidet /æ/ und /a/ bzw. /ǣ/ und /ā/ durch den Öffnungsgrad, gibt /e, ö, o/ den gleichen Öffnungsgrad und /ę, æ/ jeweils einen etwas größeren. Neben einem System bietet Philipp (1965, 197–202) vollständige Distributionstabellen zu den mhd. Vokalphonemen. Auf Veränderungen des Systems im mbair. Schreibdialektgebiet des Mhd. weist Kufner (1957, 520–526) hin, wodurch neben Fragen des Systemaufbaus solche zur Koexistenz von Systemen sichtbar werden. – Ludwig (1989, 204) weist für die Churer Urkundensprache des 13./14. Jhs. beim Kurzvokalsystem auf überlappende Allophone bei den Phonemen /ü/ und /u/ bzw. /ö/ und /o/ hin und sieht darin „noch einen unentschiedenen Reflex des Umlauts". Bei den Langvokalen verweist er auf „die Verschiebung des mhd. â weiter in den velaren Bereich hinein", der sich darin zeigt, daß „die beiden tieferen Velarphoneme jeweils mit einem Allophon ineinandergreifen" (ebd., 207).

4. Untersuchungen zum Konsonantismus

Zum Konsonantismus liegen wesentlich weniger Arbeiten als zum Vokalismus vor, was zum Teil in der irrigen Meinung begründet ist, daß bei ihm „seit ahd. Zeit eine gewisse Stabilität erreicht" (Schieb 1970, 365) sei. Sie behandeln Probleme der Sibilanten, der Nasale, der Fortis/Lenis- und Simplex/Geminata-Opposition und des Aufbaus des Konsonantensystems. Dabei wird zwar die Notwendigkeit einer vollständigen Distributionsanalyse gesehen, aber dennoch darauf verzichtet (Penzl 1989, 43).

4.1. Unter Sibilanten werden im amerikanischen Strukturalismus dental-alveolare Frikative verstanden, deren phonisch-phonemischer Status im Mhd. vor allem in intervokalischer Distribution untersucht wird. Joos (1952, 224; 226) geht von Minimalpaaren wie mhd. *uuīz* : *uuīs*, *uuizzen* : *uuissen* aus, berücksichtigt afrz./mhd. Lehnlexembeziehungen und moderne westeuropäische Sprachen und kommt zu dem Ergebnis, daß /s, z, ss, zz/ um 1200 zunächst Phoneme waren, ehe sie in spmhd. Zeit zusammenfielen (dazu und zur Entstehung des Graphs ⟨ß⟩ im 14. Jh. Michel 1959). Der Unterschied zwischen /s/ : /ss/ und /z/ : /zz/ beruht für ihn auf der Quantitätsopposition kurz/lang, während er /s/ : /z/, /ss/ : /zz/ auf Unterschiede beim Artikulationsorgan Zunge zurückführt, die er als apikal und prädorsal angibt. An einen unterschiedlichen Artikulationsort denkt er nicht. Als Überwindungsmodus postuliert er für alle vier Phoneme die Stimmlosigkeit. Penzl (1968 b, 345f.) wendet dagegen ein, daß dieser Artikulationsunterschied nur schwer hörbar sei. Vor allem Überlegungen zur Systemstruktur führen ihn dazu, /s/ als Lenis und /z/ als Fortis zu begreifen. Er sieht also die Druckstärkeopposition als entscheidend an und schließt die Sonoritätsopposition als irrelevant aus. /zz/ ordnet er unter Ausklammerung der Quantität als Fortis ein, zu /ss/ fehlen Ausführungen. Esau (1976, 195–197) stimmt Joos bei der phonemischen Beurteilung zu, geht aber auch auf Penzls Argumente ein, indem er die Druckstärke bei /s, z/ als vorhanden annimmt, ihr jedoch keine phonemische, sondern nur allophonische Geltung zuspricht. – Die Veränderungen der ahd. /s, z, ss, zz/ im Mhd. werden in der Forschung einhellig mit dem Entstehen eines neuen ⟨sch⟩ bezeichneten Phonems im Bereich der Sibilanten in Zusammenhang gebracht. In intervokalischer Distribution entstehen phonemische Wertungsprobleme als Simplex oder Geminata (Hollander 1947, 84), doch ergeben sie sich weniger aus dem graphischen Befund als aus dem Zusammenhang mit Vokaldehnung und -kürzung (s. 3.3.).

4.2. Als mhd. Besonderheit wird gewöhnlich das Auftreten eines neuen velaren Nasalphonems angesehen, obwohl die mhd. Graphe keine Hinweise enthalten und isolierte Belege mit Assimilationen und Dissimilationen als Argumentationsgrundlage ebenso nicht ausreichen wie Reimbelege, so daß der Hauptgrund in der Zurückprojizierung nhd. Ver-

hältnisse und in Symmetrieüberlegungen liegt. Für die finale postvokalische Distribution wird die Existenz eines Phonems /ŋ/, für die mediale intervokalische die eines /ŋŋ/ angenommen (Penzl 1968 a, 344), das im Spmhd. zu /ŋ/ vereinfacht worden sein soll (Cercignani 1979, 98).

4.3. Die Fortis/Lenis-Opposition bestimmt den Aufbau des konsonantischen Phonemsystems der deutschen Standardsprache, so wie die Simplex/Geminata-Opposition in einzelnen ahd. Schreibdialekten in intervokalischer Distribution für den Strukturaufbau entscheidend ist. Grundlegende Wandlungen in der Systemstruktur werden im Mhd. vermutet, doch erweist sich die Ermittlung des primären, den Systemaufbau bestimmenden Prinzips als schwierig, weil (wie in gegenwartssprachlichen Varietäten) verschiedenartige Kopplungen von Druckstärke, Sonorität, Aspiration und Quantität vorliegen. Entscheidungen über das primäre distinktive Merkmal wirken sich auf Phonemermittlungen aus (s. 4.1.) und tangieren die Anlage des Gesamtsystems.

So wertet Fourquet (1954, 30) die Reflexe von ahd. /f/ und /ff/ im Mhd. als Lenis /v/ und Fortis /ff, f/, ohne auf graphische Überschneidungen bei diesen Phonemen einzugehen und die Frage der Quantitätsopposition zu klären. Die Ausklammerung der Sonorität erfolgt ohne Angabe von Gründen (Fourquet 1967, 212). Kurath (1965, 14) wertet zwar mhd. /v/ und /f/ auch als Lenis und Fortis, setzt aber mit /ff/ auch eine lange Fortis an und hält Druckstärke- und Quantitätskorrelation für gleich wichtig. Penzl (1969, 80) geht beim Ansatz der Druckstärkekorrelation so weit, /h/ und /x/ nicht nur als Lenis und Fortis aufzufassen, sondern sie in die Reihe der Frikative zu integrieren, wodurch der Hauchlautcharakter des /h/ unberücksichtigt bleibt.

4.4. Die Simplex/Geminata-Opposition wird als teilweise phonemisch relevant von Fourquet (1963, 85–87) anhand von Minimalpaaren wie mhd. *bete* : *bette* (Bitte, Bett), *schale* : *schalle* (Schale, Schall) nachgewiesen, wobei er die Geminata als langes Phonem wertet und nicht etwa als Phonemverbindung von zwei gleichen Phonemen (so auch Paul/Wiehl/Grosse 1989, 129). Er glaubt jedoch, daß nur noch die Oppositionen /t/ : /tt/, /l/ : /ll/, /m/ : /mm/ und /n/ : /nn/ im Mhd. nach Kurzvokalen existieren. Valentin (1969, 343) geht bei gleicher Distribution weiter, indem er auch /r/ : /rr/ und Oppositionen wie /b/ : /pp/ angibt. Bei letzteren stehen sich kurze Lenis und lange Fortis gegenüber, wodurch die Kopplung phonischer Merkmale besonders deutlich wird. Russ (1982, 123) führt noch den Gegensatz /s/ : /ss/ in *miselsuht* : *missewende* auf, wobei /s/ ein kurzer Lenisfrikativ, /ss/ dagegen ein langer Fortisfrikativ ist. Lexeme wie *Heillin, heiligin* (*heilen, heiligen*), *hōrrin, ōre* (*hören, Ohr*), *reinnin, incheinest* (*reinigen, kein*) aus dem alem. Schreibdialektgebiet des 13. Jhs. (Konzelmann 1919, 111; 113; 118) zeigen jedoch, daß auch Mhd. die Quantitätsopposition in intervokalischer Position nach Langvokal eine phonemische Relevanz besitzt, so daß die Notwendigkeit von Spezialuntersuchungen zur Erweiterung des bisherigen Erkenntnisstandes deutlich wird (Simmler 1976, 64). Ludwig (1989, 79; 212) setzt für die Churer Urkundensprache des 13./14. Jhs. nur noch geminierte Allophone bei [*ff, ss, mm, nn, ll, rr*] an; sein Hinweis, daß „im heutigen Bündnerdeutschen Geminaten keine phonologische Funktion mehr haben" und daher „auch für die Urkundensprache nicht

mehr in Betracht" gezogen werden, gibt den heutigen Dialektverhältnissen ein zu großes Gewicht. Penzl (1989, 37 f.; 43) wertet beim Ansatz eines „Normalmhd.", aus dem sich „die Phonemsysteme der einzelnen, zeitlich und dialektisch verschiedenen mhd. Texte unschwer [sic] ableiten lassen", alle Doppelschreibungen als „Phonemverbindungen". Bei den Sonorlauten und Verschlußlauten setzt er bei *willen, recken* „Konsonant + Konsonant", d. h. /l/ + /l/, /k/ + /k/, an. Nur in der Doppelschreibung bei Reibelauten und Zischlauten sieht er in ⟨*ff*⟩, ⟨*zz*⟩ allophonisch „[+ lang] und vor allem größere Artikulationsenergie, also [+ fortis] ausgedrückt."

4.5. Unter Beachtung der Einzelaspekte läßt sich folgendes Konsonantensystem für das Mhd. angeben (Valentin 1969, 343), das auf den primär herangezogenen Kriterien von Druckstärke und Quantität und auf den sekundär berücksichtigten von Artikulationsmodus und -ort beruht:

	Lenes		Fortes					
Verschlüsse	b d g		pp	tt			t	kk
Reibungen	v f h		ff	ss	zz	šš		xx
Affrikaten	ppf		tts		kkh			
Halbvokale	j w		l	r	m	n		Liquide/Nasale
			ll	rr	mm	nn		

Abb. 90.3: Das mittelhochdeutsche Konsonantensystem

   Dieses System wird von Kufner (1960, 24) schreibdialektal unter Berücksichtigung der mittelbairischen Verhältnisse um 1250 differenziert und von Philipp (1965, 202−204) um wichtige Distributionsangaben erweitert.
   Zusammenfassend läßt sich sagen, daß es durch die Unterscheidung von Graph-, Phon- und Phonemebene gelungen ist, phonemische Verfahrensweisen auf historische Überlieferungen mit einem Gewinn an Erkenntnis über die Komplexität von Sprachwandelphänomenen anzuwenden, ohne bloße Umsetzungen bekannter Ergebnisse in eine neue Metasprache vorzunehmen (so aber van Raad/Voorwinden 1973, 5; Russ 1978, VII). Die Ergebnisse dürfen jedoch nicht als abschließend angesehen werden, weil die Berücksichtigung graphetisch-graphemischer Aspekte und der räumlichen und zeitlichen Variabilität für das Mhd. noch weitestgehend aussteht.

5.   Literatur (in Auswahl)

Akten des V. Internationalen Germanisten-Kongresses Cambridge 1975. Bd. II. Bern/Frankfurt/ M. 1976.

Antonsen, Elmer Harold, Germanic Umlaut anew. In: Language 37, 1961, 215−230.

Ders., Zum Umlaut im Deutschen. In: PBB T 86, 1964, 177−196.

Ders., Zur Umlautfeindlichkeit des Oberdeutschen. In: ZDL 36, 1969, 201−207.

Besch, Werner, Schriftzeichen und Laut. Möglichkeiten der Lautwertbestimmung an deutschen Handschriften des späten Mittelalters. In: ZfdPh 80, 1961, 287−302.

Ders., Zur Erschließung früheren Sprachstandes aus schriftlichen Quellen. In: Vorarbeiten 1965, 104−130.

Brogyanyi, Bela, Nicht abgeschwächte Endsilbenvokale in spätmittelhochdeutscher Zeit. Untersuchungen anhand des großen Urbars von Einsiedeln aus dem Jahre 1331. In: Germanic Dialects: Linguistic and Philological Investigations. Hrsg. v. Bela Brogyanyi/Thomas Krömmelbein. Amsterdam/Philadelphia 1986, 81–107. (ASTH 38).

Cercignani, Fausto, The consonants of german: synchrony and diachrony. Milano 1979.

Dal, Ingerid, Über den *i*-Umlaut im Deutschen. In: Dies., Untersuchungen zur germanischen und deutschen Sprachgeschichte. Oslo/Bergen/Tromsö 1971, 31–45.

van Dam, J., Hyperkorrekte Schreibungen aus rheinischen Texten des Mittelalters. In: Donum natalicium Schrijnen. Verzameling van opstellen door oudleerlingen en bevriende vakgenooten opgedragen aan Mgr. Prof. Dr. Jos. Schrijnen. Bij gelegenheid van zijn zestigsten verjaardag 3 Mei 1929. Nijmegen/Utrecht 1929, 542–548.

Durrell, Martin, Umlaut in Old High German and after. In: 'mit regulu bithuungan'. Neue Arbeiten zur althochdeutschen Poesie und Sprache. Unter Mitwirkung von Rosemary N. Combridge und Martin Durrell hrsg. v. John L. Flood/David N. Yeandle. Göppingen 1989, 219–232. (GAG 500).

Erdmann, Peter, Zur strukturalistischen Erklärung des *i*-Umlautes. In: Linguistics 78, 1972, 16–24.

Esau, Helmut, The medieval german sibilants /s/ and /z/. In: JEGP 75, 1976, 188–197.

Fourquet, Jean, The two e's of middle high german: a diachronic phonemic approach. In: Word 8, 1952, 122–135. [übersetzt unter dem Titel: 'Die zwei e des Mittelhochdeutschen. Versuch einer diachronisch-phonemischen Behandlung. In: Vorschläge 1970, 518–537].

Ders., Die Nachwirkungen der ersten und der zweiten Lautverschiebungen. In: ZMF 22, 1954, 1–33. [ferner in: Ders., Recueil d'études 1979, 399–431].

Ders., Einige unklare Punkte der deutschen Lautgeschichte in phonologischer Sicht. In: Die Wissenschaft von deutscher Sprache und Dichtung. Methoden, Probleme, Aufgaben. Festschrift für Friedrich Maurer. Stuttgart 1963, 84–90. [ferner in: Ders., Recueil d'études 1979, 540–546].

Ders., Umbau der Lehrbücher der historischen Lautlehre im Sinne der Phonologie. In: Phonologie der Gegenwart. Vorträge und Diskussionen anläßlich der Internationalen Phonologie-Tagung in Wien 30. VIII.–3. IX. 1966. Graz/Wien/Köln 1967, 211–214. (Wiener Slavistisches Jahrbuch. Ergänzungsband 6). [ferner in: Ders., Recueil d'études 1979, 395–398].

Ders., Pour une reconstruction structurale des enseignements de phonétique historique. In: Ders., Recueil d'études 1979, 382–394.

Ders., Recueil d'études. Linguistique allemande et philologie germanique littérature médiévale. Bd. I. Paris 1979.

Gärtner, Kurt, Die Williram-Überlieferung als Quellengrundlage für eine neue Grammatik des Mittelhochdeutschen. In: ZfdPh 110, Sonderheft 1991, 23–55.

Glaser, Elvira, Graphische Studien zum Schreibsprachwandel vom 13. bis 16. Jh. Vergleich verschiedener Handschriften des Augsburger Stadtbuches. Heidelberg 1985. (GB. 3. Reihe: Untersuchungen).

Dies., Autonomie und phonologischer Bezug bei der Untersuchung älterer Schriftlichkeit. In: PBB T 110, 1988, 313–331.

Glück, Helmut, Schrift und Schriftlichkeit. Eine sprach- und kulturwissenschaftliche Studie. Stuttgart 1987.

Herrlitz, Wolfgang, Historische Phonologie des Deutschen. I. Vokalismus. Tübingen 1970. (GA 3).

Hill, Archibald A., A structural view of sound change. In: Research guide on language change. Hrsg. v. Edgar C. Polomé. Berlin/New York 1990, 241–247. (TSLM 48).

Höfler, Otto, Über 'gekoppelte' Lautgesetze. In: Mundart und Geschichte. Eberhard Kranzmayer zu seinem 70. Geburtstag am 15. Mai 1967 zugeeignet. Wien 1967, 1–24. (Österreichische Akad. d. Wiss. Studien zur österreichisch-bairischen Dialektkunde 4).

Hollander, Lee M., Middle high german *sch*. In: JEGP 46, 1947, 82–91.

Hornung, Maria, Ist die 'zimbrische' Mundart der Sieben Gemeinden althochdeutsch? In: Althochdeutsch. In Verbindung mit Herbert Kolb/Klaus Matzel/Karl Stackmann hrsg. v. Rolf Bergmann/Heinrich Tiefenbach/Lothar Voetz. Bd. I.: Grammatik. Glossen und Texte. Heidelberg 1987, 93–102. (GB. NF. 3. Reihe: Untersuchungen).

Joos, Martin, The medieval sibilants. In: Language 28, 1952, 222–231.

King, Robert D., Historische Linguistik und generative Grammatik. Übers., eingeleitet und hrsg. v. Steffen Stelzer. Frankfurt/M. 1971. (Schwerpunkte Linguistik und Kommunikationswissenschaft 5).

Kohrt, Manfred, Problemgeschichte des Graphembegriffs und des frühen Phonembegriffs. Tübingen 1985. (RGL 61).

Konzelmann, Max, Die Engelberger Benediktinerregel. Eine sprachgeschichtliche Untersuchung. Diss. Zürich. Frauenfeld 1919.

Kranzmayer, Eberhard, Historische Lautgeographie des gesamtbairischen Dialektraumes mit 27 Laut- und 4 Hilfskarten in besonderer Mappe. Wien 1956.

Kufner, Herbert L., History of the middle bavarian vocalism. In: Language 33, 1957, 519–529.

Ders., History of the central bavarian obstruents. In: Word 16, 1960, 11–27.

Kurath, Hans, Die Lautgestalt einer Kärntner Mundart und ihre Geschichte. Wiesbaden 1965. (ZMF, Beih. NF. 2).

Löffler, Heinrich, Neue Möglichkeiten historischer Dialektgeographie durch sprachliche Auswertung von Güter- und Zinsverzeichnissen. Mit 2 Karten. In: RVj. 36, 1972, 281−291.

Ludwig, Andreas W., Die deutsche Urkundensprache Churs im 13. und 14. Jh. Graphemik, Phonologie und Morphologie. Berlin/New York 1989. (SLG 26).

Marchand, James W., The phonemic status of ohg *e*. In: Word 12, 1956, 82−90. [übersetzt unter dem Titel 'Der phonemische Stellenwert des ahd. e' in: Vorschläge 1970, 575−585].

McCray, Stanley, Der Umlaut im Althochdeutschen (AHD). In: ZfdPh 102, 1983, 115−120.

Michel, Wolf-Dieter, Die graphische Entwicklung der *s*-Laute im Deutschen. In: PBB H 81, 1959, 456−480.

Michels, Victor/Hugo Stopp, Mittelhochdeutsche Grammatik. Um ein Verzeichnis neuerer Fachliteratur erweiterter Nachdruck der dritten und vierten Auflage des Mittelhochdeutschen Elementarbuches. 5. Aufl. Heidelberg 1979. (GB. NF. 1. Reihe: Grammatiken).

Das Mittelrheinische Passionsspiel der St. Galler Handschrift 919. Neu hrsg. v. Rudolf Schützeichel. Mit Beiträgen von Rolf Bergmann/Irmgard Frank/ Hugo Stopp und einem vollständigen Faksimile. Tübingen 1978.

Moser, Hans, Geredete Graphie. Zur Entstehung orthoepischer Normvorstellungen im Frühneuhochdeutschen. In: ZfdPh 106, 1987, 379−399.

Moulton, William G., Zur Geschichte des deutschen Vokalsystems. In: PBB T 83, 1961, 1−35. [erneut abgedruckt in: Vorschläge 1970, 480−517].

Ders., Zur handschriftlichen Wiedergabe der *e*-Laute in den drei Haupthandschriften des Nibelungenliedes. In: PBB T 110, 1988, 153−171.

Paul, Hermann, Mittelhochdeutsche Grammatik, neu bearb. v. Peter Wiehl und Siegfried Grosse. 23. Aufl. Tübingen 1989. (SkG. A. Hauptreihe 2).

Penzl, Herbert, Umlaut and secondary Umlaut in old high german. In: Language 25, 1949, 223−240. [übersetzt unter dem Titel 'Umlaut und Sekundärumlaut im Althochdeutschen' in: Vorschläge 1970, 545−574].

Ders., The history of the third nasal phoneme of modern german. In: PMLA 83, 1968, 340−346. [= Penzl 1968 a].

Ders., Die mittelhochdeutschen Sibilanten und ihre Weiterentwicklung. In: Linguistic Studies. Presented to André Martinet. II. Word 24, 1968, 340−349. [= Penzl 1968 b].

Ders., Geschichtliche deutsche Lautlehre. München 1969.

Ders., Methoden der germanistischen Linguistik. Tübingen 1972. (Sprachstrukturen. Reihe A. Historische Sprachstrukturen 1).

Ders., Vom Urgermanischen zum Neuhochdeutschen. Eine historische Phonologie. Berlin 1975. (GG 16).

Ders., The old high german i-Umlaut und the models of historical sound-change. In: MdU 75, 1983, 131−136.

Ders., Lautsystem und 'Normalorthographie' des Mittelhochdeutschen. In: Studia Linguistica et Philologica. Festschrift für Klaus Matzel zum 60. Geburtstag überreicht von Schülern, Freunden und Kollegen. Hrsg. v. Hans-Werner Eroms/Bernhard Gajek/Herbert Kolb. Heidelberg 1984, 215−224.

Ders., Mittelhochdeutsch. Eine Einführung in die Dialekte. Bern [etc.] 1989. (GL 8).

Philipp, Marthe, Le système phonologique du parler de Blaesheim. Étude synchronique et diachronique. Nancy 1965. (Annales de l'est. Publiées par la faculté des lettres et des sciences humaines de l'université de Nancy. Mémoire 27).

Dies., Moderne sprachwissenschaftliche Methoden am Beispiel des Werks Thomas Murners. In: ZfdPh 88, 1969, 436−448.

van Raad, A. A./N. Th. J. Voorwinden, Die historische Entwicklung des Deutschen. 1. Einführung und Phonologie. Culemborg/Köln 1973.

Rein, Kurt, Die 'Kärtner Dehnung'. Ein Beitrag generativer Phonologie zur bairischen Lautgeschichte. In: ZDL 39, 1972, 129−146.

Reis, Marga, Lauttheorie und Lautgeschichte. Untersuchungen am Beispiel der Dehnungs- und Kürzungsvorgänge im Deutschen. München 1974. (IBAL 14).

Ronneberger-Sibold, Elke, Historische Phonologie und Morphologie des Deutschen. Eine kommentierte Bibliographie zur strukturellen Forschung. Tübingen 1989. (GA. Ergänzungsreihe 3).

Dies., Zur Verselbständigung sprachlicher Einheiten: Der deutsche Umlaut. In: Norbert Boretzky/ Werner Enninger/Thomas Stolz (Hrsg.), Spielarten der Natürlichkeit − Spielarten der Ökonomie. Beiträge zum 5. Essener Kolloquium über 'Grammatikalisierung: Natürlichkeit und Systemökonomie' vom 6. 10.−8. 10. 1988 an der Universität Essen. 2. Bd., 2. Halbbd. Bochum 1990, 185−205. (B-EBS 8,2).

Russ, Charles V. J., Die Ausnahmen zur Dehnung der mhd. Kurzvokale in offener Silbe. In: ZDL 36, 1969, 82−88.

Ders., Die Vokallänge im Deutschen: Eine diachronische Untersuchung. In: Akten 1976, 131−138.

Ders., Die Entwicklung des Umlauts im Deutschen im Spiegel verschiedener linguistischer Theorien. In: PBB T 99, 1977, 213−240.

Ders., Historical German Phonology and Morphology. Oxford 1978.

Ders., Studies in historical german phonology. A phonological comparison of MHG and NHG with reference to modern dialects. Bern/Frankfurt/M. 1982. (EH. Reihe I, 616).

Ders., Breaking the spelling barrier: The reconstruction of pronunciation from orthography in historical linguistics. In: New trends in graphemics and orthography. Hrsg. v. Gerhard Augst. Berlin/New York 1986, 164−178.

Scheutz, Hannes, Umlaut im Deutschen als autosuggestive Beschreibungsharmonie. Anmerkungen zu einem Beitrag von Richard Wiese. In: ZfS 8, 1989, 133−143.

Schieb, Gabriele, Mittelhochdeutsch. In: Kurzer Grundriß der germanischen Philologie bis 1500. Bd. I. Sprachgeschichte. Berlin 1970, 347−385.

Schützeichel, Rudolf, Einleitung. In: Das Mittelrheinische Passionsspiel 1978, 29−96.

Seidel, Kurt Otto/Renate Schophaus, Einführung in das Mittelhochdeutsche. Wiesbaden 1979. (Studienbücher zur Linguistik und Literaturwissenschaft 8).

Simmler, Franz, Synchrone und diachrone Studien zum deutschen Konsonantensystem. Amsterdam 1976. (APSL 26).

Ders., Zur Ermittlung althochdeutscher Phoneme. In: Sprachw. 4, 1979, 420−451.

Ders., Graphematisch-phonematische Studien zum althochdeutschen Konsonantismus, insbesondere zur zweiten Lautverschiebung. Mit 74 Tabellen und Skizzen. Heidelberg 1981. (MzS 11).

Ders., Zur Orthographiediskussion. In: ZfG. NF. 4, 1994, 639−648.

Singer, Horst, Zur Struktur des Zeichenfeldes beim Vokalismus der Hs. 64 St. Georgen. Ein Beitrag zur historischen Phonologie. In: Vorarbeiten 1965, 131−150.

Sonderegger, Stefan, Die Umlautfrage in den germanischen Sprachen. In: Kratylos 4, 1959, 1−12.

Steffens, Rudolf, Zur Graphemik domanialer Rechtsquellen aus Mainz (1315−1564). Ein Beitrag zur Geschichte des Frühneuhochdeutschen anhand von Urbaren. Stuttgart 1988. (Mainzer Studien zur Sprach- und Volksforschung 13).

Stopp, Hugo, Zur Lokalisierung alter, besonders spätmittelhochdeutscher, literarischer Texte. In: WW 14, 1964, 105−120.

Ders., Lokalisierung. In: Das Mittelrheinische Passionsspiel 1978, 159−215.

Tauber, Walter, Mundart und Schriftsprache in Bayern (1450−1800). Untersuchungen zur Sprachnorm und Sprachnormierung im Frühneuhochdeutschen. Berlin/New York 1993. (SLG 32).

Trost, Pavel, Bemerkungen zum deutschen Vokalsystem. In: TCLP 8, 1939, 319−326.

Twaddell, W. F., A note on old high german Umlaut. In: MdU 30, 1938, 177−181. [übersetzt unter

dem Titel 'Einige Bemerkungen zum althochdeutschen Umlaut'. In: Vorschläge 1970, 538−544.

Valentin, Paul, L'isochronie syllabique en nha. ancien. In: Mélanges pour Jean Fourquet. 37 essais de linguistique germanique et de littérature du moyen age français et allemand. [...]. München/Paris 1969, 341−347.

Ders., Die Entstehung von mhd. /ø/: Zur phonologischen Deutung des Umlauts. In: Dichtung Sprache Gesellschaft. Akten des IV. Internationalen Germanisten-Kongresses 1970 in Princeton. Frankfurt/M. 1971, 495−502. (Beihefte zum JIG 1).

Vennemann, Theo, Phonetic detail in assimilation: problems in germanic phonology. In: Language 48, 1972, 863−892.

Vorarbeiten und Studien zur Vertiefung der südwestdeutschen Sprachgeschichte. Hrsg. v. Friedrich Maurer. Freiburg i. Br. 1965. (Forschungen zur oberrheinischen Landesgeschichte 17).

Vorschläge für eine strukturale Grammatik des Deutschen. Hrsg. v. Hugo Steger. Darmstadt 1970. (WdF 146).

Voyles, Joseph B., A note on transformational grammar and old high german Umlaut. In: MdU 76, 1984, 261−262.

Ders., A history of OHG i-umlaut. In: PBB T 113, 1991, 159−194.

Ders., On old high german i-umlaut. In: On germanic linguistics. Issues and methods. Ed. by Irmengard Rauch/Gerald F. Carr/Robert L. Kyes. Berlin/New York 1992, 365−377. (TLSM 68).

Wiese, Richard, Phonologie und Morphologie des Umlauts im Deutschen. In: ZfS 6, 1987, 227−248.

Ders., Umlaut im Deutschen. Richtigstellungen zu den Anmerkungen von Hannes Scheutz. In: ZfS 8, 1989, 144−152.

Wiesinger, Peter, Phonetisch-phonologische Untersuchungen zur Vokalentwicklung in den deutschen Dialekten. Bd. I. Die Langvokale im Hochdeutschen. II. Die Diphthonge im Hochdeutschen. Berlin 1970. (SLG 2/1−2).

Ders., Grundsätzliches zur Untersuchung des Lautstandes der Reime in der Bairisch-Österreichischen Dichtung des Spätmittelalters. In: Akten 1976, 145−154.

Ders., Zur Reimgrammatik des Mittelhochdeutschen. Methodik−Anwendung−Perspektiven. In: ZfdPh 110, Sonderheft 1991, 56−93.

Zwierzina, Konrad, Mittelhochdeutsche Studien. 8. Die e-Laute in den Reimen der mhd. Dichter. In: ZdA 44, 1900, 249−316.

Ders., Schwankungen im Gebrauch der mhd. e-Laute. In: ZdA 63, 1926, 1−19.

Franz Simmler, Berlin

91. Morphologie des Mittelhochdeutschen

1.   Vorbemerkung

Die Abschwächung der ahd. volltonigen Nebensilben zu *e* oder ihr völliger Schwund haben sich auf die Morphologie des Mhd. ausgewirkt. So kann man z. B. bei den schwachen Verben nicht mehr die ahd. Unterscheidung der Klassen auf *-en, -ôn* und *-ên* erkennen, da sie mhd. alle auf *-en* enden. Die Flexionsklassen der Substantive haben im Ahd. z. B. im Pl. Nom. Mask. noch die ieur. Themenvokale *a-* und *i-*. Im Mhd. lassen sich die vokalischen (starken) Deklinationsklassen ohne sprachhistorische Kenntnisse nicht mehr bestimmen. Auch die Kasusmorpheme sind reduziert worden.

Verglichen mit dem ahd. Bestand sind als Folge der verlorengegangenen Vokalqualität die synthetischen Formen zugunsten analytischer Fügungen zurückgegangen. Man kann dies an der Konjugation ebenso beobachten wie an der Deklination. So treten neben das ahd. synthetisch gebildete Präsens und Präteritum Umschreibungen mithilfe von *haben, sîn, werden* und modalen Hilfsverben bei der Bildung von Perfekt, Plusquamperfekt, Futur, Imperativ und Passiv. Das Personalpronomen verliert seinen ursprünglichen Nachdruck; es wird Personalkennzeichen und schwächt das verbale Suffix ab oder reduziert es ganz. Der Artikel verliert seinen deiktischen Charakter und verstärkt als Genuszeichen den Gebrauch der schwachen Adjektivflexion. Statt des Instrumentalis werden Präpositionalverbindungen bevorzugt.

Analogiebildungen gleichen Klassifizierungsmerkmale früherer Sprachstufen aus. Sie vollziehen sich vom Mhd. zum Nhd.: *wart/wurden − wurde/wurden; spranc/sprungen − sprang/sprangen; walt/waldes − Wald/Waldes.*

2.   Die Konjugation

2.1.   Allgemeines

Nach einem Vorschlag J. Grimms unterscheidet man *starke* und *schwache* Verben. Diese Einteilung wird nach der Bildung des Präteri-

tums getroffen. Es wird bei den starken Verben vom Ablaut gekennzeichnet, das ist die spontane Änderung des Wurzelvokals. Die Metapher *stark* meint also: die grammatische Kategorie Präteritum wird gewissermaßen aus sich heraus ohne Hinzufügung eines Morphems ausgedrückt (*rîten − reit; bieten − bôt*). Die schwachen Verben dagegen haben keinen Ablaut. Ihnen dient zur Kennzeichnung des Präteritums das Dentalsuffix *-(e)te* (*loben − lobete; lachen − lachte*). Man nimmt an, daß das Suffix auf eine Präteritalform des Verbs *tun* zurückgeht (vgl. engl. *he did not go*).

Das Part. Prät. der starken Verben endet auf *-en* (*geriten, geboten*), das der schwachen auf *-(e)t* (*gelobet, gelacht*). In beiden Klassen wird es mit *ge-* präfigiert, außer das Verb beginnt mit einer volltonigen, untrennbaren Vorsilbe: *vergezzen, bereiten*, oder es ist vom Inhalt her perfektiv: *vinden − vunden, treffen − troffen, bringen − braht.*

Zwischen den starken und den schwachen Verben stehen die Präteritopräsentia. Hier haben Präteritalformen von starken Verben präsentische Bedeutung (*muoz*); ihre Vergangenheit wird schwach gebildet (*muoste*).

2.2.   Der Formenbestand:

Im Ahd. und Mhd. gibt es:

Ein *Genus Verbi* (Verbalgeschlecht): das Aktiv. Das Passiv kann nicht (wie z. B. im Lat.: *amo − amor*) synthetisch gebildet werden; es wird mit Hilfsverben (*werden* oder *sîn*) und dem Part. Prät. umschrieben. Die Verbindung mit *werden* und dem Part. Prät. bezeichnet hauptsächlich das Vorgangspassiv (*der brief wirt geschriben*), die mit *sîn* das Zustandspassiv (*der brief ist geschriben*).
Zwei Tempora: das Präsens und das Präteritum. Das Präsens bezeichnet die Gegenwart, zeitlose Aussagen und auch die Zukunft, sofern diese nicht mit den Hilfsverben *suln, müezen, weln* oder *werden* und dem Infinitiv umschrieben wird. − Das Präteritum steht für alle Vergangenheitsstufen (Imperfekt, Perfekt, Plusquamperfekt). Oberdeutsch kommt seit etwa 1300 für das Präteritum die periphrastische Perfektbildung auf (*kamen > sind gekommen, lachten > haben gelacht*).
Drei Modi: den Indikativ (Modus der Wirklichkeit) *er nimet, er nam*; den Konjunktiv (Modus der Möglichkeit, des Wunsches) *er neme, er naeme*; vom Präsens wird als dritter Modus die Befehlsform gebildet (Imperativ, Adhortativ) *nim, nemen, nemet*;
Zwei Numeri: Singular und Plural mit je drei Personen (*ich − wir, du − ir, er/siu/ez − sie*).

Drei Verbalnomina (infinite, deklinierbare Verbalformen): Der Infinitiv ist der Nom. und Akk. eines Verbalsubstantivs, das im Gen. und Dat. dekliniert werden kann (= Gerundium); das Partizip des Präsens ist ein flektierbares Verbaladjektiv mit aktiver Bedeutung (*diu klagende vrouwe*); das Partizip des Präteritums ist nach seiner Bildung ebenfalls ein Verbaladjektiv, das sich ursprünglich weder auf das Tempus noch auf das Genus Verbi direkt bezieht. Es wird bei starken und schwachen Verben unterschiedlich gebildet (vgl. 2.1.).

2.3. Die starken Verben

2.3.1. Die Konjugation

Da die volltonigen ahd. Endungen auf die Qualität des Wurzelvokals eingewirkt haben, wird die ahd. Konjugation der mhd. gegenübergestellt:

Präsens
Indikativ

		mhd.	ahd.
Sg.	1.	*nim-e*	*nim-u*
	2.	*nim-e-st*	*nim-i-s(t)*
	3.	*nim-e-t*	*nim-i-t*
Pl.	1.	*nëm-e-n*	*nëm-ê-m*
	2.	*nëm-e-t*	*nëm-e-t*
	3.	*nëm-e-nt*	*nëm-a-nt*

Konjunktiv

Sg.	1.	*nëm-e*	*nëm-e*
	2.	*nëm-e-st*	*nëm-ê-s(t)*
	3.	*nëm-e*	*nëm-e*
Pl.	1.	*nëm-e-n*	*nëm-ê-m*
	2.	*nëm-e-t*	*nëm-ê-t*
	3.	*nëm-e-n*	*nëm-ê-n*

Imperativ

Sg.	2.	*nim*	*nim*
Pl.	1.	*nëm-e-n*	*nëm-ê-m*
	2.	*nëm-e-t*	*nëm-e-t*

Infinitiv

	nëm-e-n	*nëm-a-n*

Gerundium

Gen.	*nëm-enne-s*	*nëm-anne-s*
Dat.	*nëm-enne*	*nëm-anne*

Partizip

	nëm-e-nd-e	*nëm-a-nt-i*

Präteritum
Indikativ

		mhd.	ahd.
Sg.	1.	*nam*	*nam*
	2.	*næm-e*	*nâm-i*
	3.	*nam*	*nam*
Pl.	1.	*nâm-e-n*	*nâm-u-m*
	2.	*nâm-e-t*	*nâm-u-t*
	3.	*nâm-e-n*	*nâm-u-n*

Konjunktiv

Sg.	1.	*næm-e*	*nâm-i*
	2.	*næm-e-st*	*nam-î-s(t)*
	3.	*næm-e*	*nâm-i*

Pl.	1.	*næm-e-n*	*nâm-î-m*
	2.	*næm-e-t*	*nâm-î-t*
	3.	*næm-e-n*	*nâm-î-n*

Partizip

	ge-nom-e-n	*gi-nom-a-n*

Der Vergleich mit dem Ahd. zeigt, daß die 1. Pers. Pl. auf -*n* ausgeht und nicht mehr auf -*m*. Die Flexive des mhd. Präsens sind bis auf die 3. Person (Sg. und Pl.) im Indikativ und Konjunktiv deckungsgleich. – Die Abschwächung der ahd. volltonigen Endsilben zu *e* betrifft die infiniten Formen und das Präteritum (Indikativ und Konjunktiv). – Der häufig belegte Wechsel von *e* zu *i* und von *ie* zu *iu* beruht auf Prozessen des kombinatorischen Lautwandels, der sich in frühgerm. bis fahd. Zeit vollzogen hat. Die Vokale *u* und *i* in den Endsilben haben im Sg. des Präsens den Wechsel von *e* > *i* und von *ie* > *iu* bewirkt: ahd. *nëman, nimu, nimit* > mhd. *nëmen, nime, nimet*; *biegen, biuge, biuget*. – Ein umlautfähiger Wurzelvokal wird dann umgelautet, wenn die ahd. Folgesilbe ein *i* enthält, also mhd. *varn, ich var* (ahd. *faran, faru*), aber: *du verst, er vert, du vüere* (2. Sg. Prät. Ind.), *ich vüere* (1. Sg. Prät. Konj.), (ahd. *farist, farit, fuori*). – Apokope und Synkope (Ausfall des *e* am Wortende und im Wortinnern) ist häufig nach kurzem Vokal, dem ein Nasal (*m, n*) oder Liquid (*l, r*) folgt (*ich hole* > *ich hol, du verest* > *du verst*), oder zwischen *h* und *t* (*er sihet* > *er siht*). Die nicht apokopierten Formen existieren noch, sie verschwinden im Nhd. immer mehr.

2.3.2. Die Ablautreihen

Man unterscheidet 6 Ablautreihen (Klasse I–VI) und eine Gruppe starker Verben, die ursprünglich reduplizierend waren, aber im Mhd. keine Reduplikationssilbe mehr aufweisen und mit neuen Wurzelvokalen ihre Präteritalformen wie die ablautenden Verben bilden (Klasse VII). Diese Einteilung entspricht im wesentlichen dem Ahd.

Vier Stammformen kennzeichnen Präsens und Präteritum der starken Verben in den VI ablautenden Klassen: Infinitiv (Präs. Ind., Konj. u. Imp. – zum Lautwechsel und Umlaut vgl. 2.3.1.); Sg. Prät. (1. und 3. Pers. Sg. Ind. Prät.); Pl. Prät. (auch 2. Pers. Sg. Prät. Ind. und der gesamte Konj. Prät.); Part. Prät., z. B. *nëmen, nam, nâmen, genomen*.

Die klassenbildenden Kennzeichen und die Merkmale der Grund-, Schwund- und Dehnstufe, die z. B. im Got. noch erkennbar sind, kann man aus dem mhd. Sprachbefund ohne historischen Vergleich nicht mehr erschließen.

Eine Reihe der starken Verben zeigt den grammatischen Wechsel. Jakob Grimm hat die Entdeckung des Dänen Karl Verner so benannt. Nach dem Vernerschen Gesetz gibt es aufgrund der im Idg. freien Akzentsetzung einen Wechsel von stimmlosen zu stimmhaften Lauten des gleichen Wortstammes. Im Ahd. und Mhd. ist der Lautwechsel zwischen den folgenden Lauten möglich: *h-g* (*zôch* – *zugen*), *d-t* (ahd. *sneid* – *snitum*, mhd. *sneit* (Auslautverhärtung) – *sniten*), *f-b* (*heffen* – *huoben*), *s-r* (*was* – *wâren*).

Vom 15. Jh. an entwickeln sich Ausgleichsformen im Vokalismus und Konsonantismus der Vergangenheitsformen: *zôch* – *zugen* / *zôg* – *zôgen*; *reit* – *riten* / *ritt* – *ritten*.

Vereinzelt bildet sich neben der starken eine schwache Flexion heraus: *pflegen* – *pflac* – *pflâgen* – *gepflegen* / *pflegen* – *pflegete* – *gepfleget*. Zahlreiche Verben werden im Nhd. nicht mehr stark, sondern schwach flektiert, z. B. *keifen, kreischen, triefen, schmiegen, bellen, schmerzen, rächen, weben, mahlen*.

Die folgende Übersicht enthält Beispielverben für die Ablautreihen. Zuerst werden die idg. Lautverhältnisse der vier Stufen (Präs.; Sg. Prät.; Pl. Prät., Part. Prät.) angeführt, da in ihnen die Systematisierungskriterien für die Ablautklassen erkennbar sind. Darauf folgen die Beispiele aus dem Ahd., Mhd. und Nhd.

Klasse I
Nach dem Wurzelvokal im Sg. Ind. Prät. unterscheidet man zwei Gruppen:

Ia   *ei*

idg.	e + i	o + i	i	i
ahd.	*rîtan, rîtu*	*reit*	*ritum*	*giritan*
mhd.	*rîten, rîte*	*reit*	*riten*	*geriten*
nhd.	*reiten, reite*	*ritt*	*ritten*	*geritten*

Einige Verben der Reihe Ia haben grammatischen Wechsel, z. B. *lîden* – *lîde* – *leit* (Auslautverhärtung) – *liten* – *geliten*.

Ib   *ê* (vor germ. *h*, vor *w* und im Auslaut)

ahd.	*dîhan, dîhu*	*dêh*	*digen*	*gidigan*
mhd.	*dîhan, dîhe*	*dêch*	*digen*	*gedigen*
mhd.	*gedeihen, gedeihe*	*gedieh*	*gediehen*	*gediehen*

dîhan hat grammatischen Wechsel.

Klasse II
Nach dem Vokal des Sg. Ind. Prät. werden zwei Gruppen unterschieden:

IIa   *ou*

idg.	e + u	o + u	u	u
ahd.	*biogan, biugu*	*boug*	*bugum*	*gibogan*
mhd.	*biegen, biuge*	*bouc*	*bugen*	*gebogen*
nhd.	*biegen, biege*	*bog*	*bogen*	*gebogen*

IIb   *ô* (vor *t, d, z, s* und germ. *h*)

ahd.	*biotan, biutu*	*bôt*	*butum*	*gibotan*
mhd.	*bieten, biute*	*bôt*	*buten*	*geboten*
nhd.	*bieten, biete*	*bot*	*boten*	*geboten*

Grammatischen Wechsel hat z. B. *ziehen, ziuhe, zôch, zugen, gezogen*.

Klasse III
Sie enthält die Verben, deren Wurzelvokal entweder ein Nasal (*m, n*) + Konsonant oder ein Liquid (*l, r*) + Konsonant folgen.
IIIa Der Wurzelvokal ist, wenn ihm ein Nasal + Konsonant folgen (*mm, nn, m* + *Kons., n* + *Kons.*), im Präs. durchgehend *i*, im Part. Prät. *u*.

idg.	e + ndh	o + ndh ndh		ndh
ahd.	*bintan, bintu*	*band*	*buntum*	*gibuntan*
mhd.	*binden, binde*	*bant*	*bunden*	*gebunden*
nhd.	*binden, binde*	*band*	*banden*	*gebunden*

IIIb Der Wurzelvokal wechselt, wenn ihm ein Liquid + Konsonant folgen (*ll, rr, l* + *Kons., r* + *Kons.*). Im Präs. zwischen *i* und *e* (s. o. 2.3.1.), im Part. Prät. lautet er *o*.

ahd.	*hëlfan, hilfu*	*half*	*hulfum*	*giholfan*
mhd.	*hëlfen, hilfe*	*half*	*hulfen*	*geholfen*
nhd.	*helfen, helfe*	*half*	*halfen*	*geholfen*

Im Nhd. ist das *a* des Prät. Sg. bis zum 18. Jh. ganz in den Pl. Prät. eingedrungen. Eine Ausnahme ist *werden* – *ward* / *wurde* – *wurden*.

Klasse IV
Ein einfacher Nasal (*m, n*) oder Liquid (*l, r*) steht vor oder nach dem Wurzelvokal.

idg.	e + m	o + m m		m
ahd.	*nëman, nimu*	*nam*	*nâmum*	*ginoman*
mhd.	*nëmen, nime*	*nam*	*nâmen*	*genomen*
nhd.	*nehmen, nehme*	*nahm*	*nahmen*	*genommen*

Klasse V
Dem Wurzelvokal folgt ein einfacher Konsonant (außer Liquid oder Nasal):

idg.	e + bh	o + bh bh		bh
ahd.	*gëban, gibu*	*gab*	*gâbum*	*gigëban*
mhd.	*gëben, gibe*	*gap*	*gâben*	*gegëben*
nhd.	*geben, gebe*	*gab*	*gaben*	*gegeben*

Grammatischer Wechsel liegt z. B. vor bei *wësen, wise, was, wâren, gewësen*.

Klasse VI
Diese Klasse weicht von der Systematik der ersten fünf Reihen ab, denn im Germ. sind zwei idg. Reihen zusammengefallen.

idg. }	a	â	â	a
idg. }	o	ô	ô	o
ahd.	*graban, grabu*	*gruob*	*gruoben*	*gigraban*
mhd.	*graben, grabe*	*gruop*	*gruoben*	*gegraben*
nhd.	*graben, grabe*	*grub*	*gruben*	*gegraben*

Grammtischen Wechsel haben z. B. *slahen, slahe, sluoc, sluogen, geslagen.*

Klasse VII

Sie umfaßt die ursprünglich reduplizierenden Verben, die zum Teil den Ablaut hatten. Die Reduplikationssilbe, die das Got. noch kennt, ist in vorahd. Zeit verschwunden, wobei sich der Wurzelvokal verändert hat. Man unterscheidet zwei Gruppen:

VIIa hat Verben mit dem Wurzelvokal *a* (*halten*), *â* (*râten*), *ei* (*heizen*)

ahd.	*haltan, haltu*	*hialt*	*hialtum, gihaltan*
mhd.	*halten, halte*	*hielt*	*hielten, gehalten*
nhd.	*halten, halte*	*hielt*	*hielten, gehalten*

VIIb Der Wurzelvokal ist *ou* (*loufen*), *ô* (*stôzen*) oder *uo* (*ruofen*):

ahd.	*(h)loufan,*	*(h)liof*	*(h)liofum*	*giloufan*
	(h)loufu			
mhd.	*loufen, loufe*	*lief*	*liefen*	*geloufen*
nhd.	*laufen, laufe*	*lief*	*liefen*	*gelaufen*

2.4. Die schwachen Verben

2.4.1. Allgemeines

Die schwachen Verben sind sekundäre Verben, die entweder von primären (< starken) Verben oder von Nominalstämmen (Substantiv oder Adjektiv) abgeleitet sind. Dadurch wird die in der Wurzel enthaltene Bedeutung verbalisiert und modifiziert. So gibt es Kausativa, die das Verursachen einer Tätigkeit wiedergeben (*sinken* = selber untergehen / *senken* = machen, daß etwas untergeht), denominative Faktitiva (*lop* − *loben*), Instrumentativa (*salbe* − *salben*), Intensiva (*biegen* − *bücken*), Inchoativa (*tac* − *tagen* = Tag werden). Neue schwache Verben entstehen bis heute (*die Straße wird beampelt*).

Im Ahd. gibt es, entsprechend den germ. Bildungssuffixen, drei Klassen schwacher Verben mit den Endungen: *-jan* (*sezzen* / germ. *satjan*), *-ôn* (*salbôn*) und *-ên* (*lëbên*). Durch die Abschwächung der ahd. volltonigen Endsilben zu *-(e)n,* sind die drei Klassen im Mhd. einander angeglichen worden, so daß sie ohne Blick auf die historische Entwicklung nicht mehr klassenspezifisch eingeordnet werden können.

2.4.2. Präsens

Die Endungen der schwachen Konjugation stimmen im Präsens mit denen der starken Verbalflexion überein. Im Unterschied zu den starken Verben endet der Sg. des Imperativs bei den schwachen Verben auf *-e*: *lege, lobe, sage, teile* (dagegen: *wirf, hilf*). Nach den Liquiden (*l* und *r*) kann das *-e* entfallen: *hol,*

ner. − Der Wurzelvokal ändert sich im Präsensstamm nicht. Im Unterschied zu den starken Verben bleibt er im Singular und Plural gleich.

2.4.3. Präteritum

Alle drei Verbalklassen der mhd. schwachen Verben haben − wie schon im Ahd. − die gleichen Flexionsendungen im Ind. Prät. und Konj. Prät. Diese formale Gleichheit hat im Nhd. zur Umschreibung des Konjunktivs mit würde + Infinitiv geführt. Die Endungen des Singulars unterscheiden sich von der starken Konjugation: *ich legete, du legetest, er legete* gegenüber *ich gap, du gaebe, er gap.* Die Endungen des Plurals entsprechen denen der starken Flexion.

2.4.4. Die Klassen der schwachen Verben

Klasse I (ahd.: *-jan*-Verben)
a) Urspr. kurzsilbige Verben. Da das Prät. schon im Ahd. umgelautet ist, gibt es im Mhd. keine Änderung des Wurzelvokals zwischen Präs. und Prät.:

ahd.	*nerien*	*nerita*	*ginerit*	*gineritêr*
mhd.	*nerjen, nern*	*ner(e)te*	*gener(e)t*	*gener(e)ter*

b) Lang- und mehrsilbige Verben. Im Ahd. ist der Wurzelvokal ihres Prät. nicht umgelautet worden. Deshalb besteht zwischen Präs. und den flektierten Präteritalformen ein Wechsel des Wurzelvokals. Jacob Grimm hat dafür den mißverständlichen Terminus 'Rückumlaut' geprägt.

ahd.	*brennen*	*branta*	*gebrennit*	*gibrantêr*
mhd.	*brennen*	*brante*	*gebrennet*	*gebranter*

c) Lang- und mehrsilbige Verben mit nicht umlautfähigem Wurzelvokal.

ahd.	*teilen*	*teilta*	*giteilit*	*giteiltêr*
mhd.	*teilen*	*teilte*	*geteilt*	*geteilter*

Klasse II ahd. Verben auf *-ôn.* Die Endsilbe verliert die ahd. Volltonigkeit und wird mhd. zu *-en.* Dadurch ergibt sich die Deckungsgleichheit mit der
Klasse III, zu der die ahd. Verben auf *-ên* gehören. Sie enden im Mhd. gleichfalls auf *-en.*

ahd.	*lobôn*	*lobôta*	*gilobôt*	*gilobôter*
mhd.	*loben*	*lobete*	*gelobet*	*gelopter*
ahd.	*lebên*	*lebêta*	*gilebêt*	*gilebtêr*
mhd.	*leben*	*lebte*	*gelebet*	*gelepter*

2.5. Besondere Verben

2.5.1. Gemischte starke und schwache Konjugation

Die Verben *bringen* (stv. IIIa) und *beginnen* (stv. IIIa) werden im Präs. stark flektiert. Im Prät. hat sich eine schw. Form entwickelt (*brâhte, begunde*).

2.5.2. Praeteritopraesentia

Zwischen den starken und schwachen Verben stehen die Praeteritopraesentia, die drei Vollverben *weiz, touc* und *gan* und die modalen Hilfsverben *kan, darf, tar, sol, mac* und *muoz.* Bei diesen Verben ist eine Tempusverschiebung eingetreten; denn das in ihrem Flexionssystem nur noch erhaltene Prät. hat präsentische Bedeutung angenommen. *Ich weiz* ist der Form nach ein Prät. der Ablautreihe I der stv. (*rîten — reit*) und hat vermutlich wie lat. *novi* ursprünglich die Praeteritalbedeutung *ich habe kennengelernt* gehabt, die dem präsentischen *ich weiß* entspricht.

Aus der Stammform des Plurals *wizzen* sind ein neues, schw. flektiertes Prät. (*wisse, wesse* — jünger *wiste, weste*) und später auch die infiniten Formen *wizzen, wizzende* gebildet worden. Besonderheiten in der Flexion sind die 2. Pers. Sg., die auf *(s)t* endet: *du solt, du weist* und der Plural, der z. T. umgelautet ist (*dürfen*).

I. Reihe	*weiz*	*wizzen*	*wisse (wiste)*
II. Reihe	*touc*	*tugen*	*tohte*
III. Reihe	*kan*	*kunnen*	*kunde*
	darf	*durfen*	*dorfte*
IV. Reihe	*sol*	*suln*	*solde*
V. Reihe	*mac*	*mugen*	*mohte*
VI. Reihe	*mouz*	*müezen*	*muoste*

2.5.3. *wellen*

Eine Sonderstellung nimmt das teils stark, teils schwach flektierte *wellen* ein. Bei ihm liegt keine Tempus-, sondern eine Modusverschiebung vor. Denn der Ind. Präs. ist ursprünglich eine alte Optativform. Zu dieser nunmehr als Indikativ geltenden Form ist ein neuer Konjunktiv gebildet worden (vgl. Mhd. Gr. 1998, § 277).

2.5.4. Wurzelverben

Zu den Wurzelverben gehören *tuon, gân, stân* und *sîn.* Bei ihnen wird die Endung ohne Bindevokal unmittelbar an die Wurzel angeschlossen (*gân — gâst*). Die einsilbige Präsensform der 1. Pers. Sg. endet auf *-n.* Zu *tuon* wird ein schwaches Prät. gebildet (*tete*), zu *stân* nimmt man das Prät. des ahd. stv. VI *stantân* (*stuont*) und zu *gân* das des ahd. stv. VII *gangân* (*gienc*). Die Flexionsformen von *sîn* stammen aus drei unterschiedlichen Verben: idg. **-es* (*ist, sint*), idg. *-bhu* (*bin, bist*) und idg. **-ues* (*wesen*, stv. V).

3. Die Deklination

3.1. Allgemeines

Deklination nennt man die Flexion von Substantiv, Adjektiv (Adverb), Numerale und Pronomen. Die Endungen bezeichnen Genus, Kasus und Numerus. Im Mhd. gibt es drei grammatische Genera (Maskulinum, Femininum, Neutrum), vier Kasus (Nominativ, Genitiv, Dativ, Akkusativ) und zwei Numeri (Singular und Plural). Es gibt eine nominale und eine pronominale Deklination. Nominal werden die Substantive flektiert. Man unterscheidet die vokalische (nach J. Grimm: starke) Deklination und die konsonantische (schwache). Die rein pronominale Flexion haben die meisten Pronomina. Die Adjektive, die ursprünglich nominal stark und schwach flektiert worden sind, haben in der starken Deklination pronominale Formen aufgenommen. Die Numeralia folgen einer substantivisch-adjektivischen Mischdeklination.

3.2. Das Substantiv

3.2.1. Die vokalische (starke) Deklination

Die Substantive haben aufgrund des unterschiedlichen Themavokals im germanischen Flexionssystem vier Klassen. Der Wortkern, die sogen. Wurzel, und das stammbildende Suffix sind der Wortstamm, an den sich die Flexionsendung schließt: germ. **dag*(Wurzel)-*a*(stammbildendes Suffix, Themavokal)-*z*(Flexionsendung): **dagaz.* Die vokalischen Klassen der germ. *a-, ô, i-* und *u*-Deklination, dazu die Unterarten der *ja-, wa-* und *jô-, wô-* Stämme sind im Ahd. nur noch spurenweise, im Mhd. nicht mehr ohne sprachhistorischen Vergleich erkennbar. Schon im Ahd. gibt es die Themenvokale nur noch selten, z. B. im Nom./Akk. Pl. der ahd. *a*-Deklination (*taga*) oder im Dat. Pl. der *ô*-Deklination (*gebôm*) (Mhd. Gr. 1998, §§ 176ff.).
a-Stämme (Mask.):

		ahd.		mhd.			
Sg.	N. A.	*tag*	*tac*	*kil*	*engel*	*nagel*
	G.	*tages*	*tages*	*kils*	*engels*	*nagel(e)s*
	D.	*tage*	*tage*	*kil*	*engel*	*nagel(e)*
	Instr.	*tagu*				
Pl.	N. A.	*taga*	*tage*	*kil*	*engel*	*nagel(e)*
	G.	*tago*	*tage*	*kil*	*engel*	*nagel(e)*
	D.	*tagum*	*tagen*	*kiln*	*engeln*	*nagel(e)n*

Nach Liquiden und Nasalen fällt das *-e* aus.

Die *ja*-Stämme (Mask.), z. B. *hirte*, und die kurzsilbigen *u*-Stämme (Mask.), z. B. *vride*, werden bis auf den Nom. Sg., der auf *-e* endet, ebenso flektiert wie *tac.* Die noch im Ahd. vorhandenen unterschiedlichen Endungen sind im Mhd. ausgeglichen worden. Die Mask. der *i*-Stämme haben die gleichen Endungen. Im Pl. wird der Stammvokal umgelautet: *gast − geste, gesten.* Dieser Umlaut war ursprünglich das phonetische Kennzeichen der ahd. *i-* und der neutralen *-iz/-az-* Stämme. Er breitet sich immer weiter aus und wird vom 14. Jh. an zum morphologischen Pluralmerkmal auch anderer Substantive (*boc − böcke, satel − sätele*).

Die Neutra der *a-*Stämme unterscheiden sich im Sg. nicht von der Deklination der Maskulina: *wort, wortes, worte; venster, vensters, venster.* Im Pl. lauten Nom. und Akk. gleich: *wort, venster.* Das gilt auch für die *ja-*Stämme (*künne*). Bei einigen Wörtern ist die Pluralendung *-er* (ahd. *-ir*), welche die Wurzelsilbe umlautet (*lamp, lambes, lambe/lember, lember(e), lember(e)n*).

Als Beispiel der *-wa-*Deklination sei *mel* genannt (*mel, melwes, melwe/melwe, melwen*).

Bei den Feminina unterscheidet man die *ô-*Stämme (einschließlich *jô-* und *wô-*Deklination) und die *î-*Stämme. *ô-*Stämme (Fem.):

		ahd.	mhd.		
Sg.	N. A.	*gëba*	*gëbe*	*nâdel*	*vëder(e)*
	G.	*gëba*	*gëbe*	*nâdel*	*vëder(e)*
	D.	*gëbu*	*gëbe*	*nâdel*	*vëder(e)*
Pl.	N. A.	*gëba*	*gëbe*	*nâdel*	*vëder(e)*
	G.	*gëbâno*	*gëben*	*nâdeln*	*vëder(e)n*
	D.	*gëbâm(-ôn)*	*gëben*	*nâdeln*	*vëder(e)n*

Die *jô-*Stämme (*sünde*) werden wie die *ô-*Stämme dekliniert. − Der Nom. Sg. der *î-*Stämme endet meist auf *-t* (*kraft*). In der Deklination gibt es zwei Abweichungen: der umlautfähige Stammvokal wird im Pl. umgelautet; der Gen. Pl. endet auf *-e* (*krefte*).

Ausnahmen und landschaftliche Varianten sind in den ausführlichen Grammatiken dargestellt.

3.2.2. Die konsonantische (schwache) Deklination

Der Stamm dieser Wörter endet wie schon im Ahd. meistens auf *-n*, außer im Nom. Sg. aller drei Geschlechter und im Akk. Sg. des Neutrums. Die eine Klasse der *n-*Deklination enthält alle drei Genera:

Der Nom. Sg. Mask. hat im Nhd. das Endungs-*e* in vielen Wörtern verloren (*herre, tôre, vürste*). Die Gruppe der Maskulina ist am umfangreichsten. Bei einigen gibt es Schwankungen zwischen st. und schw. Flexion (*buochstap, buochstabe*) und im Genus (Mask. oder Fem.: *sunne, slange, rôse*). Viele der mhd. schw. Maskulina sind im Nhd. in die st. oder die neuentstandene Mischdeklination eingegangen.

3.3. Das Adjektiv

Jedes Adjektiv kann im Mhd. stark (nominalpronominal) und schwach flektiert werden (Mhd. Gr. 1998, §§ 196−204). Der Gebrauch der beiden Deklinationsklassen unterscheidet sich bis auf wenige Abweichungen nicht vom Nhd. Das Adjektiv wird schwach flektiert nach dem bestimmten Artikel oder einem Pronomen, die mit ihrer Endung Genus, Kasus und Numerus kennzeichnen. In allen anderen Fällen drückt das Adjektiv diese drei grammatischen Funktionen aus und wird deshalb stark flektiert. Das mhd. unflektierte Adjektiv kann im Unterschied zum Nhd. nicht nur dem Substantiv vorausgehen (*ein guot ors*), sondern auch folgen (*ein ors guot*). Das prädikativ gebrauchte Adjektiv kann auch flektiert sein (*der lewe ist starcer*).

Die schw. Deklination des Adjektivs stimmt mit der schw. Flexion des Substantivs überein. − Die st. Deklination richtet sich für die Mask. und Neutr. teils nach der *a-* oder *ja-*Deklination, für die Feminina nach der *ô-* Deklination und teils nach der pronominalen (*der, diu, daz*). Der st. nominalen Deklination folgen im Sg.: der unflektierte Nominativ aller drei Genera; Gen. Mask. und Neutr.; Akk. Sg. Fem.; alle anderen Formen des Singulars und des Plurals der drei Genera werden nach der pronominalen Flexion gebildet.

Die Partizipien Präs. und Prät. können als Adjektive verwendet werden. Für sie gelten die gleichen Flexionsbedingungen wie für die Adjektive.

Die Steigerung wird durch Anhängen der Flexive *-er* im Komparativ und *-est* im Super-

		Mask.		Fem.		Neutr.	
		ahd.	mhd.	ahd.	mhd.	ahd.	mhd.
Sg.	N.	*boto*	*bote*	*zunga*	*zunge*	*hërza*	*hërze*
	G. D.	*boten, -in*	*boten*	*zungûn*	*zungen*	*hërzen, -in*	*hërzen*
	A.	*boton, -un*	*boten*	*zungûn*	*zungen*	*hërza*	*hërze*
Pl.	N. A.	*botan, -un*	*boten*	*zungûn*	*zungen*	*hërzun-on*	*hërzen*
	G.	*botôno*	*boten*	*zungôno*	*zungen*	*herzôno*	*hërzen*
	D.	*botôm, -ôn*	*boten*	*zungôm, -ôn*	*zungen*	*hërzôm, -ôn*	*hërzen*

lativ gebildet (*klein, kleiner, kleinest*). Da den beiden Morphemen die unterschiedlichen ahd. Suffixe *-iro, -isto* und *-orô, -ôsto* zugrundeliegen, erklären sich bei manchen Wörtern die umgelauteten und nicht umgelauteten Doppelformen (*alt – alter – altest / alt – elter – eltest; lanc – langer – langest / lanc – lenger – lengest*). – Eine kleine Gruppe bildet die beiden Steigerungsformen aus einem anderen Stamm (*guot – bezzer – bezzeste, beste*).

Wie im Nhd. kann auch im Mhd. das Adjektiv durch ein vorausgehendes Adverb intensiviert werden (z. B. *al, harte, starke, unmâzliche, vil, sêre*).

3.4. Die Personennamen

Die auf *-e* endenden Personennamen werden schwach flektiert. Die männlichen Namen folgen der konsonantischen Deklination (*Hagene – Hagenen*), die weiblichen Namen auf *-e* gleichfalls (*Uote – Uoten*). Die starken Maskulina bilden den Akk. Sg. wie die Adjektive auf *-en* (*Sîfrit – Sîfrides – Sîfride – Sîfriden*). Die starken Feminina weichen von der ô-Deklination im Nom. Sg. ab (*Kriemhilt – Kriemhilde – Kriemhilde – Kriemhilde*).

3.5. Das Adverb

Das Adverb ist nicht flektierbar; es wird im Mhd. auf unterschiedliche Weise gebildet (Mhd. Gr. 1998, §§ 205–211). – Adjektivadverbien haben die Endung *-e*, die auf einem ahd. *-o* beruht, weshalb der Stammvokal nicht umgelautet wird. So heißen zu den umgelauteten *ja-/jô*-Adjektiven *enge, herte, spæte, schœne, küene, süeze* die entsprechenden Adverbien *ange, harte, spâte, schône, kuone, suoze*. Ähnlich verhält es sich mit den Steigerungsformen der Adverbien. Sie haben zwar im Mhd. die gleichen Endungen wie die Komparation der Adjektive, aber sie beruhen im Unterschied zu diesen nicht auf den ahd. Suffixen *-iro* und *-ista*, sondern auf *-ôr* und *-ôst*. Deshalb bleibt ihr Stammvokal ohne Umlaut. Die Steigerung der Adjektive lautet: *lanc – lenger – lengest* oder *schœn – schœner – schœnest*; die des Adverbs: *lange – langer – langest; schône – schôner – schônest*. Im Nhd. ist dieser Unterschied zugunsten des Umlautes ausgeglichen worden (*der längere Weg, er läuft länger*).

In Analogie zu Adverbien, die aus Adjektiven mit dem Suffix *-lîch* gebildet worden sind (*sorclîch / sorclîche*), entwickelt sich im Mhd. das Suffix *-lîche* als adverbiales Kennzeichen, besonders bei den auf *-isch, -ec* und *-ic* endenden Adjektiven (*vlîzec – vlîzeclîche, trûrec – trûreclîche*).

Eine Reihe von Adverbien ist aus erstarrten Kasus der Substantive entstanden (*heim, alle wîle, morgens*), aus der Adjektivflexion (*vil, alles*) und aus Präpositionalverbindungen (*zewâre*).

Als Adverb zu *guot* wird *wol* einem anderen Stamm entnommen.

3.6. Pronomen

Die Arten der Pronomina sind im Mhd. (Mhd. Gr. 1998, §§ 212–233) die gleichen wie im Ahd. und Nhd.:

3.6.1. Die Personalpronomen der 1. und 2.
Person sind ungeschlechtig. Sie haben eine eigene, von den Substantiven abweichende Flexion:
Sg. *ich, mîn, mir, mich*; Pl. *wir, unser, uns, uns* (*unsich*). – Sg. *du* (*dû*), *dîn, dir, dich*; Pl. *ir, iuwer* (*iur*), *iu, iuch* (*iuwich*). Die dritte Person hat die drei Genera Mask., Fem., Neutr. Ihre Deklination geht auf ê-, î- und si-Stämme zurück. Mask. Sg. *er, es* (*sîn*), *ime* (*im*), *in* (*inen*); Pl. *sie* (*sî, si*), *ire* (*ir*), *in, sie* (*sî, si*). – Fem. Sg. *siu* (*sî, si, sie*), *ire* (*ir*), *ire* (*ir*), *sie* (*sî, si, siu*); Pl. *sie* (*sî, si*), *ire* (*ir*), *in, sie* (*sî, si*); – Neutr. Sg. *ez, es* (*sîn*), *ime* (*im*), *ez*; Pl. *siu* (*sie, sî, si*), *ire* (*ir*), *in, siu* (*sie, sî, si*).

3.6.2. Das Reflexivpronomen ist im Sg. geschlechtig, im Pl. nicht: Mask./Neutr. Sg. *sîn, im(e), sich*; – Fem. Sg. *ir, ir, sich*; – Mask./Neutr./Fem. Pl. *ir, in, sich*. Da es sich rückbezieht, fehlt der Nominativ.

3.6.3. Die Possessivpronomen *mîn, dîn, sîn; unser, iuwer* zeigen Besitzverhältnisse an. Sie werden als Pronominaladjektive stark flektiert, auch – im Unterschied zum Nhd. – wenn ihnen der bestimmte Artikel oder ein Demonstrativpronomen vorausgeht. Für das Possessivpronomen der 3. Pers. Sg. Fem. und in allen drei Genera der 3. Pers. Pl. werden die Genitivformen des Personalpronomens (*ir*) verwendet, das seit dem 14. Jh. eine Flexion entwickelt.

3.6.4. Der Artikel und die Demonstrativpronomen *der, diu, daz; diser, disiu, diz; jener, jeniu, jenez, ander* und *selp* sind Mittel der Deixis und weisen auf eine Person oder einen Gegenstand hin.

Als bestimmter Artikel fungiert wie im Nhd. das ursprüngliche Demonstrativum *der, diu, daz*, das im Mhd. auch als anaphorischer Artikel, als Demonstrativum und als Relativpronomen verwendet wird. Im Sg. Neutr. gibt es noch den Instrumentalis *diu*, vor allem in Verbindung mit Präpositionen (*ze diu, von diu*).

Als unbestimmter Artikel dient das ursprüngliche Zahlwort *ein*, dessen Flexion einem st. Adj. entspricht: *ein* (*einer*), *einiu*, *einez*.

3.6.5. Die Interrogativpronomen *wer* und *waz* fragen nach einer Person oder Sache. Sie werden wie *der* und *daz* flektiert; nur mit dem Unterschied, daß *wer* für Mask. und Fem. gilt und es keinen Plural gibt. Das Neutrum *daz* hat wie der Artikel einen Instrumentalis (*wiu*).

Vom Stamm des Interrogativums abgeleitet sind die Pronominaladjektive *weder* und *wederz* (wer/was von beiden) und *welich, welch* (wie beschaffen, welcher).

3.6.6. Die Relativpronomen *der, diu, daz*; *swer, swaz*; *sweder, swelch* leiten einen abhängigen Satz ein, der sich auf ein Substantiv bezieht und es erläutert. Im Mhd. ist im Unterschied zum Nhd. der Gebrauch der verallgemeinernden Relativa häufig. Sie sind mit dem im Ahd. noch erkennbaren *so-* präfigiert (ahd. *sô hwer sô*, mhd. *swer, swaz* = wer/was auch immer; jeder, der).

Die Indefinitpronomen bezeichnen Personen oder Sachen, deren Geschlecht und Anzahl unbekannt sind: *man, sum, iht*. Viele mhd. Indefinita sind Komposita (*manneglich, ieweder, ieman, etewer, deweder, dehein*).

3.7. Das Zahlwort

Die Kardinalzahlen eins bis drei sind im Mhd. flektierbar; sie haben drei Genera. Das Zahlwort *ein* wird substantivisch (*einer, einiu, einez*) oder adjektivisch flektiert. Bei 2 und 3 unterscheidet man ebenfalls drei Genera: Mask. *zwêne, zwei(g)er, zwein* (*zweien*); Fem. *zwô* (*zwuo, zwâ*), *zwei(g)er, zwein* (*zweien*), *zwô*; Neutr. *zwei, zwei(ger), zwein* (*zweien*), *zwei*. Mask. *drî* (*drîe*), *drî(g)er, drîn* (*drî(e)n*), *drî* (*drîe*); Neutr. *driu, drî(g)er, drîn* (*drî(e)n*), *driu*. Die Kardinalzahlen von 4 bis 12 sind eingeschlechtig. Sie werden entweder endungslos gebraucht oder wie die Adjektive flektiert. Die weiteren Zahlen sind indeklinabel. *hundert* und *tusent* sind neutrale Substantive.

Die Ordinalzahlen (*êrste, dritte, vierte*) werden wie die Superlative flektiert. *ander*, an dessen Stelle erst vom 16. Jh. an *zweite* tritt, flektiert stark und schwach.

4.   Ausblick

Der hier gegebene Abriß der Morphologie versucht, die wesentlichen Kennzeichen darzustellen. Er kann die differenzierten zeitlichen, regionalen, quellengebundenen und textsortenspezifischen Varianten in ihrer Entwicklung nicht wiedergeben. Dabei zeigt sich, daß der Abstand des mhd. Flexionssystems zum ahd. größer ist als zum nhd. Die Abschwächung der ahd. volltonigen Endsilben und die Ablösung synthetischer Flexionsformen durch analytische Konstruktionen markieren die Zäsur zum Ahd., während zum Nhd. das Aufkommen periphrastischer Verbalformen und der Ausgleich durch Analogie kennzeichnend sind.

5.   Literatur (in Auswahl)

Bech, Gunnar, Zur Morphologie der deutschen Substantive. In: Lingua 12, 1963, 177−189.

de Boor, Helmut/Roswitha Wisniewski, Mittelhochdeutsche Grammatik. 9., um eine Satzlehre erw. Aufl. Berlin/New York 1984. (SaGö 2209).

Braune, Wilhelm, Althochdeutsche Grammatik. 14. Aufl. bearb. v. H. Eggers. Tübingen 1983. (SkG, A 5).

Deutsche Philologie im Aufriß. Hrsg. v. Wolfgang Stammler, 4 Bde. 2. Aufl. Berlin 1957−1969.

Eggers, Hans, Deutsche Sprachgeschichte. Bd. II: Das Mittelhochdeutsche. Hamburg 1965. (rde 191/192).

Eis, Gerhard, Historische Laut- und Formlehre des Mittelhochdeutschen. Heidelberg 1958.

Erben, Johannes, Frühneuhochdeutsch. In: Kurzer Grundriß der germanischen Philologie bis 1500. Hrsg. v. Ludwig Erich Schmitt. Bd. 1: Sprachgeschichte. Berlin 1970, 386−440.

Flämig, Walter, Morphologie. In: Kleine Enzyklopädie. Die deutsche Sprache. Hrsg. v. Wolfgang Fleischer [u. a.]. Leipzig 1983, 139−170.

Fleischer, Wolfgang/Irmhild Barz, Wortbildung der deutschen Gegenwartssprache, unter Mitarbeit von Marianne Schröder. Tübingen 1992.

Gerdes, Udo/Gerhard Spellerberg, Althochdeutsch − Mittelhochdeutsch. Grammatischer Grundkurs zur Einführung in die Textlektüre. 7. Aufl. Weinheim 1991. (FAT 2008).

Hotzenköcherle, Rudolf, Entwicklungsgeschichtliche Grundzüge des Neuhochdeutschen. In: WW 12, 1962, 321−331.

von Kienle, Richard, Historische Laut- und Formenlehre des Deutschen. Tübingen 1960. (SkG, A 11).

Lexer, Matthias, Mittelhochdeutsches Handwörterbuch. 3 Bde. Leipzig 1869−78.

Mettke, Heinz, Mittelhochdeutsche Grammatik. 7. unveränderte Aufl. Tübingen 1993.

[Mhd. Gr. =] Paul, Hermann, Mittelhochdeutsche Grammatik. 24. Aufl. überarb. v. Peter Wiehl und Siegfried Grosse. Tübingen 1998. (SkG, A 2).

Schieb, Gabriele, Die deutsche Sprache im hohen Mittelalter. In: Kleine Enzyklopädie. Die deutsche Sprache. Bd. 1. Leipzig 1969, 147–188.

Schützeichel, Rudolf, Althochdeutsches Wörterbuch. 3. durchgesehene und verb. Aufl. Tübingen 1981.

Singer, Johannes, Grundzüge einer rezeptiven Grammatik des Mittelhochdeutschen. Paderborn [etc.] 1996. (UTB für Wissenschaft).

Solms, Hans Joachim/Klaus Peter Wegera, Flexionsmorphologie. In: Reichmann, Oskar/Klaus-Peter-Wegera (Hrsg.), Frühneuhochdeutsche Grammatik, Tübingen 1993. (SkG A12), 164–312.

Sonderegger, Stefan, Althochdeutsche Sprache und Literatur. Berlin/New York 1974. (SaGö 8005).

Stopp, Hugo/Hugo Moser, Flexionsklassen der mhd. Substantive in synchronischer Sicht. In: ZfdPh 86, 1967, 70–101.

Weddige, Hilkert, Mittelhochdeutsch. Eine Einführung. München 1996.

Weinhold, Karl, Kleine mittelhochdeutsche Grammatik, fortgeführt von Gustav Ehrisman, neu bearb. von Hugo Moser. 15. Aufl. Wien/Stuttgart 1968.

Werner, Otmar, Das deutsche Pluralsystem (Strukturelle Diachronie). In: Spr. d. Gg. 5, Jahrbuch 1968. Düsseldorf 1969, 92–128.

Wolf, Norbert Richard, Geschichte der deutschen Sprache. Bd. 1: Althochdeutsch – Mittelhochdeutsch. Heidelberg 1981. (UTB 1139).

Zupitza, Julius, Einführung in das Mittelhochdeutsche. Ein Lehr- und Lernbuch für die Studierenden der deutschen Philologie und zum Selbstunterricht, fortgeführt von F. Nobiling. 16. Aufl. neu bearb. von Fritz Tschirch. Jena und Leipzig 1953.

Siegfried Grosse, Bochum

92. Lexikologie und Lexikographie des Mittelhochdeutschen

1. Zum Verhältnis von Lexikologie und Lexikographie
2. Lexikologie
3. Lexikographie
4. Literatur (in Auswahl)

1. Zum Verhältnis von Lexikologie und Lexikographie

Die Erforschung des Wortschatzes der mhd. Zeit (ca. 1050–1350) war von Anfang an in starkem Maße an seine lexikographische Erfassung gebunden. Wörterbücher zählten zu den ersten und bedeutendsten Leistungen der entstehenden 'Deutschen Philologie' im frühen 19. Jh. (s. u. 3.). Die sie begleitenden Reflexionen waren auf die praktischen Fragen der Anordnung und auf die zu erreichenden Ziele gerichtet: „[...] klar und deutlich anzugeben, was jedes wort bedeutet, die verschiedenen bedeutungen gehörig zu sondern und die ergebnisse genauer und scharfsinniger untersuchung durch beispiele aus mittelhochdeutschen schriften zu belegen" (Benecke 1841, 41). In welcher Weise die Bedeutungen zu ermitteln und wie sie überhaupt in ihrem Status zu begreifen seien, war nicht Gegenstand der Debatte, obgleich vielfach der praktischen Arbeit später formulierte Verfah-

rens- und Darstellungsgrundsätze (syntagmatische und paradigmatische Beziehungen, Wortfamilien, Wortbildungsgruppen etc.) zugrunde gelegt wurden.

Eine theoretische Basis für systematische lexikologische Forschung legten erst Hermann Pauls 'Prinzipien der Sprachgeschichte' (1880). Er hat sie selbst in lexikographische Regeln übersetzt (1894; vgl. Henne 1987). Sie fordern insbesondere

– „die Ermittlung des Vorstellungsinhalt[s], der die Bedeutung ausmacht" (Paul 1894, 64), anstelle des „ältesten und rohesten Verfahrens", nach dem man Übersetzungsäquivalente aufreiht „und es dann dem Benutzer überläßt, sich d[as]jenige herauszusuchen, welch[es] für den Zusammenhang [...] paßt" (Paul 1894, 63);
– das „Occasionelle in der Bedeutung, welches den Belegstellen anhaftet, loszulösen und das wirklich Usuelle festzustellen" (Paul 1894, 69);
– die Darstellung der Wörter im Zusammenhang, nicht in der Isolation der bloßen alphabetischen Reihe; insbesondere Wortbildungszusammenhänge und semantische Beziehungen seien anzuzeigen (für die schwierigen Darstellungsprobleme bleibt er allerdings Lösungen schuldig).

Auf die Lexikographie des Mhd. hatte Pauls 'Methodenlehre' keinen Einfluß mehr; die wichtigsten Wörterbücher lagen bereits vor: das „mit Benutzung des Nachlasses von Georg Friedrich Benecke" zum überwiegenden Teil von Wilhelm Müller (Bd. I, IIb, III), zum kleineren von Friedrich Zarncke (Bd. IIa) ausgearbeitete 'Mittelhochdeutsche Wörterbuch' (BMZ), erschienen 1854–1866, und Matthias Lexers darauf fußendes 'Mittelhochdeutsches Handwörterbuch' (1872–1878).

Auch ohne eine ausgearbeitete lexikologische Methodenlehre entstanden freilich im Zuge der lexikographischen Beschreibung des Mhd. in den Wörterbüchern genau recherchierte und auf sensibler Kontextinterpretation beruhende Gebrauchsbeschreibungen und im 'Deutschen Wörterbuch von Jacob und Wilhelm Grimm' (1854–1971) auch für das Mhd. aufschlußreiche historische 'Wortmonographien', in denen der Anspruch festgeschrieben ist, in der Wortgeschichte die Entwicklung des menschlichen Geistes aufzuspüren (berühmtestes Beispiel: Rudolf Hildebrand, *Geist*. Bd. IV/I,2, 1897, 2623–2741). Der Zusammenhang zwischen lexikologischer Reflexion einerseits, Detailforschung und praktischer Lexikographie andererseits war aber schon aus chronologischen Gründen lose; erst die jüngsten Wörterbücher (Schieb/Kramer/Mager 1970; Stackmann 1990) bemühen sich um Annäherung.

2. Lexikologie

„Der Inhalt eines Wortes muß in historischen Untersuchungen aus seinem belegten Anwendungsbereich abstrahiert werden. Das bedeutet, daß man letzterhand auf den einzelnen Beleg im Kontext angewiesen ist. Da aber dieser Beleg nur mit der Kenntnis eben dieses Inhalts interpretiert werden kann, stehen wir vor einem methodischen Dilemma, das alle semantischen Untersuchungen erschwert" (Rosengren 1968, 6).

Im Umgang mit diesem Dilemma differenzieren sich die verschiedenen Forschungsrichtungen aus; er legt auch unterschiedliche Erkenntnisrichtungen fest.

Man kann es

- ignorieren oder (mehr oder weniger explizit) als den Normalfall aller interpretierenden Wissenschaften auffassen (2.1. Interpretative Lexikologie),
- durch strikte Orientierung an den ausdrucksseitigen Einheiten begrenzen (2.2. Semasiologische Lexikologie),
- durch den Bezug auf Referenzobjekte kontrollieren (2.3. Onomasiologische Lexikologie),

- durch die Einbettung in innersprachliche semantische Beziehungsnetze (Wortfelder, 'wesenhafte Bedeutungsbeziehungen', Verwendungsrestriktionen) relativieren (2.4. Paradigmatische Lexikologie),
- durch die Beschränkung auf Übersetzungsäquivalente minimieren (2.5. Komparative Lexikologie).

Selten schlagen sich diese Verfahren und Fragerichtungen, die hier nur an ausgewählten Beispielen erläutert werden können (bibliographische Übersicht bei Freytag 1974, 186–188, und Wießner/Burger 1974, 190–205) unvermischt in den Untersuchungen nieder, zumeist sind sie mehr oder weniger ausdrücklich kombiniert.

2.1. Interpretative Lexikologie

Wortuntersuchungen, in denen versucht wird, die Bedeutung eines oder mehrerer Wörter intuitiv zu erfassen, setzen in größerer Zahl um die Jahrhundertwende ein (Kinzel 1886; Vollmer 1914). Sie sind häufig dadurch gekennzeichnet, daß sie vorgeben, über 'Begriffe' zu reden: den 'Hohen Mut' (Arnold 1930), 'Freude und Trûren' (Korn 1932), die 'Saelde' (Scharmann 1935), 'êre und triuwe' (Emmel 1936). Diese Begriffe stehen für charakteristische Vorstellungskomplexe der (höfischen) Literatur. Ziel der Untersuchungen, denen seit Korn das Stichwort 'Problemgeschichte' zugeordnet wird und die in Maurers 'Leid'-Buch (1951) ihren programmatischen Höhepunkt finden, ist es, diese Vorstellungskomplexe zu erhellen, sie für die Interpretation der Werke zu nutzen und über sie Zugang zu den prägenden geistigen Strömungen der Zeit zu gewinnen. Dem literatur- und geistesgeschichtlichen Interesse ist in der Regel das sprachgeschichtliche ebenso untergeordnet wie das sprachwissenschaftliche Analyse-Instrumentarium (bes. bei Korn 1932). Maurer führt z. B. zwar Bedeutungsverwandte und Synonyme an, gibt aber keine Rechenschaft über den Weg zu ihrer Ermittlung; gelegentlich scheint die interpretatorische Ergiebigkeit den Ausschlag zu geben (115–167: 'Das Leid im Parzival'). An dieser Stelle setzen Kritik und Besserungsversuche ein. Die Schüler Friedrich Maurers (z. B. Hermans 1953; Grosse 1952; Zutt 1956) bemühen sich um eine stärkere semasiologische Fundierung (Vollständigkeit der Wortbelege) und die systematische Einbeziehung von Synonymen aus Kontextbelegen. Werner Eroms (1970) und der von der Wortfeldtheorie (s. u. 2.4.) beeinflußte Willy Sanders (1965) liefern genaue Kontextanalysen der Belege, beachten benachbarte Wortfelder und 'Kontrastbegriffe', setzen sie aber von außen und gewinnen sie nicht aus Vorkommensanalysen zum untersuchten Text.

2.2. Semasiologische Lexikologie

Der Gefahr der Beliebigkeit des Zugriffes oder seiner Verfälschung durch vermeintliches Vorwissen kann vorgebeugt werden durch die strikte Beschränkung auf die Materialerhebung über das Wort als ausdrucksseitige Einheit. Seine Deutung aus dem Kontext bleibt dennoch stets ein interpretatorischer Akt. Es kann kontrolliert werden durch die Aufmerksamkeit auf definierende, definitionsähnliche oder abgrenzende Äußerungen in den Texten, auf die ausdrückliche Erwähnung von Gegen- (Antonymen) und Nachbarausdrücken (Heteronymen, Synonymen), auf bestimmte, möglichst stabil verwendete Attribuierungen (sofern sie sich auf inhärente Eigenschaften beziehen) und Kollokationen, auf Übersetzungsgleichungen. Mit ihrer Orientierung an der Ausdrucksseite der Sprachzeichen schlägt die semasiologische Lexikologie am leichtesten die Brücke zur Lexikographie (soweit diese nicht begriffsgeschichtlich ausgerichtet ist).

Semasiologische Arbeiten gehen in die Frühzeit sich verselbständigender lexikologischer Forschung zurück (Vogt 1908); sie laufen vielfach parallel zu den interpretativen Vorhaben der 'Problemgeschichte' (Schrader 1935; Armknecht 1936). Neuere Arbeiten (Ris 1971; Hagenlocher 1992; Grubmüller 1996) betonen stärker den eigenständigen Ansatz und beharren auf methodischer Abgrenzung.

2.3. Onomasiologische Lexikologie

Onomasiologie nimmt ihren Ausgang von den bezeichneten 'Objekten' und fragt nach den ihnen zugeordneten Bezeichnungen. Das bietet sich — trotz des recht schlichten zugrundeliegenden Zeichenmodells — ohne weiteres an bei Sachobjekten mit ihrer meist relativ eindeutigen Referenzstruktur; der Schwerpunkt dieser Forschungsrichtung liegt denn auch in der Dialektologie und der Wortgeographie, in denen anhand der regional meist sehr stark aufgefächerten Bezeichnungen für Alltagsgegenstände Wortlandschaften gezeichnet und auf Sprach- und Kulturlandschaften bezogen werden können. Schon dann aber, wenn der 'Gegenstand' nicht mehr aktuell verfügbar und die Bezieh-

ung nicht abfragbar ist, also in der Regel bei jeder historischen Fragestellung, muß auf den 'Begriff' zurückgegangen werden, und die vermeintliche, auf die 'Sache' gegründete Objektivität verliert ihre Stabilität. Erst recht gilt dies dann, wenn nach Vorstellungsinhalten, etwa Wertbegriffen, gefragt wird.

Für das Mhd. sind respektable Ergebnisse vor allem im Bereich der historischen Wortgeographie (z. B. Alanne 1950) und bei definierbarem Sachbezug (Masser 1966) erzielt worden. Das Forschungsprogramm 'Wörter und Sachen', nach der Jahrhundertwende propagiert (Meringer 1904; Schuchardt 1912), haben Ruth Schmidt-Wiegand (1981) und ihre Forschergruppe für die Lexikologie des Alt- und Mittelhochdeutschen v. a. im Bereich der Sachkultur und rechtlicher Sachverhalte fruchtbar zu machen versucht (z. B. von Olberg 1983; Hüpper-Dröge 1983; Obst 1983), ohne daß die methodischen Fragen eindeutig hätten geklärt werden können (vgl. auch Art. 37). Als ergänzende Perspektive wird die onomasiologische Fragestellung in den neueren semasiologischen Arbeiten (s. o. 2.2.) gelegentlich mit aller Vorsicht herangezogen.

2.4. Paradigmatische Lexikologie

Die Einsicht, daß Wörter in Zusammenhängen stehen und sich mit Sinnverwandten ihre Bezeichnungsaufgabe teilen, ist in der Germanistik am deutlichsten und wirkungsvollsten von Jost Trier (1931, vgl. aber schon Hermann Paul 1880) ausgesprochen worden. Triers 'Wortfeldtheorie', die den Bedeutungswandel 'strukturalistisch' aus der Heilung von Störungen in einem nahezu geschlossenen System abzuleiten versucht, ist zwar als Sprachentwicklungsmodell früh widersprochen worden (Scheidweiler 1941a, 1941b, 1942), in ihrer Nachfolge (vgl. Gipper/ Schwarz 1962ff.) und mehr noch in der Auseinandersetzung mit ihr ist jedoch eine große Zahl bedeutender lexikologischer Untersuchungen entstanden (z. B. Oksaar 1958; Hempel 1966; Seiffert 1968; Endres 1971; Burger 1972; Lötscher 1973). Dabei konstatieren einige Arbeiten (bes. Hempel und Endres) für das Mhd. eine noch recht diffuse Gliederung des Wortschatzes aufgrund des besonders weiten Bedeutungsumfangs und der vagen Ränder mhd. Lexeme, einige (Endres und Burger) sehen auch eine Entwicklung zu stärker konturierten Feldern im Laufe der Geschichte des Deutschen. Fruchtbar wird die 'Wortfeldtheorie' überall dort,

wo sie unter Verzicht auf dogmatischen Er-
klärungsanspruch die Untersuchung von Lexemen im paradigmatischen Zusammenhang
herausfordert (Burger: Zeit und Ewigkeit;
Lötscher: Schallwörter). Dadurch bietet sie
auch Anschlußstellen für strukturalistische
Fragestellungen (Oksaar 1958; Rosengren
1966; Seiffert 1968), die freilich zuletzt nicht
wieder aufgenommen worden sind.

2.5. Komparative Lexikologie

Auf seinem Weg zur Kultur- und Literatursprache hat das Deutsche vielfältige Hilfe seiner – zumeist ihm überlegenen – Nachbarn
in Anspruch genommen. Der Einfluß des
Lat., aber auch des Frz. und später des Ital.
auf den dt. Wortschatz ist vielfach untersucht
(ein Vorschlag zur Verzeichnung im Wörterbuch: Schlerath 1988). Zumeist handelt es
sich dabei eher um Sammlungen, die neben
der bloßen Dokumentation auf Datierungen,
Übernahmeverfahren und Übernahmewege
ausgerichtet sind (z. B. Palander-Suolahti,
Öhmann, Rosenqvist, Wis; zusammenfassend
Öhmann 1974). Eine eigene Systematik ist
nur anhand des Althochdeutschen für die
Übernahmen aus dem Lateinischen ausgearbeitet (Betz 1949; 1974) und dann vor allem
auch für die Untersuchung der mhd. geistlichen Übersetzungsliteratur fruchtbar gemacht worden (z. B. Gindele 1976; vgl. Steer
1970; 1971; 1973).

2.6. Fazit

Seit dem Vordringen der Generativen Grammatik hat sich die Forschungsdiskussion zur
Semantik durch stetige Erweiterung des Er-
klärungsrahmens in eine Richtung entwick-
kelt, die historischer Lexikologie nicht hilfreich ist. Sie wird sich der Aufgabe stellen
müssen, die theoretischen Erkenntnisse auf
ihre Gegenstände zurückzubeziehen, will sie
sich nicht mit pragmatischen Lösungen zu-
friedengeben.

3. Lexikographie

3.1. Gesamtdarstellungen
(Allgemeinwörterbücher)

Die Erfassung und Aufbereitung des mhd.
Wortschatzes folgt der Erschließung der
älteren dt. Literatur mit einiger Verspätung.
Bei den Lexikographen des 16. Jhs. spielt
mittelalterliches Sprachmaterial keine Rolle,
bei denen des 17. dient allenfalls der pauschale Hinweis auf ältere Sprachzustände als

Legitimationsmittel. Schottelius allerdings
veröffentlicht in seiner 'Ausführliche[n] Arbeit Von der Teutschen Haubt-Sprache'
(1663) ein Verzeichnis 'altdeutscher' Eigennamen (1029–1098: 'De Nominibus Propriis
Veterum Teutonicorum seu Celticorum Po-
pulorum'), das ihm für die Erschließung der
alten Stammwörter eine Hilfe sein soll. Den
Weg zum selbständigen Wörterbuch ebnet als
erster der Jurist Johannes Schilter († 1705),
der seinem postum veröffentlichten 'Thesaurus antiquitatum' (1727/1728) als dritten
Band ein Glossar beigibt. Sein Fachkollege
Johann Georg Scherz (1672–1754) folgt ihm
mit dem ersten selbständigen 'Glossarium
Germanicum medii aevi' (veröffentlicht in er-
gänzender Überarbeitung durch Jakob Jeremias Oberlin, 1781–1784); in der Zwischenzeit (1758) hatte auch Christian Gottlob Haltaus sein 'Glossarium Germanicum medii
aevi' publiziert. Diese Werke waren, das zeigt
schon die Profession der Bearbeiter an, in erster Linie als Hilfsmittel zum Verständnis
adt. Urkunden und Texte gedacht; das gilt
auch für die Glossare, die die Editoren des
18. Jhs. ihren Ausgaben anfügten (z. B. Johann Jacob Bodmer, Fabeln aus den Zeiten
der Minnesinger. Zürich 1757, Glossarium:
272–338; ders., Chriemhildens Rache, und
die Klage [...]. Darzu kommt ein Glossarium.
Zürich 1757).

Den neuen kritischen Maßstäben, die die
Begründer der 'Deutschen Philologie' im frühen 19. Jh. auch für die Beschäftigung mit
der dt. Literatur einforderten (vgl. Neumann
1986), genügten diese 'Glossare' nicht: „Was
Schilter, Scherz, Haltaus, und Oberlin geleistet haben, ist dankenswerth, konnte aber
nicht anders als mangelhaft seyn." Georg
Friedrich Benecke (Wigalois, der Ritter mit
dem Rade, getihtet von Wirnt von Graven-
berch. Berlin 1819, p. L) begründet dieses Urteil zunächst mit dem Fehlen von „zuverlässigen, oder durch Vergleichung guter Handschriften berichtigten Abdrücke unserer alten
Schriftsteller", ohne die „an ein allgemeines
Wörterbuch unserer alten Sprache nicht wohl
zu denken" sei (ebd.). Er bindet deshalb seine
ersten lexikographischen Versuche an seine
eigenen kritischen Ausgaben (Der Edelstein,
getihtet von Bonerius. Berlin 1816, 371–
488; Anmerkungen und Wörterbuch zum Wigalois. Berlin 1819), beschränkt ihre Aufgabe
aber nicht darauf, „nur dieses Gedicht vollkommen [...] verstehen" zu helfen (Wigalois,
p. L), sondern will den Leser in die Lage versetzen, „sich zugleich einen Vorrath an

Sprachkenntnissen zu erwerben, um andere Werke dieser Zeit mit einer gewissen Sicherheit und Leichtigkeit zu lesen" (ebd.). Er ergänzt den Wortschatz der edierten Werke deshalb „durch Beyspiele aus anderen Dichtern" (ebd.), da „die Bedeutung eines Wortes einzig und allein aus dem Sprachgebrauche abgeleitet werden kann, und dieser sich aus einem einzigen Buche nicht immer in voller Klarheit erkennen läßt" (ebd.). Neben das Kriterium der philologischen Korrektheit stellt Benecke damit auch ein linguistisch-methodisches Postulat, und er ergänzt es — in kritischer Wendung gegen seine Vorgänger — um ein historisches: die Beachtung des Bedeutungswandels. Wörterbücher, „in denen fast jedes alte Wort nur in das gleichlautende neue umgeschrieben wird, können nur dazu dienen, die stumpfsinnige Oberflächlichkeit, von der sie ausgegangen sind, immer weiter zu verbreiten" (p. L).

Mit seinen Werkwörterbüchern und den in ihnen entwickelten Prinzipien bereitet Georg Friedrich Benecke (1762−1844) der wissenschaftlichen Beschreibung und lexikographischen Erfassung des Mhd. den Weg. Er schreitet konsequent auf ihm voran. Mit dem 'Wörterbuch zu Hartmanns Iwein' (Göttingen 1833) gelingt ihm das bis heute gültige „Muster eines mittelhochdeutschen Spezialwörterbuchs" (Stackmann 1991, 20); mit seinem Plädoyer 'Über ein mittelhochdeutsches wörterbuch' (1841) ergreift er bereits in der ersten Nummer der neuen Fachzeitschrift (ZdA 1) die Initiative für ein umfassendes Wörterbuch des Mhd., und dessen Inhalt und Anlage prägt er durch seine Sammlungen und seine Vorgaben.

Der Plan, den Benecke für das 'Mittelhochdeutsche Wörterbuch' entwirft, beschränkt sich auf einige wenige Punkte: Anordnung, Gegenstandsbereich, Erklärungsrichtung.

– Die leichte Orientierung sei nur durch eine „alphabetische anordnung" (40) zu erreichen; allerdings dürfe dies nicht „eine strenge alphabetische[ ] ordnung" der „einzelnen wörter" sein, die Zusammengehöriges, bes. Ableitungen und Komposita, auseinanderreiße; eine solche „mechanische anordnung" sei „durchaus verwerflich" und „eine schmach unserer klaren durchsichtigen sprache". Alphabetisch anzuordnen seien vielmehr die Wortstämme, und ihnen müßten „die ableitungen so wie zusammensetzungen u. s. w. untergeordnet werden" (40).
– Zu verzeichnen seien auch Lehn- und Fremdwörter sowie Eigennamen.

– Hauptaufgabe des Wörterbuches sei, „wie sich von selbst versteht, klar und deutlich anzugeben, was jedes wort bedeutet, die verschiedenen bedeutungen gehörig zu sondern und die ergebnisse genauer und scharfsinniger untersuchung durch beispiele aus mittelhochdeutschen schriften zu belegen" (41). Auf Abweichungen von der nhd. Bedeutung müsse ausdrücklich hingewiesen werden.

Die beiden Beispielartikel ('ich lise', 'âventiure'), die Benecke seinem Plädoyer beigibt, verdeutlichen zusätzlich:

Oberste Gliederungsebene sind die „gehörig" gesonderten Bedeutungen; ihnen untergeordnet sind Fügungsweisen nach syntaktischen Kategorien beschrieben; morphologische Anmerkungen können überall eingefügt werden; eher nebenbei ist auf Phraseologisches hingewiesen und sind literaturhistorische (Autorzuweisungen) oder kulturgeschichtliche (z. B. zur Verbreitung des Lesens) Anmerkungen eingestreut.

Realisiert wurde Beneckes Wörterbuchplan erst nach seinem Tod. Wilhelm Müller hat ihn (ein Stück weit zusammen mit Friedrich Zarncke) in Beneckes Sinn (die beiden Probeartikel sind nahezu unverändert übernommen) und mit Hilfe seiner Sammlungen in die Tat umgesetzt. Das gegenwärtig immer noch maßgebliche Mittelhochdeutsche Wörterbuch (BMZ) ist also Ergebnis des „ersten versuch[es]" (Benecke 1841, 39), überhaupt reflektierte Kriterien für eine wissenschaftliche Lexikographie des Mhd. zu schaffen. Seine Stärke liegt im „untrügliche[n] Blick für Bedeutungsnuancen" (Stackmann 1991, 20) und in der Treffsicherheit der syntaktischen Beobachtungen. Seine Schwäche hat unmittelbar mit der beschränkten Materialbasis zu tun, die Benecke und seinen Nachfolgern zur Verfügung stand: zum überwiegenden Teil poetische Texte der sog. höfischen Klassik. Das forderte weder zur konzeptionellen Berücksichtigung zeitlicher Veränderungen im Laufe des Mhd. heraus noch zur systematischen Indizierung unterschiedlicher Sprachschichten oder Textsorten.

Bereits im Vorwort zum ersten Band des 'Mittelhochdeutschen Wörterbuches' (BMZ) vermutet Wilhelm Müller, daß „manche die alphabetische ordnung aller einzelnen wörter vorziehen und die in diesem wörterbuche befolgte unbequem finden" werden (p. X). Das war in der Tat der Fall, und bereits ein Jahr nach Erscheinen des letzten Bandes (II,2) versuchte der Verleger Salomon Hirzel daraus Profit zu schlagen; er gewann Matthias Lexer für „die ausarbeitung eines mittelhochdeutschen handwörterbuches […], das zugleich ein alphabetischer index und ein supplement zum großen mittelhochdeutschen wörterbuche von Benecke−Müller−Zarncke sein sollte" (Lexer 1872, p. V). Lexer packt diese Aufgabe sehr umfassend an. Gegenüber der Umordnung des Materials ins Alphabet tritt sehr schnell seine Vervollständigung in den Vordergrund. Er stellt sich „die ideale aufgabe, die mittelhochdeutsche sprache in ihrer ganzen entfaltung zur anschauung zu bringen und eine, soweit dies überhaupt möglich ist, absolute vollständigkeit des sprachschatzes zu erstreben" (ebd., VI sq.). Lexer ist auf diesem Wege weit fortgeschritten. Er hat die Zahl der Lemmata auf etwa das Doppelte vermehrt, hat vor allem die Konzentration auf den Wortschatz der poetischen Denkmäler der höfischen Klassik durchbrochen, Urkunden-, Rechts- und historiographische Texte in großer Zahl ausgewertet und die Literatur des Spätmittelalters zur Geltung gebracht. In der Anlage der Artikel ging er über BMZ nicht hinaus; die Ordnung der Materialien wird in aller Regel durch einen Verweis auf BMZ als Bezugswerk ersetzt oder zumindest analog zu diesem vorgenommen. Das dort gesammelte Material wird von Lexer nicht wiederholt; den Zusammenhang sichern Verweise und die Siglen der dort zitierten Werke. Die beiden Wörterbücher sind also eng miteinander verzahnt und nur gemeinsam zu benützen (Wolf 1993).

Der Stand, den die Erschließung des mhd. Wortschatzes in ‘Gesamtwörterbüchern’ mit den Pionieren Benecke, Müller, Zarncke und Lexer erreicht hat, ist der heute noch gültige. Es gibt Hilfsmittel für die Identifizierung der Belege (Nellmann 1997) und zur Ergänzung der Wörterbücher mit Hilfe von Ausgabenglossaren (Gärtner [u. a.] 1992), es gibt auf der Basis des ‘Lexer’ ein ‘Rückläufiges Wörterbuch’ (Bachofer/von Hahn/Möhn 1984) und einen Neuhochdeutschen Index (Koller/ Wegstein/Wolf 1990), es gibt differenzierte Darstellungen auf Teilgebieten (s. u. 2.4, 2.5), aber eine gegenwärtigen Ansprüchen genügende zusammenfassende Darstellung in einem umfassenden Mittelhochdeutschen Wörterbuch ist ein Desiderat, dessen Erfüllung soeben erst in Angriff genommen ist.

3.2. Studienwörterbücher

Noch vor der Veröffentlichung von Beneckes Wörterbuchplan und sechzehn Jahre vor dem Publikationsbeginn des fertigen Werkes erkennt Adolf Ziemann (1838) „ein möglichst allgemeines glossar zu den bis jetzt bekannt gewordenen mittelhôchdeutschen schriftdenkmälern" als ein „dringendes zeitbedürfnis" (p. VII). Er will, im klaren Bewußtsein, daß die Zeit „zu einem allgemeinen sprachschatze der mittelhôchdeutschen periôde […] noch nicht erfüllt" (ebd.) sei, aber auch mit deutlicher Kritik an den zögernden Koryphäen des Faches, ein „hilfsmittel" bereitstellen, das die „êdelsten köpfe, denen zum studium des altdeutschen weder lust noch zeit fåłt" (ebd.), zum Verständnis der Texte anleitet. Ziemann hat für seinen Mut wenig Anerkennung erfahren. Seine Zeitgenossen werfen ihm Voreiligkeit, Oberflächlichkeit und Unzuverlässigkeit vor (Pretzel 1944, 59). Immerhin hat er seinen Bedeutungsangaben, wenn auch unsystematisch und sehr zufällig, etymologische, lautgeschichtliche und sachkundliche Mitteilungen beigegeben und auf semantische Beziehungen hingewiesen. Vor allem aber nennt er Belegstellen zu seinen Ansätzen; das ist mehr als das, was spätere Taschenwörterbücher als Hilfen bieten.

Mit Ziemanns ‘Wörterbuch zum Handgebrauch’ konkurrieren die Werke von Wilhelm Wackernagel (1861a und 1861b) und Oskar Schade (1866 und 1872/82), beide noch vor oder jedenfalls gleichzeitig mit dem Abschluß des BMZ erschienen, beide das Ahd. und Mhd. gemeinsam behandelnd: bei Schade unter ahd. Lemmata, bei Wackernagel unter mhd. Wackernagels und Schades Interesse richtet sich − neben der Bedeutungsbestimmung − vor allem auf etymologische Fragen; Wackernagel geht gelegentlich auch auf syntaktische Erscheinungen ein. Stellenangaben fehlen bei beiden.

Allen vorausliegenden Studienwörterbüchern hat Matthias Lexers ‘Mittelhochdeutsches Taschenwörterbuch’ (1879) den Rang abgelaufen, ein Bucherfolg bis in unsere Tage und ein schwer zu begreifender. Der ‘Taschen-Lexer’ ist − als Auszug aus Lexers Handwörterbuch − in seiner Konzeption sehr anspruchslos und damit als Hilfsmittel von geringer Kraft. Er beschränkt sich auf Wortartbestimmung und eine uninterpretierte Serie von Bedeutungsangaben; es fehlt die Indizierung der (syntaktischen, zeitlichen, textsortenspezifischen) Bedingungen für die jeweils mögliche Bedeutungsaktualisierung. Für Studierende und Gelegenheitsbenutzer ist der ‘Taschen-Lexer’ ein ungeeignetes Hilfsmittel. Sinnvoll benützbar ist er nur als Hinführung zum ‘Handwörterbuch’ und über dieses zum BMZ und im Zusammenhang mit diesen.

Schon Lexer hat unglücklicherweise damit begonnen, die rasch aufeinander folgenden Auflagen des 'Taschenwörterbuches' zur Vervollständigung und Aktualisierung seines 'Handwörterbuches' zu benutzen. Korrekturen und Nachträge „aus den inzwischen neueröffneten quellen" sollen es zum „supplement und korrektiv" des Handwörterbuches werden lassen (Vorwort zur 3. Aufl. 1885, p. XV). Für diese Aufgabe ist das Taschenwörterbuch völlig ungeeignet, weil seine Artikelstruktur solche Nachträge allenfalls in der Form zusätzlicher Lemmata oder veränderter Bedeutungsbeschreibungen erscheinen läßt, deren Herkunft oder Begründung unbezeichnet bleiben. Der Benützer kann sie weder überprüfen noch in Zusammenhänge einordnen.

Seit der von Erich Henschel und Richard Kienast bearbeiteten 19. Auflage (1930) wurde dem 'Taschen-Lexer' die Aufgabe, Neufunde zum mhd. Wortschatz zu speichern, in immer stärkerem Maße aufgebürdet. In der 20. (1932), 22. (1940) und 26. (1949) Auflage wurden jeweils Ergänzungen in das Alphabet eingefügt, die 29. Auflage (1959) erhielt zusätzlich einen Nachtrag, in der 34. (1974) wurde er auf mehr als den doppelten Umfang erweitert. Der Übersichtlichkeit des Werkes ist das abträglich; die unzulängliche lexikographische Konzeption wird dadurch nicht korrigiert; sie verhindert es, daß der Zuwachs an Wissen adäquat verarbeitet und präsentiert wird.

Die Erneuerung des 'Taschen-Lexer' durch Beate Hennig (begonnen 1993, fortgesetzt 1995) setzt bei der Materialbasis an. Sie legt ein Corpus von Texten zugrunde, „die in einem Zeitraum von 10 Semestern an allen deutschsprachigen Universitäten (mindestens fünfmal, K. G.) Gegenstand von Vorlesungen und Seminaren waren" (1995, p. VII). Damit soll erreicht werden, daß das Wörterbuch einen „gattungs- und epochenübergreifenden Wortschatz" (ebd.) repräsentiert. Die Beschreibungssprache ist aktualisiert; innerhalb enger Grenzen sind Angaben zu den syntaktischen Fügungsmöglichkeiten eingefügt. Beibehalten ist die Zielsetzung: Das 'Kleine Mittelhochdeutsche Wörterbuch' will ein „Bedeutungswörterbuch für alle sein, die mittelhochdeutsche Texte lesen und verstehen wollen" (ebd.). Es wird schwierig sein, dieses Ziel zu erreichen. Denn das rudimentäre lexikographische Konzept des 'Taschen-Lexer' ist beibehalten: die Bedeutungsangaben sind unerklärt und uninterpretierbar aufgereiht;

Indices zu den (syntaktischen, zeitlichen, textsortenspezifischen) Aktualisierungsbedingungen fehlen (einige Vorschläge dazu bei Yeandle 1988), Kontexte sind ohne Belegzitate nicht erkennbar und können ohne die Stellenangaben auch nicht rekonstruiert werden.

Es ist wohl ein Irrweg, ein brauchbares Studienwörterbuch in der Tradition des Taschen-Lexer erarbeiten zu wollen. Mehr Erfolg verspräche der Ausbau des auf die Darstellung von Kontextzusammenhängen ausgerichteten 'Kleinen Benecke' (Leitzmann 1934).

3.3. Regionalwörterbücher

Der vorzüglich ausgebauten dt. Dialektlexikographie, die von Johann Andreas Schmellers 'Bayerischem Wörterbuch' (1827−1837) an in ihren besten Exemplaren stets auch die älteren Sprachstufen berücksichtigt, entspricht leider keine gleichermaßen qualitätvolle Aufarbeitung der Regionalwortschätze in mhd. Zeit. Ausdrücklich stellt sich allein Franz Jelinek (1911) diese Aufgabe. Ihm geht es im Kern um ein Wörterbuch für die Kanzleisprache der böhmischen Luxemburger im 14. Jh. Er gründet es auf die Iglauer Berg- und Stadtrechte, die Wenzelsbibel, einige weitere Geschäfts- und Rechtsquellen des 14. Jhs. und fügt nach Böhmen lokalisierte literarische Denkmäler aus dem 13.−16. Jh. (z. B. 'Herzog Ernst D', die Werke Ulrichs von Etzenbach und Heinrichs von Freiberg, 'Ackermann von Böhmen') hinzu. Der Anlage nach handelt es sich um ein ausführliches Wörterverzeichnis mit sehr knappen Bedeutungsangaben, gelegentlichen rechtsgeschichtlichen Erläuterungen und Belegbeispielen. Lemmazugewinn gegenüber BMZ und Lexer ist markiert.

Aus Ergänzungen und Nachträgen zu den mhd. Wörterbüchern sind die Sammlungen von Klaus Matzel, Jörg Riecke, Gerhard Zipp (1989) hervorgegangen. In ihnen ist Wortschatz aus vornehmlich Regensburger Geschäfts-, Rechts- und Urkundenschrifttum des 14. und 15. Jhs. verzeichnet, durch Belege illustriert und nach Bedeutung, Herkunft und Verbreitung, gegebenenfalls auch Wortbildung, Sachzusammenhang und Etymologie erläutert. Ergänzungen zu Lexer sind markiert.

Für die wmd. Epen um 1200 liegt ein vorzüglicher Wortindex vor (Klein/Bumke 1997), der, wenngleich primär grammatisch orientiert (Bestimmung sämtlicher Wortformen) und ohne Bedeutungsangaben, als Wegweiser zum Wortschatz der hess.-thür. Literatursprache dienen kann.

3.4. Text- und Autorenwörterbücher

Die Ergänzung von Textausgaben durch Glossare, die dem Verständnis des Textes aufhelfen sollen, ist früh üblich gewesen (z. B. Bodmer 1757 zu den 'Fabeln aus den Zeiten der Minnesinger' und zum 'Nibelungenlied'; Benecke 1816 zu Boner, 1819 zum 'Wigalois', s. o. 3.1.) und weithin üblich geblieben (Beispiele bei Pretzel 1944, 62—64). Manche Editionsreihen, besonders die 'Deutschen Texte des Mittelalters' (DTM), haben sie zur verbindlichen Regel gemacht. Gelegentlich bestehen diese Glossare auch nur aus der Verzeichnung und Erläuterung der nicht in den Wörterbüchern enthaltenen Vokabeln.

Seit die Möglichkeiten der elektronischen Datenverarbeitung genutzt werden können (manuell erstellte Vorläufer: Senn/Lehmann 1938 zum 'Parzival'; Heffner/Lehmann 1940 zu Walther von der Vogelweide u. a.) ist eine große Zahl mhd. Texte (Übersicht in Art. 39) durch Indices und Konkordanzen von sehr unterschiedlicher Qualität (zu Typen und Kriterien: Art. 39) erschlossen worden. Die wenigsten von ihnen sind mehr als Suchhilfen. Lemmatisierung, grammatische Bestimmung und Wortformenverzeichnis, dazu die Verzeichnung fester Verbindungen und Kollokationen, bestimmen den gegenwärtig wünschbaren Standard (Beispiel: Sappler 1974; auch Bumke/Klein 1997, s. o. 3.3.). Für die Lexikographie sind sie willkommene Hilfsmittel, ersetzen können sie das interpretierende Wörterbuch nicht.

Für die Ausarbeitung förmlicher Textwörterbücher (und Wörterbücher zu Autor-Œuvres) hat Benecke mit seinem Iwein-Wörterbuch (1833) das nicht immer erreichte Maß gesetzt: Scheidung von Bedeutung und Differenzierung im Kontext, Korrelation von syntaktischen und semantischen Verwendungsbedingungen, wortartspezifische Erläuterungsschwerpunkte, Akzentuierung textspezifischer Kennwörter (Beispiel: *êre*). Wörterbücher, die dem damit gesetzten Maß an Genauigkeit und Differenzierung nahe kommen, gibt es zum 'St. Trudperter Hohen Lied' (Sauer-Geppert 1972), zu Reinmar (Bulst 1934), Neidhart (Wießner 1954), zum 'Nibelungenlied' (Lübben 1865; Bartsch 1880), zu Heinrich Wittenwilers 'Ring' (Wießner 1970). (Weiteres bei Kühn 1978, 231—237.)

Mit zwei neueren Text- und Corpuswörterbüchern hat die Lexikographie des Mhd. an auch sprach- und literaturgeschichtlich bedeutenden Wendepunkten die entschiedensten Fortschritte gemacht: mit den Wörterbüchern zur 'Eneide' Heinrichs von Veldeke (Schieb/Kramer/Mager 1970) und zur Lyrik Heinrichs von Meißen (Frauenlobs) nach der 'Göttinger Ausgabe' (Stackmann 1990).

Heinrich von Veldeke gilt im Bewußtsein seiner Zeitgenossen als der Begründer einer neuen Literatursprache. Mit der lexikographischen Aufbereitung der Sprache seines Hauptwerkes werden deren Fundamente erschlossen. Die Qualität des Wörterbuches liegt in seinen differenzierten, kontextsensitiven Bedeutungsangaben, auch der Erklärung von Einzelstellen, und in der Beachtung der Vernetzungen im Bedeutungsgefüge (Verzeichnung der Synonyme im jeweiligen Wortartikel und zusammenfassend, 830—867).

Frauenlobs nur schwer abgrenzbares Werk gilt als das Musterbeispiel für die manierierte Lyrik des 'geblümten Stils'. Das Wörterbuch muß es als eine seiner Aufgaben begreifen, die dunkle, gesuchte, auch mit schwer verständlichen Versatzstücken aus der zeitgenössischen Wissenschaft arbeitende Sprache aufzuhellen. Es schließt damit den idealtypischen Zweck eines Autorenwörterbuches ein, nämlich: autorspezifischen Sprachgebrauch zu erklären, ohne daß dieser freilich bei den gegebenen Überlieferungsbedingungen und beim gegenwärtigen Forschungsstand im Einzelfall vom gattungs- oder schulspezifischen abgegrenzt werden könnte. Diese Schwierigkeit und Stackmanns konsequent durchgehaltene Strategie bei Bedeutungsangaben (Kontextbedeutungen sind nicht lexikalische Bedeutungen) haben zu einer methodisch aufschlußreichen Forschungskontroverse geführt (Reichmann 1996; Stackmann 1996).

3.5. Spezialwörterbücher (Sonder- und Fachsprachen)

Leider nur mäßig ausgeprägt ist die lexikographische Erschließung von Fachwortschätzen der mhd. Zeit. Die rege Forschung etwa zur medizinischen oder naturkundlichen Fachliteratur hat noch nicht zu lexikographischer Fixierung geführt. Nur die Rechtssprache, soweit sie sich als Urkundensprache darstellt, und die Sprache der Jagd sind oder werden in Wörterbüchern erschlossen.

Das 'Wörterbuch der mittelhochdeutschen Urkundensprache' (WMU), seit 1994 erscheinend, stellt den Wortschatz des 'Corpus der

altdeutschen Originalurkunden bis zum Jahr
1300' (1932f.), also nur des ersten Jahrhunderts der dt. Urkundenüberlieferung, dar. Es
erfaßt diesen Wortschatz allerdings vollständig und nicht etwa nur in seinen urkunden-
spezifischen Aspekten, nähert sich damit also
einem Allgemeinwörterbuch für das 13. Jh.
an. Den Vorzug der Urkundenüberlieferung,
die gewöhnlich genaue Datierung und Lokalisierung der Belege, nützt das WMU vor
allem für eine ausgefeilte Darstellung der graphematischen und morphologischen Befunde.

David Dalbys 'Lexicon of the Mediaeval
German Hunt' (1965) stützt sich sowohl auf
deutschsprachige literarische Texte (1050–
1500) wie auf mittelalterliche Jagdtraktate;
lat., dt. und engl. Werke werden zur Erklärung herangezogen. Der Umkreis des zu erfassenden Wortschatzes ist vorweg nach allgemeinen Vorstellungen definitorisch festgelegt. Seine Verdienste hat dieses Wörterbuch
vor allem in der Dokumentation der engen,
besonders in der Metaphorik zur Wirkung
kommenden Beziehungen zwischen der Fachsprache der Jagd und der mittelalterlichen Literatursprache.

3.6. Fazit

In der Lexikographie des Mhd. dominieren
die praktischen Zwecke. Die Wörterbücher
sind in erster Linie philologisch ausgerichtete
Nachschlagewerke, die helfen sollen, Texte zu
verstehen. Als Forschungsinstrumente für
sprachwissenschaftliche Zwecke sind sie hilfreich, aber sie sind in der Regel nicht danach
eingerichtet. In anderer als in alphabetischer
Ordnung liegen mhd. Wörterbücher bisher
nicht vor. Schon Beneckes Versuch, das Alphabet mit morphologischen oder wortgeschichtlichen ('etymologischen') Prinzipien
zu kombinieren, traf auf heftige Kritik: „ein
so willkommnes, verdienstvolles werk [...]
kann in dieser hinsicht verfehlt heißen" (Jacob Grimm, DWB 1, XI sq.). Für willkommene Projekte wie die eines 'Wortfamilien-
wörterbuches' (Hundsnurscher 1988) oder
gar eines 'Begriffswörterbuches' (Schmidt
1988 u. ö.; unzulängliches Beispiel: Schmidt
1980) sind die sachlichen und methodischen
Voraussetzungen noch nicht gegeben; sie
dürften noch weit von ihrer Realisierung entfernt sein. Es wäre schon viel gewonnen,
wenn wenigstens Hermann Pauls mehr als
hundert Jahre alte Forderungen (s. o. 1.) aufgegriffen und – so weit die Umstände es erlauben – fruchtbar gemacht würden: daß das

Wörterbuch, wenn es „ein Werk von selbstän-
digem wissenschaftlichem Wert" sein wolle,
ein „systematische[s] Werk" sein müsse (91).

4. Literatur (in Auswahl)

Alanne, Eero, Die deutsche Weinbauterminologie
in alt- und mittelhochdeutscher Zeit. Helsinki
1950.

Armknecht, Werner, Geschichte des Wortes 'süß'.
Tl. 1. Bis zum Ausgang des Mittelalters. Berlin
1936. (GS 171).

Arnold, August, Studien über den Hohen Mut.
Leipzig 1930. (Von deutscher Poeterey 9).

Bachofer, Wolfgang, Geschichte und Aufgabe der
mittelhochdeutschen Lexikographie. In: Gedenk-
reden auf Ulrich Pretzel (1898–1981). Hamburg
1982, 25–38. (Hamburger Universitätsreden 37).

Ders. (Hrsg.), Mittelhochdeutsches Wörterbuch in
der Diskussion. Tübingen 1988. (RGL 84).

Ders./Walther von Hahn/Dieter Möhn, Rückläufiges Wörterbuch der Mittelhochdeutschen Sprache.
Stuttgart 1984.

Bartsch, Karl, Der Nibelunge Nôt. 2. Tl., 2. H.:
Wörterbuch. Leipzig 1880.

Benecke, Georg Friedrich, Wörterbuch zu Hartmanns Iwein. Göttingen 1833. 3. Ausg. besorgt von
Conrad Borchling. Leipzig 1901.

Ders., Über ein Mittelhochdeutsches Wörterbuch.
In: ZdA 1, 1841, 39–56.

Betz, Werner, Deutsch und Lateinisch. Die Lehnbildungen der althochdeutschen Benediktinerregel.
Bonn 1949.

Ders., Lehnwörter und Lehnprägungen im Vor-
und Frühdeutschen. In: Deutsche Wortgeschichte
1974, Bd. 1, 135–163.

[BMZ =] Mittelhochdeutsches Wörterbuch. Mit
Benutzung des Nachlasses von Georg Friedrich Be-
necke ausgearb. v. Wilhelm Müller und Friedrich
Zarncke. Leipzig 1854–1866.

Bulst, Walther, Wörterbuch zu den Liedern Rein-
mars des Alten. Göttingen/Reinhausen 1934.

Burger, Harald, Zeit und Ewigkeit. Studien zum
Wortschatz der geistlichen Texte des Alt- und
Frühmittelhochdeutschen. Berlin/New York 1972.
(SLG 6).

Dalby, David, Lexicon of the Mediaeval German
Hunt. A Lexicon of Middle High German terms
(1050–1500) associated with the Chase, Hunting
with Bows, Falconry, Trapping and Fowling. Berlin 1965.

Deutsche Wortgeschichte. Hrsg. v. Friedrich Mau-
rer/Heinz Rupp. 3 Bde. Dritte, neubearb. Aufl.
Berlin/New York 1974. (Grundr. 17).

Emmel, Hildegard, Das Verhältnis von êre und triuwe im Nibelungenlied und bei Hartmann und
Wolfram. Frankfurt/M. 1936.

Endres, Marion, Word Field and Word Content in Middle High German. The Applicability of Word Field Theory to the Intellectual Vocabulary in Gottfried von Straßburg's 'Tristan'. Göppingen 1971.

Eroms, Werner, *Vreude* bei Hartmann von Aue. München 1970 (Med. Aev. 20).

Freytag, Hartmut, Frühmittelhochdeutsch (1065– 1170). In: Deutsche Wortgeschichte 1974, Bd. 1, 165–188.

Gärtner, Kurt [u. a.], Findebuch zum mittelhochdeutschen Wortschatz. Mit einem rückläufigen Index. Stuttgart 1992.

Gindele, Hubert, Lateinische Scholastik und deutsche Sprache. Wortgeschichtliche Untersuchungen zur mittelhochdeutschen Thomas-Übertragung (Hs. HB III 32, Landesbibliothek Stuttgart). München 1976.

Gipper, Helmut/Hans Schwarz, Bibliographisches Handbuch zur Sprachinhaltsforschung. Köln/Opladen 1962–1989.

Grosse, Siegfried, Der Gedanke des Erbarmens in den deutschen Dichtungen des 12. und beginnenden 13. Jahrhunderts. Diss. (masch.) Freiburg/Br. 1952.

Grubmüller, Klaus, 'Fride' in der deutschen Literatur des Mittelalters. Eine Skizze. In: Träger und Instrumentarien des Friedens im hohen und späten Mittelalter. Hrsg. v. Johannes Fried. Sigmaringen 1996, 17–35. (Vorträge und Forschungen 43).

Hagenlocher, Albrecht, Der *guote vride*. Idealer Friede in deutscher Literatur bis ins frühe 14. Jahrhundert. Berlin/New York 1992. (HW 2).

Haltaus, Christian Gottlob, Glossarium Germanicum Medii Aevi. Leipzig 1758.

Heffner, Roe-Merill S./Winfried P. Lehmann, A Word-Index to the Poems of Walther von der Vogelweide. (1940). 2. Aufl. Madison 1950.

Hempel, Heinrich, Der *zwivel* bei Wolfram und anderweit. In: Ders., Kleine Schriften. Heidelberg 1966, 277–298.

Henne, Helmut, Hermann Pauls Theorie und Praxis der Bedeutungserklärung. Ein Werkstattbericht. In: Theorie und Praxis des lexikographischen Prozesses bei historischen Wörterbüchern. Hrsg. v. Herbert Ernst Wiegand. Tübingen 1987, 191–203. (LSM 23).

Hennig, Beate, Kleines Mittelhochdeutsches Wörterbuch. In Zusammenarbeit mit Christa Hepfer und unter redaktioneller Mitwirkung von Wolfgang Bachofer. 2., ergänzend bearb. Aufl. Tübingen 1995.

Hermans, Gertrud, List. Studien zur Bedeutungs- und Problemgeschichte. Diss. (masch.) Freiburg/Br. 1953.

Hüpper-Dröge, Dagmar, Schild und Speer. Waffen und ihre Bezeichnungen im frühen Mittelalter. Frankfurt/M. 1983. (Germanistische Arbeiten zur Sprach- und Kulturgeschichte 3).

Hundsnurscher, Franz, Stufen der Lexikographie des Mittelhochdeutschen. Zum Verhältnis Wortfamilienwörterbuch – Alphabetisches Wörterbuch. In: Bachofer 1988, 81–93.

Jelinek, Franz, Mittelhochdeutsches Wörterbuch zu den deutschen Sprachdenkmälern Böhmens und der mährischen Städte Brünn, Iglau und Olmütz (XIII. bis XVI. Jahrhundert). Heidelberg 1911.

Kinzel, Karl, Der Begriff der 'kiusche' bei Wolfram von Eschenbach. In: ZfdPh 18, 1886, 447–458.

Klein, Thomas/Joachim Bumke, unter Mitarbeit von Barbara Kronsforth und Angela Mielke-Vandenhouten, Wortindex zu hessisch-thüringischen Epen um 1200. Tübingen 1997. (IdL 31).

Koller, Erwin/Werner Wegstein/Norbert Richard Wolf, Neuhochdeutscher Index zum mittelhochdeutschen Wortschatz. Stuttgart 1990.

Korn, Karl, Studien über 'Freude und Trûren' bei mittelhochdeutschen Dichtern. Beiträge zu einer Problemgeschichte. Leipzig 1932. (Von deutscher Poeterey 12).

Kühn, Peter, Deutsche Wörterbücher. Eine systematische Bibliographie. Tübingen 1978. (RGL 15).

Leitzmann, Albert, Der Kleine Benecke. Lexikalische Lesestücke aus Georg Friedrich Beneckes mhd. Spezialwörterbüchern. Halle/S. 1934.

Lemmer, Manfred, Deutscher Wortschatz. Bibliographie zur deutschen Lexikologie. 2. Aufl. Halle/S. 1968.

Lexer, Matthias, Mittelhochdeutsches Handwörterbuch. Zugleich als Supplement und alphabetischer Index zum Mittelhochdeutschen Wörterbuche von Benecke–Müller–Zarncke. Leipzig 1872–1878.

Ders., Mittelhochdeutsches Taschenwörterbuch. Leipzig 1879.

Matthias Lexers Mittelhochdeutsches Taschenwörterbuch. 19. Aufl. [bearb. v. Erich Henschel und Richard Kienast]. Leipzig 1930.

Matthias Lexers Mittelhochdeutsches Taschenwörterbuch. 34. Aufl. (mit neubearb. und erw. Nachträgen). Stuttgart 1974.

Lötscher, Andreas, Semantische Strukturen im Bereich der alt- und mittelhochdeutschen Schallwörter. Berlin/New York 1973. (QFSK, NF. 53).

Lübben, August, Wörterbuch zu der Nibelunge Not (Liet). (1854). 2., verm. und verb. Aufl. Oldenburg 1865.

Masser, Achim, Die Bezeichnungen für das christliche Gotteshaus in der deutschen Sprache des Mittelalters. Berlin 1966.

Matzel, Klaus/Jörg Riecke/Gerhard Zipp, Spätmittelalterlicher deutscher Wortschatz aus Regensburger und mittelbairischen Quellen. Heidelberg 1989.

Maurer, Friedrich, Leid. Studien zur Bedeutungs- und Problemgeschichte, besonders in den großen Epen der staufischen Zeit. Bern 1951. (BG 1).

Meringer, Rudolf, Wörter und Sachen. In: IF 16, 1904, 101–196.

Nellmann, Eberhard, Quellenverzeichnis zu den mhd. Wörterbüchern. Ein kommentiertes Register zum 'Benecke/Müller/Zarncke' und zum 'Lexer'. Stuttgart/Leipzig 1997.

Neumann, Bernd, Die verhinderte Wissenschaft. Zur Erforschung Altdeutscher Sprache und Literatur in der 'vorwissenschaftlichen' Phase. In: Mittelalterrezeption. Ein Symposium. Hrsg. v. Peter Wapnewski. Stuttgart 1986, 104–108.

Obst, Karin, Der Wandel in den Bezeichnungen für gewerbliche Zusammenschlüsse des Mittelalters. Eine rechtssprachgeographische Analyse. Frankfurt/M. 1983.

Öhmann, Emil, Der romanische Einfluß auf das Deutsche bis zum Ausgang des Mittelalters. In: Deutsche Wortgeschichte 1974, Bd. 1, 323–396.

Oksaar, Els, Semantische Studien im Sinnbereich der Schnelligkeit. *Plötzlich, schnell* und ihre Synonymik im Deutsch der Gegenwart und des Früh- und Hochmittelalters. Stockholm 1958.

von Olberg, Gabriele, Freie, Nachbarn und Gefolgsleute. Volkssprachige Bezeichnungen aus dem sozialen Bereich in den frühmittelalterlichen Leges. Frankfurt/M. 1983. (Germanistische Arbeiten zur Sprach- und Kulturgeschichte 2).

Paul, Hermann, Prinzipien der Sprachgeschichte. Halle/S., 1880.

Ders., Über die Aufgaben der wissenschaftlichen Lexikographie mit besonderer Rücksicht auf das deutsche Wörterbuch. Bay. Ak. Wiss. 1894. München 1894, 53–91.

Pretzel, Ulrich, Die Sammlungen des mittelhochdeutschen Wortschatzes. In: Jahrbuch der deutschen Sprache 2, 1944, 55–65.

Reichmann, Oskar, Neueste Autorenlexikographie: Problemerörterung am Beispiel des Wörterbuches zur Göttinger Frauenlob-Ausgabe. In: Wörterbücher in der Diskussion. Bd. 2. Hrsg. v. Herbert Ernst Wiegand. Tübingen 1996, 204–238. (LSM 70).

Ris, Roland, Das Adjektiv *reich* im mittelalterlichen Deutsch. Geschichte – semantische Struktur – Stilistik. Berlin/New York 1971. (QFSK, NF. 40).

Rosengren, Inger, Semantische Strukturen. Eine quantitative Distributionsanalyse einiger mittelhochdeutscher Adjektive. Lund/Kopenhagen 1966.

Dies., Inhalt und Struktur. *milti* und seine Sinnverwandten im Althochdeutschen. Lund 1968.

Sanders, Willy, Glück. Zur Herkunft und Bedeutungsentwicklung eines mittelalterlichen Schicksalsbegriffes. Köln/Graz 1965.

Sappler, Paul, Heinrich Kaufringer. Werke II. Indices. Tübingen 1974.

Sauer-Geppert, Waldtraut-Ingeborg, Wörterbuch zum St. Trudperter Hohen Lied. Ein Beitrag zur

Sprache der mittelalterlichen Mystik. Berlin/New York 1972. (QFSK, NF. 50).

Schade, Oskar, Altdeutsches Wörterbuch. (1866). 2., umgearb. und verm. Aufl. Halle/S. 1872–82.

Scharmann, Theo, Studien über die saelde in der ritterlichen Dichtung des 12. und 13. Jahrhunderts. Würzburg 1935.

Scheidweiler, Felix, *kunst* und *list*. In: ZdA 78, 1941, 62–88 [= Scheidweiler a].

Ders., *kluoc*. In: ZdA 78, 1941, 184–234 (= Scheidweiler b).

Ders., Die Wortfeldtheorie. In: ZdA 79, 1942, 249–272.

Johannis Georgii Scherzii […] Glossarium Germanicum Medii Aevi potissimum dialecti suevicae edidit illustravit supplevit Jeremias Jacobus Oberlinus. Straßburg 1781/1784.

Schieb, Gabriele mit Günter Kramer und Elisabeth Mager, Henric van Veldeken. Eneide. Bd. 3. Wörterbuch. Berlin 1970. (DTM 62,3).

Schilter, Johannes, Thesaurus antiquitatum teutonicarum, ecclesiasticarum, civilium, litterarum. Hrsg. v. Johann Christian Simon/Johann Georg Scherz/Johannes Frick. Ulm 1727/1728.

Schlerath, Bernfried, Die altfranzösisch-mittelhochdeutschen und die lateinisch-mittelhochdeutschen Äquivalenzen und ihre Erfassung im Lexikon. In: Bachofer 1988, 163–167.

Schmeller, Johann Andreas, Bayerisches Wörterbuch. Stuttgart/Tübingen 1827–1837.

Schmidt, Klaus M., Begriffsglossare und Indices zu Ulrich von Lichtenstein. München 1980.

Ders., Der Beitrag der begriffsorientierten Lexikographie zur systematischen Erfassung von Sprachwandel und das Begriffswörterbuch zur mittelhochdeutschen Epik. In: Bachofer 1988, 35–49.

Ders., Begriffsglossar und Index zu Ulrichs von Zatzikhoven Lanzelet. Tübingen 1993.

Ders., Begriffsglossar und Index zur Kudrun. Tübingen 1994.

Schmidt-Wiegand, Ruth, Wörter und Sachen. Zur Bedeutung einer Methode für die Frühmittelalterforschung. In: Wörter und Sachen im Lichte der Bezeichnungsforschung. Hrsg. v. Ders. Berlin/New York 1981, 1–41.

Schrader, Werner, Studien über das Wort 'höfisch' in der mittelhochdeutschen Dichtung. Würzburg 1935.

Schuchardt, Hugo, Sachen und Wörter. In: Anthropos 7, 1912, 827–839.

Seiffert, Leslie, Wortfeldtheorie und Strukturalismus. Studien zum Sprachgebrauch Freidanks. Stuttgart/Berlin 1968.

Senn, Alfred/Winfried P. Lehmann, Word-Index to Wolfram's 'Parzival'. Madison 1938.

Stackmann, Karl, Wörterbuch zur Göttinger Frauenlob-Ausgabe. Unter Mitarbeit von Jens Haustein. Göttingen 1990.

Ders., Die Anfänge der Germanistik in Göttingen. In: Karl Stackmann/Ulrich Hunger/Eva Willms, Drei Kapitel aus der Göttinger Germanistik. Göttingen 1991, 9–45.

Ders., Das Frauenlobwörterbuch in der Diskussion. In: PBB 118, 1996, 379–392.

Steer, Georg, Germanistische Scholastikforschung. In: Zeitschrift für Theologie und Philosophie 45, 1970, 204–226; 46, 1971, 195–222; 48, 1973, 65–106.

Trier, Jost, Der deutsche Wortschatz im Sinnbezirk des Verstandes. Die Geschichte eines sprachlichen Feldes. Bd. 1. Von den Anfängen bis zum Beginn des 13. Jahrhunderts. Heidelberg 1931.

Vogt, Friedrich, Der Bedeutungswandel des Wortes 'edel'. Rede beim Antritt des Rektorats [...]. Marburg 1908.

Vollmer, Vera, Die Begriffe der triuwe und der staete in der höfischen Minnedichtung. Diss. Tübingen 1914.

Wackernagel, Wilhelm, Kleineres altdeutsches Lesebuch nebst Wörterbuch. Basel 1861 [= Wackernagel 1861a].

Ders., Altdeutsches Handwörterbuch. Basel 1861 [= Wackernagel 1861b].

Wießner, Edmund, Vollständiges Wörterbuch zu Neidharts Liedern. Leipzig 1954.

Ders., Der Wortschatz von Heinrich Wittenwilers 'Ring'. Hrsg. v. Bruno Boesch. Bern 1970.

Ders./Harald Burger, Die höfische Blütezeit. In: Deutsche Wortgeschichte 1974, Bd. 1, 189–253.

Wörterbuch der mittelhochdeutschen Urkundensprache auf der Grundlage des Corpus der altdeutschen Originalurkunden bis zum Jahr 1300 (WMU). Unter der Leitung von Bettina Kirschstein und Ursula Schulze erarb. v. Sibylle Ohly und Peter Schmitt. Berlin 1994ff.

Wolf, Norbert Richard, „Eine spezielle und scheinbar trockene Seite dieser Wissenschaft". Zu Problemen eines mittelhochdeutschen Wörterbuchs damals und heute. In: Matthias von Lexer. Beiträge zu seinem Leben und Schaffen. Hrsg. v. Horst Brunner. Stuttgart 1993, 97–107.

Yeandle, David N., Art und Aufgabe des 'Kleinen Lexer'. In: Bachofer 1988, 241–244.

Ziemann, Adolf, Mittelhochdeutsches Wörterbuch zum Handgebrauch. Quedlinburg und Leipzig 1838. (BNL III,1).

Zutt, Herta, Adel und edel – Wort und Bedeutung bis ins 13. Jahrhundert. Diss. (masch.) Freiburg/Br. 1956.

Klaus Grubmüller, Göttingen

93. Syntax des Mittelhochdeutschen

1. Epochenproblematik und Quellenlage

Das Mittelhochdeutsche ist eine „der wichtigsten Etappen im Werden des Gestaltungssystems des deutschen syntaktischen Baus" (Admoni 1990, 86). Es geht dabei im Rahmen einer Sprachgeschichte nicht um eine Beschreibung des syntaktischen Baus des Mhd., sondern um einige vorrangige Entwicklungstendenzen, die das Mhd. als sprachgeschichtliche Periode kennzeichnen. 'Periode' wird hier zudem nicht statisch verstanden, sondern in dem Sinne dynamisch, daß hier bestimmte Entwicklungstendenzen nicht nur sprachgeschichtlich wirksam werden, sondern geradezu vorherrschen.

Wenn wir für das Mhd. den Zeitraum von etwa 1050 bis 1350 ansetzen, wie das wohl allgemein üblich ist, dann ist, nicht zuletzt aufgrund der Quellenlage, kaum eine einheitliche Epoche anzunehmen, sondern vielmehr deren drei. Was für den Wortschatz des 'Mittelhochdeutschen' festgestellt worden ist, gilt – mutatis mutandis – auch für die Grammatik: Im Jahre 1952 veranstaltete die Berliner Akademie der Wissenschaften eine Tagung anläßlich der Eröffnung des neu gegründeten Instituts für deutsche Sprache und Literatur. Damals wurde auch das Projekt 'Mittelhochdeutsches Wörterbuch' vorgestellt. Richard Kienast ging dabei von einem zeitlichen Ansatz von 1050–1500 aus und stellte dazu fest: „In den viereinhalb Jahrhunderten [...] ist ein sprachlich sehr verschiedenes Wortmaterial schriftlich überliefert. Man kann geradezu sagen, daß wir es mit drei ganz verschiedenen und in sich selbständigen Sprachen zu tun haben" (Kienast 1954, 99). Er nennt dann das Frühmittelhochdeutsche, „das Mittelhochdeutsch der sogenannten klassischen Epoche" und als „dritte Sprache [...] die des Spätmittelalters" (Kienast 1954, 99 f.). Für eine ähnliche Untergliederung des Mhd. im Bereich der Syntax, ja wohl der Grammatik überhaupt sprechen sowohl syntax- als auch stilgeschichtliche Argumente, wie noch gezeigt werden wird.

Die Quellenlage des Mhd. erlaubt nur eine Syntax geschriebener Sprache, denn wir haben es ausnahmslos mit handgeschriebenen Quellen zu tun: Die mhd. Texte wurden zunächst auf Pergament, dann vom ausgehenden 13. Jh. an auf Papier geschrieben. Es gibt kaum Autographen, zahlreiche Texte sind in Abschriften, die erst in großem zeitlichen Abstand von ihrem Original entstanden sind, auf uns gekommen; ein Extrembeispiel für viele:

Die 'Kudrun' ist um die Mitte des 13. Jhs. entstanden und erst im 'Ambraser Heldenbuch', das zwischen 1502 und 1516 im Auftrag Kaisers Maximilian I. geschrieben wurde, überliefert; „die modernen kritischen Ausgaben rekonstruieren aus dem Frühnhd. des 'Ambraser Heldenbuchs' ein normalisiertes Mhd. und sind deshalb für sprachgeschichtliche Untersuchungen und für Fragen der historischen Grammatik kaum zu gebrauchen.

Die Handschriften dienen unterschiedlichen Zwecken; wenn überhaupt, dann dienen sie in erster Linie dem lauten Vorlesen, seltener der Privatlektüre, die aber ebenfalls nicht lautlos vor sich ging; dabei können wir annehmen, daß die Privatlektüre im Laufe der Zeit zunahm. Aus diesen Gründen enthalten zahlreiche Handschriften Gliederungs- und Interpunktionssignale unterschiedlicher Art, die häufig der Rhetorik des lauten (Vor-)Lesens dienen. Moderne Ausgaben setzen in der Regel eine moderne Interpunktion ein, die die alten Texte einem modernen Verständnis auch der Syntax unterwirft. Für eine Reihe von Fragen empfiehlt es sich deshalb, auf die Handschriften oder auf Faksimiles zurückzugreifen.

Die wirkungsmächtigen Texte des frühen und vor allem des hohen Mittelalters sind Versdichtung; die sog. 'höfische Lyrik' ist zum großen Teil sogar in sehr kunstvollen Strophenformen geschrieben. Aussagen über Wort- oder Satzgliedfolge bzw. Serialisierung sind daher nur bedingt möglich.

Von der zweiten Hälfte des 13. Jhs. an gibt es in steigendem Maße Prosatexte. Auch diese sind, unabhängig von der Textart, Realisate gesprochener Sprache. Selbst Predigten können nicht als Exemplare gesprochener Sprache angesehen werden; hier handelt es sich etwa um schriftlich konzipierte Musterpredigten (vor allem im frühen Mittelalter) oder um schriftlich konzipierte Predigtbücher, die besonders für die Tischlektüre in monialen Kreisen oder auch als 'Erbauungsbücher' konzipiert und redigiert wurden. Insgesamt läßt sich sagen, daß Reflexe gesprochener Sprache (vgl. etwa Sonderegger 1981) eher selten sind; hier handelt es sich vor allem um performative Kursätze in Figurensprache, nicht aber um Charakteristika spontaner Mündlichkeit.

Das Mhd. kann zudem als die Epoche der dt. Sprachgeschichte betrachtet werden, in denen dt. Texte um der dt. Sprache willen und nicht mehr im Hinblick auf die Latinität, wie im Ahd., geschrieben wurden. Damit hängt eine zunehmende Ablösung des Klerus beim Verfassen von Texten durch Laien zusammen; in der sog. höfischen Literatur äußert sich dann auch zum ersten Mal ganz deutlich ein laikales Selbstbewußtsein, in dem explizit formuliert wird, daß auch ein *ritter* litterat ist; so ein bekanntes Beispiel dafür: *Ein ritter sô gelêret was / daz er an den buochen las / swaz er dar an geschriben vant* (Hartmann von Aue, 'Armer Heinrich'). Die Verselbständigung des Dt. hat auch die grammatische Folge, daß sich die Syntax selbst in den Textarten, die stark dem Lat. verbunden sind, immer stärker 'verselbständigt'. So stellt auch Wladimir Admoni (1991, 120) in Anschluß an Ursula Schulze (1975, 194 ff.) fest:

„Trotz der Tatsache, daß sie [i.e. die deutschen Urkunden] die lateinische Urkundentradition weiterführten und daß es oft deutsche und lateinische Parallelurkunden gibt, hängt die syntaktische Gestaltung der deutschen Urkunden [nicht] von der lateinischen ab."

2. Verstärkung des analytischen Satzbaus

Schon im Ahd. macht sich eine Tendenz bemerkbar, die wohl die gesamte dt. Sprachgeschichte bis in die Gegenwart betrifft: grammatische Informationen können an verschiedenen Stellen der Laut- bzw. Buchstabenkette gegeben werden. Deshalb betrifft ein Phänomen wie der analytische Satzbau sowohl die Flexionsmorphologie als auch die Syntax.

2.1. Klammerbau der Substantivgruppe

Infolge und im Gefolge der 'Nebensilbenabschwächung' sind zahlreiche Flexionsendungen der Substantive (und der Adjektive) nicht mehr distinkt; Substantive bzw. Substantivklassen sind nicht mehr in der Lage, ihren Kasus als Wortform zu signalisieren. Dabei ist die schon erwähnte 'Interdependenz' zu beobachten: Die Grammatikalisierung des Artikels ist nicht nur eine Folge der Nebensilbenabschwächung, sondern gleichzeitig gilt umgekehrt, daß das Aufkommen des Artikels auch die Abschwächung der Nebensilben ermöglicht. D. h. Flexionsmorphologie und Syntax stehen in einem dialektischen Verhältnis zueinander.

Die grundsätzlichen Änderungen kann ein Vergleich einer Bibelstelle, und zwar Lk 2, 4 aus dem ahd. 'Tatian' (2. Viertel des 9. Jhs.) und aus dem mhd./frnhd. 'Evangelienbuch' des Matthias von Beheim (1343) sichtbar machen:

Ahd.: *fuor thô ioseph fon gelileu fon thero burgi thiu hiez narzaret in iudeno lant Inti In dauides burg [...] bithiu uuanta her uuas fon huse Inti fon hiuuiske dauides.*

Mhd.: *Abir Jôsêph gînc ouch ûf von Galilêa von der stat Nazareth in Judêam in di stat Dâvîdis [...] darumme daz her was von dem hûse und von dem gesinde Dâvîdis.*

Wir sehen, daß das Ahd. durchaus Artikelformen kennt (*thero burgi*), daß aber in anderen Fällen das vorangestellte Genitivattribut als 'Determinator' bevorzugt wird, daß aber auch ein artikelloser Kern mit nachgestelltem Genitivattribut vorkommt. In all diesen Fällen steht im mhd./frnhd. 'Evangelienbuch' der (bestimmte) Artikel, der auch die textlinguistische Funktion, auf Bekanntes zu verweisen, übernommen haben dürfte.

Daß die Grammatikalisierung des Artikels noch nicht abgeschlossen ist, zeigt auch die Tatsache, daß in ein und demselben Text gleichartige Fügungen mit Artikel und ohne ihn vorkommen können: *ir sît ein künegîn.* [...] *ich wil selbe kamerære sîn* ('Nibelungenlied').

Zudem fördert die Struktur 'Artikel und (Kern-)Substantiv' auch den Klammerbau der Nominalgruppe, Attribute, vor allem adjektivische, kommen zwischen Artikel/Determinator und Kern zu stehen: *daz edel gesteine wider den jungen süezen man; ein hôchgeborne küeginne* (Walther von der Vogelweide). In diesem Rahmen können auch Genitivattribute kommen: *daz ist der Rûmoldes rât; der*

Sigmundes sun ('Nibelungenlied'); die auch heute noch übliche Struktur, Genitivattribut + Kern, also ohne Artikel, kann in einem Satz mit der Klammerstruktur begegnen: *des künic Terramêres her / und die Willalms mâge* (Wolfram von Eschenbach, 'Willehalm'). Gerade in diesem Punkt manifestiert sich das Mhd. als eine Epoche des weiteren Versuchens, einander widerstreitende Strukturen gerade im syntaktischen Bau werden ausprobiert. Wohl deshalb begegnen daneben auch Syntagmen mit nachgestelltem adjektivischen Attribut (*gîstu mir dîne swester* [...] *die scœnen Kriemhilde, ein küeneginne hêr.* 'Nibelungenlied'); sogar die Abfolge „Substantiv + Artikel + adjektivisch-attributive Ergänzung des Substantivs" (*Dar zuo gît iu mîn herre* [...] *gewalt den aller hœhsten.* 'Nibelungenlied') oder „Substantiv + Artikel + attributives Substantiv im Genitiv" (Paul/Wiehl/Grosse 1989, 386) (*sun den Sigmundes ich hie gesehen hân.* 'Nibelungenlied') ist möglich und wird vor allem im 'Nibelungenlied' als Stilistikum genutzt.

2.2. Ausbau der Verbalperiphrase

Durch den Kontakt zur Latinität nützt das Ahd. vorhandene Möglichkeiten und Tendenzen aus, um das verbale Flexionssystem durch analytische Formen zu ergänzen bzw. zu erweitern: Es bilden sich das Perfekt und das Passiv mit den Hilfsverben 'sein' und 'werden' (vgl. zum Systematischen Wolf 1981, 80ff.). Im Ahd. sind diese Fügungen sicherlich noch nicht vollständig grammatikalisiert. Das zeigt sich daran, daß das Partizip häufig flektiert verwendet wird (so im 'Tatian', hier teilweise auch unter lat. Einfluß, und im ahd. 'Isidor', aber auch bei Otfrid). Die Grammatikalisierung äußert sich darin, daß das semantisch-grammatische Hauptgewicht sich auf das − nunmehr unflektierbare − Partizip verlagert, das nicht mehr als Verbalnomen fungiert, und die Verben 'haben', 'sein' und 'werden' auxiliarisiert werden.

Im Ahd. begegnen, wie gesagt, das Perfekt, also das (Hilfs-)Verb im Präsens, und das Passiv im Präsens und im Präteritum. Im Mhd. werden die paradigmatischen Möglichkeiten ausgeweitet, wenngleich manchmal Partizipien mit dem Präfix *un-* negiert sind, somit immer noch adjektivischen Charakter haben; aus dem 13. Jh. sind das Passiv im Perfekt (*in senender nôt bin ich begraben gewesen lange stunde; wan ir von ungemüete sît enpferwet worden sêre.* Konrad von Würzburg), im Plusquamperfekt bzw. Konjunktiv II der Vergangenheit (*und het mich sô sêre sîn selbes vart niht gewert, ich wære gewesen unernert.* Heinrich von dem Türlin; *nu wasez ouch über des jâres zil, daz Gahmuret geprîset vil was worden dâ ze Zazamanc.* Wolfram von Eschenbach).

Dieser Ausbau des Flexionsparadigmas hat auch seine Wirkung auf den Satzbau: Es bildet sich die typisch dt. Form der verbalen Klammer heraus, die „im Rahmen der zunehmenden Verbindlichkeit der Verbfolge selbst [...] eine verstärkte Regelhaftigkeit" (Roelcke 1997, 156) erfährt. Für den Aussagesatz gilt, im Vergleich zum Ahd. verstärkt die Regel, daß das finite (Hilfs-)Verb in Zweit- und das infinite (Voll-)Verb in Endposition steht. Allerdings erfordert die Versdichtung häufig andere Serialisierungsformen.

Neben der Vervollständigung der ahd. Ansätze kommt es zu weiteren Verbalperiphrasen, vor allem zu solchen, die den Ausdruck eines Futurs ermöglichen. Das Ahd. verfährt hier weitgehend unsystematisch (vgl. Wolf 1981, 203), das Mhd. ist durch eine verstärkte Tendenz zur Grammatikalisierung besonders der Periphrase 'werden' + Inf. Im Ahd. ist diese Periphrase schon vereinzelt belegt (das bekannteste Beispiel aus Otfrids 'Evangelienbuch': *Suntar thaz gescrib min wirdit bezzira sin*), im Mhd. konkurriert sie mit Modalverbfügungen ('sollen', 'wollen' oder 'müssen' + Inf.) oder mit der Kombination 'werden' + Partizip I (*jâ wirt ir dienende vil manic wætlîcher man.* 'Nibelungenlied'). Daß sich vom 13. Jh. an 'werden' + Inf. durchsetzt (*sô wirt zehant ir einer mit iu justieren ûf dem plân.* Konrad von Würzburg), zeigte, daß die modale Komponente des Futurs der aktionalen, (ausgedrückt durch das Partizip I 'werden'), vorgezogen wird. Zudem demonstrieren die Beispiele die Gültigkeit des Klammerbaus, auch wenn häufig Konstituenten ausgeklammert erscheinen.

3. Ausbau der Hypotaxe

Die dt. Sprache verfügt von Anfang ihrer Schriftlichkeit an — Älteres läßt sich nicht belegen — über die Mittel, Sätze parataktisch aneinanderzureihen oder hypotaktisch in Form von übergeordneten und untergeordneten Strukturen zu verbinden. Als Einleitwörter fungieren neben Pronomina und Adverbien vor allem hypotaktische Konjunktionen bzw. Subjunktionen, deren Inventar im Mhd.

stark vergrößert wird, wie folgende Übersicht, ein Vergleich von Subjunktionen im Werk Notkers (aus Handschuh 1964) und im Mhd. (aus Paul/Wiehl/Grosse 1989, 422ff.) zeigen kann:

Semantische Relation	Notker	Mhd.
Temporal	*dô* *sô* *êr* *unz* *danne*	*dô* *sô* *swanne/swen* *ne* *also/alse* *unz (daz)* *biz (daz)* *bidaz/bedaz* *innen des* *under des* *ê (daz)* *sît* *nu(n) (daz)* *die wîle* *swie* *und*
Kausal	*wande* *sîd* *danne* *durh daz*	*wand(e) /* *wan(e)* *sît* *nû* *durch daz* *fur daz* *umbe daz*
Konditional	*ube* *so* *echert*	*ob* *als(o)* *et/ot* *und*
Konzessiv	*doh*	*doch* *swie* *alein(e)* *ane* *ob*

Es ist klar, daß Notker, der zudem nur durch ein Werk hier vertreten ist, und das gesamte Mhd., wie es uns in einem Handbuch entgegentritt, nur bedingt vergleichbar sind. Gleichwohl, es wird doch deutlich, daß das Mhd. auch in diesem Bereich als eine Epoche des Suchens und Versuchens gelten kann; es geht darum, die Tauglichkeit unterschiedlicher Ausdrucksmittel zu erproben, weil das Bedürfnis nach semantischer Differenzierung immer größer wird. Wohl deshalb auch begegnen im Mhd. manche Subjunktionen mit mehreren Funktionen, wobei man sich fragen kann und muß, ob solche Einleitewörter wie *sît* oder *swie* tatsächlich mehrdeutig und dann in ihren jeweiligen Kontexten zu disambiguieren sind oder ob wir nicht moderne Differenzierungen an das Mhd. herantragen.

Dies zeigt sich besonders an der Subjunktion *daz*, von der auch die 'Mhd. Grammatik' feststellt, „daß ihre Funktion so gut wie rein syntaktisch ist: sie ist Zeichen für die Unterordnung des von ihr eingeleiteten Satzes; ihr Bedeutungswert wird durch den Kontext bestimmt" (Paul/Wiehl/Grosse 1989, 438). Man könnte hier noch hinzufügen, daß wir heute einen eindeutigen „Bedeutungswert" formulieren müssen, wo im Mhd. noch keiner vorhanden war.

4. Parataxe und Hyoptaxe als Stilelemente

Es hat sich geradezu zur Handbuchmeinung verdichtet, daß „die Entwicklung eines gestuften Satzes" − damit dürfte die Hypotaxe gemeint sein − „mittelalterlichem Denken" (Tschirch 1975, 47) überaus schwer gefallen sei. Und man hat versucht, in der Geschichte der Prosa auch eine Entwicklung des Satzbaus von der Parataxe zur Hypotaxe zu sehen. So hat man geglaubt, daß frmhd. Prosa „die Empfindung einer imponierenden Einheitlichkeit" (de Boor 1926, 244) vermittle, die durch die „Reihung einfacher Hauptsätze, die parataktische Fügung" (ebd. 251) erzeugt werde. Und selbst das 'Nibelungenlied', das ja in der auf uns gekommenen Form in hochhöfischer Zeit für ein höfisches Publikum geschrieben worden ist, sei in seinem Satzbau durch 'besondere stilistische Figur' der 'asyndetische[n] Parataxe' (Tschirch 1975, 46) gekennzeichnet.

Doch wäre es falsch, hier ein syntaxgeschichtliches Phänomen zu vermuten. Vielmehr handelt es sich um ein Stilisticum. So läßt sich etwa anhand eines Prosa-Korpus mit Texten aus dem 11. und 12. Jh. (Denkmäler deutscher Prosa des 11. und 12. Jahrhunderts. Hrsg. von Friedrich Wilhelm. München 1960) zeigen, daß Gebets- und Gesetzestexte einen hohen, Texte der Unterweisung und Belehrung einen niedrigen Grad an syntaktischer Komplexität aufweisen (vgl. Rockwood 1975). Und auch Analysen der dt. Urkunden des 13. Jhs. (etwa Eshelman 1961; Schulze 1975) haben ergeben, daß das Dt., gerade auch im Bereich der Hypotaxe, durchaus seine eigenen syntaktischen Regeln und Gestaltungsmöglichkeiten besitzt (vgl. zusammenfassend Betten 1987, 144ff.). Ein Bei

spiel für viele: Bei der Wiedergabe lat. Konditionalsätze (in lat.-dt. Parallelurkunden des 13. Jhs.) überwiegt im Mhd. bei weitem die 'Stirnform', also die uneingeleitete Form mit dem finiten Verb in Spitzenstellung. Dazu fällt auf, daß Sätze, die im Lat. mit *si* bzw. *nisi* eingeleitet sind, im Mhd. mit dem verallgemeinernden Relativum *swer* bzw. *swaz* begegnen. Die 'wörtliche' Entsprechung für lat. *si quis* wäre etwa *ob iemen*, derartiges kommt im Mhd. nicht vor, obwohl es im Ahd. belegt ist (*Thia hant duat si furi sar, ob iaman thoh ni wunto*. Otfrid von Weißenburg, 'Evangelienbuch'). Das Mhd. knüpft hier also nicht an das Ahd. an, sondern versucht, zumindest in der Textart Urkunde, eigene Strukturen. Dennoch kann man sagen, daß im Mhd. mit *swer/swaz* eingeleitete Sätze grundsätzlich als den Konditionalsätzen „semantisch äquivalent" (Schulze 1975, 131) anzusehen sind. Dieser Zustand hält noch längere Zeit an. Noch in der 'Erchantnuzz der svnd', deren älteste Handschrift vom Jahre 1392 datiert, wird *si quis* fast immer mit dem Relativum wiedergegeben (Putzer 1976, 294), und selbst bei Luther haben *wer/was*-Sätze (also das Relativum ohne das explizit verallgemeinernde *s*, das für das Mhd. typisch zu sein scheint) „durchwegs konditionalen Nebensinn" (Baldauf 1983, 336).

Auch bei der Wiedergabe lat. Passivkonstruktionen verfährt das Mhd. selbständig, indem es aktivische Fügungen verwendet. Wenn das Agens nicht durch eine Präpositionalphrase mit *a(b)* genannt ist, wird „ein [...] Handlungsträger aus dem Zusammenhang ergänzt und in Form eines Substantivs oder Pronomen zum Subjekt gemacht" (Schulze 1975, 94), oder man setzt, was weit häufiger vorkommt, das Indefinitum *man*.

5. Negation

Gerade auch bei der Negation manifestiert sich das Mhd. als eine Epoche des Übergangs vom Ahd. zum Nhd. Zur Negierung kennt das Ahd. die Partikel *ni* (in unterschiedlichen Realisierungen wie z. B. *ne, no, na, nu, neo*, aber auch *en*) und negierte Pronomina wie *nih(h)ein, nioman, niowiht* oder negierte Adverbien wie *nio, nimmer, niowanne*. Für die Satznegation wird vor allem die Partikel *ni* verwendet. Aus dem negierten Indefinitpronomen *niowiht* hat sich *ni(c)ht* als Negationspartikel entwickelt, das aber auch noch als negiertes Indefinitpronomen fungiert: *der vin-*

ster man vil gar vergaz, / dâ mîn hêr Gahmuret dort saz / als ez wær tac. des was ez niht ('nichts davon war es'). Über die Verwendung dieses Indefinitums im „adverbielle[n] Akk." (Behaghel 1924, 70) entwickelt sich die Partikel.

Im Mhd. ist die doppelte Negation geradezu die Norm: *ichn wolde dô niht sîn gewesen, / daz ich nû niht erwære* (Hartmann von Aue, 'Iwein'). Im Zusammenwirken mit der ehemaligen Partikel *ni*, die im Mhd. enklitisch (vgl. *ichn*) oder proklitisch (*enwære*) verwendet wird, negiert vor allem die neue Partikel *niht* den Satz. Zwei sprachhistorische Tendenzen überlappen sich: Das ausdrucksseitig schwache und noch schwächer gewordene *ne* wird noch verwendet, und gleichzeitig beginnt die 'Vorherrschaft' der neuen „starken Negation" (Admoni 1990, 103).

Daneben aber existieren noch Sätze bzw. Satztypen mit einfacher Negation, sowohl mit dem alten *ni* als auch mit dem neuen *niht* (vgl. die Zusammenstellung bei Paul/Wiehl/Grosse 1989, 399; Admoni 1990, 103; Weddige 1996, 75ff.).

6. Abfolge von abhängigen Sätzen und Satzgliedteilen, Konstruktion ἀπὸ κοινοῦ

Vor allem in den Verstexten begegnen längere Satzgefüge, deren Teilsätze in ziemlich komplexer Abfolge stehen: (1) *nu belîbe ich dar an stæte* / (2) *daz ich unz an mîns tôdes zil / den dar umbe biten wil* / (3) *der deheiner guottât / niemer ungelônet lât* / (4) *daz er iu des lône / mit der himelischen krône* / (5) *(dêswâr deshân ich michel reht)* / (6) *daz ir mich ellenden kneht / von einem vunden kinde / vür allez iuwer gesinde / sô zartlichen habet erzogen* (Hartmann von Aue, 'Gregorius'). Dieses Gefüge besteht aus sechs Teilsätzen: Es beginnt mit dem Hauptsatz (1), von dem der Inhaltssatz (2) als Nebensatz ersten Grades abhängt. Der Nebensatz zweiten Grades (3) ist ein Attributsatz zu *den* in (2); auf ihn folgt ein weiterer Nebensatz zweiten Grades (4), der aber ein Objektsatz zum Verb *biten* in (2) ist; das Korrelat *dar umbe* in (2) ist eine anaphorische Stütze dafür. (5) ist eine 'Parenthese', also ein eigenständiger Satz, der in einen anderen eingeschoben wird, ohne daß dessen Wortfolge sich ändert (zur kommunikativen Funktion von Parenthesen im Mhd. s. Lühr 1991); der *daz*-Satz (6), ein Nebensatz dritten Grades, ist Objektsatz zu *lônen* in (4)

und ebenfalls durch ein Korrelat (*des*) im übergeordneten Satz angekündigt.

Die Komplexität eines solchen Gefüges wird für heutige Leser dadurch etwas weniger leicht durchschaubar, daß die Abfolge der Teilsätze freier geregelt ist, als es im Gegenwartsdeutschen üblich bzw. möglich ist. Für das Mhd. ist wichtig das Signal für Über- oder Unterordnung, die Reihenfolgebeziehungen konstituieren sich in erster Linie semantisch und nicht so sehr durch die ausdrucksseitige Kette. Dies manifestiert sich auch in einem Beispiel aus dem 'Armen Heinrich' Hartmanns von Aue: (1) *ich vürhte*, (2) *solde ich werden alt*, (3) *daz mich der werlte süeze / zuhte under vüeze*, (4) *als si vil manigen hât gezogen*, (5) *den ouch ir süeze hât betrogen*. (2) ist ein Nebensatz zweiten Grades, und zwar ein uneingeleiteter Konditionalsatz mit dem finiten Verb in Spitzenstellung, er ist Angabe(satz) zu (3). (4) ist als modaler Angabesatz ebenfalls ein Nebensatz zweiten Grades. Die beiden Angabesätze 'umrahmen' also den übergeordneten Satz, der seinerseits ein Nebensatz ersten Grades ist.

Tschirch (1975, 51) weist darauf hin, daß „diese (uns merkwürdige) Reihung der Gliedsätze" auch noch bei Luther begegnet.

Vergleichbar ist auch die Substantivgruppe organisiert, Attribute können ziemlich weit entfernt von dem Kern stehen, auf den sie sich beziehen, und auch die Reihenfolge ist sehr locker 'geregelt' (die beiden folgenden Beispiele aus dem 'Parzival' Wolframs von Eschenbach stammen aus Barufke 1995, 178f.): *von Arâbîe des goldes / heter manegen cnollen brâht.* Man kann hier darüber diskutieren, ob die Präpositionalphrase von *Arâbîe* Attribut zu *golt* ist oder Angabe; für die Funktion als Attribut spricht die Tatsache, daß man dann Zweitstellung des Verbs annehmen kann. In diesem Fall hat die Substantivgruppe folgenden Bau: Kern ist das Substantiv *cnollen*, das zunächst pränuklear mit der Adjektivform *manegen* attribuiert ist; des weiteren hängt von diesem substantivischen Kern das Genitivattribut *des goldes* ab, von dem wiederum das Präpositionalattribut *von Arâbîe* dependent ist. In unserem Zusammenhang ist auch folgender Satz von Interesse: *er kunde valscheit mâzen, / der bruoder Lîâzen.* Hier steht die Apposition *der bruoder Lîâzen* in ziemlich großer Entfernung zum pronominalen Kern *er*.

Ein besonderes Resultat der Freiheit in der Serialisierung ist auch die Konstruktion 'Apokoinou' (ἀπὸ κοινοῦ), die in „der antiken und v. a. mittelalterl. Dichtung (Spielmanns- und Heldenepos) belegt" (Steinhoff 1993) ist, aber auch bei anderen Autoren, etwa bei Wolfram von Eschenbach (Gärtner 1969) oder im 'Jüngeren Tuturel' (Schröder 1984), vorkommt. Es handelt sich dabei um eine rhetorische Figur, in der zwei aufeinanderfolgende gleichrangige Sätze ein Satzglied gemeinsam haben (von dieser Gemeinsamkeit kommt auch die griechische Bezeichnung): *duo kom von himele / **der gotes engel** erscein im dô* ('Kaiserchronik'); das Syntagma *der gotes engel* ist Subjekt sowohl zum verbalen Kern *kom* als auch zu *erscein*. Auch ein Hauptsatz kann der übergeordnete Satz zu zwei Nebensätzen sein, in diesem Fall sind der „vorstehende und der nachstehende Nebensatz [...] gleichartig: der übergeordnete Satz steht ἀπὸ κοινοῦ" (Behaghel 1932, 289): *vnde ob du iz ton wil. / **so machtu dich aller best bewaren.** / wiltu in recken wis over mere varen* ('König Rother').

Schließlich ist darauf hinzuweisen, daß das „κοινόν [...] im zweiten Satz einen andern syntaktischen Wert haben" kann „als im ersten Satz, wenn die Form doppelte Auffassung gestattet (Kasusdivergenz)" (Paul/Wiehl/Grosse 1989, 467): *Terramêr het verlân / der jungen hôh gemuoten diet, / ich mein daz er in underschiet / **sunderrîcheit sunderlant** / sînen zehen sünen was benant* (Wolfram von Eschenbach, 'Willehalm').

Auch wenn diese Konstruktion nicht allzu häufig ist — Gärtner z. B. zählt „32 Beispiele als sichere Belege für ἀπὸ κοινοῦ bei Wolfram" (1969, 252) —, kann sie doch als typisch für das Mittelhochdeutsche gelten, da diese Konstruktion „in der 1. Hälfte des 12. Jh.s" auftritt und „im Laufe des 15. Jh.s aus der Literatur" (Paul/Wiehl/Grosse 1989, 468) schwindet.

7. Literatur (in Auswahl)

Verwiesen sei vor allem auf die umfangreiche Bibliographie in Paul/Wiehl/Grosse 1989, 490—561.

Admoni, Wladimir, Historische Syntax des Deutschen. Tübingen 1990.

Baldauf, Kunibert, Untersuchungen zum Relativsatz in der Luthersprache. Innsbruck 1983. (IBK 19).

Barufke, Birgit, Attributstrukturen des Mittelhochdeutschen im diachronen Vergleich. Hamburg 1995. (Beiträge zur germanistischen Sprachwissenschaft 12).

Behaghel, Otto, Deutsche Syntax. Heidelberg. Bd. 1: 1923. Bd. 2: 1924. Bd. 3: 1928. Bd. 4: 1932.

Betten, Anne, Grundzüge der Prosasyntax. Tübingen 1987. (RGL 82).

de Boor, Helmut, Frühmittelhochdeutscher Sprachstil. In: ZfdPh 51, 1926, 244—274 und 52, 1927, 31—76.

Dal, Ingerid, Kurze deutsche Syntax auf historischer Grundlage. 2. Aufl. Tübingen 1962. (SkG B7).

Ebert, Robert Peter, Historische Syntax des Deutschen. Stuttgart 1978. (SM 167).

Ders., Historische Syntax des Deutschen II: 1300—1750. Bern/Frankfurt/M./New York 1986. (Gele 6).

Eshelman, Thomas Ch., Syntaktische Studien zur Augsburger Urkundensprache des 13. Jahrhunderts. Diss. Cincinnati 1961.

Gärtner, Kurt, Die constructio ἀπὸ κοινοῦ bei Wolfram von Eschenbach. In: PBB T 91, 1969, 121—259.

Ders., Zur Negationspartikel ne in den Handschriften von Wolframs 'Willehalm'. In: Wolfram-Studien 4, 1977, 81—103.

Handschuh, Doris, Konjunktionen in Notkers Boethius-Übersetzung. Diss. Zürich 1964.

Kienast, Richard, Das Mittelhochdeutsche Wörterbuch. In: Das Institut für Deutsche Sprache und Literatur. Vorträge gehalten auf der Eröffnungstagung. Berlin 1954, 97—104 (Dt. Ak. Wiss. B. IdSL 1).

Lockwood, W. B., Historical German Syntax. Oxford 1968.

Lühr, Rosemarie, Zur Parenthese im Mittelhochdeutschen. In: Sprachwissenschaft 16, 1991, 162—226.

Michels, Victor, Mittelhochdeutsche Grammatik. 5. Aufl. hrsg. v. Hugo Stopp. Heidelberg 1979. (GB 1. Reihe).

Paul, Hermann, Mittelhochdeutsche Grammatik. 23. Aufl. bearb. v. Peter Wiehl/Siegfried Grosse. Tübingen 1989. (SkG A2).

Putzer, Oskar, Konjunktionale Nebensätze und äquivalente Strukturen in der Heinrich von Langenstein zugeschriebenen „Erkenntnis der Sünde". Wien 1979. (Schriften zur deutschen Sprache in Österreich 2).

Rockwood, Heidi M., A syntactic analysis of selected Middle High German prose as a basis for stilistic differentiation. Bern/Frankfurt/M. 1975. (European University Papers I/127).

Roelcke, Thorsten, Sprachtypologie des Deutschen. Berlin/New York 1997. (SaGö 2812).

Schröder, Werner, Zur constructio ἀπὸ κοινοῦ im 'Jüngeren Titurel'. In: Studia Linguistica et Philologica. Festschrift für Klaus Matzel. Hrsg. v. Hans-Werner Eroms/Bernhard Gajek/Herbert Kolb. Heidelberg 1984, 263—273.

Schulze, Ursula, Lateinisch-deutsche Parallelurkunden des 13. Jhs. München 1975. (Med. Aev. 30).

Dies., Komplexe Sätze und Gliedsatztypen in der Urkundensprache des 13. Jhs. In: ZfdPh 110, 1991, Sonderheft, 140–170.

Singer, Johannes, Grundzüge einer rezeptiven Grammatik des Mittelhochdeutschen. Paderborn [etc.] 1996.

Sonderegger, Stefan, Gesprochene Sprache im Nibelungenlied. In: Hohenemser Studien zum Nibelungenlied. Hrsg. v. Achim Masser. Hohenems 1981, 360–379.

Steinhoff, Hans Hugo, Apokoinou. Metzler Lexikon Sprache. Hrsg. v. Helmut Glück. Stuttgart/Weimar 1993, 46.

Tschirch, Fritz, Geschichte der deutschen Sprache. Bd. 2. Aufl. Berlin 1975. (GG 9).

Weddige, Hilkert, Mittelhochdeutsch. Eine Einführung. München 1996.

Wolf, Norbert Richard, Althochdeutsch – Mittelhochdeutsch. Heidelberg 1981. (UTB 1139).

Norbert Richard Wolf, Würzburg

94. Wortbildung des Mittelhochdeutschen

1. Forschungsgegenstand

Mit dem Begriff „Wortbildung des Mhd." werden die Möglichkeiten der Neubildung von Wörtern durch Zusammensetzung, Ableitung (durch Suffix oder als „interne Ableitung") und Präfigierung für den Geltungsbereich der hd. Sprache im Zeitraum von 1050–1350 bezeichnet. Allerdings fehlen für umfassende Aussagen über die Wortbildung des Mhd., die der Bezeichnung gerecht werden, noch die Voraussetzungen: Nicht nur ist die gesprochene (Alltags)Sprache – wie in allen historischen Sprachstufen – nicht faßbar; sondern das in den Texten überlieferte Mhd. ist keine einheitliche Sprache. Die Beobachtung von Wortbildungsmöglichkeiten kann sich beim derzeitigen Forschungsstand nur auf (Ausschnitte von) Regionalsprachen zu einer bestimmten Zeit richten.

In der neueren Wortbildungsforschung geht es nicht mehr, wie in der älteren, darum, Einzelbelege aus dem überlieferten Material zu sammeln, zu ordnen und ihre Bildungsweise zu beschreiben, sondern um die systematische Erfassung der Wortbildungsmittel und die Darstellung der Wortbildungsregularitäten in der mhd. Sprachperiode. Dabei ist zu erwarten, daß in verschiedenen Sprachbereichen (Sachbereiche, Textsorte, Autor) ein unterschiedliches Verhalten gegenüber Wortneubildungen zu beobachten ist.

Neben der Feststellung der formalen Mittel ist es Aufgabe der Wortbildungsforschung, Fragen, die die Semantik und Lexik betreffen, zu beantworten: Lassen sich den Ableitungsmorphemen bestimmte Bedeutungen zuordnen? Welche semantischen Beziehungen bestehen zwischen dem Basiswort und der sekundären Bildung? Läßt sich eine Motiviertheit der Wortneubildungen erkennen? Läuft die Bedeutungsentwicklung bei Simplex und Ableitung parallel, oder ab wann und wie driften sie auseinander? Werden in einer der drei Hauptwortarten die Begriffe durch Neubildungen stärker differenziert als in den anderen? Wie wirkt sich der Einfluß von Fremdsprachen auf die Wortbildung aus? Wie verändern sich durch die Neubildungen einzelne Wortfelder, ein Teilwortschatz und der Gesamtwortschatz?

Für eine haltbare wissenschaftliche Aufarbeitung sind sorgfältig vorbereitete synchrone Querschnitte, die auch regionale, dialektale, soziale und textsortenspezifische Kriterien berücksichtigen, notwendig. Die Analysen werden zunächst nur auf Systeme von nicht allzu großem Umfang beschränkt sein müssen und erfordern auch dann noch einen hohen Arbeitsaufwand. Erst nach einer im Detail genauen synchronen Aufarbeitung sind Aussagen über Entwicklungsprozesse innerhalb des Mhd. und im Vergleich mit dem Ahd. und Frnhd. möglich.

In den letzten Jahren hat sich ein intensives Interesse der Forschung auf Wortbildung gerichtet; zahlreiche Veröffentlichungen befassen sich mit der Methodologie der Wortbildungsforschung, der Wortbildung der Gegenwartssprache, auch mit der Wortbildung im Ahd. und Frmhd., die besser als das Mhd. erschlossen sind. Das Mhd. blieb aber nahezu völlig ausgespart. Müller (1993, 396) spricht davon, daß „das Mhd. wohl noch längere Zeit das 'Stiefkind' der historischen Wortbildungsforschung bleibt [...]" und stellt fest, daß „keine einzige Monographie jüngeren Datums" erschienen ist.

2. Mittelhochdeutsch in älterer Wortbildungsforschung

2.1. Entsprechend seiner historisch-vergleichenden Methode steht das Mhd. bei Grimm in seiner „Deutschen Grammatik" (Bd. II und III: Wortbildung, 1826 und 1831) in der diachronen Reihe got. − ahd. − ags. − altnord. − mhd. − nhd. − engl. Einzelbelege aus zeitlich und räumlich weit auseinanderliegenden Sprachen und Sprachstufen werden bei gleicher Bildungsweise zusammengefaßt. Das vorrangige Interesse gilt den älteren Sprachstufen, in denen Grimm die „anfängliche einfachheit der formen und begriffe" (Bd. II, 67) erkennt. Er unterscheidet in seinen Kapiteln zwischen „Bildung durch Laut und Ablaut", „Ableitung" und „Zusammensetzung". Die Wortbildung im Mhd. interessiert Grimm nur als Fortführung älterer Worbildungsmöglichkeiten und als eine Übergangsstufe in der Gesamtentwicklung; in seinem Überblick erkennt er die unterschiedliche Produktivität der verschiedenen Wortbildungsmittel in jedem „dialekt und in jedem zeitraum" (II, 395) und stellt die „unverkennbare richtung der späteren sprachen, die ableitungen aufzugeben und durch compositionen zu ersetzen" (II, 403) fest.

2.2. In der „Dt. Grammatik" von Wilmanns (1896), in der die Wortbildung stärker zur Syntax in Beziehung gesetzt wird, ist die Auswahl des Materials vom Nhd. bestimmt; es werden „aus Gruppen und isolierten Bildungen solche ausgewählt, die bis heute fortdauern" (25). Auch bei diesem Ansatz ist das Mhd. vor allem als Übergangsstufe gesehen, die die „Bahnen, in denen sich die Bildung des Wortschatzes vollzieht" (1) erkennen läßt; die diachrone Betrachtungsweise läßt Fragen nach speziellen Verhältnissen einer Sprachperiode zurücktreten.

2.3. Hermann Paul zitiert in seiner „Dt. Grammatik" (5. Teil: Wortbildung, 1920) nur gelegentlich mhd. Belege. Seine Ausführungen in der Abhandlung „Von den Aufgaben der Wortbildungslehre" (1896) sind richtungsweisend; er betont die Eigenständigkeit der Wortbildungsmittel und fordert bei der Untersuchung der Wortbildung die Ergänzung durch die Bedeutungslehre. Er weist darauf hin, daß − als entscheidender Faktor in der geschichtlichen Entwicklung − in einer Sprachstufe verschiedene, aber gleichbedeutende Ausdrucksformen miteinander konkurrieren. Die Mannigfaltigkeit der Bildungsweisen für die gleiche Funktion führt zur Wechselwirkung von Untergang und Aufkommen. Für Paul ist eine „genaue Berücksichtigung der Bedeutung zum Verständnis aller geschichtlichen Wandlungen auf dem Gebiet der Wortbildung erforderlich" (1896, 35). Der Prozeß der Veränderungen wird in vielerlei Weise sichtbar: Ausdehnung einer Bildungsweise über das ursprüngliche Gebiet, Umwandlung eines Kompositionsgliedes zu einem Ableitungssuffix, Verschmelzung einer syntaktischen Verbindung zu einer Zusammensetzung, Umwandlung einer Flexionsform zu einem abgeleiteten Wortgebilde, Entstehung von Neubildungen durch Analogie. Zwar erhält jede Sprachstufe − und so auch das Mhd. − durch die Forderung nach Berücksichtigung der Bedeutung und der Funktion von Neubildungen ein eigenes Gewicht, aber die synchrone Beschreibung wird durch den Gedanken an eine fortlaufende Entwicklung zweitrangig.

2.4. Bei Henzen (1965) wird das Mhd. nur in vergleichsweise wenigen Einzelbelegen zitiert, weil in diese Sprachperiode keine grundlegende Veränderung des Systems der Wortbildungsmuster fällt (nur Übernahme von Ableitungssuffixen aus dem Frz.).

3. Wissenschaftstheoretische Problematik

3.1. Fehlen der Sprachkompetenz

Während im Nhd. durch die Kenntnis der produktiven Wortbildungsmuster Neubildungen mittels Ableitung, Präfigierung und vor allem Zusammensetzung geschaffen, verstanden und ihre Akzeptabilität beurteilt werden können, setzt die historische Sprachstufe Mhd. immer wieder Grenzen:

Beispielsweise sind Aussagen über „trennbare Verben" im Mhd. problematisch, weil gar nicht feststeht, ob syntagmatische Nachbarschaft und grammatische Beziehung zwischen bestimmten Adv./ Präp. und Verben als „Einheit" empfunden wurde. Nur eingeschränkt möglich sind auch Urteile über die Motiviertheit von Neubildungen: Wieweit sieht der mittelalterliche Sprachbenutzer noch einen engen semantischen Zusammenhang zwischen *varn* und *ervarn*, *rihten* und *berihten*? Oft wird nicht zu entscheiden sein, ob eine Neubildung durch einen Dichter geschaffen ist und dadurch eine besondere Wirkung beim Hörer erzielt wurde oder ob es sich doch um eine lexikalisierte Zusammensetzung handelt. „Auch die lexikalische Tradition und Bezeichnungsnorm der mhd. Dichtersprache, so weit wir sie kennen, ist noch nicht mit Hilfe der Gesichtspunkte neuerer Wortbildungsforschung so genau durchleuchtet, daß wir die stilistische Wirkung 'ungewöhnlicher' Wortbildungen voll ermessen können" (Erben, 1988, 36).

Wenn dennoch der am Nhd. erprobte Regelapparat aufs Mhd. projiziert wird, dann legitimiert sich ein solches Vorgehen aus der historischen Kontinuität der beiden Sprachstufen, die die Vermutung nahelegt, daß sich nichts wirklich Grundsätzliches verändert hat. Freilich muß bei einem solchen projizierend-kontrastiven Vorgehen jedes Ergebnis so lange als nur hypothetisch gelten, bis es durch umfangreiche strukturalistische Analysen verifiziert wird. Bei Urteilen über Wortneubildungen und Wortbildungsregularitäten im Mhd. muß stets einkalkuliert werden, daß schon über die Bedeutung der Basiswörter unrichtige Vorstellungen durch den Einfluß des Nhd. bestehen. „Bei diachroner Betrachtungsweise [...] zeigt sich immer wieder, daß die moderne Sprache Differenzierungen ermöglicht, die sich erst im Verlauf der Sprachgeschichte eingestellt haben" (Stackmann, 1990, 207).

3.2. Regionalsprachen

Die mit „Mhd." bezeichneten Sprachen weisen vielfältige Unterschiede auf, was auch für den Bereich der Wortbildung gilt: Um für neue Begriffe Bezeichnungen zu finden, konnten diese größeren oder kleineren Sprachgemeinschaften unterschiedliche Möglichkeiten nutzen: Veränderung der Bedeutung eines etablierten Wortes (Bedeutungswandel/Metaphorisierung) oder Neubildung von Wörtern, wozu die Sprache die Wortbildungsmuster zur Verfügung stellte. Selbst bei der Wahl des gleichen Musters ist in verschiedenen Regionalsprachen mit unterschiedlichen Bildungen zu rechnen – man denke etwa im Nhd. an die Verwendung von *-chen*, *-lein*, *-le*. – Weiterhin ist mit Veränderungen der Regionalsprachen im Verlauf der 300 Jahre „Mhd." zu rechnen; auch wenn im Mittelalter die soziokulturellen Prozesse langsam vor sich gegangen sind, so hat sich doch die Umwelt und die Weltsicht in diesem Zeitraum erheblich verändert, was sich durch den Bedarf an Neuwörtern niederschlägt. Dabei

können sich unterschiedliche Tendenzen in den einzelnen Sprachgemeinschaften durchgesetzt haben. Bei der Erforschung der Wortbildung des Mhd. sind dementsprechend für jede Regionalsprache die produktiven und bevorzugten Wortbildungsmittel zu einer bestimmten Zeit festzustellen. Erst über einen systematischen Vergleich können Erkenntnisse, die für „das Mhd." gelten, gewonnen werden. Gesonderte Fragen sind die gegenseitige Beeinflussung (Übernahme von Wortneubildungen von einem Sprachraum in den anderen) und deren Gründe und der Fremdspracheneinfluß in einer bestimmten Region.

3.3. Textsorten

Wenn die Entwicklung des Wortbestands in der mhd. Sprachperiode künftig verstärkt auch unter dem Gesichtspunkt kulturgeschichtlicher Bedingungen erforscht wird, wird die Berücksichtigung verschiedener Textsorten unumgänglich sein, bei der der Aspekt der Verwendung, nicht des Systems, im Vordergrund steht. Der Ausbau von Wortfeldern durch Neubildungen und die Entwicklung von verschiedenen Fachsprachen verlaufen in einer Sprache nicht zeitgleich, sondern sind vom speziellen Bedarf an Wortneubildungen zur Differenzierung von Begriffen abhängig. Deshalb ist die Untersuchung einer möglichst großen Vielfalt an Textsorten zu fordern. Trotz der reichen Überlieferung mhd. Texte kann es zu Verzerrungen bei der Beurteilung kommen: In der Überlieferung überwiegen dichterische Textsorten, weil die Sprache der Theologie, der Philosophie, der Wissenschaft und der Verwaltung zunächst das Lateinische ist. Unter den deutschsprachigen Textsorten werden wiederum die hochmittelalterlichen Ritterromane und die Schriften der Mystiker bevorzugt erforscht, weil sie durch kritische Ausgaben und Glossare leichter für die Wortbildungsforschung zugänglich sind; hier ist jedoch mit Sondersprachen und Idiolekten zu rechnen. Schon ein flüchtiger Überblick zeigt, daß in den verschiedenen Textsorten ganz unterschiedliche Bestände an Neubildungen auftreten – auch was die Zahl und die bevorzugten Muster betrifft. Einige Hinweise sollen hier genügen:

Im höfischen Roman begegnen Zusammensetzungen, die höfische Kultur und Lebensform, Gefühle und Gemütsverfassungen betreffen; der ebenfalls in diesen Texten zu beobachtende Reichtum an präfigierten Verben ist auch in den Schriften der Scholastik und Mystik anzutreffen – hier aber werden sie weitgehend metaphorisch verwendet. In diesem

Schrifttum überwiegen beim Subst. Ableitungen zur Beschreibung seelischer Erfahrungen. Die weniger anspruchsvollen literarischen Formen (z. B. Fabeln, Reiseberichte, auch Predigten) kommen mit einem sehr einfachen Wortschatz aus: Wenn abgeleitete oder zusammengesetzte Subst. verwendet werden, sind es lexikalisierte Bildungen; bei den Verben überwiegen die Simplizia, dies trifft auch für den spätmittelalterlichen Prosaroman zu. − In der Rechtssprache besteht notwendigerweise ein Streben nach Eindeutigkeit, und das bedeutet ein größeres Bedürfnis von Neubildungen als in Texten, die der Alltagssprache nahestehen. In den Urkunden werden subst. Zusammensetzungen bevorzugt, um Fakten der Gesellschaftsordnung, des Rechts oder Vorgänge der Verwaltung sprachlich zu fassen, wobei in vorgegebenen Formeln Neubildungen in hoher Frequenz erscheinen; in den Titeln spätmittelalterlicher Urkunden und den Anreden in Briefen charakterisieren zahlreiche zusammengesetzte oder abgeleitete Adj. die Textsorte. Im Fachwortschatz naturwissenschaftlicher Schriften treten subst. Zusammensetzungen zahlmäßig hervor. − Bei dichterischen Texten spielen Stilfragen eine entscheidende Rolle bei der Wahl und Aufnahme von Neubildungen; in Reimdichtungen können rhythmische Notwendigkeiten über den Gebrauch von Simplex oder Ableitung entscheiden. Beobachtungen an Texten der klassischen Dichter zeigen schon in einer Textsorte erhebliche Unterschiede (beispielsweise ist Gottfrieds Sprache gegenüber Hartmann oder Wolfram durch seinen Reichtum an zusammengesetzten Subst. und Adj. ausgezeichnet). − Die Auswertung der Gesamtüberlieferung ist auch bei begrenzter Fragestellung nicht möglich. Das jeweilige Forschungsziel wird dafür entscheidend sein, welche Kriterien den Umfang der Materialbasis bestimmen. Bei statistischen Aussagen müssen genaue Angaben über die zugrunde liegenden Texte gemacht werden.

3.4. Kritische Textausgaben

Ausgangsmaterial werden normalerweise die vorhandenen kritischen Textausgaben sein; bei speziellen Fragestellungen wird der Rückgriff auf die mittelalterlichen Handschriften, u. U. der Hss.-Vergleich unumgänglich sein; hier sind die unterschiedliche Zuverlässigkeit der Schreiber und ihre Schreibgewohnheiten zu berücksichtigen. − Die Schreibung der Texte in den Handschriften stellt sich als heuristisch-methodisches Problem für die Wortbildungsforschung dar: Es gibt keine Schreibregularitäten, die Rückschlüsse auf sprachlich empfundene „Einheit" erlauben. Die häufig zu beobachtende Getrenntschreibung von Syntagmen, die im Nhd. als Zusammensetzung gelten, wirft Fragen auf: Ist die Uneinheitlichkeit der Schreibung auf mangelnde Schreibtradition oder auf den Einfluß der Abschrift lat. Werke zurückzuführen, oder werden Unterschiede zwischen lexikalisierten

und nicht-lexikalisierten Zusammensetzungen gemacht? Für künftige Forschung wird der erneute Rückgriff auf die Hss. unerläßlich sein mit der gezielten Fragestellung, ob sich für einzelne Hss. oder Schreiber Distributionskriterien herausfinden lassen. − Jedenfalls ist zu klären, ob die inkonsequente Regelung der Schreibung in kritischen Textausgaben auf die mittelalterlichen Handschriften oder den Herausgeber zurückgeht. In der gleichen Textausgabe werden beispielsweise subst. Zusammensetzungen mit Fugungselement -(e)n- zusammengeschrieben (*ir nahen komendiu herzenleit* Parzival 104, 24) oder getrennt (*wie ein sternen blic* Parzival 103, 28), die mit -(e)s- getrennt (*der riter hete bockes bluot genomen* Parzival 105, 18). Von der Schreibung in den Ausgaben hängt wiederum die Aufnahme eines „Kompositums" in die Wörterbücher ab, auf die man sich immer wieder als Materialsammlungen stützt.

3.5. Wörterbücher und Glossare

Die Durchsicht von Wörterbüchern und Glossaren hilft zwar bei der Feststellung, was im Mhd. an sekundären Bildungen belegt ist, allerdings muß in den Wörterbüchern auch mit falschen Zuordnungen gerechnet werden (Beispiel: *gebieten* in Verbindung mit Modalverb ist syntaktisch bedingte Form von *bieten* − fälschlich eingeordnet bei *gebieten*). Bei der Erstellung der inzwischen veralteten Wörterbücher konnte − schon in Anbetracht des Zeitaufwands − keine „gründliche Auseinandersetzung mit dem Kontext" (Stackmann, 1990, 201) für jeden Beleg zu einer in jeder Beziehung zutreffenden Beschreibung der mittelalterlichen Bedeutung geleistet werden, was jedoch zum Verständnis der Wortbildungsphänomene erwünscht ist.

3.6. Vergleich mit dem Althochdeutschen

Bei Aussagen über Wortbildungsmuster im Mhd. kann der Vergleich mit entsprechenden Phänomenen des Ahd. aufschlußreich sein: Die gut erschlossenen Texte der älteren Sprachperiode lassen erkennen, welche Wortbildungsregularitäten ins Mhd. übernommen wurden und in gleicher Weise weiter Geltung haben, und wo Neuerungen im System stattgefunden haben. Veränderungen gegenüber dem Ahd. finden insofern statt, als die Abschwächung aller Vokale in schwachtoniger Silbe zu ə zur Folge hatte, daß Ableitungen, die im Ahd. ausschließlich aus einem vokalischen Element bestehen, nicht mehr produktiv sein können; diese Suffixe werden durch andere Bildungselemente ersetzt (beispiels-

weise wird das Subst. *schoene* im Verlauf des
Mhd. durch *schoenheit* verdrängt). Die Beurteilung, welche Sachbereiche schon im Ahd.
begrifflich differenziert und welche erst im
Mhd. durch Neubildungen ausgebaut worden
sind, ist allerdings dadurch erschwert oder
ganz unmöglich, weil aus der ahd. Sprachperiode nur begrenztes Material aus einseitig
vertretenen Textsorten überliefert ist; sie geben nur einen schmalen Ausschnitt aus der
Sprachrealität der Zeit. – Statistische Vergleiche zwischen den beiden Sprachperioden
sind überhaupt unmöglich: Weder zur Produktivität noch zur Häufigkeit oder zur Verbreitung von Wortbildungsmöglichkeiten lassen sich sichere Aussagen machen.

4. Ergebnisse der Wortbildungsforschung: Bildung der einzelnen Wortarten

4.1. Das Substantiv

4.1.1. Wie in den anderen Sprachstufen des
Dt. gibt es auch im Mhd. bei der Zusammensetzung von zwei Subst. die „eigentliche
Komposition", bei der das erste Glied unflektiert ist, und die „uneigentliche Komposition", deren erstes Glied formal einem Gen.
entspricht. – Ein st. Subst. als erstes Glied
steht überwiegend in der unflektierten Form
(*kampfgenôz, minnesinger*). Problematisch bezüglich ihres Charakters als Zusammensetzung sind Syntagmen mit st. Subst. im Gen.
als erstem Glied (*bürge tor, gotes segen*); zwar
können Syntagmen wie *des spers ort* wegen
des Art. im Gen. als syntaktische Fügung und
nicht als Zusammensetzung erkannt werden;
schwierig ist die Entscheidung bei Syntagmen
wie *si was gar ob dem wunsches zil* (Parzival
102, 30), so lange statistische und stilistische
Untersuchungen fehlen. – Schw. Subst. als
erstes Glied nehmen – vor allem ab dem 13.
Jh. – -*n*- als Fugungselement an (*botenbrot*),
das homonym mit dem Gen.-Allomorph ist;
daß es sich um eine Zusammensetzung mit
Fugungselement -*n*- handelt, wird durch den
Befund nahegelegt, daß später auch st.
Subst., die auf -*e* enden, analog ein -*n*- annehmen, das bei ihnen nicht Gen.-Allomorph
ist. Bei diesem Typ bleibt es bei einem Nebeneinander von Zusammensetzungen mit und
ohne -*n*- ohne ersichtliche Distributionskriterien. – Nicht nur primäre Subst. werden miteinander zu einer Einheit verbunden, sondern
auch Ableitungen; dabei ist zu beobachten,
daß Ableitungen als zweites Glied einer Zu-

sammensetzung recht häufig vorkommen; als
erstes Glied sind nur Präfixbildungen mit *ge*-
(*geburttac*) oder Ableitungen, deren Suffix
nicht mehr produktiv ist (*vartgenôz*) belegt.
Im Mhd. fehlt noch der Bildungstyp, der im
Nhd. regelmäßig auftritt: Ableitung + Fu-
gungs-*s* + Subst. (*Schönheitspreis*). Ob im
Mhd. schon Ansätze zu dieser Entwicklung
vorhanden sind, ist eine offene Frage. – Zusammensetzung dreier Subst. sind selten;
Voraussetzung ist, daß zwei der Subst. schon
als Einheit lexikalisiert sind (*tagedinc-brief,
kirchen-diepstal*). Bei den relativ seltenen
Zusammensetzungen eines Subst. mit einem
Adj. oder einem Num. als erstem Glied, steht
die unflektierte Form von Adj. oder Num.;
die Bedeutung dieser Zusammensetzungen ist
deutlich unterschieden von entsprechenden
syntaktischen Fügungen (*siechhûs, hochvart,
einsidel*). – Zusammensetzungen mit einem
Verb als erstem Glied sind selten (*habedank,
koufwip*).

Auch wenn die Verwendung zusammenge-
setzter Subst. im Mhd. im Vergleich zum Nhd.
sehr bescheiden ist, so werden doch schon neben der Relation der Attribuierung (*rehtbuoch*)
unterschiedliche Strukturen in zugrunde liegenden Basissätzen erfaßt: z. B. die Beziehung
Subj.–Präd. (*hervart*), Obj.–Subj. (*rehtlerer*),
Adv.–Präd. (Adv. der Zeit: *tagevart*, des
Ortes: *mervart*, der Richtung: *heimvart*, des
Zwecks: *jagevart*, des Mittels: *wagenvart*, der
Art und Weise: *irrevart*). Außerdem treten im
Verlauf des Mhd. auch pleonastische Ver-
deutlichungen auf (*wint-hunt*).

Beim derzeitigen Forschungsstand sind
keine Aussagen darüber möglich, ob das
Mhd. bestimmte Strukturtypen bevorzugt,
und wenn, in welchen Sprachbereichen; weiterhin, ob im Mhd. im Vergleich zum Ahd.
neue Strukturtypen entstehen.

4.1.2. Die Ableitung durch Suffix ist die im
Mhd. meistgebrauchte Möglichkeit zur Bildung von Subst., sowohl zur Bedeutungsdifferenzierung (Ableitung von einem Subst.) als
auch zur Überführung eines Adj. oder Verbs
in die Klasse der Subst. – Das Inventar der
Ableitungssuffixe ist begrenzt und zum großen Teil aus dem Ahd. übernommen (*-chen,
-e, -ede, -el, -er, -in(ne), -iste, -lîn, -linc, -nisse,
-sal, -unge*). Ob -*t* noch produktiv ist, könnte
nur ein Vergleich sämtlicher Bildungen des
Ahd. und des Mhd. ergeben (aber Überlieferungslage des Ahd.!). – Die vokalischen Ableitungssuffixe des Ahd. für Eigenschaftsabstrakta (*-i*) und Nomina agentis (*-o, -eo, -i*)

sind im Mhd. untereinander homonym geworden, auch mit grammatischen Endungen; ihre Produktivität ist weitgehend eingeschränkt: Für Eigenschaftsabstrakta werden Bildungen auf -heit bevorzugt (alt: schoene – neu: schoenheit); bei den Nomina agentis haben sich zwar Wörter wie hirte, bote erhalten; sie sind jedoch nicht mehr als Ableitungen kenntlich. Neubildungen erfolgen mit dem Suffix -aere, -er. – Eine Erweiterung des Suffixbestandes erfolgt im Mhd., indem die ahd. Wörter heit, schaft, tuom ihren selbständigen Status verlieren und jetzt als reihenbildende Suffixe fungieren. Das Suffix -keit entsteht im Mhd. durch die Verschmelzung der Suffixe -ec mit -heit. – Aus dem Frz. werden die Suffixe -ie und -leie ins Mhd. übernommen; daß sie auch zur Ableitung von mhd. Wörtern verwendet werden (jegerie), zeigt die starke Tendenz des Mhd. zur Bildung von Neuwörtern mittels Ableitung. – Die meisten Suffixe können Subst. aus Basiswörtern verschiedener Wortart ableiten: kintheit, schoenheit, einheit, ichheit; keisertuom, rîchtuom, wahstuom; bildnisse, vinsternisse, verlobnisse usw. Jedoch werden -in(ne) und -nisse nur für movierte Femina verwendet und -ec(h)eit nur für Abstrakta von Adj., die entweder mit -ec abgeleitet (trureceit) oder mit -ec erweitert sind (milteceit). – Die einzelnen Suffixe sind Träger verschiedener Bedeutungen – vgl. riterschaft (Kollektiv) – vientschaft (Zustand).

Die große Produktivität und Elastizität des Mhd. bei der Bildung von Neuwörtern durch Ableitung führt zu Redundanzen. Wissenschaftliche Arbeiten, die die Bevorzugung bestimmter Suffixe in einzelnen Dialekten, Textsorten oder Stilebenen untersuchen, könnten die Vielfalt der Entwicklungen verständlich machen.

Die Bildung von Subst. aus Verben durch „interne Ableitung" (Wegfall der charakteristischen Verbalendungen, u. U. Ablaut) wird im Mhd. vor allem im Bereich der präfigierten Verben ausgebaut (behelf, undersaz). – Infolge der Etablierung des Art. vor dem Subst. können Adj. und Verben auch mittels des Art. als Subst. verwendet werden (der guote, daz ezzen).

4.1.3. Im Mhd. werden neue Subst. auch durch Präfigurierung mit ge- (+ Umlaut/Suffix -e) gebildet. Basiswörter sind Subst. (gewât, gemiure) und Verbalstämme (gedult); diese Bildungsweise bleibt bis ins Nhd. produktiv. – Im Mhd. sind außerdem Bildungen mit un-, misse-, seltener ur- beliebt.

4.2. Das Adjektiv

4.2.1. Adj. und Partizipialadj. als Basiswörter können mit einem weiteren Adj. (halptôt, niuwekomen), einem Subst. (grasegrüene, vartmüede; verstärkend wunder-, werlt-), einem Adv. oder einer Präp. (widerbildec, durchlanc) zusammengesetzt werden. Zusammensetzung mit einem Verb sind selten (lobesaelec). – Beim Zusammentreten von Subst. und Adj. lassen sich ähnliche Entwicklungen beobachten wie bei der Zusammensetzung zweier Subst.: Wenn das Subst. in kasusindifferenter Form vor dem Adj. steht (sumerlanc), liegt eine Einheit vor; steht ein Subst. mit Gen.-Endung vor einem Adj. (gruozes wert), ist nur durch statistische und stilistische Untersuchungen zu entscheiden, ab wann es sich um eine Zusammensetzung, nicht mehr um eine syntaktische Fügung handelt. – Die Adj. lôs, rîche, vertec, vol als zweite Glieder von Zusammensetzungen mit einem Subst. (vreuderîche, helfelôs) werden im Mhd. so stark reihenbildend, daß sie in den Übergangsbereich zu Ableitungssuffixen treten.

4.2.2. „Um 1200 sind Subst. und Adj. in ihrer Lautgestalt noch weitgehend ähnlich [...] dasselbe Wort [kann] einmal als Subst. und dann als Adj. auftreten (zorn, grim, leit usw.) [...] überaus zahlreiche Wörter auf -e (schoene, staete, triuwe)" (Brinkmann 1964, 98). Mittels wortklassenspezifischer Ableitungsmorpheme werden im Mhd. Homonymien zwischen Subst. und Adj. aufgehoben (muot – muotec); aufschlußreich für das Streben nach Wortklassenzuweisung ist die pleonastische Erweiterung von Adj. durch Suffixe, die ursprünglich zur Ableitung von Adj. aus Subst. gedient hatten (blawîn wie guldîn), oder durch die Verwendung mehrerer Suffixe, die in gleicher Weise das Lexem der Wortklasse Adj. zuweisen (-ec-lîch). Wieweit Doppelformen semantisch differenziert sind (wert – wirdec), muß von Fall zu Fall entschieden werden.

Die meisten Suffixe, die ein Lexem der Wortklasse Adj. zuweisen (-ec/-ig, -lich, -sam, -haft, -maeze, -baere), werden mit Subst., Adj. und Verbalstämmen verbunden; vor allem auf Ableitung von Subst. beschränkt sind -in, -isch, -eht/-oht, -loht/-leht. Schon im Mhd. um 1200 wird -baere zu den Suffixen zu rechnen sein: Es tritt nur noch ganz vereinzelt als Simplex auf und ist stark reihenbildend (70 verschiedene Adj. auf -baere). Noch stärker als beim abgeleiteten Subst. konkurrieren verschiedene Suffixe beim Adj.: tugentbaere, tugenthaft, tugentlîch, tugentsam. Ob es durchgängig Distributionskriterien für die einzelnen Ableitungsallomorphe gibt oder ob die Vielfalt durch mundarten- oder textsortenspezifischen Gebrauch entstanden ist, kann nur durch weitere Untersuchungen, die auch die Gebrauchsfrequenz berücksichtigen, erkannt werden.

4.2.3. Von Subst. werden Adj. auch mit dem Präfix ge- abgeleitet, wodurch Homonymien mit dem Subst. vermieden werden. Bei Präfigierung eines Adj. mit ge- entstehen Doppelformen (Adj. *triuwe* − *getriuwe*), deren semantische Differenzierung (noch) nicht erkennbar ist. − Wie beim Subst. kann die Bedeutung eines Adj. durch vorgesetztes *un-*, auch *misse-* verneint (*unbehende, missevar*) oder durch *ur-* verstärkt (*uralt*) werden.

4.3. Das Verb

4.3.1. Zusammensetzungen eines Verbs mit einem Subst. als erstem Glied sind selten (lexikalisierte Verbindungen wie *hôn-lachen*); Zusammensetzungen mit einem Adj. etwas zahlreicher, vor allem wegen der im Mhd. beliebten Zusammensetzung mit *vol-* als erstem Glied. − Weil durch Verben Handlungen und Vorgänge ausgedrückt werden, die oft direktional sind, stehen beim Verb sehr häufig Adv. und Präp., die die spezielle Gerichtetheit angeben (*ab, after, an, dar, durch, gegen, her, hin, hinter, in, mite, nach, über, uf, umbe, under, ûz, vure, wider, zuo*). Problematisch und in jedem Fall einzeln zu untersuchen ist, ob im Mhd. daraus schon feste Verbindungen geworden sind oder nicht. Hinweise, daß zum Teil schon echte Zusammensetzungen vorliegen, kann man darin sehen, daß Verben − wie z. B. *übertreten* − auch in übertragener Bedeutung verwendet werden; mit textsortenspezifischem Verhalten ist hier zu rechnen. Auch Beobachtungen zum zeitlichen Aufkommen der metaphorischen Verwendung in einzelnen Regionen können aufschlußreich sein.

4.3.2. Aus den drei im Ahd. durch ihre Wortbildungselemente unterschiedenen Klassen abgeleiteter (schw.) Verben ist im Mhd. eine Klasse geworden; bei Abnahme der st. Verben wird der verbale Wortschatz im Mhd. nicht nur durch Lehn- und Fremdwörter erweitert, sondern auch durch Bildung neuer schw. Verben. Ein eigenes Wortbildungssuffix besteht jedoch nicht mehr; vielmehr werden aus Subst. und Adj. Verben gebildet, indem an die Wurzel ein Element aus dem Flexionsbestand der schw. Verben angefügt wird (z. B. Verben: *gesellen, rîchen, er rîchet*). − Zu den aus dem Ahd. übernommenen Suffixen *-eln, -ern, -egen, -ezen* tritt das Suffix *-ieren* aus dem Frz., zunächst nur bei Fremdwörtern (*tjostieren*), später auch zur Ableitung aus dt. Wörtern (*halbieren*). − Keine Aussagen sind darüber möglich, ob im Mhd. noch Neubildungen schw. Verben aus st. Verben erfolgen oder ob alle schw. Verben dieses Typs schon im Ahd. oder früher entstanden sind.

4.3.3. Zahlreiche neue Verben entstehen im Mhd. durch Präfigierung: Die Präfixe *be-, ent-, er-, ge-, ver-, zer-* sind sehr produktiv. Zunächst werden sie nur vor Verbalstämme gesetzt, im späteren Mhd. dienen sie auch zur Ableitung von Verben aus Subst. (*beanspruchen, beziffern*). − Die große Funktionsbreite der Basisverben wird in Teilen durch Präfixbildung präzisiert, wobei Simplex und Präfixverb zeitweilig miteinander konkurrieren. Daß die Bedeutungsdifferenzierung einem Bedürfnis entgegenkommt, wird durch die hohe Gebrauchsfrequenz in den mittelalterlichen Ritterdichtungen erwiesen. Anscheinend sind die Präfixe bei Verben im Mhd. so stark reihenbildend, daß eine Überproduktion stattgefunden hat und manche vom gleichen Simplex abgeleiteten Verben semantisch wohl kaum verschieden waren (*benüegen* − *genüegen*); dies führte zu einer Konkurrenz zwischen den Neubildungen, so daß im Verlauf der Entwicklung zum Nhd. präfigierte Verben z. T. wieder aufgegeben (*errîten, beligen, versitzen*) wurden; andere Präfixverben verdrängten im Lauf der Entwicklung das Simplex in bestimmter Funktion. − Die Redundanz an Verben erleichterte wohl auch den Übergang zu übertragener Bedeutung (vgl. *berîhten* u. ä.), d. h. das präfigierte Verb trat vom ursprünglichen Wortfeld in ein neues über und wurde von da an in neuen syntagmatischen Zusammenhängen verwendet.

5.   Literatur (in Auswahl)

Brinkmann, Hennig, Das deutsche Adjektiv in synchronischer und diachronischer Sicht. In: WW 14, 1964, 94−104.

Erben, Johannes, Deutsche Wortbildung in synchronischer und diachronischer Sicht. In: WW 14, 1964, 83−93.

Ders., Der sinnesame Tristan. Zur Wortbildung des Adjektivs bei Gottfried von Straßburg. In: Festschrift für Hans Eggers zum 65. Geburtstag. Hrsg. v. Herbert Backes. Tübingen 1972, 182−191.

Ders., *Quali-tas/Welch-heit*, Zur Wortbildung der Pronomina im Deutschen. In: WW 26, 1976, 227−234.

Ders., Wortbildung und Sprachstil in Walthers Alterslied (L. 66, 21−68, 7). In: Festschrift für Ingo Reiffenstein zum 60. Geburtstag. Hrsg. v. Peter K. Stein/Andreas Weiss/Gerold Hayer. Göppingen 1988, 31−38. (GAG 478).

Ders., Einführung in die deutsche Wortbildungslehre. 3. Aufl. Berlin 1993. (GG 17).

Eroms, Hans-Werner, Zum Verbalpräfix *ge-* bei Wolfram von Eschenbach. In: Studien zu Wolfram von Eschenbach. Festschrift für Werner Schröder zum 75. Geburtstag. Hrsg. v. Kurt Gärtner/Joachim Heinzle. Tübingen 1989, 19−32.

Fleischer, Wolfgang, Sprachgeschichte und Wortbildung. In: BES 6, 1986, 27−36.

Flury, Robert, Struktur- und Bedeutungsgeschichte des Adjektiv-Suffixes *-bar*. Diss. phil. Zürich 1964.

Grimm, Jacob, Deutsche Grammatik. 2. u. 3. Theil: Von der Wortbildung. Göttingen 1862/1831, 2. Aufl.: 2. Theil bearb. v. Wilhelm Scherer. Berlin 1878; 3. Theil bearb. v. Gustav Roethe/Edward Schröder. Gütersloh 1890.

Henke, Ingeborg, Die Verbalkomposita mit *vol-*, *volle-* und *vollen* im Frühmittelhochdeutschen. In: PPB (H), Sonderband 79, 1957, 461−488.

Henzen, Walter, Deutsche Wortbildung. 3. Aufl. Tübingen 1965. (SkG B: Ergänzungsreihe 5).

Heringer, Hans-Jürgen, Verbalabstrakta in der mittelhochdeutschen Übersetzung der Summa Theologica. In: Euph. 63, 1969, 421−425.

Müller, Peter O., Historische Wortbildung. Forschungsstand und Perspektiven. In: ZfdPh 112, 1993, 394−419.

Paraschkewoff, Boris, Zur Entstehungs- und Entwicklungsgeschichte der Bildungen auf *-weise* (Teil 1). In: PBB (H) 97, 1976, 165−211.

Paul, Hermann, Von den Aufgaben der Wortbildungslehre. In: Sitzungsberichte der philosophisch-philologischen und der historischen Classe der k. b. Akademie der Wissenschaften zu München 1896, 692−713. Wiederabgedruckt in: Wortbildung. Hrsg. v. Leonhard Lipka/Hartmut Günther. Darmstadt 1981, 17−35. (WdF 564).

Ders., Deutsche Grammatik. Teil 5: Wortbildung. Halle/S. 1920.

von Polenz, Peter, Neue Ziele und Methoden der Wortbildungslehre. In: PBB (T) 94, 1972, 204−225; 398−428.

Richter, Gerlinde, Zur Bedeutungsgeschichte der althochdeutschen *-missa*-Bildungen. In: PBB (H) 85, 1963, 313−334.

Schröder, Marianne, Die frühmittelhochdeutschen *-lich*-Bildungen. In: PBB (H) 83, 1961, 151−194.

Solms, Hans-Joachim, Das System der Präfixverben in der frühesten Überlieferung des Hartmannschen GREGORIUS (Hs. A. aus dem Alemannischen des 13. Jhs.). In: Deutsche Sprachgeschichte. Festschrift für Johannes Erben. Hrsg. v. Werner Besch. Frankfurt/M. [etc.] 1990, 115−128.

Stackmann, Karl, Historische Lexikographie. Bemerkungen eines Philologen. In: Wörter und Namen. Aktuelle Lexikographie. Symposium Schloß Rauischholzhausen 1987. Hrsg. v. Rudolf Schützeichel/Peter Seidensticker. Marburg 1990, 198−213. (Marburger Studien zur Germanistik 13).

Stötzel, Georg, Zum Nominalstil Meister Eckharts. In: WW 16, 1966, 289−309.

Wilmanns, Wilhelm, Deutsche Grammatik. GOTISCH; ALT-, MITTEL- und NEUHOCHDEUTSCH. II. Abteilung: Wortbildung. Straßburg 1896, 2. Aufl. 1899.

Zutt, Herta, BIETEN. Das Bedeutungsspektrum eines Verbs der ritterlich-höfischen Kultur. In: Texttyp, Sprechergruppe, Kommunikationsbereich. Festschrift für Hugo Steger zum 65. Geburtstag. Hrsg. v. Heinrich Löffler/Karlheinz Jakob/Bernhard Kelle. Berlin/New York 1994, 17−32.

Dies., *Bemerken und betrachten*. Ein Stilelement Gottfrieds von Straßburg und seine Funktionen. In: *Ist mir getroumet mîn leben?* Vom Träumen und vom Anderssein. Festschrift für Karl-Ernst Geith zum 65. Geburtstag. Hrsg. v. André Schnyder [u. a]. Göppingen 1998, 175−189.

Herta Zutt, Freiburg/Br.

95. Die Textsorten des Mittelhochdeutschen

1. Vorbemerkungen

Der Artikel behandelt die dt. Schriftzeugnisse von der zweiten Hälfte des 11. Jhs. bis zum Beginn des 15. Jhs. So eindeutig sich der Beginn dieser Zeitspanne mit dem Auftreten frmhd. Texte nach der ausschließlich lat. Literepoche der ottonisch-frühsalischen Zeit (sog. 'Ottonische Lücke' der dt. Literatur zwischen dem Ahd. und dem Mhd.) um das Jahr 1060 fixieren läßt (vgl. auch Art. 71), so schwierig ist die Epochenabgrenzung zum Frnhd. hin. Blickt man auf die Textsorten (= TSS) der mhd. Zeit nicht nur unter dem Gesichtspunkt ihres Entstehens, sondern auch unter dem ihres Fortlebens, ihres Gebrauchs und ihrer Wirkung, müßte man das gesamte 15. Jh. und die ersten Jahrzehnte des 16. Jhs. in die Betrachtung mit einschließen. Im 15. Jh. erreichen wesentliche TSS des Mittelalters (= Ma.) nochmals einen Höhepunkt in Produktion und Verbreitung. Nicht nur in der 'Ritterrenaissance' Ende des 15. Jhs. werden die TSS der hochhöfischen Zeit gesammelt (Ambraser Hs.), nachgeahmt (Maximilian I.) und umgeformt, auch bei den Auseinandersetzungen der Reformationszeit bedient man sich überkommener TSS (Predigt, Dialog, Streitschrift etc.). Dennoch werden wir unseren Überblick ohne weitere Diskussion der Epochengrenzproblematik am Anfang des 15. Jhs. abschließen. Unsere Entscheidung stützt sich v. a. auf die Beobachtung, daß sich in den zahlreichen Umständen, die zu einem weiteren Anwachsen der Textmenge und zu einer breiten Ausfächerung des TSS-Systems führen (Aufkommen des Papiers, Druck, Verschriftlichung der Kultur in Verwaltung, Recht, Alltagsleben), und den neuen Kultureinflüssen durch den ital. Frühhumanismus (Antikerezeption) eine Entwicklung abzeichnet, die im 15. Jh. zu einem deutlichen Nebeneinander von neuen und traditionellen TSS führt. Diese Zweisträngigkeit der Schriftzeugnisse im gesamten Textkosmos des Frnhd. sehen wir als ein entscheidendes Charakteristikum dieser Epoche an (vgl. Artikel 116).

Von besonderer Bedeutung für die volkssprachigen TSS unseres Zeitraums ist die Tatsache, daß die mittelalterliche (= mal.) Laienkultur zunächst schriftlos war. Deshalb ist nicht nur für viele TSS-Bereiche mit der Existenz mündlicher Formen zu rechnen — viele Spuren weisen z. B. auf orale Dichtungstraditionen hin —, sondern es ist mit fortschreitender Literalisierung der Volkssprache davon auszugehen, daß einige schriftliche TSS sich als Ergebnis von Überschneidungen und Mischungen von Oralität und Literalität darstellen. Das komplexe Verhältnis von Mündlichkeit und Schriftlichkeit wurde Mitte der 80er Jahre zum Gegenstand eines interdisziplinären Forschungsbereichs, der die Übergänge und Spannungsfelder beider Kommunikationsformen auch unter diachroner Perspektive untersucht (vgl. z. B. Schaefer 1993; dazu Heinzle 1995). Dabei zeichnet sich ein komplexeres Verhältnis beider Bereiche ab, dessen Spannweite von der Konkurrenz bis zur Kooperation und Inkorporation reicht. Obwohl die Fortführung früherer Rekonstruktionsversuche für mündliche TSS (Kuhn 1960) oder Untersuchungen über Einflüsse der Oralität auf die Struktur schriftlicher Erzeugnisse (Bumke 1986, 610—617) im Zusammenhang mit unserem Überblick über die mhd. TSS größere Beachtung verdient hätten, werden wir nur einen Aspekt berücksichtigen: Wir weisen auf mündliche Traditionen hin, soweit sie als Vorformen oder strukturbildende Faktoren schriftlicher TSS erkennbar sind (vgl. dazu v. a. Wen-

zel 1995 und Faulstich 1996). — Ein weiterer interessanter, bislang stark vernachlässigter Bereich ist der Zusammenhang zwischen TSS und ihrer sprachlichen Gestaltung. Die neuere Sprachwissenschaft hat sich weit weniger als die Literaturwissenschaft mit den mhd. Texten beschäftigt. Hier bestehen starke Defizite sowohl im Vergleich mit dem Ahd. wie vor allem mit dem Frnhd. (dazu grundsätzlich Th. Klein 1989; zu Einzelaspekten Wolf 1981; Bumke 1993 und 1994, 72—80; Stackmann 1994, 409—412). Untersuchungen zur Syntax, Wortbildung und Stilistik bestätigen die sprachliche Eigenheit größerer TSS-Gruppen und geistiger Strömungen (Urkundensprache, Mystik, Dichtung allgemein). Wortschatzdifferenzierungen z. B. zwischen Heldenepik und Roman (Splett 1987) bleiben unscharf, weil autorspezifische und stilistische Aspekte die TSS-Abgrenzungen überspielen. Neuere textlinguistische und pragmatische Ansätze liegen vereinzelt vor; sie konzentrieren sich in unterschiedlicher Breite und Tiefe auf Teilbereiche und Verfahrensweisen (zu Lehrgesprächen Kästner 1978; zu Liebeserklärungen Schwarz 1984; zu Minnegesprächen Kästner 1999; zur Predigt Meister Eckharts Hasebrink 1991 und 1992; zur Analyse literarischer Dialoge Betten 1994; zur Geschichte der Dialogformen Fritz 1994). — Schließlich sei hervorgehoben, daß nicht Vollständigkeit im Sinne der Erfassung auch der letzten Randgruppe mhd. Texte der Leitfaden unserer Darstellung ist — hierfür verweisen wir auf die einschlägigen Handbücher —, sondern das exemplarische Darstellen von Problemen, von Lösungsvorschlägen und notwendigen Konsequenzen, die bei einer kommunikationstheoretisch ausgerichteten Systematisierung der deutschen Schriftzeugnisse des Mittelalters auftreten.

2. Zur Problematik eines mittelhochdeutschen Textsortensystems

2.1. Grundsätzliche Überlegungen anhand vorliegender Versuche

Überblickt man die bisherigen Versuche, mal. Texte zu klassifizieren, so lassen sich vier z. T. kombinierte Verfahrensweisen unterscheiden:

2.1.1. Am verbreitetsten ist die Übernahme der Einteilung in die 'Naturformen' (Goethe) Epos, Lyrik und Drama. Sie ist jedoch problematisch, wobei am schwersten wiegt, daß weite Textbereiche (geistliche und weltliche Sach- und Gebrauchsliteratur) von vornherein ausgegrenzt sind (zur Kritik Kuhn 1956; Jauss 1972).

2.1.2. Unterschiedlich beurteilt wird die Möglichkeit der Rekonstruktion eines mal.

TSS-Verständnisses aus zeitgenössischen Zeugnissen. In Frage kommen folgende Aspekte:

2.1.2.1. Mal. TSS-Terminologie: Sie scheint einerseits undifferenziert, andererseits okkasionell zu sein. So beziehen sich Begriffe wie *maere, aventiure* oder *liet* nicht nur auf e i n e TS; dabei ist aber zu berücksichtigen, daß z. B. bei der Ankündigung *von künec Artus ein maere* (*Crône* 218) die Steuerung der Erwartungshaltung eher über den Namen *Artus* als über *maere* erfolgt; der Name *Artus* fungiert also als TSS-Indikator; eine entsprechende Steuerungsfunktion hat der Kontext von *maeren* in der 1. Strophe des *Nibelungenliedes* (*alten, geseit, helden, weinen, klagen, küener helden striten*; Strophenform); zur zeitlichen Entwicklung der mhd. TSS-Terminologie vgl. Schwietering (1908, 40ff.). — Andererseits ist die Terminologie in Teilbereichen differenziert, aber ohne erkennbare Systematik: So unterscheidet Reinmar der Fiedler die Liedgattungen *tageliet, klageliet, hügeliet, zügeliet, tanzliet, leich, kriuzliet, twingliet, schimpfliet, lobeliet, rügeliet* und Berthold von Regensburg *tagelied, chlaglied, minnelied, loblied, scheltlied, vreudenlied* (vgl. Kuhn 1956; positiver Moser 1956, 379f.; zur sehr viel festeren TSS-Terminologie in der mal. frz. Lyrik vgl. Rieger 1976).

2.1.2.2. Mal. literarisches Normbewußtsein ist in Teilbereichen nachweisbar, z. B. in der Artusepik, in der sich der Pleier im *Garel* gegen die textsortenunspezifische Gestaltungsweise im *Daniel* des Stricker (vgl. de Boor 1957; Kern 1981) wendet.

2.1.2.3. Über mögliche Relationen zwischen Autorengruppen und TSS vgl. 4.

2.1.2.4. Selbstaussagen, Autorenkataloge, Dichternennungen: Die Unterscheidung zwischen Epikern und Lyrikern nimmt Gottfried vor (*Tristan* 4753). In der Lyrik betont Ulrich von Baumburg (früher: Buwenburg) (6, 35ff.) die Sonderstellung der Minnesänger gegenüber den Fahrenden (ähnlich Stricker, *Frauenehre* 133ff.). In der Epik wird bei Jean Bodel die Bedeutung der Einteilung nach Stoffbereichen deutlich (*de France, de Bretaigne, de Rome* [*Chanson de Saisnes*, 7]), die sich in der Literaturgeschichtsschreibung durchgesetzt hat (z. B. Bumke 1990, 133f.).

2.1.2.5. Textkataloge und Bücherverzeichnisse: Diese Zeugnisgruppe fehlt für das Hochmittelalter (vgl. aber Art. 116).

2.1.2.6. Überlieferungsverbände: Auf die Notwendigkeit ihrer Untersuchung hat besonders Kuhn (1956) hingewiesen. Zweifellos liegt einem Überlieferungsverband der Gedanke der Zusammengehörigkeit der Texte zugrunde, doch muß es sich nicht um TSS-Zusammengehörigkeit handeln. Autor, Zeit, Handlungsort, Thema, Bekanntheit, Seltenheit oder das Interesse des Auftraggebers können ebenso Sammlungsgesichtspunkte darstellen (vgl. Becker 1977; Schirok 1998), wobei auch mit einem zeitbedingten Wandel von Zusammengehörigkeitskriterien (Autor) zu rechnen ist.

2.1.3. Als Beispiel für ein pragmatisch orientiertes Vorgehen kann eine Reihe von Arbeiten zum Teilgebiet 'Lyrik' gelten, das ein uneinheitlich abgegrenztes und unterschiedlich gegliedertes, differenziertes TSS-Feld mit funktional aufeinander bezogenen Teilbereichen darstellt. Während literaturgeschichtliche Darstellungen hauptsächlich wegen der autorbezogenen Behandlung zu einer Zwei- oder Dreiteilung neigen (Minnesang — Spruchdichtung bzw. Liebeslyrik — Spruchdichtung — religiöse Lyrik), ist mehrfach auf die Unzulänglichkeit dieser Grobgliederung hingewiesen worden. — Moser (1956) schlägt eine Gliederung vor, die den traditionell als Spruchdichtung bezeichneten Bereich weiter fächert. Schweikle (1989, 114—153; vgl. X) unterscheidet im Bereich Minnesang 23 Gattungen (z. B. Naturlied), die z. T. weiter differenziert werden (z. B. Mailied — Sommerlied — Winterlied); er betont jedoch nachdrücklich die Problematik einer solchen Klassifikation: 'Gattung' meine im Bereich Minnesang „nicht eine feste und konstante Einheit, sondern eine offene prozeßhafte Kombination von form-, struktur- und inhaltstragenden Elementen, ein Merkmalbündel, das sich von Gattung zu Gattung innerhalb des gemeinsamen Bezugsrahmens Minnesang anders zusammensetzen kann" (1989, 114).

Um die Problematik einer Systematisierung aufzuzeigen, verweisen wir auf die Versuche von U. Müller (1979) und Tervooren (1993). Müller unterscheidet fünf Beschreibungsebenen: I. die aussagende Form, II. den ausgesagten Inhalt (die Thematik), III. die Aussage-Tendenz, IV. die Aussage-Weise, V. das Aussage-Personal. Nachdem Müller auf der Formebene den Typ 'Lied' abgegrenzt hat, kommt er dafür durch Kombination der Ebenen II und III zu folgender Matrix:

LIED: (II/III)	LIEBE	RELIGION	MORAL/ETHIK	POLITIK
1. Freude:	Tanzlied, Frühlingslied		(Danklied)	(Danklied)
2. Preis:	Frauenpreis	relig. Preislied	Lieder über Tugenden	Preislied
3. Klage/Trauer:	Minneklage	Sündenklage, Alterslied	Zeit- u. Gesellschaftsklage	Totenklage, politisches Klagelied
4. Schelte:	Scheltlied (Dienstaufsage)		Lieder gg. Laster	Schelt-, Schmählied
5. Mahnung/Aufforderung/Belehrung:	*uzreise*	Mahnlied (Kreuzzug)	allgemeine didaktische Lieder	politisches Mahnlied
6. Bericht:	Tagelied/Pastourelle	heilsgeschichtl. Erzähllied	biogr. Lied/Gleichnislied	politisches Erzähllied (Kampfbericht)

Gewisse Nachteile dieser Kategorisierung (Doppelbesetzungen, Unmöglichkeit eindeutiger Zuordnung) veranlassen Müller dann zu einer Reihung der Beschreibungsebenen, die aber nicht erkennen läßt, was das Spezifische z. B. der TS Tagelied darstellt (vgl. Knoop 1976). Es müßte sich aber wie in der Epik auch in diesem Falle ein TSS-Indikator bestimmen lassen, der im Grundmodell wie in den Variationen vorkommt. U. E. ist er beim Tagelied an das frühzeitige Auftreten von Einzelbegriffen aus einem relativ festen Vorstellungsarsenal gekoppelt (*tac, tagen, morgen, naht, wahter, vogel, warnen, tougen* etc.). In diese Richtung weist Wolfs (1992, 15f.) enger gefaßtes 'Morgensignal'. — Die Überschneidung verschiedener Bereiche (Liebe, Religion, Politik) und entstehungsgeschichtliche Aspekte versucht das Schema von Tervooren (1993, 27) zu berücksichtigen, das aber im Bereich Liebeslyrik sehr viel unsystematischer ist.

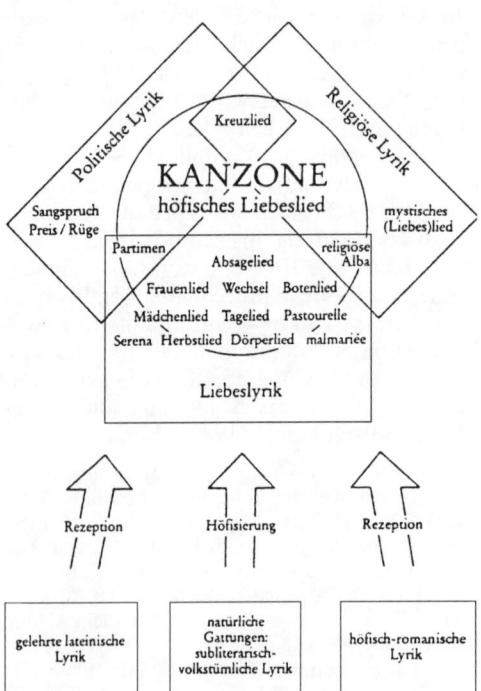

Im Lyrikbereich ist vereinzelt auf funktionale Beziehungen zwischen einzelnen TSS hingewiesen worden. So werden zur Zeit der Dominanz des Modells 'Hohe Minne' im Kreuzzugslied argumentative, im Tagelied und der Pastourelle darstellende Gegenpositionen entwickelt. Auffällig ist, daß von den beiden darstellenden Gegenpositionen, die inhaltlich konträr sind (Tagelied: Vereinigung, Trennung, Klage — Pastourelle: Begegnung, Vereinigung, Freude), in Frankreich wie in Deutschland nicht beide gleichmäßig besetzt sind, sondern jeweils eine signifikant dominiert: in Frankreich die Pastourelle, in Deutschland das Tagelied. Offenbar verhindert die einmal etablierte funktionstragende TS eine Doppelbesetzung. Dabei ist beim Tagelied freilich zu bedenken, daß zwar der Aspekt der Erfüllung eine Gegenposition zum Modell der 'Hohen Minne' darstellt, der Aspekt der Klage aber beide TSS eher verbindet.

2.1.4. Obwohl das Konzept TS innerhalb linguistischer Textklassifikationsversuche nicht unumstritten ist (Adamzik 1995, 11−40), hat man dennoch versucht, es für ältere Texte fruchtbar zu machen. − Grundsätzliche Überlegungen zur mal. TSS-Problematik enthalten die Arbeiten von Kuhn (1956), Jauss (1972) und Köhler (1977). − Kuhn unterscheidet 3 Problemebenen, nämlich das

Typenproblem („Typen, Werkstattschematen und -schablonen, Werkvorstellungen und Werkgebrauchsweisen"), das *Schichtenproblem* (a. vor- und unterliterarische Schicht mündlicher Literatur, b. „lateinisch"-literarische Schicht auch in den Volkssprachen, c. bewußt volkssprachlich literarische Schicht) und das *Entelechieproblem* (ständische und nationale „Aussonderung" sowohl aus den germanisch-spätantiken Traditionen wie aus den lateinisch-christlichen Bildungs-Renaissancen).

Mit dem Typenproblem steht Kuhn der traditionellen Gattungsdiskussion am nächsten, er berücksichtigt allerdings auch schon Distributions- und Rezeptionsaspekte. Beim Schichtenproblem scheint uns die Einbeziehung mündlicher Literatur in die Überlegungen grundsätzlich relevant (vgl. aber oben 1.). Das Entelechieproblem schließlich stellt mit der funktionalen Betrachtungsweise literarische Phänomene in einen größeren Rahmen. – Im Anschluß an die russ. Formalisten hat Jauss einerseits die Notwendigkeit der Untersuchung wechselseitiger Beziehungen der TSS betont, andererseits auf bestimmte Entwicklungsgesetzmäßigkeiten innerhalb der einzelnen TS hingewiesen (Dreischritt von Kanonisierung, Automatisierung und Umbesetzung; 'Höhenkamm'-Theorie). Mit berechtigter Kritik an Jauss (vgl. aber Jauss 1972, 136) betont Köhler (1977, 7) die Notwendigkeit, neben der Stellung der TS im TSS-System die Beziehung dieser Stellung „zu einem spezifischen 'Sitz im Leben' der Gattung" zu analysieren, „zu ihrer arbeitsteiligen Funktion in der Aneignung und Auslegung ein- und derselben geschichtlichen Wirklichkeit durch von dieser unterschiedlich betroffene soziale Gruppen und schließlich in der Rückwirkung auf diese", d. h. „Gattungssystem und Gesellschaftssystem" im Zusammenhang zu sehen.

2.2. Folgerungen

Dem kritischen Referat über Vorschläge zu einer Systematik volkssprachlicher Texte im Ma. wären nun die unterschiedlichen Konzeptionen der wichtigsten Literaturgeschichten (vgl. 6.) zur Seite zu stellen. Wir müssen darauf verzichten, stellen aber fest, daß bei neueren Versuchen (Bertau 1972/73; Wehrli 1980; Heinzle 1984; [2]1994; Vollmann-Profe 1986; [2]1994; Haubrichs 1988; [2]1995; Glier 1987; Kartschoke 1990; Bumke 1990; Cramer 1990; Knapp 1994) die Absicht deutlich wird, von einem Texte und Autoren reihenden Verfahren abzurücken und ein neues Darstellungsprinzip zu wählen, das den 'Sitz im Leben' der jeweiligen TS in den Blick nimmt und z. B. neben dem üblichen Aspekt der literarischen Formen die literarische Interessenbildung berücksichtigt (Heinzle 1984; [2]1994; Vollmann-Profe 1986; [2]1994; dazu Heinzle 1989; kritisch J.-D. Müller 1993). Theoretische Vorarbeiten dazu lieferte Kuhn seit 1956. Nimmt man die Anregungen von Kuhn, Jauss (1972) und Köhler (1977) für eine Neuorientierung der mediävistischen TSS-

und Literaturgeschichtsschreibung ernst, wird man auch die althergebrachte Literatursystematik in einigen Punkten entscheidend verändern müssen. Auch die neue Theoriediskussion hält eine Umorientierung für erforderlich. Ihr liegt der Versuch zugrunde, den Literatur- und Textbegriff für das Mittelalter neu zu definieren, indem man die Medialität der Texte (mündlich vs. schriftlich) herausstellt und ihre Situationsgebundenheit und ihren Aufführungscharakter berücksichtigt. Diese Rahmenbedingungen einer semioralen Kultur schlagen sich in TSS-Merkmalen wie Variabilität, Offenheit, Vielfalt der Deutungsangebote etc. nieder (vgl. J.-D. Müller 1996). Für unsere Darstellung wählen wir folgendes Vorgehen: Ausgehend von einem historisch zu relativierenden Weltenmodell (Art. 116), der Kenntnis der wichtigsten Textexemplare einer TS und ihrer kultur- und sozialgeschichtlichen Kontexte versuchen wir, Funktion und Leistung einer volkssprachigen Literatur in Kategorien zu fassen (Kuhn 1980, X). Ein solches Unternehmen ist beim jetzigen Stand der Forschung – vor allem für das Spätma. – von Einzelnen nicht durchgängig zu leisten. Eine fehlende Literaturstatistik, aber auch die notwendige Koordination der Ergebnisse von Forschungsdisziplinen wie mal. Geschichte, Bibliothekswissenschaft, Literatursoziologie, allgemeine Kultur- und Wissenschaftsgeschichte erschweren eine solche Aufgabe, die sich die Rekonstruktion mal. Kommunikationsprozesse zum Ziel setzen muß. – Eingedenk der Kuhnschen Mahnung (1980, XI), daß eine Zielsetzung, die „alle gerade fürs Mittelalter nötigen Materialien, Kern- und Randgebiete zu beherrschen" versucht, eine Illusion bleiben muß, „vor der weder Negligenz noch Perfektionismus in Teilbereichen schützt, sondern nur Konsequenz der Fragestellung und – Bescheidenheit", formulieren wir unser Erkenntnisinteresse: Wir versuchen eine grobmaschige Bestandsaufnahme der mhd. schriftlichen Textzeugnisse innerhalb der Bereiche Religion/Alltag/Dichtung/Wissenschaft und ihren Überschneidungsfeldern (zum Problem Fiktionalität im Bereich Dichtung vgl. unten 3.6.3.). Der später erforderlich werdende Ansatz eines eigenen Bereichs Institutionen (vgl. Art. 116) ergibt sich für unseren Zeitraum noch nicht mit gleicher Notwendigkeit, dennoch sei er an dieser Stelle eingeführt (vgl. 3.14. und 3.15.). – Die Einbeziehung des alltäglichen Gebrauchs-, Sach- und Fachschrifttums und der ersten dt. Texte aus dem Bereich der kirchlichen und weltlichen Verwaltung vor allem des Spätma. begründet unsere Terminologie. Unter dem paradoxen Zwang stehend, einerseits idealtypisch systematisieren, andererseits historisch differenzieren zu müssen, verwenden wir den Begriff TS in einer spezifischen Lesart (vgl. Adamzik 1995, 16ff.), so daß darunter alle schriftlich fixierten, intentional, funktional (vgl. Art. 16), medial (z. B. Hs./Druck), formal (z. B. Vers/Prosa) ausgrenzbaren und reproduzierbaren Typen sprachlicher Kommunikation verstanden werden. Für die hochartifiziellen TSS verwenden wir weiterhin die traditionell eingewöhnten Gattungsbezeichnungen (Heldenepos, Tagelied, Bußpredigt etc.). – TSS sind demnach heuristische Begriffe und als Idealtypen zu verstehen, deren konkrete Eigenart nur in der Betrachtung der Realtypen in ihrer jeweiligen Historizität (darauf verweisen die in Klammern exemplarisch genannten Werke) zu erkennen ist. – Bei der Bestandsaufnahme gehen wir relativ chronologisch vor, um die zunehmende Literarisierung des Dt. erkennbar werden zu lassen. Die in 4.1. und 4.2. angesprochenen Aspekte der literarischen Produktion, Distribution und Rezeption mit ihren zeitlichen, räumlichen und sozialen Komponenten sind als notwendige Ergänzungen des Systematisierungsversuchs aufzufassen. In 5. versuchen wir, Gründe für den TSS-Wandel anzugeben und Entwicklungstendenzen innerhalb des behandelten Zeitraums aufzuzeigen.

3. Bestandsaufnahme: Entwicklungsprozeß, Stoff-/ Themenkreise, Funktionsbereiche

3.1. Die frmhd. Literatur setzt typenmäßig dort wieder ein, wo die ahd. des 9. Jhs. aufgehört hatte. Der Klerus schuf um die Mitte des 11. Jhs. eine geistliche Gebrauchsliteratur in der Volkssprache, die der Laienseelsorge und der Vermittlung von Kult und Dogma diente. Alle TSS im ersten Jh. der mhd. Literatur übersetzen die in der lat. Schriftkultur der *pfaffen* fixierten Glaubensinhalte/-auslegungen in die bislang schriftlose Sprache der *leien*. Somit sind sie dem Bereich Religion oder Religion/Alltag zuzurechnen, denen – und das gilt für das gesamte Ma. – die Hauptmasse aller TSS angehört. Alle für diesen Funktiontyp charakteristischen TSS treten uns in dieser ersten Phase der mhd. Literatur entgegen: Evangelienübersetzung

(Bruchstücke der Hss. Wien und München), Prosakommentare zu Bibeltexten (*Hohes Lied*, Williram und St. Trudpert), Gebet (Otloh), Predigten (Wessobrunn), Übersetzungen von Natur- und Weltkunde (*Physiologus, Merigarto*), Visionen (*V. Tnugdali, V. Sancti Pauli*), Glossen, Traktate, letztere meist in Prosa, während Gebete, Klagen und Hymnen wegen ihres lyrischen Charakters in metrisch rhythmischer Formung auftreten.

3.2. Neben diese quantitativ geringen Prosatexte tritt als zweite TSS-Gruppe ebenfalls seit ca. 1060 die geistliche Dichtung. Die Texte gehören dem Funktionsbereich Religion/Dichtung an, als neue Dimension tritt eine erstaunliche künstlerische Formgebung hinzu, die freilich den Versuch einer Kategorisierung erschwert. „Nur selten schließen sich zwei oder mehr Texte zu einem deutlich ausgrenzbaren Typ zusammen; allenthalben herrscht eine große Variationsbreite und Unfertigkeit" (Vollmann-Profe 1986; ²1994, 32). Wichtigste TSS sind die Bibeldichtung (*Wien-Millstätter Genesis, Exodus, Bücher Mose, Mittelfränkische Reimbibel*, das *Leben Jesu* der Frau Ava, die *Jüngere Judith* etc.), die hymnische Heilsdogmatik (*Lob Salomos, Summa Theologiae*), die Sündenklage (Millstätter, Rheinauer), das dogmatische Lehrgedicht (*Anegenge, Himmel und Hölle, Himmlisches Jerusalem, Daz himelrîche*), Bußgedicht (*Memento mori*), Bußtraktat (Armer Hartmann: *Rede vom heiligen Glauben*), gereimte Bußpredigt (*Wahrheit, Vom Recht*, Heinrich von Melk: *Von des todes gehugede, Priesterleben*), schließlich Legenden (*Pilatus, Trierer Ägidius* und *Silvester*) und Mariendichtung (*Melker* und *Arnsteiner Marienlied, Mariensequenz von Muri*, Priester Wernhers *Marienleben*).

3.3. Ein eigener TSS-Strang, der Legenden- und Geschichtsdichtung verbindet, führt vom hymnischen *Ezzolied* (um 1060), über das *Annolied* (vor 1100) zur *Kaiserchronik* (um 1150), dem wichtigsten Geschichtskompendium in dt. Sprache im 12./13. Jh.

3.4. Ebenso wie die Kaiserchronik gehören wichtige Exemplare der TS des frühen heroisch-antiken/christlichen/politischen Romans (*Alexanderlied, Rolandslied, Herzog Ernst, König Rother*), der TS Spielmannsepik (*Salman und Morolf*) und der Legendenromane (*Oswald, Orendel*) in die Nähe der welfischen Hofdichtung in Regensburg. Wie im Romanfragment *Graf Rudolf* wird in den genannten Romanen eine neue Synthese christlicher Ethik und feudaladeliger Wertvorstellung deutlich, die ein steigendes laizistisches Emanzipationsbestreben anzeigt.

3.4.1. So erscheint ab der Mitte des 12. Jhs. erstmals neben der geistlichen Unterweisung auch lehrhafte Dichtung weltlichen Charakters (*Rittersitte, Der heimliche Bote*, Wernher von Elmendorf: *Moralium dogma philosophorum*, dt.).

3.4.2. Deutlich erkennbar wird dieser allmähliche Emanzipationsprozeß auch am sich wandelnden Verhältnis von lat. und dt. Literatur im 11. und 12. Jh. Jeglicher Inhalt der geistlichen Gebrauchsprosa (3.1.) und der geistlichen Dichtung (3.2.) läßt sich im Grunde durch eine Partie in der lat. Literatur belegen; die Abhängigkeit des dt. TSS-Systems vom Lat. ist augenfällig und reicht von der Formübernahme (*Ezzolied* – lateinischer Hymnus) über die TSS-Anlehnung (*Wiener Genesis* – Bibeldichtung des Alcimus Avitus) bis hin zur reinen Adaption (Legenden, Gebet etc.). Trotz eigenständiger Züge in Sprache und Formgebung ist die *lingua barbarica* in Deutschland vor dem 12. Jh. noch keine Literatursprache. Daraus erklärt sich die Entstehung neuer weltlich-lat. Erzählformen im 11. Jh. (z. B. das Tierepos: *Ecbasis captivi, Ysengrimus*) ebenso wie die Latinisierung dt. Stoffe (*Ruodlieb, Modus Liebinc*), eine Erscheinung, auf die Fischer (1969) als Komplement zur Eindeutschung lat. Literatur aufmerksam machte. Auch nach dem 11. Jh. ist die volkssprachige Literatur insgesamt – nicht nur die Masse der religiösen TSS – nur vor dem Hintergrund der überlegenen lat. Schriftkultur interpretierbar. Bildungswissen und Universalitätsanspruch bleiben mit der lat. Literatur verknüpft (Curtius 1948), auch wenn sich einzelne volkssprachige TSS seit dem 12. Jh. allmählich aus ihrer direkten Abhängigkeit lösen. In Deutschland beginnt diese Entwicklung mit Lamprechts *Alexanderlied*, das erstmals nach einer frz. Vorlage (die auf einer lat. Quelle basiert) gearbeitet wurde; das dt. *Rolandslied* entstand nach einer frz. Originaldichtung. Allerdings übersetzte es der *clericus* Konrad nach eigener Aussage erst ins Lat., bevor er es ins Mhd. übertrug.

3.4.3. Mit dem Aufkommen der neuen Laienkultur des Adels erreicht nicht nur die Litera-

turfähigkeit der dt. Sprache eine neue Dimension, sondern die Ablösung von der lat. Quellentradition zugunsten frz. Vorlagen verändert das dt. TSS-System entscheidend (3.6. und 3.7.). Ein Blick auf das weitere Verhältnis der beiden Literaturen zeigt neben der bleibenden Dominanz des Lateins bis in die frühe Neuzeit für das 13. Jh. eine neueinsetzende Latinisierungswelle als deutlichen Beleg für eine gelungene Emanzipation der volkssprachigen TSS: *Gregorius Peccator* nach Hartmann von Aue, lat. *Herzog Ernst*, dt.-lat. Freidank, *Aurea Fabrica* nach Konrad von Würzburg etc. Hinzu kommt das Auftreten dt.-lat. Mischtexte (*Carmina Burana*), das sich langsam entwickelnde Konkurrenzverhältnis von dt. zur lat. Prosa im 13. Jh., und schließlich seit dem 14. Jh. das Nebeneinander dt. und lat. Werke ein und desselben Autors (Hugo von Trimberg, Konrad von Megenberg, Meister Eckhart, Heinrich von Mügeln).

3.5. Zwar kannten schon der *Ruodlieb* und die frühen heroischen Romane den Stand des Ritters und die Vorstellung eines weltlichen, ritterlich-höfischen Bildungsideals, doch die neue Laienkultur artikulierte sich mit deutlicher zeitlicher Verzögerung erst seit der zweiten Hälfte des 12. Jhs. in den neuen Schöpfungen des Minnesangs und des Aventiure-/Minneromans. Beide TSS haben in Frankreich ihren Ursprung und gelangen in mehreren Rezeptionsstufen nach Deutschland.

Der frz. Vorsprung in der Entwicklung sowohl der neuen Wissenschaft (Universität Paris) als auch der Bildung und der kulturellen Lebensform des Adels machte sich in Deutschland seit dem 12. Jh. durch eine verstärkte Rezeption frz. Kultur und Wissenschaft bemerkbar. Die Literarisierung der Volkssprache hatte in Frankreich ebenfalls früher begonnen; aus diesem Grund fanden nicht nur die Umgangsformen und Sitten des frz. Adels seit der zweiten Hälfte des 12. Jhs. bei den deutschen Standesgenossen vermehrt Nachahmung, auch die neuen TSS bildeten sich nach dem Vorbild der frz. heraus. Als Kontaktzonen fungierten vor allem Burgund/Lothringen – Ober-/Mittelrhein und die Picardie/Flandern – Niederrhein. Die einzelnen TSS werden mit unterschiedlicher Intensität rezipiert: Es sind das Minnelied und der höfische Roman, die stark nach Deutschland eingewirkt haben. Wesentlich weniger Anklang fand die frz. Heldenepik, mit Ausnahme des Themenkreises um Karl d. Gr.:

Das *Rolandslied* des Pfaffen Konrad, Strikkers *Karl, Morant und Galie* sowie die *Karlmeinet*-Kompilation (14. Jh.) zeigen ein längerwährendes Interesse an der Thematik um den ersten Frankenkaiser. − Dennoch sind am Ende des 13. Jhs. für die dt. epische Dichtung über 40 frz. Vorlagen nachweisbar (Bumke 1972, 272). Das Problem der indirekten Beziehungen zwischen den Chansons de geste und der dt. Spielmanns- und Heldenepik wartet weiter auf eine Klärung durch die Forschung. − Die dt. Prosadichtung bildet gegenüber dem Versroman eine Ausnahme. Die meisten TSS in dt. Prosa gehen im Ma. auf lat. Vorbilder zurück. Die seit dem 13. Jh. in Frankreich entwickelte Erzählprosa wird jenseits des Rheins nur wenig rezipiert. Die Ausnahme des *Prosa-Lancelot* (um 1250) bestätigt nur die Regel. − Wesentlich intensiver ist der Übernahmeprozeß bei den verschiedenen TSS der Kleinepik (vgl. Bumke 1972, 288) und dem Tierepos. − Die komplexen Beziehungen bei der Übernahme und Variation der frz. lyrischen TSS können hier nicht entwickelt werden (vgl. Bumke 1972, 291 ff.; Wolf 1979). Dramatische und didaktische TSS entfalten sich in Deutschland unabhängig von der frz. Literatur, sie sind vor allem der lat. Tradition verpflichtet.

3.6. Betrachtet man die ritterlich-höfische Erzählliteratur unter dem Gesichtspunkt der Stoffgeschichte, so lassen sich zunächst wie in Frankreich (vgl. 2.1.2.4.) drei große Stoffkreise erkennen: der antike, der keltische und der heroisch-historische. Die einzelnen Werke sind zusätzlich mit unterschiedlicher Intensität durch die modernen Themen Minne, Kreuzzug, Aventiure und ritterliche Lebensweise geprägt. Unsere Zuweisung in den Bereich Dichtung/Alltag/Religion leiten wir von der im Einzelfall unterschiedlich gewichteten pädagogischen, pseudohistorischen und „laienreligiösen Gebrauchsfunktion" (Kuhn 1980, 25) ab, die dem gesamten TSS-Feld eigen ist.

3.6.1. Der antike Stoffkreis wird in Deutschland durch die Alexanderromane, den Trojastoff (Herbort von Fritzlar; *Göttweiger Trojanerkrieg*; Konrad von Würzburg) und die Aeneassage (Heinrich von Veldeke) repräsentiert. Daneben gibt es noch eine Vielzahl von antiken und pseudohistorischen Stoffen im Roman (Heinrich von Neustadt, *Apollonius*; Konrad Fleck, *Flore und Blanscheflur*) und in

der Kleinepik (*Aristoteles und Phyllis, Pyramus und Thisbe* etc.) des 13. Jhs.

3.6.2. Besonders produktiv wurden in Deutschland die beiden kelt. Sagenstoffe um Tristan und König Artus. Der dt. Tristanroman (Eilhart von Oberge, Gottfried von Straßburg und seine Fortsetzer Ulrich von Türheim und Heinrich von Freiberg, *Prosa-Tristan*) gestaltet die Stoffvorlage vom 12. bis 15. Jh. immer wieder neu. In einzelnen Werken wird die Tristanfabel lose mit dem Artusstoff verknüpft (Ruh 1980).

3.6.3. Zweifellos einen Höhepunkt mhd. Erzählkunst stellen die Artusromane Hartmanns von Aue, Wolframs von Eschenbach und des unbekannten Verfassers des dt. Prosa-Lancelots dar. Wegen seiner Bedeutung im mhd. TSS-Gefüge stellen wir am Artusroman die innerliterarische TSS-Entwicklung und den TSS-Wandel vom Hoch- zum Spätma. exemplarisch dar.

Das Modell des Artusromans wurde in der Mitte des 12. Jhs. von Chrétien de Troyes geschaffen. Während Geoffrey of Monmouth, in seiner *Historia regum Britanniae* (1135) zum ersten Mal eine umfassende Artusdarstellung gegeben hatte, den König sowohl als mächtigen Kriegshelden wie als strahlenden Friedensfürsten zeichnet und damit die beiden Seiten des Herrscherbildes sich gegenseitig profilieren läßt, nimmt Chrétien eine Ebenenteilung vor: Artus fungiert als Friedensfürst auf der Repräsentationsebene, während die eigentliche Handlungsebene seinen Rittern vorbehalten bleibt. Dieses Modell ermöglicht eine literarische Reihenbildung, indem jeweils ein Ritter als Protagonist eines Romans in den Vordergrund tritt. Wolf (1992, 68) schlägt deshalb vor, den Begriff 'Artusroman' durch 'Artusritterroman' zu ersetzen. − Die ersten dt. Artusromane Hartmanns (*Erec, Iwein*) und Wolframs (*Parzival*) sind übertragende Bearbeitungen von Romanen Chrétiens, wobei besonders Wolfram große Eigenständigkeit zeigt. Strukturell verbindet die drei Romane das Prinzip der Doppelwegstruktur (Aufstieg, Fall, Wiederaufstieg des Protagonisten). Daneben und danach entsteht im 13. Jh. eine Reihe weiterer Artusromane ohne Doppelwegstruktur (*Lanzelet, Wigalois, Crône, Daniel, Meleranz, Garel* etc.; vgl. Schirok 1977; Cormeau 1977; Kern 1981). Ihre Autoren stellen i. d. R. durch Anspielungen, Verwandtschaftsbeziehungen und Auftritte von Personen früherer Romane Verbindungen zu diesen her, ein Verflechtungsverfahren, das auch schon bei Chrétien, Hartmann und Wolfram zu beobachten ist (Schirok 1988; zum frz. Artusroman Schmolke-Hasselmann 1980). Neben den an Zahl überwiegenden Reimpaarromanen steht eine Reihe strophisch abgefaßter (*Titurel, Jüngerer Titurel, Lohengrin*), die wohl hauptsächlich wegen ihrer stofflichen Bindung an den *Parzival* auch vom Aufbau und vom Handlungsverlauf Sonderentwicklungen darstellen. Neben den Reimpaar- und den strophischen Romanen steht inhaltlich wie formal isoliert die dt. Prosaübertragung des frz. *Prosa-Lancelot* mit der Schilderung des Untergangs des Artusreiches, durch den die literarische Reihe wieder abgeschlossen wird (Zyklenbildung). Im Hinblick auf die Vorlagenabhängigkeit lassen sich für das 12./13. Jh. vier verschiedene Verfahrensweisen beobachten: 1. Romane, die eine Vorlage übertragen (*Erec, Iwein, Parzival, Lanzelet* [falls die Aussagen zur Quelle zutreffen], *Prosa-Lancelot*), 2. Vollendung fragmentarisch gebliebener Romane (*Jüngerer Titurel*), 3. Romane, die das inhaltlich vorgegebene Schicksal von Nebenfiguren früherer Romane schildern (*Titurel, Lohengrin*), 4. Romane ohne durchgehende Vorlage (die übrigen). Während der Artusroman im 13. Jh. eine überaus produktive TS ist, wenn auch Kuhn (1980, 36) mit Recht darauf hingewiesen hat, daß die bewußtesten Literaten in andere Stoffe und TSS ausweichen, geht die Produktivität danach sehr stark zurück. Aus dem 14. Jh. ist lediglich die Einbeziehung frz. Percevalfortsetzungen in Wolframs Roman durch Wisse und Colin (1331–1336) zu erwähnen, also die Erweiterung eines vollständigen dt. Romans nach einer frz. Vorlage. Im 15. Jh. sind neben der *Lohengrin*-Bearbeitung (*Lorengel*) einerseits die monumentale Sammlung und strophische Umformung dt. Artusromane des 13. Jhs. durch Ulrich Füetrer zu nennen (*Buch der Abenteuer*; 1473–1478), andererseits die zwischen 1472 und 1493 entstandene und 1493 gedruckte kürzende Prosaauflösung des *Wigalois*. Es handelt sich also im 15. Jh. durchgehend um Bearbeitungen vorliegender dt. Romane, und zwar (mit Ausnahme des *Lorengel*) unter Veränderung der Form. – Es ist jedoch zu betonen, daß das gezeichnete Bild lediglich für die produktionsorientierte Betrachtung gilt. Die Reproduktion/Distribution und Rezeption der Artusromane ist auch im 14. und 15. Jh. stark, teilweise reicht sie noch darüber hinaus. Das beweisen die Handschriften- und Druckproduktion und die Auflagen der Volksbücher (vgl. Becker 1977; Koppitz 1980; Heitz/Ritter 1924; Gotzkowsky 1991) ebenso wie die noch zu wenig ausgewerteten Anspielungen auf die Artusepik in anderen Texten und die Polemiken vor allem von seiten geistlicher Autoren und Historiker (Thomasin von Zerklaere 1216; Hugo von Trimberg 1300; *Großer Seelentrost* um 1350; Thüring von Ringoltingen 1456; Ludovicus Vives 1523). – Die Produktion einerseits und die Reproduktion/Distribution und Rezeption andererseits ergeben also sehr unterschiedliche Bilder, die erst zusammengenommen einen zutreffenden Eindruck vermitteln.

Im Zusammenhang mit dem Artusroman Chrétienscher Prägung wurde der Aspekt der Fiktionalität bzw. des Fiktionalitätsbewußtseins bei Autoren und Rezipienten kontrovers diskutiert. Zur TSS-Differenzierung ist die Dichotomie 'fiktional' vs. 'nicht fiktional' jedoch nur sehr bedingt brauchbar,

bestenfalls noch für eine Klassifizierung der stofflichen Grundlagen, wobei sich freilich das Problem der 'pseudohistorischen Stoffe' stellt (Brandt 1971, 413). Definiert man Fiktionalität dagegen produktionsorientiert als literarische Technik strukturierender Sinngebung, so wären auch TSS mit nichtfiktionaler Stoffgrundlage als fiktional anzusehen (vgl. zur Heldenepik Haug 1994). Faßt man Fiktionalität rezeptionsorientiert als Modus des Verstehens, so lassen sich direkte positive Aussagen dagegen mangels Leserrückmeldung kaum machen, negative schon eher, wenn nämlich das Verstehen artifizieller TSS mißglückt, indem Fiktionalität mit Lüge gleichgesetzt wird. Am erhellendsten erweist sich die Analyse von Fiktionalitätssignalen in Erzählerbemerkungen, die als Ausdruck des Fiktionalitätsbewußtseins der Autoren und zugleich als Verstehensanweisung an die Rezipienten zu werten sind. – Der in der Debatte bisweilen geäußerte Vorwurf, der Fiktionalitätsbegriff sei zu modern, wäre im einzelnen erneut vor dem Hintergrund mal. Mentalitäten, Vorstellungen und Einteilungen zu diskutieren. Es kann hier nur angedeutet werden, daß Antike und Mittelalter offenkundig etwas anders differenzieren und akzentuieren. Jedenfalls scheint der Fiktionalitätsbegriff, wie immer man ihn auch definiert, eher geeignet zu sein, den Bereich Dichtung in Absetzung von anderen Bereichen zu charakterisieren als ihn weiter auszudifferenzieren (zur Debatte zuletzt die Aufsätze in Henrich/Iser 1983; Haug 1985/1992, die Beiträge in Mertens/Wolfzettel 1993 sowie Grünkorn 1994 [Lit.]; Haug 1994 und die Beiträge der vierten Sektion bei J.-D. Müller 1996).

3.6.4. Die heroisch-historischen Dichtungen – meist in Langzeilenstrophen – gehen primär auf Ereignisse der Völkerwanderung und der Karolingerzeit zurück, wobei vor allem Dietrich von Bern (der historische Theoderich) und Karl d. Gr. Kristallisationspunkte für divergierendes Erzählgut wurden (Brandt 1971, 414). Die Epen des Dietrichkreises (*Alpharts Tod, Buch von Bern, Ekkenlied, Goldemar, Laurin, Rabenschlacht, Sigenot, Virginal* etc.) und des Nibelungenkreises (*Nibelungenlied, Klage, Hürnen Seyfried, Walther und Hildegund*) bleiben bis ins 16. Jh. unvermindert attraktiv (Artikel 116), was für die oft kritisierte Ansicht spricht, daß Helden- wie Spielmannsepos hauptsächlich in den Bereich der Unterhaltung gehören. Darauf weist auch ihre Zusammenstellung in den Programmstrophen des Wanderdichters Marner. Beide Stoffkreise erscheinen verschränkt im *Nibelungenlied, Biterolf* und *Rosengarten*. – Zum Karlsstoffkreis gehört schon das *Rolandslied*, dann *Morant und Galie*, Strikkers *Karl*, der *Karlmeinet*. Unabhängig von diesen beiden dominierenden Stoffkreisen zählen zur Heldendichtung die *Kudrun*, der *Dukus Horant, Ortnit* und die *Wolfdietrich*-Epen.

3.6.5. Auch der späte Versroman knüpft an historische bzw. quasi-historische Persönlichkeiten an (Rudolf von Ems, *Der gute Gerhart*; Johann von Würzburg, *Wilhelm von Wenden*; außerdem *Friedrich von Schwaben*; *Reinfried von Braunschweig* und die verschiedenen *Herzog Ernst*-Romane) und stellt oft − wie die heroischen Heldenepen − eine geschichtsmythische Rückbindung für Fürstengeschlechter oder Adelsgruppen (Kuhn 1980, 25) her. Die Zeitgeschichte um 1200 findet sich hauptsächlich in der Kreuzzugs- und Heidenkampfthematik einzelner Romane und Epen (*Willehalm, Rennewart, Ortnit* etc.) widergespiegelt.

3.7. Daß die Grenzziehung zwischen weltlicher und geistlicher Erzähldichtung auch im Hoch- und Spätmittelalter ein Konstrukt bleiben muß, beweisen nicht nur die Legendenromane (3.4.), sondern auch Hartmanns *Gregorius* und *Armer Heinrich*, Reinbots von Durne *Heiliger Georg*, Rudolfs von Ems *Guter Gerhart, Mai und Beaflur*, Konrads von Würzburg *Engelhard*. Die Lehrabsicht (christliche Ethik und adlige Wertvorstellung) überlagert hier so stark die stoffgeschichtliche Zuordnung, daß ein funktionsorientiertes TSS-Modell diese Werke zusammen mit Kreuzzugs- (*Rolandslied, Willehalm* etc.) und Legendenroman (*Orendel, St. Oswald* etc.) sowie Legendendichtung (*Barlaam und Josaphat* von Rudolf von Ems, *Silvester, Alexius, Pantaleon* von Konrad von Würzburg) zu einer TSS-Gruppe zusammenfassen müßte: stark vermittlungsorientierte Erzählungen aus dem Überschneidungsbereich Religion/Alltag/Dichtung mit hohem Unterhaltungswert.

3.8. Dieser Gruppe steht im TSS-Feld die gesamte sog. geistliche Epik in Vers oder Prosa nahe (Konrads von Fußesbrunnen *Kindheit Jesu*, die Werke Konrads von Heimesfurt, Heinrichs von Neustadt *Gottes Zukunft*, Heinrichs von Hesler *Apokalypse*, Heinrichs des Klausners *Marienlegende*) ebenso wie die Legenden (ab 1300 gesammelt im *Passional, Väterbuch, Der Heiligen Leben*, vgl. Kunze 1996) und die Mirakel- und Visionenliteratur.

3.9. Wenn auch einige Strophen der ältesten dt. Minnelyrik eine Verbindung zur einhei-mischen mündlichen Liebesdichtung nahelegen, so entwickelt sich der dt. Minnesang doch erst unter prov. Einfluß zu einer hochartifiziellen Liedkunst eigener Prägung. Die Entwicklung der lyrischen Formtypen und Untergattungen vom Donauländischen Minnesang (Kürenberger, vor 1170) bis Walther von der Vogelweide und Neidhart von Reuental (1. Drittel 13. Jh.), bei dem die höfische Lyrik erstmals ins Ironische und Satirische umbricht, kann an dieser Stelle nicht nachgezeichnet werden (Literatur vgl. Schottmann 1971; Schweikle 1989). Einen Überblick über den lyrischen Formenbestand dieser Gesellschaftskunst des Adels bieten die Gliederungsmodelle in 2.1.3. Die weitere Entwicklung wird im 13. und 14. Jh. teils durch Nachahmung und Variation (spätstaufischer Kreis, Tannhäuser, Konrad von Würzburg, Johannes Hadlaub, Hugo von Montfort), teils durch originelle Umformung (Oswald von Wolkenstein) des vorhandenen Bestandes gekennzeichnet. Die Sammlung der klassischen Liedkunst in den großen Lyrik-Hss. um 1300 zeigt weniger das Fortleben der TS als das antiquarische Interesse der Auftraggeber an. Neuerungen bringt das 13. Jh. mit dem Sprechspruch (Freidank), dem Ausbau des Sangspruchs (Kanzler, Marner, Meissner etc.), dem religiösen Leich (Reinmar von Zweter), der Weiterentwicklung der Marienlyrik (*Rheinisches Marienlob*, Eberhard von Sax) und den Vorformen des geistlichen Volkslieds, den sog. Leisen. Der gelehrte, oft gekünstelte Sangspruch (Frauenlob) und allegorische Gedichte (Heinrich von Mügeln) weisen im 14. Jh. ebenso auf die Formtypen des späteren Meistersangs voraus wie die aus der Spruchdichtung sich entwickelnde Reimrede bei Heinrich dem Teichner und Peter Suchenwirt. (Zum Lied vgl. Edwards 1996).

3.10. Zeigt sich die Kontinuität der Literatur im Spätmittelalter vor allem am Fortleben der traditionell-konservativen TSS aus dem Funktionsbereich Religion/Alltag (so übernimmt z. B. die Literatur des Deutschen Ordens im 14. Jh. fast das gesamte religiös bestimmte TSS-Repertoire des Frühmhd.; vgl. Richert 1978) und der hochbewerteten Adelsliteratur (Minnelyrik, Spruchdichtung, höfischer Roman, Heldenepos), so wird u. E. der Wandel im 13. Jh. − trotz des Widerspruchs von Schnell (1978, 62) − durch das erstmalige Auftreten von TSS deutlich, die nur noch z. T. diesen beiden Funktionsbereichen zuzuordnen sind. In der Dichtung mit ihren Überschneidungsfeldern sehen wir die System-Innovationen durch die Entwicklung deutschsprachiger dramatischer TSS, durch die Ausbildung eines weitgefächerten TSS-Feldes der Lehrdichtung und das Auftreten der Kleinepik mit allen ihren Untergattungen.

3.11. Das geistliche Drama in dt. Sprache emanzipiert sich im 13. Jh. vollständig von den lat. Spielformen (vgl. Michael 1971; Neumann 1987), nachdem es zunächst nur dt. Einlagen in lat. Spielszenen gab (*Benediktbeurener Passionsspiel*). Ein erstes Zeugnis stellt das Fragment eines *Osterspiels von Muri* dar (Mitte 13. Jh.), gefolgt vom *St. Galler Weihnachtsspiel* (um 1270). An diese beiden Spielformen, die aus Liturgie und Kultus erwachsen, schließen sich Passions- und Mysterienspiele an; Fronleichnamsspiel und szenische Marienklagen vervollständigen das Repertoire geistlicher Spiele, das klar abgegrenzte landschaftliche Spieltraditionen kennt. – Ein profanes Theaterspiel läßt sich in der Mitte des 14. Jhs. noch vor den Fastnachtsspielen (erster bekannter Autor Hans Rosenplüt) nachweisen (*Neidhartspiele, Des Entkrist Vasnacht*).

3.12. Ein Blick auf Gesamtdarstellungen der lehrhaften Dichtung zeigt, daß alle poetischen TSS der mhd. Literatur lehrhafte Züge tragen. Besonders stark sind die höfischen Romane mit direkter oder mittelbarer Lehrinformation durchsetzt. Dennoch ist es eine neue Erscheinung im 13. Jh., daß sich neben der Spruchdichtung eigene TSS herausbilden, die neben allgemeiner Lebensweisheit, christlicher Morallehre und den Normen der neuen Laienethik schließlich auch so unterschiedliche Disziplinen wie gesittete Verhaltensweisen (Etikette) und naturkundliches Wissen an die Laien vermitteln wollen. Die Absicht erklärt sich aus der mal. Ansicht, daß nicht nur wissenschaftliche Erkenntnisse und religiöse Glaubensinhalte, sondern auch die Tugend als rationales Wissen erlernbar sei.

Auf die Neuartigkeit einer solchen umfassenden Vermittlung vorher nur in Latein vorhandenen Wissens verweist Hugo von Trimberg, *Der Renner* 24543 ff.: *Swâ diz buoch vert durch diu lant,/ In Swâben, in Düringen, in Beiern, in Franken,/ Da süln tiutsche liute danken/ Mîner sêle mit irm gebete,/ Mit almuosen, mit anderre guotête,/ Daz ich vil fremder lêre in hân/ In tiutscher zungen kunt getân,/ Die manic jâr vor und dennoch hiure/ In tiutscher sprâche wâren tiure.*

So treten neben die älteren didaktischen TSS (Streitgespräch, Rätsel, Lehrgedicht) nun didaktische Großformen als Ständelehre (Konrad von Ammenhausen, *Schachzabelbuch*; *Buch der Rügen*), Jugendlehre (Thomasin von Zerklaere, *Der Welsche Gast*; Konrad von Haslau, *Der Jüngling*), Ritter- und Fürstenlehre (Winsbecke, *Magezoge, Väterliche Lehren des Andreas*), Lebenslehre bzw. Tugend- und Lasterlehre (Freidank, *Bescheidenheit*; Hugo von Trimberg, *Renner*; *Dt. Cato*), schließlich auch Tischzuchten etc. Die religiöse Lehrdichtung (Stricker, *Vom heiligen Geiste* und *Die Messe*; Lambrecht von Regensburg, *Tochter Sion*; Brun von Schönebeck, *Das Hohe Lied*; Hugo von Langenstein, *Martina*) erfährt inhaltlich wie typenmäßig im 14. Jh. durch die Lehrgedichte Heinrichs von Mügeln (zunehmende Allegorisierung), des Teichners, Suchenwirts und Heinrich Kaufringers eine große Ausweitung. Heinrich Wittenwilers satirisches Lehrgedicht *Der Ring* (um 1400) steht am Ende des von uns betrachteten Zeitraums.

3.13. Das neuentstehende TSS-Feld der Kleinepik erweist sich als ein überaus vielgestaltiger Komplex, dessen Kernzone aber eindeutig Märe (Versnovelle), Bispel, Parabel und Fabel umfaßt. Die Grenzen zu den kürzeren Formen der Sprechsprüche und Reimreden wie zu den längeren der höfischen Verserzählungen und Legendenromane sind fließend und nur durch einen Systematisierungsversuch mittels Quantität (Grenze nach Verszahlen, Fischer 1968), nicht aber von einem Funktionsmodell her zu begründen (zu dcm daraus resultierenden Wissenschaftsstreit vgl. Haug 1993, 1 u. Anm. 2). Obwohl schon seit dem 10. Jh. eine lateinische Novellistik bezeugt ist (*Modus Liebinc*), wird nicht sie, sondern werden vor allem die lat. Exempla – für die Predigt in Sammlungen zusammengestellt – im 13. Jh. entscheidend für die Entstehung mhd. kleinepischer Formen. Vor allem beim Stricker, der mit seinem Werk zuerst alle wesentlichen TSS vorstellt, ist die erwähnte lat. Quellenbasis wichtig. Näher am höfischen Versroman stehen die Novellen Konrads von Würzburg und Herrands von Wildonie. Moralisch-dogmatische Gebote illustrieren z. B. das *Maere vom Helmbrecht* von Wernher dem Gartenaere und die Verserzählung *Der Schlegel* von Rüdiger von Hinkhoven. Ein Höhepunkt der Fabeldichtung liegt im 14. Jh. (Ulrich Boner, *Edelstein*).

3.14. Einen wichtigen Neuansatz für die Entwicklung des TSS-Systems im Spätmittelalter stellt zweifellos das Auftreten dt. TSS im Bereich Alltag/Institutionen und seiner Überschneidungsfelder (Religion/Wissenschaft) dar, da viele dieser Texte vorher fast ausschließlich im lat. Schul-, Wissenschafts- und Verwaltungsbetrieb situiert waren. Neben Rechts- und Verwaltungsprosa treten im Sachbereich der Naturlehre, der Medizin, des Kriegswesens, der Haus- und Landwirtschaft etc. TSS mit ausgeprägt pragmatischer Funktion auf. Die neuen Formen geistlicher Prosa zeigen deutlich ihren Gebrauchscharakter in ihrer Ausrichtung auf Mission, Seelsorge und Liturgie. Die Geschichtsschreibung und schließlich auch die Wissenssummen lösen sich allmählich aus den heilsgeschichtlichen Zusammenhängen und werden stärker durch eine Sach- und Zweckbeziehung determiniert. Pragmatisch orientierte TSS aus dem Bereich Alltag werden überwiegend in Prosaform abgefaßt.

3.14.1. Die Herausbildung der mhd. TSS in Prosa ist ein in der Forschung häufig diskutiertes Problem. Im 12. Jh. erfolgt der Durchbruch der Prosa im Bereich des Rechts (vgl. 3.15.), des geistlichen Schrifttums (vgl. 3.17.) und der Geschichtsschreibung und Geschichtsdichtung (vgl. 3.18.). Damit wird ein Prozeß eingeleitet, an dessen Ende die TSS in Prosa dominieren, weil der Vers als formales Element auf Randbereiche der Schriftlichkeit abgedrängt wird (vgl. Heinzle 1984, 206). Grundlegend bleibt dabei die Feststellung, daß die neuen Prosa-TSS keine spontanen Neuschöpfungen sind, sondern Vermittlungsprodukte zwischen lat. Schrift- und volkssprachlicher Laienkultur. Überträgt man die Forschungsergebnisse Stempels (1972) für die rom. Literaturen auf dt. Verhältnisse, so muß die Entstehung der dt. Prosa als „fällig gewordene Angleichung der eigenen an die lateinische Literatursprache" (590) betrachtet werden, die von gebildeten Autoren/Rezipienten als bewußte Konkurrenz zur universalen lat. Sprache eingesetzt wurde. Auch die Bevorzugung alltäglicher TSS bei den Prosaformen (Gesetzes-, Sach- und Fachliteratur) oder den Prosaauflösungen (*Kaiserchronik* 1270, späte Viten, Legenden) und die stark phasenverschobene Prosaauflösung der höfischen Versepik (zum Ausnahmefall des mhd. *Prosa-Lancelot* vgl. Heinzle 1984, 222–228) läßt sich nach Stempel (1972, 594) von diesem Ansatz her begründen.

„Die Konkurrenz mit der lateinischen Schriftsprache wurde zuerst in den Bereichen gesucht, wo diese unbestrittene Geltung besaß und die Volkssprache als Instrument zweiten Ranges auf Distanz hielt; sie auf dem Gebiet der Unterhaltungsliteratur zu beginnen, auf dem sich das Französische [= Volkssprachige, Anm. Kästner/Schirok] eigene Positionen errungen hatte und sich das Lateinische zudem keineswegs auf die ungebundene Form beschränkte, war sinnlos."

Somit hat sich die volkssprachige Prosa nicht so sehr gegen als vielmehr neben den lat. Prosaformen durchgesetzt. Dagegen hat Heinzle (1984, 205ff.) den Durchbruch der Prosa im 13. Jh. als „Besetzung einer angestammten Position der lateinischen Literatur durch die volkssprachige" (ebd., 207) verstanden und die Etablierung der Prosa des Rechts und der Geschichtsschreibung mit den Bedürfnissen der neuen Staatlichkeit (Institutionen) und der geistlichen Prosa mit den neuen Frömmigkeitsbewegungen erklärt (ebd., 206). Eine so komplexe Erscheinung wie das Eintreten und kontinuierliche Anwachsen der Prosa-TSS läßt sich jedoch u. E. nicht monokausal erklären. Sicher spielten dabei so schichtenunspezifische, nicht auf die Formel 'Bürgerlichkeit und Realitätssinn' verkürzbare Bedürfnisse wie Sachgerechtigkeit und -angemessenheit in der Darstellung und Veränderungen in der Beglaubigungspraxis des TSS-Umfeldes (*chluogeu sach wil reimens nicht*, Wittenwiler, *Ring*, 3520; vgl. Kästner/Schütz 1983) eine Rolle.

3.14.2. Bildungssoziologisch kann man die Erscheinung mit der Herkunft und Tätigkeit der neuen Literaten im Spätmittelalter (Kanzleischreiber, Juristen, Ärzte, Lehrer etc.) in Verbindung bringen (vgl. 4.1.). Ihre in gelehrten Schulen erworbene literarische Kompetenz, die sie vor allem auch im Bereich der Institutionen anwendeten, gibt eine einleuchtende Erklärung dafür ab, warum viele dt. Prosa-TSS im 14. Jh. nicht nur die Form, sondern auch den Sprachstil ihrer lat. Vorbilder übernehmen (Besch 1972; Henne 1978).

3.15. Im 12. Jh. gibt es nur wenige Zeugnisse für die dt. Rechtsprosa; dabei handelt es sich vor allem um ritualisierte Rechtsformeln und Traditionsurkunden (Kartschoke 1990, 266–269). Diese Prosatexte stehen am Beginn einer Entwicklung, die sich erst im 13. Jh. voll entfaltet: die Verschriftlichung des dt. Rechts. Hier ist vor allem der *Sachsenspiegel* Eikes von Repgow (1220–1235 abgefaßt) zu nennen, das älteste dt. Rechtsbuch. Es wurde in fast alle dt. Dialekte übertragen und regte die weitere schriftliche Fixierung dt. Rechtsprosa an (*Schwabenspiegel, Deutschenspiegel*). Die Verschriftlichung des Rechtswesens ging wie die meisten TSS aus dem Bereich der Institutionen von den Verwaltungszentren der Einzelterritorien oder des Reiches bzw. der Kirche aus (Kanzleien). Das erste dt. Reichsgesetz (*Mainzer Landfrieden*) stammt von 1235, die erste dt. Königsurkunde von 1240. Allerdings ging die kaiserliche Kanzlei erst unter Ludwig dem Bayern (1314−1347) endgültig zum Dt. über (Ausnahme: Verkehr mit der Kirche). Sie folgte damit einer allgemeinen Entwicklung, die in den Kanzleien der Städte (Kölner Schreinsurkunden, 12. Jh.; häufig dt. Urkunden im alem. Raum [Straßburg, Zürich] im 13. Jh.) und Territorialstaaten begonnen hatte. Dennoch laufen dt. und lat. Urkunden noch bis ins 17. Jh. parallel. Dt. Urbare, Stadtrechtsbücher, Steuerlisten, diplomatische Korrespondenz etc. zeugen seit der zweiten Hälfte des 13. Jhs. vom Bedürfnis der Laien, das Lat. im Alltag als Amts- und Geschäftssprache abzulösen.

3.16. Das nicht-theologische Gebrauchs- und Fachschrifttum, von Eis (1967) und Assion (1973) nicht unwidersprochen (vgl. Unger 1969, 217) unter der Systematik der Artesreihen erfaßt (freie, unfreie, verbotene Künste), basiert teils auf älterem, mündlich tradiertem Sachwissen, teils auf der schriftlichen lat. Wissenschaftstradition. Daraus leitet sich das Nebeneinander von TSS wie Zauber, Segen, Regel, Praktik, (Fisch-, Jagd-, Färbe- etc.) Büchlein auf der einen und wissenschaftlichem Traktat, Lehrbuch, Summe auf der anderen Seite ab. Bei den frühen Zeugnissen des 11. und 12. Jhs. handelt es sich um Segensformeln, Rezepte, diätetische Monatsregeln sowie Kräuter- bzw. Arzneibücher, die teils auf Erfahrungswissen, teils auf antike Medizin zurückgehen. In letzterem Fall handelt es sich dann um Übersetzungsliteratur, teilweise in dt.-lat. Mischsprache (Kartschoke 1990, 264−266). Wir heben aus der seit der Jh.wende anschwellenden Textmasse den *Lucidarius* (älteste Summe in Prosa mit stark theologischem Charakter, um 1190), Konrads von Megenberg *Buch der Natur* und *Deutsche Sphaera*, Gottfrieds von Franken *Pelzbuch*, Ortolfs von Baierland *Arzneibuch* heraus, um einige wenige Beispiele zu nennen. Erwähnung verdienen auch die beliebten Fecht- und Ringbücher, die Pilger- und Reiseberichte (im

14. Jh. dt. Übersetzungen des Marco Polo, Ordorico von Pordenone, Mandeville) sowie die frühen Kochbücher (*Buch von guter spise*, Mitte 14. Jh.).

3.17. Im Überschneidungsbereich Alltag/Religion wird die wichtigste Neuerung im TSS-System durch das zahlreiche Auftreten geistlicher Prosaformen (Predigt, Traktat, Bekenntnis, persönlicher Erfahrungsbericht, Brief) signalisiert. Es handelt sich dabei im 13./14. Jh. überwiegend um Texte von Franziskanern und Dominikanern, die für die Laienmission, für die Lesung bei Tisch im Kloster oder für die Betreuung von Mystikerinnen und religiösen Frauenzirkeln gedacht waren. Wir nennen für einzelne TSS exemplarisch die Namen von Berthold von Regensburg, Meister Eckhart, Johannes Tauler (Predigt; vgl. Mertens/Schiewer 1992), David von Augsburg, Heinrich von St. Gallen, Marquard von Lindau (Traktat), Mechthild von Magdeburg (mystischer Erfahrungsbericht), Heinrich Seuse (autobiographische Vita, mystische Betrachtung, Brief), Heinrich von Nördlingen/Margarete Ebner (Brief). Die Seelsorge-Prosa der Dominikanermystiker und der franziskanischen Volksschriftsteller erreichte im 14. Jh. neben der Nonnenvita weiteste Verbreitung. − Die Masse der geistlichen Übersetzungsprosa kann in die stark praxisorientierten TSS Ordensregel, Beichtbuch, Katechismus, Trost- und Sterbebüchlein und in die mehr wissenschaftlich ausgerichteten Übersetzungen der großen Scholastiker (Albertus Magnus, Thomas von Aquin etc.) unterteilt werden. − Daneben existiert aber weiterhin eine große Zahl von Legenden, Erzählungen und Lehrgedichten in Reimpaarversen (*Sybillen Weissagung, Leben Jesu, Des Teufels Netz* etc.), die von ihrer Gebrauchsfunktion her demselben Bereich wie die 'moderne' religiöse Prosa zugerechnet werden muß. − Schritte hin auf die Kunstprosa der dt. Frührenaissance stellen die schon in ital. Vorbildern geschulten Werke von Johann von Neumarkt (*Buch der Liebkosung*) und Johannes von Tepl (*Ackermann*) dar.

3.18. Im 11. und 12. Jh. bildete die volkssprachliche Bibel-, Legenden- und Geschichtsdichtung ein TSS-Feld, das der lat. Geschichtsschreibung komplementär zugeordnet war. Im 13. Jh. greift die Historiographie mit Welt-, Landes-, Fürsten- und Stadtchronik auf Bereiche über, die bislang der lat. Geschichtsschreibung vorbehalten waren. Bei der Weltchronik stehen neue Prosaform (*Sächsische Weltchronik*, um 1230) und traditionelle Reimpaarfassung (Rudolf von Ems, *Weltchronik*) im 13. Jh. nebeneinander. – Seit der zweiten Hälfte des 13. Jhs. löst sich als Folge der Territorialisierung die adlige, klösterliche (und seit dem 14. Jh. auch städtische) Geschichtsschreibung allmählich aus den universalen, heilsgeschichtlichen Zusammenhängen und konzentriert sich stärker auf regionale und lokale Gesichtspunkte. Zeugnisse dafür sind Jansen Enikels *Fürstenbuch*, Ottokars von Steiermark *Österreichische Reimchronik*, die *Livländische Reimchronik* (alle um 1300). Die Umstellung auf die Prosaform ist erst im zweiten Drittel des 14. Jhs. vollständig durchgeführt: Klosterchronik (Christian Kuchimeister, *Nüwen casus monasterii Sancti Galli*), Landeschronik (Leopold Stainreuther), Fürstenchronik (Andreas von Regensburg), die Chroniken der deutschen Städte (Twinger von Königshofen, *Deutsche Chronik*; Tilemann Elhen von Wolfhagen, *Limburger Chronik*) und schließlich das Amalgat von Stadt- und persönlich erlebter Zeitgeschichtsschreibung (Ulman Stromer, Burkhard Zink) präsentieren sich ausnahmslos in Prosa.

4. Autorengruppen – Auftraggeber und literarische Zentren – Adressaten und Rezipienten

So einfach es wegen der begrenzten Zahl der volkssprachigen TSS-Felder im Ma. zu sein scheint, die Verwendung der Texte in bestimmten Kommunikationskreisen bzw. Teilöffentlichkeiten (vgl. Faulstich 1996) aufzuzeigen, so schwierig stellt sich diese Aufgabe dar, wenn man im Einzelfall ein Textexemplar bzw. eine Werkgruppe einer konkreten Binnenöffentlichkeit zuordnen will. Die Schwierigkeit beruht v. a. auf der mangelhaften Quellensituation (Schirok 1982). Trotzdem versuchen wir, einige Aspekte des literarischen Kommunikationsprozesses in den verschiedenen Öffentlichkeitskreisen des Ma. kurz zu umreißen.

4.1. Autorengruppen

Wir versuchen zunächst, soziale (v. a. bildungsmäßige) Gruppierungen und ihre Affinitäten zu speziellen TSS zu bestimmen. – Als erste und zunächst einzige schrift- und lesekundige (*litterati*) Gruppe erscheinen die Kleriker, die während des gesamten Zeitrau-

mes zu den wichtigsten Literaturproduzenten gehören. Dabei tritt in der frmhd. Zeit besonders die Gruppe der Mönche bei der Entstehung der Gebrauchsprosa und geistlichen Dichtung hervor (Meissburger 1970, 256). Ob es sich bei Heinrich von Melk, dem Pfaffen Lamprecht, Konrad und Wernher schon um Weltgeistliche handelt, muß dahingestellt bleiben. Auch im hohen und späteren Ma. beteiligt sich der Klerus nicht nur an den speziell religiösen TSS (Berthold von Regensburg, Meister Eckhart), sondern er tritt auch im weltlichen Literaturbereich hervor (Thomasin von Zerklaere; zum Minnesang Bumke 1979, 432). Die Bedeutung der Kleriker als Autoren von Chroniken/Annalen sowie ihr Interesse an Sach- und Fachliteratur ist offensichtlich. – Die höfisch-ritterliche Dichtung wird hauptsächlich von zwei Autorengruppen getragen, den gebildeten, meist (Ausnahmen im Minnesang) niedrigen Adligen (Hartmann, Wolfram, Wirnt) und den nichtadligen Berufsdichtern. Diese letzte Gruppe ist dem weiten Bereich der Fahrenden zuzuordnen, nimmt aber, soweit sie als höfische Dichter/Sänger am Adelshof agieren, eine Sonderstellung ein (Rumslant, Marner; vgl. Kästner 1996). Sie sind vor allem Produzenten von Minnelyrik und Spruchdichtung (vgl. jedoch 2.1.2.4.), aber auch Lehrdichter. Im Übergang zum Spätma. zeigt die Stellung eines Autors wie Konrad von Würzburg (in Basel) die sich anbahnenden Wandlungen. – Im 14. Jh. nimmt die Zahl der fahrenden Berufsdichter entschieden ab. Dafür erscheinen als Literaturproduzenten einmal die neue Gelehrtenschicht, die auch den Frühhumanismus trägt (Kanzleischreiber und Beamte wie Michael de Leone in Würzburg, Heinrich von Klingenberg in Konstanz und Rudolf Losse in Erfurt, Juristen, Ärzte, Magister etc.), zum anderen Handwerkerdichter in der Stadt (Rosenplüt, Kaufringer), die v. a. in den TSS der Reimrede, der Schwankdichtung, des Fasnachtspiels, des Meistersangs, des Historischen Ereignislieds und des Volkslieds hervortreten. – Für die Gruppen der Kleriker, Adelsdichter und Berufsdichter ist auch im Spätma. das Abhängigkeitsverhältnis von ihren Auftraggebern (4.2.) von entscheidender Bedeutung, denn das Patronageverhältnis determiniert Habitus und Intention ihrer literarischen Produktion in weitem Maße (Spriewald 1976, 57). Das Mäzenatentum bleibt im Spätma. nicht mehr nur auf den Kreis fürstlicher Standespersonen beschränkt. Wie schon das Beispiel Konrads von Würzburg zeigt, bestehen verschiedene Gönnerverhältnisse, vor allem an weltlichen und geistlichen Höfen, Städten und Universitäten. Eine Lösung des Patronageverhältnisses mit weitreichenden Folgen kündigt sich mit dem Auftreten bürgerlicher Autoren an, die Literatur für den „Markt" produzieren (Hans Folz mit eigener Druckerei). Obwohl die ökonomisch bedingte Abhängigkeit der Autoren im späten Ma. noch lange nach der Erfindung des Buchdrucks eine Orientierung der TSS am kulturellen Selbstverständnis der führenden Oberschichten bedingt, setzt doch mit dem neuen Medium Druck die allmähliche „Auflösung der organischen Einheit von Dichter und Publikum bzw. Gönnern" ein (Spriewald 1976, 30).

4.2. Auftraggeber und literarische Zentren

Aufschlüsse über die Gönner und Auftraggeber sowie die literarischen Zentren lassen sich v. a. aus direkten Autorenaussagen und der frühen Überlieferung gewinnen. − Die frmhd. Geistlichendichtung hat nach Ausweis der großen Sammelhss. (Vorau, Wien, Millstätt) ihr Zentrum im bayerisch-österreichischen Raum. Dasselbe gilt für die Heldenepik. Für die übrige weltliche Epik zeichnen sich im 12. Jh. drei Zentren mit lebhaften Beziehungen und Rückbeziehungen ab: Bayern (Herzogshof Heinrichs des Löwen in Regensburg), Thüringen (Landgrafenhof Ludwigs III. und seiner Brüder) und (entsprechend der im Westen weniger konzentrierten Herrschaftsstruktur ohne beherrschenden Mittelpunkt) die Rheinlande, von denen die entscheidenden Impulse ausgehen. − Gegen Ende des 12. Jhs. vollziehen sich Umschichtungen. Thüringen steigert seine Bedeutung als Literaturzentrum unter Hermann I. (1190−1217), wobei hier besonders die antiken Stoffe im Mittelpunkt des Interesses stehen. Daneben erlangt der bisher ausgeklammerte Südwesten durch die Adaption der modernen frz. Literatur (Artusepik und Minnesang) eine zentrale Stellung. Für den Minnesang bildet sich neben dem staufischen Kaiserhof im Südwesten ein zweites Zentrum am Babenbergerhof in Wien heraus. Die neuen Vorschläge von Thomas (1995) für die Zuordnung prominenter Werke der Epik an die bedeutendsten Herrschersippen des 13. und 14. Jhs. haben, unabhängig von ihrer Haltbarkeit im Einzelfall, ganz zu Recht die zentrale Rolle der volkssprachigen Epik als Bestandteil der Propagandapolitik von Fürstenhäusern und ihres dynastischen Legitima-

tionsstrebens herausgestellt. − Im 13. Jh. tritt im Zuge des Ausbaus der Landesherrschaft eine stärkere Streuung der literarischen Zentren ein, die sich im 14. Jh. fortsetzt (Heinzle/Johnson/Vollmann-Profe 1994), hier aber nicht im einzelnen zu verfolgen ist (Heinzle 1984, 17ff.). Offenbar fördert der Repräsentationswille das Mäzenatentum und damit die Literaturproduktion entscheidend (Tannhäusers *VI. Leich*; Bumke 1979, 186ff.). Wichtig wird in zunehmendem Maße die Rolle der Städte (Straßburg, Basel, Konstanz, Zürich u. a.). − Wenn Bumke (1979, 265) im Zusammenhang damit auf die Entstehung der Minnesang-Sammelhss. (Ende 13./Anfang 14. Jh.) hinweist, so ist damit ein in der Tendenz grundsätzlich anderes, nämlich konservierendes, nicht mehr primär produktionsförderndes Mäzenatentum angesprochen (dazu Becker 1977). Beide Typen des Gönnertums müßten im Zusammenhang gesehen werden. Obwohl die Arbeiten von Bumke und Becker einerseits wegen der zeitlichen Begrenzung (Bumke), andererseits wegen der (anfechtbaren) Auswahl der behandelten Texte (Becker) nicht ohne weiteres übereinanderprojiziert werden können, scheint sich doch u. E. eine gewisse Komplementarität der Ergebnisse abzuzeichnen. Während Bumke (1979, 190) für die 2. Hälfte des 13. Jhs. eine Verlagerung des literarischen Schwerpunkts auf die Bereiche Brandenburg, Sachsen, Dänemark, Braunschweig, Thüringen, Meißen, Schlesien, Polen, Böhmen und Bayern feststellt, konstatiert Becker (1977, 216f.) für den Bereich Mittel-, Nord- und Ostdeutschland eine relativ geringe Reproduktionstätigkeit, die er aus der weitmaschigeren Siedlungsdichte und der gegenüber dem Südwesten und Westen niedrigen Kultivierungsstufe erklärt. − Die Divergenz könnte sich auflösen, wenn sich zeigen ließe, daß die beiden Gönnertypen personell i. d. R. nicht kongruieren. Ergänzungen und Korrekturen könnte hier noch die Auswertung literarischer Anspielungen ergeben, die Rückschlüsse auf die vom Autor unterstellten Literaturkenntnisse der Rezipienten zuläßt.

4.3. Adressaten − Rezipienten

Die oben (4.2.) angesprochene Ermittlung der Handschriftenbesteller und -besitzer führt nur zu einem kleinen Teil der Rezipienten; die Auswertung der literarischen Anspielungen erfaßt den Adressatenkreis nur im Hinblick auf seine (unterstellten) literarischen Kenntnisse. In methodisch ähnlicher

Weise wie bei der Auswertung der literarischen Anspielungen hat man versucht, aufgrund der Inhalte und Tendenzen eines Textes bzw. einer TS eine Adressaten(gruppe) − bzw. allgemeiner die Trägerschicht(en) − zu bestimmen. So erschließt Meissburger (1970, 256) für die frühe geistliche Dichtung benediktinische Autoren und als Adressaten die Mitbrüder im Kloster, den Laienadel, das Volk, die Kirchgänger. − Kontrovers diskutiert wird die kommunikative Situierung von Minnesang und Artusroman. Da alle Adelsschichten als Autoren, Gönner und Adressaten/Rezipienten daran beteiligt sind, liegt es nahe, vom Hof als literarischem Kommunikationszentrum und einer nicht weiter spezifizierbaren adligen Trägerschicht auszugehen. Glaubt man, die primäre (ausbildende) Trägerschicht auf bestimmte Adelsschichten (Hochadel, niederer Adel/Ministerialen) eingrenzen zu können, so wird die Ansetzung sekundärer (übernehmender) Trägerschichten bzw. komplementärer Identifikationsangebote der Texte unabweisbar. So stellt sich z. B. beim Minnesang die Frage, ob die literarische Stilisierung der Dienstideologie von 'unten' oder von 'oben' ausgegangen ist und dann von 'oben' bzw. von 'unten' übernommen wurde und worin die Beweggründe zu suchen sind (vgl. Köhler 1970; Liebertz-Grün 1977; Kaiser 1980, der die Fragestellung freilich von der Genese auf die Rezeptionsdisposition in Deutschland verschiebt). − Für die spätmal. Literatur findet sich häufig die in letzter Zeit allerdings zurückhaltender gebrauchte Kennzeichnung 'bürgerlich'. Demgegenüber hat Schnell (1978, 24ff.) dargelegt, daß der gängige zeitlich-soziologische Trägerschichtenansatz (Hochmittelalter − Adel/Spätmittelalter − Bürgertum) in doppelter Weise verfehlt ist; zum einen bildet der Adel bis ins 16. Jh. „neben Geistlichkeit und städtischer Oberschicht den eigentlichen Adressatenkreis für Literatur", zum anderen ist die Stadt weder aus dem feudalen Herrschaftsgefüge ausgegliedert, noch unterscheiden sich die führenden Schichten in der Stadt in dem Maße von denen außerhalb, daß von einer streng abgegrenzten Sonderstellung gesprochen werden könnte (Grubmüller 1979). Erscheinungen, die man bisher häufig auf eine „Verbürgerlichung" zurückgeführt hat (z. B. Zunahme der Fachliteratur, Aufkommen des Prosaromans), sind nach Schnell vielmehr Ergebnisse des steigenden Literarisierungsprozesses der Volkssprache im Gefolge wachsender Bildung beim Adel und der städtischen Bevölkerung.

5. Tendenzen des Textsortenwandels

5.1. Haupttendenzen

Überblickt man die literarische Entwicklung vom frühen zum späten Ma., so lassen sich − zunächst isolierend − fünf Erscheinungen konstatieren:
Verschriftlichung ehemals mündlicher volkssprachiger TSS − Übernahme ehemals lat. TSS in die Volkssprache − teils eigenständige, teils außengesteuerte Ausbildung und Entwicklung des TSS-Systems − quantitative Zunahme volkssprachiger Literatur in allen TSS-Bereichen − Übergang vom Vers zur Prosa (volliterarisiert allerdings erst im 15. Jh.).

5.2. Äußere Gründe

Die Ursache für die Entstehung eines differenzierten volkssprachlichen TSS-Systems liegt im Aufkommen einer Laienkultur, die sich als Gegenmodell zur geistlichen Kultur empfindet und so verstanden wird (vgl. die Polemik Thomasins). − Entscheidend für die weitere Entwicklung ist die Veränderung in der Bildungssituation: vom 13. Jh. an nimmt die Schreib- und Lesefähigkeit langsam, aber stetig zu. − Hinzu kommt der Prozeß der Territorialisierung (Ausbau der Landesherrschaft) und die Entwicklung des Städtewesens. Dadurch wird die Verfügbarkeit neuen Erfahrungs- und Bildungswissens (Verwaltung/Wirtschaftsprozesse) und die (anwendungsbezogene) Kenntnis über Naturvorgänge erforderlich. − Damit ist bereits eine Reihe neuer Bedürfnisse und Notwendigkeiten im Bereich Schule und Verwaltung angesprochen (vgl. Art. 116). Andere bestehen im religiös-kirchlichen Bereich (Predigt; Ketzerbewegungen; Mystik). − Zwei entscheidende Schübe liegen am Rande bzw. jenseits des hier behandelten Zeitraumes: die Ablösung des Pergaments durch Papier am Ende des 14. Jhs. und das Aufkommen der Drucktechnik im 15. Jh. − Insgesamt zeigt sich also, daß hier gleichgerichtete Tendenzen, Notwendigkeiten und Möglichkeiten in und aus verschiedenen Bereichen in vielfacher Verflechtung einander bedingend und verstärkend zusammenlaufen.

5.3. TSS und Evolution

Keine TS ist eine streng normative Größe, sondern stets evolutionierend (vgl. 2.1.4.). Wie am Beispiel Tagelied zu zeigen wäre, kann die Variationsbreite sogar die TSS-Einheit im Sinne der herkömmlichen Definitionsmöglichkeit in Frage stellen. − Da sich die Entwicklung einer TS nicht unabhängig von anderen TSS vollzieht, ist stets das Umfeld und das Gesamtsystem mit zu beobachten; dabei ist nach den Leistungen und Funktionen der Einzel-TS, den funktionalen Beziehungen zu anderen TSS und der Häufigkeitsverteilung zu fragen. Am Beispiel Pastourelle/ Tagelied zeigt sich, daß sich die unterschiedliche Besetzung dieser TSS in Frankreich und Deutschland aus der Funktionsidentität erklärt. Die Funktionen sind also entscheidende Steuerungsinstanzen. Dabei herrscht im allgemeinen die Tendenz zur Ausfaltung und Differenzierung der Funktionen/TSS vor. Ein Beispiel für Polyfunktionalität bietet Wolframs *Parzival*, in den lehrhafte Passagen der Bereiche Ethik, Religion, Naturwissenschaft integriert sind, die z. T. noch nicht durch eigene volkssprachliche TSS abgedeckt sind. Die Auslagerung dieser Funktionen in eigene TSS erfolgt teilweise in deutlicher Rückbindung an den *Parzival* (Beispielfiguren und Form des Lehrgesprächs beim Winsbecke; Übernahme von *Parzival*partien in religiöse Dichtung; vgl. Kästner 1978; Schirok 1982). Die Auslagerung ermöglicht nun einerseits die Ignorierung der Polyfunktionalität des *Parzival* und die polemische Reduzierung auf die Unterhaltungsfunktion durch Hugo von Trimberg, die sich bezeichnenderweise bei Thomasin in dem Maße noch nicht findet, andererseits ist sie im Bereich der Verhaltenslehre Voraussetzung für die Entwicklung parodistischer TSS (Winsbecke-Parodien; negative Lehren). Auch beim TSS-Wandel darf die Perspektive nicht auf die Produktion beschränkt bleiben, sondern Reproduktion/Distribution und Rezeption müssen mit einbezogen werden. Erscheinungen wie der Übergang von bestellter Einzelproduktion zur Vorratshaltung (Lauber, Mentelin u. a.), Handschriftenillustration, Prosaauflösung oder der Übergang von der Gruppenhör- zur Einzelleserezeption betreffen jedoch weitgehend die zeitgenössische wie die frühere Literatur (z. B. Prosaroman/Prosaauflösung); sie wirken daher unterschiedsausgleichend, modernisierend und rezeptionsfördernd (Prosaauflösung des *Wigalois* 1493; bis 1664 10 Aufl.), die bewußte Verschließung gegenüber modernen Tendenzen dagegen rezeptionshemmend (Mentelins *Parzival*druck in Versen 1477).

6. Literatur (in Auswahl)

(Vgl. auch das Literaturverzeichnis zu Art. 116).

Adamzik, Kirsten, Textsorten − Texttypologie. Eine kommentierte Bibliographie. Münster 1995. (Studium Sprachwissenschaft 12).

Assion, Peter, Altdeutsche Fachliteratur. Berlin 1973. (GG 13).

Becker, Peter Jörg, Handschriften und Frühdrucke mittelhochdeutscher Epen. Eneide, Tristrant, Tristan, Erec, Iwein, Parzival, Willehalm, Jüngerer Titurel, Nibelungenlied und ihre Reproduktion und Rezeption im späteren Mittelalter und in der frühen Neuzeit. Wiesbaden 1977.

Bertau, Karl, Deutsche Literatur im europäischen Mittelalter. 2 Bde. München 1972/73.

Besch, Werner, Vers oder Prosa? Zur Kritik am Reimvers im Spätmittelalter. In: Festschrift für Hans Eggers. Tübingen 1972, 745−766. (PBB [T] 94, Sonderheft).

Betten, Anne, Analyse literarischer Dialoge. In: Fritz/Hundsnurscher 1994, 519−544.

de Boor, Helmut, Der Daniel des Stricker und der Garel des Pleier. In: PBB (T) 79, 1957, 67−84. − Wiederabdruck in: Ders., Kleine Schriften I. Berlin 1964, 184−197.

Ders. (Hrsg.), Mittelalter. Texte und Zeugnisse. Bd. 1.2. München 1965. (Die deutsche Literatur. Texte und Zeugnisse I,1,2).

Brandt, Wolfgang, Mittelhochdeutsche Literatur: Epik. In: Schmitt, Bd. 2, 1971, 384−463.

Bumke, Joachim, Die romanisch-deutschen Literaturbeziehungen im Mittelalter. In: Jauss/Köhler, 1972, 264−303.

Ders., Mäzene im Mittelalter. Die Gönner und Auftraggeber der höfischen Literatur in Deutschland 1150−1300. München 1979.

Ders., Höfische Kultur. Literatur und Gesellschaft im hohen Mittelalter. 2 Bde. München 1986. (dtv 4442).

Ders., Geschichte der deutschen Literatur im hohen Mittelalter. München 1990. (dtv 4552).

Ders., Höfische Kultur. Versuch einer kritischen Bestandsaufnahme. In: PBB 114, 1992, 414−492.

Ders., Höfischer Körper − Höfische Kultur. In: Heinzle 1994, 67−102.

Cormeau, Christoph, 'Wigalois' und 'Diu Crône'. Zwei Kapitel zur Gattungsgeschichte des nachklassischen Aventiureromans. München 1977. (MTU 57).

Cramer, Thomas, Geschichte der deutschen Literatur im späten Mittelalter. München 1990. (dtv 4553).

Curtius, Ernst Robert, Europäische Literatur und lateinisches Mittelalter. Bern 1948 (u. ö.).

Edwards, Cyril/Ernst Hellgardt/Norbert H. Ott (Hrsg.), Lied im deutschen Mittelalter. Überlieferung, Typen, Gebrauch. Chiemsee-Colloquium 1991. Tübingen 1996.

Eis, Gerhard, Mittelalterliche Fachliteratur. 2. Aufl. Stuttgart 1967. (SM 14).

Erzgräber, Willi (Hrsg.), Europäisches Spätmittelalter. Wiesbaden 1978. (Neues Handbuch der Literaturwissenschaft 8).

Faulstich, Werner, Medien und Öffentlichkeit im Mittelalter, 800–1400. Göttingen 1996. (Die Geschichte der Medien 2).

Fischer, Hanns, Studien zur deutschen Märendichtung. Tübingen 1968.

Ders., Deutsche Literatur und lateinisches Mittelalter. In: Werk – Typ – Situation. Festschrift für Hugo Kuhn zum 60. Geburtstag. Stuttgart 1969, 1–19.

Fritz, Gerd, Geschichte von Dialogformen. In: Fritz/Hundsnurscher 1994, 545–562.

Ders./Franz Hundsnurscher (Hrsg.), Handbuch der Dialoganalyse. Tübingen 1994.

Glier, Ingeborg (Hrsg.), Die deutsche Literatur im späten Mittelalter. 1250–1370. 2. Tl. Reimpaargedichte, Drama, Prosa. München 1987. (Geschichte der deutschen Literatur von den Anfängen bis zur Gegenwart III,2).

Gotzkowsky, Bodo, 'Volksbücher'. Prosaromane, Renaissancenovellen, Versdichtungen und Schwankbücher. Bibliographie der deutschen Drucke. Tl. I: Drucke des 15. und 16. Jhs. Baden-Baden 1991. (Bibliotheca bibliographica Aureliana 125).

Grubmüller, Klaus, Der Hof als städtisches Literaturzentrum. Hinweise zur Rolle des Bürgertums am Beispiel der Literaturgesellschaft Münchens im 15. Jh. In: Ders. [u. a.] (Hrsg.), Befund und Deutung. Zum Verhältnis vom Empirie und Interpretation in Sprach- und Literaturwissenschaft. (Hans Fromm zum 26. Mai 1979 von seinen Schülern). Tübingen 1979, 405–427.

Grünkorn, Gertrud, Die Fiktionalität des höfischen Romans um 1200. Berlin 1994. (PSQ 129).

Hasebrink, Burkhard, Das Predigtverfahren Meister Eckharts. Beobachtungen zur thematischen und pragmatischen Kohärenz der Predigt Q 12. In: Mertens/Schiewer 1992, 150–168.

Ders., Formen inizitativer Rede bei Meister Eckhart. Untersuchungen zur literarischen Konzeption der deutschen Predigt. Tübingen 1992. (TTG 32).

Haubrichs, Wolfgang, Die Anfänge: Versuche volkssprachiger Schriftlichkeit im frühen Mittelalter (ca. 700–1050/60). Königstein/Ts. 1988. 2. Aufl. Tübingen 1995. (GdL 1, Tl. 1).

Haug, Walter, Literaturtheorie im deutschen Mittelalter. Von den Anfängen bis zum Ende des 13. Jhs. Darmstadt 1985. 2. Aufl. 1992.

Ders., Entwurf zu einer Theorie der mittelalterlichen Kurzerzählung. In: Kleinere Erzählformen des 15. und 16. Jhs. Hrsg. v. W. H./Burghart Wachinger. Tübingen 1993, 1–36. (Fortuna vitrea 8).

Ders., Mündlichkeit, Schriftlichkeit und Fiktionalität. In: Heinzle 1994, 376–397.

Heger, Hedwig (Hrsg.), Spätmittelalter, Humanismus, Reformation. Texte und Zeugnisse. Tlbd. 1: Spätmittelalter und Frühhumanismus. Tlbd. 2: Blütezeit des Humanismus und Reformation. München 1975–1978. (Die deutsche Literatur, Texte und Zeugnisse II, 1, 2).

Heinzle, Joachim, Wandlungen und Neuansätze im 13. Jh. (1220/30–1280/90). Königstein/Ts. 1984. 2. Aufl. Tübingen 1994. (GdL 2, Tl. 2).

Ders., Wie schreibt man eine Geschichte der deutschen Literatur des Mittelalters? In: DU 41, 1989, H. 1, 27–40.

Ders. (Hrsg.), Literarische Interessenbildung im Mittelalter. DFG-Symposion 1991. Stuttgart und Weimar 1993. (Germanistische Symposien 14).

Ders. (Hrsg.), Modernes Mittelalter. Neue Bilder einer populären Epoche. Frankfurt a. M./Leipzig 1994.

Ders., Rezension zu Ursula Schaefer (Hrsg.), Schriftlichkeit im frühen Mittelalter. Tübingen 1993. (ScriptOralia 53). In: IASL 20, H. 2, 1995, 215–219.

Ders./L. Peter Johnson/Gisela Vollmann-Profe (Hrsg.), Wolfram-Studien XIII. Literatur im Umkreis des Prager Hofs der Luxemburger. Schweinfurter Kolloquium 1992. Berlin 1994.

Heitz, Paul/Fr. Ritter (Hrsg.), Versuch einer Zusammenstellung der deutschen Volksbücher des 15. u. 16. Jhs. nebst deren späteren Ausgaben und Literatur. Straßburg 1924.

Henne, Helmut, Literarische Prosa im 14. Jh. – Stilübung und Kunst-Stück. In: ZfdPh 97, 1978, 321–336.

Henrich, Dieter/Wolfgang Iser (Hrsg.), Funktionen des Fiktiven. München 1983. (Poetik und Hermeneutik 10).

Hinck, Walter (Hrsg.), Textsortenlehre – Gattungsgeschichte. Mit Beiträgen von Alexander von Bormann [u. a.]. Heidelberg 1977. (medium literatur 4).

Janota, Johannes, Neue Forschungen zur deutschen Dichtung des Spätmittelalters (1230–1500) 1957–1968. In: DVLG, Sonderheft 1971, 1*–242*.

Jauss, Hans Robert, Theorie der Gattungen und Literatur des Mittelalters. In: Ders./Köhler 1972, 107–138.

Ders./Erich Köhler (Hrsg.), Grundriß der romanischen Literaturen des Mittelalters. Bd. 1. Heidelberg 1972.

Kaiser, Gert, Minnesang – Ritterideal – Ministerialität. In: Horst Wenzel (Hrsg.), Adelsherrschaft und Literatur. Bern [usw.] 1980, 181–208. (Beiträge zur Älteren Deutschen Literaturgeschichte 6).

Kartschoke, Dieter, Geschichte der deutschen Literatur im frühen Mittelalter. München 1990. (dtv 4551).

Kästner, Hannes, Mittelalterliche Lehrgespräche. Textlinguistische Analysen, Studien zur poetischen Funktion und pädagogischen Intention. Berlin 1978. (PSQ 94).

Ders., *Sermo Vulgaris* oder *Hövischer Sanc.* Der Wettstreit zwischen Mendikantenpredigern und Wanderdichtern um die Gunst des Laienpublikums und seine Folgen für die mhd. Sangspruchdichtung des 13. Jhs. In: Wechselspiele: Kommunikationsformen und Gattungsinterferenzen mhd. Lyrik. Hrsg. v. Michael Schilling/Peter Strohschneider. Heidelberg 1996, 209−243. (GRM, Beih. 13).

Ders., Minnegespräche. Die galante Konversation in der frühen deutschen Lyrik. In: Historical Dialogue Analysis. Ed. Andreas H. Jucker, Gerd Fritz, Franz Lebsanft. Amsterdam/Philadelphia 1999. (Pragmatics and beyond New Series 66), 167−188.

Ders./Eva Schütz, Beglaubigte Information. Ein konstitutiver Faktor in Prosaberichten des späten Mittelalters und der frühen Neuzeit. In: Textsorten und literarische Gattungen. Dokumentation des Germanistentages in Hamburg vom 1.−4. 4. 1979. Berlin 1983, 450−469.

Kern, Peter, Die Artusromane des Pleier. Untersuchungen über den Zusammenhang von Dichtung und literarischer Situation. Berlin 1981. (PSQ 100).

Klein, Thomas, Zum Verhältnis von Sprachgeschichte und Literaturgeschichte in der gegenwärtigen Mittelaltergermanistik. In: DU 41, 1989, H. 1, 91−103.

Knapp, Fritz Peter, Die Literatur des Früh- und Hochmittelalters in den Bistümern Passau, Salzburg, Brixen und Trient von den Anfängen bis zum Jahre 1273. Graz 1994. (Geschichte der Literatur in Österreich von den Anfängen bis zur Gegenwart 1).

Knoop, Ulrich, Das mittelhochdeutsche Tagelied. Inhaltsanalyse und literarhistorische Untersuchungen. Marburg 1976. (MBG 52).

Köhler, Erich, Ideal und Wirklichkeit in der höfischen Epik. Studien zur Form der frühen Artus- und Graldichtung. 2. Aufl. Tübingen 1970. (Beih. zur ZrPh. 97).

Ders., Gattungssystem und Gesellschaftssystem. In: Romanistische Zeitschrift für Literaturgeschichte 1, 1977, 7−22.

Koppitz, Hans-Joachim, Studien zur Tradierung der weltlichen mittelhochdeutschen Epik im 15. und beginnenden 16. Jh. München 1980.

Kuhn, Hugo, Zur Typologie mündlicher Sprachdenkmäler. In: SbBayA 1960, 5. Wiederabdruck in: Ders., Text und Theorie. Stuttgart 1969, 10−27.

Ders., Gattungsprobleme der mhd. Literatur. In: SbBayA 1956, 4. Wiederabdruck in: Ders., Dichtung und Welt im Mittelalter. Stuttgart 1969, 41−61.

Ders., Entwürfe zu einer Literatursystematik des Spätmittelalters. Tübingen 1980.

Kunze, Konrad, Deutschsprachige Hagiographie von den Anfängen bis 1300. In: Hagiographies. Histoire internationale de la littérature hagiographique latine et vernaculaire en Occident des origines à 1550, sous la direction de Guy Philippart. Vol. 2. Brepols-Turnhout 1996. (Corpus Christianorum. Hagiographies 2), 211−238.

Liebertz-Grün, Ursula: Zur Soziologie des 'amour courtois'. Umrisse der Forschung. Heidelberg 1977. (Beihefte zum Euphorion 10).

Meissburger, Gerhard, Grundlagen zum Verständnis der deutschen Mönchsdichtung im 11. und 12. Jh. München 1970.

Mertens, Volker/Hans-Jochen Schiewer, Die deutsche Predigt im Mittelalter. Internationales Symposion am Fachbereich Germanistik der Freien Universität Berlin vom 3.−6. Oktober 1989. Tübingen 1992.

Ders./Friedrich Wolfzettel (Hrsg.), Fiktionalität im Artusroman. Dritte Tagung der Deutschen Sektion der Internationalen Artusgesellschaft in Berlin vom 13.−15. Februar 1992. Tübingen 1993.

Michael, Wolfgang F., Das deutsche Drama des Mittelalters. Berlin/New York 1971. (Grundr. 20).

Moser, Hugo, Minnesang und Spruchdichtung? Über die Arten der hochmittelalterlichen deutschen Lyrik. In: Euph. 50, 1956, 370−387.

Müller, Jan-Dirk, Zu einigen Problemen des Konzepts 'Literarische Interessenbildung'. In: Heinzle 1993, 365−384.

Ders. (Hrsg.), 'Aufführung' und 'Schrift' in Mittelalter und Früher Neuzeit. Stuttgart und Weimar 1996. (Germanistische Symposien 17).

Müller, Ulrich, Ein Beschreibungsmodell zur mittelhochdeutschen Lyrik − Ein Versuch. In: ZfdPh 98, 1979, 53−73.

Näser, Wolfgang, Urkundensprache, 'Volkssprache' und Tradition. In: Festschrift für Bernhard Martin. Marburg 1980, 284−303. (DDG 100).

Neumann, Bernd, Geistliches Schauspiel im Spiegel der Zeit. Zur Aufführung mittelalterlicher religiöser Dramen im deutschen Sprachgebiet. 2 Bde. München 1987. (MTU 84, 85).

Richert, Hans-Georg, Die Literatur des dt. Ritterordens. In: Erzgräber 1978, 275−286.

Rieger, Dietmar, Gattungen und Gattungsbezeichnungen der Trobadorlyrik. Untersuchungen zum altprovenzalischen Sirventes. Tübingen 1976. (Beih. zur ZrPh. 148).

Ruh, Kurt, Höfische Epik des deutschen Mittelalters. Bd. 1 (2. Aufl.); 2. Berlin 1977; 1980. (GG 7, 25).

Rupprich, Hans, Die deutsche Literatur vom späten Mittelalter bis zum Barock. Tl. 1: Das ausgehende Mittelalter, Humanismus und Renaissance 1370−1520. München 1970. (Geschichte der deutschen Literatur von den Anfängen bis zur Gegenwart 4,1).

Schaefer, Ursula (Hrsg.), Schriftlichkeit im frühen Mittelalter. Tübingen 1993. (ScriptOralia 53).

Schirok, Bernd, Studien zur späten deutschen Artusepik. Bd. 1.2. Habil. (masch.) Freiburg 1977.

Ders., Parzivalrezeption im Mittelalter. Darmstadt 1982. (Erträge der Forschung 174).

Ders., *Als dem hern Êrecke geschach.* Literarische Anspielungen im klassischen und nachklassischen deutschen Artusroman. In: LiLi 18, 1988, H. 70, 11−25).

Ders., Der Codex Sangallensis 857. Überlegungen und Beobachtungen zur Frage des Sammelprogramms und der Textabfolge. In: *Ist mir getroumet mîn leben?* Vom Träumen und vom Anderssein. Festschrift für Karl-Ernst Geith zum 65. Geburtstag. Hrsg. v. André Schnyder, Claudia Bartholemy-Teusch, Barbara Fleith, René Wetzel. Göppingen 1998. (GAG 632), 111−126.

Schmitt, Ludwig Erich (Hrsg.), Kurzer Grundriß der germanischen Philologie bis 1500. Bd. 2: Literaturgeschichte. Berlin 1971.

Schmolke-Hasselmann, Beate, Der arturische Versroman von Chrestien bis Froissart. Zur Geschichte einer Gattung. Tübingen 1980. (Beih. zur ZrPh. 177).

Schnell, Rüdiger, Zum Verhältnis von hoch- und spätmittelalterlicher Literatur. Versuch einer Kritik. Berlin 1978. (PSQ 92).

Scholz, Manfred Günter, Hören und Lesen. Studien zur primären Rezeption der Literatur im 12. und 13. Jh. Wiesbaden 1980.

Schottmann, Hans, Mittelhochdeutsche Literatur: Lyrik. In: Schmitt 1971, Bd. 2, 464−527.

Schwarz, Alexander, Sprechaktgeschichte. Studien zu den Liebeserklärungen in mittelalterlichen und modernen Tristandichtungen. Göppingen 1984. (GAG 389).

Schweikle, Günther, Die mittelhochdeutsche Minnelyrik. Bd. 1: Die frühe Minnelyrik. Texte und Übertragungen, Einführung und Kommentar. Darmstadt 1977.

Ders., Minnesang. Stuttgart 1989. 2. Aufl. 1995. (SM 244).

Schwietering, Julius, Singen und Sagen. 1908. Wiederabdruck in: Ders., Philologische Schriften. München 1969, 7−58.

Splett, Jochen, Das Wortschatzargument im Rahmen der Gattungsproblematik des *Nibelungenliedes*.

In: Fritz Peter Knapp (Hrsg.), Nibelungenlied und Klage. Sage und Geschichte, Struktur und Gattung. Passauer Nibelungengespräche 1985. Heidelberg 1987, 107−123.

Spriewald, Ingeborg [u. a.], Grundpositionen der deutschen Literatur im 16. Jh. Berlin/Weimar 1976.

Stackmann, Karl, Neue Philologie? In: Heinzle 1994, 398−427.

Stempel, Wolf-Dieter, Die Anfänge der romanischen Prosa im 13. Jh. In: Jauss/Köhler 1972, 585−601.

Tervooren, Helmut, Gattungen und Gattungsentwicklung in mittelhochdeutscher Lyrik. In: Ders. (Hrsg.), Gedichte und Interpretationen. Mittelalter. Stuttgart 1993, 11−39. (Reclam UB 8864).

Thomas, Heinz, Herrschersippen und höfische Epik im deutschen Mittelalter. In: Wirtschaft, Gesellschaft, Unternehmen. Festschrift für Hans Pohl zum 60. Geburtstag. Hrsg. v. Wilfried Feldenkirchen [u. a.]. 2. Bd. Stuttgart 1995. (Vierteljahrschrift für Sozial- und Wirtschaftsgeschichte, Beih. 120b), 757−781.

Unger, Helga, Vorreden deutscher Sachliteratur des Mittelalters als Ausdruck literarischen Bewußtseins. In: Werk − Typ − Situation. Festschrift für Hugo Kuhn. Stuttgart 1969, 217−251.

Vollmann-Profe, Gisela, Wiederbeginn volkssprachiger Schriftlichkeit im hohen Mittelalter (1050/60−1160/70). Königstein/Ts. 1986. 2. Aufl. Tübingen 1994. (GdL I, Tl. 2).

Wehrli, Max, Geschichte der deutschen Literatur vom frühen Mittelalter bis zum Ende des 16. Jhs. Stuttgart 1980. (Geschichte der deutschen Literatur von den Anfängen bis zur Gegenwart 1).

Wenzel, Horst, Hören und Sehen, Schrift und Bild: Kultur und Gedächtnis im Mittelalter. München 1995.

Wolf, Alois, Variation und Integration. Beobachtungen zu hochmittelalterlichen Tageliedern. Darmstadt 1979. (Impulse der Forschung 29).

Ders., Einleitung zu: Martina Backes, Tagelieder des deutschen Mittelalters. Mittelhochdeutsch/Neuhochdeutsch. Ausgewählt, übersetzt und kommentiert. Stuttgart 1992. (Reclam UB 8831).

Wolf, Norbert Richard, Geschichte der deutschen Sprache. Bd. 1: Althochdeutsch − Mittelhochdeutsch. Heidelberg 1981. (UTB 1139).

Hannes Kästner/Bernd Schirok, Freiburg

96. Die Diagliederung des Mittelhochdeutschen

Der Epochenbegriff 'Mittelhochdeutsch' kann nicht eine einheitliche, in sich mehr oder weniger geschlossene Sprachform oder Stufe der Sprachentwicklung bezeichnen, sondern ist in erster Linie ein zeitliches Gerüst, innerhalb dessen eine Reihe von Entwicklungstendenzen, die als dynamische Merkmale das Mhd. ausmachen, feststellbar ist.

1. Diachronische Gliederung

Das Mhd. wird hier – allgemeinem Usus entsprechend – für die Zeit von etwa 1050 bis 1350 angesetzt. Als Abgrenzungskriterium vom vorausgehenden Ahd. wird angenommen, daß die volkssprachigen Texte vor allem dadurch eine neue Qualität erhalten, daß nicht mehr, wie im Ahd., volkssprachig textiert wird, um in irgendeiner Weise der Latinität zu dienen, sondern daß die Volkssprache ihren Eigenwert zugesprochen bekommt. Das erste Mal wird dies bereits um 1000 deutlich ausgesprochen: In seinem berühmten Brief an Bischof Hugo III. von Sitten äußert sich Notker III von St. Gallen:

Scio tamen quia primo abhorrebitis quasi ab insuetis. Sed paulatim forte incipient se commendare vobis et praevalebitis ad legendum et ad dinoscendum, quam cito capiuntur per patriam linguam quae aut vix aut non integre capienda forent in lingua non propria (zit. nach Sonderegger 1970, 83).

Notker weist hier auf das Neue, das Unerhörte, aber auch auf das Sachliche seines Unternehmens und seiner Meinung hin; gleichzeitig formuliert er deutlich die Wichtigkeit des volkssprachigen Textierens. Notker markiert also einen Neuanfang, die Handschriften seiner dt. Texte enthalten indes auch noch genügend Latein, so daß wir von einer Übergangszeit sprechen können, die um die Mitte des 11. Jhs. abgeschlossen sein dürfte.

Den 'Ausklang des Mittelhochdeutschen' (Erben 1962) markiert nicht mehr so sehr das geänderte Bewußtsein vom Eigenwert der Mutter-/Volkssprache, sondern eine Änderung der Vertextungsnormen: die Dominanz des Reim(paar)verses wird von der Prosa ab-

gelöst. Damit geht auch ein Wandel sowohl in Textproduzenten- als auch -rezipientengruppen einher). Die neuen Prosatextarten setzen um die Mitte des 13. Jhs. ein, in breitem Strom bestimmen sie von der Mitte des 14. Jhs. an die Überlieferung. Wir müssen also auch am Ende der Epoche mit einem breiten Übergangszeitraum rechnen. Auch dieser Wandel wird zunächst als so neu empfunden, daß die neue Textgestaltung explizit, z. T. sogar in Reimen (mit denen die Autoren beweisen wollen, daß sie durchaus die alte Form beherrschen, aber aus bestimmten Gründen eine andere wählen) begründet wird (vgl. zusammenfassend Wolf 1983):

Auch hân ich mŭt in meinem sinn, / Dazz ich dizz chlain buchlin / Welle ôn reimen machen / Durch zwaier hande sachen; / Die êrst daz ich dise heylichait / Mit durnechtiger wârhait / Muge dester pas bewaren, / [...] / Wann swelch geticht man reimet, / Wort czu worten leimet, / Dâ irret oft der worter glanz, / daz der sin nicht gar ist gancz (Mönch von Heilsbronn, 'Die sieben Farben des Fronleichnams', Anfang 14. Jh., zit. nach Wolf 1981, 167).

Zu diesen Außengrenzen kommt auch noch eine Binnengliederung, die – für unsere Zwecke sehr deutlich – im Zusammenhang mit einem geplanten neuen mhd. Wörterbuch öffentlich erörtert worden ist.

Im Jahre 1952 veranstaltete die Berliner Akademie der Wissenschaften eine Tagung anläßlich der Eröffnung des neu gegründeten Instituts für deutsche Sprache und Literatur. Damals wurde auch das Projekt 'Mittelhochdeutsches Wörterbuch' vorgestellt. Man ging dabei von einem zeitlichen Ansatz von 1050–1500 aus und stellte dazu fest: „In den viereinhalb Jahrhunderten [...] ist ein sprachlich sehr verschiedenes Wortmaterial schriftlich überliefert. Man kann geradezu sagen, daß wir es mit drei ganz verschiedenen und in sich selbständigen Sprachen zu tun haben." (Kienast 1954, 99). Genannt wurden das Frühmittelhochdeutsche, „das Mittelhochdeutsch der sogenannten klassischen Epoche" und als „dritte Sprache [...] die des Spätmittelalters" (ebd. 99f.). Wichtig ist die Schlußfolgerung aus diesen Beobachtungen: „Bei diesem Zustand unserer Sprachquellen haben wir uns nach langen Erwägungen entschlossen, das Mittelhochdeutsche in die drei eben genannten Sprachepochen aufzuteilen und jeder dieser Epochen ein selbständiges Alphabet innerhalb des mittelhochdeutschen Wörterbuchs einzuräumen" (ebd. 100).

Mit anderen Worten: Wir können den Zeitraum von 1050 bis 1350 in die Abschnitte Frühmittelhochdeutsch (1050–1150/70), 'klas-

sisches' Mittelhochdeutsch (1170—1250) und
Spätmittelhochdeutsch (1250—1350) gliedern, wobei der letzte Abschnitt gleichzeitig
den Übergang zum Frnhd. darstellt. Dies läßt
sich nicht nur aufgrund des Wortmaterials,
sondern auch aufgrund weiterer Phänomene
beobachten und begründen.

2. Diastratische Gliederung

Das Mhd. ist vor allem dadurch gekennzeichnet, daß der 'Laie' (d. i. eine Person, die keine
geistlichen Weihen bekommen oder kein Or-
densgelübde abgelegt hat) immer stärker am
Literaturbetrieb teilnimmt.

In frmhd. Zeit begegnen Autoren, die „sich
selbst als Laien zu erkennen" geben, obgleich
sie geistliche Literatur schreiben,wodurch sie
kundtun, daß sie in enger „Verbindung zu
geistlichen Lebensformen" stehen (Kartschoke 1990, 217). So reiht sich, um ein Beispiel anzuführen, Heinrich von Melk (wohl 1.
Hälfte des 12. Jhs.) in seiner geistlichen
Mahnrede 'Von des todes gehvgde eine rede'
in die Schar der Laien ein: *Dar vf hab wir
laeien ein archwan.* Gleichzeitig wenden sich
Autoren explizit an Laien als Publikum; der
Dichter des 'Ezzoliedes' (1. Hälfte des 12.
Jhs.) will *iu herron / heina wâr reda vor tuon*;
der Arme Hartmann (Mitte des 12. Jhs.)
rechnet sich selbst den Ungelehrten zu (*Ich
unde andre tumben*) und wendet sich *zu lere
den tumben.*

Im Laufe der Literaturgeschichte werden
die geistlichen Stoffe durch weltliche abgelöst, wobei zunächst noch Geistliche als
Autoren fungieren; gleichzeitig berufen sich
die Autoren nicht mehr ausschließlich auf lat.
Vorlagen. Für all dies ist der Pfaffe Lamprecht, der Verfasser des 'Alexanderliedes' ein
gutes Beispiel; er sagt von sich selbst *Iz tihte
der phaffe Lambret* und verweist auf die frz.
Vorlage: *Alberich von Bisinzo / der brâhte uns
diz lit zû. / Er hetez in walhiskn getihtet. / Nû
sol ich es euh in dûtiskn berihten.* Der Pfaffe
Konrad, der um 1170 das 'Rolandslied' geschrieben hat, ist noch nicht so modern, er
übersetzt zuerst den frz. Text ins Lat.:

*Ob iu daz liet gevalle, / sô gedencket ir mîn alle: /
ich haize der phaffe Chunrat. / Also iz an dem bûche
geschribin stât / in franczischer zungen, / so hân ich
diz in die latîne bedwungen, / danne in die tûtiske
gekêret* (zit. nach Wolf 1996, 83f., dort weitere Beispiele).

Dies ändert sich im hohen Mittelalter: Dessen wesentliche und einflußreiche Literatur
ist dadurch gekennzeichnet, daß Laien für

Laien schreiben. Gesellschaftlicher Ort dieses
neuen Literaturbetriebs waren die Höfe, die
sich an den Residenzen der sich herausbildenden Territorien bildeten.

„Die Residenzbildung war aber auch für die Literaturgeschichte von großer Bedeutung, weil der ortsfeste Fürstenhof als gesellschaftlicher und kultureller Mittelpunkt eine große Ausstrahlungskraft entfaltete. Die Ortsgebundenheit des Hofes erlaubte
neue Formen der fürstlichen Repräsentation [...]
und auch neue Wege des literarischen Mäzenaten-
tums" (Bumke 1986, 76).

Große Fürstenhöfe wurden im 12. Jh. zu literarischen Zentren, an denen „eine Literatur
entstand, die besonders deutlich in ihrer Orientierung an frz. und prov. Mustern die gesellschaftlichen Interessen und Vorstellungen
der höfischen Gesellschaft spiegelte" (Bumke
1964, 67). In diesem Rahmen konnte sich
eine soziale Gruppe, und zwar die 'Ritter',
kulturell, im speziellen: literarisch entfalten.
Das 'Rittertum' darf dabei — dies gilt für das
hohe, nicht für das späte Mittelalter — nicht
als ein einheitlicher sozialer Stand gesehen
werden, sondern es ist vielmehr wahrscheinlich, „daß das Rittertum sehr unterschiedliche
Gruppen umfaßt und sich dennoch als eine
Gemeinschaft empfand" (Fleckenstein 1974,
120), die weniger ein „Phänomen der Sozialgeschichte", als vielmehr ein „Phänomen der
Kulturgeschichte" (Fleckenstein 1976, 45) ist,
weil eben das Rittertum „aus seinem Ideal
lebt[e]" und „dieses Ideal [...] ein Teil seiner
Wirklichkeit" (Fleckenstein 1976, 44) war.

Die ritterlichen Autoren sind stolz darauf,
Ritter zu sein: Hartmann von Aue, um das
bekannteste Beispiel zu zitieren, betont überdies, daß er *litteratus* sei:

*Ein ritter sô gelêret was / daz er an den bochen las /
swaz er daran geschriben vant: / der was Hartman
genant.* ('Armer Heinrich'), ähnlich im 'Iwein':
*Ein rîter, der gelêret was / unde ez an den buochen
las, / [...] / er was genant Hartman.* Daß Rittertum
und Hof eng zusammengehören, können Stellen
wie folgende demonstrieren: *her Gâwein was der
höfschste man / der rîters namen ie gewan* ('Iwein').
Und in diesem kulturell-gesellschaftlichen Kontext
kann der Erzähler in Wolframs von Eschenbach
'Parzival' von sich sagen: *schuldes ambet ist mîn
art,* weil eben „der schild als symbol des ritter-
thums" (Benecke/Müller/Zarncke 1866, 129) gelten kann.

Es ist klar, daß das Rittertum nicht die ganze
Literatur des hohen Mittelalters bestimmte.
Daneben gab es noch Geistliche, die eine reiche Literatur, vor allem Lehr- und Legendendichtung verfaßten.

Das Spmhd. kann am ehesten durch eine soziale Vielfalt gekennzeichnet werden: Das Rittertum hat mit dem Ende der Staufer und dem Interregnum seine kulturelle Position verloren, an seine Stelle trat nichts Gleichartiges, sondern eben eine große Vielfalt, von der erst im Frnhd. dominierende Tendenzen wirksam werden.

3. Diaphasische Gliederung

Die geschilderten diastratischen Gegebenheiten haben zur Folge, daß man nicht einige wenige Sprachstile bzw. Ausdrucksmodalitäten als typisch für das Mhd. feststellen und beschreiben kann.

Das Frmhd. ist in erster Linie eine Experimentier- bzw. Erprobungsphase, in der vor allem die Möglichkeiten des Reims, insbesondere des Reimpaarverses geprüft werden. Sogenannte, will sagen: vom Standpunkt der höfischen Dichtung aus bewertet, unreine Reime sind häufig und scheinen den damaligen Autoren kein Problem gewesen zu sein. Im späten Mittelalter tut sich auch im stilistischen Bereich eine große Vielfalt auf, eine Leitvarietät ist nicht auszumachen. Sprachgeschichtlich ist vielmehr bedeutsam, daß die spmhd. Autoren „unter vielerlei Einflüssen" stehen: „zur Sprache ihrer Landschaft [...] kommt ein mannigfaches literarisches Erbe [...], aus dem sie schöpfen" (Erben 1962, 92). Diese Autoren werden sich auch der dialektalen Vielfalt des Deutschen bewußt, reflektieren und thematisieren diese (Schieb 1972; Wolf 1983).

Demgegenüber ist die 'höfische Dichtersprache', wie sie uns in Ansätzen schon im 'Äneasroman' Heinrichs von Veldeke und dann voll ausgebildet in den Werken der mhd. 'Klassiker' entgegentritt, eine relativ feste Stilform, deren Qualitäten ziemlich präzise beschrieben werden können:
(1) Rhetorische Gestaltung: Im ganzen Mittelalter (und noch darüber hinaus) „wird kunstmäßige Rede nicht auf Dichtung beschränkt, vielmehr im weiten Felde rhetorischer Übung begriffen", umgekehrt ist „die Dichtung ein Teil der Redekunst und die Poetik ein Teil der Rhetorik" (Wehrli 1987, 115). Gerade die höfischen Dichter betonen die Geltung und den Wert rhetorischer Normen und rhetorischer Gestaltung, explizit oder auch implizit durch ihre Arbeit. Eine sehr klare Quelle für solche Formulierungen ist die 'Dichterschau' im 'Tristan' Gottfrieds von Straßburg.

Er lobt an Hartmann von Aue die rhetorische Gestaltung, *wie er mit rede figieret / der âventure meine! / wie lûter und wie reine / sîn kristallîniu wortelîn / beidiu sint und iemer müezen sîn!* Und von Heinrich von Veldecke heißt es: *ir ist und ist genuoc gewesen / vil sinnic und vil rederich. / Von Veldeken Heinrich / der sprach ûz vollen sinnen.* Ein Dichter muß also sowohl *sinnic*, d. h. voll des richtigen *sinnes* („Art und Gabe der inneren Ausgestaltung", Krohn 1981, 61) als auch *rederîch*, d. h. voll der Rhetorik (*rede* = poetisch-rhetorische Darbietung) sein.

Die literaturgeschichtliche Forschung gerade zur Dichterschau hat die Bezüge zur antiken Rhetorik deutlich herausgearbeitet (zusammenfassend Ganz 1978). Die Forschung hat auch das Lob Veldekes *er inpfete das erste rîs / in tiutischer zungen* als Übertragung „der welschen Ritterkultur" (Bertau 1972, 548) interpretiert; diese Übertragung, die „Orientierung am Vorbild der französischen höfischen Sprache" (Straßner 1995, 17) äußert sich vor allem in einem zahlreichen
(2) Lehnwortschatz aus dem Frz., der in höfischen Texten geradezu massiert auftritt: *„â!" sprâchen s'al gemeine / grôze unde cleine, „dê duin dûze âventûre / si dûze crêature: / got gebe süeze âventure / sô süezer crêatiure!"* (Gottfried von Straßburg, 'Tristan'). Wie sehr besonders die höfische Literatur von Transferenzen aus dem Frz. bestimmt ist, kann eine Übersicht deutlich machen (nach Palander 1902):

Text	Frz. Lehnwörter
'Jüngere Judith' (Mitte 12. Jh.)	4
'Kaiserchronik' (Mitte 12. Jh.)	12
'Alexanderlied' (Mitte 12. Jh.)	24
'Rolandslied' (um 1770)	39
'Reinhard Fuchs' (Ende 12. Jh.)	11
Hartmann von Aue 'Erek'	71
Hartmann von Aue 'Iwein'	37

Abb. 96.1: Französische Fremdwörter in mhd. Texten

Wenn man, was notwendig ist, Textlänge und Anzahl der Fremdwörter zueinander in Relation setzt, dann wird deutlich, daß erst die höfischen Texte Hartmanns in reicherem

Maße Transferenzen als Mittel der höfischen Stilisierung verwendet; es kommt nicht so sehr auf die Entstehungszeit an, sondern eben auf die höfische Haltung. Dennoch, für das 12. Jh. wurden 235 Fremdwörter (Palander 1902), für das 13. Jh. hingegen ungefähr 1200 (Suolahti 1929/1933) gezählt. „Dieses französische Wortgut verteilt sich auf verschiedene Lebensgebiete, von denen in der klassischen Zeit der höfische Bereich stark im Vordergrund steht" (Öhmann 1974, 329).

(3) Ideologisch geprägter Wortschatz: Das Rittertum als kulturelle Gruppe benötigt für seine literarische Kommunikation zentrale Wörter, die die Gruppenidentität wenn nicht ausdrücken, so doch zumindest repräsentieren, indem sie zentrale Werte benennen; gleichlautende Wörter, die in nicht-höfischen, etwa geistlichen Texten derselben Zeit begegnen, haben demgegenüber ihre 'normale', die 'alte', 'ursprüngliche' Bedeutung: *mâze* bezeichnet bei höfischen Autoren „das maßvolle Verhalten bei allen Handlungen" (Eggers 1965, 129), bei Berthold von Regensburg hat dieses Wort „eine ganz vordergründige Bedeutung. Sie wird vornehmlich auf das Essen und Trinken bezogen, und als ihr Gegenbegriff erscheint manchmal *vrâzheit*, 'die Vielesserei'" (Eggers 1965, 170). Ähnlich verhält es sich mit Wörtern wie *tugent, zuht* oder *triuwe*.

(4) Tendenzen zum Dialektabbau: Vor allem in den Reimen läßt sich beobachten, daß die höfischen Autoren versuchen, wenn nicht bestrebt sind, extreme Dialektalismen zu vermeiden und bestimmte ursprünglich dialektal geprägte Formen zu bevorzugen. So verwenden auch bair. Autoren Verbformen wie *gân* oder *stân*, obwohl im Bair. die entsprechenden Formen mit ⟨/ê/⟩ vorherrschen, wohl „weil man sich deren in maßgebenden Kreisen bedient, weil sie feiner und höfischer" gelten (Bohnenberger 1897, 214). Als Alemanne verwendet Hartmann von Aue auch in Reimen die Formen *(ge)seit* und *(ge)saget* nebeneinander, obwohl in seinem Dialekt die kontrahierten Formen vorgezogen worden sind. Dies könnte u. a. darauf zurückzuführen sein, daß der Dichter überregional wirken wollte (vgl. dazu Zwierzina 1898; 1900; 1901 und Fischer 1887).

Die mhd. Dichtersprache steht wohl auf wobd. Basis, was mit der Vormachtstellung der Staufer zusammenhängen könnte. Wie dem auch sei, im hohen Mittelalter äußern sich mehrere Autoren zum besonderen Pre-

stige des Schwäbischen und der Schwaben (Socin 1888, 76 ff.).

G. Schieb (1970, 352) führt an, „daß trotz vielfältiger innerer Abstufungen seit etwa 1170 eine temperierte maasländ.-westmd.-thür. Literatursprache im Werden begriffen war", worauf hindeute, daß „sich Literaturdenkmäler, die irgendwo in dem weiten Raum von der Maas im Nordwesten über den Rhein und den ganzen westmd. Streifen bis nach Thüringen entstanden, oft sehr schwer sprachlich gegeneinander abgrenzen lassen". Die Einwände von H. Fromm (1971, 204) gegen diese These („Aber gearbeitet ist hier wenig und bewiesen nichts") scheinen nicht ganz stichhaltig, denn mit der Annahme einer frühen nördlichen Literatursprache kann ein Phänomen wie das 'Veldeke-Problem' (vgl. dazu zusammenfassend Wolf 1981, 184 f.; de Smet 1990) erklärt werden.

Nicht-höfische Gattungen, vor allem geistliche Texte, verfahren auch in diesem Punkt anders. Ebernand von Erfurt, Verfasser einer Legende 'Heinrich und Kunigunde' (1220) hebt hervor, daß er Thüringer sei:

Ich bin ein Durenc von art geborn: | hêt ich die sprâche nû verkorn | unt hête mîne zungen | an ander wort getwungen, | warzuo wêre mir daz guot? | Ich wêne, er effenlîche tuot, | der sich der sprâche zucket an, der er niht gefuogen kan (zit. nach Socin 1888, 107).

4. Diatopische Gliederung

Wir können annehmen, daß das Mhd. dialektal ähnlich gegliedert ist wie die Gegenwartssprache, wobei das Neuland, das durch die Ostkolonisation zur Vergrößerung des Sprachraums entscheidend beiträgt, sprachlich noch nicht in Erscheinung tritt. Andererseits ist darauf hinzuweisen, daß das Mhd. uns nur in Handschriften entgegentritt, daß eventuelle Reflexe gesprochener Sprache kaum dialektale Informationen geben. Die Handschriften spiegeln ein Phänomen wie Schreibdialekte wider, doch wissen wir darüber, was das Mhd. betrifft, kaum Bescheid. Versuche, „Unterschiede der Landschaftssprachen" (Paul/Wiehl/Grosse 1989, 167) zu beschreiben, sind letztlich bloße Extrapolationen frnhd. und rezenter Verhältnisse auf das Mhd.

Die Sprachform der meisten Editionen ist 'normalisiert', spiegelt also eher Philologenwissen als das Sprachwissen der damaligen Schreiber wider (vgl. Wolf 1989 und 1991). Immer noch gilt G. Schiebs (1970, 351 f.)

Feststellung: „Bis 1250 greifen wir fast nur mundartfernste Schichten der Schriftlichkeit, Literatur- und Dichtersprache, in einer verwirrenden Fülle orthographischer Gewohnheiten fixiert."

Was not tut, ist eine Aufarbeitung des Überlieferungsstandes, also ein Ernstnehmen des Mediums, das das Mittelhochdeutsche tradiert hat. Erste positive Ansätze dazu liegen in Arbeiten wie Hellgardt (1988) und Klein (1988) vor, eine Erarbeitung von Schreibzentren fehlt für das Mhd. indes noch gänzlich. Dabei ist ein Spezifikum des Mhd. zu beachten:

„Die sprachgeographische Einordnung der Quelle in dialektale Großlandschaften wie 'ostoberdeutsch', 'westoberdeutsch', 'nordoberdeutsch', 'westmitteldeutsch', 'ostmitteldeutsch' ist zweifellos anzustreben; sie wird aber im 12./13. Jh. durch schreibsprachliche und reimsprachliche Landschaften überlagert, die für eine angemessene Beschreibung des Mittelhochdeutschen wenigstens ebenso wichtig sind" (Klein 1991, 5).

Somit bleibt beim derzeitigen Forschungsstand nur, auf „Pyramiden" hinzuweisen, in denen G. Schieb (1969, 148 f.) die Diagliederung des hochmittelalterlichen und des spätmittelalterlichen Deutsch anschaulich macht:

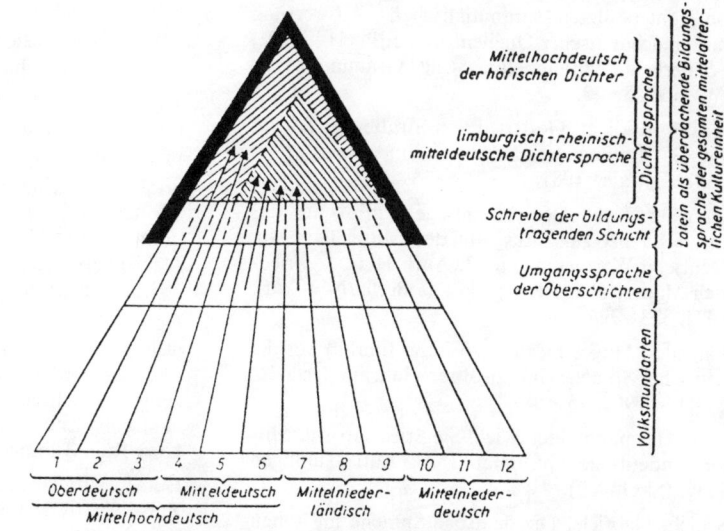

1 Bairisch
2 Alemannisch
3 Ostfränkisch
4 Rheinfränkisch
5 Mittelfränkisch
6 Thüringisch
7 Limburgisch
8 Brabantisch
9 Flämisch
10 Nordniederdeutsch
11 Westfälisch
12 Ostfälisch

Abb. 96.2: Sprachliche Pyramide des hochmittelalterlichen Deutsch

5. Literatur (in Auswahl)

Benecke, Georg Friedrich/Wilhelm Müller/Friedrich Zarncke, Mittelhochdeutsches Wörterbuch. Leipzig. Bd. 1: 1854. Bd. 2/1: 1863. Bd. 2/2: 1866. Bd. 3: 1861.

Bertau, Karl, Deutsche Literatur im europäischen Mittelalter Bd. 1: 800—1197. München 1972.

Bohnenberger, Karl, Über gât/gêt im Bairischen. In: PBB 22, 1897, 208—216.

Bumke, Joachim, Ministerialität und Ritterdichtung. München 1976.

Ders., Höfische Kultur. München 1986.

Deutsche Handschriften 1100—1400. Oxforder Kolloquium 1985. Hrsg. v. Volker Honemann/Nigel F. Palmer. Tübingen 1988.

Eggers, Hans, Deutsche Sprachgeschichte Bd. 2. Das Mittelhochdeutsche. Reinbek 1965.

Erben, Johannes, Der Ausklang des Mittelhochdeutschen. In: Spätzeiten und Spätzeitlichkeit. Vorträge, gehalten auf dem 2. Internationalen Germanistenkongreß 1960 in Kopenhagen. Hrsg. v. Werner Kohlschmidt. Bern/München 1962, 86—102.

Fischer, Hermann, Zur Geschichte des Mittelhochdeutschen. Tübingen 1889. (Tübinger Universitätsprogramm).

Fleckenstein, Josef, Zum Problem der Abschließung des Rittertums. In: Historische Forschungen für W. Schlesinger. Hrsg. v. H. Beumann. Köln/Wien 1974, 252—271.

Ders., Rittertum und höfische Kultur. In: Jahrbuch der Max-Planck-Gesellschaft 1976, 40—52.

Fromm, Hans, Stemma und Schreibnorm. In: Mediævalia litteraria. Festschrift für Helmut de Boor. München 1971, 193—210.

Ganz, Peter, Einleitung zu Gottfried von Straßburg 'Tristan'. Wiesbaden 1978.

Hellgardt, Ernst, Die deutschsprachigen Hand-schriften im 11. und 12. Jahrhundert. Bestand und Charakteristik im chronologischen Aufbau. In: Deutsche Handschriften 1988, 35−81.

Kartschoke, Dieter, Geschichte der deutschen Lite-ratur im frühen Mittelalter. München 1990.

Kienast, Richard, Das Mittelhochdeutsche Wörter-buch. In: Das Institut für Deutsche Sprache und Literatur. Vorträge gehalten auf der Eröffnungs-tagung. Berlin 1954, 97−104. (Dt. Ak. Wiss. B., IdSL 1).

Klein, Thomas, Ermittlung, Darstellung und Deu-tung von Verbreitungstypen in der Handschriften-überlieferung mittelhochdeutscher Epik. In: Deut-sche Handschriften 1988, 110−167.

Ders., Zur Frage der Korpusbildung und zur com-puterunterstützten grammatischen Auswertung mittelhochdeutscher Quellen. In: ZfdPh 110, 1991, Sonderheft 'Mittelhochdeutsche Grammatik als Aufgabe', 3−23.

Krohn, Rüdiger, Gottfried von Straßburg, Tristan Bd. 3, Kommentar, Nachwort und Register. 2. Aufl. Stuttgart 1981.

Öhmann, Emil, Der romanische Einfluß auf das Deutsche bis zum Ausgang des Mittelalters. In: Deutsche Wortgeschichte. 3. Aufl. Hrsg. v. Fried-rich Maurer/Heinz Rupp. Bd. 1. Berlin/New York 1974, 323−396.

Palander, Hugo, Der französische Einfluß auf die deutsche Sprache im zwölften Jahrhundert. In: MSH 3, 1902, 75−204.

Paul, Hermann/Peter Wiehl/Siegfried Grosse, Mit-telhochdeutsche Grammatik. 23. Aufl. Tübingen 1989. (SkG, A 2).

Schieb, Gabriele, Die deutsche Sprache im hohen Mittelalter. In: Kleine Enzyklopädie − Die deut-sche Sprache. Bd. 1. Leipzig 1969, 147−188.

Dies., Mittelhochdeutsch. In: Kurzer Grundriß der germanischen Philologie bis 1500. Hrsg. v. L. E. Schmitt. Bd. 1. Sprachgeschichte. Berlin 1970, 347−385. Wieder abgedruckt in: Dies., Ausge-wählte Schriften zur deutschen und niederländi-schen Sprach- und Literaturgeschichte. Hrsg. v. Rudolf Benzinger/Jochen Splett. Göppingen 1994, 159−195.

Dies., Probleme der Erscheinungsformen des älteren Deutsch in feudaler Zeit. In: Studien zur Geschichte der deutschen Sprache. Berlin 1972, 9−24.

de Smet, Gilbert, Theodor Frings und die Literatur an Maas und Rhein im 12.−13. Jahrhundert. In: Sprache in der sozialen und kulturellen Entwick-lung. Beiträge eines Kolloquiums zu Ehren von Theodor Frings (1886−1968). Hrsg. v. Rudolf Große. Berlin 1990, 375−387.

Socin, Adolf, Schriftsprache und Dialekte im Deutschen nach Zeugnissen alter und neuer Zeit. Heilbronn 1888.

Sonderegger, Stefan, Althochdeutsch in St. Gallen. St. Gallen/Sigmaringen 1970. (Bibliotheca Sangal-lensis 6).

Straßner, Erich, Deutsche Sprachkultur. Von der Barbarensprache zur Weltsprache. Tübingen 1995.

Suolahti, Hugo, Der französische Einfluß auf die deutsche Sprache im dreizehnten Jahrhundert. In: MSH 8, 1929, 1−310 und 10, 1933, 1−485.

Wehrli, Max, Literatur im deutschen Mittelalter. Eine poetologische Einführung. Stuttgart 1987.

Wolf, Norbert Richard, Althochdeutsch − Mittel-hochdeutsch. Heidelberg 1981. (UTB 1139).

Ders., Das 14. Jahrhundert in der deutschen Sprachgeschichte. In: Zur deutschen Literatur und Sprache des 14. Jahrhunderts. Dubliner Kollo-quium 1981. Hrsg. v. Walter Haug/Timothy R. Jackson/Johannes Janota. Heidelberg 1983, 368−383. (Reihe Siegen 45).

Ders., Mittelhochdeutsch aus Handschriften. Hin-weise zum Problem der historischen Grammatik und der Überlieferungsgeschichte. In: Überliefe-rungsgeschichtliche Editionen und Studien zur deutschen Literatur des Mittelalters. Festschrift für Kurt Ruh. Tübingen 1989, 100−108.

Ders., Mittelhochdeutsch aus Handschriften II: Zur Adjektivflexion. In: ZfdPh 110, 1991, Sonder-heft 'Mittelhochdeutsche Grammatik als Aufgabe', 93−110.

Ders., Das Deutsch des Hochmittelalters. In: Wil-helm Schmidt, Geschichte der deutschen Sprache. 7. Aufl. Stuttgart/Leipzig 1996, 82−95.

Zwierzina, Konrad, Beobachtungen zum Reimge-brauch Hartmanns und Wolframs. In: Abhandlun-gen zur germanischen Philologie. Festgabe R. Heinzel. Halle/S. 1898, 437−511.

Ders., Mittelhochdeutsche Studien. In: ZfdA 44, 1900, 1−116, 249−316, 345−406; 45, 1901, 19−100, 253−313, 317−419.

Norbert Richard Wolf, Würzburg

97. Reflexe gesprochener Sprache im Mittelhochdeutschen

1. Allgemeine Überlegungen

Die gesprochene Sprache ist in der Germanistik erst Mitte der 60er Jahre ein eigenständiges Forschungsgebiet geworden, als sich die Linguistik auf der Grundlage von Saussure und den Strukturalisten synchronisch ausrichtete (vgl. Kap. IV und V) und damit vielfältige neue Perspektiven eröffnete, so daß sie sich als selbständige Disziplin neben der historischen Sprachwissenschaft etabliert hat. Bisher beruhten die sprachlichen Untersuchungen allein auf schriftlichen Zeugnissen, weil diese die Sprache in einem optisch erfaßbaren Zustand präsentieren und der wissenschaftlichen Analyse zugänglich machen.

Erst seit der Erfindung des Phonographen am Ende des 19. Jhs. ist es möglich, gesprochene Sprache zu konservieren, also über den spontanen Sprechakt hinaus zu bewahren und − ähnlich dem geschriebenen Text − jederzeit reproduzierbar zu machen. Inzwischen sind die Aufnahmegeräte weiterentwickelt, in ihrer Speicherfähigkeit vergrößert und in der Wiedergabequalität wesentlich verbessert worden. Der Wissenschaftler kann allerdings das akustische Dokument erst dann auswerten, wenn er es optisch erfassen kann, d. h. nach einer Transkription. Er kommt um die Schrift nicht herum. Für sie ist eine Reihe unterschiedlicher Systeme entwickelt worden, von denen jedes versucht, die Besonderheiten der gesprochenen Sprache wiederzugeben, ohne sich von der genormten, seit dem Schulbesuch internalisierten Schriftlichkeit beeinflussen zu lassen.

Die Dichotomie von gesprochener und geschriebener Sprache erfährt jeder schulpflichtige Sprachteilhaber, wenn er zu lernen hat, wie die ihm bisher selbstverständlich erscheinende mündliche Kommunikation in das Zeichensystem der Buchstaben umzusetzen und optisch zu fixieren ist. Die vertrauten Laute der alltäglichen Kommunikation und das sehr viel begrenztere Zeicheninventar der aus dem Lat. entlehnten Alphabets lassen sich nicht ohne weiteres einander zuordnen. Die daraus entstehende Diskrepanz führt im kleinen Maßstab des heutigen Schulalltags und der Diskussion um die Rechtschreibung zu den gleichen Fragen, die vor mehr als 1100 Jahren Otfrid von Weißenburg in seinem Brief 'Ad Liutbertum' aufgeworfen hat. In diesem Begleitschreiben an den Mainzer Bischof, das er seiner Evangelienharmonie beigab, schildert er die Schwierigkeiten beim Übergang von der Oralität zur Skripturalität.

Während der fast 1200jährigen deutschsprachigen Textgeschichte läßt sich ständig das Bemühen der Autoren beobachten, regionalspezifische Eigenarten ihrer mündlichen Rede zugunsten einer überregional ausgerichteten Wirkung zu überwinden. Diese Überlegungen haben die Dichter der hochhöfischen Zeit ebenso geleitet wie sehr viel später die Buchdrucker und Luther. Oder aber der Autor hat wie Heinrich Wittwiler bewußt das Kolorit seiner Region im Text bewahrt und diesen der gesprochenen Lautung angenähert.

Gesprochene Sprache gibt es in vielen Varietäten, die wir in der heutigen Kommunikation beobachten. Sie können von der regionalen Herkunft der Sprechenden geprägt sein, von ihrer sozialen Stellung, vom Ausbildungsgang, dem Alter, Geschlecht, Temperament, der Laune einer Tagesform, vom Gesprächsanlaß, den Themen, der Situation, der Zahl der Gesprächspartner und vielem anderen mehr. Das heißt: Es ist auch heute trotz hoch technisierter Geräte und differenziert entwickelter Aufnahmemethoden und Transkriptionsverfahren schwer, einen gesprochenen Dialog mit all seinen komplexen Implikationen zu erfassen und zu analysieren. Stets werden einige Umstände (z. B. die den Text begleitende nonverbale Körpersprache) nicht berücksichtigt werden können. Und spontan gesprochene Sprache vor der Erfindung der Aufnahmegeräte kann nicht rekonstruiert werden, auch nicht aufgrund von literarischen Texten und ihren Dialogen (einschließlich Disputationen, Reden und der dramatischen Literatur).

Im folgenden wird versucht, in mhd. Texten Spuren gesprochener Sprache aufzuzeigen. Das ist nicht einfach, denn es hat kein allgemeinverbindliches Regelwerk für die Schreibung und die Handhabung der Grammatik gegeben, keinen nach einheitlichen Kriterien ausgerichteten Schulunterricht, also keine Schreibnorm, die ja gerade die geschriebene von der gesprochenen Sprache unterscheidet.

Irmgard Weithase hat schon 1961 den Mut gehabt, eine zweibändige „Geschichte der gesprochenen Sprache" zu publizieren. Sie hat dabei nicht die spontane alltägliche Kommunikationssituation im Blick gehabt, sondern rhetorische und rezitierte Texte, die sie als Sprechwissenschaftlerin interessierten. So beginnt die Darstellung mit Predigten Bertholds von Regensburg.

Die deutschsprachige Textüberlieferung beginnt mit der Christianisierung im 9. Jh., aber natürlich hat es die gesprochenen ahd. Dialekte schon sehr viel früher gegeben, die wir als orale Zeugnisse nicht fassen können.

2. Die Problematik der schriftlichen Quellen

Beim Versuch, Spuren der spontanen Sprechsprache in mittelalterlichen geschriebenen Texten zu finden, geht man von den eigenen, in der Gegenwart gewonnenen Sprech- und Hörerfahrungen aus und sucht nach den phonologischen, morphologischen und syntaktischen Merkmalen, die für die heute gesprochene Sprache besonders kennzeichnend sind. Dabei sollte man folgende Beobachtungen nicht unberücksichtigt lassen:

2.1. Versdichtungen

Sehr viele der überlieferten, edierten und in der germanistischen Lehre und Forschung behandelten mhd. Texte sind Versdichtungen. Sie folgen außersyntaktischen Bindungen: Metrum, Kadenz, Reim, Akrosticha, Strophenbau; d. h. es sind schriftlich konzipierte artifizielle Stilisierungen von differenzierter Qualität. Die spontan gesprochene Sprache des alltäglichen Dialogs ist so auf keinen Fall verlaufen. Nicht nur literarische Texte (Lieder, Sprüche, Epen, Schwänke, Lehren) sind in paargereimten Vierhebern verfaßt worden, sondern auch expositorische Texte, für die wir heute die Prosa als gemäße Schriftform halten (Chroniken, Predigten, Gebete). Da ein großer Teil der Bevölkerung nicht lesen konnte, wurden die Texte der Zuhörerschaft vorgetragen. Reim und Rhythmus sind ja nur in der akustischen Präsentation vernehmbar (dazu bei den Liedern noch die Melodie), also Kennzeichen der Hörbarkeit. Sie enthalten außerdem rhetorische Elemente der Rezitationsdichtungen: Anreden und Fragen, um den Kontakt zum Publikum herzustellen, und Gedächtnisstützen für den Vortragenden und für die Rezipienten (Wiederholungen, Zusammenfassungen, Vorausdeutungen und Rückverweise, Alliterationen). Der gesprochene Text, der einer Niederschrift folgt oder gar ohne sie auskommt und zur oralen, von einer Generation zur anderen überlieferten Literatur gehört, ist kein Zeugnis spontaner freier Rede, sondern eine Textkonstruktion von unterschiedlicher stilistischer Wertigkeit, die durch den Vortragenden zum Klingen gebracht wird.

2.2. Prosatexte

Vom 13. Jh. an nimmt die Zahl der Prosatexte zu: Urkunden, Verträge, Briefe, Eintragungen in Grundbücher und Handelsregister, Rezepte, Fachprosa, Volksbücher u. a. Oft ist diesen Texten der prägende Einfluß lat. Muster und Vorlagen anzumerken (Gebrauch von Formeln, Kürzeln und Partizipialkonstruktionen). Sie alle sind schriftlich konzipiert und besitzen keine Sprechwirklichkeit.

2.3. Sprachliche Ausgleichstendenzen

Viele Autoren und Schreiber der Stauferzeit wie auch die meisten Autoren und Drucker des ausgehenden Mittelalters verfolgen das gleiche Ziel: sie wünschen ihren Texten ein möglichst weites Verbreitungsgebiet. Deshalb sind sie darauf bedacht, Dialekteigenheiten zu vermeiden und überregionale Verständlichkeit zu erreichen.

2.4. Literarische Dialoge

Die zahlreichen Partien direkter Rede in der erzählenden Literatur des 12. und 13. Jhs. sind nicht – wie in der modernen Literatur – der spontan gesprochenen Rede nachempfunden, um die sprechenden Personen nach sozialer Stellung, Herkunft, Alter, Geschlecht, Begabung oder Gemütsverfassung individuell zu charakterisieren und ihnen ein unverwechselbares Sprachprofil zu geben. Die Dialoge unterscheiden sich, abgesehen von den Formen der Anrede, Ausrufen, manchmal sehr kurzen Sätzen oder Hinweisen auf die fiktive Situation nicht von der epischen Diktion.

3. Reflexe gesprochener Sprache

Mit Berücksichtigung der unter 2. genannten Beobachtungen sollen die folgenden Beispiele versuchen, Reflexe gesprochener Sprache in historischen geschriebenen Texten aufzuspüren. Da es keine allgemein verbindliche kodifizierte Schreibnorm gegeben hat, fluktuiert das Spektrum der Schreibarten und der grammatikalischen Verknüpfungen auch im Rahmen der außersyntaktischen Bindungen. Bei der Unkenntnis über den Ablauf spontaner Sprache in der Vergangenheit können wir unsere Vermutungen nur folgendermaßen stützen: Wir suchen nach den Charakteristika gesprochener Sprache, die wir aus den gegenwärtigen Sprechgewohnheiten kennen. Laut- und graphembezogene Kennzeichen regionaler Varietäten werden in den einschlägigen mhd. Grammatiken ausführlich dargeboten. Deshalb liegt das Gewicht auf lexikalischen und syntaktischen Besonderheiten.

3.1. Die Lautung

Hugo von Trimberg hat die lautlichen Unterschiede der deutschen Mundarten am Ende des 13. Jhs. zu charakterisieren versucht:

> Swâben ir wörter spaltent,
> Die Franken ein teil si valtent,
> Die Beier si zezerrent,
> Die Düringe si ûf sperrent,
> Die Sahsen si bezückent,
> Die Rînliute si verdrückent,
> Die Wetereiber si würgent,
> Die Mîsener si vol schürgent,
> Egerlant si swenkent,
> Osterrîche si schrenkent,
> Stîrlant si baz lenkent,
> Kernte ein teil si senket.   (Renner, 22265 f.)

Man kann dieser differenzierten Metaphorik nicht mehr entnehmen, als daß die Vielfalt der deutschen Mundarten in ihrer lautlichen Varietät und den auffallenden Merkmalen der Intonation wahrgenommen worden ist. Die regional bedingten mhd. Lautverhältnisse und ihre Veränderungen darzustellen, ist schwierig; denn der Wandel vollzieht sich bald gleichzeitig, bald zeitlich und räumlich verschoben. Die Vokalveränderungen (die schon im Frmhd. beginnenden sogenannten nhd. Diphthongierungen und Monophthongierungen und die Dehnung in offenen kurzen Silben) und den Wandel der Konsonanten behandelt P. Wiehl (1998) ausführlich in der Mhd. Grammatik (§§ 42−83; 99−170). Die Lautentwicklung ist zuerst in der mündlichen Kommunikation eingetreten und dann erst in der Schreibung. Wichtige Anhaltspunkte für die Kenntis, welche Lautqualität die Grapheme gehabt haben, sind die Reime (z. B. zît reimt sich auf geleit; hiute auf freute).

3.2. Auslautverhärtung

Im Mhd. werden die stimmhaften Verschlußlaute b, d, g im Wortauslaut und vor einer Fortis im Silbenauslaut stimmlos zu p, t, c: gip − geben; walt − waldes; burc − bürge; nîgen − neic; stoup, stoupte − stouben. Im Nhd. hat die Analogieschreibung diese Unterschiede aufgehoben: aus grap, kint, kluoc wurde Grab, Kind, klug. Die nhd. Aussprache aber artikuliert nach wie vor die mhd. Lautung, die in ihrer scheinbaren orthographischen Inkonsequenz phonetisch genauer ist.

3.3. Kontraktionen

Kontraktionen sind uns in der gesprochenen Gegenwartssprache sehr geläufig. Diese Verschleifungen kommen aus regional bedingter Sprechgepflogenheit, Nachlässigkeit oder bei Erhöhung der Sprechgeschwindigkeit zustande. Beim Schreiben werden sie meistens vermieden (Ausnahmen sind die Zusammenziehung einer Präposition mit dem Artikel (Mask./Neutr. Sg.): im Wald, am Haus, ins Buch, beim Vater, vom Lager).

Vom 12. Jh. an sind im Mhd. Kontraktionen zu beobachten, die aus der gesprochenen Sprache übernommen worden sind, oder besser gesagt: deren schriftlichen Gebrauch keine Regelung untersagt.

Es gibt die Kontraktion in der Morphologie eines Wortes, die regionalspezifisch ausgeprägt ist und sich vom Ahd. zum Mhd. entwickelt hat.

Allgemein verbreitet sind die Kontraktionen von ahd. -igi- zu mhd. -î- (ahd. ligit > mhd. lît); ahd. -egi- zu mhd. -ei- (ahd. legit > mhd. leit); ahd. -ibi- zu mhd. -î- (ahd. gibit > mhd. gît). Im bair. Raum ist mhd. -age- vor t und st zu -ei- kontrahiert worden: saget − seit, seist, geseit, maget − meit, klagen − kleit. Häufig ist zwischen zwei Vokalen das h ausgefallen: hâhen − hân, vâhen − vân, vlêhen − vlên, sehen − sên. Die nicht kontrahierte Form und die kontrahierte bestehen nebeneinander. Das gilt auch für haben − hân, lazen − lân.

Sehr oft sind syntaktische Kontraktionen belegt, in denen nebeneinanderstehende Wörter miteinander verschliffen werden. Die Zusammenziehung wird begünstigt, wenn am Wortende und folgenden Wortanfang zwei Vokale aufeinandertreffen: meinst du ez > meinstûz sô? (Iw. 1805), eist (= ez ist) wâr (Trist. 10312); 'seht' sprachens alle (Trist. 8355). In den 5 Erec-Versen finden sich 4 Kontraktionen:

> nû wil ich iuch wizzen lân
> wie diu aventiure ist getân.
> und rehte wiez dar umbe stât,
> sît irs enwellet haben rat
> sist Joie de la curt genant.   (Erec 7998 f.)

Oft führt die Verschleifung zur Ersparnis einer Senkung und damit zur Glättung des Metrums, auch zur Komprimierung des Textes.

Kontrahierte Verkürzungen von Personennamen zeugen vom häufigen, vertrauten Gebrauch in der Alltagskommunikation: *Sigfrid* > *Sîvrit, Brigida* > *Brîde, Meginhart* > *Meinhart, Agatha* > *Aite, Chuonrat* > *Kunz*.

3.4. Anrede

Für die Anrede wird die 2. Person verwendet: *du* und *ir*, wobei − wie G. Ehrismann in seiner vielzitierten Studie (1901 ff.) gezeigt hat − der Singular die engere persönliche Vertrautheit oder das Gefälle in der gesellschaftlichen Hierarchie (also das Verhältnis von oben nach unten: Fürst − Lehnsmann, Eltern − Kinder, Herr − Knecht, Mensch − Tier etc.) zwischen den Sprechenden kennzeichnet und der Plural die größere, aus welchen Gründen auch immer bestehende Distanz. Die 3. Person des Plurals, das nhd. *Sie* ist nicht belegt. Ohne Pronomen wird die Anrede in den Imperativen ausgedrückt, die häufig mit modalen Hilfsverben umschrieben werden, vor allem mit *suln*, wobei dann das Personalpronomen gesetzt wird. Es liegt auf der Hand, daß die Verwendungsdichte von Anredeformen in der belehrenden Literatur (Predigt, Ehebüchlein, Tugendkatalogen) und Vorschriften (Ordensregeln, Gebote) auffällt, also abhängig von der Textgattung ist. Die *du*- und *ir*-Anreden werden von den literarischen Dialogpartnern nicht immer konsequent durchgehalten, sondern sie wechseln manchmal, was darauf schließen läßt, daß außerhalb der Literatur in der oralen Kommunikation die Verwendungsweisen auch geschwankt haben. Mir ist kein literarischer Beleg bekannt, in dem zwei Dialogpartner freundschaftlich beschließen, vom *ir* zum *du* wechseln zu wollen.

3.5. Interjektionen

Interjektionen sind kurze Ausrufe, die Emotionen wiedergeben: Freude, Trauer, Schrecken, Ekel, Angst, Pathos etc. In der gesprochenen Sprache entstehen sie spontan aus der Situation, in der sich der Sprechende befindet und auf die er reagiert. Dabei gibt es unterschiedliche Grade der Intensität. In der Literatur sind sie häufig belegt; denn der Autor deutet mit ihnen entweder die Erregung einer seiner sprechenden Gestalten an, oder er kommentiert mit lebhafter Anteilnahme das Geschehen, das er erzählt.

Es ist schwierig, vom heutigen Standpunkt über die weite zeitliche Distanz zu entscheiden, welche Interjektionen in der gesprochenen Sprache üblich und welche rhetorische Stilisierungen gewesen sind. Man kann sich *ach, ei, eia, ha, haha, î, leider, o, ohô, oi, oia, phi, phuch, wol* als Vokabeln der Sprechsprache vorstellen: *'î übeler man' sprach Isôt 'î, unde vorderstu merzi?* (Trist. 10203).

Dagegen wirkt *'owê'* mit dem Genitiv als artifizielle rhetorische Figur und nicht als Beleg der gesprochenen Sprache: *owê, sun des troumes! owê, sun des boumes! owê des raben, owê der krân* (Helmbr. 629 f.). Auch beim häufig belegten Ausruf *'wâfen'* (= ad arma, Alarm) habe ich meine Zweifel, ob es sich nicht in erster Linie um einen literarischen Beleg handelt. Allerdings kommt er als Vorsicht gebietender Warnruf oft in den Passionsspielen vor.

3.6. Partikeln

In der spontan gesprochenen Sprache werden Abtönungspartikeln als Füllwörter gebraucht, um das Gespräch zu modifizieren. Diese Sprachteilchen können den Dialog stabilisieren und steuern. Ihre Semantik ist vage, da sie von vielen Faktoren abhängt. In den Texten der geschriebenen Gegenwartssprache werden sie vermieden, z. B. denn, nur, eigentlich, wohl etc. Die Krämerszene des 3. Erlauer Spiels hat einen Beleg: *Ja herr, dies chan ich halt wol machen* (Erl. Sp. Vers 301/286). Im Tristan kommt die Interjektion *'a'* häufig vor, meist in Verbindung mit einer Anrede. Da sie also den Beginn eines Gespräches modifiziert, kann man ihr die Funktion einer Partikel beimessen: *a süeziu tohter, wachestuo?* (Trist. 9308); *a ritter, mahtu sprechen? Sprich!* (Trist. 9464); *'a tumbe!' sprach Brangaene do 'war umbe sprachet ir also?'* (Trist. 13735).

3.7. Bildliche Verstärkung einer Negation

Substantive, die etwas Geringfügiges bezeichnen (*ein bast* (= Rinde, Bast), *ber* (= Beere), *blat, bône, brôt, ei, hâr, strô, wint*) können im Akkusativ neben eine Negation treten und diese auf bildlich-anschauliche Weise verstärken (Mhd. Gr. 1998, § 436). Es sind formelhafte Wendungen, die häufig gebraucht werden. Heute sind ähnliche metaphorische Phraseologismen üblich, aber meistens auf die gesprochene Sprache beschränkt (z. B. keinen blassen Schimmer von etwas haben, keinen Pfifferling wert sein, niemandem ein Haar krümmen, nicht die Bohne für etwas geben). So dürften die mhd. literarischen Belege auch in der gesprochenen Sprache vorgekommen sein: *da vorchte er niht ein blat* (En. 6387); *er dünket sich des vîretages wol drier bônen wert* (Neid. S. 154, 56); *dâr ûf enahte er niht ein strô* (Karl 2990).

Diese bildlichen Ausdrücke können auch an die Stelle einer Negation treten und sie als Stilistikum ersetzen: *daz ist gar ein wint* (Wa. 56, 17); *ich sag iu ein bast* (Iw. 6273); *ja bringe ich iu den tiuvel* (= nichts) (NL 1744, 1).

3.8. Deixis

Der bestimmte Artikel wird in der gesprochenen Sprache oft als Demonstrativum gebraucht, und zwar alleinstehend ohne ein folgendes Substantiv. Diese Verwendung ist in bezug auf Personen in der heutigen Schriftsprache nicht üblich; man nimmt dafür das Personalpronomen: *Der* hat nicht geantwortet. *Die* kenne ich gut. *Die* kommen immer zu spät. Dagegen gibt es keine Unterschiede im mündlichen und schriftlichen Gebrauch beim Neutrum das: *Das* gibt's nur einmal.

In den mhd. Prosapredigten steht oft der bestimmte Artikel als Demonstrativum am Beginn eines Satzes und weist auf einen Begriff im vorausgehenden Satz hin: *also soll ôch der christen mentsch tuon: der soll sich ê lassen martren ...* (St. G. Pr. 7, 33); *din chuenich chumt dir und sitzet auf einem esel. der chuemt dar zuo, daz ...* (Oa. Pr. 8, 26). Da aber im Mhd. das finite Verb im abhängigen Satz noch nicht auf die Position der Endstellung fixiert ist, könnten wir aus heutiger Sicht dazu neigen, die deiktische Funktion des Pronomens stärker zu empfinden als die relative: *Ez waz ein richer man der hat vil schâf und ochsen. dem kam ainest ain gast ze hûse ...* (Gr. Pr. 9, 4). Der Punkt nach *ochsen* zeigt, daß Grieshaber offenbar das folgende *dem* als Demonstrativum aufgefaßt hat – im Unterschied zu dem vorausgehenden *der*, das kein Satzzeichen vor sich hat und deshalb wohl als Relativpronomen gelten soll. Hier fließen die Grenzen der Interpretation. Zugleich zeigt sich die Schwierigkeit, mhd. Texte nach heutigen Regeln zu interpungieren und den nhd. Satzbegriff auf den mhd. zu übertragen.

3.9. Anaphora

Anaphorische Pronomen nehmen ein oder mehrere Wörter oder auch eine längere Aussage, die am Satzbeginn stehen, wieder auf. Sie bündeln sozusagen die Füllung der ersten Stelle im Satz mit einem demonstrativen Hinweis und verstärken den Kontakt zum finiten

Verb. *vride der si mit iu* (Gr. 1, 15); *unser herr, der ewig vader, der geschuof den menschen* (Oa. Pr. 3, 12); *vil kerzen und diu varwe sîn die gaben ze gegenstrîte schîn* (Pz. 243, 9); *freude unde jamer daz was hie* (Pz. 243, 9). Im heutigen Gespräch gibt es den anaphorischen Artikel sehr häufig. Vermutlich ist er für den Hörenden eine Rezeptionshilfe, weshalb er auch in den Predigten, die als Textsorte ihre Stellung zwischen Schriftlichkeit und Mündlichkeit halten, oft belegt ist. Die Stützfunktion ist besonders hilfreich bei einer übergebührlichen Länge der ersten Stelle im Satz:

diu here stat Jerusalem, diu da geheizen waz ein beschawede des frides, diu ouch gehaizen waz ein stat des geweltigen chuniges und ein stul des almaechtigen Gotes, do si bewollen wart mit dem blute des hiligen Christes und mit sinem tode, after diu enhiezze si niht 'Jerusalem', si hiezze 'Sodoma', diu versanch durch ir unreht (Oa. Pr. 7, 40).

Zwei unmittelbar nebeneinander stehende Belege aus Oberaltach zeigen im zweiten Fall den mit dem anaphorischen Artikel gesetzten Nachdruck des Predigers: „*himel und erde vervarnt*", spricht unser herre – *nu suellen wir merchen was got da mit mein daz er spricht: himel und erde diu vervarnt* (Oa. Pr. 12, 5f.).

3.10. Inkongruenzerscheinungen

Die kongruenten Beziehungen zwischen den flektierbaren Wörtern der dt. Sprache festigen die grammatische und semantische Bindung im Satz und erschließen seinen Sinn. Konjugation und Deklination stellen mit Morphemen die syntaktischen Verbindungen her. Kongruenz besteht z. B., wenn ein Substantiv und das ihm zugeordnete Attribut oder Pronomen in Numerus, Genus und Kasus übereinstimmen oder wenn sich Subjekt und Prädikat in Person und Numerus entsprechen. Diese Kongruenzbeziehungen gehen auch über die Satzgrenze hinaus. In der Gegenwartssprache wird die Kongruenz von der normativen Grammatik gelehrt und gefordert. Im Mhd. wird sie in den meisten Fällen eingehalten. Aber es gibt zahlreiche Belege für Inkongruenzen, wie wir sie auch aus Parallelbeispielen der heute gesprochenen Sprache kennen. Denn in ihr werden die Gebote der grammatischen Kongruenz häufig nicht befolgt, wenn der Sprecher die semantischen Beziehungen stärker beachtet oder wenn die Geschwindigkeit des Sprechens die Planung einer längeren Satzkonstruktion behindert.

Inkongruenz des Genus: *sîn wîp, von der ich wart geborn* (Pz. 750, 24); *der iu maere bringet, daz bin ich* (Wa. 56, 15).

Inkongruenz des Numerus: *mich hât der ber und ouch der hirz erschrecket dicker denne der man* (Pz. 457, 26−27); *dô stoup ûz dem helme sam von brenden grôz die viwerrôten vanken von des heldes hant* (NL 186, 2−3); *dô kom ir gesind, die truogen dar ze hant von alrôtem golde einen schildes rant* (NL 435, 1−2).

Besonders deutlich zeigt sich beim Autor oder Schreiber die prägende Dominanz der gesprochenen Sprache, wenn die Kongruenz im Kasus nicht gewahrt wird: *das er ... alles des verpflac des im ze schaden mohte komen* (Iw. 5337); *daz waz an einem donnerstach, der nahist, da der gelach* (Hochzeit 914).

Kongruenzschwankungen, die uns heute das Textverständnis erschweren, ergeben sich dadurch, daß die semantische Beziehung der Pronomina die grammatische überdeckt. Dafür stehe die bekannte Stelle, an der Iwein den verwundeten Löwen auf seinem Pferd transportiert: *nu was der leu* (L) *so starke wunt daz er* (Iwein; I) *michel arbeit ûf dem wege mit ime* (L) *leit. dô er* (L) *niht mêre mohte gân, dô muoser* (I) *von dem rosse stân ... daz legter* (I) *allez unter in* (L) *in sînen* (I) *schilt und huop in* (L) *hin.* (IW. 5564ff.). In diesem Beispiel verhindert − wie oft in der gesprochenen Sprache − die Semiotik der Situation das Mißverständnis. (Vgl. hierzu Mhd. Gr. 1998, §§ 340−342; 425−431).

3.11. Kurze und verkürzte Sätze

In den mhd. Epen finden sich Dialoge mit schnellem Wortwechsel. Dabei gibt es verkürzte Antworten, die aus grammatikalisch unvollständigen Sätzen bestehen und in ihrer Sinnergänzung auf den vorhergehenden Satz angewiesen sind: *dô sprach er: „heizt ir Lûnete?" Si sprach: „herre, jâ ich"* (Iw. 4211). Bisweilen entfallen sogar die Einleitungsformeln der Rede *er sprach* oder *si sprach: „dûne hâst niht wâr, Hartmann" „Vrouwe ich hân entriuwen", si sprach „nein!".* (Iw. 2982). Im Gregorius finden wir einen Wortwechsel zwischen der Frau des Fischers und ihrem Sohn, bei dem die rasche Abfolge von kurzer Rede und gleichfalls kurzer Gegenrede die Emotionen der Sprechenden zeigt:

> *In grôzen unsiten si rief:*
> *'sich, wie weinestû sus?'*
> *'dâ sluoc mich Grêgôrjus.'*
> *'war umbe hât er dich geslagen?'*
> *'muoter, ich kan dirs niht gesagen.'*
> *'sich her, tæte dû ine iht?'*

> *'muoter, weiz got, nein ich niht.'*
> *'wâ ist er nû?' 'bî jenem sê.'*
> *si sprach 'wê mir armer, wê'.* (Greg. 1298f.).

Im vorletzten kurzen Vers erfolgt sogar ein Sprecherwechsel. In diesem Gespräch werden die Gebote der paarweise gereimten Vierheber eingehalten und der Wechsel der Tempora, die Folgen von Fragen und Antworten in straffer Stringenz, die zweimal mit dem Imperativen *sich* verstärkten Anreden − kurz: all diese Stilistika sind kein Zeugnis eines spontanen Gesprächs, sondern Komponenten einer artifiziellen literarischen Imitation, deren einzelne Bestandteile durchaus Spuren der gesprochenen Sprache zeigen.

3.12. Die Parenthese

Die Einschaltung einer kurzen satzwertigen Aussage oder eines in sich abgeschlossenen Satzes in einen einfachen Satz oder ein Satzgefüge kennen wir aus der gesprochenen Sprache, wenn der Sprechende versucht, gewissermaßen den linearen Anordnungszwang des Sprachflusses aufzuheben, da es ihn drängt, eine soeben begonnene Information mit einem simultanen Einfall zu ergänzen. So unterbricht er seine Rede und fügt in sie ohne formale syntaktische Verbindung eine neue Information ein, nach der er die unterbrochene Aussage zu Ende führt. Die Parenthese gibt es auch in der gebundenen Rede der ma. literarischen Texte, als differenzierte sprachliche Erscheinung besonders häufig bei Hartmann von Aue und Wolfram von Eschenbach: *einen schaden klage ich / des enwunder niemen, / daz der wâfenriemen / alsô rehte lützel ist* (Iw. 318−321); *si stuonden / sus hân ichz vernomen / vierzic poynder von ein ander* (Pz. 690, 26f.). Die Parenthesen, deren vielfältige Erscheinungsformen R. Lühr (1991) in einem differenzierten Spektrum dargestellt hat, sind keineswegs nur sprachliche Füllsel, um die Gebote der gebundenen Rede in den Reimpaardichtungen zu befolgen. Sie sind artifizielle Konstrukte geschriebener Sprache; aber sie haben oft die Form des auktorialen kommentierenden Beiseitesprechens, das den epischen Sprachduktus verläßt, weil es Reflexe gesprochener Sprache enthält. Dadurch erhält der sprachliche Ablauf besondere Lebendigkeit, wie das folgende Beispiel zeigt:

> *ich sol und muoz mich nieten*
> *nôt und angest (daz ist reht)*
> *als ein ellender kneht.*
> *mir hât mîn amme des verjehen*
> *(in einem zorne ist daz geschehen)*
> *daz ich vunden bin.* (Greg. 1406f.).

3.13. Anakoluth

Anakoluth oder Satzbruch nennt man Satzkonstruktionen, die anders als begonnen weitergeführt werden, sich also in der zunächst
angefangenen syntaktischen Planung ändern.
Dieser Wechsel geschieht in der gesprochenen
Sprache häufig, wenn der Sprecher einen
komplexen Sinnzusammenhang ausdrücken
möchte und dabei die Rektionsgebote des
Anfangs vergißt und das Satzgefüge mit anderen Fügungen beendet. Die Semantik geht
dabei selten verloren, aber die grammatikalische Korrektheit stimmt nicht. Diese Abweichung von der Norm wird in der Schriftsprache als literarisches Stilistikum gewählt, um
etwas besonders hervorzuheben und damit
die Aufmerksamkeit des Rezipienten zu wek-
ken: *ir wizzet wol daz ein man der ir iewederz
nie gewan, reht liep noch grôzes herzeleit, dem
ist der munt nicht sô gereit* (Gr. 789f.). Zwischen *ein man* und *dem* stimmt die Kongruenz im Kasus nicht, und der mit *daz* begonnene abhängige Satz läßt die Endstellung
des finiten Verbs *ist* erwarten. − Der gesprochenen Sprache stehen die Predigten Bertholds von Regensburg nahe: *nu seht ir wol, wie
die geistlichen liute, die orden habent in Kloe-
stern, daz die niemer gerden in sumelichem
orden wan als man in erlaubet* (Berth. I 159,
13−15). Der von *nu seht ir wol* abhängige Satz
wird zweimal eingeleitet: *wie die geistlichen
liute* und *daz die*. Die zweite Konjunktion
und der anaphorische Artikel sind redundant. − Die Wiederholungen des folgenden
Belegs zeigen gleichfalls die mündliche Diktion: *so vliehent die laeut an die perg. da werdent die laeut manger slaht die da ze samen
choment die werdent da verdrucht* (Oa. Pr.
10, 30).

3.14. Namen

Die reichhaltigen Belegsammlungen der Namenkunde, deren historische Quellen Urkunden, Chroniken, Urbare, Kirchenbücher,
Briefe und die Literatur bilden, sind von der
Dialektologie, der Sprachgeschichte, der Sozialwissenschaft (Familien- und Ahnenfor-
schung), der Volkskunde und der Kulturgeschichte ausgewertet worden, aber bisher
noch nicht als Zeugnisse für Reflexe gesprochener Sprache einer früheren Sprachstufe,
für die sie ebenfalls ein lohnendes Untersuchungsfeld sein dürften. Man denke an die
Flurnamen der Urkundentexte (*loh, pfuetze,
quelle, suhle, nazgalle*), an Herkunftsnamen,
die Personen näher bezeichnen (*Vryberger,
Staudinger, Meissner, Abderhalden*), an die

Metaphorik der Übernamen (*Russwurm* =
Schmied, *Filzstich* = Schneider, *Schwingern-
stein* = Müller), an Diminutiva (*Schmidtgen,
Schmiedlin*) oder an Satznamen (*Jasomirgott,
Küssenpfennig, Hegenbart*) (Schwarz 1957,
1559f.). Heinrich Wittenwiler nutzt in seinem
Ring die Über- und Spitznamen als Charak-
terisierungspotential in reicher Fülle (*Pert-
schi, Triefnas, Hafenschleck, Leckdenspiess,
Nimindhand, Ochsenchroph, Reuschindhell,
Gugginsnest*). Auch die im Mhd. schon belegte Kurzform von Namen deutet auf den
mündlichen Sprachgebrauch hin: *Ludwig >
Lutz, Heinrich > Heinz, Friedrich > Fritz, Nikolaus > Nickel.*

3.15. Niedere Stilebene und Flüche

Die satirischen Übernamen in Wittenwilers
Ring weisen auf den Wortschatz hin, der in
literarischen und expositorischen Texten des
hohen Mittelalters in der Regel tabuisiert
wird (*Scheissindpluomen* − Witt. 2642; *Laich-
denmann* − Witt. 2647; *Giggenfist* (= Hen-
nenfurz) − Witt. 8878), aber im späten Mittelalter belegt ist: Flüche und Ausdrücke des
Sexual- und Fäkalienbereiches. Es ist anzunehmen, daß diese damals in der gesprochenen Sprache ebenso häufig gewesen sind wie
heute. Die Wörterbücher bezeugen viele Wendungen mit *ars* und entsprechende Komposita (*in den ars stôzen, ir ars ist sinewel als
ein stoc, daz dir dîn ars erkalte*). Ergiebig als
Wortbildungsfelder sind *vurz* (*do liez er grô-
zer furze drî* −. S. u. M. 3554), *seichen* und
schîssen. Tiere dienen als Vergleichsbilder zur
Beschimpfung (*affe* (= synonym mit *tor* und
narr), *esel, gans* (= geringer Verstand), *gans-
affe, hunt* (= böser Mensch), *du trunkener
luoderhunt* (Renner 11263), *kuo* (= beschränkt in der Wahrnehmung), *swîn*). Neben
narr und *tor* sind in etwa gleicher Bedeutung
gief und *gouch* üblich. Weitere Beschimpfungen sind z. B. *galgenswengel, gecke, gouke-
laere, schalch, schelm, schlund, wanst* (= alter
Mann) und die zahlreichen Komposita mit
huore (*huorenbein, -schalc, -trîber, -wiht, -wirt*
etc.). Im Ring wird der Bauernstand mit *esel,
gepaur* und *galgenswanch* herabgesetzt.

Hier ließe sich in der Schwankliteratur,
den Tischzuchten, spätmittelalterlichen geistlichen und weltlichen Spielen, den Flugblättern und Streitschriften ein reichhaltiges Vokabular der gesprochenen Sprache erschließen.

4. Schlußbemerkungen

Die vorstehenden Ausführungen sollen Untersuchungen anregen, um die Kenntnis des
gesprochenen Mhd. über die Phonologie und

Graphematik hinaus zu erweitern. Die Aussagekraft der schriftlichen Texte ist begrenzt, aber noch nicht ausgeschöpft. Die Kanonbildung der Hochschulgermanistik hat die Aufmerksamkeit der Lehre und zum Teil auch der Forschung besonders auf die Literatur der Stauferzeit gerichtet. Das große Gebiet der deutschsprachigen Prosa liegt noch immer am Rande der Interessen. Die mhd. Predigten beschäftigen die germanistische Sprachwissenschaft ebensowenig wie die Theologie. Für neue Erkenntnisse der historischen Syntax dürften sie eine ebenso ergiebige Quelle sein, wie auch die Transformation der Versepen in die Prosa der Volksbücher. Wolfgang Stammlers dichtgedrängte und materialreiche Präsentation der mittelalterlichen deutschsprachigen Prosa, die er lückenhafte, aphoristische Vorarbeiten nennt (Stammler 1960, 1079), weisen die Sprachhistoriker auf weite, bisher erst wenig bearbeitete Gebiete hin.

5. Quellen der Textbeispiele

Alex S = Straßburger Alexander. In: Lamprechts Alexander nach den drei Texten [...] hrsg. und erklärt von Karl Kinzel. Halle/S. 1884.

Berth. I, II = Berthold von Regensburg. Vollständige Ausgabe seiner Predigten [...] von Franz Pfeiffer. 1. Bd. Wien 1862; 2. Bd. (hrsg. v. J. Strobl). Wien 1880. [Neudruck: DN. Reihe: Texte des Mittelalters. Berlin 1965].

En. = Henric van Veldeken, Eneide. Bd. 1 hrsg. v. Gabriele Schieb und Theodor Frings. Berlin 1964. (= DTM 48).

Erec = Hartmann von Aue, Erec. Hrsg. von Albert Leitzmann. 3. Aufl. besorgt von Ludwig Wolff. Tübingen 1963. (ATB 39).

Erl. Sp. = Erlauer Osterspiel. In: Das Drama des Mittelalters. Osterspiele. Mit Einleitungen und Anmerkungen auf Grund der Handschriften hrsg. von Eduard Hartl. Leipzig 1937, S. 190-260. DLE. Drama des Mittelalters. 2).

Gr. = Hartmann von Aue, Gregorius. Hrsg. v. Hermann Paul. 12. Aufl. besorgt von Ludwig Wolff. Tübingen 1973. (ATB 2).

Gr. Pr. = Deutsche Predigten des XII. Jahrhunderts. Hrsg. v. Franz Karl Grieshaber. I. und II. Abth. Stuttgart 1844; 1846.

Helmbr. = Meier Helmbrecht von Wernher dem Gartenaere. Hrsg. v. Friedrich Panzer. 8. Aufl. besorgt von Kurt Ruh. Tübingen 1968. (ATB 11).

Hochzeit = Die Hochzeit. In: Kleinere deutsche Gedichte des XI. und XII. Jahrhunderts. Hrsg. von Albert Waag. 2. umgearb. Auflage. Halle 1916, 87-123.

Iw. = Iwein. Eine Erzählung von Hartmann von Aue. Mit Anmerkungen von Georg Friedrich Benecke und Karl Lachmann. 6. Aufl. Nachdr. der 5., von Ludwig Wolff durchgesehenen Ausg. Berlin 1964.

Karl = Karl der Große von dem Stricker. Hrsg. v. Karl Bartsch mit einem Nachwort von Dieter Kartschoke. Berlin 1965 (DN, Reihe: Texte des Mittelalters).

Neid. = Die Lieder Neidharts. Hrsg. v. Edmund Wiessner. 3. Aufl. revidiert von Hanns Fischer. Tübingen 1968 (ATB 44).

NL = Das Nibelungenlied. Nach der Ausgabe von Karl Bartsch hrsg. v. Helmut de Boor. 22. Aufl. Wiesbaden 1988. (Deutsche Klassiker des Mittelalters).

Oa. Pr. = Die Oberaltacher Predigten. Hrsg. v. Anton Schönbach. Graz 1888. (Althochdeutsche Predigten II).

Otfrid von Weissenburg = Zuschrift an Erzbischof Liutbert von Mainz. In: Althochdeutsches Lesebuch, zusammengestellt und mit Wörterbuch versehen von Wilhelm Braune. Fortgeführt von Karl Helm. 14. Auflage bearb. von Ernst A. Ebbinghaus. Tübingen 1962, 94-97.

Pz. = Wolfram von Eschenbach, Parzival. Hrsg. v. Karl Lachmann. 6. Ausgabe Berlin 1926.

Renner = Hugo von Trimberg, Der Renner. Hrsg. v. Gustav Ehrismann. 4 Bde. Tübingen 1908f. (BLV 247; 248; 252; 256).

S. u. M. = Salman und Morolf. Hrsg. v. Alfred Karwein. Tübingen 1979 (ATB 1979).

St. G. Pr. = Der sogenannte St. Georgener Prediger, aus der Freiburger und Karlsruher Handschrift hrsg. v. Karl Rieder. Berlin 1908. (DTM 18).

Tristan = Gottfried von Straßburg, Tristan und Isold. Hrsg. von Friedrich Ranke. Frankfurt a. M. 1949.

Wa. = Die Gedichte Walthers von der Vogelweide. Hrsg. v. Karl Lachmann. 13. Ausg. besorgt von Hugo Kuhn. Berlin 1965.

Witt. = Heinrich Wittenwilers Ring. Hrsg. v. Edmund Wiessner. Leipzig 1931. (DLE, Reihe Realistik des Spätmittelalters 3). [Neudruck Darmstadt 1964].

6. Literatur (in Auswahl)

Bach, Adolf, Geschichte der deutschen Sprache. 9. durchgesehene Aufl. Heidelberg 1970.

Bausinger, Hermann, Formen der Volkspoesie. Berlin 1968.

Behaghel, Otto, Deutsche Syntax. 4 Bde. Heidelberg 1923-1932. (GB I. Sammlung germanischer Elementar- und Handbücher, I. Reihe: Grammatiken, 10. Bd., I-IV).

Bischoff, Karl, Über gesprochenes Mittelniederdeutsch. Mainz 1981. (AWMainz 1981, 4).

Ehrismann, Gustav, Duzen und Ihrzen im Mittelalter. In: ZfdW I, 1901, 117ff.; II, 1902, 118ff.; IV, 1903, 210ff.; V, 1903/4, 127ff.

Grosse, Siegfried, Spuren gesprochener Sprache in mittelhochdeutschen Versdichtungen. In: Althochdeutsch. Hrsg. v. Rolf Bergmann/Heinrich Tiefenbach/Lothar Voetz. Bd. 1. Heidelberg 1987, 809–1818.

Ders., Zum Gebrauch des bestimmten Artikels als Anapher in mittelhochdeutschen Texten. In: Peter Canisius/Clemens-Peter Herbermann/Gerhard Tschauder (Hrsg.): Text und Grammatik. Festschrift für Roland Harweg zum 60. Geburtstag. Bochum 1994, 161–171. (Bochumer Beiträge zur Semiotik 43).

Kees, Hermann Rudi Burghart, Das Nibelungenlied. Die Spuren mündlichen Ursprungs in schriftlicher Überlieferung. Amsterdam 1977.

Lühr, Rosemarie, Zur Parenthese im Mittelhochdeutschen. Eine pragmatische Untersuchung. In: Sprachwissenschaft 16, 1991, 162–226.

Moser, Hugo, Deutsche Sprachgeschichte der älteren Zeit. In: Aufriß I, 1957, 621–854.

[Mhd. Gr. =] Paul, Hermann, Mittelhochdeutsche Grammatik. 24. Aufl., neu bearb. v. Peter Wiehl und Siegfried Grosse. Tübingen 1998. (SkG, A 2).

Ranke, Friedrich, Zum Wortschatz der Österreichischen Umgangssprache um 1400. In: Beiträge zur Sprachwissenschaft und Volkskunde. Festschrift für Ernst Ochs. Hrsg. v. Karl Friedrich Müller. Lahr 1951, 180–189.

Schwarz, Ernst, Orts- und Personennamen. In: Aufriß I, 1957, 1523–1598.

Sonderegger, Stefan, Gesprochene Sprache im Nibelungenlied. In: Hohenemser Studien zum Nibelungenlied 3/4, 1980, 360–380.

Stammler, Wolfgang, Mittelalterliche Prosa in deutscher Sprache. In: Aufriß II, 1960, 749–1102.

Weithase, Irmgard, Zur Geschichte der gesprochenen Sprache. 2 Bde. Tübingen 1961.

Zumthor, Paul, Einführung in die mündliche Dichtung, aus dem Französischen übers. v. Irene Selle. Durchgesehen von Jacqueline Grenz. Berlin 1990.

Ders., Die Stimme und die Poesie in der mittelalterlichen Gesellschaft, aus dem Französischen von Klaus Thieme. München 1994. (Forschungen zur Geschichte der älteren deutschen Literatur 18).

Siegfried Grosse, Bochum

98. Das Jiddische in Beziehung zum Mittelhochdeutschen

1. Vorbemerkung

Als *Fusionssprache* 'par excellence' setzt sich das Jidd. aus einer Reihe von sprachlichen Bestandteilen zusammen, von denen der deutschstämmige der beherrschende, aber nicht der chronologisch erstrangige ist. Die hebr. *Komponente* im Jidd. muß sich in ihrem ältesten Bestand bereits vor Ansiedlung der Juden im Rheintal konstituiert haben. Zugleich reflektiert die roman. Komponente ein Stück vorjidd. Sprachgeschichte. In der Siedlungsgeschichte sind Juden schon in der Spätantike und im 9. Jh. in den später Deutschland genannten Bereichen bezeugt (Germania Judaica I). Chronologisch wie strukturell ge-

sehen kann Mhd. also nicht als Basis angenommen werden, von der aus sich das Jidd. – dem Nhd. vergleichbar – entwickelt hätte.

2. Definition – Geographie – Datierung

Mit Jidd. bezeichnen wir die Sprache der *aschkenasischen* Juden seit den Anfängen jüdischer Ansiedlung auf deutschsprachigem Gebiet im frühen Mittelalter bis in die Gegenwart. Seit seinem Entstehen wird Jidd. in einem eigenen Schriftsystem mit hebr. Lettern notiert. Nach Quellenzeugnis und gängiger Forschungsmeinung ist die Geographie des Jidd. zuerst im Rheintal zu verankern, mit zunehmender Ausbreitung auf hd. Sprachgebiet, im Spätmittelalter auch nach Norditalien und den Niederlanden hin. Sprach- und kulturgeschichtlich am entscheidendsten ist die im Mittelalter einsetzende Ausweitung des jidd. Sprachgebiets auf slawischsprachige Länder (aber auch das Baltikum, Rumänien, Ungarn) und Differenzie-

rung in eine westjidd. und ostjidd. Dialekt-
gruppe. Während das Westjidd. mit der politischen Emanzipation allmählich seine Stellung als Alltagssprache verliert und seit dem
19. Jh. nur noch in Resten erhalten ist, erreichte das Ostjidd. im 19. und 20. Jh. einen
kulturellen Höhepunkt. Damals wurde neben
Polen und der aufstrebenden Sowjetunion
auch die Metropole New York zu einem Zentrum jiddischsprachiger Kultur. Seit den *Emi-
grationswellen* aus den russ. regierten Ländern vom späten 19. Jh. an bestehen jiddisch-
sprachige Gemeinden auf allen Kontinenten,
mit kulturellen Schwerpunkten in den USA
und Israel, daneben Lateinamerika, Kanada,
Australien, Südafrika, England und Frankreich. Das zusammenhängende Sprachgebiet
in der Heimat des Jidd. existiert seit dem Ho-
locaust und der Zerstörung der tradierten jüdischen Gesellschaftsstrukturen in Europa
nicht mehr. Mit der Öffnung des Eisernen
Vorhangs ist der Kontakt zu Sprechergruppen möglich geworden, die trotz Flucht, Um-
siedelung, stalinistischer Verfolgung und so-
wjetischem Gesellschaftsdruck ein sprachliches Eigenleben erhalten konnten.

3. Sprachbezeichnung

Die Bezeichnung Jiddisch steht für die Eigen-
benennung der Sprache durch die Sprecher
selbst. Sie erscheint im Dt. wohl zum ersten-
mal 1913 (Birnbaum) und bürgert sich nach
anfänglichem Widerstand gegen die engl.
Übermittlung fach- sowie umgangssprachlich
ein. In der wissenschaftlichen Literatur wird
selten noch für eine Trennung zwischen *Jiddisch* und *Jüdischdeutsch* plädiert, um die moderne *(ost-)jidd.* Sprache von älteren
(west-)jidd. Sprachstufen und Literaturidio-
men zu trennen (Weinberg 1981; Weissberg
1988; Simon 1988 „Judendeutsch"; dazu Frakes 1989, 21−103). In mittelalterlichen jüdischen Quellen war das Jidd. als *lešonéjnu*
('unsere Sprache'), *lošn áškenaz* ('Sprache
von Aschkenas' Deutschland) oder *tajtš*
(„Deutsch") vor allem von *lošn kójdeš* ('Sprache des Geheiligten', biblisches und nachbi-
blisches Hebräisch, auch Aramäisch) abgesetzt worden. Der Begriff *jehúdes* ('Jüdi-
sches') scheint sich eher auf die Graphetik
des Jidd. bezogen zu haben, in Opposition zu
gálkhes ('Mönchisches', also lat. Schreibsysteme), während *jidiš t/dajtš* wohl allgemeiner gegenüber dem christlichen Dt. differenziert. Die Bezeichnung *jidiš* als Designa-

tion für die Sprache ist im späten 15. Jh. belegt, gesichert ist sie seit dem 17. Jh. Vom
16. Jh. an findet man in dt. Quellen meist die
Bezeichnungen *Hebräisch-deutsch, Jüdisch-
deutsch* oder *Juden-deutsch.* Im 18. Jh. trafen
sich in der Übernahme des zunächst pejorati-
ven *Jargon* die Aufklärer aus nichtjüdischem
sowie aus west- und ostjüdischem Lager. Die
Bezeichnung neutralisierte sich im Ostjidd.
zum normalen Sprachnamen, bevor sie gegen
Ende des 19. Jh. im Zuge steigenden sprachlichen Eigenbewußtseins von der Bezeichnung
jidiš abgelöst wurde. Daneben gilt die Form
mamelošn 'Muttersprache' mit einer gewissen
familiären Note (dagegen die Konzeption des
Hebräischen als der *'Vatersprache'*, vgl. Norich 1992, 4).

4. Jiddisch und Deutsch

Die erste Entwicklung des Jidd. auf hd.
Sprachgebiet und also bedingte sprachliche
Nähe zur Schwesternsprache Dt. hat die
Jahrhunderte hindurch immer wieder zu
Fehleinschätzungen verführt. Bewertungen
des Jidd. von nicht-jüdischer Seite aus, die
sich auf deutschsprachigem Bereich vom 16.
Jh. an dokumentieren, leiden meist unter
außersprachlichen Motiven wie Mission oder
sozialpolitischen Ideologien. Zudem führt die
genealogische Perspektive in Verbindung mit
dem sich verstärkenden Streben nach einer
dt. Einheitssprache zu einer ablehnenden
Haltung dem Jidd. gegenüber und kulminiert
während der Aufklärung und politischen
Emanzipation. Man mißt Einzelelemente des
Jidd. an der jeweils zeitgenössischen dt.
Schriftsprache (vgl. Zunz 1832; Avé-Lallemant 1862 − Ausnahme: Friedrich 1784), bevor eine differenziertere Perspektive in der
Germanistik und allgemeinen Sprachwissenschaft auch die Einsichten in das Jidd. fördert. Mit dem gesellschaftlichen Aufschwung
des osteuropäischen Sprachzweigs in der Moderne und mit Beginn der Jiddistik wird das
Prokrustesbett bloßen Derivationsdenkens
schließlich überwunden und der Blick offen
für die Eigenständigkeit und Systemhaftigkeit des Jidd. selbst.

5. Jiddisch und Mittelhochdeutsch

Es war ein entscheidender Schritt, als Landau
1882 (Saineanu 1889) für die Behandlung des
Jidd. die Bezugnahme auf Mhd. statt auf
Nhd. nahelegte und erste Vergleichsstudien
folgten (Gerzon 1902; Sapir 1915). Auch Be-

denken gegen die Verbindung des Jidd. mit dem normalisierten Mhd. Lachmannscher Prägung wurden laut (schon von Landau selbst), denn sozialhistorisch gesehen dürften die Wechselbeziehungen zwischen den mhd. Literaturträgern und damaligen Jiddischsprechern minimal gewesen sein. Bei der notwendigen Umsicht und Systematik aber bietet das inzwischen intensiv erforschte Mhd. für sprachgeschichtliche Studien des Jidd. ein wertvolles Bezugssystem (siehe Timm 1987).

Die jidd. Sprach- und Literaturgeschichte vor der Moderne wird meist in eine altjidd. (bis 1500) und eine mitteljidd. (bis 1700/1750) Periode untergliedert (M. Weinreich 1980; Shmeruk 1988). Bisher aufgefundene Schriftzeugnisse zum Jidd. setzen in mhd. Zeit ein (1272, Verspaar im Mahsor Worms; Glossen aus der Raschi-Überlieferung weisen als indirekte Zeugen ins 11. Jh., Timm 1985). Mit der noch in altjidd. Zeit beginnenden Ausweitung des Sprachgebietes in das östliche Mitteleuropa entstehen zwei Typen der schriftsprachlichen Überlieferung: eine frühere, westlich geprägte, und eine spätere, östlich geprägte, die ab etwa 1700 die Führungsrolle antritt. Nach Ausweis des ältesten westjidd. Schrifttums kann anfangs durchaus noch phonemische Entsprechung (in der dt.! Komponente) mit den *koterritorialen* dt. Mundarten angenommen werden, wobei der mfr. Prägung eine exponierte Stellung zukommt. Eine merkliche Tendenz zur lautlichen Distinktion gegenüber dem Dt. findet seit dem späten 14. Jh. ihren Niederschlag (Timm 1987, 412f.; 415−417). Bei der sich verstärkenden Differenzierung gegenüber den dialektalen bzw. gemeinsprachlichenn Varietäten des zeitgenössischen Dt. können allerdings gleichzeitig interne Ausgleichstendenzen beobachtet werden, die letztlich in die für Jidd. typische dialektale *Großräumigkeit* münden (Beranek 1965, 1; Katz 1983, 1018; Timm 1987, 417−421).

Die über die Jahrhunderte hinweg variierende Typik regionaler Prägung, die sich im altjidd., dann mitteljidd. Schrifttum manifestiert, nimmt mit der modernen Sprache des Ostjidd. noch eine weitere Richtung: die dt. Komponente weist hier vor allem md. und obd. Züge auf, keine spezifisch wmd. oder wobd. Dies wird unter anderem als Argument für die These herangezogen, daß die für die Konstitution des Jiddischen maßgebliche Zuwanderung von Juden nach Deutschland nicht über den Westen, sondern von Osten her erfolgte (King/Faber 1984; Katz 1985; 1991; King 1992).

6.   Beschreibung der Sprache

6.1. Vokalismus

Am weitestgehenden systematisiert wurde das jidd. Vokalsystem und seine Entwicklung durch M. Weinreich (1960; 1973). Ausgehend von der dialektalen Distribution der betonten Vokale im Modernjidd. und gleichzeitig von der Evidenz in den Stammsprachen inferiert Weinreich ein Idealsystem jidd. Protovokale nach den fünf vokalischen Grundstufen in vier Rubriken; 1) historisch kurze Vokale in geschlossener Silbe (V_1); 2) historisch lange Vokale (V_2); 3) historisch kurze Vokale in offener Silbe (V_3); 4) Diphthonge (V_4). Aufgrund einer distinktiven Reihe von Diaphonemen muß zusätzlich eine fünfte Rubrik postuliert werden, in der jedoch nur der vordere Mittelvokal vertreten ist (E_5) (Abb. 98.1). − Die Innovation Weinreichs besteht in der Bezugnahme auf alle Dialektvarianten bei Hinzuziehung aller Komponenten des Jidd. Idealiter − aber nicht faktisch − sind also in jeder Vokalstufe und Rubrik Bestandteile aus der dt., hebr., slaw. und sogar rom. Komponente des Jidd. vertreten. Eine vorteilhafte Erweiterung des Systems bedeutet die numerische Notation durch Uriel Weinreich (LCAAJ I, 11), die die Bezeichnung der Dialektrepräsentation unter gleichzeitigem Bezug auf den Protovokalismus ermöglicht (so bedeutet etwa $a_{:24}$: die heutige Lautung *a* korreliert mit dem Protovokal der Stufe 2 (= E) in der Rubrik 4 (= diphthongiert) und kennzeichnet Westjidd.). Trotz Kritik an der Mischung von Prämissen (innersprachliche Dialektdistribution/außersprachliche Evidenz in den Herkunftsprachen) und abweichenden Einteilungen (Katz 1983) sucht die Prägnanz des Weinreich-Konzepts in der Dialektologie noch ihresgleichen und ist in der internationalen Forschung inzwischen unentbehrlich geworden. Das Weinreich-Konzept ist sprachkartographisch umgesetzt in der 1992 angelaufenen Publikationsreihe des LCAAJ.

Im Vergleich zu den Vorgängen im Dt. weist das Jidd. in Rubrik 1 Innovationen auf: Neutralisation der Vokalquantität in *Noj.* und *Soj.*; qualitativen Wandel von *a* > *o* in einem Teil des Soj. Im Gegensatz zum vereinheitlichten Mhd. reflektiert Rubrik 2 der historischen Langvokale in V_{32} und V_{52} einen schon abgeschlossenen Monophthongierungsprozeß. Ebenso ist im jidd. Protovokalismus mit Rubrik 3 bereits die Dehnung offener Tonsilben vorausgesetzt, wo das idealisierte Mhd. noch mit Kürzen rechnet. Auch

Rubrik	1	2	3	4	5
Vokal-stufe 1 (A)	*vald* וואלד walt 'Wald' [ă‖ă‖a/o¹‖a]	*shof* שאָף schâf 'Schaf' [o:/ou²‖u:³‖u‖o]	*zotl* זאָטל satel 'Sattel' [ă/o:/ou²‖u:‖u‖o]		
2 (E)	*esn* עסן ëẓẓen 'essen' [ĕ‖ĕ‖e‖e]	*geyn* גיין gên 'gehen' [e:‖aj‖ej‖ej]	*eydl* איידל edel 'edel' [e:‖aj‖ej‖ej]	*fleysh* פלייש vleisch 'Fleisch' [a:‖aj‖ej‖ej]	*lebn,* מעל, *mel* לעבן lëben, mël 'leben', 'Mehl' [e:‖ej‖i/i‖e]
3 (I)	*vint* ווינט wint 'Wind' [i‖i‖i‖i]	*lib* ליב liep 'lieb' [i:‖i:‖i‖i]	*shtivl* שטיוול stivâl 'Stiefel' [i:‖i:‖i‖i]	*tsayt* צייט zît 'Zeit' [aj‖a:‖a/aj‖aj]	
4 (O)	*gold* גאָלד golt 'Gold' [ŏ‖ŏ‖o‖o]	*broyt* ברויט brôt 'Brot' [ŏ/ou/au‖oj‖oj‖ej]	*oyvn* אויוון oven 'Ofen' [o:/ou/au‖oj‖oj‖ej]	*boym* בוים boum 'Baum' [a:‖oj‖oj‖ej]	
5 (U)	*zun* זון sunne 'Sonne' [ŭ‖i‖i‖u]	*hun* הון huon 'Huhn' [u:/ü:‖i:‖i‖u]	*du* דו du, duo, dû 'du' [u:/ü:‖i:‖i‖u]	*hoyt* הויט Hût, huot 'Haut' [ou‖o:/ou⁴‖u/oj‖oj/uj/au/⁵]	

Abb. 98.1: System der jiddischen starktonigen Protovokale und ihre Entsprechung im normalisierten Mittel-hochdeutsch[6]

Die in der Tabelle angeführten Formen: standardjidd. Eintrag (von rechts nach links), lateinschriftliche Transkription (YIVO); mhd. Form und nhd. Entsprechung; die jidd. dialektalen Lautungen [westjidd. = wj. ‖ zentraljidd. = zj. ‖ südostjidd. = soj. ‖ nordostjidd. = noj.]

[1] Außer in bestimmten Lautkombinationen.
[2] Einzelne lexikalische Einheiten zeigen regional *oj* (*šlojfn, doj, joj* – 'schlafen', 'da', 'ja').
[3] Hinzukommen die Allophone *ŭ, uə* (z. B. *gŭpl, štuət* – 'Gabel', 'Stadt').
[4] Mit regionaler Variante *ouə*.
[5] Die nordostjidd. Phoneme schließen die begrenzten Varianten *ou/ol/u* ein (*boux/bolx/bux* – 'Bauch').
[6] Aus Vergleichsgründen wurden nur Korrelate aus der deutschsprachigen Komponente herangezogen.

die Diphthongierung in V₃₄ und V₅₄ (Rubrik 4), die im Dt. den strukturellen Übergang zum Nhd. markiert, ist im Jidd. bereits für den Protovokalismus anzusetzen. Für die Eigenklassifizierung von Rubrik 5 gibt es keine erkennbare strukturelle Parallele im Dt., Korrelate aus dem Mhd. und Nhd. wären in Rubrik 1 bzw. 3 zu verweisen. Vorerst muß dahingestellt bleiben, inwieweit diese Rubrik mit den unterschiedlichen Mittelvokalen im Mhd. verbunden ist oder inwieweit V₂₅ Ersatzfunktion für V₁₄ hat. Darüber hinaus ist Alternation zwischen *e* und *i* im Mhd. und Nhd. nicht unbekannt (Paul/Wiehl/Grosse 1989). Die jidd. Dialekte lassen sich zunächst durch die jeweiligen Realisationen für V₂₄ (*fleysh*) charakterisieren: gegenüber wj. Monophthong *a:*₂₄ zeigen die oj. Dialekte

Diphthonge. Während in allen oj. Dialekten die Vokalreihen 22, 23 und 24 (*geyn, eydl, fleysh*) sowie andererseits 42, 43, 44 (*broyt, oyvn, boym*) zu jeweils einem einzigen Phonem zusammenfielen, bleiben im Wj. *e:*₂₂,₂₃ und *o:*₄₂,₄₃ unterschieden von dem zu *a:* zusammengefallenen V₂₄ und V₄₄ (*fla:š, ba:m*). Innerhalb des oj. Gebietes setzt sich Zj. durch *aj*₂₂,₂₃,₂₄ (*gajn, ajdl, flajš*) von entsprechend *ej* im Noj. und Soj. ab. Noj. ist charakterisiert durch *o*₁₂,₁₃ – gegenüber zj. und soj. *u(:/uə)*₁₂,₁₃ – sowie durch den Zusammenfall von V₂₂,₂₃,₂₄ und V₄₂,₄₃,₄₄ zu einem einzigen Phonem *ej* (*gejn, ejdl, flejš; brejt, ejvn, bejm*). Soj. wäre damit zu kennzeichnen als das Gebiet, in dem V₂₂,₂₃,₂₄ nicht *aj* lautet (wie Zj.) und V₁₂,₁₃ nicht *o* (wie Noj.; Herzog 1965). Positiv formuliert koexistieren hier *ej*₂₂,₂₃,₂₄

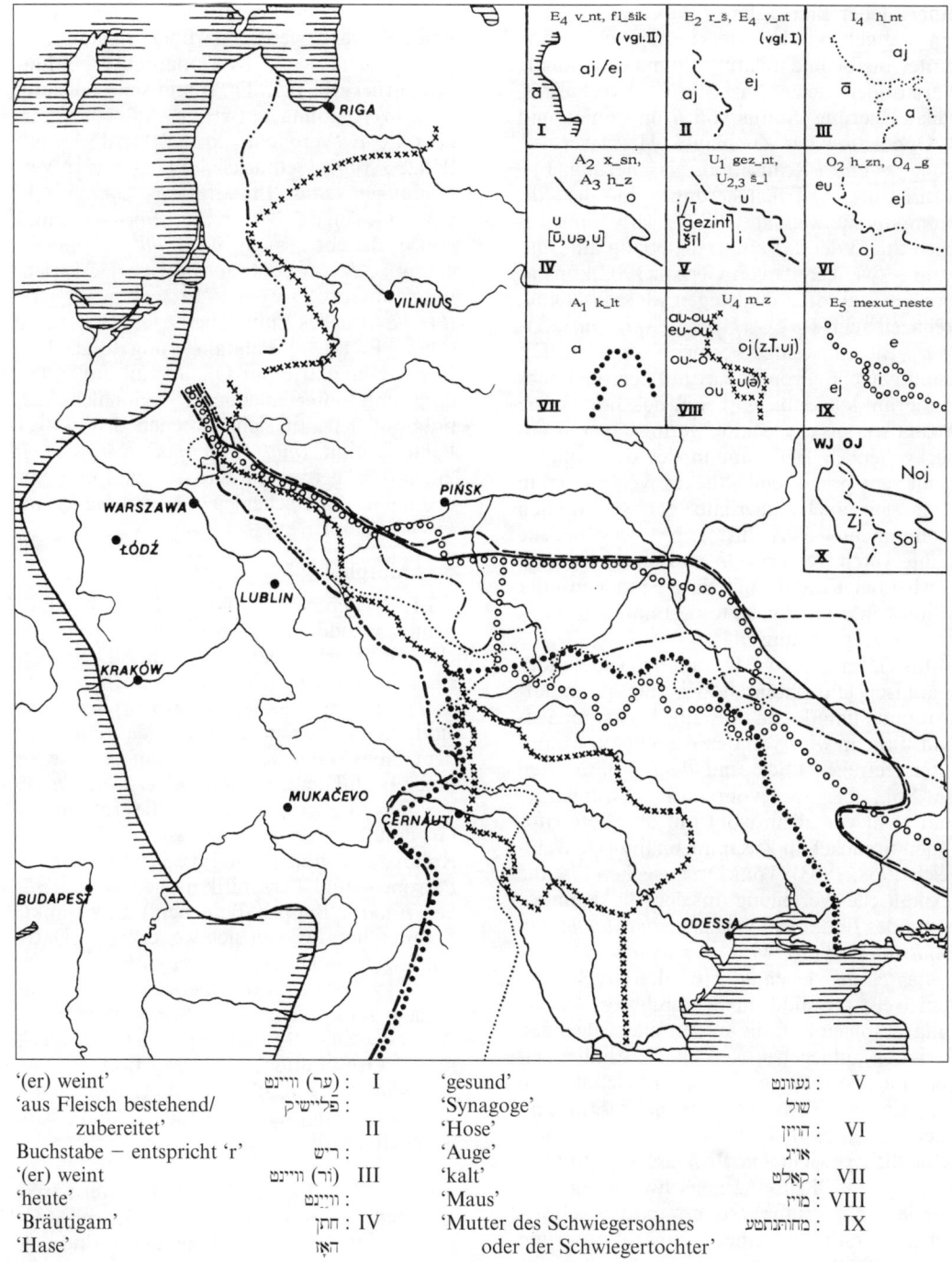

'(er) weint'	ווײנט (ער)	: I
'aus Fleisch bestehend/ zubereitet'	פֿלײשיק	: II
Buchstabe − entspricht 'r'	ריש	:
'(er) weint	ווײנט (ור)	III
'heute'	ווײַנט	:
'Bräutigam'	חתן	: IV
'Hase'	האָז	:

'gesund'	געזונט	: V
'Synagoge'	שול	:
'Hose'	הויזן	: VI
'Auge'	אויג	:
'kalt'	קאַלט	: VII
'Maus'	מויז	: VIII
'Mutter des Schwiegersohnes oder der Schwiegertochter'	מחותנתטע	: IX

Karte 98.2: Das ehemalige jiddische Sprachgebiet in dialektologischer Unterteilung

und $u_{12,13}$ (*gejn, ejdl, flejš; šuf, zutl*). Weiterhin ist das Gebiet des Soj. unterteilt in die jeweiligen Geltungsbereiche für o_{11}, i_{25} und u_{54}. (Karte 98.2; zu diesem und dem folgenden vgl. auch die Kartenbände des LCAAJ).

6.2. Konsonantismus

Im Gegensatz zum Dt. gründet sich die jidd. Dialektgeographie hauptsächlich auf vokalische Distinktionen. Der Konsonantismus präsentiert sich als ein im großen und ganzen einheitlicher Block, der in seinen Bestandteilen weitgehend den Herkunftsprachen verhaftet bleibt und relativ minimale regionale Variationen zeigt (in: Stimmtonverhältnis, Palatalisierung, Status von *h* und anlautend *j*, Opposition der Zischlaute, Hiatusvermeidung, *r*- und *l*-Realisation, Nasalierung, Frikatisierung, Affrikatisierung). In der dt. Komponente weist das Jidd. relativ einheitlichen Stand der 2. Lautverschiebung auf, und zwar — wie bereits von Gerzon 1902 konstatiert — majoritär denjenigen, der das Omd. kennzeichnet (*-p-, -x[-], f-: epl, maxn/ix, funt*). Bis auf wenige Formen (vor allem Diminutiva und Pronomina) auf regional sehr beschränkten Gebieten kennt das Jidd. keine Palatalspirans *ç*. Dem auf germ. *k* bzw. *x* zurückgehenden Reibelaut in der dt. Komponente entspricht einheitliches velares *x*, in dem sich auch innerhalb der semitischen Komponente zwei historisch verschiedene Laute vereinigt haben (*ḥ* und *kh*). Inwieweit hierbei der Kontakt mit slaw. Sprachen oder schon (ober-)dt. Dialekte bestimmende Faktoren waren, ist ungeklärt.

Im Gegensatz zum Dt. unterscheidet Jidd. graphisch und phonisch zwischen stimmhaftem und stimmlosem Auslaut. Das standardjidd. Prinzip wird von den östlicheren Mundarten getragen (Noj. und dem größten Teil des Soj.; aber auch vom Jidd. Westungarns) und steht vor allem wohl mit den koterritorialen Sprachen in Zusammenhang (U. Weinreich 1958; 1963). Vom Dt. ausgehend ist die lexikalische Verteilung in der dt. Komponente des Jidd. nicht vorhersagbar: *land/hant, kind/vint, ferd/vert* 'wird', *der veg/avek* ('fort'), *genug/lébedik* 'lebendig'. Im ältesten Schrifttum weist das Jidd. noch durchweg Verhärtungsgraphien auf, die in den nachfolgenden Perioden aufgegeben werden, in Ähnlichkeit aber nicht Abhängigkeit zur Entwicklung im Dt.: Eng mit den Auslautverhältnissen sind auch im älteren Jidd. die regional unterschiedlich gewichteten Prozesse der Apokopierung und Konsonantenschwächung verbunden und erfahren dann in der schriftlichen Tradition eine Neustrukturierung (Timm 1987). — Abweichend vom Dt. weist das Jidd. Opposition von stimmlosem und stimmhaftem *s*-Anlaut (*s/z*) auf, gestützt durch Hebr. und slaw. Sprachen. Die dt. Komponente folgt hierin jedoch der Herkunftssprache bis auf wenige Ausnahmen (*sajdn* und *saj vi saj*, vgl. dt. *es sei denn* und *es sei wie es sei*, ersteres kontrastiert mit dem ebenfalls deutschstämmigen *zajdn* 'sei-

den'). — Auf die semitische und slaw. Herkunftsprachen gehen darüber hinaus eine große Anzahl von Konsonantenverbindungen zurück, die dem Dt. fremd sind, darunter die *x*-Verbindungen (wie *xsides* 'Chassidismus', *xšaš* 'Verdacht', *xrube* 'Herd', *xmime* 'Hitze', *xnife* 'Schmeichelei'), *z*- und *ž*-Verbindungen (*znus* 'Prostitution', *zmires* 'religiöse Gesänge'; *žvir* 'Kies', *žmenje* 'Handvoll'), daneben auch *bd* (*bdike* 'Untersuchung'), *dv* (*dvejkes* '(ekstatische) Ausrichtung auf Gott'), *px* (*pxor* 'Erstgeborener'), *tv/tf* (*tvile* 'rituelles Eintauchen'/*tfile* 'Gebet'), *šč* (*plušč* 'Efeu'). — Palatalisierung folgt slaw. Mustern und tritt im Oj. überall auf, allerdings mit unterschiedlicher regionaler Ausprägung. Es läßt sich zwischen distinktiver Palatalisation (*mol* 'Mal'/*mol'* 'Motte', *nit* 'nicht'/*n'it* 'gebackene Kruste') und kontextbedingter unterscheiden (*l'ixt, d'ir, gl'at, kn'epl* 'Knopf').

6.3. Morphologie

6.3.1. Bei den Nomina fehlen der dt. Komponente im Jidd. die ursprünglichen Kennzeichen der starken bzw. schwachen Dekl. Kasusendung zeigt sich ausschließlich im Sg., und zwar im possessiven *-s*-Morphem (das Jidd. kennt keinen Genitiv), das entweder dem Nom. oder Kasus obl. angefügt wird (auch beim Fem.!; *dem mans, der frojs kinder*; *der bobes/bobns tate-mame* 'die Eltern der Großmutter'; *dem rebes/rebns gdule* 'der Ruhm des Rabbis'). Die Possessivform ist auf Personen (und Personifikationen *[der] l'al'kes fisalax* 'Puppas Beinchen') beschränkt. Kasusendung *-n* zeigt sich weiterhin im Dativ von Eigennamen (*ix hob es gegebn dovidn, soren* 'David', 'Sara') und bei zehn wie Eigennamen funktionierenden Substantiva (*tate* 'Vater', *mame* 'Mutter', *zejde* 'Großvater', *bobe* 'Großmutter', *mume* 'Tante', *rebe* '(chassidischer) Rabbi', *gabe* 'Gemeindediener', *menč* 'Mensch', *jid* 'Jude, Mann', *harc* 'Herz (figurativ)'.

6.3.1.2. Zur Pluralbezeichnung weist das Jidd. alle auch im Dt. vorhandenen Morpheme auf, mit Ausnahme der *e*-Endung. Allerdings entsprechen sich die Pluralmorpheme keineswegs immer in ihrer lexikalen Distribution (vgl. Sg. *vogn*, Pl. *vogns* — mit den Varianten *vegn/vegener* 'Wagen': *kenteniš, kentenišn* 'Kenntnis'). Es kann auch zu dem Dt. fremden Morphemkombinationen kommen (*vegener* 'Wagen Pl.'; *kišn, kišns/kišenes* 'Kissen'; *štekn, štekns/štekenes/štekener* 'Stecken'). Die besondere Produktivität des

-(e)s-Plurals wurde dabei aus zwei zusätzlichen Quellen gespeist, der hebr. femininen Endung (-oth), im Jidd. zu -es reduziert, und dem rom. Pluralmorphem (vgl. lat. -os/-as). Zusätzlich zum deutschstämmigen Morpheminventar verfügt das Jidd. über einen -im-Plural aus dem Hebr., wobei allerdings mit Interferenz von dem deutschkomponentigen -(e)n Morphem gerechnet werden muß (wie z. B. die Varianten pojern/pojerim 'Bauern' oder kacovim/kacovn 'Metzger' zeigen).

6.3.1.3. Die jidd. Diminutivbildung stellt eine Systematisierung und Elaboration deutschstämmigen Morpheminventars nach slaw. Vorbild dar. Diminution ist grundsätzlich in zwei Stufen möglich, mit getrennter Suffixreihe (hojz 'Haus', Diminutiv hajzl, Imminutiv hajzele). Die jidd. Suffigierung läßt auf eine Zusammenfassung dt. regionaler Varianten schließen, bei denen der südliche l-Typ-Vorrang erhalten hat; Dim. (Sg./Pl.) -l/-lex; -(e)xl/-(e)xlex (bei l-Auslaut, Kombination von ursprünglichem k- und l-Suffix); dl/dlex (bei n-Auslaut), Imminutiv -elel-elex; demgegenüber seltenere regionale, bzw. lexikale Varianten mit ursprünglichem k-Suffix: -jel/çe: -(e)xnl-(e)xer, -(e)xndll-(e)xndlex, auch -ke (mit Transferenz vom Slaw., s. u. 6.3.1.4.).

6.3.1.4. Morpheme slaw. Herkunft liefern vor allem Möglichkeiten zur Emotivbildung, für Koseformen einerseits und Spottnamen sowie Pejorativa andererseits. Eine Reihe davon ist nicht auf die Substantivklasse beschränkt. Die produktivsten überdialektalen Suffixe für Koseformen sind -(e)n'u (für Subst.), -čik (für Subst. und Adj.), -ičke (für Adj.) (zunen'u 'Söhnchen', goten'u 'lieber Gott'; jungermančik; bojčik 'kleiner Junge, Kerlchen', klejnčik, altičker m., rojtičke f.). Sie werden im Noj. und Soj. ergänzt durch das höchst produktive -inke (für alle flektierenden Spracheinheiten und sogar Interjektionen, zuninke 'Söhnlein', klejninker 'kleiner', šlofinken 'schlaf(el)en', gvaldinkes! 'Hilfe!' Interjektion), mit stilistischen Varianten auf -činke (klejnčinker). Hinzukommt -ke (vor allem für Eigennamen und Verwandtschaftsbezeichnungen, joške 'Joseph', švesterke). Demgegenüber gehören die Morpheme -ši (für Verwandtschaftsbezeichnungen, mameši 'Mütterchen') und -če (für Eigennamen, lejbče 'Lejb (vgl. Löwe)', rivče 'Rebekka') dem Zj. an. − Pejorative Suffixe wie -ak, -n'ak, -ač, -uk, -nik m./-nice f., -ul'e (frumak 'Frömmler', paskudn'ak 'unangenehmer Mensch', jungač 'junger Kerl', šnajderuk 'schlechter Schneider', nudnik 'langwei-

liger, lästiger Mensch', šusterul'e 'schlechte Schusterei') sind besonders gebräuchlich im Noj. und Soj., wo sie, ihrer Betonung nach zu schließen, wahrscheinlich auch entstanden sind. Im übrigen haben -nikl-nice und -ke auch einfach neutrale Bedeutung zur m. bzw. f. Ableitung (lamed-vovnik 'einer der 36 Gerechten', lererke 'Lehrerin'). − Auch Palatalisation (mot'e 'Mordechai', kn'aker 'Großtuer') und Wortdoppelung mit Konsonantenalternation (libe-šmibe, 'zweifelhafte Liebe', kunkl-munkl 'Taschenspielerei') sind Mittel zur Pejoration.

6.3.2. Die Adjektivflexion reflektiert die ehemalige Unterscheidung in st. und schw. nur im Sg. n., Nom./Akk. bzw. Dat. (attributiv dos gute kind / a gut kind, und prädikativ dos kind iz a guts). Der Nom. Sg. m. zeigt ausschließlich die historisch starke Form (der guter man). Der Plural hat -e-Endung in allen Kasus ([in] di alte sforim 'in den alten (heiligen) Büchern'.

6.3.3. Außer in Zj. und Teilen von Soj. zeigt sich für alle Personen das einheitliche und unflektierte Reflexivpronomen zix (ix spil zix- 'ich spiele [intrans]', mir − 'wir' − vašn zix di hent). − Unabhängig von Genus, Numerus, Kasus erfüllt die einheitliche Form vos die Funktion des Relativpronomens, in Parallele zu den flexionslosen Pronomina im Hebr. und Slaw. (der rebe, vos [er] hot undz gelernt 'der Rebe [Cheder − Lehrer], der uns unterrichtet hat'; di lererke majne, vos mir ale hobn [zi] lib 'meine Lehrerin, die wir alle gern mögen'. Idiomatisch ist der zusätzliche Rückgriff auf das entsprechende Personalpronomen; di klejne kinder, vos mit zej hob ix zix gešpilt 'die kleinen Kinder, mit denen ich gespielt habe'; der jid, vos zajne kinder zajnen do geven 'der Mann, dessen Kinder hier waren'. − Das Possessivpron. flektiert in attributiver Stellung nur nach Numerus, nicht nach Genus oder Kasus (zajn bruder, froj, kind gegenüber zajne brider, frojen, kinder). (gänzlich unflektiert bleibt der unbestimmte Artikel [a in allen Fällen]).

6.3.4. Im Vergleich zum (Standard-)Dt. ist das Jidd. durch konsequente Apokopierung bzw. Synkopierung in den Personalendungen gekennzeichnet (1. Sg. ix hob 'habe', arbet 'arbeite', benč 'segne/spreche das Dankgebet'; 1. und 3. Pl. mir/zej hobn, arbetn, benčn). − Als einfache Vergangenheitsform kennt das Jidd. nur die Perfektumschreibung, nicht das Präteritum. Damit minimalisiert sich auch beim Verb die Unterscheidung zwischen st. und schw. Klasse, historisch sowie strukturell gesehen, und wird zusätzlich unterstützt durch die vom Dt. z. T. abweichende lexikalische Distribution des Ablauts bzw. Dentalsuffixes im Partizip II (der deutschstämmigen Verben; vgl. *krign* 'bekommen − *gekrigt/gekrogn*; *darfn* 'müssen' − *gedorfn/gedarft*; *lozn* 'lassen' − *gelozt*; *vaksn* 'wachsen' − *gevoksn*; *vargn* '(er-)würgen' − *gevorgn*; *farbn* 'färben' − *geforbn*.

6.4. Lexikon

Der Fusionscharakter des Jidd. tritt am auffallendsten im Lexikon zutage, für das die einzelnen Herkunftsprachen eine reichhaltige Quelle bieten. Der Selektionsprozeß aus dem Lexikon der Herkunftsprache sowie die Besetzung der übernommenen Lexeme sind allerdings einer Eigengesetzlichkeit unterworfen (vgl. *bux/bixl* 'Buch' gegenüber *seifer* 'Buch mit religiösem Inhalt'; diese Differenzierung besteht nur im Jidd., das entsprechende dt. wie auch das hebr. Wort beziehen sich jeweils nur auf das allgemeine 'Buch'). Darüber hinaus hat sich durch subtile Interferenzen ein neuer eigener Lexemvorrat ergeben. Eine umfassende Gruppe unter den sog. periphrastischen Verben besteht aus einer semitischstämmigen Partizipalform (die im Jidd. unflektiert bleibt) in Verbindung mit einem deutschstämmigen Hilfsberb (*mekane zajn* 'beneiden', *zix to'e zajn* 'sich irren', mit eigener Perfektbildung: *er hot mekane geven, er hot zix to'e geven*; *nelem vern* 'verschwinden'). Durch fast vollständige Abwesenheit formaler Integration zeichnet sich der Einfluß der slaw. Sprachen auf das jidd. Verbalsystem aus: in Anlehnung an slaw. Muster werden deutschstämmige Präfixe in ihrer Funktion ausgebaut (vgl. dt. *er-* in *dercejlt biz hundert* 'bis 100 (aus-/zuende-) gezählt', *dertrunken a flaš* 'eine Flasche ausgetrunken') bzw. umgedeutet (*unterkojfn* 'Schmiergeld zahlen', *ongešribn a briv* − perfektiv gegenüber imperfektiv *gešribn a briv*). Semantische Transferenzen aus dem Slaw. haben im Jidd. zu erhöhter Sensibilität der Aktionsart bzw. dem Verbalaspekt gegenüber geführt, damit zu einem im Vergleich zum Dt. weit umfassenderen Präfigierungssystem, wie auch zum Ausbau nominaler Konstruktion (*xapn a kuk, zix a drej ton, zix a loz arojs gebn*).

6.5. Syntax

6.5.1. Außer bei Eigennamen und den rund zehn Substantiva, die eigene Endung zeigen, drücken nur vorangestellter Artikel und attributives Adjektiv den Kasus der Substantiva aus. Eine Ausnahme bildet die Possessivform, die jedoch auf Personen beschränkt ist (s. o. 6.3.1.). Für das Mask. weist das ganze Oj. nur einen Kasus obliquus auf, und zwar in der Form des historischen Dat. (*er trogt dem altn grinem mantl*). Auch beim Fem. herrscht in weiten Dialektgebieten (Zj. und einem großen Teil des Noj.) Zusammenfall zu einer obliquen Form, dabei zugunsten des ehemaligen Akk. und Nom. (*cu di mame, mit di švester*). Beim Pronomen vereinheitlicht das Noj. den früheren Dat. und Akk. zu einem Kasus obliquus, dem des ehemaligen Dat. (*ix hob irlim gezen*). Die historischen Gegebenheiten für Kasus, Genus und Rektion finden sich weitgehend konserviert im Soj. Im Noj. hat sich in Verbindung mit dem Ausfall des Neutrums und der Neuzuteilung neutraler Lexeme zu den verbliebenen Genera eine − weitgehend semantisch motivierte − Umstrukturierung der historischen Maskulina und Feminina ergeben. Zusätzlich entstand die neue Kategorie eines offensichtlichen Fem. (*di vant, di hant, di bet, di hojz*), das sich in präpositionaler Stellung wie das Mask. verhält (*afn vant, mitn hant, untern bet, bajm hojz*) − dies in Opposition zum „wirklichen" Fem. (*di švester/mit der švester*). Als weitere Innovation ist die Klasse der Kollektiva zu sehen (*di vaser, di gelt, di milx*), die sich einerseits als Plural darstellen (in Verbindung mit dem Possessivadj. *majne gelt*), sich andererseits jedoch als Singularform verhalten (in der Verbalrektion: *majne gelt ligt in bank*). Die semantisch motivierte Neuklassifizierung bezieht sich also auf: 1. Kollektiva, 2. „echte" Feminina (d. h. weibliche Personen) gegenüber 3. unbelebten (*di betl/untern bet*), darüber hinaus 4. formale Zuordnung von Substantiven mit *-er*-Endung zum Mask. (*der ojer* 'Ohr', *der lejter* 'die Leiter') (Wolf 1969).

6.5.2. Zur Prädikation haben sich im Jidd. u. a. die folgenden Konstruktionstypen mit Bedeutungsdistinktion herausgebildet; die aktuelle Zustandsbeschreibung mit flexionslosem Adjektiv (*er iz umgeduldik*) gegenüber der Dispositionsangabe (*er iz an umgeduldiker*), die durch Substantivierung des flektierten Adjektivs erfolgt. Daneben ist nominale Juxtaposition idiomatisch (*a jid a kabcn* 'ein armer Mann', *er hot a zun a šojte* 'er hat einen Dummkopf zum Sohn'), auch mit nominalisiertem Adjektiv (*zi gefint im an umetikn* 'sie findet ihn traurig vor').

6.5.3. Im Unterschied zum Dt. zeigt das Jidd. eine einheitliche Wortstellung in Haupt- und Nebensatz. Grundsätzlich steht das finite Verb syntaktisch an zweiter Stelle, und der Grad seiner Trennung von unflektierten Elementen (z. B. Partizip II, abhängiger Infinitv, Verbalpräfix) bleibt minimal. Anfangstellung des finiten Verbs hat neben Interrogativ- und Imperativ- auch Konsekutivfunktion (*kumt er* 'also kommt er'; vgl. dazu die Formen *to kum!* und *kumže!* 'also komme!', sowie *to vos vilste?* und *vože vilste?* 'also was willst du?', als konsekutive Imperative bzw. Fragen).

7. Standardsprache

Mit der Ausweitung des Sprachgebiets und Verlagerung des geographischen und kulturellen Schwerpunkts von West- nach Osteuropa (oben 2.) hat sich im Jidd. auch eine Verschiebung des sprachlichen Standards ergeben. Erste Verschriftung und Druckwesen sind westjidd. geprägt, im 17. Jh. aber führt das Florieren östlicher Druckorte (Krakau, Prag) und ein eng verflochtenes personelles Netz zur Verbreitung der östlichen Schreibnorm auch im Westen (Timm 1987). Mit dem 18. Jh. steigt der schriftsprachliche Einfluß des Dt., in Symbiose mit der Auflösung des Westjidd. als Alltagssprache, bevor kulturelle Modernisierung und Politisierung, gesellschaftliches Eigenbewußtsein und die zunehmende literarische Entfaltung auf ostjidd. Basis in der 2. Hälfte des 19. Jhs. eine Gegenreaktion in Gang setzen. Mit Beginn des 20. Jhs. werden Orthographie und Ausspracheregelung zu sprachpflegerischen Eckpunkten in einer geographisch und soziokulturell vieldimensionierten Gesellschaft ohne eigenes Staatsterritorium und zentrale Verfügungsgewalt. Angesichts der erfolgten Zerstörung des ostjiddischen Kernlandes und seines gesamten institutionellen Netzwerks ist der global herrschende hohe Grad an orthographischer Einheitlichkeit um so erstaunlicher. Zugleich ist das jidd. Graphemsystem traditionellerweise in ungewöhnlich hohem Maße in der Lage, dialektale Lautungen zu integrieren. Im akademischen Bereich und vielen literarischen Publikationen ist der Standard des YIVO-Instituts maßgeblich (Takones 1937; Modifikationen dazu zeigt der in Oxford übliche Usus, Klal-takones 1992; Katz 1993). In Teilen der Presse und sonstiger Publikationen bestehen geringfügige Varianten. Im orthodoxen Bereich, der inzwischen die Mehrheit der Jiddischsprecher stellt, wirkt die ältere, vom Deutschen beeinflußte, Schreibung noch nach (in neuen Publikationen zeigen sich jedoch auch vereinfachende Tendenzen in Richtung auf den allgemeineren Orthographietyp). Hingegen wurde die dekretierte sowjetisch-jiddische phonetische Schreibung mit der Auflösung der Sowjetunion aufgegeben.

Richtungsweisend für eine Standardisierung des Jidd. war noch im 19. Jh. die Wilnaer Bildungssprache geworden (Katz 1993; 1994). Hier gelten nach noj. Muster Indifferenz gegenüber der Silbenlänge und die charakteristischen Lautungen $o_{12,13}$; $u_{51,52,53}$; e_{25}; oj_{54}. In Abweichung zum Noj. lauten allerdings die Vokale 42, 43 und 44 standardjiddisch nicht *ej* sondern *oj*. Unter der Bezeichnung 'literarisches Jiddisch' ist wohl meist diese Form der Verschriftung und Lautung verstanden worden. Verfechter einer auf den südlichen Dialekten basierenden Lautungsnorm propagierten demgegenüber die entsprechenden südlichen Lautungen (zuletzt Birnbaum 1979). Auch die eher spontan gewachsene Bühnenlautung, die teilweise als mögliche Grundlage für eine Standardisierung betrachtet wurde, beruht auf dem südlichen Lautungstyp, d. h. einer modifizierten soj. Aussprache (ohne die offensichtlich als provinziell empfundenen Merkmale o_{11}; i_{25}; a_{34}; u_{54}). In Genus- und Kasussystem richtet sich das Standardjidd. nach dem Soj. Die übrigen Teile der Grammatik weisen keine einschneidenden regionalen Verschiedenheiten auf und finden gleichermaßen Anteil an der Standardform.

8. Literatur (in Auswahl)

(Jidd. Titel hier und die Standardformen in Abb. 98.1 sind in der international gebräuchlichen YIVO-Transkription notiert.)

Avé-Lallemant, Friedrich Christian Benedict, Das Deutsche Gaunerthum in seiner socialpolitischen, literarischen und linguistischen Ausbildung zu seinem heutigen Bestande. 4 Tle. Leipzig 1858—1862. (Tl. 3, 1862, 198—537: Jüdischdeutsche Grammatik).

Beranek, Franz J., Westjiddischer Sprachatlas. Marburg 1965.

Bin-Nun, Jechiel, Jiddisch und die deutschen Mundarten unter besonderer Berücksichtigung des ostgalizischen Jiddisch. Tübingen 1973.

Birnbaum, Salomo, 1. Jiddische Dichtung. 2. Die jiddische Orthographie. In: Die Freistatt 1, 1913.

Ders., Yiddish. A survey and a grammar. Toronto 1979.

Borokhov, Ber, Shprakh-forshung un literaturge-shikhte. Gezamlt un tsunoyfgeshtelt: Nakhmen Mayzil. Tel Aviv 1966.

Faber, Alice/Robert D. King, Yiddish and the settlement history of Ashkenazic Jews. In: The Mankind Quarterly 24, Number 4, 1984, 393–425.

FOY = The Field of Yiddish. Studies in language, folklore and literature. I. Ed. by Uriel Weinreich. New York 1954. III. Ed. by Marvin I. Herzog/Wita Ravid/Uriel Weinreich. The Hague 1969.

Frakes, Jerold C., The politics of interpretation. Alterity and ideology in Old Yiddish studies. Albany 1989.

Friedrich, Carl Wilhelm, Unterricht in der Judensprache und Schrift zum Gebrauch für Gelehrte und Ungelehrte. Prentzlow (Prenzlau) 1784.

Germania Judaica. Bd. 1: Von den ältesten Zeiten bis 1238. Tübingen 1963. (Veröffentlichung des Leo Baeck Instituts).

Gerzon, Jacob, Die jüdisch-deutsche Sprache. Eine grammatikalisch-lexikalische Untersuchung ihres deutschen Grundbestandes. Frankfurt/M. 1902.

Gininger, Chaim, Sainéan's accomplishments in Yiddish linguistics. In: FOY 1, 1954, 147–178.

Katz, Dovid, Zur Dialektologie des Jiddischen. In: Dialektologie. Ein Handbuch zur deutschen und allgemeinen Dialektforschung. Hrsg. v. Werner Besch [u. a.], 2. Halbbd. Berlin/New York 1983, 1018–1041.

Ders., Hebrew, Aramaic, and the rise of Yiddish. In: Readings in the sociology of the Jewish languages. Ed. by Joshua Fishman. Leiden 1985, 85–103.

Ders., The children of heth and the ego of linguistics. A story of seven Yiddish mergers. In: Transactions of the Philological Society 89.1, 1991, 95–121.

Ders., (Hirshe-Dovid), Tikney takones. Fragn fun yidisher stilistik. Oxford 1993.

Ders., Naye gilgulim fun alte makhloykesn: di litvishe norme un di sikhsukhim vos arum ir. In: YIVO Bleter, new series, vol. 2, studies on the culture and history of Lithuanian Jewry. Ed. by David E. Fishman. New York 1994, 205–257.

Kiefer, Ulrike, Gesprochenes Jiddisch. Textzeugen einer europäisch-jüdischen Kultur. Tübingen 1995. (Beihefte zum Language and Culture Atlas of Ashkenazic Jewry 1).

King, Robert, Migration and linguistics as illustrated by Yiddish. In: Reconstructing languages and culture. Ed. by Edgar C. Polomé/Werner Winter. Berlin 1992, 419–439. (TLSM 58).

Landau, Alfred, Zur deutschen Dialektforschung. [Rezension]. In: Die Presse 32, (Wien) 1882, a–d.

LCAAJ = The Language and Culture Atlas of Ashkenazic Jewry. Ed. by Marvin Herzog [u. a.]. I, Marvin Herzog/Uriel Weinreich/Vera Baviskar, Historical and theoretical foundations. Tübingen

1992. II, Andrew Sunshine [u. a.], Research tools. Tübingen 1995. III, Marvin Herzog, The Eastern Yiddish-Western Yiddish continuum. Tübingen 2000. (In print).

Norich, Anita, Jewish literatures and feminist criticism: an introduction to Gender and Text. In: Gender and text in modern Hebrew and Yiddish literature. Ed. by Naomi B. Sokoloff/Anne L. Lerner/Anita Norich. New York/Jerusalem 1992, 1–15.

Paul, Hermann, Mittelhochdeutsche Grammatik. 23. Aufl. neu bearb. v. Peter Wiehl/Siegfried Grosse. Tübingen 1989.

Sainéan (Saineanu), Lazare, Studiu dialectologic asupra graiului evreo-german. Bucharest 1889.

Sapir, Edward, Notes on Judeo-German Phonology. In: Jewish Quarterly Review, n. s. 6, 1915–1916, 231–266.

Shmeruk, Chone, Prokim fun der yidisher literatur-geshikhte. Tel-Aviv 1988.

Simon, Bettina, Jiddische Sprachgeschichte. Versuch einer neuen Grundlegung. Frankfurt/M. 1988.

Takones fun yidishn oysleyg. Wilna 1937. (YIVO).

Timm, Erika, Zur Frage der Echtheit von Raschis jiddischen Glossen. In: PBB (T) 107, 1985, 45–81.

Dies., Graphische und phonische Struktur des Westjiddischen unter besonderer Berücksichtigung der Zeit um 1600. Tübingen 1987.

Weinberg, Werner, Die Bezeichnung Jüdisch-deutsch. Eine Neubewertung. In: ZfdPh 100, 1981, Sonderheft Jiddisch, 253–290.

Weinreich, Max, Di sistem yidishe kadmenvokaln. In: Yidishe shprakh 20, 1960, 65–71.

Ders., Geshikhte fun der yidisher shprakh. Bagrifn, faktn, metodn. (4 Bde.) New York 1973.

Weinreich, Uriel, Yiddish and colonial German in Eastern Europe: the differential impact of Slavic. In: American contributions to the Fourth International Congress of Slavicists. Den Haag 1958, 369–421.

Ders., Four riddles in bilingual dialectology. In: American Contributions to the Fifth International Congress of Slavists. Den Haag 1963, 335–359.

Ders., Modern English-Yiddish Yiddish-English dictionary. New York 1968.

Weissberg, Josef, Jiddisch. Eine Einführung. Bern 1988.

Wolf, Meyer, The geography of Yiddish case and gender variation. In: FOY III, 1969, 102–215.

YIVO-Transkription, siehe Encyclopedia Judaica, vol. 1 (Index). Jerusalem 1972, 91.

Zunz, Leopold, Die gottesdienstlichen Vorträge der Juden, historisch entwickelt. Ein Beitrag zur Altertumskunde und biblischen Kritik, zur Literatur- und Religionsgeschichte. Berlin 1832. (2. Aufl. Franfurt/M. 1892; Nachdruck Hildesheim 1966).

Ulrike Kiefer, Lampertheim

99. Soziokulturelle Voraussetzungen und Sprachraum des Mittelniederdeutschen

1. Definition des Begriffs *mittelniederdeutsch*
2. Soziokulturelle Voraussetzungen
3. Der Sprachraum
4. Der Zeitraum
5. Literatur (in Auswahl)

1. Definition des Begriffs *mittelniederdeutsch*

Zur Benennung der seit Jacob Grimm *mittelniederdeutsch* genannten Sprache dienten den Zeitgenossen die Ausdrücke *düdesch* bzw. *to düde*; daneben kamen seit dem 15. Jh. *sassesche sprake* bzw. *sassesch* in Gebrauch. Die alte Dreiteilung des binnenländischen Sachsenlandes in Westfalen, Engern und Ostfalen blieb nicht erhalten. An ihre Stelle trat im Hochmittelalter die Zweiteilung in West- und Ostfalen. Nach der Aufteilung des engrischen Gebietes links und rechts der Weser zwischen dem westf. und dem ofäl. Kulturraum engte sich der Begriff *Sachsen* auf das nordnd.-ofäl. Gebiet ein. Als Bezeichnung für die Sprache dieses Raumes diente *sassesch*; daneben trat für den westf. Bereich *westfelesch*. Die Sonderstellung des westf. Sprachraums war den Zeitgenossen durchaus bewußt. Ein westf. Kleriker verglich um 1513 die sprachliche Differenz zwischen Westfälisch und Sächsisch mit dem sprachlichen Zustand Palästinas: *Eyn cleyne schelede galileus sprake vnde Iherusalemes (alse westfeles vnde sassesch)* (Mante, Axel (Hg.), Joh. Gerson, Monotessaron, Lund 1952, S. 350). Im 16. Jh. traten, den Gegensatz zu *hochdeutsch* und *oberlendisch* bezeichnend, *nedderdüdesch* und *nedderlendesch* auf, dazu *neddersassesch*. In Norddeutschland blieb auch im 16. und 17. Jh. *sassesch* neben *neddersassesch* die üblichste Bezeichnung; die Süddeutschen nannten das Nd. im 16. Jh. vor allem *niderlendisch* oder *sechsisch*, im 17. Jh. daneben *nieder-*

deutsch, die Niederländer bezeichneten es als *oostersch* (Lasch 1920).

Der Ausdruck *mittelniederdeutsch* bezeichnet die zweite, die mittlere Sprachstufe innerhalb der nd. Sprachgeschichte, die Periode zwischen dem *Alt*niederdeutschen (and., asächs.) und dem *Neu*niederdeutschen bzw. Plattdt. (Nnd.). Das Mnd. baut auf vorwiegend and., daneben auch auf anl. Grundlagen auf. Es bildet im Bereich der geschriebenen Sprache keine kontinuierliche Fortentwicklung des And.: Nach einer Lücke von rund 150 Jahren setzte nd. Überlieferung in der ersten Hälfte des 13. Jhs. neu ein. Sprachliche Entwicklungen, die sich vor allem innerhalb der quellenlosen and.-mnd. Übergangszeit des 12. Jhs. vollzogen, führten dazu, daß sich das mnd. Sprachsystem − wie in den folgenden Artikeln gezeigt werden wird − ganz erheblich von dem des And. unterscheidet. Dieses Sprachsystem ist dadurch gekennzeichnet, daß, bei Erhaltung einer eigenen nd. Sprachstruktur, der nordseegerm. (ingwäonische) Charakter des And. weithin zurückgetreten ist.

2. Soziokulturelle Voraussetzungen

2.1. Ostkolonisation

Im Frühmittelalter waren die Slawen bis zu einer Linie Kiel−Lauenburg−Ilmenau−Elbe−Saale vorgedrungen. Im 12. Jh. setzte die Ostkolonisation verstärkt ein, sie erreichte im 13. Jh. ihren Höhepunkt und stagnierte mit dem Auftreten der Pest 1348 (zum folgenden vgl. Bischoff 1985). Die politischen Träger der Siedlung im nördlichen Bereich waren vor allem die Askanier in der Mark Brandenburg und das Erzbistum Magdeburg. Die Siedler werden zunächst aus der näheren Umgebung gekommen sein. Dann schickte Markgraf Albrecht, wie Helmold von Bosau in seiner Slawenchronik berichtet, „nach Utrecht und den Rheingegenden, ferner zu denen, die am Ozean wohnen und unter der Gewalt des Meeres zu leiden hatten, den Holländern, Seeländern und Flamen, zog von dort viel Volk herbei und ließ sie in den Burgen und Dörfern der Slawen wohnen." Urkunden aus der zweiten Hälfte des 12. Jhs. bezeugen im Bereich der mittleren Elbe die Anwesenheit von Flamen und Holländern.

In der Mitte des 12. Jhs. setzte auch im Nordteil der dt.-slaw. Grenzzone die Siedlung ein. 1143 gründete Graf Adolf II. von Holstein Burg und Siedlung Lübeck. Nach der Neugründung durch Heinrich den Löwen erlebte Lübeck einen enormen Aufschwung. Auch in Ostholstein und Mecklenburg kamen die Siedler zunächst aus der Umgebung, aus Holstein und Stormarn; dann führte Graf Heinrich von Ratzeburg, wie Helmold von Bosau berichtet, „Scharen Volks aus Westfalen herbei." Westfalen waren hier entscheidend am Landesausbau beteiligt. Dies wird an den Familiennamen in den Städten sichtbar: Zu den lübischen Gründerfamilien gehörten die Attendorn, Bocholt, Coesfeld und Warendorp. In den folgenden Generationen sind Lübecker Familien weiter in die Städte des Ostseeraums gezogen. In Preußen kamen in der Zeit des Deutschen Ordens die Siedler aus Nieder- und Mitteldeutschland. Im Baltikum fehlte bäuerliche Siedlung, hier hat es nur nd. Bürgertum und Adel gegeben.

Die Ostsiedlung des 12. bis 14. Jhs. wurde von allen Ständen getragen. Die Siedlungen bildeten zunächst deutschsprachige Inseln in fremdsprachiger Umgebung. Zuwanderung, Binnensiedlung, Weiterwanderung und allmählicher Sprachenwechsel von Slawen und Preußen zum Nd. haben sie langsam zusammenwachsen lassen (Bischoff 1983, 99).

2.2. Territorialfürstentum und niederer Adel

Nach dem Untergang des Stauferreiches erstarkte das Territorialfürstentum. Im Dienst der Fürsten ist aus dem Stand der Bauern und Unfreien eine neue soziale Schicht, der niedere Adel, entstanden und politisch und gesellschaftlich aufgestiegen.

2.3. Städtewesen und Hanse

Neben die sich im 12. Jh. entwickelnden Städte des Altlandes traten die Handelsstädte, die im Verlauf der Ostsiedlung an der Südküste der Ostsee gegründet worden waren. Die mittelalterliche Lebensform „Stadt" ist gekennzeichnet durch eine Differenzierung des sozialen und wirtschaftlichen Lebens. In ihr entstand als neue, in sich differenzierte Schicht das Bürgertum.

Die Stadt erlangt herausragende Bedeutung für die sprachliche Entwicklung. Sie ist zum einen „Ort sprachlicher Differenzierung und sprachlichen Ausgleichs, sprachlicher Koexistenz wie auch sprachlichen Konflikts in einem wesentlich stärkeren Maße als etwa das Dorf", sie ist zum anderen „sprachliches Ausgleichszentrum für die umliegenden Regionen" (Hoffmann/Mattheier 1985, 1839).

Die wirtschaftliche und politische Bedeutung der norddt. Städte nahm im 13. Jh. beträchtlich zu. Ihre Fernhandelskaufleute, die des Altlandes und die des Neulandes, schlossen sich zu einem lockeren Bund, der Hanse, zusammen. Den Kern der Kaufleutehanse bildete die Genossenschaft der Gotland besuchenden dt. Kaufleute.

2.4. Die Verschriftlichung von Recht, Verwaltung und Handel

Im 13. Jh. setzte eine Entwicklung ein, die die sprachlichen Verhältnisse grundlegend veränderte. Die Sprachpraxis war von einer zunehmenden Verschriftlichung weiter Lebensbereiche bestimmt. Differenzierung und Komplizierung des öffentlichen Lebens führten dazu, daß der mündliche Verkehr als ungenügend erfahren und durch die schriftliche Kommunikation ergänzt oder ersetzt wurde (Moser 1985, 1400). Das Bedürfnis nach Sicherheit führte zur schriftlichen Fixierung der rechtlichen, administrativen und wirtschaftlichen Entscheidungen. Die schriftliche Fixierung erlaubte unter konkretem Bezug auf vorhergehende Fassungen die aktualisierende Fortschreibung (etwa verschiedene Versionen von Stadtrechten), und sie stiftete eine neue soziokulturelle Wirklichkeit, die als Instanz herangezogen werden konnte (Meier/Möhn 1989, 391). Doch maß man im 13. Jh. mündlichen Abmachungen noch größere Bedeutung bei als schriftlichen Verträgen. *Vox viva plus valet quam scriptura*, heißt es in einer westf. Urkunde von 1269 (Westf. Urkundenbuch 3 Nr. 834).

In den Territorien und Städten wurde eine schriftlich arbeitende Verwaltung aufgebaut und im zunehmendem Maße differenziert. Zentrum der Verwaltungsorganisation wurde die Kanzlei. Die städtischen traten neben die bestehenden fürstlichen und kirchlichen Kanzleien. Es ist zwischen Texten für den internen Kanzleibetrieb (Stadtbücher, in die alles rechtlich Verbindliche eingetragen wurde, sowie Protokolle und Rechnungen) und solchen für den externen Gebrauch zu unterscheiden. Letztere können in innerörtliche (Urkunden, Stadtrechte) und überörtliche Texte (die Korrespondenz des Rates mit anderen Städten) geschieden werden.

Noch im 13. Jh. trat im hansischen Handel ein Umbruch der Organisationsform ein. Der Kaufmann ging zur schriftlichen Form der Geschäftsführung über. Aus dem wandernden Fernhändler wurde der seßhafte Kaufmann. Dieser führte den Handel nun, unterstützt von einem Schreiber − zunächst wurden Kleriker angestellt − und einigen Handlungsgehilfen, von seiner *scrivekamere* aus. Als Formen kaufmännischer Schriftlichkeit entstanden Kaufleutekorrespondenz und Handlungsbücher. Bruchstücke kaufmännischer Buchführung aus Kiel und Lübeck reichen bis ins 13. Jh. zurück. Aus dem 14. Jh. liegen dann mehrere Rechnungs- bzw. Handlungsbücher vor (Tophinke 1999). Zur Bezeugung eines Kredits dienten die städtischen Schuldbücher des 13. und frühen 14. Jhs., überliefert aus Hamburg, Lübeck, Stralsund und Riga.

2.5. Das Schulwesen

Die Verschriftlichung des Alltagslebens bewirkte eine Ausbreitung der Alphabetisierung über den Klerus hinaus und eine Verbesserung des Schulwesens. Die Kirche unterhielt Schulen vor allem zur Ausbildung des Klerikernachwuchses. Im 12. und 13. Jh. dominierten in den Städten die Stifts- und Klosterschulen, die auch von Bürgersöhnen besucht werden konnten. Für diese war eine stärker auf die praktische Tätigkeit ausgerichtete Schulbildung erforderlich: Verfahren der Buch- und Rechnungsführung, Regeln des schriftlich abzuwickelnden Handelsverkehrs, der geschäftlichen wie diplomatischen Korrespondenz, schließlich Grundkenntnisse in Recht, Verwaltung, Finanz- und Münzwesen und eine gründliche lateinische Elementarbildung (Kintzinger 1989, 437). Es entstanden städtisch getragene Lateinschulen, in Lübeck 1252 und 1262, in Hamburg 1281, in Stralsund 1319. Das Lehrangebot der Lübecker Jakobischule ist uns durch einen aus der Zeit um 1370 stammenden Fund bekannt. Die Schreibübungen der Schüler betrafen geschäftliche und politische Korrespondenz sowie Urkundenentwürfe, wie sie in einer städtischen Kanzlei gebraucht wurden (Irsigler 1989, 530).

Mit den Schulen, den Kanzleien und den Kontoren der seßhaft gewordenen Fernhandelskaufleute bildeten die Städte Zentren der Schriftlichkeit.

2.6. Der Schreibsprachenwechsel vom Lateinischen zum Mittelniederdeutschen

Die Verschriftlichung weiter Lebensbereiche bewirkte den Schreibsprachenwechsel vom Lateinischen zur Volkssprache. Aus den Schreibbedürfnissen der von der Verschriftlichung betroffenen Schichten heraus, die nicht über ausreichende Lateinkenntnisse verfügten − niederer Adel, Kaufleute, Handwerker −, entstand neben der lat. eine Schriftlichkeit in nd. Sprache. Das Lat. wurde langsam in immer mehr Funktionsbereichen durch die Volkssprache zurückgedrängt.

2.6.1. Frühe hoch- und niederdeutsche Überlieferung in Ostfalen

In Ostfalen kamen als Schreibsprache neben dem Lat. zunächst, d. h. ab etwa 1170, bestimmte Varietäten der mhd. Dichtersprache in Gebrauch (vgl. Beckers 1982). Im ofäl. Gebiet mit seinen Zentren Braunschweig und Magdeburg lag im 12. und 13. Jh. der kulturelle Schwerpunkt des nd. Raumes. Ursache hierfür war das bayrisch-sächsische Doppelherzogtum der Welfen bis zum Sturz Heinrichs des Löwen. Am Braunschweiger Hof Heinrichs des Löwen und in Magdeburg bildete sich eine deutschsprachige literarische Kultur heraus. Am Braunschweiger Hof wurde noch im 12. Jh. der Lucidarius in md. Sprache verfaßt. Eilhart von Oberg, ein Ministeriale Heinrichs, schrieb um 1170/80 seinen Tristrant-Roman in einem Mitteldeutsch hess.-thür. Prägung. Albrecht von Halberstadt, Verfasser der um 1200 entstandenen ersten Ovid-Verdeutschung, schrieb ein Md. thür. Prägung. Im 13. Jh. wirkte die mhd. Literatursprache in Norddeutschland weiter. Im Braunschweiger Raum bildete sich eine literarische Mischsprache heraus, in der Dichter wie Berthold von Holle und der Verfasser der Braunschweiger Reimchronik schrieben. Der Magdeburger Patrizier Brun von Schönebeck verfaßte 1275/76 eine Versparaphrase des Hohen Liedes.

In der ersten Hälfte des 13. Jhs. kam daneben, in den Bereichen Geschichtsdichtung und Rechtsbuch, ein geschriebenes Nd. auf, wenn man von einigen nd. Sätzen in einer lat. Urkunde der Äbtissin des Klosters Weddinghausen bei Meschede von 1207 absieht (Korlén 1945, 92−94). Aus dem Jahre 1216 stammt die Gandersheimer Reimchronik des Priesters Eberhard. Die Wahl der Sprachform hängt wohl mit der intendierten Wirkung der Geschichtsdichtung zusammen. Eberhard wollte dem heimischen Publikum die Geschichte des Stifts erzählen. Von dieser Ausnahme abgesehen, erfolgte die Entwicklung des Nd. zu der Fähigkeit, schreibsprachliche Funktionen zu übernehmen, auf dem Gebiet juristischer und historischer Prosa, für das es keine hd. Schreibtradition gab. Die nur von der höfischen Gesellschaft gepflegte Tradition der mhd. Dichtersprache wurde wohl für die Aufzeichnung juristischer Texte als nicht geeignet angesehen. Für diese begann man die bei der mündlichen Rechtsverhandlung übliche nd. Sprache zu gebrauchen.

Als Begründer einer nd. Rechtsprosa hat der anhaltinische Ministeriale Eike von Repgow zu gelten. In seinem Sachsenspiegel (1221–1224), von dem aus dem 13. Jh. drei nd. Fragmente erhalten sind, zeichnete er das Land- und Lehnrecht seiner Heimat auf. Eike übertrug den Sachsenspiegel in sein elbofäl. Nd., nachdem die lat. Urfassung eben wegen der Sprachwahl ein Mißerfolg gewesen war. Der Sachsenspiegel wurde also mit Rücksicht auf ein das Lat. nicht oder nur ungenügend beherrschendes Publikum in die Volkssprache übertragen. Die gereimte Vorrede des Werkes ist bezeichnenderweise in mhd. Sprache geschrieben.

Schon wenig später, wohl 1227, ist das Braunschweiger Stadtrecht, das sog. Jus Ottonianum, entstanden; die Handschrift stammt jedenfalls aus der ersten Hälfte des 13. Jhs. Sprachlich steht es unter elbofäl. Einfluß.

Kein mhd. Vorbild gab es auch für volkssprachige historische Prosa. Die sog. Sächsische Weltchronik wurde in elbofäl. Nd. um 1230, so die hergebrachte, oder erst um 1260, so die neuere Meinung, vollendet. Die Autorschaft, die überwiegend dem in der Vorrede genannten Eike von Repgow zugeschrieben wurde, muß als offen gelten (Herkommer 1972).

2.6.2. Der Übergang zum Niederdeutschen in Recht, Verwaltung und Handel

Im Prozeß der Ablösung des Lat. sind textsortenbedingte Zeitunterschiede festzustellen. Im Bereich der Stadtrechte erfolgte der Übergang oft noch in der zweiten Hälfte des 13. Jhs. Neben dem Braunschweiger Jus Ottonianum (s. 2.6.1.) liegen aus dem 13. Jh. das Stadtrecht von Stade (1279), das Lübecker in einer Reihe von Handschriften aus dem letzten Drittel (nd. Fassung spätestens um 1267), das älteste Visbyer (zwei Fragmente um 1270) und das Hildesheimer (um 1300) vor. Vom Hamburger Ordelbok existiert keine Handschrift aus dem 13. Jh., das sog. Rote Stadtbuch stammt aus dem Jahre 1301. Das Stadtrecht war gewöhnlich der älteste nd. Text, mit dem sich der Stadtschreiber vertraut machen mußte.

Schon früh sind einige Stadtbücher nd.: Wismar (ca. 1250), Aken (1265), Halle (1266), Braunschweig (das älteste Degedingsbuch 1289). Nd. Statuten aus dem 13. Jh. sind die Nowgoroder Schra 1 und 2 sowie das Goslarer Kramerrecht von 1281.

Später fand der Übergang zum Nd. in der Textsorte Urkunde statt. Die Volkssprache setzte sich erst in der Mitte des 14. Jhs. durch, also später als im hd. und nl. Raum. Bis 1299 sind ca. 300 nd. Urkunden überliefert. In Norddeutschland werden Urkunden in der Volkssprache ausgestellt, weil dies vorher im Westen, Südwesten und Süden geschehen ist (Cordes 1959, 65).

Wieder ist es der ofäl. Raum, in dem sich die Neuerung der volkssprachigen Urkunde zuerst durchsetzt. Die älteste bekannte Urkunde in nd. Sprache wurde 1272 in Hildesheim von der hier vereinigten Ritterschaft des Hochstiftes Hildesheim für die Städte Goslar, Hildesheim und Braunschweig ausgestellt. Die Süd-Nord-Bewegung erfaßte zuerst den ofäl., von dort aus den westf. und nordnd. Raum. In die westlichen Randzonen des Nd. drang die volkssprachige Urkunde von den Niederlanden her ein.

Die Zeitunterschiede beim Übergang zur nd. Urkundensprache sind nicht nur durch den Faktor Raum, sondern auch durch den Faktor Ausstellergruppe bedingt. Die Aufnahme der volkssprachigen Urkunde erfolgt in den gesellschaftlichen Gruppen Territorialfürstentum, niederer Adel und Bürgertum zu verschiedenen Zeiten. Den Territorialfürsten kommt die nd. Urkundensprache beim Aufbau einer staatlichen Verwaltung sicherlich gelegen. Die fürstlichen Kanzleien Norddeutschlands gehen schon früh, seit dem Beginn des 14. Jhs., zum Nd. über. Die Teilnahme an der Schriftlichkeit ist dem niederen Adel gewöhnlich nur in nd. Sprache möglich, daher greift er die Neuerung der volkssprachigen Urkunde bereitwillig auf. Fürsten und Adlige gehen den Städten bei der Verwendung des Nd. als Urkundensprache zeitlich voran, der Übergang ist bei diesen Ausstellern um die Mitte des 14. Jhs. beendet. In den Städten treten nd. Urkunden in der Regel erst nach 1300 auf, und erst zwischen 1360 und 1380 kann sich das Nd. in den städtischen Kanzleien ganz durchsetzen. Im Verkehr mit dem niederen Adel und den Landesherren, mit Rücksicht auf den Empfänger also, urkunden die städtischen Kanzleien zuerst in nd. Sprache.

Besonders lange hält das hansische Schriftwesen am Lat. fest. Noch bis 1370/80 schließen die Hansestädte ihre Bündnisse in lat. Sprache. Als Erklärung hierfür ist anzuführen, daß die Städte ein gut ausgebautes lateinischsprachiges Kanzleiwesen besaßen und daß der hansische Fernhandel seit dem Ende des 13. Jhs. schriftlich — lateinischsprachig — organisiert war. Als sich dann schließlich auch in den städtischen Kanzleien, insbesondere in der Lübecker Ratskanzlei, das Nd. durchgesetzt hat, wird auch die in der Kanzlei ausgefertigte hansische Korrespondenz in nd. Sprache geführt. Der Schriftverkehr der Städte untereinander nimmt erst im Laufe des 14. Jhs. zu, erst nach 1380 ist der Übergang zum Nd. überall durchgeführt. Die Rezesse der Hansetage sind bis 1369 überwiegend lat., ab 1370 fast ohne Ausnahme nd. ausgestellt. Schon früher als die Kanzleien der Städte hatten die hansischen Kontore in ihren Statuten und in ihrer Korrespondenz das Lat. ersetzt. Volkssprachig sind die Statuten des Gemeinen Kaufmanns in Brügge vom 28. Oktober 1347 und der Brügger Rezeß von 1356. Bezeichnenderweise schreibt das Brügger Kontor 1351 an Brügge in nl., an Hamburg aber in lat. Sprache. Die hansischen Kaufleute halten, wie die städtischen Kanzleien, bis ins letzte Viertel des 14. Jhs. hinein am Lat. fest. Dominiert im Handlungsbuch des Hamburgers Vicko von Geldersen (1367—1392) noch das Lat., so sind die Handlungsbücher des in Brügge lebenden Kaufmanns Hildebrand Veckinchusen von ihm selbst in nd. Sprache abgefaßt. Die Geschäftskorrespondenz im Kaufmannsarchiv des Hildebrand Veckinchusen mit auf Nd. geschriebenen Briefen der Partner in Lübeck, Danzig, Köln und Mainz zeigt, daß um 1400 auch die Kaufmannstöchter Lesen und Schreiben lernten.

Noch vor 1400 kam ein neuer Schultyp auf, die *dudesche scryffschole*. In ihr wurde der angehende Kaufmann auf seinen künftigen Beruf vorbereitet, er lernte Lesen und Schreiben des Nd., das Abfassen volkssprachiger Verträge und Briefe sowie Rechnen und die Kenntnis der Münzen, Maße und Gewichte. In der Volkssprachigkeit liegt etwas entscheidend Neues gegenüber dem überkommenen Schulwesen. Fortan standen im Schulwesen der Hansestädte städtische Lateinschulen und dt. Schreib- und Leseschulen nebeneinander. Daneben gab es noch private Schulen, die gewöhnlich nur die Anfänge des Elementarwissens in nd. Sprache vermittelten.

Erst in der zweiten Hälfte des 14. Jhs. hat sich in der Schriftlichkeit das Mnd. ganz durchgesetzt. Es ist und bleibt, anders als das Mhd. und das Frnhd., vorwiegend Sprache des Rechts, der Verwaltung, des Handels, der Geschichtsschreibung und der Erbauung (Bischoff 1983, 99).

2.7. Mittelniederdeutsche Schreibsprachen des 13. und 14. Jahrhunderts

Geschriebenes Nd. existierte im 13. und 14. Jh. in der Form regionaler Schreibsprachen. Der Ausbau regionaler Schreibsprachen begann in Ostfalen in der ersten Hälfte des 13. Jhs. Seit der Mitte dieses Jhs. bildeten sie sich im Norden, vor 1300 auch im Westen des nd. Sprachgebiets aus (Meier/Möhn 1989 a, 430).

Die regionalen Schreibsprachen sind geprägt durch die Kanzleien der Landesherren und der wichtigsten Städte. Die Schreibsprache einer Stadt bzw. Region ist nicht mit der in ihr gesprochenen Sprache, der Mundart, identisch. Besonders in der Anfangszeit ist mit schreibsprachlichem Einfluß aus der Gegend zu rechnen, aus der die volkssprachige Schriftlichkeit übernommen wurde. Es kommt zu Mischungsprozessen von Fremdem bzw. Früherem und Eigenem. Die „Sprache anderer und Früherer" (Bischoff 1981, 5) trifft auf die eigene Sprache einer Stadt und geht mit dieser eine Mischung ein. In den Übergangszonen zwischen den Schreibsprachen gibt es in der Regel Mischbereiche, in denen zwei oder mehr Formen miteinander konkurrieren (Goossens 1983, 64). Das mnd. Schreibsprachenareal bildet ein Kontinuum. Jede der regionalen Schreibsprachen weist eine für sie typische Kombination sprachlicher Varianten auf.

Die Benennung der spätmittelalterlichen Schreibsprachlandschaften entspricht weitgehend der der modernen Dialektareale. Die obere und mittlere Weser trennt das *Westfälische* vom *Ostfälischen*. Westf. Schreibzentren sind Dortmund, Soest, Münster, Osnabrück, Lemgo, Herford und Paderborn. Im Grenzbereich von West- und Ostfalen liegt Minden. Ofäl. Schreibzentren sind Hannover,

Hildesheim, Braunschweig, Goslar und Göttingen. An den Rändern dieser Schreibsprachlandschaften haben sich Schreibsprachen mit erkennbar eigenen Zügen herausgebildet: am Westrand des Westf. das *Ijsselländische*, das zwischen dem Nl. und dem Nd. steht (vgl. 3.3.), und am Ostrand des Ofäl. das *Elbofäl.*, das Gebiet an der mittleren Elbe und der unteren Saale mit den Zentren Magdeburg und Halle. In der Sprache dieser Landschaft schreibt Eike von Repgow. Der Südteil des Elbofäl. geht im Laufe der mnd. Zeit zum Md. über (siehe 3.4.).

Die Schreibsprachen in den Küstenregionen von Nord- und Ostsee werden *nordniederdeutsch* genannt. Das Nordnd. kann in vier Gruppen unterteilt werden. Im *Groningisch-Ostfriesischen* gilt ein nordwestlicher Typus, für den nl. und westf. Einflüsse charakteristisch sind. Die wichtigsten Schreiborte des *Nordniedersächsischen*, zwischen dem Oldenburgischen und der Elbe gelegen, sind Oldenburg, Bremen, Stade, Hamburg und Lüneburg. Die Schreibsprache im Neuland jenseits der Elbe, in Ostholstein, Mecklenburg, Pommern, der Altmark, der nördlichen Mark Brandenburg und Preußen, wird *ostelbisch* genannt. Die Schreibzentren des Ostelbischen sind die Städte an der südlichen Ostseeküste, voran Lübeck.

Auch das im Baltikum − Schreibzentren: Riga und Reval −, im gotländischen Visby und in Nowgorod geschriebene Mnd. kann wegen seines ostelb. Grundcharakters zum Nordnd. gestellt werden; die balt. Variante des Mnd. ist, besonders im 14. Jh., durch eine Reihe westf. Merkmale gekennzeichnet.

Innerhalb des nd. Neulandes hat das *Südmärkische* eine sprachliche Sonderstellung inne. Die Herkunft der Siedler vor allem aus den Niederlanden bewirkt, daß eine Mundart auf vorwiegend nl. Grundlage entsteht. Die smk. Schreibsprache − als Schreiborte sind Berlin und Zerbst zu nennen − weist nl., daneben jedoch auch ofäl. und elbofäl. Kennzeichen auf.

2.8. Die Entstehung der „lübischen Ausgleichssprache"

Eine der regionalen nd. Schreibsprachen des 13./14. Jhs., das zum Ostelbischen gehörende Lübische, erlangt für das hansische Schriftwesen besondere Bedeutung, es steigt zu einer überregionalen Geschäfts- und Verkehrssprache auf (hierzu Art. 108). Das liegt in den neuen ökonomischen Verhältnissen, die sich im Laufe des 13. Jhs. im Ostseeraum entwik-

kelt haben, begründet. Das 1158 neu gegründete Lübeck erlangt die wirtschaftliche und politische Führung des Hansebundes.

In der Frühzeit Lübecks ist mit einem Nebeneinander verschiedener altländischer Mundarten zu rechnen. Das Zusammenleben in der Stadt führt im Verlauf des 13. Jhs. zu einem innerstädtischen Ausgleich, es entsteht eine städtische Umgangssprache. Es ist anzunehmen, daß sich relativ früh innerhalb der hansischen Gemeinschaft, unter den Fernhandelskaufleuten im Ostseeraum, eine lübisch geprägte mündliche hansische Handels- und Verkehrssprache entwickelt hat (Bischoff 1962; Peters 1989).

Für die frühe lübische Schreibsprache ist zweierlei charakteristisch: Zum einen die weitgehende Übereinstimmung der lübischen mit den nnsächs. Kennwörtern − in vielen Fällen bildet die lübische eine Fortsetzung der nnsächs. Schreibsprache des Altlandes −, zum anderen ist sie gegenüber dem Nnsächs. durch die größere Zahl an sprachlichen Doppelformen, die durch die Siedlungsgeschichte bedingt ist, gekennzeichnet (Peters 1988).

2.9. Das „klassische" Mittelniederdeutsch

Für die Zeit vor und um 1400 ist in den nd. Regionalsprachen der Abbau einer in der ersten Phase der Überlieferung vorhandenen Variantenvielfalt zu beobachten. Infolge des Abbaus und der Ersetzung frühmnd. Varianten wird eine gewisse Konsolidierung des Schreibgebrauchs erreicht. Es bildet sich ein innerörtlicher Schreibusus, eine Art innerstädtische Norm auf regionaler Grundlage heraus (Fedders 1990, 63). Der innerstädtische Usus ist jeweils durch eine bestimmte örtliche Variantenkombination charakterisiert. In der älteren Forschung wurde dieser Vorgang als Ausbreitung einer „lübischen Norm" gewertet. Doch erfolgt die Konsolidierung der nd. Stadt- und Regionalsprachen seit der zweiten Hälfte des 14. Jhs. aufgrund regionaler Ausgleichsprozesse, wobei die Areale im Norden des Sprachraums großräumig, im Süden eher kleinräumig sind. Es finden sich im 15. Jh. allerdings auch Ansätze zu gesamtsprachlichem Ausgleich: Im ganzen nd. Altland, das von Haus aus den Einheitspl. der Verben auf -*et* bildet, setzt sich von Osten her in der geschriebenen Sprache der Einheitspl. auf -*en* durch. Die Pronominalform *uns* verdrängt, von Westfalen ausgehend, die nasallose Form *us*. In ofäl. Texten des 15. und 16. Jhs. fällt die Neigung auf, die ofäl. Formen *mik/mek* und *dik/dek* zugunsten der im übrigen Mnd. geltenden Varianten *mi* bzw. *di* zu vermeiden (Blume 1996, 548).

Um 1370 geht das Schriftwesen der Hanse − sie steht 1370 beim Frieden von Stralsund auf der Höhe ihrer Macht − zum Nd. über. Da Lübeck die politisch wie ökonomisch führende Stadt des Hansebundes ist, die seine Leitung zwischen den Hansetagen innehat, wird ein großer Teil des hansischen Schriftverkehrs von den Schreibern der Lübecker Ratskanzlei abgewickelt. Nach dem Übergang dieser Kanzlei zum Nd. werden nun die hier geschriebenen hansischen Texte − Verträge, Städtekorrespondenz, Rezesse − in lübischem Mnd. abgefaßt (zur Sprache der Hanse vgl. auch Art. 108 sowie Sanders 1983).

Seit dem letzten Drittel des 14. Jhs. bildet sich in Lübeck ein festerer Schreibusus heraus. Die Grundlage dieser Schreibsprache ist eindeutig nordnd. Für die Zeit um 1400 ist eine Abnahme der Varianten festzustellen. Durch ihre Bedeutung für den hansischen Schriftverkehr steigt die Schreibsprache Lübecks zu überregionaler Bedeutung auf, sie wird zum Kommunikationsmittel im Nord- und Ostseeraum. Auch die Rechtsverhältnisse tragen zu einem Sprachausgleich auf lübischer Grundlage bei: Lübeck erteilt als Oberhof den Ostseestädten Rechtsauskunft.

Ausgestattet mit dem Sozialprestige der hansischen Verkehrssprache, gelten die Formen der Lübecker Ratskanzlei im Ost- und Nordseeraum als vorbildhaft. Im nordnd. Bereich passen sich die Kanzleien um und nach 1400 lübischen Varianten an. Im Süden des nd. Sprachraums kommt es zu kleinräumigeren regionalen Normierungsansätzen. Auch die westf., ofäl. und smk. Schreibsprachen bilden örtliche Schreibtraditionen auf regionaler Grundlage aus. In den 60er Jahren des 14. Jhs. ist sowohl in Herford als auch in Lemgo der Abbau einer Reihe von Varianten zu konstatieren (Fedders 1990, 65). In Osnabrück gelten bei einigen Variablen in frühmnd. Zeit eine westf. und eine nnsächs. Variante nebeneinander. Beim schon vor 1370 einsetzenden Variantenabbau wird ein Ausgleich zur konstanten Verwendung der westf. Variante durchgeführt (Weber 1987, 158).

Die märkischen Städte werden schon seit der Mitte des 15. Jhs. durch die Politik ihrer Landesherren aus den hansischen Zusammenhängen herausgelöst.

Das 15. Jh. gilt als die Zeit des *klassischen Mnd.*, als *mnd. Blütezeit*. Von der Masse der Bevölkerung werden die örtlichen Mundarten gesprochen; in den größeren Städten gibt es

sicherlich eine von den Oberschichten gesprochene städtische Umgangssprache. In den Städten des Ostens hat die Existenz slaw. Sprache und damit auch die nd.-slaw. Zweisprachigkeit stark abgenommen.

Das geschriebene Nd. ist im 15. Jh. im Nord- und Ostseeraum nach lübischem Vorbild ansatzweise normiert. Im südnd. Bereich kommt es zu kleinräumigen Konsolidierungen. Der nd. Sprachausbau ist weit fortgeschritten. Infolge der Entwicklung des städtischen Schulwesens, des Aufkommens der *dudeschen scryffscholen* und privater Schulen, breitet sich die Alphabetisierung in weitere städtische Schichten aus.

Im letzten Drittel des 15. Jhs. erreicht der Buchdruck den nd. Sprachraum (zum folgenden vgl. Gesenhoff/Reck 1985, 1282−1287). In der „mnd. Blütezeit", bis etwa 1520 also, sind die Druckorte überwiegend im nordnd. und ofäl. Raum zu finden. Von der Anzahl der Offizinen und der Drucker her ist Lübeck der bedeutendste Druckort. Hier erscheint um 1473 der älteste erhaltene Druck in nd. Sprache, ein Psalter. Bemerkenswert ist der hohe Anteil volkssprachiger Drucke schon in vorreformatorischer Zeit. Das Zahlenverhältnis zwischen mnd. und lat. Drucken beträgt etwa 2 : 1 (Menke 1993, 306). Nach Lübeck folgen dann mit Abstand Magdeburg, Rostock und Braunschweig. In Magdeburg setzt der nd. Buchdruck 1479 ein. In Rostock beginnen um 1475 die Brüder vom gemeinsamen Leben zu drucken. Am Westrand ist Deventer ein bedeutendes Druckzentrum. Auch in Köln erscheinen Drucke in nd. Sprache (Beckers 1989). Die Nähe zu Deventer und Köln erklärt es wohl, daß in Westfalen in diesem Zeitraum kaum gedruckt wird.

Der Buchdruck dient weitgehend der Verbreitung religiös-erbaulicher Literatur. Im vorreformatorischen Lübeck wird der Buchdruck vor allem von den Reformorden/Beginen genutzt, um die Menschen, insbesondere die Führungsgruppen der Stadt, in der Volkssprache erbaulich zu belehren (Menke 1993, 310).

3. Der Sprachraum

Ein wesentliches Merkmal der mnd. Sprachgeschichte ist die gegenüber der and. Periode erhebliche räumliche Ausweitung des Sprachgebiets. Nach Osten, Norden und Nordwesten ist der Geltungsbereich des Nd. stark erweitert, nach Südwesten und Südosten hin dagegen etwas eingeschränkt. Schwierigkei-

ten bereitet die Abgrenzung des Mnd. nach
Westen, zum Mnl. hin. Nach Osten, Norden
und Süden hin ist das Mnd. mit Hilfe des
Kriteriums der Bruchstelle eindeutig zu definieren (Goossens 1977, 39).

3.1. Ausdehnung nach Osten

Zwischen dem Mnd. und seinen östlichen
Nachbarsprachen gibt es eine Sprachgrenze
ersten Grades: Das Mnd. und die angrenzenden slaw. und balt. Sprachen haben eine ganz
verschiedene Sprachstruktur.

In and. Zeit verlief die nd.-slaw. Sprachgrenze von der Kieler Förde südwärts zur
Saalemündung. Als Folge der Ostkolonisation des 12. bis 14. Jhs. entsteht das ostnd.
Sprachareal (s. 2.1.). Die Mundarträume des
Ostnd. sind das Meckl.-Vpom., das Mittel-
pom., das Opom., das Npr. und das Märk.
Der Übergang des ostseeslaw. Gebiets zum
Nd. ist zum einen das Ergebnis der Siedlung,
zum anderen die Folge des Sprachenwechsels
der slaw. Bevölkerung. Die Verdrängung des
Ostseeslaw. erfolgt nicht abrupt; zwar ist in
den meisten Gegenden der Sprachenwechsel
bis etwa 1400 abgeschlossen, doch hält sich
das Slaw. in abgelegenen Gegenden bedeutend länger: In Mecklenburg ist es in der Ja-
belheide noch für das Jahr 1521 bezeugt, und
Reste des Dravänopolab. sind im Hannover-
schen Wendland bis in die erste Hälfte des 18.
Jhs. nachzuweisen. Es ist also regional unterschiedlich lange mit einem Nebeneinander
von Nd. und Ostseeslaw. zu rechnen (Sanders
1983, 992). In dem Teil des preußischen Gebietes, der zum npr. Mnd. übergeht, ist entsprechend von einem jahrhundertelangen Nebeneinander von Npr. und balt. Preußisch
auszugehen. Das balt. Altpr. ist erst im 17.
Jh. ausgestorben.

Im Baltikum fehlt eine nd.sprachige bäuerliche Bevölkerung. Das balt. Mnd. ist die gesprochene und geschriebene Sprache des Bürgertums und des Landadels. Ein Sprachenwechsel der einheimischen Bevölkerung findet kaum statt. Das Mnd. überdacht im Baltikum das Kurische, Lettische, Livische und
Estnische.

Der Deutsche Orden verwendet zwei
Schreibsprachen. Der livländische Zweig
schreibt mnd., der preußische Zweig omd.
Auch die preußischen Hansestädte Kulm,
Thorn, Königsberg und Braunsberg schreiben omd. Bei Kulm und Thorn stimmt die
geschriebene Sprache mit der Mundart der
Umgebung überein, nicht jedoch im Falle
von Braunsberg und Königsberg, deren Um-

gebung nd. spricht. Die Kanzlei der Stadt Elbing ist zweisprachig, nd. und omd. Die Dan-
ziger Ordenskanzlei schreibt omd., die Ratskanzlei mnd. im inneren wie im hansischen
Verkehr, aber an den Orden omd. An die
obersten Behörden des Ordensstaates, die ihren Sitz in Preußen haben, besonders an den
Hochmeister in der Marienburg, später in
Königsberg, schreibt auch der livländische
Zweig gewöhnlich omd.

3.2. Ausdehnung nach Norden

Nach Norden und Nordwesten hin gibt es
zwischen dem Mnd. auf der einen und dem
Nordgerm. und dem Fries. auf der anderen
Seite eine Sprachgrenze zweiten Grades, eine
Grenze zwischen Sprachen genetisch gleichen
Ursprungs (Goossens 1977, 53 f.).

Im dänischen Herzogtum Schleswig findet
ein Sprachenwechsel vom Südjütischen zum
Nd. statt. Seit dem 15. Jh. verlagert sich die
nd.-dän. Sprachgrenze von der Eider nach
Norden bis zu einer Linie Husum—Schleswig—Schlei. Nördlich dieser Linie setzt in der
gesprochenen Sprache der Wechsel erst in
nachmnd. Zeit, etwa gegen 1800, ein.

Räumliche Gewinne erzielt das Mnd. auch
auf Kosten des Fries., und zwar sowohl des
Nord- wie auch des Ostfries. In Nordfriesland geht die Halbinsel Eiderstedt zum Nd.
über, in der Schreibsprache im 15., in der
Sprechsprache im 16./17. Jh.

In Ostfriesland, dem Gebiet zwischen Lauwers und Weser, setzt der Schreibsprachenwechsel bereits im 14. Jh. ein. Die Urkundensprache geht vom Lat. direkt zum Mnd. über;
Urkunden in fries. Sprache sind nur aus dem
westfries. Raum überliefert. Die erste mnd.
Urkunde Ostfrieslands stammt aus dem Jahr
1379. Wohl entstehen zwischen 1250 und
1450 afries. Rechtsaufzeichnungen, doch erfolgt seit der zweiten Hälfte des 15. Jhs. in
den Rechtstexten der Übergang vom Fries.
zum Mnd. Zunächst beschränkt sich der
Sprachenwechsel auf die geschriebene Sprache und auf die Sprechsprache der Oberschicht; seit dem 16. Jh. sterben dann auch
die fries. Mundarten aus. Ein Reliktgebiet des
Ostfries. bildet das Saterland, in dem es sich
in drei Gemeinden bis heute erhalten hat.

Besonders hervorzuheben ist die Rolle der
drentisch-sächsischen Hansestadt Groningen.
Um die Mitte des 15. Jhs. gewann die Stadt
die politische und wirtschaftliche Kontrolle
über die fries. Gaue zwischen Lauwers und
Ems, die sog. *Ommelanden*. Von Groningen
aus breitet sich ein nordwestlicher Schreibtyp

über die Ommelanden und das südwestliche Ostfriesland aus, während der Nordosten von Bremen und Oldenburg her erfaßt wird.

3.3. Die Südgrenze

Das Mnd. bildet mit dem Mnl. und dem Nhd./Frnhd. die Gruppe der kontinental-wgerm. Schreibsprachen. Dieser Schreibsprachenraum kann anhand des Kriteriums der zweiten Lautverschiebung in ein südliches (hd.) und ein nördliches (nl./nd.) Gebiet unterteilt werden. Die Nordgrenze der hd. Lautverschiebung, die Benrather Linie, bildet die Grenze zwischen dem hd. und dem nl./nd. Schreibsprachenareal. Die Lautverschiebungs-grenze verlief südwestlich Wuppertal—Olpe, über den Kamm des Rothaargebirges, dann nördlich Kassel und Nordhausen und erreichte bei Merseburg die Saale. Das Gebiet östlich der unteren Saale, um Halle, Köthen und Aken, war schon vor Beginn der eigentlichen Ostsiedlung nd. geworden und gehörte mit zur elbofäl. Sprachlandschaft. Im Gebiet von Harz, Saale und Elbe hat sich die Lautverschiebungsgrenze zwischen dem 15. und dem 17. Jh. nach Norden verschoben, sie verlief um 1900 von Ballenstedt über Staßfurt und Calbe zur Saalemündung, dann an der Elbe weiter nach Osten.

Das südliche elbofäl. Gebiet, das in intensivem wirtschaftlichen und kulturellen Kontakt zum südlich angrenzenden omd. Sprach- und Wirtschaftsgebiet stand, vollzog zwischen 1350 und 1450 einen Wechsel in der Schreibsprache, danach auch in der Sprechsprache vom Nd. zum Omd. Betroffen von diesem Sprachenwechsel ist sowohl ein Gebiet des Altlandes um Eisleben—Merseburg als auch das Gebiet um Halle—Köthen—Wittenberg, das erst zwei bis drei Jahrhunderte früher vom Slaw. zum Mnd. übergegangen war. In Merseburger und Wittenberger Urkunden setzt das Omd. um die Mitte, in Eisleben in der zweiten Hälfte, bei den Grafen von Mansfeld im letzten Drittel des 14. Jhs. ein, in den Akener und Hallischen Schöffenbüchern findet der Wechsel 1394 bzw. 1417 statt. Im Bereich der gesprochenen Sprache gehen zunächst nur die führenden Kreise zum Md. über. In der zweiten Hälfte des 15. Jhs. spricht in Halle die Oberschicht hd., die unteren Schichten noch nd. Mundart. Aus dem Ende des 15. Jhs. ist die Mitteilung des hallischen Ratsherrn Marcus Spittendorf überliefert, 1477 sei der Ratsherr Karl Hedrich an Stelle des eigentlich zuständigen Ratsmitglieds vom Rat dazu ausersehen worden, zur

hallischen Bevölkerung zu sprechen, *wenn er wuste und kunde wol reden uff sechsisch.* Die Masse der Bevölkerung bleibt noch lange, teilweise bis ins 17. Jh., beim Nd. Luther, der bis zu seinem fünfzehnten Lebensjahr in Mansfeld lebte, wird hier in einer nd. sprechenden Umwelt aufgewachsen sein (Bischoff 1957, 39ff.).

3.4. Die Westgrenze

Die Abgrenzung des mnd. Sprachraums nach Westen hin bereitet Probleme. Eine Grenzziehung mit Hilfe des Kriteriums der Bruchstelle ist hier nicht möglich. Zwischen Flandern—Holland auf der einen und dem Baltikum auf der anderen Seite gibt es ein Kontinuum miteinander verwandter regionaler Schreibsprachen. Im nordnl.-westnd. Schreibsprachenareal sind dies das Holländisch-Utrechtsche, das Geldrisch-Kleverländische, das Nord- und Südwestf., das Nnsächs. und das Ofäl. Zwischen den Schreibsprachen gibt es allmähliche Übergänge; eine strukturelle Sprachgrenze zwischen Nl. und Nd. ist, anders als zwischen Nd. und Hd., nicht vorhanden (Peters 1984, 55; Goossens 1994, 82). Innerhalb des nordnl.-westnd. Kontinuums bilden das Geldrisch-Kleverländische und das Westf. Übergangsgebiete zwischen dem Holländischen und dem Mnd. östlich der Weser. Doch ist davon auszugehen, daß das Geldrisch-Kleverländische mehr westlich, also nl., das Westf. dagegen mehr östlich, also nd., geprägt ist. Wenn auf eine Abgrenzung zwischen dem Mnl. und dem Mnd. nicht verzichtet werden soll, ist die Grenzziehung zwischen dem Geldrisch-Kleverländischen und dem Westf. vorzunehmen (Peters 1984, 55). Eine eindeutige Grenzziehung zwischen beiden ist nicht möglich: Sowohl im Süden als auch im Norden des sächs.-frk. Übergangsstreifens gibt es Mischareale, bei denen der Versuch der Zuordnung zum Mnl. bzw. zum Mnd. als müßig erscheint.

Als Grenze des And. gegenüber dem Anl. gilt die Westgrenze des asächs. Einheitspls. der Verben im Präs. Ind. auf -t, die sog. Rhein—Ijssel-Linie. Sie verlief ungefähr westlich Zwolle, Zutphen, Bocholt, Essen, Wuppertal, Wipperfürth und stieß dann auf die Benrather Linie. In ihrem südlichen Abschnitt, zwischen Duisburg und Drolshagen, verlagerte sich die Rhein—Ijssel-Linie im 14. Jh. etwa zwölf Kilometer nach Osten. Der Streifen zwischen der heutigen Westgrenze des Duals und der des Einheitspls. auf -t bildet ein Mischareal zwischen dem Mnl. und dem Mnd.

Eindeutig ist die Zuordnung zum Mnl. bzw. Mnd. im mittleren Abschnitt der Rhein–Ijssel-Linie, zwischen Wesel (nl.) und Bocholt (nd.). Nördlich von Emmerich–Bocholt erweist sich eine Grenzziehung zwischen dem Mnl. und dem Mnd. wieder als unmöglich. Im Raum zwischen der Veluwe und der Ems, zwischen Niederrhein und Groningen, erstreckt sich eine ausgedehnte schreibsprachliche Übergangszone. Hier werden sächs. (nd.) Mundarten von einer stark nl. beeinflußten Schreibsprache überdacht. Die politische Zugehörigkeit zum Bistum Utrecht und das Vorbild des dortigen Schreibwesens bewirken von Anfang an in der Schreibsprache einen starken nl. Einfluß; nl. Merkmale greifen nach Osten über die Ijssel hinaus. Die Schreibsprache der Ijsselstädte ist sprachtypologisch zwischen dem Mnl. und dem Westf. anzusiedeln. Es empfiehlt sich für sie wegen ihres durchaus eigensprachlichen Charakters eine eigene Benennung, etwa der Terminus *ijsselländisch*. Größere Bedeutung erhält diese Schreibsprache seit Beginn des 15. Jhs., als in Deventer und Zwolle eine religiöse Erneuerungsbewegung, die Devotio moderna, entsteht. Ihre Vertreter verwenden in ihren volkssprachigen Schriften eine Literatursprache, die auf der Schreibsprache der Ijsselstädte fußt. Noch nicht untersucht sind die Drucksprachen des 15./16. Jhs. aus Deventer, Zwolle und Kampen. Im 17. Jh. wurde das Ijsselländische vom Nl. verdrängt.

Die spätmittelalterlich-frühneuzeitliche Sprechsprache im Gebiet östlich der Ijssel-Linie kann zum mnd. Sprachraum gerechnet werden.

3.5. Mittelniederdeutsch als übernationale Verkehrssprache

Auch außerhalb des hier skizzierten Sprachraums wurde das Mnd. als schriftliches und mündliches Kommunikationsmittel verwandt. Das Mnd. erfüllte im überwiegenden Teil des hansischen Verkehrs- und Wirtschaftsraums – von London und Brügge im Westen, Bergen im Norden und Nowgorod im Osten – die Funktion einer übernationalen Handels- und Verkehrssprache. Außerhalb des eigentlichen nd. Sprachraums sind Schriftzeugnisse in mnd. Sprache aus den skandinavischen Ländern Dänemark, Schweden und Norwegen (Bergen), aus Finnland, den Niederlanden (Brügge), England (London) und Rußland (Nowgorod) überliefert.

Um 1190 ließen sich die ersten Deutschen auf Dauer in Visby auf Gotland nieder. Neben einer skand. bildete sich eine dt. Siedlung, deren Bürger überwiegend aus Westfalen und dem Rheinland stammten. Die beiden Siedlungen verschmolzen im 14. Jh. zu einer Stadt mit dt. Mehrheit und skand. Minderheit.

Im Rußlandhandel folgten die nd. Kaufleute den gotländischen Bauernkaufleuten nach Nowgorod. Hier erwarben sie eine eigene Niederlassung, den Peterhof. In ihm lebten sie als Sommerfahrer bis zum Herbst und als Winterfahrer bis zum Frühjahr einige Monate lang zusammen. Nd. gesprochen und geschrieben wurde schließlich auch in den drei übrigen hansischen Kontoren, der dt. Brücke in Bergen, dem Stalhof in London und in Brügge.

Daneben war das Mnd. vor allem in den skand. Ländern Dänemark und Schweden verbreitet. Durch Einwanderung norddeutscher Kaufleute und Handwerker seit der Mitte des 13. Jhs. entstanden in dänischen und schwedischen Städten, insbesondere in Kopenhagen und Stockholm, nd. sprachige Bevölkerungsgruppen. Ebenso wie im Baltikum fehlte auch in Skandinavien bäuerliche nd. Siedlung. Die nd. Sprache der Einwanderer und das Prestige der mnd. Verkehrssprache bewirkten, daß in Dänemark und Schweden die Oberschicht – der Hof, große Teile des Adels und des Bürgertums – nd. sprachig oder zweisprachig wurde. Für Stockholm ist eine große Gruppe Zweisprachiger anzunehmen (Moberg 1989, 259). In der Flensburger Kanzlei wurde um 1400 das Lat. vom Mnd. abgelöst. Auch in der dänischen Königskanzlei wurden nd. Urkunden ausgestellt. Nd. war in beiden Ländern eine Art übernationale Verkehrssprache. Das Mnd. hat auf sämtliche Sprachebenen des Schwed., Dän. und Norw. tiefgreifend eingewirkt. Bei der Vermittlung mnd. Wörter, Wortbildungsmuster und syntaktischer Strukturen werden Zweisprachige eine wichtige Rolle gespielt haben.

Der Raum, aus dem mnd. Sprachäußerungen überliefert sind, kann in verschiedene Problemgebiete aufgeteilt werden (Peters 1984, 56f.):

1. Im nd. Altland fußt das Mnd. auf and. Grundlage.
2. Die Ijsselstädte: Im Gebiet der heutigen östlichen Niederlande wird nd. Mundart von einer stark nl. beeinflußten Schreibsprache überdacht.
3. Im Ostteil des Bergischen Landes geht ein schmaler Streifen vom -*t*- zum -*en*-Pl. über.

4. Das südliche Elbostfalen geht zuerst in der Schreibsprache, dann auch in der Mundart zum Omd. über. Es ist zu unterscheiden zwischen

4.a. dem Teil westlich der Saale, der zum nd. Altland gehörte, und

4.b. dem Teil östlich der Saale, der erst vom Slaw. zum Mnd. und dann vom Mnd. zum Omd. übergeht.

5. Das nd. Neuland (Mecklenburg, Pommern, Mark): In der gesprochenen Sprache ist lange mit einem Nebeneinander von Nd. und Ostseeslaw. zu rechnen.

6. Das npr. Gebiet: In der Sprechsprache konkurrieren Preußisch und Nd. Die Schreibsprache ist omd., mit Ausnahme von

6.a. Danzig und Elbing, die omd. und mnd. schreiben.

7. Im Baltikum überlagert die mnd. Schreib- und mündliche Verkehrssprache die Mundarten der einheimischen Bevölkerung.

8. In den skand. Städten ist ein Teil der Bevölkerung zweisprachig.

9. Südschleswig bis zur Schlei geht zum Mnd. über.

10. In Nordfriesland wechselt die Halbinsel Eiderstedt zum Mnd.

11. Friesland zwischen Lauwers und Weser gibt die fries. Sprache auf.

11.a. In den Groninger Ommelanden und im südwestlichen Ostfriesland wird das Fries. durch den ostnl.,

11.b. im nordöstlichen Ostfriesland durch den nnsächs. Sprachtyp ersetzt.

Die Betrachtung der elf Problemgebiete zeigt, daß in Teilen des mnd. Sprachraums Zwei- bzw. Mehrsprachigkeit existiert. Es gibt Sprachenwechsel zum Mnd. hin und vom Mnd. weg. Auch hat der mnd. Sprachraum je nach der untersuchten Sprachschicht eine andere Ausdehnung.

Die räumliche und die sozialschichtige Differenziertheit des mnd. Sprachraums soll anhand einer Tabelle und einer Karte veranschaulicht werden. In der Tabelle wird für das jeweilige Problemgebiet ein Sprachsystem aufgestellt, das aus den Schichten (bäuerliche) Mundart, (städtische) Umgangssprache (der Oberschichten) und Schreibsprache besteht. Sprachenwechsel wird durch das Symbol →, das Nebeneinander zweier Sprachen durch das Symbol + dargestellt.

Varietät/Sprache Gebiete	Schreibsprache	Umgangssprache	Mundart
1 Altland	nd.	nd.	nd.
2 Ijsselstädte	nl.-nd. Mischsprache	nl.-nd. Mischsprache	nd.
3 Ostteil des Bergischen Landes	nl.-nd. Mischsprache	nl.-nd. Mischsprache	nd. → nl.-nd. Mischsprache
4 südl. Elbostfalen 4a Altland 4b Neuland	 nd. → ostmd. nd. → ostmd.	 nd. → ostmd. nd. → ostmd.	 nd. slaw. → nd.
5 Neuland (Mecklenburg, Pommern, Mark)	nd.	nd.	slaw. + → nd.
6 Preußen (niederpreuß. Gebiet) 6a Danzig, Elbing	ostmd. nd. + ostmd.	nd. nd.	altpreußisch + → nd. nd.
7 Baltikum	nd.	nd.	kurisch, lettisch, livisch, estnisch
8 skand. Städte	skand. + nd.	skand. + nd.	skand.
9 Südschleswig	nd.	nd.	jütisch + → nd.
10 Nordfriesland	altfries. → nd.	altfries. → nd.	altfries. + → nd.
11 Ostfriesland 11a Ommelanden	 altfries. → nl.-nd. Mischsprache	 altfries. → nl.-nd. Mischsprache	 altfries. + → nd.
11b zwischen Ems und Weser	altfries. → nd.	altfries. → nd.	altfries. + → nd.

Abb. 99.1: Die räumliche und sozialschichtige Differenziertheit des mittelniederdeutschen Sprachraumes

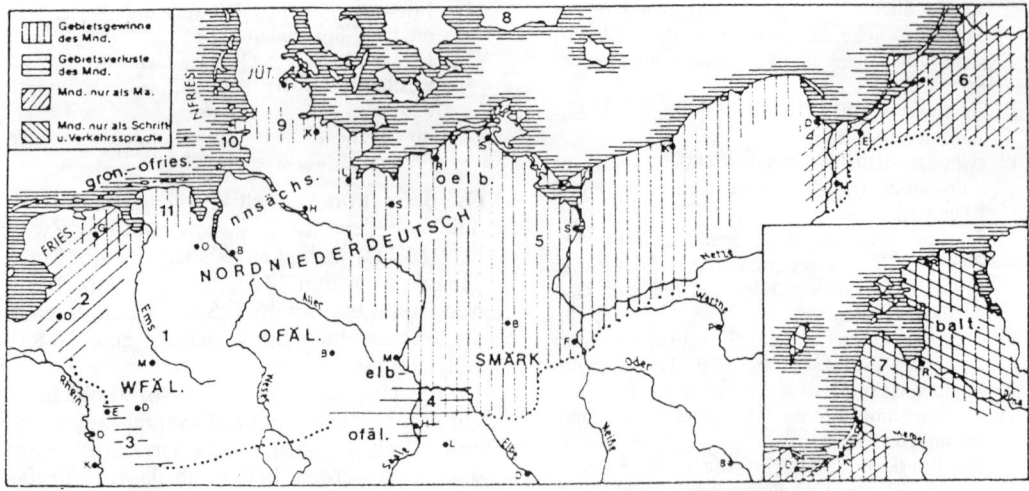

Karte 99.1: Der mittelniederdeutsche Sprachraum

Sprachenwechsel:

→ Mnd. 4b, 5, 6, 7, 8, 9, 10, 11
← Mnd. 3, 4a, 4b

Sozialschichtigkeit:

Nd. nur als Mundart 2, 5, 11a
Nd. nur als Schreib- und Verkehrssprache 7, 8

4. Der Zeitraum

Die mnd. Sprachperiode reicht vom Neuein-
setzen schriftlicher nd. Überlieferung zu Beginn des 13. Jhs. bis zum Abschluß des Ersetzungsprozesses der nd. Schreibsprachen
durch das Frnhd. in der Mitte des 17. Jhs.,
also ungefähr von 1200 bis 1650. Der Zeitraum des Mnd. umfaßt das späte Mittelalter
und die frühe Neuzeit; damit steht das Mnd.
zeitlich und sprachsoziologisch nicht dem
Mhd., sondern dem Frnhd. nahe.

Das Mnd. kann in drei Zeitabschnitte unterteilt werden, das Frühmnd., das klassische
Mnd. und das Spätmnd. Das Frühmnd. im
13. und dem größeren Teil des 14. Jhs.
(1200−1370) ist eine Sammelbezeichnung für
mehrere regionale Schreibsprachen mit geringem Vereinheitlichungsgrad, die allmählich
das Lat. als Schreibsprache ablösen. Inner-
sowie außersprachliche Gründe lassen es gerechtfertigt erscheinen, um 1370 eine zeitliche
Grenze zu ziehen: In den Schreibsprachen
bildet sich ein festerer Schreibusus auf regionaler Grundlage; regionale Ausgleichsprozesse verlaufen im Norden des Sprachgebiets
großräumiger als im Süden. Um 1370 geht
die Hanse zum Gebrauch des Mnd. über. Die

Zeit des klassischen Mnd. reicht etwa vom
Ende des 14. Jhs. bis 1520/30. Als schriftliche
wie mündliche Verkehrssprache im Ost- und
Nordseeraum hat das Nordnd. in dieser Periode übernationale Geltung. Das Spätmnd.
(1520/30−1630/50) konkurriert mit dem
Frnhd. Bei stetigen Verlusten schriftsprachlicher Funktionen setzt es bestimmte Verein-
heitlichungsprozesse fort. In der Mitte des 17.
Jhs. ist der mnd.-frnhd. Schreibsprachenwechsel abgeschlossen.

5. Literatur (in Auswahl)

Beckers, Hartmut, Zum Wandel der Erscheinungsformen der deutschen Schreib- und Literatursprache Norddeutschlands im ausgehenden Hoch- und
beginnenden Spätmittelalter (rund 1170−rund
1350). In: NdW 22, 1982, 1−39.

Ders., Die Zurückdrängung des Ripuarischen, Nie-
derdeutschen und Niederländischen durch das
Hochdeutsche im Kölner Buchdruck nach 1500.
In: NdJb. 112, 1989, 43−72.

Bischoff, Karl, Zur Sprache des Sachsenspiegels
von Eike von Repgow. In: ZMF 19, 1943/44, 1−80.

Ders., Zur Geschichte des Niederdeutschen südlich
der ik/ich-Linie zwischen Harz und Saale. Berlin
1957. (SbSächsA 102, H. 6).

Ders., Über die Grundlagen der mittelniederdeutschen Schriftsprache. In: NdJb. 85, 1962, 9−31.

Ders., Mittelalterliche Überlieferung und Sprach-
und Siedlungsgeschichte im Ostniederdeutschen.
Mainz/Wiesbaden 1966. (AWMainz 1966, 4).

Ders., Sprache und Geschichte an der mittleren
Elbe und der unteren Saale. Köln/Graz 1967.
(MdF 52).

Ders., Über gesprochenes Mittelniederdeutsch. Wiesbaden 1981. (AWMainz 1981, 4).

Ders., Mittelniederdeutsch. In: Cordes/Möhn 1983, 98−118.

Ders., Siedlungsbewegung und Sprachentwicklung im ostniederdeutschen Raum. In: Sprachgeschichte 1985, 1268−1274.

Blume, Herbert, Die Sprachenvielfalt des 15. und 16. Jhs. im geographischen Bereich des Sächsischen Städtebundes. In: Matthias Puhle (Hrsg.), Hanse Städte Bünde. Die sächsischen Städte zwischen Elbe und Weser um 1500. Bd. 1. Magdeburg 1996, 545−556.

Bock, Karl N., Mittelniederdeutsch und heutiges Plattdeutsch im ehemaligen dänischen Herzogtum Schleswig. København 1948. (Det Kgl. Danske Videnskabernes Selskab. Hist.-fil. Meddelser 31,1).

Bracker, Jörgen (Hrsg.), Die Hanse. Lebenswirklichkeit und Mythos. Bd. 1. Hamburg 1989.

Cordes, Gerhard, Zur Erforschung der Urkundensprache. In: NdJb. 82, 1959, 63−79.

Ders./Dieter Möhn (Hrsg.), Handbuch zur niederdeutschen Sprach- und Literaturwissenschaft. Berlin 1983.

Fedders, Wolfgang, Aspekte einer variablenlinguistischen Untersuchung zur ravensbergisch-lippischen Schreibsprachlandschaft. In: Franco-Saxonica. Münstersche Studien zur niederländischen und niederdeutschen Philologie. Jan Goossens zum 60. Geburtstag. Münster 1990, 49−70.

Foerste, William, Geschichte der niederdeutschen Mundarten. In: Aufriß 1957, 1729−1898.

Gesenhoff, Marita/Margarete Reck, Die mittelniederdeutsche Kanzleisprache und die Rolle des Buchdruckes in der mittelniederdeutschen Sprachgeschichte. In: Sprachgeschichte 1985, 1279−1289.

Goossens, Jan, Deutsche Dialektologie. Berlin/ New York 1977.

Ders., Sprache. In: Wilhelm Kohl (Hrsg.), Westfälische Geschichte. Bd. 1: Von den Anfängen bis zum Ende des alten Reiches. Düsseldorf 1983, 55−80.

Ders., Normierung in spätmittelalterlichen Schreibsprachen. In: NdW 34, 1994, 77−99.

Härd, John Evert, Mittelniederdeutsch. In: LGL 1980, 584−588.

Herkommer, Hubert, Überlieferungsgeschichte der 'Sächsischen Weltchronik'. Ein Beitrag zur deutschen Geschichtsschreibung des Mittelalters. München 1972. (MTU 38).

Hoffmann, Walter/Klaus J. Mattheier, Stadt und Sprache in der neueren deutschen Sprachgeschichte: eine Pilotstudie am Beispiel von Köln. In: Sprachgeschichte 1985, 1837−1865.

Irsigler, Franz, Der hansische Handel im Spätmittelalter. In: Bracker 1989, 518−532.

Kintzinger, Martin, Schule und Bildung. In: Bracker 1989, 436−439.

Korlén, Gustav, Die mittelniederdeutschen Texte des 13. Jhs. Beiträge zur Quellenkunde und Grammatik des Frühmittelniederdeutschen. Lund 1945. (LGF 19).

Lasch, Agathe, „Sassesche sprake". Über die älteren Bezeichnungen für die niederdeutsche Sprache. In: ZDk. 34, 1920, 8−19.

Dies., Vom Werden und Wesen des Mittelniederdeutschen. In: NdJb. 51, 1925, 55−76. [Wieder abgedruckt in: Agathe Lasch, Ausgewählte Schriften zur niederdeutschen Philologie. Hrsg. v. Robert Peters und Timothy Sodmann. Neumünster 1979, 232−253].

Dies., Aus alten niederdeutschen Stadtbüchern. Ein mittelniederdeutsches Lesebuch. 2., um eine Bibliographie erw. Aufl. Hrsg. v. Dieter Möhn und Robert Peters. Neumünster 1987.

Maas, Utz, Sprachliche Verhältnisse in den spätmittelalterlichen und frühneuzeitlichen Städten in Norddeutschland. In: Cord Meckseper (Hrsg.), Stadt im Wandel. Kunst und Kultur des Bürgertums in Norddeutschland 1150−1650. Bd. 3. Stuttgart-Bad Cannstatt 1985, 607−626.

Meier, Jürgen/Dieter Möhn, Literatur. Formen und Funktionen. In: Bracker 1989, 385−392.

Dies., Die Sprache im Hanseraum. In: Bracker 1989, 430−435 [= Meier/Möhn 1989 a].

Menke, Hubertus, „Ghemaket vmme der eyntvoldighen vnde simpel Mynschen Willen". Zur Lübekker Druckliteratur in der frühen Neuzeit. In: Rolf Hammel-Kiesow (Hrsg.), Wege zur Erforschung städtischer Häuser und Höfe. Beiträge zur fächerübergreifenden Zusammenarbeit am Beispiel Lübecks im Spätmittelalter und in der frühen Neuzeit. Neumünster 1993, 299−316.

Mitzka, Walther, Grundzüge nordostdeutscher Sprachgeschichte. 2. Aufl. Marburg 1959.

Moberg, Lena, Lågtyskt och Svenskt i Stockholms Medeltida Tänkeböcker. Uppsala 1989.

Moser, Hans, Die Kanzleisprachen. In: Sprachgeschichte 1985, 1398−1408.

Peters, Robert, Mittelniederdeutsche Sprache. In: Jan Goossens (Hrsg.), Niederdeutsch. Sprache und Literatur. Eine Einführung. Bd. 1: Sprache. 2., verb. und um einen bibliographischen Nachtrag erw. Aufl. Neumünster 1983, 66−115.

Ders., Überlegungen zu einer Karte des mittelniederdeutschen Sprachraums. In: NdW 24, 1984, 51−59.

Ders., Das Mittelniederdeutsche als Sprache der Hanse. In: P. Sture Ureland (Hrsg.), Sprachkontakt in der Hanse. Aspekte des Sprachausgleichs im Ostsee- und Nordseeraum. Akten des 7. Internationalen Symposions über Sprachkontakt in Europa, Lübeck 1986. Tübingen 1987, 65−88.

Ders., Zur Entstehung der lübischen Schreibsprache. In: Gerhard Bauer (Hrsg.), Stadtsprachenforschung unter besonderer Berücksichtigung

der Verhältnisse der Stadt Straßburg in Spätmittelalter und früher Neuzeit. Vorträge des Symposiums
vom 30. März bis 3. April 1987 an der Universität
Mannheim. Göppingen 1988, 149–167.

Ders., Überlegungen zum Problem einer frühhansischen Verkehrssprache im Ostseeraum. In: Karl
Hyldgaard-Jensen/Vibeke Winge/Birgit Christensen, Niederdeutsch in Skandinavien II. Akten des
2. nordischen Symposions 'Niederdeutsch in Skandinavien' in Kopenhagen 18.–20. Mai 1987. Berlin
1989, 54–64.

Ders., Die angebliche Geltung der sog. mittelniederdeutschen Schriftsprache in Westfalen. Zur Geschichte eines Mythos. In: José Cajot/Ludger Kre-
mer/Hermann Niebaum (Hrsg.), Lingua Theodisca. Beiträge zur Sprach- und Literaturwissenschaft. Jan Goossens zum 65. Geburtstag. Mün-
ster/Hamburg 1995, 199–213.

Rooth, Erik, Saxonica. Beiträge zur niedersächsi-
chen Sprachgeschichte. Lund 1949.

Sanders, Willy, Sachsensprache, Hansesprache,
Plattdeutsch. Sprachgeschichtliche Grundzüge des
Niederdeutschen. Göttingen 1982.

Ders., Die Sprache der Hanse. In: Dialektologie.
Ein Handbuch zur deutschen und allgemeinen Dialektforschung. Hrsg. v. Werner Besch [u. a.]. 2.
Halbbd. Berlin/New York 1983, 991–1002. (HSK
1.2).

Scheuermann, Ulrich, Sprachliche Grundlagen. In:
Hans Patze (Hrsg.), Geschichte Niedersachsens.
Bd. 1: Grundlagen und frühes Mittelalter. Hildes-
heim 1977, 167–258.

Sprachgeschichte. Ein Handbuch zur Geschichte
der deutschen Sprache und ihrer Erforschung.
Hrsg. v. Werner Besch/Oskar Reichmann/Stefan
Sonderegger. 2 Halbbde. Berlin/New York 1984;
1985. (HSK 2, 1; 2, 2).

Stellmacher, Dieter, Niederdeutsche Sprache. Eine
Einführung. Bern [etc.] 1990.

Teuchert, Hermann, Die Sprachreste der niederländischen Siedlungen des 12. Jhs. Neumünster 1944.

Tophinke, Doris, Handelstexte. Zu Textualität und
Typik kaufmännischer Rechnungsbücher im Hanseraum des 14. und 15. Jahrhunderts. Tübingen
1999.

Weber, Ulrich, Zur frühmittelniederdeutschen Urkundensprache Osnabrücks. Variablenlinguistische
Untersuchungen einer ostwestfälischen Stadtsprache. In: NdW 27, 1987, 131–162.

Winge, Vibeke, Dänische Deutsche – deutsche Dänen. Geschichte der deutschen Sprache in Dänemark 1300–1800 mit einem Ausblick auf das 19.
Jh. Heidelberg 1992.

Robert Peters, Münster

100. Phonetik und Phonologie, Graphetik und Graphemik des Mittelniederdeutschen

1. Vorbemerkungen
2. Graphetik und Graphemik
3. Phonetik und Phonologie
4. Literatur (in Auswahl)

1. Vorbemerkungen

1.1. Das Mnd. als einheitliches Sprachsystem
hat es nicht gegeben. Vielmehr ist für die Zeit
und den Raum, die man gemeinhin als *mittelniederdeutsch* bezeichnet, von nicht unbedeu-
tenden Differenzierungen auszugehen (vgl.
Art. 106). Das Mnd., wie es uns in der Überlieferung entgegentritt, kann zudem nicht als
repräsentativ für die gesprochene Volkssprache (hierzu Art. 107) angesehen werden, sondern ist als Schreibsprache zu charakterisieren: mit einer angesichts der wirtschaftlichen
Verflechtungen Nordeuropas (Hanse) notwendigerweise überlandschaftlichen Ausprägung (siehe Art. 99 und 108), aber zugleich
auch deutlich faßbaren regionalen Varianten

(vgl. Art. 181–186), die es erlauben, den
mnd. Sprachraum in Schriftdialekte zu gliedern. Um solcher Vielschichtigkeit wirklich
gerecht werden zu können, wäre es im
Grunde notwendig, die Laut- und Schreibsysteme einer Vielzahl von mnd. Zeugnissen
(dabei jeweils repräsentativ für Ort, Zeit und
Textsorte) zu beschreiben, was im Rahmen
dieses Artikels schon aus Umfanggründen,
aber auch angesichts der unzureichenden
Forschungslage nicht zu leisten ist. Von daher ist zu betonen, daß es sich bei den nachstehend herausgearbeiteten Graphem- und
Phonemsystemen um abstrahierende Konstrukte handelt.

1.2. Ein historisches Phonemsystem läßt sich
methodisch befriedigend nur auf dem Wege
über die Graphemanalyse der verfügbaren
Sprachdenkmäler rekonstruieren. *Graphem*
und *Phonem* sind insofern aufeinander bezogen. Mit Fleischer (1966, 15f.) wird im Rah-

men dieses Beitrags das *Graphem* als kleinste distinktive Einheit geschriebener Sprache aufgefaßt, die ein *Phonem* (bzw. gelegentlich auch eine Phonemfolge) repräsentiert. Dabei ergibt sich ein methodisches Problem. Die Erschließung des Graphemsystems aus den Graphien setzt bereits ein umfassendes philologisches und linguistisches Vorwissen voraus, einschließlich eines gewissen Vorverständnisses des eigentlich erst noch aus den Schreibungen zu rekonstruierenden Lautsystems. Der Gefahr eines Zirkelschlusses kann man im allg. durch Inbeziehungsetzung der von der bisherigen Forschung bereitgestellten Erkenntnis und dem metachronischen Befund (hier Asächs. auf der einen Seite, nnd. Mundarten auf der anderen) entgehen.

1.3. Es dürfte sich von selbst verstehen, daß in diesem Beitrag die systemlinguistischen Aspekte im Vordergrund stehen müssen. Die sich gerade für das Mnd. als außerordentlich fruchtbar erwiesen habende Fragestellung der sprachlichen Variabilität (vgl. etwa Peters 1980; 1987; Fedders 1993) kann hier als solche nur im Zusammenhang vornehmlich diatopischer und diachronischer Gesichtspunkte eine Rolle spielen. Allerdings haben die im Rahmen dieses Forschungsparadigmas erarbeiteten Untersuchungen die Materialbasis, auf der die nachstehenden Analysen basieren, nicht unbeträchtlich erweitert.

2. Graphetik und Graphemik

2.1. Schrift und Aussprache

Die Schreiber der mnd. Zeit bedienten sich zur Sprachaufzeichnung des lat. Alphabets, verwendeten daneben aber auch aus der lat. Abbreviaturtechnik überkommene und dann weiterentwickelte Abkürzungszeichen. Die verfügbaren Graphien reichten jedoch nicht zur differenzierten Bezeichnung der Laute, besonders der Vokale, aus. Der phonetische Wert einer mnd. Graphie ist daher nicht sicher zu ermitteln; man kann ihn aber doch wohl im metachronischen Vergleich annäherungsweise bestimmen.

Mit den Zeichen des lat. Alphabets ließen sich z. B. nur der Umlaut des /a/ und des /ā/ darstellen, die als (e) erscheinen; für die *ü*- und *ö*-Laute waren keine Graphien vorhanden. Daher bleibt der Umlaut in diesen Fällen meist unbezeichnet, wenngleich es durchaus Bezeichnungsversuche gegeben hat, z. B. durchstrichene (ø) und (ú), für letzteres spä-

ter, vor allem im Norden, auch (y). Übergeschriebene Zeichen sind nicht eindeutig; über (u) dienen sie auch wohl zur Unterscheidung von (n), gelegentlich deuten sie Länge an, häufig scheinen sie bloße Verzierungen zu sein. Erst in den Drucken wird der Umlaut dann überwiegend durch übergesetztes *e* bezeichnet. − Die vokalische Quantität wird in den frühen Hss. gewöhnlich nicht angedeutet. Später kommen Längenzeichen zwar verstärkt in Gebrauch, bleiben aber inkonsequent. Überdies zeigen sich dabei regionale Unterschiede: im Osten wird weiterhin auf die Längenbezeichnung verzichtet, westlich der Elbe ist sie fast die Regel, am konsequentesten im westf. Sprachraum. Hier war es, wohl unter dem Einfluß nfrk. Schreibtradition, üblich, die Länge durch nachgesetztes (e) oder (i) bzw. (y) anzudeuten, im allg. aber nur in geschlossener Silbe; in offener Silbe war ohnehin jeder Vokal entweder ursprünglich lang oder gedehnt. Ferner wird die Länge häufig durch Doppelschreibung des Vokals angedeutet. In spätmnd. Zeit treten dann zunehmend Quantitätsandeutungen mit (h) auf, die auf den Einfluß hd. Schriftlichkeit, die in Norddeutschland im 16. und 17. Jh. neben die nd. tritt, zurückzuführen ist. Die entsprechenden Varianten bleiben im folgenden ausgeklammert; zur Graphematik spätmnd. Quellen vgl. etwa Prowatke (1988); Niebaum (1993). − Das lat. Alphabet reichte auch nicht zur Differenzierung der unterschiedlichen Qualität, namentlich der *e*- und *o*-Laute, aus. Gleichermaßen ist auch die Bezeichnung der Diphthonge unvollkommen: in der Schrift als solche eindeutig, d. h. ohne Berücksichtigung regionaler Bezüge, identifizierbar sind im Grunde nur (au), (ou), (auw). − Wohl auf den Einfluß der hd. Kanzleien ist die besonders gegen Ende des 15. Jhs. sich verstärkende Tendenz zur Konsonantenhäufung zurückzuführen, die sich etwa in sprachhistorisch unberechtigten Verdoppelungen, so (ff) oder (tt), oder der Hinzufügung eines (h), etwa bei (th), niederschlägt.

Insgesamt gesehen lassen sich hinsichtlich des Mnd. zwei „orthographische" Prinzipien feststellen. Die Schreibung der Frühzeit ist vergleichsweise sprechsprachenäher; sie läßt z. B. Assimilationen und Abschleifungen auch sichtbar werden. Im 15. Jh. ist die Schreibsprache dagegen stärker etymologisch geprägt. Wird in der frühen Periode *upme, sir, lanne, gellen* usw. häufiger nach der Sprechsprache auch geschrieben, so werden später die Vollformen − in der Schrift − wieder hergestellt: also *up deme, siner, lande, gelden*.

2.2. Vokalismus

Es stellt sich generell die Frage, ob es gerechtfertigt ist, bezüglich des Mnd. graphemische (und phonemische) „Gesamtsysteme" aufzustellen. Nybøle (1994) hat einen solchen Ansatz kritisiert und festgestellt, daß man im Grunde nur Aussagen für einzelne, graphematisch analysierte Quellen (außer Nybøle 1994 wären hier etwa auch Cordes 1968; Zelljadt 1979; Prowatke 1991 zu nennen) machen könne. Wenn hier am Konzept des „Gesamtsystems" festgehalten wird, dann deshalb, weil anderenfalls beim gegenwärtigen Stand der Forschung vor allem nur literarische Drucke berücksichtigt werden könnten, während der weitaus größte Teil mnd. Schriftlichkeit, hs. Urkunden und auf das Alltagsleben bezogene Texte (vgl. Art. 105), die zugegebenermaßen unter diesen speziellen Fragestellungen bisher nur partiell analysiert worden sind, gleichwohl aber − zumindest ansatzweise − einschlägige Aussagen erlauben, ausgeklammert bleiben müßten.

Vor diesem Hintergrund kann und soll das nachstehende „Gesamtsystem" nicht mehr leisten, als eine möglichst umfassende, abstrahierende Übersicht über die vokalischen Grapheme des Mnd. zu geben (wobei eine prinzipielle Unterscheidung von Kurz- und Langvokalgraphemen nicht möglich erscheint, vgl. auch das unter 2.1. zur Quantitätsbezeichnung Gesagte).

Graphem	Varianten
⟨a⟩	(a, ae, ai, aa, å, o)
⟨e⟩	(e, ee, ei, ey, ḙ, i, y, ie)
⟨i⟩	(i, j, ij, ii, y, i̊)
⟨o⟩	(o, oe, oo, oi, oy, ou, o̊, ǒ, u, ů, a)
⟨ö⟩	(o, o̊, ø, oe)
⟨u⟩	(u, v, w, uw, ů, u̇, ui)
⟨ü⟩	(u, u̇, y, ů, ů, ue, ui)
⟨ei⟩	(ei, ey, eig, ai, ay)
⟨ou⟩	(ou, au, ow, auw, aw)
⟨öu⟩	(o̊u, o̊i, ew, euw, oi, oy)

Abb. 100.1: Vokalische Grapheme des Mittelniederdeutschen

An dieser Stelle können die Varianten und ihre Bedingtheiten nicht im einzelnen diskutiert werden, hierzu vgl. man die Handbücher und einschlägigen Untersuchungen. Im allg. lassen sich unterscheiden:

(1) Rein graphische, zumeist stellungsbedingte Varianten, die häufig dazu dienen, das Schriftbild zu verdeutlichen: so werden etwa (j) oder (y) für ⟨i⟩ vor allem in der Umgebung einstufiger Buchstaben (z. B. *m, n, r*) angewendet.
(2) Diatopische Varianten: Hierzu vgl. z. B. das in 2.1. zur vokalischen Quantität Ausgeführte; die Varianten (ae) für ⟨a⟩, (oi, oy) für ⟨o⟩ etc. begegnen vornehmlich im Westen.
(3) Diachrone Varianten (meist unter Einschluß eines diatopischen Aspekts): beispielsweise sind die Schreibungen (u) und z. T. auch (o̊) für ⟨o⟩, wenn dieses den engen Langvokal bezeichnet, im 14. Jh. weit verbreitet (besonders im Elbofäl., Ostelbischen und Märk.), im 15. Jh. begegnen sie im allg. nur noch im Märk.
(4) Graphophonemische Varianten, die „Unterschiede in der Phonembeziehung zum Ausdruck" bringen (Fleischer 1966, 16). Die hierher zu stellenden Varianten, zu denen letztlich auch die unter (2) und (3) genannten gehören, reflektieren das Bestreben der mnd. Schreiber, die zu verschriftenden Laute qualitativ und quantitativ zu differenzieren, d. h. verschiedene phonemische Oppositionen wiederzugeben; Beispiele siehe in 2.1.

2.3. Konsonantismus

Die Übersicht über die kons. Grapheme repräsentiert ebenfalls den Forschungsstand; die zugeordneten Realisationen können natürlich nur einen verallgemeinernden Eindruck wiedergeben.

Auch die kons. Varianten sind auf verschiedene Faktoren zurückzuführen. So wird man z. B. (ſ) initial und in Verbindung mit Kons. auf die bessere Schreibbarkeit zurückführen dürfen. Nicht zuletzt wirkte natürlich auch die lautliche Ebene auf die graphische. Auf diese Weise fanden Auslautverhärtungen, Assimilationen etc. auch graphischen Ausdruck. Andere Varianten drücken vielleicht in einer Art Kompromißschreibung das Bemühen um genauere Lautbezeichnung aus, z. B. (cg), (gk). Schließlich gibt es Zeichen, die je nach Stellung für einen Vokal oder einen Kons. verwendet werden, etwa (j), (u), (v), was ebenfalls Varianten hervorruft.

3.3. Phonetik und Phonologie

3.1. Vokalismus

3.1.1. Phonemsystem

Bei der Konstitution des Phonemsystems der mnd. Vokale wird von allen regionalen, schichtenspezifischen, stilistischen und zeitlichen Differenzen abstrahiert. Das Relevante wird zusammengestellt zu einem „Over-all-System", das in dieser Form vermutlich nicht realisiert worden ist, von dem jedoch die Systeme der Einzel(schrift)dialekte abgeleitet werden können.

Gra-phem	Realisationen		
	initial	medial	final
⟨r⟩	(r)	(r)	(r)
⟨rr⟩		(rr)	
⟨l⟩	(l)	(l)	(l)
⟨ll⟩		(ll)	
⟨m⟩	(m)	(m)	(m)
⟨mm⟩		(mm)	
⟨n⟩	(n)	(n)	(n)
⟨nn⟩		(nn)	
⟨ng⟩		(nch, gg, ncg, ng, nc, ngk)	(nch, gg, ncg, ng, nc, ngk)
⟨v⟩	(v, u, f, ph)	(ff, f, ph)	(f, ff)
⟨w⟩	(v, w)	(v, u, w)	(w)
⟨s⟩	(ſ, s, z, sc, ſh)	(ſ, s, z, sc)	(s)
⟨ss⟩		(ss, ſs, ſſ, sz, sc, s)	
⟨sch⟩	(sch, ſch, sg, ſg)	(sch, ſch, ſsch)	(sch, ſch)
⟨g⟩	(g, gh)	(g, gh)	(g, ch)
⟨gg⟩		(gg, ggh, gk, cg, cgk, ck, cq, chg)	
⟨j⟩	(j, y, i, jh, ij)	(j, y, jh, g)	
⟨ch⟩	(ch)	(ch)	(ch)
⟨h⟩	(h)	(h)	(h)
⟨p⟩	(p, ph)	(p)	(p, ph)
⟨pp⟩		(pp)	
⟨b⟩	(b)	(b)	(b, p)
⟨bb⟩		(bb)	
⟨t⟩	(t, th)	(t, th, tt)	(th, t, dt, td)
⟨tt⟩		(tt, td, dt)	
⟨d⟩	(d, dh, th)	(d, dh, th)	(d, t)
⟨dd⟩		(dd, td)	
⟨k⟩	(k, c, q)	(k, c, ck)	(c, k, ck, gk, ch)
⟨kk⟩		(kk, gk, ck, chk)	

Abb. 100.2: Konsonantische Grapheme des Mittelniederdeutschen

das mnd. Vokalsystem war weiterhin die Durchbrechung der vormals komplementären Verteilung der alten Kürzen in *offener* vs. *geschlossener Silbe*. Wenngleich im größten Teil des Mnd. die alten Kürzen in offener Silbe zu gegenüber den Ursprungslauten „gesenkten" Längen geworden sind und insofern dem Langvokalsystem zugeordnet werden könnten, läßt es die unterschiedliche Entwicklung in den einzelnen mnd. Sprachräumen, namentlich im Rahmen eines Over-all-Systems, geraten erscheinen, ein eigenes vokalisches Subsystem der alten Kürzen in offener Silbe aufzustellen (da sich nähere Lautwerte aus den Schreibungen nicht erschließen lassen, werden die einschlägigen Phonemzeichen − zur Unterscheidung von denen für die Kürzen in geschlossener Silbe − mit Hochkommata versehen). − Ebenfalls aufgrund diachronischer Überlegungen erfolgt die Ansetzung der Diphthongphoneme. In der Schreibung zweifelsfrei als Zwielaut erkennbar ist /ou/; zumindest für den westf. Sprachraum ist aus graphematischer Sicht allein nicht zu klären, ob etwa nachgeschriebenes (i) oder (y) Diphthong oder Länge anzeigen soll. − Über die Quantitätsunterschiede wurde schon in 2.1. näher gehandelt. Nach alldem kann man von folgendem mnd. Vokalsystem ausgehen (s. Abb. 100.3).

```
/i/   /ü/   /u/              /(i + ẹ)'/   /ü'/   /u'/
/ẹ/
      /ö/   /o/              /e'/         /ö'/   /o'/
/ẹ/
      /a/                                 /a'/
                  /ə/
/ī/   /ǖ/   /ū/
/ē/   /ȫ/   /ō/              /ei/   /oi/   /ou/
/ẹ̄/   /ọ̄/   /ọ̄/
      /ā/
```

Abb. 100.3: Vokalsystem des Mittelniederdeutschen (Over-all-System)

Wenngleich die Schreibungen hierfür nur wenige Anhaltspunkte bieten (vgl. 2.1.), so sind für das Mnd. Umlautphoneme zu postulieren, da durch den zu Beginn des Mnd. bereits abgeschlossenen Schwund der bedingenden Faktoren von der Phonologisierung des Umlauts ausgegangen werden kann. Dies wird allerdings (mit Ausnahme der Umlaute von /a/ und /ā/) wegen der konventionellen Bindung der Schrift erst spät konsequent sichtbar. − Von besonderer Bedeutung für

3.1.2. Grundzüge der Lautgeschichte

3.1.2.1. Vokalismus der Nebensilben

Die im Asächs. noch sichtbare Mannigfaltigkeit der Nebensilbenvokale reduziert sich, wie die Postgraphien zeigen, allgemein auf ein ⟨e⟩; Ausnahmen bilden die sog. „schweren" Nebensilben wie -*heit*, -*bar*, -*dom*, -*inge* etc. Die Reduktion muß noch in spätasächs. Zeit eingetreten sein, da sie in der zu Beginn des 13. Jhs. einsetzenden mnd. Überlieferung bereits durchgeführt ist. Der Einfachheit halber wird dieser nur unbetont erscheinende Vokal als selbständiges Phonem /ə/ gewertet.

3.1.2.2. Umlaut

Die Abschwächung der alten vollen Endsilbenvokale hatte auch Auswirkungen auf das System der Haupttonvokale. Im Asächs. war durchgängig nur der Umlaut des alten /a/ in der Schrift sichtbar geworden. Er muß jedoch auch für die anderen Vokale noch in eine Zeit zurückreichen, in der die /i, j, ī/ der Folgesilbe noch Umlaut bewirken konnten. Im Mnd. ist die Opposition *umgelautet* vs. *unumgelautet* phonemisiert, auch wenn die Notierung zunächst nicht eindeutig ist (vgl. 2.1.; zu „Beweisen" des Vorhandenseins mnd. Palatalumlaute s. Cordes 1983, 227). − Im Zusammenhang mit dem Umlaut ist noch von Belang, daß sich, allerdings offensichtlich lediglich in Teilen des Westf., infolge älterer Spaltungsprozesse (vgl. Niebaum 1974, 257ff.) zwei kurze *e*-Phoneme erhalten haben.

3.1.2.3. Alte Kurzvokale in offener Silbe

Nach der „Zerdehnungstheorie" (A. Lasch 1914; 1914a; 1915) ist in betonter offener Silbe − hervorgerufen durch den Akzentunterschied zwischen Haupt- und Nebensilbe, deren Vokal zu ə geschwächt worden war − zweigipflige Aussprache eingetreten (etwa *e* > *éè*). Die so entstandenen Kurzdiphthonge seien später im Nnsächs. und Ofäl. monophthongiert worden, im Westf. jedoch erhalten geblieben. Die entsprechenden Langmonophthonge sind aber nicht nur quantitativ von den alten Kürzen unterschieden; die Nachfolger von *i, ü, u* in offener Silbe erscheinen auch um eine Stufe gesenkt. In diesem Zusammenhang meint Sarauw (1921, 81ff.), daß die Senkung der Dehnung vorausgegangen sei; Frings (1915, 113), Teuchert (1921, 120) und Niekerken (1952, 188) halten demgegenüber dafür, daß die abweichende Entwicklung im Westf. erst nach der „Tondehnung" eingetreten sei. Foerste (1957, 1770ff.) schließlich will die westf. Entwicklung von der des übrigen Nd. trennen: Im Westf. seien aus den Kürzen in offener Silbe unmittelbar öffnende Kurzdiphthonge entstanden (das *áà* oder *aə* wurde später zu palatalem /ā/), im nichtwestf. Nd. wären sie demgegenüber gedehnt und die hohen Vokale vor der Dehnung überdies noch gesenkt worden. Diese Senkung habe im Nnsächs. durchgreifender gewirkt als im Ofäl. Während hier die „tonlangen" Vokale oft mit den alten offenen Längen $ê^{1.2a}$, $ô^2$, $\hat{o}^2$ zusammenfielen, sind sie

im Nnsächs. infolge des offenbar noch größeren Öffnungs- bzw. Senkungsgrades für sich geblieben. Allgemein ist tonlanges *ā* mit Ausnahme des Westf. mit altlangem *â* zusammengefallen, im Nnsächs. schlossen sich diesem dumpfen Langvokal noch die tonlangen *ō* und *ū* an. − Der jüngste und in sich wohl überzeugendste Erklärungsversuch stammt von Wortmann (1970). Dieser kommt, Überlegungen Nörrenbergs (1938) weiterführend, zu dem Schluß, daß die alten Kürzen in offener Silbe früher im gesamten Nd. diphthongisch gewesen seien; das Westf. habe diese Diphthonge bis heute erhalten, während das übrige Nd. beide Diphthongbestandteile einander angeglichen und unter dem Einfluß der jeweils offeneren zweiten Komponente zu scheinbar gesenkten Monophthongen „eingeebnet" hätte. − Die heutigen nd. Mundarten zeigen folgendes Bild: Das (Zentral)Westf. unterscheidet sieben Qualitäten (und zwar die Fortsetzer von *a, i + ę, ë, o, ö, u, ü*), das Ofäl. kennt nur noch fünf (*a, i + ę, ë, o + u, ö + ü*), das Nnsächs. lediglich drei (*i + ę + ë, ü + ö, u + o + a*). Das Ond. zeigt nnsächs. Befund; im Smk. haben sich die drei Langmonophthonge jedoch sekundär zu langen Diphthongen (*ē^a, ō^a, ō^a*) entwickelt.

Die Erörterungen dieses Abschnitts erlauben nun die Aufstellung von regionalen Vokalsystemen für das Mnd. Das Over-all-System (Abb. 100.3) behält für den westf. Raum Gültigkeit. Die übrigen mnd. Gebiete weichen davon jedoch insofern ab, als es dort kein eigenes Subsystem alter Kürzen in offener Silbe mehr gibt; die Fortsetzer dieser Laute (in den Systemen eingerahmt) sind, wie erwähnt, in die Langvokalsysteme übergetreten:

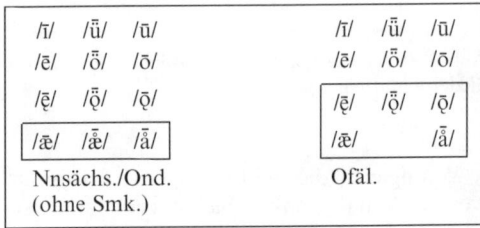

/ī/	/ṻ/	/ū/		/ī/	/ṻ/	/ū/
/ē/	/ȫ/	/ō/		/ē/	/ȫ/	/ō/
/ę̄/	/ǭ̈/	/ǭ/		/ę̄/	/ǭ̈/	/ǭ/
/æ̈/	/ǣ/	/ā̈/		/æ̈/		/ā̈/

Nnsächs./Ond. Ofäl.
(ohne Smk.)

Abb. 100.4: Regionale mittelniederdeutsche Langvokalsysteme

Die Systeme der Kürzen und Diphthonge entsprechen für das gesamte Nd. dem Over-all-System in Abb. 100.3, mit der Abweichung daß /e/ ≠ /ę/ außerwestf. aufgehoben wurde.

3.1.2.4. Alte Kürzen vor r-Verbindungen

Bereits im 11. Jh. erscheinen die hohen Kürzen *i, u, ü* vor r + Labial oder Guttural häufig gesenkt: *ir > er, ur > or, ür > ör*. Auch diese „Senkung" resultiert aus einer vorangegangenen Kürzendiphthongierung (vgl. Wortmann 1970, 337ff.) infolge einer Vokalisierung des r in der genannten Umgebung. Im Ofäl. blieben *ir* und *ĕr* unterschieden. Seit Anfang des 14. Jhs. begegnen im Ofäl. und Nnsächs. „gesenkte" *ar < er* (*barg* 'Berg'), im Nnsächs. erfaßt dieser Prozeß außerdem das aus *ir* entstandene *er* (*barke* 'Birke'). Im Westf. blieben analog den Verhältnissen in offener Silbe die Kürzendiphthonge erhalten. – Vor r + d und r + n entwickelten sich die alten Kürzen nach der Diphthongierung zu Langmonophthongen. Dabei kam es dann auch wieder zu Zusammenfällen, mit dem Ergebnis, daß das Nnsächs. in dieser Position in der Regel nur noch vier, das Ofäl. noch vier bis fünf, das Westf. im allg. sechs Qualitäten unterscheiden (vgl. Foerste 1957, 1774).

3.1.2.5. Entwicklung der *ê*- und *ô*-Laute

Das Asächs. besaß je zwei lange *ê*- und *ô*-Phoneme. Dem auf germ. $\bar{e}^2$ zurückgehenden geschlossenen /ẹ̄/ (in der traditionellen Notation der mnd. Grammatik: $\hat{e}^4$) entsprach ein geschlossenes /ọ̄/ ($\hat{o}^1$, < wgerm. $\bar{o}$), dem offenen /ę̄/ ($\hat{e}^2$, < wgerm. *ai*) ein offenes /ǭ/ ($\hat{o}^2$, < wgerm. *au*). Bei Phonologisierung des Umlauts gelangten dann in die Reihe der ungerundeten palatalen Längen ein sehr offenes /ǣ/ ($\hat{e}^1$, < wgerm. $\bar{a}$ + Umlaut) sowie ein weiterer geschlossener Laut, der entweder im nd. und nl. Raum schon früh diphthongiert wurde oder aber seinen diphthongischen Charakter nie ganz verloren hatte (vgl. Wortmann 1960, 13): /ẹi/ ($\hat{e}^3$, < wgerm. *ai* + Umlaut). Die Besetzung des /ẹ̄/ ($\hat{e}^4$) wuchs zudem durch die spätasächs. abgeschlossene Entwicklung von wgerm. *eo > ia > ie > $\bar{e}$* (mit Ausnahme des Elbofäl., wo *ie* wie im Md. zu *î* wurde). Unter Einschluß der Umlaute von $\hat{o}^1$ und $\hat{o}^2$ ergibt sich folgender Systemausschnitt:

/ẽ³/			/ẽi/			
/ẽ⁴/	/õ̂¹/	/ô¹/	/ẽ/	/ȭ/	/ǒ/	
/ẽ²/	/õ̂²/	/ô²/	/ę̄/	/ǭ/	/ǭ/	
/ẽ¹/			/æ̃/			

Abb. 100.5: Das frühmittelniederdeutsche System der *ê*- und *ô*-Laute

Das Übergewicht der vier ungerundeten Palatalvokale gegenüber den beiden Velarvokalen wurde in der Folgezeit in den großen nd. Dialektgebieten auf unterschiedliche Weise (Spaltungen, Kollisionen, z. T. im Zuge von Diphthongierungsprozessen, o. ä.) ausgeglichen. In vielen nd. Mundarten (Ausnahmen: Südwestfalen, Münsterland und südl. Westmünsterland) hat sich $\hat{e}^2$ in $\hat{e}^{2a}$ und $\hat{e}^{2b}$ gespalten; allerdings ist diese Spaltung heute nicht mehr überall zu erkennen. $\hat{e}^{2a}$ lautet wie $\hat{e}^1$, $\hat{e}^{2b}$ wie $\hat{e}^4$ (vgl. Wortmann 1960, 15ff.). Diese Entwicklung wird wohl damit zusammenhängen, daß $\hat{e}^1$ eine Stufe geschlossener geworden war, wodurch das halboffene Phonem /ę̄/ jetzt so stark besetzt war, daß $\hat{e}^2$ in einem Teil des Wortschatzes ebenfalls verengt wurde und mit $\hat{e}^4$ in /ẹ̄/ zusammenfiel, während der andere Teil der Wörter mit $\hat{e}^2$ seinen alten Öffnungsgrad beibehielt und mit dem nun geschlosseneren $\hat{e}^1$ in /ę̄/ kollidierte. – Die mnd. Schriftlichkeit vermittelt von alldem kein deutliches Bild, man muß daher vor allem die heutigen mundartlichen Verhältnisse (vgl. Wortmann 1960; Foerste 1960, 8ff.; Niebaum 1980, 461 Kt. 2) in die Betrachtung einbeziehen. Während im nnsächs. Gebiet die *ê*- und *ô*-Laute, bis auf $\hat{e}^3$, monophtongisch blieben, gingen vom Süden des westf.-ofäl. Raums zwei Diphthongierungsbewegungen aus, die dort – regional unterschiedlich – teils die geschlossenen, teils die offenen Laute erfaßten, teils sich aber auch (so im Münsterland) überschnitten. Für die mnd. Zeit lassen sich folgende regionale Systemausschnitte aufstellen (Indizes: D = Diphthong, M = Monophthong) (s. Abb. 100.6).

/ê³/$_D$ /ô¹/$_D$ /ô¹/$_D$ /ê⁴·²b/$_M$ /õ̂¹/$_M$ /ô¹/$_M$ /ê¹·²a/$_M$ /õ̂²/$_M$ /ô²/$_M$ Nnsächs.	/ê³·⁴/$_D$ /õ̂¹/$_D$ /ô¹/$_D$ /ê²/$_M$ /õ̂²/$_M$ /ô²/$_M$ /ê¹/$_M$ Südwestf.
/ê³·⁴·²b/$_D$ /õ̂¹/$_D$ /ô¹/$_D$ /ê¹·²a/$_M$ /õ̂²/$_M$ /ô²/$_M$ Ofäl./Meckl./Pom.	/ê¹·²a/$_D$ /õ̂²/$_D$ /ô²/$_D$ /ê³·⁴·²b/$_M$ /õ̂¹/$_M$ /ô¹/$_M$ Ostwestf.
/ê³·⁴·¹/$_D$ /õ̂²/$_D$ /ô²/$_D$ /ê²/$_M$ /õ̂¹/$_M$ /ô¹/$_M$ Münsterländisch	$\hat{e}^4 \rightarrow$ /ẽ̃ᵉ/ $\hat{o}^1 \rightarrow$ /ü̃ᵉ/ $\hat{o}^1 \rightarrow$ /ũᵉ/ /ê³/$_D$ /ê¹·²/$_M$ /õ̂²/$_M$ /ô¹/$_M$ Märk.

Abb. 100.6: Regionale Systeme der *ê*- und *ô*-Laute

Für das Märk. ergab sich eine besondere Entwicklung, die in md. Zusammenhänge zu stellen ist (Teuchert 1944, 403; Bischoff 1967,

187): hier sind, wie im Systemausschnitt angedeutet, die engen Längen zu noch eine Stufe engeren Langdiphthongen geworden.

3.1.2.6. Kürzungen

Vorkalkürzungen lassen sich aus der mnd. Orthographie nicht immer ersehen. Oft kann man diesen Vorgang nur aus den heutigen Mundarten erschließen. Allg. scheint vor Doppelkonsonanz gekürzt worden zu sein, vor allem vor den durch Synkope entstandenen Gruppen ⟨dd⟩, ⟨tt⟩, ⟨tst⟩, etwa in *stridde* 'stritt', *botte* 'büßte', *letst* 'läßt'. Gleichermaßen gilt Kürzung vor ⟨ft⟩, ⟨cht⟩, Beispiele: *kofte* 'kaufte', *sochte* 'suchte'. Vor einfacher Konsonanz ist, vor allem außerwestf., Kürzung altlanger und tonlanger Vokale in zweisilbigen Wörtern auf ⟨-el⟩, ⟨-er⟩ eingetreten: *jammer* 'Jammer' (vgl. *jâmer*), *himel* > *hēmel* > *hemmel* 'Himmel'. Besonders im Ofäl. werden tonlange Vokale vor Konsonant + ⟨en⟩ gekürzt: *tobetten* 'zerbissen', *besetten* 'besessen'. – Beschränkt auf den größten Teil des Westf. und das nördl. Ofäl. ist die Kürzung der alten *î, ü̂, û* in Hiatusposition ("Hiatschärfung"). Wie Wortmann (1953; 1965) herausarbeitete, ist hier die im Zusammenhang mit der md. Entwicklung stehende Hiatdiphthongierung, die später die meisten nd. Mundarten erfaßte, früh – wohl bereits im 14. Jh. – durch Einfügen eines *-gg-* unterbrochen worden; Beispiele: *nigge* 'neu', *hoggen* 'hauen'. – Phonologisch gesehen sind die Kürzungsprodukte mit den alten Kürzen in geschlossener Silbe zusammengefallen.

3.1.2.7. Rundung

Seit dem 13. Jh. ist im Nd. die Tendenz zu beobachten, vor allem in der Umgebung labialer Konsonanten /e/ und /i/ zu runden: *sülver* 'Silber', *tüschen* (< *twischen*) 'zwischen', *sünte* 'Sankt', *vröm(e)de* 'fremd', *twölf* 'zwölf'. Diese Erscheinung ist besonders im Nnsächs. und Ond. eingetreten, vgl. aber auch westf. *vrönt* 'Freund', ofäl. *öme, öne* 'ihm, ihn'. Vor /ld/ und /lt/ erfolgt auch Labialisierung des /a/, etwa *holden* 'halten', *volde* 'Falte', *olt* 'alt', *solt* 'Salz'.

3.2. Konsonantismus

3.2.1. Phonemsystem

Gegenüber dem asächs. erscheint das mnd. Konsonantensystem infolge der Kürzung der Geminaten vereinfacht. Zwar bleiben die alten Doppelschreibungen erhalten (es entstehen sogar noch neue), doch hat die Geminata jetzt nur noch in der Schrift eine Funktion,

indem sie die Kürze des vorangehenden Vokals andeutet. Auf der graphischen Ebene entwickelt sich eine komplementäre Verteilung: Simplex nach Länge, Geminata nach Kürze. Bei ⟨g, gg⟩ hat sich eine etwas komplizierte Entwicklung ergeben. Als Fortsetzer von altem /ḡ/ und in Verbindung mit /ŋ/ dürfte der Konsonant, das legen die graphischen Befunde nahe, als Verschlußlaut [g] anzusehen sein, ansonsten als Spirant [g]. – Komplementäre Verteilung wird auch beim dentalen Spiranten anzunehmen sein: inlautend in stimmhafter Umgebung [z], sonst [s]. – Die Wertigkeit der Schreibung (sch) – für asächs. /s + k/ – ist nicht eindeutig. Ihr entspricht wohl nur in Teilen des mnd. Sprachraums bereits ein „einheitlicher" (vgl. Lasch 1914, § 334), d. h. koronaler stimmloser Reibelaut /š/. Für das Westf. gilt Beibehaltung des alten /s + k/ (z. T. bis heute); in anderen Gebieten wird man aber zumindest einen allmählichen Übergang /s + k/ > /s + x/ postulieren dürfen. – Der mnd. Lautwert des labialen stimmhaften Reibelauts (bilabiales [w] oder labiodentales [v]?) läßt sich nur einzeldialektal bestimmen. Von der späteren Entwicklung her wird dem Zeichen /v/ der Vorzug gegeben.

Nach diesen Überlegungen darf man sich das mnd. Konsonantensystem folgendermaßen vorstellen:

/p/	/t/	/k/			
/b/	/d/	/⎡g⎤		/l/	/r/
/v/	/⎡z⎤	⎣g⎦/ /j/			
/f/	⎣s⎦/	/x/	/h/		
	/š/				
/m/	/n/	/ŋ/			

Abb. 100.7: Konsonantensystem des Mittelniederdeutschen

3.2.2. Grundzüge der Lautgeschichte

3.2.2.1. Auslautverhärtung

Im gesamten Kontinentalwgerm. werden die stimmhaften Verschluß- und Reibelaute im Auslaut stimmlos. Diese Entwicklung setzt bereits im Asächs. ein, wenngleich die Notation dem nicht immer Rechnung trägt; sie ist zu Beginn der mnd. Überlieferung abgeschlossen. Beispiele: *lîf* 'Leib', aber *lîves*; *dach* 'Tag', aber *dāges*; *rât* 'Rat', aber *râdes*.

3.2.2.2. Asächs. /[þ đ]/ > mnd. /d/

Der asächs. interdentale Reibelaut /[þ đ]/ ist im Mnd. zum stimmhaften Verschlußlaut /d/ geworden (im Auslaut /t/). Diese Entwicklung, die von Oberdeutschland ausgeht, machen alle dt. Mundarten mit; sie erreicht das Nd. im 11. Jh. Der Übergang zum Verschlußlaut wird wohl inlautend in stimmhafter Umgebung, wo asächs. [đ] anzusetzen ist, eingesetzt haben. Die orthographische Entwicklung führt von (th), das sich im Nnsächs. am längsten hielt, über (dh) nach (d). Beispiele: mnd. *dêf* 'Dieb', *ērde* 'Erde', *dôt* 'Tod' (asächs. *thiaf, ërđa, dôđ*).

3.2.2.3. Schwächung des /-d-/

Inlautendes /d/ wurde im Mnd. allg. geschwächt. Nach Liquid oder Nasal ist sein Schwund auf Assimilation zurückzuführen: *lande > lanne* 'Land', *holden > hol(l)en* 'halten'. Im nd. Süden, aber auch in Teilen Pommerns und Preußens, wurde /nd/ bei diesem Prozeß so stark moulliert, daß diese Konsonantengruppe in /ŋ/ überging. Die diese Entwicklungen andeutenden Schreibungen (-nn-), (-ng-), (-ll-) sind durchweg nicht schriftsprachlich geworden. − Schon früh ist /-d-/ in intervokalischer Stellung nach Länge oder Diphthong ausgefallen; dabei scheint es zwei Perioden gegeben zu haben (vgl. Niebaum 1974, 368ff.). Besonders das aus [đ] entstandene /-d-/ entwickelte sich stellenweise zu /g/, /j/ oder /s/ (s. Foerste 1957, 1780).

3.2.2.4. Wiederherstellung geschwundener Nasale

Die in vorasächs. Zeit vor /þ, f, s/ geschwundenen Nasale sind im Mnd. oft wiederhergestellt. Von den asächs. Doppelformen vor altem /þ/, das sich inzwischen zu /d/ entwickelt hatte (vgl. 3.2.2.2.), z. B. *mûd, mund* 'Mund' oder *fîdan, findan* 'finden', begegnen im Mnd. nur die Formen mit Nasal. Foerstes Vermutung (1957, 1779), daß hier die *n*-Reduktion wegen der Stimmhaftwerdung des Spiranten nicht so stark gewirkt habe wie vor /s/ und /f/, erscheint weniger überzeugend als sein Hinweis auf möglichen md. Einfluß. Vor /s/ und /f/ werden die nasallosen Formen im allg. beibehalten: etwa *gôs* 'Gans', *vîf* 'fünf'. − Die Ersetzung der nasallosen Pronominalform *us(-)* 'uns(-)' durch *uns(-)* ist in der bisherigen Forschung als Reflex der „lübisch-hansischen Schriftsprache" betrachtet worden (vgl. Bischoff 1962). Die Tatsache, daß − trotz, auch noch heute, gesprochenem *us(-)* − in den westf. Schreibsprachen vom Beginn der mnd. Überlieferung an *uns(-)* gilt und daß diese Form sich im westl. Nnsächs. früher völlig durchsetzt als etwa in Hamburg und Lübeck, läßt *uns(-)* eher in westl., etwa

auch durch nl. *ons* gestützte schreibsprachliche Zusammenhänge gehörig erscheinen (Peters 1996, 67f.).

3.2.2.5. /h/-Ausfall im Anlaut

Im Anlaut ist /h/ vor Kons. schon spätasächs. oft geschwunden, im Mnd. fehlt es in dieser Position völlig, z. B. *lût* 'laut', *nîgen* 'neigen', *rôpen* 'rufen', *wat* 'was' (asächs. *hlûd, hnîgen, hrôpen, hwat*).

3.2.2.6. Metathese des /r/

Metathese des /r/ mit dem benachbarten Vokal ist im Mnd. verbreitet. Da der Umsprung des /r/ von der Bildung eines Sproßvokals abhängig war, kann man annehmen, daß diese Entwicklung noch in die vor- und frmnd. Zeit fiel, in der die Bildung von Sproßvokalen in der Tonsilbe noch häufig war. Beispiele: *borst* 'Brust', *persen* 'pressen', *vrüchten* 'fürchten'.

4. Literatur (in Auswahl)

Bischoff, Karl, Zu mittelniederdeutsch *ūs* und *uns*. In: Festschrift für Ludwig Wolff. Hrsg. v. Werner Schröder. Neumünster 1962, 55−72.

Ders., Sprache und Geschichte an der mittleren Elbe und der unteren Saale. Köln/Graz 1967. (MdF. 52).

Ders., Mittelniederdeutsch. In: Handbuch zur niederdeutschen Sprach- und Literaturwissenschaft. Unter Mitarb. zahlreicher Fachgelehrter hrsg. v. Gerhard Cordes/Dieter Möhn. Berlin 1983, 98−118.

Cordes, Gerhard, Ein Neuwerker Kopialbuch aus dem Anfang des 15. Jahrhunderts. Goslar 1968. (Beiträge zur Geschichte der Stadt Goslar 25).

Ders., Mittelniederdeutsche Grammatik. In: Handbuch zur niederdeutschen Sprach- und Literaturwissenschaft. Unter Mitarb. zahlreicher Fachgelehrter hrsg. v. Gerhard Cordes/Dieter Möhn. Berlin 1983, 209−237.

Fedders, Wolfgang, Die Schreibsprache Lemgos. Variablenlinguistische Untersuchungen zum spätmittelalterlichen Ostwestfälischen. Köln/Weimar/Wien 1993. (NdSt. 37).

Fleischer, Wolfgang, Strukturelle Untersuchungen zur Geschichte des Neuhochdeutschen. Berlin 1966. (Sächs. Ak. Wiss. Leipzig 112/6).

Foerste, William, Geschichte der niederdeutschen Mundarten. In: Aufriß 1957, 1, 1729−1898.

Ders., Einheit und Vielfalt der niederdeutschen Mundarten. Münster 1960. (Schriften zur Heimatkunde und Heimatpflege 4).

Frings, Theodor, Tonlange Vocale. In: PBB 40, 1915, 112−126.

Lasch, Agathe, Mittelniederdeutsche Grammatik. Halle 1914, 2. unver. Aufl. 1974. (Sammlung kurzer Grammatiken germanischer Dialekte IX). (= Lasch 1914).

Dies., „Tonlange" Vocale im Mittelniederdeutschen. In: PBB 39, 1914, 116−134. (= Lasch 1914a).

Dies., Die mittelniederdeutsche Zerdehnung. In: PBB 40, 1915, 304−330.

Niebaum, Hermann, Zur synchronischen und historischen Phonologie des Westfälischen. Die Mundart von Laer (Landkreis Osnabrück). Köln/Wien 1974. (NdSt. 22).

Ders., Westniederdeutsch. In: LGL, 2. Aufl. Tübingen 1980, 458−464.

Ders., Zwischen Niederländisch und Niederdeutsch. Sprachvariation in den östlichen Niederlanden im 17. Jh. In: Verhandlungen des Internationalen Dialektologenkongresses [...] Bamberg 29. 7.−4. 8. 1990. Hrsg. v. [...] Wolfgang Viereck. Bd. 2 [...]: Historische Dialektologie und Sprachwandel [...], Sprachatlanten [...]. Stuttgart 1993, 209−226. (ZDL, Beihefte 75).

Niekerken, Walther, Wechsel der niederdeutschen Vokalart durch Änderung in der Lautdauer (Vokalumstufung). In: NphM 53, 1952, 185−212.

Nörrenberg, Erich, Die Herkunft von mnd. dele,f. „Tenne: Hausflur; Fußboden aus Lehm oder Steinen" und seine Gesippen. (Zugleich ein Beitrag zur Geschichte der „westfälischen Brechung"). In: Westfälische Forschungen 1, 1938, 326−357.

Nybøle, R. Steinar, Die Graphematik und Graphophonemik der 1498 in Lübeck gedruckten Inkunabel „Reynke de vos" und die entsprechenden mittelniederdeutschen Gesamtsysteme. In: Sprachgermanistik in Skandinavien II. Akten des III. Nordischen Germanistentreffens Mastemyr bei Oslo, 2.−5. 6. 1993. Hrsg. v. John Ole Askedal/Harald Bjorvand/Kurt Erich Schöndorf. Oslo 1994, 100−109.

Peters, Robert, Mittelniederdeutsche Sprache. In: Jan Goossen (Hrsg.), Niederdeutsch. Sprache und Literatur. Eine Einführung Bd. 1: Sprache. Neumünster 1973, 2. Aufl. 1983, 66−115.

Ders., Variation und Tradition. Kleinwörter im Nomenclator lationosaxonicus des Nathan Chytraeus. In: NdW 20, 1980, 147−177.

Ders., Katalog sprachlicher Merkmale zur variablenlinguistischen Erforschung des Mittelniederdeutschen. Tl. I. In: NdW 27, 1987, 61−93.

Ders., Zur Stellung Hamburgs in der mittelniederdeutschen Schreibsprachenlandschaft. In: Varietäten der deutschen Sprache. Festschrift für Dieter Möhn. Hrsg. v. Jörg Hennig/Jürgen Meier. Frankfurt/M. 1996, 63−80. (Sprache in der Gesellschaft 23).

Prowatke, Christa, Untersuchungen zur niederdeutschen Sprachform Tönnies Fennes. In: Untersuchungen zum Russisch-niederdeutschen Gesprächsbuch des Tönnies Fenne, Pskov 1607. Ein Beitrag zur deutschen Sprachgeschichte. Hrsg. v. einem Autorenkollektiv unter der Leitung v. Hans Joachim Gernetz. Berlin 1988, 105−147. (Baust. 64).

Dies., Druckt tho Rozstock. Rostocks Buchdruck in der ersten Hälfte des 16. Jahrhunderts. Studie zur Graphie der Offizin des Ludwig Dietz (1512−1559). In: NdJb. 114, 1991, 7−43.

Rooth, Erik, Saxonica. Beiträge zur niedersächsischen Sprachgeschichte. Lund 1949. (Skrifter utgivna av Kungl. Humanistika Vetenskapssamfundet i Lund XLIV).

Sarauw, Christian, Niederdeutsche Forschungen. I: Vergleichende Lautlehre der niederdeutschen Mundarten im Stammlande. København 1921. (Det Kgl. Danske Videnskabernes Selskab. Historisk-filologiske Meddelelser V, 1).

Teepe, Paul, Zur Lautgeographie. In: Jan Goossens (Hrsg.), Niederdeutsch. Sprache und Literatur. Eine Einführung. Bd. 1: Sprache. Neumünster 1973, 2. Aufl. 1983, 138−157.

Teuchert, Hermann, Der Lautstand der kurzen Stammsilbe im Westfälischen. In: ZdMaa. 1921, 97−123.

Ders., Die Sprachreste der niederländischen Siedlungen des 12. Jahrhunderts. Neumünster 1944.

Wortmann, Felix, Zur Lautentwicklung im Hiat in den westfälischen Mundarten. In: KVndSpr. 60, 1953, 22.

Ders., Zur Geschichte der langen ê- und ô-Laute in Niederdeutschland, besonders in Westfalen. In: Felix Wortmann/Reinhold Möller/Margarete Andersson-Schmitt [u. a.], Münstersche Beiträge zur niederdeutschen Philologie. Köln/Graz 1960, 1−23. (NdSt. 6).

Ders., Die Osnabrücker Mundart (mit 15 Karten). In: NdW 5, 1965, 21−50.

Ders., Zur Geschichte der kurzen Vokale in offener Silbe. In: Dietrich Hofmann (Hrsg.), Gedenkschrift für William Foerste. Köln/Wien 1970, 327−353. (NdSt. 18).

Zelljadt, M. S., A Descriptive Grammar of the Lübecker Bible of 1494. Bern 1979. (European University Studies 1, 216).

Hermann Niebaum, Groningen

101. Morphologie des Mittelniederdeutschen

1. Substantiv
2. Artikel
3. Adjektiv
4. Pronomen
5. Zahlwort
6. Verb
7. Literatur (in Auswahl)

1. Substantiv

1.1. Das Formensystem des mnd. Substantivs erscheint im Vergleich mit dem des asächs. stark vereinfacht; infolge eines fortschreitenden strukturellen Wandels haben Genus- und Kasusmorpheme sich weitgehend auf Artikel, Pronomen und attributive Adjektive verlagert; zur Reduktion der Kasusformen hat auch beigetragen, daß ihre syntaktischen Funktionen zum Teil analytisch, durch Wortfolge und Präp.-Verbindungen, gelöst werden. Aufgrund der erhaltenen Flexionsformen des Subst. lassen sich aber noch zwei alte Hauptklassen unterscheiden: eine auf -n (außer im Nom. Sg.) ausgehende („schwache") und eine vokalisch auslautende („starke"), zwischen denen Übergänge in beiden Richtungen, aber mit einem „Grundgefälle stark > schwach", stattfinden (Sonderegger 1979, 341). Im Paradigma der starken Deklination, sind, wie die folgende Übersicht zeigt, die agerm., durch den Stammauslaut gekennzeichneten Klassen nur schwach erkennbar.

Mask.

(Stamm	-a-	-i-	-ja-	-n-)
Sg. N.	dach	gast	börger(e)	vörste
G.	dages	gastes	börger(e)s	vörsten
D.	dage	gaste	börgere	vörsten
A.	dach	gast	börger(e)	vörsten
Pl. N. A.	dage	gaste	börger(els)	vörsten
G	dage	geste	börger(e)	vörsten
D	dagen	gesten	börger(e)n	vörsten

Neutr.

(Stamm	-a-	-es-	-ja-	-n-)
Sg. N. A.	wort	lam	bedde	herte
G	wordes	lammes	beddes	herten
D.	worde	lamme	bedde	herten
Pl. N. A.	wort/worde	lammer	bedde	herten
G.	worde	lammer	bedde	herten
D.	worden	lammern	bedden	herten

Fem.

(Stamm	-ô-	-i-	-n-)
Sg. N.	wîse	hût	tunge
G.	wîse(n)	hût	tungen
D.	wîse(n)	hût/hüde	tungen
A.	wîse	hût	tunge(n)

Pl. N.	wîse(n)	hüde	tungen
G.	wîsen	hüde	tungen
D.	wîsen	hüden	tungen
A	wîse(n)	hüde	tungen

1.2. Statt der alten Kasusdifferenzierung entwickeln sich am Subst. in vor- und frühmnd. Zeit verschiedene Mittel zur formalen Numerusunterscheidung, was allmählich zur Auflösung der alten und zur Bildung neuer Deklinationsgruppen führt. − Folgende Pluralkennzeichen kommen vor: -e (mit oder ohne Umlaut des Stammvokals), -s, -er, -(e)n.

Der Ausgang -e, bei den mask. und kurzsilbigen neutr. a-Stämmen schon zu Beginn der mnd. Überlieferung herrschend, dringt seit dem Ende des 13. Jhs. auch bei den langsilbigen neutr. a-Stämmen ein: worde, lande, dinghe. Der ursprünglich den mask. und fem. i-Stämmen vorbehaltene Umlaut wird als ergänzendes prägnantes Pluralmerkmal auch auf alte a-Stämme übertragen: höve, dörpe.

Die Endung -s, die in einigen Wörtern wohl nl. Ursprungs ist, in den meisten Fällen aber höchstwahrscheinlich auf den alten, im späteren Asächs. durch frk. -a zurückgedrängten Ausgang -os zurückgeht, erscheint etwa seit der Mitte des 14. Jhs. bei mask. ja-Stämmen, namentlich bei nomina agentis auf -er(e), um sich dann, vor allem in westlichen Texten, auf andere Wortgruppen zu verbreiten, auch auf Feminina und Neutra, besonders Diminutiva: frouwens, klosters, kinderkens.

Die Pl.-Endung -ere, asächs. auf neutr. -es-Stämme beschränkt, dehnt sich im Laufe der mnd. Periode auf andere Subst. aus; im Gegensatz zum Gebrauch im Hd. scheint sie im allgemeinen nicht mit Umlaut des Stammvokals verbunden zu sein.

Die fem. alten ô- und n-Stämme gehen allmählich in eine neue Deklinationsgruppe, mit -n als Pluralkennzeichen, zusammen; auch weibliche i-Stämme schließen sich z. T. dieser Gruppe an; ebenso dringt -n in den Plural der neutr. ja-Stämme ein: bedden, stücken.

2. Artikel

Genus, Kasus und Numerus der Subst. werden − wie bereits asächs. − durch das aus nur sechs Formen (mit Lautvarianten) bestehenden System des best. Art. nur unvollständig unterschieden:

Sg.	Mask.	Neutr.	Fem.
N.	*dê/die*	*dat*	*dê/di(e)*
G.	*des*	*des*	*der(e)*
D.	*dem(e)/den*	*dem(e)/den*	*der(e)*
A.	*den(e)*	*dat*	*dê/di(e)*

Pl.: gemeinsame Formen für alle drei Genera
N. A. *dê/die*
G. *der*
D. *den*

Die Doppelformen im Dat. Sg. Mask. und Neutr. spiegeln eventuell einen alten Nord-Süd-Gegensatz wider: *deme* < asächs. *thêm* : *den* < asächs. *themu*, aus dem Süden eingedrungen und im Heliand schon als *then* vorkommend (Dal 1960). – In der teilweisen Aufgabe der Opposition Dat. : Akk. manifestiert sich eine alte analytische Tendenz zur Nivellierung des Kasussystems, die sich erst in den nnd. Mundarten voll ausgewirkt hat.

3.　Adjektiv, Adjektivadverb

3.1. Das attributive, dem Subst. vorangestellte Adj. wird stark oder schwach flektiert. Die starke Flexion setzt sich aus nominalen und pronominalen Formen zusammen:

	Mask.	Neutr.	Fem.
Sg. N.	*blint/blinter*	*blint*	*blint/ blinde*
G.	*blindes*	*blindes*	*blinder*
D.	*blindem(e)/ blinden*	*blindem(e)/ blinden*	*blinder*
A.	*blinden*	*blint*	*blinde*

Pl.: gemeinsame Formen für alle drei Genera
N. A. *blinde*
G. *blinder*
D. *blinden*

Die flektierten Formen im Nom. Sg. Mask. und Fem. dringen im Laufe der Periode aus dem Hd. ein.

Die schwache Flexion unterscheidet sich von der entsprechenden beim Subst. nur dadurch, daß der Akk. Sg. Fem. immer auf *-n* ausgeht.

3.2. Zur Bildung von Komparativ und Superlativ dienen die Suffixe *-er(e)*, *-est*, z. T. in Kombinationen mit Umlaut des Stammvokals (vgl. asächs. *-ir*, *-ist*; *-ôr*, *-ôst*): *deep* – *deper* – *depest*; *lank* – *lengere* – *lengest*. Zu einigen Adj. werden die Steigerungsformen durch Suppletivstämme gebildet: *gôt* – *beter* – *best*; *vêle* – *mêr(er)* – *mest*; *lüttik* – *min(ner)* – *minnest*.

3.3. Adjektivadverbien werden überwiegend durch die Endung *-e* (< asächs. *-o*) gekenn- zeichnet: *vaste, harde*; ferner durch eine Reihe Suffixe variierender Herkunft, deren semantische wie räumlich-zeitliche Distribution noch unerforscht ist: *-en, -es, -inge, -ingen, -inges, -linge, -linges, -lik, -like, -liken, -elken, -likes, -ken, -kes*.

4.　Pronomen

4.1. Die Formen des Personalpron., 1. und 2. Pers.:

Sg. N.	*ik, ek*	*dû*
G.	*mîn(er)*	*din(er)*
D. A.	*mî, mêk*	*dî, dê*
	mik, mek	*dik, dek*

Pl. N.	*wî, wê*	*gî, gê*
G.	*unser, ûser*	*jûwer*
D. A.	*uns, ûs/*	*jû(w)/*
	üsek, ösek	*jük, jüch, jök*

Die *e*-Varianten im Sg. sind vor allem für das ofäl. Gebiet (Oberweser–Mittelelbe) charakteristisch, und zwar vor allem in frühmnd. Zeit. – Die genitivischen Kurzformen *mîn*, *dîn* gehören vornehmlich der älteren Periode an; die *-er*-Formen (im Sg.) sind nach dem Muster von *ûser, jûwer* gebildet. – Die sehr alte (Foerste 1962: 3./4. Jh.) Vereinheitlichung von Akk. und Dat. gilt als eines der wichtigsten typologischen Merkmale des Nd. gegenüber dem Hd. Das Ofäl. grenzt sich auch hier gegen das übrige Gebiet ab, indem es nicht wie dieses die dativischen, sondern die akkusativischen Formen verallgemeinert. – Von den Doppelformen *uns, ûs* im Pl. ist nur *ûs* echt nd., während *uns* aus der md.-frk. Nachbarschaft eingedrungen ist; unter westf. Einfluß hat sich *uns* in Lübeck durchgesetzt und wohl von dort aus überregionale schriftsprachliche Geltung erlangt. – Die alten Akk.-Formen *üsek, ösek* finden sich in ofäl. und nnsächs. Quellen noch im 14. Jh.

In der 3. Pers. herrschen folgende Formen:

	Mask.	Neutr.	Fem.
Sg. N.	*hê, hî*	*it, et, öt*	*sê, si(e), sü*
G.	*is, sîn(er)*	*is*	*êr(e), êrer, örer*
D.	*eme, öme, eme, öme, en(e)*	*en*	*êr(e), êrer, örer*
A.	*en(e), ön(e)*	*it, et, öt*	*sê, si(e), sü*

Pl.: gemeinsame Formen für die drei Genera.
N. A. *sê, si(e)*
G. *êr(e), êrer, örer*
D. *em, en, öm, jüm*

Der alte Gen. *is* im Mask. Sg. ist wesentlich auf die ältesten Texte beschränkt; dafür tritt *sîn*, noch später *sîner*, ein. Im Gen. Sg. Fem. und Gen. Pl. ist ebenfalls *êre* die ältere Form. – Die gerundeten Varianten erscheinen namentlich in ofäl. Texten.

Als Reflexivum dient *sik* (ofäl. daneben *sek*), das aus dem Hd. entlehnt und dem nd. Lautsystem angepaßt ist; frühmnd. wird gelegentlich noch wie im Asächs. das Personalpronomen der 3. Pers. in reflexivischer Funktion verwendet.

4.2. Die Possessiva *mîn, dîn, sîn, êr(e), unsel ûse, jûwe, er(e)* werden wie starke Adj. flektiert.

4.3. Das „reine" Demonstrativum 'dieser' heißt im Westf. *dese*, im übrigen Gebiet (seit dem 14. Jh.) *desse, disse, düsse, dösse* (selten); die schriftsprachlich bevorzugte Variante ist *desse* (möglicherweise aus synkopierten Dativformen *desme, desre* zu erklären). Das Neutr. *dit* hat im Ofäl. eine gerundete Nebenform *düt*; auch eine Analogiebildung *desset* kommt vor, ist aber selten; das gleiche gilt für die erweiterten Formen *ditte, dütte*.

4.4. Als Interrogativa (auch mit indefiniter Funktion) werden verwendet: *wê* 'wer', *wat* 'was' (Gen. *wes*, Dat. *wem[e]*, Akk. *wen* bzw. *wat*); *wê* ist nur substantivisch, *wat* kann auch adjektivisch gebraucht werden: *watter orsake* 'weshalb'; ferner *welk* (mit Nebenformen) 'welcher'; schließlich das aus *welk* entstandene *wel* (nnsächs. *wol*) 'wer'; *welk* wird auch als Relativpronomen verwendet.

5. Zahlwort

5.1. Die Zahlen 'eins' bis 'drei' haben besondere Formen für die drei Geschlechter und sind in allen Kasus deklinierbar. *ên*, das auch als Indefinitpron. und unbest. Art. dient, wird wie ein starkes Adj. flektiert; die Variante *êner* im Nom. Sg. Mask. ist auf den pronominalen Gebrauch beschränkt. – Die Zahl 'zwei' heißt im Nom. und Akk. im Mask. *twêne*, im Neutr. *twê, twey*, im Fem. *twô, twu* (in alten, besonders elbostfäl., Texten *tû, tô*); die neutralen Formen tendieren früh, und je später desto stärker, auch an die Stellen der mask. und fem. zu dringen. Im Gen. und Dat. gelten Einheitsformen: *twîger* (= pronominale Neubildung; vgl. asächs. *twêio*) bzw. *twên*. – Für 'drei' gelten im Nom. und Akk. folgende Formen: Mask. und Fem. *drê, dri(e)*, Neutr. *drü* (in den älteren Texten), *drê*,

dri(e); die Gen.- und Dat.-Formen sind denen für 'zwei' entsprechend gebildet; im Dat. kommt neben *drên* auch *drîn* vor, das vielleicht zu asächs. *drim* zu stellen ist.

Die Zahlen 4–12 heißen (mit zeitlichen und dialektalen Varianten): *vêr, vif, ses* (in nördlichen Texten auch *sös*), *seven, achte, negen, tein, elven, twelölf* (die *e*-Variante zunächst im ganzen Gebiet, später namentlich in Westfalen). Die Zahlen 13–19 werden durch Zusammensetzungen mit *-tich* gebildet. *hundert* und *dusent* werden wie starke Neutra (Pl. *-e*) flektiert.

5.2. Zu den Kardinalzahlen *ên* und *twey* heißen die Ordinalzahlen *êrst, ander*. Die Ordnungszahlen für 3–19 werden durch Hinzufügung von *-de*, nach stimmlosen Kons. *-te*, an die Grundzahlen gebildet: *driddeldrüdde* (westf., auch ostelbisch, *derde*), *vêrde, vifte*. Von 20 an wird *-(e)ste* angehängt: *twintigeste, hundertste*. – Die Ordinalzahlen haben adjektivische Flexion.

6. Verb

6.1. Das mnd. Verbalsystem unterscheidet sich nur unbedeutend von dem des Hd. Morphologisch werden die Tempora Präs. und Prät. und die Modi Ind., Konj. und Imp. unterschieden; der Ind. und der Konj. haben jedoch viele Formen gemeinsam. Es gibt besondere Nominalformen für den Inf. und für die Part. I und II. Neben der ursprünglichen Form des Gerundiums mit *enne* (> *-ene*) steht eine sekundär entstandene, bisher nicht erklärte (Epenthese?) mit *-ende*; erstere herrscht wfäl., letztere ofäl. und nnsächs. vor (Åsdahl Holmberg 1996). Aufgrund der Bildungsweise der Verben unterscheidet man vier Konjugationsklassen: starke (ablautende), schwache, präterito-präsentische und athematische Verben.

6.2. Als durchgehendes Prinzip der Tempusbildung und Numerusunterscheidung (im Prät.) gilt bei den starken Verben noch der auf alter Ablautalternanz beruhende qualitative und quantitative Stammvokalwechsel. Die Einteilung in sechs Reihen mit ablautenden und einer siebten Klasse mit ursprünglich reduplizierenden Tempusstämmen erscheint somit auch für die mnd. Periode begründet.

I	*rîden*	*rêt*	*reden*	*(ge)reden*
II	*bêden*	*bôt*	*boden*	*(ge)boden*
	sûpen	*sôp*	*sopen*	*(ge)sopen*

III	*binden*	*bant*	*bunden*	*(ge)bunden*
	helpen	*halp*	*hulpen*	*(ge)hulpen*
IV	*nemen*	*nam*	*nêmen*	*(ge)nomen*
V	*geven*	*gaf*	*gêven*	*(ge)geven*
VI	*varen*	*vôr*	*vôren*	*(ge)varen*
VII	*hêten*	*hêt*	*hêten*	*(ge)hêten*
	vallen	*vel/vêl*	*vêlen*	*(ge)vallen*
	râden	*rêt*	*rêden*	*(ge)râden*
	rôpen	*rêp*	*rêpen*	*(ge)rôpen*

Ein in der mnd. Morphologie zentrales, bisher kaum endgültig geklärtes Problem bieten die *ê*-Formen im Prät. Pl. der Reihen IV und V (mnd. *nêmen, gêven* gegenüber asächs. *nâmun, gâbun*), die vielfach bereits in den Quellen des 13. Jhs. zu belegen sind (im Westf. und im Elbofäl. halten sich die *â*-Formen bis ins 16. Jh.). Wesentlich ohne Resonanz geblieben ist ein Versuch, die *ê*-Formen als alten Ingväonismus hinzustellen (Gieseler 1922). Meist neigt man zu der Annahme, daß der im Konj. lautgesetzlich entstandene Umlaut im Prät. Pl. auch auf den Ind. übertragen ist (so u. a. Tümpel 1898; Lasch 1914; Foerste 1957; Peters 1987), eventuell unter Mitwirkung eines durch nachgestellte, *i*-haltige Pronomina bewirkten Sandhi-Umlauts (Sarauw 1914).

6.3. Die schwachen Verben bilden das Prät. auf *-(e)de*, nach stimmlosem Kons. *-te*, und das Part. II auf *-(e)t*. Der asächs. Unterschied zwischen *-jan* und *-ôn*-Verben ist im Mnd. aufgehoben. Die alten *-jan*-Verben sind jedoch z. T. noch daran erkennbar, daß sie den Präsensstamm mit Umlaut bilden. Im Prät. und Part. II fehlt der Umlaut, wenn der Bindevokal früh synkopiert worden ist („Rückumlaut"); in nicht wenigen Fällen kommen hier aber Doppelformen vor – *bekande/bekende, brande/brende, talde/tellede, gedranget/gedrenget, gesat/geset* etc. –, deren Herkunft, Alter und räumliche Verbreitung nur unvollständig bekannt sind.

6.4. Paradigmen (starke, schwache Verben)

Präs. Ind.

Sg. 1	*geve*	*make*
2.	*gifst/gevest*	*makest*
3.	*gift/gevet*	*maket*
Pl.	*gevet/geven*	*maket/maken*

Präs. Konj.

Sg. 1.	*geve*	*make*
2.	*gevest*	*makest*
3.	*geve*	*make*
Pl.	*geven*	*maken*

Prät. Ind.

Sg. 1.	*gaf*	*makede*
2.	*gêvest*	*makedest*
3.	*gaf*	*makede*
Pl.	*gêven*	*makeden*

Prät. Konj.

Sg. 1.	*gêve*	*makede*
2.	*gêvest*	*makedest*
3.	*gêve*	*makede*
Pl.	*gêven*	*makeden*
Prät. Part.	*(ge)geven*	*(ge)maket*

Der Gebrauch einheitlicher Plural-Endungen charakterisiert von jeher das Nd. gegenüber dem Hd. und dem Nl. Die ursprüngliche Differenzierung im Präs. zwischen einerseits den starken und schwachen Verben mit der Endung *-et* und andererseits den Prät.-Präs.-Verben, die im Pl. auf *-en* ausgingen, wird im Mnd. auf unterschiedliche Weise ausgeglichen: in den Dialekten westlich der Elbe bilden seit etwa 1350 auch die Prät.-Präs.-Verben den Plural mit *-et*, im Kolonisationsgebiet östlich der Elbe, und zwar, wie es scheint, zuerst in Lübeck, setzt sich infolge eines Zusammenwirkens verschiedener Faktoren, unter denen wahrscheinlich der entscheidende der dokumentiert starke Einfluß des Nl. auf die frühlübische Sprachform ist, die Endung *-en* durch. Dank der Autorität Lübecks wird seit etwa 1400 im ganzen nd. Gebiet *-en* schriftsprachliche Norm – „das wichtigste Merkmal der hansischen Schriftsprache" (Bischoff 1962, 9f.); im Westf. jedoch weniger ausgeprägt als in Nnsächs. und Ofäl.

In der 2. Pers. Sg. Präs. und Prät. der schwachen Verben ist altes *-es* noch in westf. Texten erhalten geblieben. Die starken Verben, die asächs. in der 2. Pers. Prät. Ind. eine ursprünglich optativische Form hatten (asächs. *gâbi*), nehmen analogisch die Endung *-est* an, behalten jedoch den mit dem Pl. übereinstimmenden Stammvokal.

Im Part. II kann das Präfix *ge*- fehlen (häufiger in der Frühzeit); teils treten dabei dialektale Unterschiede zutage: ein südliches Gebiet bildet das Part. meist *mit*, ein nördliches überwiegend *ohne* Vorsilbe; teils scheint der Wechsel auch lautlich bedingt sein zu können: Erhaltung des *ge*- nach konsonantischem Auslaut, Verlust nach vokalischem. Ofäl. Texte haben statt *ge*- zuweilen *e*-.

6.5. Die sog. Prät.-Präs.-Verben bilden ihr Präs. wie ein starkes Prät. (mit dem Unterschied, daß die 2. Pers. Sg. Ind. z. T. noch die alte Endung *-t* hat); das Prät. und in der Regel auch das Part. II werden schwach gebildet. Mnd. gehören zu dieser Gruppe folgende Verben, in der durch ihre Angehörigkeit zu einer der Ablautreihen gegebenen Reihenfolge: I: *wet(t)en*; II: *dögen*; III: *dörren, dör-*

ven, gülönnen, különnen; IV: *scholen* (westf. *sollen*); V: *mögen*; VI: *möten*.

6.6. Das Paradigma von 'sein' zeigt starke hd. Beeinflussung. Im Inf. ist das alte *wesen* teilweise durch südliches *sîn* verdrängt. Das Prät. Ind. wird regelmäßig zu *wesen* gebildet. Sg. 1. und 3. Pers. *was*, 2. Pers. *wêrest*, Pl. *wêren*. Im Part. II konkurriert das bodenständige *gewesen* mit der aus dem Md. stammenden schwachen Bildung *gewest*. Besonders vielgestaltig erscheint, wie die folgende Zusammenstellung zeigt, der Formenbestand des Präs. Ind. (die zuerst angeführten Formen sind die üblichsten):

Sg. 1.	*bin* / *ben* (westl.) / *bün* (nördl.) / *sûn* / *sî* / *sin* (westfäl.)
2.	*bist* / *büst*
3.	*is* / *es* (west- und ostfäl.) / *ist*
Pl.	*sîn* / *sin* /*sint* / *sünt* / *sît* / *binnen* / *bint* / *bünt* / *sinnen*

7. Literatur (in Auswahl)

Ahlsson, Lars-Erik, Die Urkundensprache Hamelns. In: NdM 23, 1967, 63—97.

Åsdahl Holmberg, Märta, Rätselraten um das Gerundium des Niederdeutschen. In: Varietäten der deutschen Sprache. Festschrift f. Dieter Möhn. Hrsg. v. J Meier. New York [u. a.] 1996, 81—92.

Behrens, Hans, Niederdeutsche Praeteritalbildung. In: PBB 48, 1924, 145—222.

Bischoff, Karl, Über die Grundlagen der mittelniederdeutschen Schriftsprache. In: NdJb. 85, 1962, 9—31.

Ders., Zu mittelniederdeutsch *ûs* und *uns*. In: Schröder 1962, 55—72. [= 1962 a].

Dal, Ingerid, Entwicklungstendenzen im germanischen Kasussystem. In: Studia Germanica Gandensia II. Gent 1960, 125—137.

Foerste, William, Geschichte der nd. Mundarten. In: Aufriß 1957, 1729—1898.

Ders., Die Herausbildung des Niederdeutschen. In: Schröder 1962, 9—27.

Gieseler, H., Der Stammvokal in mittelniederdeutschen Formen wie *wi nêmen, gêven* (wir nahmen, gaben) und in ihren niederdeutschen Entwicklungen — ein alter Ingväonismus. In: ZdMaa., 1922, 108—116.

Hol, A. R., Een tegenstelling noord : zuid in de praeterita ein participia van de sterke werkwoorden. Een dialectgeographisch-historisch onderzoek. Diss. Utrecht 1937.

Katara, Pekka, Die ursprünglich reduplizierenden Verba im Niederdeutschen. Beiträge zur Geschichte der deutschen Verbalflexion. Helsinki 1939.

Korlén, Gustav, Die mittelniederdeutschen Texte des 13. Jhs. Beiträge zur Quellenkunde und Grammatik des Frühmittelniederdeutschen. Diss. Lund 1945.

Lasch, Agathe, Mittelniederdeutsche Grammatik. Halle/S. 1914. (SkG IX).

Peters, Robert, Mittelniederdeutsche Sprache. In: Jan Goossens (Hrsg.), Niederdeutsch. Sprache und Literatur. Eine Einführung. Bd. 1: Sprache. Neumünster 1973, 66—115.

Ders., Katalog sprachlicher Merkmale zur variablenlinguistischen Erforschung des Mittelniederdeutschen. Tl. 1—3. In: NdW 27, 1987, 61—93; 28, 1988, 75—105; 30, 1990, 1—17.

Sarauw, Christian, Niederdeutsche Forschungen II. Die Flexionen der mittelniederdeutschen Sprache. (Det Kgl. Danske Videnskabernes Selskab. Historisk-filologiske Meddelser. X, 1). København 1924.

Schröder, Werner (Hrsg.), Festschrift für Ludwig Wolff zum 70. Geburtstag. Neumünster 1962.

Sonderegger, Stefan, Grundzüge deutscher Sprachgeschichte. Diachronie des Sprachsystems. Bd. I. Einführung — Genealogie — Konstanten. Berlin/ New York 1979.

Tümpel, H., Niederdeutsche Studien. Bielefeld/ Leipzig 1898.

John Evert Härd, Uppsala

102. Lexikologie und Lexikographie des Mittelniederdeutschen

1. Gegenstandsbereich

Mnd. markiert ein Sprachstadium der dt. Sprachgeschichte zwischen dem 13. und dem 16. Jh. Räumlich umfaßt es den Norden des dt. Sprachgebietes und darüber hinaus weitere Regionen mit unterschiedlicher Ausprägung (gesprochen — geschrieben, sozial differenziert) des nördlichen Europas. Gemeinsames strukturelles Kennzeichen ist die Nichtbeteiligung an der 2. Lautverschiebung. Als Sammelbegriff vertritt das Mnd. eine Vollsprache mit zahlreichen Varietäten (diatopische, diachronische, diastratische). Die Lexemeinheiten werden im folgenden unter grammatischen (vgl. 2.), kognitiv-kommunikativen (vgl. 3.), kontaktiven (vgl. 4.) und arealen Aspekten (vgl. 5.) dargestellt.

2. Grammatische Merkmale des Lexikons

In den Grundlagenwerken (Grammatiken und Wörterbücher) sind die Wortarten unterschiedlich eingeteilt. Alle Grammatiken verzichten auf ein eigenständiges Kapitel zur Wortartenproblematik. Stattdessen ist der Bestand der Wortarten grammatikographisch im Komplex der Formenlehre untergebracht worden, was dazu führt, daß die nicht-flektierenden Wortarten teilweise außer Betracht bleiben. Da weiterführende Abschnitte zur Syntax in diesen Grammatiken fehlen, kommen die nicht berücksichtigten unflektierten Wortarten (z. B. Konjunktionen) auch anderswo nicht zur Sprache. Die praktizierte Klassifizierung der Wortarten beruht letztlich auf dem Vorbild der lat. Grammatik. Vor allem daraus resultiert die unterschiedliche Systematik im Vergleich zu einem modernen Grammatikkonzept. Die nachfolgende Kontrastierung der Dudengrammatik (Duden 1995) mit den Grammatiken des Mnd. (Lübben 1882; Colliander 1912; Lasch 1914; Sarauw 1924) belegt die Unterschiede in den angesetzten Hauptkategorien (s. Abb. 102.1).

Das Vorbild der lat. Wortartenlehre zeigt sich an verschiedenen Punkten der Tabelle: Der Artikel wird zu den Demonstrativpronomen gerechnet; die in der Dudengrammatik als eigenständig deklarierte Wortklasse der Partikeln (Duden 1995, 833: „unflektierbares Wort zur Angabe des Grades oder der Intensität, zur Hervorhebung, zum Ausdruck einer inneren Einstellung; Gesprächswort") ist allenfalls mit den Anteilen Interjektion und Negationswort vertreten. Die Zahlwörter sind als eigene Kategorie ausgebracht.

Auch bei dem gemeinsamen Vorbild des Lat. bleiben Unterschiede in den einzelnen mnd. Grammatiken bestehen:

So wird das Reflexivpronomen von Lasch (1914) und Sarauw (1924) zu den Personalpronomen ge-

stellt; es fehlt bei Lübben (1882) und Colliander (1912). Das Relativpronomen wird nur von Lübben (1882) und Sarauw (1924) als gesonderte Kategorie behandelt, von Colliander (1912) und Lasch (1914) im Rahmen der Demonstrativpronomen. Die Präpositionen und Konjunktionen finden sich nur bei Lübben (1882), Nissen (1884) und Sarauw (1924), Interjektionen ausschließlich bei Lübben (1882), Negationswörter bei Nissen (1884) und Sarauw (1924).

In textgrammatischen Untersuchungen zum Mnd. werden die Wortarten ebenfalls unter der übergreifenden Perspektive der Formenlehre behandelt (vgl. Meier 1970, 128ff.). Andererseits finden sich auch eigenständige Abschnitte zur Textsyntax (vgl. Mante 1971, CXXI–CLVIII). Hier läßt sich der Einfluß einer zwischenzeitlich fortgeschriebenen Grammatikkonzeption durchaus nachvollziehen. Dies betrifft beispielsweise die Kategorie der Partikeln, der als umfassender Klasse nichtflektierender Wörter Konjunktionen, Adverbien und Vergleichswörter zugeordnet werden (Meier 1970, 139).

Auch in der Lexikographie ist für die Wortartendifferenzierung das lat. Vorbild grundsätzlich wirksam. Seine explizite Anwendung unterscheidet aber die vorliegenden Wörterbücher: Während Schiller/Lübben (1875–1881) und Lübben/Walther (1888) nur selektiv die Wortart ausweisen, ist sie im *Mittelniederdeutschen Handwörterbuch* (Lasch/Borchling/Möhn 1956ff.) grundsätzlich für jedes Lemma angegeben. Es handelt sich um die folgenden Kategorien: Verb, Substantiv, Adjektiv, Artikel, Pronomen, Adverb, Präposition, Konjunktion, Numerale, Interjektion.

Diese Klassifikation ist relativ stabil und bietet Orientierung auch für gegenwärtige Darstellungen. Das inhärente grundsätzliche Problem, zwischen lexikalischen und syntaktischen Merkmalen scharf trennen zu können, wird damit nicht gelöst. „Es ist nicht eindeutig entscheidbar, ob die 'Zehn-Wortarten-Lehre' Lexeme oder syntaktische Wörter oder Wortformen klassifiziert" (Linke/Nussbaumer/Portmann 1994, 75). Für die Zuordnung zu einer Wortklasse können sich Probleme ergeben, etwa bei der Frage Konjunktion oder Adverb, z. B. „und *iodoch* de doot wissentlik is", „he leed se noch bewerden [...] / *Iodoch* is he ôn nicht verne", „Se was gewesen synes vader wif / *Iodoch* he leyde se by sin lif" (Belege aus Härd 1968, 53f.). Hinzu kommt, daß eine Klassifizierung nach syntaktischen Kriterien einen kompetenten Sprecher voraussetzt, dessen Rolle wegen der

Duden 1995	Lübben 1882	Colliander 1912	Lasch 1914	Sarauw 1924
Verb	x	x	x	x
Substantiv	x	x	x	x
Adjektiv	x	x	x (Partizip) (Adverb)	x
Artikel	–	–	–	–
Pronomen Personalpronomen	x	x	x (Reflexivp.)	x (Reflexivp.)
Reflexivpronomen	–	–	–	–
Possessivpronomen	x	x	x	x
Demonstrativpronomen	x (Artikel)	x (Artikel) (Relativp.)	x (Artikel) (Relativp.)	x (Artikel)
Relativpronomen	x	–	–	x
Interrogativpronomen	x	x	x	x
Indefinitpronomen	Sonstige P.	x	x	x
Adverb	x	x	–	x
Partikeln Gradpartikeln	–	–	–	–
Fokuspartikeln	–	–	–	–
Modalpartikeln	–	–	–	–
Gesprächspartikeln	–	–	–	–
Interjektionen	x	–	–	–
Negationspartikeln	–	–	–	x
Präposition	x	–	–	x
Konjunktion	x	–	–	x
(Zahladjektiv)	Zahlwort	Zahlwort	Zahlwort	Zahlwort

In Klammern stehen die Wortarten, die unter der jeweiligen Kategorie subsumiert werden. Die syntaktisch ausgerichtete Darstellung von Nissen (1884) mit eigenständigen Kapiteln zur Verwendung der Präpositionen, Konjunktionen und Negationswörter bleibt in der Tabelle unberücksichtigt.

Abb. 102.1: Wortartdifferenzierung in den Grammatiken des Mittelniederdeutschen

historischen Distanz zum Sprachobjekt Mnd. nur annäherungsweise simuliert werden kann.

Die lexikalische Qualität des Mnd. als Vollsprache erweist sich nicht nur im Umfang der vertretenen Wortarten, sondern auch im Resultat der Lexembildungsverfahren. Dazu rechnen neben den Simplicia (*pant*) die Derivate (*pantschop*), Komposita (*panthere*) und Mehrwortbenennungen (*etene pande*). In der Kombination mehrerer Morphemeinheiten/ Lexeme innerhalb eines einzelnen Lexems zeigt sich der synthetische Charakter des Le-

xikons, z. B. (Substantive:) *verhochtidespen-
ninc, vorsekenissebref*; (Adjektive:) *vrucht-
drechtlik, dagestidich*; (Verben:) *afkündigen,
vornagelen*; (Adverbien:) *övertredeliken, alto-
samen*; (Pronomen:) *ienichman*. Für das mnd.
Sprachstadium ist eine zunehmende formale
Verselbständigung von mehrwortigen Syntagmen zu Lexemen zu konstatieren, z. B. *der
kinder dach* neben *kinderkendach*; *livesch/li-
ves/liges punt* neben *lispunt/lischpunt/lifpunt*;
schepe van orloge neben *orlogesschepe*. Dabei
konkurrieren unterschiedliche Kompositions-
muster, z. B. *ostwint, ostewint, ostenwint,
osternwint*. Die Koexistenz der Formen zeigt
die lexikalische Instabilität, gleichzeitig aber
auch eine in Gang gebrachte Lexikalisierung.

Die Mehrgliedrigkeit der Lexeme ist Ausdruck einer fortgeschrittenen begrifflichen
Differenzierung der zeitgenössischen Wirklichkeit. Dies kann beispielsweise an der
sprachgestützten Gliederung eines Arbeitsbe-
reiches aufgezeigt werden, vgl. den Arbeitsbereich des Schmieds, mnd. *smit*, differenziert
nach Spezialisierungen, z. B. *groffsmit, klen-
smit, bösmaker, mestmaker*, und Berufsquali-
fikationen, z. B. *smedemester, smedegeselle,
smedeknecht*.

Ein hoher Prozentsatz an Komposita (z. B.
≈ 54% für die Lemmata der Wortstrecken *d-*
und *l-* in Lasch/Borchling/Möhn 1956ff., Bd.
1, 385—628; Bd. 2, 717—881) belegt das Resultat dieser Entwicklung. Die Dominanz der
Lexembildungsart Komposition bezeugt innovative und ökonomische Motive in der
Sprachentwicklung. In dieselbe Richtung
weist der Bestand der Derivate, z. B. die Präfigierungen der Verben *bevallen, entvallen, er-
vallen, vorvallen, tovallen*, oder die suffigier-
ten Derivate von *liden*: *lidelik, lidenhaftich, li-
derlik, lidesam, lidesamich, lidich, litlik, lit-
sam, litsamich*.

Der gesamte Wortschatz des Mnd. kann
auf mindestens 80.000 Lexeme geschätzt werden, wobei sich dieser Wert an dem überlieferten verschriftlichten Mnd. orientieren
muß, d. h. es ist mit einem zusätzlichen Wort-
schatzanteil zu rechnen, der ausschließlich
mündlich realisiert worden ist.

3. Lexika zwischen Kognition und Kommunikation

Der mnd. Gesamtwortschatz läßt sich weiter
differenzieren. Eine Orientierung dafür bietet
die den Zeitraum prägende Ausbildung städtischer Gemeinschaften. Demzufolge soll von

der Stadt als Kognitions- und Kommunikationseinheit ausgegangen werden. Bei einem
solchen Vorgehen muß bedacht werden, daß
die einzelnen Städte, nicht zuletzt infolge ihrer geographischen Lage und ihrer Sozialstruktur, kein einheitliches Lexikon aufweisen. Jedes urbane Lexikon enthält aber eine
Vielzahl gemeinsamer Merkmale, so daß es
möglich erscheint, die Stadt repräsentativ als
Lexikonraum zu beschreiben. Gegenüber der
Stadt mit ihrer sozial bedingten lexikalischen
Vielfalt steht als Kontrast das Dorf mit einem
relativ homogenen Lexikon. Die markanten
Sprachmerkmale der Kommunikationsräume
Stadt und Dorf waren in der Bezugszeit gegenwärtig. Bauer und Städter fungieren in
der zeitgenössischen Literatur als die jeweiligen Prototypen, wobei die Sprache der Bauern als „plebejorum et rusticorum incultus
sermo" gekennzeichnet wird (Georgius Torquatus: Annales. 1567—1574, zit. nach Loewe
1889, 9; vgl. Bischoff 1956, 73). Dazu paßt
als später Beleg:

„Wat up dem Dorp heet Pool, heet in de Stadt en
Dyk, / Wat in de Stadt heet Mest, dat nöm wy oft
en Knyf, / Wat hier en Frow heet, dat heet by uns
en Wyf, / Wat by uns Deerens heet, heet in de Stadt
stracks Jungfer" (Gaedertz 1882, 136: Die lustige |
Hochzeit, | Und dabey angestillte | Bauren-MAS- |
QUERADE. 1708).

Unter dem Gesichtspunkt der topographisch
abgrenzbaren Kommunikationseinheit sind
eventuell Adelssitz und Kloster zu ergänzen
(in unterschiedlicher Weise mit Stadt und
Dorf verbunden), in jedem Fall aber auch die
in einer anderssprachigen Region lokalisierten Kontore der Hansekaufleute in Brügge,
London, Bergen und Nowgorod. Dementsprechend ist ein erstes Gliederungsmerkmal
für das mnd. Gesamtlexikon das der topographischen Bindung und Einheit. Es wird
also zwischen lokalen (urbanes Lexikon,
Kontorlexikon; vgl. 3.1.) und interlokalen
Lexika (Lexikon der Rechtsgemeinschaft,
Wirtschaftsgemeinschaft und religiösen Gemeinschaften, Lexikon der Fahrenden; vgl.
3.2.) unterschieden.

3.1. Das lokale Lexikon

3.1.1. Das urbane Lexikon

Innerhalb der jeweiligen Stadtgrenzen werden durch den Begriff 'urbanes Lexikon' heterogene Erscheinungen gebündelt. In Wirklichkeit existierten, bezogen auf die gemeinsame mnd. Grundlage, mehrere Teillexika nebeneinander, die auf einzelne, zumeist sozial
markierte Wirklichkeitsausschnitte referier-

ten. Sich überschneidende Interessen innerhalb der Stadtkommunikation waren zugleich Anlaß für einen ständigen Prozeß lexikalischer Ausgleiche zwischen den Gruppen.
Die Kommunikationseinheit Stadt ist nur
denkbar, wenn neben den sozial differenten
Teillexika auch ein alle Stadtbewohner ein-
schließender Gemeinwortschatz (Gemeinlexikon) vorausgesetzt wird. Die Summe der
Teillexika (urbanes Lexikon) umfaßt demnach neben dem Gemeinlexikon mehrere
Speziallexika, welche die Großbereiche städtischer Aktivität, vor allem also Handwerk,
Handel, Verwaltung/Recht, geistliches Leben,
Wissenschaft und Urproduktion repräsentieren. Damit wird nicht behauptet, daß es sich
um jeweils exklusive Besitzstände einer Stadt
handelt. Vielmehr muß ein die einzelnen
Stadtgrenzen übergreifender gemeinsamer lexikalischer Bestand angenommen werden,
wie er sich in der Konzeption einzelner
Schreib- und Sprechlandschaften (sozial gestuft!) niederschlägt (vgl. auch 3.2. und 5.).

Strukturmodell: Urbanes Lexikon

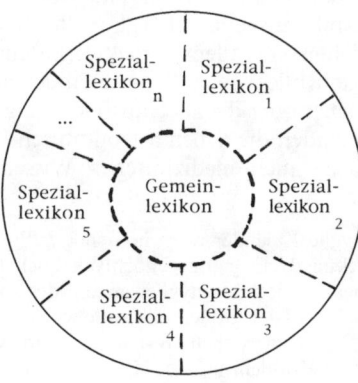

Realmodell: Urbanes Lexikon

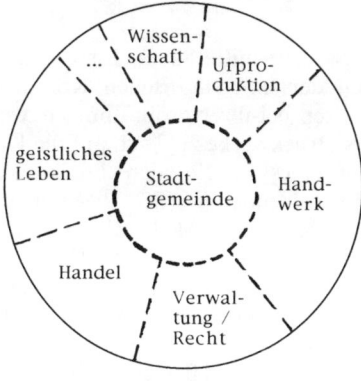

Abb. 102.2: Urbanes Lexikon

Die überlieferten Texte können in unterschiedlicher Weise als Repräsentanten der
Teillexika beansprucht werden. Einige verbinden in kommunikativer Absicht lexikalische Anteile aus mehreren städtischen Komplexen. So lassen sich z. B. die Zunftrollen
sowohl auf das Speziallexikon 'Handwerk'
als auch auf das Speziallexikon 'Verwaltung/
Recht' beziehen. Die Bursprachen wiederum
schließen einmal die gesamte Bürgerschaft als
Adressaten ein, richten sich aber auch spezial-
adressiert an verschiedene städtische Gruppierungen, z. B. Brauer, Schiffer, Handwerker oder Gastwirte mit ihrem charakteristischen Wortschatz. Im folgenden werden einzelne Teillexika exemplarisch und ausschnitt-
haft dargestellt.

3.1.1.1. Das Gemeinlexikon

Hierher gehört zunächst der Wortschatz, der
dazu dient, Sprache grammatisch zu organi-
sieren, vor allem Pronomen, Konjunktionen
und Artikel. Sein Profil gewinnt das Teillexi-
kon durch die Lexikalisierung des alle Bürger
einschließenden Bereichs der städtischen
Wirklichkeit (öffentliches Leben und Privat-
haushalt). Als Repräsentanten können deshalb solche Passagen der Bursprachen gelten,
die sich explizit an die gesamte Einwohnerschaft wenden (s. Abb. 102.3).

Als Repräsentanten des Gemeinlexikons
eignen sich in gleicher Weise die Bürgertesta-
mente (s. Abb. 102.4).

3.1.1.2. Speziallexika

Die städtischen Speziallexika werden von den
arbeitsteilig organisierten Bereichen städtischen Lebens geprägt. Ihre Merkmale reichen
von einem spezialisierten Formeninventar
(z. B. *morgensprake*) bis hin zu einer spezialisierten Semantik (z. B. *besen* als Qualitätsprüfung beim Handwerk, als Diagnosever-
fahren der Harnschau).

(1) Speziallexikon Handwerk
Einen wesentlichen Großbereich städtischen
Lebens stellte das Handwerk. Seine Eigenständigkeit erweist sich in einem alle Einzel-
handwerke umfassenden Lexikon, dessen
Einheitlichkeit vor allem durch die Rechtshoheit des Rates begründet ist. Die Lexikalisierung bezieht sich folglich auf vom Rat regle-
mentierte Ausschnitte wie Institution, Funktionsträger und Qualifizierungsgrade (s. Abb.
102.5).

Infolge der zeittypischen Arbeitsteilung
können die angesetzten Großbereiche (vgl.

Gesamtbereich:	Stadtgemeinde			
Ausschnitte:	städtische Feste	Auseinander- setzungen in der Öffentlichkeit	Feierabend- regelung	Familien- feiern ...
	behort burderen dansen viren hillich dach hochtit höge kumpanie reyen schodüvel ⋮	beseler vrede beden vrede holden kif lanc mest nagelmest stekemest ⋮	bernent licht klocke lüchte redelik werf strate ⋮	brüdegam brut brutlacht vadderschop vörtrecke halve kost kindelber enes kindes vadder kost nadach ⋮

Abb. 102.3: Gemeinlexikon am Beispiel der Burspraken (Belege aus: Bolland 1960, passim)

Gesamtbe- reich:	Stadtgemeinde		
Aus- schnitte:	Hausrat	Beklei- dung	Schmuck ...
	becken grope hantvat kanne ketel klederkiste nap panne schale schap ⋮	hemede hoyke hose jacke kledinge klet rok scho ⋮	boch brasse vingeren hoykenspan kede kledersmide klenöde mouwenspange smide spange ⋮

Abb. 102.4: Gemeinlexikon am Beispiel der Bür- gertestamente (Belege aus: Loose 1970, passim)

Abb. 102.2) weiter gegliedert werden. Dabei verweisen die exemplarisch gewählten und belegten Ausschnitte auf typische Wahrneh- mungsfelder des Handwerks wie beteiligtes Personal, Material, Herstellung und Vertrieb, Arbeitsprodukte und Qualitätsprüfung (s. Abb. 102.6 und 102.7).

(2) Speziallexikon Wissenschaft

Zum Speziallexikon 'Wissenschaft' gehören mehrere unterscheidbare Einzeldisziplinen, deren Kern die Artes liberales ausmachen, zu denen aber auch andere Universitätsfächer wie Theologie, Jurisprudenz und Medizin ge- zählt werden können. Die dominante Wissen- schaftssprache im ausgehenden Mittelalter

und in der frühen Neuzeit war das Lat. Als verstärkt in die Wissensvermittlung ein Publi- kum einbezogen wurde, das keine lat. Sprachkenntnisse besaß, setzte die Entwick- lung eines mnd. Fachwortschatzes 'Wissen- schaft' ein. Diese Entwicklung war eng am lat. Vorbild ausgerichtet (vgl. auch 4.1.). Da- bei spielten vor allem Druckwerke eine ge- wichtige Rolle wie z. B. Arzneibücher, Re- chenbücher oder die als Hausbuch fungieren- den Kalender, die neben astronomisch-kalen- darischem auch medizinisches Wissen ver- breiteten:

„EYn nyghe Kalender recht holdende // Vnde eyn nůtthe/ kunstlyck/ gantz genǒchlyck bock // Dar ynne men vyndet/ den nyghen maen/ des son//da- ghes bockstaff/ den gulden tall/ vnde wo vele weken men // hefft/ twysschen Wynachten vnd Vastel- auent. [...] Van dem lope des hemmels/ vñd // van Spera Mundi. Jtem van // aderlatende/ kǒppe set- tende/ van badende/ vñ van // arstedye tho bru// kende [...]" (Schapherders Kalender 1523, Bl. A jᵇ).

Die wissensvermittelnden Texte sind Be- standteil der innerstädtischen Kommunika- tion, weisen bei ihrer großräumigen Verbrei- tung als Druckwerke zugleich auf die Konsti- tuierung eines interlokalen Lexikons (vgl. 3.2.). Im folgenden werden die Teilbereiche 'Astronomie' und 'Medizin' exemplarisch dargestellt (s. Abb. 102.8 und 102.9).

Für das städtische Lexikon muß weiterhin davon ausgegangen werden, daß sich die nachweisbare soziale Schichtung (vgl. Schild- hauer 1984, 66, 101ff.) ebenfalls in unter- schiedlichen Anteilen manifestiert. Diese Un-

Großbereich:	Handwerk		
Ausschnitte:	Institution	Funktionsträger	Qualifizierungsgrad ...
	ampt/ambacht	ambachtvorweser	geselle
	ambachtbok	amptsmester	junge
	ambachtesrulle	olderlüde	knecht
	ambachtgenote	oldeste des amptes	lerknecht
	ambacheslade	⋮	mester
	ambachtwinninge		sülfhere
	dat ampt eschen		⋮
	des amptes bruken		
	morgensprake		
	rechtichet des		
	amptes		
	⋮		

Abb. 102.5: Speziallexikon Handwerk (Belege aus: Wehrmann 1872, passim; Lasch/Borchling/Möhn 1956ff., passim)

Bereich:	Schlachterei			
Ausschnitte:	Personal	Schlachten	Gesundheits-/ Qualitätsprüfung	Verkauf ...
	knokenhouwere	howen	besen	bode
	knokenhouwer-	küterhus	vinnich	kaldune
	knecht	slan	geve	lappe
	kütere	sniden	kögesch	lit
	küterknecht	⋮	ungeve	loten
	⋮		⋮	rüggebrade
				somstücke
				⋮

Abb. 102.6: Lexikalische Binnendifferenzierung des Großbereichs Handwerk. Beispiel 1 (Belege aus: Wehrmann 1872, 259ff.; Lasch/Borchling/Möhn 1956ff., passim)

Bereich:	Färberei			
Ausschnitte:	Färbe-material	Färbe-tätigkeit	Laken-farben	Qualitäts-prüfung ...
	galle	blauwen	anderhalfstal	vörslan
	loge	farwen	bla	grote lot
	mede	farwerie	drestal	stal
	wede	vormeden	dubbelstal	staler
	⋮	vorwouwen	enkeltstal	up dat laken slan
		netten	gallenswart	warder
		reine spölen	kolicken	der wardere stal
		up de lene	slipswart	wardererteken
		bringen	stalbla	warderlot
		⋮	swart	⋮
			⋮	

Abb. 102.7: Lexikalische Binnendifferenzierung des Großbereichs Handwerk. Beispiel 2 (Belege aus: Wehrmann 1872, 485ff.)

Bereich:	Astronomie			
Ausschnitte:	Himmels- kunde	Himmels- körper	Stern- zeichen	Kalender- berechnung ...

	asse van der
	  speren
	erste bewechnisse
	firmament
	överleidinge
	pole des hemmels
	runthet
	crntrum
	spera
	ümmevormeringe van
	  der speren
	ümmeganc
	⋮
		Jupiter
		Luna
		Mars
		Mercurius
		planete
		Saturnus
		sonne
		sterne fix
		Venus
		⋮
			visch
			juncvruwe
			krevet
			löuwe
			osse
			schütte
			skorpion
			stenbok
			twillinc
			wage
			waterman
			weder
			⋮
				gülden tal
				nie man
				överslachtich jar
				schalkjar
				sondages bokstaf
				⋮

Abb. 102.8: Lexikalische Binnendifferenzierung des Großbereichs Wissenschaft. Beispiel 1 (Belege aus: Schapherders Kalender 1523, passim)

Bereich:	Medizin (Pestmedizin)		
Ausschnitte:	Krankheiten und Symptome	Arzneien und Hilfsmittel	Behandlung ...
	bledder bule hagedros hartbeven hittige vuchtichet colera kort atem starke pulse der aderen stek im hövede swimenisse ⋮	arstenie boglossensucker pille pillen pestilentiales rokpulver rosenwater citrinatsaft citrinatstüklin suckerköchlin ⋮	de ader slan de aderen laten houwen ingeven köppe setten de median openen den swet afdrögen ⋮

Abb. 102.9: Lexikalische Binnendifferenzierung des Großbereichs Wissenschaft. Beispiel 2 (Belege aus: Röder 1565, passim)

terschiede spiegeln die jeweiligen Lebenswelten, d. h. Beteiligungsgrade am städtischen Leben, und schichtgebundene Eigenarten. Belege für ein derartiges schichtdifferenziertes Lexikon anzuführen, ist aufgrund der Quellenlage eher schwierig; als am ehesten geeignet erscheinen gerichtliche Protokolle (Zeugenaussagen), Privatbriefe, teilweise auch Testamente (vgl. z. B. Mack 1932).

3.1.2. Das Kontorlexikon

Neben der Stadt sind die Hansekontore weitere räumlich klar umgrenzte Kommunikationseinheiten. Die Einheit wird darin sichtbar, daß eigens verfaßte, für alle Einwohner des Kontors maßgebende regulative Texte, die sog. Kontorordnungen, überliefert sind:

„[D]hat si wetelic unde openbare allen dhen genen, dhe nu sin unde hir na comen solen, dhe dhese schra sen unde høren [...] to haldende allen dhen genen, dhe dhen beschenen hof pleget to søkende bi watere unde bi lande" (Schlüter 1916, 50: Nowgoroder Schra, Handschrift des 13. Jhs.).

Konsequenz war ein für die Kontormitglieder verbindlicher Wortschatz (ggf. in aktiv/passiver Verteilung), den die Teilhabe und Mitwirkung an der Kontorgemeinschaft voraussetzten. In ihrer Thematik erschließen die Kontorordnungen die verschiedenen relevanten

Gesamtbereich:	Kontor		
Ausschnitte:	Räumlichkeiten	Funktionen/Ämter	Gerichtsbarkeit ...
	badestove	dörnsenvinder	beteren
	dörnse	voget	bi live
	gerwekamer	vürvinder	bröke
	gredenitse	inböter	entweren
	hemelik hus	kerkensleper	vorbören
	kerke	olderman	vorvaren gut
	der kindere stove	oldermanschap	des hoves entberen
	malstove	potkletvinder	der knapen recht
	pogribbe	ratgeve	sante Peters recht
	sekstove	tolk	sin richte sitten
	⋮	⋮	⋮

Abb. 102.10: Das Kontorlexikon (Belege aus: Schlüter 1916, passim)

Handlungsbereiche der Kontorgemeinschaft, denen einzelne Ausschnitte des Kontorlexikons zugeordnet werden können wie Räumlichkeiten, Funktionen/Ämter, Gerichtsbarkeit, Handelprinzipien, Warenkontrolle, Finanzierung, geistliches Leben und Sicherheit.

3.2. Das interlokale Lexikon

Der Wortschatz des Mnd. ist nicht nur lokal (Stadt, Kontor) ausgerichtet, sondern ermöglicht ebenso eine interlokale Kommunikation. Diese dient gruppenstabilisierenden, insbesondere auch politischen und wirtschaftlichen Interessen und bindet dementsprechend Mitglieder von Gruppen oder Institutionen,

die sich an verschiedenen Orten aufhalten können. Gerade seine wirtschaftliche und politische Ausprägung läßt mit Sicherheit erwarten, daß Lexembestände des urbanen Lexikons auch hier verwendet wurden. Gemeinsamkeit wurde hergestellt und dokumentiert durch ein verbindendes Lexikon, das als interlokales gekennzeichnet werden soll. An dieser Stelle wird nicht weiter verfolgt, inwieweit der Buchdruck zur Ausbildung eines interlokalen Lexikons beigetragen hat.

3.2.1. Das Lexikon der Rechtsgemeinschaft

Für das Mnd. sollen drei Kommunikationsgemeinschaften dieser Art hervorgehoben

Bereich:	Hansetag		
Ausschnitte:	Organisation des Hansetags	Verhandlung und Beschlußfassung	Handel ...
	boven dem anderen	ens dragen	koplüde
	borde sitten	vör de stede bringen	des kopmans vrihet
	dachvart	vorscheden	kumpanie
	vorramen	der gemenen stede	de möte sweren
	gemene stede van	ordinancie	punttol
	de düdeschen	na berade	Rostocker bant
	hense	ramen	schipher
	radessendebode	sik beklagen	sevündisch gut
	schriver mit vuller	sluten	segelacie
	macht	to kennende geven	selschup
	sendebode	upscheten	to markede bringen
	to dage vorgaderen	⋮	⋮
	to vörderen hant		
	sitten		
	tor linken siden		
	sitten		
	⋮		

Abb. 102.11: Das interlokale Lexikon am Beispiel der Hanserezesse (Belege aus: Hanserecesse 1870−1897. Bd. 5, 546ff.; Bd. 6, 534ff.: Versammlung zu Hamburg 1410; Versammlung zu Lübeck 1418)

werden: (1) die hansische Interessengemein-
schaft insbesondere mit ihrer Institution des
Hansetags; (2) die mehrere Städte einbezie-
hende Gerichtsbarkeit der Oberhöfe (Rechtsgemeinschaft); (3) die durch die Seehandels-
schiffahrt konstituierte Rechtsgemeinschaft
der See- und Kaufleute.

(1) Interlokales Lexikon am Beispiel der
Hanserezesse
Zu den wichtigsten Institutionen der Gemeinschaft der Hanse gehörten die in unregelmä-
ßigen Abständen einberufenen Hansetage.
Sie dienten als oberste Instanz der gemeinsamen Willensbildung. Hier wurden für die einzelnen Hansestädte bindende Beschlüsse, z. T.
unter Vorbehalt der Ratifizierung durch den
Rat der Städte (vgl. Friedland 1991, 135), gefaßt und in den Hanserezessen zusammen mit
den eingebrachten Akten niedergelegt. Diese
Dokumente waren grundsätzlich an alle der
Gemeinschaft zugehörigen Städte gerichtet.
Die damit gegebene Kommunikationsgemeinschaft war nur auf der Basis eines gemeinsamen Lexikons möglich, zu dessen einschlägigen Ausschnitten die Organisation des
Hansetages, Verhandlungen und Beschluß-
fassungen, Handel (Handelsprivilegien, Zöl-
le) und Konflikte (innere und äußere) gehören (s. Abb. 102.11).

(2) Interlokales Lexikon am Beispiel der
Rechtsprechung an den Oberhöfen
Neben der Institution der Hanse und zugleich
nicht unabhängig von ihr gab es einen weiteren

starken Impuls für die Ausbildung interlokaler
Lexika, nämlich das mehrere Städte gemeinsam bindende Recht (zur maßgeblichen Rolle
der Städte bei der Entwicklung des mnd. Lexikons vgl. 3.1.1.). Auf diese Weise entstanden zusammenhängende Rechtsräume, die jeweils
durch das Recht einer Stadt determiniert waren
und folglich diese Stadt auch als Entschei-
dungsinstanz anerkannten. Beispiele für derartige Rechtsgemeinschaften sind die Städte lübischen und Magdeburger Rechts. Für die dauerhafte Existenz war ein gemeinsamer Rechtswortschatz Voraussetzung. Dabei handelt es
sich um ein ausgesprochenes Expertenlexikon,
dessen Lexeme in der zugehörigen Korrespondenz aktiv gebraucht oder passiv vorausgesetzt
wurden. Es betrifft beispielsweise das Appella-
tionsverfahren, die beteiligten Personen und
Institutionen, die Rechtsverfahren und Rechtsentscheide sowie die Deklaration der Rechtssicherheit (s. Abb. 102.12).
    Zweifellos hat auch die weitverbreitete
Rechtssetzung des Sachsenspiegels, der in
zahlreichen Stadtrechten berücksichtigt wurde
oder als komplementäres Recht fungierte,
erheblich zur Vereinheitlichung des Rechts-
lexikons beigetragen (vgl. Schmidt-Wiegand
1985, 27ff.).

(3) Interlokales Lexikon am Beispiel des Seerechts
Bestimmender Faktor für das Wirtschaftsleben zur Zeit der Hanse ist die Gemeinschaft
der Fernhandelskaufleute, der *Gemeine Kauf-*

Bereich:	Oberhof				
Ausschnitte:	Appellation	Beteiligte Personen und Institutionen	Rechts-verfahren	Rechts-entscheid	Deklaration der Rechts-sicherheit ...
	approberen	bode	ansprake	delen	besegelen
	bevestigen	del	antworde	vör recht	besweren
	bestedigen	vörsprake	besprake	afseggen	bref
	bidden to	partie	bewis	vör recht holden	vorsegelen
	entscheden	rat	klage	vorscheden	ingesegel
	schelden	ratman	na doder hant	neddervellich	open bref
	schulden	side	na lübeschem	delen	sekerhet
	ordel	sworen	rechte	ordel	secret
	togeschicket	tüge	överwegen	dat recht	tüchnis
	ordel	wedderpart	rechtes begeren	afspreken	witliken
	⋮	⋮	tügen	schedinge	⋮
			⋮	utspreken	
				utspröke	
				⋮	

Abb. 102.12: Das interlokale Lexikon am Beispiel der Rechtsentscheide des Lübecker Oberhofs (Belege aus:
Ebel 1955−1967, passim)

Bereich:	Rechtsgemeinschaft der See- und Kaufleute					
Ausschnitte:	Schiff und Schiffszubehör	Besatzung	Schiffsladung/ Transport	Schiffsführung	Schiffbruch	Handel ...
	anker	bosman	bevrachten	ankeren	ansegelen	betalen
	bochline	ledesman	entladestede	varen	dörsegelen	vorkopen
	bort	losman	vorvrachten	vart	vorlesen	gemene
	dobber	pilote	vöringe	vören	vorloren bliven	kopman
	kabel	schepesvolk	vorschepen	riden	in schaden	koplüde
	lichteschip	schipkindere	vrachten	segelen	komen	market
	pram	schipman	vrachtman	to segel gan	schaden nemen	tor sewert
	segel	schipper	vulle last	⋮	unval	handelen
	seschip	stürman	lössen		ungelück	⋮
	stellinge	tafelbroder	utladen		⋮	
	⋮	⋮	⋮			

Abb. 102.13: Das interlokale Lexikon am Beispiel des Wisbyschen Waterrechts (Belege aus: Sörensen 1991, 300 ff.)

mann. Die Kaufleute handelten mit Waren aus dem gesamten europ. Raum, die sie zu einem wesentlichen Teil auf dem Wasserweg transportieren ließen. Damit war eine zeitlich begrenzte, aber enge Koexistenz von Kaufleuten und Seefahrern gegeben, die im beiderseitigen Interesse umfängliche verbindliche Regelungen notwendig machte. „Die Rechtssicherheit für Hanseschiffe, vor allem im Ausland, war grundlegend für das reibungslose Funktionieren der Verkehrsorganisation [...]" (Schnall 1989, 564). Die Regelungen zur Sicherheit an Bord (Konsequenzen bei Raub oder Havarie), jeweils gerichtet auf die Handelspartner, Fracht, Besatzung, Handelsplätze und -zeiten, fanden ihren Niederschlag

sowohl in den Schiffsrechten der einzelnen Städte (z. B. in Hamburg 1497, in Lübeck 1586) als auch im subsidiär herangezogenen sog. *Wisbyschen Waterrecht.* Allgemeine Verbindlichkeit innerhalb der Hanse kam jedoch vor allem den entsprechenden Verordnungen der Hansetage zu, die überregionale Gültigkeit beanspruchten. Auf den Hansetagen von 1412, 1417, 1418, 1434 und 1447

„haben die Hansestädte eine Art zwischenstädtisches, gesamthansisches Seerecht geschaffen, das den seerechtlichen Bestimmungen der einzelnen Hansestädte, insbesondere den älteren Seerechten Lübecks und Hamburgs zur Seite trat und neben dem 'Wisbyschen Waterrecht' Geltung erlangte." (Wolter 1975, 53).

Bereich:	Handel				
Ausschnitte:	Waren	Handelsgrößen	Finanzen	Transport	Kommunikation ...
	ber	balle	afslan	vorlon	bode
	bresilienholt	dosin	betalen	vörman	bodengelt
	dok	elle	hövetstol	vracht	bodeschop
	vigen	vat	övermaken	överkomen	bref
	kanefas	last	pagemente	palgelt	brefbrenger
	kopper	lispunt	quitancie	senden	löper
	laken	punt	schüldich wesen	⋮	tidinge
	lacke	quart	slicht		⋮
	las	schippunt	wessele		
	rosinen	terlinc	woker		
	spisserie	tunne	⋮		
	stokvisch	⋮			
	⋮				

Abb. 102.14: Das interlokale Lexikon am Beispiel der Handelskorrespondenz (Belege aus: Stieda 1921, passim)

3.2.2. Das Lexikon der Wirtschaftsgemeinschaft

Die die Hansezeit prägenden großräumigen Handelsbeziehungen, getragen durch die Gruppe der Fernhandelskaufleute, waren nur möglich, wenn trotz der topographischen Distanzen und der mannigfaltigen individuell-biographischen Merkmale ein gemeinsames Sachwissen vorausgesetzt werden konnte. Zu dessen Etablierung trug wesentlich die Mobilität der Beteiligten bei. Dieses gemeinsame Sachwissen manifestiert sich in einem wirtschaftssprachlichen Speziallexikon, das beispielsweise in zahlreichen Korrespondenzen und auch in den Handlungsbüchern seinen Niederschlag gefunden hat. Bei aller regionalen Variation kann von einem die Gruppe der Kaufleute einigenden Fachlexikon ausgegangen werden, wobei der einzelne Kaufmann je nach seiner Handelsspezialisierung unterschiedlichen Anteil nahm. Wesentliche Teilgebiete dieses Lexikons bilden die Bezeichnungen für Waren, Handelsgrößen, für die finanzielle Abwicklung, den Transport und die Kommunikation unter den Handelspartnern (s. Abb. 102.14).

3.2.3. Das Lexikon der religiösen Gemeinschaft

Neben der verbindenden Eigenschaft des gemeinsamen Rechts und der einigenden Wirtschaftsinteressen existierte ein weiteres soziales Merkmal in gruppenstiftender und -erhaltender Funktion: das gemeinsame Bekenntnis zu einer religiösen, ideologischen Bewegung. Auch hier ist ein Motiv für die Ausbildung

eines interlokalen Lexikons gegeben, sobald die Partizipanten an mehreren Orten ansässig sind. Dann kann das interlokale Lexikon als Versprachlichung der gruppenspezifischen Weltsicht und -deutung wesentlich zur Gruppenidentität beitragen.

Im Bezugszeitraum traten mehrere religiöse Strömungen hervor, die unterschiedliche Gebiete des Sprachraums betrafen und denen ein charakteristischer Wortschatz zuerkannt werden kann. Unter diesen Strömungen war die Bewegung der sog. Wiedertäufer für das Nd. im wesentlichen auf den Raum Münster begrenzt; sie standen allerdings in Kontakt mit anderen Täufergemeinden in den Niederlanden, in Friesland, im Elsaß und in der Schweiz (vgl. Besch 1995, 241 f.). Von wesentlich stärkerem Einfluß und damit auch von größerer geographischer Reichweite waren die Mystik, die Devotio moderna und die lutherische Reformation. In allen drei Fällen kann im Gegensatz zu dem erstgenannten von einem ausgeprägten interlokalen Lexikon gesprochen werden. Mediale Indikatoren dafür sind die weitverbreiteten Programmschriften/Traktate, z. B. für die Devotio moderna die Thomas von Kempen zugeschriebene Imitatio Christi (Hagen 1930), die umfangreiche und polylokal rezipierte Predigtliteratur (z. T. von demselben Prediger praktiziert, z. T. durch Stellvertreter des Autors oder in geschriebener Form distribuiert; z. B. die Predigten Veghes; Jostes 1883), die Legenden- und Offenbarungsliteratur (z. B. die Birgitta-Legende; Mante 1971), das zugehörige Liedgut (z. B. im Wienhäuser Lieder-

Bereich:	Lutherische Reformation					
Ausschnitte:	Deklaration der eigenen ev. Gruppe	Stigmatisierung der katholischen Seite			Elemente des ev. Gottesdienstes	Beteiligte ...
		Gruppe	Funktionsträger	Handlungen		
	ewangelische ewangelisch luterdom luteraner lutersbröder lutersche protesterende ⋮	ketterisch papiste papenvolk pawes- völkeschen ⋮	partekenvreter pawesesel platlinc plattenpape pleclinc ⋮	palmtöverie papenbicht papentant paperie pawesgruwel pawestant pennincmisse ⋮	aventmal düdesche kollekte düdesch psalm düdesch sanc erste predike vrömorgens- predike middagespredike ⋮	armendener dener des wordes communicanten pastor predikante superattendente ⋮

Abb. 102.15: Das interlokale Lexikon am Beispiel der evangelischen Glaubensgemeinschaft (Belege aus: Wenn 1991, passim; Lasch/Borchling/Möhn 1956ff., passim)

buch; Alpers 1943/47) sowie die das religiöse Leben regulierenden Texte (z. B. die reformatorischen Kirchenordnungen; u. a. Wenn 1991). Neben den schriftlichen Manifestationen war eine direkte mündlich betriebene Meinungsbildung bei der Gruppenkonstituierung wirksam. Im Gegensatz zu den unter 3.2.1.–3.2.3. vorgestellten Sozialausschnitten eignete den religiösen Gemeinschaften eine größere Heterogenität, ersichtlich an den unterschiedlichen Graden der Institutionalisierung (Klostergemeinschaften, Kirchengemeinden) und dem Zusammenwirken von Geistlichen und Laien.

Die Gemeinschaft der Mystiker war wesentlich durch die Auffassung bestimmt, daß eine Vereinigung des Menschen mit Gott (*Unio mystica*) schon zu Lebzeiten möglich sei, sie wurde angestrebt durch Askese und Meditation (vgl. Dinzelbacher 1993, 982). Mit einer solchen Auffassung wurden bestimmte Teilthemen konstituiert, die u. a. verschiedene Stadien des Annäherungsprozesses, sein Ergebnis sowie die Befindlichkeiten der Aktanten umfassen. Zu ihrer Versprachlichung trägt in hohem Maße eine instrumentalisierte Bildlichkeit bei, beispielsweise in der Zusammenschau von Natur und Tugenden, vgl. *viole – otmödichet, medesöteken – gehorsamhet, lilie – reinichet, rose – lefte* (Rademacher 1938, 88ff.). Das zentrale Thema der *Unio mystica* wird vor allem durch einen der Isotopieebene Hochzeit (einschließlich des Geschlechtsaktes) entlehnten Wortschatz verbalisiert, vgl. die Lexeme *beddiken, brüdegam, brut, hemeliken gebruken, slapkamer*:

„[...] daer de mynnende sele eers brudegoms komen herteliken begheert in de slaepkamer, daer se syner soten teghenwordicheit int heymelike mochte ghebruken in ghenoechten eers herten" (Rademacher 1938, 4).

Die sich im 15. Jh. in Europa verbreitende Devotio moderna war – bei bedeutendem mystischem Einfluß – auf einen stärkeren Zusammenhang von tugendhafter Lebensführung und Gottsuche gerichtet. Als markante Lexeme können *innichet, vürichet* und *envoldichet* gelten (vgl. Peters 1983, 83).

Die von Martin Luther initiierte Reform der christlichen Kirche erfaßte in intensiver Weise auch Norddeutschland. Dazu trugen einmal einzelne Geistliche vor Ort mit ihren Predigten bei, zum anderen muß von einem starken Einfluß der Schriften Luthers in hd. und nd. Fassung ausgegangen werden. Evangelische Gruppierungen etablierten sich zu-

nächst innerhalb der einzelnen Städte, zugleich aber auch im gesamten Raum. Die Stabilität dieser Glaubensgemeinschaft(en) wurde durch die für einzelne Städte oder Regionen errichteten Kirchenordnungen gefördert, welche aufgrund ihrer engen Verwandtschaft einen hohen Grad an Homogenität aufweisen und damit auch eine Einheitlichkeit im kirchlichen Handeln und im zugehörigen Sprachgebrauch begünstigten. Konsequenz war eine religiös motivierte starke Gegensätzlichkeit (evangelisch-katholisch) innerhalb der einzelnen Stadtgesellschaften, die zumindest anfänglich durch diverse Disputationen ausgetragen wurde. Diese Polarisierung zeigte sich auch im gruppenspezifischen Sprachgebrauch. Dazu gehören die Deklaration der eigenen Gruppe, die Stigmatisierung der jeweiligen Gegenseite (die Gruppe insgesamt, deren Funktionsträger, Inhalte und Handlungen). Auf der evangelischen Seite brachte die Neuordnung der kirchlichen Aufgaben (Elemente des Gottesdienstes, beteiligte Personen) deutliche sprachliche Neuerungen.

Daneben fand zumindest partiell eine Neudefinition bzw. semantische Umgewichtung einzelner die reformatorische Lehre konstituierender Lexeme statt, z. B. *genade, predigen* und *trösten* (vgl. Fricke 1978, 100ff.), ebenso die zentralen Begriffe in den Traktaten Luthers wie *bote, döpe, vrihet, gelove*.

3.2.4. Das Lexikon der Fahrenden

Als Gruppe konstituierten sich die Fahrenden durch die Merkmale der Nichtseßhaftigkeit, der sozialen Ausgrenzung und den damit verbundenen Ausschluß aus den Berufsfeldern, die durch die städtischen Zünfte geprägt waren. Als Folge dieser sozialen Stigmatisierung entwickelte sich eine Sondersprache, die aufgrund ihrer rotw., jidd. und nd. Anteile als Mischsprache klassifiziert werden kann. Dabei kommt dem Sonderwortschatz in seiner verhüllenden und ausgrenzenden Funktion besondere Bedeutung zu. Hier werden die Wirklichkeitsausschnitte lexikalisiert, die für die spezielle Gruppenexistenz ausschlaggebend waren wie Personengruppen innerhalb der Fahrenden (Bettlerarten), nicht zur Gruppe zählende Personen und Einrichtungen, Obrigkeit und Strafverfolgung, Kleidung und Nahrungsmittel. Da bei dieser Art von Mischsprachen die gebräuchliche Syntax primär regionalsprachlich bestimmt ist (vgl. Kluge 1901, 440), außerdem der regionalsprachliche Wortschatz semantisch verfremdet zum Aufbau des Lexikon genutzt wird,

Bereich:	Fahrende		
Ausschnitte:	Bettlerarten	Nicht zur Gruppe zählende Personen und Einrichtungen	Nahrungsmittel …
	blikslager	bas *'Mann'*	bretvut *'Gans/Ente'*
	breger	bink *'Bauer'*	hof *'Brot'*
	debisser	vantis *'Kind'*	lurman *'Käse'*
	grantner	galle *'Priester'*	regenworm *'Wurst'*
	juncvruwen	gesantemos *'Ehefrau'*	roy *'Bier'*
	kammeserer	klötmos *'Hure'*	⋮
	platscherer	knasbart *'Knecht'*	
	plüger	koppun *'Pilger'*	
	stabuleren	primersmos *'Geliebte eines Priesters'*	
	⋮	⋮	

Abb. 102.16: Das Lexikon der Fahrenden (Belege aus: Kluge 1901, 58ff.)

erscheint es gerechtfertigt, bezogen auf den mnd. Gesamtwortschatz auch das Lexikon der Fahrenden zu behandeln (vgl. auch die Aufnahme dieser Lexikoneinheiten in die Wörterbücher, z. B. Lasch/Borchling/Möhn 1956 ff.).

4. Wortkontakte

Die Entwicklung des mnd. Wortschatzes ist wesentlich durch Kontakte mit anderen Kulturen und deren Lexik beeinflußt worden. Nachfolgend werden die einzelnen Kontaktkonstellationen, ihre Träger sowie (in Auswahl) die lexikalischen Einflüsse auf das Mnd. dargestellt. Unberücksichtigt bleiben die Einflüsse, die vom Mnd. selbst ausgegangen sind (zur Gesamtthematik vgl. Ureland 1987).

4.1. Gemeinschaftsinterne Mehrsprachigkeit als Kontaktursache

Innerhalb der mnd. Gesellschaft verfügten Teile der Bevölkerung noch über eine zweite Sprache. Das gilt im besonderen Maße für die Beherrschung des Lat., das mit dem Besuch der Lateinschulen und der Universitäten erworben wurde. Anwendung fand es als Schriftsprache (Urkunden, Rechtstexte, theologische Schriften, insgesamt Fachprosa der verschiedenen Disziplinen, Briefwechsel), als gesprochene Sprache in institutionsgebundenen Ritualen (Gottesdienst), in institutionszugehörigen Handlungsausschnitten (Universitätsveranstaltungen, Disputationen usw.) sowie als Medium der Kommunikation unter Gebildeten überhaupt. Eine derartige gemeinschaftsinterne Mehrsprachigkeit hatte aufgrund der Einheit der Personen und der von ihnen wahrgenommenen gesellschaftlichen Funktionen entsprechende Übernahmen aus dem Lat. ins Mnd. zur Folge; auf diese Weise wurden Bezeichnungslücken ausgefüllt. Dies läßt sich an den Tätigkeitsfeldern Gottesdienst, Medizin und Astronomie aufzeigen.

(1) Gottesdienst: *palle, pacifical, paskeren, passional, paternoster.* Einige dieser Transferenzen konnten sich im mnd. Lexikon etablieren, wie Anschlußbildungen belegen, z. B. *paternostermaker, paternosterrinc, paternostersten* zu *paternoster.*
(2) Medizin: *defensif, confortatif, corrumperen, oculiste, pestilencie*; vgl. dazu die Anschlußbildungen *pestilenciekranke, pestilenciepille, pestilentsisch.*
(3) Astronomie: *eclipse, klimaten, cirkel, spera, sterne fixe.* Neben der direkten Übernahme (Fremdwort/Lehnwort) sind weitere Formen der sprachlichen Beeinflussung vorhanden (Lehnübersetzung/Lehnübertragung), z. B. *de erste bewechnisse* < lat. *primum mobile.*

4.2. Nahkontakte

Diese Kontaktkonstellation ist dadurch gegeben, daß Angehörige unterschiedlicher Sprachgemeinschaften in einem langfristigen unmittelbaren Kontakt miteinander kommunizieren. Nach den räumlichen Gegebenheiten lassen sich mehrere Subtypen dieser Konstellation unterscheiden.

Der erste erfaßt die geographische Nachbarschaft der beiden Sprachgesellschaften als Voraussetzung für grenznahe Kontakte. Beispiele dafür sind das Nordfries. und das Mnd. mit der Entlehnung *bake* < fries. *baken* (vgl. Spenter 1983, 779) sowie Berührungszonen mit den slav. Sprachgemeinschaften, hierbei vor allem dem Elb- und Ostseeslavischen (polabisch, später auch pomoranisch und das Polnische). Wahrscheinlich war der polab.-nd. Grenzkontakt Anlaß für die Aufnahme der Wörter *dörnse*, *jüche* und *stupe* (vgl. Kaestner 1983, 697), die sich anschließend großflächig verbreitet haben, vgl. auch die Anschlußbildungen *stupbesen*, *stupen*, *stupslege*.

Der zweite Subtyp dieser Kontaktkonstellation erfaßt relativ geschlossene mnd. Sprachareale, die in fremdsprachiger Umgebung durch Handelsniederlassung oder Neusiedlung entstanden sind. Zeugnisse für die handelsbedingten Niederlassungen sind vor allem die sog. Hansekontore, Beispiele für die siedlungsbedingten Areale vor allem die Neugründungen im slav. Gebiet. Der Einfluß der umgebenden Sprache auf das Mnd. soll exemplarisch für das Hansekontor zu Bergen belegt werden (vgl. Brattegard 1945, 104 ff.). Als kontaktoffene Lexikonbereiche erweisen sich die Topographie, die Hauswirtschaft, die Kooperation von mehreren Personengruppen sowie der Handel.

(1) Topographie: *elthus, garde, kleve, schüttinc, tuft.*
(2) Hauswirtschaft: *anelden, elden, matmor, mölje, mungat.*
(3) Personengruppen: *büman, bunde, norman, pikkens, unbadesman.*
(4) Handel: *bagge, bergervisch, gardekop, öre, raf.*

Vergleichbare Beobachtungen gelten auch für die anderen Hansekontore. Für den Stahlhof in London seien als Beispiele *porter* < mengl. *porter* genannt, zu den Kontoren von Brügge und Nowgorod vgl. Leloux (1971) und Schlüter (1916).

Auch bei den angesprochenen siedlungsbedingten Neugründungen kann ein intensiver Wortkontakt für die Bereiche unterstellt werden, die für die Existenzsicherung der Neu-

siedlung wichtig waren. Aus einer solchen Anfangskonstellation konnte ein dritter Subtyp sprachlicher Nahkontakte hervorgehen. Mit fortschreitender Ausdehung der jeweiligen Siedlung und bei Zusammenschluß mehrerer gleichsprachiger Siedlungen entstand eine anders gewichtete Relation der beteiligten Sprachgesellschaften. Die ursprünglich sprachliche Minderheit erlangte Dominanz, die aufnehmende Sprachgesellschaft wiederum geriet in die Minderheitenposition. Lexikalisches Ergebnis einer solchen Entwicklung ist die Existenz von Reliktwörtern in der nunmehr das Gesamtareal beherrschenden mnd. Sprache, z. T. heute noch im Mecklenburgisch-Vorpommerschen nachweisbar, z. B. *brüche, karina, kawke, meddele, sapke* (vgl. Damme 1987, 168 ff.). Zu dem dritten Subtyp kann auch der nd.-nl. Sprachkontakt in den ostelbischen Gebieten gerechnet werden, zumindest was seine späten lexikalischen Entwicklungsresultate angeht. Aus zunächst mehr oder weniger voneinander unabhängigen Siedlungsprozessen nd. und nl. Gruppen haben sich intensive Kontakte entwickelt, die sich sprachgeschichtlich als nl. Relikte im nd. Superstrat nachweisen lassen (vgl. de Smet 1983, 732 ff. und Teuchert 1972).

Eine weitere für den dritten Subtyp einschlägige Form der Ortsveränderung war der Zuzug größerer nd. sprechender Gruppen in Städte des nordeuropäischen Auslands, z. B. Stockholm und die Städte des Baltikums. Auf diese Weise entstand eine primär auf die Kommunikationsgemeinschaft Stadt begründete Kontaktsituation. Für die nd. 'Gemeinden' (Kaufleute und Handwerker) hatte dies notwendigerweise eine Übernahme fremdsprachigen Wortgutes zur Folge, z. B. bei den Deutschen in Reval die Bezeichnungen für andere Personengruppen in der Stadt und im Umland (Benennungen für Arbeiter auf den Höfen), und für landwirtschaftliche Nutzflächen (vgl. Johansen/von zur Mühlen 1973, 383 ff.):

(1) Personengruppen: *letsen, moysenicken, peremes, söbber, waynic.*
(2) Arbeiter auf den Höfen: *hobber, karies, kubias, moysenknecht, palkemes.*
(3) landwirtschaftliche Nutzflächen: *arwe, karie, lucht.*

4.3. Fernkontakte

Diese Kontaktkonstellation gründet auf der Tätigkeit sprachmittelnder Personen. Einmal handelt es sich um Niederdeutsche, die sich zeitweilig im fremdsprachigen Raum betätigten und entweder im brieflichen Kontakt oder bei ihrer Rückkehr den im Ausland erworbenen Wortschatz an andere Angehörige ihrer ursprünglichen Sprachgemeinschaft weitergaben. Eine zweite Transfersituation entstand, wenn fremdsprachige Personen im nd. Gebiet agierten und ihr Wortschatz von den Einheimischen wegen seines innovativen Gehalts zumindest teilweise angenommen wurde. Auf diese Art in das Mnd. eingeführt, konnte sich bei entsprechender Akzeptanz des neuen Lexems eine weitere Verbreitung anschließen. Dabei ist von mehrfachen, voneinander unabhängigen Transferprozessen auszugehen. Ein wesentlicher Anteil bei den Wortimporten kam dem Handel zu, der mit der Einfuhr fremder Waren auch die zugehörigen Bezeichnungen verfügbar machte. Auf den Rußlandhandel gehen die Bezeichnungen für Pelze, z. B. *döynisse, lasten, schevenisse, tröynisse, wimeteken*, zurück (vgl. Bielfeldt 1963, 19). Handel und Schiffahrt waren auch Anlaß für die Übernahme zahlreicher nl. Wörter wie *küper, lemmel* und *roien* (vgl. de Smet 1983, 740).

Für den Ausbau des mnd. Wortschatzes wurden neben der direkten Übernahme aus einer Fremdsprache auch über eine zweite Sprache hergestellte Kontakte wirksam; beispielsweise sind franz. Wörter über das Nl. und Hd. vermittelt worden, wobei hier neben den Handelskontakten der kulturelle Einfluß und die unmittelbare Nachbarschaft mit den vermittelnden Sprachen eine Rolle spielten, vgl. *baliu, borel, dosin* und *kabel*, aus dem ausgehenden Schriftverkehr des Brügger Kontors z. B. *indifferent, treselige, recommenderen* und *ungeremdieret* (vgl. de Smet 1983, 747).

In der Spätphase des Mnd. erlangte das Hd. als Gebersprache größeren Einfluß auf die Lexementwicklung; wegen seines Prestiges erwarben immer mehr Niederdeutschsprecher das Hd. als Zweitsprache, was den lexikalischen Ausgleich der beiden Sprachen forcierte (vgl. Foerste 1957, 1792). Ein wesentlicher Schub hd. Lexemimporte geht auf die Rezeption übersetzter Flugschriften und Traktate im Zuge der lutherischen Reformation zurück. Konsequenz des Ausgleichsprozesses war ein Vernachlässigen von exklusiv nd. Wörtern zugunsten des etymologisch gemeinsamen Lexikons beider Sprachen (vgl. Schröder 1991, 227ff.; zu Beispielen vgl. auch 3.2.4.). Als zweiter Schritt schloß sich dann die Realisierung (gesprochen/geschrieben) dieser Wörter nach dem hd. Sprachsystem an

(vgl. Gabrielsson 1983, 126ff.). Eine andere Folge dieser lexikalischen Ausgleichstendenzen war die Übernahme nd. Wörter ins Hd., z. B. *boje, ebbe, wrak* (vgl. Möhn 1983, 167).

5. Wortareale

Die Einteilung des mnd. Sprachraums in einzelne Regionen beruht vorwiegend auf phonologischen und morphologischen Kriterien. Inwieweit die so festgestellten Dialekte (vgl. Art. 106) auch über ein spezifisches Wortschatzprofil verfügten, kann bei der derzeitigen Forschungslage kaum beantwortet werden. Angesichts der in sich gegliederten zeiteigenen Gesellschaft erscheint es in jedem Falle notwendig, geographische Ausprägungen mit sozialen Konstellationen zu verknüpfen. Damit hängt die Frage nach den repräsentativen Textsorten und ihrer Verbreitung zusammen. Auch die biographisch-institutionellen Bedingtheiten der tradierten Schreibsprachen sind für den sprachgeographischen Stellenwert von Bedeutung. In jedem Fall reichen die jetzigen Befunde, die sich auf sehr geringes Wortmaterial beziehen, nicht als Basis für eine distinkte wortgeographische Einteilung des Raumes aus. Die Feststellung, daß die mnd. Wortgeographie immer noch in den Anfängen stecke (Müller 1989, 78), gilt unverändert. Insofern kann es sich bei den folgenden Angaben nur um relative Ausprägungen handeln, die bisher erarbeitet worden sind.

Als lexikalische Spur der unterschiedlich verlaufenen Missionierungsprozesse in vormittelniederdeutscher Zeit gilt die Distribution der Wochentagsbezeichnungen, z. B. *godensdach* und *saterdach* im Westf. neben *mitweke* und *sonavent* im restlichen Gebiet (Peters 1988, 76). Die Institution Kirche zeichnet sich in der einzelnen Kirchenprovinzen entsprechenden Verteilung von *opper/opperen* und *offer/offeren* ab. So gehört *opper/opperen* zur Kirchenprovinz Mainz, *offer/offeren* zur Kirchenprovinz Köln.

Bei der Charakterisierung des 'Altlandes' wurde als Wortgrenze immer wieder die Weser hervorgehoben, Beispiele dafür sind die Verteilung *löer* (westfäl.) vs. *gerwer* (ostfäl.), *holscher* vs. *holtschomaker, lepper* vs. *oltböter, pelser* vs. *körsenwerchte* (vgl. Åsdahl-Holmberg 1950). Unter soziologischem Aspekt muß gefragt werden, wieso der Fluß zu einer derartigen Grenze werden konnte; präziser: waren etwa Wirtschafts- und Rechtskontakte (Nomenklatur der Handwerkerbezeichnungen) die Ursache? Die Ergebnisse der Rechts-sprachgeographie deuten darauf hin (vgl. Schmidt-Wiegand 1985; 1989). In jedem Fall bestanden für das Westf. enge wirtschaftliche und kulturelle Kontakte zum rheinischen und nl. Raum, wodurch die Zugehörigkeit zu größeren westlichen Wortarealen zu erklären ist. Das Nordniederdeutsche im 'Altland' läßt sich aufgrund der bisher berücksichtigten Lexeme nicht als geschlossenes Gebiet kennzeichnen. Das gilt sowohl für die wortgeographische Binnendifferenzierung als auch für die unterschiedlichen Zusammenhänge mit den angrenzenden Dialekten (vgl. dazu die Lexemauflistung bei Peters 1988). Im ostelbischen 'Neuland' ist von vornherein keine einheitliche Wortlandschaft zu erwarten. Hier erschließt der Wortschatz die Herkunft der einzelnen Siedlergruppen in nebeneinander existierenden Heteronymen, zudem sind in Reliktwörtern Reste der ursprünglich heimischen slav. Sprache erhalten (vgl. 4.2.). Einer der Musterfälle, die eine relativ eingängige rekonstruierte Gliederung des gesamten Mnd. erlauben, ist offensichtlich die Bezeichnung für den Enterich mit der Verteilung von nnd. *drake, enterk, erpel/arpel, wart/wort, wedik/wädik/wäding* und *wennerk/wendrich*. Dabei weist das rezente *erpel*-Areal im Brandenburgischen deutlich auf die fläm. Herkunft der Siedler, das *wennerk*-Gebiet der Altmark auf limburgische und brabantische (vgl. Foerste 1957, 1795ff.). Die mnd. Belege (lediglich für *drake, erpel, warte* und *wedik*) lassen hingegen aufgrund der geringen Materialdichte keine wortgeographisch signifikante Verteilung erkennen.

6. Lexikographie

6.1. Gleichzeitige Lexikographie

Die gleichzeitige Lexikographie wurde wesentlich durch die Dominanz des Lat. in einzelnen thematischen Bereichen der Schriftlichkeit beeinflußt. Aus dieser Dominanz entwickelte sich eine zweisprachige Lexikographie, die zunächst lat. Ausgangsformen mit ihren nd. Entsprechungen in Beziehung setzte. Drei Gestaltungsphasen treten deutlicher hervor:

(1) Lat. Texte werden interlinear glossiert (z. B. Pflanzenglossen, 12. Jh.; Milkau 1891).
(2) Zweisprachige nach verschiedenen Prinzipien angeordnete Wortlisten (Glossare) werden erstellt (z. B. Liber ordinis rerum, 15. Jh.; de Man 1964, 114ff.).

(3) Der mikrostrukturelle Sektor wird in den mnd.-lat. ausgerichteten Vokabularen über die bloße Relationierung der Lexeme hinaus durch Integration von Zusatzangaben ausgebaut (z. B. Stralsunder Vokabular, 15. Jh.; Damme 1988).

Dabei können Phase (2) und (3) zeitgleich vertreten sein. Die derart lexikographierten Gegenstandsbereiche zeigen deutlich den Prägecharakter des Lat. und die daraus ableitbaren volkssprachlichen Lern- und Vermittlungsbedarfe auf den Gebieten der Medizin und Naturwissenschaften (lat. tradiertes Fachschrifttum, Anwendung in Gelehrten- und Alltagskommunikation), der Verwaltung (Koexistenz von lat. und dt. Schriftlichkeit) und der Schule (lat. Unterrichtsmaterial, lat. Unterrichtssprache vs. nd. Primärsprache der Schüler). Bei der Makrostruktur wurden nach unterschiedlicher Zielsetzung mehrere Prinzipien angelegt. Neben der Anordnung nach Wortarten (z. B. Liber Ordinis Rerum) steht die alphabetische Sortierung (Vocabularius Ex quo, 15. Jh.; Schnell/Stahl/Auer/Pawis 1988—1989). Eine Sachsystematik ist ebenfalls als lexikographisches Prinzip nachweisbar, vgl. „Et primo de celo et ipsum respicientibus Incipiunt foeliciter" (Vocabula pro iuvenibus multum necessaria, 1511; Jellinghaus 1890, 111). Die Lexemkollektionen der einzelnen lexikalischen Produkte unterscheiden sich wesentlich in ihrem Umfang und in ihrer inhaltlichen Ausrichtung. Neben Vokabularen mit einer relativ breit gefächerten Thematik sind Spezialvokabulare zu Pflanzen- und Tiernamen, zur pharmazeutisch-medizinischen und juristischen Terminologie überliefert (vgl. Peters 1992). Innerhalb der Tradierung einzelner Vokabulare (z. B. Vocabularius Ex quo und Nomenclator latino-saxonicus, 16. Jh.; de Smet 1976) sind Überarbeitungen im Umfang (Kurz- und Langfassungen) und im Bestand zu konstatieren (vgl. Grubmüller 1967), wodurch sowohl Regionalismen als auch neue Sachbereiche erfaßt wurden (de Smet 1976, XIII*).

Auf den Anwendungsbereich der Schule ist als Zeugnis einer mnd.-lat. Ausrichtung der Vocabularius theutonicus (erste Fassung vor 1400) bezogen, der Anfängern das Lernen lat. Vokabeln erleichtern sollte. Hier sind lexikographische Verfahrensweisen der 3. Gestaltungsphase wirksam geworden. Nach dem Lemma finden sich in volkssprachlicher Formulierung weitere Angaben zum Begriffsinhalt, zur Synonymik und zur Anwendung. Ein derartiger Ausbau gründet vermutlich in der Erfahrung, daß zwischen zwei Sprachen für die Übersetzungspraxis keineswegs immer eine 1 : 1-Relation gegeben ist. Weitere Beispiele für eine derart ausgebaute mnd.-lat. Lexikographie liefern das Basler und das Stralsunder Vokabular (vgl. Damme 1988, 2ff.). Die Vokabulare sind häufig nicht als Einzelexemplare, sondern im Verbund verschiedener lexikographischer Dokumentationen (lat.-mnd. und mnd.-lat.) erhalten, ausschlaggebend dafür ist die konkrete Gebrauchssituation beim Hinüber- und Herüberübersetzen. Ebenso auf die Verwendungspraxis verweist der Umstand, daß Grammatiken und lat. Fachtexte als Bezugsmaterial in die betreffenden Sammelhandschriften mit eingegangen sind (vgl. Fischer 1992).

Den praktischen Bedürfnissen des hansischen Rußlandhandels dienten die russ.-nd. Gesprächsbücher, um direkte Geschäftsverhandlungen zu ermöglichen und zu trainieren. Mit Gernentz/Korol/Rösler (1988, 23) ist zu vermuten, daß Verständigungshilfen (Vokabellisten) für den Eigenbedarf angelegt wurden, die keine größere Verbreitung erlangten und nicht erhalten sind. Zu den überlieferten Zeugnissen gehört das Fragment eines nd.-russ. Sprachführers von 1551 (Johansen 1955) und vor allem das sog. Gesprächsbuch des Tönnies Fenne von 1607, dessen Anliegen es war, „de rusche sprake recht tho leren vnd tho vahten vnd darna recht tho schriuen [...] vnd de rusche sprake mitt leue tho gebrukenn" (Hammerich/Jakobson 1970, 16). Das als breite Kommunikationshilfe angelegte Werk enthält neben einem Wörterbuch Abschnitte zur Grammatik, zur Konversation, religiöse Texte und Briefmuster sowie eine ausschließlich russ. gehaltene Aufstellung von Zahlen und Buchstaben. Das Wörterbuch selbst unterscheidet zwischen Allgemein- und Handelswortschatz. Beide Teile sind nach Sachgebieten weiter geordnet, z. B. „Van den veer elementenn", „Van huszgerade", „Van allerley pelterienn", „Van der ruschen muntte" (Hammerich/Jakobson 1970, 19ff.). Während im Wörtbuchteil lediglich eine Äquivalentsetzung russ. und nd. Lexeme vorgenommen wird, bietet der grammatische Teil ergänzend Angaben in lat. Kommentierung zur Flexion und Wortbildung mit russ. Beispielen, z. B. „Nominativi singularis substantivorum variant" (Hammerich/Jakobson 1970, 92). Nach Wortarten geordnete russ.-nd. Listen schließen sich an.

Als ein Sonderfall zeitgleicher einsprachiger Lexikographie kann das den nd. Liber vagatorum (1510; Kluge 1901, 58ff.) beschlie-

ßende Wortverzeichnis gelten, wo dem gruppensprachlichen Lexikon der Fahrenden (vgl. 3.2.1.) äquivalente Lexeme der allgemeinen mnd. Sprache zugeordnet sind. Motiv für diese Art von Lexikographie ist, die Exklusivität des Gruppenlexikons aufzubrechen und auf diese Weise aufklärend zu wirken („Sinn für allgemeines Wohl", Kluge 1901, 59).

6.2. Nachzeitige Lexikographie

Die Lexikographie des Mnd. wird im 19. Jh. wieder aufgenommen und speist sich seitdem aus dem kontinuierlich gegebenem Interesse an sprachrealisierten Zeugnissen vergangener Epochen. Am Anfang steht Diefenbach (1857), der die Vielzahl der mittelalterlichen lat.-dt. Glossare zu einem Gesamtglossar zusammenfügte. Diese Dokumentation wurde 1867 durch eine weitere Glossarkompilation ergänzt (Diefenbach 1867). Diefenbach kann als Vorläufer der nachzeitigen mnd. Lexikographie gelten, wenn auch zu seinen vorrangigen Zielen der Ausbau der mlat. Wortsammlungen rechnete und die zugehörigen volkssprachlichen Lexeme akzentuiert in diesen Zusammenhang eingeordnet wurden (vgl. Diefenbach 1857, X). Zu der lat.-dt. Wortrelationierung tritt eine gewisse Kommentierung, die intratextuell verweist, Varianten des lat. Lemmas benennt und auf unsichere Deutungen aufmerksam macht.

Für die im 19. Jh. intensiv entwickelte Beschäftigung mit mittelalterlichen Geschichtsquellen Norddeutschlands (Möhn 1987, 10ff.) wurde die Kenntnis des Mnd. unverzichtbar. Hier sind die Ursachen für zwei Wörterbuchunternehmen gegeben, welche das Mnd. ins Zentrum stellen und hd. gehaltene Interpretamente liefern. Grundlegend wurde das *Mittelniederdeutsche Wörterbuch* von Schiller und Lübben (Schiller/Lübben 1875−1881), das sich aus einer eher zufälligen Sammeltätigkeit der beiden Autoren entwickelte. Anstelle der ursprünglichen Absicht, nur Beiträge zu einem Wörterbuch bereitzustellen, trat das Vorhaben eines Wörterbuches „der niederdeutschen Sprache von dem ersten literarischen Auftreten derselben im Mittelalter bis zum Aussterben derselben in den Geschäften des öffentlichen Lebens, auf der Kanzel, vor Gericht u. s. w. [...,] von 1300 bis 1600" (Schiller/Lübben 1875−1881, Bd. 1, V). Dafür wurden sowohl gedruckte als auch handschriftliche Quellen exzerpiert, wobei die Vorläufigkeit des Resultats immer gesehen wurde. Die Makrostruktur zeigt eine alphabetische Ordnung. Neben dem Lemma in normalisierter Form umfassen die Artikel grammatische Angaben (Wortart, Genus, Flexion), semantische Paraphrasen mit weiterer Differenzierung sowie zugehörige Quellenzitate. Zuweilen wird im Artikelkopf auf andere Wörterbücher verwiesen, die das jeweilige Lemma ebenfalls behandelt haben, weitere intertextuelle Verweise, etwa zur semantischen Paraphrase, finden sich an späteren Artikelpositionen. Die bereits angesprochene breit gestreute Lektüre mnd. Texte war Anlaß dafür, neben das große mnd. Wörterbuch von Schiller und Lübben ein Handwörterbuch zu stellen, das ohne Belegstellen und deutlich preisgünstiger herausgebracht werden sollte, „um das Studium des Mittelniederdeutschen zu erleichtern" (Lübben/Walther 1888, V). Die seit der Publikation von Schiller/Lübben (1875−1881) zahlreich edierten mnd. Quellen erlaubten freilich kein bloßes Reduzieren des Artikelumfangs, sondern verlangten eine massive Erweiterung des Lemmabestands und eine Verfeinerung des semantischen Kommentars. Als Ergebnis konnte das *Mittelniederdeutsche Handwörterbuch* von Lübben und Walther 1888 erscheinen (Lübben/Walther 1888).

Der für die Spanne zwischen Schiller/Lübben (1875−1881) und Lübben/Walther (1888) festgestellte Zuwachs der verfügbaren Quellen hielt auch für die folgenden Jahrzehnte an. Er ist einer der Gründe, weshalb eine völlige 'Neubearbeitung' der bis dato vorliegenden Wörterbücher zu Beginn des 20. Jhs. propagiert wurde. Dazu kamen − wesentlich getragen durch die Forschungen Agathe Laschs − Fortschritte in der historischen Sprachanalyse (Existenz des Umlauts, Differenzierung der Langvokale; vgl. Lasch 1914), deren Ergebnisse für die Lexikographie nicht zu negieren waren. Es entstand die Konzeption eines neuen mnd. Handwörterbuchs, die auf einem beträchtlich vermehrten Quellenfundus aufbaute, eine kritische Durchsicht der im vergangenen Jahrhundert ausgewerteten Quellen voraussetzte und letztlich zu neuen Artikeln führte. Die Deklaration des neuen Unternehmens als 'Handwörterbuch' implizierte einen weitgehenden Verzicht auf ausführliche Belegbeispiele. Die Auszeichnung der Lemmata hinsichtlich ihrer Herkunft und ihrer zeitlichen und räumlichen Verbreitung stellt einen lexikographischen Fortschritt gegenüber den Vorgängern dar. Das seit 1928 erscheinende Werk (Lasch/Borchling/Möhn 1956ff.) hat unterdessen längst den Umfang eines Handwörterbuches übertroffen. Gründe dafür sind in dem nach Beginn weiter vermehrten Quellenmaterial

(vgl. Lasch/Borchling/Möhn 1956ff.: Sonderlieferung 1991), aber auch in einer wieder mehr am 'großen Wörterbuch' orientierten Artikelgestaltung zu suchen, z. B. die Aufnahme von Belegen seit der 20. und verstärkt seit der 24. Lieferung (vgl. auch Möhn/Schröder 1992).

Waren die bisher vorgestellten nachzeitigen lexikographischen Projekte auf den gesamten mnd. Wortschatz gerichtet, wird die mnd. Zeit unter der einschränkenden regionalen Perspektive auch von landschaftlichen Großwörterbüchern (Hamburg, vgl. Kuhn/Pretzel/Meier/Möhn 1985ff.; Mecklenburg, vgl. Wossidlo/Teuchert 1942−1992) wahrgenommen. Die Wörterbücher bieten zu den nnd. angesetzten Lemmata mnd. Belege ihres Bezugsgebiets. Zu den frühen Zeugnissen, die den Wortschatz einer Region einbeziehen, gehört das Wörterbuch von Dähnert (1781), in dem der ältere ausschließlich mnd. belegte Wortschatz alphabetisch eingeordnet und typographisch gekennzeichnet ist.

Neben dem regional eingeschränkten Lexikographieren existiert eine einzeltextbezogene Aufarbeitung von Quellen in den entsprechenden Editionen mit grammatischen Angaben, semantischer Paraphrase und Stellennachweis im Bezugstext (vgl. z. B. Mante 1971, 295ff.).

6.3. Desiderate

Gegenwärtig stellt zweifellos der Abschluß des *Mittelniederdeutschen Handwörterbuchs* (Lasch/Borchling/Möhn 1956ff.) das größte Desiderat dar. Bei der sozialen Differenzierung im Bezugszeitraum (vgl. 3.) empfiehlt sich die Bearbeitung von gruppenindikatorischen Wörterbüchern, z. B. zur Handwerkersprache, zur Kaufmannssprache und zur Wissenschaftlersprache. Unter kulturwissenschaftlichem Aspekt wäre ein nach Sachgruppen geordnetes onomasiologisches Wörterbuch wünschenswert. Für die Analyse der mnd. Wortbildung ist ein rückläufiges Wörterbuch als Grundlage kaum zu entbehren. Generell muß für zukünftige lexikographische Dokumentationen und Hilfestellungen gefragt werden, inwieweit diese ausschließlich auf das Medium des Buchdrucks beschränkt bleiben können.

7. Literatur (in Auswahl)

Alpers, Paul, Das Wienhäuser Liederbuch. In: NdJb. 69/70, 1943/47, 1−40.

Åsdahl-Holmberg, Märta, Studien zu den niederdeutschen Handwerkerbezeichnungen des Mittelalters. Leder- und Holzhandwerker. Lund/Kopenhagen 1950. (LGF 24).

Besch, Werner, Sprachprobleme in Münster im Jahre 1533. In: Lingua Theodisca. Beiträge zur Sprach- und Literaturwissenschaft. Jan Goossens zum 65. Geburtstag. Hrsg. v. José Cajot/Ludger Kremer/Hermann Niebaum. Bd. 1. Münster/Hamburg 1995, 241–253. (Niederlande-Studien 16.1).

Bielfeldt, H. H., Die Wege der Wortentlehnungen aus dem Russischen ins Niederdeutsche. In: NdJb. 86, 1963, 17–27.

Bischoff, Karl, Hochsprache und Mundarten im mittelalterlichen Niederdeutschen. In: DU 8, 1956, H. 2, 73–85.

Bolland, Jürgen (Bearb.), Hamburgische Burspraken 1346–1594. Mit Nachträgen bis 1699. Tl. 1–2. Hamburg 1960. (Veröffentlichungen aus dem Staatsarchiv der Freien und Hansestadt Hamburg 6. 1–2).

Brattegard, Olav, Die mittelniederdeutsche Geschäftssprache des hansischen Kaufmanns zu Bergen. I.: Die Sprache der Blütezeit. Bergen 1945. (Skrifter fra Norges Handelshøjskole i rekken Språklige Avhandlinger 2).

Colliander, [Elof], Mittelniederdeutsches Elementarbuch. [Nicht veröffentlichte Druckfahnen. Heidelberg 1912].

Dähnert, Johann Carl, Platt=Deutsches Wôrter=Buch nach der alten und neuen Pommerschen und Rûgischen Mundart. Stralsund 1781.

Damme, Robert, Westslavische Reliktwörter im Stralsunder Vokabular. In: Sprachkontakt in der Hanse. Aspekte des Sprachausgleichs im Ostsee- und Nordseeraum. Akten des 7. Internationalen Symposions über Sprachkontakt in Europa, Lübeck 1986. Hrsg. v. P. Sture Ureland. Tübingen 1987, 163–178. (LA 191).

Ders., Das Stralsunder Vokabular. Edition und Untersuchung einer mittelniederdeutsch-lateinischen Vokabularhandschrift des 15. Jahrhunderts. Köln/Wien 1988. (NdSt 34).

Diefenbach, Lorenz, Glossarium Latino-Germanicum mediae et infimae aetatis. Unveränderter reprografischer Nachdruck der Ausgabe Frankfurt am Main 1857. Darmstadt 1968.

Ders., Novum Glossarium Latino-Germanicum mediae et infimae aetatis. Beiträge zur wissenschaftlichen Kunde der neulateinischen und der germanischen Sprachen. Frankfurt/M. 1867.

Dinzelbacher, P., Art. Mystik. A. Christentum. I.: Westliches Mittelalter. In: Lexikon des Mittelalters. Bd. 6: Lukasbilder bis Plantagenêt. München/Zürich 1993, 982–989.

DUDEN. Grammatik der deutschen Gegenwartssprache. Hrsg. und bearb. v. Günther Drosdowski in Zusammenarbeit mit Peter Eisenberg [u. a.]. 5., völlig neu bearb. und erw. Aufl. Mannheim [etc.] 1995. (Duden 4).

Ebel, Wilhelm (Hrsg.), Lübecker Ratsurteile. Bd. 1–4. Göttingen/Berlin/Frankfurt 1955–1967.

Fischer, Christian, Mittelniederdeutsch-lateinische Vokabulare in Münster. Bearbeitungsstand und Perspektiven eines Teilprojekts. In: NdW 32, 1992, 13–28.

Foerste, William, Geschichte der niederdeutschen Mundarten. In: Aufriß 1957, 1729–1898.

Fricke, Klaus Dietrich, »Dem Volk aufs Maul schauen«. Bemerkungen zu Luthers Verdeutschungsgrundsätzen. In: Eine Bibel – viele Übersetzungen. Not oder Notwendigkeit? Hrsg. v. Siegfried Meurer. Stuttgart 1978, 98–110. (Die Bibel in der Welt 18).

Friedland, Klaus, Die Hanse. Stuttgart/Berlin/Köln 1991. (Urban-Taschenbücher 409).

Gabrielsson, Artur, Die Verdrängung der mittelniederdeutschen durch die neuhochdeutsche Schriftsprache. In: Handbuch zur niederdeutschen Sprach- und Literaturwissenschaft. Hrsg. v. Gerhard Cordes/Dieter Möhn. Berlin 1983, 119–153.

Gaedertz, Karl Theodor, Die Hamburgischen Opern in Beziehung auf ihre niederdeutschen Bestandtheile. In: NdJb. 8, 1882, 115–169.

Gernentz, Hans Joachim/Tamara Korol/Irmtraud Rösler, Das Gesprächsbuch des Tönnies Fenne in seinem sprach- und gesellschaftshistorischen Umfeld. In: Autorenkollektiv unter der Leitung von Hans Joachim Gernentz: Untersuchungen zum Russisch-niederdeutschen Gesprächsbuch des Tönnies Fenne, Pskov 1607. Ein Beitrag zur deutschen Sprachgeschichte. Berlin 1988, 13–86. (Baust. 64).

Grubmüller, Klaus, Vocabularius Ex quo. Untersuchungen zu lateinisch-deutschen Vokabularen des Spätmittelalters. München 1967. (MTU 17).

Härd, John Evert, Konzessive Ausdrucksweisen in der mittelniederdeutschen Schriftsprache. In: NdM 24, 1968, 51–74.

Hagen, Paul (Hrsg.), Zwei Urschriften der 'Imitatio Christi' in mittelniederdeutschen Übersetzungen. Aus Lübecker Handschriften. Berlin 1930. (DTM 34).

Hammerich, L. L./Roman Jakobson (Hrsg.), Tönnies Fenne's Low German Manual of Spoken Russian Pskov 1607. Vol. 2: Transliteration and Translation. Copenhagen 1970.

Hanserecesse. Abt. I: Die Recesse und andere Akten der Hansetage von 1256–1430. Hrsg. durch die Historische Commission bei der Königl. Akademie der Wissenschaften. Bd. 1–8. Leipzig 1870–1897.

Jellinghaus, H., Lübecker Schulvokabular vom Jahr 1511. In: NdJb. 16, 1890, 111–116.

Johansen, Paul, Fragment eines niederdeutsch-russischen Sprachführers (1551). In: ZsPh. 23, 1955, 275–283.

Ders./Heinz von zur Mühlen, Deutsch und Undeutsch im mittelalterlichen und frühneuzeitlichen Reval. Köln/Wien 1973. (Ostmitteleuropa in Vergangenheit und Gegenwart 15).

Jostes, Franz (Hrsg.), Johannes Veghe. Ein deutscher Prediger des XV. Jahrhunderts. Halle 1883.

Kaestner, Walter, Niederdeutsch-slavische Interferenzen. In: Handbuch zur niederdeutschen Sprach- und Literaturwissenschaft. Hrsg. v. Gerhard Cordes/Dieter Möhn. Berlin 1983, 678−729.

Kluge, Friedrich, Rotwelsch. Quellen und Wortschatz der Gaunersprache und der verwandten Geheimsprachen. I.: Rotwelsches Quellenbuch. Straßburg 1901. Photomechanischer Nachdruck mit einem Nachwort von Helmut Henne und der Rezension von Alfred Götze (1901). Berlin/New York 1987.

Kuhn, Hans/Ulrich Pretzel (Hrsg.), Hamburgisches Wörterbuch. Auf Grund der Vorarbeiten von Christoph Walther und Agathe Lasch. Fortgeführt von Jürgen Meier/Dieter Möhn. Neumünster 1985ff.

Lasch, Agathe, Mittelniederdeutsche Grammatik. Halle/S. 1914. (Sammlung kurzer Grammatiken germanischer Dialekte 9).

Dies./Conrad Borchling, Mittelniederdeutsches Handwörterbuch. Fortgeführt von Gerhard Cordes. Hrsg. v. Dieter Möhn. Bd. 1ff. Neumünster 1956ff.

Leloux, H. J., Zur Sprache in der ausgehenden Korrespondenz des hansischen Kaufmanns zu Brügge. Bd. 1−2. Diss. (masch.). Gent 1971.

Linke, Angelika/Markus Nussbaumer/Paul R. Portmann, Studienbuch Linguistik. 2. Aufl., erg. um ein Kapitel „Phonetik und Phonologie" von Urs Willi. Tübingen 1994. (RGL 121: Kollegbuch).

Loewe, Richard, Die Dialektmischung im Magdeburgischen Gebiete. Norden 1889.

Loose, Hans-Dieter (Bearb.), Hamburger Testamente 1351 bis 1400. Hamburg 1970. (Veröffentlichungen aus dem Staatsarchiv der Freien und Hansestadt Hamburg 11).

Lübben, A[ugust], Mittelniederdeutsche Grammatik nebst Chrestomathie und Glossar. Leipzig 1882.

Ders., Mittelniederdeutsches Handwörterbuch. Nach dem Tode des Verfassers vollendet von Christoph Walther. Norden/Leipzig 1888. (Wörterbücher. Hrsg. vom Verein für niederdeutsche Sprachforschung 2).

Mack, Heinrich (Hrsg.), Mittelniederdeutsche Beispiele im Stadtarchive zu Braunschweig. Gesammelt von Ludwig Hänselmann. 2., veränderte und um ein Register vermehrte Aufl. Braunschweig 1932. (Werkstücke aus Museum, Archiv und Bibliothek der Stadt Braunschweig 6).

de Man, Louis, Middeleeuwse Systematische Glossaria. Brussel 1964.

Mante, Axel (Hrsg.), Eine niederdeutsche Birgitta-Legende aus der Mitte des XV. Jahrhunderts (Staats- und Universitäts-Bibliothek, Hamburg, Cod. Convent 10). Stockholm/Lund 1971. (AUS. SGF 8).

Meier, Jürgen, Die mittelniederdeutsche Verserzählung „De deif van Brugge". Stoffgeschichtliche und sprachliche Untersuchung. Neumünster 1970. (Forschungen. Neue Folge. Reihe B: Sprache und Schrifttum 7).

Milkau, Fritz, Mittelniederdeutsche Pflanzenglossen. In: NdJb. 17, 1891, 81−84.

Möhn, Dieter, Geschichte der neuniederdeutschen Mundarten. In: Handbuch zur niederdeutschen Sprach- und Literaturwissenschaft. Hrsg. v. Gerhard Cordes/Dieter Möhn. Berlin 1983, 154−181.

Ders., 100 Jahre Pfingsttreffen. Ein Rückblick. In: NdJb. 110, 1987, 7−23.

Ders./Ingrid Schröder, Mittelniederdeutsches Handwörterbuch − Wiederaufnahme der Lieferungen. 2. Werkstattbericht, in: Korrespondenzblatt des Vereins für niederdeutsche Sprachforschung 99, 1992, 52−59.

Müller, Gunter, Wortgeographie und Wortgeschichte. In: Fortschritte der Forschungen und Schlußbilanz. Hrsg. v. Franz Petri/Peter Schöller/Alfred Hartlieb von Wallthor. Tl. 1: Einleitung in den Schlußband VI. Münster 1989, 32−92. (Der Raum Westfalen 6).

Nissen, C. A., Forsøg til en middelnedertysk Syntax. Kjøbenhavn 1884.

Peters, Robert, Mittelniederdeutsche Sprache. In: Niederdeutsch. Sprache und Literatur. Eine Einführung. Hrsg. v. Jan Goossens. Bd. 1: Sprache. 2. verbesserte und um einen bibliographischen Nachtrag erw. Aufl. Neumünster 1983, 66−115.

Ders., Katalog sprachlicher Merkmale zur variablenlinguistischen Erforschung des Mittelniederdeutschen. Tl. II. In: NdW 28, 1988, 75−106.

Ders., „Lateinisch-mittelniederdeutsches Glossarienkorpus". Vorstellung eines Projektes. In: NdW 32, 1992, 1−12.

Rademacher, Heinrich (Hrsg.), Lectulus Noster Floridus, Unser Blumenbettchen. Eine devot-mystische Schrift des 15. Jahrhunderts. Niederdeutsch von Johannes Veghe. Hiltrup 1938.

Röder, Sebastian, Nütte lere vnd vnderricht [...] We men sick in düssen gefarlicken Steruendes lüfften holden/ vnde vor der gifftigen Pestilentzischen sücke bewaren schall/ dat men dar vör seker wesen/ vnd nicht darmit beflecket warden mach/ edder sick jo dar van erredden möge. Hamborch 1565.

Sarauw, Chr., Niederdeutsche Forschungen II. Die Flexionen der mittelniederdeutschen Sprache. København 1924. (Det Kgl. Danske Vedenskabernes Selskab. Historisk-filologiske Meddelelser 10.1).

Der schapherders Kalender. Eyn sere schone vnde nutthe boek myt velen fruchtbaren materien/ so tho rugge dusses blades klarlikē gefunden wert. Rosstock 1523.

Schildhauer, Johannes, Die Hanse. Geschichte und Kultur. Stuttgart 1984.

Schiller, Karl/August Lübben, Mittelniederdeutsches Wörterbuch. Bd. 1−6. Bremen 1875−1881.

Schlüter, W. (Hrsg.), Die Nowgoroder Schra in sieben Fassungen vom XIII. bis XVII. Jahrhundert. Lübeck 1916.

Schmidt-Wiegand, Ruth, Textsorte und Rechts-
quellentyp in ihrer Bedeutung für die Rechtssprachgeographie. In: Text- und Sachbezug in der
Rechtssprachgeographie. Hrsg. v. Ruth Schmidt-
Wiegand. Red. Gabriele von Olberg. München
1985, 21—37. (MM-S 52).

Dies., Rechtssprachgeographie als Sonderfall historischer Wortgeographie. In: Ergebnisse und
Aufgaben der Germanistik am Ende des 20. Jahrhunderts. Festschrift für Ludwig Erich Schmitt
zum 80. Geburtstag dargebracht von seinen Schülern und Freunden. Hrsg., eingeleitet und mit Ver-
zeichnissen versehen v. Elisabeth Feldbusch. Hil-
desheim/Zürich/New York 1989, 39—95.

Schnall, Uwe, Die Bedingungen hansischer Schifffahrt. In: Die Hanse. Lebenswirklichkeit und Mythos. Eine Ausstellung des Museums für Hamburgische Geschichte in Verbindung mit der Vereins-
und Westbank. Hrsg. v. Jörgen Bracker. Bd. 1.
Hamburg 1989, 564—566.

Schnell, Bernhard [u. a.] (Hrsg.), 'Vocabularius Ex
quo'. Überlieferungsgeschichtliche Ausgabe. Hrsg.
gemeinsam mit Klaus Grubmüller. Bd. 1—5. Tübingen 1988—1989. (TuT 22—26).

Schröder, Ingrid, Die Bugenhagenbibel. Untersuchungen zur Übersetzung und Textgeschichte des
Pentateuchs. Köln/Weimar/Wien 1991. (MdF 105).

de Smet, Gilbert (Hrsg.), Nathan Chytraeus: Nomenclator latinosaxonicus. Mit einem Vorwort.
Hildesheim/New York 1974. (DL. Quellen zur Geschichte der deutschen Sprache des 15. bis 20. Jahrhunderts. Reihe I: Wörterbücher des 15. und 16.
Jahrhunderts.).

Ders., Niederländische Einflüsse im Niederdeutschen. In: Handbuch zur niederdeutschen Sprach-
und Literaturwissenschaft. Hrsg. v. Gerhard Cor-
des/Dieter Möhn. Berlin 1983, 730—761.

Sörensen, Kay, „De Seekarte, Ost und west tho segelen" (Hamburg 1577) und „Dat Godtlandische
Waterrecht" (Hamburg 1589). Untersuchungen zur

maritimen Textkultur der Hansezeit. Mag.
(masch.). Hamburg 1991.

Spenter, Arne, Niederdeutsch-friesische Interferenzen. In: Handbuch zur niederdeutschen Sprach-
und Literaturwissenschaft. Hrsg. v. Gerhard Cor-
des/Dieter Möhn. Berlin 1983, 762—782.

Stieda, Wilhelm (Hrsg.), Hildebrand Veckinchusen.
Briefwechsel eines deutschen Kaufmanns im 15.
Jahrhundert. Leipzig 1921.

Teuchert, Hermann, Die Sprachreste der niederländischen Siedlungen des 12. Jahrhunderts. 2. Aufl.
Mit Würdigung und Bibliographie des Verfassers
hrsg. v. Reinhold Olesch/Ludwig Erich Schmitt.
Köln/Wien 1972. (MdF 70).

Ureland, P. Sture (Hrsg.), Sprachkontakt in der
Hanse. Aspekte des Sprachausgleichs im Ostsee-
und Nordseeraum. Akten des 7. Internationalen
Symposions über Sprachkontakt in Europa, Lübeck 1986. Tübingen 1987. (LA 191).

Wehrmann, C. (Hrsg.), Die älteren Lübeckischen
Zunftrollen. 2. verbesserte Ausg. Lübeck 1872.

Wenn, Hans (Hrsg.), Johannes Bugenhagen: Der
Ehrbaren Stadt Hamburg Christliche Ordnung
1529. De Ordeninge Pomerani. Hrsg. und übersetzt
unter Mitarbeit v. Annemarie Hübner. 2. Aufl.
Hamburg 1991. (Arbeiten zur Kirchengeschichte
Hamburgs 13).

Wolter, Klaus, Die Schiffrechte der Hansestädte
Lübeck und Hamburg und die Entwicklung des
Hansischen Seerechts — unter besonderer Berücksichtigung der rechtlichen Bestimmungen über Rei-
senotlagen und Schiffskollisionen. Diss. Hamburg
1975.

Wossidlo, Richard/Hermann Teuchert (Hrsg.),
Mecklenburgisches Wörterbuch. (Bd. 2—5 hrsg. v.
Hermann Teuchert; Bd. 6—7 hrsg. v. der Sächsi-
schen Akademie der Wissenschaften zu Leipzig).
Bd. 1—7. Neumünster 1942—1992.

Dieter Möhn/Ingrid Schröder,
Hamburg/Greifswald

103. Syntax des Mittelniederdeutschen

1. Subjekt

1.1. Als Subj. können stehen:

(a) ein Subst., Name oder Pron. im Nom. (wenn
durch Apposition erweitert häufig durch ein dem.
de wieder aufgenommen: *Vnde Accap syn sone de
regerde na eme ouer Jsrahell*); für einen pronominalen Nom. tritt öfters der Gen. ein: *twaren des en
schut mit nichte*; ausnahmsweise kommt das auch
bei einem Subst. vor: *neyn dynges is so mannichfolt;*

(b) ein Inf. oder eine Infinitgruppe: *te leuen en is nicht guet*; *enyge gekokede dynge genomen were oueruledicheit*;
(c) ein Gliedsatz: *my beruwet dat ik se ghemaket hebbe*.

1.2. Ohne Subj. steht normal die 2. Pers. Imp.: *seghe vns eyn wunderwerk*. Aus einem voran- oder nachgestellten Anrede-Nom. – *Maria, berore mi nicht*; *Market, gy heren, wat he do dachte* – entwickelt sich aber zuweilen ein freier Subj.-Nom.: *Gad gy vry to iuweme vadere*; *S wich du io des wordes me*.
Als Platzhalter des Subj. dienen die Pron. *dat, it*: *dat is een groet dinc, dat en mensche it gheliken mode van hijr schede*; *yd ruwede em dat hee den minschen maket hadde*; auch der Gen. *des* tritt vereinzelt in dieser Funktion auf: *des verwunderde den vader, wo he aldus sere verwandelt were*. Bei Permutation fällt der Platzhalter weg: *my beruwet dat ik se ghemaket hebbe*.
Ein aus dem vorangehenden Satz zu erschließendes Subj.-Pron. fehlt ferner öfters in Sätzen, die durch *unde* eingeleitet sind: *do segen se liggen dort einen man, unde lach dar rehte so ein pelegrin*. Ellipse des pers. Pron. ist sonst selten; wo sie vorkommt, wird wahrscheinlich mit lat. Einfluß zu rechnen sein.

2. Objekt

2.1. Es kommen folgende Formen vor:

(a) reiner Kasus (Akk., Dat., Gen.) eines Nomens oder Pron.: *cristliken namen entphenk de here*; *sine dochter opperde he gode*; *an godes namen he des stichtes begonde*;
(b) Präpositionalkasus oder Pronominaladverb: *ok dachte he vp de quaden bur*; *wan se de noet daer nicht to en dwinckt*;
(c) ein Inf. oder eine Inf.gruppe: *betengede he to byten vnde to gnagen dat sulue stryck*;
(d) ein Gliedsatz: *hebbe ghesecht dat ik iuw wolde vthvoren*.

2.2. Die für das Nd. charakteristische Vermengung von Akk. und Dat. zeigt sich in den Texten seit dem 15. Jh., gelegentlich noch früher (Sarauw 1924, 15; 23). Der Genitiv als Objekt ist, wenn die Ergebnisse einer Sonderuntersuchung über den Gebrauch im Reynke de Vos (Lundemo 1989) verallgemeinert werden dürfen, im Rückgang begriffen, vielleicht, „weil er gegenüber dem 'normalen' Objektskasus Akk. semantisch unmarkiert und deswegen redundant ist" (Lundemo 1989, 149).

2.3. Ein sich auf ein vorangehendes Nomen im Akk. beziehendes Obj.-Pron. wird zuweilen ausgelassen: *Make en plaster mit werke vnde legge over de oghen*; *Mer myne barmeherticheyt en schall ick nicht van eme halen ghelijcke also ik van Saule halede*.

3. Attribut

Als Attribute nominaler Satzglieder erscheinen:

(a) Pron., entweder determinierend: *recht na dessem kloster to*; oder in nominaler Funktion: *dusse nabenompten orer beyder frunde*;
(b) Adj. (Part.): *de wise man*; seltener nachgestellt: *de konnynck ryck*; erweiterte Attribute werden jedoch regelmäßig nachgestellt: *mit velen camelen gheladen mit mencher leye costelickem gude*; solche Konstruktionen werden jedoch in der Regel vermieden, was nicht zuletzt an Übersetzungen aus dem Latein zu erkennen ist; partizipiale erweiterte Attribute in der lateinischen Vorlage werden vom nd. Übersetzer in der Regel in Relativsätze oder *unde*-Sätze aufgelöst;
(c) Zahlwörter: *de seuen vraude*;
(d) Subst. oder Name im Gen.-Verhältnis, entweder nachgestellt, was das gebräuchlichste ist: *uthe befele des hocheborncn fursten*; oder vorangestellt: *de was Dauites sones dochter*;
(e) Präp.-Verbindung: *eyn vat mit appelen*;
(f) Subst. im gleichen Kasus (Apposition): *Marten de ape: mit syneme wyue, vrouwen Ghyremod*; Apposition im Dat. zu einem Bezugswort im Gen.: *dat ghy my willen geuen in de hande Acappes deme konynge* (Lüb. Hist.bibel [1470]); nach dem Muster etwa von Fügungen wie *alle mine kindere*, wo *mine kindere* als Apposition aufgefaßt werden kann, nehmen Verbindungen von poss. Pron. und Subst., ein partitives Verhältnis ausdrückend, nicht selten appositive Flexion an: *van somigen sunderlinghen vrenden*; *mit twen sinen sönen*;
(g) Inf. mit *to* oder Infinitgruppe: *des gaff he enen breff to betalende na veer manten*; *verwunderende spise, genochlike, vrolick vnde bouen alle to begeren*;
(h) Gliedsatz: *van eer werde ick dy gheuende enen sone den ik benediende werde*.

4. Prädikat

4.1. Ein Geschehen in der Gegenwart wird durch das Präs., ein Geschehen in der Vergangenheit vor allem durch das Prät. ausgedrückt. Zur Darstellung einer abgeschlossenen Handlung werden auch Umschreibungen mit *hebben* oder *wesen* + Part. II (Perf., Plquperf.) verwendet. Dabei gilt folgende Hauptregel: Intrans. perfektive Verben werden mit *wesen*, intrans. imperfektive und trans. Verben mit *hebben* umschrieben: *dat he dar nicht ingeuaren en were*; *dat se mit eme valschlike gevaren hadden*; *de dat röchte ghehört hebben.* Das imperfektive *wesen* wird gegen diese Regel, höchstwahrscheinlich infolge hd. Einflusses, oft mit *wesen* umschrieben: *dhe an uerde ghewesen sin.* Imperfektive Verben, die durch das Hinzufügen eines adverbiellen Akk. perfektiviert werden, behalten ferner öfters *hebben* als Hilfsverb: *se volgeden deme stige, den diu hinde gelopen hadde.* In irrealen Satzgefügen schließlich wird das Perf./Plquperf. normalerweise bei allen Verben mit *hebben* gebildet: *dar hedde niemand not gehad, hedden se uppe dem huse bleuen.* – Über das Verhältnis Prät. : Perf. liegt bisher nur eine Untersuchung einiger Partien der mnd. Bibelübersetzungen vor; als reines Erzähltempus dominiert in diesen das Prät., während in dialogischer Rede daneben (mit gleicher Bedeutung) auch das Perf. zu finden ist. – In den Urkunden können im Schlußteil, in der Zeugenformel und in der Datierung das Perf. und das Prät. variieren: *dit is gheschen / dit gheschach* (Peters 1987, 86); dieselbe Formel im Perf. kann einen Erzählabschnitt (im Prät.) einleiten: *Dat is gescheen do Salomon den tempel vulghemaket hadde vnde syn hus dar he jnne wonede des openbarede sick eme god.*

4.2. Ein Geschehen in der Zukunft wird bei perfektiven Verben in der Regel durch das Präs. ausgedrückt: *de nu sin vnde noch to komet* (aber auch: *De dage der moyenisse mynes vaders werden kamende* (Lüb. Bibel); vor allem gilt dies für das Fut. Pass., infolge der perfektiven Aspektualität des Pass.-bildenden *werden*; auch in temporalen Nebensätzen und konditionalen Satzgefügen steht regelmäßig das Präs., mit futuraler Bedeutung. Unter den Umschreibungen dominiert *schöllen* + Inf.: *er erue sal wesen imer*; *schöllen* wird hier als rein temporales Hilfsverb betrachtet werden können; *werden* mit dem Part. I (ursprünglich in aspektueller Opposition zu *wesen* + Part. I; s. 4.3.) oder mit dem Inf. ist in den älteren Quellen selten, wird aber im Laufe der mnd. Periode immer frequenter: *werde din sad mennichuoldich makende* (aber in der Verbindung mit *werden* als Vollverb: *Dyn slechte schal werden so dat stof der erden*); den westlichen Gebieten scheint diese Fügung fremd zu sein; vgl. folgende Bemerkung der sog. Münsterschen Grammatik (15. Jh.): „legam, ick will edder ick schall lesen, edder, alse de averlender seggen, ik werde lesen". Wo die (jüngere) Umschreibung mit *werden* die mit *schöllen* ablöst, übernimmt sie

zuweilen auch deren modalen Nebensinn: *sta vp. vnde vle tho laban myneme brodere tho haran. Vnde du werst myt eme wanende kleyne daghe.* – Eine Annahme Agathe Laschs (1923), im nd. Westen habe sich seit asächs. Zeit ein Gebrauch des Konj. Präs. zur Bezeichnung der Zukunft erhalten (wie vereinzelt auch im Ahd.) hat keine Zustimmung gefunden, wird aber, wie es scheint, durch den in 4.1. erwähnten diesbezüglichen Vergleich der mnd. Bibelfrühdrucke gestützt.

4.3. Bei Verben, die Dauer bezeichnen, ist eine Fügung *wesen* (auch *blîven*) + Part. I häufig: *de bome weren vrucht makende na erer vnderschedinghe*; *do bleyff Josopat mit vreden wonende jn Jherusalem.* Die Konstruktion dient auch dazu, die überschauende (und reflektierende) Betrachtung eines in mehrere Momente gegliederten Geschehens auszudrücken: *Doch esau was seende dat syn vader iacob benediet . vnde hadde ene ghesent tho mesopotamiam syrie . dat he van dar een wyff nemen scholde . vnde dat he eme na der benedyenghe ghebaden hadde . segghende. Du schalt neen wyf nemen van den dochteren chanaan.* – Im Gebrauch dieser Umschreibung – wie überhaupt in der syntaktischen Ausnützung des Part. I – geht das Nd. mit dem Englischen zusammen und weicht vom Hd. ab, wo solche Fügungen seit mhd. Zeit immer seltener werden. – In Übersetzungstexten wird man natürlich die Möglichkeit einer Entlehnung aus dem Latein zu erwägen haben.

4.4. Das Pass. wird normal durch *werden* + Part. II des Hauptverbs gebildet: *de van den steden utghesant werden*; selten, und zwar fast nur in älteren Texten, durch Umschreibung mit *wesen*: *ic kelave, that the sulue godes sune infangan was van thene helgen geste*; vgl. doch noch Lüb. Hist.bibel (1470): *wij keren vnse oughen to dy vmme van dy getrostet tho wesende*; der meist auf erstarrte Formen beschränkte Imp. Pass. wird regelmäßig mit *wesen* gebildet: *wes ghegroetet*; *wesen* auch im Phrasem *tôt wesen* (neben *tôt blîven*) 'sterben'.

4.5. Wenn in den umschriebenen Tempora der Vergangenheit von *lâten, hêten, dôn, sên, hören, helpen, lernen* und den Modalverben das Präd. aus drei oder mehr Verbalkonstituenten besteht, kommen häufig durch Formensynkretismus bedingte Konstruktionsmischungen vor: *hebbe wy desse schrifft gelaten bevestet*; *dar men se hadde gesehn utgereden*; *hebbe we vnse ingheseghele gehengt heten.*

4.6. Auslassung des finiten Hilfsverbs in zweigliedrigen Nebensatz-Präd., obd. erst im 15. Jh. zu bemerken, erscheint mnd. schon in Texten aus dem 13. Jh.: *de marcgreve Albrecht gewan wider Brandenburch van den Weneden, dat se eme afgewunnen* (Sächs. Weltchron.); in der Folgezeit wird die Erscheinung sehr frequent. In dreigliedrigen verbalen Komplexen kommt Weglassung des finiten Hilfsverbs erst gegen Ausgang der mnd. Periode vor: *so ik binnen Prage in Bhemen twe jar na der slacht berichtet worden* (Oldecop).

4.7. Aus einer allgemeinen Tendenz zu analytischer Konjugation zu erklärende Umschreibungen *dôn* + Inf. − *dat wy in vrentlik doen bidden* − lassen sich, vor allem in Nebensätzen, schon seit dem 13. Jh. nachweisen, gehören aber vornehmlich der spätmnd. Periode an.

4.8. Ein wichtiges syntaktisches Charakteristikum des Asächs. wie überhaupt des Nordwestgerm. bildet die Verwendung bestimmter Kategorien von intrans. Verben, denen im Hd. reflexive Verbindungen entsprechen: *so anthlidun* ('öffneten sich') *tho himiles doru*. Das Mnd. hat sich hier vollständig dem Hd. angeschlossen: das Reflexivum *sik* ist schon seit dem Anfang der Überlieferung eingebürgert, und das Mnd. zeigt alle Kategorien des reflexiven Verbs im selben Umfang wie das Mhd.

4.9. Das Mnd. hat Imp.-Formen von *weten* und − nach lat. Vorbild? − *willen* neugebildet: *wetet, dat na vertig dagen dusse stat scal wesen tonichtet*; *leven heren, wilt weten, dat ...*
In der 3. Pers. wird der Imp. durch den Konj. ersetzt: *de nicht slapen enkan, die neme wyt maensaet*; ebenso in der 1. Pers. Pl.: *Hale wi de arken godes van Silo*; allmählich wird hier eine Umschreibung mit *lâten* gebräuchlich: *lat vns scriuen eynen bref.* − Imperativische Bedeutung haben auch Verbindungen von Modalverben, vor allem − wie bereits in asächs. Zeit − *schöllen*, mit dem Inf.: *lat de an etike seden, unde scal eme dat leghen uppe den maghen*; in den Lübecker und Halberstädter Bibelübersetzungen (1494 bzw. 1522) erscheinen ferner Fügungen mit *werden* + Part. I bzw. Inf. als Wiedergabe des lat. iussiven Fut.: *sammele to hope de oldesten van israel unde werde segghende to em.*

4.10. Der Konj.-Gebrauch ist im Vergleich mit den Verhältnissen im Asächs. stark eingeschränkt. Regelmäßig steht ein wünschender Konj. in der 3. Pers. Sg.: *we dar wille, de vle, we dar wille, de sta mi bi.* Ein nicht selbständiger Konj. kommt (mit Modalverb-Umschreibungen alternierend) in Obj.-Sätzen nach Verben des Wollens, der Hoffnung, der Furcht vor; nach anderen Anführungsverben erscheint, je nach der Mitteilungsabsicht, der Ind. oder der Konj. Der Konj. überwiegt ferner in Finalsätzen und in temporalen Nebensätzen, die sich auf die Zukunft beziehen, und in konditionalen und konzessiven Satzgefügen, um die Erfüllung der in diesen ausgedrückten Bedingungen als unwahrscheinlich oder ungewiß hinzustellen.

5. Prädikative Ergänzungen

5.1. Ein Präd.-Nom. steht bei den Verben *wesen, werden, blîven, hêten, dünken, schînen*: *Phila scholde wesen ein brut sin*; *Dagon blef en blok an siner stede*; *Des mot ik eyn arm man heten.*

5.2. Präd. Ergänzungen des Akk.-Obj. erscheinen bei den Verben *nömen, hêten*: *vnde nomede dat licht den dach*; *Reynke heeth den kater synen neuen*; zuweilen auch − in Konkurrenz mit Präp.-Verbindungen − bei *maken, kêsen, wîen, scheppen*: *God heft my ghemaket enen heren des ghantzen landes*; *Bonifacius wiede on koning*; *man vnde wyff scheppede he se.*

5.3. Substantivische präd. Attribute, mit Bezug sowohl auf das Präd. wie auf das Subj., werden normal durch *alse* attribuiert: *du bist hir engeghan alze een vrommet man*; absolute Nom. in dieser Funktion sind selten und fast ausnahmslos auf Übertragungen aus dem Lat. beschränkt: *de dar wedder kommende is en segheuechter van deme stride.*

6. Adverbialbestimmungen

Es kommen folgende Formen vor:

(a) Adv.: *din broder is klokliken ghekamen*;
(b) Präp.-Verbindung: *Mit korne, mit wyne vnde mit olie hebbe ik ene bestedighet*;
(c) Adverbialkasus: *Wy werden ghande enen wech dryer daghe*;
(d) Inf. oder Infinitgruppe: *dat schuet vth wunderteken, alze blinden sende*;
(e) Gliedsatz: *Alzo nu abraam bad, do makede god sund abimelech.*

7. Negation

Als Negationswörter erscheinen Zusammen-
schmelzungen der ursprünglichen Negationspartikel *ne* mit Pron. und Adv.: *nicht, nên, ne-
man, nenich, nê, neweder, nergen, noch*. – Zur
Satzverneinung dient in den älteren Texten
die Partikel *ne* (*en*), dem Finitum proklitisch
angeschlossen und meist in Verbindung mit
nicht: *des er nicht ne was*; allmählich übernimmt *nicht* allein die Negierungsfunktion:
dat wy nicht steruen mit uneren. – Exzipie-
rende Bedingungssätze haben in der früheren
Zeit meist ein pleonastisches *ne* (*en*): *it en sî
dat*; *he en were*; später tritt das Adv. *dan(ne)*
hinzu: seit dem Ende des 14. Jhs. wird *ne*
auch hier immer seltener: *id were dan, dat id
ohme echte nod benehme*.

8. Wortstellung

8.1. Satzgefüge

Die Reihenfolge zwischen Hauptsatz und Nebensatz ist nicht willkürlich. Es herrscht eine
Tendenz zu linksverzweigter Syntax vor (d. h.
der untergeordnete Satz folgt dem übergeordneten): *vnde schal neen haghel werden . vppe
datt du moghest weten . dat deme heren dat
erdryke hord*; bei temporalen Nebensätzen
gilt öfters die Regelung, daß sie vor dem
Hauptsatz stehen, wenn das Geschehen, das
sie ausdrücken, dem des Hauptsatzes zeitlich
vorangeht: *Do Roboam olt was eynvndevertich
jar do wart he konynck*; *also wy dat gegheten
hebben, mote wij van hunger steruen*; aber: *ioseph worden ghebaren twe sones er de hung-
her quam*.

8.2. Sätze

8.2.1. In der Grundstruktur der Aussagesätze
steht das Subj. an der ersten Stelle und das
Fin. an der zweiten Stelle im Satz: *wi hebben
en deel van dem blode gheseen*. Von dieser
Grundstellung kommen aber häufig durch
den Kontext oder durch den unterschiedlichen Mitteilungswert der Satzglieder bedingte Abweichungen vor. Tritt ein anderes
Glied als das Subj. an die Satzspitze, bleibt
das Fin. regelmäßig an der zweiten Stelle,
während das Subj. ins Feld hinter dem Fin.
rückt: *Altehant wart daer een wunderlic dinc
gheseen*. Ausnahmsweise wird in solchen
Fällen die gerade Wortfolge beibehalten:
Hijrvmme wij anbeden nenen makeden got (regelmäßig so in der Lüb. Bibel nach dem kausalen Adv. *hijrumme*). – In bezug auf das finite Verb und dessen Bestimmungen ist als

übergreifendes Prinzip deutlich die Verbalklammer zu erkennen; diese wird dabei überwiegend von dem finiten Verb und einem Inf.
oder Part. II gebildet: *dar schal hee dubbelt
wedder gheuen*; *de jungen weren dar alder mest
in dat lant geboren vnde hadden grote rijckheyt
vorgaddert*. (Über Ausklammerung s. 8.2.4.).
Bei Nachsätzen sind verschiedene Strukturen möglich. Sie können nach der Hauptregel
gebildet sein, so namentlich in Gesetzestexten
nach Bedingungssätzen: *Storue de the it
kofte, men scolde it sinen eruen up laten*. Häufig sind sie durch ein sich auf den vorangehenden Adverbialsatz beziehendes Adv. oder
Dem. eingeleitet (*dô, sô, dat, des*): *sint se lut-
tec redelicheit hebbet, so volget se den bekorin-
gen*; *do he dat gud hadde des en achtede he
nicht wat he geloeut hadde*. Schließlich kann
das Fin. an der Spitze des Satzes stehen: *Do
se dat ghesecht hadde, stont se vp van dem
bedde*.

8.2.2. Ergänzungsfragen haben das Fin. an
zweiter, das Subj. an dritter Stelle: *Warumbe
heus tu mi verlaten?*; in Entscheidungsfragen
steht das Fin. an der Spitze: *Is nicht de du-
dinghe gades werk?*

8.2.3. Aufforderungssätze werden normal
von dem Verb im Imp. eingeleitet: *Gaet hen
enwech!* Ein emphatisch hervorgehobenes
Satzglied kann dem Imp. vorangehen: *Dat lis
mit andacht!*

8.2.4. Nebensätze ohne einleitendes Subj.,
Pron. oder Adv. haben dieselbe Struktur wie
Entscheidungsfragesätze. Bei den eingeleiteten Nebensätzen sind verschiedene Strukturen möglich:

(a) Generell, und zwar, wie es scheint, stärker als
im Hauptsatz, jedoch keineswegs zwingend, gilt
das Prinzip der Umklammerung, wobei das Subj.
das erste und das Fin. das zweite Glied der Satzklammer bildet (wie ja bereits im Asächs.): *allent,
dat du nv in dessen eddelen daghen van korticheyt
der tyt versumet hefst*; ein regelnder Faktor ist dabei
(jedenfalls in der Erzählprosa) der Umfang der
Klammer; umfassendere Satzglieder werden meist
ausgeklammert: *vppe dat ik vthwerpende werde den
chananeum vnde amorreum vnde etheum vnde phere-
zeum vnde iebuseum*; *vnde hebbe gheseen alle dynk .
de iuw to quemen in egipten*; ebenso in der Regel
adverbielle Präp.-Verbindungen: *Vnde de sones aa-
ron scholen sin blod gheten vppe dat altare vmme-
lang*;
(b) die Wortstellung des logisch untergeordneten
Satzes kann mit der des Aussagesatzes übereinstimmen: *darvmme prouet Aristoteles, dat vnmechlich
wesen is lesterliker verleye wis*;

(c) die Konjunktion *unde*, zwei Nebensätze verbindend, zeigt die starke Tendenz (in manchen Texten zur Regel entwickelt), das Fin. des zweiten Satzes an sich zu ziehen, wodurch ein Übergang vom Typ (a) mit Hypotaxe zum Typ (b) mit Parataxe stattfindet: *vse loser, de vtheghan was van sineme vadere vnde was ghekomen an desse werlde*: entsprechend können Inf. und Obj. umgestellt werden: *dat dat kint scholde ghan to deme borne vnde halen water.*

8.3. Syntagmen

8.3.1. Bei Präd.-Gefügen mit verbalen Konstituenten läßt sich fast allgemein eine Tendenz zu struktureller Unterscheidung der Gefüge Fin. + Part. II bzw. Fin. + Inf. im Nebensatz feststellen: das Fin. tendiert in jener Verbindung (wo das Part. deutlicher adjektivischen Charakter hat) stärker als in dieser zur Stellung nach der Nominalform: *geschikket hebben* gegenüber *scolde schicken*; die synchrone Varianz reflektiert hier eine diachrone Regularität in der Verbreitung der Rahmenstruktur in Verbkomplexen. — Bei dreigliedrigen Nebensatz-Prädikaten mit verbalen Bestandteilen wird das Fin. entweder den beiden Nominalformen vorangestellt — *mochte gheslaghen werden* —, oder es steht zwischen den Nominalformen; ausnahmsweise, wahrscheinlich unter hd. Einfluß, wird es den Nominalformen nachgestellt: *geboren werden schal.*

Von den beiden Nominalformen eines dreigliedrigen Verbkomplexes steht, wie in den Beispielen oben, die dem Fin. am nächsten untergeordnete in der Regel rechts. Ausnahmen von dieser Regel kommen nur bei vorangestelltem Fin. vor: *alse god schal werden geboren*; *dat he Sodoma vnd Gomorra wolde laten vorghan.*

8.3.2. Durch Verbindungen des dem. *dâr* mit Adv., die zugleich als Präp. verwendet werden, entstehen adverbielle Gruppen: *dâr ane, dâr mede, dâr bî* usw., die meist nicht zu lexematischen Einheiten zusammengewachsen sind. Zwischen die beiden Elemente dieser Verbindungen können andere Wörter geschoben werden, und zwar vor allem, wenn *dâr* in demonstrativer (im Hauptsatz) oder relativer (im Nebensatz) Funktion den Satz eröffnet: *dar en scholde Olrek nycht mede wesen*; *de schult is quaet dar he de pine umme lidet.* Im Satzinnern ist Trennung weniger häufig: *de ome duncken darto bequeme wesen.*

8.4. Herausstellung

Die syntaktisch geregelte Struktur der Sätze oder Satzverbindungen wird oft durch die Herausstellung eines psychologischen Subj.

oder eines anderen Satzgliedes mit hohem Mitteilungswert aufgehoben, das dann im Satz meist durch ein Pron. oder Adv. wieder aufgenommen wird: *se ghenghen myt der processien to der tauernen ende vunden den iunghen canonic, dat he al sin ghelt ende cleder verspelt hade*; *iotu unse lösere van der pine tu der opperstandinge was he ouergegangen.*

9. Kongruenz

Von der grammatischen Grundregel, daß das Fin. des Präd. im Numerus mit seinem Subj. kongruieren soll, gibt es viele Ausnahmen. So steht ein Fin., das einem Subj. im Plur. vorangeht, öfters im Sing.: *In dessen ii vorghesechten capittelen is to merkende veer stucke*; dasselbe gilt, wenn das Subj. aus zwei durch *unde* verbundenen Sing.-Formen besteht: *dat din herte vnde din licham vernyet werde.* — Substantive im Sing., die eine Mehrheit bezeichnen, werden als Subj. meist mit einem Präd. im Plural verbunden: *alle dat volk van Israhel hadden ene lef*; gleichermaßen erscheinen Pron., die sich auf Kollektive beziehen, im Plur. — Ein Possessiv-Verhältnis wird öfters doppelt ausgedrückt: Gen. (oder Dat.) des Nomens + poss. Pron.; in solche Verbindungen kann in der Spätzeit für den Gen. (Dat.) der Nom. eintreten: *dusse was de leste her Hynrik van Gemen sin grotevader.* — Fehlende Markierung der Kongruenz läßt sich ferner u. a. bei Apposition und Herausstellung feststellen: *Den gy senden alze eyn bode*; *juwe dode dochter, dat gude hoen, der wil wy der doden rechticheyt doen.*

10. Zusammengesetzter Satz

10.1. Syntaktisch gleichwertige Sätze können entweder asyndetisch koordiniert werden, oder die Verbindung geschieht mit Hilfe von Konjunktionen oder Konjunktionaladverbien. Folgende koordinierende Konjunktionen (mit zahlreichen Nebenformen) kommen vor: *unde, edder/effte/offte, beide — unde, sowol — alse, aver/men/mer, sunder, wente* 'denn', 'weil'. — Dem Umstand entsprechend, daß oft keine strenge syntaktische Unterscheidung (durch Wortfolge) gemacht wird zwischen Hauptsatz und Nebensatz, verbindet *unde* nicht nur syntaktisch gleichwertige Sätze und Satzteile, sondern nicht selten auch einen (meist temporalen) Nebensatz mit dem folgenden Nachsatz: *vnde alzo sik nv ok de grote luste in Euen vormerede, vnde ze vorghat*

do der groten gude, dede or ghegheuen weren
(vgl. Wessobrunner Gebet: *do dar wiht ni was
enteo ni wenteo, enti do was der eino almahtico
got*); *do ick vyf brot brack vyfdusenden, vnde
wo vele korue neme gy vp vul.* – *unde* vor einer adverbiellen Bestimmung drückt Emphase aus: *de schare gencgen emme to vnde
ane perde.* Die Konjunktion *(al)sowol* – *also*,
die nach DWB erst in der ersten Hälfte des
16. Jhs. bezeugt ist, erscheint nd. schon am
Ende des 14. Jhs. (Nd. Gebetbuch): *alsowol
an deme hemmele also an deme ertrike.* –
wante (diese Form noch im 14. Jh. überall
verbreitet, später vorwiegend westfäl., während im übrigen nd. Gebiet meist *wente*) geht
auf das asächs. Fragewort *hwanda* 'warum?'
zurück; vgl. Hel.: *liudi wândun, that that uualdand krist selbô uuâri, huuanda he sô filu sôdes
gisprac* 'sie glaubten, daß er Christus sei;
warum?; er sprach viel Wahres'; es finden sich
im Mnd. Konstruktionen, die auffallend ähnlich aufgebaut sind; vgl. *He is gheoffert.
Worvmme? Wente he wolde dat gerne suluen;
Wor umme? wente se genetens al mede, al were
it ok men to eineme klede.* Dem durch das begründende *wente* eingeleiteten Satz geht in
der Regel der begründete Satz voraus, und
wente hat koordinierende Funktion; in vielen
Texten leitet *wente* aber einen subordinierten
Satz ein, der dann dem übergeordneten, begründeten, vorangehen kann: *wante wij alle
daghe sundighet, dar umme vernye wij ock alle
daghe die sacramente.* Besonders nach Anführungsverben, „in mechanischer Nachbildung
des mittelalterlichen Lateins als Einleitung
der Rede (= lat. *quia, quoniam*)" (Behaghel
1928, 334) steht *wente* explanativ, mit der Bedeutung 'nämlich, daß': *des mot ik dessen heren vortellen; wente Reinke min om in winters
not umme Isegrims willen vil na was dot.*

10.2. Die als Satzglieder oder Attribute auftretenden Nebensätze können nach der Art
ihrer Abhängigkeit von einem übergeordneten Satz oder Satzglied gegliedert werden in:

(a) Relativsätze: *dat he sin got umme sölk egen geve,
daraf men eme so groter ere plege; allent dat syk
beweghet*; zuweilen mit Weglassung des Relativums: *dat quade, gy Reynken hebben ghedan*;
(b) Interrogativsätze: *dath se mochte seen, wer de
watere vorghan weren; vmme tho beseen wat vrouwen
dat dat were*;
(c) Inhaltssätze: *Des wart eme gesecht dat id were
Bersabee Vrias wijff; segghe dat du myn suster syst*;
(d) Temporalsätze: *also desse dinghe nu vorghanghen weren do schach de rede des heren; O wylk eyn
beuent tokamende ys vnde lede, wenner erscheynende
is de richter sittende to rede*;

(e) Konditionalsätze: *des se vor unrechter gewalt beschermen scholden, eft se trüwe unde ere behalden
wolden; wert sake dat yemant golde vorcoffte*;
(f) Konsekutivsätze: *se ward ghekeret yn eene slanghen, so ok dat moyses vloch*;
(g) Kausalsätze: *na deme alse dijt de erste richtedach were; darvmme dat he eme dey wort godes tho
sprack darvmme so leth he ene mit einer holtenen
saeghen synen lychenam dor snijden*;
(h) Finalsätze: *alze ick yngheghan byn tho pharaoni. vppe dath ik spreke van dyneme namen*; aus der
kausalen Bedeutung des *umme dat* entsteht eine finale (öfters durch den Modus Konj. oder durch
Umschreibung mit Modalverb verdeutlicht): *ik
hebbe juw de kronen gegheuen darvmme dat ghy my
vnderdanisch wesen scholden; dar vmme bin ik ghe
komen to dopende in de watere*; mit diesem Typ des
Finalsatzes variierend steht ein entsprechend gebildeter finaler Inf.: *vmme teghen de van Jsrahell to
vechtende* (Lüb. Hist.bibel, v. J. 1470; auf hd. Gebiet
ist, nach Dal [1966, 111] die Verbindung *um zu* +
Inf. vor Luther nicht zu belegen);
(i) Konzessivsätze: *Al hevestu in godes stede staen
[...], du most my volghen; Nym des kopes ersten
bate, wol si de wynninge in der mate; Wol dat Philippus sin vader heyt, Neptanabus on nicht vorleyt*;
(j) Komparativsätze: *Wultu my ock dod slan . also
du ghysterne dodsloghest den van egipten; he en let
dar nemende leuen also dat got dorch den propheten
gesproken hadde.*

10.3. Über die primäre Funktion hinaus, einen Subj.- oder Obj.-Satz zu markieren, fungiert die Subjunktion *dat* als allgemein satzunterordnendes Morphem, entweder in Kombination mit anderen Subjunktionen (Adverbien) (woraus neue Subjunktionen entstehen
können, wie z. B. das temporale *na deme dat*,
das konsekutive *also dat*, das konzessive *wol
dat*) oder allein deren Semantik vertretend:

*mach men vraghen, wor-vmme dat god de here Addame schop van der erden; In dem weghe spigheden
se meck an myn antled vnd sloghen meck, dat eck
nicht so wol edder so sere konde gan, also se wolden;
do was grot vrost, dat dat korn vorvros; Mars de is
alzo ho, dat eyn lepe alle daghe teyn myle, de en
queme nicht an ore speren.*

10.4. Auf formal-logische Korrektheit der
Satzverbindungen und -strukturen wird keineswegs Gewicht gelegt; lose Ansätze, Anakoluthe und Konstruktionsstörungen, wie sie
für die spontane Rede typisch sind, kommen
vor allem bei umfangreicheren Satzgebilden
sehr häufig vor:

*We sede dy, dat du naket werest wen dat du van deme
holte van deme dat ick dy vorboden dat du des nicht
en etest hast du ghegheten; Wat was yd, dat dy dar to
dreff, / Dattu Lampen, den truwen deghen, / De myne
breue plach to dreghen, / Deme du, slynme boeze
ketyff, / Vnschuldyghen hefft ghenomen dat lyff?*

11. Literatur (in Auswahl)

Behaghel, Otto, Deutsche Syntax. Bd. III. Die Satzgebilde. Heidelberg 1928.

Dal, Ingerid, Kurze deutsche Syntax auf historischer Grundlage. 3., verb. Aufl. Tübingen 1966.

Hermodsson, Lars, Reflexive und intransitive Verba im älteren Westgermanischen. Diss. Uppsala 1952.

Hetzer, Armin, Textkohärenz in mittelniederdeutschen Chroniken. In: NdJb. 117, 1994, 24−57.

Holmberg, John, Zur Geschichte der periphrastischen Verbindung des Verbum substantivum mit dem Partizipium Präsentis im Kontinentalgermansichen. Diss. Uppsala 1916.

Keseling, Gisbert, Periphrastische Verbformen im Niederdeutschen. In: NdJb. 91, 1968, 139−151.

Lasch, Agathe, Der Conjunctiv als Futurum im Mittelniederdeutschen und Altsächsischen. In: PBB 47, 1923, 325ff.

Lundemo, Frode, Der Genitiv im 'Reynke de vos'. In: NdW 29, 1989, 113−155.

Magnusson, Erik, Syntax des Prädikatsverbums im Mittelniederdeutschen von der ältesten Zeit bis zum Anfang des fünfzehnten Jahrhunderts. Diss. Lund 1939.

Nissen, C. A., Forsøg til en Middelnedertysk Syntax. København 1884.

Peters, Robert, Katalog sprachlicher Merkmale zur variablenlinguistischen Erforschung des Mittelniederdeutschen. Tl. 1. In: NdW 27, 1987, 61−93.

Rösler, Irmtraud, Satz − Text − Sprachhandeln. Syntaktische Normen der mittelniederdeutschen Sprache und ihre soziofunktionalen Determinanten. Heidelberg 1997. (Sprachgeschichte. Hrsg. v. H. Menke. Bd. 5).

Saltveit, Laurits, Befehlsausdrücke in mittelniederdeutschen Bibelübersetzungen. In: Gedenkschrift für William Foerste. Hrsg. v. D. Hoffmann. Köln/Wien 1970, 278−289.

Sarauw, Christian, Niederdeutsche Forschungen II. Die Flexionen der mittelniederdeutschen Sprache. København 1924. (Det Danske Videnskabernes Selskab. Hist.-fil. Meddelser X, 1).

Schildt, Joachim, Die Satzklammer und ihre Ausbildung in hoch- und niederdeutschen Bibeltexten des 14. bis 16. Jhs. In: Studien zur Geschichte der deutschen Sprache, 231−242. (Baust. 49).

Schöndorf, Kurt Erich, Zum Gebrauch der Vergangenheitstempora in den mittelniederdeutschen Bibelfrühdrucken. In: Festschrift f. Laurits Saltveit zum 70. Geburtstag am 31. Dez. 1983. Hrsg. v. J. O. Askedal [u. a.]. Oslo/Bergen/Tromsö 1983, 171−181.

Ders., Über Formenbestand und syntaktische Verwendung des Konjunktivs in den mittelniederdeutschen Bibelfrühdrucken. In: NdJb. 112, 1989, 73−91.

Schröder, Ingrid, Qvatuor Evangeliorum versio Saxonica. Ein Exempel mittelniederdeutscher Bibelübersetzung aus dem 15. Jh. In: NdJb. 115, 1992, 7−23.

John Evert Härd, Uppsala

104. Wortbildung des Mittelniederdeutschen

1. Vokalismus der Bildungselemente
2. Substantive
3. Adjektive
4. Adverbien
5. Verben
6. Zusammensetzung
7. Literatur (in Auswahl)

1. Vokalismus der Bildungselemente

Durch die Reduktion der Endsilbenvokale zu dem meist mit ⟨e⟩ bezeichneten Laut ist ein großer Teil von Elementen der Wortbildung mit solchen der Flexion zusammengefallen. Indirekt weist Umlaut, in der Schrift vor allem bei ⟨a⟩ > ⟨e⟩ sichtbar, auf ehemals folgendes ⟨i⟩. Beispiele: and. *bodo* 'Bote' > mnd. *bōde, ferio* 'Fährmann' > *vēre* (zu *far*), *sundia* 'Sünde' > *sünde, lengir* 'länger' > *lenger* (zu *lang*), *grundian* 'ergründen' > *gründen, scōni* 'schön' > *schȫne*. Die Ableitungssuffixe behalten demgegenüber meist den vollen Vokal: *-ich, -icht, -ingel-unge, -inc, -isch, -in(ne), -bâr, -dôm, -haft, -hêit, -lik, -nissel -nüsse, -ȫde, -sam, -schapl-schop* (vgl. Lasch § 213); mit von Polenz/Sperber (1978, 104) kann man aufgrund der Tatsache, daß „diese Vokalkonservierung bei Präfixen und Flexionsendungen nicht gewirkt hat", bezüglich der Ableitungssuffixe „auf ein konsequent lexematisches Prinzip schließen." Beispiele für abgeschwächten Suffixvokal:

scipikîn 'Schiffchen' > *schēpeken, gōdi* 'Güte' > *gȫde, fûlitha* 'Fäulnis' > *vûlede, lugina* 'Lüge' > *lōgene, wōstunnie* 'Wüstenei' > *wôstene, fiscari* 'Fischer' > *vischer(e), guldin* 'gülden' > *gülden, scōno* 'adv. hell, obgleich, schon' > *schȫne*.

Auch die auf Konsonant ausgehenden Bildungen zeigen keine Unterscheidung von entsprechenden Flexionsformen:

vgl. etwa *hôvet* 'Haupt' (< and. *hōvid*, zu germ. *hauƀ-iđa*) vs. *(be)hôvet* '(sie) bedürfen (3. Pl. Präs.)', *māget* 'Magd' (< *magath*, fem. Ableitung zu germ. *magu-* 'Knecht') vs. *māket* '(sie) machen (3. Pl. Präs.)', *kēves* 'Kebse' (< *kevis*) vs. *dēves* 'des Diebes (Gen. Sg.)', *bôsem(e)* 'Busen' (< *bōsm-*) vs. *bôsem(e)* 'adj. (dem) bösen (Dat. Sg.)', *hâmer* 'Hammer' vs. *hôner* 'Hühner' (< *hōnir*, zu *hōn*), *schônest* 'am schönsten, größten' (< *scōniost*, zu *scōni*) vs. *lônest* '(du) entlohnst (2. Sg. Präs.)'.

2. Substantive

2.1. Persönliche Bildungen / Konkreta

Bei den schw. Maskulina ist die (häufig deverbative) Bildeweise in der Form selbst nicht mehr erkennbar:

bōde 'Bote' (zu germ. *buđ-* 'bieten'), *schēpe* 'Schöffe' (zu germ. *skapjan* '(ver)ordnen'), *vēre* 'Fährmann' (zu asächs. *faran* 'fahren, fortbewegen'), *leye* 'Laie' (vgl. lat. *laicus*).

Bei den vorstehenden Bildungen handelt es sich um Personenbezeichnungen; Entsprechendes gilt aber auch für Tierbezeichnungen (z. B. *bāre* 'Bär', zu idg. *bhero-* 'braun') und andere Konkreta (etwa *bōge* 'Bogen', zu *būgen* 'biegen'; *grāve* 'Graben', zu *grāven* 'graben'; *hôste* 'Husten', zu *hôsten* 'husten'; *stappe* 'Fußspur', zu *stappen* 'stapfen'). Ableitungen auf *-inc/-linc* umfassen sowohl Personenbezeichnungen (*vrîlinc* 'Freigelassener, freier Mann', zu *vrî* 'frei'; *kōninc* 'König', zu germ. *kunja-* 'Geschlecht') als auch Tier- (z. B. *lūninc* 'Sperling', zu germ. *hlū-* 'laut') und Münzbezeichnungen (etwa *penninc* 'Pfennig').

Ableitungen auf *-er(e)* sind zahlreich: *vischere* 'Fischer', *hê(i)lere* 'Heiler', *sniddeker* 'Schnitzer, Tischler'; hierbei handelt es sich durchweg um deverbative Nomina agentis (vgl. zu vorstehenden Substantiven die Verben *vischen* 'fischen', *hê(i)len* 'heilen', *snîden* 'schneiden, schnitzen').

Das geläufige Suffix für fem. Personenbezeichnungen ist *-sche*, das vom Adj.-Suffix *-isch* (and. *-isc*) übernommen wurde; den Übergang bildet das and. Adj. *mennisc* 'menschlich' > mnd. Subst. *minsch(e)* 'Mensch, Frauenzimmer'. Für das Elbostfäl. hat Bischoff (1944, 18) einen diatopischen Gegensatz nördl. *-sche* vs. südl. *-inne* festgestellt. Bildungen auf *-in(ne)* sind zahlreich.

Im allg. handelt es sich dabei um Ableitungen aus den mask. Entsprechungen:

gōdinne 'Göttin' (zu *got*, *gōde* 'Gott'), *kōninginne* 'Königin' (zu *kōninc* 'König'); sehr häufig sind dies zugleich deverbative Nomina agentis: *hülperinne* 'Helferin' (zu *hülpe* 'Helfer, Gehilfe', *helpen* 'helfen'), *lê(i)derinne* 'Führerin' (zu *lê(i)der* 'Führer', *lê(i)den* 'leiten, führen'), *sünderinne* 'Sünderin' (zu *sünder* 'Sünder', *sünden* 'sündigen').

2.2. Abstrakta

2.2.1. Denominativa werden mit Hilfe verschiedener Suffixe gebildet, wobei die unter 1. angesprochenen vokalischen Entwicklungen eintreten können. Beispiele für *-e* (< and. *-i*) mit Umlautung des Wurzelvokals:

gōde 'Güte' (zu *gôt* 'gut'), *hülde* 'Geneigtheit' (zu *holt* 'gewogen, freundlich'); für *-ede* < and. *-itha*, mit Umlaut: *vūlede* 'Fäulnis' (zu *vūl* 'faul'), *schēmede* 'Scham' (zu *schām* 'schamhaft'); für *-ete* (= mhd. *-ize*): *(ge)stê(i)nte* 'Stein, Edelstein' (zu *stê(i)n* 'Stein'); für *-ene* < *-ina*: *rēdene* '(Rechts)-Grund' (zu *rēde* 'Übereinkunft, Grund'), < *-inni*: *wôstene* 'Wüstenei' (zu *wôste* 'wüst').

Der and. Vokal ist erhalten in *-nisse* < and. *-nissi/-nussi*; mit diesem Suffix werden vor allem von verbalen Stämmen und Verbalsubst. sehr viele Abstrakta gebildet. Beispiele für Denominativa: *vüchtnisse* 'Feuchtigkeit', *(ge)lîkenisse* 'Gleichheit', *bildenisse* 'Bildnis'. Die Variante *-nüsse* ist vorwiegend südwestfäl. belegt (Sarauw 1924, 51).

Das Infix *-ung-/-ing-* bildet schon and. fast nur Verbalabstrakta, auch mnd. ist die Zahl der Denominativa sehr gering; Beispiele:

stallinge/stellinge 'Stallung' (zu *stal* 'Stall'), *tîdinge* 'Zeitung, Nachricht' (zu *tît* 'Zeit'), *kālinge* 'Kahlheit' (zu *kāl* 'kahl').

Von den and. als selbständige Lexeme erhaltenen Stämmen ist *dôm* 'Verhältnis, Stand, Würde, Zustand' auch noch mnd. vorhanden und dient fast durchweg zur Bildung denominativer Abstrakta, und zwar sowohl von Subst. wie von Adj.: *keyserdôm* 'Kaisertum', *rîkedôm* 'Reichtum'.

-heit ist das bei weitem am häufigsten vorkommende Ableitungs-Suffix für Abstrakta. Relativ selten erscheint es bei subst. Stämmen, wo es immerhin bei persönlichen (*got* 'Gott', *kint* 'Kind', *minsche* 'Mensch') und abstrakten (*gîr* 'Gier', *jâmer* 'Jammer') Bildungen begegnet. Einige Abstrakta sind von Adj.-Ableitungen gebildet, wenn das Adj. auf *-lik* (*vrüntlik* 'freundlich', *jâmerlik* 'jämmerlich', *minschlik* 'menschlich', *vlê(i)sch(e)lik* 'fleischlich, leiblich') oder seltener auf *-ig* (*dô-*

rich 'töricht', *lückich* 'glücklich') ausgeht: *kintheit, minscheit, gîrheit, jâmerheit, vrüntlicheit, jâmerlicheit, minschlicheit* etc. Der größte Teil der hierher gehörenden Abstrakta ist von Adj. (einschl. Part. Prät.) gebildet.

Das wohl in hd. Zusammenhänge gehörende Suffix *-schap* (Ahlsson 1988, 63f.) taucht erst mnd. auf, während and. nur der *i*-Stamm *-scepi* belegt ist; hiermit variieren die genuin nd. *-o-* und *-u*-Varianten, von denen *-schop* seit Ende des 14. Jhs. am häufigsten belegt ist. Daneben erscheint and. die Pl.-Ableitung *-scefti*, die lautgerecht und nicht in jedem Falle hd. beeinflußt ist.

Die Ableitungen sind größtenteils von personalen Subst. gebildet, sie bezeichnen 'Zusammengehörigkeit mit', 'Zugehörigkeit zu' (*börger-* 'Bürgerschaft', *brôder-* 'Bruderschaft', *bûr-* 'Bauerschaft', *süsterschop* 'Schwesternschaft' usw.), 'Stellung als' (*grêve-* 'Vorsteherschaft', *knecht-* 'Knechtschaft', *wēduweschop* 'Witwenschaft'), 'Zustand, Verhalten als' (*brût-* 'Brautschaft', *juncvrouwe-* 'Jungfräulichkeit', *vrüntschop* 'Freundschaft'). In einigen Fällen von Bezeichnung einer Gemeinschaft stehen sie kollektiver Bedeutung nahe (*dorp-* 'Dorfgemeinschaft', *gilde-* 'Gilde', *lantschop* 'Einwohnerschaft eines Landes'), allgemein in *gemê(i)nschop* 'Gemeinschaft', *geselschop* 'Gesellschaft'. Seltener kommen Ableitungen von abstrakten Begriffen vor (*blîde-* 'Fröhlichkeit', *gram-* 'Unwille', *hônschop* 'höhnende Behandlung'), auch rechtliche Begriffe sind belegt (*echte-* 'Ehe, eheliche Geburt', *erf-* 'Erbschaft', *wārschop* 'Bürgschaft'). Bildungen von Adj. sind *bār-* 'Barschaft', *berê(i)t-* 'Bereitschaft', *kuntschop* 'Kenntnis, Bekundung', von Part. Prät. *drunken-* 'Trunkenheit', *vangenschop* 'Gefangenschaft'.

Sicher denominative Ableitungen mit dem urspr. franz. Suffix *-îe* sind selten:

von Berufsbezeichnungen abgeleitet *bȫdelîe* 'Büttelei, Wohnung des Büttels', *vȫgedîe* 'Vogtei', *börgerîe* 'Bürgerschaft', *schêperîe* 'Schäferei' u. a., einige von Adj. *dôrîe* 'Torheit', *quâdîe* 'Bosheit', *wôstenîe* 'Wüstenei'.

Die große Masse geht jedoch auf Nomina agentis mit *-er* zurück, die naturgemäß von verbalen Stämmen abgeleitet sind:

vischerîe 'Fischerei', *schrîverîe* 'Schreiben, Schreibstube', *velscherîe* 'Fälschung', *bedrêgerîe* 'Betrügerei', *rôverîe* 'Räuberei' u. v. a. (zu *vischer* 'Fischer' aus *vischen* 'fischen', *schrîver* 'Schreiber' aus *schrîven* 'schreiben' usw.), zu denen sich andere ohne belegtes Nomen agentis stellen: *vôderîe* 'Besorgung von Futter und Verpflegung', *spôkerîe* 'Spukerei', *bāserîe* 'Unsinnigkeit', *geckerîe* 'Narrheit', *plackerîe* 'Plackerei', *rāserîe* 'Raserei' (zu *vôderen* 'füttern', *spôken* 'spuken', *bāsen* 'unsinnig reden' usw.); das *-er* wird auch in andere Ableitungen übernommen: *afgȫderîe* 'Abgötterei', *bȫverîe* 'Büberei', *dê-*

verîe 'Dieberei', *gasterîe* 'Gastmahl', *lenderîe* 'Landstück', Adj.-Ableitungen *dünkelgȫderîe* 'Dünkelhaftigkeit', *unkûscherîe* 'Unkeuschheit'.

Die Bedeutung ist die der Tätigkeit, des Amtes oder Gewerbes, auffallend häufig im abwertenden Sinne. Der Herkunft des Suffixes gemäß kommen viele einschlägige Lehnwörter und Internationalismen auch in nichtgeistlichen Texten vor.

2.2.2. Verbalabstrakta gibt es mit den gleichen Ableitungselementen, wie sie die Denominativa aufwiesen. Gering an Zahl sind sie mit *-e, -ede, -(e)te, -(e)ne*:

vgl. *dôpe* 'Taufe', *lôse* 'Lösung', *schînede* 'Glanz', *lȫvedellȫfte* 'Lob, Gelübde', *gemêlte* 'Gemälde', *hȫpene* 'Hoffnung' u. a., zu *dôpen* 'taufen', *lôsen* 'lösen' usw.

Weit überwiegend deverbativ sind die Ableitungen auf *-nisse*, häufig von Präfix-Verben mit *be-, vor-* (*be-/vorgencnisse* 'Leichenbegängnis/Untergang', *be-/vordechtnisse* 'Gedächtnis/Gedächtnis, Verdächtigung' u. v a.; vgl. z. B. *begân* 'begehen, feiern', *vorgân* 'vergehen'), die Ableitung erfolgt z. T. über die Verbalabstrakta (*gebortnisse* zu *gebort* 'Geburt', *vancnisse* 'Gefangenschaft' zu *vanc* 'Fang', *bestantnisse* zu *bestant* '(Fort)Bestand', *vorlâtnisse* zu *vorlât* 'Erlaß, Ablaß' usw.).

Das gleiche Verhältnis ergibt sich für die deverbativen *-inge*-Ableitungen. Die Basis-Verben mit *be-, vor-* sind zahlenmäßig noch weit überlegen, wie überhaupt die Gruppe der Verbalabstrakta ganz allgemein sehr groß ist, „da fast zu jedem verbum ein nomen actionis auf *-inge* gebildet werden kann" (Grunewald 1944, 61). Zu untersuchen wäre noch das Verhältnis zu *-nisse*, das sich teilweise mit *-inge* deckt, aber doch auch Abweichungen zeigt. Es scheint, daß mit *-inge* mehr der tatsächliche Vorgang gemeint ist, während *-nisse* das Ergebnis, den Abschluß mit einbezieht (z. B. *bildinge* 'Bildung' vs. *bildenisse* '(Ab)-Bild', *sēkeringe* 'Sicherung' vs. *sēkernisse* 'Sicherheit'); herangezogen werden müßten auch die Suffixe *-(r)îe* und *-heit*, deren deverbatives Material allerdings demgegenüber zahlenmäßig zurücktritt. Auch für *-schap* gibt es nur wenige entsprechende Belege:

bûten- 'Tausch', *erfnâme-* 'Erbe', *kȫpen-* 'Kaufmannschaft, Handeltreiben', *rēken-* 'Rechnung, Rechenschaft', *wētenschop* 'Kenntnis' (zu *bûten* 'tauschen, erbeuten', *erve nemen* 'erben', *kȫpen* 'kaufen', *rēken(en)* 'rechnen', *wēten* 'wissen').

2.2.3. Ein ausgesprochen deverbatives Infix ist dagegen das and. schwundstufig auftretende -sl-, ahd. -sal-, das mnd. vor Flexionsvokal als -sl-, final als -sel (selten -sal) oder aber metathesiert als -els(e) auftritt.

Im Gegensatz zu den and. Belegen, die durchweg abstrakte Bedeutung zeigen, hat diese nur ein Teil des mnd. Materials (*dōpsel* 'Taufe', *rādelse* 'Rätsel', *beginsel* 'Anfang' u. a., zu *dōpen* 'taufen', *rāden* 'raten', *beginnen* 'anfangen'), überwiegend ist das erreichte konkrete Ergebnis (*mākelse* 'Machwerk', *wēvelse* 'Gewebe', *afsettelse* 'Nische zum Aufbewahren' usw., zu *māken* 'machen', *wēven* 'weben', *afsetten* 'ablegen') oder ein kollektiver Begriff (*vülsel* '(Wurst)Füllsel', *schrāpelse* 'das, was man als Rückstand aus einem Gefäß zusammenkratzt', *backels* 'soviel, wie man auf einmal backt', *brūwelse* 'soviel, wie man auf einmal braut' usw., vgl. *vüllen* 'füllen', *schrāpen* '(zusammen)kratzen', *backen* 'backen', *brūwen* 'brauen') gemeint (s. auch Grunewald 1944, 237 und 239).

Daß die mnd. abstrakten Suffix-Ableitungen auch sonst konkrete oder kollektive Bedeutung angenommen haben, hat Grunewald (1944, 233 ff.) näher ausgeführt.

2.3. Kollektiva

Kollektive Bedeutung begegnet auch bei abstrakten Suffixen, insbes. -schap. Zahlreicher sind allerdings die st. *i*-Neutra auf -(e)te. Die abstrakte Bedeutung tritt vornehmlich dann zurück, wenn es sich um Bildungen mit dem Präfix *ge*- handelt (*gebüschete* 'Gesträuch', *gewörmte* 'Gewürm' usw., zu *busch* 'Busch', *worm* 'Wurm'). Die größte Zahl stellen jedoch die reinen *i*-Neutra mit Präfix *ge*-, die entweder eine Menge von Gegenständlichem bezeichnen und fast durchweg denominativ sind (*gebenke* 'Verkaufsbänke', *gehölte* 'Gehölz' u. v. a., zu *bank* 'Verkaufsbank', *holt* 'Holz') oder deverbativ Vorgänge akustischer Art (*gesenge* 'Gesang', *gekrîsche* 'Gekreisch' u. a., zu *singen* 'singen', *krîschen* 'kreischen'), seltener anderer Tätigkeiten (*gelôpe* 'Lauf, Verlauf' usw., zu *lôpen* 'laufen') bezeichnen. Bei einer Reihe von Begriffen stehen -e- und -ete-Ableitung nebeneinander (*gesenge/gesengete*, *gerôpe/gerôpete* 'Geschrei, Lärm' usw., vgl. *singen*, *rôpen* 'rufen'); auffälligerweise ist neben *(ge)berchte* 'Gebirge' keine reine *i*-Ableitung belegt. Für die mnd. Texte besonders charakteristisch ist, daß in den weitaus meisten Fällen auch die Ableitungen ohne Präfix zu belegen sind.

2.4. Diminutiva

Entgegen der früheren Meinung, das Nd. habe anfänglich keine Diminutiv-Bildungen besessen, hat Hofmann (1961) nachgewiesen, daß diese schon mnd. in lebendigem Gebrauch gewesen sind. Im Heliand fehlen sie allerdings noch, und in späteren Glossen treten -il-Suffixe auf, während -k-Bildungen nur singulär zu belegen sind. Auffallend häufig sind dagegen die Personennamen mit -k-, die möglicherweise eine Stütze für den Ausgang von hypokoristischer Bezeichnung bilden. Mnd. halten sich die Feminina mit dem Suffix -k-:

kenneke 'Kännchen', *swāleke* 'Schwalbe', Verwandtschaftsnamen, etwa *vēdeke* 'Vaterschwester', *vedderke* 'Brudertochter', *grôteke* 'Großmutter', *wēseke* 'Bäschen' (weitere Belege Sarauw 1924, 61).

Mit dem -k- wurde das ursprünglich adj., die Zugehörigkeit bezeichnende Suffix *-īn* zu (*-kīn*)/-ken verbunden, das direkt an die Wurzel tritt (*velken* 'kleines Fell', *kerlken* 'kleiner Kerl') oder durch -e-, vereinzelt -es- (*velleken* 'kleines Fell', *bôkesken* 'Büchlein') angeschlossen wird; daneben kommt die Kombination -(e)lk- vor (*bôkelken* 'Büchlein', *krûkelken* 'Krüglein'). Hofmann hat ferner herausgearbeitet (1961, 85 ff.), daß noch mnd. ein dreigeschlechtiges Diminutivsystem besteht, mit -ke für das Maskulinum und Femininum und -ken für das Neutrum. Wohl unter nl. Einfluß setzte sich im Laufe der mnd. Periode dann das neutrale Suffix für die anderen Genera auch im Nd. durch, zunächst wohl vor allem in der „Schriftsprache und in der Sprache gehobener Bürgerschichten" (Hofmann 1961, 97). Das in literarischen Texten nicht seltene -lin wird allgemein aus literarischer Übernahme erklärt. Katara (1954) hat darauf hingewiesen, daß man nicht immer von einer „Verkleinerung" im eigentlichen Sinne auszugehen hat, sondern offensichtlich häufiger eine stärker gefühlsbetonte hypokoristische Bedeutungsnuance angezielt wird.

2.5. Substantivierung

2.5.1. Außer den abstrakten *i*-Ableitungen (*dicke* 'dick; Dicke', *schône* 'schön; Schönheit', *stille* 'still; Stille' usw., vgl. and. *thikki*, *skōni*, *stilli*) stehen neben Subst.-Stämmen auch andere Adj. mit gleichem Lautbestand, z. T. substantiviert:

vet 'fett; Fett', *vinster* 'finster; das Finstere', *gôt* 'gut; das Gute', *hê(i)l* 'ganz; das Ganze', *recht* 'recht; das Rechte', *trût* 'lieb, Geliebte(r)' u. a. Nicht immer ist sicher, ob das Adj. primär ist (vgl. etwa *kristen* 'Christ/christlich', *hêiden* 'Heide/heidnisch', *krôpel* 'Krüppel/verkrüppelt', *vrēvel* 'Kühnheit/kühn', *wê* 'Schmerz/schmerzend' u. a.).

Anders steht es bei Substantivierung durch Übergang zur schwachen Subst.-Deklination, wo Endung -e und Artikel die Regel ist (*de kranke* 'der Kranke', *de sêke* 'der Sieche', *de schüldige* 'der Schuldige', *dat gôde* 'das Gute' usw.). Die gleiche Bildung ist bei den Part. möglich (Präs. *de vārende* 'der Fahrende', Prät. *de gesalvede* 'der Gesalbte'). Dagegen ist der starke Gebrauch des Part. Präs. nur noch bei *vrünt* 'Freund, Verwandter' (zu germ. **frij-ō-* 'freundlich behandeln'), *vîent* 'Feind' (zu germ. **fij-ǣ-* 'hassen') oder in altertümlichen Resten (*hêilant* 'Heiland', *wî-gant* 'Kämpe, Held', zu *hêilen* 'heilen', *wîgen* 'streiten, kämpfen') möglich.

2.5.2. Der Infinitiv als die substantivierte Form des Verbs wird durch an den Stamm tretendes -en bzw., bei vokalisch auslautenden Verben, -n gebildet. Diese Art der Substantivierung ist von jedem Verb möglich und in weiter Überzahl auch belegt; sehr oft wird der substantivierte Inf. durch das Suffix -t des Part. Präs. ergänzt. Die Bedeutung ist im allg. eine abstrahierende, sie bezeichnet den „Vorgang des ...", kann aber auch etwa das Objekt der Tätigkeit benennen (*ētent* 'Speise', *sûpent* 'Getränk, Speise', *vôdent* 'Nahrung', *vorvārent* 'Erfahrung' usw.). Der substantivierte Inf. wird stark flektiert (-n/-nt, -nes/-ndes, -ne/-nde/-nt; vgl. Lasch 1914, § 392A, § 416). Gelegentlich findet sich noch -nn-; die Ergänzung durch das Suffix des Part. Präs. (-nd-) begegnet besonders in Verbindung mit *tô* (*tô gânde*; so bereits and. in der Freckenhorster Heberolle).

3. Adjektive

3.1. Adj. mit einsilbigem Stamm sind zahlreich, weniger häufig sind zweisilbige (*vrēvel* 'mutig, kühn', *dûster* 'düster', *lûter* 'lauter, rein' usw.). Eine kleinere Gruppe hat das -e der *i*-Ableitungen erhalten, doch ist es häufig apokopiert; der Umlaut ist überwiegend geblieben.

Beispiele: *dichte* 'dicht, stark', *veste* 'fest, stark' (vgl. *vast* 'id.'), *stêde* 'fest, beständig' (vgl. and. *stādi*), *grône* 'grün' (and. *grōni*), *dicke* 'dick', *vlügge* 'flügge, rege' (wgerm. *fluggj-*) u. a.

Zu -en reduziert ist auch and. -īn, das durchweg zur Ableitung von Stoffnamen verwendet wird: z. B. *erden* 'irden', *hölten* 'hölzern', *stêlen* 'stählern'. Eine kleine Gruppe hat dieses Suffix zu -ern erweitert: *bleckern* 'blechern', *lüstern* 'lüstern, begierig' usw.

In anderen Ableitungs-Suffixen ist der volle Vokal meistens erhalten. Bei -isch variiert schon häufig -esch/-sch, es ist das am meisten gebrauchte Suffix für Adj. von Orts- und Ländernamen (*lûbisch* 'lübisch', *sassisch* 'sächsisch'), leitet oft von Personenbezeichnungen ab (*wîvisch* 'weibisch', *dêvisch* 'diebisch'), doch auch von Sachnamen oder Abstrakta (*erdisch* 'irdisch', *nîdisch* 'neidisch'). Bei weitem am häufigsten sind die Adj. mit -ich und -lik gebildet. Da -ech selten als Variante auftritt, wirkt and. -ag kaum nach, allerdings ist der Umlaut von *a, â* oft nicht bezeichnet; teilweise mag es sich um jüngere Bildungen handeln. Die Ableitungen sind größtenteils denominativ, vgl. etwa *dempich* 'engbrüstig', *kreftich* 'kräftig', *blôdich* 'blutig'. Sowohl -ich wie -lik kommen häufig in Verbindung mit anderen Suffixen vor: so etwa -sāmich (*êrsāmich* 'ehrenwert'), -haftich (*ernsthaftich* 'ernst'), -bârlik (*êrbârlik* 'auf ehrenhafte Weise'). Eine Zuweisung von -lik auf bestimmte Gruppen von Basisstämmen läßt sich kaum geben. Weniger häufige Suffixe sind -bâr, -haft und -sām, ganz selten ist -icht.

3.2. Beide Partizipien können als Adj. verwendet werden. Sie sind entsprechend den and. Formen gebildet: das Präs. auf -ent (*worthebbent* 'präsidierend'), das st. Prät. auf -en (*gebōgen* 'gebogen'), das schw. Prät. auf -et (*gewōn(e)t* 'gewohnt'). Das Part. Prät. erhält außerdem das Präfix ge-, ausgenommen sind Verben mit anderem Präfix; aus verschiedenen Gründen (diatopisch, vorhergehender Wortauslaut usw.) kann ge- fehlen, seine Erhaltung gilt als wichtiges Kriterium der schriftsprachlichen Einheitstendenz.

3.3. Die Steigerung des Adj. ist Gegenstand der Wortbildung, sie wird jedoch in den meisten Darstellungen im Rahmen der Flexion behandelt. Vgl. hierzu Art. 101, 3.2.; zur Bildung von Pronomina und Zahladjektiven ebd. 4. und 5.

4. Adverbien

4.1. Von Adj.-Stämmen werden Adv. durch Suffix -e (< and. -o) gebildet: *lût* adj. vs. *lûde* adv. 'laut'. Die ursprünglichen *j*-Stämme haben das Infix -i- nicht und infolgedessen keinen Umlaut (*veste* adj. vs. *vaste* adv. 'fest, stark'). Durch lautliche Entwicklungen (bes. Apokope) ist häufig Vermischung eingetreten.

4.2. Adverbiale Bedeutung haben Kasus-Bildungen von Nomina, insbes. Gen. Sg. (*nachtes* 'nachts' zu *nacht* 'Nacht', *gâes* 'jäh, rasch' zu *gâ* 'jäh') und Dat. Pl. (*vāken* 'oft, häufig' zu *vak* 'Einzäunung, Zeitraum', *wîlen* 'vormals, einst' zu *wîle* 'Zeit'). Alte Akk. sind durch Endungslosigkeit erkennbar (*al* 'ganz, gänzlich', *blôt* 'bloß, nur').

4.3. Wie schon and. -*līko* dient das mnd. Suffix -*līke* zur Bildung von Adv.-Formen, es kann durch Apokope oder Angleichung an das Adj. zu -*lik* verkürzt sein. Sehr häufig ist aber auch das (wohl dem Dat. Pl. entsprechende) -*līken*, das als eigentliches Ableitungssuffix angesprochen werden kann. Für Dat. Pl. spricht auch, daß die Adv.-Bildungen zu den -*ich*-Adj. normalerweise nicht auf -*ige*, sondern -*igen* gebildet sind: vgl. z. B. *êwigen* 'auf ewig, auf immer', *künstigen* 'geschickt'.

4.4. Entsprechend aengl. -*inga* und dem and. gelegentlich vorkommenden -*ungo* gibt es auch mnd. das Adv.-Suffix -*inge* (etwa in *vâringe* 'unversehens, plötzlich'), ergänzt durch Formen des Gen. Sg. oder Dat. Pl. (*oldinges* 'vor alters, ehemals', *verningen* 'fern'). Daneben stehen Weiterbildungen mit -*linge*, von denen die Formen des Gen. Sg. als für das Mnd. besonders charakteristisch gelten (*rüggelinges* 'rücklings', vgl. Henzen 1957, 232).

5. Verben

5.1. Die Unterscheidung der st. und schw. Verben durch die verschiedene Prät.-Bildung ist auch mnd. noch gegeben (vgl. Art. 101, 6.2.). Die Tendenz des Überganges von st. Verben zur schw. Konjugation, die sich schon and. andeutet (z. B. bei *sāian* 'säen'), setzt sich mnd. fort (vgl. Lasch 1914, §§ 425 ff.). Einige schw. Verben zeigen auch mnd. noch Prät.-Bildung mit ablautendem Stammvokal: *bringen* 'bringen' (Prät. *brâchte*), *werken* 'wirken' (Prät. *warchte*), *willen* 'wollen' (Prät. *welde/wolde*), daneben im Präs. auch schw. *e*-Formen. Von den urspr. „athematischen" Verben hat *dôn* 'tun' schw. Konjugation, während *stân* 'stehen' und *gân* 'gehen' st. Prät. behalten. Schw. Prät. gelten auch bei den „Präterito-Präsentien"; hierzu vgl. Art. 101, 6.5.

Die schw. *ian*-Klasse bleibt, soweit der Lautbestand es ermöglicht, durch Umlaut und Verdoppelung des stammauslautenden Kons. unterscheidbar und geht in dieser Be-

ziehung weiter als das Hd. (*tellen* 'zählen', *leggen* 'legen' usw.).

5.2. Der Bedeutungswandel durch Wechsel der Klasse ist teilweise noch erkennbar. Die *ian*-Klasse bildet kausative (faktitive) Deverbativa und Denominativa, die genau den and. Ableitungen entsprechen:

drenken 'tränken' (eigtl. 'trinken machen', zu *drinken* 'trinken'), *sôgen* 'säugen' (zu *sūgen* 'saugen'); *dê(i)len* 'teilen' (zu *dê(i)l* 'Teil, Anteil'), *hônen* 'höhnen' (zu *hôn* 'Hohn, Rechtskränkung'), *lôsen* 'los machen' (zu *lôs* 'frei, ledig von etwas'), *brê(i)den* 'ausbreiten' (zu *brêt* 'breit').

Auch die and. *ōn*-Klasse ist mnd. mit kausativen Denominativen vertreten (*vischen* 'fischen' zu *visch* 'Fisch', *hāten* 'hassen' zu *hāt* 'Haß', *sünden* 'sündigen' zu *sünde* 'Sünde'; *ōpenen* 'öffnen' zu *ōpen* 'offen', *hê(i)ligen* 'heiligen' zu *hêilich* 'heilig'), doch enthält sie viele primäre Verbalstämme (*hōlen* 'holen', *māken* 'machen' usw.), nur gelegentlich ist noch intensivierende Bedeutung zu erkennen: *bê(i)den* 'abwarten' / *bîden* 'harren' < and. *bēdian* 'nötigen' / *bīdōn* 'warten', *strê(i)ken* 'glätten, kämmen' / *strîken* '(glatt) streichen' (and. nicht belegt).

Die Auflösung der alten *ēn*-Klasse ist schon and. dokumentiert, die durativen Verben sind zur *ōn*-Klasse übergetreten (*swīgen* 'schweigen', *wōnen* 'verweilen, wohnen' < *swīgōn*, *wonōn*). Soweit zu belegen, gehören auch die denominativen Inchoativa hierher (*rîpen* 'reifen' < *rīpōn*, *kôlen* 'erkalten' < *kōlōn* intrans., anders *kôlen* trans. 'kühlen' < *kōlian*).

5.3. Da von *leggen* keine einschlägigen and. Formen belegt sind, bleiben als urspr. *ēn*-Verben nur *hebben* und *seggen*, die and. in 2.3. Sg. Präs. Ind. und Imp. noch Bindevokal *e* ~ *a* zeigen (vgl. Art. 81, 2.2.3.). Da jedoch die mnd. Formen Umlaut haben (Lasch 1914, § 439), ist auch hier mit einem vollständigen Übergang zur *ian*-Klasse zu rechnen. Bei der Häufigkeit der beiden Verben ist ein deutlicher Abstand zum Mhd. mit den erhaltenen *haben* und *sagen* zu konstatieren, die übrigens in südlichen mnd. Schriftdialekten noch nachwirken.

5.4. Einige inhaltlich relevante Weiterbildungen machen keine eigene Klasse aus, sind aber als Intensiv- oder Iterativ-Bildungen festzulegen. Schon and. tritt ein -*l*-Infix mit Intensiv-Bedeutung auf, die Verben gehören zur *ōn*-Klasse und sind z. T. and. belegt:

handelen 'berühren, behandeln' (and. *handlōn*, zu hant 'Hand'), *kettelen* 'kitzeln' (and. *kitilōn*, zu **kit-*), *spartelen* 'zappeln' (zu *spore* 'Sporn, Anstoß'), *wandelen* 'wandern, ändern' (and. *wandlōn*, zu **wandōn*, vgl. ahd. *wantōn*, ablautend zu and. *windan* 'winden').

And. nicht belegbar und auch hd. erst spät gebildet sind Iterativ-Weiterbildungen mit *-r-*, mnd. jedoch schon recht zahlreich:

klapperen 'klappern; plappern' (zu *klappen* 'klatschen, schallen'), *bolderen* 'poltern' (vgl. mhd. *boln* 'rufen, schreien'), *blinkeren* 'blinkern, blinzeln' (zu *blinken* 'blinken') usw.

Die mhd. stark bezeugten Verben mit *-ig-* neben einfachen *ōn*-Stämmen sind auch mnd. zahlreich (*vestigen/vesten* 'festmachen', *krōnigen/krōnen* 'krönen, auszeichnen' usw.); sie sind besonders mit den Präfixen *be-, ent-, vor-* gebildet (*bestēdigen* 'bestatten; einsetzen', *entkreftigen* 'entkräften', *vorê(i)nigen* 'vereinigen' u. v. a.).

Außer den genannten Präfixen sind in der Verbalbildung noch *ge-* und *te-* von Bedeutung (vgl. Sarauw 1924, 218). Dagegen sind die betonten adverbialen Elemente wie *achter, an, dörch, nâ, över, under, weder* besser als Kompositionsteile und die mit ihnen gebildeten Wörter als Zusammensetzungen zu betrachten.

6. Zusammensetzung

6.1. Auch im Mnd. hat sich neben der vorstehend erörterten Bildung von Derivaten eine zunehmende „Univerbierung" syntaktischer Gruppen zu Komposita (vgl. Erben 1975, 123f.) durchgesetzt. Im einzelnen ist die Kompositionsweise noch nicht näher untersucht worden. Nachstehend seien exemplarisch einige Kompositionsmöglichkeiten angeführt.

6.2. Adj. + Subst.: *ēdelman* 'Edelmann', *leddichman* 'freier Vasall'; Subst. + Subst.: *lanthêre* 'Grundherr', *krâmvrouwe* 'Wöchnerin', mit genitivischer Verbindung: *hundeshȏvet* 'Hundekopf'; Subst. + Verb.: *hȏnspotten* 'höhnisch verspotten', *krâmschinden* 'Häuser plündern, in denen Kindbetterinnen sind'; Adj. bzw. Adv. + Adj.: *ōltsēten* 'alteingesessen', *grȏtmechtich* 'gewaltig', *wōlbedacht* 'überlegt'; Adv. + Verb: *achterkȏpen* 'verleumden', *undergraven* 'untergraben', *heimsȏken* 'besuchen; Hausfriedensbruch begehen'.

7. Literatur (in Auswahl)

Ahlsson, Lars-Erik, Mnd. -schap (-schop, -schup). Herkunft eines Suffixes. In: KVndSpr. 95, 1988, 61–64.

Bischoff, Karl, Zur Sprache des Sachsenspiegels von Eike von Repgow. In: ZMF 19, 1944, 1–80.

Cordes, Gerhard, Mittelniederdeutsche Grammatik. In: Handbuch zur niederdeutschen Sprach- und Literaturwissenschaft. Unter Mitarb. zahlreicher Fachgelehrter hrsg. v. Gerhard Cordes/Dieter Möhn. Berlin 1983, 209–237.

Dahlberg, Torsten, Mittelniederdeutsche Suffixabstrakta. Göteborg 1962. (GGF 6).

Erben, Johannes, Einführung in die deutsche Wortbildungslehre. Berlin 1975. (GG 17).

Foerste, William, Geschichte der niederdeutschen Mundarten. In: Aufriß, Bd. 1, Sp. 1729–1898, hier Sp. 1789–1792.

Grunewald, Gottfried, Die mittelniederdeutschen Abstraktsuffixe. Lund/Kopenhagen 1944. (LGF 13).

Henzen, Walter, Deutsche Wortbildung. 3. Aufl. Tübingen 1965. (Sammlung kurzer Grammatiken germanischer Dialekte, B 5).

Hofmann, Dietrich, Die *k*-Diminutiva im Nordfriesischen und in verwandten Sprachen. Köln/Graz 1961. (NdSt. 7).

Katara, Pekka, Das Diminutivum bei Johannes Veghe. In: AASF B 84, 28. Helsinki 1954, 599–627.

Kluge, Friedrich, Abriß der deutschen Wortbildungslehre. 2. Aufl. Halle 1925.

Lasch, Agathe, Mittelniederdeutsche Grammatik. Halle 1914, 2. unver. Aufl. 1974 (Sammlung kurzer Grammatiken germanischer Dialekte IX).

Peters, Robert, Mittelniederdeutsche Sprache. In: Goossens, Jan (Hrsg.), Niederdeutsch. Sprache und Literatur. Eine Einführung. Bd. 1: Sprache. Neumünster 1973, 2. Aufl. 1983, 66–115.

Polenz, Peter von, Geschichte der deutschen Sprache. Erw. Neubearb. der früheren Darstellung v. Hans Sperber. 9., überarb. Aufl. Berlin/New York 1978. (SaGö 2206).

Sarauw, Christian, Niederdeutsche Forschungen II: Die Flexionen der mittelniederdeutschen Sprache. København 1924.

Wilmanns, Wilhelm, Deutsche Grammatik. Bd. II: Wortbildung. 2. Aufl. Berlin/Leipzig 1930.

Gerhard Cordes (†), Kiel/Göttingen
Hermann Niebaum, Groningen

105. Die Textsorten des Mittelniederdeutschen

1. Zur Problematik der historischen Textsortenbestimmung

Die lange Zeit am Textaufkommen der Gegenwart orientierte Textlinguistik hat ihr Untersuchungsobjekt allmählich in die Vergangenheit ausgeweitet. In diese Richtung weisen programmatische Beiträge, etwa von Steger (1984) und Schildt (1987). Die Realisierung eines Programms „Sprachgeschichte als Textsortengeschichte" setzt voraus, daß zunächst für einzelne Sprachperioden das gesamte Textaufkommen rekonstruiert wird.

Dem Begriff der Textsorte kommt für ein solches Vorhaben ein zentraler Stellenwert zu. Textsorten werden u. a. verstanden als unterschiedlich realisierte Kommunikationsmuster einer durch die gemeinsame (dominante) Textfunktion bestimmten Textklasse (Brinker 1997, 133). Dementsprechend können verschiedene Textklassen innerhalb einer Sprachperiode und die jeweils zugehörigen Textsorten unterschieden werden.

Die Schwierigkeiten eines solchen Verfahrens, das für die Gegenwart relativ einfach einzulösen ist, liegen bei einer historischen Betrachtung in der zeitlichen Distanz. Konkret bedeutet dies: beschränkter Zugang zur Person des Textproduzenten und seinen Intentionen sowie zum jeweiligen Textadressaten. Unter diesen Umständen empfiehlt sich ein zurückhaltendes Vorgehen, das die einzelnen Texte und die diese zusammenfassenden Textsorten möglichst lange in den konkreten Verwendungszusammenhängen beläßt (Fleskes 1996, 19). Nur bei intensiver Berücksichtigung der zeitgenössischen Rahmenbedingungen wird es möglich sein, ein Textaufkommen weiter zu strukturieren.

Für den Bezugszeitraum bietet sich zuvorderst die Hanse als dominierende wirtschaftliche, raumgestaltende und kulturstiftende Bezugsgröße an (s. 3.). Darüber hinaus müssen mitgestaltende Handlungszusammenhänge berücksichtigt werden (s. 4.), die mit ihrer Textproduktivität das hansisch bezogene Textaufkommen ergänzen.

2. Bisherige Ansätze

Das Textaufkommen in der mnd. Sprachperiode (1200—1650) ist lange Zeit vor allem unter dem Gesichtspunkt der klassischen Literaturgattungen systematisiert worden. Bekkers sieht die Problematik eines solchen Ansatzes und entscheidet sich, wenn vorerst auch nur aus „darstellungspraktischen Erwägungen", für eine „thematische Großgliederung" (1977, 16f.). Er unterscheidet weltliche und geistliche Literatur, verbindet auf der nächsten Ebene aber thematische mit funktionalen und gattungspoetischen Aspekten, wenn er z. B. die weltliche Literatur in „Weltliche Erzähldichtungen", „Didaktisch-satirische Literatur", „Weltliche Lyrik", „Artesliteratur" und „Weltliches Schauspiel" unterteilt. Cordes (1983) benutzt zwar die Kategorie der Textsorte, kommt aber ohne weitere Vorklärung zu einem Befund, der in ähnlicher Weise Formales, Inhaltliches und Funktionales mischt; Textsorten sind für ihn u. a. Verschroniken, Prosachroniken, Geistliche Prosa, Gebrauchsliteratur. Einen moderneren Ansatz bietet Hyldgaard-Jensen (1985). Er versucht eine Einteilung nach „Funktionsbereichen", unterscheidet grob „auf das Alltagsleben bezogene" Textsorten von solchen „vorwiegend mit Anspruch auf ästhetischen Effekt", findet für die Subgliederung aber ebenfalls kein einheitliches Kriterium, wenn er z. B. die alltagsbezogenen Textsorten u. a. in Verwaltung, chronologische, instruktive, auf das Privatleben bezogene Textsorten unterteilt (S. 1248f.).

Die skizzierten Ansätze verdeutlichen die Schwierigkeiten bei dem Versuch, das mnd. Textaufkommen mit einem systematischen Zugriff zu strukturieren. Schmidt-Wiegand (1989) hat sich kritisch mit den bisher verwendeten Gliederungsgrößen auseinandergesetzt. Sie befürwortet eine Großgliederung nach den Anwendungsbereichen Alltag, artes, Wissenschaft, Recht, Religion, Dichtung, die aber eine Ergänzung um Einheiten verlangten, wie sie von der Textlinguistik entwickelt worden sind. Solche Einheiten sind für Schmidt-Wiegand der kommunikative Zusammenhang (Sender, Empfänger, Schreibmotivation), die Makro- und Mikrostruktur der Texte sowie die kommunikative Funktion. Am Beispiel der Urkunden (Kanzlei als Ausgangspunkt) werden neben verschiedenen

Adressaten auch verschiedene kommunikative Reichweiten (kanzleiintern vs. kanzleiextern) angesprochen. Generell trifft der Befund zu, daß einzelne Beschreibungskategorien, insbesondere was den kommunikativen Zusammenhang anbelangt, aber auch makro- und mikrostrukturelle Aspekte bisher wenig erforscht wurden bzw. erforscht werden konnten.

Schmidt-Wiegand weist auf den übereinzelsprachlichen Charakter der Textproduktion hin. Auf der anderen Seite werden von ihr wie ebenso vorher schon von Hyldgaard-Jensen textproduktive Einrichtungen/Segmente benannt, die als Kennzeichen der Hanse immer wieder aufgeführt sind (Schmidt-Wiegand 1989, 272; Hyldgaard-Jensen 1985, 1248). Dazu gehören in jedem Fall verschiedene Funktionsträger innerhalb der Städte mit ihrer internen arbeitsteiligen Organisation (Rat, Ämter, Gilden, Kirchen) sowie stadtexterne Beziehungen und Einrichtungen wie Hansetage, -kontore, -niederlassungen.

Zweifellos hat die Hanse mit all ihren Facetten bis hin zur Entwicklung einer innerstädtischen Kultur die Textproduktion der mnd. Zeit entscheidend geprägt. Das gilt nicht nur für den Transfer bestimmter Textmuster z. B. aus dem Lat. ins Mnd., das gilt auch für den Beitrag zur Musterverfestigung, weil gerade die institutionell gegliederte Hansewelt die Reduplizierung und damit die Stabilisierung von Mustern gefördert hat. Daher erscheint es angebracht, die Hanse als textkulturstiftenden Bezugsrahmen zu wählen, um markante Züge des überlieferten Textbestandes aufzuzeigen. Eine derartige bevorzugte pragmatische Sichtweise entspricht den aktuellen Forderungen der Textlinguistik, die Texte vorwiegend nach ihren kommunikativen Eigenschaften bündelt und die zugehörigen strukturellen Merkmale vor diesem Hintergrund sieht.

3. Die Hanse als „Produktionsraum"

Zur Charakteristik der Hanse zählen Stichworte wie Stadtentwicklung, Bevölkerungswachstum, zunehmend gegliederte Verwaltung, Ausbau der Arbeitsteilung, Ausdehnung der kommunikativen Distanzen. Mit alledem wuchsen die Anforderungen an die Sprache, insbesondere an ihre schriftlichen Realisate. Hier fällt der hohe Anteil an Organisationsliteratur auf. Hinter dieser Literatur steht eine Vielzahl von Organisationseinhei-

ten, die, sozial abgegrenzt, für einen gesellschaftlichen Ausschnitt menschliches Handeln strukturieren und regeln. Solche Organisationseinheiten werden im folgenden Institutionen genannt. Die Organisationsliteratur läßt sich weiter gliedern. Zum einen handelt es sich um Texte, die primär institutsinternen Zwecken dienen, also die Arbeitsabläufe und Zuständigkeiten festlegen, Geschäftsvorgänge dokumentieren, fachliches Handlungswissen vermitteln und Institutionsgeschichte zum eigenen Selbstverständnis aufzeichnen. Eine zweite Teilmenge der Organisationsliteratur besteht aus institutsübergreifenden Texten, die sich auf Vorgänge zwischen mehreren Institutionen sowie auf Kontakte einer Institution mit einzelnen institutionsfremden Personen oder mit einer breiteren Öffentlichkeit beziehen.

Eine dritte Gruppe von Texten ist nicht primär auf Kommunikation in Institutionen und mit Institutionen ausgerichtet. Hierher gehörende Texte gelten vielmehr einer breiteren Öffentlichkeit, um auf diese politisch, konfessionell oder ethisch einzuwirken, sie zu unterrichten oder auch nur zu unterhalten. Eine derart angesprochene Öffentlichkeit weist ebenso wie die Vielfalt, Thematik und Form der Texte auf ein Publikum, das sich von einzelnen Angehörigen einer städtischen Führungsschicht zu einem größeren Rezipientenkreis entwickelt hat. Publikum und der zugehörige Textkosmos sind wesentlich durch den Kulturraum der Hanse bestimmt (stadtbürgerlicher Charakter; Tradierung von Formen und Themen infolge von Kulturkontakten). Der Buchdruck hat die Distribution der hier einschlägigen Texte intensiviert.

Mit den bisher genannten Kommunikationsparametern kommt unabweisbar vervollständigend die private Kommunikation in den Blick. Gemeint sind solche Texte, die privaten Inhalt haben und für den privaten Gebrauch bestimmt sind.

Ausgehend von einzelnen Kommunikationsdimensionen lassen sich somit die folgenden Teiltextmengen unterscheiden:

1. Institutsinterne Texte
2. Institutsübergreifende Texte
3. Öffentlichkeitszentrierte Texte
4. Texte für den Privatgebrauch

Unter Produzentenperspektive betonen die Kategorien 1 und 2 die Institutionsrepräsentanz, die Kategorien 3 und 4 eher den Einzelautor (z. B. in der Rolle als Experte oder als Privatmann).

3.1. Institutsinterne Texte

Die Lebenswirklichkeit im Hanseraum war
durch eine Vielzahl auch formal deklarierter
Institutionen gekennzeichnet. Dazu gehörten
innerhalb der Hanse etwa die Hansetage, die
Regionaltage, der jeweilige Rat der Hansestädte, innerhalb der einzelnen Stadt die verschiedenen ratsabhängigen Behörden (darunter auch die Gerichte), die Ämter und Gilden,
ferner die Kirche mit ihren Unterorganisatio-
nen, das Schulwesen, die fürstliche und kaiserliche Verwaltung. Als auffällige Institutionen der Zeit sind schließlich auch die Hansekontore in London, Brügge, Bergen und
Nowgorod zu nennen. Allen diesen Institutionen ist gemeinsam, daß sie bei den erforderlichen zahlreichen Kontakten mit anderen
Institutionen gehalten waren, intern für eine
geeignete Organisation zu sorgen und ein-
schlägiges Wissen zum Zwecke der Einsicht-
nahme und Überlieferung aufzuzeichnen.
Hier sind an erster Stelle die zahlreichen
Ordnungen zu nennen, mit deren Hilfe die
Zuständigkeiten und Aufgaben intern geregelt wurden, wie Kirchenordnungen, liturgische Bestimmungen, Handwerkerstatuten
und Schulordnungen. In diesem Zusammenhang gehören auch die Kontorordnungen.
Ein prominentes Beispiel dafür ist die „Nowgoroder Schra". Ihre Anfänge reichen ins
Jahr 1270 zurück. In den folgenden Jahrhunderten ist sie sechsmal an den jeweils aktuellen Stand angepaßt worden. Das Regelwerk
bezieht sich auf Probleme der Nutzung, Verwaltung und Gerichtsbarkeit innerhalb des
Kontors (Schlüter 1911/1914).

Die hier genannten Regelungstexte zeichnen sich neben ihrer präskriptiven Funktion
durch transparente Makrostrukturen aus, die
thematisch orientiert und durch Textsegmen-
tierungen gestützt sind. Darüber hinaus läßt
sich eine bemerkenswerte Dichte an Verweis-
formen nachweisen. Beispiele für anaphorisches Verweisen liefert die Nowgoroder Schra
(zitiert mit einem Abschnitt aus der ältesten
Fassung):

Somervare unde wintervare, so wanne se komet in
dhe Ny, so solen se oldermanne kesen dhes hoves
unde synte peteres under sic selven, dhe dhar rechtest to sin, van wilker stat so se sin.
Dhese olderman dhes hoves, dhe hevet vorth
vrien wilcore to kesende ver man eme to helpe, dhe
eme rechtest sin; we sic dhes enten wille, dhe betere
sante Peter 1 marc silveres. (Schlüter 1911/1914,
50 f.).

Neben der Regelliteratur gehören zu den in-
stitutionsinternen Texten auch solche, die

historisches Wissen zum Zwecke der Standortbestimmung und der Handlungsorientie-
rung bereitstellen (einzelne Chroniken), diejenigen, die Geschäftsvorgänge dokumentieren
(Rechnungsbücher, Güterverzeichnisse usw.)
und solche, welche die Ausbildung innerhalb
der Institution ermöglichen, wie in Schulen
z. B. Wörterbücher, Grammatiken, Rechenbücher (Gabrielsson 1932/1933).

3.2. Institutionsübergreifende Texte

Die Vielzahl der oben genannten Institutionen und ihre Einschlägigkeit für den zeitgenössischen Bürger bedingten zwei Arten sozialer Handlungen. Zum einen bestand ein
enormer ständiger Bedarf an Kommunikation und Koordination der einzelnen Institutionen untereinander. Das gilt etwa für hansische Belange (z. B. laufende Vereinbarungen
zwischen den Städten, Verträge mit nichthan-
sischen Mächten) ebenso wie für innerstädtische Angelegenheiten (z. B. zwischen Rat
und Ämtern, Rat und Kirche). Zum anderen
entprach den gesellschaftlichen Veränderungen eine zunehmend schriftlich betriebene
Verwaltung, welche den einzelnen Bürger unter verschiedenen Gesichtspunkten seiner
Existenz (Vermögen, Lebensführung, Rechts-
streitigkeiten usw.) erfassen konnte. Texte des
ersten Handlungsbereiches sind besonders
Korrespondenzen und Verträge verschiedenen Inhalts (z. B. Bündnis-, Friedens-, Münz-
verträge). Zum zweiten Handlungsbereich gehören ebenfalls Korrespondenzen und ver-
tragliche Vereinbarungen (z. B. Erbverträge,
Testamente, festgeschrieben in der Regel in
den Stadtbüchern), darüber hinaus Stadtrechte, Burspraken, eigens formulierte Deich-
und Wasserrechte, Schiffsrechte, Zollbestim-
mungen, Hochzeits- und Kleiderordnungen,
ferner Klageschriften und Gerichtsurteile.

Die Kommunikationsdimension „instituts-
übergreifend" ist nicht nur durch die Vielzahl von Kommunikationsformen gekennzeichnet; in ihr treffen auch verschiedene
Handlungszwecke zusammen. Dazu gehören
in jedem Fall auffällig die Regelungstexte
(präskriptiv), weiterhin in erheblichem Umfang Texte mit informativen, obligativen und
deklarativen Zwecken. Die für die institutsinternen Texte angemerkte Musterfestigkeit begegnet auch im institutsübergreifenden Zusammenhang. Als Beispiel sei die Textsorte
Testament angeführt, in deren Disposition
einzelne Textbausteine wie das formelhafte
Eingangssegment *In Godes namen amen* und

das Deklarieren der Handlung (*ik segge / schicke min testament*) als regelhaft ausgewiesen werden können.

3.3. Öffentlichkeitszentrierte Texte

Mit der oben umrissenen Organisationsliteratur allein war der Literaturbedarf auch einer vor allem pragmatisch bestimmten, städtisch geprägten Gesellschaft wie der hansischen nicht abgedeckt. Ihr Selbstverständnis zeigt sich darüber hinaus in einer breiter angelegten multifunktionalen Literatur. In diesem Zusammenhang hat die höfisch-ritterliche Literatur bezeichnenderweise kaum eine Rolle gespielt. Maßgebend waren vielmehr die durch den Handel gegebenen interkulturellen Kontakte, welche den Zugang zu „fremden" Literaturen eröffneten, was der mnd. Literatur oft die pauschale Charakteristik der „Übersetzungsliteratur" eingetragen hat. Zu den Voraussetzungen gehörte ferner ein sich entwickelndes, nicht auf Schulen und Universitäten beschränktes Bildungsbedürfnis, das sich vor allem auf naturwissenschaftlich-geographische Sachverhalte richtete. Nicht zuletzt war es die hansische Gesellschaft selbst mit ihren Problemen, welche zu literarischer Auseinandersetzung herausforderten, die wieder auf die Gesellschaft zurückwirkte. Darf man als Beförderer und zugleich primären Rezipienten einer solchen Literatur zunächst nur eine kleine Bildungsschicht (städtisches Patriziat, Geistlichkeit, Adel) ansehen, die oft eigens organisiert war (z. B. die Zirkelgesellschaft in Lübeck), so ist im Laufe der Hansegeschichte von einem anwachsenden Adressatenkreis auszugehen, der des Lesens kundig war und durch den Buchdruck erreicht werden konnte. Hierin ist etwa der Erfolg der Volksbücher begründet.

Innerhalb dieser Textgruppe sind vier verschiedene Zwecke von Literatur zu unterscheiden:

3.3.1. Ratgeber für praktisches Handeln

Hierher gehören die sogenannten Arzneibücher, welche auf die spätantik-mittelalterliche medizinische Literatur zurückgehen (z. B. „*Krudtlade vull Von allerley gemenen, nütten Krüdern, beschreven dorch de olden und werdigen Medicinmeisters*", Hamburg 1560) und diverse medizinische Rezeptsammlungen. Als besonders literaturproduktiv erwiesen sich die Zeiten der wiederholt auftretenden Pestepidemien. Zahlreiche Schriften zur Therapie und Vorbeugung wurden verfaßt („Pestbücher"), unter anderem auch das Werk

„*Nütte lere und underricht, wo menn sick in düssen geferlicken Stervendes lüfften holden schal*" des Arztes Sebastian Röder, der sich mit diesem Druck 1565 an Rat und Bürgerschaft der Stadt Hamburg wandte. Aus gleichem Anlaß wurden als *geistlike Arstedye* spezielle geistliche Schriften (Predigten, Gebetbücher) verfaßt, etwa das „*Gebet thor Tydt der Pestilenze tho spreckende*" (1581). Zu der Ratgeberliteratur zählen schließlich diverse Sammlungen von Kochrezepten, die zunächst für den Eigenbedarf aufgezeichnet, aber auch als Druck verbreitet wurden, z. B. das in Hamburg bei Joachim Loew gedruckte „*Klene Kakeboeck*" (ca. 1570). Aus derselben Offizin stammt die erste nd. formulierte Segelanweisung „*De Seekarte ost vnd west tho segelen*" (1571 u. ö.).

Desgleichen gehören zur Ratgeberliteratur solche Texte, die nicht nur unterrichtspraktischen Zwecken in Institutionen dienten (s. o.), sondern auch einzelnen zur Fortbildung zur Verfügung standen. Das gilt etwa für Katechismen, Grammatiken, Wörterbücher und vor allem Rechenbücher wie z. B. Nicol. Boldewins „*Rekenboeck vp allerley koepmanns handelinge*" (1573 u. ö.).

3.3.2. Gesellschaftskritik und Belehrung zur Lebensführung

Die mit der Entwicklung der Städte und des Handels verbundene Umordnung des sozialen Gefüges ließ einen Bedarf an ethischen Ratgebern entstehen, die den geänderten Verhältnissen Rechnung trugen. Formal lassen sich nach der Vertextung des didaktischen Anliegens zwei Gruppen unterscheiden. In der ersten Gruppe erfolgt der Appell eher auf direkterem Wege. In der zweiten Gruppe wird das Anliegen in umfangreichere Prosa- und Dramenformen eingebracht und oft auch mit zusätzlichen poetischen Mitteln (Satire, Allegorie) umgesetzt.

Zur ersten Gruppe gehören vor allem Spruch- und Sprichwörtersammlungen wie die nd. Bearbeitungen der „*Disticha Catonis*" und der „*Proverbia communia*", die sog. „Spiegelliteratur" des Typs *speculum morale* (Sittenspiegel) sowie eine genaue Reihe weiterer Lehrgedichte geistlichen und weltlichen Inhalts, die wie die Spiegeldichtungen ihre Lehren teilweise in Dialogform (geistlicher Lehrer — Schüler, Mutter — Tochter, Liebender — Geliebte u. ä.) vermitteln. Eine nicht unbedeutende Rolle spielen in diesem Zusammenhang Predigten (u. a. des Westfalen Johannes Veghe, gest. 1504).

Unmittelbar auf bestimmte Handlungen bezogen sich Texte wie *„Kopenschopp to voren"*, ein sittlicher Ratgeber für die Kaufmannschaft aus dem 15. Jh., sowie die zahlreichen Schriften zur Kunst des Sterbens, die Anweisungen zum Verhalten in den letzten Stunden des Lebens geben.

Zur zweiten Gruppe gehören Erzählungen (in der Regel Verserzählungen) wie das Tierepos *„Reynke de Vos"* (Lübeck 1498), dessen lehrhafter Gehalt allerdings in einer argumentativen Beigabe, der sog. „Glosse", erläutert ist, ferner kleinere Fabeldichtungen, meist in Sammlungen zusammengefaßt („Magdeburger Prosa-Äsop", „Wolfenbütteler Äsop"), die Lübecker Bearbeitungen von Sebastian Brants „Narrenschiff" von 1497 und 1519 und allegorische Dichtungen wie *„Dat boeck van veleme rade"* des Braunschweigers Hermann Bote (nachgewiesen von 1488−1520), in dem verschiedene Räder Stände und Menschengruppen versinnbildlichen. Hierher gehören auch ein Teil der religiösen Schauspiele wie etwa das „Redentiner Osterspiel" (1483), die religiös bestimmten Fastnachtsspiele und nicht zuletzt die Totentanzdichtungen, die teils in Verbindung mit Wandmalereien, teils − wie z. B. der Lübecker Totentanz von 1489 − als selbständige, dramatisch konzipierte Werke überliefert sind. Eine hervorragende Rolle in dieser zweiten Gruppe von Appelltexten spielt Hermann Botes „Schichtboick", in dem die Aufarbeitung innerstädtischer Konflikte mit Aufrufen zur Wahrung der städtischen Autonomie verknüpft worden ist.

3.3.3. Informationsangebot zum Erwerb von Weltwissen

Wenn die Hanse als dominanter Bezugsrahmen gewählt worden ist, so sind damit auch kulturstiftende Merkmale berührt, welche die Hansezeit geprägt haben. Dazu rechnen vielfältige Kontakte mit anderen Kulturen, ein fortschreitendes Weltwissen und, damit eng verbunden, ein wachsendes Bedürfnis nach Information. Der Bedarfslage entsprach zuvorderst die Textsorte „Reisebericht". Ihr Inhalt ging freilich nicht immer auf eigene Erfahrungen zurück, sondern war oft eine Kombination verschiedener Quellen und Übersetzungen. Aus dem 14. Jh. stammt die Beschreibung einer Pilgerfahrt in das Heilige Land des Pfarrers Ludolf von Sudheim; aus dem 16. Jh. seien genannt: Amerigo Vespucci *„Van den nygen Insulen vnd landen"*, die Darstellung *„etliker Wilden Minschen und Deer-*

ten yn Indyen" des Lüneburgers Schmedeken und eine Charakteristik Islands *„Van Ysslandt"* des Hamburger Islandfahrers Gories Peerse.

In gewisser Weise gehören auch Teile der Chronikliteratur hierher, die einmal zur Standortbestimmung und Dokumentation von Handlungswissen einzelner Institutionen verfaßt wurde, mit wachsendem Geschichtsbewußtsein aber an öffentlichem Interesse gewann. Als spätes Beispiel sei das 1600 in Hamburg gedruckte Geschichtswerk *„Genealogiae, dat is Geborthlinien der düdeschen Keyser"* erwähnt. Die aktuelle Unterrichtung übernahmen im 16. Jh. die neuen Medien Flugblätter und *Tydynghe*. Schließlich sind die Ereignislieder anzuführen, denen neben einem gewissen Unterhaltungswert auch eine Informationsfunktion zukam (z. B. Lieder über Fehden zwischen Städten und Landesherren).

3.3.4. Religiöse Bildung und Erbauung

Die hier zusammengefaßten Texte dienen in erster Linie dem Zweck, mit Glaubensinhalten beim Leser oder Zuhörer andächtige Stimmungen zu erzeugen. Es handelt sich also in jedem Fall um Äußerungsformen mit christlicher Thematik, überwiegend um Bearbeitungen biblischer und legendenhafter Stoffe.

Zu diesen Texten ist auch die Bibel zu stellen. Die teilweise bereits vor Luther entstandenen und gedruckten nd. Bibeln, wie z. B. die Lübecker Bibel von 1494, die nun den Laien einen unmittelbareren Zugang zu den Quellen des Glaubens verschafften, wurden gewiß auch zur erbaulichen Lektüre genutzt. Verschiedenen Bedürfnissen dienten ebenso Plenarium und Psalter. Waren sie ursprünglich als Handbücher für den Gottesdienst bzw. als Unterrichtswerke gedacht, gewannen sie zunehmend Bedeutung als erbauliche Lesewerke für breitere Kreise.

Einen weiteren Schwerpunkt markieren die Legendendichtungen, diverse Mariendichtungen, Schauspiele, Lieder und Gebete.

3.3.5. Unterhaltung

Für die hansische Gesellschaft lassen sich Momente und Gelegenheiten benennen, die vorrangig der Geselligkeit gewidmet waren. Dies hängt mit den charakteristischen Formen der sozialen Organisation zusammen, die weit über den primären ökonomischen und politischen Anlaß hinaus wirkten, wie Patriziergenossenschaften, Bruderschaften, Gilden, Zünfte oder auch der „gemeine Kaufmann" als wechselnde *ad-hoc*-Gemeinschaft in den verschiedenen Hanseniederlassungen im Ausland. Dabei muß davon ausgegangen werden, daß es sich, wie bei den vorstehend erwähnten anderen gesellschaftlichen Funktionen von Literatur, zunächst um mündlich vermittelte Unterhaltungsstoffe handelte, zu denen dann schriftliche Fixierung und Erweiterung kamen.

Ein Beispiel für die mündliche Tradierung und zugleich die europäische Mittlerrolle des Fernhandelskaufmanns ist der Prolog zur norwegischen *„Thidreks saga"* (um 1260), der ausdrücklich auf Kaufleute aus Bremen und Soest als Gewährsleute verweist. Zu den handschriftlich festgehaltenen Erzählstoffen, die aus fremden Literaturen ins Nd. vermittelt wurden, rechnen Verserzählungen wie *„Valentin unde Namelos"*. Einschlägig sind des weiteren die sog. Volksbücher, Komödien, sprachgebundene Gesellschaftsspiele und Lieder.

3.4. Texte für den Privatgebrauch

Mit ihren vielfältigen Organisationsformen, wirtschaftlichen und kulturellen Kontakten trug die Hanse entscheidend zur Entwicklung eines bürgerlichen Selbstbewußtseins bei, das seinen Ausdruck nicht zuletzt auch in privater Schriftlichkeit fand. Der enge Zusammenhang von Hanse und privater Schriftkultur zeigt sich besonders darin, daß vor allem Inhaber hoher städtischer Ämter private Aufzeichnungen hinterlassen haben. Will (1992, 49) unterscheidet drei Gruppen von Aufzeichnungen: 1. Journale und Tagebücher, 2. Chroniken und Annalen, 3. Denkwürdigkeiten und Erinnerungen. Zur ersten Gruppe gehören u. a. Geschäftsprotokolle, Verzeichnisse der privaten Aufwendungen, Reisenotizen. Unter Chroniken und Annalen sind in diesem Zusammenhang chronikalische Aufzeichnungen für den Hausgebrauch zu verstehen. Herausragende Beispiele für das 16. Jh. sind das *„Slechtbok"* der Hamburger Familie Möller mit Aufzeichnungen besonders zu Geburten, Änderungen im Familienstand und Todesfällen sowie die Chronik des Bremer Bürgermeisters Detmar Kenckel vorwiegend mit autobiographischen Zügen. Die nur in geringem Umfang überlieferten Texte der dritten Gruppe stehen den Chroniken nahe, stellen aber jeweils ein herausragendes Ereignis in den Mittelpunkt des geschilderten Zeitabschnitts.

Diese drei Textgruppen, die primär individuellen oder innerfamiliären Bedürfnissen dienen, werden durch Zeugnisse einer weiter reichenden Kommunikation ergänzt. Hier sind vor allem Briefe zu nennen. Dazu gehört teilweise auch die Korrespondenz der Hansekaufleute Sivert und Hildebrand Veckinchusen (Anfang 15. Jh.), soweit sie an private Adressaten gerichtet ist und private Probleme (Eheprobleme, Kindererziehung, Freundeskreis usw.) behandelt. Eine besonders einschlägige Teilmenge bilden die Liebesbriefe. Als kürzere Formen der Korrespondenz sind Einladungsschreiben aus verschiedenen Anlässen, z. B. Kindtaufen, Hochzeiten, Beerdigungen, zu verzeichnen.

4. Nichthansische Textproduktion

Wenn auch für den Bezugszeitraum die Hanse als Textstifterin dominiert, darf nicht der Eindruck der Ausschließlichkeit entstehen. Vielmehr berühren und überlagern sich zahlreiche textproduktive Tendenzen und Institutionen in ihrem Einfluß, von denen zumindest einige hier angesprochen werden sollen.

Dies gilt zuvorderst für die Klasse der präskriptiven Texte (Regelungstexte). Schmidt-Wiegand (1995, 34) hat auf den gesamteuropäischen Verschriftlichungsprozeß des Rechts seit der Mitte des 12. Jhs. hingewiesen, der auch das nd. Sprachgebiet erfaßt. Während die Kodifizierung von Stadtrechten als Manifestation des modernen Gemeinwesens der Stadt und letztlich der bürgerlichen Selbstgestaltung gelten kann (ständige Aktualisierung auf dem Hintergrund stadtinterner Probleme), wahren die Landrechte den überlokalen, territorialen Bezug, sind Fortsetzung der alten Stammesrechte und deutlich konservativer als die Stadtrechte. Hervorragendes Exempel der Landrechte ist der Sachsenspiegel, dessen Aufzeichner Eike von Repgow in seiner Reimvorrede auf die mündliche Überlieferung hinweist und den potentiellen Benutzern die nunmehr schriftliche Rechtsgrundlage empfiehlt. Die Textsorte Landrecht existiert in der Überlieferung nicht nur in den mehr als 400 Handschriften und Fragmenten des Sachsenspiegels, was den zeitgenössischen Bedarf aufzeigt (Einflüsse auf die Stadtrechte), sondern auch in anderen landschaftsbezogenen Aufzeichnungen wie den fries. Landrechten (Sellert/Oestmann 1995).

Klöster der Zeit nahmen in relativer Eigenständigkeit an der Textproduktion intensiv Anteil. Zwar muß in vielen Fällen ein enger Zusammenhang mit einer inkludierenden oder benachbarten Stadt angenommen werden (z. B. das Nonnenkloster Neuwerk in seinem Verhältnis zur Stadt Goslar. Cordes 1968, 12f.), auf der anderen Seite gab es individuelle Interessen, einzelne Texte für den Klosteralltag parat zu haben. In diesem Zusammenhang spielt das Zusammentreffen von lat. Texten und volkssprachlich definierten Gebrauchssituationen eine entscheidende Rolle; die Folge war eine Fülle von nd. Texten, die ihrer lat. Vorlage verpflichtet waren, aber auch Merkmale regionalsprachlicher und individueller Gestaltung zeigen. So hat Rooth 1969, XI für das frühe 14. Jh. eine Textsammlung im klösterlichen Bereich ausgemacht, die „als Grundlage für privates Lesen, das durch die Muttersprache erleichtert wurde, und für den Unterricht gedient hat". Der in der Klosterexistenz ständig präsente lat.-nd. Sprachkontext bestimmt auch das 1524 in Neukloster/Buxtehude geschriebene Oster-Orationale, in das nd. Reimgebete und Lieder eingearbeitet sind (Irtenkauf 1974). Die Schreiberin der umfangreichen Buchhandschrift beherrscht Lat. und Nd., betont die Förderung durch ihre Priorin; die Frage, ob die Herstellung des Gebetbuches nur „zum persönlichen Gebrauch" (Pettke 1992, 95) betrieben wurde, muß offen bleiben. Gänzlich anders ist für das Neuwerker Kopialbuch zu argumentieren, das mit seinen Übersetzungen klosterbezogener lat. Urkunden eine gebrauchsfreundliche und zugängliche Verwaltungsgrundlage bot (Cordes 1968, 15).

Schließlich sei auf einen dritten Anlaß zur Textproduktion hingewiesen, der von der Thematik lokal- und zeitpunktbezogen zu charakterisieren ist, hinsichtlich seiner kommunikativen Funktion vor allem gruppenindizierend und -integrativ wirkte. Gemeint ist das historische Ereignislied, Landsknechtlied. Dabei muß zwischen einer sekundären Verschriftlichung (Flugblatt) einschließlich der damit verknüpften Funktion und einer ursprünglich mündlichen Fassung mit einer primären Funktion deutlich getrennt werden. Am Beispiel des Liedes „Van Juncker Baltzer" hat Weddige (1995, 30) die primäre gruppenintegrierende Funktion, vor allem anhand des deiktisch gebrauchten wir, herausgearbeitet.

5. Textmusterverbreitung

Das entscheidende Medienereignis des Zeitraums ist der Ausbau der Schriftlichkeit; auf diese Weise erst konnten die vielfältigen

sprachbezogenen Aufgaben wahrgenommen und ausgedehnt werden. Z. B. ermöglichte die schriftliche Fixierung bei konstantem Inhalt eine ökonomische Information vieler, sie erlaubte unter konkretem Bezug auf vorhergehende Fassungen die aktualisierende Fortschreibung (etwa verschiedene Versionen von Stadtrechten und Kontorordnungen), und sie stiftete nicht zuletzt eine neue sozial-kulturelle Wirklichkeit, die als Instanz herangezogen werden konnte (dar steit gescreven, ik hebbe gelesen).

Daß es weiterhin neben der schriftlichen Tradierung eine eigenständige mündliche Verbreitung gab, bezeugen zahlreiche Hinweise in der überlieferten mnd. Literatur. Eine besondere Manifestation war der sogenannte letspreker, der auf Versammlungen, Feiern und anderen Zusammenkünften in Privat- und Gasthäusern Geschichten zur Unterhaltung vortrug.

Schriftliche Fixierung bedeutete im ersten Teil des hier behandelten Zeitraums ausschließlich handschriftliche Fixierung. Naturgemäß war dadurch die Distribution der Texte erheblich eingeschränkt. Das änderte sich entscheidend mit der Einführung des Buchdrucks, der eine Textproduktion in höherer Stückzahl und eine weite Verbreitung ermöglichte. Bevorzugte Druckobjekte waren öffentlichkeitszentrierte Texte (s. unter 3.3.), die auf ein lesefähiges städtisches Publikum zielten. Das Buch wurde zur Handelsware.

Aus dieser Entwicklung gingen als neue Textsorte die sog. Bücheranzeigen hervor, eine Art Werbeprospekt, mit dem der reisende Buchhändler seine Kollektion vorstellte. Nicht zuletzt dürfte der Buchdruck zur Verbreitung und Festigung von Textmusterwissen beigetragen haben. Als deutliches Indiz dafür kann die stark vermehrte Edition von sog. Volksbüchern gelten. Diese bieten Erzählstoffe jetzt in Prosa gegenüber der älteren Darstellung in Versen an. Zugleich erweist sich diese neue Form als attraktiv für eine Vielzahl von Stoffen, so daß einzelne Publikationswellen unterschieden werden können (Cordes 1983, 371).

6. Literatur (in Auswahl)

Beckers, Hartmut, Mittelniederdeutsche Literatur. Versuch einer Bestandsaufnahme. In: NdW 17, 1977, 1−58; 18, 1978, 1−47; 19, 1979, 1−28.

Borchling, Conrad, Mittelniederdeutsche Handschriften in Norddeutschland und den Niederlanden. Göttingen 1898. Mittelniederdeutsche Handschriften in Skandinavien, Schleswig-Holstein, Mecklenburg und Vorpommern. Göttingen 1900. Mittelniederdeutsche Handschriften in Wolfenbüttel und einigen benachbarten Bibliotheken. Göttingen 1902. Mittelniederdeutsche Handschriften in den Rheinlanden und in einigen anderen Sammlungen. Göttingen 1913. (Nachrichten der Königl. Gesellschaft der Wissenschaften zu Göttingen).

Ders./Bruno Claussen, Niederdeutsche Bibliographie. Gesamtverzeichnis der niederdeutschen Drucke bis zum Jahre 1800. 2 Bände. Neumünster 1931/1936.

Brinker, Klaus, Linguistische Textanalyse. Eine Einführung in Grundbegriffe und Methoden. 4., durchgesehene und erweiterte Aufl. Berlin 1997. (GG 29).

Cordes, Gerhard, Ein Neuwerker Kopialbuch aus dem Anfang des 15. Jhs. Goslar 1968. (Beiträge zur Geschichte der Stadt Goslar 25).

Ders., Mittelniederdeutsche Dichtung und Gebrauchsliteratur. In: Handbuch zur niederdeutschen Sprach- und Literaturwissenschaft. Hrsg. v. Ders./Dieter Möhn. Berlin 1983, 351–390.

Fleskes, Gabriele, Untersuchungen zur Textsortengeschichte im 19. Jh. Am Beispiel der ersten deutschen Eisenbahnen. Tübingen 1996. (RGL 176).

Gabrielsson, Artur, Das Eindringen der hochdeutschen Sprache in die Schulen Norddeutschlands im 16. und 17. Jh. In: NdJb. 58/59, 1932/1933, 1–79.

Die Hanse – Lebenswirklichkeit und Mythos. 2., verbesserte Aufl. des Textbandes zur Hamburger Hanse-Ausstellung von 1989. Hrsg. v. Jörgen Brakker/Volker Henn/Rainer Postel. Lübeck 1998.

Hyldgaard-Jensen, Karl, Die Textsorten des Mittelniederdeutschen. In: Sprachgeschichte. Ein Handbuch zur Geschichte der deutschen Sprache und ihrer Erforschung. Hrsg. v. Werner Besch/Oskar Reichmann/Stefan Sonderegger. 2. Halbbd. Berlin 1985, 1247–1251. (HSK 2.2).

Irtenkauf, Wolfgang, Das lateinisch-niederdeutsche Oster-Orationale der Cäcilia Hüge aus dem Jahre 1524. In: NdJb. 97, 1974, 108–112.

Kayser, Werner/Claus Dehn, Bibliographie der Hamburger Drucke des 16. Jhs. Hamburg 1968. (Mitteilungen aus der Hamburger Staats- und Universitätsbibliothek 6).

Loose, Hans-Dieter (Bearb.), Hamburger Testamente 1351 bis 1400. Hamburg 1970. (Veröffentlichungen aus dem Staatsarchiv der Freien und Hansestadt Hamburg 11).

Meier, Jürgen/Dieter Möhn, Literatur: Formen und Funktionen. In: Die Hanse – Lebenswirklichkeit und Mythos. 2., verbesserte Aufl. des Textbandes zur Hamburger Hanse-Ausstellung von 1989.

Hrsg. v. Jörgen Bracker/Volker Henn/Rainer Postel. Lübeck 1998, 524–534.

Dies., Die Sprache im Hanseraum. In: Die Hanse – Lebenswirklichkeit und Mythos. 2., verbesserte Aufl. des Textbandes zur Hamburger Hanse-Ausstellung von 1989. Hrsg. v. Jörgen Bracker/Volker Henn/Rainer Postel. Lübeck 1998, 580–590.

Pettke, Sabine, Eine Gebetbuch-Handschrift aus Neukloster. In: Eine Buxtehuder Evangelienhandschrift. Die vier Evangelien in einer mittelniederdeutschen Übersetzung des 15. Jhs. aus dem Alten Kloster. Hrsg. v. Stadt und Stadtsparkasse Buxtehude. Buxtehude 1992, 91–97.

Rooth, Erik, Niederdeutsche Breviertexte des 14. Jhs. aus Westfalen. Stockholm 1969. (Kungl. Vitterhets Historie och Antikvitets Akademiens Handlingar. Filologisk-Filosofiska Serien 11).

Schildt, Joachim, Die Bedeutung von Textsorten für eine Theorie des Sprachwandels. In: ZfG 8, 1987, 187–198.

Schlüter, W(olfgang) (Hrsg.), Die Nowgoroder Schra in sieben Fassungen vom XIII. bis XVII. Jh. Dorpat 1911/1914.

Schmidt-Wiegand, Ruth, Prolegomena zu einer Texttypologie des Mittelniederdeutschen. In: Aspekte der Germanistik. Festschrift für Hans-Friedrich Rosenfeld zum 90. Geburtstag. Hrsg. v. Walter Tauber. Göppingen 1989, 261–283. (GAG 521).

Dies., Die Bedeutung und Wirkung des Sachsenspiegels Eikes von Repgow in Land und Stadt. In: der sassen speyghel. Sachsenspiegel, Recht, Alltag. Hrsg. v. Egbert Koolman/Ewald Gäßler/Friedrich Scheele. Bd. 1., 2. Aufl. Oldenburg 1995, 33–46.

Sellert, Wolfgang/Peter Oestmann, Nordwestdeutsche Landrechte. In: der sassen speyghel. Sachsenspiegel, Recht, Alltag. Hrsg. v. Egbert Koolman/Ewald Gäßler/Friedrich Scheele. Bd. 1., 2. Aufl. Oldenburg 1995, 159–172.

Steger, Hugo, Sprachgeschichte als Geschichte der Textsorten/Texttypen und ihre kommunikativen Bezugsbereiche. In: Sprachgeschichte. Ein Handbuch zur Geschichte der deutschen Sprache und ihre Erforschung. Hrsg. v. Werner Besch/Oskar Reichmann/Stefan Sonderegger. 1. Halbbd. Berlin/New York 1984, 186–204. (HSK 2.1).

Weddige, Hilkert, Koninc Ermenrîkes Dôt. Die niederdeutsche Flugschrift 'Van Dirick van dem Berne' und 'Van Juncker Baltzer'. Überlieferung, Kommentar, Interpretation. Tübingen 1995.

Will, Michael, Tagebücher und Autobiographien als Ausprägungen privater Schriftlichkeit im mittelniederdeutschen Sprachraum. In: NdJb. 115, 1992, 41–69.

Jürgen Meier/Dieter Möhn, Hamburg

106. Die Diagliederung des Mittelniederdeutschen

Die nd. Sprachäußerungen des 13.–17. Jhs. bilden kein normiertes sprachliches System; die Bezeichnung *mnd.* dient vielmehr als Sammelbegriff für eine Gruppe nahe verwandter Schreibsprachen, von denen einige im Verlauf der Sprachperiode einen Vereinheitlichungsprozeß durchlaufen. Bei der Beschreibung der Diagliederung des Mnd. wird, wie üblich, nach räumlichen (diatop.), zeitlichen (diachron.) sowie schichtenspezifischen (sozialen und funktionalen) Varianten unterschieden. Jedoch sind die beiden ersten Variationstypen nur unzureichend, der letztere fast gar nicht erforscht.

1. Räumliche Variation

1.1. Lautgeographische Gliederung

Ein mnd. Phonemsystem ist nur als „Overall-System" konstruierbar. Von diesem Konstrukt können die Phonemsysteme der einzelnen Sprachlandschaften abgeleitet werden.

In Art. 100 sind die vokalischen Subsysteme des Mnd. aufgeführt worden. Die lautlichen Entwicklungen der mnd. Zeit werden allerdings durch das Schriftbild nur unzureichend oder gar nicht wiedergegeben. Letzteres gilt insbesondere für die aus den alten Kürzen in offener Silbe entstandenen Vokale. Das Westf. kennt sieben Qualitäten (*a, i+ę, ë, o, ö, u, ü*), das Ofäl. fünf (*a, i+ę, ë, o+u, ö+ü*), das Nnsächs. drei (*i+e+ë, ü+ö, u+o+a*). Im Westf. bleibt für diese Laute ein eigenes, diphthongisches Subsystem bestehen, während sie im außerwestf. Gebiet ins Langvokalsystem übergewechselt sind. Das Ostnd. steht auf nnsächs. Standpunkt. Im Smk. haben sich die drei Langmonophthonge sekundär zu langen Diphthongen (*ẽᵃ, õ̃ᵃ, õᵃ*) entwickelt. Dies alles ist in der geschriebenen Sprache nicht erkennbar und nur mit Hilfe der heutigen Mundarten zu erschließen; es stehen die Schreibungen ⟨a⟩ ⟨e⟩ ⟨o⟩ zur Verfügung; nur im frühmnd. Westf. werden teilweise auch ⟨i⟩ und ⟨u⟩ verwendet.

Auch die besonders im Süden des westf. und ofäl. Raumes aus den *ê*- und *ô*-Lauten entwickelten Diphthonge sind nicht schreib-

sprachlich geworden; gelangen sie einmal aufs Pergament oder Papier, sind sie als Reflexe gesprochener Sprache zu werten. Eine Ausnahme vom mnd. Schreibgebrauch mit ⟨e⟩ und ⟨o⟩ macht das Südmärkische. Hier erscheinen die den mnd. Langvokalen *ê⁴ ô¹ ô¹* entsprechenden gesprochenen Langdiphthonge /ī̆ᵉ/ /ū̆ᵉ/ /ū̆ᵉ/ in der Schrift als ⟨i⟩ und ⟨u⟩. Die *i*- bzw. *u*-Schreibung für mnd. *ê⁴ ô¹ ô¹* ist, neben der *e*- und *o*-Schreibung, auch im Elbofäl. und zeitweilig, besonders im 14. Jh., auch im Ostelbischen üblich. Allerdings ist im Ostelbischen des 14. Jhs. ⟨u⟩ für *ô¹* weiter verbreitet als ⟨i⟩ für *ê⁴*. So schreibt das Stadtbuch von Garz auf Rügen ⟨u⟩ neben ⟨e⟩. Im 15. Jh. setzt sich ⟨o⟩ im Ostelbischen durch.

1.2. Formengeographische Gliederung

Aus dem Bereich der Formengeographie (vgl. Art. 101) seien drei Erscheinungen genannt, der Pl. der Verben im Ind. Präs., das Gerundium und der Einheitskasus der Personalpronomina. Der as. Einheitspl. auf *-ad* findet seine Fortsetzung in der Endung *-(e)t*, die bis heute im nd. Stammland gilt. Im Neuland hat sich dagegen der Pl. auf *-en* durchgesetzt, in Lübeck, Mecklenburg und Pommern nach anfänglichem Nebeneinander beider Formen. Die Linie zwischen der *-(e)t-* und der *-en*-Pluralendung bezeichnet heute allgemein die Grenze zwischen dem West- und dem Ostnd. Sie verläuft heute östlich von Lübeck; in mnd. Zeit wird Lübeck zum *-en*-Gebiet gehört haben. Der Einheitspl. auf *-en*, der seinen Ursprung entgegen älterer Auffassung sicher eher im Elbofäl./Smk. als in Lübeck hat, findet im 15. Jh. auch im nd. Altland Verwendung.

Die Gerundiumformen zeigen eine deutliche regionale Abgrenzung (Åsdahl Holmberg 1996). Im Nnsächs.-Ofäl. ist seit dem 13. Jh. *-ende* die vorherrschende Form; im Westf. endet das Gerundium auf *-ene*, das allmählich durch *-en* verdrängt wird. Die substantivierte Form des Gerundiums, die für den Nom. und den Akk. eine Form auf *-ent* entwickelt hat, ist ebenfalls für das Nnsächs.-Ofäl. charakteristisch; im Westf. gilt *-en*.

Das Personalpronomen der 1. und 2. Person bildet einen Einheitskasus auf der Grundlage des Dat.: *mî* 'mir, mich', *dî* 'dir, dich'; das Ofäl. verallgemeinert dagegen die akkusativischen Formen (*mik/mek, dik/dek*).

Im Pl. gelten entsprechend ofäl. *üsek/ösek* und *jük/jök* statt *ûs/uns* und *jû* der übrigen Landschaften. Der unterschiedliche Ausgleich von Dat. und Akk. vor allem bewirkt die Sonderstellung des Ofäl. im nd. Sprachraum.

1.3. Wortgeographische Gliederung

Wortgeographische Gegensätze innerhalb des Mnd. können bis in die Missionszeit zurückreichende Unterschiede fortsetzen. Wie in as. Zeit herrschen im Westf. die in einem westlichen Verband stehenden Wochentagsbezeichnungen *godensdag* und *saterdag*; das übrige Nd. hat *middeweken* und *sunnavend*. Im Ofäl. gilt weiterhin das nach lat. *operari* gebildete *oppern* 'opfern' statt des nordwestlichen *offern*, das auf lat. *offere* zurückgeht.

Nach der Aufteilung des engrischen Gebietes zwischen dem Westf. und dem Ofäl. wurde die Weser zur schärfsten Dialektgrenze innerhalb des nd. Altlandes. Die Wortgrenze an der Weser tritt etwa bei den mnd. Handwerkerbezeichnungen zutage (Åsdahl Holmberg 1950). Meist gehört Westfalen in einen größeren Wortverband Niederlande—Rheinland—Westfalen.

Der Gerber heißt in Westfalen, wie im Rheinland und in den Niederlanden, *löer*, in Ostfalen wie in weiten Teilen des Nordnd. (Hamburg, Lüneburg) *gerwer*. Das Kolonisationsgebiet kennt beide Wörter. Der Flickschuster wird im Westf. *lapper/lepper*, im Ofäl. *böter/oltböter* genannt; im Nordnd. sind beide Benennungen gebräuchlich. Für den Kürschner hat das Ofäl. aus dem Omd. *körsenwerchte* entlehnt; in Westfalen ist, wie in seinen westlichen Nachbargebieten, das rom. *pelser* belegt.

Schon diese Beispiele verdeutlichen, daß an der oberen und mittleren Weser die wichtigste Wortgrenze innerhalb des nd. Altlandes verläuft. Das West- und das Ostfälische gehen meist getrennte Wege. Die Grenzen zwischen dem Westf. und dem Nordnd. bzw. zwischen dem Ofäl. und dem Nordnd. sind dagegen nicht so ausgeprägt. Das Nordnd. verhält sich gegenüber dem west-/ostfälischen Gegensatz jeweils unterschiedlich. Im Falle der Typen 'Gerber' und 'Flickschuster' kannte das Nordnd. sowohl die west- als auch die ostfälische Bezeichnung. Besonders im Ostnd. kommt es als Folge der Siedlungsgeschichte zu Doppelformen.

Hier gelten westf. *sünder* und ofäl. *âne* 'ohne', westf. *tüsschen* und ofäl. *twisschen*, westf. *dan/den* und ofäl. *wan/wen* 'vergleichendes als' nebeneinander. Meistens setzt sich allerdings im Nordnd. entweder die west- oder die ostfälische Variante durch.

Beispiele für das westf.-nordnd. Zusammengehen sind *lüning* 'Sperling', *desse* 'dieser', *men/mer* 'aber, doch'. Das Ofäl. steht mit den Typen *sperling, disseldüsse, sünder* für sich.

Häufiger ist der Fall, daß das Ofäl. und das Nordnd. dem Westf. gegenüber eine Einheit bilden. Die Sonderstellung des Westf., die schon bei den Wochentagsnamen und den Handwerkerbezeichnungen zutage trat, zeigt sich in einer Reihe weiterer Fälle. Zwischen dem Ofäl.-Nordnd. auf der einen und dem Westf. auf der anderen Seite gelten u. a. die folgenden Gegensatzpaare:

minsche:mensche 'Mensch', *vrünt:vrent* 'Freund, Verwandter', *de sülve:de selve* 'derselbe', *nên:nîn* 'kein', *woldat:wattan* 'obwohl'. Im *Promptuarium medicinae*, 1483 in Lübeck gedruckt, heißt es Bl. 3ra: *ALHORNE in westualen ys holderen efte holunder in sassen to latine SAMBUCUS.*

Schließlich besteht noch die Möglichkeit, daß jede der drei Landschaften eine eigene Bezeichnung besitzt. Als Kennwörter können hier der 'gemauerte Brunnen' (westf. *püt(te)*, ofäl. *born*, nordnd. *sôd*) und das Indefinitpronomen 'jeder' gelten (westf. *jüwelik*, ofäl. *jöwelik*, nordnd. *jewelik*).

Der Wortschatz des kolonialen Neulandes wurde, wie schon die genannten ostelbischen Doppelformen zeigten, durch die Herkunft der Siedler bestimmt. Der meckl. Wortschatz ist vor allem westf. beeinflußt. *Hamm* 'Angel des Sensenblatts', *sûgel* 'Pfriem', *wêsbôm* 'Heubaum' sind Beispiele für meckl.-pom. Wörter westf. Herkunft.

Die bäuerlichen Besiedler der Mark Brandenburg stammten überwiegend aus den südlichen Niederlanden und aus Holland. Daher entstand hier eine Mundart auf vorwiegend nl. Grundlage. Vor allem der Wortschatz der Wasserwirtschaft, des Landbaus und der Tier- und Pflanzenwelt ist nl. geprägt:

fen 'Sumpf', *weteringe* 'Entwässerungsgraben', *slot* 'Graben', *sluse* 'Schleuse', *enken* 'pfropfen', *owst* 'Ernte', *kotsate, kossete* 'Kleinbauer', *kolter* 'Vorschneidemesser am Pflug', *erpel* 'Enterich', *mol* 'Maulwurf', *miere* 'gelbe Ameise', *else* 'Erle', *pede* 'Quecke' (Teuchert 1944). W. Foerste (1957, 1796f.) veranschaulicht die wortgeographische Gliederung des Mnd. an der Synonymik des Enterichs. Die wohl allgemein-wgerm. Bezeichnung *drake*, vgl. engl. *drake*, gilt nur noch im Ofäl. Im Raum zwischen Ijssel und Weser wurde *drake* durch *wêdik*, im Südwestf. durch *enderik* ersetzt. Das Nordnd. hat, wie die nl. Küste, die Neuerung *ward* (nl. *woerd*). Die ostnd. Verhältnisse sind durch die Herkunft der Siedler geprägt. Westf. Ursprungs ist meckl. *wädik/wäding*; im Npr. galt das nordnd. *wōrt.* Die südnl. Siedler des 12. Jhs. brachten *erpel* in die Mark Brandenburg; *wennerk* in der Altmark ist limburgisch-brabantischer Herkunft.

1.4. Sprachliche Kennzeichen der regionalen mnd. Schreibsprachen

Bevor im 15. Jh. durch Ausgleichsprozesse die landschaftlichen Schreibunterschiede besonders im Norden des Sprachgebietes überdeckt werden, existieren im 13. und besonders im 14. Jh. verschiedene regionale Schreibsprachen nebeneinander. Diese entstanden in den wichtigsten fürstlichen und städtischen Kanzleien. Die Schreibzentren wurden in Art. 99, 2.7. aufgeführt. An dieser Stelle sind nun sprachliche Kennformen vornehmlich aus dem phonologisch-morphologischen Bereich sowie aus dem der Kleinwörter zu nennen, die den einzelnen Regionalsprachen zugeordnet werden können (Lasch 1914, 12ff.; Foerste 1957; Peters 1983, 70f., ders. 1987, 1988, 1990).

1.4.1. Das Westfälische

/o/ vor /r/-Verbindung wird gelegentlich ⟨*a*⟩ geschrieben: *karn* 'Korn', *wart* 'Wort', *vart* 'fort'. − Für /i/ und /u/ in offener Silbe bewahrt das ältere Westf. lange die Schreibungen ⟨*i*⟩, ⟨*u*⟩: *witen* 'wissen', *sune* 'Sohn'. In der zweiten Hälfte des 14. Jhs. dringen die Schreibungen ⟨*e*⟩, ⟨*o*⟩ ein. − Selten erscheint ⟨*a*⟩ für *ô²*, *ö²* vor /r/: *ar* 'Ohr', *haren* 'hören'. − Der Lautwandel /ft/ > /cht/ tritt häufiger auf als im übrigen nd. Gebiet. − Der Gen. von *stad* lautet *der, des stades.* − Es heißt westf. *sal* statt *schal, brengen* statt *bringen, dôt* 'tut' statt *deit, konde(n)* statt *kunde(n), mensche* statt *minsche, vrent/vrönt* statt *vrünt, derde* 'dritte' statt *dridde/drüdde.* − Das Pron. 'dieser' lautet *desse,* anfänglich auch noch *dese,* im Südosten *disse/düsse.* − *selve, sölve* statt *sülve.* − *wel* 'wer' neben *we.* − *jüwelik, malk* 'jeder', *nîn* 'kein', im Südosten *nên.* − *wâr* 'wo', *wû* neben *wô* 'wie', *wal* neben *wol* 'wohl', *no* 'noch'. − *hent* (nordwf.), *bet, winte* 'bis', *dôr* 'durch', *tegen* 'gegen', *sünder* 'ohne', *tüsschen* 'zwischen'. − Neben *unde* wird bis 1350 auch *ande* geschrieben, am Westrand finden sich auch *ende* und *inde.* Weitere das Westf. charakterisierende Konjunktionen sind die Kombination *eder/ofte* (nordwestf.) bzw. *eder/efte* (südwestf.), *men/mer* 'aber, sondern', *dan* 'komparativisches als', *want(e)* 'denn, weil', *wattan* 'obwohl'.

In einem Teil der Fälle ist das Inventar nach Westen hin offen, sind die Varianten auch mnl. und/oder rib.: *sal, brengen, men-*

sche, derde, selve, malk, wal, tegen, sünder, tüsschen, ofte, mer, dan, want.

Die Binnengliederung des Westf. zeigt einen Hauptgegensatz zwischen dem Nordwesten (Münster) und dem Südosten (Soest, Paderborn). Der südwestliche (Dortmund) und der nordöstliche Bereich (Herford) schließen sich bald der einen, bald der anderen Kernlandschaft an. Im Nordwestf. gelten die Varianten *desse, nîn, wal, up, hent* sowie die Kombination *eder/ofte.*

Im Ost- und Südwestf. ist die Verbindung /ij/ zu /igg/, /ūw/ zu /ugg/ (südwestf.) bzw. /uww/ (ostwestf.) geworden: *friggen, nigge, buggen/buwwen.* Das Ostwestf., die Übergangszone zum Ofäl., hat überwiegend *sc(h)al, vrünt, sülve, twisschen.* Im Südwestf. ist /a/ vor /ld/, /lt/ erhalten: *halden, salt.* Südwestf. sind das Suffix *-nüsse* '-nis', *disse/düsse, nên* neben *nîn, nit* neben *nicht, op* 'auf', *winte* 'bis', die Kombination *eder/efte* 'oder'.

Zwischen dem Mnl. und dem Westf. steht die Schreibsprache der Ijsselstädte (vgl. Art. 99, 3.4). Diese hat natürlich Anteil an den genannten nl.-westf. Gemeinsamkeiten: *sal, mensche, derde, selve, tegen, tüsschen, ofte, want.* Mit der Entwicklung von /a/ zu /o/ vor /ld/, /lt/ (*olt, solt*), mit den Kennwörtern *vrent, hillig, sünte, wal, mer* steht sie auf nd.-westf., mit der Senkung von /u/ zu /o/ vor Nasalverbindung (*ons* 'uns'), mit *elk* 'jeder', *geen* 'kein' auf nl. Standpunkt. Charakteristisch für das Ijselländische ist das Schwanken zwischen der nl. und der nd.-westf. Variante: *brief/breef, dese/desse, niet/nicht, op/up, ende/unde.*

1.4.2. Das Ostfälische

/i/ vor /r/-Verbindungen erscheint als ⟨*e*⟩ (*kerke*). − /e/ vor /r/-Verbindungen > /a/, für das gesprochene [ar] sind die Schreibungen ⟨*er*⟩, ⟨*ar*⟩ möglich (*berg, barg*). − /a/ vor /r/ -Verbindung > /e/ (*derf* 'darf') im nordwestlichen Teil des Ofäl. − Umlaut des /a/ über /e/ weiter zu /i/ in *stidde* 'Stelle', *schipper* 'Schöpfer'. − /e/ > /i/ vor Nasal in *himmede* 'Hemd', *hinne* 'Henne'. − ⟨*-ocht-*⟩ (*vröchten, geröchte*) statt ⟨*-ucht-*⟩. − Der Nom. von *schip, schepes* wird gern zu *schep* ausgeglichen. − Kürzung tonlanger Vokale vor Kons. + ⟨*el*⟩, ⟨*er*⟩, ⟨*en*⟩, ⟨*ich*⟩: *eddel* 'edel', *hemmel/himmel* 'Himmel', *leppel* 'Löffel', *nedder* 'nieder', *better* 'besser', *wetten* 'wissen', *etten* 'essen', *leddich* 'leer', *honnich* 'Honig'. − ⟨*-auw-*⟩ statt ⟨*-ouw-*⟩: *hauwen* 'hauen'. − Im Part. Prät. der Verben ist mundartlich die Vorsilbe *ge-* zu *e-* reduziert; geschrieben wird meistens

⟨ge-⟩. – Das Suffix '-schaft' lautet meist
-schup. – schullen 'sollen', wel 'will', dridde
'dritte'. – Kennzeichnend für das Ofäl. sind
insbesondere die Formen des Personalpronomens: ik/ek; Einheitskasus für Dat. und Akk.
auf akkusativischer Grundlage: mik/mek
'mir, mich', dik/dek 'dir, dich', üsek/ösek
'uns', jük, jök, gik 'euch' anstelle von mi, di,
uns, ju. Das Personalpronomen der 3. Person
hat die gerundeten Varianten öt (neben et)
'es', öme 'ihm', ön(e) 'ihn', ör(e) 'ihr', ön(e)
'ihnen'. Das Reflexivum lautet sik/sek.
    Statt desse 'dieser' überwiegt im M. und F.
im 14. Jh. disse, später düsse, im N. düt statt
dit. – de sülve 'derselbe'; jöwelik/jüwelik 'jeder'. – wû 'wie', wûr 'wo'. – tigen 'gegen', âne
'ohne', twisschen 'zwischen'. – oder, ed(d)er,
efte, ifte 'oder', sünder 'aber, sondern', wan/
wen 'komparativisches als', eft/ift 'ob, falls'.
    Das Ofäl. an Elbe und Saale, das Elbofäl.,
steht unter starkem md. Einfluß. Daher treten manche mnd. Entwicklungen nicht oder
mit Verzögerung ein. Der Südteil des Elbofäl.
geht im Laufe der mnd. Periode an das Md.
verloren. Kennzeichen des Elbofäl. sind:
/a/ vor /ld/, /lt/ bleibt länger als im übrigen
Gebiet erhalten (halden). – Lange in Gebrauch bleiben auch /i/ und /u/ in offener
Silbe und vor /r/-Verbindungen. – Teilweise
⟨i⟩ für ê²: ghiestlik. In der südlichen Hälfte
des Elbofäl. ist die Monophthongierung des
frühmnd. /ie/ > ê⁴ᵃ (wg. /eo/) wahrscheinlich
nicht eingetreten, während sie in der nördlichen Hälfte erfolgte. Für ê⁴ᵇ (wg. /ē/) findet
sich im 13. Jh. ⟨e⟩. Im 14. Jh. mehren sich
die ⟨ie⟩-, ⟨i⟩-Schreibungen unter md. Einfluß. Aus dem Md. stammen auch ⟨iu⟩ für û
und ⟨u⟩ für ô¹ (wg. /ō/); für letzteres wird im
13. Jh. noch ⟨o⟩ geschrieben. Die Mischung
von ⟨u⟩ und ⟨o⟩ ist für das 14. und 15. Jh.
charakteristisch. – Der Wandel ⟨th⟩ > ⟨d⟩
für den mnd. Verschlußlaut /d/ ist schon beim
Einsetzen der Überlieferung im 13. Jh. abgeschlossen. – Die Einheitspluralendung lautet
schon früh unter md. Einfluß ⟨-en⟩. – ⟨a⟩
im Prät. Pl. der 4./5. Ablautreihe: waren. –
Anlautendes /sk/ > /s/ in sal, sulen; hevet 3.
Sg. 'hat'. – silver, venster, mensche. – dridde,
dredde 'dritte'. – uns, je 'ihr'. – disse,
selve. – immer, ümmer mit vokalischem Anlaut statt jümmer. – kegen neben tiegen, tegen
'gegen'. – Wie im Md. gelten hinder statt achter, von statt van, oder statt ed(d)er.

1.4.3. Das Nordniederdeutsche

Von den regionalen Varianten des Mnd.
kommt dem Nordnd. aus zwei Gründen eine
besondere Bedeutung zu, zum einen wegen

seines ausgedehnten Geltungsbereichs, dem
Nord- und Ostseeraum zwischen Groningen
und Nowgorod, zum anderen, da die zum
Ostelbischen gehörende lübische Schreibsprache des 14. Jhs. zur Verkehrssprache der
Hanse aufsteigt (siehe Art. 99).
    /a/ vor /ld/, /lt/ > /o/: holden, solt. – /e/
vor /r/-Verbindungen > /a/, mit den Varianten ⟨er⟩, ⟨ar⟩ (berg, barg). – Kürzung tonlanger Vokale vor Kons. + ⟨el⟩, ⟨er⟩ (hemmel, nedder), nicht aber vor Kons. + ⟨en⟩
(weten). – scal, schal 'soll'; deit 'tut'. – minsche 'Mensch', vrünt 'Freund, Verwandter',
sülver 'Silber'. – sünte 'sanctus'. – Zum Personalpron.: Einheitskasus für Dat. und Akk.
auf dat. Grundlage: mi 'mir, mich', di 'dir,
dich'; us 'uns' wird durch uns verdrängt (Bischoff 1962 a); juw 'euch'; it 'es', eme 'ihm',
en(e) 'ihn'. – Das Demonstrativpron. 'dieser' lautet desse, n. dit; de sülve 'derselbe'; jewelik 'jeder', nên 'kein'. – Adverbien: wôr
'wo', wô 'wie', wol 'wohl', nicht. – Präpositionen: wente/bit/bet 'bis', jegen/tegen 'gegen',
van 'von'. – Konjunktionen: unde 'und'. Für
'oder' sind ed(d)er, ofte und efte in Gebrauch; oft 'ob, wenn' ist häufiger als eft
(Härd 1967, 182). mer neben men 'aber, sondern'; dan/den neben wan/wen 'komparativisches als'; wente 'denn, weil'.
    Das Nordnd. im Altland, das Nnsächs.,
geht zumeist entweder mit dem Westf., oder
aber, häufiger, mit dem Ofäl. zusammen; eigene Kennformen fehlen fast völlig. Die Pluralendung des Präs. Ind. lautet im 14. Jh.
überwiegend ⟨-et⟩, in Hamburg stehen schon
⟨-et⟩ und ⟨-en⟩ nebeneinander. – derde
'dritte' (Oldenburg), dridde (Hamburg). Die
nasallose Form us 'uns' wird durch uns verdrängt. – jüm, üm neben en 'ihnen'. – de
gönne neben de genne 'derjenige'. – In Oldenburg nîn 'kein', sonst nên. – Vorwiegend sünder 'ohne'; twisschen 'zwischen'; up(pe) 'auf'.
In Oldenburg bent(e) 'bis', tjegen 'gegen'.
    Für die frühe lübische Schreibsprache ist
zweierlei charakteristisch: zum einen eine
weitgehende Übereinstimmung der lübischen
mit den nnsächs. Kennwörtern, zum anderen,
als Folge der Siedlungsgeschichte, die gegenüber dem Nnsächs. etwas größere Zahl an
Doppelformen. In der Lübecker Kanzlei
überwiegt nach anfänglichem Nebeneinander
von ⟨-et⟩- und ⟨-en⟩-Pluralendung seit der
Mitte des 14. Jhs. die Endung ⟨-en⟩ (wi, gi,
se hebb(e)t > wi, gi, se hebben). – Frühes
dridde wird abgelöst durch derde/dörde. – Im
Ostelbischen variieren sünder und âne, tüsschen und twisschen (Bischoff 1961).

Eigenständiger sind die Schreibsprachen am West- und Ostrand des Nordnd. Das Groningisch-Ostfriesische hat Beziehungen zum Westf. und zum Nl. Schon im 14. Jh. herrscht die Pluralendung ⟨-en⟩, die daher sicherlich aus dem Westen und nicht aus dem Osten (Lübeck) stammt. Die groningischen Varianten tendieren eher zum Nl., die ostfriesischen eher zum Nnsächs.: *sal, solen/schal, scholen, vrent/vrünt; derde/drüdde; hem/em* 'ihm'; *de selve/de sülve; gên/nên* 'kein'; *elk/jewelik* 'jeder'; *wal/wol* 'wohl', *tot/wente/bet* 'bis', *tüsschen/twisschen. − jof* 'oder' in der Frühzeit in Groningen.

Im Baltischen, der mnd. Schreibsprache in den Ostseeprovinzen, in Visby und Nowgorod, macht sich, stärker als im Ostelbischen, westf. Einfluß bemerkbar. Dieser ist im 14. Jh. stärker als im 15. Das baltische Gebiet variiert zwischen ⟨s⟩- und ⟨sc(h)⟩-Formen (*sal, sölen/schal, schölen*); neben überwiegendem *vrünt* findet sich westf. *vrönt. − derde, selve* > *drüdde, sülve*. Die Präp. *von* entstammt der omd. Schreibsprache des Deutschen Ordens (Rooth 1934).

1.4.4. Das Südmärkische

Die smk. Schreibsprache weist neben nl. starke ofäl. und elbofäl. Kennzeichen auf. Charakteristisch sind die Schreibungen ⟨i⟩ statt ⟨e⟩ für /$\bar{\imath}^e$/ < $\hat{e}^4$, ⟨u⟩ statt ⟨o⟩ für /$\bar{u}^e$/ < $\hat{o}^1$, ⟨u⟩ statt ⟨o⟩ für /$\bar{\ddot{u}}^e$/ < $\hat{o}^1$ (*liue muder* statt *leue moder*). Die Schreibung der Diphthonge als ⟨i⟩ und ⟨u⟩ wird vom elbofäl. Schreibgebrauch beeinflußt und vom Md. gestützt sein. − *sal, solen; deit* neben *dut* 'tut', *het* 'hat', *teigen* 'zeigen' statt *tôgen. − wissel* statt *wessel*, *grave* statt *greve, gans* 'Gans' mit erhaltenem /n/ statt *gôs. − det* 'das' neben überwiegendem *dat.− drüdde, drüttich* neben Formen mit ⟨i⟩. − Überwiegend *desse* und *selve*. Anfangs *(en)geyn* statt *nên*, später *keyn. − bet* 'bis', *met* 'mit', *tüsschen* neben *twisschen*.

Das Ostanhaltische (Zerbstische) ist gekennzeichnet durch die Schreibungen ⟨i⟩, ⟨u⟩ für $\hat{e}^4$, $\hat{o}^1$ und durch die ofäl. Pronominalformen *öme, öre*.

2. Zeitliche Variation

Die mnd. Sprachperiode (1200−1650) kann in drei Abschnitte unterteilt werden, das Frühmnd., das klassische Mnd. und das Spätmnd. (siehe Art. 99, 4).

2.1. Das Frühmittelniederdeutsche

In frühmnd. Zeit (1200−1370) wird das Lat. als Schreibsprache allmählich von der Volkssprache abgelöst. Geschriebenes Nd. existiert in dieser Zeit in der Gestalt verschiedener regionaler Schreibsprachen. Ihre Sprachmerkmale, die in Kapitel 1.4. genannt wurden, können demnach auch als sprachliche Kennzeichen des frühmnd. Zeitraums betrachtet werden. Charakteristisch für die frühmnd. Periode ist die große Variantenvielfalt sowohl inter- als auch intraschreibsprachlich. Im Lübischen des 14. Jhs. stehen etwa die Pronominalformen *us/uns*, die Einheitspluralendungen *-et/-en* sowie die Typen *mer/men* 'aber', *eder/ofte/efte* 'oder' nebeneinander.

2.1.1. Sprachströmungen im Frühmittelniederdeutschen

Auf die frühmnd. Schreibsprachen haben verschiedene Strömungen eingewirkt. Die frühen mnd. Texte aus dem südlichen Ostfalen, besonders die literarischen Quellen, unterliegen einer starken hd. Beeinflussung. Der Typ *oder* ist frühmnd. viel häufiger als später; in ofäl. und smk. Quellen ist *oder* in der frühen Zeit sogar häufiger als *eder* (Härd 1967, 185). In Westfalen macht sich in der Orthographie rib. Einfluß bemerkbar.

Der hd. Einfluß ist über das südliche Ostfalen hinaus wirksam: Hd. *oder* in Hamburg und Lübeck sind wohl durch die sog. 'ofäl. Strömung' vermittelt worden. Im Elbofäl. bestand seit Eike von Repgow eine rechtssprachliche Schreibtradition. Unter elbofäl. Einfluß steht das älteste deutschsprachige Stadtrecht, das braunschweigische Jus Ottonianum (wohl 1227). Diese frühe ofäl. Rechtssprache hat auf die ältesten nordnd. Rechtstexte eingewirkt. Ofäl. Einflüsse werden in der Sprache des ältesten Lübecker Stadtrechts (kurz nach 1263) vermutet (*behalden, oder*). Im ostelbisch-baltischen Raum belegen die Formen *ift(e), icht(e)* 'oder', 'ob, wenn' ofäl. Einfluß. Einige ofäl. Merkmale enthält auch das bremische Stadtrecht vom Jahre 1303: *sic/sec* 'sich', *dredde* 'dritte', *-schep* '-schaft', *ider* 'oder', *ifte* 'oder', 'ob, wenn' (Härd 1980, 587).

Zeitlich später als die 'ofäl. Strömung', seit dem Ende des 13. Jhs., macht sich im nordnd. Sprachraum zwischen Stade−Hamburg und dem Baltikum ein westlicher, d. h. westf., rheinischer und nl. Einfluß bemerkbar. In der ersten Hälfte des 14. Jhs. sind westliche Spuren im Nordnd. nicht selten.

Ein Langvokal wird durch ein nachgeschriebenes ⟨e⟩ oder ⟨i⟩ bezeichnet. Diese Erscheinung, afrz. Herkunft, ist charakteristisch für den rib.-nfrk.-nl. Raum; sie ist durch das Westf. dem Nordnd. vermittelt worden. Ebenfalls rom. Herkunft ist die ⟨gh⟩-Graphie für /g/. − In frühmnd. nordnd. Texten begegnen u. a. die folgenden Sprachformen westf.-nl. Herkunft: /ft/ > /cht/, etwa im Rechtsterminus *eggehachte wapen* 'scharfe Waffen'. − *sal, sölen*. Die mit ⟨s⟩ anlautenden Formen sind im Baltikum häufiger als im Ostelbischen. − *vrent/vrint* 'Freund, Verwandter'. Die älteste nordnd. Überlieferung hat *vrünt*. Aus Stade und Hamburg ist das nl. *vrint* belegt. Das westf. *vrent* tritt im 14. Jh. in Quellen aus Stade, Hamburg, Lübeck und Mecklenburg auf. − *derde* 'dritte'. Die älteste Form ist *dridde*. Das westf.-nl. *derde* bleibt in lübischen und baltischen Texten auch in späterer Zeit häufig. − *bit/bet* 'bis' ist nfrk.-westf.; *jof* 'oder' in Texten aus Hamburg, Lübeck und Riga ist küstennl. Provenienz. − Aus der Formenlehre ist die Genitivbildung *der, des stades* statt *der stad*, eine westf. Kennform, zu erwähnen.

Statt des Begriffs 'westf. Strömung' (Lasch 1914, 1925) bevorzugt die neuere Forschung den Terminus 'westliche Strömung'. Oft gehören die genannten Sprachformen in einen nl.-nfrk.-westf. Zusammenhang, oder sie sind als nl. anzusehen. Die genannten orthographischen Merkmale rheinischer Herkunft sind dem Nordnd. durch das Westf. vermittelt worden. Der früher als beträchtlich angesehene westf. (Soester) Einfluß auf den Lübecker Rechtswortschatz darf nicht überschätzt werden (Hyldgaard-Jensen 1964).

Die westlichen Sprachzüge im frühen Nordnd. lassen sich als Folge der Besiedlung und durch sprachliche Fernwirkung erklären. Die westf. Siedler haben ihre Sprache in die neue Heimat mitgebracht. Vermutlich haben die westlichen Sprachmerkmale zur gesprochenen ostelb. Sprache gehört und sind, wenn auch nur im Ausnahmefall, in die geschriebene Sprache gelangt (Bischoff 1961, 11). Die nl. Merkmale (*vrint, jof*) der hamburgischen und lübischen Schreibsprache erklären sich durch die engen Handelsbeziehungen zwischen den hansischen und den flandrischen Städten (Brügge), durch schriftliche Fernwirkung wie durch persönlichen Austausch.

2.1.2. Orthographische Kennzeichen des Frühmittelniederdeutschen

Die Bezeichnung der vokalischen Länge ist im Frühmnd. nicht üblich. In nordnd., vor allem ostelb. Quellen findet sich im 14. Jh.,

aus dem Nordischen entlehnt, Bezeichnung des Umlauts. Die Schreibung der Frühzeit ist, verglichen mit der der späteren Zeit, verhältnismäßig lautgetreu. Sie bringt Assimilationen und Kontraktionen, die sich in der gesprochenen Sprache bereits durchgesetzt haben, aufs Papier bzw. Pergament. Sprechsprachliche Formen sind in der frühen Zeit häufiger anzutreffen als später; *sir < siner, teym marc, mitter* 'mit der', *upme < up deme*. Die Assimilation von /nd/ > /nn/ und von /ld/ > /ll/ ist bereits durchgeführt und wird des öfteren auch geschrieben (*orcunne* 'Urkunde', *gellen* 'gelten').

2.2. Das „klassische" Mittelniederdeutsch

Für die Zeit vor und um 1400 ist in den Regionalsprachen ein Abbau der frühmnd. Variantenvielfalt zu konstatieren. Hierdurch wird eine gewisse Konsolidierung des Schreibgebrauchs erreicht. Es bilden sich örtliche Schreibtraditionen, Normierungsansätze auf regionaler Grundlage heraus (Fedders 1990, 63). Die Konsolidierung der Stadt- und Regionalsprachen erfolgt aufgrund regionaler Ausgleichsprozesse, wobei im Norden des Sprachraums ein großräumiges Schreibsprachenareal, im Süden mehrere kleinräumige Areale entstehen. Der Zeitraum des „klassischen" Mnd., die Zeit, in der die lübische Varietät über Norddeutschland hinaus als überregionale Verkehrssprache fungiert, reicht von etwa 1370 bis etwa 1530.

2.2.1. Zur Orthographie des „klassischen" Mittelniederdeutschen

Die oftmals lautgetreue Schreibung wird in der Phase der Konsolidierung örtlicher Schreibtraditionen (2. Hälfte des 14. Jhs.) von einer Orthographie mit einer etymologisch-archaisierenden Tendenz abgelöst. Die Rechtschreibung des 15. Jhs. verdeckt die gesprochene Sprache, sie stellt die Vollformen wieder her: *sir > siner, mitter > mit der, upme > up deme, teym mark > teyn mark*. Texte des 14. Jhs. wirken daher sprachgeschichtlich moderner als solche des 15. Jhs. Die in mnd. Zeit auftretenden Entwicklungen phonologischer Art kommen im Schriftbild kaum zum Tragen. Die aus den langen e- und o-Lauten entstandenen Diphthonge werden in der Schrift nicht berücksichtigt. Auch die Assimilation von *nd > nn* und von *ld > ll* gilt nicht als schreibsprachlich. Die im 14. Jh. besonders in ostelb. Quellen erfolgte Bezeichnung des Umlautes wird aufgegeben. Seit etwa 1400 werden die Umlautphoneme von /o/, /u/,

/ō/ und /ū/ nicht mehr bezeichnet. So konnte die Existenz des Umlauts im Mnd. zeitweilig bezweifelt werden. Die Bezeichnung der vokalischen Länge erfolgt durch ein nachgeschriebenes ⟨e⟩, in Westfalen auch durch ⟨i⟩. Im Westen des Sprachgebiets scheint die Bezeichnung der Länge häufiger zu sein als im Osten.

2.2.2. Die Herausbildung örtlicher Schreibtraditionen

Um 1370 geht das Schriftwesen der Hanse zum lübischen Mnd. über. Seit dem letzten Drittel des 14. Jhs. bildet sich in Lübeck ein festerer Schreibusus aus, der traditionell als „lübische Norm" bezeichnet wird. Um 1400 findet ein Variantenabbau statt: Nach anfänglichem Nebeneinander von ⟨-et⟩ und ⟨-en⟩ überwiegt in der Lübecker Kanzlei seit der Mitte des 14. Jhs. die verbale Pluralendung ⟨-en⟩, seit etwa 1400 gilt ⟨-en⟩ dort fast ohne Ausnahme. Die westlichen Formen *sal* und *vrent/vrint* verschwinden, die nordnd. *schal, vrünt* setzen sich durch. Die Form *uns* hat das nasallose *us* verdrängt. Standen im 14. Jh. *mer* und *men* 'aber, sondern' nebeneinander, so erlangt im 15. Jh. *men* Allgemeingültigkeit (Åsdahl Holmberg 1968, 23). − In Hamburg werden die als westf. geltenden Varianten *vrent* und *nîn* abgebaut.

Auch im südlichen Teil des Sprachraums bilden sich örtliche Schreibtraditionen aus. In den 60er Jahren des 14. Jhs. ist in Herford und in Lemgo der Abbau einer Reihe von Varianten festzustellen (Fedders 1990, 65). In Osnabrück konkurrieren in einigen Fällen in frühmnd. Zeit eine westf. und eine nnsächs. Variante; nach 1370 setzen sich die westf. Formen durch.

2.2.3. Regionale Ausgleichsprozesse

Im 15. Jh. finden sich Ansätze zu gesamtsprachlichem Ausgleich: Auch im westnd. Altland, das von Haus aus den Einheitspl. der Verben auf /-et/ bildet, setzt sich in der ersten Hälfte des 15. Jhs. von Osten her der Einheitspl. auf ⟨-en⟩ durch. In den Dialekten des Altlands ist bis heute die Endung /-et/ bewahrt. Die Pronominalform *uns* verdrängt, von Westfalen ausgehend, die nasallose Variante *us*. In Ostfalen besteht die Neigung, anstelle der heimischen Pronominalformen *mik/ mek, dik/dek, üsek/ösek, jük/gik* die überregionalen *mi, di, uns, ju* zu schreiben.

Ansonsten sind regionale Ausgleichsprozesse zu beobachten. Im Norden des Sprachraums gibt es Tendenzen zu einem großräu-

migen Ausgleich. Vermutlich gelten die Formen der Lübecker Ratskanzlei, mit dem Prestige der hansischen Verkehrssprache ausgestattet, als vorbildhaft. Das Nnsächs. übernimmt von Osten die ⟨-en⟩-Pluralendung und von Süden die Pronominalform *uns*. Das regionale nnsächs. *jüm* 'ihnen' kann sich gegen *en* nicht behaupten. In Hamburg erfolgt zwischen 1370 und 1420 der Wechsel von einer älteren zu einer jüngeren Variantenkombination: ⟨-et⟩-Pluralendung, *us* sowie die als westf. geltenden Varianten *vrent* und *nîn* werden abgebaut, *bet* wird durch *wente*, *ane* durch *sunder* ersetzt (Peters 1996). In Oldenburg sind lokale sowie westf.-westliche Varianten durch solche östlicher Herkunft ersetzt worden: *um* 'ihnen' durch *en, bent* 'bis' durch *wente*, westf.-westliches *derde* durch *drüdde*. Das östliche *nên* tritt um 1450 neben das ältere *nîn*. Durch diese Ausgleichsvorgänge verliert das Oldenburgische seine Sonderstellung innerhalb des Nordnd. (Peters 1995).

In der Mitte sowie in der zweiten Hälfte des 15. Jhs. finden in Lübeck schreibsprachliche Veränderungen statt: *dridde/drüdde* werden durch *derde/dörde*, *twisschen* durch *tüsschen* ersetzt. Die Mehrheitsvariante wechselt von *wentel(bet)* zu *betl(wente)*. Ein Ausbau erfolgt von *nên* zu *nînl(nên)*, von *iegen* zu *iegenl/tegen*.

Die neuen lübischen Varianten werden in Hamburg nicht übernommen. Es entsteht ein neuer Abstand zwischen dem Lübischen und dem Nnsächs. (Peters 1996). In der Mitte des 15. Jhs. scheint das Nnsächs. in seinem Schreibzentrum Hamburg einen höheren Grad an Vereinheitlichung erreicht zu haben als das Lübische.

In der älteren Forschung wurde die These vertreten, die „lübische Norm" habe im 15. Jh. im gesamten nd. Sprachgebiet gegolten. Demgegenüber ist zu betonen, daß es im Süden des Sprachgebiets zu regionalen Normierungsansätzen kommt. In Münster herrscht zwischen den Varianten des 14. und denen des 15. Jhs. große Übereinstimmung. In Herford ist eine Hinwendung zu westlichen (westf.) Varianten zu beobachten: Es erfolgt ein Abbau von *sunder/âne* zu *sunder*, eine Ersetzung von *schal* durch *sal* (Fedders 1990, 64). In Osnabrück wurden durch den Variantenabbau die nnsächs. Varianten verdrängt. Weber (1987, 158) spricht von einer „Westfalisierung" der osnabrückischen Schreibsprache.

In Ostfalen bleiben überwiegend die regionalen Varianten in Gebrauch. Ein Variantenausbau entsteht, indem die ⟨i⟩-Formen *ik, sik* neben *ek, sek* und *mi, di, uns, ju* neben die heimischen Pronominalformen treten. Weit besser als die wohl als besonders mundartlich empfundenen *mek, dek* usw. behaupteten sich die Formen des Personalpronomens der 3. Person *öme* 'ihm', *ön(e)* 'ihn', *ör(e)* 'ihr' sowie das Demonstrativum *düsse*.

Die smk. Schreibsprache hält an ihrem wichtigsten Merkmal, den Schreibungen ⟨i⟩ für *ê⁴* und ⟨u⟩ für *ô¹, ô̂¹* auch im 15. Jh. fest.

2.3. Das Spätmittelniederdeutsche

In der ersten Hälfte des 16. Jhs. beginnt der Prozeß, in dessen Verlauf die mnd. Schreibsprachen durch das Frnhd. (hierzu Art. 109) bzw., am Westrand, durch das Nl. ersetzt werden. Die Endphase des Mnd., das Spätmnd., reicht vom Beginn dieses Prozesses um 1520/30 bis zu seinem ungefähren Ende um 1650. In dieser Zeit konkurrieren in Norddeutschland, vom Lat. abgesehen, das schon existente Frnhd. und die noch existenten mnd. Schreibsprachen, wobei die Funktionsbereiche des Mnd. stetig weniger werden, die das Frnhd. dagegen ständig zunehmen.

Auch internlinguistische Gründe sprechen für das Ansetzen eines eigenen spätmnd. Zeitabschnitts. Der gebürtige Pfälzer Nathan Chytraeus, Verfasser des lat.-nd. *Nomenclator latinosaxonicus* (Rostock 1582), ist in der zweiten Hälfte des 16. Jhs. Zeuge der sprachlichen Entwicklung in Norddeutschland. Chytraeus weiß, daß es zwischen dem „klassischen" und dem späten Mnd. sprachliche Unterschiede gibt. In seinem *Alten Todtendantz Sächsisch*, einem 1597 in Bremen erschienenen Neudruck des Lübecker Totentanzes von 1520, äußert er in der Vorrede, bezeichnenderweise auf Hochdeutsch:

„Zu dem ist gemelte alte Sächsische sprach auch darumb behalten worden / das man darauß spüren moge / wie viel dieselbe innerhalb 80 Jahren sich verendert. Dann auch die jetzige Sechsische sprach viel anders lautet / als die alte damals gelautet hat."

Diese Äußerung kann sich auf zwei Charakteristika des Spätmnd. beziehen, den starken hd. Einfluß wie die Aufnahme sprechsprachlicher Elemente.

Als eine Besonderheit des Spätmnd. ist das Weiterwirken der Schreib- und Drucktradition der nordnd. Verkehrssprache zu nennen. Geistliche wie weltliche Drucke zeigen nach A. Lasch (1920, 299) bis über die Mitte des 17. Jhs. hinaus noch völlig den Charakter dieser Schriftsprache. Als weiteres Merkmal des Spätmnd. ist ein Prozeß zu nennen, der

als Modernisierung des Mnd. durch Angleichung an das Hd. bezeichnet werden kann. Ein Beispiel für die Modernisierung des Mnd. ist die Bugenhagen-Bibel von 1534, die sich dem hd. Wortschatz annähert (Schröder 1991). Im Bereich der Kleinwörter zeigt sich der hd. Einfluß am Beispiel der Konj. 'aber', 'sondern'. Im Mnd. werden diese Begriffe durch eine Bezeichnung, *men*, abgedeckt. Die Bedeutungen 'aber' und 'sondern' spalten sich nach hd. Vorbild auf; für 'aber' kommt *averst/överst*, für 'sondern' *sündern* in Gebrauch. Der Prozeß der Vereinheitlichung der Schreibformen geht im 16. Jh. weiter. Von der Typenvielfalt zur Bezeichnung des Pron. 'jeder' bleibt nur *ider* erhalten. Im 15. Jh. stehen die Präp. *wente/bet* 'bis', *sünder/âne* 'ohne', *tüsschen/twisschen* 'zwischen' nebeneinander. In spätmnd. Zeit setzen sich die Typen *bet, âne, twisschen* durch. Für die Konj. 'oder' gilt ganz überwiegend *edder*. Es setzt sich stets die Variante durch, die dem entsprechenden hd. Typ nahe steht (Peters 1980, 172).

Ein Verfall der schreibsprachlichen Tradition zeigt sich in der Aufnahme sprechsprachlicher Züge. In den Zwischenspielen hd. Dramen wird ganz bewußt Mundart verwandt, einmal, um die Angehörigen verschiedener Schichten sprachlich zu charakterisieren, zum andern, um durch als grob bewertete mundartliche Formen derb-komische Wirkungen zu erzielen.

3. Schichtenspezifische Variation

Im Bereich spätmittelalterlicher Schreibsprachen sind soziale und funktional-situative Differenzierungen nicht befriedigend voneinander zu trennen, sie werden daher in einem Kapitel behandelt.

Ein grundlegender situativer Unterschied besteht zwischen einer Sprechsituation auf der einen, einer Schreib- und Drucksituation auf der anderen Seite, zwischen gesprochener und geschriebener bzw. gedruckter Sprache. Der Abstand zwischen gesprochener und geschriebener Sprache ist innerhalb des mnd. Sprachraums regional unterschiedlich groß. Der geringste Abstand herrscht im Nordnd., besonders im Ostelbischen, der größte im Westf. und im Smk. Für das Westf. des 15. Jhs. wird dies deutlich am Teilsystem der tonlangen Vokale:

Phoneme			Grapheme		
/ie/	/üe/	/ue/			
/ea/	/öa/	/oa/	⟨e⟩	⟨o⟩	
	/ā/			⟨a⟩	

Im Smk. stehen sich eine nl. geprägte bäuerliche Mundart und eine ofäl. und elbofäl. beeinflußte Schreibsprache gegenüber. Der Ziehbrunnen etwa heißt in der smk. Mundart *pütten*, in der Schreibsprache dagegen *born* (Bischoff 1966, 289).

3.1. Schichten gesprochener Sprache

Auch für den Bereich der gesprochenen Sprache sind wir auf das geschriebene Mnd. angewiesen. In ihm lassen sich, besonders im Frühmnd., Spuren gesprochener Sprache finden (hierzu Art. 107).

Innerhalb der gesprochenen Sprache sind verschiedene Schichten zu unterscheiden. Die Mehrzahl der Bevölkerung, die Masse der Bauern, spricht ländliche Mundart. Im Smk. liegt über der nl. geprägten Bauernmundart die Sprechsprache von Adel, Geistlichkeit und Bürgertum, die wie die Schreibsprache ofäl. und elbofäl. Züge trägt. In den übrigen nd. Regionen kann vor allem zwischen Landmundart und Stadtmundart differenziert werden. In den Städten des Kolonisationsgebietes kommen Bürger aus verschiedenen Gegenden zusammen. Durch sprachlichen Ausgleich entstehen Stadtsprachen, die sich von der bäuerlichen Mundart der Umgebung abheben. Aussagen über den sprachlichen Stadt-Land-Gegensatz finden sich am Ende der mnd. Zeit (nach Bischoff 1956, 73).

In *Teweschen Hochtydt*, Hamburg 1640, heißt es: „Datm upn Dorrepe Leer hetet, dat heten se inr Stadt Ledder, wem upn Dorpe secht weer, seggen se wedder, ene Feer ene Fedder." In der *Lustigen Hochzeit*, Hamburg 1708, sagt der Brautbruder Hein: „Kun ik nu doch up Städsk en betjen schnacken!" Er erhält zur Antwort: „Dat wilk die lehren, ehr, als gode Klütjen backen: Wat up dem Dorp heet Broor, heet in de Stadt Heer Broder, Un wat by uns heet Möm, heet in de Stadt Frow Moder, De Esels sünd upt Land un in de Stadt geliek; Wat up dem Dorp heet Pool, heet in de Stadt en Dyk, Wat in de Stadt heet Mest, dat nöm wy oft en Knyf, Wat hier en Frow heet, dat heet by uns en Wyf, Wat by uns Deerens heet, heet in de Stadt stracks Jungfer." Die Stadtsprache, zumindest die der höheren Schichten, macht also bestimmte lautliche Entwicklungen nicht mit.

Die Stadtsprache ist in sich differenziert. Bäuerliche Mundart ist durch die vom Lande zuwandernde Bevölkerung ständig in der Stadt präsent. Regional geprägt ist auch die niedere Umgangssprache, die von den unteren und mittleren sozialen Schichten der städtischen Bevölkerung gesprochen wird. Über diese erhebt sich eine höhere Umgangssprache der Oberschichten. Im ostelbischen Bereich kann die Existenz einer lübisch geprägten, überregionalen Sprechsprache, einer gesprochenen hansischen Verkehrssprache, angenommen werden, die vom Stadtpatriziat, insbesondere den Fernhandelskaufleuten, getragen wird.

Als Folge der fortschreitenden Arbeitsteilung kommt es im Wortschatz zu Differenzierungen, es entstehen spezielle (Fach-)Wortschätze für den Handel und die verschiedenen Gewerbe (Meier/Möhn 1989, 431). Fachwortschätze entstehen ebenfalls in den Bereichen Recht und Verwaltung. Als Sondersprache ist das „Rotwelsch" der „Fahrenden" zu nennen.

Der schon erwähnte Nathan Chytraeus weiß, daß es innerhalb einer Stadt sprachliche Unterschiede gibt. Im Nachwort seines 1582 in Rostock erschienenen *Nomenclator latinosaxonicus* hält er künftigen Kritikern, falls die meinten, daß ein lat. Wort besser und genauer ins Nd. hätte übersetzt werden können, entgegen, wie groß doch der Unterschied der Sprache und Benennungen, nicht nur in einem Volk, sondern oft in ein und derselben Stadt sei. In Rostock sei jeder davon überzeugt, daß die Bürger in der übrigen Stadt anders sprechen als die Bewohner der 'platea piscatoria', der Fischerstraße; und die Einwohner von Warnemünde sprächen wieder anders.

3.2. Schichten geschriebener und gedruckter Sprache

In frühmnd. Zeit, im 13. und besonders im 14. Jh., gibt es verschiedene regionale nd. Schreibsprachen. Träger der frühmnd. Schreibsprachen sind Territorialfürstentum und städtische Oberschicht, genauer die Kanzleien der wichtigsten Territorien und Städte. Seit der zweiten Hälfte des 14. Jhs. bilden sich örtliche Schreibtraditionen. Diese sind gekennzeichnet durch eine relativ einheitliche Orthographie und einen deutlichen Variantenabbau.

Um 1370 geht das Schriftwesen der Hanse zum lübischen Mnd. über. Hierdurch steigt diese Varietät zu einer überregionalen Verkehrssprache auf. In der Folge kommt es im Ost- und Nordseeraum zu einem großräumigen Ausgleich, bei dem vermutlich die lübischen Formen als Prestigevarianten wirken. Im Süden des Sprachraums sind regionale Normierungsansätze zu beobachten. Darüber hinaus gibt es Ansätze zu gesamtsprachlichem Ausgleich (⟨-en⟩-Pluralendung, *uns*, überregionale Pronomina in Ostfalen).

Das Mnd. dient als Amts- und Rechtssprache der Städte und Territorien, als Sprache der Hanse, als internationale Handels- und Geschäftssprache sowie schließlich als Literatursprache. Träger der übernationalen Handelssprache sind die Fernhandelskaufleute. Die Amts- und Rechtssprache wird getragen von den städtischen Magistraten durch die Hand der städtischen Kanzleien, die Literatursprache vom gebildeten Bürgertum und der Geistlichkeit. Hinter dem geschriebenen Mnd. steht also die wirtschaftliche, politische und kulturelle Oberschicht der nrddt. Städte, das städtische Patriziat (Sanders 1982, 150).

Für die Untersuchung sozial bedingter Variation in der Schreibsprache einer Kanzlei sind Angaben über das in der Kanzlei tätige Personal von Bedeutung. Die Sprache eines Schreibers ist geprägt von seiner Herkunft, seinem Ausbildungsort, der höheren Umgangssprache seines Schreibortes sowie dem Schreibusus seiner Kanzlei, wobei der Ausbildungsort und der Schreibusus der Institution die für die Schreibsprache eines Schreibers entscheidenden Faktoren darstellen. Der Spielraum für inter- wie intrapersonelle Variation ist im Frühmnd. des 14. größer als im „klassischen" Mnd. des 15. Jhs. Die Kanzleien der bedeutenden Schreibzentren waren in der Lage, zwischen regionalen und überregionalen Varianten zu wählen. Eine kleine Kanzlei mit nur einem Stadtschreiber bleibt sicherlich mehr den regionalen Formen verhaftet. In kleinen Orten ist vielfach der Ortsgeistliche im Nebenamt als Stadtschreiber tätig.

Im letzten Drittel des 15. Jhs. erreicht der Buchdruck den nd. Sprachraum (zum folgenden Gesenhoff/Reck 1985, 1282−1287). Bis etwa 1520 sind die Druckorte überwiegend im nordnd. und ofäl. Raum zu finden. Der bedeutendste Druckort ist Lübeck; mit Abstand folgen Magdeburg, Rostock und Braunschweig. Am Westrand ist Deventer ein bedeutendes Druckzentrum. Auch in Köln erscheinen Drucke in nd. Sprache.

Bisher liegen nur wenige sprachliche Untersuchungen mnd. Drucke vor. Erst die Untersuchung von Drucken aus den verschiedenen Schreibsprachlandschaften kann die Frage klären, welche regionale Druckersprachen es gegeben hat und wie diese ausgesehen haben. Zu der Frage, ob der Buchdruck in Richtung auf die Vereinheitlichung des Nd. wirkte, ist anzumerken, daß in Lübeck sprachliche Unterschiede zwischen den einzelnen Offizinen noch in der ersten Hälfte des

16. Jhs. deutlich sichtbar sind. Einfluß auf die Sprache eines Druckes können die Herkunft des Druckers und/oder des Korrektors, der Schreibusus des Druckortes, das intendierte Absatzgebiet, die Textsorte und die Vorlage ausüben. Es sollen Beispiele aufgezeigt werden für die Anpassung einer Druckersprache an den örtlichen Schreibusus sowie an das beabsichtigte Absatzgebiet, für einen relativ normierten Sprachtypus, schließlich für die fehlende Ausbildung einer Druckereisprache.

Bartholomäus Ghotan ist ein Beispiel dafür, daß die Sprache der Drucke von der Sprache des Druckortes abhängig ist. Die in Magdeburg entstandenen Drucke zeigen ofäl. Merkmale. In den in Lübeck gedruckten Werken ist der Anteil der Ostfalismen weitaus geringer (Gesenhoff/Reck 1985, 1285). Nach der Verwendung der Kopula 'und', *unde* bzw. *ende*, werden die beiden Kölner Bibeln (um 1478) als K^u und K^e bezeichnet. Vermutlich war K^u vor allem für den ostwestf.-nordnd. Raum bestimmt (*ju* 'euch', *sulven* 'selbst', *iewelik* 'jeder', *nen* 'kein', *nicht* 'nicht'). Das Verbreitungsgebiet von K^e sollte vermutlich der Raum zwischen Ijssel, Ems und Niederrhein sein (*u, seluen, ygelik, gen, niet*) (Gesenhoff/Reck 1985, 1285). Die sprachliche Gestaltung der Kölner Bibeln ist offensichtlich vom beabsichtigten Verbreitungsgebiet abhängig. − Aus der Lübecker Mohnkopfoffizin gingen zwischen 1487 und 1527 mindestens 31 Schriften hervor. Die sprachliche Untersuchung einzelner Mohnkopfdrucke läßt vermuten, daß die Normierung in ihnen weiter fortgeschritten war als in der gleichzeitigen lübischen Schreibsprache. In einigen Fällen, in denen in der städtischen Schreibsprache Variation herrscht (*sunderlâne* 'ohne', *tüsschen/twisschen* 'zwischen'), wird in den Mohnkopfdrucken die auch in Ostfalen übliche Variante bevorzugt (*ane* 'ohne', *twisschen* 'zwischen'). Die Drucke aus der Mohnkopfoffizin weisen einen relativ einheitlichen Sprachtypus auf. − Ein Teil der in Deventer gedruckten Werke erschien in einer nl.-nd. Mischsprache. So hat der 1524 bei Albert Pafraet gedruckte „Endechrist" nl. (⟨*o*⟩ vor Nasal, ⟨*ie*⟩ für wgerm. /eo/, *h*-Anlaut beim Pronomen *hoer, wel* 'wohl', *ho* 'wie') und nd. Merkmale (⟨*o*⟩ vor /ld/, /lt/, *ju* 'euch', *desse* 'dieser', *nicht, unde*). Aus der Pafraetschen Offizin stammen aber auch ein Neues Testament in nl. und antilutherische Gedichte in nordnd. Sprache. Diese Druckerei hat wohl keine eigene Druckersprache ausgebildet.

Die mnd. Überlieferung besteht aus einer Vielzahl von Textsorten (hierzu Art. 105). Die Zahl der überlieferten Texte ist unvergleichlich höher als in der and. Periode.

Zur Frage, ob sich bestimmte Textsorten und bestimmte Schreibschichten korrelieren lassen, sind gegenwärtig kaum Aussagen möglich. Unterschiedliche Schreiblagen lassen sich, je nach Schreibsituation und Schreibanlaß, in den Verwaltungstextsorten feststellen. Der Schreiber nimmt vielfach Rücksicht auf den Empfänger seines Schreibens. Die Adressatenorientiertheit sowie die intendierte kommunikative Reichweite des Schreibens bestimmen die Wahl der Schreiblage. Konzepte, Texte für den internen Kanzleigebrauch wie Stadtbücher und Stadtrechnungen sowie innerstädtische Schreiben wie innerörtliche Urkunden oder Testamente zeigen eher regionale Varianten, während die auswärtige Korrespondenz eher überregionale Formen ausweist.

Im 16. Jh. gehen die großen Kanzleien in der Korrespondenz mit hd. Empfängern, dann überhaupt im auswärtigen Schriftverkehr dazu über, hd. zu schreiben. Im inneren Kanzleibetrieb wird das Nd. länger beibehalten. Zuletzt geht der klientennahe innerstädtische Schriftverkehr zum Hd. über.

Die Hanse verwendet das lübische Mnd. als Verkehrssprache in ihren amtlichen Schriftstücken, besonders den Rezessen, Protokollen der auf Hansetagen gefaßten Beschlüsse, sowie im diplomatischen Verkehr. Der hansische Sekretär in Brügge, Cuno von Attendorn, schreibt in seinen Briefen das westf. *sal* 'soll', in einem Hanserezeß dagegen das nordnd.-lübische *schal* (Leloux 1973, 29). Die Sprache der Kontore ist in Nowgorod und Bergen eher lübisch-nordnd., in London und Brügge dagegen eher westlich gefärbt.

Im Bereich der Rechtssprache hat sich eine eigene Tradition in Westfalen (Dortmund, Soest) sowie, schon früh mit dem Sachsenspiegel und dem Braunschweiger Jus Ottonianum, im (elb)ofäl. Gebiet herausgebildet. Die lübische Rechtssprache ist sowohl westf. als auch ofäl. beeinflußt. Ofäl. Rechtstermini (*weddeschat, echte dinc*) sind über den Sachsenspiegel und das Jus Ottonianum ins Lübecker Stadtrecht gelangt. Westf. Ursprungs sind *bursprake* 'Bürgerversammlung, feierliche Verkündigung älterer und neuerer (Polizei)verordnungen', *torfacht egen* 'städtisches Grundeigentum' sowie *eggehachte wapen* 'scharfe Waffen' (Hyldgaard-Jensen 1964). Da das lübische Recht im ganzen Ostseeraum

gilt, ist dessen Wortschatz im Ostseeraum vorbildlich geworden.

Das Mnd. dient im hansischen Wirtschaftsraum als internationale Handels- und Geschäftssprache. Der hansische Handel des 14. und 15. Jhs. ist schriftlich organisiert; der Hansekaufmann leitet die Geschäfte von seinem Kontor, der *scrivekamere*, aus. Mit seinen Geschäftspartnern unterhält er eine umfangreiche Korrespondenz; für interne Geschäftsaufzeichnungen führt er Handlungsbücher. Doch nicht alle Kaufleute, sondern wohl nur die aus dem Nord- und Ostseeraum, schreiben in der lübischen Hansesprache. Die Sprache der Handlungsbücher des in Brügge lebenden Kaufmanns Hildebrand Veckinchusen vom Anfang des 15. Jhs. ist nicht lübisch, sondern nl.-westf. geprägt, wie die Kennformen *sal* 'soll', *elk* 'jeder', *op* 'auf' und *tot* 'bis' erweisen.

Auch die literarischen Werke sind in den jeweiligen Regional- bzw. regionalen Ausgleichssprachen geschrieben. Das Schreibprofil des Braunschweigers Hermann Bote stimmt bis in die Einzelheiten mit der sonstigen Braunschweiger Stadtsprache überein (Peters 1991). Auch die Schriften der religiösen Erneuerungsbewegung der Devotio moderna sind in den jeweiligen regionalen Schreibsprachen verfaßt. In Westfalen findet sich im Erbauungsschrifttum ein vorlagenbedingter (ost)nl. Schreibspracheneinfluß.

4. Literatur (in Auswahl)

Ahlsson, Lars-Erik, Studien zum ostfriesischen Mittelniederdeutsch. Uppsala 1964. (Studia Germanistica Upsaliensia 2).

Ders., Die Urkundensprache Hamelns. In: NdM 23, 1967, 63−97.

Ahtiluoto, Lauri, Wortgeographische Untersuchungen zu den niederdeutschen Bibelfrühdrucken. In: NphM 69, 1968, 628−673.

Åsdahl Holmberg, Märta, Studien zu den niederdeutschen Handwerkerbezeichnungen des Mittelalters. Lund 1950. (LGF 24).

Dies., Einschränkende Konjunktionen im Niederdeutschen. In: NdM 24, 1968, 13−49.

Dies., Rätselraten um das Gerundium des Niederdeutschen. In: Jörg Hennig/Jürgen Meier (Hrsg.), Varietäten der deutschen Sprache. Festschrift für Dieter Möhn. Frankfurt/M. 1996, 81−92.

Besch, Werner, Sprachlandschaften und Sprachausgleich im 15. Jh. Studien zur Erforschung der spätmittelhochdeutschen Schreibdialekte und zur Entstehung der neuhochdeutschen Schriftsprache. München 1967.

Ders., Bemerkungen zur schreibsoziologischen Schichtung im Spätmittelalter. In: Die Stadt in der europäischen Geschichte. Festschrift Edith Ennen, hrsg. v. Werner Besch [u. a.]. Bonn 1972, 459−470.

Ders., Dialekt, Schreibdialekt, Schriftsprache, Standardsprache. Exemplarische Skizze ihrer historischen Ausprägungen im Deutschen. In: Werner Besch [u. a.] (Hrsg.), Dialektologie. Ein Handbuch zur deutschen und allgemeinen Dialektforschung. 2. Halbbd., Berlin/New York 1983, 961−990. (HSK 1.2).

Bischoff, Karl, Zur Sprache des Sachsenspiegels von Eike von Repgow. In: ZMF 19, 1943/44, 1−80.

Ders., Elbostfälische Studien. Halle 1954. (MdSt. 14).

Ders., Hochsprache und Mundarten im mittelalterlichen Niederdeutschen. In: DU 8, 1956, 73−85.

Ders., Zu niederdeutsch *twisken, twischen : tüsken, tüschen.* In: NdW 2, 1961, 1−16.

Ders., Über die Grundlagen der mittelniederdeutschen Schriftsprache. In: NdJb. 85, 1962, 9−31.

Ders., Zu mittelniederdeutsch *ūs* und *uns.* In: Werner Schröder (Hrsg.), Festschrift für Ludwig Wolff. Neumünster 1962, 55−72 [= Bischoff 1962 a].

Ders., Mittelalterliche Überlieferung und Sprach- und Siedlungsgeschichte im Ostniederdeutschen. Mainz/Wiesbaden 1966. (AWMainz 1966, 4).

Ders., Über gesprochenes Mittelniederdeutsch. Wiesbaden 1981.

Ders., Mittelniederdeutsch. In: Gerhard Cordes/ Dieter Möhn (Hrsg.), Handbuch zur niederdeutschen Sprach- und Literaturwissenschaft. Berlin 1983, 98−118.

Ders., Siedlungsbewegung und Sprachentwicklung im ostniederdeutschen Raum. In: Werner Besch/ Oskar Reichmann/Stefan Sonderegger (Hrsg.), Sprachgeschichte. Ein Handbuch zur Geschichte der deutschen Sprache und ihrer Erforschung. 2. Halbbd., Berlin/New York 1985, 1268−1274. (HSK 2.2).

Cordes, Gerhard, Schriftwesen und Schriftsprache in Goslar bis zur Aufnahme der nhd. Schriftsprache. Hamburg 1934. (Sprache und Volkstum 3).

Ders., Studien zu den ältesten ostfälischen Urkunden. In: NdJb. 71/73, 1948/50, 90−133; NdJb. 74, 1951, 11−26.

Dahlberg, Torsten, Zur Urkundensprache in Göttingen und Duderstadt. In: NdM 5, 1949, 55−73.

Fedders, Wolfgang, Aspekte einer variablenlinguistischen Untersuchung zur ravensbergisch-lippischen Schreibsprachlandschaft. In: Franco-Saxonica. Münstersche Studien zur niederländischen und niederdeutschen Philologie. Jan Goossens zum 60. Geburtstag. Münster 1990, 49−70.

Ders., Die Schreibsprache Lemgos. Variablenlinguistische Untersuchungen zum spätmittelalterlichen Ostwestfälischen. Köln/Weimar/Wien 1993. (NdSt. 37).

Foerste, William, Geschichte der niederdeutschen Mundarten. In: Aufriß. Berlin 1957, Sp. 1729−1898.

Gabrielsson, Artur, Zur Geschichte der mittelniederdeutschen Schriftsprache auf Gotland. In: NdJb. 94, 1971, 41−82; NdJb. 95, 1972, 7−65.

Gesenhoff, Marita/Margarete Reck, Die mittelniederdeutsche Kanzleisprache und die Rolle des Buchdruckes in der mittelniederdeutschen Sprachgeschichte. In: Werner Besch/Oskar Reichmann/ Stefan Sonderegger (Hrsg.), Sprachgeschichte. Ein Handbuch zur Geschichte der deutschen Sprache und ihrer Erforschung. 2. Halbbd., Berlin/New York 1985, 1279−1289. (HSK 2.2).

Härd, John Evert, Mittelniederdeutsch 'oder', 'oft' und Verwandtes. Göteborg 1967. (GGF 8).

Ders., Konzessive Ausdrucksweisen in der mittelniederdeutschen Schriftsprache. In: NdM 24, 1968, 51−74.

Ders., Mittelniederdeutsch. In: LGL. 2. Aufl. Tübingen 1980, 584−588.

Højberg Christensen, A. C., Studier over Lybæks Kancellisprog fra c. 1300−1470. København 1918.

Hyldgaard-Jensen, Karl, Rechtswortgeographische Studien. I. Zur Verbreitung einiger Termini der westlichen und nördlichen mittelniederdeutschen Stadtrechte vor 1350. Uppsala 1964. (GGF 7).

Ising, Gerhard, Zu den Tiernamen in den ältesten niederdeutschen Bibeldrucken. In: NdJb. 83, 1960, 41−58.

Ders., Zur Wortgeographie spätmittelalterlicher deutscher Schriftdialekte. Tl. 1.2. Berlin 1968.

Jaatinen, Martta, Das Pronomen 'jeder' im Mittelniederdeutschen. In: ZMF 28, 1961, 310−375.

Korlén, Gustav, Die mittelniederdeutschen Texte des 13. Jhs. Beiträge zur Quellenkunde und Grammatik des Frühmittelniederdeutschen. Lund 1945. (LGF 19).

Ders., Zum Problem der sog. westfälischen Strömung. In: NdM 6, 1950, 84−102.

Ders., Norddeutsche Stadtrechte. I. Das Stader Stadtrecht vom Jahre 1279. Lund 1950. (LGF 22).

Ders., Norddeutsche Stadtrechte. II. Das mittelniederdeutsche Stadtrecht von Lübeck nach seinen ältesten Formen. Lund 1951. (LGF 23).

Lasch, Agathe, Geschichte der Schriftsprache in Berlin bis zur Mitte des 16. Jhs. Dortmund 1910. [Nachdruck Wiesbaden 1972].

Dies., Mittelniederdeutsche Grammatik. Halle 1914. (Sammlung kurzer Grammatiken germanischer Dialekte IX).

Dies., Die Mundart in den nordniedersächsischen Zwischenspielen des 17. Jhs. In: Aufsätze zur Sprach- und Literatur-Geschichte. Wilhelm Braune zum 20. Februar 1920 dargebracht von Freunden und Schülern. Dortmund 1920, 299−351. [Wieder abgedruckt in: Agathe Lasch, Ausgewählte Schriften zur nd. Philologie. Hrsg. v. Robert Peters/Timothy Sodmann, Neumünster 1979, 360–412].

Dies., Vom Werden und Wesen des Mittelniederdeutschen. In: NdJb. 51, 1925, 55–76. [Wieder abgedruckt in: Agathe Lasch, Ausgewählte Schriften zur nd. Philologie. Hrsg. v. Robert Peters/Timothy Sodmann, Neumünster 1979, 232–253].

Dies., Aus alten niederdeutschen Stadtbüchern. Ein mittelniederdeutsches Lesebuch. Dortmund 1925. 2., um eine Bibliographie erweiterte Aufl., hrsg. v. Dieter Möhn/Robert Peters. Neumünster 1987. [= A. Lasch 1925 a].

Leloux, Hermanus J., Zur Sprache in der ausgehenden Korrespondenz des hansischen Kaufmanns zu Brügge. 2 Tle., (Diss.). Gent 1971.

Ders., Kulturelles, insbesondere literarisches Interesse der Brügger Osterlinge und niederdeutsche Literatur. In: NdJb. 96, 1973, 18–33.

Meier, Jürgen/Dieter Möhn, Die Sprache im Hanseraum. In: Jörgen Bracker (Hrsg.), Die Hanse. Lebenswirklichkeit und Mythos. Bd. 1. Hamburg 1989, 430–435.

Peters, Robert, Variation und Tradition. Kleinwörter im *Nomenclator latinosaxonicus* des Nathan Chytraeus. In: NdW 20, 1980, 147–177.

Ders., Mittelniederdeutsche Sprache. In: Jan Goossens (Hrsg.), Niederdeutsch. Sprache und Literatur. Eine Einführung. Bd. 1: Sprache. 2., verbesserte und um einen bibliographischen Nachtrag erw. Aufl. Neumünster 1983, 66–115.

Ders., Katalog sprachlicher Merkmale zur variablenlinguistischen Erforschung des Mittelniederdeutschen. In: NdW 27, 1987, 61–93; NdW 28, 1988, 75–106; NdW 30, 1990, 1–17.

Ders., Das Mittelniederdeutsche als Sprache der Hanse. In: P. Sture Ureland (Hrsg.), Sprachkontakt in der Hanse. Aspekte des Sprachausgleichs im Ostsee- und Nordseeraum. Akten des 7. Internationalen Symposions über Sprachkontakt in Europa, Lübeck 1986. Tübingen 1987, 65–88.

Ders., Zur Entstehung der lübischen Schreibsprache. In: Gerhard Bauer (Hrsg.), Stadtsprachenforschung unter besonderer Berücksichtigung der Verhältnisse der Stadt Straßburg in Spätmittelalter und früher Neuzeit. Vorträge des Symposiums vom 30. März bis 3. April 1987 an der Universität Mannheim. Göppingen 1988, 149–167.

Ders., Braunschweigisches und Lübisches in der Schreibsprache Hermann Botes. In: Herbert Blume/Eberhard Rohse (Hrsg.), Hermann Bote. Städtisch-hansischer Autor in Braunschweig 1488–1988. Beiträge zum Braunschweiger Bote-Kolloquium 1988. Tübingen 1991, 295–308.

Ders, Zur Geschichte der Stadtsprache Oldenburgs. in: Egbert Koolmann/Ewald Gäßler/Friedrich Scheele (Hrsg.), der sassen speyghel. Sachsenspiegel – Recht – Alltag. Bd. 1. Oldenburg 1995, 327–360.

Ders., Die Stellung Hamburgs in der mittelniederdeutschen Schreibsprachenlandschaft. In: Jörg

Hennig/Jürgen Meier (Hrsg.), Varietäten der deutschen Sprache. Festschrift für Dieter Möhn. Frankfurt/M. 1996, 63–80.

Rooth, Erik, Eine westfälische Psalmenübersetzung aus der ersten Hälfte des 14. Jhs. Uppsala 1919.

Ders., Ein Fragment des Passionstraktats von Heinrich von St. Gallen. Zugleich ein Beitrag zur Geschichte des Mnd. in den Ostseeprovinzen. In: AASF Ser. B 30, 1934, 473–509.

Ders., Saxonica. Beiträge zur niedersächsischen Sprachgeschichte. Lund 1949.

Sanders, Willy, Sachsensprache, Hansesprache, Plattdeutsch. Sprachgeschichtliche Grundzüge des Niederdeutschen. Göttingen 1982.

Sarauw, Christian, Niederdeutsche Forschungen. I. Vergleichende Lautlehre der niederdeutschen Mundarten im Stammlande. København 1921.

Ders., Niederdeutsche Forschungen. II. Die Flexionen der mittelniederdeutschen Sprache. København 1924.

Scharnhorst, Jürgen, Untersuchungen zum Lautstand in den Schriften Nicolaus Gryses. Ein Beitrag zur mecklenburgischen Sprachgeschichte. Berlin 1961.

Scheuermann, Ulrich, Sprachliche Grundlagen. In: Hans Patze (Hrsg.), Geschichte Niedersachsens. Bd. 1: Grundlagen und frühes Mittelalter. Hildesheim 1977, 167–258.

Schieb, Gabriele, BIS. Ein kühner Versuch. In: PBB (Halle) 81, 1959, 1–77.

Schröder, Ingrid, Die Bugenhagenbibel. Untersuchungen zur Übersetzung und Textgeschichte des Pentateuchs. Köln/Weimar/Wien 1991.

Sjöberg, Sven, Notizen zur Revaler Kanzleisprache im 15. Jh.: Johannes Blomendal (1406–26). Versuch einer Provenienzbestimmung. In: NdM 16/18, 1960/62, 108–131.

Teuchert, Hermann, Die Sprachreste der niederländischen Siedlungen des 12. Jhs. Neumünster 1944.

Tümpel, Hermann, Die Bielefelder Urkundensprache. In: NdJb. 20, 1894, 78–89.

Ders., Niederdeutsche Studien. Bielefeld/Leipzig 1898.

Weber, Ulrich, Zur frühmittelniederdeutschen Urkundensprache Osnabrücks. Variablenlinguistische Untersuchungen einer ostwestfälischen Stadtsprache. In: NdW 27, 1987, 131–162.

Wortmann, Felix, Zur Geschichte der langen ê- und ô-Laute in Niederdeutschland, besonders in Westfalen. In: Münstersche Beiträge zur niederdeutschen Philologie. Köln/Graz 1960, 1–23. (NdSt. 6).

Ders., Zur Geschichte der kurzen Vokale in offener Silbe. In: Dietrich Hofmann unter Mitarbeit von Willy Sanders (Hrsg.), Gedenkschrift für William Foerste. Köln/Wien 1970, 327–353. (NdSt. 18).

Robert Peters, Münster

107. Reflexe gesprochener Sprache im Mittelniederdeutschen

1. Gesprochene Sprache in schriftlicher Überlieferung

Das Mnd. kennen wir nur aus schriftlicher Überlieferung. Wer etwas über das gesprochene Mnd. − sei es die mundartliche Grundschicht oder die Verkehrs- und Umgangssprachen − erfahren möchte, ist auf die geschriebene Überlieferung angewiesen. Das geschriebene Mnd. existierte im 13./14. Jh. in der Form regionaler Schreibsprachen (vgl. Art. 99 und 106). Die sprachlichen Kennzeichen dieser regionalen Schreibsprachen gehörten sicher auch der gesprochenen Sprache an. Infolge regionaler Ausgleichsprozesse kommt es seit Ende des 14. Jhs. insbesondere im Nordnd. zu Normierungsansätzen. Hierdurch vergrößert sich in Teilen des Sprachgebiets der Abstand zwischen gesprochener und geschriebener Sprache. Hierauf ist zu achten, wenn von gesprochener Sprache in schriftlicher Überlieferung die Rede sein soll. Es stellt sich das Problem der Abgrenzung von Mundart, regionaler Schreibsprache und ansatzweise normierter Ausgleichssprache. Sprachliche Erscheinungen, die im 14. Jh. in einer Region schreibsprachlich sind, können im 15. Jh. von einer überregionalen Variante abgelöst worden und nur noch sprechsprachlich sein. Somit stellt sich das Problem gesprochener Sprache in schriftlicher Überlieferung − regional unterschiedlich − für das 13./14. Jh. anders als für das 15. Jh.

Die Schreibsprache einer Stadt ist nicht mit der in ihr gesprochenen Mundart identisch: Besonders in der Frühzeit ist mit schreibsprachlichem Einfluß aus der Gegend zu rechnen, aus der die volkssprachige Schriftlichkeit übernommen wurde. Die „Sprache anderer und Früherer" (Bischoff 1981, 5) geht mit der Sprechsprache einer Stadt eine Mischung ein.

Im allgemeinen schrieb man also auch im Mittelalter nicht, wie man selber sprach, sondern wie man zu schreiben gelernt hatte. Im Geschriebenen finden sich Reflexe gesprochener Sprache. War der Schreibende nicht Berufs-, sondern nur Gelegenheitsschreiber, konnte es besonders leicht und häufig zu Fehlschreibungen, zu Verstößen gegen die gelernten Regeln kommen und auch Dialektales in das zu Schreibende einfließen. Doch auch der im Schreiben Geübte konnte gelegentlich, besonders „wenn die Eile die Flüchtigkeit begünstigte" (Bischoff 1981, 5) gegen die gelernten Regeln verstoßen und „Fehler" machen.

Von Abweichungen vom Schreibgebrauch durch mundartliche und hyperkorrekte Schreibungen aus sollen Einblicke in gesprochenes Mnd. gewonnen werden. Hierbei geht es um typische, in der Sprachlandschaft wiederholt vorkommende Verstöße gleicher Art, die auf eine sprechsprachliche Grundlage schließen lassen.

Reflexe gesprochener Sprache sind besonders in Schreibsprachlandschaften zu erwarten, in denen zwischen geschriebener und gesprochener Sprache ein großer Abstand herrscht, etwa im Südwestf., Ostwestf. und Ofäl. infolge der dortigen Diphthongierungsprozesse oder im Smk. mit dem Nebeneinander von nl. geprägter Bauernmundart und ofäl. geprägter Schreibsprache. Sie sind zum anderen eher in frühmnd. Zeit erwartbar, vor der Bildung eines städtischen Schreibusus seit der zweiten Hälfte des 14. Jhs., und sie treten vorzugsweise in solchen Texten auf, die einer unteren, örtlichen Schreiblage angehören.

In spätmnd. Zeit gibt es Beispiele für die Wiedergabe der Sprache unterer Schichten und ländlicher Bevölkerung.

Die sprachlichen Erscheinungen werden in die Bereiche Kontraktionen von Lauten und Wörtern, Vokalismus, Konsonantismus, Morphologie und Ortsnamen gegliedert. Den Schluß bilden zwei Beispiele für die Wiedergabe unterschichtlicher und ländlicher Sprache.

2. Beispiele für Reflexe gesprochener Sprache

2.1. Besonders in der Frühzeit des Mnd. sind hin und wieder sog. Sprechformen anzutreffen. Man schreibt gelegentlich die in der Sprechsprache vielfach vorkommenden Assimilationen benachbarter Laute, Kontraktionen zweier oder mehrerer Wörter. Im 15. Jh. werden solche Sprechformen vermieden und Vollformen geschrieben.

Westf.: *bi er* (< *ener*) *iuncurowe* 1324 Werl Statuten; *wam men* (< *wan men*) 1326 ebd.; *insime hûs eder insime garden* 1324 ebd. − *metter* (< *met der*) *tyth* 1326 Werl Urk. − *aller myr* (< *miner*) *rechten erven* 1350 Clarenberg Urk.; *in rechte betûgnûsse dir* (< *diser*) *vorsprokenen stûcke* 1361 ebd. − *sir* (< *siner*) *echten vrauwen* 1417 Graf von Ravensberg. − *den vinstu* (< *vindest du*) 1465 Möllenbeck Güterverz.

Ofäl.: Braunschweig, Älteres Degedingbuch der Altstadt: *gaf … waze* (< *wat se*) *heuet tinses* 1268−89; *mit Gherherde ischedeghedinghet* (< *is gedeghedinghet*) *dhaz se* (< *dhat se*) *tvey punt heft ghenômen van teyn punden; heft bekant vor dheme rade, hene* (< *he ne*) *wille senne* (< *sineme*) *vader dhe wile dhat he leuet nichtes hinderen an semme* (< *sineme*) *gude* 1307; *ister* (< *is dar*) *oc wat over* 1311; *heft vorkoft Santberghe dhat hus bi sunte Petere mittere* (< *mit dere*) *stenkamere vor XX marc to semme live* 1312. − *dat he semme scolere mede lone* 1323 Graf von Wernigerode. − *het oppelaten synen hof also als hene* (< *he ene*) *hadde* 1340−49 Neuhaldensleben Stadtbuch.

Nordnd.: *hebbet dhat ghesworen mitten* (< *mit den*) *ratmannen unde mitter* (< *mit der*) *menen stat; gift eme dhet* (< *dhe et*) *vorloren heft* 1308 Bremen Stadtrecht. − *vter* (< *ut der*) *stat* 1279 Stade Stadtrecht. − *hundert rinschgulden* (< *rinische gulden*) 1499 Lübeck Ratsurteil. − *so uik* (< *wi ik*) *dat dar hat hebbe* 1342 Neubrandenburg. − *teym marc* (< *teyn marc*) *gheldes* 1388 Garz Stadtbuch.

2.2. Vor den Konsonantenverbindungen /ld/, /lt/ ist /a/ zu /o/ velarisiert und in den meisten nd. Mundarten zu /ō/ gedehnt worden. Dieses schloß sich durchweg der Entsprechung von *ô²* an, wurde also im Ostwestf. zu /au/ diphthongiert. Beispiele aus Lemgo sind *oult* 1472, *aulde* 1477, *behaulden* 1479. − *haulden* 1527 Brilon.

2.3. Im Ostwestf. wurde /a/ vor /ll/, /lll/ zu /o/ velarisiert. An diesem Sprachmerkmal kann die Abgrenzungsproblematik zwischen einer unteren Schreibschicht und dem Reflex gesprochener Sprache veranschaulicht werden. Eine Erscheinung, die in der einen Stadt als Minderheitsvariante durchaus schreibsprachlich ist, ist in der anderen als Reflex gesprochener Sprache zu werten. In der Schreibsprache Lemgos tritt die Variante ⟨o⟩ in etwa einem Viertel der Belege auf, ist also als Minderheitsvariante anzusehen. In Herford schreibt man gewöhnlich ⟨a⟩, im 14. Jh. selten ⟨o⟩: *ol* 'all' 1347, 1355, 1368, 1379; *oller* 'aller', *ols men* 'als man' 1387. In Osnabrück schreibt man ⟨a⟩; *ollet* 'alles' 1336 im Stadtbuch ist ein Reflex gesprochener Sprache, der im Gegensatz zur schreibsprachlichen Tradition steht.

2.4. Vereinzelt wird in westf. und oldenburg. Texten für *gras* 'Gras' mundartliches *gres*

geschrieben: *den lütteken Greshof* 1385 Herford. − *de koye de wy in dat gres dryvet* Ende 15. Jh. Freckenhorst Hofesrecht. − *ein voder greses* um 1500 Wildeshausen.

2.5. Im Berlin-Brandenburgischen und im Zerbstischen wird für den sächlichen Artikel 'das' und die Konj. 'daß' neben vorherrschendem *dat* nicht selten *det* geschrieben. *Deth wye hern Claus van Werle senden scholen hundert man* 1305 Markgraf von Brandenburg; *wordet ouk sake, det dat kynt van dodes wegen aue gynge* 1459 Zerbst Schöffenbuch; *II Pf. dy werlt up deth rathhawsz to dragen* 1513 Zerbster Passionsspiel. Wegen der Häufigkeit der Fälle ist *det* nicht als „Fehler" zu werten, sondern wird in einer unteren Schreiblage akzeptiert worden sein.

2.6. Vereinzelt vorkommende Doppelschreibung eines Vokals oder nachgesetztes ⟨i, y⟩ deuten im mnd. Westf. an, daß *e* vor *ld* gedehnt gesprochen wurde: *in holthe, in veelde, in water* 1349 Kloster Clarenberg; *an acker, an veilde, an wesen* 1410 Rüthen; *veelt marck* 1503 Kloster Vinnenberg. Geschrieben wurde gewöhnlich *velt*. Gesprochenes *vēlt* muß von Siedlern mit in den Osten genommen worden sein, ganz vereinzelt findet es sich dort 1423 im Anklamer Stadtbuch *in dem Olden Veelde*.

2.7. Im mnd. Westf. scheinen ganz vereinzelte Schreibungen Dehnung eines Vokals vor *nd*, *nt* anzudeuten: *gheeyndet weyrt* 1350 Soest Schra; *eynde* 1467 Unna, 1516 Kamen; *keyndere* 1491 Bielefeld. Die Dehnung ist von Westfalen aus in den Osten mitgenommen worden: *vser vreent* 1345 Kloster Doberan.

2.8. Neben *ik, mik, dik, sik* werden besonders in Teilen des Ofäl. fast überwiegend *ek, mek, dek, sek* geschrieben. Diese Erscheinung gehört natürlich der gesprochenen Sprache, daneben aber auch, besonders im 14. Jh., der regionalen ofäl. Schreibsprache an. *Ek Herman Rant knecht bekenne* […] *dat mek wol witlik is, gehalden werden* […] *van mek unde van minen rechten erven* 1375 UB Halberstadt 1, 575. − Im östlichen Ostfalen wird auch außerhalb des heutigen geschlossenen mundartlichen *ek*-Gebietes im Mittelalter häufig *ek* gebraucht, *ek* ist geradezu charakteristisch für das Älteste Degedingbuch von Braunschweig im 13. und 14. Jh. Henning Hagen schreibt 1491 in seiner Helmstedter Chronik so gut wie ausschließlich *ek, mek, sek*. Der in Magdeburg-Sudenburg geborene Torquatus, der Lehrer in Magdeburg und Geistlicher an drei verschiedenen Magdeburger Kirchen war, der in seinen lat. Annalen den Rückgang des Nd. bedauert und der 1569 in seinem „Husbuck" noch ein, wenn auch mit Hd. schon durchsetztes Nd. benutzt, schreibt in den wenigen erhaltenen Sätzen u. a. *under Mynes Glicken was eck höcher an Wissenschop, aber eck was önen vare an muthwelligen Stückchen; der leibe Herre Gott hat meck dorch Kranckheiten so schwach hemackt, dat eck nicht stark genaug was, grötere Sünne tho dohn.* Diese mnd. *e*-Formen zwischen heutigem *ek*-Gebiet und der Elbe zeigen, daß das *ek*-Gebiet einst viel größer war als heute.

2.9. Mnd. *ô¹* (< wg. /ô/) wurde im Südwestf. und Ofäl. zu /au/, Umlaut /eu/, diphthongiert. Hier sind, als Reflexe gesprochener Sprache, ⟨au⟩- oder ⟨ou⟩-Schreibungen möglich. Sie zeigen, daß die Diphthongierung von *ô¹* im 14. Jh. schon erfolgt war (Peters 1998).

tot siner selues behouf ca. 1358 Soest Stofftax-Ordnung im Stadtbuch. – Soest Bürgerbuch I: *Ernst dey Houtwelkere* 1341, *Andreas plaucmekere* 1352, *Elzebe Plauchstollersche* 1371, *Werneke Haufnagel* 1382, *Gert Kaufoet* 1437. – *mit ghauten willen der ebbedissen* 1343 UB Clarenberg. – *dit hort miir moder half toŭ und hiir van hort* [...] *my die helfte tau* 1395/96 UB Dortmund 2, 942. – *van einem kouffelle enen hellinck* 1324 Werl. – *Ich* [...] *dav kundych* 1358 Kloster Oelinghausen bei Arnsberg; *tŭ behauf* 1361 ebd.; *doŭn* 1449 ebd. – *brouder* 1360 Kloster Rumbeck bei Arnsberg. – Calbe Wetebuch: *schouknechte, boude* 1384, *douk* 1387, *kou* 1408, *het wedderröupen* 1415. – *tigen de Kraughmolen* bei Derenburg ca. 1500 UB Ilsenburg 2, 497. – *in dem Crauge Mulmke* 1453 UB Waterler.

vor unsen vrigen steulen 1345 Bernhard Herr zur Lippe. – *Evert Greŭnenbergh* 1413 Soest Bürgerbuch I; *Else Weusthoves* 1436 ebd.

2.10. Mnd. *ô²* (< wg. /au/) wurde dagegen im Münsterländischen und Ostwestf. diphthongiert. Hier kann als sprechsprachlicher Reflex ⟨au⟩-, ⟨ou⟩-Schreibung auftreten: *Wy sind geloufligen ... eyndrechtig overkomen* 1457 Münster. – Beispiele aus Lemgo sind *gaugreue* 1378, *clauster* 1421, 1480, *ouch* 1417, 1419, *ouk* 1459, 1479.

Im Münsterländischen wurde der Umlaut *ô²* über /eu/ zu /ai/ diphthongiert: *gedeydet* 'getötet' 1405 Münster.

2.11. In Süd- und Ostwestfalen setzt im 14. Jh. der Prozeß ein, Hiatstellungen durch eingeschobene Konsonanten zu tilgen; auf *î, îj, ei* folgt /g/, auf *ûw* und *ouw* im Südwestf. /g/,

im Ostwestf. /w/, wobei die Laute vor dem ehemaligen Hiatus gekürzt werden:

friggen, nigge, Ägger, buggen (südwestf.), *buwwen* (ostwestf.), *hoggen* (südwestf.), *howwen* (ostwestf.): *die ffysscherigge* 1314 Güterverzeichnis Drasenbeck; *vor den vriggenstole, vor unsen vriggengrascapen* 1342 Graf von der Mark; *friggen* 1445 Lemgo; *myt vriggen willen* 1492 Herford. – *Nyggedor* 1404 Soest Bürgerbuch I; *Tonygges Nyggebechker* 1449 ebd.; *twintich nygge wynkannen* 1491 Werl; *nyggefunde* 1504 Attendorn, *vornygget* 1457 Lemgo, *nygge maken* 1426 Hameln Pachtvertrag. – *twintich Egger* 1314 Güterverzeichnis Drasenbeck; *hundert eggere* 1385 Sieveringsen bei Soest; *teyggen* 'zehn' 1486, 1493 Lemgo; *kogge* 'Kühe' 1548 Soester Schra; *koygge* 1440 Lemgo.

Die Hiattilgung ist im Mittelalter von westf. Siedlern in den Osten mitgenommen worden: *nene nygge borghe buven* 1326 Herzöge von Pommern; *in der voghedigge tu Parchem, vischerigge* 1343 Ritter von Wosten/Gerh. Gyscow.

2.12. Die Konsonantenverbindungen /ld/ und /nd/ sind schon zu Beginn der mnd. Überlieferung zu /ll/ bzw. /nn/ assimiliert. Diese Erscheinung ist aber sprechsprachlich geblieben, im 14. Jh. ist sie etwas häufiger belegt als im 15.:

orkunne 1334 UB Clarenberg, 1353 und 1354 Lemgo, 1366 Lippstadt Stadtrecht, 1368 Ahlen. – *mit unnerscede* 1354 Löningen. – *ere ingesinne* 1411 Osnabrück Stadtbuch. – *ick wunnede ene darto* 1383 Rat von Oldenburg. – *dat annere stucke* um 1350 Rat von Bremen. – *de schoken kynnere* 'Hurenkinder' 1365 Rat von Bremen. – *ghesinne* 1301 Hamburg Stadtrecht. – *ennen* 'enden', *vormunner* 1377 Kiel Rentebuch. – *vor ere winneghelt* 1. H. 14. Jh. lübische Ordnung für Schiffer. – *hunnert marc* 1322 Graf von Schwerin. Hyperkorrekte Schreibung: *bynden desser thyd* 1364 O. Wensin/ Rat von Lübeck.

Hillebrandes hus 1369 Münster. – *Hillebrant* 1268/89 Braunschweig Älteres Degedingbuch. – *holen, beholen* 1345 Oldenburg Entwurf Freibrief. – *sculleghede de stath* 1345 Graf von Oldenburg. – *ego Hillegundis* 1328 Bremen. – *ene mark ghelles* 14. Jh. Bremen Stadtrecht. – *ghelles* 1380 Hamburg Testament.

2.13. Am Südrand des Nd. begegnet in wenigen Fällen die Schreibung ⟨ng⟩ für ⟨nd⟩: *gesynge* 'Gesinde' 1486 Alte Bürgerspr. der Freiheit in Meschede. – *mit desme ungherscheide* 1391 Gernrode. – *mit hange und mit munde* um 1482 Quedlinburg Ratsrechnung. – *dem perrer in der kerken to keyn hinger* 1461 Berlin St. Nicolai. Hyperkorrekte Schreibung: *samenunde* für *samenunge* Westf. Psalmen.

2.14. Im Mnd. wird für *p, t, k* gelegentlich *b, d, g* geschrieben. Die sog. Konsonantenschwächung findet sich heute vor allem in Schleswig-Holstein, Mecklenburg-Vorpommern und im nördlichen Niedersachsen.

so sal dhet vorkopht hevet vblaten 1227 Ottonianum; − *obenbarlichken* 1304 Vogt von dem Berge/ Graf von Hoya; − *buwet einen spiker vb eine muren* Lübeck Stadtrecht. − *luttik unde grod* 1429/30 Braunschweig St. Blasii; − *stod dat!* 'stoße das!' *lad id backen!* Wolfenbütteler Kochbuch; − *Vismecherstrade* 1358 Goslar; − *dar he thessen broke mochte mede bederen* (neben *so scolde he oc beteren*) Bremen Stadtrecht; − *wi dun wedlike* 1328 Sternberg Fürst von Mecklenburg; − *Merten Speckvredere* (neben *Speckvreter*) 1417 Anklam Stadtbuch. − *itlige* 'etliche' 1493 Graf von Oldenburg; − *myn eelige husfrouwe* 1510 Oldenburg; − *by oren eyden de se to der bang dan hedden* ca. 1370 Magdeburg Schöffen; − *yn dem lighusze* 1488 Magdeburg; − *to ligher delinge gan* 1330−49 Neuhaldensleben Stadtbuch; − *dat hus to deme Eghowe* 'Eichhof' 1344 Rostock Fürst von Mecklenburg; *myt etende unde mit dringende* 1422 Anklam Stadtbuch; − *slaplagen; hed erclaget eynen rog* 1396 Calbe Wetebuch; − *der erligen vrowe; jarliger pachte* 1444 Salzwedel.

2.15. Zwischenvokalisches *-d-* ist in der gesprochenen Sprache stark gefährdet gewesen, es ist gelegentlich auch in der Schrift ausgefallen:

Con. de Parborne 1330 Soest Bürgerbuch. − *sin lant tusschen Werle vnde Bureke* 'Büderich i. Westf.' 1460 Werl. − *anderer berver* (< *biderver*) *lude genoich* 1449 Bielefeld. − *an den meyburschen penningen* (neben *anderhalven meydebursche wischepel*) 1290 Graf von Blankenburg. − *syn verlick* 'väterlich' *erve* Braunschweig Schichtbuch. − *tho ener beschenen* (< *beschedenen*) *thit* Lübeck Stadtrecht. − Die Endung des schwachen Prät. *-ede* wurde durch den *d*-Ausfall zu *-e: don sede Cord Hoppe neyn* [...] *darop frage Kersten* 1497 Neuhaldensleben Stadtbuch; − *dat gheld, dat he* [...] *erclaghe* 1403 Calbe Wetebuch.

Der *d*-Ausfall gilt in der Mundart der Magdeburger Börde bis in die Gegenwart.

2.16. Zwischen *n* und *r* und zwischen *l* und *r* hat sich in Teilen des Sprachgebiets ein dentaler Verschlußlaut gebildet, der nur selten geschrieben wird:

4 honder 'Hühner' Ende 14. Jh. Freckenhorst Heberegister. − *kelder* 1463 Bielefeld. − *dre scholder* 'Schüler' ca. 1496 Bielefeld. − *des donderdages* 1524 Oldenburg. − *de in den kelderen wonen* 1465 Lübeck. − *de alder butenste* 1438 Anklam Stadtbuch.

2.17. Bekanntlich wird bis heute das anlautende /g/ in westf. Mundarten als velarer Reibelaut ausgesprochen. Schon das Freckenhorster Heberegister (11. Jh.) belegt *chebur* 'Nachbar'. Mit den Siedlern ist diese Aussprache auch ins Ostnd. gelangt: *chewesyn, chevleghen, chehenghet, chegheven, neghenundevertychestem, dünredaches* 1349 Kloster Dargun (UB Mecklenburg 10, 6953). Im Stralsunder Vokabular (15. Jh.) findet sich der Beleg *dochetsam dat men scrift doghetsam virtuosus*.

2.18. Im Ostnd. herrscht „*h*-Unsicherheit" aufgrund der slaw. Herkunft eines Teils der Bewohner, d. h. ein /h/ wird weggelassen oder hyperkorrekt hinzugefügt:

quod vulgariter arincpenninge appellatur 1281 Lübeck. − *dat hebben vnse dener dan na husem heten. Tů ener waren betůghinghe zo hebbe we vnse hinghesegel tů rugke vp dessen bref ghekleuet* 1359−68 Mirislawa, Gräfin von Holstein, an den Rat von Lübeck. − *ene huve upme Holden* 'alten' *Velde* 1436 Anklam Stadtbuch.

2.19. In südwestf. Mundarten wird zu *giewen* 'geben' ein halbschwaches Prät. *gafte* gebildet. Diese Form ist in den westf. Breviertexten des 14. Jhs. belegt: *einen propheten gafte ic di in deme volke* (19, 53). Der Schreiber hat offenbar sogleich gemerkt, daß das ein „Fehler" war, denn in der unmittelbaren Fortsetzung der angeführten Stelle hat er ihn nicht wiederholt, sondern hat das schreibsprachliche *gaf* geschrieben: *Enforte nit van erre angesichte, want ic mit di bin vnde tu eyme propheten gaf ic di dem volke.*

2.20. Eine Reihe von Substantiven hat in brandenburgischen Texten anderes Genus als im übrigen Mnd. Es geht auf die Sprache der nl. Siedler des 13. Jhs. zurück.

Alle schat vnder der erden diper wen eyne pluch geit Berlin Schöffenrecht. − *Dy wandsnider geuen tu sunte walburgen dage an der Jaremarkt twe schillinge penninge vnd vp der ander Jaremarkt jj schill.* Berlin Stadtbuch. − *so man nicht en weit, wu si to der dot komen is* 1413 Neustadt Brandenburg. − *Darthu solen sy hebben den See gnant dy Plottzensee* 1443 Jungfrauenkloster Spandau/Rat von Berlin und Cöln. − *met ener spaden kulen darby gegrauen* 1488 altmärk.-schulenburg. Urkunde.

2.21. Die and. Endung des Plurals der mask. *a*-Stämme *-os*, die im Mnd. gewöhnlich durch *e* ersetzt worden ist, hat sich in den Mundarten erhalten. Die *-s*-Endung hat ihr Anwendungsgebiet in großem Ausmaß erweitert.

brutmans 1355 Dortmund Statuten. – *susters* 1463 Bielefeld. – *dicti sunt vulgariter Bromesones* 1315 Bischof von Halberstadt. – *de gildemesters* 1406 Rat von Wildeshausen. – *veer oldermans* 1428 Bremen Stadtrecht V, 2. – *vrendes* 1406 Hamburg Testament. – *murmesters* 1447 Lübeck. – *synen beiden sones* 1422 Anklam Stadtbuch.

2.22. Neben den „amtlichen" Ortsnamen hat es solche des täglichen Gebrauchs gegeben, die meist nur gesprochen, aber hin und wieder auch geschrieben wurden. Im Güterverzeichnis des Klosters Möllenbeck bei Rinteln heißt es 1465 *1 Hoff to Hesenhusen. Dit Dorp licht yn der Voghedye tor Arnesborch un de Gudere syn verkomen und is ghemeynliken Hesensen ghenomet.* Von den Ortsnamen auf -*heim* sind oft Formen gesprochener Sprache überkommen. In einer Blankenburger Urkunde von 1289 werden *hildensym* 'Hildesheim' und *Veltym* 'Veltheim' genannt. Neben der Kanzleiform *Magdeburg* findet sich vereinzelt geschriebenes *Madeborg*. 1295 ist in Bologna ein Student als *Theodericus de Madeburch* immatrikuliert worden, 1439 steht *Madeborch* in einer Urfehde für den Grafen von Anhalt und die Stadt Magdeburg. Seit dem 13. Jh. wird – vornehmlich im Ostfälischen – statt -*ing(en)* öfter ohne Nasal -*ig* geschrieben. Im Lehnbuch Herzog Ottos von Braunschweig werden 1318 Ortsnamen auf -*ing(en)* angeführt als *in Supplighe* 'Süpplingen', *in Solich* 'Söllingen', *de Scenigh* neben *in Sceningh* 'Schöningen'.

2.23. Bestimmte Stadt- und Dorfnamen wurden vornehmlich in der gesprochenen Sprache, hin und wieder auch in der Schrift mit dem bestimmten Artikel gebraucht, was auch heute noch in der Mundart teilweise üblich ist.

Johan van Bennynchoven, dey tho me Hamme 'Hamm i. Westfalen' *wond* 1360 Clarenberg. – *de borgere van der Vechte* 'Vechta' 1355. – *to deme Homborstel, to deme Fludwedel, tor Lindhorst, tom Nigenhagen* 1428–42 Celle Schatzregister. – *inne Luttere* 'Königslutter' 1380 Braunschweig Fehdebuch. – *de stad tůme Kile* 'Kiel' 1327 UB Mecklenburg 8, 464. – *der stades wort to der Wissemare* 'Wismar' 1250 Wismar Stadtbuch. – *de van deme*

Svnde 'Stralsund', *de van Rozstok vnde van der Wismer* 1356 UB Lübeck 2, 264. – *pernere tomme Anclem* 'Anklam' 1430 Anklam Stadtbuch. – *de stad tho der Kyritz* 'Kyritz/Prign.' 1420 UB Mecklenburg 8, 5358. – *tő deme Berlyn* 1390/1411 Rat von Brandenburg u. a. – *tu der Wusterhusen* 1449 Spandau. – *vnd jagede en nha bet vor den Berlin; vnd togen vp den Stralsund; vp der vniuersitet thom Gripswolde* Th. Kantzows Chronik.

2.24. In der spätmnd. Periode gibt es Beispiele für die Wiedergabe der Sprache unterschichtlicher und ländlicher Bevölkerung. Der im damals noch nd. Eisleben geborene Dichter Georg Pondo charakterisierte um 1600 die Sprache unterer Schichten durch die Schreibung von aus /nd/ entstandenem /ng/: *eint vam angern, d Kinger, ringer* 'Rinder', *dry hungrt Lůd, henge* 'Hände', *drungr, wungr* 'Wunder', *Hung* 'Hund' (Bischoff 1981, 32). In *Teweschen Hochtydt*, Hamburg 1640, soll städtische Sprechsprache charakterisiert werden, dies geschieht in ländlicher Mundart: *datm upn Dorrepe Leer hetet, dat heten se inr Stadt Ledder, wem upn Dorpe secht weer, seggen se wedder, ene Feer ene Fedder* (Bischoff 1956, 73).

3. Literatur (in Auswahl)

Bischoff, Karl, Hochsprache und Mundarten im mittelalterlichen Niederdeutschen. In: DU 8, 1956, 73–85.

Ders., Über gesprochenes Mittelniederdeutsch. Wiesbaden 1981. (AWMainz 1981, 4).

Lasch, Agathe, Aus alten niederdeutschen Stadtbüchern. Ein mittelniederdeutsches Lesebuch. 2., um eine Bibliographie erweiterte Aufl. Hrsg. v. Dieter Möhn und Robert Peters. Neumünster 1987.

Peters, Robert, Besprechung K. Bischoff, Über gesprochenes Mittelniederdeutsch. In: NdJb. 110, 1987, 124–126.

Ders., *Sust – Sost – Saust.* Zur Schreibung von mnd. ô[1] in Soest. In: Eva Schmitsdorf/Nina Hartl/Barbara Meurer (Hrsg.), Lingua Germanica. Studien zur deutschen Philologie. Jochen Splett zum 60. Geburtstag. Münster/New York/München/Berlin 1998, 213–232.

Karl Bischoff (†), Mainz/
Robert Peters, Münster

108. Die Rolle der Hanse und Lübecks in der mittelniederdeutschen Sprachgeschichte

Die Frage nach der Bedeutung der Hanse und Lübecks in der Geschichte des Mnd. ist seit jeher ein zentrales Problem der nd. Sprachgeschichtsschreibung gewesen. So hat W. Sanders (1982) das Mnd. als „Hansesprache" bezeichnet.

1. Sprachverhältnisse zur Zeit der Kaufmannshanse

1.1. Die Grundlagen niederdeutscher Sprache im Ostseeraum

Die Entstehung des mnd. Sprachraums und die des hansischen Wirtschaftsraumes sind aufs engste miteinander verknüpft. Die politischen und ökonomischen Voraussetzungen nd. Sprache im Ostseeraum wurden in der zweiten Hälfte des 12. Jhs. geschaffen. Im Frühmittelalter waren die Slawen bis zu einer Linie Kiel—Lauenburg—Elbe vorgedrungen. Im heutigen Ostholstein und in Mecklenburg, im Gebiet der Wagrier und Obotriten, wurde ostseeslaw. gesprochen. Im Zuge der einsetzenden Ostkolonisation wanderten seit der Mitte des 12. Jhs. Siedler in das slaw. Wagrien ein. Wahrscheinlich kamen die Einwanderer in der Anfangszeit aus der näheren Umgebung, der westlichen Nachbarschaft, d. h. aus dem Gebiet der Holsten und Stormarner (Bischoff 1985, 1271). Dann wurden Siedler aus dem fernen Westen, aus Holland, Friesland und vor allem aus Westfalen, ins Land gerufen.

Die Entwicklung des Städtewesens an der Ostsee setzte mit der Gründung Lübecks ein. Graf Adolf II. von Schauenburg und Holstein legte 1143 zwischen Wakenitz und Trave, in der Nähe des altslaw. Handelsplatzes *Liubice*, eine Kaufleute- und Handwerkersiedlung an. Unter Heinrich dem Löwen als Stadtherrn wurde Lübeck 1159 neu gegründet. Vermutlich bildeten zunächst die

Bewohner des slaw. Handelsplatzes Liubice den Kern der Stadtbevölkerung. Unter ihnen werden auch Slawen gewesen sein (Hammel 1987, 24). Die ersten Neusiedler kamen aus Bardowick, dem Handelsplatz Heinrichs des Löwen. Sie sind ebenso wie die Siedler aus der westlichen Nachbarschaft Lübecks, die Holsten und Stormarner, nnsächs. Herkunft. Bedeutend scheint die Rolle der Westfalen beim Aufbau Lübecks gewesen zu sein. Das läßt eine Untersuchung der Herkunftsnamen Lübecker Bürger zu Anfang des 14. Jhs. vermuten. Fast ein Viertel der Herkunftsnamen entfällt auf westf., ein Zehntel auf ofäl. Gebiet (Reimpell 1929).

Lübeck verkörpert den Typus der Fernhandelsstadt. Aufgrund ihrer zentralen Lage im Wirtschaftsraum zwischen dem Ärmelkanal und Nowgorod sowie dank zahlreicher Privilegien nahm die Stadt einen lebhaften Aufschwung, sie wurde zur Drehscheibe des Ost-West-Handels. Unter maßgeblicher Beteiligung Lübecker Familien wurde an der Südküste der Ostsee ein Kranz neuer Handelsstädte gegründet, genannt seien Wismar, Rostock, Stralsund, Danzig, Riga und Reval.

Die Fernhandelskaufleute der nrddt. Städte des Alt- und des Neulandes schlossen sich zu einem lockeren Bund, der Hanse, zusammen. Den Kern der Kaufmannshanse bildete die Genossenschaft der Gotland aufsuchenden Kaufleute des „römischen" Reiches. Der geographische Rahmen, in dem sich der hansische Handel bewegte, wird durch die vier Außenkontore abgesteckt, den Stalhof in London, das Kontor in Brügge, die Tyske brygge in Bergen und den Peterhof in Nowgorod.

1.2. Die Sprachsituation in frühhansischer Zeit (12./13. Jahrhundert)

Die Ostsiedlung des 12. und 13. Jhs. bewirkte einen sprachlichen Umbau des Ostseeraumes; es entstand das ond. Spracharal. Der Übergang des elb- und ostseeslaw. Gebiets zum Nd. resultierte zum einen aus der Siedlung nd. und nl. Sprecher, zum anderen aus dem Sprachwechsel der slaw. Bevölkerung.

In den Städten an der Südküste der Ostsee ist, da die Neubürger aus den verschiedenen Gegenden des nd. Altlandes und der Niederlande kamen, mit Mehrdialektalität zu rechnen. Die Einwohner Lübecks sprachen ver-

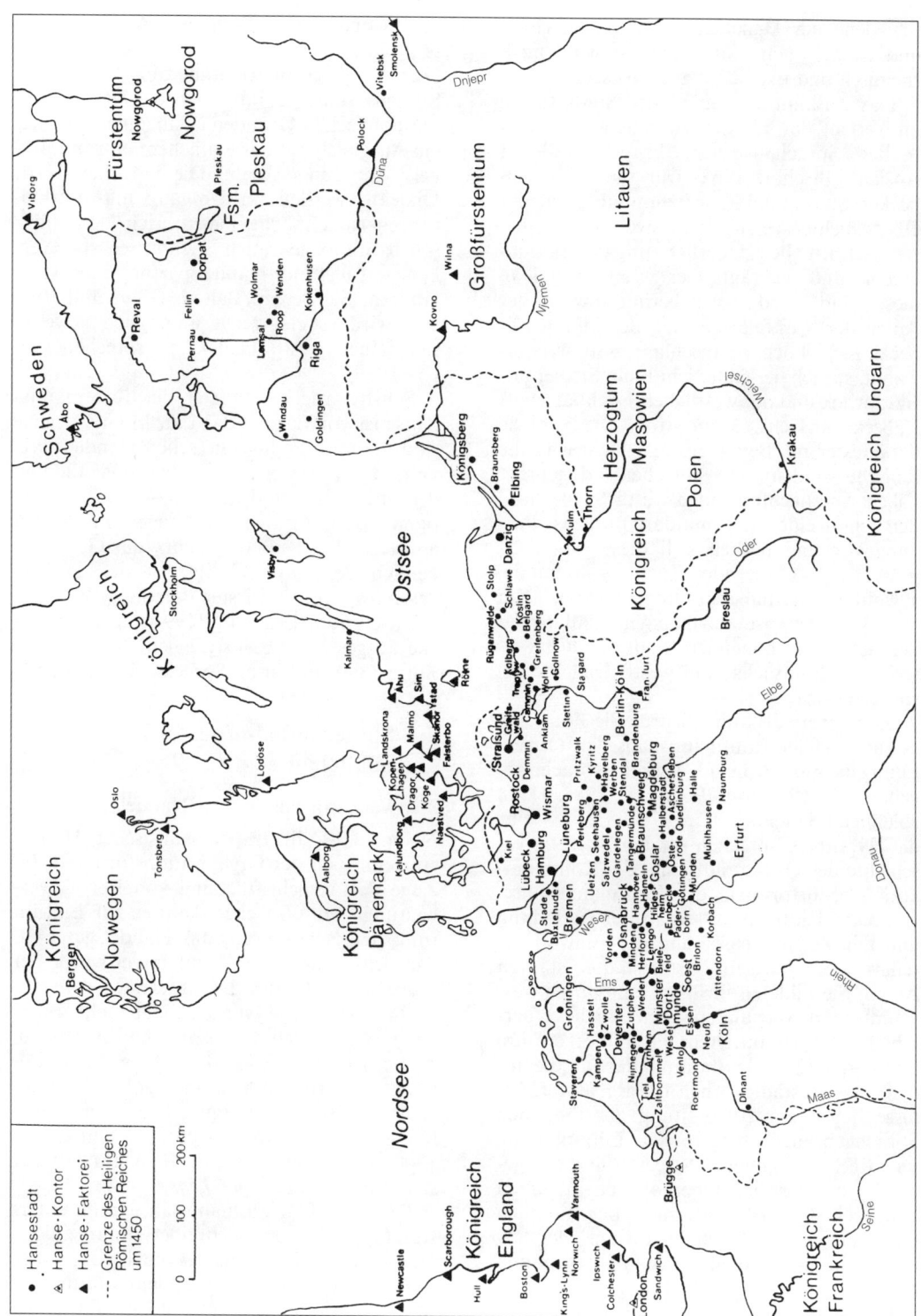

Karte 108.1: Die Hansestädte im 15. Jahrhundert (aus: Fischer 1981)

schiedene nd. Dialekte, vor allem nnsächs. und westf., auch ofäl., daneben wohl auch rheinisch und nl., sicher auch ostseeslaw.

Das Zusammenleben in der Stadt führte im Verlauf des 13. Jhs. zu einem innerstädtischen Sprachausgleich. Entgegen älterer Ansicht (Bischoff 1962) war die frühe Lübecker Stadtmundart — zumindest die der Oberschichten — nach Ausweis der frühesten schriftlichen Überlieferung hauptsächlich nordnd. geprägt. Der westf. Anteil an dieser Stadtmundart war gering, obwohl der Anteil der Westfalen an der Besiedlung Lübecks recht hoch veranschlagt wird. Wie erwähnt, sprach der erste Schub nd. Siedler aus Bardowick und der westlichen Nachbarschaft Lübecks nnsächs. Mundarten. Die Sprache der ältesten nd. Bevölkerungsschicht wird die lübische Stadtsprache entscheidend geprägt haben. Die nachfolgenden westf. Siedler fanden schon eine Stadtmundart nnsächs. Prägung vor und paßten sich dieser an. Aufgrund des fortdauernden Zuzugs vom Lande, sowohl aus der näheren Umgebung wie auch aus Westfalen, ist anzunehmen, daß neben der sich herausbildenden Stadtmundart weiterhin auch nnsächs. und westf. Dialekte gesprochen worden sind.

Kontrovers diskutiert wurde die Frage, ob es zur Zeit der Kaufmannshanse im Ostseeraum eine mündliche nd. Verkehrssprache gegeben habe (Bischoff 1962, 13f.; 1983, 111f.; ablehnend Sanders 1982, 147; 1983, 998). Für die Hypothese sprechen die Bevölkerungsgeschichte der Ostseestädte und die Kommunikationsbedürfnisse in der Kaufmannshanse. Lübecker Familien hatten an der Gründung und der Zusammensetzung der Einwohnerschaft der übrigen Ostseestädte starken Anteil. Sie bildeten in ihnen eine durch Verwandtschaft verbundene einheitliche Oberschicht. So vermittelten die Lübecker ihre sich herausbildende Stadtmundart an die anderen Ostseestädte. Auch die Rechtsverhältnisse haben zur Ausbreitung des lübischen Sprachgebrauchs beigetragen. Lübeck hatte sein Recht an andere Ostseestädte weitergegeben, es war der Oberhof der lübischen Stadtrechtsfamilie. Die Sprache der mündlich Rechtsauskunft erteilenden Instanz, des Lübecker Rates, wird als vorbildhaft gegolten haben.

Die westf., ofäl. und nnsächs. Fernhandelskaufleute trafen in Lübeck mit den Kaufleuten aus den wendischen Ostseestädten zusammen. Die gemeinsamen Fahrten über Gotland nach Nowgorod dauerten wochenlang; im Peterhof zu Nowgorod lebten sie einige Monate lang zusammen. Auf den Fahrten und in Nowgorod wird sich ein sprachlicher Ausgleich in Richtung auf das nordnd. Sprachsystem gebildet haben. Aus sprachökonomischen Gründen ist anzunehmen, daß ein Ausgleich auf das einfachere, nordnd. Regelsystem hin erfolgte. Die Sprecher westf. Dialekte werden im Umgang mit nordnd. Sprechern versucht haben, sich dem lübischen Sprachgebrauch anzupassen. Im Verkehr mit nichtnd. Handelspartnern, mit Gotländern, Schweden, Balten, Esten und Russen, wird es erst recht unmöglich gewesen sein, einen westf. Dialekt zu sprechen (Peters 1989).

Schriftsprache zur Zeit der Kaufmannshanse ist vorwiegend das Lat. In lat. Sprache sind die mit den ausländischen Handelspartnern abgeschlossenen Verträge sowie die von den engl., dän. und norw. Königen und den flandrischen Grafen verliehenen Privilegien abgefaßt. Da Rußland nicht zum Geltungsbereich des Lat. gehörte, ist das Privileg des Nowgoroder Fürsten Jaroslaw Wladimirowitsch vom Frühjahr 1199 in aruss. Sprache ausgestellt. Die Privilegien Brügges vom Jahre 1309 sind in nl. Sprache geschrieben.

2. Sprachverhältnisse zur Zeit der Städtehanse

2.1. Verschriftlichung des Handels

Noch im 13. Jh. trat im hansischen Handel ein Umbruch der Organisationsform ein. Im Zuge der Verschriftlichung von Recht, Verwaltung und Wirtschaft kam es zur Einführung der Buchführung im Handelsgeschäft. Aus dem wandernden Fernhändler wurde der seßhafte Kaufmann. Die Interessen der hansischen Kaufleute wurden nicht mehr durch die Gotländische Genossenschaft vertreten, sondern durch die Städte, unter denen Lübeck die wirtschaftliche und politische Führung des Bundes erlangte. Die Kaufmannshanse wandelte sich in den Jahrzehnten um 1300 zur Städtehanse, zur Gemeinschaft der *stede van der dudeschen hense.*

Der seßhafte Kaufmann führte nun, unterstützt von einem Schreiber und einigen Handlungsgehilfen, den Handel von seiner *scrivekamere* aus. Als Formen kaufmännischer Schriftlichkeit entstanden Kaufleutekorrespondenz und Handlungsbücher. Das wohl älteste erhaltene Handlungsbuch, sind die Aufzeichnungen eines Lübecker Gewandschneiders, stammt aus dem letzten Viertel des 13. Jhs. (von Brandt 1964). Etwa aus der gleichen Zeit stammen die sog. Kieler Bruchstücke (Korlén 1949). Aus dem 14. Jh. liegen dann Rechnungs- bzw. Handlungsbücher vor, z. B. das der Lübecker Kaufleute Hermann und Johann Wittenborg (um 1330—1363) oder das der Lübecker Tuchkaufleute Hermann Warendorp und Johann Clingenberg (1330—1336). Das vom Rat der Stadt geführte Schuldbuch, das Niederstadtbuch, diente zur Bezeugung eines Kredits. Die Sprache der Stadtbücher, Handlungsbücher und Korrespondenzen ist das Lat.

Im Zuge der Verschriftlichung wurde für die Bürgersöhne eine stärker auf die praktische Tätigkeit ausgerichtete Schulbildung erforderlich: Buch- und Rechnungsführung, Regeln der geschäftlichen wie diplomatischen Korrespondenz, Grundkenntnisse in Recht, Verwaltung, Finanz- und Münzwesen. Städtisch getragene Lateinschulen entstanden in Lübeck 1252 und 1262. Das Lehrangebot der Lübecker Jakobischule ist durch einen aus der Zeit um 1370 stammenden Fund bekannt. Die Schreibübungen der Schüler betrafen geschäftliche und politische Korrespondenz sowie Urkundenentwürfe. Mit seinen Schulen, der Ratskanzlei, den Kontoren der seßhaft gewordenen Fernhandelskaufleute und den geistlichen Institutionen (Bischof, Kirchen und Klöster) bildete Lübeck ein Zentrum der Schriftlichkeit im norddeutschen Raum.

2.2. Der Übergang von der lateinischen zur volkssprachigen Schriftlichkeit

Noch im 13. Jh. beginnt in Norddeutschland der Übergang von der lat. zur nd. Schriftlichkeit (vgl. Art. 99). Er verläuft in den einzelnen Textsorten zeitlich differenziert. Im Bereich der Stadtrechte erfolgte die Ablösung des Lat. oft noch in der zweiten Hälfte des 13. Jhs. In dieser Zeit setzte auch in Lübeck schriftliche Überlieferung in nd. Sprache ein: Das Lübecker Stadtrecht liegt in einer Reihe von Handschriften aus dem letzten Drittel des Jhs. vor (nd. Fassung spätestens um 1267). Später als in der Rechtsprosa, in der zweiten Hälfte des 14. Jhs., findet der Wechsel in der Textsorte Urkunde statt. Erst zwischen 1360 und 1380 setzt sich das Nd. in den städtischen Kanzleien als Urkundensprache durch. Die nrddt. Hansestädte haben sich nur schwer vom Lat. gelöst. Das Gotländische Drittel der Hanse schreibt bereits 1352 nd. an Lübeck; Lübecker Schreiben an Reval sind dagegen noch 1379, an Riga noch 1383 und an Stralsund noch 1387 lat. abgefaßt (Peters 1987, 72). Als sich dann schließlich in der Lü-

becker Ratskanzlei das Nd. durchgesetzt hat, wird auch die in dieser Kanzlei ausgefertigte hansische Korrespondenz in nd. Sprache geführt. Institutionen der Hanse sind der Hansetag (das höchste Leitungs- und Beschlußgremium) und die Kontore. Die Rezesse der Hansetage sind bis 1369 überwiegend lat., ab 1370 fast ohne Ausnahme nd. ausgestellt.

Schon erheblich früher als die Kanzleien der Städte hatten die hansischen Kontore in ihren Statuten und auch in ihrer Korrespondenz das Lat. ersetzt. Volkssprachig sind die Statuten des Gemeinen Kaufmanns in Brügge von 1347 und der Brügger Rezeß von 1356. Bezeichnenderweise schreibt das Brügger Kontor 1351 an Brügge in nl., an Hamburg aber in lat. Sprache.

Wie die städtischen Kanzleien halten auch die nrddt. Kaufleute bis ins letzte Viertel des 14. Jhs. am Lat. fest. So dominiert im Handlungsbuch des Hamburgers Vicko von Geldern (1367—1392) noch das Lat.

Noch vor 1400 kam ein neuer Schultyp auf, die *dudesche scryffschole*. In ihr wurde der angehende Kaufmann auf seinen künftigen Beruf vorbereitet, er lernte Lesen und Schreiben des Nd. sowie das Abfassen volkssprachiger Verträge und Briefe.

2.3. Kennzeichen der frühen lübischen Schreibsprache

Aufgrund ofäl. Spuren in der ältesten Fassung des Lübecker Stadtrechts wird eine schreibsprachliche Tradition angenommen, die nicht mit rechtlichen Beziehungen zu erklären ist. Sie könnte mit dem in Lübeck zwischen 1242 und 1259 nachweisbaren Ratsnotar Henricus de Brunswic zusammenhängen (Korlén 1951, 7).

Charakteristischer als der mögliche ofäl. Einschlag ist, wie eine Untersuchung einiger Kennwörter der ältesten nd. Überlieferung Lübecks ergibt, die vorwiegend nnsächs. Prägung der frühen lübischen Schreibsprache. Meist bilden ihre Formen eine östliche Fortsetzung der nnsächs. Schreibsprachformen (Peters 1988).

Für das frühe Lübische kann die folgende Variantenkombination aufgestellt werden:

Nebeneinander von ⟨-et⟩- und ⟨-en⟩-Pluralendung der Verben, *scolen* 'sollen', *bringen*. — *vrünt; dridde (drüdde); mi, di, ju;* Nebeneinander von *us* und *uns.* — *dese → desse; silve / sülve; de ghene* 'derjenige'; *nên / (nîn)* 'kein', *jewelik* 'jeder'. — *swâr / wôr* 'wo', *wô* 'wie', *dicke* 'oft', *wol* 'wohl'. — *uppe* 'auf', *want(e) / went(e)* 'bis', *dör* 'durch', *gegen / tegen* 'gegen', *sünder / (âne)* 'ohne', *twisschen /*

(tüsschen) 'zwischen'. − *mer / men* 'aber, sondern', *oder, ofte, jof(te), eder* 'oder', *wante / wente* 'denn, weil', *dan, den, wan, wen* 'komparativisches als'.

Der entweder vom Westf. (*mi, di, ik, sik, ju, desse, mer / men*) oder vom Ofäl. (*/sk/*-Anlaut beim Verb 'sollen', *minsche, vrünt, dridde, silve / sülve, nên, wol*) gestützte nnsächs. Schreibusus setzt sich in Lübeck durch oder bildet die Mehrheitsvariante: *nên / (nîn), sünder / (âne), twisschen / (tüsschen)*. Im Falle des Pron. 'jeder', in dem die drei altländischen Schreibsprachen jeweils verschiedene Formen aufweisen, setzt sich das nnsächs. *jewelik* durch. Die lübische Variantenauswahl richtete sich offenbar nach den Wirkungsfaktoren Landschaftskombinatorik und Geltungsareal.

Die frühe Urkundensprache ist aber stärker als das Nnsächs. durch Variantenvielfalt gekennzeichnet:

⟨-et-⟩ / ⟨-en⟩-Pluralendung der Verben, *us / uns, dese / desse, silve / sülve, nên / nîn, sünder, / âne, twisschen / tüsschen, oder / ofte / efte / eder* 'oder', *mer / men* 'aber, sondern'.

Für die frühe lübische Schreibsprache ist zweierlei charakteristisch: eine weitgehende Übereinstimmung mit den nnsächs. Kennwörtern und die gegenüber dem Nnsächs. etwas höhere Zahl an Doppelformen, die durch die Siedlungsgeschichte bedingt ist.

Die Schreiber der ältesten Texte versuchen, die Formen der lübischen Stadtsprache zu verschriftlichen. In der Sprechsprache der lübischen Oberschicht wird sich daher bereits im 13. Jh. eine Vereinheitlichung in Richtung auf das Nnsächs. vollzogen haben. Aus der gesprochenen Sprache erklärt sich wohl auch, daß in der ersten Hälfte des 14. Jhs. westlichwestf. Spuren in Lübeck nicht selten sind. Es ist anzunehmen, daß die westlichen Merkmale von Teilen der lübischen Bevölkerung gesprochen wurden und, wenn auch nur als Ausnahme, in die geschriebene Sprache gelangten.

2.4. Die lübische Schreibsprache im 15. Jahrhundert

Das hansische Schriftwesen, so die traditionelle Lehrmeinung, habe erst dann zum Nd. übergehen können, als dieses eine gewisse überregionale Einheitlichkeit erreicht hatte. Doch wird dieser Übergang Normierungstendenzen eher angestoßen bzw. verstärkt haben. Die Entstehung eines innerörtlichen Schreibusus infolge des Abbaus und der Ersetzung frühmnd. Varianten gilt auch für Lübeck.

Die Grundlage dieses Schreibusus, der traditionell als „lübische Norm" bezeichnet wird, ist eindeutig nordnd.

In der Zeit um 1400 ist ein Variantenabbau festzustellen:

Im 14. Jh. wechseln für die Vorsilbe 'ent-' ⟨vnt-⟩ und ⟨ent-⟩, im 15. Jh. gilt ⟨ent-⟩. Als verbale Pluralendung im Präs. Ind. überwiegt in der Lübecker Kanzlei seit der Mitte des 14. Jhs. ⟨-en⟩, seit etwa 1400 gilt ⟨-en⟩ dort fast ohne Ausnahme. Die nasalhaltige Pronominalform *uns* setzt sich ebenso durch wie *nên, twisschen, men, edder*. Beispiele für eine Variantenersetzung sind *ses → sos* 'sechs', *seuen → souen* 'sieben', *dicke → vaken* 'oft'.

Zu Beginn des 15. Jhs. gilt in der lübischen Schreibsprache die folgende Variantenkombination:

Kürzung tonlanger Vokale in *wedder, eddel, leddich*, aber *weten*. − Pluralendung der Verben im Präs. Ind. auf ⟨-en⟩. − *scholen* 'sollen', *konen* 'können', *bringen*. − *vrunt* 'Freund, Verwandter'; *minsche* 'Mensch'. − *drudde, druttich* '3., 30'; *vefteyn* '15'; *sos* '6'; *souen* '7'. − *vns* 'uns'. − *desse* 'dieser', *de sulve* 'derselbe', *de ghene → ghenne → yenne* 'derjenige', *sulk* 'solch', *nên* 'kein', *jewelik / islik* 'jeder'. − *wor* 'wo', *wo* 'wie', *vaken* 'oft', *wol* 'wohl'. − *vppe* 'auf', *went / bet* 'bis', *dorch* 'durch', *jeghen* 'gegen', *sunder* 'ohne', *vermidde(l)st* 'vermittels', *twisschen* 'zwischen'. − *men* 'aber', *edder* 'oder', *wente* 'denn, weil', *eft* 'wenn, falls', *dan / wen* 'komparativisches als'.

In der Lübecker Ratskanzlei sind fremde Kanzleispuren auf vereinzelte Formen beschränkt (Lasch 1921, 36). Häufig passen sich die Schreiber fremder Herkunft während ihrer Tätigkeit an die Kanzleitradition an (Højberg Christensen 1918).

In der Mitte und in der zweiten Hälfte des 15. Jhs. kommt es in Lübeck erneut zu schreibsprachlichen Veränderungen (Peters 1996):

dridde / drüdde werden durch *derde / dörde, twisschen* durch *tüsschen* ersetzt. Die Mehrheitsvariante wechselt von *wente / (bet)* zu *bet / (wente)*. Ein Ausbau erfolgt von *nên zu nîn / (nên)* und von *iegen zu tegen / (iegen)*. Für das tonlange /ō/ kommt in der zweiten Hälfte des 15. Jhs. die Schreibung ⟨a⟩ auf. Die Mehrzahl der neuen Varianten (*derde, nîn, tegen, tüsschen*) gilt gemeinhin als westf. bzw. westlich. Sie können aus den Ostseestädten nach Lübeck gelangt und auch durch den Stadtschreiber Johannes Bracht gestützt sein, der aus Münster stammte und von 1451 bis 1481 Lübecker Stadtschreiber war.

2.5. Normierungstendenzen im Nordniederdeutschen

Um 1370 war das Schriftwesen der Hanse zum lübischen Mnd. übergegangen. Da Lübeck die politisch wie ökonomisch führende Stadt des Hansebundes war, die seine Leitung zwischen den Hansetagen innehatte, wurde ein großer Teil des hansischen Schriftverkehrs von der Lübecker Ratskanzlei aus abgewickelt und infolgedessen in lübischem Mnd. abgefaßt. Durch ihre Bedeutung für den hansischen Schriftverkehr steigt die lübische Schreibsprache zum überregionalen Kommunikationsmittel im Nord- und Ostseeraum auf. Ausgestattet mit dem Sozialprestige der hansischen Verkehrssprache gelten die Formen der Lübecker Kanzlei als vorbildhaft. Auch die Rechtsverhältnisse haben im Ostseeraum zu einem Ausgleich auf lübischer Grundlage beigetragen: Lübeck erteilt als Oberhof den Ostseestädten Rechtsauskunft.

Im nordnd. Bereich sind um und nach 1400 Tendenzen zu einem großräumigen Ausgleich zu beobachten, bei dem vermutlich die lübischen Formen als Prestigevarianten gewirkt haben. So übernimmt das Nnsächs. von Osten her die ⟨-en⟩-Pluralendung der Verben im Präs. Ind. In Hamburg erfolgt zwischen 1370 und 1420 der Wechsel von einer älteren zu einer jüngeren Variantenkombination; in Oldenburg sind lokale sowie westf.-westliche Varianten durch solche östlicher Herkunft ersetzt worden.

Die Varianten, die in Lübeck in der zweiten Hälfte des 15. Jhs. auftreten, werden in Hamburg nicht übernommen. Hier bleibt der Schreibusus bestehen, der sich um 1400 herausgebildet hatte und dessen Formen − man denke an *drüdde, nên, wente, iegen, twisschen* − traditionell als die des „klassischen" Mnd. gelten.

2.6. Hansesprachliche Funktionen des Mittelniederdeutschen

Von den Funktionen des Mnd. interessieren hier vor allem die als Verwaltungssprache der Hanse sowie die als übernationale Handels- und Geschäftssprache. Die Verwaltungssprache wurde hauptsächlich von der Lübecker Ratskanzlei getragen. Hier sind, neben der Korrespondenz, vor allem die Rezesse zu nennen, Protokolle der auf den Hansetagen gefaßten Beschlüsse. Sie sind in der Regel in der Lübecker Kanzlei auf der Grundlage der Verhandlungsprotokolle ausgefertigt. Von Lübeck wurden Abschriften an die einzelnen Städte gesandt. Die Schreibsprache der Kontore ist in Nowgorod und Bergen eher lübisch-nordnd., in London und Brügge eher westf.-westlich gefärbt.

Das Mnd. erfüllte im größten Teil des hansischen Verkehrs- und Wirtschaftsraumes − von London und Brügge im Westen bis Bergen im Norden und Nowgorod im Osten − die Funktion einer übernationalen Handels- und Geschäftssprache. Träger dieser Sprache sind die Fernhandelskaufleute.

Der hansische Handel des 14. und 15. Jhs. war schriftlich organisiert; der Hansekaufmann leitete die Geschäfte von seinem Kontor, der *scrivekamere*, aus. Mit seinen Geschäftspartnern unterhielt er eine umfangreiche Korrespondenz, für interne Geschäftsaufzeichnungen führte er Handlungsbücher. Das bedeutendste hansische Kaufmannsarchiv ist das des in Brügge lebenden Hildebrand Veckinchusen. In ihm befand sich die wichtigste Briefsammlung, die sog. Veckinchusen-Briefe. Die Sprache der von Veckinchusen selbst geschriebenen Handlungsbücher von Anfang des 15. Jhs. ist nicht lübisch, sondern eher nl.-westf. geprägt, wie die Kennformen *sal* 'soll', *elk* 'jeder', *op* 'auf' und *tot* 'bis' erweisen (Tophinke 1999).

Außer in den ausländischen Kontoren war das Mnd. vor allem in den skand. Ländern Dänemark und Schweden verbreitet. In Visby auf Gotland bildete sich neben einer skand. eine dt. Siedlung. Die beiden Siedlungen verschmolzen im 14. Jh. zu einer Stadt mit dt. Mehrheit. Durch Einwanderung nrddt. Kaufleute und Handwerker seit der Mitte des 13. Jhs. entstanden in dän. und schwed. Städten nd.sprachige Bevölkerungsgruppen. Das Prestige des Nd. bewirkte, daß Skandinavier, und der einsetzende Assimilierungsprozeß, daß dt. Einwanderer zweisprachig wurden. Für Stockholm ist eine große Gruppe Zweisprachiger anzunehmen (Moberg 1989, 259). Von bleibender Wirkung war der tiefgreifende Einfluß des Mnd. auf sämtliche Sprachebenen des Schwed., Dän. und Norw.

Bei der Bezeichnung des lübischen Mnd. als „Hansesprache" sollte nicht übersehen werden, daß auch zwischen 1370 und 1530 im Hanseraum neben dem Lübischen die südnd. Schreibsprachen Westf., Ofäl., Smk. sowie im Kölner Drittel das Rib. und in Preußen das Omd. in Gebrauch waren (Peters 1987, 77).

3. Zur Sprachenkenntnis des hansischen Kaufmanns

Der Kaufmann des Mittelalters, so auch der Fernhandelskaufmann der frühhansischen Zeit, mußte lernen, sich in der Sprache seines Handelsgebietes auszudrücken. Daher war es für ihn unbedingt erforderlich, Sprachkenntnisse zu erwerben.

In der Schule lernte der angehende Kaufmann Latein; diese Sprache verwendete er im
14. Jh. für seine geschäftlichen Aufzeichnungen. Vermutlich werden die hansischen Kaufleute je nach ihrem Handelsgebiet die nordischen Sprachen, das Frz., Engl., vielleicht
auch das Ital., schließlich das Nl. und das
Hd. soweit beherrscht haben, daß sie sich mit
den Fremden verständigen konnten (Peters
1987, 79). Die Verständigung in Skandinavien wurde dadurch erleichtert, daß ein Teil
des schwed. und dän. Bürgertums zweisprachig war. In jüngster Zeit ist als Ausgangstyp
für den nd.-skand. Sprachkontakt Semikom-
munikation angenommen worden (Diercks/
Braunmüller 1993). Dann wird der Erwerb
der jeweils anderen Sprache im Interesse beider Seiten gelegen haben.

In England benötigte der Hansekaufmann
engl. und frz. Sprachkenntnisse. Hier wurden
auch die Dienste eines Dolmetschers in Anspruch genommen. Der nd. Kaufmann in
Brügge mußte über nl., aber auch über hd.,
frz. und ital. Kenntnisse verfügen. Einzelne
Kaufleute waren bemüht, in Reval Estnisch
zu lernen. Beim Handel zwischen Deutschen
und Russen in Nowgorod bediente man sich
für gewöhnlich der russ. Sprache. Junge
Kaufleute wurden nach Nowgorod geschickt,
um hier die russ. Sprache zu erlernen.

Über das Monopol des russ. Spracherwerbs hat die Hanse streng gewacht. 1423 beschlossen die Hansestädte, nicht zu gestatten,
daß Holländer russ. Sprachkenntnisse erwerben. Sprachenkenntnis ist Voraussetzung für
erfolgreiche Handelstätigkeit; Verweigerung
von Fremdsprachenerwerb dient den Hanseaten als Mittel, ihr Handelsmonopol aufrechtzuerhalten.

4. Druckt to Lübeck

Im letzten Drittel des 15. Jhs. erreicht der
Buchdruck den nd. Sprachraum (vgl. Gesen-
hoff/Reck 1985, 1282–1287). Lübeck ist, sowohl von der Anzahl der Offizinen als auch
der Drucke her, der bedeutendste Druckort
des europäischen Nordens. Um 1473 erschien
in Lübeck der älteste erhaltene Druck in nd.
Sprache; von etwa 1473 bis 1525 waren hier
neun Drucker tätig. In Lübeck waren das
notwendige Kapital, ein zahlungskräftiges
und zugleich lesewilliges Publikum und –
durch Handelsverbindungen nach Nord- und
Nordosteuropa – die Voraussetzungen für
den Buchexport gegeben (Sodmann 1987).

Bemerkenswert ist der hohe Anteil volkssprachiger Drucke schon in vorreformatorischer Zeit. Das Zahlenverhältnis zwischen
mnd. und lat. Drucken beträgt etwa 2 : 1
(Menke 1993, 306). Der Lübecker Buchdruck
dient weitgehend der Verbreitung religiös-
erbaulicher Literatur, er zielt auf Laienbildung ab. Im vorreformatorischen Lübeck
wird der Buchdruck vor allem von den Re-
formorden und den Beginen genutzt, um die
Menschen, insbesondere die Führungsgruppen der Stadt, erbaulich zu belehren (Menke
1993, 310).

Zu der Frage, ob der Buchdruck in Richtung auf die Vereinheitlichung des Nd. gewirkt hat, ist anzumerken, daß in Lübeck
sprachliche Unterschiede zwischen den einzelnen Offizinen noch in der ersten Hälfte des
16. Jhs. deutlich sichtbar sind. In den Drukken des Bartholomäus Ghotan sind die
Sprachformen von der Schreibsprache des
Druckortes abhängig. In den in Lübeck gedruckten Werken ist der Anteil der Ostfalismen weitaus geringer als in den vorher in
Magdeburg entstandenen Drucken (Gesen-
hoff/Reck 1985, 1285). Einen relativ einheitlichen Sprachtyp weisen die Drucke aus
der Mohnkopfoffizin auf. Aus der von Hans
van Ghetelen betriebenen Werkstatt – das
Mohnkopfzeichen ist wohl als Familienwap-
pen der Ghetelens anzusehen (Kötter 1991) –
gingen zwischen 1487 und 1527 mindestens
31 Schriften hervor (Sodmann 1990, 349f.;
Kötter 1991). Die sprachliche Untersuchung
einzelner Mohnkopfdrucke (Brandes 1914;
Katara 1952) läßt vermuten, daß die Normierung in ihnen weiter fortgeschritten war
als in der gleichzeitigen lübischen Schreibsprache. In einigen Fällen, in denen in der
städtischen Schreibsprache Variation herrscht
(*sunder / âne* 'ohne', *tüsschen / twisschen* 'zwischen'), bevorzugen die Mohnkopfdrucke die
auch im Ofäl. übliche Variante (*âne* 'ohne',
twisschen 'zwischen').

5. Der Niedergang der Hanse und der Schreibsprachenwechsel zum Hochdeutschen

Im Verlauf des 16. und 17. Jhs. wird das Nd.
in seinen schriftlichen Funktionen vom Hd.
abgelöst (vgl. Art. 109). Die Ursachen des
Schreibsprachenwechsels liegen im wirtschaftlichen, politischen, juristischen, kulturellen und religiösen Umbruch der Zeit um
und nach 1500. Das Erstarken der west-,

nord- und osteurop. Nationalstaaten sowie die übermächtig werdende Konkurrenz der holl. und sdt. Kaufleute und Städte bewirkten den Niedergang der Hanse. Die nrddt. Territorialstaaten konnten ihre Macht auf Kosten der Städte ausweiten.

Die Humanisten orientierten sich nach Oberdeutschland und nach Italien. Bei den Fürsten hatten hd. Kultur und Sprache ein höheres Prestige als das Nd. Die fürstliche Sprachmode mit ihrer Sprachbewertung fällt in eine Zeit, in der auch für die Städte neue kommunikative Bedürfnisse entstehen: Nach der Einführung des römischen Rechts im Jahre 1495 mußten die Juristen das Hd. beherrschen. Der Schriftverkehr mit dem Süden des Reiches stieg in der ersten Hälfte des 16. Jhs. stark an. Der Zerfall der Hanse bewirkte eine Umorientierung des norddt. Wirtschaftsraumes aus west-östlichen in nord-südliche Zusammenhänge. Nach der Einbindung Norddeutschlands in einen nationalen Wirtschaftsraum lag die Beherrschung des Hd. im wirtschaftlichen Eigeninteresse der nrddt. Kaufleute. Das Zusammentreffen der kulturellen Ausrichtung von Adel und Intellektuellen nach Süden mit den neuen kommunikativen Bedürfnissen und wirtschaftlichen Interessen auch der Städte führte zur Übernahme des Hd.

Der Schreibsprachenwechsel erfaßte zuerst die Amtssprache, wobei der Übergang zum Hd. in den fürstlichen Kanzleien eher als in den städtischen, im Süden des nd. Sprachgebietes eher als im Norden erfolgte. Die Kanzleien der Hansestädte an Nord- und Ostsee, als städtische Kanzleien im Norden des Sprachgebiets, vollziehen den Übergang spät. Den Ablauf des Ersetzungsprozesses in Lübeck beschreibt W. Heinsohn (1933). Der Wechsel zum Hd. erfolgt in der auswärtigen Korrespondenz zwischen 1533 und 1558. In den Urkunden herrscht das Hd. seit 1583 vor. Im inneren Kanzleibetrieb und im Klientenverkehr wird das Nd. verhältnismäßig lange beibehalten: Das Niederstadtbuch ist ab 1590/91 hd., bei den Testamenten tritt der Wechsel um 1600 ein, die – mündlich verkündeten – Bursprаken sind zum ersten Mal 1634 hd. Das Oberstadtbuch wurde bis 1809 auf Nd. geführt.

Traditionell wurde der zeitlich parallele Verlauf der hansischen Geschichte und der mnd. Sprachgeschichte hervorgehoben (Dollinger 1976, 344): der Aufstieg der Hanse und das Aufkommen des Mnd., der Höhepunkt hansischer Macht und die Geltung der lü-

bisch geprägten Hansesprache, der Niedergang der Hanse und der Untergang des Mnd. Demgegenüber ist zu betonen, daß die Entwicklung der Hanse und des Mnd. phasenverschoben verlaufen ist: Schriftsprache der Hanse zur Zeit ihres Aufstiegs war das Lat.; Latein erfüllte diese Funktion bis weit in die zweite Hälfte des 14. Jhs. hinein, also etwa 200 Jahre lang. Erst auf dem Höhepunkt hansischer Macht, um 1370, wechselte das hansische Schriftwesen zum Mnd. Das 15. Jh. bedeutet in der Geschichte der Hanse Stagnation und beginnenden Niedergang, in der Geschichte des Mnd., mit großräumigem Ausgleich und übernationaler Geltung, den Höhepunkt. Nach dem Niedergang des hansischen Wirtschaftssystems um 1500 erfolgte der Übergang von der mnd. zur hd. Schriftsprache.

6. Literatur (in Auswahl)

Bischoff, Karl, Über die Grundlagen der mittelniederdeutschen Schriftsprache. In: NdJb. 85, 1962, 9–31.

Ders., Mittelniederdeutsch. In: Cordes/Möhn 1983, 98–118.

Ders., Siedlungsbewegung und Sprachentwicklung im ostniederdeutschen Raum. In: Sprachgeschichte. 1985, 1268–1274.

Brandes, Herman, Dat Narrenschyp von Hans van Ghetelen. Halle/S. 1914.

von Brandt, Ahasver, Ein Stück kaufmännischer Buchführung aus dem letzten Viertel des 13. Jhs. Aufzeichnungen aus dem Detailgeschäft eines Lübecker Gewandschneiders. In: ZVLG 44, 1964, 5–34.

Brattegard, Olav, Die mittelniederdeutsche Geschäftssprache des hansischen Kaufmanns zu Bergen. I. Die Sprache der Blütezeit. Bergen 1945.

Cordes, Gerhard/Dieter Möhn (Hrsg.), Handbuch zur niederdeutschen Sprach- und Literaturwissenschaft. Berlin 1983.

Diercks, Willy/Kurt Braunmüller, Entwicklung des niederdeutsch-skandinavischen Sprachkontakts. Untersuchungen zur Transferenz anhand von volkssprachlichen Texten des 15., 16. und 17. Jhs. In: Kurt Braunmüller/Willy Diercks (Hrsg.), Niederdeutsch und die skandinavischen Sprachen I. Heidelberg 1993, 9–40.

Dollinger, Philippe, Die Hanse. 2., überarb. Aufl. Stuttgart 1976.

Ebel, Wilhelm, Lübisches Recht. Bd. 1. Lübeck 1971.

Fischer, Bernd, Hanse-Städte. Geschichte und Kultur. Köln 1981.

Gabrielsson, Artur, Die Verdrängung der mittelniederdeutschen durch die neuhochdeutsche Schriftsprache. In: Cordes/Möhn 1983, 119−153.

Gesenhoff, Marita/Margarete Reck, Die mittelniederdeutsche Kanzleisprache und die Rolle des Buchdruckes in der mittelniederdeutschen Sprachgeschichte. In: Sprachgeschichte 1985, 1279−1289.

Hammel, Rolf, Stadtgründung, Herkunft der Siedler und Berufstopographie der Hansestadt Lübeck im Mittelalter. In: Ureland 1987, 21−42.

Heinsohn, Wilhelm, Das Eindringen der neuhochdeutschen Schriftsprache in Lübeck während des 16. und 17. Jhs. Lübeck 1933.

Højberg Christensen, A. C., Studier over Lybæks Kancellisprog fra c. 1300−1470. København 1918.

Katara, Pekka (Hrsg.), Speygel der Leyen. Neuausgabe eines Lübecker Mohnkopfdruckes aus dem Jahre 1496. Mit Einleitung und Anmerkungen. Helsinki 1952. (AASF Ser. B, 77,2).

Kötter, Ralf, Hans van Ghetelen als Drucker der Mohnkopfoffizin. In: ZVLG 71, 1991, 353−367.

Korlén, Gustav, Kieler Bruchstücke kaufmännischer Buchführung aus dem Ende des 13. Jhs. In: NdM 5, 1949, 102−112.

Ders., Norddeutsche Stadtrechte. II. Das mittelniederdeutsche Stadtrecht von Lübeck nach seinen ältesten Formen. Lund 1951. (LGF 23).

Lasch, Agathe, Besprechung A. C. Højberg Christensen, Studier over Lybæks kancellisprog fra c. 1300−1470. In: AdA 40, 1921, 34−42. [Wieder abgedruckt in: Dies., Ausgewählte Schriften 1979, 323−331].

Dies., Vom Werden und Wesen des Mittelniederdeutschen. In: NdJb. 51, 1925, 55−76. [Wieder abgedruckt in: Dies., Ausgewählte Schriften 1979, 232−253].

Dies., Ausgewählte Schriften zur niederdeutschen Philologie. Hrsg. v. Robert Peters/Timothy Sodmann. Neumünster 1979.

Leloux, Hermanus J., Zur Sprache in der ausgehenden Korrespondenz des hansischen Kaufmanns zu Brügge. 2 Teile. (Diss.) Gent 1971.

Lesnikov, M. P., Die Handlungsbücher des hansischen Kaufmanns Veckinchusen. Berlin (Ost) 1973. (Forschungen zur mittelalterlichen Geschichte 19).

Meier, Jürgen/Dieter Möhn, Die Sprache im Hanseraum. In: Jörgen Bracker (Hrsg.), Die Hanse. Lebenswirklichkeit und Mythos. Bd. 1. Hamburg 1989, 430−435.

Menke, Hubertus (Hrsg.), Druckt to Lübeck. Niederdeutsche Drucke des 15./16. Jhs. aus norddeutschen Bibliotheken. Ausstellungskatalog. Kiel 1984.

Ders., „Ghemaket vmme der eyntvoldighen vnde simpel Mynschen Willen". Zur Lübecker Druckliteratur in der frühen Neuzeit. In: Rolf Hammel-Kiesow (Hrsg.), Wege zur Erforschung städtischer Häuser und Höfe. Beiträge zur fächerübergreifenden Zusammenarbeit am Beispiel Lübecks im Spätmittelalter und in der frühen Neuzeit. Neumünster 1993, 299−316.

Moberg, Lena, Lågtyskt och Svenskt i Stockholms Medeltida Tänkeböcker. Uppsala 1989.

Peters, Robert, Mittelniederdeutsche Sprache. In: Jan Goossens (Hrsg.), Niederdeutsch. Sprache und Literatur. Eine Einführung. Bd. 1: Sprache. 2., verb. und um einen bibliographischen Nachtrag erw. Aufl. Neumünster 1983, 66−115.

Ders., Das Mittelniederdeutsche als Sprache der Hanse. In: Ureland 1987, 65−88.

Ders., Zur Entstehung der lübischen Schreibsprache. In: Gerhard Bauer (Hrsg.), Stadtsprachenforschung unter besonderer Berücksichtigung der Verhältnisse der Stadt Straßburg in Spätmittelalter und früher Neuzeit. Vorträge des Symposiums vom 30. März bis 3. April 1987 an der Universität Mannheim. Göppingen 1988, 149−167.

Ders., Überlegungen zum Problem einer frühhansischen Verkehrssprache im Ostseeraum. In: Karl Hyldgaard-Jensen/Vibeke Winge/Birgit Christensen (Hrsg.), Niederdeutsch in Skandinavien II. Akten des 2. nordischen Symposions ‘Niederdeutsch in Skandinavien’ in Kopenhagen 18.−20. Mai 1987. Berlin 1989, 54−64.

Ders., Die angebliche Geltung der sog. mittelniederdeutschen Schriftsprache in Westfalen. Zur Geschichte eines Mythos. In: José Cajot/Ludger Kremer/Hermann Niebaum (Hrsg.), Lingua Theodisca. Beiträge zur Sprach- und Literaturwissenschaft. Jan Goossens zum 65. Geburtstag. Münster/Hamburg 1995, 199−213.

Ders., Die Stellung Hamburgs in der mittelniederdeutschen Schreibsprachenlandschaft. In: Jörg Hennig/Jürgen Meier (Hrsg.), Varietäten der deutschen Sprache. Festschrift für Dieter Möhn. Frankfurt/M. 1996, 63−80.

Reimpell, Almuth, Die Lübecker Personennamen unter besonderer Berücksichtigung der Familiennamenbildung bis zur Mitte des 14. Jhs. Lübeck 1929.

Sanders, Willy, Sachsensprache, Hansesprache, Plattdeutsch. Sprachgeschichtliche Grundzüge des Niederdeutschen. Göttingen 1982.

Ders., Die Sprache der Hanse. In: Werner Besch [u. a.] (Hrsg.), Dialektologie. Ein Handbuch zur deutschen und allgemeinen Dialektforschung. Berlin/New York 1983, 991−1002. (HSK 1.2).

Schwencke, Olaf, Lubece aller steden schone. Die Bedeutung Lübecks in der Geschichte des Niederdeutschen. Bremen 1977.

Sodmann, Timothy, Buchdruck, Buchhandel und Sprachkontakt im hansischen Raum. In: Ureland 1987, 89−105.

Ders., Die Druckerei mit den drei Mohnköpfen. In: Franco-Saxonica. Münstersche Studien zur niederländischen und niederdeutschen Philologie. Jan Goossens zum 60. Geburtstag. Münster 1990, 343−360.

Sprachgeschichte. Ein Handbuch zur Geschichte der deutschen Sprache und ihrer Erforschung. Hrsg. v. Werner Besch/Oskar Reichmann/Stefan Sonderegger. 2 Halbbde. Berlin/New York 1984; 1985. (HSK 2.1; 2.2).

Sprandel, Rolf (Hrsg.), Quellen zur Hanse-Geschichte. Mit Beiträgen von Jürgen Bohmbach und Jochen Goetze. Darmstadt 1982. (Ausgewählte Quellen zur Deutschen Geschichte des Mittelalters 36).

Stieda, Wilhelm, Zur Sprachenkenntnis der Hanseaten. In: Hansische Geschichtsblätter [13], 1884, 157–161.

Ders., Hildebrand Veckinchusen. Briefwechsel eines deutschen Kaufmanns im 15. Jh. Leipzig 1921.

Tophinke, Doris, Handelstexte. Zu Textualität und Typik kaufmännischer Rechnungsbücher im Hanseraum des 14. und 15. Jhs. Tübingen 1999.

Ureland, P. Sture (Hrsg.), Sprachkontakt in der Hanse. Aspekte des Sprachausgleichs im Ostsee- und Nordseeraum. Akten des 7. Internationalen Symposions über Sprachkontakt in Europa, Lübeck 1986. Tübingen 1987.

Winge, Vibeke, Dänische Deutsche — deutsche Dänen. Geschichte der deutschen Sprache in Dänemark 1300–1800 mit einem Ausblick auf das 19. Jh. Heidelberg 1992.

Robert Peters, Münster

109. Die Verdrängung des Mittelniederdeutschen als Schreib- und Druckersprache Norddeutschlands

1. Die Kanzleien
2. Universität und Schule
3. Der Buchdruck
4. Die Kirche
5. Ursachen des Rückgangs
6. Literatur (in Auswahl)

Bereits im 14. und 15. Jh. ging ein größeres, ursprünglich nd. Gebiet, das südliche Elbostfälische, zum Md. über. Die engen wirtschaftlichen und politischen Verbindungen zwischen dieser Landschaft um die beiden wichtigen Städte Halle und Wittenberg und dem unmittelbar südlich angrenzenden md. Raum lösten sie aus dem nd. Verband heraus und förderten einen völligen Anschluß an die thür.-obsächs. Nachbarn. Zunächst gingen die Kanzleien voran, aber die Aufnahme des Hd. geschah nicht nur durch sie oder über die oberen Schichten, sondern wurde von allen Bevölkerungskreisen vorgenommen: Es war „mitteldeutsches Land geworden mit mitteldeutscher Volkssprache" (Lasch 1925, 74).

Anders verhält es sich mit der Verdrängung des Nd. als Schreib- und Druckersprache des nrddt. Raumes im 16. und 17. Jh. Während das Nd. im Süden des Elbostfälischen von der md. Sprachgrenze her zurückgedrängt und das Hd. von allen Teilen der Bevölkerung aufgenommen wird, handelt es sich im zuletzt genannten Fall um eine zunächst schriftsprachliche Überlagerung, die erst im Laufe von Jahrhunderten zu einer umfassenden Verdrängung des Nd. aus fast allen Kommunikationsbereichen geführt hat.

1. Die Kanzleien

1.1. Das Hd. verschaffte sich im 16. Jh. Eingang in die städtischen Kanzleien, zuerst im auswärtigen Schriftverkehr mit md. und obd. Städten, der Reichskanzlei und dem Reichskammergericht sowie in Schreiben an die jeweiligen Landesfürsten, deren Kanzleien zum Teil bereits früher zum Hd. übergegangen waren. Aber noch lange nach dem eigentlichen Sieg des Hd. fand das Nd. amtliche Verwendung, wenn es um Texte ging, die von den noch ausschließlich nd. sprechenden Schichten der Bevölkerung verstanden werden mußten, wie beispielsweise die Emdener Fuhrleuteverordnung von 1656, die ebenfalls dort aufgestellte Pestverordnung von 1664, die Bremer Wachtordnung von 1694 oder der Hamburger Bürgereid von ca. 1700. Erst nach seiner Etablierung als Amtssprache wurde das Hd. allmählich von immer größeren Kreisen zumindest als Schriftsprache aufgenommen.

1.2. Am frühesten wurde der Übergang im brandenb. Dialektgebiet vollzogen: Berlin 1504, Brandenburg 1515–1525, Cölln bei Berlin ca. 1527, Spandau ca. 1529–1536, Wittstock ca. 1523–1543, Tangermünde ca. 1547, Stendal 1543–1564. Es folgten mehr oder weniger gleichzeitig: die Städte Danzig ca. 1550, Reval 1561–1590, Riga ca. 1560; die Städte im ofäl. Dialektgebiet: Halberstadt 1427 bis nach 1590, Wernigerode ca. 1520– 1550, Goslar ca. 1536–1565, Magdeburg

1550–1570, Braunschweig ca. 1540–1600; das wfäl. Dialektgebiet: Soest 1531–1570, Münster 1541–1571, Osnabrück 1553 ff., Bielefeld ca. 1550–1589, Bochum ca. 1555 bis 1599, Dortmund 1560–1610, Lingen 1580–1605; die Städte im meckl.-vpom. Dialektgebiet: Güstrow ca. 1540 ff., Schwerin ca. 1548–1551, Wolgast ca. 1543, Stettin ca. 1540–1565, Röbel ca. 1560–1567, Wismar 1560–1587, Rostock 1558–1598. Zuletzt wurde die hd. Sprache in den Städten des nnsächs. Dialektgebiets aufgenommen: Lüneburg 1551–1592, Hamburg ca. 1555–1600, Lübeck 1530–1615, Bremen 1555–1630, Kiel ca. 1570, Flensburg 1567 bis 1626, Husum 1585–1608, Schleswig ca. 1600, Oldenburg 1588–1635, Emden 1570 bis 1640.

1.3. Die meisten Übergänge zum Hd. erfolgten in den zwei Jahrzehnten von 1540–1560. In diesen Dezennien gingen 18 der 38 untersuchten städtischen Kanzleien zum Hd. über. In 9 Städten setzte der Übergang vor 1540, in 11 erst nach 1560 ein. Da jedoch die Einzeluntersuchungen zu dieser Erscheinung zum Teil nach verschiedenen Kriterien durchgeführt wurden (erstes Auftreten hd. Urkunden, letzte nd. Schreiben) oder man nur einige Textsorten innerhalb des gesamten Kanzleischrifttums berücksichtigte, sind die angegebenen Daten nur Richtwerte. Die Dauer des Übergangs innerhalb einer Kanzlei betrug durchschnittlich 25–30 Jahre, etwa eine Generation. Vor allem die Hansestädte des Altlands zeigten sich beharrlich in der Beibehaltung des Mnd. zur Aufzeichnung einzelner Texte, die für den innerstädtischen Gebrauch bestimmt waren. Lübeck, dessen amtlicher auswärtiger Schriftverkehr nach 1558 endgültig hd. war, führte sein Oberstadtbuch bis 1809 auf Nd. fort (Heinsohn 1933, 9).

Ein Vergleich der zeitlichen und geographischen Aspekte verdeutlicht die Rolle des Omd. beim Übergang zum Hd.: Je näher eine Stadt diesem Ausstrahlungsgebiet lag, desto früher vollzog sich der Übergang – die frühesten Aufnahmen im Brandenb., die letzten im Ostfries., Oldenburgischen und in Schleswig. Dies steht im Einklang mit der Tatsache, daß die durch die Kanzleien übernommene hd. Schriftsprache allgemein einen omd. Charakter hatte (Dahl 1960, 173 ff.).

Der Einfluß des Hd. in Ostfriesland war allerdings zunächst nur von kurzer Dauer. Zwar blieb es nach seiner Einführung die Sprache des Hofes, konnte sich jedoch gegenüber dem Nl. als Amts- und Kultursprache der Bürger erst im 19. Jh. durchsetzen. Auch

in den Grafschaften Bentheim und Lingen sowie in der Stadt Gronau war der Einfluß der nl. Kultur und damit auch der nl. Sprache recht groß. Während in der Grafschaft Lingen sich das Hd. nach einer Periode fast vollständiger Niederlandisierung allmählich bis zum Beginn des 19. Jhs. als Schriftsprache in allen Bereichen durchsetzte, herrschte in Bentheim und im westmünsterländischen Gronau das Nl. in Kirche, Schule und Handel teilweise bis weit ins 19. Jh. (Muller 1939, 52, 64; Foerste 1938, 7 ff.; Taubken 1981, 386 ff.; Baumann 1998, 103 ff.; Leys 1998, 243 ff.).

1.4. Für das Gebiet jenseits der heutigen dt.-nl. Staatsgrenze fehlen detaillierte Untersuchungen über Ausbreitung und Verdrängung der mnd. Schriftsprache. Der Übergang vom traditionellen *Oostersch* im östlichen Gelderland, Overijssel, Drente und Groningen zum Nl. unter dem dominierenden Einfluß der westlichen Provinzen (Holland und Zeeland) verlief vermutlich erheblich weniger „dramatisch" als in Norddeutschland, wo das Nd. einer wirklich „fremden" Sprache, dem Hd., weichen mußte (Heeroma 1970, 238).

1.5. Mit dem Schwund der hansischen Macht ging auch die Bedeutung des Mnd. als Kultur- und Handelssprache in Skandinavien, im Baltikum und in Finnland zurück. Auf dem hansischen Kontor zu Bergen wurde die mnd. Schriftsprache in der ausgehenden Korrespondenz gegen 1580 durch das Hd. ersetzt. Für innere Angelegenheiten verwendete man sie noch um die Mitte des 17. Jhs., bis sie schließlich auch in dieser Stellung, bereits vom Hd. zersetzt, abgelöst wurde. Von 1300 bis 1500 war das Mnd. auch die Schriftsprache des finn. Außenhandels. Obwohl es weiterhin für Rechnungen und Quittungen von Kaufleuten und Handwerkern bis zum Anfang des 17. Jhs. Verwendung fand, verlor das Mnd. auch hier seine allgemeine schriftsprachliche Geltung bereits zu Beginn des 16. Jhs. und wurde, je nach Empfänger, vom Schwed. und Hd. ersetzt.

2. Universität und Schule

2.1. Während das Nd. in Norddeutschland Unterrichtssprache in der Unterstufe der klerikalen und städtischen Lateinschulen war und in den oberen Klassen gelegentlich zur Hilfe gezogen wurde, war es an den privaten und städtischen Schreib- und Leseschulen überhaupt die einzige Unterrichtssprache. Auf der Universität dagegen war das Latein, gefestigt durch den Humanismus, die akademische Sprache; der eigentliche Durchbruch der Muttersprache im Lehrbetrieb an dt. Universitäten erfolgte erst lange Zeit später, nachdem das Hd. den Platz des Nd. im öffentlichen Leben eingenommen hatte.

2.2. War das Latein die Sprache der Vorlesungen, so fand das Mnd. trotzdem in den Kanzleien der Universitäten Rostock und Greifswald reichliche Verwendung im Schriftverkehr mit außeruniversitären Einrichtungen. Hier setzte sich das Hd. als Verwaltungssprache in der zweiten Hälfte des 16. Jhs. durch, etwa zur gleichen Zeit also wie in der jeweiligen städtischen Kanzlei. Daß insgesamt die gebildeten Schichten Norddeutschlands das Hd. früh aufgriffen, war eine Folge der allgemeinen Tendenz. Hierbei hat gewiß geholfen, daß an den Universitäten im nrddt. Raum auch Hd. zumindest im privaten Bereich gesprochen wurde. An der Universität Rostock z. B., deren Studentenschaft zunächst fast ausschließlich aus dem nd. Sprachraum stammte, waren um 1575 6 v. H. der Studenten und 10 v. H. der Dozenten gebürtige Hochdeutsche (Kohfeld 1918, 73 f.). Angezogen vom Ruhm omd. Universitäten wie Leipzig und Wittenberg, verbrachten auch immer mehr nd. Studenten zumindest einen Teil ihres Studiums dort. Diese Aufenthalte im hd. Sprachgebiet werden sowohl die Bereitschaft als auch die Fähigkeit, das Hd. in ihrer Heimat zu verwenden, nicht unerheblich gefördert haben.

2.3. Das wichtigste Zeugnis für den Übergang zum Hd. in der Schule sind die in den amtlichen Akten erwähnten vorgeschriebenen Lehrbücher. Die ersten hd. Schulbücher in Norddeutschland erschienen am Anfang des 17. Jhs. Zeitlich fällt der Sprachwechsel an den Schulen mit der allgemeinen Rezeption des Hd. zusammen. Eine von Gabrielsson (1932/33, 78 ff.) aufgestellte Staffelung innerhalb des nd. Gebietes stimmt mehr oder weniger mit der für die Kanzleien der Städte überein: zuerst die Mark Brandenburg, zuletzt Schleswig-Holstein und Ostfriesland (Umstellung abgeschlossen um 1680). Wieder ist es die omd. Form des Hd., die in der Schule aufgenommen wird. Als neue Sprache der Bildung wurde Hd. nicht nur als Ersatz für das Nd., als Übersetzungshilfe und unumgängliche Stütze im Unterricht geduldet, son-dern sogar bewußt gepflegt (Heinsohn 1933, 172). Wie fremd allerdings manchen Schülern das Hd. zur Zeit der Übernahme war, zeigt ein Beispiel aus Lübeck. Eine lat. Schulgrammatik von 1609 enthält im Gegensatz zu der vorher auf der gleichen Schule benutzten Ausgabe, die nd. glossiert war, hd. Erklärungen. Ein Schüler konnte aber offensichtlich wenig mit der neuen Sprache anfangen und schrieb das vertrautere Nd. daneben: licitus sum, liceri = feilschen *id est: kop beden* (Heinsohn 1933, 169).

3. Der Buchdruck

An Hand der *Niederdeutschen Bibliographie* von Borchling und Claußen (1931/57) läßt sich die Anzahl der gedruckten nd. Bücher von 1473 (erster erhaltener Druck in nd. Sprache) bis 1800 nach Jahrzehnten graphisch darstellen (vgl. Abb. 109.1). Obwohl der eigentliche Rückgang des Mnd. als Schreib- und Druckersprache um 1650 mehr oder minder abgeschlossen war, scheint es ratsam, um gerade für den Buchdruck ein abgerundetes Bild zu bekommen, auch die sonst nicht berücksichtigte Zeit bis 1800 zu untersuchen.

3.1. Der langsame Anstieg der Zahl gedruckter mnd. Bücher in den Jahren vor der Reformation, die gewaltige Zunahme in der Zeit von 1521—1530, die auf die Vielzahl reformatorischer und gegenreformatorischer Schriften zurückzuführen ist, sowie der leichte Rückgang in den letzten Jahrzehnten des 16. Jhs. und der erneute Anstieg um 1600 ergeben eine Kurve, die nach Borchling (1917/18, 3) auch der für den hd. Buchdruck entspricht. Während aber die Produktion der hd. Druckwerke nach 1600 weiterhin anschwoll, herrschte im nd. Buchdruck eine stark rückläufige Tendenz.

3.2. Der schroffe Rückgang nach 1620 tritt bei einer genauen Überprüfung der Titel noch deutlicher hervor. Von den 298 Drucken aus den Jahren 1621—1650 sind 97, also fast ein Drittel, überwiegend in hd. oder lat. Sprache abgefaßt. Es handelt sich hier um Gelegenheitsgedichte, Liedersammlungen usw., die nur zu einem geringen Teil Nd. enthalten. Aus diesen Jahren sind allein 39 Hochzeitsgedichte verzeichnet, von denen nur 11 ganz oder zumindest größtenteils nd. sind. Im Gegensatz zu den Gelegenheitsgedichten, die für das Nd. eine neue literarische

Gattung bedeuten, stellen die vielen Werke
geistlichen Inhaltes den Rückgriff auf eine
alte Tradition dar. Die Fülle an Erbauungsliteratur in nd. Sprache in der Zeit von etwa
1550−1650 zeigt deutlich, daß die Reformation nicht eine der Hauptursachen für den
Rückgang der mnd. Schriftsprache gewesen
sein kann (vgl. auch 4.1.).

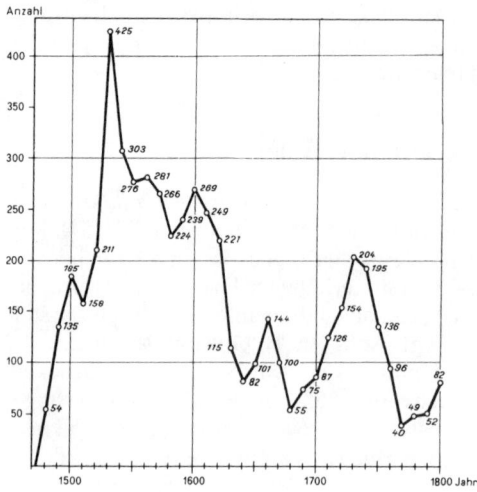

Abb. 109.1: Niederdeutsche Drucke 1473−1800
(nach Borchling/Claußen 1931/57)

3.3. Die Produktion nd. Drucke geht in den
Jahren zwischen dem Westfälischen Frieden
und 1660 noch weiter zurück. Der scheinbare
Anstieg der Kurve hat seine Erklärung darin,
daß 68 der bei Borchling/Claußen verzeichneten 144 Drucke aus den Jahren 1651−1660
überwiegend hd. sind. Dazu gehören aber-
mals 38 der insgesamt 74 Hochzeitsgedichte.
Von den übrigen 40 nd. Drucken sind die
meisten Neuauflagen von Rechtsaufzeichnungen älteren Datums, Katechismen und
Gesangbücher; nur wenige, wie eine *Reinke
de Voß*-Ausgabe (Hamburg 1660) sind wirklich im engeren Sinne literarischen Inhalts.

3.4. Der Anstieg von 1680 bis 1730 ist auf der
Blüte der literarischen Gattung des Gelegen-
heitsgedichts in nd. Mundarten zurückzuführen. Von den bei Borchling/Claußen angegebenen Drucken aus den Jahren 1721−1730
z. B. sind über die Hälfte Hochzeitsgedichte. Während allerdings die Hochzeitsgedichte
der mnd.-nnd. Übergangszeit zunächst hauptsächlich hd. waren, tritt nun allmählich eine Gewichtsverlagerung zugunsten des Nd.
auf; zuletzt erscheinen sie fast durchweg in
nd. Sprache. Daß jedoch die Dichter solcher

Hochzeitsgratulationen gern die Rolle des ein-
fältigen, nd. sprechenden Bauern annahmen,
um so eine komische Wirkung zu erzielen,
zeigt deutlich, über welchen Prestigewert das
Nd. in dieser Zeit verfügte. Die einseitige Bevorzugung einer Gattung sowie der geringe
Umfang eines solchen Gedichts (durchschnittlich 2 Blätter je Titel) sind wohl kaum als Renaissance des nd. Buchdrucks zu werten.

3.5. Überhaupt tritt im nd. Buchdruck seit
den ersten Jahrzehnten des 17. Jhs. eine deutliche Verarmung der Vielfalt an literarischen
Gattungen auf, die zur Zeit der mnd. Blüte
noch vorhanden war. Hierin spiegelt sich die
Einstellung der gebildeten Schichten einer
Sprache gegenüber, der nach ihrem Rückgang als Schriftsprache nunmehr nur noch
die Rolle einer Mundart zukam. Die große
Epoche des mnd. Buchdrucks geht um 1620
zu Ende. Erst nach einem Interim von anderthalb Jahrhunderten wächst das Interesse an
nd. Büchern gegen 1800 langsam wieder an.

4. Die Kirche

4.1. Die Reformation hat das Nd. für ihre
Zwecke voll eingesetzt. Die zur Regelung der
neuen Verhältnisse erlassenen Kirchenordnungen sind zwar sehr früh zum Teil hd.:
Magdeburg 1524, Königsberg 1525, Braunschweig 1531, Hannover 1536, doch waren
sie vielfach Produkte der fürstlichen Kanzleien, und als solche war ihre Sprache nicht
unbedingt identisch mit der des Kirchenkul-
tus. Der für das Herzogtum Braunschweig-
Lüneburg 1542 erschienenen hd. Kirchenord-
nung mußte wegen des Widerstands in den
Gemeinden 1544 eine nd. Ausgabe folgen
(Lindow 1926, 52). Dagegen war die Kir-
chenordnung für Pommern bis 1661 nur nd.
verfaßt, blieb aber in den Ausgaben von 1690
und 1731 noch zweisprachig.

4.2. Ein besseres Bild von der Rolle des Nd. als
Kirchensprache vermitteln die im Gottesdienst verwendeten Gesangbücher sowie Aufzeichnungen über die Sprache der Predigt. Wie
die anderen Werke Luthers sind seine Lieder
als Einblattdrucke, aber auch gesammelt als
Gesangbücher früh ins Mnd. übersetzt worden. Slüters Übertragung des Lutherschen Ge-
sangbuches erschien 1525 in Rostock; andere
Ausgaben folgten aus Erfurt (1527), Magdeburg (1534) und Hamburg (1558). Bis 1600
wurden insgesamt 55 mnd. Gesangbücher auf-

gelegt. Der Höhepunkt ist jedoch bereits am Ende des 16. Jhs. überschritten. Nach Borchling/Claußen sind die letzten Ausgaben nd. Gesangbücher erschienen in Wolfenbüttel 1590, Braunschweig 1611, Stettin 1611, Lübeck 1614, Goslar 1618, Rostock 1618, Greifswald 1626, Münster 1629, Hamburg 1630, Bremen 1635, Emden 1651 und Lüneburg 1660. Das 1783 zum letzten Mal aufgelegte *Nedderdüdesche Kercken- und Hußpsalmboeck tho Deenst der Holländer Gemeene up Amack* (die Insel Amanger vor Kopenhagen) ist eine − wenn auch recht interessante − Ausnahme.

Um 1600 wurden auch die ersten hd. Gesangbücher in Hamburg gedruckt, die dann, zumindest eine Zeitlang, neben den nd. Ausgaben im Gottesdienst benutzt wurden, da es noch keine Reglementierung mit einem offiziellen Gesangbuch gab. Um die Mitte des 17. Jhs. hatte sich das Hd. im Kirchenlied völlig durchgesetzt. Nd. ist auch noch im 16. Jh. die Sprache der Predigt. Mehrmals um Empfehlungen von geeigneten Geistlichen gebeten, war Luther selbst stets bemüht, die Sprache der Gemeinde zu berücksichtigen (Kluge 1958, 69). Im 17. Jh. hatten allerdings die meisten Geistlichen entweder im hd. Sprachraum studiert oder folgten der Tendenz der Zeit und gingen auch in der Predigt zum Hd. über. Eine allgemeine und weitverbreitete Aufnahme des Hd. im kirchlichen − sowohl katholischen als auch evangelischen − Bereich fand erheblich später statt als in den anderen Institutionen des öffentlichen Lebens, und zwar erst dann, als wirklich breite Schichten der Bevölkerung das Hd. zumindest passiv beherrschten.

5. Ursachen des Rückgangs

5.1. Das Problem der Aufnahme des Hd. im nd. Sprachraum geht in seinen Ursachen und in seiner Bedeutung weit über das rein Sprachliche hinaus. Der Sprachwandel, der sich in Norddeutschland im Laufe des 16. und 17. Jhs. vollzog, muß als Ausdruck einer Zeitbewegung im Zusammenhang mit dem Aufkommen neuer Lebensformen und -bedingungen verstanden werden.

5.2. Wesentliche Änderungen in der wirtschaftlichen und politischen Struktur Nordeuropas im 15. und 16. Jh. führten zum Schwund der hansischen Macht und zu einer Neuorientierung der bürgerlichen Kultur Norddeutschlands. Seit der Kalmarer Union verfolgten die skand. Staaten zum immer größer werdenden Nachteil der Hanse ihre eigene Politik in Nord- und Ostsee. Der Ostseehandel, zunächst Monopol der Hanse und Grundlage ihrer Existenz, wurde immer häufiger auch von nl. und engl. Gesellschaften betrieben. Die von Anfang an losen Verbindungen zwischen den Mitgliedern der Hanse ermöglichten es den einzelnen Städten, ihren eigenen Weg zu gehen, sobald die hansische Mitgliedschaft nicht mehr die erwarteten Vorteile mit sich brachte. So gewährten die baltischen Städte Riga, Reval und Dorpat den Hauptkonkurrenten Lübecks, den Niederländern, Gastrecht, um nach der Aufhebung des Nowgoroder Kontors durch Iwan III. im Jahre 1494 weiterhin am Handel mit Rußland beteiligt zu sein. Geschwächt durch Uneinigkeit und politische und wirtschaftliche Rückschläge war die Hanse nicht länger in der Lage, im Reich oder im Ausland ihre alten Rechte zu behaupten, geschweige denn, neue Privilegien zu erzwingen. Zudem gewannen die Landwege im Osthandel immer mehr an Bedeutung, so daß Leipzig z. B. Lübeck als Pelzmarkt überflügeln konnte.

5.3. Zur gleichen Zeit betrieben die nrddt. Landesherren eine recht erfolgreiche Expansionspolitik. Die politische Autonomie der meisten Städte ging zu Ende. Nach der Reformation erhielten die Fürsten ebenfalls erhebliche Rechte im Kirchenregiment der protestantischen Länder. Um die neuanfallenden Aufgaben zu bewältigen, wurden die fürstlichen Verwaltungen ausgebaut, deren Kanzleien schon sehr früh hd. orientiert waren. Die zunehmende Korrespondenz der städtischen Kanzleien mit hd. schreibenden Institutionen, wie den landesherrlichen Verwaltungen oder dem Reichskammergericht, machte allein schon die Aufnahme des Hd. im amtlichen Schriftverkehr unumgänglich.

5.4. Eine Folge des bisher Ausgeführten, zugleich aber mit eine der Ursachen des Rückgangs, war der Mangel an Selbstbewußtsein innerhalb der nd. Sprachgemeinschaft, der zur Aufnahme des Hd. auch als allgemeine Kultursprache führte. Zu einer Zeit, in der der Einfluß des Omd. auch im Wmd. und im obd. Raum sich bemerkbar machte, war das nd. Gebiet weder politisch und ökonomisch noch kulturell in der Lage, seine Selbständigkeit zu bewahren. Vor allem die oberen Schichten ließen sich vom realen oder ver-

meintlichen kulturellen Mehrwert der neuen
Sprache des Hofes und der Bildung beein-
drucken und bemühten sich ihrerseits um die
Aufnahme des Hd. als einer „geeigneteren"
Kultursprache. „Es heben itzt auch an die
unsrigen, sich zu befleißigen, den oberen
Deutschen ihr Kirren nachzureden", klagt
der 1517 gestorbene Hamburger Geschichts-
schreiber Albert Kranz. 1550 wird in Dortmund eine von Jacob Schöpper zusammengestellte Sammlung hd. Synonyme gedruckt,
weil „die Oberlendische zung [...] ja so seer
bey den vnsern im schwang gehet". Man
hatte endlich „einen solchen Eckel" an der
eigenen Muttersprache (Joh. Micraelius, *Das
alte Sommernland* 1669, zit. nach Lindow
1926, 16), daß die Ermahnungen eines Gelehrten wie Nathan Chytraeus im Vorwort
seines 1582 zum ersten Male erschienenen
Nomenclator latinosaxonicus oder des Dichters Johann Laurenberg in seinen *Scherzge-
dichten* (1652) die Verachtung des Nd. oder
die modische Sprachmengerei nicht aufzuheben vermochten.

5.5. Schon vor seiner endgültigen Ablösung
war das Mnd. mit hd. Wörtern und Wendungen durchsetzt, der Satzbau durch allzu ge-
treue Übersetzungen aus dem Hd., vor allem
in der gedruckten Literatur, entstellt. Das
Spätmnd. hatte sein eigenes Gepräge verloren
(Foerste 1957, 1799; Dahl 1960, 193—203).
Als Schriftsprache des nrddt. Raumes löste
das Hd. das Mnd. ab. In die Reste mnd.
Schriftlichkeit drangen im Verlauf des 16.
und 17. Jhs. immer mehr mundartliche Züge
ein, was bereits 1597 Chytaeus in der Einleitung seiner Ausgabe des *Alten Todtendantz
Sächsisch* zu der Bemerkung veranlaßte, daß
„die jetzige Sechsische sprach viel anders lautet / als die alte [um 1520] damals gelautet
hat".

6.   Literatur (in Auswahl)

Ahlden Tage, Der Ausklang des niederdeutschen
Einflusses auf die nordischen Sprachen. In: Spätzeiten und Spätzeitlichkeit. Vorträge, gehalten auf
dem 2. Internationalen Germanistenkongreß 1960
in Kopenhagen. Hrsg. v. Werner Kohlschmidt.
Bern/München 1962, 27—43.

Baumann, Johannes, Der Übergang von der niederländischen zur hochdeutschen Schriftsprache in
der Grafschaft Bentheim seit 1752. In: „... die ihnen so liebe holländische Sprache". Zur Geschichte
des Niederländischen im Westmünsterland und in
der Grafschaft Bentheim. Mit Beiträgen von Jo-

hannes Baumann, Ludger Kremer, Steven Leys
hrsg. v. Ludger Kremer/Timothy Sodmann. Vreden
1998, 53—126. (Westmünsterland. Quellen und
Studien 8).

Besch, Werner, Regionalität — Überregionalität.
Sprachlicher Wandel zu Beginn der Neuzeit. In:
RVj. 57, 1993, 114—136.

Bischoff, Karl, Sprache und Geschichte an der
mittleren Elbe und der unteren Saale. Köln/Graz
1967. (MdF. 52).

Böttcher, Kurt, Das Vordringen der hochdeutschen
Sprache in den Urkunden des niederdeutschen Gebietes vom 13. bis 16. Jahrhundert. Diss. Berlin
1916. Auszugsweise erschienen in: ZdMaa. 16,
1921, 62—67 und 17, 1922, 97—108.

Borchling, Conrad, Der Einfluß der Reformation
auf die niederdeutsche Sprache. In: Mitteilungen
aus dem Quickborn 11, 1917/18, 2—8.

Ders./Bruno Claußen, Niederdeutsche Bibliographie. Gesamtverzeichnis der niederdeutschen
Drucke bis zum Jahre 1800. 1—3,1. Neumünster
1931—57.

Brattegard, Olav, Die mittelniederdeutsche Geschäftssprache des hansischen Kaufmanns zu Bergen. Bd. 2: Der Ausklang des Niederdeutschen.
Bergen 1946.

Brox, Franz, Die Einführung der neuhochdeutschen Schriftsprache in Münster. Herausgegeben
und um eine Bibliographie zum mittelnieder-
deutsch-neuhochdeutschen Schreibsprachenwechsel erweitert von Robert Peters. Bielefeld 1994.
(Westfälische Beiträge zu niederdeutschen Philologie 3).

Bulicke, Inge, Zur Geschichte der Kirchensprache
in Ostfriesland seit der Reformation. Leer 1979.
(Schriften des Instituts für niederdeutsche Sprache.
Reihe: Kirche 3).

Cordes, Gerhard, Schriftwesen und Schriftsprache
in Goslar bis zur Aufnahme der neuhochdeutschen
Schriftsprache. Hamburg 1934. (Sprache und
Volkstum 3).

Dahl, Eva-Sophie, Das Eindringen des Neuhochdeutschen in die Rostocker Ratskanzlei. Berlin
1960. (Dt. Ak. Wiss. Berlin, IDSL 22).

Demming, Hannes, Zur katholisch-plattdeutschen
Tradition seit der Reformation. In: Sprache, Dia-
lekt und Theologie. Beiträge zur plattdeutschen
Verkündigung heute. Hrsg. v. Johann D. Bellmann/
Heinrich Kröger. Göttingen 1979, 149—161.

Fischer, Christian, Untersuchungen zur Stadtsprache Hamburgs im 16. Jahrhundert. Magisterarbeit Hamburg 1988.

Ders., Die Stadtsprache von Soest im 16. und
17. Jahrhundert. Variationslinguistische Untersuchungen zum Schreibsprachenwechsel vom Niederdeutschen zum Hochdeutschen. Köln/Weimar/
Wien 1998. (NdSt. 43).

Foerste, William, Der Einfluß des Niederländischen auf den Wortschatz der jüngeren niederdeut-

schen Mundarten Ostfrieslands. Hamburg 1938. (Forschungen hrsg. für den Verein für Nd. Sprachforschung. N. F. Reihe A: Sprache und Volkstum 8).

Ders., Geschichte der niederdeutschen Mundarten. In: Aufriß. Bd. 1, Berlin 1957, Sp. 1729—1898.

Gabrielsson, Artur, Das Eindringen der hochdeutschen Sprache in die Schulen Niederdeutschlands im 16. und 17. Jh. In: NdJb 58/59, 1932/33, 1—79.

Ders., Die Verdrängung der mittelniederdeutschen durch die neuhochdeutsche Schriftsprache. In: Handbuch zur niederdeutschen Sprach- und Literaturwissenschaft. Hrsg. v. G. Cordes/D. Möhn. Berlin 1983, 119—153.

Gernentz, Hans-Joachim, Niederdeutsch — gestern und heute. Beiträge zur Sprachsituation in den Nordbezirken der DDR in Geschichte und Gegenwart. 2. völlig neubearb. und erw. Aufl. Rostock 1980. (Hinstorff Bökerie 11).

Ders., Die niederdeutsche Sprache und Literatur in der Zeit der frühbürgerlichen Revolution. In: ZPSK 29, 107—128.

Hahn, Louis, Die Ausbreitung der neuhochdeutschen Schriftsprache in Ostfriesland. Leipzig 1912. (Teutonia. Arbeiten zur germanischen Philologie 24).

Hartig, Matthias, Zum Sprachwechsel Niederdeutsch-Standarddeutsch in Paderborn. In: Stadtsprachenforschung unter besonderer Berücksichtigung der Verhältnisse der Stadt Straßburg in Spätmittelalter und früher Neuzeit. Vorträge des Symposiums vom 30. März bis 3. April 1987 an der Universität Mannheim, hrsg. v. Gerhard Bauer. Göppingen 1988, 123—148.

Heeroma, Klaas, De taalgeschiedenis van Overijssel. In: Geschiedenis van Overijssel. Onder redactie van B. H. Slicher van Bath [u. a.]. Deventer 1970, 237—252.

Heinsohn, Wilhelm, Das Eindringen der neuhochdeutschen Schriftsprache in Lübeck während des 16. und 17. Jahrhunderts. Lübeck 1933. (Veröffentlichungen zur Geschichte der Freien und Hansestadt Lübeck 12).

Holtz, Gottfried, Niederdeutsch als Kirchensprache. Festgabe für G. Holtz. Hrsg. v. D. Andresen [u. a.]. Göttingen 1980, 15—88.

Kluge, Friedrich, Unser Deutsch. 6. Aufl. Heidelberg 1958.

Kohfeldt, Gustav, Die Universität Rostock und das Niederdeutsche. In: NdJb 44, 1918, 73—94.

Kröger, Heinrich, Plattdüütsch in de Kark in drei Jahrhunderten. I: 1700—1900. [Hannover 1996].

Lasch, Agathe, Vom Werden und Wesen des Mittelniederdeutschen. In: NdJb 51, 1925, 55—76. (Wieder abgedruckt in: Dies., Ausgewählte Schriften zur niederdeutschen Philologie. Hrsg. v. Robert Peters/Timothy Sodmann. Neumünster 1979, 232—253).

Leys, Steven, Dialekt und Schriftsprache in der ehemaligen Herrlichkeit Gronau/Westfalen. In: „... die

ihnen so liebe holländische Sprache". Zur Geschichte des Niederländischen im Westmünsterland und in der Grafschaft Bentheim. Mit Beiträgen von Johannes Baumann, Ludger Kremer, Steven Leys hrsg. v. Ludger Kremer/Timothy Sodmann. Vreden 1998, 129—287. (Westmünsterland. Quellen und Studien 8).

Lindow, Max, Niederdeutsch als evangelische Kirchensprache im 16. und 17. Jahrhundert. Diss. Greifswald 1926.

Maas, Utz, Der Wechsel vom Niederdeutschen zum Hochdeutschen in den norddeutschen Städten in der Frühen Neuzeit. In: Literatur und Sprache im historischen Prozeß. Vorträge des Deutschen Germanistentages Aachen 1982, hrsg. v. Thomas Kramer. Bd. 2: Sprache. Tübingen 1983, 114—129.

Muller, J. W., De uitbreiding van het nederlandsch taalgebied, vooral in de 17e eeuw. Den Haag 1939.

Rastede, Kurt, Das Eindringen der hochdeutschen Schriftsprache in Oldenburg. In: Oldenburger Jahrbuch des Vereins für Landgeschichte und Altertumskunde 38, 1934, 1—107.

Rösler, Irmtraud, Soziale und funktionale Aspekte der Durchsetzung des Hochdeutschen im offiziellen Schriftverkehr Mecklenburgs (1550—1700). In: BES 7, 1987, 233—248.

Sanders, Willy, Sachsensprache, Hansesprache, Plattdeutsch. Sprachgeschichtliche Grundzüge des Niederdeutschen. Göttingen 1982.

Schmidt, Gertrud, Das Eindringen der hochdeutschen Schriftsprache in die Riga'schen Ratskanzlei. Riga 1938. (Mitteilungen aus der baltischen Geschichte 1, H. 1).

Schmidt, Hartmut, Die sprachliche Entwicklung Berlins vom 13. bis zum frühen 19. Jahrhundert. In: Berlinisch. Geschichtliche Einführung in die Sprache einer Stadt, hrsg. v. Joachim Schildt/Hartmut Schmidt. 2. bearb. Aufl. Berlin 1992, 111—182.

Schütt, Otto, Die Geschichte der Schriftsprache im ehemaligen Amt und in der Stadt Flensburg bis 1650. Flensburg 1919.

Schulte-Kemminghausen, Karl, Mundart und Hochsprache in Norddeutschland. Neumünster 1939.

Socin, Adolf, Der Kampf des niederdeutschen Dialekts gegen die hochdeutsche Schriftsprache. Hamburg 1887.

Sodmann, Timothy, Der Untergang des Mittelniederdeutschen als Schriftsprache. In: Niederdeutsch. Sprache und Literatur. Eine Einführung. Hrsg. v. Jan Goossens. Bd. 1: Sprache. 2. verb. und um einen bibliographischen Nachtrag erw. Aufl. Neumünster 1983, 116—129.

Steinmann, Paul, Volksdialekt und Schriftsprache in Mecklenburg. Aufnahme der hochdeutschen Schriftsprache im 15./16. Jahrhundert. In: Mecklenburgische Jahrbücher 100, 1936, 199—248; 101, 1937, 157—238.

Stöver-Gaus, Ulrike, Die Verdrängung des Niederdeutschen durch das Hochdeutsche in der Schriftsprache des 16. und 17. Jahrhunderts am Beispiel Lemgo. Magisterarbeit Bielefeld 1988.

Taubken, Hans, Niederdeutsch, Niederländisch, Hochdeutsch. Die Geschichte der Schriftsprache in der Stadt und in der ehemaligen Grafschaft Lingen vom 16. bis zum 19. Jh. Köln/Wien 1981. (NdSt. 29).

Teske, Hans, Das Eindringen der hochdeutschen Schriftsprache in Lüneburg Halle/Saale 1927.

Ders., Der Ausklang der Lübecker Rechtssprache im 16. Jahrhundert. In: Ehrengabe dem 36. Deutschen Juristentag. Lübeck 1931, 55−101.

Winge, Vibeke, Niederdeutsch-hochdeutscher Sprachwechsel in Dänemark zur Zeit des Reformation und das weitere Schicksal des Niederdeutschen im 17. und 18. Jahrhundert. In: Niederdeutsch in Skandinavien. Akten des 1. nordischen Symposions 'Niederdeutsch in Skandinavien' in Oslo 27. 2.−1. 3. 1985. Unter Mitwirkung von Karl Hyldgaard-Jensen hrsg. von Kurt Erich Schöndorf und Kai-Erik Westergaard. Berlin 1987, 74−86. (Beihefte zur ZdPh., 4).

Timothy Sodmann, Vreden

XII. Ergebnisse der Sprachgeschichtsforschung zu den historischen Sprachstufen V: Das Frühneuhochdeutsche

110. Soziokulturelle Voraussetzungen und Sprachraum des Frühneuhochdeutschen

1. Gegenstand

Neben dem klar zu bestimmenden Sprachraum des Frnhd. (s. u. 4.) beschreibt der vorliegende Beitrag jenen nur unklarer zu bestimmenden gesellschaftlichen (sozio-) und kulturellen Zusammenhang, der im Sinne einer erklärenden Sprachgeschichtsschreibung als strukturierender Rahmen für die sprachgeschichtliche Entwicklung des Frnhd. angenommen werden kann. Die Korrelation sprachgeschichtlicher und sozio-kultureller Tatbestände setzt methodisch die Beantwortung der Frage voraus, worin die besondere und charakteristische sprachgeschichtliche Entwicklung des Frnhd. gesehen wird (s. u. 2.); diese kann dann auf angenommene soziokulturelle Voraussetzungen hin bezogen werden. Dabei gilt generell, daß Beziehungen zwischen Gesellschafts- und Sprachwandel stets nur pauschal als plausible formuliert werden, eine Kausalität kaum erweisbar ist: Entsprechend vage spricht die einschlägige Forschung von einem 'irgendwie' vorhandenen sozialen Einfluß auf den Sprachwandel (Mattheier 1988, 1433); gemäß dieser Vagheit scheint es sinnvoll, hier von einem 'irgendwie' vorhandenen 'Zusammenhang' zu sprechen. Innerhalb des soziolinguistischen Spektrums der dabei grundsätzlich zu unterscheidenden soziokulturellen, -politischen, -ökonomischen sowie -psychologischen Faktoren (Dressler 1988, 1556—1559) ist analytisch nicht immer klar zu scheiden.

2. Frühneuhochdeutsch: Eine entwicklungsgeschichtliche Skizze

2.1. Nach den Anfängen einer späterhin 'deutsch' zu nennenden volkssprachlichen Schriftlichkeit im Ahd. stellt die im Frnhd. vollzogene Entwicklung qualitativ einen zweiten und im Sinne einer Teleologie nun entscheidenden Neueinsatz dar: Auf der Ebene der Schriftlichkeit wird einerseits durch die „Überwindung einer fremden Sprache im eigenen Land" (i.e. Lat.) sowie andererseits durch die Überwindung der erst in dieser Zeit konsolidierten horizontalen sprachlichen Kammerung unumkehrbar die (regionale) „Spracheinheit" in ihren Grundzügen erreicht (Tschirch 1989, 95f.; Besch 1980, 589). Dieser Prozeß geht mit einer sozialen Verallgemeinerung der Teilhabe an schriftsprachlicher Kommunikation einher. Herausgebildet wird ein kommunikatives Medium ausreichender Allgemeinheit und Flexibilität, „um die Erfahrung nach einem einheitlichen Muster symbolisch darstellen zu können und in allen […] kommunikativen Bereichen verstanden zu werden" (Giesecke 1992, 76). So ist das Frnhd. die

„Periode des sich allmählichen Durchsetzens eines bestimmten, verbindlichen Sprachtyps für Literatur und schriftliche Kommunikation, für den wir Ausdrücke wie Standardsprache, Einheitssprache, Hochsprache, Nationalsprache, Schriftsprache finden" (Penzl 1984 b, 19).

Dem Prozeß inhärent ist die Herausbildung einer vielseitigen Literatur und zahlreicher neuer Textsorten (u. a. Fachbücher, didaktische Literatur, Reiseliteratur, Streitschriften, Flugblätter). Dabei läßt die sprachgeschichtliche Spezifik die Differenzierung einer ersten und zweiten Phase des Frnhd. zu, die hinsichtlich ihrer soziokulturellen Zusammenhänge grundsätzlich verschieden zu beurteilen sind. Die als wesentlicher erachtete Expansion einer volkssprachlichen Verschriftlichung, die sich zugleich als 'Literaturexplosion' zeigt, findet bereits bis zum Übergang zum 16. Jh. statt, ihr folgt die gesellschaftliche wie auch sprachstrukturelle Konsolidierung und spezifische Ausformung; sie wird bestimmt durch ein sich ausbildendes Sprachbewußtsein sowie den intentionalen Versuch, die als uneinheitlich erkannte Sprache nach spezifischen Vorbildern/Prinzipien zu gestalten.

2.2. Das in einer Sprachepochengliederung dem *Frühneuhochdeutschen* vorausgehende *Mittelhochdeutsche* kennt in der 'höfischen Dichtersprache' des frühen 13. Jhs. bereits eine im Ansatz überregionale, jedoch funktional auf weitgehend nur die literarische Kommunikation begrenzte volkssprachliche Schreibform (Wolf 1981, 179). Eine bedeutsame Verallgemeinerung dieser Schreibform auch auf weitere Textbereiche erweist die dt. Fassung des Mainzer Reichslandfriedens von 1235, die kaum noch dialektale Spuren enthält. Doch bleibt dies ohne wesentliche Nachahmung: Das in der mhd. Spätzeit (2. H. 13. Jh. und 1. H. 14. Jh.) stärker in den Vordergrund tretende Prosaschrifttum (u. a. Mystik) sowie die rasch anschwellende volkssprachliche Beurkundung zeigen eine weitergehende und den jeweiligen Gegenstandsbereichen angepaßte, funktionale Ausdifferenzierung volkssprachlicher Schriftlichkeit, die u. a. bereits auch eine über den höfischen und monastisch-klerikalen Kontext hinausgehende Verallgemeinerung der sozialen Trägerschicht erkennen lassen (Wolf 1981, 186—193); neben der funktionalen Differenzierung erweist die jeweilige konkrete Sprachform solcher Texte (d. h. ihrer zeitnahen authentischen Handschriften) eine stark regionale Bindung (Wells 1990, 115). Gemessen an der schon vorhandenen Überregionalität des höfischen Mhd. sieht Henzen (1954, 13) darin einen „schrägen Riß" in der geschichtlichen Entwicklung der Schriftsprache; tatsächlich bedeutet dieser 'Riß' jedoch den Beginn einer „Schwellenphase" im Prozeß der Herausbildung einer dann verbindlich werdenden volkssprachlichen Schriftsprache. Liegt hier in gewisser Weise ein Kontinuitätsbruch vor, so steht die Entwicklung zugleich in einer Kontinuität schriftsprachlicher Medialität. Denn über die religiös-theologische Sphäre hinaus entsteht zunehmend eine lat. und am Urkundenmaterial ablesbare „pragmatische", d. h. in alle

Bereiche des Alltags einwirkende und mit neuen Funktionen versehene Schriftlichkeit", deren „Schwellenphase" schon zwischen dem späten 11. und der Mitte des 13. Jhs. liegt (Heimann 1997, 188); an diese schließt die Entwicklung volkssprachlicher Schriftlichkeit, die wiederum auch im Urkundenmaterial ablesbar ist, quasi genuin an. Den Beginn des Frnhd. markiert u. a. dann das in allen Teilen des Sprachgebietes parallele und autochthone Einsetzen einer volkssprachlichen Schriftlichkeit in zahlreichen neu entstandenen Textsorten (u. a. Städtechroniken, Texte des Geschäftsverkehrs, auch literarische Texte); diese sind Ausweis einer Entwicklung, „in der der Schriftlichkeit neue soziale und kulturelle Zweckbestimmungen und Funktionen zuwuchsen" (Heimann 1997, 190) und damit sozial wie funktional bestimmte neue Varietäten ausbildete. Wie bereits auch im ausgehenden Mhd. zeigt die Schreibsprache dieser frühen frnhd. Phase eine noch klare sprachlandschaftliche Zugehörigkeit ('Schriftdialekt'): Erstmals tritt die diatopische Varietätenvielfalt des Dt. deutlich in die Überlieferung ein. Der schriftdialektale Charakter und d. h. eine in unterschiedlicher Ausprägung bestehende landschaftliche Bindung auch der Schriftlichkeit wird zum charakteristischen Merkmal der gesamten Periode (vgl. Penzl 1984 a, 12 f.), in ihr erweist sich die grundsätzlich herausgebildete und über das Mittelalter hinaus bis in die Frühe Neuzeit beibehaltene plurizentrische Struktur des Dt. (Tschirch 1989, 96). Im Neben- und Miteinander der verschiedenen Varietäten findet im Verlauf des 14. bis zum Übergang des 17./18. Jhs. auf der Ebene der Schriftlichkeit ein in Stufen verlaufender Aus- und Angleichungsprozeß statt: Klar bestimmbare sonderlandschaftliche Schreibsysteme werden in eine überregionale und oberhalb der gesprochenen Mundarten liegende Schriftsprache überführt; dabei sind im Verlauf des 15./16. Jhs. mindestens 4 verschiedene Schreib-/Kanzlei- und 8 Druckersprachen unterscheidbar (vgl. Besch 1980, 590—592). Die im Übergang vom 17. zum 18. Jh. herausgebildete Schriftsprache wird zur Grundlage der in der Folge einsetzenden Kodifizierung und Normierung. Die Entwicklung profiliert das Frnhd. zur entscheidenden Phase innerhalb des Prozesses der Herausbildung der nhd. Schriftsprache. Da insbesondere im 16. Jh. die eigenständige nd. Schriftsprache des nrddt. Raumes durch eine hd. Schriftlichkeit verdrängt wurde, ist damit erstmals in der dt. Sprachgeschichte eine oberhalb aller dialektalen Differenzierungen liegende schriftlichsprachlich überdachende Varietät des gesamten deutschsprachigen Raumes vorhanden: Die die historische Einzelsprache *Deutsch* ausmachende Existenzform eines differenzierten Diasystems ist in ihrem Grundgerüst herausgebildet; auf dem Weg dahin ist die anfängliche sprachliche Vielfalt des frühen Frnhd. zugunsten bereits einer deutlich erkennbaren Einheit im späten Frnhd. verändert.

2.3. In einer teleologischen Perspektive wird Frnhd. hier als die wesentliche Epoche innerhalb eines inner- wie außersprachlich beschreibbaren, gesamteuropäisch zu beobachtenden Prozesses der 'Vergesellschaftung' gesehen, der im neuzeitlichen Prozeß der Herausbildung von Nationalstaaten abgeschlossen ist: Bezogen auf die Sprache ist damit der dem gesellschaftlichen und historischen Prozeß interdependente Prozeß der Herausbildung des Deutschen zu einer 'historischen und autonomen Sprache' (vgl. Coseriu 1980, 109) gemeint. Ihr im Sinne der 'Vergesellschaftung' wesentliches Merkmal liegt in ihrer Funktion zur 'soziokulturellen Identitätsstiftung' (Dressler 1988, 1558), d. h. der über sie möglichen und tatsächlichen gesellschaftlichen Identitätsbildung (interne Selbst- wie externe Fremdidentifizierung). Da jede Gesellschaft wesenseigentümlich und zuerst Kommunikationsgemeinschaft ist, ist der Prozeß der 'Vergesellschaftung' notwendig auch einer der Herausbildung eines vergesellschafteten, d. h. situationsunspezifischen, polyvalenten und überregionalen Mediums: Die 'historische und autonome Sprache' wird das wichtigste Element und Signum des eine Gesellschaft in ihrer Eigenart definierenden und ihren Bestand ermöglichenden soziokulturellen Systems; sie stellt eine spezifische und d. h. mit einer komplex entwickelten Gesellschaft korrelierte Existenzform der Sprache dar. Der sprachliche Prozeß einer 'Vergesellschaftung' meint im Dt. jenen im Frnhd. konkret begonnenen Prozeß einer „zunehmenden Verschriftlichung des Lebens" (Erben 1970, 393), bei dem auf schriftsprachlicher Ebene die Herausbildung der nhd. Schriftsprache begonnen und unumkehrbar vorangetrieben wird. Die Grundlagen des Vergesellschaftungsprozesses werden in der ersten Hälfte des Frnhd. ausgebildet. Seine sozial verbindliche Symbolisierung findet in der zweiten Hälfte des Frnhd. statt; noch bis

zum späten 15. Jh. bildete das „Volk [...] keine Kommunikationsgemeinschaft", da ähnlich der Zergliederung der mittelalterlichen Gesellschaft in jeweilige politische, soziale und kulturelle Einheiten auch „die Verhältnisse im kommunikativen Bereich außerordentlich zersplittert" sind (Giesecke 1992, 75). Erst auf der Grundlage des im Frnhd. schriftsprachlich erreichten Usus wird dann im Verlauf des Nhd. inner- wie außersprachlich die endgültige Konsolidierung erreicht: innersprachlich durch Normierung und Kodifizierung einer schriftlichen wie mündlichen Standardsprache (zum Begriff vgl. Daneš 1988, 1507) sowie der sich komplementär dazu ergebenden Hierarchisierung innerhalb des sich ausbildenden Varietätengerüstes, außersprachlich erfolgt erst jetzt die weitgehende Vollendung der Vergesellschaftung im Sinne einer vollzogenen 'Demotisierung der Schrift', d. h. der Durchsetzung einer durchgreifenden gesellschaftlichen Verallgemeinerung der Schriftpraxis in der Lebenswirklichkeit der Masse der Bevölkerung (vgl. Maas 1985). Die Entwicklung der Schriftlichkeit wird für das Spätmittelalter und die Frühe Neuzeit „zu einem Indikator kultureller Dynamik im Epochenlängsschnitt" (Heimann 1997, 185).

2.4. Die sprachgeschichtliche Spezifik des Frnhd. zeigt, daß der für diese Zeit beschreibbare Sprachwandel nicht nur 'Variantenselektion' (Mattheier 1988, 1431) meint, sondern bereits auch die der Selektion zwingend vorausliegende Entstehung der varietären Ausdifferenzierung und d. h. des systematisch aufeinander bezogenen Variantengefüges. Insofern liegt im Frnhd. nicht zwingend eine Fortentwicklung des mhd. Systems vor, sondern die z. T. neu eintretende und unterschiedliche Wirksamkeit verschiedener varietärer Ausprägungen. Dabei zeigt die Spezifik der frnhd. Entwicklung eine „Verschiebung von der diatopischen [...] zugunsten einer diaphasischen Subsystemdifferenzierung" (Eichler 1995, 50).

3. Zeitraum

Aus der besonderen Betonung seiner eigenen Jetztzeit als Wiederaufnahme der Antike hatte der Humanismus eine triadische Gliederung des Geschichtsverlaufs entwickelt, bei der die eigene 'Neuzeit' durch die Zwischenzeit des 'Mittelalters' (als der Zeit des Kontinuitätsbruchs) von der 'Antike' getrennt ist. An einer solch triadischen Vorstellung des Geschichtsverlaufs orientiert hatte J. Grimm eine Dreiteilung der dt. Sprachgeschichte mit einer Lücke zwischen dem 14. und der Mitte des 15. Jhs. vorgeschlagen (Ahd., Mhd., Nhd.); nach ersten (literaturgeschichtlichen) Ansätzen schon bei Koberstein (1830) versuchte später dann besonders Wilhelm Scherer (1878, 13–15), die Dreiteilung durch Abgrenzung einer zusätzlichen, *frühneuhochdeutschen Übergangsperiode* zu präzisieren. Trotz der seitdem zahlreichen Bemühungen zur adäquaten Berücksichtigung einer zwischen dem Mhd. und Nhd. liegenden Periode/ Epoche besteht weder bezüglich ihres Status als eines autonomen sprachgeschichtlichen Abschnittes, noch bezüglich ihrer eindeutigen Abgrenzung Konsens (Hartweg 1989; Reichmann 1988; bes. Roelcke 1995, 223–225); synonymische Bezeichnungen spiegeln die unterschiedlichen Auffassungen (u. a. *Übergangszeit, Deutsch des Spätmittelalters, Periode des frühneuzeitlichen Deutsch*). Der Grund für eine divergierende Einschätzung liegt insbesondere in der Wertung eines im frühen 16. Jh. unzweifelhaften Einschnittes: Hier werden die grundsätzliche Zäsur eines neudeutschen von einem altdeutschen Sprachtyp (Moser 1951) ebenso gesehen wie lediglich „Brüche innerhalb eines doch eigentlich kontinuierlichen Prozesses" (Eichler 1995, 55), die dann für eine Binnendifferenzierung des Frnhd. genutzt werden können; so gliedert z. B. Wellmann (1990, 270) aufgrund der nach 1520 beobachteten „Innovation von Textstrukturen, -formen, -arten, -stilen" in ein Frnhd. I vor 1520 und ein dann folgendes Frnhd. II. Die Mehrzahl der das Frnhd. als autonome Epoche wertenden Autoren setzen den Zeitraum der Mitte des 14. Jhs. (1346 Königswahl, 1355 Kaiserkrönung des Luxemburgers Karl IV) bis zur Mitte des 17. Jhs. an (Roelcke 1995, 223f.). Abweichend davon wird in der Grammatik des Frhnhd. (1987ff.) als Grenze zum Nhd. die Wende des 17. zum 18. Jh. angenommen: Als sprachgeschichtliche Spezifik des Frnhd. sind die im Sinne einer Variantenselektion vielfältigen Prozesse landschaftlicher An- und Ausgleichung (s. 2.1.) angesprochen; da im Zusammenhang der Frage nach den innerwie außersprachlich motivierten Ursachen für die Auswahl und letztliche Durchsetzung ganz bestimmter Varianten insbesondere auch die „explizit mit dem Ziel der Sprachveränderung motivierten, intentionalen Va-

rianten" (Mattheier 1988, 1431) bedeutsam sind, sind die im Zusammenhang des sprachlich getragenen Vergesellschaftungsprozesses entstandenen Bemühungen bedeutender Sprachtheoretiker um eine Spracheinigung ebenfalls noch Teil der Epoche. In diesem Zusammenhang ist insbesondere Justus Georg Schottel und seine Grammatik von 1663 zu nennen. Im Rahmen einer u. a. von V. Moser vorgeschlagenen Binnendifferenzierung des Frnhd. definieren die Bemühungen der Sprachtheoretiker eine dritte und 'ausgehendes Frnhd.' bezeichnete Phase (ab 1620); ihr gehen das 'ältere Frnhd.' (1350–1520) sowie das 'Frnhd. im engeren Sinne' (1520–1620) voraus (V. Moser 1926, 28). Penzl (1984 b, 22) sieht „das Aufgehen der *Schriftdialekte* in eine *Schriftsprache*" und damit das Ende des Frnhd. „nicht vor den ersten Jahrzehnten des 18. Jhs., also etwa der Zeit des jungen Gottsched".

4. Sprachraum

4.1. In der geschichtlichen Entwicklung des dt. Sprachraumes sind insbesondere zwei miteinander verwobene Ereignisse wesentlich:

1) Als Ergebnis einer nach Osten vollzogenen Kolonisierung findet nach außen die Erweiterung des Geltungsareals der dt. Sprache statt, zugleich entstehen neue 'Kolonialdialekte' (Wells 1990, 49).

2) Als Ergebnis insbesondere der politischen Territorialisierung (Wolf 1981, 177f.) findet nach innen die Herausbildung der neuzeitlichen Mundartabgrenzungen („horizontale Kammerung", Besch 1980, 589) statt; hier sind zusätzlich wirtschaftliche, infrastrukturelle und seit dem 16. Jh. besonders auch konfessionelle Raumbildungen von großer Bedeutung.

Der erstere Prozeß ist zu Beginn des Frnhd. weitgehend abgeschlossen, der zweite Prozeß ist in charakteristischer Weise mit der sprachgeschichtlichen Entwicklung des Frnhd. verbunden. Im Zusammenhang der territorialen Entwicklung und d. h. im Zusammenhang der Konkurrenz der königlichen Zentral- und der fürstlichen Partikulargewalten findet ein Ausbau des (vorwiegend schon bis zum 13. Jh. entstandenen) Städtewesens statt, das aufgrund einerseits seiner zentralörtlichen Raumfunktion sowie andererseits seiner überregionalen Verknüpfung zur Spezifik der horizontalen Kammerung ebenso beiträgt wie zur Überwindung derselben; bezüglich der gesellschaftlichen Innovationsprozesse trägt der Urbanisierungsprozeß zudem wesentlich den Wandel der Lebensverhältnisse (Heimann 1997, 212), so daß aus ihm entscheidende Anstöße der sprachlichen Entwicklung im Allgemeinen wie auch der Raumbildung im Besonderen fließen.

4.2. Unter Kaiser Otto I. (936−973) beginnt eine nach Osten gerichtete Expansion, in deren Ergebnis (u. a.) der geschlossene volkssprachlich dt. Raum stark erweitert wird (bes. Higounet 1986). Anfänglich auf eine christliche Missionierung der Slawen gerichtet, verstärkt sich die Bewegung seit dem 11. Jh. sowohl aufgrund ideologischer Motive des 'Heidenkampfes' als auch insbesondere aufgrund eines rapiden Bevölkerungswachstums; für viele Menschen entstand die Notwendigkeit, „die eng gewordene Heimat zu verlassen und sich andernwärts eine neue Existenzgrundlage zu suchen" (Vollrath 1997, 93), woraus seit dem 12. Jh. primär eine bäuerliche Ostsiedlung resultiert. Im Rahmen der allein aus „einer Fülle kleinräumiger Einzelinitiativen" entstandenen und auch kleinräumig vollzogenen Siedlungsbewegung ziehen im Laufe des 12. und wiederum in der ersten und zweiten Hälfte des 13. Jhs. jeweils ca. 200.000 Menschen aus dem 'Altland' in das 'Neusiedelland', um sich neben der einheimischen, slawischen Bevölkerung auf Rodungsland anzusiedeln (Vollrath 1997, 93): Siedler aus dem obd. und md. Sprachraum mischen sich mit Siedlern aus dem nd. Sprachraum und auch mit Holländern und Flamen. Die Siedlungsbewegung erreicht ihren Höhepunkt im 13. Jh. und stagniert mit dem ersten Auftreten der Pest (1348) in Europa. Zu Beginn der frnhd. Sprachperiode ist die Ostbewegung im wesentlichen abgeschlossen; im 14. Jh. (besonders in der ersten Hälfte) kommen nur noch wenige Gebiete neu hinzu: Gebiete des Deutschen Ordens im östlichen Teil Pommerns sowie in Ostpreußen (vom Frischen Haff bis Soldau), vereinzelte Gebiete in Galizien nördlich der Waldkarpaten bis Lemberg. Damit ist der geschlossene dt. Sprachraum, wie er sich weitgehend bis in das 20. Jh. erhalten hat, zu Beginn des Frnhd. fest.

4.3. Innerhalb der politisch-konstitutionellen Entwicklung des Reiches war mit der Durchsetzung des Landfriedens und d. h. der vollzogenen Veränderung vom Volks- zum Landesrecht (vgl. Vollrath 1997, 98f.) bereits

während des 12. Jhs. der wesentliche Schritt zur Entstehung einer vom König autonomen Landesherrschaft getan. Die einem Kreis von direkt belehnten geistlichen und weltlichen Fürsten durch die sog. Fürstengesetze Friedrichs II von 1220 ('Confoederatio cum principibus ecclesiasticis') und 1231/32 ('Statutum in favorem principum') zugestandenen Rechte (u. a. Zoll-, Markt-, Münzrechte) waren nurmehr der Nachvollzug einer schon vorhandenen Rechtswirklichkeit, durch die die wesentliche Veränderung jedoch besiegelt wurde: Die zugestandenen Privilegien waren nicht mehr in der Person des Begünstigten begründet und verankert (Lehensprinzip), sondern auf ein Territorium bezogen. Damit ist schon im 13. Jh. ein Prozeß unwiderruflich, durch den der mittelalterliche Personenverbandsstaat schließlich durch den institutionalisierten Flächenherrschaftsstaat ersetzt wird (Heimann 1997, 174) und durch den sich Teile des Adels der Lehenshoheit des Königs entziehen. Den von den Reichsfürsten beschrittenen und vom König sanktionierten Weg suchten in der Folge weitere Teile des Adels für sich zu eröffnen, so daß die Entwicklung zu Beginn des Frnhd. noch nicht abgeschlossen und ein gefestigter 'Staat' für das 14. Jh. nicht entwickelt ist; erst „Ausgang des 15. Jhs. [...] hat der Staatsbildungsprozeß auf der Ebene der Territorien [...] feste Strukturen" herausgebildet, es werden 1489 ca. 330 Reichsglieder gezählt (Heimann 1997, 175). Dabei hatte sich das politische Gewicht innerhalb des Reiches vom Alt- auf das kolonisierte Neusiedelland verschoben. Hier waren große Flächenstaaten entstanden, deren Bedeutung auch in der in der 'Goldenen Bulle' von 1356 festgelegten Zusammensetzung der sieben zur Königswahl berechtigten Kurfürsten zum Ausdruck kam (faktisch schon seit 1257): drei der vier weltlichen Kurfürsten haben ihr Territorium im Neusiedelland (König von Böhmen, Herzog von Sachsen, Markgraf von Brandenburg); das zugleich ausgesprochene Verbot einer Teilung der Kurlande sicherte den Einfluß der östlichen Kurterritorien zudem auf Dauer. In der Situation der Konsolidierung einzelterritorialer Autonomie kommt es im Verlauf des 16. Jhs. zu einer der Glaubensspaltung folgenden und territorial gebundenen Konfessionalisierung (*cuius regio eius religio*), die als „geistliche Komponente" des weltlichen Autonomie- und Libertätsstrebens der Reichsstände gilt (Zeeden 1958, 256). Statt jedoch zu einer atomistisch einzelterritorialen Verfestigung beizutragen führt

die Konfessionalisierung vielmehr zur Herausbildung eines oberhalb der Einzelterritorien und somit überregional angesiedelten 'Konfessionsraumes', dessen Kommunikation nun nicht mehr im Sinne der Universalität der katholischen Kirche lat., sondern gemäß der evangelischen Bewegung und
dann auch auf den katholischen Bereich
ausstrahlend volkssprachlich organisiert ist;
oberhalb der Einzelterritorien entsteht ein
„konfessioneller Identitätswille", der „sich
schließlich auch auf die Sprache und deren gruppenkonforme Regelung [erstreckt]"
(Reinhard 1983, 267). So wird oberhalb der
atomistischen territorialen Gliederung eine
plurizentrische Struktur mit einer nur geringen Anzahl bedeutsamer Zentren auch aufgrund der konfessionellen Entwicklung herausgebildet.

4.4. Raumbildende und zentralörtliche Funk-
tion übernimmt im Verlauf des Hoch- und
Spätmittelalters zunehmend die Stadt als ein
spezifischer historischer Siedlungs- und
Rechtsverband, der sich besonders zwischen
dem 12. und 15. Jh. herausbildet: Mit der zunehmenden Zahl „wandelte sich das frühe
Nebeneinander von (lokalen) Märkten und
Städten in eine engere Verkehrsbeziehung"
(Heimann 1997, 209). Im Ergebnis einer in
Gesamteuropa während des Hochmittelalters beobachtbaren „Städtebildungseupho-
rie" liegt ihre Zahl bis zum 15. Jh. in
Deutschland bei 3000−4000, in der Mehrzahl
im Altsiedelland (Heimann 1997, 153, 203,
211): Neben den zumeist aus den Bedürfnissen des Fernhandels entstandenen 'gewachsenen' Städten treten seit dem 12. Jh. 'gegründete' Städte, d. h. neu und mit einem besonderen Rechtsstatus angelegte Siedlungen. Die
historische Spezifik der Stadt ergibt sich aus
ihrer innerhalb der mittelalterlichen Agrarge-
sellschaft andersartigen Wirtschaftsform, die
primär vom Handel, dem darin liegenden Zurücktreten der Naturwirtschaft zugunsten
einer Ware-Geld-Beziehung und der damit
möglich werdenden Akkumulation von Kapital, einer 'früh'kapitalistisch organisierten
Produktion sowie einer sich in solchen Zusammenhängen ausbildenden gesellschaftlichen Arbeitsteilung bestimmt ist; ihren We-
senskern macht zudem die „autonome Bürgergemeinde mit ihrem spezifischen Stadtrecht" (Heimann 1997, 208) und dem daraus
entstandenen bürgerlichen Selbstbewußtsein
aus: In dieser historischen Spezifik liegt ein
Grund einerseits für die Motive, die zur

Stadtgründung führten; andererseits liegt
hierin der Grund für die historische Innovation, die von der Entwicklung des Städtewesens ausging. Seine Entwicklung wird zudem
durch den einsetzenden Prozeß der Territorialisierung in ganz unterschiedlicher Weise
begünstigt. Neben den anfänglich eindeutigen
materiell-finanziellen Interessen der Landesherren an der Gründung einer Stadt, wird zunehmend ihre Funktion als notwendiger ad-
ministrativer Mittelpunkt wichtig, seit dem
14. Jh. dann auch verstärkt als repräsentati-
ver Residenzstadt, die für das jeweilige Territorium die Funktion einer Metropole erlangt.
Gegenüber den landesherrlich gegründeten
'Landstädten' entstehen auf Königsland
'Reichsstädte' (z. B. Frankfurt, Nürnberg),
denen königlicher Schutz und 'Reichsunmit-
telbarkeit' gewährt wurde; zu 'freien Städten'
wurden schließlich auch ursprüngliche Bi-
schofs- und Landstädte, deren Bürgerschaft
sich während des 13. und 14. Jhs. in z. T. kriegerischen Auseinandersetzungen ihrer geistlichen Herrschaft entledigt und ihre Autonomie erkämpft hatte (z. B. Köln, Straßburg,
Augsburg; insgesamt werden ca. 200 solcher
Unruhen gezählt). Somit kommt es in der
Konkurrenz der königlich-kaiserlichen Zentralgewalt und der landesherrlich-laikalen
wie klerikalen Partikulargewalten zu einer eigentümlichen Interessenkoinzidenz der Zentralgewalt mit einer nach Autonomie streben-
den Bürgerschaft; in diesem Prozeß werden
die Städte zunehmend als gewichtiger politischer Faktor erkannt und auch institutionalisiert, zugleich wird durch diesen Prozeß
das Selbstbewußtsein bürgerlicher Autonomie wesentlich befördert. Indiz der äußeren
Anerkennung ist, daß Stadtvertreter erstmals
in der Zeit des Interregnums (1290) zum
Reichstag eingeladen werden, was schließlich
gegen den Widerstand der Stände seit Ludwig dem Bayern (1314−1347) zum Gewohn-
heitsrecht und dann 1489 institutionalisiert
wird; als ein politisches Gegengewicht gegen
die fürstlichen Reichsstände gründen sich
im 15. Jh. überregionale Städtebünde (Schwäbischer und Rheinischer Städtebund). Es ist
kein Zufall, sondern Indiz eines sich herausbildenden urbanen Selbstbewußtseins, daß
die meisten Ratsverfassungen erst nach 1250
und somit zeitgleich den Verfassungskonflik-
ten auf der Ebene der Königsherrschaft formuliert wurden. Wesentlicher Grund der den
Städten zukommenden zentralen Modernisie-
rungsfunktion im Spätmittelalter liegt in ihrer spezifischen Verfassungsentwicklung, in

der sich eine Bürgergemeinde als organisierte Gesamtheit mit dem Anspruch herausformt, „in wesentlichen Teilen sich selbst zu regieren und ihre inneren Angelegenheiten in eigener Regie und Verantwortung auszuüben" (Heimann 1997, 215). Das Spätmittelalter wird zur Blütezeit der Städte, in der sie Träger nicht nur der ökonomischen, sondern auch der Bildungs- und Kulturentwicklung sind (Bosl 1980, 193). Die wesentliche Dimension dieser bürgerlichen Kultur und städtischen Mentalität „zeigt sich in der Ausbreitung der Schreibkultur und den Schulen" (Heimann 1997, 236).

5. Soziokulturelle Zusammenhänge

5.1. Landesausbau und Ausbau des Städtewesens führen zu größerer räumlicher (Aspekt der Überwindung der 'horizontalen Kammerung') und sozial-vertikaler Mobilität, es kommt zu einer Intensivierung der kommunikativen Beziehungen und vielfältig vermehrten und pragmatisch bestimmten Anforderungen, Sachverhalte in Dt. schriftlich zu fixieren (Aspekt volkssprachlicher Literarisierung); Landesausbau und Ausbau des Städtewesens sind Teil des allgemeinen Vergesellschaftungsprozesses (Aspekt überterritorialen, gesamtgesellschaftlichen Handelns), der sich auf zwei Ebenen grundsätzlich eintretender Institutionalisierung und Verrechtlichung zeigt: auf der hierarchischen Ebene der Herrschaftsausübung sowie auch auf der Ebene der Herausbildung intragesellschaftlich-korporativer Beziehungen (u. a. in Gilden, Zünften, Markgenossenschaften, den frühen Universitätsgründungen, im kirchlichen Bereich auch in Orden und Bruderschaften). Ein weiterer wesentlicher Impuls der schriftsprachlichen Entwicklung liegt in der seit dem 12. Jh. einsetzenden Bildungs- und Wissenschaftsbewegung (Heimann 1997, 190) sowie der sich daraus ergebenden, vielfältigen Formen von Professionalisierung. Im Zusammenhang solcher Entwicklungen kommt es in einer ersten, noch hochmittelalterlichen Phase zu vermehrter lat. Verschriftlichung (vgl. 2.2.), an die sich im Übergang zum Spätmittelalter der Prozeß volkssprachlicher Verschriftlichung quasi genuin anschließt. Diesen befördern technische Innovationen sowie mediale Veränderungen; schließlich werden auch gesellschaftliche wie geistesgeschichtliche Auseinandersetzungen wirksam, die eine 'massenhafte'

Verbreitung von Informationen ermöglichen und bedingen. Der Prozeß volkssprachlicher Verschriftlichung (bei gleichzeitiger Verdrängung des Lat.) ist eine gesamteuropäische Entwicklung, die im 13. Jh. jeweils einen entscheidenden Einschnitt erfährt, so u. a. im Nl. (vgl. Marynissen 1996), in Luxemburg (die erste volkssprachlich-romanische Urkunde aus der Kanzlei der Grafen von Luxemburg datiert aus 1239, vgl. Berg 1993, 12) oder in England (die volkssprachliche Proklamation Heinrichs III vom 18. 10. 1258 wird als wesentlich für die Sprachgeschichte des Engl. genannt, vgl. Penzl 1994, 107). Der pragmatisch bestimmten Verschriftlichung geht eine laikal-literarische Verwendung des Dt. zum Teil voraus, zum Teil auch parallel. Eine erklärende Beschreibung des sich herausbildenden und die hochmittelalterlichen Verhältnisse überwindenden Systems einer dt. Literatur des Spätmittelalters bedient sich in weiten Teilen der identischen Parameter wie auch die erklärende Beschreibung der sprachgeschichtlichen Veränderung.

5.2. Außerhalb laikal-literarischer oder auch pragmatischer Lebenszusammenhänge geht der geistesgeschichtlich wichtigste Impuls für eine volkssprachliche Verschriftlichung und ihre inhaltliche Formung schon im späten Mhd. voǹ der Mystik aus; sie wird insbesondere durch die zwei im 13. Jh. neugegründeten und vor allem auch städtische Bevölkerung rekrutierenden Orden der Franziskaner und Dominikaner getragen. Die volkssprachliche Bedeutung der Mystik liegt in ihrem grundsätzlichen Verständnis, jeder Mensch könne Gott unmittelbar und ohne kirchliche Vermittlung in sich selbst erfahren. Notwendig wird hierbei die volkssprachige Prosa zum Instrument der Darstellung des individuellen Erlebnisses, das ob seiner Unsagbarkeit zu einer kreativen Sprachverwendung zwingt, das Unsagbare sagbar zu machen; es kommt zu einer Vielzahl von Wortneubildungen, über die innere Erfahrung und abstrakte Zusammenhänge sprachlich symbolisiert und also kommunizierbar und sozial verfügbar werden. Dabei entwickelt sich die mystische Prosa so sprach- und textgewaltig, daß sie neben der höfischen Literatur des frühen 13. Jhs. als eine zweite Erfüllung der dt. Literatur des Mittelalters gilt (Wehrli 1997, 609). Es handelt sich zunächst noch um eine in älteren Zusammenhängen stehende Gefühlsmystik der Mechthild von Magdeburg, später um die als 'deutsch' bezeichnete spe-

kulative Mystik insbesondere Meister Ecke-
harts, dessen Predigten in über 200 Hss. überliefert sind; im Bereich der dominikanischen
Seelsorge-Prosa sind zudem Johannes Tauler
(Überlieferung und Verbreitung bis in den
Druck) und Heinrich Seuse ('Büchlein der
ewigen Weisheit', ca. 180 Hss.) zu nennen, im
Bereich der franziskanischen Seelsorge-Prosa
besonders Otto von Passau ('Die 24 Alten
oder der Thron der minnenden Seele', über
100 Hss.). Wendet sich die Mystik einer inneren Empfindungswirklichkeit des Menschen
zu, die es ernstzunehmen und zu entdecken
gilt, so zeigt sich geistesgeschichtlich im frühen Frnhd. ganz generell ein nach außen gerichteter „Hunger nach Welt" (Reble 1995,
69), den zu stillen der Mensch sich anschickt
und dabei sich selbst und seine immanente
Bezogenheit in den Mittelpunkt der Betrachtung und Darstellung rückt. Die Entdeckung
der äußeren Welt und die darin liegende Immanenz und der Ich-Bezug erzeugen eine
neue Wahrnehmung, die sich kunstgeschicht-
lich als ein neues perspektivisch-räumliches
Sehen zeigt (Wundram/Hubala 1993, 19f.).
Literarisch breitet sich dies in einer ganzen
Reihe unterschiedlicher Aspekte aus, die ihren Ausdruck zum Teil in bedeutenden Ein-
zelwerken und Dichterpersönlichkeiten findet
(u. a. im 'Ackermann' des Johann von Saaz,
im 'Ring' des Heinrich Wittenwiler oder im
Werk Oswalds von Wolkenstein); darüber
hinausgehend erweist sich die − am hohen
Mittelalter gemessen − stärkere Immanenz
des Spätmittelalters in zahlreichen, einschlägig neu entstehenden Textsorten (vgl. Art.
120). Insgesamt ist eine deutliche Tendenz zur
Historisierung und damit auch zum Persönlichen und Privaten festzustellen. So ändern
sich z. B. die in der Literatur des 13. Jhs. vorhandenen höfisch-ritterlichen und d. h. gesellschaftlichen Ansprüche an den einzelnen
Menschen in den Liebes- und Abenteuerro-
manen des 14. Jhs. „zugunsten individuell-
persönlicher Ansprüche"; insgesamt wird eine „Orientierung an historischen *facta* statt
an *ficta*, an sinnlich [...] Erlebbarem statt an
gesellschaftsbezogenen sittlichen Normen"
sichtbar (Janota 1983, 15). Die Darstellung
der eigenen Wirklichkeit und Historizität
wird deutlich in den verschiedenen Sachlite-
raturen der Zeit. Dazu zählt auch die entstehende Prosachronistik, die in der Regel für
einen relativ eng begrenzten lokalen Gebrauch geschrieben wurde; zu nennen sind
u. a. Chroniken des Fritsche Closener sowie
des Jakob Twinger von Königshofen, die

bezüglich ihres dezidiert stadtbürgerlichen
Standpunktes auf das Selbstbewußtsein und
die Selbstbewußtheit der stadtbürgerlichen
Existenz verweisen. Neben der Chronistik
sind anzusprechen die vielfältigen Formen
'naturkundlicher' Texte, die einerseits in einer
gewissen enzyklopädischen Tradition stehen
(Konrads von Megenberg 'Buch der Natur'),
die andererseits auf die ganz pragmatischen
Lebensumstände und die erkennbare Arbeitsteilung mit ihrer einhergehenden Professionalisierung hin bezogen sind (u. a. vielfältige
Formen der Rezeptliteratur). In all solchen literarischen Formen erweist sich das wesentliche und insbesondere das 14. Jh. kennzeichnende Merkmal der dt. Literaturgeschichte:
der Durchbruch zu „einer Schriftlichkeit der
Laienkultur, zu einer allgemeinen Schriftkultur auf deutsch" (Kuhn 1980, 59). Erst auf
der Grundlage dieser 'allgemeinen Schriftkultur auf deutsch' ist dann auch die für das
15. Jh. immer beschriebene und charakterisierende 'Literaturexplosion' möglich. Hinsichtlich ihrer inhaltlichen und auch formalen
Ausformung wird sie insbesondere in ihren
überragenden Kunstwerken ('Ackermann',
'Narrenschiff') durch den im 15. Jh. aufschei-
nenden Frühhumanismus bestimmt. Für die
formale Gestaltung gilt der Kanzler Karls
IV., Johann von Neumarkt, als wirkmächtig
auch im Zusammenhang der Prager Reichskanzlei, insofern er in seinen dt. Texten einen
vom ital. Humanismus geprägten neuen vorbildlichen Stil versucht.

5.3. Der wesentliche Schritt einer allgemeinen Schriftkultur auf Dt. ist jedoch weniger aus dem Bereich literarischer als vielmehr
pragmatischer Lebenszusammenhänge heraus entstanden. Im Zusammenhang des Lan-
desausbaus entstehen zusammengehörende,
jedoch regional getrennte Territorien besonders der Habsburger, Lützelburger, Hohenzollern; ihre Administration erfordert und
fördert die überregionale und dabei zugleich
auch auf ein Zentrum bezogene Kommunikation (vgl. Tschirch 1989, 97). Es wird die
„Briefkorrespondenz als Steuerungsinstru-
ment der Herrschaft" herausgebildet (Heimann 1997, 196), wobei eine Zentralitätsfunktion zumeist durch die jeweilige Residenzstadt ausgeübt wird. So verbindet auch
die erste, 1490 durch die Habsburger gegründete, festinstallierte Kurierstrecke die Residenzen Innsbruck und Mecheln miteinander
(Betreiber: Thurn u. Taxis, seit 1615 Erbgene-
ralpostmeisteramt im Reich); jedoch handelt

es sich hier nur um Anfänge einer geregelten Postverbindung in Deutschland, wo nach früheren Formen der 'Metzgerpost' und der 'Bauernfuhr' ein Übergang zu einer „regelmäßigen Briefzustellung" erst nach 1570 konstatiert wird (Körber 1997, 246, 249). Neben der herrschaftsorganisierend-administrativen Kommunikation ergeben sich überregionale Kommunikationsbeziehungen insbesondere über die merkantilen Beziehungen zwischen den Städten, die als übergeordnete Handelszentren an den Knotenpunkten der großen Handelswege liegen (u. a. Köln, Leipzig, Nürnberg, Straßburg); „die Kaufleute" werden schließlich auch die „Pioniere" in der Entwicklung einer regelmäßigen Briefzustellung (Körber 1997, 249). Insofern die großen Handelsstädte zudem auch über international operierende Handelsorganisationen (Hanse, Fugger, Welser) miteinander verbunden sind, werden auch bezüglich des Handels Orte mit bestimmter, überregionaler Zentralitätsfunktion profiliert (z. B. Lübeck, Augsburg). Dies gilt auch und besonders bezüglich der erst später einsetzenden Prozesse zur Herausbildung von Zentralität und entsprechender Überwindung territorialer Differenzierung im Bereich des Rechtswesens. Hierzu zählt die Einrichtung des Reichskammergerichts mit festem Sitz (1495, seit 1527 Speyer) sowie schließlich der Versuch einer partiellen Rechtsvereinheitlichung durch Erhebung der Carolina zum Reichsgesetz 1532, was jedoch vorerst noch eine Ablehnung durch Kursachsen und das sächs. Rechtsgebiet erfuhr (vgl. Lück 1997, 249). Einer zentrifugalen Wirkung einzelner Städte geht eine grundsätzlich auch zentripedale Wirkung der Stadt als spezifischer Siedlungsform parallel. Obwohl um 1500 nur ca. 10−15% der Gesamtbevölkerung in Städten lebt (Wells 1990, 112), zeigt sich die für das 15. Jh. beobachtete „steigende regionale Mobilität" (Heimann 1997, 136) weitgehend nur als Entwicklung der Städte. So können sie die durch die Pestepidemien des 14. Jhs. erlittenen Bevölkerungsverluste durch gezielte Aufnahme von Neubürgern auf Kosten der Landbevölkerung ausgleichen (Heimann 1997, 136); die Landflucht führt dort zu einer Verödung ganzer Landstriche, in Teilen des Reiches gehen bis zu 80% der ländlichen Ortschaften ein (Bosl 1980, 190). Die Attraktivität der Städte liegt nicht zuletzt in der in ihr gegebenen Möglichkeit zu sozialer Mobilität, welches ihr „Hauptmerkmal" im gesamten Mittelalter bleibt (Heimann 1997, 233). Durch

die regionale wie auch soziale Migration wird die Stadt in Abgrenzung zum Territorium und Reich „immer deutlicher als Knotenpunkt individueller und gesamtgesellschaftlicher Kommunikationsanforderungen" herausgebildet (Heimann 1997, 203); Indiz der regen schriftsprachlichen Kommunikation, die innerhalb der Grenzen einer Stadt stattfindet, ist die Tatsache, daß in den Städten schon zur Mitte des 14. Jhs. „ein flächendeckendes, nicht liniengebundenes Botenwesen zur Verfügung [... stand und die] spezifische Berufsbezeichnung Briefträger in Übung" kam (Heimann 1997, 196).

5.4. Es sind die Prozesse der Vergesellschaftung, der Institutionalisierung und der Verrechtlichung, die eine komplexer werdende Verwaltung und Organisation der Kirche, des Reiches, der Territorien sowie der Städte hervorbringen. Aufgrund der entsprechend rasant ansteigenden Kanzlei-Schriftlichkeit gilt das 14./15. Jh. als „Aktenzeitalter"; dabei sind „Verfassungsentwicklung und Verwaltungsaufbau" nicht zu trennen (Heimann 1997, 192). Es wird der Schritt von der Kanzlei zu einer nach sachlichen Zuständigkeiten und zugleich hierarchisch organisierten Behörde geschritten; seit dem späten 15. Jh. erscheinen neben den zentralen Oberbehörden auch Mittelbehörden (vgl. Köbler 1984, 64; vgl. auch Art. 5 und 6). Die im 15. Jh. erreichte Staatskonsolidierung wird somit besonders auch durch eine Effektivierung und Intensivierung einer zwangsläufig auf Schriftlichkeit basierenden Verwaltung bedingt. Der für die Entwicklung von Schriftlichkeit grundlegende Institutionalisierungsprozeß beginnt z. T. bereits weit vor dem Spätma., er zeigt sich u. a. in der Ablösung personengebundener zugunsten sächlicher Verhältnisse: So tritt neben den König in seiner Personalität „seit dem 13. Jh. auch die transpersonale Existenz des Reiches hervor" (Köbler 1984, 61; vgl. auch Art. 5), seit dem 12. Jh. muß sich der König der Zustimmung der Großen des Reiches versichern; statt der primär personenbezogenen Volksrechte des Frühma. werden im Spätma. grundsätzlich landschaftsbezogene Landrechte formuliert (Sachsenspiegel 1221/24; Schwabenspiegel 1275). Obwohl das Lehnsrecht als Grundlage der Königsherrschaft im 13. Jh. auch zur Bildung der Landesherrschaft genutzt wird (Heimann 1987, 156), findet in den Ländern zugleich auch die Ablösung des die persönliche Beziehung in den Mittelpunkt stellenden

Lehens- durch das Amtsprinzip statt (Köbler 1984, 62). Einen wesentlichen Schritt auf dem Weg zu einer allgemeinen Verrechtlichung der Lehensverhältnisse leistet Eike von Repkow mit seiner Niederschrift des Sachsenspiegels, wodurch sich der Charakter des Rechts insofern ganz grundsätzlich wandelt, als erstmals „allgemeine Rechtsgrundsätze" formuliert werden (Heimann 1997, 187). Mit dem 13. Jh. setzt zudem die Rezeption des römischen sowie auch des kanonischen Rechts ein; ersteres war in Italien schon im 11. Jh. aufgegriffen worden, letzteres war dort im 12. Jh. neu zusammengefaßt worden. Insofern seit dem 13. Jh. zwischen 'bürgerlichen' und 'peinlichen' Sachen (*causae civiles, causae criminales*) unterschieden wird, insofern 'Eigentum' oder z. B. auch das Recht zur gewillkürlichten Erbfolge herausgebildet wird, rückt in diesem Zusammenhang der Einzelne auch als Rechtssubjekt stärker in den Vordergrund; im Sinne einer sozialen Ver-Sicherung solcher Rechte erfordert ebendies eine auf allen Ebenen gültige und nachvollziehbare Verankerung im Sinne schriftlicher Fixierung. Im Zusammenhang des ebenfalls aus dem römischen Recht übernommenen „Schriftlichkeitsprinzips" (Köbler 1984, 62) wird das Bedürfnis an schriftsprachlicher Fixierung zwangsläufig verstärkt (obwohl zwingend vorgeschrieben erst 1495 in der ersten Reichskammergerichtsordnung). Ein Bedürfnis nachschriftlicher Fixierung lag u. a. bereits auch bezüglich einer ganz pragmatisch motivierten und kleinräumlich bezogenen Erfassung von Liegenschaftsverhältnissen vor (Kölner Schreinsbücher, seit 1135). Nach anfänglicher Latinität ist die seit dem 13. Jh. einsetzende Volkssprachlichkeit solch städtischer Aufzeichnungen schließlich evident, da sie ebenso wie auch die verschiedenen Stadtrechtsbücher, Eidbücher u. ä. zur Sicherung von Privilegien nach außen wie besonders aber auch nach innen und d. h. für eine weitgehend illiterate Gesellschaft dienen. In solchen städtisch geleisteten Verschriftlichungen liegt nun eine Funktionsbestimmung des Schreibens vor, die mit ihrer ursprünglich noch klerikalen nur partiell übereinstimmt; an diesem wesentlichen Textbereich wird offensichtlich, daß hier teilweise schon im 12., insbesondere jedoch dann im 13. und frühen 14. Jh. das „Primat lateinischer Schriftlichkeit und der Kleriker als kulturprägende Gruppe [abgelöst wird] zugunsten stärker lokaler, volkssprachlicher Traditionen und Laien" (Heimann 1997, 189). Schreibarbeit ist im Früh- und Hochmittelalter vorwiegend noch religiöser Dienst von Mönchen, wobei für die fränkisch-karolingische Verwaltungspraxis die Verbindung von Kanzlei (als Beurkundungsstelle) und Hofkapelle prägend war. Neben ihrem religiösen Schreibdienst versehen Mönche „zunächst" auch den Schreibdienst in den städtischen Kanzleien, wo zumeist erst im 14./15. Jh. auch Laien als 'Stadtschreiber' eingesetzt werden und dies zu einer verselbständigten und vollvergüteten Position wird (Heimann 1997, 193); doch sind Stadtschreiber im md. Raum schon im 13. Jh. bezeugt (u. a. Gottfried Hagen in Köln), wobei die Bezeichnung als *clericus* (oder auch *phaffe*) nicht notwendig auf die Zugehörigkeit zum monastischen oder kirchlichen Kontext verweist: Als solcher kann schon im späten 12. Jh. derjenige bezeichnet werden, der lese- und schreibfähig ist, eine lat. Bildung (Absolvierung zumindest des Triviums) erfahren hat (vgl. engl. *clerk*) und der im Sinne der literaten lat. Bildungstradition und -norm in lat. Quellen der Zeit als *litteratus* angesprochen ist (vgl. Bumke 1997, 607). Die Vermittlung einer solchen, über den kirchlichen Kontext hinausgehenden und medial an Schriftlichkeit gebundenen Bildung auch an 'Laien' war nicht zuletzt motiviert durch ein Interesse der weltlichen Herrscher an einer reibungslosen Administration und einen für solche Zwecke gut ausgebildeten Verwaltungsapparat (vgl. Bumke 1997, 100), der neben der reinen Lese- und Schreibfähigkeit u. a. auch des juristischen Sachverstandes bedurfte; somit kommt es neben dem kirchlichen-theologischen Interesse an Bildung zu ihrer „Instrumentalisierung" zum Zwecke effektiveren Herrschaftshandelns (Heimann 1997, 191). Dies führte im 12. Jh. zu einer entsprechenden Förderung der entstandenen Hohen Schulen und Universitäten (Paris, Bologna), von wo aus seit dem 13. Jh. dann auch die Rezeption des römischen und kanonischen Rechts in Deutschland ausging. Waren die ersten 'Universitäten' als korporativ-genossenschaftliche Institutionen von Lernenden und auch Lehrenden 'gewachsen', die erst allmählich feste Formen ausbildeten, so führte der zunehmende Bedarf an ausgebildeten Fachkräften zur Verwaltung, zur Organisation und zum Auf- und Ausbau der Städte, der feudalen Territorialgebiete, aber natürlich auch der Kirche und der zentralen Reichsverwaltung auf allen Ebenen zu einem Bedürfnis nach zentralen Ausbildungsstätten.

„Die Universitäten in Deutschland sind fürstliche oder städtische, auf jeden Fall obrigkeitliche Gründungen. Sie wurden von einem Stifter nach seinem Willen und mit seinen Mitteln ins Leben gerufen. Folgerichtig sind die Residenzstädte zugleich die Standorte der Universitäten" (Rückbrod 1977, 32):

Es entsteht als erste dt. Universität jene von Prag im Jahr 1348, es folgen noch im 14. Jh. Wien 1365, Heidelberg 1386, Köln 1388 und Erfurt 1392; einen noch stärkeren Gründungsboom erlebt dann das 15. Jh. noch vor dem Frühhumanismus mit Leipzig 1409, Rostock 1419, Greifswald 1456, Freiburg 1457, Basel 1459, Ingolstadt 1472, Trier 1473, Mainz 1477, Tübingen 1477 und schließlich schon im Übergang zum 16. Jh. Wittenberg in 1502.

Mit der Anerkennung der „Funktionalität" von Bildung für öffentliche und auch pragmatische Lebenszusammenhänge wird sie seit dem 13. Jh. „zur Grundlage für individuelle Förderung" (Heimann 1997, 199) und gewinnt so einen entsprechenden Stellenwert innerhalb des bürgerlichen Selbstverständnisses. Hierin liegt die materielle Wurzel für den geläufigen Topos des Humanismus des späten 15. Jhs., daß der mit Wissen und Tüchtigkeit glänzende Mensch dem durch Geburtsadel Privilegierten überlegen sei; die ideelle Wurzel dieser Anschauung liegt in dem Lebensideal einer Humanitas, in der sich geistige Bildung und sittliche Gesinnung vereinigen. In einer solchen Anschauung deutet sich an, „wie das mittelalterliche Ordo-System mit der strikt hierarchischen Gliederung in Stände durch ein akademisch-bürgerliches Ordnungsprinzip durchbrochen zu werden beginnt" (Bernstein 1978, 26). Im Sinne einer sich herausbildenden arbeitsteiligen Differenzierung sowie einer Erweiterung der Stände-/Sozialordnung treten nun auch Intellektuelle auf, in Grenzen ermöglicht Bildung jene soziale Mobilität, die der spätmittelalterlichen Stadt grundsätzlich eigen ist (vgl. Heimann 1997, 200, 227). Waren die ersten Universitäten (Paris, Bologna) aus Hohen Kathedralschulen entstanden, so wurde das Gros der Ausbildung in Kloster-, Dom- und Stiftsschulen geleistet. Vom 13. Jh. an wächst nicht nur die Anzahl der Pfarrschulen in den Städten, an vielen Orten entsteht auch ein stadteigenes, wenn auch noch lat. orientiertes Schulwesen. Zwar unterschied sich der Unterrichtsbetrieb dort kaum von dem kirchlicher Schulen, doch stellte der Rat der Stadt die Lehrer an und achtete darauf, daß der Unterricht alles in allem elementarer gestaltet wurde. Vom 14. Jh. an entstehen besonders in den großen Handelsstädten auch dt. Schreib-

und Leseschulen. Dabei handelt es sich zunächst um private Unternehmungen (vgl. Reble 1995, 58), die ganz gezielt auf die Erfordernisse der stadtbürgerlichen Schriftlichkeit hin ausbilden: Schreiben von Geschäftsbriefen, Rechnungen, Urkunden, einfache Berechnungen (vgl. v. Polenz 1991, 127). Hierin wird der rein zweckbestimmte und handwerksmäßige Einsatz der Fertigkeiten deutlich. Das Publikum, an das sich diese privaten Einrichtungen wenden, sind in erster Linie Erwachsene, dann aber auch Kinder. Gestattet werden diese Schulen in nicht allen Städten, dort, wo sie erlaubt sind, gibt es jeweils begrenzte Konzessionen des Rats: so verstandene Schule ist zuerst einmal ein handwerksmäßiger Betrieb. Zumeist aber werden diese Schulen dann auch von den Räten der Städte selbst übernommen, die Leiter solcher Schulen sind durch vielfältige Pflichten an das städtische Leben gebunden, häufig auch in der Doppelfunktion als Lehrer und Stadtschreiber (berühmtes Beispiel ist der Autor des 'Ackermann aus Böhmen', Johannes von Saaz). Durch die genuine Ein- und Anbindung der Schulausbildung jeweils an die Stadt und aufgrund der Bedeutung, die literate Bildung erfährt, bilden „Stadt und Schule [...] eine der bedeutsamsten Beziehungsachsen der mittelalterlichen Gesellschaftsgeschichte" (Heimann 1997, 199); dieser Zusammenhang ist letztlich insofern evident, als der Ausbau des Schulwesens zusammenfällt mit der Entstehung des mittelalterlichen Städtewesens (vor 1100 werden nur 20 Schulen nachgewiesen, vgl. Crossgrove 1994, 34). Trotz aller Ansätze zeigt jedoch die Bildungssituation des 14./15. Jhs., daß mit einer Lesefähigkeit sehr breiter Bevölkerungsschichten nicht zu rechnen ist, um 1500 kann mit einem Alphabetisierungsgrad von bis zu 10−30% gerechnet werden (Heimann 1997, 203; Engelsing 1973, 16−20, nennt 'weit über 5%'); Alphabetisierung und Bildung bleiben arbeitsteilig ausdifferenziertes Fachwissen. Ihre zum Teil erreichte Verallgemeinerung ist Ergebnis der großen geistesgeschichtlichen Veränderungen der zweiten Hälfte des Frnhd.

5.5. Außerhalb der bildungsgeschichtlichen Prozesse liegen sachkulturelle Innovationen, über die die Verfügbarkeit von Schriftlichkeit und ihre Rezeption z. T. explosionsartig befördert werden: Zu nennen ist u. a. der Beginn einer eigenständigen Papierproduktion in Deutschland (Ulmann Stromer, 1390 erste Papiermühle in Nürnberg), die manufakturielle Herstellung von Handschriften zur

Mitte des 15. Jhs. hin (berühmtes Beispiel der Handschriftenmanufaktur des Diebold Lauber, vgl. v. Polenz 1991, 118), die frühe und in die erste Hälfte des 15. Jhs. gehandhabte Druckform der Blockbücher, dann besonders die Erfindung des Buchdrucks mit beweglichen Lettern durch Johann Gensfleisch, gen. Gutenberg um 1450 (vgl. Art. 125) sowie schließlich auch die Verbesserung der Perzeptionsmöglichkeit des Geschriebenen/ Gedruckten durch die Entwicklung der Lesehilfen. Letztere geht vom 'Lesestein', dem zum 'Augenstein' geschliffenen und als Vergrößerungsglas dienenden *berillus* schließlich zum handwerklich gefertigten und aus geschliffenem Glas für beide Augen hergestellten Sehinstrument, das „vielen älteren und kurzsichtigen Lese- und Schreibfähigen die Möglichkeit zu geistiger Freizeitbeschäftigung" gibt (v. Polenz 1991, 120). Als Lesehilfe ist der *berillus* in der hochmittelalterlichen Literatur und bis in die frühe Neuzeit mehrfach belegt (vgl. Lexer s. v., DWB, s. v.; FWB, s. v. *berille*). Die augennahe Lesehilfe mit separaten Gläsern für beide Augen wird Ende des 13. Jhs. in Venedig erfunden; von dort sowie später auch aus Flandern wird der Markt versorgt. Eine erste Zunft der Brillenmacher entsteht im deutschsprachigen Raum sehr viel früher als in Frankreich oder England nach 1478 in Nürnberg. Um 1400 wird das Wort *Brill(e)* als Terminus gebraucht.

5.6. Die Entwicklung der frnhd. Schriftlichkeit zeigt, daß die wesentlichen Anfänge ihrer Expansion aufgrund vielfältiger soziokultureller Bedingungen bereits lange vor der Erfindung des Buchdrucks mit beweglichen Lettern begann. Dies gilt nicht allein grundsätzlich für den Prozeß der Verschriftlichung, sondern bereits auch für das sich entwickelnde, diatopisch wie funktional bestimmte varietäre Gefüge des Dt. mit einer jeweils spezifischen Sprachkultur, so in der Rechtssprache oder der Fachprosa (v. Polenz 1991, 127). Die Erfindung Gutenbergs setzt nicht sofort eine neue Entwicklung in Gang, sondern wird erst seit dem Übergang zum 16. Jh. für die sprachliche Entwicklung bedeutsam: Die Drucker/Verleger lösen sich aus der anfänglich noch berücksichtigten Rezeptionstradition handschriftlicher Medialität und stellen sich „auf gesteigerten und überregionalen Absatz" und somit auf einen anonymen Markt um (v. Polenz 1991, 131). Dieser ergibt sich im Zusammenhang der geistes-, ideen- und gesellschaftsgeschichtlichen Bewegungen des 16. Jhs., die ohne eine massenhafte und

durch den Buchdruck möglich gewordene Schriftlichkeit nicht denkbar sind. Über den medialen Einsatz wird erstmals eine breitere und nicht-lat. 'Öffentlichkeit' in den Prozeß literater Kommunikation eingebunden: Der Prozeß der 'Vergesellschaftung' zeigt sich in den sozialen und ideologischen sowie religiösen Auseinandersetzungen der Zeit, die den einzelnen Menschen als partiell autonomen, gesellschaftlich Handelnden einbeziehen und für jeweilige Positionen zu gewinnen trachten, ihn entsprechend agitieren und mit Propaganda zu erreichen suchen. Mit Luther, der Reformation und der Etablierung einer protestantischen Kirche, mit den Bauernkriegen und dem ausgebildeten Humanismus in Deutschland bricht somit eine neue, den Gebrauch einer dt. Schriftlichkeit massenhaft fördernde Zeit endgültig durch. Statt des in Lat. ausgetragenen humanistischen Gelehrtendiskurses fordert und fördert eine „frühbürgerliche politische Öffentlichkeit" eine neue Art der Publizistik (v. Polenz 1991, 135 f.), für die die Verwendung der Volkssprache ebenso selbstverständlich ist (Ulrich von Hutten) wie die Entwicklung neuer, den kommunikativen Bedürfnissen entsprechenden Textsorten (u. a. Reformationsdialoge, Flugschriften). Luthers Glaubenstheologie mit dem Prinzip des Laienpriestertums und dessen steter Vergewisserung in der Heiligen Schrift fordert unabdingbar die Deutschsprachigkeit der Bibel sowie eine entsprechende Lesefähigkeit der 'Laien'. Sie herzustellen und zu sichern ist ein spezifisch reformatorischer Impetus für Unterricht und breiter anzulegende 'Volksbildung'. Dieser reformatorische Impetus ergreift zwangsläufig auch die katholische Kirche, die den protestantischen Bildungsanstrengungen jene der Jesuiten (ab 1534) entgegenstellt; in allen Teilen und auch sozialen Schichten des Reiches beginnt sich ein Zustand zu entwickeln, in dem Schriftsprachlichkeit zur 'laienhaften' Wirklichkeit wird; welcher Einfluß dabei allein von Luther ausging ist etwa daran zu ermessen, daß man schätzt, seine Schriften seien in ca. 200.000 Haushalten vorhanden gewesen und erreichten somit ca. 1 Mill. Menschen (vgl. v. Polenz 1991, 140). Die religiös motivierten Entwicklungen führen jedoch nicht allein zu Emanzipation und Verallgemeinerung dt. Schriftsprachlichkeit, sondern auch zu bewußter und gezielter Arbeit an der sprachlichen Form selbst. So suchen die Flugschriftenverfasser sowie schließlich auch Luther in seiner Bibelübersetzung eine sprachliche Form, die die Rezipienten leicht erreicht;

dies gelingt Luther in solch überzeugender Weise, daß auch die durch ihn mittelbar beförderte katholische Bibelübersetzung des 16. Jhs. sprachlich weitgehend von ihm abhängig ist. Auch zum protestantischen Katechismus, den auswendig zu lernen zum protestantischen Bildungsinhalt gehört und der einen wesentlichen Beitrag zur Verbreitung einer einheitlichen Schreibsprache in den protestantischen Territorien leistet (v. Polenz 1991, 138ff.), wird auf katholischer Seite ein eigener volkssprachlicher Katechismus entwickelt; verbreitet ist besonders der des Petrus Canisius. Die im 16. Jh. durch die Reformation tendenziell eintretende und weite Sprachareale ergreifende, vereinheitlichende Wirkung und Vorbildlichkeit, die sich u. a. darin zeigt, daß in den zeitgenössischen Wörterbüchern Luther-Wörter aufgenommen werden (so bei Dasypodius, Maaler, Alberus), wird jedoch durch Gegenreformation und Konfessionalisierung in der Regierungszeit Rudolf II. (1576–1612) gehemmt. Es kommt zu einer konfessionellen, politischen und geistigen Spaltung Deutschlands, die nahezu 200 Jahre anhält; die geistige Spaltung führt zu einer partiell eigenständigen literarischen wie sprachlichen Entwicklung (Breuer 1998), bei der die jeweils andere Seite z. T. polemisch abgelehnt wird (vgl. Wiesinger 1987, 83; Solms 1993, bes. 335ff.). Die Spaltung führt zu einer Konzentration auch der grammatischen Bemühungen um das Dt. auf wesentlich den md. Raum. Sind noch bis in das späte 16. Jh. an dem Versuch einer grammatischen Beschreibung der Volkssprache „Süd- und Mitteldeutsche, Katholiken und Protestanten gleichermaßen beteiligt" (Reiffenstein 1988, 28), so verstummt in der Folge der katholische Süden bis in das frühe 18. Jh. fast gänzlich. Damit fehlt der katholische Süden insbesondere bei jenen grammatischen Bemühungen des 17. Jhs., bei denen ein dezidiertes (nationales) Sprachbewußtsein herausgebildet ist und das die Sprache nun zum Gegenstand intentionaler und eine horizontale Kammerung überwindender Formung macht (besonders Rathke, Gueintz, Schottel). Eine entsprechend md. Präferenz der sprachlichen Entwicklung des 17. und dann auch 18. Jhs. erscheint nurmehr folgerichtig.

6. Literatur (in Auswahl)

Berg, Guy, „Mir wölle bleibe, wat mir sin". Soziolinguistische und sprachtypologische Betrachtungen zur luxemburgischen Mehrsprachigkeit. Tübingen 1993. (RGL 140).

Bernstein, Eckhard, Die Literatur des deutschen Frühhumanismus. Stuttgart 1978. (SM 168).

Besch, Werner, Frühneuhochdeutsch. In: LGL 1980, 588–597.

Bosl, Karl, Staat, Gesellschaft, Wirtschaft im deutschen Mittelalter. 5. Aufl., München 1980. (Gebhardt. Handbuch der deutschen Geschichte 7).

Breuer, Dieter, Raumbildungen in der deutschen Literaturgeschichte der frühen Neuzeit als Folge der Konfessionalisierung. In: Regionale Sprachgeschichte. Hrsg. v. Werner Besch/Hans-Joachim Solms. Berlin 1998, 180–191. (ZfdPh Sonderheft 1998).

Bumke, Joachim, Höfische Kultur. Literatur und Gesellschaft im hohen Mittelalter. 2 Bde. 8. Aufl. München 1997.

Coseriu, Eugenio, Historische Sprache und Dialekt. In: Dialekt und Dialektologie. Ergebnisse des Internationalen Symposions 'Zur Theorie des Dialekts. Marburg/Lahn. 5.–10. September 1977.' Hrsg. v. Joachim Göschel [u. a.]. Wiesbaden 1980, 106–122. (ZDL, Beiheft NF. 26).

Crossgrove, William, Die deutsche Sachliteratur des Mittelalters. Berlin [etc.] 1994. (GeLe 63).

Daneš, Frantisek, Herausbildung und Reform von Standardsprachen. In: Soziolinguistik 1988, 1506–1516.

Dressler, Wolfgang, Spracherhaltung–Sprachverfall–Sprachtod. In: Soziolinguistik 1988, 1551–1563.

Ebert, Robert P. [u. a.], Frühneuhochdeutsche Grammatik. Hrsg. v. Oskar Reichmann/Klaus-Peter Wegera. Tübingen 1993. (Sammlung Kurzer Grammatiken Germanischer Dialekte A. Hauptreihe 12).

Eichler, Birgit, Medialer Wandel – Sprachwandel? Gedanken zum Begriff „Epochenschwelle" am Beispiel substantivischer Wortbildungstendenzen im Frnhd. In: Wort und Wortschatz. Hrsg. v. Inge v. Pohl/Horst Erhardt. Tübingen 1995, 49–60.

Engelsing, Rolf, Analphabetentum und Lektüre. Zur Sozialgeschichte des Lesens in Deutschland zwischen feudaler und industrieller Gesellschaft. Stuttgart 1973.

Erben, Johannes, Frühneuhochdeutsch. In: Kurzer Grundriß der germanischen Philologie bis 1500, Bd. 1: Sprachgeschichte. Hrsg. v. Ludwig Erich Schmitt. Berlin 1970, 386–440.

[FWB =] Frühneuhochdeutsches Wörterbuch. Bd. 3. Hrsg. v. Ulrich Goebel/Oskar Reichmann. Bearb. v. Oskar Reichmann. Berlin/New York 1995f.

Giesecke, Michael, 'Volkssprache' und 'Verschriftlichung des Lebens' in der frühen Neuzeit. Kulturgeschichte als Informationsgeschichte. In: Ders., Sinnenwandel–Sprachwandel–Kulturwandel. Studien zur Vorgeschichte der Informationsgesellschaft. Frankfurt/M. 1992, 73–121.

Grammatik des Frühneuhochdeutschen. Beiträge zur Laut- und Formenlehre. Hrsg. v. Hugo Moser/

Hugo Stopp/Werner Besch. III. Bd.: Flexion der Substantive von Klaus-Peter Wegera. Heidelberg 1987. IV. Bd.: Flexion der starken und schwachen Verben, von Ulf Dammers/Walter Hoffmann/Hans-Joachim Solms. Heidelberg 1988. VI. Bd.: Flexion der Adjektive, von Hans-Joachim Solms/Klaus-Peter Wegera. Heidelberg 1991. VII. Bd.: Flexion der Pronomen und Numeralia, von Susanne Häckel/Maria Walch. Heidelberg 1988.

Hartweg, Frédéréc, Periodisierungsprinzipien und -versuche im Bereich des Frühneuhochdeutschen − oder: ein Versuch, die große „Lücke" auszumessen. In: ZfdPh 108, 1989, 1−47.

Heimann, Heinz-Dieter, Einführung in die Geschichte des Mittelalters. Stuttgart 1997.

Henzen, Walter, Schriftsprache und Mundarten. 2. Aufl. Bern 1954.

Higounet, Charles, Die deutsche Ostsiedlung im Mittelalter. Im Text ungekürzte, durchgesehene Aufl. München 1990.

Janota, Johannes, Das vierzehnte Jahrhundert − ein eigener literarhistorischer Zeitabschnitt? In: Zur deutschen Literatur und Sprache des 14. Jhs. Dubliner Kolloquium 1981. Hrsg. v. Walter Haug/T. R. Jackson/J. Janota. Heidelberg 1983, 9−24. (Reihe Siegen 45/Publications of the Institute of Germanic Studies, University of London 29).

Köbler, Gerhard, Deutsche Sprachgeschichte und Rechtsgeschichte. In: Sprachgeschichte. Ein Handbuch zur Geschichte der deutschen Sprache und ihrer Erforschung. 1. Halbbd. Hrsg. v. Werner Besch/Oskar Reichmann/Stefan Sonderegger. Berlin/New York 1984, 56−70. (HSK 2.1.).

Körber, Esther-Beate, Der soziale Ort des Briefes im 16. Jh. In: Gespräche−Boten−Briefe. Körpergedächtnis und Schriftgedächtnis im Mittelalter. Hrsg. v. Horst Wenzel. Berlin 1997, 244−258. (PSQ 143).

Kuhn, Hugo, Entwürfe zu einer Literatursystematik des Spätmittelalters. Tübingen 1980.

Lück, Heiner, Ein Magdeburger Schöffenspruch für den Bischof von Meißen und das „peinliche Strafrecht" im frühneuzeitlichen Kursachsen. In: Landesgeschichte als Herausforderung und Programm. Karlheinz Blaschke zum 70. Geburtstag. Hrsg. v. Uwe John/Josef Matzerath. Stuttgart 1997, 241−257.

Maas, Utz, Lesen−Schreiben−Schrift. Die Demotisierung eines professionellen Arkanums in der frühen Neuzeit. In: LiLi 59, 1985, 55−81.

Marynissen, Ann, De flexie van het substantief in het 13de-eeuwse ambtelijke Middelnederlands: en taalgeografische studie. Leuven 1996.

Mattheier, Klaus J., Das Verhältnis von sozialem und sprachlichem Wandel. In: Soziolinguistik 1988, 1430−1452.

Moser, Hugo, Probleme der Periodisierung des Deutschen. In: GRM 32, 1951, 296−308.

Moser, Virgil, Grundfragen des Frühneuhochdeutschen. In: GRM 14, 1926, 25−34.

Penzl, Herbert, Frühneuhochdeutsch. Bern 1984a. (GeLe 9).

Ders., Das Frühneuhochdeutsche und die Periodisierung der Geschichte der deutschen Sprache. In: Barocker Lust-Spiegel. Studien zur Literatur des Barock − Festschrift für Blake Lee Spahr. Hrsg. v. Martin Bircher/Jörg-Ulrich Fechner/Gerd Hillen. Amsterdam 1984 b, 15−25.

Ders., Englisch. Eine Sprachgeschichte nach Texten von 350 bis 1992. Vom Nordisch-Westgermanischen zum Neuenglischen. Frankfurt/M. [etc.] 1994. (GeLe 82).

Polenz, Peter v., Deutsche Sprachgeschichte vom Spätmittelalter bis zur Gegenwart I: Einführung, Grundbegriffe, Deutsch in der frühbürgerlichen Zeit. Berlin/New York 1991.

Reble, Albert, Geschichte der Pädagogik. 18., durchges. Aufl. Stuttgart 1995.

Reichmann, Oskar, Zur Abgrenzung des Mittelhochdeutschen vom Frühneuhochdeutschen. In: Mittelhochdeutsches Wörterbuch in der Diskussion. Hrsg. v. Wolfgang Bachofer. Tübingen 1988, 119−147. (RGL 84).

Reiffenstein, Ingo, Der 'Parnassus Boicus' und das Hochdeutsche. Zum Ausklang des Frühneuhochdeutschen im 18. Jh. In: Studien zum Frühneuhochdeutschen. Emil Skála zum 60. Geburtstag am 20. November 1988. Hrsg. v. Peter Wiesinger. Göppingen 1988, 27−45. (GAG 476).

Reinhard, Wolfgang, Zwang zur Konfessionalisierung. Prolegomena zu einer Theorie des konfessionellen Zeitalters. In: Zeitschrift für Historische Forschung 10, 1983, 257−277.

Roelcke, Thorsten, Periodisierung der deutschen Sprachgeschichte. Berlin [etc.] 1995. (SLG 40).

Rückbrod, Konrad, Universität und Kollegium, Baugeschichte und Bautyp. Darmstadt 1977.

Schottel[ius], Justus Georg, Ausführliche Arbeit Von der Teutschen HaubtSprache. [...]. Braunschweig [...] 1663. Hrsg. v. Wolfgang Hecht. 2. unverändert. Aufl. Tübingen 1995. (DN, Reihe Barock. 11).

Solms, Hans-Joachim, Ein verspäteter Ablautausgleich im Kontext des regionalen und konfessionellen Meinungsstreits im 18. Jh. Die starken Verben der Klasse III a. In: Vielfalt des Deutschen. Festschrift für Werner Besch. Hrsg. v. Klaus Mattheier [u. a.]. Frankfurt/M. [etc.] 1993, 331−351.

Soziolinguistik. Ein internationales Handbuch zur Wissenschaft von Sprache und Gesellschaft. Hrgs. v. Ulrich Ammon/Norbert Dittmar/Klaus J. Mattheier. 2 Halbbde. Berlin/New York 1987; 1988. (HSK 3.1.; 3.2.).

Stoob, Heinz, Forschungen zum Städtewesen in Europa. Köln/Wien 1970.

Tschirch, Fritz, Geschichte der deutschen Sprache. Bd. II.: Entwicklung und Wandlungen der deutschen Sprachgestalt vom Hochmittelalter bis zur Gegenwart. 3., erg. und überarbeitete Aufl. von Werner Besch. Berlin 1989. (GG 9).

Vollrath, Hanna, Deutsche Geschichte im Mittelalter (900−1495). In: Deutsche Geschichte. Von den Anfängen bis zur Gegenwart. Hrsg. v. Martin Vogt. 4., erw. Aufl. Stuttgart/Weimar 1997, 1−143.

Wehrli, Max, Geschichte der deutschen Literatur vom frühen Mittelalter bis zum Ende des 16. Jhs. Stuttgart 1997. (Geschichte der deutschen Literatur von den Anfängen bis zur Gegenwart).

Wellmann, Hans, Textbildung (nach der Frühzeit des Buchdrucks). In: Deutsche Sprachgeschichte. Grundlagen, Methoden, Perspektiven. Festschrift für Johannes Erben zum 65. Geburtstag. Hrsg. v. Werner Besch. Frankfurt/M. [etc.] 1990, 259−272.

Wells, Christoph J., Deutsch: eine Sprachgeschichte bis 1945. Tübingen 1990. (RGL 93).

Wiesinger, Peter, Zur Frage lutherisch-mitteldeutscher Spracheinflüsse auf Österreich im 17. und in der ersten Hälfte des 18. Jhs. In: Beiträge zur Sprachwirkung Martin Luthers im 17./18. Jh. Hrsg. v. Manfred Lemmer. Halle/S. 1987, 83−109.

Wolf, Norbert Richard, Althochdeutsch−Mittelhochdeutsch. Heidelberg 1981. (Geschichte der deutschen Sprache. Hrsg. v. Hans Moser/Hans Wellmann/Norbert Richard Wolf. Bd. 1).

Wundram, Manfred/Erich Hubala, Renaissance und Manierismus, Barock und Rokoko. Stuttgart/Zürich 1993. (Belser Stilgeschichte, Bd. V).

Zeeden, Ernst Walter (1958), Grundlagen und Wege der Konfessionsbildung in Deutschland im Zeitalter der Glaubenskämpfe. In HZ 185, 249−299.

Hans-Joachim Solms, Halle

111. Phonetik und Phonologie, Graphetik und Graphemik des Frühneuhochdeutschen

1. Vorbemerkungen
2. Graphemik und Graphetik
3. Phonologie und Phonetik: Zur Lautgeschichte
4. Gesprochene und geschriebene Sprache
5. Graphische Elemente
6. Literatur (in Auswahl)

1. Vorbemerkungen

1.1. Das Frnhd. gilt gemeinhin als die Epoche der dt. Sprachgeschichte, in der sich die Schriftsprache als Einheitssprache herausbildet. Das Frnhd. ist also die Epoche der Hinführung zur schriftsprachlichen Einheit, auf die erst sehr spät die sprechsprachliche Einheit, zumindest im Phonemischen, sicherlich nicht im Phonetischen, folgt. Es ergibt sich also aus der Sache, daß eine Beschreibung der kleinsten Einheiten des Frnhd. mit der graphischen Ebene beginnt. Dieses Vorgehen wird zudem durch die Tatsache gestützt, daß aus dem Frnhd. nur schriftliche Quellen überliefert und diese daher Ausgangspunkt aller weiteren Untersuchungen und Überlegungen sind.

1.2. Es gibt im Frnhd., wie schon gesagt, noch keine einheitliche 'Schrift-Sprache'; wohl aber haben sich mehrere regionale Schreibtraditionen herausgebildet, die man 'Schrift-Dialekte' nennen kann, wobei 'Dialekt' sich lediglich als regional gebundene Varietät definiert, nicht aber durch eine Überdachung durch einen − in unserem Fall: schriftlichen − Standard. Die überdachende Varietät kann aber aufgrund von historisch wirkungsmächtigen Schriftdialekten als Ziel der Entwicklung erschlossen werden, sie kann als noch nicht realisiertes 'Archi-System' angesehen werden.

1.3. Das Frnhd. selbst ist nicht so sehr durch einheitliche festumrissene (Teil-)Systeme gekennzeichnet als vielmehr durch eine Reihe von gemeinsamen Entwicklungstendenzen, die in den schon erwähnten wirksamen Schriftdialekten zu beobachten sind. Ein 'gesamtfrühneuhochdeutsches' Graphemsystem, das 'Archi-System', ist also ein Konstrukt, das aus mehreren Schriftdialekten abgeleitet ist. Dabei sind diejenigen (Schreib-)Sprachlandschaften auszuwählen, die produktiv an den frnhd. Neuerungen beteiligt waren, so vor allem das Oobd. und das Omd. Man kann diese beiden Dialektgruppen aufgrund ihrer sprachgeschichtlichen Wirksamkeit als 'Osthochdeutsch' zusammenfassen: Das politische und ökonomische Gewicht verlagert sich in Territorien im Osten des Reichs, so daß vor allem die Kanzleisprachen, nicht zuletzt als Medium einer teilweise überregionalen Kommunikation, bis zum Ende des Mittelalters eine wichtige sprachgeschichtliche Funktion bekommen.

Das Wobd., besonders das Alem. (das Schwäb. tendiert in seiner Schreibe stärker zum Oobd.), widersetzt sich längere Zeit der Übernahme der 'nhd. Diphthonge', nimmt sie dann sukzessive in die Schriftlichkeit auf, in der gesprochenen Mundart fehlen sie bis heute (vgl. die Übersicht bei V. Moser 1929, 154ff.). Das Wmd. gilt als „Nachzügler in der Entwicklung zur Einheit" (Schieb 1977, 249) und ist noch lange Zeit Teil „einer ripuarisch-niederfrk.-niedersächsischen Landschaft" (Besch 1977, 332), genauer: Schreiblandschaft.

1.4. Zugleich ist auch in der Schreibe mit sozialen und stilistischen Differenzierungen zu rechnen (s. etwa Kettmann 1968; Besch 1972). Man kann annehmen, daß die Variationsbreite desto geringer war, je höher die (Schreib-)Sprachebene eines Textes war. Dies ist möglich, weil es im Frnhd. keine feste Norm gab, auch keine regionalsprachliche bzw. schriftdialektale. Wohl gibt es „ein verbindliches, relativ einfaches System von Graphemen, das eine zweifelsfreie Kommunikation garantiert"; innerhalb „dieses festen Rahmens", der 'Norm', besteht ein „recht beachtlicher Spielraum für die jeweilige Realisierung des Systems" (Moser 1978, 45), der jeweilige 'Usus'. Man kann einen solchen Spielraum mit einem eindrucksvollen Beispiel (aus Moser 1978, 46) illustrieren:

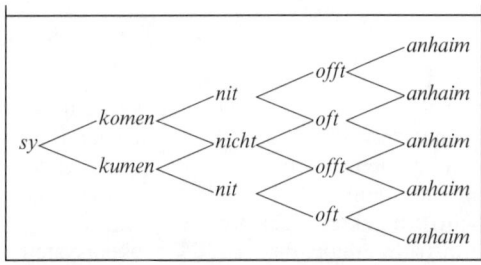

Abb. 111.1: Variationsmöglichkeiten in frnhd. Schriftlichkeit

Die Varianten *oft* bzw. *offt* sind auch soziolinguistisch markiert, und zwar zu unterschiedlichen Zeiten auf unterschiedliche Weise. Seit der zweiten Hälfte des 13. Jhs. kommen Konsonantendoppelungen und -häufungen immer öfter vor. Die kaiserliche Kanzlei unter Ludwig dem Bayern gilt „vermutlich wenn nicht als Begründerin so doch als eigentliche Förderin dieses schnörkelhaften, aber je länger je mehr als Schmuck der Schrift angesehenen Usus", um dann in „der zweiten Hälfte

des 15. Jhs. ihren Höhepunkt" (V. Moser 1929, 39) zu erreichen. Auch die frühen Drucke übernehmen diesen Usus, erst von der Mitte des 16. Jhs. an setzt sich in zunehmendem Maße in den Gruppen die Tendenz zum Variantenabbau, somit auch zur Verminderung der Konsonantenhäufungen und -dopplungen durch. Die spätmittelalterlichen und frühneuzeitlichen Orthographietheoretiker wenden sich, zumindest zum Teil, gegen solche Häufungen; so beurteilt z. B. der schweizerische Frühhumanist und spätere Stadtschreiber in Esslingen Niclas von Wyle in der Vorrede zu seinen 'Translatzionen' (gedruckt 1478) Konsonantendoppelungen als Modeerscheinung:

Yetz ist aber ain núwes gougelspiele entstanden dz man in vil cantzlien vnd schriberyen pfligt zeschriben zway .n. da des ainen gnůg wer vnd das ander vberflüssig ist: mer die verstentnüß Irrend dañ fürdernd als: vnnser . Vnnd . frünntlich . liebenn . etc. Vnd des gelychen (zit. nach Müller 1969, 16).

Eine solche Doppelung müsse phonetische Ursachen haben. Es könnte mit eine Wirkung dieser Theoretiker sein, daß im Laufe der Druckgeschichte derartiges abgebaut wird.

Unterschiedliche Schreibsprachebenen sind durch unterschiedliche Variantenfrequenz charakterisiert: Je niedriger die Sprachebene, desto höher die Zahl und desto häufiger das Vorkommen von Varianten. Auf der höchsten Schreibebene kommen sich die regionalen Schreibtraditionen, zumindest die 'osthochdeutschen' Schriftdialekte sehr nahe (Modell nach Moser 1978, 55):

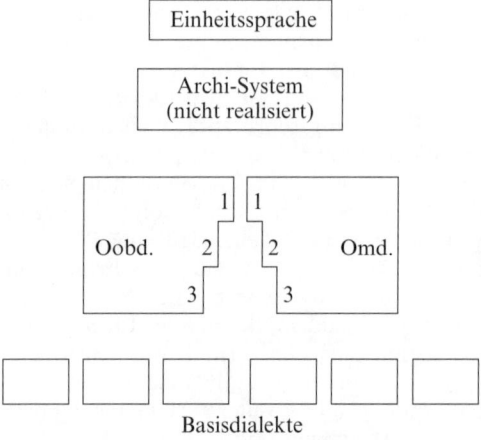

Abb. 111.2: Schreibsoziologisches Modell des Frnhd.

1.5. Ein besonderes Problem ist der Zusammenhang von Phonem- und Graphemsystem. Grundsätzlich ist anzunehmen, daß es Aufgabe einer Alphabetschrift ist, Phoneme wiederzugeben. Doch entwickelt, wie schon angedeutet, auch eine Alphabetschrift von Anfang ihrer (Schreib-)Geschichte an auch ihre Eigendynamik, die sich einerseits darin äußert, daß sich der Graphemgebrauch von den Phonemen ganz oder teilweise lösen kann, andererseits darin, daß eine Schrift Elemente enthalten kann, die nichts mit Phonemen zu tun haben (etwa der Gegensatz von Minuskeln und Majuskeln oder Interpunktionszeichen, s. u. 5.). Diese unterschiedlichen Eigenschaften der (dt., im speziellen: frnhd.) Schrift lassen Graphemsysteme in gewissem Sinne „als eigenen Objektbereich" (Straßner 1977, 1) erscheinen. Dennoch ist es zugleich angemessen und gerade für die Geschichte der dt. Sprache auch bedeutsam, das 'Graphem' in seiner Abhängigkeit vom 'Phonem' zu sehen, wenngleich dieser Zusammenhang je nach schreibsprachlicher Ebene und/oder je nach Funktiolekt enger oder lockerer sein kann, weil sich eben „bei dem den Kultursprachen eigenen Nebeneinander von gesprochener und geschriebener Sprache autonome Entwicklungen" (Althaus 1980, 144) ergeben. 'Graphem' wird demnach als die „kleinste[ ] distinktive[ ] Einheit geschriebener Sprache" verstanden, „die ein Phonem (in wenigen Fällen eine Phonemfolge) repräsentiert" (Fleischer 1966, 15), oder, anders formuliert, „kann die Klasse von Graphen, die dasselbe Phonem bezeichnen, Graphem genannt werden" (Hammarström 1966, 57). Damit ist auch impliziert, daß es prinzipiell möglich ist, das Phonemsystem aus dem Graphemsystem zu rekonstruieren, wobei wir — und das darf nicht als Mangel gelten — unsere 'philologischen' Vorkenntnisse und unsere Kenntnisse der rezenten Dialekte mit heranziehen müssen (vgl. dazu Wiesinger 1996, 18 ff.).

Der Zusammenhang von Phonem und Graphem ist auch ein Problem der unterschiedlichen Textarten: So kann man etwa für die spätmittelalterlichen Übersetzungen der Franziskanerregel 'Solet annuere' (päpstliche Bestätigung 1223, ediert von Wolf 1975) annehmen, daß die jeweiligen Graphemsysteme Phonemsysteme (des Schreibortes bzw. der -region) widerspiegeln (vgl. dazu Wolf 1975, bes. 278). Demgegenüber kann das von einer 'Kanzleinorm', die wohl nie gesprochen wurde und als Kanzleinorm nur noch indirekt mit einer sprechsprachlichen Basis zusammenhängt, kaum behauptet werden. Moser (1977, 218 ff.) konnte an einem eindrucksvollen Beispiel zeigen, daß ein Beamter mainzischer Herkunft in der Kanzlei Kaiser Maximilians I., Johann Storch, sich zunächst, durchaus seiner Herkunft entsprechend, zahlreicher wmd. Eigentümlichkeiten bedient und sich danach dem Usus der maximilianischen „beträchtlich angenähert" hat, obwohl dieser „im ganzen auf bair.-österr. Basis beruht" (ebd., 274 f.). Es bestätigt sich an diesem Beispiel auf zweifache Weise die Tatsache, daß man nicht so schreibt, wie man spricht, sondern so, wie man zu schreiben gelernt hat.

2. Graphemik und Graphetik

Aufgrund des postulierten Zusammenhangs von Graphem- und Phonemsystem ist es günstig, Grapheme, die Vokale, und solche, die Konsonanten bezeichnen, in der Darstellung voneinander zu trennen.

Auch Straßners (1977, 124 f.) computergestützte Distributionsanalyse bestätigt diesen Ansatz:

„Die hypothetisch vorgenommene Differenzierung zwischen den Graphemen der Klasse 1 und 2 analog der Klassenbildung in der Phonologie [= die Differenzierung in Vokal- und Konsonantengrapheme. NRW] wird durch die Untersuchung der Grapheme auf die Ähnlichkeit ihrer Kontexte hin bestätigt."

Lediglich die Graphe *i* und *u* sowie *j* und *v* machen hier eine Ausnahme, sie haben einen doppelten Phonembezug. Die Bezeichnungsfunktion dieser Graphe richtet sich nach ihrer Position im Wort: *j* und *v* können in Initialstellung vor einem Konsonantengraphem die Vokale /i/ und /u/ bzw. /y/ (graphisch ⟨ü⟩) bezeichnen und auf diese Weise Allographe von ⟨i⟩ bzw. ⟨u⟩ sein: *jn, jr, vnd, vmb, vbel, vber,* im Gegensatz zu *jar, jagen, vor, ver(suchen)*. *i* und *u* begegnen in Initialposition vor Vokal als Varianten von ⟨j⟩ resp. ⟨f⟩: *iagen, iungkfrauw,* auch in gedeckter Initialstellung: *beuestigen, beuelhen.* In intervokalischer Medialstellung kann *u* den labialen Spiranten bezeichnen: *freuel,* bei Fremdwörtern in etymologischer Schreibung auch nach Konsonantengraphem: *puluer, resoluieren.* Zuweilen wird auch *w* für ⟨u⟩ verwendet: *dw, kwe, zwcht.* Gegen Ende der frnhd. Periode drängen die Orthographietheoretiker und die Praxis der Drucker auf eine strikte Trennung von Vokal- und Konsonantengraphemen (V. Moser 1929, 23 ff.); man kann schon bei Paul Schede Melissus (1539—1602) aufgrund seiner Praxis die theoretische Forderung in der nicht überlieferten 'Introductio in linguam

Germanicam' rekonstruieren, nach der „*j, v* und *w* nur als Konsonantzeichen" (Jellinek 1913, 58) verwendet werden sollen. – Heute steht *u* nur noch in der Kombination *qu* für /v/.

Die folgende Darstellung will den Stand in Handschriften aus dem späten 15. und 16. Jh. darstellen.

2.1. Vokalgrapheme

Aus 'osthochdeutschen', also aus oobd., schwäb. und omd. Texten läßt sich, wie schon erwähnt, ein 'Archi-System' von Vokalgraphemen abstrahieren:

⟨*i*⟩					⟨*u*⟩
	⟨*e*⟩			⟨*o*⟩	
		⟨*a*⟩			
⟨*ie*⟩					⟨*ue*⟩
	⟨*ei*⟩	⟨*ai*⟩			
	⟨*eu*⟩	⟨*au*⟩			
	⟨*ee*⟩				

Abb. 111.3: Archi-System der frnhd. Vokalgrapheme

Der Bestand an Monographen, also einbuchstabigen Graphemen, ist klar. Es sind Schriftzeichen für die Monophthonge, ganz gleich ob Kurz- oder Langmonophthonge, wobei ⟨*a*⟩, ⟨*o*⟩ und ⟨*u*⟩ auch für die entsprechenden Umlaute stehen können. – Interpretationsschwierigkeiten können die Digraphe machen: ⟨*ie*⟩ ist in den obd. Texten in erster Linie Korrespondenz des Diphthongs /iə/ (*lieb*, *dienen*), kann aber auch, wenngleich im Obd. selten, den Langmonophthong /i:/ abzeichnen (*dieser*). Im Omd. dagegen ist ⟨*ie*⟩ umgedeutet: Da dieser Digraph häufig schon in Wörtern vorkommt, die keine Kontinuante von mhd. ⟨*ie*⟩ enthalten (*geschrieben*, *friedlich*), ist anzunehmen, daß ⟨*ie*⟩ schon durchweg für /i:/ steht, mit anderen Worten, daß der ehemalige Diphthong /iə/ zu /i:/ monophthongiert ist; das *e* im Digraph ist also als Längenkennzeichnung eingesetzt, ähnlich wie in der Doppelung ⟨*ee*⟩, die vorwiegend im Omd. vorkommt; im Obd. ist *ee* nicht graphemisiert, sondern hauptsächlich als Variante von ⟨*e*⟩ anzusehen. Doch auch im Omd. ist die Opposition zu ⟨*e*⟩ einer Richtung ⟨*ee*⟩ → ⟨*e*⟩ aufhebbar.

⟨*ue*⟩, das häufig auch als *u* mit diakritischem Zeichen realisiert wird (*ů, ü̊, ü, ú*), begegnet vor allem im Obd. und korrespondiert hier sowohl mit dem Diphthong /uə/ als auch mit dessen Umlaut /yə/ (*hueter/hůter/hüter/hú-*

ter, bisweilen auch *hü̊ter* 'Hüter'). Zugleich weisen die obd., noch mehr aber die md. Texte, die das Digraph verwenden, darauf hin, daß die Opposition ⟨*u*⟩–⟨*ue*⟩ eine neue Funktion erhält: Sie signalisiert nicht mehr den Gegensatz Monophthong–Diphthong, sondern in zunehmendem Maße die Opposition nicht-umgelautet – umgelautet (*bruder* Sg. – *brueder* Pl.). Von da aus ist es, zunächst vor allem in Schriftdialekten, die keine Grapheme für die Diphthongreihe /iə yə uə/ (mehr) benötigen, nur noch ein kleiner Schritt zur völligen 'Umfunktionierung' auch von ⟨*ue, ů, ü̊, ü, ú*⟩: dieses Graphem gibt nur noch die Monophthonge /y/ bzw. /y:/ wieder. Wie z. B. die Omd. Franziskanerregel (geschrieben 1496, ediert von Wolf 1975) zeigt, folgt ⟨*ö̊*⟩ schnell nach. Die Aufnahme von Umlautgraphemen in das Graphemsystem erfolgt nicht nur aufgrund des Drucks von seiten des Phonemsystems, sondern hat auch Gründe, die innerhalb des Graphemsystems liegen: „Die funktionelle Belastung der Grapheme *o* und *u* wird verringert, indem sich nun auch graphemisch unterschieden *losen* : *lösen*, *gute* : *Güte*" (Fleischer 1969, 230). Dies ist besonders deshalb wichtig, weil ja der Umlaut im spätmittelalterlichen Dt. in zunehmendem Maße grammatische Funktionen (Kennzeichnung des Plurals, des Konjunktivs, der Ableitung schwacher Verben) übernimmt.

Die Opposition ⟨*ai*⟩–⟨*ei*⟩ entspricht dem phonemischen Gegensatz /ai < eil/–/ei < î/. Sie wird – zunächst – im Schriftsystem notwendig, damit ein Zeichenzusammenfall wie '(ich) weiß < mhd. *weiz*' – 'weiß < mhd. *wîz*' vermieden wird. In den Handbüchern ist oft zu lesen, daß ⟨*ai*⟩ ein Kennzeichen des Obd. sei und „bis ins 16. Jh. – mit unterschiedlicher, insgesamt zeitlich (im Verlauf des Frnhd.) und räumlich (außerhalb des bair. Kerngebiets) abnehmender Konsequenz – zur graphischen Wiedergabe des mhd. /æ/" (Reichmann/Wegera 1993, 58) gedient habe. Sicherlich hat die „im Bairischen schon mhd. entwickelte Schreibung *ai*" (Fleischer 1970, 118) im Oobd. ihr „Kerngebiet", doch gerade das Schwäb. verwendet dann ⟨*ai*⟩ in vielem noch konsequenter als das Bair.; und auch das Omd. greift nach Einführung der neuen Diphthonggraphe ebenfalls auf diese Differenzierungsmittel zurück; so z. B. in der Dresdner Geschäftssprache des 16. Jhs. (Fleischer 1970, 119f.) oder „relativ zahlreich" (Kettman 1969, 107) in der kursächsischen Kanzlei. In allen Dialektgebieten, in denen

⟨ai⟩ verwendet wird, ist die Opposition ⟨ai⟩−⟨ei⟩ von Anfang an in der Richtung ⟨ai⟩ → ⟨ei⟩ neutralisierbar. Dies hat seinen Grund wohl darin, daß ein strenges Auseinanderhalten der alten Diphthongreihe mit der neuen nicht notwendig war. Dieser Gegensatz war ebenfalls funktional nicht allzu stark belastet; anders formuliert, die Reihe der alten mhd. Diphthonge /iə yə uə/ war bei weiten nicht so stark ausgenutzt wie die der mhd. engen Langvokale /i : y : u :/ vor der 'frühneuhochdeutschen Diphthongierung'. Zudem bestand eine Opposition zwischen altem und neuem Diphthonggraphem nur in der Reihe mit ⟨i⟩, also nur zwischen ⟨ai⟩ und ⟨ei⟩; die graphischen Korrespondenzen von /ɔγ < öu/ − /ɔγ < iu/ und /aʊ < ou/ − /aʊ < û/ spiegeln die phonemische Opposition von Anfang an nicht wider, so daß nur in einem Fall der dreigliedrigen Reihe überhaupt eine graphische Unterscheidung versucht wurde. Dies alles trägt dazu bei, daß die Opposition ⟨ai⟩−⟨ei⟩ nicht langlebig ist. ⟨ai⟩ wird zum Allograph von ⟨ei⟩, das entweder der Homographentrennung dient (*Seite−Saite*, *Leib−Laib*) oder wortgebunden fixiert wurde (*Kaiser, Mai*). − In graphischer Parallele zu ⟨ai⟩−⟨ei⟩ steht ⟨au⟩−⟨eu⟩; *a* bzw. *e* werden mit *u* kombiniert.

Die omd. Systeme, die noch keine Entsprechung der neuen Diphthonge kennen, weisen eine geringere Zahl an Diphthonggraphemen auf, in der Regel nur ⟨ei⟩ und ⟨ou⟩ (vgl. dazu Wolf 1975, 220f.; 272f.). Die Übernahme der neuen Diphthonggrapheme nähert also das omd. System dem oobd. an. Zugleich ist festzuhalten, daß dem neuen, dem oobd., Usus häufig ein höherer Prestigewert zukam, was sich z. B. an Jenaer Ratsurkunden beobachten läßt:

„Die Urkunden, die eine größere Zahl von Diphthongen enthalten […], sind an Empfänger gerichtet, die entweder sozial höher stehen (wie der Landesherr und seine Räte) oder unter südlichem Einfluß schon länger schreiben (wie der Rat von Eger), die Urkunden mit der geringeren Zahl von Diphthongen […] sind für einheimische Bürger ausgestellt" (Suchsland 1968, 66).

Es bestätigt sich also auch hier die grundsätzliche Annahme, daß Grapheme eine Art sprachlicher Zeichen mit Ausdrucks- und Inhaltsseite sind, wobei die Inhaltsseite die Bezeichnung der entsprechenden Phoneme ist. Sowohl als ausdrucksseitiges als auch inhaltsseitiges Phänomen sind die Varianten der einzelnen Grapheme zu sehen. Zudem kommen nicht in jedem Text alle denkbaren Allogra-

phe vor, sondern hier dürften regionale und soziolektale Regularitäten die Auswahl beschränken. Es sollen deshalb die Varianten nach Texten getrennt vorgeführt und diskutiert werden; die Ziffern bezeichnen folgende Texte:

(1) Bair. Franziskanerregel, um 1486 (nach Wolf 1975, 155ff.); (2) Kanzlei Maximilians I., Schreiben aus den Jahren 1490−1493 (nach Moser 1977, 84ff.); (3) Schwäb. Franziskanerregel, um 1500 (nach Wolf 1975, 191ff.); (4) Omd. Franziskanerregel, 1496 (nach Wolf 1975, 214ff.); (5) Dresdner Stadtschreiber Michael Weiße (nach Fleischer 1966, 22ff.).

Aus Platzgründen werden hier nur die Varianten der einbuchstabigen Grapheme dargestellt.

Graphem	Text	Varianten
⟨a⟩	(1)	a
	(2)	a, aa
	(3)	a, ä
	(4)	a
	(5)	a, ae, ah
⟨e⟩	(1), (2)	e, ee
	(3), (4)	e
	(5)	e, eh
⟨i⟩	(1)−(4)	i, j, y
	(5)	i, j, y, ie, iee, ye
⟨o⟩	(1), (2), (4)	o
	(3)	o, ö
	(5)	o, oe, oë, oh
⟨u⟩	(1)	u, v, w
	(2), (4)	u, v
	(3)	u, ů
	(5)	u, v, w, ü, ue, üe, we, wh

Abb. 111.4: Monophthonggrapheme und ihre Allographe im Frnhd.

Diese Übersicht enthält verschiedene Typen von Varianten:

Rein *graphische*, meist positionsbedingte Varianten: dazu gehören vor allem *i, j, y* von ⟨i⟩ und *u, v, w* von ⟨u⟩. Dazu kommen auch Einflüsse anderer Schreibtraditionen, s. z. B. *ue* und *üe* bei Weiße, wodurch im Omd. sicherlich kein Diphthong, sondern md. Usus gemäß ein Langmonophthong gekennzeichnet wird.

Graphonemische Varianten, die „Unterschiede in der Phonembezeichnung zum Ausdruck" (Fleischer 1966, 16) bringen. Hier begegnen wir den Versuchen, verschiedene phonemische Oppositionen wiederzugeben: Längenbezeichnungen (*aa, ee* oder als Varianten von ⟨i⟩ *ie, ye, iee* sowie die Kombinationen mit *h* bei Weiße) oder umgelautete Vokale (*ä, ö, oe*). In manchen Texten kann den Graphkombinationen schon der Status eines Graphems zukommen, doch dies ist noch nicht die Norm.

Selten sind *graphemische* Varianten, die nur auf der graphischen Ebene, nicht jedoch auf der phonemischen distinktiv sind: *ihn* 'in' − *in* 'in' bei Weiße. − Auffällig ist die größere Variantenzahl bei Weiße. Hier ist zu vermuten, daß die schreibsoziologische 'Höhe' einen Einfluß auf die Zahl möglicher Varianten hat. Die Tatsache, daß der Usus in der maximilianischen Kanzlei weit weniger Varianten zuläßt, als Weiße verwendet, dürfte, neben schriftdialektalen Gegebenheiten, vor allem auf die 'Schreibhöhe' der Hofkanzlei gegenüber einer städtischen Kanzlei weisen. Die Franziskanerregeln repräsentieren dagegen eine ganz andere Textart mit ihren eigenen Regularitäten, die diese Texte allerdings auf eine relativ hohe 'Schreibebene' stellen.

Von diesen Variantentypen sind die in allen frnhd. Texten vorkommenden Neutralisationen streng auseinanderzuhalten. Es handelt sich hierbei um die Aufhebung von üblicherweise funktionierenden Oppositionen, d. h. zwei Grapheme kommen in der gleichen Umgebung ohne distinktive Funktion vor (*wort* ∼ *wart*). Solche Neutralisationen können Unterschiedliches signalisieren:

Nicht-Existenz von phonemischen Oppositionen, z. B. im Bair. *o* ∼ *a*. Die hier als 'Osthochdeutsch' bezeichneten Schriftdialekte unterscheiden sich weniger durch unterschiedliche Graphemsysteme, sondern vielmehr durch typische Neutralisationen.

Phonemische Variation, z. B. positionsbedingte Allophone, die zu positionsbedingten Neutralisationen führen (hierfür stehen mir nur Beispiele aus dem Konsonantismus zur Verfügung), wie omd. *phlichtig* ∼ *phlichtich* ∼ *phligtig*.

Überlagerung von verschiedenen Schreibsystemen, Zusammenwirken von verschiedenen Schreibtraditionen somit, die unabhängig von der gesprochenen Sprache wirken. Dies zeigt sich beim Graphem ⟨ue⟩, bei dem alte Tendenzen (Wiedergabe eines Diphthongs) und neue (Kennzeichnung eines umgelauteten Vokals) wirksam sind. Hierher gehören auch Vorgänge wie die Übernahme von Graphemen ohne phonemische Grundlagen im gesprochenen Dialekt, wie z. B. das Eindringen der neuen Diphthonggrapheme in die alem. Schriftlichkeit.

Aufkommen neuer Phoneme bzw. das Verschwinden von Phonemen: Hier sind die Prozesse der phonemischen und dann auch graphemischen Übernahme der 'frnhd. Diphthongierung' oder der 'frnhd. Monophthongierung' besonders aufschlußreich.

2.2. Konsonantengrapheme

Das, was im Anschluß an die Vokalgrapheme erörtert worden ist, gilt im wesentlichen auch für die Konsonantengrapheme. Allerdings machen die Konsonanten weniger Probleme als die Vokale; dies zeigt sich schon darin,

daß sowohl die Zahl der Varianten als auch die der Neutralisationen viel geringer ist als bei den Vokalgraphemen. Für das Osthochdeutsche kann folgendes (Archi-)System aufgestellt werden:

⟨b⟩	⟨p⟩	⟨f⟩	⟨w⟩		⟨pf⟩
⟨d⟩	⟨t⟩	⟨s⟩	⟨ss⟩	⟨sch⟩	⟨cz⟩
⟨g⟩	⟨k⟩	⟨h⟩	⟨ch⟩	⟨j⟩	
⟨n⟩	⟨m⟩	⟨ng⟩			
⟨nn⟩					
⟨l⟩	⟨r⟩				
⟨ll⟩		⟨rr⟩			

Abb. 111.5: Konsonantengrapheme des Frnhd.

(1) Im Bair. existiert die Opposition ⟨b⟩−⟨p⟩ nicht, es handelt sich hier um zumeist positionsbedingte Varianten eines Graphems ⟨b, p⟩. In Anfangsstellung steht meist *p*: *pey, pues, pauung, pitten*, in medialer Stellung steht, ausgenommen nach ⟨s⟩ häufig *b*. *b* in Initialposition ist selten, oft wort- bzw. morphemgebunden (*brief*, Präfix *be-*). Doch auch im Bair. kommt es nicht sehr oft vor, daß *b* und *p* in demselben Wort verwendet werden (etwa *bischof* ∼ *pischof*), so daß es auch Schreibern des bair. Usus leicht möglich gewesen sein muß, die Opposition wieder in ihr Schriftsystem einzuführen.

(2) Die Frage, ob ⟨k⟩ für den gutturalen Verschlußlaut /k/ oder für die Affrikata /kχ/ steht, ist zumindest für das Obd. schwer zu beantworten. Die Tatsache, daß Texte, die aus dem Nobd. stammen, in erster Linie die Varianten *k* verwenden, solche aus dem Oobd. und auch aus dem Wobd. hingegen auch *ch* (*kurfürst* ∼ *churfürst*), medial und final auch *ck* und *ckh* (*dancken* ∼ *danckhen*, *starck* ∼ *starckh*), läßt vermuten, daß ⟨k⟩ häufig zumindest für ein phonetisch, wenn nicht phonemisch wirksames *kχ* steht.

(3) Die Schreibungen der labialen und der dentalen Affrikaten sind ebenfalls noch (lange) nicht fixiert. /pf/ wird hauptsächlich von *ph*, der älteren Variante, und *pf* wiedergegeben. Bereits der Basler Schulmeister Johannes Kolroß weiß in seinem 'Enchiridion' (1530), das für Fortgeschrittene, die ihre Lese- und Schreibkenntnisse verbessern wollen, gedacht ist, zu unterscheiden:

Man find [...] in alten brieffen ph. für pf. als phund/ phennig/für pfund/pfennig. Aber: Item ph. wo es by einander (in dem latin vnd tüdtschen) blypt/thût es ouch ein f. Exemplum. Phares/Pharao/Phariseer/ pheresiter/Philippus/Sophonias/Joseph.

Gleichzeitg verweist Kolroß darauf, daß *ph* an der Morphemgrenze zwei Konsonanten repräsentiert:

So aber das p. von dem h. getheylt würt/do behalt yeder bůchstab sin krafft/als plapp/hart/kopp/han/ råpp/hun/åb/hew/oder also åphew/Schnapp/han (zit. nach Müller 1969, 76).

Für die dentale Affrikata stehen als häufigste Varianten *cz* oder *tz*, die aber, besonders in den Handschriften, oft kaum auseinanderzuhalten sind. *z* für /ts/ ist „fast ganz auf den Anlaut beschränkt" (V. Moser 1929, 68), da *z* in Medial- und Finalstellung meistens die dentale Spirans (vgl. normalmhd. ⟨ʒ⟩) wiedergibt.
(4) Von den Geminaten haben in erster Linie die Sonantengrapheme distinkte Funktion, z. B. *welung* 'Wahl' − *wellen* 'wollen'. Die Geminaten kennzeichnen in zwischenvokalischer Stellung vorausgehenden Kurzvokal, eine Aufgabe, die im Graphsystem der Gegenwartssprache sämtlichen Konsonantengeminaten zukommt. Im Frnhd. ist ⟨mm⟩ noch nicht systematisiert, wohl auch wegen der graphischen Fülle dieser Kombination ist diese Kombination noch als Variante von ⟨m⟩ anzusehen (über mögliche phonemgeschichtliche Gründe s. auch Fleischer, 1966, 54f.).
⟨s⟩−⟨ss⟩, wie die Sonantengeminaten ebenfalls nur in zwischenvokalischer Position, hingegen korrespondiert mit der mhd. Opposition /s/−/ʒ/ (vgl. z. B. bair. *affterkasen* < mhd. *kôsen* − *hausgnassen* < mhd. *genôʒen*). In medialer Stellung vor Konsonant und in finaler Position ist die Opposition ⟨s⟩−⟨ss⟩ neutralisiert. Hier kann, gewissermaßen als Archi-Graphem, in dem sich ansonsten wirksame Oppositionen neutralisieren, die Ligatur β begegnen. Erst im Laufe der Entwicklung schließen sich die beiden oppositiven Grapheme ⟨s⟩−⟨ss⟩ der allgemeinen Distinktion Simplex−Geminate an.
   Die Geminaten der anderen Obstruentengrapheme sind in den meisten Fällen als Varianten der einfachen Graphien anzusehen. Sie systematisieren sich erst später. Lediglich *ff* könnte, vor allem im Obd., graphemischen Status haben, „wobei ⟨ff⟩ immer auf germ. *p* zurückführt" (Moser 1977, 116) und ebenfalls nur intervokalisch diese Funktion hat.
(5) Die Opposition ⟨h⟩−⟨ch⟩ ist nicht leicht zu belegen. Sie läßt sich aus Minimalpaaren vom Typ *sahen* (Prät. von *sehen*) − *sachen* 'Sachen' erschließen. „Die Frage, ob hinter

medialem ⟨h⟩ und ⟨ch⟩ eine phonologische Opposition steht, muß allerdings offenbleiben" (Moser 1977, 123). In manchen Texten scheint es wahrscheinlicher, daß es sich um zwei positionsbedingte Varianten eines Graphems handelt (vgl. folgende Beispiele aus der schwäb. Franziskanerregel: *leichen* 'leihen', *Schüche* 'Schuhe', *verschmachent*, *sechent*).
(6) Vor allem im Omd. ist die Graphemsequenz *sch* für /ʃ/ noch nicht fest. Auch andere Reihenfolgen der Buchstaben wie *chs* oder auch *chß* finden sich; diese weisen aber kaum auf lautliche Gegebenheiten, sondern sind bloß Versuche, dieses Phonem graphisch wiederzugeben.

3. Phonologie und Phonetik: Zur Lautgeschichte

Im Gegensatz zum Graphemsystem läßt sich für die Phoneme kein frnhd. Archi-System erstellen. Zu stark weichen die einzelnen Dialekte voneinander ab. Es sollen daher nur einzelne phonemgeschichtliche Tendenzen, die für die Entwicklung des Frnhd. zu einer Einheitssprache aufgrund ihrer 'Regelmäßigkeit' von Bedeutung sind, dargestellt werden (vgl. dazu auch die Übersichtsdarstellung mit zahlreichen Belegen von Erben 1970, 403ff.).

3.1. Wandlungen im Vokalismus

Den Unterschied zwischen dem (Normal-)Mhd. und der nhd. Einheitssprache wird durch einen grundlegenden Umbau im Teilsystem der Langvokale und der Diphthonge gekennzeichnet. Obwohl die Teilschritte dieses Umbaus, eine Monophthongierung (1) und eine Diphthongierung (2), zunächst (dialekt-)geographisch getrennt vor sich gehen, werden sie in der entstehenden Einheitssprache zu einem systematischen Vorgang zusammengeführt, den man 'frnhd. Vokalverschiebung' nennen könnte; zwar werden die beiden Teilschritte schon in mhd. Zeit durchgeführt bzw. begonnen, doch im Frnhd. wird daraus ein einheitlicher Prozeß.
   Lautwandelphänomene wie 'Hebung' und 'Senkung' sind so wenig regelmäßig, daß es sich bei den Formen, die sich im Laufe der Sprachgeschichte durchgesetzt haben, wohl um einzelne Wörter handelt, die aus bestimmten Gründen in einer bestimmten Form für die entstehende Schriftsprache ausgewählt wurden; 'Hebung' und 'Senkung' werden deshalb hier nicht behandelt.

(1) *Frnhd. Monophthongierung*: Die mhd. Diphthonge /iə yə uə/ werden zu den Langvokalen /i: y: u:/ monophthongiert: mhd. *lieber müeder bruoder* > *lieber müder Bruder*. Das Graphem ⟨ie⟩ in der dt. Gegenwartssprache ist noch als Kontinuante des entsprechenden mhd. Phonems bzw. Graphems anzusehen. Allerdings kommt ⟨ie⟩ heute auch in Wörtern vor, deren /i:/ nicht auf den Diphthong /iə/ zurückgeht (*Spiel, viel, Ziel*). Aufgrund von Lautverhältnissen in rezenten Mundarten kann man annehmen, daß diese Monophthongierung nur das (West- und Ost-)Mitteldeutsche und Teile des Ofrk. – in der Gegend um Würzburg werden noch resp. wieder die alten Diphthonge gesprochen – erfaßt hat. Nicht ganz sicher ist der Ursprung dieses Lautwandels: Für Virgil Moser (1929, 198) gilt als sicher, „daß Ausbreitung und Durchdringung der Monophthonge sich im Wmd. spätestens seit der Wende des 11./ 12. Jhs. und in den übrigen Gebieten noch im Verlaufe der mhd. Zeit vollzogen haben". Demgegenüber scheint Schirmunski (1962, 230) eher einen Ausgang im Omd. und dann erst eine Ausbreitung ins Wmd. und ins Ofrk. anzunehmen. In den bair., alem., schwäb. und einigen ofrk. Dialekten werden heute noch die alten Diphthonge gesprochen. In der obd. Schriftlichkeit hingegen haben sich die Monophthonge und das umgewertete ⟨ie⟩ vom 16. Jh. an durchgesetzt.

(2) *Frnhd. Diphthongierung*: Die alten, d. h. mhd. langen Monophthonge /i: y: u:/ werden zu den Diphthongen /ae ɔø aɔ/ verschoben: mhd. *mîn niuwez hûs* > nhd. *mein neues Haus*. Dieser Lautwandel ist auch heute noch nicht in allen hd. Dialekten durchgeführt, das Alem. und einige kleinere Regionen (s.u.) haben die alten Monophthonge bewahrt. Die „ältesten urkundlichen Zwielautschreibungen *ei* und *ou*" begegnen „ganz vereinzelt schon um 1100" im Südbairischen, „und zwar in Südtirol" (Kranzmayer 1956, 48). In der Folgezeit vergrößert sich der Anteil an diphthongierten Formen (gegenüber nicht diphthongierten Formen) in schriftlichen Zeugnissen stetig (nach Lindgren 1961, 48):

%	Bair.	Ost-frk.	Schwäb.	Böhm.	Süd-frk.	Ostmd.
10	1200	1300	1450	–	1500	1475
50	1275	1375	1475	1425	–	1500
90	1350	1425	–	–	–	–

Abb. 111.6: Die Ausbreitung der frnhd. Diphthongierung in der Schriftlichkeit

Die neuen Diphthonge sind also in der bair.-öst. Schriftlichkeit am frühesten belegt und breiten sich langsam in anderen Dialekten aus. Das heißt aber nicht, daß der Südosten des dt. Sprachgebietes der Ursprungsherd dieser Verschiebung ist, weil die Reflexe eines jeden Phonemwandels in der Schreibe von den unterschiedlichsten Bedingungen abhängen. Was die Südtiroler Schreiber betrifft, muß man feststellen, daß diese im Mittelalter zumeist zweisprachig waren und daß „die polyglotten Kanzlisten [...] sich erfahrungsgemäß eher zu lautgetreuen Umschriften" entschließen (Kranzmayer 1956, 48). Das will sagen, daß die Diphthongierung nicht vom Südbairischen ihren Ausgang nimmt, sondern dort nur am frühesten in der Schriftlichkeit begegnet. Demgegenüber kann man annehmen, daß in den gesprochenen Mundarten, in denen die Diphthongierung völlig durchgeführt ist – das ist

„in der großen zentralen Gruppe der hochdeutschen Mundarten einschließlich des Bairischen, Schwäbischen, Rheinfränkischen (mit Ausnahme des Niederhessischen), Mittelfränkischen (mit Ausnahme des Ripuarischen) und eines großen Teils der ostmitteldeutschen Mundarten (mit Ausnahme des Westthüringischen)" (Schirmunski 1962, 214) –

der Lautwandel autochthon entstanden ist. Im Md. hat er wohl erst nach der Monophthongierung (s. u.) eingesetzt, weil dort die alten Langmonophthonge mit den neuen zusammenzufallen drohten.

Obwohl es sich bei der Diphthongierung um einen systematischen Vorgang handelt, darf nicht angenommen werden, daß die drei Monophthonge sich gleichzeitig gewandelt hätten; es ist vielmehr beobachtet worden, daß für mhd. /u:/ und /y:/ vor /i:/ Digraphen in der Schriftlichkeit begegnen (vgl. etwa Jones 1979; Bürgisser 1988, 54ff., zusammenfassend Reichmann/Wegera 1993, 65).

In der nhd. Schriftsprache und in deren Folge dann auch in der modernen (gesprochenen) Standardsprache sind die neuen Diphthonge sowie die Kontinuanten der alten Diphthonge zusammengefallen:

Mhd.	Nhd.	Mhd.
wîz 'weiß'	⟨ei, ai⟩	*weiz* '(ich) weiß'
tûbe 'Taube'	⟨au⟩	*toup* 'taub'
tiuber 'Täuber'	⟨eu/äu⟩	*röubære* 'Räuber'

Abb. 111.7: Die Entwicklung der nhd. Diphthonge

Die Verteilung der Graphien *eu* und *äu* in der Gegenwartssprache wird vom morphologischen Orthographieprinzip geregelt (*heute* vs. *Häute*), über *ai* s. o.

In den gesprochenen hd. Dialekten hingegen sind die alten und die neuen Diphthongreihen bis heute distinkt. Deswegen sprechen manche Autoren von einem „Neuhochdeutschen Diphthongwandel" und meinen damit eine „Öffnung" der alten Diphthonge „zu /ai/, /äu/, /au/, die auch von der nhd. Gemeinsprache übernommen wird" (Paul/Wiehl/Grosse 1989, 74). Doch ist hier zu bedenken, daß in den rezenten Mundarten kaum diese geöffneten Diphthonge gesprochen werden; das Bair. z. B. hat als Entsprechung von mhd. /ei/ in einem großen Gebiet den Diphthong /ɔɒ/, für mhd. /ou/ hingegen den Monophtong /a:/, im Ofrk. sind diese beiden Diphthonge im Monophtong /ɛ:/ oder /a:/ zusammengefallen. Die Diphthonge /ae ɔø aɔ/ der nhd. Standardsprache und ihre Aussprache gehen wohl auf den Einfluß der Schreibe zurück, weswegen wir im Dt. heute noch die Redewendung *nach der Schrift sprechen* haben und bei der Entwicklung der dt. Orthographie von einer „geredeten Graphie" (Hans Moser 1987, 379) sprechen können. Auch dies hat Tradition im Dt.: Es gibt gute Gründe, Luthers bekanntes Dictum *Ich rede nach der Sechsischen cantzley* auf die „Sprechsprache und nach Luthers Namengebrauch auf die Kanzlei im damaligen alten Sachsen [zu] beziehen" (von Polenz 1990, 190) und damit anzunehmen, daß schon Luther bewußt 'nach der Schrift' gesprochen hat.

(3) *Dehnungen und Kürzungen*: Die Dehnung kurzer mhd. Monophthonge in offener Tonsilbe „ist eine gemeinsame Besonderheit der niederdeutschen und hochdeutschen Mundarten" (Schirmunski 1962, 183).

„Diese von H. Paul (1884, 101−134) aufgestellte Regel besagt, daß die mhd. kurzen Monophthonge in ursprünglicher, d. h. nicht durch Konsonanten abgeschlossener ('gedeckter') Stammsilbe quantitativ verändert werden zu den entsprechenden langen Monophthongen (z. B. mhd. *si-gen* > nhd. *siegen*, aber mhd. *sin-gen* = nhd. *singen*)" (Paul/Wiehl/Grosse 1989, 74f.).

Diese Dehnung beginnt schon im 12. Jh. im Wmd. und breitet sich von da nach Osten und Süden aus. Im Obd. ist sie erst um 1300 zu beobachten, doch muß man gerade hier beachten, daß „die neue Vokallänge [...] orthographisch nur unvollkommen und zögernd zum Ausdruck" (Erben 1970, 403) kommt,

ein Zustand, der auch das nhd. Orthographiesystem kennzeichnet: so steht nicht gekennzeichnete Länge (*geben* [ge : bən]) neben gekennzeichneter (*nehmen* [ne : mən]).

Von dieser Regel gibt es viele 'Ausnahmen', die man klassifizieren kann; so unterbleibt die Dehnung trotz offener Tonsilbe vor allem vor *t* (mhd. *gate* > nhd. *Gatte*, mhd. *site* > nhd. *Sitte*, dagegen *Vater* [fɑ:tɐ] oder *Bote* [bo:tə]) und „vor *m* insbes. bei mehrsilbigen Lexemen auf *-er*, *-el*, *-en*" (Reichmann/Wegera 1993, 72) (*Hammer*, *Himmel*, *kommen*, wobei *-en* beim Verbum Flexionsmorph und nicht fester Bestandteil des Lexems ist). Über weitere 'Ausnahmen' s. Paul/Wiehl/Grosse 1989, 75f. und Reichmann/Wegera 1993, 72; dort auch weitere Arten von Dehnung). Als phonetische Beschreibung der Nicht-Dehnung wird häufig angeführt, daß „die Silbengrenze in den folgenden Kons. verlegt" (Paul/Wiehl/Grosse 1989, 75) wird; allerdings ist eine solche kaum nachvollziehbar und erklärt somit auch nichts.

Noch komplizierter sind Kürzungen, „verschiedene Prozesse [...], in denen mhd. lange Vokale zum Nhd. hin gekürzt werden" (Reichmann/Wegera 1993, 74). Da der graphische Reflex von Kürzungen ebenso schwer und selten zu finden ist wie von Dehnungen, gibt es kaum Untersuchungen dazu, so daß „die Kürzungsgesetze [...] überhaupt (mangels einer wirklich brauchbaren Vorarbeit) noch ziemlich ungeklärt" (Moser 1929, 82) sind und wir immer noch auf Einzelbeobachtungen angewiesen sind. Seit dem 12. Jh. kommen im Md. Reime „wie *brâht : gemaht*, *gedâht : naht*" (Paul/Wiehl/Grosse 1989, 77) vor; im Obd. begegnet derartiges nur vereinzelt. Am häufigsten wird vor mhd. ⟨/ht/⟩ gekürzt (mhd. *dâhte* > nhd. *dachte* [daχtə]), des weiteren vor ⟨/ft/⟩ (mhd. *klâfter* > nhd. *Klafter* [klaftɐ]), vor ⟨/st/⟩ (mhd. *ôsten* > nhd. *Osten* [ɔstən]) und vor ⟨/r/⟩ + Konsonant (mhd. *lêrche* > nhd. *Lerche* [lɛrçə]. Für weitere Fälle und Beispiele s. Paul/Wiehl/Grosse 1989, 77f. und Reichmann/Wegera 1993, 74).

Insgesamt stellt sich bei Dehnungen und Kürzungen die Frage, ob es sich hier tatsächlich noch um 'regelmäßige Vorgänge' oder gar um 'Gesetze' handelt. Wenn man die Verhältnisse in den rezenten Mundarten betrachtet (vgl. dazu Wiesinger 1983), dann bietet sich ein komplexes Bild, das kaum eine Regelmäßigkeit erkennen läßt.

3.2. Wandlungen im Konsonantismus

Den Konsonantismus, der mit geringen Ausnahmen schon mit der Durchführung der 'ahd. Konsonanten-/Lautverschiebung' stabilisiert erscheint, betrifft nur eine Reihe von Vorgängen, die keine neuen Phoneme hervorbringen, sondern lediglich einige Distributionsregeln ändern. Es handelt sich vor allem um einen Wandel von initialem ⟨s⟩ zu ⟨sch⟩ vor ⟨l⟩ (slange > Schlange), ⟨m⟩ (smecken > schmecken) und ⟨n⟩ (snê > Schnee). Vor ⟨p⟩ und ⟨t⟩ bleibt die Schreibung ⟨s⟩ erhalten (sprechen, stechen), „vielleicht angesichts des häufigen Anlauts sp, st im Lateinischen und in lateinischen Fremdwörtern oder weil die auch inlautend vorkommende Phonemverbindung sp, st im Inlaut nur regional beschränkt zu šp, št verändert worden ist" (Erben 1970, 412f.). Nicht ganz klar ist, welcher phonetische Vorgang sich in dieser graphischen Veränderung spiegelt. Allgemein wird in diesen Fällen von einem phonetischen Wandel /s/ > /ʃ/ gesprochen. Doch scheint dies nicht ganz wahrscheinlich. Man kann ziemlich sicher annehmen, daß für mhd. ⟨/s/⟩ phonetisch „eine dorso-präpalatale (in Richtung auf heutiges sch gehende)", für mhd. ⟨/ʒ/⟩ eine „dorso-dentale Artikulation" (Reichmann/Wegera 1993, 112) gegolten hat. Dies bedeutet, daß im (Normal-)Mhd. eine dreifache Opposition bestanden hat: ⟨/ʒ/⟩ − ⟨/s/⟩ − ⟨/sch < ahd. sk/⟩, anders formuliert, einem 'Sibilanten' standen zwei 'Schibilanten' gegenüber. Im Frnhd. wird diese Reihe umstrukturiert: /s/ in den oben genannten initialen Positionen vor Konsonant schließt sich

/sch/ an, indem in diesen Stellungen der Charakter eines Schibilanten erhalten bleibt bzw. verstärkt wird. In anderen Positionen fällt /s/ mit /ʒ/ zusammen oder bildet, besonders zwischenvokalisch, die neue Opposition Lenis vs. Fortis (oder in manchen Regionen /z/ − /s/).

4. Gesprochene und geschriebene Sprache

Das wohl bemerkenswerteste und sprachgeschichtlich wichtigste Ergebnis einer Zusammenschau von Graphem- und Phonemsystem(en) des Frnhd. ist die Einsicht, daß, was das 'Osthochdeutsche' betrifft, im Schriftsystem schon weitgehend eine Vereinheitlichung stattgefunden hat. Wir können die schon erwähnte These wagen, daß die Graphemsysteme dieser Schriftdialekte, also des Oobd. und des Omd., bereits als Subsysteme eines noch nicht realisierten schriftsprachlichen Archi- bzw. Supersystems anzusehen sind. Demgegenüber bleiben die arealen Differenzen in den Phonemsystemen erhalten, ja verstärken sich teilweise noch. Dieser Befund hat Sonderegger (1979, 170) zur Annahme „von einem Nebeneinander spätmittelhochdeutscher und teilweise oder voll frühneuhochdeutscher Sprache in verschiedenen Landschaften vom 14. bis zum 16. Jh." geführt:

Westliches Mitteldeutsch	Östliches Mitteldeutsch
teilweise Umgestaltung des mhd. Lautsystems durch Monophthongierung von ie > ī, uo > ū, üe > ǖ, aber zunächst keine Diphthongierung oder nur teilweise = Spätmittelhochdeutsch und Frühneuhochdeutsch	volle Umgestaltung des mhd. Lautsystems durch Diphthongierung (mit Zusammenfall der alten und neuen Diphthonge) und Monophthongierung: Frühneuhochdeutsch
Westliches Oberdeutsch	Östliches Oberdeutsch
volles mhd. Lautsystem mit mundartlichen Zügen (ohne Diphthongierung und Monopthongierung) = Spätmittelhochdeutsch	teilweise Umgestaltung des mhd. Lautsystems durch Diphthongierung von ī > ei, ū > ou, iu [= ǖ] > eu und Öffnung von ei > ai, ou > au, öu > äu, aber keine Monopthongierung = Mischung zwischen Spätmittelhochdeutsch und Frühneuhochdeutsch

Abb. 111.8: Spmhd. und frnhd. Sprachräume nach Sonderegger (1970, 170)

Ein solcher Befund hat seine Reize, macht er doch die auch heute gültigen dialektalen Unterschiede gut sichtbar und historisch begründbar. Andererseits ist es zumindest problematisch, das Alem. des späten Mittelalters, um nur ein Beispiel auszuführen, als noch

Mhd., das Bair. hingegen als Frnhd. zu bezeichnen. Auch wenn man sagen kann, daß z. B. 'Diphthongierung' und 'Monopthongierung' frühneuhochdeutsche 'Züge', 'Kennzeichen' seien, wird doch deutlich, daß diese Sprachwandelphänomene als (alleinige?) Kriterien für eine Periodisierung kaum geeignet sind. Andererseis zeigt sich, daß 'Diphthongierung' und 'Monophthongierung' zwar in mhd. Zeit schon durchgeführt, aber erst in frnhd. Zeit voll wirksam wurden, so daß es gerechtfertigt ist, diese beiden Änderungen als 'frühneuhochdeutsch' zu bezeichnen.

Gleichzeitig sehen wir aber, daß es im Dt. vor allem die Schriftlichkeit ist, die zu einer Einheitssprache führt. Wenn wir trotzdem in der frnhd. Periode verschiedene Schriftdialekte unterscheiden können, dann eben, wie schon angedeutet, im frnhd. 'Kernbereich' nicht so sehr durch verschiedene Graphemsysteme, sondern vor allem durch typische Neutralisationen.

Doch nicht nur die Einheitssprache überhaupt, sondern auch einige charakteristische Züge der dt. Standardsprache, die im Gegensatz zu den gesprochenen Dialekten stehen, dürften ihre Wurzel im frnhd. Graphemsystem haben oder zumindest von dort her gestützt worden sein. Dies betrifft zunächst die Opposition zwischen Fortis- und Lenisverschlußlauten.

Im Anschluß an Meinhold/Stock (1980, 121), wird die 'Binnenopposition' bei den Verschluß- und den Reibelauten nicht mit stimmlos−stimmhaft, sondern mit fortis−lenis angegeben, zum einen, weil damit sicherlich die Verhältnisse in einem großen Teil des Sprachgebiets zutreffender beschrieben werden; zum anderen kann das Merkmal lenis mit dem Zusatz „potentiell stimmhaft" (Meinhold/Stock 1980, 121) versehen werden. Schließlich ist überhaupt festzuhalten, daß im Dt. „der Unterschied zwischen Stimmhaftigkeit und Stimmlosigkeit mit dem Unterschied zwischen Lenes ('schwach' artikulierte Laute) und Fortes ('stark' artikulierte Laute) gekoppelt" ist und, da „für die Unterscheidung von [p] und [b], [t] und [d] usw. nur ein Unterscheidungsmerkmal notwendig ist, [...] die Stimmhaftigkeit weitgehend reduziert" wird, „ohne daß es zu Verwechslungen kommt".

Die Opposition zwischen Fortes- und Lenesverschlußlauten existiert in den meisten hd. Dialekten nicht (vgl. Schirmunski 1962, 330ff.). Daß die gegenwärtige Standardsprache diesen Gegensatz kennt, führt man gerne auf den Einfluß des Nd. zurück, „da hier die Opposition stimmhafter und stimmloser Konsonanten erhalten geblieben war" (Schirmunski 1962, 335). Doch ist zu bedenken, daß die Graphemsysteme, ausgenommen das Bair., diese Opposition trotz der 'binnenhochdeutschen' und der bair. (dazu

auch Kranzmayer 1956, 93ff.) Konsonantenschwächung weiterhin ausgenützt haben. Umgekehrt war die Opposition ⟨ei⟩−⟨ai⟩ nicht nur nicht stark belastet, sondern von Anfang an einseitig aufhebbar, so daß sie, wie auch die Gegensätze zwischen den alten und neuen Diphthongen, gegen die gesprochenen Dialekte aufgegeben werden konnte; eine Opposition ⟨ou⟩−⟨au⟩, entsprechend mhd. /ū/−/ou/ ist ja in der frnhd. Schriftlichkeit ohnehin kaum zu finden.

Andererseits wird das Graphemsystem vom Phonemsystem geradezu 'gezwungen', Umlautgrapheme einzuführen. Sie finden sich im Frnhd. erst partiell. Für /y/ und /y:/ werden die Varianten des überflüssig werdenden ⟨ue⟩ ausgenützt (u̇, ú, ü), analog dazu werden ähnliche Graphe für die anderen umgelauteten Vokale (o̊, ó, ö; å, á, ä). Hier sind die Verhältnisse nahezu von Text zu Text bzw. von Schreiber zu Schreiber verschieden. Gerade diese Probleme dürften mit der zeitgenössischen 'Lauttheorie' zusammenhängen. Noch die Theoretiker des 16. Jhs. haben ihre Probleme mit den Umlautgraphen, weil ihre Anschauungen stark vom Schriftbild beeinflußt sind. Kolroß z. B. rechnet die Umlautgraphe, wie die meisten seiner Zeitgenossen, wegen der Schreibung mit übergesetztem e (å, o̊, u̇) zu den Diphthongen, wobei er aber feststelle, daß

VOn den doppel stimmen gründtlich zů reden / soll man wissen / das die so übereinander gehörend / keiner sin volkumne stimm behalt / sonder bricht ye einer dem andern sin gantze stimm / also das yetwederer nur halb gehört würt / darum sy ouch wol gebrochen oder geflochten stimmen heissen / diewyl einer dem andern sin stimm bricht / und also in / vnd durch einander geflochten werden (zit. nach Müller 1969, 66).

Fabian Frangk nennt in seinem 'Cantzley und Titel buchlin', das schon früh mit seiner 'Orthographia' (beide 1531) zu einer Buchbindereinheit vereinigt wurde, die Graphe å o̊ u̇ [...] *halp duplirte* [...] *Weil sie das mitten zwůschen den eintzeligen vnd duplirten halten* (Müller 1969, 96). Hier kann erst die Phonetik des 18. Jhs. Abhilfe schaffen (vgl. Jellinek 1914, 25ff.).

Uneinheitlich bleibt bis heute die Kennzeichnung von Lang- und Kurzvokalen. Ansatzweise haben die Geminaten von Konsonantengraphemen die Kennzeichnung vorausgehender Vokalkürze übernommen, doch funktioniert das im späten Mittelalter einerseits nur mit den Graphemen für die sonoren Konsonanten, andererseits nur in zwischenvokalischer Position. Wenngleich in der Gegenwartssprache weitere Konsonantengeminaten diese Aufgabe übernommen haben, hat dennoch auch das Gegenwartsdeutsche nicht den hohen Grad an Systematisierung erlangt, wie ihn beispielsweise schon das spätmittelalterliche Nl. kannte (vgl. dazu Wolf 1975, 270).

5. Graphische Elemente

Das dt. Schriftsystem verfügte und verfügt über Elemente, die nur graphisch existieren, aber für die Organisation schriftlich fixierter Texte überaus wichtige Aufgaben übernehmen. Hier ist zunächst das Nebeneinander von Minuskel und Majuskel zu nennen. Wenn man, wie hier geschehen (vgl. o. 1.5.), Graphem- und Phonemsystem als zwei getrennte Bereiche, die aber aufeinander bezogen sind, ansieht, dann sind Minuskel und Majuskel Varianten resp. Allographe eines Graphems, Varianten, die allerdings nicht phonologisch oder phonetisch bedingt sind, sondern allein graphischen, will sagen optischen Bedingungen unterliegen. In der Gegenwartssprache hat die Majuskel vor allem zwei grammatische Funktionen: sie kennzeichnet eine Wortklasse (Substantiv) und sie signalisiert den Anfang eines Satzes. Die zweite Aufgabe übernimmt die Majuskel mit Hilfe eines Interpunktionszeichens, das den vorausgehenden Satz abschließt. Damit ist auch die zweite Klasse der 'graphischen Elemente' genannt, die Interpunktionszeichen, die Gliederungsaufgaben unterschiedlicher Art übernehmen. Einen guten Überblick über den derzeitigen Wissensstand − Detailuntersuchungen fehlen zu allen erwähnten Bereichen − geben Reichmann/Wegera (1993, 25ff.).

Im mittelalterlichen Deutsch gibt es noch eine weitere Klasse von graphischen Elementen, und zwar Abkürzungen bzw. graphische Kürzel; sie bleiben hier außer Betracht, da sie sprachgeschichtlich nicht von Bedeutung sind.

Hier sollen in der Folge die graphischen Phänomene vor allem in den frnhd. Drucken, allerdings immer wieder im Kontrast zu den Handschriften, beschrieben werden, weil das Medium des Buchdrucks gerade in diesem Punkt geschichtlich weitaus stärker gewirkt hat als die Handschrift. Dazu kommt, daß in den Handschriften Majuskeln von Minuskeln häufig kaum unterschieden werden können.

Der Unterschied zwischen Handschriften und Drucken rührt zu einem großen Teil auch daher, daß die Handschriften eher zum Vorlesen als zum individuellen Lesen geeignet waren; eine große Zahl von gedruckten Texten diente allerdings auch dem Vorlesen. Das individuelle Lesen war zudem kein stilles Lesen, sondern bis weit in die Neuzeit hinein wurde laut gelesen.

5.1. Interpunktionszeichen

Aus der nicht geringen Zahl mittelalterlicher Interpunktionszeichen sollen hier zwei, die in frnhd. Texten am häufigsten vorkommen, ausgewählt werden, und zwar der Punkt und die Virgel. − Bis ins späte Mittelalter richtet sich die Verwendung von Interpunktionszeichen nach antiken und mittelalterlichen lat. Theoretikern (vgl. die Übersicht bei Berg/ Kasper 1984, LXVIIIff.), wobei − dies liegt in der Theorie − vor allem die Vorleser bzw. Leser fokussiert werden, so daß es nahezu gleichgültig sein kann, welches Interpunktionszeichen gewählt wird:

Es leyt auch so vhast nit daran wie die zaichen sein / wenn allein die reden vnd jre tail recht damit getailt vnd vnterschaiden werden / dan es gibt gar ain grosse hilff die rede deste gewiser / verstentlicher vnd mechtiger zů lesen vnd zůhören / vnd sein auch solche zaichen dem leser als růwstett / dabei er einmal stell stehn / gerůwen vnd etwas bedencken mag (zit. nach Müller 1969, 159).

Durch einen Punkt, das älteste Interpunktionszeichen, wird zunächst ein *periodus* als rhetorische Einheit, also in erster Linie als Vorleseeinheit, abgeschlossen. Niclas von Wyle, der bestrebt ist, die tradierten Anschauungen auf das Dt. zu übertragen und dabei Anweisungen für seine Leser formuliert, sagt: *Aber der punckt also stende. gibt zeerkennen daz daselbs ain volkomner sine beschlossen wirt* (Wyle 1967, 15). Es geht also um eine Sinneinheit und nicht um eine syntaktische Einheit wie den Satz. Und deshalb kann Wyle den „vollkommenen Sinn" mit dem *periodus* gleichsetzen: *Also habe ich mich dises punctierens hier jnne gebrucht wiewohl etlich für disen schlechten punkten der also steet. setzent peryodum also gefigueriert* (Wyle 1967, 15. f.). Mitunter stellt sich die Frage, ob der 'Satz' eine frnhd. Prosa angemessene Einheit darstelle, ob man nicht mit modernen syntaktischen Methoden „anachronistische Maßstäbe an das geschichtliche Material heranträgt" (Stolt 1990, 167).

Die Virgel (in der Form eines Schrägstrichs: /), „die Langform des Kommas"

(Reichmann/Wegera 1993, 29) hat „die Funktion eines untersten Gliederungszeichens" (Berg/Kasper 1984, LXXII). Ein Beispiel aus der Luther-Bibel vom Jahre 1534 kann das Zusammenspiel von Punkt und Virgel illustrieren:

Vnd da die Engel von jnen gen himel furen / sprachen die Hirten vnternander / Lasset vns nu gehen gen Bethlehem / vnd die geschicht sehen / da da geschehen ist / die vns der Herr kund gethan hat. Vnd sie kamen eilend / vnd funden beide Mariam vnd Joseph / dazu das kind jnn der krippen ligen. (Lk. 2,15f.).

Der erste Punkt trennt zwei größere Einheiten voneinander, die überdies − dies scheint kein Widerspruch zu sein − komplexe syntaktische Einheiten sind. Diese beiden Einheiten sind inhaltlich bestimmt: (1) Verkündigung durch die Engel und Reaktion der Hirten und (2) Ankunft der Hirten in Bethlehem. Innerhalb dieser Großeinheiten wirken Virgeln gliedernd; es geht dabei um „eine additive Syntax, wo die verschiedenen Tätigkeiten nacheinander entfaltet und dem Hörer zum meditativen Mitgehen und Nachvollziehen dargeboten werden" (Stolt 1990, 169).

Die weitere Entwicklung kann nur knapp skizziert werden (im Anschluß an Besch 1981, 191ff.): In Drucken der Luther-Bibel bleiben Punkt und Virgel bis in die erste Hälfte des 17. Jhs. die einzigen Interpunktionszeichen. Erst in der zweiten Hälfte des 17. Jhs. kommt der Doppelpunkt, der vorher eine ähnliche Funktion wie die Virgel hatte (vgl. z. B. Simmler 1983, 130), zur Ankündigung direkter Rede vor, allerdings ohne Anführungszeichen. In der ersten Hälfte des 18. Jhs. wird die Virgel durch das Komma ersetzt, Ende dieses Jhs. kommt das Semikolon dazu. In einem Druck vom Jahre 1741 sieht Lk. 2,15f. folgendermaßen aus:

Und da die engel von ihnen gen himmel fuhren, sprachen die hirten unter einander: Lasset uns nun gehen gen Bethlehem, und die geschicht sehen, die da geschehen ist, die uns der Herr kund gethan hat. Und sie kamen eilend: und funden beyde Mariam und Joseph, dazu das kind in der krippen liegend.

5.2. Groß- und Kleinschreibung

Im Frnhd. ist die Kleinschreibung, die Minuskelverwendung am Wortanfang, das Normale, die unmarkierte Graphie. Die Großschreibung ist demgegenüber immer markiert. Und genau diese Funktion wird vom späten Mittelalter an in zunehmendem Maße genutzt: Majuskeln begegnen am Anfang von Texten oder Textteilen wie Kapiteln oder

Strophen, dann auch am Versanfang. Häufig werden die Majuskeln am Text- und/oder am Kapitelanfang zu kunstvoll gestalteten Initialen ausgeschmückt, die dann oft weit größer als die Buchstaben im Text sind; auf diese Weise wird die Markierungsfunktion durch weitere graphische Mittel (Ornamente, Figuren, Farben) unterstützt.

Vom 15. Jh. an wird auch die 'Periode' mit einer Majuskel eingeleitet, dazu kommt dann die Hervorhebung von Eigennamen und Funktionsbezeichnungen; dies ist dann auch der Stand etwa in Luthers Bibel vom Jahre 1534:

ES begab sich aber zu der zeit / das ein gebot von dem Keiser Augusto ausgieng / das alle welt geschetzt wŭrde. Vnd diese schetzung war die aller erste / vnd geschach zur zeit / da Kyrenios Landpfleger jnn Syrien war (Lk. 2,1f.).

In der Ausgabe von 1545, der letzten, die zu Luthers Lebzeiten erschienen ist, sieht diese Bibelstelle schon etwas anders aus:

ES begab sich aber zu der zeit / das ein Gebot von dem Keiser Augusto ausgieng / Das alle Welt geschetzt würde. Vnd diese Schatzung war die allererste / vnd geschach zur zeit / da Kyrenius Landpfleger in Syrien war.

In beiden Fällen beginnt dieses Kapitel mit einer Initiale, die z. B. in der Ausgabe 1534 über sieben Zeilen geht; der zweite Buchstabe nach der Initiale ist, wie dies die Regel ist, eine 'normale' Majuskel. In der Ausgabe 1545 sind drei Substantive, die für den Textsinn wichtig sind (*Gebot*, *Welt*, *Schätzung*), groß geschrieben, sie werden dadurch ebenso hervorgehoben wie die Subjunktion *Das*, die nach einer Virgel steht. Innerhalb relativ kurzer Zeit wird die Tendenz sichtbar, Substantive durch Großschreibung hervorzuheben. Dies ist allerdings noch kein grammatisches Prinzip, sondern eines der Textsemantik; deshalb erhält das zweimal vorkommende *zeit* (noch) keine Majuskel.

Dennoch ist mit der Großschreibung sinnwichtiger Substantive der Anfang für eine Grammatikalisierung des Majuskelgebrauchs gemacht. Und damit vergleichbar ist auch der Majuskelgebrauch, der zunächst am Periodenanfang und von da zu Anfang syntaktischer Einheiten geht; derartiges läßt sich auch in Luthers Handschriften beobachten (vgl. Moulin 1990, 105ff.): „Die Großschreibung am Absatz- und Satzanfang ist ab a. 1524 als durchgeführt anzusehen"; (nebenordnende) „Konjunktionen können nur dann mit der Majuskel versehen werden, wenn sie in Spitzenstellung am Anfang des zweiten Gefügepartners stehen" (Moulin 1990, 182). Schließlich: „Uneingeleitete Nebensätze werden erheblich häufiger mit der Majuskel versehen als eingeleitete" (Moulin 1990, 183). Sprachgeschichtlich gesehen, handelt es sich hier teilweise um Versuche, inhaltliche und syntaktische Gliederung von Texten und (komplexen) Sätzen in den Griff zu bekommen; vieles davon hat sich nicht durchgesetzt.

Ein ähnlich uneinheitliches Bild, das in vielem auf unterschiedliche Versuche und Erprobungen hinweist, bietet auch das Korpus von Drucken aus der Zeit von 1500 bis 1700 (beschrieben und untersucht in Bergmann/ Nerius 1997): Großschreibung von Substantiven, um bei der folgenschwersten Entwicklung zu bleiben, begegnet um 1500 vor allem bei Nomina propria und bei Appellativen, die von geographischen Namen abgeleitet sind. „Bis 1560 treten die Nomina sacra sowie die Titel, Standes- und Amtsbezeichnungen hinzu, bis 1590 die Sachnamen (im engeren Sinne) und die appellativischen Fremdwörter" (Bergmann/Nerius 1997, 871). Um 1620 wird die Sonderstellung der Fremdwörter beendet. In der Folge nimmt die Großschreibung der appellativischen Substantive, zuerst der Konkreta, dann der Abstrakta kontinuierlich zu.

6. Literatur (in Auswahl)

Auch alle frnhd. 'Lautgeschichten' und Arbeiten zu frnhd. Schreibtraditionen sind für graphematische und phonemgeschichtliche Fragestellungen relevant. Es ist aber nicht möglich, eine nur halbwegs repräsentative Auswahl hier anzuführen. Deshalb sei auf die Bibliographien in V. Moser (1929 und 1951), Moser/Stopp (1973; 1978) und Reichmann/ Wegera (1993) verwiesen. Hier werden vor allem im Text zitierte und einige weitere Arbeiten, die sich explizit der graphematischen Methode bedienen, aufgeführt.

Althaus, Hans Peter, Graphemik. In: LGL 1980, 142–151.

Anderson, Robert R./Ulrich Goebel/Oskar Reichmann, Ein idealisiertes Graphemsystem des Frühneuhochdeutschen als Grundlage für die Lemmatisierung frühneuhochdeutscher Wörter. In: Studien zur neuhochdeutschen Lexikographie I. Hrsg. v. Herbert Ernst Wiegand. Hildesheim/New York 1981, 53–122.

Bauer, Gerhard, Die frühneuhochdeutsche Diphthongierung in der Schreib- und Druckersprache Straßburgs. In: Wiesinger 1988, 131–150.

Berg, Klaus/Monika Kasper (Hrsg.), 'Das buoch der tugenden'. Bd. 1. Tübingen 1984. (TTG 7).

Bergmann, Rolf/Dieter Nerius, Die Entwicklung der Großschreibung im Deutschen von 1500 bis 1700. Unter Leitung v. Rolf Bergmann/Dieter Nerius bearb. v. Rolf Bergmann [u. a.]. Heidelberg 1997. (GB NF., 3. Reihe: Untersuchungen 29).

Besch, Werner, Sprachlandschaften und Sprachausgleich im 15. Jh. München 1967. (BG 11).

Ders., Bemerkungen zur schreib-soziologischen Schichtung im Spätmittelalter. In: Werner Besch [u. a.] (Hrsg.), Die Stadt in der europäischen Geschichte. Festschrift für Edith Ennen. Bonn 1972, 459–470.

Ders., Zur Entwicklung der deutschen Interpunktion seit den späten Mittelalter. In: Kathryn Smits/ Werner Besch/Victor Lange (Hrsg.), Interpretation und Edition deutscher Texte des Mittelalters. Festschrift für John Asher. Berlin 1981, 187–206.

Boon, Pieter (Hrsg.), Stephan Prätorius 'Seefarer Trost und Krancken Trost'. Amsterdam 1976. (QFE 12).

Broek, M. A. van den (Hrsg.), Der Spiegel des Sünders. Amsterdam 1976. (QFE 11).

Bürgisser, Max, Die Anfänge des frühneuhochdeutschen Schreibdialekts in Altbayern, dargestellt am Beispiel der ältesten deutschen Urkunden aus den bayerischen Herzogkanzleien. Wiesbaden 1988. (ZDL, Beiheft 57).

Ders., Wann beginnt die neuhochdeutsche Diphthongierung im Schreibdialekt Altbayerns. In: Erwin Koller/Werner Wegstein/Norbert Wolf Richard (Hrsg.), Bayerisch-österreichische Dialektforschung. Würzburg 1989. (WBdPh 1).

Erben, Johannes, Frühneuhochdeutsch. In: Ludwig Erich Schmitt (Hrsg.), Kurzer Grundriß der germanischen Philologie bis 1500. Bd. 1: Sprachgeschichte. Berlin 1970, 386–440.

Fleischer, Wolfgang, Zum Verhältnis von Phonem und Graphem bei der Herausbildung der neuhochdeutschen Schriftsprache. In: WZUJ 14, 1965, 464–465.

Ders., Strukturelle Untersuchungen zur Geschichte des Neuhochdeutschen. Berlin 1966. (SbSächsA 112/6).

Ders., Untersuchungen zur Geschäftssprache des 16. Jhs. in Dresden. Berlin 1970. (Dt. Ak. Wiss. B. LdSL, Baust. 37).

Glaser, Elvira, Graphische Studien zum Schreibsprachwandel vom 13. bis 16. Jh. Vergleich verschiedener Handschriften des Augsburger Stadtbuches. Heidelberg 1985. (GBL, 3. Reihe).

Dies., Die Entwicklung des Systems der Vokalgrapheme im Augsburger Stadtbuch. In: Marthe Philipp (Hrsg.), Alemannische Dialektologie im Computer-Zeitalter. Göppingen 1990, 245–259. (GAG 535).

Hammarström, Göran, Linguistische Einheiten im Rahmen der modernen Sprachwissenschaft. Berlin/ Heidelberg/New York 1966. (Kommunikation und Kybernetik in Einzeldarstellungen 5).

Höchli, Stefan, Zur Geschichte der Interpunktion im Deutschen. Eine kritische Darstellung der Lehrschriften von der zweiten Hälfte des 15. Jhs. bis zum Ende des 18. Jhs. Berlin/New York 1981. (SLG 17).

Jaspers, Gerardus Johannes (Hrsg.), Stephan von Landskron 'die Hymelstrasz'. Amsterdam 1979. (QFE 13).

Jellinek, Max Hermann, Geschichte der neuhochdeutschen Grammatik von den Anfängen bis auf Adelung. Heidelberg. Halbbd. 1, 1913; Halbbd. 2, 1914. (GB 2/7).

Jones, William J., A computer assisted approach to the chronology of graphemic and phonological change, with particular reference to the diphthongization of Middle High German *î* und *û*. In: Sprache und Datenverarbeitung 3, 1979, 20–26.

Kettmann, Gerhard, Zur Soziologie der Wittenberger Schreibsprache in der Lutherzeit. In: Mu 78, 1968, 353–366.

Ders., Die kursächsische Kanzleisprache zwischen 1485 und 1546. Berlin 1969. (Ak. Wiss. B. DDR IdSL, Baust. 34).

Kranzmayer, Eberhard, Historische Lautgeographie des gesamtbairischen Dialektraumes. Wien 1956.

Lee, Anthonÿ, Die Graphemstruktur dreier frühneuhochdeutscher Traktate des Leipziger Volkspredigers Marcus von Weida (1450–1516). In: Dietrich Hartmann/Hansjürgen Linke/Otto Ludwig (Hrsg.), Sprache in Gegenwart und Geschichte. Festschrift für Heinrich Matthias Heinrichs. Köln/Wien 1978, 110–132.

Ders., Beobachtungen zum Sprachgebrauch des Leipziger Volkspredigers Marcus von Weida (1450–1516). Amsterdam 1980. (QFE 21).

Lindgren, Kai B., Die Ausbreitung der nhd. Diphthongierung bis 1500. Helsinki 1961. (AASF Ser. B, Tom. 123, 2).

Meinhold, Gottfried/Eberhard Stock, Phonologie der deutschen Gegenwartssprache. Leipzig 1980.

Moser, Hans, Die Kanzlei Kaiser Maximilians I. Graphematik eines Schreibusus Tl. 1: Untersuchungen. Innsbruck 1977. (IBK 5/1).

Ders., Zur Kanzlei Kaiser Maximilians I.: Graphematik eines Schreibusus. In: PBB (H) 99, 1978, 32–56.

Ders., Geredete Graphie. Zur Entwicklung orthoepischer Normvorstellungen im Frühneuhochdeutschen. In: ZfdPh 106, 1987, 379–399.

Moser, Hugo/Hugo Stopp (Hrsg.), Grammatik des Frühneuhochdeutschen. Heidelberg. Bd. 1/1 bearb. v. Karl Otto Sauerbeck. 1970. Bd. 1/2 bearb. v. Hugo Stopp. 1973. Bd. 1/3 bearb. v. Hugo Stopp. 1978. (GB).

Moser, Virgil, Frühneuhochdeutsche Grammatik. Heidelberg. Bd. 1/1 1929. Bd. 1/3/2 1951. (GB).

Moulin, Claudine, Der Majuskelgebrauch in Luthers deutschen Briefen (1517–1546). Heidelberg 1990. (GB. 3. Reihe: Untersuchungen).

Müller, Johannes, Quellenschriften und Geschichte des deutschsprachlichen Unterrichts bis zur Mitte des 16. Jhs. Mit einer Einführung v. Monika Rössing-Hager. Darmstadt 1969. [Nachdruck der Ausgabe 1882].

Paul, Hermann, Beiträge zur Geschichte der Lautentwicklung und Formassociation. 11. Vokaldehnung und Vokalverkürzung im Neuhochdeutschen. In: PBB 9, 1884, 101–134.

Ders., Mittelhochdeutsche Grammatik. 23. Aufl. bearb. v. Peter Wiehl/Siegfried Grosse. Tübingen 1989. (SkG A 2).

Penzl, Herbert, Zur Entstehung der frühneuhochdeutschen Diphthongierung. In: Werner Besch [u. a.] (Hrsg.), Studien zur deutschen Literatur des Mittelalters. Festschrift für Hugo Moser. Berlin 1974, 345–357.

Ders., Vom Urgermanischen zum Neuhochdeutschen. Eine historische Phonologie. Berlin 1975. (GG 16).

Ders., Frühneuhochdeutsch. Bern [etc.] 1984. (GeLe 9).

Piirainen, Ilpo Tapani, Graphematische Untersuchungen zum Frühneuhochdeutschen. Berlin 1968. (SLG 1).

von Polenz, Peter, Martin Luther und die Anfänge der deutschen Schriftlautung. In: Rudolf Große (Hrsg.), Sprache in der sozialen und kulturellen Entwicklung. Berlin 1990, 185–196. (ASächsA 73/1).

Reichmann, Oskar (Hrsg.), Veit Dietrich. Etliche Schrifften für dem gemeinen man. Assen 1972. (QFE 5).

Ders./Klaus-Peter Wegera (Hrsg.), Frühneuhochdeutsche Grammatik. Von Robert Peter Ebert [u. a.]. Tübingen 1993. (SkG A 12).

Schieb, Gabriele, Rez. von Wolf 1975. In: DLZ 98, 1977, 249–251.

Schirmunski, V. M., Deutsche Mundartkunde. Berlin 1962. (Dt. Ak. Wiss. B. 25).

Simmler, Franz, Satztypen im ältesten deutschen Benediktinerregel-Druck. In: Regulae Benedicti Studia 12, 1983, 121–140.

Sonderegger, Stefan, Grundzüge deutscher Sprachgeschichte. Bd. 1. Berlin/New York 1979.

Stolt, Birgit, *Periodus, cola* und *commata* in Luthers Bibeltext. In: Peter Wiesinger (Hrsg.), Studien zum Frühneuhochdeutschen. Festschrift für Emil Skalá. Göppingen 1988, 263–268. (GAG 476).

Dies., Die Bedeutung der Interpunktion für die Analyse von Martin Luthers Syntax. In: Werner Besch (Hrsg.), Deutsche Sprachgeschichte. Festschrift für Johannes Erben. Frankfurt/M. [etc.] 1990, 167–180.

Straßner, Erich, Graphemsystem und Wortkonstituenz. Schreibsprachliche Entwicklungstendenzen vom Frühneuhochdeutschen zum Neuhochdeutschen, untersucht an Nürnberger Chroniktexten. Tübingen 1977. (Hermaea NF. 39).

Suchsland, Peter, Die Sprache der Jenaer Ratsurkunden. Berlin 1968. (Dt. Ak. Wiss. B. IdSL, Baust. 36).

Wiesinger, Peter, Dehnung und Kürzung in den deutschen Dialekten. In: Werner Besch [u. a.] (Hrsg.), Dialektologie. Ein Handbuch zur deutschen und allgemeinen Dialektforschung. Halbbd. 2. Berlin/New York 1983, 1088−1101. (HSK 1.2).

Ders. (Hrsg.), Studien zum Frühneuhochdeutschen. Festschrift für Emil Skála. Göppingen 1988. (GAG 476).

Ders., Schreibung und Aussprache im älteren Frühneuhochdeutschen. Zum Verhältnis von Graphem−Phonem−Phon am bairisch-österreichischen Beispiel von Andreas Kurzmann um 1400. Berlin/New York 1996. (SLG 42).

Wolf, Norbert Richard, Regionale und überregionale Norm im späten Mittelalter. Graphematische und lexikalische Untersuchungen zu deutschen und niederländischen Schriftdialekten. Innsbruck 1975. (IBK 3).

Ders., Vom Nutzen der Schlacht von Mohács für die Erforschung des Frühneuhochdeutschen. Eine graphematische Untersuchung eines Nürnberger und eines Basler Druckes. In: Wiesinger 1988, 69−82.

Ders., Sprachschichten in Tiroler geistlichen Spielen oder Anmerkung zur Frage der Sprachvarietäten im Frühneuhochdeutschen. In: Deutsche Sprache und Literatur in Mittelalter und früher Neuzeit. Festschrift für Heinz Mettke. Hrsg. v. Heinz Endermann/Rudolf Bentzinger. Jena 1989, 59−68.

Wyle, Niclas von, Translationen. Hrsg. v. Adelbert von Keller. Hildesheim 1967. [Nachdruck der Ausgabe Stuttgart 1861].

Norbert Richard Wolf, Würzburg

112. Morphologie des Frühneuhochdeutschen

1. Vorbemerkung

Morphologie ist im folgenden als Flexionsmorphologie zu lesen. Morphosyntaktische Phänomene wie Präteritumschwund und die Ausbreitung periphrastischer Formen werden nur am Rande behandelt. Seit der 1. Aufl. dieses Handbuches konnte die Erforschung der frnhd. Flexionsmorphologie weitgehend abgeschlossen werden. Neben den Bänden III und IV der Gr. d. Frnhd. wurden die Bände VI (Flexion der Adjektive) und VII (Flexion der Pronomina und Numeralia) fertiggestellt. Lediglich Bd. V (Flexion der 'Besonderen Verben') steht derzeit noch aus.

Da die Flexionsmorphologie des Frnhd. durch eine ausgeprägte, insbesondere geographische und schreibschichtliche Variabilität gekennzeichnet ist und die sprachliche Entwicklung eines Zeitraums von ca. 350 Jahren auf wenigen Seiten dargestellt werden soll, wird auf eine systematische Darstellung weitgehend verzichtet. Im Mittelpunkt der Darstellung stehen vielmehr die zentralen Entwicklungsprozesse hin zur nhd. Standardsprache. Ergänzend zu den Literaturangaben s. die Bibliographien von Piirainen (1980), Pasierbsky (1988).

2. Substantive

2.1. Nivellierung der Kasusflexive

2.1.1. Singular-Kasus

Die Kasusflexive, die bereits vom Ahd. zum Mhd. weitgehend abgebaut werden, unterliegen im Verlauf des Frnhd. einer weiteren Nivellierung. Im Singular betreffen die Ausgleichsprozesse insbesondere die ehemaligen f. *i*-Stämme und die ehemals schw. Flexion. Durch *e*-Apokope wird das Kasus-*e* des Gen. und Dat. der f. *i*-Stämme getilgt. Dieses *-e*, das bereits in mhd. Zeit rückläufig ist, ist im 14. Jh. nur noch in den Landschaften belegt, die noch nicht vom allgemeinen Prozeß der Apokope betroffen sind. Im 15./16. Jh. ist *-e* nur noch vereinzelt belegt. Außerdem wird die Funktion des Umlauts als Kasusdistinktion aufgegeben. Dieser Prozeß betrifft zwar nur eine relativ kleine Lexemgruppe, ist aber insofern strukturell bedeutsam, als dem Umlaut nunmehr in der Substantivflexion ausschließlich die Funktion der Pluralmarkierung zukommt und als solche dem Prinzip der deutlichen Numerusunterscheidung unterstellt wird.

Die ehemals schw. Flexion wird im Verlauf des Frnhd. großenteils aufgelöst, und die Lexeme werden zum überwiegenden Teil in andere Flexionsgruppen überführt. Alle Fem. werden mit den Substantiven der ô-Stämme verschmolzen. Im Verlauf dieser Vereinheitlichung sind zwei Entwicklungen möglich, die im Frnhd. beide in unterschiedlichem Maße genutzt werden: entweder Übertragung des -(e)n-Flexivs der obliquen Kasus auf den Nom. Sg. oder Tilgung der -(e)n-Flexive im gesamten Sg.:

Mhd.	Frnhd.	Nhd.
zunge	*zungen-Ø* oder *zunge-Ø*	*Zunge-Ø*
zunge-n	*zungen-Ø* oder *zunge-Ø*	*Zunge-Ø*
zunge-n	*zungen-Ø* oder *zunge-Ø*	*Zunge-Ø*
zunge-n	*zungen-Ø* oder *zunge-Ø*	*Zunge-Ø*

Bei der Übernahme des Kasus -en in den Nom. Sg. verschiebt sich jedoch automatisch die Lexemgrenze (*frau-Ø* > *frauen-Ø*), was gleichzeitig zur Aufgabe der Numerusunterscheidung führt (Nom. Sg./Pl. *frauen*). Die Nivellierung der Kasus durch Tilgung der Flexive hat dagegen den Vorteil der deutlichen Numerusdifferenzierung, wodurch die Durchsetzung dieser Form zum Nhd. hin stark begünstigt wird. Der Prozeß verläuft jedoch sehr langsam, und noch im 18. Jh. finden sich in der Schriftlichkeit zahlreiche Belege mit -(e)n-Kasus (vgl. Art. 132).

Auch bei den Mask. bestehen die Möglichkeiten der Entwicklung, doch ist die Umgruppierung hier durch das stabile Gen.-Flexiv -(e)s nicht so einfach wie bei den endungslosen Fem. Ein Teil der ursprünglich schw. Mask. wechselt direkt zur st. Flexion, d. h. die Endungen -(e)n werden getilgt und im Gen. wird ein -(e)s angehängt. Ein anderer Teil erhält im Nom. Sg. analog zu den obliquen Kasus ein -(e)n und zusätzlich im Gen. ein -s. Dies geschieht zum Teil auf Kosten einer deutlichen Numerusunterscheidung (Sg./Pl. *Galgen*, so auch *Balken, Pfosten, Schlitten, Tropfen* etc.). Andere erhalten im Plural Umlaut und damit eine neue Numerusunterscheidung (*Garten−Gärten, Kasten−Kästen, Magen−Mägen, Bogen−Bögen* etc.).

Eine relativ kleine, aber nicht unbedeutende Gruppe von Lexemen hat noch im Nhd. schwankende Stammgestalt (*Funke* neben *Funken*; so auch *Glaube, Haufe, Name, Same, Schade, Wille, Buchstabe, Friede, Gedanke*), so daß je nach Form des Nom. Sg. das Gen.-Flexiv -s oder -(e)ns lautet. Vom 13./14. Jh. an bis ins 18. Jh. finden sich auch andere Lexeme mit -(e)ns im Gen., so *Furstens, Tyrannens, Blutzeugens, Lowens, mynschens* etc. − Von den vier mhd. schw. Neutr. wechseln *ôre* und *ouge* zur st. Flexion, *wange* wird f., *Herz* flektiert ähnlich den Mask. vom Typ *Funke*.

Bei der st. Flexion werden die wenigen verbliebenen Kasusendungen ebenfalls zum Teil getilgt. Das Dat. -e unterliegt dem umfassenden Prozeß der e-Apokope. Es wird bis zum 16. Jh. im Obd. nahezu ganz, im Wmd. weitestgehend und im Omd. ansatzweise getilgt. Seit dem 16. Jh. nimmt die Verwendung des Dat.-e vom Omd. ausgehend wieder zu, bleibt jedoch weitgehend fakultativ.

Auch das relativ stabile Genitiv -(e)s kann im Frnhd. gelegentlich fehlen, bes. nach Dental und bei mehrsilbigen Lexemen auf -er, -el und -en (*des Elendt, Ritter, gelid, leben* etc.). Im Oobd. ist der s-Schwund auch in anderen lautlichen Umgebungen im 14./15. Jh. häufig (vgl. auch Shapiro 1941).

2.1.2. Plural-Kasus

Zu Beginn des Frnhd. lassen sich noch drei verschiedene Pluralmuster nachweisen, die sich durch drei verschiedene Gen.-Formen unterscheiden. Sie fallen zum Nhd. hin zu einem Paradigma zusammen. Im Gen. Pl. tritt -e als Kasusflexiv nur bei den ehemaligen neutr. a-Stämmen und iz-/az-Stämmen (-er-Plurale) auf. Dieses -e schwindet durch e-Apokope oder wird indirekt durch Ausbildung des -e-Plurals bei dieser Lexemgruppe aufgrund der Verschiebung der Stammgrenze des Pluralstamms zum Bestandteil des Stamms (mhd. Nom. Sg. *wort* vs. Nom. Pl. *wort-Ø*, Gen. Pl. *wort-Ø-e*; nhd. Nom. Sg. *Wort* vs. Nom. Pl. *Wort-e-Ø*, Gen. Pl. *Wort-e-Ø*).

-(e)n tritt im Gen. Pl. als Kasusflexiv ursprünglich nur bei den ô-/jô-Stämmen auf. Auch hier schwindet das Kasusflexiv indirekt durch Übernahme von -(e)n in den Nom./Akk., wodurch -(e)n zum Numerusflexiv wird (Nom. Sg. *gëbe-Ø* vs. Nom. Pl. *gëbe-Ø*, Gen. Pl. *gëbe-n*; nhd. Nom. Sg. *Gabe-Ø* vs. Nom. Pl. *Gabe-n-Ø*, Gen. Pl. *Gabe-n-Ø*). Im Frnhd. ist -(e)n als Kasusflexiv des Gen. Pl. jedoch nicht auf Fem. beschränkt, sondern tritt auch bei Mask. und Neutr. auf. Im Obd., und hier speziell im Alem. des 16. Jhs., führt dies in Einzeltexten zu einer nahezu hundertprozentigen Einführung des -*(e)n* im Gen. Pl. aller Genera (analog zum Dat. Pl.), das zum Teil bis ins 18. Jh. als Leitform besteht.

2.2. Profilierung der Kategorie Numerus

Die Numerusunterscheidung Sg. vs. Pl. erhält eine deutliche Profilierung durch Ausbau der Pluralkennzeichnung. Für den Ausbau der Numerusunterscheidung durch deutliche Kennzeichnung des Pl. werden keine neuen Flexive geschaffen oder fremde herangezogen, sondern bereits vorhandene Möglichkeiten verstärkt genutzt. Der Ausbau findet nicht geradlinig und gleichmäßig statt, und er verläuft bei den verschiedenen Flexiven recht unterschiedlich.

Die Entwicklung des -*e*-Plurals ist im Md. und Obd. verschieden. Im Md. und zum Teil auch im Els. wird das Plural-*e* im 13./14. Jh. analog zum Plural-*e* der ehemaligen *a*- und *i*-Stämme auch auf die Neutr. der *a*-Deklination übertragen (mhd. Sg. *dinc-Ø* vs. Pl. *dinc-Ø*; frnhd. Pl. *Ding-e*). Analog zu den mehrsilbigen Lexemen auf -*er*, -*el* und -*en*, die den Pl. im Md. überwiegend mit -*e* bilden (*vogel-e*, *feder-e*, *wagen-e* etc.), wird auch die Gruppe der Verwandtschaftsnamen auf -*ter* mit Plural-*e* gebildet (*veter-e*, *suster-e*, *bruder-e* etc.) sowie darüber hinaus auch die relativ kleine Gruppe mit -*er*-Plural, die bereits deutlich numerusunterschieden ist (*kinder-e*, *claider-e* etc.).

Im Obd. dagegen hat sich seit dem 13. Jh. vom Bair. ausgehend die *e*-Apokope (vgl. Lindgren 1953) so weit durchgesetzt, daß diese analoge Entwicklung nur in Ausnahmefällen stattfindet, und ansonsten das -*e* in allen Positionen mehr oder weniger stark apokopiert wird. Die *e*-Apokope des Plural-*e* hat sich im 14. Jh. bereits im gesamten bair. und schwäb. Raum durchgesetzt und ist im Ofr. weitgehend vorgedrungen. Im 16. Jh. hat die *e*-Apokope den gesamten obd. und wmd. Raum erfaßt und ist im Omd. zum Teil durchgeführt. In der zweiten Hälfte des 16. Jhs. zeichnet sich ausgehend vom Omd. jedoch eine Wende ab. Im Obs. hat sich das Verhältnis von -*e* und -*Ø* bereits so weit stabilisiert, daß die Apokope nicht weiter greift. Von hier dehnt sich in der Folgezeit das flexivische -*e* zunächst im gesamten Md. (außer Rib.) und Teilen des Obd. (und Rib.) wieder aus.

Die *e*-Apokope hat den Prozeß der Numerusprofilierung entscheidend beeinflußt. Neben den ursprünglich numerusunbezeichneten Lexemen (etwa *wort*) wechseln aufgrund der *e*-Apokope auch zahlreiche Lexeme, die ursprünglich ausreichend durch -*e* numerusunterschieden waren, zu Gruppen mit anderen Numerusflexiven über. Bei einigen dieser Lexeme kann sich im 17./18. Jh. wieder der ehemalige -*e*-Plural durchsetzen und den zwischenzeitlich in anderen Landschaften ausgebildeten neuen Pl. verdrängen; so wurde aus *Stück-er* wieder *Stück-e*, aus *Künig-en* wieder *König-e*, aus *Täg-Ø* wieder *Tag-e* etc.

Der -*er*-Plural umfaßt im klass. Mhd. nur wenige Lexeme (*blat*, *ei*, *huon*, *lamp*, *rint*, *rîs*, *rat*, *tal*). Andere Lexeme – zunächst nur ehemals st. Neutr. ohne Numerusunterscheidung – verwenden diese Pluralform nur gelegentlich. Seit dem 14./15. Jh. erhöht sich die Zahl der Lexeme mit -*er*-Plural stetig. Außerdem werden nun auch einige Mask. mit -*er*-Plural gebildet. Im Verlauf des 16. Jhs. hat sich der -*er*-Plural bereits gegenüber konkurrierendem -*e* oder unbezeichnetem Pl. weitgehend durchgesetzt. Nur wenige Lexeme, die später regelmäßig mit -*er*-Plural gebildet werden, zeigen noch ausschließlich oder überwiegend andere Bildungen. Im 17. Jh. ist die Entwicklung nahezu auf dem Stand der nhd. Standardsprache. Zwar sind einzelne Formen mit -*e*, die später in der Standardsprache -*er*-Plural haben, und umgekehrt einige mit -*er*-Plural, die später wieder -*e*-Plural annehmen, auch noch im 18. Jh. belegt, doch handelt es sich bei diesen zum Großteil um Fälle, die auch in der nhd. Standardsprache noch als Dubletten vorhanden sind, so *Land-e* vs. *Länd-er*, *Licht-e* vs. *Licht-er*, *Wort-e* vs. *Wörter*, *Ort-e* vs. *Oert-er* etc. (Zum *er*-Pl. s. bes. Gürtler 1912/1913).

Der -*(e)n*-Plural ist ursprünglich die Pluralendung der schw. Substantive. Dieses Flexiv behält seine gewichtige Bedeutung bei, erfährt aber im Verlauf des Frnhd. eine stark genusorientierte Umbesetzung. Bei den Fem. wird das Kasusflexiv -*(e)n* des Dat. und Gen. Pl. auch in den Nom. und Akk. übernommen, bei gleichzeitiger Tilgung der Kasusflexive der ehemals schw. Fem. Die ehemaligen *ô-/jô*-Stämme und die ehemaligen schw. Fem. fallen auf diese Weise zusammen, wobei -*(e)n* zum beherrschenden Pluralflexiv der Fem. wird.

Die kleinere Gruppe von Neutr. mit -*(e)n*-Plural (*hërze*, *ôre*, *ouge*, *wange*) erfährt im Frnhd. eine vorübergehende Ausweitung (*ding-en*, *wort-en*, *wek-en*, *gesicht-en*, *element-en*, *geswer-n* etc.). Zum Nhd. hin wird die Gruppe jedoch wieder auf wenige Lexeme reduziert (*Herz, Auge, Ohr, Hemd, Bett, Ende, Leid* und die Fremdwörter *Interesse, Insekt, Statut*).

Nur wenige mhd. st. flektierte Mask. erhalten einen *-(e)n*-Plural; umgekehrt werden aber zum Teil umfangreiche Gruppen ehemals schw. Lexeme mit anderen Pluralflexiven versehen, so mit *-e*-Plural (*Mond, Star, Stern, Leichnam* etc.), mit *-e* und Umlaut des Stammvokals (*Frosch, Fuchs, Abt, Bischof, Hahn, Herzog* etc.), oder sie bleiben unbezeichnet (*Adler, After, Besen, Käfer* etc.).

Der *-s*-Plural ist im Frnhd. noch ohne größere Bedeutung. Aus dem Frz. entlehnter *-s*-Plural tritt erst Ende des 17. Jhs. vereinzelt, verbreiteter dann im 18. Jh. auf. Deutsche Lexeme mit *-s*-Plural wie *Jungens, Kerls, Fräuleins, Mädchens* etc. sind nd. Bildungen, die in die nhd. Standardsprache durch Vermittlung des Md. eingegangen sind (vgl. Öhmann 1924 u. 1961/62).

Die sprachhistorische Entwicklung des morphologischen Plural-Umlauts ist eng an die Entwicklung des graphischen Phänomens der Umlautsbezeichnung gebunden (vgl. Moser 1929, § 16). Dort, wo die Umlautsbezeichnung durchgeführt ist, tritt der morphologische Plural-Umlaut zusammen mit dem *-er*-Plural immer dann auf, wenn der Stammvokal umlautbar ist. Nach Durchführung der Umlautsbezeichnung in einer Landschaft gibt es hierzu nur wenige Ausnahmen. Die Gruppe mit *-e*-Plural und der unmarkierte Pl. erhalten nicht konsequent Umlaut des Stammvokals (so etwa *Stäbe, Särge, Nägel, Sättel, Schnäbel, Köche, Frösche, Ärzte* etc., aber *Galgen, Tage, Waren, Tore* etc.). Aufgrund der *e*-Apokope ist die Kennzeichnung des Pl. durch Umlaut bes. im Obd. in einzelnen Landschaften konsequenter durchgeführt. Entsprechend finden sich im Frnhd. Belege wie *wälde, tor, tag, wagen* etc. Solche Formen halten sich in obd. Texten bis ins 18. Jh. Der Umlaut des Stammvokals ist im Frnhd. auch mit dem Pluralflexiv *-(e)n* kombinierbar (*Nämen, mütern, Kräfften, eppeten, dörnen* etc.). Doch die Zahl solcher Bildungen ist begrenzt und insbesondere auf das Obd. und Wmd. beschränkt.

3. Verben

3.1. Entwicklungsgeschichtlicher Grundzug

Mehrere Vereinheitlichungs- und Ausgleichungsprozesse erzeugen im Frnhd. eine strukturelle Umgestaltung des verbalen Fle-

xionssystems. Dabei unterstreichen die verschiedenen Vereinfachungen der schw. Flexion, der Wechsel st. Verben zur schw. Flexion, die Reduzierung der Möglichkeit zur rückumlautenden Flexion, die Übernahme der regelmäßigen Flexion auch bei einigen besonderen Verben sowie die Tatsache, daß frnhd. neugebildete Verben selbstverständlich schw. flektiert werden, eine Entwicklung der ahd./mhd. schw. Flexionsweise zur nhd. regelmäßigen 'Normalflexion'. Bezogen auf die st. Verben beschreibt dies den gerade im Frnhd. vollzogenen Prozeß, durch den es eine „Klasse der starken Verben spätestens seit der Aufklärung gar nicht mehr gibt" (Augst 1975, 263): sie haben seitdem als Ausnahmen zu gelten.

3.2. Vereinheitlichung der schwachen Verben

Das normalisierte Mhd. weist zwei Gruppen schw. Verben aus: Verben mit 'Bindevokal' *-e-* im Präteritalflexiv (*lob-et-e*), Verben ohne 'Bindevokal' und gegebenenfalls Wechsel des Stammvokals (*teil-t-e, brann-t-e*). In der Differenzierung werden die historischen Klassen partiell bewahrt; die Verteilung von *-e-* und *-Ø-* gilt als lexemabhängig bzw. durch die Silbenquantität bedingt. Nach Anfängen einer Vereinheitlichung zugunsten der *-e*-losen Form schon im Mhd. wird die Verteilung von *-e-* und *-Ø-* zum Nhd. zunehmend nach der lautlichen Umgebung geregelt, so daß nur noch ein Präteritalflexiv *-(e)t-* (mit geregelter Distribution von *-e-*) vorkommt. Diese Umverteilung von *-e-/-Ø-* verläuft im Frnhd. zunächst über eine Vermischung der historischen Gruppen: Lexeme mit 'Bindevokal' verlieren *-e-* häufig durch Synkope (z. B. *lern-t-en*), während umgekehrt Lexeme mit ursprünglich einfachem Präteritalflexiv ein *-e-* erhalten (z. B. *theil-et-e, geweih-et-e, neig-et-en, glaub-et-en*). Der Ausgleich begünstigt zunächst die *e*-haltige Variante. Im 16. Jh. ist sie zum Teil stärker als die *e*-lose Variante vertreten. Im 17. Jh. sinkt die Zahl der Belege mit *-e-* wieder deutlich, ohne daß jedoch bereits eine strikt phonemische Regelung besteht.

Der als 'Rückumlaut' bezeichnete und im Mhd. bei mehr als 221 Lexemen auftretende Stammvokalwechsel (z. B. *setzen > satzte, brennen > brannte*) wird im Verlauf des Frnhd. bis auf wenige Ausnahmen ausgeglichen. Dabei haben die meisten Lexeme ihre rückumlautende Flexion bereits im 16. Jh. verloren. Bei einigen besonders häufig verwendeten Verben halten die Schwankungen länger an und reichen bis ins 18. Jh. (z. B. *setzen, stellen, schenken*); die 'rückumlautende' Bildung auch des unflektierten Part. Prät. (z. B. *geschankt*) verallgemeinert das im frühen Frnhd. vorwiegend md. ausgewiesene Flexionsmuster (obd.: *geschenket*). Die in der nhd. Schriftsprache geltende Regelung wird erst im Verlauf des 18. Jhs. unter Einfluß der Grammatiker entschieden (vgl. Frnhd. Gr. § M96, Anm. 3, 5; Hoffmann/Solms 1987, 53–56; v. Sobbe 1911; Stårck 1912).

3.3. Ausgleich von Personalflexiven

Die mhd. Endung der 3. Pl. Präs. Ind. -*(e)nt* ist weitgehend seit dem 16. Jh. der 1. Pl./3. Pl. Kj. Präs. -*(e)n* angeglichen. Im Frnhd. werden regional verschiedene Möglichkeiten der Pl.-Flexion herausgebildet. Im Obd. (bes. Alem.) und in weiten Teilen des Wmd. entwickelt sich ein sog. Dentalplural (-*(e)nt* in allen drei Personen), der mit dem normalmhd. Muster -*(e)n*, -*(e)t*, -*(e)nt* konkurriert; daneben erscheint ebenfalls der Ausgleich zugunsten einheitlich -*(e)n*. Bereits im 14. Jh. ist die -*(e)nt*-Form im Els. und Schwäb. die dominierende. Im Bair., Ohalem., Hess. und Ofr. beschränkt sich die -*(e)nt*-Endung auf die 2./3. Pl. (in der Regel auf das Präs.) und ist selbst hier selten dominant; die 1. Pl. lautet -*(e)n*. Im Omd. dagegen bleiben die 1./2. Pl. in ihrer ursprünglichen Form erhalten und -*(e)nt* weicht bereits im 14. Jh. der -*(e)n*-Endung. Vom 15. Jh. an ist im Omd. das nhd. System -*(e)n*, -*(e)t*, -*(e)n* gültig. Vom 16. Jh. an gilt dieses System auch im Mbair., Hess. und Ofr. Im Alem. und Schwäb. ist der nhd. Stand (mit seltenen Abweichungen) erst im 17. Jh., z. T. erst später erreicht. Der Ausgleich nach -*(e)n* in allen Positionen ist weit seltener, er tritt im Wmd. sowie Wobd. vom 15. bis 17. Jh. auf.

Somit stehen im Frnhd. (neben der mhd. Variante) mit landschaftlichen Prioritäten vier Flexionsmöglichkeiten zur Verfügung, von denen sich zum Nhd. der Typ 3 durchsetzt:

	1	2	3	4
1. Pl.:	-*(e)nt*	-*(e)n*	-*(e)n*	-*(e)n*
2. Pl.:	-*(e)nt*	-*(e)nt*	-*(e)t*	-*(e)n*
3. Pl.:	-*(e)nt*	-*(e)nt*	-*(e)n*	-*(e)n*

Variierende Personalendungen im Sg. werden angeglichen. 1. Sg. Präs.: Die seit dem Mhd. nachweisliche Endung -*(e)n* (*ich werden*) tritt besonders im 15. und 16. Jh. häufig auf und findet sich noch im 18. Jh. Im Wmd. schwinden die -*(e)n*-Formen weitgehend erst im 16. Jh.; selten sind sie in omd., ofr. und els. Texten, weitgehend unbekannt in oobd. Texten. Im Alem. und Schwäb. bleiben sie überwiegend auf schw. Verben beschränkt.

In der 2. Sg. Präs. bleibt die bereits in mhd. Zeit bes. im Wmd. belegte Endung -*(e)s* (vs. -*(e)st*) bis ins 16. Jh. bes. im Rib. häufig gebraucht, schon im 15. Jh. ist -*(e)st* im Hess. vorwiegend; im Omd. ist -*(e)s* im 14./15. Jh. möglich. Für die 2. Sg. Prät. der st. Verben ist -*(e)s* spätestens im 16. Jh. ebenfalls verallgemeinert; damit ist die Flexion der st. Verben auch in dieser Position der der schw. Verben angeglichen. Das für die st. Verben charakteristische -*e* der 2. Sg. Prät. (*du wurfe*) bleibt selten noch bis ins 16. Jh. belegt; neben dem schon im 14. Jh. konkurrierenden -*(e)st* tritt im Obd. – und hier bes. im Alem. des 15. Jhs. – ebenfalls -*t* auf. Eine zum Nhd. nicht durchgesetzte Angleichung zeigen Formen des Imp. Sg. st. Verben ohne zusätzlichen Stammvokalwechsel, bei denen oft das -*e* der schw. Verben erscheinen kann (z. B. *neme, ziehe*).

3.4. Vereinheitlichung der starken Verben

Bei den st. Verben wird in den historischen Klassen I–V der qualitative bzw. quantitative Ablaut zwischen Sg. und Pl. des Prät. ausgeglichen, so mhd. *ich sang/wir sungen* > nhd. *ich sang/wir sangen*: 'Ablautausgleich' (vgl. Solms 1984). Durch diese teilweise Nivellierung des Numerus- wie Modusunterschieds wird eine schärfere Profilierung des Tempusunterschiedes Präs. vs. Prät. erreicht. Der vollzogene Prozeß gilt als epochendefinierend (vgl. Behaghel 1928, 149).

Der konkrete Ausgleich ist durch mehrere chronologisch versetzt wirksame Prinzipien gesteuert.

Während der Ausgleich bei den st. Verben der Klassen I (*rîten*) und II (*bieten*) schon zum Ende des 17. Jhs. lange abgeschlossen ist, bleibt die Entwicklung in Klasse III und hier vor allem in Subklasse III a (*finden*) zum Ende des 17. Jhs. noch unabgeschlossen. Der Ablautausgleich der Verben aus Klasse III a beginnt ähnlich wie der in Klasse I und II. Schon im 15. Jh. kommt es häufig sowohl zu Ausgleichungen zugunsten des ursprünglichen Sg.-Ablauts (*finden–fand–fanden–gefunden*) als auch zu Ausgleichungen zugunsten des Pl.-Ablauts (*finden–fund–funden–gefunden*). Wie auch in Klasse I/II zeigen vor allem ofr. Texte eine schon starke Schwankung in der zweiten Hälfte des 15. Jhs.; wie auch in Klasse I/II kommt es vor allem im Schwäb. schon in der ersten Hälfte des 16. Jhs. zu einem häufigen Ausgleich zugunsten des

Musters *fand—fanden* (vgl. Chirita 1988, 141f., 164). In der Folge geht die Entwicklung kontinuierlich bis in das 17. Jh. weiter. Die Unsicherheit wird erst im 18. Jh. durch Wirken der Grammatiker beseitigt (vgl. Solms 1991).

Tendenziell vor der Ausgleichung des numerusbezogenen Ablauts wird jeweils die Klassenspaltung der Klassen I (Sg. Prät. *ei, ê*) und II (Sg. Prät. *ou, ô*) aufgehoben. Der Prozeß ist Mitte des 15. Jhs. weitgehend abgeschlossen, obwohl *ou*-Belege in Klasse II auch später noch gelegentlich auftreten.

Aufgrund der im 13. Jh. einsetzenden sog. nhd. Dehnung erfolgt eine neuerliche Spaltung der Klassen I und II nach der jeweiligen Lautquantität. Dies bedeutet für die Klassen I und II, daß die ehemalige qualitativ bestimmte Klasseneinteilung durch eine quantitative ersetzt wird, wobei jedoch die jeweiligen Lexemgruppen nicht identisch sind. Dieser Prozeß ist — wie auch der Ausgleichsprozeß des quantitativen Ablauts in den Klassen IV und V — nur bedingt nachvollziehbar, da eindeutige Dehnungssignale selten und wenig konsequent sind.

In den Klassen I und II sind Ausgleichsrichtung wie rascher Ausgleich strukturell disponiert: Part. Prät. = Sg. Prät. oder Pl. Prät. Hier liegt ein 'intraparadigmatischer' Ausgleich innerhalb desselben Paradigmas vor. Trotz der identischen Disposition der Verben der Klasse III a (mhd. *finden—fand—funden—gefunden*) ist ihr Ablautausgleich jedoch zum Ende des Frnhd. nicht nur nicht entschieden, sondern die Richtung des im Nhd. erreichten Ausgleichs (zugunsten Prät. *-a*) widerspricht auch der Annahme einer wirksamen und das Part. Prät. einschließenden strukturellen Disposition: Die zugunsten des Sg. Prät. *-a* ausgeglichene Entwicklung gilt als Ausgleichung innerhalb der verschiedenen Paradigmen, als interparadigmatische und an das Ablautungsmuster der st. Verben der Klassen IV/V angelehnte Ausgleichung (z. B. *gab/gaben, sah/sahen*). Das Ergebnis ist jedoch nicht Ergebnis eines bewußt vollzogenen Wandels, als vielmehr des bewußten Eingreifens der normierenden und einem Konzept der Analogie verpflichteten Grammatiker des 18. Jhs. (vgl. Solms 1991). Bis weit ins Nhd. erhalten ist der Numerusablaut in *ward* > *wurden* (vgl. Best/Kohlhase 1983, bes. 97).

Insbesondere zum ausgehenden Frnhd. kommt es — z. T. durch lautliche Veränderungen mit verursacht (z. B. md. Wandel *u* > *o*) — zum internen Klassenwechsel einiger st. Verben; es erscheinen dominante Ablaut-

muster herausgebildet ('interparadigmatischer Ausgleich'), wodurch die ahd./mhd. Systematik der st. Verben endgültig aufgehoben ist. Über den Ausgleich zugunsten eines der im Prät. vorhandenen Ablautvokale hinaus findet in einigen Fällen ein Ausgleich zugunsten des Part. Prät.-Stammvokals *o* statt (z. B. *melken, fechten, glimmen*). Vor dem Hintergrund des im Obd. seit dem 15. Jh. beobachteten Schwundes des finiten Prät. zugunsten der Periphrase mit dem Part. Prät. (s. 3.7.) ist die intraparadigmatische Orientierung am Part. Prät. nur die konsequente Fortsetzung der flexivischen Tempusprofilierung. Darüber hinaus verlieren einige weitere Lexeme ihren ursprünglichen und z. T. bis über das 18. Jh. erhaltenen Ablaut und übernehmen in einem interparadigmatischen Ausgleich ebenfalls *o* im Prät. = Part. Prät. (z. B. *heben*): zum ausgehenden Frnhd. sind somit dominante Ablautungen herausgebildet, die ihrerseits zum Zielpunkt von Veränderungen werden (Prät. = Part. Prät. *o* oder *i/ie*). Allerdings wird die Entwicklung lexemgebunden verschieden im 18. Jh. und teilweise erst im frühen 19. Jh. vollzogen (vgl. Solms 1984).

Tendenziell vor dem jeweiligen Ablautausgleich wird der besondere Stammvokal der 2. Sg. Prät. aufgegeben (z. B. *du büte* > *du botest*). Im 14. Jh. ist die alte Opposition noch erhalten, so *litte, koem, fure*. Der Ausgleich findet überwiegend im Laufe des 15. Jhs. statt, doch bleiben Formen ohne Ausgleich (jedoch mit Endung *-(e)st*) in Klasse III zum Teil bis ins 18. Jh. erhalten.

Eine zweifache Vereinfachung zeigt die Stammvokalalternation in der Präsensflexion der st. Verben (vgl. Frnhd. Gr. § M97—M103):

(1) Die mhd. drei Muster der Grundmorphflexion (ohne Alternation, z. B. *rîten*; Grundmorphwechsel im Ind. Sg., z. B. Inf. *wërden* mit Sg. Ind.-Stammvokal *i*; Grundmorphwechsel 'Umlaut' in 2./3. Ind. Sg., z. B. bei *varen*) wird im Verlauf des Frnhd. auf nurmehr zwei Muster reduziert (ohne Alternation, Grundmorphwechsel in 2./3. Ind. Sg.); das Muster einer 'Wechselflexion' im Sg. ist bereits in mhd. Zeit im Md. herausgebildet und erfährt im Frnhd. seine Verallgemeinerung.

(2) Die bes. im Obd. erfolgte Verallgemeinerung des einfachsten Musters zeigt sich in der schließlich gänzlichen Aufgabe einer Alternation bei den Verben der Klasse II (mhd. Inf. *bieten* jedoch *ich biute, du biutest, er biutet* > nhd. *ich biete* etc.); dieser Prozeß wird erst im 18. Jh. abgeschlossen. Die Vereinheitlichungen gehen im Frnhd. über die nhd. erhaltenen hinaus: die Aufgabe einer Alternation zeigen auch Verben der Klassen III—V, so *flechten, schelten, genesen*.

Während die Anzahl st. Verben vom Ahd. (349) bis zum Mhd. (339) weitgehend gleich bleibt, ist zum Nhd. (169) hin ein deutlicher Schwund eingetreten: sei es, daß st. Verben nicht mehr lexikalisiert sind (z. B. *bîten*), sei es, daß sie die Flexion der schw. Verben annehmen oder zugunsten eines schon in mhd. Zeit parallel existierenden schw. Verbs aufgegeben sind (z. B. *gîgen*). Die Übernahme der schw. Flexion zeigt sich strukturell disponiert bei Identität des Inf. und Präs.-Stammes mit dem des Part. Prät., so z. B. bei Verben der mhd. Klasse VII wie *valten−vielt−gevalten* (vgl. Schirmunski 1962, 504; Solms 1984, 23, Anm. 33, 27f., 323f.).

Zusätzlich zur Alternation des Stammvokals weisen einige st. Verben zu Beginn des Frnhd. einen 'Grammatischen Wechsel' auf (z. B. *h−g* im Sg./Pl. Prät. *zoh−zugen*). Die bereits im Ahd. einsetzende Aufhebung dieser einzellexematischen Besonderheit wird im Verlauf des Frnhd. weiter fortgesetzt. Dabei findet in den meisten Fällen (z. B. bei *heben*, *werben*, *meiden*) ein gänzlicher Ausgleich statt, z. B. mhd. *verliesen* (Inf., *verlôs* (Prät. Sg.) > frnhd. *verlieren*, *verlor*). Seltener ist der Ausgleich nur innerhalb des Prät., etwa bei *ziehen*; der nur im Prät. erfolgende Ausgleich steht im Zusammenhang des 'Ablautausgleichs' (vgl. Frnhd. Gr. § M104−M106).

3.5. Angleichung der Präterito-Präsentien (und *wellen*)

Die Präterito-Präsentien werden den schw. Verben hinsichtlich der Flexionsendungen vollständig (*gönnen*, *taugen*) oder teilweise angeglichen; die Vereinheitlichungen gehen im Frnhd. über das hinaus, was zum Nhd. hin erhalten ist (z. B. 1. Sg. Ind. Präs. *ich kan-e*, *ich weiss-e*, *ich will-e* oder 3. Sg. Ind. Präs. *er weiß-t*). Es schwinden im Frnhd. *eigen* und *turren*, die bis ins 16. bzw. frühe 17. Jh. belegt sind.

Der im Mhd. auftretende Inf.-Umlaut bei mhd. *gunnen*, *kunnen*, *durfen*, *mugen* wird im Frnhd. durchgesetzt. Die Angleichung von *gönnen*, *taugen* an die schw. Flexion erfolgt weitgehend erst im 17. Jh.

Die Entwicklung der 2. Sg. Präs. mhd. *-t*, nhd. *-st* verläuft je Lexem verschieden (vgl. dazu bes. Best 1983, bes. 113). *Du wilt* ist noch im 16. Jh. nahezu allein vorherrschend und auch im 17. Jh. noch dominant. Der Umschlag erfolgt um die Wende zum 18. Jh. Im Verlauf des 18. Jhs. ist die *wilt*-Form stark rückläufig. Ganz ähnlich entwickelt sich *du solt* > *du sollst*, doch sind bereits im 14./

15. Jh. Formen mit *-st* nicht selten. Formen zu *dürfen* (*du darft*) sind insgesamt selten belegt, doch zeigen die wenigen Belege eine Dominanz von *darfst* seit dem späten 15. Jh. *Du maht* ist im 14. Jh. die vorherrschende Form, jedoch bereits vom 15. Jh. an nur noch selten und zumeist konkurrierend mit *du magst* belegt; schon im Mhd. gültig ist *du kanst*, ebenso erscheint *du gannest* bereits im frühen Frnhd.

Die im Mhd. für *(be)durfen*, *gunnen*, *kunnen*, *vermugen*, und *wizzen* ausgewiesenen Part. Prät.-Formen erscheinen vor allem im späteren Frnhd. auch bei den anderen Prät. Präs. Mit Ausnahme von *gunnen* werden zumeist nur schw. Formen gebildet; besonders im Hchal. erscheinen st. Formen von *gunnen* bis ins 17. Jh.

Der Ausgleich des Stammvokals erfolgt im Frnhd. zum Teil weitgehender als er in die nhd. Standardsprache eingegangen ist, so *wiessen*, *wiste*, *wistu*, *gewist*, *gekönt*, *bedarfte*, *tuchte*, *gande*. Der Ausgleich erfolgt selten schon im 14. Jh., und noch im 17. Jh. kommen Belege ohne Ausgleich vor, so *tügen*. Bei *wissen* ist *-u-* im Prät./Part. Prät. (*(ge)wust(-)*) im 16. Jh./17. Jh. allgemein, Formen mit *-e-/-i-* bleiben bis ins 17. Jh. belegt. Bei dem Verb *sollen* konkurrieren Formen mit *-a-* (*sal* u. ä., primär im Md.) und *-o-* (*sol* u. ä., primär im Obd.); seit dem 16. Jh. gilt *sol* im Obd. durchweg und setzt sich allmählich auch im Md. durch. Im 17. Jh. gilt *sol* durchweg, bei einigen *sal*-Belegen im Wmd. (vgl. Best 1983; Birkmann 1987, 194; Frnhd. Gr. § M131−M146; Graser 1987, bes. 64; Weinhold 883/1967, § 408−423).

3.6. Angleichung der athematischen und kontrahierten Verben

Die Kurzformen der sog. athematischen Verben *gân/gên*, *stân/stên* und kontrahierten Verben *hân*, *lân* werden durch entsprechende Langformen ersetzt (*gehen*, *stehen*, *haben*, *lassen*) und weitgehend den übrigen Verben angeglichen; die Vereinheitlichungen gehen im Frnhd. über das hinaus, was zum Nhd. hin erhalten ist (z. B. auch *tühen* von mhd. *tuon*). Bei *hân* werden die Formen des kontrahierten Verbs im Ind. Prät. sowie in der 2. Sg. Ind. Präs. beibehalten. Mit der Durchsetzung der Zweisilbigkeit schwindet auch das Flexiv *-n* der 1. Sg. Präs. weitgehend im Verlauf des 16./17. Jhs.; lediglich *bin* (zu *sein*) wird im Nhd. noch mit *-n* gebildet. Die Kurzformen sind z. T. bis in das 17. Jh. (bes. im Obd.) erhalten.

Beim Verb *tun* wird die Konkurrenz der Formen *tat/tet* im Prät. zugunsten *tat* im 17. Jh. entschieden.

Das Verbum substantivum weist einige, zum Teil regionale Varianten auf: Der Imp. Sg. *bis* hält sich in der Schriftsprache bis in das 17. Jh., die nhd. Form *sei* kommt im 16. Jh. auf. Der Imp. Pl. *weset* (vom mhd. st. Verb *wesen*) ist bis ins 14. Jh. belegt. Die ursprüngliche Ind.-Form (*sint*) und die ursprüngliche Kj.-Form (*sein*) konkurrieren bis in das 17. Jh. in der 1./3. Pl. Präs.; daneben existiert noch eine aus beiden kombinierte Form *seint*. Neben 2. Pl. Ind. *seid* erscheint bes. Alem. auch *seint*. Das Part. Prät lautet *gewesen, gewest, gesîn. gesîn* ist im wesentlichen auf das Wobd., besonders auf das Alem. beschränkt. Die st. Form *gewesen* tritt im gesamten Gebiet auf, jedoch mit unterschiedlicher Frequenz. *gewest* ist im Md. die häufigere Form, während im Obd. *gewesen* überwiegt. Im 14. Jh. ist *gewest* im Md. dominant, im Obd. selten; im 15./16. Jh. tritt *gewest* im gesamten hd. Gebiet auf und hält sich teilweise bis ins 19. Jh., obwohl *gewesen* bereits im 17. Jh. dominant ist. *war* (3. Sg. Prät.) erscheint um die Mitte des 15. Jhs. in unbedeutender Zahl konkurrierend zu *was*. Der quantitative Umschwung erfolgt um die Mitte des 16. Jhs., doch *was*-Formen sind bis zur Mitte des 17. Jhs. belegt (vgl. Best 1983, bes. 109; Frnhd. Gr. § M147−151; Giessmann 1981 zu *gehen/stehen*; Stopp 1977).

3.7. Nivellierung der Modusunterscheidung und Periphrase, Präteritumschwund und Periphrase

Das Dt. tendiert im Verbbereich − wie auch in anderen Bereichen der Morphologie − von einer eher synthetischen zu einer eher analytischen Bauweise. Nach noch seltenen Belegen schon im Germ. findet die Entwicklung zu häufigen Periphrasen (Umschreibungen) für Perfekt, Futur, Passiv und Konjunktiv nach dem Ahd. statt.

Die Kategorie Modus, die durch die Uniformierung der Nebensilbenvokale im Frnhd. endungsflexivisch nur noch in der 3. Sg. Präs. und zum Teil in der 3. Pl. Präs. sowie im Prät. der st. Verben Unterschiede aufweist, wird im Verlauf des Frnhd. weiter nivelliert; durch Abbau des Vokalwechsels zwischen Ind. und Kj. Prät. der st. Verben ('Tempusprofilierung'); durch weitgehende Apokope des *-e* in der 1./3. Sg. Kj. Prät.; durch Übernahme der *-st*-Endung auch im Ind.; durch Reduzierung der Stammvokalalternationen auch im Sg.

Präs. der st. Verben (Ind. *ich nime* vs. Kj. *ich neme* > Ind. Kj. *ich neme*); durch Schwund der flexivischen Unterscheidung in der 3. Pl. (*-ent* vs. *-en*). Im Prät. fallen der Ind. und der Kj. bei den schw. Verben vollständig zusammen. Die flexivische Kategorie 'Modus' wird zunehmend ersetzt durch die Periphrase mit *würde*, die seit dem 14. Jh. häufiger verwendet wird und sich im 16. Jh. gegenüber Bildungen mit *sollte* und *wollte* durchsetzt. Zum Ende des Frnhd. setzt zudem der Prozeß der Aufhebung des Tempusunterschiedes im Kj. ein, d. h. ehemalige präteritale Kj.-Formen werden sowohl präsentisch als auch präterital verwendet (*ich heiße* vs. *ich hieße* oder *ich hieß* vs. *ich hieße*) (vgl. Guchmann/Semenjuk 1981, 258 ff.).

Seit ca. 1300 und häufiger dann seit dem 15. Jh. werden umschriebene Perf.-Formen bes. im Obd. anstelle der synthetisch gebildeten Präteritalformen verwendet. Deren Anteil sinkt rasch und beträgt um ca. 1530 bereits unter 50%. Dieser aus der Mündlichkeit übertragene Schwund der Präteritalformen, der sich in den Mdaa. südlich der sog. Präteritalgrenze nahezu vollständig durchsetzt, tritt in der Schriftlichkeit jedoch kaum je vollständig ein und wird unter md. Einfluß von der 2. Hälfte des 17. Jhs. an wieder eingeschränkt (vgl. Lindgren 1957; Dal 1960).

Die Ursache dieses Schwundes ist umstritten. Neben der Erklärung, daß die *-e*-Apokope Auslöser für den Schwund sei, wird die teilweise Umfunktionierung des Präteritalflexivs (*-(e)t-*) vom Tempusanzeiger zum Moduszeichen (irrealis) angeführt. Inwieweit hier eine Verquickung von Periphrase (was ein Auseinandernehmen von Verbteilen bedeutet) und der Tendenz zur Rahmenbildung vorliegt, ist bisher nicht genügend erhellt.

4. Adjektive

Für die Adjektive ist anders als für Substantive und Verben eine flexivisch begründete Klassifizierung nicht möglich, da Adjektive in Abhängigkeit von ihrer syntaktischen Umgebung st. oder sw. flektiert werden. Die wortartdefinierende Eigenschaft der Adjektive, eine in zweifacher Weise abhängige Flexion aufzuweisen (vgl. Frnhd. Gr. § M34) ist Ergebnis eines im Germ. begonnenen und im Verlauf des Frnhd. abgeschlossenen Grammatikalisierungsprozesses: die Adjektivflexion funktioniert gemäß einer „Formenregel" (Hotzenköcherle 1968, 3) als Artikelflexion;

eine frühere „Sinnregel", der gemäß die sw./ st. Flexion hinsichtlich der referentiellen Bekanntheit/Unbekanntheit verwendet wurde, wird abgelöst. Gemäß ihrer Fähigkeit zur grammatischen Markierung innerhalb der Substantivgruppe gelten die zwei Flexionsweisen als 'determinierend' (det.) oder 'interdeterminierend' (indet.). Dem Grammatikalisierungsprozeß entspricht die frnhd. Durchsetzung des sog. monoflexivischen Prinzips, die morphologische Markierung weitgehend nur an einer Stelle der Substantivgruppe zu leisten. Doch zeigt die grammatische Distribution der grammatisch ausdrucksvollen (det.) und indet. Flexive noch eine Reihe von bes. landschaftlichen Abweichungen: so sind 'polyflektierte' Substantivgruppen (*der letzter Tag, in einem gewissen Tier*) bes. im Rib. bis in das 16. Jh. üblich. Bis in das 18. Jh. hinein bleibt bes. im Obd. die (det.) Flexion im Nom./Akk. Pl. trotz eines vorausgehenden bestimmten Artikels mit -e (*die liebe Kinder*) üblich; sie wird trotz eines in Teilen des Obd. konsequenten Gebrauchs schreibsprachlich zum Nhd. nicht übernommen. Ein Fortwirken der 'Sinnregel' erweist die Flexion innerhalb der Anrede, die bes. im 14./15. Jh. noch det. erfolgen kann (*hemelsche vater*).

Die ahd./mhd. st. Adjektivflexion zeigt die parallele Existenz nominaler und pronominaler Flexive (z. B. *-Ø* neben *-er*). Dem Grammatikalisierungsprozeß der Adjektivflexion entspricht die flexivische Angleichung von Adjektiven und Pronomen: im 16. Jh. sind die pronominalen Flexive weitgehend durchgesetzt. Bis ins 16. Jh. hinein kann es bes. im Obd. zu einer seltenen Flexion auch des prädikativ verwendeten Adjektivs kommen. Der Entwicklung parallel geht die Fixierung des attributiven Adjektivs in das Vorfeld des Substantivs; eine Stellung im Nachfeld ist selten noch möglich und korreliert mit Flexionslosigkeit. Die schon für das Mhd. beobachtete Reduzierung des Flexionsinventars geht im Frnhd. weiter; daneben treten Veränderungen innerhalb einzelner grammatischer Positionen. Die markanten Veränderungen betreffen die 2-silbigen Flexive (mhd. *-eme, -ere*), die Unterscheidung *-es* und *-ez*, die nominale 'Flexionslosigkeit' sowie das 'voll'-vokalische *-iu*. Es bleibt *-iu* (Nom. Sg. Fem., Nom./Akk. Pl. Neutr.) bes. im Obd. während des 14. Jhs. noch häufig; es kommt bis ins 15. Jh. vor und kann auch auf weitere Positionen übertragen werden (Nom./Akk. Pl. Mask./Fem.). Ansonsten ist *-iu* zu *-e* abgeschwächt, das dem allgemeinen Prozeß der -e-Apokope unterliegt,

wobei die Apokope hier jedoch weit weniger wirksam wird als in den übrigen Positionen auf *-e*. Der Gen. auf *-es* wird zum Nhd. hin durch den Gen. auf *-en* ersetzt; diese bereits im 14. Jh. belegte und im 17. Jh. weitgehend durchgesetzte Entwicklung folgt dem monoflexivischen Prinzip, insofern der Gen. zumeist am Substantiv bereits markiert ist. Der Akk. der Fem. auf *-en* (schw.) wird zum Nhd. hin durch den Akk. auf *-e* ersetzt; *-en*-Formen bleiben bis ins 16. Jh. belegt. Endungslose (ursprünglich 'nominale') Formen sind im Frnhd. noch in attributiver Stellung häufig. Durch die e-Apokope sind sie in allen Positionen und in allen Kasus, die zuvor auf *-e* flektierten, möglich. Aufgrund des frühzeitigeren und konsequenteren Schwundes der endungslosen Form im det. Nom. Sg. des Mask. und Fem. bei gleichzeitiger Beibehaltung im Nom./Akk. Sg. des Neutr. funktioniert sie (statt *-(e)s*) bis ins 16. Jh. als genusmarkierende Form. Das Stammnebensilben-*e* der ehemaligen *ja-/jô-*St. (etwa mhd. *rîche*) wird zumeist apokopiert und bleibt zum Nhd. hin in der Regel getilgt (*reich* etc.).

Mehrere aufeinanderfolgende Adjektive werden identisch flektiert. Daneben treten bes. im 16./17. Jh. einige Abweichungen auf, bei denen bes. im Dat. Sg./Gen. Pl. zumeist ein indet. flektiertes Adj. inkorporiert erscheint (*dem aller/hôhesten zeitlichem Guthe*). Bei nachgestelltem adjektivischem Attribut steht zumeist die unflektierte Form, doch sind auch flektierte Formen möglich.

Die Reduzierung des Flexivinventars sowie seine funktionale Verteilung zeigt mehrere Tendenzen:

(1) Eine 1 : 1-Zuordnung (Form : Funktion) auf der Ebene der 'morphosyntaktischen Position' (vgl. Gr. d. Frnhd. VI § 12); so gelten z. B. für das morphosyntaktische Merkmalbündel Nom. Sg. Neutr. die Flexive *-(e)* und *-(e)s*, nach dem best. Art. kann jedoch nur *-(e)*, nach dem Nullart. nur *-(e)s* erscheinen.

(2) Eine 'Genusprofilierung': In keinem Fall wird das flexivische Inventar der Sg.-Kasus so verändert, daß eine bestehende Genusdifferenzierung aufgehoben würde. Vielmehr wird dort, wo eine flexivische Genuspolysemie vorliegt, im Frnhd. eine Eindeutigkeit erreicht (z. B. Profilierung des *-Ø* im Nom./Akk. Sg. zum genusmarkierenden Flexiv des Neutr.).

(3) Die spätere und generelle Verdrängung des *-Ø* zugunsten des pronominalen *-es* liegt innerhalb des Prozesses der zwischen dem 14.—16. Jh. erfolgten formalen Ausdifferenzierung der Substantiv- und Verbalgruppe: Die flexionslose Form kommt der nicht substantivischen Komponente der Verbal-

gruppe (als prädikatives Adj.), die flektierte Form der nicht substantivischen Komponente der Substantivgruppe zu.

(4) Eine Kasusmarkierung ergibt sich als Folge und somit gegensteuernde 'systemerhaltende Tendenz' der 'Kasusnivellierung' beim Substantiv (vgl. Dal 1973).

Die Komparation der Adjektive entspricht weitestgehend dem nhd. Stand. Die Flexive sind *-er* und *-est*, wobei der Nebensilbenvokal noch variierend belegt ist. Nach Durchführung der Umlautsbezeichnung wird der Umlaut konsequenter als im Nhd. zur Steigerung genutzt (so *flăcher, namheftigsten, gleter*). Die Steigerung mit Hilfe von Suppletivformen erscheint in *besser/best* (zu *gut*), *mer/meist* (zu *viel*, zunehmend seit dem 15. Jh., Schwund von *michel*), *wirst* (zu *übel*, selten bis ins 16. Jh.) und *minner/minnest* (zu *luzel*, vom 16. Jh. an durch *weniger* etc. ersetzt) belegt.

5. Pronomina

Im Frnhd. erfährt die Flexion der Pronomen „erhebliche Veränderungen" (Walch 1990, 12). Formal handelt es sich um Prozesse analoger Formübertragung (vgl. Walch 1990, 14), die zur Vereinheitlichung sowohl innerhalb der Pronominal- als auch zwischen der Pronominal- und der Adjektivflexion führt.

Der Ausgleich innerhalb der Pronominalflexion betrifft u. a. eine Aufhebung von Kasusdifferenzierung (Akk./Dat. Pl. des Pers. Pron. der 2. Person: *iuch, iu > euch*; Akk./Dat. des Refl. Pron, *sich, im, ir > sich*), eine Aufhebung von Suppletion (mhd. *dis-en/-em/-es* aber *dirre > dis-er*), eine Annäherung der 'Paradigmen' (Gen. Sg. Mask./Neutr. *sein-* des Refl./Poss. Pron. auch beim Pers. Pron. statt *es*).

Pronominal- wie Adjektivflexion berühren gleichermaßen die Aufhebung der formalen Kasusunterscheidung Nom./Akk. Sg. Fem. (*diu, die > die*) sowie auch die Genusunterscheidung im Nom./Akk. Pl. (Mask./Fem. *die*, Neutr. *diu > die*). Eine Angleichung zwischen adj. und pron. Flexion zeigt sich u. a. in der im 17. Jh. erfolgten Durchsetzung der jeweiligen Langformen *in > inen, ir > irer* (Dat. Pl./Gen. Pl. des Pers. Pron.), *des > dessen, der > deren, wes > wessen* (Gen. Sg./Pl. des Rel. Pron. und Interrog. Pron.), *dirre, ditz > dieser, dieses* (Nom. Sg. des Dem. Pron.) sowie insbesondere „in der Durchsetzung der Regelung des det./indet. Flexionsprinzips auch beim Poss. Pron., den Pronominaladj. (und sehr selten auch Pronominal-

subst.)" (Frnhd. Gr. § M60). Die Entwicklung geht im Frnhd. z. T. weiter, ohne ins Nhd. übernommen zu werden: Dat. Pl. *-en* und Gen. Pl. *-er* auch beim best. Art. (*denen, derer*) und bes. im Alem. ein Gen. Sg. *-en* beim Pers. Pron. (**meinen Wissens*, analog zu der bei den Adjektiven zum ausgehenden Frnhd. herausgebildeten Generalisierung von *-en* im Gen. Sg. Mask./Neutr.). Neben den Langformen bleiben die jeweiligen Kurzformen teilweise bis ins 17. Jh. erhalten.

Die Demonstrativpronomen *der, die, das* werden zunehmend nur in der Funktion des bestimmten Artikels verwendet, während die Langformen *dieser, diese, dieses* gänzlich die Funktion des Dem. Pron. erhalten. Noch im 16. Jh. ist die formale Unterscheidung „weitgehend" nicht gegeben, die nhd. Differenzierung wird z. B. im Gen. Pl. schon im 17. Jh. sehr deutlich, ohne „strikt" durchgeführt zu sein (vgl. Gr. d. Frnhd. VII § 15).

6. Numeralia

Eine Flexion nennt im Frnhd. bes. die Kardinalzahlen *zwei* und *drei*, selten erscheint eine Flexion bei den Kardinalzahlen *vier−zwölf* bes. in subst. Verwendung, nurmehr in Ausnahmen können auch die Kardinalzahlen ab *dreizehn* flektiert erscheinen (vgl. Gr. d. Frnhd. VII § 135−145). Die Entwicklung zum Nhd. ist bei *zwei/drei* gekennzeichnet durch einen weitgehenden Abbau der Flexionsformen und durch die Nivellierung der Genusdifferenzen; dagegen zeigt sich jedoch partiell auch der nicht fortgesetzte Prozeß einer zusätzlichen Genusdifferenzierung auch im Gen./Dat. So weisen *zwei* und *drei* im Frnhd. noch weitgehende Kasusflexion und (bes. *zwei*) auch Genusdifferenzierung auf, die bei *zwei* bis in das 16. Jh. im Nom./Akk. beibehalten ist: *zwen(e), zwo, zwei*; die Verallgemeinerung des neutr. *zwei* setzt deutlich erst im 16. Jh. ein. Im Gen. gilt *zweier*, im Dat. *zweien* (teilweise auch mit Genusunterscheidung *zwen-en, zwo-en*). Bei *drei* bleibt neutr. *driu* in Resten bis ins 15. Jh. belegt, im Gen. gilt neben *dreier* seit dem 15./16. Jh. auch *drei* und *dreien*, im Dat. tritt erst im 15. Jh. neben vorwiegendem *dreien* auch *drei* auf.

7. Literatur (in Auswahl)

Ahlsson, Lars-Erik, Zur Substantivflexion im Thüringischen des 14. und 15. Jhs. Uppsala/Stockholm 1965. (AUU 3).

Alm, Erik, Der Ausgleich des Ablauts im starken Präteritum der ostmitteldeutschen Schriftdialekte. I. 1.—3. Ablautreihe und das Verb *tun*. Diss. Uppsala 1936.

Ders., Der Ausgleich des Ablauts im Präteritum von *stehen*. In: SN, vol. XVIII, 1945/46, 191—248 und vol. XIX, 1946/47, 201—271.

Augst, Gerhard, Untersuchungen zum Morpheminventar der deutschen Gegenwartssprache. Tübingen 1975. (FIdS 25).

Bach, Heinrich, Laut- und Formenlehre der Sprache Luthers. Kopenhagen 1934.

Behaghel, Otto, Geschichte der deutschen Sprache. 5. Aufl. Berlin/Leipzig 1928. (Grundr. 3).

Besch, Werner, Sprachlandschaften und Sprachausgleich im 15. Jh. Studien zur Erforschung der spätmittelhochdeutschen Schreibdialekte und zur Entstehung der neuhochdeutschen Schriftsprache. München 1967. (BG 11).

Best, Karl-Heinz, Zum morphologischen Wandel einiger deutscher Verben. In: Best/Kohlhase 1983, 107—118.

Ders./Jörg Kohlhase (Hrsg.), Exakte Sprachwandelforschung. Theoretische Beiträge, statistische Analysen und Arbeitsberichte. Göttingen 1983. (Göttinger Schriften zur Sprach- und Literaturwissenschaft 2).

Diess., Der Wandel von *ward* zu *wurde*. In: Best/Kohlhase 1983, 91—106.

Birkmann, Thomas, Präteritopräsentia. Morphologische Entwicklungen einer Sonderklasse in den altgermanischen Sprachen. Tübingen 1987. (LA 188).

Bojunga, Klaudius, Die Entwicklung der neuhochdeutschen Substantivflexion ihrem inneren Zusammenhange nach in Umrissen dargestellt. Leipzig 1890.

Chirita, Diana, Der Ausgleich des Ablauts im starken Präteritum im Frühneuhochdeutschen. Bern [etc.] 1988. (Wiener Arbeiten zur germanischen Altertumskunde und Philologie 31).

Dal, Ingerid, Zur Frage des süddeutschen Präteritumsschwundes. In: Indogermanica. Festschrift für Wolfgang Krause zum 65. Geburtstag am 18. September 1960. Heidelberg 1960, 1—7.

Dies., Systemerhaltende Tendenzen in der deutschen Kasusmorphologie. In: Das Ringen um eine neue deutsche Grammatik. Hrsg. v. Hugo Moser. 3., durchgesehene Aufl. Darmstadt 1973, 74—88. (WdF 25).

Durrell, Martin, German noun inflexions: synchrony and diachrony. In: GLL 43, 1989/90, 113—124.

Frühneuhochdeutsch. Zum Stand der sprachwissenschaftlichen Forschung. Besorgt von Werner Besch und Klaus-Peter Wegera. Berlin 1987. (ZfdPh 106, 1987, Sonderheft).

Frühneuhochdeutsche Grammatik = Ebert, Robert P. [u. a.], Frühneuhochdeutsche Grammatik. Hrsg. v. Oskar Reichmann/Klaus-Peter Wegera. Tübingen 1993. (SkG A, Hauptreihe 12).

Gerth, Heike, Veränderungen in der Flexion starker Verben — untersucht an Leipziger Frühdrucken der ersten Hälfte des 16. Jhs. Diss. [masch.] Berlin 1986.

Dies., Zur Verwendung der Formen des Ausgleichs im Paradigma der starken Verben in Leipziger Frühdrucken. In: Zum Sprachwandel in der deutschen Literatursprache des 16. Jhs. Studien—Analysen—Probleme. Verfaßt von einem Autorenkollektiv unter der Leitung von Joachim Schildt. Berlin 1987, 101—149.

Giessmann, Ulrike, Die Flexion von *gehen* und *stehen* im Frühneuhochdeutschen. Heidelberg 1981. (GB 3).

Grammatik des Frühneuhochdeutschen. Hrsg. v. Hugo Moser/Hugo Stopp (†)/Werner Besch. Bd. III: Flexion der Substantive, v. Klaus-Peter Wegera. Heidelberg 1987; Bd. IV: Flexion der starken und schwachen Verben, v. Ulf Dammers/Walter Hoffmann/Hans-Joachim Solms. Heidelberg 1988; Bd. VI: Flexion der Adjektive, v. Hans-Joachim Solms/Klaus-Peter Wegera. Heidelberg 1991; Bd. VII: Flexion der Pronomina und Numeralia, v. Maria Walch/Susanne Häckel. Heidelberg 1988. (GB 1).

Granmark, O. S., Die Ausgleichung des Ablauts im starken Präteritum des rheinfränkischen Schriftdialektes. Ein Beitrag zur Formenlehre des Frühneuhochdeutschen. Malmö 1933.

Graser, Helmut, Die Flexion des Verbs im schlesischen Prosaväterbuch. Heidelberg 1977 (SFrnhd. 1).

Ders., Zur Flexion der 'Besonderen Verben'. In: Frühneuhochdeutsch. Zum Stand der sprachwissenschaftlichen Forschung. Besorgt von Werner Besch und Klaus-Peter Wegera, 60—66. (ZfdPh 106, 1987, Sonderheft).

Große, Rudolf, Zur Wechselfunktion im Singular Präsens der starken Verben — Lautwandel oder Analogie? In: Studien zum Frühneuhochdeutschen. Festschrift für Emil Skála. Hrsg. v. Peter Wiesinger. Göppingen 1988, 161—166. (GAG 476).

Guchmann, Mirra M./Natalja N. Semenjuk, Zur Ausbildung der Norm der deutschen Literatursprache im Bereich des Verbs (1470—1730). Tempus und Modus. Berlin 1981. (Baust. 56/V).

Gürtler, Hans, Zur Geschichte der deutschen *er*-Plurale, besonders im Frühneuhochdeutschen. In: PBB 37, 1912, 492—543 und 38, 1913, 67—224.

Hartweg, Frédéric/Klaus-Peter Wegera, Frühneuhochdeutsch. Eine Einführung in die deutsche Sprache des Spätmittelalters und der frühen Neuzeit. Tübingen 1989. (GA 33).

Hoffmann, Walter, Untersuchungen zur frühneuhochdeutschen Verbalflexion am Beispiel ripuarischer Texte. Ein Beitrag zur generativen Flexionsmorphologie. Heidelberg 1979. (SFrnhd. 3).

Ders./Hans-Joachim Solms, Zur Flexion der starken und schwachen Verben. Entwicklungsprozesse im Frühneuhochdeutschen und ihre Reflexe bei Grammatikern. In: Frühneuhochdeutsch. Zum Stand der sprachwissenschaftlichen Forschung. Besorgt von Werner Besch und Klaus-Peter Wegera, 37–59. (ZfdPh 106, 1987, Sonderheft).

Hotzenköcherle, Rudolf, Entwicklungsgeschichtliche Grundzüge des Neuhochdeutschen. In: WW 12, 1962, 321–331.

Ders., Gegenwartsprobleme im deutschen Adjektivsystem. In: NphM 69, 1968, 1–28.

Imsiepen, Ulrike, Die e-Epithese bei starken Verben im Deutschen. In: Best/Kohlhase 1983, 119–141.

Jeitteles, Adalbert, Das neuhochdeutsche Pronomen. Ein Beitrag zur deutschen Grammatik. In: ZfdPh 25, 1893, 303–313 und 26, 1894, 180–210.

Kehrein, Joseph, Grammatik der deutschen Sprache des 15.–17. Jhs. 3 Tl. Leipzig 1854–56. (Nachdruck Hildesheim 1968).

Kolb, Herbert, gehen und stehen. Eine Studie zur Geschichte des Frühneuhochdeutschen. In: PBB (T) 94, 1972, Sonderheft, 126–141.

Leupold, Franz, Zur Geschichte der neuhochdeutschen Pronominalflexion. Diss. Heidelberg 1909.

Lindgren, Kaj B., Die Apokope des mhd. -e in seinen verschiedenen Funktionen. Helsinki 1953. (AASF 78,2).

Ders., Über den oberdeutschen Präteritumschwund. Helsinki 1957. (AASF 112,1).

Møller, Christen, Zerfall und Aufbau grammatischer Distinktionen. Die Femina im Deutschen. In: Mélanges linguistiques. Offets à M. Holger Pedersen. Kopenhagen 1937, 365–372. (Acta Jutlandica Aarskrift für Aarhus Universitet IX).

Molz, Hermann, Die Substantivflexion seit mittelhochdeutscher Zeit. In: PBB 27, 1902, 209–342 und 31, 1906, 277–392.

Moser, Virgil, Historisch-grammatische Einführung in die frühneuhochdeutschen Schriftdialekte. Halle 1909. (Nachdruck Darmstadt 1971).

Ders., Frühneuhochdeutsche Grammatik. Lautlehre Bd. 1.1. Orthographie, Betonung, Stammsilbenvokale, Bd. 1.3. Konsonanten (Schluß). Heidelberg 1929/1951. (GB 1).

Nordström, Torsten, Studien über die Ausbildung der neuhochdeutschen starken Präsensflexion. Ein Beitrag zur historischen Formenlehre. Diss. Uppsala 1911.

Öhmann, Emil, Der s-Plural im Deutschen. Helsinki 1924. (AASF 18,1).

Ders., Die Pluralformen auf -s in der deutschen Substantivflexion. In: ZdA 91, 1961/62, 228–236.

Oubouzar, Erika, Über die Ausbildung der zusammengesetzten Verbformen im deutschen Verbalsystem. In: PBB (H) 95, 1974, 5–96.

Pasierbsky, Fritz, Deutsche Sprache im Reformationszeitalter. Eine geistes- und sozialgeschichtlich orientierte Bibliographie. Tl. 1. Tübingen 1988.

Paul, Hermann, Deutsche Grammatik. Bd. 2. Teil III: Flexionslehre. Tübingen 1917. (Nachdruck Tübingen 1968). (SkG A, 10).

Penzl, Herbert, Frühneuhochdeutsch. Bern [etc.] 1984. (GeLe 9).

Philipp, Gerhard, Einführung ins Frühneuhochdeutsche. Sprachgeschichte–Grammatik–Texte. Heidelberg 1980. (UTB 822).

Piirainen, Ilpo Tapani, Frühneuhochdeutsche Bibliographie. Literatur zur Sprache des 14.–17. Jhs. Tübingen 1980. (Bibliographische Arbeitsmaterialien 4).

Polenz, Peter v., Deutsche Sprachgeschichte vom Spätmittelalter bis zur Gegenwart. I: Einführung, Grundbegriffe, Deutsch in der frühbürgerlichen Zeit. Berlin 1991. (SG 2237).

Rauch, Irmengard, Early new high German e-plural. In: PBB 113, 1991, 367–383.

Reichmann, Oskar/Klaus-Peter Wegera (Hrsg.), Frühneuhochdeutsche Grammatik von Robert Peter Ebert [u. a.]. Tübingen 1993. (SkG A, Hauptreihe 12).

Schirmunski, Victor M., Deutsche Mundartkunde: Vergleichende Laut- und Formenlehre der deutschen Mundarten. Berlin 1962. (IdSL 25).

Schmidt, Wilhelm, Geschichte der deutschen Sprache. 7. Aufl. erarbeitet unter der Leitung von Helmut Langner. Stuttgart/Leipzig 1996.

Shapiro, Sophie, Genitive forms without -s in early new high German. In: Language XVII, 1941, 53–57.

Sobbe, Agnes, Ausgleichung des Rückumlauts. Halle/S. 1911.

Solms, Hans-Joachim, Die morphologischen Veränderungen der Stammvokale der starken Verben im Frühneuhochdeutschen. Diss. Bonn 1984.

Ders., Ein verspäteter Ablautausgleich im konfessionellen und regionalen Sprachenstreit des 18. Jhs.: die starken Verben der mhd. Klasse III a. In: Mattheier, Klaus J. [u. a.]. Vielfalt des Deutschen. Festschrift für Werner Besch. Frankfurt/M. [etc.] 1991, 331–351.

Stårck, John, Studien zur Geschichte des Rückumlauts. Ein Beitrag zur historischen Formenlehre. Diss. Uppsala 1912.

Stopp, Hugo, Veränderungen im System der Substantivflexion vom Althochdeutschen bis zum Neuhochdeutschen. In: Studien zur deutschen Literatur und Sprache des Mittelalters. Hrsg. v. Werner Besch [u. a.]. Festschrift für Hugo Moser zum 65. Geburtstag. Berlin 1974, 324–344.

Ders., gewesen–gesin–gewest. Zur Behandlung von Einzelphänomenen in einer frühneuhochdeutschen Flexionsmorphologie. In: ZfdPh 96, 1977, Sonderheft Sprache, 1–34.

Strömberg, Edvard, Die Ausgleichung des Ablauts im starken Präteritum. Mit besonderer Rücksicht auf oberdeutsche Sprachdenkmäler des 15.—16. Jhs. Diss. Göteborg 1907.

Stulz, Eugen, Die Deklination des Zahlwortes *zwei* vom XV. bis XVIII. Jh. In: ZdWf. 2, 1902, 85—117.

Suchsland, Peter, Zum Strukturwandel im morphologischen Teilsystem der deutschen Nominalflexion. In: WZUJ. Gesellschafts- und sprachwissenschaftliche Reihe 18, 1969, H. 5, 97—103.

Thoursie, Stig A. O., Die Verbalflexion eines südbairischen Autographs aus dem Jahre 1464. Ein Beitrag zur frühneuhochdeutschen Morphologie. Göteborg 1984. (GGF 25).

Trojanskaja, Jelena, Einige Besonderheiten in der Deklination der deutschen Adjektive im 16. und 17. Jh. In: Studien zur Geschichte der deutschen Sprache. Hrsg. v. Günther Feudel. Berlin 1972, 43—78. (Baust. 49).

Walch, Maria, Zur Formenbildung im Frühneuhochdeutschen. Heidelberg 1990. (Sprache — Literatur und Geschichte 5).

Wegera, Klaus-Peter, Zur Entwicklung des substantivischen Numerus im Frühneuhochdeutschen. In: Akten des VI. Internationalen Germanisten-Kongresses Basel 1980. Bern [etc.] 1980, 417—423.

Weinhold, Karl, Mittelhochdeutsche Grammatik. Paderborn 1883. (unveränderter Nachdruck 1967).

Werner, Ottmar, Vom Formalismus zum Strukturalismus in der historischen Morphologie. Ein Versuch, dargestellt an der Geschichte deutscher Indikativ-/Konjunktiv-Bildungen. In: ZfdPh 84, 1965, 100—127.

Ders., Das deutsche Pluralsystem. Strukturelle Diachronie. In: Sprache — Gegenwart und Geschichte. Probleme der Synchronie und Diachronie. Düsseldorf 1969, 92—128.

Woronow, A., Zur Geschichte der Pluralsuffixe der Substantive in der deutschen Sprache (dargestellt nach den Chroniken der deutschen Städte des XIV.—XVI. Jhs.). In: PBB (H) 88, 1967, 395—413.

Klaus-Peter Wegera, Bochum
Hans-Joachim Solms, Halle

113. Lexikologie und Lexikographie des Frühneuhochdeutschen

1. Gegenstände und Voraussetzungen
2. Traditionelle, kontinuitätssichernde schriftsprachliche Wortgebräuche
3. Ausbau der schriftsprachlichen Wortgebräuche
4. Zu den Lexiken der Literatur im engeren Sinne, der Gebrauchs-, Fach- und Wissenschaftsliteraturen
5. Zu Eigenständigkeit und Eigentümlichkeiten frühneuhochdeutscher Wortgebrauchssysteme — ein Versuch
6. Zur Geschichte frühneuhochdeutscher Wortgebräuche
7. Hypothesen und Modelle sprach-/kommunikationshistorischer Gesamtwürdigung
8. Ausblicke
9. Literatur (in Auswahl)

1. Gegenstände und Voraussetzungen

Die Lexik des Frnhd. kann allgemein bestimmt werden als die Gesamtheit der Wörter, die in Texten während der frnhd. Sprachepoche gebraucht werden. Unter der Lexik des Frnhd. im engeren Sinn können die Inventare der Lexik verstanden werden, die in das Bewußtsein einer nachfolgenden Zeit gehoben und so für die wissenschaftliche Erkenntnis der jeweiligen Zeit maßgeblich sind.

Die frnhd. Lexik in diesem speziellen Sinn ist — wie jede historische Lexik — eine Funktion der jeweiligen lexikologischen und lexikographischen Theorie, der Methode, des gewählten Korpus als empirischer Grundlage und des Differenzierungsgrades der Beschreibung. Sie ist bestimmbar und bestimmt: quantitativ durch die Menge der berücksichtigten Texte, Wörter und Wortgebräuche, qualitativ durch Umfang und Qualität der Erkenntnisinteressen und -ziele, der theoretischen Ansätze und Vorgaben und der durch sie begründeten Untersuchungsmethoden.

Die frnhd. Lexik steht in einem progredierenden, möglicherweise auch regredierenden historisch-kommunikativen Vermittlungsprozeß. Dieser Vermittlungsprozeß ist gekennzeichnet durch dialektische Spannungsverhältnisse aufgrund der jeweils bereits realisierten und/oder projektierten Erforschung mit ihren Gegenstandsbegrenzungen, theoretischen und empirischen Modellkonstruktionen und Methoden einerseits und andererseits der Gesamtheit der Texte, Worte und Wortgebräuche, die prinzipiell alle zu berücksichtigen wären, um zuverlässig — d. h. insbesondere auf sicherer empirischer Grundlage — klassifizieren, systematisieren, strukturieren und generalisieren zu können.

Aufgabe frnhd. Lexikologie und Lexikographie kann es dabei nicht nur sein, die Lexik allgemein oder unter bestimmten Aspekten inventarisierend zu beschreiben, sie muß − um selbst gesellschaftlich relevant vermittelbar zu sein − für Fragen geöffnet werden wie allgemein diejenige: Mit welchen Worten und Wortsystemen bauen auf/konstituieren/konstruieren welche Individuen, welche Gruppen und Gemeinschaften unter welchen Rahmenbedingungen in welchen Kommunikationsformen ihre/welche Lebens- und Handlungswelten, ihr Wissen von ihnen und ihre Handlungs- und Interaktionsstrategien; wie bauen sie sie um, wie erweitern und differenzieren sie sie und wie dekonstruieren sie andere? Dabei wird zu fragen sein, wo das − insbesondere leit- bzw. schlüsselfunktional − geschieht: in welchen Handlungs-, Gegenstands-, Interaktions-, Kommunikationsbereichen; wie dies geschieht: in welchen Kommunikationsformen und unter welchen Rahmenbedingungen und wozu es geschieht: mit welchen Intentionen und zu welchem Zweck.

Gegenstände frnhd. Lexikologie und Lexikographie sind also prinzipiell: Auf-, Um- und Ausbau der frnhd. Lexik unter synchronem und diachronem Aspekt, und zwar:

(1) im Anschluß an, durch Auswahl und Weiterentwicklung von mhd. schriftsprachlichen Lexiken verschiedener literarischer, gebrauchs- und fachliterarischer Kommunikations-, Gegenstands-, Handlungs- und Interaktionsbereiche,

(2) durch Erschließung, Auswahl und Weiterentwicklung von (inter-, über)regionalen und sozialen respektive kommunikationsgemeinschaftsspezifischen − ursprünglich sprechsprachlichen − Lexiken,

(3) durch Einführung einerseits von Wortneuschöpfungen, seien es Komposita, seien es Derivativa, andererseits von Fremd- und Lehnwörtern,

(4) durch (überregionale, schriftsprachliche) Vereinheitlichung der Wortgebräuche durch semantische, semantisch-pragmatische oder pragmatische Selektion und Differenzierung im Zuge der Entwicklung einer Leitvarietät/ Schriftsprache/Literatursprache.

Besondere Aufmerksamkeit verdienen Fragen nach historisch-kommunikativen Kontinuitäten und Diskontinuitäten im Wortgebrauch einerseits und Innovationen im Wortgebrauch andererseits und nach der Dialektik von Kontinuität, Diskontinuität und Innovation. Wichtig erscheint, Wörter und Lexikbereiche und -vernetzungen unter sprachwissenschaftlich, aber auch gesellschaftlich relevanter Thematik zu untersuchen. Beispielsweise

kann nach den politischen, sozialen, weltanschaulichen Thema-, Leit- oder Schlüsselwörtern oder nach den europäischen Bezügen von Wörtern bestimmter Kommunikations- und Gegenstandsbereiche oder nach Art und Umfang, Ausgangspunkt und Zielbereich der Metaphorisierung von Wörtern, mit der neue Perspektiven und neue Unterscheidungen von Welt eröffnet werden, nach systemaren Wortvernetzungen usw. und schließlich etwa nach strukturellen Analogien und/oder Unterschieden im Sprachepochenvergleich gefragt werden.

2. Traditionelle, kontinuitätssichernde schriftsprachliche Wortgebräuche

Traditionelle, bereits im Mhd. schriftsprachliche Wortinventare können als für uns faß- und beschreibbare Basis für den Auf- und Ausbau der frnhd. schriftsprachlichen Lexik bestimmt werden. Aufgabe der Lexikologie und Lexikographie ist im einzelnen, zu untersuchen bzw. − soweit praktisch möglich − zu beschreiben, welche Wortgebräuche von welchen Sprachteilhabern, Gruppen, Gemeinschaften übernommen, welche nicht übernommen werden, welche im Laufe der frnhd. Entwicklung wann unter welchen historischen Bedingungen aus der Schriftsprache ausgeschieden werden, welche Gebrauchsveränderungen in semantischer und/oder pragmatischer Hinsicht zu beobachten sind, und − in Einzelfällen − welche Wortgebräuche, welche 'alten' Wörter welchen Konkurrenzen z. B. durch Fremdwörter, Derivativa oder Komposita ausgesetzt und so semantisch-pragmatischen Veränderungen unterworfen sind und ggf. was von alledem als nicht konkurrenzfähig aufgegeben wird, wobei möglicherweise Gründe hierfür erarbeitet werden können. Sinnvoll, zweckmäßig und arbeitsökonomisch ist die enge Zusammenarbeit zwischen Lexikologen und Lexikographen und die wechselseitige Nutzung der jeweiligen Forschungsergebnisse.

Zwei Aussagen zum Weitergebrauch mhd. Lexik während des Frnhd., zur Kontinuität bzw. Diskontinuität von mhd. zu frnhd. Wortgebräuchen sind mithilfe des FWB im Vergleich mit den in den mhd. Wörterbüchern gebuchten Wörterinventaren von Benecke/Müller/Zarncke [= BMZ] bzw. Lexer [= LEX] möglich und − statistisch − hinreichend gesichert; zusätzlich kann als Dokumentation mhd. Lexik das sog. Findebuch [= FDB] verglichen werden:

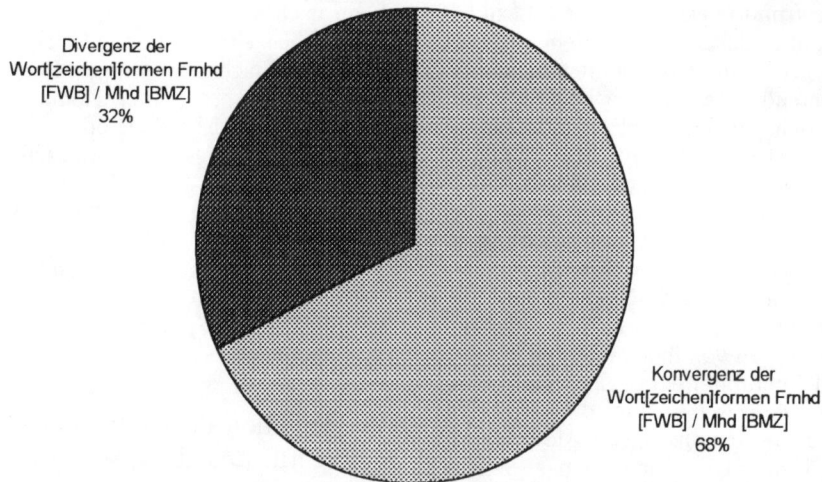

Abb. 113.1: Divergenz und Konvergenz zwischen den im FWB und BMZ lemmatisierten Wortzeichenformen

1. Die mhd. bereits in schriftsprachlichen, meist literarischen Kommunikationen gebrauchten Wörter, wie sie in BMZ bzw. LEX registriert sind, werden im Frnhd. nach Maßgabe des FWB mit einem Kontinuitätsquotienten von 0,68 oder – in % ausgedrückt – zu 68% (vgl. Graphik Abb. 113.1 und 113.2) also in einem hohen Maße weiter gebraucht. – In die Graphik 113-2 ist der mög-

liche Abweichungsbereich, in dem 'Fehler' in der Wortgebrauchsstatistik möglich sind, gemäß statistisch-mathematischer Fehleranalyse mit 'Ⲓ' eingetragen.
2. Der Anteil der kongruenten Wörter im BMZ bzw. im LEX einerseits und dem FWB andererseits, für die also Kontinuität der Wortzeichenform angenommen werden kann, an der Gesamtzahl der im FWB lemmatisier-

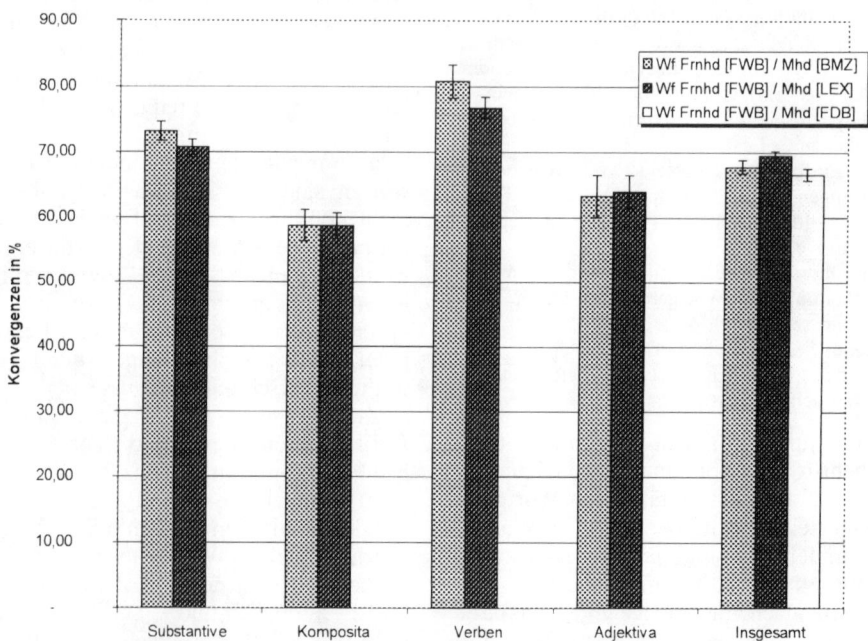

Abb. 113.2: Konvergenzen frnhd. und mhd. Wortzeichenformen FWB im Vergleich FWB, BMZ, LEX und FDB

ten frnhd. Wörter beträgt allerdings hinsichtlich BMZ lediglich knapp 11%, hinsichtlich LEX nur rund 21% und hinsichtlich FDB ebenfalls nur 14,35%. Aufgrund dieser Zahlen kann quantitativ für das Frnhd. – im Vergleich mit dem Mhd. – zumindest eine beträchtliche Veränderung und wohl auch Vermehrung des Wörterinventars festgestellt werden. Dieses Ergebnis ist zu relativieren: im Zusammenhang mit der Einführung der Drucktechnik sind die überlieferten, lexikologisch und lexikographisch auswertbaren Textmengen in verschiedensten Kommunikationsbereichen, insbesondere auch was die sog. Gebrauchsliteraturen angeht, geradezu exponentiell vermehrt worden – und damit ebenso die Mengen der dokumentierten, überlieferten Wörter zugleich vieler neuer Gegenstands- und Handlungsbereiche. Dennoch können die Zahlen – trotz der methodisch-systematisch notwendigen Abstriche, die im einzelnen zu diskutieren wären, – als Indikator für eine erhebliche Ausweitung der nunmehr schriftsprachlich verfügbaren Lexik gelten.

Auf diesem Hintergrund kann die Hypothese begründet werden: Wortgebräuche, die die allgemeinen, zentral wichtigen Kommunikations- und Handlungs-(Interaktions)notwendigkeiten und -bedürfnisse von Kommunikations-/Sprach-/Handlungs-/Interaktionsgemeinschaften in bezug auf Welt und soziale Umwelt angehen, werden in einem erheblichen Umfang aus der mhd., teils ahd.-mhd. Tradition übernommen und – wenn nötig – den neuen Kommunikations-/Handlungs-(Interaktions-)bedürfnissen angepaßt. Mit diesen Wortinventaren werden kommunikative und lebensweltliche Kontinuitäten gesichert. Diesen Wortinventaren kann eine Leitfunktion bei den lexikalischen mhd.-frnhd. Traditionsbildungen zugesprochen werden. Wortinventare dieser Art sind am besten untersucht in bezug auf den religiös-kirchlichen 'Grundwortschatz' und den juristischen Wortschatz. In peripheren Kommunikations-/Handlungs-/Gegenstandsbereichen werden darüber hinaus zudem aber auch in erheblichem Ausmaß Wortinventare, durch die die kontinuierliche Verständigung und Wirklichkeitsbewältigung ermöglicht wird, übernommen: sie bleiben vielfach auch in traditionellen Bedeutungen zumindest zunächst gebräuchlich.

Traditionelle, bereits mhd. übliche Wortgebräuche sind bis ins 16. Jh. belegt, so z. B. bei Hans Sachs:

a) in noch – im Vergleich zur späteren Spezialisierung – allgemeinem Gebrauch: *abgang* 'Mangel', *angel* 'Stachel', *anschlag* 'Plan, Absicht', *auszug* 'Ausflucht, Ausrede', *behältnus* 'Versteck, Sicherheit', *dank* 'Wille, Gedanke'; 'Wettkampfpreis', *gebet* 'Bitte', *gemüt* 'Absicht', *verstend(t)nus* 'Verstand', *ziel* 'Termin, Zeitpunkt', *zwang* 'Not', *frümigkeit* 'Redlichkeit', *gedinge* 'Bedingung, Vereinbarung', *warzeichen* 'Erkennungszeichen, Legitimation', *zeitung* 'Nachricht', *amächtig* 'schwach', *geizig* 'gierig', *sorgfältig* 'besorgt', *dick* 'oft', *ehelos* 'außerhalb des Gesetzes', *dapfer* 'ansehnlich', *unzüchtig* 'unerzogen'

b) stärker spezialisiert: *urlaub* 'Abschied'

c) mit noch positiver Konnotation: *hoher mut* 'gehobene Lebensstimmung', *luder* 'Lockspeise', *schimpf* 'Scherz, Kurzweil', *mutwille* 'eigener, freier Wille', *sucht* 'Krankheit', *verhengnus* 'Anordnung'

d) mit negativer Konnotation: *bube* 'Spieler, zuchtloser Mensch, Verräter', vgl. *bubenleben*, *bubensack* 'Hure', *bubentanz* 'unzüchtiger Tanz' (vgl. Tauber 1983, Bd. 1).

Beträchtliche, allerdings nicht quantifizierte Inventare mhd. Lexik werden dagegen schon in der Zeit bis zum Anfang des 16. Jhs. ausgeschieden.

Gründe sind hier zu suchen in einer regionalen, sozialen oder funktionalen Begrenztheit. Hinzu kommt als Leitfaktor, daß sie geänderten Kommunikations-/Handlungsbedürfnissen, -interessen, -notwendigkeiten und -intentionen und den Gegenständen, was die Gegenstandsadäquatheit angeht, nicht mehr entsprechen, daß andere, neu konstituierte Kommunikations-/Handlungsgemeinschaften, soziale Gruppen oder ihre Autoritäten bestimmend werden. Dynamik und Progression der Ausscheidungen/des Ausscheidens mhd. Wörter werden z. B. deutlich an den Wortwahlen der verschiedenen Ausgaben der sog. Ersten gedruckten deutschen Bibel (im folgenden ist an 2. Stelle immer die 'Ersetzung' des Ausdrucks der Mentel-Bibel durch den Drucker Günther Zainer, Augsburg 1474, genannt): *ambechter*: *diener* (Lk 22,27), *geleichsam*: *geleichnuß* (Lk, 21,19); *schelm*: *pestilentz* (Lk 21,11); *vngangheit*: *boßheit* (Lk 18,7); *treskamer*: *schatzkamer* (Mk 12,41), oder im Vergleich der Ersten gedruckten dt. Bibel mit der Übersetzung neutestamentlicher Schriften durch Nikolaus Krumpach kurz vor Luthers Septembertestament:

erbarmd: *barmhertzikeit* (Tim 5,1,16 u. a.); *bedrukkung*: *traurigkeit* (Joh 16,21); *beschirmung*: *verantwortung* (Tim 2,4,16); *verwissentheit*: *vorsehung* (Petr 1,1,2); *gütet*: *woltat* (Tim 1,6,2); *urstend*: *aufersteung* (Petr. 1,3,21); *pawman*: *ackerman* (Tim 2,2,26); *erkennung*: *erkenntniß* (Tim 1,2,4); *schreiben*: *schriftgelerter* (Lk 6,7); *ee*: *gesetz* (Joh 1,17

u. ö.); *vbergeung*: *vbertretung* (Tim 1,2,14); *deroff-nen*: *offenbaren* (Joh 12,38); *durchächten*: *verfolgen* (Joh 15,20); *itwissen*: *lästern* (Petr 1,4,48); *vngütig*: *gottloß* (Tim 1,1,3) (vgl. Wolf 1970).

3. Ausbau der schriftsprachlichen Wortgebräuche

3.1. Zu varietätenbezogenen Wortgebräuchen

3.1.1. Regiolektale Wortgebräuche

Regiolektale Wortgebräuche werden für die Schriftsprache erschlossen. Regiolektale Konkurrenzen, Inter- und Transferenzen sind kennzeichnend für den Auf-, Aus- und Umbau der frnhd. Lexik. Eine hinreichende Beantwortung der Frage nach der regionalen, interregionalen und überregionalen Gebräuchlichkeit/Geltung von Wörtern ist Voraussetzung für die Beantwortung, aus welcher Region Wortgebräuche trans- und interferiert werden, welches Wort welcher Region im Prozeß der überregionalen Vereinheitlichung und Standardisierung in welchem Kommunikationsbereich schließlich zur Regel wurde.

Allerdings ist die „mundartliche Zuordnung des Wortschatzes der Literatursprache (des 15. und 16. Jhs.) [...] eine der kompliziertesten Aufgaben der deutschen Wortgeschichte; bei den gleichen Druckern, in den gleichen Werken begegnet nicht selten Altes und Neues, Einheimisches und Fremdes nebeneinander" (Guchmann 1969, 92). Hinzu kommt, daß Wortgeographie und Lautgeographie nicht oder nur selten zur Deckung zu bringen sind (vgl. Ising 1968, 93) und − vor allem − daß Semantik und Pragmatik der Wortgebräuche zu berücksichtigen sind. Trotz richtungweisender Arbeiten, etwa von Ising (1968) und Winkler (1975) sowie vieler wortgeographisch orientierter Einzeluntersuchungen (z. B. Adelberg; Braun; Huber (alle 1975); Richter 1981; Hendel 1975; Konzelmann 1924; Linke 1961; Tauber 1983; Müller 1978 ist die räumliche Verbreitung der frnhd. Lexik nur punktuell für relativ wenige Wörter hinreichend gesichert. Dieser Befund ist nach Ausweis des FWB, soweit es bisher vorliegt, erhärtet.

Beispiele deuten an, wie gestreut, wie gemischt der Gebrauch von Regionalismen bei einzelnen Autoren ist.

Die frühere, ziemlich pauschale Zuordnung der Lexik Luthers zum Omd. mußte z. B. bei vielen Wörtern revidiert werden. Luther gebrauchte neben Wörtern aus der omd.

Region sowohl Wörter aus dem nrddt. als auch aus dem obd. Sprachraum.

Hans Sachs benutzte:

a) Bairisches: z. B. *erichtag* 'Dienstag'; *pfintztag*, *pfingstag* 'Donnerstag'; *kor* 'Erker'; *rotkopf* 'Rotkehlchen'; *pißgurre* 'Schlammbeißer'; *gemoer*, *gamper* 'Herz'; *rechtsinnig* 'rechtschaffen'; *schlüchtisch* 'unordentlich'; *schlucht* 'unreine, träge Frau'; *grentig* 'mißgelaunt'
b) Oberdeutsches: *range* 'Berghang, Halde'; *federwal* 'Bettzeug'; *breme* 'Stechfliege'; *geschrift* 'Bibel'; *metzgen* 'schlachten'; *hatz* 'Kampf, Rauferei'; *gutzen* 'gucken, sehen'
c) Schwäbisches: z. B. *krastlen* 'rascheln'; *zamraspen* 'zusammenscharren'; *entnücken* 'einschlummern'.

Der Lutheranhänger Johannes Mathesius verwendet in seinen Predigten:

a) omd.: *handquel* 'Handtuch'; *irrwisch* 'verführendes Licht'; *keppicht*, *köppicht* 'unecht, verdorben'; *gibeln* 'schwanken'; *klitschen* 'schlagen'; *waser* 'was für ein'
b) obd.: *deumler* 'Betrüger', *erbidem* 'Erdbeben'; *gespan* 'Zeugnis, Anerkennung'; *jencker* 'Jacke'; *grennig* 'mürrisch', *hellig* 'müde, erschöpft'; *mautner* 'Zöllner'; *leichen* 'konspirieren'
c) omd.-ond.: *pude* 'Bude'; *steupen*; *verbüren* 'verwirken'
d) nd.: *fischtran*; *geck* 'Jeck(e)'; *kescher, knapsack* 'Proviantbeutel'; *lot* 'Los'; *pompe* (<mnd. <mnl. <frz.), auch in Zusammensetzung, wie *pompenberg, pompekunst*; *vermutung* (zu mnd. *vormuden*); *schlampampen* 'schlemmen'; *stönen* 'seufzen'.

Die interpretierenden Zusätze, die sich teilweise bei Mathesius finden, lassen Rückschlüsse zu, ob ein solcher Regionalismus bereits eingeführt ist.

Nach Winkler (1975) lassen sich in den Flugschriftendialogen andererseits überraschend wenige eindeutige Regionalismen nachweisen, wie sie vorliegen etwa bei:

a) obd.: *augenspiegel* 'Brille'; *heil* 'Fristung einer Schuld'; *bloderer* 'Schwätzer'; *geit, geitigkeit* 'Habsucht, Gier'; *grempelmarkt* 'Trödelmarkt, äußerliches Wesen'; *ime* 'Biene'; *matte* (in *gauchmatte*) 'Wiese', *auflosen* 'aufmerken'; *sich davonzapfen* 'weggehen'; *dottern* 'bangen, zweifeln'; *durchneusen* 'durchsuchen'; *sich ersprechen* 'sich besprechen', *behutsam* 'achtsam'
b) schweiz.: *kamin*; *anmachen* 'anfangen'; *heben* 'aufhören zu'
c) schweiz.-els.: *etkum* 'Eifersucht'; *greinen* 'weinen, klagen'; *greit* 'Habsucht'
d) wobd.: *apostützler* 'Häretiker, Heuchler'; *grien* 'Krankheit'; *keibe* 'Aas, Kadaver'
e) omd.: *abgünstiger* 'Gegner, Feind'; *gedrengnis* 'Bedrängnis'; *hetfte*; *heuchler*; *jacke*; *keule*; *kirmes*; *(dresch-)scheune*; *dahinwaschen* 'daherschwetzen'; *beschicken* 'be-, versorgen'; *fülen*; *gehorchen*; *grauen*; *heilen*; *heucheln*; *deutlich* 'eindeutig, klar'.

Die Wortgebrauchsgrenzen sind in vielfacher Hinsicht fließend: z. B. *flicken, kretze*: omd., Nürnberger Raum, bair.; *befreien* 'privilegieren' vor allem bair., auch md.; *bunt* 'schwarzweiß gefleckt' und *hönisch* omd., Nürnberg.

Das Ergebnis gilt zunächst nur für den Kommunikationsbereich Religion, Reformation; für diesen Bereich ist ein Wortinventar verfügbar, das weitgehend überregional ist (vgl. Winkler 1975, 80—170). Durch eigene Untersuchungen der Lexik von knapp 300 Flugschriften der Reformationszeit aus den Jahren 1520 bis 1530 konnte das Ergebnis weitgehend bestätigt werden.

Insgesamt kann darüber hinaus die Hypothese begründet werden, daß mit der Ausrichtung der Druckerzeugnisse auf einen nicht mehr lokal gebundenen, sondern überregionalen Adressatenkreis und Käuferkreis, also mit Herstellung einer überregionalen Öffentlichkeit, enge Regionalismen in der Lexik allgemeiner Verständigung und Verständlichkeit wegen nach Möglichkeit vermieden werden.

3.1.2. Standes-/gruppensprachliche Wortgebräuche (soziolektaler Aspekt)

Wortgebräuche aus der Standessprache der Ritter, die in ihrer Blütezeit den Status einer literatursprachlichen Leitvarietät hatte, werden, falls sie überhaupt weiter tradiert werden, bei der Übernahme in die allgemeine Schriftsprache, z. B. im Bereich der (politisch)sozialen Handlungs-/Interaktionsnormen und -orientierungen in Anpassung an die mehr säkularen, rationalen, ökonomischen, bürgerlichen Normvorstellungen und Normbedürfnisse und -erfordernisse der bürgerlichen Handlungspraxis tiefgreifend verändert, säkularisiert, rationalisiert, ethisiert. Es sei hier nur auf die gebrauchsgeschichtlichen Entwicklungen von Leitwörtern wie: mhd. *êre, mâze, minne, tugent, wirde, zuht* zu frnhd. *ere, masz, minne, tugend, wirde, zucht* hingewiesen (vgl. Kunisch 1974, 266—276), vgl. auch die Entwicklung von *abenteuer* (vgl. FWB 1,61—68 und die Literatur ebd. 61f.) und *arbeit* (Anderson/Goebel/Reichmann 1981; 1984).

Als Gruppensprache läßt sich die theologisch- und frömmigkeitspraxisorientierte Sprache der Mystiker der sog. dt. Mystik rekonstruieren. So hat die Devotio moderna in frnhd. Zeit insbesondere über die Brüder vom gemeinsamen Leben mit Ausstrahlungszentren in Köln, Münster, Hildesheim, Magdeburg, Marburg, Wiesbaden, Tübingen verbunden mit ihrem praktischen Engagement in Seelsorge, Jugenderziehung, Handwerk und Buchdruck eine beträchtliche Ausstrahlungskraft und Breitenwirkung erreicht. Das Bemühen der Mystiker, das Unsagbare in Worte zu fassen, führt zu einer Vielzahl von Wortneugebräuchen und Wortneubildungen bis an die Grenzen des sprachlich Möglichen und Kommunizierbaren. Ihre Wortgebräuche sind schon früh, wenn nicht primär schrift- und in gewisser Hinsicht literatursprachlich.

Wörter wie *eindruck, einfall, einflusz, einker; einförmig, gleichförmig; einleuchten* werden richtungweisend eingeführt. Typisch sind und vorbildhaft wirken Abstraktbildungen aus *-heit, -keit, -ung* und Konversionen:

gelassenheit, geschaffenheit, empfänglichkeit, geistigkeit, inwendigkeit, anschauung, einbildung; das sein, das wesen; Adjektivbildungen mit *-lich* und *-los: anschaulich, bildlich, wesen(t)lich;* Negativierungen mit *un-; -los: unbegreiflichkeit, unbekanntheit* 'Nichterkennen, Nichterkanntwerden', *ungebildetheit, unwissenheit, ungewordenheit; un(aus)-sprechlich, ungebildet, unmenschlich, unzeitlich; bildlos, endlos, grundlos, namenlos, wortlos;* — Präfigierungen mit *ent-* und *ver-: entgeistert, entgelten; vergangenheit* 'Untergegangensein', *versunkenheit; verbilden, verfliessen, versinken, verwirken, verzücken.*

Wortgebräuche der Mystiker, insbesondere auch ihre Muster zur Wortneubildung werden über Traditionen der religiösen Kommunikation, der religiösen Gebrauchsliteratur, insbesondere über Predigt und Bibelübersetzung, vor allem aber von Luther der frnhd. und darüber hinaus der nhd. Schriftsprache vermittelt. Für die weitere historische Entwicklung ist kennzeichnend: sie werden — in etwa vergleichbar mit bestimmten rittersprachlichen Wortgebräuchen — säkularisiert, rationalisiert und/oder ethisiert; Beispiel für eine Art Säkularisierung und Rationalisierung: ahd./mhd. *grunt* 'Boden; Erde, Tal, Meer, Tiefe'; mhd./frnhd. myst., theolog.-religiös: *grund* 'Grund, Tiefe des Herzens, seltener der Seele'; 'Urgrund (göttlichen Seins)', 'Ort der Einung Gottes und des Menschen' (Kunisch 1929, 1974, 310), rational-logisch 'Ursache' (vgl. DWB 9, 720—722), so von Luther und allgemein seit dem 16. Jh. gebraucht (Kunisch 1923, 24ff.). Daß und ggf. wie die seit dem 18. Jh. entwickelte dt. philosophische Terminologie mit ihren auffallenden Analogien zur mystischen Terminologie unvermittelt an dieser orientiert sei, ist bisher nicht nachgewiesen. Interessant wäre, den Vermittlungsprozeß zu untersuchen (vgl. Art. 12).

Bis dahin hypothetisch als sprechsprachlich anzunehmende standes-/gruppensprachliche bzw. soziolektale Wortgebräuche werden in bestimmten Kommunikationsbereichen der (allgemeinen) Schriftsprache erschlossen. – Wörter aus der Bergmannslexik werden z. B. von Mathesius in seinen Predigten, zunächst adressatenbezogen auf seine Gemeinde von Bergleuten und ihren Angehörigen, dann durch den Druck einem breiteren Lesepublikum zugänglich – häufig metaphorisch – übernommen: *ausbeute, fundgrube, gewerkschaft, schacht, stock* 'Lagerstätte von großer Mächtigkeit' (vgl. Wolf 1969, 284–302), besonders häufig in den Predigten zum Bergbau, der sog. Sarepta: *abraum, anbruch, bergwerk, durchlasz, fürläufer, gedinge* und v. a. m. (Göpfert 1902).

Fachsprachen können in der Regel als Standes- oder Gruppensprachen bestimmt werden. Sie werden primär faßbar in den entsprechenden Gebrauchs- und Fachliteraturen (s. u.).

3.1.3. Individuelle Wortgebräuche (idiolektaler Aspekt)

Zunächst individuelle, in diesem Sinne ideolektale Wortgebräuche oder (partielle) Wortgebrauchssysteme werden in die Schriftsprache eingeführt und unter bestimmten Voraussetzungen akzeptiert und weitertradiert.

In Arbeiten zu einzelnen Autoren, wie Thomas Müntzer (Spillmann 1971), Hans Sachs (Tauber 1983), wird eine Art individueller Wortgebrauchsprofile erstellt, und zwar (a) nach den gängigen Kategorien Erst-/Frühbelege, Regionalismen, Archaismen; Fremdwörter, im Einzelfall Fachwörter, Bedeutungsänderungen eines Wortes (Wolf 1969, 367–376), zum einen einfach kontrastiv zur Lexik des Gegenwartsdeutsch (Tauber 1983, 67–69) oder zum anderen differenzierter nach dem logischen (Wolf 1969, 349–352; Tauber 1983, 140–153, 162–164) und seltener auch nach dem axiologischen Modell und schließlich mittels der pragmatisch orientierten Kategorien des Kampf-/Schlagwortes (Wolf 1969, 263–265; Spillmann 1971, 109–124), von Metapher und Bild (Spillmann 1971, 81–107; Tauber 1983, 154–158), des Gebrauchsmodus der Fachwörter: übertragen, als Bild, als Metapher (vgl. Wolf 1969, 284–302). Daneben werden Wortgebrauchsprofile auch zu einzelnen Kommunikations- und Gegenstandsbereichen vorgelegt: der „Gerichtsbarkeit" (Hufeisen), der „Bedürftigkeit" (Schwab), des „Intellektualwortschatzes", des „Truges" (Spillmann), der „mentalen Fähigkeiten" (Warnke) (alle in: Spillmann 1991).

Das Wortgebrauchsprofil von Hans Sachs z. B. zeigt summarisch, daß Sachs einerseits wenige und relativ periphere Wörter von Luther rezipiert und reproduziert, auch relativ wenig spezifisch Regiolektales verwendet, dafür aber andererseits kreativ mit Wortneuschöpfungen, meist Komposita, operiert; es zeigt auch, daß diese Wortneuschöpfungen hauptsächlich habitueller Art sind und mit rhetorischer Intention gebraucht wurden und nicht, jedenfalls nicht direkt, zum Ausbau der schriftsprachlichen Lexik beitragen. Im übrigen werden zu einem guten Teil alte schriftsprachliche Wörter in traditioneller Weise gebraucht.

Gleichsam komplettiert wird das Bild der „Individualwortschätze" durch systematische lexikographische Arbeiten zur sog. Autorenlexikographie, so zum „Zentralwortschatz" Müntzers (mit statistischen Angaben zur Semantik der Wörter) (Warnke 1993), und zur Thema- bzw. Leitlexik, so – systematisch-umfassend – zur „Freiheit" Luthers (Lobenstein-Reichmann 1998). Letztere Arbeit bietet zugleich – am Beispiel von *freiheit* und seinen Synonymen – einen methodischen Ansatz zur Erfassung und Beschreibung von Vernetzungen theologischer Wortgebräuche und ihrer systematischen Theoriebezogenheit.

3.2. Zur Einführung von neuen Wörtern und neuen Wortgebräuchen

Zentrale Gegenstände frnhd. Lexikologie und Lexikographie in Interdependenz sind: 1. semiotisch bzw. semiologisch: Art und Umfang der Wortneuschöpfung in einem bestimmten Zeitraum, 2. semantisch-pragmatisch: innovative Semantisierung und Pragmatisierung übernommener Wortzeichen, also innovative Wortgebräuche in einem bestimmten Zeitraum zu buchen, in ihrer Entwicklung festzustellen und zu beschreiben.

Es ist zudem grundsätzlich insbesondere lexikologisch wichtig zu untersuchen, in welcher historischen Situation unter welchen Bedingungen, von wem, in welchem Raum, aus welchem Kommunikationsbedürfnis, -interesse heraus, aber auch in welcher Situation mit welcher Intention, für welchen Adressatenkreis ein Wort entweder neu eingeführt oder neu gebraucht wird, wie und von wem es durchgesetzt wird, wie, in welchem Raum, von wem, von Vertretern welcher sozialen Gruppe es rezipiert und akzeptiert, d. h. weitergebraucht und verbreitet wurde. Im Kontext einer möglichst lückenlosen Rezeptions-

und Wirkungsgeschichte wird der erste Gebrauch eines Wortes − Erstbeleg/Frühbeleg − aufschlußreich hinsichtlich der Gestaltung neuer Weltperspektiven und Wirklichkeitsdimensionen, Differenzierungen von Lebenswelten und Lebenswirklichkeiten. Im Einzelfall kann aber auch die Einmaligkeit einer Wortschöpfung oder einer Gebrauchsinnovation von Interesse sein. Aufschlußreich kann andererseits sein, welche innovativen Wortgebrauchsvorschläge kurz-, mittel- oder langfristig nicht akzeptiert werden und wie zu erklären ist, weshalb sie nicht konsentiert wurden. Was die langfristige Akzeptierung und Weiterführung − also die Wirkungsgeschichte − angeht, so ist aufschlußreich, ob und wie die frnhd. neu gebildeten und neu eingeführten Wörter in der folgenden Sprachepoche des Nhd. und hier insbesondere in der Gegenwartssprache gebraucht werden. Durch Kontrastierung frnhd. und nhd. Wortgebräuche können − auf eine knappe Formel gebracht − zum einen Eigenheiten und Eigentümlichkeiten und epochale Selbständigkeiten des Frnhd. und zum anderen Wortweltunterschiede, -differenzen bzw. -distanzen aufgewiesen werden.

3.2.1. Derivation und Komposition

Neue Wortschöpfungen im Untersuchungszeitraum basieren vornehmlich auf Derivation und Komposition aus älteren Wörtern.

Als Grund kann ein Streben nach einem Höchstmaß an gegenstands- und handlungsadäquater Expressivität angegeben werden; dabei kommt es in Kombination von Derivation und Komposition zu hyperkorrekten Wortschöpfungen. Was die lexikalischen Systeme und Strukturen angeht, wird die dt. Sprache als „Wortbildungssprache" ausgerichtet. Erben (1975, 124f.) spricht davon, daß die dt. Sprache „in ihren vielfältigen Baumustern leistungsfähige Ausdrucksformen bekommen hat, die in den großen europäischen Nachbarsprachen ohne strukturelle Parallele sind". Nach Fleischer (1983, 64) ist die „Spezifik des Wortbildungssystems der ndh. Literatursprache [...] in frnhd. Zeit im wesentlichen ausgeprägt"; Müller (1993) bestätigt diese These am Beispiel der geometrisch-technischen Fachsprache Dürers. Beim Ausbau der Lexik durch Ableitung, Zusammensetzung und Zusammenbildung werden bestimmte Möglichkeiten besonders intensiv genutzt. Als innovativ können angesprochen werden: die „zunehmende strukturelle Unterscheidung zwischen Flexions- und Wortbildungs-Affixen", die „Häufung mehrerer Suffixe (z. B. -ig+keit, -bar+keit) die Kombination von Präfix und Suffix (be- ... igen)", die „Konzentrierung der Wortbildungsproduktivität auf bestimmte Affixe" und „semantische Wortbildungstypen (z. T. nach lat. Vorbildern), also eine Reduzierung der Polysemie

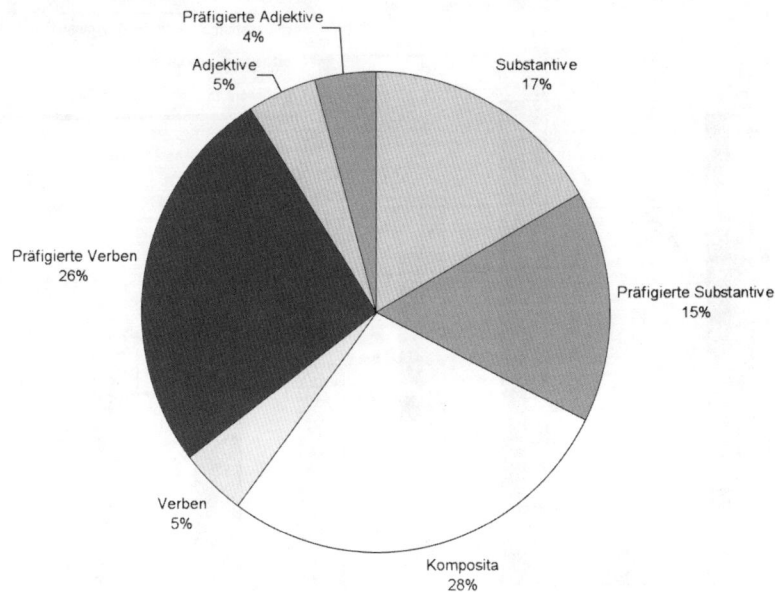

Abb. 113.3: Verteilung präfigierter und komponierter und nicht-präfigierter bzw. nicht-komponierter Wörter nach FWB-Lemmatisierung

von Affixen" (v. Polenz 1991, 204). Strukturell dürfte der Impuls zum Ausbau der Lexik
und zu den Systemdifferenzierungen mit der
Einführung und Durchsetzung des Printme-
diums und der damit möglichen und auch
ökonomisch notwendigen Beteiligung neuer
Bevölkerungskreise und der so gegebenen
neuen Erfordernisse und Anforderungen an
die Kommunikations- und Verständigungs-
prozesse zu erklären sein. Gesellschaftlich
bzw. sozialhistorisch bringt v. Polenz (1991,
203) diese Entwicklungen mit dem frühen
Bürgertum in Zusammenhang. Er spricht
von der „frühbürgerlichen Schriftlichkeit",
durch die „entscheidende Entwicklungen der
lexikalischen Struktur des Deutschen angebahnt oder verstärkt" worden seien.

Zusammensetzung und Struktur der
frnhd. Lexik, insbesondere das Ausmaß präfigierter und komponierter Wörter — errechnet auf der Grundlage des FWB 1 bis 3,2:
Lexikonbereich 'A' bis 'Be' sowie FWB 4,1
und 8,1 — wird in eindrucksvoller Weise in
Abb. 113.3 gezeigt. Auf eine weiter differenzierte Strukturierung muß hier aus Platzgründen verzichtet werden.

3.2.1.1. Substantivderivation und -komposition

Unter direktem oder indirektem Einfluß
durch das lat. Vorbild wird eine Vielzahl von
Abstrakta auf -heit/-keit und -ung eingeführt.

Auf diese Weise wird ein gewisser Nachhol-
bedarf an Abstrakta gedeckt, teilweise aber
auch nur alte Abstraktbildungen durch neue
Abstraktbildungen ersetzt, die durch „modernere" Suffixe deutlicher markiert sind.

Abstrakta auf -heit/-keit: ab 15. Jh.: *dunkelheit,
dürftigkeit, ergetzlichkeit, fressigkeit, gefärlichkeit,
geschickligkeit, heftigkeit*; − bei Th. Müntzer: *be-
trieglichkeit, biderkeit, einfältigkeit, erbseligkeit,
großtätigkeit, haubtschalkeit, leichtfertigkeit*; bei J.
Mathesius: *kurzredigkeit, durchleuchtigkeit, gering-
keit, grobigkeit, gegenwärtigkeit, ladünckelheit* 'An-
maßung'; − außerdem 16. Jh.: *abbrüchigkeit, ar-
mutseligkeit, fleischgirigkeit, blutdürstigkeit, frei-
miltigkeit, großmächtigkeit, großtätigkeit, Gottlosigkeit, hartseligkeit, hertzhaftigkeit, maßleidigkeit,
rachgirigkeit, spitzfindigkeit, wollustbarheit* (vgl.
Wetekamp 1978); 17. Jh.: *abscheulichkeit* (FWB 1,
325).

Abstrakta auf -ung: ab 15. Jh.: *ererbietung, eiferung, einleibung* (Lehnübersetzung für *incorpora-
tio*), *fälschung, verheissung, Gattung, verfluchung*; −
16. Jh.: *verordnung, wahrnemung, wilfarung, hand-
reichung, seligung, soldung*; − Müntzer: *entfremb-
dung, erglastung, erharrung, verhörung, verstok-
kung, zertrennung*; − Mathesius: *einsprechung, ein-
springung, entgröbung, gehörung, herrlichmachung*
'Verherrlichung', *nachrichtung, lebendigmachung,
geringmachung*; vgl. *bleibung, pflegung, zusa-
gung*; − Hans Sachs: *jungfrau-schwechung, leib-bei-
wohnung, ritterzerung* usw.

Personalbildung auf -er: 15. Jh.: *geschichts-
schreiber* (Lehnübersetzung für *historiographus*);

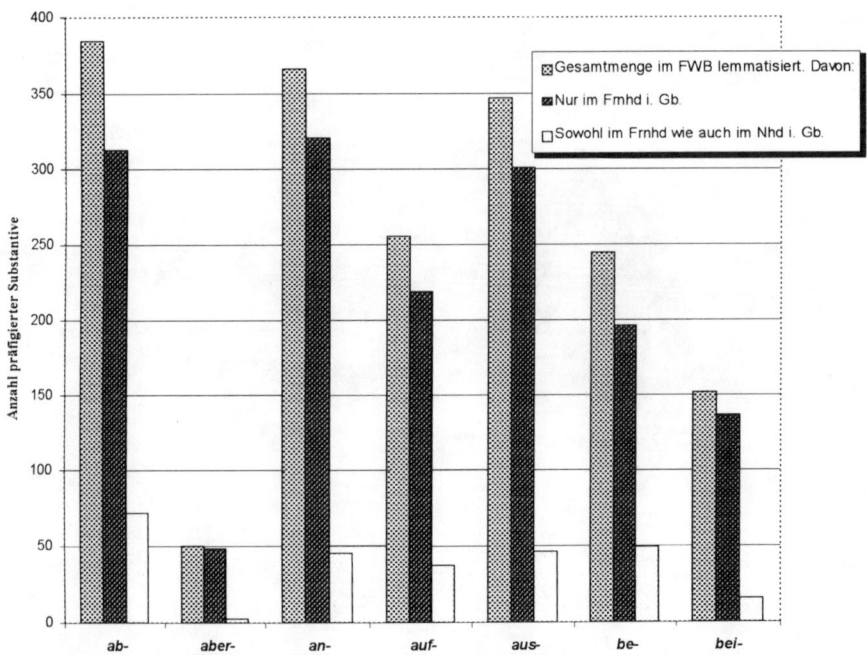

Abb. 113.4: Präfigierte Substantive − zugleich kontrastiert zum Nhd.

Mathesius: *alfäntzer* 'Betrüger' (mhd. *alevanz* in gleicher Bedeutung), *straffer*, *vnfleter*, *vnlüster*, *heber*, *leger*, *lasser* und v. a. m.

Personalbildung auf *-ling*: *säugling*, insbesondere abwertend: *römling*, *päpstling*, *bauchling*, *abtrünnling* (Lepp 1908, 10, 76, 132, 12); bei Mathesius neben wertungsneutralem Gebrauch: *klügling*, *peinling*, *freßling*, *sünderling*. – Besonders beliebt sind Wortbildungen mit *erz-*: *erznarr*, *erzsünder* (Sebastian Brant), *erzhure*, *erzheuchler*, *erzverfürer*, *erzteufel*, *erzketzer* (Luther), *erzbösewicht*, *erzbube*, *erzunglaubiger* (Müntzer).

Weiter wird die Lexik differenziert und ausgebaut durch Substantive vor allem mit den Präfixen *ab-*, *an-*, *auf-*, *aus-*, *be-* und *bei-*, aber auch mit *aber-*. Über Umfang und Verteilung präfigierter Substantive wird in der Graphik Abb. 113.4 informiert.

Als Beispiele seien – alphabetisch, nicht wortbildungssystematisch geordnet – genannt:

ab-: 15. Jh.: *abschaum*, *abscheid*; 16. Jh.: *abrede*, abscheidenheit (FWB 1,320) *abscheu* (späteres Frnhd.) *abrechnung* (1,277), *abrede* (1,279f.), *abredung* (1,283); insbesondere als Rechtswörter seien genannt: *abfrage*, *abfreiung*, *abpfächten* (1,270) usw.
aber-: *abergunst* (1557), *aberhandel* (1488), *aberlast* (1373), *abernutzung* (1564), *abersat* (1409) usw.; – auch nhd.: *aberglaube* (vorwiegend obd., erst 16. Jh. md.), *aberwiz* (15. Jh.)
auf-: *aufläufer* (1466), *auflaurer* (1556), *aufleihung* (1386), *aufluger* (1372), *aufmutzung* (1624)
an-: *andeutung* (1653), *anfechtung* (14. Jh.), *angelegenheit* (1668), *anforderung* (16./17. Jh.)
aus-: *auskunft* (1670), *auslauf* (14. Jh.), *ausschlag* (14. Jh.), *aussprache* (14. Jh.) usw.
be-: *befindlichheit/-keit* (14. Jh.), *befragung* (1601), *befreiung* (15./16. Jh.), *befleckung* (15. Jh.), *befreundung* (1668).

Besonders hervorzuheben ist der Ausbau der Lexik durch Bildung von Komposita, so z. B. mit *bauer-* (vgl. FWB 3,204–233), *bauch-* (3,162–175), *bach-* (2,1634–1644), *bad-* (2,1686–1701), *pfand-* (4,36–56), *jar-* (8,301–328) usw. Hier wird signalisiert und deutlich, welche Lebensbereiche den Sprachteilnehmern des Frnhd. besonders wichtig und relevant gewesen sind.

Als Komposita werden gebraucht – z. B. von Luther –: *bauchdiener*, *geburtregister*, *götzendiener*, *-dienst*, *-opffer*, *kriegsknecht*, *landpfleger*; – von Müntzer: *grundsuppe*, *lapscheisser*, *lästermaul*, *mastschwein*, *menschwerdung*, *wortkrieg*. – Sachs: *angstschweiß*, *blutfreundschaft* ('Blutsverwandtschaft'), *kriegslist*; – von Mathesius: *sauertopf*.

Bedeutsam – in strukturellem Vergleich – sind Ersetzungen von Wörtern und Wortbil-

dungen: mhd. *sælde*, *lauter*, *bot*, *wülpe*, *kone*, *ferge* werden ersetzt durch frnhd. *seligkeit*, *klarheit*, *gebot*, *wölfin*, *ehefrau*, *färman*.

3.2.1.2. Adjektivderivation und -komposition

Besonders kennzeichnend und deshalb herausgegriffen seien die Adjektivbildungen auf *-ig*, *-haftig*, mit *un-* und *aller-*:

Adjektive auf *-ig*: *abwegig*, *brandig*, *gleichmutig*, *hochsinnig*, *nachlässig*, *nachgültig*, *schwätzig* (15. Jh.); – Müntzer: *geltdorstig*, *wuchersuchtig*.
Adjektive auf *-haftig*: *haderhaftig*, *schleckerhaftig*, *standhaftig*, *prestenhaftig* 'kränklich', *schmeichelhaftig*.
Adjektive mit Präfix *un-*: Ende 15./16. Jh.: *unaufhörlich*, *unauslöschlich*, *unersättlich*, *unerschwinglich*, *unförmlich*, *unnützlich*, *unparteiisch*, *untadelich*, *unverzüglich*.
Adjektive mit der Verstärkungspartikel *aller-*: so z. B. Müntzer: *allerbescheidenst*, *allerbeste*, *allerbetriglichst*, *allerboshaftigst*, *allerergst*, *allereusserlichst*, *allerscheinbarlichst*. Das Ausmaß der Beliebtheit dieser Adjektivbildung wird deutlich anhand der Belege im FWB 1,735 unter *al 6*, des weiteren 1, 789–804.

In der Graphik Abb. 113.5 [i. Gb. = in Gebrauch] ist schließlich summarisch eine Übersicht über frnhd. Adjektive mit den Präfixen *ab-*, *an-* usw. – zugleich im Vergleich zu ihrer weiteren Gebräuchlichkeit im Nhd. der Gegenwartssprache – vorgestellt.

3.2.1.3. Präfigierung von Verben

In der Graphik Abb. 113.6 ist der Ausbau der Verblexik durch Präfigierung visualisiert. Als Beispiele seien angeführt für Präfigierung mit:

ab-: *abhelfen* (15. Jh.) (1,170); *abjagen* (16. Jh.) (1,177); *abmutwillen* (1,255); *abstimmen* (16. Jh.) (1,414); *abraten* (bereits mhd.) (1,274); *abrech[n]en* (15./16. Jh.) (1,277f.); *abschatzen* (13./14. Jh.) (1,313) –: als Rechtswörter: *abfrieden* (1403) (1,118); *abfronen* (1,118); *abheiraten* 'wegheiraten' (1,169),
an-: *anmassen* (16./17. Jh); *anmelden* (17. Jh.); *anmerken* (1499); *anmessen* (16. Jh.); *anmuten* (15. Jh.); *anneiden* (15. Jh.); *anneigen* (14. Jh.); *anordnen* (17. Jh.); *anpfeifen* (16. Jh.); *anplarren* (14./15. Jh.); *anraten* (14. Jh.); *anregen* (15./16. Jh.; *anreizen* (Ende 16. Jh.); *anrichten* (16. Jh.); *anrufen* (14. Jh.)

3.2.2. Fremd- und Lehnwortgebrauch

Neben den innersprachlichen regio- und soziolektalen, teils auch historiolektalen Inter- und Transferenzen sind Fremdwörter für den Ausbau der frnhd. Lexik von erheblicher Re-

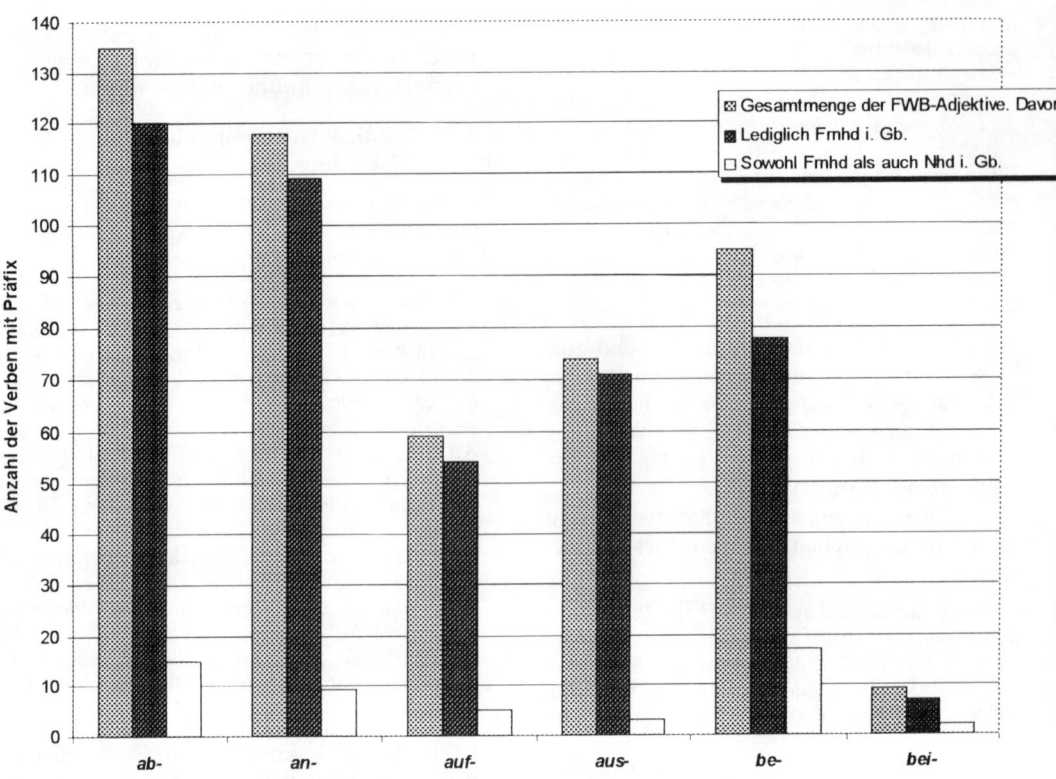

Abb. 113.5: Adjektivbräuche mit Präfix im Frnhd. – zugleich kontrastiert zum Nhd.

levanz, wie durch einschlägige Untersuchungen (z. B. Malherbe 1906; Eckel 1978; Kettmann 1983) hinreichend demonstriert worden ist. Die Graphik Abb. 113.7 zeigt etwa die Verteilung der Anteile der Übernahmen aus dem Lat., Griech., Frz. und Ital. sowie Zu- und Abnahmen des jeweiligen Anteils in der Entwicklung von 1460 bis 1640.

Deutlich ist der Einfluß von Humanismus und Renaissance und der sie tragenden Gruppen und Autoritäten bei der Einführung einer Vielzahl von Fremdwörtern aus der lat. Sprache, die teils auch über die lat. Sprache aus dem Griech. vermittelt sind, und bei Lehnübersetzungen. Entsprechend dem grundsätzlichen Anspruch des Humanismus erstreckt der Einfluß sich auf alle Lebensbereiche des Menschen, besonders aber auf den Bereich des „Menschlich-Sittlichen", des „Sozialen", der „Familie", auf „Dramatik und Theater", „Mythos und Religion" (Rosenfeld 1974), in Ausprägung der Sonderwirkung des dt. Humanismus – zusammen mit der Reformation – auf das Bildungswesen. Die Übernahmen aus dem Ital. 1460 bis 1520 werden mit der „wachsenden Bedeutung Italiens durch

Renaissance und der Belebung des Fernhandels und der Geldwirtschaft in Oberitalien seit den überseeischen Entdeckungen" (v. Polenz 1991, 220f.) in Zusammenhang gebracht; die Etablierung des „Französischen als höfische Prestige- und Herrschaftssprache" zwischen 1600 und 1640 schließlich entspräche dem „Übergang von der Renaissance zum Barock, von der frühbürgerlichen zur absolutistischen Epoche".

Die relativ rasche Verbreitung und die Gebräuchlichkeit in der Literatur im engeren Sinne, in der Bibelsprache, in der Predigtsprache bis hin zu den Flugschriften aller Textsorten – ganz abgesehen von den Fach- und Wissenschaftsliteraturen – dokumetieren das Kommunikationsbedürfnis und -interesse eines größeren Publikums; die wissenschaftliche Kommunikation im engeren Sinne wird ohne wesentliche Einschränkung in der universalen internationalen Wissenschafts-, Rechts- und Kirchensprache Latein geführt.

Abgesehen von kirchlich-theologischen bzw. biblischen Fremdwörtern, wie *evangelium*, die als Schlagwörter gebraucht werden, sind allgemein gebräuchlich:

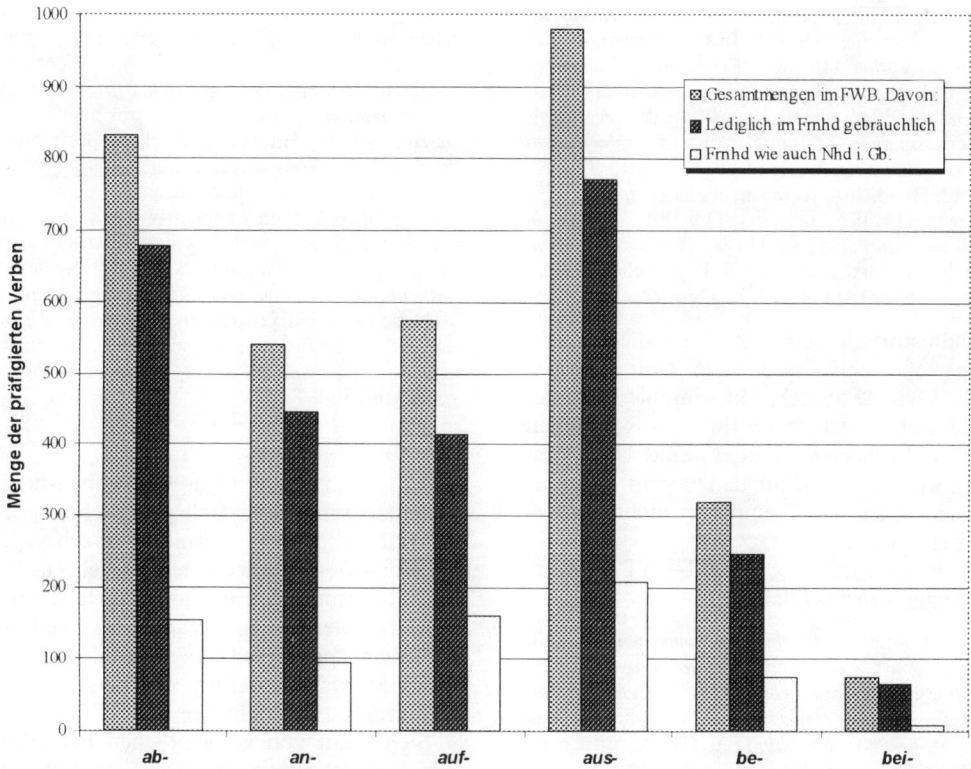

Abb. 113.6: Präfigierte Verben — zugleich kontrastiert zum Nhd.

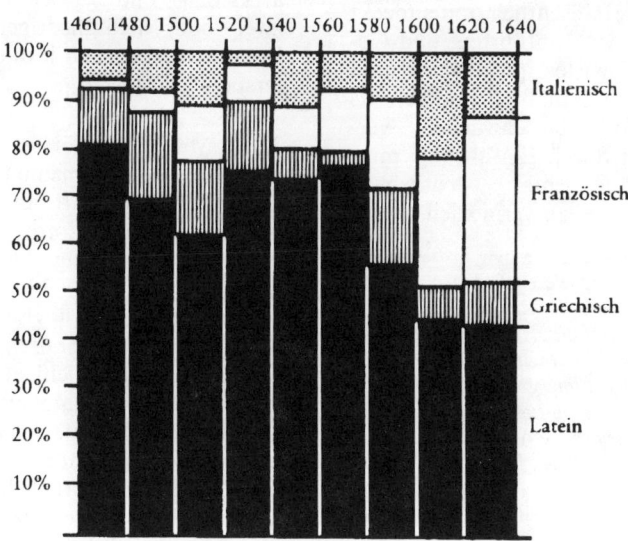

Abb. 113.7: Prozentsätze der Erstbelege des Deutschen Fremdwörterbuchs (nach dem Chronologischen Register, Bd. 7) (nach v. Polenz 1991, 221)

brutalitet (Ende 16. Jh.), *enthusiasmus, enthusiast*
(16. Jh.), *imagination* (16. Jh.), *information* (ab
1500), *invention* (16. Jh.) 'Erfindungsgabe', *liber*
(15./16. Jh.), *prope* 'Versuch, Experiment', vgl. *pro-
bieren* 'beweisen', *monarchey, -ie* (16. Jh., vereinzelt
früher), *opinion* 'Meinung, Ansicht', *reformation*
(15. Jh.), dazu: *reformieren* (seit Anfang 15. Jh.), *region* (2. H. 15. Jh.), *regiment, regieren, spectac(u)l,
spetzerei* (14. Jh.), *text(us)* (15. Jh.); *declarieren*
(14. Jh.), *informieren* (2. H. 14. Jh.), *continuieren,
speculieren, taxieren* (14./15. Jh.) 'schelten, tadeln'; − *devot* (Anfang 17. Jh.) 'gottergeben'.

Sozialhistorisch beispielhaft ist die Einführung von *familia*, seit 1546 *familie*, gegen
mhd. *hiwische* 'Geschlecht, Familie; Hausge-
sinde' unter starkem Einfluß des Römischen
Rechts. Luthers *haus* oder seine Umschreibung *weib und kind* für den Begriff 'Familie'
können gegen das Fremdwort nicht zur Regel werden.

Daneben wird eine Vielzahl von Lehnübersetzungen gebräuchlich:

wohlwollen (lat. *benevolentia*), *menschenfeind* (lat.
misanthropus), *sittlichkeit* (lat. *moralitas* u. a.), *eigen nutz* (lat. *privatum commodum*), *eigenname* (lat.
nomen proprium), *eigen lob* (lat. *laus propria*), *einheit* (lat. *unitas*), *glückskind* (lat. [Horaz Sat 2,6,49]
fortunae filius); *fürsehung* (lat. *providentia*).

Kennzeichnend ist die ambivalente Einstellung im Humanismus zur „Muttersprache",
die von Vertretern des Humanismus in seiner
nationalen Variante wesentlich mitentdeckt
wird: einerseits werden Einführung und Gebrauch des Fremdwortes propagiert, und
zwar als allein zweckmäßig, andererseits
wird − wenn auch deutlich schwächer − versucht, Fremdwörter durch Einführung 'muttersprachlicher' Äquivalente − deutlich in
vielen Doppelformen − zu vermeiden.

Aus (a) dem Französischen werden insbesondere
Fachwörter für das Kriegswesen (*admiral, artille-
rie, bagage, bataillion, bataille, bastion, passevolant,
batterie, battieren, fort, garde, garnison, kapitän,
leutnant, palisade, patrone, regiment*); für Politik
und Verwaltung (*ambasiator, gouverneur, kontrollieren, patriot, pension, resolution*), für Wirtschaft
und Verkehr (*finanzen, passieren*), Architektur/Bau-
wesen (*bassin, parterre*), Kunst, Musik und Literatur (*farce, poesie, rondeau*), aus (b) dem Italienischen Fachwörter für Handel/Finanzen (*agio* 'Auf-
geld', *bankerott, brutto, diskont, giro, netto, saldo,
skonto*), Verkehr (*passagier, post, strapaze*), Militärwesen (*alarm, bastei, bastonnieren, parade, provi-
ant, rakete*), aber auch für Musik (*adagio, alt, baß,
kadenz, madrigal, partitur, tenor*) und aus (c) dem
Niederländischen Wörter für Schiffs- und Wasser-
bautechnik (*deich, düne, schleuse, werft*) übernommen.

Allgemein werden gebraucht aus dem Französischen: *alamode; affaire* 'Angelegenheit'; *affuite;
antichambre; aperitiv; allee; amant* 'Liebhaber';
*amoureux; afranchieren; agreieren; affrontieren; ape-
rieren; amalieren; alterieren* usw., aus dem Italienischen: *alefanz* 'Gaunerei, Wucher, Bestechungs-
geld' (FWB 1, 765), *alefanzer, alefanzen*.

Sehr häufig werden Verben mit dem bereits
mhd. gebräuchlichen Lehnsuffix *i(e)r-* (Varianten
-isier- und *-fizier-*) gebildet wie *applaudieren, appli-
zieren, approbieren, argumentieren, arrestieren, artikulieren, äquivozieren, apostatieren, apparieren*.

Neue Lehnpräfixe wie *con-, de-, dis-, ex-, hyper-*
und Lehrsuffixe wie insbesondere *-ität, -ation*, aber
auch *-ur, -age, ant-, al-, abel-* werden nur zögernd
gebräuchlich.

3.3. Zur Pragmatik

Indem regiolektale, standes-/gruppensprach-
liche (soziolektale), fachsprachliche, indivi-
dualsprachliche (idiolektale), sprechsprachliche und fremdsprachliche Wortgebräuche in
die Schriftsprache trans- und interferiert werden, wird der pragmatische Status der Wortgebräuche prinzipiell verändert. Die Folgen
dieser Statusveränderung sind noch nicht systematisch untersucht worden.

Sieht man von gelegentlichen Bemerkungen zur Pragmatik der Fach- und Wissen-
schaftslexiken und zu stilistischen Phänomenen ab, so ist die Pragmatik frnhd. Wörter
bisher nur unter den Aspekten: (a) Gebrauch
als Schlag- und Scheltwort, (b) Gebrauch in
zwei- oder mehrgliedrigen Ausdrücken, (c)
Fremdwortgebrauch lexikologisch näher untersucht worden.

3.3.1. Mit Schlagwörtern wird insbesondere
mittels des Massenmedium Flugschriften, die
als erstes seiner Art angesprochen werden
können, in der Reformations- und Bauern-
kriegszeit weiträumig − raum- und standes-
übergreifend − für kirchlich-religiöse, kirchenpolitische, theologische, politische, insbesondere sozialpolitische, sozialökonomi-
sche Fragen Öffentlichkeit hergestellt. Mit ihnen werden − im Rahmen von Konflikt- und
Konfliktlösungsstrategien − 'neue', noch
nicht bzw. alte, nicht mehr übliche ursprüngliche, biblische/urchristliche − oder als solche
angenommene − religiöse, religiös-ethische,
-politische, -rechtliche, -soziale grundlegende
Glaubens-, Handlungs- und Interaktions-
orientierungen, Normen, Ordnungen und Institutionen eingeführt, begründet und durchgesetzt.

Zentrale Schlagwörter der reformatorischen Bewegung wie − in spezifischer Aus-

richtung — der Bauernbewegung (1524/1525 sind: handlungsleitend, normen- bzw. wertekonstituierend: *evangelium, wort (gottes), glaube, gesetz, gnade, freiheit*; handlungspraxisunterscheidend, -orientierend, -bewertend bis hin zur Kriminalisierung — religiös, politisch, sozial und institutionell: *christen mensch, obrigkeit, gemein man*; religiös, *arm, dürftig, eigen nutz, gemein nutz*; *reformation, reformieren*; *aufrur*.

Der radikale Flügel der Reformatoren, die sog. „Radikalen", gebrauchen teils die gleichen Wörter wie *evangelium, freiheit, gemeiner man, gemeiner nutzen, obrigkeit*, semantisieren und pragmatisieren sie aus ihrer Einschätzung der Situation anders; teils konzentrieren sie die Auseinandersetzung auf andere Wörter wie: *gewalt, schwert, gottlose, grosse hansen; auserwälte, gemeinde, brüder, bund, ordnung Christi* bzw. *ordnung Gottes, schrift, wahrheit, wucher, schwärmer, wiedertäufer* (Diekmannshenke 1994).

Scheltwörter sind personen- oder gruppenorientiert — per definitionem — imagedestruktiv, zugleich direkt oder indirekt handlungsabwertend.

Beliebt sind die auf das griech.-lat. Suffix *-ista* zurückgehenden, seit etwa 1300 gebräuchlichen Bildungen mit *-ist*: *romanist, papist, sophist, bullist, lutherist, prophetist*; *eselist* (nach Erben 1974, 545 wahrscheinlich aus: *eseljurist* kontrahiert).

Daneben werden von Luther u. a. (a) gegen den Papst, (b) seine Anhänger, (c) den römisch-katholischen Klerus gebraucht:

(a) *bapstesel, eselfurzbapst, ertzgotteslästerer, gottesaffe, bapstschürling, bauchdiener*, (b) *bapstketzer, bäpstling, gesetzheilige, werkheilige*; (c) *beichthengst, -tyrann, fressling, gesetzprediger, götzenpfaff, seelmörder, seeltyrann*; (d) gegen andere Gegner: *deutist* (gegen Zwinglianer), *buchstaber, maulchrist, schwarmgeist*. Umgekehrt (e) gegen Luther und seine Anhänger v. a.: *wortheilige*. (Vgl. Lepp 1908).

3.3.2. Typisch für die frnhd. Wortpragmatik

ist der häufige Gebrauch von Wörtern in zwei- und mehrgliedrigen Ausdrücken: (a) rhetorisch-stilistisch in antiken Rhetoriktraditionen als variatio (Wenzlau 1906, 4—5), wie sie früh in Kanzlei- und Verwaltungssprachen üblich sind, (b) zur Einführung von Regiolektismen (Besch 1964, 203—204; 1967), vielleicht auch von Soziolektismen und zur Erwähnung von Archaismen bzw. Historiolektismen; dabei kann (noch) nicht immer strikt unterschieden werden: *bekorung und*

anfechtung; *ee oder gesetz*; *kunne und geschlecht, minne und liebe*; *minnesam und lieb*; *dicke und vil*; *minnen und lieb haben* (Besch 1964).

Vornehmlich aber werden Fremdwörter (vgl. Malherbe 1906, 23 ff.) durch „interpretierende Synonyma" (Wolf 1969, 78) eingeführt:

Luther: *edicta und verbot*; — *Fundament und Grundfeste*; — *intention und meinung*; — *occasion und gelegenheit*; — Mathesius: *biblia und heilige schrift*, — *conscientz und gewissen*; — *reputation und ansehen*; — *prophezeien und weissagen*; — *examinieren und erwägen* u. a. (vgl. Wolf 1969, 78—84).

Fremdwörter werden — vor allem gemäß der bei den Adressaten vorausgesetzten Verstehenskompetenz — quantitativ und qualitativ unterschiedlich eingesetzt. Das ist das Hauptergebnis einer Untersuchung von Kettmann (1983) des Fremdwortgebrauchs von Agricola, Eck, Emser, Hutten, Karlstadt, Luther, Müntzer und Murner in den Gattungen Dialog, Streitschrift, Predigt, Brief.

4. Zu den Lexiken der Literatur im engeren Sinn, der Gebrauchs-, Fach- und Wissenschaftsliteraturen

Der Auf-, Um- und Ausbau der frnhd. Lexik läßt sich mit hinreichender Präzision systematisch nur getrennt nach Kommunikations-/Interaktions- und Handlungsbereichen und relativ dazu Gegenstandsbereichen untersuchen. Die einzelnen Literaturen, literarischen Gattungen, Textsorten und Kommunikationsformen können als Korrelate und Regulate zu den Kommunikations-/Handlungsbereichen und in gewisser Hinsicht auch Gegenstandsbereichen gelten.

4.1. Zur Lexik der Literatur (im engeren Sinn)

Die Lexik der Literatur im engeren Sinn ist bis auf wenige Untersuchungen — so die zentralen Untersuchungen zur Lexik der Bibelsprache — so gut wie nicht untersucht worden. Im günstigsten Fall sind ihre Wörter in Wörterbüchern — atomistisch verstreut — inventarisiert und lexikographisch bestimmt und beschrieben worden. Von einer lexikologischen Untersuchung ausgeschlossen blieben: höfische Epik, Heldensage, Spielmannsepik; geistliche Großepik, Leben Jesu und Mariae; Legende; Schwankdichtung; Chroniken, nachklassische Lyrik, Meistersang;

Oster-, Passions-, Weihnachtsspiele, Leben-Jesu-Spiele; Lehrdichtungen, Satire; Übersetzungsliteratur aus dem Frz., Lat. und Ital. mit den Namen Niklas von Wyle, Heinrich Steinhöwel, Albrecht von Eyb; didaktisch-satirische Versepik mit Repräsentanten wie Sebastian Brant und Thomas Murner, Dialoge Ulrichs von Hutten, zuerst in lat. Sprache, dann auch in dt. Sprache, Fastnachtsspiele des 16. Jhs. mit Ausnahme von Hans Sachs (vgl. Tauber 1983). Als Grund ist wohl anzugeben das immer noch nachwirkende literaturwissenschaftliche Verdikt über die frnhd. Literatur als einer Literatur des Verfalls, der Auflösung, des Übergangs.

Die Literatur erreichte − nach Gattungen verschieden − bereits im 15. Jh. mit einer Massenproduktion von Papierhandschriften einen Höhepunkt in ihrer Verbreitung und dann im Zeitalter des Buchdrucks vor allem nach 1520. Aufgrund schon dieser Tatsache ist damit zu rechnen, daß erhebliche Einflüsse auf den Auf-, Aus- und Umbau der frnhd. Lexik einwirken.

Die Lexik der Übersetzungsliteratur aus dem Frz., Ital. und vor allem dem Lat. ist vereinzelt untersucht worden, allerdings auch mehr nur am Rande im Zusammenhang mit der Analyse der Übersetzungstechnik. Dabei bietet die Untersuchung der Übersetzungsliteratur lexikologisch-methodisch beträchtliche Vorteile. Es ist − systematisch und methodisch sauber und stringent − eine Untersuchung der Lexik in europäischen Bezügen möglich.

4.2. Zur Lexik der Bibelübersetzung Luthers

Die Bedeutung Luthers ist in vielfacher Hinsicht zunächst einmal und vor allem im Zusammenhang mit seiner Bibelübersetzung zu diskutieren, andererseits im Zusammenhang mit der reformatorischen Bewegung, in der er als richtungweisende Autorität über das historisch „erste" Massenmedium Flugschrift vor allem, über Katechismus, über Predigten, Postillen, Kirchenlied wie auch Nachgestaltung der Fabeln von Äsop eine größere Öffentlichkeit erreicht, ja sie zum Teil erst − als Bewegung − mitkonstituiert. Wirkungsgeschichtlich subsidiär sind seine theologischen Schriften, die der Begründung und Absicherung dienen und die Leitwörter der Reformation in ihren von mehr oder weniger langen Traditionen, sprich: Kommunikationsgeschichten, abweichenden ‚neuen' Bedeutungen begründen, und zwar hier für die meist akademisch gebildete Führungsschicht. Im ersten Bereich

läßt sich von einer kurz-, mittel- und langfristigen Wirkung auf die Lexik sprechen, im zweiten − abgesehen von der Kontroversliteratur − von einer mittel- und langfristigen Wirkung auf die Geschichte der Theologie und der dogmatischen Termini und Terminologisierungen. Hier interessiert primär der kurz- und mittelfristige Beitrag zum Auf- und Ausbau der frnhd. Lexik.

Die Bibelsprache zeichnet sich in mehrfacher Hinsicht vor anderen „Existenzformen" der Sprache aus: Sie ist eine durch verschiedene Traditionen bestimmte, zugleich kanonisierte respektive institutionalisierte Literatursprache mit einer Reihe von sehr unterschiedlichen literarischen Gattungen und Textsorten (die an dieser Stelle nicht weiter aufgezählt zu werden brauchen). Entsprechend unterschiedlich ist die Pragmatik, schlichter die Verwendungsweisen der einzelnen Wörter, die gerade auch in dieser Hinsicht vorbildhaft und modellhaft wirken können. So ist zu unterscheiden z. B. zwischen dem theologischen Terminus *gerechtigkeit* in einem apostolischen Brief und einer Personifizierung der *gerechtigkeit* in einem Psalm. Daß die Bibelsprache als Übersetzungssprache an der lat. Übersetzungstradition − von Hieronymus bis Eramus − und an dem griech. (nach zeitgenössischem Ermessen) originalem Urtext orientiert ist und zudem in einer dt. Übersetzungstradition − positiv wie negativ − steht, hat auch für die innovative Schubkraft Bedeutung. − Die rasche Durchsetzung der Bibelübersetzung Luthers und mit ihr ihrer Bibelsprache hat gewiß nicht nur ihren Grund darin, daß sie sprachlich überzeugt, sondern sie hat auch etwas zu tun mit der Autorität und dem Prestige ihres Verfassers, der zudem als Geächteter Altbekanntes unerhört neu und zugleich in einem hohen Maße verständlich sagt. Durch die Zeitumstände begünstigt, erreicht die Bibelübersetzung Luthers kanonischen Rang und Monopol gegenüber Konkurrenten, selbst den konfessionsverschiedenen. Sie wird − obschon literarisch − unvermittelt in die Handlungspraxis des Alltags aller Stände, Gruppen und Individuen integriert.

Damit sind Grundvoraussetzungen der Wirkungsgeschichte angedeutet. In diesem kommunikativen Rahmen ist die Geschichte des biblischen Einzelwortes, das durch Luther in die Übersetzung/Bibelsprache eingeführt und neu konstituiert wird, zu sehen.

Daß im übrigen die Gefahr besteht, daß die Bibelsprache zu einer mehr oder minder archaischen Sakralsprache wird und damit Sondersprachcharakter, insbesondere auch in ihrer Lexik, erhält, braucht für unseren Zeitraum noch nicht zu interessieren; das ist ein Problem der weiteren Wirkungs- und Rezeptionsgeschichte, beispielhaft untersucht von R. Frettlöh (1986).

Mehr noch als eine Auflistung einiger, über Luthers Bibelübersetzung in der Schriftsprache durchgesetzter Regiolektismen, so wichtig sie auch zur Kennzeichnung des Einführungsprozesses von Wortgebräuchen sind, kann eine Zusammenstellung die gleichfalls pragmatische Vorbildhaftigkeit lutherischer Wortwahlen und die damit verbundene Leistung für den Auf- und Ausbau der frnhd. Sprache umreißen und dokumentieren.

Substantive: *blutgelt* (Mt 27,6); *feuereifer* (Kor 1,1,12); *feuerofen* (Mt 13,42); *gegenbild* (Hebr 9,24); *Geschlecht register* (Tit 3,9); *hertzen lust* (Thess 1,2,8); *klein gläubiger* (Mt 6,30); *kriegsknecht* (Mt 8,9); *landpfleger* (Mt 27,2); *mast fich* (Mt 33,4); *menschenfischer* (Mt 4,19); *otter gezichte* (Mt 3,7); *rust tag* (Mt 27,12); *schafs kleid* (Mt 7,15); *zinsgroschen* (Mt 17,24).
Adjektive: *fridfertig* (Mt 5,9); *gastfrei* (Petr 1,4,9).
Verben: *anschnauben* (Mt 19,23); *durchsewren* (Mt 13,33); *einpropffen* (Rm 11,23); *erndten* (Mt 6,26); *sich erregen* (Spr 29,20); *nacheifern* (Spr 3,31); *nachjagen* (Thess 1,5,15); *plappern* (Mt 6,7); *überschatten* (Mt 17,5).

4.3. Zur Lexik der Gebrauchsliteratur und Gebrauchsprosa

Durch die Entfaltung der Gebrauchsliteratur wird mitentscheidend zu Aus-, Auf- und Umbau der frnhd. Lexik insbesondere im Bereich religiöser, religiös-sozialer, religiös-rechtlicher und religiös-politischer Handlungsorientierungen und Normen wie entsprechender Ordnungsvorstellungen beigetragen.

4.3.1. Auffälligstes Phänomen sind im 16. Jh. neben den Flugblättern die Flugschriften. Sie sind als das historisch erste Massenmedium zu betrachten. Die Flugschriftenproduktion, durch Einführung des Buchdrucks und die 'Erfindung' des Kleinformats möglich, erfährt um 1520 ihren Durchbruch, wächst nach 1520 rasch an, erreicht bereits 1524/1525 ihren Höhepunkt und geht dann rasch zurück.

Durch die Flugschriften wird erstmals eine beinahe synchrone überregionale, teils auch ständeübergreifende Öffentlichkeit konstituiert. Über diese Öffentlichkeit wird zu einem guten Teil die Reformation durchgesetzt.

Die Flugschriftenliteratur wird in recht unterschiedlichen Textsorten und Kommunikationsformen entfaltet. Ihre Rezeption bzw. Wirkung ist generell wie hinsichtlich der Lexik unterschiedlich.

In den reformatorischen Flugschriften werden die Leitwörter der Reformation: *evangelium, glaube, gnade, werk, gesetz, freiheit, rechtfertigung* in immer neuen Ko- und Kontexten und entsprechenden Vernetzungen kommuniziert. Ihre Konsensfähigkeit, ja die Zustimmungsnotwendigkeit zu ihnen wird in vielfacher Variation unter Rekurs auf die Normierungs- und Regulierungsinstanz 'Wort Gottes', sprich: biblischen Sprach- und Wortgebrauch hauptsächlich per biblisch-neutestamentlichem Zitat demonstriert und eingefordert. Traditionelle, im Widerspruch dazu stehende Wortgebräuche werden negativ mit Prädikationen wie: *widerchristlich, unchristlich, tyrannisch, weltlich* direkt oder – indirekt über den Kontext – durch Zuordnung zu: *teufel, welt, Antichrist* usw. kommentiert, konnotiert und nach Möglichkeit destruiert. Von altkirchlicher, antireformatorischer Seite wird umgekehrt versucht, die 'alten' Wortgebräuche zu verteidigen, die 'neuen' als *ketzerisch, widerchristlich* usw. zu qualifizieren.

In den religiös-sozialen/-rechtlichen/-politischen Flugschriften werden die Leitwörter der Reformation konsequent genutzt und durch Einführung in soziale, rechtliche, insbesondere auch steuer- und abgabenrechtliche, und politische Ko- und Kontexte entsprechend den Notwendigkeiten, Bedürfnissen und Intentionen des *gemeinen mannes* – so das Selbstverständnis der Bauern und gewisser städtischer Kreise – gegenüber der *oberkeit* neu bestimmt, so: – zentral – *evangelium, wort (gottes)* als absoluter, für alle und alles, nicht nur für den Glauben, das religiöse Handeln/Interagieren, sondern gerade auch soziales und rechtliches Handeln gültige Normierungsinstanz; *gerechtigkeit, recht* als *göttliche gerechtigkeit* und *göttliches recht* im Gegensatz zu *menschlichen satzungen, barmhertzigkeit, gnade* und in engem Kontext dazu: *gemein nutz, gemeiner christlicher nutzen, brüderlich* in Verbindung vor allem mit *liebe, bruderschaft, vereinigung, einigkeit; fride, geduld. arm,* das zuvor vornehmlich im religiösen Sinne etwa als 'geistlich arm' gebraucht wurde, wird jetzt auch mehr oder weniger konsequent als 'arm im wirtschaftlich-sozialen Sinn' gebraucht, verdeutlicht im Hendiadyoin *arm dürftig*. Insgesamt werden so Begründungen der „Beschwerden" hinsichtlich *wucher, ungeld, zehent, gült, rent, todfal* und von Programmen zu einer sozialen, rechtlichen, staatlichen, politischen Reformation möglich. – Bekanntlich hat sich eine solche auch soziale, politische und rechtliche Bereiche umfassende Reformation, wie sie in den Flugschriften der Bauern gefordert wird, zunächst nicht durchsetzen lassen und damit auch nicht die entsprechenden Wortgebräuche. Immerhin wird nachhaltig eine Klärung der teils sehr unterschiedlichen reformatorischen Wortgebräuche durch Luther und die Wortführer der Reformation bewirkt. Die Norm- und Wertwörter, die ganzheitlich verstanden, auch sozial Konsequenzen für die Organisation der Gesellschaft, der Politik, des Rechts bis hin zur Wirtschaft hätten haben können, werden allgemein auf den religiösen und im engeren Sinn auf den theologischen Bereich eingeschränkt.

4.3.2. Der Lexik, wie sie in der frnhd. Lexikographie zu Unterrichtszwecken beschrieben wird, kann als lexikologischem Untersuchungsgegenstand besondere Bedeutung zugemessen werden: zum einen für die historische Wortgeographie, wie de Smet (1968) programmatisch gezeigt hat, zum anderen – nicht zuletzt im Zusammenhang mit ihrem Einfluß über die Schule – für die Erforschung der Entwicklung und des jeweiligen Entwicklungsstandes inner- und zwischensprachlicher Trans- und Interferenzen von Wortgebräuchen und damit ihrer Rezeptions- und Wirkungsgeschichte. Die Zwei- oder Mehrsprachigkeit der Wörterbücher und Nomenklatoren ist dabei methodologisch vorteilhaft. Auch hier sei auf die bedeutsame Möglichkeit hingewiesen, frnhd. Lexik im Rahmen europäischer sprachvermittelter Kontexte zu untersuchen.

4.4. Lexiken der Fach- und Wissenschaftsliteraturen

Bis heute sind die Fachliteraturen der Artes liberales, der 'freien Künste' also bzw. des Triviums (Grammatik/Rhetorik, Dialektik/Logik; Geschichtsschreibung [seit Isidor von Sevilla] und des Quadriviums (Arithmetik, Musik, Geometrie, Astronomie) sowie der Artes mechanicae, der Eigenkünste (Handwerk, Kriegswesen, Seefahrt, Erdkunde, Handel, Landbau und Haushalt, Tiere und Wald, Heilkunde/Medizin, Hofkünste) lexikologisch im Zusammenhang noch kaum untersucht worden. Das ist um so verwunderli-

cher, als G. F. Leibniz in seinen *Unvorgreiflichen Gedanken betreffend Ausübung und Verbesserung der deutschen Sprache* (1697/98, § 9), also kurz nach Abschluß der frnhd. Epoche, Sprache und damit wohl primär gerade die Lexik der Fachsprachen sehr positiv gewürdigt hat – im Unterschied zu den Wissenschaftssprachen, die sich wegen der Vormachtstellung des Lat. als universaler Wissenschaftssprache nicht entwickelt hätten:

„Ich finde, daß die Teutschen ihre Sprache bereits hoch bracht, in dem, so mit den fünff Sinnen zu begreifen, und auch dem gemeinen Mann fürkommet; absonderlich in leiblichen Dingen, auch Kunst- und Handwerkssachen ... Und halt ich dafür, daß keine Sprache in der Welt sei, die (zum Exempel) von Ertz und Bergwercken reicher und nachdrücklicher rede, als die Teutsche. Dergleichen kann man von allen anderen gemeinen Lebens-Arten und Professionen sagen, als von Jagtund Waid-Werck, von der Schiffahrt und dergleichen".

Immerhin ist und wird die Lexik des Rechts im RWB und dazu seit 1986 im FWB nicht nur die Lexik aller Sparten des Rechts – parallel dazu der Verwaltung und Institutionen, des Finanz-, Steuer- und Abgabewesens sowie der Wirtschaft, der Landwirtschaft, des Eich- und Münzwesens, der Botanik, der Zoologie umfassend erschlossen. Durch präzise Differenzierung der fach- und wissenschaftssprachlichen Varietäten und Literaturen – nicht zuletzt hinsichtlich der Bezüge von Allgemeinsprache zu den Fach- und Wissenschaftssprachen – werden neue Möglichkeiten systematischer Untersuchungen eröffnet.

4.4.1. Zur Fachlexik der Mathematik und Geometrie: Eine Reihe zentraler Termini wird aus griech.-lat., z. T. auch aus griech.-arab.-lat. Traditionen der Mathematik in die dt. mathematische Fach- und Wissenschaftslexik eingeführt:

mathematik (so seit 1518), *mathematisch* (1537), *algebra* (arab.-lat.) (15. Jh.), *arithmetica* (1518), *addieren* (1514), *addition* (1454), *diagonale* (16. Jh.), *differenz* (1489), *hipothenuse* (15. Jh.), *kathete* (15. Jh.), *primzal* (1555), *problem* 'Aufgabe' (1565), *product, summe, ziffer, dividieren* (15. Jh.), *kalkulieren* 15./16. Jh.), *multiplizieren* (15. Jh.).

Daneben werden viele dt. Wörter für mathematische Gegenstände und Rechenoperationen – teils unter lat. Einfluß – gebildet oder transferiert:

beweis (für lat. *demonstratio*), *beweisen* (1562), *bruch* (1483), *dreieck* (1539), *durchschnitt* 'Schnittpunkt zweier Geraden' (1561), *einmalein* (1483), *fläche* (1526), *ganze zal* (1400), *gleichung* (für lat. *aequatio*) (16./17. Jh.); *abziehen* (1400); *durch* (gebraucht bei der Division, 1489) u. v. a. m.

Dürer führt in seiner „Vnderweysung der Messkunst" (1525) sowohl Termini aus der griech.-lat. Tradition wie *ellipse* 'Kegelschnitt', *hyperbel, parallele, grad* wie auch Eigenbildungen wie: *achse, achteck, ebene, kegel, kugel; unendlich* ein. Andere Terminologisierungen dt. Wörter anstelle lat. Wörter wie *ort strichlein* für Diameter, *brenn lini* für Parabel, *eyer lini* für Ellipse, *gabellini* für Hyperbel, *schnecken lini* für Spirale oder auch *zwilling* für ein „Verfahren zur Veränderung der Vertikal- und Horizontalmaße" (Müller 1993, 487) werden trotz ihrer Anschaulichkeit nicht akzeptiert.

4.4.2. Zur Fachlexik der Medizin: In die dt. medizinische Fach-/Wissenschaftssprache werden im 15./16. Jh. u. a. eingeführt:

(a) Fremdwörter meist griech.-lat. Ursprungs – in griech.-lat. Medizintraditionen – wie *anatomie,* arterie, *chirurgy, colica, catarr(h), patient;* (b) dt. Wörter wie *gerstenkorn* 'hordeolum', *schlag* für apoplexia, *schwindsucht* Lehnübersetzung für phtisis, *zwerchfell* für diaphragma. In besonderem Maße trägt Paracelsus zum Ausbau bei (a) mit Einführung von Fremdwörtern: *coitus, elexir, infection, manie, paroxysmus, pest, praeservativ* 'Schutzmittel, vorbeugendes Medikament', *tinctur, chronisch, epidemisch, narcotisch, physiognomisch, spasmisch, venerisch* 'erotisch, sexuell', *vital(isch), inficieren,* (b) mit einer Reihe wichtiger dt. Komposita wie *erb-, geist-, leber-, magenkrankheit, erkältung,* zudem *erkältung* (vgl. Weimann 1963, 380–408). Viele der Terminologisierungsvorschläge von Paracelsus veralten jedoch zusammen mit seiner medizinischen Theorie rasch.

4.4.3. Zur Lexik der Rechtsliteratur: Wie reich und differenziert die Lexik des Rechts seit alters entfaltet war, ist im RWB dokumentiert und beschrieben. Bis um die Mitte des frnhd. Zeitraums sind zahlreiche ältere dt. Rechtstermini – häufig regional und sozial unterschiedlich – gebräuchlich. Ab ca. 1500 werden viele ältere Rechtswörter in direktem oder indirektem Zusammenhang mit der Rezeption des Römischen Rechts als neuem Rechtssystem zugunsten nunmehr überregionaler lat. Rechtstermini ausgeschieden. Von besonderem Einfluß ist der Übergang von der meist auf Mündlichkeit basierenden Rechtsprechung zu einem auf Schriftlichkeit hin zentrierten Recht und einer entsprechenden Rechtspraxis. Beispielhaft auch für andere Kommunikationsbereiche können gerade für die Rechtslexik Faktoren gezeigt

werden, die zur Vereinheitlichung, Standardisierung und Ökonomisierung der Rechtslexik mit dem Ziel überregionaler Verständigung, Verständlichkeit, Allgemeinverbindlichkeit und allgemeiner Rechtssicherheit führen. Die Entwicklungsrichtung wird maßgeblich bestimmt durch das 1495 institutionalisierte Reichskammergericht und die Professionalisierung des Rechtswesens.

So lassen sich Ende des 15., Anfang des 16. Jhs. aus älteren Rechtstraditionen für den „Rechtskundigen, der zur (berufsmäßigen) Vertretung von Rechtsangelegenheiten anderer vor Gericht befugt ist" (Dückert 1981, 267), belegen: (a) in der sog. „/Fürsprecher/-Gruppe": *fürsprecher* (obd., obfrk.), *fürsprach* (wnd.), *fürsprecher* (omd., Luther), *fürsprach* (wobd.), *vorsprecher* (oobd., omd., Luther), *vorsprech* (wmd.), *vorspreke* (wnd.), *vorsprake* (wnd.), *vaersprake, forsprache* (ond.); (b) in der „/Redner-/Gruppe": *redner* (obd.), *redener* (ond.), *reddener* (wmd.), *vorreder* (oobd., omd.), *vorreder* (omd.), *dinghman* (wnd.), *teidingsman* (lübisches Recht), *wortholder, wortforer, forer des wordes* (wnd.); (c) *anwält* (wobd.), *andtwalde* (omd.), *anwald* (ond.). Daneben ist bereits oobd., md. – so auch bei Luther – und ond. *procurator* gebräuchlich; *aduocat* ist dagegen noch sehr selten – hauptsächlich wobd. 1670–1730 dagegen – ist im Zusammenhang mit der Prozeßordnung des Ius Romanum *advocat und procurator* durchgesetzt; bis auf *Anwalt* sind alle anderen Rechtswörter ausgeschieden (Dückert 1981, 273–287).

Neu eingeführt werden u. a.: *acte* (seit 1500), *clausel* 'Ausnahme, Schlußformel', *condition* 'Übereinkunft, Bedingung', *constitution* 'Verfügung', *facium, interesse* 'Ersatzpflicht, Schuld, Zinsen, Vorteil, Nutzen', *inquisition* (seit 1529), *injurie* 'Rechtsverstoß', *instruction* 'Anweisung, Vollmacht', *ius iura* 'Rechtswissenschaft', *iurisdiction* 'richterliche Behörde/Gewalt, Rechtsprechung', *process* (seit 13. Jh.), *regress* 'Ersatzanspruch', *sentenz* 'Urteil', *testament, testamentarius,* -ier 'Testamentsvollstrecker' gegen die traditionellen Wörter: *salman, triuwehander, seelsorger, seelwerter.*

Gegen den Rechtsterminus *termin* werden im 16. Jh. ausgeschieden: *dingtag, rechtstag, gerichtstag, tagsatzung* (Merk 1933, 22 und 64). Für die Einführung neuer Rechtstermini sind auch hier die „interpretierenden Doppelformen" interessant: „Pactem und Geding, consens und Wille, Testament und letzter Wille" (vgl. v. Künßberg 1929, 6). Gegen die Latinisierung der Rechtssprache fordern z. B. die Landstände vom Berg die Verdeutschung der Bergischen Rechtssatzung (Merk 1933, 23).

Als Lehnübersetzungen wurden eingeführt: *hauptsache* 'causa principalis', *Völkerrecht* 'ius gentium', *minderjärig* mlat. minorennis, außerdem: *aussprechung* 'Entscheidung', *beweis* (bereits 15. Jh., DRWB 2, 268), *bewilligung, das ermessen* (DRWB 3, 252), *gegenteil* 'Gegenpartei' (DRWB 3, 1463), *inhalt* 'Beweismittel' (1. H. 15. Jh.), *leib eigenschafft* (15. Jh.), *verlassenschaft, vogelfrei; bestechen* (DRWB 2, 187).

„Argumentationswörter" wie *anfechten, aufschieben, ausführen, behaupten, sich berufen, bescheinigen, sich beziehen auf, einwerfen, sich entschuldigen, erwägen, erweisen, überzeugen, verantworten* usw. (v. Polenz 1988, 195ff.) werden in der Rechtspraxis geprägt.

4.4.4. Fachwörter des (a) Wirtschafts-, Steuer- und Abgabenwesens: *anlage6, anschlag6* 'Steuerauflage', *albgeld, armengeld, angergeld, frongeld, angstergeld, annatengeld, anlagegeld, anzuggeld, armensteuer, afterzins, alpzins, ankenzins, grundzins, bastpfennig*, der (b) Landwirtschaft und Forsten: *bauweize, baumgeräute, baumgeträufe, baumkern, baumlechtig, baumschaber, baumscharre, baumschöner, baumschule, baumtraufe, baumwiesknecht, pechwald*, des (c) Weinbaus: *baumpelle, baumschneitler, pataun, bauwein, jaufenbarte*, der (d) Botanik: *akelei, ahorn, anemone, alant, aderman* 'Steinwurz', *adonisröslein, paz* 'Weide', *pastemenkraut, bärwurz* usw. und Zoologie: *adelfelchen* 'Fischart', *aderhecht* 'Aal', *ägerstenspecht* 'Elster', *albkachel* 'Krähe', *albrabe* usw. sind im FWB reich belegt. – Aus der Terminologie der (e) Rhetorik ist schließlich *rein, reinigkeit* in verschiedenen Kombinationen z. B. mit *recht, deutlich, sauber* von Härle (1996, bes. 65–140) untersucht worden.

5. Zu Eigenständigkeit und Eigentümlichkeiten frühneuhochdeutscher Wortgebrauchssysteme – ein Versuch

Durch das FWB ist erstmals die Möglichkeit geboten, empirisch fundierte, generalisierende Aussagen zur Eigenständigkeit und zu gewissen Eigentümlichkeiten der frnhd. Wortgebrauchssysteme – was die Alphabetbereiche 'A' und 'B' bis 'Be-' (FWB 1 bis 3,2), 'pf' bis 'pl' (FWB 4,1) und 'i, j' (FWB 8,1) angeht – zu versuchen. Es soll exemplarisch gezeigt werden, wie ein Wörterbuch – hier also das FWB – als Instrument zu lexikologischen Untersuchungen genutzt, wie lexikologisch auf lexikographische Dokumentationen, Informationen und Unter- und Ent-

scheidungen aufgebaut werden kann. Dabei ist zu bedenken und vorauszusetzen, daß bei aller Wissenschaftlichkeit, mit der der Lexikograph verfahren kann, die Auswahlen, Unter- und Entscheidungen stets von ihm, der Vermittlungssituation und -intention abhängig sind. Unter dieser Voraussetzung kann z. B. gefragt und kritisch hinterfragt werden, ob, wie und in welchem Umfang die frnhd. Wörter von den mhd. Wortgebräuchen, streng genommen von den mhd. dokumentierten, lexikographisch beschriebenen Wortgebräuchen und den nhd. Wortgebräuchen – differenziert nach Wortarten und Wortbildungstypen – unterschieden sind. Es wird gefragt nach semiotischen wie semantischen Konvergenzen und Divergenzen, – historisch-kommunikativ gesehen – nach Kontinuitäten und Diskontinuitäten. Konvergenzquotienten bzw. Divergenzquotienten können als Maßstab für Eigenständigkeit wie Eigentümlichkeit der frnhd. Lexik zumindest hinsichtlich referentieller Unterscheidungen von Lebens- und Handlungswelt gelten.

In Abb. 113.8 sind die gravierenden Unterschiede zwischen frnhd. und nhd. Gebrauch von Substantiven, Komposita, Verben und Adjektiven in absoluten Zahlen – auf der Basis des FWB Bd. 1; Bd. 2, Bd. 3.1 und 3.2, Bd. 4.1 und 8.1 – ablesbar. Wie aus der Graphik Abb. 113.9 hervorgeht, sind, was die frnhd. Wortzeichenformen [= WfFrnhd] angeht, Konvergenzen [= kvgWf] zwischen dem Frnhd. und Nhd. zu 19,50% bei den Substantiven, 18,65% bei den Verben, 14,61% bei den Adjektiven und nur 6,41% bei den Komposita festzustellen; bei den entsprechenden frnhd. Wortzeichenbedeutungen [= WbFrnhd] werden Wortbedeutungskonvergenzen [= kvg Wb] zwischen dem Frnhd. und Nhd. zu 11,12%, 10,32%, 8,35% und 5,26% beobachtet. Damit kann die These – zumindest relativ zum Untersuchungsbereich – als hinreichend gesichert gelten, daß in den Sprach- und Kommunikationsgemeinschaften der

	Substantive	Komposita	Verben	Adjektive
Wortformen i. Frnhd. [= WfFrnhd]	4318	3392	3974	1184
Wortbedeutungen i. Frnhd. [= WbFrnhd]	6808	3607	7402	1783
Frnhd. & Nhd. konvergente Wf [= kvgWf]	814	219	741	173
Frnhd. & Nhd. konvergente Wb [= kvgWb]	748	189	764	149

Abb. 113.8: Frnhd. Wortformen und Wortbedeutungen im Vergleich zum Nhd.

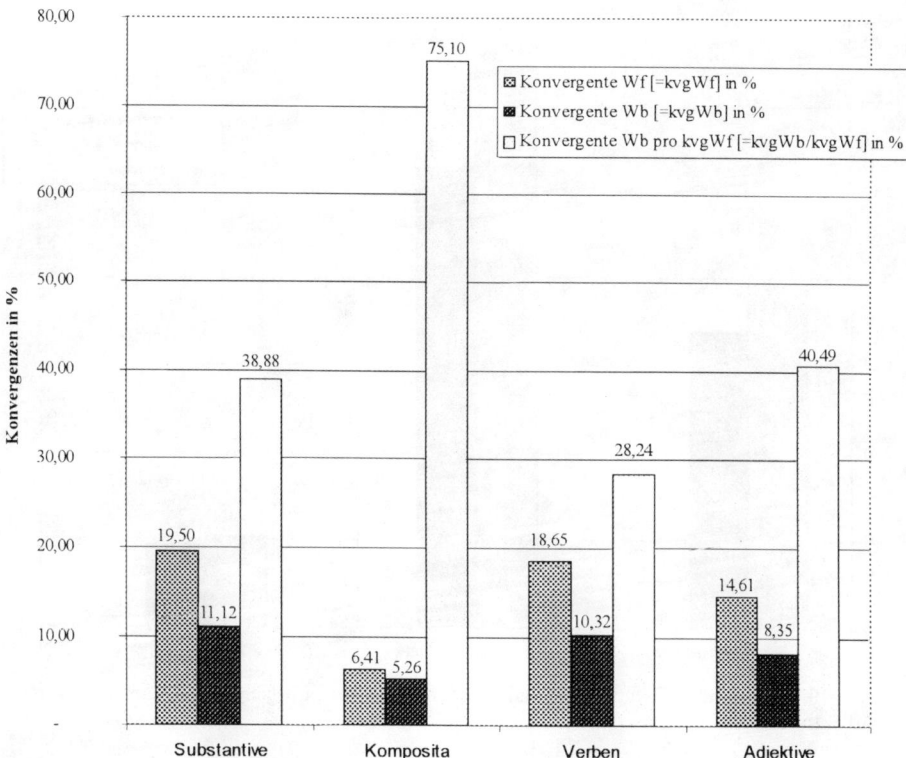

Abb. 113.9: Konvergenzen zwischen Wortformen und Wortbedeutungen des Frnhd. und Nhd.

frnhd. Sprachepoche in erheblichem Umfang mit anderen Sprachzeichen und anderen Bedeutungszuordnungen – als in der nhd. Gegenwartssprache üblich – auf die kommunikationsrelevante Lebens- und Handlungswelt referiert und diese unterschieden, semantisiert und pragmatisiert wird. An den Graden der semiotischen und semantischen Konvergenz von maximal knapp 20% bei den Wortformen und rund 11% bei den Bedeutungen und der Divergenz von maximal rund 95% bei den Wortzeichenformen und rund 94% bei den Wortzeichenbedeutungen sind die erhebliche Differenz und historische Distanz im Wortgebrauch zwischen dem Frnhd. und Nhd. ablesbar und statistisch gesichert nachgewiesen.

Das Bild läßt sich in der Graphik Abb. 113.10 weiter differenzieren. In die Graphik ist der mögliche Abweichungsbereich, in dem 'Fehler' in der Wortgebrauchsstatistik möglich sind, gemäß statistisch-mathematischer Fehleranalyse mit 'I' eingetragen.

Interessant wäre es, zusätzliche Parameter – insbesondere einen Zeitparameter – einzuführen. Das würde jedoch einen erheblichen Zeitaufwand für entsprechende – auf der Basis des FWB – durchaus mögliche und erfolgversprechende Untersuchungen bedeuten. Darauf muß hier verzichtet werden.

Als Eigentümlichkeit/Eigenheit kann der Polysemierungsfaktor der Wörter angesehen werden. Der Polysemierungsfaktor kann mit aller Vorsicht gedeutet werden als Indikator, wie sehr Wörter von verschiedenen Kommunikationsgruppen bzw. -gemeinschaften in verschiedenen Kommunikations-, Interaktions- und Handlungsbereichen und entsprechenden Kommunikationssituationen gebraucht werden. Der Polysemierungsfaktor [= P] ist definiert als Quotient der Bedeutungen einer Wortbedeutung [= Wb] und Wortform [= Wf]; geschrieben als Formel:

$$P = Wb : Wf$$

In Abb. 113.11 sind die Polysemierungsfaktoren von Substantiven, Verben und Adjektiven mit und ohne Präfix sowie von Komposita ausgewiesen. Interessant ist, daß für die frnhd. Substantive, Komposita, Verben und Adjektive, die auch Nhd. noch in der Gegenwartssprache gebraucht werden, durchweg erheblich höhere Polysemierungsfaktoren errechnet werden, als dies für die übrigen, nur

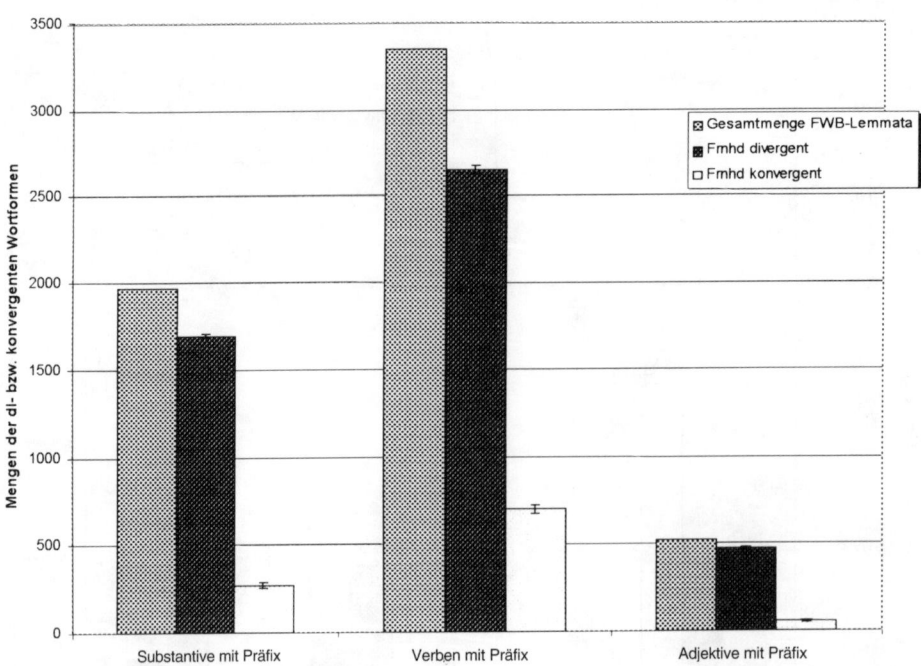

Abb. 113.10: Frnhd.-nhd. Divergenzen und Konvergenzen bei präfigierten Substantiven, Verben und Adjektiven

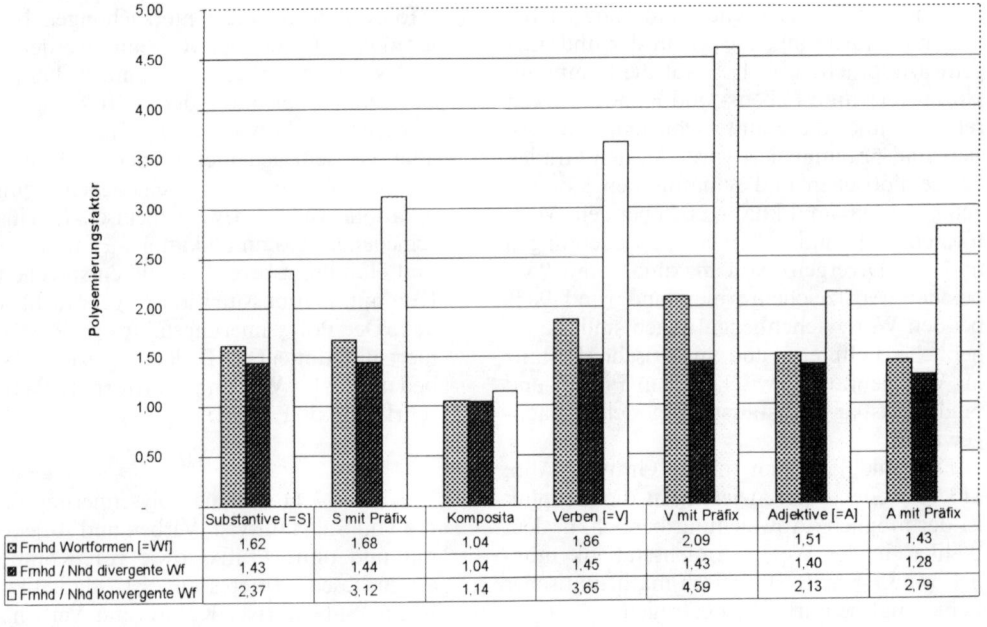

	Substantive [=S]	S mit Präfix	Komposita	Verben [=V]	V mit Präfix	Adjektive [=A]	A mit Präfix
⊠ Frnhd Wortformen [=Wf]	1,62	1,68	1,04	1,86	2,09	1,51	1,43
▨ Frnhd / Nhd divergente Wf	1,43	1,44	1,04	1,45	1,43	1,40	1,28
☐ Frnhd / Nhd konvergente Wf	2,37	3,12	1,14	3,65	4,59	2,13	2,79

Abb. 113.11: Polysemierung

frnhd. gebrauchten Wörter der Fall ist. Es könnte die Hypothese begründet werden, je vielfältiger ein Wort im Frnhd. gebraucht wird, desto größer ist die Wahrscheinlichkeit, daß es im Nhd. insbesondere in der Gegenwartssprache noch verwendet wird.

Auf der Basis und im Rahmen des FWB können mithilfe eines onomasiologisch zentrierten und auch Sprachentwicklungsstadien vergleichenden Registerverfahrens sog. versteckte lexikographische Informationen genutzt und die frnhd. Lexik − kontrastiert zur Lexik der dt. Gegenwartssprache − quasionomasiologisch vorstrukturiert werden. Mithilfe der so gewonnenen Register können − empirisch meist gut gesicherte − generalisierende, systematisierende, strukturierende Aussagen zu Gebrauchsweisen von Wörtern − z. B. zu metaphorischen, metonymischen, synekdochistischen, spezialistischen semantisch-pragmatischen Vernetzungen der Wortgebräuche entwickelt werden. Grundlegende, richtungweisende Vorarbeiten dazu finden sich in den verschiedenen Registern zum FWB 1 und 2 (1986−1992) in Goebel/Lemberg/Reichmann (1995) zur Onomasiologisierung, Relationierung, Metonymisierung, Metaphorisierung, Synekdochisierung, Spezialisierung.

Metonymisierung ['Verwendung A zu B': →] z. B.: *auflage* 2 'Verpflichtung' → 'Abgabe'; *aufrechnung* 'Rechnungslegung' → 'Zusammenkunft von Gewerken'; *aufschlag* 6 'Preiserhöhung' → '[Erhöhungs]betrag'; *aufsehen* 'Acht auf etw.' → 'zu beachtende Tatsache'; *augenschein* 2 'Ortsbesichtigung' → 'Ort einer rechtsrelevanten Handlung' (vgl. 175−179);
Metaphorisierung z. B.: *auflupfen* 'etw. emporheben' → 'den Geist erheben'; 'jn. erhöhen'; *aufrecht* 1/2 'aufwärts gerichtet' → 'aufrichtig'; *aufrichten* 1 'sich körperlich aufrichten' → 'sich hochmütig benehmen, sich auflehnen'; 'jn. rehabilitieren'; aufschließen 1 'etw. aufschließen' → '(das Herz) öffnen' (vgl. 189−199);
Spezialisierungen: *auflassen* 6/7 'auf etw.' verzichten' → 'rechtsförmlich auf etw. verzichten'; *auflegen* 7/8: 'jm. eine Verpflichtung auferlegen' → 'jm. eine finanzielle Leistung auferlegen'; *aufrechnung*: 'Rechnungslegung' → 'Kompensation'; *ausfur*: 'das Hinausfahren von etw.' → 'Export'.
Sprachgeographische Raumverteilung nicht nur (1.) der Wortzeichen, die nur selten einer einzigen Sprachregion zugeordnet werden können, sondern vor allem auch und wichtiger − spezifiziert − (2.) der ihnen zugeordneten Bedeutungen (vgl. Raumangaben I und II, 223−234), ad (1.): alem. *anfesseln*, mfr. *anttag*, *aufkommung*, omd. *aufreichung*; ad (2.): omd. *ablas* 7 'mit Ablaß verbundener Jahrmarkt/Festtag', *abrichten* 6 [vorwiegend],

absonderung 2 'vermögensrechtliche Abfindung', *anbieten* 2 'Gewerke zur Wiederaufnahme anbieten [Fachsprache des omd. Bergbau]' usw. (229). − Dabei zeigen sich, wie in den Registern eindrücklich vor Augen gestellt ist, vielfach Überschneidungen.

Des weiteren können Kommunikationsbereichsspezifika, die einerseits als Varietätenspezifika, andererseits als Textsortenspezifika angesprochen werden können, mit der Registermethode zusammengestellt und dann systematisch untersucht werden. Auch hier ist auffällig, daß es sich meist um kommunikationsbereichs-, varietäten- bzw. textsortenspezifische Bedeutungen auch sonst gebräuchlicher Wörter handelt und weit seltener um Wortzeichen. Spezifische Bedeutungen sind belegt insbesondere (a) für religiöse und mystische Texte und (b) Rechts- und Wirtschaftstexte. Das dürfte der Relevanz dieser Kommunikationsbereiche in der frnhd. Sprachgemeinschaft entsprechen. Hinzugefügt werden soll, daß Fachwörter − zu denken wäre an die Landwirtschaft − durchaus in nicht explizit fachspezifischen Kommunikationsbereichen verwendet werden und belegt sind.

6. Zur Geschichte frühneuhochdeutscher Wortgebräuche

Die diachronische Entwicklung von Wortgebräuchen in ihren semantischen, pragmatischen und semantisch-pragmatischen Dimensionen, ihre Kontinuitäten oder Veränderungen innerhalb des frnhd. Zeitraums werden nur selten zum Gegenstand systematischer lexikologischer Untersuchung gemacht. Häufiger wird nach logisch-semantischen Kriterien bzw. Kategorien punktuell für das eine oder andere Wort „Bedeutungserweiterung", „Bedeutungsverengung" oder einfach „Bedeutungswandel" festgestellt, z. B. von Wetekamp (1980, 203−210). Systematisch sind die Gebrauchsgeschichten von einigen Wörtern in den „Sinnbezirksuntersuchungen" von Ising (1969) und Goertz (1977) beschrieben worden. Ising stellt fest, wie der Gebrauch von *verstand, vernunft, weisheit* und *klugheit* unter regionalen und sozialen Einflüssen neu gegeneinander abgegrenzt wird, wie der Gebrauch von *krieg* (mhd. 'Meinungsstreit, Entzweiung') und *streit* (mhd. 'Kampf, Krieg, Fehde') in Rittersprache und Dichtersprache für das Frnhd. und Nhd. neu geregelt wird,

wobei das Endergebnis ein „Bezeichnungs-
tausch" (Ising 1969, 66) ist. − Sind in älterer
Sprache *siech* und *gesund*, *krank* und *stark*
entgegengesetzt, so werden nun mehr und
mehr *krank* und *gesund*, *schwach* (in älterer
Sprache 'elend, schimpflich, kläglich') und
stark als Gegensätze aufeinander bezogen.
Luther führt in Orientierung am Nd. diese
„Neuordnung des Wortfeldes" in die frnhd.-
nhd. Schriftsprache ein. Dabei wird *siech*
schließlich auf die Bedeutung 'leidend,
kränklich' spezialisiert. − Die neue Mengen-
und Größenunterscheidung *viel−wenig* (mhd.
noch 'beklagenswert, elend'); *groß−klein*
(mhd. noch 'rein, fein, zart') wird unter Ersetzung von älterem polysemem *lützel* 'klein, wenig' mehr und mehr gebräuchlich. Luther
grenzt gegen *klein* in seiner Bibelübersetzung
gering ab. Das polyseme *lützel* wird aus der
Schriftsprache ausgeschieden.

Goertz (1977) gelingt es, Wortgebrauchsentwicklungen im Vergleich der vorreformatorischen Systeme vor 1520 mit denen nach
1520 sowohl römisch-katholisch einerseits als
auch evangelisch-reformatorisch andererseits
als strukturelle Veränderung gemäß den jeweiligen theologischen, theoretischen Vorgaben zu bestimmen; „*testament, abentmâl,
nachtmâl* erfährt mit Übernahme in den liturgischen Wortschatz − bezogen auf den Gottesdienst − eine synekdochetische Inhaltsaus-
weitung". Bei „*messe* entfällt der paradigmatische Kontext zu *opfer*"; die Änderung wird
indiziert durch die Attribute *evangelisch,
christlich, teutsch* (Goertz 1977, 436−437). −
Was den Sinnbezirk „liturgische Personen"
angeht, sind *priester* und *volck* Leitbegriffe;
Synonyme zu *priester*: *pfaffe, geistlicher, cle-
rick* in unterschiedlicher Häufigkeit bei breiter Entfaltung, entsprechend den liturgischen
Funktionen. Entscheidend für die Struktur-
und Bedeutungsveränderung ist „die inhaltliche Ausweitung des Wortes 'priester' im
Blick auf (das) allgemeine Priestertum aller
Christen" (Goertz 1977, 443). Im übrigen
wird *priester* „mehr und mehr an den Rand
gedrängt". „An seine Stelle tritt ein Dreieck
von Systemstellen, gebildet aus 'prediger',
'diener' und 'pfarrer'. Neben *prediger* und *diener* stehen die synonymen Entlehnungen 'predicant' und 'minister' ". „Zu 'volck' ist gleichwertig [...] 'gemeyne', 'gemeind' getreten.
Durch dessen häufige Verwendung in liturgischen Texten der Reformatoren, wohl auch
im sonstigen Sprachgebrauch, wird dieses
Wort mehr und mehr mit religiösem Inhalt
gefüllt" (zuvor ausschließlich profan); *ver-*

sammlung und *leie* werden andererseits vornehmlich durch Luther profanisiert.

In vielen Ko- und Kontexten bestimmt Luther die zentralen Leitwörter seiner Reformation in ihrem Wechselspiel richtungweisend
neu; so z. B.: *evangelium, wort* (*Gottes*),
*schrift, sünde, gesetz, werk, gnade, glaube,
freiheit; buße; gerechtigkeit, rechtfertigkeit,
rechtfertig, rechtfertigen, gerecht; evangelisch,
frum, gläubig, gott furchtig; götze, kirche,
christenheit; pfarrer, priester, prediger; beruf,
arbeit; abendmahl, aufferstehung.* − Diese
Feststellung wird allerdings bisher abgesehen
von der Untersuchung zum Wortgebrauch
von *freiheit* und ihrer synonymischen Vernetzung durch Lobenstein-Reichmann (1998) in
der Hauptsache unter Rekurs auf die einschlägigen theologie- und dogmengeschicht-
lichen Untersuchungen getroffen; entsprechende lexikologische wortgebrauchssystem-
geschichtliche Untersuchungen fehlen.

Wörter in beträchtlicher Zahl werden −
etwa im 16. und 17. Jh. − häufig gebraucht,
sind jedoch später, etwa schon im 18. Jh.,
nicht belegt, werden also m. a. W. in einem
Selektionsprozeß unter im einzelnen neu zu
bestimmenden Voraussetzungen und Bedingungen wieder ausgeschieden. Es handelt sich
um zeittypische Wörter. Ihre detaillierte Untersuchung würde die Kenntnisse über den
Aufbau des Frnhd. als eigenständiger Sprachstufe, die nicht nur Übergangsphase einer
Sprachentwicklung ist, erheblich erweitern.

Einige bei Dasypodius gebuchte Beispiele: *absche-
wung, donderklapff, eiferung, frauenwirt* 'Bordell-
besitzer', *großmachung* 'Preisung', *großmechtigkeit*
(insbes. 15./16. Jh.), *großthätigkeit* (bes. 16. Jh.),
landsknecht (Ende 15. bis 18. Jh.), *lehrung* 'Lehre',
leutfresser, wollustler (16.−18. Jh.), *bewerlich* 'be-
weisbar', *brechhaff* 'mangelhaft', *häderisch* (15.−
17. Jh.), *nachgültig, schwentzig; entlernen, erböseren*
'verschlimmern'.

Über das Ausscheiden bzw. Auswechseln, insgesamt über die Rezeptions- und Akzeptanz-
geschichte von frnhd. Wörtern erbringt für
den kirchlich-religiösen Kommunikationsbereich die Text- bzw. Revisionsgeschichte der
lutherischen Bibelübersetzung wichtige, gut
kontrollierbare Aufschlüsse. R. Frettlöh 1986
Bübin → *Tempeldirne*; *Dirne* → *Dienerin,
Frau, Jungfrau, Mädchen, Magd*; *Eheweib* →
Ehefrau; *fräulein* → *Frau, Weib, Weibchen*;
Kebsweib → *Nebenfrau*; *weibsbild* → *Frau,
Mädchen*. Andere besonders in der Übersetzung des Alten Testaments gebräuchliche
Wörter werden in der Gegenwartssprache
nicht mehr gebraucht und ersetzt wie: *evern*:

ausführen; *farre*: → *junger Stier*; *Feil*: → *Fehler*; *Gelte*: → *Krug*; *Heerling*: → (*schlechte*) Traube, *Teiding*: → *Rede* (Frettlöh 1986, 72ff.). In struktureller Hinsicht — um auch hier Beispiele zu nennen — werden Präfigierungen in bestimmten Fällen ungebräuchlich z. B.: *Gegitter*: *Gitter*; *Geräuch*: *Räucherwerk*; *Geschmuck*: *Schmuck*; *Gevogel*: *Vögel*; *Gewolken*: *Wolken*; frnhd. sehr beliebtes *Gezeugnis*: *Zeugnis*. Frettlöh errechnet 7% und 3% an nicht mehr der Gegenwartssprache angehörigen bzw. veralteten Wörtern. Das bedeutet, daß die von Luther gebrauchten Wörter in höherem Maße gebräuchlich geblieben sind im Vergleich mit der Kontrastierung der im FWB beschriebenen Lexik oben festgestellt ist.

Ist die jüngere Wortgeschichtsschreibung meist auf das Einzelwort hin orientiert, fordern Goebel/Lemberg/Reichmann (1995, 254f.) zu Recht programmatisch eine wortganzheits-orientierte Geschichte des Wortes als Wortgebrauchssystem einschließlich der jeweiligen worttranszendenten Vernetzungen. Sie kritisieren, daß in der Wortgeschichtsforschung — auch noch 60 Jahre nach Jost Trier — weithin wortisolationistisch, — es könnte auch gesagt werden — wortatomistisch, nicht aber ganzheitsorientiert oder wortholistisch bzw. wort(gebrauchs)systematisch verfahren wird. So finden Fragen nach Wortgebrauch und Wortgebrauchsentwicklungen z. B. im Zug von (partieller) Synonymisierung und Desynonymisierung oder etwa der Polysemierung durch Tropisierungen, Metaphorisierungen, Metonymisierungen, kurz gebrauchssystemare bzw. gebrauchsstrukturelle Fragen keine gebührende Beachtung; sie werden teils nicht einmal als Untersuchungsgegenstand erkannt.

6.1. Zur Vereinheitlichung und Standardisierung der Lexik und zum Entstehen einer Leitvarietät im lexikalischen Bereich

Als Modell der Vereinheitlichung oder Standardisierung wird vorausgesetzt, daß über Kommunikations- und Handlungs-Kontakte über verschiedene Phasen der Mischung, der Trans- und Interferenz, der Synonymisierung, ggf. der Heteronymisierung für die an der Mischung beteiligten Worte ein einheitlicher Gebrauch entwickelt und geregelt wird. Dabei wird im Extrem das eine Wort durch das andere ersetzt und das eine der beiden ausgeschieden. — Differenzierte Untersuchungen haben ergeben, daß die Vereinheitli-

chung unter je unterschiedlichen Bedingungen erzielt wird. Wörter aller Sprachregionen werden in die Standardsprache übernommen. Kriterien, Kategorien, Modelle der Inter- und Transferenzforschung, wie sie zunächst für die Erforschung der Gegenwartssprache entwickelt worden sind, sind bisher noch nicht auf die historische innersprachliche Transferenz- und Interferenzforschung angewendet worden, obwohl das naheliegt und z. B. von E. Oksaar (in diesem Handbuch, 1. Aufl., Art. 45 und 63) gefordert wird.

Leitbegriffe der lexikologischen Diskussion der historischen Entwicklung der frnhd. Lexik sind u. a. *Auswahl, Ausgleich, Vereinheitlichung, Ausbildung der Norm der dt. Literatursprache* (1975, 1981), *Abbau der Varianten* (Besch 1983). — Richtungweisend formulierte K. von Bahder (1925, 5) den Gegenstand: „Auswahl, die hinsichtlich des überkommenen Sprachgutes von der Schriftsprache getroffen worden ist, [...] und wo möglich die zugrunde liegenden Gesetze ermitteln". Zu fragen sei „vor allem [...] welche inneren Vorzüge einem der miteinander konkurrierenden Worte dazu verholfen haben, die anderen aus dem Feld zu schlagen, [...] wodurch sich das schließlich durchgedrungene Wort besonders empfahl und welche Mängel es dem unterliegenden Ausdruck unmöglich machten, sich in der Schriftsprache zu behaupten" (ibidem). In der Tradition dieses Ansatzes wird in der jüngeren Zeit die lexikologische Diskussion, unter der Wissenschaftsmetapher *Konkurrenzwörter* genannt, auch unter sozialhistorischem Blickwinkel fortgeführt. Man kann sagen, es hat sich ein eigener Zweig „Synonymenforschung" etabliert.

Wie stark sich in frnhd. Zeit selbst Standes- und Berufsbezeichnungen regional unterscheiden, läßt sich mit den onomasiologisch orientierten Untersuchungen zu 'Bauer' (Huber 1981) und zu 'Bäcker, Fleischer, Tischler' (Braun 1981) zeigen. *bauer* hat in dem Untersuchungszeitraum 1470—1530 zwar bereits eindeutig „überlandschaftliche Geltung", wenngleich besonders stark obfr. und ond. belegt. *ackerbauer* dagegen hat nur als Übersetzung für lat. *agricola* ein „geringes Verbreitungsgebiet". „Daneben werden *baumann*, Schwerpunkt obd., nicht belegt ond. und omd., *gebauer* mit Schwerpunkt omd., und Ackermann in allen Sprachregionen gebraucht; dabei ist bei *ackermann* „von vornherein eine Tendenz zu gehobenerem Gebrauch" zu beobachten, es ist „vorwiegend in literarischen Texten und Chroniken" und nahezu ausschließlich in der Bibelübersetzung Luthers gebraucht. *Baumann* als Bezeichnung für 'Bauer' wird bald ausgeschieden; der Wortgebrauch wird eingeschränkt auf die „im Baugewerbe Tätigen". Später findet es sich nur noch „in sprachlich konservativen Quellen, wie z. B. Weistümern" (Huber 1975, 44). — In dem zweiten Untersuchungszeitraum 1670−1730 wird das Wort *Bauer* gleichmäßig in allen Sprachregionen in zwei von drei Fällen gebraucht.

Desgleichen werden 1470−1530 z. B. regional sehr unterschiedlich gebraucht zur Berufsbezeichnung 'Fleischer, Knochenhacker': *metzger, fleischhauer, fleischer, fleischhacker, metzinger, schlachter, lästerer, küter, fleischhäckel, fleischmann* usw. (vgl. Braun 1981, 89−1901).

In diesen Arbeiten zur *Ausbildung der Norm der deutschen Literatursprache* (1981) wird — außer Berufsbezeichnungen werden vor allem Wörter der Handels-/Wirtschafts- und der Rechtsterminologie untersucht — als allgemeines Ergebnis in bezug auf die Entscheidungsfaktoren, die für die zu beobachtende Vereinheitlichung maßgeblich sind, festgestellt: (1) unter sprachgeographischem Gesichtspunkt: „Wenn das Omd. in der Entscheidung für ein Wort mit anderen Landschaften zusammengeht, so hat dieses Wort die besten Aussichten, sich durchzusetzen" (Dückert 1981, 314); — (2) innersprachlicher Aspekt: Polysemer Wortgebrauch wird vermieden und ausgeschieden; — (3) die Vereinheitlichung erfolgt unter varietätenspezifischen Rahmenbedingungen: m. a. W., die Vereinheitlichung in der Handelssprache/den Handelssprachen — es wird eine nrddt. und eine sdt., den entsprechenden Handelszentren zugeordnete Handelssprache mit regional unterschiedlichen Einflußsphären unterschieden — hat spezifisch handelshistorische, die Vereinheitlichung in der Rechtssprache/den Rechtssprachen hat spezifisch rechtshistorische und rechtsgeographische Bedingungen und Gründe.

7. Hypothesen und Modelle zur sprach-/kommunikationshistorischen und historischen Gesamtwürdigung

Abgesehen von einfachen Herkunftsbestimmungen des Typs: *das Wort W / der Wortgebrauch W_G wird aus der Region R eingeführt, tranferiert oder interferiert* oder des Typs: *das*

Wort W/der Wortgebrauch W_{G1}, wird aus dem Kommunikationsbereich K des Humanismus H übernommen, wird gefragt, *wie kann die Übernahme gerade aus R oder H erklärt werden, warum wird der Wortgebrauch W_{G1} zu W_{G2} so und nicht anders entwickelt, warum wird der Wortgebrauch W_{G3} und nicht W_{G2} zur Norm im schriftsprachlichen Standard?*

Zu unterscheiden sind: (1) wortsystem-/wortgebrauchsinterne spezifisch sprach-/kommunikationshistorische Erklärungshypothesen/-modelle, (2) wortsystem-/wortgebrauchsexterne spezifisch historische Erklärungshypothesen/-modelle und (3) Kombinationen von wortsystem-/wortgebrauchsinternen und -externen bzw. sprach-/kommunikationshistorischen Erklärungshypothesen/-modelle.

Die wichtigsten wortsystem-/wortgebrauchsinternen Erklärungshypothesen sind: Polysemien und Homonymien werden nach Maßgabe des sprachlichen Ökonomieprinzips, d. h. optimierter Verständlichkeit, in der Regel möglichst vermieden; für 'neue', insbesondere, wenn es sich um bis dahin unbekannte Gegenstände handelt, 'Gegenstände' im weitesten Sinne, werden neue Bezeichnungen — z. B. Fremdwörter (vgl. 4.2.) — eingeführt. Die „strukturelle Disponiertheit" eines Wortes („Strukturprinzip", Besch 1983, 980) begünstigt die Einführung eines Wortes und/oder eines bestimmten Wortgebrauchs und seine Standardisierung.

Primär für den Auf-, Um- und Ausbau der frnhd. Lexik ist die quantitative und qualitative Expansion der dt. Schriftsprache (Expansionshypothese) möglich durch die Einführung und konsequente Nutzung des Buchdrucks: Der dt. Schriftsprache, der schriftsprachlichen Kommunikation werden (a) kontinuierlich neue Kommunikations-/Handlungs-/Interaktions- und Gegenstandsbereiche erschlossen, und zwar (b) für immer breitere, überregionale Öffentlichkeiten (c) im Rahmen von entsprechenden, kontinuierlich erweiterten (schrift-)sprachlichen Kommunikations-/Handlungs-/Interaktionsbedürfnissen, -interessen, -notwendigkeiten. Erinnert sei hier nur an den Auf- und Ausbau der Lexiken der Gebrauchs- und Fachliteraturen. Dabei werden nach und nach Domänen der lat. (Universal-)Sprache und der lateinischsprachlichen Kommunikation besetzt, und zwar in Kontakt mit ihr mit der Folge von vielfachen Trans- und Interferenzen.

Durch die Expansion der dt. Schriftsprache infolge der Einführung des Buchdrucks und des kommerziellen Interesses an überregionaler Verbreitung der Druckerzeugnisse werden innersprachliche Kontakte mit diatopischen, diastratischen, diaphasischen, ja historischen Wortgebräuchen ermöglicht, vervielfacht, intensiviert (Kontakthypothese) mit entsprechenden Inter- und Transferenzen – falls Bedürfnis, Interesse, Notwendigkeit dazu bestehen – im Sinne der primär schriftsprachlichen Vereinheitlichung und Standardisierung zur Ökonomisierung überregionaler, auch intersozialer Verständigung.

Wörter/Wortgebräuche werden aufgrund des ihnen zugeschriebenen Prestiges und daraus resultierender Sprachzeichenbewertungssysteme in Bewertungsakten bevorzugt, bevorzugt eingeführt und im Zusammenwirken mit anderen Rahmenbedingungen bevorzugt zur Norm erhoben (Prestigehypothese). Das sog. Prestige von Wörtern/Wortgebräuchen ist nicht zu trennen von dem Prestige der Kommunikationsgemeinschaften, in denen sie primär üblich sind, seien diese Kommunikationsgemeinschaften regional („Prestige-Landschaften", Besch 1983, 980), sozial fachlich usw. konstituiert, von Einzelautoritäten oder Gruppen von Autoritäten, Institutionen usw. Das Prestige der Bibelübersetzung Luthers (a) qua sprachlich-kommunikativer Übersetzungsleistung, (b) qua Prestige der Hl. Schrift als Institution, (c) qua Autorität Luthers als Initiator und Führer der Reformation ist mitentscheidend für Grundlegung und Orientierung der frnhd. Lexik in einem für die damalige Zeit zentralen Kommunikationsbereich trotz aller Infragestellung im einzelnen durch Vertreter und Anhänger der traditionellen Kirche.

Die Chance, daß Wörter/Wortgebräuche nicht nur punktuell, sondern mittel- oder auch langfristig in die Schriftsprache aufgenommen und – ggf. als Leitworte – standardisiert werden, ist prinzipiell um so größer: (a) desto größer und zahlreicher die Gebiete sind, in denen sie bereits schreib- und/oder sprechsprachlich gebräuchlich sind („Prinzip des Geltungsareals", Besch 1983, 980), desto größer (b) ihre Relevanz, (c) die Intensität (Häufigkeit) und Dauer ihrer Präsenz in der schrift- und/oder sprechsprachlichen Kommunikation sind – Besch (ibidem) spricht im Zusammenhang mit statistischer Häufigkeit vom „Prinzip des Geltungsgrades". Hinzu kommt der Faktor „Landschaftskombinatorik", die „Abhängigkeit von bestimmten sprachgeographischen Konstellationen" (Besch 1983, 980).

Die Entwicklung und Vereinheitlichung (Standardisierung) der Schriftsprache zur überregional und transsozial gültigen Leit- und Normvarietät wird mittels der „Vertikalisierungs"-Hypothese (Reichmann 1988) erklärt und modelliert, nach der die bisher horizontal nebeneinander geordneten Varietäten mehr und mehr der Leit- und Normvarietät als Subvarietäten zugeordnet werden. Im Effekt hat dies für die Lexik insbesondere zur Folge eine Konzentrierung, Orientierung und damit (häufig/meistens/regelmäßig) Reduzierung auf dann allgemein gültige, d. h. überregional und transsozial kommunizierbare und verständliche sozusagen Leit- bzw. Normbedeutungen. Mit dem Vertikalisierungsmodell ist ein wichtiger Ansatz zu einer System- bzw. Strukturgeschichte der Lexik formuliert.

Alle bisher entwickelten spezisch oder primär sprach-/kommunikationshistorischen Erklärungshypothesen/-modelle werden/können mit historischen (allgemein-, sozial-, wirtschafts-, kirchen-, fach- und wissenschaftshistorischen) Erklärungshypothesen/-modellen kombiniert werden:

Die historischen Veränderungen in den Institutionen Staat, Kirche, Gesellschaft, in Technik, Wissenschaft, Verwaltung und Wirtschaft, die Um- und Neustrukturierungen, Umschichtungen, Umorganisationen in bis dahin gültigen politischen, kirchlichen und sozialen Hierarchien, Ordnungen, Institutionen und entsprechende Um- und Neuorientierungen und Um- und Neunormierungen von Handlungspraktiken einschließlich des kulturellen 'Überbaus' im Spätmittelalter und zu Beginn der Neuzeit, kulminierend in der Reformation, bedingen und erfordern den Um- und Ausbau der frnhd. Lexik, wie sie umgekehrt erst durch den Auf-, Um- und Ausbau der frnhd. Lexik möglich werden. Im Zentrum dieser Veränderungen stehen die Städte und das sie tragende Bürgertum. Die Bedeutung der Reichsstädte in diesem Prozeß wird z. B. sinnfällig bei der Einrichtung der ersten, maßgeblichen Druckereien in Straßburg, Augsburg, Bamberg, Köln, Basel, Ulm, Nürnberg; es fehlen zunächst die Fürsten- und Universitätsstädte. Später kommen die Druckereien in den Universitätsstädten Wittenberg, Leipzig, Erfurt hinzu. In und durch die Reformation und ihre wesentlichen Vorläufer und Wegbereiter, Mystik und Humanismus, – so wird die historische und zugleich sprach-/kommunikationshistorische Erklärungshypothese generalisiert – werden die entscheidenden Grundlagen und Orientierungen für Auf-, Um- und Ausbau der frnhd. Lexik gelegt bzw. bestimmt. Die Einflüsse anderer Faktoren z. B. regio-, sozio-, idiolektaler, fachsprachlicher Wortgebräuche, auch etwa von Wortgebräuchen der älteren und jüngeren Verkehrs- und Handelssprachen — sind einzelwortspezifisch, kommunikationsbereichs- und gegenstands(bereichs)spezifisch, sie interferieren zwar, sind — aufs ganze gesehen — jedoch sekundär und subsidiär.

8.   Ausblicke

Enge Kooperationen von Lexikologen und Lexikographen lassen systematisch moderne, methodisch einwandfreie, empirisch gut fundierte Untersuchungen und Ergebnisse erwarten. Zu denken ist z. B. an die konsequente Nutzung des FWB als Forschungsinstrument. Wünschenswert und — besonders auch unter arbeitsökonomischem Gesichtswinkel — erforderlich wäre eine Erschließung und Bereitstellung des FWB, aber auch der Materialien lexikographischer Monographien per CD-ROM oder im Internet für weitere computergestützte Untersuchungen. Insgesamt notwendig ist als Desiderat frnhd. Lexikologie und Lexikographie: ihre Grundlegung durch eine moderne, Semantik und Pragmatik berücksichtigende historische Verstehens- und Vermittlungstheorie mit einer entsprechenden Methodologie. Zu fordern und zu fördern wären (a) eine historische — insbesondere auch innerfrnhd. — Trans- und Interferenzforschung auf der Höhe der gegenwärtigen wissenschaftlichen Diskussion unter Berücksichtigung der Sprachträger und damit auch der allgemeinen historischen Dimensionen, (b) eine (differenzierte) systematische Erforschung der Einführung, Semantisierung und Pragmatisierung von Wortgebräuchen, ihrer Akzeptanz, Rezeption und Wirkung und ihrer systemaren und strukturellen Vernetzung in semiotischen, semantischen und pragmatischen Systemen einschließlich ihrer Einbettung in Sozial-, Wirtschafts- und Kulturgeschichte. Mit diesen Ansätzen wird auf eine systematische Darstellung bzw. Erzählung der Kommunikations-/Diskurs-, Interaktions- und Handlungs-, Wissens- und Mentalitätsgeschichten von Wörtern und Wortsystemen hingezielt mit den Themen: wie welche einzelne Individuen und Gruppen von Menschen mittels welcher Wörter und Wortsysteme (z. B. Norm-, Wert-, Themawörter usw.) informiert,

interagiert und gehandelt und welches Wissen, welche Mentalitäten sie in und mit ihnen repräsentiert haben, welche Scripts oder Frames ihnen aufgrund und im Rahmen von Kotexten und Diskursen und Situationen, die mit ihnen begriffen und verändert werden, zugeordnet und schließlich wie generell Lebenswelten mit ihnen ermöglicht, auf-, ab- oder umgebaut, d. h. prozessual-evolutionär entwickelt werden.

9.   Literatur (in Auswahl)

Adelberg, Elfriede, 'Geselle'. Untersuchungen zu Bezeichnungen für den abhängigen Handwerker nach Abschluß der Lehrzeit. In: Zur Ausbildung [...]. Berlin 1975. 2. unveränd. Aufl. 1981, 121—172. (B. Gesch. Nhd. 56/II).

Ahlzweig, Claus, Untersuchungen zum Wortfeld des Erlösens im Frühneuhochdeutschen. Hamburg 1975. (Hamburger Philologische Studien 37).

Anderson, Robert R./Ulrich Goebel/Oskar Reichmann, Projekt eines frühneuhochdeutschen Handwörterbuchs. In: ZGL 5, 1977, 71—94.

Dies., Frühneuhochdeutsch *arbeit* und einige zugehörige Wortbildungen. In: Alfred Ebenbauer (Hrsg.), Philologische Untersuchungen gewidmet Elfriede Stutz zum 65. Geburtstag. Wien 1984, 1—29. (Philologica Germanica 7).

[Ausb.: =] Zur Ausbildung der Norm der deutschen Literatursprache auf der lexikalischen Ebene (1470—1730): Untersucht an ausgewählten Konkurrentengruppen unter Leitung von Joachim Dückert. Berlin 1975. 2. Aufl. 1981. (B. Gesch. Nhd. 56/II). — Untersucht an ausgewählten Konkurrentengruppen mit Anteilen slawischer Herkunft unter Leitung von Klaus Müller. Berlin 1976. (B. Gesch. Nhd. 56/III).

Bachmann, Karl, Der Einfluß von Luthers Wortschatz auf die schweizerische Literatur des 16. und 17. Jhs. im Anschluß an Adam Petris Bibelglossar. Diss. Freiburg i. Br. 1909.

von Bahder, Karl, Zur Wortwahl in der frühneuhochdeutschen Schriftsprache. Heidelberg 1926. (GB, 2. Abt., 19).

Bauer, G., Die sprachvereinheitlichende Wirkung des Bauernkriegs von 1525. In: Akten des 5. Internationalen Germanisten-Kongresses. Hrsg. v. Leonard Forster/Hans-Gert Roloff. Bd. 5,3. Bern/Frankfurt/M./München 1976, 17—26. (JIG R. A.).

Bech, Gunnar, Grundzüge der semantischen Entwicklungsgeschichte der hochdeutschen Modalverba. Kopenhagen 1951. (Det Kgl. Danske Videnskabernes Selskab. Historisk-filologiske Meddeleser 32,6).

Besch, Werner, Zweigliedriger Ausdruck in der deutschen Prosa des 15. Jhs. In: NphM 65, 1964, 200—221.

Ders., Sprachlandschaften und Sprachausgleich im 15. Jh. Studien zur Erforschung der spätmittelalterlichen Schreibdialekte und zur Entstehung der neuhochdeutschen Schriftsprache. München 1967. (BG 11).

Braun, Wilhelm, 'Bäcker', 'Fleischer', 'Tischler'. Wortschatzuntersuchungen im Bereich des Handwerks am Beispiel konkurrierender Berufsbezeichnungen. In: Zur Ausbildung der deutschen Literatursprache. Berlin 1975, 2. Aufl. 1981, 55–119. (B. Gesch. Nhd. 56/II).

Dauner, Fritz, Die oberdeutschen Bibelglossare des XVI. Jhs. Diss. Freiburg. Konstanz 1898.

Deschler, Jean-Paul, Die astronomische Terminologie Konrads von Megenberg. Ein Beitrag zur mittelalterlichen Fachprosa. Frankfurt/M. 1977. (EH, R. 1/171).

Deutscher Wortschatz, Lexikologische Studien. L. E. Schmitt zum 80. Geburtstag von seinen Marburger Schülern. Hrsg. v. Horst Haider Munske [u. a.]. Berlin/New York 1988.

Diekmannshenke, Hans-Joachim, Die Schlagwörter der Radikalen der Reformationszeit (1520–1536). Spuren utopischen Bewußtseins. Frankfurt/M. [etc.]. 1994. (EH, R. 1445).

Dietz, Ph., Wörterbuch zu Dr. Martin Luthers deutschen Schriften. Leipzig 1870–72 (a -Hals).

Dückert, Joachim, 'Advokat'. Untersuchungen zum Einfluß des römischen Rechts auf den deutschen Wortschatz. In: Zur Ausbildung [...]. Berlin 1975, 2. Aufl. 1981, 263–310. (B. Gesch. Nhd. 56/II).

Ders. [u. a.], Zur Spezifik des Sprachausgleichs in der Lexik (1470–1730). In: Zur Ausbildung [...]. Berlin 1975, 2. unveränd. Aufl. 1981, 311–320.

Eckel, Friedrich, Der Fremdwortschatz Thomas Murners. Ein Beitrag zur Wortgeschichte des frühen 16. Jhs. Göppingen 1978. (GA 210).

Erben, Johannes, Luther und die neuhochdeutsche Schriftsprache. In: Friedrich Maurer/Heinz Rupp (Hrsg.), Deutsche Wortgeschichte. Bd. 1. 3. Aufl. Berlin/New York 1974, 509–581.

[FDB =] Findebuch zum mittelhochdeutschen Wortschatz. Mit einem rückläufigem Index. Von Kurt Gärtner [u. a.]. Stuttgart 1992.

Franke, Carl, Grundzüge der Schriftsprache Luthers in allgemeinverständlicher Darstellung. Tl. 2: Wortlehre. Halle 1914.

Frettlöh, Regina, Die Revisionen der Lutherbibel in wortgeschichtlicher Sicht. Göppingen 1986. (GAG 434).

[FWB =] Frühneuhochdeutsches Wörterbuch. Hrsg. v. Robert R. Anderson/Ulrich Goebel/Oskar Reichmann (ab Bd. 2 Ulrich Goebel/Oskar Reichmann). Berlin/New York 1986ff.

Frings, Theodor, Vorwort zu 'Kulturräume und Kulturströmungen im mitteldeutschen Osten' (1936). In: Ders., Sprache und Geschichte. Bd. 3, Halle/S. 1956. (MdSt. 18).

Fritz, Gerd/Erich Straßner (Hrsg.), Die Sprache der ersten deutschen Wochenzeitungen im 17. Jh. Tübingen 1996.

Fritze, Marie-Elisabeth, Zum regional gebundenen Wortschatz Thomas Müntzers. In: Ak. Wiss. DDR, ZS., Linguistische Studien, Reihe A 76, 1980, 76–109.

Goebel, Ulrich/Ingrid Lemberg/Oskar Reichmann, Versteckte lexikographische Information. Möglichkeiten ihrer Erschließung dargestellt am Beispiel des frühneuhochdeutschen Wörterbuchs. Tübingen 1995. (LSM 65).

Göpfert, Ernst, Die Bergmannssprache in der Sarepta des Johann Mathesius. Straßburg 1902. (ZdWf., Beih. 3).

Goertz, Hansjosef, Deutsche Begriffe der Liturgie im Zeitalter der Reformation. Untersuchungen zum religiösen Wortschatz zwischen 1450 und 1530. Berlin 1977. (PSQ 88).

Gössel, Ernst, Der Wortschatz der Ersten Deutschen Bibel. Gießen 1933. (Gießener Beiträge zur deutschen Philologie 32).

Gruenter, Rainer, Thomas Murners satirischer Wortschatz. In: Euph. 53, 1959, 24–40.

Grubmüller, Klaus, Vocabularius ex quo. Untersuchungen zu lateinisch-deutschen Vokabularien des Spätmittelalters. München 1967. (MTU 17).

Guchmann, Mirra M., Die Sprache der deutschen politischen Literatur in der Zeit der Reformation und des Bauernkrieges. Berlin 1974. (B. Gesch. Nhd. 54).

Dies., Der Weg der deutschen Nationalsprache. Ins Deutsche übertragen und wissenschaftlich bearbeitet von G. Feudel. T. 1/2. Berlin 1964–1969.

Härle, Gerhard, Reinheit der Sprache, des Herzens und des Leibes. Zur Wirkungsgeschichte des rhetorischen Begriffs puritas in Deutschland. Tübingen 1996. (Rhetorik-Forschungen 11).

Hendel, Harald, Die Verbreitung einiger Rechtsbegriffe der Fürther Gerichtssprache des 15. Jhs. Diss. Köln 1975.

Henne, Helmut, Hochsprache und Mundart im schlesischen Barock. Studien zum literarischen Wortschatz in der ersten Hälfte des 17. Jhs. Köln/Graz 1966.

Henzen, Walter, Schriftsprache und Mundarten. Ein Überblick über ihr Verhältnis und ihre Zwischenstufen im Deutschen. Bern, 2. Aufl. 1954. (BG 15).

Hölscher, Lucian, Öffentlichkeit und Geheimnis. Eine begriffsgeschichtliche Untersuchung zur Entstehung der Öffentlichkeit in der frühen Neuzeit. Stuttgart 1979. (SuGesch. 4).

Huber, Anna, 'Bauer'. Wortschatzuntersuchungen zu einem Grundbegriff aus dem bäuerlichen Lebensbereich. In: Zur Ausbildung der deutschen Literatursprache. Berlin 1975, 2. Aufl. 1981, 17–54. (B. Gesch. Nhd. 56/II).

Ising, Gerhard, Zur Wortgeographie spätmittelalterlicher Schriftdialekte. Eine Darstellung auf der Grundlage der Wortwahl von Bibelübersetzungen und Glossaren. 2 Bde. Berlin 1968. (Dt. Akk. Wiss. Berlin 38/II).

Johansson, Evald, Die Deutschordenchronik des Nicolaus von Jeroschin. Eine sprachliche Untersuchung mit komparativer Analyse der Wortbildung. Ein Beitrag zur Erforschung der Ordenssprache und ihrer Rolle in der Entwicklung der nhd. Schriftsprache. Lund/Kopenhagen 1964.

Jones, William J., A Lexicon of French Borrowings in the German Vocabulary (1575−1648). Berlin/ New York 1976. (SLG 12).

Ders., Zum Lehngut lateinisch-romanischer Herkunft in deutschen Texten (1575−1648). In: SN 51, 1979, 245−274.

Josten, Dirk, Sprachvorbild und Sprachnorm im Urteil des 16. und 17. Jhs. Sprachlandschaftliche Prioritäten, Sprachautoritäten, sprachimmanente Argumentation. Frankfurt/M./Bern 1976.

Kähler, Ernst, Der Niederschlag kirchengeschichtlicher Bewegungen in der deutschen Sprache. In: W. Schneemelcher (Hrsg.), Das Problem der Sprache in Theologie und Kirche. Berlin 1959, 68−84.

Kammerer, Matthias, Bildschirmorientiertes Abfassen von Wörterbuchartikeln. Dargestellt am Beispiel des FWB. Tübingen 1995. (LSM 68).

Kettmann, Gerhard, Zum Fremdwortgebrauch. In: Literatursprache im Zeitalter der frühbürgerlichen Revolution. Berlin 1978, 341−439. (B. Gesch. Nhd. 58).

Kleinschmidt, Erich, Volkssprache und historisches Umfeld: Funktionsräume einer deutschen Literatursprache in der frühen Neuzeit. In: ZdPh 101, 1982, 3, 411−436.

Koller, Erwin/Werner Wegstein/Norbert Richard Wolf, Mittelhochdeutsches Wörterbuch. Alphabetischer Index. Stuttgart 1990.

Konzelmann, F., Sprachliche Ausdrücke aus dem Rechts- und Wirtschaftsleben des schwäbischen Dorfes vom 14.−18. Jh. Diss. Tübingen 1924.

Köppe, Ingeborg, Zweigliedrige Ausdrücke in Zunftordnungen des 16. Jhs. In: PBB (H) 98, 1977, 170−194.

Krüger, Sabine, Zum Wortschatz des 16. Jhs. Fremdbegriff und Fremdwort in Luthers Bibelübersetzung. In: PBB (H) 77, 1955, 402−464.

Kunisch, Hermann, Das Wort „Grund" in der Sprache der deutschen Mystik des 14. und 15. Jhs. Diss. Münster 1929.

von Künßberg, Eberhard Freiherr, Rechtssprachgeographie. Mit einer Grundkarte und 20 Deckblättern. Heidelberg 1926.

Lepp, Friedrich, Schlagwörter des Reformationszeitalters. Diss. Freiburg i. Br. Leipzig 1908. (Quellen und Darstellungen aus der Geschichte des Reformationsjahrhunderts VIII).

Linguistische Beiträge zur Müntzer-Forschung. Studien zum Wortschatz in Thomas Müntzers deutschen Schriften und Briefen. Hrsg. v. Hans Otto Spillmann. Hildesheim 1991.

Zur Literatursprache im Zeitalter der frühbürgerlichen Revolution. Untersuchungen zu ihrer Anwendung in der Agitationsliteratur. Autorenkollektiv unter der Leitung von Gerhard Kettmann und Joachim Schild. Berlin 1978. (B. Gesch. Nhd. 58).

Lobenstein-Reichmann, Anja, Freiheit bei Martin Luther. Lexikographische Textanalayse als Methode historischer Semantik. Berlin/New York 1998. (SLG 46).

Malherbe, Daniel F., Das Fremdwort im Reformationszeitalter. Diss. Freiburg i. Br. 1906.

Matzinger-Pfister, Regula, Paarformel, Synonymik und zweisprachiges Wortpaar. Zur mehrgliedrigen Ausdrucksweise der mittelalterlichen Urkundensprache. Zürich 1972. (Rechtshistorische Arbeiten 9).

Merk, Walther, Werdegang und Wandlungen der deutschen Rechtssprache. Marburg/L. 1933.

Müller, Ernst Erhard, Zu Adam Petris Bibelglossar von 1523. In: Deutsche Sprache: Gegenwart und Geschichte. Festschrift für Friedrich Maurer. Bern/ München 1978, 127−134.

Müller, Peter O., Substantiv-Derivation in den Schriften Albrecht Dürers. Ein Beitrag zur Methodik historisch-synchroner Wortbildungsanalysen. Bd. 1. Berlin/New York 1993. (WNF 1).

Nyström, Solmu, Die deutsche Schulterminologie in der Periode 1300−1740. 1. Schulanstalten, Lehrer und Schüler. Eine wortgeschichtliche Studie. Helsinki 1915.

Oksaar, Els, Semantische Studien zum Sinnbereich der Schnelligkeit. *Plötzlich, schnell* und ihre Synonymik im Deutsch der Gegenwart und des Früh-, Hoch- und Spätmittelalters. Stockholm/Uppsala 1958. (AUS 2).

Otto, Ernst, Zur historischen Wortforschung. Erstbelege und Frühbelege aus ostmitteldeutschen Handschriften des 16. Jhs. In: PBB (H) 97, 1976, 212−252.

Palmer, Philip Motley, Der Einfluß der neuen Welt auf den deutschen Wortschatz 1492−1800. Heidelberg 1933. (GB 2,35).

Pavlov, V. M., Zur Ausbildung der Norm der deutschen Literatursprache im Bereich der Wortbildung (1470−1730). Von der Wortgruppe zur substantivischen Zusammensetzung. Berlin 1983. (B. Gesch. Nhd. 56/V).

Piirainen, Ilpo Tapani, Zur Entstehung des Neuhochdeutschen. Sprachgeographie und -soziologische Ansätze. Bern/Frankfurt/M. 1972.

von Polenz, Peter, Argumentationswörter. Sprachgeschichtliche Stichproben bei Müntzer und Forster, Thomasius und Wolff. In: Deutscher Wortschatz, 1988, 181−199.

Ders., Deutsche Sprachgeschichte. Bd. I: Einführung—Grundbegriffe—Deutsch in frühbürgerlicher Zeit. Berlin/New York 1991. (SaGö 2237).

Raabe, Susanne M., Der Wortschatz in den deutschen Schriften Thomas Murners. Bd. 1: Untersuchungen. Bd. 2: Wörterbuch. Berlin/New York 1990.

Reichmann, Oskar, Möglichkeiten der Erschließung historischer Wortbedeutungen. In: In deutscher diute. Festschrift für Anthonÿ van der Lee zum 60. Geburtstag. Hrsg. v. M. A. van den Broek/G. J. Jaspers. Amsterdam 1983, 111—140. (ABäG 20).

Ders., Möglichkeiten der lexikographischen Erschließung der Texte des Paracelsus. In: Resultate und Desiderate der Paracelsus-Forschung. Hrsg. v. Peter Dilg/Hartmut Rudolph. Stuttgart 1993, 182—198.

Ders., Die onomasiologische Aufbereitung des FWB: Praktische Verfahren, Probleme und Ergebnisse. In: The world in a list of words. Hrsg. v. Werner Hüllen. Tübingen 1994, 232—254 (LSM 58).

Ders., Zur Vertikalisierung des Varietätenspektrums in der jüngeren Sprachgeschichte des Deutschen. In: Deutscher Wortschatz, 1988, 151—180.

Reiner, Karl, Die Terminologie der ältesten mathematischen Werke in deutscher Sprache nach den Beständen der Bayerischen Staatsbibliothek. München 1960.

Richter, Gerlinde, 'Ware', 'Kleinhandelsartikel', 'bar', 'Makler'. Wortschatzuntersuchungen im Bereich des Handels und Warenverkehrs. In: Zur Ausbildung der deutschen Literatursprache. Berlin 1975, 2. Aufl. 1981, 173—214. (B. Gesch. Nhd. 56/II).

Rieck, Susanne, Untersuchungen zu Bestand und Varianz der Konjunktionen im Frühneuhochdeutschen unter Berücksichtigung der Systementwicklung zur heutigen Norm. Heidelberg 1977. (StFrnhd. 2).

Rosenfeld, Hans-Friedrich, Humanistische Strömungen (1350—1600). In: Friedrich Maurer/Heinz Rupp (Hrsg.), Deutsche Wortgeschichte, Bd. 1. 3. Aufl. Berlin/New York 1974, 399—508.

Schenker, Walter, Die Sprache Huldrych Zwinglis im Kontrast zur Sprache Luthers. Berlin/New York 1977. (SLG 14).

Schildt, Joachim, Zu Sprachwandlungsprozessen zur Zeit der Reformation und des großen deutschen Bauernkrieges. In: LStA 77, 1981, 81—95.

Schirmer, Alfred, Wörterbuch der deutschen Kaufmannssprache. Auf geschichtlichen Grundlagen. Straßburg 1911.

Ders., Der Wortschatz der Mathematik nach Alter und Herkunft untersucht. In: ZdWf, Beiheft zu Bd. 14. Straßburg 1912.

Schlosser, Hans, Spätmittelalterlicher Zivilprozeß nach bayerischen Quellen. Gerichtsverfassung und Rechtsgang. Köln/Wien 1971. (Forschungen zur deutschen Rechtsgeschichte).

Schmitt, Ludwig, Erich, Die deutsche Urkundensprache in der Kanzlei Kaiser Karls IV. (1346—1378). Halle 1936. (MdSt. 11).

Ders., Die sprachschöpferische Leistung der deutschen Stadt im Mittelalter. In: PBB 66, 1942, 196—226.

Schöningh, Adda, Der intellektuelle Wortschatz Luthers in den Paulinischen Briefen des September-Testaments. Diss. Münster 1937.

Schröter, Ulrich, 'Strafe' und ein Vergleich der Ergebnisse mit 'Pranger' und 'Vormund'. Lexikalische Untersuchungen zu Rechtsbegriffen. In: Zur Ausbildung der deutschen Literatursprache. Berlin 1975, 2. Aufl. 1981, 215—261. (B. Gesch. Nhd. 56/II).

Schwitalla, Johannes, Deutsche Flugschriften 1460—1525. Textsortengeschichtliche Studien. Tübingen 1983.

Semenjuk, N. N., Zur Sprache der ältesten dt. Zeitungen aus dem XVII. Jh. Stilistische und lokale Schichtung im Wortschatz. In: Gesellschaft, Kommunikation und Sprache Deutschlands in der frühen Neuzeit. Studien des dt.-japan. Arbeitskreises für Frühneuhochdeutschforschung. Hrsg. v. Klaus J. Mattheier/Haruo Nitta/Mitsuyo Ono. München 1993, 147—160.

Skála, Emil, Die Entwicklung der Kanzleisprache in Eger 1310—1660. Berlin 1967. (IDSL 35).

de Smet, Gilbert, Alte Lexikographie und moderne Wortgeographie. In: Walther, Mitzka (Hrsg.), Wortgeographie und Gesellschaft. Festgabe für Ludwig Erich Schmitt zum 60. Geburtstag am 10. 12. 1968. Berlin 1968, 49—79.

Spillmann, Hans Otto, Untersuchungen zum Wortschatz in Thomas Müntzers deutschen Schriften. Berlin/New York 1971. (QFSK 165, N. F. 41).

Stolt, Birgit, Sakralsprache zu Luthers Zeit und heute. In: Linguistische Studien. R. A 77, 1981, 113—133.

Stopp, Hugo, Verbreitung und Zentren des Buchdrucks auf hochdeutschem Sprachgebiet im 16. und 17. Jh. Fakten und Daten zum organischen Werdegang der Entwicklungsgeschichte der neuhochdeutschen Schriftsprache. In: Sprachw. 3, 1978, 237—261.

Taenzler, Walter, Der Wortschatz des Maschinenbaus im 16., 17. und 18. Jh. Ein lexikalischer und sprachwissenschaftlicher Versuch zur Kultur- und Volkskunde. Diss. Bonn 1955 (Masch.).

Tauber, Walter, Der Wortschatz des Hans Sachs. Bd. 1: Untersuchungen. Bd. 2: Wörterbuch. Berlin/New York 1983 (SLG 19 u. 20).

Ulrich, Wilfried, Semantische Untersuchungen zum Wortschatz des Kirchenliedes im 16. Jh. Lübeck/Hamburg 1969. (GS 237).

XII. Ergebnisse V: Das Frühneuhochdeutsche

, Anthony, Beobachtungen zum
Sprachgebrauch des Leipziger Volkspredigers Mar‐
cus von Weida (1450−1516). Amsterdam 1980.

Vortisch, Rudolf, Grammatikalische Termini im
Frühneuhochdeutschen (1500−1663). Diss. Frei‐
burg i. Br. 1910.

Warnke, Ingo, Wörterbuch zu Thomas Müntzers
deutschen Schriften und Briefen. Tübingen 1993.
(LSM 50).

Weimann, Karl-Heinz, Paracelsus und der deut‐
sche Wortschatz. In: Ludwig Erich Schmitt (Hrsg.).
Gießen 1963, 359−408. (DWEB 2).

Wenzlau, Friedrich, Zwei- und Dreigliedrigkeit in
der deutschen Prosa des XIV. und XV. Jahrhun‐
derts: ein Beitrag zur Geschichte des neuhoch‐
deutschen Prosastils. Unveränderter reprogr. Nach‐
druck d. 1. Auflage. Halle a. d. S. 1906. Walluf 1973
(= Hermeae 4).

Wetekamp, Sylvia, Petrus Dasypodius, Dictiona‐
rium Latinogermanicum et vice versa (1535). Un‐

tersuchungen zum Wortschatz. Göppingen 1980.
(GAG 282).

Winkler, Hannelore, Der Wortbestand von Flug‐
schriften aus den Jahren der Reformation und des
Bauernkrieges. Leipzig 1975. (B. Gesch. Nhd. 55).

Wolf, Dieter, Die neutestamentlichen Übersetzun‐
gen Nikolaus Krumpachs und die 1522 anonym er‐
schienenen Übersetzungen des Markus- und Lukas‐
evangeliums mit einem Exkurs zu der Ars moriendi
Cgm. 365. 3 Bde. Diss. Heidelberg. Trier 1970.

Wolf, Herbert, Die Sprache des Johannes Mathe‐
sius. Philologische Untersuchungen frühprotestan‐
tischer Predigten. Einführung und Lexikographie.
Köln/Wien 1969. (MdF 58).

Zirker, Otto, Die Bereicherung des deutschen
Wortschatzes durch die mittelalterliche Mystik.
Jena 1923. (JgF 3).

Dieter Wolf, Heidelberg

114. Syntax des Frühneuhochdeutschen

1. Zum Verhältnis zwischen dem
   Paradigmatischen und dem Syntagmatischen
   in frühneuhochdeutscher Zeit
2. Frühneuhochdeutsche Syntactica
3. Regularitäten und Entwicklungstendenzen
   im Aufbau syntaktischer Komplexe
4. Syntaktische Variation in einer sich
   differenzierenden „Sprachpraxis"
5. Literatur (in Auswahl)

1. Zum Verhältnis zwischen dem Paradigmatischen und dem Syntagmatischen in frühneuhochdeutscher Zeit

Innerhalb des zeitlichen Rahmens von ca.
1350 bis ca. 1650, der unser Beobachtungs‐
feld eingrenzt, scheinen die grammatischen
und lexikalischen Paradigmen der dt. Spra‐
che besonders uneinheitlich und ungefestigt
zu sein. Die Texte, in denen hier − verglichen
mit der Zeit um 1200 − sehr viel mehr Spre‐
cher aus verschiedenen Landschaften und
Gruppen sich über sehr viel mehr Themen
äußern, zeigen eine weitgehende Ungleichför‐
migkeit der Sprachkenntnisse und Sprachver‐
wendungen. Da selbst für das geschriebene
Deutsch, das nun zunehmend an Bedeutung
gewinnt, noch keine standardsprachliche
Geltungsökonomie mit regionalem und so‐
zialem Bezug erreicht ist, bestimmt eine

spannungsreiche Koexistenz unterschiedli‐
cher sprachlicher und funktionalstilistischer
Traditionen das Bild, ein Bild der Inhomoge‐
nität und Instabilität. Beim Aufspüren von
diachronisch relevanten Varianten (Entwick‐
lungstendenzen) darf man nicht übersehen,
daß Umstrukturierungen, die scheinbar nur
die Paradigmen des Flexions- oder Wortbil‐
dungssystems betreffen, nicht ohne Auswir‐
kung auf die Syntax sind, daß sie das Verhält‐
nis und Zusammenspiel zwischen dem Para‐
digmatischen und Syntagmatischen ändern
können. Ich verweise auf die entsprechenden
Artikel dieses Handbuchs und erinnere hier
nur an den weitgehenden − „Ersatzfügun‐
gen" zur Abstufung der Modalität immer
notwendiger machenden − Abbau der ver‐
balflexionsparadigmatischen Unterscheidung
zwischen Indikativ und Konjunktiv (vgl.
Werner 1970, 375 ff.) oder an das zuneh‐
mende Produktivwerden neuer Typen kom‐
plexer Wörter, die an die Stelle umständlicher
syntaktischer Paraphrasen treten können und
z. T. Änderungen im Aufbau der Substantiv‐
gruppe bedingen (vgl. 3.1.). Nicht nur eine
Sache des Lexikons ist selbstverständlich
auch die − gerade im Frnhd. beachtliche −
Bestandsvermehrung der Funktionswortklas‐
sen, die Entwicklung neuer Funktionsverben,
Präpositionen, Konjunktionen und satzad‐
verbieller Partikeln (vgl. 3.3.). Sie ist ein deut‐

liches Indiz dafür, daß für vermehrte kommunikative Leistungen der dt. Sprache, die nun den vielfältigen Aufgaben einer *Schriftsprache* gerecht werden muß, ein verfeinertes Instrumentarium bereitgestellt wird. „Die mittelhochdeutsche Sprache ist eine Sprache, die dem *Ohr* verständlich sein will, ihre Syntax ist eine Syntax, deren Gliederung nur gehört klar erscheint [...]. Die moderne Sprache Deutschlands, die im 14. Jh. entsteht, ist eine Sprache der Schrift [...]. Ihre Syntax ist eine Syntax des A u g e s", wie Burdach (1925, 201) vielleicht allzu zugespitzt, aber Wesentliches treffend formuliert hat. Die zunehmende „*Verschriftlichung*" der dt. Sprache (vgl. Erben 1989, 8 ff.), welche in dieser Existenzform einen größeren Kommunikationsradius, d. h. ein Hinauswirken über die unmittelbare Sprechsituation — hin zu situationsfernen Lesern — ermöglichte und zugleich auch den Aufbau größerer kommunikativer Textkomplexe auf einer höheren Abstraktionsstufe erlaubte, machte die Entwicklung zusätzlicher Verständnishilfen für den Leser notwendig. Es sind dies einerseits sprachliche und außersprachliche Verdeutlichungen der textuellen Makrostruktur: „Initiatoren" und „Terminatoren", womit Beginn und Ende eines Textes bestimmter Textart angezeigt werden konnte, Inhaltsverzeichnisse, Kapitelüberschriften, Absatzmarkierungen sowie text- und satzgliedernde Interpunktion (vgl. Simmler 1990, 188 ff. und von Polenz 1991, 116). Andererseits werden weitere Ausdrucksmittel nötig: Zur Intentionsverdeutlichung von Äußerungen (Illokutionsmarkierung), zur Relevantsetzung von Information, d. h. zur kommunikativen „Gewichtung" (Fokus-Hintergrund-Gliederung) sowie zur Markierung der Geltung von Aussagen (vgl. Erben 1994, 16) und nicht zuletzt zum deutlichen Ausprägen grammatischer *Kategorien* und *Relationen.* Zur Gliederung größerer syntaktischer Komplexe und zur Verdeutlichung syntaktischer Beziehungen bedarf es jedenfalls im erhöhten Maße grammatischer Indikatoren. Sie können dadurch gewonnen werden, daß in der Rede (syntagmatisch) wirksame Behelfe grammatikalisiert, also paradigmatisch anerkannt und für künftige Sprechsituationen und Textfunktionen bereitgestellt werden.

So erhält z. B. die hypothetische Aussage *ne wâre* ('wäre nicht') — durch formelhaften Gebrauch bis zum Einsilber *nur* abgeschliffen — den Funktionswert einer Exzeptivkonjunktion (= *außer*) und wird, nachdem die Negationsstruktur ebenso wie die Einschränkung auf den Gebrauch nach vorausgehender Negation oder Frage aufgegeben worden ist, seit dem 13./14. Jh. zunehmend zum partikelhaften Ausdruck einer Einzigkeitsbehauptung (Restriktivum = *allein*; vgl. Holmberg 1967, 46 ff.), deren frnhd. Belege z. T. noch die Entstehung aus einem syntagmatischen Behelf erkennen lassen: *sprich newer ein wort* ('sprich und wäre es nichts außer ein einziges Wort'), *so wirt mein kint gesunt* (a. a. O. 148).

Das Verhältnis zwischen Paradigmatischem und Syntagmatischem wird ferner — und gerade auch in frnhd. Zeit — durch Phraseologisierungsprozesse verändert, die Wortgruppen gewissermaßen institutionalisieren, ihnen den Status eines Wortgruppenlexems oder gar Satzlexems, also einer komplexen, vorgeformt zur Verfügung stehenden abrufbaren Wortschatzeinheit, verleihen. Beispiele für bildkräftige Wendungen wie *kurz angebunden* '(barsch'), *den Braten riechen* ('Unangenehmes früh merken') und *Gut ding will weil haben* ('langsam! nicht so eilig') finden sich u. a. in der Sprichwörtersammlung Luthers (Thiele 1900, 110; 340; 399), der bekanntlich selbst in seiner Bibelübersetzung Sprichwörter und sprichwörtliche Wendungen herangezogen hat (vgl. Erben 1974, 525). Im übrigen kann nach Röhrich/Mieder (1977, 33) „das 16. Jh. bis etwa zur Mitte des 17. Jhs. als goldenes Zeitalter des Sprichworts in Europa" gelten; „im 'Faustbuch' (1587) gibt es ein regelrechtes Sprichwörterkapitel" (a. a. O). Leider ermöglicht der Forschungsstand noch kein abschließendes Urteil darüber, in welchem Ausmaß und in welchen Inhaltsrichtungen bzw. Sprechsituationen Phraseolexeme in frnhd. Zeit entstanden sind, was nicht nur für die Sprach-, sondern auch für die Sozialgeschichte wissenswert wäre.

2. Frühneuhochdeutsche Syntactica

Im weiteren Sinne gehören dazu alle Phänomene der kommunikativen Komplexbildung, wie sie uns in der mannigfaltigen Fülle frnhd. Texte begegnen. Im engeren Sinne wären diejenigen Konstruktionsweisen abzuheben, die für das Frnhd. charakteristisch sind, die ausschließlich oder besonders häufig in dieser Sprachperiode anzutreffen sind. Zureichende Aussagen darüber wären freilich erst zu machen, wenn wir eine einigermaßen vollständige Bestandsaufnahme der frnhd., wie andererseits der mhd. und nhd. Syntax hätten. Obwohl die Erforschung der Syntax „geradezu eine Neubelebung erfahren" (Ebert/Erben 1987, 150) hat und in der „Sammlung kurzer Grammatiken germanischer Dialekte" die „Frühneuhochdeutsche Grammatik" (Reichmann/Wegera/Ebert [u. a.] 1993) nun wie die „Mittelhochdeutsche Grammatik" (Paul/Wiehl/Grosse 1989) auch einen Syntaxteil enthält, ist diese Voraussetzung noch nicht gegeben. Dennoch läßt sich einiges beispielhaft anführen. Zu den syntaktischen Auffälligkeiten, die im Frnhd. aufkommen und im späteren Nhd. verschwunden sind, gehört der − aus undeutlichen Genitivfügungen entstandene − Typus *was glück* mit attributivem *was*, das gelegentlich auch wie *welch* flektiert wird: *waser natur (es sei), aus waser macht*, ersetzt allmählich durch den schon im 16. Jh. vordringenden Typus *was für lohn, aus was für ungelegenheit* (vgl. Erben 1960, 99 ff.). Als Charakteristikum hervorzuheben ist auch die in der dt. Literatursprache des 14.−16. Jhs. außerordentlich häufig begegnende Verbindung von *tun* + Infinitiv. Durch *machen* von der besonderen kausativen Funktion allmählich entlastet, erhält *tun* einen zeitweilig großen Auftrieb als allgemeine Ausdrucksform der „Aktionalität" und „Verbalität", d. h. es vermag andere Verben zu vertreten oder − durch Übernahme der rein grammatischen Aufgaben (Signalisierung von Person, Numerus, Tempus, Modus) zu unterstützen. Es wird ein bequemes Mittel, schwierige Flexionsformen anderer Verben zu vermeiden und vor allem, die infinitivische Grundform des bedeutungtragenden Verbs in die Reimstellung zu bringen. Doch erklärt schon E. Alberus: „Ich habe aber in meinen Fabeln nie den vortheil brauchen wöllen, so dem mehrer theil der jhenen, die Rheimen machen, sehr gemein und jhr bester behelff ist, als *Ich thu schreiben, ich thu lesen, ich thu singen*, das soll so viel gesagt sein: *Ich schreibe, lese, singe*" (vgl. Weiss 1956, 167 und Erben 1969, 46 f.). Ferner wären nicht wenige Funktionswörter zu nennen, die als Träger der betreffenden Funktion weder im Mhd. noch im Nhd. eine bemerkenswerte Rolle spielen. „Die Blütezeit" des einen Relativsatz einleitenden *so* „ist die zweite Hälfte des 15. Jhs., das 16. und 17. Jh." (Behaghel 1928, 730; vgl. auch Schieb 1978, 507 f.). Andererseits prägen auch charakteristische Verfahrensweisen der Ersparung die syntaktische Struktur dieser Zeit. Zu nennen ist vor allem die Ersparung des finiten Verbs im Nebensatz, insbesondere des Hilfsverbs oder der Kopula: *(das jenig zu vollbringen) so mir von nöthen; bedenke dich, ob ez ein glücke, waz* [...]; *das er gein Basel in ire stadt komen; und*

da er solchs gesagt, ward er auffgehoben (vgl. Behaghel 1928, 486 ff.). Die Ähnlichkeit oder Lautgleichheit mancher finiter und infiniter Verbformen mag diesen Gebrauch mitbedingt haben, ebenso das in vielen Texten wahrnehmbare Bestreben, ein bereits gesetztes Verb nicht in nachgereihten Prädikationen zu wiederholen, so wie man bei gleichordnender Fügung von Substantiven im Frnhd. den Artikel oder die Präposition oft nur beim ersten und gelegentlich gar die Flexionsendung nur beim letzten Glied der Kette setzt: *der frevel und můotwill; gegen den rychen oder mächtigen; die Venetianisch- und Genuesischen Patritii* (vgl. Behaghel 1928, 391; 400; 365). Mit der Ersparung des Verbs im abhängigen Satz wird sicher eine strukturelle Annäherung des Nebensatzes an die häufig gebrauchten Konstruktionen mit Verbalnomina bewirkt und die Abhängigkeit vom verbhaltigen übergeordneten Satz deutlicher gemacht; „das Satzgefüge wird zu einer engeren, kompakteren Bildung, was besonders wichtig für die kolossalen, aus vielen Nebensätzen verschiedenen Grades bestehenden Satzgefüge und Satzperioden ist" (Admoni 1967, 191). Über das textartverschiedene Anwachsen des Satzumfangs im Frnhd. − auch durch Füllung von Satzgliedpositionen mit einer Vielzahl gleichgeordneter Glieder − wird noch zu sprechen sein (vgl. 3.1. und 3.3.), doch ist dies hier schon zu erwähnen, da die angedeutete ökonomische Tendenz zu kompakten Nominalkomplexen, zur Ersparung oder Nichtwiederholung grammatischer Funktionswörter, nicht ohne Zusammenhang damit ist. Ersparung ist hier nicht als Anzeichen für Nähe zur gesprochenen, volkstümlichen Sprache zu werten. Im übrigen ist das Bild der frnhd. Syntax natürlich durch zahlreiche Erscheinungen mitbestimmt, die auch in Texten anderer Sprachperioden begegnen. Man denke etwa an die Spitzenstellung der verbalen Imperativformen im Aufforderungssatz. Nicht übersehen werden darf freilich, daß das Ausmaß des Vorkommens und der kommunikative Wert solcher Satzstrukturen vom System der jeweils geltenden Regeln bestimmt werden. Der Sprachwandel betrifft dann „nicht die Syntax selbst, sondern die semantisch-pragmatische Verwendung der syntaktischen Formen" (Lenerz 1984, 54). So kann z. B. der erwähnte Imperativsatz im Frnhd. wie im Nhd. auch die Funktion eines Bedingungssatzes wahrnehmen, eine für das Ahd. und Mhd. nur schwach bezeugte Möglichkeit (vgl. Wunderlich/Reis 1924, 328 f.); und er bestimmt sogar die Struktur „imperativischer Satznamen" (*Springinsfeld*). Andererseits ist die Spitzenstellung einer indikativischen Verbform im Aussagesatz wohl noch nicht in dem Grade wie in der nhd. Schriftsprache auf den Wert einer stilistischen Variante beschränkt. Denn wir finden im Frnhd. nicht nur bei Luther Sätze wie *Folget nach der mißprauch fressens vnd sauffens, davon* [...] (vgl. Erben 1954, 156). Stimmt im letztgenannten Falle das Frnhd. noch eher zum älteren Deutsch, so in zahlreichen anderen Konstruktionsweisen eher schon zum Nhd., und gerade das, was in dieser sprachgeschichtlichen Periode an syntaktischen Möglichkeiten hinzugewonnen wurde − z. B. die genauere Ausdrucksmöglichkeit im Sprechakt der Aufforderung zu gemeinsamer Tat durch die adhortative Konstruktion *laß(t) uns gehen* (eamus, vgl. Erben 1961, 463ff.) oder die Vielfalt genauerer Abstufungs- und Variationsmöglichkeiten zur „Markierung der Unsicherheit oder Unschärfe von Aussagen" (Erben 1994, 16f.) −, verdient unter dem Gesichtspunkt der Sprachentwicklung besonderes Interesse. Diese Neuerungen − nach Ausmaß und zeitlicher, räumlicher, sozialer Zuordnung noch kaum hinreichend bekannt − sollen daher unter 3. tunlichst gewürdigt werden, ohne die diachronisch nicht relevanten Spezifika darüber zu vernachlässigen.

3. Regularitäten und Entwicklungstendenzen im Aufbau syntaktischer Komplexe

3.1. Die Substantivgruppe

So oft es darum geht, eine Größe namhaft zu machen und den Gegenstand einer Aussage genauer zu bestimmen, kommt es auch im Frnhd. zum Aufbau von Bestimmungskomplexen, in denen Eigennamen, einordnende substantivische Klassennamen sowie adjektivische Qualifikatoren und artikelhafte Determinatoren eine Rolle spielen können. Besonders in Urkunden, amtlichen Briefen, Chroniken, Traktaten und Fachprosaschriften können aus neben- und untergeordneten Gliedern bestehende Substantivgruppen im Frnhd. einen erheblichen Umfang erreichen und einen ebenso beachtlichen Anteil an der Gesamtzahl der Wörter im Satz und im jeweiligen Text einnehmen (vgl. Admoni 1967, 171ff.; Fritze 1976, 424ff. und Kettmann 1976, 336ff.). Dabei wird − zunehmend und

weit über die Möglichkeiten des Mhd. hinausgehend − auch die Erweiterung durch adjektivierend eingebettete Partizipial- oder Infinitivkonstruktionen sowie durch relative Attributsätze üblich (vgl. Weber 1971, 95ff.; Kramer 1976, 485ff.; Schieb 1978, 447ff.) bis hin zur nebensätzlichen Kommentierung attributiver Glieder im Vorfeld des Substantivs: *von Gottes (dem jr feind seid) gaben*; *ein ehrenrürige (wie sie reden) schrifft* (vgl. Erben 1954, 142); *meinem gnedigen dieser zeit, wie gott mit glückseliger wohlfahrt erhalten, lang verleihen und perpetuieren wölle, regierenden lieben landesfürsten* (vgl. Weber 1971, 110). Freilich gibt es die Neigung, attributive Gruppen nicht in ihrer Gesamtheit vor dem substantivischen Kern zu belassen, sondern zumindest einen Teil ins Nachfeld zu verlagern: *des künigs hoff von Arragon*; *des vergossen bluts Christi fur unser sunde* (vgl. Behaghel 1932, 199 und 244f.). Für den relativen Attributsatz ist Nachstellung ohnehin die Regel, doch werden nun auch Genitivattribute, besonders Sach- und Abstraktbezeichnungen, zunehmend nachgestellt oder zum Kompositionsglied gemacht (*reichs-tag*).

Stellungsvariationen wie *gottis wort/das wort gottis* (Luther 1520, vgl. Erben 1954, 33 und 158), *mit Gottes wort/mit hellem klarem wort Gottes* (Luther 1530, vgl. Erben 1993, 89) lassen erkennen, daß Nachstellung des Genitivattributs erfolgt, wenn andere Bestimmungsglieder vor den Kern der Substantivgruppe zu stellen sind (vgl. auch van der Elst 1988, 333 und 334), es sei denn, die Fügung nähert sich der festen Zusammensetzung: *dem wahren und lautern gotz wort/dem heiligen gotswort* (Luther, vgl. Kochs 1958, 1320; Pavlov 1983, 56f. und Ebert 1986, 93).

Als Entwicklungstendenz ist ferner die Neigung festzustellen, an die Stelle des adnominalen Genitivs präpositionale Ersatzfügungen (besonders mit *von*) treten zu lassen oder undeutliche Genitivgefüge überhaupt einzuebnen, d. h. die Anzahl appositionsähnlicher Gruppen nimmt zu. So findet sich im Bamberger Frühdruck (1461) von Boners Fabelsammlung anstelle der mhd. üblichen Fügung *den schatten (er) des fleisches (sach)* bereits *den schaden von dem fleisch (er da sach)*, und die noch beibehaltene Wiedergabe von *partem carnis* durch *ein stuck fleischs* erscheint in dem wenig späteren Druck von Steinhöwels Äsop bereits als *ain stük flaisch* (weiteres s. Erben 1970, 431f.). Als Anzeichen für eine Tendenz zur strafferen Organisation der Substantivgruppe ist im übrigen wohl außer der strengeren Regelung der Wortklassenfolge und dem Streben zur Monoflexion (vgl. Admoni 1967, 179 und 1990, 145 ff., 187 ff.), verbunden mit der zunehmenden Setzung artikelhafter Determinatoren, auch die schon unter 2. erwähnte Nichtwiederholung des Artikels oder der Präposition bei nachgereihten Substantiven anzusehen; ferner „die Kompression der zusammengesetzten Substantive" (Admoni 1990, 166 und 193) in Substantivgruppen wie *zu einem Pferde- und Esell-stalle, in Wald-Forst und Jagdt-Sachen.* Andererseits dauern „die schwebenden Beziehungen" zwischen der Substantivgruppe und dem zusammengesetzten Substantiv auch im späteren Frnhd. noch an: neben Getrenntschreibungen der Komponenten kommen Zusammenschreibungen mit und ohne Bindestrich vor: *den Apotheker Büchsen/diese Possierliche Apotheker=Büchse* (Admoni 1990, 193).

3.2. Die Verbgruppe

3.2.1. Der Verbkomplex aus verbalen Bestandteilen

Hier ist im engeren Sinn zunächst darauf hinzuweisen, daß im Berichtszeitraum der Ausbau des Systems der „zusammengesetzten Verbformen" und die grammatikalisierende Integration dieser verbalen Syntagmen ins Paradigma des dt. Verbs zum Abschluß kommt, also um 1650 im wesentlichen der nhd. Stand erreicht ist (vgl. Oubouzar 1974, 74 f. und 90 ff.). Als besonders bemerkenswerte Neuerung ist vor allem die Entwicklung von *werden* + Infinitiv als grammatisches Futur hervorzuheben, das Muster *wird tun* (akt.), *wird getan werden* (pass.) und sogar die Ausdrucksformen der Vollzugsstufe *wird getan haben* (akt.), *wird getan worden sein* (pass.), welche die älteren modalen Futurumschreibungen *sol/wil/muoz* + Infinitiv unüblich werden lassen (vgl. Paul/Wiehl/Grosse 1989, 296 ff. und Bogner 1989, 74 ff.). Im Verbalsystem der Tempus- und Phasenopposition, das nun erreicht ist, haben Gefüge wie *wird tun(d)*, *ward tun(d)*, die im älteren Frnhd., z. T. noch in aspektueller Opposition zu entsprechenden Fügungen mit *ist/war* vorkommen, ihren ursprünglich ingressiven Wert verloren (vgl. Erben 1960, 247 ff. und Oubouzar 1974, 84 ff.). Daher wird auch die Form des Partizips I in prädikativen Syntagmen mit *werden*, ebenso mit *sein* oder *bleiben* kaum noch gebraucht; es hat seine Funktion nun zunehmend in nominalen Gruppen (s. 3.1.). Andererseits geht die Fähigkeit zu aktionaler Abstufung nicht verloren, sie bedient sich nur zunehmend anderer Ausdrucksfor-

men, z. B. *begann (zu) tun* statt *ward tun(d)*. Gerade das eher wachsende Bedürfnis nach Differenzierungen läßt es im Frnhd. nicht selten schon zu dreigliedrigen, ja viergliedrigen Verbkomplexen als Produkt mehrfacher Prädizierung kommen, wobei Modalität und Vollzugsstufe oder Modalität und Passivdiathese verbunden werden bzw. der Verbalprozeß auch noch als wahrgenommen oder veranlaßt gekennzeichnet werden kann: *hat tun lassen wollen* (vgl. Schieb 1976, 132 und 226). Als Ausdrucksalternative zum Typus *muß getan werden* wird auch das kürzere und abstraktere *ist zu tun* üblich, mit dem aktivischen Gegenstück *hat zu tun* (vgl. Schieb 1976, 130 und Masařík 1985, 222). Infinitivverbindungen mit *zu* werden auch sonst häufiger, vor allem in Gefügen, die nicht zum geschlossenen System der analytischen Verbformen gehören, so findet sich neben *will tun* z. B. *begehrt (hofft/gedenkt/droht ...) zu tun.* Die Reihe solcher „Modifikationsverben", die eine Fülle stilistischer Varianten ermöglichen, wächst in frnhd. Zeit erheblich, ebenso die Nuancierungsmöglichkeit der *Ist*-Aussage: *ist gewillt/willens ... zu tun.* Für die strukturelle Organisation des deutschen Satzes ist wichtig, daß der finite und infinite/nominale Teil des Verbkomplexes sich zum „Satzrahmen" öffnen und klammerbildend wirken können. Im Frnhd. nimmt die Tendenz hierzu spürbar zu (vgl. Admoni 1967, 184 ff. und Schildt 1976, 271 ff., Ebert 1980, 387 f., Nitta 1996, 371 ff.).

3.2.2. Der Verbkomplex aus verbalen und nominalen Bestandteilen

Bezieht man die nominalen Ergänzungsbestimmungen des Verbs in die Betrachtung ein, so sind für das Frnhd. weitere Veränderungen zu bemerken, obgleich das Fehlen eines mhd. und frnhd. Valenzwörterbuchs (vgl. Ebert/Erben 1987, 153 f. und Ágel 1988) keinen systematischen Vergleich zuläßt. Daß selbst *Valenzänderungen* einzelner Verben wichtige Auswirkungen auf die Aussageweise und Satzstruktur haben können, zeigt der Typus *es gibt Dinge/Leute*, der seit dem 16. Jh. zunehmend unpersönliche Existenzaussagen ermöglicht (vgl. Behaghel 1924, 137 und Erben 1987, 70). Im übrigen scheint eher eine Tendenz erkennbar, Impersonalia mit nominativischer Nennung eines Subjekts zu gebrauchen (z. B. *mich/mir anet > ich ahne; mir gelingt > es gelingt*) oder andere im Mhd. beliebte unpersönliche Konstruktionen durch persönliche zu ersetzen (vgl. Erben 1962, 96).

„Der Zusammenfall von *ez* und Genitiv-*es* begünstigt den Übergang einiger passiver Satztypen und einiger Sätze mit der wechselseitigen Abhängigkeit des Subjekts und seines Genitivattributs in die vorherrschende Satzstruktur mit dem nominativischen Subjekt" (Admoni 1990, 139). Bemerkenswert ist ferner, daß der Genitiv zunehmend auf den adnominalen Gebrauch beschränkt und als Objektkasus durch den Akkusativ oder das Präpositionalobjekt ersetzt wird – am ehesten in Texten, die „ein volkstümliches Gepräge aufweisen" und „einen großen Leserkreis belehren, unterweisen, ermahnen und erbauen" (Fischer 1987, 320f.) wollten. Damit wird freilich die Möglichkeit aufgegeben, *des weines* (Teil) und *den wein* (Ganzes) *trinken* kasuell unterscheiden zu können.

Zum Ausdruck der Partitivität dienen im Frnhd. und älteren Nhd. natürlich gelegentlich noch pronominale bzw. pronominaladverbielle Formen wie *dessen/davon trinken*; seit dem Ende der frnhd. Zeit zunehmend der nord- und mitteldeutsch umgangssprachliche Typus *welchen trinken* (vgl. Glaser 1992, 118 und 127f.).

3.3. Das Satzgefüge

Der Ausbau von „Elementarsätzen" und auch ihre Verbindung zu zusammengesetzten Sätzen (Satzgefügen) nehmen im Frnhd. erheblich zu, wenngleich daneben Baumuster wenigliedriger Einfachsätze und deren parataktische Reihung wirkungskräftig bleiben (man vergleiche den Erzähl- und Auslegungsteil frnhd. Fabeln). Im Funktionalstil kanzleihafter Rechts- und Verwaltungssprache wird nicht selten der Text einer ganzen Urkunde als *Satzgefüge* organisiert, wobei etwa ein überlanges Satzgefüge aus 44 Elementarsätzen (darunter Nebensätze 15. Grades) an die obere Grenze des Ausbaus reicht und auch in der frnhd. Verwaltungssprache keineswegs eine beibehaltene Norm darstellt (vgl. Admoni 1980, 44ff. und 332f. sowie 1990, 150ff., 169f. und 193ff.). Das Bedürfnis, komplizierte Denkinhalte in all ihren Zusammenhängen auch sprachlich strukturell zusammenhängend wiederzugeben, führt aber auch in den Traktaten, Reisebeschreibungen und in romanhafter Kunstprosa zur stärkeren Verwendung der *Hypotaxe* (vgl. Admoni 1967, 166ff.). Dabei kann seit frnhd. Zeit ein Nebensatz einem Nebensatz höherer Stufe sogar unmittelbar nach der Satzeinleitung eingeschoben werden: *daß, nachdem .../ daß, wenn ...* (vgl. Behaghel 1932, 269). Auch dies erweist, daß die Indikatoren der grammatisch-semantischen Beziehungen zwischen den zugeordneten Zeichenketten nun an Be-

deutung für die Schriftsprache gewinnen. Gerade der Ausbau und die Festigung (Variantenreduktion) des Systems an *Konjunktionen* – einer der sprachgeschichtlich wichtigsten Prozesse im Frnhd. – macht den Aufbau größerer, verwickelterer Satzkomplexe erst möglich, so wie umgekehrt das Bedürfnis nach genauem Ausdruck der Beziehungen zwischen mehreren Prädikationen die Entwicklung des Repertoires der Fügewörter vorantreibt (vgl. Erben 1977, 14). Verbunden damit ist das Bestreben, die Struktur des abhängigen Satzes vom selbständigen Satz durch unterschiedliche „Initialelemente", aber auch durch die Später-, ja Endstellung des finiten Verbs abzuheben und die Negationspartikel *nicht* an den Satzanfang, in die Nähe der Konjunktion zu rücken: *damit nicht/damit (er) nicht ...* Doch führt im Frnhd. die Verbindung von Verb-Endstellung und anaphorischem *d*-Pronomen (*Dar vber sie mit den keysern groß krieg vnd hadder gehabt* Luther 1520, vgl. Erben 1954, 15) nicht selten zu einer „Ambivalenz des Satzstatus" (von Polenz 1994, 278), die erst im Nhd. durch den Einsatz von *w*-Pronomina (wie *worüber*) zur Einleitung „weiterführender Nebensätze" (Holly 1988) aufgehoben wird. Andererseits kommen im Frnhd. auch einige Nebensatzmuster ohne Endstellung des Verbs auf: so der Typus *es sei denn* (Exzeptivsatz, vgl. Holmberg 1967, 38f.) und *als wäre/wollte ...* (vgl. Behaghel 1932, 45), wo das nicht eindeutige *als* durch unmittelbare Anfügung der konjunktivischen Verbform den Funktionswert von *als ob* gewinnt. Diese Nebensätze stehen den uneingeleiteten Konditionalsätzen nahe, deren Anwendungshäufigkeit allerdings in frnhd. Texten zurückgeht (vgl. Erben 1954, 152). In Exzeptivsätzen wie in Quasi-Aussagen wirkt auch der Konjunktiv als Abhängigkeitssignal, ebenso – zusammen mit der syntaktischen und semantischen Valenz der verba dicendi/sentiendi – in der indirekten Rede, wo die alte Zeitfolgeregel im Frnhd. allmählich zugunsten der nhd. Verteilungsregelung (Konj. I/II, vgl. Behaghel 1928, 675ff. und 691f.) aufgegeben wird. Im übrigen wird auch die ökonomische Alternativform nebensatzäquivalenter Infinitivkonstruktionen zunehmend genutzt (vgl. Ebert 1976 und Putzer 1979). So kann ein Finalsatz auf die Einleitung durch *auf daß/damit* verzichten und die Form einer infinitivischen *um-zu*-Konstruktion bekommen, sofern das Subjekt schon eindeutig aus dem übergeordneten Satz erkennbar ist. In dieser – frnhd.

üblich werdenden − Verbindung mit *zu* fungiert *um* nicht mehr als Präposition, auch dann nicht, wenn noch ein Akkusativ folgt, der nun eher als Ergänzung des Infinitivs gewertet wird: *um (etwas) zu gewinnen* (= *damit er etwas gewinne/gewönne*).

4. Syntaktische Variation in einer sich differenzierenden „Sprachpraxis"

Als grundsätzlich wichtiges Ergebnis bisheriger Forschung ist festzuhalten, daß im Frnhd. weniger sprachlandschaftliche als individual- und funktionalstilistische Unterschiede im Auf- und Ausbau syntaktischer Komplexe bestehen. „Dominieren des Gattungseinflusses bei gleichzeitig vorhandener Landschaftsdeterminierung ist als Normalfall im syntaktischen Bereich erkennbar" (Kettmann/Schildt 1976, 512). Mit dem Blick auf die „bevorzugte Verwendung von entwicklungsgeschichtlich vorwärtsweisenden Konkurrenten" kann man daher nicht so sehr von „progressiven Landschaften" als von progressiven Gattungen sprechen, zu denen etwa die Flugschriften und Fachprosa zu rechnen sind (ebd., 516f.). Auch bei der Entwicklung des Satzgefüges sind bestimmte Gattungen erkennbar, „die dem Aufkommen und Funktionieren besonders komplizierter hypotaktischer Gebilde besonders günstig waren", so Urkunden und Gesetzestexte sowie natürlich bestimmte Übersetzungstexte (etwa der deutsche Amadisroman, vgl. Langholf 1973), aber anscheinend „bildet sich keine vorherrschende Struktur, die als Norm für die Bildung des Satzgefüges gelten dürfte" (Admoni 1980, 349 und 354). Die Gesamtgestalt des Satzgefüges ist auch gegen Ende des Frnhd. noch sehr variabel, wobei unpräzise Konstruktionen oder auch die Voranstellung von Nebensätzen tieferer Stufe (höheren Abhängigkeitsgrades) keineswegs unüblich geworden sind. Immerhin „wird der Nebensatz in der Zeit um 1700 im Ganzen sehr konsequent dem Nicht-Nebensatz gegenübergestellt" (ebd., 348). Das zeigt sich sogar an der strukturellen Änderung der „Proportionalsätze". Hier wird im späteren Frnhd. der Typus *so − so* bzw. *je − je* (mit folgendem Komparativ und Endstellung des Verbs in beiden parallel strukturierten Gefügeteilen) allmählich aufgegeben zugunsten des nhd. *je − je/destol/umso* mit Nichtendstellung des Verbs im Nachsatz. In sprichwörtlichen Fügungen wie *Je mehr man hat, je mehr man (haben) will* lebt der ältere Typus fort (vgl. Wunderlich/Reis 1924, 93), den noch Schottel (1663, 786) als regelentsprechende Bauform hinstellt. Dies ist wohl zugleich ein Beispiel dafür, daß im Frnhd. Neuerungen der Syntax gemeinhin nicht auf Regelung normsetzender Grammatiker (vgl. Erben 1989, 14ff. und 22ff.) zurückgehen. Natürlich können Empfehlungen im Hinblick auf die Bevorzugung oder Vermeidung bestimmter Strukturvarianten wirksam werden und etwa auch eine zeitweilige Unsicherheit (z. B. hinsichtlich der Anwendung von *vor* und *für*) beseitigen helfen. Auch mag die in frnhd. Zeit entwickelte Interpunktionslehre mit ihren zunehmenden Differenzierungsmöglichkeiten und der Übergang „vom rhythmisch-intonatorischen [...] zu einem syntaktischen Prinzip der *Zeichensetzung*" (Moulin 1990, 166; vgl. Simmler 1994, 105f.) manche Scribenten zum Bau komplizierterer Perioden ermutigt haben, da sie sich nun auf diese Gliederungs- und (Vor-) Lesehilfe verlassen konnten. Andererseits haben gewiß auch Korrektoren und Drucker gelegentlich reformerisch zu wirken oder gar ein bestimmtes Stilideal der Literatursprache durch Eingriffe in das Manuskript Weniger-Geschulter durchzusetzen gesucht (vgl. Huffines 1974, 72). Aber im ganzen trifft für die Ausbau- und Rationalisierungstendenzen des Frnhd. wohl die Feststellung zu: „Im Zuge der sich stark ausweitenden und differenzierenden Sprachpraxis [...] verdichten sich altangelegte sprachliche Tendenzen quantitativer wie qualitativer Art. Den Sprechern selbst bleiben diese Vorgänge weithin unbewußt" (Schieb 1976, 232). Fremdsprachlicher, besonders lateinischer Einfluß auf die schriftsprachliche Syntax ist sicher gerade im Frnhd. nicht auszuschließen, wie das Beispiel der a. c. i.-Kontruktionen oder der relativischen Anknüpfung eines weiterführenden Satzes (nebst bildungssprachlicher Einbürgerung von *welch* als stilistische Variante der Relativsatzeinleitungen) zeigt. Zu einer bleibenden Bereicherung der Syntax hat dies wohl in frhnd. Zeit am ehesten dort geführt, wo eine von mehreren konkurrierenden heimischen Möglichkeiten gestützt und vorrangig gemacht werden konnte, wie vielleicht im Falle der Endstellung des Verbs im Nebensatz (vgl. Behaghel 1932, XIII) oder der funktionalen Annäherung deutscher Infinitivkonstruktionen an das lateinische Gerundiv (vgl. Schulze 1975, 159ff. und 194). Der Zwang zur Weiterentwicklung, zum Entwickeln leistungsfähiger äquivalenter Strukturen, war durch die Konfrontation im mündlichen oder literarischen Übersetzungsvorgang gegeben, und man darf annehmen, daß die schon weithin ausgeprägten Unterschiede zwischen „Bildungs"- und „Volkssprache", zwischen der Syntax geschriebener/gelesener und spontan gesprochener/gehörter Rede auch durch fremdsprachlichen Einfluß verstärkt wurden, ebenso die Unterschiede zwischen den Gattungen und Textarten dieser Zeit, die nur z. T. mündlicher Rede näher stehen (wie die volkstümlichen, nicht zum Bildungsschrifttum gehörigen Schwänke oder Predigtmärlein). Doch besteht auch innerhalb der Gattungen eine verhältnismäßige große Spannweite in der Nutzung syntaktischer Ausdrucksmöglichkeiten; man denke nur an die besonders adressatenabhängige, vom Privaten bis ins Amtliche, Seelsorgerische, ja literarische reichende Textart „Brief" (vgl. Rössing-Hager 1972; Klettke-Mengel 1973 und Metzler 1988) oder an die unterschiedliche syntaktische Komplexität der verschiedenen Textsorten in den ersten periodischen *Zeitungen* (vgl. Fritz 1990, 283). Im übrigen macht sich z. B. der Funktionalstil der Kanzleisprache mit seinen Kompliziertheiten des Wortgruppen-, Satz- und Periodenbaus auch außerhalb des Urkundenbereichs geltend, so z. B. „in der agitatorischen und polemischen Literatur" (Guchmann 1969, 127; zu „Bauernkanzleien" vgl. Brandt 1984, 211 und 234), teilweise auch in „Reformationsdialogen" (Bentzinger 1992) und sogar im sog. Volksbuch vom Dr. Faust (1587), der sich in einem urkundlich bekräftigten Pakt dem Teufel „verschreibt". Andererseits begegnet die Diktion der *Bibel*, die freilich eine funktionalstilistische Vielfalt und mehr oder weniger noch eine „*rhetorische Syntax*" (Stolt 1991) aufweist, sogar im Fastnachtsspiel, nicht nur im geistlichen Spiel, das sich allmählich zum brauchtümlichen Volksschauspiel weiterentwickelt. Eben darum konnten das Spiel wie die von vielen gehörte Predigt (vgl. Keienburg 1933 und Brandt 1977), aber auch der nachgesprochene Katechismus und das mitgesungene Kirchenlied − vielleicht mehr noch als Schulunterricht und stilles Lesen − wohl auch ein wachsendes Repertoire bestimmter Sprech- und Satzbaumuster volksläufig werden lassen. Auch in dieser Richtung liegen weitere Aufgaben. Dazu gehören auch Studien über etwaige Veränderungen der kommunikativen Gebrauchsmöglichkeiten (des Illokutionspotentials) syntaktischer Formen, die textartbedingt − im Verein oder Wechsel

mit anderen sprachlichen Mitteln − zur Erreichung kommunikativer Handlungsziele eingesetzt werden. „Eine historische Diskursanalyse, die sich zum Ziel setzt, Inhalt und Form sprachlichen Handelns in seiner historisch-sozialen Bedingtheit und Entwicklung zu erfassen, steckt noch in den Anfängen" (Jütte 1992, 180).

5. Literatur (in Auswahl)

Weitere Nachweise im „Forschungsbericht zur Syntax des Frühneuhochdeutschen" von Helmut Ebert und Johannes Erben (ZfdPh 106, 1987, 149ff., Bibl. 165−177) und in „Frühneuhochdeutsche Grammatik" von Oskar Reichmann [u. a.] (Tübingen 1993, 493−546).

Admoni, Wladimir, Der Umfang und die Gestaltungsmittel des Satzes in der deutschen Literatursprache bis zum Ende des 18. Jhs. In: PBB (H) 89, 1967, 144−199.

Ders., Zur Ausbildung der Norm der deutschen Literatursprache im Bereich des neuhochdeutschen Satzgefüges (1470−1730). Berlin 1980. (Baust. 56/IV).

Ders., Historische Syntax des Deutschen. Tübingen 1990.

Ágel, Vilmos, Überlegungen zur Theorie und Methode der historisch-synchronischen Valenzsyntax und Valenzlexikographie. Tübingen 1988.

Behaghel, Otto, Deutsche Syntax. Heidelberg. Bd. 1: 1923, 2: 1924, 3: 1928, 4: 1932.

Bentzinger, Rudolf, Zur Syntax der Dialogliteratur. In: WZUR 27, 1978, 43−50. (Gesellschafts- und sprachwissenschaftliche Reihe. H. 1/2).

Ders., Untersuchungen zur Syntax der Reformationsdialoge 1520−1525. Berlin 1992. (Baust. 67).

Bogner, Istvan, Zur Entwicklung der periphrastischen Futurformen im Frühneuhochdeutschen. In: ZfdPh 108, 1989, 56−85.

Boon, Pieter, Beobachtungen zu der Verwendung des Präpositionalobjekts in Sebastian Brants „Narrenschiff". In: Neophilologus 63, 1979, 401−408.

Ders., Beobachtungen zu dem Gebrauch des Dativs in Sebastian Brants „Narrenschiff". Ebd., 543−550.

Brandt, Gisela, Zur Rahmenbildung der eingeleiteten Nebensätze in ostmitteldeutschen Predigten des 14.−16. Jhs. In: PBB (H) 98, 1977, 312−323.

Dies., Literatursprache und literatursprachliche Kommunikationsformen im Tagesschrifttum des regionalen Verbündnisses der Volksmassen. In: BES 4, 1984, 209−235.

Burdach, Konrad, Vorspiel. Bd. 1, 2. Tl. Halle/S. 1925.

Deutsche Sprachgeschichte. Grundlagen, Methoden, Perspektiven. Festschrift für Johannes Erben. Hrsg. v. Werner Besch. Frankfurt/M. [etc.] 1990.

Ebert, Helmut/Johannes Erben, Forschungsbericht zur Syntax des Frühneuhochdeutschen. In: ZfdPh 106, 1987, 149−177. (Sonderheft „Frühneuhochdeutsch").

Ebert, Robert Peter, Infinitival Complement Constructions in Early New High German. Tübingen 1976. (LA 30).

Ders., Social and Stylistic Variation in Early New High German Word Order: The Sentence Frame („Satzrahmen"). In: PBB (T) 102, 1980, 357−398.

Ders., Deutsche Syntax 1300−1750. Bern/Frankfurt/M./New York 1986. (GeLe 6).

Elst, Gaston van der, Zum Gebrauch des Genitivattributs in einem Fachprosatext aus dem 16. Jh. In: Deutscher Wortschatz. Lexikologische Studien. Ludwig Erich Schmitt zum 80. Geburtstag. Hrsg. v. Horst Haider Munske/Peter von Polenz/Oskar Reichmann [u. a.]. Berlin/New York 1988, 321−335.

Engel, Ulrich/Paul Grebe/Heinz Rupp (Hrsg.), Festschrift für Hugo Moser zum 60. Geburtstag. Düsseldorf 1969.

Erben, Johannes, Grundzüge einer Syntax der Sprache Luthers. Berlin 1954. (Dt. Ak. Wiss. B., IdSL 2).

Ders., Artikel wenn, wer/was, werden. In: DWB 14,1,2. Leipzig 1960.

Ders., Laßt uns feiern/wir wollen feiern! In: PBB (H) 82, 1961 (Sonderband für Elisabeth Karg-Gasterstädt), 459−471.

Ders., Ausklang des Mittelhochdeutschen. In: Werner Kohlschmidt (Hrsg.), Spätzeiten und Spätzeitlichkeit. Bern/München 1962, 86−102.

Ders., „Tun" als Hilfsverb. In: Engel/Grebe 1969, 46−52.

Ders., Frühneuhochdeutsch. In: Ludwig Erich Schmitt (Hrsg.), Kurzer Grundriß der Germanischen Philologie. Bd. 1: Sprachgeschichte. Berlin 1970, 386−440.

Ders., Luther und die neuhochdeutsche Schriftsprache. In: Friedrich Maurer/Heinz Rupp (Hrsg.), Deutsche Wortgeschichte. Bd. 1. 3., neubearb. Aufl. Berlin/New York 1974, 509−581.

Ders., Sprachgeschichte als Systemgeschichte. In: Sprachwandel und Sprachgeschichtsschreibung. Düsseldorf 1977, 7−23. (Spr. d. Geg. 41).

Ders., Geben und Nehmen. Zur Geschichte eines Modells geistig-sprachlicher Wirklichkeitserfassung. In: Jahrbuch der Akademie der Wissenschaften in Göttingen 1986. Göttingen 1987, 59−77.

Ders., Die Entstehung unserer Schriftsprache und der Anteil deutscher Grammatiker am Normierungsprozeß. In: Sprachwissenschaft 14, 1989, 6−28.

Ders., Sprachliche Signale zur Markierung der Unsicherheit oder Ungenauigkeit von Luthers Aussagen. In: Im Zeichen der ungeteilten Philologie.

Festschrift für Karl Mollay. Hrsg. v. Peter Bassola/Regina Hessky/László Tarnói. Budapest 1993, 85−92. (BBG 24).

Ders., Sprachliche Signale zur Markierung der Unsicherheit oder Unschärfe von Aussagen im Neuhochdeutschen. Berlin 1994. 134, H. 3 (SbSächs. A).

Fischer, Annette, Das Genitivobjekt und damit konkurrierende Objekte nach Verben in Leipziger Frühdrucken. In: Joachim Schildt (Hrsg.), Zum Sprachwandel in der deutschen Literatursprache des 16. Jhs. Berlin 1987, 267−324. (Baust. 63).

Fourquet, Jean, Das Werden des neuhochdeutschen Verbsystems. In: Engel/Grebe/Rupp 1969, 53−65.

Fritz, Gerd, Zur Sprache der ersten periodischen Zeitungen im 17. Jh. In: Deutsche Sprachgeschichte 1990, 281−288.

Fritze, Marie-Elisabeth, Bezeichnungen für den Zugehörigkeits- und Herkunftsbereich beim substantivischen Attribut. In: Kettmann/Schildt 1976, 417−476.

Glaser, Elvira, Umbau partitiver Strukturen in der Geschichte des Deutschen. In: Sprachwissenschaft 17, 1992, 113−132.

Guchmann, Mirra, Der Weg zur deutschen Nationalsprache 2. Berlin 1969.

Holly, Werner, Weiterführende Nebensätze in sprachgeschichtlicher Perspektive. In: ZGL 16, 1988, 310−322.

Holmberg, Märta Åsdahl, Exzipierend-einschränkende Ausdrucksweisen untersucht besonders aufgrund hochdeutscher Bibelübersetzungen bis zum Anfang des 16. Jhs. Uppsala 1967. (AUU 4).

Huffines, Marion Lois, Sixteenth-century printers and standardization of New High German. In: JEGP 73, 1974, 60−72.

Jütte, Robert, Sprachliches Handeln und kommunikative Situation. Der Diskurs zwischen Obrigkeit und Untertanen am Beginn der Neuzeit. In: Kommunikation und Alltag in Spätmittelalter und früher Neuzeit. Wien 1992, 159−181. (SbÖstA 596).

Keienburg, Margarete, Studien zur Wortstellung bei Predigern des 13. und 14. Jhs. sowie bei Johannes von Saaz. Diss. Köln 1933. (Teildr. 1934).

Kettmann, Gerhard, Formen und grammatische Struktur nebengeordneter Wortreihen. In: Kettmann/Schildt 1976, 327−416.

Kettmann, Gerhard/Joachim Schildt (Hrsg.), Zur Ausbildung der Norm der deutschen Literatursprache auf der syntaktischen Ebene (1470−1730). Berlin 1976. (Baust. 56/I).

Dies. (Hrsg.), Zur Literatursprache im Zeitalter der frühbürgerlichen Revolution. Berlin 1978. (Baust. 58).

Klettke-Mengel, Ingeborg, Die Sprache in Fürstenbriefen der Reformationszeit. Köln/Berlin 1973. (Studien zur Geschichte Preußens 19).

Kochs, Theodor, *Gotteswort*. In: DWB 4,1,5. Leipzig 1958, 1319−1321.

Korhonen, Jarmo, Studien zu Dependenz, Valenz und Satzmodell T. 2: Untersuchung anhand eines Luther-Textes. Bern 1978.

Kramer, Günter, Das Partizip I als Adjektiv. In: Kettmann/Schildt 1976, 447−509.

Langholf, Barbara, Die Syntax des deutschen Amadisromans. Untersuchung zur Sprachgeschichte des 16. Jhs. Hamburg 1973[2]. (Hamburger Philologische Studien 16).

Lenerz, Jürgen, Syntaktischer Wandel und Grammatik-Theorie. Tübingen 1984.

Masařík, Zdeněk, Die frühneuhochdeutsche Geschäftssprache in Mähren. Brünn 1985.

Metzler, Regine, Kodifizierte Norm in Brieflehren, Normbewußtsein und Sprachgebrauch in Privatbriefen aus der ersten Hälfte des 16. Jhs. In: Zu Stellenwert und Bewältigung soziolinguistischer Fragestellungen in aktuellen germanistischen Forschungen. Hrsg. v. Gisela Brandt/Irmtraud Rösler. Berlin 1988, 58−64.

Moulin, Claudine, Der Majuskelgebrauch in Luthers deutschen Briefen (1517−1546). Heidelberg 1990.

Nitta, Haruo, Zur Wortstellung im Frühneuhochdeutschen. In: ZfdPh 115, 1996, 371−381.

Oubouzar, Erika, Über die Ausbildung der zusammengesetzten Verbformen im deutschen Verbalsystem. In: PBB (H) 95, 1974, 5−96.

Paul, Hermann/Peter Wiehl/Siegfried Grosse, Mittelhochdeutsche Grammatik, Tübingen 1989.

Pavlov, Vladimir M., Zur Ausbildung der Norm der deutschen Literatursprache im Bereich der Wortbildung (1470−1730). Von der Wortgruppe zur substantivischen Zusammensetzung. Berlin 1983. (Baust. 56/VI).

Polenz, Peter von, Deutsche Sprachgeschichte vom Spätmittelalter bis zur Gegenwart. Bd. 1. Berlin/New York 1991. Bd. 2. Berlin/New York 1994.

Putzer, Oskar, Konjunktionale Nebensätze und äquivalente Strukturen in der Heinrich von Langenstein zugeschriebenen „Erkenntnis der Sünde". Eine syntaktische Studie zur Wiener Übersetzungsliteratur um 1390. Wien 1979. (Schriften zur deutschen Sprache in Österreich 2).

Reichmann, Oskar/Klaus-Peter Wegera/Robert Peter Ebert [u. a.]. Frühneuhochdeutsche Grammatik. Tübingen 1993. (SkG, A 12).

Röhrich, Lutz/Wolfgang Mieder, Sprichwort. Stuttgart 1977. (SM 154).

Rössing-Hager, Monika, Syntax und Textkomposition in Luthers Briefprosa. 2 Bde. Köln/Wien 1972.

Schieb, Gabriele, Zum System der Nebensätze im ersten deutschen Prosaroman. In: Günter Feudel (Hrsg.), Studien zur Geschichte der deutschen Sprache. Berlin 1972, 167−230. (Baust. 49).

Dies., Der Verbkomplex aus verbalen Bestandteilen. In: Kettmann/Schildt 1976, 39−234.

Dies., Relative Attributsätze. In: Kettmann/Schildt 1978, 441−526.

Schildt, Joachim, Zur Ausbildung des Satzrahmens. In: Kettmann/Schildt 1976, 235−284.

Schottel(ius), Justus Georg, Ausführliche Arbeit von der Teutschen Haupt Sprache. Braunschweig 1663. (Nachdr. 1967).

Schrodt, Richard, Die Opposition von Objektgenitiv und Objektakkusativ in der deutschen Sprachgeschichte. In: PBB 114, 1992, 361−394.

Schulze, Ursula, Lateinisch-deutsche Parallelurkunden des 13. Jhs. München 1975. (Med. Aev. 30).

Simmler, Franz, Makrostrukturelle Veränderungen in der Tradition des frühneuhochdeutschen Prosaromans. In: Deutsche Sprachgeschichte 1990, 187−200.

Ders., Zur Geschichte der Interpunktion im Deutschen. Gebrauchsnormen zur Kennzeichnung von Fragen und Ausrufen. In: Philologische Forschungen. Festschrift für Philippe Marcq. Hrsg. v. Yvon Desportes. Heidelberg 1994, 43−115.

Stolt, Birgit, Martin Luthers rhetorische Syntax. In: Rhetorik zwischen den Wissenschaften. Hrsg. v. Gert Ueding. Tübingen 1991, 207−220.

Thiele, Ernst (Hrsg.), Luthers Sprichwörtersammlung. Weimar 1900.

Weber, Heinrich, Das erweiterte Adjektiv- und Partizipialattribut im Deutschen. München 1971. (LR 4).

Weiss, Emil, Tun: machen, Bezeichnungen für die kausative und die periphrastische Funktion im Deutschen bis um 1400. Stockholm/Uppsala 1956. (AUS I).

Werner, Otmar, Vom Formalismus zum Strukturalismus in der historischen Morphologie. In: Hugo Steger (Hrsg.), Vorschläge für eine strukturale Grammatik des Deutschen. Darmstadt 1970, 349−384. (WdF 146).

Wunderlich, Hermann/Hans Reis, Der deutsche Satzbau. 2 Bde. 3. Aufl. Stuttgart/Berlin 1924; 1925.

Johannes Erben, Bonn

115. Wortbildung des Frühneuhochdeutschen

1. Vorbemerkung

Seit dem Erscheinen der 1. Aufl. dieses Handbuches 1985 hat die Erforschung der frnhd. Wortbildung eine rasante Entwicklung erfahren — allerdings steht für einige Bereiche die Publikation der Ergebnisse noch aus.

Die Verbableitung liegt vollständig vor (vgl. Prell 1991; Prell/Schebben-Schmidt 1996), die verbalen Präfixe, und die Adjektivableitung sind in Bearbeitung (vgl. Prell/Solms 1987; zur Adjektivableitung s. auch Bentzinger 1987; 1990). Zur Wortbildung bei Dürer sowie in weiteren Nürnberger Texten um 1500 sind umfangreiche Monographien erschienen (vgl. Müller 1993b; Habermann 1994); ebenso zur Wortbildung in wissensliterarischen Texten (vgl. S. Moser 1993; Döring/Eichler 1996; Brendel u. a. 1997). Die umfassende Darstellung der Substantiv-Wortbildung stellt weiterhin ein Desiderat dar. Untersuchungen zu Einzelphänomenen sind ebenfalls noch rar (vgl. Doerfert 1994).

Insofern bleiben die folgenden Ausführungen zur Wortbildung der Substantive und auch der Adjektive weiterhin weitgehend auf die Oberfläche einiger Affixe beschränkt, skizzieren nur die einigermaßen deutlich erkennbaren Tendenzen und Prozesse, versehen mit dem Vermerk des Vorläufigen.

Zu den vielfältigen theoretischen Problemen der Wortbildungslehre im allgemeinen und den generellen Problemen historischer Sprachforschung treten im Bereich der historischen Wortbildung zusätzliche Schwierigkeiten hinzu aufgrund der vielgestaltigen — sich zum Teil überschneidenden — Entwicklungsprozesse und deren Faktoren. Als Haupttendenz der Entwicklung in der Wortbildung kann die zunehmende 'Univerbierung' syntaktischer Gruppen zu Komposita (vgl. Erben 1993, 128 f.) und die Bildung von Derivaten anstelle von Syntagmen angesehen werden; beides sind wichtige Momente sprachlicher Ökonomie des Deutschen. Hieraus u. a. erklärt sich die zum Teil beträchtliche Produktivität einiger Wortbildungsmuster. Dabei wird eine möglichst deutliche formale Profilierung angestrebt; dies geschieht durch vollständige oder teilweise Ablösung funktional untauglich gewordener Affixe durch markantere Formen (vgl. Erben 1993, 143). So werden die durch die Uniformierung der Nebensilbenvokale zu e funktional untauglich gewordenen ahd. vokalischen Suffixe î, o, eo, i seit dem Mhd. durch funktional tauglichere Konkurrenten wie -heit, -bar, -er, -lich u. a. abgelöst.

Ein weiteres Moment, das sich zum Teil mit dem vorherigen überschneidet, findet sich in der von Fleischer (1966, 78 ff.) genannten Tendenz zur formalen Trennung von Flexions- und Derivationsmorphemen und der von Erben (1993, 143) und Fleischer (1972, 138 ff.) betonten Tendenz zur deutlichen strukturellen Trennung der Wortarten. Neben die diese Prozesse initiierenden und mitsteuernden Entwicklungsmotive — und vielfach mit diesen verquickt — treten die Probleme sozialer, regionaler und textsortenbedingter Varianz, deren jeweilige Konkurrenzen und Durchsetzungsprozesse zu berücksichtigen sind.

2. Substantive

2.1. Die Abstraktsuffixe -(e)de (< -ida) und -e (< -î) werden bereits im Mhd. zugunsten des jüngeren Suffixes -heit reduziert (vgl. Öhmann 1921). Während Bildungen mit -heit frnhd. allgemein verbreitet sind, lassen sich bei den Formen auf -(e)de und -e gewisse sprachräumliche und zeitliche Schwerpunkte erkennen (s. bei Doerfert 1994).

Von Verben abgeleitete Abstrakta auf -(e)de sind, und zwar nur im 14./15. Jh., häufiger im wobd. Sprachraum anzutreffen (z. B. benügede, erbärmde, verschmäde), deadjektivische Bildungen dagegen im gleichen Zeitraum bevorzugt im Md., v. a. im Rip. (z. B. längde, stärkde, trockende). Zum Nhd. hin bleibt das Suffix -(e)de in der Standardsprache nur noch in einzelnen Bildungen wie Begierde, Zierde, Beschwerde, Behörde etc. (vgl. Henzen 1965, 174) erhalten. Ansonsten treten an seine Stelle die Suffixe -heit (z. B. Schönheit, Trockenheit) bzw. -e (z. B. Höhe, Länge, Wärme), mit denen -(e)de v. a. in seiner Hauptfunktion, der Bildung von Abstrakta, konkurriert. Diese bezeichnen entweder charakterliche oder körperliche Eigenschaften oder Zustände von Menschen (z. B. otmutde, schonde) oder meßbare bzw. grundlegende physikalische Eigenschaften wie dickte, höhede, wärme. Neben dem weiteren

Schwerpunkt, der Bezeichnung von Vorgängen in oder bezogen auf Menschen (*begierde, schämde, gebärde* u.s.w.), nimmt das Dentalsuffix noch vereinzelte Funktionen wahr, wie beispielsweise die Bezeichnung von Gegenständen (*lämde* = 'lahme Körperstelle'; *hebede* = 'das, was jmd. hat/besitzt') oder von Kollektiva, z. B. *gemeinde.*

Anders als *-(e)de* verbindet sich das Suffix *-e* fast ausschließlich mit Adjektiven und konkurriert dadurch insbesondere mit *-heit*, eine Konkurrenz, die sich durch das gesamte Frnhd. verfolgen läßt. Überwiegend von einfachen Adjektiven abgeleitete Bildungen mit *-e* (z. B. *dürre, nähe, breite*) sind dabei frnhd. allgemein verbreitet, während Substantive wie *gestaltsame* und *speislose* hauptsächlich im wobd. Sprachraum auftreten.

In seiner Hauptfunktion, der Bildung von Abstrakta, bezeichnet *-e* auch bereits im Frnhd. elementare physikalische Eigenschaften (z. B. *kälte, schärfe*), räumliche Verhältnisse (z. B. *nähe, weite*) sowie Dimensionen (z. B. *dicke, kürze*). Hinsichtlich der gleichfalls mit *-e* gebildeten Substantive für charakterliche Eigenschaften oder körperliche Zustände des Menschen wie beispielsweise *sänfte, milde, heisere, läme* treten zum Nhd. hin semantische Gebrauchsbeschränkungen ein, die für diesen Bereich vorzugsweise *-heit* als Suffix vorsehen.

Bezüglich der frnhd. mit *-e* gebildeten Konkreta, hauptsächlich Sachbezeichnungen wie *breite* (= 'breite Stelle') oder *feuchte* (= 'feuchte Substanz'), ist zum Nhd. hin festzustellen, daß Neuprägungen v. a. im fachsprachlichen Bereich stattfinden.

Neben der weiteren Funktion, der Bildung von Ortsbezeichnungen wie *höhe* (= 'Anhöhe') oder *meeresenge*, besetzt auch *-e* frnhd. einige kleinere Nischen mit Bildungen wie *gelegene, gemeine* und *viele.*

Das Formeninventar von *-heit* ist frnhd. noch größer als im Nhd.: Neben *-keit* und *-igkeit* sind auch die Suffixformen *-cheit* (nur bis zweite Hälfte des 15. Jhs.) und *-icheit/-ikeit* (bis erste Hälfte des 16. Jhs.) belegt.

Die Formvarianten *-heit/-keit* (< *(e)cheit*) sind insbesondere im 14./15. Jh. noch abweichend vom Nhd. (und späteren Frnhd.) verteilt; so kann sich *-heit* auch mit mehrsilbigen Basen verbinden (z. B. *bitterheit, eitelheit, einformickheit, moeglicheit*). Seltener ist die Verwendung von *-keit* anstelle von *-heit* bei einsilbigen Basen, so z. B. *crankkeit, geylkeit, küschkeit.*

Die in der nhd. Standardsprache obligatorische Kombination von *-keit* nach *-ig/-lich* ist erst seit dem 16./17. Jh. üblich. Im 14./15. Jh. überwiegen dagegen die Varianten *-(h)eit* (z. B. in *gegenwerdicheyt, redelicheit*) und *-(i)cheit* (z. B. *heiligchait*) sowie die g-lose Form (z. B. *sälikeit, heimelikeit*). Als Ursachen für diese Erscheinung werden zum einen lautliche Gründe (Assimilation des *h* an den auslautenden Konsonanten bzw. Schwund des *h* in wenig betonter Silbe) genannt. Zum anderen nennt Erben (1993, 132 f.) als Erklärung für das Phänomen eine vorübergehende Verschiebung der Grenze zwischen Basis und Suffix (*truric-heit > truricheit > trur-ig-keit > Traur-ig-keit* „mit analoger Erneuerung von *-ig* im Anschluß an das Adjektiv", ebda.).

Die Suffixform *-igkeit*, die sich im Laufe des Frnhd. erst allmählich als „Ersatzform" für *-ikeit* durchsetzt, tritt im wesentlichen wie *-heit* an nicht abgeleitete, ein- oder zweisilbige Adjektive (z. B. in *feuchtigkeit, gerechtigkeit*). Daß dabei nur teilweise Doppelformen entstehen, ist auf mehrere Faktoren wie Betonungsmuster, sprachhistorische Entwicklung, Analogiewirkung, lautlich-strukturelle Basisgestalt sowie die Gebrauchsfrequenz der Ableitungen zurückzuführen (vgl. Doerfert 1994, 38 ff.).

Bestehen die Hauptfunktionen von *-heit* und seinen Formvarianten wie im Nhd. darin, in deadjektivischen Ableitungen körperliche und geistige Eigenschaften und Zustände von Menschen sowie Verhaltensweisen, Handlungen und Taten zu bezeichnen (z. B. *beredsamkeit, blödigkeit, roschheit, gebürlichkeit* 'gebührliche, d. h. angemessene Verhaltensweise', *unlauterheit* 'unlautere Tat'), so gewinnen Bildungen mit partizipialer Basis (z. B. *erfarenheit, vermessenheit, begebenheit, gewonheit*) erst allmählich in frnhd. Zeit an Bedeutung. Neben diesen Hauptfunktionen besetzt *-heit* im Frnhd. noch zahlreiche Funktionsnischen mit Bildungen wie *gleichsenheit* ('Heuchelei'), *heimlichheit* ('Ort, der heimlich ist'), *menschheit (Christi)* ('Menschwerdung Christi') oder *altheit* ('Zeit des Altseins').

2.2. Das Suffix *-(n)er* wird zur Bildung von Agentiva (*pfarrer, schuldner, diener* etc.) und Instrumentativa *(tzeiger, teiller* etc.) verwendet. Dabei überwiegen − wie im Nhd. − die Agentiva. Sie werden seit dem Ahd. zunehmend mit *-(n)er* gebildet, doch die Konkurrenz der alten Bildung mit *-e* (< *o~eo*) −

das später den Prozessen der -*e*-Apokope und -*e*-Restituierung unterliegt – mit dem jüngeren -*er* *(< ari* < lat. *arius)* hält bis ins 16./17. Jh. an, so *Fürsprech – Fürsprecher, Beck – Bäcker, Barbier – Barbierer, Weisag(e) – Weisager* etc. Bei den zahlreichen Neubelegen mit -*er* im Frnhd. wie z. B. *Sakramentirer, Petscher, Testierer, Wort=Kränker, Hochbruntzer, Vorfahrer* etc. ist es nicht immer möglich, Gelegenheitsbildungen von bereits usuellen Bildungen zu unterscheiden.

Das Verhältnis von verbalen und substantivischen Basen ist (bei Dürer) „relativ ausgeglichen" (vgl. Müller 1993b, 237ff.). Für die nhd. Funktionsstände Abstrakta, Patientiva und Agentiva mit der Basis Numeralia findet sich zumindest bei Dürer kein Beleg (vgl. Müller a. a. O.).

Der Umlaut des Stammvokals bei Ableitungen auf -*(n)er* ist noch im 17. Jh. abweichend vom Stand der nhd. Standardsprache verteilt, so *Burger, Duckmauser, Verkauffer, Tauffer* etc., aber: *Belägerer, Bierbräwer, Inwöhner, Widersächer* etc.

2.3. Produktiv ist auch die deverbative Ableitung auf -*ung (< unge).* Wie im Nhd. stellen die Verbalabstrakta (nomina actionis) im gesamten Frnhd. mit Abstand den Hauptanteil *(hofnung, warnung, verehrung* etc.). Weit geringer belegt sind nomina facti *(festung, meynung, abbildung),* nomina instrumenti *(rüstung, nahrung, zerung* etc.) und Zustandsabstrakta mit einer Basis in der Funktion des Part. II *(verainung, rurung, verwunderung).* Selten sind -*ung*- Ableitungen zu nomina locativa *(wohnung, behausung).* Die Ableitung auf -*ung* konkurriert im Frnhd. mit -*nis* *(bedeutnuz/bedeutung),* subst. Inf. *(sprengen/sprengung)* und seit der 2. Hälfte des 16. Jhs. zunehmend dann bis zum 18./19. Jh. mit den mask. nomina actionis mit Tilgung des Infinitiv -*en* und ggf. Ablaut des Stammvokals *(verlegen < Verlegung/Verlag).* Für die m. Form der Ableitung belegt Gade (1897) folgenden Zuwachs: 14./15. Jh.: 33; 16. Jh.: 62; 17. Jh.: 104; 18. Jh.: 144. Im 18. Jh. verdrängen die Mask. häufig die f. -*ung*-Ableitungen. Gade (1897, 20) nennt u. a. *wachsung > wuchs, geniesung > genuß, versteckung > versteck* etc. Zum Teil haben sich beide Formen mit semantischer Trennung erhalten, so *Reizung : Reiz, Betrachtung : Betracht* etc. Angereichert wird diese Konkurrenz im Nhd. durch *Forstung/Forst, Waldung/Wald* etc. Noch nicht belegt sind desubstantivische Ableitungen auf -*ung.*

2.4. Das im Nfrk., Nl. und Mfrk. seit dem 11. Jh. belegte Motivierungssuffix -*se* ~ -*sche* (vgl. Henzen 1965, 155) ist im Wmd. noch bis ins 15. Jh. belegt, so *beberache, verkundersche, meystersche, meysterase, hirdersen, jungersen, kelnersen, portenersen, wochnersen* etc. Diese Form wird im 15. Jh. in der Schriftlichkeit von dem ansonsten üblichen Suffix -*in* verdrängt. Im Frnhd. sind Movierungen auf -*in* noch in zahlreichen Fällen üblich, die in der gegenwärtigen Standardsprache vermieden werden, so *mennin, knechtin, boßwichtin, menschin, vetterin* (vgl. V. Moser 1909, 218).

2.5. Die Grammatikalisierung von Kompositionsgliedern wie -*heit* *(< heit),* -*schaft* *(< scaf),* -*tum* *(< tuom)* zu Suffixen ist bereits im Spmhd. weitgehend abgeschlossen. Im Frnhd. finden sich nur noch gelegentlich Belege für den Gebrauch als selbständige Subst. (vgl. Erben 1993, 132 für -*heit).* Dagegen werden im Verlauf des Frnhd. neue Subst. (bes. *Gut, Werk, Wesen, Zeug)* reihenbildend, d. h. sie erhalten suffixähnliche Funktion (vgl. Erben 1959, 224ff.; 1993, 130ff.). Der „gruppenhafte" Ausbau muß wohl erst in das späte 17. Jh. datiert werden (vgl. Erben 1959, 227); frühere Ansätze zeigen sich lediglich bei -*werk* im 16. Jh., so *Goldtwerck, Grabwerchen, butzewerck, Bildtwerck, Broggenwerck.*

2.6. Das alte Nebeneinander der Substantivsuffixe -*(er)ie* und -*(er)ei(e)* wird durch Übernahme frz. Subst. auf -*ie* bes. im 17. Jh. neu belebt, so stehen etwa *Galanterey* neben *Galanterie, Artelarey* neben *Artellerie, mordrije* neben *morderey, Courtesey* neben *Kortoisie* etc. (vgl. Öhmann 1966; Kurth 1953a). Ebenfalls auf frz. Einfluß gehen Verbalabstrakta auf -*erie* zurück, deren frühe Bildungen Öhmann (1933) in das 13. Jh. datiert *(raserie, temperie* etc.). Im Frnhd. nehmen deverbative Ableitungen dieser Art zu, so *Ehebrechery, Dichterei, onkewschrey, Wahrsagereyen, Poeterey* etc.

Die Verwendung von Fremdsuffixen zur Ableitung dt. Subst. dient oft dem stilistischen Zweck, komische Wirkung zu erreichen, so *Anfechtion, Albertäten, grobitet, thoritet* etc. (vgl. Öhmann 1967 und 1971, 540). Andere Fremdsuffixe, wie -*ismus, -ant,* die erst später bedeutsam werden, sind im 16. Jh. nur vereinzelt belegt; im 17. Jh. nimmt ihre Zahl zu *(Musicant, Predicant, Supplicant, Exorcismus, Catechismus)* (vgl. Öhmann 1933, 128f.).

2.7. Im gesamten Frnhd. ist die Hauptvariante der Diminuierung *-lein* ~ *-lin* (< *lîn*). Zur Entwicklung *-lein* ~ *-lin* s. Moser/Stopp (1978, § 28); Wegera (1982). Das Diminutivsuffix *-chen* (~ *-chin*) (< md. *-ichin* ~ *-ichen*) erscheint vereinzelt vor dem 14. Jh.; dann verstärkt seit dem 14. Jh. im Md. Im Obd. ist *-chen* erst seit dem 16. Jh. häufiger belegt. Im 15. Jh. wird *-chen* zunächst auch im Md. weitgehend durch *-lein* verdrängt, aber in der zweiten Hälfte des 16. Jhs. wieder häufiger verwendet. Im 17. Jh. tritt das „Meissnische" *-chen* bereits stark konkurrierend zu *-lein* auf, zunächst im Md., im 18. Jh. dann auch im Obd. Seit dem 18. Jh. gilt *-chen* als die 'hochdeutsche' Diminutivform gegen 'oberdeutsches' *-lein*, das sich jedoch nach einer neuerlichen literarischen Blüte als Modeform des 'Sturm und Drang' (vgl. Pfennig 1904/05) in Resten bis in die gegenwärtige Standardsprache erhalten hat.

Die Variante *-gen* (~ *-gyn*) breitet sich vom Wmd. (bes. Rib.) zunehmend im übrigen md. Raum und in den westlichen Teilen des Obd. aus, so *knechtgyn, megdgyn* (Rib. 15. Jh.), *Cleußgen, mängen* (Thür. 16. Jh.), *Hühngen, Hündgen* (Obs. 17. Jh.), *Tractätgen, Häßgen, Mährgen* (Ohalem. 17. Jh.), *Liebgen* (Els. 17. Jh.). In der 1. Hälfte des 18. Jhs. wird *-gen* zur dominierenden Variante, in der 2. Hälfte geht es unter dem Einfluß der Grammatiker deutlich zurück.

Das Diminutivsuffix *(-)l(-)* (häufigste Varianten *-(e)l, -le, -li*) tritt vermehrt nur im Obd. auf. *-li* ~ *-ly* erscheint insbes. wobd., *-l* vorwiegend seit der zweiten Hälfte des 13. Jhs. oobd., später auch alem., *-le* tritt vermehrt erst im 16. Jh. im gesamten obd. Raum auf; *-el* ist insbesondere eine oobd. Form, aber auch in den übrigen obd. Regionen, einschließlich des Nobd., belegt (im weiteren s. die Literatur unter 5.).

2.8. Die Präfigierung der Substantive spielt eine untergeordnete Rolle. Müller (1993b, 114 ff.) belegt für Dürer nur wenige Lexeme mit *Un-* (überwiegend Negation), *Haupt-* (Augmentativa), *Erz-* (Augmentativa), *Ab-* (Taxation), *After-* (Taxation), *Miß-* (Negation) und *Ur-*. Lediglich bei den Präfix-Suffix-Derivaten *g(e)-* ø*(e)* (*gedanke, gewelb, gesetz* etc.) ist die Zahl (insbesondere der Belege) größer. Es dominieren die Patientiva (*gebrech, geheiß*) gegenüber den Kollektiva (*gepirg, getranck*), Idiofunktionalia (*gespöt, gesims*), Abstrakta (*geduldt, gsang*) und Instrumentativa (*geschos, geschütz*).

2.9. Die 'Univerbierung', d. h. die Zusammenziehung syntaktischer Gruppen zu Komposita und die Bildung analoger Zusammensetzungen stellt eine der Hauptentwicklungstendenzen im Dt. dar und unterscheidet das Dt. diesbezüglich von seinen Nachbarsprachen (vgl. Erben 1993, 126 ff.). Die deutliche formale Trennung von syntaktischer Gruppe und Kompositum wird zum Nhd. hin u. a. durch Zusammenschreibung von Komposita und – bes. im Falle der sog. uneigentlichen Zusammensetzungen – Nachstellungen des adnominalen Gen. erreicht (*rechts sachen* > *Sachen des Rechts* oder *Rechtssachen*). Das ehemalige Gen.-Flexiv kann dabei zum Fugenzeichen umfunktioniert werden und als solches auch auf Kompositionen übertragen werden, deren Erstglied den Gen. nicht mit *-s* oder *-n* bildet (vgl. Erben 1993, 128 f.; ausführlich Pavlov 1972, 94 ff.; s. auch Pavlov 1983).

Der Prozeß der 'Univerbierung' verläuft häufig von der bloßen Kontaktstellung usueller, aber nicht fester Verbindungen (vgl. Okrajek 1966, passim) über lose (durch Doppelbindestrich) verbundene Zusammenschreibungen zu echten Komposita. Solange umfassende Untersuchungen hierzu ausstehen, kann keine Aussage zum jeweiligen Verständnis der zugrundeliegenden Einheit (Zusammenschreibung, Kompositum) gemacht werden (ansatzweise Pavlov 1983; Nitta 1987).

Während bei den sog. eigentlichen Komposita die Zusammenschreibung im 14./ 15. Jh. überwiegt, ist die Zahl der Zusammenschreibungen von Wortfügungen mit präpositivem Gen. noch gering. Im 16. Jh. nimmt die Zusammenschreibung der eigentlichen Komposita unter dem Einfluß der häufigen Getrenntschreibung der sog. uneigentlichen Komposita wieder ab. Die Zusammenschreibung beider Gruppen nimmt dann seit der 2. Hälfte des 16. Jhs. jedoch wieder stark zu (vgl. Pavlov 1972, 94 ff.).

Beobachten lassen sich bes. im 17. Jh. neben der (seltener werdenden) Getrenntschreibung *(Schutz Gott, Rechts Sachen, Puls adern, Sauer ampffer Wasser)* zahlreiche Schreibungen mit Bindestrich (*Liebes=Ohnmacht, Reichs=verhörtag, Groß=Siegel=Bewahrer, Reichs=Tags=Schluß* etc.) bzw. Schreibweisen wie *LandGraff* etc. Auf letztgenannte Weisen werden insbesondere Gelegenheitsbildungen wie *Ober=Vormunderei* und wohl noch nicht als Lexem empfundene Bildungen wie *Schul=Diener, Schul=Lehrer* etc. gebildet (vgl. Pavlov 1972, 108 ff.).

Neben der Vorliebe für Substantivverbindungen besteht bes. im 17. Jh. auch eine Neigung zu „Konstruktionen, in denen zwei oder mehrere Attribute einem und demselben Grundwort bzw. kompositionellen Grundglied parallel untergeordnet sind" (Pavlov 1972, 106), wie *Liebes=Stats=Helden=und Hirten=Geschichten* etc.

Produktiv werden im Verlauf des Frnhd. unter frz. Einfluß auch die sog. Satznamen nach dem Muster *Taugenichts* und *Wagehals* (vgl. Törnqvist 1959).

3. Adjektive

3.1. Adjektivableitungen auf *-icht (~ -echt ~ -et)* sind bereits im Ahd. belegt und im Mhd. recht zahlreich (195) (vgl. zum folgenden auch Haltenhoff 1904). Die Gruppe der *-iht*-Ableitungen konkurriert von Anfang an mit den *-ig*-Ableitungen, aus denen sie sich in der Hauptgruppe rekrutiert. Von den 36 ahd. Belegen sind 23 im Mhd. nicht mehr belegt. Im Verlauf des Frnhd. nehmen die *-iht*-Belege zu, wobei sie im Md. und Alem. weit stärker als im übrigen Obd. vertreten sind, so *schneeicht, zottecht, stinckicht, steinicht* etc. (vgl. auch Fleischer 1972, 137).

Um die Mitte des 18. Jhs. erreicht die Verwendung der *-iht*-Formen vor allem bei md. und alem. Autoren (Bodmer, Gessner, Wieland u. a.) ihren Höhepunkt, um danach relativ rasch aus der Schriftsprache zu schwinden. Gegen Ende des 19. Jhs. bucht das Orthographische Wörterbuch von Duden (4. Aufl. 1896) zwar noch 114 Formen mit *-iht*, doch die Quellen dieser Angaben sind weit ältere Werke.

In der nhd. Standardsprache hat sich lediglich *töricht* erhalten, dagegen ist die *-eht*- (bzw. *-et*-) Ableitung in den hd. Mundarten vielfach noch üblich; z. T. (bair.) hat sie die *-ig*-Formen ersetzt, wobei ein Suffixsynkretismus mit dem Partizip entstanden ist (vgl. Reiffenstein 1969, 179ff.; auch Seidelmann 1967, 122ff.; Lenz 1903, § 17).

Die Gründe für die Aufgabe des funktional durchaus tauglichen Suffixes zugunsten von *-ig* sind vor allem struktureller Art (Fleischer 1972, 137; Erben 1993, 143f.). Neben der lautlichen und semantischen Nähe zu *-ig* und dem drohenden Zusammenfall mit dem Part. (wie im Bair.) ist wohl die Homophonie mit dem subst. Kollektivsuffix *-icht* (wie *Dickicht, Kehricht* etc.) als Ursache entscheidend gewesen (vgl. auch Haltenhoff 1904, 78ff.).

Eng mit dieser Entwicklung verknüpft ist die der Suffixe *-lich : -licht ~ -lecht ~ -locht ~ lächt* (*kugelecht, gutelecht, blödlächt* etc.) (vgl. dazu Schwarz 1905).

3.2. Die tendenzielle Scheidung von Flexions- und Derivationsmorphemen zeigt sich auch in der Entwicklung der Stoffadjektive, bei denen sich in Analogie zu *r*-haltigen Basen (wie *silbern*) häufig das Suffix *-rn* durchsetzt. Doch sind im gesamten Frnhd. noch konkurrierende *-en*-Formen belegt, so *steinen, höltzin, Helffenbeinen, eisen, Tüchin, Beltzin*; aber *steinern, bleyern, iserin, papeirin* etc. (vgl. auch V. Moser 1909, 218).

3.3. Unter den Adjektivsuffixen erweist sich *-bar (< -bære)* im Frnhd. als außerordentlich produktiv. Flury (1964, 90f.) nennt folgende Zahlen für Neubildungen: 16. Jh.: 46; 17. Jh.: 224 (18. Jh.: 235; 19. Jh.: 512; 20. Jh.: 181), bei folgenden Gesamtbeständen: 16. Jh.: 122; 17. Jh.: 305 (18. Jh.: 400; 19. Jh.: 889; 20. Jh.: 575). Seit dem 15. Jh. nimmt der Anteil der Deverbativa gegenüber den im Ahd. vertretenen Denominativa deutlich zu und überwiegt seit dem 17. Jh. mit ca. 55 % (gegenüber ca. 31 % Denominativa) aller Bildungen und ca. 62 % (gegenüber ca. 28 %) aller Neubildungen (vgl. Flury 1964, 92ff.). Die erhebliche Zunahme der *-bar*-Ableitungen vom 16. zum 17. Jh. läßt sich u. a. auf den Einfluß der frz. Adj. auf *-able/-ible* zurückführen. Die im Frnhd. noch bestehende Konkurrenz von *-bar* insbesondere zu *-lich* (*undenclich, verkleinerlich, unangreiflich* etc.) und *-sam* (*wundersam, ersam, außrichtsam* etc.) wird erst seit dem 18. Jh. eingeschränkt.

3.4. Neben den bereits im Germ. belegten, die Herkunft bezeichnenden Ableitungen vom Typ *himmlisch, heimisch, heidnisch* nehmen im Verlauf des Frnhd. bes. die Adj. auf *-isch* zu, die der Bezeichnung der Volkszugehörigkeit und Herkunft dienen, so *Behemisch, Vngarisch, Polnisch, Griechisch, Römisch, Jsraelitisch* etc. Neu kommen im Frnhd. insbesondere Ableitungen von Namen und – mit fließenden Übergängen – zum Ausdruck (zumeist religiösen) Parteigängertums hinzu, so *Hippocratisch, Sophistisch, Galileisch, Jakobinisch, Lutherisch, Zwinglisch, Hussitisch, Evangelisch, Apostolisch, Catholisch* etc.; im weiteren Ableitungen wie *Juristisch, Astronomisch, Militarisch, Philosophisch, Poetisch, Pestilenzisch, Metaphorisch* etc. Zur Entwicklung der einzelnen Lexeme s. Götze (1899).

3.5. Bentzinger (1992, 201 ff.) belegt folgende weiteren wichtigen Konkurrenzen von Adjektivsuffixen: *-lich: -ig (fleislich, umständig* etc.); *-lich: -isch (spottlich, pabstisch); -lich: -haft(ig) (glückhafft, lasterlich); -ig: -isch (abergläubig, neydig); -sam: -haft (tugendsam); -ig: -lich (einzlich)* etc.

3.6. Im Verlauf des Frnhd., stärker gruppenbildend aber erst im 17. Jh., werden *-weise, -mäßig* und *-reich* zu 'Suffixoiden' (vgl. Erben 1993, 142 f.), so *Hauffenweiß, blumenreich, trostreich, Gnadenreich, rechtmeßig, Wortmeßig* etc.

3.7. Komposita mit Adj. als Grundwort werden bes. im 16./17. Jh. beliebt. Sie dienen insbesondere dem Ausdruck der Steigerung vor allem in Anreden, Zueignungen etc. (vgl. auch Baumgarten 1908; Hauschild 1903), so *Grundgütig, hochseelig, großgünstig*; dabei wird *würdig* stark gruppenbildend, so *hellwürdig, schlechtwürdig, glorwürdig, hochwürdig, lobwürdig* etc. Ähnliche Funktion haben Verbindungen von Subst. oder Adv. mit Part., die entweder getrennt geschrieben oder mit doppeltem Bindestrich verbunden werden, so *glanz=bestrahlt, übel=riechend, wol=riechend, welt=gepriesen, hoch=geboren, höchst=gedacht* etc.

4. Verben

4.1. Die Bildung von Verben aus Basen anderer Wortarten wird im folgenden – unabhängig vom jeweiligen morphologischen Verfahren – als 'Ableitung' bezeichnet (4.1.–4.6.); hiervon zu unterscheiden ist der Großbereich der Präfigierung auch präfixlos belegter Verben (4.7.). Dem entspricht die andernorts (so bei Habermann 1994) vorgenommene Unterscheidung von Transpositions- und Modifikationsbildungen.

Im Bereich der Transpositionsbildungen dominiert auch frnhd. eindeutig die denominale Ableitung aus Basissubstantiven (BS: *meister-n, pein-igen, titul-ieren*) und Basisadjektiven (BA: *er-blind-en, rein-igen*). Hauptträger der Produktivität ist die desubst. Ableitung; im Bonner Korpus, welches der Untersuchung von Prell/Schebben-Schmidt (1996) zugrunde liegt, spiegelt sich v. a. für das 17. Jh. ein starker Zuwachs wider. Die Verbableitung aus BA ist zwar ebenfalls begrenzt produktiv (mit einem Schwerpunkt ebenfalls im 17. Jh.), ihr Anteil am Gesamtbestand sinkt aber kontinuierlich von 39% im späten 14. Jh. auf 27% im 17. Jh. (nhd.: 24%) (ebda., 385 ff.; s. auch Habermann 1994, 521; 531).

Die von Abstrakta abgeleiteten Tätigkeits- und Zustandsverben wie *reis-en, sünd-igen, disput-ieren, ruh-en, sich end-en, zürn-en* weisen in frnhd. Texten zwar die mit Abstand höchste Belegdichte, aber bei einem relativ geschlossenen Lexeminventar nur eine geringe Produktivität auf (s. Prell/Schebben-Schmidt 1996, 122 ff.). Die Muster mit dem größten Lexembestand bilden wie im Nhd. die ornativen (BS: *jdn. speis-en, kommand-ieren; etw. färb-en*) sowie die bereits weniger produktiven 'faktitiven' Verben (BA: *jdn. besser-n, etw. be-feucht-igen*). Den größten Zuwachs hin zum Nhd. erfährt das privative Muster, dessen einsetzende Produktivität aber im 16. Jh. bei Bildungen wie *jdn. ent-haupt-en, ent-erb-en, ent-ehr-en, ent-leib-en, ent-waffn-en* bereits zu erkennen ist und die sich v. a. in den Wörterbüchern von Maaler und Stieler in so kuriosen Bildungen wie *jdn. ent-nas-en, ent-zepter-n* niederschlägt (s. ebda., 237 ff.; 380 ff.).

Die Ableitung aus nichtnominalen Basislexemen spielt frnhd. nur eine marginale Rolle (*sich einer Sache wider-n* 'etw. ablehnen', *etw. ver-zehen-en, sich zwei-en, etw. ver-nein-en, äch-zen, jdn. ihr-zen/er-zen* u. a.). Innerhalb der Sondergruppe der kausativen Verben zeigt sich für einige Verben v. a. in den frühen Zeiträumen ein gegenüber dem Nhd. deutlicherer Bezug zum 'starken' Basisverb: *die achseln hencken* 'die Schultern hängen lassen', *die sünde (ver-)swenden* 'zum Verschwinden bringen', *die stat vellen* 'zu Fall bringen, erobern' (zu den genannten Restgruppen s. ebda., 358 ff.).

4.2. Der wichtigste morphologische Typ innerhalb der Verbableitung ist mit einem Anteil von ca. 80% die bloße Verbalisierung einer (meist nominalen) Basis: *narr-en, frucht-en, grün-en*; oft reflexiv und/oder kombinatorisch mit Präfix: *sich bequem-en, be-sold-en, er-gänz-en; sich er-kühn-en.* Trotz der diachronen Zunahme der kombinatorischen Bildungen (s. u. 4.6.) stellen die präfixlosen Verbalisierungen noch im 17. Jh. die stärkste Gruppe.

Unentschieden ist bis heute die Diskussion, ob das 'Verbalisierungsmorphem' *-en* (in dieser Notation stellvertretend auch für die flektierten Formen) als ein Wortbildungsmorphem oder/und als ein Flexiv zu interpretieren ist (vgl. hierzu Prell/Schebben-Schmidt 1996, 23 ff.); daß es sich um ein Wortbildungsphänomen handelt, ist jedoch unbestritten. Durch die Ausblendung dieses Typs v. a. in älteren Untersuchungen (z. B. Waldherr 1906) wird daher ein verzerrtes Bild der frnhd. Verbableitung vermittelt.

4.3. Zum wichtigsten Verbsuffix wird im Verlauf des Frnhd. -ieren (im Bonner Korpus mit einem Anteil von ca. 13% allerdings bereits weit hinter der 'Verbalisierung' mit -en, s. o.). Das Suffix wird seit dem 12. Jh. als Lehnsuffix aus dem Frz. übernommen, bleibt jedoch zunächst auf den ritterlich-höfischen Bereich begrenzt. Vom 14. Jh. an nehmen die Belege − bezeichnenderweise ausgehend vom Wmd. und Els. (s. Prell/Schebben-Schmidt 1996, 38) − zu; in diesen Landschaften zeichnet sich auch schon früh die noch heute gültige textsortenstilistische Distribution von -ieren-Verben im Sinne eines verstärkten Vorkommens in Fachtexten ab (s. ebda.; 32, 393). Die Zahl der -ieren-Verben steigt im 15. und 16. Jh. stetig; erst im 16. Jh. allerdings hat die Produktivität des Suffixes sämtliche Sprachlandschaften erfaßt (vgl. hierzu und zum folgenden ebda. 27 ff.), und im 17. Jh. erreicht sie nach einem sprunghaften Zuwachs den Höhepunkt.

Prell/Schebben-Schmidt (1996, 31 ff.) unterscheiden zwischen morphologisch-semantisch motivierten und unmotivierten -ieren-Bildungen. Als Ableitungen im synchron-strukturellen Sinne können nur die Verben der ersten Gruppe gelten (jdn. disziplin-ieren, larf-ieren, band-ieren; action-ieren, bankett-ieren, fabul-ieren); zu den synchron nicht motivierten Bildungen gehört z. B. regieren als das häufigste und schon früh belegte -ieren-Verb.

Innerhalb der motivierten Bildungen ist die Nutzung des Suffixes am stärksten bei den ornativen und den Verben des tun-Musters mit abstrakten Basen (Beispiele s. o.); mit geringeren Frequenzen ist -ieren in einer Reihe weiterer, v. a. desubst. Muster aktiv, so psall-ieren (effizierend), äsop-isieren (Vergleichstyp), siegel-ieren (instrumentativ) usw. Deadj. -ieren-Ableitungen sind dagegen frnhd. insgesamt selten und zeigen erst im 17. Jh. Ansätze einer beginnenden Produktivität (Prell/Schebben-Schmidt 1996, 39), ein Grund hierfür könnte der Mangel an basisfähigen fremdsprachlichen Adjektiven im Frnhd. sein (vgl. Schebben-Schmidt 1989; Erben 1993, 126). Reihenhaft treten deadj.

-ieren-Verben bei Albrecht Dürer auf (duplirn, halbirn, rundirn u. a., Habermann 1994, 413).

Neben Ableitungen von lat.-rom. Stämmen sind vom Mhd. an die Ableitungen dt. Stämme mit dem Fremdsuffix -ieren üblich, so die noch in der gegenwärtigen Standardsprache gebräuchlichen Formen wie halbieren, hofieren, buchstabieren, schattieren etc., aber auch nicht mehr gebräuchliche Formen wie klosterieren, schlaftrinkelieren, zollerieren, goldpflasterieren etc. (vgl. dazu Rosenqvist 1934; Öhmann/Seppänen/Valtasaari 1953; Öhmann 1970; Erben 1993, 125 f.).

4.4. Das im Ahd. noch ausschließlich von Adj. ableitende Suffix -igen ist frnhd. ebenfalls produktiv, wobei zunehmend und schließlich überwiegend auch desubst. Ableitungen belegt sind (Prell/Schebben-Schmidt 1996, 43 f.). Die Hauptphase der Entstehung neuer Verben auf -igen datiert van Zuiden (1934, 219) in die Zeit zwischen 1250 und 1650; hiervon leicht abweichend zeigt sich im Bonner Korpus eine deutlich verstärkte Nutzung erst in der 2. Hälfte des 17. Jhs. (Prell/Schebben-Schmidt 1996, 46 f.). Die landschaftliche Belegung der Verben weist das Md. (bes. das Omd.) als Ausgangspunkt der Verbreitung von (v. a. desubst.) -igen-Verben aus (ebda.); auch die klare Nord-/Süd-Verteilung von sündigen (Md.) und sünden (Obd.) im Material von Besch (1967, 210 ff.) deutet auf eine md. Bevorzugung der -igen-Formen hin, die später in vielen Fällen ins Obd. und schließlich in die nhd. Schriftsprache übernommen werden. Insgesamt geht allerdings die frnhd. Verwendung des Suffixes über den nhd. Bestand hinaus: frnhd. Bildungen wie befeuchtigen, zugeselligen, kürzigen u. v. a. haben sich nicht auf Dauer durchgesetzt (s. Prell/Schebben-Schmidt, 51).

Neben vielen -igen-Verben stehen frnhd. konkurrierende (meist ältere) -en-Ableitungen: ängsten/ängstigen, nöten/nötigen, sünden/sündigen, senften/(be-)sänftigen usw. (s. ebda., 47 ff.). Tendenziell setzen sich hierbei die -igen-Varianten − wiederum ausgehend vom Md., im Obd. z. T. erst im 17. Jh. − durch; noch im 16. Jh. erscheint v. a. das Mbair. als 'Rückzugsgebiet' der konkurrierenden -en-Bildungen.

Die -igen-Verben sind ganz überwiegend transitiv und gehören in der Mehrzahl dem ornativen (BS) bzw. faktitiven (BA) Muster an, wobei im 17. Jh. 'kombinatorische' Bildungen überwiegen: jdn. ängst-igen, be-lästigen, pein-igen; etw. be-fest-igen, jdn. ver-un-

rein-igen. Viele Bildungen sind der Sphäre der Rechts- bzw. der religiösen Sprache zuzuordnen (ebda., 51f.; vgl. van Zuiden 1934, 219). Während das Suffix *-ieren* aufgrund seiner Spezialisierung im Lehnwortschatz produktiv bleibt, erlischt nach 1700 die Produktivität von *-igen* als dem letzten einigermaßen bedeutsamen deutschen Verbsuffix (s. hierzu 4.6.).

4.5. Die restlichen Suffixe spielen eine deutlich untergeordnete Rolle. Ableitungen auf *-eln* sind vorwiegend obd. belegt (vgl. Waldherr 1906, 37; Prell/Schebben-Schmidt 1996, 53ff.); einen gewissen Nutzungsschwerpunkt bildet, anders als im Nhd., das instrumentative Muster (*etw. sieb-eln, etw. her-künst-eln; äug-eln,* s. ebda., 256ff.). Selten sind Verben, in denen sich *-ern* eindeutig als Suffix (und nicht als Bestandteil der Basis wie in *blätter-n*) segmentieren läßt (frnhd.: *räuch-ern, mich schläf-ert*). Im Bonner Korpus sind die wenigen Verben nicht vor dem 16. Jh. belegt, was auf eine (sehr begrenzte) Produktivität schließen läßt (ebda., 55f.). Nur vereinzelt treten frnhd. Verben mit spirantischen Suffixen auf: *herr-schen, reich-sen, be-nam-sen, ihr-zen.* Eine gewisse Produktivität scheint *-en(t)zen* im Vergleichsmuster entwickelt zu haben: *luther-enzen* 'den Lehren Luthers anhängen', *schwebel-entzen* 'nach Schwefel riechen' (s. ebda., 77ff.). Das Suffix *-(e)nen* kommt bis auf wenige Reliktformen (alem. *eraufnen*) in frnhd. Zeit außer Gebrauch; in frühen Texten dient es in begrenztem Umfang zur Ableitung aus BA (*stet-enen, vest-enen, ver-gleich-nen,* s. ebda., 58).

4.6. Tendenziell steigt im Frnhd. die morphologische Komplexität abgeleiteter Verben. Neben der suffixalen Ableitung (v. a. mit *-ieren* und *-igen*) ist als die wichtigste Verschiebung die deutliche Zunahme von kombinatorischen Ableitungen mit Präfix zu nennen, die entweder 'spontan' gebildet werden oder eine ältere präfixlose Bildung im Zuge der Konkurrenz verdrängen (*ledig-en > ent-ledig-en, alt-en > ver-alt-en, jmd. lohn-en > jdn. be-lohn-en* u. v. a.). Im 16. Jh. setzt bei den deadj. Verben, bei denen das Bildungsmuster schon früh relativ stark ausgeprägt ist, ein enormer Schub ein, während die Entwicklung bei der desubst. Ableitung stetiger und weniger ausgeprägt verläuft (Anteil komb. Bildungen im 14. Jh.: mit BA 24%, mit BS 10%; im 17. Jh.: mit BA 64%, mit BS 34%). Vor allem im deadj. Bereich führen die

morphologischen Verschiebungen (hier ist des weiteren die Erhöhung der Basiskomplexität zu nennen: *etw. milt-en > etw. milder-n, sich be-reich-en > sich be-reicher-n*) zunächst zu einer Fülle von Konkurrenzen, die hin zum 17. Jh. weitgehend abgebaut werden.

Zu interpretieren ist die Entwicklung auf der morphologischen Ebene am ehesten als eine Tendenz zur deutlicheren ausdrucksseitigen Markierung der Wortart beim abgeleiteten Verb (bzw. zur deutlicheren Unterscheidung von Verbbildung und nominaler Basis); hier sind die Präfixe aufgrund ihrer auch semantischen Komponente besonders leistungsfähig, und im Erstarken der komb. Bildungsweise ist vielleicht ein Grund für das weitgehende Erlöschen der Produktivität der dt. Verbsuffixe (insbesondere *-igen*) zu sehen (vgl. Prell/Schebben-Schmidt 1996, 388ff.; zu Konkurrenzen im deadj. Bereich ebda., 312ff.).

4.7. Bezogen auf den Gesamtbereich der Verben dominiert die (denominale und insbesondere auch deverbale) Wortbildung mit Hilfe einer „geradezu wortartencharakteristischen Fülle von Präfixen und präfixartig gebrauchten Morphemen" (Erben 1993, 123; s. auch ebda. und Fleischer 1972, 138 zur Entstehung dieses Phänomens; zum Frnhd. s. Kolde 1964, 38). Im Frnhd. werden die recht produktiven verbalen Präfixe *miß-, be-, ent-, ver-, zer-* und *er-* z. T. noch abweichend von der nhd. Standardsprache verwendet; eine stärkere semantische Profilierung erfolgt in einigen Fällen erst im Verlauf des Frnhd.; so sind u. a. belegt:

bebieten, beadeln, befinstern; entbrechen, entschlagen, entwachen; missehoffen, missestunden; verdeuten, verdemutigen, verhoffen; zerplagen, zerscheitern; erkriegen, ersettigen, ertoten. er- — seltener *zer-* — konkurrieren mit *ver-*, und *ver-* konkurriert zusätzlich mit *be-*, so *verblindet, vergetzen, verdulden, vermort, verzellen, vermantelt, verunruhigt; zernichten, zerstümmelt; erstummen, erdorrt, erfaulen, ersterben, erhungert, erstört* etc. Zur Konkurrenz von *ver-* und *be-* vgl. Kolde (1964, 177ff.).

Im Vergleich zum Nhd. charakteristisch ist der frnhd. höhere Anteil von Bildungen mit dem Präfix *er-*; die anteilmäßige Nutzung von *ver-* und v. a. *ent-* nimmt im Nhd. zu, die von *be-* bleibt recht konstant (vgl. Habermann 1994, 399f.; Prell/Solms 1987, 102; zum Rückgang von *er-* bei der deadj. Ableitung Prell/Schebben-Schmidt 1996, 308ff.).

Anstelle von *zer-* steht bis ins 17. Jh. noch häufig *zu-*, so *zubrechen, zustort, zubersten* etc. (vgl. auch V. Moser 1909, 219).

Der Gebrauch des Präfixes *ver-*, das auf verschiedene Präfixe zurückgeht und im Mhd. bei gleichen Basen die verschiedensten, z. T. entgegengesetzten Bedeutungen auszudrücken vermag, erfährt im 16.–18. Jh. eine quantitative Einschränkung zugunsten einer klaren Semantik (Leopold 1907, 272), doch sind bei diesem Präfix noch in der gegenwärtigen Standardsprache mehrere Funktionsgruppen zu verzeichnen.

Das *ge*-Präfix wird bei Verben vom Mhd. zum Nhd. drastisch reduziert. Hier ist eine tendenzielle funktionale Trennung von flexivischem *ge-* des Part. Prät. und Ableitungssuffix zu beobachten (vgl. Fleischer 1980, 56). Im Frnhd. sind Verben mit *ge*-Präfix zahlreicher nur im 14. Jh. belegt; zum 15. Jh. hin nehmen sie deutlich ab und sind im 16./17. Jh. bereits überwiegend auf die im Nhd. verbliebenen beschränkt.

Das Präfix *der-* – die ʻDentalisierungʼ des Präfixes *er-* – ist nach gelegentlichem früheren Auftreten im 14. Jh. im Bair. bereits häufig. Zur Entstehung dieses *d-* s. V. Moser (1951, § 128, Anm. 4) und Ahldén (1953, 137 ff.). Bis Mitte des 14. Jhs. dehnt sich seine Benutzung nach Böhmen, ins Obfr. und Omd., bes. Schlesische, aus. Das Schwäb. und Alem. sind weniger betroffen. Im 15. Jh. ist das Suffix am häufigsten belegt, während im 16. Jh. die Belegzahlen wieder abnehmen. In späteren Texten wird es z. T. bewußt als Stilmittel zum Ausdruck des Volkstümlichen oder Derb-Mundartlichen genutzt. In den rezenten Mundarten ist *der-* weitgehend in den alten Grenzen erhalten.

Die für das Nhd. unterschiedenen funktionalen Typen der Verbpräfigierung sind frnhd. bereits vorhanden bzw. bilden sich in frnhd. Zeit heraus, wobei die Beleghäufigkeit von Präfixverben im Frnhd. diachron zunimmt (s. Solms 1989, 21 ff.). Nur in einem Teil der Fälle (so bei *brennen > entbrennen*) wird durch Präfigierung „eine wirklich neue Zeichenbeziehung gestiftet" (ebda., 27), d. h. ein vorher nur komplex ausdrückbarer Inhalt einem neuen Wortschatzelement zugeordnet; in anderen Fällen ist „die Verlagerung von Informationen des Simplex auf neu gebildete Präfixverben" (ebda.) feststellbar. Dies kann dazu führen, daß das präfigierte Verb die Funktion des Simplex in einem Ablösungsprozeß gänzlich übernimmt (s. o. 4.6.). Oft gibt ein (polysemes) Simplex jedoch nur eine bestimmte Verwendung bzw. Bedeutung an ein Präfixverb ab: so übernimmt *etw./jdn. beweinen* im 15. Jh. die für das 14. Jh. noch be-

legte transitive Verwendung von *weinen*, worauf das Simplex nur in intransitiver Verwendung weiterbesteht. Auch hier geht die Entwicklung somit „von einem Zustand tiefenstruktureller Markierung zu einem Zustand oberflächenstruktureller, d. h. ausdrucksseitiger Merkmalhaftigkeit" (Solms 1989, 30).

5.   Literatur (in Auswahl)

Ahldén, Tage, Der- = Er-. Geschichte und Geographie. Göteborg 1953. (AUG 1953: 5).

Baumgarten, Bruno, Über steigernde Zusammensetzungen. In: ZdU 22, 1908, 273–299.

Bentzinger, Rudolf, Zur Verwendung von Adjektivsuffixen in Erfurter Frühdrucken. In: Zum Sprachwandel in der deutschen Literatursprache des 16. Jhs. Studien – Analysen – Probleme. Hrsg. v. Joachim Schildt. Berlin 1987, 151–266. (Baust. 63).

Ders., Zur Verwendung von Adjektivsuffixen im Frühneuhochdeutschen. Ein Beitrag zur Diskussion der historischen Wortbildung. In: Deutsche Sprachgeschichte 1990, 209–215.

Besch, Werner, Sprachlandschaften und Sprachausgleich im 15. Jahrhundert. München 1967. (BG 2).

Brendel, Bettina [u. a.] Wort- und Begriffsbildung in frühneuhochdeutscher Wissensliteratur: substantive Affixbildung. Wiesbaden 1997.

Deutsche Sprachgeschichte. Grundlagen, Methoden, Perspektiven. Festschrift für Johannes Erben zum 65. Geburtstag. Hrsg. v. Werner Besch. Frankfurt/M. 1990.

Doerfert, Regina, Die Substantivableitungen mit *-heit/-keit, -ida, -î* im Frühneuhochdeutschen. Berlin 1994. (SLG 34).

Döring, Brigitte/Birgit Eichler, Sprache und Begriffsbildung in Fachtexten des 16. Jahrhunderts. Wiesbaden 1996.

Eichholz, Hermann, Die Zusammenbildungen im Mittel- und Neuhochdeutschen. Diss. (masch.) Gießen 1918.

Erben, Johannes, Zur Geschichte der deutschen Kollektiva. In: Sprache – Schlüssel zur Welt. Festschrift für Leo Weisgerber. Hrsg. v. Helmut Gipper. Düsseldorf 1959, 221–228.

Ders., Deutsche Wortbildung in synchronischer und diachronischer Sicht. In: WW 14, 1964, 83–93.

Ders., Einführung in die deutsche Wortbildungslehre. 3., neubearb. Aufl. Berlin 1993. (GG 17).

Fleischer, Wolfgang, Strukturelle Untersuchungen zur Geschichte des Neuhochdeutschen. Leipzig 1966. (SbSächsA 112, 6).

Ders., Tendenzen der deutschen Wortbildung. In: DaF 9, 1972, 132–141.

Ders., Wortbildungstypen der deutschen Gegenwartssprache in historischer Sicht. In: ZfG 1, 1980, 48−57.

Ders., Zur Entwicklung des Systems der Wortbildung in der deutschen Literatursprache unter dem Blickpunkt von Luthers Sprachgebrauch. In: Martin Luther. Kolloquium der 500. Wiederkehr seines Geburtstages (10. November 1483). Berlin 1983, 54−69. (Sitzungsberichte 11/G).

Ders., Sprachgeschichte und Wortbildung. In: BES 6, 1986, 27−36.

Ders., Charakteristika frühneuhochdeutscher Wortbildung. In: Studien zum Frühneuhochdeutschen. Festschrift für Emil Skála. Hrsg. v. Peter Wiesinger. Göppingen 1988, 185−191. (GAG 476).

Flury, Robert, Struktur- und Bedeutungsgeschichte des Adjektiv-Suffixes -bar. Winterthur 1964.

Gade, Karl, Über die Ausbreitung einer Art männlicher Verbalsubstantiva im Neuhochdeutschen. Vierter Jahresbericht der Städtischen Kaiser Wilhelm II.-Realschule zu Göttingen. Ostern 1897. Göttingen 1897.

Götze, Alfred, Zur Geschichte der Adjektiva auf -isch. In: PBB 24, 1899, 464−522.

Grimm, Christian, Substantivische Affixbildung in wissensliterarischen Texten des Frühneuhochdeutschen. In: Moser/Wolf 1989, 65−86.

Ders./Stephan Moser, Zur Problematik der Diminutivsuffixe in wissensliterarischen Texten des Frühneuhochdeutschen. In: Moser/Wolf 1989, 105−110.

Gürtler, Hans, Das Diminutivsuffix -chen im Frühneuhochdeutschen. Diss. Freiburg/Br. Düsseldorf 1909. [= 1909a].

Ders., Materialien zur Geschichte der Diminutiva auf -chen im Frühneuhochdeutschen. In: ZdWf 11, 1909, 181−210. [= 1909b].

Gützlaff, Kathrin, Von der Fügung Teutscher Stammwörter. Die Wortbildung in J. G. Schottelius 'Ausfuhrlicher Arbeit von der Teutschen HauptSprache'. Hildesheim/New York 1989. (DL. Deutsche Grammatiken des 16. bis 18. Jhs. Studienreihe 2).

Habermann, Mechthild, Verbale Wortbildung um 1500. Eine historisch-synchrone Untersuchung anhand von Texten Albrecht Dürers, Heinrich Deichslers und Veit Dietrichs. Berlin/New York 1994. (WNF 2).

Dies./Peter O. Müller, Verbale Wortbildung im Nürnberger Frühneuhochdeutschen am Beispiel er-. In: Moser/Wolf 1989, 45−64.

Dies., Zur Wortbildung bei Albrecht Dürer. Ein Beitrag zum Nürnberger Frühneuhochdeutschen um 1500. In: ZdPh 106, 1987, Sonderheft. Zum Stand der Sprachwissenschaftlichen Forschung. Besorgt von Werner Besch/Klaus-Peter Wegera, 117−137.

Haltenhoff, Julius, Zur Geschichte des nhd. Adjektivsuffixes -icht und seiner Verwandten. Diss. Heidelberg. Guben 1904.

Hauschild, Oskar, Die verstärkende Zusammensetzung bei Eigenschaftswörtern. In: ZdWf 4, 1903, 315−321; 5, 1903/04, 242−248; 6, 1904/05, 198−211.

Heinle, Eva-Maria, Wortbildung des Adverbs. In: Moser/Wolf 1989, 9−19.

Henzen, Walter, Deutsche Wortbildung. 3. Aufl. Tübingen 1965 (Sammlung kurzer Grammatiken germanischer Dialekte B. 5).

Inghult, Göran, Die semantische Struktur desubstantivischer Bildungen auf -mäßig. Eine synchronisch-diachronische Studie. Stockholm 1975.

Johansson, Evald, Die Deutschordenschronik des Nicolaus von Jeroschin. Eine sprachliche Untersuchung mit komparativer Analyse der Wortbildung. Ein Beitrag zur Erforschung der Ordenssprache und ihrer Rolle in der Entwicklung der nhd. Schriftsprache. Lund/Kopenhagen 1964. (LGF 36).

Kiesewetter, Jutta, Entwicklungsprozesse in der deutschen Wortbildung, in Ausschnitten verfolgt und dargestellt an den verbalen Bildungen mit den Elementen bei-, dar- und ob-. Diss. Leipzig 1988.

Kolb, Herbert, Über das Suffix -igkeit. In: Studien zur deutschen Grammatik. Festschrift für Johannes Erben. Hrsg. v. Erwin Keller/Hans Moser. Innsbruck 1985, 159−167. (IBK. Germ. Reihe 25).

Kolde, Gottfried, Die verbale be- Komposition in Prosatexten des 14. bis 17. Jhs. Diss. Göttingen 1964.

Kurth, Richard, Über den Gebrauch der Bildungen auf -ei, -erei und -elei. In: PBB (H) 75, 1953, 442−451. [= 1953a].

Ders., Zum Gebrauch der sogenannten ge-Abstrakta. In: PBB (H) 75, 1953, 314−320. [= 1953b].

Ders., Bildung und Gebrauch der Wörter auf -ung. In: PBB (H) 78, 1956, 307−316.

Lenz, Philipp, Auslautendes -ig, -ich und verwandte Wortausgänge im Deutschen. In: ZhdMaa. 4, 1903, 195−215.

Leopold, Max, Die Vorsilbe ver- und ihre Geschichte. Breslau 1907. (GAL 27). Neudr. Hildesheim/New York 1977.

Moser, Hans/Norbert Richard Wolf (Hrsg.), Zur Wortbildung des Frühneuhochdeutschen. Ein Werkstattbericht, Innsbruck 1989. (IBK. Germ. Reihe 38).

Moser, Hugo/Hugo Stopp (Hrsg.), Grammatik des Frühneuhochdeutschen. Bd. I,2/I,3. Bearb. v. Hugo Stopp. Heidelberg 1973; 1978.

Moser, Stephan, vespervliegerinne, notgedrengnuezz, entzwyschenkommung. Eine Datenbank zur substantivischen Wortbildung in wissensliterarischen Texten des Frühneuhochdeutschen. In: Moser/Wolf 1989, 87−104.

Ders., Substantivische Affixbildung im Frühneuhochdeutschen. Morphologie und Semantik der Präfixe außer ge- und der Suffixe -el, -(l/u)er,

-(e)rich, -(eli)ss(elin), -icht, -in -lein, -ling. Diss. Würzburg 1993.

Moser, Virgil, Historisch-grammatische Einführung in die frühneuhochdeutschen Schriftdialekte. Halle/S. 1909. Nachdr. Darmstadt 1971.

Müller, Peter O., Historische Wortbildung: Forschungsstand und Perspektiven. In: ZfdPh 112, 1993, 394–419. [= 1993 a].

Ders., Substantiv-Derivation in den Schriften Albrecht Dürers. Berlin/New York 1993. (WNF 1). [= 1993 b].

Nitta, Haruo, Zur Erforschung der 'uneigentlichen' Zusammensetzung im Frühneuhochdeutschen. In: ZfdPh 106, 1987, 400–416.

Nordin, Per Gunnar, Die Zusammensetzung von Adjektiv oder Partizip im Spätmittelhochdeutschen. Lund 1945. (LGF 18).

Öhmann, Emil, Zur geschichte der adjektivabstracta auf -ida-, -î und -heit im deutschen. Helsinki 1921. (AASF 15, 4).

Ders., Zur Chronologie zweier Lehnsuffixe im Deutschen. In: NphM 34, 1933, 125–129.

Ders., Suffixstudien I: Die mittelhochdeutschen Suffixe -îe und -eie (< -eia). In: NphM 67, 1966, 225–234.

Ders., Suffixstudien III: Das deutsche Suffix -(i)tät. In: NphM 68, 1967, 242–249.

Ders., Suffixstudien VI: Das deutsche Verbalsuffix -ieren. In: NphM 71, 1970, 337–357.

Ders., Suffixstudien VII: Das deutsche Substantivsuffix -ier. Das deutsche Suffix -tät. Nachtrag. In: NphM 72, 1971, 526–540.

Ders., Suffixstudien VIII: Die deutschen Diminutivsuffixe -lein und -chen. In: NphM 73, 1972, 555–567.

Ders./Lauri V. Seppänen/Kullervo Valtasaari, Zur Geschichte des deutschen Suffixes -ieren. In: NphM 54, 1953, 159–176.

Okrajek, Margrit, Substantivverbindungen im Frühneuhochdeutschen. Diss. (masch.) Berlin 1966.

Ortner, Hanspeter/Lorelies Ortner, Zur Theorie und Praxis der Kompositalforschung. Mit einer ausführlichen Bibliographie. Tübingen 1984. (FldS 55).

Pavlov, Vladimir M., Die substantivische Zusammensetzung im Deutschen als syntaktisches Problem. München 1972.

Ders., Zur Ausbildung der Norm der deutschen Literatursprache (1470–1730). Von der Wortgruppe zur substantivischen Zusammensetzung. Berlin 1983. (Baust. 56/VI).

Pfennig, Heinrich, Das Deminutivum bei Schiller und seinen Zeitgenossen. In: ZdWf 6, 1904/05, 1–40.

Piltz, Günther, Die Bedeutungsentwicklung der Substantiva auf -heit, -schaft und -tum. Diss. (masch.) Hamburg 1951.

Polzin, Albert, Studien zur Geschichte des Deminutivums im Deutschen. Straßburg 1901. (QFSC 88).

Prell, Heinz-Peter, Zur Verbableitung bei Martin Luther. In: Moser/Wolf 1989, 39–44.

Ders., Luthers Übersetzung des NT in protestantischer und katholischer Tradition im 17. Jh. Zu Wortbildung und Syntax der frnhd. Bibelsprache. In: Deutsche Sprachgeschichte 1990, 217–225.

Ders., Die Ableitung von Verben aus Substantiven in biblischen und nichtbiblischen Texten des Frühneuhochdeutschen. Eine vergleichende Untersuchung von Texten des 14. bis 17. Jhs. Frankfurt/M. 1991. (EH I/1274).

Ders./Marietheres Schebben-Schmidt, Die Verbableitung im Frühneuhochdeutschen. Berlin/New York 1996. (SLG 41).

Ders./Hans-Joachim Solms, Zur Wortbildung des Verbs. In: ZfdPh 106, 1987, Sonderheft. Frühneuhochdeutsch. Zum Stand der sprachwissenschaftlichen Forschung. Besorgt v. Werner Besch/Klaus-Peter Wegera, 89–116.

Reiffenstein, Ingo, Endungszusammenfall (Suffixsynkretismus) in diachroner und synchroner Sicht. In: Sprache. Gegenwart und Geschichte. Düsseldorf 1969, 171–186. (Spr. d. Geg. 5).

Rosenqvist, Arvid, Das Verbalsuffix -(i)eren. In: AASF 30. Helsinki 1934, 589–635.

Schebben-Schmidt, Marietheres, Deadjektivische Verbbildung mit dem Suffix -ieren im Frühneuhochdeutschen. In: Moser/Wolf 1989, 33–38.

Dies., Studien zur Diminution in der deutschen Schriftsprache des 18. Jhs. In: Deutsche Sprachgeschichte 1990, 313–321.

Schwarz, Brigitte, Wortbildungen in deutschsprachigen Übersetzungen des Neuen Testamentes. Frankfurt/M./Bern/New York 1989. (EH XXI/70).

Schwarz, Hermann, Das Suffix „lich(t)" bei Adjektiven im Neuhochdeutschen. Diss. Freiburg/Br. 1905.

Seidelmann, Erich, Zur Geschichte und Geographie der Kollektivbildungen im Bairisch-Österreichischen. In: Mundart und Geschichte. Hrsg. v. Maria Hornung. Wien 1967, 111–127. (Studien zur Österreichisch-bairischen Dialektkunde 4).

Solms, Hans-Joachim, Frühneuhochdeutsche präfixale Wortbildung und die Umstrukturierung des Lexikons. In: Moser/Wolf 1989, 21–31.

Tiefenbach, Heinrich, -chen und -lein. Überlegungen zu Problemen des sprachgeographischen Befundes und seiner sprachhistorischen Deutung. Mit fünf Karten. In: ZDL 54, 1987, 2–27.

Törnqvist, Nils, Zum Wortbildungstyp Wagehals, Taugenichts. In: NphM 60, 1959, 12–28.

Waldherr, Friedrich, Die durch Ableitungssuffixe gebildeten Verba der schwachen Konjugation im 16. Jh. Darmstadt 1906.

Wegera, Klaus-Peter, Möglichkeiten und Grenzen der philologischen Auswertung einer elektronisch gespeicherten Datei zum Frühneuhochdeutschen. Aufgezeigt am Beispiel der Diminutivsuffixe. In: Sprachen und Computer. Festschrift zum 75. Geburtstag von Hans Eggers. Hrsg. v. Hans Fix/Annely Rothkegel/Erwin Stegentritt. Dudweiler 1982, 207–222.

Wegstein, Werner, Probleme der Untersuchung von Komposita. In: Moser/Wolf 1989, 111–117.

Wellmann, Hans, Die Wortbildung. In: Duden. Grammatik der deutschen Gegenwartssprache. 5. Aufl. Mannheim 1995, 399–539.

Wolf, Nobert Richard, Wortbildungen in wissensliterarischen Texten. In: ZfdPh 106, 1987, Sonderheft. Frühneuhochdeutsch. Zum Stand der Sprachwissenschaftlichen Forschung. Besorgt v. Werner Besch/Klaus-Peter Wegera, 137–149.

Wolf, Notburga, Beobachtungen zur Wortbildung Oswalds von Wolkenstein. In: Germanistische Studien. Hrsg. v. Johannes Erben/Eugen Thurnher. Innsbruck 1969, 93–105. (IBK 15).

van Zuiden, Jozef, Die Verba auf -igen im Deutschen. Diss. Amsterdam. Maastricht 1934.

Klaus-Peter Wegera, Bochum
Heinz-Peter Prell, Oslo

116. Die Textsorten des Frühneuhochdeutschen

1.   Vorbemerkung

Der hier behandelte Textsortenbereich stammt hauptsächlich aus dem 15. und 16. Jh., einem Zeitraum, der bei den unterschiedlichen Versuchen, das Frnhd. zeitlich einzugrenzen, im Zentrum steht (zur Periodisierungsproblematik: Reichmann/Wegera 1988, IX mit weiterer Literatur). In diesen Zeitraum fallen so bedeutsame geistige Bewegungen wie Devotio moderna, Humanismus und Renaissance, Reformation und Gegenreformation sowie Veränderungen der politisch-sozialen, ökonomischen und kirchlichen Strukturen (Zentralisierung und Bürokratisierung der Verwaltungsinstitutionen in Territorien und Städten, Frühkapitalismus im Fernhandel). Mit den Entdeckungen bahnt sich ein neues Menschen- und Weltbild an („Kopernikanische Wende"). Im 15. Jh. gab es einen erneuten qualitativen Sprung in der Ausbreitung schriftlicher Kommunikation („Literatur-Explosion", Kuhn 1980, 20). Voraussetzung für diesen Verschriftlichungsschub war das Papier als Schriftträger; es erlaubte im Vergleich zum Pergament eine billigere Textproduktion (erste Papiermühle 1439 in Nürnberg), so daß Texte arbeitsteilig kommerziell in Manufakturen hergestellt wurden (Diebold Lauber in Hagenau). Mit der billiger gewordenen Lesebrille (erste Abbildung 1403) konnten auch mehr sehschwache Menschen lesen. Neben den Lateinschulen entstanden immer mehr dt.

Stadtschulen, in denen Lesen, Schreiben und Rechnen gelehrt wurde. Dadurch erhöhte sich seit dem Ende des 14. Jhs. der Anteil von Stadtbewohnern, die lesen konnten (Nürnberg: *pei vier tausend lerkneblein und maidlein* 1487; Ende des 16. Jhs. 75 Schulen; Hartweg/Wegera 1989, 53). Die jährlich zweimal stattfindenden Buchmessen in Frankfurt/ M. (ab ca. 1500) verstärkten den überregionalen Buchhandel, und der Buchdruck eröffnete, wenn auch mit einer Latenzzeit von ca. 30 Jahren, einen erweiterten Kommunikationsrahmen (zur Medien- und Bildungsgeschichte allgemein: v. Polenz 1991, 114ff.). Sehr viel mehr soziale Gruppen nahmen deshalb im Laufe des 15. Jhs. — zumindest passiv — an den Fragen des öffentlichen Interesses teil, ungemein verstärkt in der Frühphase der Reformation. — Alle diese gravierenden Wandlungen trugen zu einer generellen Ausweitung von schriftlichen Texten bei. Das gilt sowohl für die tradierten Textbereiche wie für die Entstehung neuer Textsorten (TSS).

Wir verwenden den Terminus „Textsorte" (TS) für schriftlich typisierte Texte in einem spezifischen Sinn (Adamzik 1995, 16), wonach Textexemplare jeweils funktional (vgl. Art. 16), medial (Handschrift, verschiedene Druckmedien), thematisch und formal (z. B. Prosa und Vers) differenzierten Textklassen zugeordnet werden. Für die artifiziellen Texte liegt es nahe, die herkömmlichen literarischen Gattungsbezeichnungen beizubehalten (vgl. Art. 95).

Bei der Beschreibung der TSS des 15./16. Jhs. kann keine Vollständigkeit angestrebt werden. Hierfür verweisen wir auf die neueren Literaturgeschichten wie Spriewald 1976; Weimann 1977; Wehrli 1980; Glier 1987; Cramer 1990; Bennewitz/ Müller 1991; Rupprich 1994 und die Textzeugnisse bei Heger 1975/78; Reichmann/Wegera 1988 (vgl. 6.). — Uns geht es um einen groben Überblick über den TSS-Bestand, gegliedert nach Funktiolekten (vgl. 2. und 3.). Wir untersuchen diesen Bestand nachfolgend nach gesellschaftlichen Interessen, Zwecken und Gebrauchsweisen der Literaturproduzenten, nach Distribution und Rezeptionskreisen (vgl. 4.). Unser Hauptaugenmerk gilt dabei den Veränderungen in den TSS-Feldern (Variation und Innovation), die besonders zukunftsträchtig und gesellschaftlich relevant sind und an denen sich deutlich die Verbindung von gesellschaftlichen und kommunikativen Wandlungen ablesen läßt (vgl. 3. und 5.).

2. Zur Grobgliederung der Textsorten

2.1. Die schriftlich überlieferten Texte des 15. und 16. Jhs. erweisen sich als eine unübersehbar große, weitgefächerte, vielschichtige und einzelne Fachbereiche übergreifende Textmenge. Um einen Überblick über diese riesige Textmasse zu bekommen und um Änderungen im TSS-Wandel aufzuzeigen, ist ein grobes Gliederungsraster notwendig, das es ermöglicht, die TSS im Bereich der Dichtung und Unterhaltung ebenso zu erfassen wie die mit religiösen, moralischen, philosophischen, historischen, juristischen, medizinischen, dokumentarischen, naturbeschreibenden und alltäglichen Inhalten.

Eine bis auf die Stufe spezifizierter TSS gehende Klassifizierung (z. B. 'Geschäfts-/Liebesbrief') aller Texte einer entwickelten Schriftkultur ist wegen der zu großen Heterogenität der Klassifizierungsmerkmale ohnehin kaum möglich (Adamzik 1995, 26). Da Gliederungsversuche nach zeitgenössischen Werktiteln, nach Überlieferungsverbänden oder neuzeitlichen Gattungsbegriffen (ebenso wie im Mittelalter, vgl. Art. 95) keine hinreichend einsichtige Systematik ergeben (trotz Kuhn 1980), stützen wir uns für eine grobe Orientierung auf den Begriff 'Sinnwelt' (Alfred Schütz 1971) und versuchen, unser heutiges 'Welten'-Verständnis auf Texte des 15./16. Jhs. zu übertragen. Dabei sind wir uns der Problematik einer zeitübergreifenden Sinnweltinterpretation bewußt. Es wird hier also keine differenzierte Textklassifikation angestrebt, sondern ein grobes Ordnungsraster auf sehr abstrakter Stufe, das für sehr große Textmengen einen ersten Zugriff erlaubt.

Wir gehen von fünf 'Sinnwelten' aus, in denen Wirklichkeit interpretiert und in Texten mitgeteilt wird: die alltägliche, die institutionelle, die religiöse, die wissenschaftliche und die dichterische 'Welt', denen spezifische Semantiken entsprechen (Funktiolekte, vgl. Steger 1988, 296ff.). Diese Denk-, Sprach- und Kommunikationsbereiche waren damals viel weniger getrennt als heute. Religion, Kunst und Wissenschaft waren weniger voneinander abgegrenzt; sie griffen häufiger in das all-

tägliche Leben ein und hatten mehr allgemeingesellschaftliche Aufgaben zu erfüllen. Dennoch kann man auch einige damalige Texte und TSS nur einem der fünf Bereiche zuordnen (z. B. Katechismus: Religion; Gesetzestext: Institution). Der Großteil der Texte liegt aber in Überschneidungsfeldern solcher Sinnbereiche.

2.2. *Alltagswelt:* Dominante Funktion: Kommunikation zwischen Individuen und Gruppen zur Sicherung des materiellen und sozialen Lebens; Einstellung auf pragmatische und jeweils aktuelle Handlungskontexte. Thematische Affinitäten: Familie und soziale Primärgruppen, Arbeit und Beruf, Öffentlichkeit (zumindest partiell), lebens- und gruppengeschichtliche Vergewisserung der Tradition. Teilnehmer der Arbeitswelt sind grundsätzlich alle Menschen, die durch Lebensgemeinschaften und gemeinsame Interessen miteinander verbunden sind. Auch für das 15./ 16. Jh. wird für die Alltagserfahrung eine Basisfunktion angenommen, obwohl Natur und Gesellschaft öfter und intensiver als heute religiös gedeutet wurden. TSS-Gruppen: Privatbrief, Testament, Autobiographie, Kalender, Haus-, Berufs- und Handwerksliteratur (Bereich der artes mechanicae), Rechnungsbuch, Güterverzeichnis usw.

2.3. *Institutionen:* Dominante Funktion: Regelung einzelner Ausschnitte des sozialen Lebens nach tradierten, oft genau definierten Begriffen und explizit geregelten Verfahrensnormen in den Bereichen Politik, Verwaltung, Recht und teilweise Wirtschaft. Institutionen sind die Träger spezifischer, z. T. genormter TSS und der mit ihnen verbundenen Stile und Formulierungsweisen (Kanzleistil). Interpretiert wird die Wirklichkeit nach definierten Rechten und Pflichten, Bestimmungen (z. B. für Normverletzungen), Definitionen, Ausnahmeregelungen usw. innerhalb hochgradig differenzierter Begriffssysteme. Die Differenzierung und Genauigkeit begrifflicher Bestimmungen schafft einen semantischen Abstand zu gleichlautenden Wörtern der Alltagssprache (Steger 1989, 127). Viele institutionelle Begriffe kommen aus Fremd- bzw. Fachsprachen.

Im 15./16. Jh. werden nicht nur vorhandene Institutionen in Territorien und Städten ausgebaut, sondern die Zahl neu gebildeter Institutionen wächst auch erheblich an (auf Reichsebene: periodisch tagende Reichstage, Reichskammergericht seit 1495 usw.; in Handel und Gewerbe: Kontore und Banken). In den protestantischen Ländern werden Superintendenturen eingerichtet. Diese Entwicklungen bedingen einen Zuwachs und eine Ausdifferenzierung in den TSS-Gruppen: Gesetz, (Ver-)ordnung (wichtig für die Umstrukturierung der Organisation der sozialen Fürsorge: protestantische Kastenordnung), Vertrag, Protokoll.

2.4. *Religion:* Dominante Funktion: Interpretation der Welt und des Lebens aufgrund geoffenbarter Wahrheiten zum Zwecke der Heilssicherung. Religionsspezifische Themen sind in diesem Zeitraum die Inhalte der christlichen Lehre. In religiösen Texten soll der Glaube in Dogma und Kult immer wieder aktiviert werden. Religiöse Kommunikation erfaßte grundsätzlich alle Menschen, jedoch gab es auch spezielle Zusammenkünfte (Kult), Institutionen (z. B. Orden) und Gruppen (z. B. Mystiker). TSS: Predigt, katechetische Literatur (Sündenkataloge), Gebet- und Sterbebücher (ars moriendi), Gesangbücher, Bibelübersetzung, Plenarien u. a.

2.5. *Wissenschaft:* Kohärente und generelle Interpretation der Wirklichkeit mit argumentativer, systematisierender Einstellung. Zentrale Themen sind die Inhalte der Universitätsfächer: septem artes liberales (mit Astrologie und weiteren naturwissenschaftlichen Fächern), Theologie, Jura, Medizin. Die Sprache der Wissenschaft ist vorwiegend das Latein. Der Kommunikationskreis ist auf Gebildete beschränkt. Im Laufe des 15. und 16. Jhs. werden jedoch wissenschaftliche Teilbereiche (15. Jh. Theologie; 16. Jh. Medizin, Historiographie, „Naturwissenschaften") zunehmend durch Übersetzungen einem größeren Leserkreis zugänglich gemacht.

2.6. *Dichtung:* Synthetischer Weltentwurf und ästhetische Ausdrucksformung mit dem Ziel des „prodesse et delectare". Obwohl im 15. Jh. strenge Formprinzipien und Gattungsgrenzen aufgegeben wurden, zeichnet sich die Dichtung gegenüber anderen Funktionsbereichen der Sprache durch ihren artifiziellen Charakter aus. Der Großteil der Werke steht nach wie vor unter dem Primat des Christlich-Moralischen. Unter dem Einfluß der frz., ital. und nlat. Dichtung werden seit Ende des 15. Jhs. neue Formen übernommen. Die Zwecke ästhetisch geformter Texte sind religiös-moralisch (S. Brant, Th. Murner), politisch-kritisch (U. v. Hutten, N. Manuel), fabulierend-erzählend (sog. Volksbücher) und fast immer didaktisch, selbst

dort, wo Lehrhaftigkeit geleugnet wird (vgl. Vorwort von Wickrams *Rollwagenbüchlein:* „zu keiner leer"). Die Nähe zu alltäglichen und religiösen Lebensbezügen war also groß.

2.7. Diese fünf Text- und Kommunikationsbereiche überschneiden sich oft zwei-, drei- oder vierfach. Dabei liegen die Texte besonders häufig in den Überschneidungsfeldern der alltäglichen, institutionellen und religiösen Bereiche. Unsere These ist nun, daß es im Hinblick auf die Menge und die gesellschaftliche Relevanz der TSS historische Schwerpunktbildungen in diesen Kommunikationsbereichen und ihren Überlappungsfeldern gibt. Während im 15. Jh. der Schwerpunkt im Bereich Religion mit Überschneidungsfeldern liegt, zeichnen sich im 16. Jh. besondere Ausgrenzungen und Verlagerungen ab: Die Literatur der frühen Reformationszeit ist fast ausschließlich religiös-sozialpolitisch motiviert (vgl. Könneker 1975; Baeumer 1980; Walz 1988); im Laufe des 16. Jhs. verselbständigen sich die sachbezogenen Wissensgebiete und der Bereich der aktuellen Nachricht. Hinzu kommt eine generelle Tendenz zur fortschreitenden TSS-Differenzierung und Typisierung, die z. B. im Bereich der Wissenschaft mit der Bildung und Ausformung neuer Fachdisziplinen einhergeht.

3. Bestandsaufnahme: Tradition, Variation und Innovation

3.1. *Alltag:* Der Sog zunehmender Verschriftlichung erfaßt auch die Alltagskommunikation. Das gilt primär für die auf praktische Anwendung ausgerichteten haus- und berufsbezogenen TSS: kompendienartige Hausbücher, Koch- und Weinbücher, hausmedizinische Traktate, Kräuter- und Arzneibücher (Human- und Tiermedizin), Anweisungen für einzelne Tätigkeiten und Handwerke (im 14. Jh. schon Gottfrieds *Peltzbuch*, Färberanweisungen usw.), Bauernpraktiken, Schriften zum Montanwesen, Prognostiken und Kalender verschiedenen Typs. Speziell auf den höfischen Lebensbereich zugeschnitten sind z. B. Jagd-, Turnier-, Fecht- und Wappenbücher usw. (Eis 1967, 1971; Assion 1973; Keil/Assion 1974). Als Reaktionen auf Ausweitung und Veränderungen des Schulbetriebs sowie private Bedürfnisse (elementare wie gehobene Lese-, Schreib-, Rechenfähigkeit, fremdsprachliche Kenntnisse) ist hier die Vielfalt der Lehr-/Unterrichtstexte, besonders im 16. Jh. zu nennen: Lesebücher, Grammatiken (z. B. V. Ickelsamer, *Ain Teutsche Grammatica*, 1522), Rechenbücher (A. Riese 1518 ff.), mehrsprachige Vokabularien/ Wörterbücher verschiedenen Typs, zweisprachige Schulbücher, Rhetoriken und Briefsteller (z. B. B. Th. Hirschfelder, *Teutsch rhetorica*, 1482; H. Geßler, *Formulare*, 1493; F. Frangk, *Canzlei und Titelbüchlein*, 1531). Einen Teil dieser Texte muß man aufgrund ihres wissenschaftlichen Anteils und der Art ihrer Formulierung (z. B. bei Lexikographie, Grammatik und Rhetorik) dem Überlappungsbereich Alltag/Wissenschaft/Institutionen zuordnen (Müller 1882; Joachimsohn 1893; Claes 1977; Giesecke 1979). Weiterhin werden im 15. Jh. theologische Wissensbestände kompendienartig in dt. Traktat-, Spiegel- und Doctrinalliteratur popularisiert und didaktisiert (teilweise in Versform). Als ein Beispiel für den produktiven Sektor der alltagsbezogenen religiösen Texte, die auf Übersetzungen zurückgehen, sei hier die ars moriendi-Literatur genannt (Rudolf 1957).

Ab Mitte des 15. Jhs. entstehen die ersten selbständigen Ehetraktate mit Zusammenfügungen unterschiedlicher TSS (Exempel- und Sentenzenreihen, Quaestio, Novelle, Legende, wissenschaftlich fundierte Lehre über die Kosmologie und Anthropologie in Albrechts von Eyb, *Ob einem Manne sei zu nehmen ein Weib* 1472) bzw. TSS-Stile (Predigt vs. Pönitentialsumme in Marcus' von Weida, *Spiegel des ehelichen Ordens* 1487). Von Luthers Sermon *Vom ehelichen Leben* 1522 an werden die zahlreichen Ehetraktate des 16. Jhs. syntaktisch, stilistisch und auch im Textaufbau einheitlicher (Luther: Predigt mit Kapitel- und numerisch gegliederter Themeneinteilung; Heinrich Bullinger: *Der christliche Ehestand* 1540: thematische Kapiteleinteilung; Johann Feder, *Ein Dialogus dem Ehestand zu Ehren* 1545: Frage und Antwort). Bei Bullinger gibt es die Tendenz, wie auch in anderen Kompendien (z. B. Hausbücher, Bergbau), alles, was zu einem Lebens- oder Arbeitsbereich gehört (hier Ehe und Familie: Hochzeit, Erziehung, sonntäglicher Gottesdienst), in einem Buch zu versammeln, um es als Nachschlagewerk benutzen zu können (Schwitalla 1997).

Neu und mit dem Medium Druck verbunden sind auch TSS wie Werbeanzeigen, Meßkataloge, Sortimentsverzeichnisse im Buchgewerbe, Einladungen für lokale Zusammenkünfte (z. B. Schützenbriefe), Tauf- und Totenzettel usw. Auch im privaten Bereich wurde mehr geschrieben. Beispiele dafür sind Haushalts- und Rechnungsbücher, Briefkorrespondenz (Metzler 1987), Güter- und spezielle Bücherverzeichnisse. Tagebücher, Familienbücher/Chroniken und frühe Autobiographien zielen darauf, persönliche und familiäre Rechenschaft zu geben und die „memoria" zu sichern. Parallel zu dem Ausbau des Nachrichtenwesens erhält eine breitere Öffentlichkeit Informationen über aktuelle Ereignisse: Einzeldrucke über unterschiedlichste „Tagesereignisse" („Neue Zeitung"), geschriebene und gedruckte Briefzeitungen sowie die ältere Liedpublizistik (Brednich 1974/75) bilden Vorformen für die periodischen Zeitungen im 17. Jh. (vgl. 5.2.3.).

In der frühen Reformationszeit wurden Inhalte der lutherischen Theologie verarbeitet, um bestehende kirchliche und sozialpolitische Ordnungen und Traditionen zu verändern. Die verschiedenen Denkschriften und Reformvorschläge (erste Utopie von H. Hergot 1526) waren ansatzweise mit der *Reformatio Sigismundi* im 15. Jh. vorbereitet. Der illustrierte Einblattdruck in der Größe eines oder eines halben Bogens hatte eine ungemein folgenreiche Geschichte und diente unterschiedlichen Zwecken: Information (Wundererscheinungen), religiöse und moralische Erbauung, politische und konfessionelle Propaganda, Kritik an sozialen Gruppen (in der Reformationszeit: Mönche) und falschen Verhaltensweisen (Geiz, Neugier), Werbung (für Ärzte, Heilbäder etc.). Die Texte waren fast immer in Knittelversen verfaßt und nahmen auf die Bildinhalte bezug. Ab 1492 ließ S. Brant die ersten Flugblätter für Maximilian I. drucken, häufiger aus Anlaß von Wundergeburten oder außergewöhnlichen Himmelserscheinungen (Müller 1980). In der frühen Reformationszeit trat das oft allegorisch und antithetisch angelegte Flugblatt an die Seite der vielen Flugschriften (Meuche/Neumeister 1976; Ecker 1981; Beyer 1994). Diese wurden manchmal in Flugblättern zusammengefaßt und wendeten sich dann eher an ein allgemeines Publikum. Wie in Flugschriften sind die TSS und TSS-Stile der Flugblätter sehr unterschiedlich (Predigtton, Briefform, Polemik, detaillierte Information ohne Wertung); seltener als bei argumentativen Flugschriften gab es aufeinander bezugnehmende Flugblattfolgen (so die bissige *Anatomia Lutheri* (dt. und lat.) des Johann Nas 1567 mit den protestantischen Gegenflugblättern *Ecclesia militans* 1569 und Fischarts *Der Barfüßer- und Kuttenstreit* 1570/71 (als Flugblatt und Flugschrift; zu Flugblättern allgemein: Schilling 1990; zu Flugschriften vgl. 5.2.2.). Im 16. Jh. richtet sich die öffentliche

Kritik zunehmend an Einzelpersonen, konkrete kirchliche Gruppen und deren Repräsentanten. Für die Zielsetzung werden zunächst mehr literarische Formen eingesetzt, verbunden mit parodistischen Mitteln (Dialog, Fastnachtsspiel, Drama und Liedpublizistik). Neben den reformationsbedingten Themen spielt hier die Türkenbedrohung eine große Rolle. Viele dieser kritischen und auffordernden Texte sind polyfunktional und liegen im Überschneidungsbereich Alltag/Religion/Dichtung. Für einige Texte wie z. B. die Flugschrift *Karsthans* (1521) oder die Reformationsdialoge von H. Sachs treffen alle fünf Funktionsbereiche zu.

3.2. *Institutionen:* Die zusammen mit der Verschriftlichung zunehmende Institutionalisierung im öffentlichen Leben sowie das Zurücktreten des Lateins lassen schon bestehende TSS zahlenmäßig anwachsen und neue hervorbringen. Solche TSS sind: Urkunden und Erlasse, offizielle Briefkorrespondenzen, Beschwerdeschreiben, Einnahme- und Ausgabeinventare, Rechnungsbücher, Steuerlisten, Einwohnerverzeichnisse, Protokolle (Rats-, Gerichts-, Verhörprotokolle), Rechenschaftsberichte, Rechts- und Polizeiordnungen (z. B. Krankenhaus-, Feuer-, Frauenhaus-, Almosen-, Kleider-, Zunftordnungen, Dorf- und Waldordnungen). Wichtiger noch als die Verschriftlichung der sozialen Normen ist ihre Veröffentlichung als Druck (vgl. Giesecke 1991, 545 mit einer Liste offizieller Druckaufträge in Nürnberg 1534—37).

Im Rechtsbereich wirken sich durch die Rezeption des römischen (gelehrten) Rechts um 1500, maßgeblich beeinflußt durch Kirche und Universität, Veränderungen im Rechtsdenken und in der Rechtspraxis aus. Mit der Adaption des schriftlichen Prozeßverfahrens (institutionalisiert in der Reichskammergerichtsordnung von 1495) wird in der Folgezeit das traditionelle mündliche Verfahren immer stärker verdrängt. Beim Textaufbau, bei der Fachlexik und bei der Formulierung werden nun auch für die neu entstehenden Rechtsaufzeichnungen die Konventionen des gelehrten Rechts übernommen (auf Reichsebene: *Peinliche Gerichtsordnung* Karls V. 1532 mit ihrem Vorläufer, der *Bamberger Halsgerichtsordnung* 1507; auf städtischer Ebene: z. B. die für viele süddeutsche Städte vorbildgebende *Nürnberger Reformation* 1495 mit wachsendem Einfluß des Römischen Rechts in der Revisionsfassung von 1564).

Noch vor der Übersetzung des *Corpus Juris* ab 1518 entstehen praxisorientierte Fachkompendien: der um 1425 verfaßte *Klagspiegel* (mehrere Drucke nach 1460, 1516 von S. Brant überarbeitet; vgl. Handwörterbuch zur Dt. Rechtsgeschichte 2, 855ff.). In seiner Folge stellt Ulrich Tenngler in seinem illustrierten *Layenspiegel* 1509 (mit vielen Neuauflagen im 16. Jh.) das relevante juristische Wissen zusammen, das die an einem Prozeß beteiligten nichtstudierten Rechtspersonen benötigen, und verwendet dafür wie der *Klagspiegel* ganz unterschiedliche TSS: Prozeßordnung mit Eid- und Verhörformeln, Klagschriftmuster, Wiedergabe von bekannten Gesetzestexten (z. B. *Goldene Bulle* 1356, wichtige neu erlassene Ordnungen des 15. Jhs., Auszüge aus dem *Hexenhammer*). Um die Mitte des 16. Jhs. erscheinen viele juristische Kompendien (A. Perneder, J. Gobler). Speziell für die Bedürfnisse eines *layischen Procurators* (Vertreter einer Partei) schreibt Justin Gobler neben anderen juristischen Handbüchern den *Gerichtlichen Proceß* (zuerst 1536). Ein Vokabular, in dem lateinische Fachbegriffe erläutert werden, und Mustertexte für Anklageschriften (Betrug, Diebstahl, Schmähung etc.), in die nur noch für den konkreten Fall Namen und andere Angaben eingesetzt werden müssen, dienen der nun erforderlichen Rechtspraxis. Außerdem erscheint seit Ende des 15. Jhs. in separaten Drucken Hilfsliteratur zum Schreiben institutioneller Texte wie Formular- und Titelbüchlein (vgl. auch 3.1.), speziell für den juristischen Bereich: Notariatstraktate (juristische Mustertexte), Exzeptionenbücher (= Listen von Ständen mit Gerichtsexemtionen), lat.-dt. Spezialvokabularien. L. Schwartzenbachs *Synonyma* 1554 sind Schreibanleitungen und Formulierungshilfen für kleinere Einheiten als ganze Mustertexte (zur Textsortenverflechtung vgl. Haß 1986, 109ff.).

Der privaten Chronik entspricht im öffentlichen Bereich der Typ der Lokal- und Landeschronik; speziell die Städtechroniken erreichen quantitativ gesehen im 15./16. Jh. die größte Dichte. Formal verschiebt sich hier innerhalb der Tradition die Verteilung von Vers und Prosa eindeutig zugunsten der Prosa.

3.3. *Religion:* Das ganze 15. Jh. wird beherrscht von einem starken Interesse an Aneignung und Vermittlung religiösen Wissens und religiöser Erfahrung. Diesen Bedürfnissen dienen Bibelübersetzungen und verschriftlichte Predigten, Plenarien, Legendensammlungen (die verbreitetste ist *Der Heiligen Leben*), Erbauungsliteratur (z. B. Otto von Passau *Die 24 Alten* mit ungeheurer Breitenwirkung), Wallfahrtsbücher etc. Hier sind auch die von der Mystik und der Devotio moderna initiierten Texte zu nennen (Seuse, Thomas von Kempen).

Die katechetische Literatur (Harmening 1987) reicht von Aufzählungstexten als Vorlagen zum Auswendiglernen (Listen von Sünden und Sündenarten, von guten Werken, Sakramenten, den Gaben des Hl. Geistes, der fünf Sinne usw.) über kommentierte Kataloge (sprachlich: sehr lange Substantivreihen und häufige Satzparallelismen) bis zu Nachschlagewerken mit mehreren TSS (in der *Tafel der christlichen Weisheit* neben katechetischen Stücken auch Totentanzgedicht, medizinische Verhaltensregeln, Sprichwörter, Stände- und Berufsbeschreibungen; vgl. Weidenhiller 1965, 89ff.). Schon um 1400 kompilierte Ulrich von Pottenstein für die „frumen vnd verstanden layen", die deutsche Bücher zu lesen vermögen, die umfangreichste katechetische Summe (Umfang etwa 11 600 Folioblätter; zu seiner Position als Übersetzer vgl. Art. 157).

Die aus dem 14. Jh. stammende *Rechtssumme* des Bruder Berthold, eine Übersetzung und neue alphabetische Zusammenstellung der *Summa Confessorum* des Johannes von Freiburg, wird wieder abgeschrieben und gedruckt; die dt. Fassung gewinnt eine über den Gebrauch des Beichtvaters hinausgehende Funktion: Laien und einfache Geistliche („slecht priester") werden über geistliches und weltliches Recht informiert; verbunden ist damit eine Aufwertung des Laienstandes (vgl. Steer 1992, 237).

Im Übergangsbereich Alltag/Religion/Dichtung sehen wir einen Schwerpunkt des 15. Jhs. überhaupt. Das liegt am religiösen Bedürfnis der damaligen Zeit (Pestepidemien: Trost- und (bebilderte) Sterbebüchlein, Totentänze, vgl. Cramer 1990, 230f.), aber auch an der weiterlebenden Tradition religiöser Dichtung. Aus dieser Zeit stammen dann auch folgende literarische Formen, die ausgebaut und variiert werden: Vers- und Prosalegenden, geistliche Spiele (Passions-, Oster-, Weihnachts-, Fronleichnams-, Weltgerichtsspiel, vgl. Neumann 1987 mit TSS im Umkreis der Aufführungen) und Visionsliteratur.

Mit der Reformation treten besonders stark solche Texte hervor, die auf Vermittlung und Einübung der neuen Lehre und des neuen Kults ausgerichtet sind: Lehrtraktate, Gebet- und Gesangbücher, (Sonntags-)Predigten (Luthers *Kirchenpostillen* als eines der meistgelesenen Bücher des 16. und 17. Jhs., zu Luthers Bedeutung in sprachlicher Sicht vgl. Art. 123), Katechismen (Luthers *Kleiner Katechismus*) mit späterer Reaktion auf katholischer Seite (Petrus Canisius). Auch das Medium des Flugblatts wird in belehrende und polemische Dienste gestellt (Scribner

1981). Texte, die früher nur der religiösen Erbauung dienten, bekommen nun eine konfessionelle Zuspitzung, z. T. mit polemischer Schärfe (Luthers Kommentare und Vorreden in seiner Bibelübersetzung; Bekenner-, Märtyrerlieder, parodistische Kontrafakturen älterer Kirchenlieder; vgl. Kemper 1987, 175ff.). Mit der Reformation setzt auch ein neuer Schub religiöser Dichtung ein, teils unter Verwendung alter Textmuster (protestantische Bekenner-, Märtyrerlegenden, vgl. Brückner 1974), teils mit neuen Entwicklungen: Teufelliteratur (mit sehr großer Verbreitung), Psalmendichtung, biblisches Drama mit bürgerlich-moralischer Zielsetzung (Rebhuhn, *Susanna* 1535; vgl. Michael 1989). Im weiteren Verlauf der Reformation nehmen theologisch argumentierende Flugschriften unter den gegnerischen religiösen Groß- und Kleingruppen zu. Der Glaubenszwist schlägt sich auch in der Bearbeitung nicht-religiöser Texte nieder (z. B. in der Geschichtsschreibung: Sebastian Franck, *Chronica, Zeytbuch und geschycht bibel* 1531). Auf kath. Seite bildet sich das neue lat. Jesuitendrama aus. Die Katholiken setzen aber auch die Tradition der dt. geistlichen Spiele fort. Auch nach der konfessionellen Spaltung wird eine vielfältige Literatur über religiöse Außenseiter (Juden, Ketzer, Hexen) fortgeführt, zu der auch einzelne Passions- und Antichristspiele zu rechnen sind (vgl. Bennewitz/Müller 1991, 359ff.).

3.4. *Wissenschaft:* Die dominante Wissenschaftssprache ist im 15. und 16. Jh. noch das Latein. Seit dem Frühhumanismus werden aber Ausschnitte des antiken Lehrwissens fortschreitend in allen Disziplinen durch dt. Übersetzungen zugänglich gemacht. Das Spektrum reicht von der Philosophie (Boethius bereits um 1463) über die Technik der Kriegskunst (Vegetius 1475), Historiographie (Sallust bereits 1489/94), Naturwissenschaften (z. B. Plinius 1543), Medizin (z. B. Dioscorides 1546), Römisches Recht (zuerst Thomas Murner 1519; 6 Aufl. bis 1648) bis zur Architektur (Vitruv 1548) usf. (vgl. Worstbrock 1970, 1976). Einen speziellen Schwerpunkt bildet der historiographische Bereich. Besondere Wirkung erreichte Johann von Schwarzenberg mit der Übersetzung von Ciceros *De officiis* (von 1531–1550 elf Auflagen, vgl. Worstbrock 1976, 2). Auf dem Übersetzungswege wird auch der Zugang zum neuen Entdeckungswissen der Seefahrer eröffnet (Kolumbusbrief bereits 1497).

Über die Übersetzung hinaus führt die deutsche Kompilation alter und neuer Autoritäten: z. B. der *Deutsche Ptolemäus*, eine um 1490 erschienene Kosmographie. Entscheidender ist die folgende korrigierende Verarbeitung des traditionellen, autoritätenverbürgten Wissens mit eigener Erkenntnis, Beobachtung und Erfahrung im neuen Texttyp des Fachkompendiums, von dem einige zunächst in Lat. verfaßt wurden. Manche Autoren thematisieren in der dt. Fassung die Neuartigkeit ihrer Textkomposition, z. B.: „[...] was dort [in lat. und dt. Büchern] zerspreitet [...] wird hie zusammen in ein kurtze Summa [...] gefaßt" (S. Münster, Nachwort zur *Cosmographey* 1544). Ebenso betonen die Autoren auf Titelblättern und in Vorreden werbewirksam die Erstmaligkeit eines solchen Unterfangens („[...] vormals in teutscher Sprach/ der masszen/ nye gesehen noch in Truck auszgangen", O. Brunfels, Titelblatt von *Contrafayt Kreuterbuch* 1532). Hier gehen die empirischen, anwendungsbezogenen Disziplinen voraus, z. B. in der Botanik und Heilkunde: *Gart der Gesundheit* 1485 (Giesecke 1991, 342ff.), Lorenz Fries, *Spiegel der Arznei* 1518; die Kräuterbücher von Otto Brunfels 1532, Hieronymus Bock 1539, Leonhard Fuchs 1542/43, dann folgen Fachkompendien des Bergbaus (Georg Agricola/ Philipp Bech, *Vom Berg-Werck XII Bücher* ... 1557), der Geschichtsschreibung (Johannes Turmair, gen. Aventin, *Bayerische Chronik* 1553) und der Kosmographie (Berichte und Karten über die neuentdeckten Länder vgl. 5.2.1.).

Ziel dieser Autoren ist es, dem „gmainen mann" bzw. „dem gestreifften [halbgebildeten] layen" (L. Fries) den fachspezifischen Wissensinhalte in „guttem" bzw. „gmain und verstendig Teutsch" zu vermitteln (zu sprachlichen Mitteln der Verständnissicherung und Anschaulichkeit vgl. Kästner/Schütz/ Schwitalla 1990; zu theoretischen Äußerungen zur Übersetzungspraxis vgl. Art. 14 und Art. 157; zur Entstehung einer Naturwissenschaftssprache vgl. Art. 13).

Übersetzungen in die Wissenschaftssprache Latein (z. B. Abhandlungen Dürers übersetzt von Camerarius) zeigen aber auch die Gegentendenz zu dieser sprachlichen „Popularisierung" an; sie zielt auf internationale Verständigung im Gelehrtenkreis.

3.5. *Dichtung:* In Epik, Dramatik und Lyrik knüpfen die Autoren im 15. Jh. an mittelalterliche Formen und Gattungen an, allerdings variieren sie die bekannten Stoffe und Motive. Bei der erzählenden Dichtung wird einerseits die höfische Versepik fortgeführt (Hermann v. Sachsenheim, *Die Mörin* 1453), andererseits werden alte Epen in Prosa umgeformt (Tristan; Wigalois; Lanzelot, vgl. Haug/Wachinger 1991 und Art. 95). Unter dem Einfluß des frz. Prosaromans entwickeln sich neue Prosaformen (Elisabeth v. Nassau-Saarbrücken, *Loher und Maller, Hug Schapler* etc.; Eleonore von Innsbruck, *Pontus und Sidonia* 1456). – Dieselben Kulturzentren (landesfürstliche Höfe, Kreis um Maximilian, vgl. Koppitz 1980) tradieren noch die alten Formen und Inhalte der Ritterromane und der Heldenepik (letztere besonders im österreichisch-bayrischen Raum); sie öffnen sich aber auch den von den Humanisten eingeführten Übersetzungen aus dem Lat. und Ital. (z. B. Literaturkreis um Mechthild v. Rottenburg). Diese Doppelgleisigkeit läßt sich auch an der Kleinepik verfolgen (Haug/ Wachinger 1993). Ma. Versnovellen (H. Kaufringer, H. Rosenplüt, Muskatblüt, H. Folz; die Schwankdichtungen *Neithart Fuchs, Pfarrer vom Kahlenberg*) stehen neben Prosaübersetzungen von Petrarca, Boccaccio (erste von Schlüsselfelder 1472), Enea Silvio und Poggio. Heinrich Steinhöwel übersetzt 1476 den Äsop (größter literarischer Erfolg des Jhs.). Die *Translatzen* des Niclas v. Wyle 1478 bieten einen Querschnitt der besonders geschätzten Formen: Kunstbrief, Novelle, Dialog, Preisrede. Eigenständige Formen der Kleinepik gibt es erst im 16. Jh.: bürgerliche Schwanksammlungen (z. B. Johannes Pauli, *Schimpf und Ernst*, 1522, Jörg Wickram, *Rollwagen-Büchlein*, 1555). Weite Bereiche der kleineren Erzählformen des 15. und 16. Jhs., vor allem der Prosaerzählung sind wissenschaftlich noch nicht erschlossen (vgl. Heinzle 1981; Hirdt 1981; Haslinger 1981). Wirkliche Innovationen waren die sog. deutschen Volksbücher, die mit dem *Fortunatus* 1509 beginnen (Kästner 1990), und der bürgerliche Prosaroman (erster: Wickram, *Gabriotto und Reinhard*, 1551). – Auch im Drama werden alte Formen weitergeführt (geistliche Spiele, siehe 3.3.; Neumann 1987), wie auch neue entwickelt: Jahrzeitenspiel, Neidhartspiel und Fastnachtspiel (Nürnberg 15. Jh.), das verdeutschte Humanistendrama und das prot. und kath. Schuldrama im 16. Jh. (vgl. Michael 1989). Für große Dramatik fehlte ein nationales Zentrum (vgl. etwa Shakespeare und London). – Auch in der lyrischen Dichtung gibt es Altes und Neues: Der Minnesang wird bei Hugo v.

Montfort in traditioneller Weise fortgeführt, während Oswald v. Wolkenstein hier wie in seiner sonstigen Lyrik auch originelle und moderne Elemente einbringt. Reimspruch und Reimrede werden fortgesetzt und erreichen als beliebteste Form der Lehrdichtung großes Gewicht. Neben der Reimrede etablieren sich das volkstümliche Lied und der stadttypische Meistersang (Meister Muskatblüt bis 1433, Hans Folz; vgl. zu den Lyriktypen z. B. das *Liederbuch* der Klara Hätzlerin 1471. Auch die deutschsprachige Sangverslyrik des 15. und 16. Jhs., für welche die Mehrzahl der Melodien erhalten ist, muß erst noch vollständig aufgearbeitet werden, vgl. Müller 1991).

Im 16. Jh. bekommt die lyrische Dichtung (Kühlmann 1983) durch die reformatorische Bewegung einen neuen Aufschwung im Kirchen- und Erbauungslied, aber auch im politisch-religiösen Bekenntnislied (vgl. Kemper 1987). Neben der besonders erfolgreichen Neuerung des deutschsprachigen Kirchenlieds gibt es in der zweiten Hälfte des 16. Jhs. nochmals zukunftsweisende Tendenzen in der Lyrik: erstmals erscheint die Gattung des Sonetts, und in der Leselyrik treten die Versformen des Hexameters und des Alexandriners auf (vgl. Müller 1991, 69).

Eine besondere Form der didaktischen Dichtung stellen die großen Verssatiren dar (Brant, Murner, Fischart, vgl. Könneker 1991). Die Zeitkritik überlagert hier alltagsweltliche, politische und religiöse Motive. – Gegenüber dem bürgerlichen Roman (Wickram) und den Volksbüchern tritt in der zweiten Hälfte des 16. Jhs. die folgenreiche Übersetzung des *Amadis*-Romans auf (1. Buch 1569). Angeregt von Adelskreisen (vgl. die Widmungen zu den einzelnen Büchern) propagiert der Roman adelig-konventionelle Lebensanschauung und Verhaltensweisen. Die dt. Nachfolgeromane finden ihre Fortsetzung im ebenfalls nach frz. Vorbild gestalteten Schäfer- und heroisch-galanten Roman des Barock.

3.6. Die vorstehende Aufzählung der Literaturproduktion im 15./16. Jh. könnte das falsche Bild entstehen lassen, als ob die neugeschriebenen Werke ebenso rasch verbreitet worden wären. Die Rezeption folgt der Produktion aber z. T. mit erheblichem Abstand. In allen Funktionsbereichen werden ältere Werke weitergelesen: z. B. *Sachsenspiegel*, *Lucidarius*; Otto von Lindau; Heinrich von St. Gallen, Bernhard von Clairvaux (Religion bzw. Wissenschaft). In der Inkunabelzeit und in der ersten Hälfte des 16. Jhs. erzielten TSS

der lehrhaften und unterhaltenden Literatur hohe Auflagen (vgl. Koppitz 1975, 31; Giesecke 1991, Tab. 300f.).

4. Autoren- und Rezipientengruppen, Textsortenverteilung

4.1. Der zuvor künstlich erstellte Katalog, der die Textmasse nach Funktionsbereichen trennt, vernachlässigt sowohl die reale Kommunikationspraxis der Gruppen, die quantitative Verteilung der TSS sowie die unterschiedliche regionale Schwerpunktbildung (z. B. handschriftliche Verbreitung der alten weltlichen Erzählliteratur konzentriert im alem. und bair.-öst. Raum; die Frühdruckzentren sind hier Augsburg und Straßburg (zur Druck- und Buchhandelsgeschichte vgl. Chrisman 1982; Künast 1996); der nd. Raum scheidet hier fast ganz aus ebenso wie bei der Humanismus-Rezeption (vgl. Koppitz 1980, 220ff., sowie die Frühdruckliste 230ff.). Die dafür notwendige umfassende Rekonstruktion der gesellschaftlichen Kommunikationsprozesse ist Desiderat.

Im Idealfalle müßte man nicht nur bei Produktion, regionaler Verteilung und Gebrauch den Anteil der sich zunehmend differenzierenden Gruppen – Adel, Gelehrte, Klerus, Kaufleute, Handwerker etc. – bestimmen; für eine TSS-Geschichte wäre ebenso wichtig die Untersuchung der Kommunikationsabläufe und der Prozesse der Textverarbeitung (Reaktionen auf Neuerscheinungen) bei verschiedenen Gruppen (Drucker, literarische bzw. gelehrte Zirkel, Orden), bei Institutionen (Kanzleien, Behörden, Fakultäten), bei Verbänden und Parteiungen (z. B. Reichsritterschaft, Wiedertäufer usf.) sowie bei regionalen und überregionalen Nachrichtenzentralen.

Gesicherte Erkenntnisse über den Zusammenhang von TSS-System und Gesellschaftsstruktur liegen bislang nur in Teilbereichen vor (z. B. Köhler 1977; zur Literatur in Städten: Kleinschmidt 1982; Moeller [u. a.] 1983; Manger 1983; Peters 1983; Janota/Williams-Krapp 1996; zur Nürnberger Bibliothekslandschaft im 16. Jh.: Wingen-Trennhaus 1995; zur Literatur am Heidelberger Hof: Backes 1992; Müller 1994; am Innsbrucker Hof: Hahn 1990). Wesentliche Einsichten lassen sich gewinnen z. B. durch Analyse von (Widmungs)-Vorreden (Schottenloher 1953; Schwitzgebel 1996), Druckerprogrammen (Burger 1907; Leipold 1974), Meß- und Bücherkatalogen (zu deren Quellenwert Düsterdieck 1974; Widmann 1975, 83ff.; Wittmann 1984), Verkaufsbelegen (z. B. Harder

1569), Sortimentslisten (vgl. Kirchhoff 1888), Zensurakten (vgl. Neumann 1977, 44ff.; Schilling 1990, 162ff.), Ratsprotokollen über Theateraufführungen (Neumann 1987) und durch Auswertung von Bibliotheks- und Nachlaßverzeichnissen.

Der Aussagewert dieser Quellen für den TSS-Bestand und die Verteilung wird jedoch durch etliche Faktoren relativiert. Die Zweiteilung der Literatur in erhaltenswerte und weniger erhaltenswerte, inventarisierte und nicht inventarisierte (z. B. private Gelegenheitsdichtung, Zeitungen) spielt bei der Bestandsanalyse eine wesentliche Rolle. Katalogisierte Hss. und Bücher gehören bis auf Ausnahmen fast immer zu den TSS, die von Beginn an auf Vervielfältigung angelegt waren und über ein Verteilersystem (Kopierwerkstatt, Koppitz 1980, 34ff.; Druckoffizine, Buchführer, Händler) verbreitet wurden. Überlieferungslage und Zugangsmöglichkeiten sind bei vielen privaten, auch öffentlichen Alltagstexten (meist handschriftlich) wesentlich ungünstiger. Der Bücherbestand einer Privatbibliothek ist durch Erbsituation, spezielle Interessen der Besitzer, finanzielle und verkehrsgeographische Möglichkeiten des Erwerbs mitbestimmt. Seine Repräsentativität für eine Gruppe erweist sich damit als bedingt. Bei Stadt- und Hofbibliotheken gibt es aufgrund der Überlieferungslage und der Verflechtung mit anderen Institutionen (z. B. der Universität) ebenfalls Schwierigkeiten bei der Rekonstruktion der ursprünglichen Bestands- und Gebrauchsverhältnisse. − Gewichtige Aufschlüsse über das Verhältnis von lat. und dt. Literatur, von Tradition und Innovation, Lesegewohnheiten einzelner Gruppen, gruppenübergreifende Bestseller vermitteln die Kataloge/Verzeichnisse von Bibliotheken unterschiedlicher sozialer Schichten und Institutionen: Kloster-, Hof-, Universitäts-, Pfarrbibliothek, private Adels-, Patrizier-, Gelehrten-, Klerikerbibliothek. Dabei darf man allerdings nicht mit streng gegeneinander abgeschlossenen Rezeptionsgemeinschaften rechnen. Für den Kurpfälzischen Hof und die Universität Heidelberg hat z. B. die neuere Forschung herausgestellt, daß „gerade der intensive Austausch von Hof, Stadt und Universität untereinander und mit anderen Städten, Höfen und Universitäten [...] um 1500 Heidelberg als kulturelles Zentrum" auszeichnet (Müller 1994, 11).

Folgende Ergebnisse der Literatur- und Mediensoziologie bzw. der Rezeptionsforschung konnten von uns anhand obengenannter Quellen überprüft bzw. ergänzt werden:

4.2. Die literarischen Aktivitäten und Neuerungen sind im 15. Jh. schwerpunkthaft mit sdt. Höfen verbunden. Hochadel und Hofkreis fungieren als Auftraggeber und Anreger. Der Hof in seiner Zentrumsfunktion, z. T. in enger Verflechtung mit der Stadt (für München vgl. Grubmüller 1979, 405ff.) bzw. Universität (Heidelberg, Wien), bildet einen

aktivierenden Anziehungspunkt für Landadel, bürgerliche Literaten, humanistische Gelehrte. Hier konzentriert sich das breite Spektrum der Übersetzungsliteratur, die Adaption moderner frz. und ital. Dichtung, antiker Literatur (s. Worstbrock 1970; 1976) und scholastischer Werke (Wiener Schule, vgl. Hohmann 1977, 257ff.). Hoforientiertes Schrifttum umfaßt aber auch TSS, die sich mit Kriegstechnik, Zweikampf, Haltung von Tieren (Pferde), Jagd, Gesundheitslehre (Regimina), Fechtkunst, Astrologie (Horoskope), Geschichte, Waffenkunde etc. beschäftigen, entweder als Einzelschriften oder in Sammelhss., Chroniken, Handbüchern etc., wo sie sekundär zusammengeführt sind (vgl. Backes 1992; Müller 1994). Auf dem Sektor des neuen Prosaromans beteiligt sich der Hochadel selbst produktiv: Elisabeth von Nassau-Saarbrücken (1394−1456), Eleonore von Innsbruck (1433−80). Zu Mechthilds von Rottenburg literarischem Kreis gehört u. a. Niclas von Wyle. Ihr Sohn, Graf Eberhard, der Gründer der Tübinger Universität, hat sich zu eigenem Gebrauch zahlreiche Klassiker-Übersetzungen erstellen lassen (Worstbrock 1976, 5ff.). Als gewichtige und zukunftsweisende TSS, deren Ausbau/Entwicklung wesentlich von adligen Autoren mitbestimmt wird, sind hier noch die Vor- und Frühformen der Autobiographie zu nennen: Haus- und Geschlechterbücher, Memorabilien (vgl. Kästner/Schütz 1981; Velten 1995). Nach der Reformation verlagert sich das literarische Leben stärker in die bürgerlich städtische Sphäre (Hans Sachs, Jörg Wickram, Johann Fischart), vor allem in die Universitätsstädte. Das Bürgertum der großen Städte bildet das Schulwesen aus, organisiert sich in Musiziergruppen und Meistersängergesellschaften, führt Schauspiele auf (Neumann 1987; Michael 1989; Kästner 1998) und liest in Hausgemeinschaften sowohl religiöse wie literarische Texte vor (Kompilationsliteratur: Predigten, Fabeln, Schwänke, Exempla, Sprichwörter usf.). Für die Führungsschichten des Stadtbürgertums mit gelehrtem Wissensanspruch werden seit der Mitte des 16. Jhs. neue Prosaformen geschrieben. Der Großteil der bürgerlichen Schichten hält aber an den älteren Formen und Inhalten fest (vgl. Kleinschmidt 1982, 66ff.; zum Publikumswechsel vgl. Theiß 1979). Andererseits geht in der zweite Hälfte des 16. Jhs. von denselben Adelskreisen wie im 15. Jh. − z. T. sind es dieselben Familien − die Anregung zur Übersetzung des *Amadis*-Romans (1. Buch 1569) und des Schäferromans (*Juliana* 1595) aus.

4.3. Die Kataloge der Privatbibliotheken (vgl. Taylor 1939, 155–59) verschiedener Gruppen zeigen als gemeinsames Merkmal die Dominanz der religiösen TSS.

4.3.1. *Adelsbibliotheken:* Quellen für Österreich u. a. Elisabeth von Volkenstorf, 15. Jh. (Czerny 1874, 237 f.), für das 16./17. Jh. vgl. die Beispiele bei Brunner 1949, 150 ff., 353, u. a.: Job Hartmann von Enenkel (dazu auch Müller 1975), Graf Wilhelm H. von Starhemberg; ferner die Verzeichnisse der Grafen von Öttingen, 1. und 2. Hälfte des 15. Jhs. (Weißenberger 1950; Mittelalterliche Bibliothekskataloge 3, 157 ff.) und der nd. Grafen von Hoya um 1500 (Oncken 1893, 53 ff.). Die Grundstruktur der Adelsbibliothek ist für den Alltags- und populären Wissenschaftsbereich bestimmt durch weltliche und kanonische Rechtssammlungen, historiographische Werke, Haus- und Arzneibücher, Jagdliteratur, Lehrbücher für Pulver und Salpeterherstellung, Koch- und Destilierbücher usf. – Der gewichtige Anteil der Dichtung, speziell aus mhd. Zeit, zeigt den Adel als primären, beständigen Träger und Konsumenten auf diesem Sektor (teilweise mit schwerpunkthafter Orientierung auf regionale Autoren, z. B. Österreich, vgl. Brunner 1949, 149 ff., 1949 a; Müller 1975). Werke der neuen Literatur sind eindeutig nachgeordnet.

4.3.2. *Patrizierbibliotheken:* u. a. Hans Tetzel 1464 (Mittelalterliche Bibliothekskataloge 3, 853–55); Klaus Stalberg, Frankfurt, Anfang 16. Jh. (Engelsing 1974, 5 ff. mit weiteren Beispielen). Patrizierbibliotheken unterscheiden sich im Typ nicht signifikant von Adelsbibliotheken, sieht man vom Anteil der mittelalterlichen Dichtung ab (spezielle gruppenübergreifende Vorliebe zeichnet sich u. a. für Alexander- und Trojaroman ab). Das Interesse für die neuere Literatur schlägt sich nieder: Bestseller wie z. B. das *Narrenschiff* sind gleichermaßen vertreten. – Bei typisch alltags- und anwendungsbezogenen TSS spiegeln die Unterschiede die jeweils verschiedenen Bedürfnisse: z. B. erscheinen Rechenbücher, Rhetoriken/Briefsteller eher beim kaufmännischen Patriziat. – Nach der Reformation verändert sich in beiden Fällen der Bestand bzw. die Struktur nicht gravierend durch Reformationsschrifttum und Kontroversliteratur.

4.3.3. *Gelehrten-/Literatenbibliotheken:* u. a. Hartmann Schedel, um 1500 (Mittelalterliche Bibliothekskataloge 3, 805–30); Hans Sachs 1562 (Wingen-Trennhaus 1995). In Gelehrtenbibliotheken dominiert bei weitem der lat. Bestand. Der deutschsprachige Anteil beschränkt sich bei Schedel im wesentlichen auf Religion (Bibel usf.) und Dichtung. Hier sind neuere Werke bestimmend, vor allem die neuen Übersetzungen (Petrarca, Enea Silvio, Boccaccio). Etliche dt. Texte schienen offensichtlich nicht einzeln aufzeichnenswert, wie aus den Bemerkungen und „sust vil spruch mit reimen" bzw. „und sust vil mer" hervorgeht. Aufschlußreich ist das Verzeichnis von Hans Sachs; der Umfang der Antikerezeption (14 umfangreiche Übersetzungswerke, u. a. gesamter Plutarch, Homer, Livius, Xenophon, Seneca, vgl. Kästner 1998) wie die neuere Übersetzungsdichtung zeigen an, welche produktive Rolle dieses Repertoire für seine eigenen Arbeiten bildet. H. Sachs ist ein charakteristischer Fall für die Vermittlung antiker/ital. Stoffe ins Dt. Daneben sind zeitgenössische Werke wie *Eulenspiegel, Schimpf und Ernst, Rollwagenbüchlein,* auch Schedels *Weltchronik* verzeichnet. Nur Trendaussagen sind über den Bücherbesitz bei den städtischen Mittel- und Unterschichten möglich (Juchhoff 1970; Engelsing 1974, 12 ff.). Bei ersteren (Handwerker, Kaufleute, städtische Beamte) ist neben dem religiösen Unterweisungs- und Erbauungsschrifttum die Dichtung mit sogen. Volksbüchern, Meistersang, Schwankbüchern usf. vertreten. Ende des 16. Jhs. sind (nach Aussage kirchlicher Kritiker) „schöne Lustbücher" wie Boccaccio, *Rollwagenbüchlein* usf. „bey Weib vnnd Mannen, hoch vnnd nider stands" Gemeingut geworden (Engelsing 1974, 28). Hinzu kommen vor allem haus-, berufsbezogene und anwendungsbetonte Alltagstexte: Rechen-, Lesebücher, Kalender, Prognostiken, Rezeptsammlungen. – Die untere Mittelschicht, soweit sie überhaupt lesefähig ist, nimmt besonderen Anteil an TSS wie Kalender, Prognostiken, Schwank- und Moritatenliteratur sowie Predigtmären (vgl. Baeumer 1974; Brückner 1974). – Städtisches Proletariat und Landbevölkerung sind die Abnehmer der Kleinliteratur und literarischen Konsumware, die von ambulanten Händlern ausgerufen, vorgelesen und vorgesungen wird (Curiosa-Meldungen, Bilderbogen, populäre Druckgraphik usf., vgl. Brückner 1979; Ecker 1981; Schilling 1990). Das Interesse an Neuigkeitsmeldungen zeigen freilich alle Gruppen. Gruppenübergreifend sind auch Kenntnisse aus dem Erzählkreis der alten Heldenepik (besonders Dietrich-Epik; Vermittlung u. a. durch Liedformen).

5. Allgemeine Tendenzen des Textsortenwandels

5.1. Wenn man den Bestand an TSS im 15. und 16. Jh. vor dem Hintergrund des mittelalterlichen deutschsprachigen Schrifttums (vgl. Art. 95) und mit Blick auf die Entwicklung im 17./18. Jh. (vgl. Art. 134) betrachtet, muß man feststellen: einmal werden die mittelalterlichen TSS-Traditionen weitergeführt und modifiziert; zum anderen entwickeln sich in diesem Zeitraum in allen Funktionsbereichen neue TSS, die sich als zukunftsträchtig erweisen. – Aus den vielfältigen Gründen, die häufig bei einer TSS-Variation bzw. -Innovation zusammenspielen, wollen wir diejenigen auswählen, die u. E. für die Gesamtentwicklung des frnhd. Schrifttums besonders wichtig sind.

5.1.1. Die zunehmende gesellschaftliche Organisation des Handwerks (Zünfte, Arbeitsteilung, Verbesserung der Produktionsmittel, Technik), der Aufschwung des Handelskapitals (Fugger), die Bürokratisierung der städtischen und territorialen Verwaltungen im 15. Jh. machen eine Fülle neuer informierender und handlungsanleitender Texte notwendig. Viele Beschreibungen von technischen Arbeitsmitteln und -vorgängen verdanken ihre Existenz dem Interesse an neuen Techniken (Bergbau, Feld- und Gartenbau, Waffentechnik). – Aus diesen tiefgreifenden gesellschaftlichen und wirtschaftlichen Veränderungen erklären sich auch einige der folgenden Gründe.

5.1.2. Obwohl innerhalb der Gesamtbevölkerung der Prozentsatz der Analphabeten als sehr hoch veranschlagt werden muß, wächst bei Adel und Stadtbürgertum die Zahl der Schriftkundigen so stark an, daß man seit dem 15. Jh. (trotz der absoluten Dominanz des religiösen Schrifttums) erstmals von einer profanen Schriftkultur größeren Ausmaßes in Deutschland sprechen kann. In den folgenden zwei Jhen. werden besonders die TSS in den Bereichen Verwaltung, Schule, Popularwissenschaft, Haus und Familie ausgebaut bzw. neu entwickelt.

5.1.3. Das neue Medium Buchdruck verändert schrittweise nicht nur die Tradierungs- und Kodifikationsprozesse bei den wichtigsten TSS, sondern nach einer Anlaufphase von ungefähr 30 Jahren auch die Textproduktion und das Leseinteresse. Der Buchdruck verstärkt die Tendenz zur eigenständigen Lektüre, ermöglicht im größeren Umfang die Vermarktung von Nachrichten über staunenerregende oder aktuell-politische Ereignisse und macht Wissenskompendien einem größeren Rezipientenkreis zugänglich. Dazu tragen Faktoren wie größere Verbreitungsmöglichkeiten, neuer Autor-Adressatenbezug, schnellere Rückkopplung (Kritik, mehrfache Neuauflagen möglich), schnellerer Informationsfluß und bessere Möglichkeit der wissenschaftlichen Datensammlung entscheidend bei (vgl. Eisenstein 1979; Giesecke 1991). Allerdings wird der freie geistige Austausch seit den Auseinandersetzungen um die Reformation verstärkt durch staatliche Zensur eingeschränkt.

5.1.4. Die Emanzipation vom Lat. nimmt weiter zu; sie erfaßt zunehmend im Bereich der popularisierenden Wissenschaft und der Verwaltung TSS, die im MA fast ausschließlich in Latein abgefaßt waren. Diese Tendenz weist auf die neuen Kommunikationsbedürfnisse von Kanzleien, Bürgern und Gelehrten hin (vgl. auch Art. 114).

5.1.5. An den überregionalen sozialen und politischen Auseinandersetzungen sind erstmals auch breitere Schichten des Volkes direkt beteiligt (Reformation, Bauernkrieg). Für die politische und religiöse Propaganda entwickeln die „Parteien" neue literarische TSS, z. T. unter Veränderung alter Formen, die durch Buchdrucker und Buchführer rasch verbreitet werden und mittels mündlicher Vermittlung eine größere Öffentlichkeit erreichen (Schnabel 1965; Ukena 1977; Talkenberger 1994; zur älteren mündlichen Propaganda vgl. Schubert 1974/75).

5.1.6. Ein gesteigertes Informationsbedürfnis ist vorhanden, das durch den Ausbau des Nachrichtenwesens begünstigt und durch den Geschäftssinn der Drucker/Verleger forciert wird. Dies führt zu neuen, für die Zukunft wichtigen TSS und Medien (Vorformen der periodischen Zeitung, Kalender, Praktiken).

5.1.7. Durch die Übersetzertätigkeit in Hofkreisen und bei den Humanisten wird das dt. TSS-Spektrum erweitert.

5.1.8. Der Anteil der Prosa innerhalb der TSS steigt stark an. Darin kann man eine Tendenz zur erhöhten Sachbezogenheit,

1616   XII. Ergebnisse V: Das Frühneuhochdeutsche

Sachgerechtigkeit und Informationshaltigkeit
sehen (vgl. Kästner/Schütz 1983). Generell
hängt diese Erscheinung mit der zunehmenden Verschriftlichung von Kultur- und Alltagsleben zusammen.

5.2. Nimmt man zu diesen allgemeinen Bedingungen für den jeweiligen TSS-Bereich
noch die jeweils spezielleren Erscheinungen
hinzu, wie z. B. vom Ausland übernommene
literarische Moden bei der Dichtung oder
neue wissenschaftliche Erkenntnisse bei der
gelehrten Literatur, behält man zudem die
Tatsache im Auge, daß Fortbestand, Umstrukturierung, Verschwinden und Neuentste-
hen einer TS immer nur mit Blick auf das
jeweilige TSS-Umfeld erklärt werden können, dann lassen sich auch einzelne Entwicklungslinien genauer nachzeichnen. Dafür drei
Beispiele: Kosmographisches/geographisches
Schrifttum, Flugschriften, Zeitungen:

5.2.1. Im Bereich der Kosmographie/Geo-
graphie bestand das deutschsprachige TSS-
Feld im 15. Jh. zunächst noch weithin aus
traditionellen mittelalterlichen Weltchroni-
ken, Enzyklopädien (*Lucidarius*), aus übersetzten Reiseberichten (Odorico von Pordenone, Marco Polo, Hans Schiltberger), Pil-
gerberichten nach Palästina und Ägypten etc.
(vgl. dazu Brenner 1989 und 1990) und aus
fiktiven Berichten (Mandeville) wie sagenhaf-
ten Erzählungen (Alexander, Herzog Ernst,
St. Brandan, Wilhelm von Österreich). Wie
die Überlieferungsverbände zeigen, wurden
diese Werke aufgrund ihres Inhalts (Mischung aus biblischer Schöpfungsgeschichte,
antikem Wissen, fabulösen Berichten über
exotische Menschen, Tiere, Pflanzen und ex-
akten historisch-geographischen Fakten) unterschiedslos als geographisches Schrifttum
verstanden, das stets partiell theologisch ausgerichtet war. Einen Anstoß zur Innovation
brachten die Übersetzung des griech. Ptolemäus (lat. 1410, gedruckt Ulm 1482) und die
Rezeption weiterer geographischer Klassiker
(Plinius d. Ä., Strabo, Pomponius Mela, So-
linus) durch humanistisch gebildete Gelehrte (Laurentius Corvinus, *Cosmographia*, gedruckt Basel 1496), deren Werke auch die
deutschsprachige Geographie, unter anderem
im Ordnungsprinzip, beeinflußten (Herkenhoff 1996). Innovativ ist auch das verstärkte
Bemühen patriotischer Humanisten (Celtis)
um eine exakte Beschreibung der dt. Länder.
Auch in diesem speziellen TSS-Bereich gilt:
der frühe Buchdruck führte zu einer erhebli-

chen Beschleunigung des Wissenstransfers
und eröffnete bis dahin unbekannte Möglichkeiten, die publizierten Kenntnisse zu vergleichen und in neue Zusammenhänge zu
rücken. Die Feststellung von Fehlern bei den
antiken Autoritäten aufgrund von Selbstbeobachtung und Erfahrungsberichten aus der
alten Welt (Pilger-, Europareisen, Berichte
über die Türken und das Osmanenreich, vgl.
Paravicini 1994) und der neuen Welt (Entdek-
kungen, vgl. Herkenhoff 1996) führte über
Korrekturen und Ergänzungen (erweiterte
Neuauflagen des Ptolemäus) schließlich Anfang des 16. Jhs. zu einem Neuansatz. Neben die Übersetzungen von port. und span.
Entdeckungsberichten (Kolumbusbrief, span.
1493, lat. 1493 Basel, dt. 1497) und Reisesammlungen (J. Ruchamer, *Newe unbekannte
Lande* 1508; M. Herr, *Die New Welt* 1534)
trat die wissenschaftliche Aufarbeitung (M.
Behaims Globus von 1495 mit 1100 Inschriften; M. Waldseemüller, *Carta marina* 1516)
und ihre Popularisierung. Besondere Bedeutung kommt dabei der Verbindung von Illustration (Karten, Bild) und Text zu, wobei die
Tendenz ständig stieg, die Bildinhalte möglichst authentisch und wirklichkeitsnah wiederzugeben (vgl. etwa die Illustrationen in
Bernhards von Breydenbach Pilgerbericht
von 1486 und dem Südamerika-Bericht des
Hans von Staden 1557). L. Fries z. B. übersetzte ab 1518 alle Arbeiten Waldseemül-
lers und gab sie gekürzt heraus (vgl. Kästner 1984). Die großen Kosmographien (S.
Franck, *Weltbuch* 1534; S. Münster, *Cosmographia universalis* 1544) vereinen nochmals
traditionelles und neues Wissen. Die exakte Länderbeschreibung (Conrad Türst nach
1490; Sigmund von Herberstein, *Moscovia*
1557) und die mathematische Kartographie
(Ortelius, Mercator) gewannen aber ständig
an Bedeutung. So zeichnete sich Ende des
16. Jhs. ein weit differenziertes TSS-Feld ab,
das als Neuerungen vor allem die TSS der
neu ausgeformten Wissenschaftsdisziplinen
Geographie, Kartographie, Zoologie, Botanik, Geologie etc. aufweist. Es umfaßt dabei
original deutschsprachige Erfahrungsberichte
über ferne Länder (Springer 1509; Staden
1557; Schmidel 1567; Rauwolf 1583) ebenso
wie die populären Reisesammlungen von
Feyerabend 1567 und De Bry 1590ff. Eine
Konsequenz der Entwicklung ist die Einordnung alter, geographischer Werke in den
Bereich Wissenschaftsgeschichte (Ptolemäus)
oder Dichtung (Alexanderroman). Jeder der
im übrigen nicht kontinuierlich ablaufen-

den Entwicklungsschritte (Übersetzung – Bearbeitung/Korrektur – Fakten/Erfahrungssammlung – Erklärungsversuche – Ausformung wissenschaftlicher Disziplinen) wird auch durch die Dominanz bzw. das erstmalige Auftreten der genannten TSS in dt. Sprache illustriert.

5.2.2. Ein zweites Beispiel ist die erstaunlich große Zunahme (mehr als 5000 Texte) der dt. Flugschriften in der frühen Reformationszeit zwischen 1520 bis 1526 (Überblicke: Köhler 1987; Schwitalla 1999, 54ff.). Mehr als die Hälfte dieser Flugschriften umfaßte nicht mehr als 8 Blätter in Quartformat, der Gesamtdurchschnitt lag bei 16 Blättern; ungefähr zwei Drittel hatten einen Titelholzschnitt mit informierender, selten mit polemischer Funktion (ebd., 312f.). Ab 1519 überstieg die Zahl der dt. Flugschriften die der lat. um ein Vielfaches. Der Flugschriftenstreit zwischen J. Reuchlin und J. Pfefferkorn ab 1510 war ein Vorspiel zu dieser Flugschriftenflut (Martin 1994). In dieser Auseinandersetzung zwischen humanistischer Liberalität und kirchlicher Orthodoxie entstand zum ersten Mal in Deutschland eine durch das Medium der Flugschrift vermittelte breite Öffentlichkeit über den Kreis der Gelehrten hinaus und mündete in die für die Humanisten typische lat. Satire (*Obscurorum virorum epistolae* 1515). Die Gnadentheologie Luthers, in Flugschriften ab Ende 1517 rasch verbreitet, bot eine Gesamtinterpretation religiöser, kirchlicher und sozialer Fragen, die viele Zeitgenossen überzeugte und negative Konsequenzen für die finanziellen Einkünfte der Kirche hatte. Viele Geistliche (Theologen, Mönche, Pfarrer) schrieben nun auch Flugschriften in argumentativer, lehrhafter, auffordernder und anklagender Intention. Dabei überwog argumentative Überzeugung vor bloßer Polemik (zur TSS-Differenzierung: Schwitalla 1983, 26ff.).
Häufig verbreitete Flugschriften stammen von Luther (über 200), Eberlin v. Günzburg (*15 Bundesgenossen*), Erasmus (gegen seinen Willen: Übersetzungen aus seinen Kommentaren zum Neuen Testament) und weiteren ca. 20 Autoren mit mehr als 15 Druckausgaben ihrer Texte. Luthers Adelsschrift war in der ersten Auflage von 4000 Exemplaren 1520 in fünf Tagen vergriffen; anschließend folgten 14 hd. und eine nd. Ausgabe. Butzers *Schöner Dialogus zwischen aim Pfarrer und aim Schulthayß* (1521) hatte 13 Auflagen; die *Zwölf Artikel der Bauernschaft* von 1525

brachten es auf 23 Auflagen. Für die öffentliche Wirkung muß man die Hörrezeption einbeziehen. Auf besondere Ereignisse und Flugschriften reagierte man sofort mit (neuen) Flugschriften.

Oft gaben sich die Autoren als ungelehrte Laien (Handwerker, Bauern) aus, waren aber Geistliche. Dennoch schrieben ca. 40 männliche Laien (H. Sachs) und elf Frauen Flugschriften; die bekannteste Frau war Argula v. Grumbach mit acht Texten. In den Titeln wurde der „gemeine Mann" oft explizit als Adressat genannt, und die Autoren bemühten sich z. T. um eine allgemeinverständliche Sprache. Dazu dienten sprechsprachliche Mittel (Anrede, Frage, Ausruf, Redewendung; vgl. Schildt 1978, 21ff.) und eine leicht (vor)lesbare, z. T. rhythmisch gegliederte Syntax in kleinen Einheiten (Rössing-Hager 1981, 84ff.). Bildhaftigkeit, Verständlichkeit und Emotionalität waren im TSS-Stil der Predigt angelegt (Moeller/Stackmann 1996). Die Autoren übernahmen und veränderten alte Textformen, z. B. aus dem Bereich der Institutionen die Formulierungskonventionen für Briefe (Himmels-, Höllenbriefe, *Sendbrief* = 'offener Brief'), für Ordnungen und Statuten ((utopische) Programme, Eberlin v. Günzburg, X., XI. *Bundesgenosse* 1521) und Verträge. Aus der Astrologie und Astronomie kamen Prognostiken (Talkenberger 1990) und Kalender, aus den Wissenschaften Thesen, Zitatgegenüberstellungen und Kommentare (zu gegnerischen Texten), aus der Volksdichtung Reimpaargedicht und Fastnachtsspiel, aus der chronikalischen Literatur Berichte von aufsehenerregenden Ereignissen (Reichstag von Worms 1521). In den Reformationsdialogen wurde eine Natürlichkeit der Gesprächsführung angestrebt; in ihnen konnten die Parteigänger (repräsentiert in einem Laien gegenüber einem Geistlichen) lernen, wie man auf Vorwürfe altkirchlicher Seite wirkungsvoll argumentiert; außerdem konnte der Gegner bloßgestellt werden, wobei das von Ulrich v. Hutten und den *Obscurorum virorum epistolae* erprobte literarische Mittel der mimischen Satire verwendet wurde (zur Syntax: Bentzinger 1992).

In der Zeit nach 1526 ging die Zahl der Flugschriften rapide zurück (verstärkte Zensur in den konfessionell überwachten Territorien) und beschränkte sich im weiteren 16. Jh., abgesehen von einzelnen politischen Ereignissen (Packsche Händel 1528, Reichstag von Augsburg 1530, Schmalkaldischer Krieg 1546/47), hauptsächlich auf theologisch-konfessionelle Streitigkeiten, geschrieben im gelehrten Stil, und auf politische Streitschriften im Kanzleistil.

5.2.3. Das Jahr 1609 markiert den Beginn der neuzeitlichen Zeitungsgeschichte. In diesem Jahr sind die ältesten erhaltenen Wochenzeitschriften erschienen: der Wolfenbüttler *Aviso* und die Straßburger *Relation*. Erstmals werden in den neuen Wochenzeitungen die entscheidenden Kriterien dieses zukunftsbestimmenden Mediums erkennbar: Periodizität, Aktualität, Publizität und Universalität. Zeitspezifische Merkmale der frühen Wochenzeitungen sind: die meist sachlich noch unzusammenhängende Sammlung von Einzelnachrichten, gereiht nach Korrespondenzorten und datiert nach Absendeorten, die thematische Zentrierung auf (reichs-)politische und militärische Ereignisse und die faktenorientierte Berichterstattung (zum Gesamtkomplex vgl. zuletzt Schröder 1995 und den 1996 von Fritz/Straßner hrsg. Sammelband). Das neue periodische Informationsmedium konnte sowohl auf dem organisatorisch-technischen Sektor (Erweiterung des Post- und Nachrichtenverkehrs: Nachrichtenbüros, private und berufsmäßige Korrespondenten) als auch auf sprachlicher Ebene (Textaufbau und -muster) auf Vorgaben zurückgreifen, die sich im Laufe des 15./16. Jhs. ausgebildet und verfestigt hatten: Der Brief als tradierte Textform der Nachrichtenvermittlung und des Informationsaustausches auf privater, geschäftlicher und institutioneller Ebene erweiterte im 15./16. Jh. seine Funktion; im Typ der kommerziell erstellten Briefzeitung, handschriftlich kopiert (ohne Zensurauflage) sowie gedruckt, verselbständigte sich die aktuelle Nachrichteninformation, sie ist käuflich geworden, wurde durch Austausch verbreitet (1575 vereinbarten einige Fürsten den Austausch von Briefzeitungen) und gesammelt (vgl. die Korrespondenzen Melanchthons als Beispiel für frühe umfangreiche Sammlung und Verbreitung von Nachrichten im Gelehrtenkreis; im Handelsbereich ab 1568 die sog. Fuggerzeitungen: ca. 35 000 Seiten abgeschriebene Korrespondenz für die interne Information, vgl. demnächst Karnehm).

Zu den bereits vorhandenen Berichtsmedien und Vorformen gehören die „Newen Zeitungen" mit Informationen über Einzelereignisse, die z. T. mit Illustrationen, seit Beginn des 16. Jhs. meist als Einblattdrucke erschienen (erstes erhaltenes Exemplar von 1523; die Bezeichnung „Neue Zeitung" als aktuelle Nachricht ist seit 1502 belegt). Im TSS-Feld sind aber auch die literarisierten Formen der Liedpublizistik, das Zeitungslied und das historische Ereignislied, zugänglich auch für untere Schichten, zu nennen. Im Gegensatz zu den frühen Wochenzeitungen, in denen die Information dominiert, auch wenn Kommentierung, Bewertung an-

satzweise erscheinen, sind wertende und auffordernde Absichten kennzeichnend für die Informationsausrichtung der Neuen Zeitung und der Liedpublizistik (vgl. Brednich 1974/75, 133 ff.; Schilling 1990, 92 ff.).

Im Blick auf die Kriterien der Periodizität, der Bandbreite der Berichterstattung und der thematischen Schwerpunkte stehen die *Meßrelationen*, die im Zeitrhythmus der großen Verkaufsmessen in Frankfurt und Leipzig erschienen, den neuen Wochenzeitungen näher (gedruckt erstmals Köln 1583, fortgeführt bis in das 19. Jh.).

Der Einschnitt, der mit den frühen Zeitungen auf dem Informationssektor verbunden ist, hat nachfolgend eine kontroverse Debatte über Nutzen und Nachteile dieses neuen Mediums ausgelöst (ähnlich wie nach der Erfindung des Buchdrucks, vgl. Giesecke 1991, 146 ff.). Beschränkte sich diese Debatte zunächst noch auf Einzeläußerungen in unterschiedlichen TSS, vor allem in kirchlichen und politischen Stellungnahmen, so erschienen Ende des 17. Jhs. die ersten eigenständigen Abhandlungen über das neue Medium. Sie eröffnen eine neue Sparte in der Fachliteratur (mit theoretischen und auch sprachkritischen Ansätzen) und leiten die Anfänge der Zeitungswissenschaft ein (erste Dissertation Leipzig 1690). Anfänglich wirkt sich auch hier noch die Dominanz der lat. Wissenschaftssprache aus, teilweise verbunden mit dem üblichen Transfer auf dem Übersetzungsweg. Stellvertretend für diesen Sektor ist Kaspar Stielers bekannte, dt. verfaßte *Zeitungs Lust und Nutz* von 1695 zu nennen (vgl. Kurth 1944, 16 ff.; 163 ff.; Blühm/Engelsing 1967; Gieseler in: Fritz/Straßner 1996, 259 ff.).

Einen Einschnitt in der interdisziplinären Forschungsliteratur markieren die 1995 und 1996 publizierten Ergebnisse des Tübinger Forschungsprojektes zur Sprache der frühen Zeitung unter besonderer Berücksichtigung von Textstruktur, Syntax und Wortschatz (Schröder 1995; Fritz/Straßner 1996; vgl. auch Kästner 1992).

6. Literatur (in Auswahl)

Adamzik, Kirsten, Textsorten − Texttypologie. Eine kommentierte Bibliographie. Münster 1995. (Studium Sprachwissenschaft 12).

Assion, Peter, Altdeutsche Fachliteratur. Berlin 1973. (GG 13).

Backes, Martina, Das literarische Leben am kurpfälzischen Hof zu Heidelberg im 15. Jh. Ein Beitrag zur Gönnerforschung des Spätmittelalters. Tübingen 1992.

Baeumer, Max L., Gesellschaftliche Aspekte der 'Volks'-Literatur im 15. und 16. Jh. In: Popularität und Trivialität. Hrsg. v. Reinhold Grimm/Jost Hermand. Frankfurt/M. 1974, 7−50.

Ders., Sozialkritische und revolutionäre Literatur der Reformationszeit. In: Internationales Archiv für Sozialgeschichte der deutschen Literatur 5, 1980, 169–250. (Forschungsbericht).

Bennewitz, Ingrid/Ulrich Müller (Hrsg.), Von der Handschrift zum Buchdruck: Spätmittelalter, Reformation, Humanismus 1320–1572. Reinbek bei Hamburg 1991. (Deutsche Literatur. Eine Sozialgeschichte, Bd. 2).

Bentzinger, Rudolf, Untersuchungen zur Syntax der Reformationsdialoge 1520–1525. Ein Beitrag zur Erklärung ihrer Wirksamkeit. Berlin 1992. (Baust. 67).

Bergmann, Rolf, Katalog der deutschsprachigen geistlichen Spiele und Marienklagen des Mittelalters. München 1986.

Bernstein, Eckhard, Die Literatur des deutschen Frühhumanismus. Stuttgart 1978. (SM 168).

Beyer, Franz-Heinrich, Eigenart und Wirkung des reformatorisch-polemischen Flugblatts. Frankfurt/M. 1994.

Blühm, Elger/Rolf Engelsing (Hrsg.), Die Zeitung. Deutsche Urteile und Dokumente von den Anfängen bis zur Gegenwart. Bremen 1967.

Borchling, Conrad/Bruno Claußen, Niederdeutsche Bibliographie. Gesamtverzeichnis der niederdeutschen Drucke bis zum Jahre 1800. Bd. 1, 2. Neumünster 1931–36. Bd. 3, 1. Nachträge. Neumünster 1957.

Brednich, Rolf Wilh., Die Liedpublizistik des 15. bis 17. Jhs. Bd. 1: Abhandlung. Bd. 2: Katalog der Liedflugblätter des 15. und 16. Jhs. Baden-Baden 1974–1975. (Bibliotheca Bibliographica Aureliana 50; 60).

Brenner, Peter J. (Hrsg.), Der Reisebericht. Die Entwicklung einer Gattung in der deutschen Literatur. Frankfurt/M. 1989.

Ders., Der Reisebericht in der deutschen Literatur. Ein Forschungsüberblick als Vorstudie zu einer Gattungsgeschichte. Tübingen 1990. (Internationales Archiv für Sozialgeschichte der Literatur, Sonderh. 2).

Brückner, Wolfgang (Hrsg.), Volkserzählung und Reformation. Ein Handbuch zur Tradierung und Funktion von Erzählstoffen und Erzählliteratur im Protestantismus. Berlin 1974.

Ders., Massenbilderforschung 1968–1978. Tl. 1: Die traditionellen Gattungen der populären Druckgraphik des 15. bis 19. Jhs. (mit Bibliographie). In: Internationales Archiv für Sozialgeschichte der deutschen Literatur 4, 1979, 130–178.

Brunner, Otto, Adliges Landleben und europäischer Geist. Leben und Werk Wolf Helmhards von Hohberg 1612–1688. Salzburg 1949. (2. Aufl. 1959).

Ders., Österreichische Adelsbibliotheken des 15. bis 17. Jhs. In: Anzeiger der Österreichischen Akademie der Wissenschaften, phil.-hist. Klasse 86, 1949 (a), 109–126.

Burger, Konrad, Buchhändleranzeigen des 15. Jhs. Leipzig 1907.

Chrisman, Miriam Usher, Lay Culture, Learned Culture. Books and Social Change in Strasbourg 1480–1599. Vol. 1–2. London 1982.

Claes, Franz, Bibliographisches Verzeichnis der deutschen Vokabulare und Wörterbücher, gedruckt bis 1600. Hildesheim 1977.

Cramer, Thomas, Geschichte der deutschen Literatur im späten Mittelalter. München 1990. (Geschichte der deutschen Literatur im Mittelalter Bd. 3).

Czerny, Albin, Die Bibliothek des Chorherrenstiftes St. Florian. Linz 1874.

Dicke, Gerd/Klaus Grubmüller, Die Fabeln des Mittelalters und der frühen Neuzeit. Ein Katalog der deutschen Versionen und ihrer lateinischen Entsprechungen. München 1987. (MM-S 60).

Düsterdieck, Peter, Buchproduktion im 17. Jh. Eine Analyse der Meßkataloge für die Jahre 1637 und 1658. In: AGB 14, 1974, 163–220.

Ecker, Gisela, Einblattdrucke von den Anfängen bis 1555: Untersuchungen zu einer Publikationsform literarischer Texte. 2 Bde. Göppingen 1981.

Edwards, Cyril/Ernst Hellgardt/Norbert H. Ott (Hrsg.), Lied im deutschen Mittelalter. Überlieferung, Typen, Gebrauch. Chiemsee-Colloquium 1991. Tübingen 1996.

Eis, Gerhard, Mittelalterliche Fachliteratur. 2. Aufl. Stuttgart 1967. (SM 14).

Ders., Forschungen zur Fachprosa. Ausgewählte Beiträge. Bern/München 1971.

Eisenstein, Elizabeth Lewisohn, The printing Press as an agent of change. Communications and cultural transformations in early modern Europe. Vol. 1–2. Cambridge 1979.

Engelsing, Rolf, Analphabetentum und Lektüre. Zur Sozialgeschichte des Lesens in Deutschland zwischen feudaler und industrieller Gesellschaft. Stuttgart 1973.

Ders., Der Bürger als Leser. Lesergeschichte in Deutschland 1500–1800. Stuttgart 1974.

Frey, Winfried, Literatur über Außenseiter: Hexen und Juden. In: Von der Handschrift zum Buchdruck. Spätmittelalter, Reformation, Humanismus 1320–1572. Hrsg. v. Ingrid Bennewitz/Ulrich Müller. Reinbek bei Hamburg 1991, 46–69. (Deutsche Literatur. Eine Sozialgeschichte, Bd. 2).

Fritz, Gerd/Erich Straßner (Hrsg.), Die Sprache der ersten deutschen Wochenzeitungen. Tübingen 1996. (Medien in Forschung + Unterricht, Ser. A, Bd. 41).

Giesecke, Michael, Schriftspracherwerb und Erstlesedidaktik in der Zeit des 'gemein teutsch' – eine sprachhistorische Interpretation der Lehrbücher Valentin Ickelsamers. In: Osnabrücker Beiträge zur Sprachtheorie, H. 11, 1979, 48–72.

Ders., Der Buchdruck in der frühen Neuzeit. Eine historische Fallstudie über die Durchsetzung neuer Informations- und Kommunikationstechnologien. Frankfurt/M. 1991.

Glier, Ingeborg (Hrsg.), Die deutsche Literatur im späten Mittelalter 1250–1370. 2. Tl.: Reimpaargedichte, Drama, Prosa. München 1987. (Geschichte der deutschen Literatur von den Anfängen bis zur Gegenwart, Bd. 3, Tl. 2).

Grenzmann, Ludger/Karl Stackmann (Hrsg.), Literatur und Laienbildung im Spätmittelalter und in der Reformationszeit. Symposion Wolfenbüttel 1981. Stuttgart 1984.

Grubmüller, Klaus, Der Hof als städtisches Literaturzentrum. Hinweise zur Rolle des Bürgertums am Beispiel der Literaturgesellschaft Münchens im 15. Jh. In: Befund und Deutung. Zum Verhältnis von Empirie und Interpretation in Sprach- und Literaturwissenschaft. Hrsg. v. Klaus Grubmüller [u. a.]. Tübingen 1979, 405–427.

Hahn, Reinhard, 'Von frantzosischer zungen in teutsch'. Das literarische Leben am Innsbrucker Hof des späteren 15. Jhs. und der Prosaroman 'Pontus und Sidonia (A)'. Frankfurt/M. 1990. (Mikrokosmos 27).

Handwörterbuch zur Deutschen Rechtsgeschichte. Hrsg. v. Adalbert Erler/Ekkehard Kaufmann. Bd. 1 ff. Berlin 1971 ff.

[Harder, Michael], Mess-Memorial des Frankfurter Buchhändlers Michel Harder. Fastenmesse 1569. Hrsg. v. Ernst Kelchner/Richard Wülcker. Frankfurt/M./Paris. 1873.

Harmening, Dieter, Katechismusliteratur. Grundlagen religiöser Laienbildung. In: Wissensorganisierende und wissensvermittelnde Literatur. Hrsg. v. Norbert Richard Wolf. Wiesbaden 1987, 91–102.

Hartweg, Frédéric/Klaus-Peter Wegera, Frühneuhochdeutsch. Eine Einführung in die deutsche Sprache des Spätmittelalters und der frühen Neuzeit. Tübingen 1989. (GA 33).

Haslinger, Adolf, Vom Humanismus zum Barock. In: Handbuch der deutschen Erzählung. Hrsg. v. Karl Konrad Polheim. Düsseldorf 1981, 37–55.

Haß, Ulrike, Leonhard Schwartzenbachs 'Synonyma'. Beschreibung und Nachdruck der Ausgabe Frankfurt 1564. Lexikographie und Textsortenzusammenhänge im Frühneuhochdeutschen. Tübingen 1986. (LSM 11).

Haug, Walter/Burghart Wachinger (Hrsg.), Positionen des Romans im späten Mittelalter. Tübingen 1991. (Fortuna vitrea 1).

Dies., Kleinere Erzählformen des 15. und 16. Jhs. Tübingen 1993. (Fortuna vitrea 8).

Heger, Hedwig (Hrsg.), Spätmittelalter, Humanismus, Reformation. Texte und Zeugnisse. Tlbd. 1: Spätmittelalter und Frühhumanismus. Tlbd. 2: Blütezeit des Humanismus und Reformation. München 1975/1978. (Die Deutsche Literatur, Texte und Zeugnisse II, 1; 2).

Heinzle, Joachim, Vom Mittelalter zum Humanismus. In: Handbuch der deutschen Erzählung. Hrsg. v. Karl Konrad Polheim. Düsseldorf 1981, 17–27.

Herkenhoff, Michael, Die Darstellung außereuropäischer Welten in Offizinen des 15. Jhs. Berlin 1996.

Hirdt, Willi, Boccaccio und die deutsche Kurzprosa des 16. Jhs. In: Handbuch der deutschen Erzählung. Hrsg. v. Karl Konrad Polheim. Düsseldorf 1981, 28–36.

Hirsch, Rudolf, Printing, selling and reading 1450–1550. Wiesbaden 1965.

Hohmann, Thomas, Heinrichs von Langenstein „Unterscheidung der Geister" lateinisch und deutsch. Texte und Untersuchungen zur Übersetzungsliteratur aus der Wiener Schule. München 1977. (MTU 63).

Janota, Johannes/Werner Williams-Krapp (Hrsg.), Literarisches Leben in Augsburg während des 15. Jhs. Tübingen 1996. (Studia Augustana 7).

Joachimsohn, Paul, Aus der Vorgeschichte des „Formulare und Deutsch Rhetorica". In: ZdA 37, 1893, 24–121.

Juchhoff, Rudolf, Was lasen die Kölner um die Wende vom 15. zum 16. Jh. zu ihrer Unterhaltung und Belehrung? In: Essays in honour of Victor Scholderer. Hrsg. v. Dennis E. Rhodes. Mainz 1970, 201–212.

Kästner, Hannes, Der Arzt und die Kosmographie. Beobachtungen über Aufnahme und Vermittlung neuer geographischer Kenntnisse in der deutschen Frührenaissance und der Reformationszeit. In: Literatur und Laienbildung im Spätmittelalter und in der Reformationszeit. Symposion Wolfenbüttel 1981. Hrsg. v. Ludger Grenzmann/Karl Stackmann. Stuttgart 1984, 504–533.

Ders., Fortunatus, Peregrinator Mundi. Welterfahrung und Selbsterkenntnis im ersten deutschen Prosaroman der Neuzeit. Freiburg i. Br. 1990. (Reihe Litterae 10).

Ders., „Newe Zeitung" und hochdeutsche Schriftsprache – Aspekte einer unterschätzten Wechselbeziehung aus der Frühzeit der Presse. In: Germanistentreffen BRD – CSFR. Passau 1992 (DAAD Dokumentationen/Materialien 25), 163–174.

Ders., Antikes Wissen für den 'gemeinen Mann'. Rezeption und Popularisierung griechisch-römischer Literatur durch Jörg Wickram und Hans Sachs. In: Latein und Nationalsprachen in der Renaissance. Symposion Wolfenbüttel 1995. Hrsg. v. Bodo Guthmüller. Wiesbaden 1998, 345–378.

Ders./Eva Schütz, Repräsentation und Zeremoniell an europäischen Fürstenhöfen im Spiegel von Rittermemoiren der Renaissancezeit. In: Europäische Hofkultur im 16. und 17. Jh. Wolfenbütteler Kongreß 1979. Bd. 2. Hamburg 1981, 369–377.

Dies., Beglaubigte Information. Ein konstitutiver Faktor in Prosaberichten des späten Mittelalters und der frühen Neuzeit. In: Textsorten und literarischen Gattungen. Dokumentation des Germanistentages in Hamburg vom 1.–4. 4. 1979. Berlin 1983, 450–469.

Dies./Johannes Schwitalla, 'Dem gmainen mann zu guttem Teutsch gemacht'. Textliche Verfahren der Wissensvermittlung in frühneuhochdeutschen Fachkompendien. In: Neuere Forschungen zur historischen Syntax des Deutschen. Referate der Internationalen Fachkonferenz Eichstätt 1989. Hrsg. v. Anne Betten. Tübingen 1990, 205–223.

Karnehm, Christl, „Wichtig, daß man zeitig ein Wissen darüber erhält". Die Kopierbücher Hans Fuggers (1531–1598). München, i. V.

Keil, Gundolf/Peter Assion (Hrsg.), Fachprosaforschung. Acht Vorträge zur mittelalterlichen Artesliteratur. Berlin 1974.

Kemper, Hans-Georg, Deutsche Lyrik der frühen Neuzeit. Bd. 1. Epochen- und Gattungsprobleme. Reformationszeit. Tübingen 1987.

Kirchhoff, Albrecht, Leipziger Sortimentshändler im 16. Jh. und ihre Lagervorräthe. In: Archiv für Geschichte des Deutschen Buchhandels 11, 1888, 204–282.

Kleinpaul, Johannes, Das Nachrichtenwesen der deutschen Fürsten im 16. und 17. Jh. Ein Beitrag zur Geschichte der geschriebenen Zeitungen. Leipzig 1930.

Kleinschmidt, Erich, Stadt und Literatur in der frühen Neuzeit. Köln/Wien 1982. (Literatur und Leben, NF. 22).

Köhler, Erich, Gattungssystem und Gesellschaftssystem. In: Romanistische Zeitschrift für Literaturgeschichte 1, 1977, 7–22.

Köhler, Hans-Joachim, Die Flugschriften der frühen Neuzeit. Ein Überblick. In: Die Erforschung der Buch- und Bibliotheksgeschichte. Hrsg. v. Werner Arnold/Wolfgang Dittrich/Bernhard Zeller. Wiesbaden 1987, 307–345.

Könneker, Barbara, Die deutsche Literatur der Reformationszeit. Kommentar zu einer Epoche. München 1975.

Dies., Satire im 16. Jh. Epoche, Werke, Wirkung. München 1991.

Koppitz, Hans Joachim, Zur Verbreitung unterhaltsamer und belehrender deutscher Literatur durch den Buchhandel in der zweiten Hälfte des 16. Jhs. In: JIG 7, 1975, H. 2, 20–35.

Ders., Studien zur Tradierung der weltlichen mhd. Epik im 15. und beginnenden 16. Jh. München 1980.

Koszyk, Kurt, Vorläufer der Massenpresse. Ökonomie und Publizistik zwischen Reformation und Französischer Revolution. Öffentliche Kommunikation im Zeitalter des Feudalismus. München 1972.

Kühlmann, Wilhelm, Das Zeitalter des Humanismus und der Reformation. In: Geschichte der deutschen Lyrik vom Mittelalter bis zur Gegenwart. Hrsg. v. Walter Hinderer. Stuttgart 1983, 49–73.

Künast, Hans-Jörg, „Getruckt zu Augspurg". Buckdruck und Buchhandel zwischen 1468 und 1555. Tübingen 1996.

Kuhn, Hugo, Entwürfe in einer Literatursystematik des Spätmittelalters. Tübingen 1980.

Kurth, Karl (Hrsg.), Die ältesten Schriften für und wider die Zeitung. Brünn/München/Wien 1944.

Leipold, Inge, Untersuchungen zum Funktionstyp „Frühe deutschsprachige Druckprosa". Das Verlagsprogramm des Augsburger Druckers Anton Sorg. In: DVLG 48, 1974, 264–290.

Manger, Klaus, Literarisches Leben in Straßburg während der Prädikatur Johann Geilers von Kaysersberg (1478–1510). Heidelberg 1983. (Heidelberger Forschungen 24).

Martin, Ellen, Die deutschen Schriften des Johannes Pfefferkorn. Göppingen 1994.

Metzler, Regine, Zur Textsorte Privatbrief in der ersten Hälfte des 16. Jhs. In: Untersuchungen zur Pragmatik und Semantik von Texten aus der ersten Hälfte des 16. Jhs. Hrsg. v. Rudolf Große. Berlin 1987, 1–7.

Meuche, Hermann/Ingeburg Neumeister (Hrsg.), Flugblätter der Reformation und des Bauernkrieges. 50 Blätter aus der Sammlung des Schloßmuseums Gotha. Leipzig 1976.

Michael, Wolfgang F., Das deutsche Drama der Reformationszeit. Bern/Frankfurt/M. 1984.

Ders., Ein Forschungsbericht: Das deutsche Drama der Reformationszeit. Bern [etc.] 1989.

Mittelalterliche Bibliothekskataloge Deutschlands und der Schweiz. Bd. 3, 1, bearb. v. Paul Ruf. München 1932. (Nachdr. 1970).

Moeller, Bernd [u. a.] (Hrsg.), Studien zum städtischen Bildungswesen des späten Mittelalters und der frühen Neuzeit. Göttingen 1983. (AAkGött, 3. Folge, 137).

Ders./Karl Stackmann, Städtische Predigt in der Frühzeit der Reformation. Eine Untersuchung deutscher Flugschriften der Jahre 1522–1529. Göttingen 1996.

Müller, Christl, Altdeutsche Handschriften und Drucke in der Bibliothek des Job Hartmann von Enenkel (1576–1627). In: Würzburger Prosastudien II. Hrsg. v. Peter Kesting. München 1975, 237–254.

Müller, Jan-Dirk (Hrsg.), Wissen für den Hof. Der spätmittelalterliche Verschriftlichungsprozeß am Beispiel Heidelberg im 15. Jh. München 1994. (MM-S 67).

Ders., Poet, Prophet, Politiker: Sebastian Brant als Publizist und die Rolle der laikalen Intelligenz um 1500. In: LiLi 10, 1980, 102–127.

Müller, Johannes, Quellenschriften und Geschichte des deutschsprachigen Unterrichts bis zur Mitte des 16. Jhs. Gotha 1882. (Nachdruck Darmstadt 1969).

Müller, Ulrich, Sangverslyrik. In: Von der Handschrift zum Buchdruck: Spätmittelalter, Reformation, Humanismus (1320–1572). Hrsg. v. Ingrid Bennewitz/Ulrich Müller. Reinbek bei Hamburg 1991, 46–69. (Deutsche Literatur: Eine Sozialgeschichte. Hrsg. v. Horst A. Glaser, Bd. 2).

Neumann, Bernd, Geistliches Schauspiel im Zeugnis der Zeit. Zur Aufführung mittelalterlicher religiöser Dramen im deutschen Sprachgebiet. 2 Bde. München/Zürich 1987. (MTU 84/85).

Neumann, Helmut, Staatliche Bücherzensur und -Aufsicht in Bayern von der Reformation bis zum Ausgang des 17. Jhs. Heidelberg/Karlsruhe 1977.

Oncken, Hermann (Hrsg.), Die ältesten Lehensregister der Grafen von Oldenburg und Oldenburg-Bruchhausen. Oldenburg 1893.

Paravicini, Werner (Hrsg.), Europäische Reiseberichte des späten Mittelalters: eine analytische Bibliographie. Tl. 1: Deutsche Reiseberichte, bearb. v. Christian Halm. Frankfurt/M. [etc.] 1994. (Kieler Werkstücke, Reihe D, Beiträge zur europäischen Geschichte des späten Mittelalters 5).

Pasierbsky, Fritz, Deutsche Sprache im Reformationszeitalter. Eine geistes- und sozialgeschichtlich orientierte Bibliographie. Hrsg. v. Edeltrud Büchler/Edmund Dirkschnieder. 2 Tle. Tübingen 1988.

Peters, Ursula, Literatur in der Stadt. Studien zu den sozialen Voraussetzungen und kulturellen Organisationsformen städtischer Literatur im 13. und 14. Jh. Tübingen 1983. (STSL 7).

Piirainen, Ilpo Tapani, Textsorten in der Entstehung des Neuhochdeutschen. In: Text und Grammatik. Festschrift für Roland Harweg zum 60. Geburtstag. Hrsg. v. Peter Canisius [u. a.]. Bochum 1994, 283–290.

Polenz, Peter v., Deutsche Sprachgeschichte vom Spätmittelalter bis zur Gegenwart. Bd. 1: Einführung, Grundbegriffe, Deutsch in der frühbürgerlichen Zeit. Berlin/New York 1991. (SaGö 2237).

Reichmann, Oskar/Klaus-Peter Wegera (Hrsg.), Frühneuhochdeutsches Lesebuch. Tübingen 1988.

Rössing-Hager, Monika, Wie stark findet der nicht-lesekundige Rezipient Berücksichtigung in den Flugschriften? In: Flugschriften als Massenmedium. Hrsg. v. Hans-Joachim Köhler. Tübingen 1981, 77–137.

Rudolf, Rainer, Ars moriendi. Von der Kunst des heilsamen Lebens und Sterbens. Köln/Graz 1957. (Forschungen zur Volkskunde 39).

Rupprich, Hans, Die deutsche Literatur vom späten Mittelalter bis zum Barock. Tl. 1: Das ausgehende Mittelalter, Humanismus und Renaissance 1370–1520. 2. Aufl., neubearb. v. Hedwig Heger. München 1994. Tl. 2: Das Zeitalter der Reformation 1520–1570. München 1973. (Geschichte der Deutschen Literatur von den Anfängen bis zur Gegenwart IV, 1,2).

Sauer, Manfred, Die deutschen Inkunabeln, ihre historischen Merkmale und ihr Publikum. Düsseldorf 1965.

Schildt, Joachim, Sprechsprachliche Gestaltungsmittel. In: Zur Literatursprache im Zeitalter der frühbürgerlichen Revolution. Untersuchungen zu ihrer Verwendung in der Agitationsliteratur. Autorenkollektiv unter Leitung von Gerhard Kettmann und Joachim Schildt. Berlin 1978, 21–84.

Schilling, Michael, Bildpublizistik der frühen Neuzeit. Aufgaben und Leistung des illustrierten Flugblatts in Deutschland bis um 1700. Tübingen 1990. (STSL 29).

Schottenloher, Karl, Die Widmungsvorrede im Buch des 16. Jhs. Münster 1953. (Reformationsgeschichtliche Studien und Texte 76/77).

Schnabel, Hildegard, Zur historischen Beurteilung der Flugschriftenhändler in der Zeit der frühen Reformation und des Bauernkrieges. In: WZUB 14, 1965, 869–880.

Schröder, Thomas, Die ersten Zeitungen. Textgestaltung und Nachrichtenauswahl. Tübingen 1995.

Schubert, Ernst, „bauerngeschrey“. Zum Problem der öffentlichen Meinung im spätmittelalterlichen Franken. In: Jahrbuch für fränkische Landesforschung 34/35, 1974/75, 883–907.

Schütz, Alfred, Das Problem der sozialen Wirklichkeit. Gesammelte Aufsätze. Bd. 1. Den Haag 1971.

Schwitalla, Johannes, Deutsche Flugschriften 1460–1525. Textsortengeschichtliche Studien. Tübingen 1983. (RGL 45).

Ders., Textsortenstile und Textherstellungsverfahren in Ehetraktaten des 15. und 16. Jhs. In: Text und Geschlecht. Hrsg. v. Rüdiger Schnell. Frankfurt/M. 1997, 79–114.

Ders., Flugschrift. Tübingen 1999.

Schwitzgebel, Bärbel, Noch nicht genug der Vorrede. Zur Vorrede volkssprachlicher Sammlungen von Exempeln, Fabeln, Sprichwörtern und Schwänken des 16. Jhs. Tübingen 1996. (Frühe Neuzeit 28).

Scribner, Robert W., For the Sake of Simple Folk: Popular Propaganda for the German Reformation. Cambridge 1981.

Spriewald, Ingeborg [u. a.], Grundpositionen der deutschen Literatur im 16. Jh. Berlin/Weimar 1976.

Steer, Georg, Die deutsche 'Rechtssumme' des Dominikaners Berthold – ein Dokument der spätmittelalterlichen Laienchristlichkeit. In: Laienfrömmigkeit im späten Mittelalter: Formen, Funktionen, politisch-soziale Zusammenhänge. Hrsg. v. Klaus Schreiner unter Mitarbeit v. Elisabeth Müller-Luckner. München 1992, 227–240.

Steger, Hugo, Erscheinungsformen der deutschen Sprache. 'Alltagssprache'–'Fachsprache'–'Standardsprache'–'Dialekt' und andere Gliederungstermini. In: DS 16, 1988, 289–319.

Ders., Institutionensprachen. In: Staatslexikon. Bd. 5. Hrsg. v. d. Görres-Gesellschaft. 7. Aufl. Freiburg/Basel/Wien 1989, 125–128.

Taylor, Archer, Problems in German Literary History of the 15th and 16th centuries. New York 1939. Reprint 1966. (Modern Language Association of America, General Series 8).

Talkenberger, Heike, Sintflut. Prophetie und Zeitgeschehen in Texten und Holzschnitten astrologischer Flugschriften. Tübingen 1990. (STSL 26).

Theiß, Winfried, Die 'Schöne Magelona' und ihre Leser. Erzählstrategie und Publikumswechsel im 16. Jh. In: Euphorion 73, 1979, 132−148.

Ukena, Peter, Tagesschrifttum und Öffentlichkeit im 16. und 17. Jh. in Deutschland. In: Presse und Geschichte. München 1977, 35−53. (Studien zur Publizistik 23).

Velten, Hans Rudolf, Das selbst geschriebene Leben. Eine Studie zur deutschen Autobiographie im 16. Jh. Heidelberg 1995. (Frankfurter Beiträge zur Germanistik 29).

Walz, Herbert, Deutsche Literatur der Reformationszeit. Eine Einführung. Darmstadt 1988.

Wehrli, Max, Geschichte der Deutschen Literatur vom frühen Mittelalter bis zum Ende des 16. Jhs. Stuttgart 1980. (Geschichte der Deutschen Literatur von den Anfängen bis zur Gegenwart 1).

Weidenhiller, P. Egino, Untersuchungen zur deutschsprachigen katechetischen Literatur des späten Mittelalters. Nach Handschriften der Bayerischen Staatsbibliothek. München 1965. (MTU 10).

Weimann, Robert (Hrsg.), Realismus in der Renaissance. Aneignung der Welt in der erzählenden Prosa. Berlin/Weimar 1977.

Weißenberger, Paulus, Das älteste Bücherverzeichnis der Grafen von Öttingen-Wallerstein. In: Festgabe aus Anlaß des 75. Geburtstages von Karl Schornbaum. Neustadt/Aisch 1950, 58−60.

Widmann, Hans, Geschichte des Buchhandels vom Altertum bis zur Gegenwart. Völlige Neubearbeitung der Aufl. von 1952. Tl. 1. Wiesbaden 1975.

Wingen-Trennhaus, Angelika, Die Quellen des Hans Sachs. Bibliotheksgeschichtliche Forschungen zum Nürnberg des 16. Jhs. In: Pirckheimer Jahrbuch 10 (1995), Hans Sachs im Schnittpunkt von Antike und Neuzeit. Hrsg. v. Stephan Füssel, 109−149.

Wittmann, Reinhard, Bücherkataloge des 16.−18. Jhs. als Quellen der Buchgeschichte. In: Bücherkataloge als buchgeschichtliche Quelle in der frühen Neuzeit. Wiesbaden 1984. (Wolfenbütteler Schriften zur Geschichte des Buchwesens 10), 7−17.

Worstbrock, Franz Josef, Zur Einbürgerung der Übersetzung antiker Autoren im deutschen Humanismus. In: ZdA 99, 1970, 45−81.

Ders., Deutsche Antikerezeption 1450−1550. Tl. 1: Verzeichnis der deutschen Übersetzungen antiker Autoren. Mit einer Bibliographie der Übersetzer. Boppard 1976. (Veröffentlichungen zur Humanisforschung 1).

Hannes Kästner, Eva Schütz, Freiburg
Johannes Schwitalla, Würzburg

117. Die Diagliederung des Frühneuhochdeutschen

1. Zur Einführung

1.1. Verständigungsmittel vom Typ des Deutschen, Französischen, Ungarischen, Niederländischen werden sowohl von ihren Benutzern wie von Linguisten mit jeweils einem einzigen Ausdruck, in den angegebenen Beispielen also mit *Sprache, langue, nyelv, taal,* bezeichnet. Dieses Faktum steht in einem wechselseitigen Konstitutionsverhältnis zu folgender stark von der Verfallstheorie der Barockzeit geprägten, inzwischen kollektiv gewordenen Ansicht des Sprachbenutzers und zugleich theoretischen Vorannahme vieler Linguisten: Sprachen sind gleichsam von ihrem Wesen (z. B. von ihrer Natur) her homogene Gebilde von Zeichen und Regeln und sie erfüllen nur in dem Maße ihre vielfältigen Zwecke, in dem Sprachgebrauch, Sprachunterricht und Sprachideologie diese Homogenität sichern. Die Gegenauffassung zu dieser Position lautet: Die unter *Sprache, langue* (usw.) zusammengefaßten Verständigungsmittel werden sinnvoller als genuin heterogene Gebilde gefaßt, wobei die Heterogenität kulturtypischen Regeln unterliegt; Sprachen erfüllen ihre Zwecke deshalb nicht trotz, sondern aufgrund ihrer Heterogenität; der Sprachgebrauch bestimmt deren Ausmaß, Regeln und Funktionen, letztlich auch dasjenige, was unter *Sprache* im Sinne von 'Einzelsprache' verstanden wird.

1.2. Der Grad der Heterogenität von Verständigungsmitteln unterliegt der historischen Veränderung; er ist für Sprachstufen wie das Mhd., Mnd., Frnhd. als höher zu veranschlagen als für die nhd. Standardsprache und selbst für die Gesamtheit aller Varietäten des Nhd. Das sog. Althoch*deutsche* und das Altnieder*deutsche* wird man aus dieser Betrachtung ausnehmen müssen, weil deren Sprecher ihre Verständigungsmittel (die sog. *Stammessprachen* Frk., Alem., Sächs. usw.) erst sehr allmählich (zwischen dem 9. und 12. Jh.) zu so etwas wie 'Deutsch' zusammenfaßten, auch wenn die heutigen Bezeichnungen wegen des Grundwortes *deutsch* etwas anderes suggerieren (vgl. Art. 1, Abs. 2). Bis in die Gegenwart hinein bildet die Klassifizierung bestimmter Raumvarianten als Dt. bzw. Hd. für einige Sprachteilhaber einiger Gebiete ein Problem und wird es weiterhin bilden. Die Zugehörigkeit des Rip. und des Südniederfränkischen zum Dt. (statt zum Mnl.) wird erst im 16. Jh. (so eine These für das Rip.) bzw. im 19. Jh. (für das Snfrk.) entschieden, und die Übernahme des Hd. durch die Sprecher des Nd. ist eine nachmittelalterliche Entwicklung. Die Etablierung einer eigenen Sprache Letzeburgisch in jüngster Vergangenheit beweist, daß entsprechende Entscheidungen in jeder sprachgeschichtlichen Epoche als Möglichkeiten gegeben sind.

1.3. Die kulturhistorischen Verhältnisse, auf deren Hintergrund die Heterogenität des Frnhd. verständlich wird, lassen sich kurz wie folgt anreißen: Es gibt ungefähr 15 bis 20 Millionen Sprecher des Dt.; sie sind verfassungspolitisch (mit Sprechern etwa eines Dutzends nichtdeutscher Sprachen) einerseits im Alten Reich zusammengefaßt, andererseits über rund 350 Territorien (Genaueres bei Köbler 1989) mit teilweise diskontinuierlicher Landmasse und mit unterschiedlicher Binnenorganisation verteilt. Historisch unterliegen sie der allgemeinen Geschichte Mitteleuropas (vor allem des Reiches), im einzelnen jeweils landschaftlichen, kulturellen und (vor allem nach der Reformation) konfessionellen Eigenentwicklungen. Sprachgeschichtlich klassifiziert man sich auf einer obersten Einordnungsebene relativ konstant als dt.; Fragestellungen der Art, ob und in welcher Weise der kulturell mächtige Nordwesten (der heute großenteils als niederländischsprachig klassifizierte Raum) und der gesamte Norden (das nd. Gebiet) dazugehören, ob *deutsch* also polysem sei, wurden höchstens

beiläufig diskutiert. Unter sozialen Aspekten war der mitteleuropäische Raum durch zeitlich und räumlich unterschiedliche Entwicklungen und ihnen folgende soziale Auseinandersetzungen geprägt. Diesen Verhältnissen entsprach eine soziologische Schichtung und Gruppierung der Bevölkerung nach Abhängigen und Freien, nach Bauern, Bürgern, Adligen und Geistlichen, nach rechtlich, sozial und wirtschaftlich eher am Rande Stehenden und Begünstigten, nach Lese- und Schreibkundigen und Analphabeten, nach Armen und Reichen. Kultur-, konfessions- und bildungsgeschichtlich ist die als *Frühneuhochdeutsch* bezeichnete Epoche der dt. Sprachgeschichte durch die philosophie- und theologiegeschichtliche Auseinandersetzung zwischen Realismus und Nominalismus, durch Humanismus, Renaissance und Reformation, durch das Aufkommen der Städte, durch technische Erfindungen und Entdeckungen, durch Wissensvermehrung und revolutionäre Umpolungen der Wissenssysteme gekennzeichnet. Insgesamt ist die Zeit des Frnhd. als eine Geschichtsepoche zu betrachten, deren Binnengliederung als wesentlich schärfer ausgeprägt angesehen werden muß als diejenige des durch die Gemeinsamkeiten von Schulpflicht, Verwaltung, Militär, Wirtschaft, rationalistische Weltanschauung bestimmten Nhd.

1.4. Die sich in dieser historischen Wirklichkeit vollziehende Masse kommunikativer Handlungen läßt sich mittels eines Kataloges von Kriterien soziolinguistischer Provenienz, nämlich der sog. Gebrauchsdimensionen von Sprache, überschaubar machen. Die relevantesten dieser Kriterien sind:

- der sprachliche Handlungsraum,
- die kommunikationsgeschichtlich abgrenzbare Zeiteinheit,
- die soziale Schicht,
- die soziale Gruppe,
- die die Textsorte bestimmende Sozialsituation, in (hier nicht näher erläuterbarer) Verbindung damit der sog. mediale Gesichtspunkt, nach dem zwischen kommunikativen Situationen, die durch Mündlichkeit, und solchen, die durch Schriftlichkeit bestimmt sind (vgl. Art. 118), unterschieden wird.

1.4.1. Nach dem Raumkriterium gliedert man üblicherweise (mit welcher Begründung oder Nicht-Begründung auch immer) wie folgt (vgl. das Quellenverzeichnis in den einzelnen Bänden der Gr. d. Frnhd., z. B. 6, 22– 29; ferner: FWB 1, 118; Frnhd. Gr. 5):

1. Norddeutsch (= Hochdeutsch auf nd. Dialektgebiet)
2. Mitteldeutsch
2.1. Westmitteldeutsch
2.1.1. Mittelfränkisch
2.1.1.1. Ripuarisch
2.1.1.2. Moselfränkisch
2.1.2. Rheinfränkisch (mit Einzelräumen wie Hessisch, Pfälzisch)
2.2. Ostmitteldeutsch
2.2.1. Thüringisch
2.2.2. Obersächsisch
2.2.3. Schlesisch
2.2.4. Hochpreußisch
3. Oberdeutsch
3.1. Westoberdeutsch
3.1.1. Alemannisch
3.1.1.1. Niederalemannisch
3.1.1.2. Hochalemannisch
3.1.2. Schwäbisch
3.2. Nordoberdeutsch
3.3. Ostoberdeutsch
3.3.1. nördliches Ostoberdeutsch (Nordbairisch)
3.3.2. mittleres Ostoberdeutsch (Mittelbairisch)
3.3.3. südliches Ostoberdeutsch (Südbairisch)
4. östliches Inseldeutsch md. oder obd. Prägung.

1.4.2. Das Zeitkriterium führt zum Ansatz eines älteren (Mitte des 14. bis 2. Hälfte des 15. Jhs.), mittleren (bis Mitte des 16. Jhs.) und eines späteren (bis Mitte des 17. Jhs.) Frühneuhochdeutsch. – Unter sozialem Gesichtspunkt sind die Verständigungsmittel grundschichtiger Gruppen (etwa der Bauern) von denjenigen einer eher städtisch geprägten Mittelschicht und schließlich von der Sprache des gehobenen Bürgertums und der höheren Geistlichkeit sowie von Teilen des Adels zu trennen. – Innerhalb jeder dieser Schichten gibt es Gruppen, z. B. beruflicher oder weltanschaulicher Art, die im vorliegenden Rahmen auch nicht andeutungsweise genannt werden können. – Nach der Sozialsituation sollen hier folgende Textsortengruppen angesetzt werden: Rechts- und Wirtschaftstexte, chronikalische Texte, literarische Texte, didaktische Texte, theologische Texte, Erbauungsliteratur, Realientexte.

1.4.3. Die vorgetragenen Unterscheidungen ermöglichen den gezielten Blick auf beliebig umfänglich zuschneidbare Teilbereiche des Frnhd. Bei Anwendung nur eines der Gliederungskriterien erhält man z. B. Gegenstände wie das Obd. (Raumkriterium), das ältere Frnhd. (Zeitkriterium) oder chronikalische

Texte (Kriterium Sozialsituation/Textsorte). Verbindet man die Gliederungseinheiten miteinander, so ergeben sich handhabbare Ausschnitte folgenden Aussehens: Mslfrk., mittlere Zeit, mittlere Sozialschicht, Gruppe der Angehörigen einer bestimmten Zunft, Rechts- und Wirtschaftstexte.

1.5. Jede der durch soziologische Gliederungskriterien oder deren Kombination bestimmten Gliederungseinheiten kann nach systemlinguistischen Gesichtspunkten weiter eingegrenzt werden. Zu diesen zählen vor allem die folgenden:

– die Gliederung des Sprachsystems nach hierarchischen Rängen, in concreto: Dinstingeme (Phoneme, Grapheme), Signeme (Morpheme verschiedener Art, Lexeme), durch Kombination von kleineren Einheiten entstandene größere (Wortbildungen, Syntagmen, Sätze, Texte)
– die Unterscheidung der Ausdrucksebene der Sprache von der Inhaltsebene (am schlagendsten für die Lexik)
– die Unterscheidung von System (als Gesamtheit von Ausdrucksmöglichkeiten) und Norm (als desjenigen, was von diesen Möglichkeiten genutzt wird) im Sinne Coserius (1974, 47).

Das oben (1.4.3.) beispielhaft angesetzte Mslfrl. der mittleren Zeit und der mittleren Sozialschicht, wie es in rechtsrelevanten Texten einer Zunft realisiert wurde, kann damit auf einen seiner hierarchischen Ränge hin, etwa die Syntax, auf eine der Sprachebenen (Ausdruck oder Inhalt) oder auf sein System bzw. seine Norm hin, schließlich auf eine Kombination von all dem hin untersucht werden.

1.6. In der Sprachgeschichtsschreibung des Frnhd. finden die 1.4. genannten Varietätengruppen unter folgenden Bezeichnungen Beachtung:

– *Dialekte* als raumgebundene, in der damaligen Zeit von allen Sozialschichten vorwiegend in sprechsprachlichen Situationen gebrauchte Varietäten,
– *landschaftliche Schreibsprachen*, auch *Schreibdialekte* genannt, als gemäßigt raumgebundene, sozial mittel- bis oberschichtig bestimmte, in schriftlicher Kommunikation gebrauchte Varietäten; „gemäßigt raumgebunden" heißt, daß landschaftliche Schreibsprachen vor allem im älteren und mittleren Frnhd. eine im einzelnen unterschiedlich starke Beeinflussung durch den Dialekt der den Schreibort umgebenden Region zeigen, nicht aber als deren bloße schriftliche Fixierung aufzufassen sind, sondern vielmehr in eigenen schreibsoziologischen Traditionen stehen,

– *Geschäftssprachen* als ebenfalls gemäßigt landschaftsgebundene, sozial mittel- bis oberschichtig bestimmte, vorwiegend in schriftlicher Kommunikation gebrauchte Varietäten, die gegenüber den landschaftlichen Schreibsprachen aber speziell an die Kommunikationsbereiche von Handel, Verkehr und Verwaltung gebunden sind; insbesondere bei Bindung an die Territorialverwaltung heißen sie meist *Kanzleisprachen* (vgl. Art. 119),

– *(landschaftliche) Druckersprachen* als Varietäten, die anfangs wie die Schreibsprachen bestimmt sind, sich aber mit dem Fortschreiten der Sprachgeschichte des Deutschen aus ihren landschaftlichen Bindungen lösen,

– *Historiolekte* als für kommunikationsgeschichtlich abgrenzbare Zeiteinheiten typische Varietäten, wobei zu beachten ist, daß solche Zeiteinheiten je nach Gruppe, Schicht, Raum und situationsgebundenen Handlungsinteressen der Sprachträger (man beachte z. B. das Archaisierungsinteresse) von sehr unterschiedlicher Dauer sein können; für geschriebene Texte ist die Rezeptionszeit mit in Anschlag zu bringen,

– *Soziolekte* als sozialschichtig bestimmte, sowohl geschriebene wie gesprochene, in der gesprochenen Form im Hinblick auf Überregionalität der geschriebenen Form nachhinkende Varietäten,

– *Fachsprachen* als vorwiegend mittelschichtige, sich aus der Arbeitsorganisation ergebende, geschriebene wie gesprochene, in der geschriebenen Form mit dem Fortschreiten der Sprachentwicklung wie die Soziolekte stärker zu Überregionalität tendierende Varietäten als in der gesprochenen Form,

– *Bildungssprachen* als mittel- bis hochschichtige, vorwiegend geschriebene Varietäten des Bereichs Schule, Universität, Kirche, Gelehrsamkeit,

– *Sondersprachen* als vorwiegend gesprochene, je nach Wertbewußtsein der Gruppe vor allem gegen Ende der Epoche auch geschriebene, gruppenbestimmte Varietäten,

– *textsortenspezifische Idiome* als vom kommunikativ relevanten Situationstyp her bestimmte, je nach Typ geschriebene oder gesprochene Varianten,

– *Ausläufer mhd. und Ansätze frnhd. Literatursprachen* als vorwiegend geschriebener, mindestens mittel-, eher hochschichtiger, aber nicht nur schichten-, sondern auch gruppengebundener, von literarischen Situationstypen her bestimmter und vom Bildungsbereich her beeinflußter Varietäten,

– die sich aus den Ansätzen mittel- bis hochschichtiger Varietäten gegen Ende der Epoche entwickelnde, zunehmend vereinheitlichte *Schriftsprache* als hochschichtig bestimmte, geschriebene Varietät mit Leitbildfunktion tendenziell in allen Kommunikationsbereichen,

– *Idiolekte* als gesprochene und bei Bindung an gehobenere Schichten partiell geschriebene Varietäten.

1.7. Der Stand der Kenntnis dieser Varietäten schwankt aus unterschiedlichen Gründen.

1.7.1. Einen ersten (objektiven) Grund bilden die Überlieferungsverhältnisse. Selbst wenn man bestimmte Möglichkeiten der Rekonstruktion gesprochener Sprache einräumt (dazu Kleiber 1984), ist die Masse des gesprochenen Frnhd. unwiederbringlich verloren. Wir können also über alle soeben als sprechsprachlich charakterisierten Varietäten sowie über den mündlichen Gebrauch schreibsprachlicher Varietäten nichts Detailliertes wissen.

1.7.2. Auch der Grad der Beachtung des Überlieferten durch die Wissenschaft schwankt; die Gründe dafür sind ideologiegeschichtlicher Art, darunter:

– die Existenz landschaftlicher, subnationaler bis nationaler Identitätsbildungen spätestens seit dem 18./19. Jh.; danach gibt es ein mit der Stärke der Identitätsbildung korrelierendes Intensitätsgefälle in der Erforschung landschaftlich geprägter Varietäten, und zwar vom Obd. zum Md. hin, innerhalb des Obd. vom Wobd. (insbesondere Halem.) zum Oobd.; innerhalb des Md. finden bestimmte historische Kulturräume (so das Rheinland, das Obersächs.-Thür.) erhöhte, andere geringere Beachtung. Sonderinteressen unterschiedlicher Provenienz kommen dem südöstlichen Inseldeutsch zu (Masařik, Piirainen, Schule Mollays);

– wissenschaftssoziologische Identitätsbildungen der Art, daß eine bestimmte Sprecherschicht oder -gruppe, so z. B. die Siedler, damit die Bauern (und weniger Bürger und Adel), oder das frühe Kapital- und Gewerbebürgertum (und weniger das Bildungsbürgertum) oder das Bildungsbürgertum (und weniger das Gewerbebürgertum) oder eine höfische Bildungsschicht (und weniger das Bürgertum) sprachgeschichtsbestimmend gewesen ist (auch teleologisch auf die spätere Hochsprache hin gesehen). Mit der Siedler- und Bauernthese gewinnen die Dialekte, mit den beiden Bürgerthesen einmal die Geschäfts-, Drucker- und Fachsprachen als Varietäten der Wirtschaftsträger, einmal die bildungs- und literatursprachlichen, generell die hochschichtigen Varianten an Gewicht; die höfische These impliziert eine besondere Rolle der Adelsresidenzen,

– der idealistische Persönlichkeitsbegriff des 19. und 20. Jhs., nach dem der Sprache einzelner Individuen, allen voran Martin Luthers, eine besondere Geschichtsmächtigkeit zugeschrieben und damit erhöhte Forschungsaufmerksamkeit gewidmet wird.

Der Kenntnisstand frnhd. Varietäten unterliegt damit (nach 1.7.1. und 1.7.2.) folgenden Filtern: Von dem (geringen) Teil der Gesamtheit kommunikativer Handlungen der Epoche, der sich in schriftlicher Form vollzog, wurde nur ein geringer Teil erhalten; vom Erhaltenen ist nur ein Teil durch Kataloge erschlossen; vom Erschlossenen ist maximal derjenige Teil durch Editionen zugänglich gemacht, der das Erkenntnisinteresse der Forschung gefunden hat; vom ediert Zugänglichen kann aus arbeitstechnischen Gründen nur ein Teil wissenschaftlich untersucht werden.

1.7.3. Zu den genannten objektiven und allgemein ideologischen Bedingungen kommen spezifische, wissenschaftsinterne Schwerpunktsetzungen hinzu. Die markantesten sind:

– Die Zeit (Sprachgeschichte) und der Raum (Sprachgeographie) wurden in der Sprachgeschichtsschreibung bis in die jüngste Vergangenheit hinein stärker gewichtet als die Schichtungen und Gruppierungen (Sprachsoziologie), die Sozialsituation (damit die Geschichte der Textsorten) und die Medialität.
– Weiteste Teile der Sprachgeschichtsforschung zum Frnhd. waren auf den untersten hierarchischen Rang der Sprache, nämlich die Distingemik (hier stärker die Graphematik als die Phonologie; vgl. Art. 111) ausgerichtet. Zu den höheren Rängen existieren seit den 70-er Jahren langfristige Forschungsprojekte. Von ihnen konnte die (Bonner) Gr. des Frnhd., eine Flexionsmorphologie, inzwischen abgeschlossen werden, so daß auch die flexivischen Verhältnisse als gut erforscht gelten können. Das *Frühneuhochdeutsche Wörterbuch* (FWB), das Bonner-Augsburger Projekt *Wortbildung im Frühneuhochdeutschen* und das Nürnberger Projekt *Wortbildung des Nürnberger Frühneuhochdeutsch* haben zu viel beachteten Ergebnissen geführt, befinden sich aber noch in Arbeit oder in der Phase der Auswertung. Die Lexik und die Wortbildung müssen

deshalb bis auf weiteres als unzureichend erforscht bezeichnet werden. Entsprechendes gilt trotz des einschlägigen Teils der Frnhd. Gr. sowie trotz einer Reihe bedeutender Einzeluntersuchungen von der Syntax (vgl. Ebert 1986; 1998; ferner die syntaxbezogenen Bände von: Zur Ausbildung [...]). Eine Textgrammatik des Frnhd. ist weder als linguistisches Konzept noch als empirische Darstellung in Sicht (vgl. aber Art. 116).
– Die Sprachgeschichtsschreibung zeigte und zeigt eine deutlich stärkere Ausrichtung auf die Ausdrucksseite als auf die Inhaltsseite der Sprache (dazu Art. 1, Abs. 10).
– Sie zeigt eine stärkere Ausrichtung auf das Inventar als auf das System der Sprache und läßt im Gegensatz zu beidem die Norm (im Sinne Coserius) nahezu völlig unbeachtet.

1.8. Im folgenden soll die Diagliederung des Frnhd. nach Rangebenen vom Phonem/Graphem bis hin zur Syntax dargestellt werden. Eine Gliederung nach Varietäten (Historio-, Dia-, Soziolekten) bringt Art. 126 von I. T. Piirainen in der ersten Auflage dieses Handbuches.

2. Die Ebene der Distingemik

Die Phonologie und die Graphematik des Frnhd. einschließlich ihrer etischen Realisierung wurden in Art. 111 beschrieben; ein ideales Phonem- und Graphemsystem (etwa entsprechend den Systemen, die K. Lachmann für das klassische Mhd. angesetzt hat) findet sich bei Anderson/Goebel/Reichmann 1981, im FWB 1, 69–72 sowie in der Frnhd. Gr. 1993, 19. Differenzen dieser Systeme voneinander ergeben sich aus deren Zweck; dieser besteht für das in Art. 111 entworfene System, teilweise auch für dasjenige der Frnhd. Gr. (1993), in der wissenschaftlichen Überschaubarmachung der Varianz frnhd. Distingemik, für die Systeme im Umfeld des FWB in der Notwendigkeit einer handhabbaren Bezugsgröße für den Ansatz lexikographischer Konstruktlemmata (Idealschreibungen). Im Ergebnis entspricht die FWB-Norm der Editionspraxis der Lachmann-Tradition und der Lexikographie von Benecke/Müller/Zarncke bzw. Lexer. Vorliegender Artikel behandelt auf der Folie des in den genannten Arbeiten dargestellten Allgemeinen diejenigen an einzelne Varietäten oder Varietätengruppen gebundenen Ausprägungen der Distingemik, die für das Frnhd. als typisch gelten.

2.1. Dies sind im Bereich des Konsonantismus die folgenden:
(1) die sog. *binnen(hoch)deutsche Konsonantenschwächung* (Lenisierung): Sie besteht in einer Schwächung des Atemdrucks der Fortes *p, t, k* auf das für die Lenes *b, d, g* geltende Niveau und damit in einer Annäherung beider Phonemreihen unter dem Aspekt der Druckstärke. Da diese Entwicklung mit dem Verlust des Stimmtons für *b, d, g* parallel läuft, fallen beide Reihen (mit einer Anzahl von strukturellen, geschichtlichen und geographischen Einschränkungen) zusammen. Die Einschränkungen ergeben sich aus folgendem: Die Lenisierung differiert systematisch nach ihrer Stellung im Wort, nach der Lautumgebung und von Einzelphonem zu Einzelphonem; sie vollzieht sich zeitlich bis zum späteren Mhd.; sie erstreckt sich räumlich nahezu über das gesamte hd. Gebiet, genauer „über das gesamte Mitteldeutsche mit Ausnahme des Schlesischen und Nordthüringischen im Osten, des Ripuarischen und westlichen Moselfränkischen im Westen, ferner über das Oberdeutsche mit Ausnahme des Südoberdeutschen (Südbairischen und Hochalemannischen). Jedoch reicht die Schwächung in das nördliche Randgebiet des Südobd. [...] teilweise hinüber" (Lessiak 1933, 13). In einzelnen Sprachräumen (insbesondere dem Bair. und Schwäb.) verbinden sich systematische Beschränkungen mit sprachgeographischen zu einzelräumlich jeweils spezifischen Konstellationen. Die Konsonantenschwächung gilt in der gesprochenen Sprache aller Sozialschichten (weitestgehend bis heute); für die gehobenen sprechsprachlichen Traditionen der Bereiche Bildung, Kirche, Justiz ist nach Ausweis des orthoepischen Schrifttums des späteren Frnhd. allerdings mit einer Opposition von *p, t, k* und *b, d, g* (als Orientierungsgröße) zu rechnen. In der Schreibung wurde die Konsonantenschwächung im allgemeinen nicht mitvollzogen; die alte, aus dem Mhd. herrührende Tradition der skribalen Unterscheidung von *p, t, k* und *b, d, g* blieb also erhalten. Das schließt nicht aus, daß insbesondere in sprechsprachenahen mittel- und unterschichtigen Texten Reflexe des Zusammenfalls beider Phonemreihen begegnen. Die gegen die Mündlichkeit nahezu des gesamten hd. Raumes stehende Fortes:Lenes-Opposition erscheint damit am

überzeugendsten als geredete Graphie, spelling pronunciation, bildungsgestützte, mit einem Richtigkeitsanspruch auftretende und akzeptierte Leseaussprache (Moser 1987; von Polenz 1990; Zusätzliches in der Frnhd. Gr., § L 69).
(2) *Lenisierung* der druckstarken /s/ (= *z* der kritischen Ausgaben; Lautverschiebungsspirans) und /f/ (ebenfalls Lautverschiebungsspirans) und Entwicklung des alten *(c)h* zum Hauchlaut: Die Lenisierung führt im Bereich der dentalen Spiranten zu einer sich über mehrere Jahrhunderte hin erstreckenden, vorwiegend md. und nobd., dialektal bis heute erhaltenen Neutralisierung der mhd. Opposition von Fortis- und Lenisspirans (in der Schreibung der kritischen Textausgaben: /s/ : /z(z)/, in moderner phonologischer Schreibung: /z/ : /s/, in der Schreibung der Frnhd. Gr., § L 59: /s/ : /ss/), schließlich aber zu ihrer Erhaltung bzw. Restituierung; für den Labiodentalbereich ergibt sich eine gebietsweise Erhaltung (eher oobd., obfrk., omd., mfrk.) und eine gebietsweise Aufhebung (eher nalem., rhfrk., schwäb., teilweise omd.) der mhd. Opposition von /v/ : /f(f)/, schließlich eine gehobensprachlicher systematischer Ersatz durch /w/ : /f/ (Frnhd. Gr. § L 50ff.). Zu beiden Entwicklungen stimmt die Verwendung des alten *(ch)h* zu einer Opposition /h/ : /ch/.
Faßt man die Punkte (1) und (2) zusammen, so ergibt sich: Entscheidend für das Konsonantensystem als ganzes ist die Aufrechterhaltung einer Druckstärke- bzw. einer mit ihr verbundenen Stimmhaftigkeitsrelation im Labial- (/b/ : /p/; /w/ : /f/), Dental- (/d/ : /t/; /s/ : /ss/) und weiteren Velarbereich (/g/ : /k/). Deren Realisierung in gesprochener Sprache folgt zeitlich (und zwar hochschichtig früher als mittel- und grundschichtig) der Schreibgeschichte; vgl. auch das unter (3) Gesagte.
(3) die Vertretung der normalmhd. Bezugseinheiten und gehobensprachlichen /b/ und /g/ als *Spiranten*; diese reicht (wenn auch unterschiedlich nach der Stellung im Wort, nach der Lautumgebung und pro Einheit) im Großteil des Md. in vorahd. Zeit zurück; in einem daran anschließenden obd. Landstreifen, der das Nobd., den Großteil des nördlichen und mittleren Oobd., ferner das Elsässische umfaßt, ist eine als *Spirantisierung* zu bezeichnende Lautentwicklung anzunehmen (Frnhd. Gr. § L 80). Als Parallele zu der Spirantisierung kann der Rhotazismus (also der Wandel von /d/ > /r/ im Rhfrk.; Frnhd. Gr. § L 65, 3; Karte: König 1978, 152) angenom-

men werden. Die hier zur Debatte stehenden Spiranten sind großräumig (außer /d/ > /r/) dialektale, damit gesprochensprachliche Erscheinungen, die abgesehen von teilweise spärlichen Reflexen im allgemeinen keinen Eingang in die Schreibung gefunden haben; der Wandel einiger etymologischer *w* und *j* nach Liquid (Frnhd. Gr. § L 44, 4; 48, 4: *schwalbe, ferge*) ist eine Erscheinung der Hyperkorrektur, die die Geltung der in Betracht kommenden Spiranten als dialektal zur Voraussetzung hat. Wie bei der Konsonantenschwächung und der Lenisierung ist also eine phonemgeographische Erscheinung trotz ihrer Großräumigkeit und wohl auch sozialen Breite aufgrund von Schreibtraditionen als Grundlage gehobener Aussprache nicht in die werdende Hochsprache übernommen worden: Die Lenesreihen *b*, *d*, *g* und *w*, *s*, *j* blieben systematisch selbst medial (in der stärksten Einbruchsstelle der Spiranten) erhalten.

(4) phonemgeographische Differenzen als Folge der *Zweiten Lautverschiebung*; die Staffelung dieser Entwicklung von Süden nach Norden und in gewisser Weise von Westen nach Osten führt zu Systemunterschieden im Verhältnis von Verschlußlautfortes, Affrikaten und Reibelauten, von Verschluß-Fortes und -Lenes sowie von Lenes und Reibelauten (Übersichtsskizzen bei Sonderegger 1979, 130—133). Die grundschichtige dialektale Sprechsprache und teilweise die mittelschichtigen Umgangssprachen spiegeln diese Verhältnisse bis in die Gegenwart hinein; in der Schreibung herrscht trotz einer Fülle insbesondere unter- und mittelschichtiger sowie sprechsprachenaher Texte der obd. Verschiebungsstand.

(5) Zu den genannten Entwicklungen kommen mit geringerer systematischer Relevanz (deshalb hier nur genannt) die folgenden:

- Nord-Süd-Staffelung von *sp*, *st* und *schp*, *scht* in gesprochener Sprache, von *rs* und *rsch* in gesprochener und in geschriebener Sprache
- mfrk. Wandel von *ft* (*gerüefte*) zu *ch* (*gerücht*)
- Wandel von *chs* (*fuchs, wachsen*) zu *ss* im Wmd. und Teilen des Wobd., zu *ks* im sonstigen hd. Raum
- Wandel von mhd. *tw* zu *zw* (*twingen* > *zwingen*) im Oobd., Nobd. und zu *kw* [*qu*] im Omd. (*quark*)
- md. Velarisierungen von *n*, *nd*, *nt* zu *ŋ*
- Metathesen von *l* und *r* (vgl. Art. 30, K. 8)

— eine Vielzahl weiterer, weder die Substanz noch die strukturelle Distribution noch die Relationen des durch Artikulationsart und -ort bestimmten konsonantischen Phonemsystems, sondern nur einzelne lexikalische Einheiten betreffender Entwicklungen (Frnhd. Gr. § L 77).

2.2. Im Bereich des Vokalismus sind mindestens folgende systemrelevante Prozesse zu unterscheiden:

(1) die sog. *(früh)neuhochdeutsche Diphthongierung*, nach der die mhd. langen Vokale /i:/, /u:/, /ü:/ (in kritischen Textausgaben geschrieben als *î*, *û*, *iu*) mit gewissen systematischen Differenzierungen (nach der Stellung im Wort, nach der Lautumgebung und nach der Einzeleinheit) zu den Diphthongen /ae/, /ao/, /oe/ (in nhd. Orthographie: *ei*, *au*, *äu/eu*) werden. Diese neuen Diphthonge können (so in der Entwicklung, die zur Hochsprache führt), mit den alten, in den kritischen Ausgaben als *ei*, *ou*, *öu* geschriebenen Diphthongen zusammenfallen, sie können sich aber bis in die rezenten Mundarten hinein als von diesen getrennte Lautreihe erhalten. Die Diphthongierung vollzieht sich auf dialektaler Ebene (nach welchen Entstehungs- und Ausbreitungsmodellen auch immer) im Großteil des Hd. (vgl. Art. 30, K 10); sie ist in ihren Anfängen (12. Jh.) als grundschichtiger sprechsprachlicher Lautwandel anzusehen, der im Laufe des 14./15. Jhs. in die Schreibung übernommen wird und u. a. nach Ausweis von Hyperkorrekturen von dieser Zeitspanne an als gehobensprachlich in Wort und Schrift gilt (Frnhd. Gr. § L 31; Mhd. Gr. § 42; Wiesinger 1970; 1983 b).

(2) die sog. *(früh)neuhochdeutsche Monophthongierung*, nach der die mhd. Diphthonge /ie/, /uo/, /üe/ zu Monophthongen /i:/, /u:/, /ü:/ werden, und zwar zu denjenigen, die mit den durch die Dehnung in offener Silbe entstandenen langen Vokalen, nicht aber mit den sog. alten Längen, also mit denjenigen zusammenfallen, die (gebietsweise) der Diphthongierung unterliegen. Die Entwicklung vollzieht sich auf dialektaler Ebene im wesentlichen im md. Raum; sie ist anfangs (11./12. Jh.) wie die Diphthongierung als grundschichtige sprechsprachliche Erscheinung anzusehen, zeigt aber seit dem 13./14. Jh. (für /i:/) eine tendenziell regelhafte Wiedergabe in der Schreibung und ist seit dieser Zeitspanne als gehobensprachlich zu betrachten (Frnhd. Gr. § L 32; Mhd. Gr. § 43; Wiesinger 1983 b).

(3) die *Dehnung in offener Silbe* (Frnhd. Gr.
§ L 34; Mhd. Gr. § 45): Abgesehen von bestimmten Einzelentwicklungen werden die in
der genannten Silbenstellung stehenden und
einige weitere mhd. Kurzvokale zu Langvokalen, und zwar zu solchen, die mit den
durch die Monophthongierung entstehenden
(„neuen") Langvokalen, nicht aber mit den
sog. „alten" Längen, also mit denjenigen zusammenfallen, die der Diphthongierung unterliegen. Die Entwicklung vollzieht sich ausgehend von Nfrk. zwischen dem 12. und
14. Jh. praktisch im gesamten hd. (außer süd-
alem.) Raum; soziologische Differenzen nach
der Sprachschicht und Unterschiede nach der
Dichotomie 'geschrieben—gesprochen' sind
u. a. deshalb nicht zu erkennen, weil Vokalquantitäten im mittelalterlichen Dt. keine regelhafte Kennzeichnung in der Schreibung
finden.
(4) teilweise kombinatorische (nach *w*, vor *l*
und vor *sch*) *Rundungen* der palatalen Hoch-
und Mittelzungenvokale /i/, /i:/, /e/, /e:/ zu
/ü/, /ü:/, /ö/, /ö:/ und der Diphthonge /ei/, /ie/
zu /eu/, /üe/ im 13./14. Jh. im Alem., Schwäb.
und Nobd. Ein besonderes Problem bilden
hyperkorrekte Rundungen sowie die sprechsprachliche Relevanz der sog. Rundungs-
schreibungen (Frnhd. Gr. § L 36; Wiesinger
1983 d); beide Erscheinungen weisen die mit
Lippenrundung artikulierten vorderen Vokale als gegenüber den entlabialisierten gehobensprachlich aus.
(5) *Entrundungen* von /ü/, /ü:/, /ö/, /ö:/, /üe/,
/öu/ zu /i/, /i:/, /e/, /e:/, /ie/, /ei/ im 13. bis
16. Jh. in den Dialekten des Großteils des
hd. Raumes (vgl. Karte 58, 1 bei Wiesinger
1983 d, 1103; Frnhd. Gr. § L 36; Mhd. Gr.
§ 49).
(6) *Verdumpfung* (Hebung und Rundung)
von /a/ und /a:/ zu /o/ und /o:/ bzw. zu *o*-
ähnlichen Allophonen von /a/, /a:/, eine dialektal gesprochensprachliche, nach Länge
und Kürze sowie nach kombinatorischen Bedingungen unterschiedlich verlaufende Erscheinung (Frnhd. Gr. § L 14; 22).
(7) *Hebung* einiger langer /e:/, /ä:/ zu /i:/ und
einiger /o:/ zu /u:/ vorwiegend in Dialekten
des Md. und in angrenzenden obd. Gebieten
(Wiesinger 1983 e; Frnhd. Gr. § L 21; 24).
(8) vorwiegend kombinatorische (vor Nasal,
vor *l*, *r* + Kons.) *Senkung* der oberen Kurzvokale /i/, /ü/, /u/ zu /e/, /ö/, /o/. Sie vollzieht
sich nach Ausweis von Schreibreflexen mit
unterschiedlicher Konsequenz seit dem 12. Jh.
im Md. auf sprechsprachlicher Ebene, findet
sich aber im 14./15. Jh. wortgebunden auch
in Teilen des Obd.; im 16. Jh. ist die Bewe-

gung trotz einiger kombinatorischer (vor Nasal) Niederschläge in der Schriftsprache rückläufig (Frnhd. Gr. L § 33; Wiesinger 1983 e
mit Karte). Ein systematisch vergleichbarer
Wandlungsvorgang ist die in geschriebenen
Texten nur höchst vereinzelt erfolgte, deshalb
als grob dialektal anzusehende, überwiegend
in einem Mittelstreifen des Dt. (vom Elsaß
bis zum Omd.) verlaufende Senkung von /e/
zu /a/; im Obd. können das sekundäre Um-
laut-*e* (/ä/) sowie /ä:/ als *a* geschrieben sein
und dann für kurzes und langes *a* stehen.
(9) die sog. *Öffnung* der alten Dipthonge /ei/,
/öu/, /ou/ zu /ai/, /äu/, /au/; es handelt sich systematisch um einen Spezialfall der Senkung;
dialektal vom Obd. ausgehend wird er zu einem Kennzeichen der werdenden Schriftsprache (Frnhd. Gr. § L 27—29; Mhd. Gr. § 44).
(10) *Verschmelzung* der für das klassische
Mhd. postulierten kurzen *e*-Phoneme (/e/ des
primären Umlautes, altes /e/, /ä/ des Sekun-
därumlautes) zu einem einzigen gehobensprachlichen /e/. Im System der Langvokale
entspricht dem der für einzelne Landschaften
(Teile des Md., Ofrk.) anzunehmende Zusammenfall von /ä:/ und /e:/ zu einer einzigen
Länge. Da /e:/ und /ä:/ schon im 16. Jh.
schreibsprachlich (wieder) unterschieden werden und in der nhd. Hochsprache eine Opposition von /e:/ und /ä:/ existiert, muß diese entweder als Übernahme einer morpho-
logisch-etymologischen Differenzierung der
Schreibsprache in die gehobene Sprechsprache oder als Fortbestand einer älteren,
landschaftlichen Opposition erklärt werden
(Frnhd. Gr. § L 12; 18—20).
(11) nach sprachgeschichtlichem Ausgangspunkt, kombinatorischen Bedingungen und
nach Landschaft differierende, meist dialektale
Vertretung der alten Diphthonge /ei/, /ou/, /öu/
durch die Monophthonge /e:/, /a:/, /o:/; dem
stehen ebenso unterschiedlich zu bewertende
Diphthongierungen insbesondere von /o:/ und
/a:/ zu /au/ gegenüber (Frnhd. Gr. § L 19; 22; 23;
27—29).

2.3. Die Übersichtsbetrachtung des Systems
frnhd. Distingemik (vgl. Abb. 117.1 und 2)
führt hinsichtlich der Konsonanten für das
gehobene System zu dem Ergebnis, daß das
Distinktionssystem ganzer Phonemreihen
bzw. -teile zur Disposition steht; betroffen
sind:

– die Verschluß- und die Reibelautreihe von Lenes und Fortes entsprechend 2.1. (1) und (2), die
  zum Zusammenfall in Richtung auf die Lenes
  tendieren,

Artikulations-ort / Artikulationsart	labial	labio-dental	dental	palatoal-veolar	palatal	velar	glottal
Verschluß-laute Lenes	b		d			g	
Verschluß-laute Fortes	p		t			k	
Reibe-laute Lenes	w		s			j	h
Reibe-laute Fortes		f	ss	sch		ch	
Affrikaten	pf		z	tsch			
Nasale	m		n			ŋ	
Liquide			l, r				

Abb. 117.1: Der Konsonantenstand des späteren Frnhd. der gehobenen Sprachtradition (aus: Frnhd. Gr., § L 66)

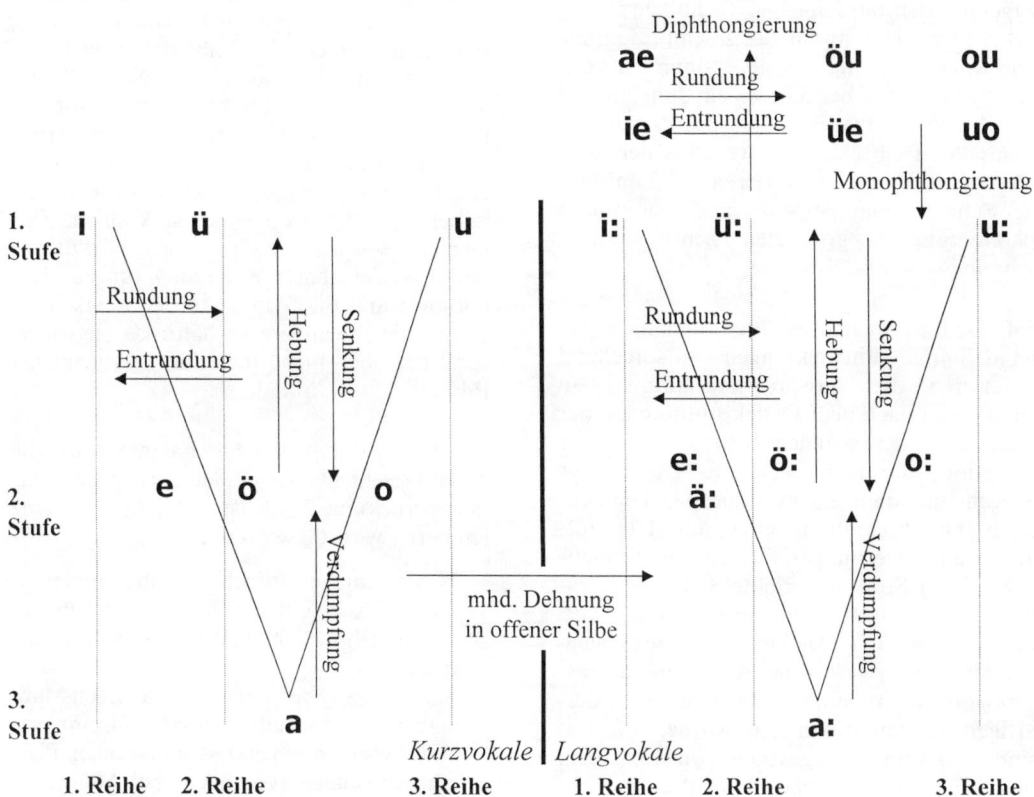

Abb. 117.2: Die Vokale des Frühneuhochdeutschen, Inventar und Prozesse (vgl. auch Frnhd. Gr., § L 10)

- die Reihe des Verschlußlenes und der Reibelaute (bzw. für *d* der Liquid *r*) entsprechend 2.1. (3), die zum Zusammenfall in Richtung Reibelaute tendieren,
- der gesamte Systemteil von Verschluß- und Reibelauten sowie Affrikaten entsprechend 2.1. (4).

Beim Vokalsystem sind betroffen:

- das Verhältnis von Diphthongen und Mono- phthongen,
- das Verhältnis von Lang- und Kurzvokalen ge- mäß 2.2. (3), das eine Verschiebung in Richtung auf Längen erfährt,

– das Verhältnis der Reihe der Mittelzungen- zu
den Vorderzungenvokalen gemäß 2.2. (4) und
(5), bei dem es um die Zwei- oder Dreireihigkeit
des Vokalsystems geht,
– das Verhältnis der Reihe der geschlossenen Vokale zu den halboffenen gemäß 2.2. (6) bis (8),
in dessen Konsequenz die Dreistufigkeit des Vokalsystems in Frage steht,
– Unsicherheiten im Bereich der e-Laute, die in
der Konsequenz auf Vier- oder sogar Fünfstu-
figkeit des Vokalsystems hinauslaufen.

Eine Fülle von Einzelentwicklungen verändert die Anzahl der lexikalischen Einheiten,
in denen ein bestimmtes Phonem begegnet,
und damit zusammenhängend zum Teil die
Distributionsregeln. – Angesichts all der genannten Möglichkeiten einer fundamental
anderen Entwicklung sowohl des Konson-
ten- wie des Vokalphonemsystems mutet das
Ergebnis der tatsächlichen (gehobensprachlichen) Entwicklung für die gesamte Zeitlinie
von Mhd. bis zum Nhd. als erstaunlich konstant an. Diese über nahezu ein Jahrtausend
bestehende relative Festigkeit des Phonemsystems des Deutschen ist zweifellos der konservierenden und stabilisierenden Funktion
der Schrift (genau gesprochen: der dominant
phonologisch begründeten Schrift) zuzuschreiben.

2.4. Dem allem und weiteren, hier nicht be-
handelbaren Entwicklungen entsprechend
differieren die Aussprecheverhältnisse in
frnhd. Zeit nach dem Dialektraum, nach der
Zeit, nach der sozialen Schicht, nach der
Situation, darunter nach der Lese- bzw.
Sprechsituation in einem Maße, das dem heutigen Durchschnittssprecher des Dt. aufgrund einer vierhunderjährigen, auf Einheitlichkeit der Sprache gerichteten Bildungstradition (Homogenitätsideologem) kaum er-
meßbar sein dürfte. Da keine regelhaft begegnenden schwerwiegenden Kommunikations-
probleme, die man heutzutage aus einer derartigen Situation herleiten würde, bekannt
sind und (immer abgesehen von einzelnen,
quantitativ unerheblichen Fällen) auch nicht
rekonstruiert werden können, muß für die
Sprecher des Frnhd. eine weitgehend andere
Struktur der Sprech- und Hörverstehens-
kompetenz angenommen werden: Variation
als der Normalzustand der Sprache, verbunden mit der Wahrnehmung der Varianten als
andersartig, führt sowohl im Bereich der
Mündlichkeit wie in demjenigen der Schriftlichkeit zu einer hoch entwickelten, teils aktiven, stärker passiven Variationskompetenz;

sie zeigt sich in mündlicher Kommunikation
als (methodisch für historische Sprachstufen
zwar schwer nachweisbare, aber im Analogie-
schluß herleitbare) Fähigkeit zu variablem
Sprechen bzw. als hoch ausgeprägtes Hör-
verstehen, auf der Schreibebene nachweisbar
im adressatenorientierten Schreiben und in
(wiederum nur anzunehmendem) hoch ausge-
prägtem Leseverstehen. Das Gegenbild bietet
der Literalisierte, d. h. der in jahrhun-
telanger bildungssprachlicher Tradition Stehende, an einem bildungstextlichen Kanon
Geschulte; er dürfte die Variation als logisch
unnötige, wenn nicht sogar störende Erscheinung betrachten, als Fehler bewerten und
möglicherweise als Mittel der sozialen Unterscheidung nutzen und aufgrund von alledem über eine nur eingeschränkte Variationskompetenz verfügen. Variationskompetenz ist die im Sprachgebrauch erworbene
Fähigkeit, sprachliche Teilsysteme einer bestimmten Sprachvariante (etwa eines Dialektes oder einer bestimmten schreibsprachlichen Tradition) im einzelnen Sprech-, Hör-,
Schreib-, Leseakt auf das regelhaft entsprechende Teilsystem einer anderen Varietät derselben Sprache projizieren zu können. Das
hier am Beispiel der Phonologie Diskutierte
gilt in vergleichbarer Weise auch für die Morphologie und die Syntax; in der Lexik herrschen teilweise andere Verhältnisse, sie widersprechen aber nicht dem hier gezeichneten
Bild.

2.5. Selbst durch den Filter der Schrift, die
in der Geschichte des Dt. langfristig meist zur
Unterdrückung sprechsprachlicher Varianz
tendierte, wird diese greifbar:

– Niederschläge sprechsprachlich-dialekta-
ler Einflüsse finden sich regelhaft selbst in
sozial gehobenen Texten bis mindestens
ins 16. Jh.
– Sozialsituativ bedingte, nach heutigen Maßstäben als fehlerhaft beurteilte Varianz, wie
sie in Assimilationen, Dissimilationen, Pho-
nemschwünden (vor allem bei Mehrfach-
konsonanz), Kontraktionen, Phonemzusät-
zen begegnet, schlägt sich regelhaft in geschriebener Sprache nieder; dies schließt
nicht aus, daß ihr z. B. durch Hyperkorrekturen entgegenzuwirken versucht wird
(Frnhd. Gr. § L 71–76).

2.6. Anläßlich einer solchen Situation stellt
sich die Frage nach den sozialen Bedingungen, die die Auseinanderentwicklung eines

Sprachsystems, wie man es für das sog. Frnhd. konstruieren kann, verhindern bzw. seine Erhaltung fördern und gar die Entwicklung seiner Teilsysteme in eine einheitliche Richtung, nämlich die nhd. Standardsprache, zu lenken vermögen. In Betracht kommen die folgenden:

(a) Das Alte Deutsche Reich ist ein trotz aller einheitsideologischer und national motivierter Sichtverzerrungen des 19. und 20. Jhs. funktionierendes Verfassungsgebilde besonderer Qualität; die Besonderheit liegt unter kommunikationsgeschichtlichem Aspekt darin, daß es das verfassungsgemäße Zusammenleben und -wirtschaften nicht von einem einzigen Raumpunkt und einer einzigen Sozialschicht aus vertikal von oben nach unten, sondern in einem außerordentlich komplexen Rechtsverband (man vgl. nur die *land*-Strecke des DRW und − im Erscheinen − des FWB) eher raumübergreifend, horizontal, wechselseitig, plurizentrisch, ungerichtet organisiert und damit zu einem „demokratischen", „verständlichen", nicht notwendigerweise „richtigen" (so Knoop 1988) Sprechen beiträgt; die Verfassungsrealität des Alten Reiches ist varianzfreundlich, sie fördert gleichsam ein System mit „eingebauter" Varianz, sichert aber gerade dadurch den kommunikativen Zusammenhang. Wie genau die Interaktionslinien im Alten Reich verlaufen und welche Bereiche betroffen sind, ist historisch weitgehend ungeklärt. Die Sprachgeschichtsschreibung (seit der Barockzeit, insbesondere in der Aufklärung und im 19. Jh.) hat die hier angesprochene Qualität durch den konstanten Blick auf Einheitlichkeit, Homogenität, sog. Systematizität, verbunden mit Ideologemen wie Verfeinerung, Schmiegsamkeit, Differenziertheit, Leistungsfähigkeit so verdunkelt, daß demjenigen, der die Besonderheiten des Reiches als eines Rahmens für Kommunikation in dem gerade gekennzeichneten „demokratischen" Sinn herausstellen möchte, nicht nur die Fachtermini, sondern selbst gängige Charakterisierungen fehlen. Art. 110 bringt mit dem Ausdrucksfeld *Vergesellschaftung, innergesellschaftlich-korporative Beziehungen, ständische Repräsentation, Verrechtlichung* (usw.) allerdings eine neue Terminologie für den Prozeß der Herausbildung einer kommunikativ kohärierenden Gesellschaft in frnhd. Zeit und mit ihr neue Beschreibungsziele ins Spiel (man vgl. in diesem Zusammenhang auch Warnke 1999).

(b) die Reformation, die aufgrund ihrer konfessionellen Sprengkraft, ihrer wirtschaftli-

chen und politischen Implikationen sowie aufgrund der Rolle, die sie der Volkssprache zuschreibt, dem gesamten lat. geprägten Europa einen auch in der jeweiligen Volkssprache geführten Diskussionsgegenstand gibt und speziell im deutschsprachigen Raum für nahezu anderthalb Jahrhunderte (bis 1648) zu einer besonderen Verdichtung volkssprachlicher Kommunikation führt; hinzu kommt ihre Leistung hinsichtlich der Schaffung einer Sakralsprache Dt. sowie ihr Anteil an der Entwicklung bildungssprachlicher Varietäten;

(c) ein sich aufgrund des konstitutionellen Rahmens 'Altes Reich' seit dem 15. Jh. entwickelndes Bewußtsein der Sprechenden und Schreibenden von der trotz aller Varianzen letztlich gegebenen Einheit 'Deutsch';

(d) eine trotz aller horizontalen Kammerungen gegebene vertikale Gliederung der Gesellschaft mit einer Schicht von Juristen, Literaten, Druckern, Geistlichen, Gelehrten, Wissenschaftlern, Lehrern, die seit dem 15. Jh. eine sprachbezogene Einheitsideologie entwickeln;

(e) die Schreibe als ein eigenes, gegenüber gesprochener Sprache stabileres, geschichtlich konstanteres, eher mittel- bis hochschichtig als unterschichtig verfügbares, mit eigenen kulturellen Funktionen ausgestattetes System, das aufgrund all dieser Eigenschaften Distinktionen sichert bzw. vorhandenen Distinktionen zu allgemeiner Anerkennung verhilft, die sich aus der Geschichte der Sprechsprache nicht herleiten lassen.

2.7. Trotz des Vorgetragenen ist die Schreibe zumindest des älteren und mittleren Frnhd. regelhaft durch folgende Varianzmerkmale bestimmt:

- ein Nebeneinander von (dominantem) phonologischem, geschichtlichem, morphologischem, (vereinzelt:) etymologischem, (ansatzweise:) semantischem, grammatischem und verschiedenen pragmatischen Graphieprinzipien,
- ein 1 : x- und ein x : 1-Verhältnis von Phonem und Graphem,
- eine Fülle von Graphen für ein einziges Graphem,
- eine hohe Anzahl von Distributionsregeln, die es oft erlauben, das in einem geschriebenen sprachlichen Ausdruck vorkommende einzelne Graph einem Graphem und dieses einem Phonem zuzuordnen,
- eine geographisch, geschichtlich, sozialschichtig, gruppentypisch, textsortenspezifisch dimensionierte Bindung von Graphemen und Graphen,

– die Möglichkeit, die einzelnen Positionen innerhalb dieses komplizierten Systems von Regeln
wahlweise mit einer oder mit mehreren zur Verfügung stehenden nichtdistinktiven, frei gewählten (= fakultativen) Einheiten zu besetzen.

Zur Verdeutlichung sei stichwortartig das logische Gegenbild entworfen: ein einziges
Schreibprinzip, 1 : 1-Verhältnis von Graphem
und Phonem, 1 : 1-Verhältnis von Graphem
und Graph, keine Distributionsregeln, keine
graphischen Freiheiten; jede sprachliche Einheit hat nur eine einzige richtige Schreibung.

2.8. Die Kombination der Kennzeichen des
frnhd. Schreibsystems vermittelt dem in Kategorien heutiger Normorthographie Den-
kenden und diese auf historische Graphiever-
hältnisse Übertragenden, erst recht natürlich
dem mit solchen Verhältnissen nicht Vertrauten das Bild heilloser Varianz. Dementsprechend ist vor allem in älteren Darstellungen
üblicherweise von *Regel-*, *System-*, *Funktionslosigkeit* vieler Schreibungen, etwas neutraler
von der *Vielfalt*, *Differenziertheit* des Schreibsystems die Rede, die damit gleichzeitig als
ein *vitium* und seine Beseitigung als historische Notwendigkeit begriffen wird. In diesem
Bild mischt sich halb Verstandenes mit gänzlich Unverstandenem: Halb verstanden ist die
Kennzeichnung aktueller Schreibungen als
Varianten, wenn sie – wie dargelegt – Regeln unterliegen; in strengem Sinne ist der
Gebrauch des Ausdrucks *Variante* nur für die
unter dem letzten Spiegelstrich angegebenen
Fälle absoluter Fakultativik richtig; diese ist
aber nur das logische Extrem eines systematisch und pragmatisch vielschichtigen Systems von Regeln, Üblichkeiten, Tendenzen,
Vorlieben, das in der Schreibpraxis selten begegnet. Unverstanden aufgrund der Allgegenwart der heutigen Einheitsideologie ist die
Tatsache, daß zwischen der Einheitlichkeit
der Schreibung und der symbolfunktionalen
Deutlichkeit eines Wortes keine einfache Pro-
portion in dem Sinne besteht: je einheitlicher
die Schreibung, desto sicherer die Identifizierung des Wortes. Absolut unbeachtet geblieben ist die symptomfunktionale Leistung des
Schreibers: Jeder Schreibende gibt sich aufgrund der Notwendigkeit, sich bei der schriftlichen Niederlegung seiner Texte in eines der
oben (2.7.) angedeuteten Systeme pragmatischer Gebrauchsregeln stellen zu müssen, als
Angehöriger einer bestimmten Gruppe zu erkennen; er kann damit gar nicht anders, als
mit dem Schreiben personenbezogene Information (über sich selbst) zu vermitteln. Diese

betrifft den Schreibraum, die Schreibzeit, die
schreibsozialen Verhältnisse und die Schreibtradition der einzelnen Textsorten, in denen
er steht. Von Funktionslosigkeit aller nicht
streng fakultativer Varianten kann also höchstens unter darstellungsfunktionalem, unter
symptomfunktionalem Aspekt aber nicht einmal ansatzweise, die Rede sein. Mit dem Bestimmungswort *Schreib-* in den soeben gebrauchten Komposita soll zugleich ausgesagt
sein, daß die schreibsprachlichen Verhältnisse
zwar nicht unabhängig von den sprechsprachlichen sind, keinesfalls aber als deren
bloßer Niederschlag in einem anderen Medium betrachtet werden können.

3.   Die Ebene der Flexionsmorphologie

3.1. Während die Distingemik des Frnhd.
nach mehreren Gebrauchsdimensionen, nämlich nach dem Raum, der Zeit, der sozialen
Schicht und Gruppe, der Textsorte differiert,
wird die Diagliederung der Flexionsmorphologie nach dem heutigen Wissensstand im wesentlichen in Abhängigkeit von der historischen Zeit, in gewissem Maße auch vom
Raum gesehen.

Die Klausel „nach heutigem Wissensstand" soll dabei erstens die wissenschaftsin-
ternen Schwerpunktsetzungen von Abs. 1.7.3.
noch einmal in Erinnerung rufen; speziell ist
zu beachten, daß die (Bonner) Grammatik
des Frühneuhochdeutschen (Gr. d. Frnhd.)
als der flexionsmorphologische Orientierungspunkt schlechthin auf einem Corpus beruht, das die Raum- und Zeitdimension als
oberste Strukturierungskriterien nutzt, damit
die sozialschichtige und gruppenspezifische,
auch die sozialsituative (textsortenspezifische
und mediale) Dimension des Sprachgebrauchs in den Hintergrund rückt; demzufolge finden sich in den einzelnen Bänden der
Grammatik, selbstverständlich auch in der in
ihren einschlägigen Teilen auf dem Bonner
Werk beruhenden Frnhd. Gr. (hrsg. v. Reich-
mann/Wegera 1993) nur zufällige Aussagen
zur soziologischen und textsortenbezüglichen
Variation der Morphologie. Unter intern linguistischem Gesichtspunkt ist hinzuzufügen,
daß die Gr. d. Frnhd. sich auf die synthetischen, nicht auf die analytischen Formen der
Flexion bezieht. Tatsachen der Art, daß wir
z. B. über die sozialschichtige Verteilung der
Flexionsmorphologie keine so systematische
Information besitzen, wie sie für ihre zeitliche
Entwicklung und ihre räumliche Lagerung

vorliegt, oder daß alle Flexionstabellen nur synthetische Formen aufweisen, dürfen auch nicht andeutungsweise so verstanden werden, als hätte es keine sozialschichtige und sozialsituative Variation gegeben oder als sei die Flexion mit analytischen Mitteln sprachstrukturell unwesentlich.

3.2. Die Varianz der Flexionsmorphologie ist im Substantivbereich dadurch bestimmt, daß das alte Flexionssystem, bedingt durch die Entwicklungskette 'Festlegung des Initialakzents, Abschwächung der Endsilbenvokale, -e-Apokope', spätestens zu Beginn des Frnhd. zusammenbricht und neu aufgebaut werden muß. Der Neuaufbau ist durch folgende, in Art. 112 in ihrem Zusammenhang beschriebenen Vorgänge bestimmt (vgl. ausführlich Wegera 1987):
(1) Nivellierung der Kasusflexive mit Einzelentwicklungen wie der obd. -e-Apokope, der Tilgung des Kasus-e im Gen. und Dat. der fem. i-Stämme, der Aufgabe der kasusdistingierenden Funktion des Umlauts, der Auflösung der schwachen Flexion mit der Folge der Umgliederung der betroffenen Lexeme und der Verschiebung der Morphemgrenze (kritisch differenzierend dazu: Pavlov 1995, 82f.: Unhaltbarkeit der These vom „Unwichtigwerden" der Kasuskategorie).
(2) Profilierung der Numeruskategorie mit Einzelerscheinungen wie der Erhaltung des -e-Plurals im Md. und teilweise im Elsäss., einzelnen analogischen Übertragungen, Erhöhung der Anzahl der Lexeme mit -er-Plural im Obd., Entwicklung von -(e)n zum Pluralflexiv bei den Feminina, Nutzung des Umlauts für die Pluralprofilierung (insbesondere im Obd.) und entsprechende graphische Kennzeichnung (kritisch differenzierend dazu: Pavlov 1995, 167).

3.3. Auch das Verbalsystem unterliegt einer strukturellen Umgestaltung; dazu zählen der Rückgang der Anzahl sog. starker Verben mit der Folge der Entwicklung der schwachen Flexion zur Regelflexion, die Vereinheitlichung der schwachen Verben hinsichtlich des Präteritalflexivs, die weitgehende Aufhebung des Rückumlautes, insbesondere wobd. Schwankungen der Pluralbildung, Schwund des -(e)n der 1. Sg. Präs., Durchsetzung des -(e)st in der 2. Sg., sog. Ablautausgleich, Nivellierung des Numerus- und Modusunterschiedes und Profilierung der Tempuskategorie, u. a. dadurch bedingt neue Klassenbildungen, Vereinfachung des Stammvokalwechsels einiger Ablautreihen der starken Verben, Reduktion des grammatischen Wechsels, Angleichung der Präterito-Präsentien sowie der athematischen und der kontrahierten Verben.

3.4. Im Bereich der Adjektivflexion erfolgt eine Ablösung der sog. Sinnregel (nach der zwischen referentieller Bekanntheit bzw. Unbekanntheit des charakterisierten Bezugsgegenstandes unterschieden wird) durch die „Formenregel" (Frnhd. Gr. § M 34); damit korrespondieren u. a. die Durchsetzung der Monoflexion, die Genusprofilierung und die Kasusmarkierung.

3.5. Generell ist die morphologische Variation des Frnhd. durch eine Entwicklung gekennzeichnet, die man zusammenfassend oft als Entwicklung von einem eher synthetischen zu einem eher analytischen Sprachtyp kennzeichnet (differenzierter hierzu Roelcke 1997). Dazu stimmen beim Verb der sog. obd. Präteritalschwund (mit der Folge des Ersatzes des Prät. durch periphrastische Formen) und eine umfassende, mehrere Entwicklungsmöglichkeiten zulassende Tendenz zur Bildung und Paradigmatisierung periphrastischer Tempusformen (auch im Präs. und Prät., durchgehend im Fut. I und II sowie im Perf. und Plusquamperf.) für alle Modi (auch für den Ind., verstärkt für den Konj.) und systematisch für das Passiv (Philipp 1980, 118ff.; Wells 1990, 253ff.); dabei deutet sich außer den Verschiebungen im System des Modal- und Tempusausdrucks die Möglichkeit eines grammatischen Systems des Aspektausdrucks an. Im Substantivbereich sind Verdrängungen des Gen. und Dat. durch unterschiedliche periphrastische Ausdrucksmuster zu nennen.

3.6. Die vorliegende Auflistung wichtiger flexionsmorphologischer Phänomene ist − wie in allen vergleichbaren, auch in ausführlicheren Darstellungen − durch ein Vorherrschen von Ausdrücken wie *Profilierung, Nivellierung, Entwicklung, Umgestaltung, Vereinheitlichung, Ablösung* […] gekennzeichnet. Es handelt sich dabei um Verbalsubstantive, die (entsprechend den obigen Ausführungen zum Wissensstand; Abs. 3.1.) von ihrer Wortbildungsbedeutung her einen Vorgang in der Zeit (nämlich vom Zeitpunkt a zu einem Zeitpunkt b hin verlaufend) bezeichnen und damit die Tatsache verschleiern, daß die Erscheinungen, auf die mittels der erwähnten Ausdrücke (oft allgemein akzeptierten Termini) referiert wird, in der hier einmal angenommenen sprachlichen Realität des 14. bis

17. Jhs. nebeneinander existierende Gegebenheiten waren, die lediglich in der Konsequenz ihrer Durchführung schwanken, den Sprechern der Zeit aber auch bei geringer Frequenz als Sprech- und Schreibweise von anderen bewußt waren. Indem man sie mit einer diachronisch motivierten Terminologie anspricht, stellt man sie unter eine historische Perspektive und konstituiert sie als Zeitabläufe. Eine vergleichbare synchrone Terminologie und mit ihr die synchrone Perspektive fehlen in der Literatur weitestgehend; die vermißten Bildungen hätten in Richtung auf Nivelliert*heit*, Profiliert*heit* usw. zu erfolgen, wenn sich nur alle Stammorpheme für eine derartige Bildung eigneten und wenn sie nicht (im Falle ihrer Eignung) ebenfalls die diachronische Perspektive zuließen.

3.7. Die Lagerung der genannten Erscheinungen im Raum wird in den Darstellungen üblicherweise an den zeitlichen Ablauf gebunden, so daß sich kein primär raumorientiertes Bild ergibt. Lediglich die Raumbindung der Apokope (Lindgren 1953) und der mit ihr in Zusammenhang gesehenen Varianzen, darunter der obd. Präteritalschwund, führen zu einem geschlossenen geographischen Bild; in diesem erscheint der Süden als Initiator der Entwicklung, während die Mitte, vor allem ihr Westen, als Beharrungslandschaft gesehen werden. Im Detail kann die generelle Bewegungsrichtung durch das Bild des Vorrückens von Grenzen und ihre Rücknahme modifiziert werden; selbstverständlich ergeben sich Modifikationen nach der einzelnen Erscheinung. Abgesehen vom Phänomenkomplex -*e*-Apokope findet sich eine Fülle von Raumzuweisungen für isolierte oder bisher in ihren Zusammenhängen noch nicht hinreichend erkannte Entwicklungen. Das herrschende Darstellungsmuster hat dann folgendes typische Aussehen: Nennung einer Wandelerscheinung, Behandlung ihrer Zeitbindung, danach Angabe der räumlichen Lagerung; dies erfolgt durch Aussagen wie:

[…] konzentriert sich dieser Ausgleich auf das Obd. mit einem deutlichen Schwerpunkt im Bair. − […] finden sich im 14./15. Jh. bes. häufig in md. Texten. − […] sind bes. wobd. bis ins 16. Jh. belegt. − […] handelt es sich um eine im Obd. des 17. Jhs. sporadisch auftretende Analogiebildung. − […] im Rip. bis in das 16. Jh. hinein. − […] im Obd. noch in der 2. Hälfte des 15. Jhs. − […] insbesondere im Bair. noch in der ersten Hälfte des 15. Jhs. − bleibt insbesondere im Bair. bis ins 15. Jh. hinein möglich (Beispiele aus Frnhd. Gr., Teil III).

3.8. Vergleichbare Redekonventionen hinsichtlich der Schichten- und Gruppenbindung sowie der Verteilung morphologischer Varianten über einzelne Textsorten oder (soweit möglich) nach der Dichotomie 'gesprochen/geschrieben' existieren zwar zufällig, nicht aber als systematischer Aussagetyp sprachgeschichtlicher Texte. Dies wird hier aus folgenden beiden Gründen eigens herausgehoben:

Der erste Grund betrifft die objektsprachliche Gegebenheit, daß die Flexionsmorphologie (neben der Wortbildungsmorphologie und der Syntax) diejenige hierarchische Ebene der Sprache ist, auf der sich in frnhd. Zeit neben vielen ebeneninhärenten und typologieirrelevanten Varianten auch solche vollziehen, die sich auf andere (meist höhere) Hierarchieebenen der Sprache auswirken und dabei eine erhebliche typologische Relevanz haben; dies letztere gilt sowohl intern-sprachgeschichtlich auf das Dt. bezogen wie im Sprachenvergleich (vor allem mit dem Nl., Fries., Engl.; vgl. Kap. VI und VII, speziell Art. 61, 62 und 70). Es geht also um fundamentale Weichenstellungen in der dt. (im Zusammenhang mit der europäischen) Sprachgeschichte.

Vorgänge dieser Art − und das ist der zweite Grund − als abgeschlossen behandelt zu betrachten, wenn man ihren Verlauf in Zeit und Raum beschrieben hat, ist in dem Maße unbefriedigend, wie man Zeit und Raum als physikalische, damit als sprachexterne Gegebenheiten voraussetzt. Genau dies geschieht nach Ausweis üblicher fachtextlicher Floskeln der Art *im älteren Frnhd.*, *im 16. Jh.* oder *im Süden*, *im Nordwesten* usw. aber fortwährend. Mit anderen Worten: Es fehlt eine soziologische, innerhalb dieser eine sozialpsychologische Zeit- und Raumauffassung, nach der die begegnenden Varianzen auf irgendeine Weise an das Sprachhandeln sozialer Schichten und Gruppen gebunden werden. Ob man diese Bindung im Sinne Coserius (1974) final-funktionalistisch begründet oder im Sinne Kellers (1994) als Phänomen der Dritten Art sieht, ist dabei zunächst ohne Belang. − Die wichtigste Forschungslücke in diesem Zusammenhang, die weitgehende Unkenntnis der Beziehungen zwischen zweckgerichtetem Handeln von Sprechergruppen bzw. den Wahlhandlungen der Sprecher (Keller 1994, 10), und ihrem Ergebnis, nämlich der Veränderung des morphologischen Systems, kann methodisch nur über Corpora geschlossen werden, die (wie das Berliner im Gegensatz zum Bonner Corpus; s. in den Literaturangaben: Zur Ausbildung [...]) eine Textsortengliederung als oberstes Ordnungskriterium haben.

4. Die Ebene der Lexik

4.1. Der Wortschatz des Frnhd., so wie er im FWB beschrieben (werden) wird, umfaßt rund 150 000 Einheiten und ein Vielfaches an Bedeutungen. Dabei ist die Grenze zwischen lexikalisierten Wortbildungen als Einheiten des Lexikons und Wortbildungen mit dem Status von Syntagmen, außerdem die Grenze zwischen freien Fügungen und Phrasemen logischerweise offen; man wird in beiden Fällen mit einem breiten Überlappungsbereich zum unbestritten lexikalischen Inventar rechnen müssen, ohne daß die Größenordnung obiger Zahl in Frage gestellt würde. – Ein Inventar des genannten Umfangs ist weniger systemhaft als z. B. die Inventare der Phonologie, Graphematik und Morphologie, die sich auf nur wenige bis mehrere Dutzend Einheiten belaufen; Veränderungen einzelner Einheiten bestimmter Inventarteile führen in aller Regel nicht zu einer strukturellen Änderung anderer Inventarteile, des lexikalischen Gesamtsystems oder gar der nächsthöheren bzw. -niederen Hierarchieebene der Sprache. Jedenfalls ist die Frage nach dem systematischen Wechselspiel z. B. zwischen der Substantivgruppe und dem Wortbildungssystem niemals ernsthaft gestellt worden. Insofern ist das Lexikon der linguistische Ort für eine Vielzahl von Varianzen, die jeweils auf einzelne oder auf eine geringe Anzahl von Inventareinheiten (z. B. kleinere und klar abgrenzbare Wortfelder) beschränkt sind, das System also unberührt lassen. Die Varianz wird im Vergleich zu den nicht signifikativen Hierarchieebenen der Sprache (etwa der Phonologie) noch dadurch erhöht, daß lexikalische Ausdrücke durch ihre Beziehbarkeit auf außersprachliche Gegenstände kulturelle Veränderungen direkter spiegeln als z. B. Phoneme oder syntaktische Regeln.

4.2. Ordnung in das Spektrum lexikalischer Varianz zu bringen, kann angesichts des oben angesetzten Umfangs des Lexikons nicht auf die Weise geschehen,

– daß man Wortmonographien erarbeitet,
– daß man Wortfelder von notwendigerweise beschränktem Umfang untersucht,
– daß man einzelne semantische Entwicklungen (etwa die sog. *Moralisierung*, *Verbürgerlichung*, *Rationalisierung*; vgl. Kunisch 1974, 266) konstruiert,

– daß man Wortschwünde und Neubildungen, Fremdeinflüsse usw. nachweist,
– daß man die Ausdrucksseite bestimmter Wortschatzteile beschreibt (so in Wortgeschichten sehr generell, auch in Subdisziplinen der Wortgeschichte wie der historischen Wortgeographie),
– daß man den sog. Erbwortschatz im Gegensatz zum sog. Fremdwortschatz (wie üblich) oder umgekehrt (so von Polenz 1991; 1994) oder den Simplexwortschatz im Gegensatz zum wortgebildeten Teil oder zur Phraseologie untersucht,
– daß man eingeschränkte, leicht abgrenzbare Corpora zugrundelegt.

Mit dieser Zusammenstellung soll keineswegs bestritten werden, daß die unter den einzelnen Spiegelstrichen gemeinten Arbeiten (genannt z. T. in Art. 113) z. B. im Zusammenhang mit der literaturwissenschaftlichen Kennwortforschung oder der Begriffsgeschichte ihre jeweils spezifischen Verdienste haben. Die Zusammenstellung ist aber in dem Maße als Kritik gemeint, wie die folgenden Aussagen zutreffen:

(a) Die behandelten Wortschatzausschnitte umfassen im Minimalfall eine einzige Einheit oder gar nur eine Bedeutung einer Einheit, in günstigeren Fällen einige Dutzend Einheiten; von einer solchen Materialbasis läßt sich keine begründete Hochrechnung vornehmen; anders ausgedrückt: Der Beispielwert des Ergebnisses der allermeisten lexikologischen Untersuchungen für den Wortschatz des Frnhd. insgesamt ist methodisch nicht nachgewiesen, jedenfalls nicht in dem Ausmaß vorhanden, wie er gerne vorausgesetzt oder behauptet wird. Eine lexikologische Untersuchung über (hier fiktiv und überspitzt) ein Dutzend Frauenbezeichnungen in obd. Rechts- und Wirtschaftstexten des 15. Jhs. besagt etwas über Frauenbezeichnungen in obd. Rechts- und Wirtschaftstexten der Untersuchungszeit, über den Wortschatz des Frnhd. dagegen ohne den methodisch schwer führbaren Nachweis der Exemplarität des Ergebnisses im Extremfall gar nichts.

(b) Jede Beschränkung auf eine Seite der Sprache (in der Regel ist das die Ausdrucksseite; vgl. Art. 1, Abs. 10) oder auf so etwas wie den Erbwortschatz (wie immer man diesen bestimmen möge) oder den Simplexwortschatz übersieht konstitutive Merkmale des frnhd. Wortschatzes. Zu diesen gehören:

– ein aufgrund des Fehlens einer Leitvariante vergleichsweise (nämlich im Vergleich zur Hochsprache des 17. bis 20. Jhs.) hoher Polysemiegrad (in der Redeweise dieses Artikels: Grad der semantischen Varianz)

– eine aus demselben Grunde vergleichsweise hohe semantische Schlechtbestimmtheit der Sememe
– eine im Vergleich zur späteren Hochsprache ausgeprägtere Phrasemtypik
– eine vergleichsweise hoher Bestand auch an lexikalischen Wortbildungsvarianten
– eine wohl infolge der überregionalen Rolle des Lateins stark ausgeprägte europäische Ausrichtung der Wortsemantik (Vergleichsmöglichkeiten zum Mhd. wie zum Nhd. fehlen hier).

(c) Jedes Ergebnis jeder wortgeschichtlichen Untersuchung gilt prinzipiell nur für die Texte des Corpus, das der Untersuchung zugrundeliegt. Corpuszusammenstellungen, die sich auf bestimmte Textsorten (oft sind es literarische) beschränken, lassen methodisch keine Aussage über den frnhd. Wortschatz schlechthin zu.

4.3. Will man den Gesamtwortschatz einer Sprachstufe (etwa des Frnhd.) in seiner Diagliederung erfassen, so kann dies aus Gründen des Umfangs des Gegenstandes nicht über einen direkten Zugang zu den Quellen, sondern nur indirekt über eine wissenschaftliche Textsorte, nämlich Sprachstadienwörterbücher vom Typ des Ahd. Wb., des Lexer, des FWB, des Schiller/Lübben, des Lasch/Borchling, erfolgen. Dabei ist mindestens folgendes zu beachten:
(a) Der Arbeitsaufwand, den die lexikologische Auswertung der Wörterbücher erfordert, ist dem Grad ihrer Standardisierung indirekt proportional: Je standardisierter die Artikel, desto leichter und zeitsparender die Informationsgewinnung.
(b) Der Inhalt der Auswertung ist logischerweise an die Inhaltstypen der Information des Wörterbuches gebunden: Ein Wörterbuch z. B., das keine Phraseme aufweist, kann zur Gewinnung lexikologischer Aussagen über die Phrasemtypik einer Sprachstufe nicht herangezogen werden.
(c) Die Ergebnisse, die die Auswertung eines Sprachstadienwörterbuches zeitigt, sind nur im Vergleich zu den Ergebnissen der Auswertung von Wörterbüchern vorangehender (also des Mhd.) oder folgender (also des Nhd.) oder benachbarter (also z. B. des Mnl., des Afrz.) Sprachstufen oder Sprachen interpretierbar. Eine Aussage z. B. über das Ausmaß der wortgeographischen Variation des Frnhd. gewinnt erst dann einen Sinn, wenn man weiß, wie die entsprechenden Aussagen über das Mhd., das Nhd., das Mnl., das Mnd. lauten.

4.4. Addiert man das über den Kenntnisstand des Gesamtwortschatzes (nicht einzelner Bereiche) des Frnhd. und das über die methodischen Möglichkeiten der Erkenntnisgewinnung Gesagte, so ergibt sich ein außerordentlich düsteres Bild. Dies kann nur zu zwei Folgerungen führen:
(a) Neue Wörterbücher sind hinsichtlich ihrer Corpusbasierung, ihrer Typen von Information und der Informationsanordnung gezielt auf kulturelle Benutzungs- und wissenschaftliche Auswertungs- und Vergleichsmöglichkeiten mit anderen Wörterbüchern hin zu konzipieren.
(b) Die vorhandenen Wörterbücher sind nach bestimmten, im Argumentationszusammenhang dieses Artikels z. B. nach ihren Aussagen über die Diagliederung des frnhd. Wortschatzes zu befragen.

Die Auswertung des fertiggestellten Teils des FWB führt (nach dem Verfahren von Goebel/Lemberg/Reichmann) zu den im folgenden gemachten Aussagen. Diese haben infolge der eingeschränkten Materialbasis den Status von mehr oder weniger gewagten Hypothesen; sie implizieren ausnahmslos einen Vergleich mit dem Mhd. und/oder dem Nhd., ohne daß dieser methodisch nachprüfbar vollzogen worden wäre; die bisherige Wortgeschichtsforschung hat dennoch zu vergleichbaren Aussagen nicht gefunden.
(1) Das Frnhd. scheint (wohl infolge des Fehlens einer Leitvariante) eine phrasemtypische Sprachstufe des Dt. zu sein. Über die Bindung der Phraseme an die Gebrauchsdimensionen der Sprache (vgl. 1.4.) kann keine Aussage gemacht werden. Zufallsproben ergaben keinen Hinweis darauf, daß Phraseme (wie bei bestimmten Vorannahmen erwartbar sein könnte) mit überdurchschnittlicher Häufigkeit in sprechsprachenahen, mittel- bis unterschichtigen Texten begegnen.
(2) Die frnhd. Lexik ist durch eine im Vergleich zum überlieferten bzw. in den Wörterbüchern erfaßten mhd. Wortschatz in vielen Einzelfällen (aber nicht strukturell) durch hohe Polysemie, in diesem Rahmen durch eine hohe Anzahl tropischer Wortverwendungen (darunter vor allem durch Metonymien, Bezugsgrößenverschiebungen, Übertragungen, Synekdochen, Spezialisierungen) gekennzeichnet (vgl. dazu auch Art. 113, Abs. 5). Gleiches scheint laut RWB für das mnl., mnd., frnhd. Stadium des rechtsrelevanten Wortschatzes zu gelten. Die tropischen Wortverwendungen zeigen nach der Teststrecke von Goebel/Lemberg/Reichmann

eine deutlichere Bindung an den Raum und an die Textsorte als an die Zeit. Die semantische Varianz vollzieht sich also zumindest teilweise nach anderen Dimensionen als die morphologische Varianz (sofern diese aus dem räumlichen und zeitlichen Blickwinkel der Forschung adäquat erfaßt ist).

(3) Die Inhaltsseite der Lexik des Frnhd. ist in stärkerer Weise durch Symptomwerte gekennzeichnet als die lexikalischen Einheiten als ganze. Die vorhandenen wortgeographischen Untersuchungen zum Frnhd. betreffen nach dieser Aussage also eher den selteneren Fall als den Normalfall: Auf das Gesamtwort und seine Ausdrucksseite bezogen dringen sie zu den Bedeutungen in allzu vielen Fällen gar nicht vor. Zahlenangaben, die dies stützen würden, sind deshalb nicht möglich, weil man Zählungen nur für polyseme Wörter vornehmen kann; bei monosemen Wörtern gilt eine Aussage über die Wortbedeutung auch für das Wort als Gesamteinheit.

(4) Die Textsorten, denen im FWB mit Symptomwerten ausgestattete Wörter oder Wortbedeutungen zugeschrieben werden, sind zunächst die Rechts- und Wirtschaftstexte mit insgesamt 90 Nennungen (bezogen auf die bei Goebel/Lemberg/Reichmann erfaßte Wortstrecke); nimmt man die Weistümer hinzu, so erhöht sich diese Zahl um 15 auf 105 (jeweils bezogen auf die Meßstrecke *a* bis *ausgang*). An zweiter Stelle stehen die religiösen in Verbindung mit den didaktischen Texten (62 Nennungen); rechnet man die Texte der Mystik (26 Nennungen) sowie die Gruppe „mystische und scholastische Texte" (7 Nennungen) hinzu, so erhält man allerdings einen Wert, der in der Größenordnung an die Rechts- und Wirtschaftstexte heranreicht. Den genannten Textsortengruppen folgen bergbaubezügliche Texte (16 Nennungen), Chroniken (9 Nennungen) und (nicht signifikant) weitere Gruppen.

(5) Die Räume, denen mit Symptomwerten ausgestattete Wörter oder Wortbedeutungen zugeschrieben werden, sind das Obd. (vor dem Md.), innerhalb des Obd. das Oobd. (vor dem Wobd.), innerhalb des Md. das Omd. (vor dem Wmd.); an kleineren Worträumen heben sich das Rip. und das Halem. heraus.

(6) Zeitbindungen des Wortschatzes sind für das ältere und mittlere Frnhd. in geringfügig höherer Anzahl als für das spätere Frnhd. angegeben. Falls sich diese Hypothese deutlicher stützen oder gar verifizieren lassen sollte, läge in den Jahrzehnten um 1500 ein

in seinem Ausmaß und in seiner Art näher zu untersuchender Traditionsbruch. Die Ergebnisse von Art. 113, insbesondere Abs. 5, verifizieren die Hypothese unter einer ganzen Reihe von Aspekten; sie sprechen für eine besonders scharf ausgeprägte lexikalische Diskontinuität für die gesamte Zeit des Frnhd.

5. Die Ebene der Wortbildung

Schon die oberflächliche Einsicht in den Lemmabestand der Neubearbeitung des DWB oder des FWB läßt das Frnhd. als ein Sprachstadium erkennen, in dem Wortbildungen einen auffallend hohen Anteil am Bestand lexikalischer Zeichen ausmachen. Selbst wenn man bedenkt, daß sich Wörterbücher eher der Darstellung lexikalisierter Zeichen als derjenigen wortgebildeter Einheiten mit grammatischem Status widmen, letztere demnach gar nicht alle erfassen können, läßt dies auf die Wortbildung als ein besonders fruchtbares Teilsystem der Grammatik schließen. Jedenfalls sei hier die Hypothese gewagt, daß das Mhd. im Vergleich zum Frnhd. sowohl hinsichtlich seines Wortbildungssystems wie hinsichtlich seiner Wortbildungsnorm die weniger wortbildungstypische Sprache ist; für den Vergleich von Frnhd. und Nhd. (Standardsprache) läßt sich eine derartige Aussage trotz gewisser Unterschiede des grammatischen Teilsystems 'Wortbildung' nicht rechtfertigen.

5.1. Um einen Eindruck von der behaupteten Wortbildungstypik des Frnhd. zu geben, seien einige Beispiele angeführt (Grundlage: FWB):

alt, altabt, altach, altächtig, altamptman, altbacken, altbeseslich, altbürgermeister, altbüsser, altdeutsch, alte, älte, alteigen, altekeit, alteltern, altemarktfrau, altemeister, alten, alter, ältere, älterfater, alterlebt, [...], altertum, [...], altheit, [...], altlech, altlechtig, altlich, [...], altschaft
anbeten, anbeter, anbetisch, anbetlich
andacht, andächte, andachten, andächtig, andächtigkeit
anfahen, anfaher, anfähig, anfahung, anfang, anfängen, anfänger, anfängerin, anfängig, anfängisch, anfänglich, anfängnis, anfangs, anfangung, anfängung
aussaz, aussazbrief, aussazmal, aussetze (der), aussetze (die), aussetzel, aussetzen, aussetzer, aussetzerin, aussetzige, aussetzigkeit, aussetzung, aussezheit, aussezlich, aussezling
austrag, auträgel, auträgelich, austragen, austragenlich, auträgenlich, austräglich, auträgelich, austräger, austrägerin, austräglichkeit, [...], austragung.

5.2. Diese Auflistungen führen zu folgendem wortbildungsmorphologischem Befund:

(1) Es gibt eine ausdrucksseitige Varianz, deren Ausmaß auf der Ebene der Norm (über die Systemebene wird in diesem Zusammenhang nichts ausgesagt) den Varianzspielraum des Nhd. einschließlich aller seiner Varietäten übertrifft. Nebeneinander stehen mindestens eigentliche und uneigentliche Bildungen, unterschiedliche Möglichkeiten der Fugengestaltung, die Nutzung morpheminterner Alternanten wie Ablaut und Umlaut, Reflexe des grammatischen Wechsels. Die ausdrucksseitige Variation ist keineswegs nur eine Angelegenheit der Lautung, sie betrifft auch genuin wortbildungsgeschichtliche Fakten wie die morphologische Durchsichtigkeit.

(2) Es gibt eine nach heutigem standardsprachegeprägten Urteil auffallend hohe Anzahl von Morphemkonkurrenten, nahezu regelhaft etwa diejenige von *-ig*, *-isch*, *-lich*, *-sam*.

(3) Es gibt selbst bei guter lexikographischer Corpusgrundlage und selbst bei Belegung von Wortbildung und Wortbildungsbasis im selben Text oder gar an benachbarten Textstellen in sehr vielen Fällen keine sichere Aussagemöglichkeit, ob eine Wortbildung rein grammatischen Status hat, also voll motiviert ist, oder ob sie ansatzweise demotiviert und mithin lexikalisiert ist (hierzu: Müller 1993, 64; Habermann 1994, 59; Brendel [u. a.] 1997, 23). Die Grenze zwischen Grammatik und Lexik ist im Wortbildungsbereich fließend. Ob dies für das Frnhd. in stärkerer Weise gilt als für das Mhd. und die nhd. Standardsprache, wage ich nicht zu sagen.

(4) Das Morphem, das ein Wortbildungsfeld konstituiert (also etwa *alt*), hat in den Bildungen dieses Feldes entweder immer die gleiche Bedeutung (= Morphemmonosemie, eher der Ausnahmefall), oder es liegt pro Bildung in jeweils anderer Bedeutung vor (= Morphempolysemie, eher der Normalfall). Welche Verhältnisse im einzelnen auch gegeben sein mögen, die jeweils vorliegende Bedeutung kann, muß aber nicht mit einer der Bedeutungen übereinstimmen, die dem Morphem als freier Einheit, also als Lexem, zugeschrieben werden: *alt-* in *altschaft* etwa stimmt zwar irgendwie zu *alt* in der Bedeutung 5 (des FWB), irgendwie auch zu *alt* in Bedeutung 15, unterscheidet sich aber von beiden Bedeutungsansätzen doch in Nuancen. Die Anzahl solcher Fälle ist für das Frnhd. vergleichsweise (nämlich relativ zur deutschen Standardsprache) hoch; diese Aussage ist eine gewagte Hypothese, die der Verifizierung bedarf; es kann sein, daß sie nur den Informationsstand des FWB spiegelt.

5.3. Der in (1) bis (4) formulierte Befund ist nun darauf zu prüfen, ob er der Ausdruck der Variationsamplitude eines nicht vertikalisierten Sprachstadiums ist, letztlich also die jedem einzelnen Sprecher des Frnhd. zur Verfügung stehenden Wortbildungsmöglichkeiten spiegelt, oder ob er die von heutigen Linguisten vorgenommene Addition all derjenigen Wortbildungsmöglichkeiten ist, die in der sprachlichen Realität des Frnhd. nach Zeit, Raum, Schicht, Gruppe, Kommunikationssituation usw. dimensioniert waren, also gerade nicht jedem Sprecher, sondern nur den entsprechend dimensionierten Sprechergruppen zur Verfügung standen. Die Antwort muß differenziert ausfallen:

(a) Alle vier Aussagen des Befundes von 5.2. gelten für das Gesamtgebiet des Frnhd., lassen sich also nicht zu wortbildungsgeographischen Aussagen der Art verwenden, z. B. die ausdrucksseitige Varianz im Sinne von Befund (1) sei eher obd. als md. Dies schließt nicht aus, daß z. B. für einzelne Suffixe (etwa *-ida*; vgl. Doerfert 1994) im Sinne von Befund (2) eine morphemgeographische Aussage möglich ist. Man trifft damit aber wortbildungssystematisch Irrelevantes.

(b) Das Ausmaß ausdrucksseitiger Varianz im Sinne von Befund (1), die Anzahl von Morphemkonkurrenten im Sinne von (2) und (als Hypothese) die Schlechtbestimmtheit des ein Wortbildungsfeld konstituierenden Morphems im Sinne von (4) unterliegen einer Entwicklung in der Zeit, und zwar in dem Sinne, daß sie eine Reduzierung erfahren.

(c) Die vorliegenden Arbeiten können, sofern sie dem Raum- und dem Zeitparadigma unterliegen, keine Aussage zur Bindung wortbildungsmorphologischer Varianten an die soziale Schicht und Gruppe machen; spezifisch wortbildungssoziologische Arbeiten fehlen, so daß Schicht und Gruppe als Dimensionen der Varianz für die Wortbildung als weiße Flecken zu gelten haben.

(d) Die Textsortenbindung der Wortbildungsvarianz, allerdings nicht hinsichtlich des Systems, sondern seiner „Verwendungsnormen", beschreibt Bentzinger von einem Erfurter Corpus her als „bedeutend" (1987, 283). Von besonderem Interesse ist die Feststellung Müllers (1993, 478 f.), daß die Konvergenz zwischen dem Dürer-Corpus und dem Corpus gesprochener Gegenwartssprache größer ist als diejenige zwischen dem

Dürer-Corpus und dem Vergleichscorpus geschriebener Gegenwartssprache und sogar als die Konvergenz zwischen gesprochener und geschriebener Gegenwartssprache. Dürer hätte demnach unter wortbildungsmorphologischem Aspekt eher so geschrieben, wie man heute spricht, als so, wie man heute schreibt; und seine Wortbildungstätigkeit sei heutigem Sprechen näher als diejenige, die ein heutiger Sprachbenutzer als Schreiber vollzieht. Sollte sich dieses unter vielen Gesichtspunkten (z. B. für die Dissoziation von Schreiben und Sprechen seit dem 17. Jh.) erstaunliche Ergebnis auch von anderen Beispielcorpora her stützen lassen, dann würde die Textsorte verbunden mit dem medialen Aspekt das Paradigma bestimmen müssen, nach dem die historische Wortbildung zu beschreiben wäre.

6. Die Ebene der Syntax

6.1. Die Syntax des Frnhd. unterliegt der Varianz in ähnlichem Ausmaß wie die anderen Hierarchieebenen der Sprache. Die folgende Zusammenstellung listet die in der neueren syntaktischen Literatur (vgl. vor allem: Zur Ausbildung [...]; Ebert 1986; 1993; Erben in Art. 114; Ágel in Art. 131) diskutierten Varianzen auf; die erwähnten Erscheinungen sind von „groß" nach „klein", also nach einer Reihenfolge geordnet, die mit dem komplexen Satz beginnt und bei Erscheinungen endet, die auch lexikologische Aspekte aufweisen. Syntaktische Zusammenhänge werden dabei so weit wie möglich berücksichtigt. – Die Formulierung der Varianzregeln hält sich stark an die Ausdrucksweise bei den angegebenen Autoren; auf genauen Zitatnachweis wurde verzichtet. Übergreifende syntaxgeschichtliche Zusammenhänge werden nicht diskutiert, da dies in Art. 131 (Ágel) in einer Weise geleistet ist, die auch für die Syntax des Frnhd. zutrifft.

Die Zusammenstellung hat folgenden Aufbau: (a) Nennung der Varianzerscheinung, (b) Beispielangabe, (c) Zeitangabe, (d) Raumangabe, (e) Textsortenangabe (und Verwandtes), (f) Angabe retardierender/konservierender Zeiten, Räume, Textsorten. Diese Positionen bleiben dann ungefüllt, wenn die Literatur keine klare Angabe erlaubt oder wenn (so bei den Beispielen) der Inhalt der Angabe dem Leser etwa aus seinem syntaxgeschichtlichen Wissen heraus klar sein dürfte.

- (a) Zunahme der Hypotaxe gegenüber der Parataxe, (c) während der Gesamtzeit, mit Schub im 16. Jh., (e) Verwaltungs- und Gesetzestexte, mit Ausgriff auf Prosagattungen allgemein

- (a) Tendenz der Zunahme von Modalwörtern als Hinweis auf Veränderungen in Richtung auf Epistemifizierung (Ausdruck von Urteilen über den Wahrheitsgehalt einer Proposition), (c) seit dem 16. Jh.
- (a) Rückgang und schließlicher Untergang des asyndetischen Relativsatzes, (b) *grus, (den) er mir hat entbieten lassen*, (c) 14. bis 16. Jh., Untergang im 17. Jh.
- (a) Zunahme der Attributsätze mit Demonstrativpronomen als Bezugswort, (b) *dem, der [...], ist kein werk fürderlich*, (c) Gesamtzeit
- (a) Zunahme der AcI-artigen Konstruktion, (b) *so der mensch sich weis sein unschuldig*, (c) seit dem 15. Jh., (e) Kanzleitexte, Texte des Humanismus, seit dem 16. Jh. keine feste Textsortenregel
- (a) Rückgang der Konstruktion 'präd. Adj. + Dat. + Infinitivergänzung', (b) *etw. ist nüz einem menschen zu lesen*, (c) 14. bis 16. Jh., seit dem 17. Jh. rückläufig
- (a) Zunahme des „Ersatzinfinitivs" (statt des Part. Prät.), (b) *ich habe jn. hören singen*, (c) seit dem 14. Jh.
- (a) Zunahme afiniter Konstruktionen (eingeleiteter Nebensätze ohne Finitum) und Auxiliarellipsen, (c) Entwicklung zur Regel bis zum 16. Jh., (e) amtliche, gehäuft kanzleisprachliche Texte
- (a) Grammatikalisierung des Mittel- und Nachfeldes der Nominalphase, (c) seit dem späten 16. Jh.
- (a) Entwicklung des erweiterten Adjektiv- und Partizipialattributs, (c) seit Mitte des 16. Jhs., (e) Kanzleitexte, Ausgriff auf andere Prosatexte, speziell Sachprosa, (f) selten in sprechsprachenahen Texten
- (a) vorübergehende Zunahme, danach Rückgang des nachgestellten erweiterten Adjektivs und Attributs, (b) *frucht einem apfel ungleich*, (c) vereinzelt vor 1500, etwas häufiger im 16./17. Jh., seit Mitte des 16. Jhs. Rückgang, (e) Kanzleisprache, Gelehrtenstile
- (a) Reduktion der diskontinuierlichen Stellung von Gliedern einer Nominalgruppe, (b) *ein wol gezierter mensch mit allen tugenden*, (c) seit dem 16. Jh.
- (a) Auslaufen der Konstruktion 'unbestimmter + bestimmter Art. + Adj. + Subst.', (b) *ein der schönste herre*, (c) während der Gesamtzeit
- (a) Schwinden der Konstruktion *kein* + Possessivpronomen, (b) *kein dein freund*, (c) 14. Jh.
- (a) flexivische und topologische Vereinheitlichung des Adjektivattributs, (c) während der Gesamtzeit
- (a) vorübergehende Zunahme flexionsloser Adjektivattribute, (c) frühes Frnhd.
- (a) Entwicklung der Konstruktion '*zu* + Part. Präs.', (b) *ein einzurichtendes buch*, (c) seit dem späten Frnhd., (e) Kanzleitexte, selten
- (a) Tendenz zur deutlicheren Trennung zwischen Nominalphase mit vorangestelltem Adjektivattribut und Kompositum, (c) seit dem mittleren Frnhd.

- (a) Herausbildung uneigentlicher Zusammensetzungen, (c) seit dem späten Frnhd.
- (a) Aufgabe der Nachstellung des attributiven Adjektivs und der Possessivpronomina, (b) *von irer seligen mutter* statt *von irer mutter seligen*; *unser fater* statt *fater unser*, (c) bis zum 16. Jh., (f) Dichtung, speziell Reimdichtung konservativ; hinsichtlich des textlich rück- und vorwärtsweisenden Adjektivs oder Partizips (z. B. *obgemelt*): Kanzleitexte konservativ
- (a) Rückgang der älteren Genitivform *ir* des Personalpronomens, (c) bis zum 16. Jh.
- (a) *alle* als prä- und postnominal unflektierte Form, (d) md.
- (a) Entwicklung von attributivem *was für (ein)* und flexionslose Verwendung von *ein par* 'einige', (c) seit dem 16. Jh.
- (a) Entwicklung von *was* vor Subst. oder Subst. + Adj., (b) *mit was höchstem fleis*
- (a) Erscheinen von *kein* 'irgendein', (c) 14./ 15. Jh.
- (a) Umbildung von substantivischem *viel, mer, wenig, lützel, minder, genug* zum Attribut, (c) während der Gesamtzeit
- (a) zunehmendes Kongruieren von 'viel + partitiver Genitiv' im Subjekt mit dem Pl. des Verbs, (b) *viel volks folgete(n) im nach*, (c) seit dem 15. Jh.
- (a) Ausbau des adnominalen Genitivs (komplementär zur Reduktion des Genitivobjektes)
- (a) Ausbau der Präposionalgruppe (vor allem mit *von*) als Konkurrent des Genitivs u. a. durch Zunahme des präpositionalen Attributs insbesondere bei abstraktem Substantiv, (b) *räuberei von dem babst* statt *[...] des babstes*, (c) während der Gesamtzeit, verstärkt seit dem 16. Jh., (e) mundartnahe Texte, (f) öffentlichkeitsbezogene Texte konservativ
- (a) Rechtsverlagerung des Genitivattributs, damit verbunden Reduktion der Voranstellung der Gattungsnamen von Personen zugunsten der Nachstellung, Herausbildung stilistischer Markierung der Voranstellung gegen Ende des Frnhd., (c) seit dem älteren Frnhd., (d) wobd., omd., (e) Bildungsschrifttum, Fachprosa, (f) Briefe, Reisebeschreibungen konservativ
- (a) Reduktion der Berührung von Nominalgruppen mit vorangestelltem Genitiv und uneigentlichem Kompositum (vgl. Pavlov 1983, 45 ff.), (c) späteres Frnhd.
- (a) Auftreten des possessiven Genitivs, (b) *auf meines schwagers seiner tochter hochzeit*, (c) seit dem 15. Jh.
- (a) Auftreten des possessiven Datives, (b) *dem franzosen sein pferd*, (e) volkstümliche Redeweise, (f) selten in öffentlichkeitsbezogenen Texten
- (a) Zunahme des prädikativen Akkusativs, (b) *etw.* (konkurrierend: *für einen/zu einem) mangel ansehen*, (c) während der Gesamtzeit, (e) lat. oder griech. beeinflußte poetische Texte
- (a) Ersatz des mhd. doppelten Akkusativs durch den Dativ oder eine Präpositionalkonstruktion, (b) *jm.* (statt: *jn.*) *einen anblik antun*, (c) während der Gesamtzeit

- (a) dativus ethicus, (b) *gib mir dem menschen etwas von deiner güte*, (e) familiäre Redeweise
- (a) Rückgang der sog. Attraktion, (b) *den got, den alle engel haben*, (c) seit Beginn des Frnhd.
- (a) Tendenz zur Nachstellung unbetonter Objektpronomina, (c) seit dem späteren Frnhd.
- (a) Auftreten des subst. Infinitivs in Stellungen, die von der Konstruktion her anderen Kasus erfordern, Übernahme der stellungsgerechten Kasusform durch andere Konstruktionsteile, (b) *fleissiges aufmerkens haben*, (c) seit der Hälfte des 15. Jhs.
- (a) Entwicklung der nhd. Regel des Artikelgebrauchs (gegen Artikellosigkeit), (c) bis zum 17. Jh., (d) das Omd. führend
- (a) Fehlen des Artikels bei textlich rück- und vorwärtsweisenden Adjektiven und Partizipien, (b) *obberürte anzeige*, (c) 15. bis 17. Jh., (e) herrschend in kanzleisprachlichen Texten
- (a) unbestimmter Art. vor bestimmten Substantivgruppen, (b) *einem erbaren rate*, (e) kanzleisprachliche Texte
- (a) Konkurrenz der Verschmelzung von 'Präp. + bestimmtem Art.' und der Konstruktion 'Präp. und unbestimmtem Art.' (*zum* aus *zu dem* neben *zu einem*), (c) seit dem 16. Jh.
- (a) Verdrängung des Objektsgenitivs (auch des partitiven) durch das Akkusativ- und Präpositionalobjekt, (b) *jn.* statt *js. pflegen, des briefes* statt *über den brief lachen*, partitiv: *des erdreichs von hinnen füren* statt *das erdreich [...]*, (c) seit dem älteren Frnhd., Schub im 17. Jh., (d) omd., oobd., (e) volkstümliche, sprechsprachenahe und breit adressierte Textsorten, (f) retardierend: poetisierende, archaisierende Texte, Chroniken, Fachliteratur
- (a) hohe Varianz der Präpositionen des den Genitiv ersetzenden Präpositionalobjekts, (b) *jn. von/um/wegen etw. anklagen, jn. von/um/mit etw. besagen* 'anklagen' (vgl. FWB, jeweils s. v.)
- (a) Generalisierung der Subjektskodierung, in diesem Zusammenhang Ausbreitung der Konstruktion *es gibt/sezt/hat* + Akk. (*es gibt einen knal, es sezt streit, es hat böcke*), (b) *die arznei gebricht jm.* statt *jm. gebricht der arznei, ich friere* statt *mich friert*, (c) seit dem 16. Jh.
- (a) Zunahme von Präpositionen mit Gen., (b) *angesichts, ausserhalb* + Gen., (c) während der Gesamtzeit
- (a) Reduktion der Konstruktion 'relatives *da/do* [...] + Präposition' zugunsten von '*da/do* + Präp.', (b) *davon* statt *da [...] von*, (c) 16. Jh.
- (a) Herausbildung und Grammatikalisierung der Klammerstrukturen, darunter u. a. folgende Einzelprozesse: Zunahme der Satzklammer im Hauptsatz (vor allem bei Ergänzungen), Rückgang der Ausklammerung im Nebensatz, Herausbildung und Grammatikalisierung der syntaktischen Nominalklammer, (c) während der Gesamtzeit, Schub im 17. Jh., (e) unsichere Textsortenzuordnung, möglicherweise umgangssprachliche Texte

- (a) Anfangsstellung des finiten Verbs im Hauptsatz unter Bedingungen, (c) Schub im 15. Jh., (e) Texte mit lat. Vorlage
- (a) Zweitstellung des finiten Verbs in bestimmten Relativsätzen, (e) Dialog, Predigten, Chroniken, (f) kaum in Kanzlei- und Geschäftstexten
- (a) Zunahme der Nachstellung des Finitums im mehrgliedrigen Verbkomplex und Vordringen des Prinzips „rechts determiniert links" für die infiniten Teile des Verbkomplexes, (c) seit dem 16./17. Jh.
- (a) Zunahme der Verbendstellung im Nebensatz, (c) seit dem 15. Jh., (e) kanzleisprachliche Texte
- (a) hohe Varianz im Feld kausaler (*wenn/wann, denn/dann, die weil, weil, darum, das*), temporaler (*da, als, seit, sider, während, unz*), finaler (*das, auf das, damit, damit das, der worten, das*), konditionaler (*ob, so/wo, wenn/wann*) Konjunktionen, von Vergleichsausdrücken (*als/als* gegen *so/wie, weder, ie … ie* gegen *so … als*), Relativadverbien (*wo*), Relativpronomina (*so, welcher*) und anderer relativer Ausdrücke (*und*), (c) Veränderungen während der Gesamtzeit, gehäuft seit dem mittleren Frnhd.; mit Unterschieden im Einzelfall, z. B. Auslaufen des relativen *und* im 17. Jh., Ausbreitung von *welcher* im 13. bis 15. Jh., (d) einzelne Raumangaben möglich, z. B. *denn/dann* statt *wenn/wann* md. und alem., *(die)weil* vorwiegend md. und alem., *der worten, das* besonders bair., Relativ *welcher* zuerst mnl., danach nrhein., nd., hd., (e) einzelne Textsortenangaben: finales *das* besonders in der Prosa, *auf das* stärker in poetischen und didaktischen Texten als in Sach- und Wissenschaftsprosa, relatives *wo* selten in geschriebener Sprache, relatives *so* im 14. und 15. Jh. in Kanzleitexten, im 16. Jh. in Predigt, Briefen, Polemik, *welcher* im 16. Jh. in gelehrtensprachlichen und geschäftsbezüglichen Texten
- (a) mit diesen Veränderungen verbunden semantische und strukturelle Entwicklungen: Uminterpretation temporaler Verhältnisse durch alltagslogische Schlüsse, Reduktion der Polyfunktionalität der Satzkonnektoren, darunter Aufhebung der Polyfunktionalität von *d/s-* und *w*-Konnektoren mittels Trennung von Konjunktionaladverbien und Relativa
- (a) Auftreten unflektierter, adverbial verwendeter, kasusregierender Partizipien als Prä- und Postposition, (b) *angesehen*, (e) Kanzleitexte
- (a) Aufgabe der Konstruktion '*sein* + Verb auf *-ende/-end*', (c) seit dem 15. Jh., (f) retardierend: Reimtexte
- (a) Rückgang der Konstruktion '*werden* (im Präs. und Prät.) + Infinitiv' zugunsten des synthetischen Präs. bzw. Prät., (b) *er wird/ward schreien*, (c) Auslaufen im 16. Jh., (f) beharrend: Wobd.
- (a) vorübergehender Gebrauch der Konstruktion '*tun* + Infinitiv', (d) süddeutsch, (e) gehäuft in Reimtexten, gegen Ende der Epoche sprechsprachlich

- (a) Aufgabe der Futurperiphrasen '*müssen/sollen/wollen* + Infinitiv' zugunsten von *werden*, (c) seit dem 15. Jh., Schub im 16. Jh., (d) „von Osten nach Westen" (Bogner 1996, 104), (f) beharrend: Rip., speziell für *sollen*: Omd., Schwäb.
- (a) Ausbau des periphrastischen Formensystems des Verbs, insbesondere der Paradigmen für die Vollzugsstufen (Perf., Plusquamperf., Futur II), Aufkommen periphrastischer Formen des Futurs Passiv, (b) *habe, hatte getan, werde getan haben, ist/war getan worden; wird getan werden, wird getan worden sein*, (c) generell seit dem 14. Jh. mit Verschiebungen für die Einzelerscheinung (bis zum Ende der Epoche)
- (a) Rückgang der Negationspartikel *-en* sowie von *-en [...] nicht*, Auslaufen von '*kein* + anderem negierendem Ausdruck', (c) im 14./15. Jh., für *kein* [...]: 14. bis 17. Jh.
- (a) Rückgang der Konstruktion '*(ne/en) [...] nicht* + Gen.', (b) *der vernunft nicht (en)haben*, (c) bis zum 16. Jh., (f) beharrend: Md., vor allem Wmd.

6.2. Diese Zusammenstellung vermittelt ein Bild, nach dem die Syntax des Frnhd. in erster Linie nach der Zeit, in zweiter Linie nach den Textsorten und erst in dritter Linie nach dem Raum variiert. Ob der Raum allerdings tatsächlich für die Syntaxvariation die eingeschränkte Rolle spielt, die das von der Wissenschaft vermittelte Bild suggeriert, ist aus folgendem Grunde fraglich: Die Syntaxforschung des Dt. (im Gegensatz zur Phonologie, zur Graphematik, zur Flexionsmorphologie und zur ausdrucksseitig orientierten Lexikologie) hat niemals ein syntax*geographisches* Paradigma entwickelt; eine Syntaxgeographie zum Frnhd. ist also von vorne herein nicht zu erwarten. Es kommt hinzu, daß die Dialekte als diejenigen Varianten des Dt., die die stärkste Raumbindung aufweisen, alle Kennzeichen konzeptioneller Mündlichkeit zeigen, und deshalb methodisch nicht in dem Maße greifbar sind, wie dies für konzeptionell schriftliche Texte gilt. − Theoretische Probleme bereitet der Begriff 'Textsorte'. In ihm überlagern sich einerseits sozialsituativ-pragmatische mit schichten- und gruppensoziologischen Bestimmungen, zweitens mediale (Dichotomie mündlich/schriftlich) Bestimmungen mit konzeptionellen; drittens mischen sich in der Terminologie sehr unterschiedliche Kriterien der Textsortendefinition: Ausdrücke wie *Kanzleitext, Reimtexte, Predigt, Brief, Text mit lat. Vorlage* usw. spiegeln dies auf den ersten Blick. Die pragmatisch, soziologisch und medial orientierte Syntaxforschung sind unzureichend getrennt und außerdem in sich uneinheitlich.

Gebrauchs- dimensionen Hierarchieebenen	Raum	Zeit	Schicht/Gruppe	Textsorte
Distingemik	x	x	(x)	(x)
Flexion	(x)	x	?	?
Lexik	x	(x)	?	x
Wortbildung	–	x	?	x
Syntax	–	x	?	x

Abb. 117.3: Übersicht über die Varianz des Frühneuhochdeutschen (Legende: x starke Abhängigkeit, (x) gemäßigte Abhängigkeit, – geringe Abhängigkeit, ? Forschungslücke)

7. Übersicht

Abb. 117.3 stellt die Ergebnisse des Artikels zusammen. Folgendes soll eigens herausgestellt werden:

– Die Distingemik (Phonologie und Graphematik) des Frnhd. ist stärker durch die Raum- und Zeitdimension als durch die Dimensionen 'Schicht' und 'Textsorte' bestimmt.
– Bei der Flexionsmorphologie dominiert die Zeit- vor der Raumdimension.
– Die Lexik wurde als stark raum-, daneben als deutlich zeitbedingt beschrieben.
– Die Wortbildungsmorphologie scheint wie die Syntax vorwiegend durch Zeit und Textsorte bestimmt zu sein.
– Die die Ausrichtung der Forschung dokumentierenden Fragezeichen weisen insbesondere auf die Vernachlässigung der sprachsoziologischen Schichtung innerhalb des Frnhd., daneben auf den unzureichend gefaßten Begriff der Textsorte hin.
– Die Forschungsaktivität der kommenden Jahre sollte die Distingemik, die durch neue Untersuchungen im wesentlichen nur noch quantitativ ausgebaut werden kann, geringer gewichten als die Ränge der Signifikativik und Kombinatorik; sie sollte des weiteren die schichten- und textsortenbedingte, im einzelnen auch die raumbedingte Varianz stärker zu gewichten versuchen als die Entwicklung in der Zeit.

8. Literatur (in Auswahl)

Ágel, Vilmos, Grammatik und Kulturgeschichte. In: Andreas Gardt/Ulrike Haß-Zumkehr/Thorsten Roelcke (Hrsg.), Sprachgeschichte als Kulturgeschichte. Beiträge zum internationalen Symposion in Heidelberg vom 9. bis 11. Oktober 1997. Berlin 1999. 171–224. (SLG 54). [Vgl. auch Art. 131].

[Ahd. Wb. =] Althochdeutsches Wörterbuch. [...] bearb. und hrsg. v. Elisabeth Karg-Gasterstedt [u. a.]. Berlin 1968 ff.

Anderson, Robert R./Ulrich Goebel/Oskar Reichmann, Ein idealisiertes Graphemsystem des Frühneuhochdeutschen als Grundlage für die Lemmatisierung frühneuhochdeutscher Wörter. In: Germanistische Linguistik 2–4/79. Hildesheim 1981, 54–122.

Bentzinger, Rudolf, Zur Verwendung von Adjektivsuffixen in Erfurter Frühdrucken. In: Zum Sprachwandel in der deutschen Literatursprache des 16. Jhs. Studien–Analysen–Probleme. Autorenkollektiv unter Leitung von Joachim Schildt. Berlin 1987, 151–266. (Baust. 63).

[BMZ =] Mittelhochdeutsches Wörterbuch mit Benutzung des Nachlasses von Georg Friedrich Benecke ausgearb. v. Wilhelm Müller/Friedrich Zarncke. 3 Bde. Hildesheim 1963. Nachdruck der Ausgabe Leipzig 1854–1866.

Bogner, Stephan, Periphrastische Futurformen im Frühneuhochdeutschen. Wien 1996. (Schriften zur diachronen Sprachwissenschaft 2).

Brendel, Bettina [u. a.], Wort- und Begriffsbildung in frühneuhochdeutscher Wissensliteratur. Substantivische Affixbildung. Wiesbaden 1997. (Wissensliteratur im Mittelalter 26).

Coseriu, Eugenio, Synchronie, Diachronie und Geschichte. Das Problem des Sprachwandels. Übs. v. Helga Sohre. München 1974. (IBAL 3).

Dammers, Ulf/Walter Hoffmann/Hans-Joachim Solms, Flexion der starken und schwachen Verben. Heidelberg 1988. (Gr. d. Frnhd. 4; GB, Erste Reihe).

Deutsche Wortgeschichte. Hrsg. v. Friedrich Maurer/Heinz Rupp, Dritte, neubearb. Aufl. 3 Bde. Berlin/New York 1974. (Grundr. 17).

Dialektologie. Ein Handbuch zur deutschen und allgemeinen Dialektforschung. Hrsg. v. Werner Besch [u. a.]. 2 Halbbde. Berlin/New York 1982; 1983. (HSK 1).

Doerfert, Regina, Die Substantivableitung mit -heit/-keit, -ida, -î im Frühneuhochdeutschen. Berlin/New York 1994. (SLG 34).

[DRW =] Deutsches Rechtswörterbuch. (Wörterbuch der älteren deutschen Rechtssprache). Hrsg. v. der Heidelberger Akademie der Wissenschaften. […]. Weimar 1914 ff.

[DWB =] Deutsches Wörterbuch von Jacob Grimm und Wilhelm Grimm. 32 Bde. [in 16 Bänden] und Quellenverzeichnis. Leipzig 1854–1971. [Neubearbeitung hrsg. v. der Akademie der Wissenschaften der DDR in Zusammenarbeit mit der Akademie der Wissenschaften zu Göttingen. Leipzig 1983 ff.].

Ebert, Robert Peter, Deutsche Syntax 1300–1750. Bern/Frankfurt a. M./New York 1986. (GeLe 6).

Ders., Syntax. In: Frnhd. Gr. 1993, 313–484.

Ders., Verbstellungswandel bei Jugendlichen, Frauen und Männern im 16. Jh. Tübingen 1998. (RGL 190).

[Frnhd. Gr. =] Frühneuhochdeutsche Grammatik von Robert Peter Ebert/Oskar Reichmann/Hans-Joachim Solms/Klaus-Peter Wegera. Hrsg. v. Oskar Reichmann/Klaus-Peter Wegera. Tübingen 1993. (SkG, A 12).

[FWB =] Frühneuhochdeutsches Wörterbuch. Hrsg. v. Robert R. Anderson [für Bd. 1]/Ulrich Goebel/Oskar Reichmann. Berlin/New York 1989 ff.

Goebel, Ulrich/Ingrid Lemberg/Oskar Reichmann, Versteckte lexikographische Information. Möglichkeiten ihrer Erschließung dargestellt am Beispiel des Frühneuhochdeutschen Wörterbuchs. Tübingen 1995. (LSM 65).

[Gr. d. Frnhd. =] Grammatik des Frühneuhochdeutschen. Beiträge zur Laut- und Formenlehre. Hrsg. v. Hugo Moser/Hugo Stopp/Werner Besch. Heidelberg 1970 ff. (GB, Erste Reihe).

Habermann, Mechthild, Verbale Wortbildung um 1500. Eine historisch-synchrone Untersuchung anhand von Texten Albrecht Dürers, Heinrich Deichslers und Veit Dietrichs. Berlin/New York 1994. (WNF 2).

Keller, Rudi, Sprachwandel. Von der unsichtbaren Hand in der Sprache. 2., erw. Aufl. Tübingen/Basel 1994. (UTB 1567).

Kleiber, Wolfgang, Der Historische Südwestdeutsche Sprachatlas in sprachhistorischer Perspektive. In: Sprachgeschichte. Ein Handbuch zur Geschichte der deutschen Sprache und ihrer Erforschung. Hrsg. v. Werner Besch/Oskar Reichmann/Stefan Sonderegger. Halbbd. 1. Berlin/New York 1984, 833–844. (HSK 2.1.).

Knoop, Ulrich, Von einer verstehbaren zur richtigen Sprache. Zum sprachhistorischen Vorurteil über die deutsche Sprache vor 1700. In: Germanistik und Deutschunterricht im Zeitalter der Technologie. […] Bd. 2: Politische Aufgaben und soziale Funktionen von Germanistik und Deutschunterricht. Hrsg. v. Norbert Oellers. Tübingen 1988, 401–408.

Köbler, Gerhard, Historisches Lexikon der deutschen Länder. Die deutschen Territorien vom Mittelalter bis zur Gegenwart. 2., verb. Aufl. München 1989.

König, Werner, dtv-Atlas zur deutschen Sprache. Tafeln und Texte. München 1978.

Kunisch, Hermann, Spätes Mittelalter. In: Deutsche Wortgeschichte I, 1974, 255–322.

[Lasch/Borchling =] Mittelniederdeutsches Handwörterbuch. Fortgeführt v. Gerhard Cordes [u. a.]. Neumünster 1956 f.

Lessiak, Primus, Beiträge zur Geschichte des deutschen Konsonantismus. Mit einem Vorwort und einem Wort- und Sachverzeichnis von Ernst Schwarz. Brünn [etc.] 1933. (Schriften der Philosophischen Fakultät der Deutschen Universität in Prag 14).

Lexer, Matthias, Mittelhochdeutsches Handwörterbuch. Zugleich als Supplement und alphabetischer Index zum Mittelhochdeutschen Wörterbuch von Benecke/Müller/Zarncke. 3 Bde. Leipzig 1872–1878.

Lindgren, Kaj B., Die Apokope des mhd. -e in seinen verschiedenen Funktionen. Helsinki 1953. (AASF 78, 2).

Masařík, Zdeněk, Die frühneuhochdeutsche Geschäftssprache in Mähren. Brünn 1985.

Moser, Hans, Geredete Graphie. Zur Entstehung orthoepischer Normvorstellungen im Frühneuhochdeutschen. In: ZdPh 106, 1987, 379–399.

Müller, Peter O., Substantiv-Derivation in den Schriften Albrecht Dürers. Ein Beitrag zur Methodik historisch-synchroner Wortbildungsanalysen. Berlin/New York 1993. (WNF 1).

Pavlov, Vladimir M., Zur Ausbildung der Norm der deutschen Literatursprache im Bereich der Wortbildung (1430–1730). Von der Wortgruppe zur substantivischen Zusammensetzung. Berlin 1983. (Baust. 56.6).

Ders., Die Deklination der Substantive im Deutschen. Synchronie und Diachronie. Frankfurt/M. [etc.] 1995.

Philipp, Gerhard, Einführung ins Frühneuhochdeutsche. Sprachgeschichte–Grammatik–Texte. Heidelberg 1980. (UTB 822).

Piirainen, Ilpo Tapani, Das Stadt- und Bergrecht von Kremnica/Kremnitz. Untersuchungen zum Frühneuhochdeutschen in der Slowakei. Heidelberg 1983. (StFrnhd. 7).

Polenz, Peter von, Martin Luther und die Anfänge der deutschen Schriftlautung. In: Herbert Wolf (Hrsg.), Luthers Deutsch. Sprachliche Leistung und Wirkung. Frankfurt/M. [etc.] 1990, 221–235.

Ders., Deutsche Sprachgeschichte vom Spätmittelalter bis zur Gegenwart. Bd. I: Einführung. Grundbegriffe. Deutsch der frühbürgerlichen Zeit. Bd. II: 17. und 18. Jh. Berlin/New York 1991; 1994. (SaGö 2237).

Prell, Heinz-Peter/Marietheres Schebben-Schmidt, Die Verbalableitung im Frühneuhochdeutschen. Berlin/New York 1996. (SLG 41).

Reichmann, Oskar, Sprache ohne Leitvarietät vs. Sprache mit Leitvarietät: ein Schlüssel für die nachmittelalterliche Geschichte des Deutschen? In: Deutsche Sprachgeschichte. Grundlagen, Methoden, Perspektiven. Festschrift für Johannes Erben zum 65. Geburtstag. Hrsg. v. Werner Besch. Frankfurt/M. [etc.] 1990, 141–158.

Roelcke, Thorsten, Periodisierung der deutschen Sprachgeschichte. Analysen und Tabellen. Berlin/New York 1995. (SLG 40).

Schiller, Karl/August Lübben, Mittelniederdeutsches Wörterbuch. 6 Bde. Bremen 1875–1881.

Solms, Hans-Joachim/Klaus-Peter Wegera, Flexion der Adjektive. Heidelberg 1991. (Gr. d. Frnhd. 6; GB, Erste Reihe).

Sonderegger, Stefan, Grundzüge deutscher Sprachgeschichte. Diachronie des Sprachsystems. Bd. 1: Einführung–Genealogie–Konstanten. Berlin/New York 1978.

Warnke, Ingo, Wege zur Kultursprache. Die Polyfunktionalisierung des Deutschen im juridischen Diskurs (1200–1800). Berlin/New York 1999. (SGL 52).

Wegera, Klaus-Peter, Flexion der Substantive. Heidelberg 1987. (Gr. d. Frnhd. 3; GB, Erste Reihe).

Wells, C. J., Deutsch: eine Sprachgeschichte bis 1945. Aus dem Englischen v. Reinhild Wells. Tübingen 1990. (RGL 93).

Wiesinger, Peter, Phonetisch-phonologische Untersuchungen zur Vokalentwicklung in den deutschen Dialekten. 2 Bde. Berlin 1970. (SLG 2, 1; 2, 2).

Ders., Phonologische Vokalsysteme deutscher Dialekte. Ein synchronischer und diachronischer Überblick. In: Dialektologie 1983, 1042–1076. [= a].

Ders., Diphthongierung und Monophthongierung in den deutschen Dialekten. In: Dialektologie 1983, 1076–1083. [= b].

Ders., Dehnung und Kürzung in den deutschen Dialekten. In: Dialektologie 1983. 1083–1088. [= c].

Ders., Rundung und Entrundung, Palatalisierung und Entpalatalisierung, Valarisierung und Entvelarisierung in den deutschen Dialekten. In: Dialektologie 1983, 1101–1106. [= d].

Ders., Hebung und Senkung in deutschen Dialekten. In: Dialektologie 1983, 1106–1111. [= e].

Zur Ausbildung der Norm der deutschen Literatursprache [...]. (1470–1730). Berlin 1976ff. (Baust.).

Oskar Reichmann, Heidelberg

118. Zum Verhältnis von geschriebener und gesprochener Sprache im Frühneuhochdeutschen

1. Allgemeine Axiome der Forschung zu Mündlichkeit und Schriftlichkeit

1.1. Durch die Rezeption der Arbeiten von Ong, Havelock, Goody, Watt, Lord, McLuhan sowie die Wiederentdeckung der Schriften von Parry (1930/32), Halbwachs (1925; 1950) u. a. (vgl. die Überblicke in Schlaffer 1981; Havelock 1991, 12ff. und 1992, 47ff.) rückten die Thesen von Mündlichkeit und Schriftlichkeit als verschiedenen Denkweisen, vom Übergang zur Schrift als Ursache tiefgreifender kultureller Veränderungen und von der Beschleunigung dieses Prozesses durch den Buchdruck mit der Folge wahrer Literatur- und Lese-„Explosionen" in das Zentrum der Mittelalter-, Kultur- und Medienforschung. Es hat jedoch in der germanistischen Sprachwissenschaft schon vorher Ansätze gegeben, die Auswirkungen der lange nur mündlichen Verwendung der Volkssprache auf die Sprachformen und Stilmuster zu Beginn und während der allmählichen Entfaltung des Dt. als Schriftsprache genauer zu erfassen und das sich im Laufe der Jahrhunderte nun ständig verschiebende Verhältnis von Schriftlichkeit und Mündlichkeit zu beschreiben. Aber es blieb weitgehend bei Ansätzen, denen es — nicht zuletzt wegen des Fehlens direkter Quellen für die gesprochene Sprache früherer Epochen (vgl. die

Art. 87, 97, 137 von Sonдеregger, Grosse, Löffler) — an Systematik und einem die Einzelbeobachtungen übergreifenden theoretischen Konzept fehlte. Erst in jüngster Zeit bahnen sich Kontakte zwischen diesen konkreter grammatischen Untersuchungen und der kulturphilosophisch-, literaturorientierten bzw. allgemeiner kommunikationswissenschaftlichen Mündlichkeits-Schriftlichkeits-Forschung an, wozu die Arbeiten des Freiburger Sonderforschungsbereichs (1985—1996) erheblich beigetragen haben (vgl. Raible 1994).

1.2. Zunächst waren es v. a. Mediävisten, die die von Parry und Havelock für das homerische Epos und den Übergang der griech. Literatur zur Schriftlichkeit herausgearbeiteten Merkmale der *oral poetry* (enger verstanden als *oral formula* oder weiter als *oral composition*, s. Havelock 1991, 11; Curschmann 1977) auf die Verschriftlichung der germ. Heldenepik in mhd. Zeit übertragen. Mit der zunehmenden Faszination der Philologen für die verschiedenen Spielarten der Oralität versus Literalität im Verlaufe des Mittelalters und der frühen Neuzeit weitete sich das Interesse auf die schon länger im Blickpunkt stehenden „Übergangssituationen" aus: von der Illiteralität zur Literalität, von der lat. zur volkssprachlichen Schriftlichkeit in den verschiedenen Textsorten und von der „Semioralität" nicht lesekundiger Rezipienten, die einen schriftlich konzipierten Text vorgelesen oder (z. B. als Schauspiel) vorgeführt bekommen, bis zur Rezeptionssituation des individuellen stillen Lesens. Durch die große Bedeutung, die speziell dem Buchdruck und der Reformation traditionellerweise für diese Übergänge zugeschrieben wird, kommt gerade der frnhd. Periode hierbei besondere Relevanz zu.

Allerdings „lockern sich die einst starren Fronten, die eine Gegenüberstellung von Mündlichkeit und Schriftlichkeit kennzeichneten", auf: Das ursprüngliche „'Entweder/Oder' als Kategorisierung des Textes" und Alternativen wie *litteratus-illitteratus* „sind schon längst der Auffassung von Wechselbeziehungen zwischen Mündlichkeit und Schriftlichkeit gewichen" (Bäuml 1993, 254). Dieser Spannungszustand eines „Neben- und Miteinander" (Lienert 1997, 303), „der für das ganze Mittelalter gültig bleibt", wird auch als „Bi-Medialität von Mündlichkeit und Schriftlichkeit" bezeichnet (Wenzel 1995, 10). So wie die globale Aufteilung der „Welt in 'Schriftkulturen' und 'Oralkulturen'" differenzierter gesehen wird, postuliert die neuere Forschung generell „eine Fülle von Zwischenstufen und Verbindungsformen von Schriftlichkeit und Mündlichkeit" (Assmann/Assmann 1988, 25 f.). Koch/Oesterreicher (zit. nach 1994, 587 f.), die im Anschluß an Sölls (1974) Unterscheidung zwischen dem „*Medium* der Realisierung sprachlicher Äußerungen" (phonisch/graphisch) und der „Modalität" bzw. „*Konzeption*, die die Äußerungen prägt" (gesprochen/geschrieben), den Begriff der 'konzeptionellen Mündlichkeit/Schriftlichkeit' eingeführt haben, sehen diese als Pole an, zwischen denen Parameter wie „raum-zeitliche *Nähe* oder *Distanz* der Kommunikationspartner" u. a. m. „skalar zu denken" sind und unterschiedliche „Mischungsverhältnisse" eingehen. Da das „Kontinuum zwischen 'Nähe' und 'Distanz'" (letzere sind auch metaphorisch, nämlich sozial, emotional und referentiell zu verstehen) „für anthropologisch begründbare, universale Kommunikationshaltungen" steht, beansprucht dieses Konzept sowohl synchron als auch diachron universale Gültigkeit.

Modifiziert wurde das Oralitäts-Konzept auch durch die Differenzierung von primärer und sekundärer Mündlichkeit: Es liegt nahe, „vor allem im Blick auf das Mittelalter, in dem mündliche — von Schriftlichem nicht affizierte — Kommunikation weiterhin die hauptsächliche Form zwischenmenschlicher verbaler Kommunikation bleibt, von 'sekundärer Oralität' zu sprechen" (Schaefer 1992, 19). Zumthor (1987, 18 f.) unterscheidet sogar neben der primären Oralität — auch *oralité immédiate* oder *pure* genannt —, die gar keinen Kontakt mit der Schrift hat, speziell für die Verhältnisse vom 6. bis 16. Jh., die durch Koexistenz von Schriftlichkeit und Mündlichkeit gekennzeichnet sind, noch weiter zwischen einer *oralité mixte* und einer *oralité seconde* (oder *secondaire*). Vor allem Illich (1991) hat darauf hingewiesen, daß die Existenz von Schriftlichkeit eine Mentalität erzeugt, die auch die illiteraten Mitglieder einer Gesellschaft mitformt. Raible (1994, 14) leitet daraus — gerade für unsere Periode besonders zutreffend — ab: „Once a society has become literate, it can never return to 'authentic' orality. Instead orality will be created *artificially* with the means of literacy."

1.3. Aus der Perspektive der Schriftlichkeit ist also im Mittelalter grundsätzlich mit folgenden Konstellationen zu rechnen: Menschen, die nicht schreiben konnten und selbst nie mit Geschriebenem umgingen; auch sie hatten jedoch, zumindest vereinzelt, Kontakt mit jenen, deren Sprach- und Kommunikationsformen mehr oder weniger von Schriftlichem geprägt waren (z. B. Priestern). Andere konnten zwar nicht schreiben, kamen aber als Zuhörer mit Werken der *oral poetry* oder mit von Anfang an schriftlich konzipierten Texten in Berührung (Übersetzungen oder autochthonen volkssprachlichen Texten), was ihre mündliche Sprachform beeinflußt haben mag. Letzteres war etwa die Situation der Herrscher und des Adels; in dieser Gruppe finden sich daher sogar Hochgebildete. Umgekehrt dürften manche des Schreibens Mächtige (z. B. Mönche) nur sehr begrenzte Erfahrungen mit „Literatur" gehabt, die Schreibarbeit mehr mechanisch betrieben und keine breitgefächerte Bildung und Texterfahrung besessen haben. Wieder andere waren als Schreibende mit den Sprach- und Texttraditionen des Lat. vertraut, aber zu ähnlichen Leistungen in der Volkssprache nicht befähigt – sei es aufgrund persönlicher Ungeübtheit, sei es, weil in der Volkssprache für bestimmte Textsorten noch keine Sprachmuster ausgebildet waren. Grundsätzlich ist davon auszugehen, daß viele der Schreibkundigen, sofern sie nicht sowieso nur abschrieben oder aber übersetzten, bei eigener Formulierungsarbeit nur sehr begrenzte Textsorten- und Stilmustererfahrungen besessen haben (was ja letztlich bis in die Gegenwart gilt). Wie sich dies auf die konkrete Sprachform einzelner Texte, aber auch auf die Ausbildung von Textsortenstilen auswirkt, wird im folgenden zu behandeln sein.

Für den Erwerb verschiedenartiger Stilkompetenzen spielt gewiß die eigene Lesefähigkeit eine erhebliche Rolle. In der Kernphase des Frnhd., zu Beginn des 16. Jhs., treten zum ersten Mal Autoren – allen voran Luther – in Erscheinung, die, profitierend von der seit dem Buchdruck vermehrten Verfügbarkeit von Texten, über ein so breites Repertoire an Textsortenstilen im Dt. verfügten, daß sie nicht mehr nur mit Anstrengung, sondern mit Können und auch schon mit Eleganz verschiedenartige sprachliche Register beherrschten, mündliche Stile einbeziehen und beide souverän mischen konnten (vgl. u. a. Schieb 1975, 202 ff.; Bentzinger/Kettmann 1983; Wells 1990, 199; Besch, Art. 123). Gauger (1994, 70), der diesen eng verzahnten Problemkreis aus der Perspektive des Lesens betrachtet und „zumindest sechs verschie-

dene Lesekulturen" unterscheiden zu können glaubt, gliedert den bislang angesprochenen Zeitraum in die dritte „frühmittelalterliche Lesekultur" von 800 bis 1150, die kurze vierte „hoch- und spätmittelalterliche Lesekultur" bis 1300 und die fünfte „frühneuzeitliche Lesekultur von 1300 bis 1800". Bei aller Bedeutung, die der Eintritt der Volkssprachen in die Schriftlichkeit in der vierten und fünften Phase für das Verhältnis von Schriftlichkeit und Mündlichkeit gehabt hat, weist Gauger jedoch darauf hin, daß „die Zahlen derer, die überhaupt lesen können", um 1500 für Deutschland mit 5 % der Stadtbevölkerung, „und dies heißt weniger als 1 % der Gesamtbevölkerung" angegeben werde (S. 74 ff.). Diese Zahlen relativieren zu euphorische Vorstellungen von der allgemein konstatierten „Schreib- und Lese-Expansion seit Mitte des 14. Jh." (v. Polenz 1991, 101). Dennoch bleibt festzuhalten, daß – trotz abweichender Meinungen über Ursachen und Zeitpunkte im Detail – in der neueren Forschung die weichenstellenden Veränderungen im Verhältnis von Mündlichkeit und Schriftlichkeit eher im 14. als im 15. Jh. gesehen werden (mit Literaturangaben Betten 1987, 21 f.). Sie fallen somit zeitlich mit den heute favorisierten Datierungen für den Beginn des Frnhd. weitgehend zusammen bzw. dienen auch als Argument für diesen Periodisierungsabschnitt (vgl. zusammenfassend Roelcke, Art. 44; v. Polenz 1991, 114 ff.; Hartweg/Wegera 1989, 18 ff.).

2. Linguistische Grobcharakterisierung mündlicher und schriftlicher Textstrukturen

2.1. Wenngleich gerade für die – wie auch immer genau datierte – frnhd. Periode häufig konstatiert wird, daß gemessen an ihrer Bedeutung als Übergangs- und Vorbereitungsphase des Nhd. manche Bereiche erst sehr lückenhaft aufgearbeitet sind, gibt es doch besonders zur allmählichen Herausbildung der Schriftsprache so viele alte und neue Forschungsbeiträge (auch in diesem Handbuch), daß den damit verbundenen Aspekten in diesem Artikel nicht mehr so viel Raum wie in der ersten Auflage dieses Handbuchs gewidmet wird. Der gleichnamige Artikel von Bremer (1985) sollte als Ergänzung zum vorliegenden betrachtet werden. In der Tradition der dt. Historiolinguistik haben sich Überlegungen zum Verhältnis von Mündlichkeit und Schriftlichkeit häufig auf die Ebenen der Lautung und Morphemik, in jüngerer Zeit auch auf die Rückwirkungen des „Graphemsystems auf das Phonemsystem" konzentriert (Zitat Hartweg/Wegera 1989, 83; vgl. auch die Schwerpunkte der meisten Artikel dieses Bandes über 'Reflexe gesprochener Sprache' in den älteren Sprachstufen). Im Mittelpunkt steht dabei z. B., wie „vom geschriebenen Buchstaben auf den gesprochenen Laut" rückgeschlossen werden kann (Sanders, Art. 87), bzw. spezieller für das Frnhd., ob das Verhältnis von Mundart und Schriftsprache, wie von Theodor Frings und Ernst Schwarz postuliert, als Weg „von unten nach oben", als Eroberung der Kanzlei durch die Volkssprache zu betrachten sei, oder eher umgekehrt dem Schriftzeichen Vorrang vor dem Laut einzuräumen sei (Position von Ludwig Erich Schmitt; vgl. u. a. Bremer 1985, 1381; Hartweg/Wegera 1989, 36 ff.; Besch, Art. 159).

2.2. Das Hauptaugenmerk in diesem Artikel soll vielmehr auf den medial bedingten Unterschieden zwischen schriftlichen und mündlichen Vertextungsstrategien liegen, die für die Gegenwartssprache, wo beide Sprachformen direkt zugänglich sind, seit 30 Jahren intensiv kontrastiv erforscht werden. (Vgl. für die Anfänge der germanistischen Forschung Betten 1977/78, zum gegenwärtigen Forschungsstand Rath 1994, Koch/Oesterreicher 1994). Aufgrund dieser Erkenntnisse können behutsam „Reflexe" oder „Spuren" der Mündlichkeit in schriftlich überlieferten, aber z. B. vorher vorwiegend oral tradierten und/oder auf Hörrezeption hin formulierten Texten rekonstruiert (vgl. Grosse Art. 97) und „'konzeptionelle[.]' Mündlichkeit im Geschriebenen" (Gauger 1994, 75) aufgespürt werden. Doch ist davon auszugehen, daß es sich bei einem schriftlich konzipierten Text immer nur entweder um „artifizielle" (Raible 1994, 14) oder „elaborierte" (Koch/Oesterreicher 1994, 593) bzw. bewußt kalkulierte und somit imitierte/simulierte/stilisierte Mündlichkeit handelt (vgl. generell Löffler, Art. 137; Betten 1985, 394 ff. und 1987, 24, 161 f.) — oder aber um Restelemente mündlicher Denk- und Konstruktionsweisen, die jedoch im Akt des Aufschreibens unvermeidlich gewisse konzeptionelle Veränderungen erfahren.

2.3. Die Kernbereiche mündlicher vs. schriftlicher Konzeption sind Satz- und Textsyntax, einschließlich der speziell für das Mündliche charakteristischen sog. Gesprächswörter. Die kontrastierenden Stilmerkmale sind bereits häufig aufgelistet worden. Ong (1987, 42 ff.) nennt folgende „Eigenschaften oral begründeten Denkens und Ausdrucks" (als Kapitelüberschriften):

1. „Eher additiv als subordinierend", 2. „Eher aggregativ als analytisch", 3. „Redundant oder nachahmend", 4. „Konservativ oder traditionalistisch", 5. „Nähe zum menschlichen Leben", 6. „Kämpferischer Ton", 7. „Eher einfühlend und teilnehmend als objektiv-distanziert", 8. „Homöostasie", 9. „Eher situativ als abstrakt". (Vgl. dazu Schlaffer 1981, 16; kritischer, mit Bezug zu Bernsteins Merkmalslisten vom restringierten und elaborierten Code, Goetsch 1991, 121).

Chafe (1982), Raible (1992) u. a. haben ähnliche Listen aggregativer vs. integrativer Techniken aus einer spezieller linguistischen Perspektive zusammengestellt (s. Betten 1990; 1995). Am meisten benützt werden wohl die Parameter von Koch/Oesterreicher, die Kommunikationsbedingungen und entsprechende Versprachlichungsstrategien für 'Nähe'- und 'Distanz'-Diskurse polar formulieren, aber skalar bzw. im Kontinuum realisiert sehen (s. o. 1.). Diskurse „in konzeptioneller Mündlichkeit" sind demnach durch einen geringen Planungsgrad, Prozeßhaftigkeit und Vorläufigkeit charakterisiert; die Folgen sind entweder eine sparsame Versprachlichung oder eine extensive, lineare, aggregative Gestaltung und in beiden Fällen eine geringe Informationsdichte. Unter „den Bedingungen kommunikativer Distanz" hingegen werden, als Ergebnis des hohen Planungsgrads, hohe Informationsdichte und rascher Informationsfortschritt erreicht; „aus der intensiven und kompakten Versprachlichung" resultiert „ein hohes Maß an Integration und Komplexität sprachlicher Einheiten" (Koch/Oesterreicher 1990, 11).

2.4. Idealiter wäre eine möglichst repräsentative Auswahl aller frnhd. Textsorten nach diesen Parametern zu analysieren, um durch synchrone und diachrone Vergleiche herauszufinden, welche „Mischungsverhältnisse" in dieser Phase zustande kommen und wie sie sich verändern. Hier aber gilt wirklich, daß das meiste noch zu tun bleibt. Es können daher im folgenden mithilfe einschlägiger Forschungsliteratur — die jedoch ganz heterogene Schwerpunkte und methodische Zugänge aufweist — nur gewisse Linien verfolgt und in Richtung unserer Fragestellung zu einer vorläufigen Skizze zusammengeführt werden. Klare zeitliche Binnengliederungen des Frnhd. werden nicht zugrundegelegt, da ähnliche Entwicklungen nicht in allen Textsorten gleichzeitig ablaufen und das Phänotypische mehr als Periodisierungskriterien Beachtung finden soll. Admonis Gliederung in drei Etappen (1350−1500, 1500−1550, 1550−1700) hat allerdings viel für sich; gerade die Hervorhebung der kurzen mittleren, während der ganz neue Prosagattungen auftreten, „die durch eigentümliche syntaktische Züge gekennzeichnet sind", wird von ihm selbst als wichtige Neuerung hervorgehoben (1990, 5f.). Auf jeden Fall wird in der ersten Hälfte des 16. Jhs. auch im Verhältnis von Mündlichkeit und Schriftlichkeit ein wichtiger Entwicklungsschritt sichtbar (s. Betten 1987, 162f.). Wenn Norbert Richard Wolf im allgemein-sprachgeschichtlichen Teil von Schmidt (1993, 95ff.) stattdessen die Phasen 1250−1450 ('Deutsch des Spätmittelalters') und 1450−1650 ('Deutsch der frühen Neuzeit') unterscheidet und dies kommunikations- und mediengeschichtlich begründet, steht das − wie auch andere Zäsursetzungen − nicht unbedingt in Widerspruch zu den mehr auf die sprachlich manifesten Folgen dieser Umbrüche konzentrierten Datierungen (vgl. o. 1.).

3. Die frühneuhochdeutschen Textsorten zwischen Mündlichkeit und Schriftlichkeit; Textsortenstile

3.1. Entscheidend für die neuen sprachlichen Entwicklungen ist die Form der Prosa. Der Übergang von gebundener Sprache („Poesie") zur Prosa wurde schon von den Romantikern als Resultat der Einführung der Schrift betrachtet (vgl. Schlaffer 1981, 12f. zu Herder, Hamann u. a.). Auch die neueren, auf die Situation in der Antike bezogenen Arbeiten bezeichnen „prose as the vehicle of serious reflection, research, and record" (Havelock 1991, 23). Die breite zeitgenössische mittelalterliche Diskussion über Bewertungen und Bevorzugungen von Vers oder Prosa, die schon im 12. und noch im 15./16. Jh. stattfand, kann in diesem Artikel nicht aufgerollt werden. Außer dem Wahrheits- oder „Verbindlichkeitsanspruch" (Kurt Ruh) der Prosa wird sie sowohl als Vermittlungsform mit dem „Anspruch auf Teilhabe am Wissen der lateinisch Gebildeten" (Georg Steer) wie auch wegen Stilqualitäten der „Unmittelbarkeit, Nähe, Eindeutigkeit und Linearität" (Ruh) geschätzt, die der Erfahrungswelt des

neuen bürgerlichen Lesepublikums entgegenkommen (s. Betten 1987, 57ff.). Die scheinbar widersprüchlichen Charakterisierungen hängen mit dem von Anfang an breiten Funktionsfächer und der unterschiedlichen „Vorgeschichte" der Prosatexte zusammen, die stilistisch schon im Mhd. in zwei „Richtungen" geteilt sind. Nach Admoni (1990, 85) umfaßt die eine „die allermeisten Textgattungen der Epoche", die „auf einfachere, zugänglichere Satzgestaltung eingestellt" und „größtenteils (mit Ausnahme der Fachliteratur) zum mündlichen Vortrag bestimmt waren. Ihnen steht nur eine einzige, erst in der Mitte des 13. Jahrhunderts einsetzende Textsorte gegenüber, die eine umfangreichere und kompliziertere Satzgestaltung erfordert. Das sind die Urkunden". (Vgl. Wolf in Schmidt 1993, 100 zu den zwei großen „Varietätenklassen" im Spätmittelalter: „(1) Kanzlei-/ Geschäftssprache und (2) literatursprachliche Funktiolekte"). Sicherlich stellt diese Zweiteilung eine gewisse Vereinfachung dar. Kuhn (1980, 78) hebt demgegenüber hervor, daß die volkssprachliche „Popularisierung" im 15. Jh. „auf hundert verschiedene Weisen Schriftkultur-Aneignung mit bisher mündlichen Traditionen und Praktiken" amalgamiere. Sprachliche Analysen verweisen jedoch immer wieder auf zwei grundsätzlich verschiedene Strukturtypen. Für Admoni ist das wichtigste Stilkriterium die Komplexität des „Satzgefüges", die in den Urkunden von Anfang an besonders hoch ist. Die alternative, mehr parataktische Satzgestaltung in narrativen Texten verwendet hingegen noch andere Mittel für die Vorder- und Hintergrundsetzung bzw. Steuerung von Informationen, die jedoch nicht einfach, wie in der älteren Forschung, als Ausdruck primitiveren Gestaltungsvermögens und auch primitiveren Denkens zu betrachten sind (so Gumbel 1930, 133ff. noch zur dt. Prosa des 16. Jhs.). Es handelt sich vielmehr um Techniken oder „Strategien", die noch der Hörrezeption verpflichtet sind (vgl. u. 4.). Wie Schulze (1975) an den lat.-dt. Parallelurkunden des 13. Jhs. gezeigt hat, werden jedoch auch in der Anfangsphase der dt. Urkundensprache die umfangreichen lat. Perioden häufig noch in mehrere Sätze unterteilt. Schulze führt dies − im Gegensatz zu anderen − nicht auf „gesprochenen Stil" zurück, sondern glaubt die „umfangreichen Konstruktionsbögen" im schriftlichen Bereich entstanden (S. 30f.). Die Frage ist aber, ob gewisse Konstruktionseigenheiten schon ausreichend bewertet sind, wenn sie etwa wie die für die dt. Fassungen charakteristischen Wiederaufnahmen von Satzgliedern nach langen Einschüben (z. B. aus dem 'Mainzer Landfrieden' von 1235: *Swelch ſun [...] der ſvn ſol [...]*) nur als Stützformen für Konstruktionen, die im Dt. sonst noch nicht bewältigt werden konnten, bezeichnet werden:

Swelch ſun ſinen vater uon ſinem eigen oder uon ſinem erbe oder uon ſinem gůt uerſtozet oder brennet oder rovbet oder wider inze ſinen uienden ſwert mit eiden, daz vf ſinſ vater ere gat oder vf ſine verderbnuſſe, bezivget ez ſin vater ze den heiligen uor dem rihter mit zwein ſentbærn mannen, der ſvn ſol ſin uerteilet eigenſ vñ lehenſ vñ uarendeſ gůteſ vñ berlichen alleſ deſ gůteſ, deſ er uon vater vñ von můter erben ſolde, ewichliche, alſo daz im weder rihter noch der vater wider gehelfen mag, daz er dehein reht zedem gůte gewinnen muge. (Zit. nach Schulze 1975, 45).

Dasselbe gilt für die Konjunktionen: im lat. Urkundentext leisten sie nach Schulze genaue „logische[.] Determination", im dt. jedoch seien sie „als Fügungsscharnier" noch „kaum funktionsfähig", um „einen Bezugsbogen" aufrechtzuerhalten (S. 196f.; vgl. dazu ausführlicher Betten 1987, 146ff.). Admoni (1990, 122f.) wendet sich v. a. gegen Schulzes (1975, 196) Deutung, daß bei derartigen „Fügungsprinzipien des Mhd." eine „Andersartigkeit der Denkvorgänge deutlich" werde, „die z. T. prälogischen Charakter tragen und erkennen lassen, daß der gedankliche Organisationsprozeß und seine sprachlich-syntaktische Spiegelung im Rahmen der Urkunden des 13. Jh.s in einem anderen Entwicklungsstadium, an einem anderen Punkt des 'Abstraktionsprozesses' stehen als das Lateinische". Für Admoni ist dies nicht Ausdruck eines Mangels an Logik, sondern zunächst eines Mangels an „formalen syntaktischen Mitteln", v. a. an Konjunktionen, um einen „komplizierten und verzweigten Gedankeninhalt[.] in einem einzigen Ganzsatz" zu bewältigen, wie es dann aber, „nach einer Zeit der Akkomodation", in den frnhd. Urkunden der Fall ist. Betten (1987, 147f.) stellt demgegenüber für dieselben Phänomene – die am frühesten in den Urkunden, aber dann noch mehrere Jahrhunderte lang in verschiedenen anderen Prosagattungen an den Übergängen von der Mündlichkeit zur Schriftlichkeit bzw. spezieller von der Hör- zur Leserezeption auftreten – mehr die Ähnlichkeit mit heutigen Formen mündlicher Satzorganisation in den Vordergrund, die die Verständlichkeit bei Hörrezeption sichern. Nach heutigen schriftsprachlichen Normen sind sie „diskrimi-

niert", sofern sie nicht als spezielle rhetorische Stilmittel gelten (z. B. Anakoluth, Prolepse u. a. Herausstellungsformen); doch schon Sandig (1973) hat auf die Kontinuität dieser syntaktischen Muster vom Mittelalter bis zur heutigen Sprechsprache aufmerksam gemacht.

3.2. Wenn Admoni für „die erste Etappe" des Frnhd. „einen außerordentlichen Aufschwung des Satzgefüges" konstatiert, so gilt auch das wiederum v. a. für die Urkunden. An ihnen entwickelt er seine Unterscheidung kompositioneller Typen (1980, 35; 1990, 150f.). Das umfangreichste Beispiel, bei dem 44 Elementarsätze zu „einem einzigen Satzgefüge zusammengefaßt" sind, stammt von 1411 (1990, 151f.). Es sind v. a. die „formalen Mittel", die den Nebensatz kenntlich machen", welche „die Strukturierung des Satzgefüges ermöglichen": neue, differenzierte Kon- bzw. Subjunktionen und eine klare Unterscheidung der Stellung des finiten Verbs in Haupt- und Nebensatz (Admoni 1990, 153f.; Betten 1987, 78ff.; 121ff.; vgl. Erben, Art. 114 und Härd, Art. 178). Für die Zeit nach 1500 wird es dann bezeichnend, daß in immer mehr Textsorten derartig „durchkonstruierte" komplexe hypotaktische Gefüge auftreten können, die sich einer einmaligen auditiven Rezeption entziehen (und ebensowenig spontan mündlich geäußert sein könnten). Sie sind vielmehr Ergebnisse geplanter, „ausgefeilter" Formulierung und zu ihrem vollen Verständnis auf visuelle Dekodierungstechniken (Rücklauf, Teil-)Repetition, Querlesen, Zusammenschau etc.) angewiesen.

Im 14./15. Jh. ist jedoch, wie oben gesagt, der Großteil der nicht-kanzleisprachlichen Texte noch mehr oder weniger auf die Bedingungen der Hörrezeption eingestellt, sei es aus Tradition, sei es aus pragmatischem Kalkül, sei es wegen Unkenntnis oder Nichtbeherrschung anderer schriftsprachlicher Muster. Die traditionelle Gattungseinteilung greift gerade in dieser Umbruchsepoche wenig. Nachdrücklich hat dies Kuhn (zusammengefaßt 1980) in seinen exemplarischen „Versuchen", zu einer angemessenen Literaturtypologie des 14. und 15. Jhs. zu gelangen, gezeigt. Seine alternativen Konstruktionsvorschläge nach 'Gattung/Inszenierungstyp' oder 'Funktions-/Strukturtyp', unterteilt in vier 'Faszinationsbereiche', fanden große Beachtung (vgl. Betten 1987, 18ff.; s. ferner Kästner et al., Art. 116). Für das 14. Jh. hebt Kuhn die besondere „Funktionsdichte" der religiösen und der „Sachliteratur in Prosa" hervor; im 15. Jh. komme es jedoch zu neuen „Trennungen unter neuen Literaturbegriffen" (S. 74).

Admoni (1990, 132) unterscheidet neben den Kanzleitexten vier Prosabereiche: geistliche Schriften, Reisebeschreibungen, Fachbücher, Wortkunstwerke. Die für diese Epoche spezifische ungewöhnlich hohe Varianz der Texte auf allen sprachlichen Ebenen (vgl. Giesecke 1980, 42; Guchmann/Semenjuk 1981, 13) betrifft gerade auch die Syntax (vgl. Admoni 1990, 134). Aber es finden sich z. B. in Legenden, Chroniken oder Prosaromanen, die drei verschiedenen Sach-/Funktions-/Faszinationsbereichen zugehören, sowie in anderen narrativ gestalteten Texten – z. B. Nacherzählungen biblischer Geschichten in Predigten – gemeinsame Strukturmerkmale, die auf Traditionen mündlicher Textkonstitution zurückzuführen sind. Üblicherweise wird dieser die Parataxe bevorzugende Stil als linear, enumerativ, chronologisch reihend, berichtend charakterisiert; „der Effekt, der von dieser Struktur ausgeht", sei nicht die Darstellung eines komplexen Zustands „mit ineinander verzahnten Vorgängen", sondern ein Bericht „von vollzogenen Aktionen" (Roloff 1970, 157; dazu Betten 1985 a, 113 f.). Daß es sich dabei um eine Stilwahl (im Rahmen bestimmter Traditionen und Rezeptionsbedingungen), und nicht um Nicht-Beherrschung der komplexen Satzmuster handelt, ergibt sich z. B. daraus, daß derselbe Autor dagegen in direkten und indirekten Reden – in rhetorischer Tradition mittelalterlicher Redegestaltung – oft sehr umfangreiche hypotaktische Satzgefüge wählt (vgl. Roloff 1970, 157 ff.; Betten 1985 b und 1990 a). Ähnliche funktionsabhängige Wechsel der Stilnormen im gleichen Text, die das Vorhandensein syntaktisch-stilistischer Differenzierungsmöglichkeiten belegen, lassen sich jedoch bereits wesentlich früher finden. (Vgl. Betten 1993, 139 f. zu einem Predigttext des 12. Jhs., der von der narrativen Struktur der Bibel-Nacherzählung beim anschließenden Kommentar zu einem komplexen argumentativen Satzstil wechselt). – Zu neueren Analyseansätzen dieser Stilalternativen s. u. 4.

3.3. Besondere Bedingungen beim Übergang zur Schriftlichkeit stellen sich für den sehr weiten und heterogenen Bereich der Fachprosa, die sich seit dem 13./14. Jh. vom Lat. zu emanzipieren beginnt, wenngleich die dt. Sprache vielfach noch bis ins 18. Jh. für ungeeignet gehalten wurde, wissenschaftliche Erfahrungsgehalte auszudrücken (vgl. Gie-

secke 1980, 49 f.). Sowohl die Art der lat. Bearbeitungen wie auch der Stil der Schriften, die sofort in der Volkssprache abgefaßt wurden, stoßen in der neueren Sprach-, Literatur- und Kommunikationswissenschaft auf vermehrtes Interesse. Letztere stammen v. a. aus dem Bereich der *artes mechanicae*, deren Standardwerke „ungleich öfter und länger als dichterische Denkmäler abgeschrieben und fast alle später auch gedruckt" und im Ausland am meisten rezipiert wurden (Assion 1987, 371). Es ist besonders Gieseckes Verdienst, auf die unterschiedlichen Wurzeln der volkssprachlichen Verschriftlichung hingewiesen und auch die Auswirkungen der Verschriftlichung von vorher nur mündlich tradiertem Wissen auf die Sprachgestaltung reflektiert zu haben:

„Es ist eben keineswegs nur eine bloße 'Umsetzung' gesprochener Sprache oder eine Übersetzung etwa lateinischer Quellen, die für ihre Beschreibungsvorhaben zu leisten waren, sondern es wird von ihnen (u. a.) eine Symbolisierung vorher noch gar nicht sprachlich repräsentierter Erfahrungen gefordert" (1980, 47).

Wichtiger als die durch diese Anstrengungen ausgelöste lexikalische Erweiterung der Sprache (z. B. Vermehrung von Quantitativa und Präpositionen) erscheinen Giesecke die Auswirkungen auf die Syntax. In der Anfangsphase wird die mündliche *face-to-face*-Situation oft noch durch eine Darstellung in Dialogform imitiert, bei der „die dort üblichen und auch beherrschten sprachlichen Mittel" benutzt werden konnten, „um die Komplexität der ungewohnten schriftsprachlichen Situation zu bewältigen. Diese komplexitätsreduzierende Funktion von Dialogen wird teilweise von den Fachautoren selbst benannt" (1980, 52). Vor der Adaption an die Möglichkeiten des Mediums Buchdruck war die Textstruktur im allgemeinen durch den *pragmatic mode* (Givón) bestimmt: durch parataktische Reihungen und Topikalisierungen durch Voranstellung der betonten Satzteile wie in der gesprochenen Sprache. In den ersten direkt für den Druck geschriebenen Arbeiten erfolgt dann die *leibliche Abkonterfeytung* „nicht hauptsächlich sprachlich, sondern in Form von Holzschnitten". Aber auch der „Telegrammstil der Handschriften" wird zugunsten von „vollständigeren Sätzen aufgegeben". Schließlich versteht man „auch '*mit Worten abzumalen*'" (Giesecke 1990, 347; ausführlicher 1991, Kap. 6). Giesecke (1980, 49) sieht die im 16. Jh. zunehmende Tendenz der Schreibsprache zu hypotaktischen Konstruktionen (mit der damit zusammenhängenden „formalen Scheidung von Haupt- und Gliedsatz", der Verfestigung der Rahmenkonstruktion etc.) mit verursacht durch die Notwendigkeit der situationsabhängigen Darstellung von Handlungen in der Fachprosa, da diese nun „zerlegt und die Beziehungen dieser Sequenzen zueinander expliziert werden" mußten.

Diese „Stationen des Übergangs" von mündlicher zu schriftsprachlicher Anweisung, vom Merkvers zur Prosa – mit den Zwischenstufen von „Bild- und Textlehren", Lehrer-Schüler-Gesprächen, schließlich „Relikten der Mündlichkeit" (z. B. Gliederungssignalen „in der Form einer Erläuterung mündlicher Kommunikation", S. 380), wo aber schon die schriftliche Organisation die „inszenierte Mündlichkeit" überlagert –, zeichnet Müller (1994 a) an den seit dem 14. Jh. überlieferten Fechtlehren nach. Am Beispiel von zwei Albertus-Magnus-Übersetzungen des 15. Jhs. zeigt Müller (1994 b), wie „Erkenntnisse der medizinischen Wissenschaft" den „nicht-gelehrten Praktikern verfügbar gemacht werden" sollten (S. 129). Hier hat die Volkssprache zunächst eher subsidiären Charakter, die lateinische Schriftlichkeit wird noch vorausgesetzt (damit vergleichbar auch anderen Übersetzungen des 14./15. Jhs. aus dem Lat., z. B. manchen Bibelübersetzungen). In der späteren Übersetzung von 1430/40 dagegen ist offensichtlich ein Adressatenkreis angesprochen, der erst in die Schriftlichkeit eingeführt wird, der Übergang von Rede zu Schrift wird durch Verbalisierungen der Kommunikationsvoraussetzungen ins Bewußtsein gehoben, und es erfolgt „immer wieder der Rekurs auf eine 'hier und jetzt' vorstellbare Situation" (S. 161).

3.4. Kontrastive Studien an Exemplaren derselben Textsorte bzw. nach Möglichkeit an verschiedenen Versionen derselben Texte über die verschiedenen Phasen des Frnhd. hinweg sind auch bei den narrativen Textsorten besonders geeignet, die verschiedenen Vertextungsstrategien der Hör- und Leserezeption zu vergleichen. So weisen z. B. die früher gering geachteten vorlutherschen Bibelübersetzungen auf der Ebene der Satzanschlußmittel (Konnektoren) und manchmal auch bei der Ko- und Subordination der Sätze größere Abweichungen von der lat. Vorlage auf als bei Luther. Dasselbe gilt schon für die ahd. Tatian-Übersetzung. Das heißt, unabhängig von Übersetzungsprinzi-

pien oder -geschick wurden vom frühen bis späten Mittelalter auf der Ebene, die die Textperzeption des Rezipienten (Hörers) steuert, eigenständig die im (mündlichen) Dt. üblichen Signale gesetzt. (Zum Vergleich der Luther- und der Tatian-Übersetzung s. Betten 1987 a und 1992; Stolt 1983; zum Vergleich mit vier Bibelübersetzungen des 14. Jhs. Riehl 1987). Dies ändert sich erst im 16. Jh. (s. u. 4.2.).

Ähnliches gilt für die dem Bibelstil oft nahekommenden Legenden: Die einzelnen Übertragungen weichen zwar sowohl hinsichtlich der im Dt. erreichten Eleganz und Konstruktionsangemessenheit als auch in der Wahl der Signale bzw. „Leitpartikeln", die die Textstrukturierung bestimmen, voneinander ab, doch auch hier zeigt sich der entscheidende syntaktische Umbruch ab dem 16. Jh. (s. Riehl 1993 mit dem Vergleich von drei bekannten Übersetzungen der Legenda Aurea (lat. 1267) im 14. Jh. gegenüber Übertragungen aus dem 16. und dem 18. Jh.).

3.5. Häufig wird die Chronikliteratur, obwohl sie sehr verschiedene Subtypen aufweist, in einer Vorreiterrolle für die Prosaform und die erzählenden Gattungen schlechthin gesehen (vgl. Schnell 1984; Haug 1985, 246ff.). Die interne neue Textsortenauffächerung entwickelt sich voll erst im 14. Jh., und der Höhepunkt wird im 16. Jh. in Verbindung mit Autobiographie und Reisebeschreibung erreicht. Schon die Verbreitung mancher dieser volkssprachlichen Chroniken in Handschriften und später im Druck verweist auf ihre Popularität, wozu speziell die „Vorliebe fürs Erzählen" zur Unterhaltung der „klugen Laien" ausschlaggebend war (vgl. Glier 1987, 435f.).

In der Reihe 'Bausteine zur Sprachgeschichte des Neuhochdeutschen' wird die Textsorte Chronik, zusammen mit Reisebeschreibung, Legende und Prosaroman, speziell in der Unterreihe 'Zur Ausbildung der Norm der deutschen Literatursprache (1430–1730)' als Quelle für die syntaktischen Entwicklungen herangezogen. In den einzelnen Publikationen findet sich viel Material, das auf Einflüsse der Mündlichkeit zurückzuführen sein könnte. Allerdings wurden mehr lokale, soziale und funktionale Faktoren – wie die größere oder geringere „Entfernung der Sprache des Textes" von der in bestimmten Landschaften „gesprochenen Sprachform" – berücksichtigt. Ferner galt allgemein die vorsichtige Einschätzung, die Forschung sei „nur sehr selten imstande, sprachliche Besonderheiten eines Textes mit Sicherheit auf einen bestimmten Faktor zurückzuführen" (Guchmann/Semenjuk 1981, 12). Doch dürfte die zusätzliche Einstufung der Daten nach Graden konzeptioneller Mündlichkeit oder Schriftlichkeit manches hier einfach 'funktional' oder 'gattungsbedingt' Genannte präzisieren helfen.

Die Feststellung, daß narrative Texte „länger mündlichen Vertextungstraditionen verhaftet" bleiben als nicht-narrative (Wolf 1981, 214), hat offensichtlich für den dt. Sprachraum besonderes Gewicht. Riehl (1995) konnte im Vergleich von ital., frz. und dt. Städtechroniken zeigen, daß sich im Ital. bereits im 13. Jh. Texte finden lassen, die nicht mehr alle Besonderheiten des Stils konzeptioneller Mündlichkeit aufweisen (vgl. o. 1. zu Koch/Oesterreicher), während dt. Chroniken des 16. Jhs. diese Merkmale noch besitzen. Nach Riehl müssen diese nicht mehr unbedingt auf die medialen Kommunikationsbedingungen zurückgehen, sondern könnten bereits „Stileme", d. h. literarische Gattungsmerkmale sein. An solchen Überlegungen zeigt sich auch, wie unterschiedlich Phänomene der Mündlichkeit und Schriftlichkeit schon in dieser Phase verteilt oder gemischt sein können. Stolt z. B. (u. a. 1983) hat an wieder anderen Textkonstellationen subtil herausgearbeitet, daß die Partikelsetzung in Luthers Bibelübersetzung nicht mehr als Signal mündlich konstituierter Narrativität zu betrachten sei (was für den hebr. und griech. Urtext durchaus noch gegolten habe), sondern zum bewußten Stilelement geworden sei, das ganz wesentlich zum sakralen Ton der biblischen Erzählung beitrage.

3.6. Der Prosaroman wiederum, der im Dt. im 15. Jh. noch einmal wie von vorn beginnt, weist zunächst überwiegend Parataxe und gleichförmige Verkettung auf. Es ist oft nicht klar zu entscheiden, ob dies an Übersetzungsschwächen bzw. mangelhafter Kompetenz der Übersetzer/innen im Deutschen oder an Einflüssen der Vorlagen liegt (was auch für Prosaauflösungen älterer dt. Versvorlagen gilt) oder als Anpassung an die Rezeptionserwartungen eines literarisch noch ungebildeten Publikums zu werten ist, um Nähe zum gewohnten mündlichen Erzählen herzustellen. (Zur Diskussion der Fachliteratur vgl. Betten 1987, 50ff.).

Demgegenüber beeindruckt der einzige große dt. Romanvorläufer des 13. Jhs., die 'Prosa-Lancelot'-Übertragung, schon durch

großräumige Satzgebilde. Sie setzen eine entwickelte Schriftlichkeit voraus, auch wenn die Teilsätze formal noch nicht in hierarchisch organisierte Großstrukturen integriert und die Satzanschlußmittel noch die des mündlich orientierten mittelalterlichen Erzählens sind (vgl. Betten 1980; 1987, 148ff. unter Einbeziehung der Arbeiten Schiebs zum Nebensatzrepertoire des 'Prosa-Lancelot').

Die Romane des 15./16. Jhs. (Übersetzungen, Versauflösungen und autochthone) weisen in der Folge recht unterschiedliche Stilmischungen auf. (S. schon oben zum Stilkontrast epischer Text vs. Rede: Roloff 1970; Betten 1985 b; 1987, 153ff.; 1990 a). Der 'Amadis'-Roman z. B. entwickelt großenteils unabhängig von der frz. Vorlage eine Vorliebe für komplexen hypotaktischen Stil (s. Langholf 1969). In Warbecks 'Schöner Magelone' findet Simmler (1983) eher die große Variabilität der Satzlängen bemerkenswert, doch komme es auch bei den bis zu 14 Teilsätze umfassenden großen Gefügen nie zu komplizierten Verschachtelungen; die Nebensätze folgen vielmehr „linear aufeinander", seien daher „leicht zu lesen" (S. 179). Lötscher (1995) ist diesen satzstilistischen Schwankungen in der literarischen Erzählprosa des 16. Jhs. genauer nachgegangen. Vom 'Fortunatus' bis zur 'Historia von D. Johann Fausten' scheint ihm charakteristisch zu sein, daß die „Verfasser mit den verschiedenen zeitgenössischen Stilverfahren aus unterschiedlichen Textsorten vertraut" waren und diese auch innerhalb ihrer Werke variantenreich, „entsprechend dem dargestellten Erzählinhalt" einsetzten (S. 50). Die in literarischen Texten bis dahin nicht übliche Satzkomplexität erklärt er u. a. durch Einflüsse der humanistischen Kunstprosa und der Kanzleisprache, aus denen eine Reihe von „syntaktischen Prestigesignalen" abgeleitet wurden; daraus habe sich, angereichert mit „Sondererscheinungen wie Subjektsellipse, Verbanfangs- und -endstellung im Hauptsatz" (S. 28), ein textsortenspezifisches „Sonderrepertoire" entwickelt (S. 47).

Besonders interessant für die neuen Verteilungen zwischen Schrift- und Alltagssprache ist, daß in der Wiedergabe von Reden im erzählenden Kontext das Ideal der rhetorisch überhöhten Kunstsprache einer „volkstümlicheren" Sprechweise zu weichen beginnt, während die Komplexität des Erzähltextes zunimmt. Dieser Umschwung läßt sich gut an den Romanen Jörg Wickrams beobachten. Herkömmlich wurde zu seiner Erklärung nur auf Einflüsse anderer Gattungen und ausländischer Vorbilder verwiesen. Spriewald (1971) zieht erstmals zur Erklärung auch heran, daß sich in dieser Zeit des Wandels der Rezeptionsform im Laufe von Wickrams Schaffen die Mischung von mehr hörer- bzw. leserbezogenen Sprachformen verändert hat (ausführlicher Betten 1985 b, 31 ff.). In neueren Arbeiten findet dieser Gesichtspunkt für den Stilwandel im 16. Jh. immer wieder Beachtung.

3.7. Aus Gründen der Chronologie und Wirkungsgeschichte wären zunächst noch die Rolle Luthers, der Reformation und des Buchdrucks für den Umbruch im 16. Jh. darzustellen. Da diesen großen Themenbereichen jedoch separate Artikel vorbehalten sind, müssen hier wenige Anmerkungen genügen.

Zentral für die Frage nach den Auswirkungen des Buchdrucks auf die Sprach- (und Kultur-)Geschichte ist heute die Auseinandersetzung mit McLuhans Thesen, v. a. der von der Förderung des „linearen Denkens". Illich (1991, 42), der die „complex evolution of literate life-styles and imagery" schon mit den neuen Techniken der klösterlichen Skriptorien des 12. Jhs. beginnen läßt, nennt es zwar „a major mistake to maintain that the printing press was necessary to have the Western mind moulded by 'linear thought' ". McLuhan jedoch hebt hervor, daß z. Z. der Manuskriptkultur, als die Praxis des Vorlesens vorherrschte, der Hörsinn neben dem Sehsinn noch eine große Rolle spielte: „der Autor und sein Publikum" standen „durch die Publikationsform des Vortragens in physischer Verbindung" (1995, 106). Erst mit dem Buchdruck trete die Alphabetkultur in ihre entscheidende zweite Phase, der Sehsinn nehme eine privilegierte Stellung ein, und diese Visualisierung habe das Denken revolutioniert, weil nun alle Erfahrungen und Handlungen systematisch-linear organisiert wurden (vgl. dazu Goetsch 1991, 115ff.). Trotz z. T. heftiger Kritik hat diese Sichtweise, v. a. in der Umsetzung von Giesecke (1991), eine Reihe neuerer germanistischer Untersuchungen inspiriert. Giesecke konstruiert einen direkten Zusammenhang zwischen der Komplexität der neuen technologischen (= typographischen) Systeme und der (Um-)Prägung der europäischen Sprachen in dieser Zeit durch diese „'künstlichen' Anforderungen"; „wegen ihrer Zurichtung auf die technischen Parameter" würden diese „neuen Sprachen" denn „ja auch zutreffend

als 'Kunstsprachen' (Schottel) und in jüngerer Zeit als 'Standardsprachen' " bezeichnet (S. 489; kritisch zu Giesecke: Knoop 1995).

Als „agent of change" (Titel von Eisenstein 1979) ist der Buchdruck jedoch auf jeden Fall zu sehen, und daß „die neuen Vervielfältigungs- und Verbreitungsmöglichkeiten einen ökonomisch motivierten Standardisierungsbedarf schufen" (der dann durch die Reformation noch verstärkt wurde, s. Koch/ Oesterreicher 1994, 598 f.), ist schon in der älteren Literatur ausführlich behandelt worden. Durch „das rapide Anwachsen der Zahl der deutschsprachigen Drucke" und die Schaffung „eines reichhaltigen Schrifttums, das den religiösen und politischen Bedürfnissen des Volkes angepaßt war", durch Luther und andere erhält die Entwicklung der dt. Schriftsprache in „phonetischer und grammatischer" Hinsicht v. a. zwischen 1500 und 1550 eine „mächtige Förderung der Tendenzen zur einheitlichen Gestaltung" (Admoni 1990, 160f.; s. u. 4.).

3.8. Die innerhalb einer Generation, am Schreibusus ein und desselben Autors zu beobachtende rapide Beschleunigung der Entwicklung zu einer „Syntax für das Auge" (vgl. z. B. Tschirch 1966 zu Luthers syntaktischen Veränderungen im Laufe seiner Übersetzungstätigkeit) wirkt sich auch auf die Makrostruktur der Texte, ihre optische Gliederung aus. Zwar setzt auch diese Entwicklung lange vor dem Buchdruck ein (vgl. Gärtner 1990), doch verstärkt er auch hier die Tendenz zu konsequenten und − nach einer Phase sehr individuellen Experimentierens − vereinheitlichenden Lösungen. (Zum Zusammenspiel der „externen" Gliederungsmerkmale des Mediums Druck mit den „syntaxrelevanten Interpunktionsregelungen" im Magelonenroman s. Simmler 1983 und 1990; vgl. ferner Erben, Art. 114). Richtungweisend für die Interpunktion im 16. und 17. Jh. ist jedoch noch nicht die „Grammatik". Optisch gegliedert wird zunächst noch nach rhythmischen Spracheinheiten (bes. mittels Komma und Virgel). Statt des erst später aus der Logik übernommenen 'Satz'-Begriffs verwenden die ersten volkssprachlichen Grammatiken des 16./17. Jhs. hauptsächlich den Begriff 'Rede' (vgl. Stolt 1990, Hundsnurscher 1990). Daher fordert Stolt, den Satzbau Luthers vom (rhetorischen) Verständnis seiner Zeit her zu begreifen und dabei seine Interpunktionszeichen (*comma, colon, periodus*) als Gliederungssignale ebenso zu berücksichtigen wie die − weitgehend durch diese realisierte − Gliederung nach Informationseinheiten, „unter Beachtung von Gewichtung, Schwierigkeitsgrad, Fokussierung und Profilierung in Vordergrund- und Hintergrundinformation, je nach Sprechabsicht und Affekt" (1990, 389; zusammenfassend Betten 1993). Vielleicht läßt sich die spezifische Situation des 16. Jhs. folgendermaßen umreißen: Die syntaktische Entwicklung setzt zwar immer mehr die Bedingungen der Leserezeption voraus, die dazu nötigen Mittel der Textgliederung für das Auge aber waren aufgrund des Reflexionsstands der Autoren (und Grammatiker), die die Bedingungen und Konsequenzen der medialen Alternativen selbst noch gar nicht klar überschauen und voneinander trennen konnten, wesentlich länger an der Hörrezeption, am rhetorisch wirkungsvollen Vortragen orientiert. (Stolt spricht von „rhetorischer Syntax").

3.9. Gerade Luthers Werk, das in den verschiedenen Textsorten syntaktisch schon ganz verschiedenen Stilmustern folgt, ist eine Fundgrube für Beobachtungen (und Spekulationen) über Nähe zur gesprochenen Sprache einerseits und kanzlei- bzw. schriftsprachliche Tendenzen andererseits. Außer Tschirch, Erben, Admoni, Stolt (letztere 1964 auch zum interessanten Mischtypus der 'Tischreden') u. v. a. hat besonders Rössing-Hager aufschlußreiche Detailanalysen vorgelegt. Die von ihr analysierten Briefe Luthers weisen zwar überwiegend komplexe Hypotaxen auf, doch entziehen sich noch viele Einheiten (wie „Unterbrechung durch Einschub", Nachtrag, „lockere Anfügung") einer „eindeutig zu fixierenden syntaktischen Funktion"; sie behandelt sie daher gesondert als „Parenthesen", in formaler Konkurrenz zu Haupt- und Gliedsätzen (1972, I, 45): Eine konsequente Neuinterpretation dieses Materials nach Traditionen („Reflexen") der Mündlichkeit in der Schriftlichkeit wäre hier gewiß lohnend.
Wesentlich stärker im Rahmen einer (noch) „hörerbezogenen Syntax" ist dagegen schon Rössing-Hagers (1981) Analyse der Flugschriften des 16. Jhs. angelegt: Den Autoren sei an guter Verständlichkeit und daher an einem Satzbau gelegen, der eine wirkungsvolle und sinngemäße Intonation ermöglicht. (Zum Wandel des Flugschriftenstils von 1460 bis 1525, unter Berücksichtigung der auch in anderen Textsorten der Epoche zu beobachtenden dialogischen Texte, bes. zwischen 1520 und 1525, s. Schwitalla 1983; allg. zur Charakterisierung des Textsortenstils der Flug-

schriften und Reformationsdialoge, bei denen die „Elemente der gesprochenen Sprache" „keine Widerspiegelung lebendigen Sprachgebrauchs der breiten Massen", sondern Stilmittel seien, s. Bentzinger 1990, 199).

3.10. Im Zusammenhang mit der frühen Verwendung von syntaktischen Charakteristika der gesprochenen Sprache als Stilmittel sei noch auf die Textsorte der mittelalterlichen Predigten hingewiesen. V. a. die grundlegende Arbeit von Weithase (1961) widmet sich diesem Bereich unter der Annahme, daß „die gesprochene deutsche Sprache von der Kanzlei herab am längsten und intensivsten gewirkt" habe (S. 1). Sie betont jedoch bereits, wie etwas später prononciert Kurt Ruh, die diversen Probleme der Überlieferung und die (rhetorische) Funktion der Sprache bei den großen Predigern des 13. bis 16. Jhs., besonders Berthold von Regensburg, Meister Eckhart, Johannes Tauler (Luthers Vorbild) und Geiler von Kaisersberg. Grubmüller (Art. 18) faßt diese Problematik mit den Hinweisen zusammen, daß es sich in den seltensten Fällen um unmittelbare Hörermitschriften, sondern meist um nachträglich redigierte, schriftlich überlieferte, manchmal (wie bei Meister Eckhart) vom Prediger autorisierte Fassungen handelt. Hatte die ältere Forschung stilistisch auffällige Mittel, wie etwa den „Nachtragsstil" oder das Vorkommen von Anakoluthen, als Ausdruck der Spontaneität des Mündlichen gewertet, so betonte v. a. Margetts (1969), wie „weit entfernt" die Sprache der mittelalterlichen Predigt „von der gesprochenen Sprache des spontanen Gesprächs" sei (S. 133), und „daß Meister Eckhart Kunstprosa schreibt und was für eine" (S. 173). Bei den naiven Gleichsetzungen mit gesprochener Sprache wurde häufig nicht nur die bewußte rhetorische Gestaltung der Predigten, sondern auch der allgemeine syntaktische Entwicklungsstand der deutschsprachigen Prosa, vor den folgenden syntaktischen Normierungen hinsichtlich Satzklammer etc., zu wenig beachtet (vgl. zusammenfassend Betten 1987, 26f., 63, 128ff.). Dennoch bleibt ein detaillierter Stilvergleich der großen Prediger des 13. bis 16. Jhs. auch unter dem Gesichtspunkt ihrer Verwendung syntaktischer Formen, die aus dem Mündlichen heraus entwickelt und auf wirkungsvolle Hörrezeption hin kalkuliert sind, ein Desiderat. (Ansätze zur Berücksichtigung des Einflusses der Rezeptionsweise auf die syntaktische Gestaltung lange tradierter Predigttexte finden sich z. B. bei Neuendorff 1990).

3.11. Bei der Konzentration auf die syntaktisch besonders interessanten Prosagattungen wurden hier bisher einige Textsorten ausgeklammert, die gerade in jüngster Zeit ebenfalls in die Mündlichkeits-Schriftlichkeits-Debatte einbezogen wurden. Spriewalds (1990) 'Literatur zwischen Hören und Lesen' geht anhand literarischer Gattungen, in denen „das 'Hörbarmachen' den Vorrang besaß" (S. 6), nämlich Sangspruchdichtung und Meistersang bei Michel Beheim, Hans Folz und Hans Sachs, den Auswirkungen der „Gewichtsverlagerung" in der Rezeption nach. Besonders an Hans Sachs lassen sich aufgrund seiner langen Schaffenszeit von sechs Jahrzehnten „die Übergänge vom Zuhören sowie audiovisuellen Aufnehmen des gedruckten Angebots bis zur lesenden Rezeption" (S. 126) als verschiedene Entwicklungsphasen, die der Autor selbst durchläuft, aufzeigen. Spriewald beachtet v. a. die Konsequenz für die Darstellungsformen. Sie stellt fest, daß Sachs im Gegensatz zu seinen Zeitgenossen Wickram oder Fischart den Schritt zur (Erzähl-)Prosa nicht mehr vollzogen habe: Er steuerte zwar sechs Prosadialoge bei, empfand sich aber ansonsten als Poet. Bemerkenswert ist wohl auch Spriewalds Hinweis, „daß das inviduelle Lesen [...] zu dieser Zeit, so stark schriftbetont sie auch war, keineswegs als die höhere Stufe der Aneignung betrachtet wird". „Im Gegenteil: Die Formen der Kollektivrezeption − einem Vorlesenden zuhören, einem Prediger oder Agitator bzw. einer Aufführung zuhören und zuschauen − galten als ein wirksamer und Öffentlichkeit herstellender Teil der Kommunikation" (S. 124). Epping-Jäger (1996) wählt Hans Sachs' Dramen zur Illustration ihrer Ausführungen über die verschiedenen (Vor-) Stadien des Literalisierungsprozesses (nach Glück 'begrenzte Literalität' und 'Hypoliteralität' genannt, S. 18). Sie interpretiert „die *oral-öffentliche Inszenierung* der Dramen als *rezeptive Übergangsform* zwischen auratischer Sinnteilhabe in ritueller Oralität und individueller Textlektüre", deren es als „*Einübungsformen*" (auch des Autors) für die Umsetzung von Stoffen „des säkularisierten literarischen Kanons [...] für ein noch nicht hinreichend lesefähiges Publikum" bedurft habe (S. 385).

3.12. Von der zweiten Hälfte des 16. Jhs. an konstatiert Admoni (1990, 176f.) „eine immer tiefere Entfremdung zwischen der Sprache der Schriftwerke und der gesprochenen Sprache", wenn es auch nicht zu einem „vollständigen Riß" komme, da sich v. a. die Fachliteratur dem „sprachlichen Niveau" des lat. nicht geschulten Lesepublikums „anpassen" mußte (ergänze: und auf seine Rezeptionsgewohnheiten und -fähigkeiten einstellte, s. o. 3.3.). Die sprachstilistischen Unterschiede zwischen den sich weiter ausdifferenzierenden literarischen, fach-, kanzlei- und alltagssprachlichen Textsorten nehmen zu, da auch die Möglichkeiten der Mischungsverhältnisse weiter zunehmen. Die in früherer Zeit besonders in der Kanzleisprache zu beobachtenden „Tendenzen zur strukturellen Zementierung des deutschen Satzes" (wie Admoni v. a. die Durchsetzung des Satzrahmens nennt, s. 1990, 178) setzen sich allgemein in der Schriftsprache durch (Admoni spricht von der „Periode der Herrschaft der Rahmenkonstruktion", S. 200). Parallel dazu schreitet die Verbreitung mehrgliedriger hypotaktischer Satzgefüge in weiteren Textsorten voran. Umso mehr ist in anders konzipierten Texten die Annäherung an die Mündlichkeit nun als bewußtes Stilistikum zu werten: so die intendierte „Volkstümlichkeit" der populär werdenden Schwankliteratur oder der Predigtmärlein (vgl. Erben, Art. 114), so auch bestimmte Richtungen der Fachliteratur etc.

„Die neuen deutschsprachigen Grammatiken wirken in mancher Hinsicht normativ auf die Handhabung der deutschen Sprache in den damaligen Schriften" (Admoni 1990, 176). Das verhindert aber nicht, daß in Texten mit bevorzugt umfangreichen Satzgefügen „unpräzise Konstruktionen" vorkommen (mit einem extremen Beispiel Admoni, S. 197): entweder mangelt es an der sprachlichen Beherrschung solch komplizierter, auch beim Lesen oft den Rahmen jeglicher Verständlichkeit sprengender Konstruktionen, oder aber noch am Bewußtsein für die Notwendigkeit einer konsequenten Durchführung der Satzschemata (s. o. 3.8. zum noch fehlenden Satzbegriff). Solange ihre Prinzipien noch nicht grammatisch gänzlich reflektiert und zu Regeln erhoben sind, bleiben daher auch im komplexen, oft verschachtelten Stil der sich immer mehr durchsetzenden „Syntax für das Auge" Relikte des lockeren Baus, der „schwebenden Beziehungen" (s. Erben, Art. 114) aus der konzeptionellen Mündlichkeit erhalten, die für die Zeitgenossen sicher nicht auffällig waren.

3.13. Unterschätzt für die Verbreitung der dt. Schriftsprache wurde lange die Rolle der neuen Textsorte der Zeitung seit Beginn des 17. Jhs. Syntaktisch setzt sich hier der zwischen „Imitation" der Sprechsprache und der Kanzleisprache schwankende Stil der Flugschriften der ersten Hälfte des 16. Jhs. noch fort (s. Bentzinger 1996). Zunächst ist die Zeitungssprache stark parataktisch geprägt, doch gibt es, gemäß den stilistischen Wahlmöglichkeiten der Zeit, von Anfang an Unterschiede zwischen rascher Berichterstattung mit „einer beliebig fortführbaren Addition von Nachrichten" (u. a. charakterisiert durch einen hohen Anteil weiterführender Nebensätze) und Medien, deren „strengere Organisation der Satzgefüge" von „einem höheren Bearbeitungsgrad" zeugen (Demske-Neumann 1990, 243). Nach v. Polenz (1994, 272, 375) ist dies der „komplizierte, locker gefügte Satzbau der *Zeitungsschreiber*", gelegentlich aber auch ein „lockere[r] Erzählstil", v. a. wenn mündliche oder privatbriefliche Quellen zugrunde liegen (v. Polenz stützt sich hier auf Arbeiten von Mackensen und Korhonen).

3.14. Von weiteren Text- und Textsortenanalysen dieser Periode sind zusätzliche Facetten des Verhältnisses von Mündlichkeit und Schriftlichkeit zu erwarten. Die Prozesse dürften aber ähnlichen Mustern folgen wie die hier dargestellten (für die Zeit ab 1600 vgl. Löffler, Art. 137). Auch im 17. Jh. (und danach) gibt es in Untergruppen von Textsorten (z. B. durch späte Ablösung vom Lat.) sowie in bestimmten Regionen und sozialen Gruppen immer noch erste Übergänge zur Schriftlichkeit mit entsprechenden Übergangsphänomenen und -schwierigkeiten, doch vor dem Hintergrund des voranschreitenden Normierungsprozesses der Schriftsprache. Exemplarisch hat dies z. B. Maas (1995) an einer bäuerlichen „Chronik" des 17. Jhs. gezeigt, die noch in einem Umfeld der „Gratwanderung an der Schwelle zur Schriftlichkeit" (S. 75) entsteht: lautlich, graphisch und morphologisch bemüht sie sich zwar – nach einer früheren Orientierung des Autors an der mnd. Schreibsprache – ca. seit 1637 um das Hochdt., und stilistisch ist sie „in der ständisch-selbstbewußten Tradition chronikalischer Darstellungen" humanistischen Vorbilds zu sehen (S. 68), doch in der Art der narrativen Darstellung wird sie „noch fundiert in den Strukturen der gesprochenen Sprache praktiziert" (S. 95).

4. Sprachliche Merkmale der Mündlichkeit und des Übergangs zur Schriftlichkeit (anhand ihrer Behandlung in der neueren Forschung)

4.1. Die einzelnen Phänomene, die als Indikatoren für mündliche oder schriftliche Konzeption gelten, sind z. T. seit langem Gegenstand der Forschung, v. a. der historischen Syntax (vgl. u. a. Erben, Art. 114; Härd, Art. 178; Betten 1987; Admoni 1990, besonders zu Wortstellung, Satzrahmen und Ausklammerung, Umstrukturierung des Systems der Satzverknüpfungsmittel u. a. m.). Weniger gilt dies für ihr systematisches Zusammenspiel, und da wiederum am wenigsten für die Mittel der Mündlichkeit, die zunächst (aus den in 1. genannten Gründen) nur an der Gegenwartssprache studiert wurden. Durch eine Reihe verschiedener kontrastiver Textanalysen lassen sich jedoch sowohl universale als auch einzelsprachliche Techniken/ Vertextungsstrategien erkennen. Vergleiche mit anderen Perioden der eigenen Sprache (für das Frnhd. mit Ähnlichkeiten und Unterschieden zum Ahd. und Mhd. einerseits, zum Nhd. andererseits), mit der gleichen Sprachstufe z. B. in europäischen Nachbarsprachen, und allgemein sprachtypologisch mit nicht-ide. Sprachen haben einige grundlegende Erkenntnisse abgesichert (vgl. auch Schlieben-Lange 1983, 30). Die seit den 70er Jahren in Textlinguistik und -pragmatik entwickelten Verfahren schufen ein angemessenes Analyseraster – sofern man nicht schon Weinrichs (1964) Relieftheorie und ihre Anwendung auf die Entwicklungsgeschichte des dt. Nebensatzes durch Fleischmann (1973) im Zusammenhang mit textlinguistischen Ideen sehen will. Betten (z. B. 1987) betont in Weiterführung dieser Arbeiten speziell für das Frnhd. die allmähliche, geradezu plastische Reliefbildung durch Haupt- und Nebensatzstrukturen. Diese differenzieren sich nicht nur deutlich durch die Verbstellung; durch den Ausbau des Satzrahmens werden vielmehr hör- und sichtbare, z. T. recht massive Klammern um die übrigen Satzglieder gelegt. Die Entwicklung wurde bekanntlich einerseits durch die Zunahme zusammengesetzter, periphrastischer Prädikate und andererseits durch den Ausbau des Systems der Nebensatz-einleitenden Subjunktoren entschieden gefördert. Im Zentrum der Ansätze, die ein solches Relief im Satzbau herausarbeiten, steht die Annahme, daß damit eine Kennzeichnung von Vordergrund- und Hintergrundinformation Hand in Hand gehe (vgl. Wells 1990, 276). In den USA hat u. a. Hopper mit Arbeiten über *foregrounding* und Fokus-Bildung in narrativen Texten verschiedener Sprachen und Zeitstufen die Aufmerksamkeit auf derartige Phänomene gelenkt. Er hält es für ein universales Merkmal narrativer Texte, daß zwischen der Hauptlinie der Geschichte und den Begleitinformationen sprachlich unterschieden wird. Das Vordergrundgeschehen ahme chronologisch die Abfolge des Geschehens in der realen Welt nach. Bei Hintergrundinformationen jedoch schreite das Geschehen nicht weiter, vielmehr würden hier Erweiterungen, Kommentare etc. gegeben, die simultan zur Vordergrundinformation einzuordnen seien. Zur Markierung dieser Funktionen können sehr unterschiedliche sprachliche Mittel dienen. Hopper (1979) nennt für das Frz. (ähnlich Weinrich und Fleischmann) die Unterscheidung der Tempora *passé historique* und *imparfait*, für das Russische die Unterscheidung von perfektivem und imperfektivem Aspekt, für das Aengl. eine Kombination der Partikel *Þa* mit Wortstellungsvarianten (die noch funktional unterschieden werden konnten, solange das Engl. nicht allgemein zur SVO-Abfolge überging).

Markierungen durch Partikeln weisen auch viele andere Sprachen auf. Hopper (1979 a) gibt Beispiele aus dem Suaheli für eine ziemlich einfache Kennzeichnung von Vorder- und Hintergrund durch Verbpräfixe (*ka : ki*) oder aus dem Malaischen durch enklitische Verbpartikeln. Fujii (1992) behandelt den Wandel in der Subjektmarkierung des Japanischen durch Funktionsverschiebungen im Bereich der wichtigsten nachgestellten Partikeln (*ga, wa, mo*) auf der Makro- und Mikroebene narrativer Texte. Die Funktionen dieser Partikeln seien, stark vereinfacht: *introduction, theme-creation, theme-maintenance*, bzw. modifizierter: *staging, central importance (wa)* bzw. *temporary importance, vivid action (ga), emphasis (mo)* oder *shift of attention.*

4.2. Diese Partikelmarkierungen von Vorder- und Hintergrund, *on-* und *off-stage*, werden heute meist mit konzeptioneller Mündlichkeit in Verbindung gebracht. Enkvist/Wårvik (1987) charakterisieren das multifunktionale aengl. *Þa* als *grounding-marker* wie auch als *action-signal*: Es rücke sowohl statische, aber wichtige Umstände in den Vordergrund, wie es auch die Handlungsabfolge der Haupterzähllinie markieren könne. (Ähnlich Wilbur 1988 zur Funktion des Konnektors *dô/dâ* im Ahd. und Asächs., Wolf 1978 zu Konnektoren im Nibelungenlied gegenüber der höfischen Epik einerseits und nhd. Übersetzungen andererseits, Betten 1987 a zu Bibelübersetzungen Luthers und seiner Vorgänger bis zurück zur ahd. Tatian-Überlieferung). Zusätzliche Vergleiche mit eventuellen lat. Textvorlagen können dabei besonders aufschluß-

reich für die Einstufung des Entscheidungsspielraums sein. Es zeigt sich dann z. B., daß verschiedene Bibelübersetzungen des 14. oder 15. Jhs. jeweils drastische Reduzierungen der im lat. Text vorkommenden Partikeln vorgenommen haben, aber durchaus nicht alle in gleicher Weise (vgl. Riehl 1987). Je freier und je besser, natürlicher dem narrativen Stil des Dt. angepaßt, desto häufiger findet sich *dô* als Leitpartikel − neben wenigen anderen, die Wolf (1978) als „illokutive Konnektoren" bezeichnet hat, da sie bestimmte Texttypen signalisieren.

Über die illokutive Funktion hinaus hat mhd./frnhd. *dô*, wie schon ahd. *thô*, fokussierende Wirkung, was sich besonders gut im Vergleich zur nur reihenden Verwendung von *und(e)* (ahd. *inti*) zeigt (vgl. mit Bsp. aus allen Sprachstufen Betten 1987a; 1990a; 1991; 1992; 1993). Riehl (1991) hat an drei Legendenübertragungen des 14. Jhs. die Signalfunktionen von *dô* beim Wechsel vom Hintergrund zum Vordergrund herausgearbeitet und sie zusammen mit weiteren Partikeln und der Tempusmarkierung als wichtigsten Indikator der Satz- bzw. Textstrukturierung bezeichnet. Gleichzeitig lassen sich zwischen den drei Versionen deutliche stilistische Unterschiede erkennen: Je mehr Vordergrundsetzung (durch *dô*) erfolgt, desto mehr geht es um Herausstellung der Aktion, Erhöhung der Spannung. D. h. die Partikelsetzung wirkt ebenso rezeptionssteuernd wie stilmarkierend. In den entsprechenden Übersetzungen des 16. und 18. Jhs. hingegen (s. schon o. 3.4.), nach dem Übergang zur Leserezeption, erfolgt die Reliefbildung mit anderen Mitteln, nämlich wie im Lat. mit der typisch „schriftsprachlichen" Abstufung von Haupt- und Nebensatz und Tempusdifferenzierungen (wenngleich mit häufigen Veränderungen der Vorder- und Hintergrundsetzung selbst).

Noch nicht ausreichend untersucht ist die Funktion dieser Partikelsetzung, die für alle narrativen, überwiegend in Traditionen der Hörrezeption bzw. der konzeptionellen Mündlichkeit stehenden Gattungen typisch ist, während der Übergangszeit vom 15. zum 16. Jh. (bzw. u. U. darüber hinaus). In 3. wurde bereits mehrfach darauf hingewiesen, daß die ursprüngliche Funktion hier schon von anderen sprachlichen Mitteln übernommen sein kann, das altüberlieferte Signal aber noch beibehalten wurde, da es z. B. als gattungsübliches Stilmerkmal empfunden wurde.

4.3. Ein anderer Bereich, der sich als spezielles Kennzeichen der Schriftsprache größeren Interesses erfreut, ist die Epistemik. „Epistemologisches Bewußtsein" wird (nach Aͺ͘ɪ͘ᴇ

mann/Assmann 1988, 25) von Medienfor-
schern, „die im Anschluß an die Oralität [...]
die Literalität entdeckten", ebenso wie „historische Erfahrung", „Abstraktionsvermö-
gen", „Innerlichkeit" u. a. m. mit 'Schrift' as-
soziiert. „Epistemifizierung" gilt als „Spezialfall des Prozesses der Subjektivierung";
sie bringt „diejenigen subjektiven Attitüden/
Sprechereinstellungen" zum Ausdruck, „die
mit Urteilen (Überzeugungen, Meinungen,
Annahmen usw.) über den Wahrheitsgehalt
von Propositionen zu tun haben" (Ágel
1999), im Anschluß an Keller 1995 und Palmer 1986).

Für Modalwörter und Modalverben liegen
durch Untersuchungen von Schildt (1987;
1990; 1992) und Schieb (1976) Daten zum
Vergleich der Zeiträume erste Hälfte des
16. Jhs. sowie 1570–1630 und 1670–1730
vor, die nach Textgruppen und -sorten aufgeschlüsselt sind. Nach Schildt hängt die Zunahme der Modalwörter seit dem 16. Jh. speziell in Texten, „in denen Meinungen und
Einstellungen geprägt werden sollen" (1990,
160), „mit dem wachsenden Grad der Verschriftlichung des Kommunikationsprozesses
zusammen" (1987, 391). Der Befund kann
zunächst als sprachlicher Ersatz dafür betrachtet werden, „was Intonation, Gestik und
Mimik in der mündlichen Kommunikation
leisten" (Hartweg/Wegera 1989, 82). Schildt
sieht darin jedoch auch einen engen Zusammenhang mit der Befreiung der Menschen
„von geistigen Fesseln" und der Einbeziehung breiter Massen „in die Diskussion über
Fragen [...], die jeden angingen." So „entwik-
kelten sich spezifische, für die schriftliche
Kommunikation charakteristische Verhaltensmuster und Verfahrensweisen" (1990,
161). Für Ágel ist dies v. a. Ausdruck eines
intensiven Epistemifizierungsprozesses vom
16. bis frühen 18. Jh., der aber wohl schon im
frühen Frnhd. einsetzte. Schiebs Daten für
die Modalverben wertet Ágel als epistemische
„Refunktionalisierung der älteren Konstruktionstypen", womit „eine qualitativ neue
Epoche in der Grammatikalisierung der epi-
stemischen Ausdrucksmöglichkeiten" beginne. Noch deutlichere Beweise für die im
Frnhd. einsetzende Epistemifizierung findet
er im Bereich der assertiven Sprechaktverben.
Ihren Wandel hat v. Polenz (1988, 197f.) aufgrund der bevorzugten „Wahl von Hand-
lungstypen und Handlungsbezeichnungen in
bestimmten Textsorten" als „Stilwandel, dessen Triebkräfte primär vom Wandel des Verständnisses von Rollen- und Adressatenbezie-

hungen herkommen", gedeutet. Ágel interpretiert dies weitgehend als „kommunikativen Bewußtseinswandel" im Sinne der heutigen Literalitäts- bzw. Literarisierungsfor-
schung: „Epistemifizierung ist an die zunehmende Literalisierung der Gesamtkultur, ihre
Intensivierung an die Herausbildung und
Verbreitung der typographischen Kultur gebunden." Oder anders: „Ohne die schriftkul-
turelle, d. h. alphabetisch-visuelle, Idee eines
vom Handlungszusammenhang losgelösten
Äußerungsinhalts kann man sich die Herausbildung der Epistemik schlecht vorstellen."

Auch die oben genannten syntaktischen
Veränderungen finden ihren Platz in Ágels
Auflistung weiterer Bereiche der Grammatik,
die „die sukzessive Ablösung der oralen Kultur des Mittelalters" belegen: so die Ersetzung der „Ereignisgrundierung (Vordergrund
vs. Hintergrund)" mittels Konnektoren wie
dô und und durch die klare Unterscheidung
von Haupt- und Nebensatz (nach Betten
und Riehl); die Ablösung der „eher additive[n], durch 'polyseme' Satzkonnektoren gekennzeichnete[n] Äußerungsfügung des Mhd.
durch eine eher subordinierende, durch eindeutigere und abstraktere Satzkonnektoren
gekennzeichnete Syntax" (nach Betten 1987,
87ff. zu Prosaauflösungen im 15. Jh.); ferner
die Abnahme der Kontextabhängigkeit der
Bedeutung von Nominalkomposita und der
Genitivschwund seit dem 15. Jh. (vgl. Don-
hauser/Schrodt Art. 174). Ágel setzt all diese
Befunde in Parallele zu den Theorien und
Thesen Ongs. Vieles davon ist noch genauer
auszuführen. Unumstritten ist jedoch die besondere Stellung „mediengeschichtlicher Vorgänge" für den Struktur- und Funktionswandel der Sprache mit der „Expansion der
Schriftlichkeit" (Warnke 1994, 360 mit v. Polenz) und die Tatsache, daß bestimmte Arten
und Grade „der Komplexität von Form und
Organisation nur mit Mitteln einer Schriftkultur bewältigt werden können" (Schlieben-
Lange 1983, 54). Und richtig ist gewiß
auch (nochmals in Ágels Formulierung), daß
die „Idee der Grammatik so wie auch die
Ideen von Struktur, Relation, Bedeutung, Paradigma usw." „literale Ideen" sind, „d. h.
Ideen, die in sog. primär oralen Gesellschaften (= in nichtalphabetisierten Gesellschaften) gar nicht aufkommen könnten bzw. auf-
gekommen wären". Und: „Unsere Vorstellungen von grammatischen Relationen und
Strukturen entstammen der durch die Alphabetkultur begründeten und durch die Buchkultur totalisierten zweidimensionalen Visua-

lisierungskultur." – Auch aus diesen Gründen ist das Frnhd. als entscheidende Vorbereitungsphase der Neuzeit zu betrachten.

5.   Literatur (in Auswahl)

Ágel, Vilmos, Grammatik und Kulturgeschichte. Die *raison graphique* am Beispiel der Epistemik. In: Sprachgeschichte als Kulturgeschichte. Hrsg. v. Andreas Gardt/Ulrike Haß-Zumkehr/Thorsten Roelcke. Berlin/New York 1999, 171–224. (SLG 54).

Admoni, Wladimir G., Zur Ausbildung der Norm der deutschen Literatursprache im Bereich des neuhochdeutschen Satzgefüges (1470–1730). Ein Beitrag zur Geschichte des Gestaltungssystems der deutschen Sprache. Berlin-Ost 1980. (Baust. 56, 4).

Ders., Historische Syntax des Deutschen. Tübingen 1990.

Assion, Peter, Fachliteratur. In: de Boor/Newald 1987, 371–395.

Assmann, Aleida/Jan Assmann, Schrift, Tradition und Kultur. In: Zwischen Festtag und Alltag. Zehn Beiträge zum Thema 'Mündlichkeit und Schriftlichkeit'. Hrsg. v. Wolfgang Raible. Tübingen 1988, 25–49. (ScriptOralia 6).

Bäuml, Franz H., Verschriftlichte Mündlichkeit und vermündlichte Schriftlichkeit: Begriffsprüfungen an den Fällen *Heliand* und *Liber Evangeliorum*. In: Schriftlichkeit im frühen Mittelalter. Hrsg. v. Ursula Schaefer. Tübingen 1993, 254–266. (ScriptOralia 53).

Bentzinger, Rudolf, Besonderheiten in der Syntax der Reformationsdialoge 1520–1525. In: Betten 1990, 196–204.

Ders., Textsortenspezifika in Erfurter Flugschriften der Reformationszeit – Heinz Mettke zum 70. Geburtstag. In: Textarten im Sprachwandel – nach der Erfindung des Buchdrucks. Hrsg. v. Rudolf Große/Hans Wellmann. Heidelberg 1996, 147–160. (Sprache – Literatur und Geschichte 13).

Ders./Gerhard Kettmann, Zu Luthers Stellung im Sprachschaffen seiner Zeit. In: ZPSK 36, 1983, 265–175.

Betten, Anne, Erforschung gesprochener deutscher Standardsprache. 2 Teile. In: DS 5, 1977, 335–361 und DS 6, 1978, 21–44.

Dies., Zu Satzbau und Satzkomplexität im mittelhochdeutschen Prosa-Lancelot. Überlegungen zur Beschreibung der Syntax mittelhochdeutscher Prosa. In: Sprachw. 5, 1980, 15–42.

Dies., Sprachrealismus im deutschen Drama der siebziger Jahre. Heidelberg 1985. (MS 14).

Dies., Zur Entwicklung der Prosasyntax im 15. und 16. Jahrhundert. Überlegungen zur Analyse. In: Germanistik – Forschungsstand und Perspektiven. Vorträge des Deutschen Germanistentages 1984. Hrsg. v. Georg Stötzel. Tl. 1. Berlin/New York 1985 a, 107–115.

Dies., Direkte Rede und epischer Bericht in der deutschen Romanprosa. Stilgeschichtliche Betrachtungen zur Syntax. In: SLWU 16/55, 1985 b, 25–41.

Dies., Grundzüge der Prosasyntax. Stilprägende Entwicklungen vom Althochdeutschen zum Neuhochdeutschen. Tübingen 1987. (RGL 82).

Dies., Zur Satzverknüpfung im althochdeutschen Tatian. Textsyntaktische Betrachtungen zum Konnektor *thô* und seinen lateinischen Entsprechungen. In: Althochdeutsch. Bd. I: Grammatik. Glossen und Texte. Hrsg. v. Rolf Bergmann/Heinrich Tiefenbach/Lothar Voetz. Heidelberg 1987 a, 395–407.

Dies. (Hrsg.), Neuere Forschungen zur historischen Syntax des Deutschen. Referate der Internationalen Fachkonferenz Eichstätt 1989. Tübingen 1990. (RGL 103).

Dies., Zur Problematik der Abgrenzung von Mündlichkeit und Schriftlichkeit bei mittelalterlichen Texten. In: Betten 1990, 324–335. [= 1990 a].

Dies., Textlinguistische Methoden in der historischen Syntaxforschung. In: Energeia. Arbeitskreis für deutsche Grammatik 17, Tokyo 1991, 22–35.

Dies., Sentence connection as an expression of medieval principles of representation. In: Gerritsen/Stein 1992, 157–174.

Dies., Norm und Spielraum im deutschen Satzbau. Eine diachrone Untersuchung. In: Methoden zur Erforschung des Frühneuhochdeutschen. Hrsg. v. Klaus J. Mattheier/Haruo Nitta/Mitsuyo Ono. München 1993, 125–145.

Dies., Stilphänomene der Mündlichkeit und Schriftlichkeit im Wandel. In: Stilfragen. Hrsg. v. Gerhard Stickel. Berlin/New York 1995, 257–279. (IdSL, Jahrbuch 1994).

de Boor, Helmut/Richard Newald (Begr.), Geschichte der deutschen Literatur von den Anfängen bis zur Gegenwart. Bd. III/2: Die deutsche Literatur im späten Mittelalter 1250–1370. 2. Tl.: Reimpaargedichte, Drama, Prosa. Hrsg. v. Ingeborg Glier. München 1987.

Bremer, Ernst, Zum Verhältnis von geschriebener und gesprochener Sprache im Frühneuhochdeutschen. In: Sprachgeschichte. Ein Handbuch zur Geschichte der deutschen Sprache und ihrer Erforschung. Hrsg. v. Werner Besch/Oskar Reichmann/Stefan Sonderegger. 2. Halbbd. Berlin/New York 1985, 1379–1388. (HSK 2.2).

Chafe, Wallace L., Integration and involvement in speaking, writing and oral literature. In: Spoken and Written Language. Hrsg. v. Deborah Tannen. Norwood/New Jersey 1982, 35–54.

Curschmann, Michael, The concept of the *oral formula* as an impediment to our understanding of medieval oral poetry. In: Medievalia et Humanistica N. S. 8, 1977, 63–76.

Demske-Neumann, Ulrike, Charakteristische Strukturen von Satzgefügen in den Zeitungen des 17. Jahrhunderts. In: Betten 1990, 239–252.

Eisenstein, Elizabeth L., The Printing Press as an Agent of Change. Communications and Cultural Transformations in Early-Modern Europe. 2 Bde. Cambridge [etc.] 1979.

Enkvist, Nils E./Brita Wårvik, Old English Þa, temporal chains, and narrative structure. In: Papers from the 7th International Conference on Historical Linguistics. Hrsg. v. Anna Giacalone Ramat/Onofrio Carruba/Giuliano Bernini. Amsterdam/Philadelphia 1987, 221–237.

Epping-Jäger, Cornelia, Die Inszenierung der Schrift. Der Literalisierungsprozeß und die Entstehungsgeschichte des Dramas. Stuttgart 1996.

Fleischmann, Klaus, Verbstellung und Relieftheorie. Ein Versuch zur Geschichte des deutschen Nebensatzes. München 1973. (MGB 6).

Fujii, Noriko, Changes in subject marking in Japanese. In: Gerritsen/Stein 1992, 257–293.

Gärtner, Kurt, Das Verhältnis von metrischer und syntaktischer Gliederung in mittelhochdeutschen Verstexten um 1200. In: Betten 1990, 365–378.

Gauger, Hans-Martin, Geschichte des Lesens. In: Schrift und Schriftlichkeit. Ein interdisziplinäres Handbuch internationaler Forschung = Writing and Its Use. 1. Halbbd. Hrsg. v. Hartmut Günther/Otto Ludwig. Berlin/New York 1994, 65–84. (HSK 10.1).

Gerritsen, Marinel/Dieter Stein (Hrsg.), Internal and External Factors in Syntactic Change. Berlin/New York 1992. (TLSM 61).

Giesecke, Michael, 'Volkssprache' und 'Verschriftlichung des Lebens' im Spätmittelalter – am Beispiel der Genese der gedruckten Fachprosa in Deutschland. In: Literatur in der Gesellschaft des Spätmittelalters. Hrsg. v. Hans Ulrich Gumbrecht. Heidelberg 1980, 39–70. (Grundriß der romanischen Literaturen des Mittelalters, Begleitreihe 1).

Ders., Syntax für die Augen – Strukturen der beschreibenden Fachprosa aus medientheoretischer Sicht. In: Betten 1990, 336–351.

Ders., Der Buchdruck in der frühen Neuzeit. Eine historische Fallstudie über die Durchsetzung neuer Informations- und Kommunikationstechnologien. Frankfurt/M. 1991.

Glier, Ingeborg, Geschichtsschreibung. In: de Boor/Newald 1987, 432–454.

Goetsch, Paul, Der Übergang von Mündlichkeit zu Schriftlichkeit. Die kulturkritischen und ideologischen Implikationen der Theorien von McLuhan, Goody und Ong. In: Symbolische Formen – Medien – Identität. Hrsg. v. Wolfgang Raible. Tübingen 1991, 113–130. (ScriptOralia 37).

Guchmann, Mirra M./Natal'ja N. Semenjuk, Zur Ausbildung der Norm der deutschen Literatursprache im Bereich des Verbs (1470–1730). Tempus und Modus. Berlin-Ost 1981. (Baust. 56, 5).

Gumbel, Hermann, Deutsche Sonderrenaissance in deutscher Prosa. Strukturanalyse deutscher Prosa im 16. Jahrhundert. Frankfurt/M. 1930. [Nachdruck Hildesheim 1965].

Halbwachs, M., Les cadres sociaux de la mémoire. Paris 1925. [Dt. Titel: Das Gedächtnis und seine sozialen Bedingungen. Neuwied/Berlin 1966].

Ders., La mémoire collective. Paris 1950. [Dt. Titel: Das kollektive Gedächtnis. Stuttgart 1967].

Hartweg, Frédéric/Klaus-Peter Wegera, Frühneuhochdeutsch. Eine Einführung in die deutsche Sprache des Spätmittelalters und der frühen Neuzeit. Tübingen 1989. (GA 33).

Haug, Walter, Literaturtheorie im deutschen Mittelalter. Von den Anfängen bis zum Ende des 13. Jahrhunderts. Eine Einführung. Darmstadt 1985.

Havelock, Eric A., The oral-literate equation: a formula for the modern mind. In: Olson/Torrance 1991, 11–27.

Ders., Als die Muse schreiben lernte. Frankfurt/M. 1992. [Engl. Originaltitel: The Muse Learns to Write. Reflections on Orality and Literacy from Antiquity to the Present. New Haven/London 1986].

Hopper, Paul J., Some observations on the typology of focus and aspect in narrative language. In: Studies in Language 3/1, 1979, 37–64.

Ders., Aspect and foregrounding in discourse. In: Discourse and Syntax. Hrsg. v. Talmy Givón. New York/San Francisco/London 1979 a, 213–241. (Syntax and Semantics 12).

Hundsnurscher, Franz, Syntaxwandel zur Gottsched-Zeit. In: Betten 1990, 422–438.

Illich, Ivan, A plea for research on lay literacy. In: Olson/Torrance 1991, 28–46.

Knoop, Ulrich, Rezension zu Giesecke 1991. In: ZdA 124/4, 1995, 463–468.

Koch, Peter/Wulf Oesterreicher, Gesprochene Sprache in der Romania: Französisch, Italienisch, Spanisch. Tübingen 1990. (Romanistische Arbeitshefte 31).

Dies., Schriftlichkeit und Sprache. In: Schrift und Schriftlichkeit. Ein interdisziplinäres Handbuch internationaler Forschung = Writing and Its Use. 1. Halbbd. Hrsg. v. Hartmut Günther/Otto Ludwig. Berlin/New York 1994, 587–604. (HSK 10.1).

Kuhn, Hugo, Entwürfe zu einer Literatursystematik des Spätmittelalters. Tübingen 1980.

Langholf, Barbara, Die Syntax des deutschen Amadisromans. Untersuchung zur Sprachgeschichte des 16. Jahrhunderts. 2. Aufl. Hamburg 1969. (Hamburger Philologische Studien 16).

Lienert, Elisabeth, Rezension zu Wenzel 1995. In: Arbitrium 3, 1997, 303–306.

Lötscher, Andreas, Syntaktische Prestigesignale in der literarischen Prosa des 16. Jahrhunderts. In: Daphnis 24, 1995, 17–53.

Maas, Utz, Bäuerliches Schreiben in der frühen Neuzeit. Die Chronik des Hartich Sierk aus den Dithmarschen in der ersten Hälfte des 17. Jahrhunderts. In: Raible 1995, 65–97.

Margetts, John, Die Satzstruktur bei Meister Eckhart. Stuttgart [etc.] 1969. (Studien zur Poetik und Geschichte der Literatur 8).

McLuhan, Marshall, Die Gutenberg-Galaxis. Das Ende des Buchzeitalters. Bonn [etc.] 1995. [Engl. Originaltitel: The Gutenberg Galaxy. Toronto 1962].

Müller, Jan-Dirk (Hrsg.), Wissen für den Hof. Der spätmittelalterliche Verschriftungsprozeß am Beispiel Heidelberg im 15. Jahrhundert. München 1994. (MM-S 67).

Ders., Hans Lecküchners Messerfechtlehre und die Tradition. Schriftliche Anweisungen für eine praktische Disziplin. In: Ders. 1994, 335–384. [= 1994 a].

Ders., Naturkunde für den Hof. Die Albertus-Magnus-Übersetzungen des Werner Ernesti und Heinrich Münsinger. In: Ders. 1994, 121–168. [= 1994 b].

Neuendorff, Dagmar, Überlegungen zu *comma, colon* und *periodus* in den Predigten Bertholds von Regensburg. In: Betten 1990, 393–405.

Olson, David R./Nancy Torrance (Hrsg.), Literacy and Orality. Cambridge [etc.] 1991.

Ong, Walter J., Oralität und Literalität. Die Technologisierung des Wortes. Opladen 1987. [Engl. Originaltitel: Orality and Literacy. The Technologizing of the Word. London 1982].

Parry Milman, Studies in the epic technique of oral verse-making. Tl. I: Homer and the Homeric style. Tl. II: The Homeric language as the language of an oral poetry. In: Harvard Studies in Classical Philology 41, 1930, 73–147 und Harvard Studies in Classical Philology 43, 1932, 1–50.

Polenz, Peter von, Argumentationswörter. Sprachgeschichtliche Stichproben bei Müntzer und Forster, Thomasius und Wolff. In: Deutscher Wortschatz. Lexikologische Studien. Festschrift für Ludwig Erich Schmitt von seinen Marburger Schülern. Hrsg. v. Horst-Haider Munske [u. a.]. Berlin/New York 1988, 181–199.

Ders., Deutsche Sprachgeschichte vom Spätmittelalter bis zur Gegenwart. Bd. I: Einführung, Grundbegriffe, Deutsch in der frühbürgerlichen Zeit. Bd. II: 17. und 18. Jahrhundert. Berlin/New York 1991 und 1994.

Raible, Wolfgang, Junktion. Eine Dimension der Sprache und ihre Realisierungsformen zwischen Aggregation und Integration. Heidelberg 1992. (SBHeidelbA, phil.-hist. Klasse 1992/2).

Ders., Orality and literacy. In: Schrift und Schriftlichkeit. Ein interdisziplinäres Handbuch internationaler Forschung = Writing and Its Use. 1. Halbbd. Hrsg. v. Hartmut Günther/Otto Ludwig. Berlin/New York 1994, 1–17. (HSK 10.1).

Ders. (Hrsg.), Kulturelle Perspektiven auf Schrift und Schreibprozesse. Elf Aufsätze zum Thema *Mündlichkeit und Schriftlichkeit*. Tübingen 1995. (ScriptOralia 72).

Rath, Rainer, Was ist aus der Erforschung der gesprochenen deutschen Sprache geworden? Anmerkungen zur Geschichte eines Wissenschaftsgebietes. In: Texttyp, Sprechergruppe, Kommunikationsbereich. Studien zur deutschen Sprache in Geschichte und Gegenwart. Festschrift für Hugo Steger zum 65. Geburtstag. Hrsg. v. Heinrich Löffler/Karlheinz Jakob/Bernhard Kelle. Berlin/New York 1994, 375–395.

Riehl, Claudia Maria, Die Satzverknüpfung in deutschen Bibelübersetzungen des Spätmittelalters. Untersuchungen zum Verhältnis von Textsyntax und Rezipientenbezug. Magisterarbeit (masch.). Eichstätt 1987.

Dies., Kontinuität und Wandel von Erzählstrukturen am Beispiel der Legende. Göppingen 1993. (GAG 576).

Dies., Der narrative Diskurs und die Verschriftlichung der Volkssprache. Beispiele aus dem Französischen, Italienischen und Deutschen. In: Raible 1995, 37–64.

Rössing-Hager, Monika, Syntax und Textkomposition in Luthers Briefprosa. 2 Bde. Köln/Wien 1972.

Dies., Wie stark findet der nicht-lesekundige Rezipient Berücksichtigung in den Flugschriften? In: Flugschriften als Massenmedium der Reformationszeit. Beiträge zum Tübinger Symposion 1980. Hrsg. v. Hans-Joachim Köhler, Stuttgart 1981, 77–137. (Spätmittelalter und Frühe Neuzeit. Tübinger Beiträge zur Geschichtsforschung 13).

Roloff, Hans-Gert, Stilstudien zur Prosa des 15. Jahrhunderts. Die Melusine des Thüring von Ringoltingen. Köln/Wien 1970.

Sandig, Barbara, Zur historischen Kontinuität normativ diskriminierter syntaktischer Muster in spontaner Sprechsprache. In: DS 1/3, 1973, 37–57.

Schaefer, Ursula, Vokalität. Altenglische Dichtung zwischen Mündlichkeit und Schriftlichkeit. Tübingen 1992. (ScriptOralia 39).

Schieb, Gabriele, Zur sprachhistorischen Situation und zu einigen Entwicklungstendenzen der deutschen Sprache in der Zeit der frühbürgerlichen Revolution. In: Der arm man 1525. Volkskundliche Studien. Hrsg. v. Hermann Strobach. Berlin 1975, 197–218.

Dies., Der Verbkomplex aus verbalen Bestandteilen. In: Zur Ausbildung der Norm der deutschen Literatursprache auf der syntaktischen Ebene (1470–1730). Der Einfachsatz. Hrsg. v. Gerhard Kettmann/Joachim Schildt. Berlin 1976, 39–234.

Schildt, Joachim, Modalwörter in Leipziger Frühdrucken. In: Zum Sprachwandel in der deutschen Literatursprache des 16. Jahrhunderts. Studien–Analysen–Probleme. Hrsg. v. einem Autorenkollektiv unter der Leitung von Joachim Schildt. Berlin 1987, 385–431.

Ders., Modalwörter im Frühneuhochdeutschen. Die Entwicklung ihres Bestandes. In: Betten 1990, 153–162.

Ders., Zur Entwicklung des Modalwortbestandes in der deutschen Literatursprache (1570–1730). In: Soziolinguistische Aspekte des Sprachwandels in der deutschen Literatursprache 1570–1730. Hrsg. v. Joachim Schildt. Berlin 1992, 417–484.

Schlaffer, Heinz, Einleitung zu: Jack Goody/Ian Watt/Kathleen Gough, Entstehung und Folgen der Schriftkultur. Frankfurt/M. 1981, 7–23.

Schlieben-Lange, Brigitte, Traditionen des Sprechens. Elemente einer pragmatischen Sprachgeschichtsschreibung. Stuttgart [etc.] 1983.

Schmidt, Wilhelm, Geschichte der deutschen Sprache. Ein Lehrbuch für das germanistische Studium. 6. Aufl., erarbeitet unter der Leitung von Helmut Langner. Stuttgart/Leipzig 1993.

Schnell, Rüdiger, Prosaauflösung und Geschichtsschreibung im deutschen Spätmittelalter. Zum Entstehen des frühneuhochdeutschen Prosaromans. In: Literatur und Laienbildung im Spätmittelalter und in der Reformationszeit. Symposion Wolfenbüttel 1981. Hrsg. v. Ludger Grenzmann/Karl Stackmann. Stuttgart 1984, 214–248. (Germanistische Symposien, Berichtsbände 5).

Schulze, Ursula, Lateinisch-deutsche Parallelurkunden des 13. Jahrhunderts. Ein Beitrag zur Syntax der mittelhochdeutschen Urkundensprache. München 1975. (Med. Aev. 30).

Schwitalla, Johannes, Deutsche Flugschriften 1460–1525. Textsortengeschichtliche Studien. Tübingen 1983. (RGL 45).

Simmler, Franz, Syntaktische Strukturen im Prosaroman des 16. Jahrhunderts. Die Schön Magelona. In: Sprachw. 8, 1983, 137–187.

Ders., Makrostrukturelle Veränderungen in der Tradition des frühneuhochdeutschen Prosaromans. In: Deutsche Sprachgeschichte. Grundlagen, Methoden, Perspektiven. Festschrift für Johannes Erben zum 65. Geburtstag. Hrsg. v. Werner Besch. Frankfurt/M. [etc.] 1990, 187–200.

Spriewald, Ingeborg: Jörg Wickram und die Anfänge der realistischen Prosaerzählung in Deutschland. Diss. (masch.). Potsdam 1971.

Dies., Literatur zwischen Hören und Lesen. Wandel von Funktion und Rezeption im späten Mittelalter. Fallstudien zu Beheim, Folz und Sachs. Berlin/Weimar 1990.

Stolt, Birgit, Die Sprachmischung in Luthers Tischreden. Studien zum Problem der Zweisprachigkeit. Stockholm 1964. (SGF 4).

Dies., Poesie und Mythos. Übersetzungstheoretische und rezeptionsästhetische Studien zu Luthers Bibelübersetzung im Wandel der Zeiten. In: Liturgie und Dichtung. Ein interdisziplinäres Kompendium II. Interdisziplinäre Reflexion. Hrsg. v. Hansjakob Becker/Reiner Kaczynski. St. Ottilien 1983, 1–40. (Pietas Liturgica 2).

Dies., Redeglieder, Informationseinheiten: Cola und commata in Luthers Syntax. In: Betten 1990, 379–392.

Tschirch, Fritz, Die Sprache der Bibelübersetzung Luthers heute – Eine Apologie der Bibelrevision von 1956/64 durch Besinnung auf ihre sprachgeschichtlichen Voraussetzungen. In: Ders., Spiegelungen. Untersuchungen vom Grenzrain zwischen Germanistik und Theologie. Berlin 1966, 68–108.

Warnke, Ingo, Aspekte der Formierung des Neuhochdeutschen. Ein Blick auf die Sprachhistoriographie der letzten Jahre. In: DS 22/4, 1994, 353–380.

Weinrich, Harald, Tempus: Besprochene und erzählte Welt. Stuttgart 1964.

Weithase, Irmgard, Zur Geschichte der gesprochenen deutschen Sprache. 2 Bde. Tübingen 1961.

Wells, Christopher J., Deutsch: eine Sprachgeschichte bis 1945. Aus dem Englischen v. Rainhild Wells. Tübingen 1990. (RGL 93). [Engl. Originaltitel: German: A Linguistic History to 1945. Oxford/New York 1985].

Wenzel, Horst, Hören und Sehen, Schrift und Bild. Kultur und Gedächtnis im Mittelalter. München 1995.

Wilbur, Terence, Sentence connectives in ancient Germanic texts. In: Germania: Comparative Studies in the Old Germanic Languages and Literatures. Hrsg. v. Daniel G. Calder/T. Craig Christy. Wolfeboro 1988, 85–95.

Wolf, Norbert R., Satzkonnektoren im Neuhochdeutschen und Mittelhochdeutschen: Prolegomena zu einer kontrastiven Textsyntax. In: Sprachw. 3, 1978, 16–48.

Ders., Althochdeutsch–Mittelhochdeutsch. Geschichte der deutschen Sprache. Hrsg. v. Hans Moser/Hans Wellmann/Norbert R. Wolf. Bd. I. Heidelberg 1981. (UTB 1139).

Zumthor, Paul, La lettre et la voix. De la „littérature" médiévale. Paris 1987.

Anne Betten, Salzburg

119. Die Kanzleisprachen

1. Zu den Begriffen 'Kanzleisprache' und 'Geschäftssprache'

Der am Texterzeuger orientierte und erst seit dem 18. Jh. gebräuchliche Terminus *Kanzleisprache* meint die geschriebene Sprache der städtischen, fürstlichen und kaiserlichen Kanzleien im Spmhd. und Frnhd. An den Textsorten orientiert sind die Termini *Urkunden-* und *Geschäftssprache*, wobei letzterer der allgemeinere ist, da in den Kanzleien bzw. im Auftrage der Kanzleien auch Briefe, Sal- und Kopial-, Stadt- und Rechnungsbücher, Urbare, Register(bücher), Amtsbücher und andere Aufzeichnungen entstanden. Auch unter *Geschäftssprache* wird also die geschriebene (und gedruckte) Sprache der städtischen und fürstlichen Kanzleien im Spmhd. und Frnhd. verstanden, aber hier ist zu ergänzen, daß noch andere Texterzeuger wie Gerichte, Handelskontore hinzutreten. Die Geschäftssprache zeigt sich „in Urkunden und Akten, Stadt- und Gerichtsbüchern, Briefen, aber auch Rechtsdenkmälern" (Fleischer 1970, 7).

Beide, Kanzleisprache und Geschäftssprache, sind wesentliche Bestandteile der spätmittelalterlichen Schreibsprachen bzw. Schreibdialekte. Dabei ist zu berücksichtigen, daß sie auch Hinweise auf gesprochene Sprache enthalten: Urkunden waren auch zum (öffentlichen) Vorlesen bestimmt (vgl. die oft am Eingang stehende Formel *allen, die es hören oder lesen*). Ihre Bedeutung für die Herausbildung der nhd. Schriftsprache wird trotz ihrer regionalen Ausprägungen von allen Sprachhistorikern, wenn auch mit unterschiedlicher Gewichtung, anerkannt.

2. Zur Geschichte der Erforschung der Kanzleisprachen

Die Vorbildwirkung der Kanzleisprachen ist seit Luthers „ich rede nach der Sechsischen cantzley" immer wieder hervorgehoben wor-

den. Schon Frangk (1531, 94) empfiehlt das Lesen „gutter deutscher bůcher vnnd verbriefungen", „schriefftlich oder im druck verfast vnd ausgangen", „Vnder welchenn mir etwan des tewer (hochlôblicher gedechtnis) Keiser Maximilianes Cantzelej vnd diser zeit D. Luthers schreiben [...] die emendirsten und reynisten zuhanden komen sein". Opitz (1624, 33) rühmt die „Cancelleyen (welche die rechten lehrerinn der reinen sprache sind)", und Schottelius (1663, 17) begründet seine Lobpreisung der dt. Sprache auch damit, „daß in der Cammer aus Verordnung des Reichs / keine Acta als in Teutscher Sprache müssen angenommen werden", und in der vorangestellten Widmung (b jʳ) wird im kurzen sprachhistorischen Exkurs der hohe Entwicklungsstand des Deutschen so begründet:

„Das Frånkische hat [...] in denen nach Caroli M. erfolgeten Jahrhunderten [...] sich sonderlich beginnen hervorzuthun / und zwar jmmer mehr und mehr nach der Mundart und eigenschaft / so man genennet Hochdeutsch / darin man auch hernach begunnen die publica imperii acta aufzuzeichnen / die auch / nicht ohn vielfältige enderung / in Kåiserl. Chur und Fůrstlichen auch anderen Cantzeleyen mit der Zeit angenommen / ausgeůbt und bishero behalten worden".

Im Gegensatz zu dieser Hervorhebung steht eine kurze Bemerkung Adelungs (1781, 53) über die „Ober=Deutsche Mundart" ab 13. Jh. „in den Gerichtshöfen [...], wo sie unter dem Nahmen des Gerichts= und Kanzelley=Styls noch zum Theil beybehalten wird." Grimm (1848) würdigt die Kanzleisprachen keiner Erwähnung. Ansonsten widmet die Sprachgeschichtsschreibung des 19. Jhs. ihnen sehr wohl ihre Aufmerksamkeit: Pfeiffer (1854, Xf.) geht davon aus, daß das Idiom, das Luther als „gemeine deutsche Sprache" gebraucht habe, „in der sächsischen canzlei gewaltet" habe, aber nicht vom sächs. Kurfürst oder vom Kaiser „gemacht", sondern „auf dem grunde eines dialects fortgebildet" sei, „der in Obersachsen schon seit jahrhunderten gesprochen wurde und den schon früher Oberländer und Niederländer ohne mühe verstehen konnten".

Raumer (1864, 203) hebt demgegenüber in seiner Rezension von Pfeiffers Deutschordenschronik-Edition hervor,

„dass die Sprache der sächsischen Kanzlei keine besondere, nur auf dem Grunde der obersächsischen Volksmundart erwachsene, sondern dass sie vielmehr im Wesentlichen identisch mit der allgemeinen Reichssprache war. Auf die Entstehung dieser Reichssprache also hat man sein Hauptaugenmerk zu richten, wenn man den Uebergang der mittelhochdeutschen in die neuhochdeutsche Schriftsprache verfolgen will."

Müllenhoff (1863, XXXIII–XXXV) weist auf die Vorbildwirkung der kaiserlichen Kanzleisprache für die md. Fürsten- und Stadtkanzleien hin, die auch die „mitteldeutsche mundart" verändert haben: „durch Luther und die reformation emporgehoben ward sie im sechzehnten jahrhundert die massgebende sprache". Auf Müllenhoff beruft sich Burdach (1884, 1), wenn er die Bedeutung der Kanzleisprache im 16. Jh. hervorhebt. Daraus leitet er (1884, 12) folgende Forderung ab:

„Eine Geschichte dieser Kanzleisprache wäre von höchster Wichtigkeit und höchstem Interesse: ihre locale Verschiedenheit nach den einzelnen Landschaften, ihr Verhältnis zum Latein, zu Luthers Sprache, zur Rechtssprache, zum Briefstil, zu der Verkehrssprache des täglichen Lebens wäre zu erforschen."

Diese grundsätzlichen Erörterungen werden schon im 19. Jh. gestützt von zahlreichen Einzeluntersuchungen und Urkundeneditionen meist kleiner Kanzleien vor allem des südwestdeutschen, schweizerischen und des schlesisch-lausitzischen Raumes:

Pfeiffer (1864), Gessler (1888), Brandstetter (1892), Kemmer (1898) untersuchen (meist phonologische oder morphologische) Entwicklungen in obd. Kanzleisprachen; und Urkundensammlungen, teils sogar Urkundenbücher werden zu mehreren omd., auch schlesischen und Oberlausitzer Städten, vor allem zu Orten aus dem Obd. herausgegeben. Omd. Kanzleisprachen untersuchen Wülcker (1879) und Böhme (1899). Das Omd. steht auch in der ersten Hälfte des 20. Jhs. im Mittelpunkt, zunächst vor allem im Hinblick auf die Bedeutung der Prager und anderer böhm. Kanzleisprachen für die Herausbildung des Nhd.: Bernt (1915, 1930, 1934), Bindewald (1928), Schmitt (1936).

Zum Thür.-Osächs. seien Gutjahr (1910), Gleißner (1935), Bach (1937, 1943) und Hammerschmidt (1948) genannt. Nach dem Zweiten Weltkrieg wurden ebenfalls besonders die omd. Kanzlei- bzw. Geschäftssprachen untersucht: Schmitt (1966), Kettmann (1969), Suchsland (1968), Otto (1970), Fleischer (1970). Im omd.-obd. Grenzgebiet konnte auch Skála (1967) zahlreiche omd.-obd. Ausgleichstendenzen nachweisen. Aber auch das Obd., besonders das des Ostens, rückte in den Mittelpunkt des Interesses: Pfanner (1954), Schwitzgebel (1958), Bansa (1968), Reiffenstein (1969), Moser (1977), Uminsky (1980) u. a. Dem Südwesten wid-

meten sich besonders B. Boesch (1946, 1968), J. Boesch (1943) und Kleiber/Kunze/Löffler (1979). Dem Wmd. wandten sich v. a. Schützeichel (1956, 1960), Steffens (1988) und neuerdings Gärtner/Holtus (1997) zu.

Auch das Nd. wurde berücksichtigt, zunächst von Kahle (1908), Lasch (1910), Böttcher (1916, 1921/22), Schütt (1919), Lide (1922), Teske (1927), Bruinier (1928), Heinsohn (1933), Cordes (1934, 1959), Rastede (1934/35), nach dem Zweiten Weltkrieg u. a. von Dahl (1960), Rösler (1987), Brox/Peters (1994).

Zu Rechtstexten ostmitteleuropäischer Kanzleien liegen grammatische Untersuchungen u. a. von Masařik (1966) und Bassola (1985) vor; meist sind sie Stadtbüchern gewidmet (Gárdonyi 1966; Piirainen 1992), die auch gleichzeitig ediert werden (Grothausmann 1977, Piirainen 1993).

Als bedeutendste Edition ist das 1929 von F. Wilhelm begonnene und später von R. Newald, H. de Boor, D. Haacke und B. Kirschstein fortgesetzte und zu Ende geführte Corpus der altdeutschen Originalurkunden bis zum Jahr 1300 (1932–1986) zu nennen, auf dessen Grundlage das seit 1957 in Arbeit befindliche Wörterbuch der mittelhochdeutschen Urkundensprache (1994, 1995 ff.) fußt.

3. Entwicklung des deutschen Urkundenwesens. Stadtschreiber und die Herausbildung von Kanzleien

Seit dem Merowingerreich wurde zwar lat. geurkundet, aber die Recht„sprechung" ging in weiten Kreisen ausschließlich mündlich vor sich, und zwar in dt. Sprache, die somit auch juristische Normen tradierte.

Das dt. Urkundenwesen fußte also auf unterschiedlichen Traditionen. Auf Grund der großen Zunahme der Schriftlichkeit (im 12. Jh. sollen in Deutschland etwa 8000, im 13. Jh. etwa 70000 Privaturkunden ausgestellt worden sein) im 13. Jh. begann es sich neben der immer noch übermächtigen lat. Urkundung durchzusetzen. Übersetzungsprodukt aus dem Lat. ist es keineswegs, und unmittelbare Abhängigkeiten vom Lat. lassen sich auch nicht nachweisen. Vielmehr wurden von Anfang an die Ergebnisse mündlicher Verhandlungen unter Zuhilfenahme von Aufzeichnungsmustern und anderer Schriftstücke in unterschiedlicher Komprimierung schriftlich festgehalten.

Die dt. Urkunde stellt also etwas Neuartiges dar. Dies ist ein europ. Phänomen, denn Italien und Frankreich hatten den Schritt zur volkssprachigen Urkunde schon vorher getan. Das mag einer der Gründe dafür sein, daß die dt. Urkundung im alem. Raum (Konstanz, Zürich, Basel, Straßburg, Freiburg) begann. Außerdem kann die nordalem.-srhfrk. „Dichtersprache" seit ausgehendem 12. Jh., die das Sprachbewußtsein hob, fördernd gewirkt haben.

Gemeinhin werden folgende Faktoren für das Aufkommen der deutschsprachigen Urkundung genannt, die allerdings in verschiedenen Städten und Regionen in unterschiedlicher Gewichtung auftraten: Bürgisser (1988, 26−30) referiert „sozial-historische" und „innere" Gründe, wobei zu den sozialhistorischen vor allem die wachsende Bedeutung von niederem Adel und Städten (bei beiden waren kaum Lateinkenntnisse vorhanden) gehört. Die wachsende Beteiligung unterer Schichten einschließlich der Bauern am Rechtsleben und die Komplizierung juristischer und wirtschaftlicher Prozesse habe einerseits die Schriftlichkeit, andererseits die Herstellung verständlicher Texte gefördert. Innere Gründe, die mit dem Funktionswandel der Urkunde zusammenhängen, sind vor allem die seit dem 12. Jh. gewachsenen Bedeutungen der Privaturkunden (in traditioneller Terminologie aller außer Papst- und Herrscherurkunden, wobei die letzteren die Königs- und Kaiserurkunden ausmachen, während Fürstenurkunden als besondere Gruppe der Privaturkunden betrachtet werden) im Beweisverfahren einer vollzogenen Rechtshandlung. Zuerst war nur der Zeuge genannt worden, da er beweiskräftig war. Seit der zweiten Hälfte des 13. Jh. traten die Zeugenreihen mehr und mehr in den Hintergrund, und die Urkunde wurde ebenso beweiskräftig wie den Rechtsvorgang mitvollziehend. Der Inhalt gewann also an Bedeutung, und dieser mußte im Interesse des Vorgelesenwerdens allgemeinverständlich sein. Außerdem gab es seit dem 13. Jh. vermehrt Schiedsgerichtsverhandlungen, bei denen dann die Argumente und Urteile urkundlich in der verwendeten Volkssprache protokolliert wurden.

In mehreren Städten (Regensburg 1259, Augsburg 1272, Nürnberg 1287) begann die Stadt selbst mit der dt. Urkundung, es kann aber auch der Bischof den Anstoß gegeben haben (s. die ersten Urkunden in Straßburg im „Walther-Krieg") (Schulze 1978, 320−336). Im 13. Jh. ist die Geistlichkeit ohnehin noch maßgeblich an der Durchsetzung des Dt. in der Urkundung beteiligt: Von den etwa 70 Regensburger dt. Originalurkunden stammen 6 aus der städtischen Kanzlei, alle anderen aus klerikalen Institutionen. Allerdings ließ − wie auch in Nürnberg und Augsburg − die Stadt die ersten deutschsprachigen Urkunden herstellen, während die Urkunden geistlicher Institutionen später sind.

Signalwirkung − zumindest für Erlasse einiger Landesfürsten − wird der von Kaiser Friedrich II. in lat. und dt. Sprache verkündete Mainzer Landfrieden von 1235 ausgeübt haben, und die erste dt. Königsurkunde richtet 1240 der Bayer Konrad IV. an die Stadt Kaufbeuren. Als erstes dt. Rechtsbuch gilt der „Sachsenspiegel" 1225. Wenn aus dem 13. Jh. etwa 4500 deutschsprachige Urkunden bekannt sind, so sind es in der ersten Hälfte nur 12 (bei einigen ist die Datierung umstritten, oder sie sind nicht zu Urkunden zu rechnen, so daß jetzt der Mainzer Landfrieden als Anfang angesehen und die erste dt. Privaturkunde − sie stammt aus dem Kloster Rüti in der Schweiz − 1238 datiert wird). In der zweiten Hälfte stieg die Zahl sprunghaft an: Bis 1281 kamen 595 hinzu, bis 1290 weitere 1101 und bis 1300 nochmals 2482 (WMU. Einführung, 3). Dies ist mit der gewachsenen Verschriftlichung der Rechtsvorgänge zu erklären, denn auch die lat. Urkunden nahmen zu. Auf das Alem. folgte das bair.-öst. Gebiet (blieb aber bis zum Ende des 13. Jh. hinter der Zahl orhein. Urkunden zurück), während der md. Raum bis auf das zeitig dt. urkundende Köln (nach Hoffmann (1980, 129) seit 1250/60) diese Entwicklung erst später, meist nach 1300 vollzog.

Im 14. Jh. stieg die Zahl dt. Urkunden weiterhin beträchtlich, so daß allmählich mehr dt. als lat. Urkunden entstanden (in bayrischen Herzogsurkunden bereits seit Beginn des 14. Jh., in der Kölner erzbischöflichen Kanzlei erstmals 1358), und auch die Kaiserliche Kanzlei, die schon unter Rudolf von Habsburg (1273−1291) in beträchtlichem Maße dt. geurkundet hatte, regelte und erweiterte unter Ludwig dem Bayern (1314−1347) den Gebrauch des Dt. bei der Urkundung: Schon bis 1329 urkundete er als Herzog zu 88,6% dt. bei Empfängern aus dem Bair.; die von ihm als König oder Kaiser ausgestellten Urkunden sind zu 72% dt. bei Empfängern aus Altbayern, zu 55% bei Adressaten aus schwäb. oder ofrk. Gebiet, aber nur zu 25% bei solchen aus übrigen obd. und md. Regionen und überhaupt nicht bei Empfängern aus dem Nd., Nl. und aus fremdsprachigen Ländern (Bürgisser 1988, 50).

Wesentlich für die Entwicklung ist die Etablierung von Kanzleien als „Zentralstellen der Landes- oder Stadtverwaltung für das gesamte Schreibwesen" (Eggers 1986, 23) im 14. Jh., da die Gelegenheitsschreiber – im 13. Jh. bemühten die Städte noch öfter Klosterschreiber, oder die Empfänger stellten die Schreiber selbst (einige Städte hatten allerdings schon feste Stadtschreiber) – nicht mehr ausreichten. In den Kanzleien arbeiteten besoldete, unter Eid stehende Kanzleischreiber (das Wort ist seit dem 15. Jh. belegt), ursprünglich Kleriker, später zunehmend – zumindest seit dem 15. Jh. – juristisch gebildete Laien, die in fürstlichen Kanzleien einem Kanzler unterstanden. Die Dienstbezeichnungen wechselten (Kanzlist, Sekretär, Notar, je nach Ort Stadt-, Land-, Klosterschreiber, auch Stadtklerk), und die Struktur der Kanzlei war verschieden. Kettmann (1969, 39–68) stellt sogar wiederholte Umstrukturierungen der kursächsischen Kanzlei fest. 1536/37 werden in Hofrechnungen 1 Vizekanzler, 1 Sekretär und 10 Schreiber genannt. Auch für höhere Dienstgrade gibt es unterschiedliche Titulierungen (Oberschreiber, Oberstadtschreiber, Hofgerichtssekretär, Protonotar, Kanzler), und die Kompetenzen variierten.

Je nach Anlaß waren auch die Aufgaben der Kanzleischreiber unterschiedlich. Sie reichten von der Führung von Rechnungsbüchern und der Herstellung von Reinschriften und deren Kollation mit Konzepten über Registratur- und Ordnungsarbeiten zur Abfassung von Konzepten und Protokollführung beim Rat oder bei Gericht. In einigen Gebieten waren Kanzleischreiber auch Gesandte oder Begleiter von Gesandtschaften. Die Tätigkeiten waren recht genau festgelegt. Sprachgeschichtlich wichtig ist ihre Aufgabe, für die Rechtsparteien gleichlautende Urkunden herzustellen (der sie auch, wie immer wieder festgestellt wurde, nachkamen).

Gelehrsamkeit war die hervorstechende Eigenschaft der Kanzleischreiber (s. die öftere Benennung *clerc*), und etliche haben literarische Werke, teils von hohem Rang, verfaßt, s. der Kölner Gottfried Hagen, der Straßburger Hesso, der Eisenacher Johannes Rothe, vor allem Johann von Neumarkt und Johannes von Tepl. Außerdem kümmerten sich einige wie Rudolf Losse aus Eisenach um das Schulwesen ihres Wirkungsortes, und schon durch die Berufung von Kanzleischreibern wirkten sie schulebildend im Kanzleiwesen (Schmitt 1966, 81–111).

4. Stilistische Grundzüge der Kanzleisprachen

Die Vorbildwirkung der Kanzleisprachen bis ins 17. Jh. hinein ist auch durch ihre strenge Normierung von Anfang an zu erklären, wobei die Einflüsse auf den Kanzleistil (ein seit dem 16. Jh. belegter Begriff) bis heute nicht gründlich erforscht sind. Der Brief hat Pate gestanden, die ersten Urkunden des Straßburger Bischofs Walther von Geroldseck weisen Elemente der Predigt auf (Schulze 1978, 335), aber die meisten sprachlichen Mittel werden der Rechtssprache selbst erwachsen sein. Auf mündliche Rechtstradition weisen anschauliche Wendungen hin wie *vnd sol jn der stat gehaltin da er sunnen vnd manen gesehin mûge* (Boesch 1946, 44).

Der Wortschatz ist umfangreich und genau strukturiert. Wenn auch Rechtswörter im engeren Sinne wie *reht, vride, âhte* im Verhältnis zum Gesamtwortschatz keineswegs dominieren, so sind Rechtswörter im weiteren Sinne, also Wörter mit rechtssprachlichen Konnotationen wie *abelâzunge* 'Erlaß von Abgaben', *anegewinnen* 'gerichtlich nachweisen' recht zahlreich. Substantive sind oft Komposita (*burgererbe*) oder als Abstrakta Derivate (*behebunge* 'Beweiserhebung'). Adjektive weisen bisweilen gesonderte Suffixbildung auf (*anrüeftic* 'klagend, Recht suchend', *antwart* 'zugegen') oder sind suffixlos (*angült* 'zahlungspflichtig'). Auch Verben sind recht häufig Komposita oder Derivate (*abegeniezen, beinsigelen*) (Schulze 1988, 42f., 46–49).

Die Formelhaftigkeit ist bei aller Normung abwechslungsreich. Besonders häufig ist die dem Zeitstil verpflichtete zweigliedrige Formel bei Subst., Adj. und Verben (*leit oldir vngemach, wissentlich und bedahtlich, weren noch versagen*); auch Mehrgliedrigkeit ist möglich (*mit wort mit werche mit guberde mit rechte aller der guzirde*). Die Antithese kommt vor, wenn auch seltener als in der schöngeistigen Literatur: *vor armen vnd vor richen, haimlich ald offenlich*; selbst die Alliteration ist belegt: *gût vnde gebe, ledecliche vnd lære* (Boesch 1946, 36–41).

Auch die Syntax ist vielgestaltig und dem gehobenen schreibsprachlichen Stil verpflichtet: Schulze (1991, 169) konnte schon für das 13. Jh. feststellen,

„daß die Urkunden sehr verschiedene Arten komplexer Sätze enthalten und daß beobachtete Unterschiede z. T. durch bestimmte Texttypen bedingt waren. Die Gefüge sind syntaktisch fast immer klar gegliedert, Haupt- und Nebensätze in geradliniger oder verzweigter Struktur sind durch formal-grammatische Merkmale geprägt. Für die satz- und textsyntaktische Strukturierung steht [...] ein reiches Reservoir an Konjunktionen und Partikeln zur Verfügung."

Das kann – wenn auch Variationen je nach Schreibort und Ausbildung des Schreibers einzukalkulieren sind – für die folgenden Jahrhunderte ebenso postuliert werden.

Bemerkenswert ist, daß die Syntax den Regeln des dt. Satzbaus und nicht unbedingt denen das Lat. folgt. Schon bei lat.-dt. Parallelurkunden des 13. Jh. wird der AcI der lat. Fassung durch *daz*-Sätze in der dt. Übertragung wiedergegeben (*qui si inuenerit eundem archiepiscopum racionabiliter et iuste procedere – vnd vindet er, daz der ertzpischolf rehte vnd redelichen rihtet*), für adnominale partizipiale Bestimmungsglieder im lat. Text stehen im dt. Relativsätze: *homines liberales inuerrich residentiam habentes – Frilúte, die ze Verrich gesessen sint*, und bei komplizierteren Sätzen wurden Teilsätze umgruppiert und syntaktische Abhängigkeiten verändert (Schulze 1975, 74, 136f., 181f.).

Die Formelhaftigkeit wechselt jedoch von Kanzlei zu Kanzlei: In Straßburg lautet die Invocatio *Innamen des vaters vnd des sunes vnd des heiligen geistes*, in Augsburg nur *In nomine domini amen*; auch die Publicatio hat in Straßburg einen anderen Wortlaut als in Augsburg.

Es konnte einem Schreiber gelingen, anderswo Tradiertes in seiner augenblicklichen Wirkungsstätte einzuführen oder gar durchzusetzen: Der Augsburger Schreiber Konrad, der 1285 nach Nürnberg überwechselte, als es dort noch keine dt. Urkundentradition gab, führte diese Augsburger Formeln dort ein, die lat. Invocatio allerdings nur in lat. Urkunden (Haacke 1964, 118f.).

Zumindest hat Sparmann (1963, 372f.) Varianten der Publicatio territorial, teilweise auch lokal bestimmen können: *tun kunt* im gesamten obd. Raum, im Md. bis nach Südthüringen und im Westen bis Cleve, *bekennen* im Nsächs., Osächs. und Thür. De Boor (1975, 91–100) stellte auch bei der Datumzeile territoriale Unterschiede fest, wobei die obd. Urkunden „zwei Idealschemata" folgen, einem alem. und einem bair.-öst.

5. Die Bedeutung der Kanzleien für den Sprachausgleich

Die bei Stiluntersuchungen immer wieder diskutierte Frage, ob Schreiber oder Schreibort primär sei, ist auch für das Problem des

Sprachausgleichs bedeutend: Die konträr scheinenden Standpunkte einer „dominierenden Rolle der örtlichen Schreibtradition" (Boesch 1957, 5) und der Dominanz der (auswärtigen) Schreibergewohnheiten (Haacke 1964, 140f.) haben zu der Erkenntnis geführt, daß die Herkunft des Schreibers im 13./ 14. Jh. auffälliger ist als im 15./16. Jh., wo der Schreibusus besonders in höher organisierten Kanzleien bestimmend wirkt (Moser 1985, 1404). Allerdings ist auch jetzt individueller Schreibgebrauch z. B. in Wittenberg sowohl in der Stadtkanzlei als auch in der kurfürstlichen Kanzlei festzustellen, der aber den überregionalen Sprachausgleich unterstützt (Kettmann 1996, 131–136). Dabei sind auch sprachsoziologische Differenzierungen zu beobachten: Aufgrund der Trennung von „höherer" und „niederer" Kanzleiarbeit im 14./ 15. Jh. und der Zunahme des Schriftverkehrs arbeiten zahlreiche Schreibende mit niedrigerem Bildungsgrad, die den geregelten Sprachausgleich hemmen (Schmitt 1966, 317f.) und im Gegensatz zu (Ober-) Stadtschreibern Mundartliches noch ziemlich ungeregelt tradieren, in Dresden z. B. omd. *e, o, i, e* für mhd. *ei, ou, ü, ö* (Fleischer 1970, 463–467). Ebenso zeigen sich Unterschiede zwischen Konzept und Original einer Urkunde: In der kursächsischen Kanzlei finden sich Dialektmerkmale wie *a* für *o, dorfft, bewist* im Konzept, die im Original fehlen. Stammen Konzept und Original von verschiedenen Schreibern, können ebenfalls Divergenzen auftreten: Der Originalschreiber derselben Kanzlei ändert gegenüber dem Konzeptschreiber *sunst, ie* in *sonst, i* (Kettmann 1969, 306f.).

Die zweite Frage, ob große Kanzleien progressiver sind als kleine, ist ebenfalls differenziert zu beantworten: Schulze (1967, 22f.) und Bürgisser (1988, 3) geben gegen eine geringere Einschätzung kleinerer Kanzleien zu bedenken, daß die dort tätigen ungeübten Schreiber eher der Tradition folgen als versierte Beamte, die auch der aktuellen Mundart besser entsprechende Schreibungen anwenden. Suchsland (1968, 246f.) und Otto (1970, 282–286, 288–290) weisen nach, daß alle Entwicklungen in Jena und Zeitz gleichlaufend mit großen Kanzleien vollzogen werden, und Skála (1967, 13) hebt vor, daß die Egerer Kanzleisprache der Prager in nichts nachsteht. Trotzdem ist die Vorbildwirkung großer Kanzleien zu akzeptieren. Die kursächsische Kanzlei fördert im Omd. die Durchsetzung der nhd. Diphthongierung, die kaiserliche Kanzlei hilft im Süden *o*-Formen

(*sonst* für *sunst*) verbreiten. Von den Stadtkanzleien beginnen die östlichen mit dem
Sprachausgleich, hier vor allem die nordbay-
rischen und oberfränkischen (Regensburg,
Nürnberg, Bamberg), indem sie rhfrk. und
md. Einflüsse aufnehmen und mit Augsburg,
Eger, Prag, Leipzig, Erfurt und anderen
böhm. und omd. Städten in Beziehung treten
(Moser 1985, 1404, 1406; Skála 1970, 99–
104).

Wenn das Interesse bei allen Kanzleien am
Sprachausgleich feststellbar ist (die Kanzleien
der Habsburger, Wettiner, Luxemburger,
Wittelsbacher und Hohenzollern und des
Mainzer Erzbischofs wandten sich an Untertanen aus verschiedenen Dialektgebieten,
und die Städte waren am Handel interessiert), ist auch der Rolle des Empfängers bei
der Wahl der Sprachform nachzugehen. Bisweilen ist sie nachzuweisen: Erfurter Urkunden mit fernen Adressaten (z. B. der Vertrag
mit dem Mainzer Erzbischof 1287) weisen
obd. Merkmale auf, während die mit thürin-
gischen beim Thür. bleiben (*obir, wy, en*); eine
Magdeburger Urkunde von 1294, ein Beschluß des Stadtrats über die Münzprägung,
ist nd., eine von 1295 mit der Übertragung
des Magdeburger Rechts an Breslau, sich also
an diese Stadt wendet, ist hd. (Guchmann
1970, 101–103). Das ist aber nicht zu verallgemeinern: 3 Schreiben aus der bischöflichen
Kanzlei in Münster 1533–1537 an Coesfeld
sind nd., eins hd. (Brox 1994, 13).

Generell nimmt das Md. mehr vom Obd.
auf als umgekehrt, und der Osten schreitet
gegenüber dem (politisch zersplitterten) Westen voran (Moser 1985, 1404, 1406). Das
Nd. nimmt – deutlicher erkennbar seit Ende
des 14. Jh. – einzelne hd. Sprachelemente auf
(Rostock 1391: *borgermeister, dun* für mnd.
don 'tun') (Dahl 1960, 16 f.), geht aber mit
Ausnahme Halberstadts (1427) und Berlins
(1504) erst seit etwa 1530, meist nach 1540/
50 zum Hd. über (Rösler 1987, 234). Auch
hier sind Unterschiede u. a. zwischen fürstlicher und städtischer Kanzlei innerhalb einer
Stadt bemerkbar: In Münster urkundet die
bischöfliche Kanzlei seit 1533, die Ratskanzlei seit 1543 – regelmäßig seit 1549 – und
die Kanzlei des Domkapitals seit 1549 –
dann erst wieder 1563 – hd. (erste hd. Formen in nd. Urkunden finden sich allerdings
in der Ratskanzlei seit 1533 und in der des
Domkapitels seit 1539), während Privaturkunden erst seit 1570 vereinzelt missingsch
und seit 1612 vereinzelt hd. sind. Trotzdem
gilt, daß „die Kanzleien die ersten Einbruchs-

stellen für das Hochdeutsche" sind (Brox
1994, XIII f., 37, 43, 65).

Geradlinig verlaufen diese Prozesse nicht.
Großräumig ist sogar zunächst eine Differenzierung festzustellen, zumal die Laut-
wandelvorgänge wie Diphthongierung, Monophthongierung ihren graphischen Niederschlag finden. Auch in der Lexik halten
sich vorerst regionale Unterschiede. In frühen südwestdt. Urkunden und Urbaren steht
noch *Leutpriester*, während die Vocabularien
schon *Pfarrer* ausweisen (Moser 1985, 1403).
Seit 14. Jh. erfolgt aber verstärkt der Ausgleich. In Erfurt schreibt Heinrich von Sieble-
ben (1310–1315) noch *wie, he, ie*, während
Johannes von Apolda (1392–1417) *wir*, meist
er, i, y, selten *ie* verwendet (Schmitt 1966,
315).

Besonders deutlich wird dies bei den beiden größten Kanzleien, der kursächsischen
und der kaiserlichen Maximilians: Beide vertreten „sprachsoziologisch eine hohe Ebene"
(Kettmann 1969, 279; Moser 1977, 276), und
ihre Übereinstimmungen im Vokalismus und
Konsonantismus sind so gravierend (Unterschiede gibt es vor allem bei *ie* bzw. *i* für
mhd. *ie* und bei der *p*- und *b*-Schreibung),
daß sie „als verschiedene Ausprägungen ein
und desselben Archisystems interpretierbar"
sind (Moser 1977, 277). So hat Luthers Zusammenschau ihre Berechtigung: „Kaiser
Maximilian, und Kurf. Friedrich, H. zu Sachsen etc. haben im römischen Reich die deutschen Sprachen also in eine gewisse Sprache
gezogen." (WA, Tischreden 1, 525).

So stehen sich zu Beginn des 16. Jh. die
Kanzleisprachen so nahe, daß sie der aufkommenden nhd. Schriftsprache „ein einigermaßen festes Gerüst der äußeren sprachlichen Formen (in der Morphologie wohl ähnlich wie in der Graphie) zu vermitteln in der
Lage sind" (Moser 1978, 56). Dieses Gerüst
wird im folgenden ausgebaut durch Druckersprachen, herausragende Autoren wie Luther,
Schulmeister und Grammatiker, da nunmehr
die sprachhistorische Rolle der Kanzleisprachen erfüllt ist.

6. Literatur (in Auswahl)

Adelung, Johann Christoph, Über die Geschichte
der Deutschen Sprache, über Deutsche Mundarten
und Deutsche Sprachlehre. Leipzig 1781.

Bach, Heinrich, Die thüringisch-sächsische Kanzleisprache bis 1325. Bd. I: Vokalismus, Bd. II:
Druckschwache Silben, Konsonantismus, Formenlehre. Kopenhagen 1937, 1943.

Bansa, Helmut, Studien zur Kanzlei Ludwigs des Bayern vom Tag der Wahl bis zur Rückkehr aus Italien (1314–1329). Kallmütz 1968.

Bassola, Peter, Wortstellung im Ofner Stadtrecht. Ein Beitrag zur frühneuhochdeutschen Rechtssprache in Ungarn. Berlin 1985. (Baust. 61).

Bernt, Alois, Abhandlung über die Sprache des Böhmisch-Kamnitzer Stadtbuches. Das älteste Böhmisch Kamnitzer Stadtbuch. Hrsg. v. Verein für Geschichte der Deutschen in Böhmen. Prag 1915.

Ders., Sprach- und kulturgeschichtliche Bedeutung deutsch-böhmischer Stadturkunden. Komotau 1930.

Ders., Die Entstehung unserer Schriftsprache. Berlin 1934. (Vom Mittelalter zur Reformation. Forschungen zur Geschichte der deutschen Bildung IX).

Bindewald, Helene, Die Sprache der Reichskanzlei zur Zeit König Wenzels. Ein Beitrag zur Geschichte des Frühneuhochdeutschen. Halle/S. 1928.

Boesch, Bruno, Untersuchungen zur alemannischen Urkundensprache des 13. Jhs. Laut- und Formenlehre. Bern 1946.

Ders. (Hrsg.), Deutsche Urkunden des 13. Jhs. Bern 1957.

Ders., Die deutsche Urkundensprache. Probleme ihrer Erforschung im deutschen Südwesten. In: RVj. 32, 1968, 1–28.

Boesch, Joseph, Das Aufkommen der deutschen Urkundensprache in der Schweiz und seine sozialen Bedingungen. Diss. Zürich 1943.

Böhme, Oscar, Zur Geschichte der sächsischen Kanzleisprache von ihren Anfängen bis Luther. Halle/S. 1899.

Böttcher, Kurt, Das Vordringen der hochdeutschen Sprache in den Urkunden des niederdeutschen Gebietes vom 13. bis 16. Jh. Kap. I, II und XI. Berlin 1916.

Ders., Das Vordringen der hochdeutschen Sprache in den Urkunden des niederdeutschen Gebietes vom 13. bis 16. Jh. In: ZdMaa. 16, 1921, 62–67, und 17, 1922, 97–108.

Boor, Helmut de, Actum et Datum. Eine Untersuchung zur Formelsprache der deutschen Urkunden im 13. Jh. München 1975. (SbBayA 1975, 4).

Brandstetter, Renward, Die Luzerner Kanzleisprache 1250–1600. Ein gedrängter Abriß mit spezieller Hervorhebung des methodologischen Moments. Einsiedeln 1892.

Brox, Franz, Die Einführung der neuhochdeutschen Schriftsprache in Münster. Hrsg. v. Robert Peters. Bielefeld 1994. (Westfälische Beiträge zur niederdeutschen Philologie 3).

Bruinier, Johannes Weygardus, Die Anklamer Ratskanzlei beim Uebergang vom Nieder- zum Hochdeutschen. Nach einem Vortrage vor der Gesellschaft für Pommersche Geschichte und Altertumskunde in Stettin. In: Heimatkalender für Stadt und Kreis Anklam 1928, 25–36.

Bürgisser, Max, Die Anfänge des frühneuhochdeutschen Schreibdialekts in Altbayern. Dargestellt am Beispiel der ältesten deutschen Urkunden aus den bayerischen Herzogskanzleien. Stuttgart 1988. (ZDL. Beih. 57).

Burdach, Konrad, Die Einigung der Neuhochdeutschen Schriftsprache. Einleitung. Das sechzehnte Jahrhundert. Phil. Habil.-Schr. Halle/S. 1884.

Cordes, Gerhard, Schriftwesen und Schriftsprache in Goslar bis zur Aufnahme der neuhochdeutschen Schriftsprache. Hamburg 1934. (Sprache und Volkstum 3).

Ders., Zur Erforschung der Urkundensprache. In: Jahrbuch des Vereins für Niederdeutsche Sprachforschung 82, 1959, 63–79.

Dahl, Eva-Sophie, Das Eindringen des Neuhochdeutschen in die Rostocker Ratskanzlei. Berlin 1960. (Dt. Ak. Wiss. Berlin, IDSL 22).

Eggers, Hans, Deutsche Sprachgeschichte. Bd. 2. Das Frühneuhochdeutsche und das Neuhochdeutsche. Reinbek bei Hamburg 1986.

Fleischer, Wolfgang, Untersuchungen zur Geschäftssprache des 16. Jhs. in Dresden. Berlin 1970. (Baust. 37).

Frangk, Fabian, Ein Cantzley vnd Titel bůchlin Darinnen gelernt wird / wie man Sendebriefe fŏrmlich schreiben [...] sol. Orthographia Deutsch [...] Wittenberg 1531. Zitiert nach: Johannes Müller, Quellenschriften und Geschichte des deutschsprachlichen Unterrichtes bis zur Mitte des 16. Jhs. Gotha 1882, 92–111.

Gärtner, Kurt/Günter Holtus, (Hrsg.), Urkundensprachen im germanisch-romanischen Grenzgebiet. Beiträge zum Kolloquium am 5./6. Oktober 1995 in Trier. Mainz 1997. (Trierer Historische Forschungen 35).

Gárdonyi, Sándor, Das Stadtbuch von Schmöllnitz. Beiträge zur Geschichte der deutschen Kanzleisprache in der Slowakei. In: Német filológiai tanulmányok 2. Debrecen 1966, 109–138.

Gessler, Albert, Beiträge zur Geschichte der Entwicklung der neuhochdeutschen Schriftsprache in Basel. Diss. Basel 1888.

Gleißner, Käthe, Urkunde und Mundart auf Grund der Urkundensprache der Vögte von Weida, Gera und Plauen. Halle/S. 1935. (MdSt. 9).

Grimm, Jacob, Geschichte der deutschen Sprache. Leipzig 1848.

Grothausmann, Karl-Heinz, Das Stadtbuch von Karpfen (Krupina). Edition, Darstellung der Graphien, Glossar. Frankfurt/M./Bern/Las Vegas 1977.

Guchmann M[irra] M[oisejewna], Der Weg zur deutschen Nationalsprache. 2 Bde. Berlin, Bd. 1, [2]1970; Bd. 2, 1969. (Baust. 1, 40).

Gutjahr, Emil Arthur, Die Anfänge der neuhochdeutschen Schriftsprache vor Luther. Halle/S. 1910.

Haacke, Dieter, Schreiberprobleme, zugleich ein Beitrag zur Erforschung der Nürnberger deutschen Urkunden des 13. Jhs. In: PBB (T) 86, 1964, 107–141.

Hammerschmidt, Gerhard, Die Sprache der ältesten deutschen Urkunden der Stadt Jena. Diss. Jena 1948.

Heinsohn, Wilhelm, Das Eindringen der neuhochdeutschen Schriftsprache in Lübeck während des 16. und 17. Jhs. Lübeck 1933. (Veröffentlichungen zur Geschichte der Freien Hansestadt Lübeck 12).

Hoffmann, Walter, Deutsch und Latein im spätmittelalterlichen Köln. Zur äußeren Sprachgeschichte des Kölner Geschäftsschrifttums im 14. Jh. In: Rheinische Vierteljahrsblätter 44, 1980, 117–147.

Kahle, Wilhelm, Die mittelniederdeutsche urkunden- und kanzleisprache Anhalts im XIV. jh. hinsichtlich ihrer lautlichen verhältnisse untersucht. Leipzig 1908.

Kemmer, Ludwig, Versuch einer Darstellung des Lautstandes der Aschaffenburger Kanzleisprache in der ersten Hälfte des sechzehnten Jhs. Diss. Würzburg. Dillingen 1898.

Kettmann, Gerhard, Zur schreibsprachlichen Überlieferung Wittenbergs in der Lutherzeit (Stadt und Schreibsprache im Frühneuhochdeutschen). In: PBB (H) 89, 1967, 76–120.

Ders., Die kursächsische Kanzleisprache zwischen 1486 und 1546. Berlin 1969. (Baust. 34).

Ders., Zur Konstanz der frühneuhochdeutschen Orthographie in stadt- und landesherrlichen Kanzleien. In: Sprachgeschichtliche Untersuchungen zum älteren und neueren Deutsch. Festschrift für Hans Wellmann zum 60. Geburtstag. Hrsg. v. Werner König/Lorelies Ortner. Heidelberg 1996, 131–138.

Kleiber, Wolfgang/Konrad Kunze/Heinrich Löffler, Historischer Südwestdeutscher Sprachatlas aufgrund von Urbaren des 13. bis 15. Jhs. (HSS). Bd. 1: Text. Einleitung, Kommentare und Dokumentation. Bd. 2: Karten. Einführung, Haupttonvokalismus, Nebentonvokalismus, Konsonantismus. Bern/München 1979. (BG 22).

Lasch, Agathe, Geschichte der Schriftsprache in Berlin bis zur Mitte des 16. Jhs. Dortmund 1910.

Lide, Sven/Alfred Larsson, Das Lautsystem der niederdeutschen Kanzleisprache Hamburgs im 14. Jh. mit einer Einleitung über das hamburgische Kanzleiwesen. Uppsala 1922.

Masařík, Zdeněk, Die mittelalterliche deutsche Kanzleisprache Süd- und Mittelmährens. Brno 1966.

Moser, Hans, Die Kanzlei Kaiser Maximilians I. Graphematik eines Schreibusus. 2 Bde. Innsbruck 1977. (IBK 5).

Ders., Zur Kanzlei Kaiser Maximilians I.: Graphematik eines Schreibusus. In: PBB (H) 99, 1978, 32–56.

Ders., Die Kanzleisprachen. In: Sprachgeschichte. Ein Handbuch zur Geschichte der deutschen Sprache und ihrer Erforschung. Hrsg. v. Werner Besch/Oskar Reichmann/Stefan Sonderegger. Zweiter Halbb. Berlin/New York 1985, 1398–1408. (HSK 2.2).

Müllenhoff, Karl, Vorrede zur zweiten Ausgabe der 'Denkmäler deutscher Poesie und Prosa aus dem VIII.–XII. Jh.'. [1863]. Neudruck Berlin/Zürich 1964.

Opitz, Martin, Buch von der deutschen Poeterey. Abdruck der ersten Ausgabe (1624). Halle/S. 1962. (NdL 1).

Otto, Ernst, Die Sprache der Zeitzer Kanzleien im 16. Jh. Untersuchungen zum Vokalismus und Konsonantismus. Berlin 1970. (Baust. 45).

Pfanner, Josef, Die deutsche Schreibsprache in Nürnberg von ihrem ersten Auftreten bis zum Ausgang des 14. Jhs. In: Mitteilungen des Vereins für Geschichte der Stadt Nürnberg 45, 1954, 148–207.

Pfeiffer, Franz, Die Kanzleisprache Kaiser Ludwigs des Bayern. In: Germania 9, 1864, 159–172.

Piirainen, Ilpo Tapani, Das Stadtbuch von Legnica/Liegnitz aus den Jahren 1371–1445. Ein Beitrag zum Frühneuhochdeutschen in Śląsk/Schlesien. In: Studia Nerlandica et Germanica. Wrocław/Breslau 1992, 287–293.

Ders./Jörg Meier, Das Stadtbuch von Schwedler/Švedlár. Texte und Untersuchungen zum entstehenden Neuhochdeutsch in der Slowakei. Leutschau/Levoča 1993.

Rastede, Kurt, Das Eindringen der hochdeutschen Schriftsprache in Oldenburg. In: Oldenburger Jahrbuch des Vereins für Altertumskunde und Landesgeschichte 38, 1934/35, 1–107.

Raumer, Rudolf von, Ueber die Entstehung der neuhochdeutschen Schriftsprache. (Aus einer Recension in den Münchner gelehrten Anzeigen, Jahrg. 1854) In: Rudolf von Raumer, Gesammelte sprachwissenschaftliche Schriften. Frankfurt/M./Erlangen 1863, 189–204.

Reiffenstein, Ingo, Deutschsprachige Arengen des 13. Jhs. In: Dieter Albrecht [u. a.] (Hrsg.), Festschrift für Max Spindler. München 1969, 177–192.

Rösler, Irmtraud, Soziale und funktionale Aspekte der Durchsetzung des Hochdeutschen im offiziellen Schriftverkehr Mecklenburgs. In: BES 7, 1987, 233–248.

Schmitt, Ludwig Erich, Die deutsche Urkundensprache in der Kanzlei Karls IV. (1346–1378). Halle/S. 1936. (MdSt. 11).

Ders., Untersuchungen zu Entstehung und Struktur der „neuhochdeutschen Schriftsprache". Bd. I: Sprachgeschichte des Thüringisch-Obersächsischen im Spätmittelalter. Köln/Graz 1966. (MdF. 36/I).

Schottelius, Justus Georg, Ausführliche Arbeit Von der Teutschen HaubtSprache / Worin enthalten Gemelter dieser HaubtSprache Uhrankunft/Uhraltertuhm / Reinlichkeit / Eigenschaft / Vermögen / Unvergleichlichkeit / Grundrichtigkeit [...]. Braunschweig 1663.

Schütt, Otto, Die Geschichte der Schriftsprache im ehemaligen Amt und in der Stadt Flensburg. Flensburg 1919.

Schützeichel, Rudolf, Urkundensprache und Mundart am Mittelrhein. In: ZfdPh 75, 1956, 73–82.

Ders., Mundart, Urkundensprache und Schriftsprache. Studien zur rheinischen Sprachgeschichte. Bonn 1960, ²1974. (RA 54).

Schulze, Ursula, Studien zur Orthographie und Lautung der Dentalspiranten *s* und *z* im späten 13. und frühen 14. Jh., durchgeführt auf Grund der ältesten deutschsprachigen Urkunden im nordbairisch-ostfränkischen und thüringisch-obersächsischen Sprachgebiet. Tübingen 1967. (Hermaea. N. F. 19).

Dies., Lateinisch-deutsche Parallelurkunden des 13. Jhs. Ein Beitrag zur Syntax der mittelhochdeutschen Urkundensprache. München 1975. (Med. Aev. 30).

Dies., Die frühesten deutschsprachigen Urkunden aus Straßburg als Kampfinstrument im Walther-Krieg. In: Sprache in Gegenwart und Geschichte. Festschrift für Heinrich Matthias Heinrichs zum 65. Geburtstag. Hrsg. v. Dietrich Hartmann/Hansjürgen Linke/Otto Ludwig. Köln/Wien 1978, 320–336.

Dies., Mittelhochdeutsche Urkundensprache. Probleme ihrer lexikographischen Erfassung. In: Festschrift für Ingo Reiffenstein zum 60. Geburtstag. Hrsg. v. Peter K. Stein [u. a.]. Göppingen 1988, 39–58. (GAG 478).

Dies., Komplexe Sätze und Gliedsatztypen in der Urkundensprache des 13. Jhs. In: ZfdPh 110 (Sonderheft), 1991, 140–170.

Schwitzgebel, Helmut, Kanzleisprache und Mundart in Ingelheim im ausgehenden Mittelalter. Diss. Mainz. Kaiserslautern 1958.

Skála, Emil, Die Entwicklung der Kanzleisprache in Eger 1310 bis 1660. Berlin 1967. (Baust. 35).

Ders., Süddeutschland in der Entstehung der deutschen Schriftsprache. In: PBB (H) 92, 1970, 93–110.

Sparmann, Herbert, Beobachtungen zu den Formeln in der mittelhochdeutschen Urkundensprache. In: PBB (H) 85, 1963, 369–373.

Steffens, Rudolf, Zur Graphemik domanialer Rechtsquellen aus Mainz (1315–1564). Ein Beitrag zur Geschichte des Frühneuhochdeutschen anhand von Urbaren. Stuttgart 1988. (Mainzer Studien zur Sprach- und Volksforschung 13).

Suchsland, Peter, Die Sprache der Jenaer Ratsurkunden. Entwicklung von Lauten und Formen von 1317 bis 1525. Berlin 1968. (Baust. 36).

Teske, Hans, Das Eindringen der hochdeutschen Schriftsprache in Lüneburg. Halle/S. 1927.

Uminsky, Rudolf, Zur Sprache der Salzburger Kanzlei des Erzbischofs Matthäus Lang im frühen 16. Jh. In: Sprache – Text – Geschichte. Hrsg. v. Peter Stein/Renate Hausner/G[erold] Hayer/Franz Viktor Spechtler/Andreas Weiß. Göppingen 1980, 107–127. (GAG 304).

Wagner, Philipp, Die Kanzleisprache Reutlingens von 1300–1600. Stuttgart 1910. (Programm der Königlichen Wilhelms-Realschule in Stuttgart, 1909/1910).

Wilhelm, Friedrich [u. a.] (Hrsg.), Corpus der altdeutschen Originalurkunden bis zum Jahr 1300. Lahr 1932–1986.

Wörterbuch der mittelhochdeutschen Urkundensprache auf der Grundlage des Corpus der altdeutschen Originalurkunden bis zum Jahr 1300. Unter Leitung von Bettina Kirschstein/Ursula Schulze erarbeitet von Sibylle Ohly/Peter Schmitt. Erster Bd. Berlin 1994. 10. bis 15. Lfg. Berlin 1995–1999.

Wülcker, Ernst, Die Entstehung der kursächsischen Kanzleisprache. In: Zeitschrift des Vereins für thüringische Geschichte und Altertumskunde, N. F. 1. Bd. Jena 1879, 349–376.

Rudolf Bentzinger, Berlin/Erfurt

120. Das Deutsch der Humanisten

1. Der Renaissance-Humanismus in Deutschland

Unter Humanismus versteht man eine weltliche Bildungsbewegung bzw. geistes- und literaturgeschichtliche Strömung, die sich zwischen dem 14. und 17. Jh. von Italien über Europa ausbreitete. Das humanistische Spezifikum bestand darin, den sprachlichen und intellektuellen Standard der Antike als Diskursnorm zu akzeptieren, durch Studium aufzuarbeiten und literarisch zu imitieren bzw. kreativ fortschreibend anzueignen. In der 2. Hälfte des 14. Jhs. kam es im Umfeld des Prager Kaiserhofs Karls IV. zu ersten Berührungen mit ital. Gründerhumanisten wie Francesco Petrarca („böhmisches humanistisches Vorspiel"). Nach Jahrzehnten weiterer Kontakte mit der ital. humanistischen Kultur, die in Deutschland zu vermehrtem Antikestudium einschließlich Übersetzungstätigkeit und seit 1400 auch zu Übersetzungen Petrarcas und anderer zeitgenössischer Humanisten führten, entwickelte sich der dt. Humanismus zwischen 1450 und 1530 zu seiner Hochblüte. Zu Beginn des 16. Jhs. gab es in fast allen dt. Städten und Universitäten Anhänger der humanistischen Studien (*studia humanitatis*) (Joachimsen 1930; Burger 1969; Rupprich 1970; Worstbrock 1970 und 1976; Bernstein 1978; Wuttke 1985; Knape 1986; Knape 1997).

2. Humanistische Prosapflege und rhetorische Normen des Sprachgebrauchs

Für das Aufblühen des Humanismus waren zwei spätmittelalterliche Entwicklungen besonders wichtig: die mit der Ausprägung städtischer Kultur einhergehende und immer weitere Kreise ziehende Laienbildung sowie die allgemeine Verschriftlichungstendenz (Schnell 1978; Müller 1985). Städte, Höfe, Klöster und ihre Kanzleien interagierten hier. In diesem Zusammenhang ist der Durchbruch des deutschsprachigen Prosatexts zum wesentlichen pragmatischen und literarischen Kommunikationsmittel von größter Bedeutung (zusammenfassend Betten 1987, 57 ff.). Für die Theorie und Praxis der noch um Konventionen ringenden Prosakommunikation, die seit 1450 vom Buchdruck in eine neue Dimension geführt wurde, machte die humanistische Programmatik äußerst attraktive Angebote.

Seit Petrarca († 1374) pflegten die Humanisten mit Hingabe alle Formen der Prosa, belebten sogar abgestorbene Textsorten neu (z. B. die Rede oder die literarische Epistel). Die lat. Kunstprosa im antiken Stil (Stichwort: Ciceronianismus) war eines ihrer großen Anliegen (Norden 1923). Schon die von Burdach ins Licht gestellten dt. Übersetzungen des „böhmischen Frühhumanismus", vor allem die des Kanzlers Johann v. Neumarkt (2. Hälfte 14. Jh.), stehen − ausweislich des Briefwechsels Johanns mit Rienzo und Petrarca − unter entsprechendem Einfluß (Burdach 1893 und 1930−35). Zugleich ließ sich damit an schon bestehende dichterische und kanzlistische Stilideale rhetorischer Überformung, lexikalischer Fülle und variantenreicher Syntax nach den Regeln der rhetorischen Satzlehre (*compositio*) anschließen. Das gilt auch für das wichtigste dt. Prosawerk der Zeit um 1400, den *Ackermann* des Johann von Tepl.

Dieses Werk führt zugleich zum maßgeblichen sprach- und texttheoretischen Quellfluß des Humanismus: zur Rhetorik (Guchmann 1969, 17; Henne 1978, 325; Bentzinger 1986, 54). Die wichtigsten dt. Humanisten haben rhetorische Schriften verfaßt (A. v. Eyb, N. v. Wyle, Luder, Celtis, Locher, Reuchlin, Bebel, Erasmus, Melanchthon u. v. a.). In einem Begleitbrief empfiehlt Johann von Tepl den *Ackermann* der Lektüre als Werk vom 'Acker der Rhetorik' (*ex agro rethoricalis*). Er benennt sogar die wichtigsten Merkmale seiner 'mit den Wesentlichkeiten der Rhetorik' (*rethorice essencialia*) ausgestatteten Prosa im einzelnen: 'unvollendeter Periodenbau, Mehrdeutigkeit und Sinngleichheit laufen Hand in Hand, Satzglieder, Satzteile, Sätze und Perioden treiben dort in neuartigen Fügungen ihr Spiel [...] die Metapher wird zu Dienst verpflichtet [...] die Ironie lächelt überlegen; Ausdrucks- und Inhaltsfiguren sowie Tropen tun ihre Schuldigkeit' (Kroogmann 1964, 10; Rupprich 1938, 311). Diese und andere Elemente rhetorisch überformter Kunstprosa konnten sowohl in Urkunden als auch literarischen Prosatexten des 14./15. Jhs. nachgewiesen werden (Schirokauer 1952, 1044; Thieme 1965; Weber 1971, 90; Wiesinger 1978, 861 f.).

Die Rhetorik hält in ihrer Sprachgestaltungslehre (*elocutio*) vier Sprachgebrauchsprinzipien bereit, die für die Theorie und Praxis dt. Prosa von Einfluß waren: Sprachrichtigkeit (*latinitas*), Klarheit (*perspicuitas*), angemessene Gewähltheit (*elegantia*) und angemessene Überformtheit (*ornatus*) (Knape 1994, 1026 f.). Vor allem in den Kanzleien dachte man über solche Sprachgebrauchsprinzipien seit dem 14. Jh. zunehmend nach. *Perspicuitas* und *ornatus* heben vor allem auf Vertextungsstrategien ab. Zur besseren Verstehenssicherung übernehmen hier dt. Kanzleitheoretiker wie Niklas v. Wyle (18. Translatze, Druck 1478) und Friedrich Riederer ('Spiegel der waren rhetoric' 1493) aus lat. Rhetoriken Orthographien, speziell Interpunktionslehren, und Stillehren, letztere vor allem auch zur Regulierung des Figuren-gebrauchs. Die reflektierte Anlehnung an klassisch-lateinische Vertextungsparadigmen führte gleichzeitig zu neuer Sensibilisierung und zu neuen Techniken bei der Informationsorganisation − etwa über terminologische Verdichtung − in Satz und Text (Sieber 1996, 228−285).

Die bei den Humanisten unter den Rubriken *latinitas* und *elegantia* behandelte Frage nach dem „richtigen", d. h. klassischen Latein stellte sich in den dt. Kanzleien modifiziert. Hier ging es um die Frage nach dem *gemainen teusch* (Leopold Stainreuter: Widmung seiner Übersetzung des 'Rationale' von 1384). Forschungsgeschichtlich hat dies schon im 19. Jh. zur Frage nach dem frühen Einfluß der Humanisten auf die Entwicklung des Dt. geführt. Jahrzehntelang bestimmte Burdachs These vom Einfluß der Prager Kanzlei auf die Ausprägung einer Norm der nhd. Schriftsprache die Diskussion (dokumentiert bei Wiesinger 1978). Daß das Prager Kanzlei-Deutsch herausragenden Einfluß auf die Sprachentwicklung nahm, gilt heute als widerlegt. Die Frage speziell humanistischen Einflusses ist jedoch noch nicht in allen Punkten geklärt. Nach wie vor stehen die methodischen Perspektiven des Burdach-Streits zur Verhandlung. Genaue Analysen des Schreib- und Formenstandes der Originalquellen führten eindeutig von Burdachs Generalthese weg.

Burdach wollte seine Beweise aber anhand von Syntax und Stil führen, „die insgesamt nur schwer faßbar und relativ variabel sind" (Wiesinger 1978, 850). Bei diesem Ansatz steht in Hinblick auf die Humanisten das *ornatus-* und *elegantia*-Ideal im Vordergrund. Diastratisch (sozial) und diasituativ (stilistisch-pragmatisch) perspektivierte Untersuchungen zum Humanisten-Deutsch müssen dementsprechend vor allem typische Figurationsmuster bei Ausdrucks- und Inhaltsfiguren (Knape 1996), typische Wortwahl und typischen Satzbau herausarbeiten. Inzwischen hat die historische Syntaxforschung einen erfreulichen Schub erfahren (z. B. Ebert 1986; Admoni 1990, 132−175). Zur genaueren Bestimmung humanistischer Stilistik ist der Weg gattungs- bzw. textsortenspezifischer Untersuchungen am erfolgversprechendsten (Kettmann/Schildt 1976; Steger 1984; Bentzinger 1986, 56; Betten 1987, 18ff. und 54ff.). Methodisch sind hier jedoch immer humanistische Propria von schreibergruppenunabhän-

gigen Konstanten zu trennen (Ebert 1986, 22). Durch vergleichende Satz- bzw. Stilanalysen bei Texten derselben Gattung aus humanistischer und nicht-humanistischer Feder läßt sich am meisten gewinnen. Auf dieser Grundlage sind dann auch detailliertere Urteile über die zeitgenössische Rolle der Rhetorik als Vertextungstheorie zu fällen. Neue Einsichten über den Kanzleistil wären vielleicht möglich. Eine Kanzlei etwa, der Exemplare von Friedrich Riederers humanistischem 'Spiegel der waren rhetoric' als Schreiberhandbuch zur Verfügung standen (wie z. B. der Esslinger Kanzlei, an der auch Niklas v. Wyle wirkte), könnte einen eher rhetorischen Urkundenstil entwickelt haben.

3. Humanisten-Deutsch als Literatursprache

Zumeist werden sich Untersuchungen des Humanisten-Deutschs auf den Bereich literarischer Produktion, speziell der dt. Kunstprosa konzentrieren. Im 15. Jh. sind bei vielen Humanisten Wertschätzung und bewußter Einsatz der dt. Sprache neben dem Lat. erkennbar. Mit dem Übergang zum 16. Jh. treten dann auch jüngere Oratoren und Poeten auf, die es als *descensus*, als Abstieg zu einer niedrigeren Sprachstufe ansehen, wenn sie sich volkssprachlich artikulieren sollen (Weidhase 1967, 53; Hess 1971, 35 u. ö.; Bernstein 1974, 32 u. 60; Füssel 1986; Hartweg/Wegera 1989, 86ff.; Knape 1995; Straßner 1995, 33ff.). Dennoch gibt es nur wenige Humanisten, die ausschließlich in Lat. publizieren (z. B. Celtis, Bebel, Erasmus, Melanchthon). Ansonsten begegnen Humanisten auf allen Feldern der dt. Literatur.

Wichtige humanistische Quellen sind die von Worstbrock (1976) zusammengestellten Antiken-Übersetzungen, aber auch die noch nicht erfaßten Übersetzungen zeitgenössischer Humanisten. Sodann die neugeschaffenen didaktischen, polemischen und satirischen Dichtungen sowie die oratorischen, speziell auch agitatorischen Prosaschriften, die Fachprosa sowie die historischen und fiktionalen Prosaerzählwerke. In Diplomatika und privaten Dokumenten von Humanistenhand herrscht, wenn auch nicht völlig, das Lat. Im Bereich der Übersetzungsliteratur ist noch nicht geklärt, welche Gründe es in den verschiedenen Fällen für den Rückgriff aufs Dt. gab. Allgemein kann man sagen, daß der ausgeprägte didaktische Impetus der Humanisten, propagandistische Anliegen, Aufträge von Mäzenen bzw. Druckern oder sprachpflegerische Impulse maßgeblichen Einfluß auf die Verwendung der dt. Sprache hatten. Um die eigentümliche Leistung der mehr als 100 dt. schreibenden Humanisten im Rahmen der Entwicklung des Frnhd. zu erfassen, wurde in der Forschung schon immer das Lat. als Vergleichsmaßstab herangezogen. Als wichtigstes Kriterium bei der Beurteilung der Frage, ob ein Autor gutes oder schlechtes Dt. schreibt, betrachtete man die größere oder geringere Annäherung an dieses Paradigma. Dieser methodische Ansatz hat insofern seine Berechtigung, als die dt. Werke der Humanisten stets in Konkurrenz zu den lat. gesehen werden müssen. Abhängigkeit vom Lat. ist für sich genommen jedoch kein Nachweis humanistischer Schreibweise. Autoren, die in mittelalterlichen Traditionen stehen (kirchlich, scholastisch, kanzlistisch), hängen ebenso vom Lat. ab und verwenden Formen wie rhythmische Satzschlüsse oder Mehrgliedrigkeit (Wenzlau 1906; Thieme 1965; Haage 1974; Ebert 1986, 33).

Das Dt. der Humanisten läßt sich also nur bei genauer Merkmalsdefinition als eigenständige Gruppensprache abgrenzen. Im folgenden soll in aller Kürze dargestellt werden, an welchen Punkten sich humanistischer Einfluß auf die dt. Sprachentwicklung fassen läßt.

4. Phonologie und Graphematik

Die Humanisten nehmen hinsichtlich des Lautstandes ihrer Werke keine Sonderstellung beim Übergang vom Mhd. zum Nhd. ein. In ihren Werken finden sich die mundartlichen Besonderheiten der verschiedenen Sprachlandschaften ebenso wie die häufiger zu beobachtende Tendenz zum Sprachausgleich bzw. zur Vermeidung mundartlicher Einfärbung. Allerdings muß auch bei ihnen nicht selten davon ausgegangen werden, daß die Drucker ihrer Werke selbständige Eingriffe im Sinne eines Überregionalismus vorgenommen haben (Otte 1961, 133). Während sich Wyle klar zum Dialekt bekennt (Guchmann 1969, 63) und Reuchlin in den Handschriften bewußt „schwebisches teutsch" schreibt (Poland 1899, XVII), ist Brants oberels. Dialekt, so Zarncke (1854, 267), „ein weniges zur schriftsprache geläutert". Auch bei Neidhart, Plieningen, Murner und anderen zeigen sich Ausgleichsbestrebungen, die möglicherweise auf die Autoren selbst zu-

rückgehen (Bidlingmaier 1930, 9; 1932, 31; Bernstein 1974, 51; Siller 1974, 381). In der 2. Hälfte des 16. Jhs. begegnen im nd. Raum „Schulhumanisten", die sich aktiv für das Hd. einsetzen (Schulte-Kemminghausen 1932, 81). Das Nachdenken eines Humanisten wie Erasmus von Rotterdam über Aussprache-Normen bei den klassischen Sprachen blieb zunächst ohne erkennbare Wirkung auf die dt. Grammatikliteratur (Moser 1987, 389f.).

Im Bereich der *Orthographie* lassen sich in Drucken und Handschriften zunächst keine humanistischen Sonderregeln erkennen. Bedeutsam für die fortschreitende graphemische Regulierung des Dt. wurden aber die bereits bei den Frühhumanisten auftauchenden Norm-Reflexionen (rhetorische Sprachrichtigkeits-Frage). Wyle etwa stellt Regeln auf zur Verwendung von Rund-*s* und Schaft-*s*, von *v* und *f*, zur Konsonantenverdoppelung und zur Schreibung des Diphthongs *ai* bzw. *ei* (Müller 1882, 15). Seit dem 3. Jahrzehnt des 16. Jhs. entstehen humanistisch-philologisch inspirierte Grammatiken, die dazu beitragen, graphemische Differenzierungen nach grammatisch-semantischen bzw. etymologischen Gesichtspunkten einzuführen (z. B. Graphem-Opposition *e* ≠ *ä*: *Ehre* − *Ähre*; Jellinek 1913, 42; v. Polenz 1970, 100). Ähnliches gilt auch für die *Interpunktion*, bei der sich im 16. Jh. langsam das Prinzip grammatisch-syntaktischer Segmentierung gegenüber bloßer Markierung von Sprechpausen abzeichnet. Der Zeichenbestand variiert, Wyle, Steinhöwel und Plieningen schlagen (nicht ganz identisch) folgende Zeichen vor: Virgel [/], *punct pausen* [:], Punkt [.], Fragezeichen [?], *parantesis* oder *interpositio* [()], *comma* bzw. *peryodus* [!;], Trennungsstriche [=] u. a. In der Praxis wird aber zumeist nur sehr inkonsequent mit Virgel und Punkt, seltener mit Doppelpunkt oder Klammer interpungiert (Hartfelder 1884, 10; Kars 1932, 14; Wuttke 1964, XXV; Besch 1980, 594; Höchli 1981, 9).

Bei den *Schrifttypen* herrscht eine relative Zweiteilung nach Sprachen. Seit Mitte der 80er Jahre des 15. Jhs. verwendete man im Buchdruck die Rotunda fürs Lat., Bastarden für dt. Texte. Als Schreibschrift findet sich bereits bei den älteren Humanisten wie Reuchlin, Brant und Erasmus fürs Lat. die humanistische Kursive. Daneben lebt aber auch noch die dt. Schulkursive (Bischoff 1979, 191). In deutschsprachigen Texten wird am Ende des 15. Jhs. die got. Kursive von der „Renaissanceschrift" (Kanzlei, Kurrent,

Fraktur) abgelöst. „Daß dabei ein Einfluß der Humanistenschrift eine Rolle spielt, ist gelegentlich angenommen worden, läßt sich aber wohl nicht eindeutig beweisen" (Dülfer/ Korn I 1966, 13). Fürs Dt. wird die der Antiqua entsprechende Humanistenschrift nur selten verwendet: Schwenter 1515, Reibeisen 1524, Welsinger 1543, Helin 1545, Niger 1551 (Ficker/Winckelmann 1902—05, I: 39 D, 41 B; II: 80 A, 61 C; Wuttke 1964, XXV). Bei vielen anderen zeigen sich seit den 20er Jahren des 16. Jhs. deutliche humanistische Schreibeinflüsse (Mentz 1912).

5. Lexik

Um die Sprache einzelner Humanisten (vornehmlich in Satiren und anderen auf populäre Wirkung angelegten Werken) allgemein zu charakterisieren, tauchen in der Forschung bisweilen Formulierungen wie „plastisch", „drastisch", „volkstümlich", „kräftig", „volksverständlich" oder „volksläufig" auf (Lefftz 1914; Gruenter 1959, 26; Weidhase 1967, 236; Eckel 1978, 14). Dabei handelt es sich letztlich um sprachsoziologisch begründete, wenn auch sehr unscharfe Begriffe, die etwas über die Nähe des jeweils gemeinten Wortschatzes zur Lexik zeitgenössischer Sondersprachen (z. B. Randgruppen- oder Unterschichtensprachen) aussagen sollen. Bei Eggers (1969, 158) finden sich etwa folgende Unterscheidungen:

„Die Sprache GEILERS, der aus vornehmer Familie stammt, könnte man in ihrer phrasenlosen, vom Ernst getragenen Klarheit aristokratisch nennen. BRANT kennt die Sprache des Marktes und der Gassen, aber er trifft mit empfindlichem Geschmack seine Auswahl. Aus seiner Diktion spricht der gebildete Städter. MURNER hingegen, der diese Sphäre ebenfalls beherrscht, läßt sich doch zu der derben Sprache niederer Volksschichten hinreißen".

Die Humanisten waren also durchaus mit der Alltagssprache ihrer Umgebung vertraut (v. Polenz 1991, 210f.). Trotzdem macht sich in vielen Fällen ihr Gelehrtenvokabular bemerkbar. Daß die Humanisten allein die zweite große Fremdwortwelle in Deutschland ausgelöst haben (Mitzka 1969, 83: „Die lateinische Hochflut des Humanismus"), wird man heute nicht mehr ohne weiteres sagen. Ältere, gleichgewichtige Impulse gingen von den Kanzleien, den Rechts-, Kirchen- und Wissenschaftsbereichen aus, in denen nur z. T. humanistisch gesinnte Personen arbeite-

ten. Die fortschreitende Öffnung dieser Sektoren für die dt. Sprache brachte generell die Notwendigkeit mit sich, vielfältige Sachverhalte neu und adäquat in dt. Texten auszudrücken. Die humanistischen Autoren versuchten, dieses Problem dadurch zu lösen, daß sie entweder auf den älteren Wortschatz zurückgriffen, teilweise auch bewußt anachronistisch übersetzten (z. B. *tribunus plebis = zunftmeister*) oder Lehnprägungen vornahmen (Fey 1888, 28; Vilmar 1896, 44; Strauß 1912, 202; Bidlingmaier 1930, 16; Stammler 1954, 25; Klecha 1979, 122). Bei besonders 'mutigen' Autoren wie Schwenter (Wuttke 1964, 40ff.) und in den Vokabularien späterer Zeit finden sich zahlreiche künstliche Neologismen. Daneben aber spielen *Fremdwörter* in der Tat eine große Rolle (Hartweg 1980, 425; v. Polenz 1991, 220ff.). Das wichtigste dazu hat Rosenfeld (1974) zusammengetragen. Von Humanisten eingeführte Fremdwörter erweitern den Alltagswortschatz (z. B. Monatsnamen), besonders aber den des Literatur-, Bildungs- und Druckwesens, der Rhetorik (Sieber 1996), der bildenden Künste, Geographie, Mathematik, Technik- und Naturwissenschaften, auch der Kriegslehre. Die Ursprungssprachen sind hauptsächlich Lat., Griech. und Ital. Im Bereich der *Onomastik* sei nur die typisch humanistische Mode der Namens-Latinisierung bzw. -Gräzisierung erwähnt.

6. Morphologie

Zur *Substantivflexion* verwenden humanistisch gebildete Schreiber gern bei griech./lat. Fremdwörtern, vor allem auch bei griech./lat. Namen sowie den von ihnen abgeleiteten Adjektiven die ursprünglichen Flexionsformen (Szamatólski 1891, 18; Strauß 1912, 201; Wuttke 1964, 270f.; Mitzka 1969, 85; Bernstein 1974, 53; Rosenfeld 1974, 420f.; Siller 1974, 378). Bei längst eingebürgerten assimilierten Lehnwörtern werden nicht selten aus Sprachpietät wieder die lat. Endungen hergestellt (Malherbe 1906, 6f.; Eckel 1978, 15; v. Polenz 1991, 227). Wimpfeling schlägt 1496 im *Isidoneus Germanicus* vor, dt. Substantive nach lat. Vorbild zu deklinieren (Wuttke 1964, 333). Die frühen Grammatiker setzen solche Bemühungen fort und konstruieren ein dt. Kasussystem, in dem auch Abl. und Vok. ihren Platz haben: z. B. *Mann, Mannes, Manne, Mann, bei dem Mann, oh Mann!* (Jellinek 1913, 37).

Bei der *Wortbildung* der Fremdwort-Substantive werden einerseits die lat. Flexionsformen beibehalten, andererseits finden Assimilationen statt, bei denen die fremdsprachlichen Endungen verändert oder abgeworfen und ersetzt werden durch Bildungssilben wie *-a(t)z (Oratz), -i(t)z (Compositz), u(t)z (Absoluz), -enz (Eloquenz), -anz (Distanz), -tät (Subtilität), -ur (Correctur)* u. a. Bei Personenbezeichnungen wird aus *-ista* ein *-ist (Moralist)*, oder es tauchen Partizipialbildungen mit *-ent* oder *-ant (Vagant)* auf. Bei den Adjektiven erscheinen Bildungen auf *-isch (sophistisch)*, griech. Wörter auf *-is* haben häufig *-im (Paraphrasim)*, die auf *-ion* stets lat. *-ium (Podium)* u. a. (Rosenfeld 1974, 417ff.). Unter den Lehnbildungen finden sich häufig Komposita wie *monstrum hominis = wundermensch* (Bidlingmaier 1932, 24; Rosenfeld 1974, 440ff.). Der Abstraktbestand wird erneut durch Bildungen mit *-ung* (bei Hutten etwa: *Abbildung, Erforschung, Verantwortung* u. a.), *-heit, -keit, -erei* und *-nis* erweitert. Umfangreich ist die Neuaufnahme von Verben auf *-ieren (demonstrieren)* (Malherbe 1906, 51; Rosenfeld 1974, 422). Hier wie bei den anderen Wortbildungsphänomenen können allerdings eigentlich humanistische Bestrebungen nur schwer von denen der Kanzlei-, Kirchen- oder Rechtssphäre getrennt werden.

7. Syntax

Die beiden Hauptrichtungen humanistischer Übersetzungsweise treten vor allem in der Syntax deutlich zu Tage. Dabei kann man zwischen dem Streben nach *Interlinear- oder Analogübersetzung* auf der einen Seite und dem nach *Sinnübersetzung* auf der anderen Seite unterscheiden. Als typische Exponenten beider Richtungen, die es auch früher schon gab (Guchmann 1969, 17; Hohmann 1977, 258), gelten u. a. die Frühhumanisten Wyle und Eyb. Neben den Übersetzern der Wyle-Schule (Jellinek 1913, 42; Stammler 1954, 28; Bernstein 1978, 61), die im Extrem „ängstlich Wort für Wort" dem Lat. folgen, wie Albert von Bonstetten (Stammler 1954, 26), und denjenigen der freieren Methode, die teilweise nur Sinneinheiten übersetzt haben, wie Konrad Humery (Mommert 1965, 53), gab es auch zahlreiche Autoren, bei denen nur in bestimmten Bereichen fremdsprachlicher Einfluß spürbar wird. Sie nehmen eine mittlere Position ein. Daß Wyle in der Praxis um präzise Wiedergabe der Vorlagen bemüht war

und auch theoretisch das Lat. als Vorbild für die dt. Schriftsprache verteidigte, kann auf die Hochschätzung des Lat. und die Anerkennung des stets höheren Rechts der Originale zurückgeführt und als bewußter humanistischer Akt der Sprachpflege angesehen werden (Strauß 1912, 206; Biener 1959, 74; Guchmann 1969, 91; Worstbrock 1970, 50). Stets ist die innovatorische Herausforderung zu bedenken, die angesichts des Mangels an wirklich etablierten Formulierungsnormen für frnhd. Prosaisten bestand. Wie das Beispiel der beiden Fassungen von Wirsungs Celestina-Übersetzung (1520 und 1534) zeigt, stellte das Aufgreifen fremdsprachlicher Muster manchmal nur die erste Stufe zu einem späteren freieren Gebrauch der dt. Sprache, speziell der syntaktischen Elemente, dar (Fehse 1902, 50). Der Grund für die (unterschiedlich ausgeprägte) Anlehnung ans Lat. liegt bei der Prosa im Fehlen einer entwickelten syntaktischen Norm (Guchmann 1969, 78). Bei Versdichtung ist der Lizenz-Spielraum, bedingt durch Metrum und Reim, naturgemäß größer. Abhängigkeit vom Lat. äußert sich vereinzelt darin, daß die Genera dt. Substantive verändert (z. B. *der Sonne/sol, die Mond/luna,* Wuttke 1964, 332), die Artikel unterdrückt oder bestimmte lat. Nominal-Konstruktionen (z. B. im Kasus-Bereich: Dat. comp., objekt. Gen.) nachgeahmt werden. Vor allem aber in der Behandlung der verbalen Satzglieder unterscheiden sich die einzelnen Leistungen. Zur Interlinearübersetzung neigende Autoren bilden häufiger als zeitüblich in Analogie zu lat. Konstruktionsmöglichkeiten den A.c.I., N.c.I., Abl. abs., das Part. conj. bzw. erweiterte Partizipialappositionen, um nur die wichtigsten zu nennen (Bidlingmaier 1932, 25ff.; Stammler 1954, 26; Weber 1971, 89ff.; Boon 1980; Ebert 1986, 149; v. Polenz 1991, 231f.). Biener hebt des weiteren die Häufung folgender Phänomene als typisch humanistisch hervor: Substantivierung des Infinitivs nach dem Muster *errare humanum est*; die Doppelumschreibung der Verba Praeteritopraesentia z. B. des Typs *Ich han auch also horen sagen* (2 Infinitive + Hilfsverb *haben*); die Futurumschreibung mit *werden* (Biener 1959, 74; Fleischmann 1973, 317). Hinsichtlich des *Satzbaues* kann den Humanisten trotz zahlreicher noch offener Fragen eine vom Ciceronianismus geprägte Mitwirkung bei der Einbürgerung und Ausprägung der Hypotaxe, und d. h. zugleich einem wichtigen Instrument differenzierter Ausdrucksmöglichkeit, zugesprochen werden. Auch in diesem Bereich schwankt die

Beherrschung der verfügbaren Mittel unter den humanistischen Autoren, vor allem was die syntaktische Rahmenkonstruktion, Häufigkeit und Typen von Nebensätzen sowie den Gebrauch der Konjunktionen betrifft. Der kunstvolle dt. Schachtelsatz späterer Zeit hat hier möglicherweise seine Wurzeln (Gumbel 1930; Stammler 1954, 27; Stolt 1966; Guchmann 1969, 79; Worstbrock 1970, 74; Fleischmann 1973, 318; Ebert 1986, 168ff.; Betten 1987, 153ff.; v. Polenz 1991, 195 u. 201). Humanistische Autoren geben der Endstellung des finiten Verbs im Hauptsatz den stilistischen Vorzug (Ebert 1986, 104), und gewiß waren sie für die feststellbaren Rhythmisierungen im Verbalkomplex nach den Vorschriften der rhetorischen *compositio*-Lehre empfänglich (Ebert 1986, 125f.).

8. Mischsprache

Sprachmischung ist ein während des ganzen Mittelalters bekanntes Phänomen. Im 16. Jh. gibt es eine dt.-lat. Mischsprache auf zwei Ebenen: a) auf der von G. Hess (1971) untersuchten Ebene satirisch-polemischer Literatur, b) auf der Ebene gelehrter Umgangssprache, untersucht von Stolt (1964). Hinzu kommen mischsprachliche Elemente unterschiedlichen Umfangs in bestimmten Textzugaben (z. B. in Glossen). Eine Besonderheit stellt in diesem Zusammenhang die Mode dar, τέλος als Explizit (an Stelle von *finis* oder *Ende*) auch in dt. Texten zu übernehmen (Wuttke 1977).

Im Bereich künstlicher Mischsprache diente vor allem zur Zeit der Reformation die Barbarolexis (ihr Kennzeichen ist die regelwidrige Aufnahme volkssprachlicher Formen in einen lat. Kontext) als Mittel ironisch-denunziatorischer oder kritisch-polemischer Auseinandersetzung. Die maccaronische Dichtung, bei der die eingemischten fremden Wörter streng nach den Gesetzen der (lat.) Grundsprache flektiert werden, diente eher den Zwecken geistreich-komischer Unterhaltung, wie sich bereits am Titel des frühesten erhaltenen dt. maccaronischen Gedichts von 1593 zeigt: *FLOIA, de Magna humani generis Bloga, nimirum De Floibus schwarzis istis Thiericulis; qui vere omnes Menschos, Mannos, Wibras, Jungfrawas, et Kindras cum spitzibus suis Schnabulis beissere et stechere solent. Authore Scharreo Schabhutio ex Flölandia* (Ristow 1965; Dahl 1962).

Bei der spontanen Mischsprache, die es vermutlich als „Sondersprache der Gelehrten" des Zeitalters gegeben hat (Malherbe

1906, 13; Stolt 1969; v. Polenz 1991, 225), ist meistens Deutsch die Grundsprache. Einzelne lat. Wendungen fließen ein, wenn sich ein Sachverhalt auf Dt. nicht präzise oder kurz genug erläutern läßt und wenn Zitate angebracht werden müssen. Dabei, also innerhalb eines Gliedsatzes, arbeiten die beiden Sprachen miteinander; in der Hypotaxe und Parataxe jedoch nacheinander (Stolt 1964, 300). Daß das Lat. in Perioden vor allem für Neben- bzw. Gliedsätze gewählt wird, dürfte letztlich auf die noch vorhandene Unsicherheit im Bereich der dt. Syntax zurückgehen.

9. Literatur (in Auswahl)

Admoni, Wladimir, Historische Syntax des Deutschen. Tübingen 1990.

Apel, Karl-Otto, Die Idee der Sprache in der Tradition des Humanismus von Dante bis Vico. 2. Aufl. Bonn 1975.

Bentzinger, Rudolf, Sprachliche Entwicklungstendenzen des 13.–15. Jhs. In: Deutsche Literatur des Spätmittelalters. Ergebnisse, Probleme u. Perspektiven der Forschung. Greifswald 1986, 49–63.

Bernstein, Eckhard, Die erste deutsche Äneis. Eine Untersuchung von Thomas Murners Äneis-Übersetzung aus dem Jahre 1515. Meisenheim 1974. (Deutsche Studien 23).

Ders., Die Literatur des deutschen Frühhumanismus. Stuttgart 1978.

Besch, Werner, Frühneuhochdeutsch. In: LGL 1980, 588–597.

Betten, Anne, Grundzüge der Prosasyntax. Stilprägende Entwicklungen vom Ahd. z. Nhd. Tübingen 1987. (GL 82).

Bidlingmaier, Ernst Erich, Die Terenzübersetzung des Neidhart. Diss. Greifswald 1930.

Ders., Die sprachgeschichtliche Stellung der schwäbischen Früh-Humanisten. In: Mitteilungen des Vereins für Kunst und Altertum in Ulm und Oberschwaben 28, 1932, 22–31.

Biener, Clemens, Veränderungen am deutschen Satzbau im humanistischen Zeitalter. In: ZdPh 78, 1959, 72–82.

Bischoff, Bernhard, Paläographie des römischen Altertums und des abendländischen Mittelalters. Berlin 1979. (GG 24).

Boon, Pieter, Die Verwendung der „accusativus cum infinitivo"-Konstruktion in anderen Sprachen bzw. Sprachstufen als das Frühneuhochdeutsche verglichen mit dem Gebrauch dieser Fügung durch Johann Eberlin von Günzburg. In: IF 85, 1980, 227–245.

Burdach, Konrad, Vom Mittelalter zur Reformation. Berlin 1893.

Ders., Schriften Johanns von Neumarkt. 4 Teile. Berlin 1930–35. (Vom Mittelalter zur Reformation 6).

Burger, Heinz Otto, Renaissance Humanismus Reformation. Deutsche Literatur im europäischen Kontext. Bad Homburg/Berlin/Zürich 1969. (Frankfurter Beiträge zur Germanistik 7).

Dahl, Jürgen, Maccaronisches Poeticum. Ebenhausen bei München 1962.

Dülfer, Kurt/Hans-Enno Korn, Schrifttafeln zur deutschen Paläographie des 16.−20. Jhs. 2 Teile. Marburg 1966. (Veröffentlichungen der Archivschule Marburg 2).

Ebert, Robert Peter, Historische Syntax des Deutschen II: 1300−1750. Bern etc. 1986. (GeLe 6).

Eckel, Friedrich, Der Fremdwortschatz Thomas Murners. Ein Beitrag zur Wortgeschichte des frühen 16. Jhs. Göppingen 1978. (GAG 210).

Eggers, Hans, Deutsche Sprachgeschichte III. Das Frühneuhochdeutsche. Reinbek bei Hamburg 1969.

Fehse, Wilhelm, Christof Wirsungs deutsche Celestinaübersetzungen. Diss. Halle 1902.

Fey, Julius, Albrecht von Eyb als Übersetzer. Diss. Halle 1888.

Ficker, Julius/Otto Winckelmann, Handschriftenproben des sechzehnten Jhs. nach Straßburger Originalen. 2 Teile. Straßburg 1902−1905.

Fleischmann, Klaus, Verbstellung und Relieftheorie. Ein Versuch zur Geschichte des deutschen Nebensatzes. München 1973. (MGB 6).

Gruenter, Rainer, Thomas Murners satirischer Wortschatz. In: Euphorion 53, 1959, 24−40.

Guchmann, Mirra M., Der Weg zur deutschen Nationalsprache. Tl. 2. Berlin 1969.

Gumbel, Hermann, Deutsche Sonderrenaissance in deutscher Prosa. Frankfurt/M. 1930.

Haage, Bernhard D., Die Manie des mehrgliedrigen Ausdrucks in frühneuhochdeutscher Prosa. In: Festgabe des deutschen Instituts der Univ. Nijmegen für Paul B. Wessels. Nijmegen 1974, 22−40.

Hartfelder, Karl, Deutsche Übersetzungen klassischer Schriftsteller aus dem Heidelberger Humanistenkreis. Programm Heidelberg 1884.

Hartweg, Frédéric, Literarische Schriftsprache und Lexikographie des Frühneuhochdeutschen: S. Brant−P. Dasypodius. In: Heinz Rupp/Hans-Gert Roloff (Hrsg.), Akten des VI. Internationalen Germanisten-Kongresses Basel 1980, 2. Tl. Bern/Frankfurt/M./Las Vegas 1980.

Henne, Helmut, Literarische Prosa im 14. Jh. − Stilübung und Kunst-Stück. In: ZdPh 97, 1978, 321−336.

Hess, Günter, Deutsch-lateinische Narrenzunft. Studien zum Verhältnis von Volkssprache und Latinität in der satirischen Literatur des 16. Jhs. München 1971. (MTU 41).

Hohmann, Thomas, Heinrichs von Langenstein 'Unterscheidung der Geister' lateinisch und deutsch. Texte und Untersuchungen zu Übersetzungsliteratur aus der Wiener Schule. München 1977. (MTU 63).

Höchli, Stefan, Zur Geschichte der Interpunktion im Deutschen. Berlin/New York 1981. (SLG 17).

Jellinek, Max Hermann, Geschichte der neuhochdeutschen Grammatik von den Anfängen bis auf Adelung. 1. Halbbd. Heidelberg 1913. (GB 7).

Joachimsen, Paul, Der Humanismus und die Entwicklung des deutschen Geistes. In: DVLG 8, 1930, 419−480.

Kars, Hans, Arigo. Diss. Halle-Wittenberg 1932.

Kettmann, Gerhard/Joachim Schildt u. a., Der Einfachsatz. In: Zur Ausbildung der Norm der deutschen Literatursprache auf der syntaktischen Ebene (1470−1730). Berlin 1976. (Baust. 56, 1).

Klecha, Gerhard, Zur moralphilosophischen Terminologie Albrechts von Eyb im „Spiegel der Sitten". In: Walter Rüegg/Dieter Wuttke (Hrsg.), ethik im humanismus. Boppard 1979 (beiträge zur humanismusforschung V).

Knape, Joachim, Die frühesten deutschen Übersetzungen von Petrarcas 'Glücksbuch'. Edition und Untersuchung. Bamberg 1985. (Gratia. Bamberger Schriften z. Renaissanceforschung 15).

Ders., Elocutio. In: Historisches Wörterbuch der Rhetorik 2, 1994, 1922−1983.

Ders., Zehn Thesen zu Sebastian Brants dichterischer Arbeitsweise. In: Gonthier-Louis Fink (Hrsg.), Sebastian Brant, son époque et „la Nef des fols". Straßburg 1995, 149−172.

Ders., Figurenlehre. In: Historisches Wörterbuch der Rhetorik 3, 1996, 289−342.

Ders., Humanismus. In: Horst Brunner/Rainer Moritz (Hrsg.), Literaturwissenschaftliches Lexikon. Berlin 1997.

Kroogmann, Willy (Hrsg.), Johannes von Tepl 'Der ackerman'. Wiesbaden 1964. (Deutsche Klassiker des Mittelalters, N. F. 1).

Lefftz, Joseph, Die volkstümlichen Stilelemente in Murners Satiren. Diss. Straßburg 1914.

Malherbe, Daniel, Das Fremdwort im Reformationszeitalter. Diss. Freiburg 1906.

Mentz, Georg, Handschriften aus der Reformationszeit. Bonn 1912. (Tabvlae in vsvm scholarvm 5).

Mitzka, Walther, Deutsche Wortkunde. Kulturgeschichte des deutschen Wortschatzes. 6 erw. Aufl. Berlin 1969.

Mommert, Michael, Konrad Humery und seine Übersetzung der Consolatio Philosophiae. Diss. Münster 1965.

Moser, Hans, Geredete Graphie. Zur Entstehung orthoepischer Normvorstellungen im Frühneuhochdeutschen. In: ZdPh 106, 1987. Sonderheft Frühneuhochdeutsch, 379−399.

Müller, Jan-Dirk, Volksbuch/Prosaroman im 15./16. Jh. − Perspektiven der Forschung. In: IASL Sonderheft 1, 1985, 1−128.

Müller, Johannes, Quellenschriften und Geschichte des deutschsprachlichen Unterrichts bis zur Mitte des 16. Jhs. Gotha 1882.

Norden, Eduard, Die antike Kunstprosa. Bd. 2. Leipzig/Berlin 1923.

Otte, Ruth, Die einleitenden Konjunktionen der Adverbialnebensätze in Sebastian Brants Narrenschiff. Diss. Freiburg 1961.

Poland, Franz (Hrsg.), Reuchlins Verdeutschung der ersten olynthischen Rede des Demosthenes (1495). Berlin 1899. (Bibliothek älterer deutscher Übersetzungen 6).

von Polenz, Peter, Deutsche Sprachgeschichte vom Spätmittelalter bis zur Gegenwart I. Berlin/New York 1991.

Ristow, Brigitte, Maccaronische Dichtung in Deutschland. In: Werner Kohlschmidt/Wolfgang Mohr (Hrsg.), Reallexikon der deutschen Literaturgeschichte. 2. Bd. 2. Aufl. Berlin 1965, 259−262.

Rosenfeld, Hans-Friedrich, Humanistische Strömungen (1350−1600). In: Friedrich Maurer/Heinz Rupp (Hrsg.), Deutsche Wortgeschichte 1. Bd. 3. neu bearb. Aufl. Berlin/New York 1974, 399−508.

Rupprich, Hans (Hrsg.), Die Frühzeit des Humanismus und der Renaissance in Deutschland. Leipzig 1938. (Deutsche Literatur. Reihe Humanismus und Renaissance 1).

Ders., Vom späten Mittelalter bis zum Barock. 1. Tl. München 1970. (de Boor/Newald: Geschichte der deutschen Literatur IV/1).

Schnell, Rüdiger, Zum Verhältnis von hoch- und spätmittelalterlicher Literatur. Versuch einer Kritik. Berlin 1978. (PSQ 92).

Schirokauer, Arno, Frühneuhochdeutsch. In: Aufriß. Bd. I. Berlin/Bielefeld 1952, 855−930.

Schulte-Kemminghausen, Karl, Humanismus und Volkssprache. In: Westfalia 17, 1932, 77−90.

Sieber, Armin, Deutsche Rhetorikterminologie in Mittelalter und früher Neuzeit. Baden-Baden 1996. (Saecula Spiritalia 32).

Siller, Max, Dietrich von Pleningen 'Des Senece Trostung zu Marcia'. Eine schwäbische Übersetzung aus dem frühen 16. Jh. Text, Glossare, Untersuchungen. Diss. (masch.) Innsbruck 1974.

Stammler, Wolfgang, Zur Sprachgeschichte des 15. und 16. Jhs. In: Ders., Kleine Schriften zur Sprachgeschichte. Berlin 1954, 19−35.

Steger, Hugo (Hrsg.), Sprachgeschichte als Geschichte der Textsorten/Texttypen und ihre kommunikativen Bezugsbereiche. In: Sprachgeschichte, 1984, 186−204. (HSK 2.1).

Stolt, Brigitte, Die Sprachmischung in Luthers Tischreden. Studien zum Problem der Zweisprachigkeit. Stockholm/Göteborg/Uppsala 1964. (SGF 4).

Dies., Der prädikative Rahmen und die Reihung. Stockholm 1966. (Moderna Språk. Language Monographs 9).

Dies., Luther sprach „mixtum vernacula lingua". In: ZdPh 88, 1969, 432−435.

Straßner, Erich, Deutsche Sprachkultur. Tübingen 1995.

Strauß, Bruno, Der Übersetzer Niclas von Wyle. Berlin 1912. (Palaestra 118).

Szamatólski, Siegfried, Ulrichs von Hutten deutsche Schriften. Straßburg 1891. (Quellen und Forschungen 67).

Thieme, Klaus Dieter, Zum Problem des rhythmischen Satzschlusses in der deutschen Literatur des Spätmittelalters. München 1965.

Vilmar, Wilhelm, Dietrich von Pleningen. Ein Übersetzer aus dem Heidelberger Humanistenkreis. Diss. Marburg 1896.

Weber, Heinrich, Das erweiterte Adjektiv- und Partizipialattribut im Deutschen. München 1971. (LR 4).

Weidhase, Helmut, Kunst und Sprache im Spiegel der reformatorischen und humanistischen Schriften Johann Eberlins von Günzburg. Diss. Tübingen 1967.

Wenzlau, Friedrich, Zwei- und Dreigliedrigkeit in der deutschen Prosa des 15. und 16. Jhs. Halle 1906.

Wiesinger, Peter, Das Verhältnis des Prager Kreises um Karl IV. zur nhd. Schriftsprache. In: Blätter für deutsche Landesgeschichte 114, 1978, 847−863.

Worstbrock, Franz Josef, Zur Einbürgerung der Übersetzung antiker Autoren im deutschen Humanismus. In: ZdA 99, 1970, 45−81.

Ders., Deutsche Antikerezeption 1450−1550. Bd. 1, Tl. I. Boppard 1976. (Veröffentlichungen zur Humanismusforschung 1).

Wuttke, Dieter, Die Histori Herculis des Nürnberger Humanisten und Freundes der Gebrüder Vischer, Pangratz Bernhaupt gen. Schwenter. Materialien zur Erforschung des deutschen Humanismus um 1500. Köln/Graz 1964. (AfK, Beih. 7).

Ders., Telos als explicit. In: Fritz Krafft/Dieter Wuttke (Hrsg.), das verhältnis der humanisten zum buch. Boppard 1977, S. 47ff. (Kommission für Humanismusforschung der DFG. Mitteilung IV).

Ders., Humanismus als integrative Kraft. Nürnberg 1985.

Zarncke, Friedrich (Hrsg.), Sebastian Brants Narrenschiff. Leipzig 1854.

Joachim Knape, Tübingen

121. Die Rolle des Buchdrucks für die frühneuhochdeutsche Sprachgeschichte

1. Problemstellung

Daß die erstmals in der Kölner Chronik von 1499 unter dem Jahr 1440 erwähnte Erfindung des Buchdrucks und mehr noch seine Weiterentwicklung − besonders die Einführung der beweglichen Metallettern (Widmann 1972) − ein markantes Ereignis in der europ. Kulturgeschichte bedeuten, wird von niemandem ernsthaft bezweifelt (vgl. Eisenstein 1966; 1968; 1969; 1979; 1980; Gaskell 1972; Febvre/Martin 1958; Hirsch 1974). Weniger Einhelligkeit ist zu verzeichnen, wenn es darum geht, die Wirkung des Buchdrucks bei der Herausbildung einer einheitlich normierten Schriftsprache einzuschätzen. Einige Sprachhistoriker (vgl. von Polenz ^{9}1978, 85; s. auch 1991; 1994) betrachten diese Erfindung, die eine tiefgreifende Umgestaltung des Kommunikationsprozesses mit sich brachte, als einen Meilenstein am Eingang einer neuen Sprachperiode, der als Periodisierungskriterium nur mit der Bedeutung der Einführung des Christentums für das Ahd. oder der Entfaltung der höfischen Kultur für das Mhd. verglichen werden könnte.

Die neuen druckschriftlichen Verbreitungsmöglichkeiten beschleunigten nicht nur die gesellschaftliche Wissensakkumulation und -tradierung, sie verstärkten auch die allgemeine Tendenz zur Schriftlichkeit, eine Entwicklung, die von der eher mnemotechnischen Funktion der Schrift und der Dominanz der Face-to-Face-Kommunikation wegführte.

Die Erfindung des Buchdrucks bewirkte mehr als nur leichtere, billigere und schnellere Textverbreitung, ihre Bedeutung erschöpft sich nicht im rein Quantitativen (Bellmann 1996 a; Widmann 1964 a; 1973; Wellmann 1990). Ein weiterer Aspekt dieser Erfindung, die sich grundsätzlich vom Textkopierverfahren unterscheidet, lag in dem

Zwang zur Auswahl, der von der neuen „ars artificialiter scribendi" ausging (vgl. Koppitz 1980), und in der Tatsache, daß „Geschick und Ungeschick der Drucker" über „das Fortleben vor allem volkssprachiger Werke" (Koppitz 1980, 75) entschieden. Die Erfindung der Druckkunst „gab der Verbreitung von Büchern enormen Auschwung, drosselte aber zugleich die Zahl der überlieferten Titel" (Koppitz ebd.). Sie begünstigte zunächst alte Werke und blockierte bis ca. 1500 die „moderne" Literatur. Die Unterscheidung zwischen „Erfolgsbuch" und solchen, die keine Verleger fanden, führte auch zur Neudefinition des Begriffs des „Veröffentlichens". Der Medienwechsel bedeutete gleichzeitig Selektion und Kanonbildung. Der Buchdruck beschleunigte nicht nur neues Gedankengut, er verlängerte auch das Fortleben des Althergebrachten. Die „Anwendung des Prinzips, der *multiplicatio*" bot den „von den 'geschwinden Läuften' beeindruckten und beängstigten" Zeitgenossen „die Lösung der Probleme synchroner und diachroner Kommunikation: des Verbreitens und des Überlieferns von Texten. *Multiplicatio* bedeutet ihnen Mittel, Effekt und Dauergarantie" in einem (Mertens 1983, 84f.).

Das neue Medium, das durch die technische Reproduzierbarkeit von Texten, die dadurch ihren Anspruch auf Einmaligkeit verloren, eine veränderte Gebrauchssituation herbeiführte, war maßgeblich an der Umstrukturierung des kulturellen Lebens der Zeit beteiligt. Der Drucker erscheint als Vermittlungsinstanz zwischen Autor und Publikum, die nicht nur den Text materiell zugänglich macht, sondern auch häufig durch Vereinheitlichung und Funktionalisierung auf dem Weg einer Bearbeitung, die er selbst durchführte oder durchführen ließ, das kulturelle Einverständnis herstellte (dazu Leipold 1978).

2. Rahmenbedingungen: Technische Innovationen und neue Kommunikationsbedürfnisse

Die schnelle wirtschaftliche Entwicklung der deutschen Städte im ausgehenden Mittelalter, besonders ihres Handwerker- und Kaufmannsstandes, und die soziokulturelle Diffe-

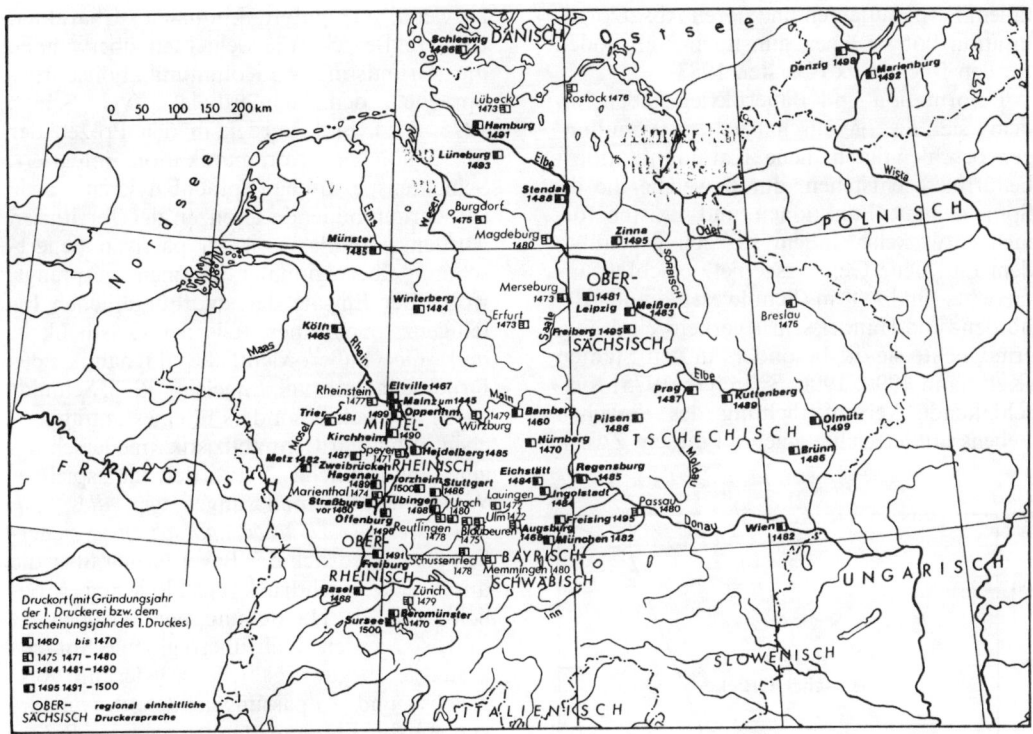

Karte 121.1: Die Verbreitung des Buchdrucks während der Frühdruckzeit (bis 1500) (aus: Atlas zur Geschichte, Bd. 1, Gotha/Leipzig 1973, S. 52).

renzierung, die dadurch ermöglicht wurde, bedingten einen steigenden Bedarf an fachsprachlicher und literarischer Bildung.

Giesecke unterstreicht in diesem Zusammenhang die „innovatorische Leistung der Fachprosa", die besonders in ihrer gedruckten Form durch „Verschriftung handwerklicher Erfahrungen für Laien und Experten" (1980, 291) „Wissensbestände [...] expliziert, kommunikativ verfügbar und damit neuen Systematisierungs- und Überprüfungsverfahren zugänglich" (ebd., 294) macht. Diese Fachprosa „will Wissen mitteilen", sie bedeutet ebenfalls eine „Dekontextualisierung der Erfahrung" (ebd., 50f.; auch Giesecke 1990; 1990 a; 1990 b; 1994). Von großer Bedeutung in der frühen gedruckten Produktion war ebenfalls die historiographische (Mertens 1983) und die sich „aus der Umklammerung der Medizin" befreiende naturwissenschaftliche Literatur (Krafft 1977, insbes. 22).

Auf die Vermittlungsleistung des Drucks in der Frühphase, die gleichzeitig mit ihren zahlreichen Übersetzungen, Bearbeitungen und Adaptationen eine eher „literaturverbrauchende" Epoche ist, macht B. Weinmayer auf-

merksam. Der durch den Druck zu verbreitende Text „muß [auch] über historische Veränderungen hinweg verständlich gehalten werden, über kulturelle und geographische Distanzen hinweg bekannt und zugänglich gemacht werden" (Weinmayer 1982, 8).

Die technischen Innovationen der Inkunabelzeit, die die von den Erfindern, die zunächst eine kunstvolle und detailgetreue Nachahmung alter Handschriften anstrebten (vgl. Altmann 1976), ungeahnten potentiellen Möglichkeiten des Buchdrucks voll ausschöpften, bewirkten, daß ein Entwicklungsstand erreicht wurde, der die fast unbeschränkte Vervielfältigung und dadurch die schnelle Verbreitung eines Textes ermöglichte. Das schriftlich Fixierte erreichte dadurch einen Wirkungsradius größter Breite, und bereits im letzten Jahrzehnt des 15. Jh.s war das Druckergewerbe in bedeutenden Städten wie Basel, Ulm, Augsburg, Nürnberg, Straßburg, Leipzig und Köln vertreten. Während Abteien und Bruderhäuser häufig das Abschreiben von Texten besorgten, war die Stadt, besonders wenn sie Sitz kirchlicher Institutionen und/oder einer Universität war, Hauptstandort der Drucker. Mit ihren Kapitalien, Fernkaufleuten und deren Absatzorganisation bot sie einen günstigen Nährboden für den Buchdruck (Corsten 1983).

Reformation und Bauernkrieg ließen, indem sie die gesellschaftlichen Wandlungen beschleunigten, neue Kommunikationsbedürfnisse entstehen, durch welche die dt. Sprache neue Funktionen und Existenzformen entwickelte. Indem sie sich gegenüber dem Lat. neue Geltungsgebiete erschloß, ins Gerichts- und z. T. ins Schulwesen, in den Behörden- und Handelsschriftverkehr eindrang, ermöglichte sie die besonders in den Städten (Kettmann 1990; 1996; Schreiner 1975) fortschreitende Verschriftlichung des täglichen Lebens und erreichte einen zu diesem Zweck

notwendigen polyfunktionalen Charakter. Breitere Bevölkerungsschichten überwanden die „Grundstufe des Kommunikationsmittels Sprache", den Heimatdialekt (vgl. Schieb 1975, 535), und wurden in den Prozeß der überregionalen Kommunikation integriert. Schichtenspezifische Sprachbarrieren sowie sprachraumbildende Grenzen der Territorien wurden zumindest mit der passiven Beherrschung überregionaler Formen gesprengt, wobei der Einsatz der stadtbürgerlichen Intelligenz, auch eines Teils der Geistlichkeit, und die außerordentliche Dynamik des Druckschaffens (vgl. Engelsing 1973; Schmidt 1973), die sich besonders in einer umfangreichen Flugschriftenpublizistik niederschlug, eine maßgebliche Vermittlerrolle spielten. Wenn auch Formulierungen wie *Alles Volk will in jetziger zit lesen und schreiben* sicherlich eher Ausdruck der Begeisterung über die durch den Buchdruck erschlossenen Möglichkeiten als Darstellung der Wirklichkeit sind, so werden doch überregionale Sprachkontakte begünstigt, die wiederum Ausgleichs- und Anpassungstendenzen verstärken. In der Flugschriftenliteratur der Reformation (Cole 1975; Crofts 1980; Ukena 1977) und des Bauernkriegs erreichte der Buchdruck die volle Entfaltung seiner Potenzen. Eine Umstrukturierung des Bedarfs und Interesses fand statt, und die in umfangreichen, unhandlichen und teuren Folio- und Quartkodizes vorliegenden Werke des klassischen Altertums und des Mittelalters wurden durch die politische und reformatorische Tagesliteratur verdrängt. Die lat. Bücherproduktion wurde, wenn auch nur langsam, durch deutschsprachige Literatur ersetzt. Indem lokal gebundene Merkmale in diese Literatur eindrangen, gelangten sie in größere Sprachräume und erreichten dadurch indirekt größere, wenn auch nur passive „Allgemeinverständlichkeit" (vgl. Winkler 1975, 244). Ausgehend von diesen Betrachtungen läßt sich wohl behaupten, daß die Technik des Buchdrucks vom quantitativen Gesichtspunkt aus

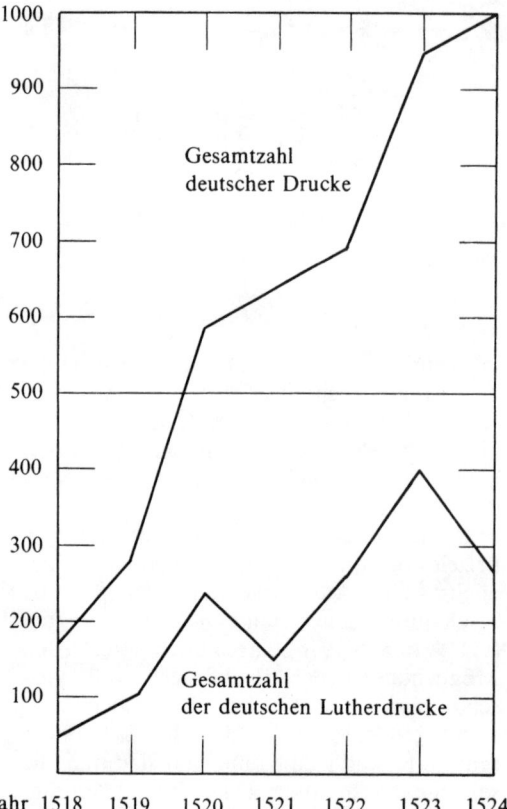

Jahr	1500	1518	1519	1520	1521	1522	1523	1524
Zahl deutscher Drucke	80	150	260	570	620	680	935	990
Davon Zahl deutscher Lutherdrucke	–	44	112	234	164	258	392	269

Abb. 121.1: Gesamtzahl deutscher Drucke (aus: Tschirch 1969, 99−100)

eine neue Situation auf dem Gebiet der schriftlichen Kommunikation geschaffen hat. Die von A. Schirokauer übernommene Äußerung C. Wehmers, daß die „Schreibinstitute des 15. Jh.s" durchaus imstande gewesen wären, den „üblichen Bücherbedarf in hergebrachter Weise zu befriedigen" (vgl. C. Wehmer 1940, VIII; Schirokauer 1951, 326), scheint den ökonomischen Faktor des Herstellungspreises zu sehr außer acht zu lassen. Äußerungen, wie die des in Rom tätigen dt. Druckers Ulrich Han: „imprimit ille die quantum non scribitur anno", oder solche, in denen behauptet wird, daß der Kaufpreis eines Buches jetzt weniger betrage, als früher der des Bindens, widerlegen nach Widmann „die Meinung, Schreibstuben hätten dem Schreib- und Lesebedarf der Zeit Genüge getan" (Widmann 1977, 65). Schirokauer erinnerte dagegen mit Recht daran, daß die Handschriften (Hss.) besonders im 15. Jh. keineswegs nur für den lokal begrenzten Markt hergestellt wurden, wenn auch die gewerbsmäßig textkopierenden Manufakturen, wie die des Diepolt Lauber, die die Basis für einen Handschriftenhandel lieferten, eher eine Ausnahme blieben. Der Übergang von der Hs. zum Druck veränderte grundlegend die Spielregeln des literarischen Verkehrs. Während die Hs. sich an einen kleinen, klar umrissenen Benutzerkreis individueller Adressaten wendet und ihre Produktion einen „quasi privaten Vorgang" darstellt, wird das Buch für eine „anonyme Vielfalt und Vielzahl", einen potentiell unbegrenzten Leserkreis, hergestellt (vgl. Kreutzer 1984, 207 und 203; auch Brandis 1984). Dieser Übergang bedeutete aber, bei aller Willkür im Umgang der Drucker mit der Vorlage, eine Vereinheitlichung der Versionen eines Textes im Vergleich zu den Hss. Der Übergang von der handschriftlichen Verbreitung zur „Verbreitung im Druck" kommt nach Kreuzer (1984, 208) einer „Reduzierung der Erscheinungsformen" gleich. Diese „textsichernde Bedeutung [...], die vereinheitlichende Wirkung" des Buchdrucks, z. B. im kirchlichen Bereich, hebt auch Mertens (1983, 79f.) hervor, während Krafft (1977, 27), die durch den Druck gewährleistete Standardisierung naturwissenschaftlicher Texte unterstreicht. Die Bemühung um einen verläßlichen Text in den gedruckten Rechtsbüchern reduziert die Rechtsunsicherheit stiftenden Abweichungen und Abschreibefehler der Kopisten (Koller 1984, insbes. 123). Der systematische Nachdruck potenzierte die Wirkung des Buches in den verschiedenen Landschaften. Der Buchdruck stellt gewissermaßen eine neue Form der Öffentlichkeit her und erzeugt einen Bedarf an bestimmten Textsorten. Der private Buchbesitz (man beachte die Nachlaßinventare und Zensurakten) überstieg allmählich den korporativen. Veröffentlichung bedeutet von nun an hinreichende, d. h. auch private Verfügbarkeit. Dies hat, wie es Brant feststellt, auch räumliche Konsequenz:

Nit not / so verr zů schůlen keren
Weller will leren jnn sym land
Der fyndt yetz bůcher aller hand
(Brant 1968, Kap. 92, V. 22−24; vgl. Mertens 1983, 87ff.).

Die drastischen Preiseinbrüche von 1470 und 1480 (vgl. Haebler 1925; Sauer 1956) führen zu einer Änderung im Abnehmerkreis des Buches, der bis dahin, dem Hss.abnehmerkreis noch sehr ähnlich, auf höhere Gesellschaftskreise beschränkt blieb. Die theologische Literatur, die zunächst fast die Hälfte aller Titel stellt, büßt langsam ihre Vorherrschaft ein, die großen Standardwerke für den gehobenen Anspruch weichen allmählich vor der Masse des Kleinschrifttums, das breiteren Volksschichten zugänglich ist. Zu erwähnen ist hier auch das umfangreiche gedruckte städtische Verordnungsschrifttum (Kleinschmidt 1982, 180f.) und die nur begrenzt erfaßbaren Druckerzeugnisse wie „Schul-, Bet- und Hausbücher" (ebd., 178ff.). Das Buch setzt sich nun als Massenartikel mit steigenden Auflagen und zeitgenössischen Texten als modernes Medium durch. Die wachsende Verschriftlichung in den Bereichen Recht, Verwaltung und Handel − hier wäre auch die Bedeutung des auch für den Buchdruck ausschlaggebenden billigen Trägers Papier zu betonen: es „lädt das Papier die beweglichen Lettern zu sich ein" (Heimpel 1965, 10) − förderte Lesebedürfnisse und -fertigkeit, die dem Buch zugute kamen. Die Ausweitung der Schreib- und Lesefähigkeit, die zwar weiterhin in sozialer Hinsicht schichtbildende Funktion behielt, brachte größere gesellschaftliche Mobilität, blieb aber zunächst auf die Stadt mit ihrer hohen Anzahl von Klerikern beschränkt. Der etwas zu eng gefaßte Leser-Begriff wäre hier sinnvoll durch den des Rezipienten zu ersetzen. Neben den Voll-Lesefähigen sind auch die „slow-readers" der Kleinschriften, die Vorleser und ihre Zuhörer zu berücksichtigen (Maas 1985). Bildungs- und Sozialstatus waren in der Stadt nicht strikt identisch. Der zahlenmäßige Anstieg des Lesepublikums – zu dem auch, so Ägidius Albertinus, *„junge Diernlein vnd Handtwe[r]cksbur[s]ch"* gehören – wird häufig in zeitgenössischen Quellen dokumentiert (vgl. Kleinschmidt 1982, 177). Die Lektüre und die „daraus abgeleitete imitatorische Sprechpraxis" ermöglichte in stärkerem Umfang auch für Frauen „den Einstieg in die elaborierte Sprachwelt der gebildeten Oberschicht" (ebda., 183f.). Der Beginn der Reformation befreite bisher von der Amtskirche gegängelte Lesebedürfnisse und gab den in Volkssprache verfaßten Schriften einen gewaltigen Auftrieb. Das gedruckte Buch brachte die Möglichkeit, über weite Distanzen größere Bevölkerungsgruppen an der Auseinandersetzung über aktuelle Streitfragen zu beteiligen (vgl. Stackmann 1984, Einleitung XI). Man schätzt, daß 10% der Bevölkerung durch selbständige Bibellektüre erreicht wurden, die z. T. die in die amtskirchliche Verkündigung integrierte Erbauungsliteratur ersetzt. Die Reformation und der religiöse Pluralismus veränderten quantitativ und inhaltlich die Produktion des Buchdrucks, selbst wenn religiöse und soziale Vorbehalte gegen Bücher und Lese- und Übersetzungsverbote, welche die Einheit des kirchlichen Dogmas oder Standes- und Berufsprivilegien (bei Juristen, Ärzten z. B.) sichern sollten, auch im Zeitalter des Buchdrucks hemmende Wirkungen behielten (vgl. Schreiner 1984).

3. Druckersprachen und Sprachausgleich

Wenn man nun nach den Folgen dieser durch den Buchdruck geschaffenen neuen Situation für die dt. Sprache fragt, so ist bei der Mehrzahl der Sprachhistoriker (Bach 1970; Tschirch 1969; Eggers 1969; Guchmann 1969; v. Polenz 1972; Schildt 1976) ein deutlicher Konsens zu verzeichnen. Es wird behauptet, daß durch die Entwicklung des Buchdrucks die sprachliche Einheit, die durch das Vorhandensein mehrerer verschiedener Schriftdialekte noch nicht gegeben war, zunehmend gefördert und ein Ausgleich zwischen den verschiedenen Schriftdialekten angestrebt wurde. Die tradierte Lehrmeinung geht davon aus, daß dieser Ausgleich für die Drucker insofern notwendig gewesen sei, als sie nicht ständig für einen engen, lokal begrenzten Markt produzieren wollten, sondern darauf bedacht waren, ihr Absatzgebiet zu vergrößern, um nicht von vornherein die Verkaufsaussichten ihrer Produkte einzuschränken.

Damit die überregionalen Absatzmöglichkeiten garantiert werden konnten, mußte eine zu enge Anlehnung an die jeweiligen Schriftdialekte und deren spezifisch lokalgebundene Merkmale ausgeschlossen werden, um auch für andere Sprachlandschaften verständlich zu bleiben. Das geschäftliche Interesse, ein außersprachlicher Faktor also, hätte wesentlich den Ausgleichs- und Normierungsprozeß bestimmt. Diese Auffassung wird von A. Schirokauer, der eine Reihe von Gegenthesen aufstellt, grundsätzlich in Zweifel gezogen (1951; 1957). Seine Einwände lassen sich im wesentlichen auf drei Punkte reduzieren: der mangelnde Formsinn des zeitgenössischen Publikums, die weiterhin vorrangige Stellung der lat. Drucke und der geringe Anteil des „Exports" am Buchhandel (s. Wittmann 1991; Widmann 1961; 1965; Walch 1996) ließen keinen tiefgreifenden Einfluß auf die Grundtendenzen der Sprachentwicklung zu.

3.1. Lateinische, hochdeutsche und niederdeutsche Drucke

Die Zahl der volkssprachlichen Drucke nimmt zunächst nur langsam wenn auch beständig zu. Das Verhältnis der lat. zu den dt. Drucken war um 1520 20:1, um 1524 3:1; 1570 machten die lat. noch 70% aller Drucke aus, und erst 1681 überwogen die volkssprachlichen Titel. Besonders die sog. „Sturmjahre" der Reformation und des Bauernkriegs haben das dt. gedruckte Schrifttum um ein Mehrfaches anschwellen lassen. Bei diesen Zahlen ist allerdings hinzuzufügen, daß einerseits die Auflagenhöhe nicht berücksichtigt, andererseits auch die Flugschriften und Einblattdrucke als bibliographische Einheiten gezählt wurden. Im 15., aber auch z. T. noch im 16. Jh. beruht nach Schirokauer die wirtschaftliche Existenz des dt. Buchdruckes auf der Produktion lat. Bücher. Gleichsam am Beginn stehen die Beispiele Leonhard Holles und Gutenbergs, die minderwertige dt. Produkte auf den Markt brachten, aber „höchste Sorgfalt und Unsummen" (vgl. Schirokauer 1951, 327) auf lat. Drucke verwendeten. In Köln, Magdeburg, Hamburg, Lübeck und Rostock bilden im Bereich der deutschsprachigen Drucke die nd. bis 1520 die ausschließliche oder dominierende Produktion.

3.2. Lokal begrenzter Markt oder überregionale Absatzmöglichkeiten

Kontrovers bleibt die Frage, ob sprachvereinheitlichende Bestrebungen ein wesentlicher Faktor der Marktpolitik der Drucker der

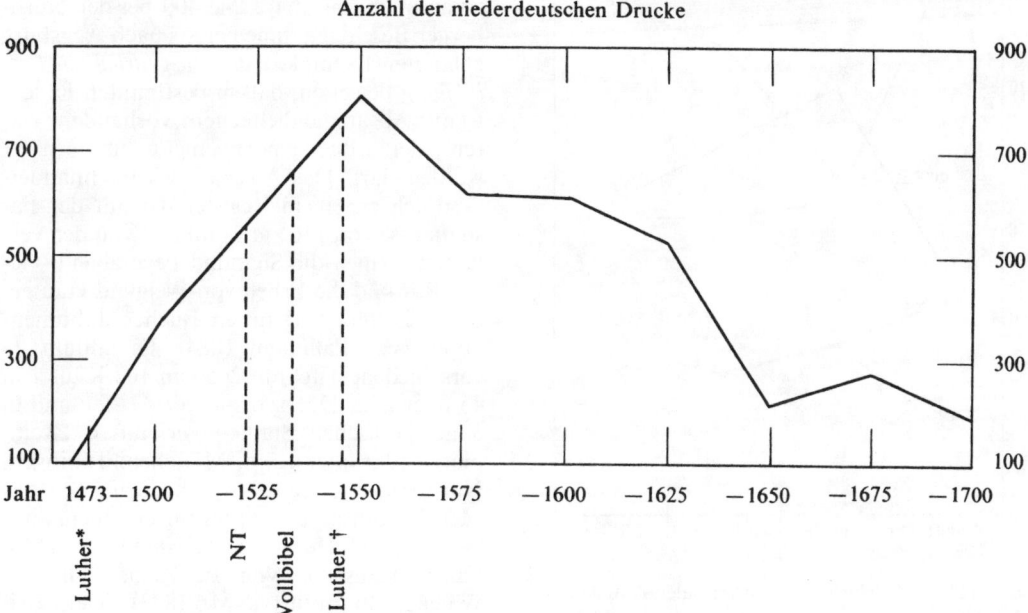

1473—1500	1501—25	1526—50	1551—75	1576—1600	1601—25	1626—50
374	562	812	641	639	539	227

Abb. 121.2: Anzahl der niederdeutschen Drucke (aus: Tschirch 1969, 113)

frnhd. Periode gewesen sind. Die Praxis der einzelnen Offizinen war recht unterschiedlich. Buchführer und Buchhandel (vgl. Grimm 1965) arbeiteten zwar nicht selten für einen überregionalen Markt, große Druckunternehmer belieferten entlegene Städte direkt oder über das Verlagssystem. Basler Drucker stellten z. B. 1511 und 1513 Drucke für den nd. Markt her. Die Drucker von Hagenau arbeiteten häufig für fremde Verleger, von deren Aufträgen sie abhängig waren. Doch der größte Teil der Offizinen arbeitete für die ortsansässige Kundschaft. Die wirtschaftlichen Nöte und die häufigen Bankrotte, die dieses Gewerbe geradezu kennzeichnen, liefern eher den Beweis für übersättigte Lokalmärkte und Mangel an Exportmöglichkeiten. Koppitz (1981, 183) vermutet, daß die häufig fehlenden Ortsangaben sich erklären lassen, „weil [die Hersteller] nur mit Abnehmern aus ihrer näheren und vielleicht nächsten Umgebung rechneten". Da nur eine Minderheit von Druckern in der Lage war, beträchtliche Kapitalinvestitionen zu tätigen, waren ihre Kalkulationen eher auf den regional begrenzten Markt abgestellt. Der häufige Nachdruck in kleineren Auflagen beweist, daß ihr größ-

ter Teil für den Vertrieb im näheren Umkreis bestimmt war, daß aber auch einzelne Exemplare einer Auflage in entferntere Orte gelangen konnten und dort als Vorlage für Nachdrucke gebraucht wurden (vgl. Winkler 1975, 70). Anstelle des z. T. umständlichen und kostspieligen Vertriebs nach auswärts wurde eher die Weitergabe des Druckauftrags an einen Kollegen im erwarteten Absatzgebiet praktiziert. So vergab z. B. der Nürnberger Koberger, der über eine der leistungsfähigsten Offizinen der Zeit verfügte, den Auftrag für eine lat. Bibel an den Straßburger Rusch (1481), und Sensenschmidt druckte in Bamberg ein *Missale Benedictinum* im Auftrag des Speyerers Drach. Viele Drucker betrieben noch ein arbeitsvereinigtes Gewerbe, und die großen frühkapitalistischen Unternehmer mit vertikaler Integration von der Papiermühle bis zum Buchladen, auch die arbeitsteiligen Verlagsgesellschaften, blieben, selbst wenn sie das Gewerbe entscheidend mitprägten, eine Minderheit. Die meisten Drucker waren noch gewerbetreibende Handwerker, die z. T. vom Druck der Tagesliteratur lebten und sich wirtschaftlich nur solange halten konnten, wie die Flut dieses Schrifttums andauerte.

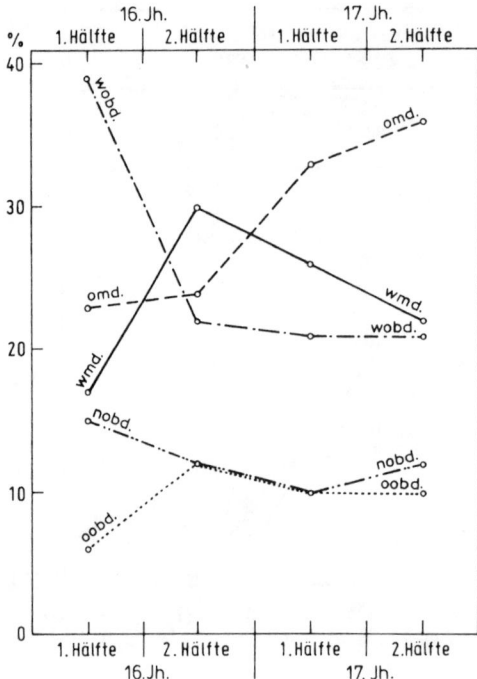

Abb. 121.3: Mittelwert der prozentualen Anteile an Druckorten, Druckzentren und in diesen tätigen Druckern der Großgebiete (aus: Stopp 1978 a, 255)

Wenn wir die Drucker der *Zwölf Artikel* als Beispiel nehmen (vgl. Hartweg 1976), so können wir feststellen, daß vielen mit der Niederlage der Bauern und dem Rückgang der Zahl der Schriften, die sich mit den religiösen Auseinandersetzungen befaßten, weitgehend die wirtschaftliche Basis entzogen wurde. Einige darunter sind aufgrund der vielen Stationen ihres beruflichen Lebens als „Wanderdrucker" einzuordnen. Aber auch bei bedeutenden Druckern lassen sich zahlreiche Wirkungsstätten dokumentieren (vgl. Schirokauer 1951, 366). Andere Formen der regionalen Verschiedenheit lassen sich z. B. in Froschauers Offizin feststellen, der Gesellen aus Straßburg, Köln, Westfriesland, Bamberg, Annaberg, Locarno und England beschäftigte. Schirokauers Einwände gegen das durch Geschäftsinteressen bewußt gelenkte Normierungsstreben, das den Druckern zugeschrieben wurde, haben zu einer Differenzierung des vielleicht bis dahin als zu einsträngig betrachteten Prozesses geführt. Die Tatsache, daß einige Drucker zwischen Büchern, die für den lokalen Markt bestimmt waren, und solchen, die auf einem entfernteren abgesetzt werden sollten, unterschieden (vgl. Arndt 1962, 26), führt uns zu der Annahme, daß

materielle Interessen als Motor des Verzichts auf lokale Besonderheiten ebenfalls in die Analyse miteinbezogen werden müssen, so widersprüchlich die Praxis der einzelnen Offizinen auch sein mag. Die 400 bei der Nürnberger Beschlagnahme bereits nach Augsburg gelangten Exemplare der *Ausgedrückten Entblößung* beweisen, daß in bestimmten Fällen, wenn Absatzmöglichkeiten vorhanden waren, der „Buchexport" nicht unterschätzt werden darf. Das Ausmaß des Buchhandels läßt sich an einem Register der auf der Fastenmesse von 1565 in Frankfurt von der Verlagscompanei, die Sigmund Feyerabend, Georg Rat und die Erben von Weigand Hau gebildet hatten, verkauften Bücher dokumentieren (vgl. Pallmann 1884). Es umfaßt 23 verschiedene Titel mit 2650 an 107 Käufer in 45 über ganz Deutschland verstreuten und in 5 ausländischen Städten verkauften Exemplaren (darunter Köln, München, Tübingen, Nürnberg und Leipzig) (vgl. dazu auch das Meß-Memorial des Frankfurter Buchhändlers Michael Herder zur Fastenmesse 1569. Faksimileausgabe von E. Kelner und R. Wülcker. Frankfurt a. M. 1873). Viele Beispiele der Beweisführung von A. Schirokauer beziehen sich auf die Zeit der Wiegendrucke und haben weniger Gültigkeit für das 16. Jh., in dem der Einfluß des Buchdrucks beim Abschleifen der örtlichen Unterschiede besonders spürbar wurde (vgl. H. Moser 1969, 141). In ihrer Pauschalität sind die von Schirokauer bewußt provokatorisch formulierten Ansichten — sie richteten sich nicht zuletzt auch kritisch gegen Frings' These: „Der Weg geht nicht von oben nach unten, sondern von unten nach oben" (1956, III, 9) — kaum haltbar, wie Henzens Bemerkungen bereits 1954 (103) andeuten. Sie forderten aber zur fruchtbaren Auseinandersetzung auf, und es wäre überzogen, ihm diesbezüglich eine gewisse Stagnation der Drucksprachenforschung zuzuschreiben, nachdem V. Moser dieser durch seine Untersuchungen und programmatischen Entwürfe verheißungsvolle Ansätze geliefert hatte (Fujii 1991, 49).

3.3. Die Praxis der Druckeroffizinen

Welche Wirkung konnte unter diesen Umständen im sprachlichen Austauschprozeß zwischen den verschiedenen Landschaften von den Druckern ausgehen? Wenn in der Folge der Einfachheit halber von „Druckern" die Rede ist, so ist dies als verkürzte Formulierung für „die einzelnen am Drucklegungsvorgang beteiligten Berufe" zu verstehen, auf die besonders H. Wolf (1984) wieder das Augenmerk gelenkt hat. Er beruft sich dabei auch auf S. Freunds, A. Schmitts und H. Stopps anhand Augsburger Drucke des 16. Jh.s gemachte Beobachtung, „daß Setzer und Korrektoren offenbar in größerem Maße die Motivation und Fähigkeit besaßen, eine variantenärmere und das lokal regional Gebundene zugunsten des überlandschaftlich Geltenden vermeidende Sprache schriftlich zu fixieren, als eine 'Privatperson'" (Wolf 1984, 109 Anm. 5). Auch Kettmann stellt fest, daß in Wittenberg neben den Setzern Korrektoren „die einheitlichste und variantenfreieste Orthographie innerhalb ihrer Gruppe aufweisen und die Korrektoren innerhalb der Wittenberger Schreibüberlieferung eine der am stärksten in Richtung auf das Nhd. hin fortgeschrittenen Gruppen [bilden], die im Verein mit anderen progressiven Kräften die für die Zukunft gültigen Maßstäbe setzt" (Kettmann 1967, 110ff.). Das von H. Widmann (1964) zitierte Beispiel zeigt, daß der bei J. Prüss beschäftigte Korrektor und spätere Drucker sich für die ordentliche Betreuung der Veröffentlichung verbürgt. H. Wolf würdigt insbesondere die „Beiträge der Korrektoren zum Sprachausgleich Luthers" (1984; vgl. dazu auch Weidemann 1920), die gegen die Unachtsamkeiten der Setzer ankämpften. Um die differenzierte Praxis der einzelnen Drucker und Druckzentren zu bestimmen, gilt es auch, die Herkunft des Druckers, die Stationen seines Bildungsgangs, insbesondere den Ort, an dem er drucken lernte, die Mundart der Setzer, den Markt, für den er arbeitete, das Format des Buches, das er herausbrachte, sowie die Druckvorlagen zu berücksichtigen. Mehrere Modelle des sprachlichen Verhaltens sind hier möglich. So versuchte Froschauer, der aus Altötting in Bayern stammte, einer handlichen Ausgabe der Zwingli-Bibel eine gute Verbreitung im deutschsprachigen Raum zu sichern, indem er die frnhd. Diphthonge gebrauchte. Für die teure Folioausgabe von 1551 behielt er dagegen die heimische Lautstufe, weil hier höchstwahrscheinlich der lokale Markt anvisiert war. Für den weiteren Markt in Frankfurt war dagegen der Prachtdruck der *Schweizer Chronik* von 1547/48 gedacht, und dessen alem. Lautstand wurde deshalb von den Setzern umgearbeitet (vgl. Leemann-van Elck 1940; Schirokauer 1951, 341). Das Bedürfnis, sich zu rechtfertigen, klingt im Nachwort an, das Froschauer der Hätzerschen Verdeutschung des Oekolampadischen Traktats *Vom Sakrament der*

Danksagung hinzufügt, wenn er behauptet, er habe das Buch „*vilen zu dienst in ußlendischer gemeiner spraach getruckt, damit es auch andere verston mögind, die unsrer spraach zů Zurich nit gewont habend. Hierum sol es mir niemants — ist min begär — verargen noch für übel ufnemmen, sydmals ich allein anderer Christen nutz sůch*" (vgl. Schirokauer 1951, 343). Kirchenpolitische Gesichtspunkte waren bei Froschauer also ebenfalls im Spiel. Auch W. Rihel entschuldigte sich bei seinen angestammten Kunden in Straßburg, daß er 1535 eine Bibel mit Luthers „besunder wörter / und orthographey, so meer auf Sachsisch / denn unser hochteutsch gebraucht", druckte (s. dazu Hartweg 1988). In Basel und Straßburg wurden die neuen Diphthonge eingeführt, obwohl sie nicht dem Gebrauch der Autoren und dem des Publikums entsprachen. Im allgemeinen waren Unterschiede zwischen den Druckersprachen in derselben Stadt selbst am Ende des 16. Jh.s noch deutlich, wie Henzen (1954, 104) es z. B. für Straßburg (dazu auch Bauer 1988) feststellte. Keine vereinheitlichende Wirkung, sondern vielmehr Anpassung an den lokalen Markt ist bei den 1462 aus Mainz vertriebenen Buchdruckern festzustellen, die sich in Bamberg, Leipzig und Nürnberg niederließen. Im Vergleich zur Praxis der Kanzleien bildeten die Druckeroffizinen nicht immer einen Fortschritt auf dem Wege der Vereinheitlichung. Hyperlokale Reaktionen bei zugereisten Druckern waren nicht selten: So druckte Petri Geilers Predigten in Basel mit den alten Monophthongen, während Knoblouch in Straßburg die neuen Diphthonge gebrauchte. Bei der Verbreitung der Flugschriften über verschiedene Landschaften werden diese z. T. in eine andere Sprachvariante „übersetzt", und bei diesem Prozeß ist der Drucker der aufnehmenden Landschaft die zwischengeschaltete Instanz, die die Sprache der Schrift, die er nachdruckt, der in seinem Gebiet heimischen Variante der Schriftsprache anpassen kann. Bei aktuellem Tagesschrifttum mußte aber der Nachdruck sehr schnell hergestellt werden, und es bestand praktisch keine Zeit, um eine sorgfältige Bearbeitung der Vorlage anzufertigen. Deshalb stellt sich die Frage, in welchem Maße die fremde Schriftsprachvariante in einem anderen Sprachgebiet im Rahmen des allgemeinen Austauschs-, Mischungs- und Ausgleichsprozesses zur Wirkung kommen kann. Wie unterschiedlich die Behandlung einer gemeinsamen Vorlage in dem selben Druckzentrum vorgenommen werden kann, zeigen die Nachdrucke der *Zwölf Artikel der Bauern* dreier Erfurter Drucker (vgl. Hartweg 1981). In den verschiedensten Sprachbereichen, wie z. B. Groß- und Kleinschreibung, Konsonantenverdoppelung, Vokalismus der Nebensilben, Genuswechsel, Morphologie und Syntax, Lexik, ergibt sich eine deutliche Tendenz: Der Druck von M. Maler hält sich eng an den Augsburger Erstdruck von Ramminger, W. Stürmer versucht eine gemäßigte Anpassung, während J. Loersfelds Nachdruck am stärksten abweicht und gleichzeitig die größte innere Kohärenz und die meisten Züge, die in Richtung des Nhd. deuten, aufweist. In Straßburg steht der von W. Köpfel bewerkstelligte Nachdruck der Vorlage näher als der in der Offizine von Schürers Erben erschienene, in dem z. T. die dem alem. Lautstand entsprechenden Längen wieder eingeführt wurden (Hartweg 1982). Daß die Entwicklung keineswegs geradlinig verläuft, zeigen weitere Beispiele. Das Verkaufsargument, das vom ausgleichenden Wirken der Drucker ausging, die sich auf weiteren Absatzmärkten behaupten wollen, ist außerdem zweischneidig: Der Drucker konnte sich durchaus die einheimische Kundschaft durch ein zu starkes Entgegenkommen für entlegene Kunden entfremden. Die Mischungen lokaler und fremder Dialekterscheinungen sind höchst variabel, und in derselben Offizin hergestellte Drucke zeigen zuweilen erhebliche Verschiedenheiten, die auf den Setzer, die Vorlage oder den Inhalt und das Format des Buches zurückzuführen sind. Verschiedenheiten sind selbst bei zwei Nachdrucken der *Zwölf Artikel*, die J. Gastel in Zwickau herstellte, festzustellen:

ES seyn vil wider christen | die yetzunt von wegen
ES sind viel widder Christen die itzund von wegen
der versammleten Baurschafft | das Euangelion
der versammeleten Bawerschafft das Euangelium
zů schmehenn vrsach nemen | sagent |
zu schmehen vrsach nehmen | Sagend |
das seyn die frücht | des newen Euangelions?
das sind die frucht | des newen Euangeliums |

Acht Nachdrucke der Mentel-Bibel (davon drei direkte Neuauflagen), die bei sechs Druckern in Augsburg, Nürnberg und Straßburg zwischen 1473 und 1487 hergestellt wurden, weisen nicht zweimal denselben Lautstand auf. Undurchsichtig sind ebenfalls Sensenschmidts Gründe für die Wiedereinführung der Monophthonge in seinem Bibeldruck, obwohl er selbst aus Böhmen stammte, in Nürnberg druckte und die

Zainer-Redaktion (mit Diphthongen) als Vorlage benutzt hat. Auch die von Schirokauer zusammengetragenen Informationen über „das Schicksal der alten Monophthonge bei acht Basler Druckern" (vgl. Schirokauer 1951, 333) lassen keine deutliche Entwicklung erkennen. Man kann wohl ganz allgemein davon ausgehen, daß der zeitgenössische Bücherkäufer mit den wichtigsten Eigentümlichkeiten mehrerer Mundarten vertraut war, und die Schwelle, über welcher sprachliche Kommunikationsschwierigkeiten auftraten, muß wahrscheinlich viel höher angesetzt werden als heute, da weder die Schule noch amtliche Sprachregelungen die Normempfindlichkeit des Lesers geschärft hatten. Schirokauer verallgemeinert diese Tatsache zu einem „mangelnden Formsinn", der im Desinteresse an der formalen Gestaltung zum Ausdruck komme. Die Verkümmerung des Sinns für Form war, seiner Ansicht nach, kennzeichnend für ein „grobianisches Zeitalter", das in einer Zeit der gewaltigen religiösen und politischen Auseinandersetzungen den Inhalt weit über die Formenwerte des Humanismus stellte. Wie wäre sonst zu erklären, daß der Straßburger J. Mentelin für seinen Bibeldruck eine hundert Jahre ältere Vorlage aus einer anderen Landschaft und für seinen *Parzifal* eine besonders schlechte Vorlage gebraucht? Große Sorgfalt dagegen läßt J. Prüss walten, der eine dt. Übersetzung des *Compendium theologicae veritatis* zu überarbeiten beginnt und schließlich, diese als zu sehr verderbt betrachtend, auf den Druck verzichtet (Steer 1981). Wenn Auftraggeber zuweilen, wie bei J. Schäffler in Konstanz, wegen zu schlechter Arbeit die Zahlung verweigern, wenn ein Drucker, wie H. Knappe in Magdeburg in seinem Nachdruck der *Zwölf Artikel*, die sinnentstellenden Druckfehler aneinanderreiht (vgl. Hartweg 1980), so kann dies andeuten, daß kaum ein potentieller Leser sich durch orthographische Achtlosigkeiten vom Kauf abhalten ließ. Schirokauers pauschales Urteil über die ästhetische Grundhaltung des Zeitalters, das übrigens der Grimmschen Wertung „dieser Zwischenzeit" entspricht (Schirokauer 1951, 320; Grimm 1870, X), erweist sich als revisionsbedürftig. Den von Schirokauer behaupteten „Mangel an Formsinn" bei Autoren, Druckern und Publikum hat Fujii (1991; 1993), der auf die Möglichkeit des Setzerwechsels mitten in der Produktion eines Druckes und damit der Entstehung sprachlicher Varianten hinweist (1996), am Beispiel des Augsburger Druckers G. Zainer überzeugend widerlegt. Der Vergleich einer im Autograph überlieferten Verdeutschung von H. Steinhöwel ('Der Spiegel des menschlichen Lebens'), die wahrscheinlich dem Drucker als Vorlage diente (Weinmayer 1982, 120), mit dem Druck (1475) zeigt Eingriffe des Druckers, die von einem ausgeprägten Normbewußtsein, von Formsinn und Streben nach Überregionalität zeugen, die Zainer durchaus in die Nähe frühhumanistischer Sprachbemühungen rücken, und dies besonders, wenn man das Bekenntnis Steinhöwels zu seinen schwäbischen Besonderheiten bedenkt. Auch die Analyse der Entwicklung des Graphemgebrauchs bei Zainer zwischen 1471 und 1477 relativiert die angebliche „lautliche Achtlosigkeit" (Schirokauer 1951, 328) und weist wachsende innere Kohärenz auf. Die Orientierung am Latein − in einer Verlagsanzeige heißt es 1476 *nach dem Latein gesetzt vnd gemacht* − zeigt weiterhin, daß strenge Kriterien bei der Druckgestaltung, daß die Qualität der Schriftlichkeit, die nicht nur mit Innovation gleichzusetzen ist, als Konkurrenzfaktoren betrachtet wurden, d. h., daß der 'Teilusus' prestigeträchtiger Offizinen, wie es Zeitgenossen bereits erwähnen, zum 'Sozialusus' erweitert werden konnte (Fujii 1993, 189).

3.4. Drucker und Autoren

Wir kennen die Praxis der Offizinen durch die Klagen der Autoren über die Willkür der Korrektoren und Drucker, so z. B. die M. Luthers in der Einleitung der Ausgabe des Alten Testaments von 1545: *Vnd ist mir offt widerfaren, das ich der Nachdrücker druck gelesen, also verfelscht gefunden, das ich meine eigene Erbeit, an vielen Ort nicht gekennet* (Luther 1954). Ähnliche Klagen hören wir auch bei Eobanus Hessus, bei Geiler, der behauptet, daß er sein eigenes Buch nicht mehr erkenne, wenn es aus der Druckerei komme (Henzen 1954, 103). S. Brants *Narrenschiff* liefert ebenfalls einen plastischen Einblick in die Werkstatt der Drucker (Kap. 103, 80−84):

Vil trachten alleyn uff gewynn
Von aller erd sie bücher süchen
Der correctur etlich wenig rüchen
Vff groß beschißß vil yetz studyeren
Vil drucken / wenig corrigyeren

Die große Zahl der Nachdrucke des Septembertestaments, auch nachdem Luther sich in Zusammenarbeit mit H. Lufft um mehr Kohärenz bemüht hatte, bewirkt, daß die einzel-

nen Druckorte und sogar einzelne Offizinen deutliche Unterschiede in der Textgestaltung aufweisen. Der Frankfurter Drucker Feyerabend hat in seiner Auseinandersetzung mit den Wittenberger Lutherkorrektoren den Standpunkt des zeitgenössischen Lesers folgenderweise charakterisiert: *wenn mans zu der Zeit nur läsen können, vnd verstanden hat, ist man zufrieden gewesen* (Kirchhoff 1881, 262). In nicht seltenen Fällen hat der Drucker, wie bei H. Sachs oder A. Dürer, dem Werk mehr Einheitlichkeit angedeihen lassen (Koller 1989; Blosen 1996). Zuweilen hat er den Text einer konsequenten Anpassung an eine andere Sprachlandschaft unterzogen, so z. B. der Nürnberger Peter Wagner, der 1494 in dem in Basel gedruckten *Narrenschiff* die alten Monophthonge und die mhd. Diphthongreihe durch die neuen Diphthonge ersetzt, das in den Vorsilben synkopierte *-e-* wiederherstellt und weitere Änderungen vornimmt (Kap. 15, 1−6):

Basel:
Der ist eyn narr der buwen wil
Vnd nit vorhyn anschlecht wie vil
Das kosten werd / Vnd ob er mag
Volbringen solchs / noch sym anschlag
Vil hant groß buw geschlagen an
Vnd möchtent nit dar by bestan

Nürnberg:
Der ist ein narr der bawen wil
Vnd nit vorhyn anschlecht wie vil
Das kosten werd. vnd ob er mag
Volbringen solichs. noch seym anschlag
Vil hant groß bew geschlagen an
Vnd möchten nit dar bey bestan (s. auch N. R. Wolf 1988; Hartweg 1995)

Daß der Drucker die endgültige Gestalt des gedruckten Textes entscheidend beeinflussen konnte, beweist besonders deutlich das Beispiel des tagebuchartigen Reiseberichts von Ulrich Schmidl (1554), der bei S. Feyerabend und S. Hüter erschien und dessen Originalmanuskript erhalten ist. Die Eingriffe des Druckers, um die holprige Sprache des Autors zu glätten und dem Werk zugleich einen höheren sozialen Rang zukommen zu lassen, sind in allen Bereichen der Sprache festzustellen; Graphematische Vereinheitlichung: *folch, folchgt, folchk, folcht, folckh, volgt; paumb, pauem, paim, paiemb, beim, paym* werden durchgehend durch *volck* und *baum* ersetzt. Genitivbildungen sind im Druck um 60% häufiger als in der Hs. und ersetzen in der Regel Präpositionalumschreibungen. Konjunktivformen ersetzen die Gruppe *sollen/mögen* + Infinitiv. Passiv-Konstruktionen des Drucks werden mit *werden* anstatt mit *sein* gebildet oder ersetzen Aktiv-Konstruktionen der Hs. Parataktische Anreihungen weichen nicht selten vor logisch durchsichtigeren hypotaktischen Bildungen; Wiederholungen werden ausgemerzt, und ganz allgemein wird eine größere Ökonomie der Sprachmittel in der Schilderung erreicht (Huffines 1974; vgl. auch Art. 132):

Hs.	*Jn dem ornn henchen an dem Zieffel*
Drucker	*im zipffel des ohrs hangen*
Hs.	*auff vnß sol warden*
Drucker	*vnser solten warten*
Hs.	*padenn sÿ vnnß daß wier peÿ Jennen solten pleiben*
Drucker	*baten sie vns / daß wir bey jhnen blieben*
Hs.	*damit doch die Cristen Ein peschietzung mochten haben*
Drucker	*das sie Christen ein beschützung hetten*
Hs.	*300 Jndieainner die solten mit Jm Jn Landt Ziehenn*
Drucker	*drey hundert Indianer / die mit zügen*
Hs.	*oder hochZeit wie man heraussen macht*
Drucker	*oder wie herauß ein Hochzeit gehalten wirdt*
Hs.	*da schuessen sÿ den Erden haffen Zu stuckhen hinden auff dem schiff der stedt mit frischen follen wasser alZait darein get 5 oder 6 Emer wasser*
Drucker	*traffen sie vnsern Erden Hafen / so hinden am Schiff mit vollem frischem Wasser stunde / darein by fünff oder sechs Eymer Wasser gienge / zu stücken*
Hs.	*Ein messer daß ist von fisch pain gemacht*
Drucker	*ein messer / von Vischbein*
Hs.	*vnß Zugepotten hatt daß wier auff sein sollten*
Drucker	*vnd vns auff zuseyn gebote*
Hs.	*der hatt mit seinen Zu namen gehaissen thun pedro Mannthossa*
Drucker	*war genant Petrus Manthossa*

Die ganze Komplexität des Drucker-Autor-Verhältnisses illustriert Schirokauer (1957, 897) am Beispiel des *Theuerdank*s, an dessen Abfassung Kaiser Maximilian, dessen Kaplan, der Nürnberger Melchior Pfinzing, und der Geheimschreiber Marx Treitzsauerwein beteiligt waren und dessen Druck beim Augsburger Schönsperger, der zeitweilig in Nürnberg als Hofdrucker wirkte, bewerkstelligt wurde (s. auch Bennewitz/Müller 1991; Glaser 1996; Juchhoff 1935; Kettmann 1996 a). Im Druck dominieren die Merkmale der Augsburger Druckersprache. Eine indirekte Wirkung in Richtung Vereinheitlichung der Schriftsprache ging auch insofern vom Buchdruck aus, als die Drucker durch ihr Festhalten an lokalen Besonderheiten diese beim Lesepublikum bekannt machten und es daran gewöhnten.

Nicht gering zu veranschlagen ist ebenfalls der Anteil der Buchdrucker, die häufig einen hohen Bildungsstand aufweisen, am Zustandekommen der lexikographischen Werke, die zusammen mit den Grammatiken, Schreib- und Lesebüchern einen wesentlichen Beitrag zum Ausgleich der Schriftdialekte lieferten (s. Bellmann 1996; 1999; Bergmann/Moulin 1987). So war z. B. die Offizin von W. Rihel am Entstehen des *Dictionarium latinogermanicum* des Petrus Dasypodius nicht unbeteiligt (vgl. Schirokauer 1943). Als ausgesprochener Mittler im Spannungsfeld zwischen zwei Sprachlandschaften hat der Basler Drucker A. Petri mit seinem dem Nachdruck des Septembertestaments als Verständnishilfe hinzugefügten und im obd. Sprachraum häufig nachgedruckten Glossar gewirkt (Müller 1978; 1979). Von einer eher teleologischen Betrachtungsweise zeugt Fujiis Behauptung, daß vom gedruckten Text stärker als von der Handschrift der „Eindruck des Endgültigen, definitiv Geformten" (1993, 188) ausgehe.

4. Forschungsstand

Neuere Forschungsergebnisse im Bereich der Sprache der Drucker erlauben auf ihrem jetzigen Stand noch kein abschließendes Urteil über das Ausmaß des Einflusses der Druckersprachen auf die Entwicklung der dt. Sprache der frnhd. Periode. Obwohl ein bedeutender, von den Druckeroffizinen ausgehender und den Vereinheitlichungsprozeß der dt. Schriftsprache fördernder Einfluß als nur wenig angefochtenes Postulat der dt. Sprachgeschichtsschreibung galt und heute noch gilt, gibt es erst wenige eingehende Gesamtuntersuchungen, die sich mit der Praxis einer Offizin oder eines Druckzentrums befassen (vgl. Arens 1917; Krause 1924; V. Moser 1932; 1920; Stopp 1979; Wietig 1913; Hartweg 1981; 1982). Vor allem aber fehlen systematische Vergleiche mit örtlichen Schreibtraditionen, die den spezifischen Beitrag des Buchdrucks konturieren könnten (Freund/Schmitt/ Stopp 1980; Stopp 1980). Verglichen mit den zahlreichen Untersuchungen zu den Geschäfts-, Kanzlei- und Urbarsprachen bleibt die Ausbeute auf dem Gebiet der Druckersprachen eher bescheiden. Die beiden Gesamtübersichten der Druckergewohnheiten der frnhd. Sprachperiode (Götze 1905; v. Bahder 1890) bleiben recht oberflächlich. Die Untersuchung der Straßburger Praxis (V. Moser 1920) läßt zwar an Detailfülle nichts zu wünschen übrig, befaßt sich aber nur mit einigen Offizinen und ist ein Torso ohne Gesamtperspektiven geblieben.

Als richtungsweisend scheinen hier G. Kettmanns Versuche: Zur Erfassung der graphematischen Infrastruktur örtlicher Drukkersprachen setzt er (aufbauend auf Material zu einer umfassenden Darstellung Wittenbergs) folgende (als instrumentale Hilfsmittel anzusehende) Testreihen an:

A 1: 1 Drucker − gleiches Jahr − gleicher Autor mehrfach

A 2: 1 Drucker − gleiches Jahr − mehrere Autoren

A 3 2 Drucker − gleiches Jahr − 1 Autor

B 1: 1 Drucker − Lauf seiner Tätigkeit − 1 Autor

B 2 1 Drucker − Lauf seiner Tätigkeit − mehrere Autoren

B 3: 2 Drucker − verschiedene Jahre − gleiche Schrift eines Autors

Die unter A angeführten Reihen dienen dazu, die Infrastruktur zu einem bestimmten Zeitpunkt zu erfassen (synchroner Aspekt), die unter B angeführten sollen den Verlauf der Druck(er)tätigkeit beschreiben. Die auf diese Art gewonnenen Ergebnisse sind rückzukoppeln an qualitative Faktoren des bearbeiteten Umfeldes. Von kommunikationstheoretischen Anregungen ausgehend wird versucht, den Zusammenhang zwischen Veränderungen in der kommunikativen Situation und Wandlungen in den Verwendungsnormen der Literatursprache am Beispiel der sprachlichen Verhältnisse in drei omd. Städten, Wittenberg, Erfurt und Leipzig, aufzudecken. Die Verwendungsnormen der Literatursprache werden für ausgewählte Teile des Sprachsystems ermittelt; danach wird der Frage nachgegangen, inwieweit sich Differenzierungen der Verwendungsnormen ergeben, die durch Faktoren wie die Textsorte, den Einfluß der Drucker, den Individualstil des Autors bedingt sind (Kettmann 1984; 1987; 1987 a; 1992; 1996). Monographien zu einzelnen Werken oder Autoren bilden nach wie vor die zahlreichsten Beiträge in diesem Forschungsbereich (vgl. z. B. Johnson 1941; Marwedel 1971).

Besondere Aufmerksamkeit ist Luther gewidmet worden (vgl. u. a. Admoni 1970; Volz 1955; 1962; 1962 a; 1974; Haubold 1914; Giese 1915; Franke 1917; J. Luther 1923; 1934; Merkel 1967; Sohrt 1920; Hartweg 1984; Besch 1999; 1999 a), von dem Wolf (1980, 59) behauptet, er sei „der erste deut-

sche Autor, der die sprachliche Eigenmächtigkeit der Drucker, Setzer und Korrektoren in die Schranken weist und sie zu gewissenhafter Wiedergabe der mit dem Autor vereinbarten Sprachgestalt anhält" (s. auch Corsten 1984; Kettmann 1993; Hoffmann 1991; Reinitzer 1983). Größere Aufmerksamkeit haben der Beitrag der Korrektoren zum Sprachausgleich Luthers (Wolf 1984; Meiß 1994) und darüber hinaus Schwerpunktverlagerungen im Bibeldruckwesen zwischen ost- und westmitteldeutschem Raum (Wells 1993; 1996; 1996 a; 1999) erfahren. Von Kettmanns Feststellung (1967) ausgehend, daß innerhalb der Wittenberger Schreibüberlieferung die Korrektoren neben den Setzern zu den hinsichtlich einheitlicher und variantenfreier Orthographie (Wolf 1984, 110) und Entwicklung in Richtung auf das Nhd. (ebd., 112) zu den am stärksten fortgeschrittenen Gruppen gehört, betont Wolf den Anteil von Rörer, Cruciger und Walther, die für „eine zuverlässige, aber auch rezeptionsfreundliche Druckfassung" (124) von Luthers Schriften sorgten, bei der sprachgestaltenden Leistung des Reformators, der zwar die „sprachliche Eigenmächtigkeit" der Offizinen einzuschränken versuchte, aber auch „zunehmend graphematische Regelungen akzeptiert und die einwandfreie Wiedergabe der vereinbarten Sprachform angestrebt" (124) hat. Meiß untersucht in Zusammenhang mit dem Konkurrenzkampf zwischen Wittenberger und Frankfurter Bibeldruckern die Streitschriftenkontroverse (1563−1571) zwischen dem Lufftschen Korrektor Walther und dem Frankfurter Verleger S. Feyerabend. Auf dem Hintergrund des Absatzrückgangs in Wittenberg vertritt Walther das beharrliche Festhalten am unveränderbaren, authentischen Vermächtnis, pocht vehement auf die legitime Autorität der alleinverbindlichen, auf Luther selbst zurückgehende − was Feyerabend bestreitet − Gestalt der Bibel und fordert buchstabengetreuen Nachdruck. Anhand von Stichproben entkräftet Meiß weitgehend Walthers Vorwürfe, der übrigens nicht auf Groß- und Kleinschreibung, Zeichensetzung und Behandlung der *s*-Laute eingeht, und zeigt, daß Feyerabend zwar gelegentlich eine konservative (*auw, euw/au, eu*) aber auch nicht selten, z. B. beim Dehnungs-*h* zukunftsweisendere Schreibweise als die Wittenberger gebraucht. Diese Studien sind besonders ergiebig, wenn die Möglichkeit bestand, verschiedene Drucke untereinander oder mit Druckvorlagen zu vergleichen (vgl. Haubold 1914; Sohrt 1920).

Einige Gattungen oder Textsorten haben besondere Berücksichtigung gefunden, so die Bibelübersetzung (vgl. Ising 1968; Besch 1979; Schenker 1977), die Bibelglossare (Lindmeyr 1899; Byland 1903; Schütt 1908; Dauner 1898; Kluge 1918; E. E. Müller 1978; 1979), die Erbauungsliteratur, anhand derer aufschlußreiche Analysen des Graphemsystems entstanden sind (van der Lee 1972ff.; van der Lee/Reichmann 1983), die Agitationsliteratur (Winkler 1975; Guchmann 1974; Bauer 1976), bei der der Wert der sprachgeographischen Schlußfolgerungen durch z. T. überholte Druckerbestimmungen beeinträchtigt wird. Die genaue druckgeschichtliche Zuweisung ist von größter Bedeutung, denn allein über sie läßt sich der sprachliche Austauschprozeß zwischen den verschiedenen Druckern näher bestimmen. Auf diesem Gebiet haben die Arbeiten von K. Schottenloher, F. Geldner (1978), J. Benzing, H. Claus (1985), Schulzke/Naumann (1977), um nur einige Namen zu nennen, den Weg der Sprachhistoriker geebnet (vgl. auch v. Hase 1968; Ritter 1955; Sauer 1956; Dachs/Schmidt 1974; Haebler 1925; Lülfing 1964; 1969). Die Erschließung neuer frnhd. Textquellen durch z. T. mit Wortindizes versehene, sorgfältige Editionen (vgl. Besch 1976; Reichmann 1978) sowie der reprographische Nachdruck der frnhd. linguistischen Literatur, besonders der Wörterbücher des 15. und 16. Jhs. (vgl. de Smet; Claes 1977), erweitern die Vergleichsbasis zwischen Textsorten und Landschaften. Von der lexikographischen Aufarbeitung des Frnhd. (Anderson/Goebel/Reichmann 1977; 1986) sind weitere Aufschlüsse über die einzelnen Druckerzentren zu erwarten. Einen bedeutenden Beitrag, wenn auch nicht unmittelbar auf die Druckersprachen als solche konzentriert, liefern die Bände *Zur Ausbildung der Norm der deutschen Literatursprache 1470−1730* (Kettmann/Schildt 1976; Dückert 1976; K. Müller 1976; Admoni 1980), *Zur Literatursprache im Zeitalter der frühbürgerlichen Revolution* (Kettmann/Schildt 1978; *Zum Sprachwandel in der deutschen Literatursprache des 16. Jhs.* (Schildt 1987) und *Aspekte des Sprachwandels in der deutschen Literatursprache 1570−1730* (Schildt 1992). Bedeutende Erkenntnisse sind von zwei größeren, mit EDV-Unterstützung arbeitenden Projekten zu erwarten. Die Würzburger Arbeitsgruppe befaßt sich mit Gebrauchsprosa des Spätmittelalters und berücksichtigt auch einige gedruckte Texte in ihrem Korpus (vgl. Grubmüller/Johanek/Kunze u. a. 1973). Das in Bonn von Besch geleitete Projekt − eine 2. Arbeitsstelle befindet sich in Augsburg − (vgl. Glaser/Hoffmann 1973; Graser 1974; Henne 1974; Reichmann 1978 a; Frackenpohl/Frauenknecht/Wegera 1978; Besch/Wegera 1987;) hat sich die Erstellung eines großen Quellenkorpus für sprachwissenschaftliche Arbeiten zum Frnhd. (ca. 1350−1700) und die Darstellung der frnhd. Flexionsmorphologie, die sich als Weiterführung der

frnhd. Grammatik von V. Moser (V. Moser 1929−1951) versteht, zum Ziel gesetzt (Grammatik 1987; 1988; 1988 a; 1991; s. auch Reichmann/Wegera 1993). Zur Feststellung eventuell möglicher gattungsgebundener Sprachunterschiede sind verschiedene Textsorten (Rechts- und Geschäftstexte, chronikalische und Berichtstexte, Sprach-, Realien-, Privat-, unterhaltende Texte; Bibeln, kirchlich-theologische und erbauliche Texte) ins Korpus aufgenommen worden. Die Unterteilung auf vier Großgebiete (Wmd./Omd./Wobd./Oobd.) und die gleichförmige Gliederung des Zeitraumes von 1350−1700 in 50-Jahre-Abschnitte gewähren die Vergleichsmöglichkeiten. Die Aufarbeitung umfangreichen Materials bieten die Folgebände der von V. Moser begonnenen Grammatik des Frnhd. (Grammatik 1970; 1973; 1978; 1987; 1988; 1988 a; 1991). Die neben Hss. und Urkunden gesonderte Aufführung von gedruckten Quellen ermöglicht dank quantitativer Informationselemente die präzisere Bestimmung allgemeiner Tendenzen der Sprachentwicklung.

5. Druckzentren und Druckersprachen

Richtungsweisend im Bereich der Druckersprachenforschung ist Stopps Ansatz (1978 a), den er in der beim heutigen Stand der Forschung noch nicht zu beantwortenden Frage: „Welche und wieviele deutschsprachige Bücher [wurden] von welchen Druckern wann, wo, in welcher Auflagenhöhe hergestellt?" zusammengefaßt. V. Mosers (1929; 1951) These von der führenden Rolle der Druckersprachen in der schriftsprachlichen Bewegung ab 1525 wieder aufgreifend, versucht er den quantitativen Aspekt der gedruckten Textproduktion verschiedener Gebiete stärker in die Problemstellung einzubringen. Seine Ergebnisse, die z. T. die Skizzen von V. Moser (1951) bestätigen, zeigen eine Dominanz des Wobd. − mit den Zentren Straßburg, Basel, Augsburg − (Graser 1993; Künast 1996) − an, die in der 2. Hälfte des Jh.s an das Wmd. (Köln, Frankfurt/Main, Heidelberg) und schließlich für das gesamte 17. Jh. an das Omd. (Leipzig, Wittenberg, Erfurt, Jena) übergeht. In diesem Zusammenhang sind auch Wells' Untersuchungen zur sprachgeschichtlichen Rolle West- und Ostmitteldeutschlands nach 1550 einzuordnen. Ausgehend von Indizien wie Clajus' Übernahmen von Lutherformen aus Frankfurter Drucken (1993) postuliert er „ein recht wichtiges wmd.

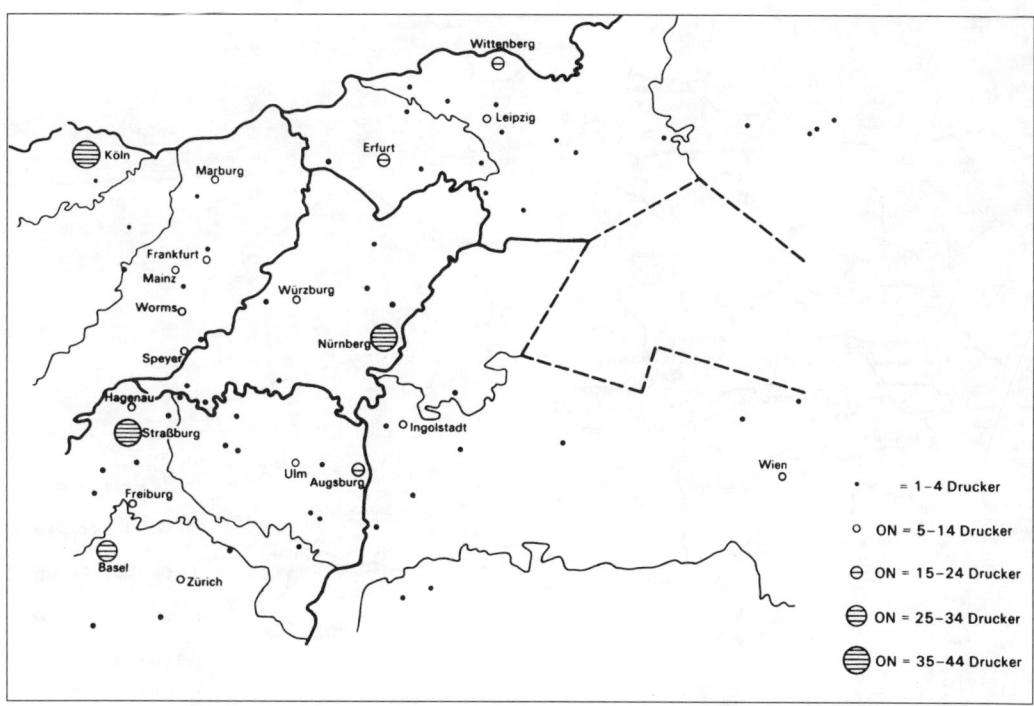

Karte 121.2: Hochdeutsche Druckorte und Druckzentren a. 1500−1549 (aus: Stopp 1978 a, 245−247)

Intermezzo" (1996, 97) zwischen der Lufft-schen Norm und dem neuen Vorrang des Ostens im 17. Jh. Die „Ausgleichsprozesse innerhalb des mittleren Streifens, zwischen dem Wmd. und dem Omd." (97), in welchem md. Formen konkurrieren und sich ablösen, lassen sich anhand von Bibelnachdrucken aus Herborn, Jena, Kassel, Leipzig, Magdeburg und Nürnberg verfolgen. Dabei zeigt sich die Abhängigkeit und Durchlässigkeit dieser 'Mischtexte' und „die Vermischung als solche [...] Voraussetzung für die spätere Normierung" (1996, 8), in deren Rahmen Frankfurter Bibelnachdruckmerkmale im ausgehenden 16. Jh. in den Osten gelangen (Wells 1999). Diese Praxis scheint der *Mitter Teũt-schen*, einer der drei „Weisen zu drucken" zu entsprechen, die Sebastian Helber 1593 in seinem *Teutschen Syllabierbũchlein* in „*vns-ere[r] Gemeine[n] Hoch Teũtsche[n]*" Sprache unterscheidet und die er in „Meinz, Speier, Franckfurt, Würzburg, Heidelberg, Nörnberg, Straßburg, Leipzig, Erdfurt, ggf. Cöln" vorfindet, wobei Wittenberg unerwähnt bleibt.

Aufschluß über die Verhältnisse im nd. Sprachraum gibt H. J. Gernentz (1976), der eine differenzierte Darstellung des Sprachübergangs in Norddeutschland zu geben versucht. Ausgehend von der Bibliographie von Borchling/Claussen (1931−1957) stellt er fest, daß dort eine rege Druckertätigkeit weiterbesteht, die sogar einen bedeutenden Aufschwung zwischen 1521 und 1535 aufweist und sich vorwiegend auf vier bedeutende Druckzentren konzentriert (Köln, Rostock, Magdeburg und Wittenberg; dazu auch Peters 1999). Die zahlreichen, häufig in Eile fertiggestellten Übertragungen hd. Drucke ins Nd. bereiten den Sprachübergang zum Hd. vor, da sie nur die Lautgestalt berücksichtigen und infolgedessen einen Sprachausgleich auf der morphologisch-syntaktischen und der lexikalischen Ebene mit dem tonangebenden Hd. anbahnten (dazu auch Maas 1986; 1988; Beckers 1990; Hoffmann 1993). Am Ende des 15. und zu Beginn des 16. Jhs. unterscheidet man im hd. Bereich trotz aller Unregelmäßigkeiten zwischen mehreren Typen von Drukkersprachen: einem südöstlichen Typ, der in München (Tauber 1993), Wien und Ingolstadt, einem schwäb., der in Tübingen, Ulm und Augsburg (Lipold 1988), einem oberrheinisch-alem., der in Straßburg (Stockmann-Hovekamp 1991) und in Basel, und einem innerschweizerischen, der in Bern und in Zürich vorherrscht. In Köln, Mainz, Worms und Frankfurt/Main benutzt man einen wmd.

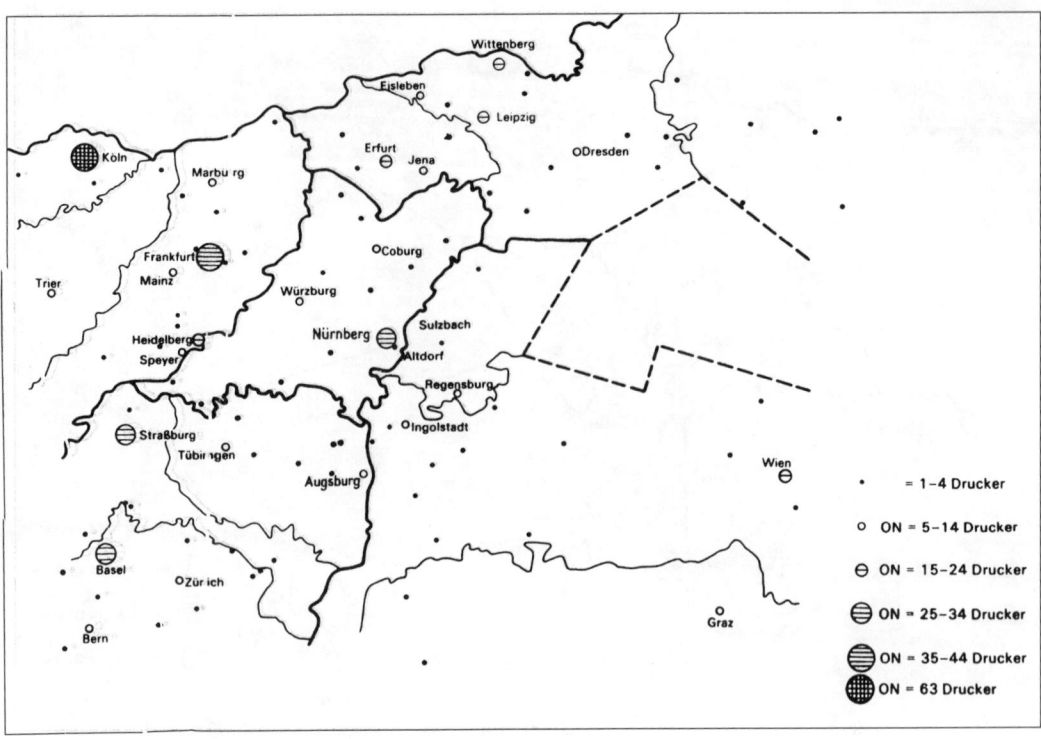

Karte 121.3: Hochdeutsche Druckorte und Druckzentren a. 1550–1599 (aus: Stopp 1978 a, 245–247)

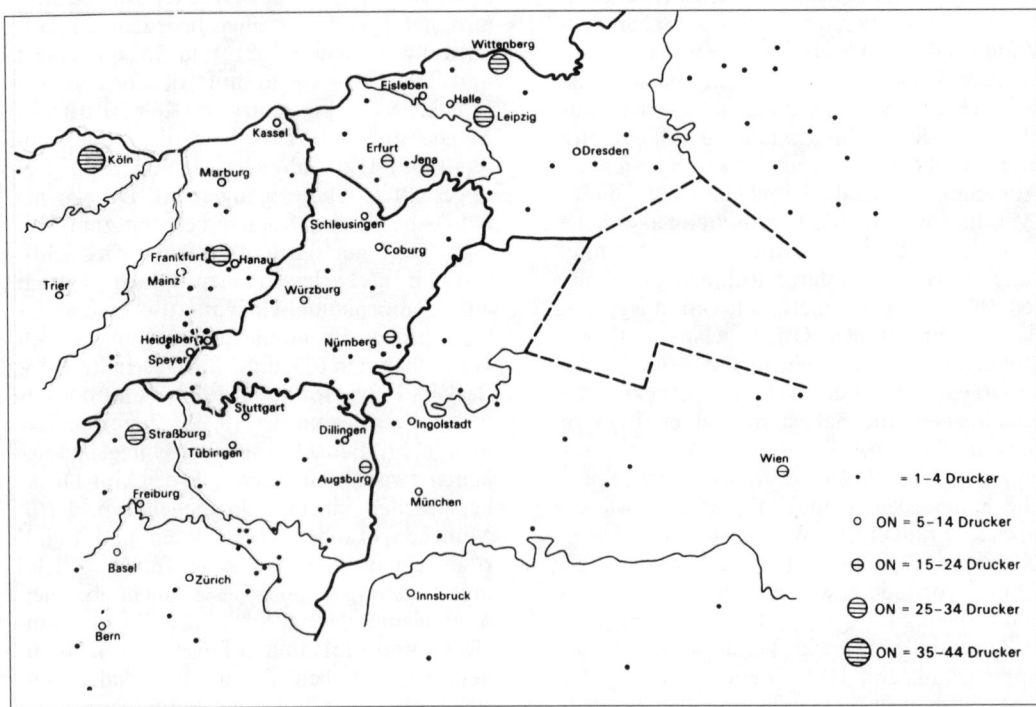

Karte 121.4: Hochdeutsche Druckorte und Druckzentren a. 1600–1649 (aus: Stopp 1978 a, 245–247)

Typ; in Nürnberg und in Bamberg sind ofrk. Merkmale festzustellen. In Leipzig (Nickel 1996; Metzler 1994), Zwickau (Metzler 1996) und Wittenberg wird ein omd. Typ gepflegt.

Stärkere Berücksichtigung findet in den letzten Jahren das noch als Forschungslücke geltende 17. Jh. (Kettmann 1990; 1993; 1995; v. Polenz 1994; Maas 1988). Neben der räumlichen erfährt dabei die konfessionelle Komponente besondere Beachtung (Wiesinger 1987; 1996; 1999; Raab 1984; Breuer 1979). Kettmann hat unter Anwendung der für das 16. Jh. erprobten Raster mit wechselnder Kombination der Variablen Drucker, Druckort, Autor das „Verhalten der Vermittlungsinstanz „Druck" gegenüber dem Variantenpotential" (1990, 276) hinsichtlich der Festigkeit der Druckerpraxis und die Bedeutung sich herauskristallisierender Sprachwertzentren untersucht. Für das Omd. stellt er eine „in sich bereits relativ stabile [...], landschaftsübergreifenden Entwicklungen sich nicht verschließenden, nur in abgegrenzten Teilbereichen noch eingeschränkt variablen landschaftlichen Druckersprachen [fest], die sich als Ganzes − bedingt gerade von letzterem her − tendenziell bereits in starkem Maße dem späteren nationalsprachlichen Standard annähert" (1993, 287) und sich diesbezüglich von der handschriftlichen omd. Überlieferung durch deren „stärkere Einbindung mundartlicher Bedingungen" (ebd. 288) deutlich abhebt. In der Mitte des 17. Jh.s weist das Grapheminventar zwei durch regional geprägte Anwendungsmuster erkennbare Großlandschaften: einen überwiegend protestantischen omd./norddt. und den überwiegend katholischen obd. Bereich. Am Ende des 17. Jh.s ist das „Übergewicht dominierenden Gebrauchs landschaftsspezifischer Varianten [...] abgebaut worden − wenn auch [...] in den einzelnen oberdeutschen Landschaften in durchaus unterschiedlicher Weise. Süden und Mitte sind auf Grund der sich im Süden abzeichnenden Abwahl dort heimischer Formen aufeinander zugegangen, das Lösen aus eigenlandschaftlicher Präferenz in der Druckpraxis wird deutlich" (1995, 72). Die Stigmatisierung der Sprache der Protestanten dauert bis zum Auslaufen der Konfessionalisierung des Sprachgebrauchs in der zweiten Hälfte des 18. Jhs. an (s. Bergmann/Moulin 1987).

6. Schluß

Die von V. Moser in seinem programmatischen Aufsatz (1926) der frnhd. Forschung gestellte und vom Primat der Druckersprache ausgehende Aufgabe hat bis heute nur Lösungsansätze gefunden. Obwohl das Postulat des alleinigen oder vorrangigen Verdienstes des Buchdrucks an der Ausbildung einer einheitlichen nhd. Sprache erschüttert worden ist, führt kein Weg an der eingehenden und systematischen Untersuchung der Druckersprachen vorbei, da das neue Kommunikationsmedium Buchdruck die Rahmenbedingungen der geschriebenen Sprache entscheidend verändert hat. Dabei müssen nicht nur Vereinheitlichungsstreben und landschaftliche Unterschiede, sondern auch die jeweilige Praxis der Offizinen, ihr Umgang mit der handschriftlichen oder der gedruckten Vorlage, die regionalen Merkmale und die überlandschaftlichen Tendenzen berücksichtigt werden. Besonders zu erforschen sind die Abhängigkeitsverhältnisse zwischen verschiedenen Drucken und Nachdrucken, zwischen Offizinen derselben und verschiedener Städte, und vergleichende Studien, die nicht gedruckte Quellen miteinschließen, sind ebenfalls anzustellen, um die vom Buchdruck ausgehenden Ausgleichswirkungen präziser bestimmen zu können (s. Besch 1988; Besch/Wegera 1987).

7. Literatur (in Auswahl)

Admoni, Wladimir G., Luthers Arbeit an seinen Handschriften und Drucken in grammatischer Sicht. In: PBB (H) 92, 1970, 45−60.

Ders., Zur Ausbildung der Norm der deutschen Literatursprache im Bereich des neuhochdeutschen Satzgefüges (1470−1730). IV. Ein Beitrag zur Geschichte des Gestaltungssystems der deutschen Sprache. Berlin 1980. (B. Gesch. Nhd. 56/IV).

Altmann, Ursula, Zur Schriftenentwicklung bei deutschen Inkunabeldruckern. In: Studien zur Buch- und Bibliotheksgeschichte (Hans Lülfing zum 70. Geburtstag). Berlin 1976, 60−72.

Amelung, Peter, Humanisten als Mitarbeiter der Drucker am Beispiel des Ulmer Frühdrucks. In: Krafft/Wuttke 1977, 129−144.

Anderson, Robert R./Ulrich Goebel/Oskar Reichmann, Projekt eines frühneuhochdeutschen Handwörterbuches. In: ZGL 5, 1977, 71−94.

Dies. (Hrsg.), Frühneuhochdeutsches Wörterbuch. Berlin/New York 1986ff. [Bisher: 2 Bde., 6 Lieferungen].

Arens, Karoline, Die Sprache in den deutschen Drucken J. Schöffers. Diss. Marburg 1917.

Arndt, Erwin, Luthers deutsches Sprachschaffen. Berlin 1962.

Bach, Adolf, Geschichte der deutschen Sprache. 9. Aufl. Heidelberg 1970.

Bahder, Karl von, Grundlagen des neuhochdeutschen Lautsystems. Beiträge zur Geschichte der deutschen Schriftsprache im 15. und 16. Jh. Straßburg 1890.

Bauer, Gerhard, Die sprachvereinheitlichende Wirkung des Bauernkriegs von 1525. In: Akten des V. internationalen Germanisten-Kongresses. Bd. 5, 3. Bern/Frankfurt/M. 1976, 17−26.

Ders., Die frühneuhochdeutsche Diphthongierung in der Schreib- und Druckersprache Straßburgs. In: SFrnhd. 1988, 131−150.

Beckers, Hartmut, Ripuarisch oder Hochdeutsch. Zur Sprachwahl des Kölner Buchdruckers Arnd von Aich in den ersten Jahrzehnten des 16. Jh.s. In: Beiträge Frings 1990, 228−239.

[Beiträge Frings =] Beiträge eines Kolloquiums zu Ehren von Theodor Frings (1886−1968). Hrsg. v. Rudolf Große. Berlin 1990.

Bellmann, Günter, Das bilinguale Sprachlehrbuch als Textsorte und als Zeugnis drucksprachlicher Entwicklungen in frühneuhochdeutscher Zeit. In: Textarten 1996, 205−223.

Ders., Sprachwandel und Druck(er)sprachwandel. In: Alte Welten−neue Welten. Akten des IX. Kongresses der Internationalen Vereinigung für germanische Sprach- und Literaturwissenschaft (IVG). Bd. 3: Abstracts. Hrsg. v. Michael S. Batts. Tübingen 1996, 59. [= 1996 a].

Ders., Das „Exercitium puerorum grammaticale" (1485−1506) Ein Beitrag zur Geschichte der Drucksprache im Südwesten. In: Das Frühhochdeutsch als sprachgeschichtliche Epoche. Werner Besch zum 70. Geburtstag. Hrsg. von Walter Hoffmann, Jürgen Macha u. a. Frankfurt/M. 1999, 9−31.

Bennewitz, Ingrid/Ulrich Müller (Hrsg.), Von der Handschrift zum Buchdruck: Spätmittelalter, Reformation, Humanismus 1320−1570. Reinbek 1991. (Deutsche Literatur. Eine Sozialgeschichte 2).

Bergmann, Rolf/Claudine Moulin, Luther als Gewährsmann der Rechtschreibnorm? Zu Johann Girberts 'Teutscher Orthographi'. In: Beiträge zur Sprachwirkung Martin Luthers im 17. und 18. Jh. Hrsg. v. Manfred Lemmer. In: Wissenschaftliche Beiträge der Martin-Luther-Universität Halle-Wittenberg 1987/10 F. 65, 62−82.

Besch, Werner. Zur Edition von deutschen Texten des 16. Jh.s. In: Alemannica. Festschrift für Bruno Boesch. Bühl 1976, 392−411.

Ders., Zur Bestimmung von Regularitäten bei den sprachlichen Ausgleichsvorgängen im Frühneuhochdeutschen. In: ZfdPh 98, 1979, 130−172. (Sonderh., Festgabe für Hugo Moser).

Ders., Standardisierungsprozesse im deutschen Sprachraum. In: sociolinguistica 2, 1988, 186−208. (Standardisierungsentwicklungen in europäischen Nationalsprachen: Romania, Germania).

Ders., Die Rolle Luthers in der deutschen Sprachgeschichte (Schriften der Phil.-hist. Klasse zur Hei-

delberger Akademie der Wissenschaften, Bd. 12). Heidelberg 1999.

Ders., Zur sprachgeschichtlichen Rolle Luthers. In: Das Frühhochdeutsche als sprachgeschichtliche Epoche, 81−95. [= 1999 a].

Ders./Klaus Peter Wegera (Hrsg.), Frühneuhochdeutsch. Zum Stand der sprachwissenschaftlichen Forschung ZfdPh 106, 1987, Sonderheft.

Blosen, Hans, Von Flöhen und Bosselierern im 'Ständebuch' des Hans Sachs. In: Textarten 1996, 161−169.

Borchling, Conrad/Claussen, Bruno, Niederdeutsche Bibliographie. Gesamtverzeichnis der niederdeutschen Drucke bis zum Jahre 1800. Bd. 1, 2. Neumünster 1931−36. Bd. 3, 1: Nachträge. Neumünster 1957.

Brandis, Tilo, Handschriften- und Buchproduktion im 15. und frühen 16. Jh. In: Literatur und Laienbildung 1984, 176−196.

Brant, Sebastian, Das Narrenschiff. Hrsg. v. Manfred Lemmer. (NdL, NF. 5). 2. Aufl. Tübingen 1968.

Breuer, Dieter, Besonderheiten der Zweisprachigkeit im katholischen Oberdeutschland während des 17. Jh.s. In: Daphnis 8, Beiheft, Amsterdam 1970, 145−163.

Burckhardt, Max, Bibliotheksaufbau, Bücherbesitz und Leserschaft im spätmittelalterlichen Basel. In: Studien zum städtischen Bildungswesen 1983, 33−52.

Burmeister, Karl-Heinz, Die Bibliothek des Jakob Spiegel. In: Krafft/Wuttke 1977, 163−183.

Byland, Hans, Der Wortschatz des Zürcher Alten Testaments von 1525 und 1531, verglichen mit dem Wortschatz Luthers. Diss. Basel 1903.

Claes, Franz, Bibliographisches Verzeichnis der deutschen Vokabulare und Wörterbücher, gedruckt bis 1600. Hildesheim/New York 1977.

Claus, Helmut, Die Zwickauer Drucke des 16. Jh.s. In: Veröffentlichungen der Forschungsbibliothek Gotha, Hefte 23; 25. Gotha 1985, 1986.

Cole, Richard G., The Reformation in Print. German Pamphlets and Propaganda. In: Archiv für Reformationsgeschichte 66, 1975, 93−102.

Corsten, Severin, Der frühe Buchdruck und die Stadt. In: Studien zum städtischen Bildungswesen 1983, 9−32.

Ders., Das Setzen bei Druck in Formen. In: Gutenberg-Jahrbuch 58, 1984, 128−132.

Crofts, Richard, Books, Reform and the Reformation. In: Archiv für Reformationsgeschichte 71, 1980, 21−36.

Dachs, Karl/Wieland Schmidt, Wieviele Inkunabelausgaben gibt es wirklich? In: Bayerisches Bibliotheksforum 2, 1974, 83−95.

Dauner, Fritz, Die oberdeutschen Bibelglossare des XVI. Jh.s. Diss. Freib/B. Darmstadt 1898.

de Smet, Gilbert (Hrsg.), Wörterbücher des 15. und 16. Jhs. In: DL Hildesheim/New York 1971 ff.

Dückert, Joachim (Hrsg.), Zur Ausbildung der Norm der deutschen Literatursprache auf der lexikalischen Ebene II (1470–1730). Untersucht an ausgewählten Konkurrentengruppen. Berlin 1976. (B. Gesch. Nhd. 56/II).

Eggers, Hans, Deutsche Sprachgeschichte III. Das Frühneuhochdeutsche. Reinbek 1969. (rde. 270; 271). [2. überarb. und erg. Aufl. 2 Bde. 1986 Bd. 2].

Eisenstein, Elizabeth L., Clio and Chronos: An Essay on the Making and Breaking of History-Book Time. In: History and the Concept of Time. History and Theory Suppl. 6, 1996, 36–64.

Dies., Some Conjectures about the Impact of Printing on Western Society and Thought: a Preliminary Report. In: The Journal of Modern History 40, March–December 1968, 1–56.

Dies., The Advent of Printing and the Problem of the Renaissance. In: Past and Present 45, Nov. 1969, 19–89.

Dies., The Printing Press as an Agent of Change – Communication and Cultural Transformations in Early Modern Europe. 2 Bde. London/New York/Melbourne 1979.

Dies., The Emergence of Print Culture in the West. In: Journal of Communication 30, 1, 1980, 99–106.

Engelsing, Rolf, Analphabetentum und Lektüre. Zur Sozialgeschichte des Lesens in Deutschland zwischen feudaler und industrieller Gesellschaft. Stuttgart 1973.

Febvre, Lucien/Henri-Jean Martin, L'apparition du livre. Paris 1958.

Frackenpohl, Gert/Harald Frauenknecht/Klaus-Peter Wegera, Zur Erstellung einer computerunterstützten Grammatik, 'Flexionsmorphologie des Frühneuhochdeutschen'. In: Computers and the Humanities 12, 1978, 33–42.

Franke, Carl, Hat Luther die Korrektur seiner Drucke gelesen? In: ZfdU 31, 1917, 218–254.

Freund, Sabine/Angelika Schmitt/Hugo Stopp, Graphematische Reflexe lautgeschichtlicher Regionalismen in Handschrift und Druck. In: Sprachw. 5, 1980, 266–275.

Fujii, Akihiko, Zum Graphemgebrauch in den Drucken Günther Zainers zwischen 1471 und 1477. Einwand gegen die Ansicht A. Schirokauers zu den Druckersprachen in der frühneuhochdeutschen Periode. In: Akten des VIII. Internationalen Germanisten-Kongresses Tokyo 1990. Begegnung mit dem 'Fremden'. Grenzen–Traditionen–Vergleiche. Hrsg. v. Eijiro Iwasaki. Bd. 3, Sektion 2: Sprachgeschichte. Hrsg. v. Yoshinori Shichiji. München 1991, 49–59.

Ders., Haben Erfindung und Ausbreitung des Buchdrucks zur Herausbildung der neuhochdeutschen Schriftsprache beigetragen? In: Methoden zur Erforschung des Frühneuhochdeutschen. Studien des deutsch-japanischen Arbeitskreises für Frühneuhochdeutschforschung. Hrsg. v. Klaus J. Mattheier/Haruo Nitta/Mitsuyo Ono. München 1993, 177–197.

Ders., Zur Methode des Exzerption älterer Drucke. Ein Beitrag zum Problem des Setzerwechsels in Frühdrucken. In: ZfdPh 115, 1996, 393–432.

Gaskell, Philip, A new introduction to bibliography. Oxford 1972.

Geldner, Ferdinand, Inkunabelkunde. Eine Einführung in die Welt des frühesten Buchdrucks. Wiesbaden 1978.

Gernentz, Hans Joachim, Die niederdeutsche Sprache und Literatur in der Zeit der frühbürgerlichen Revolution. (Überblick über die niederdeutsche Literatur 1511–1540). In: ZPSK 26, 1976, 107–128.

Giese, Erich, Untersuchungen über das Verhältnis von Luthers Sprache zur Wittenberger Druckersprache. Diss. Halle/S. 1915.

Giesecke, Michael, Schriftsprache als Entwicklungsfaktor in Sprach- und Begriffsgeschichte. Zusammenhänge zwischen kommunikativen und kognitiven geschichtlichen Veränderungen. In: Historische Semantik und Begriffsgeschichte. Hrsg. v. Reinhart Koselleck. Stuttgart 1978, 262–302. (Sprache und Geschichte 1).

Ders., 'Volkssprache' und 'Verschriftlichung des Lebens' im Spätmittelalter – am Beispiel der Genese der gedruckten Fachprosa in Deutschland. In: Literatur in der Gesellschaft des Spätmittelalters. Hrsg. v. Hans-Ulrich Gumbrecht. Heidelberg 1980, 39–70. (Begleitreihe zum GRLMA Vol. 1).

Ders., Von der Schreibstube des Mittelalters zur Druckerei der Neuzeit. In: Gutenberg. 550 Jahre Buchdruck in Europa. Wolfenbüttel 1990, 9–22. (Ausstellungskatalog der Herzog August Bibliothek 62).

Ders., Als die alten Medien neu waren – Medienrevolutionen in der Geschichte. In: Information ohne Kommunikation? Die Loslösung der Sprache vom Sprecher. Hrsg. v. Rüdiger Weingarten. Frankfurt/M. 1990, 75–98 [= 1990 a].

Ders., Orthotypographica. Der Anteil des Buchdrucks an der Normierung der Standardsprache. In: Zu einer Theorie der Orthographie. Interdisziplinäre Aspekte gegenwärtiger Schrift- und Orthographieforschung. Tübingen 1990, 65–89. (RGL 99). [= 1990 b].

Ders., Der Buchdruck in der frühen Neuzeit. Eine historische Fallstudie über die Durchsetzung neuer Informations- und Kommunikationstechnologien. Frankfurt/M. 1994.

Gieseke, Ludwig, Humanisten und Urheberrecht. In: Krafft/Wuttke 1977, 111–128.

Glaser, Elvira, Die textuelle Struktur handschriftlicher und gedruckter Kochrezepte im Wandel. Zur Sprachgeschichte einer Textsorte. In: Textarten 1996, 225–249.

Götze, Alfred, Die hochdeutschen Drucker der Reformationszeit. Straßburg 1905. 2. Aufl. Berlin 1963.

Grammatik des Frühneuhochdeutschen. Beiträge zur Laut- und Formenlehre. Bd. I. 1; 2; I. 3, hrsg. v.

Hugo Moser/Hugo Stopp. Bd. I, 1: Vokalismus der Nebensilben I, bearb. v. Karl Otto Sauerbeck. Heidelberg 1970. Bd. I, 2: Vokalismus der Nebensilben II, bearb. v. Hugo Stopp. Heidelberg 1973. Bd. I, 3: Vokalismus der Nebensilben III. Heidelberg 1978. (GB, 1. Reihe).

Grammatik des Frühneuhochdeutschen. Beiträge zur Laut- und Formenlehre. Bde. III; IV; VI; VII, hrsg. v. Hugo Moser/Hugo Stopp/Werner Besch (GB, 1. Reihe). Bd. III: Klaus-Peter Wegera, Flexion der Substantive. Heidelberg 1987. Bd. IV: Ulf Dammers/Walter Hoffmann/Hans Joachim Solms, Flexion der starken und schwachen Verben. Heidelberg 1988 [= 1988 a]. Bd. VI: Hans-Joachim Solms/Klaus-Peter Wegera, Flexion der Adjektive. Heidelberg 1991. Bd. VII: Maria Walch/Susanne Häckel, Flexion der Pronomina und Numeralia. Heidelberg 1988.

Graser, Helmut, Kolloquium 'Frühneuhochdeutsch' in Bonn (Februar 1974). In: ds 2, 1974, 353–358.

Ders., Die Zusammenstellung und Auswertung eines Korpus zur Augsburger Druckersprache. In: Sprachw. 18, 1993, 174–187.

Ders./Walter Hoffman, Das Forschungsvorhaben 'Grammatik des Frühneuhochdeutschen' in Bonn. Ein Bericht. In: JIG V, 1973, 1, 177–187.

Grimm, Heinrich, Die Buchführer des deutschen Kulturbereichs und ihre Niederlassungsorte in der Zeitspanne 1490 bis 1550. In: AGB 7, 1965, 1153–1769.

Grimm, Jakob, Deutsche Grammatik. Bd. I 2. Aufl. Berlin 1870.

Grubmüller, Klaus/Peter Johanek/Konrad Kunze, Spätmittelalterliche Prosaforschung. In: JIG V, 1, 1973, 156–176.

Guchmann, Mirra M., Der Weg zur deutschen Nationalsprache. Tl. 2. Berlin 1969. (B. Gesch. Nhd. 40).

Dies., Die Sprache der deutschen politischen Literatur in der Zeit der Reformation und des Bauernkrieges. Berlin 1974. (B. Gesch. Nhd. 54).

Haebler, K., Handbuch der Inkunabelkunde. Leipzig 1925.

Hartweg, Frédéric, Die Drucker der 'Zwölf Artikel' der Bauern 1525. In: Der deutsche Bauernkrieg und Thomas Müntzer. In Verbindung mit Siegfried Hoyer/Ernst Ullmann/Hans Wermes hrgs. v. Max Steinmetz. Leipzig 1976, 37–42.

Ders., Zur Verwandtschaft von Textzeugen bei Mehrfachüberlieferung. In: Maschinelle Verarbeitung altdeutscher Texte. Hrsg. v. Paul Sappler/Erich Straßner. Tübingen 1980, 131–143.

Ders., Die Sprache der Erfurter Nachdrucke der 'Zwölf Artikel' der Bauern 1525. In: BES 2, 1982, 231–253.

Ders., Die Sprache der elsässischen Drucke der 'Zwölf Artikel' der Bauern 1525. In: Virtus et Fortuna. Zur deutschen Literatur zwischen 1400 und 1720. Festschrift für Hans Gert Roloff zu seinem 60. Geburtstag. Hrsg. v. Joseph P. Strelka/Jörg Jungmayr. Bern/Frankfurt/M./New York 1983, 164–183.

Ders., Aus der Druckpraxis der Luther-Nachdrukker in Straßburg. In: Luthers Sprachschaffen–Gesellschaftliche Grundlagen–Geschichtliche Wirkungen. Referate der internationalen sprachwissenschaftlichen Konferenz Eisenach 21.–25. 3. 1983. Hrsg. v. Joachim Schildt 1984, 178–189. (LstA 119,1).

Ders., Oberdeutsche, alemannische oder elsässische Schibboleths? Zur Frage der räumlichen Geltung von Besonderheiten der Straßburger Druckersprache. In: Stadtsprachenforschung unter besonderer Berücksichtigung der Stadt Straßburg in Spätmittelalter und früher Neuzeit. Hrsg. von Gerhard Bauch Göppingen 1988, 393–411 (GAG 488).

Ders., S. Brant et ses imprimeur. In: Recherches Germaniques 1995, 209–218.

von Hase, Martin, Bibliographie der Erfurter Drucke von 1501–1550. In: AGB 8, 1968, 655–1096.

Haubold, Fritz, Untersuchungen über das Verhältnis der Originaldrucke der Wittenberger Hauptdrucker Lutherscher Schriften: Grunenberg, Lother, Döring-Cranach und Lufft zu Luthers Druckmanuskripten. Diss. Jena. Borna-Leipzig 1914.

Heimpel, Hermann, Das deutsche 15. Jh. in Krise und Beharrung. In: Die Welt zur Zeit des Konstanzer Konzils. Konstanz/Stuttgart 1965, 9–29. (Vorträge und Forschungen 9).

Henne, Helmut, Frühneuhochdeutsch als Aufgabe. In: ZGL 2, 1974, 87–95.

Henzen, Walter, Schriftsprache und Mundarten. Ein Überblick über ihr Verhältnis und ihre Zwischenstufen im Deutschen. 2. Aufl. Bern 1954.

Hirsch, R., Printing, Selling and Reading 1450–1550. 2. Aufl. Wiesbaden 1974.

Hoffmann, Walter, Rheinische Druckersprache und Reformation. Das Bonner Neue Testament von 1547. In: RVj. 55, 1991, 135–175.

Ders., Rheinische Sprachverhältnisse im 16. Jh. In: RVj. 57, 1993, 137–157.

Huffines, Marion Lois, Sixteenth-century Printers and Standardization of New High German. In: JEGP 73, 1974, 60–72.

Ising, Gerhard, Zur Wortgeographie spätmittelalterlicher déutscher Schriftdialekte. Eine Darstellung auf der Grundlage der Wortwahl von Bibelübersetzungen und Glossaren. 2 Bde. Berlin 1968. (Beiträge zur Sprachwissenschaft 38/I, II).

Johnson, Gösta, Der Lautstand in der Folioausgabe von Hans Sachs' Werken. Ein Beitrag zur Nürnberger Druckersprache des Jahrhunderts. Bd. I: Vokalismus. Uppsala 1941.

Juchhoff, Rudolf, Das Fortleben mittelalterlicher Schreibgewohnheiten in den Druckerschriften des XV. Jhs. In: Beiträge zur Inkunabelkunde, N. F. 1. Leipzig 1935, 65–77.

Kettmann, Gerhard, Zur schreibsprachlichen Überlieferung Wittenbergs in der Lutherzeit. In: PBB (H) 89, 1967, 76–120.

Ders., Zum Problemkreis Druckersprachen in der frühneuhochdeutschen Forschung. 1984, 70–79. (LstA 119/2).

Ders., Studien zum graphematischen Status der Wittenberger Druckersprache in der ersten Hälfte des 16. Jh.s. In: Zf. Germanistik 8, 1987, 160–170.

Ders., Zum Graphemgebrauch bei der Wittenberger Druckersprache. Variantenbestand und Variantenanwendung. In: Zum Sprachwandel in der deutschen Literatursprache des 16. Jhs. Autorenkollektiv unter der Leitung von Joachim Schildt. Berlin 1987, 21–100. (B. Gesch. Nhd. 63. [= 1987 a].

Ders., Stadt und Sprachentwicklung im Frühneuhochdeutschen. In: Sprache in der sozialen und kulturellen Entwicklung. Beiträge Frings 1990, 213–218.

Ders., Das 17. Jh.: (Ausgewählte) Ansatzpunkte zur Beschreibung seines graphematischen Entwicklungsstandes. In: Deutsche Sprachgeschichte. Grundlagen, Methoden, Perspektiven. Festschrift für Johannes Erben zum 65. Geburtstag. Hrsg. v. Werner Besch. Frankfurt/M. [etc.] 1990, 273–280. [= 1990 a].

Ders., Zum Graphemgebrauch in der deutschen Literatursprache. Variantenbestand und Variantenanwendung (1570–1730). In: Aspekte des Sprachwandels in der deutschen Literatursprache 1570–1730. Hrsg. v. Joachim Schildt. Berlin 1992, 15–117. (B. Gesch. Nhd. 66).

Ders., Luthersprache – Annotationen zur Begriffsbestimmung. In: Von wyßheit würt der mensch geert. Festschrift für Manfred Lemmer zum 65. Geburtstag. Hrsg. v. Ingrid Kühn/Gotthard Lerchner. Frankfurt/M. 1993, 169–176.

Ders., Studien zur ostmitteldeutschen Druckpraxis im 17. Jh. In: Vielfalt des Deutschen. Festschrift für Werner Besch. Hrsg. v. Klaus J. Mattheier [u. a.]. Frankfurt/M. [etc.] 1993, 279–288. [= 1993 a].

Ders., Zur Rolle regionaler Varietäten in chronologischen Varietäten (dargestellt an der Druckersprache des 17. Jhs.). In: Chronologische, areale und situative Varietäten des Deutschen in der Sprachhistoriographie: Festschrift für Rudolf Große. Hrsg. v. Gotthard Lerchner. Frankfurt/M. [etc.] 1995, 69–73.

Ders., Städtische Schreibzentren und früher Buchdruck (Beispiel Wittenberg: Medienwandel und Graphematik (4 Thesen). In: Textarten 1996, 69–76.

Ders., Zur Konstanz der frühneuhochdeutschen Orthographie in stadt- und landesherrlichen Kanzleien. In: Sprachgeschichtliche Untersuchungen zum älteren und neueren Deutsch: Festschrift für Hans Wellmann zum 60. Geburtstag. Hrsg. v. Werner König/Lorelies Ortner. Heidelberg 1996, 131–138. [= 1996 a].

Ders./Joachim Schildt (Hrsg.), Zur Ausbildung der Norm der deutschen Literatursprache auf der syntaktischen Ebene (1470–1730). I. Der Einfachsatz. Berlin 1976. (B. Gesch. Nhd. 56/I).

Dies., Zur Literatursprache im Zeitalter der frühbürgerlichen Revolution. Untersuchungen zu ihrer Verwendung in der Agitationsliteratur. Berlin 1978 (B. Gesch. Nhd. 59).

Kirchhoff, Albrecht, Zu Sigismund Feyerabends Streit mit Christoph Walther in Wittenberg. In: Archiv für Geschichte des deutschen Buchhandels 6, 1881.

Kleinschmidt, Erich, Stadt und Literatur in der frühen Neuzeit. Voraussetzungen und Entfaltung im südwestdeutschen, elsässischen und schweizerischen Städteraum. Köln/Wien 1982. (Literatur und Leben, N. F. 22).

Kluge, Friedrich, Von Luther bis Lessing. Aufsätze und Vorträge zur Geschichte unserer Schriftsprache. 5. Aufl. Leipzig 1918.

Koller, Gerhard, Der Schreibusus Albrecht Dürers. Graphematische Untersuchungen zum Nürnberger Frühneuhochdeutschen. Stuttgart 1989. (ZDL, Beih. 62).

Koller, Heinrich, Die Reformen im Reich und ihre Bedeutung für die Erfindung des Buchdrucks. In: Gutenberg-Jahrbuch 59, 1984, 117–127.

Koppitz, Hans Joachim, Zum Erfolg verurteilt – Auswirkungen der Erfindung des Buchdrucks auf die Überlieferung deutscher Texte bis zum Beginn des 16. Jh.s. In: Gutenberg-Jahrbuch 55, 1980, 67–78.

Ders., Fragen der Verbreitung von Handschriften und Frühdrucken im 15. Jh. In: Buch und Text im 15. Jh. Book and Text in the 15th Century. Arbeitsgespräche in der Herzog August Bibliothek Wolfenbüttel. 1.–3. 3. 1978. Hrsg. v. Lotte Hellinga/Helmar Bartel. Hamburg 1981, 179–188. (Wolfenbütteler Abhandlungen zur Renaissanceforschung 2).

Krafft, Fritz, Der Naturwissenschaftler und das Buch in der Renaissance. In: Krafft/Wuttke 1977, 13–45.

Ders./Dieter Wuttke (Hrsg.), Das Verhältnis der Humanisten zum Buch. Boppard 1977. (Mitteilungen der Kommission für Humanismusforschung der DFG 4).

Krause, Reinhard, Rechtschreibung und Lautstand in den Augsburger deutschen Drucken von 1470 bis 1520. Diss. Marburg 1924.

Kreutzer, Hans Joachim, Buchmarkt und Roman in der Frühdruckzeit. In: Literatur und Laienbildung. Stuttgart 1984, 197–211.

Künast, Hans-Jörg, *Auff gut verstentlich Augspurger Sprach* – Anmerkungen zur 'Augsburger Druckersprache' aus der Sicht des Buchhistorikers. In: Textarten 1996, 9–15.

Lee, Anthony van der (Hrsg.), Quellen und Forschungen zur Erbauungsliteratur des späten Mittelalters und der frühen Neuzeit. Assen 1972 ff.; Amsterdam 1976 ff.

Ders./Oskar Reichmann, Die Erbauungsliteratur des späten Mittelalters und der frühen Neuzeit als Quellengrundlage für die Erforschung der Herausbildung der deutschen Nationalsprache. Ein Bericht. In: JIG 4, 1972, 109–124.

Leeman-van Elck, Paul, Die Offizin Froschauer. Zürich 1940.

Leipold, Inge, Das Verlagsprogramm des Augsburger Druckers Johann Bämler. Zum Funktionstyp „Frühe deutschsprachige Druckprosa". In: Bibliotheksforum Bayern 4, 1978, 236–252.

Lindmeyr, Bernhard, Der Wortschatz in Luthers, Emsers und Ecks Übersetzung des Neuen Testaments. Straßburg 1899.

Lipold, Günter, Von den gaistlichen vnnd weltlichen Wappen aines Ritters. Graphematische Skizze eines Dillinger Druckes von 1552. In: SFrnhd. 1988, 97–111.

Literatur und Laienbildung im Spätmittelalter und in der Reformationszeit. Symposion Wolfenbüttel 1981. Hrsg. v. Ludger Grenzmann/Karl Stackmann. Stuttgart 1984. (Germanistische Symposien, Berichtbände 5).

Lülfing, Hans, Das Buchwesen des 15. Jh.s. und der Gesamtkatalog der Wiegendrucke. In: Biblos 13, 1964, 209–219; 14, 1965, 14–25.

Ders., Johannes Gutenberg und das Buchwesen des 14. und 15. Jh.s München/Pullach 1969.

Luther, Johannes, Wittenberger und Augsburger Druckersprache in Schriften Luthers 1520 und 1541. Diss. (masch.) Greifswald 1923.

Ders., Luthers Bibel und die Buchdruckerkunst. In: Die Wartburg 33, 1934, 333–340.

Luther, Martin, Warnung Doctoris Martinij Luther. In: Die deutsche Bibel. D. Martin Luthers Werke. Weimarer Ausgabe VIII, 3. Abt. Weimar 1954.

Maas, Utz, Lesen–Schreiben–Schrift. Die Demotisierung eines professionellen Arkanums im Spätmittelalter und in der frühen Neuzeit. In: Schriftlichkeit 1985, 55–81. (LiLi 15, 1985, Heft 59, hrsg. v. Wolfgang Klein).

Ders., Die „Modernisierung" der sprachlichen Verhältnisse in Norddeutschland seit dem späten Mittelalter. In: DU 38, 4/1986, 37–51. (Sprachgeschichte als Sozialgeschichte, hrsg. v. Gerhard Augst).

Ders., Die sprachlichen Verhältnisse in Osnabrück zu Beginn des 17. Jhs. In: Zwischen Renaissance und Aufklärung. Beiträge der interdisziplinären Arbeitsgruppe Frühe Neuzeit der Universität Osnabrück/Vechta. Hrsg. v. Klaus Garber/Wilfried Kürschner. Amsterdam 1988, 93–123. (Chloe Beih. zum Daphnis 8).

Mani, Nikolaus, Die Editio princeps des Galen und die anatomisch-physiologische Forschung im 16. Jh. In: Krafft/Wuttke 1977, 209–226.

Marwedel, Günter, Untersuchungen zur Phonematik des Vokalsystems Nürnberger Fastnachtspiele. Ein Beitrag zur Frage ihres sprachgeschichtlichen Quellenwerts. Diss. Hamburg 1971.

Meiß, Klaus, Streit um die Lutherbibel. Sprachwissenschaftliche Untersuchungen zur neuhochdeutschen Standardisierung (Schwerpunkt Graphematik) anhand Wittenberger und Frankfurter Drucke. Frankfurt/M. [etc.] 1994. (EH 1/1437).

Merkel, Gottfried Felix, Vom Fortleben der Lutherschen Bibelsprache im 16. und 17. Jh. In: ZfdS 23, 1967, 3–12.

Mertens, Dieter, Früher Buchdruck und Historiographie. Zur Rezeption historiographischer Literatur im Bürgertum des deutschen Spätmittelalters beim Übergang vom Schreiben zum Drucken. In: Studien zum städtischen Bildungswesen. Göttingen 1983, 83–111.

Metzler, Regine, Soziale, individuelle und innersprachlich-systembedingte Faktoren bei der Textproduktion, dargestellt an Leipziger Frühdrucken. In: Sprachgebrauch in varianten soziokommunikativen Bezügen. Soziolinguistische Studien zur Geschichte des Neuhochdeutschen. Hrsg. v. Gisela Brandt. Stuttgart 1994, 5–95. (Stuttgarter Arbeiten zur Germanistik 293).

Dies., Gedruckte und ungedruckte ostmitteldeutsche Rechtstexte aus der ersten Hälfte des 16. Jh.s. Kanzleisprachen in den Zwickauer Druckereien. In: Textarten 1996, 101–118.

Moser, Hugo, Deutsche Sprachgeschichte, 6. Aufl. Tübingen 1969.

Moser, Virgil, Die Straßburger Druckersprache zur Zeit Fischarts. München 1920.

Ders., Grundfragen der frühneuhochdeutschen Forschung. In: GRM 14, 1926, 25–34.

Ders., Das Nürnbergische. In: PBB 56, 1932, 378–382.

Ders., Frühneuhochdeutsche Grammatik. Bd. I, 1; I, 3. Heidelberg 1929; 1951.

Müller, Ernst Erhard, Zu Adam Petris Bibelglossar von 1523. In: Deutsche Sprache. Geschichte und Gegenwart. Festschrift für Friedrich Maurer zum 80. Geburtstag. Hrsg. v. Hugo Moser/Heinz Rupp/Hugo Steger. Bern/München 1978, 127–134.

Ders., Wer war der Verfasser des Petriglossars? In: Standard und Dialekt. Studien zur gesprochenen und geschriebenen Gegenwartssprache. Festschrift für Heinz Rupp zum 60. Geburtstag. Hrsg. v. Heinrich Löffler/Karl Pestalozzi/Martin Stern. Bern/München 1979, 177–192.

Müller, Klaus (Hrsg.), Zur Ausbildung der Norm der deutschen Literatursprache auf der lexikalischen Ebene III. (1470–1730). Untersucht an ausgewählten Konkurrentengruppen mit Anteilen slawischer Herkunft. Berlin 1976. (B. Gesch. Nhd. 56/III).

Nickel, Holger, Deutsch im Leipziger Buchdruck während der Inkunabelzeit. In: Textarten 1996, 17–27.

Pallmann, Heinrich, Ein Meßregister Sigmund Feyerabends aus dem Jahr 1565. In: Archiv für Geschichte des deutschen Buchhandels 9, 1884.

Peters, Robert, Zur Rolle des Niederdeutschen bei der Entstehung des Neuhochdeutschen. In: Das Frühneuhochdeutsche als sprachgeschichtliche Epoche. 1999, 161–173.

Polenz, Peter von, Geschichte der deutschen Sprache. 9. Aufl. Berlin/New York 1978. (SaGö 2206).

Ders., Deutsche Sprachgeschichte vom Spätmittelalter bis zur Gegenwart. Bd. 1: Einführung, Grundbegriffe, Deutsch in der frühbürgerlichen Zeit. Berlin 1991. (SaGö 2237). Bd. 2: 17. und 18. Jh. Berlin/New York 1994. (de Gruyter Studienbuch).

Raab, Heribert, „Lutherisch-Deutsch". Ein Kapitel Sprach- und Kulturkampf in den katholischen Territorien des Reiches. In: ZbairLa 47, 1984, 15–42.

Reichmann, Oskar, Zur Edition frühneuhochdeutscher Texte. Sprachgeschichtliche Perspektiven. In: ZfdPh 97, 1978, 336–361.

Ders., Zweites Bonner Expertenkolloquium ‘Frühneuhochdeutsch'. In: ZGL 6, 1978, 63–68. [= 1978 a].

Ders./Klaus-Peter Wegera (Hrsg.), Frühneuhochdeutsche Grammatik von Robert Peter Ebert/Oskar Reichmann/Hans-Joachim Solms/Klaus-Peter Wegera. Tübingen 1993. (Sammlung kurzer Grammatiken germanischer Dialekte, A 12).

Reinitzer, Heimo, Biblia deutsch. Luthers Bibelübersetzung und ihre Tradition. Wolfenbüttel 1983. (Ausstellungskatalog der Herzog August Bibliothek 40).

Richter, Günter, Humanistische Bücher in Buchhändlerkatalogen des 15. und 16. Jh.s. In: Krafft/Wuttke 1977, 184–208.

Ritter, François, Histoire de l'imprimerie alsacienne aux XVe et XVIe siècles. Strasbourg/Paris 1955.

Sauer, M., Die deutschen Inkunabeln, ihre historischen Merkmale und ihr Publikum. Diss. Köln 1956. Düsseldorf 1956.

Schenker, Walter, Die Sprache Huldrych Zwinglis im Kontrast zur Sprache Luthers. Berlin/New York 1977. (SLG 14).

Schieb, Gabriele, Die deutsche Sprache zur Zeit der frühbürgerlichen Revolution. In: ZPSK 28, 1975, 532–559.

Schildt, Joachim, Abriß der Geschichte der deutschen Sprache. Zum Verhältnis von Gesellschafts- und Sprachgeschichte. Berlin 1976. (SAV 20). [3. Aufl. Berlin 1984].

Ders. (Hrsg.), Aspekte des Sprachwandels in der deutschen Literatursprache 1570–1730. Berlin 1992. (B. Gesch. Nhd. 66).

Schirokauer, Arno, Das Werden der Gemeinsprache im Wörterbuch des Dasypodius. In: GR 1943, 286–300.

Ders., Der Anteil des Buchdrucks an der Bildung des Gemeindeutschen. In: DVLG 25, 1951, 317–350.

Ders., Frühneuhochdeutsch. In: Aufriß 1957, 1, 844–930.

Schmidt, Wieland, Vom Lesen und Schreiben im späten Mittelalter. In: Festschrift für Ingeborg Schröbler zum 65. Geburtstag. Hrsg. v. Dietrich Schmidtke/Helga Schüppert. In: PBB (T) 95, 1973, Sonderh., 309–327.

Schmitz, Rudolf, Der Anteil des Renaissance-Humanismus an der Entwicklung von Arzneibüchern und Pharmakopöen. In: Krafft/Wuttke 1977, 227–243.

Schneider, Karin, Die Bibliothek des Katharinenklosters in Nürnberg und die städtische Gesellschaft. In: Studien zum städtischen Bildungswesen 1983, 70–82.

Schreiner, Klaus, Bücher, Bibliotheken und „gemeiner Nutzen" im Spätmittelalter und in der Frühneuzeit. In: Bibliothek und Wissenschaft 9, 1975, 202–249.

Ders., Grenzen literarischer Kommunikation. In: Literatur und Laienbildung 1984, 1–20.

Schütt, Andreas, Adam Petris Bibelglossar. Diss. Freiburg/B. 1908.

Schulzke, Regine/Horst Naumann, Katalog der Zwickauer Frühdrucke von 1523 bis 1666. Quellen und Forschungen zur sächsischen Geschichte. 8. Hrsg. von der Historischen Kommission der Sächsischen Akademie der Wissenschaften zu Leipzig. Leipzig 1977.

Sohrt, Johannes, Der Umlaut von a, u, o, au nach Handschriften und Drucken Lutherscher Schriften. Diss. Greifswald 1920.

Steer, Georg, Hugo Ripelin von Straßburg. Zur Rezeptions- und Wirkungsgeschichte des ‘Compendium theologicae veritatis' im deutschen Spätmittelalter. Tübingen 1981. (TTG 2).

Stockmann-Hovekamp, Christine, Untersuchungen zur Straßburger Druckersprache in den Flugschriften Martin Bucers. Graphematische, morphologische und lexikologische Aspekte. Heidelberg 1991.

Stopp, Hugo, Verbreitung und Zentren des Buchdrucks auf hochdeutschem Sprachgebiet im 16. und 17. Jh. Fakten und Daten zum „organischen Werdegang der Entwicklungsgeschichte der neuhochdeutschen Schriftsprache". In: Sprachw. 3, 1978, 237–261. [= 1978 a].

Ders., Das in Augsburg gedruckte Hochdeutsch. Notwendigkeit, Stand und Aufgaben seiner Erforschung. In: ZfdPh 98, 1979, 151–1972. (Sonderh. Festgabe für Hugo Moser).

Ders., Schreibsysteme in Handschrift und Druck. Zu graphemischen Differenzen der beiden Überlieferungsformen am Beispiel zweier Zeugen der selben Textart. In: Sprachw. 5, 1980, 43−52.

Studien zum Frühneuhochdeutschen. Emil Skála zum 60. Geburtstag. Hrsg. v. Peter Wiesinger. Göppingen 1988. (GAG Nr. 476).

Studien zum städtischen Bildungswesen des späten Mittelalters und der frühen Neuzeit. Bericht über Kolloquien der Kommission zur Erforschung der Kultur des Spätmittelalters 1978−1981. Hrsg. v. Bernd Moeller/Hans Patze/Karl Stackmann. Redigiert von Ludger Grenzmann. Göttingen 1983. (AAkGött. 3, 13).

Tauber, Walter, Mundart und Schriftsprache in Bayern (1450−1800). Untersuchungen zur Sprachnorm und Sprachnormierung im Frühneuhochdeutschen. Berlin/New York 1993. (SLG 32).

Textarten im Sprachwandel − nach der Erfindung des Buchdrucks. Hrsg. v. Rudolf Große/Hans Wellmann. Heidelberg 1996. (Sprache − Literatur und Geschichte. Studien zur Linguistik/Germanistik 13).

Tschirch, Fritz, Geschichte der deutschen Sprache. 2. Tl. 2. Aufl. Berlin 1975. [3. Aufl. bearb. v. Werner Besch 1989]. (GG 6).

Ukena, Peter, Tagesschrifttum und Öffentlichkeit im 16. und 17. Jh. in Deutschland. In: Presse und Geschichte. Beiträge zur historischen Kommunikationsforschung. München 1977, 35−53. (Studien zur Publizistik 23 hrsg. von Eiger Blühm).

Volz, Hans, Aus der Werkstatt der Lutherbibel. Stuttgart 1955.

Ders., Aus der Wittenberger Druckpraxis der Lutherbibel (1522/46). In: Gutenberg-Jahrbuch 1962, 142−155.

Ders., Aus der Druckpraxis der Nachdrucker der Lutherbibel (1522/46). In: Gutenberg-Jahrbuch 1962, 234−250. [= 1962 a].

Ders., Luthers Schriften und ihre Druckgeschichte. In: Sprache und Sprachhandeln. Festschrift für Gustav Bebermeyer. Hrsg. v. J. Möckelmann. Hildesheim 1974, 1−25.

Walch, Maria, Zur Sprache von frühen deutschsprachigen Buchanzeigen und Rezensionen. In: Textarten 1996, 269−288.

Wehmer, Carl, Deutscher Buchdruck im Jahrhundert Gutenbergs. Hrsg. von der Preußischen Staatsbibliothek, der Gesellschaft für Typenkunde des 15. Jhs. und der Wiegendruckgesellschaft. Leipzig 1940.

Weidemann, Carla, Stephan Roth als Korrektor. In: ZfdPh 48, 1920, 235−268.

Weinmayer, Barbara, Studien zur Gebrauchssituation früher deutscher Druckprosa. Literarische Öffentlichkeit in Vorreden zu Augsburger Frühdrucken. München 1982. (MTU 77).

Wellmann, Hans, Textbildung (nach der Frühzeit des Buchdrucks). In: Deutsche Sprachgeschichte. Grundlagen, Methoden, Perspektiven. Festschrift für Johannes Erben zum 65. Geburtstag. Hrsg. v. Werner Besch. Frankfurt/M. [etc.] 1990, 259−272.

Wells, Christopher J., Orthography as Legitimation: Luther' Bible Orthography and Frankfurt Bibles of the 1560s and 1570s. In: Das unsichtbare Band der Sprache. Studies in German Language and Linguistic History in Memory of Leslie Seiffert. Hrsg. v. John L. Flood [u. a.]. Stuttgart 1993, 149−188.

Ders., Uneingewandte Einwände: Unfertiges Referat zur vernachlässigten sprachgeschichtlichen Rolle Westmitteldeutschlands in der zweiten Hälfte des 16. Jh.s. In: Textarten 1996, 77−99.

Ders., Das Westmitteldeutsche als Grundlage der Buchsprache am Ende des 16. Jhs. Plädoyer für einen „Paradigmenwechsel". In: Alte Welten−neue Welten. Akten des IX. Kongresses der Internationalen Vereinigung für germanische Sprach- und Literaturwissenschaft (IVG). Bd. 3: Abstracts. Hrsg. v. Michael S. Batts. Tübingen 1996, 8. [= 1996 a].

Ders., Nicht-Lutherisches in der Orthographie der nach-Lutherischen Bibel- und Psalmenausgaben des 16. Jh.s. In: Das Frühneuhochdeutsche als sprachgeschichtliche Epoche 1999, 209−240.

Widmann, Hans, Geschichte des deutschen Buchhandels. In: Der deutsche Buchhandel. Wesen, Gestalt, Aufgabe. Hrsg. v. Helmut Hiller/Wolfgang Strauß. Gütersloh 1961, 13−48.

Ders., Die Lektüre unendlicher Korrekturen. In: AGB 5, 1964, 777−826.

Ders., Buchdruck und Sprache. Mainz 1964. (Kleiner Druck der Gutenberg-Gesellschaft 74). [= 1964 a].

Ders. (unter Mitwirkung von H. Kliemann/B. Wendt), Der deutsche Buchhandel in Urkunden und Quellen. 2 Bde. Hamburg 1965.

Ders. (Hrsg.), Der gegenwärtige Stand der Gutenbergforschung. Stuttgart 1972.

Ders., Vom Nutzen und Nachteil der Erfindung des Buchdrucks − aus der Sicht der Zeitgenossen des Erfinders. Mainz 1973. (Kleiner Druck der Gutenberg-Gesellschaft 92).

Ders., Die Wirkung des Buchdrucks auf die humanistischen Zeitgenossen und Nachfahren des Erfinders. In: Krafft/Wuttke 1977, 63−88.

Wiesinger, Peter, Zur Frage lutherisch-ostmitteldeutscher Spracheinflüsse auf Österreich im 17. und in der ersten Hälfte des 18. Jhs. In: Beiträge zur Sprachwirkung Martin Luthers im 17./18. Jh. Hrsg. v. Manfred Lemmer. Tl. 1. Halle/S. 1987, 83−109.

Ders., 5 Thesen zur Regionalität und Überregionalität in der schriftsprachlichen Entwicklung: Der bayerisch-österreichische Raum vom 16. bis 18. Jh. In: Textarten 1996, 315−318.

Ders., Zur bairisch-oberdeutschen Schriftsprache des 16. und frühen 17. Jh.s in Österreich unter dem Einfluß von Reformation und Gegenreformation. In: Das Frühneuhochdeutsche als sprachgeschichtliche Epoche 1999, 241–273.

Wietig, Wilhelm, Die Sprache des ersten gedruckten hochdeutschen Plenars. (Augsburg, Günther Zainer 1473). Diss. Greifswald 1913.

Winkler, Hannelore, Der Wortbestand von Flugschriften aus den Jahren der Reformation und des Bauernkrieges. Berlin 1975. (B. Gesch. Nhd. 55).

Wittmann, Reinhard, Geschichte des deutschen Buchhandels. Ein Überblick. München 1991.

Wolf, Herbert, Martin Luther. Eine Einführung in germanistische Luther-Studien. Stuttgart 1980. (SM 193).

Ders., Beiträge der Korrektoren zum Sprachausgleich Luthers. In: Sprachw. Bd. 9, 1984, Heft 1/2, 108–125.

Wolf, Norbert Richard, Vom Nutzen der Schlacht von Mohács für die Erforschung des Frühneuhochdeutschen. Eine graphematische Untersuchung eines Nürnberger und eines Basler Druckes. In: SFrnhd. 1988, 69–82. (GAG 476).

Frédéric Hartweg, Strasbourg

122. Handschrift und Druck

1. Begriffsbestimmungen und Grundsätzliches

„In der Buchkunde werden" unter *Handschrift* „die Bücher bzw. Codices verstanden, die vor der Erfindung der Buchdruckerkunst handschriftlich angefertigt wurden" (Hiller 1991, 141). Wenn wir hingegen von 'Handschrift' im weiteren Sinn sprechen, dann meinen wir jeden handgeschriebenen Text, also auch einzelne Blätter oder ungebundene Blätter, die sich, im Gegensatz zum 'Buch', nicht zwischen zwei Buchdeckeln befinden. Dementsprechend bezeichnet '(Buch-)Druck' zunächst nur die Technik, in Sonderheit „das Drucken mit einer Tiegelpresse" (Halbey 1994, 11), somit „eine der Vervielfältigung dienende mechanisierte Form der Abschrift mit Hilfe von beweglichen Lettern, die zu Zeilen, Kolumnen und Druckformen zusammengefügt und entsprechend der gewünschten Auflagenhöhe wiederholt abgedruckt werden" (Boghardt 1990, 25).

Diese Technik wurde um die Mitte des 15. Jhs. von Johann Gensfleisch genannt Gutenberg in Europa erfunden; in Ostasien war diese Technik schon drei Jahrhunderte früher entwickelt worden. Gutenberg war um 1400 als Sohn des Mainzer Patriziers „Friele Gensfleisch und seiner Frau Else im Hof zu Gutenberg" (Kapr 1988, 25) geboren worden. Wohl aus politischen Gründen ging Gutenberg vor 1430 nach Straßburg und kehrte spätestens 1448 in seine Vaterstadt zurück, wo er 1468 starb. „(Um) 1440 ist er auf die geniale Idee gekommen, er hat sie dann 10 Jahre lang 'untersucht' und (um) 1450 wurde mit dem Druck einer lateinischen Bibel in Missalschrift (nach allgemeiner Anschauung der 42zeiligen Bibel) begonnen" (Geldner 1978, 31).

Diese neue Technik wurde also ebenso als Vervielfältigungstechnik angesehen und verwendet wie die 'Handschrift'. Das hat, wie wir sehen werden, seine Folgen für die (Ortho-)Graphie und deren Entwicklung. Gleichzeitig bekommt die neue Technik als neues Medium aufgrund ihrer speziellen kommunikativen Möglichkeiten ihre eigene Dynamik, die sich auf viele und unterschiedliche sprachliche und kommunikative Bereiche auswirkt und sich deshalb besondere soziale Relevanz erwirbt. Dies gilt vor allem für das 'Buch' (im oben angedeuteten Sinn), das sich, auf ganz andere Weise als der vorausgegangene handgeschriebene Kodex, zu einem besonderen 'Superzeichen' entwickelt, in dem neue Textelemente und Zeichensysteme zusammenwirken.

Deshalb ist bei der Beschreibung von Druckwerken auch die Bebilderung einzubeziehen. Es ist vor allem die Technik des 'Holztafeldrucks' oder 'Holzschnitts' – diese jüngere Bezeichnung hat sich in der Folge durchgesetzt –, die mit dem neuen (Buch-)Druck neue Medien und neue Textarten schafft. Beide Techniken ermöglichen es, zahlreiche Exemplare eines Textes bzw. eines Bildes weitgehend oder gar völlig identisch herauszubringen.

Als Vorläufer des Buchdrucks wird häufig das 'Blockbuch' genannt; hier wird die Technik des Holztafeldrucks bzw. Holzschnitts für die Herstellung von Büchern angewendet: Im 15. und 16. Jh., also durchaus in der Frühzeit des Gutenbergschen Verfahrens, werden „hauptsächlich in den Niederlanden und in Deutschland" Bilder und dazugehörige Texte „in eine Holztafel geschnitten und auf Papier abgedruckt", wobei „der enge Zusammenhang zwischen bildlicher Darstellung und erläuterndem Text" (Mertens 1991 a, 13) durch die Technik bedingt und deshalb für diese Buch- und somit auch Zeichengattung charakteristisch ist. Allerdings war diese Technik im Gegensatz zu der mit den beweglichen Lettern unflexibel und erlaubte wegen des verwendeten weichen Holzes nur wenige Kopien, so daß sie sich nicht sehr lange hielt.

Vorweg kann festgestellt werden, daß die neue Technik und somit der Medienwandel den „Umbau der mündlich organisierten Gesellschaft des deutschen Mittelalters zur ganz anders gegliederten schriftgestützten Gesellschaft der Neuzeit" (Erben 1989, 9) befördert, wenn nicht bewirkt hat; mit anderen Worten, die gesellschaftliche Kommunikation wandelte sich vom Akustischen zum Optischen.

2. Aufnahme des neuen Mediums durch die Öffentlichkeit

Auch wenn die historischen Zeugnisse spärlich sind, kann man annehmen, daß Gutenberg zunächst nur „die zu seiner Zeit immer deutlicher sichtbar werdenden Mängel eines sehr alten Kunsthandwerks, der *'ars artificialiter scribendi'* beheben" wollte. Ein durchschnittlicher mittelalterlicher Schreiber — nicht also die wenigen großen Schreibkünstler, von deren Kunstfertigkeit auch heute noch Prachthandschriften zeugen — hatte durchaus Schwierigkeiten, „die Buchstaben richtig zu proportionieren und sie zueinander in das rechte Verhältnis zu setzen, die Worte auf den Zeilen und die Zeilen auf der Seite so zu verteilen, daß ein Gott und den Menschen gefälliges Werk dabei herauskam" (Giesecke 1991, 135). Dazu kommt, daß den meisten mittelalterlichen Schreibern der Wechsel der Schrift oder der Schriftgröße sehr schwer fiel, wenn sie ihn überhaupt be-

herrschten. Gutenberg nahm die Schreibe als optisches Medium ernst und wollte in erster Linie deren Qualität verbessern, aber sicherlich nicht eine mediale Revolution initiieren. Deshalb wurden zunächst Druckwerke, wohl nach Lagen geordnet, wie vorher die Handschriften „dem Rubrikator bzw. auch dem Illuminator (Miniator) übergeben […], damit sie mit farbigen Initialen, Rankenwerk, die kostbaren auch mit Miniaturen oder Federzeichnungen ausgestattet würden" (Geldner 1978, 129).

Dennoch empfanden die aufmerksamen Zeitgenossen sehr schnell, daß die neue Technik grundlegende Änderungen mit sich brachte. Dementsprechend unterschiedlich fallen die Reaktionen dieser Zeitgenossen aus (das Folgende in Anschluß an Giesecke 1990a, 13ff.). Früh schon wurde erkannt, daß das typographisch hergestellte und vervielfältigte Buch eine preiswerte und, da man auch zu Hause lesen könne, bequeme Wissensquelle sei. „Das gedruckte Buch tritt in der Neuzeit demnach in Konkurrenz zu anderen und älteren Formen der Erfahrungsgewinnung." (Giesecke 1990a, 13) Da es nunmehr weitaus leichter ist, an Bücher zu kommen, kann man auch Wissen erwerben, das bislang als Arkanum gehütet wurde oder an das man nicht so leicht gelangen konnte. So erscheint — als ein Beispiel von vielen — im Jahre 1550 von D. Appolonarius ein

Kurtz Handt=‖bŭchlin vnd experiment vie=‖ler Artzneyen / durch den gantzen ‖ Cŏrper des Menschens / von dem ‖ Haupt biß auff die ‖ Fŭß. ‖ Sampt lebendiger Abcon=‖trafactur etlicher gmeiner Kreuter / ‖ vnd darauß mancherley Gebrannten ‖ vnd Destillierten Gewǎsser / krafft ‖ vnd tugenden.

Es handelt sich hier um „ein Exemplar der Gattung von 'Do it yourself'-Büchern, die im 16. Jh. in schier unüberschaubarer Anzahl auf den Markt gebracht werden" (Giesecke 1990a, 17, dort auch eine Abbildung des Titelblatts). Bücher werden also zur Informationsquelle für Nicht-Fachleute, da jetzt Bücher in großer Zahl zu einem günstigen Preis angeboten werden.

Andererseits kann dies auch negativ beurteilt werden; Sebastian Brant etwa bemängelt, daß die „Auswahl und Aufbereitung schriftsprachlicher Tradition […] der allein kompetenten Instanz, den Gelehrten, entzogen" (Müller 1988, 205) wird:

Der man yetz gantz keins achtet mehr ‖ Die vile der gschrifft / spŭrt man do by ‖ Wer merkt die vile der truckerey ‖ All bŭcher synt yetz fŭrher bracht ‖ Die

vnser elttern ye hant gmacht // Der sint so vil yetz
an der zal // Das sie nütz gellten überal // Vnd man
ir schyer nüt achtet mehr // [...] // Die gelerten mů̄s-
sen sich schier schāmē // Ir ler // vnd klebt / vnd
jres namen.

Auf der 'Gegenseite' befinden sich Autoren,
die der neuen Technik skeptisch gegenüberstehen. Der Sponheimer Abt und nachmalige
Abt des Würzburger Schottenklosters Johannes Trithemius verfaßte 1492 eine Schrift *'De
laude scriptorum'* die 1494 überarbeitet im
Druck erschien; dort heißt es:

Qui autem a scribendi studio cessat propter impres-
suram, verus amator scripturarum non est, quia pre-
sentia dumtaxat intuens nichil sollicitus est pro edifi-
catione posterorum. [...] Scriptis enim codicibus nun-
quam impressi ex equo comparantur; nam orthogra-
phiam et ceteros liborum ornatus impressura plerum-
que negligit. Scriptura autem maioris industrie est.
('Wer aber vom Schreibeifer des Druckes wegen ab-
läßt, der ist kein wahrer Freund der Schrift, weil er
nur das Gegenwärtige sieht und nichts zur Erbauung künftiger Generationen beiträgt [...].

Denn Drucke werden den handgeschriebenen
Codices gegenüber niemals als gleichwertig
erachtet werden, zumal der Druck häufig die
Rechtschreibung und die übrige Buchausstat-
tung vernachlässigt. Auf eine Handschrift
wird einfach mehr Fleiß verwandt (Arnold
1973, 64f., von dort auch die Übersetzung).

Die weitaus größere Geschwindigkeit, mit
der Texte vervielfältigt und verteilt werden
können, wird also positiv und negativ gesehen; gleichzeitig wird geargwöhnt, daß das
größere Tempo größere Nachlässigkeit mit
sich bringt. Dieses Mißtrauen kann so weit
gehen, daß mehrere Exemplare eines Drucks
miteinander verglichen werden, weil die Erfahrung mit Handschriften gelehrt hat, daß
nie zwei Exemplare eines Texts völlig identisch sind.

Auf der anderen Seite ist das Paradoxon
des Schreiberlobs von Trithemius − schließlich läßt er sein 'Lob der Schreiber' drucken,
um das Mißtrauen gegen die neue Technik
mit Hilfe dieser Technik verbreiten zu lassen − aber ein Hinweis darauf, daß der Buchdruck Möglichkeiten eröffnet, die die Zeitgenossen höchstens ahnen und die erst durch
die Praxis des Buchdruckens realisiert und erweitert werden können.

3. Das Medium 'Buch'

Die neue Technik hat auch wirtschaftliche
Folgen: Es können nicht nur Texte in gleichem Wortlaut vervielfältigt werden, sondern

es kann eine große Zahl von Büchern hergestellt werden. Damit ändert sich auch grundsätzlich die Distribution der Bücher: Man
kann jetzt − von einigen früheren Ausnahmen wie dem Hagenauer Schulmeister Diebold Lauber abgesehen, dessen Schreibwerk-
statt als „'Handschriften-Betrieb[ ]' bereits
kaufmännisch organisiert" (Mertens 1991b,
29) war und der Handschriften auf Vorrat
anfertigte − Bücher nicht nur auf Bestellung
erwerben und liefern, sondern eben die große
Zahl auf Lager nehmen und um Käufer werben (vgl. Giesecke 1993, 331ff.).

Die Verleger (und Buchhändler) entwik-
keln nun Buchelemente, die dem besseren
Absatz dienen sollen, Elemente, die man
'Paratexte' nennen kann. Unter einem solchen 'Paratext' versteht man „jenes Beiwerk,
durch das ein Text zum Buch wird und als
solches vor die Leser und, allgemeiner, vor
die Öffentlichkeit tritt" (Genette 1992, 10).
Als erstes paratextuelles Element ist das Titelblatt zu nennen.

„Mit der Herausbildung eines Marktes für die seit
Mitte des 15. Jhs. in weit größerer Anzahl hergestellten, weil gedruckten Bücher und der damit verbundenen zunehmenden Anonymisierung des Lesers" resp. des Käufers „werden dem Titelblatt
zwei grundlegende Aufgaben zugewiesen, die es im
Prinzip bis heute hat: Das Titelblatt soll der schnellen und präzisen Identifikation des Werkes dienen
und es soll zum Kauf des Buches anregen" (Hertel
1996, 173). „Ein augenfälliger Unterschied der mittelalterlichen Handschrift gegenüber dem neuzeitlichen gedruckten Buch liegt im Fehlen des Titelblat-
tes vor. Als Ersatz dafür dient das Incipit, so genannt nach der meist verwendeten lateinischen An-
fangsformel des Textes 'Hic incipit liber ...' (Hier
beginnt das Buch)" (Funke 1992, 73). Das Titelblatt enthält demgegenüber Titel und eventuell Untertitel eines Buches, Namen und möglicherweise
Titel des Verfassers sowie den Verlagsort, den Namen des Verlegers und das Publikationsjahr; im
Laufe der Geschichte können weitere Angaben hinzukommen.

Da, wie gesagt, die Erfindung des Buchdrucks auf das Bestreben zurückzuführen ist,
die handschriftliche Buchproduktion zu optimieren, enthalten die ersten Drucke auch
keine Titelblätter. Die '42zeilige Bibel' Gutenbergs enthält ebenfalls ein Incipit, während der Türkenkalender von 1454 „schon einen Kopftitel" (Geldner 1978, 107) aufweist:
Eyn manung der cristenheit widder die durken.
Eine lat. und eine dt. Ausgabe der Türken-
bulle des Papstes Pius II., die „einige Zeit
nach dem 22. Oktober 1463" bei Peter Schöffer in Mainz erschienen sind, enthalten schon

„gesonderte Titelblätter" (Geldner 1978, 107). Das erste Titelblatt im heutigen Sinne, „das Ort, Jahr und Drucker angibt, wenn auch nicht in der heute üblichen Druckanordnung," setzte wiederum Peter Schöffer im Jahre 1484 in den *Herbarius. Ma=‖guntie impressus. ‖ Anno ec. lxxxiiij.* (Geldner 1978, 108). Wie dieses Titelblatt oder das oben unter 2. abgedruckte schon deutlich machen, wird auf die Gestaltung des Titelblatts große Sorgfalt gelegt und die Möglichkeiten der neuen Technik extensiv genutzt; es werden Schriften unterschiedlicher Größe verwendet, einzelne Titelelemente werden auf unterschiedliche Weise in Zeilen von unterschiedlicher Länge verteilt. Und deshalb kommt es auch bald zu einer künstlerischen Ausgestaltung der Titelblätter durch graphische Elemente unterschiedlicher Art. Gleichzeitig bekommt der Buchtitel immer mehr die Aufgabe der ausführlich(er)en Information des (potentiellen) Käufers oder Lesers, so daß die Titel immer länger werden, bis es zu den überaus langen 'Barocktiteln' kommt.

Weitere paratextuelle Buchelemente sind Inhaltsverzeichnis und, vor allem bei wissensvermittelnder Literatur, Register. Diese setzen eine genaue Foliierung und Paginierung voraus. Wenn man annehmen kann, daß die einzelnen Exemplare eines Buches (weitestgehend) identisch sind, dann können solche Suchhilfen gleich von Anfang der Buchproduktion an geplant und ausgeführt werden (vgl. dazu Hertel 1996, 178 ff.).

Heutzutage enthält vermutlich jedes Buch einen Copyright-Vermerk in Form des konventionalisierten Zeichens ©. Dieser Hinweis auf das Urheber- und Vervielfältigungsrecht ist schon deshalb notwendig, weil es die Erfindung des Buchdrucks ziemlich leicht gemacht hat, ein Buch aufs neue zu drucken und zu verbreiten. Die große Zahl von Nachdrucken, um hier ein besonders bekanntes Beispiel anzuführen, erregt nicht immer Luthers Freude. Deshalb fügt er dem 'Ander[n] teyl des alten testaments' (1524) am Schluß des Bandes ein Wappen mit dem die Kreuzesfahne tragenden Lamm und das Medaillon mit der Lutherrose hinzu, darunter den 'urheberrechtlichen' Hinweis: *„Dis zeichen sey zeuge / das solche bucher durch meine hand gangen sind / deñ des falschē druckēs vnd bucher verderbens / vleissigen sich ytzt viel".* Allerdings, Luther geht es hier nicht um sein geistiges Eigentum (dieser Begriff war zu seiner Zeit noch kaum bekannt), sondern er will Verderbnisse seiner Texte verhindern, es geht

ihm um die Sprache bzw. um die intendierte sprachliche Form, die er sich nicht von geschäftstüchtigen Nachdruckern verderben lassen will.

Das Medium 'Buch' ist indes nicht nur durch die besonderen Paratexte, sondern ganz wesentlich durch eine spezielle und spezifische Art der „Textbildung" charakterisiert: Die „Wahl der Verknüpfung der sprachlichen (besonders graphischen, grammatischen, lexikalischen) Mittel" wird in vielen Bereichen bewußter; man denke nur an deutliche textgliedernde Elemente wie Kapitel, Absätze oder die „graphischen Mittel der Interpunktion, der Majuskelsetzung − im Dienst des Textsinns, nicht der Grammatik" (Wellmann 1990, 269); schließlich wird nicht mehr ein Fachmann etwa für gliedernde Initialen oder der Rubrikator für rote Überschriften benötigt. Auch einfach gestaltete Druckwerke können diese Textelemente zusammen mit dem 'eigentlichen Text' aus einer Hand erhalten.

4. Das Entstehen einer öffentlichen Meinung

Die neue Technik erlaubt neue Kommunikationsformen: Während im handschriftlichen Zeitalter die Auftraggeber in der Regel bekannt waren und die Skriptorien in der Regel auf Bestellung des bekannten Auftraggebers arbeiteten, wird nun für ein Publikum gearbeitet, das nicht mehr von vorneherein bekannt ist. Zudem kann nun auf aktuelle Ereignisse sehr schnell und vor einem großen Publikum schriftlich reagiert, können Diskussionen ebenfalls schriftlich über ein großes Gebiet hin durchgeführt werden. Diese neuen Möglichkeiten schaffen neue Textarten wie Flugblätter und Flugschriften (vgl. die Definition der Textart 'Flugschrift' von Schwitalla 1983, 14). Ein historisches Ereignis wie die Reformation war nur möglich, weil sehr schnell eine 'öffentliche Meinung' über weite Teile des dt. (und nicht nur des dt.) Sprachraums entstand; und diese 'öffentliche Meinung' wäre ohne das Medium des Buchdrucks nicht möglich gewesen. Gleichzeitig etabliert sich damit eine öffentliche Zensur, die schon in der Frühzeit des massenhaft verbreiteten Buchs Bücher verbietet, einzieht und auch verbrennt; Thomas Müntzers Flugschriften sind ein beredter Beleg dafür.

'Öffentliche Meinung' ist ein politischer Begriff, der voraussetzt, daß eine Öffentlichkeit soziale Kontrolle, v. a. staatlicher, politischer und im späten Mittelalter und in der frühen Neuzeit auch kirchlicher Institutionen und Handlungen in welcher Form auch immer ausübt. Eine solche Kontrolle ist an ein Mindestmaß von Information und Informationsfluß gebunden. Das neue Medium ermöglicht es, wie gesagt, auf Ereignisse sehr schnell und für ein zahlreiches Publikum zu reagieren; die Empfänger, die Rezipienten stehen nicht mehr von vorneherein fest, jeder, der des Lesens mächtig ist, kann in Frage kommen. Das neue Medium macht somit neue Vertextungsstrategien notwendig. Es ermöglicht überdies jetzt tatsächlich, eine Auseinandersetzung öffentlich zu führen. Konflikte können also in ganz anderer Qualität schriftlich ausgetragen werden. Flugschriften dienen dazu, den eigenen Standpunkt zu erläutern und den Gegner als Feind, der bekämpft werden muß, darzustellen. Eine Partei wendet sich an das (zahlreiche und gleichzeitig unbekannte) Publikum und versucht, es für den eigenen Standpunkt zu gewinnen. Bereits das paratextuelle Element Titelblatt kann Teil einer Auseinandersetzung werden, indem ein Autor auf Texte oder Paratexte eines anderen Autors Bezug nimmt (vgl. dazu Wolf 1990, 147ff.). In ihren Texten antworten die einzelnen Kontrahenten auf Argumente ihrer Gegner, nehmen Bezug auf Vorwürfe, so daß derartige öffentlich geplante und angelegte Korrespondenzen heute wie ein komplexes Ineinander von Frage und Antwort wirken. Deshalb kann man Ulrich von Hutten den „Ahnherrn der Pressefehde" (Fischer 1971, 57) nennen. Die Sprache ist in diesen Texten zum Transportmittel öffentlicher Konflikte geworden.

Aus dem handschriftlichen Zeitalter sind uns vor allem Predigtsammlungen überliefert, die die ursprüngliche Predigt redigieren und das ganze Buch dann für bestimmte Zwecke, etwa für die Tischlesung in monialen Kreisen, zur Verfügung stellen. Ziemlich fest ist dabei die Textform der Predigt. Ausgangspunkt ist in der Regel ein Bibelzitat, das die Handschriften aus Respekt vor dem geoffenbarten Wort in lat. Sprache wiedergeben. Dies ändert sich durch den Buchdruck geradezu grundsätzlich. Ziemlich häufig werden Predigten in Flugschriften bzw. als Flugschriften publiziert. So läßt z. B. Andreas Osiander (1498–1552), damals lutherischer Prediger an St. Lorenz in Nürnberg, im Jahre 1525 eine Schrift erscheinen:

Eyn Schöne / fast ‖ nützliche Sermon / vber das ‖ Euangelion. Matthei am .xvij. ‖ Do Christus den Zol=‖pfenning bezalet. ‖ Von gehorsam weltlicher Obrigkeit. ‖ Vom gebrauch Christenlicher vnd ‖ weltlicher Freyhait. ‖ Von Götlicher fürsichtigkeit. ‖ Andreas Osiander. ‖ zu Nürnberg.

Schon im Äußerlichen fallen grundsätzliche Unterschiede auf: Die Predigt erscheint als Einzelschrift, versehen mit einem Titelblatt, das uns über die Textgattung (*Sermon*), die wesentlichen Inhalte und den Autor informiert. Der (eigentliche) Text dieser Schrift beginnt mit einer Grußformel:

Allen frummen christen, und götlichs worts liebhabern, wunscht Andreas Osiander prediger bey Sant Laurentzen zu Nürnberg gnad und frid, von Got dem vater, und seinem sun Jesu Christo unnserm herren.

Adressat ist also ein großes, gleichwohl unbestimmtes und unbestimmbares Publikum, gewissermaßen eine Allmenge. Derartiges (weitere Beispiele bei Wolf 1996 b, 140ff.) begegnet in zahlreichen Flugschriften und macht deutlich, daß es um die Schaffung einer öffentlichen Meinung geht. Gerade in den Jahren von 1520 bis 1525 werden Flugschriften von zahlreichen Personen dafür eingesetzt, ihre „gesellschaftlichen und religiösen Lösungsvorschläge publik zu machen" (Schwitalla 1983, 7).

5. Schreib- und Drucktypen

Das grundlegend Neue, das der Buchdruck im Gegensatz zur Handschrift bringt, „ist die Technisierung des Zeichensystems [...] in Form des Setzkastens und seiner Lettern. Man hat dabei beobachtet, daß Gutenberg „47 Großbuchstaben und 243 Kleinbuchstaben in schmaleren und breiteren Variationen sowie die Interpunktionszeichen" (Kapr 1988, 158) in Anspruch nahm, obwohl „das Alphabet auch zu Gutenbergs Zeiten nur fünfundzwanzig Groß- und fünfundzwanzig Kleinbuchstaben zählte und die Interpunktionszeichen damals noch nicht einmal so zahlreich waren, wie sie es heute sind" (Ruppel 1967, 112). Wie in den mittelalterlichen Handschriften verwendete Gutenberg Ligaturen und Kürzel (Abb. 122.1).

Mittelalterliche Schreiber benutzten zahlreiche Kürzel, wohl um den Schreibprozeß zu beschleunigen. Derartiges ist hingegen für einen Drucker, der alle seine Typen im Setzkasten hat bzw. haben soll, ganz anders: „Die Arbeit des Setzers wird [...] durch die Vergrößerung des Typenrepertoires langwieriger und komplizierter" (Giesecke 1990b, 70); zu-

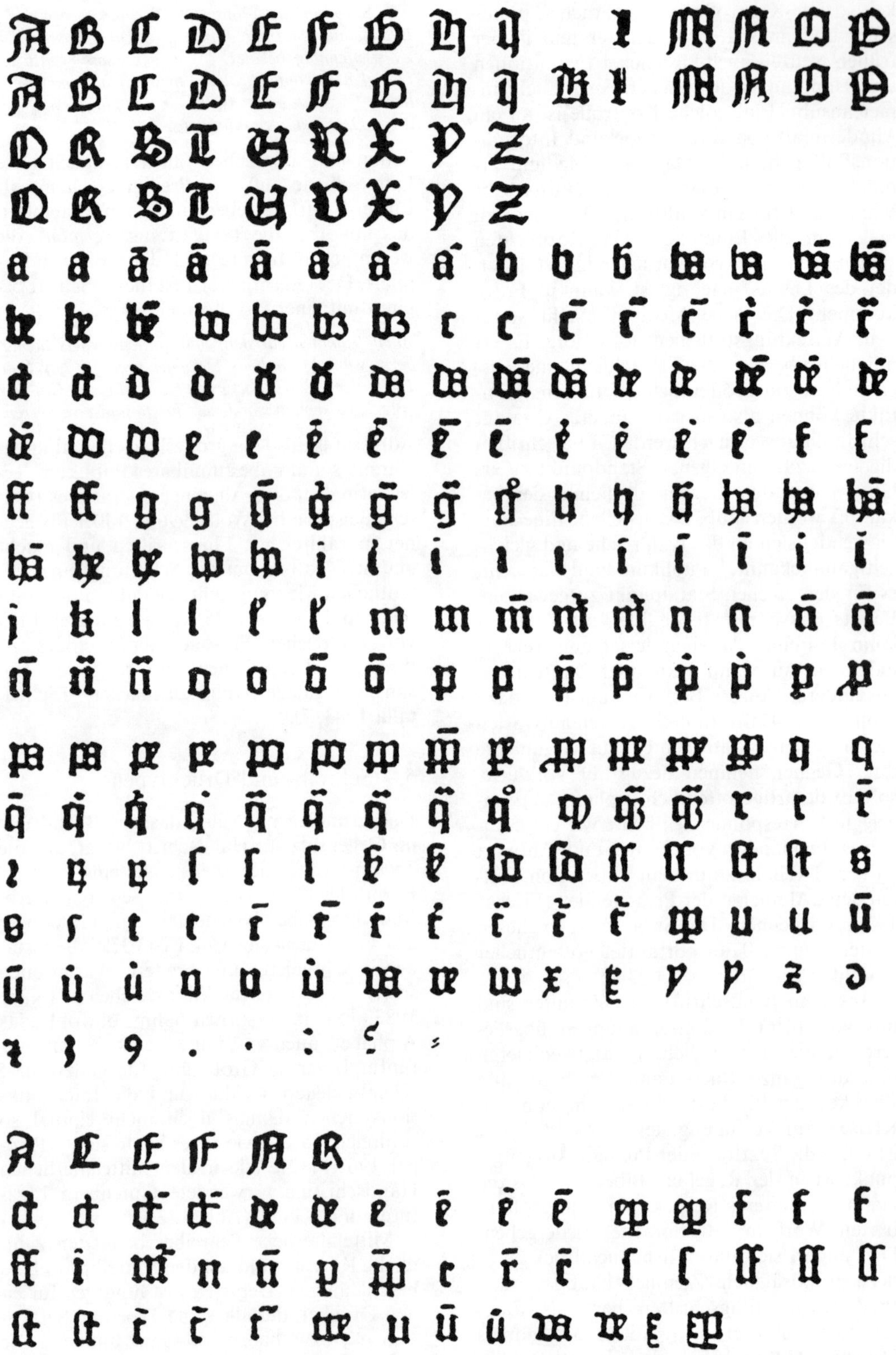

Abb. 122.1: Die Typen der 42zeiligen Bibel (oben: die ursprünglichen Formen, unten: später gegossene Formen; aus Kapr 1988, 159)

Abb. 122.2: Martin Luther: Wider das Bapstum. Wittenberg: Hans Lufft 1545 (aus Flood 1993, 136)

dem kann man annehmen, daß die Verringerung der verwendeten Kürzel, aber auch der Ligaturen das Lesen erleichtert. „Die typographische Datenverarbeitung fördert [...] ganz entschieden die Reduktion des Zeichenrepertoires unter phonetischen Gesichtspunkten und auch die Reduktion der Vielfalt der Kodierungsregeln" (Giesecke 1990 b, 71). Die Technik weckt und fördert somit die Bestrebungen nach einer Normierung der Orthographie, insbesondere von dem Augenblick an, in dem es nicht mehr um Imitation und Perfektion der Handschrift, sondern um eine Anerkennung des Eigenwerts und der Eigendynamik einer (neuen und als neu erkannten) Kulturtechnik geht. (Zur Entwicklung der Orthographie im Gefolge des Buchdrucks s. Artikel 122).

Der Setzkasten erlaubt es andererseits, etwas leichter die Schrift bzw. den Schrifttypus zu wechseln, so daß die bewußte Wahl von Schrifttypen zum Stilisticum werden kann. Schon früh hat sich herausgebildet, daß die Frakturschrift, in unterschiedlichen Realisationen bzw. Ausprägungen, als die dt. Druckschrift angesehen wurde. Schon vor der Einführung des Buchdrucks in Italien, in verstärktem Maße aber zusammen mit dessen Einführung „hatte sich in Italien ein Bruch mit der bisherigen Entwicklung zu vollziehen begonnen"; denn gerade Humanisten meinten, „als man die zahlreichen in der karolingischen Minuskel geschriebenen (bzw. abgeschriebenen) Handschriften der Klassiker kennenlernte, diese Schrift sei die eigentlich antike" (Jensen 1969, 534). Daraus wurde die Antiquaschrift entwickelt, die die Druckschrift der rom. Sprachen, nicht nur des Ital. wurde.

Aufmerksame Zeitgenossen nutzen diese Differenz auf vielfältige Weise. Wenn Luther in seinem 'Sendbrief vom Dolmetschen' seine Übersetzung der Bibelstelle *ex abundantia cordis* kommentiert und seine 'freie' Wiedergabe rechtfertigt, stellt er zusammenfassend fest: *Deñ die lateinischē buchstabē hindern aus der massen seer gut deutsch zu reden;* hier könnte Luther auch auf Konnotationen, die für ihn mit der 'papistischen' Schrift zusammenhängen, anspielen. Wie dem auch sei, man hat beobachtet, daß an manchen Stellen die Antiqua Römisches auch graphisch negativ charakterisiert (Abb. 122.2).

Im Gegensatz zu Handschriften erlaubt es also der Druck mit beweglichen Lettern, Schrifttypen als graphostilistisches Element einzusetzen, was sie ja bis heute geblieben sind.

6. Literatur (in Auswahl)

Arnold, Klaus, Johannes Trithemius, De laude scriptorum. Zum Lobe der Schreiber. Würzburg 1973. (Mainfränkische Hefte 60).

Blockbücher des Mittelalters. Bilderfolgen als Lektüre. Hrsg. v. Gutenberg-Gesellschaft und Gutenberg-Museum. Mainz 1991.

Boghardt, Martin, Der Buchdruck und das Prinzip des typographischen Kreislaufs. In: Gutenberg 1990, 24–44.

Erben, Johannes, Die Entstehung unserer Schriftsprache und der Anteil deutscher Grammatiker am Normierungsprozeß. In: Sprachwissenschaft 14, 1989, 6–28.

Fischer, Heinz-Dietrich, Deutsche Publizisten des 15. bis 20. Jhs. München/Berlin 1971.

Flood, John L., Nationalistic Currents in Early German Typography. In: The Library 15, 1993, 125–141.

Funke, Fritz, Buchkunde. Ein Überblick über die Geschichte des Buches. 5. Aufl. München [etc.] 1992.

Geldner, Ferdinand, Inkunabelkunde. Wiesbaden 1978. (Elemente des Buch- und Bibliothekswesens 5).

Genette, Gérard, Paratexte. Übers. v. Dieter Hornig. Frankfurt/M./New York 1992.

Giesecke, Michael, 'Natürliche' und 'künstliche' Sprachen? Grundzüge einer informations- und medientheoretischen Betrachtung des Sprachwandels. In: DS 17, 1989, 317–340.

Ders., Von der Schreibstube des Mittelalters zur Druckerei der Neuzeit. In: Gutenberg 1990, 9–22. [= 1990a].

Ders., Orthotypographia. Der Anteil des Buchdrucks an der Normierung der Standardsprache. In: Zu einer Theorie der Orthographie. Hrsg. v. Christian Stetter. Tübingen 1990, 65–89. (RGL 99). [= 1990b].

Ders., Der Buchdruck in der frühen Neuzeit. Frankfurt/M. 1991.

Ders., Von den skriptographischen zu den typographischen Informationsverarbeitungsprogrammen. In: Wissensliteratur im Mittelalter und in der Frühen Neuzeit. Hrsg. v. Horst Brunner/Norbert Richard Wolf. Wiesbaden 1993, 329–346. (Wissensliteratur im Mittelalter 13).

Gutenberg. 550 Jahre Buchdruck in Europa. Weinheim 1990. (Anstellungskataloge der Herzog August Bibliothek 62).

Halbey, Hans Adolf, Druckkunde für Germanisten, Literatur- und Geschichtswissenschaftler. Bern [etc.] 1994. (GeLe 50).

Hertel, Volker, Orientierungshilfen im frühen deutschen Sachbuch – Sachsenspiegelausgaben des 15. und 16. Jhs. In: Textarten 1996, 171–204.

Hiller, Helmut, Wörterbuch des Buches. 5. Aufl. Frankfurt/M. 1991.

Jensen, Hans, Die Schrift in Vergangenheit und Gegenwart. Nachdruck der 3. Aufl. Berlin 1969.

Kapr, Albert, Johannes Gutenberg. Persönlichkeit und Leistung. 2. Aufl. Leipzig/Jena/Berlin 1988.

Mertens, Sabine, Was sind Blockbücher. In: Blockbücher 1991, 13–18. [= 1991 a].

Dies., Von der Handschrift zur mechanischen Vervielfältigung. In: Blockbücher 1991, 27–34. [= 1991b].

Müller, Jan-Dirk, Der Körper des Buchs. Zum Medienwechsel zwischen Handschrift und Druck. In: Materialität der Kommunikation. Hrsg. v. Hans Ulrich Gumbrecht/K. Ludwig Pfeiffer. Frankfurt/M. 1988, 203–217. (ST, wissenschaft 750).

Ruppel, Aloys, Johannes Gutenberg. Sein Leben und sein Werk. 3. Aufl. Nieuwkoop 1967.

Schwitalla, Johannes, Deutsche Flugschriften 1460–1525. Tübingen 1983 (RGL 45).

Textarten im Sprachwandel – nach der Erfindung des Buchdrucks. Hrsg. v. Rudolf Große/Hans Wellmann. Heidelberg 1996. (Sprache – Literatur und Geschichte 13).

Wellmann, Hans, Textbildung (nach der Frühzeit des Buchdrucks). In: Deutsche Sprachgeschichte. Festschrift für Johannes Erben zum 65. Geburtstag. Hrsg. v. Werner Besch. Frankfurt/M. 1990, 259–272.

Wolf, Norbert Richard, Nu aber Thomas Muntzer feylet / ists am Tage / das er under Gottes namen / durch den Teuffel geredt und gefaren hat. Zur Vertextungsstrategie reformatorischer Polemi-ken (Müntzer vs. Luther). In: Thomas Müntzers deutsches Sprachschaffen. Hrsg. v. Roswitha Peilicke/Joachim Schildt. Berlin 1990, 145–156. (LStA 207).

Ders., Sprache über Konflikte vs. Sprache in Konflikten. Linguistische Überlegungen zum Medienwandel. In: Spannungen und Konflikte menschlichen Zusammenlebens in der deutschen Literatur des Mittelalters. Hrsg. v. Kurt Gärtner/Ingrid Kasten/Frank Shaw. Tübingen 1996, 359–370. [= 1996a].

Ders., Das Entstehen einer Streitkultur in deutscher Sprache. In: Textarten 1996, 135–146. [= 1996b].

Norbert Richard Wolf, Würzburg

123. Die Rolle Luthers für die deutsche Sprachgeschichte

1. Erste Orientierung
2. Wertungen
3. Grundlagen einer Rollenzuweisung
4. Günstige Voraussetzungen
5. Luthers Sprachform
6. Wortschatz und Syntax
7. Lieblichkeit und Zier, Ungestüm und Donner. Luthers Sprachmächtigkeit
8. Rezeption der 'Luthersprache'
9. Literatur (in Auswahl)

1. Erste Orientierung

Die einschlägige Literatur über Luther ist sehr umfangreich. Daher werden vorab erste Lesehinweise auf zentrale Aspekte der sprachbezogenen Luther-Diskussion nützlich und willkommen sein. Sie erlauben Fachleuten einen gezielten Zugriff auf spezielle Problembereiche.

Zahlreiche Querverbindungen ergeben sich zu mehreren voranstehenden Artikeln im Kapitel 'Frühneuhochdeutsch'. Hilfreiches Hintergrundwissen liefern da insbesondere die Artikel 119 'Kanzleisprachen' (von Bentzinger) und 121 'Buchdruck' (von Hartweg). Unentbehrlich ist ferner Sondereggers grundlegender Artikel 15 über die 'Geschichte deutschsprachiger Bibelübersetzungen' mit instruktiven Zusammenstellungen, Tabellen und Textproben (im Vergleich). Speziell Abschnitt 5.2. ist Luther gewidmet; Abschnitt 6. der Tradierung und Revision vornehmlich der Lutherbibel vom 17. bis 20. Jh. Auch die Artikel 43 und 179 von Birgit Stolt (Historische Textologie/Rhetorikkonzeptionen) liefern wichtige Fakten zum (historischen) Verständnis Luthers, ebenso Artikel 114 und 115. Das sind Verweise innerhalb des vorliegenden Handbuchs.

Lutherwissen in breit angelegtem Horizont vermittelt verläßlich die germanistische Einführung von Wolf (1980), gestützt von einer vorbildlich aufgeschlüsselten germanistischen Lutherbibliographie internationalen Zuschnitts für die Zeit von 1880–1980 (Wolf 1985). Mit Gewinn benutzt man auch das Lutherbändchen von Arndt/Brandt (1983). Eine hinsichtlich Auswahl und Begründung überzeugende Dokumentation sprachwissenschaftlicher Beiträge zu Luthers Deutsch und dessen Nachwirkung liefert wiederum Wolf (1996). Man kann sich seinem einführenden Forschungsbericht anhand von 28 Beiträgen der internationalen Lutherforschung von 1883 bis 1990 ohne Vorbehalt anschließen. Ergänzend ist der Bericht zum Stand der sprachlichen Lutherforschung (Wolf 1987) beizuziehen.

Über die (vorwissenschaftliche) Einschätzung der Sprache Luthers informiert u. a. Josten (1976, 105ff.) anhand von 76 Fundstellen allein für das 16. u. 17. Jh. Weiteres Zitatmaterial, teilweise auch zu Luthers Eigeneinschätzung, liefern Wolf (1980, 86ff.; 1996 a), Arndt/Brandt (1983), Kluge ([5]1918, 42ff.) und Bornkamm ([2]1970). Eine grundsolide Darstellung der Lautlehre in Luthers Wittenberger Drucken bis 1545 verdanken wir Bach (1974/1985). Die Wittenberger Druckform ist die Form der Luthersprache, die eine langanhaltende überregionale Wirkung erzielte. Eine entsprechende Formenlehre steht, entgegen der Ankündigung in Bachs Titel, noch aus. Als teilweiser Ersatz kann Bach (1934) gelten. Hinsichtlich der Syntax konsultiert man am besten Erben (1954), für den Wortschatzaufbau und -ausbau Luthers im Rahmen einer Wortgeschichte des Nhd. als grundlegende Studie Erben (1974). Die sprachlandschaftlichen Ausgleichsvorgänge, z. T. auch bezogen auf den Wortschatz und auf Luther, thematisieren u. a. Besch (1967 und 1984), Ising (1968) und auch immer noch

K. v. Bahder (1925), sodann Lemmer (1988) und Besch (1997) für veraltenden Bibelwortschatz im 17./18. Jh. Genauere Kenntnisse über die kursächsische Kanzleisprache zur Lutherzeit und über das Verhältnis von Wittenberger Druckersprache, Lutherdrucken und handschriftlichen Vorlagen, auch über die omd. Druckpraxis im 17. Jh., verdanken wir mehreren methodisch vorbildlichen Studien von G. Kettmann (1967, und als einer der jüngsten Beiträge, 1993). Zu konsultieren sind hier für den größeren Zusammenhang die Artikel 119 und 121 dieses Handbuches. Zur volkssprachlich-kommunikativen Komponente in Luthers Sprachschaffen wie auch in weiteren Reformationstexten (z. B. Flugschriften) liegen instruktive Beiträge vor u. a. von R. Große (1983), Bentzinger/Kettmann (1983) und Bentzinger (1992). Die Lutherphilologie wäre entschieden ärmer ohne die erhellenden Beiträge von Birgit Stolt. Indem sie Luther strikt aus den Gegebenheiten seiner Zeit heraus zu verstehen sucht (ohne moderne Vereinnahmung, bewußt oder unbewußt), legt sie sprachprägende Strukturen hinsichtlich Rhetorik, Liturgie, Predigt, Übersetzungsstile u. a. m. frei, die bislang eher verschüttet waren. Zudem gehören Verfälschungen im Sinne einer Legendenbildung ganz offensichtlich zum landläufig tradierten Lutherbild. Stolt rückt da vieles zurecht, z. B. bei den Tischreden (1964), bzw. öffnet die Augen für 'neue' Züge der Luthersprache, etwa in Stolt (1989). Zu Luthers Stellung in der Geschichte des deutschen Kirchenliedes ist auf Hahn (1981) zu verweisen; zu Luthers überkonfessionellem Einfluß auf zeitgenössische und spätere deutschsprachige Bibelübersetzungen (= der 'lutherische Filter', nach Sonderegger) auf Artikel 15; zu den Auswirkungen auf die Bibelübersetzung in anderen Ländern u. a. auf Erben (1974, 569ff.).

Weitere Literatur wird jeweils in den einzelnen Abschnitten der folgenden Ausführungen angegeben.

2. Wertungen

2.1. Tradierte Rollenzuweisung

Das z. T. enthusiastische Sprachlob Luthers beginnt schon zu seinen Lebzeiten. Das setzt sich fort durch die Jahrhunderte. Andererseits sieht man ihn als gefährlichen Irrlehrer, der mit seiner Sprache das 'gemeine Volk' verführe und betrüge. Es sei die Sprache des 'Pöbels', so urteilt ein Späterer. Das ist das Signum Luthers: Er spaltet einerseits das religiöse Deutschland für lange Zeit, andererseits verhilft er diesem Deutschland im Laufe der Zeit zur sprachlichen Einheit. Äußerungen über ihn stehen daher häufig im Verdacht, parteiisch zu sein, und sie sind es häufig auch, die Sprachurteile nicht ausgenommen. Das gilt z. T. sogar noch bis hinein in die Zeit

sprachwissenschaftlicher Beschäftigung mit diesem Thema. Ich gebe hier zunächst einige Beispiele von Sprachlob aus früherer Zeit.

Fabian Franck zählt schon 1531 in seiner „Orthographia" Luthers Texte zu den *emendirsten vnnd reinisten* Mustern seiner Zeit, neben den Augsburger Drucken des Johann Schönsperger und den Schreiben aus der Kaiserlichen Kanzlei Maximilians (Josten 1976, 105f.). Justus Jonas, der Luther in dessen Sterbestunde am 18. Februar 1546 in Eisleben, fern von seiner Familie, beistehen konnte, rühmt am Sarg des Reformators dessen Verdienste um die dt. Sprache:

Er war ein trefflicher, gewaltiger Redener. Item ein überaus gewaltiger Dolmetzscher der gantzen Bibel. Es haben auch die Cantzleien zum teil von im gelernet recht deudsch schreiben und reden, denn er hat die Deudsche sprach wider recht herfür gebracht, das man nu wider kan recht deudsch reden und schreiben und wie das viel hoher leut mussen zeugen und bekennen (Josten 1976, 106).

Gut 30 Jahre nach Luthers Tod erscheint (1578) eine lat. geschriebene Grammatik der dt. Sprache, die sich bereits ganz auf die Bibelübersetzung Luthers und auf seine sonstigen Schriften gründet („Grammatica Germanicae lingvae / M. Johannis Claij Hirtzbergensis / Ex Bibliis Lvtheri / Germanicis et aliis eius Libris collecta."). Mit 11 Auflagen bis 1720 ist diese Grammatik des Johannes Clajus die erfolgreichste ihrer Zeit. Das Vorwort und die Titelgestaltung erleben allerdings interessante Modifikationen im Laufe der Zeit (vgl. Josten 1976, 107 u. 283, Anm. 12). Hier noch ein Beispiel aus dem 17. Jh., das Urteil (1663) des Johann Balthasar Schupp, eines bekannten Pädagogen:

Lutherus ist ein rechter Teutscher Cicero gewesen. Und wer recht gut Teutsch lernen will, der lese fleissig die Teutsche Bibel, die Tomos Lutheri, und die Reichs=Abschiede; Ich sage, daß man auß der Bibel zierliche Teutsche Phrases sammlen könne (Josten 1976, 120).

Das Normpostulat der Luthersprache reicht bis in das 18. Jh. hinein, ungeachtet der vorangehenden orthographischen Anpassungen an den jeweils neueren Stand im Laufe der Zeit. Orthographie war nicht das Essentielle der Luthersprache. Entsprechend war Luther für Harsdörffer (1646) ein *Cicero non Varro* (Bergmann 1983, in Wolf 1996, 301). Sprachliche Verdammungsurteile sind eigentlich nur am Anfang möglich, später nicht mehr gängig, auch nicht bei den Katholiken. Anfangs aber ist es vor allem die Angst vor der verführerischen Sprache der „Irrlehrer":

Darumb moess van poesen geist hye sein die new lere so yetz wider die kirch eintragen wirt durch verkert lerer die mit jrem gezierten schreiben vnnd suessen wortten gemain volck betriegen vnd verfueren (Josten 1976, 112).

So äußert sich der Chiemseer Bischof Berthold 1528. Erasmus Wolf warnt entsprechend im Jahre 1550 vor der *zierlichen Sprache* der Protestanten und den *glatten Honigworten einer güldenen Zunge* (Josten 1976, 112). Luther ist gemeint oder mitgemeint.

Die Lutherrezeption löst sich seit der zweiten Hälfte des 18. Jhs. zunehmend von der konfessionellen Fessel. Interessante Zeugnisse finden sich bei Bornkamm ([2]1970) für die Zeit von Lessing bis in die nahe Gegenwart. Luther wird nun immer stärker für ein nationales Bewußtsein vereinnahmt. Das ist deutlich auch der Tenor der Jubiläumsreden anläßlich der Säkularfeier 1883 bzw. 1917, vierhundert Jahre nach dem sog. Thesen-Anschlag. Eine vergleichende Analyse solcher Reden zu diversen Gedenkanlässen steht noch aus. Sie sind als Mentalitätszeugnisse ihrer Zeit zu akzeptieren und zugleich als Dokumente von Hypostasierung zu sehen, denen Luther in seinem Selbstverständnis nie zugestimmt hätte. Auch Historiker von Rang sahen in der Reformation Martin Luthers eine nationale Bewegung, ein vaterländisches Ereignis (Nachweise bei Thomas 1985, 426 f.). Luther wird für Patrioten so etwas wie ein Repräsentant dt. Wesens, und als solcher erfährt er auch wieder Ablehnung aus anderen Lagern. Zwei Beispiele: Wilibald Grimm (1874, 6), großherzoglich sächsischer Kirchenrat, nennt ihn, „den größten Deutschen", „eine Incarnation des deutschen Volksgenius". Und Thomas Mann bekennt:

„Martin Luther, eine riesenhafte Inkarnation deutschen Wesens [...], das Cholerisch-Grobianische, das Schimpfen, Speien, Wüten, das fürchterlich Robuste, verbunden mit zarter Gemütstiefe und dem massivsten Aberglauben an Dämonen, Incubi und Kielkröpfe, erregt meine instinktive Abneigung" („Deutschland und die Deutschen", 1945, Gesammelte Werke Bd. XI, 1132 f.).

Luther hat wie kaum ein zweiter das Denken und Fühlen der Deutschen durch die Jahrhunderte bewegt. Die ihm zugesprochene Sprachrolle ist stark beeinflußt von seiner Gesamteinschätzung. Daher mußte hier etwas breiter dokumentiert werden.

2.2. Sprachwissenschaftliche Positionen

Jacob Grimm möge am Anfang stehen. Er hat 1822 in der Vorrede zu seiner Deutschen Grammatik Luther ein Denkmal gesetzt. Die vielzitierte Stelle lautet:

„Luthers sprache, deren grammatik gleichwohl eigentlich dargestellt zu werden verdiente, gehört nicht in diesen kreis [genannter Schriftsteller], sie muß ihrer edlen, fast wunderbaren reinheit, auch ihres gewaltigen einflußes halber, für kern und grundlage der neuhochdeutschen sprachniedersetzung gehalten werden, wovon bis auf den heutigen tag nur sehr unbedeutend, meistens zum schaden der kraft und des ausdrucks abgewichen worden ist. Man darf das neuhochdeutsche in der that als den protestantischen dialect bezeichnen, dessen freiheitathmende natur längst schon, ihnen unbewußt, dichter und schriftsteller des katholischen glaubens überwältigte. Unsere sprache ist, nach dem unaufhaltbaren laufe aller dinge, in lautverhältnissen und formen gesunken, meine schilderung neuhochdeutscher buchstaben und flexionen durfte es nicht verhehlen sondern hervorheben; was aber ihren geist und leib genährt, verjüngt, was endlich blüthen neuer poesie getrieben hat, verdanken wir keinem mehr, als Luthern."

Der wesenlich ältere Jacob Grimm urteilt dann aber 1854 in der Einleitung zum ersten Band des Deutschen Wörterbuches (DWB, Sp. XVIII) entschieden nüchterner und weniger beeinflußt von den konfessionellen Polarisierungen des 17. und frühen 18. Jhs.: „erst mit dem jahr 1500, oder noch etwas später mit Luthers auftritt den nhd. [= neuhochdeutschen] zeitraum anzuheben ist unzulässig [...]". Das Nhd. beginnt also schon vor Luther.

Die Luthersprache ist im DWB (= Deutsches Wörterbuch) ausführlich dokumentiert. Das veranlaßte schon früh einen katholischen Kritiker, das Vorhaben als ein „durchaus protestantisches Werk" zu bezeichnen, die katholischen Gläubigen davor zu warnen und die Herausgabe eines großen katholischen deutschen Wörterbuchs durch den Borromäus-Verein zu fordern (Dückert 1984 in Wolf 1996, 153 f.; hier auch Angaben über den Umfang der Luther-Exzerption früher und aus Anlaß der Neubearbeitung des DWB).

Die sprachwissenschaftlichen Einschätzungen der Rolle Luthers in den folgenden rund 150 Jahren nach Jacob Grimms zitierter Äußerung von 1822 fallen sehr unterschiedlich aus. Das beruht z. T. auf methodischen Schwächen, nicht ausreichender Materialgrundlage, fehlenden Hilfsmitteln und voreiligen Verallgemeinerungen. Die Dokumentation von Wolf (1996) erleichtert den Überblick im zeitlichen Ablauf; nach Wolf wird hier auch meist zitiert. Leider haben zugespitzt formulierte Stellungnahmen fast mehr Beachtung gefunden als so manche gut abwägende Einschätzung zu erstaunlich früher Zeit. Friedrich Kluge z. B. erinnert 1904/05 an Jacob Grimms Formulierung, unsere Schriftsprache sei ein protestantischer Dialekt, und fügt hinzu: „Unser Reformator ist ihr Schöpfer" (Wolf 1996, 48). Hermann Paul formuliert 1916: „Als eigentlicher Begründer der nhd. Schriftsprache gilt, wenn auch neuerdings viel bestritten, doch richtig verstanden mit Recht, Luther" (Wolf 1996, 53). Auch Pietsch favorisiert eine sprachliche Führungsrolle Luthers, verbunden aber auf weite Strecken mit einer sehr differenzierten Argumentation (Wolf 1996, 31ff.). In die referierenden Sprachgeschichten, Lexika und Schulbücher gelangen aber meist nur die zugespitzten Formulierungen (*Schöpfer, Begründer, Vater* etc.). So auch bezüglich der Gegenposition: nicht *Schöpfer*, nicht einmal *Bahnbrecher*, sondern eher *Nachzügler* in Sachen nhd. Schriftsprache. Das ist z. B. die Einschätzung Burdachs 1891: „Luther war nicht der Führer, der Bahnbrecher der sprachlichen Bewegung, sondern eher der Nachzügler" (Wolf 1996, 43). Und Burdach 1894: „Nur konfessionelle, gutgemeinte, aber kurzsichtige Übertreibung kann Luther den Vater oder den Schöpfer der neuhochdeutschen Gemeinsprache nennen. Und doch leuchtet sein Geist über der Entwicklung des Neuhochdeutschen der weckenden Sonne gleich" (Wolf 1996, 45f.). Burdach bezieht sich bei der erstgenannten Äußerung vor allem auf die Orthographie, nimmt aber alsbald auch die Formenlehre, die Syntax sowie Wortbildung und Wortschatz hinzu. Möglicherweise ist seine Sicht durch eine eher modernistische Auffassung von Sprachnorm bedingt. Das gilt wohl auch für Virgil Moser und dessen Feststellung (1909), die 'Luthersprache' sei „nur eine schöne fiktion der anhänger der reformation, weshalb denn auf die Zeugnisse von ihrem hohen ansehen, die noch dazu meist von parteiischen gewährsmännern herrühren, nur wenig zu geben ist. Am ende unserer periode [ca. 1530–1650] ist die Luthersprache als ein realer begriff längst tot [...]" (Wolf 1996, 67). Erwähnt werden muß hier wohl noch Arno Schirokauers extreme Position (1952) aus sprachsoziologischer Sicht. Danach habe Luther „dem Jargon der gärenden Unterschichten [...] die Tore der Bibel" geöffnet. „Das September-Testament von 1522 verläßt entschieden das feierlich-umständliche Niveau der Druckbibeln; in einem für die dt. Elite beleidigenden Nivellierungsvorgang reden die Apostel,

Leute aus dem jüdischen Volk, im Pöbel-Jargon der Handwerker, Marktweiber und Bauern." Auf diese Weise sei die große Gelegenheit für die Bildung einer Hochsprache vertan worden. Es verbiete sich unter nahezu jedem Aspekt, Luther zum Vater der nhd. Schriftsprache zu machen. Er stehe in Entwicklungszügen, die Jahrhunderte vor ihm eingesetzt und erst ein Jahrhundert nach ihm einen gewissen Abschluß gefunden haben mit sehr erheblichen Abweichungen von der 'Luthersprache' (Wegera 1986, 170f.; 180f.). Dienlicher als einige der pointierten Stellungnahmen sind erhellende Beobachtungen und Abwägungen, z. T. schon erstaunlich früh, etwa bei Rudolf von Raumer 1854 (Wegera 1986, 1f.), Wilhelm Scherer 1874 (Wolf 1996, 10), später dann mit bewundernswerter Umsicht bei Henzen (1954, 92ff.), weitergeführt für jüngere Arbeiten bei Wolf (1980, 89f.) und Kriegesmann (1990, 178f. u. 205f.).

3.   Grundlagen einer Rollenzuweisung

Heute steht uns unvergleichlich mehr an Quellenmaterial in besserer Aufarbeitung (Editionen, Textkorpora) zur Verfügung als früher. Neben schmaler Quellenbasis zeigen sich in frühen Studien aber auch methodische Schwächen folgender Art: einseitige Festlegung auf Teilaspekte der Sprache; Vermischung von (äußerer) Sprachform und Sprachstil Luthers; nicht ausreichende Problematisierung (und Unterscheidung) von vorgefundener Sprachtradition; von personaler Sprachform und Druckform der sog. Luthersprache, dies in Wittenberg und anderswo, zeitgenössisch und im Ablauf des 16.–18. Jhs. Natürlich hat dies alles auch wieder mit der schmalen Materialbasis zu tun und darf den Früheren nicht zum Vorwurf gemacht werden mit Ausnahme einer wissenschaftlichen Untugend: der vorschnellen Generalisierung auf der Grundlage unzureichender Daten. Es ist inzwischen völlig klar, daß Rollenzuweisungen wie 'Schöpfer' oder 'Nachzügler' die damalige Sprachwirklichkeit verfehlen. Ein einzelner Mensch kann im strengen Sinne niemals 'Schöpfer' einer Sprache sein, eher noch 'Bahnbrecher' für einen bestimmten 'Typ' von existierender Sprache etwa in einer Zeit sprachregionaler Gespaltenheit. Das führt unmittelbar hin zum beginnenden 16. Jh. und zu Luther. Er hat, durch die Zeitereignisse und die damalige Sprachlage bedingt, in der Tat mehr für die dt. Sprache tun können als irgend einer unserer Großen in Sprache und Literatur, ohne daß er 'Schöpfer' oder 'Begründer' hätte sein können oder wollen. Er brachte eine überregionale dt. Schriftsprache auf den Weg. Mit seiner deutschsprachigen Bibel durchbrach er die regionalen Sprachschranken. Das ist der entscheidende Vorgang. An den weiteren Etappen der Einigung sind wiederum viele beteiligt. Was für uns aus heutiger Sicht so wichtig erscheint, nämlich der Weg hin zur Spracheinheit, war für Luther eher zweitrangig. Sprache war ihm wichtig, aber nur als Instrument in dienender Funktion. Er hat Lat., Griech., Hebr. als biblische Sprachen sicher nicht weniger geschätzt als sein Dt.; den Gottesdienst hätte er am liebsten, wie er sagt, in allen vier Sprachen gefeiert. Die kulturellen Gegebenheiten zu Beginn des 16. Jhs. lassen eine höchst einseitige Bevorzugung der dt. Sprache gar nicht zu. Ihre kraftvolle Entwicklung ist ein Nebenprodukt, ein Nebenprodukt eben auch der religiösen Mission Luthers.

Der sprachhistorischen Forschung obliegt es, die Voraussetzungen und Grundlagen für die angedeuteten Sprachvorgänge in der ersten Hälfte des 16. Jhs. zu erfassen, um das Sprachschaffen Luthers genauer beschreiben und einordnen zu können. Auch die Luther-Rezeption späterer Zeit zählt zum Aufgabenbereich. Beachtliches ist schon erreicht, vieles bleibt noch zu tun. Es geht im wesentlichen um die (weitere) Klärung folgender Fragen und Aufgaben:

1. Kenntnis der omd. Schreib- und Druckkonvention(en) unmittelbar vor Luther.
2. Spurensuche nach Luthers sprachregionaler Herkunft.
3. Entwicklung der Lutherdrucke von 1516–1546 in Wittenberg.
4. Vergleich mit der sonstigen Wittenberger Druckersprache dieser Zeit.
5. Vergleich mit anderen (Bibel-)Druckzentren dieser Zeit.
6. Aufstellung von Differenz- und Konvergenzprofilen in den Druckersprachen des 16. (2. Hälfte)–18. Jhs., bezogen auf die spätere Norm der Schriftsprache.

Je eingehender diese Fragen geklärt sind, um so genauer läßt sich Luthers Sprachschaffen einordnen und seine Sprachwirkung abschätzen. Hingewiesen sei auf einen vergleichbaren Aufgabenkatalog in Bach (1985, 1442).

4. Günstige Voraussetzungen

Sprachmächtigkeit allein, selbst im unbestrittenen Format eines Luther, hätte in damaliger Zeit weder die Reformation vorangebracht noch die räumlichen Barrieren der dt. Sprache überwunden. Es mußten ganz offensichtlich generelle, vor allem aber zeittypisch einmalige Gegebenheiten zusammentreffen, um zu ermöglichen, daß sich im 16. Jh. für die Kirche und für die dt. Sprache so umstürzend Neues entwickeln konnte.

Eine günstige Voraussetzung, in ihrer Bedeutung kaum überschätzbar, ist die geographische Mittellage der Herkunft Luthers. Das bedeutet auch eine sprachgeographische Mittellage zwischen Nord und Süd des ausgedehnten und vielfach untergliederten dt. Sprachgebietes von der Nordsee bis in die Alpen. Luther in Kiel oder in Konstanz hätte sich sprachlich schwergetan, wäre wahrscheinlich gescheitert. Das mittlere Deutschland hatte Brückenfunktion, das östliche Md. in sprachlicher Hinsicht damals noch mehr als das westliche. Luther hat in seinen Tischreden auf die Dialektvielfalt Deutschlands hingewiesen und auf deren Folgen: [...] daß die Leute in 30 Meilen Weges einander nicht wol können verstehen (= Fassung Aurifaber von WA TR 5, 6146: [...] *ut in triginta miliaribus homines se mutuo non intelligant*). Er will über diese Abgrenzungen hinausreichen mit einer allgemeineren Sprache, so: [...] *dass mich beide, Ober- und Niederländer verstehen mögen* (= Fassung Aurifaber von WA TR 2, 2758 (b): [...] *ut me intelligere possint ex superiori et inferiori Germania.*). Man vgl. hierzu Stolt (1964, 21f.) und Wolf (1980, 19 u. 55, mit moderner Übersetzung). Die Ober- und Niederländer, das sind nach dem Sprachgebrauch des 16. Jh. die Leute aus dem hd. bzw. nd. Sprachraum. Mit der allgemein üblichen Sprache (*communem*) meint er in diesem berühmten Zitat die *Sechsische cantzley* — eine vieldiskutierte Stelle unter den Sprachhistorikern. Davon wird noch die Rede sein müssen.

Eine weitere günstige Voraussetzung für Luthers 'historische Mission' ist der aufkommende Buchdruck. Dieses Medium verschafft ihm eine bis dahin unerreichte und im Doppelsinn des Wortes 'unerhörte' Resonanz. Seine Thesen von 1517 zum Ablaß *lieffen schier in vierzehn tagen durch gantz Deudsch land* (WA Werke 51, 540; vgl. auch Debus 1983, 35f.), wiewohl sie eigentlich für eine interne Theologendisputation verfaßt und entsprechend lat. abgefaßt waren. Lenk (1984, 138 f.) bringt die Übersetzung eines lat. Briefes Martin Luthers an Papst Leo X. vom 30. Mai 1518 (WA Werke 1, 529): „Was soll ich tun? [...] Widerrufen kann ich nicht und sehe doch, daß aus diesem Bekanntwerden für mich eine außerordentliche Gegnerschaft erwächst. Gegen meinen Willen gerate ich in die Gefahren und Wechselfälle der öffentlichen Meinung [...]." Der kleine Mönch aus Wittenberg wird gleichsam über Nacht ein Mann der Öffentlichkeit. Das ist Bedrohung und schließlich lebensrettender Schutz vor einer allmächtigen Kirche. Der extreme Öffentlichkeitsgrad der 'Luthersache' macht die bisherigen Waffen gegen 'Ketzer' stumpf. Das ist ein unerhörter Vorgang. Er wäre ohne Druckerpresse nicht denkbar.

Luthers Übersetzung des Neuen Testaments (1522) wie auch dann der Gesamtbibel (1534) erlangen in kürzester Zeit eine Verbreitung, wie sie vorher und noch lange nachher kein Buch erreichte. Die Auflagenzahlen erreichen eine imposante Höhe: in Wittenberg (1522–1546) 10 Vollbibeln und rund 80 Teilausgaben, vornehmlich des NTs; im gleichen Zeitraum rund 260 auswärtige Nachdrucke, wobei die ca. 90 Drucke nd. Sprache nicht mitgezählt sind (Volz 1978, 193). In 455 untersuchten Flugblättern von Anhängern und Gegnern der Reformation der Jahre 1523–1525 zitieren 287 (also fast zwei Drittel) die Stellen des NTs bereits nach der Lutherfassung (Volz 1978, 193). Weitere Aufschlüsselungen der Flugschriftenproduktion statistischer und thematischer Art, vorgenommen für die frühe Reformationszeit und im Blick auf 'öffentliche' Meinungsprofile, bietet Köhler (1986, mit informativen Graphiken und Tabellen). Bentzinger/Kettmann (1983; Wolf 1996, 201 f.) gehen davon aus, daß zwischen 1522 und 1546 „bei den 12–15 Millionen Deutschen etwa eine halbe Million Lutherbibeln im Umlauf waren [...]." Der entschiedene Luthergegner Johannes Cochlaeus berichtet 1549 im Rückblick (Übersetzung aus dem Lateinischen):

Ehe denn aber Emsers Arbeit [kath. Übersetzung des NTs, 1527] an den Tag gegeben, war Luthers Neues Testament durch die Buchdrucker dermaßen gemehrt und in so großer Anzahl ausgesprengt, also daß auch Schneider und Schuster, ja auch Weiber und andere einfältige Idioten, soviel deren dies neue lutherische Evangelium angenommen, wenn sie auch nur ein wenig Deutsch auf einem Pfefferkuchen lesen gelernt hatten, diesselbe gleich als einen Bronnen aller Wahrheit mit höchster Begierde lasen. Etliche

trugen dasselbe mit sich im Busen herum und lernten es auswendig (Debus 1983, zitiert nach 1997, 36 f., s. auch Lit. Verz. unter Cochlaeus).

Luther ist in der Tat „[...] somit als erster Autor anzusehen, der eine geistige Bewegung durch den Buchdruck zum Erfolg führt" (Wolf 1980, 151). Für weitere Angaben zum Druckerfolg der Bibel zu Luthers Zeit und späterhin wird u. a. auf Volz (1978), Reinitzer (1983), Tschirch (1989) und auf Artikel 15 verwiesen.

Schließlich begünstigen die Zeitumstände Anfang des 16. Jh. ganz offensichtlich den großen Wandel. Luthers Thesen gegen die Ablaßpraxis (1517) und seine Schrift (1520) „An den christlichen Adel deutscher Nation" sind eingebunden in den großen Unmut über die kirchlich-politischen Zustände der Zeit. Thomas (1985, 448) nennt die Adelsschrift „die bis dahin umfassendste Zusammenstellung der Gravamina wider das Papsttum." Es beginnt „ein Prozeß des Umdenkens", „eine geistige Mündigsprechung des gemeinen Mannes und der Volkssprache" (Lenk 1984, 137 ff.), die Entdeckung des Individuums in seiner ausschließlichen Verantwortung vor Gott. Welch eine Sprengkraft müssen Luthers Worte in der Schrift „Von der Freiheit eines Christenmenschen" (1520) damals gehabt haben: *Eyn Christen mensch ist eyn freyer herr / über alle ding / vnd niemandt vnterthan.* Und: *Eyn Christen mensch ist eyn dienstpar knecht aller ding vnd yderman vnterthan* (Luther, Studienausgabe Bd. 2, 265). Von hier aus führen (falsch verstandene) Wege in den Bauernkrieg, der sich zu einer Gefährdung der Reformation auszuwachsen droht, mehr noch aber Wege zur Bibel hin, zum Fundament persönlichen Glaubens. Sie, insbesondere das NT, gilt als Grundgesetz eines freien Christenmenschen, ist 'Adelsbrief' des bisher eher verachteten und unterdrückten 'gemeinen' Mannes. So erklärt sich die enorm gesteigerte Nachfrage nach der Bibel, die verstärkte Alphabetisierung, die Durchsetzung einer Sprachform auf omd.-oobd. Grundlage (mit weiteren Ausbau-Etappen). Es ist nicht in erster Linie Luther, der das bewirkt, sondern die Bibel. Von daher wiederum, von einer Volksfrömmigkeit bisher nicht gekannten Ausmaßes auf der Grundlage der Lutherbibel, gewinnt unsere Schriftsprache ihre überregionale Kontur.

5. Luthers Sprachform

Hier geht es um die äußere Form der Sprache, nicht um Sprachstil oder Sprachmächtigkeit. Sprache ist Absprache innerhalb einer

Sprachgemeinschaft, ist Konvention. In eine solche Konvention wird ein jeder Mensch hineingeboren und damit ist er eingebunden in eine vorgefundene Sprache. Er ist in jedem Fall Erbe, ob er will oder nicht. Den individuellen Uranfang gibt es nicht. Wie er dann mit dem Erbe umgeht, das ist allerdings eine andere Frage. Das alles gilt auch für Luther. So ist also zu prüfen, in welcher sprachlichen Konvention er am Anfang seines Wirkens steht und wie er gegebenenfalls diese Konvention infolge seiner historischen Mission ändert. Da wir zu wenig über seine Kindheit und Jugend wissen, muß die Prüfung an seiner Schreib- und Drucksprache bis zum Jahre 1546 erfolgen. Bezüglich der Drucksprache soll der beste Kenner der Materie, H. Bach, das Wort haben. Es wird Kapitel 5 seines Lutherartikels (Nr. 133) in der ersten Auflage (1985) dieses Handbuches in vollem Wortlaut übernommen (von 5.1.–5.10.). Die Grundlage für Bachs Ausführungen ist sein 'Handbuch der Luthersprache' (Bach 1974/ 1985). Der 'Luthersprache' galt seine lebenslange Forscherarbeit († 1984), vgl. Dittmer (1986). Die Ausführungen Bachs sind dann zu ergänzen durch Hinweise auf neuere Forschungen zur Wittenberger bzw. ostmitteldeutschen Druckersprache und zu den Auswahlprozessen bezüglich des neuhochdeutschen Wortschatzes.

Laute und Formen
5.1. Die Sprache im md. Osten (Thüringen/ Sachsen) hatte ursprünglich ein stark nördliches Gepräge. Zwar war die hd. Lautverschiebung, abgesehen von *pp* und von *p* nach Kons., in nhd. Umfang durchgeführt, aber sonst stand die Sprache dieser Landschaft in vielem dem Nd. nahe. Der Einfluß aus dem Süden (Nürnberg/Würzburg/Regensburg) auf die Form der schriftlichen Überlieferung war von Anfang an sehr stark. Schon um 1300 stehen aus dem Süden eindringende Formen neben angestammten nördlichen, die früher oder später unterliegen. Zwei orthographische Systeme stimmten mit denjenigen südlich bzw. westlich anschließender Gegenden überein. Während die westliche Schreibform bald ausschied, nahm der südliche Einfluß durch die folgenden Jahrhunderte zu. Die kursächsische Kanzleisprache zu Luthers Zeit ist durchaus geprägt von den Schreibtraditionen des frk.-bair. Raums. Dasselbe gilt von der Sprache in den omd. Lutherdrucken der ersten Jahre.

5.2. Von 1522 an arbeitete Luther unablässig an einer Läuterung der von ihm und seinen Wittenberger und Leipziger Offizinen übernommenen omd. Schreibsprache. Hervorzuheben sind drei Haupttendenzen: (1) Luther und seine Mitarbeiter erstrebten größere Konsequenz in Rechtschreibung und Flexion; (2) bei Doppelformen gab er gewöhnlich den korrekter wirkenden unreduzierten Formen den Vorzug. (3) Soweit landschaftlich begrenzte Formen als solche erkannt wurden, versuchte er sie auszumerzen. Dieser Prozeß hat zur Folge, daß der Sprachtypus der letzten Lutherbibel der nhd. Standardsprache weit näher steht, als das in den Schriften der ersten Jahre der Fall war. Schon auf die Sprache des Septembertestaments 1522 war größere Sorgfalt verwendet als in den Traktaten und Kampfschriften der ersten Jahre. Und doch wurde bereits im Dezembertestament desselben Jahres fast in jeder Zeile geändert und beinah immer zu Formen, die mit den nhd. identisch sind oder ihnen näher kommen. Dieser Prozeß setzt sich bis 1546 fort.

5.3. Die wichtigsten sprachlichen Änderungen in den Lutherdrucken von 1516 bis 1546 sind rein graphischer Art. Wie sonst im Md. fehlt anfangs die Umlautbezeichnung von *u* und *o*; sie wird seit Mitte der 20er Jahre normal durch *ů/ŏ* angegeben; anfangs steht sehr häufig *y* statt *i*, später immer *i* wie im Nhd.; frühes *ey/aw/ew* wird außer im Auslaut oder Hiat konsequent durch *ei/au/eu* ersetzt. In einigen Wörtern haben die Lutherdrucke der ersten zehn Jahre oft *ue/ů/ủ/ủe* für mhd. *uo/ üe*. Diese auch früher in omd. Texten vorkommende, aus dem Süden stammende Schreibweise wird (außer in *stuel/stủele*) in den späteren Drucken getilgt. – Die für das Frnhd. charakteristischen willkürlichen Verdoppelungen von Konsonanten werden in den Lutherdrucken stark reduziert (anfängliches *vnnd/peynn/gebenn; weytter/wortt; tzall/ gollt* wird abgelöst durch *vnd/pein/geben; weiter/wort; zal/gold*). Bis 1520 steht *c* vor *l/r* (*clagen/crafft*, danach *klagen/krafft*); im Wortanlaut anfangs *cz/tz (czu/tzeyt)*, später nur *z-*; für anlautend *b-* steht anfangs oft *p-* nach bairischer Art, später wird dies auf ganz wenige Wörter beschränkt. – Erwähnt sei noch die schon vor Luther verstreut auftretende Großschreibung der Substantive. In den frühen Lutherdrucken kommt sie nur spärlich vor, verschieden nach den Offizinen. Sie steht besonders, um wichtige Begriffe (Gott, Bapst, Christlich) hervorzuheben.

Nach 1532 werden ungefähr 70 % der Substantive groß geschrieben. − Neben diesen das Textbild stark an das Nhd. annähernden Änderungen beharren die Lutherdrucke bis zuletzt gegen das Nhd. bei den Schreibweisen *e* für *ä*; *v* und *j* im Wortanlaut für *u / ü* und *i*; *ey / aw / ew* im Auslaut und Hiat. Regelmäßig findet sich Konsonantenhäufung bei *ck / ff / tz* (*werck / dencken / krafft / auff / geitz / gantz*). In einigen Wortstämmen steht anlautend *th* und *rh* (*thier / thůr / thun; rhor / rhůmen* u. a.). Ohne lautliche Bedeutung ist auch *b / p* nach *m* (*vmb / er nimpt*).

5.4. Die Grenze zwischen graphischen und lautlichen Erscheinungen ist oft schwer zu ziehen. In den Lutherdrucken herrscht die einheitliche Schreibung *ei / au / eu* für mhd. *ei / ou / öu* und die diphthongierten mhd. *î / û / iu*, dies im Gegensatz zu den obd. Schreiblandschaften. Da die beiden Lautreihen im Omd. ebensowenig wie in anderen Dialekten zusammenfielen, war die einheitliche Schreibung ursprünglich rein graphisch, bekam jedoch große Wirkung, indem heute sowohl die schriftliche als auch die mündliche Standardsprache diese Vereinfachung angenommen haben. − Der reduzierte druckschwache Vokal wurde im Md. (wie im Nd.) im Mittelalter in wechselndem Umfang *i* geschrieben, was wohl eine lautliche Nuance angab. Schon vor Luther war diese Schreibweise stark zurückgegangen. Anfangs hat er oft *i* in der Endung *-is*, in *vbir* und selten in andern Stellungen. Nach 1525 geht er konsequent zu der nhd. Schreibung über. − Mitteldeutsch (und norddeutsch) war auch *vor-* für druckschwaches *ver-*; die südliche Form konkurriert im Omd. schon lange vor Luther mit der einheimischen. Bis 1521 steht in den Lutherdrucken fast immer *vor-*; wenn seine Drucker sich im Laufe des Jahres 1522 unvermittelt für das südliche *ver-* entscheiden, ist auch dies keineswegs ein „Lautübergang", sondern ein Anschluß an die Graphie des Südens. − Bis 1533 schreibt Luther wie andere omd. Texte sehr häufig *dd* in *odder/wedder/nidder/widder* („wieder/wider"), wo die Doppelschreibung die bis heute in der Mundart geltende Vokalkürze angibt. Die in den späteren Drucken durchgeführte Einfachschreibung beruht ebenfalls auf Anschluß an südliche Schreibtradition.

5.5. Ein Vergleich des nhd. Vokalsystems mit demjenigen in späten Lutherdrucken, vor allem den letzten Bibelausgaben, zeigt völlige

Übereinstimmung, wenn man die 5.3.+4. angeführten rein graphischen Unterschiede berücksichtigt. Diese Identität war das Ergebnis der andauernden sprachlichen Revisionen. Die meisten Änderungen bestehen in der Aufgabe von Varianten, die aus der Konkurrenz zwischen nördlichen, einheimischen Formen und aus dem Süden eingedrungenen hervorgegangen sind. Man kann vier Kategorien aufstellen: A. Der anfängliche Wechsel zwischen den omd./nördlichen und den südlichen entscheidet sich in den späten Lutherdrucken zugunsten der letzteren:

wilch / welch, kilch / kelch, widder / weder, brengen / bringen, er wiste / wuste, dorst / durst, wortzel / wurtzel, dorffen / dürffen, störtzen / stürtzen, sulch / solch, zichtigen / züchtigen, puchen / pochen, ab / ob, dach / doch, adder / od(d)er, sall / soll, vberst / ôberst, an / on „ohne", *hirrschen / herrschen, gahn / gehen, stahn / stehen, jensid / jenseid, frůnd / freund, sůfftzen / seufftzen, grawel / grewel, strawen / strewen, honnig / honig, disser / dieser, vill / viel.* −

B. Bei anfänglichem Schwanken zwischen südlichen und nördlichen Varianten behaupten sich die nördlichen in den späten Lutherdrucken wie im Nhd.: *brinnen / brennen, sundern / sondern, sunst / sonst, sunne / sonne, sun / so(h)n, kummen / kom(m)en, kůnnen / kônnen, kůnig / kônig, laugnen / leugnen, -nus / -nis.* Hierher gehört vor allem die weitgehende Verdrängung der für die frühen Lutherdrucke charakteristischen Syn- und Apokope durch die bodenständigen unreduzierten Formen (vgl. 5.8.). Es ergibt sich das Paradox, daß volle Formen in sdt. Texten des 16. Jhs. auf dem Streben nach „schriftsprachlicher Korrektheit" beruhen, umgekehrt die Kurzformen in frühen Lutherdrucken, wie in andern omd. Quellen des 15.−16. Jhs., aus südlicher „Schreibtradition" stammen. − C. Nicht immer stimmt die Regelung in den späten Lutherdrucken mit der heutigen Schriftsprache überein. Anfangs schwankt Luther zwischen nördlichen umgelauteten Formen und südlichen ohne Umlaut in Fällen wie *glauben / gleuben, tauffen / teuffen, kauffen / keuffen, haubt / heubt, suchen / sůchen, ruffen / růffen, Jude / Jůde, darumb / darůmb* u. a. Er entscheidet sich für die umgelauteten Formen seiner Mundart, die sich jedoch nicht im Nhd. behauptet haben. − In frühen Lutherdrucken steht überwiegend der gerundete Vokal in *zwôlff / schôpffen*, später gegen das Nhd. das ursprüngliche *zwelff / schepffen* (vgl. *helle / schweren* unter D.). − Der anfängliche Wechsel zwischen *hilffe / hôlffe, elff / eylff* und im Deminutiv *-leyn / lin* wird gegen das Nhd. zu-

gunsten von *hůlffe, eilff, -lin* aufgegeben. –
D. Luther hält bis zuletzt an älteren (mhd.)
Lautformen gegen das Nhd. fest:

*helle „Hölle" / leschen / schweren / ergetzen; můglich /
můgen* (neben *mögen*); *gůlden / wůllen / hůltzen „hölzern"; sprůtzen; leim / feilen „Lehm / fehlen"; we-
gern „weigern"; liegen / triegen „lügen / trügen"; itzt /
iglich.*

5.6. In der schriftlichen Überlieferung zeigt
sich das deutsche Konsonantensystem bis
heute erstaunlich konservativ, obwohl die
Mundarten weitgehende Umschichtungen erfahren haben. Abgesehen von rein graphischen Abweichungen (vgl. 5.3.) stimmt der
Konsonantismus der Lutherdrucke zum Mhd.
und Nhd. Anfangs sporadisch oder regelmäßig vorkommende Sprechformvarianten
werden zugunsten der korrekten vollen Formen ausgemerzt; z. B. *rechfertig / gichbruchtig /
mốchstu / heubstad / frembling / kranckeyt / nar-
reyt / ewickeyt.* Bei anfänglichem Schwanken
zwischen älteren oder md. bzw. sdt. Lautformen und im Nhd. siegenden stimmen die späten Lutherdrucke zu letzteren, z. B. *tapper /
tapffer, itz / itzt, Krieche / Grieche, krang / kranck,
blixen / blitzen, kegen / gegen, leucken / leugnen,
viech / vieh, nit / nicht, teutsch / deutsch.*

5.7. In den verhältnismäßig begrenzten Fällen, wo das Nhd. vom Mhd. abweicht, steht
Luther jedoch gewöhnlich bei der älteren Tradition; z. B. *bloch „Block", obs „Obst", sarck
„Sarg", reiger „Reiher"; schuch / schu(h),
rauch „rauh", es geschach / geschicht; tam /
tunkel / tichten / dohn / draben „Damm / dunkel / dichten / Ton / traben"; neunde / under / er
kunde; besem „Besen" / fadem.* Nur in wenigen
Wörtern verwendet er häufig oder immer eine
lokale Form; z. B. *schnuppen „Schnupfen",
handwerg / bolwerg, erab / herab, draube / dro-
mete „Traube / Trompete", foddern / fôddern
„fordern / fördern".*

5.8. Die Morphologie zeigt in den Lutherdrucken ebenfalls das typische Bild der
frnhd. Übergangszeit. Teile der mhd. Sche-
mata sind in Auflösung geraten, ohne daß
sich neue Systeme gefestigt hätten. Luther
übernimmt die Formen der omd. Schreibsprache um 1520. Schon lange vor Luther
waren in dieser Gegend unter andauerndem
Druck aus dem Süden charakteristische
nördliche Elemente ganz untergegangen
(Pronomina *mi / wi / i / iz / he(r) / un / ume / imel
uri / die / dit / swi* ersetzt durch *mir / wir / i(h)r /*

*es / er / ih(n) / i(h)m / i(h)r / der / dis(ditz) wer;
he hebit / het* und *he is* durch *er hat / ist*; Infinitiv auf *-e* durch gemeindeutsches *-en*). –
Bei Luther finden sich viele Doppelformen,
aber im ganzen steht er dem Nhd. näher als
Autoren anderer Gegenden. Viele seiner Varianten erklären sich rein lautlich durch das
Schwanken zwischen apo- / synkopierten und
vollen Formen (vgl. 5.5.). Da die (sdt.) Apokope in den späten Drucken weitgehend zurückgedrängt wird, ergibt sich eine Annäherung an das Nhd. in Nom.Sg.Formen wie
kirch(e) / seel(e) / gnad(e) und vielen andern;
dasselbe gilt für Pl.Formen *leut(e) / fisch(e) /
knecht(e) / stedt(e)* u. a. Flexionsendungen werden anfangs in der Schrift ganz unterdrückt
durch Ekthlipsis; z. B. Gen.Sg. wie *haus /
hauses, fuß / fusses, fleysch / fleisches, creutz /
creutzs;* Dat.Pl.: *wonung(en), leichnam(en);*
Akk.Sg.: *eyn / einen;* Dat.Sg. *eym / einem;* Imp.-
Pl.: *furcht / fůrchtet; trett / trettet.* Während
in den angeführten Belegen die Entwicklung
auf das Nhd. zusteuert, gibt es andere Fälle,
wo Luther sich gerade durch nicht reduzierte
Formen vom Nhd. unterscheidet; z. B. Nom.-
Sg. *herre, hane, bette, hemde, bilde;* adj.ja-
Stämme *důnn(e), leer(e).*

5.9. Wenn man von den rein lautlich bedingten Änderungen (5.8.) absieht, gehen nur wenige morphologische Wandlungen innerhalb
der Druckersprache Luthers entschieden in
Richtung auf das Nhd. Dies gilt für die
Pronominalformen *yhn / yhr,* abgelöst durch
jnen / jrer, anfangs finden sich die Imperative
gang / stand / biß, schon früher ersetzt durch
gehe / stehe / sey; in *wir / sie seyn(t) / seint* neben *sind* wird der Wechsel früh zugunsten der
nhd. Form aufgegeben. – Keine Bedeutung
kommt solchen Abweichungen zu, die in den
ersten Jahren nur ganz sporadisch auftreten
(*bawm* (> *bewme*) Pl.; *ich wirff; sie gebent; er
was* (> *war*); *er het / sie hetten* (> *hat / hatten*)). – Gewöhnlich stehen alte und neue Bildungen nebeneinander; die im Nhd. geltenden sind in den späten Drucken oft stärker
vertreten, aber ohne sich durchzusetzen. Im
Nhd. wird im Vergleich mit älteren Sprachstufen die Numerusdistinktion akzentuiert.
Im Plural der Neutra z. B. schwankt Luther
bis zuletzt zwischen den alten endungslosen
Formen und den analogisch gebildeten auf *-e*
(bis 1545 *jar / wort,* aber *beine / schaffe*). Die
ursprünglich sehr begrenzte Pluralbildung
auf *-er* ist bei Luther wie sonst im Frnhd.
stark vertreten (*kinder / weiber / heuser / dôrf-
fer / geister* usw.); anfänglich finden sich zu-

weilen die alten Pluralformen (*kind* / *dorff*), später noch mehrfach im Dativ (*felden* / *lieden*). – Anfangs verwendet Luther oft die md. Form *gewest* (so ganz überwiegend in der kursächsischen Kanzlei) neben *gewesen*; die lokale Form tritt in späteren Drucken stark zurück.

5.10. Bis zuletzt hält Luther an vielen Flexionsformen fest, die im Nhd. durch Analogiebildungen oder durch Ausgleich verdrängt worden sind. Das gilt z. B. für Präsensformen wie *du zeuchst* / *er zeucht* „zieht"; *es geschicht* „geschieht"; noch in der Bibel 1545 ist die alte Endung der Prät.Präs. in *du solt* / *wilt* alleingültig. Im Präteritum der starken Verben der 2. und 3. Klasse hält sich der Ablautwechsel zwischen Singular und Plural (*bleib* / *blieben; fand* / *funden*). In der 3. Sg. des schwachen Präteritums kennt Luther vier Varianten (*-ete* / *-et* / *-te* / *-t*); in der Bibel 1545 verwendet er gegen das Nhd. ganz überwiegend *-et* (*er höret* / *redet* / *rücket*), obwohl dadurch in weitem Ausmaß ein störender Zusammenfall mit der Präsensform stattfindet.

5.1.–5.10. ist wörtlich aus H. Bachs Lutherartikel (Nr. 133) der ersten Auflage dieses Handbuches übernommen. Die Ausführungen Bachs stützen sich auf Luthers Wittenberger Drucke bis 1545. Deren Variabilität aber auch zunehmende orthographische Konsolidierung wurde im Detail dargestellt. Die Forschungslage erlaubt es nun, Luthers Wittenberger Drucksprache bis 1545 vergleichend in Verbindung zu bringen mit der Kursächsischen Kanzleisprache seiner Zeit, auf die er sich ja beruft (WA TR 2, 2758b), zudem mit dem Schreibusus in Wittenberg, mit dem Druckusus daselbst auch bei nichtlutherischen Texten und schließlich mit Luthers privater Orthographie, vornehmlich in seinen Briefen. Daraus ergeben sich wichtige Einsichten, die wir vor allem den systematischen Untersuchungen von Kettmann verdanken.

Die kursächsische Kanzleisprache besagter Zeit schränkt den Gebrauch dialektal-regionaler Schreibvarianten (ost)mitteldeutscher Provenienz stark ein, ebenso haben die im Mhd. begründeten Abweichungen nur noch einen 'Restcharakter', während ab 1520 sdt. Schreibeinfluß zunimmt. Die einzelnen Kanzleischreiber haben zwar noch einen individuellen Variationsspielraum, aber er ist begrenzt angesichts des erheblichen invarianten Grundbestandes der usuellen Kanzleischreibung. Es zeichnet sich ab, daß die fürstliche

kursächsische Schreibtradition „eine führende Stellung in Richtung auf die genormte nhd. Schriftsprache [...] einnimmt" (Kettmann 1967, 309; 270–309). Der sonstige Schreibusus im kursächsischen Gebiet (Städte, Institutionen etc.) erreicht nicht dieses Niveau. Dies alles wird anhand von Textkorpus-Analysen im Detail nachgewiesen.

Genauer ist auch die *schreib*sprachliche Überlieferung Wittenbergs in der Lutherzeit untersucht. Luther nimmt keine Sonderstellung ein: „Eigenes zwar bewahrend, dem Neuen gegenüber jedoch geöffnet und es verarbeitend – so ist die Struktur seiner handschriftlichen Orthographie im wahrsten Sinne des Wortes in seine Zeit und in seine Umgebung einzuordnen, nicht überzuordnen" (Kettmann 1967a, 119). Anfangs „summieren sich bei Luther die Abweichungen von der zeitgültigen Schreibweise in stärkerem Maße, als es sonst normalerweise bei Angehörigen seines Kreises [= Universität] zu beobachten ist" (Kettmann 1968, 363). Er bleibt also unter dem orthographischen Schreibstand seiner Gruppe. Bis an die 1530er Jahre heran deckt sich Luthers handschriftliche Orthographie nicht ohne weiteres mit der seiner Drucke (363). Das bleibt in Resten so bis an sein Lebensende. Generell aber bewirkt die Zusammenarbeit mit den Lektoren/Korrektoren der Offizine und die Dignität der Textgattung Bibel eine zunehmend einheitlichere Orthographie seit den 1530er Jahren.

Auch der Vergleich mit der sonstigen Druckpraxis in Wittenberg zu Luthers Zeit erweist letztlich „die augenscheinliche Einbindung Luthers in den Wittenberger Gesamtgebrauch" (Kettmann 1983, s. Abdruck in Wolf 1996, 244). Es gibt zwar Ansätze unterschiedlicher Variantenprofile einzelner Offizine, aber die orthographischen Gemeinsamkeiten reichen schon sehr weit. Den Lutherdrucken kommt über Jahre hin kein Sonderstatus zu. Späterhin scheint die Sorgfalt und Konsequenz im orthographischen Gebrauch entschieden zugenommen zu haben unter dem Einfluß der großen Öffentlichkeitswirkung Luthers und auch der Würde des Bibeltextes. Die Orthographie war aber, für sich genommen, kein 'Dogma'. Sie wurde es erst nach Luthers Tod, wie man etwa der Schrift Christoph Walthers von 1563 mit dem Titel: *Bericht vom vnterscheid der Deudschen Biblien* ... entnehmen kann (Volz 1972, Anhang S. 270*ff.). Erhöhte Aufmerksamkeit auf das Äußere der Sprache und auf die Korrektheit der Textwiedergabe signalisiert auch

Luthers *Warnung* an die Drucker von 1541 (Volz 1972, Bd. I, 6f.), wo es aber in erster Linie um die Unrechtmäßigkeit von Raubdrucken geht.

Die Sprachform Luthers, in 5. vor allem orthographisch und flexionsmorphologisch verstanden, ist, wie nicht anders zu erwarten, auf ganz normale Weise eingebettet in die Gegebenheiten seiner Zeit. Nichts deutet auf eine Sonderrolle. Der Neuerungswille zielt auf den theologisch-religiösen Bereich, nicht auf die äußere Form der Sprache. Hinsichtlich der Flexionsmorphologie bleibt das so, und das bedeutet dann auch, daß Luther im Einklang mit den sprachlandschaftlichen Gegebenheiten des Ostmitteldeutschen z. T. hinter der Weiterentwicklung auf diesem Gebiet zurückbleibt. Hinsichtlich der Orthographie zeitigt vor allem die verantwortliche Handhabung des Bibeldrucks eine größere Systematisierung des ohnehin leichter zu regulierenden Bereichs. Hier übernimmt die Textgattung 'Bibel' eine Vorreiterrolle, die sie dann wohl erst mit der Einführung des Stehsatzes zu Beginn des 18. Jhs. allmählich verliert.

6. Wortschatz und Syntax

Luther hat sich nirgendwo speziell über Orthographie oder Fragen der Flexion bzw. Konjugation geäußert, sehr wohl aber über Verständlichkeit von Texten und über optimale Wortwahl − z. B. in seinem 'Sendbrief vom Dolmetschen' (1530). Das betrifft insbesondere Wortschatz und Syntax. Hier besteht eine gewisse Freiheit der Gestaltung trotz aller Gebundenheit an die überkommene Sprache. Insofern ist 6. ein Übergangskapitel zwischen (äußerer) Sprachform Luthers und seiner Sprachmächtigkeit (= 7.), oder, um es neutestamentlich zu sagen, ein Abschnitt über die ihm 'anvertrauten Pfunde' (Luk. 19, 11−27) und was er daraus gemacht hat. Beide Aspekte, der des Empfangens und der des damit 'Wucherns', sind wichtig. Vielfach stand beim Lutherlob nur der letztere im Vordergrund: der Aspekt des begnadeten Sprachvermehrers bzw. Sprachgestalters. Davon, d. h. von seiner Wort- und Ausdrucksmächtigkeit, wird im folgenden Abschnitt vornehmlich die Rede sein. Hier ist stärker an seine Eingebundenheit in den Wortschatz und in die Syntax seiner Zeit zu erinnern, denn auch in diesen Bereichen ist dem Menschen ein 'Uranfang' grundsätzlich verwehrt − auch einem Martin Luther.

6.1. Wortschatz

Das Wortschatzkapitel im Luther-Artikel von H. Bach (1985) umfaßt kaum eine Spalte. Als Begründung für die Kürze darf man eine Einschätzung vermuten, wie sie Theodor Frings (1956, 8) vertrat: „Schriftsprache ist im Ersten Einheit im Gerüst, in den Lauten, auch Buchstaben, in den Formen, ein geschichtlich gewordenes, in sich geschlossenes, lautliches und flexivisches Gefüge. Alles andere, Wörter und Satzbildung, ist beweglicher Zusatz." Auch für H. Bach ist die Regulierung von Rechtschreibung und Formenlehre entscheidend bezüglich der Durchsetzung der Schriftsprache. „Andere Kategorien, Stil, Syntax, Wortschatz, sind intensiv von der Forschung behandelt worden und sind von größter Wichtigkeit bei der Einschätzung von Luthers Leistung; aber sie sind nicht oder nur in geringem Grad normsetzend, für alle Sprachträger verbindlich" (H. Bach 1985, 1443; s. auch Bach 1984 in Abdruck Wolf 1996, 126/127). Eine solche Einschätzung wird dem historischen Prozeß der überregionalen Durchsetzung unserer Schriftsprache letztlich nicht gerecht. Darauf hat schon Erben (1968, 223) expressis verbis hingewiesen, und sein großer Wortschatz-Artikel (Erben 1974) belegt das auch. Auch auf meine eigene Arbeit (Besch 1967) darf ich in diesem Zusammenhang verweisen. Die „Einheit im Gerüst" war der leichtere Teil des Einigungsvorgangs. Viel schwieriger und langwieriger gestaltete sich der nötige überregionale Wortschatzausgleich. Er betraf nicht nur randständige Wörter, sondern auch zentrale Bereiche, wie man andeutungsweise schon an Adam Petris Basler Glossar von 1523 zu Luthers Neuem Testament ersehen kann (Kluge ⁵1918, 106f.). Großregional unterschiedliche Wortschätze langer Tradition standen gegeneinander. Verlust wog schwer. Das tangierte ganz andere Bewußtseinstiefen als die bloße Änderung von orthographischen und flexivischen Elementen. Insofern muß neben der Einheit im Gerüst auch die schwierige Einigung auf einen schriftsprachlichen Wortschatz zu den Basisvorgängen der nhd. Spracheinigung gerechnet werden. Das ist ein methodisches Postulat. Der Vorgang führt natürlich weit über die Lutherzeit hinaus. „Der Wortgebrauch der nhd. Schriftsprache kann erst um die Mitte des 17. Jhs. als einigermaßen befestigt und im wesentlichen einheitlich gestaltet bezeichnet werden." So beginnt Karl von Bahder 1925 seine Abhandlung „Zur Wortwahl in der frühneuhochdeutschen Sprache". Ausgleichsvorgänge setzen z. T. schon im Spätmittelalter ein, aber mit Luther kommt der entscheidende Anstoß. Vehikel der großen Einigungsbewegung im schriftsprachlichen Wortschatz wird dann die Bibel. Sie ist es, die im Verein mit Kirchenlied und Katechismus im Herzen und im Munde der Gemeinden die Sprachwirkung Luthers über alle regionalen Schranken hinaus transzendiert.

Eingedenk der Sprachsituation zu Beginn des 16. Jhs. und in einer gewissen Parallelität zur orthographischen Einbettung Luthers in den Usus seiner Zeit darf und muß man folgende Wegstationen für seine Wortschatzentwicklung annehmen: Lange ist in seiner Schriftlichkeit die Latinität dominant. Sein muttersprachlicher Wortschatz hat − anders kann es gar nicht sein − landschaftliche Markierung seines Herkunfts- und Wirkungsbereiches. Das ist der thür.-omd.-nd. Grenzbereich. Es müssen sich in seinen Schriften vor allem der Frühzeit Zeugnisse landschaftlicher Wortgebundenheit finden − und das ist auch so. Zeitgenössische Reflexe (z. B. Bibelglossare, Personenkontakte, auch Reisetätigkeit) führen zu ersten Korrekturen. Es wächst die Kenntnis dt. Wortlandschaften in den z. T. unterschiedlichen obd., md. und nd. oder auch gemischten Ausprägungen. Luther scheint zunehmend die größeren Geltungsareale zu kennen und zu bevorzugen. Er wählt also aus (vgl. Besch 1967, 347f.), tritt aus seinem engeren Herkunftsbereich heraus. Dabei kommt dem omd.-oobd. Raum eine besondere Bedeutung zu. Er erhält Brückenfunktion zwischen dem Süden und der Mitte. Die Mitte wiederum vermittelt auch zum Norden hin. Dies bahnt sich schon im 15. Jh. an, wie wir wissen (Schmitt 1944, 104f.; 1936, 205f.; Henzen [2]1954, 89). Luther profitiert von dieser Entwicklung und verstärkt sie in großem Ausmaß. Die omd.-oobd. 'Allianz' wird dann dominant in einer ersten grundlegenden Phase des Wortschatzausgleichs der neuen Schriftsprache.

Zur Beurteilung der Ausgangslage Luthers fehlen uns noch weitere wortgeographische Studien zum 15. und beginnenden 16. Jh. Ansätze finden sich bei v. Bahder 1925; Besch 1967; Ising 1968 (s. in methodischer Hinsicht auch Kunze 1985). Einen materialreichen Einblick in den Aufbau des lutherischen Wortschatzes bietet Erben 1974. Weitere Informationen finden sich in 8. (Rezeption) dieses Artikels. Die folgenden Angaben dienen nur der Illustration des bisher Gesagten, natürlich ohne jeden Anspruch auf Vollständigkeit; sie stehen zudem unter dem Vorbehalt dürftiger Kenntnis der historischen Wortareale besagter Zeit.

Thüringische Raumbindung darf angenommen werden u. a. etwa für: ären 'pflügen', Lunten 'Lumpen', Kaff 'Spreu', Lunse 'Achsnagel', Barte 'Beil', Leich 'Kegelbahn', niegern 'neugierig', ehegestern 'vorgestern', schmäuchen 'räuchern', Melkstünzen 'Melkfaß' und schwode 'Fuhrmannsruf: nach links!', Seifer 'Geifer'. Spangenberg (1984) nennt mit einem gewissen Vorbehalt auch Eidam, Schnur, Schwäher, Schwieger, Tot 'Pate', zudem Wörter, die auch im östlichen Anschlußgebiet Geltung hatten wie z. B. Wanzke 'Wanze', Butterbomme 'Butterbrot', Scheps 'Hammel', Kretzmer 'Wirt, Wirtshaus'. Wörter dieser Art, vor allem wenn sie im deutschen Bibeltext vorkommen, werden im Lauf der Zeit ersetzt (z. B. Schnur 'Schwiegertochter') bzw. früh per Doppelform (kaff und sprewen; deyn geyffer und seyffer) erklärt (Spangenberg 1984, 64). Ein sehr aufschlußreicher Fall ist auch lecken. Luther liefert 1531 eine Anmerkung zur Psalmstelle 29, 6: Lecken/Das ist/springen/hupffen. Es muß also damals schon Erklärungsbedarf gegeben haben. Das Wort taucht dann entsprechend auch in fast allen Registern Altteutscher und auch sonst tunkler Wörter auf, die vielen Bibeldrucken seit Ende des 17. Jhs. beigegeben wurden. Gehalten hat es sich in der heutigen kirchenamtlichen Lutherbibel (AT 1964, NT 1984) nur noch an einer Stelle (Apg. 26, 14): „Es wird dir schwer sein, wider den Stachel zu löcken." Unmittelbar folgend wird kommentiert: „Dahinter steht das Bild widerspenstiger Zugtiere, die gegen den Treiber ausschlagen." Alle anderen lecken-Stellen, die insbesondere im Alten Testament häufiger vorkamen, wurden im Laufe der Zeit ersetzt. Geblieben ist die eine Stelle wegen ihres Status' als sprichwörtliche Redensart. Nur so konnte ein offensichtlich regional begrenztes Wort so lange überleben. Mundartwörterbücher notieren es nur für Thüringen und angrenzende Landstriche (Besch 1999).

Ein Reaktionstyp anderer Art auf den Bibelwortschatz Luthers sind die frühen obd. Wortglossare, beginnend mit dem Basler Drucker Adam Petri 1523, bald in Augsburg, Nürnberg, Straßburg fortgeführt und nach ca. 15 Jahren auslaufend. Nicht jedermann verstehe gewisse Wörter im gründlich verdeutschten Neuen Testament, so Petri 1523 in einem Vorwort. Im Text sollen sie stehen bleiben, aber in einem Register auf 'unser' Hd. ausgelegt werden. Das Titelblatt kündigt an: *Die außlendigen wörtter / auff vnser teutsch angezeygt* (vgl. Hartweg 1990; Müller 1978 u. 1979). Es sind ca. 200, viele zum engeren schriftsprachlichen Wortschatz gehörig, wie z. B. (Abfolge: Lutherwort / Korrespondenz):

bang / engstich;   beben / bidmen;   darben / nott, armůt leyden; dürstig / keck, kůn; mangel / gebresten; haschen / erwischen, fahen;   hauchen / blasen, wehen;   heuchler /

gleißner, trügner; heyradten / mannen, eelichen; hönen /
spotten, schenden; hügel / gipfel, bühel; lippen / lefftzen;
motten / schaben; näff / schwester sun; vetter; narben /
wunden, malzeychen; prüffen / versůchen, erkünden; que-
len / peinigen, quetschen; rasen / toben / vnsinnig; schäf-
fel / sester, symmeryn; schnůr / sonsfraw; schoß / zins,
steur, rent; schmucken / ziern, auffmutzen; splitter /
spreyß; storrig / widerspennig, streittig; stuffen / staffel,
steyg; tadlen / stroffen, nachreden; tauchen / tuncken;
teppich / gautter, golter, sergen; teuschen / betriegen; tre-
nen / trehern, zehern; ufer / gestad; zygenfell / geyßfell,
kitzenfell.

Der md.-obd. Wortschatzunterschied war beträchtlich. Meist setzt sich das in der Bibel
verankerte Wort durch; das südliche kann
Dublettenstatus erhalten, z. T. auch stilistisch
markiert, oder aber aus der Schriftsprache
verdrängt werden. Der Einigungsprozeß bewirkt eben auch erheblichen Wortschatzver-
lust, übrigens auch im Norden. Da allerdings
reichen erklärende Wortlisten zunächst nicht
aus. Es wird ganz in das Nd. übersetzt, sowohl das Neue Testament wie auch später die
Gesamtbibel. Bei dieser Tradition bleibt man
fast ein Jahrhundert lang. 1621 wird dann in
Goslar die letzte nd. Bibel gedruckt, fortan
gilt nur die hochdeutsche. All dies bewirkt
„zweifellos einen tiefen Einbruch des Lutherschen Sprachguts in den niederdeutschen
Raum" (Erben 1974, 563f.). Der überregionale Wortschatzausgleich zu Beginn der Neuzeit erhält den entscheidenden Anstoß unmittelbar und mittelbar durch Luther. Dies
gehört konstitutiv zum Werden der nhd.
Schriftsprache (vgl. u. a. Besch 1967, 340f.;
Erben 1974, 572f.; Schildt 1984, 44). Am weiteren Umbau und Ausbau der Folgezeit sind
unterschiedliche Kräfte und Regionen beteiligt.

Es wurde hier bewußt der spracheinigende
Wortschatzausgleich, den Luther angestoßen
hat, vorangestellt. Bewirkt wurde er vor
allem durch das Bibeldeutsch. Man darf mit
Fug und Recht bezweifeln, ob eine politische
Macht oder weltliche Texte gleicherweise imstande gewesen wären, ein so großes und teilweise auseinanderstrebendes dt. Sprachgebiet
doch noch zusammenzuführen. Dies konnte
auch nur gelingen, weil in einem bisher nicht
gekannten Ausmaß das 'gemeine' Volk einbezogen war. Es erschloß sich seinen religiösen
Zugang durch den dt. Bibeltext. Dessen
Wortlaut wurde Gemeingut über alle sprach-
regionalen Grenzen hinweg.

Gegen diese Einigungswirkung tritt Luthers sonstige Wortschatzmächtigkeit eher
zurück. Diese ist aber nichtsdestoweniger in
vieler Hinsicht frappierend und übrigens bei

keinem anderen Deutschen sprachwissenschaftlich so vielfältig untersucht wie eben bei
ihm. Das bedeutet aber auch, daß zutreffende
Vergleiche mit anderen, weniger gut untersuchten Autoren seiner Zeit nur sehr eingeschränkt möglich sind. Erben (1974, 509 –
581) versucht, die Genesis des Luther-Wort-
schatzes anhand des Lebensweges und der
Wirkungsstätten nachzuzeichnen. Er nennt
im folgenden als Hauptverdienste Luthers, illustriert an zahlreichen Wortbeispielen: die
allgemeine Durchsetzung von Wörtern mit
regional oder auch sozial beschränktem Geltungsbereich; die Durchsetzung von Neuerungen, sei es in der Wortform (*Aussatz*, statt
älterem *ůzsetzicheit*; *ehrgeizig* statt *êr[en]gî-*
tec), sei es im Wortinhalt (*anfahren* 'heftig ansprechen', *sich begeben* 'ereignen', *Richt-*
schnur 'Kanon, Regel'). Hierher gehören
auch zentrale Begriffe des Protestantismus,
die in einem neuen Sinne gebraucht werden:
Glaube, Gnade, Sünde, Buße, gerecht, fromm,
evangelisch etc. Neben den Neuerungen stehen (vermutliche) Neubildungen Luthers
(*bluttgeld, fewreyffer, die fridfertigen, gastfrey,*
menschenfischer, morgenland, nachjagen, plap-
pern, schaffskleyder, schedelstett, wetterwen-
disch etc. Wortlisten für (vermutete) Erstbelege finden sich auch bei Dückert (1984, zit.
nach Wolf 1996, 156f.), ebensolche für bestimmte Wendungen (159) und für Neuerungen der Bedeutung (157f.). Studien zu Einzelwörtern, Wortfeldern (z. B. Verwandtschaftsbezeichnungen), Regionalwörtern, Fremdwörtern verzeichnet (bis 1980) Wolf (1985,
92f.) und Wolf (1987, 261f.).

Bezüglich der Wortbildung ist auf Fleischer (1983) zu verweisen. Er stellt fest, daß
Luther hinsichtlich der untersuchten Modelle
und Elemente nominaler Wortbildung in
weitgehender Übereinstimmung mit der nhd.
Schriftsprache stehe. Erben (1964, 91) geht
dagegen allgemein noch von einem größeren
Variationspotential aus: „Wir treffen bei Luther stellenweise noch auf eine ungefestigte
Vielfalt von Formmöglichkeiten, aus denen
in der späteren Sprachentwicklung ausgewählt worden ist." Eine umfassende Darstellung der Wortbildung bei Luther steht noch
aus. Es lohnt sich aber immer noch, die z. T.
negativ bewerteten „Grundzüge der Schriftsprache Luthers" von Carl Franke in der
2. Auflage von 1913f. beizuziehen. So bietet
der 2. Bd. (Wortlehre) reiches Material in
hilfreichen Zusammenstellungen bezüglich
hier erörterter Fragestellungen.

Es fehlt auch ein umfassendes Luther-
Wörterbuch. „Bedenkt man den imponierenden arbeitseinsatz der germanistik in den
deutschsprachigen ländern (und auch ausserhalb!) in den vergangenen 180 jahren, berührt
es sonderbar, dass ganz zentrale aufgaben
nicht gelöst sind. Von ungeheurem wert für
die germanistik wäre ein vollständiges LU-
THER-wörterbuch, noch besser zwei: ein
wörterbuch der LUTHER-Bibel (alle ausgaben berücksichtigend!) und eins zu den
schriften (briefen, tischreden)" (H. Bach
1984, 128, zit. nach Wiederabdruck Wolf
1996). Philipp Dietz begann 1870 mit dem
Druck eines Wörterbuchs zu Luthers deutschen Schriften. Bis 1872 erschienen Bd. 1
und 2, 1 (A–Hals), mehr nicht. Es blieb
Torso. 1993 legten Renate und Gustav Bebermeyer zwei Fortsetzungslieferungen vor
(*Hals–Heilig*). Weitere Wörterbuch-Ansätze
sollen hier zur ersten Information nur kurz
genannt werden in Anlehnung an detailliertere Ausführungen bei Wolf (1987, 261 f.).

(1) „Wörterbuch der Bibelsprache Luthers", ursprünglich betreut von der Göttinger Akademie,
vorgestellt mit einem Probeartikel von Tschirch
(1964). Laut brieflicher Auskunft von Michael
Schlaefer (1997) wurde das Projekt abgebrochen.
Die Materialsammlung, zeitweise verschollen, wird
in der Göttinger Arbeitsstelle des Grimmschen
Wörterbuchs verwahrt. Eine gezielte Benutzung
des handschriftlichen Materials ist nicht möglich,
da keine alphabetische Ordnung besteht. (2) Heinz
S. Bluhm: „Index verborum zu Luthers Neuem Testament", ungedruckt, benutzbar im Boston Col-
lege (Chestnut Hill, Mass.). (3) Weitgehende, später
aber stagnierende Vorarbeiten für ein „Lat.-deut-
sches und Dt.-Lat. Glossar" aufgrund von 24 Lu-
ther-Schriften, die zweisprachig in autorisierten
Fassungen vorliegen, von Horst Beintker (vgl. 1966
und 1983).

Das „Deutsche Wörterbuch" (DWB) mit seinen 32 Bänden (1854–1960) bietet reiches
Wortmaterial aus Luthers Werken. Das ist
nicht verwunderlich, wenn man sich z. B.
die programmatische Äußerung W. Grimms
auf der Germanistenversammlung 1846 in
Frankfurt am Main in Erinnerung ruft: „Das
Wörterbuch soll die deutsche Sprache umfassen, wie sie sich in drei Jahrhunderten ausgebildet hat: es beginnt mit Luther und schliesst
mit Goethe. Zwei solche Männer, welche, wie
die Sonne dieses Jahrs den edlen Wein, die
deutsche Sprache beides feurig und lieblich
gemacht haben, stehen mit Recht an dem
Eingang und Ausgang" (W. Grimm 1881,
508).

Exzerpiert und zitiert wurden die deutschen Schriften nach der Jenaer Ausgabe (erstmals ediert
1564f.), nicht nach den Erstdrucken; vgl. dazu
Bd. 1 (1854), LXXX, DWB. „Das Dilemma der
Lutherquellen konnte erst ganz allmählich behoben werden, umfassend erst durch die Weimarer
Ausgabe, die vom DWB umgehend, so wie die einzelnen Bände erschienen [1883f.], herangezogen
wurde" (Dückert 1984, zit. nach Wolf 1996, 152/
153). Die Neubearbeitung der ältesten Teile des
DWB ist auf die Arbeitsstellen Berlin (Buchstabe
A–C) und Göttingen (D–F) verteilt mit einer
Umfangplanung von 80 Lieferungen insgesamt
und Abschluß im Jahre 2005. Die ersten Bände
sind bereits erschienen (1983f.). Über Grundlagen,
Arbeitsweise und einschlägige Literatur informiert
der Titel 'Wörterbücher' (1996, 24f.). Mit ca.
180 000 Belegen aus systematischer Exzerption allein in der Berliner Arbeitsstelle ist Luther erfreu-
lich gut dokumentiert. Dieses Material liegt in
zweifacher Ausfertigung vor: einmal eingeordnet in
das generelle Belegarchiv, einmal als gesondertes
Lutherarchiv (Dückert 1984, Wiederabdruck Wolf
1996, 155f.). In der Göttinger Arbeitsstelle verfügt
man (laut Auskunft von M. Schlaefer) über annähernd 27 000 Zettel im Grundmaterial und rund
1,2 Mio. deutschsprachiger Lutherbelege aus dem
in Göttingen verfügbaren Zweitexemplar des Tübinger Lutherarchivs (Luthers Schriften mit Ausnahme der Bibel).

Ein auf ca. 10 Bände geplantes „Frühneuhochdeutsches Wörterbuch", wovon Bd. 1
(1989) und Bd. 2 (1994) und 4 weitere Lieferungen bereits erschienen sind, liefert bzw.
wird Luther-Belege liefern, aber nicht schwerpunktmäßig. Das ist vor allem bedingt durch
die Konzentration auf Glossare wissenschaftlicher Textausgaben als Materialgrundlage.
Für Zusatzexzerptionen wurden bzw. werden,
so Reichmanns Auskunft auf eine Anfrage,
ca. 10 Luther-Bände der Weimarer Ausgabe
(= WA) beigezogen. Die WA liefert keine
(ausführlichen) Wortglossare. Über vorhandene Orts-, Personen- und Sachregister zu
Einzelbänden und Abteilungen der WA, teilweise auch Wortlisten enthaltend, informiert
Wolf (1980, 8f.). Insgesamt ist eine umfassende Register-Erschließung der WA wie
auch die Wortschatz-Erschließung immer
noch eine große Zukunftaufgabe. In der Tübinger Arbeitsstelle der Heidelberger Akademie der Wissenschaften wird für die 'Abteilung Schriften' daran gearbeitet. Erschienen
sind bereits ein Ortsregister (1986), ein Perso-
nen- und Zitatenregister (1987), ein lat. Sachregister in 5 Bänden (1990–1999), alle genannten Register als Bände 62–68 der WA
gedruckt. Mit dem Erscheinen des dt. Re-
gisterteils, ebenfalls fünf Bände, wird ab

2001 gerechnet (Jahrbuch 1999, 236/237). Die Sachregister werden auch für die Wort- und Begriffserschließung nützlich sein; ein Wörterbuch liegt damit aber nicht vor.

6.2. Syntax

Anders als beim Wortschatz sind regionale Unterschiede im syntaktischen Bereich eher marginal und eigentlich nie eine Verstehensbarriere. Die Syntax ist also kein Einigungsproblem auf gesamtdeutschem Gebiet, und dadurch entfallen auch die langanhaltenden Auswahl- und Abwahlprozesse, wie sie sich etwa im Wortschatz vollzogen haben. Das gilt für die Lutherzeit und wohl auch generell. Allerdings ist im Auge zu behalten, daß alle diesbezüglichen Beobachtungen ausschließlich auf schriftlichen Zeugnissen beruhen, also schriftsprachliche Zeugnisse sind. Eigenstrukturen gesprochener Sprache, wie sie heute untersucht werden können (vgl. etwa Schwitalla 1997), lassen sich für frühere Zeiten kaum direkt erfassen. Wir müssen uns in der Regel mit schwachen Reflexen in der Schriftlichkeit begnügen, denn schriftliche Sprache ist nicht einfach Abbild gesprochener Sprache, sondern hat sehr wohl eigene Gesetzlichkeit und Tradition.

Wenn nun in der Syntax die areale Diversifikation stark zurücktritt, kann dem Zeitablauf besondere Aufmerksamkeit gewidmet werden. Gibt es Gleichlauf oder zeitliche Unterschiedlichkeit in der Einführung von syntaktischen Neuerungen? Die Ungleichzeitigkeit hätte dann wiederum areale Nebeneffekte. Das 16. Jh. gilt generell als Übergangszeit: im Blick auf unsere Fragestellung speziell als allmählicher Übergang von einer Hör- zu einer Lesekultur. Das muß Auswirkungen auf die Satzorganisation, also auf den syntaktischen Bereich haben. Luther und seine Zeit sind noch stark in der Hörkultur verankert. Debus (1997, Bd. I, 67) spricht vom „Primat des Mündlichen" und belegt das mit sehr sprechenden Zitaten aus den Schriften Luthers, für den „zeitlebens Kanzel- und Kathederdienst von zentraler Bedeutung gewesen sind" (67). Für Admoni (1984, 207) ist die Zeit nach Luther „durch die Auseinanderentwicklung von mündlicher und schriftlicher Sprache gekennzeichnet [...]". Luther selbst habe zielbewußt die Annäherung von Schreibsprache und mündlicher Alltagssprache angestrebt. Dem außerordentlichen Einfluß seiner Sprache verdanken wir es wohl, daß späterhin die Schreibsprache ihre Natürlichkeit und Lebendigkeit nicht völlig

eingebüßt habe (207). Hat Luther, so ist zu fragen, eine Sonderstellung — einmal abgesehen von seiner unbestrittenen Weitenwirkung — in seiner Zeit, in der Verbindung von Mündlichkeit und Schriftlichkeit, in der Verwendung von syntaktischen Neuerungen? Die Antwort lautet eigentlich: nein. „Alle syntaktischen Erscheinungen der Luthersprache sind auch im Sprachgebrauch der Vor- und Mitzeit Luthers nachweisbar, einige anscheinend nur md." (Erben 1954 a, Abdruck Wolf 1996, 181). Ebenda wird zwar die Nähe des lutherischen Satzbaus zur Volkssprache bestätigt, aber: „All das ist jedoch keine Eigenheit, die Luther allein zukäme oder die im literarischen Deutsch zuerst bei ihm begegnet". Neu sei diese 'volkstümliche' Art der Redegestaltung lediglich als Sprachform der Bibelübersetzung, und auch da stehe Luther in einer Tradition, nämlich der der Plenarien und Perikopen (181). Erben bezieht sich mit diesen Aussagen auf das Luthermaterial seiner Habilitationsschrift (1954) und auf die dort gesammelten Vergleichsbelege (zusammenfassend 1954, 165f.). „Man könnte nunmehr einwenden: Zugegeben, daß jede einzelne syntaktische Erscheinung vor oder neben Luther nachweisbar ist, aber eben als Einzelerscheinung; das *Miteinander* — die Kombination bestimmter und gerade dieser syntaktischen Erscheinungen bei einem Schriftsteller — das ist doch zweifellos das Einmalige und Neue an der syntaktischen Struktur der Luthersprache. Auch dieser, vielleicht begründetste Einwand ist zurückzuweisen" (Erben 1954, 160). Wenn man also Luthers unbestrittene Sprachwirkung und Könnerschaft zu begründen versucht, dann kann man dies offensichtlich nicht tun mit Hinweis auf Einführung neuer syntaktischer Erscheinungen. Er ist bezüglich des *Sprachinventars* eingebunden in seine Zeit. Es bleibt aber die Handhabung dieses Inventars als Beurteilungsfeld — und da zeigen sich sehr wohl erhebliche Unterschiede, wie Paralleluntersuchungen von Lutherschriften und zeitgenössischen Werken zeigen (vgl. Kettmann/Schildt 1978, s. Literatursprache). So wurden in der eben genannten Studie syntaktisch-stilistische Elemente folgender Art untersucht: sprechsprachliche Gestaltungsmittel; volkstümliche Metaphorik; Sprachmittel der Personenabwertung; Fremdwortgebrauch und die Verwendung relativer Attributsätze. Als Ergebnis (527f.) zeichnen sich drei Autorengruppen ab, sortiert nach dem Grad der breiten Allgemeinverständlichkeit ihrer Sprache. Luther gehört mit den (meist unbekannten) Verfassern einiger Reformationsdialoge und (eingeschränkt) mit Thomas Müntzer eindeutig zur ersten Gruppe. Was G. Schieb am Schluß ihrer Untersuchung (in Kettmann/ Schildt 1978) über die Verwendung relativer Attributsätze formuliert (526), gilt dem Tenor nach auch für die anderen Teilergebnisse: „Luther ist eindeutig der größte Stilkünstler, der die gesamte Palette der Stilmittel souverän beherrscht und so einsetzt, daß er jeweils die ausgewogenste Form findet. Wo er bewußt einen einfachen, eingängigen Stil anstrebt, hat er ihn auch meisterhaft verwirklicht". Hier sind auch die entsprechend zusammenfassenden Abschnitte bei Bentzinger/ Kettmann (1983, Abdruck Wolf 1996, 207f.) beizuziehen.

Natürlich fand auch die Frage nach der 'Modernität' Luthers hinsichtlich syntaktischer Verschiebungen zum Neuhochdeutschen hin reges Interesse. Wie war sein Sprachgebrauch z. B. bei genitivfähigen Verben (*so braucht man des worts*); bei der Ausbildung des nominalen Rahmens in der Substantivgruppe; bei der Ausbildung der Satzklammer; beim Ausbau der Hypotaxe und der damit verbundenen Differenzierung der Konjunktionen? (vgl. u. a. Arndt/Brandt 1983, 175f., mit illustrierenden Beispielen). Hinsichtlich solcher (und auch anderer) Syntaxfragen liegen zahlreiche Einzelstudien vor, wenn auch noch nicht ein Gesamtüberblick auf breiter Materialbasis. Wichtige Einordnungshilfen in die allgemeine Entwicklung bieten verschiedene Bände der Reihe „Zur Ausbildung der Norm der deutschen Literatursprache (1470−1730)", etwa Bd. I (Kettmann/Schildt 1976) und Bd. IV (Admoni 1980), auch Bd. V (Guchmann/Semenjuk 1981) und Bd. VI (Pavlov 1983). Luthertexte sind in der Regel nur peripher beigezogen, bei Bd. I ganz ausgelassen, und bei Bd. IV beschränkt sich das Quellenmaterial in Abweichung von den übrigen Bänden ganz auf Kanzleitexte. Dennoch ergeben sich insgesamt wichtige Konturen der Gesamtentwicklung, in die Luther vergleichend einzuordnen ist.

Nehmen wir als Beispiel die sogenannte Satzklammer im Aussagesatz. Sie dient einer prägnanteren Organisation der für die Aussage benutzten syntaktischen Mittel. In Satz (1): *es werden erleuchtet werden ewre hertzen* liegt sie noch nicht vor. In Satz (2): *Da hat der feindt des Evangely in den guten alten samen böß vnkraut vnd newen bösen samen ein geworffen.* klammern die beiden Prädikatselemente

(*hat ... ein geworffen*) die übrigen Satzglieder ein und vermitteln dadurch den Eindruck ihrer Zusammengehörigkeit bzw. Einheit. Die Profilierung des Satzes durch Klammerung mittels der Prädikatselemente nimmt im späten Mittelalter und in der frühen Neuzeit beträchtlich zu. Nach Schildt (1976, 271f.) ist sie für den Zeitraum 1470−1530 zu 68,1 % voll, zu 22,4 % partiell und zu 9,4 % nicht ausgebildet. Die entsprechenden Zahlen für den Zeitraum 1670−1730 sind: 81,4 %, 17,9 %, 0,8 %. Abgesehen von der Steigerung der vollen Ausbildung des Satzrahmens um 13 % ist vor allem der Rückgang von klammerlosen Sätzen auf unter 1 % bemerkenswert. Luther mache häufiger Gebrauch von der Satzklammer als z. B. Eck (Schildt 1972, 238), häufiger sei sie auch im Omd., zu dem im zweiten Zeitraum auch das Obd. hinzutrete (Schildt 1976, 272).

Die Entwicklung des Satzgefüges vom 15. bis zum Beginn des 18. Jhs. ist Thema der verdienstvollen Monographie von Admoni (1980). Damit kommt die Hypotaxe ins Spiel und mit ihr die Notwendigkeit einer klaren Markierung von Haupt- und Nebensätzen, insbesondere auch des eingeleiteten Nebensatzes mit konsequent durchgeführter Schlußstellung des finiten Verbs (347) und der allmählichen Ausdifferenzierung der unterordnenden Konjunktionen (352). Spezialstudien zu Luther lassen sich in diesen Rahmen einfügen. Sie zeigen ihn in der Regel entsprechend eingebettet in die Entwicklung. Ins Detail gehende Informationen diesbezüglich können hier nicht gegeben werden. Sie finden sich zu einem guten Teil in folgenden Forschungsberichten/Zusammenstellungen: Korhonen (1984 mit wichtigen eigenen Beiträgen); Ebert/Erben (1987); H. Wolf (1987, 258f.); H. Wolf (1985, 86−92). Für die Reformationsdialoge gibt Bentzinger (1992, 31f.) hilfreiche Hinweise.

7. Lieblichkeit und Zier, Ungestüm und Donner. Luthers Sprachmächtigkeit

Luther habe, so Justus Georg Schottel 1663, „alle Lieblichkeit und Zier, Ungestüm und bewegenden Donner in die teutsche Sprache gepflanzet" (Stolt 1989, Wiederabdruck Wolf 1996, 331). Jacob Grimm rühmte 1822 Luthers Sprache um „ihrer edlen, fast wunderbaren reinheit" willen. Was Geist und Leib unserer Sprache „genährt, verjüngt, was endlich blüthen neuer poesie getrieben hat, verdanken wie keinem mehr, als Luthern" (s. S. 1715). Der Lobpreisungen ist Legion. Aber auch Thomas Manns Charakterisierung der Person und der Sprache Luthers (s. S. 1715) steht im Raum: „[...] das Cholerisch-Grobianische, das Schimpfen, Speien, Wüten, das fürchterlich Robuste, verbunden mit zarter Gemütstiefe [...] erregt meine instinktive Abneigung". Wenn Ablehnung formuliert wurde, so früher meist aus konfessionellen, später aus psychologischen und ästhetischen Gründen.

Herbert Wolf (1996 a) hat in mühevoller Sammelarbeit zahlreiche sprachliche Selbstbeurteilungen Luthers zusammengetragen. Sie sind Zeugnisse selbstbewußter wie auch selbstkritischer Sprachwachheit.

Beginnen wir im Anschluß an Thomas Mann mit dem Grobianischen. Das ist ohne Zweifel ein Zug der Zeit. Luther ist involviert; er entschuldigt und verteidigt zugleich seine *grobe, rauhe, harte* Sprache. Von sich selbst sagt er: *Doctor Luther ist ein grober gesell, wenn der selb solchs hŏren solt, würde er wie ein Pauer mit Stiffeln und Sporen hinein springen* (WA 54, 237). Oder: *... ich kenne meine rauche feddern also* (WA 50, 549). Oder: *Ich weiß auch wohl, daß meine Schriften fast allesampt der Art gewest sind, daß sie zuerst angesehen gewest, als seien sie aus dem Teufel ... mein frei, hartes Schreiben ...* (WABr. 3 Nr. 581). Den Unterschied zwischen ihm und Melanchthon beschreibt er so: *Philippus sticht auch, aber nur mit pfrimen vnd naddeln; die stich sind vbel zu heylen vnd thun wehe. Ich aber steche mit schwein spiessen* (WATR 1 Nr. 348). Zorn und Eifer beflügeln ihn: *denn wenn ich wol dichten, schreiben, beten und predigen will, so muß ich zornig sein; da erfrischt sich mein Geblüte, mein Verstand wird geschärft, und alle unlustige Gedanken und Anfechtungen weichen* (WATR 2 Nr. 2410/ b). Er muß nach eigener Aussage die Grobarbeit leisten, die Bahn brechen: *... ich bin dazu geboren, das ich mit den rotten und teuffeln mus kriegen und zu felde ligen, darumb meiner bůcher viel stůrmisch und kriegisch sind. Ich mus die klŏtze und stemme ausrotten, dornen und hecken weg hawen, die pfůtzen ausfullen* und bin der grobe waldrechter (= Holzfäller, Rodungsarbeiter), *der die ban brechen und zurichten mus* (WA 30/II, 68). Alle bisher zitierten Stellen und auch die folgende finden sich bei Wolf (1996a).

Bis zu Beginn seiner 30er Jahre schrieb Luther fast nur Lateinisch. Anfängliche Unsicherheit im Dt. wie auch hoher muttersprachlicher Anspruch lassen ihn noch 1523 sagen: *... nu sehe ich, das ich auch noch nicht meyn angeporne deutsche sprach kan, Ich hab auch noch bis her keyn buch noch brieff gelesen, da rechte art deutscher sprach ynnen were* (WADB 8, 32). Dies steht in der Vorrede zu einer Teilübersetzung des Alten Testaments, das nach dem Neuen Testament (1522) offen-

sichtlich zu einer noch größeren Herausforderung hinsichtlich der Übersetzungskunst wurde. Der Zeit der 'Einsamkeit' auf der Veste Coburg (April bis Oktober 1530) während des Reichstages zu Augsburg verdanken wir authentische Äußerungen zur Sprachauffassung und Spracharbeit Luthers. Sie stehen im „Sendbrief D. M. Luthers vom Dolmetschen", erstmals gedruckt in Nürnberg 1530. Anlaß für den 'Sendbrief' war, nach Luther, eine doppelte Anfrage, betreffend Röm. 3, 28 (*sola fide*-Problem) und die Fürbitte der Heiligen. Im längeren ersten Teil finden sich die zentralen Aussagen Luthers. Sie sind in Sprachgeschichten und Lutherstudien vielfach mitgeteilt, so daß hier auf längere Zitate verzichtet werden kann. Hilfreich mag jedoch eine knappe Skizzierung der Hauptpunkte sein, hier nach Luther (Studienausgabe, Bd. 3, 1983, 477−496) einer Edition mit vorbildlicher Textwiedergabe.

Geklagt wird über den Undank seiner Gegner. Sie tadeln ihn, wiewohl *sie aus meinem dolmetschen vnd teutsch / lernen teutsch reden vnd schreiben / vnd stelen mir also meine sprache* (481). Der Hl. Hieronymus ist ihm ein Leidensgenosse im Blick auf Übersetzungsarbeit und Tadel durch Unfähige. Die Kritik Luthers richtet sich insbesondere gegen den Plagiator Emser, den *Sudler zu Dresen* (= Dresden). Stolz zählt er Qualifikationen und Positionen auf, die er ebenso hat wie die *Papisten (doctores, Prediger, Theologi, Disputatores, Philosophi, Dialectici, Legenten)*, und solche, die den anderen fehlen (*Psalmen auslegen, dolmetschen, die Heilige Schrift lesen, beten*). Dann wird das 'sola' (= allein), (eigentlich 'solum') verteidigt aus der Eigenstruktur der deutschen Sprache heraus: *Ich hab mich des geflissen ym dolmetzschen / das ich rein vnd klar teutsch geben mŏchte* (485). Da darf man nicht an den Buchstaben (lateinischen, griechischen) hängen bleiben, sondern muß den lebendigen Sprachgebrauch erkunden den Leuten *auff das maul sehen / wie sie reden / vnd darnach dolmetzschen* (486). Das wird weiterhin exemplifiziert an Matth. 12, 34: *Wes das hertz voll ist / des gehet der mund vber*, an Matth. 26, 8 (Salbung in Betanien) und an Luk. 1, 28, dem berühmt gewordenen Ausdeutung des Engelsgrußes: *ich will sagen / du holdselige Maria / du liebe Maria. vnd las sie sagen / du volgnaden Maria. [...] ich weis nicht / ob man das wort liebe / auch so hertzlich vnd gnugsam in Lateinischer oder andern sprachen reden mŭg / das also dringe vnd klinge ynns hertz / durch alle sinne wie es thut in vnser sprache* (488). Wer richtig dolmetschen will, der muß die Buchstaben fahren lassen und forschen, *wie der Deutsche man solchs rede* (488). Er muß auch einen großen Vorrat an Worten haben, braucht oftmals viel Zeit, das passende Wort zu finden, muß Feldsteine und Klötze hinwegräumen, denn das erzwingt *die sache selbs neben der sprachen art* (491).

Dolmetschen ist *kunst vnd erbeit* (489). Niemand soll kritisieren, der es nicht selbst versucht hat. *Das kan ich mit gutem gewissen zeugen / das ich meine höchste trew vnd vleiß drinnen (= darin) erzeigt [...] habe* (489) − viele Jahre ernsthaften Bemühens, wie wir wissen, mit fortdauernden Verbesserungsarbeit bis ans Lebensende.

Sprachmächtigkeit erklärt sich also zu einem guten Teil als lebenslange Spracharbeit. Begabung, *ingenium bonum*, kommt allerdings als wesentlicher Teil hinzu. Luther weiß das. Ich bin, so schreibt er 1530, *durch die schreib fedder so fern (= weit) komen, das ich itzt nicht wolt mit dem Turkisschen keiser beüten, das ich sein gut solt haben vnd meiner kunst emperen. Ja ich wolt der wellt gut, viel mal geheufft, nicht dafur nemen* (WA 30/II, 576). Aus einem solchen Bewußtsein heraus kann er sagen: *Der teuffel achtet meinen geyst nicht so fast alls meine sprache und feder ynn der schrifft* (WA 15, 43). Aus solchem momentanen Stolz wird nie *superbia*. Seine Bücher sollen *bey leibe nicht sein ein hindernis, die Schrifft selbst zu studirn* (WA 50, 658). Die Schrift genüge, alle Auslegungen könnten eigentlich untergehen (H. Wolf 1996a, 358; auch für die anderen angeführten Stellen). Eigene Worte zählen nur, weil Christus sie vermittelt: *Jch bynn yhe gewisz, das meyn wort nitt meyn, sondern Christus wort sey, szo mus meyn mund auch des seyn, des wort er redet* (WA 8, 683). So klingt es auch in den Gebetsanrufen mittelalterlicher Autoren geistlicher Literatur. Der fruchtbarste 'Schriftsteller' seines Jahrhunderts und weit darüber hinaus hat dementsprechend nie einen Pfennig für seine 'Bestseller'-Texte angenommen. − Zusammenstellungen von Eigenäußerungen Luthers zu seinem schriftstellerischen Werk finden sich bei Holl (1921); Preuss (1931); WA (58/I, 79−102; Bornkamm (1965); Stolt (1969, 123−131).

Das Zusammenwirken von Spracharbeit und Ingenium muß sich an Texten aufzeigen lassen, vornehmlich am Bibeldeutsch, das in seiner geschichtlichen Wirkung alle anderen Schriften weit hinter sich läßt. Erben (1985) vermittelt von germanistisch-sprachwissenschaftlicher Seite her Einblicke in die Stadien der lebenslangen Übersetzungsarbeit Luthers an der Bibel: die Neuentdeckung der Schrift für sich selbst (s. auch Ebeling 1981); die Vergewisserung an den originalen Sprachgrundlagen des Alten und Neuen Testaments, vermittelt durch zeitgenössische humanistische Gelehrtenarbeit (u. a. Reuchlin, Erasmus); die partielle Relativierung der Vulgata-Text-

fassung; das 'Sinn für Sinn'-Übersetzungsprinzip, um das lebendige Wort Gottes hörbar zu machen und aus der „Konservierung" des Geschriebenen zu lösen; Verständlichkeit anzustreben, auch für den *gemeinen man*; liturgische Sprechbarkeit zu erreichen, ohne sakral-sprachliche Tabuisierung zu provozieren − insgesamt eine erhellende Hinführung. Gleichermaßen grundlegende Informationen finden sich in Art. 15.5.2.

Das Zusammenspiel von Spracharbeit und Ingenium läßt sich an liturgisch herausgehobenen Bibelstellen besonders gut beobachten. Sonderegger (1976) zum Beispiel dokumentiert „Martin Luthers Ringen um den deutschen Vaterunser-Text". Die variierenden Verdeutschungen erstrecken sich über den Zeitraum von 1517−1531.

„Der eigentliche Durchbruch zu einem neuen Text nach der inneren Form des Deutschen, in Syntax und Profilierung weitgehend von den griechischen und lateinischen Vorlagen gelöst, gelingt Luther bereits mit dem Septembertestament von 1522, dessen Vaterunser-Fassung gleichzeitig mit der Bibel letzter Hand in allen wesentlichen Punkten identisch ist, während die katechetischen Schriften der 1520er Jahre und von 1531 davon noch mehr oder weniger abweichen" (424).

Grundlage der philologisch subtilen Analyse sind 13 Textzeugnisse (nach Matth. 6, 9−13) der Autorschaft Luthers, einige zeitgenössische Vergleichstexte und (erstaunlich 'moderne') Formulierungen Notkers von St. Gallen. Hier einige Luther-Beispiele:

Vater unser, der du bist in den hymmelen (1518)
Vater unser, der du bist yn dem hymel (1519)
Unser vater ynn dem hymel (NT 1522)
UNser Vater in dem Himel (Bibel 1545)

Geheiliget werdt dein nahm (1519)
Deyn name sey heylig (NT 1522)
Dein Name werde geheiliget (Bibel 1545)

Tzu kum dein reich (1519)
Deyn reych kome (NT 1522)
Dein reich kome (Bibel 1545)

Dein will geschehe als ym hymel und yn der erden (1519)
Deyn wille geschehe auff erden wie ynn dem hymele (NT 1522)
Dein Wille geschehe, auff Erden, wie im Himel (Bibel 1545)

[...]

Unnd verlas uns unser schulde, als wir verlasen unsernn schuldigern (1519)
vnd vergib vns vnsere schulde, wie wyr vnsernn schuldigern vergeben (NT 1522)
Vnd vergib vns vnsere Schulde, wie wir vnsern Schuldigern vergeben (Bibel 1545)

Unnd nit eynfure uns yn dye vorsuchung adder an-
fechtungen (1519)
vnnd fure vnns nitt ynn versuchung (NT 1522)
Vnd fŭre vns nicht in versuchung (Bibel 1545)

Es ist in der Bibel von 1545 (z. T. schon 1522) sowohl die Eigenstruktur der dt. Sprache gewährleistet als auch eine vorbildliche liturgische Sprechsprachlichkeit, erreicht durch rhythmische Glättung und Parallelismus in den Formulierungen des Vaterunsers.

Die Psalmen sind ein Herzstück der Bibel, auch nach Meinung Martin Luthers. Für den Psalm 23 (= 22) bietet Debus (1983, Wiederabdruck 1997, 55f.) eine instruktive Synopse vorlutherischer, lutherischer und zeitgenössisch katholischer Übersetzungen. Ich zitiere hier ausgewählte Beispiele für Ps. 23, 2:

> *Er lesst mich weyden da viel gras steht, vnd furet*
> *mich zum wasser das mich erkulet* (Luther
> 1524/28).

Arndt/Brandt (1983, 81) zitieren noch eine handschriftliche Vorfassung:

> *Er lesst mich weyden (ynn der wonung des grases)*
> *da viel gras steht.*
> *Er weidet mich auff einer grünen awen, vnd fŭret*
> *mich zum frisschen wasser* (Luther 1531).
> *Er weidet mich auff einer grünen Awen Vnd fŭret*
> *mich zum frisschen Wasser* (Luther 1546).
> *an die stat d(er) waid hat er mich gesetzt. Auf dem*
> *wasser der erkickung hat er mich auferzogen*
> (kath. Übers. Eck 1537).
> *vnd an der stat der weyde do satzt er mich. Er fŭrtte*
> *mich ob dem wasser der widerbringung* (Mente-
> lin 1466).
> Vulgata: *in loco pascuae ibi me conlocavit. super*
> *aquam refectionis educavit me.*

Und eine wörtliche Übersetzung des hebr. Urtextes (Debus 1983, Wiederabdruck 1997, 56): „Auf Weideplätzen (frischen) Grüns wird er mich lagern lassen. An Wasser (der) Ruhe wird er mich führen".

Ein weiteres Herzstück ist die Weihnachtsgeschichte nach Luk. 2, 1f. Stolt (1988) setzt sich mit der Revision (NT, Luthertext 1975) und deren Rückrevision 1984 auseinander. Ihre Sprachanalysen arbeiten auf eindrückliche Weise wichtige Eigenschaften der Sprache Luthers heraus: Emotivität und Rezitierbarkeit. Ein Bibeltext „muß gleichzeitig verständlich zu uns sprechen und den Eindruck seinen hohen Alters und seiner sakralen Dimension vermitteln" (19). Dazu verhelfen u. a. auch die sog. Biblizismen (*es begab sich; und; aber; siehe* etc.) und eine aus der 'Hörkultur' herkommende rhetorische Syntax (Stolt 1991). Stolt (1988, 15f.) unterscheidet textsortenspezifisch im Anschluß an Lausberg 'Verbrauchsrede' (z. B. Predigt) und 'Wiedergebrauchsrede' (z. B. Liturgie). Für letztere gelten ganz offensichtlich sprachliche und stilistische Eigenstrukturen, die in der Revision von 1975 z. T. der 'Modernisierung' zum Opfer fielen. Luthers Sprachvermögen leuchtet hier auf angesichts einer verfehlten Korrektur. Man vgl. auch den von Stolt gelieferten Textanhang.

Zur Einordnung Luthers in den großen Zusammenhang deutschsprachiger Bibelübersetzung bietet Tschirch (1969) reiches Anschauungsmaterial aus dem Neuen und Alten Testament über eine Zeitspanne von 1200 Jahren.

Sprachmächtigkeit impliziert optimale Adressatenbezogenheit (s. u. a. Ebert 1986; Rössing-Hager 1972). Daraus resultiert vor allem auch Verständlichkeit. Sie war für Luther eine Kardinalforderung. Bezüglich der Kanzelrede postuliert er: *Man sol sich aldohin accomodiren ad auditores,* damit diese *vorstehen ader etwas daraus fassen mugen* ... (WATR 4 Nr. 4719). Die Prediger *sollen Säugammen sein, gleich wie eine Mutter ihr Kindlin säuget, die pappelt und spielet mit ihrem Kindlin ... Ich bin denen sehr feind, die sich in ihren Predigten ... nicht nach dem gemeinen Volke* richten (WATR 3 Nr. 3579). H. Wolf (1996 a) listet noch weitere Äußerungen Luthers zu dem für jede Verkündigung notwendigen Adressatenbezug auf. Das bedeutet keineswegs Vulgarisierung der Sprache, wenn es um das *gemeine Volk* geht, wie Stolt in einigen Arbeiten (und auch andere) gezeigt haben.

Die schon erwähnte 'rhetorische Syntax' ist eine Verstehenshilfe nicht nur für den *gemeinen man,* zumal in Zeiten, da hauptsächlich vorgelesen und gehört, und weit weniger selbst gelesen wurde. Da beim Hören nicht – wie beim Lesen – gleichsam 'zurückgeblättert' werden kann, müssen längere Satzkonstruktionen das Verstehen erschweren. Die rhetorische Syntax vermeidet weitgreifende Satzbögen. Sie bietet „eine additive, [...] hörerbezogene Textsemantik. Schritt für Schritt läßt sich die dargebotene Information nachvollziehen und verarbeiten" (Stolt 1991, 211f.). Bündelung und Pausierung richten sich nicht primär „nach syntaktischen Einheiten, auch nicht immer nach Sinneinheiten, sondern allem Anschein nach nach Informationseinheiten" (213). Als Beispiel diene Lukas 2, 4 in der Fassung Luthers von 1545:

Da machet sich auff auch Joseph / aus Galilea / aus
der stad Nazareth / in das Jüdischeland / zur stad
David / die da heisst Bethlehem / Darumb das er von
dem Hause und geschlechte David war.

Die sechs mit Virgel (/) markierten Informationssegmentierungen werden durch die moderne Komma-Regelung im Text der Revision von 1975 auf zwei Einschnitte reduziert (... Stadt Davids, die Bethlehem heißt, ...). „Die Befolgung rigider Kommaregeln bedeutet einen Verlust der alten Möglichkeit, eine Information in kürzere Sinnschritte zu unterteilen und diese in größerer Selbständigkeit dem Verständnis darzubieten. Für den mündlichen Vortrag ist dies ein Verlust an Flexibilität und Verständlichkeit" (Stolt 1991, 212 f.). Im 20. Jh. löst eine grammatisch-syntaktische Interpunktion die rhetorisch-sprechsprachliche ab. In den Bibeldrucken bleibt die ursprüngliche Virgel-Markierung bis in die erste Hälfte des 18. Jhs. erhalten. Dann wird die Virgel durch Komma ersetzt unter Wahrung der alten Einschnittstellen. Erst im 20. Jh. führt die rigide Anwendung einer grammatisch-syntaktischen Interpunktion zur Störung der ursprünglich stark hörerbezogenen Informations- und Pausenstruktur der Bibeltexte. Besch (1981) hat das z. B. an Matth. 27, 27–30 im Ablauf der Jahrhunderte gezeigt.

Der Bibeltext ist 'Wiedergebrauchsrede'; er wird auch heute nicht nur still gelesen, sondern millionenfach vorgelesen und gehört. Da ist die alte Lutherfassung bis heute unübertroffen. Sie ist geprägt von der Rezitationserfahrung vieler Jahrhunderte (Stolt 1990). Dort, wo Luthers Manuskripte noch erhalten sind, fehlt zuweilen die vollständige Markierung, so wie sie dann im Druck erscheint. Man wird also annehmen müssen, daß auch die Korrektoren und Setzer aus der Konvention ihrer Zeit heraus an der Markierung von Einschnitten beteilgt waren.

Zur Sprachmächtigkeit gehört von alters her die hohe Schule der Rhetorik. Sie wurde das Mittelalter hindurch und auch in der Lutherzeit im Trivium (Grammatik, Logik, Rhetorik) gelehrt, z. T. in enger Berührung mit der Dialektik. Luther hat mit Sicherheit diese Schulung durchlaufen. Ihm müssen gewisse Grundbegriffe wie *inventio, dispositio, memoria, elocutio* geläufig gewesen sein, ebenso deren Untergliederungen z. B. für *inventio (exordium, narratio, argumentatio, peroratio)* oder für *elocutio (latinitas* = Sprachrichtigkeit; *perspicuitas* = Klarheit; *ornatus* = Schmuck; *aptum* = Angemessenheit). Rhetorische Prinzipien wurden auch für die Gestaltung dt. Texte übernommen. Stolt (1969) hat das für Luthers 'Freiheitstraktat' aufgezeigt; ein Paradebeispiel dafür ist sicherlich

der (früher liegende) „Ackermann aus Böhmen", um 1400 (s. Art. 43.8, generell auch Art. 179). Luthers Verhältnis zur Rhetorik ist von der Forschung lange Zeit eher negativ gesehen worden, z. T. gestützt durch ambivalente eigene Äußerungen (vgl. H. Wolf 1980, 95 f.; Arndt/Brandt 1983, 77 f.; H. Wolf 1996a, 355; 361 f.). Daraus hat man eine Rhetorik-Feindlichkeit der Reformation insgesamt abgeleitet, galt doch bis in die 60er Jahre unseres Jahrhunderts gegenüber der Rhetorik das Vorurteil, sie „sei kühle, berechnende Taktik, hohle Schönrednerei, eine künstliche Art der Menschenverführung" (Art. 43.5). Den „aufrichtigen" Luther wollte und konnte man damit nicht in Verbindung bringen, schon gar nicht den zornigen, impulsiven, fortwährend gehetzten und geforderten Streiter des Wortes, dem der Inhalt allemal wichtiger zu sein schien als die Form. Stolt hat in Art. 43 diese Form der Legendenbildung auf dem Hintergrund eines falschen „Erwartungshorizonts" in Anlehnung an Jauß und Gadamer überzeugend beschrieben, wie sie überhaupt in zahlreichen Beiträgen darauf gedrängt hat, Luther ohne 'Mythologisierung' ganz aus seiner Zeit heraus zu verstehen. Rhetorische Elemente finden sich auf Schritt und Tritt in Luthers Schriften, natürlich in je unterschiedlicher Adaption je nach Textgattung. Es gibt viele Zeugnisse des *docere, movere, delectare*, des Wortreichtums (*copia verborum*), der Redundanz, die generell wie auch für den *gemeinen man* so wichtig für das Verstehen ist, der gewünschten Klarheit, der Angemessenheit im *stilus*, des Gebrauchs von Tropen im Sinne des uneigentlichen Sprechens in Metaphern und anderweitigen Umschreibungen, u. a. m. „Die Rhetorik ist die älteste Textwissenschaft" (Art. 43.1.), von ihr lassen sich viele Elemente herleiten, die auch für heutige Teildisziplinen der Linguistik (u. a. Textlinguistik, Gesprächsforschung) konstitutiv sind. Um den Ausdrucksreichtum Luthers zusätzlich würdigen zu können, nehme man auch die in 6. genannten lexikalischen und syntaktischen Textgestaltungsmittel hinzu, und man greife auch auf frühere Beobachtungen zurück (z. B. Preuss 1931, mit Angaben zur älteren Lit.; Bornkamm 1965, Lit. 14 f.). Bornkamm folgend seien einige Hinweise und Charakterisierungen notiert: Rhythmus und Klangfarbe seiner Sprache; Assonanz und Alliteration; Auflösung der Abstracta in ihre gegenständlichen Inhalte; die unglaubliche Leichtigkeit, mit der ihm aus einem Begriff gedankliche und sprachliche Assoziationen hervorsprühen; der überwältigende Reichtum der Bilder, speziell auch der Naturbilder in ihrer Fülle und Genauigkeit, die sich wie ein cantus firmus des Lobpreises Gottes durch seine Schriften ziehen ...; die Liste ließe sich ohne weiteres noch fortsetzen. Teilweise handelt es sich eher um spontane und punktuelle Beobachtungen angesichts der Faszination und Ausdruckskraft lutherischer Texte. Luther profiliert sich als Schriftsteller und verfügt über die Fülle rhetorischer Gestaltungsmittel − aber er selbst fühlt und versteht sich nicht so. Wiewohl in seiner Zeit stehend, empfindet er in alledem ganz unhumanistisch, bedient sich auch so gut wie gar nicht der in der Zeit gebräuchlichen Literaturformen und -gattungen (Bornkamm 1965, 10 u. 17f.). Er ist Zeitgenosse − und doch ganz anders. Er wertet von einem radikal anderen Standpunkt aus. Das betrifft das Selbstwertgefühl des Schriftstellers und den Selbstwert der Rhetorik. Beides bedeutet ihm, für sich genommen, nichts. Seine diesbezüglichen Äußerungen sind für jeden Kenner seines Schrifttums fern aller Koketterie. Da ist nichts von der heimlichen Lobgier der sich aus Konvention bescheiden empfehlenden humanistischen Meister durchstilisierter Schriften, da ist keine Demonstration von Lehrgedichten, gereimten Chroniken, Satiren, Balladen, von Enkomien, Deklamationen, Dramen. Es bleiben die gebräuchlichen Gattungen kirchlicher Arbeit übrig: Predigten, Schriftauslegungen, Traktate, Gebetbücher, Streitschriften, theologische Thesen, gelegentlich offene Briefe (Bornkamm 1965, 17f.). Luther „schriftstellert nicht, sondern er schreibt" (19). Er schreibt im Dienste seiner Mission, und alles, was weltlichen Selbstwert hat, erhält bei ihm ausschließlich dienende Funktion. Luther steht hierin den Autoren christlicher Dichtung im Mittelalter weit näher als etwa den Humanisten seiner Zeit. Nur in einer solchen Einbettung bestimmt sich dann Wert und Unwert von Kunstfiguren und von Rhetorik. *Gern hette ichs gesehen, das meine Bücher allesampt weren dahinden blieben und untergangen,* so beginnt Luther seine Vorrede zum 1. Band der Wittenberger Ausgabe seiner deutschen Schriften, 1539. Der dies wünscht, der zeichnet mit ironischen Strichen das Bild des eitlen Autors in der Welt, der dem Spott anheimfällt:

Fülestu dich aber und lessest dich düncken, du habest es gewis, und kützelst dich mit deinen eigen Büchlin, leren oder schreiben, als habestu es seer köstlich ge- *macht und trefflich gepredigt, gefellet dir auch seer, das man dich fur andern lobe, Wilt auch villeicht gelobet sein, sonst würdestu trauren oder ablassen, Bistu der har, Lieber, so greif dir selber an deine Ohren, Und greiffestu recht, so wirstu finden ein schön par grosser, langer, raucher Eselsoren, So woge vollend die kost daran und schmücke sie mit gülden schellen, auff das, wo du gehest, man dich hören künde, mit fingern auff dich weisen und sagen: Sehet, Sehet, da gehet das feine Thier, das so köstliche Bücher schreiben und trefflich wol predigen kan.* (WA 50; 660, 31f.).

Hat der Mensch Gaben, so verdankt er sie nicht sich selbst, sondern Gott. Das bestimmt auch die Ausrichtung ihrer Anwendung. Eine solche Auffassung trennt Luther z. B. fundamental vom literarischen Humanismus. Seine Sprachmächtigkeit ist gerichtet, sie dient allein dem Evangelium und dies ohne eigene Vollmacht, lediglich beauftragt und begnadet, dies zu tun. An keiner Stelle tritt das so greifbar hervor wie beim evangelischen Kirchenlied. Aus der Not liturgischer Veränderungen heraus verfaßt und vertont (weitgehend) Luther insgesamt 37 Kirchenlieder, zwei Drittel davon schon bis 1525. Zunächst erscheinen Einblattdrucke, dann 1524 das *Erste*, 1525 *Das andere* (mit einer Vorrede Luthers), und noch im selben Jahr *Das dritte Gesangbüchlein*, alle in Wittenberg gedruckt, mit je 8 Liedern in der ersten und zweiten Ausgabe und 40 in der dritten, z. T. von anderen Verfassern und überlappend mit Nummern in den vorangehenden Ausgaben. Die vermehrte Fassung von 1529, mit einer neuen Vorrede Luthers, kann sodann als das autorisierte Wittenberger Gesangbuch betrachtet werden. Es birgt den gesungenen Glaubenstrost der Evangelischen über die Jahrhunderte bis heute. In Text und Melodie steckt Begnadung. Luther will, auf seine Person bezogen, davon nichts wissen. Er beginnt eine Arbeit, die dringend ansteht, damit andere, die es besser können, damit fortfahren. Mit seinen Worten (Vorrede 1525):

Dem nach hab ich auch / sampt etlichen andern zum guten anfang vnd vrsach zu geben denen die es besser vermugen / etliche geistliche lieder zu samen bracht / dz heilige Evangelion (so ytzt von Gottes gnaden wider auffgangen ist) zu treyben vnd ynn schwanck zu bryngen [...] (Abdruck der drei Gesangbüchlein bei Schamelius 1737, 716f.). Über zweihundert Jahre nach dem Aufkommen der reformatorischen Kirchenlieder vermerkt besagter Schamelius: „Man muß es ja billig vor eine grosse Gnade GOttes halten, wenn der gemeine Mann, da er etwa wegen seines Glaubens zur Rechenschaft gefordert wird, noch immer zum wenigsten ein gutes Kern=Versgen aus einem geistlichen Liede angeben kan. Dieweil es offt geschicht, daß auch wol diejenigen, welche doch die Bibel selbst gelesen haben, in Kranckheiten und anderen Fållen nicht so leicht auf einen sonst bekannten Biblischen Spruch kommen kốnnen, als etwa so ein Lied, welches wir allesamt tåglich mit zu singen pflegen, und welches auch der Reime wegen fester in dem Gedåchtnis kan behalten werden" (19). „Indem die lieblichen Reime klingen, ziehet sich zugleich das Wort GOttes ins Hertz" (20).

Schamelius geht davon aus, daß „die Kirchen-Gesånge vor eine nůtzliche Låyen= Bibel, und noch dazu vor eine Confession der Kirchen anzusehen seyn [...]" (22). Sie sind ein „Kompendium der Heilsgeschichte und des christlichen Lebens" (Hahn 1981, 17). Luther habe, so Hahn, dem volkssprachlichen Lied der Gemeinde einen festen gottesdienstlichen Platz und volles liturgisches Recht gegeben (11). Das Gesangbuch tritt neben die Bibel. Beide Quellen zeugen von der Sprachmächtigkeit und Sprachwirkung Luthers. In Büchmanns „Geflügelte(n) Worte(n)" nehmen die Nachweise aus der Luther-Bibel weit über hundert Seiten ein. Das Gesangbuch ist nur sporadisch verzeichnet. Liedanfänge wie „Nun freut euch, lieben Christen gmein", „Vom Himmel hoch, da komm ich her", „Nun bitten wir den heiligen Geist", „Aus tiefer Not schrei ich zu Dir", „Ein feste Burg ist unser Gott" haben nach Text (und Melodie) auch nach über 450 Jahren in den Gemeinden nichts an Klang und Aussage eingebüßt.

8.   Rezeption der 'Luthersprache'

„Konnte denn die so viel gerühmte 'Luthersprache' überhaupt sprachnorm für andere sein? Wir können die frage rundweg mit 'Nein!' beantworten" (Virgil Moser 1909, 51). In solcher Sicht war schon um 1600 „Luthersprache an jedem ort und zu jeder zeit etwas anderes und nur eine schöne fiction der anhänger der reformation [...]" und um 1650 „als ein realer begriff längst tot [...]" (ebenda, 52). Worauf diese eklatante Fehleinschätzung beruht, ist noch zu zeigen. Im übrigen würde Luther selbst die Bezeichnung 'Luthersprache' (s. auch Kettmann 1993a) entschieden abgelehnt haben. Wirkmächtig ist für ihn das Wort Gottes, nicht die Sprache eines Menschen. Es geht um die Bibel und deren nationale Aneignung in einem bis dahin unerhörten, volksbewegenden Vorgang. Solche Aneignung wiederum setzt die Volkssprache

voraus, und diese ist, wie alle sonstigen Existenzformen des Menschen, eingebunden in Raum und Zeit. Luther repräsentiert mit seiner Sprache (vgl. deren überzeugende Charakterisierung in 6 Punkten in Art. 15.5.3., s. auch Hartweg 1985) dementsprechend einen bestimmten Raum und eine bestimmte Zeit (in einer bestimmten personalen Individuation). Diese Sprache wird Vehikel des göttlichen Worts. Insofern ist es 'Luthersprache' – und doch viel mehr. Das Gewicht und die ganze Dignität kommt von der Bibel. Nur so rechtfertigt sich der Begriff 'Luthersprache', nur so dann auch Pflicht und Zwang, 'Luthersprache' nachzusprechen und auswendig zu lernen in evangelischer Unterrichtung und im Gottesdienst. Der Reformator selbst fordert dieses Auswendiglernen und Nachsprechen, zum Beispiel in der 2. Vorrede zum Großen Katechismus 1529:

DAs sind die nốtigsten stůcke, die man zum ersten lernen mus von wort zu wort verzelen, Und soll die kinder dazu gewehnen teglich, wenn sie des morgens auffstehen, zu tisch gehen und sich abends schlaffen legen, das sie es mussen auffsagen, und yhn nicht essen noch zu trincken geben, sie hettens denn gesagt. Desgleichen ist auch ein yglicher hausvater schuldig mit dem gesind, knecht und megden zu halten, das er sie nicht bey sich halte, wo sie es nicht kốnnen odder lernen wốllen. Denn es ist mit nichte zuleiden, das ein mensch so rohe und wilde sey und solches nicht lerne, weil yhn diesen dreyen stůcken kůrtzlich, grőblich und auffs einfeltigste verfasset ist alles, was wir yhn der schrifft haben.

Ähnliches galt für den Kleinen Katechismus, für gewisse Bibelstellen, für Gesangbuchverse, über Jahrhunderte hin gefordert und u. a. bei der Konfirmation abgeprüft. So kam die Sprache der Schrift (als Schriftsprache) in Gedächtnis und Mund des evangelischen Volkes. Sprachregionale Merkmale störten nicht besonders, vor allem nicht in Orthographie und Flexion, denn da war Variation und Umsetzung von alters her die Regel – in Ermangelung einer überregionalen Norm. Die 'Luthersprache' definiert sich also nicht über Orthographie, auch nicht über die eine oder andere grammatische Eigenheit. Das Fehlurteil V. Mosers beruht auf einer solchen fälschlichen Annahme. Was als Kern der 'Luthersprache' gelten kann, ist der '*Wort*laut' der 'Schrift' in aller Sprachmächtigkeit. Hier wird fürderhin in den Sprachlandschaften und über Jahrhunderte hin kaum etwas verändert, in der Syntax schon gar nicht; im Wortschatz erzwingt die Fremdheit am Anfang und der Veraltensprozeß im 17./18. Jh.

eine Art Hilfestellung in Form von Glossaren, aber eben keine durchgreifende Ersetzung. Wie schwierig Wortschatz- und Syntaxänderungen am Luthertext selbst in unserer Zeit sein können, hat die letzte kirchenamtliche Revision des Neuen Testaments (1975—1984) gezeigt.

Die Bibelübersetzung (NT 1522, Gesamtbibel 1534) erlebt schon zu Luthers Lebzeiten einen Druckerfolg ohnegleichen. In Wittenberg kamen von 1522—46 10 Vollbibeln und rund 80 hochdeutsche Teil- und Separatausgaben heraus, flankiert von rund 260 auswärtigen Nachdrucken. Führende Druckorte waren zudem Augsburg, Straßburg, Nürnberg und Basel (bis 1526), sodann (neben Wittenberg) Leipzig und Erfurt. Parallel zur hd. Übersetzung wurde eine nd. (Bugenhagen) angefertigt; davon erschienen zwischen 1522 und 1546 5 Vollbibeln und etwa 90 Einzelausgaben, teils in Wittenberg und Erfurt, vor allem aber in Magdeburg (Reinitzer 1983, 109—188 u. Volz 1978, 193 f.).

Wittenberg bleibt bis 1626, also über ein Jahrhundert, Zentrum des Bibeldrucks mit immerhin noch weiteren 75 hd. Bibeln und vielen Teildrucken des Neuen Testaments und des Psalters. Im weiteren 17. Jh. geht dann die Führung an Lüneburg, Nürnberg und Frankfurt a. M. über. Der Bibelvertrieb ist zunehmend auch kommerziell attraktiv. Die Ausgaben werden nach Format, Aufmachung, Bebilderung und Register-Beigaben auf die verschiedenen Zielgruppeninteressen abgestellt (für Gelehrte und Prediger, für Fürsten und Hausväter, für die Schule und für den Konfirmandenunterricht, zur Erbauung und Belehrung, als Hausbuch, als Geschenkbibel, als großformatiges Altarexemplar (Reinitzer 1983, 222). Der Streit zwischen Wittenberg und Frankfurt a. M. um den buchstäblich korrekten Druck der Lutherbibel hat sicher auch einen kommerziellen Hintergrund, ist aber wohl auch Ausdruck einer beginnenden Buchstabenorthodoxie (vgl. Wells 1993) bezüglich der Lutherbibel letzter Hand von 1545. Christoph Walther, ehemals Luthers Korrektor in Luffts Druckerei, beklagt in zwei Streitschriften (1563 und 1569) die fehlerhafte Nachdruckpraxis vornehmlich in Frankfurt und antwortet 1571 noch einmal auf die Gegendarstellung (1570) des vor allem angegriffenen Frankfurter Druckers und Verlegers Sigmund Feyerabend (Meiß 1994, 67—102). In der Folgezeit, vor allem dann im 17. Jh., erhält die Wittenberger Bibelausgabe von 1545 eine Art

kanonische Dignität für die weitere Bibeltradierung.

Das 18. Jh. wird auch das 'biblische Jahrhundert' genannt im Blick auf die großen Bibelsammlungen von Josias Lorck (Kopenhagen), Johann Melchior Goeze (Hamburg), Georg Wolfgang Panzer (Nürnberg), der Herzogin Elisabeth Sophie Marie von Braunschweig-Lüneburg, des Herzogs Karl Eugen von Württemberg. Die Bestände sind heute in Stuttgart und in Wolfenbüttel versammelt, in Wolfenbüttel auf dem Grundstock der frühen Sammlung Herzog Augusts (Reinitzer 1983, 306). Aber auch hinsichtlich der Bibelverbreitung verdient dieses Jahrhundert seine Hervorhebung. Carl Hildebrand Freiherr von Canstein publiziert 1710 einen „unmaaßgeblichen Vorschlag, wie GOttes Wort den Armen um einen geringen Preiß in die Hånde zu bringen" sei. Er gründet die Cansteinische Bibel-Anstalt zu Halle a. d. Saale, entwickelt 1712/13 den Stehsatz, verzichtet auf Bilderschmuck und ermöglicht so in Zusammenarbeit mit den Anstalten des Waisenhauses in Halle eine in diesem Ausmaß nicht für möglich gehaltene Senkung des Bibelpreises. In den folgenden Jahrzehnten werden hohe Druckauflagen erreicht. Ein Rechenschaftsbericht von 1775 gibt an, „daß über eine Million ganze Bibeln, und über siebenhundert tausend neue Testamenter bis hierher in alle Provinzen Deutschlands und andere Lånder, wo sich Deutsche befinden" ausgestreut werden konnten, dies allein von einem Ort und einer einzigen Anstalt aus (Ich zitiere nach dem Vorbericht zur 77. Auflage dieser Bibel von 1775, entnommen der Ausgabe von 1786 (Halle) im Besitz der Württembergischen Landesbibliothek Stuttgart, Sign. E 1659 B). Nach weiteren gut hundert Jahren (1883) erhöht sich die Gesamtbilanz der Cansteinischen Bibel- und Bibelteildrucke auf über 5,8 Millionen, (Wilibald Grimm, 1874, 21). Der Stehsatz war eine revolutionierende Innovation. Bis dahin mußte immer wieder neu gesetzt und konnte auch geändert werden. Der Stehsatz konserviert Sprache, reduziert die Druckfehlergefahr, er retardiert aber auch Entwicklungen in der Schriftlichkeit — das ist die Kehrseite. Die Vorreiterrolle der Bibel in der Ausformung unserer Schriftsprache geht dadurch allmählich verloren. So können sogar drucktechnische Entscheidungen Einfluß auf die Sprache haben.

Die *sprachliche Rezeption* der Lutherbibel (vgl. z. B. Hatz 1986; Rieke 1998) im Verlauf der Jahrhunderte läßt sich in aller Knappheit so skizzieren: Das 16. Jh. kennt kein Tabu hinsichtlich orthographischer und flexivischer Abänderungen entsprechend dem Usus der übernehmenden Drucklandschaft (s. Art. 121). Das gilt auch für den Luthertext, wenn auch Einschränkungen bekannt sind. So gibt der Straßburger Drucker Wendel Rihel 1535 in einer beigefügten Notiz an, die Lutherbibel buchstabengetreu abgedruckt zu haben: *Ich hab mich beflissen / seine (Lutheri) besondere wörter und Orthographey / so mehr auff Meissenisch denn vnser Hochdeutsch gebraucht / eigentlich bleiben zu lassen* [...] (s. u. a. Kluge 1918, 76; Hartweg 1984, 184f.). Das ist zu diesem Zeitpunkt ungewöhnlich; der Brauch ist Umsetzung. Christoph Walther kennt diesen Brauch und versucht in seiner Streitschrift von 1563 im Interesse einer korrekten Tradierung der Lutherbibel dagegen anzugehen: *Möcht aber einer sagen / Es ist im selben Lande die gewonheit also zu reden / schreiben vnd drücken. Antwort / Gewohnheit hin gewonheit her / Lutherus wil seine Sprach vnd Erbeit in seinen Büchern vngeendert / vngetadelt vnd vngemeistert haben* [...] (Volz 1972, Anhang 276*; hier ist auch W. Rihels Notiz lobend von Walther zitiert). V. Moser hat recht, die 'Luthersprache' war im 16. und z. T. auch noch im 17. Jh. „an jedem ort und zu jeder zeit etwas anderes", aber eben nur im Äußeren, im graphischen Gewand und in einigen Grammatikelementen. Der Wortschatz blieb weitgehend unangetastet, wiewohl er Probleme aufwarf. Man half sich z. B. im Obd. in den ersten Jahrzehnten mit beigefügten Glossaren (s. Art. 15, Abb. 15.4). Petris Glossar als Muster wurde mit Änderungen zwischen 1523 und 1538 von dreizehn Druckern insgesamt vierzigmal nachgedruckt in Basel, Augsburg, Nürnberg, Straßburg, Hagenau, Worms und Mainz (Reinitzer 1983, 221).

Man darf also für das 16. und weiterhin auch für das 17. Jh. keinen sprachlich strikt genormten Text der Lutherbibel erwarten (s. u. a. Stammler 1954; Besch 1984). Orthographische Landschaftsvariation, Druckfehler, Kriegsläufte und natürlich auch die Vielzahl der Nachdrucke schmälerten zunehmend eine gewisse Textverläßlichkeit, Korrekturen wurden nötig. Um die Mitte des 17. Jhs. erwarb sich die Lüneburger Bibel (Offizin der Sterne) den Ruf der Verläßlichkeit, gestützt durch die Autorität der Theologischen Fakultät in Wittenberg, die ab 1618 zunehmend die Überwachung der Textgestalt übernahm (Reinitzer 1983a, 306). Große Verdienste um

die Textgestaltung nach kritischen Grundsätzen kamen schließlich dem Generalsuperintendenten für Bremen und Verden, Dr. Johann Dieckmann, für die Stader Bibeln seit 1690 zu (Wilibald Grimm 1874, 20). Bezüglich der Rechtschreibung verweist Dieckmann in seiner „Vorrede an den Leser" auf Bödikers *Grundsätze der Teutschen Sprache*, und das heißt dann auch, daß bei der orthographischen Gestalt auf die Grammatiker-Diskussion und die entsprechende schriftsprachliche Entwicklung Rücksicht genommen wurde. (Ich beziehe mich auf die Vorrede in der Stader Bibel von 1702, WLB Stuttgart, Sign. E 1021 B, 24).

Die Stader Bibel von 1703 wird Textgrundlage für die Canstein-Bibeln 1713f. *Um aber bey diesen Bibel=Ausgaben die Uebersetzung Lutheri in der möglichsten Richtigkeit zu liefern, legte der selige Stifter* [= Carl Hildebrand Freiherr von Canstein] *die von dem Herrn D. Dieckmann zu Stade im Jahr 1703 in 8vo herausgegebene Bibel zum Grunde, ließ aber dieselbe vorher mit fünf alten Bibeln, welche noch bey Lutheri Lebzeiten gedruckt worden, genau vergleichen* (Vorbericht, 8, Bibel Halle 1786, Sign. E 1659 WLB). Vier der fünf Bibeln sind wenig später genannt, es sind durchweg ostmitteldeutsche (Wittenberg 1534, 1535 und 1541, Leipzig 1543), bei der fünften wird es sich um Wittenberg 1545 (oder 1546?) handeln. Mit dem Cansteinischen Bibel-Unternehmen ist eine entscheidende Phase in der Verbreitung der Lutherbibel und in der Entwicklung der deutschen Schriftsprache erreicht. Der Bibeltext ist nunmehr (auf omd. Basis) genau fixiert, und er wird in dieser einheitlichen Form millionenfach als *textus receptus* verfügbar (s. auch Schoeps 1898, 83). Orthographisch erfolgte 1775 eine durchgreifende Anpassung an die neuere Entwicklung, und seit 1794 wird den Bibeln ein Glossar zur Erläuterung dunkler und veralteter Wörter beigegeben (Wilibald Grimm 1874, 22, Anm. 36).

Dieser Wortglossar-Typ taucht aber anderswo schon wesentlich früher auf. Er führt uns an den Bereich heran, der ausgesprochen veränderungsresistent war, an den Wortschatz. Orthographie und Flexion konnten gleichsam unter der Hand modernisiert werden, nicht so der Wortbestand. Das hätte in der Tat Veränderung der Substanz, der 'Luthersprache' bedeutet. Man wählte Erklärung statt Ersetzung. So konnte das Textverständnis gesichert werden ohne Ersetzung der veralteten/veraltenden oder sonstwie dunklen

Wörter. Dieser Glossartyp geht auf den Schleusinger Superintendenten Johann Pretten zurück, der 1691 seiner zweiten Ausgabe der sog. Schleusinger Bibel, einer leicht verbesserten Textfassung nach Wittenberg 1545, ein Wortglossar mit ca. 550 Stichwörtern beigab, mit folgender Überschrift: *Erklärung der alten und anderen an vielen Oertern unbekanten in der Teutschen Bibel befindlichen Teutschen Wörter* (beschrieben und publiziert in Reinitzer 1983 a). 'Örter' meint hier Textstellen, aber es finden sich auch Wörter wie *treuge* 'trocken', *Schnur* 'des Sohnes Ehefrau', oder (in anderen Exemplaren) *lecken* 'springen, ausschlagen', die andernorts ungebräuchlich, also raumgebunden waren und insofern nicht überall verstanden wurden. Die Raumkomponente und die Zeitkomponente gehen beim sog. Veralten von Wörtern komplizierte Verflechtungen ein. Das muß generell und in diesen Glossaren noch speziell untersucht werden. Andere, vielleicht bekanntere Beispiele für Veralten in diesen Glossaren sind etwa: *baß* 'besser', *dürstig* 'kühn', *endelich* 'hurtig', *Fingerreif* 'Fingerring', *frech* 'mutwillig, trotzig, kühn', *geilen* 'unverschämt um etwas anhalten', *Niederwad* 'Kleidung von den Hüften abwärts', *rüstig* 'streitbar', *Sichermahl* 'Schießmahl' (= Zielscheibe), *spützen* 'ausspeien', *Wase* 'Muhme, Base, Vaters Schwester', *zwier* 'zweimal' etc. Das Glossar der Schleusinger Bibel wird an anderen Druckorten teils übernommen, teils gekürzt, teils ergänzt. Der Bestand der mir vorliegenden 13 Exemplare von 1694–1819 aus der WLB Stuttgart schwankt zwischen 504 (1694), 459 (noch im Jahre 1806) und 14 (1815, nur NT) Lemmata. Eine klare Linie bezüglich der Stichwortauswahl läßt sich (noch) nicht erkennen. Es werden z. T. auch Wörter der biblischen Grundsprachen (*Abba, Amen, Cherubim*, etc.) aufgenommen. Öfters beziehen sich Erklärungen auch auf den metaphorischen Wortgebrauch in der Bibel, auf den *verblümten Verstand* (z. B. in E 1048, WLB Stuttgart). Es soll auch *der gemeine man, der große Haufe unsrer Mitchristen*, die Bibel voll verstehen können; die Rezeption ist nicht allein auf Eliten bezogen. Das ist sozialgeschichtlich von großer Bedeutung. Informationen über die genannten Bibelglossare, auch über Vorläuferarbeiten und über die begleitende Grammatiker-Diskussion finden sich neben Reinitzer (1983a) bei Lemmer (1988) und Besch (1997), vgl. auch Art. 15, Abb. 15.5.

Die 'Luthersprache' war um 1600 noch keineswegs tot. Für Grammatiker galt Luther als Vorbild bis weit in das 18. Jh. hinein (Bergmann 1983). Aber der Sprachwandel machte natürlich auch vor dem Bibeltext nicht halt. Nach ca. 200 Jahren waren Korrekturen im Wortbestand nötig. Der Respekt vor dem Lutherwort erlaubte aber keine Ersetzung, sondern nur die Erklärung in beigefügten Glossaren, gelegentlich auch mit Sternchen-Markierung unmittelbar im Text. Das sind untrügliche Zeichen des Veraltens eines Textes. In letzter Konsequenz muß dann wohl das Behelfsmittel 'Glossar' einer systematischen Textrevision oder gar einer (teilweisen) Neuübersetzung weichen.

In der Tat bringt das 18. Jh. eine Anzahl von Neuübersetzungen bzw. partiell erneuerten Fassungen hervor, begründet teils durch genauere Kenntnis der biblischen Grundsprachen, teils durch sprachlichen Neuerungswillen, teils aber auch durch neuere religiöse Bewegungen. Lemmer (1988, Anm. 29) zählt zwischen 1712 und 1790 neun solcher „Konkurrenten" der Lutherbibel auf; s. auch Reinitzer (1983, 305f.). Gutzen (1975 u. 1982) behandelt die Übersetzungsproblematik am Beispiel des 1790 abgeschlossenen Bibelwerkes von J. D. Michaelis. 1783 legte Gottlieb Schlegel, *Doctor der Theologie, Pastor der Stadtgemeine und Inspector der Domschule zu Riga*, eine neue Übersetzung der Briefe der Apostel Petrus, Johannes, Jakobus und Judas vor und verband sie mit einer *Vorrede von den Regeln einer kirchlichen Bibelübersetzung, und einem Vorschlage, sie zur allgemeinen Genehmigung zu bringen* (Halle, bey Johann Jacob Gebauer, 1783, E 1647 WLB Stuttgart). Man findet in dieser Vorrede nahezu alle Argumente der vorangehenden und auch noch folgenden Jahrzehnte versammelt, die bei allem Respekt vor Luthers epochaler Leistung, *eine genaue und nach der veränderten Sprache eingerichtete Uebersetzung der heiligen Schriften zum öffentlichen Gebrauche der Kirche, und zum Lesen für den grossen Haufen unsrer Mitchristen* für nötig erachten. Die Sprache der Deutschen sei vor zweieinhalb Jahrhunderten bei weitem nicht so ausgebaut gewesen, Wörter haben ihre Bedeutung verändert, viele ihre Würde verloren oder unedle Nebenbedeutungen erhalten, das wiederum habe zu einer großen Zahl von Worterklärungen und Glossaren geführt. Eine Neuübersetzung würde die Menge der Auslegungen entbehrlich machen und *die unanständigen Musterungen der lutherischen*

Uebersetzung, welche auf der Kanzel gehört werden, abstellen. Von der neuen Übersetzung wird Genauigkeit und Verständlichkeit gefordert, expliziert in 6 Grundsätzen (*Canones*), die auch heute noch bemerkenswert erscheinen. Sodann folgen praktische Erwägungen zur Abstimmung und Durchführung des neuen Vorhabens (*Versammlung von Gottesgelehrten zu einem Concilium oder einer Synode*). In einer Fußnote, S. 5, findet sich die interessante Anregung des Kirchenrates D. Griesbach, Jena, nicht nur eine, sondern drei Gattungen einer Bibelübersetzung ins Auge zu fassen: *eine wörtliche, eine erklärende und eine kirchliche* (ähnlich Stolt 1983/84, 15, für die heutige Zeit, als Erfahrung der United Bible Societies).

Die Geschichte der zahlreichen Bibelübersetzungen neben und nach Luther ist aber ein Thema für sich und nicht Gegenstand dieses Artikels. Ich verweise auf den einschlägigen Artikel 15. Keine der neuen Übersetzungen konnte den Luthertext aus den evangelischen Kirchen verdrängen. 1774 hat das Carl Friedrich Aichinger bereits so formuliert:

Was ist demnach zu rathen? Soll eine neue Uebersetzung der Bibel unternommen, und in den evangelischen Kirchen eingeführet werden? Auf diese Frage kann ich nicht anderst als mit nein antworten: und ich finde gar nicht nöthig, mehrere Gründe deßwegen anzugeben, als diesen einzigen. Ich sehe keine Möglichkeit vor mir, daß irgend eine neue Uebersetzung, sie komme her, von wem sie wolle, zu einem so allgemeinen Ansehen in der Kirche empor steigen könne, als dasjenige ist, worinnen die Uebersetzung D. Luthers stehet (Aichinger 1774, 29).

Der dies sagt, ist Stadtprediger zu Sulzbach, Mitglied der deutschen Gesellschaften zu Jena und Altdorf und im übrigen ein anerkannter Grammatiker der deutschen Sprache (s. Aichinger 1754). Neuübersetzungen hatten keine Chance in den evangelischen Kirchengemeinden. Da blieb nach langem Zuwarten nur das Mittel der kirchenamtlichen Revision des Luthertextes.

Art. 15, Abb. 15.13, zählt die kirchenamtlichen Revisionen der Lutherbibel auf. Es sind drei bis zum heutigen Tag: 1892, 1912 und 1984. Die Jahreszahlen beziehen sich jeweils auf den Abschluß der Revisionsarbeit an der ganzen Bibel; das NT wird meist zuerst bearbeitet und hat dadurch einige Jahre Vorlauf. Über die Anstöße und den jahrzehntelangen Anweg der 1. Revision finden sich Informationen bei Wilibald Grimm (1874, 23f.). Verbesserungsvorschläge im Vorfeld verbinden sich u. a. mit den Namen Grashof (1835) und insbesondere Mönckeberg (1855).

Eine Gesamtwürdigung der drei Revisionen aus germanistischer Sicht steht noch aus; einen wortgeschichtlichen Teilaspekt behandelt Frettlöh (1986). Hier ist nur Raum für wenige Hinweise. Die Arbeit an der ersten Revision, beschlossen auf der Eisenacher Kirchenkonferenz 1863 zunächst für das NT, gibt auch für die späteren Revisionen ein gewisses Grundmuster vor. Dazu zählt die Unterscheidung „zwischen sachlicher und sprachlicher Seite der Arbeit" (Grimm 1874, 23). Die erstere bezieht sich auf das Verhältnis der Übersetzung zum Grundtext und ist Sache der Theologen, die zweite auf Luthers Sprache bzw. auf deren vorsichtige Anpassung. Vielfach ist beides eng verflochten, dann ist gemeinsame Beratung vonnöten. Den sprachlichen Part in der 1. Revision hatte Dr. Frommann, Vorstand der Bibliothek des Germanischen Museums in Nürnberg, übernommen. Insgesamt galt die Devise, die Berichtigungen nur auf „das Nothwendige und Unbedenkliche" zu beschränken. Der sprachliche Fundus für Änderungen am dt. Text sollte allein der eigene Sprachschatz der Lutherbibel sein, „um jede Modernisierung fern zu halten und die nachbessernde Hand weniger bemerkbar zu machen". Man spürt fast übergroße Scheu im Zugriff, „da Luther's Bibelsprache das Gepräge heiliger Weihe erlangt hat und die Grundlage unserer Kirchensprache in den Agenden, Kirchenliedern, Erbauungsbüchern, Katechismen u. dgl. bildet" (Grimm 1874, 25). Entsprechend behutsam ist dann die Beseitigung von sprachlichen Archaismen etwa bei *endlich, dürstig*, nunmehr mit 'eilends' bzw. mit 'kühn' wiedergegeben, während etwa *geilen* stehenbleibt. Beseitigt sind z. B. auch die lateinischen Flexionen der Eigennamen und einiges andere mehr, aber im Grunde finden sich Luthers „alterthümliche Sprachformen und Constructionen" in sehr weitem Umfang erhalten. Am Bau des Satzes sollte nicht gerüttelt werden, „indem durch Umgestaltung des Satzbaues das ganze Gepräge von Luther's Sprache zerstört würde". Dies wird als die Auffassung Rudolf von Raumers zitiert. Damit ist auch auf Rhythmus und Wohlklang angespielt und folglich auf die Tatsache, daß „die Lutherbibel nicht bloß zum Lesen, sondern auch zum Anhören in weiten Kirchenräumen bestimmt" sei (Grimm 1874, 30f.). Wir lesen heute angesichts der Nachrevision (1979f.) der 3. Revision der NT (1975) diese Sätze mit wacherem Verständnis. Johannes Erben und Dieter Gutzen haben (neben anderen) in der Nachrevision-Kommission diesem

Aspekt wieder größere Geltung verschafft; mehrere Beiträge von Birgit Stolt rücken gerade diese Elemente ins Bewußtsein. Stellungnahmen zur Revision des NT von 1975, z. T. mit prinzipiellen Fragestellungen, finden sich in Meurer (1977), Luthertext (1980) und Jüngel (1981). Von Verrat oder gar Mord an Luther ist da die Rede. Die Verhaltenheit der ersten Revision ist in der dritten dem gravierenden Zugriff in die Syntax gewichen im Dienste einer konsequenten Übertragung der Bibel in die Sprache unserer Zeit, wie auch von dem Germanisten Fritz Tschirch vertreten. Die Gemeinden haben den 1975er Text nicht angenommen. In der Nachrevision wurden viele Neuerungen wieder rückgängig gemacht. Gibt es eine Grenze der Revidierbarkeit des Luthertextes? Einerseits ist er vielfach bis hin zu sprichwörtlichen Redensarten in unseren heutigen Sprachschatz eingegangen, andererseits wird es immer schwerer, ihn zu verstehen, zumal für jüngere, protestantischer Tradition und Kirche fernerstehende Generationen (vgl. Folsom 1984, wo anhand von 70 Bibelübersetzungen seit Luther bis 1980 der Abbau 'archaischer' Syntaxstrukturen beobachtet wird. Endpunkt für Luthers Vorbild-Einfluß sei die Zeit um 1900, so das Ergebnis dieser interessanten Studie). Immerhin sind in den 1970er Jahren z. B. von der modernen Übersetzung „Die gute Nachricht" siebenmal mehr Exemplare verkauft worden als von Luthers Neuem Testament (Meurer 1977, 16f.). Revidierbarkeit auch im 3. Jahrtausend? Luthers Bibeldeutsch unter Denkmalschutz? Wichtige Fragen, offene Antworten.

Das war die Skizzierung des kirchlich-geistlichen Rezeptionsweges der Lutherbibel. Er koppelt sich mit dem Ausbau und mit der Expansion der nhd. Schriftsprache in größere Sprachräume. In der christlichen Kirche führte Luthers Wirken zur konfessionellen Spaltung, ohne daß er das wollte, in der Sprache letzten Endes zu einer überregionalen und überkonfessionellen Einheit, so widersprüchlich das auch klingen mag. Auch dieses Ergebnis war nie programmatisch angestrebt. Wie könnte ein einzelner Mensch Binnensprachgrenzen überwinden, die sich in langen Jahrhunderten innerhalb des großen 'deutschsprachigen' Gebietes von Nord- und Ostsee bis in die Alpen stabilisiert haben? Es war nicht Luther, es war die/seine dt. Fassung der Bibel, die grenzüberschreitend die Richtung der Spracheinigung vorgab.

Über einzelne Stationen der schriftsprachlichen Raumexpansion informieren auch die Artikel 160−164 (sprachliche Städteprofile) sowie Kapitel XVII (Regionalsprachgeschichten). Man kann davon ausgehen, daß 'linguistische Nähe' (A) eine Übernahme erleichtert und 'linguistische Distanz' (B) sie erschwert hat. Hinderlich wird dann zeitweilig die Gegenreformation (C) gewesen sein und die eigenständige Schweizer Reformation (D) mit der langen Dominanz der Zwingli-Bibel im dortigen Sprachgebiet. Zum Typ A darf man md. und angrenzende obd. Gebiete zählen. Hier war auch schon vor den Umwälzungen im 16. Jh. eine gewisse Nähe der Schreibsprachen angelegt. Die Nachdrucke des Petri-Glossars von 1523 fallen in das Gebiet von A. Straßburgs Druckersprache ist ein Beispiel dieses raschen Übernahmetyps (s. u. a. Hartweg 1984 u. 1990; Stockmann-Hovekamp 1991; Besch 1993). Basel ist in den 1520er Jahren einbezogen, gehört aber sodann in den Bereich D. Köln und der Niederrhein stehen in westlichen Bindungen und in konfessioneller Reserve, dennoch geht die Kölner Schreib- und Druckersprache um die Mitte des 16. Jhs. allmählich zum hd. Typus (mit obd. Elementen) über. Der Südosten fällt eher unter C. Zum Typus B mit größerem sprachlichen Abstand gehört eindeutig das Nd. und der nfrk. Streifen im Westen. Luthers Text mußte hier übersetzt werden, anders wäre er nicht verständlich gewesen. Nach knapp 100 Jahren werden dann aber keine nd. Bibeln mehr gedruckt; das große nd. Gebiet übernimmt die hd. Sprache der Lutherbibel. Das ist ein entscheidender Vorgang in der Geschichte der nhd. Schriftsprache. Annäherungen an das hd. Sprachgebiet sind schon vorher zu beobachten, aber die Reformation hat die Verdrängung der einst weitverbreiteten Hansesprache entschieden beschleunigt. Hier ist der Ort, an den Einfluß der Lutherbibel auf die rasch folgenden Übersetzungen in den skand. Ländern zu erinnern (s. u. a. Hyldgaard-Jensen 1984; Winge 1984; Möckelmann 1968; Tarvainen 1984), ebenso in den Niederlanden (erste Information bei Erben 1974, 570f.).

Der Konfessionenstreit insbesondere im 17. und in der ersten Hälfte des 18. Jhs. retardiert die schriftsprachliche Einigung ganz erheblich. Das betrifft vor allem das katholische Oberdeutschland (Typ C). Man vgl. die Art. 164, 195 und 196. Charakteristische Sprachraumvarianten werden dabei teilweise überbetont. Das gilt auch für das sog. 'Lutherische e' (Habermann 1997). Die zweite Hälfte des 18. Jhs. bringt Annäherung und Ausgleich (vgl. bezüglich Österreich u. a.

Wiesinger 1987; 1993; 1995). Es verbleibt als Typ D die deutschsprachige Schweiz mit eigenständiger Landes- und Reformationsgeschichte (s. Art. 193). Auch dort ist eine Angleichung an die nhd. Schriftsprache erfolgt, eher spät, eher zögerlich und letztlich nicht ganz vollständig. Wenn auch kein einschneidendes Datum für den 'Beitritt' zu nennen ist, so besteht doch kein Zweifel daran, daß die deutschsprachige Schweiz heute zum Geltungsbereich der nhd. Schriftsprache gehört (vgl. u. a. Sonderegger 1988; 1993; Besch 1990 und mit einer teils neuen Perspektive Haas 1994).

Der Lutherbibel verdankt das große und dialektal extrem untergliederte dt. Sprachgebiet letztlich die Einheit der Schriftsprache. Kein anderer Text hätte dies bewirken können. Kein anderer Text hat zudem mit seiner Sprache so intensiv auf die Literatur eingewirkt wie Luthers Bibeldeutsch. Dies bezeugen Dichter und Denker unserer Geistesgeschichte in vielen Äußerungen. Das ist das große Erbe bis heute.

Diesen Artikel widme ich mit großem Respekt der Person und dem 'Lutherforscher' Heinrich Bach.

9. Literatur (in Auswahl)

Admoni, Wladimir G., Zur Ausbildung der Norm der deutschen Literatursprache im Bereich des nhd. Satzgefüges (1470−1730). Ein Beitrag zur Geschichte des Gestaltungssystems der deutschen Sprache. Berlin 1980. (ZAN, IV).

Ders., Luthers Sprachbau als ausgewogenes grammatisches System. In: Luthers Sprachschaffen [...]. Hrsg. v. Joachim Schildt. Berlin 1984, 207−218. (LStA 119/I).

Aichinger, Carl Friedrich, Versuch einer teutschen Sprachlehre [...]. Frankfurt und Leipzig 1754. Nachdruck Hildesheim/New York 1972.

Ders., Unvorgreiffliche Vorschläge, die teutsche Bibel nach der Uebersetzung des seel. D. Luthers betreffend, nebst einer Vorrede von den Verdiensten D. Luthers um die teutsche Sprache. Regensburg 1774.

Arndt, Erwin, Kommunikationsbedingungen − stilbedingende Faktoren − Text- und Stilkonstitution. In: ZfG 1980, 21−36.

Ders./Gisela Brandt, Luther und die deutsche Sprache. 'Wie redet der Deutsche man jnn solchem fall?'. Leipzig 1983.

Ausbildung der Norm der deutschen Literatursprache auf der syntaktischen Ebene (1470−1730). Der Einfachsatz. Hrsg. v. Gerhard Kettmann/Joachim Schildt. Berlin 1976. (ZAN Synt. Ebene I).

Bach, Heinrich, Laut- und Formenlehre der Sprache Luthers. Kopenhagen 1934.

Ders., Handbuch der Luthersprache. Laut- und formenlehre in Luthers Wittenberger drucken bis 1545. Tl. 1, Vokalismus. Kopenhagen 1974. Tl. 2, Druckschwache silben. Konsonantismus. Kopenhagen 1985.

Ders., Wo liegt die entscheidende Wirkung der „Luthersprache" in der Entwicklung der deutschen Standardsprache? In: Luthers Sprachschaffen (...). Hrsg. v. Joachim Schildt. Berlin 1984, 96−107. (LStA 119/I). [Wiederabdruck in Wolf 1996, 126−135].

Ders., Die Rolle Luthers für die deutsche Sprachgeschichte. In: Sprachgeschichte. Ein Handbuch zur Geschichte der deutschen Sprache und ihrer Erforschung. Hrsg. v. Werner Besch/Oskar Reichmann/Stefan Sonderegger. 2. Halbband, Berlin/New York 1985, 1440−1447. (HSK 2.2).

Bahder, Karl von, Zur Wortwahl in der frühneuhochdeutschen Schriftsprache. Heidelberg 1925 (GB II. Abteilung: Untersuchungen und Texte 19).

Bebermeyer, Renate und Gustav, Wörterbuch zu Martin Luthers Deutschen Schriften. Wortmonographie zum Lutherwortschatz. Anknüpfend an Philipp Dietz, Wörterbuch zu Dr. Martin Luthers Deutschen Schriften, erster und zweiter Band, Lieferung I (A−Hals) 1870−1872. Lieferung II und III. (Hals−Heilig). Hildesheim 1993.

Beintker, Horst, Zum Stand der lexikalischen Erfassung von Luthers Wortschatz. In: Forschungen und Fortschritte. Bd. 40. 1966, 21−24.

Ders., Martin Luther − Evangelist in deutscher Sprache. In: WZUJ 32, 1983, 41−64.

Beiträge zur Sprachwirkung Martin Luthers im 17./18. Jh. Hrsg. v. Manfred Lemmer. Halle/S. 1987/88, 2 Teile. (Martin-Luther-Universität Halle-Wittenberg. Wissenschaftliche Beiträge 1987/10, F 65, 1988/5, F 77).

Bentzinger, Rudolf, Untersuchungen zur Syntax der Reformationsdialoge 1520−1525. Ein Beitrag zur Erklärung ihrer Wirksamkeit. Berlin 1992. (Baust. 67).

Ders./Gerhard Kettmann, Zu Luthers Stellung im Sprachschaffen seiner Zeit (Anmerkungen zur Sprachverwendung in der Reformationszeit). In: ZPSK 36, 1983, 265−275. [Wiederabdruck in Wolf 1996, 201−214].

Bergmann, Rolf, Der rechte Teutsche Cicero oder Varro. Luther als Vorbild in den Grammatiken des 16. bis 18. Jhs. In: Sprachwissenschaft 8, 1983, 265−276. [Wiederabdruck in Wolf 1996, 291−302].

Besch, Werner, Sprachlandschaften und Sprachausgleich im 15. Jh. Studien zur Erforschung der spätmittelhochdeutschen Schreibdialekte und zur Entstehung der neuhochdeutschen Schriftsprache. München 1967. (BG 11).

Ders., Zur Entwicklung der deutschen Interpunktion seit dem späten Mittelalter. In: Interpretation und Edition deutscher Texte des Mittelalters. Festschrift für John Asher zum 60. Geburtstag. Hrsg. v. Kathryn Smits/Werner Besch/Victor Lange. Berlin 1981, 187−206.

Ders., Sprachliche Veränderungen in Lutherbibel-Drucken des 16.−18. Jhs. In: Luthers Sprachschaffen [...]. Hrsg. v. Joachim Schildt. Berlin 1984, 108−133. (LStA 119/I). [Wiederabdruck in Wolf 1996, 250−269].

Ders., „... und überhaupt die ganze Schreibart nach dem nun einmal in ganz Deutschland angenommenen Sprachgebrauche einzurichten". (Zürcher Bibel 1772). In: Deutsche Sprachgeschichte [...]. Festschrift für Johannes Erben zum 65. Geburtstag. Hrsg. v. Werner Besch. Frankfurt/M. 1990, 301−311.

Ders., Martin Bucers deutsche Sprache. Beobachtungen zur Sprachform und zum Sprachstil. In: Martin Brucer and Sixteenth Century Europe. Actes du colloque de Strasbourg, 28−31 Août 1991. Ed. by Christian Krieger/Marc Lienhard. Two volumes. Leiden/New York/Köln 1993, volume one, 19−35.

Ders., Wortschatzwandel in deutschen Bibeldrukken der frühen Neuzeit. In: Gesellschaft, Kommunikation und Sprache Deutschlands in der frühen Neuzeit. Studien des deutsch-japanischen Arbeitskreises für Frühneuhochdeutschforschung. Hrsg. v. Klaus J. Mattheier/Haruo Nitta/Mitsuyo Ono. München 1997, 23−39.

Ders., ... sein Licht (nicht) unter den Scheffel stellen. In: Deutsche Sprache in Raum und Zeit. Festschrift für Peter Wiesinger zum 60. Geburtstag. Hrsg. von Peter Ernst und Franz Patocka. Wien 1998, 463−477.

Ders., Wider den Stachel löcken (lecken). In: Interdigitations. Essays for Irmengard Rauch. Edited by Gerald F. Carr, Wayne Harbert, & Lihua Zhang. New York 1999, 247−256.

Ders., Die Rolle Luthers in der deutschen Sprachgeschichte. Vorgetragen am 7. November 1998. Heidelberg 1999 (Schriften der Philosophisch-Historischen Klasse der Heidelberger AdW 12).

Bornkamm, Heinrich, Luther als Schriftsteller. Heidelberg 1965. (SbHeidelbA 1965, 1. Abhandlung).

Ders., Luther im Spiegel der deutschen Geistesgeschichte. Mit ausgewählten Texten von Lessing bis zur Gegenwart. Göttingen ²1970 [¹Heidelberg 1955].

Brecht, Martin, Luther als Schriftsteller. Zeugnisse seines dichterischen Gestaltens. Stuttgart 1990 (calwer taschenbibliothek 18).

Büchmann, Georg, Geflügelte Worte, 32. Auflage, vollständig neubearbeitet von Gunther Haupt und Winfried Hofmann. Berlin 1972.

Cochlaeus, J., Commentaria de actis et scriptis. M. Lutheri Saxonis. 1549. Übersetzung aus K. Kaulfuss-Diesch, Das Buch der Reformation. Geschrieben von Mitlebenden. 5. Aufl. 1917.

Debus, Friedhelm, Luther als Sprachschöpfer. Die Bibelübersetzung in ihrer Bedeutung für die Formung der deutschen Schriftsprache. In: Luthers bleibende Bedeutung. Hrsg. v. Jürgen Becker. Husum 1983, 22−52. (Husum-Taschenbuch). [Zitiert nach Wiederabdruck in: Friedhelm Debus, Klei-nere Schriften. Bd. 1. Hildesheim/Zürich/New Yoek 1997, 33−63].

Ders., „ein ittliche sprag hatt ir eigen art". Zur Sprachauffassung Martin Luthers. In: Sandbjerg 85. Dem Andenken von Heinrich Bach gewidmet. Hrsg. v. Friedhelm Debus u. Ernst Dittmer. Neumünster 1986, 213−226. [Wiederabdruck in: Ders., Kleinere Schriften. Bd. 1. Hildesheim/Zürich/New York 1997, 64−75].

Dietz, Philipp, Wörterbuch zu Dr. Martin Luthers deutschen Schriften. Bd. 1 und 2, 1 (A−Hals). Leipzig 1870−72. [Nachdruck Hildesheim 1961 und 1973].

Dittmer, Ernst, H. Bachs Arbeiten über die Entstehung der deutschen Schriftsprache. In: Sandbjerg 85. Dem Andenken an Heinrich Bach gewidmet. Hrsg. v. Friedhelm Debus/Ernst Dittmer. Neumünster 1986, 253−266. (Kieler Beiträge zur deutschen Sprachgeschichte 10).

Dückert, Joachim, Das Grimmsche Wörterbuch und Luther. In Luthers Sprachschaffen (...). Hrsg. v. Joachim Schildt. Berlin 1984, 244−258. (LStA 119/I). [Wiederabdruck in Wolf 1996, 149−159].

Ebeling, Gerhard, Wiederentdeckung der Bibel in der Reformation − Verlust der Bibel heute? In: Zeitschrift für Theologie und Kirche. Tübingen 1981, Beih. 5, 1−19.

Ebert, Helmut, Alltagssprache und Religiöse Sprache in Luthers Briefen und in seiner Bibelübersetzung. Eine satzsemantische Untersuchung am Beispiel von Aufforderungssätzen und Fragesätzen. Frankfurt/M. [etc.] 1986. (EH Reihe I: Deutsche Sprache und Literatur 929).

Ders./Johannes Erben, Forschungsbericht zur Syntax des Frühneuhochdeutschen. In: ZfdPh 106, 1987, 149−177.

Zur Entstehung der neuhochdeutschen Schriftsprache. Eine Dokumentation von Forschungsthesen. Hrsg. v. Klaus-Peter Wegera. Tübingen 1986.

Erben, Johannes, Grundzüge einer Syntax der Sprache Luthers. Vorstudie zu einer Luther-Syntax, zugleich ein Beitrag zur Geschichte der deutschen Hochsprache und zur Klärung der syntaktischen Grundfragen. Berlin 1954. (Dt. Ak. Wiss. B./IdSL 2).

Ders., Die sprachgeschichtliche Stellung Luthers. Eine Skizze vom Standpunkt der Syntax. In: PBB H 76, 1954 a, 166−179. [Wiederabdruck in Wolf 1996, 177−189].

Ders., Deutsche Wortbildung in synchronischer und diachronischer Sicht. In: WW 14, 1964, 83−93.

Ders., Synchronische und diachronische Betrachtungen im Bereiche des Frühneuhochdeutschen. In: Sprache − Gegenwart und Geschichte. Düsseldorf 1968, 220−237. (Spr. d. Geg. 5 = Jb. d. Inst. f. dt. Sprache Mannheim).

Ders., Luther und die neuhochdeutsche Schriftsprache. In: Deutsche Wortgeschichte. Hrsg. v. Friedrich Maurer/Heinz Rupp. 3., neubearbeitete Aufl. Bd. I. Berlin/New York 1974, 509−581.

Ders., Luthers Bibelübersetzung. In: Martin Luther im Spiegel heutiger Wissenschaft. Hrsg. v. Knut Schäferdiek. Bonn 1985, 33−50. (Studium Universale 4).

Fleischer, Wolfgang, Zur Entwicklung des Systems der Wortbildung in der deutschen Literatursprache unter dem Blickpunkt von Luthers Sprachgebrauch. In: Sitzungsberichte Ak. Wiss. DDR. Gesellschaftswissenschaften. Jahrgang 1983, 11/G. Berlin 1983, 54−69. [Wiederabdruck in Wolf 1996, 160−176].

Folsom, Marvin H., Lutherische Sprachmuster in der deutschen Bibelsprache. In: Luthers Sprachschaffen [...]. Hrsg. v. Joachim Schildt. Berlin 1984, 65−80. (LStA 119/III).

Franke, Carl, Grundzüge der Schriftsprache Luthers in allgemeinverständlicher Darstellung. Zweite, wesentlich veränderte und vermehrte Auflage. 1. Tl. Einleitung und Lautlehre. Halle/S. 1913. 2. Tl. Wortlehre. Halle/S. 1914. 3. Tl. Satzlehre. Halle/S. 1922.

Frettlöh, Regina, Die Revisionen der Lutherbibel in wortgeschichtlicher Sicht. Göppingen 1986. (GAG 434).

Frings, Theodor, Sprache und Geschichte III. Mit Beiträgen von Käthe Gleißner/Rudolf Große/Helmut Protze. Halle/S. 1956. (MdSt 18).

Grashof, J. W., Dr. M. Luthers Bibelübersetzung in ihrem Verhältnis zu den Bedürfnissen unserer Zeit [...]. Crefeld 1835.

Grimm, Wilhelm, Kleine Schriften 1. Berlin 1881.

Grimm, Wilibald, Die Lutherbibel und ihre Textesrevision. In: Deutsche Zeit- und Streitfragen. Flugschriften zur Kenntnis der Gegenwart. Hrsg. v. Fr. v. Holtzendorff/W. Oncken. Jahrgang III. Berlin 1874.

Große, Rudolf, Luthers Bedeutung für die Entwicklung der deutschen Sprache. Ak. Wiss. DDR. Gesellschaftswissenschaften. Jahrgang 1984, 12/G.). Berlin 1984, 24−31. [Wiederabdruck in Wolf 1996, 109−117].

Ders., Das wirksame Wort bei Luther und seinen Zeitgenossen. In: Luthers Sprachschaffen (...). Hrsg. v. Joachim Schildt. Berlin 1984 a, 77−95. (LStA 119/I).

Guchmann, Mirra M., Die Sprache der deutschen politischen Literatur in der Zeit der Reformation und des Bauernkrieges. Berlin 1974. (Baust. 54).

Dies./Natalija N. Semenjuk, Zur Ausbildung der Norm der deutschen Literatursprache im Bereich des Verbs (1470−1730). Tempus und Modus. Berlin 1981. (ZAN V).

Gutzen, Dieter, Zum Problem der Bibelübersetzung im 18. Jh. Eine Rezension der Hiob-Übersetzung von J. D. Michaelis in den Schleswigschen Literaturbriefen. Festschrift für Horst Rüdiger. Berlin/New York 1975, 625−633.

Ders., Bemerkungen zur Bibelübersetzung des Johann David Michaelis. In: Vestigia Bibliae 4, 1982, 71−78.

Haas, Walter, Zur Rezeption der deutschen Hochsprache in der Schweiz. In: Sprachstandardisierung. Standardisation des langues. Standardizzazione delle lingue. Standardization of languages. 12. Kolloquium der Schweizerischen Akademie der Geistes- und Sozialwissenschaften 1991. Hrsg. v. Georges Lüdi. Freiburg/Schweiz 1994, 193−227.

Habermann, Mechthild, Das sogenannte 'Lutherische e'. Zum Streit um einen *armen Buchstaben*. In: Sprachwissenschaft 22, 1997, 435−477.

Hahn, Gerhard, Evangelium als literarische Anweisung. Zu Luthers Stellung in der Geschichte des deutschen kirchlichen Liedes. München 1981. (MTU 73).

Hartweg, Frédéric, Aus der Druckpraxis der Luther-Nachdrucker in Straßburg. In: Luthers Sprachschaffen [...]. Hrsg. v. Joachim Schildt. Berlin 1984, 178−189. (LStA 119/I).

Ders., Luthers Stellung in der sprachlichen Entwicklung. Versuch einer Bilanz. In: Études germaniques 40, 1985, 1−20.

Ders., Zu „außlendigen wŏrter(n) auff unser teutsch". In: Deutsche Sprachgeschichte [...]. Festschrift für Johannes Erben zum 65. Geburtstag. Hrsg. v. Werner Besch. Frankfurt/M. 1990, 249−257.

Hatz, Erich R. R., Die Durchführung des „etymologischen Prinzips" bei der Graphie der Umlaute von 'a' und 'au', untersucht an Drucken der Lutherbibel des 16. bis 18. Jhs. Bonn 1986. (Diss. phil. Bonn).

Henzen, Walter, Schriftsprache und Mundarten. Ein Überblick über ihr Verhältnis und ihre Zwischenstufen im Deutschen 2., neu bearb. Aufl. Bern 1954.

Holl, Karl, Luthers Urteile über sich selbst. In: Gesammelte Aufsätze zur Kirchengeschichte. Bd. I: Luther. Tübingen 1921, 326−358; [7]1948, 381−419.

Hyldgaard-Jensen, Karl, Zur Bedeutung der Bibelübersetzungen Luthers für die dänische Bibelsprache des 16. Jhs. In: Luthers Sprachschaffen [...]. Hrsg. v. Joachim Schildt. Berlin 1984, 215−226. (LStA 119/II).

Ising, Gerhard, Zur Wortgeographie spätmittelalterlicher deutscher Schriftdialekte. Eine Darstellung auf der Grundlage der Wortwahl von Bibelübersetzungen und Glossaren. 2 Teile. Berlin 1968. (Dt. Ak. Wiss. B./IdSL 38/1.2.).

Jahrbuch der Heidelberger Akademie der Wissenschaften für 1999. Heidelberg 2000.

Josten, Dirk, Sprachvorbild und Sprachnorm im Urteil des 16. und 17. Jhs. Sprachlandschaftliche Prioritäten, Sprachautoritäten, sprachimmanente Argumentation. Frankfurt/M./Bern 1976. (EH Reihe I, Bd. 152).

Jüngel 1981 s. unter Testament ...

Kästner, Hannes, Kirchenlied und Katechismus in der frühen Reformationszeit und ihre Bedeutung für Unterricht und Kultus. In: Jahrestagung 1997. Suvažiavimo darbai: Litauen, Preussen und das erste litauische Buch 1547. Litauisches Kulturinstitut (Hrsg.), Lampertheim 1998, 37–56.

Ders./Schütz, Eva, Gottesbote oder Lügenprophet? Bemerkungen zur Genese und den Entwicklungstendenzen der konträren Lutherbilder in der Frühzeit der Reformation. In: Ist mir getroumet mîn leben? Vom Träumen und vom Anderssein. Festschrift für Karl-Ernst Geith zum 65. Geburtstag. Hrsg. v. André Schnyder [etc.]. Göppingen 1998, 49–66 (= GAG 632).

Kettmann, Gerhard, Die kursächsische Kanzleisprache zwischen 1486 und 1546. Studien zum Aufbau und zur Entwicklung. Berlin 1967, ²1969. (Baust. 34).

Ders., Zur schreibsprachlichen Überlieferung Wittenbergs in der Lutherzeit. In: PBB H 89, 1967 a, 76–120.

Ders., Zur Soziologie der Wittenberger Schreibsprache in der Lutherzeit. In: Mu 78, 1968, 353–366.

Ders., Studien zum graphematischen Status der Wittenberger Druckersprache in der ersten Hälfte des 16. Jhs. In: ZfG 8, 1987, 160–170. [Wiederabdruck in Wolf 1996, 236–249].

Ders., Studien zur ostmitteldeutschen Druckpraxis im 17. Jh. In: Vielfalt des Deutschen. Festschrift für Werner Besch. Hrsg. v. Klaus J. Mattheier [u. a.]. Frankfurt/M. [etc.] 1993, 279–288.

Ders., Luthersprache – Annotationen zur Begriffsbestimmung. In: Von wyßheit würt der mensch geert … Festschrift für Manfred Lemmer zum 65. Geburtstag. Hrsg. v. Ingrid Kühn/Gotthard Lerchner. Frankfurt/M. 1993 a, 169–176.

Ders./Schildt 1976 s. unter Ausbildung […].

Kluge, Friedrich, Von Luther bis Lessing. Aufsätze und Vorträge zur Geschichte unserer Schriftsprache. Leipzig ⁵1918.

Köhler, Hans-Joachim, Erste Schritte zu einem Meinungsprofil der frühen Reformationszeit. In: Martin Luther. Probleme seiner Zeit. Hrsg. v. Volker Press/Dieter Stievermann. Stuttgart 1986, 244–281.

Korhonen, Jarmo, Luthers Sprachgebrauch im Lichte neuerer syntaktischer Untersuchungen. In: Luther Sprachschaffen (…). Hrsg. v. Joachim Schildt. Berlin 1984, 49–64. (LStA 119/III). [Wiederabdruck in Wolf 1996, 190–200].

Kriegesmann, Ulrich, Die Entstehung der neuhochdeutschen Schriftsprache im Widerstreit der Theorien. Frankfurt/M. [etc.] 1990. (GASK, Bd. 14).

Kunze, Konrad, Neue Ansätze zur Erfassung spätmittelalterlicher Sprachvarianz. In: Überlieferungsgeschichtliche Prosaforschung. Beiträge der Würzburger Forschergruppe zur Methode und Auswertung. Hrsg. v. Kurt Ruh. Tübingen 1985, 157–200. (TuT 19).

Lemmer, Manfred, Zur Bewertung von Luthers Bibelwortschatz im 17./18. Jh. In: Beiträge zur Sprachwirkung Martin Luthers im 17./18. Jh. Teil II. Hrsg. v. dems. Halle/S. 1988, 36–58. (Martin-Luther-Universität Halle-Wittenberg. Wissenschaftliche Beiträge 1988/5, F 77). [Wiederabdruck in Wolf 1996, 270–290].

Lenk, Werner, Martin Luther und die Macht des Wortes. In: Luthers Sprachschaffen (…). Hrsg. v. Joachim Schildt. Berlin 1984, 134–153. (LStA 119/I).

Literatursprache im Zeitalter der frühbürgerlichen Revolution. Untersuchungen zu ihrer Verwendung in der Agitationsliteratur. Hrsg. v. einem Autorenkollektiv unter der Leitung von Gerhard Kettmann/Joachim Schildt. Berlin 1978. (Baust. 58).

D. Martin Luther: Die gantze Heilige Schrifft Deudsch. Wittenberg 1545. Letzte zu Luthers Lebzeiten erschienene Ausgabe. Hrsg. v. Hans Volz unter Mitarbeit von Heinz Blanke. Textredaktion Friedrich Kur. 2 Bde. und Anhang. Darmstadt 1972.

D. Martin Luthers Werke. Kritische Gesamtausgabe. Weimar 1883ff. I. Abteilung: Werke. II. Abteilung: Tischreden. III. Abteilung: Die Deutsche Bibel. IV. Abteilung: Briefe. [Eine genaue Aufschlüsselung nach Bänden findet sich in Wolf 1985, 44–49].

Luther, Martin, Studienausgabe. In Zusammenarbeit mit Helmar Junghans/Joachim Rogge/Günther Wartenberg. Hrsg. v. Hans-Ulrich Delius. Berlin 1979ff. [geplant auf 6 Bde., 5 sind bisher erschienen].

Luthers Deutsch. Sprachliche Leistung und Wirkung. Hrsg. v. Herbert Wolf. Frankfurt/M. (u. a.) 1996. (DGF Bd. 2).

Luthertext 1980 s. unter Möglichkeiten […].

Meiß, Klaus, Streit um die Lutherbibel. Sprachwissenschaftliche Untersuchungen zur neuhochdeutschen Standardisierung (Schwerpunkt Graphematik) anhand Wittenberger und Frankfurter Drucke. Frankfurt/M. 1994.

Meurer 1977 s. unter Verrat […].

Möckelmann, Jochen, Deutsch-schwedische Sprachbeziehungen. Untersuchung der Vorlagen der schwedischen Bibelübersetzungen von 1536 und des Lehngutes aus dem Deutschen in diesen Übersetzungen. Göppingen 1968. (GAG 3).

Möglichkeiten und Grenzen einer Revision des Luthertextes. Veröffentlichungen der Luther-Akademie e. V. Ratzeburg. Erlangen 1980.

Mönckeberg, Carl, Beiträge zur würdigen Herstellung des Textes der lutherischen Bibelübersetzung. Hamburg 1855.

Moser, Virgil, Historisch-grammatische Einführung in die frühneuhochdeutschen Schriftdialekte. Halle/S. 1909. [Neudruck Darmstadt 1971. Teilabdruck in Wolf 1996].

Müller, Ernst E., Zu Adam Petris Bibelglossar von 1523. In: Deutsche Sprache: Geschichte und Gegenwart. Festschrift für Friedrich Maurer zum 80. Geburtstag. Hrsg. v. Hugo Moser [u. a.]. Bern/München 1978, 127–134.

Ders., Wer war der Verfasser des Petriglossars? In: Standard und Dialekt. Studien zur gesprochenen und geschriebenen Gegenwartssprache. Festschrift für Heinz Rupp zum 60. Geburtstag. Hrsg. v. Heinrich Löffler [u. a.]. Bern/München 1979, 177–192.

Pavlov, V. M., Zur Ausbildung der Norm der deutschen Literatursprache im Bereich der Wortbildung (1470–1730). Von der Wortgruppe zur substantivischen Zusammensetzung. Berlin 1983. (ZAN VI).

Polenz, Peter von, Altes und Neues zum Streit über das Meißnische Deutsch. In: Kontroversen, alte und neue. Akten des VII. Internationalen Germanisten-Kongresses Göttingen 1985. Tübingen 1986, Bd. 4, 183–202.

Preuss, Hans, Martin Luther. Der Künstler. Gütersloh 1931.

Raab, Heribert, „Lutherisch-Deutsch". Ein Kapitel Sprach- und Kulturkampf in den katholischen Territorien des Reiches. In: Zs. f. bayerische Landesgeschichte 47, 1984, 15–42.

Reinitzer, Heimo, Biblia deutsch. Luthers Bibelübersetzung und ihre Tradition. Wolfenbüttel/Hamburg 1983.

Ders., Die Revision der Lutherbibel im 16. und 17. Jh. In: Wolfenbütteler Beiträge Bd. 6, 1983 a, 299–335.

Rieke, Ursula, Studien zur Herausbildung der neuhochdeutschen Orthographie. Markierung der Vokalquantitäten in deutschsprachigen Bibeldrucken des 16.–18. Jhs. Heidelberg 1998. (Studien zur Geschichte der deutschen Sprache, Bd. 1).

Rössing-Hager, Monika, Syntaktische Untersuchungen an Luthers Briefen als methodischer Ansatz zur Bestimmung des Sprachstils. Diss. phil. Marburg 1968. Druck unter dem Titel: Syntax und Textkomposition in Luthers Briefprosa. 2 Bde. Köln [etc.] 1972.

Schamelius, Joh. Mart., Joh. Martini Schamelii, Past. Primar. zu Naumburg Evangelischer Lieder= Commentarius... Leipzig. Zu finden bey Friedrich Lanckischens Erben, 1737.

Schildt, Joachim, Die Satzklammer und ihre Ausbildung in hoch- und niederdeutschen Bibeltexten des 14.–16. Jhs. In: Studien zur Geschichte der deutschen Sprache. Berlin 1972, 231–242.

Ders., Zur Ausbildung des Satzrahmens. In: Gerhard Kettmann/Joachim Schildt, ZAN, Bd. I, 1976, 235–284.

Ders., Martin Luthers deutsches Sprachschaffen. Seine Bedeutung für die Entwicklung der deutschen Sprache. In: Luthers Sprachschaffen (…). Hrsg. v. dems. Berlin 1984, 30–47. (LStA 119/I).

Schmitt, Ludwig E., Die Entstehung und Erforschung der neuhochdeutschen Schriftsprache. In: ZfMF 12, 1936, 193–223.

Ders., Der Weg zur deutschen Hochsprache. In: Jahrbuch der deutschen Sprache, Bd. 2, 1944, 82–121.

Ders., Untersuchungen zur Entstehung und Struktur der 'neuhochdeutschen Schriftsprache'. Bd. 1: Sprachgeschichte des Thüringisch-Obersächsischen im Spätmittelalter. Die Geschäftssprache 1300–1500. Köln/Graz 1966.

Schoeps, Richard, Zur Geschichte der Lutherischen Bibelsprache. Von der Ausgabe letzter Hand (1545) bis zum ersten Texte Aug. Herm. Franckes (1713). In: Festschrift zur Zweihundertjährigen Jubelfeier der Franckeschen Stiftungen am 30. Juni und 1. Juli 1898. Dargebracht von dem Realgymnasium in den Franckeschen Stiftungen. Halle/S. 1898, 81–103.

Schwitalla, Johannes, Gesprochenes Deutsch. Eine Einführung. Berlin 1997. (GG 33).

Socin, Adolf, Schriftsprache und Dialekte im Deutschen nach Zeugnissen alter und neuer Zeit. Heilbronn 1888. [Nachdruck Hildesheim/New York 1970].

Sonderegger, Stefan, Die Reformatoren als Sprachgestalter. In: Reformatio 23, 1974, 94–108.

Ders., Martin Luthers Ringen um den deutschen Vaterunser-Text. Eine philologische Studie mit einem Vergleich zwischen Notker von St. Gallen und Luther. In: Festschrift für Gerhard Cordes zum 65. Geburtstag, Bd. 2. Neumünster 1976, 403–425.

Ders., Zur sprachlichen Stellung der Zürcher Bibelübersetzung 1524 bis 1535. In: Festschrift für Ingo Reiffenstein. Hrsg. v. Peter K. Stein/Andreas Weiss/Gerold Hayer. Göppingen 1988, 58–81. (GAG 478).

Ders., Frühneuhochdeutsch in der Schweiz. Versuch einer Standortbestimmung. In: Vielfalt des Deutschen. Festschrift für Werner Besch. Hrsg. v. Klaus J. Mattheier [u. a.]. Frankfurt/M. [etc.] 1993, 11–36.

Spangenberg, Karl, Aspekte des Einflusses thüringischer Sprachvarietäten auf Luthers Sprachschaffen. In Luthers Sprachschaffen […]. Hrsg. v. Joachim Schildt. Berlin 1984, 59–69. (LStA 119/II).

Stackmann, Karl, Probleme germanistischer Lutherforschung. In: Archiv für Reformationsgeschichte 75, 1984, 7–31.

Stammler, Wolfgang, Sprachliche Beobachtungen an der Luther-Bibel des 17. Jhs. In: Zeitschrift für Kirchengeschichte 50, 1931, 378–392. [Nachgedruckt in ders.: Kleine Schriften zur Sprachgeschichte. Berlin [etc.] 1954, 36–47].

Stockmann-Hovekamp, Christina, Untersuchungen zur Straßburger Druckersprache in den Flugschriften Martin Bucers. Graphematische, morphologische und lexikologische Aspekte. Heidelberg 1991. (SFrnhd. 9).

Stolt, Birgit, Die Sprachmischung in Luthers Tischreden. Studien zum Problem der Zweisprachigkeit. Uppsala 1964. (AUS, Stockholmer Germanistische Forschungen 4).

Dies., Studien zu Luthers Freiheitstraktat mit besonderer Rücksicht auf das Verhältnis der lateinischen und der deutschen Fassung zu einander und die Stilmittel der Rhetorik. Stockholm 1969. (AUS, SGF 6).

Dies., Wortkampf. Frühneuhochdeutsche Studien zur theoretischen Praxis. Frankfurt/M. 1974. (Res publica literaria 8. SGF 13, 31–77).

Dies., Germanistische Hilfsmittel zum Lutherstudium. In: Luther-Jb. 46, 1979, 120–135.

Dies., Luther, die Bibel und das menschliche Herz. Stil- und Übersetzungsprobleme der Luther-Bibel damals und heute. In: Mu 94, 1983/84, Sonderheft zum 500. Geburtstag Martin Luthers, 1−15.

Dies., Revisionen und Rückrevisionen des Luther-NT aus rhetorisch-stilistischer Sicht. In: Stilistisch-rhetorische Diskursanalyse. Hrsg. v. Barbara Sandig. Tübingen 1988, 13−40. (forum Angewandte Linguistik Bd. 14).

Dies., Lieblichkeit und Zier, Ungestüm und Donner. Martin Luther im Spiegel seiner Sprache. In: Zeitschrift für Theologie und Kirche 86, 1989, 282−305. [Wiederabdruck in Wolf 1996, 317−339].

Dies., Redeglieder, Informationseinheiten: Cola und commata in Luthers Syntax. In: Neuere Forschungen zur historischen Syntax des Deutschen [...]. Hrsg. v. Anne Betten. Tübingen 1990, 379−392.

Dies., Rhetorische Textkohärenz − am Beispiel Martin Luthers. In: Jahrbuch Rhetorik. Hrsg. v. J. Dyck/Walter Jens/Gerd Ueding. Rhetorik der frühen Neuzeit Bd. 10. Tübingen 1990 a, 89−99.

Dies., Martin Luthers rhetorische Syntax. In: Rhetorik zwischen den Wissenschaften. Hrsg. v. Gert Ueding/Walter Jens. Tübingen 1991, 207−220.

Dies., Rhetorik und Musik in Martin Luthers Bibelübersetzung. In: ZfG NF. IV, 1994, 286−297.

Tarvainen, Kalevi, Martin Luther und Mikael Agricola: Ein Deutscher und ein Finne prägen die Sprachgeschichte. In: Luthers Sprachschaffen [...]. Hrsg. v. Joachim Schildt. Berlin 1984, 259−273. (LStA 119/II).

Das Neue Testament heute. Zur Frage der Revidierbarkeit von Luthers Übersetzung. In: Zeitschrift für Theologie und Kirche. Hrsg. v. Eberhard Jüngel. Beiheft 5. Tübingen 1981.

Thomas, Heinz, Die Deutsche Nation und Martin Luther. In: HJB 105, zweiter Halbband, 1985, 426−454.

Tschirch, Fritz, Probeartikel zum Wörterbuch der Bibelsprache Luthers. In: Nachrichten der Akademie der Wissenschaften in Göttingen. Klasse I. Philosophisch-historische Klasse 3, 1964, 152−197.

Ders., 1200 Jahre deutsche Sprache in synoptischen Bibeltexten. Ein Lese- und Arbeitsbuch. Hrsg. v. dems. 2. durchgesehene Aufl. Berlin 1969.

Ders., Geschichte der deutschen Sprache. Zweiter Teil: Entwicklung und Wandlungen der deutschen Sprachgestalt vom Hochmittelalter bis zur Gegenwart. 3. ergänzte und überarbeitete Aufl. bearb. v. Werner Besch. Berlin 1989. (GG 9).

Verrat an Luther? Bilanz einer Bibelrevision. Hrsg. v. Siegfried Meurer. Stuttgart 1977. (Die Bibel in der Welt. Jb. des Evangelischen Bibelwerkes in der Bundesrepublik Deutschland und Berlin-West e. V., Bd. 17).

Volz 1972 s. unter Luther [...].

Volz, Hans, Martin Luthers deutsche Bibel. Entstehung und Geschichte der Lutherbibel. Eingeleitet von Friedrich Wilhelm Kantzenbach. Hrsg. v. Hennig Wendland. Hamburg 1978.

Wegera 1986 s. unter Entstehung [...].

Wells, Christopher J., Orthography as Legitimation: 'Luther's' Bible orthography and Frankfurt Bibles of the 1560s and 70s. In: Das unsichtbare Band der Sprache. Studies in German Language and Linguistic History in memory of Leslie Seiffert. Stuttgart 1993, 149−188.

Wiesinger, Peter, Zur Frage lutherisch-ostmitteldeutscher Spracheinflüsse auf Österreich im 17. und in der ersten Hälfte des 18. Jhs. In: Beiträge zur Sprachwirkung Martin Luthers im 17./18. Jhs. Hrsg. v. Manfred Lemmer. Martin-Luther-Universität Halle-Wittenberg. Halle/S. 1987. Wissenschaftliche Beiträge 1987/10, Teil I, 83−109.

Ders., Die Einführung der allgemeinen deutschen Schriftsprache in Österreich in der zweiten Hälfte des 18. Jhs. In: Im Zeichen der ungeteilten Philologie. Festschrift für Professor Dr. sc. Karl Mollay zum 80. Geburtstag. Hrsg. v. P. Bassola [u. a.]. Budapest 1993, 393−410.

Ders., Die sprachlichen Verhältnisse und der Weg zur allgemeinen deutschen Schriftsprache in Österreich im 18. und frühen 19. Jh. In: Sprachgeschichte des Neuhochdeutschen. Hrsg. v. Andreas Gardt [u. a.]. Tübingen 1995, 319−367. (RGL 156).

Winge, Vibeke, Luther im deutschsprachigen Dänemark. In: Luthers Sprachschaffen [...]. Hrsg. v. Joachim Schildt. Berlin 1984, 274−280. (LStA 119/II).

Wörterbuch, Frühneuhochdeutsches, Hrsg. v. Robert R. Anderson/Ulrich Goebel/Oskar Reichmann. Bd. 1: Einführung, a−äpfelkern. Bearb. v. Oskar Reichmann. Berlin/New York 1989. Bd. 2: apfelkönig−barmherzig. Bearb. v. Oskar Reichmann. Berlin/New York 1994. Bd. 3: Lief. 1 (1995), Lief. 2 (1997 = befremden − beistat). Bd. 4, Lief. 1 (v. J. Schildt). Bd. 8, Lief. 1 (v. U. Winge).

Wörterbücher, Deutschsprachige, Projekte an Akademien, Universitäten, Instituten. Zusammengestellt in der Arbeitsstelle Göttingen des Deutschen Wörterbuchs von Jacob und Wilhelm Grimm. Göttingen 1996.

Wolf, Herbert, Martin Luther. Eine Einführung in germanistische Luther-Studien. Stuttgart 1980. (SM 193).

Ders., Germanistische Luther-Bibliographie. Martin Luthers deutsches Sprachschaffen im Spiegel des internationalen Schrifttums der Jahre 1880−1980. Heidelberg 1985. (GB 6. Reihe, Bibliographien und Dokumentationen).

Ders., Zum Stand der sprachlichen Lutherforschung. In: Frühneuhochdeutsch. Zum Stand der sprachwissenschaftlichen Forschung. ZfdPh 106, 1987 Sonderheft, 246−272.

Ders. 1996 s. unter Luthers Deutsch [...].

Ders., Luthers sprachliche Selbstbeurteilungen. In: ZfdPh 115, 1996 a, 349−370.

Werner Besch, Bonn

XIII. Ergebnisse der Sprachgeschichtsforschung zu den historischen Sprachstufen VI: Das Neuhochdeutsche in seiner Entwicklung vom 17. bis zur Mitte des 20. Jahrhunderts

124. Soziokulturelle Voraussetzungen des Neuhochdeutschen bis zur Mitte des 20. Jahrhunderts

1. Vorbemerkungen: Grenzen der Periode

1.1. Die historische Erforschung des Nhd. ist mit einer Reihe von Problemen verbunden. Vor allem ist es die Frage nach den Grenzen dieser Periode in der Geschichte der dt. Sprache. Das 17. und das 18. Jh. haben schon in dieser historischen Disziplin einen festen Platz eingenommen. Und die Frage danach, ob sie − in sprachlicher Hinsicht − im vollen Sinne der Vergangenheit angehören, wird nicht diskutiert. Nicht so problemlos dagegen ist es, wenn das 19. Jh. und auch die erste Hälfte des 20. Jhs. ebenfalls als „Geschichte" angesehen wird. Längere Zeit bestand die Tendenz, das 19. und das 20. Jh. unter dem Begriff „das heutige Deutsch" zusammenzu-

fassen. Das äußerte sich darin, daß die Sprache und die Texte beider Jahrhunderte in den grundlegenden Untersuchungen zur Geschichte der dt. Sprache als zu einer Periode gehörend betrachtet wurden (Moser 1969; von Polenz 1978), wofür es gute Gründe gibt (genauer gesagt − gegeben hat).

Ganz am Ende des 20. Jhs. dürfte schon die Sprache der vergangenen oder vergehender Jahrhunderte bereits als eine bestimmte historische Etappe angesprochen werden. Es ist aber wohl zweckmäßig, nur die erste Hälfte des 20. Jhs. (bis 1945) in den gesamten historischen Prozeß einzubeziehen. „Kann überhaupt innerhalb des 20. Jhs. eine Grenze gezogen werden [...], so muß sie am Ende des Zweiten Weltkrieges gesucht werden" (Eggers 1980, 603).

Wesentlich ist noch ein weiterer Umstand. Es ist zu berücksichtigen, auf welche Art und Weise auch die Frage nach der „oberen" Grenze der dt. Sprachgeschichte beantwortet wird. Die für das 19. Jh. spezifischen Aspekte der Sprachbetrachtung haben sich allmählich herauskristallisiert. Für die Sprache des 20. Jhs. aber hat sich die „historische" Problematik noch recht wenig abgezeichnet außer den offensichtlichen Veränderungen in der sprachexternen und sprachinternen Situation, die sich aus den wichtigen, oft tragischen historischen Ereignissen ergeben haben. Das die gesamte historische Etappe des Nhd. (17.−20. Jh.) Prägende ist die Herausbildung der ausgeformten Sprache, d. h. eines relativ einheitlichen, normalisierten und kodifizierten Sprachtyps, der im System der Existenzformen der dt. Sprache allmählich führend wird und den man in der letzten Zeit als „Standardsprache" zu bezeichnen pflegt.

Dieser Vorgang wird – wie in den meisten europ. Ländern – durch die Entwicklung der bürgerlichen Verhältnisse und durch die fortschreitende nationale Konsolidierung beeinflußt. Er erfolgt aber in Deutschland unter andersgearteten historischen Bedingungen und in einem anderen Tempo.

Die oben vorgenommene Absteckung der historischen Periode des Nhd. sichert aber keine weitgehende Einheitlichkeit der sprachhistorischen Problematik, was es notwendig macht, innerhalb dieser Periode noch einzelne Etappen auszusondern, von denen wenigstens die ersten drei im großen und ganzen jede mit einem Jahrhundert zusammenfallen.

1.2. In der historischen Erforschung des Nhd. läßt sich ein gewisses Zurückbleiben feststellen, auf welches K. Burdach (1926, 38) und später auch andere Germanisten aufmerksam gemacht haben (Nerius 1967, 7; Henne 1968, 111; Besch 1979, 323; 329; Langner 1983, 3). Früher wurde das Hauptaugenmerk auf die Darstellung der vorangegangenen Perioden in der dt. Sprachgeschichte gerichtet. Jetzt aber wird immer ausdrücklicher gefordert, den Rahmen der historischen Erforschung des Dt. zu erweitern und die Periode seit dem 17. Jh. eingehender zu studieren (Henne 1968; R. Große 1981). Es ist kaum zu bezweifeln, daß die Beantwortung vieler diskutabler und unklarer Fragen der Herausbildung und Weiterentwicklung des gegenwärtigen Dt. gerade in dieser Periode zu finden ist. Ihrer Behandlung sind einige Bemerkungen allgemeinen Charakters vorauszuschicken.

2. Historische Bedingungen und Stimuli der Sprachentwicklung

2.1. Die Gesamtheit der die Sprachentwicklung beeinflussenden Stimuli ist noch nicht zum Gegenstand einer systematischen Erforschung geworden. Im Prinzip sind solche Stimuli und Bedingungen bekannt. Das Hauptziel besteht deshalb darin, aufzudecken, wie und in welchem Grade jeder von diesen zusammenwirkenden Faktoren die Sprachentwicklung beeinflußt. Vorschläge für die Reihenfolge, in welcher diese Faktoren betrachtet werden dürften, wurden ansatzweise von Guchmann/Semenjuk gemacht (Guchmann/Semenjuk 1982, 19). Die Ablösung einer sozial-ökonomischen Gesellschaftsordnung durch eine andere (für die zu betrachtende Periode ist es der Übergang von der feudalen zur kapitalistischen Gesellschaft) bestimmt nur ganz allgemein den Rahmen der historischen Sprachentwicklung, und zwar die übliche Aufteilung der Geschichte der meisten europ. Sprachen in die vornationale und in die nationale Periode. In der Geschichte des Dt. läßt sich als entsprechende Grenze die Jahrhundertwende zwischen dem 16. und dem 17. Jh. ansehen. Der Übergang einer Gesellschaft von einer historischen Etappe zu einer anderen ruft aber eine Reihe von sekundären sozio- und kulturhistorischen Prozessen und Erscheinungen hervor. Deshalb liegt zwischen der ökonomischen, politischen und kulturellen Entwicklung einer Gesellschaft einerseits und der Entwicklung der in dieser Gesellschaft fungierenden Sprache andererseits eine mächtige Schicht von Faktoren, Prozessen und Erscheinungen, die die Sprachsituation und das Funktionieren der Sprache beeinflussen.

Als führende außersprachliche Stimuli lassen sich also ansehen:

1) historische Etappe in der Entwicklung der Gesellschaft (allgemeine Prozesse und wichtigste historische Tatsachen);
2) soziale Struktur der Gesellschaft und kommunikative Beziehungen ihrer einzelnen Schichten und Gruppen;
3) kulturhistorische Situation und hauptsächliche kulturelle Stimuli der Sprachentwicklung (einschließlich solcher kulturellen Ereignisse, wie z. B. die Erfindung des Buchdruckes oder das Aufkommen der periodischen Literatur);
4) Zusammensetzung und Verhältnis von einzelnen funktionalen Bereichen, in denen die Sprache verwendet wird.

Auch die sprachlichen Veränderungen selbst bestehen aus einer Reihe zwar zusammenhängender, aber ihrem Wesen nach verschiedener Prozesse; zu ihnen gehören: Ablösung (oder Änderung) der Sprachsituation, unter anderem Änderung im Verhältnis zwischen der Muttersprache und der Fremdsprache(n); Änderungen im funktionalen Paradigma der Sprache, in der sich das gegenseitige Verhältnis der hauptsächlichen Existenzformen der Sprache widerspiegelt, die der gegebenen Sprachgemeinschaft angehören, sowie Verschiebungen in funktionaler und kommunikativer Belastung ihrer einzelnen Schichten; Änderungen im Charakter und in den führenden Merkmalen der „geformten" Literatursprache, im Grade ihrer territorialen und funktional-stilistischen Variabilität; Änderungen im Charakter und in der Intensität der Normierungsprozesse und in ihrem Verhältnis zur Kodifizierung der Sprachnormen.

2.2. Historische Ereignisse, auch sehr wichtige, lassen sich bei weitem nicht immer unmittelbar in Zusammenhang bringen mit kulturhistorischen und noch weniger mit sprachlichen Erscheinungen und Prozessen. Die Folgen dieser Ereignisse können sich erstens nicht sofort, sondern nur mit einem zeitlichen Abstand in der kulturellen und in der sprachlichen Entwicklung bemerkbar machen. Zweitens können soziale, kulturelle und sprachliche Prozesse teilweise unterschiedlich gerichtet sein. Die zu geradlinige Kennzeichnung des 17. Jhs. als Periode kulturellen Verfalls ist z. B. nichts anderes als eine gewisse Vereinfachung der wirklichen kulturhistorischen Situation und ihrer Reflexe in der Sprachentwicklung (s. w. u.).

Aber auch in den Fällen, wo verschiedene Prozesse in etwa derselben Richtung verlaufen, bereitet häufig die Rekonstruktion ihres gegenseitigen Verhältnisses wesentliche Schwierigkeiten.

2.3. Eine der Aufgaben, die in vollem Umfange kaum zu lösen sind, ist die Rekonstruktion der kommunikativen Beziehungen, d. h. die für verschiedene Epochen vorzunehmende Ermittlung des Verhältnisses zwischen den Existenzformen der Sprache und den verschiedenen Schichten der Sprachträger. Vgl. in diesem Zusammenhang die Aufgaben der „kommunikativ orientierten" (R. Große 1981) oder der „pragmatischen" Sprachgeschichte (Ansätze [...] 1980). Die kommunikativen Beziehungen dürfen aber keinesfalls auf die spontanen (oder nicht-spontanen) mündlichen Kommunikationsformen beschränkt werden. Sie erfassen zweifellos auch „indirekte" Formen der Kommunikation einzelner Schichten und Gruppen, was in der Struktur des Schrifttums seinen Niederschlag findet, das für den Forscher zugänglicher ist als die mündlichen Formen, deren Rekonstruktion unvermeidlich hypothetischen Charakter haben muß.

Für die Sprachgeschichte wichtig ist aber nicht nur die Frage nach den − auch sehr weit verstandenen − Kommunikationsbeziehungen, sondern auch die Untersuchung der Rückwirkung der Sprache der einzelnen funktionalen und kommunikativen Bereiche sowie der Arten und Genres des Schrifttums auf die Sprachverwendung seitens verschiedener Schichten der Gesellschaft. Die Darstellungen der „Wirkungsgeschichte" sind noch vereinzelt. Auch die soziale Zugehörigkeit der Verfasser und der Leser zu verschiedenen historischen Perioden wurde noch nicht systematisch erforscht (Kaiser 1979).

Es bestehen gewisse Abhängigkeiten zwischen der Entwicklung von einzelnen funktionalen Bereichen und jenen gesellschaftlichen Gruppen, die als aktive Träger oder Rezipienten der Literaturform der Sprache auftreten. Mit dem Eindringen der dt. Sprache in neue Gattungen des Schrifttums, in welchen das Lat. früher benutzt wurde, ist das Anwachsen der Anzahl der „Verfasser" und der „Leser" verbunden, d. h. der Personen, die an der Schaffung und Benutzung von bestimmten Arten der Texte mit pragmatischen und ästhetischen Zielen beteiligt sind. Es ist bemerkenswert, daß das Aufkommen von neuen Gattungen oder neuen Genres des Schrifttums die häufig harte Diskussionen auslösende Frage danach aufkommen läßt, für welche Leserkreise sie bestimmt sind. Im 17. Jh. wird eine solche Diskussion anläßlich der Zeitungen geführt. Im nächsten Jh. entflammt sie bezüglich des Romans.

Zu beachten ist auch, daß die Rolle der einzelnen funktionalen Bereiche sowie der dieser Bereiche vertretenden Gattungen (oder Textsorten) in der Geschichte keinesfalls stabil ist. Ganz unterschiedlich ist z. B. die soziale und kulturelle Bedeutung der religiösen, geschäftlichen, wissenschaftlichen und schönen Literatur in den verschiedenen Perioden der Entwicklung der Sprache. Diese Fragen werden in gewissem Maße geklärt bei der Betrachtung der sozialen und kulturellen Situation. Aber sichere Erkenntnisse können nur durch eingehende Erforschung und den Vergleich der Sprache einzelner Textsorten gewonnen werden.

3. Zum Begriff des funktionalen Paradigmas der Sprache

3.1. Wichtige Voraussetzung für die funktionale Sprachbetrachtung ist die Auffassung der Sprache nicht nur als eines hinsichtlich seiner gesellschaftlichen Funktionen neutralen Systems, sondern auch als eines funktional bedingten Typs oder einer Existenzform der Sprache. Einen von solchen funktionalen Typen stellt die Literatur- bzw. Schriftsprache dar, die in der nhd. Periode als in funktionaler Hinsicht universellste und nach ihrer sozialen und kulturellen Bedeutung wichtigste Existenzform auftritt (vgl. Reichmann 1978, 405; 1980, 517; Lerchner 1983, 31 u. a.). Der Literatursprache stehen die Gesamtheit der Territorialdialekte und verschiedene umgangssprachliche Idiome gegenüber.

Für die funktionale Sprachbetrachtung wesentlich ist der Begriff der 'Sprachsituation' sowie der in der letzten Zeit eingeführte Begriff des „funktionalen Paradigmas" (Guchmann 1984, Art. 3, Abschn. 5.2).

Unter der 'Sprachsituation' ist die Gesamtheit von Kommunikationsmitteln zu verstehen, die von einer bestimmten Sprachgemeinschaft in dieser oder jener Periode ihrer Existenz und Entwicklung benutzt wird. Hierher gehören alle hauptsächlichen Existenzformen der konkreten Sprache in ihrer unterschiedlichen sozialen Bezogenheit sowie alle anderen von dieser Gemeinschaft benutzten Kommunikationsmittel, zu denen auch „fremde" Sprachen gehören. Unter dem 'funktionalen Paradigma' ist in Anlehnung an M. Guchmann ein Modell zu verstehen, das das gegenseitige Verhältnis der hauptsächlichen Existenzformen der gegebenen Sprache und die Verteilung von hauptsächlichen kommunikativen Funktionen an diese Existenzformen widerspiegelt.

Das funktionale Paradigma der dt. Gegenwartssprache ist in seiner Grundvariante dreigliedrig und erfaßt die Literatursprache (vgl. seine andersgeartete Struktur in der Schweiz: Rupp 1983). In dieser Gestalt bildet es sich erst in der nhd. Periode heraus.

3.2. Die Aufgabe, die Sprache in der Gesamtheit aller ihrer Existenzformen zu einer bestimmten Periode zu erforschen, wird zur Zeit in der Germanistik immer deutlicher erkannt (z. B. Besch 1983, 966; Lerchner 1983, 31 ff.). Diese Aufgabe ist aber nicht so einfach zu lösen. Die sprachhistorische Forschung braucht entsprechende Quellen (die nicht für alle Perioden vorhanden sind), Erarbeitung von speziellen Untersuchungsmethoden und nicht zuletzt rationale Einschränkung der Aufgaben. Es gibt jedenfalls bisher keine umfassende Untersuchung der Geschichte aller Existenzformen der dt. Sprache. Dasselbe gilt übrigens auch für andere europ. Sprachen. Eine solche komplexe Untersuchung der Sprache kann kaum in einer absehbaren Zeit zustande gebracht werden.

4. Literatur- bzw. Schriftsprache der neuhochdeutschen Periode und ihre Merkmale

4.1. Wie schon oben gesagt ist, nimmt gewöhnlich die Literatursprache im funktionalen Paradigma einer konkreten Sprache die führende Stellung ein, während der Charakter und die Stellung der anderen Existenzformen in verschiedenen Situationen ziemlich stark variieren können.

In der nhd. Periode erlangt die dt. Litertursprache endgültig den Status eines überregionalen, polyfunktionalen und normierten Systems. Die Tendenz zur Stabilität vereinigt sich in diesem System mit der Tendenz zur funktional-stilistischen Variierung entsprechend seinen vielfältigen funktionalen und kommunikativen Aufgaben.

Die Literatursprache kann unter zwei Blickwinkeln betrachtet werden, da sie zum einen nicht nur im Paradigma, sondern auch im Funktionieren dem Dialekt und der Umgangssprache gegenübersteht, und zum anderen selbst in diesem oder jenem Grade inhomogen und variabel ist. Funktionalstilistische Varianten sind bestimmte gesellschaftlich anerkannte und historisch bedingte Typen des Sprachgebrauchs in verschiedenen funktionalen und kommunikativen Bereichen (oder Textsorten).

Es ist anscheinend zweckmäßig, die primäre Differenzierung des nationalen sprachlichen Kontinuums in Existenzformen und die sekundäre Gliederung der Literatursprache in funktional-stilistische Varianten auch terminologisch auseinanderzuhalten und den ersten Terminus (*Existenzform*) nur für die primäre Gliederung zu verwenden.

4.2. Für die dt. linguistische Tradition ist eine Vielfalt von die Literaturform der Sprache bezeichnenden Termini charakteristisch: *Schriftsprache, Hochsprache, Literatursprache, Standardsprache.* Jede Vielfalt an Termini hat aber eine beträchtliche Inkommodität zur Folge; man muß immer wieder terminologische Fragen behandeln. Einen Versuch, die terminologische Vielfalt nutzbar zu machen, findet sich bei W. Besch, der es vorschlägt, parallel synonyme Termini zur Bezeichnung von verschiedenen Typen der Literatursprache in den einzelnen historischen Perioden zu verwenden: *Schriftsprache* für die Zeitspanne vom 16.–18. Jh. und *Standardsprache* für die Zeit vom 19.–20. Jh. (Besch 1983, 964). Dieser Vorschlag von W. Besch ist eine der möglichen Varianten des Modellierens der Sprachsituation.

Weiter unten wird aber zur Bezeichnung der geformten Sprache auch der Terminus *Literatursprache* benutzt, der von den Linguisten verschiedener Länder gebraucht wird.

4.3. Die Literatursprache weist einige spezifische Merkmale auf, durch die sie sich von den übrigen Existenzformen der Sprache absondert. Hierher gehören Geformtheit, Übermundartlichkeit, Polyfunktionalität. Diese Merkmale charakterisieren im unterschiedlichen Grade die Literatursprache der verschiedenen historischen Perioden. Am deutlichsten ausgeprägt sind sie in der entwickelten (nationalen) Literatursprache. Ihre Universalität und ein weiter Bereich ihrer territorialen und funktionalen Verwendung sind in bedeutendem Maße durch das Vorhandensein von unifizierten, stabilen und kodifizierten Sprachnormen bedingt.

4.4. Die Norm ist gleichzeitig eine linguistische und eine sozio-historische Kategorie, d. h. eine Gesamtheit sowohl von sprachlichen Mitteln wie von Regeln ihrer Verwendung, die von der Gesellschaft fixiert und kultiviert werden. Der soziale Aspekt der Norm äußert sich nicht nur in der Auswahl und Festlegung, sondern auch in einem bestimmten System von Wertungen der sprachlichen Erscheinungen durch die Sprachträger (richtig − falsch, angebracht − unangebracht) einschließlich der ästhetischen Komponente (schön − unschön).

Besonders tiefschürfend wurde die Theorie der Norm in der tschechischen (B. Havranek, V. Mathesius, A. Jedlička u. a.) und in der russischen (L. W. Ščerba, G. O. Winokur, V. W. Winogradov u. a.) linguistischen Tradition ausgearbeitet und − unter verschiedenen Blickwinkeln − auch von deutschen Linguisten (D. Nerius, G. Lerchner, R. Große, P. v. Polenz, S. Jäger, H. Steger, K. Gloy u. a.). Eine allgemeintheoretische Auffassung der Norm ist in den Arbeiten von E. Coseriu (Coseriu 1970) zu finden, anders bei W. Hartung (Hartung 1977; vgl. aber „Allgemeine Sprachwissenschaft" 1973; R. Große 1978; Lerchner 1973).

Unter Stabilität der Norm werden verstanden: historische Beständigkeit, Tradiertheit; gewisse Einschränkung und Reglementierung von zulässigen Schwankungen und Varianten (in verschiedenen Aspekten der Sprache äußert sich das in unterschiedlichem Grade); eine gewisse territoriale Gleichartigkeit (häufig in Verbindung mit territorialer Variabilität) usw. Die genannten Merkmale äußern sich in den Literatursprachen als Tendenzen. Der Grad der Stabilität einer Literatursprache ist an sich recht unbestimmt. Er ergibt sich aus dem Einfluß der gesamten kulturhistorischen Situation sowie aus der Struktur der konkreten Sprache.

Die Literaturnormen sind ein nicht nur relativ stabiler, sondern auch beträchtlich differenzierter Komplex von sprachlichen Mitteln, der das Aufkommen von Varianten bei weitem nicht ausschließt, sondern eher voraussetzt, was als Basis für funktional-stilistische Differenzierung der Literatursprachen dient. Die hauptsächlichen Differenzierungstypen sind: die Differenzierung der schriftlichen und der mündlichen Sprache, Normen der verschiedenen funktional-stilistischen Bereiche und territorial bedingte „normative" Differenzierung, wenn territoriale Varianten der Literatursprache vorhanden sind.

Die Herausbildung und Evolution der Norm im Werdegang der Literatursprachen sind durch die Wechselwirkung von spontanen und bewußt gelenkten Prozessen der Stabilisierung des Sprachsystems und seines Funktionierens in verschiedenen Bereichen bedingt. In der Kodifizierung der Norm äußert sich die unmittelbare Einwirkung der Gesellschaft auf die Sprache und auf ihren Gebrauch. Diese Einwirkung wird aber eingeschränkt durch die historische Tradition sowie durch die Selektivität der Kodifizierung in bezug auf die Gesamtheit der sprachlichen Erscheinungen.

In der Regel tut sich bei der Herausbildung der Norm eine bestimmte Landschaft oder Stadt hervor, deren Sprache die Basis für die Literaturnorm abgibt. Möglich ist auch ein anderer Weg, wenn beim Fehlen eines einheitlichen Zentrums Integrationsprozesse überwiegen, vgl. die Unterscheidung des pluri- und monozentrischen Typs der Herausbildung der Norm (Besch 1983, 986). Nicht selten läßt sich aber eine Wechselwirkung von beiden Typen beobachten.

Die Breite der sozialen Grundlage der Norm hängt davon ab, welche sozialen Schichten zur Zeit aktiv verlaufender Herausbildung der Literaturnormen als Träger der Literatursprache wirksam sind. Wesentlich ist auch, inwieweit bei der Kodifizierung der Norm die historische Tradition berücksichtigt wird und wie sich die Gesellschaft und ihre Sprache weiter entwickeln. Eine zu geradlinige Interpretation des Verhältnisses zwischen den sprachlichen und sozialen Prozessen kann eine vereinfachte Bewertung der Literaturnormen zur Folge haben.

In der Normierung von Erscheinungen, die den verschiedenen Ebenen der Sprache angehören, lassen sich bestimmte zeitliche und andere Unterschiede beobachten. Die Normierung des Wortschatzes erfolgt anscheinend auf einer breiteren territorialen und sozialen Basis als die der Aussprache. Bei der Normierung der Erscheinungen von verschiedenen Sprachebenen gestaltet sich unterschiedlich auch das Verhältnis von spontanen und bewußt gelenkten Prozessen, sowie desjenige von präskriptiven und deskriptiven Tendenzen. Die bewußte Kodifikation ist für die Normierung der Orthographie wesentlicher als für die des Wortschatzes oder der Syntax, obwohl auch in diesen Fällen die Tradition einschränkend wirken kann.

Formen und Methoden der Kodifizierung sind auf den einzelnen Etappen der Herausbildung der nationalen Literatursprache verschieden. Die Reihenfolge in der Normierung von orthographischen, morphologischen, syntaktischen, lexikalischen und orthoepischen Erscheinungen weist sowohl Momente auf, die universell, d. h. für alle Sprachen gültig sind, als auch Momente, die nur für die Geschichte einer konkreten Sprache charakteristisch sind (vgl. die relativ späte Normierung der dt. Aussprache).

Stets lassen sich natürlich Differenzen verschiedenen Grades feststellen zwischen der Kodifizierung und dem Usus. Ihr Grad ist ebenfalls historisch bedingt und für die sprachliche Situation kennzeichnend, die zu verschiedenen historischen Perioden in den einzelnen Ländern vorliegt.

5. Soziale und kulturhistorische Bedingungen der Entwicklung und der Funktionsweise der deutschen Sprache im 17. Jahrhundert

5.1. In der letzten Zeit wird das 17. Jh. in der Geschichte aller europ. Länder als eine Übergangsperiode angesehen. Das war die Periode des Kampfes zwischen den feudalen und den bürgerlichen Produktionsbeziehungen. Dieser Kampf nahm auch religiöse Form an und ging in den Dreißigjährigen Krieg (1618—1648) über, der für Deutschland tragische Folgen gehabt hat. Das Land war ruiniert, der Westfälische Frieden hat die ökonomische und politische Zersplitterung des Landes verankert. Das Bauerntum und das Bürgertum waren wirtschaftlich geschwächt, das städtische Gewerbe geriet in Verfall, der Entwicklung des Innenhandels standen das Zollsystem und das Währungschaos im Wege.

Nach der Beendigung des Krieges jedoch erfolgte ziemlich schnell ein wirtschaftlicher Umschwung: Städte und Gewerbe entwickelten sich, die Landwirtschaft wurde allmählich wieder auf ihren alten Stand gebracht.

Die in sozialer und kultureller Hinsicht führende Rolle spielten verschiedene Schichten des Adels, das gebildete städtische Patriziertum und das sich entwickelnde Beamtentum der absolutistischen Fürstentümer. Erst gegen Ende des Jahrhunderts verbesserte sich die ökonomische Lage des Bürgertums. Ein wichtiges Element der sozialen Struktur der damaligen dt. Gesellschaft bildeten die Intellektuellen, die sich aus den adeligen und bürgerlichen Schichten rekrutierten. Die Vertreter des Bürgertums waren intellektuell recht aktiv, aber nur die Zugehörigkeit zum Adel eröffnete meist den Weg zur staatlichen und wissenschaftlichen Tätigkeit.

5.2. In kultureller Hinsicht ist das 17. Jh. in Deutschland als eine Epoche der Kontraste und Widersprüche zu charakterisieren.

Krieg, Hunger, Epidemien haben etwa ein Drittel der Bevölkerung gefordert. Deshalb muß man bei der Beurteilung dieser Periode nicht nur ökonomische und politische Folgen des Dreißigjährigen Krieges berücksichtigen, sondern auch seinen starken — sowohl negativen, als auch positiven — Einfluß auf das geistige Leben und die Kultur. Ein wichtiges Element des geistigen Lebens in Deutschland des 17. Jhs. war die Mystik. In der zweiten Hälfte des Jhs. kommt der Pietismus auf, der teilweise auch in mystischen Tendenzen (besonders denen von J. Arndt) wurzelte. Ende des Jahrhunderts beginnt sich in der ideologischen Sphäre ein Übergang von der religiösen Weltauffassung zur philosophischen, wissenschaftlichen Weltanschauung der Vertreter der frühen dt. Aufklärung. Für diese Epoche kennzeichnend ist, daß in Europa Klassizismus und Barock zu führenden ästhetischen Strömungen geworden sind. Wenn sich die frz. Literatur im 17. Jh. vornehmlich auf den Klassizismus stützte, entwickelte sich dagegen auch das Barock in Deutschland recht intensiv, wobei hier die Beziehungen zu den traditionellen mittelalterlichen Formen schon recht schwach geworden sind (Newald 1960, 10; 47). Daraus erklärt sich auch der gewissermaßen elitäre Charakter der offiziell anerkannten dt. Kultur des 17. Jhs., die man als vor allem höfische humanistische Kultur bezeichnete (Sperber 1929). In Wirklichkeit aber war die soziale Basis dieser Kultur alles andere als homogen. Deshalb muß man bei ihrer Einschätzung auch der Rolle, die die bürgerlichen Kreise damals schon gespielt haben, Rechnung tragen. Erika Vogt hat schon gezeigt, daß bei weitem nicht alles im Literaturgeschehen des 17. Jhs. zur höfischen Kultur gerechnet werden kann. In diesen Rahmen passen kaum die Werke von J. M. Moscherosch, J. Rist, Fr. Logau, Chr. Weise. Vor allem waren es Vertreter der gebildeten protestantischen bürgerlichen Kreise. Als genialen Vertreter der niedrigeren Schicht der Gesellschaft bezeichnete E. Vogt Grimmelshausen (Vogt 1931, 49).

Die einstige, durchaus unvollständige und vereinfachte Auffassung von der Literatur des 17. Jhs. als vor allem höfisch-galant wurde durch eine komplexere abgelöst, da man verschiedene Gattungen des Schrifttums jener Periode gründlicher erforscht hat (Newald 1960; Henne 1966). Davon zeugt auch die Auswahl der Texte des 17. Jhs., die von A. Schöne herausgegeben worden ist (Schöne 1963). Im Vorwort weist er auch auf die Verquickung der höfisch-absolutistischen und der antihöfischen, bürgerlichen Linie in der Kultur dieses Jahrhunderts hin und auf die Vielfalt der in der Literatur kultivierten Motive und Formen. Das Bürgertum bildete auch eine wichtige Komponente der Leserkreise (Schöne 1963, VIII—IX). Die Kultur des 17. Jhs. war auch in ideologischer und ästhetischer Hinsicht inhomogen, weil sie von stark ausgeprägten religiösen Motiven und zugleich von Motiven der Renaissance durchdrungen war. Ein kennzeichnender Zug des späten dt. Humanismus war der Gebrauch der lat. Sprache.

Der im vorangegangenen Jh. vorgenommene Versuch, den Unterricht in dt. Sprache in den Schulen einzuführen, ist mißlungen (Weithase 1, 1961, 63). Es siegte wieder die lat. Schule, obwohl im Laufe des 17. Jhs. immer wieder versucht wurde, sie zu reformieren. Für die Einführung der dt. Sprache in den Schulunterricht setzten sich W. Ratichius, B. Schupp, Chr. Weise ein. A. H. Franke, ein angesehener Pietist, gründete in Halle ein Schule, wo der Unterricht in dt. Sprache erteilt wurde. Während des Dreißigjährigen Krieges verringerte sich katastrophal die Anzahl von Schulen, viele Universitäten wurden geschlossen. Die Situation begann sich erst nach 1665 langsam zu ändern.

Zwischen 1611 und 1620 war die Anzahl der lat. verfaßten Bücher fast doppelt so hoch wie die der dt. geschriebenen. Ein Jahrzehnt später, zwischen 1631 und 1640, änderte sich aber das Verhältnis — obwohl nur gering — zugunsten der deutschsprachigen Bücher. Erst im letzten Jahrzehnt des 17. Jhs. überwogen sie schon eindeutig (Langen 1952, 1162). Bei der Einschätzung der Situation ist auch zu berücksichtigen, daß das dt. Buch immer größere Beliebtheit genoß und sich immer besser verkaufte (vgl. Piirainen 1980, 598).

Die wichtigsten Zentren des Buchdrucks lagen im 17. Jh. in Ostmitteldeutschland, daneben waren auch einige andere Gebiete und Städte recht aktiv, vor allem Köln und Frankfurt am Main. Nach den Angaben von H. Stopp nahm in der 2. Hälfte des Jhs. die Anzahl der Herausgeber in Leipzig und Frankfurt am Main merklich zu, in Köln nur unwesentlich, in Wittenberg und Nürnberg war dagegen eine geringe Abnahme zu verzeichnen (Stopp 1978, 251; 257 ff.).

Zu den großen Kulturzentren Deutschlands im 17. Jh. sind Nürnberg, Leipzig, Heidelberg, Hamburg zu rechnen. Eine wesentliche Rolle hat auch Schlesien gespielt. Auf die kulturelle Entwicklung dieses Gebietes hat sich wahrscheinlich das Fehlen von hemmenden Traditionen und eine enge kulturelle Beziehung zu den anderen europäischen Ländern positiv ausgewirkt. Da es hier keine protestantische Universität gegeben hat, studierten viele Intellektuelle in Leiden. Demgegenüber stand hier die Schule in hohem Ansehen. Vielleicht deshalb stammt eine ganze Reihe von Schriftstellern, Theologen, Wissenschaftlern gerade aus Schlesien, darunter M. Opitz, A. Gryphius, D. C. Lohenstein, Chr. H. Hofmanswaldau, J. Böhme, Q. Kuhlmann, später auch Chr. Wolff.

5.3. Das Interesse für die Kultur und Literatur des 17. Jhs. befruchtete noch wenig das Studium der Sprache dieser Epoche (Henne 1966). Seit Hennes Übersicht hat die Anzahl der grundlegenden Veröffentlichungen nur wenig zugenommen. Es mangelt besonders an verallgemeinernden Arbeiten. Ihre Bedeutung bewahren aber weiterhin die Arbeiten von A. Langen (Langen 1952; 1974) und literaturwissenschaftliche Werke von R. Newald (Newald 1960), die wertvolle Beobachtungen auch zur Sprache jener Periode enthalten, sowie die entsprechenden Abschnitte in der „Deutschen Sprachgeschichte" von H. Eggers (Eggers 1986). Die meisten Bücher zur Geschichte der dt. Sprache liefern aber nur kurze Darstellungen der Sprache des 17. Jhs., in denen nur eine beschränkte Anzahl von Fragen (Einfluß der lat. und der frz. Sprache, Tätigkeit der Sprachgesellschaften, Purismus) angeschnitten wird. Viele Erscheinungen der Kultur und der Sprache jenes Jahrhunderts, wenn sie auch bekannt erscheinen, bedürfen einer vertieften Untersuchung. Das fremdsprachige und das lokale Wortgut hat anscheinend in verschiedenen Gattungen des Schrifttums nicht ein und dieselbe Rolle gespielt, vgl. die Meinung von H. Henne bezüglich des von M. Opitz verwendeten fremdsprachigen Wortgutes (Henne 1966) und die Feststellungen von W. Simonow (Simonow 1979), der die traditionelle Vorstellung von einer „Verunreinigung" der dt. Sprache präzisiert, indem er auch auf positive Momente in diesem Prozeß hinweist.

5.4. Die wichtigsten Änderungen in der sprachlichen Situation im Laufe des 17. Jhs. sind:

a) Allmähliche Zunahme der kommunikativen Bedeutung und der sozialen Geltung der dt. Sprache als Ergebnis ihres Gebrauchs in der schönen Literatur, in der didaktischen und theologisch-philosophischen Prosa, in philologischen Werken, in Informationsblättern und Zeitschriften (Zeitungen seit 1609, Zeitschriften seit 1688), im Briefwechsel. In der Sprache der Wissenschaft jedoch bewahrte das Lat. seine Positionen bis Ende des Jahrhunderts.
b) Herausbildung der dritten Komponente des funktionalen Paradigmas, d. h. der Umgangssprache, die auch früher in Form von städtischer Koine sicher existiert hat, aber sich zu jener Zeit wohl über größere Räume ausdehnte (Moser 1960). Die Inhomogenität des gesamten mündlichen Verkehrs nahm auch wegen intensiver Verwendung der frz. Sprache zu.
c) Regelung der Sprachverwendung durch patriotische Sprachgesellschaften und durch Herausgabe von vielzähligen Rhetoriken, „Schatzkammern", Briefstellern, Leitfäden der Orthographie, Grammatiken und Wörterbüchern. Sie trugen zur Kodifizierung der Literaturnormen bei, die vornehmlich aus der Retrospektive vorgenommen wurde (Anlehnung an Luthers Sprache und an Sprachausübung der Kanzleien), zugleich aber z. T. rein spekulativ und abstrakt war (Schottel). Bei Bödiker verringert sich die Differenz zwischen Kodifizierung und dem wirklichen Sprachgebrauch.

5.5. Zunehmende Komplexität der sozialen Struktur der Gesellschaft, unterschiedlich gerichtete Tendenzen in der Entwicklung der dt. Kultur des 17. Jhs., Aufkommen von neuen Bereichen der Verwendung der dt. Sprache, Umstrukturierung im System der

Gattungen des Schrifttums – all das verursachte funktionale und genremäßige Differenzierung der sprachlichen Prozesse. Die Literatursprache war damals noch recht diffus von den übrigen Existenzformen abgegrenzt. Die soziale und funktionalstilistische Inhomogenität der Literatursprache hat H. Henne am Beispiel der Werke von Schlesiern wie M. Opitz, Fr. Logau, W. Scherffer, die auf verschiedene Art und Weise mundartliches und fremdsprachiges Wortgut benutzt haben, vorgeführt (Henne 1966, 128 ff.). Die Differenz zwischen der Schriftsprache und der mündlichen Gebrauchssprache war noch ziemlich beträchtlich, besonders in der Syntax, die in den meisten Denkmälern jener Periode einen ausgesprochen buchsprachlichen Charakter hatte (Guchmann/Semenjuk/Babenko 1984, Kap. IV). In der Sprache der schönen Literatur zeichneten sich zwar zwei Entwicklungslinien ab: die der Sprache der hohen Genres der Literatur des Barock und diejenige der dem mündlichen Verkehr relativ näherstehenden Sprache der „niedrigen" und demokratischen Literatur (Schelmen- und Abenteuerroman, Epigramm, didaktische Literatur, Lieder usw.).

Gegen Ende des Jahrhunderts wurde in der schöngeistigen Literatur – vor allem gilt das für ihre prosaischen Genres – die dt.-lat. Zweisprachigkeit und z. T. der Einfluß der lat. rhetorischen Tradition überwunden (Chr. Weise, J. Beer, Chr. Reuter). In erster Linie war es der Roman, wo die entscheidende Hinwendung zur dt. Muttersprache erfolgte. Ästhetische Aufgaben der schöngeistigen Literatur erforderten Bearbeitung der Sprache. Unter diesem Blickwinkel war die Entwicklung der schönen Literatur für die sprachlichen Prozesse von besonderer Bedeutung (Semenjuk 1980). Die Abkehr der führenden literarischen Genres des 17. Jhs. von der volkstümlichen Tradition hatte aber zur Folge, daß sich die soziale Basis der schriftlichen Literatursprache im Vergleich zur vorangegangenen Periode einigermaßen verengte.

5.6. Kompliziert und im Grunde genommen wenig erforscht ist auch die Frage nach der territorialen Variabilität der schriftlichen dt. Sprache und nach ihrem Verhältnis zu den übermundartlichen Tendenzen. Für viele sprachliche Prozesse dieser Periode bestimmend war die schriftliche Sprache der omd. Gebiete. Dies läßt sich nicht nur durch die Situation im 16. Jh. erklären, sondern auch dadurch, daß sich die schöne Literatur im 17. Jh. vornehmlich auf diesem Territorium entwickelt hat. Aber auch innerhalb dieses übermundartlichen Sprachtyps lassen sich bei vielen Autoren lokale Besonderheiten nachweisen, deren Anzahl in gewissem Abhängigkeitsverhältnis zu den von ihnen kultivierten Genres gestanden hat (vgl. z. B. die Schlesier M. Opitz und Fr. Logau). Noch deutlicher sind lokale Merkmale bei den Autoren aus den südlichen und westlichen Gebieten Deutschlands (Fr. von Spee, J. M. Moscherosch, J. Chr. Grimmelshausen, A. à Sancta Clara).

Der übermundartlichen schriftlichen Sprache in Ostmitteldeutschland schlossen sich teilweise der Südosten (besonders Nürnberg) und der Norden Deutschlands an. Sonderstellung in sprachlicher Hinsicht nahmen Österreich und besonders die Schweiz ein. Der Einfluß der schriftlichen Sprache omd. Prägung wurde in dem letztgenannten Gebiet erst in der 2. Hälfte des Jhs. etwas stärker bemerkbar. Die Rolle Schlesiens in der sprachlichen Entwicklung ist anscheinend im Zusammenhang mit dem Ansehen zu beurteilen, das die omd. Variante genossen hat (anders Eggers 1980, 313). Übermundartlich — in vollem Sinne des Wortes — wurde die führende Variante der Literatursprache in Niederdeutschland, wo sie im 17. Jh. schon in verschiedenen funktionalen Bereichen Verwendung fand (religiöse Literatur, Schriftstücke der Kanzleien, teilweise Zeitungen und andere Informationsblätter, schöngeistige Literatur). Infolgedessen bildete sich allmählich in den omd. Gebieten und im Norden ein großräumiger Sprachblock mit den relativ einheitlichen Merkmalen der geformten schriftlichen Sprache heraus. Abschließend sei gesagt, daß der Regionalismus ohne Zweifel eine bedeutende Rolle in der Entwicklung der dt. Länder spielte. Die Tendenz zur regionalen Differenzierung einer Reihe von sozialen, kulturellen und sprachlichen Prozessen machte sich im 17. Jh. (und teilweise auch später) bemerkbar. Aber besonders in kulturellen und sprachlichen Bereichen hat sich diese Tendenz mit dem Streben nach der Vereinheitlichung überschnitten.

6. Soziale und kulturhistorische Bedingungen der Entwicklung und der Funktionsweise der deutschen Sprache im 18. Jahrhundert

6.1. Schon gegen Ende des 17. Jhs. begann sich in Deutschland ein gewisser wirtschaftlicher Aufschwung bemerkbar zu machen.

Dank den günstigen Bedingungen hat sich Sachsen von den Folgen des Dreißigjährigen Krieges recht bald erholt.

Ein für das 18. Jh. wichtiges Ereignis war auch die Gründung des Brandenburgisch-Preußischen Staates. Das Junkertum hat hier schnell festen Boden unter die Füße bekommen. Die Getreideproduktion stieg an, und der Getreideexport entwickelte sich zu einer wichtigen Einkommensquelle. Die preußischen Könige förderten die Entwicklung der Industrie und die Besiedlung neuer Landgebiete. Die Konkurrenz mit Österreich führte zu einem der größten militärischen Konflikte des 18. Jhs. – zum Siebenjährigen Krieg (1756–1763). Aus militärischen und politischen Ereignissen dieser Zeit ging Preußen als ein mächtiger Staat mit einer großen Armee und einer entwickelten Bürokratie hervor.

Langsam erfolgte die Umstrukturierung der dt. Industrie; es entstand Arbeitsteilung; der Verfall von Zünften begünstigte die Verwandlung der ehemaligen Handwerker in die „freie" Arbeitskraft und somit die Entwicklung der kapitalistischen Produktionsweise.

6.2. Schon gegen Ende des 17. Jhs. läßt sich der allmähliche Verfall der barocken Kultur und der Übergang zur Epoche der Aufklärung beobachten.

Zu Anfang des 18. Jhs. erfolgte eine jähe Umstrukturierung der ideologischen Sphäre als Folge wesentlicher Änderungen in der sozialen Basis und im Typ der Kultur, die zur vorwiegend weltlichen, rationalistischen wurde. Für die dt. Aufklärung spezifisch war ihre didaktisch-pädagogische und reformistische Ausgerichtetheit (Vierhaus 1979).

In der dt. Aufklärung lassen sich drei Phasen unterscheiden. Die erste Phase (Ende des 17. Jhs. bis 1720) ist die Frühperiode der Aufklärung. In dieser Zeit wirkten G. W. Leibniz, Chr. Thomasius und Chr. Wolff. Die Philosophie entwickelte sich zur führenden theoretischen Disziplin. Mit dem Erlangen dieses Ranges durch die Philosophie endet die Frühperiode der Aufklärung. Ein wichtiges Ereignis war die Herausgabe der Werke Chr. Wolffs in dt. Sprache.

Das weitere Schicksal der dt. Aufklärung war hauptsächlich mit den einzelnen Etappen in der Entwicklung der dt. Literatur verbunden, die allmählich zur Haupttribüne der Aufklärer wurde. In den 60er–70er Jahren begann die Reifeperiode der dt. Aufklärung, zu deren Vertretern G. E. Lessing, Fr. G. Klopstock, J. J. Winckelmann, Chr. M. Wieland gehörten. Die Verschärfung der sozialen Widersprüche in der 2. Hälfte des 18. Jhs. berichtigt gewissermaßen das von den Aufklärern geschaffene harmonische Weltbild. In der Literatur erstarkte mehr die Gegenwirkung gegen den Rationalismus und Didaktismus der Aufklärung, wenn auch die Sturm-und-Drang-Strömung eigentlich mit ihr nicht brach. Ende der 80er Jahre begann die letzte Phase der Aufklärung. Es setzte politische und ideologische Reaktion ein auf die radikalsten europ. Strömungen, die die französische Revolution vorbereitet hatten.

Die ideologische Wandlung, die zu Anfang des 18. Jhs. geschehen war, beeinflußte das Bildungssystem beträchtlich. Im 17. Jh. wurde nur in Volksschulen der Anfangsunterricht erteilt, wo man den Katechismus, dann Lesen und Schreiben lehrte. Ende des Jhs. wurde die obligatorische Ausbildung von 6 bis 12 Jahren eingeführt. Für das Bürgertum waren lat. Schulen bestimmt, wo die dt. Sprache während der zwei ersten Jahre überhaupt verboten war. Allmählich wurde die Schule vom Pietismus sowie von philosophischen und pädagogischen Prinzipien der Aufklärung immer stärker beeinflußt. Fortschrittliche Schulen waren in Weißenfels und Zittau, Gotha und Halle entstanden. An den Universitäten begann seit dem Ende des 17. Jhs. die Philosophie mit der Theologie zu konkurrieren. Führend war hierbei die 1692 gegründete Universität in Halle. Sie berief als Professoren solche Persönlichkeiten wie Thomasius, Franke, Wolff. 1720 studierten dort schon gegen 1000 Studenten (für die damalige Zeit — eine ansehnliche Anzahl).

Die Aufklärung führte zu wesentlichen Veränderungen in Charakter und Bedeutung des Buches und in der sozialen Zusammensetzung der Autoren und Leser (Raabe 1979). Eine der wichtigen Voraussetzungen der Demokratisierung des Buches war, daß während des 18. Jhs. die Zahl der deutschsprachigen Veröffentlichungen immer mehr zunahm. Zwar machten die lat. Bücher noch 1740 28% aller herausgegebenen Bücher aus, 1770 waren es nur 14% und 1800 kaum 4%. Das Lat. zog sich ungleichmäßig in den einzelnen thematischen Gruppen zurück. Um 1740 waren etwa 80% der philologischen Werke lat. verfaßt, aber gegen Ende des Jahrhunderts nur 4%. Die Anzahl der lat. verfaßten philosophischen Bücher reduzierte sich auf 6%, der theologischen auf 5%, der literarischen — von 7% auf 0,5% (Langen 1952, 1162). Nach den Angaben von R. Jentzsch (Jentzsch 1912) ist die Gesamtzahl der schöngeistigen Werke seit 1740 von 6% auf 21% gestiegen, während

die der theologischen von 38% auf 14% gesunken ist, was mit der Umstrukturierung des gesamten Systems des Wissens in der Epoche der Aufklärung in unmittelbarem Zusammenhang stand.

Schon zu Anfang des 18. Jhs. erlangte Sachsen die führende Position im kulturellen Leben. Dann begannen auch nordöstliche Gebiete eine immer größere Rolle zu spielen. Die Norddeutschen Gottsched, Klopstock, Herder, Winckelmann, Kant und die Sachsen Leibniz, Thomasius, Lessing gehörten zur führenden Schicht der dt. Intellektuellen im 18. Jh. Im Buchwesen und -handel spielte Leipzig eine wichtige Rolle, wo etwa 1/10 aller dt. Bücher herausgegeben wurde. 1770 erschienen in Leipzig 240 und 1790 schon 500 neue Bücher. Auch im Zeitschriften- und Zeitungswesen war Leipzig dominierend. Im Süden war es — obwohl hier große Verlagszentren existierten — um die Herausgabe neuer Bücher viel schlechter als im mittleren und nördlichen Deutschland bestellt. Im Süden wurden Bücher, zum Teil auch periodische Literatur oft nachgedruckt. Obwohl dies bei Zeitgenossen manchmal auf Ablehnung stieß, trug dies objektiv zur Verbreitung der Ideen der Aufklärung bei und verstärkte den Einfluß der übermundartlichen Form der Schriftsprache.

Für die Erhöhung des allgemeinen Bildungsniveaus war gewissermaßen auch die Tatsache kennzeichnend, daß während des 18. Jhs. die Anzahl der Autoren merklich zunahm. Für das Jahr 1775 hat man 3000 Autoren verzeichnet und für das Jahr 1787 schon doppelt soviel. Es änderte sich auch die soziale Zusammensetzung der Autoren: die Zahl der Verfasser bürgerlicher Herkunft nahm zu (Kaiser 1979). In sozialer Hinsicht war es wichtig, daß sich die Aufklärer nicht mehr an die höfische Etikette und an die gelehrten akademischen Kreise, wie es früher oft der Fall war, sondern an das gebildete Publikum wandten. Es bildeten sich neue, demokratische Leserkreise heraus, und es kam öffentliche Meinung zustande, was einen der wichtigsten kulturellen Prozesse jener Zeit darstellt.

6.3. Die sprachgeschichtlichen Prozesse im 18. Jh. sind in einer Reihe fundamentaler Untersuchungen verfolgt worden. Da aber der sprachliche Stoff dieses Jhs. so mannigfaltig ist, bleibt seine Erforschung und die Ausarbeitung einzelner Probleme immer noch recht fragmentarisch. Auf diesen Umstand wurde und wird von vielen Germanisten hingewiesen (Langen 1952; 1974; Nerius 1967; Semenjuk 1967; Lerchner 1980; R. Große 1981 u. a.). Eine ausführliche Charakteristik der Sprache jener Periode ist in den schon erwähnten Untersuchungen von A. Langen, E. Blackall, H. Eggers, D. Nerius enthalten. In jeder dieser Arbeiten aber wird vornehmlich nur irgendein bestimmter Aspekt der Entwicklung der dt. Sprache im 18. Jh. eingehend betrachtet. Eine vollständige Charakteristik der sprachlichen Prozesse im 18. Jh. steht noch aus. Dazu bedarf es einer planmäßigen Erforschung der Sprache jener Periode. Zu den kompliziertesten gehört die Frage nach dem Verhältnis der „gemittelten" Prozesse der Sprachentwicklung und der individuellen Leistung einzelner Autoren und Gelehrten (vgl. auch Lerchner 1980, 345; auch Eggers 1986, 325).

Im 18. Jh. wandelte sich die sprachliche Situation in vieler Hinsicht. Allmählich wurde das Lat. durch die dt. Sprache aus dem Bereich der Wissenschaft verdrängt, besonders dem der Philosophie seit Thomasius und Wolff. Um 1740 wurden jedoch 63% philosophischer Werke lat. verfaßt. In einem Teil der überlieferten wissenschaftlichen Literatur („Gelehrte Zeitungen") und im Briefwechsel der Gelehrten finden sich gemischte lat.-dt. und dt.-lat. Texte, d. h. es wurde ein eigenartiger Gelehrtenjargon benutzt. Als Voraussetzung und zugleich als Ergebnis der Überwindung des lat. Einflusses erschien die Schaffung der dt. terminologischen Systeme für einzelne Wissenschaften (Philosophie, Ethik, Ästhetik). Die Stellung der dt. Literatursprache im System der Existenzformen wandelte sich wesentlich, nicht zuletzt dank ihrer Verwendung als Schreibsprache und teilweise auch dank ihrem sich allmählich verstärkenden Einfluß auf einige mündliche Kommunikationsformen (Eggers 1986, 288). Die gesprochene Sprache war vielschichtig: außer Dialekt wurden verschiedene Formen der Umgangssprache verwendet. In nicht spontanen Arten der mündlichen Rede (Predigt, Vorlesung, Theateraufführung) wurden hohe und neutrale Stilschichten der Sprache gebraucht. Der mögliche Einfluß der geformten Sprache auf die spontane Rede der Gebildeten verstärkte noch die Heterogenität der gesprochenen Sprache (nicht zu vergessen, daß man sich auch der frz. Sprache aktiv bediente). Im 18. Jh. änderte sich also das funktionale Paradigma der dt. Sprache nicht nur infolge des Wandels im Charakter und in der

Stellung der Schriftsprache, sondern es wurde auch komplizierter durch die einsetzende Entwicklung der geformten mündlichen Sprachform und der verschiedenen sozialen Typen der Umgangssprache (Guchmann/Semenjuk/Babenko 1984, Kap. V).

6.4. In der Entwicklung der dt. Sprache des 18. Jhs. lassen sich zwei Perioden ansetzen, die durch ihre ideologische Basis miteinander eng verbunden sind, die sich aber durch die Zusammensetzung und den Charakter der führenden Arten des Schrifttums voneinander unterscheiden. In der 1. Hälfte des Jhs. entwickelte sich die Literatursprache vornehmlich auf der Grundlage rhetorischer und subliterarischer Genres: der philosophischen und pietistischen Prosa, der weltlichen didaktischen Literatur, die in erster Linie durch die „moralischen" Zeitschriften vertreten war. Die Tradition der poetischen Sprache des Barock riß ab, und es fehlte schöne Literatur von bedeutendem ästhetischen Niveau. In der 2. Hälfte des Jhs. begannen sich verschiedene Abarten der schöngeistigen Literatur zu entwickeln. Die sich neu herausbildende „poetische" Sprache war deshalb weniger einheitlich als im vorigen Jh. Das war damit verbunden, daß die schöne Literatur als solche in stilistischer Hinsichit äußerst kompliziert wurde; sie erfaßte teils gleichzeitig, teils im Nacheinander verschiedene ästhetische Richtungen − Rokoko und Klassizismus, Sentimentalismus und Irrationalismus, „Sturm und Drang" und die Anfänge der dt. Klassik (s. weiter 7.5.). Auch prosaische Genres − Roman und Drama − begannen eine größere Rolle zu spielen. Die periodische Literatur entwickelte sich weiter als eine prinzipiell neue Sphäre der Verwendung der Schriftsprache. Nach ihrem Inhalte und ihren genremäßigen Eigenschaften war sie uneinheitlich, sie spiegelte in vieler Hinsicht die Besonderheiten der anderen funktionalen Bereiche wider.

Die Erweiterung der Funktionen rief eine kompliziertere stilistische Differenzierung der Sprache hervor. Darüber hinaus lassen sich in rhetorischen und literarischen Genres Gradunterschiede in der Geformtheit der Sprache nachweisen, die gewissermaßen durch Zweckbestimmung der Werke und Sprachgewohnheiten der Autoren bedingt waren.

6.5. Für die Literatursprache jener Periode waren nicht nur mannigfaltige Differenzierungsvorgänge, sondern auch eine gewisse

Stabilisierung der Normen kennzeichnend. Zu einem bestimmten Grade wurde die Orthographie der gedruckten Werke, teilweise auch der Gebrauch der grammatischen Formen, syntaktischen Konstruktionen und des Wortschatzes unifiziert. Eine wichtige Seite der Normierung bestand in der Beseitigung von einigen Schwankungen und in der Regelung des Gebrauchs von „normgerechten" Varianten (Abramov 1983). Die Herausbildung der Norm kann deshalb als Geschichte der Umgruppierung von varianten Mitteln verschiedener Sprachebenen aufgefaßt werden (Semenjuk 1967). Natürlich wurde die Variabilität keinesfalls völlig beseitigt, sie wurde nur eingeschränkt (besonders in Orthographie und Morphologie) und teilweise umgestaltet, wobei sie oft stilistische Funktionen auszuüben begann. In der Syntax und im Wortschatz aber scheint die Anzahl von Varianten und Synonymen teilweise zugenommen zu haben (bezüglich der Syntax s. Admoni 1980). Die Untersuchung der Normierungsprozesse in der 1. Hälfte des Jhs. anhand der Periodik erbrachte, daß sich die Sprachnormen in verschiedenen thematischen Gruppen der Periodika ungleichmäßig herausgebildet haben. Die besten Werke der didaktischen und schöngeistigen Literatur, der philosophischen, ästhetischen und kritischen Prosa bildeten den Hauptbereich der Normierungsprozesse. Im Vergleich zur vorangegangenen Periode nahm der Einfluß der Kanzleisprache ab, anscheinend auch der der theologischen Literatur. Eine Ausnahme bildeten zwar Werke der Pietisten wohl auch die besten Muster der dt. Predigt. Unterschiede im Geformtheitsgrad und in der Intensität der Normierungsprozesse bedingten zusätzliche, die Unterschiede stilistischer Natur überlagernde Differenzierung der Sprache einzelner funktionaler Bereiche (Semenjuk 1967). Dieser Umstand nämlich scheint es gewesen zu sein, der anzunehmen veranlaßte, daß in jener Periode besondere sozial bedingte Abarten der Literatursprache existierten (Lerchner 1983).

6.6. Die Erweiterung der Funktionen der Literatursprache und eine teilweise Stabilisierung sprachlicher Normen verstärkte ihre Übermundartlichkeit und infolgedessen ihren Einfluß auf die südlichen deutschsprachigen Gebiete. Die hiesige Sprache basierte auf lokaler Tradition, wobei für sie ein gewisser Archaismus charakteristisch war, und die Normierungsprozesse verliefen hier langsamer.

Eine derartige Sprachsituation herrschte in Österreich und in der Schweiz. Im Laufe des 18. Jhs. näherte sich aber auch hier die Schriftsprache allmählich an die angesehene Literaturvariante an. Diese Ausgleichsvorgänge erfaßten verschiedene Arten des Schrifttums. Der Hauptbereich dieser Vorgänge waren anscheinend doch die schöngeistige und die didaktische Literatur. W. Henzen stellt fest, daß die Verdrängung der alem. Züge unter dem Einfluß des omd. Sprachtyps im Südwesten nur langsam vor sich ging, daß sie in den einzelnen funktionalen Bereichen unterschiedlich verlief und daß dabei als Vermittlerin die gesamtsüddeutsche Variante wirksam war.

6.7. Im Vergleich zum 17. Jh. machten sich in der Kodifizierung der Normen im 18. Jh. einige neue Züge bemerkbar.

Erstens erfaßte die Kodifizierung alle hauptsächlichen Seiten der Sprache: Orthographie (Freyer, Gottsched, Klopstock, Adelung), Grammatik (Gottsched, Adelung und im Süden − Antesperg, Popowitsch, Dornblüth, Fulda, Nast u. a.), Wortschatz (Steinbach, Frisch, Adelung). Zweitens wiesen Normierungsforderungen, die bei der Kodifizierung aufgestellt wurden, einen anderen Verbindlichkeitsgrad auf. Sie wurden von Sprachträgern konsequenter realisiert. Ihrerseits stützten sich die Normalisatoren in stärkerem Maße auf den lebendigen Sprachgebrauch, besonders auf denjenigen der „besten Schriftsteller" (Gottsched).

Es sei aber unterstrichen, daß die rationalistische Kultur des 18. Jhs. auch einen großen Einfluß auf die Normierungsprozesse übte und eine „logisch" orientierte Grundlage wenigstens für die Kodifizierung der grammatischen und teilweise auch lexikalischen Normen bildete.

Eine gewisse Rolle haben die dt. Sprachgesellschaften des 18. Jhs. bei der Normierung der dt. Sprache und Verbreitung ihrer Normen gespielt. Sie traten an die Stelle der vornehmlich aristokratischen Sprachgesellschaften des 17. Jhs., waren demokratischer und beschäftigten sich unmittelbar mit Problemen der Sprachkultur. G. Kaiser bezeichnete sie als „bürgerliche literarische Vereinigungen" (Kaiser 1979, 68 f.).

Diese zahlreichen Gesellschaften stellten die Aufgabe vor sich, die Sprache „in allen Fällen des gemeinen Lebens", wie es im Programm der Mannheimer Gesellschaft heißt, zu formen. In den westlichen und südlichen

Gebieten, wo die Kodifizierung teilweise retrospektiv ausgerichtet blieb (die Kanzleisprache als „Vorbild"), mangelte es auch den aufgestellten grammatischen Regeln an Einheitlichkeit. Dies war im wesentlichen dadurch bedingt, daß sich die hiesigen Normalisatoren unterschiedlich zu den Normen der führenden Literaturvariante verhielten und die lokale Tradition uneinheitlich berücksichtigten.

7. Soziale und kulturhistorische Bedingungen der Entwicklung und der Funktionsweise der deutschen Sprache im 19. Jahrhundert

7.1. Für das 19. Jh. war die Entwicklung der Industrie und eine merkliche Erstarkung der wirtschaftlichen und sozialen Positionen der Bourgeoisie kennzeichnend. 1830−1870 führte die dt. Bourgeoisie aktiv den Kampf um politische Freiheiten und um die Vereinigung des Landes. Als Folge der Revolution wurden die Adelsprivilegien abgeschafft. Das Wachstum der Städte und die Umgruppierung der ländlichen und städtischen Bevölkerung, die Umstrukturierung der gesamten Wirtschaft bedingten Verschiebungen in der sozialen Struktur der Gesellschaft. Die Verfassung des Jahres 1871 sicherte den Staatsbürgern das Recht, sich frei im Lande zu bewegen, was auch zu einer stürmischen Zunahme der städtischen Bevölkerung führte (Eggers 1986, 370ff.). 1910 gab es schon 48 Städte (1871 nur 8), deren Bevölkerungszahl über 100 000 betrug.

Die Industrialisierung, Zerstörung der patriarchalen Landwirtschaft und das Städtewachstum führten dazu, daß das Proletariat zu einem wichtigen Element der sozialen Struktur der Gesellschaft wurde. In der 2. Hälfte des Jhs. sind schon 47% aller Beschäftigten − Arbeiter (Kettmann 1980). Die wichtigsten Meilensteine der sozialdemokratischen und Arbeiter-Bewegung waren die Gründung des Allgemeinen Deutschen Arbeitervereins (1863) und die der Sozialdemokratischen Arbeiterpartei in Eisenach (1869).

Der Einfluß der Revolution von 1830 in Frankreich, die Revolutionen von 1848 in Frankreich und in Deutschland aktivierten das öffentliche Leben. An diesem beteiligten sich bürgerlich-liberale Kreise, aber auch das Proletariat.

7.2. Im 19. und 20. Jh. verbreitete sich stürmisch in den europ. Ländern das wissenschaftliche Wissen auf verschiedenen Gebieten. Besonders wichtig waren zwei Momente: die zunehmende Entwicklung der naturwissenschaftlichen und technischen Wissenschaften sowie die der humanitären Bereiche. An der Weiterentwicklung der dt. klassischen Philosophie in der 1. Hälfte des Jhs. waren G. W. Fr. Hegel, J. G. Fichte, F. W. Schelling maßgeblich beteiligt. Prinzipiell neues Element der Ideologie und Kultur stellten die marxistische Philosophie und Politökonomie dar, die die Grundlage der marxistischen Geschichtswissenschaft bildeten. Von wesentlicher Bedeutung war auch die Weiterentwicklung der Ideen der Historizität, deren Grundlagen noch in der Aufklärungszeit geschaffen wurden.

Schon die Aufklärung hat gewissermaßen zur Verbesserung der Schulausbildung beigetragen. Im 18. Jh. wurde allmählich (in den einzelnen Regionen zu verschiedener Zeit) die obligatorische Schulbildung eingeführt. Aber erst um 1800 entstanden achtjährige Volksschulen, und die dt. Sprache wurde zum Schulfach für alle Schichten der Bevölkerung (Besch 1983, 982). Die Situation im Schulwesen auf dem Lande muß aber weniger optimistisch beurteilt werden. Aufgrund der preußischen Volkszählung von 1871 kann festgestellt werden, daß ein Teil der Kinder über 10 Jahre analphabetisch war (ausführlicher bei Eggers 1986, 372). In den Städten gab es außer Volksschulen noch klassische Gymnasien, wo man die alten Sprachen unterrichtete, und Realschulen, die später in Realgymnasien umgestaltet wurden. Die Abgänger der Realgymnasien erhielten jedoch erst gegen Ende des 19. Jhs. das Recht, sich zum Studium an der Universität zu melden. Die angesehenste Schulform war in den bürgerlichen Kreisen das klassische Gymnasium. Hier wurden die Traditionen der humanitären Bildung weitergepflegt, und eine bessere Aneignung der Literaturform der dt. Sprache war dadurch gesichert (Eggers 1986, 375). Aber im Laufe des Jhs. wurden nach und nach auch breitere Kreise der Bevölkerung der Kultur und Bildung teilhaftig. Dazu trug der wirtschaftliche Aufschwung bei, der auch die mittlere Bourgeoisie erstarken ließ, und die sich − besonders seit den 70er Jahren − verstärkende Arbeiter- und sozialdemokratische Bewegung. Es entstanden Vereine und Zirkel, wo Arbeiter ihren Wissensdrang zum Teil befriedigen konnten. Seine Rolle spielte dabei auch das Theater, besonders die Volksbühne, die 1890 ins Leben gerufen wurde und Arbeiter mit den klassischen Dramen und der

Gegenwartsdramatik bekannt machte. Einen
wesentlichen Einfluß auf diese Vorgänge üb-
ten auch sich entwickelnde verschiedene Formen der öffentlichen Kommunikation aus –
Reden und Diskussionen im Parlament, auf
Versammlungen, in Wahlvereinen, an denen
sich auch die Arbeiter beteiligten. Das öffentliche Leben und die Sprache standen auch
unter einem wesentlichen Einfluß der Presse,
besonders der Zeitungen (in diese Zeit fallen
viele neue Zeitungsgründungen).

7.3. Die sprachhistorische Erforschung des
19. Jhs. ist im Entstehen begriffen. In den
80er Jahren haben die Linguisten der DDR
mit einer systematischen Untersuchung der
Sprachsituation jener Periode begonnen (Studien [...] 1980; Auswirkungen [...] 1981 sowie
Beiträge des Rostocker Kolloquiums – Linguistische Studien 111, 1983). In diesen Arbeiten wird eine Reihe von soziolinguistischen Prozessen behandelt, was die Untersuchungen der vorangegangenen Jahre wesentlich ergänzt. Von anderen Arbeiten seien erwähnt, um nur einiges zu nennen, die Untersuchungen des Wortschatzes, wo auch einige
soziologische Aspekte mitberücksichtigt werden (Kainz 1974; Wagner 1974), die die Sprache dieser Periode behandelnden Abschnitte
in den Arbeiten von A. Langen (Langen
1952) und von H. Eggers (Eggers 1986), die
Skizzen zur Sprache der schöngeistigen Literatur des 19. Jhs. (LGL 1980). Es ist hervorzuheben, daß in den letzten Jahren schon
viele neue kulturelle und soziale Aspekte im
Leben der dt. Gesellschaft und in der dt.
Sprache im 19. Jh. intensiv untersucht und
theoretisch behandelt werden, vgl. die Arbeiten von D. Cherubim (1983), G. Objartel
(1989), S. Grosse (1990), K. J. Mattheier
(1990; 1991), P. von Polenz (1991; 1999), um
nur einige zu nennen. Trotzdem gibt es in der
geschichtlichen Erforschung der Sprache des
19. Jhs. noch viele Lücken, aber auch die vorliegenden Ergebnisse bedürfen doch einer Ergänzung und Verallgemeinerung. Weiter unten werden nur einige Ergebnisse und Aufgaben für die Untersuchung der Sprachsituation im 19. Jh. angedeutet.

7.4. Die Verschiebungen in der sozialen
Struktur der Gesellschaft (Zurückdrängung
der Aristokratie, Differenzierung der Bourgeoisie, Entstehung des Proletariats, sich gegen Ende der Periode schon abzeichnende
Änderungen in der Zusammensetzung der Intellektuellen) riefen bestimmte Umgruppie-

rungen in der Sprachsituation hervor. Es änderten sich die Funktionsweise und das gegenseitige Verhältnis der einzelnen Komponenten im funktionalen Paradigma der dt.
Sprache. Der kommunikative Bereich der
Mundart beschränkte sich immer mehr auf
den alltäglichen Verkehr. Darüber hinaus
scheint sie schon nicht mehr von allen Gesellschaftsschichten als Kommunikationsmittel
gebraucht worden zu sein (Kettmann 1980).
Anhand von direkten und indirekten Zeugnissen hat G. Kettmann die Ausbildung von
umgangssprachlichen Formen in der Sprache
der Fabrikarbeiter in der 2. Hälfte des 19.
Jhs. dargestellt. Als soziale Basis dieser Prozesse diente die Bildung von neuen Produk-
tionskollektiven und die Vermischung der aus
verschiedenen Gegenden Stammenden in
großen Städten, die infolge der industriellen
Revolution entstanden waren (Schildt 1983,
64ff.). Bei der Beurteilung der Änderungen
im Status der Dialekte und der Umgangssprache müssen natürlich Besonderheiten der
Sprachsituation in den einzelnen deutschsprachigen Gebieten berücksichtigt werden,
weil bei der gleichen Ausrichtung der Prozesse ihr Tempo und ihre Ergebnisse unterschiedlich sein konnten.

Die standardisierte Form der Sprache hat
ebenfalls gewisse Veränderungen erfahren.
Ihr Funktionsbereich erweiterte sich unter
anderem auch dadurch, daß sie in den mündlichen Verkehr immer mehr eindrang (Besch
1983, 978). Die Literatursprache hat sich
endgültig in Schule und Kirche behauptet
und wurde in den verschiedenen Bereichen
des öffentlichen Lebens benutzt (Verwaltung,
Parlament, Vereinsleben). Zum Teil nämlich
deshalb stand sie unter dem Einfluß der Umgangssprache, was besonders deutlich im
Wortschatz zum Ausdruck kommt. H. Eggers
erwähnt übrigens auch eine Reihe von Prozessen in der Syntax (Verkürzung des Satz-
umfanges, zunehmende Produktivität der
Parataxe u. m. a.), die er auch aus Einwirkungen der Umgangssprache erklärt.

H. Eggers behauptet, die Führung liege im
19. Jahrhundert bei der schriftichen Form der
Sprache (Eggers 1980, 603), deren Träger vor
allem das Bildungsbürgertum war. Wie auch
der Intensitätsgrad der Zusammenwirkung
einzelner Elemente im funktionalen Paradigma und der Status verschiedener Existenzformen der dt. Sprache von den Linguisten
in Details beurteilt werden, wird doch die
Ausrichtung dieser Prozesse von ihnen ziem-

lich einmütig als vornehmlich integrativ charakterisiert (Langner 1983, 6ff.).

7.5. Für die dt. Sprache des 19. Jhs. war kennzeichnend, daß hier eine einheitliche Entwicklungslinie fehlte. In der einschlägigen Literatur wurde öfters auf vielfältige Formen ihrer Verwendung hingewiesen (Wagner 1974, 494; Mattausch 1980, 164). In ihrer Evolution und in ihrem Funktionieren verbanden sich Integration und Differenzierung. In der Kultur und Literatur jener Periode wirkten entweder verschiedene ästhetische Strömungen zusammen, oder sie lösten einander ab. Die Sprache der dt. klassischen Literatur schloß die sprachliche Entwicklung im vorangegangenen Jahrhundert ab und bestimmte gewissermaßen die sprachlichen Prozesse in der 1. Hälfte des 19. Jhs. Der Begriff „Sprache der dt. Klassik" ist doch nicht scharf umrissen. Er kann entweder enger oder weiter aufgefaßt werden (J. Mattausch z. B. betrachtet als „klassisch" die gesamte dt. Literatur von Lessing bis Heine, was im Hinblick auf die sprachlichen Prozesse vielleicht zweckmäßig ist: Mattausch 1980, 163; 198). Ihre vollkommenste Ausprägung bekam die Sprache der dt. Klassik in den Werken von J. W. Goethe und Fr. Schiller. Der Einfluß des letzteren auf die Sprache der dt. Intellektuellen des 19. Jhs. wird als besonders stark und nachhaltig angesehen (Kainz 1974, 304; von Polenz 1978, 130). Dieser Typ der „geformten stilisierten Sprache" (Langen 1952, 1420) erstarrte nach und nach und wurde archaisch. Im Laufe des Jhs. änderte sich der Charakter der schönen Literatur innerhalb solcher Strömungen wie Romantismus, Junges Deutschland, später – Naturalismus und Realismus. In der 2. Hälfte des Jhs. war die führende Stellung der schönen Literatur immerhin geschwächt, auf die sprachlichen Prozesse stärker einzuwirken begannen wissenschaftliche Literatur, Publizistik und Presse.

Traditionell wird von einem wesentlichen Einfluß des Fachwortschatzes der einzelnen Wissenschafts- und Produktionszweige auf den Wortschatz der dt. Sprache geschrieben. Eine gründliche Untersuchung dieser Prozesse liegt aber noch in ihren Anfängen (Studien [...] 1980). Als Vermittlerin dieses Einflusses dürfte wohl auch die gesprochene Sprache angesehen werden, anders gesagt, die kommunikativen Beziehungen, die in Produktionsgemeinschaften entstanden (Kettmann 1980; Schildt 1983). Die Sprache der bürgerlichen Intellektuellen wurde durch den Einfluß der öffentlichen Rede demokratisiert und bereichert, zu deren Entwicklung auch die sozialdemokratische Arbeiterbewegung wesentlich beitrug. All das begünstigte die Erweiterung des funktionalen Bereichs und der sozialen Basis der dt. Standardsprache. Die komplizierten Prozesse der Integration von verschiedenen Sprachschichten und mannigfaltige Differenzierungsvorgänge jener Periode bedürfen aber noch einer planmäßigen und tieferschürfenden Untersuchung.

7.6. Der funktionalen Differenzierung der dt. Sprache wirkte die fortschreitende Stabilisierung ihres Systems und ihrer Verwendung entgegen. Die Normierungsprozesse erfaßten – eben so wie früher – auch die Varianz (über die grammatische Varianz s. Schieb 1980; 1981; Abramov 1983), was die Wechselwirkung von zwei Tendenzen ermöglichte. Für diese Periode war noch die Differenz zwischen den kodifizierten Normen und dem tatsächlichen Sprachgebrauch kennzeichnend. Die Kodifizierung lehnte sich hauptsächlich an die literatursprachliche Tradition an und berücksichtigte in unzureichendem Maße die in der 2. Hälfte des Jhs. intensiver gewordenen Prozesse der Demokratisierung der Sprache. Erst gegen Ende des 19. Jhs. und insbesonders im 20. Jh. wurde eingesehen, daß es unzureichend ist, wenn als Grundlage für die Norm ausschließlich die Sprache der schönen Literatur betrachtet wird, und daß es notwendig ist, die funktionale und somit auch die soziale Basis der Kodifizierung zu erweitern.

8. Soziale und kulturhistorische Bedingungen der Entwicklung und der Funktionsweise der deutschen Sprache im 20. Jahrhundert (bis 1945)

8.1. Wenn man bedeutende Erfolge bei der Erforschung der dt. Sprache in den letzten Jahrzehnten und besonders in den letzten Jahren feststellen kann (s. o.), so ist die Lage mit der Erforschung der dt. Sprache aus der 1. Hälfte des 20. Jhs. nicht so optimistisch einzuschätzen.

Diese Periode ist traditionell als „Gegenwartssprache" betrachtet worden, und die spezifisch „historische" Problematik hat sich noch nicht herauskristallisiert. Man kann hier deshalb nur auf einige Momente hinweisen, die für das Funktionieren und die Entwicklung der dt. Sprache dieser Zeit von Bedeutung sind.

Die Grenze zwischen dem Ende des 19. und dem Beginn des 20. Jhs. ist ziemlich verschwommen, und der Übergang zur neuen Periode erfolgt in sprachlicher Hinsicht fast unmerklich.

Die Regelung der dt. Aussprache und der dt. Rechtschreibung wird fortgesetzt. Nach der ersten Ausgabe des Buches von Th. Siebs erschienen noch viele Versionen seiner Arbeit, und noch die 15. Ausgabe (1930) hat er selbst durchgesehen.

Die Berliner Konferenz vom Jahre 1922 empfiehlt schon das Buch von Th. Siebs als offizielle orthoepische Norm. Somit wurde die äußere Form der Sprache geregelt, was auch für die Stabilisierung der Lexik von Bedeutung war.

Nicht weniger wichtig war auch die Normierung der dt. Orthographie. 1901 fand die 2. Orthographische Konferenz in Berlin statt, wo alle deutschsprachigen Länder einer einheitlichen Rechtschreibung zustimmten. Das Ergebnis dieser Konferenz fand ihren Niederschlag in dem „Orthographischen Wörterbuch" von Konrad Duden, das schon im nächsten Jahr (1902) erscheint.

Orthographische und grammatische Normen haben in „Duden" und auch in anderen Grammatiken ihre Widerspiegelung gefunden. Verhältnismäßig spät wurden aber die syntaktischen Normen kodifiziert (Schieb 1980, 238). Im Satzbau und in der Wortwahl waren auch weiterhin freie Varianten möglich.

Die Spezifik der politischen und kulturellen Situation widerspiegelt sich vor allem in der Regelung des Lexikons. Diese Prozesse sind vor allem mit der Tätigkeit des „Allgemeinen dt. Sprachvereins" (ab 1885) verbunden, der Lehrer, Juristen, Politiker, Geschäftsmänner u. a. vereinigte und die Unterstützung der offiziellen Behörden genoß, was zur teilweisen „Institutionalisierung" der Sprachpflege führte. Das Wichtigste in der Tätigkeit des Vereins war die Verdeutschung ausländischer Wörter und ihre Verdrängung aus dem offiziellen und inoffiziellen Sprachgebrauch. Die Schule (und vor allem − R. Hildebrand) unterstützte auch diese Bemühungen. Man muß aber unterstreichen, daß in der Tätigkeit des „Vereins" schon ziemlich früh nationalistische Bestrebungen und Tendenzen zu beobachten waren. Ohne Zweifel war doch die Tätigkeit des Vereins nützlich,

aber die zu strenge Reglementierung rief ab und zu Proteste der dt. Gesellschaft hervor.

Die funktionale und soziale Grundlage der Kodifikation war oft zu eng. Besonders beschränkt war die Basis der Aussprachenormen von Th. Siebs. Die Bedürfnisse der öffentlichen Kommunikation und der Schule machten auch eine „Neuorientierung" auf die gesprochene Sprache notwendig. E. Kurka charakterisiert die kodifizierte Aussprachenorm als „integrative Ausgleichsnorm" und betont hierbei ihren in territorialer Hinsicht heterogenen Charakter, da sie sich in vielem an der im Norden üblichen Literaturaussprache orientierte (Kurka 1980, 2).

Die Erweiterung der territorialen Basis der Normierungsprozesse wird auch von den anderen Forschern verzeichnet. H. J. Gernentz stellt z. B. fest, daß das einst passive Niederdeutschland an der Ausbildung der dt. Standardsprache aktiv teilzunehmen beginnt (Gernentz 1980). Diese Periode, und zwar das Ende des 19. und der Anfang des 20. Jhs., dürfte wohl als Endetappe der Normierung (als „volle Genormtheit" der Sprache − Besch 1983, 964) angesehen werden, aber nur in dem Sinne, daß jetzt schon alle Seiten der Sprache standardisiert und teilweise kodifiziert wurden. Die relative Abgeschlossenheit der Normierungsprozesse schließt aber nicht eine erneute Behandlung der schon „gelösten" Fragen und somit eine Neukodifizierung aus. Wie Erben und Schieb in Hinblick auf die Grammatik mit Recht festgestellt haben (Erben 1975, 129; Schieb 1981, 238f.), kann überhaupt keine Kodifizierung auf lange Sicht erzielt werden, da der sich unvermeidlich ändernde Sprachgebrauch eine Neukodifizierung mit der Zeit notwendig macht.

8.2. Man muß aber hervorheben, daß alle sprachlichen Prozesse sich in diesem Jh. vor dem komplizierten und oft auch tragischen Hintergrund abspielten. Zwei Weltkriege, tiefe ökonomische und politische Krisen in Deutschland und besonders die Verbreitung der Ideologie und der Macht des Faschismus wirkten ohne Zweifel negativ auf die deutsche Gesellschaft, ihre Kultur und Sprache (vgl. auch Wells 1989, 415ff.).

Häufung, Steigerung, Schwulst und Verschwommenheit des Ausdrucks vereinigten sich in den Texten und Reden mit Knappheit, mit Elementen des bürokratischen und militärischen Stils (Seidel/Seidel-Slotty 1961, VII). Nationalistische Tendenzen offenbarten sich in den intensiven Verdeutschungen. Der

Staat lenkte auch „total" Normierungsprozesse, die sich meistens aber nicht auf das
Sprachsystem, sondern auf den Sprachgebrauch und Stil in bestimmten funktionalen
Bereichen beziehen (ausf. darüber bei Wells
1989).

Aber die dt. Sprache als „leitende nationalsprachliche Varietät" (Reichmann 1978, 403)
bleibt bestehen. Die schöne Literatur und die
Publizistik hohen Ranges entwickelten sich
im Exil, und somit gingen die Kulturtradition
und die geformte und standardisierte dt.
Sprache nicht verloren. Auch in der Schule
(besonders in Gymnasien) war die Literatursprache, die Ende des 19.- Anfang des 20. Jhs.
funktionierte, nicht ganz vergessen.

Man muß auch daran denken, daß zwölf
Jahre (1935—1945) für die Sprachentwicklung keine zu lange Periode sind. Man darf
wohl aus allen diesen Gründen behaupten,
daß der Einfluß der nationalsozialistischen
„Epoche" auf die dt. Sprache oberflächlich
genug und der Geltungsbereich der entsprechenden Sprachform verhältnismäßig begrenzt waren (Zeitungssprache, politische
Schriften und Reden, Trivialliteratur).

Nach dem Ende des 2. Weltkrieges und
dem Zusammenbruch des Faschismus treten
neue historische Kräfte hervor, die die Aufhebung und die Weiterentwicklung der dt. Kultur und der dt. Sprache fördern. Es entstehen
aber auch neue Probleme, die schon mit der
politischen und teilweise auch sprachlichen
Spaltung Deutschlands verbunden sind. Die
meisten dieser Probleme finden ihre Lösung
erst am Ende des 20. Jhs.

9.   Schlußbemerkungen

Als Gesamtergebnis der Sprachentwicklung
in der Periode vom 17.—20. Jh. kann also die
Herausbildung einer normierten polyfunktionalen Sprache (Standardsprache/Literatur-
sprache) angesehen werden, die imstande
war, alle kommunikativen und kulturellen
Bedürfnisse der Gesellschaft zu befriedigen.
Den sich vervielfältigenden kommunikativen
Aufgaben entsprechend nahm die Differenzierung der standardisierten sprachlichen
Mittel zu, was jedoch die Benutzung der anderen Existenzformen (bes. die der Umgangssprache) nicht ausschloß.

Auf Grund der Analyse von kultur- und
sprachhistorischen Situationen dieser Periode
kann man zur Schlußfolgerung kommen, daß
auf dieser späten Etappe der deutschen
Sprachgeschichte wesentliche Änderungen im

Charakter der Entwicklung einer Sprache zu
beobachten sind. Wenn früher aktive Strukturelle Umgestaltungen vorherrschten, so treten jetzt selektive und normierende Prozesse
in den Vordergrund.

Das Ziel einer kulturhistorisch, sozial und
kommunikativ orientierten Sprachgeschichte
ist somit, alle Typen der Sprachveränderungen in ihrer Eigenart und ihrer Wechselwirkung zu beobachten und zu erforschen.

Eine der wichtigsten Voraussetzungen der
sozialorientierten Sprachforschung bildet also gründliche und fein differenzierte Betrachtung der sozialen Faktoren (vgl. Sonderegger 1992, 125), die in verschiedenen historischen Umständen sehr unterschiedlich auf
die sprachliche Situation und auf die Sprache
selbst wirken.

10. Literatur (in Auswahl)

Abramov, B. A., Zur Evolution der Varianz im
Deutschen seit dem 18. Jahrhundert. In: LStA 111.
Berlin 1983, 41—49.

Admoni, Wladimir G., Zur Ausbildung der Norm
der deutschen Literatursprache im Bereich des neuhochdeutschen Satzgefüges (1470—1730). Berlin
1980.

Allgemeine Sprachwissenschaft. Hrsg. v. Boris A.
Serebrennikow. Bd. 1: Existenzformen, Funktionen
und Geschichte der Sprache. (Übersetzung aus
dem Russischen). München 1973, Kapitel IX.

Ansätze zu einer pragmatischen Sprachgeschichte.
Zürcher Kolloquium 1978. Hrsg. v. Horst Sitta.
Tübingen 1980. (RGL 21).

Aufklärung in Deutschland. Hrsg. v. Paul Raabe/
Wilhelm Schmidt-Biggemann. Bonn 1979.

Die Auswirkungen der industriellen Revolution auf
die deutsche Sprachentwicklung im 19. Jahrhundert. (Autorenkollektiv unter der Leitung von Joachim Schildt). Berlin 1981.

Besch, Werner, Schriftsprache und Landschaftssprachen im Deutschen. Zur Geschichte ihres
Verhältnisses vom 16.—19. Jh. In: RVj. 45, 1979,
323—343.

Ders., Dialekt, Schreibdialekt, Schriftsprache, Standardsprache. Exemplarische Skizze ihrer historischen Ausprägung im Deutschen. In: Dialektologie. Ein Handbuch zur deutschen und allgemeinen
Dialektforschung. Hrsg. v. Werner Besch [u. a.]. 2.
Halbbd. Berlin/New York 1983, 961—990. (HSK
1,2).

Blackall, Eric A., Die Entwicklung des Deutschen
zur Literatursprache 1700—1775. Stuttgart 1966.
(Übersetzung aus dem Englischen. Cambridge
1959).

Blume, Herbert, Deutsche Literatursprache des
Barock. In: LGL 1980, 719—725.

Burdach, Konrad, Vorspiel. Gesammelte Schriften zur Geschichte des deutschen Geistes. 2 Bde. Halle/S. 1925–26.

Cherubim, Dieter, Zur bürgerlichen Sprache des 19. Jahrhunderts. Historisch-pragmatische Skizze. In: WW, 1983, 398–422.

Coseriu, Eugen, System, Norm und „Rede". In: Sprache – Strukturen und Funktionen. Tübingen 1970, 45–59.

Deutsche Wortgeschichte. Hrsg. v. Friedrich Maurer/Heinz Rupp. 3. Bde. Dritte, neubearb. Aufl. Berlin/New York 1974. (Grundr. 17).

Eggers, Hans, Deutsche Standardsprache des 19./20. Jahrhunderts. In: LGL 1980, 603–609.

Ders., Deutsche Sprachgeschichte. Bd. 2. Das Frühneuhochdeutsche und das Neuhochdeutsche. Hamburg 1986.

Erben, Johannes, Zur Normierung der Neuhochdeutschen Schriftsprache. In: Festschrift für Karl Bischoff zum 70. Geburtstag. Hrsg. v. Günter Bellmann/Günter Eifler/Wolfgang Kleiber. Köln/Wien 1975, 117–129.

Ermatinger, Emil, Deutsche Kultur im Zeitalter der Aufklärung. Handbuch der Kulturgeschichte. Potsdam 1935.

Fleming, Willi/Ulrich Stadler, Barock. In: Deutsche Wortgeschichte 1974, 1–31.

Gernentz, Hans Joachim, Zum hochdeutsch-niederdeutschen Austauschprozeß bei der Ausbildung der deutschen Literatursprache. In: ZPSK 33, 1980, H. 3, 318–329.

Gloy, Klaus, Sprachnorm. In: LGL 1980, 363–368.

Große, Rudolf, Zur Dialektik von Stabilität und Variabilität in der Sprache und zum Begriff der sprachlichen Norm. In: WZUL 27, 5, 1978, 523–531.

Ders., Zu den sozialgeschichtlichen Grundlagen für die Entwicklung der deutschen Literatursprache im 18. Jahrhundert. In: LStA 77. Berlin 1981, 134–147.

Grosse, Siegfried, Überlegungen zur deutschen Sprache im 19. Jahrhundert. In: Deutsche Sprachgeschichte. Grundlagen, Methoden, Perspektiven. Festschrift für Johannes Erben zum 65. Geburtstag. Frankfurt/M. [etc.] 1990, 323–328.

Guchmann, Mira M., Sprachwissenschaft und Literaturwissenschaft. In: Sprachgeschichte. Ein Handbuch zur Geschichte der deutschen Sprache und ihrer Erforschung. Hrsg. v. Werner Besch/Oskar Reichmann/Stefan Sonderegger. 1. Halbbd. Berlin/New York 1984, Art. 3, 9–18. (HSK 2,1).

Dies., Literatursprache und Kultur. In: Zur Frage der Rechtschreibung, der Grammatik und des Stils. Hrsg. v. der Dudenredaktion unter der Leitung von Günter Drosdowski. N. 47. Mannheim/Wien/Zürich 1984b, 7–24.

Dies./Natalja N. Semenjuk, Einige Fragen der Periodisierung des Deutschen. In: LStA 88. Berlin 1982, 15–29.

Dies./Natalija N. Semenjuk/Natalja S. Babenko, Istorija nemeckogo literaturnogo jazyka ((XVI–XVIII ww.). Moskva 1984.

Hartung, Wolfdietrich, Zum Inhalt des Normbegriffs in der Linguistik. In: Normen in der sprachlichen Kommunikation. Berlin 1977, 9–69.

Henne, Helmut, Die Hochsprache und Mundart im schlesischen Barock. Köln/Graz 1966. (MdF 44).

Ders., Das Problem des Meissnischen Deutsch oder „Was ist Hochdeutsch" im 18. Jahrhundert. In: ZMF 1968, H. 2, 109–129.

Jäger, Siegfried, Zum Problem der sprachlichen Norm und seiner Relevanz für die Schule. In: Mu 1971. H. 3, 162–175.

Jedlička Alois, Entwicklungstendenzen der Literatursprache aus vergleichender Sicht. In: LStA 111. Berlin 1983, 50–60.

Jentzsch, Rudolf, Der deutsch-lateinische Büchermarkt nach den Leipziger Ostermeß-Katalogen von 1740, 1770 und 1880 in seiner Gliederung und Wandlung. Leipzig 1912.

Kainz, Friedrich, Klassik und Romantik. In: Deutsche Wortgeschichte 1974, 245–463.

Kaiser, Gerhard, Das Bürgertum als kulturtragende Schicht. Herkunft und bürgerliches Bewußtsein der Autoren. In: Aufklärung 1979, 62–78.

Kettmann, Gerhard, Zur Entwicklung der deutschen Umgangssprache in der zweiten Hälfte des 19. Jahrhunderts. In: ZPSK 33, 1980, H. 4, 1–120.

Kurka, Eduard, Die deutsche Aussprachenorm im 19. Jahrhundert. Entwicklungstendenzen und Probleme ihrer Kodifizierung von 1898. In: LStA 66/II. Berlin 1980, 1–67.

Langen, August, Deutsche Sprachgeschichte vom Barock bis zur Gegenwart. In: Aufriß 1952, 1077–1522.

Ders., Der Wortschatz des 18. Jahrhunderts. In: Deutsche Wortgeschichte 1974, 31–244.

Langner, Helmut, Zu einigen übergreifenden Entwicklungstendenzen der deutschen Sprache im 19. und 20. Jahrhundert. Erscheinungen – Wesen – Probleme. In: LStA 111. Berlin 1983, 2–19.

Ders., Zum Einfluß der Umgangssprache auf die Literatursprache. In: ZPSK 37, 1984, 191–199.

Lerchner, Gotthard, Sprachnorm als linguistische und soziologische Kategorie. In: LStA 3. Berlin 1973, 108–122.

Ders., Zu Lessings Stellung in der geschichtlichen Entwicklung des 18. Jahrhunderts. In: ZPSK 33, 1980, H. 3, 345–352.

Ders., Zum Verhältnis von Soziolekten zur Literatursprache in der sprachgeschichtlichen Entwicklung des 18. und 19. Jahrhunderts. In: LStA III. Berlin 1983, 31–40.

Mattausch, Josef, Klassische deutsche Literatur und Entwicklung des deutschen Sprachstandards. Zu einem Kapitel Wirkungsgeschichte. In: LStA 66/I. Berlin 1980, 121−176.

Mattheier, Klaus J., Sprachgeschichte als Sozialgeschichte. Über eine (mögliche) Einbettung der Sprachgeschichte, diskutiert an der deutschen Sprachgeschichte. In: Bevölkerung, Wirtschaft, Gesellschaft seit der Industrialisierung. Festschrift für Wolfgang Köllmann zum 65. Geburtstag. Dortmund 1990, 293−309.

Ders., Standardsprache als Sozialsymbol. Über kommunikative Folgen gesellschaftlichen Wandels. In: Das 19. Jahrhundert [...] 1991, 41−72.

Moser, Hugo, Umgangssprache. Überlegungen zu ihren Formen und ihrer Stellung im Sprachganzen. In: ZMF 27, 1960, H. 4, 215−232.

Ders., Deutsche Sprachgeschichte. 6. Aufl. Tübingen 1969.

Nelz, Dieter, Zum Einfluß des „Allgemeinen Deutschen Sprachvereins" auf die lexikalische Norm der Literatursprache im 18. Jahrhundert. In: LStA 66/II. Berlin 1980, 68−115.

Nerius, Dieter, Untersuchung zur Herausbildung einer nationalen Norm der deutschen Literatursprache im 18. Jahrhundert. Halle/S. 1967.

Ders., Zur Sprachnorm im gegenwärtigen Deutschen. In: LStA. Berlin 1973, 3, 83−107.

Das 19. Jahrhundert. Sprachgeschichtliche Wurzeln des heutigen Deutsch. (JIdS). Berlin/New York 1991.

Newald, Richard, Die deutsche Literatur vom Späthumanismus zur Empfindsamkeit 1570−1750. In: Helmut de Boor/Richard Newald, Geschichte der deutschen Literatur von den Anfängen bis zur Gegenwart. Bd. 5. 3. Aufl. München 1960.

Objartel, Georg, Akademikersprache im 19. Jahrhundert. Auch als Erforschung von Vereinssprachen. In: Voraussetzungen [...] 1989, 197−227.

Piirainen, Ilpo Tapani, Deutsche Standardsprache des 17./18. Jahrhunderts. In: LGL 1980, 598−603.

Polenz, Peter von, Sprachnormung und Sprachentwicklung im neueren Deutsch. In: DU 16, 1964, H. 4, 67−91.

Ders., Geschichte der deutschen Sprache. Berlin/New York 1978. (SaGö 2206).

Ders., Mediengeschichte und deutsche Sprachgeschichte. In: Die Erscheinungsformen der deutschen Sprache. Literatursprache, Alltagssprache, Gruppensprache, Fachsprache. Festschrift zum 60. Geburtstag von Hugo Steger. Berlin 1991, 1−18.

Ders., Deutsche Sprachgeschichte vom Spätmittelalter bis zur Gegenwart, Bd. II. 17. und 18. Jahrhundert; Bd. III. 19. und 20. Jahrhundert. Berlin/New York 1994, 1999.

Raabe, Paul, Aufklärung durch Bücher. Der Anteil des Buchhandels an der kulturellen Entfaltung in Deutschland 1764−1790. In: Aufklärung 1979, 87−104.

Reichmann, Oskar, Deutsche Nationalsprache. Eine kritische Darstellung. In: GL 2−5/78. Marburg/Lahn 1978, 389−423.

Ders., Nationalsprache. In: LGL 1980, 87−104.

Rupp, Heinz, Tendenzen, Formen und Strukturen der deutschen Standardsprache in der Schweiz. In: LStA 111. Berlin 1983, 214−226.

Scharnhorst, Jürgen, Zur stilistischen Differenzierung der Literatursprache in historischer Sicht. In: LStA 111. Berlin 1983, 192−206.

Schieb, Gabriele, Zu Stand und Wirkungsbereich der kodifizierten grammatischen Norm des 19. Jahrhunderts. In: LStA 66/I. Berlin 1980, 177−251.

Dies., Zu Stand und Wirkungsgeschichte der kodifizierten grammatischen Norm Ende des 19. Jahrhunderts. In: BES. Leipzig 1981, 134−176.

Schildt, Joachim, Entwicklungstendenzen in der Funktionsweise der deutschen Sprache der Gegenwart und ihre Ursache. In: LStA 111. Berlin 1983, 61−77.

Ders., Zu einigen Entwicklungstendenzen im politischen Wortschatz der deutschen Arbeiterbewegung. In: Das 19. Jahrhundert [...] 1991, 185−201.

Schöne, Albrecht, Vorbemerkung. In: Deutsche Literatur. Texte und Zeugnisse. Bd. III: Das Zeitalter des Barock. Hrsg. v. Albrecht Schöne. München 1963.

Seidel, Eugen/Ingeborg Seidel-Slotty, Sprachwandel im Dritten Reich. Eine kritische Untersuchung faschistischer Einflüsse. Halle/S. 1961.

Semenjuk, Natalja N., Problema formirovanija norm nemeckogo literaturnogo jazyka XVIII stoletija. Moskva 1967.

Dies., Das 17. Jahrhundert als Übergangsperiode in der deutschen Sprachgeschichte. In: Akten des VI. Internationalen Germanisten-Kongresses. Basel 1980. Teil 2. Frankfurt/M./Las Vegas 1980, 431−437.

Dies., Versuch einer Rekonstruktion der Sprachsituation im 18. Jahrhundert anhand von lexikographischen Daten bei J. Chr. Adelung. In: Sprache und Kulturentwicklung im Blickfeld der deutschen Spätaufklärung. Berlin 1984, 151−157.

Simonow, Wladimir, Fremdsprachige Lexik und Entwicklung der deutschen Literatursprache im 17. Jahrhundert. In: PBB (H) 100, 1979, 295−322.

Sonderegger, Stefan, Sprachgeschichte und Kulturgeschichte. In: Offene Fragen − offene Antworten in der Germanistik. Hrsg. v. Vilmos Ágel/Regina Hessky. Tübingen 1992, 111−132. (RGL 128).

Sperber, Hans, Die Sprache der Barockzeit. In: ZDk. 43, H. 10, 1929, 672−684.

Stopp, Hugo, Verbreitung und Zentren des Buchdrucks auf deutschem Sprachgebiet im 16. und 17. Jahrhundert. In: Sprachw. 1978, H. 3, 237−261.

Studien zur deutschen Sprachgeschichte des 19. Jahrhunderts. Existenzformen der Sprache. Naturwissenschaftliche und technische Fachlexik. In: LStA 66/I, 66/II; 66/III. Berlin 1980.

Vierhaus, Rudolf, Aufklärung durch Vernunft − Das deutsche Bürgertum im 18. Jahrhundert. In: Aufklärung 1979, 23−36.

Vogt, Erika, Die gegenhöfische Strömung in der deutschen Barockliteratur. Diss. Gießen 1931.

Voraussetzungen der Gegenwartssprache. Sprach- und sozialgeschichtliche Untersuchungen zum 19. Jahrhundert. Hrsg. v. Dieter Cherubim/Klaus J. Mattheier. Berlin/New York 1989.

Wagner, Kurt, Das 19. Jahrhundert. In: Deutsche Wortgeschichte 1974, 493−528.

Weithase, Irmgard, Zur Geschichte der gesprochenen deutschen Sprache. Bd. 1. Tübingen 1961.

Wells, Christopher J., Deutsch − eine Sprachgeschichte bis 1945. Tübingen 1989. (Übersetzung aus dem Englischen. Oxford 1985). (RGL 93).

Wimmer, Rainer, (Hrsg.), Das 19. Jahrhundert. Sprachgeschichtliche Wurzeln des heutigen Deutsch. Jahrbuch 1990 des Instituts für deutsche Sprache. Berlin/New York 1991.

Zur Ausbildung der Norm der deutschen Literatursprache 1470−1730. Bd. 1: Der Einfachsatz. Bd. II: Zur Ausbildung der Norm der deutschen Literatursprache auf der lexikalischen Ebene. Autorenkollektiv unter der Leitung von Gerhard Kettmann/ Joachim Schildt. Berlin 1976.

Natalija N. Semenjuk, Moskau

125. Phonetik und Phonologie, Graphetik und Graphemik des Neuhochdeutschen seit dem 17. Jahrhundert

1. Vorbemerkung

Wie jede Sprachgemeinschaft hat auch die deutsche aus der Menge der Laute, die von Menschen gebildet werden können, in Übereinstimmung mit den von Jakobson (1941/ 1972, 59f.) postulierten universalen Fundierungsgesetzen eine begrenzte Zahl von Lauten/Phonen realisiert, für ihr Phonemsystem verwandt und seit ahd. Zeit durch die Zeichenmenge des lat. Alphabets zu verschriften versucht. Sowohl diachronisch (vom historischen Lautwandel bestimmt) wie diatopisch (areal/regional, dialektal) wie auch diastratisch (sozial bedingt, schichtenspezifisch) und diasituativ (situations-, textsorten-, sprachstilbestimmt, vgl. Philipp 1980, 2f.) haben sich dabei vielfältige Phonem- und Graphemsysteme „des Deutschen" bzw. „innerhalb des Deutschen" überlagert, einander ergänzt, abgelöst und ersetzt. Hier soll das „Diasystem" des Nhd., der normierten nhd. Standardsprache, anhand des historisch entstandenen Phonem- und Graphemsystems und ihrer In-

terrelationen − ergänzt durch Hinweise auf die obigen Aspekte − in seinen Hauptzügen beschrieben werden (vgl. Scheuringer 1996).

2. Entwicklung vom Frühneuhochdeutschen zum Neuhochdeutschen der Gegenwart

Der Beginn „des Nhd." bzw. des „Neudeutschen" ist (vgl. Polenz 1978, 85) eine der schwierigsten Periodisierungsfragen der dt. Sprachgeschichte. Da die Phonie (mit Deskription von Lautwandelerscheinungen wie 'nhd.' Diphthongierung, 'md.' Monophthongierung, Vokaldehnung usw.) infolge der diachronen und diatopischen Heterogenität als Datierungskriterium ausfällt, wählt Polenz als sprachsoziologisches Kriterium aus dem Bereich der Graphie den Zeitpunkt der Erfindung des Buchdrucks (Mitte des 15. Jhs.) als Beginn der (nach Ahd. und Mhd.) dritten, zur Gegenwart hinführenden Periode des Dt. Zur Würdigung dieses Einflusses auf die Entwicklung der Schriftsprache solle man bedenken, „daß auch heute unsere Gemeinsprache weit weniger auf dem mündlichen Verkehr als auf der gedruckten Literatur beruht", daß also eigentlich nur das Bücherdeutsch als relativ einheitliche Gemeinsprache gelten könne, „während die mündliche Verkehrssprache (auch der Gebildeten) in den verschiedenen Gegenden und sozialen Gruppen erhebliche Unterschiede zeigt" (Polenz 1978, 86). — Mit den daraus ableitbaren Interessen von Verlegern und Druckern zur weiträumigen Verbreitung ihrer Bücher, also überregional-ausgleichender Normierung und Rationalisierung der verwendeten Sprache, sind auch die wichtigsten Entwicklungstendenzen des Nhd., besonders seit dem 17. Jh., benannt.

Nach der Konkurrenzphase hauptsächlich zwischen dem sdt. Schreibsprachtyp der kaiserlichen Kanzlei (dem sog. „Gemeinen Deutsch") und dem omd. (dem „Meißnischen Deutsch") der wettinischen Kanzlei, die im 15./16. Jh. zu gegenseitiger Angleichung zugunsten des letzteren führte (Polenz 1978, 76 ff.), dessen Gewicht dann mit der großen Wirkung von Luthers Bibelübersetzung und Schriften in alltagssprachlich-volksnaher Form nur noch wuchs, kann ein Zeitraum vom 16.–18. Jh. als Einflußperiode normativer Grammatiker angenommen werden, die in der Graphie (Orthographie und Interpunktion, vgl. die historischen Übersichten bei Garbe 1978 und 1984) und deshalb auch in der Phonie (Epie) nach „Sprachrichtigkeit" und auf diese gerichteten Regeln und Anweisungen, besonders nach den Prinzipien der dt. Schreibung (4.2.5.), suchten; Polenz (1978, 99) nennt Clajus, Opitz, Schottel, Bödiker, Gottsched, Adelung, die in unterschiedlicher Ausprägung Rationalisierungen und Normierungen vorschlugen, die oft nur den „Gebildeten" zugänglich waren, fernab vom spontanen Sprechsprachgebrauch. — Als weitere Entwicklungsschritte zur Herausbildung einer normierten nhd. Schriftsprache sind zu nennen: frz. Einflüsse im 16.–18. Jh.; gegenläufig sprach-„reinigende" Tendenzen im 17./18. Jh.; Mitsprache des erstarkenden schulischen Sprachunterrichts; sprachliche, grammatische, orthographische Schriften des Pietismus; besonders lexikologisch-lexikographisch standardisierende der Aufklärung; wichtige „republikanisch" am phonologischen Prinzip orientierte Vorschläge Klopstocks zur Rechtschreibreform (Garbe 1981 a, 46 ff.) und historisch die mhd. Phonie (und z. T. Graphie) restituierende Vorstellungen besonders J. Grimms (z. B. in Garbe 1978, 47–62), beides im wesentlichen gescheitert, da sich Gottsched und Adelung mit ihren den Sprachusus konservierenden, an Bildungs-Schreibbarrieren festhaltenden normativen Forderungen durchgesetzt hatten (Polenz 1978, 104 ff.; 108 ff.; 112 ff.). — Im 19. und 20. Jh. bewirkten Industrialisierung, De-

mokratisierung und nationale Einigung Veränderungen der Sozialstruktur, Fähigkeit zu großräumiger Kommunikation wurde in den meisten Berufen notwendig; v. Raumer und Duden waren die zwar reformwilligen, dann aber die Einheitsschreibung in allen deutschsprachigen Staaten als wichtiger einschätzenden Protagonisten für die 1901/02 staatlich festgeschriebene Orthographie-Norm des Dt., Siebs für die als „Deutsche Bühnenaussprache" 1898 vorgeschlagene Norm der Orthophonie (vgl. 4.2.5.; 3.2.2.). Wesentliche phonetisch-phonologische und graphetisch-graphemische Erweiterungen erfuhr das Nhd. durch engl., engl.-amerikanischen und frz. Spracheinfluß im 19. und besonders im 20. Jh. (4.2.1.–4.2.3.).

Die heutige Existenz einer gesprochenen „schriftfernen Alltagssprache", das Auseinanderdriften dieser allgemein gewordenen Umgangssprache und der „elitäre[n] und deshalb neuerungs- und affektfeindliche[n] Hoch- und Schriftsprache" (Polenz 1978, 132) machen Überlegungen nötig zu einer Veränderung, einer Reform der kodifizierten phonischen und graphischen Normen (3.2.2.; 5.; 6.).

3.   Phonetik/Phonologie/Orthophonie

3.1.   Phonetik der neuhochdeutschen Vokale und Konsonanten

Die artikulatorische Phonetik stellt die aus dem Lautkontinuum der menschlichen Sprachkommunikation segmentierbaren Laute/Phone als „Bündel" distinktiver (bedeutungsunterscheidender) Merkmale dar.
(a) Als „Vokale" werden nach phonetischen Kriterien die „reinen Stimmlaute" bezeichnet, bei denen „die Luft unbehindert durch den Mund bzw. durch Mund und Nase ins Freie gelangen kann", nach phonologischem Kriterium „Laute, die den Silbengipfel bilden können" (Schubiger 1977, 43 f.). Je nach Zungenstellung (oben/mittel/unten und palatal/velar), Lippenstellung (ungerundet/gerundet) und Artikulationsdauer (kurz/lang) ergeben sich nhd. Kurzvokale, Langvokale, Diphthonge und Nasalvokale (vgl. Philipp 1974, 28 ff.; auch Kurka 1970, 768 ff.; Werner 1972, 22 f.), im folgenden notiert nach Veith/ Beersmans (1973, 21 ff.): [a]: kurz, unten, neutral in Zungen- und Lippenstellung (*gesandt*), [ä]: kurz, mittel, palatal/vorn, ungerundet (*gesendet*), [i]: kurz, oben, palatal/vorn, unge-

rundet (*gesinnt*), [c]: kurz, mittel, velar/hinten, gerundet (*gesonnt*), [ö]: kurz, mittel, palatal/vorn, gerundet (*gegönnt*), [u]: kurz, oben, velar/hinten, gerundet (*gesund*), [ü]: kurz, oben palatal/vorn, gerundet (*gesündigt*), [ɇ]: kurz, sonst ungekennzeichnet, einziger unbetonter Vokal (*gesund*), [A]: lang, unten, neutral in Zungen- und Lippenstellung (*lagen*), [Ä]: lang, mittel, palatal/vorn, ungerundet (*lägen*), [E]: lang, mittel, palatal/vorn, ungerundet (*legen*), [I]: lang, oben, palatal/vorn, ungerundet (*liegen*), [O]: lang, mittel, velar/hinten, gerundet (*logen*), [Ø]: lang, mittel, palatal/vorn, gerundet (*lögen*), [U]: lang, oben, velar/hinten, gerundet (*lugen*), [Ü]: lang, oben, palatal/vorn, gerundet (*lügen*), [ai], [au], [ci]: Diphthonge/Zwielaute, fallend, erstes Segment betont (*leite, laute, läute*), [A͜, a͜], [Ä͜, ä͜], [C͜, c͜], [Ø͜, ø͜]: nasalierte Lang- bzw. Kurzvokale in Fremd- und Lehnwörtern, meist aus dem Frz. (*Elan, Refrain, Fasson, Parfum*).

(a 1) Die Merkmale „offen"/„geschlossen" sind hier nicht notiert, da einige Phonetiker dieses Merkmalpaar als absolutes, andere als relatives begreifen (vgl. Kurka 1970, 762 ff.; 768 ff.). Nach Polenz (1978, 79) sind nach dem Übergang vom Mhd. zum Nhd. „alle langen Vokale eng, alle kurzen offen gesprochen worden" (so auch Philipp 1974, 17 f.). − (a 2) Zu diatopischer Aussprachevarianz vgl. 3.2.1. (b 4), 4.2.3. (a 6). − (a 3) Zu diastratisch (adiasituativer Aussprachevarianz vgl. 3.2.1. (a 2), (b 4), (b 5), (b 6), 4.2.3. (a 7), (a 8).

(b) Als „Konsonanten" werden nach phonetischen Kriterien die „reinen Geräusche" und die „tönenden Geräusche" bezeichnet, bei denen „die Luft auf ihrem Weg ins Freie behindert wird", nach phonologischem Kriterium „Laute, die vor oder nach dem Silbengipfel stehen" (Schubiger 1977, 43 f.). In der nhd. Standardsprache lassen sich aus den Lautketten der Sprechsprache folgende Konsonantenphone isolieren und je nach Artikulationsort, -art und Sonorität (stimmhaft/stimmlos) beschreiben (vgl. Philipp 1974, 41 ff.; Kurka 1970, 770 ff.; Werner 1972, 40 f.), notiert nach Veith/Beersmans (1973, 21 ff.): [P]: Verschlußlaut bzw. (Ex-)Plosiv, bilabial, stimmlos (*starb*), im Morphemanlaut als aspiriertes [PH] realisiert (*Paten*), [T]: Verschlußlaut, dental-alveolar, stimmlos (*Start*), im Morphemanlaut als aspiriertes [TH] realisiert (*Taten*), [K]: Verschlußlaut, velar, stimmlos (*stark*), im Morphemanlaut als aspiriertes [KH] realisiert (*Katen*), [B]: Verschlußlaut, bilabial, stimmhaft (*Nabel*), [D]: Verschlußlaut, dental-alveolar, stimmhaft (*Nadel*), [G]: Ver-

schlußlaut, velar, stimmhaft (*Nagel*), [M]: Nasal, bilabial, stimmhaft (*hemmen*), [N]: Nasal, dental-alveolar, stimmhaft (*Hennen*), [n]: Nasal, velar, stimmhaft (*hängen*), [F]: Frikativ bzw. Reibelaut, labio-dental, stimmlos (*Feile*), [V]: Frikativ, labio-dental, stimmhaft (*Weile*), [PF]: Affrikate, labial, erstes Segment bilabialer Verschlußlaut, zweites Segment labio-dentaler Frikativ, stimmlos (*Pfeile*), [S]: Frikativ, dental-alveolar, stimmlos (*weißen*), [Z]: Frikativ, dental-alveolar, stimmhaft (*weisen*), [TS]: Affrikate, dental, erstes Segment dental-alveolarer Verschlußlaut, zweites Segment homorganer Frikativ, stimmlos (*Weizen*), [s]: Frikativ, alveolar-palatal, stimmlos (*Schar*), [J, j]: Frikativ, palatal, stimmhaft (*Jahr*), [x]: Frikativ, palatal, stimmlos (*Wichtel*), nur nach palatalen Vokalen, den Diphthongen [ai], [ci], nach [N], [L], [R] sowie im Diminutivsuffix *-chen*, [X]: Frikativ, velar, stimmlos (*Wachtel*), nur nach velaren und neutralen Vokalen und dem Diphthong [au], [L]: Liquid, alveolar, lateral/seitlich (*Last*), [R]: Liquid, dental-alveolarer oder uvularer Intermittierender, je nachdem, ob als Zungenspitzen- oder Zäpfchen-[R] realisiert (*Rast*), [H]: Hauchlaut, nicht „laryngal-glottaler, stimmloser Frikativ", sondern „gehauchter Vokaleinsatz" (Philipp 1974, 43), da Artikulationsstelle durch Folgevokal festgelegt wird (*Hast*), [z]: Frikativ, alveolar-palatal, stimmhaft, in Fremd- und Lehnwörtern (*Genie*).

(b 1) Phonetisch exakte Differenzierungen können von der hier gewählten phonologischen Notation nicht erfaßt werden, erst recht nicht von der konventionalisierten Graphie: der phonetisch sensible Klopstock hört das [s] in z. B. [sAR] kräftiger, in [sTAR] dagegen viel schwächer (Garbe 1978, 28; vgl. 4.2.1. (a 3)). Ähnliches gilt für die Verschlußlaut-Aspiration (Philipp 1974, 41), für die „gelispelte" Aussprache von [S], [Z] u. a. m. − (b 2) Zu diatopischer Aussprachevarianz vgl. 4.2.3. (a 6). − (b 3) Zu diastratisch/diasituativer Aussprachevarianz vgl. 3.2.1. (b 4), (b 5), 4.2.3. (a 7).

3.2.   Phonologie/Orthophonie

3.2.1.   Phonemsystem der neuhochdeutschen Vokale und Konsonanten

Phoneme werden in der Regel durch Kommutation bzw. Substitution an Minimalpaaren gewonnen (Heike 1972, 29 ff.; 38 ff.; vgl. Kohrt 1985).

(a) Die nhd. Vokalphoneme, die sich dabei ergeben (Philipp 1974, 21−27), können in folgendem Schema angeordnet werden (vgl. Werner 1972, 23; Philipp 1974, 17; Philipp 1980, 36):

/I/	/Ü/		/U/
/i/	/ü/		/u/
	/ɇ/		
/E/	/Ø/		/O/
		/ci/	
/ä/ /Ä ä/	/ö/ /Ø ø/		/c/ /C c/
/Ä/			
	/ai/ /au/		
	/a/ /A a/		
	/A/		

Abb. 125.1: Neuhochdeutsche Vokalphoneme

(a 1) /Ä/ ist diachronisch-phonologisch nicht motiviert, sondern aufgrund des morphologischen und des semantischen Schreibprinzips (4.2.5.) entstanden, vgl. (Saal, Säle; Seele): „Einfluß des Schreibens auf das Sprechen" (Polenz 1978, 100, nach Fleischer 1966, 72 f.; vgl. aber diatopische Ausprachevarianz in 4.2.3. (a 6)). − (a 2) Philipp (1974, 30 f.) bemerkt, daß in Fremdwörtern auftretende, im dt. Vokalphonemsystem nicht vorhandene, Phone durch ähnliche ersetzt werden, z. B. [Ö] in frz. ⟨malheur⟩ durch [Ø], [C] in frz. ⟨corps⟩ durch [O]; entsprechend [Ä] in frz. ⟨fête⟩ und im Lehnwort ⟨Fete⟩ durch [E] usw. Die frz. Nasalvokale werden meist durch die Kombination Vokal + [n] oder durch Langvokal + [N] ersetzt. Zur diastratischen Bewertung korrekter Fremd-Aussprache vgl. 4.2.3. (a 7).

(b) Die nhd. Konsonantenphoneme, die durch die Substitutionsoperation an Minimalpaaren gewonnen werden (Philipp 1974, 38−41), können in folgendem Schema angeordnet werden (vgl. Werner 1972, 40; Philipp 1974, 36; Philipp 1980, 44):

/P/	/T/		/K/
/B/	/D/		/G/
/PF/ /TS/			
/F/	/S/	/s/	/x X/
/V/	/Z/	/z/	/J j/
/M/	/N/		/n/
/L/			
/R/			
			/H/

Abb. 125.2: Neuhochdeutsche Konsonantenphoneme

(b 1) /s/ ist ein im Frnhd./Nhd. neues Phonem, das aus der mhd. Phonemverbindung /S + K/ mit vermutbarer Zwischenstufe /S + X, S + x/ entstanden ist (Polenz 1978, 81). − (b 2) /V/ und /J j/ sind neue Phoneme, die die mhd. „Halbvokale" bzw. „Halbkonsonanten" fortsetzen (Polenz 1978, 80 f.). − (b 3) /n/ erhielt erst im Frnhd./Nhd. Phonemstatus, im Mhd. war es Allophon von /N/ (Polenz 1978, 80). − (b 4) Zungen-[R] und Zäpfchen-[R] bilden teils diatopische, teils diasituative Allophone des Phonems /R/; in der Bühnenaussprache (3.2.2.) wurde das von Siebs noch abgelehnte Zäpfchen-[R] erst 1957 zugelassen (Mangold/Dudenredaktion 1974, 60). − (b 5) Auch die im Wortanlaut aspiriert auftretenden [PH], [TH], [KH] sind teils diatopische, vor allem aber diasituative Allophone der Phoneme /P/, /T/, /K/, in der „Umgangslautung" (3.2.2.) nur schwach, in der „Hochlautung" dagegen in allen Stellungen stark artikuliert (Philipp 1974, 41). − (b 6) Auch im konsonantischen Bereich werden fremdsprachige Phone/Phoneme durch ähnliche aus dem dt. System ersetzt. Garbe (1981 b, 31) weist auf die phonische Differenz zwischen nl.-korrekter und eindeutschender Aussprache von ⟨sch⟩ z. B. in ⟨Scheveningen⟩, die kontrastiv-linguistisch 1977 zu polizeilicher Fahndung benutzt wurde, ein aktualisierter „Schibboleth"-Fall.

3.2.2. Orthophonie

Da Kultursprachen wie das Dt. in langer geschichtlicher Entwicklung für die meisten Phoneme, aufgrund aller vier Dia-Aspekte (vgl. 1.), eine Anzahl von Allophonen entwickelt haben, ist es schwierig und daher umstritten, eine Aussprachenorm − auch als Grundlage für eine Verschriftlichungsnorm dieser Sprache − festzusetzen. − Diatopisch entschieden sind einige Theoretiker für das Nrddt.-Nsächs., andere für das Meißnisch-Osächs. (Baudusch-Walker 1958, 118), − diachronisch wollten einige sogar die erschließbare Aussprache des „Normal"-Mhd. im Nhd. teilweise wiedereinführen, − diastratisch plädierten die einen für die Sprechweise der sozialen Oberschicht, die anderen für die Aussprache der meisten Sprachteilhaber (Garbe 1978, VII f.; 1981 a, 48 f.). Einen vorläufigen Abschluß dieser Diskussion setzte die 1898 erschienene Deutsche Bühnenaussprache von Siebs, deren teilweise überkorrekte Anweisungen im Duden-Aussprachewörterbuch als „der Sprechwirklichkeit weniger nah" kritisiert (Mangold/Dudenredaktion 1974, 29−68; 59) und mit der Beschreibung der auch zur „Hochlautung" gerechneten „Standardaussprache" sowie den unter „Nichthochlautung" zusammengefaßten Formen der „Umgangslautung" sowie einer „Überlautung" konfrontiert werden. Wesentlich weiter geht das Leipziger *Wörterbuch der deutschen Aussprache* (1969, 11ff.), indem es eine Annäherung der „Hochlautung" an die Gebrauchsnorm in der Massenkommunikation vorschlägt und damit eine tolerantere, demokratischere Haltung zeigt. „Lautnorm ist hier nicht mehr elitäres Statussymbol" (Polenz 1978, 136). − Besonderen Einfluß auf die Orthophonie (bzw. -epie) des Nhd. haben heute die Sprecher und Sprecherinnen in Rundfunk, Film und Fernsehen.

4. Graphetik/Graphemik/ Orthographie

4.1. Graphetik

In Analogie zu den als Bündel (phonisch) distinktiver Merkmale konstituierten Phonen hat Althaus (1973, 107ff.; 1980a, 140) versucht, die zur phonographischen Verschriftung der nhd. Standardsprache in Druckschriften verwendeten Graphe (vgl. Gallmann 1985) in (graphisch) distinktive Merkmale zu zerlegen. Die dabei aufgetretenen Probleme werden von der hier vorgelegten Neuformulierung erst zum Teil gelöst. − Althaus zerlegt die alphabetischen Graphe (unten 4.1.1.) in kleinste graphische Merkmale (Graphsegmente wie: senkrechte, schräge und waagerechte Strecke, Halbkreis, Kreis, Punkt) und unterscheidet „zentrale" von „peripheren": die zentralen graphischen Merkmale „wirken distinktiv zwischen Graphen", z. B. (_) zwischen (I) und (L) wie auch zwischen (F) und (E), die peripheren graphischen Merkmale dagegen nicht, z. B. (−) zwischen (Z) und (Ƶ) wie auch zwischen (X) und (X̶) in einigen (Druck-)Schreibschriften und den meisten gebrochenen Druckschriften (peripher sind außerdem: Auf- und Abstriche, Haarstriche, Häkchen, Serifen, Schaftbrechung, -gabelung, -dopplung, Schnörkel, Schaftdicke u. a. m.). Als zentrale graphische Merkmale, jetzt „graphisch distinktive Merkmale (GDM)" genannt, präpariert er die folgenden zwölf heraus:

1 2 3 4 5 6 7 8 9 10 11 12
I/\ ‾OCƆU ^ · ··

Abb. 125.3: Graphisch distinktive Merkmale (GDM) der alphabetischen Graphe (nach Althaus)

Aus diesen GDM lassen sich (nahezu) alle alphabetischen Graphe konstruieren, wobei die lineare Abfolge der GDM-Verknüpfung an-

gegeben werden muß: Seien α, β zwei GDM; „α + β" soll dann heißen: „schreibe β anstoßend rechts neben α"; und „$\frac{α}{β}$": „schreibe β senkrecht-zentriert unter (bzw. in) α". − Da alphabetische Graphe mit oder ohne Oberlängen und/oder Unterlängen ausgestattet sind, seien sie hier bezogen auf ein System von sechs abstandsgleich waagerecht übereinanderliegenden Linien (von oben nach unten) a−f (also fünf Zwischenräume ab, bc, cd, de, ef). Die (eher) senkrechten GDM 1, 2, 3, 5, 6, 7, 8, 9 reichen von einer der Linien bis zu einer anderen, werden also in ihrer Lage von zwei Linien bestimmt, zwischen denen sie liegen; die (eher) waagerechten GDM 4, 10, 11, 12 liegen dagegen auf einer der Linien, werden also durch eine Linie bestimmt. Beispiele: Die Majuskel (C), durch GDM 6 darstellbar, reicht von Linie a bis Linie e, notiert: 6 ae; die Minuskel (q), als Nebeneinandersetzung der GDM 6 und 1 darstellbar, reicht in ihrem GDM-6-Segment von c bis e, in ihrem GDM-1-Segment von c bis f, notiert: 6 ce + 1 cf; die Majuskel (T), als Übereinandersetzung der GDM 4 und 1 darstellbar, hat das GDM-4-Segment auf der Linie a liegen und das GDM-1-Segment senkrecht-zentriert darunter zwischen den Linien a und e, daher notiert: $\frac{4\,a}{1\,ae}$.

Abb. 125.4: Schreiblinien-System a−f, die Graphe (C), (q) und (T) eingezeichnet

4.1.1. Alphabetische Graphe

Graphe des Nhd., die als Allographe von Graphemen Phoneme repräsentieren (vgl. 4.2.), sind alphabetische Graphe, d. h. die Graphe „des Alphabets". Sie können jetzt mit Hilfe der GDM und des Schreiblinien-Systems graphetisch beschrieben werden. Zunächst Mono-(Einzel)-graphe:

(A): 2 ae + 4 c + 3 ae, anders notiert:

$\frac{2\,ae + 3\,ae}{4\,c}$, (a): $\frac{10\,c}{6\,de}$ + 1 ce,

(ɑ) 6 ce + 1 ce, (B): 1 ae + $\frac{7\,ac}{7\,ce}$,

(b) 1 ae + 7 ce, (C): 6 ae, (c): 6 ce,

(D): 1 ae + 7 ae, (d): 6 ce + 1 ae,

(E): 1 ae + $\dfrac{\dfrac{4\,a}{4\,c}}{4\,e}$ (Variante: 6 ae + 4 c),

(e): $\dfrac{6\,ce}{4\,d}$, (F): 1 ae + $\dfrac{4\,a}{4\,c}$,

(f): $\dfrac{1\,ae}{4\,c}$ + 10 a, (G): 6 ae + $\dfrac{4\,c}{1\,ce}$

$\left(\text{Varianten: 6 ae + 1 ce, } \dfrac{6\,ae}{4\,c}\right)$,

(g): 6 ce + 9 cf, (gʝ): ?,

(H): 1 ae + 4 c + 1 ae,

(h): 1 ae + 10 c + 1 ce, (I): 1 ae,

(i): $\dfrac{11\,b}{1\,ce}$ $\left(\text{Variante: } \dfrac{11\,b}{8\,ce}\right)$, (J): 9 ae

(Variante: 9 af), (j): $\dfrac{11\,b}{9\,cf}$

$\left(\text{Variante: } \dfrac{11\,b}{1\,cf}\right)$, (K): 1 ae + $\dfrac{2\,ac}{3\,ce}$,

(k): 1 ae + $\dfrac{2\,cd}{3\,de}$, (L): 1 ae + 4 e, (l): 1 ae

(Variante: 8 ae),

(M): 1 ae + 3 ae + 2 ae + 1 ae

(Variante: 2 ae + 3 ae + 2 ae + 3 ae),

(m): 1 ce + 10 c + 1 ce + 10 c + 1 ce,

(N): 1 ae + 3 ae + 1 ae,

(n): 1 ce + 10 c + 1 ce, (O): 5 ae,

(o): 5 ce, (P): 1 ae + 7 ac,

(p): 1 cf + 7 ce, (Q): $\dfrac{5\,ae}{3\,de}$

(Variante: 5 ae + 4 e), (q): 6 ce + 1 cf,

(R): 1 ae + $\dfrac{7\,ac}{3\,ce}$, (r): 1 ce + 10 c,

(S): $\dfrac{6\,ac}{7\,ce}$, (s): $\dfrac{6\,cd}{7\,de}$,

(ß): 4 c + 1 ae + 10 a + $\dfrac{7\,ac}{7\,ce}$

(Variante: 4 e + …), (T): $\dfrac{4\,a}{1\,ae}$, (t): $\dfrac{8\,be}{4\,c}$,

(U): 8 ae + 9 ae, (u): 8 ce + $\dfrac{9\,ce}{1\,ce}$

(Varianten: 8 ce + 9 ce, 8 ce + 9 ce + 1 ce
8 ce + 9 ce + 8 ce), (V): 3 ae + 2 ae,

(v): 3 ce + 2 ce,

(W): 3 ae + 2 ae + 3 ae + 2 ae

$\left(\text{Variante: 3 ae + } \dfrac{2\,ae}{3\,ae} + 2\,ae\right)$,

(w): 3 ce + 2 ce + 3 ce + 2 ce,

(X): $\dfrac{2\,ae}{3\,ae}$ $\left(\text{Variante: } \dfrac{\dfrac{2\,ae}{3\,ae}}{4\,c}\right)$,

(x): $\dfrac{2\,ce}{3\,ce}$, (Y): 3 ac + 1 ce + 2 ac,

(y): 3 ce + 2 cf, (Z): $\dfrac{\dfrac{4\,a}{2\,ae}}{4\,e}$

$\left(\text{Variante: } \dfrac{\dfrac{4\,a}{2\,ae}}{\dfrac{4\,c}{4\,e}}\right)$, (z): $\dfrac{\dfrac{4\,c}{2\,ce}}{4\,e}$,

(Ä): $\dfrac{\dfrac{12\,a}{2\,ae + 3\,ae}}{4\,c}$, (ä): $\dfrac{\dfrac{12\,b}{10\,c}}{6\,de}$ + 1 ce,

(ä): $\dfrac{12\,b}{6\,ce}$ + 1 ce, (Ö): $\dfrac{12\,a}{5\,ae}$, (ö): $\dfrac{12\,b}{5\,ce}$,

(Ü): $\dfrac{12\,a}{8\,ae + 9\,ae}$, (ü): $\dfrac{12\,b}{8\,ce + \dfrac{9\,ce}{1\,ce}}$.

Alle diese Graphe haben, je nach dem verwendeten Druckschrift-Typ, Varianten in Kursiv-(Schräg-), Fettdruck usw. − Als weitere, in nhd. gedruckten Texten auftretende Monographe sollen die folgenden, mit sog. „diakritischen" Zusatz-Merkmalen ausgestatteten genannt werden: (á), (à), (å), (ç), (é), (è), (ê), (ñ), (ó), (û). − Im 17./18. Jh., teilweise aus mhd. Schreibtradition stammend, finden sich außerdem: (å), (ŏ), (ŭ), (ſ) als „lang-s", (ʒ) als „Unterlängen-z", (ÿ) usw. − Von Orthographiereformern seit dem 17. Jh. vorgeschlagene Zusatzzeichen: (a̜) als Bogen unter Vokalphonem-Graph (vgl. Garbe 1981 a, 52), (ſ), (š), (η), (ə), (ˆ) über Vokalphonem-Graph usw. − An Digraphen (Verbindungen bzw. sogar Ligatur zweier Graphe) kommen in Druckschriften vor: (æ), (Æ), (ch), (ff), (fi), (fl), (ft), (œ), (Œ), (tz), im 17./18. Jh. auch noch (ſʒ) usw. − Als Trigraphen können auftreten: (ffi), (ffl), (sch) usw.

(a 1) Das einzige Minuskel-Graph ohne Majuskel-Entsprechung ist (β). − (a 2) In der Schweiz wurde die Einheitsschreibung aller deutschsprachigen Staaten 1938 punktuell aufgegeben, als das Graph (β) abgeschafft und durch (ss) ersetzt wurde. − (a 3) (å), bereits in mhd. Handschriften, verbreitet sich im Frnhd./Nhd., später durch (ä) ersetzt, im 16. Jh. von sdt. Druckereien aus (Polenz 1978, 100). − (a 4) Verwechslung druckschriftlicher Graphe wird durch Gestaltähnlichkeit, die allerdings näher zu bestimmen sein wird, gefördert. Einen Fall handschriftlicher Verwechslung bzw. einer Fehllesung von mehreren aufeinanderfolgenden Graphen entdeckte Karl Kraus; Werkherausgeber G. C. Lichtenbergs haben aus einer von diesem zitierten (*Gione*) bei Jean Paul einen (*Chiaur*) gemacht, was Kraus zur konjekturalen Rekonstruktion der Lichtenberg-Skription reizt (Garbe 1981 b, 16). − (a 5) Daß die Wahl bestimmter Druckschriften aufgrund benennbarer, mit ihnen allgemein verknüpfter Assoziationen bzw. Konnotationen erfolgt, besonders in der Werbung, zeigt z. B. Jegensdorf (1980, 33 ff.).

4.1.2. Nichtalphabetische Graphe

Hierher gehören die Ziffern (0), (1), (2) bis (9), die Interpunktionszeichen (.), (,), (;), (:), (!), (?), (-) und z. B. (”), (’), ((), ()), ([), (]), ({), (}), (/), (+), (−), (±), (<), (>), (=), (≤), (≥), (&), (§), (%), (©), (®); aus dem 17./ 18. Jh., teilweise noch aus mhd. Schreibpraxis stammend: (/) als sprechabschnittsgliederndes Interpunktionszeichen „Virgel", (=) als Worttrennzeichen am rechten Zeilenrand, (——— ———) als lange Gedankenstriche etc. − Selbst das nur standardsprachliche Inventar nichtalphabetischer Graphe läßt sich nicht vollständig angeben, da viele in fachsprachlichen Zusammenhängen konventionalisierte Graphe von Fall zu Fall dazuzurechnen sind (vgl. Althaus 1980 a, 140).

4.1.3. Graph-Klassifizierung: Bewertung

Trotz einiger Einwände gegen die Graph-Deskription und -Klassifikation mit Hilfe der GDM und des Schreiblinien-Systems (sie ist höchstens auf Druckschriften anwendbar, erfaßt nur approximativ die idealisierten Graphformen, erreicht keine Feinanpassung der einzelnen Graphsegmente, läßt Neigungswinkel von GDM 2 und 3, Länge von 4, Bauchung von 5 bis 10, Zwischenraum bei 12 unbestimmt usw.) erweist sie „die Alphabetschrift als eine Kombination einiger weniger Grundelemente nach wenigen Regeln" (Athaus 1980 a, 140) und ermöglicht nun Untersuchungen zur nhd. Graphstruktur (z. B. Minuskel-Majuskel-Relation, Redundanz und Defizienz im Graphsystem, Analyse und Vorhersage von Verwechslungen, Lese- und Druckfehlern).

4.2. Graphemik/Orthographie

Unter „Graphem" soll hier, ganz im Sinne Fleischers (1966, 15) und Nerius' (1975, 34), „die kleinste distinktive Einheit der geschriebenen Sprache, die ein Phonem (bzw. eine Phonemfolge) repräsentiert", verstanden werden (vgl. Kohrt 1985). Deshalb muß, entsprechend den z. B. von Althaus (1980 b, 143 ff.) formulierten Zielen der Graphemik, zunächst die Aufstellung graphischer Repräsentationen der nhd. Phoneme erarbeitet werden (4.2.1.), bevor dann eine Übersicht der (durch ihre Allographe realisierten) nhd. Grapheme (4.2.2.) und die Umkehr-Zuordnung Graphe−Phoneme (4.2.3.) gegeben werden kann; es folgt die Behandlung weiterer, die phonemisch-graphemische mit der semantischen Struktur des Sprachzeichens verknüpfender Beziehungen (4.2.4.) und schließlich die Darstellung der Schreibprinzipien und Regeln der nhd. Orthographie (4.2.5.).

4.2.1. Phonem-Graphem-Zuordnung

Den unter 3.2.1. aufgeführten nhd. Vokal- und Konsonantenphonemen, ergänzt um die Phonemfolgen /K + S/, /T + s/, /D + z/, werden im folgenden ihre Verschriftlichungsrealisationen zugeordnet. Diese Phonem-Graphem-Korrespondenz berücksichtigt, unter Verwendung der Vorarbeiten Mangolds (1961, 13 ff.), auch Namen und Fremd- und Lehnwörter und erweitert die Darstellungen bei Nerius, der einer entsprechenden Selbstanregung (1975, 77; 69 f.) nicht gefolgt ist, Althaus (1980 c, 790) und Garbe (1980, 205; 1981 a, 47) z. T. erheblich, um hier ein möglichst detailliertes Bild von der verwirrenden Schreibwirklichkeit des Nhd. zu geben.

In der folgenden Aufstellung werden in den Graphemklammern zunächst (jeweils vor dem „+") die Allographe notiert, die aus dt. Appellativa bzw. Morphemen gewonnen wurden; jeweils nach dem „+" folgen dann zusätzlich weitere Allographe des untersuchten Phonems, die aus dt. und ausländischen Namen sowie aus sog. „Lehn- und Fremdwörtern" stammen (zu den Abgrenzungsschwierigkeiten vgl. Fleischer 1969, 509 ff.; Braun 1979, 7 f.; Heller 1980, 169 ff.). Die jeweiligen Belege stehen in gleicher Anordnung dahinter.

/a/ ⟨a + à å -ah -as -at e i -is o ou u Null⟩ : ⟨*Bach + peu à peul Ångström/Allah/Fauxpas/Eklat/Gendarm/Oktroi/Bourgeois/London/Country-music/Cup/Citoyen*⟩

/i/ ⟨i ie + a e ee eig ey -is -it -its y⟩ : ⟨*Hirsch/Viertel + Cottage/wanted/Toffee/Foreign Office/Jockey/Louis/Wagon-Lit/Wagons-Lits/City*⟩

/c/ ⟨o + a å au ho ó⟩ : ⟨*Holz + Squash/Ångström/Chauffeur/Honneur/Córdoba*⟩

/u/ ⟨u + oo ou out -uh⟩ : ⟨*Hund + Goodwill/Tournée/à tout prix/Känguruh*⟩

/e/ ⟨e + a ee ez ij o ou y Null⟩ : ⟨*Katze + Slogan/Kaffee/Rendezvous/Mijnheer/Eton/Labour/Mynheer/Kreml*⟩

/ä/ ⟨ä e + a ae ai é ê ea ei -et he⟩ : ⟨*Härte/Herr + Match/Aepfingen/trainieren/Céntimo/Tête-à-tête/Headline/Seigneur/Gourmet/Bohemien*⟩

/ö/ ⟨ö + eu oe u⟩ : ⟨*Körper + Feuilleton/Oelde/Curry*⟩

/ü/ ⟨ü + u ue y⟩ : ⟨*Sümpfe + Budget/Uelzen/Nymphe*⟩

/A/ ⟨a aa ah + á ae ar -at aw er i⟩ : ⟨*Mall/Aall/Mahl + Horváth/Raesfeld/Party/Eklat/Tomahawk/Clerk/Memoiren*⟩

/E/ ⟨e ee eh + a ai aie ay é ea ée ées ei -er -et -ez⟩ : ⟨*her/Heer/hehr* + *Baby/Quai/Portemonnaie/Okay/Café/Rumpsteak/Chicorée/Champs-Elysées/Geisha/Portier/Couplet/allez!*⟩

/I/ ⟨i ie ieh ih + e ea ee -is -it -ix y⟩ : ⟨*Still/Stiel/stiehl!/ihn* + *Eton/Team/Jeep/Vis-a-vis/Esprit/Grand Prix/Schwyz*⟩

/O/ ⟨o oh oo + au aud ault aut aux aw eau eaux hau haut ho oa oe oi -os -ot -ow⟩ : ⟨*rot/droht/Boot* + *Sauce/Rechaud/Renault/comme il faut/Fauxpas/Tomahawk/Plateau/Bordeaux/Haute Couture/Hautgout/Horsd'oeuvre/Toast/Soest/Voigt/apropos/Trikot/Virchow*⟩

/U/ ⟨u uh + ew oo ou oup ous out oût oûts ue ui wo⟩ : ⟨*Bude/Buhne* + *Interview/Boom/Nougat/Coup/Dessous/partout/Ragoût/Ragoûts/Blues/Grapefruit/Twostep*⟩

/Ä/ ⟨ä äh + a ae ai -ais ait ät e è ê ei he⟩ : ⟨*Säle/Pfähle* + *Care-Paket/Caesar/fair/Palais/Portrait/Porträt/Enquete/Fin de siècle/Tête-à-tête/beige/Boheme*⟩

/Ø/ ⟨ö öh + e ea eu eue eur eurs eux i oe oey öe oeu u⟩ : ⟨*Gehör/Öhr* + *Jersey/Earl/Milieu/Queue/Monsieur / Messieurs / Deux-pièces / Sir / Oebisfelde/Oeynhausen/Diarrhöe/Horsd'oeuvre/Turn*⟩

/Ü/ ⟨ü üh + iu u ue ui uie -us -üt y⟩ : ⟨*Büste/Bühne* + *Aventiure/Pendule/Revue/Duisburg/Parapluie/Jus/Debüt/Typ*⟩

/ai/ ⟨ai ei eih + aj ay ey i igh is y ye⟩ : ⟨*Waise/Weise/Geweih* + *Tokajer/Bayern/Geysir/Pipeline/Copyright/Viscount/Nylon/good bye!*⟩

/au/ ⟨au auh + ao ou ow⟩ : ⟨*Frau/rauh* + *Kakao/Gouda/Rowdy*⟩

/ci/ ⟨eu äu + oi oj oy⟩ : ⟨*heute/Häute* + *ahoi!/Tolstoj/Boy*⟩

/<u>A</u> a/ ⟨– – + am an anc ancs and ands ank ans ant ants e em en ent ents hen⟩ : ⟨– – + *Tampon/Elan/Franc/Francs/Gourmand/Gourmands/Franktireur/Sanssouci/Pendant/Enfants terribles/en avant/Empire/Pendant/Reglement/Agents provocateurs/Henri*⟩

/<u>Ä</u> ä/ ⟨– – + ain ains ein eint en im in ing int⟩ : ⟨– – + *Terrain/à deux mains/Dessein/Teint/Doyen/Timbre/Dessin/Vingt-et-un/Embonpoint*⟩

/<u>C</u> c/ ⟨– – + hom om omb on ond onds ons ont⟩ : ⟨– – + *L'hombre/Vicomte/Aplomb/Bonbon/Fond/Fonds/Wagons-Lits/Affront*⟩

/<u>Ø</u> ø/ ⟨– – + um un⟩ : ⟨– – + *Parfum/Verdun*⟩

/P/ ⟨b bb p pp + pe pes ppe -ppes⟩ : ⟨*ab/verebbt/Kap/knapp* + *Pipeline/Crêpes/Enveloppe/Nippes*⟩

/B/ ⟨b bb + be bh⟩ : ⟨*eben/Ebbe* + *Globetrotter/Bhagavadgita*⟩

/T/ ⟨d dt t tt + -ed te -tes th -tte tth⟩ : ⟨*Grad/Stadt/Grat/statt* + *Mixed/à la carte/Pommes frites/Athen/Gavotte/Matthias*⟩

/D/ ⟨d dd + ddh de -ed⟩ : ⟨*wider/Widder* + *Buddha/Trademark/Corned Beef*⟩

/K/ ⟨ch ck g gg k k-k q + c cc cch ckh cqu cques gh gk ke kh kk kq qu que -ques⟩ : ⟨*Wachs/nackt/tagt!/eggt!/hakt!/nak-kend/Quelle* + *Cuxhaven/Paterpeccavi/Pinocchio/Ockham/Jacquard/Jacques/Herwegh/Burgkmair/Make-up/Khaki/Mokka/akquirieren/Kommuniqué/va banque/Chapeaux claques*⟩

/G/ ⟨g gg + gh gu gue⟩ : ⟨*Rogen/Roggen* + *Spaghetti/Guerilla/Morgue*⟩

/M/ ⟨m mm + me mes -mme -mmes⟩ : ⟨*am/Damm* + *Madame/Mesdames/Bonhomme/Pommes frites*⟩

/N/ ⟨n nn + kn ne -nes nh nne nw⟩ : ⟨*man/Mann* + *Knockout/Raffinement/Sauternes/Mynheer/Sizilienne/Greenwich*⟩

/n/ ⟨n ng + – –⟩ : ⟨*wanken/Wange* + – –⟩

/L/ ⟨l ll + gl le lh lle -lles⟩ : ⟨*als/falls* + *Passacaglien/Ale/Silhouette/Bellevue/Mesdemoiselles*⟩

/R/ ⟨r rr + -rd re -res -rg rh rp rps rrh rre -rs -rt -rts⟩ : ⟨*hart/harrt!* + *Boulevard/Square/Causes célèbres/Calembourg/Rhein/Korps* (Pl.)/*Korps/Katarrh/Robespierre/Revers/Dessert/Grands ouverts*⟩

/F/ ⟨f ff v w + fe ph⟩ : ⟨*fiel/Suff/viel/Möwchen* + *Safe/Philister*⟩

/V/ ⟨u w + v ve -ves wh- ww⟩ : ⟨*quer/Waage* + *vage/Accent grave/Accents graves/Whisky/Struwwelpeter*⟩

/S/ ⟨s ss ß + c ç ce -ces se sse sz z ze zz Null⟩ : ⟨*Reis/gerissen/reißen* + *Aktrice/Garçon/Renaissance/Services/Baseball/Noblesse/Liszt/Quiz/Bronze/Jazz/Nation*⟩

/Z/ ⟨s + -se -ses si z zz⟩ : ⟨*Reise* + *Anglaise/Causes célèbres/Busineß/Zero/Jazz*⟩

/s/ ⟨s sch + c ch che -ches sc sh shi sk⟩ : ⟨*Stein/Schein* + *Associated Press/Chose/Carte blanche/Cartes blanches/Crescendo/Finish/Fashion/Ski*⟩

/z/ ⟨– – + g ge j je sch⟩ : ⟨– – + *Genie/Bourgeois/Jalousie/Jeanne/Dschungel*⟩

/X x/ ⟨ch g + cch gh j⟩ : ⟨*Docht, dicht/Predigt* + *Bacchus/van Gogh/Juan, Jimenes*⟩

/j j/ ⟨j + e g h i -il ill -ille ll -lle y Tilde Null⟩ : ⟨*jagen* + *ideologisieren/Cognac/Piranha/sozialistisch/Detail/Tailleur/Portefeuille/Papillon/Cedille/Yard/Doña/Union Jack*⟩

/H/ ⟨h + – –⟩ : ⟨*Hund* + – –⟩

/TS/ ⟨ds ts -tts tz z + c t -tes th -ths zz⟩ : ⟨*Rads/Rats/Watts/Platz/Reiz* + *Caesar/Nation/Tête-à-têtes/Forsythie/Psychopaths/Razzia*⟩

/K + S/ ⟨chs cks gs ggs ks x + cs⟩ : ⟨*Echse/Häcksel/flugs/eggst/Koks/Hexe* + *Tics*⟩

/PF/ ⟨pf + pph⟩ : ⟨*Kampf* + *Sappho*⟩

/T + s/ ⟨tsch + c cc cci ch ci cs cz g tch⟩ : ⟨*Quatsch* + *Cembalo/Puccini/Boccaccio/Chinchilla/ciao!/Csárdás/Czepko/gemanagt/Sketch*⟩

/D + z/ ⟨– – + dg -dge dsch g ge gg ggi gi gy j⟩ : ⟨– – + *Budget/Bridge/Dschungel/Manager/George/Arpeggi/Loggia/Giovanni/Magyar/Jeep*⟩

/Null/ ⟨e h + -d -e -p -r -s -t -w -z⟩ : ⟩*Bier/Ihr* + *Boulevard/Madame/Coup/Diner/apropos/Teint/Buckow/allez!*⟩

(a 1) Viele der allographischen Varianten der phonem-repräsentierenden Grapheme begründen sich durch diejenigen Schreibprinzipien (4.2.5.), die dem phonologischen zuwiderlaufen, daher ⟨*leeren/lehren*⟩, ⟨*wider/wieder*⟩, ⟨*älter/Eltern*⟩, ⟨*weise/Weise/Waise*⟩, ⟨*Sie/sie*⟩ usw. – (a 2) Mhd. Schreibertradition fortsetzend, finden sich noch in Drukken des 16./17. Jhs. (v) für /u/ in ⟨*vnser/vnnd*⟩, (v) für /F/ in ⟨*vleiss, vilipp*⟩, (u) für /F/ in ⟨*uater, uor*⟩,

(w) für /F/ in ⟨anwang, wor-⟩, (w) für /U/ in ⟨dw, zw⟩ u. ä. (Moser 1929, 24 ff.; 60 f.; 67); in gebrochenen Druckschriften steht lang-(s) gelegentlich am Wortende, rund-(s) auch im Wort: Distributionen, die die normativen Grammatiker (vgl. 2.) durch kalligraphisch-ästhetische Anweisungen des graphemischen Schreibprinzips verbieten. Gegen die Unbegründbarkeit der Distribution z. B. von (v) und (f) für /F/ wettert 1778 Klopstock (Garbe 1981 a, 53). – (a 3) Daß die Phonverbindungen [s] + [T, P, L, R, N, M, V] aufgrund des graphemischen Prinzips (4.2.5.) durch (st, sp; schl, schr, schn, schm, schw) uneinheitlich wiederzugeben sind, ärgerte z. B. auch Klopstock, der eine erwogene Vereinheitlichung zu (scht, schp; schl, ...) oder zu (...; sl, sr, ...) dann ebenso verwirft (in Garbe 1978, 28) wie die Neueinführung eines die Hördifferenzierung zwischen vorvokalischem und vorkonsonantischem [s] wiedergebenden Zeichens (3.1. (b 1)). – (a 4) (å, ä) als Allographe für das Phonem /ä/ bzw. /Ä/ werden, allerdings nicht konsequent, aufgrund des morphologischen Schreibprinzips seit dem 16. Jh. in umlautenden Flexionsformen und Ableitungen von /a/- bzw. /A/-haltigen Wortstämmen verwandt (Polenz 1978, 100; Garbe 1980, 198–201). – (a 5) Seit 1901/02 sind (th)-Schreibungen für /T/ in dt. Wörtern abgeschafft, erhalten blieben sie in Lehn- und Fremdwörtern wie ⟨Thron⟩, ⟨Theorie⟩, ⟨Legasthenie⟩; ersetzt in Lehn- und Fremdwörtern wurde (c) für /K/ durch (k), für /TS/ durch (z), vgl. ⟨Kaffee, Zentrum⟩ (aber unten 5.).

4.2.2. Graphemsystem der neuhochdeutschen Vokalphonem- und Konsonantenphonem-Grapheme

Aus der vorstehenden Phonem-Graphem-Zuordnung ergeben sich die nhd. Vokalphonem-Grapheme und die nhd. Konsonantenphonem-Grapheme.

Die nachstehenden Tabellen (s. Abb. 125.5–125.10) sind qualitativer Natur. Quantitativ liegen die Schreibverhältnisse, noch dazu bei Wörtern im fließenden Text, wesentlich einfacher, da selten vorkommende Allographe statistisch kaum ins Gewicht fallen. Im Sinne Meiers und Knoblochs, die den prozentualen Anteil eventueller Schreibveränderungen in fließenden Texten erhoben (Garbe 1978, 182–188), müßten die Auftretenshäufigkeiten aller Allographen ermittelt und die obigen Tabellen dann nach Häufigkeit differenziert werden, wie dies Fleischer (1966, 58) bereits versucht. – Dennoch muß in einer möglichst umfassenden Aufstellung des nhd. Graphem-Inventars auch die Fülle der Selten-Allographe enthalten sein, da ja gerade sie dem sog. „rechtschreibschwachen" Schreiber bei ihrem jeweiligen Auftreten be-

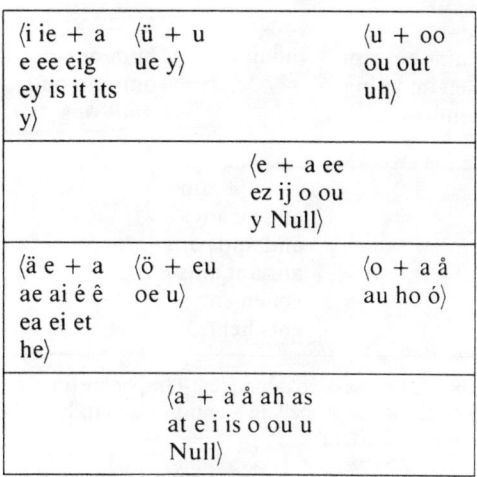

⟨i ie + a e ee eig ey is it its y⟩	⟨ü + u ue y⟩		⟨u + oo ou out uh⟩
	⟨e + a ee ez ij o ou y Null⟩		
⟨ä e + a ae ai é ê ea ei et he⟩	⟨ö + eu oe u⟩		⟨o + a å au ho ó⟩
	⟨a + à å ah as at e i is o ou u Null⟩		

Abb. 125.5: Kurzvokalphonem-Grapheme (in neuhochdeutschen Appellativa und in Namen, Fremd- und Lehnwörtern)

⟨i ie ieh ih + e ea ee is it ix y⟩	⟨ü üh + iu u ue ui uie us üt y⟩	⟨u uh + ew oo ou oup ous out oûts ue ui wo⟩
⟨e ee eh + a ai aie ay é ea ée ées ei er et ez⟩	⟨ö öh + e ea eu eue eur eurs eux i oe oey öe oeu u⟩	⟨o oh oo + au aud ault aut aux aw eau eaux hau haut ho oa oe oi os ot ow⟩
⟨ä äh + a ae ai ais ait ät e è ê ei he⟩		
⟨a aa ah + á ae ar at aw er i⟩		

Abb. 125.6: Langvokalphonem-Grapheme (in neuhochdeutschen Appellativa und in Namen, Fremd- und Lehnwörtern)

	⟨eu äu + oi oj oy⟩
⟨ai ei eih + aj ay ey i igh is y ye⟩	⟨au auh + ao ou ow⟩

Abb. 125.7: Diphthongphonem-Grapheme (in neuhochdeutschen Appellativa und in Namen, Fremd- und Lehnwörtern)

⟨— — + ain ains ein eint en im in ing int⟩	⟨— — + um un⟩	⟨— — + hom om omb on ond onds ons ont⟩
	⟨— — + am an anc ancs and ands ank ans ant ants e em en ent ents hen⟩	

Abb. 125.8: Nasalvokalphonem-Grapheme (in neuhochdeutschen Appellativa und in Namen, Fremd-
und Lehnwörtern)

⟨p pp b bb + pe pes ppe ppes⟩	⟨t tt d dt + ed te tes th tte tth⟩	⟨k ch ck g gg k-k q + c cc cch ckh cqu cques gh gk ke kh kk kq qu que ques⟩		
⟨b bb + be bh⟩	⟨d dd + ddh de ed⟩	⟨g gg + gh gu gue⟩		
⟨pf + pph⟩	⟨ts ds tts tz z + c t tes th ths zz⟩	⟨tsch + c cc cci ch cs g tch⟩	⟨— — + dg dge dsch g ge gg ggi gi gy j⟩	⟨ks x chs cks gs ggs + cs⟩
⟨f ff v w + fe ph⟩	⟨s ss ß + c ç ce ces se sse sz z ze zz Null⟩	⟨sch s + c ch che ches sc sh shi sk⟩	⟨ch g + cch gh j⟩	

Abb. 125.9: Konsonantenphonem-Grapheme (1)
(plus den Graphemen für die Phonemfolgen /K
+ S/, /T + s/, /D + z/) (in neuhochdeutschen Appellativa und in Namen, Fremd- und Lehnwörtern)

sondere Schwierigkeiten machen. – Ein
Schreibungen-Vergleich mit mhd. oder frnhd.
Graphem-Systemen (vgl. Fleischer 1966, 58;
Piirainen 1968, 39ff.; 157ff.; Garbe 1969,
122ff.) muß zudem berücksichtigen, daß –
bei nur wenigen Schreibrestriktionen durch
das graphemische Prinzip (4.2.5.) – die Varianz dort oft im gleichen Lexem möglich ist,
hier im Nhd. aber für das Einzellexem de
facto bereits seit dem (17./)18. Jh. eine eindeutige Normschreibung existiert. – Insgesamt zeigt sich, daß die hier vorgelegte ad-
dierte Allographen-Varianz durch die zu berücksichtigende Schreibung der Lehn- und

⟨w u + v ve ves wh ww⟩	⟨s + se ses si z zz⟩	⟨— — + g ge j je sch⟩	⟨j + e g h i il ill ille ll lle y Tilde Null⟩
⟨m mm + me mes mme mmes⟩	⟨n nn + kn ne nes nh nne nw⟩		⟨ng n + — —⟩
	⟨l ll + gl le lh lle lles⟩		
	⟨r rr + rd re res rg rh rp rps rrh rre rs rt rts⟩		
			⟨h + — —⟩

Abb. 125.10: Konsonantenphonem-Grapheme (2)
(in neuhochdeutschen Appellativa und in Namen,
Fremd- und Lehnwörtern)

Fremdwörter heute fast bei allen Graphemen
größer ist als zu jedem anderen Zeitpunkt der
dt. Graphie-Geschichte.

4.2.3. Graph-Phonem-Zuordnung

Aus den eben gegebenen Übersichten und in
Abstimmung mit dem Duden-Aussprachewörterbuch (Mangold/Dudenredaktion 1974,
69ff.) läßt sich nun als Umkehrung die
Graph-Phonem-Zuordnung des Nhd. erstellen. – Die folgende Tabelle ordnet dem jeweiligen, in Graph-Klammern gesetzten Graph
bzw. der Graphsequenz mittels des Doppel-
punkts die Phoneme zu, die es bzw. sie vertritt, zunächst wieder die Vorkommen in
deutschen Appellativa (vor dem „+"), dann
die zusätzlichen Vorkommen in Namen und
Fremd- und Lehnwörtern (hinter dem „+").

(a): /a/A/ + /i/c/ɛ/ä/E/Ä/ (ä): /ä/Ä/ (á): — — +
/A/ (à): — — + /a/ (å): — — + /a/c/ (aa): /A/
(ae): — — + /ä/A/Ä/ (ah): /A/ + /a/ (äh):
/Ä/ (ai): /ai/ + /ä/E/Ä/ (aie): + /E/ (ain/ains):
+ /Ä̲ ä/ (ais/ait): + /Ä/ (aj): /ai/ (am/an/anc
/ancs/and/ands/ank/ans/ant/ants): + /A̲ a/
(ao): — — + /au/ (ar): + /A/ (as): + /a/ (at): +
/a/A/ (ät): /Ä/ (au): /au/ + /c/O/ (äu): /ci/
(aud): + /O/ (auh): /au/ (aut/aux): + /O/
(aw): + /A/O/ (ay): — — + /ai/E/
(b) /B/P/ (bb): /B/P/ (be): + /B/ (bh): + /B/
(c) — — + /K/S/s/TS/T + s/ (ç): — — + /S/
(cc): — — + /K/K + TS/T + s/ (cch):
— — + /K/X/ (cci): — — + /T + s/ (ce/ces):
— — + /S/ (ch): /X x/K/ + /s/T + s/ (che/
ches): + /s/ (chs): /K + S/X x + S/ (ci):
— — + /T + s/ (ck): /K/ (cks): /K + S/

(cqu/cques): − − + /K/ (cs): − − + /K + S/T + s/ (cz): − − + /T + s/

(d): /D/T/ + /Null/ (dd): /D/ (ddh): − − + /D/ (de): + /D/ (dg/dge): − − + /D + z/ (ds): /TS/ (dsch): − − + /D + z/ (dt): /T/

(e): /é/ä/E/ + /a/i/Ä/Ø/A̲ a̲/J j/Null/ (é): − − + /ä/E/ (è): − − + /Ä̲/ (ê): − − + /ä/Ä/ (ea): − − + /ä/E/I/Ø/ (eau/eaux): − − + /O/ (ed): + /D/T/ (ee): /E/ + /i/é/I/ (ée/ées): − − + /E/ (eh): /E/ (ei): /ai/ + /ä/E/Ä/(eig): + /i/ (eih): /ai/ (ein/eint): + /Ä̲ ä̲/ (em): + /A̲ a̲/ (en): + /A̲ a̲/Ä̲ ä̲/ (ent/ents): + /A̲ a̲/ (er): + /A/E/ (et): + /ä/E/ (eu): /ci/ + /ö/Ø/ (eue/eur/eurs/eux): + /Ø/ (ew): + /U/ (ey): − − + /i/ai/ (ez): /é/E/

(f): /F/ (fe): + /F/ (ff): /F/

(g): /G/K/x/ + /z/j/T + s/D + z/ (ge): + /z/D + z/ (gg): /G/K/ + /D + z/ (ggi): + /D + z/ (ggs): /K + S/ (gh): − − + /K/G/X/ (gi): + /z/D + z/ (gk): + /K/ (gl): + /L/ (gs): /K + S/ (gu/gue): + /G/ (gy): − − + /D + z/

(h): /H/Null/ + /j/ (hau/haut): + /O/ (he): + /ä/Ä/ (hen): + /A̲ a̲/ (ho): /c/O/ (hom): + /C̲ c̲/

(i): /i̲/I̲/ + /a/A/Ø/ai/j/ (ie): /i/I/ (ieh): /I/ (igh): − − + /ai/ (ih): /I/ (ij): + /é/ (il/ill/ille): + /j/ (im/in/ing/int): + /Ä̲ ä̲/ (is): + /a/i/I/ai/ (it/its): + /i/I/ (iu): − − + /Ü/ (ix): + /I/

(j): /J j/ + /z/X x/D + z/ (je): + /z/

(k): /K/ (ke/kh/kk): + /K/ (k-k): /K/ (kn): + /N/ (kq): − − + /K/ (ks): /K + S/

(l): /L/ (ll): /L/ + /j/ (lle/lles): + /L/j/ (le/lh): + /L/

(m): /M/ (me/mes): + /M/ (mm): /M/ (mme/mmes): + /M/

(n): /N/n/ (ne/nes): + /N/ (ng): /n/ (nh): − − + /N/Nj/ (nn): /N/ (nne/nw): + /N/

(o): /c/O/ + /a/é/ (ö): /ö/Ø/ (ó): − − + /c/ (oa): − − + /O/ (oe): − − + /ö/O/Ø/ (öe/oeu/oey): + /Ø/ (oh): /O/ (öh): /Ø/ (oi): /ci/ + /O/O + A/O + Ä̲ ä̲/ (oj): + /ci/ (om/omb/on/ond/onds/ons/ont/onts): + /C̲ c̲/ (oo): /O/ + /u/U/ (os/ot): + /O/ (ou): − − + /a/u/é/U/au/ (oup/ous): − − + /U/ (out): − − + /u/U/ (oût): − − + /U/ (ow): + /O/au/ (oy): − − + /ci/O + a + j/

(p): /P/ + /Null/ (pe/pes): + /P/ (pf): /PF/ (ph): − − + /F/ (pp): /P/ (ppe/ppes): + /P/ (pph): − − + /PF/

(q) mit (u): /K/ mit /V/ (qu/que/ques): + /K/

(r): /R/ (rd/re/res/rg/rh/rp/rps): + /R/ (rr): /R/ (rre/rrh/rs/rt/rts): + /R/

(s): /S/Z/s/ + /Null/ (sc): − − + /s/ (sch): /s/ + /z/S + x/S + K/ (se): + /S/Z/ (ses): + /Z/ (sh/shi): − − + /s/ (si): + /Z/ (sk): − − + /s/ (ss): /S/ (sse): + /S/ (ß): /S/ (sz): − − + /S/

(t): /T/ + /TS/Null/ (tch): + /T + s/ (te/tes): + /T/ (th): − − + /T/TS/ (ths): − − + /TS/ (ts): /TS/ (tsch): /T + s/ (tt): /T/ (tte/tth): + /T/ (tts): /TS/ (tz): /TS/

(u): /u/U/V/ + /a/ö/ü/Ø/Ü/ (ü): /ü/Ü/ (ue): − − + /ü/U/Ü/ (uh): /U/ + /u/ (üh): /Ü/ (ui): − − + /U/Ü/ (uie): − − + /Ü/ (um/un): + /Ø ø/ (us/üt): + /Ü/

(v): /F/ + /V/ (ve/ves): + /V/

(w): /V/F/ + /Null/ (wh): − − + /V/ (wo): + /U/ (ww): − − + /V/

(x): /K + S/

(y): − − + /i/é/ü/I/Ü/ai/J/ (ye): − − + /ai/

(z): /TS/ + /S/Z/Null/ (ze): + /S/ (zz): − − + /S/Z/TS/

(Tilde˜): − − + /j/

(Null): − − + /a/é/S/J j/

(a 1) Erstaunlicherweise läßt die (hochlautende) Standardaussprache eine Reihe von Aussprechvarianten zu: ⟨Arzt⟩ mit /A/ oder /a/, ⟨ärztlich⟩ mit /Ä/ oder /ä/, ⟨jenseits⟩ mit /E/ oder /ä/ usw. (Mangold/Dudenredaktion 1974, 23). − (a 2) Daß die meisten Graphe mehrere Phoneme repräsentieren können, führt zumindest im Bereich der (Orts-) Namen zu Ausspracheunsicherheiten wie bei ⟨Vechta⟩, ⟨Verden⟩, ⟨Villingen⟩, ⟨Eltville⟩, ⟨Teltow⟩, ⟨Owen⟩, ⟨Juist⟩, ⟨Duisburg⟩, ⟨Uiffingen⟩, ⟨Troisdorf⟩, ⟨Oidtweiler⟩, ⟨Raesfeld⟩, ⟨Aerzen⟩, ⟨Soest⟩, ⟨Oestrich⟩ usw. − (a 3) Die Graph-Folge (ng) repräsentierte im Mhd. noch die Phon-Folge [n + G], z. B. [ZinGéN], im Nhd. ist sie, jedenfalls in der „Hochlautung" (3.2.2.), als [n] zu artikulieren, also [ZinéN]; die Umgangslautung realisiert aber häufig Auslautverhärtung, z. B. in ⟨Da gehts lang!⟩ mit [− LanK]. − (a 4) Die Graph-Folgen (sp, st) werden im Nhd. als [sP, sT] realisiert; diatopische Einschränkung: nrddt. [SP, ST] gesprochen (vgl. 4.2.1. (a 3)). − (a 5) Die generell als [NF] auszusprechende Graph-Folge (nf) z. B. in ⟨Vernunft, Senf⟩ wird nrddt. zu [MF] assimiliert, was Klopstock 1778 phonologisch-schreibreformerisch ⟨Vernumft, Semf⟩ u. ä. vorschlagen läßt (Garbe 1981 a, 51 f.); Entsprechendes gilt für (pf) nrddt. gesprochen [F], von Klopstock daher vorgeschlagen: ⟨Flaume, Kamf⟩. − (a 6) Dem aufgrund der (å, ä)-Schreibungen neuentstandenen Phonem /Ä/ (3.2.1. (a 1)) entzieht sich der Sprachbereich Berlin und Nordosten, indem er z. B. [KEZé] statt [KÄZé] ausspricht. − (a 7) Korrektes Aussprechen engl./ frz. Fremd- und Lehnwörter fungiert (diastratisch/diasituativ) als „gesellschaftliches Bildungssymptom" (Polenz 1978, 143), vgl. ⟨Sex⟩: [SäKS, ZäKS], ⟨Steak⟩: [STäiK, STEK, sTEK], ⟨HiFi⟩: [HaiFi, HaiFai], ⟨Currywurst, Ketch-up⟩: [KöRi, KuRi, -aP, -uP], ⟨stop⟩: [STcP, sTcP], ⟨Spleen⟩: [SPLIN, sPLIN, sPLEN], ⟨Job, Trend, Shag⟩: [DzCB, DzcP, jcP, TRäND, TRäNT, säG, säK], ⟨Coup⟩: [KU, KUP, KuP], ⟨Komfort⟩: [KcFOR, KcMFOR, -FcRT] usw. Werbung „demokratisiert" insofern, als sie z. B. ⟨Vaillant⟩: [VaiLaNT], ⟨Hudson⟩: [HuTScN], ⟨Sir⟩: [SIR, ZIR] aussprechen läßt. − (a 8) Das Aussprechen griech.-lat.

Fremdwörter kann ebenfalls zum „Bildungssymptom" werden, da die sog. „Gymnasialaussprache" (Mangold/Dudenredaktion 1974, 30f.) z. B. ⟨logisch⟩ als *[LcGis]*, ⟨Datum⟩ als *[DaTuM]*, ⟨Lektor⟩ als *[LEKTcR]* u. ä. fordert. Neben der Kürze bzw. Länge des Vokalphonems wird hier auch der Wortakzent wichtig, vgl. ⟨Prozedere, Konifere; Diaspora, Aurora, Agora⟩.

4.2.4. Beziehungen zwischen phonemisch-graphemischer und semantischer Sprachzeichenstruktur

Die Interrelationen zwischen Phonemen und Graphemen (bzw. Allographen) sind durch die erst usuelle, dann kodifizierte Normierung der nhd. Schriftsprache in ihrem Vorkommen im einzelnen Morphem/Lexem/Sprachzeichen festgelegt. Sie müssen deshalb zusätzlich auch auf der linguistischen Ebene der bedeutungtragenden Einheiten untersucht werden (vgl. Nerius 1975, 36ff.). Phoneme und Grapheme konstituieren syntagmatisch die Ausdrucksseite (Signifikant) des sprachlichen Zeichens, differenzieren („bedeutungsunterscheidend") paradigmatisch dessen Inhaltsseite (Signifikat). Althaus (1980 b, 147) untersucht die „Relationierung der phonemischen und graphemischen Signifikantstrukturen", ohne auf das Signifikat einzugehen, Henne/Rehbock (1980, 153f.) setzen die jeweils in Substanz- und Formbereich aufgegliederte Ausdrucks- und Inhaltsseite zueinander in Beziehung, beschränken sich beim Signifikanten aber auf die phonemische Repräsentation. Beide Ansätze sollen im folgenden zusammengefaßt werden. − Setzt man die drei Parameter „phonologische", „graphemische" und „semantische Struktur" zweier Sprachzeichen S_1 und S_2 in Beziehung zueinander, ergibt sich folgende Fallunterscheidung (s. Abb. 125.11).

	Fall 1	Fall 2
phonol.	$P(S_1) = P(S_2)$	$P(S_1) = P(S_2)$
graphem.	$G(S_1) = G(S_2)$	$G(S_1) = G(S_2)$
semant.	$S(S_1) = S(S_2)$	$S(S_1) \neq S(S_2)$
Fall 3	**Fall 4**	**Fall 5**
$P(S_1) = P(S_2)$	$P(S_1) = P(S_2)$	$P(S_1) \neq P(S_2)$
$G(S_1) \neq G(S_2)$	$G(S_1) \neq G(S_2)$	$G(S_1) = G(S_2)$
$S(S_1) = S(S_2)$	$S(S_1) \neq S(S_2)$	$S(S_1) = S(S_2)$
Fall 6	**Fall 7**	**Fall 8**
$P(S_1) \neq P(S_2)$	$P(S_1) \neq P(S_2)$	$P(S_1) \neq P(S_2)$
$G(S_1) = G(S_2)$	$G(S_1) \neq G(S_2)$	$G(S_1) \neq G(S_2)$
$S(S_1) \neq S(S_2)$	$S(S_1) = S(S_2)$	$S(S_1) \neq S(S_2)$

Abb. 125.11: Phonologisch-graphemisch-semantische Struktur zweier Sprachzeichen S_1, S_2

Fall 1: Mit z. B. S_1 = {-*futter*} in {*Grünfutter*} und S_2 = {-*futter*} in {*Tierfutter*} oder mit S_1 = {-*pferd*} in {*Reitpferd*} und S_2 = {-*pferd*} in {*Seitpferd*} ergibt sich Lexem-Identität (gleiche Bedeutung des Grundmorphems {-*futter*}) bzw. Lexem-Polysemie ({*Pferd* 1} 'Tier', {*Pferd* 2} 'Turngerät'. − Fall 2: Mit z. B. S_1 = {-*futter*} in {*Tierfutter*} und S_2 = {-*futter*} in {*Mantelfutter*} ergibt sich Lexem-Homonymie (zwei verschiedene Lexeme, lexikographisch als zwei Lemmata anzusetzen: {¹*Futter*} '(Tier-)Nahrung', {²*Futter*} 'innere Stoffschicht der Oberbekleidung') mit Homophonie und Homographie. − Fall 3: Mit z. B. S_1 = {*Weid*-} in {*Weidmann*} und S_2 = {*Waid*-} in {*Waidmann*} oder S_1 = {*Foto*-} in {*Fotograf*} und S_2 = {*Photo*-} in {*Photograph*} oder S_1 = {-*eur*} in {*Friseur*} und S_2 = {-*ör*} in {*Frisör*} ergibt sich jeweils Lexem-Verschiedenschreibung („Heterographie") trotz phonologischer und semantischer Gleichheit. Gründe: standessprachliches Festhalten an überlieferter Schreibung bzw. Abbau von „fremder" Graphie (graphemisches Prinzip, 4.2.5.). − Fall 4: Mit z. B. S_1 = {*Seite*} in {*Seitensprung*} und S_2 = {*Saite*} in {*Saitensprung*} oder S_1 = {*das*} bzw. {*arm*} bzw. {*sie*} und S_2 = {*daß*} bzw. {*Arm*} bzw. {*Sie*} ergibt sich Lexem-Homophonie (Verschiedenschreibung wegen Bedeutungsungleichheit zur Vermeidung von Homonymie, semantisches Prinzip, 4.2.5.). − Fall 5: Mit z. B. S_1 = {*Arzt*} und *[ARTST]* und S_2 = {*Arzt*} und *[aRTST]* (lt. Mangold/Dudenredaktion 1974, 151) oder S_1 = {*sech*-} bzw. {*Glas*-} in {*sechzig*} bzw. {*Glaser*} und S_2 = {*sech*-} bzw. {*Glas*-} in {*sechste*} bzw. {*Glashaus*} ergibt sich standardsprachliche Lexem-Heterophonie (Anderslautung trotz graphemischer und semantischer Übereinstimmung); nicht-standardsprachlich ist dieser Fall phonologischer Variation (4.2.3. (a 1)) unter allen Dia-Aspekten (vgl. 1.) häufig und auch erwartbar: diachronisch mhd. versus nhd. ⟨liebe⟩, diatopisch standard-nhd. versus bair. ⟨Liebe⟩, diastratisch standardsprachliches versus nicht-standardsprachliches ⟨Computer⟩ mit *[KcMpjUTäR]* und *[KcMPUTäR]*, diasituativ ⟨Chance⟩, in der Bühnenaussprache *[sA̱Sɇ]*, in der Standardaussprache *[sanSɇ]* und in der Umgangslautung *[saNSɇ]*, *[sanZɇ]* und *[saNZɇ]* (vgl. Mangold-Dudenredaktion 1974, 60; 67). − Fall 6: Mit z. B. S_1 = {*modern*} und *['MODɇRN]* und S_2 = {*modern*} und *[Mc'DäRN]* oder {*Beinhaltung*} mit *[Bɇ'iN-]* gegenüber *['BaiN-]* oder {*Konstanz*} mit *['KcNSTaNTS]* und

[KcN'STaNTS] ergibt sich Lexem-Homographie zweier phonologisch und semantisch (wie auch morphemisch-etymologisch) verschiedener Lexeme. − Fall 7: Mit z. B. S$_1$ = {*Samstag*} und S$_2$ = {*Sonnabend*} ergibt sich Lexem-Synonymie, die unter allen Dia-Aspekten reichhaltiges Material liefert. − Als Sonderfälle gehören Allomorphe wie /*Mann*/, /*Männ*-/ oder /*geb*-/, /*gib*-/ hierher, die phonologisch und graphemisch nur „minimal ≠", aber eben ungleich sind; um sie von sonstigen Synonymen zu trennen, müßte man hier als vierte Ebene die morphemische mitberücksichtigen. − Fall 8: Mit z. B. S$_1$ = {*Ostern*} und S$_2$ = {*Austern*} ergibt sich völlige Lexem-Verschiedenheit, die aber den Sonderfall des „Minimalpaars" mit einschließt. − Damit führt dieser phonemisch-graphemisch-semantische Ansatz zu einer relationalen Gliederung des nhd. Lexembestands.

4.2.5. Schreibprinzipien und Regeln der neuhochdeutschen Orthographie

Die Graphie des Deutschen, kontinuierlich seit ahd. Zeit entstanden, ist bereits fünfhundert Jahre lang Gegenstand teils deskriptiv, teils präskriptiv ausgerichteter Diskussion: Niklas von Wyle, Heinrich Steinhöwel, Christoph Hueber haben zwischen 1462 und 1478 die Funktion der von ihnen verwendeten Interpunktionszeichen bzw. einzelner, exemplarischer Schreibungen oder Schreib-„Mißbräuche" getadelt (vgl. Müller 1882/1969, 14ff.; 7f.; 9ff.) und damit die lange Publikationenkette zu Problemen der dt. Orthographie eröffnet. Von Anfang an wurde versucht, aus Schreibungen von Einzelfällen Regeln zu gewinnen und aus solchen Regeln auf die dahinterliegenden bzw. künftig zu postulierenden „Hauptregeln"/„Grundgesetze"/„Prinzipien" der dt. Schreibung zu schließen (vgl. Garbe 1978, VIIf.; 1980, 199−201). Christian Gueintz und Georg Philipp Harsdörffer stellten 1645/46 zum ersten Mal Prinzipienkataloge auf („Ursprung/Stamm", „Aussprechung", „Gewonheit"), ein bis heute von Orthographietheoretikern zur Fundierung von Reformvorschlägen oft erneuerter Versuch, der aber zu einem beklagenswert unsystematischen „Prinzipienwirrwarr" (so Menzel 1978, 15; vgl. Rahnenführer 1980, 232−251; Garbe 1980, 197ff.) geführt hat. Den offensichtlich diffus verwendeten Terminus „Prinzip" präzisiert die „Forschungsgruppe Orthographie" (Berlin/Rostock) nun als „Projektion der verschiedenen Ebenen bzw. einzelner ihrer Erscheinungen auf die graphische Ebene" (Rahnenführer 1980, 251; Herberg

1980, 35; Baudusch 1981, 116). Die dort konsequent nomenklatorisch angewandte Theorie vom Ebenenbezug der Prinzipien in der dt. Orthographie findet sich, angeregt durch in die gleiche Richtung weisende Überlegungen bei Nerius (1975, 34−42), erstmals postuliert und dann ausgeführt bei Garbe (1979, 234f.; 1980, 206−208). Seiner hier modifiziert wiedergegebenen Prinzipienaufstellung, die auch als Umformulierung der nhd. Rechtschreibregeln gelesen werden kann, wie sie Art. 126 in Abb. 126.4 zeigt, werden die dort benutzten Klassifizierungen [RK = Regelkomplex, AK = Ausnahmekomplex] hinzugefügt:

(1) Phonologisches Prinzip: Abbildung der phonologischen Ebene auf die graphische, d. h. a) eindeutige Phonem-Graphem-Zuordnung (z. B. /a/ → ⟨a⟩, vgl. oben 4.2.1.), außerdem eindeutige (Allo-)Graph-Phonem-Zuordnung (z. B. (r) → /R/, 4.2.3.), also das idealtypische „Schreibe, wie du (richtig/deutlich) sprichst!" [RK 0]; b) Silbentrennung: Abteilung der Wörter am Zeilenende meist nach Sprechsilben (z. B. ⟨Sil-ben-tren-nung⟩ [RK 9, RK 10]). − Ausnahmen: fast alle folgenden, besonders die Schreibungen von Kurz- und Langvokalphonemen [RK 1, AK 1], von Phonemen in Fremdwörtern [AK 5], von /S, Z/ als ⟨ß, s, ss⟩ usw.

(2) Graphemisches Prinzip: Abbildung der graphemischen Ebene auf die graphische, differenziert auf der Zeitachse, d. h. a) Beibehaltung überlieferter Schreibungen trotz inzwischen veränderter Aussprache, teilweise zudem Übertragung auf analoge Fälle (z. B. Dehnungs-⟨e⟩ in ⟨*Liebe, Riese*⟩ [AK 3], Dehnungs-⟨h⟩ in ⟨*zehn, lehren*⟩ [AK 2]), − b) kalligraphisch-ästhetische Forderungen bzw. Verdikte (z. B. für /Fu/ stets ⟨*fu*⟩ statt auch ⟨*vu*⟩, niemals ⟨*öö*⟩, ⟨*ii*⟩, ⟨*uu*⟩, niemals ⟨*hh*⟩, ⟨*jj*⟩, ⟨*chch*⟩, ⟨*ßß*⟩, ⟨*schsch*⟩ usw., dreimal das gleiche Konsonantenphonem-Graph nebeneinander nur bei Folgekonsonanz und bei Worttrennung (z. B. ⟨*Pappplakat, Papp-Plakat, Papposter, Papp-Poster*⟩)); − c) Silbentrennung: nie ⟨*s-t*⟩ (z. B. ⟨*Re-ste*⟩ statt ⟨*Res-te*⟩ [RK 10, AK 0, AK 4]).

(3) Morphologisches Prinzip: Abbildung der morphologischen Ebene auf die graphische, d. h. a) graphische Kennzeichnung der Identität bzw. Zusammengehörigkeit von Grund-, Derivations- und Flexionsmorphemen trotz inzwischen veränderter Aussprache (z. B. ⟨*Tag*⟩ statt ⟨*Tak*⟩ wegen ⟨*Tage, Tages*⟩, ⟨*sechs*⟩ statt ⟨*secks*⟩ wegen ⟨*sechzehn, sechzig*⟩, ⟨*Männer*⟩ statt ⟨*Menner*⟩ wegen

⟨Mann⟩ [RK 2, RK 3]); − b) Silbentrennung: Komposita und Fremdwörter an Morphemgrenzen (z. B. ⟨war-um⟩, ⟨dar-um⟩, ⟨In-ter-es-se⟩, ⟨Päd-ago-gik⟩ [AK 8]). − Ausnahmen: a) z. B. ⟨Eltern⟩ trotz ⟨alt⟩, ⟨ergibt⟩ trotz ⟨ergiebig⟩, b) ⟨ab-strakt⟩, ⟨Tran-sit⟩, obwohl morphemisch korrekt ⟨abs-trakt⟩, ⟨Trans-it⟩ wären.

(4) Semantisches Prinzip: Abbildung der semantischen Ebene auf die graphische, d. h. a) Unterscheidung gleichklingender, aber bedeutungsverschiedener Wörter (Homophone, vgl. 4.2.4.) durch Verschiedenschreibung (z. B. ⟨Seite⟩ neben ⟨Saite⟩, ⟨das⟩ neben ⟨daß⟩ [AK 0]); − b) Großschreibung der (teilweise Herberg 1980, 40 folgend:) semantisch/morphologisch/syntaktischen Kategorie „Wortklasse Substantiv/Nomen (einschließlich Namen)" (z. B. ⟨arm⟩ (Adj.) neben ⟨Arm⟩ (Subst.), ⟨essen⟩ (Verb) neben ⟨Essen⟩ (Subst. + Name) [RK 5, RK 6]); − c) ⟨Sie⟩ neben ⟨sie⟩, vgl. Pragmatisches Prinzip; − d) Getrennt- und Zusammenschreibung: Kennzeichnung der Worteinheiten in der graphischen Struktur („zusammen, wenn durch die Verbindung ein neuer Begriff entsteht") (z. B. ⟨will radfahren, fährt Rad⟩, neben ⟨will Auto fahren, fährt Auto⟩, ⟨sitzenbleiben⟩ neben ⟨sitzen bleiben⟩, ⟨imstande sein⟩ neben ⟨gut im Stande sein⟩ [RK 8, AK 7]). − Ausnahmen/Schwierigkeiten: a) z. B. die Homonymie ⟨¹Futter, ²Futter⟩, ⟨¹Mutter, ²Mutter⟩, b) Kategorien „verblassendes Substantiv", „Substantivierung von Elementen anderer Wortklassen" sowie „Name" linguistisch exakt nicht definierbar [AK 6], c) vgl. Pragmatisches Prinzip, d) Zulassung beider Formen bei ⟨an Stelle, anstelle⟩, ⟨auf Grund, aufgrund⟩ u. ä., Begriff „neuer Begriff".

(5) Syntaktisches Prinzip: Abbildung der syntaktischen Ebene auf die graphische, d. h. a) Großschreibung des Satzanfangs [RK 4], b) Interpunktion: Kennzeichnung bestimmter Aspekte der Satzgliederung bzw. bestimmter Arten von Sätzen (vgl. Baudusch 1980, 193 ff.) [RK 11]). − Ausnahmen/Schwierigkeiten: a) aus stilistischen Gründen stehen häufig nur Kommata oder Semikola zwischen je zwei oder drei Sätzen, zudem ist der „Satz"-Begriff ungeklärt; b) zeichen-, meist komma-fordernde Positionen im Satz decken sich nicht immer mit dessen grammatischen und rhythmischen Einschnitten.

(6) Pragmatisches Prinzip: Abbildung der pragmatischen Ebene auf die graphische (trotz bedenkenswerter Einwände, vgl. Rah-nenführer 1980, 239), d. h. Kennzeichnung der besonderen, adressatenbezogenen Zeichenverwendung durch den Zeichenbenutzer, „Höflichkeitsschreibung" der persönlichen Anredeformen (z. B. ⟨Du, Ihr⟩ in den Textsorten: Brief, feierlicher Aufruf, Erlaß, Grabinschrift, Widmung, Fragebogen, Prüfungsthemen usw., ⟨Sie, Ihr(e)⟩ dagegen stets [RK 7]). − Ausnahmen/Schwierigkeiten: ⟨du, ihr⟩ in den Textsorten: Wiedergabe von Ansprachen, Prospekt, Lehrbuch usw.; Textsortendifferenzierung. − Ob die streng ebenenbezogenen Prinzipien der genannten Forschungsgruppe (phonologisches, phonematisches, syllabisches, rhythmisch-intonatorisches; semantisches, morphematisches, lexikalisches, syntaktisches, Textprinzip) wirklich alle eigenständig und in der vorgeschlagenen Bündelung (einerseits zum „phonologischen", andererseits zum „semantischen Grundprinzip") anzusetzen sind, wird zugleich mit dem Terminus „Ebene des Sprachsystems" (vgl. Nerius/Scharnhorst 1980 b, 22−33) zu klären sein; dies auf dem Hintergrund der gemeinsamen Überzeugung, daß „eine stärkere linguistisch-theoretische Durchdringung der Orthographie [...] eine entscheidende Voraussetzung für wissenschaftlich gesicherte Reformvorschläge darstellt" (Nerius/Scharnhorst 1980 a, 7).

5. Normenreform durch Normenverstoß

Die staatliche Festschreibung einer orthographischen Norm der dt. Sprache 1901/02 hat weder den Strom jahrhundertelang geäußerter pädagogisch-linguistischer Normkritik unterbrechen können, der sogar zu offiziellen Reformversprechen der betroffenen vier deutschsprachigen Staaten geführt hat (vgl. Art. 136, 4; Nerius 1975, 78−96; Garbe 1978, IX−XII, vgl. Stanze 1994), noch hat sie individuelles, sich auf die Beispiele Klopstocks, J. Grimms, Georges, A. Schmidts und anderer berufendes, oder sogar in bestimmten Anwendungsbereichen öffentliches, durch Massenkommunikation verbreitetes norm-ignorierendes Schreibverhalten verhindern können. − Die Auswirkung dieses Phänomens besonders der Werbesprache wird unterschiedlich beurteilt: Nerius (1975, 51) hält sie für nicht so groß, daß sie „zu einer allgemeinen Änderung der kodifizierten Norm der Schreibung führen könnte". Garbe (1981 a, 56 f.) bringt als Sprachverwendungsbeispiele

„Verstöße" der BRD-Werbung gegen graphetische und fast alle graphemisch-orthographischen Normen (z. B. ⟨*süssetten*⟩, ⟨*Nusram*⟩, ⟨*glizi*⟩, ⟨*Tai-Ginseng*⟩, ⟨*Café*⟩, ⟨*Centrum*⟩, ⟨*Mocca*⟩, ⟨*wileda*⟩, ⟨*Nirosta*⟩, ⟨*Eipon*⟩, ⟨*olivetti*⟩, ⟨*petra*⟩, ⟨*DuroDont*⟩, ⟨*interRent*⟩, ⟨*Pasta Schuta*⟩, ⟨*Hidrofugal*⟩, ⟨*etherische Öle*⟩, ⟨*SelterS*⟩; aus Comics ließe sich ergänzen: ⟨*iiih*⟩, ⟨*haaaalt*⟩, ⟨*grgmfff*⟩, ⟨*n-n-nein*⟩ usw.; hinzu kommt außerordentlich vermehrtes Auftreten von Druck- und Schreibfehlern in der Massenpresse, deren Wirkung auf die große Mehrheit der Sprachteilhaber er deswegen hoch einschätzt, weil sie fast stets im Sinne des schon von Klopstock, Duden und anderen als „demokratisch" bezeichneten phonologischen Prinzips (4.2.5.) der phonographischen Verschriftung der „Umgangslautung" (3.2.2.) erfolgten, ohne auf die Hürden der Bildungsschreibung zu achten, weil sie abwechslungsreich und kreativ seien, Spiel-Raum ließen und den Menschen zudem nicht im schulisch-beruflichen Lern- und Arbeits-, sondern im Freizeit- und Konsumbereich vermittelt würden; langfristig prognostizierte er, falls die staatlichen Stellen nicht bald zu einer offiziellen Reform kämen, sogar eine „schreibreform von unten" (Garbe 1981 a, 57). Dazu sollten es BRD, Schweiz und Österreich nicht kommen lassen; denn: daß es „zur Optimierung der gesellschaftlichen Kommunikation" (Nerius/Scharnhorst 1980 a, 7) einer (gelockerten, demokratischeren) Norm der Schriftform der dt. Sprache bedarf, steht außer Zweifel.

6.   Rechtschreib-„Reform" von 1996

„Im Februar 1987 erteilte die Ständige Konferenz der Kultusminister der Länder (KMK) und das Bundesministerium des Inneren dem Institut für deutsche Sprache (IdS) den Auftrag, für alle Bereiche der deutschen Rechtschreibung mit Ausnahme der Groß- und Kleinschreibung Vorschläge für eine Reform des Regelwerks vorzulegen" (Munske 1998, 23). Die aus Sprachwissenschaftlern und Ministerialbeamten gebildete Reformkommission legte 1989 erste, dann 1992 überarbeitete „Vorschläge zur Neuregelung" vor, allerdings, ohne ein Wörterverzeichnis zu erstellen und dadurch einen umfassenden Eindruck der Auswirkungen auf den dt. Wortschatz zu ermöglichen. Im Mai 1993 fand eine öffentliche Anhörung der Stellungnahmen von ca. dreißig Verbänden in Bonn statt (Munske:

„Alibi-Veranstaltung", 23). Die KMK forderte nun die Erstellung des Wörterverzeichnisses, das dann bei den „Wiener Gesprächen" im November 1994 vorlag; seltsamerweise hatten dort innerhalb der deutschen Delegation nur noch die Kultusbeamten Stimmrecht. Munske kritisiert auch zu recht, daß – anders als bei den Rechtschreibreformkonferenzen 1876 und 1901 – kein ausführliches Protokoll erstellt wurde. Mitglieder des Internationalen Arbeitskreises und des KMK-Schulausschusses überarbeiteten das Wörterverzeichnis und kündigten das „Rechtschreibmonopol" (S. 24) des Dudenverlags auf; dies stimulierte verschiedene Verlage, eigene (nach minutiösem Vergleich: in vielen Einzelschreibungen recht differierende) Rechtschreibwörterbücher herauszugeben; Schulbuch- und Kinder- und Jugendbuchverlage verwendeten in „vorauseilendem Gehorsam" die Neuregelungen. Am 1. Juli 1996 beschloß die KMK die Rechtschreibreform dergestalt, daß sie am 1. August 1998 wirksam werden solle, allerdings eine Übergangszeit bis zum 31. Juli 2005 vorgesehen sei.

Wie lauten die Neuregelungen nun im einzelnen? – Im Bereich der „Laut-Buchstaben-Zuordnung" (vgl. 4.2.1.) bleibt ⟨*ß*⟩ nach Langvokal und Diphthong, wird nach betontem Kurzvokal aber durch ⟨*ss*⟩ ersetzt: ⟨*Fass, Biss, Fluss*; *dass*⟩. In einigen Wörtern wird nach dem „Stammprinzip" (dem morphologischen, vgl. 4.2.5.(3) a) bisheriges ⟨*e*⟩ durch ⟨*ä*⟩ ersetzt: ⟨*Gämse, behände, Bändel, schnäuzen, Stängel, überschwänglich*⟩, in anderen ebenfalls, hier allerdings volksetymologische Fehldeutung zur Norm erhebend: ⟨*belämmert, Quäntchen, verbläuen*⟩, bei wieder anderen werden Doppelformen erlaubt: ⟨*aufwendig, aufwändig; Schenke, Schänke*⟩ usw. Bestehen bleiben aber ⟨*Eltern, kennen, brennen, schmecken, rennen*; *alt, kannte, brannte, Geschmack, rannte*⟩ und viele andere (vgl. Garbe 1996, 30). Gegen die Etymologie ist künftig ⟨*nummerieren, platzieren, Tollpatsch*⟩ zu schreiben. Bei Aufeinandertreffen dreier gleicher Konsonantengrapheme (Trigrapheme) bleiben nun alle erhalten: ⟨*Pappplakat, Pappposter*⟩ (vgl. 4.2.5.(2) b), außer bei ⟨*dennoch, Drittel, Mittag*⟩. Ebenfalls nach dem morphologischen Prinzip: ⟨*Rohheit, Zähheit, Zierrat*⟩ und die Doppelform ⟨*selbständig, selbstständig*⟩. Eine „Systematisierung" soll vorliegen bei ⟨*rau, Känguru*⟩. Weitere Doppelschreibungen betreffen ⟨*ph/f*⟩ in ⟨*phon/fon, phot/fot, graph/graf*⟩ sowie im Einzelfall ⟨Delphin/Delfin⟩, ⟨t/z⟩ in ⟨-tial/-zial, -tiell/-ziell⟩, ⟨gh/g, rh/r, th/t⟩ in den Einzelfällen ⟨Spag(h)etti, Jog(h)urt, Katarr(h), Myrr(h)e, Hämorrhoiden/Hämorriden, Pant(h)er, T(h)unfisch⟩ und ⟨qu/k, ch/sch, c/ss⟩ in ⟨Kommuniqué/Kommunikee, Ketschup/Ketchup, Chicorée/Schikoree, Facette/Fassette, Necessaire/Nessessär⟩. Im vokalischen Bereich entstehen Doppelformen bei ⟨-aire/-är, -é, -ée/-ee, ou/u⟩ in ⟨Frigidaire/Frigidär, Bouclé/Buklee, Exposee/Exposé, Varietee/Varieté, Bouclé/Buklee⟩. Einzeln steht ⟨Portmonee/Portemonnaie⟩. – Im Bereich der „Getrennt- und Zusammenschreibung" soll die Getrenntschreibung der Normalfall sein, z. B. in ⟨Rad fahren, Auto fahren, Halt machen, Maschine schreiben; sitzen bleiben, aufwärts gehen, vorwärts kommen, gefangen nehmen, übrig bleiben, aneinander fügen, beisammen sein, nahe stehend, Achtung gebietend, Laub tragend, so viel, wie viel⟩, als Ausnahmen bleiben aber ⟨teilhaben, preisgeben, standhalten, fernsehen, festsetzen; irgendetwas, -jemand⟩; Doppelformen gibt es bei ⟨infrage/in Frage, instand/in Stand, zugrunde/zu Grunde⟩ u. ä. – Im Bereich „Schreibung mit Bindestrich" sollen unübersichtliche Zusammenschreibungen gegliedert werden können, z. B. in ⟨17-jährig, 3-Tonner, 100-prozentig⟩, Ausnahmen sind ⟨68er, 100stel, 4fach⟩, Doppelformen z. B. ⟨Ichsucht/Ich-Sucht, Teeernte/Tee-Ernte, Airconditioning/Air-Conditioning, Highsociety/High Society⟩. – Im Bereich der „Groß- und Kleinschreibung" ist eine „vermehrte Großschreibung" verordnet, z. B. ⟨in Bezug auf, Rad fahren, Pleite gehen, jmdm. Angst und Bange machen, Schuld geben, als Erstes, das Letzte, alles Übrige, im Großen und Ganzen, im Allgemeinen, den Kürzeren ziehen, auf Französisch, in Englisch, heute Mittag, am Sonntagabend, Jung und Alt⟩; in Verbindung mit den Verben ⟨sein, bleiben, werden⟩ gibt es Ausnahmen: ⟨bange sein, gram bleiben, pleite werden⟩, sonst ⟨von klein auf, über kurz oder lang, sonntagabends⟩; Doppelformen: ⟨aufs beste/Beste, aufs herzlichste/Herzlichste⟩. Dagegen gilt künftig Kleinschreibung bei ⟨die erste Hilfe, das schwarze Brett, das ohmsche Gesetz, goethische Gedichte⟩, aber bestehen bleiben ⟨der Erste Weltkrieg, der Weiße Sonntag, der Rote Milan, die Grimm'schen Märchen⟩. Geändert wird beim „Pragmatischen Prinzip" (4.2.5.(6)), daß in der Textsorte Brief nun ⟨du, ihr, dein, euer⟩ bei bestehenbleibenden ⟨Sie, Ihr⟩ zu schreiben ist. – Im Bereich der „Zeichensetzung" gibt es Vereinfachungen

beim Komma vor und und oder sowie in Verbindung mit Infinitiv- und Partizipgruppen: meist gilt fakultatives Komma. – Im Bereich „Worttrennung am Zeilenende" darf nun ⟨st⟩ wie ⟨sp, sk⟩ getrennt werden: ein Verdikt des „Graphemischen Prinzips" (4.2.5.(2) c) fällt zugunsten des „Phonologischen Prinzips": ⟨Res-te, meis-tens⟩. Ein weiteres: ⟨ck⟩ wird nicht mehr getrennt: ⟨Zu-cker, ba-cken, tro-cken⟩. Die nach dem „Morphologischen Prinzip" (4.2.5.(3) b) vorgeschriebenen Trennungen dt. Komposita und Fremdwörter ⟨war-um, Inter-esse⟩ erhalten als Doppelformen die nach dem „Phonologischen Prinzip" hinzu: ⟨wa-rum, Inte-resse⟩. Neuerdings darf ein einzelnes Initialvokalgraphem abgetrennt werden: ⟨U-fer⟩ (vgl. folgende Darstellungen: Deutsche Rechtschreibung 1996, (Bertelsmann) Die neue deutsche Rechtschreibung 1996, (Duden) Rechtschreibung der deutschen Sprache 21. 1996, Heller 1996).

Kritik an dieser Neuregelung wird vielfältig geäußert (u. a. von Munske 1995, Garbe 1996, Augst 1997, Munske 1997, Veith 1997, Zemb 1997, Munske 1998), bezieht sich auf einzelne Aspekte (vermehrte Großschreibung statt nun endlich einzuführender „gemäßigter Kleinschreibung", inkonsequente Anwendung des Stammprinzips, Einzelfallschreibungen, einige Eindeutschungen von Fremdwörtern sowie die Tatsache der Existenz von Doppelformen) oder wird generell geäußert („Rechtschreibreförmchen", Inkonsequenz, „vertane Chance einer wirklichen Reform" usw.). Positiv beurteilt werden allgemein die Vereinfachung der Kommasetzung, der Wegfall der ⟨st⟩- und ⟨ck⟩-Restriktionen bei der graphischen Worttrennung, einige Eindeutschungen von Fremdwörtern, die Trigraphemregelung wie auch die Tatsache der großen Vermehrung von Doppelformen mit dem Effekt der Fehlerreduzierung.

7. Literatur (in Auswahl)

Agricola, Erhard/Wolfgang Fleischer/Helmut Protze (Hrsg.), Kleine Enzyklopädie. Die deutsche Sprache. 2 Bde. Leipzig 1969/70.

Althaus, Hans Peter, Graphetik [1980 a]. (Neufassung des Artikels von 1973). In: Althaus/Henne/Wiegand 1980, 138–142.

Ders., Graphemik [1980 b]. In: Althaus/Henne/Wiegand 1980, 142–151.

Ders., Orthographie/Orthophonie [1980 c]. In: Althaus/Henne/Wiegand 1980, 787–792.

Ders./Helmut Henne/Herbert Ernst Wiegand (Hrsg.), Lexikon der Germanistischen Linguistik. (1. Aufl. 1973). 2. Aufl. Tübingen 1980.

Augst, Gerhard [u. a.] (Hrsg.), Zur Neuregelung der deutschen Orthographie. Begründung und Kritik. Tübingen 1997.

Baudusch, Renate, Zu den sprachwissenschaftlichen Grundlagen der Zeichensetzung. In: Nerius/Scharnhorst 1980, 193–230.

Dies., Die Prinzipien unserer Rechtschreibung. In: Sprachpflege 30, 1981, 113–116.

Dies., Punkt, Punkt, Komma, Strich. Regeln und Zweifelsfälle der deutschen Zeichensetzung. Leipzig 1984.

Baudusch-Walker, Renate, Klopstock als Sprachwissenschaftler und Orthographiereformer. Ein Beitrag zur Geschichte der deutschen Grammatik im 18. Jh. Berlin 1958.

Besch, Werner/Oskar Reichmann/Stefan Sonderegger (Hrsg.), Sprachgeschichte. Ein Handbuch zur Geschichte der deutschen Sprache und ihrer Erforschung. 2 Halbbde. Berlin 1985.

Braun, Peter (Hrsg.), Fremdwort-Diskussion. München 1979. (UTB 797).

DEUTSCHE RECHTSCHREIBUNG. Regeln und Wörterverzeichnis. Text der amtlichen Regelung. Hrsg. vom Internationalen Arbeitskreis für Orthographie. Tübingen 1996.

Die neue deutsche Rechtschreibung. Bertelsmann. Verfasst von Ursula Hermann, völlig neu bearb. und erw. v. Lutz Götze. München 1996.

Dzwonek, Ulrich/Harro Zimmermann (Hrsg.), Friedrich Gottlieb Klopstock. München 1981. (Text + Kritik. Sonderbd.).

Fleischer, Wolfgang, Strukturelle Untersuchungen zur Geschichte des Neuhochdeutschen. Berlin 1966. (Sächs. Ak. Wiss. Leipzig 112/6).

Ders., Fremdwort und Lehnwort. In: Agricola/Fleischer/Protze 1969, 509–526.

Gallmann, Peter, Graphische Elemente der geschriebenen Sprache. Grundlagen für eine Reform der Orthographie. Tübingen 1985.

Garbe, Burckhard, Sprachliche und dialektgeographische Untersuchungen zur Prager Hs. der rheinischen ‘Rede von den XV Graden’. Diss. Göttingen 1969.

Ders. (Hrsg.), Die deutsche rechtschreibung und ihre reform. 1772–1974. Tübingen 1978. (RGL 10).

Ders., Die deutsche rechtschreibung. Zum stand der forschung und perspektiven der reform. In: ZGL 7, 1979, 232–244.

Ders., Das sogenannte ‘etymologische’ prinzip der deutschen schreibung. In: ZGL 8, 1980, 197–210.

Ders., Klopstocks vorschläge zur rechtschreibreform [1981 a]. In: Dzwonek/Zimmermann 1981, 45–58.

Ders., Arbeitsmaterialien: Einführung in die sprachwissenschaft. Linguistischer grundkurs im fach deutsch. Göttingen 1981 b [2. 1983, Aachen 3. 1990].

Ders. (Hrsg.), Texte zur geschichte der deutschen interpunktion und ihrer reform 1462–1983. Hildesheim 1984. (GL 4-6/83).

Ders., Phonetik und Phonologie, Graphetik und Graphemik des Neuhochdeutschen seit dem 17. Jh. (= Art. 135 in: Besch/Reichmann/Sonderegger (Hrsg.), Sprachgeschichte. Ein Handbuch zur Geschichte der deutschen Sprache und ihrer Erforschung. 2. Halbbd. Berlin 1985, 1466–1481.

Ders., ⟨BELEMMERT⟩ oder ⟨BELÄMMERT⟩? Bemerkungen zur rechtschreib-„reform“. In: Spektrum. Informationen aus Forschung und Lehre. Uni Göttingen 4, 1996, 30–32.

Heike, Georg, Phonologie. Stuttgart 1972. (SM 104).

Heller, Klaus, Zum Problem einer Reform der Fremdwortschreibung unter dem Aspekt von Zentrum und Peripherie des Sprachsystems. In: Nerius/Scharnhorst 1980, 162–192.

Ders., Reform der deutschen Rechtschreibung. Die Neuregelung auf einen Blick. München 1996.

Henne, Helmut/Helmut Rehbock, Sprachzeichenkonstitution. In: Althaus/Henne/Wiegand 1980, 151–159.

Herberg, Dieter, Zur Annahme eines lexikalischen Prinzips der Schreibung des Deutschen. In: ZPSK 33, 1980, 34–41.

Hoberg, Rudolf (Hrsg.), Rechtschreibung im Beruf. Tübingen 1985.

Jakobson, Roman, Kindersprache, Aphasie und allgemeine Lautgesetze. (Uppsala 1941). Frankfurt 1972.

Jegensdorf, Lothar, Schriftgestaltung und Textanordnung, Theorie und didaktische Praxis der visuellen Kommunikation durch Schrift. Ravensburg 1980.

Kohrt, Manfred, Problemgeschichte des Graphembegriffs und des frühen Phonembegriffs. Tübingen 1985.

Kurka, Eduard, Die Bildung der Sprachlaute. In: Agricola/Fleischer/Protze 1970, 754–775.

Maas, Utz, Grundzüge der deutschen Orthographie. Tübingen 1992.

Mangold, Max, Laut und Schrift im Deutschen. Mannheim 1961. (Duden-Beiträge H. 3).

Ders./Dudenredaktion, Duden-Aussprachewörterbuch, Wörterbuch der deutschen Standardsprache. 2. Aufl. Mannheim/Wien/Zürich 1974. (Duden Bd. 6).

Menzel, Wolfgang, Zur Didaktik der Orthographie. In: Praxis Deutsch 32, 1978, 14–24.

Moser, Virgil, Frühneuhochdeutsche Grammatik. Bd. I/1. Heidelberg 1929.

Müller, Johannes, Quellenschriften und Geschichte des deutschsprachlichen Unterrichtes bis zur Mitte des 16. Jhs. Gotha 1882. (Nachdr. Darmstadt 1969).

Munske, Horst Haider, Zur Verteidigung der deutschen Orthographie: die Groß- und Kleinschreibung. In: Sprachwissenschaft 20, 1995, 278–322.

Ders., Orthographie als Sprachkultur. Frankfurt 1997.

Ders., Verfehlte Kulturpolitik. In: Kunst & Kultur 5, 1/1998, 23–25.

Nerius, Dieter, Untersuchungen zu einer Reform der deutschen Orthographie. Berlin 1975. (Ak. Wiss. DDR, ZS. Reihe Sprache und Gesellschaft, Bd. 6).

Ders./Jürgen Scharnhorst (Hrsg.), Theoretische Probleme der deutschen Orthographie. Berlin 1980 a. (Ak. Wiss. DDR, ZS. Reihe Sprache und Gesellschaft, Bd. 16).

Dies., Grundpositionen der Orthographie [1980 b]. In: Nerius/Scharnhorst 1980, 11–73.

Philipp, Gerhard, Einführung ins Frühneuhochdeutsche. Sprachgeschichte–Grammatik–Texte. Heidelberg 1980. (UTB 822).

Philipp, Marthe, Phonologie des Deutschen. (Paris 1970). Stuttgart [etc.] 1974. (Urban-Taschenbücher 192).

Piirainen, Ilpo Tapani, Graphematische Untersuchungen zum Frühneuhochdeutschen. Berlin 1968. (SLG 1).

Polenz, Peter von, Geschichte der deutschen Sprache. 9. Aufl. Berlin/New York 1978. (SG 2206).

Rahnenführer, Ilse, Zu den Prinzipien der Schreibung des Deutschen. In: Nerius/Scharnhorst 1980, 231–259.

Rechtschreibung der deutschen Sprache. Duden. 21. Aufl. Hrsg. v. der Dudenredaktion. Auf der Grundlage der neuen amtlichen Rechtschreibregeln. Mannheim 1996.

Scheuringer, Hermann, Geschichte der deutschen Rechtschreibung. Ein Überblick. Wien 1996.

Schubiger, Maria, Einführung in die Phonetik. 2. Aufl. Berlin/New York 1977. (SG 2203).

Stanze, Britta, Die Orthographischen Regelbücher des Deutschen. Egelsbach 1994.

Veith, Werner Heinrich/Frans Beersmans, Materialien zur Rechtschreibung und ihrer Reform. Wiesbaden 1973. (ZDL. Beih. NF. 10).

Ders., Die deutsche Orthographie im Brennpunkt. In: Sprachwissenschaft 22, 1997, 19–44.

Werner, Otmar, Phonemik des Deutschen. Stuttgart 1972. (SM 108).

Ders. (Hrsg.), Probleme der Graphie. Tübingen 1993.

Wörterbuch der deutschen Aussprache. (2. Aufl. Leipzig 1964). Lizenzausg. München 1969.

Zemb, Jean-Marie, Für eine sinnige Rechtschreibung. Eine Aufforderung zur Besinnung ohne Gesichtsverlust. Tübingen 1997.

Burckhard Garbe, Immenhausen

126. Bestrebungen der Orthographiereform im 18., 19. und 20. Jahrhundert

1. Probleme orthographischer Normierung

Orthographie bedeutet 'richtige Schreibung' (im 15. Jh. aus griech. *orthographia*, zu *orthós* 'richtig' und *gráphein* 'schreiben'); das Nomen *Rechtschreibung* wird synonym gebraucht. Der Orthographie entspricht in der gesprochenen Sprache die *Orthoepie* (zu griech. *orthós* 'richtig' und *épos* 'Gesprochenes' > 'Wort, Rede'), worunter – terminologisch verengt – oft nur die 'richtige Aussprache, Lautung' im Sinne der Orthophonie

verstanden wird. Zu unterscheiden sind Schreibung und Schrift. Die Schreibung ist das abstrakte graphische System für Mitteilungen, die Schrift verkörpert dessen Realisierung.

Die Bewertungskriterien für das, was unter 'richtiger Schreibung' zu verstehen ist, ergeben sich einerseits aus den zentralen Eigenschaften von Sprache, nämlich ihrer Systemhaftigkeit, ihrer regionalen, sozialen, pragmatischen und historischen Gebundenheit. Andererseits ergeben sich entsprechende Bewertungskriterien aus der Festlegung des Geltungsgrades (der Verbindlichkeit) und der Geltungsbereiche (des Sach-, Gesellschafts- und kommunikativen Bezugs) einer Schreibung. Die damit verbundenen Maßstäbe für Verhaltensgleichförmigkeit und Verhaltensbewertung heißen *orthographische Normen* (vgl. Veith 1986 a, 65). Dabei stehen usuelle,

d. h. mehr oder minder unbewußt tradierte und befolgte, dem Sprachgebrauch entsprechende interne Normen den kodifizierten Normen gegenüber, welche durch Konsens oder Oktroi schriftlich festgelegt werden und als externe Normen an Normexplikationen gebunden sind (vgl. Kohrt 1987, 330ff.; v. Polenz 1973, 126ff.).

Die Normexplikationen können von Individuen, Institutionen und Kollektiven ausgehen. Individuelle Normen von gesellschaftlicher Relevanz sind meist an herausragende Persönlichkeiten − z. B. Gottsched oder Adelung (Vorbilder) − gebunden, institutionelle Normen dagegen an organisierte Einrichtungen − z. B. Schreibschulen des Mittelalters, Kanzleien, Drucker, Verlage, geistliche Orden, höhere Lehranstalten −, während kollektive Normen für eine Gesellschaft als Ganzheit verbindlich sind − z. B. für die Bewohner des Königreichs Bayern oder die des ganzen deutschen Sprachraums −, stets innerhalb eines gegebenen Zeitrahmens. Den individuellen Normen werden in der Geschichte der deutschen Rechtschreibung die vielfältigsten Bindungen zuteil. Übersetzer, Dichter und Grammatiker haben durch ihre Normierungstätigkeit auf die Geltungsbereiche kollektiver Normen Einfluß nehmen wollen, vor allem auf den regionalen Verwendungsradius („Wo gilt die Norm?") und auf die soziale Bindung („Für wen gilt die Norm?"). Inhaltlich ist die Normfindung begleitet von Explikationen zur Normstrukturierung, von Leitgedanken („Prinzipien") und daraus abgeleiteten Regeln. Die individuellen, institutionellen und kollektiven Bemühungen um die deutsche Orthographie sind bis 1902 gekennzeichnet durch die Kritik an bestehenden Normen und Alternativen dazu. Erst dann wird ein für den gesamten deutschsprachigen Raum geltender Normenkomplex (vgl. „Normierungskomplex" bei Augst/Zabel 1979, 12) − hier vereinfacht: die orthographische Norm − etabliert. Diese Norm ist von 1902 an das Ziel der Sprachnormkritik, d. h. der Bemühungen um eine Orthographiereform im 20. Jh.

2. Individuelle Normen im 18. Jahrhundert

2.1. Regionale und soziale Bindung

Der Verbreitung individueller Normen im 18. Jh. gehen die einschneidenden technischen, politischen und gesellschaftlichen Ver-

änderungen des 16. und 17. Jhs. voraus. Kennzeichnend ist die schon für das 16. Jh. (vgl. Bergmann 1982, 267) feststellbare Zunahme des Lesebedürfnisses (Bibel, Druckschriften, Zeitungen); Frankfurt/M. und Leipzig werden im 17. Jh. Zentren der protestantischen Presse − die erste dt. Tageszeitung erscheint 1660 in Leipzig (v. Polenz 1994, 16). Zum Einfluß der Buchdrucker vgl. Schirokauer (1951). Das wachsende Schreibbedürfnis und der Ausbau von Schulen führen zu dem Verlangen nach einer allgemein verbindlichen Orthographie. Die Protagonisten der sprachlichen Normierung auf den Gebieten von Grammatik und Rechtschreibung − u. a. Lehrer, Pfarrer, Dichter, Bibliothekare − stammen vorwiegend aus protestantischen Gebieten mit zumeist md. und nd. Dialekten (s. Abb. 126.1; ergänzend Grunow 1951, 209ff.; Malige-Klappenbach [1955] 1978, 154; V. Moser 1936, 1948, 1949; Müller 1969, 7ff.; Veith 1986 b). Autoren, die aus dem ond. Raum stammen, z. B. Gottsched und Adelung, haben in omd. Städten gewirkt, was die Sprachsymbiose zwischen einer weiträumigen Varietät des Omd. und einer entsprechenden Varietät auf nd. Substrat unterstreicht (zu den Normthesen im 16. und 17. Jh. s. die Tabelle von Josten in v. Polenz 1994, 139).

Bei dem Bemühen um eine orthographische Norm des Deutschen ist die Frage nach der regionalen und sozialen Grundlage der nhd. Schriftsprache die zentrale Frage des 18. Jhs. überhaupt. Bereits im 17. Jh. behandelt Schottel ausführlich die dialektale Differenzierung des Dt., die wegen der unterschiedlichen Aussprache zu verschiedenen Schreibweisen führt (Schottel [1663] 1967, 187). Seine Alternativen sind „der gute angenommene Gebrauch/ und die Grundrichtigkeit der Sprache". Dabei favorisiert er intuitiv die omd. Ausgleichssprache als Grundlage der „Teutschen HaubtSprache". Schottel entscheidet sich − wie die meisten Autoren mit omd. und nd. Geburtsort − für das Meißnische und die nordwestlich daran anschließenden Varietäten. Er legt dabei nicht die ländlichen Dialekte zugrunde, sondern die Stadtsprachen von Leipzig, Merseburg, Wittenberg und Dresden (Schottel [1663] 1967, 159).

Freyer, der Exponent der „Halleschen" Orthographie − benannt nach dem Hallenser Waisenhausverlag August Hermann Frankkes (gest. 1727) beruft sich auf Bödiker (1690), demzufolge bereits Fabian „Franckc" (gemeint ist *Frangk*) 1539 (richtig ist 1531) ein überregionales „Hochteutsch" festgestellt

Name, Vornamen	Lebensdaten	Wirkungsgebiet
Luther, Martin	*1483 Eisleben b. Halle/S. † 1546 Eisleben b. Halle/S.	omd.
Frangk, Fabian	*um 1490 Bunzlau/Schles. † nach 1538 Frankfurt/O.	omd.
Ickelsamer, Valentin	*um 1500 Rothenburg o. T. Todesjahr unbekannt	nobd.
Kolroß, Johann	*um 1500 Basel † 1558 od. 1559 Basel	wobd.
Beuther, Michael	*1522 Karlstadt/Main † 1587 Straßburg	wobd. (Straßburger Druckersprache)
Clajus, Johannes	*1535 Herzberg/Elster † 1592 bei Frankenhausen	omd.
Piscator, Johann	*1546 Straßburg † 1625 Herborn	wobd./wmd.
Becherer, Johannes	*1570 Mühlhausen/Thür. † 1617 Mühlhausen/Thür.	omd.
Ratichius (Ratke), Wolfg.	*1571 Wilster/Holst. † 1635 Erfurt	wnd./omd.
Gueintz, Christian	*1592 bei Guben/Laus. † 1650 Halle/S.	omd.
Opitz, Martin	*1597 Bunzlau/Schles. † 1639 Danzig	omd.
Rumpler, Jesaias	*1605 Dinkelsbühl † 1675 od. 1680 Pforzheim	wobd. (Straßburger Druckersprache)
Rist, Johannes	*1607 bei Hamburg † 1667 bei Hamburg	wnd.
Flemming, Paul	*1609 bei Zwickau † 1640 Hamburg	omd./wnd.
Schottel, Justus Georg	*1612 Einbeck † 1676 Wolfenbüttel	wnd.
Zesen, Philipp von	*1619 bei Dessau † 1689 Hamburg	omd./wnd.
Stieler, Kaspar	*1632 Erfurt † 1707 Erfurt	omd.
Bödiker, Johann	*1641 bei Stettin † 1695 Berlin	ond.
Freyer, Hieronymus	*1675 Halle/Saale † 1747 Halle/Saale	omd.
Gottsched, Joh. Christ.	*1700 bei Königsberg † 1766 Leipzig	ond./omd.
Nast, Johann	*1722 bei Stuttgart † 1807 Plochingen/Württ.	wobd.
Fulda, Friedrich Carl	*1724 Wimpfen/Württ. † 1788 Ensingen/Württ.	wobd.
Klopstock, Friedr. Gottl.	*1724 Quedlinburg † 1803 Hamburg	wnd.
Adelung, Joh. Christoph	*1732 b. Anklam/Pommern † 1806 Dresden	ond/omd.
Mäzke, Abraham Gotth.	*1741 Freystadt/Schles. † ca. 1797 Winzig/Schles.	omd.
Campe, Joachim Heinr.	*1746 bei Braunschweig † 1818 Braunschweig	wnd.

nobd. = nordoberdeutsch	omd. = ostmitteldeutsch	ond. = ostniederdeutsch
wmd. = westmitteldeutsch	wnd. = westniederdeutsch	wobd. = westoberdeutsch

Abb. 126.1: Protagonisten einer orthographischen Normierung vor 1800

habe. Für Frangk sind die drei Säulen dieses Hochdeutsch „des tewern [...] Keiser Maximilianus Cantzelej vnd dieser zeit/ D. Luthers schreiben/ neben des Johan Schonsbergers von Augsburg druck" (aus der „Orthographia" von Fabian Frangk, Wittenberg 1531, abgedr. in: Müller 1969, 92–110, Zit. S. 94), also noch nicht das Omd. im Sinne von Schottel. Freyer übernimmt die Lehrmeinung, daß das Hd. „zwar in gantz Teutschland ůblich, doch der Meißnischen und Obersächsischen Aussprache am alleråhnlichsten sey"; er nennt die Städte Halle, Leipzig, Wittenberg und Dresden (zum Anteil d. übrigen Dialekte s. Heinle 1982, 118). Dies Hd. habe eine reine und deutliche Aussprache, liege in der geographischen Mitte, werde „von den geschicktesten Leuten in allen Ständen durch gantz Teutschland" gebraucht, in allen Kanzleien, Rathäusern und Gerichten verwendet, für Bücher und Briefe wie für die Predigten,

„insonderheit auch in Niedersachsen", da „die heilige Schrift vom seligen *Luthero* in dieselbe übersetzt ist" und daher „fast von jedermann [...] verstanden werden kann" (Freyer [1722] 1978, 3f.). Neben der hier deutlich werdenden Vorstufe eines pragmalinguistischen Ansatzes finden sich bei Freyer auch soziolinguistische Gedanken: Für Halle nennt er drei Soziolekte, „wodurch sich vornehme und geschickte Leute von dem gemeinen Volck aus der Bůrgerschaft, und diese beyderseits wiederum von den so genanten Halloren sehr mercklich unterscheiden" (ebd.).

Ähnlich wie 1647 schon Vaugelas (vgl. Vaugelas 1984, 40ff.) für das Französische und z. T. auch Schottel und Freyer formuliert Gottsched 1748 generelle Richtlinien, nach denen die − für ihn allerdings vorher feststehende − „beste Mundart eines Volkes" zu finden sei (Gottsched [1748] 1978, 38ff.); diese ist demnach die Sprache:

1.) in der Stadt des größten Hofes in der Mitte des Landes und zugleich mit der weitesten Verbreitung;
2.) der Vormehreren sowie der besten (d. h. als vorbildlich anerkannten) Schriftsteller;
3.) mit der größten Regelhaftigkeit.

Das bedeutet, daß er wie seine Vorgänger die „beste Mundart" regional an Obersachsen bindet und dort eindeutig an die soziale Oberschicht, denn unter der besten Mundart in den Hauptstädten ist nicht zu verstehen „die Aussprache des Pöbels in diesen Residenzen, sondern der Vornehmern und Hofleute" (Gottsched [1748] 1978, 38). Auch Adelung wendet sich gegen das „Provinzial-Deutsch" und bevorzugt die Aussprache der oberen Klassen Kursachsens (vgl. Henne 1968, 110ff.). Alle anderen Varietäten werden von den führenden Theoretikern des 18. Jhs. verworfen. Dies betrifft die dt. Grammatik im weitesten Sinn und somit auch die Orthographie.

2.2. Konkretisierung individueller Normfindung

Die orthographischen Regeln werden im 17. und 18. Jh. theoretisch fundiert. Sie richten sich nach Leitgedanken („Prinzipien"), die bei Schottel ([1663] 1967, 188ff.) *„allgemeine Lehrsätze"*, bei Freyer ([1722] 1978, 1ff.) „Hauptregeln", bei Gottsched ([1748] 1978, 100−120) *„allgemeine orthographische Regeln"*, bei Adelung ([1788] 1978, 12ff.) *„Allgemeine* Grundgesetze der Deutschen Orthographie" heißen:

1.) Lauttreue der Schrift („phonologisches Prinzip"), d. h. maximale Konkordanz zwischen Aussprache und Schreibung.
2.) Historizität, d. h. a) „Usus scribendi" (Freyer [1722] 1978, 7) bzw. „historisches Prinzip", „wie es der allgemeine Gebrauch eines Volkes seit undenklichen Zeiten eingeführt hat" (Gottsched 1978 [1748], 114; entspr. Adelung [1788] 1978, 85ff.); b) „etymologisches Prinzip", z. B. die Umlautschreibung oder *th, ph* in *Orthographie* oder *Prophet* („kommt nur in fremden Wörtern, besonders Griechischen Ursprunges, vor", Adelung [1788] 1978, 179).
3.) Einheitlichkeit, d. h. a) auf die „Abstammung" und somit auf die orthographische Gleichbehandlung von Morphen ein und desselben Morphems bezogen (Schottel [1663] 1967, 2. u. 3. Lehrsatz,

191ff.; Gottsched [1748] 1978, 109ff.), also nicht nur historisch, sondern auch synchron, z. B. Lie*d*, Lie*d*er für /li:t/, /li:d/ („morphologisches Prinzip") und b) Analogie (schon Bödiker [1690/1746], 1977, 44), d. h. (nach Adelung 1781, 586), „den schwankenden Gebrauch bestimmen, wenn andere Entscheidungsgründe fehlen" − z. B. soll wegen des normalen Wechsels *e : i* analog ein *i* statt *ü* geschrieben werden in: *Gebürge, Gefülde, Würken*.
4.) Simplizität, d. h. − z. T. übereinstimmend mit 1.) − Einfachheit in der Anwendung und leichte Verständlichkeit − u. a. mit der Konsequenz, „überflüssige Buchstaben" auszumerzen (schon Frangk 1531, in Müller 1969, 101ff.; dann Schottel [1663] 1967, 188), später aber auch gegen die großen Anfangsbuchstaben (Grimm w. u. 3.1).
5.) Ästhetizität, die sich u. a. gegen damalige Neuerungen, *kk* und *zz* statt *ck* und *tz* zu schreiben, wendet (Freyer [1722] 1978, 19; Gottsched [1748] 1978, 127f.), aber auch gegen „ärmlich" geschriebene Hauptbegriffe wie *Ale, Kol, Son* statt *Ahle, Kohl, Sohn* (Adelung [1788] 1978, 241).
6.) Logik, die sich z. B. auf die „Unterscheidungsschreibung", wie in *Stadt* vs. *Statt* (Adelung [1788] 1978, 165; ebda. 338; vgl. Gottsched [1748] 1978, 116f.), auf große Anfangsbuchstaben und die Interpunktion richtet, bei Rahnenführer (1980, 249) auch das „semantische Prinzip".

Überlegungen zur Neufassung und Hierarchisierung der Prinzipien und deren Abgrenzung gegenüber Regeln sind u. a. von Rahnenführer (1980, mit einer Synopse für das 20. Jh.), Munske (1984) und Naumann (1990) angestellt worden (vgl. auch Einzeltitel in: Nerius/Scharnhorst (Hrsg.) 1992).

Die Lauttreue der Schrift, d. h. die Zuordnung eines Lautes zu möglichst nur einem Buchstaben und umgekehrt (das „phonologische Prinzip") wird von allen Theoretikern als grundlegend angesehen; so auch von Klopstock (1779), der die deutsche Sprache mit der Orthographie zum Klingen bringen will. Er fordert daher eine streng phonetische Schreibung, die eine annähernd bijektive Zuordnung von Laut- und Schriftzeichen zur Folge gehabt hätte. Adelung pointiert dies folgendermaßen: „Das Gesetz, schreib wie du sprichst, ist also das Naturgesetz der Schrift

[...]" − und spezifiziert: „[...] schreib wie du sprichst, 1. der allgemeinen Besten Hochdeutschen Aussprache gemäß, und wo diese nicht entscheidend ist, 2. in gebogenen und abgeleiteten Wörtern nach der nächsten Abstammung, 3. in Stammwörtern aber nach dem allgemeinen Gebrauche" (Adelung 1782/ 1969, 61 u. 65f.). Damit ist eine Hierarchie von drei Prinzipien gegeben. Das schon auf Brockes zurückzuführende und vor allem für das Nd. geltende Topos „Sprich wie du schreibst", das Klopstock bei dem Vorlesen seiner Werke angewandt sehen wollte, und das scheinbar gegensätzliche Topos „Schreib, wie du sprichst" entfachen den Streit um das beste Deutsch aufs neue (vgl. Baudusch-Walker 1958, 121, u. Weinhold, v. Raumer w. u., 3.1).

Die Voraussetzung einer jeden Regelung der Orthographie ist ein verbindliches Sprachkorpus, z. B. in Form eines Wörterbuches, auf das sich die Regeln beziehen, und nicht umsonst sind die wichtigsten orthographischen Regelwerke bis heute mit einem Wörterbuch verbunden. Eine überragende Leistung Adelungs hat darin bestanden, 1788

ein wissenschaftlich fundiertes, orthographisches Regelbuch in Verbindung mit einem *orthographischen* Wörterbuch veröffentlicht zu haben. Dies ist anders organisiert als „Der Deutschen Sprache Stammbaum und Fortwachs" − ein Wörterbuch, das Kaspar Stieler als Mitglied der Fruchtbringenden Gesellschaft 1691 veröffentlicht hat (vgl. v. Polenz 1994, 119), außerdem ist es ausführlicher als Gottscheds „Orthographisches Verzeichniß gewisser zweifelhafter Wörter" (Gottsched [1748] 1978, 153−190). Die Formulierung der Rechtschreibregeln durch Adelung ist zwar umständlicher als später bei Duden, sie schließt aber von Anfang an knappe Regeln für das Komma und andere Satzzeichen ein.

Der Abb. 126.2 ist zu entnehmen, in welchen Bereichen die Normsetzungen früherer Grammatiker mit Normen des 20. Jhs. übereinstimmen (durch Pluszeichen markiert). Diese setzten mit Schottel ein, aber schon im 16. Jh. hat es eine auf deutsch geführte Diskussion über die richtige Schreibung gegeben. Hervorzuheben sind erste Systematisierungen im „Schryfftspiegel" (vermutlich 1527, Köln), im Enchiridion von Johannes Kolroß (Basel

Bereich	Schottel 1663	Freyer 1722	Gottsched 1748	Adelung 1788	Norm 1902	Norm ab 1955	Norm ab 1998
Quantität im ganzen	+	+	+	+	+	+	m
Kons.-verdopplung	(+)	+	+	+	+	+	+
Vokalverdopplung	+	+	+	+	+	+	+
Dehnungs-*e*	+	+	+	+	+	+	+
Dehnung-*h*	+	+	+	+	+	+	+
Qualität im ganzen	+	+	+	+	+	+	m
Auslaut	+	+	+	+	+	+	+
⟨ä, ö, ü⟩ ← ⟨å, ȍ, ů⟩				(+)	+	+	+
⟨ei⟩, ⟨ey⟩, ⟨ai⟩, ⟨ay⟩				(+)	+	+	+
⟨s⟩, ⟨ss⟩, ⟨ß⟩	+	+	+	+	+	+	m
⟨t⟩, ⟨th⟩, ⟨dt⟩ (= [t])	+	+	+	+	m	m	m
Fremdwort im ganzen	+	+	+	+	+	+	m
⟨t⟩ (= [ts])	+	+	+	+	+	+	m
c:z, k				+	+	+	m
ph, th				+	+	m	m
Majuskeln im ganzen	+	+	+	+	+	+	m
Satzanfang	+	+	+	+	+	+	+
Nomen	+	+	+	+	+	+	m
Namen, Titel	+	+	+	+	+	+	+
Anredepronomen		(+)	(+)	+	+	+	m
getrennt/zusammen	+	+	+	+		+	m
Bindestrich	(+)	(+)	(+)	+	+	+	m
Silbentrennung	+	+	+	+	+	+	m
Interpunktion		+	+	+		+	m
im einzelnen (Komma)		+	+	+		+	m

Es heißen: + 'geregelt', (+) 'fakultativ geregelt', m 'modifiziert gegen Vorhergehendem'

Abb. 126.2: Normsetzungen früherer Grammatiker und spätere Kollektivnormen

1530), in der Orthographia von Fabian Frangk aus Bunzlau (Wittenberg 1531), in Peter Jordans Leyenschůl (Mainz 1533), in Valentin Ickelsamers Teutsche Grammatica (Augsburg 1534?) und in Ortholph Fuchspergers Leeßkonst (Passau 1542 — vgl. Müller 1969, 92—188, 382—412). Kolroß fordert, nur den Satzanfang, die Eigennamen und „Gott" bzw. „Herr" (i. S. v. „Gott") groß zu schreiben (vgl. Kolroß in Müller 1969, 86f.). Vermindert um den Namen Gottes wäre diese Schreibung identisch mit der Reformregelung, welche spätestens seit Erfurt 1931, d. h. 400 Jahre danach, gefordert und — um die Anredepronomina erweitert — seitdem von den Anhängern einer gemäßigten Kleinschreibung vertreten wird (s. *Deutsche Rechtschreibung* 1992, 117ff.).

3. Kollektive Normfindung im 19. Jahrhundert

3.1. Historische vs. „phonetische" Schreibung

Die Individualnormen Gottscheds und Adelungs werden im 19. Jh. weiterhin vertreten, beispielhaft u. a. durch den Magdeburger Gymnasialdirektor Heyse (1764—1829). Seine Schulgrammatik (s. Heyse [1816] 1834, 1914) — mehrfach überarbeitet, anfangs von seinem Sohn Karl, — kann mit 28 Auflagen zwischen 1816 und 1914 und in Verbindung mit einem dreibändigen Wörterbuch (von Karl Heyse, Magdeburg 1831ff.) und einem Fremdwörterbuch (1. Aufl. 1807, 21. Aufl. 1922) als das entscheidendste Sprachlehrbuch des 19. Jhs. bezeichnet werden. Heyse übernimmt Adelungs Orthographie mit wenigen Veränderungen, z. B. der Überführung der ⟨ey⟩-Schreibung in ⟨ei⟩.

Jacob Grimm, einer der Väter der historischen Grammatik, sieht sich aufgrund seiner Wörterbucharbeit zur Forderung praktischer Reformen veranlaßt, nämlich:

1.) die Großschreibung der Substantive fallenzulassen und nur die der Eigennamen beizubehalten, da keine von Sprachbau und Sprachgeschichte her motivierte Notwendigkeit einer Großschreibung bestehe und eine solche — auch in Hinblick auf die Orthographie anderer Völker — gegen das Gebot der Simplizität verstoße (Grimm 1968 [1822], 43 und 1961 [1854], 67f.);
2.) die Quantität unbezeichnet zu lassen;
3.) Konsonantenhäufungen zu vermeiden;

4.) *i* statt *y*, *sz* statt *ß*, *t* statt *th*, *f* statt *ff*, *t* statt *dt*, *f* statt *f* und *v* in deutschen sowie *v* statt *w* in deutschen und *v* in Fremdwörtern zu schreiben (Grimm 1961 [1854], 73ff. und 1869 [1849], 222).

Lediglich das Argument, die Verbreitung und die Wirkung seines Wörterbuches seien dadurch gefährdet, hat Grimm von der Einführung der meisten dieser Neuerungen abbringen können (Grimm 1869, 227 — Bemerkung der Redaktion; vgl. Wilmanns 1887, 10); die Substantive schreibt er prinzipiell klein.

Der entscheidende Kampf um die deutsche Rechtschreibung erfolgt in den fünfzig Jahren 1852 bis 1902. 1852 führt die aus dem 18. Jh. bekannte Streitfrage, wo und auf welcher Dialektgrundlage das beste Deutsch gesprochen werde, den Sprachhistoriker Karl Weinhold zu der Überlegung, der einzige Ausweg, nicht dialektgebunden zu schreiben, sei der historische Bezug der Orthographie:

„[...] das Streben der geschichtlichen Schule geht dahin, eine Rechtschreibung aufzustellen, welche auf den alten Grundgesetzen unserer Sprache ruht und zugleich die Fortentwicklung derselben treu berücksichtigt [...] Das Grundgesetz, das ich aufstelle, heißt: ‘Schreib, wie es die geschichtliche Fortentwicklung des Neuhochdeutschen verlangt’ " (Weinhold 1852, 94).

Man vergleiche dazu den Lehrsatz Karl Müllenhoffs von 1864: „Schreib dem Herkommen und dem allgemeinen Gebrauch gemäß, soweit derselbe feststeht" (zit. n. Schlaefer 1984, 49). Der Konflikt liegt in der Frage, ob die Reihenfolge der beiden ersten von Gottsched und Adelung aufgestellten Prinzipien vertauscht und die Historizität somit primär berücksichtigt werden sollte. Der Hauptgegner Weinholds, Rudolf v. Raumer, verwirft dessen „Grundgesetz" und fordert: „Bring deine Schrift und deine Aussprache in Übereinstimmung" (v. Raumer 1863, 113). Er fordert also eine Lauttreue der Schrift und zugleich eine Schrifttreue der Lautung.

Diesem Prinzip liegt nicht nur die Tradition des 17. und 18. Jhs. zugrunde, sondern vor allem auch eine Sprachentwicklung, die sich formal in dem norddeutschen Grundsatz „Sprich, wie du schreibst" (Brockes, Klopstock) widerspiegelt und inhaltlich auf das seit dem 16., verstärkt im 17. Jh. auftretende Bedürfnis zurückzuführen ist, das südlich an das Nd. anschließende Hd. nicht nur zu schreiben, sondern auch zu sprechen. Was Weinhold bestreitet, wird durch v. Raumer also vorausgesetzt, nämlich eine über den

Mundarten stehende „Hochdeutsche Aussprache", die durch die Rückwirkung der Schreibung „auf die hochdeutsche Aussprache des gebildeten Niederdeutschen" (v. Raumer 1863, 123) seit Beginn des 18. Jhs. zum Maßstab geworden ist. Eine entsprechende „Leselautung" wird ab 1765 für Bayern angestrebt, vor allem durch Bemühungen von Heinrich Braun (vgl. Matzel/Penzl 1982, 120 u. 125ff.). Zu Parallelen am Wiener Hofburgtheater vgl. v. Raumer (1863, 118).

Die Auseinandersetzung ist nicht zuletzt durch v. Raumers Kritik überspitzt. Man befürchtet zu Unrecht, daß Schreibung und Aussprache nun dem Mhd. folgen sollten, dessen Orthographie zwar lobenswert phonetisch sei, dessen Aussprache aber mit der heutigen nicht übereinstimme. Ein solches Verhältnis sei dann vergleichbar mit der Situation im Engl., dessen extrem historische Graphie in Diskordanz stehe zur heutigen Aussprache. Anzustreben sei dagegen eine maximale Konkordanz zwischen Schreibung und Aussprache, wie sie im Ital. völlig und im Span. fast erreicht sei (v. Raumer 1863, 146ff.; ähnlich Duden [1872] 1978, 77f.). Unterstützung erhalten die Anhänger der „phonetischen" Schreibung, die weitgehend eine phonologische ist, von den Stenographen, vor allem von Michaelis (vgl. Wilmanns 1887, 16).

3.2. Offizielle Bemühungen

Nach der Reichsgründung von 1871 verdichten sich die Bemühungen um eine einheitliche Orthographie, obwohl schon vorher (etwa ab 1848) in einer beachtlichen Zahl von Städten und in einigen Staaten Reformen angestrebt und daran geknüpfte Schulorthographien beschlossen worden sind (vgl. Schlaefer 1980, 301ff.; Schlaefer 1984, 29ff., u. Abb. 126.3). Auf Empfehlung der Konferenz der Schulmänner in Dresden wird v. Raumer 1874 von dem Preußischen Kultusminister Falk mit der Abfassung eines Regelentwurfs beauftragt, welcher der für 1876 einberufenen Berliner Konferenz als Beratungsgrundlage dient. Somit scheint durch v. Raumer die u. a. auf Freyer, Gottsched, Adelung und Heyse fußende Tradition gewahrt werden zu können, zumal an der Konferenz der Hersfelder Gymnasialdirektor Konrad Duden (geb. 1829 bei Wesel) teilnimmt. Duden hat vier Jahre zuvor ein Wörterverzeichnis mit Regeln veröffentlicht und bei dieser Gelegenheit das „historische" Prinzip als aristokratisch abgelehnt und das „phonetische" Prinzip als demokratisch

befürwortet, da es jedem − unabhängig von seiner sozialen Herkunft und Bildung − das Erlernen der Orthographie am ehesten ermögliche (Duden 1978 [1872], 80; vgl. Wurzel 1975, 180f.).

Der Streit zwischen Daniel Sanders, Wilhelm Scherer u. a. als Vertretern der „historischen" und denjenigen der „phonetischen" Schreibung führt auf der Berliner Konferenz von 1876 vor allem wegen v. Raumers Vorstellungen über die radikale Reduzierung der Dehnungszeichen und über die s-Schreibung zu keiner Einigung. Die Regierungen sind nicht bereit, die Vorlage v. Raumers als allgemeingültig zu bestätigen; dies hat Einzelmaßnahmen zur Folge, z. B. 1879 in Österreich und Bayern, gestützt auf die Vorlage v. Raumers (vgl. Abb. 126.3 u. Schlaefer 1980, 196−218). Noch im gleichen Jahr stellt der Leipziger Verleger Breitkopf & Härtel, gestützt auf „eine ansehnliche Zahl von Druckereien", den Antrag, preußischen Schulbüchern ein von Daniel Sanders ausgearbeitetes und die Historizität stärker betonendes „Orthographisches Hilfsbuch" zugrunde zu legen. Preußen ist nun im Zugzwang: Der neue preußische Unterrichtsminister v. Puttkamer setzt 1880 ein in der „phonetischen" Tradition stehendes Regelbuch in Kraft, welches dem in Bayern erlassenen ähnlich ist. So haben nun − neben Österreich − die beiden größten Staaten Deutschlands eine weitgehend einheitliche Schulorthographie. Kurz darauf schließen sich weitere Länder, z. T. dem Vorbild Preußens folgend, 1892 auch die Schweiz, der Regelung an (vgl. Abb. 126.3). Diese aber wird noch 1880 durch v. Bismarck für die dienstliche Korrespondenz im Deutschen Reich untersagt, so daß nun die Schulorthographien und die reichsamtliche Orthographie divergieren (Wilmanns 1887, 24ff.).

Erst die Berliner Konferenz von 1901, zu der das Reichsamt des Innern einlädt, führt zu einer Einigung, zu der sich Österreich und die Schweiz „aus freien Stücken" bekennen. Der Bundesrat bestätigt am 18. Dez. 1902 die Beschlüsse, die vom 1. 1. 1903 an für den amtlichen Gebrauch gelten und ab dem Schuljahr 1903/04 in den Schulen (s. P. Grebe, Nachwort. In: Regeln 1902/o. J., *2−*4). Das Ergebnis ist freilich eine Kompromißregelung, denn die Empfehlungen von 1876 werden größtenteils wieder aufgenommen. Man schreibt nun u. a. *th* in allen deutschen Wörtern als *t*, ferner *c* bei den Fremdwörtern als *k* bzw. *z* und *ieren* mit *ie*; zahlreiche Doppelschreibungen werden beseitigt.

1848	Gutachten zur Einführung einer amtlichen Schulorthographie im Königreich Sachsen
1849	Entwurf der Organisation der Gymnasien und Realschulen in Österreich
1854	Verordnung über eine neue Orthographie in Österreich, fußend auf dem Entwurf von 1849
1854	Rechtschreibkonferenz im Königreich Hannover
1855	Regeln und Wörterverzeichnis für die deutsche Rechtschreibung in Hannover, übernommen in Bayern und Sachsen-Meiningen; neu festgestellt 1879
1858	Erlaß, im Kurfürstentum Hessen nach den seitherigen Regeln zu verfahren; ab 1859 sind die Regeln nebst Wörterverzeichnis von H. E. Bezzenberger für alle Schulen maßgebend
1861	Regeln und Wörterverzeichnis im Königreich Württemberg
1862	Beauftragung Müllenhoffs durch die preußische Regierung mit dem Entwurf eines Regelbuchs; Verordnung, je Schule eine einheitliche Orthographie zu lehren
1864	Regelbuchentwurf für die höheren Klassen der preußischen Gymnasien und Realschulen von K. Müllenhoff (nicht erlassen)
1869	Großherzogtum Oldenburg: Regeln und etymologisch-orthographisches Wörterverzeichnis von K. Strackerjahn für die Gesang- und Lesebuchorthographie empfohlen
1874	Beauftragung v. Raumers durch den preußischen Unterrichtsminister Falk mit dem Entwurf von Regeln und Wörterverzeichnis
1876	1. Orthographische Konferenz in Berlin (4.–15. 1.), Beratung der Vorlage v. Raumers; Tod v. Raumers (30. 8.)
1879	Regeln und Wörterverzeichnis in Österreich und Bayern unter Zugrundelegung der Vorlage v. Raumers
1880	Regeln und Wörterverzeichnis in Sachsen; ferner für die preußischen Schulen, aber für die dienstliche Korrespondenz im Deutschen Reich durch v. Bismarck untersagt
1881	Regeln und Wörterverzeichnis in den Großherzogtümern Baden und Mecklenburg-Schwerin
1882	Regeln und Wörterverzeichnis im Großherzogtum Mecklenburg-Strelitz
1883	Regeln und Wörterverzeichnis in Württemberg, Neufeststellung des Erlasses von 1861
1885	Anregung des Schweizer Bundesrats zu einer Konferenz in Berlin; Ablehnung durch v. Bismarck
1892	Konferenz des Schweizer Bundesrates zur „Orthographie-Reform in der deutschen Schweiz", Übernahme der Orthographie „in Dudens 'Orthographischem Wörterbuche' "
1901	2. Orthographische Konferenz in Berlin (17.–19. 6.) auf Einladung des deutschen Reichsamtes des Innern
1902	Übernahme der Berliner Beschlüsse durch Österreich und die Schweiz sowie durch den deutschen Bundesrat
1903	Inkrafttreten der Berliner Beschlüsse

Abb. 126.3: Offizielle Bemühungen um eine orthographische Einheitsnorm 1848–1902

Die Veröffentlichung der Kodifizierung erfolgt 1902 in dem neuen preußischen Regelbuch K. Dudens und in der 7. Auflage seines Wörterbuchs (1. Auflage 1880). 1903 folgt der von Konrad Duden bearbeitete „Buchdruckerduden".

4. Verlauf der Reformdiskussion im 20. Jahrhundert

4.1. Regeln und Ausnahmen

Die Regelung von 1902 beschränkt sich, faßt man einzelne Punkte zusammen, auf fünf Bereiche: (1) Lautquantität und -qualität, (2) Anfangsbuchstaben, (3) Silbentrennung, (4) Bindestrich und Apostroph, (5) Fremdwortschreibung. Bemerkenswert ist, daß die Getrennt- und Zusammenschreibung nicht beraten und keine über (4) hinausgehenden Regeln zur Zeichensetzung beschlossen worden sind. Diese treten in dem *Buchdruckerduden*

(1903, 2. Aufl. 1907; vgl. Jansen-Tang 1988, 580 ff.) sowie in einem Sonderabdruck aus der Grammatik von Bauer-Duden (Duden 1905, 33–38) auf; dann wieder nach Dudens Tod (d. i. 1911) in der Dudenausgabe von 1915. Sie sind genauso in- bzw. halboffiziell wie alle weiteren Regeln, die ab 1902 in die einzelnen Dudenausgaben Eingang gefunden haben.

Im Rahmen von (1) Lautquantität und -qualität werden behandelt: *ie*; Dehnungs-*h*; Vokal- und Konsonantenverdopplung; *ä/e*; *äu/eu*; *ai/ei*; *b/p*; *d/t*; *dt/th*; *g/ch/k*; *gs/cks/x/chs*; *f/v/ph*; *s/ß/ſſ/f*. Bei (2) Anfangsbuchstaben wird festgestellt, welche Buchstaben groß geschrieben werden müssen: Buchstaben am Satzanfang, Buchstaben für „alle wichtigen Hauptwörter", Anfangsbuchstaben der Anredefürwörter sowie Wörter in Titeln und Eigennamen bzw. Ableitungen davon (z. B. Grimmsche Märchen) sowie „Wörter aller Art, wenn sie als Hauptwörter gebraucht werden, z. B. der Nächste, die Armen, das Deutsche [...]";

ferner Eigenschaftswörter in Verbindung mit *etwas, viel, nichts, allerlei* u. a. (z. B. viel Wichtiges). Zu (3) Silbentrennung wird bemerkt, daß nicht nach Sprachsilben (z. B. nicht: Flüg-el, Les-er), sondern nach Sprechsilben — diejenige Bestandteile, „in welche das Wort bei langsamer Aussprache zerlegt wird", (*Regeln* 1902, 3) — zu trennen ist; lediglich zusammengesetzte Wörter müssen nach ihren Bestandteilen getrennt werden. Nicht getrennt werden Buchstabengruppen, die nur einen Laut bezeichnen (z. B. *ch, sch, ph, th*), sowie *st; ck* erscheint als *k-k*. Von diesen Ausnahmen abgesehen, kommt bei mehreren Konsonanten der letzte auf die folgende Zeile. Der Bindestrich (4) wird in der Zusammensetzung von Eigennamen (z. B. *Jung-Stilling*), bei besonders unübersichtlichen Zusammensetzungen (z. B. *Haftpflicht-Versicherungsgesellschaft*) und zur Verdeutlichung von Einzelbuchstaben (z. B. *I-Punkt*) verwendet. Der Apostroph steht bei der Unterdrückung gesprochener Laute in der Schrift (z. B. *heil'ge Nacht*) und bei Wörtern auf -*s* im Genitiv (z. B. *Demosthenes' Reden*). (5) Fremdwörter sind Wörter mit fremder Form, Aussprache und Betonung; dafür werden keine allgemeingültigen Regeln erkannt, so daß auf das Wörterverzeichnis verwiesen und im übrigen gefordert wird: „entbehrliche Fremdwörter soll man überhaupt vermeiden" (*Regeln* 1902, 22). Außerdem werden *t* für *th* sowie *k* bzw. *z* für *c* geschrieben. In Abb. 126.5 wird eine kleine Synopse der Berliner Orthographie von 1902 im Vergleich mit der Wiener Orthographie von 1998 gegeben (s. Abschn. 4.3).

Die Sprachnormkritik schließt sich zu Beginn des 20. Jhs. an die vor 1902 geführte Diskussion an, d. h., sie wird aus der Sicht der nun in der Praxis geltenden Norm zunächst systemimmanent geführt. Erst in den siebziger Jahren werden verstärkt Argumente von seiten einer veränderten Fachdidaktik und Bildungspolitik geltend gemacht, wodurch die Frage nach einem gesellschaftlichen Zusammenhang des Schreib- und Lese-Handelns neu gestellt wird.

Den infra- und extralinguistischen Argumenten gemeinsam ist das Bestreben, die Zahl der funktionsgebundenen Vorschriften zu reduzieren zugunsten formaler Regeln — und, wo dies nicht geht, auf funktionsgebundene Regeln zu verzichten. Die einfachste formale Regel ist die der bijektiven Zuordnung phonologischer und grapheologischer Zei-

chen (d. i. Regelkomplex (RK) O von Abb. 136.4 in der 1. Aufl. 1985; darauf wird hier verwiesen). Mit dieser Regel sind Ausnahmekomplexe verbunden (vgl. die Auswahl in Abb. 126.5), nämlich zur Quantität u. a.: Doppelkonsonanz, *ß*-Schreibung, Vokalverdopplung (*aa, ee, oo*), Dehnungs-*e* bzw. -*h*; zur Qualität u. a.: „historische" Graphie, Morpheme mit *a/ä-, au/äu*-Wechsel, Doppelformen (Homophone) sowie nicht angepaßte Fremdlexeme — die Auslautverhärtung (Fortis statt Lenis) ist im 20. Jh. kein Diskussionsgegenstand, da die Ausnahme schon zur Regel geworden ist. Zentral in der Diskussion der Orthographiereform sind vor allem die schwierigen Regeln zur Majuskelschreibung, aber auch die zur Zusammenschreibung ohne Spatium, zur Silbentrennung und zur Zeichensetzung (vgl. Abb. 126.5). Außer dem *formalen* Regelkomplex der bijektiven Zuordnung phonologischer und grapheologischer Zeichen ist auch die Sprechsilbentrennung wegen der mechanischen Abtrennung des letzten Vokals bzw. Konsonanten ein formaler Regelkomplex. Die Alternativen sind die funktionale Regel der Trennung nach Sprachsilben und die z. T. gültige Trennung bestimmter Lexeme nach Sprech- und Sprachsilben. Die Anwendungsmöglichkeit aller funktionalen Regeln hängt von der meist nicht, bei Beginnern überhaupt nicht erwartbaren Kenntnis des Schreibers über die Sprachstruktur ab (vgl. das Zitat von Duden [1872] 1978, 80, unter Punkt 3.2); ferner von seinem logischen Denk- und Erinnerungsvermögen. Die sich auf Ausnahmekomplexe beziehenden Regeln sind einzuprägen und naturgemäß äußerst fehlerträchtig. Daher stehen sie ab 1902 im Brennpunkt der Reformbemühungen.

4.2. Synopse der Reformvorschläge

Die Kritik an den Vereinbarungen von 1902 beginnt schon im gleichen Jahr mit Äußerungen des Konferenzteilnehmers Oscar Brenner, der sich für Eindeutigkeit und Vereinfachung in der Zuordnung von Laut und Buchstaben einsetzt und auch die Verwendung großer Anfangsbuchstaben eng begrenzen möchte (vgl. Pacolt 1972, 7). Andere Einzelkritiken, z. B. Kosogs Diktat von 1912 (vgl. H. Moser 1958, 13), beziehen weitere Bereiche ein, z. B. die Getrennt- vs. Zusammenschreibung. Reformfreudige Personen schließen sich zu Vereinigungen zusammen: 1924 wird der Schweizer „Bund für vereinfachte rechtschreibung"

Regelbereich	Berlin 1921	Leipzig 1931	Erfurt 1931	Berlin 1946	Schweiz 1946	Stuttg. 1954	Wiesb. 1958	Österr. 1962	Frankf. 1973	Wien 1973	Wien 1982	Wien 1994/98
1. Phonem-Graph												
Doppelkonsonanz	modif.						modif.	modif.	entf.	entf.		modif.
ß-Schreibung	modif.	entf.			entf.	entf.						
Vokalverdopplung		entf.	modif.		entf.	modif.						
Dehnungs-*e*, *-h*		entf.	modif.		entf.							
„historische" Graphie	entf.	entf.	modif.	modif.	entf.	modif.	entf.		modif.			modif.
alä-, auläu-Wechsel		entf.		modif.			entf.					modif.
Doppelformen, Varianten		entf.	entf.			entf.	entf.	entf.				modif.
Fremdlex. uneinheitl.	entf.	entf.	entf.		entf.	entf.		modif.	entf.	entf.		modif.
2. Majuskeln												
Satzanfang		entf.										
Nomen		entf.	entf.	entf.	entf.	entf.	entf.		entf.	entf.	entf.	
Nomen schwankend		entf.	entf.	entf.	entf.	entf.	entf.		entf.	entf.	entf.	modif.
Eigennamen		entf.							modif.			modif.
Anredepronomen		entf.	entf.	modif.					modif.	entf.		
3. Getrenntschreibung												
Komposita ohne Spatium			modif.	modif.	modif.	modif.	modif.	modif.		modif.	modif.	modif.
4. Silbentrennung												
Nur nach Sprechsilben	entf.	entf.			entf.							
Sprech- u. Sprachsilben	entf.	entf.	entf.			entf.	entf.	modif.	entf.			entf.
Nur nach Sprachsilben		entf.	entf.		entf.	entf.	entf.	entf.	entf.	entf.	entf.	entf.
5. Zeichensetzung												
Komma		modif.	modif.			modif.	modif.	modif.	modif.	modif.	modif.	modif.
Andere Zeichen		modif.	modif.			modif.	modif.	modif.	modif.	modif.		

entf./modif. = Regel- bzw. Ausnahmekomplex entfällt bzw. wird modifiziert; unbezeichnet = Regelbereich bleibt bestehen

Abb. 126.4: Synopse der wichtigsten Reformvorschläge zur deutschen Orthographie 1921–1994 (1998 in Kraft gesetzt)

gegründet; es folgen vergleichbare Vereinigungen in Deutschland und Österreich. Von Regierungsseite stellt 1921 ein Sachverständigenausschuß im Auftrag des Reichsinnenministeriums Leitsätze für die „Vereinfachung der Rechtschreibung" auf (vgl. Weisgerber 1964, 3, u. *Deutsche Orthographie* 1987, 262), durch welche die Phonem-Graphem-Korrespondenz und die Silbentrennung vereinfacht werden soll (s. Abb. 126.4). Aus dem Jahre 1931 stammen zwei Vorschläge: 1.) ein Entwurf des Leipziger Lehrervereins, der in vier Stufen u. a. die Einführung der radikalen Kleinschreibung und − „wie es der Raum verlangt" − eine beliebige Trennung am Zeilenende sowie eine starke Phonetisierung der Rechtschreibung vorsieht; 2.) das gemäßigtere Erfurter Rechtschreibprogramm des Bildungsverbandes der deutschen Buchdrucker. Dies Rechtschreibprogramm beschränkt die großen Anfangsbuchstaben auf die Satzanfänge und Namen, vereinheitlicht die traditionelle Graphie, beseitigt Doppelformen und − außer bei Mißständnissen − die Vokaldopplungen und das Dehnungs-*h*; die Silbentrennung richtet sich nach Sprechsilben (zu beiden Vorschlägen s. Grunow 1951, 53f. u. Abb. 126.4).

Die politische Entwicklung verhindert die weitere Beachtung der Erfurter Vorschläge. Die einschneidendste Veränderung in der Nazi-Zeit liegt auf dem Gebiet der Schrift. Am 1. 9. 1941 wird die Abkehr von den „Schwabacher Judenlettern", der Fraktur-Schrift, hin zur „deutschen Normalschrift", der Antiqua, verfügt (vgl. Küppers 1984, 110). Gleichzeitig bemüht man sich − der Vorreiter ist Fritz Rahn − „in nationalsozialistischem Geiste" um eine Reform der Orthographie. Nachdem ein 1944 ergangener Erlaß zur Reform der Rechtschreibregeln und des Wörterverzeichnisses bei Kriegsende nicht mehr zur Anwendung gelangt ist (vgl. Grunow 1951, 53), werden 1946 „Vorschläge des Vorausschusses zur Bearbeitung der Frage der Rechtschreibreform bei der deutschen Verwaltung für Volksbildung" (Berlin-Ost) erstellt. Damit soll die Kleinschreibung außer für den Satzanfang, die Namen und das Pronomen *Sie* sowie eine bessere Konkordanz zwischen Laut und Schrift erreicht werden, z. B. *x*, *chs* jetzt *ks*; *qu* jetzt *kw*; *ph*, *th*, *rh* jetzt *p*, *t*, *r* u. a. Ebenfalls 1946 unterbreitet der Schweizer „Bund für vereinfachte rechtschreibung" ähnliche, aber weitergehende Vorschläge (vgl. *Deutsche Orthogra-* *phie* 1987, 263f., u. Abb. 126.4; s. auch *Rotzler 1947*).

Ab 1948 erscheinen in der Zeitschrift für Phonetik (vgl. Haller 1952) Einzelvorschläge, z. B. von Erwin Haller, Hans Jensen, Paul Menzerath und Alfred Kräbs. Vor allem Kräbs (1954/55) hat − ähnlich wie einst Klopstock und dann der Leipziger Lehrerverein − eine völlige und daher indiskutable Umgestaltung der Orthographie zu einer Art Lautschrift befürwortet.

Die 1954 ergangenen Stuttgarter „Empfehlungen zur Erneuerung der Rechtschreibung" der „Arbeitsgemeinschaft für Sprachpflege" enthalten detaillierte Reformvorschläge, die von der Kultusminister-Konferenz nicht beachtet werden, als diese am 18./19. November 1955 die Beschlüsse von 1901/1902 bestätigt (vgl. August/Strunk 1988). Aber auf Betreiben des Bundesinnenministeriums und der Kultusminister-Konferenz kommen 1958 die Wiesbadener Empfehlungen zustande; sie unterscheiden sich von den vorausgegangenen Stuttgarter Empfehlungen hauptsächlich in Bereichen der gültigen Phonem-Graphem-Korrespondenz. Sie bilden hinfort die Grundlage aller weiteren Beratungen. Ein Kernstück der Wiesbadener wie schon der Stuttgarter Empfehlungen ist die Einführung der sogenannten gemäßigten Kleinschreibung, bei der nur die Satzanfänge und Namen (einschließlich Name Gottes, in späteren Konferenzen fallengelassen), bestimmte Abkürzungen sowie die Anredepronomina groß geschrieben werden (vgl. Jansen-Tang 1988, 138ff.). Österreich hat die Wiesbadener Empfehlungen 1962 für die Bereiche der Fremdworteindeutschung und auch der gemäßigten Kleinschreibung nicht angenommen und in anderen Gebieten Modifikationsvorschläge unterbreitet. Ein Jahr danach lehnt die Schweiz die Wiesbadener Empfehlungen − mit einigen wenigen Einschränkungen − ab.

Die „fachschaft deutsch" an den Pädagogischen Hochschulen Nordrhein-Westfalens veranstaltet 1972 eine Tagung, auf der die Kleinschreibung in der Grundschule gefordert wird; die Begründungen sind linguistisch, pädagogisch, bildungspolitisch und politisch. 1973 kommt es zu drei größeren Veranstaltungen: In Trier schließt sich der Deutsche Germanistentag dem Votum der „fachschaft deutsch" an, erweitert es aber auf den Sekundarbereich der Schulen; er stellt außerdem die Rechtschreibung als Versetzungskriterium in Frage. In Frankfurt veranstalten die Gewerkschaft „Erziehung und

Wissenschaft", das PEN-Zentrum der Bundesrepublik Deutschland und der Verband deutscher Schriftsteller gemeinsam den Kongreß „vernünftiger schreiben"; es werden Reformvorschläge gemacht, die sowohl Punkte der Stuttgarter als auch der Wiesbadener Empfehlungen enthalten. In Wien findet ebenfalls 1973 auf Einladung der „österreichischen gesellschaft für sprachpflege und rechtschreiberneuerung" ein internationaler Kongreß statt, an dem sich Experten aus vier deutschsprachigen Staaten beteiligen; die Entscheidungen sind vergleichbar mit denen von Wiesbaden 1958 (vgl. Drewitz/Reuter 1974, 167 ff. u. Abb. 126.4).

Die 1973 einsetzende polemische Diskussion um die Hessischen Rahmenrichtlinien bleibt nicht ohne negative Auswirkungen auf die Erörterung der Rechtschreibreform. Radikale Stimmen verdammen die Rechtschreibung überhaupt, da sie die soziale Selektion und somit die Benachteiligung der ohnehin sozial schon Benachteiligten verstärke; da sie ferner wegen der frühzeitigen und lang anhaltenden Disziplinierung der Schüler durch die als Vollzugsbeamten des Duden fungierenden Lehrer zum Verzicht auf den Gebrauch der eigenen Vernunft führe (so Bauer 1974, 79 f.). Die Gegenpolemik ist durch Schlagzeilen gekennzeichnet wie „Die Kleinschreibung und der Klassenkampf" oder „Orthographie als Weltanschauung" (Das Parlament v. 21. 9. 1974, 1; vgl. Störig in Augst/Hermann/Zabel 1979, 152).

Diese der Reformdiskussion nicht dienliche Ideologisierung weicht Ende der siebziger Jahre wieder einer versachlichten Auseinandersetzung. Dazu tragen auch fehleranalytische Untersuchungen neueren Datums bei (vgl. Eichler 1977, Riehme 1975, Zimmermann 1980 u. a.). 1975 gründet die Akademie der Wissenschaften der DDR eine Arbeitsgruppe Orthographie. 1976 befürwortet die deutsche Kultusministerkonferenz eine baldige Orthographiereform. In der Bundesrepublik Deutschland besteht neben den Landesverbänden seit 1977 eine „Kommission für Rechtschreibfragen", die in Verbindung steht mit dem Institut für deutsche Sprache und der Dudenredaktion in Mannheim; sie arbeitet ebenfalls Reformvorschläge – zunächst schwerpunktmäßig zur Groß- und Kleinschreibung – aus (vgl. Augst/Zabel 1979, 17 ff. u. 35 ff.). Subtile Untersuchungen u. a. von Nerius (1975) und Mentrup sind vorausgegangen bzw. folgen (s. Mentrup

1979 a, 1979 b, 1979 c, 1980). Das große Interesse an diesem Thema schlägt sich auch in der Anzahl der jüngeren Publikationen dazu nieder (vgl. Abb. 136.7 in der 1. Aufl. dieses Beitrags von 1985); bezogen auf das gesamte Jahrhundert ist dieser Schwerpunkt etwas zu nivellieren.

Die Diskussion einer Reform der Substantivgroßschreibung spitzt sich bis 1982 weiter zu: Die österreichische Regierung übernimmt die Erstellung einer Dokumentation, die als Verhandlungsgrundlage dienen soll (vgl. Back 1979 u. Augst/Hermann/Zabel 1979, 158). 1979 findet in Mannheim auf Betreiben des Instituts für deutsche Sprache eine Tagung statt, auf der die „liberalisierte" Großschreibung (Betz, Huber, s. Mentrup 1979 c, 59–75) bzw. die gemäßigte Kleinschreibung diskutiert werden (s. Mentrup 1979 c, 76–147). 1982 nehmen Vertreter aus vier deutschsprachigen Staaten an einer internationalen Expertentagung in Wien teil. Sie verabschieden eine Resolution zu Gunsten der gemäßigten Kleinschreibung (vgl. Abb. 126.4 und Augst 1983, 642 f.). Eine Kommission der Gesellschaft für deutsche Sprache (GfdS, Wiesbaden) befürwortet aber – ebenfalls 1982 – die „modifizierte" Großschreibung (vgl. *Modifizierte Großschreibung* 1982, Zabel 1983 u. vorher Nüssler [u. a.] 1976). Dieser Vorschlag ist von einiger Tragweite, denn im November 1994, nach den vielen Debatten, die seit den 50er Jahren zugunsten der gemäßigten Kleinschreibung geführt worden sind, wird als ein Resultat der 3. Wiener Gespräche die Einführung der modifizierten Großschreibung empfohlen (s. Zabel 1995a, 13).

4.3. Die Reform von Wien

Schon vor 1982 und unmittelbar danach werden über die Groß- bzw. Kleinschreibung hinaus in verstärktem Maße weitere Reformbereiche diskutiert (vgl. Nerius/Scharnhorst 1980, *Sprachwissenschaftliche Untersuchungen* 1981, Mentrup 1983). Dies geschieht in Publikationen und anläßlich zahlreicher Tagungen, z. B. 1984 und 1988 in Rostock, 1986 in Mannheim, 1987 in Zürich, 1991 in Rohrschach sowie in den drei Wiener Gesprächen von 1986, 1990 und – entscheidend – 1994 (vgl. *Deutsche Rechtschreibung* 1995, 265 ff., u. Zabel 1995 a, 2 f.). Beratungsgrundlage bilden in diesem Zusammenhang Werke, die von der Kommission für Rechtschreibfragen des Instituts für deutsche Sprache, Mannheim, und der Gesellschaft für deutsche Sprache, Wiesbaden, verfaßt worden sind (*Die Rechtschreibung* 1985 u. *Zur Neuregelung* 1989), sowie ein von dem Internationalen Arbeitskreis für Orthographie zusammengestelltes Regelwerk (*Deutsche Rechtschreibung 1992*). Letzteres fußt auf den 1986 bzw. 1990 in Wien gefaßten vorläufigen Beschlüssen, dient den 3. Wiener Gesprächen von 1994 als Diskussionsgrundlage und wird in einer überarbeiteten und mit Änderungen versehenen Fassung verabschiedet (vgl. Zabel 1995a, 6). Ein Arbeitskreis übernimmt die Endredaktion und ergänzt die Regeln um ein etwa 12 000 Einträge umfassendes Wörterverzeichnis, i. w. von Klaus Heller erstellt. Unter dem Titel: *Deutsche Rechtschreibung. Regeln und Wörterverzeichnis. Vorlage für die amtliche Regelung* ist das Werk noch 1995 an die für die Orthographiereform politisch zuständigen Stellen in Deutschland, Österreich und der Schweiz weitergeleitet worden. Die beteiligten Staaten, zuletzt Deutschland, verabschieden dies Regelwerk nebst Wörterverzeichnis mit Modifikationen; es wird so zur Grundlage für die Neuregelung der deutschen Orthographie (vgl. *Deutsche Rechtschreibung* 1995, 265 ff.; Heller 1996, 5 f.; Zabel 1995b, 8 ff. u. nach S. 133).

Am 1. Juli 1996 wird in Wien durch Vertreter aus acht europäischen Ländern eine „Gemeinsame Absichtserklärung" feierlich unterzeichnet, derzufolge das Regelwerk nebst Wörterverzeichnis, wie geschehen, vom 1. 8. 1998 an verbindlich sein soll mit einer Übergangszeit bis zum 31. 7. 2005.

Die neuen Regeln sind wie die Regeln von 1902 fortlaufend nach Paragraphen geordnet und in − wenngleich etwas andere − Sachgruppen gegliedert: A Laut-Buchstaben-Zuordnungen, B Getrennt- und Zusammenschreibung, C Schreibung mit Bindestrich, D Groß- und Kleinschreibung, E Zeichensetzung, F Worttrennung am Zeilenende. Regeln zur Getrennt- und Zusammenschreibung sowie zur Zeichensetzung, die 1902 fehlten (s. o. Abschn. 4.1.), kommen hinzu, und die 1902 behandelte Fremdwortschreibung ist jetzt in einzelne Sachgruppen integriert, vor allem in Gruppe A, die 32 (1902 nur 20) Paragraphen umfaßt. Diese Sachgruppe ist seit Kolroß ([1530] 1969, [66] ff.) in allen wichtigen Rechtschreiblehren vertreten, z. B. bei Schottel 1663, Freyer 1722, Gottsched 1748, Adelung 1781 u. 1788, Heyse 1834, *Regeln* 1902, *Der Große Duden* Leipzig 1972 (s. Lit.-Verz.) − pikanterweise nur nicht im Mannheimer Rechtschreibduden. In Abb. 126.5

wird eine kleine Synopse der Berliner Orthographie von 1902 und der Neuerungen in der Wiener Orthographie von 1998 gegeben, die durch die Wiener Gespräche von 1994 sowie die Absichtserklärung von 1996 vorbereitet worden ist. Dabei werden vier Regel- und entsprechende Ausnahmekomplexe unterschieden, indem die Majuskelschreibung als Ausnahmekomplex der Phonem-Graphem-Korrespondenzen betrachtet wird und die Schreibung mit Bindestrich als Ausnahmekomplex der Getrenntschreibung (mit Spatium).

I   Phonem-Graphem-Korrespondenzen
REGELKOMPLEX Bijektive Korrespondenz
Diese betrifft auch:
1.1 Einfachkonsonanz in Synsemantika und Affixen, z. B. *an*, *man*, *zer-*, (Lehrer)-*in*, (Ärger)-*nis*
1.2 Einfachkonsonanz in Fremdwörtern, z. B. *Comic*, *Gin*
1.3 Satzanfänge nach Semikolon bzw. Apostroph (z. B.: *'ne Menge ist das!*)
1.4 ab 1998: *du* und Derivate (keine Majuskel)
1.5 ab 1998: den Auslaut ohne *h* in *rau*_, *Känguru*_
1.6 bis 1998 (2005): Drei gleiche Konsonanten *vor* Vokal werden in Zusammensetzungen auf zwei reduziert, z. B. *Schifffahrt* (entfällt 1998)
1.7 bis 1998 (2005): *ß* aus *ss* wortfinal, z. B. in Schloß (entfällt 1998)

AUSNAHMEKOMPLEXE
1   QUANTITÄT
1.1 Doppelkonsonanz nach Kurzvokal (gleiche oder verschiedene Konsonanten), **ab 1998 auch im Wortauslaut mit -*ss*, z. B. *Schloss*, und in der Zusammensetzung bei gleichem Konsonantenzeichen am Beginn des Folgewortes: *Schifffahrt***
1.2 ab 1998: Aufhebung der Einfachkonsonanz in einigen Fremdwörtern: *Karamell*, *nummerieren*, *platzieren*, *Tollpatsch*
1.3 Vokalverdoppelung (*aa*, *ee*, *oo*)
1.4 *Dehnungs-e*, *Dehnungs-h*

2   QUALITÄT
2.1 Traditionelle Graphie, z. B. *ai*, *au*, *ay*, *y*, *chs*/*x*, *dt* u. a.
2.2 Auslautverhärtung (Fortis statt Lenis) unbezeichnet
2.3 Morpheme mit *a-lä-*, *au-läu-*Wechsel, z. B. *Vater/Väter*, *Maus/Mäuse*
2.4 ab 1998 erweitertes Stammprinzip (alte vs. neue Etymologien): *behände*, *belämmert*, *Bändel*, *Gämse*, *Quäntchen*, *schnäuzen*, *überschwänglich*, *verbläuen*; *aufwändig*, *Schänke*; *Wechte*
2.5 Doppelformen (Homophone), z. B. *Betel/Beete*, *Lärche/Lerche*
2.6 Nicht angepaßte Fremdlexeme, z. B. *Boatpeople*, *Cornflakes*, *Soiree*, *Teenager*, *Workshop*

3 MAJUSKELN

3.1 Nach Punkt
3.2 Der Satzanfang
3.3 Das Nomen
(nicht bei dessen Wechsel zu anderen Wortarten, z. B. *kraft, statt; abends, eingangs;* ein *bißchen*)
3.4 ab 1998: Nominalisierungen
z. B. im <u>G</u>roßen und <u>G</u>anzen)
3.5 Eigennamen
schwankender adjektivischer Gebrauch, z. B. *i*talienischer Salat, aber: *I*talienische Republik)
3.6 Anredepronomen
(nur noch *Sie* und Derivate)

II Getrenntschreibung (Spatium)

REGELKOMPLEX Unterschiedliche Begriffe durch Spatium getrennt
Ab 1998 vermehrte Getrennschreibung (**z. B. *Eis laufen, fest halten, Kegel schieben, kennen lernen, Kopf stehen, Rad fahren, spazieren gehen* u. a. m.), *Doppelformen* (z. B. *zu Grundelzugrunde (gehen)*) und *neue semantische Ambiguität* (z. B. *fernliegen, schief gehen,* wohl *erhalten* u. v. a. m., s. Peil 1998)**

AUSNAHMEKOMPLEXE

1 Ohne Spatium
1.1 Komposita, die einen neuen Begriff bilden, z. B. *Krankenkasse, Hausbesuch, bitterböse;* auch *fernbleiben, fernsehen* (**vs. *fern halten, liegen*)**, *blutstillend* (**vs. *Blut bildend*)**, *tierliebend* (**vs. *Musik liebend*)**
1.2 Infinitive dekomponierender Verben, z. B. *auffallen, auffallend, aufgefallen, aufzufallen*
1.3 Finite Formen dekomponierender Verben in Gliedsätzen, z. B. *(daß es) auffällt, (ob er) zurückkommt*
1.4 bis 1998 (2005): Ableitungen, die eine Zahl enthalten, z. B. 8*fach*

2 Mit Bindestrich
2.1 Zusammensetzungen mit Einzelbuchstaben und Abkürzungen, z. B. *A-Dur, UKW-Sender, x-fach*
2.2 Zusammensetzungen mit drei gleichen Vokalen, z. B. *Kaffee-Ersatz*
2.3 Vielgliedrige Zusammensetzungen, z. B. *Arbeiter-Unfallversicherungsgesetz*
2.4 Aneinanderreihungen, z. B. *Frage-und-Antwort-Spiel*
2.5 ab 1998: Zusammensetzungen mit Ziffern (z. B. 5*-mal*, 4*-silbig*)
2.6 ab 1998: fakultativ bei Zusammensetzungen mit Eigennamen (z. B. *München-Flughafen* oder *München Flughafen, Goetheausgabe* oder *Goethe-Ausgabe*)

III Worttrennung am Zeilenende
REGELKOMPLEX nach Sprechsilben
1 Keine Trennung von Buchstabenverbindungen, denen nur ein Laut entspricht (z. B. *ch, qu, sch;* **ferner ab 1998 *ck*)**
2 **ab 1998 auch Trennung von *st*.**
3 **ab 1998 auch Trennung nach einzelnen Vokalzeichen, z. B. *a*-ber, *o*-der**

AUSNAHMEKOMPLEX
Trennung nach Sprachsilben
1 Komposita in der Fuge, z. B. *Haus-tür, Arbeits-platz-beschaffung*
2 ab 1998 fakultativ „Historische" (etymologische) Orientierung, z. B. *Ab-iturient, Inter-esse, war-um*, oder reguläre Trennung nach Sprechsilben

IV Zeichensetzung (Auswahl)
REGELKOMPLEX Komma:
1 zwischen Hauptsätzen
2 zwischen Gliedsätzen und Gliedern von Reihungen (Aufzählungen)
3 vor adversativen und erläuternden Konjunktionen, z. B. *aber, sondern, und zwar*
Ab 1998 insgesamt vergrößerter Toleranzbereich.

AUSNAHMEKOMPLEX kein Komma:
1 zwischen Hauptsätzen mit einem gemeinsamen Satzteil
2 vor *und* bzw. *oder* zwischen Gliedern von Reihungen
3 bis 1998 vor *und* bzw. *oder* zwischen Gliedsätzen gleichen Grades

---

Abb. 126.5:
Kleine Synopse der Berliner (1902) und der Wiener Orthographie (1998)

Die wichtigsten Neuerungen liegen in:

- der Vereinfachung der Laut-Buchstaben-Zuordnung durch Stärkung des Stammprinzips;
- dem „Erhalt der Stammschreibung" in Zusammensetzungen (*Bettuch*);
- der Auflösung von *ß* in *ss* nach Kurzvokal (sowie immer in Schweizer Schreibungen);
- Getrenntschreibung bei zwei Begriffen mit Großschreibung beteiligter Substantive;
- der modifizierten Großschreibung im Sinne der GfdS;
- größeren Freiheiten bei der Schreibung mit Bindestrich;
- der Sprech- neben bisheriger Sprachsilbentrennung.

Im einzelnen ist zu bemängeln, daß die Formulierung vieler Regeln unsystematisch und alogisch ist (z. B. *Blut saugend,* aber: *blutstillend; schwer behindert,* aber: *schwerstbehindert*). Die Regeln sind außerdem vielfach spitzfindig und von dem Schreibenden kaum nachvollziehbar (z. B. § 34). Beispielsweise umfaßt der gesamte Bereich B der Getrennt- und Zusammenschreibung nach der reformierten Rechtschreibung bei sieben Regeln 253 Anwendungsbestimmungen; darin sind 45 Unterregeln, 2 Spezifikationen, 15

Kannbestimmungen, 123 Bedingungen, 33 Listen und 28 Verweise enthalten (vgl. Veith 1997a).

Das Stammprinzip, seit Schottel ([1663] 1967, 192ff.) immer wieder vertreten, aber hier sachgerecht in bezug auf die Silbentrennung gelockert, wird nun z. T. auch entgegen der etymologisch ableitbaren Bedeutung durchgesetzt, z. B.: belämmert (weil zu Lamm!), verbläuen (weil zu blau, aber: Pleuel!), nummerieren (weil zu Nummer, aber: Numerale, numerisch), platzieren (weil zu Platz), Tollpatsch (weil zu toll!) − u. a.; bewußt aber nicht Ältern (obwohl zu alt).

Bezüglich der Fremdwortschreibung stehen in knapp drei Dutzend Fällen zwei Varianten nebeneinander: die „integrierte" Schreibung als Haupt- und die „fremde" Schreibung als Nebenform, z. B.: essenziell (zu Essenz), auch essentiell; potenziell (zu Potenz), auch potentiell; Orthografie, auch Orthographie; Exposee, auch Exposé; Chicorée oder Schikoree u. dgl.

Ähnliches gilt auch in bezug auf die Getrennt- und Zusammenschreibung, wenn z. B. dienstagabends als neue Hauptform und die bisherige Hauptform dienstags abends nun als Nebenform gelistet wird (s. Deutsche Rechtschreibung 1995, 133). Im übrigen gilt für die Getrennt- und Zusammenschreibung wieder Adelungs Faustregel: „In zweifelhaften Fällen schreibt man ein Wort am sichersten geteilt" (Adelung 1781, 242), z. B. Acht geben, allgemein bildend, Rad fahren, nahe stehend. Durch die ausschließliche Getrenntschreibung vieler Lexeme werden semantische Differenzierungen beseitigt: Maß halten i. S. v. 'das rechte Maß anlegen' und 'ein(e) Maß halten', wohl tun i. S. v. 'angenehm sein' und 'vermutlich tun', bewußt machen i. S. v. 'absichtlich machen' und 'ins Bewußtsein rücken' u. v. a. m.

Für die Groß- und Kleinschreibung heißt nun die Faustregel: „In Zweifelsfällen schreibt man groß." Denn der Beschluß von Wien, die modifizierte Großschreibung einzuführen, bedeutet, daß Unsicherheiten des Schreibers durch eine vermehrte Großschreibung beseitigt werden sollen (Zabel 1995a, 13ff., u. 1995b, 24ff.); nun schreibt man z. B. in Bezug auf, im Folgenden, im Großen und Ganzen, gestern Mittag. So werden auch einige der schon von Rotzler (1947, 19) monierten Unstimmigkeiten beseitigt, nun: Arm und Reich, Alt und Jung, der erste Beste, heute Abend.

Das Problem der Erkennung einer Substantivierung von Wörtern aus nicht-substan-

tivischen Wortarten wird mit Hilfe der schon 1955 von Fritz Rahn vorgeschlagenen (s. Back 1979, 30), von H. Moser (1963, 13ff.) und von der GfdS (vgl. Nüssler [u. a.] 1976, 38ff.; Modifizierte Großschreibung 1982, 165ff.; Zabel 1983, 18ff.) aufgegriffenen Artikelprobe gelöst, vermehrt um weitere Kriterien (s. a. Zabel 1992; Deutsche Rechtschreibung 1995, 60). Desubstantivierte Adverbien auf -s werden weiter klein geschrieben, z. B. abends, dienstags. Das Anredepronomen „du" (einschließlich der Derivate dich, dein usw.) wird jetzt klein und nur noch „Sie" (und Derivate wie Ihr) wird groß geschrieben. In substantivischen Zusammenrückungen (mit Bindestrich) werden jetzt nur das erste Wort und alle Substantive groß geschrieben, aber nicht mehr auch das letzte Wort, z. B.: das Entweder-oder, das Sowohl-als-auch. Bei Adjektivierungen werden die an einer Zusammenrückung beteiligten Substantive nicht klein geschrieben, z. B. am Lago-di-Como-seitigen Abhang, Make-up-freie Haut (vgl. Deutsche Rechtschreibung 1995, 49ff.).

Die Reformer haben versucht, die Regeln des Duden neu zu schreiben und die seit 1902 bestehende, aber laufend angepaßte „Berliner" (Duden-)Rechtschreibung neu und besser zu formulieren. Das hat erstens zur Folge, daß der Duden mit der Wiener Absichtserklärung sein Monopol verliert und nun auch andere Verlage zum Zuge kommen können, und zweitens, daß die neuen Regeln alle Bereiche der deutschen Orthographie umfassen und nicht nur sinnvolle Verbesserungen betreffen.

Das Schlagwort der Wiener Reformer „Vereinfachung durch weniger Regeln" ist irreführend − denn angeblich bestehen jetzt nur noch 112 Regeln und damit 56% weniger als in der 16. Auflage des Mannheimer Duden von 1967, der trotz fehlender Regeln bezüglich der Laut-Buchstaben-Zuordnung immerhin 255 Regeln zur Rechtschreibung und zur Zeichensetzung enthält (S. 16−63). Die Wirklichkeit ist anders: Viele der 112 neuen Regeln sind in einem geradezu benutzerfeindlichen Deutsch verfaßt und nicht besser, sondern oft wesentlich schlechter formuliert worden als die alten. Zweitens besteht eine schier unübersehbare Zahl von Anwendungsbestimmungen in Form von Unterregeln, Spezifikationen, Kannbestimmungen, Bedingungen, Listen und Verweisen. Dadurch ergeben sich zusätzlich zu den 112 Regeln nicht weniger als 1.106 Anwendungsbestimmungen und 105 Wortlisten mit 1.180 zu memorierenden Wörtern (vgl. Veith 1997a).

Die vielfach schlechte und vor allem in die Sprache selbst eingreifende Formulierung der neuen Regeln und später auch deren ungeprüfte, vorschnelle Anwendung in der Schulpraxis haben seitens der Bevölkerungskreise zu einer rasch emotionalisierten Protestwelle ungeahnten Ausmaßes geführt. Zu Reform und „Gegenreform" 1996–1999 s. Abb. 126.6.

Unterzeichnung der Wiener Absichtserklärung
(1. 7. 1996)

Frankfurter Erklärung (Oktober 1996)

Dresdner Erklärung (Oktober 1996)

Initiativen gegen die Rechtschreibreform
(ab Oktober 1996)

Mainzer Hochschullehrer-Initiative
(Juli-September 1997)

Beschlüsse der Zwischenstaatlichen Kommission (5. und 23. Januar 1998)

Das Votum des Deutschen Bundestages
(24. März 1998)

Gemeinsame Erklärung von knapp 600 Sprach- und Literaturwissenschaftlern
(7. Mai 1998)

Das Urteil des Bundesverfassungsgerichts
(14. Juli 1998)

Inkrafttreten der Wiener Beschlüsse
(1. 8. 1998)

Volksentscheid in Schleswig-Holstein
(27. Sept. 1998)

Reformierte Orthographie als Amtsorthographie (Länder 1. 8. 1998 bzw. 1. 1. 1999; Bund: 1. 8. 1999)

„Vorschlag zur Neuregelung der Orthgraphie" der Deutschen Akademie für Sprache und Dichtung, Darmstadt (8. 3. 1999)

Umsetzung der Rechtschreibreform durch die Nachrichtenagenturen und Teile der Presse
(1. 8. 1999)

Kieler Landtag hebt Volksentscheid auf
(17. 9. 1999)

Abb. 126.6: Reform und Gegenreform 1996–1999
– Ereignisse in Auswahl

Die „Gegenreform" setzt ein mit der sogenannten Frankfurter Erklärung vom 3. Oktober 1996 aus Anlaß der Buchmesse, initiiert von Friedrich Denk und unterzeichnet von bekannten Schriftstellern der Gegenwart („Der Aufstand der Dichter" laut Spiegel Nr. 42/1996) und anderen Persönlichkeiten des öffentlichen Lebens. Die Kultusminister reagieren mit der sogenannten Dresdner Erklärung vom 24./25. Oktober 1996.

Spontan bilden sich allerorten Bürgerinitiativen gegen die Rechtschreibreform in vielen deutschen Bundesländern, in Österreich und der Schweiz, z. B. *„WIR gegen die Rechtschreibreform"*, Lehrer-, auch Fremdsprachenlehrer-, Eltern- und Schülerinitiativen, Initiativen einzelner Berufsgruppen wie Juristen und nicht zuletzt die Initiativen von Hochschullehrern (Professorinnen und Professoren). Gerichte werden bemüht.

Nachdem die Kultusminister weder durch die öffentliche Diskussion noch durch Gerichtsentscheide zu einer Rücknahme der Reform haben bewogen werden können, setzen sich über 200 Mainzer Hochschullehrer in einer Petition gegen die Rechtschreibreform ein. Sie fordern, eine Orthographie müsse eindeutig sein, widerspruchsfrei, leicht zu lernen und leicht zu gebrauchen. Dies erfordere klare Regeln, nur wenige Sonderregeln und ein verläßliches orthographisches Wörterbuch.

Entsprechend Artikel III der Wiener Absichtserklärung vom 1. Juli 1996 begleitet eine „Kommission für die deutsche Rechtschreibung" die Einführung der Neuregelung. Diese Kommission wird von dem damaligen Vorsitzenden der Kultusministerkonferenz, Wernstedt, erstmalig am 25. März 1997 einberufen und mit der inhaltlichen Überprüfung der Wiener Beschlüsse beauftragt. Am 5. Januar 1998 veröffentlicht diese Kommission ihre „Vorschläge zur Präzisierung und Weiterentwicklung aufgrund der kritischen Stellungnahmen zur Neuregelung der deutschen Rechtschreibung". Die „Vorschläge" beziehen sich auf unpräzise Regeln und das nicht ausreichend entwickelte Wörterverzeichnis, das in ferner Zukunft auf ca. 50.000 Wörter aufgestockt und damit „ein Leitverzeichnis für alle [Rechtschreib-]Wörterbücher" werden soll – dies blieb ein Wunsch. Statt dessen ist seitens der Gegenreform ein Wörterverzeichnis mit rd. 60.000 Eintragungen veröffentlicht worden (Ickler 1999b). In den „Vorschlägen" werden auch „zusätzliche Variantenschreibungen" ermöglicht, indem eine nicht mehr als falsch, aber „als betont historisch" geltende Schreibung neben einer „neu motivierten", d. h. etymologisch und semantisch falschen, zugelassen werden soll. Zu diesem Entwurf werden am 23. 1. 1998 Vertreter von 36, von der Kommission ausgewählten Institutionen aus Deutschland, Österreich, der Schweiz und Liechtenstein gehört. Die Mehrheit spricht sich für die so „präzisierte" Reform aus.

Auf diese Empfehlungen reagiert die Ständige Konferenz der Kultusminister der Länder der Bundesrepublik Deutschland aber mit einer Ablehnung: Am 27. Februar 1998 beschließt sie, die Neuregelung der deutschen Rechtschreibung vom 1. Juli 1996 trotz der inzwischen erkannten schweren Mängel unverändert am 1. August 1998 in Kraft zu setzen. Dies führt dazu, daß – wie zuvor – ein weiteres prominentes Mitglied aus der Kommission austritt und daß knapp 600 Sprach- und Literaturwissenschaftler aus Europa und Übersee dies zum Anlaß nehmen zu einer gemeinsamen Erklärung gegen die Rechtschreibreform (veröffentlicht am 7. Mai 1998).

Der deutsche Parlamentarismus versagt, denn die Länderparlamente werden mit der Rechtschreibreform nicht ernstlich befaßt, weil deren Einführung auf dem Erlaßwege vorgenommen wird. Nur der Deutsche Bundestag hat sich mehrfach, wenngleich erfolglos, mit der Frage auseinandergesetzt, so am 2. Juni 1997 in Form einer öffentlichen Anhörung und schließlich am 24. März 1998 mit einem Votum, das wegen seiner Unverbindlichkeit kaum Resonanz findet, auch nicht bei dem Bundesverfassungsgericht, das gegen Gerichtsentscheidungen in Schleswig-Holstein angerufen wird und am 12. Mai 1998 mündlich verhandelt.

Während viele mit Klagen überhäufte Amts- und Landgerichte sehr unterschiedlich urteilen, bringt die Zurückweisung der Verfassungsbeschwerde durch das Bundesverfassungsgericht am 14. Juli 1998 in einigen Punkten Klarheit: „Regelungen über die richtige Schreibung für den Unterricht in den Schulen fallen in die Zuständigkeit der Länder", aber die rechtliche Verbindlichkeit der Reform ist „auf den Bereich der Schulen beschränkt. Personen außerhalb dieses Bereichs sind rechtlich nicht gehalten, die neuen Rechtschreibregeln zu beachten und die reformierte Schreibung zu verwenden. Sie sind vielmehr frei, wie bisher zu schreiben." Unbehelligt vom Bundesverfassungsgericht wird

somit die Neuregelung „verbindlich flächendeckend" seit dem 1. August 1998 umgesetzt.

Unabhängig davon laufen in Schleswig-Holstein Vorbereitungen auf einen Volksentscheid, der am 27. September 1998 stattfindet und bei dem sich bei heftigem Widerstand der Landesregierung 56,4 Prozent der Stimmberechtigten gegen die Rechtschreibreform aussprechen. Nun wird dort wieder nach der alten (Berliner) Rechtschreibung unterrichtet, jedoch hebt das Kieler Landesparlament den durch Volksentscheid herbeigeführten Beschluß am 17. 9. 1999 auf. Weitere geplante Volksentscheide, z. B. in Berlin, gelingen nicht, so daß ab September 1999 in den Schulen aller Unterzeichnerländer von Wien die reformierte Orthographie gelehrt wird.

Das Ansinnen, die Rechtschreibreform auch in der Verwaltung durchzusetzen, basiert auf dem in Wien beschlossenen Regelwerk, wo es im Vorwort heißt, die Rechtschreibung werde „innerhalb derjenigen Institutionen (Schule, Verwaltung)" geregelt, „für die der Staat Regelungskompetenz hinsichtlich der Rechtschreibung" hat (*Deutsche Rechtschreibung* 1996, S. 9). Die Umsetzung in die Verwaltungssprache wird in den Bundesländern durch Erlasse zum 1. 8. 1998 bzw. 1. 1. 1999 – „teilweise verbindlich und teilweise für die Mitarbeiter auf freiwilliger Basis" – vorgenommen (s. Deutscher Bundestag, Drucksache 14/356 vom 3. 2. 1999). Der Bund führt die Neuregelung zum 1. August 1999 im amtlichen Schriftverkehr ein, wobei der Gebrauch von Fremdwort- und weiteren Varianten freigestellt und eine Übergangszeit bis zum 31. Juli 2005 eingeräumt wird.

Auf Grund eines Beschlusses vom 16. Dezember 1998 ist der 1. August 1999 ebenfalls für die deutschsprachigen Presseagenturen und einen Teil der Presse das Datum der Umstellung – jedoch bezogen auf eine von der Wiener Reformorthographie abweichende hausinterne Orthographie. Diese vermeidet die Eindeutschung der aus lebenden Sprachen stammenden Fremdwörter, tastet die traditionelle Schreibung von Fachwörtern nicht an, schreibt die Ziffern *eins* bis *zwölf* aus und die damit verbundenen Komposita (z. B. *zweijährig*) nicht mit Bindestrich (nicht: *2-jährig*); feststehende Begriffe (quasi Eigennamen) aus Adjektiv oder Personennamen und Substantiv werden auch künftig von den Agenturen groß geschrieben (z. B. *das Schwarze Brett, das Ohmsche Gesetz*); auch die vertraulichen Anredepronomen werden von den Agenturen weiterhin groß geschrieben, z. B. *Du, Dein, Dir, Euer, Euch*; außerdem werden − in den Texten der Agenturen (!) − weiterhin keine Worttrennungen am Zeilenende vorgenommen.

Bereits am 10. 6. 1999, also gut sechs Wochen vor den Presseagenturen, stellt *Die Zeit* ihre Orthographie um − aber ebenfalls auf eine Hausorthographie, im wesentlichen aus der Feder von Dieter E. Zimmer. Das auch im Internet veröffentlichte Regelwerk für die *Zeit*-Schreibung umfaßt, ausgedruckt, 66 Seiten; es kommt eine „kumulierte alphabetische Wörterliste" hinzu, die ca. 40 Seiten mißt. Diese Liste scheint für die Redakteure der Zeit unabdingbar zu sein, da etliche Lexikographen die vielen schlecht formulierten Regeln (vgl. Veith 1997a) verschieden ausgelegt haben, so daß die Wörterbücher kontrovers sind und in Zweifelsfällen keine verbindliche Auskunft geben − man schätzt etwa 8000 Widersprüche zwischen Bertelsmann und Duden als den wichtigsten unter den etwa Dutzend Reformwörterbüchern. Gravierend ist die ständige Selbstkorrektur der Wörterbücher. Immer neue Nachdrucke der ersten Auflage des Rechtschreibwörterbuchs mit kaschierten Veränderungen, z. B. bei Bertelsmann (15. Nachdruck 1998), oder das Praxiswörterbuch von Duden (1998), das die schlimmsten Folgen der Neuregelung abzumildern versucht, indem es jeweils die am wenigsten anstößige Variante auswählt und als einzige zur Anwendung empfiehlt, belegen eine uneingestandene Reform der Reform.

Neben die *Zeit*-Schreibung und die Hausorthographie der Presseagenturen tritt am 8. 3. 1999 der „Vorschlag zur Neuregelung der Orthographie" der Deutschen Akademie für Sprache und Dichtung, Darmstadt. Dieser Vorschlag soll ein Kompromiß sein, denn vieles aus der Wiener Reformorthographie wird übernommen; einiges nicht, z. B. in bezug auf die Fremdwörter, nicht die Kleinschreibung von „Du", die Getrenntschreibung wie bei „auseinander setzen", die „volksetymologischen Schreibungen" (z. B. *schnäuzen*). Jedoch findet dieser Vorschlag kaum Resonanz.

Die Leserbriefrubriken sind zwischen 1996 und 1999 die Schlachtfelder von Gegnern und Befürwortern der Reform gewesen. Nicht unbedeutend ist bis jetzt das Internet für die Austragung von Argumenten und die Vermittlung von Informationen über Schreibweisen und Ereignisse sowie für die Schulung in der reformierten Orthographie. Die Proteste der Reformgegner haben sich vielfach oberflächlich an Details der aus ihrer Sicht mißlungenen Reform entzündet. Der tiefere Grund für die Heftigkeit des Engagements aller Beteiligten liegt wohl darin, daß die Sprache für das Individuum den wichtigsten Bereich seiner kulturellen Identität und damit einen Teil seiner Ich-Identität darstellt, die durch die Rechtschreibreform berührt ist.

5. Literatur (in Auswahl)

Adelung, Johann Christoph, Deutsche Sprachlehre. Zum Gebrauche der Schulen in den Königl. Preuß. Landen. Berlin 1781.

Ders., Grundgesetz der deutschen Orthographie. In: Johann Christoph Adelung, Magazin für die deutsche Sprache. Bd. I.1. Leipzig 1782. Reprogr. Nachdr. Hildesheim 1969, 59−83.

Ders., Vollständige Anweisung zur deutschen Orthographie. Leipzig 1788. Reprogr. Nachdr. Hildesheim/New York 1978 [mit e. Wörterbuch nach S. 426].

Augst, Gerhard, Neue Regelvorschläge zur Groß- und Kleinschreibung. In: DD 14. 1983, 641−657.

Ders./Karl Blüml [u. a.] (Hrsg.), Zur Neuregelung der deutschen Orthographie. Begründung und Kritik. Tübingen 1997. (RGL 179).

Ders./Brigitte Hermann/Hermann Zabel, Veröffentlichungen zur Rechtschreibreform von 1974−1979. In: Mentrup (Hrsg.) 1979 c, 148−160.

Ders./Hiltraud Strunk, Wie der Rechtschreibduden quasi amtlich wurde. Zur Genese und zur Kritik des „Stillhaltebeschlusses" der Kultusministerkonferenz vom 18./19. November 1955. In: Mu 98, 1988, 329−344.

Ders./Hermann Zabel, Stand der öffentlichen und politischen Diskussion über die Rechtschreibreform im deutschsprachigen Raum mit einer Zeittafel ab 1973. In: Mentrup (Hrsg.) 1979 c, 11−42.

Back, Otto, Zur Klein- und Großschreibung im Deutschen: Probleme und Standpunkte. Wien 1979.

Baudusch-Walker, Renate, Klopstock als Sprachwissenschaftler und Orthographiereformer. Ein Beitrag zur Geschichte der deutschen Grammatik im 18. Jh. Berlin 1958. (Dt. Ak. Wiss. B. Veröffentl. d. Sprachwissenschaftl. Kommiss. 2).

Bauer, Gerhard, wie setzen wir die reform der rechtschreibung durch? In: Ingeborg Drewitz/Ernst Reuter (Hrsg.) 1974, 79−85.

Bergmann, Rolf, Zum Anteil der Grammatiker an der Normierung der neuhochdeutschen Schriftsprache. In: Sprachwissenschaft 7, 1982, 261−281.

[Bödiker, Johann] Johann Bödikers Grundsaeze Der Teutschen Sprache ... Durch neue Zusaeze vermehret v. Johann Jacob Wippel. Berlin 1746 [1. Aufl. 1690]. Fotomechan. Neudruck Leipzig 1977.

Brenner, Oscar, Die lautlichen und geschichtlichen Grundlagen unserer Rechtschreibung. Leipzig 1902.

Buchdruckerduden. Rechtschreibung der Buchdruckereien deutscher Sprache. Auf Anregung und unter Mitwirkung des Deutschen Buchdruckervereins, des Reichsverbandes österreichischer Druckereibesitzer und des Vereins schweizerischer Buchdruckereibesitzer. Hrsg. v. Bibliograph. Inst., bearb. v. Konrad Duden. Leipzig, Wien 1903, 2. Aufl. 1907.

Der große Duden. Wörterbuch und Leitfaden der deutschen Rechtschreibung mit e. Anhang: Vorschriften f. d. Schriftsatz, Korrekturvorschriften u. Hinweisen f. d. Maschineschreiben. 16. Aufl. hrsg. v. Horst Klien. Leipzig 1972.

Deutsche Orthographie von einem Autorenkollektiv unter Leitung von Dieter Nerius. Leipzig 1987.

Deutsche Rechtschreibung. Vorschläge zu ihrer Neuregelung. Hrsg. vom Internationalen Arbeitskreis für Orthographie. Tübingen 1992.

Deutsche Rechtschreibung. Regeln und Wörterverzeichnis. Vorlage für die amtliche Regelung. Hrsg. vom Internationalen Arbeitskreis für Orthographie. Tübingen 1995.

Deutsche Rechtschreibung. Regeln und Wörterverzeichnis. Text der amtlichen Regelung. Tübingen 1996.

Deutscher Bundestag. Drucksache 14/356 vom 3. 2. 1999. (Bonn.)

Die deutsche Rechtschreibung [Bertelsmann] verf. v. Ursula Hermann, völl. neu bearb. u. erw. v. Lutz Götze, mit einem Geleitwort v. Klaus Heller. Gütersloh 1999 [1. Aufl.].

Die neue deutsche Rechtschreibung [Bertelsmann] verf. v. Ursula Hermann, völlig neu bearb. u. erw. v. Lutz Götze, mit einem Geleitwort v. Klaus Heller. Gütersloh 1996 [15. Nachdr. 1998].

Die Rechtschreibung des Deutschen und ihre Neuregelung. Hrsg. v. d. Kommission f. Rechtschreibfragen d. Instituts für deutsche Sprache, Mannheim. Düsseldorf 1985. (Spr. d. Geg. 66) [Bd. 1; Bd. 2 aber u. d. T. *Zur Neuregelung* 1989].

Drewitz, Ingeborg/Ernst Reuter (Hrsg.), vernünftiger schreiben – reform der rechtschreibung. Frankfurt/M. 1974. (Fischer TB 1465).

Duden, Konrad, Zur Orientirung über die orthographische Frage [1872]. In: Garbe (Hrsg.) 1978, 72–106.

Ders., Vollständiges Orthographisches Wörterbuch der deutschen Sprache. Nach den neuen preußischen und bayerischen Regeln. Leipzig 1880. Faksimile d. Originalaus. v. 1880. Mannheim 1980.

Ders., Orthographisches Wörterbuch der deutschen Sprache. Nach den für Deutschland, Österreich und die Schweiz gültigen amtlichen Regeln. Siebente Auflage. Leipzig/Wien 1902.

Ders., Die deutsche Rechtschreibung nebst Interpunktionslehre und ausführlichem Wörterverzeichnis nach den für Deutschland, Österreich und die Schweiz gültigen Regeln zum Gebrauch für Schulen und zur Selbstbelehrung neu bearbeitet von Dr. K. D. 7. Aufl. Sonderabdr. aus [der 24. Aufl.] d. Neuhochdeutschen Grammatik von Bauer-Duden. München 1905.

Duden. Rechtschreibung der deutschen Sprache und der Fremdwörter. 16., erw. Aufl. Neu bearb. v. d. Dudenredaktion unter d. Ltg. v. Paul Grebe Mannheim 1967. (D. Große Duden. Bd. 1).

Duden. Rechtschreibung der deutschen Sprache. 20., völlig neu bearb. u. erw. Aufl. Hrsg. v. d. Dudenredaktion. Auf d. Grundlage d. amtlichen Rechtschreibregeln. Mannheim [etc.] 1991. (Duden Bd. 1).

Duden. Rechtschreibung der deutschen Sprache. 21., völlig neu bearb. u. erw. Aufl. Hrsg. v. d. Dudenredaktion. Auf d. Grundlage der neuen amtlichen Rechtschreibregeln. Mannheim [etc.] 1996. (Duden 1).

Duden. Praxiswörterbuch zur neuen Rechtschreibung. Mannheim [usw.] 1998.

Eichler, Wolfgang, Sprach-, Schreib- und Leseleistung. Eine Diagnostik für den Deutschlehrer. München 1977. (UTB 689).

Eisenberg, Peter/Hartmut Günther (Hrsg.), Schriftsystem und Orthographie. Tübingen 1989. (RGL 97).

[Das] Erfurter Rechtschreibprogramm. 10 Punkte zur Reform unserer Rechtschreibung [1931]. Hrsg. v. Ausschuß f. d. Reform der Rechtschreibung. Erläutert v. Friedrich Oberüber. Berlin 1932 (gekürzt auch in: Garbe 1978, 124).

Eroms, Hans-Werner/Horst Haider Munske (Hrsg.), Die Rechtschreibreform. Pro und Kontra. Berlin 1997.

Freyer, Hieronymus, Anweisung zur Teutschen Orthographie. Halle/S. 1722 [Auszug aus d. 3. Aufl. 1735 in: Garbe (Hrsg.) 1978, 1–13].

Garbe, Burckhard (Hrsg.), Die deutsche rechtschreibung und ihre reform 1722–1974. Tübingen 1978. (RGL 10).

Ders. (Hrsg.), Texte zur geschichte der deutschen interpunktion und ihrer reform 1462–1983. Hildesheim 1983. (GL 4–6/83).

Gottsched, Johann Christoph, Deutsche Sprachkunst bearb. v. Herbert Penzl. In: Ausgewählte Werke hrsg. v. P. M. Mitchell. Bd. VIII. Berlin/New York. Tle. 1–2 1978, Tl. 3 1980 (Neudr. d. 5. Aufl. Leipzig 1762 [1. Aufl. 1748]). [Tl. 1 1978, 65–190: Die Rechtschreibung].

Grimm, Jacob, An die berühmte Weidmann'sche Buchhandlung. Leipzig. Ein Brief Jacob Grimms. Berlin, im April 1849. In: ZfdPh 1, 1869, 227–230.

Ders., Vorreden zum Deutschen Wörterbuch [1854 und 1860]. Darmstadt 1961. (Libelli 52).

Ders., Vorreden zur Deutschen Grammatik von 1819 und 1822. Mit einem Vorwort v. Hugo Steger. Darmstadt 1968. (Libelli 214).

Grunow, Paul, Sprach- und Rechtschreibungsklippen. Ein Hilfsbuch zur Vermeidung von Fehlern beim Sprechen und Schreiben. Berlin 1951.

Hagemann, August, Die majuskeltheorie der grammatiker des neuhochdeutschen von Johann Kolrosz bis auf Karl Ferdinand Becker. In: August Hagemann, Zwei Abhandlungen. Berlin 1880, 28–72; Abdruck in: Mentrup 1980, 118–162.

Haller, Erwin, Bilanz aus den vorschlägen zur reform der deutschen rechtschreibung von Menzerath, Haller, Hiehle, Jensen & Klippel. In: ZPSK 6, 1952, 154–179.

Heinle, Eva-Maria, Hieronymus Freyers Anweisung zur Teutschen Orthographie. Ein Beitrag zur Sprachgeschichte des 18. Jhs. Heidelberg 1982.

Heller, Klaus, Rechtschreibung 2000. Die aktuelle Reform. Wörterliste der geänderten Schreibungen. 2. Aufl. Stuttgatt [etc.] 1996.

Henne, Helmut, Das Problem des Meißnischen Deutsch oder „Was ist Hochdeutsch" im 18. Jh. In: ZMF 35, 1968, 109–129.

Heyse, Joh[ann] Christ[ian] Aug[ust], Theoretisch-praktische deutsche Schulgrammatik oder kurzgefaßtes Lehrbuch der deutschen Sprache. Mit Beispielen und Aufgaben zur Anwendung der Regeln [1. Aufl. 1814]. 11. Aufl. Hannover 1834 [Laut- u. Schriftlehre S. 1–54, Interpunktion S. 444–460]; 28. Aufl. hrsg. v. Willy Scheel. Hannover/Leipzig 1914.

Hoberg, Rudolf (Hrsg.), Rechtschreibung im Beruf. Tübingen 1985. (RGL 56).

Höchli, Stefan, Zur Geschichte der Interpunktion im Deutschen. Eine kritische Darstellung der Lehrschriften von der zweiten Hälfte des 15. Jhs. bis zum Ende des 18. Jhs. Berlin/New York 1981. (SLG 17).

Ickler, Theodor, Die sogenannte Rechtschreibreform. Ein Schildbürgerstreich. 2. Aufl. St. Goar 1997.

Ders., Kritischer Kommentar zur „Neuregelung der deutschen Rechtschreibung" mit einem Anhang zur Mannheimer Anhörung. 2., durchges. u. erw. Aufl. Erlangen/Jena 1999(a). (Erlanger Studien 116).

Ders., Deutsche Einheitsorthographie. Wörterbuch der allgemein üblichen Rechtschreibung. St. Goar 1999(b).

Jansen-Tang, Doris, Ziele und Möglichkeiten einer Reform der deutschen Orthographie seit 1901. Historische Entwicklung, Analyse u. Vorschläge z. Veränderung d. Duden-Norm, unter bes. Berücksichtigung v. Groß- u. Kleinschreibung u. Interpunktion. Frankfurt/M. [etc.] 1988. (EHR. I, 1033).

Klopstock, Friedrich Gottlieb, Ueber di deütsche Rechtschreibung. Mit Zusezen, di im Anfange und am Ende durch Punkte bezeichnet sind. In: [Friedr. Gottl. Klopstock] Ueber Sprache und Dichtkunst. Fragmente fon Klopstock. Hamburg 1779, 187–242.

Ders., Nachläse ueber di deütsche Rechtschreibung. In: [Friedr. Gottl. Klopstock] Ueber Sprache und Dichtkunst. Fragmente fon Klopstock. Zweite Fortsetzung. Hamburg 1780, 1–81.

Klute, Wilfried (Hrsg.), Orthographie und Gesellschaft. Materialien zur Reflexion über Rechtschreibnormen. 2. Aufl. Frankfurt/M. [etc.] 1976.

Kohrt, Manfred, Theoretische Aspekte der deutschen Orthographie. Tübingen 1987. (RGL 70).

Kolroß, Johannes, Enchiridion: das ist/ Handbůchlin tütscher Orthographi/ h'chtütsche sprách artlich zeschryben/ vnd låsen … Basel 1530. In: Müller 1969, [64]–[91].

Kopke, Wolfgang, Die verfassungswidrige Rechtschreibreform. In: Neue Juristische Wochenschrift 17, 1996, 1081–1087.

Kräbs, Alfred, Denkschrift über die Reform unserer Schrift und Entwurf eines einfachen phonetischen Schriftsystems für praktische Zwecke. In: ZPSK 8, 1954/55, 61–80.

Küppers, Hans-Georg, Orthographiereform und Öffentlichkeit. Zur Entwicklung und Diskussion der Rechtschreibbemühungen zwischen 1876 und 1982. Düsseldorf 1984. (Spr. d. Geg. LXI).

leipziger lehrerverein. vereinfacht die rechtschreibung. Leipzig 1931 (auch in: Garbe 1978, 125).

Maas, Utz, Grundzüge der deutschen Orthographie. Tübingen 1992. (RGL 120. Kollegbuch).

Malige-Klappenbach, Helene, Die Entwicklung der Großschreibung im Deutschen. In: Wissenschaftliche Annalen 4, 1955, 102–118. Abgedr. in: Garbe 1978, 142–159.

Matzel, Klaus/Herbert Penzl, Heinrich Braun (1732–1792) und die deutsche Hochsprache in Bayern. In: Sprachw. 7, 1982, 120–148.

Mentrup, Wolfgang, Die gemäßigte Kleinschreibung. Diskussion einiger Vorschläge zu ihrer Regelung und Folgerungen. Mannheim [etc.] 1979 a. (Duden-Beiträge 44).

Ders., Die Groß- und Kleinschreibung im Deutschen und ihre Regeln. Historische Entwicklung u. Vorschlag zur Neuregelung. Tübingen 1979 b. (IdS Forschungsberichte 47).

Ders., Rechtschreibreform in der Diskussion. Wissenschaftliche Arbeitstagung zur deutschen Orthographie. Mannheim, Mai 1979. Tübingen 1979 c. (IdS Forschungsberichte 49).

Ders., Materialien zur historischen entwicklung der gross- und kleinschreibungsregeln. Tübingen 1980. (RGL 23).

Ders., Zur Zeichensetzung im Deutschen – Die Regeln und ihre Reform. Oder: Müssen Duden-Regeln so sein, wie sie sind? Tübingen 1983. (TBL 209).

Ders., Wo liegt eigentlich der Fehler? Zur Rechtschreibung und zu ihren Hintergründen. Stuttgart [etc.] 1993.

Modifizierte Großschreibung. Vorschläge zur Neu-regelung der Groß- und Kleinschreibung. In: D. Sprachdienst 26, 1982, 161−168.

Moser, Hugo, Rechtschreibung und Sprache. Von den Prinzipien der deutschen Orthographie. In: DU 7.3, 1955, 5−29.

Ders., Groß- oder Kleinschreibung? Ein Haupt-problem der Rechtschreibreform. Mannheim 1958. (Duden-Beiträge 1).

Ders., Vermehrte Großschreibung − ein Weg zur Vereinfachung der Rechtschreibung? Mannheim 1963. (Duden-Beiträge 16).

Moser, Virgil, Deutsche Orthographiereformen des 17. Jhs. In: PBB 60, 1936, 193−258; 70, 1948, 467−496; 71, 1949, 386−465.

Müller, Johannes, Quellenschriften und Geschichte des deutschsprachlichen Unterrichts bis zur Mitte des 16. Jhs. Mit e. Einf. v. Monika Rössing-Hager. Darmstadt 1969. (Reprogr. Nachdr. d. Ausg. Gotha 1882).

Munske, Horst Haider, Zu den 'Prinzipien' der deutschen Orthographie. In: Studia Linguistica et Philologica. Festschr. f. Klaus Matzel z. sechzigsten Geburtstag. Hrsg. v. Hans-Werner Eroms [u. a.]. Heidelberg 1984, 235−253.

Ders., Fremdwörter in deutscher Orthographie. In: Polenz [u. a.] (Hrsg.) 1986, 49−59.

Naumann, Carl Ludwig, Nochmals zu den Prinzi-pien der Orthographie. In: Stetter (Hrsg.) 1990, 145−162.

Nerius, Dieter, Untersuchungen zu einer Reform der deutschen Orthographie. Berlin 1975 (SuG 6).

Ders./Ilse Rahnenführer, Orthographie. Heidelberg 1993. (Studienbibliographien Sprachwissenschaft 6).

Ders./Scharnhorst, Jürgen (Hrsg.), Theoretische Probleme der deutschen Orthographie. Berlin 1980. (SuG 16).

Ders./Jürgen Scharnhorst (Hrsg.), Studien zur Ge-schichte der deutschen Orthographie. Hildesheim (etc.) 1992. (GL 108−109/1991).

Nüssler, Otto [u. a.], Klein- und Großschreibung − ein Vorschlag. In: D. Sprachdienst 20, 1976, 33−44.

Öhlschläger, Günther, Zur deutschen Orthogra-phie und ihrer Reform. Ein Forschungsbericht. In: GL 5−6/79, 71−116.

Pacolt, Ernst (Hrsg.), Beiträge zur Erneuerung der deutschen Rechtschreibung. Die Rechtschreibre-form in sprachwissenschaftlicher, psychologischer, soziologischer, pädagogischer und historischer Sicht. Wien/München 1972. (Pädagog. d. Gegen-wart 109).

Peil, Stephanus, Die Wörterliste. [Die „Erleichte-rungen" der Rechtschreibreform. Auszüge aus dem neuen Duden (21. Aufl.) in Gegenüberstellung zur „alten", jetzt gültigen Rechtschreibung, 1−28]. 8. Aufl. St. Goar 1998.

Polenz, Peter v., Sprachkritik und Sprachnormen-kritik. In: Gerhard Nickel (Hrsg.), Angewandte Sprachwissenschaft und Deutschunterricht. Mün-chen 1973, 118−167.

Ders. [u. a.] (Hrsg.), Sprachnormen: lösbare und unlösbare Probleme […]. Tübingen 1986. (Akten des VII. Internationalen Germanisten-Kongresses. Göttingen 1985. Bd. 4).

Ders., Deutsche Sprachgeschichte vom Spätmittel-alter bis zur Gegenwart. Bd. II. 17. u. 18. Jh. Ber-lin/New York 1994.

Rahnenführer, Ilse, Zu den Prinzipien der Schrei-bung des Deutschen. In: Dieter Nerius/Jürgen Scharnhorst (Hrsg.) 1980, 231−259.

Raumer Rudolf v., Gesammelte sprachwissen-schaftliche Schriften. Frankfurt/M./Erlangen 1863.

Regeln für die deutsche Rechtschreibung nebst Wörterverzeichnis. Hrsg. im Auftrage des König-lich Preußischen Ministeriums der geistlichen, Un-terrichts- und Medizinal-Angelegenheiten. Neue Bearbeitung Berlin 1902. Faksimiledruck. Mit e. Nachwort v. Paul Grebe. Mannheim [o. J.]. (Sammlung Duden 4).

Riebe, Manfred [u. a.] (Hrsg.), Der „Stille" Protest. Widerstand gegen die Rechtschreibreform im Schatten der Öffentlichkeit. Briefe, Eingaben und sonstige Schriftstücke. St. Goar 1997.

Riehme, Joachim, Fehleranalyse und Orthogra-phiereform. In: LSt 24, 1975, 88−104.

Rotzler, K[arl]. E., Dudens Schreib- und Sprach-dummheiten. Der „Große Duden" unter der schweizerischen Lupe. Beiträge f. e. zuverlässige Rechtschreibung. Bern 1947.

Schirokauer, Arno, Der Anteil des Buchdrucks an der Bildung des Gemeindeutschen. In: DVLG 25, 1951, 317−350.

Schlaefer, Michael, Kommentierte Bibliograhie zur deutschen Orthographietheorie und Orthographie-geschichte im 19. Jh. Heidelberg 1980.

Ders. (Hrsg.), Quellen zur Geschichte der deut-schen Orthographie im 19. Jh. Heidelberg 1984. (Quellen z. deutschen Sprach- u. Literaturge-schichte 4).

Schottel[ius], Justus Georg, Ausführliche Arbeit von der Teutschen HaubtSprache [1663]. Hrsg. v. Wolfgang Hecht. 2 Tle. Tübingen 1967.

Sprachwissenschaftliche Untersuchungen zu einer Reform der deutschen Orthographie. 2 Bde. Berlin 1981. (LStA 83/I u. II).

Stetter, Christian (Hrsg.), Zu einer Theorie der Or-thographie. Interdisziplinäre Aspekte gegenwärti-ger Schrift- und Orthographieforschung. Tübingen 1990. (RGL 99).

Strunk, Hiltraud, Stuttgarter und Wiesbadener Empfehlungen. Entstehungsgeschichte und poli-tisch-institutionelle Innenansichten gescheiterter Rechtschreibreformversuche von 1950 bis 1965. Frankfurt/M. [etc.] 1992. (Theorie u. Vermittlung d. Sprache 16).

Vaugelas, Claude Favre de, La préface des „remarques sur la langue françoise" [1647] éd. par Zygmunt Marzys. Neuchâtel 1984.

Veith, Werner H., Verschriftungsregeln und ihre Ausnahmen im Deutschen. In: Werner H. Veith/ Frans Beersmans, Materialien zur Rechtschreibung und ihrer Reform. Wiesbaden 1973. (ZDL, Beihefte N. F. 10), 15–103.

Ders., Theorie und Praxis der Lautungsnormung. In: Polenz [u. a.] (Hrsg.) 1986 a, 64–85.

Ders. unter Mitw. v. Paul Ménière, Die deutsche Literatursprache und die sprachliche Herkunft der Literaten. Ein historischer Abriß. In: DU 38.6, 1986 b, 74–100.

Ders., Die deutsche Orthographie im Brennpunkt. In: Sprachw. 22, 1997a, 19–44.

Ders., Das wahre Gesicht der Reform. In: Eroms/ Munske (Hrsg.) 1997b, 241–249.

Ders., Die sechs Bereiche der Neuregelung. Kritische Zusammenstellung und Argumente gegen die Rechtschreibreform. In: Riebe [u. a.] (Hrsg.) 1997c, 165–172.

Ders., Rechtschreibreform. Gegenreform – Mitmachreform. Eine Dokumentation der jüngsten Entwicklungen. Mainz: Deutsches Institut 1999.

Weber, Walter, Das Aufkommen der Substantivgroßschreibung im Deutschen. Bern 1958.

Weinhold, Karl, Über deutsche Rechtschreibung. In: Zeitschrift für die österreichischen Gymnasien 3, 1852, 93–128.

Weisgerber, Leo, Die Verantwortung für die Schrift. Sechzig Jahre Bemühungen um eine Rechtschreibreform. Mannheim 1964. (Duden-Beiträge 18).

Wiesinger, Peter, Zur Entwicklung der deutschen Schriftsprache in Österreich unter dem Einfluß Gottscheds in der 2. Hälfte des 18. Jhs. In: Entwicklungstendenzen der deutschen Sprache seit dem 18. Jh. Hrsg. v. Dieter Nerius. Berlin (O.) 1983 (LStA III), 227–248.

Wilmanns, Wilhelm, Die Orthographie in den Schulen Deutschlands. 2. umgearb. Ausg. des Kommentars zur preußischen Schulorthographie. Berlin 1887.

Wurzel, Wolfgang Ullrich, Konrad Duden und die deutsche Orthographie. Hundert Jahre 'Schleizer Duden'. In: ZPSK 28. 2, 1975, 179–209.

Wüster, Eugen, Vereinfachung der Großschreibung durch Beseitigung willkürlicher Kleinschreibungen. Wien 1962.

Zabel, Hermann, Modifizierte Großschreibung – ein „neuer" Vorschlag zur Regelung der Groß- und Kleinschreibung im Deutschen. In: tribüne (Wien) Nr. 95. H. 2, 1983, 17–22.

Ders., Noch einmal: Groß- und Kleinschreibung im Deutschen. Möglichkeiten und Grenzen der sogenannten Artikelprobe. In: Mu 102, 1992, 60–85.

Ders., Die Neuregelung der deutschen Rechtschreibung. In: Der Sprachdienst 39. 1, 1995 a, 1–18.

Ders., Die neue deutsche Rechtschreibung [GfdS (Hrsg.).] Aktualis. Aufl. Niedernhausen/Ts. 1995 b.

Ders., Keine Wüteriche am Werk. Berichte und Dokumente zur Neuregelung der deutschen Rechtschreibung. Hagen 1996.

Ders. (Hrsg.), Widerworte. „Lieber Herr Grass, Ihre Aufregung ist unbegründet". Antworten an Gegner und Kritiker der Rechtschreibreform. Aachen 1997.

Zimmermann, Friedrich, Untersuchungen zu Verstößen gegen die Norm der Schreibung bei Schülern der allgemeinbildenden polytechnischen Oberschule. Ausgewählte Ergebnisse, Wertungen und Folgerungen. In: WZPZ 16, 1980, H. 1/2, 164–185.

Zur Neuregelung deutscher Rechtschreibung. Der kommentierte Vorschlag der Kommission für Rechtschreibfragen des Instituts für deutsche Sprache, Mannheim, und die Stellungnahme der Gesellschaft für deutsche Sprache, Wiesbaden. Hrsg. von d. Kommission f. Rechtschreibfragen des Instituts für deutsche Sprache, Mannheim. Düsseldorf 1989. (Spr. d. Geg. 77).

Werner Heinrich Veith, Mainz

127. Entstehung und Problematik der deutschen Hochlautung

1.   Vor der Bühnenaussprache

Schon längst vor der Regelung der deutschen Rechtschreibung durch Duden hatte sich die geschriebene dt. Sprache immer mehr vereinheitlicht. Dies galt für die Schreibung der Einzelwörter, für die Grammatik wie auch für den Wortschatz. Diese Vereinheitlichung wurde durch den Buchdruck, durch die allgemeine kulturelle Entwicklung wie auch durch das politische Geschehen begünstigt.

Im Zusammenhang mit der Vereinheitlichung der geschriebenen Sprache entwickelte sich auch die Erwartung, dass, was von allen gleich geschrieben wird, von allen auch gleich ausgesprochen werden müsste. Während Geschriebenes in Form von Zeitungen, Flugblättern und Büchern sich leicht und schnell über den ganzen deutschsprachigen Raum verbreiten ließ, war dies für das gesprochene Wort nicht möglich. Sprecher anderer Sprachlandschaften bekam man selten zu hören. Lautschrift gab es kaum und hätte ohne den entsprechenden Unterricht keine große Wirkung gehabt. Im deutschsprachigen Raum gab es kein dominierendes Kulturzentrum, von dem sich eine mustergültige Aussprache hätte verbreiten können. Die einzigen Sprecher, die in unterschiedlichen Sprachlandschaften oft zu hören waren und überall verständlich sprechen mussten, waren die Schauspieler, die von Ort zu Ort zogen. Es überrascht darum nicht, dass schon vor der Normung der Aussprache durch Siebs die Aussprache sich zu vereinheitlichen begann. Schon Goethe (Weithase 1949, 74–77) versuchte allzu „provinzielle" (= mundartliche) Aussprachen auf der Bühne auszumerzen. Besonders die Aussprache von /p, t, k/ ≠ /b, d, g/ lag ihm am Herzen. In Weimar hatte er gegen die fehlende oder mangelhafte Unterscheidung dieser Phoneme zu kämpfen. Er lobte hier die Aussprache der Norddeutschen und tadelte die der Österreicher, Sachsen und Schwaben. In der Tat sollte die Frage der Phoneme /p, t, k, b, d, g/ (Aspiration, Intensität, Sonorität; Klusilität, Frikati-

vität) in der späteren Bühnen- und Standardaussprache eine der schwierigsten werden. Auch Grammatiken und Deklamationsbücher (Weithase 1930) bemühten sich um bestimmte Aussprachen, allerdings ohne großen Erfolg. Die ohnehin meistens unzureichende Beschreibung der Aussprache in den Grammatiken wurde von den Lesern nicht verstanden oder einfach nicht beachtet. Es gab keine verbreitete Lautschrift und keine Aussprachewörterbücher. Nur in Fremdwörterbüchern verwendete man ausgiebiger sehr unterschiedliche Lautschriften, aber fast ausschließlich für Wörter aus bekannten Fremdsprachen.

2.   Bühnenaussprache

1898, d. h. 18 Jahre nach der Schaffung der Duden-Rechtschreibung, kam es zu einer erfolgreichen Aussprachenormung. Eine Kommission von Vertretern des deutschen Bühnenvereins (von Hochberg, von Ledebur, Tempeltey) und von „wissenschaftlichen Vertretern" (Luick, Siebs, Sievers) beriet 1898 über die für deutschsprachige Bühnen zu empfehlende Aussprache. Im Auftrag der Kommission gab Siebs das Regelwerk „Deutsche Bühnenaussprache" heraus, das auf dem Titelblatt die Ergänzung trug: „Ergebnis der Beratungen zur ausgleichenden Regelung der deutschen Bühnenaussprache, die vom 14. bis 16. April 1898 im Apollosaale des Königlichen Schauspielhauses zu Berlin stattgefunden haben". Die darin empfohlene Aussprache beruhte auf Beobachtungen, die in deutschsprachigen Theatern gemacht worden waren. Sie sollte für die verstandesmäßige Rede auf der Bühne gelten, und zwar besonders für klassische Stücke. Die Aussprache entsprach vorwiegend der niederdeutschen Aussprache der Schriftsprache, allerdings mit einigen wichtigen Ausnahmen, z. B. wortanlautend [ʃt] gegen niederdeutsch [st]. Die Wahl einer mehr nrddt. Aussprache bedeutete, dass ungenormte landschaftliche Aussprachen (alem., bajuwarisch, sächs., schles., schwäb. u. a.) nicht nur von der Bühne zu verschwinden begannen, sondern im Lauf der Jahrzehnte auch sonst an Bedeutung verloren. Die Bühnenaussprache stellte ein phonemisch-allophonisches Lautsystem ohne freie Varianten mit Regeln zur Wort- und Satzbetonung dar. Sie enthielt zudem eine Orthoepie, die zeigte, wie Buchstaben und Buchstabenfolgen auszusprechen sind. Es gab einen Index der behandelten ca. 650 Wörter. Es fehlte ein Aussprachewörterbuchteil und eine eigentliche Lautschrift für ganze Wörter. Monophthongphoneme waren: /i:, ɪ, e:, ɛ:, ɛ, a:, a, y:, ʏ, ø:, œ, u:, ʊ, o:, ɔ, ə, ɛ̃:, ã:, œ̃:, õ:/; Diphthongphoneme (fallende Diphthonge) /ae, ao, ɔø/; Konsonantenphoneme: /p, b, t, d, k, g, m, n, ŋ, l, r, f, v, s, z, ʃ, ʒ, ç, j, x, h, (pf, ts, tʃ, dʒ)/. Die Aussprache unbetonter Vokale (besonders in Fremdwörtern) erschien widersprüchlich und unsystematisch, z. B. ⟨parfümieren⟩ ⟨ü⟩ [y:]; ⟨Pyrotechnik⟩, ⟨Myopie⟩, ⟨y⟩ [ʏ]; ⟨Dejeuner⟩ ⟨eu⟩ [ø:]; Hotel ⟨o⟩ [o]. Dieser Mangel wurde in späteren Auflagen beseitigt. /p, t, k/ sollten durchweg aspiriert sein, z. B. ⟨Hexe⟩ mit [kʰ] (später mit [k]). /b, d, g/ hatten die Allophone: 1. [b, d, g]; 2. [b̥, d̥, g̊] (letztere „schwach eingesetzt, aber stark abgesetzt und behaucht"), z. B. ⟨hak⟩ /ha:k/ [ha:kʰ] ≠ ⟨Hag⟩ [ha:g̊]. /r/ wurde als gerolltes Zungenspitzen-R [r] festgelegt, unter Ablehnung von [ʀ, ʁ, ɐ̯].

1910 erschien die „Achte und neunte Auflage, gänzlich umgearbeitet, den Gesang berücksichtigend und mit kurzem Aussprachewörterbuche versehen". Sie begann mit den gesperrten Sätzen:

„Durch lange sorgfältige Pflege hat sich auf der Bühne eine besonders reine Aussprache des Deutschen herausgebildet. Die Forderung, dass die Werke in einheitlicher Form dargestellt werden, und die Wechselwirkung der verschiedenen Theater aufeinander haben schon seit langer Zeit dazu geführt, dass die Aussprache der Bühne fester geregelt ward als diejenige aller anderen Kreise" (S. 1).

Für die beiden folgenden Jahrzehnte bestand offensichtlich keine Notwendigkeit, inhaltlich viel zu ändern. Die 13. Aufl. (1922) brachte eine wichtige Änderung im Titel des Werkes, der nun „Deutsche Bühnenaussprache— Hochsprache" lautete. Den oben wiedergegebenen Sätzen „Durch lange [...] anderen Kreise" folgten weitere gesperrte Sätze:

Während nirgends im deutschen Sprachgebiet eine mustergültig zu nennende Aussprache herrscht, bietet uns die deutsche Bühnenaussprache − wenn wir von ihrer vor allem auf Deutlichkeit und starke Affekte berechneten Eigenart absehen − eine Richtschnur, die in der Wissenschaft und Kunst anerkannt und auch für andere Gebiete deutscher Sprachpflege, namentlich durch die Schule, nutzbar zu machen ist. − Die deutsche Bühnenaussprache kann in diesem Sinne als deutsche Hochsprache bezeichnet werden" (S. 1).

Damit wurde erklärt, dass die Bühnenaussprache als „Hochsprache" allgemeine Gültig-

keit auch außerhalb der Bühne haben sollte. Die Bezeichnung „Hochsprache" für eine bestimmte Aussprache war nicht eindeutig, da „Hochsprache" auch Sprache als Ganzes, d. h. einschließlich Grammatik, Wortschatz u. a., bedeuten konnte. Die 14. (1927) und 15. (1930) Aufl. brachten nichts Neues.

Die in den Zwanzigerjahren einsetzende Verbreitung des Rundfunks und später des Tonfilms führten zu einer weiteren Verbreitung der Bühnenaussprache. Das von Theodor Siebs im Auftrag der Reichs-Rundfunk-Gesellschaft bearbeitete Werk „Rundfunkaussprache" (1931) stimmte, was die Regeln betraf, mit der 15. Aufl. überein. Es enthielt vor allem fremde Eigennamen, die für den Rundfunk immer wichtiger wurden.

3. Neben der Bühnenaussprache

Auf der Bühne hatte die Bühnenaussprache keine Konkurrenten. Außerhalb der Bühne hatte sie am Anfang geringen Einfluss. Zwar stimmte 1899 die germanistische Sektion der 45. Versammlung deutscher Philologen und Schulmänner der Ausspracheregelung von 1898 zu und erklärte für wünschenswert, die Regelung „für andere Gebiete der deutschen Sprachpflege, insbesondere durch die Schule, nutzbar zu machen, insoweit im Leben und Verkehr eine Annäherung an die Sprache der Kunst möglich und zweckmäßig ist". Der Einfluss der Bühnenaussprache auf den Ausspracheunterricht in den Schulen war gering (Slembek). Die Lehrer waren dazu nicht ausgebildet. Medien wie Funk und Fernsehen, die die Bühnenaussprache hätten vermitteln können, gab es noch nicht. Lautschrift für das Dt. war nicht üblich. Die Germanistik-Studenten studierten keine dt. Phonetik, lernten keine Lautschrift und keine entsprechende Aussprache. Auch in zahlreichen einsprachigen dt. Wörterbüchern (Grimm, Paul u. a.) kam die Aussprache überhaupt nicht zur Geltung, ebenso wenig in Grammatiken.

1912 erschien in erster Auflage das mustergültig gearbeitete Deutsche Aussprachewörterbuch des dt. Anglisten und Phonetikers Wilhelm Viëtor. Es beruhte auf Beobachtungen und Umfragen bei Gebildeten, die Viëtor in weiten Teilen des dt. Sprachgebietes gemacht hatte. In einigen wichtigen Punkten wich er von der Bühnenaussprache ab: Auslautverhärtung, z. B. ⟨Rat⟩ /ra:t/, ⟨Rad⟩ /ra:t/; /r/ [ɾ ~ ʁ]; [m̩, n̩, l̩, r̩] möglich; [i̯, u̯]. Im Gegensatz zur Bühnenaussprache verwendete er IPA-Lautschrift.

In der Zeit zwischen den beiden Weltkriegen begann die Verbreitung des Rundfunks, Tonfilms und Telefons. So waren fast alle Bevölkerungsschichten irgendwie durch die Aussprachefrage betroffen.

Über die Zeit des Nationalsozialismus lesen wir bei de Boor ... (1957, S. 22):

„In den Jahren 1933−1945 wurden die Versuche wiederholt, die „Bühnenaussprache" nach neuen Grundsätzen im Sinne eines Abbaues der Hochform umzugestalten. Diese Versuche wurden von Th. Siebs und nach seinem Tod (1941) von den jetzigen Herausgebern als seinen Erben abgelehnt".

Um einen solchen Versuch könnte es sich beim „Wörterbuch der Reichssprache ..." (1944) handeln. Es vereinfachte vor allem das System der unbetonten Vokale, ein Vorgehen, dem man auch in zahlreichen weniger anspruchsvollen Lautschriften schon früher und bis heute begegnen konnte. So müssten nach ihm − gegen Siebs − z. B. in ⟨abonnieren⟩ und ⟨disponieren⟩ beide ⟨o⟩ gleich ausgesprochen werden.

4.   Bühnenaussprache nach 1945

1957 erschien in der Bundesrepublik Deutschland die 16., völlig neu bearbeitete Auflage der Bühnenaussprache unter dem Titel „Siebs Deutsche Hochsprache Bühnenaussprache" (Hrsg. de Boor ...), wobei „Bühnenaussprache" deutlich kleiner gedruckt war. Die Bezeichnung „Hochsprache" wurde bewusst beibehalten, die Bezeichnung „Hochlautung" abgelehnt; die darin empfohlene Aussprache näherte sich der Viëtorschen. Die Auslautverhärtung wurde durchgeführt. [i̯, o̯, u̯, y̆] wurden verwendet. /r/ war [r ∼ ʀ], aber vorzugsweise [r]. Silbische Nasale und Liquide, ebenso /r/ [ʁ], /r/ [ɐ̯], /ər/ [ɐ] wurden abgelehnt. Die frühere Siebs'sche Opposition /a/ : /a:/ wurde unbetont allgemein aufgegeben, z. B. in ⟨wattieren⟩ vgl. ⟨dekatieren⟩; die Opposition /ɛ/ : /ɛ:/ wurde unbetont allgemein beibehalten, z. B. in ⟨kokettieren⟩ vgl. ⟨malträtieren⟩.

1962 erschien die erste Auflage des Duden-Aussprachewörterbuches. Sie folgte im Wesentlichen dem Siebs (1957). Die Oppositionen /a/ : /a:/, /ɛ/ : /ɛ:/ wurden unbetont allgemein aufgegeben. Es wurde mehr [ə] verwendet an Stelle von [e] oder [ɛ]. Gegenüber dem Siebs erschien der Wort- und Formenschatz beträchtlich erweitert. Die Bezeichnung „Hochsprache" wurde zugunsten von „Hochlautung" aufgegeben.

5.   Wörterbuch der deutschen Aussprache

Das 1964 in Leipzig in erster Auflage erschienene „Wörterbuch der deutschen Aussprache" kannte neben der Bezeichnung „Hochlautung" auch die Bezeichnung „Standardlautung". Es beruhte vor allem auf Untersuchungen der Aussprache geschulter DDR-Rundfunksprecher. Die empfohlene Norm entsprach weitgehend der Viëtorschen. Die wichtigste Neuerung betraf die /r/-Aussprache. In der Stellung nach langem Vokal am Wortende oder vor Konsonant wurde /r/ vokalisiert, also [ɐ] (oder [ɐ̯]), wofür in der Lautschrift kursives r, also *r*, erschien, z. B. ⟨Uhr⟩ [u: *r*]. /ər/ am Wortende oder vor Konsonant wurde [ɐ], in der Lautschrift als [ə] plus kursives r geschrieben, z. B. ⟨Wasser⟩ ['vas*ə*r]. Sonst galt /r/ [r ∼ ʀ ∼ ʁ]. Noch mehr als bei Viëtor wurden unsilbische Konsonanten (Nasale, Lateral) zugelassen und ihr Vorkommen genau definiert. In unbetonter Stellung wurde die Opposition /a/: /a:/ beibehalten, die Opposition /ɛ/ : /ɛ:/ aufgegeben. Dazu kam betont im Wörterverzeichnis ein drittes betontes A-Phonem: /ɑ/, z. B. in ⟨Gamasche⟩ neben ⟨Tasche⟩ mit /a/. Die Artikulation wurde mit Hilfe von Sagittalschnitten und Palatogrammen systematisch und ausführlich beschrieben. Satzakzent und Satzintonation wurden in die Ausspracheregelung einbezogen.

1969 erschien die 19. Aufl. des „Siebs" mit dem Haupttitel „Deutsche Aussprache" und dem Untertitel „Reine und gemäßigte Hochlautung mit Aussprachewörterbuch". Als erstes dt. Aussprachewörterbuch enthielt es eine phonologische Einleitung (von G. Ungeheuer), die jedoch im Gesamtwerk kaum zum Tragen kam. /ər/ [ɐ] und /r/ [ɐ̯] wurden nicht aufgenommen. In unbetonter Stellung wurde die Opposition /ɛ/ : /ɛ:/ aufgegeben. Es wurde versucht, auf landschaftliche, besonders österreichische und schweizerische Eigentümlichkeiten einzugehen. Ein System der österreichischen und schweizerischen Aussprache wurde nicht dargestellt.

1974 erschien die zweite Auflage des Duden-Aussprachewörterbuches mit dem Untertitel „Wörterbuch der deutschen Standardaussprache". Darin wurde auch der Phonembegriff verwendet. Im Wesentlichen folgte es dem Wörterbuch der deutschen Aussprache. [ɐ] (für /ər/), [ɐ̯] (für /r/), [m̩, n̩, l̩] wurden in der Lautschrift klar zum Ausdruck gebracht.

1982 kam unter dem Titel „Großes Wörterbuch der deutschen Aussprache" eine Neubearbeitung des bis 1974 als „Wörterbuch der deutschen Aussprache" erschienenen Werkes heraus. An Stelle der früheren [ər] und [r] wurde [ɐ] bzw. [ᵄ] (nicht nach /a:/) geschrieben. Neu war auch eine Liste (S. 76, 77) häufiger schwacher (reduzierter) Formen (Pronomina, Artikel, Präpositionen u. a.), die in Abhängigkeit von Sprechtempo und -lage vorkommen können, z. B. ⟨mir⟩ [mi:ɐ] → [miɐ] → [mɪɐ] → [mɪ]. Sie wurden im Wörterverzeichnis nicht systematisch erfasst. Es wurde nicht angegeben, in welchen syntaktischen Umgebungen diese Formen vorkommen. – Es stellt sich in diesem Zusammenhang die Frage, ob es sinnvoll ist, die Aussprache für alle Stilebenen normen zu wollen. Wie sollen sie orthografisch wiedergegeben werden, z. B. in modernen Theaterstücken? Es dürfte auch schwierig sein, allgemein verbreitete umgangssprachliche Formen gegen landschaftliche abzugrenzen.

Die 4. Aufl. des Duden-Aussprachewörterbuches (2000) bringt u. a. diese Neuerungen (S. 21): 1. für [ɛː] auch [eː]; 2. für unbetontes [ɛ] auch [e] (in bestimmten Stellungen); 3. nach [ɪ, ɛ, a, ʏ, œ, ʊ, ɔ] für [r] auch [ɐ]: a. vor Konsonant (außer [j]), b. am Silbenende.

6. Zukunft der Standardaussprache

Wichtig sind hier vor allem folgende Fragen: Orthografiereform, neue Normen für die Standardaussprache, Regionalismus.

a. Orthografiereform 1996

Das Werk „Deutsche Rechtschreibung" (1996) versucht, die Rechtschreibung vom Lautsystem einer nicht näher definierten „Standardaussprache, die allerdings regionale Varianten aufweist", abzuleiten. Dieses Lautsystem, das nicht übersichtlich dargestellt erscheint, besitzt offensichtlich folgende Phoneme (in eckigen Klammern Allophone: stellungsbedingte durch , getrennt; freie durch ~ getrennt): /i: [i:, i], ɪ, e: [e:, e], ɛ:, ɛ, a:, a, y: [y:, y], ʏ, ø: [ø:, ø], œ, u: [u:, u], ʊ, o: [o:, o], ɔ, ə; ɛ̃: [ɛ̃:, ɛ̃], ã: [ã:, ã], œ̃: [œ̃:, œ̃], õ: [õ:, õ]; aɪ, aʊ, ɔʊ; p, b, t, d, k, g, m, n, ŋ, l, r [r ~ ʀ ~ ʁ], f, v, s, z, ʃ, ʒ, x [ç, x], j, h/. Beispielwörter sind nicht mit Lautschrift versehen. Es ist die Rede von landschaftlichen Aussprachen, ohne dass Landschaften genannt werden. Vieles bleibt unerwähnt oder unklar: unsilbische Vokale, silbische Konsonanten, /r/-Vokalisierung, Aspiration, Sonorität, Konsonantenintensität, Sprechsilbengrenze u. a. Es wird auch nicht

gesagt, dass die zur Aussprache gemachten Angaben amtlichen Charakter haben oder nicht. Man wäre also durchaus zur Annahme berechtigt, dass auch die zur Aussprache gemachten Angaben amtlichen Charakter haben, da es sich ja um ein amtliches Dokument handelt. Man könnte z. B. – je nach Auslegung – durchaus behaupten, dass Aspiration, /r/-Vokalisierung, unsilbische Vokale weder zur „amtlichen Aussprache" noch zur „Standardaussprache" gehören. Es heißt z. B.: „Bei einigen Wörtern schwankt die Aussprache zwischen [v] und [f] wie bei *Initiative*, ... *Vers*, ... *November*" (S. 36, § 30). Damit könnten in zahlreichen nicht genannten Wörtern sowohl [v] als auch [f] als „amtliche Aussprache" und „Standardaussprache" gelten, dies im Widerspruch zu den nicht amtlichen Aussprachewörterbüchern und den meisten anderen Wörterbüchern, die für diese und andere Wörter nur die [f]-Aussprache angeben. Die Bertelsmann-Rechtschreibung (S. 27–42) und die Duden-Rechtschreibung (S. 861–872) haben den Phonetik-Teil der „Deutschen Rechtschreibung" (1996; S. 19–39) zwar mitabgedruckt, halten sich aber in ihren Lautschriften nicht an dessen Lautsystem. – Im Übrigen dürften die Änderungen der Schreibung nur in sehr wenigen Wörtern zu Änderungen der Aussprache führen, z. B. ⟨numerieren⟩ [numeˈriːrən] → ⟨nummerieren⟩ [nʊməˈriːrən]. Hätte sich die „Deutsche Rechtschreibung Regeln und Wörterverzeichnis Vorlage ..." (1995) durchgesetzt, so wäre – gemäß dem Lautsystem des „Großen Wörterbuches der deutschen Aussprache" – z. B. das Wort ⟨Paket⟩ [pɑˈkeːt] zu ⟨Packet⟩ [paˈkeːt] geworden.

b. Neue Normen für die Standardaussprache

Die Bühnenaussprache (1898) beruhte auf der Aussprache von Schauspielern, die Aussprachenorm des Wörterbuches der deutschen Aussprache (1964) beruhte auf der Aussprache von Rundfunksprechern. Am Institut für Sprechwissenschaft und Phonetik der Universität Halle-Wittenberg und am Institut für Phonetik der Universität Köln arbeitet man an einer umfassenden Neukodifizierung der deutschen Standardaussprache. Die neue in Halle und Köln geplante Norm soll von der Akzeptanz bestimmter Sprecher durch bestimmte Hörer ausgehen. Man könnte von einer demoskopischen Methode sprechen. Geplant ist ein Aussprachewörterbuch mit CD-Rom-Platte. – Es ist damit zu rechnen, dass auch sonst in Druckwerken (Lehrbüchern,

Wörterbüchern u. a.) sowie auf Tonträgern für die Sprecherziehung und für Deutsch als Fremdsprache unterschiedliche, neue, der jetzigen Standardaussprache (Duden-Aussprachewörterbuch (4. Aufl.), Großes Wörterbuch der deutschen Aussprache) mehr oder weniger nahe stehende Aussprachen vorgestellt werden.

c. Regionalismus

Die Bühnenaussprache und die daraus hervorgegangene Standardaussprache (Duden-Aussprachewörterbuch (2.–4. Aufl.), Großes Wörterbuch der deutschen Aussprache, Wörterbuch der deutschen Aussprache) vertreten eine überregionale Norm. In ihrem Lautsystem überwiegen nrddt. Eigentümlichkeiten. Es ist darum nicht verwunderlich, dass die genannte Norm besonders im sdt. Sprachraum (bajuwarisch, alem.) z. T. auf Ablehnung stößt, während dies z. B. in Sachsen oder im Rheinland viel weniger der Fall ist. – In Österreich und in der Schweiz kommen noch nationalstaatliche Gründe hinzu. In verschiedenen Wörterbüchern werden für einzelne Wörter ziemlich wahllos besonders österreichische und schweizerische Ausspracheformen verzeichnet, ohne dass für die beiden Ausspracheformen ein Lautsystem zugrunde gelegt worden wäre. – Das Österreichische Wörterbuch gibt in der Einleitung die IPA-Lautschrift, verwendet aber im Wörterverzeichnis für aussprachemäßig schwierige Wörter eine Art orthografische Lautschrift, zeigt aber nicht, wie diese sich in IPA-Lautschrift umsetzen lässt. Ebner enthält unterschiedliche Lautsysteme. Für Hörfunk und Fernsehen liegen keine Ausspracheempfehlungen vor. Es besteht ein ernst zu nehmendes Vorhaben, ein österreichisches Aussprachewörterbuch zu schaffen. – In der Schweiz brachte Boesch keine einheitliche Norm und ließ unterschiedliche mundartliche Aussprachen zu. Meyer, der auch den Begriff „schweizerische Standardaussprache" kennt, gibt eine schriftsprachliche Aussprache, die von der Zürcher Mundart ausgeht. DRS empfiehlt für den Hörfunk eine Aussprache, die der Standardaussprache ziemlich nahe kommt, verlangt aber für nicht „fiktionale" Textsorten das auch in Süddeutschland und Österreich verbreitete [ɪk] statt [ɪç], z. B. in ⟨zwanzig⟩. – König weist auf Grund systematischer Untersuchungen für die ehemalige Bundesrepublik nach, dass die Gebildeten die Schriftsprache nicht einheitlich aussprechen. Nach ihm sind die Aussprachen der Gebildeten der verschiedenen Landschaften gleichberechtigt. – Nach

1950 mag auch der UKW-Hörfunk – weniger das Fernsehen – dank seiner guten Empfangsqualität und dank der geringen Reichweite dazu beigetragen haben, mehr landschaftliche Ausspracheformen zu verbreiten. Die Lage hat sich geändert. Der sich heute verbreitende analoge und digitale Satelliten-Hörfunk, mit dem man im gesamten deutschsprachigen Raum fast alle wichtigen Programme aus diesem Raum mit bester Empfangsqualität hören kann, dürfte eher zugunsten einer einheitlichen Aussprache wirken. Auch die Wiedervereinigung dürfte eine einheitliche Aussprache begünstigen. Dazu kommt, dass sich landschaftliche Aussprachen weiterhin weder für literarisch anspruchsvolle Texte noch für die Synchronisierung fremdsprachiger Filme eignen (Herbst S. 96 ff.). In neuen technischen Entwicklungen wie automatische Spracherkennung und automatische Sprachsynthese wird man wohl – wenigstens am Anfang – von landschaftlichen Aussprachen absehen müssen. Auch für Deutsch als Fremdsprache eignen sich nach allgemeiner Auffassung landschaftliche Aussprachen nicht. Ähnliches gilt ja gleichermaßen für andere Sprachen als Fremdsprachen. Ein weiterer Grund für die beschränkte Eignung landschaftlicher Aussprachen besteht darin, dass sie nicht ausreichend beschrieben sind und dass es für sie keine Aussprachewörterbücher gibt.

7. Literatur in Auswahl

Ammon, Ulrich, Die deutsche Sprache in Deutschland, Österreich und der Schweiz. Berlin/New York 1995.

Bertelsmann, Die neue deutsche Rechtschreibung. München 1996.

Boesch, Bruno (Hrsg.), Die Aussprache des Hochdeutschen in der Schweiz. Zürich 1957.

Boor, Helmut de/Paul Diels (Hrsg.), Siebs Deutsche Hochsprache Bühnenaussprache. 16., völlig neubearb. Aufl. Berlin 1957.

Boor, Helmut de/Hugo Moser/Christian Winkler (Hrsg.), Siebs Deutsche Aussprache. Reine und gemäßigte Hochlautung mit Aussprachewörterbuch. 19., umgearb. Aufl. Berlin 1969. Neudruck Wiesbaden 2000.

Breitung, Horst (Hrsg.), Phonetik Intonation Kommunikation. München 1994. (Standpunkte zur Sprach- und Kulturvermittlung 2, Goethe-Institut).

Deutsche Bühnenaussprache, bearb. v. Theodor Siebs. 8. und 9. Aufl., gänzlich umgearbeitet, den Gesang berücksichtigend und mit kurzem Aussprachewörterbuche versehen. Berlin/Leipzig/Paris 1910.

Deutsche Bühnenaussprache, bearb. v. Theodor Siebs. 10. Aufl., den Gesang berücksichtigend und mit Aussprachewörterbuch. Bonn 1912.

Deutsche Bühnenaussprache − Hochsprache, bearb. v. Theodor Siebs. 13. Aufl. Bonn 1922.

Deutsche Rechtschreibung, Regeln und Wörterverzeichnis. Text der amtlichen Regelung. Tübingen 1996.

Deutsche Rechtschreibung, Regeln und Wörterverzeichnis. Vorlage für die amtliche Regelung. Tübingen 1995.

DRS Deutsch sprechen am Radio. Basel 1995.

Duden Aussprachewörterbuch, bearb. v. Max Mangold/Dudenredaktion unter Leitung von Paul Grebe. Mannheim 1962.

Duden Aussprachewörterbuch, Wörterbuch der deutschen Standardaussprache, bearb. v. Max Mangold in Zusammenarbeit mit der Dudenredaktion. 2., völlig neu bearb. und erw. Aufl. Mannheim/Wien/Zürich 1974.

Duden Aussprachewörterbuch, Wörterbuch der deutschen Standardaussprache, bearb. v. Max Mangold in Zusammenarbeit mit der Dudenredaktion. 4., neu bearb. und aktualisierte Auflage. Mannheim/Leipzig/Wien/Zürich 2000.

Ebner, Jakob, Duden. Wie sagt man in Österreich? Wörterbuch der österreichischen Besonderheiten. 2., vollst. überarb. Aufl. Mannheim/Wien/Zürich 1980. (Duden Taschenbücher 8).

Großes Wörterbuch der deutschen Aussprache. Leipzig 1982.

Herbst, Thomas, Linguistische Aspekte der Synchronisation von Fernsehserien. Phonetik, Textlinguistik, Übersetzungstheorie. Tübingen 1994. (LA 318).

Kohler, Klaus J., Einführung in die Phonetik des Deutschen. 2., neubearb. Aufl. Berlin 1995.

König, Werner, Atlas zur Aussprache des Schriftdeutschen in der Bundesrepublik. Bd. 1: Text. Bd. 2: Tabellen und Karten. München 1989.

Krech, Eva-Maria/Eberhard Stock (Hrsg.), Beiträge zur deutschen Standardaussprache. Halle und Hanau 1996. (Hallesche Schriften zur Sprechwissenschaft und Phonetik 1).

Dies. (Hrsg.), Beiträge zu Theorie und Praxis der Sprechwissenschaft. Halle/S. 1981. (Martin-Luther-Universität Halle-Wittenberg. Wissenschaftliche Beiträge 1981/33 (F 29)).

Krech, Hans (Hrsg.), Beiträge zur deutschen Ausspracheregelung. Berlin 1961.

Kurka, Eduard, Die deutsche Aussprachenorm im 19. Jh. − Entwicklungstendenzen und Probleme ihrer Kodifizierung vor 1898. In: Studien zur deutschen Sprachgeschichte des 19. Jhs. Existenzformen der Sprache, 1980, 1−67. (LStA 66/II).

Meinhold, Gottfried, Deutsche Standardaussprache. Lautschwächungen und Formstufen. Leipzig 1980.

Ders./Eberhard Stock, Phonologie der deutschen Gegenwartssprache. 2., durchgesehene Aufl. Leipzig 1982.

Meyer, Kurt, Duden. Wie sagt man in der Schweiz? Wörterbuch der schweizerischen Besonderheiten. Mannheim/Wien/Zürich 1989. (Duden-Taschenbücher 22).

Muhr, Rudolf/Richard Schrodt/Peter Wiesinger (Hrsg.), Österreichisches Deutsch. Linguistische, sozialpolitische und sprachpolitische Aspekte einer nationalen Variante des Deutschen. Wien 1995. (Materialien und Handbücher zum österreichischen Deutsch und zu Deutsch als Fremdsprache 2).

Österreichisches Beiblatt zu Siebs „Deutsche Hochsprache − Bühnenaussprache". In: Gustav Korlén/Bertil Malmberg, Tysk fonetik. Lund 1960, 156−159.

Österreichisches Wörterbuch, hrsg. im Auftrag des Bundesministeriums für Unterricht und Kunst. 37., überarb. Aufl. Wien 1995.

Rundfunkaussprache, bearb. v. Theodor Siebs. Berlin 1931.

Siebs, Theodor (Hrsg.), Deutsche Bühnenaussprache. Berlin/Köln/Leipzig 1898.

Slembek, Edith, Phonetik im Deutschunterricht 1898−1978. Hamburg 1983. (Forum Phoneticum 29).

Viëtor, Wilhelm, Deutsches Aussprachewörterbuch. Leipzig 1912.

Weithase, Irmgard, Anschauungen über das Wesen der Sprechkunst von 1775−1825. Berlin 1930. (GS 90).

Dies., Goethe als Sprecher und Sprecherzieher. Weimar 1949.

Wörterbuch der deutschen Aussprache. Leipzig 1964.

Wörterbuch der deutschen Aussprache. 2., überarb. und erw. Aufl. Leipzig 1967.

Wörterbuch für Rechtschreiben und Rechtlauten der Reichssprache mit einer Einführung in die Rechtlautung der deutschen Hochsprache [...], bearb. v. W. Trausel. Reichenberg 1944.

Max Mangold, Saarbrücken

128. Morphologie des Neuhochdeutschen seit dem 17. Jahrhundert

1. Vorbemerkung

Zum Verständnis von Morphologie vgl. das in Artikel 112 Ausgeführte. Im Gegensatz zu Artikel 112 kann im folgenden nicht auf umfassende synchron-diachrone Analysen zurückgegriffen werden. Der Beitrag muß sich weitgehend darauf beschränken, die wichtigsten Phänomene anhand der bisherigen Sekundärliteratur zu referieren. Der Stand der Forschung ist in bezug auf die verschiedenen Wortarten recht unterschiedlich. Während für die Substantivflexion des 18. Jhs. (Nerius 1964) und die Zeit nach 1900 (Ljungerud 1955) breitere Untersuchungen sowie Darstellungen zur Substantivflexion aus dem 19. Jh. (Gayler 1835; Gortzitza 1843/1854/1866) vorliegen, existiert für die Verbflexion nichts Vergleichbares. Lediglich einige Arbeiten (Alm 1936; Nordström 1911; Gr. d. Frnhd. IV) berühren die erste Hälfte des 18. Jhs. Zu morphosyntaktischen Fragen siehe Engström-Persson (1979), Guchmann/Semenjuk (1981). Die Pronomina werden von Jeitteles (1893/94), das Zahlwort *zwei* von Stulz (1902) und die Adjektive, Pronomina und Numeralia von Gortzitza (1877) behandelt, doch stehen flächendeckende Untersuchungen noch aus. Ljungerud (1955) behandelt Adjektive und Pronomina unter primär syntaktischen Gesichtspunkten. An übergreifenden Darstellungen sind noch die Arbeiten von Paulus (1906) zum Schwäb., Kaiser (1930), Semenjuk (1972) und die Grammatik von Paul (1917) zu nennen.

Die Ausführungen der Grammatiktheoretiker des 18./19. Jhs. können nur bedingt herangezogen werden, da ihr zumeist normativer Anspruch sie als Primärquelle zur Beschreibung historischer Sprachwirklichkeit wenig tauglich erscheinen läßt und sie nur begrenzt als wissenschaftliche Sekundärliteratur betrachtet werden können. Ihre Aussagen, Entscheidungen und Diskussionen − so wichtig sie für die Sprachentwicklung auch sein mögen − sind als außersprachliche Größe heranzuziehen und als solche im folgenden zu bewerten.

2. Substantive

Die Umstrukturierung der Substantivflexion mit dem Ergebnis einer deutlichen Numerusprofilierung (vgl. Art. 112, 2.2.) ist um 1700 weitgehend abgeschlossen (zum Nhd. siehe Bech 1963). Lexemgruppen, die noch abweichend von der gegenwärtigen Standard-

sprache flektieren, sind in der ersten Hälfte des 18. Jhs. noch bes. im Obd. belegt, da sich hier das Md. bereits restituierte Plural-*e* erst im Verlauf des 18. Jhs. wieder durchsetzt. Kleinere Lexemgruppen sind bis in die Gegenwart mit konkurrierender Flexion mit z. T. semantischer oder stilistischer Differenzierung erhalten. Größere Bedeutung als im Frnhd. erhält nach 1700 das Plural-*s*, das in bestimmten Umgebungen (etwa nach Vokal) einen festen Platz im nhd. System erhält.

2.1. Tilgung von -*(e)n* im Singular der Feminina

Im Verlauf des Frnhd. herrscht bes. im Obd. die Tendenz, die Kasusunterschiede im Sg. der ehemals schw. Fem. durch Übernahme des -*(e)n* der obliquen Kasus in den Nom. Sg. zu nivellieren (vgl. Art. 112, 2.1.). Dieser Ausgleichsprozeß, in dessen Verlauf auch ehemals st. Fem. -*(e)n*-Formen im Sg. erhalten, kann sich zum Nhd. hin nicht gegen den − im Blick auf die Numerusunterscheidung entscheidenden − Prozeß der Tilgung aller Flexive im Sg. durchsetzen. Der Abbau der Kasusflexive verläuft über mehrere Jahrhunderte und reicht bis ca. 1800. Im 18. Jh. treten Belege mit -*(e)n* im Gen./Dat. Sg. noch im gesamten Sprachgebiet auf, während Belege mit -*(e)n* im Nom./Akk. Sg. weitgehend auf das Obd. beschränkt sind. In der zweiten Jahrhunderthälfte sind solche Formen nur noch vereinzelt vertreten. Nerius (1964, 214ff.) belegt noch 85 verschiedene Fem. mit -*(e)n* im Gen./Dat. Sg.; von diesen erscheinen häufiger die auch noch gegen Ende des Jhs. z. T. vertretenen *Aschen, Erden, Frauen, Höllen, Kirchen, Mitten, Seelen, Seiten* und *Sonnen*. Paulus (1906, 39ff.) notiert für die zweite Hälfte des 18. Jhs. nur noch 'vereinzelte' Belege wie *Erden, Kirchen, Sonnen*. Für das Alem. belegt Erni (1949, 103f.) -*en*-Formen bis ca. 1800.

Die Grammatiker außer Antesperg, der -*(e)n* im Gen. zuläßt (vgl. auch Clemann 1747, 19), lehnen die *(e)n*-Formen ab. Aichinger (1754, § 184) zählt den Gebrauch zu den 'Fehlern im Decliniren' und Gottsched (1749, 206) tadelt den Usus, im Gen./Dat. Sg. -*(e)n* „an[zu]flicken" (vgl. Nerius 1964, 223ff.). Braun (1765) führt eine Liste gegen den Mißbrauch von -*(e)n* an, räumt jedoch ein: „Dergleichen Wörter sind so viel, daß man beynahe aus dem offenbaren Fehler eine

Regel machen, und diesselbe durch den allgemeinen Gebrauch unseres Vaterlandes rechtfertigen könnte" (95) (vgl. dazu Matzel/Penzl
1982, 138 f.). Für Adelung ist die -(e)n-Form
bereits veraltet, und Heinsius (1817, 100) formuliert: „Alle Hauptwörter weiblichen Geschlechts bleiben im Singular unverändert".
Nach 1800 sind -(e)n-Formen nur noch gelegentlich in poetischer Sprache belegt. Sie sind
in der gegenwärtigen Standardsprache lediglich in fester Verbindung mit Präpositionen
(von Seiten, auf Erden, mit Freuden) erhalten
(so bereits Grimm 1819, 126).

2.2. Entwicklung des -(e)ns-Genitivs

Die zusätzliche Markierung der Gen. Sg.-En-
dung -(e)n durch -s und die Übernahme des
-(e)n der obliquen Kasus in den Nom. Sg. bei
den ehemals schw. Mask. mit dem Merkmal
'unbelebt' (Typ galge, vgl. Art. 112, 2.1.) führen zu zwei verschiedenen Entwicklungspro-
zessen.
(1) Gen.-s kann auch auf andere schw. flektierte Mask. übertragen werden, ohne Rücksicht auf deren Stammstruktur und das semantische Merkmal und ohne den Nom. Sg.
zu verändern. Somit lautet der Gen. Sg. quasi
automatisch -(e)ns. Solche Formen sind in
der ersten Hälfte des 18. Jhs. noch verbreitet.
Semenjuk (1972, 93) belegt Grafens, Fürstens,
Printzens, Heldens, Monarchens, Gesellens,
Soldatens, Franzosens, Patriotens. Zahlreiche
Belege (32 verschiedene Lexeme) finden sich
bei Nerius (1964, 173 ff.), jedoch ist die Zahl
der Belege pro Text gering und nimmt ab
Mitte des 18. Jhs. rasch ab.

Unter den Grammatikern ist vor allem die Reichweite des -(e)ns-Gen. umstritten (vgl. Jellinek
1914, 222 ff.). Außer von Antesperg wird der
-(e)ns-Gen. für o. g. Lexeme abgelehnt. Antesperg
(1749, 32) läßt mit -(e)ns noch zahlreiche Mask.
zu, so Knab, Graf, Hirt, Bär, Mensch, Fürst, Held,
Herzog, Löw, Merz, Ochs, Pfaff, Prinz, Soldat u. a.,
alle mask. Fremdwörter auf -ant, -ent, -et, ist, -it,
-ast, -at und alle Namen der Nationen auf -e (Deutsche), während Popowitsch (1754, Vorrede) die
-(e)ns-Formen unter Hinweis auf ihre 'sächsische'
Herkunft verwirft und den Gen. auf -(e)n bildet.
Im beginnenden 19. Jh. sind solche Formen noch
gelegentlich vorhanden, in der zweiten Jahrhunderthälfte schwinden sie und finden sich im 20. Jh.
nur noch vereinzelt in poetischer Sprache; Ljungerud (1955, 61) belegt Arztens, Botens, Hasens, Fal-
kens, Beamtens.

(2) Alle Mask. vom Typ galge können mit einem -(e)n im Nom. Sg. versehen werden,
auch die wenigen Lexeme, die in der gegenwärtigen Standardsprache zum Teil noch

variierende Stammgestalt haben, so Fun-
ke(n), Name(n), Glaube(n), Buchstabe(n),
Schade(n), Friede(n), Haufe(n), Same(n),
Wille(n), Gedanke(n) (bei Paul 1917, § 26
noch Gefalle(n)). Auch dieser Ausgleichsprozeß konnte sich nicht durchsetzen. Die
Grammatiker des 19. Jhs. stehen den Aus-
nahmeformen ohne -n abweisend gegenüber;
Bauer (1828, 211) schreibt, „daß [...] man
sich viele Mühe giebt, sie auf verschiedene
Art wenigstens der Form nach aus der Grammatik zu entfernen". Der Sprachgebrauch jedoch erhält beide Varianten bis in die Gegenwart, wobei die -n-lose Form bei Funke,
Glaube, Name, Wille, Buchstabe, Gedanke dominiert (vgl. Ljungerud 1955, 51 ff.).

2.3. -(e)n im Genitiv Plural

Das Flexiv -(e)n im Gen. Pl. ist im Mhd.
auf die Deklination der ô-/jô-Stämme beschränkt. Seit dem 13. Jh. werden im Obd.,
bes. im Alem., -(e)n-Gen. auch auf andere
Lexemgruppen übertragen. Dies führt im
Alem. im 16. Jh. zu einer weitgehenden Generalisierung des Gen. Pl. auf -(e)n entsprechend dem Dat. Pl. Diese Form findet sich
bis ca. 1800. Erni (1949, 130) gibt als unge-
fähre zeitliche Grenze, nach der die nhd.
Form überwiegt, folgende Daten an: Bern/
Zürich (Kanzlei)/Luzern 1790, Schaffhausen
1800. Die endgültige Form der -Ø-Form datiert er in das erste Jahrzehnt des 19. Jhs.
Siehe auch die Belege aus Schriften Hallers,
Pestalozzis und Bodmers bei Nerius (1964,
181 f.) und die Belege bei Kaiser (1930, 177 f.).
Im Schwäb. und Bair. sind solche analogen
-(e)n-Formen vermehrt erst seit dem 16. Jh.
in der Schreibsprache vertreten und ebenfalls — wenn auch spärlicher — bis ins 18. Jh.
zu belegen (vgl. Kaiser 1930, 175).

2.4. Entwicklung der ehemaligen
   schwachen Maskulina

Im Verlauf des Frnhd. wird die Gruppe der
mhd. schw. Substantive erheblich reduziert:
alle Fem., einige Mask. und die Neutr. Auge
und Ohr wechseln in sog. Mischdeklinationen
über; ein anderer umfangreicher Teil der
Mask. wechselt ganz zur st. Flexion. Dieser
letztere Prozeß ist — vor allem im Sg. — auch
in der gegenwärtigen Standardsprache noch
nicht abgeschlossen. Für das 18. Jh. nennt
Nerius (1964, 182 ff.) im Sg. 40 verschiedene
Lexeme mit schw. Formen, von denen Belege
wie Abten, Bischofen, Greisen, Herzogen, Len-
zen, Märzen, Monden, Punkten und Stammen
am häufigsten vertreten sind. Im Pl. gibt er

83 verschiedene Lexeme an, von denen *Affekten*, *Armen*, *Baronen*, *Bergen*, *Halmen*, *Hahnen*, *Herzogen*, *Monden*, *Patronen*, *Punkten*, *Reimen*, *Romanen*, *Schwanen*, *Sinnen*, *Sternen*, *Thronen* und *Umständen* die am häufigsten belegten sind. Bei einem Teil dieser Lexeme ist die Konkurrenz bis in die Gegenwart erhalten; die Duden-Grammatik (1995, 225 f.) führt im Gen. Sg. konkurrierende Formen mit *-(e)n* und *-(e)s* an für *Ahn*, *Bär*, *Bauer*, *Fex*, *Fratz*, *Greif*, *Gevatter*, *Hahn*, *Hanswurst*, *Lump*, *Mai*, *März*, *Nachbar*, *Oberst*, *Prahlhans*, *Protz*, *Pfau*, *Spatz*, *Truchseß*, *Untertan*. Für den Pl. belegt die Duden-Grammatik (1995, 230 f.) nur wenige Dubletten. Ljungerud (1955, 77 ff.) stellt jedoch noch ein Variieren zwischen *-(e)n* und anderen Pluralflexiven für zahlreiche andere Lexeme wie *Bursch*, *Diamant*, *Fasan*, *Hahn*, *Kran*, *Strauß* u. a. fest.

Entgegen dieser Entwicklung werden seit frnhd. Zeit zahlreiche mask. Fremdwörter schw. flektiert. Es handelt sich dabei vorwiegend um Lexeme, die den lat. Partizipien auf *-ns*, *-ntis*, *-tus*, *-ndus* entsprechen, so auf *-ant* (*Adjutant*), *-ent* (*Quotient*), *-at* (*Advokat*), *-it* (*Bandit*), *-and* (*Doktorand*), und um Entsprechungen lat. Bildungen auf *-ta* und *-ista* (*Prophet*, Ableitungen auf *-ist*) etc.; weiterhin um substantivierte zusammengesetzte Adj. aus dem Griech. auf *-aph* (*Paragraph*), *-om* (*Astronom*) etc. und um zahlreiche Fremdwörter anderer Herkunft wie *Lakai*, *Zar*, *Heiduk*, *Kosak*, *Starost*, *Kalif*, *Husar* etc. (vgl. Fourquet 1952, 38 f.; Paul 1917, § 88).

2.5. Entwicklung des Plural-*e*

Die *-e*-Apokope hat im 16. Jh. ihre größte Ausdehnung erreicht (vgl. Art. 112, 2.2.). In der Folgezeit wird ausgehend vom Omd. das *-e* (hier Plural-*e*) wieder restituiert. Bereits in der zweiten Hälfte des 17. Jhs. ist das Plural-*e* im Md. (außer Köln), im Els. und Ofr. weitgehend wieder eingeführt. Es tritt nicht nur als Pluralmarkierung an hinsichtlich des Numerus unbezeichnete Lexeme, sondern setzt sich auch bei einer Reihe von Lexemen gegen zwischenzeitlich (im Gefolge der *-e*-Apokope) neu ausgebildete andere Pluralflexive wie *-er*-Plural und *-Ø*^{Uml} wieder durch. Im Obd. vollzieht sich dieser Prozeß im Verlauf des 18. Jhs., und zwar vorwiegend in der ersten Jahrhunderthälfte. Für die zweite Hälfte des 18. Jhs. belegt Paulus (1906, 19) für Schwaben anhand von 10 Texten nur noch 8 Belege ohne *-e* gegen 1179 mit *-e*. Entsprechendes findet sich auch in bair. Texten. Die Grammatiker fordern, unabhängig von ihrer regionalen Herkunft, das *-e* zur Numerusunterscheidung (vgl. Schmidt-Wilpert 1980, 423; Jellinek 1898, 78 ff.; Matzel/Penzl 1982, 134). *-e*-Plural bei mehrsilbigen Lexemen auf *-er*, *-el* und *-en*, der in der gegenwärtigen Standardsprache ausgeschlossen ist, steht im 18. Jh. noch häufig bei nomina agentis auf *-er*. Paulus (1906, 37) nennt *Bürgere*, *-meistere*, *Lesere*, *Gegnere*, *Stiftere*, *Amtsschreibere*, *Vorstehere*, *-richtere*, *Erfindere*, *Urhebere*. Dieses im Obd. (Wobd.) bes. in der Amtssprache beliebte *-e* ist bis etwa 1800 üblich. Dornblüth (1756) verteidigt es noch gegen andere Grammatiker, doch bereits Aichinger (1754, § 184) führt dieses 'überflüßige' *-e* als wichtigen Typus fehlerhaften Deklinierens an. Bis in die zweite Hälfte des 18. Jhs. erscheint der *-e*-Plural auch noch konkurrierend zu anderen Pluralflexiven bei Lexemen, bei denen er in der gegenwärtigen Standardsprache nicht mehr verwendet wird. Nerius (1964, 177 ff.) belegt *Bäre*, *Brilliante*, *Bursche*, *Leibe*, *Professore*, *Staate*, *Sträuche*, *Würme*, *Zinse*, *Bette*, *Fasse*, *Geschlechte*, *Gespenste*, *Hemde*, *Insekte*, *Schwerte*, *Spitäle*, *Weibe*.

2.6. Konkurrenz -*e*-Plural vs. -*er*-Plural

Der *-er*-Plural, der im Mhd. nur bei wenigen Neutr. gebildet wird, erlangt im Verlauf des Frnhd. große Bedeutung und wird auf eine Vielzahl ehemals numerusunbezeichneter Neutr. und analog — im Gefolge der *-e*-Apokope — auf einige Mask. übertragen (vgl. Art. 112, 2.2.). Aufgrund des restituierten Plural-*e* werden zahlreiche *-er*-Plurale, die sich zwischenzeitlich gebildet hatten, seit dem 17. Jh. wieder aus der Schriftlichkeit verdrängt. In der gegenwärtigen Standardsprache werden rund 100 Lexeme mit *-er*-Plural gebildet (Augst 1975a, 37). Für das 18. Jh. belegt Nerius (1964, 153 ff.) noch 49 verschiedene Lexeme mit von der gegenwärtigen Standardsprache abweichendem *-er*-Plural, von denen jedoch 34 nur je einmal belegt sind. Häufiger erscheinen (bes. im Obd.) nur *Beiner*, *Gebeter*, *Gewölber*, *Hemder*, *Kabinetter*, *Stükker*, *Werker*; siehe auch die Belege bei Kaiser 1930, 172 f. Die Grammatiken spiegeln die relative Unsicherheit im Gebrauch der Pluralkonkurrenten wider (vgl. Schmidt-Wilpert 1980, 421 f.; Kaiser 1930, 172 f.; Nerius 1964, 157 ff.).

Umgekehrt sind noch zahlreiche Belege nachweisbar, die abweichend vom Stand der gegenwärtigen Standardsprache mit *-e*-Plural gebildet werden, so *Würme, Fasse, Geschlechte, Gespenste, Schwerte, Sträuche, Spitäle, Weibe* (vgl. Nerius 1964, 177ff.). Die Konkurrenz zwischen *-er*-Plural und *-e*-Plural setzt sich z. T. im 19. Jh. fort (vgl. etwa Grimm 1819, 123) und ist bis in die Gegenwart in Form von Dubletten mit mehr oder weniger differenzierter Bedeutung erhalten, so *Worte : Wörter, Lande : Länder, Tuche : Tücher, Horne : Hörner, Orte : Örter, Lichte : Lichter, Gesichte : Gesichter, Schilde : Schilder* (vgl. auch Duden-Grammatik 1995, 232). Ljungerud (1955, 12ff.) belegt außer den genannten noch zahlreiche andere konkurrierend verwendete Lexeme wie *Bort, Laub, Floß, Geschöpf, Haupt, Scheusal, Herzogtum* etc. Mit unbezeichnetem Plural konkurriert der *-er*-Plural nach Zahlenangaben, so etwa *drei Mann : Männer* (*Blatt, Glas* etc.).

2.7. Entwicklung des Plural-Umlauts

Die Bezeichnung des morphologischen Umlauts als Mittel zur Pluralkennzeichnung ist im gesamten Sprachgebiet seit dem 16. Jh. durchgeführt (vgl. Art. 112, 2.2.). Doch ist die Verteilung von Umlaut vs. Nichtumlaut noch abweichend von der gegenwärtigen Standardsprache geregelt, in der der *-er*-Plural immer mit Umlaut des Stammvokals kombiniert wird, wenn dieser umlautbar ist und der *-(e)n*-Plural niemals kombiniert mit Plural-Umlaut des Stammvokals auftritt. Im Falle des *-e*- und Ø-Plurals ist die Verteilung von Umlaut vs. Nichtumlaut nur teilgeregelt, d. h. die Lexemgruppen mit bzw. ohne Plural-Umlaut können nicht mit Hilfe einer Regel deutlich voneinander abgegrenzt werden. Entsprechend ist hier die Konkurrenz bei zahlreichen Lexemen bis in die Gegenwart belegt. Nerius (1964, 147ff.) nennt Beispiele wie *Altare, Apfel, Bischofe, Chorale, Faden, Garten, Graben, Kardinale, Laden, Plane, Spaße, Tone, Vogel, Wolfe, Fauste, Handen, Nachte.*

Umgekehrt wird der Plural-Umlaut im Gefolge der *-e*-Apokope bes. im Obd. auf zahlreiche Lexeme übertragen, deren Plural in der gegenwärtigen Standardsprache nicht mit Umlaut gebildet wird. Nerius (1964, 144ff.) belegt *Ärme, Ausrüfe, Bänne, Bibliothekäre, Brünnen, Bückel, Drücke, Förste, Häge, Häufen, Hünde, Journäle, Mönde, Nämen, Pokäle, Romäne, Spälte, Täge, Täkte, Thröne, Wägen, Fäsern, Gässen, Läste, Läuben, Mäuern, Kösten.* Vgl. dagegen Semenjuk (1972, 96), die im Omd. der ersten Hälfte des 18. Jhs. nur vereinzelte Belege bucht. Braun

(1765, 292ff.) nennt *Tage, Ambose, Hufe, Wagen* (vgl. Matzel/Penzl 1981, 131).

Solche Formen sind auch im 19. Jh. noch üblich, wie die Listen etwa bei Bauer (1828, 213f.) und Heyse (1838, 475f.) zeigen, und sie sind als Dubletten noch in der gegenwärtigen Standardsprache erhalten, so *Boden : Böden, Kasten : Kästen, Krane : Kräne, Laden : Läden, Lager : Läger, Magen : Mägen, Schlote : Schlöte, Schlucke : -schlücke, Stahle : Stähle, Staube : Stäube, Zwieback : Zwiebäcke, Bunde : Bünde, Drucke : Drücke, Spunde : Spünde, Wasser : Wässer.* Ljungerud (1955, 33ff.) belegt unsichere Verwendung der Plural-Umlaute bei zahlreichen anderen Lexemen, wie *Bausch, Erlaß, Flaum, Flor, Herzog, Kardinal, Korporal, Morast, Rauch, Sand, Schacht, Schall, Spalt, Strunk, Verdacht* etc.

2.8. Entwicklung des *-s*-Plurals

Der *-s*-Plural erlangt im 18. Jh. zum einen durch Übernahme zahlreicher franz. Fremdwörter mit *-s*-Plural und Übertragung des *-s*-Plurals auf andere Fremdwörter, zum anderen bes. im Md. durch Übernahme von *-s*-Pluralen aus dem Nd. große Bedeutung. Der Schwerpunkt bei den franz. Fremdwörtern liegt bei den Mask. (*Kavaliers, Offiziers, Generals, Deserteurs* etc.), doch sind auch zahlreiche Fem. und Neutr. belegt, so *Bataillons, Kabinetts, Garnisons, Demonstrations* etc. (vgl. Nerius 1964, 161ff.; Paul 1917, § 81). Unter den dt. Bildungen finden sich bes. häufig *Kerls, Jungens, Fräuleins, Mädchens, Frauens* (vgl. Paul 1917, § 84; Öhmann 1924, 100ff.; Kaiser 1930, 168ff.; Kirch 1952, 69f.; Nerius 1964, 161ff.). Die dt. *-s*-Plurale bleiben auch im 19. Jh. noch produktiv; Öhmann (1924, 100ff.) gibt neben seltener werdenden franz. Formen zahlreiche dt. an, wie *Amerikaners, Echos, Lumps, Vergissmeinnichts, Albums, Ekels, Stelldicheins, Koffers, Harems* etc. Gegen Ende des 19. Jhs. schwindet dieser von den Grammatikern abgelehnte *-s*-Plural (vgl. Schieb 1981, 163f.) bis auf einige Reste in der gegenwärtigen Standardsprache, wo er auch heute noch umstritten ist (vgl. Erben 1972, 163, Anm. 664) und zumeist konkurrierend mit anderen Pluralflexiven verwendet wird (*Balkons : Balkone, Mädels : Mädel*). In bestimmten Umgebungen aber (nach Vokal im Stammauslaut wie in *Autos, Uhus* und bei Abkürzungswörtern wie *ABC's*; in neuerer Zeit *PKW's*) hat der *-s*-Plural seit dem 19. Jh. einen festen Platz im System (vgl. Sanders 1876, 47) und ist heute produktiv.

3. Verben

Das verbale Flexionssystem ist um 1700 bereits insoweit stabilisiert, als die konsonantischen Bestandteile der Flexive weitgehend dem Stand der gegenwärtigen Standardsprache entsprechen (vgl. etwa Henkel 1974). Dagegen unterliegen die -e-/-Ø-Verteilung in den Flexiven und der Stammvokalismus noch größeren Veränderungen.

3.1. -e-/-Ø-Verteilung

Die -e-/-Ø-Verteilung in den Personalflexiven des Ind. und des präteritalen Dentalsuffixes -(e)t- unterliegt in der gegenwärtigen Standardsprache ausschließlich phonologischen Regeln:

Präs. Ind. Sg.	1.	-e
	2.	-est~-st~-t
	3.	-et~-t~-Ø
Pl.	1.	-en~-n
	2.	-et~-t
	3.	-en~-n

Regeln:
2. Sg.: -est nach Dental im Stammauslaut (außer -s), wenn die 2./3. gegenüber der 1. Sg. keine Vokalvarianz aufweist (schad-e, schad-est) und nach einer stammschließenden Konsonantenverbindung 'Konsonant + Nasal' (atm-est, ordn-est); -t nach -s, sonst immer -st.
3. Sg.: -et wie -est; -Ø nach Dental im Stammauslaut, wenn die 2./3. gegenüber der 1. Sg. Vokalvarianz aufweist (ich rat-e, du rät-st, er rät-Ø), sonst immer -t.
1./3. Pl.: -n nach Liquid bei mehrsilbigen Stämmen (handel-n), sonst immer -en.
2. Pl.: -et wie 3. Sg., sonst immer -t. Die -e-/-Ø-Verteilung im präteritalen Dentalsuffix -(e)t- unterliegt den gleichen Regeln wie -(e)t der 3. Sg. bzw. 2. Pl.

In der ersten Hälfte des 18. Jhs. ist die -e-/-Ø-Verteilung weitgehend frei variierend belegt, wobei sich aber bereits phonologisch bedingte Teilregeln abzeichnen (Semenjuk 1972, 107ff.). Zur Mitte des Jhs. hin nehmen die -e-Formen ab, ohne daß jedoch bereits eine streng phonologische Regelung erreicht wird. In der zweiten Jahrhunderthälfte sind nicht phonologisch bedingte -e-Formen in der 2./3. Sg. bereits nur noch vereinzelt belegt (Paulus 1906, 24). In der 2. Pl. dagegen ist die Verteilung bis ins 20. Jh. noch nicht streng geregelt. Engelien (1902, § 89) nennt paradigmatisch trag(e)t, lob(e)t, flieg(e)t, reis(e)t, Blatz (1895, 469ff.) berg(e)t, sprech(e)t, aber: wartet, lebt, reist. Zur 'Verkürzung' in Konjugationsformen siehe ausführlich Sanders (1876, 167ff.).

3.2. Das analoge -e

Die Tendenz zur Vereinheitlichung des verbalen Flexionssystems im Frnhd. (vgl. Art. 112, 3.) führt in der 1./3. Sg. Prät. der st. Verben zur Ausbildung eines flexivischen -e. Bereits im Mhd. finden sich entsprechend der Flexion der schw. Verben auch bei st. Verben Formen wie ich sahe, doch bleiben solche Belege bis etwa 1500 selten (vgl. Gr. d. Frnhd. IV, § 33). Dieses -e, das in der Forschungsdiskussion die verschiedensten Bezeichnungen erhalten hat (paragogisch, anstößig, unorganisch, epithetisch u. a. m.), wird von Lindgren (1953, 200f.; auch Öhmann 1960, 68f.) als apokopebedingter, sog. hyperkorrekter Schreibfehler gewertet. Die starke Zunahme dieser -e-Formen bes. im 17. Jh. zeigt jedoch die strukturelle Bedeutung des -e als analoge Bildung (vgl. Paul 1917, 198). Im Obd. ist das analoge -e noch bis Ende des 18. Jhs. gut belegt. Semenjuk (1972, 114ff.) nennt versahe, stunde, geschahe, bate, nahme, schritte, schiene, fande, zoge und wurde, die einzige dieser Formen, die in der gegenwärtigen Standardsprache erhalten ist. Paulus (1906, 55f.) belegt für die zweite Jahrhunderthälfte im Schwäb. noch sahe, (-)stunde, erschiene, hielte, ware, liesse, ritte, gienge, auch seye. Belege aus dem 19. Jh. siehe bei Paul (1917, 198).

Die Grammatiker beurteilen dieses -e unterschiedlich. Während Aichinger (1754, § 292) -e für Verben mit Stammvokal i vor tt verlangt (litte, schritte etc.), lehnen u. a. Gottsched (1749, § 286) und Braun (1765, 65 und 239) es ab.

3.3. Angleichung des sogenannten Rückumlauts

Der Angleichungsprozeß der verschiedenen Gruppen schw. Verben im Frnhd. (vgl. Art. 112; Gr. d. Frnhd. IV, § 160ff.) führt im Verlauf des Frnhd. in einigen Mundarten zur gänzlichen Aufgabe des Rückumlauts (auch bei den sechs in der gegenwärtigen Standardsprache noch erhaltenen Lexemen mit Vokalwechsel: nennen, rennen, kennen, brennen, [wenden, senden]). In der Schriftlichkeit finden sich entsprechend mehr oder weniger häufig Belege mit -e. Semenjuk (1972, 116ff.) führt für die erste Hälfte des 18. Jhs. noch genennet, verbrennet, nennete, kennete an. Zahlreiche Belege finden sich bei Haller, Dornblüth u. a. (vgl. Kaiser 1930, 214f.). Für die zweite Jahrhunderthälfte belegt Paulus (1906, 66f.) ebenfalls noch variierende Formen und resümiert, daß um 1780 die -e-For-

men noch ziemlich häufig in der Schreibsprache Schwabens vorkommen, seit Anfang
der neunziger Jahre aber stark zurückgehen.
Adelung (1782, 794ff.) glaubt zwar, daß die
-*e*-Formen als regelmäßige Formen sich
durchsetzen werden, doch gibt er die -*a*-Form
noch als Hauptvariante an. Heinsius (1817,
259) nennt *brennete, gebrennet* als Nebenformen, die aber etwa Heyse (1838, 733) ablehnt.

3.4. Entwicklung des Präsensvokals

Die mhd. Numerusopposition Sg.: *iu* vs. Pl.:
ie in der Ablautreihe II wird zum Nhd. hin
partiell ausgeglichen. Während der Wechsel
iu (/ü/) > eu vs. *ie* im Obd. um 1700 bereits
zugunsten des einheitlichen Diphthongs *ie*
ausgeglichen ist (zu vereinzelten Ausnahmen
siehe Gr. d. Frnhd. IV, § 143), bleibt im Md.
(Omd.) und − aus anderen Gründen − im
Alem. die alte Opposition z. T. bis ins 18. Jh.
erhalten. Kaiser (1930, 204ff.) nennt etwa
scheubst, fleugst, (-)fleusst, fleuhet, geust etc.
In diesem Fall kann sich die md. Variante
nicht durchsetzen. Nach 1800 sind -*eu*-For-
men noch in poetischer Sprache üblich.

Noch Gottsched bevorzugt die -*eu*-Form
und beklagt, daß sie in Meissen nicht mehr
gebraucht werde, Antesperg und Braun lassen sie als Variante zu und Adelung verwirft
die -*eu*-Formen. Nast und Fulda bezeichnen
sie als Archaismen (vgl. Paulus 1906, 50f.),
doch etwa noch Heinsius (1817, 272ff.) und
Heyse (1838, 715) führen Formen wie
*fleuchst, fleucht, fleuch, beut, fleußt, gebeut,
geußt, fleugt, geneußt, kreucht, leugt, schleußt,
spreußt, zeucht, treufft* als poetische Nebenformen an.

Die Numerusopposition Sg.: *i* vs. Pl.: *e* in
den mhd. Ablautreihen IIIb, IV und V wird
dagegen nicht ausgeglichen. Vielmehr setzt
sich hier vom Md. ausgehend im Sg. der −
analog zu den Präsensformen mit Umlaut gebildete − Wechsel 1. Sg.: *e* vs. 2./3. Sg.: *i* auch
im Obd. durch (vgl. Gr. d. Frnhd. IV, § 148).
Die 1. Sg. mit *i* ist im Obd. jedoch bis etwa
zur Mitte des 18. Jhs. belegt, so *ich stirbe,
sihe, lise* und − häufiger − bei Inversion *wird
ich, nimm ich, ergibe ich, besihe ich, sprich ich*
(vgl. Kaiser 1930, 206f.). Der obd. Ansatz,
durchgängig zugunsten des *e* auszugleichen,
konnte sich nicht durchsetzen (vgl. Nordström 1911, 102f.).

Ebensowenig durchsetzen konnte sich der
obd. (bes. wobd.) Ausgleich des Vokalwechsels 1. Sg.: *a/o/au* vs. 2./3. Sg.: *ä/ö/äu* (vgl.
Nordström 1911, 101). Noch Adelung (1782,
800) läßt nicht umgelautete Formen von *lau-*

fen, saufen, braten, backen und *laden* neben
den umgelauteten zu, unter Hinweis auf das
Obd. (Schwäb.), wo *backen, blasen, braten,
fangen, graben, hangen, laden, kommen, laufen, rathen, saufen, schlafen, stoßen* nicht umgelautet werden (siehe die Belege dazu bei
Paulus 1906, 49). Dagegen lehnt er aber Formen wie *frägt, jägt,* etc. als provinziell ab
(Adelung 1782, 790).

3.5. Stammvokalausgleich im Präteritum

Der Ausgleich des Präteritalvokals mit dem
Ergebnis einer stärkeren Profilierung der Kategorie 'Tempus' (vgl. Art. 112) ist in einigen
Bereichen um 1700 noch nicht abgeschlossen.
In der mhd. Ablautklasse III *(i/e−a−u−u/o)*
erfolgt der Ausgleich zugunsten des Singular-
vokals *a*. Dieser Prozeß vollzieht sich im wesentlichen erst im 17. Jh., so daß auch in der
Folgezeit *u*-Formen im Pl. nicht selten sind
(*sie trunken, schwummen,* etc., vgl. die zahlreichen Belege bei Alm 1936, 231). Daneben
besteht ein Ausgleich von Sg. und Pl. zugunsten des Pluralvokals *u* (*es hulffe, sturbe, er-
rung, er schwung* etc.; zahlreiche Belege bei
Kaiser 1930, 212f.). Die Grammatiker treten
zwar für *a* ein, jedoch etwa Gottsched führt
u. a. noch regulär *schlung, klung, trunk, gelung, wund, schwung* an, und noch Schinnagl
(1849, 99ff.) nennt konkurrierende Formen
wie *schwang/schwung, starb/sturb, verdarb/
verdurb, warf/wurf, half/hulf* (vgl. dazu Solms
1993).

Bei einigen st. Verben dauert der Ausgleichsprozeß bis zum Ende des 19. Jhs. an.
So ist etwa die Prät.-Form *hub* obd. noch
Ende des 18. Jhs. gut belegt (vgl. Paulus
1906, 48) und wird von Engelien (1902, 197)
und Blatz (1895, 489) noch als konkurrierende Form zu *hob* angegeben. Vergleichbares
gilt für Formen wie *stund, drasch, borst,
pflag, schwur* u. a. (vgl. dazu Aldenhoff
1961).

3.6. Berührungen der starken und
schwachen Flexion

Ein Großteil der mhd. noch st. flektierenden
Verben wechselt im Verlauf des Frnhd. zur
schw. Flexion (vgl. Art. 112), die mit einem
Anteil von über 95% in der gegenwärtigen
Standardsprache zur Hauptflexion der dt.
Verben geworden ist (vgl. Augst 1975b, 235).
Dieser Prozeß ist um ca. 1750 im wesentlichen abgeschlossen. Ein Vergleich der Grammatiken von Gottsched, Adelung und Heyse
mit der gegenwärtigen Standardsprache zeigt
mit wenigen Ausnahmen das gleiche Inventar

der st. Verben (vgl. August 1975b, 256). Doch die Tendenz zur schw. Flexion setzt sich in der gegenwärtigen Standardsprache durch konkurrierendes Nebeneinander von st. und schw. Bildung bei gleichen Lexemen fort. Van Dam (1958, 91f.) führt dazu an (a: mit Bedeutungsdifferenzierung): *backen, bedingen, gären, hauen, laden, pflegen, salzen, schaffen, schleifen, schnauben, schroten, sieden, weben*; (b: mit stilistischer Differenzierung): *bersten, (-)bleichen, dingen, gleiten, glimmen, erkiesen, klimmen, melken, rächen, saugen, schallen, schinden, sprießen, stieben, triefen.*

Neben vereinzelten st. Formen ehemals schw. Verben wie *pries, frug, glich, stak* (Paulus 1906, 52; Kaiser 1930, 211) existiert bes. im Obd. (Oobd.) im 18. Jh. eine Vielzahl schw. Präteritalformen zu st. Verben *sehete, gebete* etc. Neben der in diesem Fall möglichen, aber wenig wahrscheinlichen Erklärung einer konsequent weitergeführten Ablösung st. Formen durch schw. weist Birlo (1908, 53ff.) auf die ansatzweise durchgeführte Funktionalisierung der Opposition st. vs. schw. als Modusunterscheidung hin. D. h., es existierten Doppelfunktionen zu eigentlich st. Verben, und zwar st. Formen für den Ind. und schw. für den Kj. Diese bereits von Dornblüth (1755, 224) vorgebrachte Erklärung erhält vor dem Hintergrund der mundartlichen Gegebenheiten im Bair., wo die Bildung des Kj. II mit Hilfe des Suffixes /-æd/ gleichermaßen bei schw. und st. Verben möglich ist, große Wahrscheinlichkeit. In der Schriftlichkeit können nun (mundartlich nicht übliche) st. Indikativ- und Konjunktivformen neben mundartlich verursachten schw. Formen stehen, wobei in einzelnen Fällen bzw. bei einzelnen Lexemen eine klare Modusopposition erreicht wird; Birlo (1908) belegt eine solche für *geben, geschehen, sehen, treffen, tretten*, und mit Einschränkung für *brechen, tringen, helffen, nehmen, schreyen*. Daneben sind auch schw. Indikativformen st. Verben nicht ausgeschlossen. Der bayr. Grammatiker Braun (1765, 413) bezeichnet diese Form jedoch als 'Hauptfehler'.

4. Adjektive

Die Veränderungen in der Flexion von Adj. und Pron. nach 1700 betreffen nach Auskunft der Sekundärliteratur vor allem syntaktische Entwicklungen wie die Verwendung der verschiedenen Flexivsätze und weniger die Flexionsformen selbst. Für die Adj. zeigt dies ein

Vergleich von Clemann (1747, 30f.) und Darski (1978). Zu syntaktischen Fragestellungen siehe Semenjuk (1972, 120), Ljungerud (1955, 161ff.), Jeitteles (1893/94), Paulus (1906, 42ff.).

Das Ø-Flexiv im Nom./Akk. Sg. Neutr. erscheint im 18. Jh. noch vereinzelt (vgl. Gr. d. Frnhd. VI, § 55); das Flexiv *-en* im Dat. Sg. Mask./Neutr. nimmt im 18. Jh. zunächst zu, schwindet dann in der zweiten Hälfte aber (vgl. Gr. d. Frnhd. VI, § 64). Lediglich die Varianz *-en : -e* im Nom./Akk. Pl. (aller Genera) wird erst im 18. Jh. wieder zugunsten von *-en* entschieden (endgültig in der 2. Hälfte), wobei ein stilgeschichtlich differenzierter Verlauf zu beobachten ist (vgl. Gr. d. Frnhd. VI, § 74). Die Verwendung von *-(e)s* statt *-(e)n* im Gen. Sg. der Mask. und Neutr. ist nach 1850 nur noch in festen adverbialen Redewendungen üblich, etwa *trockenes Fußes, reines Herzens, frohes Mutes* (vgl. auch Sanders 1876, 38f.).

Abweichungen vom Stand der gegenwärtigen Standardsprache sind noch in der Verwendung des Umlautes bei der Komparation der Adj. belegt. Die nhd. gültige Regel, daß ausschließlich einsilbige Adj. (und *gesund*) mit umlautbarem Stammvokal (außer *au*) in den Steigerungsstufen Umlaut erhalten, ist um 1800 bereits gültig, doch ist der Anteil der Formen mit Umlaut seit 1800 rückläufig (vgl. August 1971, 426f.). In der gegenwärtigen Standardsprache werden nach August (a. a. O.) nur 24 Adj. mit Umlaut des Stammvokals gesteigert (gegen 99 Adj. der gleichen Struktur, die ohne Umlaut gebildet werden). Heinsius (1817, 177) führt mit Umlaut noch u. a. *naß, roth, schmal, bange, grob* an. Blatz (1895, 371, Anm. 2) nennt hinsichtlich des Umlauts schwankend, aber „besser umlautslos": *bang, blaß, brav, dumm, fromm, gesund, glatt, grob, naß, schmal, zart*, bei denen z. T. auch heute noch Unsicherheit im Gebrauch des Umlauts besteht. Die Duden-Grammatik (1995, 298) führt *bang, blaß, fromm, glatt, karg, krumm, naß, rot* und *schmal* variierend mit und ohne Umlaut an, schlägt jedoch vor, in Zweifelsfällen die nicht umgelautete Form zu verwenden.

5. Literatur (in Auswahl)

Adelung, Johann Christoph, Umständliches Lehrgebäude der Deutschen Sprache [...]. Bd. 1. Leipzig 1782. [Nachdr. Hildesheim/New York 1971].

Aichinger, Carl Friedrich, Versuch einer teutschen Sprachlehre. Wien 1754. [Nachdr. Hildesheim/New York 1972].

Aldenhoff, Jules, Doppelformen im Verbalsystem der heutigen deutschen Schrift- und Umgangssprache. In: Revue des langues vivantes 27, 1961, 501–543.

Alm, Erik, Der Ausgleich des Ablauts im starken Präteritum der ostmitteldeutschen Schriftdialekte. I. 1.–3. Ablautreihe und das Verb 'tun'. Diss. Uppsala 1936.

Antesperg, Johann Balthasar von, Die Kayserliche Deutsche Grammatik. 2. Aufl. Wien 1749. [1. Aufl. 1747].

Augst, Gerhard, Über den Umlaut bei der Steigerung. In: WW 21, 1971, 424–431.

Ders., Zum Pluralsystem. In: Ders., Untersuchungen zum Morpheminventar der deutschen Gegenwartssprache. Tübingen 1975, 5–70. (= 1975a).

Ders., Wie stark sind starke Verben? Überlegungen zur Subklassifizierung der nhd. Verben. In: Ders., Untersuchungen zum Morpheminventar der deutschen Gegenwartssprache. Tübingen 1975, 231–281. (= 1975b).

Bauer, Heinrich, Vollständige Grammatik der neuhochdeutschen Sprache. Bd. 2. Berlin 1828. [Nachdr. Berlin 1967].

Bech, Gunnar, Zur Morphologie der deutschen Substantive. In: Lingua 12, 1963, 177–189.

Birlo, Hans, Die Sprache des Parnassus Boicus. Diss. München. Augsburg o. J. (1908).

Blatz, Friedrich, Neuhochdeutsche Grammatik mit Berücksichtigung der historischen Entwicklung der deutschen Sprache. Bd. 1. 3. Aufl. Karlsruhe 1895.

Braun, Heinrich, Anleitung zur deutschen Sprachkunst. Zum Gebrauche der Schulen, in den Churlanden zu Baiern. München 1765.

Chirida, Diana, Der Ausgleich des Ablauts im starken Präteritum im Frühneuhochdeutschen. Bern [etc.] 1988.

Clemann, Johann Christian, Versuch einer regelmäßigen Beugung oder Declination der Teutschen Nennwörter, [...] nebst einem kurtzen Anhang von der Beugung der Beywörter oder adjectivorum. Schwerin [im Selbstverlag] 1747.

van Dam, Jan, Handbuch der deutschen Sprache. Bd. 2: Wortlehre. 3. Aufl. Groningen 1958.

Darski, Józef, Die Adjektivdeklination im Deutschen. In: Sprachw. 4, 1979, 190–205.

Dornblüth, R. P. Augustino, Observationes oder Gründliche Anmerckungen über die Art und Weise eine gute Uebersetzung [...] zu machen [...]. Augsburg 1755.

Duden, Grammatik der deutschen Gegenwartssprache. 5. Aufl. Mannheim 1995. (Der Große Duden 4).

Eggers, Hans, Deutsche Standardsprache des 19./20. Jhs. In: LGL 1980, 603–609.

Engelien, August, Grammatik der neuhochdeutschen Sprache. 5. Aufl. Berlin 1902. [Nachdr. Hildesheim/New York 1972].

Engström-Persson, Gunhild, Zum Konjunktiv im Deutschen um 1800. Uppsala 1979.

Erben, Johannes, Deutsche Grammatik. Ein Abriß. 11. Aufl. München 1972.

Erni, Christian, Der Uebergang des Schrifttums der Stadt Bern zur neuhochdeutschen Schriftsprache. Diss. Bern 1949.

Fourquet, Jean, Grammaire de l'allemand. Paris 1952.

Gayler, F. G., Die Deutsche Deklination mit besonderer Rücksicht auf den schwäbischen Dialekt [...]. Reutlingen/Stuttgart 1835.

Gortzitza, W. O., Die neuhochdeutsche Substantiv=Deklination. Erster Abschnitt. Programm Lyck 1843.

Ders., Die neuhochdeutsche schwache Substantiv=Deklination. In: ASNS 16, 1854, 408–431.

Ders., Die neuhochdeutsche Substantiv=Deklination. Dritter Abschnitt. Programm Lyck 1866.

Ders., Die neuhochdeutsche Deklination der Adjectiva, Zahlwörter und Pronomina. Programm Lyck 1877.

Gottsched, Johann Christoph, Grundlegung einer deutschen Sprachkunst. 2. Aufl. Leipzig 1749. [1. Aufl. 1748].

Grammatik des Frühneuhochdeutschen IV: Flexion der starken und schwachen Verben. Bearb. v. Ulf Dammers/Walter Hoffmann/Hans-Joachim Solms. Heidelberg 1988.

Grammatik des Frühneuhochdeutschen VI: Flexion der Adjektive. Bearb. v. Hans-Joachim Solms/Klaus-Peter Wegera. Heidelberg 1991.

Grimm, Jacob, Deutsche Grammatik. Tl. 1. Göttingen 1819.

Guchmann, Mirra M./Natalja N. Semenjuk, Zur Ausbildung der Norm der deutschen Literatursprache im Bereich des Verbs (1470–1730). Tempus und Modus. Berlin 1981. (B. Gesch. Nhd. 56/V).

Heinsius, Theodor, Teut oder theoretisch-praktisches Lehrbuch des gesammten deutschen Sprachunterrichts. Tl. 1. 3. Aufl. Berlin 1817. (1. Aufl. 1807).

Hemmer, Jakob, Abhandlung über die deutsche Sprache zum Nutzen der Pfalz [...]. Mannheim 1769.

Henkel, Harald, Verbalmorphem und Verballexem. In: ds 2, 1974, 1–10.

Heyse, Johann Christian August, Dr. J. C. A. Heyse's ausführliches Lehrbuch der deutschen Sprache. Neu bearb. v. K. W. L. Heyse. Bd. 1. Hannover 1838. [1. Aufl. 1814].

Jeitteles, Adalbert, Das neuhochdeutsche pronomen. Ein beitrag zur deutschen grammatik. In: ZdPh. 25, 1893, 303–313; 26, 1894, 180–201.

Jellinek, Max Herrmann, Geschichte der neuhochdeutschen Grammatik von den Anfängen bis auf Adelung. Bd. 2. Heidelberg 1914. (GB, 2. Abt., 7).

Ders., Ein Kapitel aus der Geschichte der deutschen Grammatik. In: F. Detter [u. a.] (Hrsg.), Abhandlungen zur germanischen Philologie. Festgabe für Richard Heinzel. Halle 1898, 31−110.

Kaiser, Kåre, Mundart und Schriftsprache. Versuch einer Wesensbestimmung in der Zeit zwischen Leibnitz und Gottsched. Leipzig 1930. (Form und Geist 18).

Kirch, Max, Der Einfluß des Niederdeutschen auf die Hochdeutsche Schriftsprache. Gießen 1952. (GBdPh 99).

Lindgren, Kaj B., Die Apokope des mhd. -e in seinen verschiedenen Funktionen. Helsinki 1953.

Ljungerud, Ivar, Zur Nominalflexion in der deutschen Literatursprache nach 1900. Diss. Lund 1955. (LGF 31).

Matzel, Klaus/Herbert Penzl, Heinrich Braun (1732−1792) und die deutsche Hochsprache in Bayern. In: Sprachw. 7, 1982, 120−148.

Nerius, Dieter, Untersuchungen zur Herausbildung einer nationalen Norm der deutschen Literatursprache in der zweiten Hälfte des 18. Jhs. Darstellung am Beispiel der Substantivflexion. Diss. (masch.). Berlin 1964.

Nordström, Torsten, Studien über die Ausbildung der neuhochdeutschen starken Präsensflexion. Ein Beitrag zur historischen Formenlehre. Diss. Uppsala 1911.

Öhmann, Emil, Der s-Plural im Deutschen. Helsinki 1924. (AASF, XVI−II, 1).

Ders., Über hyperkorrekte Lautformen. Helsinki 1960. (AASF, 123, 1).

Paul, Hermann, Deutsche Grammatik. Bd. 2. Tl. III: Flexionslehre. Halle 1917. [Nachdr. Tübingen 1968].

Paulus, Eberhard, Zur Geschichte der Schriftsprache in Schwaben im 18. Jh. Ein Beitrag zur neuhochdeutschen Laut- und Flexionslehre. Diss. Leipzig 1906.

Penzl, Herbert, Gottsched und das „Lutherische e": zur deutschen Aussprache im 18. Jh. In: Deutsche Sprache: Geschichte und Gegenwart. Festschrift für Friedrich Maurer. Hrsg. v. Hugo Moser/

Heinz Rupp/Hugo Steger. Bern/München 1978, 135−145.

Piirainen, Ilpo Tapani, Deutsche Standardsprache des 17./18. Jhs. In: LGL 1980, 598−603.

Popowitsch, Johann Siegmund Val., Die Nothwendigsten Anfangsgründe der Teutschen Sprachkunst [...]. Wien 1754.

Povejšil, Jaromír, Das Prager Deutsch des 17. und 18. Jhs. Ein Beitrag zur Geschichte der deutschen Schriftsprache. Hamburg 1980.

Sanders, Daniel, Kurzgefaßtes Wörterbuch der Hauptschwierigkeiten in der deutschen Sprache. 9. Aufl. Berlin 1876. [1. Aufl. 1872].

Schieb, Gabriele, Zu Stand und Wirkungsbereich der kodifizierten grammatischen Norm Ende des 19. Jhs. In: Dies. [u. a.] (Hrsg.), Beiträge zur Erforschung der deutschen Sprache. Bd. 1. Leipzig 1981, 134−176.

Schinnagl, Maurus, Leitfaden beim Unterricht in der deutschen Formen- und Satzlehre [...]. Wien 1849.

Schmidt−Wilpert, Gabriele, Zur Substantivflexion, Grammatik und Sprachnorm um 1750. In: ZdPh. 99, 1980, 410−429.

Semenjuk, Natalija N., Zustand und Evolution der grammatischen Normen in der I. Hälfte des 18. Jhs. am Sprachstoff der periodischen Schriften. In: Günther Feudel (Hrsg.), Studien zur Geschichte der deutschen Sprache. Berlin 1972, 79−106. (B. Gesch. Nhd. 49).

Solms, Hans-Joachim, Ein verspäteter Ablautausgleich im konfessionellen und regionalen Sprachenstreit des 18. Jhs.: die starken Verben der mhd. Klasse III a. In: Vielfalt des Deutschen. Festschrift für Werner Besch. Hrsg. v. Klaus-J. Mattheier [u. a.]. Frankfurt 1993, 331−351.

Stulz, Eugen, Die Deklination des Zahlwortes zwei vom XV. bis XVIII. Jh. In: ZdWf. 2, 1902, 85−117.

Wegera, Klaus-Peter, Sprachstand und bürgerliches Sprachbewußtsein im späten 18. Jh. In: Vielfalt des Deutschen. Festschrift für Werner Besch. Hrsg. v. Klaus-J. Mattheier [u. a.]. Frankfurt 1993, 315−320.

Klaus-Peter Wegera, Bochum

129. Die Lexik der deutschen Hochsprache

1. Der Rahmen und die Aufgabe

Der Gegenstand des vorliegenden Artikels ergibt sich aus folgendem sprachhistorischem Rahmen: Die Gesamtsprache Deutsch hat in ihrer üblicherweise als *neuhochdeutsch* bezeichneten über 400-jährigen Geschichte eine Leitvariante, die im Titel dieses Artikels *Hochsprache* genannt wird. Das ist diejenige Varietät (besser: Varietätengruppe) des Dt., die nach ihrer geschichtlichen Rolle, nach dem vorherrschenden Sprachbewußtsein ihrer Sprecher und nach den Aussagen der Sprachhistoriker wie folgt bestimmt ist: Sie wird geschrieben und gesprochen; sie wird im Bildungswesen seit Beginn der Epoche als einzige Varietät pädagogisch gesteuert an die jeweilige Jugendgeneration vermittelt und in allen Kultursystemen der Gesellschaft (z. B. in Schule, Kirche, Wissenschaft, Literatur, Recht, Wirtschaft, Militär) als herausgehobene Varietät gebraucht; sie wird (seit dem späten Mittelalter, verstärkt seit Beginn der Epoche) philologisiert (dazu Warnke 1999, 21 u. ö.), d. h. lexikalisch, grammatisch und stilistisch beschrieben und im Zusammenhang damit einer Normierung mit dem historisch relativ konstanten Zweck unterworfen, ein System zu schaffen, das hinsichtlich seines Inventars durch das Gütezeichen 'Reichtum' und hinsichtlich seines systematischen Aufbaus durch maximale Funktionalität vorwiegend im darstellungs-, aber auch im kommunikations-, reduziert im symptomfunktionalen Sinne ausgezeichnet ist und das deshalb zum Ausdruck jeder individuellen Absicht und jedes gesellschaftlichen Anliegens gebraucht werden kann (die dies fassenden Fachtermini sind *Polyvalenz*, *Polyfunktionalität*, auch *Omnivalenz*); gleichzeitig wird sie zur nationalen sowie zur bildungssoziologischen Identifizierung ihrer Sprecher bzw. deren gehobener Schichten ideologisiert. Man sieht diese Funktionen eher durch Ideologeme wie 'Einheitlichkeit', 'Richtigkeit', 'Konstanz' als durch 'Heterogenität', 'Üblichkeit', 'Wandelbarkeit' gewährleistet. Mit *Hochsprache* konkurrierende Ausdrücke, unter ihnen *Einheitssprache*, *Gemeinsprache*, *Bildungssprache*, *Literatursprache*, *Kultursprache*, *Schriftsprache*, stützen von ihrer Wortbildungsmotivation her die vorgenommene Bestimmung oder weisen auf versteckte ideologische Gewichtungen hin wie diejenige, daß (in einem sehr engen Sinne) die Sprache der schönen Literatur oder (in einem dehnbaren weiteren Sinne) die geschriebene Sprache das eigentliche Orientierungszentrum für alle Varianten der Hochsprache wie der Gesamtsprache schlechthin bildet. Abgrenzungsfragen zwischen *Hochsprache* und dessen Konkurrenzausdrücken sollen hier nicht diskutiert werden; wo es im Laufe des Artikels um thematische Eingrenzungen geht, wird im Sinne des Vorgetragenen, letztlich aber „pragmatisch" entschieden.

1.1. Die dt. Hochsprache steht sprachintern in einem Inter- und Transferenzverhältnis erstens mit den Raumvarianten des Dt. (Dialekten, regionalen Umgangssprachen) und zweitens mit den gruppen- und schichtenbestimmten Varianten, darunter mit den Fachsprachen und den sozialsituativen Registern. Zu den historischen Varietäten (de facto Ahd., Mhd., Frnhd., älteres Nhd.; daneben ist die nd. Linie der Sprachgeschichte zu beachten), deren Texte jedem Besucher deutscher Bildungseinrichtungen über mehrere Ausbildungsjahre hinweg vermittelt werden, besteht logischerweise nur ein einseitiges Entlehnungsverhältnis, nämlich von 'früher' zu 'später'.

1.2. Von ebensolcher Bedeutung wie die sprachinterne (infralinguale) Inter- und Transferenz ist die sprachenübergreifende (interlinguale): Die Hochsprache steht als Empfängersprache im Kontakt mit den europ. Bildungssprachen (Griechisch und Latein für die Gesamtzeit, Französisch im 17./18. Jh., Englisch seit dem 19. Jh.), und sie steht im wechselseitigen Austausch mit mehr als einem Dutzend arealer Kontakt-, zumeist Nachbarsprachen (Französisch, Italienisch, Rätoromanisch, Ladinisch, Friaulisch, Slovenisch, Ungarisch, Tschechisch, Ober- und Niedersorbisch, Polnisch, Schwedisch, Dänisch, Friesisch, Niederländisch, Englisch). Abb. 129.1 versucht, diese Verhältnisse zu veranschaulichen.

1.3. Der sprachinterne und sprachenübergreifende Kontakt gestaltet sich unter historischen, räumlichen und soziologischen Aspekten außerordentlich unterschiedlich, dennoch können einige übergreifende Entwicklungen formuliert werden:

— Innerhalb der Hochsprache ist der Einfluß der geschriebenen auf die gesprochene Sprache höher als derjenige der gesprochenen auf die geschriebene Sprache; möglicherweise befindet sich diese Situation im 20. Jh. in einer gewissen Veränderung; es geht über Jahrhunderte hinweg nicht darum, daß man schreibt, wie man spricht, sondern darum, daß man spricht, wie man schreibt.

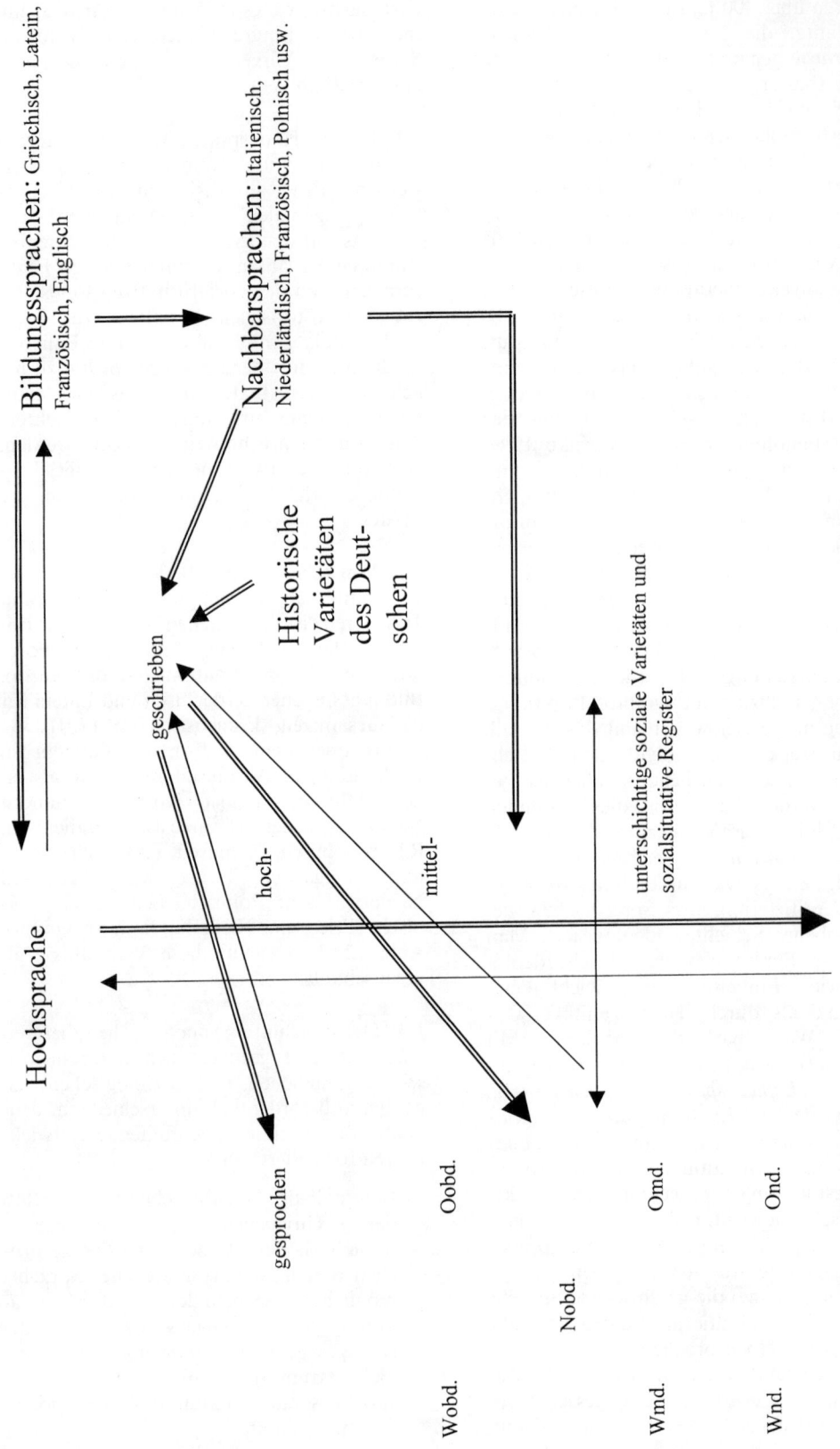

Abb. 129.1: Die Stellung der Hochsprache im Rahmen anderer Varietätengruppen des Deutschen wie im Rahmen ihrer Kontakte mit Bildungs- und Nachbarsprachen. [Der doppelte Pfeil symbolisiert die absolut oder relativ als stark beurteilte, der einfache Pfeil die als schwach betrachtete Richtung des Einflusses. Die sozial höherschichtigen Varianten bzw. Sprachen stehen im Bild höher, die mittel- und grundschichtigen tiefer; dadurch bedingt ist die Raumskizze in der linken unteren Hälfte der Abb. nord-süd-verkehrt]

- Innerhalb der Gesamtsprache ist der Einfluß der Hochsprache (verstärkt ihrer geschriebenen Existenzform) auf die Raumvarianten stärker als der Einfluß der Raumvarianten auf die Hochsprache; anders ausgedrückt: Die Raumvarianten erfahren eine stärkere Angleichung an die Hochsprache als diese an die Raumvarianten; es geht in der Sprachtheorie und -ideologie über Jahrhunderte (vor allem in der vom Rationalismus bestimmten Zeit) eher um die Reinhaltung der Hochsprache von allem Dialektal-Unterschichtigen als um ihre Bereicherung durch Übernahmen aus dem Dialektsockel der Sprache. In der objektsprachlich gedachten Wortgeschichte hat es eher eine lexikalische Auflösung der Dialekte durch hochsprachliche Einflüsse als eine Dialektalisierung der Hochsprache gegeben.
- Die im weitesten Sinne sozial bestimmten Varianten werden stärker von der Hochsprache (und zwar wiederum eher von ihrer geschriebenen als von ihrer gesprochenen Form) beeinflußt als umgekehrt.
- Der Lektüre historischer Texte muß aufgrund ihrer herausgehobenen Stellung im Bildungswesen eine erhebliche lexikkonservierende Wirkung zugeschrieben werden; Entlehnungen in die jeweils zeitgenössische Hochsprache erfolgen (verstärkt durch die Einflußnahme der Sprachwissenschaft: Kirkness 1975; Orgeldinger 1999) seit dem späten 18. Jh. (vgl. Art. 130).
- Zu den Bildungssprachen, von denen jeder Deutschsprechende von einer mittleren Bildungsebene an eine oder mehrere erlernt, deren Texte er liest und die er im sozialen und beruflichen Leben gebraucht, besteht das Verhältnis einseitiger Übernahmen, und zwar im Sinne von äußerer wie innerer Entlehnung.
- Die regionalen Kontaktsprachen stehen zur deutschen Hochsprache in einem prinzipiell als wechselseitig zu betrachtenden Verhältnis, und zwar wiederum im Sinne von innerer und äußerer Entlehnung. Im einzelnen dominiert je nach Sprecherzahl, Sprachprestige, kulturellem Einfluß und anderen historischen Gegebenheiten *eine* Entlehnungsrichtung.

1.4. Gegenstand des Artikels ist nach dem bisher Vorgetragenen die Lexik der dt. Hochsprache, und zwar sowohl als ein im Sinne dynamischer Synchronie betrachtbares, bestimmte Quantitäten und Qualitäten aufwei-

sendes Gebilde wie als Schnittpunkt infra- (räumlicher, sozialer, historischer) und interlingualer (zu Bildungs- und Nachbarsprachen bestehender) Kontakte, der per definitionem nur als in Bewegung befindlich gedacht werden kann. Quantitativ gesehen beläuft sich die Lexik der Hochsprache auf eine Größenordnung, die − je nach dem, was man an Wortbildungen und Phrasemen alles zur Lexik zählt und wo man die Grenze zum Wortschatz anderer Varietäten und anderer Sprachen zieht − minimal bei etwa 100 000 Einheiten liegt, leicht aber auch auf 200 000 Einheiten und mehr veranschlagt werden kann.

1.5. Jede Einheit (= Zeichen) dieses Inventars konstituiert sich nach dem bilateralen Zeichenmodell aus einer Ausdrucks- und einer Inhaltsseite. In Abb. 129.2 findet sich die lexikalische Einheit durch die linke Trapezlinie repräsentiert; die Ausdruckskonstituente (auch *Bezeichnung, Zeichengestalt* genannt) und die Inhaltskonstituente (auch *Gesamtbedeutung, Bedeutungsumfang* genannt) sind durch die Siglen *A* (von *Ausdruck*) und *I* (von *Inhalt*) am unteren bzw. oberen Ende dieser Linie symbolisiert. Beide Seiten werden hier als zusammengesetzt behandelt; die Zusammensetzung der Ausdrucksseite aus kleineren linguistischen Einheiten (Phonemen bzw. Graphemen, Morphemen, Silben) soll durch die links unten angebrachte waagerechte Linie, die mehrstufige Zusammensetzung der Inhaltsseite durch die oberen waagerechten Linienbündel repräsentiert sein; dabei heißt *Sem. 1, Sem. 2* usw., daß der Zeicheninhalt als aus mehreren Sememen (= Einzelbedeutungen) und jedes Semem als aus mehreren semantischen Merkmalen (*SM 1, SM 2,* [...], *SM n*) bestehend gedacht werden kann. Mittels lexikalischer Zeichen beziehen sich die Sprecher einer Sprache über deren Sememe und semantischen Merkmale auf eine (nämlich im seltenen Fall der Monosemie des Zeichens) oder mehrere (so im Regelfall, bei Polysemie) Klassen von Sachen (in der Abb. rechts unten).

1.6. Der Gegenstand des Artikels bestimmt sich damit wie folgt: Es sind die oben genannten 100 000 bis 200 000 Einheiten jeweils mit Ausdrucksseite und Inhaltsseite, in ihrer jeweiligen Zusammengesetztheit und mit ihren Bezügen auf Sachklassen. Man wird dementsprechend von *ausdrucksbezogener* (= *bezeichnungsbezogener*) und *inhaltsbezogener* (= *bedeutungsbezogener*) sowie von *sachbezo-*

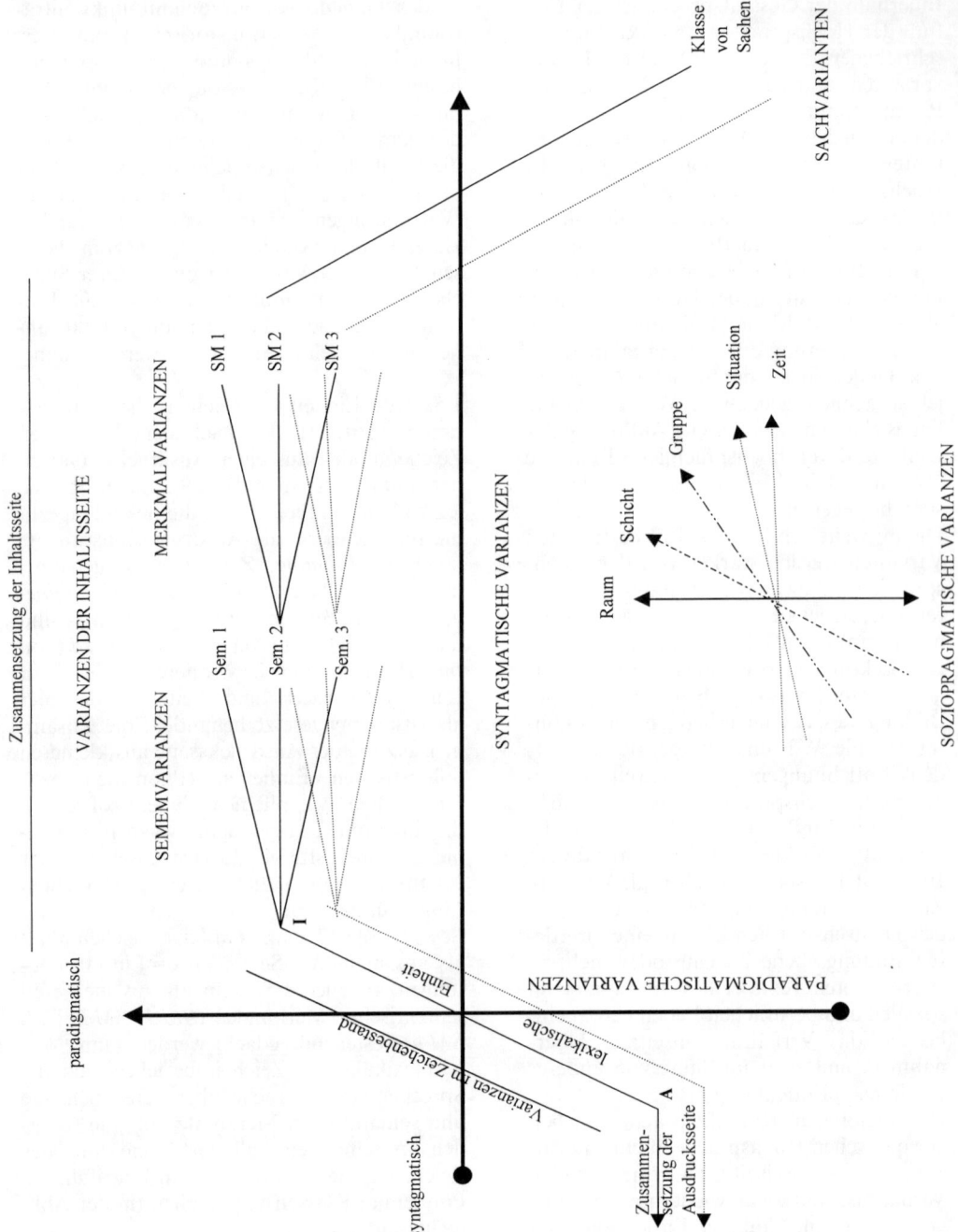

Abb. 129.2: Modell des lexikalischen Zeichens in seinen strukturellen und pragmatischen Zusammenhängen

gener Lexikologie sprechen müssen; hierzu Zahlenangaben zu machen, ist schon deshalb nicht sinnvoll, weil der durchschnittliche Polysemiegrad und damit die Anzahl der Einzelbedeutungen höchstens in jeweils spezifischen Argumentationszusammenhängen bestimmbar ist (vgl. Art. 113) und die Multiplikation einer sehr ungefähren Größe mit so etwas wie 100 000/200 000 Einheiten nichts Exakteres als den Schluß auf außerordentlich hohe, in mehrere Hunderttausende oder gar in einige Millionen gehende Gegenstandsteile zuläßt. Trotzdem soll das Spiel weitergeführt werden: Stellt man Ausdruck, Inhalt und bezeichnete Sache entsprechend den pragmatischen Dimensionen des Wortgebrauchs unter

historische, schichten- und gruppensoziologische, geographische, sozialsituative (= registerbezogene) Aspekte, so ergeben sich zur ausdrucksbezogenen Lexikologie die Unterdisziplinen Ausdrucks- oder Bezeichnungsgeschichte, -soziologie, -geographie sowie die Erforschung von Gruppenausdrücken und Ausdrucksregistern, für die inhaltsbezogene Lexikologie die Inhalts- oder Bedeutungsgeschichte, -soziologie, -geographie sowie die Erforschung von Gruppeninhalten und Inhaltsregistern, für die Sachen die Sachgeschichte, -soziologie, -geographie und die Erforschung von gruppengebundenen Sachen und Sachregistern. Im Schema erhält man folgende Systematik:

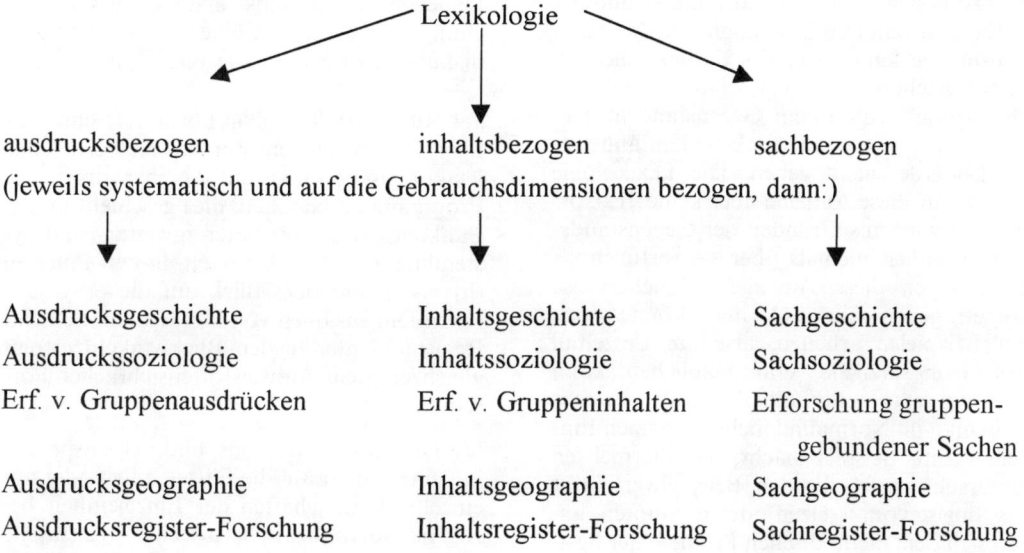

Ausdrucksgeschichte	Inhaltsgeschichte	Sachgeschichte
Ausdruckssoziologie	Inhaltssoziologie	Sachsoziologie
Erf. v. Gruppenausdrücken	Erf. v. Gruppeninhalten	Erforschung gruppen- gebundener Sachen
Ausdrucksgeographie	Inhaltsgeographie	Sachgeographie
Ausdrucksregister-Forschung	Inhaltsregister-Forschung	Sachregister-Forschung

Abb. 129.2 deutet die pragmatischen Dimensionen des Wortgebrauchs mittels des Schemas in der Bildmitte an; es veranschaulicht ferner, daß jede lexikalische Einheit in paradigmatischen (senkrechte Linie links) und syntagmatischen (waagerechte Mittellinie) Beziehungen steht, die paradigmatischen Bezüge sind überdies durch eine Doppelung des Zeichentrapezes repräsentiert (mittels durchgezogener und gepunkteter Linie). Dies alles ist quantitativ selbstverständlich nicht mehr faßbar; ein Wörterbuch der dt. Hochsprache vom 17. bis zur Mitte des 20. Jhs. selbst von mittlerem Umfang kommt, falls es die dargestellten Verhältnisse überhaupt berücksichtigt, auf Informationsmengen von mehreren Millionen.

2. Zur Forschungssituation

Die Lexik der nhd. Hochsprache wird wie diejenige jeder anderen Sprachstufe bzw. Varietät des Dt. herkömmlicherweise durch zwei Disziplinen, nämlich die Lexikographie und die Lexikologie, beschrieben.

2.1. Die Lexikographie des Nhd. ist (Teil)gegenstand folgender Artikel der Reihe HSK: O. Reichmann, Historische Lexikographie (Art. 34 in der 1. Aufl. dieses Handbuches); J. Bahr, Eine Jahrhundertleistung historischer Lexikographie: Das Deutsche Wörterbuch, begründet von J. und W. Grimm (ebd., Art. 35); H. E. Wiegand, Prinzipien und Methoden historischer Lexikographie (ebd., Art. 41); ders., Historische Lexikographie

(Art. 38 der vorliegenden Aufl.); P. Kühn/U. Püschel, Die deutsche Lexikographie vom 17. Jh. bis zu den Brüdern Grimm ausschließlich (HSK 5, 2, Art. 204); dies., Die deutsche Lexikographie von den Brüdern Grimm bis Trübner (HSK 5, 2, Art. 205); H. E. Wiegand, Die deutsche Lexikographie der Gegenwart (HSK 5, 2, Art. 206). Die Anlage und die Inhalte dieser Artikel brauchen hier nicht wiederholt zu werden; sie finden sich im folgenden nur in dem Umfang in die Diskussion einbezogen, wie sie das Anliegen des vorliegenden Artikels betreffen. Etwas ausführlicher wird die Forschungssituation der Lexikologie charakterisiert (speziell zur dialektalen Lexik und deren Semantik vgl. Reichmann 1983).

2.2. Angesichts des Inventarumfangs und der zu jeder Inventareinheit möglichen Informationsmenge kann es eine lexikologische Gesamtdarstellung des Wortschatzes der nhd. Hochsprache, die ihrem Gegenstand in dem vorgetragenen systematischen Umfang gerecht würde, nicht geben. Die Lexikologie verfügt für diese Aufgabe über keine Textsorten und wird aus Gründen der Gegenstandsbeschaffenheit niemals über sie verfügen. – Dem gegen diese Aussage möglicherweise vorgetragenen Einwand, man könne doch mit Beispielen arbeiten, also am Einzelfall das Grundsätzliche veranschaulichen, kann zweierlei entgegengehalten werden: Erstens weiß man im Normalfall nicht, was einen Einzelfall zum Beispiel macht; die allermeisten Untersuchungen, die den Beispielwert ihrer Ergebnisse voraussetzen oder behaupten, haben sich dem methodischen Problem der Feststellung von Beispielhaftigkeit (Exemplarizität) nicht gestellt. Der einzige Weg, zu einem diesbezüglichen Ergebnis zu kommen, wäre die Auswertung von Wörterbüchern, also von lexikographischen Texten. Allerdings ist dieser Weg aufwendig, oft wegen fehlender Wörterbücher, mangelnder Vergleichsmöglichkeit vorhandener Wörterbücher, unzureichender Wörterbuchqualität oder eingeschränkter Zugriffsmöglichkeiten auf lexikographische Daten (Goebel/Lemberg/Reichmann 1995) überhaupt nicht bzw. kaum begehbar und immer frageabhängig. Schwerer noch als diese methodischen Probleme wiegt das Faktum, daß nahezu jede lexikalische Einheit als Ausdrucksgestalt, als Inhaltskomplex, in ihrer Sachbezüglichkeit, in ihrem paradigmatischen Stellenwert und hinsichtlich ihrer pragmatischen Gebrauchswerte (Symptomwerte)

ein Individuum darstellt; Individuen sind aber prinzipiell nicht exemplarisch beschreibbar.

2.3. Man wird deshalb am Anfang jeder Forschungsskizze den Normalfall der Beschreibungssituation zu konstatieren haben. Dieser besteht darin, daß es eine Fülle von Arbeiten mit einem zufälligen, durch individuelle oder zeitgenössische allgemeinere Interessen bedingten Einzelgegenstand und mit einem ebenso gearteten Erkenntnisinteresse gibt. Im Laufe einer über 200jährigen Beschäftigung mit der Lexik der dt. Hochsprache findet sich immer eine Einzelperson, die irgendeine Einzelbedeutung irgendeines Einzelwortes unter irgendeinem Gegenstandsaspekt und mit irgendeinem Erkenntnisanliegen untersucht. Daneben gibt es selbstverständlich Untersuchungen, die einer in einer bestimmten Zeit diskutierten Lexiktheorie verpflichtet sind.

2.4. Im folgenden soll in Form holzschnittartiger Thesen versucht werden, die bestehende lexikologische Praxis auf das in 1. umrissene Programm zu beziehen; dies geschieht in den Punkten (a) bis (g) unter inventar- und systemlinguistischen Aspekten, in den Punkten (h) bis (j) mit dem Blick auf die pragmatischen Dimensionen von Zeit, Raum, Schicht, Register. Unter beiden Blickwinkeln erfolgt gleichzeitig ein Aufweis offensichtlicher Forschungslücken:

(a) Die Lexikologie zur nhd. Hochsprache hat eine stärker auf die Einzeleinheit oder auf einzelne Eigenschaften der Einzeleinheit bezogene isolationistische als eine strukturelle Ausrichtung. Dies gilt in dem Maße auch für die Behandlung größerer Einheitenmengen, in dem diese unter wechselnden, jeweils besonderen Aspekten betrachtet werden.
(b) Sie hat eine stärker paradigmatische als syntagmatische Orientierung; Untersuchungen semasiologischer und onomasiologischer Zusammenhänge begegnen – obwohl ihrerseits gegenüber isolationistischen Untersuchungen eingeschränkt – häufiger als solche z. B. zur Valenz (Stellenzahl und Form der Ergänzungen), zur syntaktischen Verwendung von Adjektiven und Adverbien, zum Gebrauch von Präpositionen.
(c) Hinsichtlich der Orientierung auf die Ausdrucks- oder die Inhaltsseite lexikalischer Einheiten herrscht insofern eine gewisse Ausgewogenheit, als der Zeichenbestand im wesentlichen erfaßt ist und als Onomasiologie

und Semasiologie im allgemeinen in ihrem Zusammenspiel beachtet werden. Ungleichgewichte kommen aber dadurch zustande, daß die Ausdrucksseite der einfachere und deshalb kürzer behandelbare Gegenstand ist; die phonologische, morphologische und silbische Zeichengestalt lexikalischer Ausdrücke oder deren typische Phonemkombinationen im Deutschen bilden nach der Entdeckung der Lautentsprechungsregeln im 19. Jh. (vgl. Art. 29) keine wirklichen Forschungsprobleme mehr. Umgekehrt weist die Wortsemantik eine Reihe weißer Flecke auf: Kaum untersucht sind z. B. die Regeln der Konstitution, der Zusammensetzung, des Gebrauchs und der Variation onomasiologischer und semasiologischer Felder (vgl. Fritz 1998, 48 sowie Art. 49 in diesem Handbuch), die Gliederung des Wortschatzes in funktionale (statt morphologische) Wortklassen (z. B. nach Designatoren, Charakterisierungen, Quantoren), das Verhältnis von Darstellung und Epistemik (Schildt 1992).

(d) Die Behandlung der Wortarten war lange Zeit durch unterschiedliche Gewichtungen bestimmt: Im Zentrum standen die Nennwortarten (Substantive, Adjektive, Verben), weniger beachtet waren bis in die sechziger Jahre die Partikeln im weitesten Sinne (vgl. Weydt 1969; Wolski 1986).

(e) Innerhalb des nennwortorientierten Teils der Lexikologie gab es Lieblingsgegenstände, die sich großenteils aus der Bildungssoziologie und den Interessen der Lexikologen erklären. Dies waren z. B. der Bildungswortschatz (Pietismus: Langen 1968; hohe Literatur; studentischer Wortschatz: Henne/Objartel 1984), darunter Dichterneologismen und literatursprachliche Wortbildungen, ferner politische Mode- und Schlagwörter, puristische Wortbildungsvorschläge, fachliche (darunter technische) Wortschätze, Erstbeleg- und Erstbedeutungsnachweise, Univerbierungen (Pavlov 1983).

(f) Fremdwort und Erbwort galten trotz aller Argumente gegen eine derartige Unterscheidung (vgl. Art. 26, samt Literatur) als die beiden Großklassen, in die sich der dt. Wortschatz untergliedert. Dem sog. Fremdwortschatz kommt die größere Aufmerksamkeit und die größere Skepsis zu (vgl. Reichmann 1990), dem sog. Erbwortschatz, da er als das Normale und eigentlich Deutsche angesehen wird, die geringere Aufmerksamkeit, aber die größere Bereitschaft zur Akzeptierung, zur Pflege und zur pädagogischen Vermittlung (teilweise sogar in der fach- und wissenschaftssprachlichen Pädagogik) zu.

(g) Simplizia finden im Gefolge der Stammwortideologie der Barockzeit und der davon abhängigen Beschreibungstraditionen eine deutlich höhere Aufmerksamkeit als die Wortbildungen; es gibt keine Theorie oder systematische Beschreibung der Lexikalisierung von Wortbildungen, folglich auch nicht des typologisch relevanten Wechselspiels von Syntax und (lexikalisierter) Wortbildung; die Beschreibungspraxis der allermeisten Wörterbücher (allen voran bestimmte Strecken des DWB, wo Wortbildungen nur isoliert mit einem Klassikbeleg dokumentiert werden) spiegelt dieses Defizit.

(h) Die Erforschung der Wortgeschichte des Nhd. bildet seit der historischen Orientierung der Sprachwissenschaft im 19. Jh. (vgl. unter lexikbezogenen Aspekt den Paradigmenstreit zwischen J. Grimm und D. Sanders: Haß-Zumkehr 1995) das Zentrum der germanistischen Lexikologie. Der Normalfall lexikologischer und lexikographischer Fragestellungen betraf diachron die Entwicklung des jeweiligen zeitgenössischen oder eines historischen Wortschatzes, synchron eher die Beschreibung jeweils (d. h. zum Forschungszeitpunkt) historischer als jeweils zeitgleicher Wortschätze. Die großen Lexika des 19. und 20. Jhs. (allen voran das DWB und das Schweiz. Id. als schweizerisches Gegenstück; Literaturzugang über Abschn. 2.1.) waren (wenn auch mit hoch bedeutsamen Ausnahmen: vor allem Sanders 1876) im Gegensatz zu denjenigen des 18. und beginnenden 19. Jhs. (Adelung, Campe u. a.) in einem sehr fundamentalen Sinne entwicklungsbezogen (speziell zum DWB unter diesem Aspekt: Reichmann 1991); diese Ausrichtung erfährt erst mit den großen Wörterbüchern der Gegenwartssprache (WDG; Duden/GWb.; Brockhaus/Wahrig) eine Veränderung. Entsprechend waren die das Durchschnittsbild der Lexikologie belegenden Untersuchungen entwicklungsbezogen oder synchron-historisch; dazu stimmt, daß es einige umfängliche Darstellungen der deutschen (innerhalb dieser der nhd.-hochsprachlichen) Wortgeschichte (Schwarz 1967; Duden/Wgesch. 1987; Maurer/Rupp 1974) sowie mehrere primär historisch orientierte Wörterbücher (DWB; Heyne 1905/1906; Weigand 1909/1910; Paul 1992) gibt, die sich als Gesamtbeschreibungen der wesentlichen lexikalischen Entwicklungen verstehen, eine synchron orientierte monographische Darstellung des nhd.-hoch-

ab	800	900	1000	1100	1200	1300	1400	1500	1600	1700	1800	1900
I (Präp.)												
A												
1	─	─	─	─	─	─	─	─	─	─		
2a	─	─	─	─	─	─	─	─	─	─	─	
b					─	─	─	─	─	─	─	
3a	─	─	─	─	─	─	─	─	─	─	─	
b			─	─	─	─	─					
[...]												
B												
1			─	─	─	─	─	─	─	─		
2				─	─	─	─	─				
3a						─	─	─	─			
b								─	─			
c						─	─	─	─			
4							─	─	─	─		
5				─	─	─	─	─	─			
6a					─	─	─	─	─			
b					─	─	─	─				
7a			─	─	─	─	─	─	─	─	─	
b					─	─						
c					─	─	─	─	─	─		
8a	─	─	─	─	─	─						
b						─	─	─				
c							─	─	─	─	─	─
C												
1			─	─	─	─	─	─	─	─	─	
2a		─	─	─	─	─	─	─	─	─		
b						─	─	─				
D											─	─
II (Adv.)												
A												
1					─	─	─	─	─	─	─	─
2					─	─	─	─	─	─	─	
3					─	─	─	─	─			
B												
1a					─	─	─	─	─	─	─	
b							─	─	─	─	─	─
2a								─	─	─	─	─
b								─	─	─	─	─
3								─	─	─	─	─
C												
1	─	─	─	─	─	─						

ab	800	900	1000	1100	1200	1300	1400	1500	1600	1700	1800	1900
2a					———	———	———	———	—			
b						—						
3a					———	———	———	———	———	—		
b												
c					———	———	———	———	—			
4a							———	———	———	———	—	
b									———	———	—	
5											—	
D [...]												
E												
1									———	———	—	
2										———	———	—

Abb. 129.3: Wortartikel *ab* als Beispiel historischer Lexikographie (aus: DWB, Neubearb. 1, 17)

sprachlichen Wortschatzes, die in ähnlicher Weise einige forschungsleitende Aspekte in den Mittelpunkt stellen würden, wie dies de facto die Wortgeschichten tun, aber eine der offensichtlichsten Forschungslücken unseres Faches bildet und nach meiner Kenntnis in der überschaubaren Zukunft bilden wird.

Zur Demonstration der generellen historischen Ausrichtung der Lexikographie und Lexikologie des Deutschen sei die Anlage des DWB als ihres bedeutendsten Werkes, gleichsam ihrer sprachnationalen Großleistung kurz veranschaulicht, und zwar mit dem der Neubearbeitung entnommenen Beispiel *ab* (Abb. 129.3; man vgl. mit ähnlicher Aussage auch Abb. 129.5):

Das Beispiel demonstriert: Nach dem Quellenkorpus des DWB können für *ab* seit seiner Erstbelegung in ahd. Zeit rund 50 Bedeutungen (oder Bedeutungsvarianten) angesetzt werden; für die Gesamtzeit charakteristisch ist ein fortwährendes Aufkommen neuer und ein Schwinden vorhandener Bedeutungen. Der Gebrauch des Wortes als Präposition erfährt seit dem 17. Jh. eine verstärkte Reduktion, die adverbialen Verwendungen sind (trotz einzelner Verwendungsschwünde) bis zur Gegenwart eher in Zunahme begriffen. Man kann die Geschichte des Wortes in ihrer vollen Dynamik für jede befragte Epoche wie für die Gesamtzeit mühelos überschauen. Das sprachgeographische Pendant zu diesem Schaubild wäre die Karte (Wort- und Bedeutungskarte); sie ist aus dem Artikel ebenso wenig erstellbar wie eine sprachsoziologisch und sprachpragmatisch motivierte Skizze des

Gebrauchs von *ab* in den Varietäten des Deutschen; vgl. auch (i) und (j).

(i) Die Erforschung der Wortgeographie des Dt. ist in Anlage und Umfang durch Kretschmer 1918, den DWA, Eichhoff 1977 ff., Seibicke 1983 sowie die in der Vorbereitungsphase dieser Werke bzw. in Abhängigkeit von ihnen entstandenen Arbeiten bestimmt (zum DWB s. die Abschlußbemerkung dieses Absatzes). Ihre Anlage ist im Kern onomasiologisch, zielt also auf die (isolationistische) Registrierung der Synonymik zu einer vorgegebenen, als Begriff verstandenen Einheit und die möglichst ortsgenaue Beschreibung der räumlichen Geltung jedes Synonyms. Daran können sich wortgeschichtliche, semantische, etymologische und sach- sowie kulturgeschichtliche Untersuchungen anschließen; im Gefolge des DWA wurden sie zur Regel (Bibliographie bis 1972 bei Barth 1972; vgl. ferner Wiegand/Harras 1971; Art. 5; 41; 79—83 in Dialektologie, HSK 1.1; 1.2). Unter soziologischem Aspekt zielt der DWA von seiner Begründung her auf die grundschichtigen Dialekte; Aussagen zur geographischen Varianz der Hochsprache werden in dem Maße gemacht, wie diese eine dialektal-grundschichtige Basis hat. Kretschmer und Eichhoff haben die dt. Umgangssprachen in einem teils sprachsoziologischen und -pragmatischen und einem teils sprachgeographischen Sinne zum Gegenstand; Seibicke nimmt das gesamte soziologische Spektrum ins Visier. — Vom Umfang her erfaßt die Wortgeographie des Nhd. bei Kretschmer etwa 300, im (institutionalisierten) DWA rund 200 Fragen, bei

Eichhoff (einem Privatunternehmen) eine nur knapp geringere Anzahl, nämlich 187; die Ausbeute an Bezeichnungen ist selbstverständlich höher. Seibicke nennt im Register seines Werkes rund 4000 lexikalische Einheiten, die in seiner Darstellung unter irgendeinem Aspekt (bei ihm auch sach- und bedeutungsgeschichtlicher Art) erwähnt werden. – Trotz der zuletzt genannten hohen Zahl ist insgesamt festzuhalten, daß die räumliche Varianz der Lexik der dt. Hochsprache sehr lückenhaft, bedeutungsgeographisch gesehen sogar nur ansatzweise dokumentiert ist. Eine Ausnahmerolle für die Wortgeographie des Nhd. spielt wiederum das DWB: Obwohl als historisches Wörterbuch konzipiert und gestaltet, bringt es eine Fülle bezeichnungs- und bedeutungsgeographischer Aussagen.

(j) Die Wortsoziologie und die Registerforschung zum Wortschatz der dt. Hochsprache sind hinter der historischen und geographischen Ausrichtung der Lexikologie nahezu verschwindende Disziplinen. Es gibt keine wortsoziologischen und auf textsortenspezifische Register des Wortschatzes bezügliche Großunternehmen und keine Gesamtdarstellung der Schichten-, Gruppen- und Textsortenbindung der hochsprachlichen Lexik. Selbstverständlich existieren zahlreiche Untersuchungen zu Einzelbereichen, insbesondere zu fachlichen Wortschätzen (bibliographischer Zugang dazu über die Artikel von: Fachsprachen) sowie zu Dichterwortschätzen.

3. Varianzen: Entwicklungen, Lagerungen, Schichtungen, Gruppierungen, Register, Kennwörter

Der Wortschatz der dt. Hochsprache weist als ein Gebilde, das von seiner „Seinsweise" (Coseriu 1974, 94) her infra- und interlingual als dynamisch zu denken ist, eine hohe Anzahl von Varianzen auf. Diese betreffen:

– jede linguale Einheit als ganze (in Abb. 129.2: linke Trapezlinie A–I),
– jede ihrer Konstituenten (Ausdruck und Inhalt; in Abb. 129.2: von A nach links gehende Linie bzw. obere Trapezlinien),
– jede der paradigmatischen Relationen, in denen sie stehen,
– jede ihrer syntagmatischen Relationen,
– jede ihrer Gebrauchsdimensionen (nach der Zeit: *Entwicklungen*; nach dem Raum:

Lagerungen; nach der sozialen Schicht: *Schichtungen*; nach der Gruppe: *Gruppierungen*; nach der Sozialsituation: *Register*; nach individuellen Gegebenheiten: *idiolektale Kennwörter*).

Daraus ergibt sich folgendes System lexikalischer Varianz:

(1) Varianzen im Zeichenbestand: Reduktionen und Bereicherungen des Bestandes
(2) Varianzen innerhalb der Einzeleinheit: ausdrucksseitige und inhaltsseitige Varianzen
(3) Strukturvarianzen: paradigmatische und syntagmatische
(4) soziologisch und pragmatisch bedingte Varianzen nach oben genannten Dimensionen

Jede dieser Varianzen soll im folgenden kurz skizziert und anhand von Einzelfällen belegt werden.

3.1. Varianzen im Zeichenbestand

3.1.1. *Reduktionen des Zeichenbestandes*: Sie werden üblicherweise als *Wortschwünde* bezeichnet; diese liegen dann vor, wenn lexikalische Einheiten als ganze oder mit einer bis mehreren ihrer Bedeutungen von den Sprechern einer Sprache strukturell in zunehmend weniger Wortbildungen, pragmatisch in zunehmend weniger Varietäten zunehmend selten und schließlich überhaupt nicht mehr aktiv verwendet und (am Schlußpunkt der Entwicklung) auch nicht mehr verstanden werden. An dieser Definition ist Mehreres hervorzuheben: (1) Wortschwund ist als auf die Gesamteinheit bezogene Erscheinung vom Schwund einer ihrer Einzelbedeutungen zu unterscheiden. (2) Wortschwund als eine einzelwort- oder einzelbedeutungsbezogene Erscheinung im Sinne von (1) ist nicht mit Wortschwund als einer wortbildungsmorphologischen, also auf ein Wortbildungsfeld bezogenen Erscheinung zu verwechseln; wenn etwa die Ausdrücke *abbeten, laffen, Lähmde, Lähme* in DWB als Schwünde beschrieben werden, dann bedeutet das nicht, daß diese Einheiten in anderen Wortbildungen (z. B. in dialektalem *auf-, auslaffen*, in hochsprachlichem *beten, lahm* usw.) nicht mehr vorkommen. (3) Wortschwund kann in der Gesamtsprache und in jeder ihrer Varietäten sowie in beiden medialen Ausprägungen (also in der Schriftlichkeit und in der Mündlichkeit) erfolgen; jedenfalls besagt ein Aufhören der Verwendung eines Wortes in der Hochsprache keineswegs, daß die Verwendung auch z. B. in den Dialekten oder Fachsprachen ausläuft; insofern sind Verhochsprachlichungen, Literarisierungen, Archaisierungen, Verfachlichungen, Dialektalisierungen, Soziolektalisierungen aller Art als Stufen des Wortschwundes betrachtbar. (4) Nichtverwendung eines Wortes ist etwas weitgehend Anderes als sein Nichtverstehen; ein Wort pro Zeit, Raum, Sozialsituation (usw.) zunehmend zu meiden, heißt keineswegs, daß es nicht noch Jahrhunderte später, in anderen Räumen und in anderen Sozialsituationen verstanden werden könnte. (5) Der Ausdruck *Schwund* hat zwei in vorliegendem Zusammenhang relevante Bedeutungen, er ist nämlich sowohl als nomen actionis, mithin als Prozeß, wie metonymisch dazu als nomen acti, mithin als Prozeßergebnis, zu verstehen. (6) Wortschwund wird als Folge der historischen Orientierung der Lexikologie im allgemeinen als ein in der Zeit verlaufender Prozeß verstanden. Bei einer Auffassung der Sprache als wesenhaft dynamisch ist er mit gleicher Berechtigung unter sprachgeographischen, -soziologischen, -pragmatischen Aspekten betrachtbar. (7) Wortschwund ist von der Metaebene aus beeinflußbar, er kann sich umkehren bzw. umgekehrt werden.

Der Wortschwund ist schon aus dem Grunde nicht sinnvoll meßbar, weil zwischen kurzfristiger Gebrauchseinschränkung, längerfristigem Mindergebrauch und schließlichem Gebrauchserlöschen ein stufenloser Übergang besteht; wollte man das Ergebnis in Zahlen fassen, so wären mindestens folgende Vorklärungen zu treffen: Welcher Teil des Wortschatzes soll auf Schwünde (als Ergebnis) untersucht werden, z. B. der Gesamtwortschatz des Dt. oder ein Teil davon, etwa der Erbwortschatz oder der Fremdwortschatz, eine Varietät oder Varietätengruppe, die gesprochene oder die geschriebene Sprache? Soll der Schwund der Einheit als ganzer (also mit all ihren Bedeutungen) untersucht werden oder nur der Schwund der Einheit in einer oder mehrerer ihrer Bedeutungen gemessen werden? Im Hinblick auf die unscharfen Grenzen der Lexik wäre zu fragen, ob nur der Schwund eines Morphems, das gleichzeitig Lexem ist, untersucht werden soll oder auch das nur in bestimmten Wortbildungen begegnende Morphem. Jedenfalls entpuppen sich die in allen Wortgeschichten und sonstigen lexikologischen Darstellungen üblichen Aussagen des Typs, bestimmte (aufgelistete) Wörter seien seit einer bestimmten Zeit ge-

schwunden (etwa Besch 1967; Tschirch 1969, z. B. S. 115; von Bahder 1925, 57—91), in dieser Form sehr oft als grobe strukturelle und soziologisch-pragmatische Vereinfachungen und zum Teil als Verfälschungen.

Für den Wortschwund (als Prozeß) kann kein Kommunikationsbereich als besonders betroffen angesehen werden, da er (stärker als das Ergebnis) zur Seinsweise von Sprache gehört (vgl. Abb. 129.3). Dem Schwund (als Ergebnis) werden dagegen gewisse Häufigkeitsverteilungen zugeschrieben; danach ist er z. B. für folgende Bereiche vielfach belegbar: haus- und landwirtschaftliche sowie gewerbliche Urproduktion (Literaturzugang über: Fachsprachen, Kap. XIV, HSK 14.1), grundschichtige Dialekte, auf die Herstellung von Zwischenprodukten und zeitabhängigen Artefakten spezialisierte Industrien, gewisse Rechtsbereiche (Rechte des Alten Reiches; Territorialrechte; Quellen- und Materialzugang über: DRW). Aussagen dieser Art klingen plausibel; es ist aber zu betonen, daß sie allzu oft auf unzureichender empirischer Basis beruhen; genauere Auskunft vermögen nur die Durchsicht des gesamten DWB (und vergleichbarer Wörterbücher) sowie systematische Wörterbuchvergleiche zu geben. Entsprechendes gilt für die Erklärung des Wortschwundes: Schwinden der Sachgrundlage, etymologische und wortbildungsmorphologische Isolierung, schwankende Lautform, bei Fremdwörtern der Grad der Eindeutschung und der strukturellen wie pragmatischen Einbettung als immer wieder genannte Gründe sind zu beachten, die Entscheidung, ob aus ihnen Regeln formuliert werden können, welchen Sicherheitsgrad (etwa: Tendenz, Wahrscheinlichkeit, Gesetz) diese haben und wie sie strukturell und pragmatisch differenziert werden müssen, verlangt eine umfänglichere Induktionsbasis, als die meisten Untersuchungen haben.

Einzelfälle des innerhalb der nhd. Sprachgeschichte erfolgten Wortschwundes (als Ergebnis) sind nach der Darstellung im DWB (jeweils sub voce): *laben* 'gerinnen machen', *lachsnen* 'hexen', *Lachsner*, *Laddrein* 'Latrine, Abtritt', *Ladünkel* (und zugehörige Wortbildungen), *Lahn* 'Draht', *werb* 'mal'.

3.1.2. *Bereicherungen des Bestandes*: Ausdrücke wie *reich, bereichern, Bereicherung, Reichtum* und deren Synonyme (etwa *ausbauen, Ausbau*) und Antonyme (vor allem *arm, Armut, verarmen, Verarmung*) werden immer dann gebraucht, wenn der Lexikologe aussagen möchte, daß eine bestimmte Sprache oder Sprachvarietät, auch ein bestimmter Idiolekt, relativ zu einer Vergleichsgröße (wieder einer Sprache, einer Sprachvarietät oder einem Idiolekt) ein höheres oder niedrigeres lexikalisches Inventar aufweist. Die Ausdrücke suggerieren wie *Schwund* sehr oft einen Ablauf in der Zeit, je nach Ideologie also Fortschritt oder Verfall; es ist also wiederum zu betonen, daß der Inventarvergleich auch wortgeographisch, -soziologisch, idiolektbezogen usw. durchgeführt werden kann.

Beispiele für Bestandesvermehrung lassen sich unter historischem Aspekt besser als in allen Spezialuntersuchungen und in allen Wortgeschichten an der Lemmaliste des DWB ablesen. Die Neubearbeitung, die die Wortgeschichte systematisch dokumentiert, zeigt für die ersten 50 Seiten der Strecke *a* folgende Ergebnisse (Belegung nach 1650):

Aalfischer, Aalfischerei, aalglatt, Aalglätte, Aalstrich, Aasbande, aasen, Aasfliege, Aasfresser, Aasgeruch, aasig, Aasjäger, Aaskrähe, Aasseite, Aasstück, Aaszeug, abänderlich, abändern, Abänderung (+ Komposita), abängsten, Abarbeitung, abärgern, Abart, Abartung, abäschern, abästen, abatmen, abäugen, abäußern, Abäußerung, abbalgen, abbangen, abbannen, abbasten, Abbate, Abbauerscheinung, Abbauhammer, Abbauland, abbaumen, Abbaumethode, Abbauort, Abbauprodukt, Abbauprozeß, Abbaustelle, Abbaustrecke, abbauwürdig, Abbe, abbeeren, abbekommen, Abberufung, Abberufungsschreiben, abbestellen, Abbestellung. − Auf den ersten 50 Seiten des zuletzt publizierten Bandes der alten Auflage (Bd. 14, 1, 2; Strecke *wenig* ff.) finden sich: *wenigbedeutend, wenigbesucht, wenigblättrig, wenigblumig, wenigen, weniger, wenigerlei, wenigerstimmig, Wenigessen, wenigglänzend, Wenigkönnerin, Wenignutz, wenigsagend, wenigsamig, wenigstens, wenigstfähig, wenigstmöglich, wenigwertig, Wenigzähner, wenigzellig.*

Zur Demonstration, daß die *reich*-Kennzeichnungen auch für landschaftliche Varianten des Dt. Anwendung finden können (und mit einigen, teils aufklärerischen, teils romantischen Verzerrungen auch finden), sei die Liste einer kleinen Strecke der im Schwäb. Wb. (Bd. 1; Sp. 2−12), nicht aber im Duden/ GWb. verzeichneten Lemmazeichen aufgeführt (Ausdrücke, die eindeutig als vorneuhochdeutsch gekennzeichnet sind, blieben unbeachtet):

abackern, abäckern, abängsten, abären, abartet, abbailen, abba, abbanglen, abbaschen, abbatteren, abbehüten, abbeinen, abbellen, abberaffeln, abberen, abbieten, abblätschen, abbläuen, abborden, abbosen, abbräglen, Abbreche, Abbrechung, abbrocken, abbürzlen, abdachsen, abdachslen, abdachtlen, abdak-

keln, abdalmausen, Abdanket, abdecklen, abdeuhen, abdochten, abdratlen, abdrillen, abduslen, abelen, aben.

In der wortbildungsärmeren Strecke *r* (Bd. 5, Sp. 101−111) finden sich auf nur 10 Spalten:

ra, Raba, rabauschen, Rabine, Raboze, rä(ch), Rachajem, Räche, rächel, rächelen, rachen, Rachengesperr, Rachenputzer, rächsen, Rächwasen, Rack, rack, räcklen, Rackerbauer, rackeren, Rackerleben, Racksege, Radbäre, Raddistel, raden, Radenkügelein, Radgarn, Radkugel.

Die Bestandsvermehrung vollzieht sich einmal in den besonderen historischen Geleisen, die die jeweilige Varietät (also z. B. die Raumvariante Schwäbisch) vorgibt, im Hinblick auf die Gesamtsprache mittels der Möglichkeiten der Wortbildung (Komposition, Ableitung, besondere Bildungen, darunter mit hoher systematischer Potenz die sog. Lehnwortbildung; vgl. Henzen 1965; Dt. Wortb. 1973; Fleischer/Barz 1995; Hoppe u. a.) und der Wortentlehnung; vereinzelt mögen auch sog. Urschöpfungen, für die in der Regel Fälle des Typs *Wauwau, Töfftöff* angegeben werden, eine Rolle spielen.

3.1.3. Details und Differenzierungen der einzelnen Wortbildungsmöglichkeiten können hier nicht einmal in Form einer Aufzählung angesprochen werden (zu einigen Hauptlinien: Seibicke 1984). Statt dessen wird auf einige Probleme der Beschreibung der Bestandsvermehrung eingegangen.

Geht man davon aus, daß der Wortschatz einer Sprache ein Inventar von der in 1. genannten Größenordnung ist, dann suggeriert diese Feststellung eine klare Scheidung zwischen einer (lexikalischen) Inventareinheit und einer durch Kombination solcher Einheiten bestimmten, damit syntagmatischen Einheit. Als Kriterium, ob das eine oder das andere vorliegt, gilt folgende Probe: Man formuliere die in Frage stehende Einheit (also z. B. *Aalfischer*) in ein eindeutiges Syntagma um (also z. B. *Fischer von Aalen*) und prüfe, ob diese Umformung mithilfe der Bildungsbestandteile der Einheit und einiger Fügungsregeln (einschließlich der notwendigen grammatischen Morpheme) auskommt. Ist dies der Fall, so läge ein Ausdruck der syntagmatischen Ränge der Sprache vor; ergibt sich die Notwendigkeit von Zusätzen, so spräche dies für dessen lexikalischen Status. Diese Methode funktioniert in einer hohen Anzahl von Fällen nur im Sinne eines Mehr oder Weniger, so daß ein umfänglicher (in die Größenordnung von einem Viertel bis einer Hälfte des Wortschatzes vieler Wörterbücher reichender) Zwischenbereich zwischen Lexik und Syntagmatik zu konstatieren ist.

V. M. Pavlov hat diesen Bereich „morphologischer Zwittergestalten" (1983, 10) am Beispiel des zusammengesetzten Substantivs mit substantivischem Erstglied ausführlich beschrieben. In einer empirisch abgesicherten Untersuchung des grammatisch-syntaktischen Zusammenspiels von Artikelgebrauch, Nachstellung des attributiven Genitivs, Ausbildung der uneigentlichen Zusammensetzung und der Schreibregularitäten des Mittelalters und der Neuzeit kommt er zu dem Ergebnis, daß das Kompositum der „Ausdruck typisierender Herausstellung einer Teilmenge von Dingen aus dem Umfang des Begriffes des Grundwortes" (ebd.) sei. Das Entscheidende an dieser Aussage ist, daß die Teilmenge (1995, 111: „Teilklasse") „ihrerseits eine Verallgemeinerung" ist und nicht wie in der Wortgruppe „dem bezeichneten Einzelding ein Merkmal attribuiert" (1983, 9). Das Kompositum als Ausdruck des Typischen sei nun dazu „prädisponiert, die lexikalische Bezeichnungsfunktion auszuüben" (ebd. 8), die Wortgruppe dagegen habe syntaktische und textliche Aufgaben bei der Charakterisierung von Gegenständen.

Die von Pavlov vorgenommene Unterscheidung trifft einen der relevantesten Gegenstandsbereiche der grammatisch-semantischen Form-Funktionsbeziehungen des Deutschen; ihre Anwendung auf den Einzelfall kann zu unterschiedlichen Zuordnungen führen und bestätigt damit den oben konstatierten Zwischenbereich zwischen Lexik und Syntax (und zwar nicht als Systemdefekt, sondern als Konstituens des Systems). Diese systematische Situation wird durch eine pragmatische Gegebenheit überlagert: Das Kriterium für die Lemmawürdigkeit einer Einheit ist nicht ausschließlich deren Lexikalisierung und auch nicht ausschließlich ihre Typisierungsleistung; vielmehr spielen andere (z. B. sachkulturelle), aber lexikographisch ebenso relevante Gesichtspunkte mit. Trotzdem ist festzuhalten, daß die Wortbildung mit der ihr eigenen Tendenz zur Lexikalisierung (und der Typisierung als einem ihrer Merkmale) zu einer erheblichen Ausweitung dieses Inventarteils zumindest in einigen Varietäten, sicher aber auch im Deutschen überhaupt, geführt hat. Eine Aufrechnung von Schwünden gegen

Bestandsvermehrungen soll hier vermieden werden.

Zur lexikalischen Entlehnung vgl. die Einzelartikel in Kap. XIX.

3.2. Varianzen innerhalb der Einzeleinheit: die Ausdrucksseite

3.2.1. Die Ausdrucksseite des dt. Wortschatzes weist pro Einheit eine außerordentlich hohe etymologische Konstanz auf. Damit soll nicht gesagt sein, daß die Wörter des Dt. ohne größere Ausnahmen hinsichtlich ihrer Herkunft geklärt seien und durchgehend bestimmten lexikalischen Einheiten anderer germ. oder gar idg. bzw. (beim Fremdwortschatz: auch außeridg.) Sprachen zugeordnet werden könnten; dazu ist der Teil des nicht aus der Indogermania herleitbaren Wortschatzes zu groß. Es wird aber behauptet, daß sie unabhängig davon, ob sie etymologisch eingeordnet werden können, durch eine erstaunliche Konstanz ihrer Zeichengestalt gekennzeichnet sind. Diese gilt erstens für die volle Erstreckung der Geschichte und der Vorgeschichte des Dt., mithin für mindestens ein Jahrtausend, teilweise erheblich länger; sie erstreckt sich zweitens über die volle Ausdehnung des Sprachraums des Dt., geht teilweise darüber hinaus. Als Gründe könnten in Frage kommen: eine die geschichtlichen Zeiten und Räume seit etwa einem halben Jahrtausend übergreifende, primär auf das Dt. als Einzelsprache, aber auch auf das Germ. und seit dem beginnenden 19. Jh. auf das Idg. als Sprachgruppen gerichtete Pflege des metasprachlichen Bewußtseins; ebenso dauerhafte, teilweise ins Mittelalter zurückreichende hochschichtige Sprechtraditionen; vor allem die konservierende Funktion der Schrift; innerhalb dieser das sog. historische und das morphologische sowie etymologische Schreibprinzip.

3.2.2. Die Behauptung der Konstanz der Zeichengestalten betrifft selbstverständlich nicht die Konstanz der Einzelphoneme (damit lose verbunden der Grapheme), aus denen ein Zeichen aufgebaut ist. Im Gegenteil: Nahezu alle vokalischen und alle konsonantischen Phoneme haben teils einzelnen, teils systematischen Entwicklungen unterlegen. Es gab Lenisierungen und Fortisierungen, Spirantisierungen und Entwicklungen zum Verschlußlaut, Vokalisierungen, Assimilationen und Dissimilationen und vieles andere im Bereich der Konsonanten, Monophthongierungen und Diphthongierungen, Dehnungen und

Kürzungen, Hebungen und Senkungen, Rundungen und Entrundungen, Umlautungen, Ablaute und vieles andere bei den Vokalen (vgl. die Reihe „Sammlung kurzer Grammatiken germanischer Dialekte"). Diese Entwicklungen sind mittels der sog. Lautgesetze im allgemeinen beschreibbar und so beschrieben worden, daß höchstens Einzelfälle ohne diesbezügliche Herleitung blieben.

3.2.3. Im Wortschatz des Dt. einschließlich des Nhd. verbindet sich die Konstanz der Zeichengestalt (oft ist es die Morphemgestalt) mit der Varianz der Einzelphoneme strukturell und pragmatisch in folgender Weise:
(1) Innerhalb eines Wortbildungsfeldes ist jede Einzelbildung als Niederschlag einer oder mehrerer Lautentwicklungsregeln zu beschreiben. So stellen sich zu dem als Simplex geschwundenen mhd. *bërn* z. B. die Bildungen *Bahre*, *(frucht)bar*, *(ur)bar*, *gebaren*, *Gebärde*, *gebären*, *Geburt*, *geboren*, *entbehren*, *Bürde*; zu *fahren* gibt es *Fahrer*, *Gefärde*, *Fahrt*, *Gefahr*, *Gefährte*, *Ferge*, *fertig*, *Fuhre*, *führen*, *Furt*; zu *kommen* finden sich *Kunft*, *ab-*, *an-*, *aufkommen* usw., *Ankömmling*, *bekömmlich*, *bequem* (jeweils nach Pinloche 1930; bei Augst 1998 sind die Listen anders, teils ausführlicher, teils eingeschränkter, geschnitten; zu beachten ist selbstverständlich, daß alle angegebenen Ausdrücke ihrerseits wieder als Bestandteile neuer Wortbildungen fungieren).
(2) Innerhalb des Flexionssystems spiegeln einige Formen trotz aller stattgehabter Ausgleichsvorgänge das Wirken vordt. bis dt. Lautentwicklungsregeln: z. B. alle Vokalwechsel in der 2. und 3. Pers., Sg., Präs., Relikte der Primärberührung (*bringen*, *brachte*), der Konsonantengemination (*sitzen*, *saß*) usw.
(3) Die Lautentwicklungsregeln bewirken durch ihre Raumbindung, daß jedes Wort des Dt. seine eigene Raumphonologie hat; so haben die Artikelköpfe aller größeren Mundartwörterbücher des Dt. pro Lemmazeichen mehrzeilige bis (in extremen Fällen) mehrspaltige Köpfe, die ausschließlich der einzelräumlichen bis einzelörtlichen phonologischen Varianz einer etymologisch konstanten Zeichengestalt gewidmet sind (vgl. Abb. 129.4). Diese Varianzen sind in ihrer überwiegenden Mehrzahl für die hochsprachliche Phonologie irrelevant, in die hochsprachliche Phonetik streuen sie systematisch über die Lizenzen der sog. gemäßigten Hochlautung hinein. Unabhängig davon haben sie eine in-

ventarerhöhende, sowie eine strukturelle, vor allem wortbildungsmorphologische Potenz, vgl. die Wortgeschichten von z. B. *bequem*, *Gerücht*, *Lager*, *quer*, *zwerch*.

Lunn Z., *Lund* AP *(Lond)*; SchNnk.; ZO., *Lunt* ThTäg.; ZO., *Lung* AaAar., Seet., Wohl.; Bs; B; L; S; ZN., W., *Lunne^n* ZDättl., *Lunde^n* ZO., S., *Lüne^n* AaF., Fri.; GL, *Lüner* GrUVatz; GSa., *Lunner* GrMai., *Lonn* (Pl. -ö-) BG.; FO.; „LG.", *Lön II* BU.; SBb., *Lonne^n* BSi. (Pl. unver.); ZZoll. (Pl. -ö-) — m., *Löne^n* AaZein.; Bs; S; UwE.; U — f., *Löner* (Pl. unver.) GrChur, I., Pr.; „LG.", *Lumm*, bzw. *Lomm* AP (Pl. -ö-); „GL; G;" SchSt.; Th, *Lumme^n* ZO.

Abb. 129.4: phonologische Varianz von *Lunne* (aus: Schweiz. Id. 3, 1296)

(4) Das für die Raumphonologie Gesagte gilt uneingeschränkt für die Zeitphonologie, also das Faktum, daß alle Einheiten des dt. Wortschatzes phonologisch nach der Zeit differieren.
(5) Die Punkte (1) bis (4) treten in aller Regel in Kombination miteinander auf.
(6) Die phonologische Varianz fach- und wissenschaftssprachlicher Wortbildungen folgt derjenigen der Standardsprache, fachmundartliche Bildungen entsprechen dem jeweiligen Raumstand.

3.2.4. Die etymologische Konstanz einer Zeichengestalt garantiert für eine Reihe von Ausdrücken, daß sie über die untere Sprachgrenze des Dt. und über seine Raumgrenzen hinweg auf Ausdrücke anderer germ. und idg. Sprachen projiziert werden können (so in der Redeweise: dt. *Vater* ist das lat. *pater*). Für eine hohe Anzahl weiterer Ausdrücke ist eine derartige Projektion leicht möglich, wenn ein Etymologe nachhilft (etwa wie folgt: dt. *Hals* ist lat. *collum*, altlat. *colso-*, denn lat. *c* entspricht dt. *h*, lat. *o* dt. *a*). Der sprachhistorische Bildungsstand, den viele Deutschsprechende speziell der Neuzeit, insbesondere seit dem 19. Jh., haben, ist ein die Gegenwart kennzeichnendes Faktum mit Rückwirkungen auf die objektsprachlichen Verhältnisse. Internationalismen (einschließlich der internationalistisch verlaufenden Lehnwortbildung) sind in dem das Nhd. (speziell seine Fach- und Wissenschaftssprachen) kennzeichnenden Ausmaß ohne etymologische Grundkenntnisse ihrer Träger nicht denkbar.
Was für die einzelsprachenübergreifende (im Kern: griechisch-lateinische) Perspektive gilt, muß für die sprachinterne (deutsche) Perspektive erst recht gelten: Nicht nur für

eine *Reihe*, eine *hohe Anzahl* (s. o.; Prozentangaben sind nicht möglich) lexikalischer Ausdrücke, sondern für deren Mehrzahl ist dem Deutschsprechenden eine weitgehende raum- und zeitphonologische Durchsichtigkeit des Wortschatzes (und zwar sowohl für den Simplexwortschatz wie für die Wortbildungen) gegeben. Umgekehrt ausgedrückt: Die phonologische Varianz der Etyma stört deren Durchsichtigkeit im allgemeinen nicht. Zwar verfügt der Deutschsprechende über die Lautgesetze und räumlichen Lautentsprechungsregeln nicht in der Weise, daß er sie auf Anfrage formulieren oder aktiv anwenden könnte, wohl aber ist es so, daß er deren Wirken durchschaut; er kann tatsächlich ahd./mhd. *boum*, frnhd. *baum* (z. B. in den Schreibungen *boum*, *poum*, *pawm*), mundartliches *bom*, *bam* usw. als dasjenige identifizieren, was er aus der nhd. Standardsprache als *Baum* kennt. Ob diese passive Fähigkeit, Mundart- sowie Historiolektausdrücke von teils hoher substantieller Distanz zu deren hochsprachlicher Entsprechung als etymologisch identisch zu erkennen, in nhd. Zeit höher oder niedriger zu veranschlagen ist als im Ahd. bis Frnhd., scheint mir schwer entscheidbar. Die durchschnittlich größere Belesenheit auch in historischen Texten spricht für 'höher', der gebannte Blick des Literarisierten auf das Ideologem der Einheitlichkeit hochsprachlicher Lautung und deren alleinige Richtigkeit sowie das Faktum einer vergleichsweise niedrigen Sprech- und Schreibvarianz in der Praxis sprechen für 'niedriger'. Auf jeden Fall reduziert die heutige sprachsoziologische Situation mindestens folgende, noch in frnhd. Zeit häufiger begegnende bis übliche Möglichkeiten der Bildung neuer oder der phonologischen Neuprägung vorhandener Wörter: Wortbildungen auf dialektaler Phonem- und Morphemgrundlage, Volksetymologien, Umbildungen durch Hyperkorrekturen, Hyperlokalismen, Lautzusätze (vgl. dazu: Frnhd. Gr. 1993, 155ff.). Entsprechend dürfte in nhd. Zeit die Bereitschaft, Bildungen der genannten Kategorien zu akzeptieren, in dem Maße gesunken sein, wie sie gegen die von der Hochsprache her aufgezogenen Lautgesetze verlaufen.

3.2.5. Abweichungen von der (behaupteten) sehr generellen Durchsichtigkeit des Wortschatzes des Dt. und der diesbezüglichen relativen Unwichtigkeit der phonologischen Varianz begegnen systematisch an folgenden Stellen:

(1) Jede grammatisch bedingte Variante (Ablaut, Umlaute, Brechungen usw., seit vordt. Zeit) jedes Etymons kann zum Ausgangspunkt eines eigenen, sich tendenziell verselbständigenden, d. h. nicht mehr auf das Etymon beziehbaren oder bezogenen Wortbildungspfades werden und die Wortschatzquantität im Sinne von 3.1.2. erhöhen; vgl. nhd. *führen*, *Furt* mit ursprünglichen Ablauten zu einer in *fahren* erhaltenen Wurzel oder *fertig* mit altem Umlaut zur gleichen Wurzel; Suffix *-bar*, aber auch *Geburt* zu der in *gebären* erhaltenen Wurzel; *Wand* zu *winden*; *Buße* zur Wurzel von *bessern*, *Gicht* möglicherweise zu geschwundenem mhd. *jehen* (Details bei Kluge/S. 1989).

(2) Jede zeit- oder raumphonologisch bedingte Variante jedes Wortes, jeder Wortbildung und jeder flexivischen Wortform kann zur Bildung neuer Wortbildungspfade führen; vgl. (jeweils mit den Folgebildungen) nhd. *hübsch* (auf der mfrk. Grundlage *hüvesch*) neben *höfisch*; nhd. *Lager* als ursprünglich (md.) mundartliche Variante zu mhd. *lëger*, nhd. *(Arg)wohn* als mundartlich bedingte Form von sonstigem *Wahn*; nhd. *Gerücht* als mnd./rip. Form von mhd. *gerüefte*, nhd. **Gerüfte*.

(3) Jede sprechsprachlich bedingte phonologische Variante kann zur Bildung neuer lexikalischer Einheiten führen: *Hochzeit* (mit kurzem offenen *o*) gegen *hoch* (langes geschlossenes *o*); *schon* (mit ebenfalls kurzem offenen *o*) als unbetonte Modalpartikel gegen das Adv. *schon*; vergleichbar *wol* gegen *wohl*.

(4) Auch zeit- und raumbedingte Schreibungen können durchsichtigkeitsstörend wirken: vgl. obiges *fertig* neben *fahren*, ferner: *Gessner* neben *Gasse*, *Bendel* neben *Band*. Es handelt sich hierbei um eines der bis in die neueste Rechtschreibreform diskutierten Basisprobleme dt. Orthographie.

(5) Die Bedingungen (1) bis (3) greifen insbesondere dann, wenn sachgeschichtliche Veränderungen oder semantische Sonderentwicklungen die durch das Etymon getragene Grundbedeutung einer Bildung verdunkeln; vgl. obiges *Wand* als nicht mehr zu *winden* zugehörig empfunden (im Gegensatz zu dem nach dem gleichen Muster gebildeten, vollständig durchsichtigen Paar *Band/binden*); *fast/fest* (vs. *hart/Härte*); *schon/schön* (vs. *hoch/Höhe*). Gleiche Lautwechsel stehen offensichtlich nicht für einen gleichen Grad der Durchsichtigkeit.

(6) Eine gegenläufige Tendenz besteht dann, wenn eine festgelegte Orthographie die ange-

sprochenen Entwicklungen nicht mitvollzieht. Dies gilt in extremer Weise für die unter Punkt (3) angesprochene, zugegebenermaßen recht kleine Fallgruppe.

3.3. Varianzen innerhalb der Einzeleinheit: die Inhaltsseite

3.3.1. Es ist in der Lexikologie und Lexikographie unabhängig von deren theoretischer Grundlegung erstens üblich (und sinnvoll), die Inhaltsseite des Wortzeichens als aus kleineren Einheiten zusammengesetzt zu betrachten; es ist zweitens − allerdings nur in lexikologischen, nicht in lexikographischen Arbeiten − üblich, sich diese Zusammengesetztheit als gestuft, und zwar als zweistufig, vorzustellen. Die erste Stufe der Untergliederung führt zu den als Einzelbedeutungen (im Gegensatz zur Gesamtbedeutung = Inhaltsseite des Zeichens) verstandenen, oft als *Sememe* bezeichneten Einheiten, die zweite Stufe führt zu den semantischen Merkmalen. Die Formulierungen *etw. als etw. betrachten, sich etw. als etw. vorstellen* sollen dabei andeuten, daß es hier nicht um Aussagen über die ontische Struktur lexikalischer Einheiten geht, sondern um einen allgemein üblichen Betrachtungsrahmen. Die Tatsache, daß er in Abb. 129.2 an das Trapezmodell der strukturellen Lexikologie erinnert, ist nicht als Plädoyer für oder gegen deren theoretische Annahmen zu werten.

3.3.2. Wenn eine linguale Gegebenheit wie die Inhaltsseite als zweistufig zusammengesetzt gedacht wird, dann ergibt sich daraus, daß sowohl auf der ersten wie auf der zweiten Stufe systematische Varianzen (wieder: in allen pragmatischen Gebrauchsdimensionen: Zeit, Raum usw.) angenommen werden. Diejenigen auf der ersten Stufe sollen im folgenden (zusammengefaßt) *Sememvarianten*, diejenigen auf der zweiten Stufe *Merkmalvarianten* heißen. Mit *Sememvariante* ist all dasjenige gemeint, was der Lexikologe oder Lexikograph unter dem von ihm eingenommenen Aspekt und unter den pragmatischen (z. B. lexikographiepragmatischen) Bedingungen, unter denen er steht, einem Ausdruck an Einzelbedeutungen zuschreibt; entsprechend erklären sich Merkmalvarianten als Gesamtheit all dessen, was an inhaltlichen Bestimmungen zur Erläuterung einer Einzelbedeutung und zu ihrer Unterscheidung angeführt wird. Sememvarianten und Merkmalvarianten haben demnach eine qualitative und eine quantitative Seite. Je nach dem, ob man − auf der

Sememebene − einem Zeichen 5 oder 10 Einzelbedeutungen zuschreibt (d. h. als wievielfach polysem man es interpretiert) und wie man diese zuschneidet oder ob man einer Einzelbedeutung − auf der Ebene der Merkmale − z. B. ein religiöses oder ein moralisches Inhaltsmerkmal inhärent sieht oder nicht, kommen unterschiedliche Bilder von der inhaltlichen Zusammengesetztheit einer Wortbedeutung zustande. Die qualitativen Aspekte lassen sich nur schwer systematisieren; die quantitativen sollen im folgenden daher, auch aus beschreibungstechnischen Gründen, im Vordergrund stehen.

3.3.3. Zu ihnen zählen auf der 1. Untergliederungsstufe (Sememebene):
− *Verringerungen* der Anzahl der Sememe; das sind Minderungen der Gebrauchsfrequenz einer oder mehrerer Einzelbedeutungen eines lexikalischen Zeichens bis hin zum Schwund dieses Zeichens in einer oder mehreren seiner Bedeutungen; man faßt die Verringerung der Sememanzahl auch als Tendenz zur *Monosemierung*.
− *Erhöhungen* der Anzahl der Sememe; das ist das Hinzukommen einer oder mehrerer Einzelbedeutungen zu den bereits vorhandenen Bedeutungen eines Zeichens; deshalb spricht man auch von *Polysemierung*.
Zu den Merkmalvarianten zählen:
− Die *Aufgabe* von Merkmalen, d. h. von Kriterien zur Erläuterung und damit Unterscheidung von Einzelbedeutungen mit dem Ergebnis, daß einmal angesetzte und voneinander unterschiedene Einzelbedeutungen, also spezifischere Untergliederungeinheiten, in einer generischeren Einheit zusammenfallen. Man nennt dieses lexikologische Verfahren sowie die mit ihm bezeichnete bzw. konstruierte, in beiden Fällen meist in die Objektsprache hineinprojizierte Erscheinung *Bedeutungsgeneralisierung* oder *-verallgemeinerung*.
− Die *Einführung* von Erläuterungs- und damit Unterscheidungskriterien mit dem Ergebnis, daß eine generischere Einheit zu mehreren spezifischeren differenziert wird. Dieses lexikologische Verfahren sowie die mit ihm bezeichnete bzw. konstruierte und ebenfalls regelhaft in die Objektsprache projizierte Erscheinung heißt *Bedeutungsspezialisierung* bzw. *-verengerung*. Für den besonderen Fall, daß das eingeführte Merkmal der positiven Bewertung des Bezugsgegenstandes dient, spricht man von *Bedeutungsmeliorisierung* oder *-verbesserung*, im umgekehrten Falle

von *Bedeutungspejorisierung* bzw. *-verschlechterung*. Ein allgemein akzeptierter Terminus, der sich auf die oft begegnende Erscheinung bezieht, daß ein bewertender Ausdruck im positiven wie im negativen Sinne gebraucht werden kann, existiert nicht (es sei denn, man spreche von *Evaluativa*). Die Kennzeichnung der Bedeutungsgeneralisierung und -spezifizierung als logische und der Meliorisierung und Pejorisierung als axiologische Erscheinung ist für praktische Zwecke handlich, theoretisch scheitert sie daran, daß eine (im Strukturalismus lange Zeit übliche) Unterscheidung von sog. *Notemen* als logisch-begrifflicher Gegebenheiten und *Konnotemen* als Wertungskriterien nicht aufrechterhalten werden kann.

– Die inhaltliche *Modifizierung* von Merkmalen in dem Sinne, daß prinzipiell jedes Erläuterungs- und Unterscheidungskriterium von Einzelbedeutungen mit jedem beliebigen Feinheitsgrad und mit jedem beliebigen Grad der Üblichkeit verändert werden kann. Diese Aussage betrifft gleichsam die fundamentalste aller Einsichten (oder auch: Annahmen) der lexikalischen Semantik: Es gibt keine absoluten (höchstens relative, historisch langfristige, sachlich einigermaßen unbestreitbare usw.) Festigkeiten im lexikalischen Bedeutungssystem, sondern nur Üblichkeiten, Gewohnheiten, Regeln, Gebräuche, Ähnlichkeiten und zwischen all dem ein Meer von Offenheiten, ausgedehnte Zonen spektrumsartiger Kontinuitäten; demnach kann jeder Einzelsprecher jede relative Festigkeit einer Bedeutung in jedem Sprachspiel mit jedem Grad der Radikalität, also ebenso gut mit feinster Diplomatie wie mit dem kommunikativen Vorschlaghammer, aufbrechen oder umgekehrt die vorhandenen Offenheiten mit neuen Orientierungen besetzen; und er kann seine Infragestellungen wie seine Neubesetzungen je nach der Vorbereitetheit seines kommunikativen Umfeldes mit jeder Art der Erfolgsabsicht und jedem Grad der Erfolgsaussicht in weitere Sprachspiele einbringen. Das (selbst in diesen Zeilen) nicht vermeidbare Reden von Bedeutungen, erst recht das in den vorangehenden Absätzen begegnende Sprechen von der Verringerung oder der Erhöhung der Anzahl von Sememen, von der Aufgabe bzw. Einführung von Unterscheidungen, von Merkmalen usw., so als ob es diese Bedeutungen, Merkmale, Unterscheidungen als fixe Größen gäbe, unterliegt damit der permanenten Gefahr, die (unterstellten) tatsächlichen Verhältnisse, nämlich

Sprache als Gesamtheit von Vollzügen, durch die Auffassung von Sprache als eines irgendwie beschaffenen Systems von Einheiten und Regeln zu verschleiern. In gleicher Weise birgt die stillschweigend gemachte Voraussetzung der Quantifizierbarkeit von Sememen die Gefahr einer Verhüllung von deren weitgehender Offenheit zueinander (vgl. auch Art. 49).

3.3.4. *Verringerungen* und *Erhöhungen* (wie gesagt wurde) der Anzahl der Sememe sind wie die *Aufgabe*, die *Einführung* und *Modifizierung* von Unterscheidungen Niederschlag der Veränderlichkeit der Sprache als ihrer Seinsweise. Sie lassen sich mithin gleichsam an jedem Wort demonstrieren, und zwar ebenso unter z. B. regionalem und fachlichem wie unter historischem Aspekt. Zur Ergänzung des in Abb. 129.2 gebotenen Bildes, das diese Aussage unter lexikgeschichtlichem Aspekt wie als Beispiel für die sog. Wortschwünde zu veranschaulichen in der Lage ist, sei für das Schwanken der Anzahl der angesetzten Sememe ein weiteres Beispiel, und zwar aus dem Überlappungsbereich von Gemeinsprache und historischer Fachsprache (des Rechtes) geboten (Abb. 129.5).

Man erkennt: Im 14. Jh. häufen sich (möglicherweise corpusbedingt) die Polysemierungen; für die gesamte Zeit, gehäuft für das 18. Jh., wird das Auslaufen einzelner Sememe angenommen; die Abbrüche der Linien im 19. Jh. erklären sich daraus, daß das DRW nur die ältere dt. Rechtssprache (bis zum Ende des Alten Reiches) erfaßt.

Als weiteres Beispiel für die Beschreibungsprobleme eines lexikalischen Zeicheninhalts sei das Wort *Abenteuer* in der Renommierfassung von H. Schmidt (DWB, Neubearb., Sp. 150–165) diskutiert (dabei ist ausdrücklich zu betonen, daß nur einige, in vorliegendem Argumentationszusammenhang wichtige Formulierungen betrachtet werden sollen). Der Artikel untergliedert das Bedeutungsfeld des Wortes in der Weise, daß auf einer ersten Untergliederungsebene (mittels römischer Zahlen gekennzeichnet) eine Gruppe „I die normalsprachlichen Grundbedeutungen" von einer Gruppe „II abgeleitete Bedeutungen der älteren Sprache" unterschieden wird. Gruppe I hat dann die Untergruppe „A der mhd. Hauptgebrauch und die unmittelbar anschließenden Verwendungsweisen" und „B der nhd. Gebrauch gewinnt in bestimmten Verwendungen eine eigene Färbung, ohne sich von den älteren ganz zu lösen". Die in nhd.

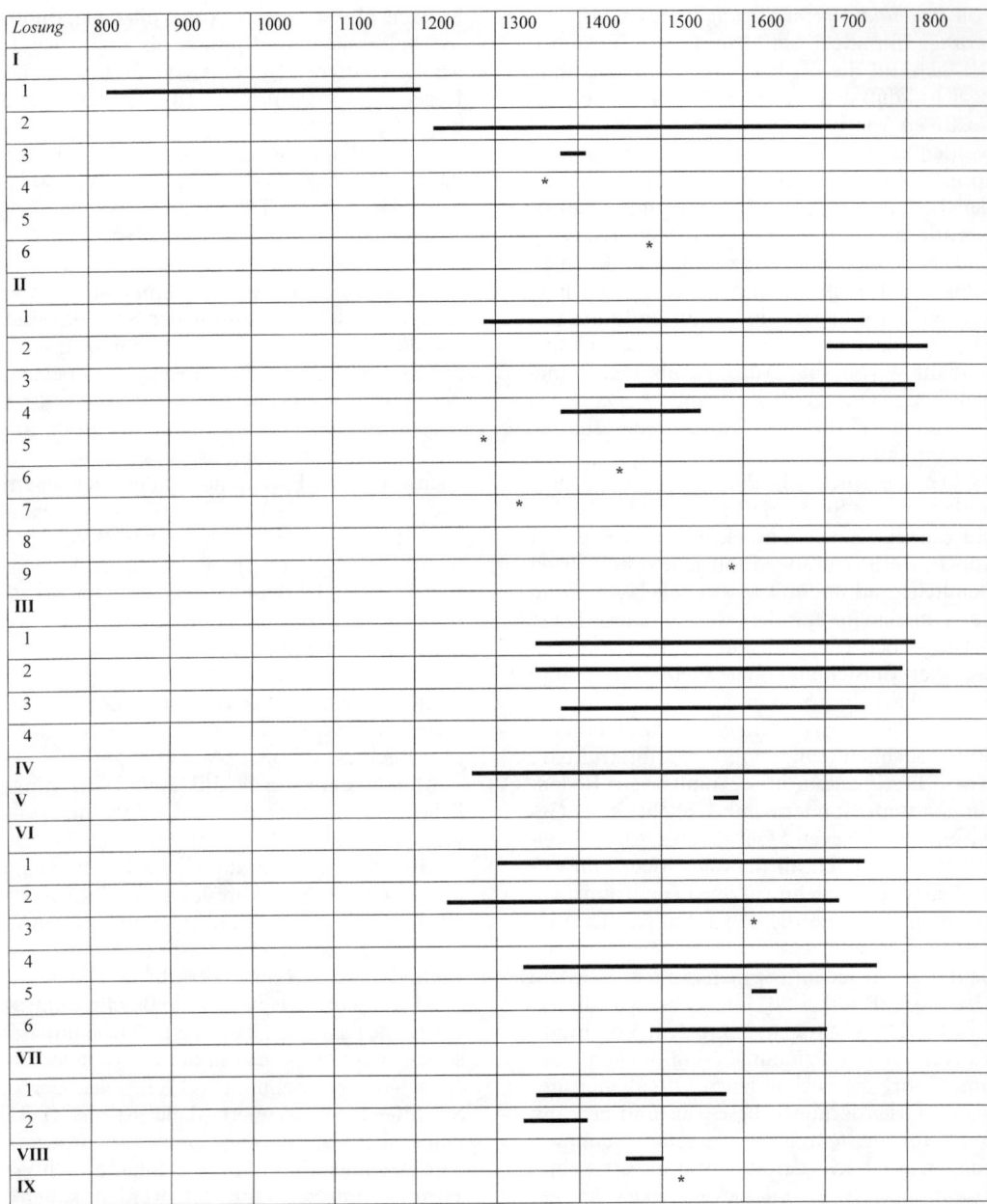

Abb. 129.5: Verringerungen und Erhöhungen der Sememanzahlen von *Losung* 'Befreiung' (aus: DRW 8, 1446)

Zeit hineinragende Untergruppe B (von I) wird nach arabischen Zahlen wie folgt erläutert:

„1 Abenteuer als zu Erlebendes oder Erlebtes in typischen [...] Anwendungen",
„2 gewagtes Unternehmen mit ungewissem Ausgang. Gegenüber dem zugrundeliegenden Ge-

brauch in A2b fehlt hier der im eigentlichen Sinn kämpferische Einsatz"
„3 in besonderer Ausprägung [...]".

Zu jedem der Ansätze I, B, 1−3 gibt es Spezifizierungen, z. B. zu 1 die folgenden:

„a Abenteuer der Fremde"
„b Erlebtes als Erzählstoff"

„c persönliches Erlebnis; überraschender, anregender Vorfall; so nicht selten in ironischer Distanz zum älteren Abenteuerbegriff [...]. Daneben bedeutungsintensiv: 'zu bestehende, erregende Problemsituation' [...]".

In dieser Weise gestaltet sich die Bedeutungserläuterung von *Abenteuer* über 13 engbedruckte Wörterbuchseiten. Die sich dem Sprachhistoriker und Metalexikographen dabei stellenden Beobachtungen und (nicht kritisch gemeinten, sondern der Problematisierung dienenden) Fragen sind folgenden Typs: Wo bleibt die in der Lexikologie übliche, auch in der Berliner Arbeitsstelle des DWB anerkannte Stufung 'Sememe' versus 'semantische Merkmale'? Was sind (unter Aufgriff der Termini und sonstigen Formulierungen, die Schmidt bereits in den zitierten Textpassagen bringt) *Grundbedeutungen*, was *abgeleitete Bedeutungen*? Was ist *Bedeutung*, was *Gebrauch*, was *Begriff*, was *Verwendung*, was *Verwendungsweise*, was *Färbung*? Was ist *Hauptgebrauch*, was sind *typische Anwendungen*, was heißt (in I, B, 1, c) *bedeutungsintensiv*? Warum wird das *Abenteuer der Fremde* vom *persönlichen Erlebnis*, dieses aber nicht von der *erregenden Problemsituation* unterschieden? Warum wird in einigen Erläuterungen *Abenteuer* als Sprachzeichen, in anderen als Gegebenheit der Realität vorausgesetzt? Verwiesen sei noch darauf, daß eine Reihe von Formulierungen so gelesen werden kann, als würden sie Sprecherkompetenz abbilden, in einer Reihe anderer Formulierungen (z. B. I, B, 1, c: *ironische Distanz*; I, B, 2: *gegenüber*) aber Unterscheidungen angebracht werden, die den zitierten (historischen) Benutzern des Wortes *Abenteuer* nicht verständlich gewesen wären, da diese ja den *zugrundeliegenden Gebrauch* oder den *älteren Abenteuerbegriff*, der unter I in dieser Formulierung übrigens gar nicht auftritt, sondern seinerseits als *Hauptgebrauch/Verwendungsweisen* erscheint, nicht kennen können; Formulierungen des letzteren Typs sind also nicht als Kompetenzabbildungen, sondern als Konstrukte lesbar. Warum setzt der Lexikograph oft 4 (mehrfach auch 5) Untergliederungsebenen statt z. B. 3 oder 6 an? Man könnte in dieser Weise noch sehr lange fortfahren.

3.3.5. Ganz offensichtlich stellt sich die Bedeutungserläuterung als eine Aufgabe dar, bei der es nur zum Teil darum geht, Wortinhalte in ihrem historischen Werden zu beschreiben, bei der es vielmehr darauf ankommt (so jedenfalls die hier vertretene These hinsichtlich

des Tuns von Lexikographen), dem antizipierten Benutzer eines Wörterbuches etwas zu vermitteln, von dem der Lexikograph unterstellt, daß es diesen interessieren könnte. Nur durch diese letztere Annahme erklärt sich die historische Anlage des Wörterbuches mit der Unterscheidung von Grundbedeutungen und abgeleiteten Bedeutungen (beides wäre auch logisch als Konstellation 'generisch'/'spezifisch' interpretierbar, ist im DWB aber als Aussage über eine historische Abfolge, nicht über eine logische Relation gemeint); innerhalb dieses Rahmens spiegeln die Einzelerläuterungen die dem angesetzten DWB-Benutzer implantierten und nach Generationen sprach- und literaturgeschichtlicher Bildung tatsächlich anerzogenen literarisch-kulturhistorischen Interessen (Rittertum, Höfik, die Unterscheidung von aktiver Unternehmung und passiv Erlebtem, die Rolle des Wunderbaren, der Erotik, der unerhörten Begebenheit, dies alles in literarischer Fassung).

Aus diesen Hinweisen ergibt sich nun in zugespitzter Formulierung, daß zur Seinsweise von Sprache nicht nur die objektartige linguale Gegebenheit gehört, als die man das Zusammenspiel zwischen den oben herausgestellten semantischen Offenheiten und Regeln betrachten kann, sondern auch (untrennbar damit verbunden) die bereits im normalen Sprachspiel mögliche, im wissenschaftlichen Sprachspiel professionell betriebene metasprachliche Bewußtmachung des eigenen und fremden sprachlichen Handelns. Auf die Objektsprache bezogene Aussagen des Typs, daß das Nhd. lexikologisch durch bestimmte Mono- oder Polysemierungstendenzen, durch Spezifizierungen oder Generalisierungen oder fortwährende inhaltliche Neubesetzungen von Wörtern (dies alles möglicherweise noch mit einer Angabe von inhaltlichen Tendenzen) geprägt sei, werden selbstverständlich weiterhin erwünscht sein; sie sind aber immer mit äußerster Vorsicht zu treffen, nämlich mit dem Bewußtsein, daß sie auf einem Beschreibungsrahmen beruhen, deren Bauteile nach Ausweis des behandelten DWB-Artikels bei intensiver Betrachtung der Quellenbelege überspielt und durch tendenziell normalsprachliche Wendungen ersetzt werden. Sie sollten ferner, da sie zu den fundamentalen Möglichkeiten jeden Sprechens und damit jeder Sprache gehören, schon auf objektsprachlicher Betrachtungsebene immer in ihrem strukturellen und soziopragmatischen Zusammenhang gesehen und schließlich immer auf mögliche lingual-metasprachliche Begründungen hin überprüft werden; speziell wären sie daraufhin zu befragen, inwieweit sie nachweisbar bildungsbürgerlich motivierte Konstruktionen der Wortgeschichte sind.

3.3.6. Das Verständnis auch der inhaltsseitigen Varianzen des Wortschatzes als Niederschlag der Veränderlichkeit von Sprache (als ihrer Seinsweise) läßt sich dadurch begründen, daß man viele Varianten als Tropen verstehen und somit an den aktuellen Sprachgebrauch binden kann; Haß-Zumkehr spricht in diesem Zusammenhang (die diesbezügliche Praxis von D. Sanders kennzeichnend) von „Tropisierung als Grundmodell semantischer Variation" (1995, 241). Das oben in Abb. 129.5 angeführte Beispiel *Losung* eignet sich für Veranschaulichungszwecke. Der Artikel (DRW 8, 1446–1457) hat nach der Untergliederung erster Ordnung 9 semantische Positionen (gekennzeichnet durch römische Zahlen), von denen einige nicht, andere in mehrere, in einem Fall in bis zu (arabisch) 9 reichende Unterpositionen gegliedert werden. Der Kopf des Artikels und die artikelinternen Formulierungen stellen folgende tropische Beziehungen her (ohne Klammern: explizite, in Klammern: implizite):

I, 2 zu IV: Metonymie
II zu IV, 1: Metonymie
(III zu II: Metonymie)
(IV zu I, 2 und II: Metonymie), innerhalb von IV eine vereinzelt belegte Metonymie: 'Preis' zu 'Kasse'.
(V zu II: Metonymie)
VI zu VII: Metonymie
VII zu VI, 1: Metonymie, (VII, 2 zu VI, 1: Metonymie).

Hätte der Artikelbearbeiter alle Metonymien und alle anderen Tropen namhaft gemacht, so wären mindestens folgende, zusätzliche Beziehungen zustande gekommen (jeweils zeichenintern gesehen):

I, 1 bis I, 6: stehen innerhalb des durch I gesetzten Genus im Verhältnis von Übertragungen zueinander, z. B. 1. 'Erlösung (religiös)' gegen 2. 'Befreiung aus der Unfreiheit der Gefangenschaft' oder 3. 'Lossprechung vom Bann'.
I zu II: ebenfalls ein Übertragungsverhältnis (statt 'Befreiung von Personen' nun: 'Befreiung von Sachen')
II, 1 zu II, 9: Übertragungsverhältnisse (wie bei I innerhalb verschiedener Spezifica eines Genus), teilweise in Verbindung mit Synekdochen
II zu III: Metonymie (Verschiebung von der Handlung auf das Recht dazu)

III, 1 zu III, 3 wieder ein Übertragungsverhältnis in Verbindung mit der Synekdoche
VII, 1 bis VII, 7: Übertragungsverhältnisse
VIII bis IX: Übertragungen/Metonymien im Verhältnis zueinander.

Verbindet man diese Vernetzungstypen miteinander, so entsteht bereits einzelzeicheninter (natürlich auch einzelzeichenübergreifend) ein semantisches Geflecht, dessen einzelne Positionen einerseits teils jahrhundertealte und über das Dt. hinausgehende (nämlich europäische) Traditionen aufweisen, die andererseits aber durch eine erhebliche inhaltliche Offenheit zueinander und unscharfe Abgrenzungen nach außen gekennzeichnet sind. Letzteres spiegelt sich beschreibungssprachlich in Ausdrücken der Art „Abgabe [...] an den Stadtrichter *oder einen vergleichbaren Amtsträger*" (Kursive von mir) bzw. in Restrubriken des Typs „Abgabe unterschiedlicher Natur". – Die Frage, ob sich einzelne funktionale Wortklassen von anderen durch eine besondere Struktur ihres semasiologischen Feldes unterscheiden und ob die feldinternen Beziehungen in Regeln faßbar sind, ist nach dem heutigen Stand der Forschung nicht beantwortbar.

3.4. Paradigmatische und syntagmatische Strukturvarianzen

3.4.1. Zu einer Struktur sollen hier folgende abgrenzbare Teilbereiche (des Lexikons) gerechnet werden:
a) das semasiologische Feld (also das Bedeutungsfeld eines lexikalischen Zeichens oder die Gesamtheit aller Bedeutungen und Bedeutungsvarianten eines Zeichens; vgl. in Abb. 129.2 die linke Hälfte des oberen waagerechten Linienbündels),
b) das onomasiologische Feld (also die Gesamtheit aller lexikalischen Zeichen, die unter einem bestimmten Gesichtspunkt als bedeutungsverwandt betrachtet werden können; in Abb. 129.2 angedeutet durch die Doppelung des Trapezrahmens),
c) das syntagmatische Feld (also ein beliebiges Zeichen mit der Gesamtheit aller Ausdrücke, die sich mit ihm in linearer Folge in bestimmten syntaktischen Formen verbinden können; vgl. in Abb. 129.2 die das Trapez schneidende waagerechte Linie).
Struktur*varianzen* werden demnach immer dann angenommen, wenn im Inventar oder in den Relationen einer Struktur Schwankungen, Differenzen, Veränderungen begegnen, die diese modifizieren, nicht aber ihre Identität aufheben, nicht also zu einer Struktur

Duden, Gwb	Südhess. Wb	FWB
1. Teil der nicht von Wasser bedeckten Erdoberfläche [...]; Festland	a. Land i. Ggs. zu Wasser b. hinsichtlich der Boden-gestalt, Gelände c. Gegend d. Kulturland, Ackerboden e. Stück Gemüseland auf ortsnahem Acker f. Kinderspiel	Erdreich, Humus; Grund, Boden; Erdoberfläche
2. nutzbares Stück Erdboden; [...]; Ackerboden	a. Land i. Ggs. zur Stadt b. Landschaft, Teil eines Gemeinwesens c. Gemeinwesen eines Volkes	Festland, Ufer, Küste (i. Ggs. zu Wasser); Damm, Küstenbefestigung; ütr.: sicherer Halt
3. nicht näher abgegrenztes Gebiet; Landstrich, Gegend		Flachland, Ebene (i. Ggs. zum Gebirge)
4. Gebiet außerhalb der städtischen Zivilisation, [...]; dörfliche Gegend		bewirtschafteter Boden, Bau und Ackerland; Metonymie: Grundstück
5. a. politisch selbständiges [...] Gebiet; Staatsgebiet; Staat b. Bundesland		Gegend, Region [...]; Kulturraum; Heimat[...]; Sozialraum
6. Gesamtheit der Bewohner eines Landes		Diesseits, Welt als Ort diesseitigen Lebens; ütr.: jenseitige Welt, Para-dies; Reich des Todes
7.		Land, ländliche, agrarisch geprägte Gegend (i. Ggs. zur Stadt); Meto-nymie: ländliche Bevölkerung
8.		Rechtsraum, Herrschaftsgebiet [...], Besitztum
9.		obrigkeitliche Instanz eines Landes
10.		Bevölkerung eines Landes, Volk
11.		Land und Leute (phrasematisch)

Abb. 129.6: Beispiel für Varianzen eines semasiologischen Feldes (nach: Duden/GWb; Shess. Wb.; FWB)

führen, die man als eine andere beurteilen würde. Strukturvarianten ergeben sich syste-matisch beim Vergleich einer bestimmten Sprachvarietät (z. B. der Hochsprache) mit anderen Varietäten, also z. B. den Mundar-ten, historischen Sprachstufen, Soziolekten, Gruppensprachen, Idiolekten, besonderen medialen Ausprägungen usw. Im folgenden sollen einige Fälle von Strukturvarianten vor-geführt werden; hinsichtlich des semasiologi-schen Feldes ergeben sich dabei einige Über-schneidungen mit dem unter 3.5. Gesagten.
(1) ein semasiologisches Feld: *Land* (vgl. Abb. 129.6 und 129.7)

(2) ein onomasiologisches Feld: 'jn. zu Ar-beitszwecken oder aus Zuneigung von jm. ab-werben'

Duden/GWb.: *abwerben, abspenstig machen*
FWB in der onomasiologischen Aufbereitung der FWB-Strecke von *a* bis *aufgang* (Goebel/Lemberg/Reichmann 1995, 73): *abbitten* 2, *abdingen* 1, *aber-werben* 2, *abfreien* 2, *abgutzeln*, *abhalten* 2, *ab-händig* (2) *machen*, *abheuern* 2, *abladen* 3, *abledigen* 4, *ablickern*, *ablungern*, *abmieten* 1, *abreden* 5, *abru-fen* 2, *absetzen* 2, *abspähen*, *abspannen* 1, *abspännig* (1) *machen*, *abspännigen*, *abspenen*, *abspenstig ma-chen*, *absprechen* 6, *abstricken* 1, *abteidingen* 1, *ab-trünnig* (4) *machen*, *abweisen* 6, *abwenden* 4, *abwen-dig* (3) *machen*, *abwerben* 1, *abwiegeln*, *abziehen* 7,

Duden, Gwb	Südhess. Wb.	FWB
1	1a	2
–	–	2 (ütr.)
–	–	3
2	1b; 1e	4
–	1b	4 (Metonymie)
3	1c	5
–	1f	–
–	–	6
4	2a	7
–	–	7 (Metonymie)
5a, 5b	2b; 2c	8
–	–	9
6	–	10; 11

Abb. 129.7 Synopse der Bedeutungsansätze von *Land*

anwäge machen, aufhalten 23, *aufreden* 3, *aufweisen* 2, *aufwickeln* 2, *aufwinnen* 2, *ausbieten* 6, *ausbitten* 2, *ausbringen* 2, *ausfreien* 2.

(3) ein syntagmatisches Feld: *lachen*

Duden/GWb:
  1. *jemand lacht; jemand lacht* + Adv./adv. Bestimmung
  2. *jemand lacht über jn./etw.*
  3. *etw. lacht jm.* (dichterisch)
  4. *jemand lacht einer Sache* (dichterisch)
Südhess. Wb.:
  1. *jemand lacht; jemand lacht* + Adv./adv. Bestimmung
  2. *ein Tier lacht*
FWB:
  1. *jemand lacht; jemand lacht* + Adv./adv. Bestimmung; *jemand lacht einer Sache*
  2. *[...]*
  3. *etw. lacht jm.*
  4. *jemand lacht einer Person/Sache; jemand lacht jn./etw.* (Akk.)

3.4.2. Als Strukturvarianzen ergeben sich:
Im semasiologischen Feld von *Land* steht neben einer 6 Einheiten aufweisenden standardsprachlichen Struktur (Duden/GWb) eine aus 2 Einheiten (die sich allerdings in 6 bzw. 3 Untereinheiten gliedern) bestehende dialektale (Südhess. Wb.) und eine sich aus 11 Einheiten konstituierende historische (FWB) Struktur. Die Einheitensynopse (vgl. Abb.

129.7) ergibt, daß die Übertragung von Position 2 (nämlich 'sicherer Halt') und die Metonymie von 4 (nämlich 'Grundstück') des FWB, ferner dessen gesamte Positionen 2, 6 und 9 in der Duden-Struktur überhaupt nicht angesetzt sind und daß die Positionen 2 und 11 dort höchstens mit einer gewissen Brechung aufgefunden werden können. Vergleicht man das dialektale Bedeutungsfeld mit dem standardsprachlichen, so findet sich dessen Position 6 in derjenigen des Südhess. Wb. nicht wieder (weitere Details und alle quantitativen Aspekte wären im Sinne von Abs. 3.3.3. zu interpretieren). Im übrigen zeigt die Synopse, daß Strukturen immer Interpretationen eines bestimmten Quellenbefundes und Konstruktionen zu einem bestimmten Zweck sind. Das Verhältnis solcher Interpretationen/Konstruktionen zu so etw. wie der objektsprachlichen Realität soll hier nicht weiter diskutiert werden.

Für das onomasiologische Feld ist die hohe Differenz zwischen der Anzahl der Verben, die das Frnhd. allein innerhalb der Strecke von *a* bis *ausgang* für das Abwerben aufführt, und derjenigen der nhd. Standardsprache auf den ersten Blick offensichtlich: Einem zahlenmäßig sehr starken Feld steht ein auffallend schwach besetztes gegenüber. Dennoch soll nicht von einem Systembruch geredet werden, da ein Einzelfall vorliegen kann und da der Sprecher des Nhd. ohne Probleme in der Lage sein dürfte, die hohe Anzahl frnhd. (partieller) Synonyme als Differenzierung der generischeren Verhältnisse der heutigen Standardsprache zu begreifen; in anderen Fällen kann der Befund umgekehrt sein. – Für den syntagmatischen Vorkommensfall ergibt sich ein Schwanken zwischen *lachen* mit Genitivobjekt, Dativobjekt, Akkusativobjekt und präpositionalem Objekt (jeweils der Person und der Sache), das großenteils im Rahmen der Reduktion des älteren Genitivobjektes zugunsten der heute üblicheren Objekte und Objektquantitäten gesehen und leicht verstanden werden kann.

Strukturvarianzen der vorgeführten Art finden sich für jedes semasiologische und onomasiologische Feld, was die lexikalischen Füllungen angeht, auch für die syntagmatischen Verknüpfungen jeder Einheit. Als Grund für die Strukturvarianzen ist wiederum die Tatsache anzuführen, „daß der Wandel zur Seinsweise von Sprache gehört" (Coseriu 1974, 94) und sich dementsprechend nicht nur in Quantitäten und Qualitäten einzelner Einheiten, sondern kleinerer und größerer Teilstrukturen äußern muß. Wichtiger als diese inzwischen mehrfach wiederholte Aussage aber ist hier, daß im Rahmen einer auf eine Einzelsprache wie das Deutsche bezogenen Linguistik geklärt werden muß, welche strukturellen Typen von Varianzen innerhalb einer Einzelsprache bzw. innerhalb einer bestimmten Varietätengruppe einer historischen Stufe dieser Einzelsprache überhaupt begegnen (also z. B. Schwünde, Neubildungen, Polysemierungen, Monosemierungen, Bedeutungserweiterungen oder -verengerungen usw.), welche funktionalen Wortklassen davon in jeweils signifikanter Weise betroffen sind und wie sie sich soziopragmatisch herleiten lassen. Dieser Fragenkomplex soll im folgenden Abschnitt angeschnitten werden.

3.5. Soziopragmatisch bedingte Varianzen

3.5.1. Es gibt lexikalische Einheiten, die (sowohl als ganze wie pro Bedeutung) von allen Sprechern des Deutschen verwendet und verstanden werden können. Diese Einheiten geben bei ihrem Gebrauch dem jeweiligen Hörer nicht zu verstehen, welchem Sprachraum innerhalb des Deutschen der Sprecher angehört, welcher Schicht und Gruppe oder welcher Altersstufe (bei geschriebener Sprache: welcher Zeit) er zugerechnet werden kann und wie er die kommunikative Situation, in der er spricht, nach Ausweis des gebrauchten Ausdrucks verstanden wissen möchte. Beispiele für diesen Zeichentyp sind auf den ersten Blick *Haus, Garten, Tür, Wand, Dach, Fenster, Zaun*. Die Klausel „auf den ersten Blick" soll dabei andeuten, daß Aussagen über die sog. Neutralität, d. h. die allgemeine Gültigkeit eines Wortes im gerade vorgetragenen pragmatischen Sinne mit einer gewissen Vorsicht geäußert werden sollten, weil sie immer nur den niemals vollständig erreichbaren Extrempunkt einer Skala betreffen. Immerhin kann man selbst bei einem so geläufigen Wort wie *Haus* einwenden, es sei in seinen Bedeutungen 'Tierkreiszeichen' und 'Abschnitt des Tierkreises' (Nr. 5 a und 5 b im Duden/GWb) gruppengebunden (nämlich dem Gebrauchsbereich der Astrologie zugehörig) und es sei in seiner Bedeutung 'Person, Mensch' (Nr. 4 im Duden/GWb), also in Ausdrücken des Typs *gemütliches, fideles, tolles, gelehrtes Haus*, sicheres Anzeichen für eine im Duden als „umgangssprachlich scherzhaft" definierte Gesprächssituation, außerdem möglicherweise nicht jedermann verständlich.

3.5.2. Das Vorgetragene bedeutet im Umkehrschluß, daß große (nicht sinnvoll quantifizierbare) Teile des Wortschatzes der dt. Hochsprache, erst recht des Nhd. als Gesamtsprache (also einschließlich aller seiner Varietäten), durch sog. Symptomwerte gekennzeichnet sind, d. h. üblicherweise nur innerhalb eines bestimmten Raumes, einer bestimmten Sozialschicht oder -gruppe, einer Altersschicht oder in bestimmten kommunikativen Situationen gebraucht werden. Ein extremes Beispiel für einen räumlichen Symptomwert wäre *Molkenzauberchen* für 'Maikäfer' in einigen Dörfern des nordwestlichen Dillkreises (Löber 1965, 167; DWA 5, Karte 'Maikäfer'). Für die anderen Dimensionen könnten *Anerkenntnis, Abwesen, sintemalen* (Zeitdimension; vgl. Kuhberg 1933; Osman 1997 mit Sammlungen veralteten Wortgutes; s. auch Art. 115 in HSK 5, 2), *Befindlichkeit, Selbstheit, Wesenheit* (Bildungsschicht), *Beute* 'Bienenstock' (Gruppe) oder obiges *Haus* im Sinne von 'Mensch' (Sozialsituation) angeführt werden. Das Deutsche ist eine Sprache, die durch eine (vor allem im Vergleich mit dem Französischen) besonders ausgeprägte Raumgliederung, aber auch durch die übrigen der genannten Verwendungsdimensionen gekennzeichnet ist. Viele Sprecher verfügen von Hause aus (also von ihrer landschaftlichen oder sozialen Herkunft her) oder aufgrund ihres Bildungsganges verstärkt über einen stark symptomwerthaltigen, nur angelernt und aufgrund dessen manchmal defizitär über einen neutralen Wortschatz. Sie sind oft an dem von ihnen verwendeten Wortschatz (vgl. Abs. 2.4. (i)) oder an dem besonderen Gebrauch von Ausdrücken räumlich und sozial klassifizierbar, sie liefern bereits dadurch, daß sie sprechen, unabhängig davon, was sie eigentlich sagen, personenbezogene Informationen.

3.5.3. Die Pragmatik des Wortschatzes, denkbar als ein Gefüge von pro Einzelwort und pro Einzelbedeutung des Einzelwortes gültigen Gebrauchsregeln, unterliegt als soziale Gegebenheit fortwährenden Schwankungen. Als die wichtigsten gelten Dialektalisierungen, Verhochsprachlichungen, Literarisierungen und Verfachlichungen; sie werden im folgenden kurz definiert und an Einzelfällen belegt. Für alle Erscheinungen gilt, daß sie mit inhaltlichen Veränderungen verbunden sein können.
Dialektalisierungen: Ein in größeren Räumen (oft damit verbunden: in gehobeneren Varie-

täten) verwendeter Ausdruck erfährt eine
Einschränkung seines Gebrauchs auf engere
(dialektale) Räume (oft: auf niedrigere Varietäten), oder es treten neue, von vorne herein
stärker raumgebundene Bedeutungen neben
bereits vorhandenen auf. So ist ein ehemals
offensichtlich weniger raumgebundenes *la-*
fern heute nur noch für die Schweiz belegbar
(DWB 6, 55). Früher gesamtdeutsches, nach
Ausweis der Überlieferung schreibsprach-
liches und damit höherschichtiges *läg* 'niedrig' ist heute auf nd. und obd. Mundarten beschränkt (DWB 6, 58). Für *Lage* 'Agio' gibt
das DWB (6, 61) nur noch dialektale Gültigkeit im Brandenburgischen und Bairischen
an. *Lägel* in der allgemeinen Bedeutung 'Be-
hälter' „modifiziert sich landschaftlich" zu
'Weinbutte' (nassauisch) oder zu 'kleines Gefäß zum Transport von Flüssigkeiten auf
Packpferden' (schweizerisch) usw. (DWB 6,
61).

Verhochsprachlichungen: Ein in niedriger-
schichtigen Varietäten (oft in Dialekten) üblicher lexikalischer Ausdruck erfährt eine zunehmende Verwendung in einer höherschichtigen (damit verbunden: schreibsprachlichen)
Varietät, oder es tritt ein neuer, von vorne
herein höherschichtiger Gebrauch auf; dabei
kann die niedrigerschichtige Verwendung
aufgegeben wreden, muß dies aber nicht. So
gewinnt nd./md. *Lage* „in der bedeutung des
gelegenseins im localen sinne" im Laufe der
beginnenden Neuzeit „in der schriftsprache
verbreitung"; im 18. Jh. wird diese Bedeutung allgemein auf 'Umstände, Zustand e. P./
S.' übertragen (DWB 6, 58f.). Der ehemals
nd. technische Ausdruck *Lake* (für hd. *La-*
che) dringt im späten Mittelalter nach Süden
bis ins Obd. vor und wird mit der Ausbreitung des Heringhandels allgemein üblich"
(DWB 6, 79). Das Lehnwort *Lakei* „ist von
süden her in die deutsche sprache gekommen" (DWB 6, 79).

Literarisierungen: Ein normalsprachlicher
Ausdruck erfährt eine zunehmende Verwendung in literarischen Texten oder: ein nor-
malsprachliches Morphem wird Basis einer
Wortbildung, die signifikant häufig von den
als Dichtern klassifizierten Schreibern des
Dt. gebraucht wird; oft ist die Literarisierung
eine Neubelebung eines älteren, nach einem
bestimmten Zeitintervall archaisch-gehoben
wirkenden Ausdrucks (vgl. dazu speziell Art.
130). So wird das zwischen dem ersten Drittel
des 17. und der Mitte des 18. Jhs. kaum belegte *Aar* seit diesem Zeitpunkt wiederbelebt
und mit signifikanter Häufigkeit in poeti-

schen Texten, speziell in der Versdichtung,
gebraucht (DWB, Neubearb. 1, 9f.). *Labe* gilt
dem DWB (6, 5) als Wortbildung, die gegenüber *Labung* „edleren klanges" ist „und daher gern von dichtern gebraucht" wird.

Verfachlichungen: Ein Ausdruck mit weiterer
(darunter auch: mundartlicher) Gültigkeit
wird zunehmend auf den Gebrauch in einer
engeren sozialen Gruppe (oft in einem bestimmten Fachbereich) eingeengt, oder neben
das allgemeiner gebrauchte Bedeutungsspektrum treten neue, von vorne herein an eine
bestimmte Gruppe gebundene Verwendungen. So gilt das „früher auch auszerhalb der
bergmännischen sprache" übliche *Lachter*
jetzt als typisch bergmannssprachlich (DWB
6, 33). Zu *Lage* in den Bedeutungen 5 aff.
heißt es, daß sich seiner Bedeutung 'Schicht'
technische Gebräuche anschließen; aufgeführt werden u. a.: a) 'Gestein, das nach einer
waagerechten oder doch von dieser nicht abweichenden Linie sich ins Breite erstreckt'
(Bergbau); b) 'die mit der Fleischseite zusam-
mengelegten Felle' (Gerberei), [...]; d) 'auf
einmal aufgetragene Schicht von Farben'
(Malerei); e) 'Reihe von Bienenstöcken, die
von einer Person gewartet werden' (nach
DWB 6, 60). *Lager* tritt in folgenden fachlichen Verwendungen auf: 15. 'gerade gegra-
bene, horizontal gelagerte Törfe' sowie 'Trok-
kenraum für Torf' (Torfgräberei); 16. 'Lagerstätte von gleichem Streichen und Fallen mit
den Schichten des Gebirgssteins' (Bergbau);
17. 'Fugeseite des Schlußsteins an einem Ge-
wölbe' (nach DWB 6, 66). *Lack* ist „hütten-
männisch die sich auf dem kranze des ofens
zeigende flamme, aus deren natur der schmel-
zer die beschaffenheit des schmelzens erkennen kann" (DWB 6, 34).

Zusammenstellungen der Art, wie sie gerade vorgetragen wurden, entsprechen von
ihrer sprachtheoretischen Ausrichtung her
der Fachsprachenforschung, Wortgeographie
und Wortgeschichtsschreibung, wie sie vor
der sog. pragmatischen Wende der Linguistik
und vor deren strukturalistischer Phase in
Mitteleuropa herrschte. Es ging diesen Disziplinen darum, den fachlichen Gebrauch bestimmter lexikalischer Einheiten, das historische Schwanken von Wörtern zwischen
Mundart, Hochsprache, Literatursprache und
am Rande (sekundär) die mit all dem verbundenen semantischen Varianzen (im Sinne von
Abs. 3.3.) zu beschreiben. Dies geschah erstens isolationistisch, indem man relativ un-
koordiniert Einzelfälle bearbeitete (wofür der
DWA als Jahrzehntelang hoch dotiertes

Werk der germanistischen Sprachwissenschaft prototypisch ist) und diese für das Ganze setzte, und man tat es zweitens mit der deskriptiven Grundhaltung eines naiven Positivismus. Um dieser Ausrichtung zu entgehen, könnte man erstens einen quantitativen Weg beschreiten und zweitens von bestimmten theoretischen Positionen aus den Versuch einer Neukonstruktion der lexikalischen Verhältnisse unternehmen.

3.5.4. Der quantitative Weg besteht darin, die Anzahl der beobachteten Einzelfälle so weit zu erhöhen, bis man erkennt, welche dieser Fälle für das Typische stehen, also zu Beispielen für etwas Kennzeichnendes und Generelles erhoben werden können. – Ein solcher Weg ist einmal schon deshalb schwer begehbar, weil die Jahrhundertleistung der Lexikographie des Dt. schlechthin, das DWB, in sich außerordentlich heterogen ist, die anderen historischen Wörterbücher des Nhd. (z. B. Heyne; Wiegand) großenteils auf dem DWB beruhen oder andere Ziele verfolgen (WDG), wie die Gebrauchswörterbücher (z. B. Duden/GWb) dies ohnehin tun. Zwar würde das Ergebnis zweifellos höhere Fallzahlen ergeben, diese wären aber wegen der Schwierigkeit des Exemplarizitätsnachweises (vgl. 2.2.), der ja auf der Basis des in 1. angegebenen Zahlenrahmens geführt werden müßte, kein Erkenntnisgewinn. Der quantitative Weg würde Halden von Auflistungen erbringen, die dann wieder quantitativ gegeneinander abzuwägen wären. Die höchsten Quantitäten müßten dann zu Richtungsaussagen hinsichtlich der internen Bewegungen im nhd. Wortschatz genutzt werden. – Der quantitative Weg krankt des weiteren daran, daß nur Größen der Zählung zugänglich sind. Obige Definitionen haben aber mit dem bewußten Gebrauch fachtextlicher Mittel, vor allem von Verbalabstrakta (*Einschränkung*, *Gebrauch*, *Verwendung*), Partizipien Praesentis (*zunehmend*), Komparativen (*höher-/niedrigerschichtig*, *größer/enger*) und von durativen Verben (*einengen*) auch zum Ausdruck bringen wollen, daß die gemeinten internen Wortschatzbewegungen nicht Kämmerchenwechsel von fertigen, fixen Einheiten sind, sondern ein Gefüge von fortwährenden Vollzügen ohne derartige (zumindest absolute) Festigkeiten. Man kann schwer etwas zählen, was als Einheit (alle Wortbildungen mit dem Ansatz zur Lexikalisierung, alle Kollokationen im Übergang zum Phrasem und

erst recht sehr viele sog. Einzelbedeutungen von Wörtern) bereits strittig ist und was in seinem strukturellen wie in seinem soziopragmatischen Zusammenhang Züge eines Kontinuums aufweist.

3.5.5. In den Wortgeschichten, in lexikologischen Artikeln und Monographien, insbesondere in den Darstellungen zur Sprache der hohen literarischen, philosophischen, theologischen usw. Bildung wird der nhd. Lexik nach einem hier als *aufklärerisch* bezeichneten Denkmodell ein innerer Zusammenhang, eine zeitliche Richtung und eine soziologische und pragmatische Orientierung gegeben. Dieses Modell findet sich bei Reichmann 1988 sowie in Art. 1 dieses Handbuchs (S. 27f.) vorgestellt und belegt; es braucht in vorliegendem Zusammenhang deshalb nur in seinen Grundzügen umrissen zu werden: Ausgangspunkt ist die Auffassung, daß die Kultur- und Geistesgeschichte der Menschheit (möglicherweise zwar durch temporäre Rückschläge unterbrochen) von primitiven Anfängen zu höchster Differenziertheit verlaufen ist (Entwicklungstheorem). Diese Entwicklung vollzieht sich in der Sprache erstens quantitativ in dem Sinne, daß moderne Kultursprachen über eine größere Anzahl lexikalischer Inventareinheiten verfügen als in den älteren Stadien ihrer Geschichte (Theorem der Inventarerweiterung) und zweitens qualitativ in dem Sinne, daß die vorhandenen Einheiten systematischer, ökonomischer, logischer genutzt werden als jeweils vorher, speziell im Bereich der Lexik wurde durch den Rationalismus mit Ausdrücken wie *Klarheit*, *Deutlichkeit*, *Vollkommenheit* eine regelrechte Terminologie für dieses *Systematisierungstheorem* geschaffen und bis zur pragmatischen Wende der Sprachwissenschaft kaum in Frage gestellt. Als Leistung des kulturschaffenden Teils einer Sprachgesellschaft läßt sich eine nach den genannten Theoremen organisierte Sprache effektiv als kulturelles Identifizierungsmittel zur Bildung oder Verstärkung nationaler Gruppen sowie zur Abgrenzung gegen andere Gruppen verwenden; *Kultursprache* wird dann in der Regel zugleich als *Einheitssprache* verstanden. Das Modell ist entsprechend seiner aufklärerischen Provenienz eher darstellungs- und erkenntnisfunktional als kommunikativ angelegt; es findet seine konsequenteste Vertretung in der alten Fachsprachenideologie. – Bezogen auf die Lexik des Nhd. lassen sich folgende Erschei-

nungen nach dem aufklärerischen Modell in
einen plausiblen Zusammenhang bringen:
Wortschatzerweiterungen (damit Neubildungen, Entlehnungen aus Fremdsprachen wie
aus Varietäten der eigenen Sprache), Polysemierungen (bis zu einem die Deutlichkeit an-
tastenden Grad), Bedeutungsspezialisierun-
gen, Systemfestlegungen aller Art; Schwierigkeiten der Einbindung in das Modell ergeben
sich für die Inventarreduktionen (Wortschwünde), hinsichtlich der jahrhundertelangen Wirksamkeit des (ja reichtumsfeind-
lichen) Purismus, der alten Skepsis gegenüber
den (ja inventarerhöhenden) Phrasemen, den
Monosemierungen, den Bedeutungserweiterungen. Als unfaßbar für das Modell müssen
Bedeutungsverbesserungen und -verschlech-
terungen sowie die gesamte Masse der in diesem Artikel als Merkmalvarianten zusammengefaßten Wortschatzschwankungen erscheinen. Schwerwiegende theoretische Probleme des Modells liegen darin, daß Sprache
primär als Darstellungsinstrument (statt in
ihrer Kommunikationsfunktion) gesehen
wird und daß ihm ein modernistischer (gegen
alles Frühere wie gegen alles Nichteuropä-
ische gerichteter) Kulturchauvinismus inne-
wohnt.

3.5.6. Ein weiteres, hier als leistungsfähiger
vertretenes Modell der Konstruktion eines
Zusammenhangs soll mittels des Attributes
soziopragmatisch charakterisiert werden.
Ausgangspunkt ist die Annahme einer umfassenden sprachsoziologischen und -pragmati-
schen Umschichtung des Varietätenspektrums des Deutschen: Ein Varietätenspektrum, das etwa bis zur Reformation horizontal gelagert, durch das Nebeneinander tendenziell gleichwertiger Dialekte und Schreibsprachen und durch eine im Vergleich zum
Mhd. wie zum späteren Nhd. relativ geringe
sozialschichtige Unterscheidung gekennzeichnet war, wandelt sich analog zur frühneuzeitlichen Hierarchisierung der Gesellschaft (Stichwort: Absolutismus) spätestens
seit dem Frühbarock zu einem von oben organisierten, geschichteten Übereinander. Die
mittleren und unteren Schichten des neuen
Systems unterziehen sich einer zunehmenden
Orientierung auf die höchste, vom absolutistischen Hof geprägte Sprachkultur oder
werden dieser Orientierung durch die Bildungseinrichtungen (vor allem durch die inzwischen zur Pflicht erhobene Schule) wie
durch die (protestantischen) Kirchen unterworfen. Statt des frnhd. Charakteristikums,

verständlich zu sprechen, wird nunmehr ein
Richtigkeitsideal entwickelt, dem es zumindest eben so sehr um den grammatik-, stil-
und kunstgerechten, sozial normierten, eher
in der Schreib- als in der Sprechsprache reali-
sierbaren, auch dem Zwecke der sozialen
Kennzeichnung dienenden Sprachgebrauch
geht als um die normalsprachliche Verständigung. In diesem Zusammenhang wird jede
einzelne lexikalische Einheit in jeder ihrer Bedeutungen einer Neubewertung unterzogen.
Dies ist einmal eine sprachideologisch gesteuerte, sich in grammatisch-kritischen (so explizite Adelung) oder in historischen (so im
DWB und den Folgewerken) Wörterbüchern
niederschlagende kulturelle Handlung; sie
vollzieht sich zum andern im Gebrauch, und
zwar in der Weise, daß ein Wort oder eine
Wortbedeutung dann die größte Chance
hatte, in das sich bildende hochsprachliche
Lexikon einzugehen, wenn es von den im Ge-
samtsprachraum als vorbildlich geltenden
Schreibergruppen − das waren historisch relativ lange Zeit Schriftsteller, Philosophen,
Vertreter der Künste und Wissenschaften generell − in ihren gedruckten Texten verwendet wurde. Die in 2.4. unter (e) angenommenen „Lieblingsgegenstände" der Wortforschung finden hier ihre objektsprachliche
Grundlage. Umgekehrt bestand für diejenigen Einheiten nur eine geringe Übernahme-
chance, die den Geruch der Bindung an untere Sozialschichten, an einzelne, vor allem
an vermeintlich fortschrittsfeindliche Räume,
aber auch an die Mündlichkeit aufweisen; in
verstärktem Maße gelten diese Bedingungen
für Ausdrücke des tiefen Dialektes. Ich be-
zeichne die beschriebene Umschichtung als
Vertikalisierung. Es handelt sich dabei von
seiner Motivierung her um einen sprachsoziologischen Terminus; es ist aber zu betonen,
daß er eine gleich starke sprachpragmatische
Komponente hat.

4.   Literatur (in Auswahl)

Adelung, Johann Christoph, Grammatisch-kritisches Wörterbuch der Hochdeutschen Mundart mit
beständiger Vergleichung der übrigen Mundarten,
besonders aber der Oberdeutschen. 4 Bde. Zweite
verm. und verb. Aufl. Leipzig 1793−1801. [Nach-
druck 1970].

Augst, Gerhard, Wortfamilienwörterbuch der
deutschen Gegenwartssprache. In Zusammenarbeit
mit Karin Müller/Heidemarie Langner/Anja Reichmann. Tübingen 1998.

Bahder, Karl von, Zur Wortwahl in der frühneuhochdeutschen Schriftsprache. Heidelberg 1925. (GB, 2. Abt. 19).

Bahr, Joachim, Eine Jahrhundertleistung historischer Lexikographie. Das Deutsche Wörterbuch, begr. v. J. und W. Grimm. In: Sprachgeschichte 1983, Art. 35, 492−502.

Barth, Erhard, Deutscher Wortatlas 1939−1971. In: GL 1/72: Wortgeographie. Hildesheim o. J., 125−156.

Besch, Werner, Sprachlandschaften und Sprachausgleich im 15. Jh. Studien zur Erforschung der spätmittelhochdeutschen Schreibdialekte und zur Entstehung der neuhochdeutschen Schriftsprache. München 1967. (BG 11).

Campe, Joachim Heinrich, Wörterbuch der deutschen Sprache. 5 Bde. und 1 Ergänzungsband. Braunschweig 1807. [Nachdruck 1969].

Coseriu, Eugenio, Synchronie, Diachronie und Geschichte. Das Problem des Sprachwandels. Übs. v. Helga Sohre. München 1974. (IBAL 3).

Dialektologie. Ein Handbuch zur deutschen und allgemeinen Dialektforschung. Hrsg. v. Werner Besch [u. a.]. 2 Hlbbde. Berlin/New York 1982; 1983. (HSK 1.1; 1.2).

[DRW =] Deutsches Rechtswörterbuch (Wörterbuch der älteren deutschen Rechtssprache). Hrsg. [...] v. der Heidelberger Akademie der Wissenschaften. Weimar 1914ff.

[Dt. Wortb. =] Deutsche Wortbildung. Typen und Tendenzen in der Gegenwartssprache. Eine Bestandsaufnahme des Instituts für deutsche Sprache. Forschungsstelle Innsbruck. Erster Hauptteil: Das Verb. Von Ingeborg Kühnhold/Hans Wellmann, mit einer Einführung v. Johannes Erben. Düsseldorf 1973. (Spr. d. Geg. 29).

[Duden/Wgesch. =] Schüler-Duden Wortgeschichte. Herkunft und Entwicklung des deutschen Wortschatzes. Mannheim/Wien/Zürich 1987.

[Duden/GWb =] Duden. Das große Wörterbuch der deutschen Sprache in acht Bänden. 2., völlig neu bearb. Aufl. Hrsg. [...] v. Günther Drosdowski. Mannheim [etc.] 1993−1995.

[DWA =] Deutscher Wortatlas v. Walther Mitzka/Ludwig Erich Schmitt/[Bde. 21 und 22:] Reiner Hildebrandt. 22 Bde. Gießen 1951−1980. (Deutscher Sprachatlas, Reihe Wortatlas).

[DWB =] Deutsches Wörterbuch v. Jacob Grimm und Wilhelm Grimm. 16 (in 32) Bde. Leipzig 1854−1961.

[DWB, Neubearb. =] Deutsches Wörterbuch von Jacob Grimm und Wilhelm Grimm. Neubearbeitung. Hrsg. v. der Akademie der Wissenschaften der DDR in Zusammenarbeit mit der Akademie der Wissenschaften zu Göttingen. Leipzig 1983ff.

Eichhoff, Jürgen, Wortatlas der deutschen Umgangssprachen. 3 Bde. Bern/München [Bd. 3: München etc.] 1977; 1978; 1993.

Fachsprachen. Languages for Special Purposes. Ein internationales Handbuch zur Fachsprachenforschung und Terminologiewissenschaft. Hrsg. v. Lothar Hoffmann/Hartwig Kalverkämper/Herbert Ernst Wiegand in Verbindung mit Christian Galinski/Werner Hüllen. 2 Halbbde. Berlin/New York 1998f. (HSK 14.1; 14.2).

Fleischer, Wolfgang/Irmhild Barz, Wortbildung der deutschen Gegenwartssprache. Unter Mitarbeit v. Marianne Schröder. 2., durchgesehene und erg. Aufl. Tübingen 1995.

Fritz, Gerd, Historische Semantik. Stuttgart/Weimar 1998. (SM 313).

[Frnhd. Gr. =] Oskar Reichmann/Klaus-Peter Wegera (Hrsg.), Frühneuhochdeutsche Grammatik v. Robert Peter Ebert/Oskar Reichmann/Hans-Joachim Solms/Klaus-Peter Wegera. Tübingen 1993. (Sammlung kurzer Grammatiken germanischer Dialekte, A., Hauptreihe 12).

[FWB =] Frühneuhochdeutsches Wörterbuch. Hrsg. v. Robert R. Anderson [nur Bd. 1]/Ulrich Goebel/Oskar Reichmann. Bd. 1−3 bearb. v. Oskar Reichmann, Bd. 4 bearb. v. Joachim Schildt, Bd. 8 bearb. v. Vibeke Winge, Bd. 9 bearb. v. Anja Lobenstein-Reichmann. Berlin/New York 1989ff.

Gardt, Andreas/Klaus J. Mattheier/Oskar Reichmann (Hrsg.), Sprachgeschichte des Neuhochdeutschen. Gegenstände, Methoden, Theorien. Tübingen 1995. (RGL 156).

Goebel, Ulrich/Ingrid Lemberg/Oskar Reichmann, Versteckte lexikographische Information. Möglichkeiten ihrer Erschließung dargestellt am Beispiel des Frühneuhochdeutschen Wörterbuches. Tübingen 1995. (LSM 65).

Haß-Zumkehr, Ulrike, Daniel Sanders. Aufgeklärte Germanistik im 19. Jh. Berlin/New York 1995. (SLG 35).

Henne, Helmut/Georg Objartel (Hrsg.), Bibliothek zur historischen deutschen Studenten- und Schülersprache. 6 Bde. Berlin/New York 1984.

Henzen, Walter, Deutsche Wortbildung. 3. Aufl. Tübingen 1965. (Sammlung kurzer Grammatiken germanistischer Dialekte, B, Ergänzungsreihe 5).

Heyne, Moriz, Deutsches Wörterbuch. 3 Bde. 2. Aufl. Leipzig 1905; 1906.

Hoppe, Gabriele [u. a.], Deutsche Lehnwortbildung. Beiträge zur Erforschung der Wortbildung mit entlehnten WB-Einheiten des Deutschen. Tübingen 1987. (FIdS 64).

Kirkness, Alan, Zur Sprachreinigung im Deutschen 1789−1871. Eine historische Dokumentation. 2 Tle. Tübingen 1975. (FIdS 26.1; 26.2).

Kretschmer, Paul, Wortgeographie der hochdeutschen Umgangssprache. 2., durchgesehene und erg. Aufl. Göttingen 1969. [1. Aufl. 1918].

Kuhberg, Werner, Verschollenes Sprachgut und seine Wiederbelebung in neuhochdeutscher Zeit. Frankfurt 1933.

Kühn, Peter/Ulrich Püschel, Die deutsche Lexikographie vom 17. Jh. bis zu den Brüdern Grimm ausschließlich. In: Wörterbücher 1990, Art. 204, 2049–2078. (HSK 5.2).

Dies., Die deutsche Lexikographie von den Brüdern Grimm bis Trübner. In: Wörterbücher 1990, Art. 205, 2078–2100. (HSK 5.2).

Langen, August, Der Wortschatz des deutschen Pietismus. Zweite, erg. Aufl. Tübingen 1968.

Löber, Karl, Beharrung und Bewegung im Volksleben des Dillkreises/Hessen. Marburg 1965. (Veröffentlichungen des Instituts für mitteleuropäische Volksforschung an der Philipps-Universität Marburg-Lahn, A, 3).

Maurer, Friedrich/Heinz Rupp (Hrsg.), Deutsche Wortgeschichte. Dritte, neubearb. Aufl. 3 Bde. Berlin/New York 1974. (Grundriß 17).

Osman, Nabil (Hrsg.), Kleines Lexikon untergegangener Wörter. Wortuntergang seit dem Ende des 18. Jhs. München 1997.

Orgeldinger, Sibylle, Standardisierung und Purismus bei Joachim Heinrich Campe. Berlin/New York 1999. (SLG 51).

Paul, Hermann, Deutsches Wörterbuch. 9., vollst. neu bearb. Aufl. v. Helmut Henne/Georg Objartel unter Mitarbeit v. Heidrun Kemper-Jensen. Tübingen 1992.

Pavlov, Vladimir M., Zur Ausbildung der Norm der deutschen Literatursprache (1470–1730). Von der Wortgruppe zur substantivischen Zusammensetzung. Berlin 1983. (B. Gesch. Nhd. 56/6).

Ders., Die Form-Funktion-Beziehungen in der deutschen substantivischen Zusammensetzung als Gegenstand der systemorientierten Sprachgeschichtsforschung. In: Gardt/Mattheier/Reichmann 1995, 103–126.

Pinloche, A., Etymologisches Wörterbuch der deutschen Sprache. [...] Troisième édition, revue et corrigée. Paris 1930.

Reichmann, Oskar, Untersuchungen zur lexikalischen Semantik deutscher Dialekte. Überblick über die theoretischen Grundlagen, über die Sachbereiche und den Stand ihrer arealen Erfassung. In: Dialektologie 1983, 1295–1325.

Ders., Historische Lexikographie. In: Sprachgeschichte 1984, Art. 34, 460–492. (HSK 2.1).

Ders., Zur Vertikalisierung des Varietätenspektrums in der jüngeren Sprachgeschichte des Deutschen. In: Deutscher Wortschatz. Lexikologische Studien. Ludwig Erich Schmitt zum 80. Geburtstag von seinen Marburger Schülern. Hrsg. v. Horst Haider Munske [u. a.]. Berlin/New York 1989, 151–180.

Ders., Erstwortbezogene Wörterbücher im Deutschen. In: Wörterbücher 1990, 1231–1241.

Ders., Zum Urbegriff in den Bedeutungserläuterungen Jacob Grimms (auch im Unterschied zur Bedeutungsdefinition bei Daniel Sanders). In: Studien zum Deutschen Wörterbuch von Jacob Grimm und Wilhelm Grimm. Bd. 1. Hrsg. v. Alan Kirkness/Peter Kühn/Herbert Ernst Wiegand. Tübingen 1991, 299–345. (LSM 33).

Sanders, Daniel, Wörterbuch der deutschen Sprache. Mit Belegen von Luther bis auf die Gegenwart. 3 Bde. Zweiter unveränderter Abdruck. Leipzig 1876.

Schildt, Joachim, Zur Entwicklung des Modalwortbestandes in der deutschen Literatursprache (1570–1730). In: Soziolinguistische Aspekte des Sprachwandels in der deutschen Literatursprache 1570–1730. Hrsg. v. dems. Berlin 1992, 417–484.

[Schwäb. Wb. =] Schwäbisches Wörterbuch. [...] bearb. v. Hermann Fischer. Zu Ende geführt v. Wilhelm Pfleiderer. 6 Bde. Tübingen 1904–1936.

Schwarz, Ernst, Kurze deutsche Wortgeschichte. Darmstadt 1967.

[Schweiz. Id. =] Schweizerisches Idiotikon. Wörterbuch der schweizerdeutschen Sprache. Frauenfeld 1881 ff. [Bisher: 15 Bde.].

[Shess. Wb. =] Südhessisches Wörterbuch begr. v. Friedrich Maurer. [...] bearb. v. Rudolf Mulch/Roland Mulch. Bd. 4: ku–r. Marburg 1978–1985.

Seibicke, Wilfried, Duden. Wie sagt man anderswo? Landschaftliche Unterschiede im deutschen Wortgebrauch. Mannheim/Wien/Zürich 1972. (Duden-Taschenbücher 159).

Sprachgeschichte. Ein Handbuch zur Geschichte der deutschen Sprache und ihrer Erforschung. 2 Teilbände. Hrsg. v. Werner Besch/Oskar Reichmann/Stefan Sonderegger. Berlin/New York 1983; 1984. (HSK 2.1; 2.2).

Tschirch, Fritz, Geschichte der deutschen Sprache. Zweiter Teil: Entwicklung und Wandlungen der deutschen Sprachgestalt vom Hochmittelalter bis zur Gegenwart. Berlin 1969. (GG 9).

Warnke, Ingo, Der Weg zur Kultursprache. Die Polyfunktionalisierung des Deutschen im juridischen Diskurs (1200–1800). (SLG 52).

Weigand, Friedrich Ludwig Karl, Deutsches Wörterbuch. 5. Aufl. in der neuesten für Deutschland, Österreich und die Schweiz gültigen amtlichen Rechtschreibung. Nach des Verfassers Tode vollst. neu bearb. v. Karl von Bahder/Hermann Hirt/Karl Kant. Hrsg. v. Hermann Hirt. 2 Bde. Gießen 1909; 1910. [Nachdruck Berlin 1968].

Weydt, Harald, Abtönungspartikeln. Berlin 1969.

Wiegand, Herbert Ernst, Prinzipien und Methoden historischer Lexikographie. In: Sprachgeschichte 1993, 557–620.

Ders., Historische Lexikographie. In vorliegendem Werk, 643–715.

Ders., Die deutsche Lexikographie der Gegenwart. In: Wörterbücher 1990, Art. 206, 2100–2246. (HSK 5.2).

Ders./Gisela Harras, Zur wissenschaftshistorischen Einordnung und linguistischen Beurteilung des Deutschen Wortatlas. In: Deutscher Wortatlas. Marburg o. J. (GL 1–2, 71).

Wörterbücher. Dictionaries. Dictionnaires. Ein internationales Handbuch zur Lexikographie. [...] Hrsg. v. Franz Josef Hausmann/Oskar Reichmann/ Herbert Ernst Wiegand/Ladislav Zgusta. 3 Teil-

bände. Berlin/New York 1989; 1990; 1991. (HSK 5.1; 5.2; 5.3).

Wolski, Werner, Partikellexikographie. Ein Beitrag zur praktischen Lexikologie. Tübingen 1986. (LSM 14).

Oskar Reichmann, Heidelberg

130. Die Belebung mittelhochdeutschen Sprachguts im Neuhochdeutschen

1. Die Wiederbelebung alten Sprachgutes
2. Archaismen: Sprachkonservierung und Neubelebung
3. Zur Geschichte der Neubelebung alten Wortguts
4. Literatur (in Auswahl)

1. Die Wiederbelebung alten Sprachgutes

Die Entwicklungsgeschichte der Sprache ist von ständiger Fluktuation gekennzeichnet: Lautung, Schreibung, Morphologie, Syntax, Stil und Textkonsistenz verändern sich im Laufe der Zeit, und mit ihnen − allerdings wesentlich schneller − das Lexikon. Es werden Wörter, wenn es die Dinge oder Ideen, die sie bezeichnen, nicht mehr gibt, zunächst nicht gebraucht, und schließlich verschwinden sie auch aus dem passiven Lexikon der Sprecher und Schreiber. Sie geraten in Vergessenheit und existieren nur noch in historischen Wörterbüchern, um das Verständnis von Texten der Vergangenheit zu ermöglichen. An ihre Stelle treten neue Wörter, zum großen Teil Ableitungen und Komposita aus dem vorhandenen Wortgut, und es kommen Entlehnungen aus fremden Sprachen hinzu. Das Vokabular spiegelt die Lebenswelt und die Problematik ihrer Bewohner.

Bei der Erweiterung des Wortschatzes wird immer wieder auf Wortgut älterer Sprachstufen, das nicht mehr im täglichen Gebrauch ist, zurückgegriffen: entweder wenn man über Vergangenes berichtet oder bei der Reaktivierung eines alten Wortes durch eine neue Bedeutung. So gehört z. B. 'Buße' (mhd. *buoze* = Besserung, *Buße tun* = tätige Reue zeigen) heute nicht mehr allein zum theologischen Fachwortschatz (*bußfertig, Bußgottesdienst*), sondern es ist auch ein juristischer Begriff geworden, etwa in der Zusammensetzung 'Bußgeld' (= Geldstrafe für bestimmte Delikte im Straßenverkehr).

Solche Archaismen wirken zunächst fremd, da sie mit einem weiten Zeitsprung in einen gegenwärtigen Text versetzt werden. Erst wenn sie nach mehrfacher passiver und aktiven Verwendung fest in Vokabular und Grammatik verankert sind, wird den Sprachbenutzern die archaische Entlehnung nicht mehr bewußt (Wackernagel 1973, 329). Friedrich Sengle weist in den Studien zur Biedermeierzeit (1971, 386) darauf hin, daß die zeitlichen sprachlichen Überlegungen interessante Aspekte für die Wort-, Kultur- und Sozialgeschichte eröffnen. Ingrid Leitner (1978) hat umsichtig die sprachliche Archaisierung in der dt. Literatur des 19. Jhs. untersucht und viele Belege typologisch gegliedert. Die historischen Romane, Novellen, Dramen und Balladen sind eine ergiebige Quelle. Der folgende Überblick möchte ergänzend zeigen, daß auch in neuester Zeit Archaismen im Sprachgebrauch unterschiedliche Faktoren erfüllen: als Relikt, Zitat, Neologismus oder als Parodie.

2. Archaismen: Sprachkonservierung und Neubelebung

2.1. Das Dativ -*e* in formelhaften Wendungen

Die Endung -*e* im Dativ Sg. von Maskulinum und Neutrum der stark flektierten Substantive ist im Mhd. weitgehend erhalten, doch die Apokope setzt bereits um 1200 im Süden ein. Heute gibt es das *e*-Kennzeichen unabänderlich nur noch in festen Wendungen, wo es sich im Schutze sprachlicher Erstarrung gehalten hat: *zu Felde ziehen, zu Grunde gehen, zugute kommen, zu Kreuze kriechen, bei Leibe nicht, zu Rate ziehen, nicht bei Troste sein, zu Wege bringen, zu Werke gehen, am Zuge sein* etc.

2.2. Altes Wortgut in Phraseologismen

Einige Wörter, die schon im Ahd. und Mhd. belegt sind, haben ihre ursprüngliche Bedeutung in festen Redewendungen bis heute gehalten: *Lug und Trug* (mhd. *luc* (v. *liegen*) = die Lüge) − *Lug* ist heute nicht mehr gebräuchlich, *Trug* kommt nur noch präfigiert (*Betrug*) oder als Verb (*trügen, betrügen*) vor; *zu Nutz und Frommen* (mhd. *vrum, vrom* = nützlich, brauchbar) die Doppelung der ähnlichen Bedeutung intensiviert die Aussage; *ein frommer Betrug* ist eine nützliche List; *Stein und Bein frieren, das geht durch Mark und Bein* (mhd. *bein* = Knochen, vgl. *Gebeine, Nasenbein, Jochbein*); *Schutz und Trutz* (= mhd. *Trotz*, nur noch im Kompositum *Trutzburg* erhalten).

2.3. Übersetzungen aus dem Mittelhochdeutschen

Bei einer Übersetzung aus dem Mhd. in das Nhd. stehen sich zwei Entwicklungsstufen der gleichen Sprache gegenüber. Der mittelalterliche Text ist einer heutigen Leserschaft, die keine sprachhistorischen Kenntnisse besitzt, nicht ohne weiteres verständlich. Wenn Ausgangs- und Zieltext der gleichen Sprache angehören, aber zeitlich versetzt sind, ergeben sich andere Schwierigkeiten als bei der Übertragung eines fremdsprachlichen Textes. Denn es ändert sich keineswegs alles: ein Teil des Sprachstandes bleibt: z. B. Präpositionen, manche Konjunktionen, Artikel und Pronomen, und gleichfalls nicht wenige Substantive (*boum, hûs, walt, singen, sprechen, guoten morgen, guoten abent* etc.). Aber vieles muß im Vokabular geändert werden, weil die Bedeutung enger (*hôhzît*/Fest > Eheschließung) oder weiter (*vrouwe*/Dame; Herrin > allgemeine Gattungsbezeichnung) geworden ist, oder weil es das Bezeichnete nicht mehr gibt. Wenn man sich verleiten läßt, *hôhzît* mit *Hochzeit* wiederzugeben, hat man einen der falschen Freunde gewonnen. Ähnliches gilt für die Syntax: Tempora und Modi können nicht in der gleichen Weise übernommen werden, ebenfalls nicht die Kasusrektionen, die Verneinung und die Wortstellung im Satz, um nur einige Beispiele zu nennen. So befinden sich dann in der nhd. Textfassung alte Wörter in ihrer unveränderten Gestalt (*ist, bist, im walde, springen*) neben solchen, deren Schreibung sich geändert hat (*loufen > laufen, burc*

> *Burg, snel > schnell*), und Bedeutungsveränderungen (*milte > freigebig, muot > Gesinnung*). Dieses Gemisch aus mhd. Wörtern in ursprünglicher Form und Bedeutung und völlig neuen Vokabeln und Konstruktionen würde ein mittelalterliches Lesepublikum, wenn man ihm einen solchen Text vortragen könnte, nicht verstehen. Das Maß der Distanz zwischen Textquelle und Übertragung hängt von den Kenntnissen und der Transkriptionsbegabung des Übersetzers ab und auch von der Art zeitgebundener Stilistik. Ob die Intensionen des Originals exakter mit einer wortwörtlichen Wiedergabe oder in einer freien, einfühlsamen Paraphrase erreicht werden können, ist permanentes Thema einer seit dem klassischen Alterum in jeder Generation von neuem geführten Diskussion.

Friedrich Heinrich von der Hagen bleibt 1824 mit seiner Übersetzung des Nibelungenliedes ganz eng am mhd. Text. Er bewahrt Strophenform, Metrum und Reim, und er verändert nur die Lautung gemäß den bekannten Gesetzen des Vokal- und Konsonantenwandels:

NL 814
Vor einer versperzîte   hup sich grôz ungemach,
daz von manigem recken   ûf dem hove geschach.
si pflâgen ritterschefte   durch kurzewîle wân:
dô liefen dar durch schouwen   vil manic wîp unde
                                                          man.

von der Hagen:
Vor einer Vesperzeite   hub sich groß Ungemach,
Das da von mannigem Recken   auf dem Hofe ge-
                                                          schach;
Sie pflogen Ritterschafte   durch kurze weile Wahn:
Da liefen dar durch schauen   viel mannig Weib unde
                                                          Mann.

H. Brackert 1970:
Eines Nachmittags erhob sich ein unruhiges Treiben;
zu allgemeiner Unterhaltung maßen viele Recken auf
dem Kampfplatz ihre Kräfte im Turnier. Zahlreiche
Zuschauer strömten da zusammen.

Wie sich in den 150 Jahren, die zwischen von der Hagen und Brackert liegen, die Übersetzungsauffassungen und -möglichkeiten verändert haben, kann man kürzer als mit dem Vergleich der beiden kurzen Textproben nicht beschreiben.

Manchmal bleiben in der modernen Textfassung Archaismen als Markierung des Alters der Textquelle stehen:

> *Seht ihr aber nichts hierin*
> *An Nutzen oder andrem Sinn,*
> *Dann nehmt es einfach als eine Mär −*
> *So sprach Haynreich Wittenweylär.*
> (Wittenwîler 1983, 30; V 49f.).

Oder aber man vermeidet bewußt die Übertragung und macht damit den Archaismus zum zitierten Terminus:

Frau Saelde teilt rings um mich aus
(Walther 1972, 93; Nr. 27; V. 2, 1)

2.4. Freie Bearbeitung von Stoffen und Motiven der deutschen mittelalterlichen Literatur

Die freie Bearbeitung von Motiven und Stoffen der ahd. und mhd. Literatur beginnt mit den Volksbüchern im späten Mittelalter. Die so beliebte Form des Erzählens in paarweise gereimten Vierhebern wird von der Prosa abgelöst. Dann ist offensichtlich das Interesse an der mittelalterlichen Literatur schwächer geworden, bis es plötzlich in der Mitte des 18. Jhs. neu erwacht (Grosse/Rautenberg 1989) und erstaunlicherweise auf dem belletristischen Buchmarkt – bis heute – ungebrochen anhält. In Anlehnung an die Literatur des Mittelalters entstehen Romane, Novellen, Erzählungen, Balladen, Lieder, Dramen, Opern, Parodien, Operetten, Filme und Comics. Sie gehen in der Handlungsführung, der Personenzeichnung und der Ereignisdichte sehr frei mit den Quellen um und sind deshalb nicht mit den Übersetzungen zu vergleichen. Die Texte werden mit Archaismen (vor allem des Vokabulars, aber auch der Syntax) versehen, die das Verständnis nicht erschweren, aber dem Leser zu verstehen geben, daß zwischen ihm und dem Erzählten eine beträchtliche zeitliche Distanz liegt. So werden die Texte mit einer stilistischen Patina, die als dekoratives historisches Kolorit gilt, überzogen (Grosse 1983, 324). Dabei nimmt man es mit der Synchronisierung von erzählter Zeit und historischer Sprachform nicht genau. Hans Sachs, der Meistersang und vor allem Martin Luthers Bibeldeutsch, das einen weiten Bekanntheitsgrad hat, werden gern als Spender von sprachlichen Altertümlichkeiten genutzt (Fasold 1884, 405). So gestaltet in den vor- und außerwissenschaftlichen Bearbeitungen der mittelalterlichen Literatur oft ein philologisch laienhafter Autor für die gleichfalls zum größten Teil laienhafte Leserschaft die Sprache seiner fiktiven Figuren mit unzureichenden Mitteln, denn sie ist, wenn man an das Lutherdeutsch denkt, zwar sehr viel älter als wir, aber doch 8–10 Generationen jünger als die hochhöfische Gesellschaft. Zur Kuriosität solcher Texte gehört auch, daß ältere Sprachformen und Bedeutungen nebeneinander verwendet werden, die sich nach sprachhistorischen Kri-

terien weder zeitlich noch geographisch zusammenordnen lassen. Sie fungieren im Rahmen einer naiven Sonntagsstilistik als Signale der Vergangenheit: Hierfür gibt es viele Beispiele in der historischen Belletristik des 19. Jhs.: z. B.

> *Diese Beutelust brachte alles Gesindel in Aufregung. Falsche Propheten, die ein Gewerbe daraus machten, Gesichte zu haben, sammelten gläubige Haufen um sich, die Räuber kamen aus ihren Waldnestern, die Spielleute und Gaukler drängten sich begehrlich in die Menge, fahrende Krämer boten ihre Waren, Heilmittel, schützende Reliquien [...]* (G. Freytag 1927, 322).

2.5. Die mündlich überlieferte Volksliteratur

Texte des breiten oralen Überlieferungsstromes pflegt man erst dann schriftlich festzuhalten, wenn zu befürchten ist, sie könnten verloren gehen und vergessen werden (Des Knaben Wunderhorn, Grimms Hausmärchen, Gründung des Deutschen Märchenarchivs in Marburg und des Deutschen Volksliedarchivs in Freiburg). Sie werden, da man ihre Autoren nicht kennt, mit dem Kollektivbegriff 'Volks-' präfigiert: Märchen, Sage, Lied, Ballade (Bänkelsang), Rätsel, Sprichwort. Zu diesen mündlich von Generation zu Generation weitergegebenen Texten gehören auch Anweisungen des alltäglichen Brauchtums: Rezepte, Segen, Kinderreime und Auszählverse, Bauernregeln, Beschwörungen etc. Als man sich ihrer bewußt wurde und Ende des 18. Jhs. begann, sie zu sammeln, galten sie als Zeugnisse der ursprünglichen und reinen Naturpoesie (im Unterschied zur Kunstdichtung, deren Autoren man kannte).

Die oft sehr umfangreichen erzählenden Texte enthalten wiederkehrende feste Formeln und Wendungen. Die außersyntaktischen Prägemittel Metrum, Reim und gelegentlich auch Melodie stützen das Gedächtnis des Vortragenden, so daß der Text frei dargeboten und an die nächste Generation mündlich weitergegeben werden kann. Dabei ändert sich das Überlieferungsprofil der Sprachform wenig. Veränderungen treten durch das Weglassen von Strophen ein oder die Hinzufügung neuer Inhalte (aus aktuellem Anlaß). In solcher Umgebung halten sich Archaismen, welche die Niederschrift konserviert: z. B. „Wie die Alten *sungen*, so zwitschern jetzt die Jungen"; „O du Fallada, da *du hangest* / o du *Jungfer Königin*, da *du gangest*" (Grimm 1955, 385). Ein aus dem Jahr 1602 belegtes Volkslied mit der Überschrift 'Heideröslein' lautet in der 4. Strophe:

Der die roeßlein wirt brechen ab,
Rößlein auf der Heyden,
daß wirt wol thun ein junger knab,
züchtig, fein bescheiden [...] (Dt. Vld. 1967, II
                                                    398).

Der Gedanke an die 2. Strophe des Kunstlie-
des von Goethe liegt nahe:

Knabe sprach: Ich breche dich
Röslein auf der Heiden!
Röslein sprach: Ich steche dich,
daß du ewig denkst an mich [...] (Goethe, Ge-
                                          dichte 20).

Die Variation eines Verlobungsliedes von
1941 aus Lübeck lautet:

Sah ein Knab' ein Mägdlein steh'n,
Nanne hieß die Kleine;
Kaum hatt' er die Maid geseh'n
war's auch schon um ihn gescheh'n
und auch um die Kleine (Dt. Vld. 1967 II, 400).

Die Archaismen des ältesten Liedes (*roeßlein
brechen, auf der Heyden* (= wildbewachsenes
ebenes Land), *Knab, züchtig*) nehmen ab an
Zahl. Die Variantenkette vom alten Volkslied
über das prominente Kunstlied im Volkston
zum jüngsten Gelegenheitsgedicht zeigt die
beharrlich prägende Wirkung eines beliebten
Musters.

2.6. Dialekte

Im volkstümlichen Schrifttum sind mundartliche Wendungen oder längere zusammenhängende Fassungen häufig. Daß die Dialekte in landschaftlichen Rückzugsgebieten
mit einem ausgeprägten Beharrungsvermö-
gen ältere Sprachstufen bewahren, hat Christoph Wendt (1996) am Beispiel des kleinen
Dorfes Lusern (Provinz Trient) gezeigt: mehr
als 90% der 360 Einwohner „verständigen
sich untereinander [...] noch in jenem Mittelhochdeutsch, das zur Zeit Walthers von der
Vogelweide [...] gesprochen wurde". Die wenigen Beispiele, die der interessante Beitrag
enthält, vermitteln zwar kein eindeutiges
Bild; aber es besteht kein Zweifel daran, daß
hier noch ein alter, bis in das Mittelalter ver-
folgbarer Sprachstand lebendig geblieben ist.
    Auch wenn Mundarten in der Literatur
verschriftlicht werden, zeigen die Texte
altertümliche   Vokabeln,   morphologisch
starre Formeln und syntaktische Fügungen:
z. B. im Sturm und Drang, in der Romantik,
im Poetischen Realismus, im Naturalismus
oder im deutschen Drama der Gegenwart:

(Maler Müller: *Wiltu* (= *willst Du*), *bogicht Ried,*
brünstig Lied, unter Linden, keine falsche Mär,
von seinem Heldenblute rot (St. u. Dr. II 1283ff.); −

Des Knaben Wunderhorn: *Mägdlein zarte, Blüm-*
lein brechen, allhie, der grimme Tod, sein Zeit ist
kommen, das all du nehmen sollt, Hausgesind
(S. 20ff.); − Neigung zum gewählten Wortschatz
im Realismus: *Maid, Dirne* (nicht pejorativ), *Buhle,*
Ferge, traut, Becher, Schrein, Harm, Geblüte (Langen 1957, 1343); − G. Hauptmann: „*Zum ersten*
ist unsre demütige Bitt, daß eine ganze Gemeine
Macht soll haben, ihren Pfarrherrn selbst erwählen
und kiesen. Der soll uns das Evangelium predigen,
lauter, klar, ohn alle menschliche Zusätz." (Fl. G.
Bd. I, 543); − B. Brecht: *Heimtücker, hie allerwege,*
auf der Straß, schier (Mutter Courage 1957).

2.7. Sprachpflege

Eine leider lange Zeit in den Schulen wirksame Sprachpflege hat die dynamische Entwicklung und die kreative Fluktuation, die
Charakteristiken jeder Kultursprache sind,
nicht erkannt, sondern als fortschreitenden
Verfall − gemessen an nie präzise formulierten Normen der Vergangenheit − abgewertet
und im Zusammenhang damit zur Pflege
alten Wortguts als kostbarem Besitz der Nation aufgerufen (Langen 1957, 1183f.).

2.8. Wissenschaftliche Literatur

Wissenschaftliche Untersuchungen zum Mittelalter tragen dazu bei, altes Wortgut zu
konservieren. Sie verwenden das damals übliche Vokabular fachterminologisch für Realien, Begriffe, Ideen und gesellschaftliche Zustände: *gebende* (Kopfschmuck der Dame),
gabilot (kleiner Wurfspieß), *varndes guot* (beweglicher Besitz), *milte* (Freigebigkeit), *êre*
(Ansehen in der Gesellschaft), *rîche* (das
Reich in mehrfacher Bedeutung als kaiserli-
ches Imperium und als Gottesstaat), *palas*
(Hauptgebäude der Burg) etc. Im Unterschied zur historischen Dichtung dienen hier
die Archaismen nicht zur artifizellen Patinie-
rung des Textes, sondern sie stehen in der
nhd. Umgebung als mhd. Wortzitate, die den
Sachstand der Literaturquelle ohne interpretierende Zitate wiedergeben und damit Fachtermini geworden sind, die eine rasche Verständigung unter Spezialisten ermöglichen.

2.9. Metaphern der Zeitungssprache

In der Pressesprache des 19. Jhs. erfreute sich
als Modeerscheinung der ritterliche Zeitungsstil zunehmender Beliebtheit. Die damals entstandenen Phraseologismen, für die das Rittertum der Bildspender ist, sind auch heute
noch gebräuchlich: *sich ins Geschirr legen, je-*
mandem Sand in die Augen streuen, jemanden
auf den Sand setzen, in allen Sätteln gerecht
sein, fest im Sattel sitzen, den Gegner aus dem

Sattel heben, jemanden in die Schranken for-
dern oder *in seine Schranken weisen, einer Sa-*
che keine Schranken setzen, das ist ein zwei-
schneidiges Schwert (vgl. hierzu Langen 1957,
1288; Kürnberger 1876).

2.10. Alte Wörter mit neuer Bedeutung

Zur Fluktuation des Wortschatzes gehört die
Bedeutungsveränderung: ahd. *ê* (das Gesetz)
ist heute noch als *Ehe* erhalten, bezeichnet
aber in einem sehr viel engeren Sinn nur das
Gesetz, das Mann und Frau rechtlich verbindet; mhd. *hôchzît* meint im Mittelalter ganz
allgemein das Fest — heute nur das der Eheschließung. Der *burgaere* war ursprünglich
der Bewohner einer Siedlung, die im Schutze
einer Burg angelegt war. Heute hat der Begriff *Bürger* eine wesentliche Bedeutungserweiterung erfahren. Es ließen sich viele Beispiele für allmähliche semantische Veränderungen nennen, bei denen der Wortkörper erhalten und auch fortlaufend im Gebrauch geblieben ist.

Bei der Neubelebung sieht es anders aus:
es wird ein altes Wort, das nicht mehr dem
allgemeinen Grundvokabular angehört mit
einer neuen Bedeutung versehen und als Neologismus dem Wortschatz einverleibt. Beispiele hierfür gibt es aus allen Lebensbereichen:

mhd. *hort* (Schatz) — *Kinderhort* (Institution für
die Betreuung kleiner Kinder). Hier handelt es sich
vermutlich um eine Analogiebildung zu *Kindergarten*, nach dessen Muster wohl auch *Kinderkrippe*
gebildet worden ist — ein Kompositum, das ohne
die Weihnachtsgeschichte nicht denkbar wäre. Es
gibt auch das Verb *horten* im Sinne von *sammeln,
Vorräte anlegen.* Die *Ampel* regelt heute den Verkehr oder als *Ampelkoalition* die Politik. An lat.
ampulla = kleine Fische, die bis ins 14. Jh. die
ewige Lampe über dem Altar bezeichnete, denkt
heute niemand mehr. *Kost* und *Truhe* sind als Kom-
positionsglieder der Vergangenheit entlehnt worden (*Roh-, Vollwert-, Tiefkühlkost; Musik-, Kühl-
truhe*), wie auch *Heim*, das eine beträchtliche Be-
deutungsspanne hat (*Eigenheim, Heimbügler, -ar-
beit, -werker, -kind, -kehrer, -vorteil*), und *Raum* in
der Bedeutung von Weltraum (*Raumfahrt*) und
Zimmer (*Raumpflegerin, -ausstatter*). *Sieden* = kochen) ist im *Tauchsieder* zu neuen Ehren gelangt.
Der *Siedepunkt* ist als terminus technicus älter, den
Sud gibt es im Kochrezept, das *Sudhaus* in der
Brauerei. Von *bast* (= die Rinde) ist *basteln* (= etwas mit Bast binden oder verknoten) abgeleitet
worden. Die beiden mhd. Wörter *wêr* und *rüsten*
gehören zum militärischen Grundvokabular, unabhängig von der Staatsform: *Reichswehr—Wehrmacht—Bundeswehr*, und von *Wehrbeauftragter* bis
wehruntauglich gibt es viele Komposita. Der militä-

rische Fachterminus *tarnen* stammt aus dem Nibelungenlied, wo Siegfried der *Tarnkappe* verdankt,
alles sehen zu können, ohne selbst gesehen zu werden. Man kennt den *Tarnanzug, -anstrich* und das
Tarnnetz. Mhd. *sêr* (= der Schmerz, die Wunde)
findet sich im *Versehrten* (*Kriegsversehrter, Verseh-
rtentransport*) wieder. Und *Spind* (Schrank) und *erkunden* sind gleichfalls zwei dem Soldaten geläufige
Wörter, die sich weit zurückverfolgen lassen. *Kunde*
und *kundig* sind in weitem Bedeutungsspektrum
kompositionsaktive Vokabeln (*Erd-, Volks-, Heimatkunde, sich kundig machen, ortskundig, Kundge-
bung*). Aus der ritterlichen Literatur hat der Sport
Turnier entlehnt; aber beim *Tennisturnier* wird mit
Schläger und Ball über die Distanz des Spielfeldes
gestritten und nicht mit Waffen, die den Gegner
in der Berührung zum Fall bringen. Der *Helm* des
Ritters schützt heute nicht nur den Soldaten, sondern auch den Arbeiter auf der Baustelle und den
Bergmann unter Tage, aber auch den Motorrad-
und Radfahrer, deren Gesicht oft mit einem *Visier*
gedeckt wird. In der Jugendsprache ist zur Zeit des
mhd. häufig belegte *geil* in der elativen Bedeutung
toll, großartig en vogue. Zum technischen Fach-
sprachenvokabular gehörte noch vor 20 Jahren der
Atommeiler, der inzwischen von *Kernkraftwerk* verdrängt worden ist. Relativ jung ist *einspeisen* = den
Computer mit Daten füttern, d. h. Daten eingeben.

2.11. Namen

Man kann alte Namen nicht mit unter die
Überschrift 'Belebung alten Sprachguts in
der Gegenwart' einordnen. Aber dank ihrer
Beständigkeit wirken sie in der sich mit zu-
nehmender Beschleunigung verändernden
Lebenswelt durchaus archaisch. So z. B. die
Familiennamen, die heute nicht mehr übliche
Handwerksberufe bezeichnen: *Meier, Schäff-
ler, Schröter, Seiler, Spengler, Stellmacher,
Zwirner.* Ähnliches gilt auch für Orts-, Flur-,
Gewässer- und Bergnamen, die alte Wörter
konservieren: *michel* (Groß) — *Mecklenburg,
Michelstadt; lützel* (klein) — *Lützelburg, Lüt-
gendortmund, Littenweiler, stouf* (Felsen) —
Hohenstaufen, Staufen; venne (Sumpf) — *Ho-
hes Venn, Finnland.* Der Archaismus wird
zeitlos.

Die Vergabe der Vornamen ist vom modischen Geschmack der Zeitströmungen nicht
unabhängig. Nach dem ersten Weltkrieg waren im Schatten der deutschnationalen
Schlagworte *Nibelungentreue* und *Dolchstoß-
legende* Vornamen aus der dt. Heldenepik beliebt: *Brünhild, Gernot, Giselher, Gunther,
Herwig, Kriemhild, Rüdiger, Siegfried, Volker*
(vgl. auch Kap. XVI).

2.12. Parodie

In der Form des scheinbaren Zitates wird die
ältere Sprachform parodiert. Im 'Erwählten'
begründet Thomas Mann seinen Entschluß,

die Prosa als geeignete Form der Erzählung
gewählt zu haben, damit, daß er nicht ein-
sehe, weshalb die paarweise gereimten Vierheber eine bessere Ausdrucksmöglichkeit
seien. Er gibt sofort ein Beispiel, das in ironi-
sierender Verfremdung den gewünschten Effekt auf dem knappen Raum von vier kurzen
Versen sehr viel wirkungsvoller erreicht als
eine lange Abhandlung (Mann 1956, 13):

> *„Es war ein Fürst, nommé Grimald,*
> *Der Tannewetzel macht ihn kalt,*
> *Der ließ zurück zween Kinder klar,*
> *Ahî, war das ein Sündenpaar."*

Thomas Mann steht in der Tradition Heinrich Heines, der den Archaismus als Mittel
der Ironisierung souverän genutzt hat. Arno
Holz findet seine besondere Freude daran,
das Frühneuhochdeutsche zu parodieren
(1963, 138):

> *Ja | ja er wakkelt mit dem Schwantze |*
> *es ist ein würcklicher Komeht!*
> *Itzt nuzzt es nichts mehr | daß ich dantze |*
> *weil bald die Welt in Stükker geht!*

3. Zur Geschichte der Neubelegung alten Wortguts

Der Versuch, Archaismen zu typisieren oder
ihre differenzierte Vielfalt listenmäßig zu erfassen, führt nicht zu festen Ergebnissen.
Denn die Abgrenzungen sind ungenau. Die
bisherigen Beobachtungen stützen sich allein
auf schriftliche Quellen. Die mündliche Kommunikation ist noch nicht eigens auf wieder-
belebtes älteres Sprachgut untersucht worden. Hier dürften die Mundarten, Sozio- und
Regiolekte und die Fach- und Sondersprachen ergiebige Quellen sein.

Die Neubelebung alter Wörter und Phraseologismen geht stets von einer sprachhistorisch gebildeten lenkenden Instanz aus, die in
unterschiedlicher Weise das jeweilige Sprachbewußtsein der Gesellschaft zu beeinflussen
sucht. Dadurch schwanken die Häufigkeit
und Dichte der Entlehnungen erheblich.

Zu Beginn des 13. Jhs. zeigt die deutschsprachige Heldenepik auf dem Gebiet der
kämpferischen Erziehung und der kriegerischen Auseinandersetzung einen anderen
Wortschatz als die gleichzeitigen Ritterromane der Artusdichtung. Wörter wie z. B. *degen, recke, helt, wîgant, marc, halsperc,
brünne, bouc, gêr, îsengewant, vrout, vrech*
sind im Nibelungenlied häufig belegt; sie finden sich aber kaum bei Hartmann, Wolfram

und Gottfried. Ist der Dichter des Nibelungenliedes in der uns überlieferten Fassung
von 1200 seinen sehr viel älteren Quellen und
ihrer Diktion verhaftet gewesen? Oder hat er
ganz bewußt Archaismen eingestreut, um zu
zeigen, daß die von ihm erzählten *alten maeren* in eine weit entfernte Vergangenheit zurückreichen? Haben Zuhörer- und Leserschaft die Wörter ohne Erklärung verstanden, weil sie noch zu ihrem passiven Sprachschatz gehört haben? All diese Fragen kann
man aus der Tatsache, daß das Vokabular in
der Heldenepik vorkommt, nicht aber in den
Ritterromanen der Stauferzeit, nicht beantworten.

Das hier bewahrte alte Wortgut hat offenbar weitergewirkt, wie man an den Liedern
der Minnesänger Dietmar von Eist, dem Kürenberger, Walther von der Vogelweide und
dem wortschöpferisch begabten Neidhart von
Reuenthal sieht (Wießner/Burger 1974, 251).
Die deutschsprachige Liebeslyrik des Mittelalters hat – im Kreise ihrer Thematik – ein
sehr viel differenzierteres und weiter ausgrei-
fendes Vokabular als die zeitgleiche Epik.

In der Neuzeit ist man nicht mehr auf Beobachtungen und Vermutungen angewiesen;
denn die Autoren selbst geben ihre Meinung
zur Verwendung historischer Sprachformen
bekannt. Im 17. Jh. bildet sich sprachliches
Verantwortungsbewußtsein heraus: es entstehen Wörterbücher, Grammatiken und theoretische Schriften zur dt. Sprache, oft in Verbindung mit den regen Sprachgesellschaften.
Jetzt finden auch die Archaismen ihre Fürsprecher: Rumpler von Löwenhalt, Repräsentant der Straßburger Tannengesellschaft,
setzt sich 1647 dafür ein, *Bar* (Sohn), *Wat,
Minne, Magd, Wigand, Räcke, Vogt* und *Mär*
zu erneuern (Vorrede zu seinem 'Ersten Ge-
büsch-Reim-Getichte'), und Michael Bergmann möchte in der Vorrede zum 'Deutschen
Aerarium Poeticum' (1662) statt des zunehmenden Fremdwortgebrauchs nicht „so viel
herrlicher alter Deutscher Wort und Redens-
arthen untergehen lassen" (Langen 1957,
952). Leibniz weist 1679 „auf die Wiederbrin-
gung vergessener und verlegener, aber an sich
selbst guter Worte und Redens-Arthen" hin
(Schoene 1963, 29).

Johann Christoph Adelung folgt dieser
Anregung in seinem 'Versuch eines vollständigen grammatisch-kritischen Wörterbuches
der hochdeutschen Mundart' (1774–1786)
nicht, denn er lehnt eine Spracherweiterung
durch die Neubelebung von Archaismen ab.
Deshalb verzichtet er z. B. auf: *Acht, Aben-*

teuer, Degen, Fehde, Hader, Hüne, Kämpe, Knappe, Recke, abhold, Buhle, Ferge, frommen, Minne, Kemnate. In seiner Untersuchung 'Über den deutschen Styl' (1785) stellt er eine Liste aller Wörter zusammen, die von ihm wegen des fehlenden Wortklangs oder unklarer Bedeutung nicht aufgenommen werden (Langen 1957, 1041 f.).

Jakob Bodmer weckt ein so lebhaftes Rezeptionsinteresse an der deutschen Literatur des Mittelalters, daß die Zahl der Übersetzungen und der freien Motivbearbeitungen zunimmt. Wieland hat sich scharf gegen Adelungs Meinung gewandt, ein dt. Wörterbuch dürfe nur die Gegenwartssprache berücksichtigen und nicht die älteren Sprachstufen (Langen 1957, 1042).

Der Archaismus als historisierendes Stilistikum findet sich in der dt. Literatur von der Mitte des 18. Jhs. bis in die jüngste Vergangenheit. Dabei wechseln das Mhd. und die Reformationszeit mit Luther als Entlehnungszeiten einander ab. Bei Richard Wagner und zwischen 1933 und 1945 tritt die nordische Literatur als weitere Quelle hinzu. Werner Kuhberg hat 'Verschollenes Sprachgut und seine Wiederbelebung in nhd. Zeit' analysiert und in einem kleinen Wörterbuch (1933) zusammengestellt. Aber eine ausführliche Untersuchung für die letzten 70 Jahre steht noch aus.

Mit der Auflistung des altertümlichen Vokabulars ist es nicht getan. Es müssen auch die morphologischen und syntaktischen Eigentümlichkeiten erfaßt werden: z. B. die Bewahrung der alten Singular- und Pluralformen der starken Verben (*ward/sprungen*), das *-e* in der Konjugation (*nimmest, heißet, waret*), der Wegfall des Präfix *ge-* beim Part. Praet. der perfektiven Verben (*er hat ihn funden, ich habe troffen*), eine größere Variationsbreite in der Präfigierung von Verben (*jemandem etwas verstatten, sich um etwas bekümmern, die Augen ersättigen*), das Partizipium als verkürzter Nebensatz (*er ging — das Wams um die Lenden gefaltet und gestützet — hinweg*), die Beibehaltung des Endungs-*e* im Dativ. Sg. Mask. und Neutr. (*im Walde, beim Hause*), die Deklination der Namen (*ich sehe Heinzen*), die Vorausstellung des Genitivattributs (*des Hauses Hüter, der Schwester Garten*); der vermehrte Gebrauch des Genitivs als vielfältiger Beziehungskasus (*Kniies tief, ein Glas Wassers, des zerrissenen Segels vergessen, der Heimat getreu*) und auch des Dativs (*mir ward als einem Hungrigen, was mir geträumet hatte*), die doppelte Negation (*er*

kann kein Versprechen nicht halten), der häufige Gebrauch von *welcher* als Relativpronomen, die Verwendung von *so* als Relativum und in der Bedeutung der Konjunktion *wenn*, der nicht mehr übliche Gebrauch von Präpositionen (*ob deinem Haupte, es fiel mir freudig aufs Herz, gegen ihm über*), die Nachstellung des flektierten oder unflektierten Adjektivs (*eine Kogel schwarze, Röslein rot*), die Auslassung des finiten Verbs einer zusammengesetzten Tempusform am Ende eines abhängigen Satzes (*es kamen alle, die der Herr gerufen*). Die genannten Beispiele, die sich vermehren ließen, entsprechen nicht den gängigen Normvorgaben der dt. Gegenwartssprache. Sie gelten als veraltet oder als Beispiele eines gehobenen Sprachgebrauchs.

Die zahlreichen Übersetzungen mhd. Dichtungen und die freien Bearbeitungen von Motiven und Themen in breiter Gattungsvielfalt, die bei einem anhaltenden Interesse der Laien am Mittelalter während der letzten beiden Jahrzehnte erschienen sind, verzichten auf den Archaismus als Stilistikum der historischen Charakterisierung und Verfremdung (Kühn 1977), was vermutlich zu einer Aktualisierung des Leseverständnisses führt.

4. Literatur (in Auswahl)

Brecht, Bert, Mutter Courage und ihre Kinder. Eine Chronik aus dem Dreißigjährigen Krieg. In: Ders., Stücke Bd. VII. Berlin 1957, 61—208.

Burdach, Konrad, Die Entdeckung des deutschen Minnesangs. In: Vorspiel II. Halle 1926, 1 f.

Des Knaben Wunderhorn, Alte deutsche Lieder gesammelt von Ludwig Achim v. Arnim und Clemens Brentano. Nach der Originalausgabe. Heidelberg 1806—08 neu hrsg. v. Friedrich Bremer. Leipzig o. J.

Deutsche Volkslieder, Texte und Melodien, hrsg. v. Lutz Röhrich/Rolf Wilhelm Brednich. 2 Bde. Düsseldorf 1967.

Duden, Das Herkunftswörterbuch. Etymologie der deutschen Sprache. 2. völlig neu bearb. und erw. Aufl. von Günther Drosdowski. Mannheim/Wien/Zürich 1989. (Der Duden, Bd. 7).

Duden, Redewendungen und sprichwörtliche Redensarten, Idiomatisches Wörterbuch der deutschen Sprache. Bearb. v. Günther Drosdowski/Werner Scholze-Stubenrecht. Mannheim [etc.] 1992. (Der Duden, Bd. 11).

Fasold, Richard, Altdeutsche und dialektische Anklänge in der Poesie Ludwig Uhlands. In: ASNS 72, 1884, 404—414.

Freytag, Gustav, Bilder aus der deutschen Vergangenheit. 1. Bd. Leipzig 1927.

Goethe, Johann Wolfgang v., Goethes Poetische Werke. Vollständige Ausgabe. Bd. I: Gedichte. Stuttgart, o. J.

Grimm, Brüder (Jacob und Wilhelm), Kinder- und Hausmärchen. Darmstadt 1955. (Neudruck der 2. Aufl. v. 1819); hier: Die Gänsemagd, 383f.

Grosse, Siegfried, Sprachwandel als Übersetzungsproblem. In: WW 1970, 289–302.

Ders., Zur Rezeption des Nibelungenliedes im 19. Jh. In: Otto Pöggeler/Annemarie Gethmann-Siefert (Hrsg.), Kulturerfahrung und Kulturpolitik im Berlin Hegels. Bonn 1983, 309–331. (Hegel-Studien, Beih. 22).

Ders./Ursula Rautenberg, Die Rezeption mittelalterlicher deutscher Dichtung. Eine Bibliographie ihrer Übersetzungen und Bearbeitungen seit der Mitte des 18. Jhs. Tübingen 1989.

Hauptmann, Gerhart, Florian Geyer (= Fl. G.), Die Tragödie eines Bauernkrieges. In: Ausgewählte Dramen. Bd. I. Berlin 1952, 538–692.

Holz, Arno, Des Schäfers Dafnis Freß-, Sauff- und Venuslieder. Hannover 1963. (dtv 96).

Kühn, Dieter, Ich – Wolkenstein. Frankfurt/M. 1977.

Kuhberg, Werner, Verschollenes Sprachgut und seine Wiederbelebung in neuhochdeutscher Zeit. Frankfurt/M. 1933. (Frankfurter Quellen und Forschungen zur germanischen und romanischen Philologie 4).

Kürnberger, Ferdinand, Die Blumen des Zeitungsstils. Wien 1876.

Langen, August, Deutsche Sprachgeschichte vom Barock bis zur Gegenwart. In: Aufriß 1957, 931–1396.

Leitner, Ingrid, Sprachliche Archaisierung. Historisch-typologische Untersuchung zur deutschen Literatur des 19. Jhs. Frankfurt/Bern/Las Vegas 1978. (EH I, 246).

Mack, Albert, Der Sprachschatz Neidharts von Reuenthal. Diss. Tübingen 1910.

Mann, Thomas, Der Erwählte. In: Ders., Gesammelte Werke in 12 Bdn. Berlin 1956, Bd. 8, 13.

Moser, Hugo, Neuere und neueste Zeit. In: Friedrich Maurer/Heinz Rupp (Hrsg.), Deutsche Wortgeschichte. 3 Bde. 3. Aufl. Berlin/New York 1974, Bd. 2, 529–645.

NL = Das Nibelungenlied. Nach der Ausgabe von Karl Bartsch herausgegeben von Helmut de Boor. 22. revidierte und von Roswitha Wisniewski erg. Aufl. Mannheim 1968.

Das Nibelungenlied. Hrsg. v. Friedrich Heinrich von der Hagen. Berlin 1807.

Das Nibelungenlied, Mittelhochdeutscher Text und Übertragung. Hrsg., übers. und mit einem Anhang versehen von Helmut Brackert. 2 Bde. Frankfurt/M. 1970. (= Fischer Bücherei; Bücher des Wissens 6038; 6039).

Osman, Nabil, Kleines Lexikon untergegangener Wörter. Wortuntergang seit dem Ende des 18. Jhs. 8. Aufl. München 1994.

Scheibenberger, Karl, Der Einfluß der Bibel und des Kirchenliedes auf die Lyrik der deutschen Befreiungskriege. Diss. Freiburg 1936.

Schultz, Alwin, Das höfische Leben zur Zeit der Minnesinger. 2 Bde. 2. Aufl. Osnabrück 1889.

Sengle, Friedrich, Biedermeierzeit. 2 Bde. Stuttgart 1971/72.

Schöne, Albrecht (Hrsg.), Die deutsche Literatur. Text und Zeugnisse. Bd. III: Barock. München 1963.

Sokolowsky, Rudolf, Klopstock, Gleim und die Anakreontiker als Nachdichter des altdeutschen Minnesangs. In: ZdPh 35, 1903, 212–224.

Ders., Der altdeutsche Minnesang im Zeichen der deutschen Klassiker und Romantiker. Dortmund 1906.

Sturm und Drang, Dichtung und theoretische Texte in zwei Bänden. Ausgewählt und mit einem Nachwort versehen von Heinz Nicolai. Darmstadt 1971.

Wackernagel, Wilhelm, Poetik, Rhetorik und Stilistik. Hrsg. v. Ludwig Sieber. Halle 1973.

Walther von der Vogelweide, Sämtliche Lieder. Mittelhochdeutsch und in neuhochdeutscher Prosa. Mit einer Einführung in die Liedkunst Walthers. Hrsg. und übertragen von Friedrich Maurer. München 1972. (UTB 167).

Weinmann, Robert, Johann Wilhelm Gleim als Erneuerer des deutschen Minnesangs. Ansbach 1920.

Wendt, Christoph, Die letzten Zimbern. Das kleine Dorf Lusern ist die einzige mittelhochdeutsche Sprachinsel in Europa. In: FAZ Nr. 232 v. 5. 9. 1996, 4.

Wießner, Edmund/Harald Burger, Die höfische Blütezeit. In: Friedrich Maurer/Heinz Rupp (Hrsg.), Deutsche Wortgeschichte. Bd. 1. 3. Aufl. Berlin/New York 1974, 230.

Wittenwîler, Heinrich, Der Ring. Hrsg. und übertragen von Rolf Bräuer. Berlin 1983.

Siegfried Grosse, Bochum

131. Syntax des Neuhochdeutschen bis zur Mitte des 20. Jahrhunderts

1. Einleitung: Statizität der Syntax oder Dynamik der Forschung?

Während die Erforschung des Frnhd. in den letzten 20 Jahren einen stürmischen Aufschwung erlebte, ist das jüngere Nhd. (Mitte 17. Jh. bis Mitte 20. Jh.) noch immer verhältnismäßig schlecht erforscht. Dabei ist „die Beantwortung vieler diskutabler und unklarer Fragen der Herausbildung und Weiterentwicklung des gegenwärtigen Deutsch gerade in dieser Periode zu finden" (Semenjuk 1985, 1449).

Einer der Gründe für die relative Vernachlässigung der Syntaxgeschichte nach 1700 mag darin liegen, daß nach gängiger Auffassung das grammatische System des Dt. seit der zweiten Hälfte des 18. Jhs. im wesentlichen stabil geblieben sei (Betten 1993, 142). Zustimmend zitiert Admoni (1990, 219) Eggers (1973, 20f.):

„Die Grammatik des Deutschen hat sich in den letzten zweihundert Jahren nur so wenig geändert, daß man von den grammatischen Regeln her keinen durchschlagenden Sprachwandel begründen kann."

Woher kommt die verbreitete Ansicht der relativen Statizität der Syntax des jüngeren Nhd.? Sollte aus dem Eggerschen Urteil gar der Schluß gezogen werden, daß es besser wäre, die Kräfte auf die Erforschung des Syntaxwandels von den Anfängen bis zur Spätaufklärung und Klassik zu konzentrieren? Einige mögliche Antworten und anschließende Überlegungen sollen andeuten, warum die Syntaxgeschichte des jüngeren Nhd. besondere Aufmerksamkeit verdient:

(1) Einen „durchschlagenden" Grammatikwandel gibt es nicht. Alle durchgreifenden Veränderungen in der dt. Grammatik waren/sind das Ergebnis einer langen Kette von 'mikrosyntaktischen' Bewegungen und brauchten Hunderte von Jahren. Selbst 'mikrosyntaktische' Prozesse, die zu keinem Strukturwandel führen (wie z. B. der aktuelle Rektionswandel beim modalen Auxiliar *brauchen*), be-

nötigen lange Jahrzehnte. Es ist u. a. der große zeitliche Abstand zum Ahd./Mhd. und teils zum Frnhd., der den älteren Syntaxwandel u. U. durchschlagend und die neue und neueste Zeit verhältnismäßig statisch erscheinen läßt.

Die Ergebnisse der historischen Sprachforschung und somit auch die der Syntaxforschung des jüngeren Nhd. lassen sich grob gesprochen unter quantitativen (= Vielfalt der Themen und Breite des bearbeiteten Materials) und qualitativen (= Grad, Modernität und Kohärenz der theoretischen Fundierung und der methodologischen Reflexion) Aspekten beurteilen. Ich vermute, daß das Bild der relativen Statizität sowohl auf qualitative als auch auf quantitative Engpässe zurückzuführen ist:

(2) Es gibt eine Reihe von neuen Forschungsideen und Theorieansätzen, die an der historischen Syntax des Dt. − oder gar des Nhd. − kaum oder nicht erprobt wurden. Zu denken wäre hier an kognitiv und/oder typologisch (bzw. kontrastiv) orientierte Ansätze, an neuere Sprachwandeltheorien, an moderne Grammatiktheorien und zum Teil auch an sprachtheoretisch orientierte empirische Ansätze. Aus der Sicht der historischen Syntaxforschung besonders vielversprechend erscheinen z. B. das sich formierende Paradigma der „grammaticalization" (vgl. etwa *Approaches to Grammaticalization* 1991), das bereits eine Fülle von kognitiv motivierbaren und typologisch fundierten Generalisierungen hervorbrachte, in dem aber das Dt. bisher nur am Rande Rolle spielte, die Prototypensemantik, die sich auch für die Grammatikforschung als brauchbar erwiesen hat, und die Valenztheorie, die auf historische Sprachstufen zahlreicher Sprachen, darunter aufs Ahd., Mhd. und Frnhd., erfolgreich angewandt wurde, nicht aber aufs jüngere Nhd. Unter den Sprachwandeltheorien würde es z. B. die „am häufigsten diskutierte" (Warnke 1994, 372), nämlich Rudi Kellers Theorie der unsichtbaren Hand, trotz oder gerade wegen der teils heftigen Kritik an ihr (Warnke ebd.) sicherlich verdienen, an syntaktischem Material erprobt zu werden − u. a. auch deshalb, weil hier eine Theorie vorliegt, die auch deutliche pragmatische (handlungstheoretische) und soziologische (sprachwertbezogene) Komponenten enthält. Unter den sprachtheoretisch orientierten empirischen Ansätzen spielen in der gegenwärtigen Syntaxforschung die diversen Überlegungen zur (diagrammatischen) Ikonizität eine immer größere Rolle − eine Anwendung auf die Syntaxgeschichte des Dt. steht jedoch noch aus. Auch unter den einzelnen, 'nichtparadigmatischen' Forschungsideen gibt es zahlreiche, von deren historischer Anwendung neue Erkenntnisse zu erhoffen sind. Als syntax-

historisch vielversprechende Modelle seien hier exemplarisch nur drei genannt: die Transitivitätsparameter von Hopper/Thompson (1980), die Theorie der Verbalkategorisierungen von Leiss (1992) und die immer zahlreicher werdenden Ansätze, die die semantische Perspektivierungsleistung der Syntax zum Gegenstand machen (fürs Dt. vor allem Ickler 1990). Die aus den genannten und vielen anderen Ansätzen und Forschungsideen ableitbaren Untersuchungsmethoden versprechen m. E. neue Einblicke ins 'alte' Material. Sie könnten bezeugen, daß Urteile über Statizität oder Dynamik immer auch eine Frage der Breite der erprobten theoretischen Ansätze und der Subtilität der Methoden sind.

(3) Die dt. Sprachgeschichtsschreibung ist fixiert auf die Herausbildung der Schrift- und Standardsprache (Mattheier 1995, 3ff.). Im Lichte dieser „teleologisch auf einen idealen Endzustand bezogenen Entwicklungserwartung" (ebd., 4) erscheint also die nachklassische Grammatikgeschichte u. a. deshalb statisch, weil die Vielfalt des Varietätenspektrums aus dem Blickfeld geraten ist, obwohl gerade im Nhd. viel eher vertikale Bewegungen bezüglich der Realisierung von grammatischen Kategorien und der syntaktischen Strukturierung zu erwarten sind als im Frnhd. (dazu noch gleich unten).

(4) Die Tatsache, daß sich die Forschung bisher aufs Ahd./Mhd./Frnhd. konzentrierte, hatte zwei praktische Konsequenzen. Einerseits blieben bei der Erforschung auch der nhd. Syntaxgeschichte oft diejenigen Phänomene im Blickpunkt, die in den früheren Sprachstufen intensiv erforscht wurden (Paradebeispiel ist der Objektsgenitiv). Dies hat den natürlichen Effekt, daß das Nhd. vielfach als die Zeit des Aus- und Abklangs früheren Wandels und der „Zementierung" (Admoni s. unten) früher entstandener Strukturen erlebt wird. Der Schwerpunkt auf 'ererbten' Forschungsthemen hat andererseits den Effekt, daß die Materialbasis für Phänomene, die erst im Nhd. relevant werden (z. B. Rezipientenpassiv) oder für Themen, die erst in der neueren linguistischen Literatur intensiv diskutiert werden (z. B. Kontrollproblem, Kohärenz/Inkohärenz von Infinitivkonstruktionen, Serialisierung in der NP), schmal oder gleich Null blieb.

Ein ganz besonderer qualitativer Forschungsaspekt, der eine neue Herausforderung für die Syntaxforschung insbesondere des Nhd. darstellt, ist die sog. Pragmatisierung/Soziologisierung der Sprachgeschichtsforschung. Mutatis mutandis gilt es nämlich nicht nur für die historische Lexikologie, sondern auch für die historische Syntaxforschung,

„daß weite Teile der Sprachgeschichtsschreibung des Deutschen einem sehr einfachen, darstellungsfunktional orientierten Denkmuster folgen, nämlich der Auffassung, daß der seit dem späten Mittelalter vorausgesetzten fortwährenden Vermehrung und Differenzierung der Kenntnisse ein dazu

proportionaler quantitativer Ausbau des Wortschatzes, und zwar an Wörtern und Wortbedeutungen, entspreche" (Reichmann 1988, 152).

Das syntaxideologische Pendant des quantitativen Ausbaus des Wortschatzes ist die angeblich immer straffere Durchstrukturierung und Durchfunktionalisierung des syntaktischen − und überhaupt: des grammatischen − Systems der Schrift- bzw. der Standardsprache. Reimt man nun die lexik- und die grammatikideologischen Elemente dieses Denkmusters zusammen, so ergibt sich ein Szenario einer wahren Sprachentwicklung (und nicht eines 'bloßen' Sprachwandels), das von einer Mischung aus aufklärerischer Sprachideologie und positivistischem Fortschrittsglauben getragen wird: Mit der Zeit könnten immer kompliziertere Denkinhalte ausgedrückt werden, da die Gegenstände und Sachverhalte immer differenzierter und präziser 'gewortet' und deren vielfältige Relationen durch immer effektivere grammatische Strukturierungen und eindeutigere Form/Funktion-Zuordnungen vermittelt würden. Belegt werden kann dieses Denkmuster, das übrigens eng verbunden ist mit der oben unter (3) skizzierten methodologischen Prämisse des Hinarbeitens auf die Leitvarietät, am besten an den einschlägigen Arbeiten von Wladimir Admoni, z. B.:

„Die allgemeine Tendenz des deutschen Sprachbaus zur strengeren Organisierung der grammatischen Einheiten [...]" (Admoni 1980, 337); „Die Tendenzen zur strukturellen Zementierung des deutschen Satzes werden nun zu ihrer Vollendung gebracht [...]" (ders. 1900, 178); „Auch das Satzgefüge hatte als ein strukturell gut organisiertes und aufnahmefähiges Gebilde bereits im Laufe des 17. und 18. Jhs. eine hohe Entwicklungsstufe erreicht [...]" (ebd., 232).

Syntax und Syntaxwandel werden noch überwiegend unter system- und manchmal auch unter darstellungsfunktionalen Gesichtspunkten betrachtet und erforscht. Dabei haben systemfunktionale Herangehensweisen bestenfalls beschreibenden Charakter, denn einerseits funktionierten auch die 'alten Systeme', bevor sie ab- oder umgebaut wurden. Andererseits „können (nur Handlungen) Strukturen erzeugen. Strukturen erzeugen selbst keine Strukturen, denn Ordnungen sind keine Akteure" (Keller 1993 a, 113). Damit soll nicht gesagt werden, daß systemfunktionale Ansätze überflüssig oder gar grundsätzlich abzulehnen sind (s. auch Mattheier 1995, 12), sondern nur, daß abstrakte 'Erklärungen' nur dann einen heuristischen Wert haben, wenn die Gruppe von Menschen ausgemacht werden kann, aus deren jeweils individuellem, selbst- und partnerbezogenem sprachlichen Handeln die Plausibilität eines Systemumbaus abgeleitet/verstanden werden kann. Denn system- oder darstellungsfunktionale 'Störungen' mögen zwar in Einzelfällen Veränderungen wünschenswert oder gar notwendig machen (wobei sich selbst in solchen Fällen die Frage stellt: wünschenswert/ notwendig für wen bzw. warum gerade dann und dort?), aber zu behaupten, daß etwa das pränominale Genitivattribut weniger funktionstüchtig gewesen sei, als es das postnominale ist, und daß es daher system- und/oder darstellungsfunktional notwendig gewesen sei, es abzulösen, wäre gewiß problematisch. (Warum bildete sich dann nicht gleich das 'bessere', funktionstüchtigere System heraus?) Zugespitzt formuliert Reichmann (1990, 146): „Die gesamte Grammatikgeschichte läßt sich nicht aus den Notwendigkeiten klareren Sachbezuges verstehen." Ich möchte – ebenfalls zugespitzt formuliert – hinzufügen: auch nicht aus den Notwendigkeiten effektiverer Systemgestaltung.

Eine soziopragmatisch orientierte oder zumindest sensible Syntaxgeschichte des Nhd. müßte sich vor allem mit den auch syntaktischen Konsequenzen der Herausbildung von Sprachwertsystemen (Mattheier 1981, 298ff.) und der Vertikalisierung des Varietätenspektrums (Reichmann 1988 und 1990) auseinandersetzen (Beispiele für diverse soziopragmatisch orientierte Erklärungen in der historischen Syntax führt von Polenz (1995, 52–56) an). Die „auffallend häufige" Bezugnahme „auf die Beseitigung darstellungsfunktional unnötiger Dubletten und die zunehmende Funktionalisierung von Varianten" in der Syntaxgeschichte (Reichmann 1990, 145) ließe sich z. B. durch die Forschungshypothese ersetzen, daß es analog zur Monosemierungstendenz in der Lexikgeschichte des jüngeren Nhd. (Reichmann 1988) eine Tendenz zur Vertikalisierung syntaktischer Strukturierung, Regelbildung und der Realisierung von grammatischen Kategorien gibt. Begleitet wird diese Vertikalisierung von immer intensiveren Normierungs- und Kodifizierungsbestrebungen bezüglich der Leitvarietät, was die gewichtige sprachwandeltheoretische Implikation hat, daß die saubere Trennbarkeit exogenen und endogenen Sprachwandels bei der Erforschung von Sprachen mit Leitvarietät nicht aufrecht erhalten werden kann.

Die dt. Standardsprache von heute wäre wohl ähnlich flexionsarm wie Englisch und Niederländisch, „wenn die deutsche Sprachentwicklung in der Zeit des bildungsbürgerlich kultivierten deutschen Absolutismus nicht so stark schreibsprachlich, akademisch, lateinorientiert, flexionsfreundlich und sprachideologisch gesteuert verlaufen wäre. In die sprachtypologische Entwicklung ist retardierend eingegriffen worden, aber nicht nur von gelehrten Grammatikern; es ist vielmehr mit dem kollektiven evolutionären Verhalten der vielen unreflektiert praktizierenden Professionellen in der Spracharbeit zu rechnen [...]" (von Polenz 1994, 254).

Ein Paradebeispiel ist die konservative Haltung von Grammatikern um die Mitte des 17. Jhs. (Gueintz, Schottel) und um 1700 (Stieler, Bödiker) in bezug auf den Objektsgenitiv (Fischer 1992, 336–342). Diese Grammatiker – mit Ausnahme von Bödiker – benutzen in ihren Sprachtexten überwiegend die Konkurrenzformen des Genitivs, treten jedoch bei den meisten – Schottel und Bödiker gar bei allen – genitivfähigen Verben für die ausschließliche Verwendung des Genitivs ein. Hier träfe das ahistorisch-historisierende Urteil zu: *Sie trinken Wein/vom Wein und predigen Wassers.*

Die soziopragmatische Forschungshypothese – inklusive der in ihrer sprachwandel- und grammatiktheoretischen Reichweite kaum abschätzbaren Annahme von Peter von Polenz – macht intensive methodologische Überlegungen zum Verhältnis kognitiver, typologischer, system- und darstellungsfunktionaler bzw. soziopragmatischer Beschreibungs- und Erklärungskomponenten des Syntaxwandels erforderlich. Außerdem legt sie nahe, daß das Bild der relativen Statizität der nhd. Syntax in einer Beziehung doch stimmen kann:

(5) Die Verselbständigung der Schriftsprache, die Herausbildung konzeptioneller (= struktureller) Schriftlichkeit und die damit verbundene immer intensivere „Spracharbeit" – inklusive der orthographischen Normierungen, deren grammatikkonservierende Wirkung wohl nicht hoch genug einzuschätzen ist – bedeuten eine gewisse Abkapelung der Grammatik der Schriftsprache von den sprechsprachlichen Wandeltendenzen, die sich wohl erst nach unserer Periode – im Verlaufe des sich demokratisierenden Sprachverhaltens der Gegenwart – lockert (Sonderegger 1979, 176f.).

Das Bild der relativen Statizität ist somit im Endeffekt eine ungleiche Mischung von Schein (Punkte 1–4) und Sein (5). Was den Sein-Anteil anbelangt, ist jedoch zu berücksichtigen, daß auch die Statizität eine Form des Wandels ist. Daher müßte die Syntaxforschung insbesondere des Nhd. m. E. viel mehr Aufmerksamkeit auch der Erklärung des Verhältnisses von (verhältnismäßig) statischen und (verhältnismäßig) dynamischen Anteilen des Syntaxwandels widmen.

Um wieder einmal das Genitivproblem aufzugreifen: Erklärungsbedürftig ist nicht nur der Genitivschwund, sondern nicht weniger der Genitiverhalt (bzw. das gelegentliche Vordringen des Objektsgenitvs). Wenn es mit dem Objektsgenitiv seit dem 15. Jh. abwärts geht, worüber ja in der Forschung Einigkeit besteht, so ist es nämlich erstaunlich, daß es 500 Jahre nach dem 'Anfang des Endes' immer noch genitivregierende Verben und Adjektive gibt, darunter sogar welche, bei denen der Genitiv noch immer ohne Konkurrenzform ist (zum Objektsgenitiv vgl. 3.2.1.). Mehr noch als die dynamischen Anteile des Wandels können die statischen nur im Rahmen einer soziopragmatisch orientierten Syntaxforschung erklärt werden.

2.   Syntaxwandel in der NP

Die wichtigsten strukturellen Züge der modernen dt. NP bildeten sich am Ende des Frnhd. und am Anfang des Nhd. heraus. Nach einem *Überblick* über die wichtigsten Teilprozesse wenden wir uns *dem sich grammatikalisierenden Mittel- und Nachfeld der NP* zu.

2.1. Überblick

Unter den einschlägigen Teilprozessen (s. auch Pavlov 1995, 149f. und Ágel 1996, 32f.) stehen drei in besonders engem Zusammenhang:

(1) Durch zunehmenden Artikelgebrauch (Ebert 1986, 81; Pavlov 1995, 152−164) und durch die vermutliche Zunahme von Verschmelzungen wie *am, zum, ins* usw. (Ágel 1996, 24−30; s. auch Paul 1916, 245f. und ders. 1919, 172−178) kommt es − vor allem im Singular − zur Grammatikalisierung der analytischen NP-Flexion.
(2) In engem Zusammenhang mit (1) werden synthetische NPs im Sg. zunehmend auch in den Fällen gemieden, in denen kein Determinans/Adjektiv realisiert werden kann/soll, z. B. bereits frnhd. *ein stück fleischs > ein stück fleisch* (Erben 1985, 1344). Nach Hermann Paul (1919, 455f.), der vom „Aufgeben des Kasusunterschiedes" spricht, finden sich noch bei Goethe synthetische Formen wie *zu Anfang Septembers*, aber natürlich auch flexivlose wie *zu Ende May*. Synthetische NPs im Sg. werden im heutigen Deutsch nur noch nach dem Relikt-Muster *wegen Diebstahls* gebildet, aber auch diese Bildungen weichen dem flexivlosen Muster *wegen Diebstahl* (vgl. Ágel 1996, 52f.). Partitive Genitive ohne Adjektiv, d. h. synthetisch flektierte partitive NPs wie z. B. *ein Glas Weines*, gelten heute schon als ungrammatisch (Hentschel 1993, 321), während analytisch flektierte partitive NPs (*ein Glas herben*

Weines) zwar gehoben, aber voll grammatisch sind. Im Rahmen eines neuen, sprachhistorisch motivierten NP-Modells (Ágel 1996) wurden die hier beschriebenen Teilprozesse unter dem zur Analytisierung (der Substantivflexion) komplementären Sprachwandelprozeß der *Infinitivierung* (des synthetisch flektierten Substantivs) subsumiert.
(3) In engem Zusammenhang mit (1) und (2) ist der nhd. Abbau synthetischer Kasusflexive zu sehen. Der frnhd. Großprozeß der „Kasusnivellierung" (Solms/Wegera 1993, 165; 169) setzt sich fort, ja er wird intensiver im Nhd. (Rowley 1988). Die Tilgung des Dativ-*e*, die zunehmende Weglassung des Genitiv-*s* und des obliquen -(e)*n* im Sg. schwacher Maskulina bzw. die wahrscheinlich neueste Entwicklung, die Nichtrealisierung des Dativ-*n* im Plural, all diese Prozesse können und müssen wohl auch als syntaktisch motivierbare Teilprozesse desselben Strukturwandels angesehen werden, der die Folge der Analytisierung der NP-Flexion und deren Grammatikalisierung ist (Ágel 1996, 30f.; 39ff.). Daß die Anzahl schriftsprachlicher Belege gering ist, überrascht angesichts der normativen „Spracharbeit" (vgl. 1.) nicht. Doch ist auch die schriftsprachliche Zunahme im 20. Jh. unverkennbar (man vergleiche Ljungerud 1955, 149 mit Rowley 1988, 67f.).

Die frnhd. „Tendenz zur strafferen Organisation der Substantivgruppe" (Erben 1985, 1344) und deren Weiterführung im Nhd. äußern sich in einer Reihe von weiteren Teilprozessen. Dabei kommt es zu einer formal und funktional recht durchsichtigen Umstrukturierung der NP:

(4) Zwar ist die sukzessive Rechtsverlagerung des Genitivattributs ein sehr alter Prozeß, und mit einem zunehmenden Übergewicht des postnominalen Genitivattributs kann bereits seit dem 15. Jh. gerechnet werden (z. B. Admoni 1990, 149), doch wird der pränominale Genitiv erst im 18. Jh. stilistisch markiert (Pavlov 1972, 112). Statistisch gesehen geht der Abbau nur zögernd voran. Im Bereich der NPs für die Bezeichnung von Zugehörigkeits- und Herkunftsrelationen geht der Anteil des pränominalen Genitivattributs seit der Zeit um 1500 kaum zurück (27% und 1500 > 25% um 1700). Der Anteil der postnominalen Genitivattribute wächst im gleichen Zeitraum von 53% auf 64% (Fritze 1976, 458). Führend im Ausbau des postnominalen Anteils sind Wobd. und Omd., führend im Abbau des pränominalen Anteils das Omd. (ebd., 460f.). Überdurchschnittlich vertreten ist das postnominale Genitivattribut um 1700 im Bildungsschrifttum und in der Fachprosa, das pränominale in Briefen und Reisebeschreibungen, in denen Personen- und sonstige Eigennamen häufig vorkommen (ebd., 462f.). Die zunehmende strukturelle Marginalisierung des pränominalen Genitivs (der Appellativa) war allerdings bereits im 17. Jh. deutlich zu sehen. Damals tauchte nämlich eine „merkwürdige orthographische Erscheinung" (Pavlov

ebd., 111) auf: die fehlerhafte Bindestrich-Schreibung wie z. B. *deiner Augen-Schein, des armen Lebens-Ziel* (ebd.). Indem hier 'uneigentliche' Zusammensetzungen vorgetäuscht wurden, konnte die Besetzung der markierten Genitivposition scheinbar vermieden werden.

(5) Wie auch der Fall der Pseudo-Komposita zeigt, steht die Inkorpierung des pränominalen Genitivs, d. h. die Herausbildung 'uneigentlicher' Zusammensetzungen, in engem Zusammenhang mit (4). Strukturell 'eliminieren' kann man nämlich den Genitiv links vom Kernsubstantiv entweder durch Rechtsverlagerung oder durch 'Univerbierung'. Zwar erfolgen Herausbildung und Grammatikalisierung der 'uneigentlichen' Zusammensetzungen spätestens im Frnhd. (Grosse 1985, 1156; Erben 1985, 1344; Nitta 1987 und Pavlov 1972, 95; 98–101 und ders. 1995 a, 113 ff.), doch ist eine zweifelsfreie Unterscheidung von NPs mit pränominalem Genitiv und 'uneigentlichen' Komposita erst ab der ersten Hälfte des 17. Jhs. möglich. Nicht eindeutige Belege wie z. B. *der stat paumeister, des reichs regiments, hungers not, glaubens sache* (Ebert 1993, 338 f.) gibt es im 16. Jh. noch massenweise.

(6) Die im älteren Dt. mögliche diskontinuierliche Realisierung eines Attributs an beiden Seiten des Kernsubstantivs (*an sant Peters abent des predigers*, A. Langmann, zitiert nach Ebert 1986, 99) schwindet im 17. Jh. (Schmidt 1993, 339 und dort weitere Literatur).

Die Teilprozesse (4) und (5) haben bisher nur systemfunktionale Deutungen erfahren:

Nach Pavlov (1972, 89–93) sei der pränominale Genitiv 'systemstörend' gewesen, da er der Grammatikalisierung des Artikelsystems im Wege stand. Nitta (1993, 92–99) macht die Analytisierung der Kasusmarkierung des Substantivs. d. h. den „Gebrauch des Artikelworts anstelle des Kasusflexivs" (ebd., 99), für die Nachstellung des Genitivattributs verantwortlich. Im Hintergrund dieses Prozesses stehe die konsequente Entwicklung des Deutschen − oder zumindest der deutschen NP − zur typischen SVO-Sprache (ebd., 92). Diese These ist jedoch insofern problematisch, als sich die Diskussion um die dt. Grundwortstellung „weitgehend zugunsten der Verbendstellung entschieden zu haben scheint" (Askedal 1996, 371), d. h. zugunsten von (S)OV. Zu weiteren Erklärungen s. Ebert 1986, 97 f.

Abgerundet wird die 'Straffungstendenz' durch die flexivische und topologische Vereinheitlichung des Adjektivattributs:

(7) Die „einheitliche Gestaltung des attributiven Adjektivs als einer flektierten Form" (Admoni 1985, 1542) hebt das attributive Adjektiv eindeutig vom nichtflektierten prädikativen ab. Zwar nimmt der Anteil flexivloser Adjektivattribute vom Mhd. zum Frnhd. zu, was gewiß eine Herausforderung für die Forschung darstellt (Pavlov 1995, 21 f.), doch gibt es im Nhd. praktisch keinen flexivlosen Gebrauch mehr (ebd., 222).

(8) Die Tendenz zur deutlicheren Trennung von NP mit Adjektivattribut und Kompositum ist in engem Zusammenhang mit (7) zu sehen. Sattler (1992), der die Entwicklung der sprachlichen Mittel, „die einer Produktbenennung eine Materialbenennung im Sinne von 'produziert aus' zuordnen (Typ: /hölzernes Haus/ − /Holzhaus/)" (ebd., 229), in den Zeiträumen 1570–1630 und 1670–1730 untersuchte, stellte drei Teiltendenzen der oben genannten Tendenz fest (zusammenfassend ebd., 266):

(a) Der NP-Typ mit flektiertem Adjektivattribut (Typ: *zinnenes Geschirr*) nimmt auf Kosten der strukturell ambigen Kette (Typ: *zinnen Geschirr*) zu, die sowohl als NP mit unflektiertem Adjektivattribut als auch als Kompositum mit adjektivischem Bestimmungsglied gelesen werden kann.

(b) Komposita mit eindeutig substantivischem Bestimmungsglied (Typ: *Zinngeschirr*) nehmen auf Kosten fragwürdiger (*en*-)Komposita entweder mit adjektivischem Erstglied und Zusammenschreibung (Typ: *Zinnenegeschirr*) oder mit − ohne Berücksichtigung der Schreibung − kategoriell ambigem Erstglied (Typen: *leinenLacken, Eisen Kette*) zu.

(c) Zusammengeschriebene (fragwürdige) *en*-Komposita (Typ: *leinenLacken*) nehmen auf Kosten getrennt geschriebener (fragwürdigerer) *en*-Komposita zu (Typ: *Eisen Kette*) zu.

Klare Motivationslinien der Tendenz, d. h. der Gesamtheit der drei Teiltendenzen, sind weder textgruppen- bzw. textsortenbezogen noch diatopisch erkennbar. Die einzige soziologische Komponente, deren Wirksamkeit nach Sattler nachgewiesen werden kann, ist der Bildungsgrad, d. h. die Vertrautheit mit Gedrucktem bzw. die bewußt angestrebte anspruchsvolle Gestaltung der Texte (ebd., 247; 258). Diese Komponente wirkte in Richtung auf die modernen Formen. Ob dem wirklich so ist bzw. wie sich diese Komponente zur Dichotomie 'Sprechsprache'/'(sich formierende) Schriftsprache' verhält, könnte m. E. erst durch Untersuchungen auf breiterer Materialbasis entschieden werden. Z. B. gehört der in vielen anderen grammatischen Bereichen sehr 'fortschrittliche' „Simplicissimus" (s. die Abschnitte 3.1.2., 3.1.3. und 3.4.3. des vorliegenden Beitrags) bezüglich der Tendenz (a) mit den 'rückständigsten' Texten überhaupt (s. Sattlers Statistik ebd., 257).

(9) Die Ablösung des pronominalen Genitivflexivs Sg. M./N. an Adjektiven in NPs ohne Determinans (Typ: *leichtes Schrittes > leichten Schrittes*) fängt im 17. Jh. an und setzt sich zu Beginn des 18. Jhs. durch (Admoni 1985, 1541). Die Erklärung dieses Wandels mit der Tendenz zur Monoflexion (Admoni ebd.) greift jedoch zu kurz. Vielmehr muß er wohl im Zusammenhang der generellen Analytisierung der NP-Flexion gesehen werden (Ágel 1996, 35–39).

(10) Die Voranstellung von Adjektivattributen ist am Anfang unserer Periode ebenfalls feste Norm. Die im Frnhd. mögliche Nachstellung kommt im 17. Jh. nur noch in formelhaften Wendungen vor (Solms/Wegera 1993, 201).

Der strukturelle Hut, unter den die Teilprozesse (1)−(10) gebracht werden können, ist
der Prozeß der Herausbildung und Grammatikalisierung der *syntaktischen Nominalklammer* im 17./18. Jh. (zur Interpretation dieses
Prozesses vgl. 4.1.; zur Satzklammer s.
3.3.1.). Mit der Grammmatikalisierung der
syntaktischen Nominalklammer geht die
Grammatikalisierung des Mittel- und des
Nachfeldes der NP einher:

(11) Es erfolgt der Ausbau des Mittelfeldes durch
erweiterte Adjektivphrasen. Das vorangestellte Ad-
jektiv- und Partizipialattribut mit dem Partizip in
Endstellung (Typ: *der im Irrgarten der Liebe herumtaumelnde Kavalier*, J. G. Schnabel 1738, zitiert
nach Lötscher 1990, 14), das vor 1500 kaum belegt
ist, tritt im 17. Jh. „einen allgemeinen Siegeszug"
an (Weber 1991, 308; mehr hierzu in 2.2.).
(12) Im Nhd. kann im allgemeinen ein Anwachsen
der Zahl, des Umfangs und des Unterordnungsgra-
des der Nachfeldbesetzungen beobachtet werden
(Droop 1977, 267−272). Mehr dazu in 2.2. Zur
weiteren Grammatikalisierung des NP-Nachfeldes
vgl. 4.2.

Strukturell-typologisch deutlich zu trennen
ist von der Herausbildung und Grammatikalisierung der 'normalen' NP-Struktur die
Herausbildung und Grammatikalisierung der
'anderen' NP mit *adnominalem possessiven
Dativ/Genitiv*, d. h. der Typen *dem Vater/des
Vaters sein Haus* (Ágel 1993).

Die Geschichte dieser Konstruktionen ist nur spärlich dokumentiert. Nach Fritze (1976, 443) bleiben
die Typen − verglichen mit der Zeit um 1500 −
auch um 1700 selten. Daraus, daß der Genitiv (*des
Vaters sein Haus*) erst um 1700 verstärkt mit dem
Dativ konkurriert (ebd., 447), kann geschlossen
werden, daß er eine Mischkonstruktion ist, die erst
nach der Herausbildung des dativischen Typs *dem
Vater sein Haus* entstand (Fritze ebd., 420f.; Ebert
1986, 91; Ágel 1993). Nach Fritze (ebd., 421) ist
der adnominale possessive Genitiv „besonders häufig in der Dichtung der Klassik zu finden, aber
auch in der des 19. Jhs."

2.2. Zur Grammatikalisierung der
Feldstruktur

Ein wichtiges Moment der Grammatikalisierung der NP ist die Entstehung ihrer Feldstruktur, d. h. die Herausbildung von strukturellen Freiräumen im Mittelfeld und im
Nachfeld. Verstärkt besetzt wird das Mittelfeld durch *erweiterte Adjektiv- und Partizi-
pialattribute*, das Nachfeld durch *Präpositionalattribute* (und teils durch *Genitivattribute*). Zuerst zu den erweiterten Adjektiv-
und Partizipialattributen (= EAP):

Die Grammatikalisierung des Mittelfeldes fängt in
der Mitte des 16. Jhs. im Kanzleistil (im Stil des
öffentlichen Verkehrs) an (Weber 1971, 95−98). Sie
beinhaltet einerseits die deutliche Zunahme der
Häufigkeit und des Umfangs der EAP, andererseits − natürlich in engem Zusammenhang mit der
Zunahme − die Entstehung von neuen Formen der
Erweiterung: Adjektivphrasen mit präsenspartizi-
pialem Kopf (im 17. Jh. auch mit *habend*); nicht
nur adverbiale, sondern auch nominale und präpositionale Erweiterungen und − erst im 18. Jh. −
Adjektivphrasen mit Gerundivkopf. Der Systemwandel besteht hier nach Weber (ebd., 97) darin,
daß die Adjektivphrase propositionalen Charakter
annimmt.

Betrachtet man die Gesamtentwicklung auf
der Grundlage des Materials von Weber (Stil
des öffentlichen Verkehrs, der Wissenschaft,
der Literatur (= der erzählenden Prosa) und
der Presse (letztere wurde nur fürs 20. Jh. untersucht)), erfolgt der Umbruch im 17. Jh.
Die Entwicklung danach verläuft ohne Ex-
tremwerte (ebd., 124f.):

Verglichen mit dem 16. Jh. wächst die durchschnittliche Häufigkeit der EPA im 17. Jh. aufs
Fünffache. Auch der durchschnittliche Umfang
nimmt um ca. 50% zu. Nach einer Phase der Stabilisierung im 18. Jh. nimmt die Häufigkeit im 19. Jh.
um ca. 30% zu, während der durchschnittliche
Umfang im wesentlichen stabil bleibt. Im 20. Jh.
findet eine bedeutende Reduktion des Umfangs
(um ca. 25%) statt (somit steht der durchschnittliche Umfangswert ziemlich genau zwischen dem
des 16. und des 17. Jhs.), und auch die Häufigkeit
fällt auf das Niveau des 18. Jhs. zurück. Von einer
'Rücknahme' des Umbruchs kann trotzdem nicht
gesprochen werden, eher nur von dem 'Abschnei-
den der Wildwüchse' des 19. Jhs.

Die einzelnen Funktionalstile sind grob gesprochen durch ihre Entfernung vom Amtsstil gekennzeichnet:

Obwohl es wie erwähnt im Stil des öffentlichen
Verkehrs (ebd., 93−103) bereits seit Mitte des
16. Jhs. einschneidende Veränderungen gibt, stellt
das 17. Jh. auch hier einen Wendepunkt dar: Die
Häufigkeits- und Umfangswerte des Kanzleistils
wachsen im 17. Jh. derart sprunghaft an, daß sie
die durchschnittlichen Gesamthäufigkeits- und
-umfangswerte des 'wildwüchsigen' 19. Jhs. über-
treffen. Ein deutlicher Rückgang ist erst im 20. Jh.
zu verzeichnen, wobei die Werte immer noch über
den durchschnittlichen Gesamtwerten des 18. Jhs.
liegen.
  Im Stil der Wissenschaft (ebd., 103−107) wird
das erweiterte Attribut maßvoller verwendet als im
Amtsstil. Die neuen Formen des EPA finden ca.
100 Jahre später Eingang in den Wissenschaftsstil.
Bezüglich Häufigkeit und Umfang erfolgt der Ausgleich erst im 19. und 20. Jh. Da im Wissenschafts-

stil im 20. Jh. kein signifikanter Rückgang zu beobachten ist, kommt das EPA in diesem Jahrhundert im Wissenschaftsstil sogar häufiger vor als im Amtsstil (der Umfang bleibt jedoch weiterhin im Amtsstil größer).

Der Stil der Literatur (ebd., 107—114) ist noch maßvoller als der Stil der Wissenschaft, aber die Tendenzen sind die gleichen wie in der Amtssprache.

Die Werte des Stils der Presse (ebd., 114—116) liegen im 20. Jh. zwischen denen des Wissenschafts- und des Literaturstils.

Komplementär zur Entwicklung des erweiterten Attributs verläuft die Entwicklung der erweiterten Adjektiv- und Partizipialapposition, also des Typs *der Kavalier, im Irrgarten der Liebe herumtaumelnd* (ebd., 129 f.):

Diese Konstruktion nimmt im 17. Jh. drastisch ab und bleibt auch im 18. Jh. unbedeutend. Im Stil der Literatur tritt sie allerdings im 18. Jh. wieder auf, und sie „erfreut sich seitdem ständig wachsender Beliebtheit" (ebd., 111).

Der sich im 16. Jh. anbahnende und im 17. Jh. vollzogene Strukturwandel im Bereich des EPA hat bisher keine allgemein akzeptierte Erklärung gefunden:

Weber (ebd., 138) weist nach, daß eine darstellungsfunktionale Erklärung scheitern muß, denn die Reichsabschiede, in denen das EPA zuerst auftritt, beschäftigen sich mit den gleichen Themen wie früher, neue Anforderungen an die Sprache wurden also nicht gestellt. Umgekehrt werden nach Weber (ebd.) heute neue Anforderungen an die Sprache gestellt, aber das EPA geht gerade im 20. Jh. stark zurück.

Weber plädiert für lat. Einfluß (ebd., 141—148). Nach ihm entstand das EPA „infolge des Bedürfnisses, die voranstehende attributive Partizipialkonstruktion des Lateinischen möglichst originalgetreu wiederzugeben" (ebd., 148). Die strukturelle Voraussetzung war, daß dies im Einklang mit der zunehmenden Tendenz zur zentripetalen Wortstellung war (ebd., 135).

Lötscher (1990, 14 f.) wendet ein, daß Weber die Bedeutung des Typs *Der im Irrgarten der Liebe herumtaumelnde Kavalier* (J. G. Schnabel 1738) vor dem 16. Jh. herunterspiele und daß er den Strukturwandel, die Bedeutung des neuen zentripetalen 'Sogs' seit dem 16. Jh., überbewerte (ebd., 22). Die Ursachen für die 'Wende' im 16. Jh. sind nach Lötscher (ebd., 22 f.) eher in den sich wandelnden Stiltendenzen der Kanzleisprache zu suchen. Hinter dem Stilwandel der Kanzleisprache im 16. Jh. vermutet Lötscher (ebd., 23) die Maxime „Je komplizierter, desto höher im sozialen Rang".

In seiner Replik weist Weber (1991, 310 f.) wiederum auf die Plausibilität der lat. Entlehnung hin. Außerdem stellt er versöhnend fest, daß sich stilwandelbezogene Erklärungen (Lötscher) und systemwandelbezogene Beschreibungen (Weber) nicht nur nicht ausschließen, sondern sich gegensei-

tig ergänzen (ebd., 311 f.). Die Neigung zur komplizierten Ausdrucksweise erklärt er nicht mit deren Sozialprestige (s. Löscher Maxime), sondern einerseits mit dem Sozialprestige der Beherrschung der lat. Bildung bzw. Wissenschaftssprache und andererseits mit den sich herausbildenden Normen der Schriftsprache, d. h. mit den neuen Möglichkeiten einer 'Syntax für die Augen' (ebd., 312 f.).

Von einem *Nachfeld der NP* kann vor der Grammatikalisierung der syntaktischen Nominalklammer nicht gesprochen werden. Die Grammatikalisierung des Nachfeldes ist vor allem in bezug auf die *Präpositionalattribute* (= PA) erforscht.

Sie wurden von Droop (1977, 222—227) in den Textsorten Verwaltung, Wissenschaft, Belletristik und Trivialliteratur in den Zeitabschnitten 1750—1780 (= I), 1850—1880 (= II) und 1950—1972 (= III) untersucht.

Die wichtigsten Tendenzen:

(a) Sowohl die Häufigkeit der Präpositionalattribute als auch die der PA enthaltenen NPs (= NPA) nehmen kontinuierlich zu (ebd., 230 f.). Die Zunahme ist drastisch in der Sprache der Verwaltung (ca. Verdreifachung), stark in der Wissenschaftssprache (Verdopplung) und vergleichsweise gemäßigt in den fiktionalen Texten. Generell — abgesehen von der Trivialliteratur — ist die Zunahme zwischen II und III stärker als zwischen I und II.

(b) Die Häufigkeit der PA/NPA nimmt — abgesehen von der stabilen Trivialliteratur — zu (ebd., 233).

(c) Die Zahl der eine NP attribuierten PA nimmt in der Sprache der Verwaltung stark, in der Sprache der Wissenschaft und der Belletristik schwach zu.

(d) Aufschlußreich ist die Aufschlüsselung der Häufigkeit nach der Zahl der PA/NPA (ebd., 234). Wenn wir von Extremen (Einzelbelegen) absehen, so haben wir nämlich folgendes Bild: Normal sind in der Sprache der Verwaltung und der Wissenschaft bis zu drei PA in einer NPA, in der Sprache der Belletristik und Trivialliteratur nur bis zu zwei. Der Unterschied zwischen der Sprache der Verwaltung und der der Wissenschaft besteht darin, daß die Gruppen mit mehr als einem PA/NPA in der Verwaltungssprache stärker vertreten sind. Die Belletristik entfernt sich ein wenig von der Trivialliteratur erst zwischen II und III. Während es nämlich in der Sprache der Trivialliteratur konstant in ca. 95% der Fälle nur ein PA/NPA gibt, wächst in der Sprache der Belletristik des 20. Jhs. die Zahl der NPA mit zwei PA stark an (in der zweiten Hälfte des 19. Jhs. gibt es noch überhaupt keinen Unterschied zwischen Belletristik und Trivialliteratur).

(e) Der Grad der Subordination der PA nimmt generell zu (ebd., 236). Der prozentuale Anteil der Subordination zweiten und dritten Grades wächst — mit Ausnahme der Trivialliteratur — stetig. Am stärksten im 19. Jh. und vor allem in der Sprache der Verwaltung.

(f) Neue Typen von syntaktischen PA tauchen auf, ältere Typen verbreiten sich stark (ebd., 252–263). Z. B. kommen Präpositionalattribute als strukturelle Entsprechungen von Agentien von Passivsätzen erst im 18. Jh. in der Verwaltungssprache auf (insgesamt nur zwei Belege), und sie treten im 19. Jh. stärker in Erscheinung (ebd., 255). Die strukturellen Entsprechungen von Passivsubjekten (Typ: *die Einstellung von Arbeitskräften*) nehmen in den Sachtexten des 19./20. Jhs. drastisch zu (ebd., 259; 262). Der Anteil valenzgebundener PA steigt in den Sachtexten stark an, in den fiktionalen Texten nimmt er ab (ebd., 262). Vergleichs-PA (Typ: *Karls Vorsprung gegenüber Klaus*), die allerdings von Droop zu den semantischen PA-Klassen gerechnet werden, tauchen möglicherweise – keine Belege im 18. – erst im 19. Jh. auf (ebd., 255).

Die Parallelen zur Grammatikalisierung des Mittelfeldes sind nicht zu übersehen:

Auch im Nachfeld spielen die Verwaltungstexte die Vorreiterrolle, auch hier gefolgt von den Wissenschaftstexten. Der Syntaktifizierung des Mittelfeldes durch die Einführung von neuen Kopftypen und Erweiterungsformen entspricht die Syntaktifizierung des Nachfeldes durch die Einführung bzw. starke Verbreitung von syntaktischen Klassen von Präpositionalattributen und durch die Zunahme des Grades der Subordination (zur weiteren Syntaktifizierung des Nachfeldes s. 4.2.).

Die Vertikalisierung ist im Nachfeld vielleicht noch ausgeprägter als im Mittelfeld:

Während die Unterschiede zwischen den vier Textsorten im 18. Jh. noch unerheblich sind, zerfallen die Texte bereits im 19. Jh. in zwei Gruppen: Sachtexte und fiktionale Texte. Der erwähnten Syntaktifizierung in den Sachtexten entspricht keine Syntaktifizierung in der Fiktion. Der Anteil der Nominalisierungen (Deverbativa und Adjektivabstrakta) als Kopf der NPA wächst in den Sachtexten enorm, umgekehrt werden die Nominalisierungsköpfe in den fiktionalen Texten zunehmend unbedeutend (ebd., 264). Die bedeutende Zunahme der nominalisierten Köpfe findet in den Sachtexten im 19. Jh. statt, innerhalb der Nominalisierungen verschiebt sich das Verhältnis stark zugunsten der Deverbativa (ebd., 266). Auch der prozentuale Anstieg der Passiv-NPs gemessen an allen NPA ist in den Sachtexten sehr groß. Dagegen wird die NP in fiktionalen Texten eher als eine eindimensionale semantische Größe benutzt, d. h. die Komprimierungsfunktion von Nominalisierungen wird hier weniger wahrgenommen (s. auch ebd. 263). Die Streuungswerte in den einzelnen Textsorten (ebd., 247–252) zeigen, daß sich die Verwaltungssprache zu einer sehr einheitlichen Textsorte entwickelt hat (geringe Streuung). Praktisch das gleiche gilt für die Sprache der Wissenschaft, während fiktionale Texte sehr inhomogen sind.

Die Vertikalisierungstendenz erfaßt auch die *Genitivattribute* (= GA) in NPA (ebd., 238f.):

Die Häufigkeit der GA nimmt in den Sachtexten generell zu, in den fiktionalen Texten generell ab. Während das Verhältnis NPA/GA im 18. Jh. noch relativ textsortenunspezifisch ist, sind die Unterschiede zwischen Sachtexten einerseits und fiktionalen Texten andererseits im 19. Jh. bereits enorm. In den Sachtexten des 20. Jhs. kommt in fast jeder zweiten NPA ein GA vor, in den fiktionalen Texten in ca. jeder neunten NPA. In den Sachtexten nimmt auch die absolute Zahl der GA in NPA signifikant zu.

3. Syntaxwandel im Satz

3.1. Verbalkategorien

Behandelt werden in diesem Abschnitt *Genus verbi*, *Tempus* und *Modus*.

3.1.1. Im Bereich der *Verbalgenera* konzentriert sich die Forschung seit jeher aufs *Patienspassiv* (Akkusativpassiv), insbesondere auf die funktionale Opposition von *werden*- und *sein(/wesan)*-Passiv.

Entgegen der traditionellen Auffassung, die keine wesentlichen Unterschiede zwischen Ahd. und Nhd. gesehen hat, besteht in der neueren Forschung weitgehender Konsens darüber, daß sich das ahd. System, das auf einer aspektuellen Opposition beruhte, erheblich vom nhd. unterscheidet (Forschungsüberblick in Kotin 1995, 61f.). Die aspektuelle Opposition, die durch die Opposition Vorgang/Zustand abgelöst wurde, kann am besten als +/−Zustandseintritt (Valentin 1987, 9f.; Eroms 1990, 85) oder mutativ/statal (Kotin 1995, 66f.) charakterisiert werden.

Nachdem im 16. Jh. *werden* + Part. Prät. – etwa zeitgleich mit *werden* + Part. Präs./Inf., s. Semenjuk 1981, 30; Ebert 1993, 394 – seinen ingressiven Charakter endgültig eingebüßt hatte (Valentin 1987, 13), wurde die endgültige Ablösung durch die Dichotomie Vorgang/Zustand möglich (Eroms 1990, 91). Die heute gültige funktionale Opposition zwischen *werden*-Patienspassiv und *sein*-Patienspassiv scheint sich also zu Beginn des Nhd. etabliert zu haben. Auch die Grammatikalisierung des Patienspassivs scheint in der Mitte des 17. Jhs. abgeschlossen zu sein (Oubouzar 1974, 71ff.; Valentin 1987, 13f.): Die Vollzugsstufen des Präsens und des Präteritum – Perfekt und Plusquamperfekt – sind nun in das System eingegliedert. Die Eingliederung der Vollzugsstufe des Futurs (Futur II) ins Verbalparadigma – hier übrigens nicht nur im Passiv, sondern auch im Aktiv (Oubouzar 1974, 94) — erfolgt ebenfalls in der Mitte des 17. Jhs.

Auch die statistischen Verhältnisse zur Nennung des Agens im Passivsatz sind mit denen im heutigen Dt. durchaus vergleichbar. Um 1700 wird nach Schieb (1976, 199; 211) beim *werden*-Passiv das Agens in 18% der Fälle genannt, beim *sein*-Passiv in 2,6%. Das Agens wird doppelt so häufig mit einer *von*-PP als mit einer *durch*-PP angeschlossen. Dabei läßt sich die Wahl der Präposition nicht durch +/−belebt erklären (wenn auch bei belebtem Agens die *von*-PP eindeutig bevorzugt wird).

Es gibt jedoch auch Anzeichen dafür, daß das Bild des 'modernen' Systems des Patienspassivs zu Beginn des Nhd. trügerisch sein kann:

Einerseits weist Sonderegger (1979, 276) darauf hin, daß die erst seit der Mitte des 17. Jhs. belegten viergliedrigen Passivbildungen zunächst nur im Konjunktiv vorkommen: *Ich würde gehöret worden seyn* (Schottelius); *ich würde gesaget worden seyn* (Stieler). Im Korpus von Schieb (1976) — bis 1730 — kommt nicht einmal ein konjunktivischer Futur II-Beleg im Passiv vor (Futur II des Aktivs ist belegt). Von einer vollen Eingliederung des Patienspassivs ins Tempus/Modus-System kann also noch nicht gesprochen werden. Andererseits dauert die Verdrängung des im Ahd. noch überlegenen *sein(wesan)*-Passivs durch das *werden*-Passiv möglicherweise seit dem 11. Jh. an (Kotin 1995, 67). Deren erste Phase besteht in der Verdrängung des vorgangspassivischen Gebrauchs von *sein*: Während um 1500 das *sein*-Passiv noch vorgangspassivisch verwendet werden konnte, war diese Verwendung um 1700 kaum mehr möglich (Schieb 1976, 127; 199). In der zweiten Phase, die noch andauert, ist damit zu rechnen, daß *werden* allmählich auf den Zustandsbereich übergreift (Eroms 1992, 238). Hier sind aber noch weitere Untersuchungen notwendig, da das Verdrängen des *sein*-Passivs wohl nicht linear verläuft: Nach Schieb (1976, 126f.; 198f.) war das *werden*-Passiv um 1500 doppelt so frequent wie das *sein*-Passiv, während sie um 1700 etwa gleich häufig belegt waren.

Im Gegensatz zum Patienspassiv ist die historische Erforschung des *Rezipientenpassivs* (Dativpassiv, *bekommen/kriegen/erhalten*-Passiv) völlig vernachlässigt. Aus unserer Sicht ist jedoch gerade dieser Passivtyp von zentraler Bedeutung, da seine Herausbildung und Grammatikalisierung nahezu ausschließlich in die nhd. Periode fällt. „Sprachgeschichtlich ist interessant, daß dieser Typ überhaupt entstanden ist und daß er so relativ spät erscheint" (Eroms 1992, 242).

Die Vernachlässigung der Geschichte des Rezipientenpassivs hat mehrere Gründe. Erstens erkennt die ältere Syntaxforschung — mit Ausnahme von

Sütterlin (Askedal 1984, 6) — die *bekommen*-Fügung nicht als passivisch an. Zweitens gibt es auch in der modernen Forschung — wenn auch immer weniger — Gegenstimmen. Drittens ist das Phänomen jüngeren Datums und insofern ein klassisches Beispiel dafür, wie nhd. Phänomene aus dem Blickfeld der Forschung geraten, wenn ihre Entstehung nicht in das ältere Dt. oder das Germ. zurückreicht.

Im Rezipientenpassiv wird im Gegensatz zum Patienspassiv nicht der Zweit- sondern der Drittaktant semantisch zentriert, d. h. als Subjekt kodiert. Das Bedürfnis, den Drittaktanten zu zentrieren, war jedoch bereits vor den ersten Ansätzen zur Herausbildung des heutigen Rezipientenpassivs da:

Bei Luther (An den christlichen Adel) findet sich die Stelle (zitiert nach Eroms 1992, 241): *Ich wolt gerne yderman gehofffen seyn* 'Ich wollte gern, daß jedermann Hilfe/Unterstützung bekommt'. Nach Eroms (ebd.) liegt hier ein „Systemversuch" vor, „für den Dativ die Möglichkeit der Passivkonverse zu eröffnen". Der Luthersche Versuch, den Dativ mit Hilfe eines *werden*-Passivs (oder *sein*-Passivs) zu zentrieren, wird auch später mehrmals unternommen, z. B.: *Da sind wir auf viel Jahre geholfen* (Goethe, Weimarer Ausgabe XIX); *Sie werden auf den Zahn gefühlt werden* (Holtei, Eselsfresser) (Belege nach Behaghel 1924, 212).

Das *bekommen/kriegen/erhalten*-Rezipientenpassiv ist zum ersten Mal am Ende des 16. Jhs. belegt. Der zweitälteste Beleg taucht allerdings fast 100 Jahre später auf (Eroms 1978, 365; ders. 1990, 93):

Bat mich, ich wollt die kunst nicht schweigen, ich soll't sie wohl belohnet kriegen (Rollenhagen Fr., ca. 1590); *Mehr kriegt er hier gebunden die Häupter dieses Reichs* (Daniel Caspar v. Lohenstein, Afrikanische Trauerspiele, 1680).

Während in der heutigen Schriftsprache das *bekommen*-Rezipientenpassiv deutlich überwiegt (der Gebrauch des *erhalten*-Passivs ist stark restringiert, das *kriegen*-Passiv ist sprechsprachlich) (Eroms 1978, 367f.), kommt historisch zuerst das *kriegen*-Passiv vor. Das *bekommen*- und das *erhalten*-Passiv sind erst wesentlich später, im 19. Jh., belegt (Eroms 1978, 365−367):

Der mißtrauische Blinde, der gewiß jedes seiner Worte wiedererzählt bekamm (Gutzkow); [...] *daß sie dergleichen* [...] *als Dogmen überliefert bekommen haben* (Eckermann, aus dem Jahre 1823); *Wo der Mensch irgend bedeutsame Laute überliefert erhalten hat* (W. v. Humboldt).

Das zentrale Thema der modernen Rezipientenpassivforschung ist die Grammatikalisierung, d. h. die paradigmatische Integrierung der *bekommen/kriegen/erhalten*-Fügungen und die Auxialisierung von *bekommen/kriegen/erhalten* (s. etwa Ebert 1978, 63 f.; Askedal 1984; Heine 1993). Obwohl Konsens darüber besteht, daß das Rezipientenpassiv noch nicht so weit grammatikalisiert ist wie das *werden*-Patienspassiv, muß der Prozeß der Grammatikalisierung „viel rascher als bei *werden* und *sein* verlaufen sein" (Eroms 1992, 242). Hieraus ergeben sich wenigstens zwei wichtige Aufgaben für die historische Syntaxforschung:

Erstens existiert − analog zur *werden/sein*-Arbeitsteilung − ein zustandspassivisches Pendant zum vorgangspassivischen *bekommen/kriegen/erhalten*-Passiv, nämlich das *haben*-Passiv (z. B. Eroms 1978, 401 f.; Askedal 1984, 12 f.): *Das Pferd bekommt die Fesseln bandagiert* (Vorgang) vs. *Das Pferd hat die Fesseln bandagiert* (Zustand). Belege gibt es bis jetzt nur aus dem 20. Jh. (Eroms 1978, 401), es ist also unklar, wann dieser Grammatikalisierungsschritt eingeleitet wurde. Zweitens wird das Rezipientenpassiv zunehmend auch auf Verben des Nehmens (*Sie bekommt den Führerschein entzogen*), auf dreiwertige Verben ohne Dativobjekt (*Er bekommt ständig Bitten herangetragen*) und vereinzelt sogar auf zweiwertige Verben (*Sie bekommt geholfen*) anwendbar. Hentschel/Weydt (1995, 182) kommen sogar zu dem „unerwarteten Ergebnis", daß das *bekommen*-Passiv in stärkerem Maße grammatikalisiert ist als das *sein*-Patienspassiv. Die bisher bekannten historischen Belege zeigen jedoch das Rezipientenpassiv nur mit Verben des Gebens (Typ: *Sie bekommt Blumen geschenkt*).

Insgesamt bleibt also die Frage offen, ob der entscheidende 'Schub' in der Grammatikalisierung des Rezipientenpassivs erst im 20. Jh. erfolgte oder ob dieser Eindruck nur der dürftigen Quellenlage zu 'verdanken' ist.

Wenn möglich noch stiefmütterlicher als das Rezipientenpassiv werden von der historischen Syntaxforschung marginalere Passivformen behandelt: Das *bleiben*-Passiv (z. B. Eroms 1990, 92 f.), über dessen Passivstatus in der heutigen Forschung kein Konsens besteht, ist seit dem Ahd. belegt. Die Erforschung seines historischen Werdegangs steht noch aus. Zusammen mit anderen „Ausbautypen" des Patienspassiv (*steht/liegt/steckt getan*, *legt gefangen*, usw.) kommt es zwar selten, aber beständig vor (Schieb 1976, 219). Die Konstruktionsparallele zu den ebenfalls kontinuierlich belegten aktivischen Fin. + Part. Perf.-Typen (*brachte geschleppt*, *kommt geritten* usw.) legt einen genusübergreifenden Zusammenhang nahe. Das subjektlose ('unpersönliche') Passiv (Behaghel 1924, 211 f.), das seit dem Ahd. (bzw. auch im Got.) belegt ist, ist ebenfalls nicht erforscht, obwohl das „historische Verhältnis der unpersönlichen Passivkonstruktion zu der persönlichen nicht ganz klar (ist)" (Dal 1962, 130).

Das Medial-Passiv/Reflexiv-Passiv (*es wurde sich durchaus nicht darum gekümmert*, Andresen 1854, 764), das eine Form des subjektlosen Passivs ist und das neuerdings Interesse findet (s. zuletzt Ágel 1997), ist seit dem Mhd. belegt (Behaghel 1924, 214 f.). Nach Andresen (ebd.) ist die Erscheinung im 19. Jh. „nicht selten", „namentlich im Familienton" und „vorzüglich im Norden Deutschlands". Außer Grimm, aus dessen Grammatik er zahlreiche Belege zitiert, „pflegen (die Grammatiker) darüber zu schweigen" (Andresen ebd.). Dies gilt zwar für die Grammatiker der Gegenwartssprache nur noch in beschränktem Maße (Ágel ebd.), jedoch uneingeschränkt für die historischen Syntaktiker.
Über das Modalpassiv (*Wer über dreißig ist, gehört aufgehängt*, K. Mann) ist nicht einmal klar, wann es entstanden ist. Belege sind nur aus dem 20. Jh. bekannt.

3.1.2. Im Bereich der *Tempora* finden wir zu Beginn unserer Periode ein weitgehend grammatikalisiertes System vor, mit all den analytischen Verbformen, die auch für die Gegenwartssprache angenommen werden.

Den entscheidenden Anstoß zur Grammatikalisierung der Tempora gab wohl die Auflösung des ansatzweise herausgebildeten Aspektsystems im 15. Jh. Nachdem das Präfix *ge-* als Morphem der Vollzugsstufe integriert worden war, breitete sich im 15./16. Jh. das *Perfekt*, zum Teil auch als Erzähltempus aus (Betten 1987, 106). Und nachdem *werden* + Inf. seinen ingressiven Charakter eingebüßt hatte, konnten die *werden*-Futurformen ins System eingegliedert werden. Das Futur I mit *werden* ist um 1550 grammatikalisiert (Oubouzar 1974, 85; Bogner 1989, 77; 84).
Die Grammatikalisierung der Vollzugsstufe bedeutet auch, daß auch das *Plusquamperfekt* voll integriert wird. Seine Produktivität wächst zwischen 1500 und 1700 (Semenjuk 1981, 113), seine funktionalen Potenzen entfalten sich (Semenjuk 1981, 103 f.): strukturell-kompositionelle Funktion (eine Art Reliefgebung inmitten präteritaler Erzählformen), grammatische Funktion (Vorzeitigkeit, Resultativität) und kommunikative Funktion („Signal zur Hervorhebung", Markierung der wichtigsten Information).
Auch das sog. *Doppelperfekt* (*habe geschrieben gehabt*) erscheint zuerst in der Mitte des 16. Jhs. (Oubouzar 1974, 76). Bereits in der dt. Grammatik von Albert Ölinger (1573), der auch auf die Konstruktionsparallele mit dem frz. Passé surcomposé (*J'ay eu escrit*) verweist, ist es verzeichnet (Eroms 1984, 344).
Das *Doppelplusquamperfekt* (*hatte geschrieben gehabt*) bildete sich wohl gleichzeitig mit dem Doppelperfekt heraus (s. Behaghel 1924, 271).

Die funktionale Verteilung der Tempusformen um 1700 zeigt das Bild eines jungen Systems mit vielen Unsicherheiten, Überlappungen, gattungs- und landschaftsspezifischen Unterschieden. Zwar gilt die Faustregel der Phasenopposition unvollzogen/vollzogen (Oubouzar 1974, 8f.), doch allein die Verzahnung von Tempus und Modus bzw. von Temporalität und Modalität, verbunden mit der Umbruchsituation im Modussystem (s. unten), macht die Annahme eines linear beschreibbaren Systems illusorisch.

Als ein besonderes Problem erweist sich die Verteilung *Präteritum/Perfekt* (Betten 1987, 118ff.). Das Vordringen des Perfekts im 16. Jh. hat wohl partiell mit dem obd. Präteritumschwund zu tun, umgekehrt hat aber wohl auch der Präteritumschwund mit der Bevorzugung des Perfektstils in Kreisen des sozial aufrückenden Bürgertums − besonders in süddt. Handelsstädten wie Augsburg und Nürnberg − zu tun. Es geht hier also um eine Art Demokratisierung der halböffentlichen und teils der öffentlichen Schriftkultur mit dem Ergebnis, daß mit dem Erzählperfekt ein Teil des mündlichen, familiären Stils in die Schriftlichkeit integriert wird. Davon zeugt auch der Umstand, daß das Perfekt um 1700 am häufigsten in den Briefen und am seltensten in den Romanen vorkommt (Semenjuk 1981, 91). Ein weiterer Faktor des Vordringens des Perfekts ist, daß es im Gegensatz zum Präteritum der Klammerbildung zugänglich ist (Betten ebd.). Im 17. Jh. wertet die „md. orientierte Sprachnormung" das Präteritum als Erzähltempus wieder auf (von Polenz 1991, 199), was in der sich formierenden Schriftsprache zur Zurückdrängung des Perfekts als Erzähltempus geführt hat (Betten 1987, 106).

Unsicherheiten bezüglich der Verteilung *Perfekt/Plusquamperfekt* ergeben sich im 17. und in der ersten Hälfte des 18. Jhs. besonders wegen der vielen afiniten Konstruktionen (Semenjuk 1981, 101). Die Tatsache, daß in den afiniten Konstruktionen (z. B. [...] *und nachdem sie sich wieder erholet, hat sie erzehlet* [...], Semenjuk ebd.) das Hilfsverb nicht realisiert wird und so die Tempuswahl im dunklen bleibt, trägt zur relativen semantischen Vagheit der analytischen Vergangenheitsformen bei (zu den afiniten Konstruktionen s. 3.4.4.). Das Modell Afin.-Prät. (Temporalsatz = affinite Konstruktion, Finitum im Hauptsatz steht im Prät.) ist nach allen temporalen Subjunktionen sehr produktiv (Semenjuk 1981, 106ff.).

Eines der Paradebeispiele für die dynamische Interdependenz von Tempussystem und Modalität bietet die letzte Phase der Grammatikalisierung des Perfekts.

Ab dem 16. Jh. ist das Pefekt auch mit Modalverben bildbar (*hat tun wollen*) (Oubouzar 1974, 78). Der Typ *hat tun wollen* verdrängt demnach den älteren Typ *will getan haben* und etabliert sich um 1700 fest im System. Dies gilt auch im Konj., wo der ältere Typ *sollte getan haben* im Sinne von 'hätte tun sollen' vom Typ *hätte tun sollen* verdrängt wird (Oubouzar 1974, 72). Somit wird der

ältere Typ im Tempusbereich zunehmend funktionslos. Doch bahnt sich eine semantische Differenzierung der beiden Typen an (Schieb 1976, 204). Der ältere Typ drückt zunehmend epistemische Modalität aus: Der Typ *will getan haben*, der um 1500 noch ausschließlich nicht-epistemisch verwendet wurde, wird um 1700 vorzugsweise schon epistemisch gebraucht (ebd., 222).

Eine besondere Stellung unter den Tempusformen nimmt das *Futur* ein. Einerseits ist hier die Verzahnung von Temporalität und Modalität besonders ausgeprägt, was zu der lang andauernden Kontroverse geführt hat, ob *werden* temporales Hilfsverb, Modalverb oder beides ist. Andererseits mußte sich unter den Hilfsverben der analytischen Tempusformen nur *werden* gegen konkurrierende Hilfsverben durchsetzen. Hier muß also die historische Grammatik nicht nur die Herausbildung der Tempusform, sondern auch die Wahl und die Durchsetzung des neuen Hilfsverbs erklären.

Bei der Erklärung der Herausbildung des *werden*-Futurs konkurrieren traditionell drei Typen von Ansätzen (Ebert 1978, 60f.; Leiss 1985, 250f.; Ebert 1993, 393):
(1) rein lautliche Entwicklung aus *werden* mit Part. Präs. durch Abschleifung der Partizipialendung (*wird tuende > wird tuen*);
(2) Analogiewirkung der semantisch verwandten Konstruktion *sollen/wollen* mit Inf. und
(3) Vermischung und Verwechslung des flektierten Inf. mit dem Part. Präs.
Hinzu kommt eine moderne Erklärung von Elisabeth Leiss (1985), die die − nach ihr sprechsprachliche − Herausbildung des *werden*-Futurs für das Ergebnis dt.-tschech. Sprachkontakts hält: *Werden* + Inf. sei in Analogie zur Fügung *budu* + Inf., die im gesprochenen Alttschech. bereits im 12. Jh. verbreitet gewesen sein müsse (Leiss 1985, 258), gebildet worden. Für die Theorie von Leiss spricht, daß *budu* im Gegensatz zu *werden* imperfektiven Aspekts ist (Leiss ebd., 264f.), gegen sie scheint zu sprechen, daß der sprachgeographische Ursprung bzw. die Details der sprachgeographischen Verbreitung empirisch noch nicht abgesichert werden konnten (Ebert 1993, 393). Ich meine, daß die Theorie von Leiss den traditionellen Ansätzen insofern überlegen ist, als sie nicht nur die Neuerung/ Innovation zu erklären trachtet, sondern auch dem sprachwandeltheoretisch wesentlich interessanteren Problem der Übernahme nachgeht. Denn durch Abschleifung, Analogie oder Vermischung/ Verwechslung kann zwar okkasionell eine neue Futurperiphrase entstehen, die entscheidende Frage ist jedoch, warum und wie eine bestimmte Neuerung zur Norm werden kann/konnte.

Während also die Herausbildung (Neuerung + Übernahme) der *werden*-Futurperiphrase weiterhin umstritten ist, können wir wenigstens die Wahl und die Durchsetzung von *werden* gegenüber seinen Konkurrenten *sollen/wollen/(müssen)* einigermaßen plausibel machen. Einerseits ist nämlich *wollen* + Inf. der wichtigste Vertreter der nicht-epistemischen Modalität, andererseits drückt *sollen* + Inf. immer häufiger epistemische Modalität aus (Schieb 1976, 212). Überhaupt wurden *müssen/sollen/wollen* + Inf. schon immer überwiegend modal gebraucht, während *werden* + Inf. von Anfang an in überwiegend temporaler Bedeutung auftrat (Bogner 1989, 74ff.). Nach Leiss (1985, 263) war *werden* + Inf. die einzige monoseme Futurperiphrase. Somit waren sowohl das Ausscheiden der *müssen/sollen/wollen*-Fügungen aus dem Modalfeld als auch die volle Integration von *werden* ins Modalfeld von vornherein unwahrscheinlich. Die neue Fügung *werden* + Inf. hatte unter dem Aspekt einer Gesamtschau des Temporal- und Modalfeldes im funktionalen Sinne eigentlich keinen Konkurrenten.

Neue Erkenntnisse über die Übernahme und die Durchsetzung des *werden*-Futurs können m. E. nur erwartet werden, wenn auch nach ganz neuen Forschungsperspektiven gesucht wird. Im Rahmen des sprachtypologisch argumentierenden „grammaticalization"-Paradigmas gibt es schon recht überzeugende und empirisch breit fundierte Untersuchungen zur Herausbildung von Futurformen (z. B. Bybee/Pagliuca/Perkins 1991). Ergänzt durch neueste Einsichten in die Semantik und Pragmatik bzw. in die Grammatikalisierung deutscher Modalverben (Heine 1995) könnten diese Untersuchungen zum besseren Verständnis nicht nur der Übernahme, sondern auch der Durchsetzung der *werden*-Periphrase gegenüber den Konkurrenten beitragen.

Obwohl die Durchsetzung und Grammatikalisierung der neuen Futurperiphrase schnell vor sich ging, dauerte die endgültige Verdrängung der älteren Futurperiphrasen mehrere Jahrhunderte (Bogner ebd.):

Die Futurperiphrase *müssen* + Inf. geht in der ersten Hälfte des 16. Jhs. endgültig unter.
Sollen + Inf. ist vereinzelt noch in der zweiten Hälfte des 17. Jhs. belegt, vor allem im Osächs.
Am längsten hält sich die Futurperiphrase *wollen* + Inf. Die meisten Belege aus der zweiten Hälfte des 17. Jhs. stammen aus dem Osächs. und Schwäb. Im Rib., Thür. und Ofrk. ist sie jedoch in diesem Zeitraum nicht mehr belegt. Bis zu Gottsched hält sich in normativen Grammatiken die Unterscheidung des Typs *Ich will sein* (ungewiß künftig) und des Typs *ich werde sein* (gewiß künftig). „Auf diese Weise bleibt es bei der Einbeziehung der Modalverbkonstruktionen in den Bereich des Futurs" (Semenjuk 1981, 115). Die Analyse des Typs *ich werde sein* als gewiß künftig widerspricht jedoch dem Ergebnis von Schieb (1976, 146), der zufolge der modale Typ *wird tun* um 1700 ausschließlich Vermutung ausdrückt.

In der Verdrängung der älteren Futurperiphrasen durch *werden* + Inf. stellt wie erwähnt das 16. Jh. den Wendepunkt dar. Die Verbreitung des *werden*-Futurs verläuft vom Osten nach Westen (Bogner 1989, 84). Um 1700 hat *werden* + Inf. „keine echten Konkurrenten" mehr, beherrscht alle Sprachlandschaften, wobei der häufigste Gebrauch in Briefen zu beobachten ist (Schieb 1976, 199).

Abgerundet wird die Grammatikalisierung des *werden*-Futurs durch den Ausbau zwei weiterer Tempora: *Futur II* und *FuturPräteritumI* (oder *Vergangenheitsfutur*).

Das Futur II wird bis 1700 systematisch ausgebaut (Schieb 1976, 210), aber nur im Aktiv. Schieb (ebd.) rechnet irrtümlicherweise die Futur-I-Formen *wird getan sein* und *wird getan werden* zur Vollzugsstufe des Futurs und meint daher, das Futur II sei um 1700 voll eingegliedert ins Verbalsystem. Bei Grimmelshausen erscheint das Futur II ebenfalls nur im Aktiv (Oubouzar 1974, 70). Die volle Eingliederung (mit Futur II im Passiv Ind.) erfolgt offensichtlich erst im frühen 18. Jh. (Sonderegger 1979, 276).

FuturPräteritumI wird von Thieroff (1992, 16f.) die Form *würde* + Inf. genannt, wenn diese Zukünftiges aus der Vergangenheitsperspektive bezeichnet, z. B. *Ich dachte auch an die Gossen, in denen ich einmal liegen würde* (H. Böll, nach ebd., 151). Überlegungen zu einem FuturPräteritumI finden sich bereits bei Hermann Paul, doch wird die Form *würde* + Inf. in den Gegenwartsgrammatiken bzw. in der Tempusliteratur meist nicht als eine vollgültige Tempusform anerkannt (Thieroff ebd., 50; 143−145). Thieroff (ebd., 140−159) und neuerdings auch Amrhein (1996, 21f.) machen darauf aufmerksam, daß *würde* + Inf. im Vergangenheitskontext, d. h. nach Hauptsatzverb in einer Vergangenheitsform, dieselbe Funktion ausübt wie *werden* + Inf. im Gegenwartskontext: *Sie sagt, sie wird kommen > Sie sagte/hat gesagt/hatte gesagt, sie würde kommen.* Sie plädieren dafür, *würde* in dieser Funktion nicht als Konj. sondern als Prät. Ind. zu *wird* (Präs. Ind.) zu interpretieren. Folglich gilt nach dieser Auffassung *würde* + Inf. als „FuturPräteritumI" (Thieroff) oder als „Vergangenheitsfutur" (Amrhein). Vorweggenommen wird diese Auffassung auch von Oubouzar (1974, 87), die die Form *würde tun* ebenfalls in paradigmatischer Annäherung zur Form *wird tun* sieht: *würde tun* war ursprünglich der Konj. zu *ward tun*. Mit dem Untergang von *ward tun* wird *würde tun* umgedeutet „als Futur vom Standpunkt der Vergangenheit aus".

Die historischen Daten unterstützen die Auffassung über die Herausbildung eines FuturPräteritumI (wenn auch die Situation nach 1800 etwas verwickelt ist). Es ist nämlich auffallend, daß der *würde*-Konjunktiv erst mit Festigung des *werden*-Futurs ins Verbalsystem eintritt (Schieb 1976, 77). Seine Verwendung nimmt zwischen 1500 und 1700 absolut wie auch prozentual im Vergleich zu den anderen Fin. + Infin.-Typen merklich zu (Schieb 1976, 77; 146 und 210). Auch hier gab es − so wie beim *werden*-Futur − eine omd. Dominanz, die um 1700 − wiederum wie beim *werden*-Futur − ausgeglichen wird. (Für Schieb ist *würde* + Inf. jedoch ausschließlich Konjunktivumschreibung.) Bei Grimmelshausen wird „die Vorschau aus der Vergangenheitsperspektive" regelmäßig durch *würde/müßte/wollte* + Inf. ausgedrückt (Fernandez Bravo 1980, 102). Nach einem Hauptsatzverb im Prät. steht immer die Form *würde* + Inf. (Oubouzar 1974, 73). In Jung-Stillings „Heinrich Stillings Jugend" (1777) und in „Anton Reiser" von Karl Philipp Moritz (1785) wird die Vorschau aus der Vergangenheitsperspektive in ca. 85% der Fälle mit *würde* + Inf. ausgedrückt und nur in den restlichen Fällen mit *werde* + Inf. (ebd., 127). Eine Verkomplizierung der Situation tritt um 1800 ein, wenn der Konj. I zum Normalmodus der indirekten Rede wird (ebd., 105). In Goethes „Italienischer Reise" (1786/88) finden sich je nach grammatischer Person Formen des Konj. I wie des Konj. II (Oubouzar 1974, 73, Anm. 1). In den „Wahlverwandtschaften" (1809) halten sich die Konj. I- und Konj. II-Periphrasen, die von Fernandez Bravo beide als Formen des Vergangenheitsfuturs gewertet werden, die Waage (Fernandez Bravo 1980, 107). Fernandez Bravo (1980, 107) vertritt explizit die Meinung, daß die Konjunktivform *werde* + Inf. „nun auch zum Ausdruck künftigen Geschehens aus der Vergangenheitsperspektive (dient), was vorher nicht geschah".

Daß es sich hier um etwas anderes, nämlich um eine Art notwendige funktionale Überlappung des Futurparadigmas mit dem Paradigma der indirekten Rede handelt, zeigen am besten die von Fernandez Bravo angeführten Belege aus den „Wahlverwandtschaften": *Sie machte ihm Mut, daß sich das alles bald wieder herstellen werde* vs. *Der Kammerdiener [...] erforschte sogleich Tag und Stunde, wann Ottilie reisen würde.* Der erste Beleg ist einfach indirekte Rede mit Normalmodus Konj. I. Paradigmatisch gehört also *Sie machte [...], daß [...] herstellen werde* zu *Sie macht/hat gemacht/hatte gemacht [...], daß [...] herstellen werde* und nicht zu *Sie macht [...], daß [...] herstellen wird.* Die Form *werde* + Inf. dient nicht zum Ausdruck künftigen Geschehens aus der Vergangenheitsperspektive, sondern sie dient als ein Signal der indirekten Rede. Aber als ein solches Signal verweist die Form *werde* + Inf. im Vergangenheitskontext automatisch auf ein künftiges Geschehen aus der Vergangenheitsperspektive. Der Ersatz von *herstellen werde* durch *herstellen würde* würde m. E. die Verhältnisse 'umkehren': Die Futurinter-pretation würde in den Vordergrund rücken, der Aspekt der Mittelbarkeit hätte den Status einer automatischen Mit-Interpretation.

Im zweiten Beleg liegen die Verhältnisse anders: Hier wäre der Ersatz von *reisen würde* durch *reisen werde* m. E. nicht möglich, denn die Interpretation der Stelle als indirekte Rede scheint kaum denkbar. Hier fungiert *würde* + Inf. als 'reines' FuturPräteritumI.

Da der Konj. II nach 1800 zunehmend auch als Ersatzkonjunktiv gebraucht wird, wird die Funktionsambivalenz von *würde* + Inf. als FuturPräteritumI bzw. als ein Signal der indirekten Rede verstärkt. Diese tangiert aber die Plausibilität der Annahme eines FuturPräteritumI nicht.

Angesichts der Plausibilität dieser Annahme wäre zu überlegen bzw. empirisch zu überprüfen, ob sich die Form *würde* + Inf. wirklich nur/primär als Konjunktivumschreibung herausgebildet hat.

Nach Guchmann (1981, 183) drückt die Form *würde* + Inf. im Zeitraum 1470−1530 „gewöhnlich, wenn auch nicht immer, eine temporale Nuancierung aus, die sich auf den Verlauf der Verbalhandlung in der Zukunft richtet." Nach Valentin (1990, 368) bekämpfen Sprachpuristen des 19. Jhs. die *würde*-Form mit dem Verdikt „Wenn Sätze sind würde-los", sie scheinen aber nichts gegen die *würde*-Form als FuturPräteritumI zu haben. Die Asymmetrien in der funktionalen Verteilung der frühen *würde*-Fügung und in den normativen Urteilen danach legen also die obige Hypothese nahe.

3.1.3. Im Bereich der *Modi* gibt es in unserem Zeitraum wichtige Veränderungen, die sowohl das Tempus-Modus-Verhältnis wie auch das Verhältnis der einzelnen Konjunktivformen zueinander wie auch die Beziehung des Konjunktivs zum Indikativ betreffen.

Die Herausbildung des heutigen Gebrauchs der Modi wurde durch die Opposition von Indikativ und Konjunktiv bestimmt (Guchmann 1981, 125). Es fällt auf, daß der Imperativ keine nennenswerte 'historische Zusammenarbeit' mit Indikativ und Konjunktiv eingeht. Dies ist mit den grundlegenden Unterschieden zwischen den semantischen Grundfunktionen von Indikativ/Konjunktiv einerseits und Imperativ andererseits zu erklären (Valentin 1990, 363). Daher ist Valentin (ebd.) der Ansicht, daß der Imperativ kein Modus sei (zur Sonderstellung des Imperativs s. auch Thieroff 1992, 9f.).

Um die Umbruchsituation im Modusgebrauch des 17. Jhs. zu verstehen, müssen wir einen Blick auf die Zeit davor werfen:

Im Ahd./Mhd. gibt es zwei Modi (Ind., Konj.) mit jeweils zwei Formen (Präs. Prät.). Die Hauptfunktion des Konjunktivs ist der Ausdruck der Nicht-

Aktualisation, d. h. die Markierung von Sachverhalten „die als nur gedacht oder eventuell angesehen werden [...] oder die nicht im Skopus des aktuellen Sprechers stehen" (Valentin 1990, 364). Konj. Präs. und Konj. Prät. haben noch tatsächlich einen präsentischen bzw. präteritalen Wert, was sich u. a. darin äußert, daß in der indirekten Rede eine Consecutio temporum (ich nenne diese *Consecutio I*) vorherrscht: nach präsentischem Einleitungsverb Konj. Präs., nach präteritalem Einleitungsverb Konj. Prät. (Fernandez Bravo 1980, 99). Das System hat jedoch zwei 'Schwachstellen'. Erstens die Ambiguität und Mehrfachbelastung des Konj. Prät. (ahd. *legiti*). Es steht nämlich in temporalem Gegensatz zum Präsens und drückt zugleich den Irrealis sowohl der Gegenwart ('legen würde') wie der Vergangenheit ('gelegt hätte') aus (Valentin ebd.). Zweitens kann in der indirekten Rede kein Unterschied zwischen Gleich-, Vor- und Nachzeitigkeit gemacht werden. Dies ist sicherlich die unproblematischere Schwachstelle, denn die Klarstellung der zeitlichen Beziehung der Aktzeit zur Redezeit kann auch kontextuell erfolgen.

Die Auflösung des alten Systems (mit der Consecutio I) vom Spätmittelalter an hängt sehr eng mit der Herausbildung und Grammatikalisierung der periphrastischen Tempusformen zusammen (Fernandez Bravo ebd., 100; Valentin ebd., 366). Einerseits wird mit den neuen periphrastischen Verbformen die Phasenopposition unvollzogen/vollzogen auch ins Modussystem eingeführt. Folglich beginnt die indirekte Rede sich von den anderen Objektsätzen abzusondern, da dem Konj. Perf. (Präs. der Vollzugstufe) der indirekten Rede (*geleget habe*) nunmehr sowohl Perf. als auch Prät. in der direkten Rede entsprechen können (Valentin ebd.) und da jetzt die formale Erfassung der Redezeit/Aktzeit-Relation möglich wird. Andererseits werden die alten Konj. Prät.-Formen (mhd. *legte*) immer ambiger: Sie sind präterital im Paar mit dem Konj. Präs. (*lege*), werden jedoch zum Präsens des Irrealis im neuen Paar mit dem Konj. Plusquamperf. (*geleget hätte*) (Valentin ebd., 367).

Im 17. Jh. – und noch bis ins späte 18. Jh. – bestehen also zwei Systeme nebeneinander (Valentin ebd.): das alte Zweiersystem mit der Opposition Aktualisation (Ind.)/Nicht-Aktualisation (Konj. Präs. und Prät.) und das neue Dreiersystem mit Ind. als Realis und Aktualisation, Konj. I–II als indirekte Rede und Konj. II als Irrealis. Hinzu kommt, daß sich dank den analytischen Verbformen ein neues System der Zeitenfolge in der indirekten Rede – ich nenne es *Consecutio II*, obwohl es sich nach Fernandez Bravo (1980, 101) nur noch um eine formale Übereinstimmung handelt – herausgebildet hat (Guchmann 1981, 268; Fernandez Bravo ebd.):

Nach einem Einleitungsverb im Präs. steht meist entweder Konj. Präs. (Gleichzeitigkeit) oder Konj. Perf. (Vorzeitigkeit). Nach einem Einleitungsverb im Prät. steht meist entweder Konj. Prät. (Gleichzeitigkeit) oder Konj. Plusquamperf. (Vorzeitigkeit). Nachzeitigkeit in der indirekten Rede kann durch Konj.-Präs., Konj. Fut. und vor allem durch das FuturPräteritumI – bei Guchmann: KonditionalI – ausgedrückt werden.

Die Consecutio II ist im wesentlichen schon um 1500 vorherrschend, nur wird sie damals noch nicht so konsequent gehandhabt wie um die Mitte des 17. Jhs. (s. Guchmann ebd., 220f.).

Das Mischsystem aus altem Zweier- und neuem Dreiersystem kann aus verschiedenen Gründen keinen Bestand haben:

Erstens geht wegen der semantischen Überdifferenzierung des alten Konj. Prät. der langsame Rückzug des alten Konj. der Nicht-Aktualisation weiter. Im 17./18. Jh. kommt er fast nur noch in indirekter Rede und Finalsätzen sowie in Konzessiv-, Konsekutivsätzen und indirekten Fragesätzen vor (Valentin ebd., 367). Am zähesten hält er sich in Finalsätzen, wo er vereinzelt bis ins 20. Jh. hinein vorkommt (etwa bei Th. Mann, B. Brecht, R. Musil, s. Flämig 1964). Der Prozeß ist wirklich langwierig, denn bereits Bödiker (1690), der nach finalem *daß*, *damit*, *auf das* den Konj. für die usuelle Form hält, räumt ein, daß in Finalsätzen selten auch der Ind. auftreten kann (Guchmann ebd., 225f.). Dies konnte sowohl durch Guchmanns Untersuchung (ebd., 265f.) als auch durch Babenkos Vergleich des 16. mit dem 17. Jh. bestätigt werden: Der im 16. Jh. noch unbedeutende Indikativ im Finalsatzprädikat (2 Belege, 0,7%) ist in ihrem Material des 17. Jhs. bereits mit 46 Belegen (6,3%) vertreten (Babenko 1988, 122).

Zweitens geht die Absonderung der indirekten Rede weiter. Dies läßt sich sowohl formal als auch funktional-semantisch motivieren. Einerseits stiftet nämlich der alte Konj. Prät., der jetzt auch Präs. des Irrealis ist, nur noch Verwirrung: In Sätzen des Typs *Sie versprach mir, daß sie käme* ist der Konj. Prät. äußerst irritierend, wenn man bedenkt, daß die gleiche Form in vollkommen anderer Funktion und temporalen Relation nun in Sätzen wie *Wenn sie käme, wäre ich glücklich* der Normalfall ist (s. auch Oubouzar 1974, 74 und 96). Andererseits ist die Funktion der indirekten Rede keine modale, was die Ausgliederung ihrer Realisierung aus dem Modussystem fördert: „Der Gebrauch des Konjunktivs zur Wiedergabe einer fremden Aussage bewirkt eine höchst komplizierte Bedeutungsstruktur, weil damit in die semantische Sphäre des Konjunktivs eine Funktion eingeführt wird, die nicht unmittelbar mit der klassischen Auffassung der Kategorie der Modalität verbunden ist" (Guchmann ebd., 129).

Nach ersten Ansätzen zur Auflösung der Consecutio II bereits im 15./16. Jh. beginnt diese erst in der zweiten Hälfte des 17. Jhs. zu verschwinden (Oubouzar ebd., 95; Guchmann ebd., 221; 267). In manchen volkstümlichen, sprechsprachnahen, in einfachem Stil geschriebenen Texten beginnt sich der Konj. I zum Modus der indirekten Rede zu entwickeln:

Vorreiter sind dabei Johann Balthasar Schupp, Abraham a Sancta Clara und vor allem Grimmelshausen.

In Schupps belehrendem Traktat „Der Freund in der Not" (1657) stehen von 75 Belegen der indirekten Rede 64 mit Konj. Präs., „relativ oft ganz unabhängig von der Tempusform des einführenden Verbs" (Guchmann ebd., 234; zu Schupp ebd., 234 f.; 258 f.). Analoge Verhältnisse wie bei Schupp herrschen in Guchmanns anderer moralisch-didaktischen Quelle, in „Auf, auf ihr Christen" von Abraham a Sancta Clara (1683) vor (ebd., 259).

Am weitesten geht Grimmelshausen, dessen „Simplicissimus" unter allen herangezogenen Romantexten „am freiesten von der Rücksichtnahme auf das Tempus des einführenden Verbs" ist (ebd., 262; zur Wahl Consecutio II oder Konj. I bei Grimmelshausen s. Fernandez Bravo 1980, 101). Bei Grimmelshausen erscheint auch die Variante Ind. Prät. (Einleitungsverb) – Konj. Präs. (indirekte Rede): *und deßwegen vermeinte jeder er verfahre seinem Stand nach gar recht und wohl* (zitiert nach Guchmann ebd., 252). Dieses sichere Zeichen der Auflösung der Consecutio II erscheint überhaupt erst um 1700 (Guchmann ebd., 267 f.). Auch was den Modusgebrauch generell anbelangt, ist der „Simplicissimus" ein typisches 'Übergangswerk' (Oubouzar ebd., 72 f.).

Andere Texte der zweiten Hälfte des 17. Jhs., darunter z. B. Reuters „Schelmuffsky" (1696), sind eher konservativ und folgen mehr oder weniger streng der Consecutio II (Fernandez Bravo ebd., 103 f.; Guchmann ebd., 259 ff.).

Was die Realisierung der indirekten Rede anbelangt, sind also im 17. Jh. zwei gegensätzliche Tendenzen zu beobachten: Consecutio II einerseits und Konj. I als Modus der indirekten Rede unabhängig von der Tempusform des Einleitungsverbs andererseits (Guchmann ebd., 262). Zu einer gewissen Regelmäßigkeit in der Verteilung der Konjunktivformen in der indirekten Rede kommt es erst im 18. Jh. (Oubouzar ebd., 73). Am Ende des 18. Jhs. wird der Konj. I – trotz mancher Schwankungen und Unsicherheiten (Fernandez Bravo ebd., 106 f.) – zum „Normalmodus der indirekten Rede" (ebd., 105).

Der Durchbruch läßt sich belegen in „Heinrich Stillings Jugend" (1777) und in „Anton Reiser" (1785) (Fernandez Bravo ebd., 105 ff.; 127). In der indirekten Rede hat also der Konjunktiv – im Gegensatz zu den Finalsätzen – eine „sehr feste Position" (Guchmann ebd., 267).

Daß die Vorreiter des Durchbruchs (Schupp, Abraham a Sancta Clara, Grimmelshausen) Verfasser von volkstümlichen sprechsprachnahen Texten waren, legt die Hypothese nahe, daß die Entwicklung des Konj. I zum Normalmodus der indirekten Rede – ähnlich der Entwicklung des Perfekts zum Erzähltempus – wiederum das Eindringen des Stils der gesprochenen Sprache in die Schriftlichkeit dokumentiert.

Kaum ist der neue Normalmodus der indirekten Rede gefestigt, zeichnen sich neue Tendenzen ab:

Erstens tritt der Konj. II als Ersatzkonjunktiv für nicht eindeutige Konj.-I-Formen ein. Zweitens kommen jedoch auch Konj.-II-Formen vor, die nicht als Ersatzkonjunktive gedeutet werden können (Fernandez Bravo spricht hier von einem „hypercharakterisierenden Signal" der indirekten Rede). Während bei Wieland, Goethe und E. T. A. Hoffmann die Hypersignale eine Randerscheinung darstellen, sind sie z. B. bei Kleist und Börne auffallend häufig (Fernandez Bravo ebd., 108 ff.; 127). Drittens kommt der Indikativ, der im 17./18. Jh. in der indirekten Rede nur ganz vereinzelt belegt ist (Fernandez Bravo ebd., 118; Guchmann ebd., 267), seit ca. 1800 immer häufiger vor. Sukzessive erobert er bestimmte Domänen des Konj. I und wird sogar in manchen Typen der indirekten Redewiedergabe – so z. B. nach Einleitungsverb im Imperativ, bei der Wiedergabe eigener Gedanken oder wenn der Sprecher, dessen Gedanken wiedergegeben werden sollen, unbestimmt oder unbestimmbar ist – bereits seit Ende des 18. Jhs./Anfang des 19. Jhs. zum Normalmodus der indirekten Rede (Fernandez Bravo ebd., 118 f.).

Die neuen Tendenzen dauern bis heute an und bilden die historische Erklärung für die heutigen Unbestimmtheiten und Unsicherheiten im Konjunktivgebrauch. Es überrascht nicht, daß der Indikativ vordringt, es überrascht jedoch, daß sich der Konj. I so gut hält. Nicht ganz klar ist, warum das hypercharakterisierende Signal weiterhin verbreitet ist.

Das Vordringen des Indikativs bedeutet nur, daß dem nichtmodalen Charakter der indirekten Redewiedergabe zunehmend Rechnung getragen wird. Valentin hat Recht, wenn er aus dem modernen Modussystem den Konj. I ganz ausschließt: Der Indikativ steht für Nicht-Irrealis, der Konjunktiv (= Konj. II) für Irrealis (ders. 1990, 367). Die für die indirekte Rede typischen Formen (= Konj. I) gehören keinem Modusgegensatz an. „Sie haben mit dem Wirklichkeits- oder Wahrscheinlichkeitswert des Satzgehalts nichts zu tun" (ebd., 368). „Sie gehören in den Bereich der Illokution und nicht mehr der Lokution" (ebd.).

Daß der Konj. I noch immer so häufig verwendet wird, ist nach Valentin „ein durch Schule und Medien künstlich am Leben erhaltener Zustand" (ebd.). Ähnlich urteilt auch Fernandez Bravo (ebd.,

114f.), die jedoch zusätzlich auch zwei grammatische Faktoren dafür verantwortlich macht: die Eindeutigkeit der Konj.-I-Formen bei den meisten Verben und die Zunahme von Ellipsen − der Ersparung syntaktischer Redewiedergabemittel − in der Prosa des 20. Jhs. Vielleicht käme als Begründung noch die seit ahd. Zeit registrierte Konstante in der Moduswahl Ind./Konj. in Abhängigkeit von der Bedeutung des Einleitungsverbs in Frage (Fleischmann 1973, 262ff.; 271). Allerdings zeigt der Vergleich des Dt. mit Sprachen, in denen es keinen Konjunktiv, sondern nur einen Konditional gibt, daß Formen der Redewiedergabe ohne Subjunktion und/oder Einleitungsverb bzw. die Bedeutung des Einleitungsverbs keine zwingenden Gründe für die Erhaltung des Konj. I darstellen. Zu einer gewissen Stabilisierung des Konj. I in der indirekten Rede könnte allerdings beitragen, daß er in zwei anderen Teilsystemen einstweilen unumgänglich ist: als Suppletivform im Imperativparadigma (*Seien Sie/Sei so gut ...*) und als Nebensatzsignal im uneingeleiteten Konzessivsatz. In letzterer Funktion nimmt der Gebrauch des Konj. I seit ca. 1800 sogar signifikant zu (Baschewa 1983, 98ff.).

Während die Verwendung des Konj. II als Ersatzkonjunktiv einleuchtet, ist der Grund für die Beibehaltung des Konj. II als Hypersignal nicht ganz klar. Zum einen deshalb nicht, weil wie erwähnt der Konjunktiv (= Konj. II) der Normalmodus des Irrealis ist. Zum anderen deshalb nicht, weil die weit verbreitete Annahme, der Konj. II sei ein grammatikalisiertes Distanz-Signal, empirisch nicht bestätigt werden kann (Fernandez Bravo ebd., 115ff.). Möglicherweise sind hierfür stilistische Überlegungen − z. B. das Streben nach Vermeidung von Wiederholungen − oder eben die Unbestimmtheiten und Unsicherheiten, die sich aus der nunmehr seit 200 Jahren andauernden Übergangsphase ergeben, verantwortlich zu machen. Des weiteren könnte auch an die Übergeneralisierung des Ersatzkonjunktivs oder generell der Konj.-II-Formen, die ja die unmarkierten Konjunktivformen darstellen, gedacht werden.

Außer in der indirekten Rede und im Finalsatz erscheint der Indikativ erst im jüngeren Nhd. als „auffordernder Indikativ", als eine „Ersatzfügung für den Imp." (Behaghel 1924, 217f.; 248):

Sie werden uns pardonieren, daß wir von einer solchen Resolution nichts gewußt haben (Weise); *Ihro Gnaden werden verzeihen* (Lessing); *Du wirst den Apfel schießen von dem Kopf des Knaben* (Schiller) (Belege ebd.).

Behaghel vermutet, daß diese Konstruktion unter frz. Einfluß entstanden ist.

3.2. Valenz

In diesem Abschnitt konzentrieren wir uns auf den *Objektsgenitiv* und den Prozeß der *Generalisierung der Subjektskodierung* (tra-ditionell: 'Personalisierung' unpersönlicher Verben). Auf einen möglichen Zusammenhang zwischen der Verdrängung des Objektsgenitivs und der Generalisierung der Subjektskodierung kommen wir in 4. zu sprechen.

3.2.1. Der am besten erforschte Prozeß des Valenzwandels ist die allmähliche Verdrängung des *Objektsgenitivs*. Im Mhd., der Blütezeit des Objektsgenitivs, gab es noch ca. 260 genitivregierende Verben (Van der Elst 1984, 321; Ebert 1986, 42), heute sind es nur noch 56 (Lenz 1996, 3; 48f.). Der größte Formenumbau, die erste Welle des teilweisen oder völligen Wechsels zum Akkusativ und/oder zur PP (vereinzelt auch zum Dativ), tritt im 15. Jh. ein.

An Erklärungsversuchen des Genitivschwunds mangelt es nicht (vgl. etwa die Überblicke von Van der Elst 1984, 312ff.; Ebert 1986, 42ff. und Schrodt 1992, 369ff.). Unter den vielversprechenden neuen Erklärungsansätzen gibt es solche, die funktional-semantisch (Donhauser 1990; Leiss 1991), solche, die system- und teils darstellungsfunktional (Kolvenbach 1973; Van der Elst 1984) und solche, die auf mehreren Ebenen (Schrodt 1992) argumentieren. Bei künftigen Überlegungen könnten als Erklärungsinstanzen m. E. auch die Transitivitätsparameter (Hopper/Thompson 1980) in Erwägung gezogen werden, schließlich ist ja die vergleichsweise geringe Transitivitätsinduktion der Genitivverben teils bereits von den betroffenen Verbgruppen her vorhersagbar (s. z. B. die privativen Verben, die Verben des Mangels und Verfehlens und die sog. formal-reflexiven Verben, Dal 1962, 18ff.). Ebenfalls zu bedenken wäre, ob die Ablösung der Genitivobjekte nicht auch mit der Entwicklung adverbialer PPs zu Präpositionalobjekten zusammenhängt.

Aus der Sicht des jüngeren Nhd. stellt sich weniger die Frage nach der Erklärung des Genitivschwundes (da ja dieser schon eine 'beschlossene Sache' ist) als nach der Beschreibung des Verdrängungsprozesses bzw. nach der Erklärung seines Verlaufs. Hierzu liegt eine ausgezeichnete Studie von Annette Fischer (1992) vor:

Die Untersuchung umfaßt zwei Untersuchungszeiträume (I = 1570−1630; II = 1670−1730) und basiert auf einem nach Textgruppen (unterhaltende Texte, chronikalische und Berichtstexte, Sach- und Fachliteratur, Rechtstexte, Privattexte, religiöse Schriften), Textsorten und Sprachlandschaften gegliederten Korpus. In I konnten 160 genitivregierende Verben ausgemacht werden. Von diesen waren es immerhin noch 85, deren Genitiv keine Konkurrenzform hatte. In II gab es nur noch 131 Verben, davon 66 ohne Konkurrenzform des Genitivs. Das Vordringen der akkusativischen und präpositionalen Konkurrenzformen kann an der signifikanten Änderung der token-Proportion Genitiv/ Konkurrenzformen abgelesen werden: 52,8%/ 47,2% in I (also noch ein leichtes Übergewicht der Genitivbelege), jedoch 38,7%/61,3% in II (also ein deutliches Übergewicht der Konkurrenzformen, obwohl ja nur die Hälfte der genitivregierenden Verben überhaupt konkurrierende Objekte haben kann). Einige Beispiele für den signifikanten Wandel zwischen I und II (ebd., 299ff.): starker Rückgang des Objektsgenitivs zugunsten des Akkusativs bei *erwarten, pflegen, vergessen, verschonen, wahrnehmen*, zugunsten von PPs bei *acht haben, sich be/ fürchten, sich behelfen, sich beklagen, erschrecken, fehlen, schweigen, unterrichten, sich ver/wundern*. Gänzlich abgelöst wurde der Genitiv z. B. bei *sich bekümmern, sich beschweren, danken, fliehen, hoffen, hüten, räumen, verjagen, warnen, sich widersetzen*, weitestgehend abgelöst z. B. bei *begehren, brauchen, ge/brauchen, mißbrauchen*. Zwei Verben, *harren* und *sich bedanken*, die in I ausschließlich mit Objektsgenitiv vorkamen, lassen in II schon PPs zu, wobei der Verdrängungsprozeß bei *sich bedanken* ganz drastisch ist (gleich 72,2% der Belege mit PP).

Die Untersuchung von Fischer zeigt, daß der Genitivrückgang als ein Vertikalisierungsprozeß in der Realisierung einer grammatischen Kategorie anzusehen ist. Die Verdrängung des Objektsgenitivs wird von Textgruppen und -sorten getragen, die der Sprechsprache näher stehen, volkstümlich sind, einen lockeren Stil haben und ein breites Publikum ansprechen (ebd., 304−314; 317−326; 332f.):

Der niedrigste Genitivobjekt-Anteil ist in beiden Zeiträumen bei den unterhaltenden und den Privattexten zu verzeichnen. Die progressiven Textsorten in beiden Zeiträumen sind Romane, Zeitungen, Briefe und Reisebeschreibungen, in I auch die Hausväterliteratur und in II auch Tagebücher und Predigten.

Den höchsten Genitivobjekt-Anteil weisen in beiden Zeiträumen die Rechtstexte auf. Die konservativsten Textsorten in I sind Chroniken und Fachliteratur, in II die Sprachtexte.

Ein anderer Verdrängungsfaktor, dessen Einfluß allerdings nach Fischer (ebd., 316f.) hinter dem textsortenspezifischer Faktoren zurücktritt, sind die Sprachlandschaften (ebd., 314−317; 327f.):

In I gibt es eine klare omd.-oobd. Führungsrolle, d. h. die Kernlandschaft der sich formierenden Schriftsprache erweist sich auch beim Abbau des Objektsgenitivs als progressiv (!). Zwischen I und II findet jedoch ein weitgehender Ausgleich (mit leichtem oobd. Vorsprung) zwischen den Sprachlandschaften statt.

Fischer konnte auch nachweisen, daß der Verdrängungsprozeß nicht gleichmäßig verlief. Einen Einschnitt bildet die Mitte des 17. Jhs. (ebd., 329f.). Damals fand nämlich eine Beschleunigung des Genitivrückgangs statt, die mit der Nivellierung der Textgruppenunterschiede − weniger mit der der Textsortenunterschiede − in Verbindung zu bringen ist (ebd., 331).

Nach Eichinger (1995, 310f.) hängt der Wandel des Genitivgebrauchs mit der Grammatikalisierung der Verbalklammer zusammen (hierzu ausführlich in 4.1.). Da sich die Klammerung nach Eichingers Auffassung erst zu Beginn des 18. Jhs. durchsetzt (ebd., 311), liegt es nahe anzunehmen, daß die Beschleunigung des Genitivrückgangs einen wichtigen Gramatikalisierungsschritt der Endphase darstellt.

Der weitere Verlauf der Ablösung des Objektsgenitivs, die Zeitspanne von 1730 bis heute, ist nur sporadisch dokumentiert. Einige wenige Details über einzelne Verben können zwar der Untersuchung von Harry Anttila (1983), die auf einem kleineren Korpus mit drei Querschnitten (17. Jh.; um 1900; Gegenwartssprache) basiert, entnommen werden, das Verlaufsbild nach 1730 läßt sich jedoch nicht rekonstruieren.

In Antillas Untersuchung wird jedoch auf die sonst wenig reflektierte (und nirgendwo erklärte) Tatsache abgehoben, daß sich der Objektsgenitiv in einigen Fällen gegen die Konkurrenten durchsetzen konnte (ebd., 100f.): Bei *sich befleißigen* und *sich erwehren* gibt es im 17. Jh. noch präpositionale Konkurrenzformen, um 1900 ist nur noch der Genitiv belegt. (Den wachsenden Genitivobjekt-Anteil bei *sich befleiß(ig)en* konnte auch Fischer (1992, 302) nachweisen.) Bei *sich annehmen, sich enthalten, sich entledigen, sich erbarmen* und *gedenken* ist PP-Konkurrenz noch bis 1900 nachweisbar, heute gilt ebenfalls nur noch der Genitiv. Zeitweilige PP/Dativ-Konkurrenzen gab es auch bei den dreiwertigen Verben *berauben, entledigen, entheben, überheben, beschuldigen*, die heute alle nur mit Genitivobjekt belegt sind (wobei *überheben* unter den von Barbara Lenz aufgelisteten 56 Genitivverben der Gegenwartssprache nicht vorkommt).

Ein weiteres Problem, dem die Forschung bisher noch gar nicht nachging, ist die Wahl der Genitiv ersetzenden Präpositionen. Hierzu liefert Anttila (1983, 104) ein instruktives Beispiel, nämlich die Geschichte von *anklagen*, die eine Geschichte des Ringens um die passende präpositionale Konkurrenzform ist: im 17. Jh. *über*, um 1900 *wegen, um [...] willen, um* und *über*, heute *wegen*.

Am besten hat sich der Objektsgenitiv bei sog. formal-reflexiven und bei präfigierten Verben erhalten (Lenz 1996, 3 und 10).

3.2.2. Der andere auffällige Valenzwandel im Nhd., der zum Teil auch mit dem Genitivschwund zusammenhängt, ist die *Generalisierung der Subjektskodierung* (zum Begriff s. Bossong 1992). Es handelt sich um eine in der ganzen Germania und Romania (mit Ausnahme des Rumänischen) verbreitete Strukturwandeltendenz der Umkodierung ergativisch kodierter Verben (meist Empfindungsverben). Traditionell wird davon gesprochen, daß unpersönliche Verben vielfach zu persönlich werden (Behaghel 1924, 139).

Im Dt. sind zwei Typen von Umkodierungen zu unterscheiden (s. auch Seefranz-Montag 1983, 194):

1. Die ergativische Struktur wird auf dem 'Umweg' der Nominativierung der Zweiaktantenrealisierung beseitigt (*mir fehlt eines Dinges/an einem Ding > mir fehlt etw.*).
2. Die Valenzrealisierungsstruktur wird durch Nominativierung der Erstaktantenrealisierung dem akkusativsprachlichen Konstruktionsmuster angepaßt (*mich friert > ich friere*).

Verben, die sowohl ein- wie zweiwertig gebraucht werden (*mir/mich träumt (von etw.)*) können prinzipiell beiden Umkodierungsmustern folgen (*ich träume (von etw.); etw. träumt mir*).

Als eine besondere Form des 1. Typs kann angesehen werden, wenn die ergativische Struktur durch die Schaffung einer Nominativstelle (Valenzerweiterung) beseitigt wird (*mich/mir juckt > mich/mir juckt die Haut*, Ebert 1986, 31).

Unmittelbar in Verbindung mit der Generalisierung der Subjektskodierung steht die „Pseudosubjektivierung" (Seefranz-Montag 1983, 179ff.), d. h. die verstärkt seit dem Frnhd. erfolgende (auch postverbale) Einführung des Formalsubjekts *es* (*es graut mir/mir graut es*). Hier geht es um die Beseitigung der Ergativstruktur nicht durch Valenzwandel, sondern durch die formale Anpassung des Satzmusters an den 1. Umkodierungstyp.

Die Generalisierung der Subjektskodierung setzt in größerem Umfang wohl im 16. Jh. ein (s. auch Erben 1985, 1345), aber erfaßt die Mehrzahl der Verben erst im 18. Jh. (Seefranz-Montag 1983, 162; 186; 194).

Einige Beispiele (Dal 1962, 169; Seefranz-Montag 1983, 162; 186; 193; Ebert 1986, 30f.; 58ff.):

Beim Typ 1 kommen subjektlose Konstruktionen mit *gelingen, mißlingen, genügen* (*mich genügt* + Gen.; *mir genügt* + *an/mit*) und *wundern* (*des wundert mich*) bis ins 18. Jh. vor. Noch im 19. Jh. geläufig sind *jmdn. verdrießt* + Gen. und *jmdn. jammert* + Gen. Seit dem 18. Jh. setzen sich *ich ekle mich/etw. ekelt mich* durch.

Beim Typ 2 werden *hungern, dürsten, frieren* mit Subjekt (früher *mich/mir hungert, mich/mir dürstet, mich friert*) erst nhd. „allgemein gebräuchlich" (Ebert 1986, 31). *Ich schaudere* ist erst seit dem 18. Jh. belegt (früher *mich/mir schaudert*). Bei *träumen* ist die Konstruktion mit Subjekt im 17. Jh. noch wenig verbreitet (verbreitet ist *mir/mich träumt*), vorherrschend wird sie erst im 19. Jh. Die neue Konstruktion tritt nach Ebert (1986, 31) zuerst „in bestimmten erweiterten Bedeutungen" (z. B. 'irrtümlicherweise glauben') auf". Ebenfalls erst seit dem 18. Jh. setzen sich durch: *ich ahne, ge/bereue, gelüste*. Subjektlos geläufig sind bis ins 18. Jh. (teils bis ins 19./20. Jh.): *mir gelingt/gebrist/zweifelt/gebricht*. Bis ins 19. Jh. erscheinen: *mir gedenkt, mich erbarmt/gereut/dauert/jammert*.

Wenn auch keine Gegentendenz, so doch die Verdrängung der Konstruktion mit referentiellem Subjekt ist bei *mangeln* zu beobachten (Dal 1962, 169f.; Ebert 1986, 62): Bis ins 18. Jh. konnte es auch mit persönlichem Subjekt konstruiert werden (*jmd. mangelt eines Dinges*). Die heutige Konstruktion mit Pseudosubjekt ist erst seit dem Frnhd. belegt (*es mangelt jmdm. eines Dinges/an einem Ding*).

Eine umfassende Erklärung der Generalisierung der Subjektskodierung steht noch aus.

Seefranz-Montag (z. B. 1983, 200f.) nimmt an, daß sich das Dt. in einem Übergangsstadium der typologischen Entwicklung von einer TVX-Syntax (= Topik-Verb-Sonstiges) zu einer SVX-Syntax befinde, was ja den Abbau der Subjektlosigkeit (inklusive der Pseudosubjektivierung) tatsächlich zu erklären scheint. Das Problem ist einerseits, daß die Diskussion um die dt. Grundwortstellung zugunsten von (S)OV auszugehen scheint (s. 2.1.). Andererseits kann eine Einordnung in eine typologische Tendenz m. E. erst dann als eine Erklärung gelten, wenn die typologische Tendenz selbst erklärt worden ist.

Klar ist, daß syntaktische Umdeutung bei beiden Umkodierungstypen eine Rolle gespielt hat (Dal 1962, 169; Seefranz-Montag 1983, 172ff.; Ebert 1986, 58ff.):

Beim Typ I mit genitivischem Zweitaktanten begünstigt der (bereits seit dem 13. Jh. belegte) Zusammenfall von *es* (Gen.) und *e* (Nom./Akk.) die Umdeutung: *mich verdrießt es* (Gen.) > *es* (Nom.) *verdrießt mich*. Auch bei Zweitaktantenrealisierungen in Form von Nebensätzen oder Infinitivkonstruktionen ohne Korrelat wird die Opposition zwischen Genitiv und Nominaitv neutralisiert, was die Umdeutung ebenfalls begünstigen kann: *mich wundert, daß* [...] Schließlich erleichtert auch der Prozeß der Verdrängung des Objektsgenitivs die Umdeutung.

Beim Typ 2 mit akkusativischem Aktanten begünstigen Kasussynkretismen beim N./F. Sg. die Umdeutung: *das Kind* (Nom./Akk.) *hungert; die Frau* (Nom./Akk.) *friert*.

Nach Ebert (1986, 60) tritt bei syntaktischen Umdeutungen die neue Konstruktion zuerst nur in gewissen syntaktischen Umgebungen auf und wird dann generalisiert.

Zwar ist der Valenzwandel bei beiden Generalisierungstypen mit Bedeutungswandel verbunden (was kaum − beim Typ 1 überhaupt nicht − erforscht ist), doch ist der Bedeutungswandel beim Typ 2 wesentlich radikaler (Seefranz-Montag 1983, 195). Hier findet eine deutliche Agentivierung des zum Subjekt gewordenen Erstaktanten statt, vgl. z. B. *mich friert* vs. *ich friere*.

Systemfunktional gesehen ist die Agentivierung eine notwendige Konsequenz der Generalisierung (s. Seefranz-Montag 1983, 195). Doch ist eine derartige systemfunktionale Erklärung − egal, ob mit oder ohne Bezugnahme auf sprachtypologische Zusammenhänge − höchst fragwürdig, weil sie impliziert, daß einzelne Sprecher, unabhängig davon, was sie in ihren konkreten Diskursakten auch intendieren mögen, d. h., unabhängig davon, ob ihnen ein Agenssubjekt ins Konzept paßt oder nicht, früher oder später dem Systemdruck weichen und die Verben in den neuen Bedeutungen verwenden müssen. Hier sind noch weitere Untersuchungen notwendig. Ebenfalls untersucht werden sollte, warum sich der ergativische Konstruktionstyp bei Adjektiven wesentlich besser erhalten hat als bei Verben (Seefranz-Montag 1983, 163 f.), warum er bei Adjektiven sogar noch produktiv ist (*mir ist angst/kalt/schlecht* usw.).

3.3. Wortstellung

In diesem Abschnitt wollen wir uns in erster Linie mit der *Satzklammer* und der *Verbstellung* beschäftigen. Auf die *Stellung der nichtverbalen Glieder* können wir nur am Rande eingehen.

3.3.1. Der wohl bedeutendste topologische Wandel in der Geschichte des Dt. ist die Herausbildung von *Klammerstrukturen* und deren Grammatikalisierung.

Es sollen folgende terminologische Festlegungen gelten: Oberbegriff für alle Klammertypen ist *Klammer(ung)/Klammerstruktur*. Die Klammerstruktur der NP heißt *Nominalklammer* (s. 2.1. und 4.1.), die Klammerstrukturen des Satzen heißen zusammenfassend *Satzklammer/Satzrahmen*. Die Hauptsatzklammern heißen zusammenfassend *Verbalklammer* (Weinrich 1993, 33 ff.). Die Verbalklammern zerfallen in zwei große Gruppen: *Grammatikalklammern* (mit auxiliarem ersten Klammerteil) und *Lexikalklammern* (mit nichtauxiliarem ersten Klammerteil) (ebd., 41 ff. und 47 ff.). Die Nebensatzklammern heißen zusammenfassend *Adjunktklammer* (ebd., 56 ff.).

Trotz der zahlreichen Einzeluntersuchungen zur Satzklammer haben wir immer noch kein klares, empirisch und methodologisch abgesichertes Bild von deren Geschichte.

Wohl kein anderer Bereich der Syntaxgeschichte würde so viel methodologische Sorgfalt erfordern wie die Untersuchung der Satzklammer. Und wohl kein anderer Bereich ist durch einen so niedrigen Grad der methodologischen Reflexion gekennzeichnet wie dieser:

(1) Manchmal stellt es sich nicht oder nur implizit heraus, ob sich die Ausführungen des Autors auf die Verbalklammer, die Adjunktklammer oder auf beides beziehen. Dabei läßt sich die Verbalklammer während der ganzen nhd. Periode leichter 'durchbrechen' als die Adjunktklammer (Engel 1970, 55; Ebert 1986, 112). Insofern − und natürlich vor allem aus strukturellen Gründen − stellt sich auch die Frage, warum die Adjunktklammer überhaupt als Klammer gilt. Daß eine Normalabfolge wie OV unter Umständen als VO − oder viel eher als OVO − realisiert wird, ist noch lange kein Grund, die Subjunktion als ein klammeröffnendes Element anzusehen. Die Anwendbarkeit des Klammerprinzips auf die Wortstellung im Nebensatz wird in 4.1. grundsätzlich in Frage gestellt.

(2) Nicht jeder Verfasser klärt, was er unter Verbalklammer versteht. Dabei ist es ein erheblicher Unterschied, ob in einer Untersuchung nur die Grammatikalklammern oder auch die Lexikalklammern berücksichtigt werden bzw. welche Typen der zahlreichen lexikalischen Kandidaten als klammerschließende Elemente von Lexikalklammern betrachtet werden.

(3) Statistische Untersuchungen zur Ausklammerung haben wenig Aussagekraft, wenn (a) nicht nach Klammertypen differenziert wird, wenn (b) der 'Klammerinhalt' und dessen Anordnung nicht berücksichtigt werden, wenn (c) den strukturellen Umständen zwischen den 'ausgeklammerten' Elementen und (d) dem unterschiedlichen Grammatikalisierungsgrad der einzelnen Ausklammerungen nur ungenügend Rechnung getragen wird:

Zu (a): Schildt, dessen Untersuchung immer noch die wichtigste Quelle für die Zeit um 1700 darstellt (s. unten), unterscheidet zwar diverse Typen der Verbalklammer (1976, 241), bei der statistischen Auswertung seines Korpus spielen jedoch die einzelnen Typen keine Rolle mehr. Dabei verhalten sich klammerschließende Elemente recht unterschiedlich, Präfixe oder Partizipien II begünstigen z. B. die Ausklammerung (Beneš 1979, 333).

Zu (b): Bereits 1970 formuliert Ulrich Engel (1970, 51): „Durchbrechbar sind [...] nur Rahmen, denen durchbrechungsfähige Glieder (im Falle der Durchbrechung) folgen, oder bei denen das Mittelfeld durchbrechungsfähige Glieder enthält." Hier geht es nicht nur um die Binsenwahrheit, daß die Statistik verfälscht wird, wenn Sätze ohne Mittelfeldelemente (z. B. *Peter ist angekommen*) zu den Sätzen mit vollständigem (= nicht durchbrochenem) Rahmen geschlagen werden. Verfälscht wird die Statistik auch, wenn Sätze, deren Mittelfeld nur Elemente enthält, die nicht (z. B. Reflexivum, pronominale Objekte), kaum oder nur unter besonderen Umständen ausgeklammert werden können, zu den Sätzen mit vollständigem Rahmen gezählt werden. Zuweilen wird ja auch die 'Ausklammerung' von Subjekten und Akkusativobjekten belegt. Ist das aber ein Grund, alle Sätze nur mit einem Subjekt oder nur mit einem Akkusativobjekt im Mittelfeld zu den Sätzen mit vollständigem Rahmen zu schlagen? Zum Problem des 'Klammerinhalts' gehört auch die Frage, ob vor der tendenziellen Grammatikalisierung der Anordnung der Mittelfeldelemente überhaupt von einer Klammerstruktur gesprochen werden kann. S. hierzu 4.1.

Zu (c): Sicherlich müßte wenigstens zwischen 'satzförmigen' (Nebensätze, Infinitivkonstruktionen) und nicht satzförmigen ausgeklammerten Elementen oder genereller zwischen verschiedenen Komplexitätsgraden bei den ausgeklammerten Elementen unterschieden werden (s. auch Makovec 1983, 100). Da die 'satzförmigen' Glieder viel mehr zur Ausklammerung − eigentlich wohl: viel weniger zur 'Einklammerung' − neigen, 'verbessern' sie die Statistik überall signifikant. Bei Schildt (1976, 267) erfahren wir, daß um 1700 52% aller ausgeklammerten Glieder Attribute sind, „vor allem in Form von Pronominalsätzen, Infinitivkonstruktionen und Vergleichen."

Zu (d): Bereits in seinem klassisch gewordenen Aufsatz (Erstveröffentlichung 1968) plädiert Beneš (1979, 327ff.) für die Trennung von Ausklammerung als Norm und Ausklammerung als stilistischem Effekt. Man müßte hier m. E. noch einen Schritt weitergehen: Ausklammerung als Norm ist eben gar keine Ausklammerung mehr, sondern normale Nachfeldbesetzung (s. in diesem Sinne auch Makovec 1983, 98 und Betten 1993, 125). Wenn Schildt (ebd.) feststellt, daß 8,9% aller Ausklammerungen um 1700 auf Vergleiche entfallen, so muß man sich fragen, ob die 'Einklammerung' von Vergleichsadjunkten überhaupt belegbar ist. Wenn es nämlich keine oder nur vereinzelte Belege gibt, müßte dieser Typ von Nachfeldbesetzung aus der Geschichte der nhd. Ausklammerung ausgeklammert werden, damit die Statistik nicht entstellt wird. Mit Erfolg praktiziert wurde diese Methode in der Untersuchung von Makovec, in der „die Sätze mit schon grammatikalisierten Ausrahmungen nicht mitgezählt wurden, weil sie nicht mehr die Tendenz darstellen können" (Makovec ebd.). In der Arbeit von Makovec werden auch Ausklammerung und Nachtrag sorgfältig auseinandergehalten (ebd.).

Die Verbalklammer (als Grammatikalklammer) wird erst durch das Vorhandensein analytischer Verbformen ermöglicht (Betten 1987, 102). Zwar wird die Zunahme der Klammerbildung bereits fürs Frnhd. angenommen (Erben 1985, 1344f.), doch ist „der typisch deutsche Satzklammerstil" erst im 17./18. Jh. „auf seinen Höhepunkt gelangt" (von Polenz 1994, 268).

In dem Zeitraum 1670−1730 können nach Schildt (1976, 241) folgende Typen der Verbalklammer belegt werden: Modalverb + Inf., Hilfsverb + Part.

Perf. (Grammatikalklammern) und Grundverb + Präfix/Kompositionsglied, Hilfsverb + Adjektiv (Lexikalklammern). Die Analyse dieser Typen ergibt folgendes Bild:

Voll ausgebildet ist die Klammer zu 81,4% (ebd., 257; 269). Im Vergleich zu dem Zeitraum 1470−1530 (68,1%) ist dies eine deutliche Zunahme. Der Anteil der vollständigen Klammern stieg überwiegend auf Kosten der Kontaktstellung (z. B. *grausam ist gewest Herodes*, ebd., 257), die von 9,4% auf 0,8% zurückging (ebd., 271). Vorreiter der Klammerbildung unter den Sprachlandschaften um 1700 sind das Omd. (85,9%) und das Oobd. (84,6%). Das Wmd. (77,3%) und das Wobd. (77,5%) liegen unterdurchschnittlich (ebd., 257). Während das Omd. bereits um 1500 vorne lag (71,7%), erkämpft sich das Oobd. (um 1500 65,5%, d. h. noch unterdurchschnittlich) in der Zeit zwischen 1500 und 1700 seine Vorrangstellung (ebd., 272). Unter den vier von Schildt herangezogenen Gattungen (ebd., 259; 269) liegen Fachprosa (85,4%) und Roman (84,9%) überdurchschnittlich, Briefe durchschnittlich (81,1%), während im Bildungsschrifttum der Prozentsatz der vollständigen Klammern relativ niedrig ist (74%). Ein Vergleich mit der Zeit um 1500 ist kaum möglich, da für den ersten Untersuchungszeitraum mit Ausnahme der Fachprosa andere Gattungen gewählt wurden. Bei der Fachprosa ist der Zuwachs an vollständigen Klammern geradezu dramatisch (ebd., 273f.): um 1500 noch 47,3% (weit unterdurchschnittlich, an letzter Stelle unter den Gattungen), um 1700 85,4% (an erster Stelle).

Entsprechend der Zunahme der Klammerbildung kommen Ausklammerungen im 17. Jh. nur begrenzt vor (Admoni 1980, 343ff.; ders. 1985, 1540).

In Schildts Material wird um 1700 zu 93,7% nur ein Satzglied ausgeklammert (1976, 265). Im Vergleich zu der Zeit um 1500 (89,4%) ist dies ein leichter Zuwachs (ebd., 277). Ausgeklammert werden kann nahezu alles: (nichtpronominale) Subjekte, Objekte, präpositionale Adverbiale und Attribute aller Art. Das Reflexivum kann nicht ausgeklammert werden (ebd., 266). Wie oben erwähnt, entfallen über 50% der Ausklammerungen auf Attribute und Vergleichsadjunkte. Häufig ausgeklammert werden auch Präpositionalobjekte (12,7%) und Kausalbestimmungen in Form von Infinitivkonstruktionen (11,1%) (ebd., 267). Der Vergleich mit der Zeit um 1500 (ebd., 278) enthält deutliche Trends, darunter auch Überraschungen: Die Zahl der ausgeklammerten kasuellen und präpositionalen Objekte ging stark zurück (16,6% > 3% bzw. 33,7% > 12,7%). Am radikalsten ist der Rückgang bei den Lokalbestimmungen (23,4% > 3,6%), aber auch die Ausklammerung nicht 'satzförmiger' Temporal- und Kausalbestimmungen nimmt prozentual ab (5,9% > 1,3% bzw. 5,9% > 1,8%). Die Ausklammerung von Subjekten ist zwar unbedeutend, nimmt jedoch kaum ab (3,8% > 3,3%).

Der extreme Rückgang bei den ausgeklammerten Lokalbestimmungen deutet auf ein Problem
der Korpuswahl hin: Das häufige Vorkommen von
ausgeklammerten Lokalbestimmungen um 1500
konzentriert sich auf Einfachsätze in Reisebeschreibungen und Chroniken, auf zwei Gattungen,
die in die Untersuchung der Zeit um 1700 nicht
mehr einbezogen wurden (ebd., 279). Folglich
könnte der Befund um 1500 „auf eine gattungsspezifische Eigenheit dieser beiden Genres hindeuten"
(ebd.). Dieses scheinbar kleine Problem der Gat-
tungswahl führt jedoch nicht nur zu einem offensichtlichen und auch von Schildt erkannten
Pseudo-Trend bei den Lokalbestimmungen, sondern es führt natürlich auch zu Verschiebungen in
der gesamten Statistik.

79,5% der Ausklammerungen um 1700 sind
nach Schildt (ebd., 269) semantisch oder strukturell
nicht notwendig, was den Schluß nahelege, daß es
einen Zusammenhang zwischen der Valenz des
Hauptverbs und der Stellung der Satzglieder gibt.

Was die Adjunktklammer anbelangt (Ebert
1986, 109f.), ist sie bereits im 16. Jh. die Regel (die
Stellung des Finitums im mhd. abhängigen Satz
war noch „weitgehend frei" (Grosse 1985, 1157)).
Ausgeklammert werden meist Präpositionalphrasen. Im 17./18. Jh. geht die Frequenz der Ausklammerung aus der Adjunktklammer noch weiter zurück. Da die Nachstellung des Finitums des Neben-
satzprädikats erst im 18. Jh. zur Norm wird und
danach weiter vordringt (s. 3.3.2.), ist es jedoch
denkbar, daß die 'Permeabilität' der klammer-
schließenden Verbalkomplexe im 17. Jh. (und noch
mehr davor, als die Zwischenstellung des Finitums
ebenfalls eine wichtige Rolle gespielt hatte) generell
größer war als im 18. Jh. (und später). M. a. W.,
Ausklammerung aus der Adjunktklammer findet
unter sich permanent wandelnden strukturellen Bedingungen statt.

Geht man mit Eichinger (1995, 311f.) davon
aus, daß die Grammatikalisierung der Satzklammer zu Beginn des 18. Jhs. erfolgte (s.
hierzu ausführlich 4.1.) muß angenommen
werden, daß seit dieser Zeit die Normen der
Klammerbildung und der Ausklammerung
relativ stabil sind und daß demnach Häufig-
keitsunterschiede zwischen einzelnen Texten,
Gattungen oder Funktionalstilen weder eine
Tendenz zum Abbau der Satzklammer (wie
gelegentlich fürs 20. Jh. angenommen wurde,
s. hierzu Admoni 1973, 87f.) noch eine weitere 'Zementierung' der Klammerstrukturen
signalisieren.

Ausgeklammert werden im 18. Jh. „vor allem Infinitivkonstruktionen, Nebensätze [...], Konstruktionen mit der Vergleichssemantik, verselbständigte
Komponenten und in geringerer Anzahl die Präpo-
sitionalkonstruktionen" (Admoni 1990, 215), d. h.
die Glieder, „die strukturell und intonationsmäßig
mit dem Satzkern nicht ganz eng verbunden sind"

(ders. 1987, 111). In den Bibelübersetzungen ab der
Mitte des Jhs. verschwinden die in den früheren
Übersetzungen belegten Ausklammerungen des
Subjekts und des Prädikatsnominativs, des Dativ-
objekts bzw. – nach einem Infinitiv mit zu – die
Ausklammerungen sowohl des Dativ- als auch des
Akkusativobjekts (Folsom 1985, 147–149).

Im 19./20. Jh. werden dieselben Typen von Elementen ausgeklammert wie im 18. Jh. (Admoni
1985, 1552; ders. 1987, 111). In den Bibelübersetzungen ab 1825 kehren zwar die Ausklammerungen
von Subjekten und Objekten vereinzelt zurück
(Folsom ebd., 147f.), doch handelt es sich dabei um
offensichtliche Archaisierungen.

Über die Häufigkeit der Ausklammerungen im
18. Jh. wissen wir wenig. Bei Lessing und den Stür-
mern und Drängern werden sie auf jeden Fall bevorzugt gebraucht (Admoni 1990, 215f.), doch geht
es hier vor allem um bewußte Stilprägung.

Was Admonis Häufigkeitszählungen für Klammerbildung und Ausklammerung im 19. Jh. anbelangt (1987, 100ff.), lassen sie sich leider zu denen
von Schildt nicht in Beziehung setzen. Nicht nur
wegen der Korpuswahl nicht – Admoni untersuchte Auszüge aus Konversationslexika und Romanen –, sondern weil Admoni andere Klammertypen untersuchte (unter diesen auch die Adjunktklammer) und vor allem, weil er bei den Konversationslexika auch die Elementarsätze ohne Klammer, bei den Romanen jedoch nicht einmal die
Sätze mit vollständigem Rahmen in die statistische
Auswertung einbezogen hat. Deshalb läßt sich das
Verhältnis der vollständigen zur unvollständigen
Satzklammer nicht einmal bei den Konversationslexika feststellen, da der Prozentsatz der Sätze ohne
Klammer (also wohl vor allem der Sätze mit prä-
sentischem/präteritalem Finitum) je nach Text sehr
verschieden ist (er schwankt zwischen 20% und
59%, ebd., 102). Admoni kommt zu dem Schluß,
daß bei den Konversationslexika die Zahl (!) der
Elementarsätze mit vollständigem Rahmen in der
Regel deutlich höher sei als die Zahl der Elementarsätze mit unvollständigem Rahmen. Ausklammerungen scheinen am Anfang und am Ende des
19. Jhs. häufiger gebraucht zu werden als in der
Mitte des Jahrhunderts (ebd., 104). Hinsichtlich
der Ausklammerungen in den Romanauszügen
kann Admonis Statistik (ebd., 109) lediglich entnommen werden, daß es zwischen dem Individualstil der einzelnen Autoren große Unterschiede gibt
(extrem viele Ausklammerungen bei Jean Paul, die
wenigsten bei Kleist, das 'Mittelmaß' wird von Keller, Stifter und Fontane verkörpert). „In den Romanauszügen ist die Länge des Nebensatzes für die
Zahl der Ausklammerungen von Bedeutung"
(ebd., 110).

Nach Betten (1993, 142) gewinnt die Ausklammerung in den verschiedenen Funktionalstilen
(auch in der Literatur) seit dem 19. Jh. wieder an
Bedeutung. Sie soll – so wie auch die vielfältig genutzten Satzellipsen – „Assoziationen an die gesprochene Sprache hervorrufen" (ebd.). Eine besondere Form der Ausklammerung, die Admoni als

Parzellierung bezeichnet (*Dann zog sie die Hand-
schuhe aus. Ganz langsam.* P. Altenberg, s. Admoni
1985, 1548), verbreitet sich um die Jahrhundertwende und wird im 20. Jh. zuweilen massenhaft gebraucht (Admoni ebd.).

Seit Ende des 19. Jhs. ist die Ausklammerung
„ziemlich häufig" (Admoni 1985, 1552), aber die
Klammerstruktur des Dt. scheint nicht in Gefahr
zu sein (Admoni 1973, 86ff.). Selbst bei Sätzen mit
trennbaren Präfixen kommt es − gemessen an der
Zahl der klammerenthaltenden Sätze − durchschnittlich zu nur 26% Ausklammerungen (nach
Zählungen von R. Rath in Texten der modernen
populärwissenschaftlichen Literatur, zitiert nach
Admoni ebd., 92). In der schöngeistigen Literatur
um die Mitte des 20. Jhs. liegt der Prozentsatz der
Ausklammerungen im Durchschnitt niedriger; es
gibt hier jedoch zwischen den einzelnen Autoren
bzw. auch zwischen den Werken desselben Autors
erhebliche Differenzen (ebd., 92f.).

Untersuchungen zur Gegenwartssprache (Lite-
raturüberblick in Makovec 1983, 95f.) belegen in
allen Funktionalstilen eine deutliche Zunahme der
Ausklammerung, die aber im wesentlichen auf das
Konto der Präpositionalphrasen geht. In dem Material von Makovec (60er und 70er Jahre) stellen
nämlich in der Belletristik 98,2%, in der Presse
94% aller ausgeklammerten Elemente Präpositionalphrasen dar (Makovec ebd., 99).

Auf das Problem der Erklärung der Herausbildung, des Vordringens und der Grammatikalisierung der Klammerstrukturen (Nomi-
nal- und Verbalklammer) kommen wir in 4.1.
zu sprechen.

3.3.2. Die *Verbstellung* ist getrennt nach
Haupt- und Nebensatz bzw. Finitum (im
Hauptsatz) und Finitum + infinitem Kom-
plex (im Nebensatz) zu untersuchen.

Die *Stellung des Finitums im Aussagehauptsatz* entspricht bereits im Mhd. und Frnhd.
im wesentlichen der heutigen Norm (Grosse
1985, 1157; Ebert 1993, 432). Doch sind in
einigen Fällen bis ins Nhd. hinein auch andere Stellungen belegt. Zuerst zur Ersstellung:

Die sog. Inversion nach *und* (*Wir wollen fort und
soll die Hasenjagd angehn* (Goethe), zitiert nach
Fleischmann 1973, 291) erregte noch „kurz vor der
Jahrhundertwende die Gemüter" (Fleischmann
ebd.). Die Ersstellung des Finitums nach *und* war
vom Ahd. bis ins 17. Jh. genauso normal wie die
heute übliche Zweitstellung (Ebert 1986, 103). Im
Verlauf des 18. Jhs. kommt sie zunehmend außer
Gebrauch, bei Lessing, Schiller und Goethe ist sie
nur noch vereinzelt belegt (Behaghel 1932, 31;
33f.). Selbst die Bibelsprache, in der Luthers Einfluß (auch in der Wortstellung) lange nachwirkt,
bleibt von dieser Entwicklung nicht ausgenommen
(Folsom 1985, 145f.): Die Luthersche Inversion

nach *und* wird in den Bibelübersetzungen nach
1770 aufgegeben (in einigen archaisierenden Übersetzungen von 1850 bis heute taucht sie jedoch gelegentlich wieder auf). Im 19./20. Jh. kommt die
Inversion nur noch archaisierend (z. B. bei den
Brüdern Grimm) bzw. in amtlichen Schreiben vor
(Behaghel 1932, 35).

Die Inversion nach *und* fand bisher „keine überzeugende Erklärung" (Ebert ebd.). Behaghel (1932,
31) meinte, *und* hätte ursprünglich 'demgegenüber'
bedeutet. Daher besetzte das Finitum nach diesem
adverbialen *und* eigentlich gar nicht die Erst-, sondern ganz normal die Zweitstelle. Ähnlich urteilte
nach Fleischmann (1973, 291ff.) auch Wustmann
mit dem Unterschied, daß er als Bedeutung 'und
folglich/und dabei' annahm (Fleischmann ebd.,
293). Eine andere Erklärungshypothese bietet sich
auf der Basis der Untersuchungsergebnisse zum
Übergang von der Hör- zur Leserezeption an (Betten 1993, 135ff.): Bis ins 16. Jh. überwog die Hörrezeption. Die Ereignisgrundierung (Vordergrund
vs. Hintergrund) erfolgte nicht mit Hilfe einer klaren Unterscheidung von Haupt- und Nebensatz,
sondern z. B. durch die Einfügung von Konnektoren wie *do* und *und*. Nach den Untersuchungen von
Claudia Riehl (ebd., 137f.) zeigt *und* in der Periode
der Hörrezeption „den Fortbestand der momentanen Grundierung an (Vordergrund oder Hintergrund), während *da* die Vordergrundkenntnisse
kennzeichnet" (ebd., 138). Hieraus meine Hypothese: *Und* ohne Inversion zeigt den Fortbestand
der momentanen Grundierung an, *und* mit Inversion kennzeichnet analog zu *da* die Vordergrundkenntnisse. Nach dem Übergang zur Leserezeption
und der Herausbildung der klaren Hauptsatz/
Nebensatz-Unterscheidung kommt es nach einer
Zeit der Übergeneralisierung des traditionellen, jedoch funktionslos gewordenen Musters ('Blütezeit', 17. Jh.) zu dessen Untergang.

Sonst ist die Ersstellung im Aussagehauptsatz
im Nhd. selten. Bei Verba dicendi ist sie seit dem
Mhd. belegt, im Frnhd. wird dieses lateinische Muster auch auf andere Verben übertragen und selbst
im Volkslied verwendet (Behaghel 1932, 37f.). Daher sein volkstümlicher Anschein, z. B. *sah ein
Knab' ein Röslein stehn* (Goethe). Üblich ist die
Ersstellung im Nhd. nach Dal (1962, 174) auch in
Sätzen mit *doch*, z. B. *hat der alte Hexenmeister
sich doch einmal wegbegeben* (Goethe). Ein Rest der
ahd. Ersstellung ist nach Paul (1919, 71) die heutige Ersstellung in *weiß Gott* bzw. in analogen Bildungen (*weiß der Himmel/der Henker/der Kuk-
kuck*).

Die Letzt- oder Späterstellung des Finitums
ist im nhd. Aussagehauptsatz genauso 'exotisch' wie die Ersstellung:

Die Letztstellung war der strukturelle Normalfall
in Parallelsätzen vor allem mit *je ... je/desto/umso*
(Behaghel 1932, 27f.; Paul 1919, 76f.; Dal 1962,
175f.; Ebert 1986, 104), z. B. *je toller das Bier ge-
brauet warde, je besser es mir schmeckte* (Courage,
nach Behaghel ebd., 27). Anstelle der früheren

Letztstellung tritt die Zweitstellung im Nachsatz im 15. Jh. auf. Sie setzt sich im 17. Jh. durch, vereinzelte Belege gibt es jedoch auch noch im 18. Jh. Im Sprichwort *wes Brot ich esse, des Lied ich singe* ist die alte Wortstellung bewahrt. Auffallend auch bei diesem Typ von Wortstellungswechsel ist es, daß er parallel zum Übergang von der Hör- zur Leserezeption bzw. zur Herausbildung der klaren Hauptsatz/Nebensatz-Unterscheidung erfolgt ist.

Ansonsten lebt die Letzt- oder Späterstellung als germ. Erbe vor allem in der Dichtung, bisweilen aber auch in der Prosa weiter (Paul 1919, 75f.; Behaghel 1932, 23f.), z. B. *die Leute verwundert mich ansahn* (Heine). Nach Paul (ebd., 76) erlebt diese alte, volkstümliche Letztstellung im 18. Jh. eine Art Renaissance.

Das Problem der *Verbstellung im Nebensatz* ist zum einen im Zusammenhang mit dem Problem der Herausbildung der Adjunktklammer zu sehen (3.3.1.). Zum anderen geht es dabei um das Problem der Stellung des Finitums und der infiniten Teile im mehrgliedrigen Nebensatzprädikat/Verbalkomplex. Wir wenden uns im folgenden diesem zweiten Problem zu, möchten aber weiter unten (4.1.) noch zeigen, daß die beiden Probleme nur verschiedene Aspekte desselben Problems darstellen.

Zum Problem der Verbstellung im mehrgliedrigen Verbalkomplex gibt es beispielhafte empirische Untersuchungen: Härd 1981 und – ergänzend dazu – Takada 1994. Da Härd (ebd., 7f.) 16 Typen von drei- und viergliedrigen Verbalkomplexen (z. B. *hätte machen können*; *würde sehen lassen können*) unterscheidet, ist eine detaillierte Vorstellung der Untersuchungsergebnisse nicht möglich.

Was die *Stellung des Finitums* im mehrgliedrigen Verbalkomplex anbelangt, ist im Nhd. das Vordringen der Nachstellung zu beobachten. Doch handelt es sich hier um eine recht komplexe Entwicklung:

Die im 16. Jh. verbreitete Zwischenstellung des Fin. (*gehandelt seyn worden*) wird im 17. Jh. aus der Schriftsprache beinahe vollkommen verdrängt, die Nachstellung wird bei zweigliedrigen Prädikaten schon gegen Ende des 16. Jhs. zur Norm (Härd 1981, 98f.). Somit gilt in der ersten Hälfte des 17. Jhs. folgende (tendenzielle) Opposition (ebd.): Nachstellung des Fin. bei zweigliedrigen, Voranstellung bei drei- und viergliedrigen Verbalkomplexen. Aufgehoben wird diese Opposition lediglich bei 2 (von 16) Typen (s. auch Takada 1994, 195): In den Nebensatzprädikaten mit den Hilfsverben *sein* bzw. *haben* wird das Hilfsverb im 17. Jh. typischerweise weggelassen (s. 3.4.4.). Da nach Härd von einer vollständigen Adjunktklammer erst bei Nachstellung des Fin. gesprochen werden kann (1981, 123), verzögere die genannte Opposition die vollständige Herausbildung der Adjunktklammer

(ebd.). Bei den dreigliedrigen Nebensatzprädikaten könne erst um die Mitte des 17. Jhs. das Vordringen der Nachstellung beobachtet werden. Die „Einbruchsstellen der Nachstellung" sind die Komplexe mit den „semantisch gewichtigeren Modalverben" (ebd., 90).

Takadas Untersuchungsergebnisse modifizieren die von Härd dahingehend, daß das Vordringen der Nachstellung bei den dreigliedrigen Komplexen (mit modalem Fin.) bereits in der ersten Hälfte des 17. Jhs. deutlich nachweisbar ist (Takada 1994, 195–197), was nach ihm die 'Verzögerungsthese' von Härd widerlegt (ebd., 198). (Wer in diesem Punkt recht hat, läßt sich nicht entscheiden. Auf jeden Fall ist es methodologisch sehr aufschlußreich, wie stark sich unterschiedliche Periodisierungen nahezu desselben Untersuchungszeitraumes und/oder unterschiedliche Korpora auf das Ergebnis auswirken können.)

Die Strukturwandlung, die sich im 17. Jh. bei den dreigliedrigen Verbalkomplexen angekündigt hat, bricht im 18. Jh. durch (Härd 1981, 123f.). Beispielsweise überwiegt beim Typ *verwirklicht werden konnte* die Nachstellung erstmals in der ersten Hälfte des 18. Jhs. In der zweiten Jahrhunderthälfte steigt ihr prozentualer Anteil auf über 75%, 1801–1840 liegt er bereits bei 89,1% (ebd., 124). Die Nachstellung wird auch in drei anderen dreigliedrigen Nebensatzprädikaten zur Norm, darunter auch beim Typ *gemacht worden ist*, bei dem im 17. Jh. noch die Weglassung dominierte (ebd., 115–117). Somit gilt die frühere Opposition zwischen zweigliedrigen Verbalkomplexen einerseits und drei- bzw. viergliedrigen andererseits nicht mehr. Der vollständigen Verwirklichung der Nachstellung wirkt allerdings nach Härd (ebd., 124) die Tendenz entgegen, daß der Satzschluß einem Element mit hohem Mitteilungswert vorbehalten sein sollte. Daher tendieren Modalverben zur Nachstellung, nicht jedoch Hilfsverben (*hätte wissen können*; *wird einnehmen können*).

Für den Zeitraum 1841–1975 ist „eine Reduzierung der schriftsprachlich gebräuchlichen syntaktischen Strukturen und eine damit zusammenhängende Stabilisierung der Normen" kennzeichnend (Härd ebd., 150). Beobachtbar ist das weitere Fortschreiten der Nachstellung, ohne daß sie alle Typen erfaßt hätte bzw. ohne daß bei allen Nachstellungstypen die Nachstellung uneingeschränkt gelten würde (ebd., 145ff.; 150f.): Bei den viergliedrigen Typen *getroffen worden sein wird* und *gebracht worden sein sollte*, bei denen 1711–1840 noch die Voranstellung dominierte, ist eine Umkehrung der Frequenzverhältnisse feststellbar. Das gleiche gilt für den dreigliedrigen Typ *übertragen lassen würde*. Die frühere nur leichte Überlegenheit der Nachstellung beim Typ *übertragen lassen wollte* ist nun überwältigend. 'Resistent' sind der Typ *wird machen können*, bei dem es im Material von Härd ausschließlich Belege mit Voranstellung gibt (aber er belegt die Nachstellung – *darstellen können werden* – außerhalb des Korpus bei Kuno Lorenz (1973), s. ebd., 185, Anm. 127), und der Typ *sollte verstören können*. (Das Fin. des dreigliedrigen Verbalkomplexes mit 'Ersatzinf.' − *hätte machen können* − war bereits im 16. Jh. nahezu ausschließlich vorangestellt, s. ebd., 49; 51).

Zusammenfassend können folgende historisch wirksame Faktoren genannt werden, die die Tendenz zur Nachstellung gefördert haben und fördern bzw. gehemmt haben und hemmen (Härd 1981, 168f.).

(1) Die Anzahl der Verben im Verbalkomplex: Viergliedrige Verbalkomplexe leisten der Nachstellung mehr Widerstand als dreigliedrige, letztere mehr als zweigliedrige;
(2) Die grammatische Form des inifiten Feldes: Aus Infinitiven bestehende infinite Felder (z. B. *hätte machen können*) widerstreben mehr der Nachstellung als aus Partizipien bestehende (z. B. *getroffen worden sein wird*);
(3) Der Bedeutungsgehalt der Auxiliare: Die Modalverben tendieren stärker zur letzten Stelle als die Hilfsverben. (Wie am Typ *sollte verstören können* erkennbar, gilt dies trotz Voranstellung des Fin. auch bei zwei Modalverben).

Takada (1994, 199f.) bestätigt die Wirksamkeit der Faktoren (1) und (3) auch fürs 17. Jh., meint jedoch, daß der zweite Faktor im 17. Jh. „gar nicht mehr wirksam zu sein (scheint)" (ebd., 199). Darüber hinaus nennt er noch zwei weitere Faktoren (bezogen nur aufs 17. Jh.):
(4) In den (von Härd nicht untersuchten) Typen *zu verstehen sein wird* und *zu verstehen sein muß* fördert *sein* die Nachstellung des jeweiligen Auxiliars;
(5) Die Nachstellung des Fin. in den Komplexen mit *sein*-Patiensspassiv ('Zustandspassiv') − z. B. *gefüttert sein soll/wird* − kommt früher und häufiger vor als in denen mit *werden*-Patiensspassiv ('Vorgangspassiv').

Dialektale Unterschiede scheinen im Nhd. nicht (mehr) entscheidend zu sein, es gibt jedoch große Unterschiede zwischen Autoren derselben Region (Takada ebd., 206−208):

Die frühere Konzentration der Nachstellung auf obd. Texte gilt im 17. Jh. nicht mehr, in der zweiten Jahrhunderthälfte übernimmt das Md. sogar die Führung. In dem nd. Raum nimmt die Nachstellung signifikant zu. Für ein erstarkendes Norm- und Stilbewußtsein im 17. Jh. spricht die Tatsache, daß die idiolektalen Unterschiede u. U. größer sind als die regionalen (s. auch ebd., 209−213).

Was die *Stellung der inifiniten Teile* im Verbalkomplex anbelangt, können wir im Nhd. das Vordringen des Prinzips 'rechts determiniert links' beobachten.

Bei der Darstellung der Abfolge der Verben im Verbalkomplex folgen Härd wie Takada einer dependenziellen Konvention, nach der die tiefgestellte Ziffer den Grad der Dependenz im Verbalkomplex bezeichnet. Z. B. *gemacht werden konnte* = $V_3V_2V_1$ (rechts determiniert links); *wird einnehmen kön-*

nen = $V_1V_3V_2$ (rechts determiniert links mit Ausnahme des vorangestellten Finitums). Da bei der Präsentation der Untersuchungsergebnisse zur Abfolge der infiniten Teile V_1 (= das Fin.) ausgeklammert wird, gilt das obige Prinzip auch für (*wird*) *einnehmen können* = $(V_1)V_3V_2$.

Entscheidend bei der Durchsetzung des Prinzips 'rechts determiniert links' ist einerseits die Anzahl der Verben im Verbalkomplex, andererseits die Art des jeweiligen Auxiliars V_2, d. h. des obersten infiniten Regens:

Bei den dreigliedrigen Nebensatzprädikaten gilt die Abfolge V_3V_2 (*hat*) *behandeln müssen* bereits in der Untersuchungsperiode 1581−1710 fast durchgehend (Härd 1981, 96). Wie Takada (1994, 201f.) gezeigt hat, hält sich jedoch die Abfolge V_2V_3 (z. B. (*werden*) *müssen sitzen*) am Anfang des 17. Jhs. noch recht gut, bei manchen Typen überwiegt sie sogar. Der Wandel von V_2V_3 zu V_3V_2 wird bis ca. 1620 durch präfigierte oder durch eine Bestimmung erweiterte V_3 verhindert, z. B. *nicht hat können in den Bund kommen* (Harsdörffer) (ebd., 203). Die Abfolge V_2V_3 wird erst ab Mitte des 17 Jhs. marginal. Ab dem 18. Jh. gilt dann das Prinzip 'rechts determiniert links' fast ausnahmslos, die Abfolge V_2V_3 erlischt (Härd ebd., 130). Komplizierter ist die Entwicklung bei den viergliedrigen Verbalkomplexen:

In der Untersuchungsperiode 1581−1710 gibt es noch drei charakteristische Abfolgen (ebd., 94−96): die älteren Varianten $V_4V_2V_3$ (z. B. (*werden*) *gebraucht sein worden*) und $V_2V_4V_3$ ((*werden*) *sein gebraucht worden*) und die früher marginale $V_4V_3V_2$ ((*werden*) *gebraucht worden sein*). Doch ist die Variante $V_4V_2V_3$ mit wenigen Ausnahmen aus der Zeit um 1600 belegt (Härd ebd., 94; Takada ebd., 202), als 'ernstzunehmende' Konkurrenten bleiben also bereits im 17. Jh. nur $V_2V_4V_3$ und $V_4V_3V_2$. Im 17. Jh. überwiegt noch deutlich $V_2V_4V_3$, doch nimmt am Ende des Jahrhunderts $V_4V_3V_2$ signifikant zu (Takada ebd.). Bei den Komplexen mit drei Infinitiven ('Ersatzinf.' eingeschlossen) gibt es nach Härd (ebd.) einen deutlichen Unterschied in Abhängigkeit davon, ob V_2 *haben* oder ein Modalverb ist. In den Komplexen mit Modalverb (z. B. (*wird*) *lauffen lassen können*) ist $V_4V_3V_2$ der Abfolge $V_2V_4V_3$ nur leicht unterlegen (14 vs. 19 Belege). In den Komplexen mit *haben* (z. B. (*soll*) *haben erbauen lassen*) ist hingegen $V_4V_3V_2$ gar nicht belegt, $V_2V_4V_3$ dominiert deutlich über $V_2V_3V_4$. ((*soll*) *haben lassen herumb tragen*).

In der Untersuchungsperiode 1711−1840 kommt es zur 'statistischen' Verwirklichung des Prinzips 'rechts determiniert links' (ebd., 128−132): Die (bereits im 17. Jh. marginale) Abfolge $V_4V_2V_3$ erlischt. In allen Komplexen mit Ausnahme der Typen mit *haben* als V_2 dominiert jetzt $V_4V_3V_2$, wenn auch in den Komplexen mit Modalverb als V_2 nur leicht (10 vs. 9 Belege). In den Komplexen mit *haben* als V_2 ist nur noch die Abfolge V$_2$V$_4$V$_3$ ((*würde*) *haben gebrauchen können*) belegt.

In der letzten Untersuchungsperiode (1841–1975) werden die aus dem vorangehenden Zeitraum belegten statistischen Tendenzen zu strukturellen Normen (ebd., 152): Die Abfolge V$_4$V$_3$V$_2$ gilt ausnahmslos in allen Komplexen mit Ausnahme der Komplexe mit *haben* als V$_2$. Hier gilt ausnahmslos V$_2$V$_4$V$_3$.

Während dialektale Unterschiede bei der Stellung des Finitums keine wesentliche Rolle spielen, sind sie bei der Abfolge der infiniten Teile im 17. Jh. noch durchaus bedeutend (Takada ebd., 208 f.):

Die ältere Abfolge V$_2$V$_3$ ist in den omd. und obd. Texten wesentlich seltener als in den übrigen Sprachlandschaften.

3.3.3. Die *Stellung der nichtverbalen Glieder*

im Nhd. muß im Vergleich zur Verbstellung als schlecht erforscht eingestuft werden. Daher wollen wir uns nur auf einige Abweichungen von der Gegenwartsnorm beschränken:

Im Mittelfeld steht im späten 18 und frühen 19. Jh. das pronominale Objekt häufig nach dem nominalen Subjekt (Ebert 1986, 117). Unter den unbetonten Pronomina nimmt das pronominale Subjekt zwar gewöhnlich die Erststelle ein, doch gibt es bei Enklise Ausnahmen, z. B. *so geht mir's mit allem* (Goethe) (ebd., 118).

Auch bei der Dativ/Akkusativ-Abfolge spielt die Klitisierbarkeit eine Rolle. Bei pronominalem Dativ und Akkusativ ist zwar die gewöhnliche Reihenfolge Akk. vor Dat., doch kommen auch die Ketten *sich's, mich's, mir's, dir's, ihr's* häufig vor (Behaghel 1932, 73–75), z. B. *er sah mir's um die Lippen zucken* (Mörike, nach Behaghel ebd., 75). Klitisiert und dem Dativ nachgestellt werden können auch *ihn* und *sie*, z. B. *so kannst du dir ihn* [...] *bezeuchen* (Keller), *Just hat mir sie wiedergegeben* (Lessing) (Behaghel ebd., 74). Bei nominalem Dativ und Akkusativ gilt die heutige Reihenfolge, Abweichungen haben besondere textgrammatische oder pragmatische Gründe (Behaghel ebd., 166 f.).

Bei der Anordnung von obliquen Personalpronomina und Reflexiva gibt es gegeneinander arbeitende Prinzipien: Einerseits sind sie thematisch (Personalpronomina) bzw. kongruieren mit dem Finitum (Reflexiva), was für eine Linksplazierung im Mittelfeld spricht. Andererseits befindet sich das Vollverb, mit dem sie grammatisch und semantisch (auf eine jeweils andere Weise) eng verbunden sind im Falle einer Satzklammer am rechten Rand des Mittelfeldes, was eine Rechtsplazierung im Mittelfeld begünstigen müßte. Es ist wohl dieser 'Spannung' zu verdanken, daß die Späterstellung von obliquen Personalpronomina und besonders von Reflexiva bis ins 19. Jh. belegt ist (Behaghel ebd., 69; 72), z. B. *warum soll das alte Traumbild noch immer uns vor die Augen gestellt werden*

(Fichte), *so werden einst die Würmer auch an euren fleischernen Stötzchen sich erlustigen* (Mörike) (Behaghel ebd., 69). (Belege für die Späterstellung gibt es nur in Sätzen mit Satzklammer.) Nach Schildt (1976, 248) steht das Reflexivum allerdings bereits um 1500 gewöhnlich unmittelbar hinter dem Finitum, und um 1700 gelte dasselbe (ebd., 262).

3.4. Komplexe Sätze

In diesem Abschnitt sollen nach einer kurzen Skizze *quantitativer Entwicklungstendenzen* vor allem einige *Nebensatztypen* und Veränderungen im Bereich der *Satzkonnektoren* (Konjunktionen, Subjunktionen, Relativa, Konjunktionaladverbien, Infinitivkonnektoren (= Einleitungsmorpheme von Infinitivkonstruktionen)) behandelt werden. Der Behandlung der Nebensatztypen/Satzkonnektoren gehen *methodologische Überlegungen* zu den strukturellen Tendenzen in diesem Bereich voraus. Zum Schluß wird kurz auf einige – teils epochentypische – *Konstruktionen* eingegangen. Empfohlen sei zum Thema dieses Abschnitts auch die an übersichtlicher Kompaktheit kaum zu überbietende Zusammenschau von Peter von Polenz (1994, 274–279). Für ausführliche statistische Angaben zur neueren Geschichte des Satzgefüges und zum Verhältnis Ganzsatz/Elementarsatz sei auf die einschlägigen Arbeiten von Wladimir Admoni (z. B. 1985) verwiesen.

3.4.1. Als tendenziell epochentypisch sind die

Umfangsveränderungen der Ganzsätze und das jeweilige *Verhältnis Hypotaxe/Parataxe* anzusehen. Seit Ende der Barockzeit gibt es eine Tendenz zur Satzverkürzung und Parataxe, die sich jedoch am Ende des 18. Jhs. ins Gegenteil verkehrt. Durch die Zunahme der Satzlänge und der Hypotaxe, die bis ca. 1850 andauert, werden aber die barocken Werte nicht mehr wiederhergestellt. Die seit 1850 andauernde erneute Tendenz zur Satzverkürzung und Parataxe ist viel ausgeprägter, als es die entgegengesetzte Tendenz vor 1850 war. Einige Details (die Werte zum Durchschnittsumfang der Ganzsätze in der schöngeistigen Prosa stammen alle von A. Šubik, zitiert nach Admoni 1985, 1550):

Das 17. Jh. ist die „Blütezeit des überlangen und mehrgliedrigen Satzgefüges", auch der Umfang des Elementarsatzes und der NP nimmt zu (ebd., 1540). Trotzdem kann der Schachtelsatz, der erst im 16. Jh. aufkommt (Ebert 1986, 176), nicht als „eine besonders beliebte Konstruktion" der Kanzleisprache um 1700 angesehen werden (Admoni 1980, 338). In der schöngeistigen Prosa enthält der Ganzsatz im Durchschnitt 36,3 Wortformen.

Im 18. Jh. geht der Umfang des Ganzsatzes und des Satzgefüges zurück, Elementarsatz und NP wachsen jedoch weiter (ebd., 1542 f.; 1545). In der schöngeistigen Prosa enthält der Ganzsatz im Durchschnitt 26,2 Wortformen. Auch die verhältnismäßig langen Ganzsätze bei Winckelmann und Kant − bei beiden ca. 41 Wortformen − sind wesentlich kürzer als die Traktate des 17. Jhs. Länger sind dagegen bei Winckelmann und Kant die Elementarsätze (ebd., 1543).

Im 19./20. Jh. gehen Umfang und Komplexität von Ganzsatz und Satzgefüge zurück, NP und Elementarsatz bleiben dagegen verhältnismäßig stabil (ebd., 1548 f.). Allerdings ist hier die erwähnte entgegengesetzte Tendenz in der ersten Hälfte des 19. Jhs. zu berücksichtigen: In der wissenschaftlich-technischen Literatur wächst die Anzahl der Wortformen pro Ganzsatz von 25,54 im Jahre 1800 auf 32 im Jahre 1850, pro Elementarsatz von 11,3 auf 12,7 (Möslein 1974, 182 f.). In der schöngeistigen Prosa enthält der Ganzsatz in der ersten Hälfte des 19. Jhs. im Durchschnitt 30 Wortformen. Nach 1850 ist dann die Abnahme kontinuierlich: Ganzsatz in der wissenschaftlich-technischen Literatur (Möslein ebd.), 23,58 (1990) > 19,6 (1940); Ganzsatz in der schöngeistigen Prosa 23 (zweite Hälfte des 19. Jhs.) > 14,3 (20. Jh.). Nach 1940 ist in der wissenschaftlich-technischen Literatur eine leichte Erhöhung sowohl der Ganz- als auch der Elementarsatzlänge zu verzeichnen, die jedoch nach Möslein (ebd., 183) kein erneutes Vordringen der Hypotaxe signalisiert. Sie ist vielmehr durch die stärkere Auffüllung der Elementarsätze mit Wortmaterial verursacht. Hier ist vor allem an die sog. Blockbildung, d. h. an Rechtserweiterungen in der NP, zu erinnern (Makovec 1983, 93 ff.).

Das Vordringen der Parataxe nach 1850 kann von verschiedenen Gesichtspunkten aus beleuchtet werden (Möslein ebd., 186−189):

(1) Die Zahl der auf einen Einfachsatz entfallenden Teilsätze nimmt geradezu dramatisch ab (besonders in der zweiten Hälfte des 19. Jhs.).
(2) Die Zahl der auf einen Satzkomplex entfallenden Einfachsätze nimmt dramatisch zu (besonders in der zweiten Hälfte des 19. Jhs. und zwischen 1920 und 1940).
(3) Das prozentuale Verhältnis Einfachsatz/Satzgefüge verschiebt sich zugunsten des Einfachsatzes, kurz nach 1920 erlangt der Einfachsatz sogar die prozentuale Überlegenheit.
(4) Die Zahl der auf einen Hauptsatz entfallenden Nebensätze nimmt ab (s. auch Sommerfeldt 1983, 160).
(5) Die Nebensätze vierten und höheren Grades verschwinden gänzlich, die dritten Grades nahezu vollständig, und die Zahl der Nebensätze zweiten Grades nimmt auch ab (besonders drastisch in der zweiten Hälfte des 19. Jhs.).

Innerhalb des abnehmenden Anteils der Nebensätze seit Mitte des 19. Jhs. gibt es Frequenzverschiebungen im Gebrauch der einzelnen Nebensatztypen. Einige Tendenzen (Möslein ebd., 190 f.; Sommerfeldt ebd., 160−164):

Trotz leichter Abnahme dominieren immer noch die Attributsätze: 47% in den Zeitungen (1964/65), ca. 34% in der wissenschaftlich-technischen Literatur (1960) und zwischen ca. 20% und 40% in der Belletristik (Mitte des 20. Jhs.). In Zeitungstexten und in der schöngeistigen Prosa nimmt der prozentuale Anteil der Objektsätze signifikant zu, in der wissenschaftlich-technischen Literatur bleibt er stabil. Eine beträchtliche Zunahme in allen Gattungen können die weiterführenden Nebensätze verbuchen. In der wissenschaftlich-technischen Literatur nimmt der Anteil der Subjektsätze drastisch, der Kausal- und Konsekutivsätze signifikant zu.

Die häufigste Subjunktion ist schon im 19. Jh. *daß*, gefolgt von *wenn*. In Publizistik, Wissenschaft und Populärwissenschaft nimmt *daß* im 20. Jh. zu (über 50%), in der Belletristik wird es weniger häufig gebraucht.

3.4.2. Unter *methodologischem* Aspekt fällt auf, daß Veränderungen im Bereich der Satzkonnektoren und der Nebensätze überwiegend unter 'makrosyntaktischen' Gesichtspunkten registriert werden: die Subjunktion x verdrängt y; z wechselt aus dem adverbialen Bereich A_1 in A_2 über; der polyfunktionale Konnektor k wird monofunktional; die Verbletztstellung wird zur Norm usw.

Durch die 'makrosyntaktische Brille' gesehen können Veränderungen in diesem Bereich kaum anders als system- oder darstellungsfunktional gedeutet werden. Darüber hinaus erwecken generelle Aussagen der obigen Art den Eindruck, daß das heutige System der Konnektoren und Nebensätze in dem historischen Augenblick 'fertig' geworden ist, in dem ihre funktionale Verteilung mit der heutigen zur Deckung kam: „Das System der unterordnenden Konjunktionen erreicht am Ende des 18. Jhs. ungefähr den Stand, der auch für die heutige Sprache gültig ist" (Admoni 1990, 212).

Empirische, d. h. auch unter 'mikrosyntaktischen' Gesichtspunkten durchgeführte, Untersuchungen zu einigen Nebensatztypen haben jedoch gezeigt, daß es auch im 19./20. Jh. bedeutende Veränderungen gibt. Wenn man genauer, also auch 'mikrosyntaktisch', hinschaut, stellt es sich sogar heraus, daß die seit dem Mhd. andauernde Tendenz zur strukturellen Trennung von Haupt- und Nebensatz, deren „sehr konsequent(e)" Durchführung von Admoni (1980, 348) bereits für die Zeit um 1700 postuliert wird, auch noch im 20. Jh. anhält. Und durch das Vordringen des Indikativs in der indirekten Rede kommt seit ca. 1800 sogar auch die gegenläufige Tendenz in Gang: In der uneingeleiteten indirekten Rede (*Klaus meint, er hat alles Menschenmögliche getan*) wird die formale Unterscheidung zwischen Haupt- und Nebensatz zunehmend aufgehoben. In dem Sinne, daß die Tendenz zur strukturellen Trennung auch den Abbau der Polyfunktionalität der Konnektoren beinhaltet, gehört die vieldiskutierte Verbzweitstellung nach *weil*, d. h. das (sprechsprachliche) Aufkommen/Weiterbestehen einer Konjunktion und einer Subjunktion *weil* (bzw. *obwohl* und *während*), ebenfalls zur gegenläufigen Tendenz. Unklar ist der 'historische Status' von 'unechten' (Valentin), d. h. von nichtintegrierten, Nebensätzen mit *da, bevor, wenn, obwohl, auch wenn* usw., z. B. *Wenn du Durst hast, Bier ist im Kühlschrank* (Valentin 1986, 364; 369 und König/Auwera 1988), bei denen die formale Trennung durch die Zweitstellung des Fin. im Hauptsatz 'geschwächt' wird. Im Sinne von König/Auwera (1988, 107−109) läge hier zwar ein unidirektionaler historischer Integrationsprozeß 'non-integrative (= Zweitstellung des Fin. im Hauptsatz, kein Korrelat) > resumptive (= Zweitstellung des Fin. im Hauptsatz, Erststelle durch ein Korrelat besetzt) > integrative' (= Erststellung des Fin. im Hauptsatz) vor, der auch für die Geschichte der skand. Sprachen und des Nl. charakteristisch sei, doch scheint mir keinesfalls sicher, daß das Dt. und das Nl. das Stadium der totalen Integration je erreichen werden. Die Wortstellungsopposition zwischen 'echten' und 'unechten' Nebensätzen ist nämlich ikonisch (*Wenn du kommst, komme ich auch* vs. *Wenn du Durst hast, Bier ist im Kühlschrank*) und somit sehr wohl motiviert. Zwar kann also bei 'unechten' Nebensätzen von keiner Gegentendenz, doch vielleicht auch nicht (mehr?) von einer klaren Tendenz zur formalen Trennung gesprochen werden.

Daß es eine deutliche historische Tendenz zur strukturellen Trennung von Haupt- und Nebensatz gibt, wird hier natürlich nicht bestritten. Im folgenden wird es zum Teil gerade darum gehen, diese zu belegen − aber eben auch für die Zeit nach dem 18. Jh. Die wohl nicht so deutlich ausgeprägte Gegentendenz ist − abgesehen vom Modusgebrauch in der indirekten Rede − historisch noch kaum erforscht. 'Unechte' Nebensätze und Infinitivkonstruktionen belegt Valentin bei Th. Mann, S. Lenz, Fr. Dürrenmatt und auch bei Th. Fontane: *Um ihnen so recht meine Stimmung zu zeigen, ich liebe die schwarze Jette* (nach Valentin ebd., 369). Ob das parataktische *weil* zwischen dem 17. und dem 20. Jh. ausgiebig belegt werden kann, ist eher fraglich, denn in diesem Zeitraum hat es bereits ein fest etabliertes schriftsprachliches Pendant: *denn*. Arndt

(1959, 408) bringt drei Belege aus Brechts „Mutter Courage und ihre Kinder". Hier wurden die *weil*-Hauptsätze zur bewußten Stilgebung eingesetzt.

Die Kriterien, auf deren Basis von einer Tendenz zur strukturellen Trennung zwischen Haupt- und Nebensatz gesprochen werden kann, sind mannigfaltig. Die folgende Liste ist gewiß unvollständig:

(1) Die Herausbildung der Opposition Verb-Zweit/Verb-Letzt. Die Verabsolutierung dieses Kriteriums führt zur übereilten Feststellung, daß die Tendenz zur formalen Scheidung zwischen Haupt- und Nebensatz bereits im Frnhd. ihren Abschluß gefunden habe (Arndt 1959, 390f.).
(2) Die Reduktion der Polyfunktionalität der einzelnen Satzkonnektoren, d. h. die Ausgliederung von Konjuntionaladverbien, Subjunktionen, Konjunktionen und Relativa.
(3) Die Eingliederung des Noch-nicht-Nebensatzes in den Noch-nicht-Hauptsatz in Nachstellung durch die Erstplazierung des Hauptsatzfinitums. Nach Fleischmann (1973, 318) kann im Mhd. gerade deshalb von keinem formalen, sondern nur von einem rhythmischen Satzgefüge gesprochen werden, weil diese Eingliederung noch nicht erfolgt ist. Von einem 'echten' formalen Eingliederungsprozeß sollte aber im Sinne des oben Gesagten vorerst nur im Falle von 'echten' Nebensätzen (z. B. beim 'echten' Konditional *Wenn du kommst, komme ich auch*, aber nicht beim Pseudo-Konditional *Wenn du Durst hast, Bier ist im Kühlschrank*) gesprochen werden.
(4) Der Rückgang der Verbzweitstellung zugunsten der Erststellung im uneingeleiteten Adverbialsatz (Verb-Zweit ist ja das 'Gütezeichen' des Aussagehauptsatzes).
(5) Der Rückgang der uneingeleiteten Adverbialsätze (mit Ausnahme des uneingeleiteten Konditionalsatzes).
(6) Die Reduktion der Polyfunktionalität der Verberststellung (im Zusammenhang mit (5)).
(7) Zunahme der subjunktional eingeleiteten unter den eingeleiteten Nebensätzen.
(8) Einfügung von Partikeln in den Nebensatz, Herausbildung neuer Subjunktionen durch zunehmende Zusammenrückung von Subjunktion und Partikel und schließlich durch Festlegung des Akzents auf die Zweitsilbe der neuen Subjunktion (Konzessivsätze).
(9) Der Übergang von *d*-Konnektoren zu *w*-Konnektoren bei den sog. weiterführenden Nebensätzen. (Erläuterung und/oder Belegung von (2)−(9) erfolgt in 3.4.3.)
(10) Ein epochentypisches Kriterium (s. etwa Admoni 1985, 1540) sind die afiniten Konstruktionen (3.4.4.).

Kein Kriterium, aber wohl eine notwendige Begleiterscheinung der Tendenz zur strukturellen Trennung ist die Reduktion der Polyfunktionalität der einzelnen Subjunktionen (s. auch Erben 1985, 1345).

3.4.3. In unserem Zeitraum gibt es mannigfaltige Veränderungen im Bereich der *Satzkonnektoren* und der *Nebensätze*. Der umfassendste Strukturwandel (über die Grammatikalisierung der Wortstellung hinaus) findet
im Sinne des Kriteriums (2) statt. Es handelt
sich in erster Linie um die *Ausgliederung von
Konjunktionaladverbien und Relativa* durch
die Aufhebung der Polyfunktionalität von
d/s- und *w*-Konnektoren:

Noch im Frnhd. wurden *d/s*-Konnektoren und *w*-
Konnektoren wie z. B. *dafür, daher, darum* und *so*
bzw. *weswegen, wofür, wie* (wie auch die formal
nicht *d/s/w*-Konnektoren *sonst, also, insofern, inso-
weit, inwiefern* und *inwieweit*) regelmäßig mit Verb-
Zweit und mit Verb-Letzt gebraucht (s. Fleischmann 1973, 115–119 mit vollständiger Liste der
einschlägigen Konnektoren). Folglich konnten sowohl die *d/s*- als auch die *w*-Konnektoren relativisch eingesetzt werden. Die Systemumwandlung
d/s-Adverbien vs. *w*-Relativa findet nach Fleischmann (1973, 142; 204) bis Mitte des 16. Jhs. statt,
doch finden sich Ausläufer des alten Systems, d. h.
relativisch verwendete *d/s*-Konnektoren, noch am
Ende des 18. Jhs., z. B. *so einen Zwischenraum
pflegte sie ihm nicht mit Annehmlichkeiten auszufül-
len, deszwegen er lieber nicht ehe zu Tische kam*
(Goethe, nach Behaghel 1932, 19; weitere Belege in
Behaghel ebd., 18 f.). Goethe ist jedoch in dieser
Hinsicht kein typischer Chronist seiner Zeit
(Hundsnurscher 1990, 426–429): Relativische *d*-
Konnektoren (vor allem *daher*) sind im 18. Jh. nur
noch in konservativem Sprachgebrauch – besonders
im Kanzleistil – üblich (sehr häufig sind sie
bei Gottsched). Bei Goethe erscheinen sie eher nur
in amtlichen Schreiben, „quasi als textsortenspezifisches Zitat" (ebd., 428).

Aus der Sicht der *w*-Konnektoren bedeutet
die Festlegung der *d/s*-Konnektoren auf die
adverbiale Funktion einen Wandel im System
der sog. *weiterführenden Nebensätze* (zur Abgrenzung, satz- und textsemantischen Leistung vgl. Holly 1988):

Da die relativischen *d*-Konnektoren (mit Verb-
Letzt) im älteren Dt. auch die Funktion der 'Weiterführung', d. h. der Einleitung eines kommentierenden Elementarsatzes ausgeübt hatten, führte die
Festlegung der *d/s*-Konnektoren auf die adverbiale
Funktion dazu, daß die 'weiterführende' Funktion
von den relativisch gebliebenen *w*-Konnektoren
übernommen wurde. Im Falle der Ablösung von
weiterführendem *das* sieht dieser Prozeß wie folgt
aus (Behaghel 1928, 724–727; Dal 1962, 201 f.): Im
Frnhd. herrscht *das* vor, mit dem zunehmend *welches* konkurriert. Im 17. Jh. wird *welches* vorherrschend, das jedoch in der zweiten Hälfte des
18. Jhs. durch *was* abgelöst wird. Doch ist das auslaufende *das* noch bis ins 18. Jh., das auslaufende
und im 18. Jh. noch sehr häufige *welches* bis ins
19./20. Jh. belegt. Z. B.: *ihm hatte man Hilarien be-*

stimmt, das ihm sehr wohl bekannt war (Goethe,
nach Dal ebd., 202); *es heißt* [...] *eine Gewissenlo-
sigkeit* [...] *voraussetzen, welches ich* [...] *nicht statt-
haft finde* (Bismarck, nach Behaghel ebd., 725).

Den häufigsten weiterführenden Nebensatztyp
stellen heute nach Sommerfeldt (1983, 164 f.) die
redesituierenden *wie*-Sätze mit 31,3% dar, gefolgt
von *während*-Sätzen (25,5%), *wobei*-Sätzen (17%)
und *was*-Sätzen (14%). Weiterführende *welches*-
Sätze sind in der Gegenwartssprache statistisch irrelevant.

Wie der Wechsel von *d*-Konnektoren zu *w*-
Konnektoren im System der weiterführenden
Nebensätze zu interpretieren ist, ist unklar.
Einige denkbare Varianten:

(1) Will man den Prozeß als einen formalen Sy-
stemzwang deuten, so ist es nicht eindeutig, von
welcher 'Seite' der Zwang ausgeht: 'Bewirkt' die
Festlegung der *d/s*-Konnektoren auf die adverbiale
Funktion den formalen Wandel bei den weiterführenden Nebensätzen? Oder trägt umgekehrt der
formale Wandel bei den weiterführenden Nebensätzen zur Festlegung der *d/s*-Konnektoren auf die
adverbiale Funktion bei?
(2) Holly (1988, 319) erwägt, daß „das Lateinische
mit seinen gemeinsamen Formen von Interrogativa
und Relativa das Vorbild geliefert haben (dürfte)".
(3) Die neue Gemeinsamkeit der Formen von Interrogativa und Relativa ermöglicht auch die Hypothese, daß der Formwandel nur Ausdruck eines
semantischen Wandels war. Während kommentierende Textanschlüsse früher eine Form der anaphorischen Textdeixis darstellten, haben sie heute die
Form indirekter Fragen (*Er fragte mich, weshalb sie
kündigen will* vs. *Er nutzt sie aus, weshalb sie kündigen will*). Wenn man nun bedenkt, daß das Verdrängen von *das* durch *welches* in der Übergangszeit von der Hör- zur Leserezeption erfolgt ist, und
wenn man sich die Untersuchungsergebnisse von
Claudia Riehl über das die Vordergrundkenntnisse
kennzeichnende *da* – einen *d*-Konnektor – ins Gedächtnis ruft (s. 3.3.2.), so liegt die Hypothese
nahe, daß kommentierende Textanschlüsse in der
Zeit der Hörrezeption als Vordergrundkenntnisse
vermittelt wurden, während sie in der Zeit der Leserezeption Hintergrundkenntnisse ausdrücken. In
der Zeit der Hörrezeption wurde demnach 'direkter', 'aufdringlicher' kommentiert – so, wie es
auch in der heutigen Sprechsprache geschieht (*Er
nutzt sie aus, deshalb will sie kündigen*). Den Formwandel *d*-Konnektor > *w*-Konnektor würde ich in
Anlehnung an Überlegungen von Schrodt (1992 a,
264; s. auch gleich unten) als eine Verstärkung der
Subordination interpretieren (s. Kriterium (9)).

Die Veränderungen im Verhältnis der drei
wichtigsten (nichtweiterführenden) *Relativa
welch(-er/-el/-es), d(-er/-iel-as)* und *so* sind
wohl zum Teil im Zusammenhang mit der Systemumwandlung *d/s*-Adverbien vs. *w*-Rela-
tiva zu sehen:

Die Blütezeit des Relativums *so* reicht von der zweiten Hälfte des 15. Jhs. bis ins 17. Jh. (Behaghel 1928, 730; Dal 1962, 206; Erben 1985, 1342). Im 18. Jh. geht seine Verwendung zurück (Semenjuk 1972, 145; Ebert 1986, 163). Im Einklang mit der Systemumwandlung wird dieser *s*-Konnektor also auf die adverbiale Funktion festgelegt.

Von den Konkurrenten ist *welch* seit dem 17. Jh. „ganz geläufig", im 18. Jh. ist es „eher die gelehrte und bildungssprachliche Variante" (Ebert 1986, 161). Die Konkurrenz von *welch* und *d* ist in den periodischen Schriften der ersten Hälfte des 18. Jhs. gut nachvollziehbar (Semenjuk 1972, 147; 149−151): In den moralischen und literarischen Zeitschriften herrscht *d* vor, in den historisch-politischen Zeitschriften und in den Zeitungen *welch*. In den wissenschaftlichen Zeitschriften gibt es im Durchschnitt ein Gleichgewicht, aber die Schwankungen sind groß.

Das Gleichgewicht (mit territorialen und funktionalstilistischen Unterschieden) hält wenigstens bis Mitte des 19. Jhs. an, wobei *welch* in künstlerischen Texten häufiger war als sein Konkurrent (Sommerfeldt 1983, 162f.). Nach Dal (1962, 203) hätte *welch* im 19. Jh. *d* sogar beinahe aus der Schriftsprache verdrängt. Der normative Kampf gegen das als schwerfällig eingeschätzte *welch* (Dal ebd.) führte schließlich zu seiner fast völligen Verdrängung. Heute entfällt auf 99 Relativanschlüsse mit *d* höchstens einer mit *welch* (Sommerfeldt ebd.).

Daß die Verdrängung des *welch* vor allem seiner normativen Bekämpfung zu verdanken ist, steht wohl außer Zweifel. Darüber hinaus könnte jedoch auch die erwähnte Systemumwandlung eine Rolle gespielt haben. Nachdem die *w*-Konnektoren auf die weiterführende Funktion festgelegt worden waren und somit formal mit den Interrogativa zusammenfielen, war auch *welch(-es)* eher für die Rolle des weiterführenden Relativums (+ Interrogativums) als für die des Relativpronomens prädestiniert. Daß *welch* − wie oben erwähnt − auch in dieser Funktion (von *was*) verdrängt wurde, ist schon eine andere Geschichte.

Im Zusammenhang mit dem Relativum *d* ist noch zu erwähnen, daß seine syntaktisch, semantisch bzw. grammatiktheoretisch höchst interessante Liaison mit den Personalpronomina historisch noch kaum erforscht ist. Dabei deuten die wenigen Hinweise zur Herausbildung dieser komplexen Relativa auf eine Asymmetrie hin. Während es nämlich für die erst- und zweitpersonigen komplexen Relativa des Typs *d(-er/-ie/-as) ich, d(-er/-ie/-as) du* Belege seit ca. 1500 gibt (Ebert 1986, 160), ist der (logophorische) drittpersonige Typ *d(-er/-ie/-as) er/sie/es* erst im Nhd. belegt (Behaghel 1928, 753): *der Staatsanwalt repliziert hierauf, wenn ihm diese Äußerungen gelten, der er doch auch die Herren geladen habe* (Nationalzeitung 25). (Obwohl die Annahme logophorischer Pronomina im Deutschen wohl begründet ist (z. B. Canisius 1994), haben sich Begriff und Terminus noch nicht durchgesetzt, da der drittpersonige Typ von den Grammatikern der Gegenwartssprache weitestgehend ignoriert wird.)

Ebenfalls im Sinne des Kriteriums (2) findet die *Ausgliederung von Konjunktionaladverbien und Subjunktionen* durch akzentuelle Differenzierung statt (Fleischmann 1973, 205; Schrodt 1992 a, 264f.):

Bei polyfunktionalen Konnektoren, die nicht wie die *d/s/w*-Konnektoren in ein System formaler Opposition eingebunden waren, erfolgt − wohl erst im Nhd. − die Herausbildung einer akzentuellen Opposition: Anfangsbetonung bei adverbialer Funktion (*dámit, trótzdem, náchdem, séitdem, wáhrenddessen, só weit*), Zweitgliedbetonung bei subjunktionaler Funktion (*damít, trotzdém, nachdém, seitdém, währenddéssen, sowéit*). Zu diesem Subsystem gesellt sich auch das Paar *insófern/soférn* (das Präfix *in-* ist unbetonbar).

Der Akzentunterschied korreliert nach Schrodt (ebd., 264) nicht nur mit der Opposition Koordination/Subordination, sondern auch mit anaphorischer vs. kataphorischer Textdeixis.

Die Korrelation von Zweitgliedbetonung, Subordination und kataphorischer Textdeixis können wir auch bei der Herausbildung der konzessiven Subjunktionen der *ob*-Gruppe (*obwohl, obzwar* usw.) beobachten (s. unten).

Entsprechend dem Kriterium (2) findet auch eine Art *funktionale 'Begradigung' der daß-Gruppe* statt (Fleischmann 1973, 170−184 mit einer vollständigen Liste der *daß*-Verbindungen ebd., 172−177):

In der Zeit zwischen dem 16. und dem 18. Jh. treten gehäuft *daß*-Verbindungen auf, deren Partikeln aus dem adverbialen oder präpositionalen Bereich kommen, z. B. *anstatt daß, unerachtet daß, zudem daß, trotzdem daß, während daß, um daß, kaum daß* (einen ersten Schub derartiger *daß*-Verbindungen gab es schon vorher im Mhd./Frnhd.). Die funktionale 'Begradigung', die im 18./19./20. Jh. erfolgt ist, besteht aus zwei Komponenten (ebd., insb. 183f.):
(1) Die Zahl der *daß*-Verbindungen und somit die potentielle Polyfunktionalität von *daß* verringert sich.
(2) Es bleibt keine einzige Partikel, die sowohl mit *daß* als auch ohne *daß* als Subjunktion fungieren könnte (also z. B. *während*, aber nicht mehr *während daß*, umgekehrt *anstatt daß*, aber nicht mehr *anstatt*). Die Partikeln *(an)statt, um* und *ohne* können ohne *daß* nur noch Infinitivkonstruktionen einleiten, sind also zu Infinitivkonnektoren geworden.

Als Ergebnis der generellen Reduktion der Polyfunktionalität der Satzkonnektoren gibt es im modernen Dt. kaum mehr Partikeln, die sowohl subjunktional als auch adverbial/präpositional verwendet werden können:

Bei *seitdem* und *trotzdem* trat wie erwähnt eine akzentuelle Differenzierung ein. Formal ambig blieb *da*, das jedoch Temporal-/Lokaladverb, aber Kausalsubjunktion ist. Fleischmann (ebd., 183) erwähnt noch adverbiales/subjunktionales *indessen* und *nun*, wobei jedoch subjunktionales *nun* 'nachdem, da' veraltet/poetisch ist. In präpositional-subjunktionaler Doppelfunktion blieben die temporalen Partikeln *seit*, *bis* und *während* bestehen.

Im folgenden wollen wir uns den *Veränderungen im Bereich der Adverbialsätze* zuwenden.

Um die Kriterien (4)–(8) zu belegen und die Aufmerksamkeit auf bedeutende 'mikrosyntaktische' Veränderungen zu lenken, konzentrieren wir uns auf den verhältnismäßig gut erforschten Final- und Konzessivsatz. Erst anschließend gehen wir auf andere Adverbialsatztypen bzw. adverbiale Subjunktionen ein, wobei wir uns hier – entsprechend der Forschungslage – auf 'makrosyntaktische' Veränderungen beschränken müssen.

Über Veränderungen im Bereich der *Finalsätze* sind wir auf Grund der Untersuchungen von Babenko (1988) und Flämig (1964) gut unterrichtet.

Das Material von Babenko erfaßt zwei Zeiträume: I = zweite Hälfte des 16. Jhs. und erstes Viertel des 17. Jhs.; II = die letzten drei Viertel des 17. Jhs. Flämig untersucht ebenfalls zwei Zeiträume: III = 1760–1820; IV = 1900–1960.

Das untersuchte Schrifttum für I–II umfaßt literarische Werke, Erbauungsliteratur, religiöse Übersetzungen, Chroniken und amtliche Fachprosa (Geschäftskorrespondenz, Verträge). Für III–IV wurden dichterische Prosa, Briefe, wissenschaftliche Sachprosa, allgemeinverständliche Sachprosa, amtliche Sachprosa (nur für III) und Presse (nur für IV) herangezogen.

Drei konstante Tendenzen sind zu beobachten: Das Vordringen (1) von *damit*, (2) des Indikativs und (3) der Rückgang der Finalsätze zugunsten finaler Infinitivkonstruktionen.

Zuerst zu (1):

Die drei dominierenden bzw. ausschließlich finalen Subjunktionen sind im 16. Jh. wie heute *daß*, *auf daß* und *damit* (zur Entstehung des finalen *damit* s. Schrodt 1992a, 271–274). Ihr prozentuales Verhältnis zueinander in den einzelnen Zeiträumen sieht wie folgt aus (Babenko ebd., 100–104; Flämig ebd., 24; Angaben zu *damit* und *daß* in II fehlen):

	I	II	III	IV
damit	68,5%	(–)	75,4%	96,0%
daß	19,5%	(–)	24,0%	3,1%
auf daß	12,7%	7,7%	0,6%	0,9%

Eine darstellungsfunktionale Erklärung dieser Entwicklung scheint problematisch. Denn es stimmt zwar, daß *damit* eine eindeutig finale Subjunktion

(geworden) ist, wohingegen die Finalität eines *daß*-Satzes nur durch Kontextelemente festgelegt werden kann (Babenko ebd., 106ff.; Flämig ebd., 17f.), doch kann sich das (heute) eindeutig finale *auf daß* noch viel weniger halten als *daß*. Auch die gelegentliche final-konsekutive Ambiguität scheint die Autoren nicht zu stören: *Laut sang er, daß* ('so daß'? 'damit'? beides?) *er die Angst nicht mehr hörte* (W. Borchert, nach Flämig ebd., 18). Finale und konsekutive *daß*-Sätze können sogar koordiniert werden: *ich* […] *mach Feuer an, daß* ('so daß') *das Wasser über und über kocht* […] *und* ('damit') *er seinen Kaffee hat* (Goethe, nach ebd.).

Systemfunktional gesehen paßt jedoch der stärkere Rückgang von *auf daß* zum oben entworfenen Bild im Sinne von Kriterium (2).

Die zunehmende Marginalisierung von *auf daß* und *daß* erfolgt durch gattungsspezifische Vertikalisierung der finalen Subjunktionen:

Die Subjunktion *auf daß* (Babenko ebd., 102–104) wurde schon im 16./17. Jh. zunehmend auf hohe Poesie, religiöse Lyrik und didaktische Prosa beschränkt. Bereits im „Simplicissimus" (2 Belege unter insgesamt 84 Finalsatz-Belegen) wird sie bewußt als Stilmittel – zur Nachahmung des Bibelstils – eingesetzt.

Finales *daß* (ebd., 100–102) war bereits im 16. Jh. typisch für poetische Werke. Die Einengung auf die Poesie verstärkt sich im 17. Jh. In der dichterischen Prosa im Zeitraum III übertrifft der *daß*-Satz mit 62% aller Finalsatz-Belege noch deutlich den (sonst längst überlegenen) *damit*-Satz, und auch in IV ist er mit 12% immer noch stark vertreten (Flämig ebd., 24).

(2) Der radikale Abbau des Konjunktivs in Finalsätzen erfolgt erst im 19./20. Jh.:

Im 16. und 17. Jh. dominiert eindeutig der Konjunktiv (99,3% bzw. 93%, Babenko ebd., 109). In III hat er noch 77%, in IV hingegen nur noch 21% (Flämig ebd., 25f.). Das starke Vordringen des Indikativs erfolgt erwartungsgemäß (s. 3.1.3.) vor allem auf Kosten des Konj. I. In *daß*-Sätzen hält sich der Konjunktiv (I wie II) sehr gut, der Indikativ, der jedoch schon in III weit überdurchschnittlich frequentiert war (55,9%), konnte nicht weiter vordringen (57,4%). Konservativ in III–IV ist die dichterische Prosa (45% bzw. 40% Konj.-I-Anteil), ganz radikal die volkstümliche Sachprosa, in der der Konj.-I-Anteil von 74% auf 0% gesunken ist (auch kein Konj. II). Unter den Verbklassen ist der Rückgang des Konj. I besonders drastisch bei den Modalverben.

Der Konjunktiv in III–IV ist kein Strukturmerkmal mehr des Finalsatzes (Flämig ebd., 19–21): Außer in der indirekten Rede wird der Konj. I zum Ausdruck einer Aufforderung verwendet, z. B. *Mache gute und tiefe Streu, damit es* [das Vieh] *sanft ruhe* (G. F. Seiler, 1791, ebd., 19). Der Konj. II erscheint ganz regulär als Ersatzkonj. oder als Irrealis. Wie zäh sich alte und längst unproduktive

Strukturmerkmale halten können, sieht man daran, daß mit präsentischem Hauptsatzprädikat kein Finalsatzprädikat im Konj. II belegt ist (Flämig ebd., 24). Dies ist als eine Resterscheinung der alten Consecutio (I und/oder II) zu werten.

(3) der Rückgang der Finalsätze zugunsten finaler Infinitivkonstruktionen ist für III−IV belegt:

Bereits in III überwiegen finale Infinitivkonstruktionen (65% aller Finalbelege) und die Tendenz dauert an (Flämig ebd., 21): 77% in IV. Besonders progressiv ist die wissenschaftliche Prosa, auffallend 'infinitivfeindlich' die allgemeinverständliche Sachprosa (ebd., 23; 28f.): 78% > 95% bzw. 42% > 58%. Nicht 'infinitivfeindlich', sondern konservativ ist die dichterische Prosa (ebd., 24): 75% in beiden Zeiträumen.

Bemerkenswert konstant ist die strukturelle Aufgabenverteilung zwischen Finalsatz und finaler Infinitivkonstruktion (ebd., 22; 28f.): In beiden Zeiträumen haben ca. 86% aller Finalkonstruktionen verschiedene Subjekte im Haupt- und Finalsatz.

Was das Verhältnis der beiden Infinitivkonstruktionen anbelangt, verdrängt *um + zu + Inf.* das nicht eindeutige *zu + Inf.* nahezu vollständig (ebd., 27−29). Überhaupt kein *zu + Inf.* ist in III in der amtlichen Sachprosa, in IV in der Presse belegt.

Von den inkonstanten Entwicklungstendenzen im Finalsatz soll nur auf eine hingewiesen werden:

Im Einklang mit der allgemeinen Analytisierungstendenz im Dt. entwickelt sich das Nebensatzprädikat *möchte + Inf.* im 17. Jh. zu einer Art analytischer Finalsatzverbform, die vor allem als Umschreibung für konjunktivisch schwach markierbare Verbformen eintrat (Babenko ebd., 110−115). Der Anteil der Modalverben an den Finalsatzfinita − vor allem von *mögen*, aber auch von *können* und *sollen* − nimmt zwischen I (21,2%) und II (49,2%) überhaupt signifikant zu (ebd., 110). Daß sich dieser Analytisierungsansatz nicht fortsetzte, geht mit Sicherheit auf den späteren Abbau des Konjunktivs zurück.

Veränderungen im Bereich der *Konzessivsätze* im Nhd. wurden von Emilia Baschewa (1983) nachgezeichnet.

Zum Konzessivbegriff Baschewas sei angemerkt, daß er im Lichte der präzisen semantischen Untersuchung von Lars Hermodsson (1978) bzw. im Lichte neuerer Grammatikalisierungsanalysen des konditional-konzessiven Bereichs (z. B. König/Auwera 1988) heterogen erscheint. Hermodsson, der den Terminus und Begriff 'konzessiv' heftig kritisiert (ebd., 61f.; 66−70), analysiert den *obwohl*-Typus als primär „inkausal", d. h. als das semantische Gegenteil des kausalen *weil*-Typus, und den *auch-wenn*-Typus als „inkonditional", d. h. als das se-

mantische Gegenteil des konditionalen *wenn*-Typus (s. insbesondere ebd., 61 und 71f.). König/Auwera (1988, 106f.) machen einen Unterschied zwischen Konzessiv (*obwohl*-Typus) und konzessivem Konditional (*auch-wenn*-Typus).

Baschewa vergleicht Texte aus Wissenschaft, Belletristik und Presse der Zeiträume 1770−1830 und nach 1900.

Folgende drei Tendenzen können registriert werden: (1) Eingeleitete Nebensätze nehmen absolut wie prozentual zu (s. Kriterien (5)−(6)); (2) Bedeutende Veränderungen im Bereich der Subjunktionen; (3) Uneingeleitete Nebensätze werden zunehmend in den Hauptsatz eingegliedert (s. Kriterium (4)).

Zuerst zu (1) (Baschewa 1983, 86f.):

Der Anteil eingeleiteter Konzessivsätze wächst von 82,4% auf 90,47% (gleiche Tendenz auch in der wissenschaftlich-technischen Literatur, s. Möslein 1974, 196). Unter den eingeleiteten Nebensätzen nehmen die subjunktional eingeleiteten stark (60,87% > 78,07%) zu (Kriterium (7)). Auffallend progressiv ist die Pressesprache mit kaum uneingeleiteten (5%) und einem überdurchschnittlichen Anteil von subjunktional eingeleiteten Nebensätzen (81%). Konservativ ist die Belletristik (10,66% bzw. 75,83%).

Die absolute Zunahme eingeleiteter Konzessivsätze könnte damit zusammenhängen, daß im konzessiven Bereich die ansonsten postnominal sehr variable NP den Nebensatz nicht 'entlastet'. Unter den semantisch motivierten Klassen des Präpositionalattributs sind in dem Korpus von Droop die Konzessiva die einzigen, die kein einziges Mal belegt sind (Droop 1977, 254f.).

(2) Im Subsystem der konzessiven Subjunktionen finden durchgreifende Veränderungen statt:

Die Zahl der belegten Subjunktionen reduziert sich von 23 auf 18 (− 7, + 2). Berücksichtigt man nur diejenigen, die mit mehr als 1% (ca. 10 Belege) vertreten sind, so verringert ihre Zahl sich von 15 auf 9 (Baschewa ebd., 88).

Dramatisch sind auch die Veränderungen in der 'Arbeitsteilung' der einzelnen Subjunktionen (ebd.): Um 1800 war *obgleich* die mit Abstand häufigste Subjunktion (36,03%) gefolgt von *wenn auch* (16,54%) und *wiewohl* (7,99%). Relativ bedeutend − von ca. 8 bis 3% − waren noch (in dieser Reihenfolge) *wenngleich, obschon, obwohl, ungeachtet, unerachtet* und *obzwar*. Ab 1900 ist die mit Abstand häufigste konzessive Subjunktion *obwohl* (38,15%), die um 1800 mit nur 5,05% die 6. Stelle belegte, gefolgt von *wenn auch* (21,26%), *auch wenn* (10,08%) und *obgleich* (8,62%). Relativ bedeutend − von ca. 6 bis 3% − sind noch (in dieser Reihenfolge) (*gleich/egal* usw. +) *ob + oder, selbst wenn, wenngleich* und *obschon*. Das in den Gegenwartsgrammatiken gelegentlich angeführte *trotz-*

dem (= *trotzdém*) ist nur elfmal (0,94%) belegt, davon neunmal bei Franz Kafka (ebd., 92).

Eine Tendenz zum Veralten zeigen *obschon*, *obzwar*, *ob* [...] *auch*, *wiewohl* (ebd., 91); *obschon* ist nur noch in der Schweiz produktiv.

Fünf der quantitativen Veränderungen sind als zugleich qualitativ zu werten:

Die 'Umkehrung' der Relevanz von *obgleich* und *obwohl*; der Schwund der um 1800 noch relativ bedeutenden *ungeachtet* und *unerachtet* (heute kommt nur noch − sehr selten − *ungeachtet*, *daß* vor, ebd., 88); das Absinken des drittplazierten *wiewohl* in die Bedeutungslosigkeit (0,85%, Platz 11) bzw. das starke Vordringen von *ob + oder* (0,99%, Platz 16 > 6,23%, Platz 5) und *selbst wenn* (1,09%, Platz 15 > 3,5%, Platz 6).

Auffallend ist das Vordringen derjenigen Subjunktionen, die − bedingt durch ihren konzessiv-konditionalen oder konzessiv-konditional-disjunktiven (*ob + oder*) Mischcharakter − eine definitivere, kategorischere Formulierung der Irrelevanz des im Nebensatz ausgedrückten Sachverhalts erlauben (*wenn auch*, *auch wenn*, *ob + oder*, *selbst wenn*).

Die Grammatikalisierung der Subjunktionen der *ob*-Gruppe findet erst im 19./20. Jh. statt (s. Kriterium (8)):

Im 18. Jh. überwiegt noch die Distanzstellung (Baschewa ebd., 92), d. h. die Subjunktion *ob* und die Partikeln *wohl*, *zwar*, *schon* und *gleich* erscheinen meist getrennt, z. B. [...] *ob sie sich gleich davon in der Ausführung gar sehr entfernet* (Kant). Die Grammatikalisierung der neuen Subjunktionen erfolgt (a) durch zunehmende Zusammenrückung von Subjunktion und Partikel und (b) durch Festlegung des Akzents der neuen Subjunktion auf die Zweitsilbe. In der 'halbgrammatikalisierten' Übergangszeit nach der Zusammenrückung und vor der Akzentfestlegung waren Erst- und Zweitgliedbetonung gleichermaßen möglich. Schrodt (1992a, 270f.) konnte die Akzentvarianten *óbgleich/obgléich* noch bei Goethe nachweisen.

Die drei (ehemaligen und/oder jetzigen) konditionalen Subjunktionen *ob*, *wenn* und *falls* zeigen große Produktivitätsunterschiede im konzessiven Bereich:

Obgleich/-schon/-wohl/-zwar bzw. *ob* [...] *auch* und *ob + oder*; *wenngleich/-schon/-zwar*, *selbst (dann) wenn*, *wenn auch/auch wenn*, *und wenn*, *wenn + mehrere Partikeln* (z. B. *wenn* [...] *auch gleich*) und *wenn*; *falls* [...] *auch* (insgesamt einmal − um 1800 − belegt, Baschewa ebd., 88).

Einerseits ist also keine Subjunktion *wennwohl* belegt. Auch *wennzwar*, das nur einmal − in Hegels Ästhetik − belegt ist, konnte sich nicht zu einer produktiven Subjunktion entwickeln (ebd., 89).

Andererseits ist es unklar, warum *falls* im konzessiven Bereich vollkommen unproduktiv war/ist. Zum Teil könnte dies damit zusammenhängen, daß

es eine Tendenz zur formalen Vereinheitlichung des Kernbestandes gibt (ebd., 90): Alle Kern-Subjunktionen (die neun häufigsten) gehören ab 1900 zur *ob*- oder zur *wenn*-Gruppe, während um 1800 auch *wiewohl*, *ungeachtet* und *unerachtet* zum Kernbereich gehören.

(3) Im Bereich der uneingeleiteten Konzessivsätze gibt es ebenfalls große Veränderungen (ebd., 98−102):

Auch hier reduziert sich die Anzahl der Formen (6 > 4). Die wichtigste Veränderung ist jedoch das nahezu totale 'Umkippen' der Stellung des Finitums: um 1800 mehr als 50% Zweitstellung, ab 1900 fast nur noch Erststellung (93,71%). Während um 1800 *mögen* + Zweitstellung dominierte (32,2%), überwiegt ab 1900 *mögen* + Erststellung (42,66%). *Mögen* + Zweitstellung rutschte an die letzte Stelle ab (6,29%). Bemerkenswert ist auch das Vordringen der Erststellung mit Konj. I (9,84%, Platz 4 > 32,87%, Platz 2). Z. B. sind um 1800 sowohl *es sei*, *daß* bzw. *es koste*, *was es wolle* als auch *sei es*, *daß* bzw. *koste es*, *was es wolle* belegt, während ab 1900 nur noch *sei es*, *daß* bzw. *koste es*, *was es wolle* vorkommen.

Die Verstärkung des subordinativen Charakters der uneingeleiteten Konzessivsätze ist nicht nur durch die Reduzierung der Anzahl der finiten Stellungsvarianten bzw. die weitgehende Eliminierung der Zweitstellung im Nebensatz erfolgt, sondern auch durch die zunehmende formale Distanzierung des konzessiven vom interrogativen und konditionalen Bereich: Sowohl Indikativ als auch Konjunktiv II gingen als Konzessivsignale stark zurück (ebd., 100; 102).

Nhd. Veränderungen im Bereich der *sonstigen Adverbialsätze* sind bei weitem nicht so gut erforscht wie im Bereich der Final- und Konzessivsätze.

Historisch am besten erforscht ist der Kausalsatz. Hier konzentriert sich die Forschung jedoch einerseits aufs Mhd./Frnhd., um die Ablösung des mhd. Systems mit parataktischem und hypotaktischem *wan(de)* (Niedergang zwischen Mitte 15. und Mitte 16. Jhs., Arndt 1959, 389; 415) durch das als redundant eingeschätzte nhd. System mit *denn/weil* (und später *da*) zu erklären. Andererseits gilt das Interesse der sich im heutigen Deutsch abzeichnenden sprechsprachlichen 'Rückkehr' zum mhd. System mit nunmehr parataktischem und hypotaktischem *weil* (Eroms 1980, 115). Ausgerechnet beim Nhd. vom 17. Jh. bis heute, dessen Untersuchung den Prozeß dieser 'Rückkehr', die eventuell gar keine ist (Sandig 1973, 42), beleuchten könnte, tappt man jedoch empirisch noch gänzlich im dunkeln. Wenn es tatsächlich, wie von Rudi Keller (1993, 7ff.) angenommen, einen Bedeutungswandel des *weil* gegeben haben sollte, mußte er sich in erster Linie in unserer Periode abgespielt haben. Auf jeden Fall muß das parataktische *weil* wesentlich älter sein als das Forschungsinteresse an ihm, denn die funktionalen Unterschiede zwischen parataktischem und hypotaktischem *weil* scheinen im heutigen Dt. schon recht ausgeprägt zu sein (s. etwa Günthner 1993; Wegener 1993). Das schwerwiegende methodische Problem ist hier jedoch − wie in 3.4.2. erwähnt − das historische 'Einfangen' von sprechsprachlichen Belegen.

Ein typischer Herausbildungspfad bei Kausalsätzen ist die Uminterpretation temporaler Verhältnisse durch alltagslogische Trugschlüsse. Die Grammatikalisierung der kausalen Verwendung erfolgt dabei via Konventionalisierung konversationeller Implikaturen (Traugott/König 1991, 194−199). Folglich ist immer mit Übergangstypen von *temporal-kausalen Adverbialsätzen* bzw. mit *temporal-kausaler Polysemie mancher Konnektoren* zu rechnen:

− Temporal-kausale Adverbialsätze:
Vorzeitigkeit + Kausalität mit *weil* (Arndt 1959, 403): *Und bedachte anbey wie ich etwan mein Sach anstellen möchte, weil* ('nachdem + weil') *ich nun mehr auch […] viel Geld und Freund bekommen hatte* (Grimmelshausen, Continuatio).
Gleichzeitigkeit + Kausalität (+ Adversativität) mit *weil* (Arndt ebd., 404): *wie kann ich etwas gewisses sagen, weil* ('wo + während + weil') *ich selbst noch im zweifel stecke?* (Schauspiel vom Juden in Venetien, 17. Jh.).
− Temporal-kausale Polysemie der Konnektoren:
Temporales *weil* ist noch aus der Zeit um 1800 bekannt (Arndt 1959, 397): *Freut euch des Lebens, weil* ('solange') *noch das Lämpchen glüht* (Usteris Lied, 1793). Bei Lessing, Wieland und Goethe ist *dieweil/weil* auch im Sinne von 'während' belegt (Schieb 1974, 101).
Kausales *seit* verschwindet im 17. Jh. und wird von *da* abgelöst (Eroms 1980, 92). Dieser Prozeß würde eine nähere Untersuchung verdienen, da es sich hier um eine Art 'Retemporalisierung' einer bereits temporal-kausal polysemen Subjunktion handelt.
Die Subjunktion *da* ist am Anfang des Nhd. noch polysem. Einerseits breitet sich die seit dem Mhd. vereinzelt belegte kausale Verwendung um die Wende zum 18. Jh. aus (Arndt 1959, 388). (*Da* löst übrigens nicht nur *seit*, sondern auch *weil* in der Bedeutung 'da, weil ja/doch/bekanntlich' ab. *Weil* wird in dieser Bedeutung nämlich nur bis Anfang des 18. Jhs. gebraucht (Arndt ebd.).) Andererseits wird *da* noch von Goethe und Schiller für den Ausdruck der Gleichzeitigkeit verwendet (Schieb ebd.).
Die formale Scheidung zwischen Temporaladverb *dann* und kausaler Konjunktion *denn* erfolgt in der Schriftsprache erst im 18. Jh. (Dal 1962, 209).
Die temporale Subjunktion *nachdem* wird nach Eroms (1980, 81 f.) schon lange auch kausal benutzt, ist aber als kausale Subjunktion nicht allgemein anerkannt.

Die Herausbildung neuer *temporaler Konnektoren* scheint zum Teil mit der Grammatikalisierung kausaler Konnektoren in Verbindung zu stehen:

Modernes *während* (Gleichzeitigkeit) kommt erst im 18. Jh. auf (Schieb 1974, 102). Es tritt zuerst als *während (dessen/dem) daß* auf und wird allmählich alleine zur Subjunktion (Dal 1962, 216). Konkurrenten von *während* im 18. Jh. waren *unterdes(sen) (daß)* und *indes(sen) (daß)*, die zeitweilig ebenfalls als temporale Subjunktionen zum Ausdruck der Gleichzeitigkeit gebraucht wurden (Dal ebd., 195). Die untergehende temporale Subjunktion *da* wird erst im Nhd. durch *als* ersetzt (Dal ebd., 208).

Sonstige 'Bewegungen' im temporalen Bereich haben bisher keine derartige systemfunktionale Deutung erfahren:

Die Subjunktion *unz* ('bis' bzw. 'solange') wird mit der Herausbildung der Literatursprache aufgegeben und kommt heute nur noch in „Randmundarten" vor (Schieb 1974, 103). Sie scheint also ein Fall für die Vertikalisierung grammatischer Formen zu sein.
Bevor (Nachzeitigkeit) ist „kaum älter" als *während* (Schieb ebd., 104).

Während im temporal-kausalen Bereich trotz fehlender 'mikrosyntaktischer' Untersuchungen immerhin bestimmte Veränderungen registriert werden können, scheint der Sprachwandel im *konditionalen Bereich* 'makrosyntaktisch' gesehen im Nhd. praktisch zum Stillstand gekommen zu sein:

Obwohl die Ablösung von konditionalem *ob* durch *wenn* ins 15. Jh. zurückreicht (Schieb 1974, 105), kommt konditionales *ob* noch bei den Klassikern vor (Dal 1962, 214): *was wäre es, ob ich erst bei dem dritten oder bei dem vierten abgebrochen hätte* (Lessing).
Eine formale Scheidung zwischen Temporaladverb *wann* und (temporal-)konditionaler Subjunktion *wenn* wird erst zu Beginn des 19. Jhs. vorgenommen (Schieb ebd., 104).

'Mikrosyntaktisch' könnte jedoch die Hypothese eines rezeptionsgesteuerten Wandels aufgestellt werden (s. die Kriterien (5) und (6) in 3.4.2.):

In der wissenschaftlich-technischen Literatur geht der prozentuale Anteil der eingeleiteten Konditionalsätze zwischen 1800 und 1960 stark zurück, während bei den sonstigen Adverbialsätzen die Tendenz gegenläufig ist (Möslein 1974, 196). Sollten diese beiden Trends funktionalstilistisch unmarkiert sein, könnte eine strukturelle Tendenz zu einer immer eindeutigeren Signalfunktion der Nichteinleitung angenommen werden: Wird ein potentieller Rezipient mit einem Nebensatz in Voranstellung mit Erststellung des Fin. konfrontiert, kann er mit hoher − und immer höherer − Wahrscheinlichkeit schlußfolgern, daß es sich um einen Konditionalsatz handelt.

Zum Schluß soll noch auf einige *adverbiale Konnektoren*, die im älteren Nhd. *teils anders als heute* gebraucht wurden, und auf Entwicklungen bei synonymischen *Infinitivkonnektoren* hingewiesen werden:

− Der *ohne daß*-Satz (Dal 1962, 194) bezeichnete früher eine Ausnahme ('nur daß'), erst seit dem 18. Jh. nimmt die Subjunktion die heutige Bedeutung an. Früher wurde die Bedeutung 'ohne daß' durch einen negierten *daß*-Satz ausgedrückt. Noch bei Schiller heißt es: *nie setz' ich meinen Fuß auf diese Schwelle, daß nicht* ('ohne daß') *mein Herz zerrissen wird von Qualen.*
   Der Infinitivkonnektor *ohne* (+ *zu* +Inf.), das seit dem 16. Jh. belegt ist, wird erst im 18. Jh. häufig (Ebert 1978, 32).
− Der *an(statt) (daß)*-Satz (Dal 1962, 194) konnte im 18. Jh. noch adversativ gebraucht werden: *sie stellten sich in eine Reihe, anstatt daß* ('während') *jene vereinzelt blieben* (Goethe). Im formalen Unterschied zu heute konnte die Subjunktion auch ohne *daß* stehen: *so will in Scherz ich mich ergehn, in Possen, anstatt ich jetzt mich bloß an Tränen labe* (Platen).
   Der Infinitivkonnektor *(an)statt* (+ *zu* +Inf.) ist eine späte Nachbildung von *um* (+ *zu* + Inf.), zuerst belegt im Jahre 1687 bei Thomasius (Ebert ebd.).
− Konsekutives *daß* ('so daß') wird von den Klassikern noch reichlich verwendet (Dal 1962, 196): *Der Advokat zitterte, daß ihm die Zähne klapperten* (Schiller).
   Der konsekutive Infinitivkonnektor *um* (+ *zu* + Inf.) ist erst seit dem 18. Jh. belegt (Ebert ebd.).

3.4.4. Die wichtigsten epochentypischen Gebilde vor allem des 17. Jhs. sind die sog. *afiniten Konstruktionen*. Das sind eingeleitete Nebensätze ohne Finitum (insbesondere ohne die Hilfsverben *haben* oder *sein*), z. B. *weil das Gedräng beides von Laufenden und Reutenden ziemlich dick worden* (Simplicissimus, nach Behaghel 1928, 487).

Die afiniten Konstruktionen, die bereits im frühen 16. Jh. auf die nichtkanzleimäßigen Texte übergreifen, werden im 17. und in der ersten Hälfte des 18. Jhs. nahezu in allen Textgattungen massenhaft gebraucht (Behaghel 1928, 486−492; Semenjuk 1981, 111; Ebert 1993, 442). Nach Härd (1981, 88) ist die Auslassung von *sein*/*haben* vor 1575 sehr selten, um 1600 je nach Nebensatzprädikatstyp 57% (*seynd gemacht worden*) bzw. 32% (*haben wünschen können*), um 1700 bereits 67% bzw. 50% (*sein war schon immer häufiger weggelassen als haben*). In der zweiten Hälfte des 18. Jhs. − in den moralischen und literarischen Zeitschriften bereits in der ersten Hälfte − nimmt der Gebrauch der afiniten

Konstruktionen stark ab (Admoni 1985, 1544; ders. 1990, 214; Semenjuk 1972, 135−137). Zwar sind sie auch noch aus dem 19. Jh. bekannt (z. B. bei Heine und E. T. A. Hoffmann), doch ist ihre Blütezeit längst vorüber. Am Ende des 19. Jhs. kommen sie gänzlich außer Gebrauch (Härd ebd., 127; 150).

Die Weglassung des Fin. unterlag offensichtlich bestimmten strukturellen Gesetzmäßigkeiten (Härd ebd., 88; Ebert 1986, 133): Beim Irrealis ist die Weglassung untypisch, typisch ist nur die Auslassung eines potentiell indikativischen Finitums. Weggelassen wird meist nur bei vollständiger Adjunktklammer. Oft dient die Weglassung dazu, den Zusammenstoß zweier wortgleicher Hilfsverben an der Grenze von Nebensatz und nachgestelltem Hauptsatz zu verhindern (Ebert ebd.).

Während die Entstehung der afiniten Konstruktionen umstritten ist (Ebert 1986, 134), wird ihr Rückgang mit der Grammatikalisierung der Adjunktklammer erklärt (s. aber 4.1.). Diese kann nämlich nur bei Wiederherstellung des Fin. (mit Nachstellung) zur Geltung kommen (Härd ebd., 127). Nach Härd (ebd.) ist die Abschaffung der afiniten Konstruktionen im 18. Jh. zu einem kleinen Teil auch der Aktivität der Grammatiker (vor allem der von Gottsched) zu verdanken, die diese „Unart" (Gottsched) gegeißelt hatten.

Andere epochentypische Gebilde ebenfalls vor allem des 17. Jhs. sind die sog. *unpräzisen Konstruktionen*. Darunter sind einerseits 'Satzkomplexe' ohne Hauptsatz, andererseits Satzgefüge mit mehreren durch semantisch mehrdeutige Subjunktionen eingeleiteten Nebensätzen zu verstehen.

Unpräzise Konstruktionen sind im 17. und zu Beginn des 18. Jhs. sehr verbreitet, zu Beginn des 19. Jhs. verschwinden sie fast vollständig (Admoni 1985, 1539f.; 1544). Länger bestehen bleibt der hauptsatzlose Typ. Der andere Typ schwindet nämlich bereits um 1700 (Admoni 1980, 339).

Keine epochentypischen, jedoch (sprachhistorisch) unverdient vernachlässigte Konstruktionen sind die diversen Typen von *Satzverschränkungen* (Behaghel 1928, 547−552; Andersson/Kvam 1984, 104−107), wie z. B. *die Erklärung, die du willst, daß ich geben soll* (Schiller), *den muß ich schaun, daß ich find* (Nestroy) (nach Behaghel ebd., 548f.).

Satzverschränkungen sind aus der Sicht der Erforschung der nhd. Syntax u. a. interessant, weil sie − nach Andersson/Kvam (ebd.) − in der Schriftsprache seit der Mitte des 19. Jhs. selten werden, ohne daß hier der Einfluß einer logisierenden Sprachpflege nachweisbar wäre. Bei den Klassikern (z. B. bei Lessing) kommen Satzverschränkungen noch häufig vor.

4. NP und Satz in struktureller und funktionaler Interdependenz

Im Einklang mit der modernen Grammatik-forschung wurde im vorliegenden Beitrag von zwei Hauptgebieten der Syntaxforschung ausgegangen: der NP-Syntax und der Satz-syntax. Diese stellen die strukturellen Domä-nen der zwei Hauptwortarten − des Substan-tivs und des Verbs − dar. Die Annahme von zwei Hauptgebieten führt unter sprachwan-deltheoretischem Gesichtspunkt zu der Frage, ob sich NP und Satz voneinander ab-hängig oder unabhängig wandeln. Diese Frage kann mit ziemlicher Sicherheit dahin-gehend beantwortet werden, daß sie auf wei-ten Strecken strukturell und/oder funktional interdependent sind. Dafür sprechen sowohl grammatiktheoretische als auch sprachhisto-rische wie auch sprachtypologische Überle-gungen (Ágel 1993 a und 1996).

'Interdependenter Sprachwandel' ist aber noch ein sehr vager Begriff, da man sich viele Typen von gegenseitigen Abhängigkeiten − und natürlich nicht nur zwischen NP und Satz − vorstellen kann. Außerdem brauchen weder strukturelle Interdependenzen funk-tionale noch funktionale Interdependenzen strukturelle zu implizieren oder zu induzie-ren. Von den zahlreichen empirisch motivier-baren und/oder logisch möglichen Typen von Interdependenzen möchte ich im folgenden lediglich zwei, die m. E. in der Geschichte des Dt. besonders ausgeprägt sind, ins Auge fas-sen: den Parallelwandel und den Komple-mentärwandel.

Von einem *Parallelwandel zwischen NP und Satz* soll gesprochen werden, wenn sich strukturelle Gemeinsamkeiten in der Do-mäne des Verbs und des Substantivs etwa gleichzeitig herausbilden und grammatikali-sieren.

Ein gutes Beispiel ist die parallele Herausbildung der Kern-Begleiter-Struktur beim Verb und beim Substantiv im Ahd. und deren Grammatikalisie-rung im weiteren Verlauf der dt. Sprachgeschichte (Sonderegger 1979, 264−268; Wolf 1981, 86ff.; 97f.). Mit Recht nimmt daher Klaus-Peter Lange (1981) an, daß bestimmter Artikel und Subjektpro-nomen kombinatorische Varianten derselben Wort-art sind (zur 'Entfaltung' dieser These s. Ágel 1996, 46−48).

Den Parallelwandel betrachte ich als einen strukturell motivierbaren Typ des interdependen-ten Sprachwandels, was keinesfalls ausschließt, daß er u. U. auch funktional motivierbar ist und/oder funktionale Parallelen induziert.

Von einem *Komplementärwandel zwischen NP und Satz* soll gesprochen werden, wenn es eine spezifische dynamische Interdependenz zwischen der Domäne des Verbs und der des Substantivs gibt ('dynamische Interdepen-denz' im Sinne von Coseriu 1974). Die Spezi-fik besteht − grob gesagt − darin, daß mit dem Abbau/Ausbau von Kategorien, Struk-turen oder Funktionen in der einen Domäne der Abbau/Ausbau von denselben/anderen Kategorien, Strukturen oder Funktionen in der anderen einhergeht.

Ein empirisch recht kompliziertes, aber methodolo-gisch anschauliches Beispiel ist der Wandel des Ver-hältnisses Nominativ/Genitiv. Der Nominativ ent-wickelte sich zur kategorialen Rektion des Verbs, d. h. die Kasusform subklassifiziert im heutigen Dt. − wenn man von den wenigen Ausnahmen wie *mich friert* absieht − die Verben nicht mehr. Kom-plementär dazu entwickelte sich der Genitiv zur kategorialen Rektion des Substantivs, d. h., jedes nhd. Substantiv hat eine strukturelle Leerstelle für ein Genitivattribut. Kompliziert ist der Fall vor allem deshalb, weil hier sowohl der Ausbau der Realisierung der Nominativkategorie (s. die Gene-ralisierung der Subjektskodierung in 3.2.2.) als auch der Abbau der Realisierung der Genitivkate-gorie (s. 3.2.1.) scheinbar nur die Domäne des Verbs betreffen. In Wirklichkeit ist aber der Abbau der Genitivvalenz im verbalen Bereich der sozusa-gen negative Ausbau der kategorialen Genitivrek-tion des Substantivs: Die Verdrängung von Geni-tivobjekten bedeutet, daß der Genitiv zu einem NP-Signal avanciert (s. z. B. Van der Elst 1984, 329; Admoni 1985, 1546). Gefördert wird dieser 'negative' Ausbauprozeß positiv dadurch, daß in der nhd. Schriftsprache eher von einer Zunahme als von einem Rückgang des adnominalen Genitivs auszugehen ist (Anttila 1983, 99). Die Herausbil-dung von je einer kategorialen Rektion im verbalen und nominalen Bereich könnte somit − ähnlich der tendenziellen Herausbildung einer komplementä-ren Verteilung von eingeleiteten und uneingeleite-ten Nebensätzen (s. 3.4.3.) − als rezeptionsge-steuert angesehen werden. Nominativ und Genitiv sind im heutigen Dt. relativ eindeutige Orientie-rungskategorien, die dem Rezipienten die jeweilige Domäne der Strukturbildung signalisieren.

Den Komplementärwandel betrachte ich als ei-nen funktional motivierbaren Typ des interde-pendenten Sprachwandels, was keinesfalls aus-schließt, daß er u. U. auch strukturell motivierbar ist und/oder strukturelle Konsequenzen, ja Paralle-len induziert. Z. B. sind Nominativ und Genitiv strukturell parallel in dem Sinne, daß sie beide der Realisierung der domäneneigenen Subjektfunktion dienen: *Der Hund bellt > das Bellen des Hundes; Die Stadt wird befreit > die Befreiung der Stadt.* (Letzterer Typ wird irrtümlicherweise *Genitivus obiectivus* genannt. Korrekt wäre entweder eine strukturell motivierbare Bezeichnung wie *Genitivus subiectivus passivi* oder eine semantisch motivier-bare wie *Genitivus patientis*.)

Angesichts der Komplexität eines jeden Sprachwandels ist mit 'schwächeren' und 'stärkeren' Parallelen und Komplementaritäten zu rechnen. Hinzu kommt, daß angesichts der Komplexität des Begriffs des Sprachwandels mit Parallelen und Komplementaritäten auf diversen Abstraktionsebenen zu rechnen ist: Wandel des Typus, des Systems und der Norm (in Coserius Begrifflichkeit). Im folgenden soll auf eine 'starke' Parallele, die möglicherweise sogar den Typus betrifft, und auf eine 'starke' Komplementarität, die die Norm betrifft, die aber − über einen Normwandel − zur Vertikalisierung von Systemen führt, eingegangen werden.

4.1. Parallelwandel: Klammerstrukturen

Die Herausbildung und Grammatikalisierung der Nominalklammer (2.1. und 2.2.) und der Satzklammer (3.3.1.), die Entwicklung des Dt. zu einer Klammersprache, wirft die Frage nach einer umfassenden Interpretation der Klammerstrukturen auf.

Als entscheidend wird dabei gar nicht die Frage angesehen, ob es einen Parallelwandel in NP und Satz gibt, denn dieser gilt für so gut wie sicher (s. etwa Weber 1971, 130−135). Trotzdem soll der methodologische Aspekt dieses Problems gleich noch angeschnitten werden. Für entscheidend wird vielmehr die Frage gehalten, wie dieser im Spannungsfeld von Sprechsprache, Schreibdialekten, Schriftsprache und Standardsprache stehende Parallelwandel zu interpretieren ist.

Um von Klammerstrukturen sowohl in der Domäne des Verbs wie auch in der des Substantivs bzw. von einem Parallelwandel beider Domänen überhaupt sprechen zu können, müssen die nominalen und verbalen Klammerstrukturen analog strukturiert sein. Das methodologische A und O der analogen Strukturierung ist der analoge Aufbau der klammerstiftenden Elemente.

Gottfried Kolde unterscheidet zwischen morphologischem Rahmen, dessen linkes und rechtes Element einen Kongruenzbereich abstecken, und syntaktischem (= topologischem) Rahmen, dessen Klammerelemente eine Konstituente bilden (Kolde 1985, 257ff.). Im Sinne dieser Unterscheidung ist die Nominalklammer mit Determinans links und Kernsubstantiv rechts ein morphologischer Rahmen, die Verbalklammer (hier: Grammatikalklammer) mit Finitum links und infinitem Prädikatsteil rechts ein syntaktischer Rahmen. Die Adjunktklammer mit Subjunktion/Relativum/w-Wort links und Prädikatskomplex rechts ist weder ein morphologischer noch ein syntaktischer Rahmen. Die den analogen Aufbau implizierende Redeweise von Klammerstrukturen erweist sich somit im Lichte

der präzisen Begriffserklärung Koldes als ein terminologischer Trick. Folglich ist es solange methodologisch unzulässig, von Parallelen und Parallelwandel in NP und Satz zu sprechen, als die herkömmliche Auffassung über Klammerstrukturen besteht.

Da die Verbalklammer zweifelsohne einen syntaktischen Rahmen darstellt, könnte von einem analogen Aufbau der klammerstiftenden Elemente in der Domäne des Verbs und des Substantivs nur gesprochen werden, wenn sich nachweisen läßt, daß die Nominalklammer ebenfalls einen syntaktischen Rahmen darstellt.

Die Nominalklammer stellt einen syntaktischen Rahmen dar, wenn im Rahmen einer NP-Theorie dafür argumentiert werden kann, daß die pronominalen Flexive, die an Adjektiven, Determinantien, in Verschmelzungen oder selbständig (*s' Fenster*) erscheinen, alle *analytische Substantivflexive* sind. Eine solche Theorie liegt mit dem Konzept des finiten Substantivs (Ágel 1993a und 1996) vor. Im Sinne dieses Konzepts gibt es in der NP tatsächlich einen syntaktischen Rahmen, der durch die beiden Teile der diskontinuierlich realisierten (= analytischen) Substantivform gebildet wird, z. B. *d[ie] drei genannten analytischen [Aspekte]* (Ágel 1996, 31f.).

Wie erwähnt stellt die Adjunktklammer weder einen morphologischen noch einen syntaktischen Rahmen dar. Überhaupt öffnet die Ansicht, die Wortstellung im Nebensatz sei im Rahmen des Klammerprinzips zu erklären, jedweder methodologischen Willkür Tür und Tor.

Wenn nämlich Subjunktion/Relativum/w-Wort und Prädikat Klammerteile seien, dann könnten im Prinzip beliebige Konstituentenpaare, die regelhaft andere Konstituenten umschließen, für Klammerteile erklärt werden. Z. B. umschließen Subjekt und Akkusativobjekt im Aussagehauptsatz regelhaft die synthetische Verbform (*[Klaus] macht [die Aufgabe]*) oder Subjekt und infiniter Prädikatsteil regelhaft das Finitum und die restlichen Konstituenten (*[Klaus] hat die Aufgabe [gemacht]*). Im NP-Nachfeld könnte z. B. der Agensanschluß für einen rechten Klammerteil erklärt werden (*[die Befreiung] der Stadt [durch die Truppen]*), in der Präpositionalphrase die Präposition für einen linken Klammerteil (*[für] diese atemberaubende [Elise]*) usw.

Aus sprachhistorischer Sicht ist zu bedenken, daß „sich die zwei Unterarten der Satzklammer nicht ganz gleich entwickelt haben [...]" (Ebert 1986, 105). „Der vollständige Rahmen im Hauptsatz scheint auf allen Etappen des Nhd. weniger folgerichtig durchgeführt zu sein als die Endstellung des Verbs im Nebensatz [...]" (ebd., 112).

Ich meine daher, daß es methodologisch nicht gerechtfertigt ist, die Wortstellung im Nebensatz im Rahmen des Klammerprinzips zu deuten. Die Parallelen zwischen der Grammatikalisierung von (S)OV und der Herausbildung und Grammatikalisierung der Verbalklammer müssen anders erklärt werden (s. hierzu das Ende dieses Abschnitts).

Recht behalten hatte m. E. die ältere Forschung, die das Problem der Endstellung des Finitums im Nebensatz von dem der Endstellung des infiniten Prädikatsteils im Hauptsatz konsequent trennte (ohne die offensichtlichen Zusammenhänge zu leugnen).

Eine überzeugende Theorie der parallelen Grammatikalisierung von Nominal- und Verbalklammer liegt mit Eichinger 1995 vor.

Eichinger (ebd., 304) unterscheidet terminologisch zwischen Distanzstellung und Klammerung. Unter Klammern versteht er Konstruktionen „mit einem spezifisch strukturierten 'Inhalt'" zwischen den beiden Randteilen. M. a. W., Klammerteile umschließen kein ungeordnetes Aggregat von Elementen, sondern ein Mittelfeld, dessen Kriterium eine spezifische Anordnung seiner Elemente ist. Unter Distanzstellung versteht er hingegen lediglich die Entfernung zweier grammatisch zusammengehörender Teile voneinander. Im Rahmen dieser terminologischen Unterscheidung findet im Frnhd. und im frühen Nhd. die Grammatikalisierung der Distanzstellung statt, die „aus externen Gründen" (ebd.) erst zu Beginn des 18. Jhs. in die Herausbildung der Klammerung mündet.

Die Distanzstellung im Hauptsatz wird bekanntlich erst durch die Herausbildung analytischer Verbformen möglich. Die Distanzstellung in der NP wird im Sinne des oben Gesagten durch die Herausbildung analytischer Substantivformen möglich. Ich habe dafür argumentiert (Ágel 1996, 31), daß die Uminterpretation der pronominalen Flexive zu analytischen Substantivflexiven im frühen Frnhd. erfolgte. Daß Eichinger von der herkömmlichen Auffassung der Nominalklammer ausgeht, tangiert jedoch seine Argumentation nicht: Das Konzept des finiten Substantivs und seine Theorie sind kompatibel.

Eichinger erklärt den Wechsel von der Distanzstellung zur Klammerung „mit den grundsätzlich gewandelten kommunikativen Ansprüchen einer veränderten Öffentlichkeit" (Eichinger 1995, 312).

Vorbereitet wird dieser Wechsel durch die Entstehung strukturell begründeter Rezeptionsprobleme in Texten des öffentlichen Verkehrs:

Im 17. Jh., wo das Prinzip der Distanzstellung sowohl in der NP als auch im Hauptsatz bereits weitestgehend durchgeführt ist, herrsche immer noch ein eher anreihender Strukturtyp vor (ebd., 313–315). Anreihung ist ein Strukturprinzip, das ursprünglich für die konzeptionelle Mündlichkeit charakteristisch war. Ihre Übertragung in die mediale Schriftlichkeit in der Kanzleisprache führt zur Interferenz mit der immer mehr überdehnten und im 17. Jh. schon grammatikalisierten Distanzstellung (ebd., 315–317). Die späteren Klammerteile stehen also schon, noch wird aber keine „grammatikalisierte Rücksicht auf die Dehnbarkeit" (ebd., 311) der diskontinuierlich realisierten Konstituenten genommen. Die Mischung aus zwei alten sprechsprachlichen Strukturprinzipien führt also im Medium der Schrift nahezu unvermeidlich „zu ziemlich schwerverständlichen Konstruktionen (ebd., 315).

Diese Rezeptionsprobleme stellen – paradox formuliert – solange kein Problem dar, als „das in den entsprechenden Schriften vermittelte Wissen von öffentlichen Dingen Herrschafts- und Spezialistenwissen ist" (ebd., 317).

Genau in diesem Sinne ist auch die in 2.2. bereits zitierte Maxime „Je komplizierter, desto höher im sozialen Rang" (Lötscher 1990, 23) zu verstehen.

Die beschriebene Strukturmischung ist also zwar schon im 17. Jh. stilistisch markiert, aber als fach-, ja geradezu sondersprachliches Merkmal hätte sie sich im Prinzip bis heute halten können. Warum kam es dann trotzdem zur Herausbildung der Klammerung?

Unter den „grundsätzlich gewandelten kommunikativen Ansprüchen einer veränderten Öffentlichkeit" versteht Eichinger, daß infolge der Demokratisierung des öffentlichen Lebens das markierte Strukturprinzip der Kanzleisprache durch einen neuen Schub konzeptioneller Mündlichkeit repariert wird:

Die „bürgerliche Bildungs- und Funktionalelite, die den Staat organisatorisch tragen muß, (wird) nicht nur größer, sondern auch mächtiger. Mächtiger wird sie, wo sie sich unmittelbar aus Nützlichkeit rechtfertigen kann" (Eichinger ebd., 317). In dieser Situation – vorbereitet durch Entwicklungen in England und Frankreich – komme das Ideal der Deutlichkeit (Reichmann 1992, 448–459) zu neuen Ehren.

Reichmanns Ausführungen über das Deutlichkeitskonzept ist implizit zu entnehmen, daß die Strukturmischung aus Anreihung und Distanzstellung der rationalistischen Auffassung von einem möglichst ungebrochenen Entsprechungsverhältnis zwischen Sachen/Sachverhalten, Gedanken und Sprachzeichen (Reichmann 1992, 453–455; ders. 1995, 172–178) widerspricht. Das deutliche (und eindeutige) Sprechen (= mündliche wie schriftliche Produktion und Rezeption) aufgeklärter, gebildeter Bürger setzt u. a. deutliche syntaktische Regeln voraus, die u. U. eine natürliche, sich aus der Ordnung der Sachen in der Natur ergebende, Begründung (*ordre direct*) haben können (Reichmann 1995, 188). Eine deutliche Regel im ausgehenden 17. Jh. ist die Distanzstellung der analytischen Verb- und Substantivformen. Deutlich muß nur noch das werdende Mittelfeld strukturiert werden, um die Realisierung des idealen Entsprechungsverhältnisses syntaktisch zu ermöglichen.

Die Umsetzung des Deutlichkeitsideals führt zur Grammatikalisierung der Anordnung der Elemente zwischen den zwei Teilen analytischer Verb- und Substantivformen, also zur Herausbildung der Klammer und somit des Mittelfeldes (zur Serialisierung im Mittelfeld der Nominal- und Verbalklammer s. Eichinger ebd., 304–310; s. auch weiter unten).

Mit Eichingers Theorie läßt sich nicht nur der Übergang von grammatikalisierter Distanzstellung zur Klammerung erklären, sondern

(1) kann auch die Entwicklung von Klammerstrukturen (= der Distanzstellung) im Frnhd. interpretiert werden:

Nach Schildt (1976, 282) wurde die Verbalklammer aus der Umgangssprache in die Schreibdialekte übernommen. Er gründet diese Ansicht auf seine empirische Untersuchung, der zufolge in der Zeit um 1500 die unter starkem Einfluß der gesprochenen Sprache stehenden Flugschriften vorne bei der Rahmenbildung sind, während die Vorreiterrolle um 1700 der Fachprosa zufällt (ebd., 273f.).

Der Befund Robert Peter Eberts, der Nürnberger Quellen untersuchte, scheint dem von Schildt zu widersprechen (Ebert 1986, 112–114). Die vollständige Verbalklammer wird im 15. und 16. Jh. in den Kanzleidokumenten häufiger gebraucht als „in fast allen anderen Quellen" (ebd., 113). Der Gebrauch von Hauptsätzen mit vollständigem Rahmen hat eine relativ ausgeprägte soziologische Komponente. Die beiden Extremgruppen sind studierte Männer, die städtische Ämter innehatten (häufigster Gebrauch) und Handwerker bzw. weltliche Frauen (seltenster Gebrauch). Aus diesem Befund in Nürnberg zieht Ebert (ebd.) den Schluß, daß es sich um bewußte „Übernahme eines prestigereichen geschriebenen Musters" handelt.

Im Sinne der Theorie von Eichinger ist nun folgende 'Versöhnung' denkbar: Da die gesprochene Sprache schon immer einen Hang zur Distanzstellung in kurzen Sätzen hatte (z. B. Admoni 1973, 89f.), ist die Spitzenstellung der Flugschriften um 1500 nicht überraschend. Auch Ebert (ebd., 114) beobachtet in den Nürnberger Quellen, „daß alle Gruppen aus dieser Zeit in einfachen, kurzen Sätzen in Privatbriefen einen hohen Prozentsatz von vollständigem Rahmen gebrauchen." Bei der Übertragung dieses gesprochenen Musters in die mediale Schriftlichkeit kommt es aber natürlich zu dessen Anwendung nicht nur in kurzen, sondern auch in langen Sätzen – vor allem in der Kanzlei-

sprache bzw. generell in der Fachsprache. Da im (werdenden) Mittelfeld noch die Anreihung vorherrscht, bietet es keine grammatikalisierten Signale für die Anordnung der analytischen Verbformen. Umgekehrt stellen die analytischen Verbformen noch keine grammatikalisierten Signale für die Anordnung der sonstigen Satzkonstituenten dar. Die Sprecher mit hoher Lese- und Schreiberfahrung (die gebildeten, lateinkundigen und Ämter innehabenden Sprecher) werden mit dieser Situation fertig und wenden die Distanzstellung mit Erfolg auch auf lange Sätze an. Die Sprecher mit niedriger Lese- und Schreiberfahrung sind im Medium der Schrift überfordert, sobald es um längere Sätze geht.

Auch Ebert (ebd., 114) unternimmt den Versuch, seine Auffassung mit der von Schildt zu versöhnen. Im Endeffekt (aber nicht im Detail) kommt er zu demselben Schluß: Der fast ausnahmslose Gebrauch der vollständigen Klammer in der amtlichen Sprache, auch in ganz langen Sätzen, sei vielleicht als statistische Hyperkorrektur entstanden.

Eichingers eigener 'Versöhnungsversuch' (1995, 318) stimmt nicht, da er offensichtlich annimmt, daß die Ebertsche Position für die Zeit des Wechsels von der Distanzstellung zur Klammerung gilt.

(2) kann zumindest plausibel gemacht werden, warum die Satzlänge und die Häufigkeit des erweiterten Adjektiv- und Partizipialattributs im 19. Jh. zunahm (s. die Statistiken in 2.2. und 3.4.1.):

Durch den Übergang von der Schrift- zur Standardsprache um 1800 (Besch 1985, 1805) wird „die Eigenständigkeit der schriftsprachlichen Kommunikation wesentlich höher" (Eichinger 1995, 320). Die Übereinstimmung von medialer und konzeptioneller Schriftlichkeit führe zum häufigeren Auftreten von Strukturen, die eindeutig auf Leserezeption zielen (ebd.). Eichinger meint hier das häufigere Auftreten des erweiterten Adjektiv- und Partizipialattributs. Im Sinne des postulierten Parallelwandels ist hier aber auch die deutliche Zunahme der Satzlänge in der ersten Hälfte des 19. Jhs. mit einzubeziehen. Da die Ausklammerung vermutlich erst in der zweiten Jahrhunderthälfte zunimmt (s. 3.3.1.), muß nämlich das Gros der Zunahme der Satzlänge auf die Zunahme des Mittelfeldumfangs zurückgeführt werden. Und umfangreicheres verbales Mittelfeld zielt primär ebenfalls auf Leserezeption. (Eichinger (ebd., 319) will auch erklären (und erklärt auch), warum das erweiterte Adjektiv- und Partizipialattribut im 18. Jh. abnimmt. Hier gibt es aber nichts zu erklären, da sowohl Häufigkeit als auch Umfang des erweiterten Adjektiv- und Partizipialattributs im 18. Jh. (leicht) zunehmen (Weber 1971, 125).)

Das Auseinanderdriften von konzeptioneller Schriftlichkeit und Mündlichkeit kann übrigens auch in der Nominalisierungstendenz nach 1850 beobachtet werden (s. 2.2. und 4.2.). Vorsichtshalber soll hinzugefügt werden: In der gleichen Zeit ist aber auch die Gegentendenz (Ellipsen, Ausklammerungen, Anakoluthe, Parenthesen usw.) wirksam.

(3) kann Eichingers Theorie Anhaltspunkte für die Parallelen zwischen der Grammatikalisierung von (S)OV und der Herausbildung und Grammatikalisierung der Verbalklammer bieten:

Nach Eichinger (ebd., 309−311) bedeutet die Grammatikalisierung des Mittelfeldes, daß es sowohl bei der Nominal- wie auch bei der Verbalklammer in zwei 'Großbereiche' zerfällt. Diese sind bei der Verbalklammer die Positionen für die Finitumsklassifikatoren (linker Bereich, d. h. rechts vom Finitum) und die für die Rektionsklassifikatoren (rechter Bereich, links vom infiniten Prädikatsteil). Es ist nun auffallend, daß der Wechsel von der Distanzstellung zur Klammerung zeitlich mit der Strukturwandlung in der Plazierung des Nebensatzfinitums zusammenfällt: Nach einer 'Vorbereitungsphase' im 17. Jh., in der die frühere Opposition zwischen zweigliedrigen Verbalkomplexen und drei- bzw. viergliedrigen ins Wanken gerät, kommt es im 18. Jh. zum Durchbruch der Nachstellung in den dreigliedrigen Verbalkomplexen (s. 3.3.2.). Warum findet der Durchbruch gerade in dieser Zeit statt und warum dauert das Vordringen der Nachstellung auch seitdem an?

Der Grund dafür liegt wohl darin, daß das Finitum in Voranstellung eine strukturelle Barriere zwischen dem Bereich der Rektionsklassifikatoren, d. h. der engsten Dependentien des Hauptverbs, und dem Hauptverb im infiniten Prädikatsteil bildet. M. a. W., das vorangestellte Finitum verhindert die Herausbildung einer *deutlichen*, zur Serialisierungsregel des Mittelfeldes analogen Regel im Nebensatz.

Auch die afiniten Konstruktionen, deren Rückgang von Härd mit der Grammatikalisierung der Adjunktklammer erklärt wird (s. 3.4.4.), sind mit dem rationalistischen Deutlichkeitsideal schwer zu vereinbaren. Sie lassen nämlich Tempus, Modus und die Grenze zum Nachfeld offen. Somit können die Zeitrelationen, das intendierte Glied der Opposition Realis/Irrealis und die Interpretation der Elementarsatzgrenze vage bleiben. Folglich läßt es sich mit afiniten Konstruktionen kein ungebrochenes Entsprechungsverhältnis zwischen Sachverhalten, Gedanken und Sprachzeichen verwirklichen.

Das Deutlichkeitsideal ist also wohl auch noch für ein scheinbar so 'streng syntaktisches', zur 'inneren' Sprachgeschichte gehörendes, Phänomen wie den Durchbruch und das weitere Vordringen der Nachstellung des Nebensatzfinitums bzw. den Rückgang von afiniten Konstruktionen mitverantwortlich.

4.2. Komplementärwandel: Dependenz rechts von N

Statistische Tendenzen werden von modernen Grammatikern oft verpönt und aus der wissenschaftlichen Argumentation ausgeschlossen. Somit versperrt man sich aber den Weg, über manche Gründe, Implikationen und Konsequenzen, die alle schon das 'System' betreffen können, nachzudenken.

Auf eine komplementäre statistische Tendenz in NP und Satz wurde bereits früh hingewiesen:

„Es ist freilich nicht anzunehmen, daß der Verzicht auf das reich gegliederte Satzgefüge ohne irgendeinen Ersatz vor sich gegangen wäre. Und wirklich kann man von einer Umgliederung unserer heutigen Sprache reden. Was das Satzgefüge an Glied- und Teilsätzen verliert, das gewinnt (mag es auch ein zweifelhafter Gewinn sein) der Einfachsatz durch ein Aufschwellen der einzelnen Glieder" (Eggers 1979 [Erstveröff. 1961], 243).

Das Aufschwellen der nominalen Glieder kann durch Komposition, Substantivierungen und präpositionale Attribute (darunter versteht Eggers auch diejenigen links von N) erfolgen (ebd., 243 ff.).

Die Komplementarität der Tendenz, die seit Mitte des 19. Jhs. andauert, scheint erstaunlich exakt zu sein (Schmidt 1993 a, 60−64):

Die mittlere Satzlänge reduziert sich zwischen 1850 und heute um 30%, und genau 30% weniger Wörter braucht der moderne Satz, der dieselbe Informationsmenge, die um 1850 noch in Nebensätze verpackt war, in komplexen, rechtslastigen NPs realisiert.

Die Komprimierung, d. h. die 'Umverpackung' von Nebensatz-Propositionen in NPs, bringt jedoch nicht nur Vorteile, sondern auch ernsthafte kommunikative Nachteile mit sich (Schmidt 1993 a, 65 f.): Die übermäßige Verdichtung induziert Rezeptionsprobleme, es droht daher der Verlust des Ökonomievorteils.

Aus dieser Situation gibt es prinzipiell zwei Auswege: Entweder die zumindest teilweise Rückkehr zu den alten Verschachtelungen oder die 'Flucht nach vorne', d. h. ein syntaktischer Wandel, der bei Beibehaltung des Ökonomievorteils zur Behebung der Rezeptionsprobleme führt.

Gestützt auf eine großangelegte empirische Untersuchung zur sog. Attribuierungskomplikation (Schmidt 1993, 169−327) konnte Jürgen Erich Schmidt (1993 a) überzeugend nachweisen, daß eine soziologisch relativ klar abgrenzbare Gruppe von Sprachteilhabern die 'Flucht nach vorne' antrat und antritt, daß es somit zu einer zunehmenden Vertikalisierung der Syntax des NP-Nachfeldes kam und kommt.

NPs wie *(Bitte beantworten Sie) unsere Fragen auf der Rückseite zum bisher versicherten KFZ* (Originalbeleg aus einem Brief einer Kraftfahrzeugversicherung) wurden von Schmidts Probanden erstaunlicherweise nicht übereinstimmend beurteilt. Im konkreten Falle hielten 45% die NP für inkorrekt, 35% für vollkommen korrekt und 20% für „irgendwie schief" (Schmidt 1993 a, 67). Die 35% waren Leser mit relativ niedriger Leseerfahrung, die die Struktur semantisch interpretiert hatten, was zu einer Koordination der beiden Präpositionalattribute und somit zu einer sinnvollen Deutung führte. Hingegen waren die 45% Leser mit relativ hoher Leseerfahrung, die einfach mit einem mechanisch zunehmenden Dependenzgrad rechts von N gerechnet hatten, was zu einer unsinnigen Interpretation führte. „Entscheidend [...] ist nun die Frage, wie die Mehrheit der Leser dazu kommt, eine solche syntaktische Struktur anzusetzen, obwohl die entsprechenden Regeln in keiner Grammatik stehen. Daß diese Gruppe, die Gruppe mit relativ hoher Leseerfahrung, die vom Schreiber intendierten Beziehungen nicht erkennt, ist auszuschließen" (ebd., 69).

Die Vertikalisierung der Syntax des NP-Nachfeldes erfolgt durch einen subtilen und langsamen Sprachwandel, dessen Träger Sprachteilhaber mit relativ hoher Leseerfahrung sind, d. h. die Gruppe, die mit dem erwähnten Rezeptionsproblem en masse konfrontiert wurde und wird. Ohne den Ökonomievorteil aufgeben, wird dem Rezeptionsproblem abgeholfen „durch Syntaktifizierung der Reihenfolgebeziehung, der Serialisierung, d. h. dadurch, daß die Substantivgruppe syntaktisch *zunehmend* nach dem Prinzip der monotonen, der fortlaufenden Unterordnung organisiert wird" (ebd.).

Schmidt (ebd., 70 f.) betrachtet die Syntaktifizierung der Serialisierung nicht einfach nur als eine syntaktische Konsequenz der komplementären Entwicklung in Satz und NP im Nhd., sondern auch als Teil eines sich seit dem Ahd. vollziehenden Syntaxwandels: „Die anfängliche extreme Stellungsfreiheit der Glieder der deutschen Substantivgruppe wurde mit der Zeit immer mehr eingeschränkt, die Serialisierungsregeln wurden und werden noch immer strikter, immer rigider" (ebd., 71).

5. Zusammenfassung und Ausblick

Die vielleicht wichtigste Aufgabe eines HSK-Beitrags ist es, die Forschung anzuregen. Dazu müssen einerseits die themen- und materialbezogenen, andererseits die theoretischen und methodologischen Engpässe erkennbar gemacht werden. Beides funktioniert nur, wenn man die Forschungsergebnisse nicht einfach referiert, sondern auch − und wenn nötig: kritisch − kommentiert. Letzte-

res funktioniert wiederum nur, wenn man − wenn nötig und möglich − ins Detail (in dem ja der Teufel steckt) geht. Detailbeschreibungen sind in einer Überblicksdarstellung wiederum nur akzeptierbar, wenn sie nicht dazu führen, daß der Wald vor lauter Bäumen nicht mehr gesehen werden kann. Dann war nämlich alles für die Katz und nicht für die künftige Forschung.

Anregen sollte der Beiträger im Optimalfall aber nicht nur die Forschung 'im besonderen', sondern auch die 'im allgemeinen'. Darunter verstehe ich hier die Sprachtypologie, die Grammatiktheorien, die Sprachwandeltheorien und vor allem die dt. Sprachgeschichtsschreibung bzw. deren Methodologie. Was für Auswirkungen der vorliegende Beitrag zur Forschung 'im besonderen' auf die Methodologie der Sprachgeschichtsschreibung 'im allgemeinen' haben könnte, möchte ich in 5.1. an einem Beispiel andeuten.

5.1. Von Tendenzen und vom Begriff der Tendenz

Das skizzierte Bild des Syntaxwandels im jüngeren Nhd. läßt eine Reihe von sog. Entwicklungstendenzen erkennen. Die wichtigsten sind m. E. *Analytisierung* und *Vertikalisierung*. Die übrigen Tendenzen können zwar unter diesen nicht subsumiert, doch im Rahmen der beiden Tendenzen beschrieben werden. Da die Analytisierungstendenz beim Verb altbekannt ist und da ihr Pendant beim Substantiv in 2.1. und 4.1. − inklusive der zur Analytisierung komplementären Infinitivierung des synthetisch flektierten Substantivs − skizziert wurde, soll im folgenden nur noch auf die Beschreibungsmöglichkeiten im Zusammenhang der Vertikalisierungstendenz eingegangen werden:

(1) Die verstärkt seit dem Frnhd. andauernde *Syntaktifizierung* (= Grammatikalisierung der NP- und Satzstruktur) steht im Zusammenhang mit dem Übergang von der Hör- zur Leserezeption und mit der Herausbildung der Schrift- und Standardsprache:

Die Syntaktifizierung ist entweder ein Vertikalisierungsprozeß innerhalb der Standardsprache (z. B. Dependenz rechts von N, s. 4.2.) oder einer zwischen Standardsprache und anderen Varietäten (z. B. adverbaler Genitiv, s. 3.2.1.) oder einer zwischen den einzelnen Funktionalstilen (z. B. erweitertes Adjektiv- und Partizipialattribut und adnominaler Genitiv, s. 2.2.). Auch die zunehmende Tendenz zur strukturellen Trennung von Haupt- und Nebensatz (3.4.2.) ist nur im Rahmen der vertikalen Ausdifferenzierung von Schreibdialekten −

dann: der Schriftsprache – und Sprechsprache interpretierbar. Das gleiche gilt für die allgemein verbreitete Ansicht, daß die syntaktischen Regeln der Schriftsprache immer 'ökonomischer' und 'logischer' werden (z. B. Lötscher 1990, 24). Denn 'ökonomischer' und 'logischer' wird, d. h. im Namen des rationalistischen Deutlichkeitsideals, dessen Prestige bis heute anhält, reguliert wird primär die Schrift- bzw. die Standardsprache, nicht jedoch die Umgangssprachen und die Dialekte. Von der zunehmenden Arbeitsteilung der Kasusformen zwischen NP und Satz über die Reduzierung der Polyfunktionalität der Satzkonnektoren bis hin zur zunehmenden Arbeitsteilung zwischen eingeleiteten und uneingeleiteten Nebensätzen, all diese 'ökonomischen' und 'logischen' Prozesse sind aber aus der Sicht des gebildeten, belesenen und lesenden Rezipienten und von dessen kognitiv und geistesgeschichtlich motivierbaren Ansprüchen zu sehen.

(2) Die im gesamten Nhd. und verstärkt seit dem 19. Jh. andauernde Tendenz zur *Komprimierung*, die auch mit (1) eng zusammenhängt, zeigt ebenfalls eine starke vertikale Gliederung:

Zu denken wäre z. B. an die funktionalstilistischen Differenzen beim erweiterten Adjektiv und Partizipialattribut und beim Nachfeld der NP, an die 'Soziologisierung' der Dependenz rechts von N oder eben an die Zunahme der Bedeutung der reduzierten Konzessivsätze (= der Konzessivsätze ohne Finitum) in der Pressesprache (Baschewa 1983, 92 f.) und die Herausbildung einer AKÜ-Sprache (AKÜ = Abkürzung) im 19./20. Jh. (Admoni 1985, 1546).

(3) Die Umsetzung des Ideals der ökonomischen und deutlichen Schriftsprache durch Syntaktifizierung und Komprimierung hat ihren Preis. Denn dieses Ideal ist angesichts der 'Natur' der normalen Sprache (ordinary language) und des 'normalen' Menschen idealistisch. Syntaktifizierung und Komprimierung führen in vielen Fällen zwangsweise zur *semantisch-pragmatischen Undeutlichkeit* (Unbestimmtheit). In anderen Fällen (z. B. im Amtsstil, in Fachsprachen oder in der Pressesprache) werden die 'Ergebnisse' der Syntaktifizierung und Komprimierung regelrecht ausgenutzt, um semantisch-pragmatische Undeutlichkeit zu erzeugen:

Hier ist nicht nur an Heringers berühmte *Fischfrau* zu denken. Die Beispiele sind auch in der Syntax zahlreich. Zu denken wäre z. B. an die vertikalisierte Verwendung vieler agensdezentrierenden Konstruktionen (Passive, unpersönliche Konstruktionen, Medialkonstruktionen, Funktionsverbgefüge mit 'passivischer' Bedeutung), an die Zunahme von sog. nebensatzäquivalenten Infinitivkonstruktionen (Möslein 1974, 190: die Tendenz ist bereits frnhd., s. Erben 1985, 1345), an sog. Klam-

merungsparadoxe wie etwa *der klinische Medizinstudent* (Schmidt 1993, 232 ff.), an die im Amtsstil besonders blühenden Attribuierungskomplikationen (Schmidt 1993) oder an die in der bisherigen Forschung fast völlig übersehene *Polyfunktionalisierung der Präpositionen* infolge des Nominalstils. Die Bevorzugung von Präpositionalphrasen (= Präpositionalangaben oder -attributen) vor Adverbialsätzen (z. B. Möslein 1974, 169–171; Lühr 1991, 14–20) bedeutet nämlich in und nach der Zeit des Abbaus der Polyfunktionalität der Subjunktionen, daß dieselbe Präposition u. U. die Aufgabe mehrerer teilsynonymer Satzkonnektoren übernehmen muß. Man vergleiche: *Er konnte keinen Urlaub machen, da/weil/denn er verurteilt wurde/wurde verurteilt > wegen seiner Verurteilung konnte er keinen Urlaub machen.* Im Gegensatz zu *da/weil/ denn* ist *wegen* unspezifiziert in der Hinsicht, ob es sich um eine Sachverhalts- oder eine Äußerungsbegründung handelt bzw. ob der Textproduzent annimmt, daß der Grund dem Rezipienten bekannt ist oder nicht.

Das Beispiel an dem die möglichen Auswirkungen der Forschung 'im besonderen' auf die Methodologie der Sprachgeschichtsschreibung 'im allgemeinen' illustriert werden sollen, ist die bekannte und weitgehend akzeptierte Unterscheidung zwischen konstanten Tendenzen und inkonstanten Merkmalen in der sprachgeschichtlichen Entwicklung (Sonderegger 1979, 217 f.):

Unter einer konstanten Entwicklungstendenz versteht Sonderegger „eine diachronische Entfaltungsgröße mit permanenter oder immer wieder hervortretender Wirksamkeit in der Gesamtgeschichte des Deutschen" (ebd., 218). Demgegenüber würden inkonstante Merkmale auf eine kürzere Zeitspanne – auf eine Sprachstufe, einen Teil einer Sprachstufe oder überlappend auf zeitlich aneinanderschließende Teile von zwei Sprachstufen – beschränkt bleiben (ebd.).

Diese Unterscheidung scheint auf den ersten Blick einleuchtend, ist aber insofern verwirrend, als die obigen Definitionen implizieren, daß die konstanten Tendenzen zeitlich auch inkonstant („immer wieder hervortretend") realisiert werden können bzw. daß die inkonstanten Merkmale zeitlich konstant realisiert werden müssen. Stellen z. B. die diversen Standardisierungsbestrebungen in der Geschichte des Dt. (Besch 1985) einzelne inkonstante Merkmale oder die inkonstante Realisierung derselben konstanten Tendenz dar? Von der Beantwortung dieser Frage hängt nämlich ab, ob die Vertikalisierungstendenz in der nhd. Syntaxgeschichte als Teil einer konstanten Entwicklungstendenz oder als ein inkonstantes Merkmal einzustufen ist.

(a) Geht man im Einklang mit der modernen Forschung davon aus, daß die einzelnen Standardisierungsbestrebungen in der Geschichte des Deutschen Neuansätze darstellen, so müssen die periodisch auftretenden Vertikalisierungstendenzen im Rahmen dieser Neuansätze als „immer wieder hervortretende" (!), jedoch inkonstante Merkmale angesehen werden.

(b) Geht man ebenfalls im Einklang mit der modernen Forschung davon aus, daß die Herausbildung volkssprachlicher Schriftlichkeit in jeder Sprachgemeinschaft zu Standardisierungsbestrebungen führt, so muß die Vertikalisierungstendenz als eine konstante Entwicklungstendenz in verschrifteten Kulturen, die aber nur periodisch in Erscheinung tritt, eingestuft werden.

Fazit: Eine „Diachronie des Sprachsystems" (so der Untertitel von Sondereggers Sprachgeschichte) kann nur auf der Grundlage 'sprachwandelimmanenter' Kriterien entworfen werden. Das Kriterium Konstanz/Inkonstanz ist ein von außen herangetragenes Klassifikationskriterium, das zwar die Beschreibung einer „Diachronie des Sprachsystems" nicht unmöglich macht, wohl aber die erklärende Zusammenfügung der einzelnen Entwicklungstendenzen zu Großprozessen.

5.2. Zu den Aufgaben der Forschung

Die in 1. explizit angeschnittene Frage, ob es sich lohnt, die nachklasssische Syntaxgeschichte zu untersuchen, und die in 1. implizit gestellte Frage, ob die Syntax des jüngeren Nhd. schlecht oder gut erforscht ist, können nun in aller Deutlichkeit beantwortet werden:

Die nachklassische Syntaxgeschichte und generell der Syntaxwandel im Nhd. müssen intensiv untersucht werden, weil die syntaktischen Strukturen nicht einmal in der Standardsprache 'zementiert' worden sind und weil die Syntax des jüngeren Nhd. − abgesehen von wenigen Ausnahmen wie z. B. der Stellung der Glieder im Nebensatzprädikat (3.3.2.) − verhältnismäßig schlecht erforscht ist. Sie ist mit Sicherheit schlecht erforscht im Vergleich zur Syntax des Frnhd. und möglicherweise schlecht erforscht auch im Vergleich zur Syntax des Ahd./Mhd. − besonders, wenn man bedenkt, daß die Zahl der Untersuchungen auf breiter Materialgrundlage für die Zeit ab der Mitte des 18. Jhs. relativ gering ist.

Ich habe im vorliegenden Beitrag den Versuch unternommen, auf die wichtigsten themen- und materialbezogenen Engpässe möglichst deutlich hinzuweisen, ohne auch nur annähernd Vollständigkeit anstreben, geschweige erzielen zu können. Im Sinne dieser

subjektiv wie 'objektiv' determinierten Unvollständigkeit möchte ich zum Schluß eine thematisch gruppierte Auswahl von syntaktischen Phänomenen geben, deren Untersuchung im jüngeren Nhd. − und u. U. auch davor − m. E. wichtige Aufgaben der Forschung darstellt.

Eine Auflistung von Forschungsdesideraten − allerdings für die Zeit von 1300 bis 1750 − findet sich auch in der dt. Syntax von Robert Peter Ebert (1986, 25 f.).

Forschungsdesiderate (in Auswahl):

(I) *Nominalphrase*:
(1) Artikelgebrauch:

Da die Verschmelzungen (*am, zur, ins* usw.) gewöhnlich immer noch als phonetische Reduktionen von Vollformen (*an dem, zu der, in das* usw.) aufgefaßt werden, werden ihre Determinierungsleistungen in der Regel im Rahmen des Artikelgebrauchs behandelt. Historisch müßte aber gerade von der Hypothese ausgegangen werden, daß sich die Gebrauchssphären von Verschmelzungen und Vollformen zunehmend entfernen (= Grammatikalisierung der Verschmelzungen). Dies führt einerseits dazu, daß die Verschmelzungen immer weniger als 'artikelhaltig' aufgefaßt werden können, andererseits dazu, daß die Vollformen, die analog den Verschmelzungen gebraucht werden (*auf die Schule* vs. *aufs Gymnasium gehen*), zu Pseudo-Vollformen werden, deren *d* kein bestimmter Artikel, sondern nur noch ein Fossil mit rein phonetischer Funktion ist. Fazit: Bei der historischen Untersuchung des Artikelgebrauchs sind nicht nur die Determinierungsleistungen von NPs, sondern auch die von PPs mit und ohne Verschmelzungen zu berücksichtigen.

(2) Flexion unter syntaktischen Gesichtspunkten:

(a) Abbau synthetischer Kasusflexive des Substantivs entweder als Analytisierung (durch die Realisierung analytischer Flexive) oder als Infinitivierung (durch die Nichtrealisierung analytischer Flexive);
(b) Adjektivflexion nach Personalpronomina (*ihr kalten prosaischen Menschen*, E. T. A. Hoffmann, nach Ágel 1996, 42) ausgehend von der Hypothese der Eingliederung der Personalpronomina ins Paradigma des bestimmten Artikels (ebd., 42−48).

(3) Topologie:

(a) Reihenfolge der Adjektivattribute (Stufung und Reihung);
(b) Reihenfolge der postnominalen Attribute unter Berücksichtigung der Hypothese der 'Soziologisierung' der Dependenz rechts von N nach 1850 (Schmidt 1993 a);
(c) Grammatikalisierung des Mittelfeldes (ausgehend von Eichinger 1995).

(4) 'Arbeitsteilung' in der NP:

(a) Verhältnis pränominaler/postnominaler Genitiv nach 1730;
(b) 'Arbeitsteilung' zwischen Wortbildung und Syntax (*Beobachtung der Natur* vs. *Naturbeobachtung*; *Frischmilchlieferung der Firma* vs. *die Lieferung frischer Milch durch die Firma*) ausgehend von der Hypothese, daß durch 'Univerbierung' keine Trennung, sondern eine Verbindung zwischen Wortbildung und Syntax hergestellt wird (s. hierzu auch von Polenz 1994, 284);
(c) Komplementarität und/oder Alternanz von Genitivattribut und Präpositionalattribut.

(5) Die typologisch 'andere' NP:

Geschichte des adnominalen possessiven Dativs/Genitivs im Nhd.

(II) *Satz*:
(1) Verbalgenera:

(a) Aktiv und Passiv: statistisches und funktionales Verhältnis;
(b) *werden*- und *sein*-Patienspassiv: Veränderungen in der formalen Verteilung der Vorgang/Zustand-Opposition (s. Eroms 1992);
(c) Veränderungen der Passivfähigkeit von Verben;
(d) Herausbildung und Grammatikalisierung des Rezipientenpassivs (ab Ende des 16. Jhs.);
(e) Geschichte des subjektlosen Passivs inklusive des Medial-Passivs/Reflexiv-Passivs (nicht nur im Nhd.);
(f) Geschichte des Modalpassivs.

(2) Tempora:

(a) Tempusgebrauch: insbesondere das historische Verhältnis Präteritum/Perfekt und Präsens/Futur I;
(b) Herausbildung und Grammatikalisierung von Doppelperfekt und Doppelplusquamperfekt;
(c) Geschichte des FuturPräteritumI (des Vergangenheitsfuturs) ausgehend von der Hypothese, daß die Geschichte der Konjunktivumschreibung mit *würde* eventuell neu geschrieben werden muß.

(3) Modi:

(a) Geschichte der Konjunktivumschreibung in Konditionalsätzen;
(b) Indikativ, Konjunktiv I und II in der indirekten Rede besonders nach 1800 ausgehend von der Hypothese, daß sich historisch kein grammatikalisiertes Distanz-Signal herausbildete, daß also der Konj. II in der indirekten Rede primär andere Funktionen haben mußte/muß;
(c) Verdrängung des alten Konjunktivs der Nicht-Aktualisation aus Final-, Konzessiv- und Konsekutivsätzen bzw. aus indirekten Fragesätzen im Nhd.

(4) Valenz:

Da es keine umfassenden Valenzuntersuchungen zum jüngeren Nhd. gibt, müssen hier im Prinzip noch alle Themen bearbeitet werden, die in Valenzarbeiten zum Ahd./Mhd./Frnhd. und zur Gegenwartssprache vorkommen. Eine kleine Auswahl:

(a) Objektsgenitiv von 1730 bis heute (inklusive des Problems der Wahl der den Genitiv ersetzenden Präpositionen) unter Berücksichtigung der Hypothese, daß der Ersatz des Genitivs durch Akkusativ/PP im Rahmen der Transitivitätsparameter des Satzes (Hopper/Thompson 1980) zu erklären ist;
(b) Generalisierung der Subjektskodierung;
(c) Die einzelnen Dativtypen;
(d) Konkurrenz von Dativobjekt und PP (s. Ebert 1986, 50);
(e) Die Ablösung des Pertinenzakkusativs durch den Pertinenzdativ im 19./20. Jh. (Ljungerud 1972, 331 ff.);
(f) Das historische Verhältnis von adverbialen PPs und Präpositionalattributen;
(g) Subjektsätze und Subjektsinfinitive;
(h) Objektsätze und Objektsinfinitive;
(i) Valenz und Ellipse;
(j) Geschichte der Satzmuster (nicht nur im Nhd.): statistische 'Arbeitsteilung' und Perspektivierungsleistung (das Zusammenspiel von Kasusformen, syntaktischen Funktionen und semantischen Rollen).

(5) Wortstellung

Über die Wortstellungsprobleme hinaus, die gleich unten in (6) angesprochen werden, stellt
(a) die Serialisierung im Mittelfeld das größte Forschungsdesiderat dar;
(b) Der Rückgang von afiniten Konstruktionen (18./19. Jh.).

(6) Infinitivkonstruktionen:

Zwei wichtige Typen des topologischen Wandels sind wohl im Zusammenhang der Grammatikalisierung der Feldstruktur zu sehen:
(a) Die Infinitivkonstruktion kann „hauptsächlich im Nhd." (Behaghel 1932, 119) ins Mittelfeld integriert werden: *der billige Leser wird sich deren auch eine ziemliche Anzahl auch hier anzutreffen nicht wundern* (Lessing, zitiert nach ebd.);
(b) Ergänzungen des Infinitivverbs können in den Matrixsatz gehoben werden (Behaghel ebd., 118): *unsere Reise war ich ohnehin seit gestern entschlossen abzukürzen* (Mörike, zitiert nach ebd.);
(c) Kohärenz/Inkohärenz: Im Zusammenhang des Wandels der Stellung des Nebensatzfinitums wandelt sich wohl auch das Verhältnis kohärenter und inkohärenter Infinitivkonstruktionen (s. hierzu Behaghel ebd., 122);
(d) Das Kontrollproblem (Subjekt- und Objektkontrolle, arbiträre Kontrolle, Kontrollwechsel) historisch (nicht nur im Nhd.);
(e) Adverbiale Infinitivkonstruktionen im jüngeren Nhd.

(7) Nebensätze, Satzkonnektoren:

Von den zahlreichen Forschungsthemen, die in 3.4. behandelt oder erwähnt wurden, sollen hier lediglich drei noch einmal hervorgehoben werden:
(a) Korpusbasierte Untersuchungen zu allen Adverbialsatztypen in der Art, wie sie zum Final- und Konzessivsatz vorliegen;

(b) 'Unechte' Nebensätze (unter Berücksichtigung der Hypothese der zunehmenden Integration des Nebensatzes, s. König/Auwera 1988);
(c) Satzverschränkungen.
Zwei weitere wichtige Themen wurden in 3.4. nicht erwähnt:
(d) Korrelate von Subjekt- und Objektsätzen (Typen, Setzung/Nichtsetzung, Stellungsbedingtheit);
(e) Ausgliederungen (Glück/Sauer 1990, 51−53): Es scheint eine nhd. Entwicklung zu sein, daß sich Konjunktionaladverbien wie *allein, doch, jedoch, also, nur* usw. zu Textkonnektoren entwickeln (Behaghel 1932, 57−61): *jedoch, ich muß euch noch eins fragen* (Schupp, nach Behaghel ebd., 60). Auch parataktisches *weil, obwohl* und *während* stellen textgrammatisch gesehen Ausgliederungen, d. h. Textkonnektoren dar.

(8) Negation:

Die Negationsprobleme, die bei der Erforschung des älteren Dt. und des Frnhd. im Mittelpunkt standen, sind fürs jüngere Nhd. im wesentlichen irrelevant geworden: Das proklitische *en-* wurde von *nicht* endgültig verdrängt; die doppelte Verneinung wurde in der Schriftsprache aufgegeben; Objektsgenitiv statt Objektsakkusativ in negativen Sätzen kommt im Nhd. nur noch archaisierend vor (Dal 1962, 165f.; Pensel 1976; Ebert 1986, 39; Admoni 1990, 187; von Polenz 1994, 267). Fürs Nhd. ist von der Hypothese auszugehen, daß
(a) mit der Grammatikalisierung der Verbalklammer bedeutende Veränderungen in der Topologie von *nicht* einhergehen.
Im Zusammenhang damit stellt sich die Frage, ob die komplizierte topologische Situation im Mittelfeld immer eine klare Unterscheidung zuläßt zwischen
(b) Satz- und Sondernegation.

(9) Sonstiges:

(a) Mittelverben und Medialkonstruktionen: Sie sind erst „der neueren Sprache eigen" (Paul 1919, 29). Der älteste Beleg stammt aus dem Jahre 1673 (ebd.): *es gehorcht sich übel.* In Christian Reuters „Schelmuffsky" (1696) fand ich die Stelle: *und schlieff sichs auch so weich darinnen.* Die Untersuchung von Medialkonstruktionen setzt die grundsätzliche Klärung des Verhältnisses von Medialität zur Reflexivität voraus, was zu einer radikalen 'Umklassifikation' der traditionell reflexiv genannten Verben führt (Ágel 1997);
(b) Reflexive Verben und Konstruktionen (im Zusammenhang mit (a));
(c) Das nichtreferentielle *es* im Nhd. (Typen, Funktionen, Stellung);
(d) Syntax der Partikeln (vor allem der Abtönungspartikeln): Die historischen Untersuchungen zu den Abtönungspartikeln beschäftigen sich mit deren Genese und semantischer Ableitung (Hentschel 1986; Burkhardt 1994). Untersuchungen zur Topologie der Partikeln − inklusive der Stellung der einzelnen Partikeln in Partikelkombinationen − fehlen bisher;

(e) Geschichte der Ellipsen (nicht nur im Nhd.): Gemeint ist insbesondere die Untersuchung des 'harten Kerns', d. h. der sog. kontextkontrollierten Ellipsen (z. B. Koordinationsellipsen, darunter das historische Verhältnis von Vorwärts- und Rückwärtsellipsen);
(f) Absoluter Akkusativ: Die Konstruktion verbreitet sich erst im 18. Jh. (Paul 1919, 278ff.; Admoni 1985, 1544).

(III) *Stabilität und/oder Wandel des 'Syntaxbewußtseins':*

Die Untersuchungen zum Verhältnis des Syntaxbildes der Grammatiker zur Syntax der Texte im Sammelband „Soziolinguistische Aspekte des Sprachwandels in der deutschen Literatursprache 1992" (s. hierzu das Beispiel mit dem Objektsgenitiv in 1.) zeigen eindrucksvoll, daß Grammatiker-Systeme u. U. nicht einmal mit dem eigenen Sprachgebrauch des Grammatikers im Einklang stehen. Die Diskrepanz zwischen dem, was der Grammatiker sagt, und dem, was er tut, ist eine wichtige Quelle der Einschätzung sowohl des Sprachwandels als auch der historischen Schwerpunkte der „Spracharbeit" (s. 1.).

6. Literatur (in Auswahl)

Admoni, Wladimir G., Die Entwicklungstendenzen des deutschen Satzbaus von heute. München 1973. (LR 12).

Ders., Zur Ausbildung der Norm der deutschen Literatursprache im Bereich des neuhochdeutschen Satzgefüges (1470−1730). Ein Beitrag zur Geschichte des Gestaltungssystems der deutschen Sprache. Berlin 1980. (Baust. 56/IV).

Ders., Syntax des Neuhochdeutschen seit dem 17. Jh. In: BRS 1985, 1538−1556.

Ders., Die Entwicklung des Satzbaus der deutschen Literatursprache im 19. und 20. Jh. Berlin 1987. (Baust. 62).

Ders., Historische Syntax des Deutschen. Tübingen 1990.

Ágel, Vilmos, *Dem Jubilar seine Festschrift.* Ein typologisches Kuckucksei in der deutschen Substantivgruppe. In: Im Zeichen der ungeteilten Philologie. Festschrift für Professor Dr. sc. Karl Mollay zum 80. Geburtstag. Hrsg. v. Péter Bassola/Regina Hessky/László Tarnói. Budapest 1993, 1−18. (BBG 24).

Ders., Valenzrealisierung, finites Substantiv und Dependenz in der deutschen Nominalphrase. Hürth 1993 a. (KLAGE 29).

Ders., Finites Substantiv. In: ZGL 24, 1996, 16−57.

Ders., Reflexiv-Passiv, das (im Deutschen) keines ist. Überlegungen zu Reflexivität, Medialität, Passiv und Sujekt. In: Sprache im Fokus. Festschrift für Heinz Vater zum 65. Geburtstag. Hrsg. v.

Christa Dürscheid/Karl Heinz Ramers/Monika Schwarz. Tübingen 1997, 147–187.

Amrhein, Jürgen, Die Semantik von *werden*. Grammatische Polysemie und die Verbalkategorien Diathese, Aspekt und Modus. Trier 1996. (Fokus 14).

Andersson, Sven-Gunnar/Sigmund Kvam, Satzverschränkung im heutigen Deutsch. Eine syntaktische und funktionale Studie unter Berücksichtigung alternativer Konstruktionen. Tübingen 1984. (Studien zur deutschen Grammatik 24).

Andresen, Karl Gustav, Passiv des Reflexivs. In: Allgemeines Nassauisches Schulblatt 5/48, 1854, 763–764.

Anttila, Harry, Zur geschichtlichen Entwicklung des Genitivobjekts im Deutschen. In: Aspekte und Probleme semasiologischer Sprachbetrachtung in synchronischer und diachronischer Sicht. Hrsg. v. Werner Bahner [u. a.]. Berlin 1983, 97–113. (LStA 107/I).

Approaches to Grammaticalization. 2 Vol. Hrsg. v. Elizabeth Closs Traugott/Bernd Heine. Amsterdam/Philadelphia 1991. (TSL 19).

Arndt, Erwin, Das Aufkommen des begründenden *weil*. In: PBB (H) 81, 1959, 388–415.

Askedal, John Ole, Grammatikalisierung und Auxiliarisierung im sogenannten '*bekommen/kriegen/erhalten*-Passiv' des Deutschen. Kopenhagen 1984. (KBGL 22).

Ders., Überlegungen zum Deutschen als sprachtypologischem 'Mischtyp'. In: Deutsch – typologisch. Hrsg. v. Ewald Lang/Gisela Zifonun. Berlin/New York 1996, 369–383.

Babenko, Natalja Sergejevna. Einige Entwicklungstendenzen im Bereich des Satzgefüges in der deutschen Sprache des 16. und 17. Jhs. (am Material finaler Unterordnung). In: BES 8, 1988, 95–129.

Baschewa, Emilia, Untersuchungen zur Diachronie des Konzessivsatzes im Neuhochdeutschen. In: BES 3, 1983, 77–107.

Behaghel, Otto, Deutsche Syntax. Eine geschichtliche Darstellung. 4 Bde. Heidelberg 1923, 1924, 1928, 1932. (GB, Abt. Sammlung germanischer Elementar- und Handbücher, Reihe Grammatiken 10).

Beneš, Eduard, Die Ausklammerung im Deutschen als grammatische Norm und als stilistischer Effekt. In: Deutsche Gegenwartssprache. Entwicklungen, Entwürfe, Diskussionen 1979, 321–338. [Erstveröffentlichung in: Mu 78, 1968, 289–298.].

Besch, Werner, Die Entstehung und Ausformung der neuhochdeutschen Schriftsprache/Standardsprache. In: BRS 1985, 1781–1810.

Betten, Anne, Grundzüge der Prosasyntax. Stilprägende Entwicklungen vom Althochdeutschen zum Neuhochdeutschen. Tübingen 1987. (RGL 82).

Dies., Norm und Spielraum im deutschen Satzbau. Eine diachrone Untersuchung. In: Methoden zur

Erforschung des Frühneuhochdeutschen. Hrsg. v. Klaus J. Mattheier/Haruo Nitta/Mitsuyo Ono. München 1993, 125–145.

Bogner, Istvan, Zur Entwicklung der periphrastischen Futurformen im Frühneuhochdeutschen. In: ZfdPh 108, 1989, 56–85.

Bossong, Georg, Zum Begriff des Subjekts in Sprachtypologie und Universalienforschung. In: Texte, Sätze, Wörter und Moneme. Festschrift für Klaus Heger zum 65. Geburtstag. Hrsg. v. Susanne R. Anschütz. Heidelberg 1992, 105–122.

BRS = Sprachgeschichte. Ein Handbuch zur Geschichte der deutschen Sprache und ihrer Erforschung. Zwei Halbbde. Hrsg. v. Werner Besch/Oskar Reichmann/Stefan Sonderegger. Berlin/New York 1984/85. (HSK 2.1/2.2).

Burkhardt, Armin, Abtönungspartikeln im Deutschen: Bedeutung und Genese. In: ZGL 22, 1994, 129–151.

Bybee, Joan L./William Pagliuca/Revere D. Perkins, Back to the Future. In: Approaches to Grammaticalization Vol. II, 1991, 17–58.

Canisius, Peter, Logophorische Pronomina im Deutschen. In: Satz–Text–Diskurs. Akten des 27. Linguistischen Kolloquiums, Münster 1992. Bd. 1. Hrsg. v. Susanne Beckmann/Sabine Frilling. Tübingen 1994, 4–8. (LA 312).

Coseriu, Eugenio, Synchronie, Diachronie und Geschichte. Das Problem des Sprachwandels. München 1974. (IBAL 3).

Dal, Ingerid, Kurze deutsche Syntax auf historischer Grundlage. 2., verb. Aufl. Tübingen 1962. (SkG B/7).

Deutsche Gegenwartssprache. Entwicklungen, Entwürfe, Diskussionen. Hrsg. v. Peter Braun. München 1979. (Kritische Information 79).

Deutsche Sprachgeschichte. Grundlagen, Methoden, Perspektiven. Festschrift für Johannes Erben zum 65. Geburtstag. Hrsg. v. Werner Besch. Frankfurt/M. [etc.] 1990.

Donhauser, Karin, Moderne Kasuskonzeption und die Kasussetzung im Althochdeutschen. Überlegungen zur Stellung des Objektgenitivs im Althochdeutschen. In: Neuere Forschungen zur historischen Syntax des Deutschen 1990, 98–112.

Droop, Helmut Günter, Das präpositionale Attribut. Grammatische Darstellung und Korpusanalyse. Tübingen 1977. (FIdS 34).

Ebert, Robert Peter, Historische Syntax des Deutschen. Stuttgart 1978. (SM 167).

Ders., Historische Syntax des Deutschen II: 1350–1750. Bern [etc.] 1986. (LGLS 6).

Ders., Syntax. In: Ebert [u. a.] 1993, 313–484.

Ders. [u. a.], Frühneuhochdeutsche Grammatik. Hrsg. v. Oskar Reichmann/Klaus-Peter Wegera. Tübingen 1993. (SkG, A. Hauptreihe 12).

Eggers, Hans, Deutsche Sprache im 20. Jh. München 1973. (Serie Piper 61).

1900   XIII. Ergebnisse: VI: Das Neuhochdeutsche

Ders., Wandlungen im deutschen Satzbau. In: Deutsche Gegenwartssprache. Entwicklungen, Entwürfe, Diskussionen 1979, 231−247. [Erstveröffentlichung in: DU 13, 1961, 47−61.]

Eichinger, Ludwig M., Syntaktischer Wandel und Verständlichkeit. Zur Serialisierung von Sätzen und Nominalgruppen im frühen Neuhochdeutschen. In: Linguistik der Wissenschaftssprache. Hrsg. v. Heinz L. Kretzenbacher/Harald Weinrich. Berlin/New York 1995, 301−324.

Engel, Ulrich, Studie zur Geschichte des Satzrahmens und seiner Durchbrechung. In: Studien zur Syntax des heutigen Deutsch. Hrsg. v. Hugo Moser. Düsseldorf 1970, 45−61. (Spr. d. Geg. 6).

Erben, Johannes, Syntax des Frühneuhochdeutschen. In: BRS 1985, 1341−1348.

Eroms, Hans-Werner, Zur Konversion der Dativphrasen. In: Sprachw. 3, 1978, 357−405.

Ders., Funktionskonstanz und Systemstabilisierung bei den begründenden Konjunktionen im Deutschen. In: Sprachw. 5, 1980, 73−115.

Ders., Die doppelten Perfekt- und Plusquamperfektformen im Deutschen. In: Studia Linguistica et Philogica. Festschrift für Klaus Matzel zum 60. Geburtstag. Hrsg. v. Hans-Werner Eroms/Bernhard Gajek/Herbert Kolb. Heidelberg 1984, 343−351.

Ders., Zur Entwicklung der Passivperiphrasen im Deutschen. In: Neuere Forschungen zur historischen Syntax des Deutschen 1990, 82−97.

Ders., Das deutsche Passiv in historischer Sicht. In: Deutsche Syntax. Ansichten und Aussichten. IdS 1991. Hrsg. v. Ludger Hoffmann. Berlin/New York 1992, 225−249.

Fernandez Bravo, Nicole, Geschichte der indirekten Rede im Deutschen vom siebzehnten Jahrhundert bis zur Gegenwart. In: DS 8, 1980, 97−132.

Fischer, Annette, Varianten im Objektbereich genitivfähiger Verben in der deutschen Literatursprache (1570−1730). In: Soziolinguistische Aspekte des Sprachwandels in der deutschen Literatursprache 1992, 273−342.

Flämig, Walter, Untersuchungen zum Finalsatz im Deutschen. (Synchronie und Diachronie.) Berlin 1964. (Dt. Ak. Wiss. B, Klasse für Sprachen, Literatur und Kunst 1964/5).

Fleischmann, Klaus, Verbstellung und Relieftheorie. Ein Versuch zur Geschichte des deutschen Nebensatzes. München 1973. (MGB 6).

Folsom, Marvin H., Die Stellung des Verbs in der deutschen Bibelsprache von Luther bis heute. In: ZfG 6, 1985, 144−154.

Fritze, Marie-Elisabeth, Bezeichnungen für den Zugehörigkeits- und Herkunftsbereich beim substantivischen Attribut. In: ZAN/synt. Ebene. Der Einfachsatz 1976, 417−476.

Glück, Helmut/Wolfgang Werner Sauer, Gegenwartsdeutsch. Stuttgart 1990. (SM 252).

Grosse, Siegfried, Syntax des Mittelhochdeutschen. In: BRS 1985, 1153−1159.

Guchmann, Mirra M., Modus. In: Guchmann/Semenjuk 1981, 123−271.

Dies./Natalija N. Semenjuk, Zur Ausbildung der Norm der deutschen Literatursprache (1470−1730). Tempus und Modus. Berlin 1981. (Baust. 56/V).

Günthner, Susanne, „… weil − man kann es ja wissenschaftlich untersuchen" − Diskurspragmatische Aspekte der Wortstellung in WEIL-Sätzen. In: LB 143, 1993, 37−59.

Härd, John Evert, Studien zur Struktur mehrgliedriger deutscher Nebensatzprädikate. Diachronie und Synchronie. Göteborg 1981. (GGF 21).

Heine, Bernd, Bekommen, ohne etwas zu bekommen: zur Grammatikalisierung des Dativpassivs. In: SLWU 71, 1993, 26−33.

Ders., Agent-Oriented vs. Epistemic Modality. Some Observations on German Modals. In: Modality in Grammar and Discourse. Hrsg. v. Joan Bybee/Suzanne Fleischman. Amsterdam/Philadelphia 1995, 17−53.

Hentschel, Elke, Funktion und Geschichte deutscher Partikeln. *Ja, doch, halt* und *eben*. Tübingen 1986. (RGL 63).

Dies., Flexionsverfall im Deutschen? Die Kasusmarkierung bei partitiven Genetiv-Attributen. In: ZGL 21, 1993, 320−333.

Dies./Harald Weydt, Das leidige *bekommen*-Passiv. In: Deutsch als Fremdsprache: an den Quellen eines Faches. Festschrift für Gerhard Helbig zum 65. Geburtstag. Hrsg. v. Heidrun Popp. München 1995, 165−183.

Hermodsson, Lars, Semantische Strukturen der Satzgefüge im kausalen und konditionalen Bereich. Uppsala 1978. (AUU 18).

Holly, Werner, Weiterführende Nebensätze in sprachgeschichtlicher Perspektive. In: ZGL 16, 1988, 310−322.

Hopper, Paul J./Sandra A. Thompson, Transitivity in grammar and discourse. In: Language 56, 1980, 251−299.

Hundsnurscher, Franz, Syntaxwandel zur Gottsched-Zeit. In: Neuere Forschungen zur historischen Syntax des Deutschen 1990, 422−437.

Ickler, Irene, Kasusrahmen und Perspektive. Zur Kodierung von semantischen Rollen. In: DS 18, 1990, 1−37.

Keller, Rudi, Der Wandel des *weil*. Verfall oder Fortschritt? In: SLWU 71, 1993, 2−12.

Ders., Zur Erklärungskraft der Natürlichkeitstheorie. In: Sprachwandel und Sprachgeschichte. Festschrift für Helmut Lüdtke zum 65. Geburtstag. Hrsg. v. Jürgen Schmidt-Radefeldt/Andreas Harder. Tübingen 1993 a, 109−116.

Kolde, Gottfried, Zur Topologie deutscher Substantivgruppen. Rahmenbildung und mehrfache Attribuierung. In: ZGL 13, 1985, 241−277.

Kolvenbach, Monika, Das Genitivobjekt im Deutschen. Seine Interrelationen zu Präpositionaphrasen und zum Akkusativ. In: Linguistische Studien IV. Festgabe für Paul Grebe zum 65. Geburtstag. Tl. 2. Hrsg. v. Hugo Moser. Düsseldorf 1973, 123–134. (Spr. d. Geg. 24).

Kotin, Michail, Probleme der Beschreibung der deutschen Verbalmorphologie: Zur Herausbildung der grammatischen Kategorie des Genus Verbi. In: DS 23, 1995, 61–72.

König, Ekkehard/Johan van der Auwera, Clause integration in German and Dutch conditionals, concessive conditionals, and concessives. In: Clause combining in grammar and discourse. Hrsg. v. John Haiman/Sandra A. Thompson. Amsterdam/Philadelphia 1988, 101–133. (Typological Studies in Language 18).

Lange, Klaus-Peter, Über Referenzzeichen (bisher bekannt unter den Namen „Pronomen" und „Artikel"). In: Pragmatik. Theorie und Praxis. Hrsg. v. Wolfgang Frier. Amsterdam 1981, 1–22. (ABnG 13).

Leiss, Elisabeth, Zur Entstehung des neuhochdeutschen analytischen Futurs. In: Sprachw. 10, 1985, 250–273.

Dies., Grammatische Kategorien und sprachlicher Wandel. Erklärung des Genitivschwunds im Deutschen. In: Proceedings of the Fourteenth International Congress of Linguists Berlin/GDR. Hrsg. v. Werner Bahner/Joachim Schildt/Dieter Viehweger. Berlin 1991, 1406–1409.

Dies., Die Verbalkategorien des Deutschen. Ein Beitrag zur Theorie der sprachlichen Kategorisierung. Berlin/New York 1992. (SLG 31).

Lenz, Barbara, Adverbale Genitive im Deutschen. Düsseldorf 1996. (Theorie des Lexikons 77).

Ljungerud, Ivar, Zur Nominalflexion in der deutschen Literatursprache nach 1900. Lund 1955. (LGF 31).

Ders., Zur Konkurrenz zweier verwandter Satztypen. Eine positivistische Studie. In: Festschrift für Hans Eggers zum 65. Geburtstag. Hrsg. v. Herbert Backes. Tübingen 1972, 318–365. (PBB 94, Sonderh.).

Lötscher, Andreas, Variation und Grammatisierung in der Geschichte des erweiterten Adjektiv- und Partizipialattributs des Deutschen. In: Neuere Forschungen zur historischen Syntax des Deutschen 1990, 14–28.

Lühr, Rosemarie, Veränderungen in der Syntax des heutigen Deutsch. In: ZfdPh 110, 1991, 12–36.

Makovec, Jasna, Zu Entwicklungstendenzen im Satzbau der deutschen Sprache der Gegenwart unter besonderer Berücksichtigung der Ausrahmung. In: Acta Neophilologica 16, 1983, 91–102.

Mattheier, Klaus J., Wege und Umwege zur neuhochdeutschen Schriftsprache. In: ZGL 9, 1981, 274–307.

Ders., Sprachgeschichte des Deutschen: Desiderate und Perspektiven. In: Sprachgeschichte des Neuhochdeutschen 1995, 1–18.

Möslein, Kurt, Einige Entwicklungstendenzen in der Syntax der wissenschaftlich-technischen Literatur seit dem Ende des 18. Jhs. In: PBB (H) 94, 1974, 156–198.

Neuere Forschungen zur historischen Syntax des Deutschen. Referate der internationalen Fachkonferenz Eichstätt 1989. Hrsg. v. Anne Betten. Tübingen 1990. (RGL 103).

Nitta, Haruo, Zur Erforschung der 'uneigentlichen' Zusammensetzungen im Frühneuhochdeutschen. In: ZfdPh 106, 1987, 400–416.

Ders., Kasuskennzeichnung und Wortstellung in der Nominalphrase des Frühneuhochdeutschen – sprachtypologisch gesehen. In: Vielfalt des Deutschen. Festschrift für Werner Besch. Hrsg. v. Klaus J. Mattheier [u. a.]. Frankfurt/M [etc.] 1993, 87–101.

Oubouzar, Erika, Über die Ausbildung der zusammengesetzten Verbformen im deutschen Verbalsystem. In: PBB (H) 95, 1974, 5–96.

Paul, Hermann, Deutsche Grammatik. 5 Bde. Halle 1916, 1917, 1919, 1920, 1920.

Pavlov, Vladimir M., Die substantivische Zusammensetzung im Deutschen als syntaktisches Problem. München 1972.

Ders., Die Deklination der Substantive im Deutschen. Synchronie und Diachronie. Frankfurt/M. [etc.] 1995.

Ders., Die Form-Funktion-Beziehungen in der deutschen substantivischen Zusammensetzung als Gegenstand der systemorientierten Sprachgeschichtsforschung. In: Sprachgeschichte des Neuhochdeutschen 1995 a, 103–125.

Pensel, Franzjosef, Die Satznegation. In: ZAN/synt. Ebene. Der Einfachsatz 1976, 285–326.

Polenz, Peter von, Deutsche Sprachgeschichte vom Spätmittelalter bis zur Gegenwart. Bd. 1: Einführung, Grundbegriffe, Deutsch in der frühbürgerlichen Zeit. Berlin/New York 1991. (SaGö 2237).

Ders., Deutsche Sprachgeschichte vom Spätmittelalter bis zur Gegenwart. Bd. 2: 17. und 18. Jh. Berlin/New York 1994. (de Gruyter Studienbuch).

Ders., Sprachsystemwandel und soziopragmatische Sprachgeschichte in der Sprachkultivierungsepoche. In: Sprachgeschichte des Neuhochdeutschen 1995, 39–67.

Reichmann, Oskar [unter Mitwirkung von Ch. Burgi/M. Kaufhold/C. Schäfer], Zur Vertikalisierung des Varietätenspektrums in der jüngeren Sprachgeschichte des Deutschen. In: Deutscher Wortschatz. Lexikologische Studien. Festschrift für Ludwig Erich Schmitt von seinen Marburger Schülern. Hrsg. v. Horst Haider Munske [u. a.]. Berlin/New York 1988, 151–180.

Ders., Sprache ohne Leitvarietät vs. Sprache mit Leitvarietät: ein Schlüssel für die nachmittelalterliche Geschichte des Deutschen? In: Deutsche Sprachgeschichte. Grundlagen, Methoden, Perspektiven 1990, 141–158.

Ders., *Deutlichkeit* in der Sprachtheorie des 17. und 18. Jhs. In: Verborum Amor. Studien zur Geschichte und Kunst der deutschen Sprache. Festschrift für Stefan Sonderegger zum 65. Geburtstag. Hrsg. v. Harald Burger/Alois M. Haas/Peter von Matt. Berlin/New York 1992, 448–480.

Ders., Die Konzepte von 'Deutlichkeit' und 'Eindeutigkeit' in der rationalistischen Sprachtheorie des 18. Jhs. In: Sprachgeschichte des Neuhochdeutschen 1995, 169–197.

Rowley, Anthony, Zum Genitiv des ganz besonderen Typ. In: Mu 98, 1988, 58–68.

Sandig, Barbara, Zur historischen Kontinuität normativ diskriminierter syntaktischer Muster in spontaner Sprechsprache. In: DS 1, 1973, 37–57.

Sattler, Lutz, Zur Verwendung von Wortgruppen mit adjektivischem Attribut und Komposita in der deutschen Literatursprache (1570–1730). In: Soziolinguistische Aspekte des Sprachwandels in der deutschen Literatursprache 1992, 227–271.

Schieb, Gabriele, Zur Synchronie und Diachronie der Konjunktionen im Bereich der Voraussetzung. In: LAB 10, 1974, 97–106.

Dies., Der Verbkomplex aus verbalen Bestandteilen. In: ZAN/synt. Ebene. Der Einfachsatz 1976, 39–234.

Schildt, Joachim, Zur Ausbildung des Satzrahmens. In: ZAN/synt. Ebene. Der Einfachsatz 1976, 235–284.

Schmidt, Jürgen Erich, Die deutsche Substantivgruppe und die Attribuierungskomplikation. Tübingen 1993. (RGL 138).

Ders., Entwicklungstendenzen im Deutschen: Satzbau und Substantivgruppe. In: Jahrbuch der ungarischen Germanistik. Budapest 1993 a, 59–72.

Schrodt, Richard, Die Opposition von Objektsgenitiv und Objektsakkusativ in der deutschen Sprachgeschichte: Syntax oder Semantik oder beides? In: PBB 114, 1992, 361–394.

Ders., Von der Diskurssyntax zur Satzsyntax: Reanalyse und/oder Grammatikalisierung in der Geschichte der deutschen Nebensätze. In: Folia Linguistica Historica XIII, 1992 a, 259–278.

Seefranz-Montag, Ariane von, Syntaktische Funktionen und Wortstellungsveränderung. Die Entwicklung 'subjektloser' Konstruktionen in einigen Sprachen. München 1983. (Studien zur Theoretischen Linguistik 3).

Semenjuk, Natalija N., Zustand und Evolution der grammatischen Normen des Deutschen in der 1. Hälfte des 18. Jhs. In: Studien zur Geschichte der deutschen Sprache. Berlin 1972, 79–166. (Baust. 49).

Dies., Tempus. In: Guchmann/Semenjuk 1981, 17–121.

Dies., Das Neuhochdeutsche in seiner Entwicklung vom 17. bis zum 20. Jh. In: BRS 1985, 1448–1466.

Solms, Hans-Joachim/Klaus-Peter Wegera, Flexionsmorphologie. In: Ebert [u. a.] 1993, 164–312.

Sommerfeldt, Karl-Ernst, Entwicklungstendenzen im Gebrauch der deutschen Satzformen im 19. und 20. Jh. In: Entwicklungstendenzen der deutschen Sprache seit dem 18. Jh. Hrsg. v. Dieter Nerius. Berlin 1983, 158–167. (LStA 111).

Sonderegger, Stefan, Grundzüge deutscher Sprachgeschichte. Diachronie des Sprachsystems. Bd. 1: Einführung–Genealogie–Konstanten. Berlin/New York 1979.

Soziolinguistische Aspekte des Sprachwandels in der deutschen Literatursprache 1570–1730. Hrsg. v. Joachim Schildt. Berlin 1992.

Sprachgeschichte des Neuhochdeutschen. Gegenstände, Methoden, Theorien. Hrsg. v. Andreas Gardt/Klaus J. Mattheier/Oskar Reichmann. Tübingen 1995. (RGL 156).

Takada, Hiroyuki, Zur Wortstellung des mehrgliedrigen Verbalkomplexes im Nebensatz im 17. Jh. Mit einer Beantwortung der Frage, wie und warum die Wortstellung von Grimmelshausens „Simplicissimus" geändert wurde. In: ZGL 22, 1994, 190–219.

Thieroff, Rolf, Das finite Verb im Deutschen. Tempus–Modus–Distanz. Tübingen 1992. (Studien zur deutschen Grammatik 40).

Traugott, Elizabeth Closs/Ekkehard König, The Semantics-Pragmatics of Grammaticalization Revisited. In: Approaches to Grammaticalization. Vol. I, 1991, 189–218.

Valentin, Paul, Kontroverse Nebensätze. In: Kontroversen, alte und neue. Akten des VII. Internationalen Germanisten-Kongresses, Göttingen 1985. Hrsg. v. Albrecht Schöne. Bd. 3. Tübingen 1986, 364–371.

Ders., Zur Geschichte des deutschen Passivs. In: Das Passiv im Deutschen. Akten des Kolloquiums über das Passiv im Deutschen Nizza 1986. Hrsg. v. Centre de Recherche en Linguistique Germanique. Tübingen 1987, 3–15. (LA 183).

Ders., Ausdrucksseite und Inhaltsseite in der Entwicklung des deutschen Modussystems. In: Deutsche Sprachgeschichte. Grundlagen, Methoden, Perspektiven 1990, 363–369.

Van der Elst, Gaston, Zur Entwicklung des deutschen Kasussystems. In: ZGL 12, 1984, 313–331.

Warnke, Ingo, Aspekte der Formierung des Neuhochdeutschen. Ein Blick auf die Sprachhistoriographie der letzten Jahre. In: DS 22, 1994, 353–380.

Weber, Heinrich, Das erweiterte Adjektiv- und Partizipialattribut im Deutschen. München 1971. (LR 4).

Ders., Erweiterte Attribute zwischen Grammatik und Pragmatik. Probleme der Erklärung syntaktischen Wandels. In: Neue Fragen der Linguistik. Akten des 25. Linguistischen Kolloquiums, Paderborn 1990. Bd. 1: Bestand und Entwicklung. Hrsg. v. Elisabeth Feldbusch/Reiner Pogarell/Cornelia Weiß. Tübingen 1991, 307−313. (LA 270).

Wegener, Heide, weil − das hat schon seinen Grund. Zur Verbstellung in Kausalsätzen mit *weil* im gegenwärtigen Deutsch. In: DS 21, 1993, 289−305.

Weinrich, Harald, Textgrammatik der deutschen Sprache. Unter Mitarbeit von Maria Thurmair/Eva Breindl/Eva-Maria Willkop. Mannheim [etc.] 1993.

Wolf, Norbert Richard, Althochdeutsch−Mittelhochdeutsch. Bd. 1 der „Geschichte der deutschen Sprache" von Moser/Wellmann/Wolf. Heidelberg 1981. (UTB 1139).

[ZAN/synt. Ebene =] Zur Ausbildung der Norm der deutschen Literatursprache auf der syntaktischen Ebene (1470−1730). Der Einfachsatz. Hrsg. v. Gerhard Kettmann/Joachim Schildt. Berlin 1976. (Baust. 56/I).

Vilmos Ágel, Szeged

132. Deutsche Grammatikschreibung vom 16. bis 18. Jahrhundert

1. Die Anfänge der deutschen Grammatikschreibung im 15. und 16. Jahrhundert
2. Das 17. Jahrhundert
3. Das 18. Jahrhundert
4. Rezeptions- und wirkungsgeschichtliche Aspekte. Sprachgebrauch und Sprachnorm
5. Ergebnisse und Desiderata der Forschung
6. Literatur (in Auswahl)

1. Die Anfänge der deutschen Grammatikschreibung im 15. und 16. Jahrhundert

Die Herausbildung der nhd. Schriftsprache wird als komplexer Prozeß der Normierung und des Ausgleichs verstanden, an dem vielfältige sprachliche, historische und kulturelle Kräfte mitgewirkt haben, und der sich über den gesamten frnhd. Zeitraum erstreckt. Wesentliche fördernde Momente dieser Entwicklung sind die immer stärker ausgeweitete Verwendung der dt. Sprache gegenüber dem Lat. in den verschiedensten Bereichen der schriftlichen Überlieferung, die Papierherstellung, die Erfindung des Buchdrucks, die wachsende Bedeutung der Städte und des Bürgertums sowie die humanistischen und reformatorischen Bewegungen. In diesem Kontext läßt sich auch der Anfang der theoretisch-grammatischen Beschäftigung mit der dt. Sprache am Ende des 15. Jhs. einordnen. Seit dem Anfang der volkssprachigen Überlieferung vergehen also fast achthundert Jahre bis zum Erscheinen der ersten grammatischen Werke des Dt.; funktional gesehen ist dies jedoch aus den oben erwähnten historischen Bedingungen zu erklären. Diese ersten grammatischen Schriften sind keine vollständigen Grammatiken des Dt., wofür die Überliefe-

rung nochmals hundert Jahre vergehen läßt. Es handelt sich um verschiedene Schriften, die sich mit der dt. Sprache aus grammatischer oder orthographischer Sicht befassen und deren Tradierung sich unterschiedlich stark durch den gesamten Zeitraum hinzieht: Charakteristisch für die humanistische Tradition am Ende des 15. Jhs. sind Prosawerke, vor allem Übersetzungswerke mit beigefügten Interpunktionslehren zum leichteren Lesen der Texte (Niclas von Wyle, Heinrich Steinhöwel, Hans Neithart, Dietrich von Pleningen). Auch wendet sich das philologische Interesse der Humanisten in Europa unter anderem Fragen der Orthographie zu. Einige dieser „gelehrten Orthographiereformer" (Jellinek 1913, 56ff.) beschäftigen sich mit der dt. Sprache, jedoch sind nur zum Teil normative Darstellungen zu Teilbereichen überliefert (Hieronymus Wolf, Paul Schede Melissus).

Als spezifische Motive für das Entstehen normativer Werke des Deutschen im 16. Jh. gelten das steigende Interesse am Erlernen des Lesens und Schreibens, das damit verbundene Bedürfnis nach einem muttersprachlichen Unterricht sowie die Ausdehnung des Gebrauchs einer möglichst normierten, überlandschaftlichen Schriftsprache in den verschiedensten Bereichen der Kommunikation, vor allem im Kanzleiwesen (Jellinek 1913, 39f.; Bergmann 1982, 267). Damit treten zwei Hauptgruppen von Verfassern normativer Werke mit spezifischen Adressaten hervor: die Schulmeister und die Schreiber, wobei beide Funktionen auch durch eine Person wahrgenommen werden konnten. Kanzlei- und Formularbücher mit sprachlich-orthographischen Teilen zur dt. Sprache sind bereits seit dem Ende des 15. Jhs. bezeugt (Friedrich Riederer, 1493). Im 16. Jh. stellen die vielfach aufgelegten Formularbücher mit entsprechenden grammatisch-orthographischen Teilen von Fabian Frangk (ab 1531) und Johann Elias Meichßner (ab 1538) zusammen mit dem „Schryfftspiegel" (Köln, erstes Drittel des 16. Jh.) weitere wichtige Zeugnisse für die Anfänge der Grammatikschreibung des Deutschen dar (man vgl. Götz 1992). Im Rahmen ihrer Tätigkeit als Schulmeister verfassen ebenfalls noch im ersten Drittel des 16. Jhs. Valentin Ickelsamer, Johannes Kolroß und Jacob Grüßbeutel Lese- und Schreiblehren. Vielen dieser Schriften gemeinsam sind erste Versuche, das Verhältnis zwischen Aussprache und Schrift zu problematisieren (H. Moser 1987, 379−399), ferner das Suchen nach einer überlandschaftlich gültigen Sprachform, unter anderem mit Nennung von Vorbildern wie etwa Martin Luther, bestimmten Kanzlei- oder Druckersprachen. Auf das Desiderat einer vollständigen dt. Grammatik wird von Fabian Frangk hingewiesen und unter Berufung auf diesen auch innerhalb der humanistischen Tradition wiederholt (Theodor Bibliander; siehe Moulin-Fankhänel 1994, 23).

Im Gegensatz zu den oben erwähnten Schriften sind die ersten drei vollständigen Grammatiken der dt. Sprache auf lat. verfaßt. Sie richten sich also an einen gebildeten, unter anderem ausländischen Leserkreis. Alle drei Grammatiken sind in den siebziger Jahren des 16. Jhs. erschienen, teilweise mit dt. Titel: die „Teutsch Grammatick oder Sprach-Kunst" von Laurentius Albertus (Augsburg 1573), der „Vnderricht von der Hoch Teutschen Spraach" von Albert Ölinger (Straßburg 1573) und die „Grammatica Germanicae Linguae" von Johannes Claius (Leipzig 1578).

Die grammatische Beschäftigung mit der dt. Sprache ist seit ihren Anfängen von der lat. Grammatiktradition geprägt, vor allem in Form der im Mittelalter grundlegenden lat. Grammatik des Aelius Donatus (350 n. Chr.) und deren Weiterentwicklungen (E. Ising 1970). Dieser Einfluß übt sich auf die Kategorienbildung (man vgl. etwa den Ansatz eines Vokativs *o! du buch* bei J. Claius) und auf die Darstellungsweise der dt. Grammatikographie des 16. Jhs. und der darauffolgenden Zeit aus (Padley 1988, 258−303; Lecointre 1995, 71−81).

2. Das 17. Jahrhundert

Der Beginn des 17. Jhs. bringt neben der Weiterführung der Grammatikschreibung in lat. Sprache und Tradition (Stephan Ritter, „Grammatica Germanica Nova", Marburg 1616) eine pädagogische Reformbewegung um Wolfgang Ratke, die der Muttersprache innerhalb des Schulunterrichts eine neue Rolle zuspricht. Die grammatische Unterweisung des Dt. wird zum festen Bestandteil des Lehrplans und bereits Gegenstand des Elementarunterrichts. Damit verbunden ist die Ausbildung einer dt. Fachsprache, besonders die Ausbildung einer grammatischen Fachterminologie. Der Unterricht in der Muttersprache soll den Weg zur Erlernung anderer Sprachen wie etwa des Lat. bahnen, indem er bereits ein möglichst allgemein anwendbares Grundgerüst an sprachlichen Kenntnissen vermittelt (Ising 1959, I, 3−110). Eine Reihe von Grammatiken der ersten Hälfte des 17. Jhs. steht unmittelbar oder mittelbar in der ratichianischen Reformtradition und ist entsprechend auch auf dt. erschienen, so die in Weimar veröffentlichte „Deutsche Grammatica" von Johann Kromayer aus dem Jahre 1618, die postum erschienenen „Sprachkünste" (Gießen 1619) von Christoph Helwig, die „Teutsche Grammatic" von Jacob Brücker (Frankfurt a. M. 1620) und die für den Elementarunterricht bestimmte und Tilmann Olearius zugeschriebene „Deutsche Sprachkunst" (Halle 1630).

Neben diesem Überlieferungsstrang von Grammatiken für den Schulunterricht setzt sich ebenfalls im 17. Jh. die Grammatikschreibung innerhalb der Kanzlei- und Formularbücher fort, wobei diese dann auch den für den Zeitraum immer bedeutender werdenden privaten Briefverkehr berücksichtigen (man vgl. Nickisch 1969, 49−140). Von späteren Grammatikern und Orthographietheoretikern rezipiert wurde hier etwa Johann Rudolph Sattlers mehrfach aufgelegte „Teutsche Orthographey und Phraseology" (Basel 1607). Briefsteller mit grammatisch-orthographischen Teilen wurden auch von Georg Philipp Harsdörffer, Samuel Butschky und Kaspar Stieler verfaßt.

Die grammatische Beschäftigung mit der dt. Sprache wird aber im 17. Jh. vor allem durch die sprachwissenschaftlichen Interessen der Sprachgesellschaften gefördert, vor allem innerhalb der 1617 gegründeten „Fruchtbringenden Gesellschaft", der neben Dichtern wie Martin Opitz auch Grammatiker wie Justus Georg Schottelius, Christian Gueintz, Georg Philipp Harsdörffer und Philipp von Zesen angehörten. Aus dem Engagement für Reinheit, Pflege und Untersuchung der Muttersprache sind hier sprachtheoretische Werke in Form von Grammatiken, Orthographielehren und anderen wissenschaftlichen Abhandlungen entstanden, zum Teil mit starken Auseinandersetzungen zwischen ganz verschiedenen Standpunkten. Zentrale Frage dabei ist, in welcher Form die hd. Sprache als Ideal, als Sprachnorm faßbar ist. Zum einen wird die ideale Sprachform als eine über den Dialekten stehende Hochsprache verstanden. Die Findung und Beschreibung der „Grundrichtigkeit" der Sprache (Schottelius), d. h. ihrer Gesetzmäßigkeit, ihres unveränderlichen Wesens, ist Aufgabe des Grammatikers. Zum anderen wird besonders in Ostmitteldeutschland (Meißen, Schlesien) der Sprachgebrauch der gebildeten Stände einer bestimmten Region als vorbildlich betrachtet (Jellinek 1913, 112—116).

Als bedeutendster Grammatiker des 17. Jhs. gilt Justus Georg Schottelius (1612—1676), der, auf den Leistungen seiner Vorgänger aufbauend, neue Methoden der Sprachuntersuchung anwendete. Vor allem die Beachtung der sprachhistorischen Dimension der Sprache, die Einführung des Prinzips der Analogie („Sprachähnlichkeit") und die für die Erforschung der „Grundrichtigkeit" der Sprache zentrale Beschäftigung mit der Wortbildung des Dt. (Gützlaff 1989, 23—40) kennzeichnen das Werk von Schottelius. Die grammatischen und sprachtheoretischen Erkenntnisse werden in der 1663 in Braunschweig erschienenen, über 1460 Seiten umfassenden „Ausführlichen · Arbeit von der Teutschen HaubtSprache" zusammengetragen. Das Werk berücksichtigt in fünf Büchern Bereiche der Grammatik, Poetik, Sprachtypologie, Etymologie, Namenforschung, Sprichwortsammlung, Wissenschaftsgeschichte, Übersetzungstheorie und Lexikographie und beinhaltet früher erschienene Schriften, wie die „Sprachkunst" (Braunschweig 1641 und 1651) und die „Verskunst" (Wolfenbüttel 1645 und Lüneburg 1656). Als Schulunterrichtswerk waren die umfangreichen Schriften von Schottelius schwer einsetzbar; es entstanden hierfür speziell für den Schulgebrauch konzipierte, kürzere grammatische Darstellungen, so etwa die im Jahre 1653 erschienene „Deütsche Grammatica oder Sprachkunst" des Rektors am Gymnasium in Mülhausen/Thüringen, Jo-

hann Girbert, die sich auf dem Titelblatt ausdrücklich auf J. Claius, J. Kromayer, Ch. Gueintz und J. G. Schottelius beruft. Ebenfalls auf Schottelius' Leistungen aufbauend und für den Schulunterricht bestimmt sind die „Grund-Sätze der Deutschen Sprachen" von Johann Bödiker (1. Aufl. Berlin 1690), die bis in die Mitte des 18. Jhs. mehrfach aufgelegt und überarbeitet wurden (Diedrichs 1983).

3. Das 18. Jahrhundert

Das 18. Jh. bringt eine noch nicht genau erfaßte Vielzahl an Grammatiken und Orthographielehren des Dt. hervor. Nachdem der Deutschunterricht in den Schulordnungen des 17. Jhs. allmählich mehr Gewicht bekam, gewinnt er im 18. Jh. einen festen Platz. Dementsprechend ist die Mehrzahl der überlieferten Grammatiken auch für diesen Zweck bestimmt.

Bereits am Ende des 17. Jhs. engagiert sich die pietistische Bewegung für die Pflege und den Gebrauch des Dt. als Sprache des Unterrichts, des Schrifttums und der Wissenschaft. Der Pietist August Hermann Francke führt in Halle/Saale das Dt. als Sprache im Unterricht und in den Lehrbüchern ein. Auf seine Anregung verfaßt der Lehrer Hieronymus Freyer neben zahlreichen anderen Schulbüchern die für die Geschichte der Orthographietheorie bedeutende „Anweisung zur Teutschen Orthographie", die zuerst 1722 erscheint und mehrfach aufgelegt wird (Heinle 1982; Ewald 1999). Von einem anderen Lehrer, dem pietistisch gesinnten Tobias Eisler, sind bereits im Jahre 1718 die „Nöhtigsten Grund-Regeln und Anmerkungen zur Teutschen Orthographie" erschienen.

Der Einsatz für Pflege und Gebrauch der dt. Sprache und ihre Verteidigung gegenüber dem Lat. und dem damals gesellschaftlich hoch angesehenen Frz. findet in Johann Christoph Gottsched (1700—1766) einen entschiedenen Verfechter. Gottscheds Tätigkeit als Literaturtheoretiker hatte ihm bereits hohes Ansehen gebracht, als seine „Grundlegung der Deutschen Sprachkunst" im Jahre 1748 in Leipzig erschien. Diese Grammatik sowie der „Kern der deutschen Sprachkunst", ein Auszug daraus, werden zu Lebzeiten und nach dem Tod des Verfassers mehrfach aufgelegt; es erscheinen Übersetzungen ins Frz., Russ., Ung., Lat. und Nl. Dem vorhandenen Bedürfnis nach einer normierten, fest geregelten Sprache, wie sie im Sinne der aufklärerischen Idee gefordert wurde, Rechnung zu tragen, war mit unterschiedlichen Schwierigkeiten verknüpft. Mit dem Einsatz für sprachliche Korrektheit und normative Regeln verbindet sich erneut die Frage nach dem Wesen der Hochsprache, dem Verhältnis zwischen bester Sprachnorm und Dialekt. Gottsched nimmt hier eine vermittelnde Position zwischen den seit Schottelius gespaltenen Richtungen ein. Einerseits erkennt er die Vorherrschaft des Meißnischen als beste Mundart an, andererseits spricht er sich für eine über den Mundarten stehende Schriftsprache aus, wie sie bei den besten Autoren aus den verschiedenen Landschaften zu finden sei. Bereits der Untertitel der „Sprachkunst" (1748) macht die vermittelnde Haltung Gottscheds deutlich: „Nach den Mustern der besten Schriftsteller des vorigen und jetzigen Jahrhunderts abgefasset". Hier wird einerseits explizit auf die Kennzeichnung des Vorrangs des Meißnischen verzichtet, andererseits wird kein Bezug mehr auf Martin Luther als sprachliche Autorität hergestellt. Dadurch konnte die „Sprachkunst" auch im katholischen Süden Anhänger finden und wurde bald als Lehrbuch am kaiserlichen Hof eingeführt. Sie löste jedoch auch Diskussion und Kritik aus, so daß sie in Süddeutschland „wie ein Ferment" (Jellinek 1914, 244; siehe auch Reiffenstein 1988, 42) auf die Grammatikschreibung wirkte. Eine kritische Haltung zu Gottsched nehmen zum Beispiel der Benediktiner Augustin Dornblüth, der Oberpfälzer Karl Friedrich Aichinger oder in Österreich Johann Siegmund Valentin Popowitsch ein; auf Gottsched bauen, zum Teil vermittelnd, der Jesuit Ignaz Weitenauer, der Pfälzer Johann Jakob Hemmer und der Bayer Heinrich Braun auf (Jellinek 1913, 245–329; Nerius 1967, 45–50; Matzel/Penzl 1982, 147f.; Wiesinger 1983, 227–248; Jahreiß 1990, 259f.).

Der Stilistiker, Grammatiker und Lexikograph Johann Christoph Adelung (1732–1806) faßt im letzten Viertel des 18. Jhs. den Stand der Erforschung der dt. Sprache zusammen und entwickelt sie grundlegend für das darauffolgende Jahrhundert weiter (man vgl. zuletzt J.-L. Risse 1995, 55ff.). Das wissenschaftliche, germanistische Schrifttum Adelungs ist von großem Umfang. In Leipzig nimmt er das Angebot des Verlegers Breitkopf an, ein von Gottsched begonnenes grammatisches Wörterbuch des Dt. zu verfassen. Der erste Band des „Versuchs eines voll-

ständigen grammatisch-kritischen Wörterbuches der Hochdeutschen Mundart" erscheint 1774 in Leipzig, die weiteren folgen bis 1786 (2. Aufl. 1793–1802). Das Adelungsche Wörterbuch strebt eine Darstellung der damaligen Hochsprache an, ältere Quellen werden jedoch auch ausgewertet. Höchste Autorität ist dabei der Sprachgebrauch, der im Meißnischen/Osächs. als beste Sprachform der gebildeten Stände und bei den führenden Schriftstellern der Mitte des Jahrhunderts feststellbar sei (Haas 1980, 185–193; Dill 1992, 70–190). Im Jahre 1781 erscheint in Berlin erstmals seine im Auftrag des preußischen Staatsministers Freiherr von Zedlitz verfaßte „Deutsche Sprachlehre. Zum Gebrauche der Schulen in den Königl. Preuß. Landen". Diese oft aufgelegte und in verschiedene Sprachen übersetzte Grammatik wird ein Jahr später in Wien nachgedruckt und auch dort als Schulbuch vorgeschrieben. Im Jahr 1782 erscheint in Leipzig das „Umständliche Lehrgebäude der Deutschen Sprache, zur Erläuterung der Deutschen Sprachlehre für Schulen", im Jahre 1788 dann die „Vollständige Anweisung zur Deutschen Orthographie", die über zehn weitere Auflagen erfuhr und die Vereinheitlichung der dt. Orthographie unterstützte (Nerius 1989, 94–96). Den Übergang zu einer modernen Grammatikschreibung des Dt. vollzieht Adelung dahingehend, daß er von einer rein normativen zu einer ebenfalls wissenschaftlich beschreibenden Haltung überleitet (J.-L. Risse 1995, 66–68).

4. Rezeptions- und wirkungsgeschichtliche Aspekte. Sprachgebrauch und Sprachnorm

Eine umfassende, rezeptionsgeschichtliche Darstellung der dt. Grammatikographie des 16. bis 18. Jhs. liegt bislang nur unter wissenschaftsgeschichtlichem Aspekt vor: Die grundlegende Arbeit von Max Hermann Jellinek (1913/1914) konzentriert sich auf die Geschichte der Grammatikschreibung als Geschichte der grammatischen Theorie. Wirkungsgeschichte ist bei Jellinek stets als Rezeption innerhalb der grammatischen Theorie zu verstehen, das heißt Rezeption von früheren und Wirkung auf spätere Grammatiker (Glaser 1979, 457). Davon unberührt bleibt die Frage nach der Wirkung der Grammatiken außerhalb der Grammatikerwelt, sofern man überhaupt eine solche ansetzt. Dementsprechend noch ungeklärt blieb bislang der tatsächliche Anteil der Wirkung oder Bedeutung von Grammatiken und Orthographielehren auf die Entwicklung der nhd. Schriftsprache. Verwischt wurde dieses Kenntnisdefizit durch pauschale Behauptungen über die normierende Wirkung von Grammatikern in vielen modernen Sprachgeschichten des Dt., die Faktoren wie Auflagenzahl, Ansehen des Verfassers, schulische Vermittlung und Rezeption durch Schriftsteller stützend anführen (Bergmann 1982, 270—278). Erst in jüngster Zeit wird hier umfassender argumentiert (etwa von Polenz 1994, 135—180; Takada 1998).

Obwohl eine sprachgeschichtliche Wirkung der Grammatiker besonders aufgrund ihrer beruflichen Funktion prinzipiell leicht vorstellbar ist (Erben 1989, 14ff.), scheint diese methodisch jedoch schwer nachweisbar zu sein, „insbesondere auch deswegen, weil sich Grammatiker ihrerseits bereits mehr oder weniger am Gebrauch orientierten" (Bergmann 1982, 279). Bereits in kleineren morphologischen Bereichen wie etwa der Flexion von *gehen* und *stehen* im Nhd. muß die Frage nach dem Anteil der Grammatiker an der Normierung offen bleiben (Gießmann 1981, 17f.). In der Einleitung zu seiner frnhd. Grammatik äußert V. Moser die Überzeugung, daß die Grammatiker „auf die schriftsprachliche Entwicklung in frnhd. Zeit so gut wie keinen Einfluß aus[üben]" (V. Moser 1929, 3, Anm. 7); die Normaussagen der einzelnen Theoretiker werden dann in den einzelnen Kapiteln der Grammatik gesondert neben der Beschreibung des Sprachgebrauchs angeführt. Die Beschreibung von kodifizierter Sprachnorm und Sprachgebrauch und die aus einem solchen Vergleich gewonnenen Ergebnisse sind also methodisch zunächst von wirkungsbezogenen Prämissen zu trennen. Weitere überindividuell ausgerichtete, sprachhistorische Untersuchungen haben für einzelne Bereiche die zeitgenössischen theoretischen Werke, des öfteren als „Nebenprodukt", mitberücksichtigt. Diese Untersuchungen sind hinsichtlich der Korpuszusammenstellung, der untersuchten Zeitspanne, des Sprachraumes und der angewendeten Methode höchst verschieden. Die jeweiligen Ergebnisse zum Verhältnis von Sprachnormierung und Sprachgebrauch führen zu einem vielfältigen Befund und lassen eine Gesamteinschätzung vorerst nur mosaikartig erkennen.

Im Bereich des Formenausgleichs konnte für die erste Hälfte des 18. Jhs. im omd. Raum aufgezeigt werden, daß erhebliche Schwankungen zwischen dem Sprachgebrauch im untersuchten Corpus von periodischen Schriften und der theoretischen Normkodifikation in den zeitgenössischen Grammatiken bestehen (Semenjuk 1972, 153). Einerseits bleibt hier der Usus hinter der Norm zurück, in anderen Fällen bleibt die Norm hinter dem schon herausgebildeten Usus zurück. Ferner besteht die Möglichkeit einer Inkongruenz zwischen den charakteristischen Grundtendenzen der beiden Bereiche. Diese Divergenz zwischen Usus und kodifizierter Norm wird verstärkt durch

„verschiedene Analogievorgänge, die bei ähnlichen Formen und Konstruktionen wirksam waren, sowie Tendenzen, das Gleichgewicht im System derjenigen grammatischen Formen aufrechtzuerhalten, die zu demselben Paradigma gehörten oder ähnliche Paradigmen bildeten" (Semenjuk 1972, 152).

In einer Untersuchung zur Formbildung innerhalb der Pronominalflexion im Frnhd. wird hingegen keine große Divergenz zwischen Usus und Norm festgestellt (Walch 1990, 83—88). Eine ähnliche Tendenz beobachtet auch Gießmann (1981, 17f.) für die Flexion von *gehen* und *stehen*.

Im orthographischen Bereich hat vor allem die Entwicklung des Majuskelgebrauchs in Richtung Substantivgroßschreibung die Aufmerksamkeit der heutigen Forschung gebündelt. Eine Reihe von Untersuchungen zur Entwicklung des Majuskelgebrauchs ist dabei zu dem Schluß gelangt, daß die Grammatiker in ihren Forderungen hinter dem Sprachgebrauch zurückbleiben (etwa Kaempfert 1980, 73; Weber 1958, 117; zuletzt grundlegend Bergmann/Nerius 1998, II, 971—973).

Die graphematische Homophonen- und Quasihomophonendifferenzierung ist ebenfalls früh von der älteren Orthographietheorie erfaßt worden (Bellmann 1990, 290—298; Götz 1992, 259—268). Mogensen (1992, 68—78) hat am Beispiel *Weisel/Waise* erste Ansätze zu einem Vergleich zwischen Sprachgebrauch und Sprachnormierung aufgezeigt. Ein Einfluß der Grammatiker auf den Sprachgebrauch durch den „Drill" der Auseinanderhaltung von (meistens dialektbedingten) Quasihomophonen nimmt Bellmann (1992, 296—298), vor allem durch die schulische Vermittlung und im Zusammenhang mit dem Gebot der schriftgemäßen Aussprache des Dt., an. Im Bereich der Orthoepie ist ein umfassender Vergleich zwischen Sprachnorm und Usus freilich nur mittelbar durchzuführen, sei es durch Rückgriff auf zeitgenössische metasprachliche Äußerungen oder durch Heranziehen der Kenntnisse der Dialektphonologie. Hier wurden bislang vor allem die Entstehung und Entwicklung der orthoepischen Normvorstellung und das damit verbundene Verhältnis zwischen Graphie und Aussprache untersucht (H. Moser 1987; K. Müller 1990, 20–52; Szulc 1984, 160–163; Wiesinger 1993, 383–411).

Vielen Untersuchungen gemeinsam ist die Feststellung überaus heterogener Standpunkte innerhalb der Grammatiktheorie, bis weit in das 18. Jh. hinein. Mit dieser, auch den Sprachgebrauch betreffenden Vielfalt verbunden sind etwa regionale Aspekte (etwa Nerius 1967, 126–128) und nicht zuletzt unterschiedliche Einschätzungen der Sprachrichtigkeit.

Auf die Rezeption von Grammatikern durch Schriftsteller ist in Einzelfällen, besonders für die dt. Klassik, hingewiesen worden. Briefwechsel, Verlagsverträge oder Tagebucheinträge zeugen von einer Bezugnahme auf Adelung etwa bei Johann Wolfgang Goethe, Christoph Martin Wieland, Gottfried August Bürger oder Jean Paul (Haas 1980, 198–204; Henne 1984, 98f.; von Polenz 1994, 169). Eine durch philologische Textanalyse gestützte Gesamtdarstellung dieses Wirkungsbereichs steht bislang noch aus.

5. Ergebnisse und Desiderata der Forschung

Max Hermann Jellineks wissenschaftsgeschichtlicher Ansatz erforderte methodisch eine Konzentration auf die für die Theoriebildung zentralen Grammatiken und Orthographielehren des 16. bis 18. Jhs., weshalb der Verfasser auch die Werke „sechsten Ranges" (Jellinek 1914, S. VI) unberücksichtigt lassen konnte (so auch methodisch verankert bei Naumann 1986, Padley 1985–1988). Mit der Hinwendung der Forschung zu Fragen der Rezeption und Bedeutung der Grammatikschreibung für die Entwicklung des Nhd. sowie des Vergleichs zwischen Sprachgebrauch und Sprachnorm (vgl. 4.) sind auch die „kleineren" Theoretiker von Interesse. Inzwischen sind entsprechende, die Quellen erschließende Werke erschienen oder im Erscheinen, so daß eine breite Basis für quellenorientierte For-

schungen vorhanden sein wird. Auch aus theoriegeschichtlicher Perspektive kann hiermit die Gesamtdarstellung von M. H. Jellinek aus dem Anfang dieses Jahrhunderts ergänzt und weiterentwickelt werden. Die Grammatiken und Orthographielehren des 16. und 17. Jhs. sind einschließlich der anonymen Werke in einer zweibändigen Bibliographie erfaßt worden (Moulin-Fankhänel 1994/1997), die Grammatiker und Orthographietheoretiker des 18. Jhs. sind autorenbezogen innerhalb einer mehrbändigen Bibliographie der Sprachwissenschaftler im deutschsprachigen Raum behandelt (Bio-Bibliographisches Handbuch 1992ff.). Lediglich die zahlreichen anonymen Werke des 18. Jhs. entziehen sich hier noch der Dokumentation. Schätzungsweise liegt insgesamt für das 18. Jh. ungefähr das Sechsfache an Material gegenüber den beiden vorangegangenen Jahrhunderten vor. Ferner haben benachbarte Disziplinen zur Quellenerschließung beigetragen, so etwa im Bereich der Kinder- und Jugendliteratur (Brüggemann/ Brunken 1987–1991), der Epistolographie (Nickisch 1969) oder der Fremdsprachendidaktik (Schröder 1987ff.). Gezielte Nachdrucke der wichtigsten Grammatiken und Orthographielehren ermöglichen inzwischen den problemlosen Zugang zur Primärliteratur. Die Forschungsstelle für Deutsche Sprachgeschichte an der Universität Bamberg stellt außerdem eine umfangreiche Materialsammlung zum 16. und 17. Jh. bereit.

Verstärkt seit den achtziger Jahren sind monographische Untersuchungen zu einzelnen Grammatikern oder Grammatikergruppen vorgenommen worden (siehe zuletzt Gützlaff 1989, Jahreiß 1990, Götz 1992). Auch behandeln umgekehrt einzelne Untersuchungen zu wichtigen Teilbereichen der frnhd. Grammatik die zeitgenössischen Theoretiker (vgl. 4.), wobei das Verhältnis zwischen Sprachgebrauch und Sprachnorm in frnhd. Zeit bis jetzt nur für Einzelaspekte und vor allem für das 18. Jh. erarbeitet wurde. Ein Gesamtbild kann dabei nur angedeutet werden. Vielleicht wird es in Zukunft gelingen, Sprachgebrauch und Sprachnorm systematisch zu erfassen und etwa vor dem Hintergrund der erscheinenden Grammatik des Frnhd. zu beschreiben. Im Hinblick auf sprachtheoretische und sprachhistorische Zusammenhänge sind in den letzten Jahren vor allem der Barockzeit und der Frühaufklärung Untersuchungen gewidmet worden (Gardt 1994; Moulin-Fankhänel 1997).

Die Erforschung der älteren Grammatiken ist auch außerhalb der auf die dt. Sprache orientierten Theorie- und Wirkungsgeschichte von Interesse. Der Zusammenhang zwischen Poetik und Rhetorik einerseits und Sprachtheorie andererseits ist besonders für das 17. und 18. Jh. als grundlegend zu bezeichnen (etwa Haas 1980). Die Beziehungen zwischen Lexikographie und Grammatikographie sind aus dieser Epoche so wenig wegzudenken (siehe etwa G. Ising 1956; Dill 1992), wie die Erforschung der übergreifenden sprachtheoretischen und kulturellen Zusammenhänge im europäischen Raum (Padley 1985–1988), die es noch zu vertiefen gilt. Eine systematische Aufarbeitung des Quellenmaterials unter dem Aspekt von Grammatiktheorie, Sprachvergleich und Sprachvermittlung ist hier, insbesondere auch für die Geschichte des Dt. als Fremdsprache, wünschenswert, wobei die quellenkundliche Erfassung der außerhalb des deutschsprachigen Raumes erschienenen fremdsprachigen Grammatiken und Orthographielehren des Dt. noch zu leisten wäre.

6. Literatur (in Auswahl)

Bellmann, Günter, Eine Quelle der deutschen Sprachgeschichte des 17. und 18. Jhs. In: Deutsche Sprachgeschichte. Grundlagen, Methoden, Perspektiven. Festschrift für Johannes Erben zum 65. Geburtstag. Hrsg. v. Werner Besch. Frankfurt/M. [etc.] 1990, 289–300.

Bergmann, Rolf, Zum Anteil der Grammatiker an der Normierung der neuhochdeutschen Schriftsprache. In: Sprachwissenschaft 7, 1982, 261–281.

Ders., Der rechte Teutsche Cicero oder Varro. Luther als Vorbild in den Grammatiken des 16. bis 18. Jhs. In: Sprachwissenschaft 8, 1983, 265–276.

Bergmann, Rolf/Dieter Nerius [u. a.], Die Entwicklung der Großschreibung im Deutschen von 1500 bis 1700, I–II. Heidelberg 1998. (GB NF 3. Reihe: Untersuchungen).

Bio-Bibliographisches Handbuch zur Sprachwissenschaft des 18. Jhs. Die Grammatiker, Lexikographen und Sprachtheoretiker des deutschsprachigen Raums mit Beschreibung ihrer Werke. Hrsg. v. Herbert E. Brekle [u. a.]. Tübingen 1992ff.

Brüggemann, Theodor/Otto Brunken, Handbuch zur Kinder- und Jugendliteratur. [I]. Vom Beginn des Buchdrucks bis 1570. Stuttgart 1987; [II]. Von 1570 bis 1750. Stuttgart 1991.

Diedrichs, Eva Pauline, Johann Bödikers Grund-Sätze der deutschen Sprache mit den Bearbeitungen von Johann Leonhard Frisch und Johann Jakob Wippel. Heidelberg 1983. (GB NF 3. Reihe: Untersuchungen).

Dill, Gerhard, Johann Christoph Adelungs Wörterbuch der 'Hochdeutschen Mundart'. Frankfurt/M. [etc.] 1992. (EH Reihe I. Deutsche Sprache und Literatur 1303).

Erben, Johannes, Die Entstehung unserer Schriftsprache und der Anteil deutscher Grammatiker am Normierungsprozeß. In: Sprachwissenschaft 14, 1989, 6–28.

Ewald, Petra, Hieronymus Freyers „Anweisung zur Teutschen Orthographie". – Eine Würdigung im Kontext der Orthographiegeschichte. In: Hieronymus Freyer, Anweisung zur Teutschen Orthographie. Mit einem Vorwort von Petra Ewald. Hildesheim/Zürich/New York 1999, V–LXXXI. (Documenta Orthographica. Abteilung A. 16. bis 18. Jh. Band 6).

Gardt, Andreas, Sprachreflexion in Barock und Frühaufklärung. Entwürfe von Böhme bis Leibniz. Berlin/New York 1994. (QFSK 108).

Gießmann, Ulrike, Die Flexion von *gehen* und *stehen* im Frühneuhochdeutschen. Heidelberg 1981 (GB NF 3. Reihe: Untersuchungen).

Glaser, Elvira, Zu Max Hermann Jellineks Geschichte der neuhochdeutschen Grammatik. In: Sprachwissenschaft 4, 1979, 452–461.

Götz, Ursula, Die Anfänge der Grammatikschreibung des Deutschen in Formularbüchern der frühen 16. Jhs.: Fabian Frangk – *Schryfftspiegel* – Johann Elias Meichßner. Heidelberg 1992. (GB NF 3. Reihe: Untersuchungen).

Gützlaff, Kathrin, Von der Fügung Teutscher Stammwörter. Die Wortbildung in J. G. Schottelius' 'Ausführlicher Arbeit von der Teutschen HaubtSprache'. Hildesheim/Zürich/New York 1989. (DL Studienreihe 2).

Haas, Elke, Rhetorik und Hochsprache. Über die Wirksamkeit der Rhetorik bei der Entstehung der deutschen Hochsprache im 17. und 18. Jh. Frankfurt/M./Bern/Cirencester U. K. 1980. (EH Reihe I. Deutsche Sprache und Literatur 349).

Heinle, Eva-Maria, Hieronymus Freyers Anweisung zur Teutschen Orthographie. Ein Beitrag zur Sprachgeschichte des 18. Jhs. Heidelberg 1982. (GB NF 3. Reihe: Untersuchungen).

Henne, Helmut, Johann Christoph Adelung – Leitbild und Stein des Anstoßes. Zur Konstitutionsproblematik gegenwartsbezogener Sprachforschung. In: Sprache und Kulturentwicklung im Blickfeld der deutschen Spätaufklärung. Der Beitrag Johann Christoph Adelungs. Hrsg. v. Werner Bahner. Berlin 1984, 98–108 (ASächsA 70/4).

Ising, Erika, Die Herausbildung der Grammatik der Volkssprachen in Mittel- und Osteuropa. Studien über den Einfluß der lat. Elementargrammatik des Aelius Donatus De octo partibus orationis ars minor. Berlin 1970. (Dt. Ak. Wiss. B. IdSL 47).

Dies., Wolfgang Ratkes Schriften zur deutschen Grammatik (1612–1630). Tl. I: Abhandlung. Tl. II: Textausgabe. Berlin 1959 (Dt. Ak. Wiss. B. Veröffentlichungen der Sprachwissenschaftlichen Kommission 3).

Ising, Gerhard, Die Erfassung der deutschen Sprache des ausgehenden 17. Jhs. in den Wörterbüchern Matthias Kramers und Kaspar Stielers. Berlin 1956. (Dt. Ak. Wiss. B. IdSL 7).

Jahreiß, Astrid, Grammatiken und Orthographielehren aus dem Jesuitenorden. Eine Untersuchung zur Normierung der deutschen Schriftsprache in Unterrichtswerken des 18. Jhs. Heidelberg 1990. (GB NF 3. Reihe: Untersuchungen).

Jellinek, Max Hermann, Geschichte der neuhochdeutschen Grammatik von den Anfängen bis auf Adelung. I. Heidelberg 1913, Nachdruck 1968; II. Heidelberg 1914. (GB 2. Abteilung 7).

Kaempfert, Manfred, Motive der Substantivgroßschreibung. Beobachtungen an Drucken des 16. Jhs. In: ZDPh 99, 1980, 72−98.

Lecointre, Claire, Ex (Germaniæ) oriente lux. In: Rand und Band. Abgrenzung und Verknüpfung als Grundtendenzen des Deutschen. Festschrift für Eugène Faucher zum 60. Geburtstag. Tübingen 1995, 71−81. (Eurogermanistik 7).

Maas, Utz, Einige Grundannahmen zur Analyse der Groß- und Kleinschreibung im Deutschen, insbesondere zu ihrer Grammatikalisierung in der Frühen Neuzeit. In: Chronologische, areale und situative Varietäten des Deutschen. Festschrift für Rudolf Große hrsg. v. Gotthard Lerchner/Marianne Schröder/Ulla Fix. Frankfurt/M. [etc.] 1995, 85−100. (Leipziger Arbeiten zur Sprach- und Kommunikationsgeschichte 2).

Matzel, Klaus/Herbert Penzl, Heinrich Braun (1732−1792) und die deutsche Hochsprache in Bayern. In: Sprachwissenschaft 7, 1982, 120−148.

Mogensen, Jens Erik, Heterographie und Homophonie im Frühneuhochdeutschen. Ein Beitrag zur gesamtsystembezogenen Lemmatisierung in der Lexikographie. In: ZGL 20, 1992, 64−81.

Moser, Hans, Geredete Graphie. Zur Entstehung orthoepischer Normvorstellungen im Frühneuhochdeutschen. In: ZDPh 106, 1987, 379−399.

Moser, Virgil, Frühneuhochdeutsche Grammatik. I. Lautlehre. 1. Hälfte: Orthographie, Betonung, Stammsilbenvokale. Heidelberg 1929. (GB I. Sammlung germanischer Elementar- und Handbücher. 1. Reihe. Grammatiken 17).

Moulin, Claudine, „Aber wo ist die Richtschnur? wo ist die Regel?". Zur Suche nach den Prinzipien der Rechtschreibung im 17. Jh. In: Studien zur Geschichte der deutschen Orthographie. Hrsg. v. Dieter Nerius/Jürgen Scharnhorst. Hildesheim/Zürich/New York 1992, 23−60. (GL 108/109).

Moulin-Fankhänel, Claudine, Althochdeutsch in der älteren Grammatiktheorie des Deutschen. In: Grammatica ianua artium. Festschrift für Rolf Bergmann zum 60. Geburtstag. Hrsg. v. Elvira Glaser/Manfred Schaefer. Heidelberg 1997, 301−327.

Moulin-Fankhänel, Claudine, Bibliographie der deutschen Grammatiken und Orthographielehren. I. Von den Anfängen der Überlieferung bis zum Ende des 16. Jhs. Heidelberg 1994. II. Das 17. Jh. Heidelberg 1997. (GB NF 6. Reihe. Bibliographien und Dokumentationen 4/5).

Müller, Johannes, Quellenschriften und Geschichte des deutschsprachlichen Unterrichts bis zur Mitte des 16. Jhs. Mit einer Einführung von Monika Rössing-Hager. Nachdruck der Ausgabe Gotha 1882. Hildesheim/New York 1969. (DL. Reihe V. Grammatiken des 16. bis 18. Jhs.).

Müller, Karin, „Schreibe, wie du sprichst!" Eine Maxime im Spannungsfeld von Mündlichkeit und Schriftlichkeit. Eine historische und systematische Untersuchung. Frankfurt/M. [etc.] 1990. (Theorie und Vermittlung der Sprache 12).

Naumann, Bernd, Grammatik der deutschen Sprache zwischen 1781 und 1856. Die Kategorien der deutschen Grammatik in der Tradition von Johann Werner Meiner und Johann Christoph Adelung. Berlin 1986. (PSQ 114).

Nerius, Dieter, Die Rolle J. Ch. Adelungs in der Geschichte der deutschen Orthographie. In: Sprachwissenschaft, 14, 1989, 78−96.

Ders., Untersuchungen zur Herausbildung einer nationalen Norm der deutschen Literatursprache im 18. Jh. Halle/Saale 1967. (LStA).

Nickisch, Reinhard M. G., Die Stilprinzipien in den deutschen Briefstellern des 17. und 18. Jhs. Mit einer Bibliographie zur Briefschreiblehre (1474−1800). Göttingen 1969. (Palaestra 254).

Padley, G. Arthur, Grammatical theory in western Europe 1500−1700. The latin tradition. Cambridge [etc.] 1976.

Ders., Grammatical theory in western Europe 1500−1700. Trends in vernacular grammar, I−II. Cambridge [etc.] 1985−1988.

Polenz, Peter von, Deutsche Sprachgeschichte vom Spätmittelalter bis zur Gegenwart. II. 17. und 18. Jh. Berlin/New York 1994.

Reiffenstein, Ingo, Der „Parnassus Boicus" und das Hochdeutsche. Zum Ausklang des Frühneuhochdeutschen im 18. Jh. In: Studien zum Frühneuhochdeutschen. Emil Skála zum 60. Geburtstag. Hrsg. v. Peter Wiesinger unter Mitarbeit v. Franz Patocka [u. a.]. Göppingen 1988, 27−45. (GAG 476).

Risse, Jean-Louis, Bemerkungen zu Adelungs Lexik und Sprache im Lehrgebäude und in der Stilistik. In: Rand und Band. Abgrenzung und Verknüpfung als Grundtendenzen des Deutschen. Festschrift für Eugène Faucher zum 60. Geburtstag. Tübingen 1995, 55−69. (Eurogermanistik 7).

Schröder, Konrad, Biographisches und bibliographisches Lexikon der Fremdsprachenlehrer des deutschsprachigen Raumes. Spätmittelalter bis 1800. Iff. Augsburg 1987ff.

Semenjuk, Natalia N., Zustand und Evolution der grammatischen Normen des Deutschen in der 1. Hälfte des 18. Jhs. In: Studien zur Geschichte der deutschen Sprache. Berlin 1972, 79−166. (Dt. Ak. Wiss. B./ZI Baust. 49).

Szulc, Alexander, Der Einfluß des graphematischen Systems auf die Entstehung der deutschen Hochlautung. In: Sprache und Kulturentwicklung im Blickfeld der deutschen Spätaufklärung. Der Beitrag Johann Christoph Adelungs. Hrsg. v. Werner Bahner. Berlin 1984, 158−164. (ASächsA 70/4).

Takada, Hiroyuki, Grammatik und Sprachwirklichkeit von 1640−1700. Zur Rolle deutscher Grammatiker im schriftsprachlichen Ausgleichsprozeß. Tübingen 1998. (RGL 203).

Walch, Maria, Zur Formenbildung im Frühneuhochdeutschen. Heidelberg 1990. (Sprache − Literatur und Geschichte 5).

Weber, Walter Rudolf, Das Aufkommen der Substantivgroßschreibung im Deutschen. Ein historisch-kritischer Versuch. München 1958.

Wiesinger, Peter, Die Aussprache des Schriftdeutschen in Österreich in der zweiten Hälfte des 18. und am Beginn des 19. Jhs. In: Vielfalt des Deutschen. Festschrift für Werner Besch. Hrsg. v. Klaus J. Mattheier [u. a.]. Frankfurt/M. [etc.] 1993, 383−411.

Ders., Zur Entwicklung der deutschen Schriftsprache in Österreich unter dem Einfluß Gottscheds in der 2. Hälfte des 18. Jhs. In: Entwicklungstendenzen der deutschen Sprache seit dem 18. Jh. Arbeitstagung der Bilateralen Germanistenkommission DDR-UdSSR und der Sektion Sprach- und Literaturwissenschaft der Wilhelm-Pieck-Universität Rostock aus Anlaß des 125jährigen Bestehens der Germanistik an der Universität Rostock. Hrsg. v. Dieter Nerius. Berlin 1983, 227−248.

Claudine Moulin-Fankhänel, Bamberg

133. Wortbildung des Neuhochdeutschen bis zur Mitte des 20. Jahrhunderts

1. Vorbemerkung
2. Wortbildung und Wortschatzerweiterung
3. Substantiv
4. Adjektiv
5. Adverb
6. Verb
7. Literatur (in Auswahl)

1. Vorbemerkung

Eine systematische Wortbildungslehre des hier zu behandelnden Zeitraums ist weiterhin ein Desiderat. Sie wird erst geschrieben werden können, wenn die betreffenden Quellen in ihrer Vielfalt und unter allen relevanten Aspekten umfassend ausgewertet sein werden. Bis dahin geben bereits vorliegende Einzeluntersuchungen und die Vergleichsdaten in den Bänden der *Deutschen Wortbildung* weiterhin gute Anhaltspunkte. Letztere müssen aber zeit-, personen- und textsortenspezifisch erst noch systematisch weiterverfolgt werden.

Die folgenden Ausführungen können daher nur einzelne Phänomene schlaglichtartig streifen. Dies soll zunächst hinsichtlich der Wortschatzerweiterung durch Wortbildung nach Jhh. geschehen, sodann wortartenspezifisch nach den relevanten Wortbildungsarten.

2. Wortbildung und Wortschatzerweiterung

Die Wortbildungsgeschichte steht in engem Zusammenhang mit der Geschichte des Sprachwandels, insbesondere der Wortschatzerweiterung. Letztere erlebte nach der Phase des Frnhd. einen weiteren Höhepunkt im 17. Jh.

2.1. 17. Jahrhundert

In den im Kreis der Fruchtbringenden Gesellschaft entstandenen Werken von J. G. Schottel (*Teutsche Sprachkunst* 1641; *Ausführliche Arbeit Von der Teutschen Haubt-Sprache* 1663) ist die theoretische Ausgangsbasis für die bis zum Ende des 18. Jhs. als relativ normiert geltende dt. Schriftsprache zu sehen. Hier sind auch die Wortbildungsmöglichkeiten grundlegend beschrieben, und der Komposition („Verdoppelung") wird bereits ein herausragender Stellenwert zugewiesen (Gützlaff 1989, 56 ff., vgl. Erben 1993, 126).

Von den Verdeutschungsbestrebungen des Purismus im 17. Jh. konnten sich zahlreiche, auf Wortbildungsmittel des Dt. zurückgreifende Neuprägungen behaupten, sei es mit (*beobachten : observieren, Fernglas : Teleskop*/Harsdörffer; *Grundstein : Fundament*/v. Zesen) oder ohne (*Briefwechsel : Korrespondenz*/

Harsdörffer; *Anschrift* : *Adresse*/v. Zesen) Bedeutungsdifferenzierung.

Auch die von Schottel gebrauchten Übersetzungen von Termini der lat. Grammatik, die großenteils auf Ratichius (Ratke 1571–1635) zurückgehen, mehren den Bestand von Komposita, z. B. *Einzahl, Hauptwort, Mundart, Sprachlehre, Wörterbuch* (Wells 1990, 239, 313; Schmidt 1993, 117).

2.2. 18. Jahrhundert

Der im 18. Jh. entstehende Fachwortschatz der Mathematik ist ebenfalls durch Komposita wie *Nebenwinkel* oder *Schwerpunkt* (Christian Wolff) gekennzeichnet (Schmidt 1993, 130). In Friedrich Schillers historischen Schriften tauchen erstmals Bildungen wie *Machtverhältnis* (Substantiv + Substantiv), *Nationalcharakter* (Adjektiv + Substantiv), *Selbsthilfe* (Pronomen + Substantiv), *Staatenbund* (Substantiv + Substantiv) oder *Staatsinteresse* (Substantiv + Substantiv) auf (Schmidt 1993, 125), die im 19. Jh. in die Fachsprache der Politik bzw. des Parlamentarismus eingingen. In dieser sind Lehnübersetzungen prägend (z. B. *Parlamentsmitglied* zu engl. *member of Parliament*, *Sprecher* zu engl. *speaker*), und es kommt zum Ausbau von Wortfamilien (z. B. durch die Ableitungen *tagen* und *Tagung* mit *Tagesordnung* zu frz. *ordre du jour*).

Die Dichtersprache des 18. Jhs. erhielt vor allem von Friedrich Gottlieb Klopstock (1724–1803) neue Impulse. Er dynamisierte Verben durch Präpositionen/Richtungsadverbien (*aufweinen, empordenken*) und bildete ausdrucksstarke satzverkürzende Komposita, indem er z. B. *der Gräber Heulen* durch *das Grabheulen* (Messias 1780) ersetzte. Dagegen stieß die von Klopstock ebenfalls praktizierte intensivierende Wortkürzung (z. B. *Frischung* statt *Erfrischung, mürbt* statt *zermürbt*) bereits auf Ablehnung (Wells 1990, 350), wurde aber kennzeichnend für die Sprache des Pietismus (Bach 1970, 368).

Epochentypisch sind z. B. Komposita mit dem Pronomen *selbst* (*-gefällig, -verleugnung* : Pietismus) und den Substantiven *Freiheit* (*-skrieg, Gedanken-* : Aufklärung), *Mensch* (*-enrechte, -enwürde* : Aufklärung), *Welt* (*-bürgertum, -mann* : Aufklärung), *Kultur* (*Geistes-, Vernunft-* : Aufklärung), altdt. *Minne* (*-blick, -spiel* : Sturm und Drang), sowie *Volk* (*-slied*/Herder, *-stümlich* 'national' : Sturm und Drang) und *Vaterland* (*-sliebe* : Sturm und Drang) (Schmidt 1993, 130f.).

2.3. 19.–20. Jahrhundert

Die Entstehung weiterer Fachwortschätze im Zuge der Industrialisierung des 19. Jhs. läßt die Zahl der Kompositabildungen zunehmen: zum Typ Substantiv + Substantiv (*Industriestaat, Dampfmaschine, Zugverkehr, Briefmarke, -umschlag* < frz. *couvert*) treten Verb + Substantiv-Verbindungen (*Wasch-, Näh-, Schreib-, Mähmaschine, Reißverschluß*) (Wells 1990, 408ff.; Schmidt 1993, 139f.).

Zu Beginn des 20. Jhs. wird *Flugzeug* analog zu *Fahrzeug* gebildet, und nach dem 1. Weltkrieg kommen *Kraftfahrzeug* und *Kraftwagen* für *Auto(mobil)* auf, wobei auch Weiterbildungen entstehen: *Kraftfahrzeughalter, Personenkraftwagen* mit der Initialwort-Abkürzung *PKW* (Schmidt 1993, 139).

Komposita mit *Reichs-, Volks-* oder *-leiter* (*Reichsministerium, Volksgerichtshof, Gauleiter*) sind neben Initial- (*SA = Sturmabteilung, SS = Schutzstaffel, HJ = Hitler-Jugend, KZ = Konzentrationslager*) und Silbenwörtern (*Gestapo = geheime Staatspolizei, Promi = Propagandaministerium*) kennzeichnend für die Sprache des Nationalsozialismus (Wells 1990, 435).

3. Substantiv

3.1. Zusammensetzung

Im Bereich der substantivischen Zusammensetzung sind bereits alle Bildungstypen und auch alle semantischen Muster angelegt. Doch ist, wie bereits Schmidt (1993, 132) zusammenfaßt, die Schreibweise der Komposita noch bis ins 18. Jh. nicht ganz fest bzw. einheitlich. Großschreibung des Zweitelements ist üblich bei Getrennt- und Zusammenschreibung (*RechtsSachen*) oder bei Setzung des Doppelbindestrichs (*Kenn=Zeichen*); daneben kommt bereits Einwortschreibung (*Sprachkunst*) vor.

Drei- und Mehrfachkomposita begegnen schon im 17. Jh., z. B. bei Stieler (1691, III, 112) *Goldbergwerk, Erbküchenmeisteramt*. Falls Fugenelemente auftreten, sind sie fast ausnahmslos flexionsmorphologisch motiviert. Wortgruppen als Erstelemente (*Altweibersommer, Eintagsfliege*) verbucht bereits Campe (1807, 116, 881). Auch Wortkreuzungen sind ab dem 18. Jh. (*verschlimmbessern*/Lichtenberg) vereinzelt nachzuweisen, wobei es sich vielfach um okkasionelle Bildungen (*affenteuerlich* > *Affe* + *abenteuerlich*/Heine) handelt (Fleischer/Barz 1992, 47).

Sehr produktive Zweitglieder können Ansätze zum Suffixoid-Status zeigen, wenn ihre Bedeutung sich von der des freien Lexems löst. Dies ist z. B. bei *-werk* schon im 17. Jh. der Fall (*Back-, Blumenwerck*); es dient noch heute u. a. neben *-gut, -wesen, -zeug* (Kühnhold 1985, 1617f.) zur Bildung kollektiver Sachbezeichnungen (*Deutsche Wortbildung* II, 98f., 165f.). Augmentative Hybridbildungen mit *maximal-* sind im letzten Drittel des 19. Jhs. (*Maximalbetrag* 1871) zu verzeichnen. Sie verstärken Adjektiv + Substantivkomposita, doch ist das Adjektiv erst später (1882) selbständig belegt (Ruf 1996, 237). Bei den Komposita mit *Heiden-* kann dagegen die augmentative Bedeutung und damit der Präfixoidcharakter erst ab dem 19. Jh. nachgewiesen werden (*Heidenangst, -spektakel*). Ebenfalls zu einem reihenhaft wirksamen Wortbildungsmittel entwickelte sich *-macher.* Es tritt in nhd. Zeit v. a. in Wortgruppenableitungen (z. B. *Spaßmacher* 'jd., der Spaß macht') in Analogie zu den alten Berufsbezeichnungen (*Schuhmacher*) auf und verbindet sich auch mit anderen Wortarten (*Gleich-, Mitmacher*), wobei die Bildungen als Ableitung von einem komplexen Verb betrachtet werden können (Joeres 1995, 155f.).

3.2. Suffigierung

Obwohl die Gemeinsamkeiten mit dem Frnhd. überwiegen, *-ung* bzw. *-heit/-(ig)keit* z. B. weiterhin eine herausragende Rolle bei der Bildung von Verbal- bzw. Adjektivabstrakta spielen, kommt es bei der Suffigierung zu einigen bemerkenswerten Neu- und Umorientierungen.

Von den Verbindungen des *-er*-Suffixes mit *-eln*-Verben (*Tüftler*) aus verselbständigt sich *-ler* als Suffix, dessen Frequenz sich vom 18. bis zum 20. Jh. mehr als verfünffacht (Kühnhold 1985, 1617). Es tritt auch an Wortgruppen an und bezeichnet zumeist denjenigen, der das in der Basis Ausgedrückte tut bzw. zu dem in der Basis Genannten gehört. Bei Konkurrenz zu einer *-er*-Bildung ist *-ler* negativ konnotiert (*Kriegsgewinner* : *Kriegsgewinnler*, aber *Wissenschaftler* = österr. schweiz. *Wissenschafter*).

Das Diminutivsuffix *-lein*, das bereits von *-chen* zurückgedrängt war, wird im 18. Jh. zur Zeit des Sturm und Drang noch einmal verstärkt produktiv. Doubletten wie *Kindchen/-lein* sind fortan möglich, während sich die noch von Goethe gebrauchte mittel- und oberdt. Variante *-gen* für *-chen* nicht durchsetzen konnte (Henzen 1965, 148−150;

Schebben-Schmidt 1990, 317). Auch verliert sich die v. a. im 18. Jh. übliche Movierung von Familiennamen (*Luise Millerin, die Neuberin*) nach der Goethezeit im schriftsprachlichen Bereich (Bach 1970, 403).

Einen Produktivitätsanstieg zeigt insbesondere das Suffix *-(er)ei* in Verbindung mit Verben oder Substantiven zur Lokalitätsbezeichnung (*Druckerei, Gärtnerei, Molkerei*), wobei z. B. *Lumperei* im 17. Jh. noch nicht negativ konnotiert ist. Unter den Fremdsuffixen wird das aus dem Frz. entlehnte *-age* im Dt. des 18. Jhs. wortbildend aktiv: *Staffage* zu *(aus-)staffieren, Blamage* zu *blamieren* (Bach 1970, 320f.). Besonders auffällig ist dann ein Jh. später die starke Zunahme der *-ismus*-Bildungen, die von Entlehnungen aus dem Engl./Frz. ausgingen (z. B. *Sozialismus*).

3.3. Präfigierung

Die Präfigierung von Substantiven spielt eine untergeordnete Rolle. Bildungen wie *Mißgefühl, -tag, -wetter, -wuchs* sind z. B. nur bei Goethe belegt (Paul 1992, 574).

Die Lehnpräfixe mit augmentativer Bedeutung erweitern ihren Bestand (Ruf 1996, 123, 169, 226, 312, 266). Unter ihnen ist das bereits im 16. Jh. gebuchte *super-* weiterhin produktiv (*Superverstand* 1713). Bildungen mit *ultra-* und *hyper-* (*Ultraroyalist, Hyper-Pietist*) sowie fachsprachlich verwendetes *makro-* (*Makrokosmos*) begegnen seit dem 18. Jh. Anfang des 20. Jhs. kommt im Bereich der Fachsprachen *supra-* (*Suprafluidität*) hinzu.

3.4. Ausdruckskürzung und Konversion

Neben Schreibkürzel und -symbole wie *kg, Jh., §, %* treten seit dem ausgehenden 19. Jh. zunehmend Abkürzungswörter: Kurzwörter (*Nazi, Sozi* für *Nationalsozialist, Sozialdemokrat*) und seit dem 1. Weltkrieg Initialwörter wie *die Flak* (*Flugabwehrkanone*). Die bei Adelung (1775) gebuchte Konversion *der Flicken* zum Verbum *flicken* entlastet z. B. das polyseme Ausgangssubstantiv *der Fleck*.

Auch die Tendenz zur Ausdruckskürzung weitet sich insbesondere ab dem 18. Jh. aus; betroffen sind *-ung*-Suffigierungen wie *Nachrichtung > Nachricht, Ausdruckung* (Luther) *> Ausdruck, Besuchung > Besuch*. Komposita werden auf ihr Erst- oder Letztelement reduziert: *Schaubühne > Bühne, Korkpfropfen > Kork* (18. Jh.), und es kommt auch zu Wortgruppenkürzungen (18. Jh.: *kaiserlicher Schnitt > Kaiserschnitt,* Anfang 19. Jh.: *das feste Land > Festland, fremde Wörter >*

Fremdwörter) nach dem Muster von v. Zesen (1648: *mittleres Zeitalter* > *Mittelalter, nachgeborene Welt* > *Nachwelt* (Bach 1970, 303).

4. Adjektiv

4.1. Zusammensetzung

Die Dichter des 17. Jhs. nützen Adjektivkomposita vielfach zur Vergleichsbildung (*alabasterbleich, lilienweiß*) oder auch zur Verstärkung von Superlativen, z. B. mit dem reihenbildend auftretenden *aller-* (*aller=süssest*). Steigerungskomposita mit *hoch-/höchst-* oder *wohl-* (*hochgelehrt, wohlehrenwürdig*) begegnen vor allem in der Anrede und als Bestandteil von Titeln (Schmidt 1993, 132 f.). Die aus syntaktischen Zusammenrückungen hervorgegangenen Komposita mit *-gemäß* zeigen ab dem 18. Jh. Fugenelemente (*standes-, ordnungsgemäß*: *dem Stand, der Ordnung gemäß*; Inghult 1975, 128).

4.2. Suffigierung

Desubstantivische Adjektivbildungen auf *-mäßig* 'angemessen, gemäß' werden dagegen bereits seit dem 17. Jh. den Suffigierungen zugerechnet (Inghult 1975, 130).

Laut Bentzinger (1992, 119 ff.) findet im Adjektivbereich der Abbau von Suffixkonkurrenzen prinzipiell zugunsten der Herausbildung von Oppositionen statt. Da aber die alten Adjektivsuffixe *-bar, -haft, -lich, -ig* und *-sam* zunehmend auch an verbale Basen antreten, können noch im 17./18. Jh. neue Konkurrenzen entstehen, z. B. *folglich* : *folgbar* : *folgsam*.

Das vor allem im 18. Jh. produktive Suffix *-icht* wird danach außer in *töricht* durch *-ig* (und *-isch*: *närrisch*) ersetzt, wobei die lautliche Nähe zu *-ig* und die strukturelle Gleichheit mit dem substantivischen Kollektivsuffix (*Dickicht*) ausschlaggebend gewesen sein dürften (Erben 1993, 143 f.). Dies bedeutet ferner die Aufhebung alter Oppositionen wie *öhlig* 'Öl enthaltend' und *öhlicht* 'ölähnlich' und bedingt die Entstehung neuer, wie z. B. *holzig* 'holzartig' : *hölzern* 'aus Holz' oder *seidig* 'wie Seide' : *seiden* 'aus Seide'. Seit dem 19. Jh. steigt zudem die Produktivität von *-ig* als Suffix für die Adjektivableitung aus Wortgruppen, wobei es zunehmend Verbindungen mit dem Zweitelement eingeht (*-fähig, -fertig*) bzw. sich generell auf deverbale nominale Basen (*wildwüchsig*) spezialisiert (Fleischer 1980, 48 ff.).

Suffixerweiterungen begegnen bei dem Suffix *-isch*, das lat. *-icus* (*politisch*) und frz.

-esque (*romantisch*) verdeutscht. Es verbindet sich mit weiteren Fremdelementen: *asiatisch, puritanisch* (Bach 1970, 320); noch zu Beginn des 20. Jhs. ist z. B. *kollegialisch* neben *kollegial* gebräuchlich (Paul 1920, 91).

Mit dem Rückgang des Adverbialsuffixes *-(ig)lich* (s. u. 5.2.) kommt es auch zu Kürzungen bei adjektivisch verwendeten *-lich*-Bildungen (*sichtbarlich* > *sichtbar, wahrhaftiglich* > *wahrhaftig*) (Bach 1970, 304).

Während des gesamten Zeitraums steigt die Anzahl der deverbalen *-bar*-Ableitungen weiterhin kontinuierlich an, während diejenige der denominalen Bildungen vergleichbar extrem zurückgeht, so daß sich bis zur Mitte des 20. Jhs. das Verhältnis gegenüber dem ahd. und mhd. Stand nahezu umgekehrt hat (Flury 1964, 55 ff.).

4.3. Präfigierung

Innerhalb des Adjektivbestandes nehmen die Negationsbildungen vom 19. bis zum 20. Jh. um ca. 20% zu, wobei erst um 1800 die als Zusammenrückung entstandene Negationsbildung mit *nicht-* (*nichtdichterisch*) an die Stelle von *un-, in-* und *a-* tritt (Wellmann 1997, 83). Dies führt zu Bedeutungsdifferenzierungen: z. B. *unchristlich−nichtchristlich*. Die Konkurrenzform *ohn-* zu *un-* (*ohn-* : *unfehlbar*) wird noch im 19. Jh. aufgegeben.

Hybridbildungen mit entlehnten Augmentativpräfixen finden sich ab dem 18. (*supergarstig*) und 19. Jh. (*hypergelehrsam*), wobei *ultra-* seit dem ausgehenden 19. Jh. fachsprachlich (*ultraviolettes Licht* 1896) produktiv wird (Ruf 1996, 123, 226, 169 f.).

5. Adverb

Die einschneidendste Veränderung im Adverbialsystem des Deutschen, der Zusammenfall von Adjektiven und Adjektivadverbien, ist zu Beginn der nhd. Periode so gut wie abgeschlossen (s. u. 5.2.), so daß hier die übrigen Adverbien zu behandeln sind (Heinle 1991, 153−562).

5.1. Zusammensetzung und Konversion

Seit dem 18. Jh. begegnen Komposita mit den Richtungsadverbien *-her* und *-hin* vereinzelt auch mit Substantiven (*lufther*, 18. Jh.; *wegshin*, 19./20. Jh); die kanzleisprachliche Variante *-hero* ist noch bis ins 18. Jh. belegt. Verbindungen mit Adverb, Präposition und Adjektiv (*vor-, seither, letzthin*) dokumentieren bereits den Übergang in den temporalen Bereich.

Bei Lokaladverbien liegen verstärkt ab dem 19. Jh. auch Weiterbildungen vor (*dorthinüber*, *brust-abwärts*, *quer-feldein*); vereinzelt ist ein kopulatives Bedeutungsverhältnis bei Bildungen des 19. (*vorwärts-rückwärts*) und 20. Jhs. (*vorwärts-aufwärts*) zu verzeichnen. Dreigliedrigkeit tritt bei Himmelsrichtungsbezeichnungen auf (*west-süd-westwärts*).

Ebenfalls seit dem 19. Jh. sind adverbiale Zusammenrückungen/Konversionen mit dem Substantiv *Art* zu verzeichnen (*derart*). Ihr Bildungstyp festigt sich erst allmählich, da sie zum Teil noch in Getrenntschreibung auftreten (v. a. *mancher-*, *solcherart*).

Die Modaladverbien auf *-weise* (Ronca 1975, 149–162) sind sogar bis ins 19. Jh. noch als adverbiale Genitive interpretierbar (*zufälligerweise*). Sie zeigen sich im 19./20. Jh. äußerst produktiv. Bei den Bildungstypen mit Substantiv überwiegt ab dem 18. Jh. die quantifizierende Funktion (*literweise*), während Verbindungen mit Adjektiv/Partizip insbesondere wertend als Modalwörter gebraucht werden (*glücklicher-*, *bezeichnenderweise*). Präfixartige Verstärkungen mit *eben-* sind ab dem 18. Jh. bei den Pronominaladverbien reihenhaft nachweisbar (*ebendeshalb*, *-damit*).

5.2. Suffigierung

Das im Frnhd. produktivste Adverbsuffix *-(ig)lich* mit den Erweiterungen *-(ig)lichen/-(ig)liche* geht nach dem 17. Jh. sprunghaft zurück (Paraschkewoff 1974, 290), so daß Adjektivadverbien im Nhd. im Unterschied zum Englischen (*-ly*) oder Französischen (*-ment*) ungekennzeichnet bleiben. Reliktformen mit semantischer Spezialisierung stellen die Adverbien *bitterlich*, *ewiglich*, *neulich*, *schwerlich*, *wahrlich* und *hoffentlich* dar.

Mit dem adverbkennzeichnenden Suffix *-s* wurde kein Ersatz geschaffen. Es ist im 20. Jh. noch aktiv und spielt u. a. eine Rolle bei Zusammenbildungen aus Wortgruppen wie *an allen Orten* > *allerorts*. Im 18. Jh. konnte es sich in der Endungsvariante *-dings* und *-lings* gegen die Varianten *-ding/-ling*, *-dinge/-linge* und *-dingen/-lingen* durchsetzen; der im 17. Jh. aufgekommene Bildungstyp Adjektiv + *-dings* (*schlechter-dings*) wird reihenbildend; bei *-lings* ist die Verbindung mit Substantiven (*rücklings*) schon seit frnhd. Zeit dominant.

Ab dem 18. Jh. erreichen die Adverbien auf *-maßen* mit adjektivischer und insbesondere partizipialer Basis große Produktivität, wobei ihre Verwendung als Modalwort (*gewisser-*, *zugestandenermaßen*) beginnt. Unter den Richtungsadverbien bleibt die Beleglage für *-wärts* relativ konstant, die größte Produktivität zeigen Verbindungen mit Lokaladverbien (*bergab-wärts*).

Die Bildungen auf *-halb* lösen diejenigen auf *-halben* erst im Laufe des 19. Jhs. ab; seit Ende des 18. Jhs. verbindet sich die Variante *-halber* mit Substantiven. Die lokale Funktion tritt im Nhd. allmählich hinter der kausalen Funktion (*deshalb*, *krankheitshalber*) zurück, die in Konkurrenz zu den *-wegen*-Bildungen steht. Bildungen auf *-seits*, die ab dem 18. Jh. auch substantivische Basen (*bergseits*) zeigen können, übernehmen ab dem 20. Jh. die lokale Funktion. Sie haben von Anfang an auch modale Bedeutung und sind seit dem 19. Jh. insbesondere mit adjektivischem Erstglied produktiv (*amtlicher-*, *zuständigerseits*). In Verbindung mit Possessivpronomen (*meinerseits*) konkurrieren sie seit dem 18. Jh. mit *-halb/-halben/-halber*-Bildungen (Heinle/Wellmann 1984, 176–180).

6. Verb

Im Verbbereich finden keine grundlegenden Veränderungen mehr statt. Es kommt jedoch noch zu quantitativen Verschiebungen und strukturellen Veränderungen.

6.1. Zusammensetzung

Verbkomposita sind im allgemeinen als syntaktische Zusammenrückungen zu begreifen und nehmen insofern eine Sonderstellung unter den Zusammensetzungen ein. Diejenigen mit adverbialem Erstglied sind stets trennbar und damit unfest (*die vereitelte Hoffnung setzt einen immer um einige Zeit zurück* Goethe; Paul 1992, 1088), während dies für Verbkomposita des Typs Substantiv + Verb nicht immer zutreffen muß, z. B. *gelobpreist* neben *lobgepreist* im 18. Jh. (Paul 1992, 537).

Wegen des funktionalen Zusammenhangs von zusammengesetzten Partikelverben und präfigierten Verben werden diese in 6.3. einbezogen (vgl. Kühnhold 1985, 1618f.).

6.2. Suffigierung und Konversion

Neue Verbsuffixe treten nicht mehr auf. Der Übergang zum Nhd. ist vielmehr durch den Abbau der Konkurrenzen zwischen dem Suffix *-igen* und dem Infinitivmorphem *-en* (z. B. *rein(ig)en*) gekennzeichnet (Prell/Schebben-Schmidt 1996, 390ff.). Während *-igen* nach dem 17. Jh., später auch in den kombinatorisch abgeleiteten Ornativa mit dem Präfix *be-* (z. B. *bekreuzigen*, *beleidigen*), seine Produktivität verliert, erfährt das Fremdsuffix *-(is)ieren* im 17. Jh. einen Produktivitätsschub, indem es nicht nur verstärkt an fremde, sondern auch an heimische Basen antritt: *accommodieren*, *gastieren* (Schmidt 1993, 133).

Ferner entstehen seit dem 19. Jh. und verstärkt zu Beginn des 20. Jhs. durch das Infinitivmorphem *-(e)n* — selten durch Konversion — Verben aus Eigennamen: *kneippen* < *Kneipp*, *röntgen* < *Röntgen* (Bach 1970, 403).

6.3. Präfigierung

Auch Habermann (1994, 530 ff.) beobachtet gegenüber dem Frnhd. die Zunahme von Partikelverben, mehr desubstantivische Verben mit instrumentativer/effektiver Bedeutungsfunktion, den Ausbau temporaler Bildungen sowie die Aufgabe von Nebenbedeutungen, gegebenenfalls mit Konkurrenzenabbau — z. B. besitzt *erkennen* allein ingressive Funktion, nachdem *bekennen* diese verloren hat —, ferner Bedeutungsdifferenzierung (*aufkommen* : *hinaufkommen*) und Variantenreduzierung, z. B. wird *ergrößern* durch *vergrößern* ersetzt und die präfixlose Variante *größern* aufgegeben.

Speziell für das 18. Jh. verweist Erben (1993, 124) auf den Pietismus und die Dichtersprache (s. o. 2.2.), durch die „die strukturelle und funktionelle Vielfalt des heutigen Präfixsystems" befördert wurde. Das prädikative Adjektiv *los* entwickelt sich zum Präfix mit ingressiver Bedeutung, wie Adelung (1796, 2102) bezeugt: *los schlagen* 'ohne längere Zurückhaltung zuschlagen'.

Einen beachtenswerten Produktivitätsanstieg erfährt z. B. das Präfix *ent-*, das mit dem Infinitivmorphem *-en* an adjektivische Basen tritt (Schottel 1663, 628 f.: *entläuben*, *entblößen*). Es verdrängt in der Hochsprache das zur Goethezeit bzw. fachsprachlich gebuchte privative *be-* (Adelung 1793, 839, 962: *etw. belauben* 'des Laubes berauben', *jdn. bevortheilen* 'um seinen Vorteil bringen') und bewirkt hinsichtlich der Grundbedeutung eine Umorientierung von *ab-* und *aus-* auf verbale Basen (*ab-*, *ausreisen*).

Auch das Präfix *er-* erweist sich in der Bedeutungsfunktion 'durch die in der Basis ausgedrückte Handlung etw. erreichen/erwerben' (Schottel 1663, 630: *erfragen*, *-schleichen*) als sehr produktiv, obwohl knapp ein Viertel der bei Adelung verzeichneten Bildungen (z. B.

jdn. erklopfen 'durch Klopfen erwecken') untergegangen sind (Kühnhold 1985, 1619). Der Bestand an verstärkenden Bildungen mit *zu-* (Adelung 1801, 1752: *zugehen* 'im Gehen eilen') hat dagegen im Laufe der Zeit abgenommen.

Doppelpräfigierungen begegnen bei denominalen Derivaten schon im 17. Jh. (Schottel 1663, 622 ff., 644 ff.: *beeinträchtigen*, *verunglücken*; vgl. Kühnhold 1985, 1621). Andererseits kommt es in Fällen wie *miß(ge)fallen*, *miß(ge)lingen* (17. Jh.) zu einer Präfixreduzierung.

7. Literatur (in Auswahl)

Adelung, Johann Christoph, Grammatisch-kritisches Wörterbuch der Hochdeutschen Mundart, mit beständiger Vergleichung der übrigen Mundarten, besonders aber der Oberdeutschen. 4 Bde. 2. Aufl. Leipzig 1793—1801. [Nachdruck Hildesheim/New York 1970]. (DL Reihe II. Wörterbücher des 17. und 18. Jhs.).

Bach, Adolf, Geschichte der deutschen Sprache. Neunte, durchgesehene Aufl. Heidelberg 1970.

Bentzinger, Rudolf, Zur Verwendung von Adjektivsuffixen in der deutschen Literatursprache (1570—1730). In: Aspekte des Sprachwandels in der deutschen Literatursprache 1570—1730. Hrsg. v. Joachim Schildt. Berlin 1992, 119—225. (Baust. 66).

Campe, Joachim Heinrich, Wörterbuch der deutschen Sprache. 5 Bde. Braunschweig 1807—1811. [Nachdruck Hildesheim/New York 1969]. (DL Reihe II. Wörterbücher des 17. und 18. Jhs.).

Deutsche Wortbildung. Typen und Tendenzen in der Gegenwartssprache. Eine Bestandsaufnahme des Instituts für deutsche Sprache, Forschungsstelle Innsbruck. 5 Hauptteile. Morphem- und Sachregister zu Bd. 1—3. Ingeburg Kühnhold [u. a.]. Düsseldorf 1973, 1975, 1978, 1984. Berlin/New York 1991, 1992. (Spr. d. Geg. 29, 32, 43, 62, 79, 80).

Erben, Johannes, Einführung in die deutsche Wortbildungslehre. 3., neubearb. Aufl. Berlin 1993. (GG 17).

Fleischer, Wolfgang, Wortbildungstypen der deutschen Gegenwartssprache in historischer Sicht. In: ZfG 1, 1980, 48—57.

Ders./Irmhild Barz, Wortbildung der deutschen Gegenwartssprache. Unter Mitarbeit v. Marianne Schröder. Neufassung. Tübingen 1992.

Flury, Robert, Struktur- und Bedeutungsgeschichte des Adjektivsuffixes *-bar*. Winterthur 1964.

Gützlaff, Karin, Von der Fügung Teutscher Stammwörter. Die Wortbildung in J. G. Schottelius' Ausführlicher Arbeit von der Teutschen HaubtSprache. Hildesheim/Zürich/New York 1989. (DL 2).

Habermann, Mechthild, Verbale Wortbildung um 1500. Eine historisch-synchrone Untersuchung anhand von Texten Albrecht Dürers, Heinrich Deichslers und Veit Dietrichs. Berlin/New York 1994. (WNF 2).

Heinle, Eva-Maria, Diachronische Wortbildung unter syntaktischem Aspekt. Das Adverb. Habil. Augsburg 1991.

Dies./Hans Wellmann, -halb, -halben, -halber. Aus der Werkstatt der Historischen Wortbildung. In: Studia Linguistica et Philologica. Festschrift für Klaus Matzel zum 60. Geburtstag überreicht von Schülern, Freunden und Kollegen. Hrsg. v. Hans Werner Eroms/Bernhard Gajek/Herbert Kolb. Heidelberg 1984, 165–187.

Henzen, Walter, Deutsche Wortbildung. Dritte, durchgesehene und erg. Aufl. Tübingen 1965. (Sammlung kurzer Grammatiken germanischer Dialekte, B. Ergänzungsreihe 5).

Inghult, Göran, Die semantische Struktur desubstantivischer Bildungen auf -mäßig. Eine synchronisch-diachronische Studie. Stockholm 1975. (SgF 18).

Joeres, Rolf, Wortbildungen mit -macher im Althochdeutschen, Mittelhochdeutschen und Neuhochdeutschen. Heidelberg 1995. (GB. NF. 3. Reihe. Untersuchungen 21).

Kühnhold, Ingeburg, Wortbildung des Neuhochdeutschen seit dem 17. Jh. In: Sprachgeschichte: Ein Handbuch zur Geschichte der deutschen Sprache und ihrer Erforschung. Hrsg. v. Werner Besch/Oskar Reichmann/Stefan Sonderegger. Berlin/New York 1985, 1614–1622. (HSK 2.2).

Müller, Peter O., Substantiv-Derivation in den Schriften Albrecht Dürers. Ein Beitrag zur Methodik historisch-synchroner Wortbildungsanalysen. Berlin/New York 1993. (WNF 1).

Paraschkewoff, Boris, Zur Entwicklung des qualitativen Adverbs im Deutschen. In: DaF 11, 1974, 288–291, 310.

Paul, Hermann, Deutsche Grammatik. Bd. 5. Tl. 5: Wortbildungslehre. Heilbronn 1920. [Nachdruck Tübingen 1968].

Ders., Deutsches Wörterbuch. 9., vollständig neu bearb. Aufl. v. Helmut Henne/Georg Objartel. Tübingen 1992.

Prell, Heinz-Peter/Marietheres Schebben-Schmidt, Die Verbableitung im Frühneuhochdeutschen. Berlin/New York 1996. (SLG 41).

Ronca, Dorina, Morphologie und Semantik deutscher Adverbialbildungen. Eine Untersuchung zur Wortbildung der Gegenwartssprache. Diss. Bonn 1974, Bonn 1975.

Ruf, Birgit, Augmentativbildungen mit Lehnpräfixen. Eine Untersuchung zur Wortbildung der deutschen Gegenwartssprache. Heidelberg 1996. (GB. NF. 3. Reihe. Untersuchungen 25).

Schebben-Schmidt, Marietheres, Studien zur Diminution in der deutschen Schriftsprache des 18. Jhs. In: Deutsche Sprachgeschichte. Grundlagen, Methoden, Perspektiven. Festschrift für Johannes Erben zum 65. Geburtstag. Hrsg. v. Werner Besch. Frankfurt/M./Bern/New York/Paris 1990.

Schmidt, Wilhelm, Geschichte der deutschen Sprache. Ein Lehrbuch für das germanistische Studium. (6. Aufl., erarbeitet unter der Leitung v. Helmut Langner). Stuttgart/Leipzig 1993.

Schottel(ius), Justus Georg, Ausführliche Arbeit Von der Teutschen HaubtSprache. Braunschweig 1663. Nachdruck in 2 Bden. Tübingen 1967.

Stieler, Kaspar, Der Teutschen Sprache Stammbaum und Fortwachs oder Teutscher Sprachschatz. Nürnberg 1691. Nachdruck in 3 Tlen. München 1968. (Deutsche Barock-Literatur).

Wellmann, Hans, Wortbildung im Sprachwandel. In: Wortbildung und Phraseologie. Hrsg. v. Rainer Wimmer/Franz-Josef Berens. Tübingen 1997, 65–87. (Studien zur deutschen Sprache 9).

Wells, Christopher, Deutsch: eine Sprachgeschichte bis 1945. (Aus dem Englischen von Rainhild Wells). Tübingen 1990. (RGL 93).

Eva-Maria Heinle, Augsburg

134. Die Textsorten des Neuhochdeutschen bis zur Mitte des 20. Jahrhunderts

1. Einleitung
2. Entwicklung von Textsorten vom
    17. Jahrhundert bis zur Mitte des
    20. Jahrhunderts.
3. Aufgaben der Forschung
4. Literatur (in Auswahl)

1. Einleitung

1.1. Zur Forschungslage

Der Versuch einer Präzisierung des Begriffs der Textsorte ist so alt wie die Forschungen zum Gegenstand und die Bestimmung des Begriffes Textsorte innerhalb der Textwissenschaft überhaupt. Auch der Textbegriff selbst wird nicht immer einheitlich gefaßt (vgl. Wimmer 1985), doch dürfte Übereinstimmung in folgendem bestehen: Jeder Text ist als ein Sprachausschnitt ein zusammenhängendes Ganzes. Anders ausgedrückt: Sprache verwirklicht sich in Texten. Darunter sind zunächst Texte verschiedenster Art zu verstehen, das heißt, alle Sprach- und Sprechbeispiele. Unter diesen ist ein isoliertes Gespräch eine andere Textsorte als ein belletristischer Text und dieses wiederum ein anderer als ein Vortrag oder eine Rede (König 1991, 13). Die Summe aller Texte bildet ein Korpus, das für alle Texte einer nicht mehr gesprochenen Sprache (und damit sinngemäß auch für zurückliegende Epochen einer lebenden Sprache) anzusetzen ist. Zur Untersuchung einer gesprochenen Sprache ist in der Regel ebenfalls ein Korpus nötig (König 1991, 13). Der Gesichtspunkt der Repräsentativität spielt im einen wie im anderen Falle stets eine Rolle.

Im Sinne einer stilistischen Verfestigungsart eines solchen Sprachausschnitts (Wimmer 1985, 1623) hat der Textbegriff eine bis in die Antike zurückreichende Tradition. Von daher kommt auch der Begriff: lat. *textus* ('Gewebe, Geflecht'), abgeleitet von *texere* ('weben, flechten bauen'; im übertragenen Sinne auch 'sagen, darlegen'). Daneben wird seit dem Mittelalter ein Text als etwas verstanden, das Authentizität und Originalität besitzt und auf das man sich als eine Autorität berufen kann. Solches ist durch das ganze Mittelalter hindurch immer die Bibel. Schriften der Kirchenväter und päpstliche Dekrete und Urkunden (auch wenn sie gefälscht waren) stellten sich ihr an die Seite. Über das,

was ein Text ist, besteht also wohl in der Forschung weitgehend Übereinstimmung, was nicht ausschließt, daß je nach Notwendigkeit und Erkenntnisstand zum Textbegriff immer wieder Überlegungen angestellt werden. Nach wie vor ist es wichtig, das linguistische Konzept 'Text' genau zu definieren und es von angrenzenden Konzepten der Literaturwissenschaft, der Rhetorik, der Stilistik und der Poetik abzusetzen (Wimmer 1985, 1623).

Seit seiner Einführung in die Sprachwissenschaft in den sechziger Jahren war der Begriff der Textsorte nicht einheitlich definiert, die Forschung zeigte kein einheitliches Bild. Das machte sich schon im Forschungsansatz bemerkbar. Es stellte sich bald heraus, daß die Publikationen grob gesehen in zwei Gruppen eingeteilt werden können, in eine, die auf deduktivem Wege über eine hierarchisch geordnete Tätigkeit zur Textsortenbestimmung gelangen zu können glaubte, und eine andere, die den entgegengesetzten Weg beschritt, der auf induktivem Wege über Textvergleiche zu einem Muster von Textsorten zu gelangen suchte, die gemeinsame Merkmale aufweisen. Dabei ist es nicht wichtig, ob es sich um Textsorten oder Textsortenvarianten handelt (Sommerfeldt 1993, 322). Rückblickend kann festgestellt werden, daß der weitaus größte Teil der Arbeiten zu Textsorten auf induktiv-empirische Untersuchungen entfällt, ein kleinerer kommt von deduktiv orientierten Ansätzen her (Kallmeyer/ Meyer-Hermann 1980; Gülich 1977). Zur letzteren Gruppe von Untersuchungen ist lediglich zu bemerken: Wenn Textsorten verstanden werden als empirisch vorgefundene, einzelsprachliche Kombination von allgemein beschreibbaren Texteigenschaften, lassen sie sich ebensowenig deduzieren, wie sich etwa der Wortschatz einer Sprache deduktiv ableiten ließe (Adamzik 1991, 105). Damit sollen die wichtigen Einzelergebnisse aber keinesfalls in Abrede gestellt werden.

Was den Umfang der Forschungen zu Textsorten betrifft, sind rein quantitativ die auf die Sprache der Gegenwart ausgerichteten in der Überzahl, wobei hier schriftliche und mündliche Texte gleichermaßen Berücksichtigung finden. Textsortengeschichtliche Untersuchungen müssen notwendigerweise weitgehend auf die mündliche Komponente verzichten. Indirekt lassen sich dazu jedoch ebenfalls Aussagen machen, was am Beispiel der sogenannten Redekunst des 17. Jhs. untersucht worden ist (Braungart 1991). Konzepte, die durch eine Vielzahl von empirischen Untersuchungen bestätigt wurden, erwiesen sich als tragfähig. Allgemein akzeptiert ist die Eingrenzung des Textsortenbegriffs nach textexternen und textinternen Merkmalen (Wimmer 1985, 1624; Bußmann 1990, 781). Zu den textexternen Merkmalen sind zu zählen Merkmale der Kommunikationssituation, z. B. Zahl der Teilnehmer an einer solchen Situation, sozialgeschichtliche Faktoren, Intention des Sprechers/der Sprecher, Hörerwartung, Umstände örtlicher, zeitlicher, institutioneller Art usw. Textexterne Merkmale werden bei historischen Texten nur schwer zu bestimmen sein. Als textinterne Merkmale sind anzusehen Textaufbau, Textstruktur, thematische Entfaltung, Textkohärenz, Gebrauch bestimmter Wortarten, stilistische Einzelzüge usw. Auf die Beziehung zwischen Textsorten und Wortschatz hat Penzl hingewiesen:

„Die Verschiedenheit der Textsorten bedingt verschiedenen Sprachstil und verschiedenen Wortschatz ... Verschiedene Spach- und Sprechhandlungen wie Predigen, Reden halten, Unterrichten, Überreden, Beschimpfen, Gespräche führen, vom Plaudern des Alltags bis zu Aussagen vor Gericht, mit ihrer Unmenge von möglichen Partnern oder Adressaten aller sozialen Schichtungen verlangen bei jedem Sprecher eine Reihe verschiedener Sprachstile mit Wortschatzverschiedenheit" (Penzl 1984, 159f.).

Hier bewegt sich die Textsortenforschung (auch sprachhistorisch) auf hinlänglich gut bearbeitetem Boden, die Ergebnisse eigneten sich als Ausgangspunkt für weitere Untersuchungen. Besonders zu erwähnen ist die Arbeit der Freiburger Forscher um Hugo Steger (vgl. Steger 1983, dort weitere Literatur).

In mancher Hinsicht hat neuere Forschung die Probleme deutlicher sehen gelehrt. Dazu gehört beispielsweise die Sicht auf die Sprachgeschichte als Textsortengeschichte, die diskontinuierliche Entwicklung der einzelnen Textsorten, die schärfere terminologische Abgrenzung von Text, Texttyp, Textsorte u. a., obwohl hier ebenfalls noch weitere Klärungen notwendig sein werden.

Daß sich im Bereich der Textsortenforschung bzw. in der Beschäftigung mit Texttypen Literatur- und Sprachwissenschaft aufeinander zu bewegen, ist von Steger schon in der ersten Auflage des Handbuches hervorgehoben worden (Steger 1984, 187); denn auch

die Literaturwissenschaft kennt den Begriff der Textsorte. Sie versucht, Texte nach funktionalen oder sozialen Kriterien zu bestimmen, und hält demzufolge an der prinzipiellen Gattungstrias — Dramatik, Epik, Lyrik — der älteren Literaturwissenschaft zwar nicht mehr unbedingt fest, gibt sie aber auch nicht grundsätzlich auf (Brockhaus 1993, 49). Während die Sprachwissenschaft mit semantischen und pragmatischen Fragestellungen an einen Text herangeht, hat es die Literaturwissenschaft mit satzübergreifenden sprachstrukturellen Ganzheiten zu tun, die auf Konventionen oder Normierungen beruhen (Steger 1984, 187). In diesem Zusammenhang wurde die Notwendigkeit der Trennung von künstlerischen oder literarischen Texten und Gebrauchstexten deutlicher gesehen. In den folgenden Ausführungen wird den Gebrauchstexten immer der Vorrang gegeben, wobei die konsequente Auslassung der künstlerischen Textsorten natürlich nicht möglich ist.

Schon seit einiger Zeit hat sich die Einsicht durchgesetzt, daß Sprachgeschichte auch als Textsortengeschichte gesehen werden kann, oder umgekehrt, daß Textsortengeschichte bei einem Modell der Sprachgeschichte als ein wichtiger Gesichtspunkt einzubeziehen ist. Aus den bei Wimmer (1985, 1630) aufgeführten Forschungsdefiziten leiten sich auch gegenwärtig die aktuellen Aufgaben, vor allem auf dem Gebiet der textsortenhistorischen Forschung her.

Nun hat sich für die sprachhistorische Arbeit ein Textsortenbegriff auf der mittleren Ebene (Wimmer 1985, 1624) bewährt. Isenberg hatte den Textsortenbegriff gegenüber dem Texttyp betrachtet

„als eine bewußt vage gehaltene Bezeichnung für jede Erscheinungsform von Texten, die durch die Beschreibung bestimmter, nicht für alle Texte zutreffender Eigenschaften charakterisiert werden kann, unabhängig davon, ob und auf welche Weise diese Eigenschaften im Rahmen einer Texttypologie theoretisch erfaßt sind" (Isenberg 1978, 566).

Auch ein neuerer Definitionsversuch des Textsortenbegriffs von Frohne berücksichtigt den sprachhistorischen Aspekt. Er definiert Textsorte

„als einen in der gesellschaftlichen Kommunikationspraxis entstandenen, in Übereinstimmung mit den jeweils aktuellen kommunikativen Normen konventionalisierten und tradierten Typ von Texten, der einem Typ von Kommunikationsaufgaben entspricht, sich durch eine bestimmte — mehr oder weniger musterhafte — Struktur und einen damit

korrespondierenden Standardisierungsgrad auszeichnet und im Sprachbewußtsein der Angehörigen einer Sprachgemeinschaft in bestimmtem
Maße modellhaft gespeichert ist" (zit. bei Sommerfeldt 1993, 322).

Auch bei sprachgeschichtlicher Betrachtung
wird es sich daher empfehlen, den Gebrauchstextsorten den Vorrang zu geben. Damit wird
der schon von Wimmer (Wimmer 1985) gewählte Ansatz beibehalten.

Zur Periodisierungsfrage gibt es unterschiedliche Auffassungen, die allerdings nicht
erheblich voneinander abweichen. Wimmer
machte mit guten Gründen deutlich, daß es
für den großen Zeitraum des Nhd. grob zwei
Abschnitte gibt: den Zeitraum bis ca. 1800,
an dessen Ende die Entwicklung einer Litera-
tur- und Standardsprache abgeschlossen ist,
und den Zeitraum des 19. und 20. Jhs., an
dessen Beginn neue Tendenzen zu beobachten sind, zu denen bürgerliches Sprachbewußtsein, ein anderer Umgang mit Texten,
auch die Entwicklung technischer Medien gehören, z. B. die Erfindung der Rotations-
presse 1817. Politische Ereignisse schließlich
führten auch zur Ausbildung eines neuen Na-
tionalbewußtseins (Wimmer 1985, 1625). Gelegentlich gibt es dazu Modifizierungen. Mediengeschichte, die als eine der materiellen
Voraussetzungen von Textsortengeschichte
zu gelten hat (Steger 1984, 199f.; von Polenz
1991 b, 1), kann als vermittelndes Glied von
Sprachgeschichte und Textsortengeschichte
betrachtet werden und sollte auch so eingeordnet werden. Dabei wird sofort deutlich,
daß Mediengeschichte sowohl von der Pro-
duzentenseite als auch von der Seite der Rezipienten gesehen werden muß. Sprachgeschichtliche Einschnitte, die eng im Zusammenhang mit der Medienentwicklung stehen,
können beobachtet werden

– um 1600 mit dem Erscheinen periodischer Zeitungen (Beginn 1609);
– um 1770, als kommerzielle Innovationen eine
  Leserevolution auslösten; die Praxis des Buchhandels änderte sich, indem sich Methoden des
  Drucks und des Vertriebs änderten; Verlag,
  Buchdruck und Sortimentsbuchhandel wurden
  voneinander getrennt (von Polenz 1991b, 7);
  Verleih- und Lesebibliotheken entstehen;
– um die Mitte des 19. Jhs., wo bei der Medienentwicklung ein enger Zusammenhang zwischen
  technischen und kommerziellen Innovationen
  festzustellen ist; die Massenpresse entsteht; der
  Prozeß verstärkte sich zum Ende des Jahrhunderts hin;
– um den Beginn des 20. Jhs., als sich ein viel größerer Teil der Gesamtbevölkerung Gehör ver-

schaffte; Sprachvarietäten in den Massenmedien, deren Existenz in früheren Zeiten privat
  gewesen war (von Polenz 1991 b, 4);
– um die Mitte des 20. Jhs., als nach dem 2. Weltkrieg völlig neue Medien oder doch solche eine
  Rolle zu spielen begannen, die es nur in Anfängen gegeben hatte: Telefon, Rundfunk, Fernsehen.

Mit diesen Eckdaten ist der Gegenstand der
Textsortengeschichte vom 17. Jh. bis in die
Mitte des 20. Jhs. ungefähr abgesteckt. In den
folgenden Ausführungen wird eine Grobgliederung angewendet und ein Einschnitt am
Ende des 18. Jhs. gemacht. Es wird sich zeigen, daß bei manchen Textsorten eine Periodisierung problematisch wird, wenn ihre Geschichte neben der anderer steht.

1.2. Einige Forschungsschwerpunkte im Überblick

a) Kontinuität und Diskontinuität: Die Geschichte der Textsorten weist eine diskontinuierliche Entwicklung auf, die sie in der Geschichte der dt. Sprache zu äußeren inkonstanten Merkmalen werden läßt (von Polenz
1991a, 89f.). Neben herkömmliche Textsorten treten neue und können einen Teil dieser
älteren ablösen. Zukunftsträchtig sind hoch-
und spätmittelalterliche Textsorten, die mit
den Kommunikationserfordernissen der städtischen Schriftlichkeit zusammenhingen, teilweise spielte der Sprachenwechselprozeß Lat.
zu Dt. dabei eine Rolle (von Polenz 1991a,
89). Die von Polenz skizzierten Entwicklungen gelten auch über die mhd. und frnhd. Periode hinaus und können gerade bei der Betrachtung der (nichtkünstlerischen) Textsorten seit dem 17. Jh. als gute Grundlage dienen.

b) Texttypenhierarchien: Die Textsortenforschung bewegt sich in diesem Bereich derzeit
auf hinlänglich gesichertem Boden. Das betrifft im wesentlichen die Sachtexte oder Gebrauchstexte. Da die Klasse der Sachtexte relativ weit gefaßt ist, macht sich eine Hierarchisierung erforderlich (Wimmer 1985, 1624).
Der Forschungsansatz ergibt sich, indem davon auszugehen ist, daß Textsorten überhaupt Bestandteil einer Hierarchie sind. Eine
Hierarchiebildung wäre etwa denkbar in
einer terminologischen Dreiordnung: Texttyp–Textklasse–Textsorte. Textsorten sind
dann als Untergruppen und Textklassen als
Großgruppen aufzufassen, zum Beispiel (in
der Gegenwart) die Reihenfolge Anleitungs-
text–Rezept–Kochrezept (Linke/Nussbau-
mer/Portmann 1991, 252). Eine Einteilung in

Grundtypen und Untertypen erweist sich methodologisch als praktikabel, wobei Grundtypen den Textarten und Untertypen den Textsorten gleichzusetzen sind. Untertypen enthalten zusätzliche Spezifizierungen (Steger 1984, 187). In jedem Falle sind in einer hierarchisch aufgebauten Texttypologie Textsorten die am stärksten spezifizierten Textklassen (Bußmann 1990, 781). Das zeigt folgendes Beispiel. Auf der Textklassenebene ist ein Leserbrief noch der Textklasse Brief oder der Textklasse Zeitungstext zuzuordnen (Linke/ Nussbaumer/Portmann 1991, 252), auf der Textsortenebene aber nicht mehr, hier ist ein Brief eben ein Brief. Es hängt nun davon ab, wo man den Brief einordnet, als Grundtyp oder Untertyp. So sind persönlicher Brief und Geschäftsbrief natürliche Briefe, bilden also eine Klasse (Großgruppe, Grundtyp), sie unterscheiden sich aber in ihren textinternen und textexternen Merkmalen wesentlich, stellen also unterschiedliche Textsorten (Untergruppe, Untertyp) dar. Ähnliches gilt auch für wissenschafts- und kulturkritische Texte, die vor allem mit der Entwicklung des bürgerlichen Kulturbetriebs seit dem 18. Jh. eine schnelle Entwicklung erfahren und die sich dann als Theaterkritik, Literaturkritik, Musikkritik, künstlerische und wissenschaftliche Rezensionen u. dgl. eigenständig entwickeln.

c) Sprachgeschichtliche Gesichtspunkte: Zu bestimmten Zeiten kommen bestimmte Textsorten häufiger vor als andere, wie beim Merkmal der äußeren Inkonstanten bereits erwähnt wurde. Wenn Sprachwandel als Ausdruck objektiver Erfordernisse, die sich aus den Bedingungen der Kommunikation ergeben (Schildt 1990, 416), aufzufassen ist, dann könnten Textsorten, die sich in einzelnen Perioden der Sprachentwicklung als unterscheidbare Texttypenrepertoires herausgebildet haben, zu einem zusätzlichen Kriterium beim Setzen von Zäsuren der sprachgeschichtlichen Entwicklung herangezogen werden. Zu einem bestimmten Zeitpunkt übliche Textsorten lassen sich zu Textsortensystemen ordnen (Schildt 1990, 418). Daraus ergibt sich, daß ein Wandel in den objektiven Erfordernissen der Kommunikation einen Wandel in den Textsorten zur Folge hat. Textsortenverlagerung im Verlauf der Sprachgeschichte wirkt sich dann konsequenterweise auf den Wandel in sämtlichen grammatischen Bereichen aus. Schon die Wortstellung kann in der Synchronie textsortenspezifische Variationen aufweisen (Schank 1984,

762). Auf die Verschiedenheit von Sprachstil und Wortschatz in Bezug auf die Verschiedenheit der Textsorten wurde bereits hingewiesen (Penzl 1984). Zu beachten ist in diesem Zusammenhang, daß Textsortensysteme einer Sprachgemeinschaft sich teilweise überlappen (Schank 1984, 762), denn die Ablösung einer Textsorte durch eine andere geht nicht schlagartig vor sich. Im Verlaufe solcher Entwicklungen hat die Geschichte der Medien immer eine wichtige Rolle gespielt (von Polenz 1991b, 1ff.; vgl. 1.1.). Im mediengeschichtlichen Konzept erweist sich, daß beim Untergang alter Textsorten und beim Emporkommen neuer manche Textsortenstile vermischt werden (von Polenz 1991b, 5).

Das erste Auftreten periodischer Zeitungen ab 1609 ist zwar ein wichtiges Datum in der Geschichte der Publizistik, war jedoch sprachgeschichtlich nicht epochemachend (von Polenz 1991b, 9). In anderer Hinsicht dürfte dieses Datum aber wichtig sein, da mit der Zeitung eine neue Textsorte ihre erfolgreiche Entwicklung beginnt. Um die Mitte des 19. Jhs. ist ein deutlicher Schub in der technischen und kommerziellen Medienentwicklung zu beobachten, der es rechtfertigt, um die Jahre 1848/1850 eine auch sprachgeschichtlich deutliche Zäsur anzusetzen. Diese Entwicklung hatte stärkste Auswirkungen am Ende des Jahrhunderts. Massenpresse und zunehmende Alphabetisierung der Bevölkerung waren folgenreich auch für die Entwicklung/Weiterentwicklung von Textsorten. Für die Gegenwart spielen elektronische Medien eine nicht mehr wegzudenkende Rolle im täglichen Leben, deren Entwicklung im wesentlichen nach dem zweiten Weltkrieg einsetzt. Die Erörterungen dieses Kapitels betreffen daher die zweite Hälfte des 20. Jhs. nicht mehr.

d) Entlehnungsfreudige Textsorten: Nur angedeutet werden kann hier ein Gebiet, das noch kaum erforscht ist. Es gibt Textsorten, die, wie es scheint, offen sind gegenüber sprachlichen Einflüssen von außen, das heißt, es gibt Texte, die bestimmte sprachliche Elemente enthalten, die als Entlehnungen Lehngut im weitesten Sinne enthalten. Sprachliche Modeströmungen und die Bevorzugung bestimmter Textsorten zu bestimmten Zeiten mögen dabei eine Rolle spielen. So ist festgestellt worden, daß der Anteil vor allem frz. Sprachelemente in Übersetzungsliteratur, Reisebeschreibungen, privater und öffentlicher Korrespondenz, Zeitungen und militärischer Fachliteratur im 17. Jh. relativ hoch ist, gering dagegen in seriöser Prosa und Poesie und sprachpuristischen Texten (von Polenz 1991a, 81). Auf die Verwendung des Frz. in Briefen des 17. Jhs. hat schon Steinhausen hingewiesen. Abgesehen davon, daß Briefe, der Mode entsprechend, im Ganzen frz. abgefaßt werden konnten, gibt es, ebenfalls im Rahmen einer allgemeinen Gesellschaftsmode, auch eine dt.-frz. Mischsprache. „Um 1700 war eine vollständig deutsch-französische Briefsprache in Deutschland allgemein üblich" (Steinhausen 1891, 19). Die Textsorte Brief erwies sich als eine dominierende Textsorte solchen Erscheinungen gegenüber als besonders offen. Diese Eigenart geht zwar im 18. Jh. zurück, verschwindet jedoch nicht völlig. Die „widerwärtige Mischung der deutschen Sprache mit französischen Fremdwörtern, die französische Anrede über und die französische Schlußformel unter dem Brief sind doch verschwunden, wenigstens bei dem jüngeren Geschlecht" (Steinhausen 1891, 271). Die Verhältnisse in anderen Textsorten müßten untersucht werden.

2. Entwicklung von Textsorten seit dem 17. Jahrhundert bis zur Mitte des 20. Jahrhunderts

2.1. Vom 17. bis zum Ende des 18. Jahrhunderts

Flugschriften bilden eine Textsorte, deren erster Höhepunkt im Reformations- und Bauernkriegszeitalter erreicht worden war (s. Art. 116). Für die aktuellen Auseinandersetzungen erwiesen sie sich als das am besten geeignete Medium. Das betrifft sowohl die inhaltliche als auch die formale Seite. Politische, soziale, theologische, im weitesten Sinne öffentliche Angelegenheiten wurden auf engem Raum bündig dargelegt und in Vers oder Prosa formuliert, wobei sich die Verteilung von Vers und Prosa eindeutig zugunsten der Prosa verschiebt (Kästner/Schütz/Schwitalla 1985, 1357). Eine wichtige formale Komponente kann dabei die Illustration sein. Flugschriften von mehreren Seiten Umfang enthalten, vom Titelblatt abgesehen, im allgemeinen keine Illustrationen. Dagegen sind sie für die Flugblätter oder Einblattdrucke ein textsortenkonstituierender Bestandteil. Anders als mit den gerade entwickelten Druckverfahren wäre ein Erfolg in der Verbreitung solcher Druckerzeugnisse nicht möglich gewesen. Die Verbreitung wurde zu-

dem begünstigt, indem einem noch häufig analphabetischen Publikum das Bild eine Signalwirkung auf den Text vermittelte, der erst noch (vielleicht durch einen Vorleser) erschlossen werden mußte. Texte dieser Art gehören zu den Gebrauchstexten (Schwitalla 1976), und es dürfte verständlich sein, daß ihre Zeitbedingtheit auch ihre nachlassende Bedeutung erklärt.

Im 17. Jh. erlebte diese Textsorte noch einmal einen Aufschwung im Erscheinungsbild des illustrierten Flugblatts zum Reformationsjubiläum 1617. Ordnet man diese Flugblätter den Casualcarmina zu, die gerade im 17. Jh. sehr verbreitet waren und die eine typische literarische Zweckform des 17. Jhs. sind (Kastner 1982, 116), so stehen sie in größeren Zusammenhängen. Illustrierte Flugblätter sind in allen gesellschaftlichen Bereichen anzutreffen, von Adligen über das städtische Patriziat bis zu Halbgebildeten und Analphabeten (Kastner 1982, 117) und werden verwendet als propagandistisches, persuasives, systemstabilisierendes, auch didaktisches und erbauliches Material. Sie führen also die alte Textsorte Flugblatt direkt fort. Anläßlich des Reformationsjubiläums 1617 gab es Zensurbedingungen, die oftmals mit Sorge um den konfessionellen Frieden verbunden waren und allgemeine politische Rücksichten als Hintergrund hatten. Der Augsburger Rat erließ am 27. November 1618 ein Mandat an die Drucker und Verleger, in dem er ihnen verbot, solche Schriften zu drucken und zu verbreiten, die zur Aufwiegelung des gemeinen Volkes dienen könnten, denn der Kaiser Matthias (1612—1619) war katholisch. Interessant sind die Bezeichnungen für die offenbar zahlreichen, oft anonym verbreiteten Texte. Obwohl „bei ernstlicher Straf" verboten worden war, „kein schmachhafte, leichtfertige, ärgerliche und allein zu Verbitterung und Aufwiegelung des gemeinen Volkes reichende Bücher, Lieder, neue Zeitungen, Zedul, Gemälde und Kupferstiche in keinerlei Sprach" zu drucken und zu verbreiten, sei das Verbot übertreten worden, und der Rat wiederholte es, „hinfüro keine dergleichen ehrenrührige, ärgerliche, schmachhafte, leichtfertige, unzüchtige Bücher, Schriften, Traktatlein, Pasquill, Lieder, Zeitungen, Gemälde, Zeduln und Stich, von was Religion dieselbe seien, hier zu drucken" (Kastner 1982, 119 und 136). Unter den „Zeduln" ist sicher die Textsorte Flugblatt zu verstehen, deren Aufleben aber im Zusammenhang mit den anderen hier genannten Druckwerken zu sehen ist.

Was die Textsorte Flugblatt zu einer eigenständigen macht, ist ihr äußeres Erscheinungsbild oder, wie man heute sagen würde, das Layout. Die Möglichkeit der visuellen Rezeption von illustrierten Flugblättern ermöglichte bzw. erleichterte Analphabeten und Halbgebildeten zumindest die teilweise Aufnahme des Inhalts oder des Anliegens der Blätter (Kastner 1982, 120). Text und Bild bilden ein zusammenhängendes Ganzes und sind aufeinander bezogen. Diese illustrierte Presse, die als meinungsbildendes und propagandistisches Instrument in den Jahren der Reformation und des Bauernkrieges ihre erste große Entfaltung erlebte, setzte sich im 17. Jh. also fort. Das Reformationsjubiläum 1617 bot hierfür noch einmal eine geeignete stoffliche Grundlage. Zuzeiten des Vormärz 1848 hat ein ähnlicher Vorgang noch einmal stattgefunden. Unmittelbar an die Flugschriften- und Flugblattliteratur knüpften die Zeitungen des 17. Jhs. an (von Polenz 1994, 371), womit eine neue Textsorte eine bewährte alte abzulösen begann. Die Autoren der Flugblätter, besonders wenn sie brisante politisch-satirische Themen behandelten, sind weitgehend unbekannt. Das war schon so, als das Flugblatt als Textsorte überhaupt in Erscheinung zu treten begann und ist ein ihr offensichtlich immanentes Merkmal. Wenn ein Flugblatt nicht anonym erschien, konnte der Autorname ein Pseudonym sein, was nichts daran änderte, daß er, meist zum Schutz seiner Person, unidentifiziert blieb.

Alle diese Merkmale treffen auch auf die Textsorte Flugschrift zu, also auf Druckerzeugnisse, die sich nicht so sehr von Anliegen und Inhalt, sondern zuerst von ihrem Umfang her von den Flugblättern unterschieden. Auch sie erlebten, wie angedeutet, anläßlich des Reformationsjubiläums 1617 noch einmal einen deutlichen Aufschwung (Kastner 1982), wobei zu erwähnen ist, daß es solche Flugschriften auch in lat. Sprache gab. Das deutet darauf hin, daß vor allem in den Städten mit einem Publikum gerechnet werden muß, das im Niveau seiner Bildung sehr differenziert war. Ein Teil der Publikationsflut zum Reformationsjubiläum 1617 kam natürlich aus dem katholischen Lager. Für sich betrachtet, weisen diese Publikationen insofern einige Besonderheiten auf, als von den katholischen Autoren das illustrierte Flugblatt kaum genutzt wurde, von ihnen wurden Flugschriften

und umfangreiche lat. Abhandlungen bevorzugt (Kastner 1982, 226).

Rechtstexte erscheinen als Textsorte seit dem Hoch- und Spätmittelalter und erweisen sich als langlebig. Das Beispiel des „Sachsenspiegel" des Eike von Repgow aus der ersten Hälfte des 13. Jhs. belegt dies deutlich. Als „Gemeines Sachsenrecht" blieb er in einigen Teilen Deutschlands bis zum 19. Jh. in Kraft. Endgültig abgelöst wurde er vom Bürgerlichen Gesetzbuch, das 1900 in Kraft trat. Im Anschluß an den „Sachsenspiegel" war es nunmehr üblich, rechtsverbindliche Texte von vornherein schriftlich zu fixieren. Dahinter steht der Übergang vom germ. zum römischen, das heißt vom mündlich tradierten zum kodifizierten Recht. Auf die Entwicklung der Textsorten hatte dieser Prozeß insofern Einfluß, als sich jetzt die Gesetzestexte als eigenständige Textsorte herausbildeten und im Anschluß daran eine verschiedenartige Spezialliteratur, auch Fachliteratur. Adrian Beier gab 1717 in Jena das erste Kompendium zum Handwerksrecht heraus (Wimmer 1985, 1626). Im 19. Jh. setzt dann die Publikation alter Rechtstexte ein, doch erfolgt dies aus wissenschaftlichen Gründen und zumeist aus historischem Interesse, nicht um diese Texte unmittelbar für den praktischen Gebrauch zu nutzen, und einem breiteren Publikum mögen sie eher unverständlich gewesen sein. Vom wissenschaftlichen Standpunkt des Rechtshistorikers urteilte denn auch der Jurist Franz von Savigny 1814 über die „Peinliche Gerichtsordnung Kaiser Karls V." (Carolina) von 1532 im Zusammenhang mit den gesetzgeberischen Leistungen seiner Zeit: „Ich kenne aus dem 18. Jh. kein deutsches Gesetz, welches in Ernst und Kraft des Ausdrucks mit der Peinlichen Gerichtsordnung Karls V. verglichen werden könnte" (Carolina 1991, 15). Rechtstexte sind aber wiederum Bestandteil übergeordneter Texttypen wie Protokolle von Stadträten, Verträge, Urkunden und andere Gebrauchstexte (Wimmer 1985, 1626). Einzelnen Texten gehen oft lat. Vorstufen voraus, besonders bei Gesetzestexten ist dies der Fall. Als Fachliteratur stehen sie, sofern sie gedruckt wurden, neben Fachbüchern mit anderer Thematik und ermöglichen mit ihnen zusammen den Aufschwung der Städte.

Als Geburtsjahr der Zeitungen gilt das Jahr 1609. In diesem Jahre erschienen die ersten gedruckten Wochenzeitungen, in Wolfenbüttel der „Aviso" und in Straßburg die „Relation". Es beginnt die regelmäßige aktuelle Berichterstattung für jedermann über alles, was interessant ist. Dabei spielte natürlich die Zensur eine gewisse Rolle, so wie es bei den in nur geringem zeitlichen Abstand erschienenen illustrierten Flugblättern aus Anlaß des Reformationsjubiläums der Fall war. Das äußerlich ähnliche Erscheinungsbild mag dies zum Teil erklären. In diesem Zusammenhang ist es interessant, daß bei der Suche nach Vorläufern dieses neuen Mediums auf den Zusammenhang zwischen Flugblatt und Zeitung/Zeitschrift hingewiesen wurde. Die zwar erst 1618 bis 1620 erschienenen Prager 13 Fortsetzungen der „Variorum Discursuum Bohemicorum Nervus oder HussitenGlock" wurden jedoch als (historisch-politische) Zeitschrift oder als Frühform der Zeitschrift angesehen, eine andere Einordnung bestimmte sie als Flugschriftenserie, die ganz aus dem Gesetz und der Aufgabe einer Flugschrift zu bestimmen sei (Wilke I, 1978, 36 ff.). Ohne auf Einzelheiten einzugehen — die Problematik muß von Zeitungswissenschaftlern aufgegriffen und behandelt werden —, ist dieser Zusammenhang für die Geschichte der Textsorten nicht zu übersehen. Ein zukunftsträchtiges Medium löste ein anderes ab, übernahm dessen Bedingungen. Auf diese Weise entstand die Textsorte Zeitung. Das mag etwas vereinfacht dargestellt sein, doch ist auf diesem Gebiet trotz beeindruckender Publikationsergebnisse immer noch Forschungsarbeit zu leisten, gerade hier in interdisziplinärer Zusammenarbeit.

Das Neue an den Wochenzeitungen war nun, daß sie ein gesteigertes Informationsbedürfnis befriedigen konnten. Nachrichten aus dem In- und Ausland, aus Politik und Kultur und allen irgendwie interessanten Gebieten trugen zur Meinungsbildung des Publikums wesentlich bei. Die Informationen wurden in vielfältiger Form gereicht, so war der Typ der Briefzeitung eine geeignete Form der Nachrichtenvermittlung, was wiederum die Bedeutung gerade dieser Textsorte unterstreicht (Kästner/Schütz/Schwitalla 1985, 1364). Der Typ der periodisch erscheinenden Zeitung ist eine europ. Erscheinung, wobei sich der dt. Journalismus an ausländischen Vorbildern orientierte. Den ersten Gipfelpunkt der Entwicklung brachte das 18. Jh., der Typ der „Moralischen Wochenschriften" hatte sich herausgebildet. Das besondere Vorbild war England. Richard Steele und Joseph Addison mit ihren Wochenschriften „Tatler" (1709) und „Spectator" (1711) wirkten unmittelbar auf die dt. Entwicklung ein. Johann Matheson in Hamburg gründete 1713 den „Vernünftler", der als Buchedition 1721 erschien und in dieser Form den Titel trug: „Der Vernünftler, Das ist: Ein teutscher Auszug, Aus den Engeländischen Moral-Schrifften des Tatler und Spectator, Vormahls verfertiget; Mit etlichen Zugaben versehen, Und auf Ort und Zeit gerichtet von Joanne Mattheson". Johann Jakob Bodmer und Johann Jakob Breitinger folgten 1721 in Zürich mit „Discoursen der Mahlern", Johann Christoph Gottsched gab mehrere Wochenschriften heraus, neben dem „Biedermann" seit 1725 „Die vernünftigen Tadlerinnen". Die Zahl der bis 1750 in Deutschland herausgebrachten Zeitungen (auch kurzlebige) wird auf rund 500 geschätzt (Wimmer 1985, 1628).

Eine Zeitung oder Zeitschrift, wollte sie einen großen Leserkreis erreichen, mußte eine bunte Palette von Artikeln aufweisen, d. h. sie hatte ein breites Spektrum von Textsorten in sich, auch in jeder einzelnen Folge, zu vereinigen. Im 19. Jh. kann die „Gartenlaube" als repräsentatives Beispiel dafür genannt werden. Sie erschien ab 1853 unter dem Titel „Die deutsche Gartenlaube", ab 1938 als „Die neue Gartenlaube" und stellte erst 1944 ihr Erscheinen ein. Das Textsortenspektrum verteilt sich später auf sich neu herausbildende Zeitungs- und Zeitschriftentypen (Wimmer 1985, 1629), die mit fortgeschrittener Technikentwicklung die Texte durch Fotoaufnahmen ergänzten. Die „Gartenlaube" wurde jedoch nicht oder kaum in Arbeiterhaushalten gelesen, sie war ein Organ des Bürgertums, und zwar mehr seiner unteren Schichten. Aus der Arbeiterbewegung kamen eher politische Exemplare, Flugschriften, Broschüren usw., die aus dem Vereinsleben hervorgingen (Wimmer 1985, 1629). Blätter wie die „Gartenlaube" und die „proletarischen" Texte haben allerdings in unterschiedlichem Maße an der Festigung der einheitlichen dt. Nationalsprache Anteil gehabt. Die in diesen Blättern anzutreffenden Textsorten stützten sich natürlich auf die Wirkungskraft bewährter Textsorten der Vergangenheit, ohne daß das immer bewußt gewesen wäre.

2.2. Vom Ende des 18. Jahrhunderts bis zur Mitte des 20. Jahrhunderts

In der nhd. Zeit erlebt die Briefliteratur ihren Aufstieg, ihre Blüte und ihr Ende. Bei der Textsorte Brief ist zu unterscheiden zwischen Texten, die sich der Briefform bedienen und die auch als Flugschriften, Berichte über Ereignisse, Reisen usw. anzusehen sind, und

Briefe im engeren Sinne oder „eigentliche" Briefe (Ermert 1979, 6). Wenn eine Vielzahl von Mitteilungen unterschiedlichster Art in Form von Briefen vermittelt werden kann, zeigt das die Multifunktionalität dieser Textsorte (Ermert 1979, 5). Der Brief erwies sich besonders im 18. und 19. Jh. als eine der Textsorten, die die meiste Aussicht auf Bestand und Fortentwicklung hatten, weil sie den Kommunikationsbedürfnissen am meisten entsprachen und entgegenkamen.

Der Privatbrief erhielt durch Martin Luther literarischen Rang (Wolf 1980, 149). Aber Luther und seine Zeitgenossen nutzten die Briefform im angegebenen Sinne auch für Mitteilungen und Aufrufe an ein zunächst intendiertes, nicht bekanntes Publikum und kannten dafür die Bezeichnungen Sendbriefe, Sendschreiben, Epistel usw. Hinzuweisen ist daneben auf die große Zahl lat. Briefe, von Luthers erhaltener Korrespondenz sind drei Fünftel lat. verfaßt (Wolf 1980, 148). Das Bild änderte sich in der nachreformatorischen Zeit, und vom 17. Jh. ab beginnt sich der Brief zu einer Textsorte mit einer „fast spektakulär zu nennenden Hochschätzung" (Wimmer 1985, 1628) zu entwickeln. Sozusagen als Begleittexte dazu entwickelten sich die sogenannten Briefsteller, die nun einem sich ständig erweiternden Publikum Anleitung zum Briefeschreiben und Hilfe dabei geben wollten. Daß die Briefsteller die Anweisungen dafür aus den Rhetorik-Lehrbüchern entwickelten, ist leicht daraus zu erklären, daß der Briefschreiber nichts anderes tun sollte als eine Rede schriftlich festhalten. Christian Fürchtegott Gellert verlangt von einem Brief, „daß er die Stelle eines Gesprächs vertritt" (Gellert 1808, 2). So gelten für eine Rede oder ein Gespräch wie für einen Brief fünf Teile: *salutatio, exordium, narratio, petitio, conclusio*. Nicht alle müssen regelmäßig vorkommen (Steinhausen 1889, 103), bei ihrer Verwendung aber können sie sich verselbständigen. So erfinden die Briefsteller neue Formeln für den Gruß am Anfang des Briefes (salutatio) oder entwickeln bestimmte Wendungen für einzelne Teile, z. B. werden als Muster Einleitungswörtchen und Konjunktionen empfohlen: *dieweil* für das *exordium, als* für die *narratio, darum so* für die *petitio* (Steinhausen 1889, 104). Auf diese Weise wurde der Brief zum einfach ausfüllbaren Formular. Mehr war vielleicht nicht beabsichtigt, für einen ungeübten Briefschreiber war aber auch das vielleicht schon eine unschätzbare Hilfe. Die weitere Entwicklung der Text-

sorte Brief ergab sich folgerichtig. Maßstab für den Briefstil wurden die Kanzlei und die prunkende Gelehrsamkeit.

Das eigentliche Briefzeitalter ist das 18. Jh. Wenn auch eine Vielzahl von Variationen nach wie vor zu beobachten ist, so herrscht doch der handgeschriebene, persönliche Brief vor, der allerdings auch einem breiteren Publikum gewonnen werden konnte. Im wesentlichen gab es dafür zwei Möglichkeiten − die Abschrift und den Druck. Daß Briefe abgeschrieben wurden, war im 18. Jh. weithin üblich, oft zum Mißfallen der Verfasser. Der Druck von Briefen ging oftmals auf die Initiative geschäftüchtiger Buchhändler und Drucker zurück, auch hier konnte das Einverständnis der Briefschreiber nicht immer vorausgesetzt werden, ja, es kam darüber zu ernsthaften und ärgerlichen Streitfällen. Natürlich sind gerade die Briefe eine unschätzbare Fundgrube für die Ansichten ihrer Verfasser zu Kunst, Literatur und Gesellschaft.

Mit der Einbeziehung auch der Frauen als Verfasserinnen der Textsorte Brief ist ein Kreis von Verfassern und Empfängern bzw. Verfasserinnen und Empfängerinnen entstanden, der noch im 17. Jh. bei weitem nicht so groß war. Genauso deutlich bestand im 17. wie im 18. Jh. das Bedürfnis, die Briefform richtig handhaben zu können. Die Briefsteller-Literatur hatte immer ihr Publikum. Besonders berühmt geworden ist Christian Fürchtegott Gellerts Werk „Briefe, nebst einer Praktischen Abhandlung von dem guten Geschmacke in Briefen" (1751). [Im Folgenden wird nach der Ausgabe von 1808 zitiert]. Deutlich knüpfte Gellert wie seine Vorgänger des 17. Jhs. an die Rhetorik an:

„Man darf nur die Natur und Absicht eines Briefs zu Rathe ziehen, und einige Grundsätze der Beredsamkeit zu Hülfe nehmen: so wird man sich die nöthigsten Regeln, welche die Briefe fordern, leicht entwerfen können" (Gellert 1808, 3).

Ein häufig geäußerter Gedanke, der dann von Gellert gültig formuliert wird, ist der, daß der Brief ein Gespräch ersetzt, obwohl er gegenüber dem Gespräch natürlich seine eigenen Gesetze hat.

„Das erste, was uns bey einem Briefe einfällt, ist dieses, daß er die Stelle eines Gesprächs vertritt. Dieser Begriff ist vielleicht der sicherste. Ein Brief ist kein ordentliches Gespräch; es wird also in einem Briefe nicht alles erlaubt seyn, was im Umgange erlaubt ist. Aber er vertritt doch die Stelle einer mündlichen Rede [...] Er ist eine freye Nachahmung des guten Gesprächs" (Gellert 1808, 4; vgl. auch Ermert 1979, 3).

Neben Gellerts „Praktischer Abhandlung" blieben auch Franz Xaver Riedels „Muster von Briefen", die zuerst Augsburg 1775 erschienen waren, bis über 1800 in Gebrauch. Christian Ludwig Wieners „Neuer allzeit fertiger Oesterreichischer Secretarius", Wien o. J. (wahrscheinlich um 1760) ersetzte den alten Briefsteller des Verfassers „Der Wienerische Secretarius" von 1709.

Die Briefform wurde auch benutzt als Textsortengrundlage für Publikationen in Periodika, als Reiseberichte u. a. (Wimmer 1985, 1628). Eine sehr beliebte und führende Zeitschrift war Johann Christoph Gottscheds „Der Biedermann", die in den Jahren 1727 bis 1729 erschien und in der Gottsched seine Abhandlungen häufig in die Form des Briefes kleidete.

Eine für das 18. Jh. charakteristische literarische Erscheinung ist der Briefroman. Es genügt hier, auf zwei der bekanntesten Beispiele zu verweisen: Christian Fürchtegott Gellerts „Leben der Schwedischen Gräfin von G***" (1747/48) und Johann Wolfgang Goethes „Die Leiden des jungen Werthers" (1774). Die Briefliteratur im weitesten Sinne, Abhandlungen, Briefsteller, Briefroman sind deutliche Belege für die zeitgemäße Hochschätzung der kommunikativen Direktheit des Briefes (Wimmer 1985, 1628).

Diese Hochschätzung der Textsorte Brief hält an. Auch im 19. Jh. pflegte man lange Briefe zu schreiben, die in der Tradition des Briefzeitalters des 18. Jhs. stehen. Nach wie vor ist das geistige, vor allem das literarische Interesse ein charakteristischer Zug des Briefverkehrs (Steinhausen 1891, 407), doch kamen neue Strömungen und Moden auf. Zu nennen sind hier Empfindsamkeit (an der es allerdings schon im 18. Jh. nicht mangelte), die Atmosphäre der Teesalons, auch die stärkere Anteilnahme unterer Kreise der Bevölkerung wie Dienstmädchen und Handwerksgesellen am gesellschaftlichen Leben. In dieser Tradition steht eine der berühmtesten Briefsammlungen des 19. Jhs., die „Briefe eines Verstorbenen" (1830) von Hermann von Pückler-Muskau. Ursprünglich eine reine Privatkorrespondenz, enthalten sie so viele allgemein interessierende Informationen, die der Fürst von seiner Reise durch Großbritannien mitzuteilen hatte, daß bei nicht allzu aufwendiger Bearbeitung eine Briefsammlung zustande kam, die literaturwissenschaftlich unter Reisebilder eingereiht wird, die aber der Form nach sich der bewährten Text-

sorte Brief mit Erfolg bedienen konnte. Im Vorwort schrieb Pückler:

„Die Briefe, welche wir dem Publikum hiermit übergeben, haben das Eigentümliche, daß sie, mit sehr geringer und unwesentlicher Ausnahme, zu ihrer Zeit wirklich so geschrieben wurden, wie man sie hier findet. Man kann sich daher leicht denken, daß sie früher auch zu nichts weniger als zur Publizität bestimmt waren" (Pückler 1987, Bd. 1, 5).

Mit dem Aufkommen neuer Kommunikationsmedien und dem Wandel gesellschaftlicher Verhältnisse trat ein „Funktionsverlust des Briefs" ein (Ermert 1979, 7), was das Ende des Briefzeitalters bedeutete (Ermert 1979, der weitere Stimmen zu diesem Sachverhalt zitiert). Doch ist dies nicht so zu verstehen, als würden im 20. Jh. weniger Briefe geschrieben, im Gegenteil, seit dem 19. Jh. hatten auf Grund veränderter Bedingungen des Deutschunterrichts in den Schulen immer breitere Bevölkerungskreise die Möglichkeit und sahen sich oftmals sogar genötigt, mit Institutionen und Behörden in Verbindung zu treten. Allerdings ist die Textsorte Brief, vom privaten Briefverkehr abgesehen, zu einem „adressatenunspezifischen Mitteilungsformular" (Wimmer 1985, 1628) geworden.

Die Anfertigung weiterer poetischer Texte und Gebrauchstexte im 17. Jh., denen der Rang von Textsorten zukommt, erfolgte wie beim Brief in Anlehnung an die Regeln der Rhetorik. Bei der Textherstellung herrscht das Fünfer-Schema *inventio, dispositio, elocutio, memoria* und *actio* überall vor, vor allem natürlich in Anleitungen für den gelehrten Rhetor. So gibt es eine Vielzahl von Ähnlichkeiten zwischen der Textsorte Brief und den Textsorten, die aus der Entwicklung der Beredsamkeit herkommen.

In der Beredsamkeit des 17. Jhs. lassen sich zwei Linien unterscheiden: die Gelehrtenrhetorik und die Eloquenz der Praktiker (Braungart 1991, 87). Die uns überkommenen Texte können in das System der Textsorten eingegliedert werden. Eine Analyse der Gelehrtenreden, Casualgedichte usw., die gerade im 17. und im beginnenden 18. Jh. in unübersehbaren und noch wenig erschlossenen Massen (Braungart 1991, 97) vorliegen, kann Aufschluß geben über Struktur und Besonderheiten, also Eigenständigkeiten, dieser Textsorten, aber auch über Gemeinsamkeiten und Berührungspunkte mit anderen. Schaffung von Poesie, Dichten, Reden verfertigen, das war etwas, was man wie ein Unterrichtsfach, ja sogar wie ein Handwerk erlernen konnte, man mußte nur entsprechende Fertigkeiten besitzen, und das waren die Regeln der Rhetorik. Die folgenden Betrachtungen betreffen die klassische Rhetorik, wie sie an Universitäten und Schulen gelehrt wurde und die als eine der sieben freien Künste bekannt war. Die Textsorte, die im 17. Jh. damit besonders eng in Verbindung stand, ist die Rede, besonders die Festrede. Im Jahre 1611 gab der Basler Notar, Stadt- und Gerichtsschreiber Johann Rudolf Sattler eine deutschsprachige Anleitung heraus, die sich an den Redner richtete, der zu bestimmten Anlässen vor die Hoföffentlichkeit treten mußte. Mit diesem Buch, dem sogenannten „Werbungsbüchlein", das übrigens bis 1633 sechs Auflagen erlebte, kam er offenbar einem weit verbreiteten Bedürfnis entgegen. Dem diente auch sein zweites Buch, die „Instrvctio Oratoris" von 1618. In Analogie zum Begriff Briefsteller ist es nicht abwegig, die Bücher als Redesteller zu bezeichnen (Braungart 1991, 90). „Für Sattler und sein Publikum war also der Bedarf nach Systematisierung der Redepraxis vorhanden, konnte jedoch von der Schulrhetorik offensichtlich nicht befriedigt werden" (Braungart 1991, 90). Was er nun geben wollte, das waren *exempla*, Beispiele, die dem Benutzer praktische Hilfen geben. Die *exempla* zeigen denn auch eine starke Schematisierung. In den vermittelten Redeformularen läßt sich unschwer erkennen, daß sich solche vorgefertigten und auswechselbaren Redeteile den Briefstellern mit ihren Briefschemata vergleichen lassen. Redesteller und Briefsteller haben daher viel Gemeinsames, wie auch Reden und Briefe große Gemeinsamkeiten aufweisen, ja in ihren Konzeptionen zuweilen sogar identisch sein können. Der wesentliche Unterschied besteht jedoch darin, daß der Brief immer auch die Einladung zu einem Gespräch enthält, die Rede dagegen ist immer ein Monolog.

Erst in letzter Zeit wandten sich einzelne Forscher verstärkt der Rezension als Textsorte zu (Lenk 1993; Dallmann 1979; Pätzold 1986). Dallmann spricht von der Rezension als Texttyp und merkt an: „Texttyp wird hier nicht definitorisch von den Termini Textsorte und Genre abgegrenzt" (Dallmann 1979, 92, Anm. 17). Das zeigt noch einmal die Forschungssituation zu Ende der 70er Jahre zum Thema Textsorte allgemein (vgl. 1.), speziell aber zur Textsorte Rezension. Mit der Vergrößerung des Büchermarktes hat sich die Rezension als eigenständige Textsorte herausgebildet. Als die Zahl der Druckwerke zu steigen begann, wurde es notwendig, einem interessierten Publikum Hilfe und Wegweisung zu geben, ihm bestimmte Bücher zu empfehlen oder von anderen abzuraten. Die Rezension ist also von vornherein eine kritische Besprechung von Neuerscheinungen. Gehaltvolle Rezensionen sind darüber hinaus aber auch wichtig für den Autor und/oder den Verlag, wenn sie Verbesserungsvorschläge für Neuauflagen machen oder Hinweise für die weitere Forschung bzw. (bei Besprechung von Belletristik) Hinweise für das weitere literarische Schaffen eines Autors geben. Rezensionen sind also für den Fortschritt der Wissenschaften wie für die künstlerische Literatur unentbehrlich. Für ältere Zeiten ist die Rezension zudem ein wichtiges, manchmal das einzige Indiz für die Rezeption der Werke verschiedenster Art. Hier muß wenigstens angedeutet werden, daß wohl ein Unterschied zwischen Rezensionen zu künstlerischen Werken und solchen zu wissenschaftlichen Produkten oder Werken zu machen ist. Beide haben einen unterschiedlichen Empfängerkreis (Dallmann 1979, 63f. und 91f., Anm. 13), wobei vielleicht noch ein Unterschied zwischen Empfänger- und Interessentenkreis zu machen ist. Die Entwicklung dieser Textsorte ist somit eng verbunden mit dem literatursoziologischen Gegensatz zwischen klassischer Literatur und Unterhaltungsliteratur. Damit einher geht ein beruflicher Strukturwandel vom ständischen zum freien Schriftsteller (von Polenz 1994, 43). „Die Schriftsteller wurden von Verlegerhonoraren, Markterfolg und Rezensencliquen abhängig. Den Vertrieb expandierte man durch Kolporteure und andere Multiplikatoren, auch in Kleinstädten und auf dem Lande" (von Polenz, 1991 b, 7). Auf den Stand des Rezensenten wirft ein Gelegenheitsgedicht von Goethe ein bezeichnendes Licht, dort heißt es zum Schluß: „Der Tausendsackerment! Schlagt ihn tot, den Hund! es ist ein Rezensent" (Goethe 1965, 416).

Rezensionen erschienen in Zeitschriften und bildeten dort einen integrativen Bestandteil. Zeitschriften, die ausschließlich Rezensionen enthielten, gab es auch. Die erste Rezensionszeitschrift erschien seit 1665 in Paris und wirkte auch auf Deutschland hinüber – das „Journal des Sçavants". In Leipzig wurden ab 1682 die noch lat. gehaltenen „Acta Eruditorum" herausgegeben. Berühmte Rezensionen stammen später von Gotthold Ephraim Lessing, der seine literaturkritische schriftstellerische Arbeit mit Rezensionen in der „Berliner privilegierte Zeitung" 1751 be-

gann und sie bis 1755 fortführte. Ein berühmtes Rezensionsorgan waren die „Frankfurter gelehrte Anzeigen", freilich nur der
Jahrgang 1772, der als Mitarbeiter alle führenden Vertreter der dt. Literatur um diese
Zeit vereinte. Von Christian Gottfried Schütz
und Christoph Martin Wieland wurde 1785
in Jena die „Allgemeine Literaturzeitung" gegründet, die unter Goethes Leitung 1804 bis
1806 als „Jenaische Literaturzeitung" weitergeführt wurde. Die Erscheinungsjahre der
großen und auch für die Zukunft wichtigen
Rezensionszeitschriften liegen also in der
Aufklärung, im Sturm und Drang, in der
klassischen und nachklassischen Zeit. Rezen-
siert wurde fast alles, was auf dem Buchmarkt erschien, wobei die Grenze zwischen
Rezension und Annotation nach unserem
heutigen Verständnis noch recht undeutlich
war. Zeitschriften, die ausschließlich Rezensionen vorbehalten sind, gibt es bis heute:
„Deutsche Literaturzeitung" (seit 1880), „Arbitrium. Zeitschrift für Rezensionen zur germanistischen Literaturwissenschaft" ist sogar
erst 1983 gegründet worden. Einige Fachzeitschriften nahmen erst einige Jahre nach ihrer
Gründung einen Rezensionsteil auf, z. B. enthält die „Zeitschrift für deutsches Altertum"
erst seit dem 19. Band 1876 den seither beibe-
haltenen „Anzeiger für deutsches Altertum
und deutsche Litteratur" [sic!], die „Beiträge
zur Geschichte der deutschen Sprache und
Literatur" (= Paul und Braunes Beiträge) gar
erst mit dem 78. Band der Tübinger Reihe,
also seit 1956. Die erwähnte Scheidung zwischen wissenschaftlicher und Kunstrezension
scheint sich erst nach der Mitte des 19. Jhs.
herausgebildet zu haben. Die fachwissen-
schaftlichen Rezensionen sind oft außerordentlich wertvoll, da der Rezensent ebenso
wie der Verfasser des zu besprechenden Werkes ja Fachmann auf dem Gebiet ist, das das
rezensierte Werk behandelt. Daher sind Rezensionen gesondert bibliographisch erfaßt
worden. Eine spezielle, für die erste Hälfte
des 20. Jhs. repräsentative Rezensionsbiblio-
graphie ist F. Dietrich: „Internationale Bibliographie der Zeitschriftenliteratur", Abt.
C — Bibliographie der Rezensionen und Referate, deren Bände 1 bis 77 von 1900 bis
1943 erschienen.

Rezensionen waren seit dem 18. Jh. zu einer Textsorte geworden, die den Bedürfnissen
des Lesepublikums sehr weit entgegenkam
und demzufolge besonders zukunftsträchtig
war. Im Zweifelsfall brauchte man das Buch
zunächst nicht selbst zu lesen, sondern

konnte sich auf das Urteil des Rezensenten
verlassen. Dieser war häufig, wie im Falle der
„Frankfurter gelehrte Anzeigen", anonym. In
wissenschaftlichen Rezensionen des 19. Jhs.
war das nicht mehr der Fall, und eine Rezension ohne Angabe von Namen, Adresse
(dienstlich oder privat) ist heute nicht mehr
möglich (Lenk 1993, 217).

Schon relativ früh hat sich ein bestimmter
Aufbau eines Rezensionstextes herausgebildet, an dem sich im Laufe der Zeit nicht viel
geändert hat, weil er sich als praktisch erwiesen hat. Freilich gibt es auf der Individualität
des Rezensenten beruhende Besonderheiten.
Unterschiedlichste Sachverhalte können An-
knüpfungspunkte sein, doch soll mit der Einleitung Interesse am Stoff beim Publikum geweckt werden (Dallmann 1979, 63). Teilschritte, deren Reihenfolge nicht festlegt,
sollten in einer Rezension enthalten sein, z. B.
Einordnung des Themas/Buches in die Forschungsgeschichte, Informationen zum Autor
oder Herausgeber, Informationen zu Inhalt
und Aufbau des besprochenen Werkes, Bewertung einzelner Teile, Kapitel, Stellen,
Gesamtbewertung (Lenk 1993, 217f.). Die
sprachliche Gestaltung weist — bei aller individuellen Freiheit — gewisse Gemeinsamkeiten auf. Der Objektivität wegen herrscht die
3. Person Singular vor, auch die 1. Person
Plural wird häufig verwendet (Lenk 1993,
220). In einer Rezension in den „Frankfurter
gelehrte Anzeigen" zu dem Werk „Allgemeine
deutsche Bibliothek. Des 17ten Bandes 2tes
Stück" vom 22. Dezember 1772 heißt es:
„Um uns keiner Superfötation von Kritik
schuldig zu machen, zeigen wir die in diesem
Stück enthaltene Rezension mit eignen kurzen Anmerkungen nur an [...]" (Frankfurter
gelehrte Anzeigen 1991, 350). An weiteren
sprachlichen Merkmalen sind zu nennen die
vorherrschende Verwendung des Präsens, der
Indikativ, dagegen bei kritischer Distanzierung der Konjunktiv I und II (Lenk 1993,
220).

Sonderfälle der Rezension sind die Theaterkritik und die Musikkritik. Für die Theaterkritik können als Beispiele Gotthold Ephraim Lessings „Hamburgische Dramaturgie"
(1767 bis 1769) und Theodor Fontanes Thea-
terkritiken (1870 bis 1894) genannt werden.
Für das 20. Jh. stehen Namen wie Alfred
Kerr und Herbert Jhering. Auf die Theaterkritik wird hier nicht weiter eingegangen, sie
ist vor allem für die Theaterwissenschaft und
die Literaturwissenschaft von Interesse. Mit
der Musikkritik weist sie jedoch viele Ge-

meinsamkeiten auf. Die Musikkritik entstand, als sich der bürgerliche Musikbetrieb zu entwickeln begann, also etwa seit der zweiten Hälfte des 18. Jhs. Musikzeitungen gab es schon seit der ersten Hälfte des 18. Jhs., meistens waren sie noch sehr kurzlebig. Einen Überblick bis zu seiner Zeit gibt Eduard Hanslick (Hanslick 1869, 144ff., 320ff.). Deutschland war das erste Land, wo überhaupt eigene Musikzeitschriften erschienen, nach Hanslick hat es „den Ruhm, in diesem Literaturzweig von Anfang an bis auf den heutigen Tag die übrigen Nationen weit übertroffen zu haben" (Hanslick 1869, 166). Bemerkenswert ist hier, daß Hanslick dem musikkritischen Schrifttum literarischen Rang zuerkannte. Nach und nach ging die Musikkritik, die bis dahin nebenbei von Komponisten mitbesorgt wurde, in die Hände von hauptberuflichen Musikkritikern über, von denen Ludwig Rellstab der Ältere der erste war. Er wirkte in dieser Tätigkeit von 1788 bis 1813 an der „Berliner Vossische" Zeitung. Die „Befreiung der Literatur von absolutistisch-ständischer Auftragsarbeit auf dem Weg zur Weimarer Klassik ging parallel mit der gleichzeitigen Autonomisierung der bürgerlichen Musik von Mozart zu Beethoven" (von Polenz 1991 b, 9). 1821 gab E. T. A. Hoffmann mit seiner Besprechung des „Freischütz" von Carl Maria von Weber ein wegweisendes Beispiel für eine Musikkritik. Unter den Musikkritikern in der 2. Hälfte des 19. Jhs. ist besonders der schon zitierte Wiener Eduard Hanslick (1825–1904) zu erwähnen. Er war sich der Besonderheit der Musikkritik bewußt, als er seine gesammelten Kritiken in Buchform herausbrachte und dabei betonte, sie seien ein Spiegelbild des Konzertlebens, freilich „kein historisch-objectives, sondern ein subjectiv gefärbtes in dem doppelten Sinne, daß jede Kritik nur die Ansicht eines Einzelnen ausspricht und daß sie hier obendrein in den noch feuchten Farben des ersten unmittelbaren Eindruckes schillert" (Hanslick 1886, Vorwort ohne Seitenzählung [S. 2]). Seit Hanslick gehören zum festen Bestandteil einer Musikkritik neben dem aktuellen Anlaß, also die Aufführung eines musikalischen Werkes, auch Ausführungen zur Entstehungsgeschichte dieses Werkes, seine Stellung in den historischen Zusammenhängen, im Schaffen des Komponisten usw. Bemerkenswert ist Hanslicks Bevorzugung der 1. Pers. Plural in seinen Konzertbesprechungen. Weitere Untersuchungen zur Geschichte der Textsorte Musikkritik stehen

noch aus. Von der Theaterkritik unterscheidet sie wohl nur das Sujet.

Im 18. Jh. wurde Dt. nicht nur Unterrichtssprache, sondern auch Unterrichtsfach. Das hatte zur Folge, daß nun auch Textsorten zur Geltung kamen, die entweder erst in Ansätzen vorhanden waren oder sich infolge der Neugestaltung des Unterrichts gerade erst entwickelten. Daß die Schule die Entstehung und Entwicklung von Gebrauchstexten förderte, ist auf Grund ihrer sich immer mehr ausbildenden Rolle als Sozialisationsfaktor im öffentlichen Leben verständlich (Wimmer 1985, 1627). Erstmals trat die Notwendigkeit von Schulen für die öffentliche Bildung ins Bewußtsein der Gesellschaft, als Martin Luther seine Schrift „An die Ratsherren aller Städte deutsches Lands, daß sie christliche Schulen aufrichten und halten sollen" (1524) veröffentlichte, der wenige Jahre später Philipp Melanchthons „Unterricht der Visitatoren an die Pfarrherrn im Kurfürstentum zu Sachsen" (1528) folgte. Wenn auch meist das Lat. die Grundlage und das Ziel des Unterrichts bildete, so wurde der Muttersprache weitgehende Bedeutung beigemessen. Aus diesen Schriften aber läßt sich nicht erkennen, inwieweit hier spätere typische Schultextsorten vorbereitet wurden. Ohne schriftliche Übungen auch im Dt. wird es wohl nicht abgegangen sein. Im 17. Jh. waren es vor allem die Sprachgesellschaften und die Grammatiker, die der dt. Sprache weithin Geltung verschafften und die „teutsche Haubtsprache" zur Grundlage sprachdidaktischer Bemühungen machten (Wimmer 1985, 1627). Wolfgang Ratke und Jan Amos Comenius sind als besonders herausragende Vertreter dt. Bemühungen im Unterricht des 17. Jhs. zu nennen, während Johann Christoph Gottsched und Johann Christoph Adelung als Autoritäten gerade im Gebrauch der Schriftsprache des 18. Jhs. galten. Das ist die Zeit, in der neue Textsorten für den deutschsprachigen Unterricht in zunehmendem Maße eine Rolle zu spielen begannen.

Als Beispiel diene die Textsorte Schulaufsatz. Schriftliche Übungen gehörten natürlich immer zum Unterrichtsgeschehen, doch beschränkten sie sich auf Stilübungen, die im Lat. ihr Vorbild hatten. Einen Aufsatzunterricht im heutigen Sinne gab es nicht. „Die Einrichtung deutscher Aufsätze steht im Zusammenhang mit einem generellen, geradezu paradigmatischen Wechsel von der Mündlichkeit zur Schriftlichkeit, von einer primär oralen zu einer primär literal bestimmten

Kultur" (Ludwig 1988, 132). Daraus erklärt sich auch, weshalb rhetorische Traditionen, auf die der Aufsatzunterricht bis dahin verständlicherweise immer noch zurückgegriffen hatte, aus diesem Fach nun vollständig verschwanden. Eingeleitet wurde dieser Prozeß gegen Ende des 18. Jhs. und kam in der zweiten Hälfte des 19. Jhs. zum Abschluß. Rhetorik spielte im Schulaufsatz von da ab keine Rolle mehr. „Die Hauptformen der deutschen Oratorie hatten ausgedient. Eine Ausnahme bildete einzig und allein die Form des Briefaufsatzes [...]. Es handelte sich um ausgesprochen rhetorische Formen, denen in einer zunehmend entrhetorisierten Welt die Existenzgrundlage entzogen war" (Ludwig 1988, 168). Es ist jedoch nicht zu übersehen, daß zwischen gymnasialer Schulausbildung und Volksschulunterricht ein gewaltiger Unterschied bestand.

Die Rede war zu einer Aufsatzform geworden. Aber Rede als schriftlicher Aufsatz oder Aufsatz in Form einer Rede waren immer noch Widersprüche, die gelöst werden mußten. Die Lösung ergab sich, indem man aus der Rede eine Aufsatzform entwickelte, die Abhandlung, die es als Schulaufsatz erst seit dem Ende des 18. Jhs. gibt, doch kann sie auch etwas älter sein (Ludwig 1988, 171 und 177). Damit erweist sich der dt. Schulaufsatz, wie er sich jetzt entwickelte, als eine Textsorte, der die Zukunft gehörte. Versteht man den Aufsatz schlechthin als einen Texttyp im Sinne von Wimmer und Bußmann (vgl. 1.1.), müßte man die spezifizierteren Textsorten zu bestimmen suchen. Eine solche Spezifizierung könnte folgendermaßen aussehen: Vom Texttyp Aufsatz gibt es die Textsorten Erzählung, Beschreibung, Abhandlung als objektive Aufsatzformen und Schilderung und Betrachtung als subjektive Aufsatzformen. Später (um die Wende vom 19. zum 20. Jh.?) entwickelte sich die Erzählung in die Richtung der subjektiven Aufsatzformen, und an ihre Stelle trat im objektiven Bereich der Bericht (Ludwig 1988, 213).

3. Aufgaben der Forschung

Forschungsdefizite zu Beginn der achtziger Jahre (Wimmer 1985, 1630) können auch zum gegenwärtigen Zeitpunkt noch als vordringlich betrachtet werden. Das soll nicht bedeuten, daß die Textsortenforschung, besonders die, die sich auf den Zeitraum von der Mitte des 17. bis in die erste Hälfte des

20. Jhs. erstreckt, etwa stehengeblieben wäre. Der vorstehende Überblick hat einige Ergebnisse darzustellen versucht. Vielmehr geht es darum, einzelne Sachgebiete noch gründlicher zu durchforsten und die Akzente etwas anders zu setzen, als das seinerzeit möglich war. So könnte heute eher von Forschungsaufgaben als von Forschungsdefiziten gesprochen werden. Diese seien hier noch einmal aufgeführt, Vollständigkeit ist dabei sicher nicht zu erreichen. Die Reihenfolge einiger der von Wimmer (1985) formulierten Forschungsdefizite in der folgenden Reihe der Forschungsaufgaben ist dabei beabsichtigt:

– Der Textsortenbegriff muß weiter präzisiert werden. Eine Vernachlässigung beim Gebrauch der Begriffe Texttyp versus Textsorte sollte, gleich unter welchem Gesichtspunkt ein Text betrachtet wird, nicht mehr stattfinden.
– Deutlich voneinander abzugrenzen sind künstlerische Texte von Gebrauchstexten. Das wird bis ins Letzte nicht immer möglich sein, muß aber als ständige Forderung vor Sprach- und Literaturwissenschaftlern stehen. Dem Einfluß von Sachtexten auf die Gebrauchstextsorten (Wimmer 1985, 1630) ist weiterhin Aufmerksamkeit zu schenken.
– Sprachgeschichte als Textsortengeschichte ist ein neuer Gesichtspunkt, der sich unter Sprachhistorikern immer mehr Geltung verschafft. Nach erfolgversprechenden Ansätzen kann hier ein Schwerpunkt künftiger Forschung liegen.
– Das Verhältnis von Schriftlichkeit und Textsortenentwicklung (Wimmer 1985, 1630) muß noch genauer untersucht werden. Die Untersuchungen zur Geschichte des dt. Aufsatzes (Ludwig 1988) haben methodisch neue Wege gezeigt, vor allem was die allmähliche Ablösung einer primär oralen hin zu einer primär literalen Kommunikation betrifft.
– Textsorten, die bisher eher beiläufig betrachtet wurden, verdienen eine eingehendere Untersuchung. Dazu gehören Kritiken (Musikkritik, Theaterkritik, Ausstellungsbesprechungen usw.), Rezensionen (getrennt nach künstlerischen und wissenschaftlichen Texten) u. a.
– Das Verhältnis von Textsorten und Entwicklung von Subsystemen der Sprache (Wortbildung, Wortschatz, Entwicklungen im Verbsystem, beim Konjunktiv, die Zunahme von Passivkonstruktionen z. B. in Texten der Verwaltungssprache usw.) ist näher zu untersuchen. Daß die durchschnittliche Satzlänge im Laufe des 18. und ·19. Jhs. bis zur Gegenwart abgenommen hat, haben statistische Untersuchungen gezeigt (König 1991, 117). Solche Ergebnisse müssen eingehender interpretiert werden, indem man literarische Texte und gebrauchssprachliche Texte (s. o.) genau auseinanderhält.

4. Literatur (in Auswahl)

BRS = Besch, Werner/Oskar Reichmann/Stefan Sonдеregger (Hrsg.), Sprachgeschichte. Ein Handbuch zur Geschichte der deutschen Sprache und ihrer Erforschung. 1. Halbbd. Berlin/New York 1984; 2. Halbbd. Berlin/New York 1985. (HSK 2). (Die einschlägigen Artikel des Handbuches enthalten die wichtigste Literatur bis zum Erscheinungsdatum. Die folgende Literaturauswahl versteht sich als Ergänzung dazu. Man vergleiche auch die in den Artikeln 16 und 116 angeführte Literatur).

Adamzik, Kirsten, Forschungsstrategien im Bereich der Textsortenlinguistik. In: ZfG 1991, 99−109.

Blackall, Eric A., Die Entwicklung des Deutschen zur Literatursprache 1700−1775. Stuttgart 1966. [The emergence of German as a literary language 1700−1775. Second edition, with a new bibliographical essay. Ithaka/London 1978.]

Braungart, Georg, *Praxis* und *poiesis*: zwei konkurrierende Textmodelle im 17. Jh. In: Rhetorik zwischen den Wissenschaften. Hrsg. v. Gert Ueding. Tübingen 1991, 87−98.

Brockhaus Enzyklopädie in vierundzwanzig Bänden. 19. Aufl., 22. Bd. Mannheim 1993.

Bußmann, Hadumod, Lexikon der Sprachwissenschaft. Stuttgart 1990.

[Carolina =], Die Peinliche Gerichtsordnung Kaiser Karls V. von 1532. Hrsg. und erl. von Gustav Radbruch. 6. Aufl. Hrsg. v. Arthur Kaufmann. Stuttgart 1991.

Dallmann, Sabine, Die Rezension. Zur Charakterisierung von Texttyp, Darstellungsart und Stil. In: Sprachnormen, Stil und Sprachkultur. Hrsg. v. Wolfgang Fleischer. Berlin 1979. (LStA 51).

Dijk, Teun A. van, Textwissenschaft. Eine interdisziplinäre Einführung. Tübingen 1980.

Eggers, Hans, Wandlungen im deutschen Satzbau. In: Mu 93, 1983, 9−25.

Ermert, Karl, Briefsorten. Untersuchungen zu Theorie und Empirie der Textklassifikation. Tübingen 1979.

Fachliche Textsorten. Komponenten−Relationen−Strategien. Hrsg. v. Hartwig Kalverkämper/Klaus-Dieter Baumann. Tübingen 1996. (FF 25).

Fleischer, Wolfgang/Georg Michel, Stilistik der deutschen Gegenwartssprache. 2. Aufl. Leipzig 1977.

Ders./Wolfdietrich Hartung/Joachim Schildt/Peter Suchsland (Hrsg.), Kleine Enzyklopädie Deutsche Sprache. Leipzig 1983.

Fleskes, Gabriele, Untersuchungen zur Textsortengeschichte im 19. Jh. Am Beispiel der ersten deutschen Eisenbahnen. Tübingen 1996. (RGL 176).

Frankfurter gelehrte Anzeigen 1772. Auswahl. Hrsg. v. Hans-Dietrich Dahnke/Peter Müller. Leipzig 1971.

Frohne, Günter, Zum Problem der Textsortenvarianten. In: Potsdamer Forschungen. Reihe A. H. 101. 1989.

Goethe, Poetische Werke. Gedichte und Singspiele I. Berlin/Weimar 1965. [Berliner Ausgabe].

Gülich, Elisabeth/Wolfgang Raible (Hrsg.), Textsorten. Differenzierungskriterien aus linguistischer Sicht. Frankfurt/M. 1972.

Dies., Linguistische Textmodelle. Grundlagen und Möglichkeiten. München 1977.

Hanslick, Eduard, Concerte, Componisten und Virtuosen der letzten fünfzehn Jahre 1870−1885. Berlin 1886.

Ders., Geschichte des Concertwesens in Wien. Wien 1869.

Harras, Gisela, Kommunikative Handlungskonzepte. Tübingen 1978.

Hartmann, Peter, Text, Texte, Klassen von Texten. In: Bogowus 2, 1964, 15−20.

Textsortenlehre−Gattungsgeschichte. Hrsg. v. Walter Hinck. Heidelberg 1977.

Isenberg, Horst, Probleme der Texttypologie. In: WZUL, Ges.- und sprachwiss. Reihe 6/1978, 565−579.

Kallmeyer, Werner/Reinhard Meyer-Hermann, Textlinguistik. In: LGL 1980, 242−258.

Kastner, Ruth, Geistlicher Rauffhandel. Illustrierte Flugblätter zum Reformationsjubiläum 1617. Frankfurt/M./Bern 1982. (Makrokosmos 11).

Kästner, Hannes/Eva Schütz/Johannes Schwitalla, Die Textsorten des Frühneuhochdeutschen. In: BRS 1985, 1355−1367.

König, Werner, dtv-Atlas zur deutschen Sprache. Tafeln und Texte. Mit Mundartkarten. München 1991. (dtv-Atlas 3025).

Lenk, Hartmut E. H., Praktische Textsortenlehre. Ein Lehr- und Handbuch der professionellen Textgestaltung. Helsinki 1993.

Linke, Angelika/Markus Nussbaumer/Paul R. Portmann, Studienbuch Linguistik. Tübingen 1991. (RGL 121).

Ludwig, Otto, Der Schulaufsatz. Seine Geschichte in Deutschland. Berlin/New York 1988.

Pätzold, Jörg, Beschreibung und Erwerb von Handlungsmustern, Beispiel: Rezensionen wissenschaftlicher Publikationen. Berlin 1986. (LStA 138).

Penzl, Herbert, Frühneuhochdeutsch. Bern 1984. (GeLe 9).

Piirainen, Ilpo Tapani, Deutsche Standardsprache des 17./18. Jhs. In: LGL 1980, 598−603.

Polenz, Peter von (a), Deutsche Sprachgeschichte vom Spätmittelalter bis zur Gegenwart. Bd. I. Berlin/New York 1991.

Ders. (b), Mediengeschichte und deutsche Sprachgeschichte. In: Erscheinungsformen der deutschen Sprache. Festschrift zum 60. Geburtstag von Hugo Steger. Berlin 1991, 1−18.

Ders., Deutsche Sprachgeschichte vom Spätmittelalter bis zur Gegenwart. Bd. II. Berlin/New York 1994.

Pückler-Muskau, Hermann von, Briefe eines Verstorbenen. Ein fragmentarisches Tagebuch. 2 Bände. Berlin 1987.

Rolf, Eckard, Die Funktionen der Gebrauchstextsorten. Berlin 1993. (Grundlagen der Kommunikation und Kognition).

Schank, Gerd, Ansätze zu einer Theorie des Sprachwandels auf der Grundlage von Textsorten. In: BRS 1984, 761–768.

Schenker, Walter, Plädoyer für eine Sprachgeschichte als Textsortengeschichte. In: ds 2/1977.

Schildt, Joachim, Zur Rolle von Texten/Textsorten bei der Periodisierung der deutschen Sprachgeschichte. In: Deutsche Sprachgeschichte. Festschrift für Johannes Erben zum 65. Geburtstag. Hrsg. v. Werner Besch. Frankfurt/M. 1990, 415–420.

Schröder, Thomas, Die ersten Zeitungen. Textgestaltung und Nachrichtenauswahl. Tübingen 1995.

Schwitalla, Johannes, Was sind 'Gebrauchstexte'? In: ds. Jg. 1976, H. 4, 20–40.

Ders., Deutsche Flugschriften 1460–1525. Textsortengeschichtliche Studien. Tübingen 1983.

Sitta, Horst (Hrsg.), Ansätze zu einer pragmatischen Sprachgeschichte. Zürcher Kolloquium 1978. Tübingen 1980.

Sommerfeldt, Karl-Ernst, Sprachliche Felder–Valenz–Textsorte. In: WW 43. 1993, 317–336.

Steger, Hugo, Sprache im Wandel. In: W. Benz (Hrsg.), Die Bundesrepublik Deutschland. Geschichte in drei Bänden. Bd. 3: Kultur. Frankfurt/M. 1983, 15–46.

Ders., Sprachgeschichte als Geschichte der Textsorten/Texttypen und ihrer kommunikativen Bezugsbereiche. In: BRS 1984, 186–204.

Steinhausen, Georg, Geschichte des deutschen Briefes. Zur Kulturgeschichte des deutschen Volkes. 1. Tl. Berlin 1989. 2. Tl. Berlin 1891. [Unveränderter Nachdruck Dublin/Zürich 1968].

Ukena, Peter, Tagesschrifttum und Öffentlichkeit im 16. und 17. Jh. in Deutschland. In: Presse und Geschichte. München 1977, 35–53. (Studien zur Publizistik 23).

Textsorten und literarische Gattungen. Dokumentation des Germanistentages in Hamburg vom 1. bis 4. April 1979. Hrsg. vom Vorstand der Vereinigung der deutschen Hochschulgermanisten. Berlin 1983.

Wilke, Jürgen, Literarische Zeitschriften des 18. Jhs. (1688–1789). Tl. I: Grundlegung. Stuttgart 1978.

Wimmer, Rainer, Die Textsorten des Neuhochdeutschen seit dem 17. Jh. In: BRS 1985, 1623–1633.

Wolf, Herbert, Martin Luther. Eine Einführung in germanistische Luther-Studien. Stuttgart 1980.

Heinz Endermann, Jena

135. Die Diagliederung des Neuhochdeutschen bis zur Mitte des 20. Jahrhunderts

1. Das 17. und 18. Jahrhundert
2. Das 19. und 20. Jahrhundert
3. Literatur (in Auswahl)

1. Das 17. und 18. Jahrhundert

1.1. Allgemeines, Forschungsstand, Quellen

Die Zeit des 17. und 18. Jhs. ist in bezug auf die soziologisch bedingte Gliederung der gesprochenen und geschriebenen deutschen Sprache durch die Existenz von hauptsächlich drei Sprachschichten gekennzeichnet: Dialekt–Umgangssprache–Schrift- und Hochsprache. Hinzutreten noch gruppengebundene Sondersprachen und berufsbezogene Fachsprachen, wobei jedoch strenge Trennungen bekanntlich nicht möglich sind. Während die Dialekte als mündliche Sprach-

formen in jahrhundertealter Tradition bei räumlich starker Gliederung bodenständig sind, wird seit den 20er Jahren des 16. Jhs. im Gefolge der Reformation die von Luther und seiner Bibelübersetzung bestimmte omd. Schreibsprache im ganzen dt. Sprachraum bekannt. Sie löst im schriftlichen Bereich, bedingt durch dialektabhängige, regionale schreibsprachliche Divergenzen, das Ringen um eine ausgeglichene, überregionale, allgemein verbindliche Schriftsprache aus. Diese zunächst von einzelnen Grammatikern getragenen und dann seit der ersten Hälfte des 17. Jhs. durch Poetiker und Sprachgesellschaften geförderten Ausgleichsbestrebungen erreichen im protestantischen Mittel- und Norddeutschland im Grundsätzlichen um 1650 ihr wesentliches Ziel. Dagegen halten das katholische Süddeutschland und Österreich trotz gewissen Anpassungen weiterhin an der obd., auf der Kanzleisprache Kaiser Maximilians I. aufbauenden Schreibtradition fest und geht die Schweiz ihre eigenen Wege. Erst in den Jahrzehnten zwischen 1725 und 1760 kommt es im Rahmen der Aufklärung zur Ausbildung und allgemeinen Durchsetzung einer literatursprachlichen Norm, indem der Süden, zunächst um 1730 die Schweiz, dann 1750 Österreich und zuletzt 1760 Bayern, durch das sprachkritische Wirken des in poetologischen Fragen als Autorität anerkannten Leipzigers Johann Christoph Gottsched (1700–1766) die omd.-nrddt. Form der Schriftsprache aufgreift. Im mündlichen Bereich wird bei regional recht unterschiedlichen Sprechweisen der höchsten Sozialschichten um die Entscheidung gerungen, welche von diesen als die der Schriftsprache angemessenste Art der Realisierung und damit als vorbildlich zu betrachtende Hochsprache zu gelten habe. Ferner bewirkt dann in der zweiten Hälfte des 18. Jhs. der immer stärker bewußt werdende Gegensatz zwischen den heimischen Dialekten und der neuen Schrift- und Hochsprache bei den mittleren und höheren Bürgerschichten der Städte die Ausbildung einer vermittelnden Umgangssprache. Bei diesem formal wie regional und zeitlich unterschiedlich verlaufenden Prozeß wirken jedoch weniger die unterschichtigen regionalen Basisdialekte ein, als vielmehr eine jeweils zwar dialektabhängige, doch höhere Sprachschicht in Form der sogenannten „Herrensprache", deren Existenz sich trotz schwieriger Faßbarkeit im einzelnen bis ins Mittelalter zurückverfolgen läßt.

Im Gegensatz zur sprachwissenschaftlichen Terminologie des 20. Jhs. verwenden die zeitgenössischen Sprachforscher teilweise andere Bezeichnungen. Zunächst fehlt ihnen eine Bezeichnung für die ohnehin kaum registrierte Zwischenschicht der *Umgangssprache*, ein Terminus, der erstmals 1781 von Karl Philipp Moritz für Berlin eingeführt wird (Schmidt 1995, 70), nachdem schon 1751 Gottsched von „täglicher Sprache des Umgangs" gesprochen hatte. Was heute als *Dialekt* (oder *Mundart*) bezeichnet wird, benennen auch sie mit dem Fremdwort, oftmals noch in lat. Form als *Dialectus*. Da vielfach nicht klar getrennt wird zwischen geschriebener Schriftsprache und mündlicher Hochsprache (oder Standardsprache), aber stets sowohl der sprachgeographische Gegensatz von Hd. und Nd. als auch innerhalb des Hd. die als *Mundart* bezeichnete unterschiedliche

regionale Sprechweise der höchsten Sozialschichten bewußt sind, werden beide gemeinsam als *hochdeutsche Sprache*, *hochdeutsche Mundart* oder einfach als das *Hochdeutsche* bezeichnet. Diese Benennungsgepflogenheiten des 17. und 18. Jhs. leben übrigens heute noch im obd. Raum weiter, wo man alltagssprachlich immer noch von *Dialekt* und *Hochdeutsch* redet. Erst in der zweiten Hälfte des 18. Jhs. kommt in Verbindung mit der den Dialekt hauptsächlich sprechenden Unterschicht vorübergehend abwertendes *Pöbelsprache* auf.

Die Untersuchung der sprachsoziologischen Verhältnisse des 17. und 18. Jhs. war bisher kaum ein Anliegen der Sprachgeschichtsforschung und wird auch durch die Quellenlage sehr erschwert. Die Grammatiker, Poetiker und Lexikographen des 17. und der ersten Hälfte des 18. Jhs. propagierten nämlich eine möglichst dialektfreie, überall akzeptable Schriftsprache, vor allem als Literatursprache, so daß sie die Dialekte als verderbte Sprachformen ablehnten und der neu aufkommenden Umgangssprache wegen ihrer dialektalen Anteile wenig Verständnis entgegenbrachten. Deswegen machten sie auch beide bloß mündlich gebrauchten Sprachformen nicht zum Gegenstand von Untersuchungen. Dementsprechend verfolgte auch die bisherige Sprachgeschichtsforschung für das 17. und 18. Jh. nur die Entwicklung der Schriftsprache und da vor allem ihre verschiedenen stilistischen Ausformungen als Literatursprache in den einzelnen literarischen Gattungen und behandelte, wenn überhaupt, das Verhältnis von Dialekt und Schriftsprache in erster Linie hinsichtlich der Beeinflussung der Schriftsprache durch den Dialekt und des Auftretens von Dialekt in der Literatur als eines, wenn auch realitätsbedingten, künstlerisch-stilistischen Faktors.

In den allgemeinen sprachgeschichtlichen Darstellungen des Dt. vollziehen eine solche Betrachtungsweise ausführlicher Langen (1957) und bloß ansatzhaft Eggers (1977). Eine stärker soziologisch orientierte Betrachtung der neuzeitlichen Sprachentwicklungen bringt erst, allerdings unter marxistisch-leninistischen Grundsätzen, die in der ehemaligen DDR erarbeitete Sprachgeschichte von Schildt (1976), was Schildt (1983) noch deutlicher hervorkehrt. Auch die jüngste Sprachgeschichtsdarstellung von Polenz (1991–94) berücksichtigt die soziologischen Konstellationen und ihre sprachlichen Auswirkungen. An monographischen Überblicksdarstellungen sind hervorzuheben die noch immer ausführlichste interpretierende Zitatensammlung zum Verhältnis von Schriftsprache und

Dialekt von Socin (1888), die in bezug auf Sprachvorbildlichkeit und Normeinschätzungen nun ergänzt wird durch Josten (1976) und die für die zweite Hälfte des 18. Jhs. anhand von Zeitschriftenäußerungen wertvolle Bereicherung durch Steiger (1919) erfährt; die Untersuchung zu Stellung und Gebrauch der gesprochenen (Schrift)sprache in Schule und Kirche und die diesbezüglichen Meinungen der zeitgenössischen Gelehrten, Prediger und Schulmänner durch Weithase (1961); die Untersuchung von Anteil und Bedeutung des Dialekts im schriftsprachlichen Drama durch Lowack (1905); die Aufzeichnung der wechselseitigen Beeinflussung von Dialekt und Schriftsprache in Theorie und Praxis in der ersten Hälfte des 18. Jhs. durch Kaiser (1930), die in bezug auf die landschaftlich wechselnden, von den Dialekten abhängigen schriftsprachlichen Aussprachegewohnheiten des 17. und 18. Jhs. einerseits ergänzt wird auf Grund der Reimverhältnisse der Dichtung durch Neumann (1920) und andererseits nach den Aussagen der zeigenössischen Grammatiker durch Voge (1978); sowie die Untersuchung der Abhängigkeit des literarischen Wortschatzes von Mundart und Schriftsprache bei schlesischen Dichtern in der ersten Hälfte des 17. Jhs. durch Henne (1966). Die öst. Sprachverhältnisse des 18. Jhs. behandelt Wiesinger (1995, 324ff.). Während sich Trümpy (1955) und zusammenfassend Sonderegger (1985) den besonders gelagerten Verhältnissen in der Schweiz widmen, gewähren die Untersuchungen von Lindow (1926) zur Verwendung des Nd. als Kirchensprache Einblicke in die ebenfalls vom Durchschnittsverhalten abweichenden Verhältnisse in Norddeutschland. Die besondere Sprachentwicklung Berlins mit der soziologischen Differenzierung von Nd. und Hd. seit dem 16. Jh. und der Ausbildung einer Umgangssprache im 18. Jh. verfolgt Schmidt (Schildt/Schmidt 1992, 140ff.).

Dieser Forschungsüberblick zeigt bereits die für eine Untersuchung der sprachsoziologischen Verhältnisse im 17. und 18. Jh. zur Verfügung stehenden Quellen. Es sind dies:

1. metasprachliche Quellen als Äußerungen über herrschende bzw. erstrebenswerte oder abzulehnende Sprachvarietäten. Dazu gehören besonders Einleitungen zu Grammatiken und Poetiken; gelehrte Abhandlungen über Herkunft, Form und anzustrebende Norm der Sprache; sprachpflegerische Empfehlungen zur Verwendung einer gesellschaftlich angemessenen bzw. zur Meidung einer unangemessenen Ausdrucksweise besonders in Schulbüchern, Rhetoriken, Zeitschriften und literarischen Werken; Äußerungen über den Sprachgebrauch verschiedener Gesellschaftsschichten in einzelnen Gegenden besonders in Reiseberichten, Chroniken und Briefen; sowie Hinweise über den Sprachgebrauch in der Kirche in Kirchenordnungen, Kirchenpostillen, Visitationsberichten, Predigtanleitungen etc.
2. sprachhistorische Quellen als unmittelbare Zeugnisse verschiedener Sprachvarietäten. Dazu

zählen besonders Angaben zum richtigen bzw. falschen Gebrauch einzelner Sprachformen in Grammatiken, Poetiken, Rhetoriken und gelehrten Abhandlungen über die Sprache; die Verwendung verschiedener Sprachschichten zur Persönlichkeitscharakterisierung im Schauspiel, vor allem in der Komödie, und vereinzelt als direkte Rede in der erzählenden Prosa; auch sozialkritisch ausgerichtete Predigten bieten vereinzelt in Form von Gesprächen oder Einzeläußerungen derartige Charakterisierungen der Schichtzugehörigkeit.

1.2. Die Sprachschichtung im 17. und 18. Jahrhundert nach ausgewählten Zeugnissen

1.2.1. Der hochdeutsche Sprachraum

Das 17. und 18. Jh. waren wie die vorangegangenen Jahrhunderte soziologisch im Rahmen der feudalen Ständegliederung durch einen starken Gegensatz zwischen niedrigeren und höheren Gesellschaftsschichten gekennzeichnet, was sich sowohl in der räumlichen Bevölkerungsverteilung als auch in der Gliederung und Schichtung der gesprochenen Sprache äußerte.

So lebte auf dem breiten Land eine bäuerlich-landwirtschaftlich geprägte Bevölkerung, die bis ins letzte Viertel des 18. Jhs. wenig Rechte besaß und von ihren Grundherren abhängig war. Sie entfaltete in ihrer sozialen Geschlossenheit jedoch nicht nur eine eigene Volkskultur mit Tracht, Sitten und Gebräuchen, sondern fand sprachlich in Verbindung mit dem auf das landesherrliche Territorium eingeschränkten Bewegungsraum auch im Dialekt als der ererbten, bodenständigen Sprachform weitestgehend ihr kommunikatives Auslangen. Waren die dt. Dialekte auf Grund stammessprachlicher Unterschiede schon seit ihren frühmittelalterlichen Anfängen großräumig differenziert, so nahm im Spätmittelalter die sprachräumliche Aufsplitterung in Klein- und Kleinsträume, oft bis zu dörflichen Unterschieden, im Zusammenhang mit den Territorialbildungen zu und hielt sich durch die ganze Neuzeit. Diese Verschiedenheiten besonders im Lautstand und Wortschatz erschwerten eine Verständigung auf der Dialektebene zwischen Angehörigen verschiedener Gegenden, ja machten sie mit zunehmender Entfernung nahezu unmöglich. Auch im 17. und 18. Jh. gilt diesbezüglich noch, was Martin Luther 1538 in den „Tischreden" feststellte:

Deutschland hat mancherley Dialectos, Art zu reden, also, daß die Leute in 30 Meilen Weges einander nicht wol können verstehen. Die Oesterreicher und

Bayern verstehen die Thüringer und Sachsen nicht, sonderlich die Niederländer [...] ja, die Bayern verstehen bisweilen einer den andern nicht recht, was grobe Bayern sind (WA 6146, 4018).

Obwohl seit dem 16. Jh. im Gefolge der Reformation die Lektüre der Bibel propagiert und für den Gottesdienst Gebets- und Gesangsbücher eingeführt wurden, löste diese Lese- (und Schreib)kenntnisse erfordernde Berührung mit der Schriftsprache bei der Landbevölkerung im hd. Sprachraum Süd- und Mitteldeutschlands, Österreichs und der Schweiz keine diesbezügliche alltagssprachliche Verwendung aus. An ihrem Gebrauch bloß als Schreib- und Lesesprache änderte sich bei der Landbevölkerung auch nichts, als im Laufe des 18. Jhs. in den einzelnen deutschsprachigen Ländern die elementare Pflichtschule eingeführt wurde. Daß die Schriftsprache im hd. Sprachraum auf Grund dialektaler Gewohnheiten im 18. Jh. gegendweise recht unterschiedlich gelesen wurde, bezeugen nicht nur divergierende Angaben der Grammatiker, sondern für die Landbevölkerung als lebendiges Relikt vor allem die vom Alltagsdialekt abweichende dialektale Gebets- und Predigtsprache der wiedertäuferischen Hutterer, die aus Südtirol, Osttirol und Kärnten stammten, um 1528 nach Südmähren zogen und auf Umwegen über Rußland schließlich 1871 in ihre heutigen nordamerikanischen Wohnsitze in Süddakota gelangten (vgl. Rein 1977, 273). Dagegen entwickelte sich im nd. Sprachraum Norddeutschlands durch das schriftliche und mündliche Aufgreifen der hd. Schriftsprache allmählich eine Diglossiesituation mit gleichzeitiger Abwertung des nd. Dialekts, die zunächst die Städte und dann auch das Land erfaßte (vgl. 1.2.2.).

Vielschichtiger als auf dem Land gestaltete sich die soziale Zusammensetzung der Bürgerschaft in den Städten, wobei es Unterschiede zwischen Klein- und Großstädten gab. Waren die Kleinstädte mehr durch Landwirtschaft betreibende Ackerbürger und in Zünften zusammengeschlossene Handwerker und kleine Gewerbetreibende geprägt, so dominierten in Großstädten Gewerbe, Handel und Verwaltung. Neben den kleineren Handwerkern gab es dort vor allem frühindustrielle Unternehmer, die in Manufakturen Konsumgüter wie Stoffe, Lederwaren, Ton- und Glaswaren und Waffen produzierten und auch Buchdruck und Verlagswesen unterhielten, Kaufleute als Handelsunternehmer, verschiedene Beamte, gelehrte Berufe wie Juri-

sten, Ärzte und Pädagogen, die Geistlichkeit und ein Stadtpatriziat, das aus reichgewordenen Kaufleuten und zugezogenem Landadel hervorgegangen war und, bestehend aus Fernhandelskaufleuten, Bankiers und Grundbesitzern, die Stellung des niederen Adels einnahm und als privilegierte Oberschicht vor allem die städtischen Ratsämter bekleidete. Residenzstädte beherbergten außerdem einen Hofstaat mit dem weltlichen oder geistlichen Landesherrn, dem höheren Adel und einem Verwaltungsstab. Gegenüber diesen mittleren und höheren Bürger- und Adelsschichten gab es aber auch eine Fülle unterprivilegierter Stadtbewohner als Knechte und Mägde auf den Höfen der Ackerbürger und in den bürgerlichen und herrschaftlichen Haushalten sowie als Arbeiter und Angestellte in den Gewerbebetrieben, die meist vom Land zugezogen waren und mit den völlig rechtlosen Tagelöhnern, Armen und Bettlern die unteren sozialen Schichten bildeten.

Trotz dieser dreifachen sozialen Gliederung der Stadtbevölkerung in eine Unter-, Mittel- und Oberschicht und eines entsprechenden unterschiedlichen Bildungsstandes und Kulturniveaus hieße es die erschließbare sprachliche Situation zu simplifizieren, wollte man durchwegs die Verteilung von Dialekt – Umgangssprache – Schrift- und Hochsprache einfach mit der sozialen Schichtung gleichsetzen. Hier bestanden vielmehr regionale Unterschiede, wobei im hd. Sprachraum vor allem höhere Dialektvarietäten in Form der sogenannten „Herrensprache" teilweise auch die Funktionen von Umgangs- und Hochsprache erfüllten.

Im allgemeinen sind sich die zeitgenössischen Sprachkritiker darin einig, daß die soziale Unterschicht, die am stärksten als bäuerliche Land- und handwerklich tätige Stadtbevölkerung auffällt, den als roh und derb eingestuften Dialekt spricht, während sich die städtische Oberschicht und da vor allem die Gebildeten, das Patriziat und der Adel einer gepflegten Sprechweise bedient. Schon 1603 stellt der wohl in Hessen beheimatete, unter dem Pseudonym Conrad Agyrta auftretende Bearbeiter des „Lalebuches" als „Grillenvertreiber" der regionalen Sprachverschiedenheit eine wertende soziologische Sprachschichtung gegenüber, indem er die Sprache der Bürger wohl in doppeltem Sinne positiv als *Hochteutsch* beurteilt, während er die Sprache der Bauern als *Schlechtteutsch* abwertet:

[...] ob schon jedermann teutsch redet, so ist doch ein grosser Unterscheidt, in dem Außsprechen, oder Schreiben. Als daß einer Sächsisch [Niederdeutsch], der ander Hessisch, der dritte Meißnisch, der vierdte Düringisch, der fünfte Wedderawisch, der sechste Westerwäldisch, In summa, der eine Hochteutsch, der eine Schlechtteutsch, der eine Bürgerisch, der andere Bäwrisch redet, dadurch dann auch ingemein je einer von dem andern vnderscheiden [...] wirdt (K. v. Bahder: Lalebuch 1914, 156).

Präzisere sprachsoziologische Zuordnungen trifft dann der gebürtige Anhalter Philipp von Zesen in seinem sprachwissenschaftlichen Dialog „Rosenmând" von 1651:

Dan in iedem Lande finden sich zweierlei sprachen, eine hohe oder zierliche und eine niedrige oder bäurische. Jene ist bei Hofe, unter gelehrten, unter geschickten höflichen menschen, und sonderlich unter dem Frauenzimmer, üblich: Diese aber gehet unter dem gemeinen manne, und dem Land-volke im schwange (Sämtl. Werke XI, 1974, 226).

Da sich dieser auffällige soziale und sprachliche Gegensatz zwischen Unter- und Oberschicht mit einem ebenso unterschiedlichen Bildungsgrad verband, kam es auch zur abschätzigen Beurteilung der Dialektsprecher als einfältig und dümmlich und zur Abwertung des Dialekts als einer minderwertigen Sprachform. Urteilte der Oberpfälzer Johann Ludwig Prasch 1685 in seinem „Discours Von der Natur des Teutschen Reimes" kurz und bündig *In allen Teutschen Mundarten redet gemeiniglich der Pöbel grob und unleidlich, die vornehmen zierlicher* (Josten 1976, 46), so drückte sich sein Landsmann Caspar Schoppe/Scioppius bereits 1626 in seinen lat. verfaßten „Consultationes De Scholarum et Studiorum ratione, deque Prudentiae et Eloquentiae parandae modis in adolescentis eiusdam Germani usum" anläßlich der Kritik lässiger bair.-öst. Dialektaussprachen − in Übersetzung − wesentlich unmißverständlicher aus:

„So einer also kommt den Italienern, Franzosen und anderen Leuten vor, als sei er im Lande der Ochsen und in der Stickluft aufgewachsen. Daß sie mit diesem Urteil, wenigstens was das gemeine Volk betrifft, nicht so sehr fehlgehen, braucht man bloß an den Handwerksleuten wahrzunehmen, die diesen Dialekt vornehmlich reden, und die bekanntermaßen stumpfsinnig, faul und arbeitsscheu sind" (Socin 1888, 326).

Trotz der Anerkennung des vorbildlichen Sprachverhaltens der Oberschicht mußte man sich aber während des 17. und der ersten Hälfte des 18. Jhs. damit abfinden, daß diese über den ganzen dt. Sprachraum verteilte

Oberschicht keine Einheitssprache redete, sondern je nach Gegend von den einmal vorhandenen jeweiligen regionaldialektalen Voraussetzungen abhängig war. Zunehmend erkennt man heute, daß es sich dabei um sogenannte „Herrensprache" handelt. Bezüglich des Verhältnisses von Dialekten und Schriftsprache gelangte der Ostfale Justus Georg Schottel/Schottelius 1663 in seinem Buch „Von der Teutschen HaubtSprache" unter Berücksichtigung der geschichtlichen Entwicklungen zur Feststellung, daß die dt. Sprache aus Dialekten gebildet wird, die sich in die beiden Hauptzweige des Hd. und des Nd. zusammenfassen lassen, daß aber die Schriftsprache, die er *die Hochteutsche Sprache oder die rechte Hochteutsche Mundart* nennt,

[...] nicht ein Dialectus eigentlich ist, sondern Lingua ipsa Germanica, sicut viri docti, sapientes et periti eam tandem receperunt et usurpant [...] Aber weil die Hochteutsche Mundart communis Germaniae Mercurius ist, auch nunmehr eine durchgehende Kunstrichtigkeit darin hervorbricht und im gantzen Teutschen Reiche in Cantzeleien, den Justitzwesen und anderen hohen negotiis publicis von Jahren zu Jahren man zu dieser Mundart, mit hinterlassung der Landrede, sich anschikket, und also die rechte Kraft hieselbst vorhanden seyn will, ja die Teutsche Natur ihre lieblichste Vollenkommenheit gleichsam darin ersehen, richten wir uns nunmehr in gantz Teutschland darnach (Dt. Neudr., 1967, 174).

Diese Anerkennung der Schriftsprache als einer über den Dialekten stehenden Sprachform führte aber unweigerlich zu unterschiedlichen Bewertungen der einzelnen Großraumdialekte und zwang, da die Schriftsprache mündlich als Hochsprache gelten sollte, zur Entscheidung, welcher Mundart, also welcher der gehobenen regionalen oberschichtigen Sprechweisen, der Vorzug eingeräumt werden sollte. Obwohl es Urteile über einzelne dt. Dialekte auch schon im 16. Jh. gibt, sind reihende Bewertungen selten. Der schon genannte Schoppe nahm 1626 im Hinblick auf die richtige Erkennung der dt. Sprache folgende sechsteilige, unvollständige Aufzählung und Rangordnung der Hauptdialekte vor: 1. *Meißnisch* (Obersächs. mit Ofrk., Thür., [Ost- und Nord]hessisch), 2. *Rheinisch* (Rhfrk. und Mfrk.), 3. *Schwäbisch*, 4. *Schweizerisch* (Hoch- und Höchstalem.), 5. *Sächsisch* (Nd.), 6. *Bairisch*. Die ihm und den meisten weiteren Beurteilern eigene Bevorzugung des Meißnischen (des Osächs. nach heutiger Terminologie) findet 1651 bei Zesen im „Rosenmând" ihre einleuchtende Begründung:

*So redet man noch in Obersachsen und Meis-
sen das zierlichste Hochdeutsch, das man im
schreiben gebrauchet* (Sämtl. Werke XI, 1974,
227), also die im Osächs. herrschende, entwicklungsgeschichtlich bedingte hohe Kongruenz zwischen Schreibung und Aussprache.
Dort aber war die vorbildliche Sprechweise
vor allem in den Großstädten mit einer dominierenden Oberschicht beheimatet, als welche
der Thüringer Caspar Stieler in seinem „Teutschen Sprachschatz" von 1691 nennt:

*das prächtige Dreßden, das heilige Wittenberg, und
das Süßeste aller Städte, Leipzig, welches auch von
ihrem Sprachenzucker, dem sonst salzichten Halle
solch eine milde Beysteuer verehrt, daß es sich seiner Lehrlingschaft zuschämen nimmermehr Ursach
finden wird* (Eichler/Bergmann 1967, 15).

Wie wenig aber in jenen Städten sprachliche
Einheitlichkeit herrschte, wußte schon 1651
Zesen, der im „Rosenmând" auf die Frage,
*warüm man von dem fürnehmen Frauen-zim-
mer zu Leipzig das beste Hochdeutsch lernen
könnte?*, antwortete:

*Darüm, weil sie wenig oder wohl gantz nicht mit
fremden oder gemeinen Leuten und dem Land-volke
[...] ümgehen und sprechen: und daher die ihrige
[Sprache], so sie aus guten Büchern [...] und von fürnehmen Leuten aus täglichen reden gelernet, recht
rein und zierlich behalten und nicht so vermischen,
wie andere zu thun pflegen* (Sämtl. Werke XI,
1974, 226).

Was der letzte Halbsatz Zesens meint, erläutert 1722 der Hallenser Pädagoge Hieronymus Freyer in seiner „Anweisung zur
Teutschen Orthographie", wo er zunächst
schreibt:

*Denn es ist ja ausser allem Zweifel, daß zu Halle,
Leipzig, Wittenberg, Dresden und in anderen vornehmen Städten selbiger Gegend das beste Teutsch geredet werde. Gleichwol aber finden sich an einem Ort
so wol als am andern manche ganz besondere Wörter
und Redensarten: welche auch von vielen, die daselbst geboren und erzogen sind, vermieden und dem
gemeinen Mann überlassen werden,*

um nach der Nennung von derartigen Aus-
sprachebeispielen fortzufahren:

*Ja wir haben alhier in Halle eine dreyfache Aus-
sprache; wodurch sich vornehme und geschickte
Leute von dem gemeinen Volk aus der Bürgerschaft,
und diese beyderseits wiederum von den so genannten
Halloren sehr merklich unterscheiden: obwohl nicht
zu leugnen, wie es denn auch bey dem täglichen Umgange nicht anders seyn kann: daß einer Party hie
und da etwas anklebet, was ursprünglich oder gewöhnlicher weise der andern eigen ist* (S. 7).

Es ist eines der wenigen direkten Zeugnisse
für das städtische Neben- und Miteinander
von drei Sprachschichten als Spiegelung der
städtischen Sozialschichten. Dazu weiß man
aus späteren dialektologischen Forschungen,
daß die traditionsbewußten Halloren den
dem Nordthür.-Mansfeldischen nahestehenden, alten „hällschen" Dialekt als eine „Herrensprache" bewahrten, während *das gemeine
Volk aus der Bürgerschaft* mit seinem „Hal-
lisch" einen der Schriftsprache wesentlich näher stehenden, von Leipzig abhängigen, obersächs. ausgerichteten Verkehrsdialekt im
Sinne einer Umgangssprache gebrauchte.

Die mit den sozialen Gegensätzen verbundenen Sprachgegensätze wußte auch die Komödie zur Charakterisierung der handelnden
Personen zu nützen. Es gibt allerdings nicht
viele Zeugnisse, da, wenn überhaupt, nur der
Dialekt unterschichtiger Personen notiert
wurde, wie etwa in dem bekannten Beispiel
von Andreas Gryphius, dem Scherzspiel „Die
geliebte Dornrose" von 1660. Dort reden die
Bauern schlesischen Dialekt, der Dorfrichter
sichtlich eine von fehlerhaftem Juristenjargon
durchsetzte Umgangssprache und Dornrose,
obwohl Bauernmädchen, gegen die Realität,
doch aus rhetorisch-dramaturgischen Gründen schlichte Hochsprache, wobei diese dreifache Sprachschichtung zugleich den Empfehlungen der rhetorischen Stillehre mit *genus humile*, *mediocre* und *grande* folgt. Wie
der meist schriftsprachlich abgefaßte Dialog
von Komödienfiguren in Aufführungen tatsächlich wiederzugeben sei, beschreibt am
Jahrhundertende der Gymnasialrektor Christian Weise im oberlausitzischen Zittau in seiner Abhandlung „Lust und Nutz der spielen-
den Jugend":

*Ferner habe ich etwas gemerckt, warum sich meine
Comoedien nicht so gut im Buche lesen als auff der
Bühne praesentieren lassen. Denn es sind viele Personen, welche nicht den hochdeutschen accent, wie er
im Buche stehet, behalten dürffen, sondern sie müssen sich nach dem Dialecto richten, der bey uns auch
unter galanten Leuten in acht genomen wird. Wo sie
das nicht thun, so kommen die meisten Sprüchwörter
und andere scharfsinnige Reden gar todt und gezwungen heraus [...] die Hochdeutschen reden offt,
als wenn sie Worte aus der Postille lesen solten [...]
Soll das Sprüchwort wahr bleiben: Comoedia est vitae humanae speculum, so muß die Rede gewißlich
dem Menschlichen Leben ähnlich seyn. Ein Caval-
lier, ein fürnehmes Frauenzimmer, ein liederlicher
Kerl, ein gemeiner Mann, ein Bauer, ein Jude muß
den accent führen, wie er im gemeinen Leben ange-
troffen wird. Bloß bey Fürstlichen Personen lässet
man das gezwungene Hochdeutsche passieren* (Kaiser 1930, 277).

Weises Angaben besagen m. E. 1. daß sich in Schlesien der Dialekt in bestimmter Weise auch in der gesprochenen Sprache der Oberschicht bemerkbar macht; 2. daß es in Schlesien eine textgebundene Lesesprache gibt, die sich von der Alltagssprache der Oberschicht deutlich unterscheidet, und 3. daß neben schichtspezifischen Sprachunterschieden auch gewisse gruppengebundene und individuelle Sprachgewohnheiten bestehen.

Was sich in bezug auf die Sprachschichtung in Schlesien anhand der Gegebenheiten und Aussagen bei Gryphius und Weise ablesen läßt, gilt auch für den deutschen Süden und Westen. So ist z. B. für Wien bezeugt, daß noch in der zweiten Hälfte des 18. Jhs. Kaiserin Maria Theresia bei offiziellen Anlässen zwar eine dialektal gefärbte Hochsprache gebrauchte, im privaten und familiären Umgang aber Dialekt redete (Wiesinger 1995, 326). Erst die aufklärerische Fortschrittsgesinnung der Gebildeten führte dort um 1750 zur Aufnahme der damals von Gottsched auf Grund seiner poetologischen Autorität nun endgültig als Norm durchgesetzten omd. (meißnisch-osächs.) Form der Schriftsprache und veranlaßte die öst. Grammatiker, sich auch hinsichtlich der Aussprecheempfehlungen an den vorbildlichen osächs. Gepflogenheiten zu orientieren (Wiesinger 1993). In den schwäb. Städten sprach die Oberschicht das dialektabhängige Honoratiorenschwäb., und auch im wmd. Rheinland gebrauchte das Stadtpatriziat eine ähnliche dialektgefärbte Umgangssprache. Erst recht blieb man dem Dialekt, wenn teilweise auch mit gewissen Abstufungen, in der Schweiz verhaftet. So berichtet 1782 Christoph Meiners in seinen „Brieffen über die Schweiz":

Überhaupt haben die Vornehmern und Aufgeklärten in allen Cantonen, die sich entweder in Teutschland aufhielten oder doch mit Teutschen Umgang hatten oder viele teutsche Bücher lasen, eine bessere Aussprache und auch Sprache als der Gemeine Mann. Allein eben diese Personen bemühen sich nur nach unserer Art zu reden, wenn sie in unserer Gesellschaft sind: sie entziehen sich diesem Zwange und reden ihren vaterländischen Dialekt, wenn sie auch in Gesellschaft von Teutschen zu einem Landsmann sprechen (Trümpy 1955, 104).

Diese von Meiners konstatierte *bessere Aussprache* scheint nach verschiedenen zeitgenössischen Aussagen in der Funktion einer Hochsprache auch als Predigtsprache in Stadtkirchen üblich gewesen zu sein (Trümpy 1955, 22). Aber der Luzerner Pfarrer und erste Schweizer Dialektologe Franz Joseph

Stalder wollte in seinen „Landessprachen der Schweiz oder Schweizerische Dialektologie" von 1819 jedenfalls keinerlei schichtspezifische Sprachunterschiede bei seinen Landsleuten wahrnehmen, wenn er feststellt:

So stark sonst in den meisten Ländern deutscher Zunge die Mundart der Gebildeten von der Mundart des Volkes absticht, so waltet doch bei uns, dh. in den Städten sowohl als in den Dörfern, eine und dieselbe Sprache, nämlich die Volkssprache, sodaß zwischen der Sprechart des höchsten Staatsbeamten und geringsten Taglöhners selten ein merklicher Unterschied verspüret wird (Socin 1888, 443).

Dessen ungeachtet gebrauchte auch die Schweiz in der zweiten Hälfte des 18. Jhs. die nun als Norm geltende dt. Schriftsprache, sie blieb aber zunächst eine Schreib- und spezifisch schweizerisch gefärbte Lesesprache der Gebildeten. Deshalb bevorzugten viele Gebildete im Umgang mit Fremden auch das Frz.

Faßt man die sprachsoziologischen Aussagen dieser zeitgenössischen Zitatenauswahl zusammen, so wird deutlich, daß im hd. Sprachgebiet lediglich die größeren Städte im zentralgelegenen osächs. Raum ein Zusammengehen der dreifachen Sozialschichtung als Unter-, Mittel- und Oberschicht mit einer entsprechenden Sprachschichtung als Dialekt − Umgangssprache − Schrift- und Hochsprache erkennen lassen. Dagegen zeigen die westlichen und östlichen md. Randgebiete und das obd. Süddeutschland und Österreich die Schriftsprache bloß als Lesesprache, während weiteren, vom Dialekt der Unterschicht abweichenden, linguistisch aber ebenfalls als Dialektvarietäten einzustufenden Sprachformationen insbesondere der städtischen Oberschicht die höheren Funktionen von Umgangs- und Hochsprache zufallen. Dabei wird es sich vielfach um Fortsetzungen der älteren sogenannten „Herrensprache" handeln. In der Schweiz scheint es zwar ebenfalls eine gehobenere Dialektvarietät zumindest bei Gebildeten im Umgang mit Fremden und in der Funktion einer Hochsprache als Predigtsprache gegeben zu haben, doch gilt ansonsten der Dialekt als Alltagssprache in allen Sozialschichten.

1.2.2. Der niederdeutsche Sprachraum

Anders als im hd. Bereich gestalteten sich die sprachsoziologischen Verhältnisse während des 17. und 18. Jhs. im nd. Sprachgebiet Norddeutschlands. Dort wurde nämlich auf Grund politischer, wirtschaftlicher und kultureller Wandlungen zunächst in den landesfürstlichen und dann in den städtischen

Kanzleien und von da aus schließlich auch im privaten Schriftverkehr die hd. Schriftsprache anstelle der angestammten mnd. Schriftsprache aufgegriffen, was nicht ohne Auswirkung auf den mündlichen Sprachgebrauch bleiben konnte. Sieht man von der allmählichen Verhochdeutschung des einst nd. Nordthüringens und unteren Saale-Mulde-Gebietes bereits seit etwa 1350 ab, dann vollzog sich dieser Übergang ungefähr in einer dreifach gestaffelten sachlichen, räumlichen und zeitlichen Abfolge etwa zwischen 1520 und 1700, wobei sachlich zuerst die Ablösung im auswärtigen, dann im inneren Kanzleibetrieb und schließlich im privaten Schreibgebrauch erfolgte. Einige Beispiele mögen diesen Prozeß jeweils unter Nennung des Beginns und der dreifach gestaffelten Enddaten veranschaulichen:

Goslar in Ostfalen 1527/1547/1568/1590, Münster in Westfalen 1530/1570/ca. 1600/1630, Bielefeld in Westfalen 1555/1565/ca. 1620/1660, Bremen in Niedersachsen 1541/1565/1642/1660, Ostfriesland 1570/1590/1655/1700, Flensburg in Schleswig 1567/1580/1640/1660, Lübeck in Holstein 1530/1560/1615/1650 und Rostock in Mecklenburg 1559/1567/1598/1640 (Gabrielsson 1983, 149).

Dabei wurde die hd. Schriftsprache im 16. Jh. im Osten und Norden in der omd.-obersächs. und in Westfalen in der wmd.-rip. Form Kölns aufgenommen, ehe sich ab der Mitte des 17. Jhs. die auch unter Beteiligung von Grammatikern und Sprachforschern aus dem nrddt. Raum weiterentwickelte omd. Form allgemein durchsetzte (vgl. auch Art. 162 und 187).

Diese sukzessive Aufnahme der hd. Schriftsprache hatte zur Folge, daß sich die sprachsoziologischen Verhältnisse zu wandeln begannen. So sank das Nd. allmählich auf das Dialektniveau ab, was sich terminologisch in der seit der zweiten Hälfte des 17. Jhs. auftretenden abwertenden Bezeichnung *Plattdeutsch* äußerte, während das Hd. nach und nach die Funktion der Hochsprache übernahm und damit eine Situation der Diglossie entstand. Mündlich wurde das Hd. zuerst in den Städten aufgegriffen, doch durchaus in sozial und situativ gestufter Weise. So kommt Heinrich Bunning (1935, 67) auf Grund des Studiums der Quellen für das Verhalten der höheren Schichten in Bremen zu folgendem Ergebnis:

„Wenn auch (im 17. Jh.) das Hochdeutsche die Schriftsprache der oberen Kreise wurde, so blieb doch die niederdeutsche Mundart die Umgangsspra-che des täglichen Lebens auch der feineren Schichten, deren Männer wohl durch ihre Beziehungen und durch ihre Erziehung der hochdeutschen Sprache sich viel eher zuwandten als deren Frauen, die an dieser hochdeutschen Bildung nicht teilhatten, und somit auch als deren Kinder. Erst im 18. Jh. errang die hochdeutsche Sprache ihre Herrschaft im Umgang der gebildeten Kreise, ohne aber in ihnen das Niederdeutsche zu verdrängen."

Dazu paßt, was 1782 das Leipziger „Deutsche Museum" über die städtische Verwendung des Nd. schreibt:

Indessen muß ich von dem Plattdeutschen noch dieses bemerken, daß es hier und da freilich von manchen Personen, auch des mittleren Bürgerstandes, im vertrauten Umgange gebraucht werde [...] Ja, selbst Vornehmere sprechen das Plattdeutsche an manchen Orten in ihrem häuslichen Umgange, und vorzüglich, wenn sie mit geringern Leuten, welche diese Mundart am meisten gewont sind, zu thun haben. Andere sprechen es überaus selten oder gar nicht (Steiger 1919, 89).

Und noch 1796 heißt es in der Jenaer „Allgemeinen Literaturzeitung", *daß in einigen Städten, z. B. in Hamburg, die Kinder der vornehmen früher plattdeutsch als hochdeutsch lernen* (Steiger 1919, 90).

Dagegen hielten die unteren städtischen Sozialschichten bis in die zweite Hälfte des 18. Jhs. am Nd. als Alltagssprache fest, wenn sie auch vor allem durch die Kirche und Schule das Hd. als Predigt-, Gebets- und Lesesprache beherrschten, denn beide waren bereits spätestens in der 2. Hälfte des 17. Jhs. zum Hd. übergegangen. So waren auch die letzte nd. Bibel 1621 in Goslar, die letzten nd. Gebetsbücher 1654 in Lüneburg, 1657 in Emden und 1686 in Münster sowie der letzte nd. Katechismus 1679 in Hamburg gedruckt worden. Es ergibt sich daher kein Widerspruch, wenn einerseits Johann Micraelius schon 1639 in seiner „Beschreibung des Pommer-Landes" beklagt:

Wir andern Sachsenleute haben nun auch eine Zeitlang an vnser Muttersprache einen solchen Eckel gehabt, das vnsere Kinder nicht ein Vater Vnser, wo nicht in Hochteutscher Sprache beten, vnd wir keine Pommerische Predigt fast mehr in gantz Pommern hören mögen, weil es alles muß Hochteutsch gebetet, geprediget, gesungen, geschrieben, geredet und verabscheidet werden (Lindow 1926, 16),

wenn aber andererseits die Berliner „Allgemeine deutsche Bibliothek" noch 1778 feststellt, daß

das nunmehr so genannte Platdeutsche durch das Hochdeutsche verdrängt worden ist [...] und allein die Sprache des gemeinen Mannes sei und 1772 dazu ausführlicher schreibt:

In jeder kleinen Stadt und in jedem Flecken vermischt sich das platdeutsche auch unter den niedrigsten Leuten immer zusehens mehr mit dem hochdeutschen (Steiger 1919, 87, 89).

Eine solche Vermischung von Nd. und Hd. trat vor allem seit dem Anfang des 18. Jhs. in den unteren städtischen Schichten als Bemühen um das Hd. als Sprechsprache auf, wobei es zu zahlreichen Fehlern in Form von Dialektsubstraten und Hyperkorrektismen kam. Als zeitgenössische Bezeichnungen waren dafür *Niederhochdeutsch* oder *Missingsch* gebräuchlich. Während die erstere Bezeichnung den Mischcharakter und die niedere Qualität ausdrückte, wies die letztere mit der Bedeutung 'meißnisch' auf das erstrebte Vorbild hin, wurde aber bald volksetymologisch zu 'messingisch' umgedeutet, um aus der Sicht der höheren Sozialschichten die blecherne Wertlosigkeit und Geringschätzung einer solchen Sprechweise zu verspotten. Nach dem Zeugnis des Leipziger „Deutschen Museums" von 1782 war sie in der 2. Hälfte des 18. Jhs. bereits weit verbreitet:

Denn nicht blos in dem ganzen niedersächsischen und westphälischen Kreise, sondern auch in einem Theile des obersächsischen, als in der Mark und in Pommern [...] und in Preußen [...] herrschet sie nun. Ihr wahres Merkmal ist dieses: Wenn das Patois der Provinz, das heißt, besonders die Sprache des gemeinen Mannes, plattdeutsch ist, so ist auch die niederhochdeutsche Mundart in derselben befindlich (Steiger 1919, 88).

Diese Zwischenschicht wurde aber noch nicht als alltägliche Umgangssprache unter Angehörigen der unteren Sozialschichten gebraucht, die als Alltagssprache weiterhin am Nd. festhielten, sondern nur im Gespräch mit Angehörigen höherer Gesellschaftskreise und damit in eingeschränkter Funktion. Da sich eine solche Sprechweise oftmals mit kleinbürgerlichem Bildungshochmut verband und komisch wirkte, wurde sie auch zu parodistischen Zwecken literarisch genutzt und erstmals 1779 von Johann Gottwerth Müller (Müller von Itzehoe) in seinem Roman „Siegfried von Lindenberg" verwendet.

Was die Sprachverhältnisse bei der ländlich-bäuerlichen Bevölkerung betrifft, so wurde bereits aus den genannten Zeugnissen der Gebrauch des nd. Dialekts als Alltagssprache deutlich. Wenn aber auch von der Verwendung des Hd. die Rede ist, so handelt es sich dabei größtenteils bloß um das Verstehen auf Grund seines Gebrauchs in der Kir-

che als Gebets- und Predigtsprache. Dies verdeutlicht folgende Stelle aus der Berliner „Allgemeinen deutschen Bibliothek" von 1765:

Der Meißnische, auf der Kanzel übliche Dialekt ist in verschiedenen Gegenden, z. B. in Westphalen und Niedersachsen, für den Landmann, der ihn außer der Predigtstunde nicht kennt, unverständlich (Steiger 1919, 88).

Daß diese beschränkte Verwendung des Hd. im 18. Jh. in bestimmten Situationen, nämlich im Gespräch mit Angehörigen höherer Sozialschichten, zum Missingsch führt, bestätigt nicht nur die zitierte Verbreitungsangabe von 1782, sondern gerade im Hinblick auf eine gehobenere, höflichere Verhaltensweise schon 1704 Bernhard Raupach in seiner Verteidigungsschrift „Exercitatio Academica de Linguae Saxoniae Inferioris Neglectu atque Contemptu injusto, Von unbilliger Verachtung der PlatTeutschen Sprache", wo es von der „*meißnischen Sprache*" heißt:

„selbige werde so gemein, daß, wenn ein Pflugknecht höflich tun wolle und ein Bauer sich den Schnabel begossen habe, so müsse er meißnisch reden" (Socin 1888, 312).

Zusammenfassend ergibt sich, daß in Norddeutschland die Aufnahme der hd. Schriftsprache anstelle der angestammten mnd. bei Weiterbestehen der nd. Dialekte seit dem 17. Jh. allmählich zu einer Situation der Diglossie mit soziologisch und situativ getrennten Funktionen führte. Wurde das Hd. in der zweiten Hälfte des 17. Jhs. ausschließliche Schreib- und Lesesprache in Verwaltung und Schule und Gebets- und Predigtsprache in der Kirche, so griffen es als mündliche Hochsprache zunächst nur die höheren Gesellschaftsschichten in den Städten auf, ohne aber im familiären Bereich auf den nd. Dialekt zu verzichten. Im 18. Jh. bemühten sich dann auch die unteren Bürgerschichten um das Hd., was jedoch nur fehlerhaft gelang und zur Mischsprache des Missingsch führte. Es besaß aber nicht die Funktion einer alltäglichen Umgangssprache, als welche unter sozial Gleichstehenden weiterhin der nd. Dialekt gebräuchlich war, sondern wurde nur im Gespräch mit sozial höher Gestellten gesprochen. Auf dem Land bewahrte der nd. Dialekt durchwegs seine Funktion als Alltagssprache, wenn auch besonders in der zweiten Hälfte des 18. Jhs., bedingt durch die hd. sprechende Kirche und Schule, das Missingsch für den Kontakt mit Angehörigen höherer Sozialschichten aufkam. Erst in der zweiten Hälfte des 18. Jhs. begann sich besonders in den Städten der an das Osächs. anschließenden südöstlichen nd. Gebiete das Hd. auf nd. Substrat in breiterem Umfang bei größeren Bevölkerungskreisen als Alltagssprache durchzusetzen. Karl Philipp Moritz bezeichnet sie für Berlin 1781 erstmals als „Umgangssprache" und hebt sie in einem dreigliedrigen Modell vom nd. Dialekt und von der hd. Schrift- und Hochsprache ab (Schmidt 1995, 69f.).

1.2.3. Sonder- und Fachsprachen

Wie zu allen Zeiten gab es auch im 17. und 18. Jh. an Stände und Berufe gebundene Sonder- und Fachsprachen, doch sollen hier im Rahmen der sprachsoziologischen Verhältnisse nur jene hervorgehoben werden, die für den behandelten Zeitraum besonders charakteristisch sind: das Verhalten vor allem des Adels gegenüber dem Frz. und die Standessprachen der Soldaten und Studenten.

Da die zweite Hälfte des 17. und die erste Hälfte des 18. Jhs. das Zeitalter des Absolutismus und der höfischen Barockkultur bildeten, kam im partikularistischen Deutschland dem Adel der vielen großen und kleinen Residenzen auch in sprachlicher Hinsicht besondere Bedeutung zu. Er war nämlich nicht nur, wie es nach der bisherigen Darstellung den Eindruck erweckt, der Stand mit dem vorbildlichsten Dt., sondern zugleich auch der Hauptträger des Frz. Mangels eines deutschen Kulturzentrums wirkten der zentralistische Pariser Hof und die frz. Kultur schon in der zweiten Hälfte des 16. Jhs. vorbildlich und konnten sich dann in der zweiten Hälfte des 17. Jhs. die deutschen Fürsten der besonderen Faszination des glänzenden Hofwesens des mehr als ein halbes Jahrhundert herrschenden Sonnenkönigs Ludwigs XIV. (1661–1715) nicht entziehen. War das Frz. schon im 16. Jh., bedingt durch den auf Grund seiner burg.-span. Herkunft zunächst nur frz. sprechenden Kaiser Karl V. die Diplomatensprache geworden, so nahm sein Gebrauch beim Adel seit dem Beginn des 17. Jhs. mit dem Alamode-Wesen als modischer Nachahmung frz. Sitten stark zu. Im frühen 18. Jh. kam dann auch das gehobene Bürgertum der Städte besonders in Württemberg, der Pfalz, in Hessen und Brandenburg auf Grund der zwischen 1685 und 1720 erfolgten Einwanderung der protestantischen Hugenotten – in Berlin waren es etwa 6000 frz. Emigranten – und deren Tätigkeit als Manufakturisten und Kaufleute in engere Berührung mit dem Frz. So versteht es sich, daß bei den Gebildeten die frz. Literatur stärker gefragt war und mehr gelesen wurde als die dt. Der letzte fürstliche Vertreter dieser sprachlichen und kulturell-geistigen Frankophilie war Friedrich II. der Große (1740–86), der das Deutsche verachtete und das Frz. zur preußischen Hofsprache in Berlin und Potsdam machte, so daß Voltaire 1750 aus Potsdam schreiben konnte: *Je me trouve ici en France. On ne parle que notre langue. L'allemand est pour les soldats et pour les chevaux* (Bach 1970, 313). Zwar wurden der frz. Spracheinfluß und der Fremdwörtergebrauch besonders von den Sprachgesellschaften und ihren Mitgliedern heftig bekämpft, doch hielt sich trotzdem eine Reihe von Entlehnungen sowohl in der Schriftsprache als auch in den Dialekten.

Gegenüber dem gehobenen Stand des Adels mit seiner Vorliebe für das Frz. rekrutierte sich der Soldatenstand aus den unteren Sozialschichten. Waren die Landsknechte durch ihr vagabundierendes Leben schon um die Wende vom 16. zum 17. Jh. zu einer Landplage geworden, so überzogen dann die kriegführenden Soldatenhorden im Dreißigjährigen Krieg (1618–48) plündernd, verwüstend und brandschatzend das ganze Reich. Die Soldatensprache mit ihrem teils ständisch-unterschichtigen und teils technisch-fachlichen Wortschatz erlebte daher damals eine besonders große Entfaltung und fand in die zeitgenössische sittenschildernde Literatur besonders eines Grimmelshausen und Moscherosch Eingang.

Eine weitere im 17. und 18. Jh. besonders hervortretende Standesgruppe bildeten die Studenten vor allem der md. protestantischen Universitäten Jena, Halle, Wittenberg und Gießen. Sie entwickelten auf Grund ihres institutionalisierten, stark vom Brauchtum geprägten Gemeinschaftslebens eine reich differenzierte Standessprache, die sowohl vom Griech. und Lat. als den Hochschulsprachen beeinflußt wurde als auch wegen des Kontakts der Fahrenden Schüler der Reformationszeit mit dem erwerbsmäßigen Bettler- und Verbrechertum Einflüsse des Rotw. aufwies. Die Studentensprache gelangte mit Zachariäs Epos „Der Renommist" von 1744 nicht nur in die zeitgenössische Literatur, sondern die aus der Studentenschaft hervorgegangenen Literaten des 18. Jhs. bereicherten damit überhaupt die Schriftsprache.

2. Das 19. und 20. Jahrhundert

2.1. Allgemeines, Forschungsstand, Quellen

Bedingt durch eine Reihe sozialer Veränderungen erfahren die drei wesentlichen Schichten gesprochener Sprache Dialekt — Umgangssprache — Hochsprache seit dem 19. Jh. einerseits Differenzierungen, so daß mit der Annäherung an die Gegenwart die Zahl der Varietäten zunimmt, und erfolgen andererseits Umverteilungen mit deutlicher Zunahme des Gebrauches der Umgangssprache auf Kosten des Dialekts. Ebenso vermehren sich Kenntnis und Verwendung der Hochsprache, die mit zunehmender Verbreitung im 20. Jh. zur Standardsprache wird und deren 1898 kodifizierte Aussprachenorm den Charakter einer Hochlautung gewinnt. Ferner bringt vor allem die im 19. Jh. einsetzende Industrialisierung eine Reihe technischer Fachsprachen mit sich, die sich wegen der immer stärker werdenden Technisierung der Umwelt auch in Wörtern und Wendungen der Alltagssprache deutlich niederschlagen.

Es sei nicht geleugnet, daß die um 1820 einsetzende kritische Sprachwissenschaft, in deren Gefolge sich auch die Dialektologie als eine geographisch und soziologisch ausgerichtete Teildisziplin entwickelt, wesentlich zur deutlicheren Erkenntnis der sprachsoziologischen Verhältnisse beiträgt, während die sprachwissenschaftlich-sprachpflegerischen Bestrebungen des 18. Jhs. in erster Linie auf die Durchsetzung einer einheitlichen Schrift- und Hochsprache ausgerichtet waren. Obwohl, wie sich aus sprachhistorischen und sprachgeographischen Erkenntnissen ergibt, die im 19. Jh. anzutreffenden sprachsoziologischen Differenzierungen in Vorstufen schon ins 18. Jh., ja teilweise auch noch weiter zurückreichen, steht jedoch außer Zweifel, daß die sozialen Umwälzungen des 19. Jhs. erst zur Entfaltung der älteren Ansätze führen und damit auch eine neue sprachsoziologische Situation schaffen.

Mit der Dialektologie als neuer sprachwissenschaftlicher Teildisziplin ändern sich gegenüber dem 17. und 18. Jh. auch die Zeugnisse über die herrschenden sprachsoziologischen Differenzierungen. Zwar werden nun unmittelbare Beobachtungen der Sprachverhältnisse angestellt und Differenzierungen in Form von schicht-, gruppen- und berufsbedingten, generations- und geschlechtsspezifischen sowie situationsabhängigen Eigenschaften allmählich erkannt, doch konzentriert sich die Sprachbeschreibung bis in den Anfang des 20. Jhs. bloß auf den Dialekt, weil man aus der waltenden sprachhistorischen Sicht seine Entwicklungskontinuitäten seit ältester Zeit erkennt und positiv bewertet. Deshalb wird man als weitere Zeugnisse für den Sprachgebrauch bzw. vor allem für die Formationen der Umgangssprache im 19. Jh. auch Hinweise besonders in Schulgrammatiken, Lehrerzeitschriften und Schulschriften, in Landes- und Reisebeschreibungen, in Autobiographien und in der realistisch angelegten Literatur heranziehen müssen, wie es überhaupt teilweise auch umgangssprachliche Texte gibt (z. B. Grosse 1989). Dagegen besitzen die von Socin (1888) für das 19. Jh. gesammelten Ansichten über den Wert des Dialekts und ihr Verhältnis zur Schriftsprache als Äußerungen von Sprachwissenschaftlern, Pädagogen und Dialektliteraten zwar sprachpflegerischen, aber nicht sprachsoziologischen Quellenwert. Im Gegensatz zur Behandlung des 17. und 18. Jhs. berücksichtigen die vorliegenden Sprachgeschichten im allgemeinen nun die sprachsoziologischen Entwicklungen wesentlich stärker, so daß sich entsprechende Angaben nicht nur bei Schildt (1976, 1983), allerdings wieder in einseitiger, marxistisch-leninistischer Ausrichtung, sondern auch bei Bach (1970) und Eggers (1973, 1977) finden. Dagegen versteht Langen (1957) auch die Sprachgeschichte des 19. und 20. Jhs. in erster Linie als Geschichte der Literatursprache.

Mit der Ausbildung einer germanistischen Sprachwissenschaft und Dialektologie entwickelt sich auch eine wissenschaftliche Terminologie, die allerdings nicht konstant ist, sondern sich mit den wechselnden theoretischen Standpunkten ebenfalls verändert und in Grundzügen etwa folgendermaßen aussieht: Mit *Dialekt* wird nun *Mundart* synonym und bis um 1970 die vorherrschende Bezeichnung, die etwa zwischen 1930 und 1950 auch mit *Volkssprache* wechselt. An die Stelle von ursprünglichem *Mundart* im Sinne der landschaftlich gefärbten Realisierung der Schriftsprache tritt nun die Bezeichnung *Umgangssprache*, die allerdings zu einem sehr unterschiedlich gebrauchten, schillernden Begriff wird, wobei das am Ende des 19. Jhs. einsetzende sprachwissenschaftliche Verständnis als Existenzform zwischen Dialekt und Hochsprache besonders hervorzuheben ist (vgl. Bichel 1973). Für den zunehmend mündlichen Gebrauch der Schriftsprache bürgert sich um 1850 *Hochsprache* ein, das seit etwa 1970 von *Standardsprache* abgelöst wird.

Daneben hat die Wissenschaft besonders seit der vertieften Erforschung der gesprochenen Sprache und der Entwicklung einer Soziolinguistik seit den 1960er Jahren eine Menge weiterer, oftmals differenzierender Termini gebildet.

2.2. Die Sprachschichtung im 19. und 20. Jahrhundert nach ausgewählten Zeugnissen

2.2.1. Der hochdeutsche Sprachraum

Während sich die Verhältnisse im 19. und 20. Jh. auf Grund der unterschiedlichen Vorbedingungen im hd. Sprachraum anders gestalten als im nd., gibt es keine wesentlichen Unterschiede zu den sozialen Entwicklungen.

So waren das letzte Viertel des 18. und die ersten Jahrzehnte des 19. Jhs. überall durch zwei wesentliche Sozialveränderungen gekennzeichnet. Für die Bauern als ländliche Bevölkerung wurde im Gefolge der Aufklärung die grundherrschaftliche Abhängigkeit aufgehoben, was ihnen nicht nur Rechte und Freiheiten einräumte, sondern auch die Abwanderung vom Land in die Stadt ermöglichte. In den Städten aber begann allmählich die Industrialisierung, die Arbeitskräfte benötigte und als solche die abgewanderte Landbevölkerung aufnahm, aus der sich die zunächst rechtlose Arbeiterschaft als neue städtische Unterschicht bildete. Bereits um die Mitte des 19. Jhs. machte sich das städtische Bevölkerungswachstum deutlich bemerkbar, so daß die funktionslos gewordenen mittelalterlichen Stadtmauern vielfach geschleift wurden und sich die städtischen Wohn- und Industrieareale auszudehnen begannen. Dieser Prozeß verstärkte sich dann besonders seit 1871 mit der Gründung des Deutschen Reiches. So entstanden damals die Großstädte, deren Zahl in Deutschland zwischen 1871 und 1910 von 8 auf 48 anwuchs und in denen 21% der Gesamtbevölkerung wohnten, so daß damals bereits jeder fünfte Deutsche ein Großstädter war. Diese wirtschaftlichen und sozialen Veränderungen führten neben der Arbeiterschaft auch zum Anwachsen weiterer Dienstnehmergruppen in Form einer Vielzahl von Angestellten in Gewerbe und Verwaltung, die beide zusammen am Jahrhundertende 72% aller Erwerbstätigen ausmachten und die nach und nach Sozialrechte erhielten. Zur selben Zeit festigten sich auch Stellung und Bedeutung des städtischen Großbürgertums als Träger der kapitalistischen Wirtschaftsform, so daß es auf Grund von Tüchtigkeit, Einfluß und Bildung

auch zur kulturell führenden Schicht aufstieg. Schließlich verstärkten sich mit dem Ausbau des Eisenbahnnetzes seit der zweiten Hälfte des 19. Jhs. die freilich schon immer bestehenden Verkehrskontakte zwischen Land und Stadt und begann gegen das Jahrhundertende vor allem im Umkreis der Großstädte das Pendlerwesen vom Land in die Stadt, so daß die Männer in Industrie und Gewerbe arbeiteten, während die Frauen daheim eine kleine Landwirtschaft als Nebenerwerbsquelle weiterbetrieben.

Obwohl sich die kapitalistischen Produktionsverhältnisse in die erste Hälfte des 20. Jhs. fortsetzten, begannen die sozialen Veränderungen des 20. Jhs. erst um 1920 mit den politischen Umbrüchen im Gefolge des Ersten Weltkrieges (1914–18) und der Schaffung der republikanischen Staatsformen in Deutschland und Österreich. So trat die Bedeutung des Großbürgertums zurück und verhalfen die sozialdemokratischen Regierungen in Verbindung mit den Gewerkschaften den Arbeitern und Angestellten zu einer verstärkten Integration in die bestehenden Gesellschaftsverhältnisse. Die Möglichkeiten zum sozialen Aufstieg auf Grund verbesserter beruflicher Bildungsmöglichkeiten durch den Ausbau und erleichterten Zugang zu Schulen und damit die Dominanz neuer Mittelschichten entfalteten sich jedoch erst nach der nationalsozialistischen Ära und dem Zweiten Weltkrieg (1939–45) ab den 1950er Jahren unter verschiedenen gesellschaftspolitischen Systemen in West und Ost. Auch der starke Rückgang der traditionellen bäuerlich-handwerklichen Landbevölkerung und die breite Urbanisierung des Landes begannen erst um diese Zeit, wenn sich auch die Ansätze dazu besonders im Umland von Großstädten schon in der Vorkriegszeit bemerkbar machten.

Obwohl im 19. Jh. die Landbevölkerung — sie betrug 1890 in Deutschland noch 57% der Gesamtbevölkerung — größtenteils weiterhin aus Bauern und kleinen Handwerkern bestand und im hd. Sprachraum mit dem Dialekt ihr alltagssprachliches Auslangen fand, bedingten die zunehmenden wirtschaftlichen Kontakte mit den nächstgelegenen Städten auch ein stärkeres sprachliches Stadt-Land-Gefälle mit der höheren Einschätzung der stadtsprachlichen Gegebenheiten und einer sich verstärkenden Aufnahme stadtsprachlicher Prestigeformen. Da die Männer vor allem durch Beruf und Militärdienst allgemein mehr herumkamen als die orts- und hausgebundenen Frauen und die Jugend wieder mobiler war als die Alten, begannen sich auch geschlechts- und generationsspezifische Sprachunterschiede abzuzeichnen. Schließlich brachte der im ausgehenden 18. Jh. überall intensivierte Pflichtschulunterricht nicht nur eine bessere Kenntnis der Schriftsprache mit sich, sondern wurde die Hochsprache, wenn auch in unterschiedlichen regionalen Ausprägungen, Unterrichtssprache, so daß ihre Verwendung bei der Landbevölkerung über die Kirche hinaus zunahm. Dies führte zu einem variablen Sprachgebrauch, so daß Friedrich Kauffmann in seiner Anleitung zur „Dialektforschung" (1889, 388) auf Grund von Beobachtungen in Schwaben sagen konnte:

Man wird allgemein heutzutage die Erfahrung machen, daß selbst das kleinste, entlegendste Dorf verschiedenartige Sprechweisen beherbergt, die mehr oder minder voneinander sich abheben. Von der Verschiedenheit des Alters und Geschlechtes zunächst abgesehen, spricht der Handwerker meist anders als der Bauer, und auch dieser verfügt in der Regel über mehrere Sprachformen, die nach freier Wahl oder unbewußt gebräuchlich sind. Es muß von vornherein festgehalten werden, daß mit dem Gesellschaftskreis die Sprache wechselt. [...] Jeder Gesellschaftskreis [...] hat seine eigene Sprechweise.

Wer jedoch diesen variablen Sprachgebrauch hinsichtlich seiner Gebrauchsnormen als Ordnungsgefüge zu fassen und systematisch zu beschreiben versuchte, dem ergaben sich maximal drei bis vier unterschiedliche Sprachschichten mit charakteristischen sozialen und geographischen Bindungen. So stellte Johann Andreas Schmeller in seinen „Mundarten Bayerns" (1821, 21) folgende drei Sprachschichten fest: *die gemeine ländliche Aussprache, die Aussprache der Bürgerclasse in Städten* und *die Aussprache der Gebildetern oder die provincielle Art und Weise, das Schriftdeutsche zu lesen*, was man in moderner Terminologie als Dialekt – Umgangssprache – Hochsprache bezeichnen kann (vgl. Wiesinger 1979). Und erläuternd fügte Schmeller vom Standpunkt des Sprachhistorikers im Hinblick auf die Beziehungen zwischen dem gegenwärtigen Sprachzustand und seinen älteren Vorstufen und damit zum Erscheinungsbild der einzelnen Sprachschichten hinzu:

Nur beym gemeinen Manne, besonders auf dem Lande, und wieder vorzugsweise in abgelegenen Wald- und Gebirgs-Gegenden haben sich die meisten der [...] Aussprache-Analogien rein und lebendig erhalten; in Märkten und Städten und bey den Gebil-

deten sind sie durch Vermengungen aller Art, besonders mit dem Schrifthochdeutschen immer mehr oder weniger vermischt worden. Es darf in diesem Sinne die Sprache der Bürger-Classe, obschon sich diese gerne etwas auf dieselbe herausnimmt, meistens für corrupter als die des Landvolkes erklärt werden. Die Aussprache der Gebildeten ist gewöhnlich ganz passiv nach dem Buchstaben der einmal zum Gesetz gewordenen Orthographie gemodelt, doch so, daß fast überall die Hauptfarben des Provincial-Dialektes durchschimmern.

Stärker differenzierte Schmellers oberöst. Zeitgenosse Matthias Höfer in seiner „Volkssprache in Oesterreich vorzüglich ob der Ens" (1800, 56):

Die Sprache an sich selbst betrachtet, richtet sich nach der Verschiedenheit des Standes. Gleichwie die Art, sich zu kleiden, nach dem Ausdrucke des Pöbels, dreyfach ist: 1) städterisch oder herrisch; 2) markisch, wie es unter gemeinen Bürgern in den Marktflecken üblich ist: und 3) bäurisch. Eben so verhält es sich auch mit der Art und Weise, im Reden sich auszudrücken.

Hier wird zwischen die Stadt und das Land im engeren Sinne und die entsprechende, auch im Volk verwurzelte, sozialabhängige Spracheinstufung als *herrisch* oder *bäurisch* noch die vermittelnde Sprache der Marktorte gestellt, was man, in moderner Terminologie ausgedrückt, als Differenzierung des Dialekts in ländlich-bäuerlichen Basisdialekt und stadtabhängigen Verkehrsdialekt bewerten kann (vgl. Wiesinger 1980). Damit spiegeln sich die im 19. Jh. enger werdenden sozialen Beziehungen zwischen dem Land und der Stadt sprachlich als Einwirkungen der Stadtsprache auf den Landdialekt, was sich sprachsoziologisch in der Aufspaltung der Ortssprachen und sprachgeographisch in Form stadtsprachlicher Ausstrahlungen niederschlägt, die vor allem im Umkreis von Großstädten schon um 1880 deutlich greifbar sind (vgl. Debus 1962, 1963). Es ist daher nur allzu verständlich, daß sich bereits um 1840 Stimmen erhoben, die den Niedergang der Dialekte beklagten und ihr Aussterben befürchteten, so daß z. B. Johann Matthias Firmenich mit der systematischen Sammlung von Dialekttexten begann, die er 1847−67 als „Germaniens Völkerstimmen" veröffentlichte. Ähnliche Befürchtungen griffen auch in der Schweiz um sich. Dort wurde zwar nach dem oben zitierten Zeugnis Stalders von 1819 weiterhin von allen Gesellschaftskreisen in allen Situationen Dialekt gesprochen, doch nahm vor allem durch die Schule die Kenntnis der Schrift- und Hochsprache derart zu, daß patriotische und traditionsbewußte Bürger um den unverfälschten Weiterbestand der Dialekte zu bangen anfingen und deshalb 1845 die Sammlung von Wörtern und Wendungen für ein „Wörterbuch der schweizerdeutschen Sprache" anregten (vgl. Haas 1981).

Auch in den Städten des hd. Sprachraumes verstärkten und verschoben sich allmählich die Unterschiede und Verteilungen der Sprachschichten. Die sich vor allem aus der zugewanderten Landbevölkerung rekrutierende Arbeiterschaft verblieb als soziale Unterschicht überall weiterhin beim Dialekt, wobei sich die mitgebrachten Dialektunterschiede rasch in dem unter Einfluß der höheren städtischen Sprachschichten stehenden Stadtdialekt einebneten. Je mehr aber die Arbeiterschaft als Unterschicht zunahm, desto stärker versuchten die mittleren Bürgerschichten vor allem der Gewerbetreibenden, der Kaufleute und Beamten und erst recht die Oberschicht des Großbürgertums und der Gebildeten sich sprachlich davon abzusetzen, indem sie die Umgangssprache bzw. teilweise auch die regional gefärbte Hochsprache als Alltagssprache aufgriffen. Dies geschah jedoch auf Grund der aus dem 18. Jh. fortwirkenden Vorbedingungen in regional unterschiedlichen Prozessen (vgl. Art. 148), wobei sich etwa folgendes Bild abzeichnet.

Im obd. Raum Süddeutschlands und Österreichs herrschten im allgemeinen die von Schmeller und Höfer beschriebenen und oben zitierten Verhältnisse, indem sich die mittleren und zunächst auch die höheren Bürgerschichten einer noch stark dialektverhafteten Umgangssprache bedienten, während die von der Schriftsprache abhängige Hochsprache, freilich ebenfalls mit der regional üblichen Lautgebung, Lesesprache war und sich als Alltagssprache auf die Gebildeten beschränkte und erst mit zunehmender Zeit auch in den höheren Bürgerkreisen aufgegriffen wurde. Dagegen setzte sich in der Schweiz die angebahnte Diglossiesituation mit auf Schule und Kirche beschränkter Schrift- und Hochsprache und mit Dialekt als allgemeiner Alltagssprache fort, doch so, daß die Kenntnis der Schrift- und Hochsprache nun breitere Kreise erfaßte und sich der Dialekt zu spalten begann, indem das Großbürgertum am traditionellen Stadtdialekt festhielt, während die neue Arbeiterschaft einen davon abweichenden, landschaftliche Unterschiede ausgleichenden Verkehrsdialekt sprach, wie 1890 Eduard Hoff-

mann in Basel beobachten konnte. Gegenüber Fremden bevorzugten die Gebildeten vor allem in der ersten Hälfte des 19. Jhs. jedoch weiterhin das Frz. Eine der Schweiz ähnliche Diglossiesituation entwickelte sich auch im westlichen Mitteldeutschland und da vor allem im Rheinland, indem die mittleren Bürgerschichten wegen der starken Unterschiede zwischen Dialekt und Schriftsprache nicht vom Stadtdialekt abließen und sich die höheren Kreise einer stark dialektal ausgerichteten Umgangssprache bedienten. Anders gestalteten sich die omd. Verhältnisse, wo sich ja schon im 18. Jh. bei relativer Nähe von Dialekt und Schrift- und Hochsprache zumindest in den Großstädten eine schichtspezifische Sprachzuordnung entwickelt hatte. Sie führte nun beim Bürgertum zur Ablehnung des Dialekts als minderwertiger Sprachform der unterschichtigen Arbeiterschaft, so daß sich in den mittleren Bürgerschichten rasch eine schriftsprachenahe Umgangssprache durchsetzte, während die höheren Kreise ohnehin schon regionale Hochsprache gebrauchten. Mit Verzögerung erfaßte dieser Prozeß im letzten Viertel des 19. Jhs. auch die omd. Kleinstädte, so daß dort am Jahrhundertende die Umgangssprache des Bürgertums noch stärkere dialektale Anteile aufwies und sich die regionale Hochsprache auf die Gebildeten beschränkte, wie Julius Frank (1898, 5) für die nordthür. Kleinstadt Frankenhausen anläßlich der Untersuchung ihrer Mundart feststellte:

Die Mundart, welche heute nur noch von Leuten des Arbeiterstandes rein gesprochen wird, war früher die allgemeine Umgangssprache auch der besseren Stände. Ältere Leute dieser Bevölkerungsschicht sprechen heute noch vollständig reinen Dialekt, während von der jüngeren Generation teils durch den Einfluß der Schule, teils durch das Streben, hochdeutsch zu sprechen, der Dialekt nicht mehr ganz rein gesprochen wird. Das Verlangen, sich des Hochdeutschen zu bedienen, hat seinen guten Grund darin, daß die Mundart in Frankenhausen − wie in ganz Mitteldeutschland − die Grenze zwischen dem Vornehmen und dem Geringen bildet. Der Gebildete sieht mit Verachtung auf den Dialekt als das Kennzeichen des gemeinen Mannes und nimmt sich wohl in acht, mundartliche Worte, Wendungen oder Ausdrücke in seiner Umgangssprache zu gebrauchen.

Die erste Hälfte des 20. Jhs. setzt in Verbindung mit den fortschreitenden sozialen Wandlungen die regional jeweils unterschiedlichen Entwicklungstendenzen des 19. Jhs. fort. Sie gelangen dann mit neuen Veränderungen besonders seit den 1960er Jahren zum Durchbruch und erbringen die gegenwärtigen

Sprachverhältnisse (vgl. Wiesinger 1997 und die weiteren Beiträge in Stickel 1997). Für die erste Jahrhunderthälfte hervorzuheben sind folgende Ansätze. In der Schweiz erfolgt in den 1930er Jahren als geistige Landesverteidigung gegen den drohenden dt. Nationalsozialismus der Aufruf zu verstärktem Dialektgebrauch, der dann ab den 1960er Jahren zum vollen Durchbruch gelangt und die Schriftsprache auf die mediale Schriftlichkeit und ihre mündliche Verwendung auf sehr wenige Situationen und das in erster Linie bloß bei den gehobenen Sozialschichten besonders der Städte einschränkt. Im Obd. Süddeutschlands und Österreichs sowie im Wmd. des Rheinlandes bleiben zwar die Dialekte weiterhin lebendig, aber die Mittelschichten der Städte gehen zunehmend zur Umgangssprache über. In Ballungsregionen wie dem hess. Rhein-Main-Gebiet um Frankfurt greift sie allmählich auch die Unterschicht auf, so daß sie heute dort die Funktion der ursprünglichen Dialekte einnimmt. Solche Verdrängungsvorgänge des schon länger sozial degradierten Dialekts setzen auch im Omd. Sachsens und Thüringens ein, wo nun die städtische Unterschicht und zunehmend auch die jüngere Landbevölkerung zur Umgangssprache überzugehen beginnen, was heute zum vollen Durchbruch gelangt ist.

2.2.2. Der niederdeutsche Sprachraum

Im nd. Raum Norddeutschlands verstärkte sich im 19. Jh. die schon im 17. und 18. Jh. angebahnte Diglossiesituation mit nd. Dialekt und hd. Schrift- und Hochsprache und nahm der Gebrauch des vermittelnden Missingsch als Umgangssprache zu, wobei jedoch gegendweise verschieden das Nd. immer stärker zugunsten des Hd., ja in einzelnen Städten bis zum völligen Verschwinden zurückwich. Am besten hielt sich der Dialekt weiterhin auf dem Land, wo er besonders bei den Bauern und Handwerkern und im Küstenbereich bei den Seeleuten, Schiffern und Fischern für die Aufgaben der Alltagskommunikation völlig ausreichte. Doch brachte neben der Kirche nun der intensivierte Schulunterricht vertiefte Kenntnisse der Schrift- und Hochsprache und führten die verstärkten Land-Stadt-Kontakte zum verstärkten Gebrauch des umgangssprachlichen Missingsch.

In den Städten setzte sich in den höheren Bürgerschichten das Hd. als Alltagssprache vielfach durch, während die mittleren Kreise zwar öffentlich auch meist hd. sprachen, aber im familiären Bereich vielfach noch am nd. Dialekt festhielten. Auf jeden Fall blieb der Dialekt die Alltagssprache der alteingesessenen Kleinbürgerschicht, die dann im Gespräch mit höhergestellten Personen zum Missingsch griff. Dagegen wurde der Dialektgebrauch stark bedrängt durch die zugewanderte Arbeiterschaft, die, soweit sie aus der näheren Umgebung kam, sich noch dem Stadtdialekt anpassen konnte, sonst aber auf eine gegenüber dem Missingschen stärker der Schriftsprache verpflichtete hd. Umgangssprache auswich. Diese Verhältnisse gelten durchschnittlich bis in den Beginn des 20. Jhs. in den nördlichen Gebietsteilen und wurden z. B. von Julius Warnkross (1912, 5 f.) für die an der Ostsee gelegene neuvorpommersche Kleinstadt Wolgast folgendermaßen beschrieben:

Abgesehen von den Honoratioren der Stadt, den Beamten und den Fabrikarbeitern, die aus anderen Landesteilen eingewandert sind, spricht die ganze Bevölkerung mit Vorliebe ihren plattdeutschen Dialekt. Am reinsten ist die Mundart sicher in den alteingesessenen Schiffer-, Fischer- und Handwerkerfamilien überliefert [...] und noch gibt es in Wolgast viele Leute, die mit ihrem hochdeutschen Wortschatz nicht auskommen, wenn sie mit „vornehmen" Leuten sprechen wollen, und die dann ein köstliches „Missingsch" reden.

Zur selben Zeit machte 1918 Paul Beckmann in der Realschule der meckl. Großstadt Rostock eine Umfrage über den Gebrauch des Dialekts und konnte bei den hauptsächlich aus den Mittelstandskreisen der Kaufleute, der mittleren und niederen Beamten, der Handwerker und der bessergestellten Arbeiter entstammenden 293 Schülern feststellen, daß 89% geläufig plattdeutsch sprachen, weitere 10% es passiv verstanden und nur 1% ausschließlich auf das Hd. festgelegt war. In ihren Familien sprachen 38% vorwiegend plattdeutsch, 46% gelegentlich und 16% nur hd., so daß hier das Streben zum alltäglichen Gebrauch des Hd. auf Kosten des Plattdeutschen auch in den mittleren Schichten deutlich wird. Für Münster in Westfalen kommt Robert Peters (1995) auf Grund sprachgeschichtlicher Untersuchungen zum Ergebnis:

„Um die Wende vom 19. zum 20. Jh. ist der Sprachwechsel der städtischen Bevölkerung bereits weit fortgeschritten. Plattdeutsch wird noch von Teilen des mittleren Bürgertums und der Unterschicht bzw. deren älterer und mittlerer Generation gesprochen. Platt bleibt auch als Sprache der vom Land Zuziehenden in der Stadt präsent. Die Mundart ist aber bereits weitgehend aus den öffentlichen

Funktionen verdrängt, sie ist die Sprache der privaten Sphäre geworden" (S. 162).

Sehr stark war der Dialektrückgang in den nfrk. und nd. Industriestädten des Ruhrgebietes zwischen Duisburg und Dortmund, wo sich auf Grund der massenhaften Zuwanderung von Arbeitern aus weiten, besonders nord- und ostdeutschen Gebieten, zum Teil auch poln. Muttersprache, seit etwa 1860 das sogenannte „Ruhr-" oder „Kumpeldeutsch" als eine hd. Umgangssprache auf nd. Grundlage bildete und als neue Sprache der Unterschicht allmählich die ursprüngliche Funktion des Dialekts übernahm. Gleichzeitig wurde dort das heimische Plattdeutsch mehr und mehr zu einer Sondersprache, die familiär und im Bekanntenkreis vor allem in den traditionellen eingesessenen Kleinbürgerkreisen der kleinen Handwerker und Gewerbetreibenden, der Ruhrschiffer und -fischer und der Gärtner, teilweise aber auch noch in stark ortsgebundenen mittleren und höheren Kreisen gesprochen wurde. Der zweifellos früheste und stärkste Rückgang des nd. Dialekts erfolgte unter dem Einfluß Obersachsens und Berlins in den Städten des ofäl.-brandenb. Raumes zwischen Magdeburg/Elbe und Landsberg/Oder und ihrer ländlichen Umgebung, wobei genaue Untersuchungen nur für Magdeburg von Helmut Schönfeld (1982) und für Berlin (Schildt/Schmidt 1992) vorliegen. Schönfeld gelangt für Magdeburg zu folgendem Ergebnis:

„Verschiedene Faktoren bewirkten, daß die noch niederdeutsch sprechenden Schichten der Magdeburger im 19. Jh. die niederdeutsche Sprache ablegten, so die negative Einstellung zur niederdeutschen Mundart bei den herrschenden Schichten, das Wachstum der Stadt, die Zuwanderung größeren Umfangs, die umfangreiche Industrialisierung, der starke Handel und die Garnison. Das fast vollständige Aufgeben des Nd. zugunsten des Hd. erfolgte in Magdeburg um 1830. Nur bei einigen Berufsgruppen hielt sich das Nd. noch bis um 1900, nämlich bei den Schiffern und Fischern. Als die Stadtbewohner das Nd. ablegten, da übernahmen sie als gesprochene Sprache nicht unsere heutige Hochsprache. Die Magdeburger, die die gesprochene Form der für sie neuen hd. Sprache in Leipzig, Halle und Wittenberg erlernten, eigneten sich im großen und ganzen die dortige Umgangssprache an, die zahlreiche mundartliche Eigentümlichkeiten des Md. enthielt" (S. 223 f.).

Im Laufe des 20. Jhs. nahm, wie aus statistischen Untersuchungen hervorgeht, der aktive Gebrauch des Plattdeutschen bei allen Gesellschaftsschichten sowohl in den Städten als auch auf dem Land zugunsten des Hd. weiter ab. Dabei setzten sich regional unterschiedliche Formen der Umgangssprache durch, so daß auf Grund der vermehrten und verbesserten Hochdeutschkenntnisse das Missingsch verschwand. Obwohl die um 1910/20 geborene Generation besonders auf dem Land noch vielfach das Plattdeutsche erlernte und es auch als Alltagssprache gebrauchte, wurde es von ihr nur mehr teilweise an die um 1930/40 geborene nächst jüngere Generation der Kinder weitergegeben. Damit bahnten sich schon in der ersten Jahrhunderthälfte jene Entwicklungen an, die heute zu starken Rückgängen an aktiver Beherrschung und Verwendung des Nd. führen. Betroffen davon sind vor allem die südlichen Gebiete mit im Vergleich zum Norden geringem Sozialprestige des Platts und da insbesondere das südliche und mittlere Brandenburg, wo die Berliner Umgangssprache das Platt fast ganz verdrängt hat.

2.2.3. Sonder- und Fachsprachen

Die sozialen und politischen Veränderungen, der Wandel der Interessen, der Ausbau der Wissenschaften, der Aufschwung der Technik und die Wandlungen der Produktions- und Wirtschaftsverhältnisse führten im 19. und 20. Jh. zur fortschreitenden Entstehung und Erweiterung neuer Sonder- und Fachsprachen. Soweit die Neuerungen Aufnahme in die Alltagswelt fanden, gingen die entsprechenden Wörter und Wendungen auch in die Schrift- und Umgangssprache und damit in den täglichen Sprachgebrauch ein. Aus der Vielfalt seien folgende Bereiche hervorgehoben: die Sprache der Politik besonders in bezug auf die Arbeiterbewegung; die Entstehung und das Wirken politischer Parteien und die Entwicklung und Praktizierung republikanisch-demokratischer Staatsformen unter bestimmten gesellschaftspolitischen Ideologien; die Sprache der Verwaltung; die Sprache des Bildungswesens; die Sprache des Sports besonders mit den Zweigen Turnen, Schwimmen, Boxen, Schifahren, Eislauf und den verschiedenen Arten des Ballspiels, vor allem Fußball und Tennis; die verschiedenen wissenschaftlichen Fachsprachen, von denen die Sprachen der Medizin, der Pharmazie und des Rechtswesens die stärkste Popularisierung erfahren haben; die Fülle technischer Fachsprachen insbesondere des Bauwesens, des Maschinenbaues, der chemischen, pharmazeutischen und elektrotechnischen Industrie, des Elektrizitätswesens, des Nachrich-

tenwesens mit Post, Telegraphie und Telephon, der elektronischen Datenverarbeitung
sowie der Bereiche Photographie, Film und
Rundfunk, die Fachsprache des Verkehrswe-
sens mit Eisenbahn, Auto, Schiffahrt und
Flugwesen; sowie die Fachsprache der Wirtschaft mit Industrie, Handel und Finanzwe-
sen. Von den Gruppensprachen ist besonders
die Sprache der Jugend von Einfluß auf die
Alltagssprache.

Besonders hinzuweisen ist hier auf den
Einfluß des Engl. Er machte sich im 19. und
20. Jh. vor allem in der Politik, im Eisen-
bahnwesen und im Sport (Boxen, Tennis,
Fußball) bemerkbar, wobei die entsprechenden Neuerungen zwar aus England, zum Teil
jedoch über Frankreich und dann in (halb)-
frz. Aussprache, übernommen wurden. Im
Hinblick auf die sprachsoziologischen Verhältnisse ist aufschlußreich, daß vor allem die
jüngeren Fachausdrücke und die engl. Entlehnungen des 20. Jhs. im allgemeinen auf die
Schrift- und Umgangssprache beschränkt
bleiben und wenn sie in den Dialekt gelangen, die umgangssprachliche Lautung beibehalten. Lediglich in der Schweiz erfolgt wegen des allgemeinen Dialektgebrauchs auch
eine weitestgehende lautliche und morphologische Integrierung des Fach- und Lehnwort-
schatzes.

3. Literatur (in Auswahl)

Bach, Adolf, Geschichte der deutschen Sprache. 9. Aufl. Heidelberg 1970.

Beckmann, Paul, Der Lautstand der Rostocker Mundart auf historischer Grundlage. Diss. (masch.), Rostock 1927.

Bichel, Ulf, Problem und Begriff der Umgangssprache in der germanistischen Forschung. Tübingen 1973. (Hermaea NF 32).

Blackall, Eric A., Die Entwicklung des Deutschen zur Literatursprache 1700–1775. Stuttgart 1966.

Bunning, Heinrich, Studien zur Geschichte der Bremischen Mundart (seit dem Untergang der mittelniederdeutschen Schriftsprache). In: NdJb 60/61, 1935, 63–147.

Carstensen, Broder, Englische Einflüsse auf die deutsche Sprache nach 1945. Heidelberg 1965.

Cherubim, Dieter, Zur bürgerlichen Sprache des 19. Jhs. Historisch-pragmatische Skizze. In: WW 33, 1983, 398–422.

Ders., Mattheier, Klaus J. (Hrsg.), Voraussetzungen und Grundlagen der Gegenwartssprache. Sprach- und sozialgeschichtliche Untersuchungen zum 19. Jh. Berlin 1989.

Debus, Friedhelm, Zwischen Mundart und Hochsprache. Ein Beitrag zur Stadtsprache – Stadtmundart und Umgangssprache. In: ZMF 29, 1962, 1–43.

Ders., Stadtsprachliche Ausstrahlung und Sprachbewegung gegen Ende des 19. Jhs. Dargestellt am mittleren Rhein- und unteren Maingebiet nach Karten des Deutschen Sprachatlas. In: Jahrbuch 1963 des Marburger Universitätsbundes. Hrsg. v. Ludwig Erich Schmitt. Marburg 1963, 17–68.

Dieckmann, Walter, Sprache in der Politik. 2. Aufl. Heidelberg 1975.

Eggers, Hans, Deutsche Sprache der Gegenwart im Wandel der Gesellschaft. In: Spr. d. Geg. 5, 1969, 9–29.

Ders., Deutsche Sprache im 20. Jh. München 1973. (Serie Piper 61).

Ders., Deutsche Sprachgeschichte IV: Das Neuhochdeutsche. Reinbek bei Hamburg 1977. (rde 375).

Eichler, Ingrid/Gunter Bergmann, Zum meißnischen Deutsch. Die Beurteilung des Obersächsischen vom 16. bis zum 19. Jh. In: PBB (H) 89, 1967, 1–57.

Frank, Julius, Die Frankenhäuser Mundart. Diss. Halle a. S. 1898.

Gabrielsson, Artur, Die Verdrängung der mittelniederdeutschen durch die neuhochdeutsche Schriftsprache. In: Handbuch zur niederdeutschen Sprach- und Literaturwissenschaft. Hrsg. v. Gerhard Cordes/Dieter Möhn. Berlin 1983, 119–153.

Gernentz, Hans Joachim, Niederdeutsch – gestern und heute. Beiträge zur Sprachsituation in den Nordbezirken der Deutschen Demokratischen Republik in Geschichte und Gegenwart. 2. Aufl. Rostock 1980.

Gessinger, Joachim, Sprache und Bürgertum. Sozialgeschichte sprachlicher Verkehrsformen im Deutschland des 18. Jhs. Stuttgart 1980.

Grosse, Siegfried, Arbeitersprache im Ruhrgebiet. In: Wimmer 1991, 202–222.

Ders./Martin Grimberg/Thomas Hölscher/Jörg Karweick, Denn das Schreiben gehört nicht zu meiner täglichen Beschäftigung. Bonn 1989.

Haas, Walter, Das Wörterbuch der schweizerdeutschen Sprache. Frauenfeld 1981.

Henne, Helmut, Hochsprache und Mundart im schlesischen Barock. Studien zum literarischen Wortschatz in der ersten Hälfte des 18. Jhs. Köln/Graz 1966. (MdF 44).

Ders., Das Problem des Meißnischen Deutsch oder „Was ist Hochdeutsch" im 18. Jh. In: ZMF 35, 1968, 109–129.

Ders., Deutsche Lexikographie und Sprachnorm im 17. und 18. Jh. In: Wortgeographie und Gesellschaft. Hrsg. v. Walther Mitzka. Berlin 1968 a, 80–114.

Ders., Probleme einer historischen Gesprächsanalyse. Zur Rekonstruktion gesprochener Sprache im 18. Jh. In: Ansätze zu einer pragmatischen Sprachgeschichte. Hrsg. v. Horst Sitta. Tübingen 1980, 89−102.

Ders., Jugend und ihre Sprache. Darstellung − Materialien − Kritik. Berlin 1986.

Ders./Georg Objartel, Historische deutsche Studentensprache. Berlin o. J.

Henzen, Walter, Schriftsprache und Mundarten. Ein Überblick über ihr Verhältnis und ihre Zwischenstufen im Deutschen. 2. Aufl. Bern 1954. (BG 5).

Herbert, Egon F., Die Burschensprache, Standessprache der deutschen Studenten. Linz 1991.

Herrmann-Winter, Renate, Sprachen und Sprechen in Pommern. In: NdJb 118, 1995, 165−187.

Höfer, Matthias, Die Volkssprache in Oesterreich vorzüglich ob der Ens, nach ihrer innerlichen Verfassung und Vergleichung mit anderen Sprachen. Wien 1800.

Hoffmann, Eduard, Der mundartliche Vokalismus von Basel-Stadt in seinen Grundzügen dargestellt. Diss. Basel 1890.

Horn, Paul, Die deutsche Soldatensprache. 2. Aufl. Gießen 1905.

Jakob, Karlheinz, Maschine, Mentales Modell, Metapher. Studien zur Semantik und Geschichte der Techniksprache. Tübingen 1991. (RGL 123).

Josten, Dirk, Sprachvorbild und Sprachnorm im Urteil des 16. und 17. Jhs. Sprachlandschaftliche Prioritäten, Sprachautoritäten, Sprachimmanente Argumentation. Bern und Frankfurt/M. 1976. (EH 1/152).

Kaiser, Kåre, Mundart und Schriftsprache. Versuch einer Wesensbestimmung in der Zeit zwischen Leibniz und Gottsched. Leipzig 1930. (Forum und Geist 18).

Kauffmann, Friedrich, Dialektforschung. In: Anleitung zur deutschen Landes- und Volksforschung. Hrsg. v. Alfred Kirchhoff. Stuttgart 1889, 380−432.

Kettmann, Gerhard, Sprachverwendung und industrielle Revolution. Studien zu den Bedingungen umgangssprachlicher Entwicklung und zur Rolle der Umgangssprache in der zweiten Hälfte des 19. Jhs. In: Studien zur deutschen Sprachgeschichte des 19. Jhs. Berlin (DDR) 1980, 1−120. (LStA 66/1).

Kluge, Friedrich, Deutsche Studentensprache. Straßburg 1895.

Ders., Unser Deutsch. Einführung in die Muttersprache. 6. Aufl. Heidelberg 1958.

Kratz, Bernd, Deutsch-französischer Lehnwortaustausch. In: Wortgeographie und Gesellschaft. Hrsg. v. Walther Mitzka. Berlin 1968, 445−487.

Langen, August, Deutsche Sprachgeschichte vom Barock bis zur Gegenwart. In: Deutsche Philologie

im Aufriß. Hrsg. v. Wolfgang Stammler, 2. Aufl. Berlin 1957, 931−1396.

Lasch, Agathe, Plattdeutsch. In: PBB 42, 1917, 134−156.

Lerchner, Gotthard, Zum Verhältnis von Soziolekten zur Literatursprache in der sprachgeschichtlichen Entwicklung des 18. und 19. Jhs. In: Nerius 1983, 31−40.

Lindow, Max, Niederdeutsch als evangelische Kirchensprache im 16. und 17. Jh. Diss. Greifswald 1926.

Linke, Angelika, Zum Sprachgebrauch des Bürgertums im 19. Jh. Überlegungen zur kultursemiotischen Funktion des Sprachverhaltens. In: Wimmer 1991, 250−281.

Lowack, Alfred, Die Mundarten im hochdeutschen Drama bis gegen das Ende des 18. Jhs. Leipzig 1905. (Breslauer Beiträge zur Literaturgeschichte 7).

Mackensen, Lutz, Sprache und Technik. Lüneburg 1954.

Ders., Die deutsche Sprache unserer Zeit. Zur Sprachgeschichte des 20. Jhs. 2. Aufl. Heidelberg 1971.

Mattheier, Klaus J., Sozialgeschichte und Sprachgeschichte in Köln. Überlegungen zur historischen Sprachsoziologie. In: RVj. 46, 1982, 226−253.

Maußer, Otto, Deutsche Soldatensprache. Straßburg 1917. (Trübners Bibliothek 9).

Mihm, Arend (Hrsg.), Sprache an Rhein und Ruhr. Dialektologische und soziolinguistische Studien zur sprachlichen Situation im Rhein-Ruhr-Gebiet und ihrer Geschichte. Stuttgart 1985. (ZDL, Beihefte NF 50).

Möhn, Dieter, Deutsche Stadt und niederdeutsche Sprache. In: NdJb 96, 1973, 111−126.

Ders., Niederdeutsches Sprachleben in Hamburg während der letzten hundert Jahre. In: Quickborn 68, 1978, 2−15.

Ders., Geschichte der neuniederdeutschen Mundarten. In: Handbuch zur niederdeutschen Sprach- und Literaturwissenschaft. Hrsg. v. Gerhard Cordes und Dieter Möhn. Berlin 1983, 154−181.

Nerius, Dieter, Untersuchungen zur Herausbildung einer nationalen Norm der deutschen Literatursprache im 18. Jh. Halle (Saale) 1967.

Ders. (Hrsg.), Entwicklungstendenzen der deutschen Sprache seit dem 18. Jh. Berlin (DDR) 1983. (Linguistische Arbeitsberichte A 111).

Neumann, Friedrich, Geschichte des neuhochdeutschen Reimes von Opitz bis Wieland. Studien zur Lautgeschichte der neuhochdeutschen Gemeinsprache. Berlin 1920.

Peters, Robert, „De Spraoke kümp ganz in Verfall". Bemerkungen zur Sprachgeschichte Münsters. In: NdJb 118, 1995, 141−164.

Polenz, Peter von, Deutsche Sprachgeschichte vom Spätmittelalter bis zur Gegenwart. 2 Bde. Berlin 1991−94.

Pörksen, Uwe, Deutsche Naturwissenschaften. Historische und kritische Studien. Tübingen 1986.

Rein, Kurt, Religiöse Minderheiten als Sprachgemeinschaftsmodelle. Deutsche Sprachinseln täuferischen Ursprungs in den Vereinigten Staaten von Amerika. Wiesbaden 1977. (ZDL, Beihefte NF 15).

Reynaud, L., Histoire générale de l'influence française en allemagne. Paris 1914.

Roessler, Paul, Entwicklungstendenzen der österreichischen Rechtssprache seit dem ausgehenden 18. Jh. Eine syntaktische, stilistische und lexikalische Untersuchung von Studiengesetzen und -verordnungen. Frankfurt/M. [u. a.] 1994. (Schriften zur deutschen Sprache in Österreich 16).

Rupp, Heinz, Tendenzen, Formen und Strukturen der deutschen Standardsprache in der Schweiz. In: Nerius 1983, 214−226.

Scheel, Käthe, Hamburger Missingsch. In: Festgabe für Ulrich Pretzel zum 65. Geburtstag dargebracht von Freunden und Schülern. Hrsg. v. Werner Simon u. a. Berlin 1963, 381−389.

Schildt, Joachim, Abriß der Geschichte der deutschen Sprache. Berlin (DDR) 1976. 3. Aufl. Berlin 1984.

Ders. u. a. (Hrsg.), Die Auswirkungen der industriellen Revolution auf die deutsche Sprachentwicklung im 19. Jh. Berlin (DDR) 1981. (Baust. 60).

Ders. u. a. (Hrsg.), Kleine Enzyklopädie − Deutsche Sprache. Leipzig 1983.

Ders., Entwicklungstendenzen in der Funktionsweise der deutschen Sprache der Gegenwart und ihre Ursachen. In: Nerius 1983, 61−77.

Ders., Sprache und Sozialgeschichte. Aspekte ihrer Wechselwirkung im 19. Jh. In: Cherubim/Mattheier 1989, 31−41.

Ders./Schmidt, Hartmut (Hrsg.), Berlinisch. Geschichtliche Einführung in die Sprache einer Stadt. Berlin 1986. 2. Aufl. Berlin 1992.

Schmeller, Johann Andreas, Die Mundarten Bayerns grammatisch dargestellt. München 1821.

Schmidt, Hartmut, Karl Philipp Moritz über Sprache, Hochdeutsch, Berliner Umgangssprache und märkischen Dialekt. In: Karl Philipp Moritz und das 18. Jh. Bestandsaufnahme − Korrekturen − Neuansätze. Hrsg. v. Martin Fontius und Anneliese Klingenberg. Tübingen 1995, 61−73.

Schönfeld, Helmut, Die Veränderung in der Sprache und im sprachlichen Verhalten der werktätigen Klassen und Schichten der Magdeburger Börde und der Stadt Magdeburg unter kapitalistischen Produktionsverhältnissen bis 1917/18. In: Bauer und Landarbeiter im Kapitalismus in der Magdeburger Börde. Tl. II. Hrsg. v. Hans-Jürgen Rach und Bernhard Weissel. Berlin (DDR) 1982, 215−264. (Veröffentlichungen zur Volkskunde und Kulturgeschichte 66/3).

Ders., Veränderungen in der Sprache und im sprachlichen Verhalten der Dorfbevölkerung seit Beginn des 20. Jhs. In: Das Leben der Werktätigen in der Magdeburger Börde. Studien zum dörflichen Alltag vom Beginn des 20. Jhs. bis zum Anfang der 60er Jahre. Hrsg. v. Hans-Jürgen Rach [u. a.]. Berlin (DDR) 1987, 185−221.

Ders., Prozesse bei der Herausbildung regionaler Umgangssprachen im 19. und 20. Jh. (am Beispiel der berlinisch-brandenburgischen Umgangssprache). In: Umgangssprachen und Dialekte in der DDR. Hrsg. v. Wolfgang Lösch. Jena 1986, 162−175.

Ders., Die niederdeutsche Sprache in den Ländern Sachsen-Anhalt und Brandenburg. In: NdJb 114, 1991, 175−201.

Schulte-Kemminghausen, Karl, Mundart und Hochsprache in Norddeutschland. Neumünster 1939.

Schwarzenbach, Rudolf, Die Stellung der Mundart in der deutschsprachigen Schweiz. Studien zum Sprachgebrauch der Gegenwart. Frauenfeld 1969. (Beiträge zur schweizerdeutschen Mundartforschung 17).

Socin, Adolf, Schriftsprache und Dialekte im Deutschen nach Zeugnissen alter und neuer Zeit. Heilbronn 1888. [Nachdruck: Hildesheim 1970].

Sonderegger, Stefan, Die Entwicklung des Verhältnisses von Standardsprache und Mundarten in der deutschen Schweiz. In: Sprachgeschichte. Ein Handbuch zur Geschichte der deutschen Sprache und ihrer Erforschung. Hrsg. v. Werner Besch [u. a.]. Bd. 2. Berlin 1985, 1873−1939.

Stanforth, Anthony W., Deutsch-englischer Lehnwortaustausch. In: Wortgeographie und Gesellschaft. Hrsg. v. Walther Mitzka. Berlin 1968, 526−560.

Steiger, Emil, Mundart und Schriftsprache in der 2. Hälfte des 18. Jhs. nach gleichzeitigen Zeitschriften. Diss. Freiburg i. Br. 1919.

Stickel, Gerhard (Hrsg.), Varietäten des Deutschen. Regional- und Umgangssprachen. Berlin 1997. (JIdS 1996).

Studien zur deutschen Sprachgeschichte des 19. Jhs. Naturwissenschaftliche und technische Fachlexik. Berlin (DDR) 1980. (LStA 66/III).

Teuchert, Hermann, Missingsch. In: PBB (H) 82, Sonderbd., 1961, 245−261.

Trümpy, Hans, Schweizerdeutsche Sprache und Literatur im 17. und 18. Jh. Basel 1955. (Schriften der Schweizerischen Gesellschaft für Volkskunde 36).

Voge, Wilfried M., The Pronunciation of German in the 18th Century. Hamburg 1978. (Hamburger phonetische Beiträge 26).

Wagner, Hildegard, Die deutsche Verwaltungssprache der Gegenwart. Düsseldorf 1970. (Spr. d. Geg. 9).

Warnkross, Julius, Die Lautlehre des Wolgaster Platt. Diss. Greifswald 1912.

Weithase, Irmgard, Zur Geschichte der gesprochenen deutschen Sprache. 2 Bde. Tübingen 1961.

Wiesinger, Peter, Johann Andreas Schmeller als Sprachsoziologe. In: Linguistic Method. Essays in Honor of Herbert Penzl. Hrsg. v. Irmengard Rauch/Gerald E. Carr. Den Haag 1979, 585–599.

Ders., „Sprache" und „Dialekt" als sachliches und terminologisches Problem. In: Dialekt und Dialektologie. Hrsg. v. Joachim Göschel u. a. Wiesbaden 1980, 177–198. (ZDL, Beihefte NF 26).

Ders., Zur Entwicklung der deutschen Schriftsprache unter dem Einfluß Gottscheds in Österreich in der 2. Hälfte des 18. Jhs. In: Nerius 1983, 227–248.

Ders., Sprachschichten und Sprachgebrauch in Österreich. In: ZfG 4, 1983 a, 184–195.

Ders., Gesellschaftliche und sprachliche Probleme bei der Erforschung örtlicher Gemeinschaften. In: Ortssprachenforschung. Beiträge zu einem Bonner Kolloquium. Hrsg. v. Werner Besch und Klaus J. Mattheier. Berlin 1985, 24–48.

Ders., Das österreichische Amtsdeutsch der Gegenwart. Eine Studie zu Syntax, Stil und Lexik der österreichischen Rechts- und Verwaltungssprache der Gegenwart. In: Festschrift für Ingo Reiffenstein zum 60. Geburtstag. Hrsg. v. Peter K. Stein [u. a.]. Göppingen 1988, 183–214. (GAG 478).

Ders., Die Aussprache des Schriftdeutschen in Österreich in der zweiten Hälfte des 18. und am Beginn des 19. Jahrhunderts. In: Vielfalt des Deutschen. Festschrift für Werner Besch. Hrsg. von Klaus J. Mattheier [u. a.]. Frankfurt a. M. [u. a.] 1993, 383–411.

Ders., Die sprachlichen Verhältnisse und der Weg zur allgemeinen deutschen Schriftsprache in Österreich im 18. und frühen 19. Jh. In: Sprachgeschichte des Neuhochdeutschen. Gegenstände, Methoden, Theorien. Hrsg. von Andreas Gardt [u. a.]. Tübingen 1995, 319–367. (RGL 156).

Ders., Sprachliche Varietäten — Gestern und heute. In: Stickel 1997, 9–45.

Wimmer, Rainer (Hrsg.), Das 19. Jh. Sprachgeschichtliche Wurzeln des heutigen Deutsch. Berlin 1991. (JIdS 1990).

Peter Wiesinger, Wien

136. Die Durchsetzung der deutschen Hochsprache im 19. und beginnenden 20. Jahrhundert: sprachgeographisch, sprachsoziologisch

1. Sprachhistorische und sprachwandeltheoretische Einordnung
2. Das 19. Jahrhundert als Epoche der Durchsetzung der deutschen Hochsprache
3. Areallinguistische Aspekte der Durchsetzung der deutschen Hochsprache
4. Diastratische Aspekte der Durchsetzung der deutschen Hochsprache
5. Literatur (in Auswahl)

1. Sprachhistorische und sprachwandeltheoretische Einordnung

Das Phänomen der Durchsetzung der Hochsprache kann unter zwei verschiedenen Perspektiven gesehen werden: einer sprachhistorisch-soziolinguistischen Perspektive und einer sprachwandeltheoretischen Perspektive. Unter sprachhistorischer Perspektive hat sich als gültige Forschungsmeinung verfestigt, daß die dt. Hochsprache am Ende des 18. Jhs. in der dt. Sprachgemeinschaft nicht durchgesetzt war. Sie hatte zwar aufgrund des Wirkens der großen Grammatiker der Aufklärung, insbesondere Adelungs, und der Vorbildlichkeit der Klassiker in der zeitgenössischen Literatursprache eine linguistische Realität. In den meisten Fällen, in denen im 18. Jh. noch mehrere Varianten bzw. Varietäten nebeneinander standen und wohl auch miteinander konkurrierten, hatte sich am Jahrhundertende eine einheitliche Norm durchgesetzt. Und hinzu kommt noch, daß die dt. Hochsprache um die Jahrhundertwende zum 19. Jh. wohl auch eine gewisse mentale Realität hatte, insofern sie im Sprachbewußtsein eines bestimmten Teils der Deutschsprecher als Zielnorm für 'richtiges, gutes und schönes Deutsch' linguistisch mehr oder weniger vollständig präsent war.

Die dt. Hochsprache als Standardvarietät innerhalb der (historischen) Gesamtsprache Deutsch hatte jedoch zu Beginn des 19. Jhs. nur eine minimale soziolinguistische Realität. Damit ist gemeint, daß es um 1800 nur eine soziologisch sehr kleine Gruppe von Verwendern dieser Varietät gegeben hat. Man geht allgemein davon aus, daß die dt. Standardvarietät um die Jahrhundertwende zum 19. Jh. ausschließlich in dem sich in der zweiten Jahrhunderthälfte des 18. Jhs. neu formierenden Bildungsbürgertum aktiv Verwendung fand. Und auch innerhalb dieser Gruppe war seine aktive Verwendung auf die Schriftsprache und auf ganz bestimmte herausgehobene Textsorten, etwa im Bereich der Sprache der schönen Literatur, aber dann auch vermehrt in der Verwaltungsschriftlichkeit, beschränkt. Sprachwandeltheoretisch gesehen lag also in dieser Entwicklungsphase für die neu entstandene Standardvarietät eine sehr enge diastratisch/diatopisch/diaphasische Kontextbindung vor.

Das 19. Jh. selbst stellt im Rahmen dieses sprachhistorischen Ansatzes die Phase der 'Durchsetzung' der neuen Standardvarietät in soziopragmatischer Hinsicht dar, also der Verbreitung der passiven und auch der aktiven Kompetenz innerhalb aller Teile der deutschen Sprachgemeinschaft, aber auch in immer mehr Verwendungskonstellationen. Einen gewissen Abschluß fand der Durchsetzungsprozeß des 19. Jhs. dann in den ersten Jahrzehnten des 20. Jhs., etwa mit der Durchsetzung der Beschulung innerhalb Deutschlands oder auch mit dem Abschluß des Alphabetisierungsprozesses. Diesen Prozeß hatte Rudolf E. Keller im Auge, wenn er von der Zeit von 1800 bis 1950 sagt: „the classical literary language evolved into Modern Standard German, (...) a select written medium of a cultured elite (...) into a vulgarised (...) medium of the majority" (Keller 1978). Und diese Entwicklung meint auch Peter von Polenz, wenn er von der Popularisierung der deutschen Hochsprache als wichtigstem Entwicklungsprozeß in der sprachhistorischen Epoche des 19. Jhs. spricht (1983, 13). Von Polenz verbindet diese Entwicklung eng mit einer weiteren, der Pädagogisierung des Deutschen, d. h. linguistisch der Aufbereitung der Standardvarietät als Gegenstand und Medium der Spracherziehung und des Sprachunterrichts, d. h. aber soziolinguistisch zugleich die Durchsetzung der Vermittlung einer Standardkompetenz als zentralem Lehr- und Lernziel (von Polenz 1983 a, 16). Es fragt sich jedoch, ob die beiden von von Polenz ins Zentrum gerückten Entwicklungsprozesse des 19. Jhs. nicht kategorial auf zwei verschiedenen Ebenen liegen, insofern die Pädagogisierung einer der Prozesse ist, durch den die Popularisierung verwirklicht wird. So haben etwa die intensiven sprachkritischen Bemühungen der zweiten Hälfte des 19. Jhs., wie sie in den zahllosen Antibarbari und ähnlichen Texten (Cherubim 1983) präsentieren, ebenso wie auch die Pädagogisierung eine starke Auswirkung im Zusammenhang mit der Popularisierung der Standardvarietät gehabt.

Neben der sprachhistorischen Perspektive, unter der der Durchsetzungsprozeß der deutschen Hochsprache als Popularisierung erscheint, existiert auch eine allgemeinere, sprachwandeltheoretische Perspektive, unter der die hier zu thematisierenden Entwicklungen in einen größeren soziolinguistischen Zusammenhang eingeordnet werden können (Mattheier 1998). Die 'dt. Hochsprache' ist danach aufzufassen als eine Varietät in dem Varietätenspektrum der historischen Gesamtsprache Deutsch, die neben anderen Varietäten, etwa den verschiedenen Dialekten innerhalb des diatopisch/diastratisch/diaphasisch dimensionierten Varietätenraumes 'Deutsch' seit dem Ende des 18. Jhs. einen Platz erobert hat. Nur existiert diese Varietät, wie das für alle Varietäten in der Anfangsphase ihrer Entwicklung zu erwarten ist, unter sehr eingeschränkten diastratisch/diatopisch/diaphasischen Bedingungen, quasi als Fachsprache des deutschen Bildungsbürgertums für bestimmte skribale Kommunikationsziele. In allen anderen Kommunikationssituationen verwenden alle Mitglieder der deutschen Sprachgemeinschaft, und auch die Bildungsbürger, (noch) andere Varietäten. Allenfalls auf der Sprachbewußtseinsebene lassen sich auch am Ende des 18. Jhs. schon Entwicklungen erkennen, die auf eine hohe Ladung der neuen Varietät mit Sprachprestige hindeuten, einem Sprachprestige, das von großen Teilen der Sprachgemeinschaft akzeptiert wird. Allenfalls in der sozialen Formation des Adels finden sich Ansätze zu einer Verweigerungshaltung gegenüber den bildungsbürgerlichen Sprachnormvorstellungen. In einer solchen Konstellation ist sprachwandeltheoretisch ein Generalisierungsprozeß zu erwarten, durch den die prestigebesetzte Varietät sowohl regional als auch sozial und situational einen Auflösungsprozeß der Kontextbindung durchläuft. Die Standardvarietät erlangt überall im dt. Sprachraum Bedeutung und Autorität/Legitimität. Sie wird von allen gesellschaftlichen Gruppierungen als eine Varietät in ihren Varietätenraum eingefügt, und sie erweitert ihre situative bzw. auch ihre mediale Bedeutung, so daß sie etwa nicht nur im schriftlichen, sondern auch im mündlichen Bereich von der Sprachnorm gefordert wird. Unter dieser sprachwandeltheoretischen Perspektive erscheint der sprachhistorische Prozeß, der mit der 'Durchsetzung der deutschen

Hochsprache' gemeint ist, als ein Baustein in einem epochalen Sprachwandelprozeß, der sich in vielen Sprachgemeinschaften als Standardisierung (vgl. Art. 66) zeigt.

In diesen Rahmen gehören etwa die intensiven Bemühungen um Sprachkultivierung (von Polenz 1994), die Sprach- und Grammatikarbeit, und auch die Konflikte zwischen diatopisch unterschiedlich verankerten Varianten, die im Bereich der dt. Sprache das 16., 17. und auch das 18. Jh. beherrschen und die eine strukturelle Generalisierung der Standardvarietät bewirken. Im 19. und 20. Jh. gibt es nur noch wenige variable Bereiche innerhalb der Standardvarietät, die teils kontaktinduziert und teils artikulatorisch-perzeptiv bzw. innersystematisch motiviert sind.

Die mit dem 19. Jh. einsetzende soziolinguistische Generalisierung ist auch heute noch keineswegs abgeschlossen. Zwar hat die hochdeutsche Schriftsprache heute − und auch schon am Ende des 19. Jhs. − alle anderen schreibsprachigen Varietäten verdrängt. Im sprechsprachigen Bereich hat sie sich als alleinige Varietät jedoch erst bei etwa 20 Prozent der dt. Bevölkerung durchgesetzt. Bei 80 Prozent der dt. Sprachgemeinschaft steht sie konkurrierend neben verschiedenen Formen dialektaler Varietäten. Und es stellt sich heute die Frage, ob eine weitere Verdrängung dialektaler Varietäten durch eine gesprochene Standardvarietät überhaupt erwartet werden kann.

2. Das 19. Jahrhundert als Epoche der Durchsetzung der deutschen Hochsprache

Im Zusammenhang mit den Überlegungen zur Bedeutung des 19. Jhs. für den säkularen Prozeß der 'Verhochdeutschung' der dt. Sprachgemeinschaft wird die Zeit um 1800 von den meisten sprachhistorischen Darstellungen als Epochengrenze angesehen. Die Motive für diese Festlegung einer sprachhistorischen Epochengrenze sind weit gestreut. Doch wirken struktur- bzw. innerlinguistische Entwicklungen bzw. die Verfestigung einer einheitlichen grammatischen Norm dabei ebenso mit wie soziopragmatische und sozialhistorische Prozesse, so etwa die Ausbildung eines Bildungsbürgertums als erste Trägergruppe der dt. Hochsprache. Wenig einig sind sich die Sprachhistoriker des Deutschen bei der Festlegung des Endpunktes der sprachhistorischen Epoche, die um

1800 beginnt. Hier gibt es niemanden, der die Epoche mit dem Jahrhundertende um 1900 enden läßt. Die meisten Wissenschaftler betrachten die Epoche bis heute oder bis zum Ende des 2. Weltkrieges als eine Einheit. Von Polenz (1978), Eggers (1977) und einige andere setzten den Epocheneinschnitt dagegen schon um 1870 also in einen Zusammenhang mit der Gründung des Deutschen Reiches. Bei der Motivierung dieser Festlegung wird hier nirgends mehr innerlinguistisch argumentiert. Im Vordergrund stehen soziologisch-politische bzw. soziopragmatische Faktoren. So ist etwa mit der Reichsgründung erstmals ein staatlich-administrativer Raum entstanden, in dem die dt. Hochsprache amtlichen Charakter als Verwaltungs- und Rechtssprache erhielt.

Diese Vorstellung von einer sprachhistorischen Epochengrenze um 1870 im Zusammenhang mit der Durchsetzung der dt. Hochsprache wird unterstützt durch die Annahme einer Epochengrenze zur Jahrhundertmitte. Diese Position vertritt etwa Peter von Polenz (1999), indem er die gesamte Sprachgeschichte der neueren Zeit als Sprachgeschichte unter dem Absolutismus und Sprachgeschichte in der Industriegesellschaft auffaßt. Zwischen beiden sieht von Polenz eine lange Übergangsperiode von 1770 bis 1850, die auch den allmählichen Übergang von der absolutistischen zur industrialisierten Gesellschaftsformation abbildet.

Eine angemessene Epocheneinteilung hängt natürlich zusammen mit den jeweils gewählten Epochenkriterien (Roelcke 1995). Dabei ist man heute allgemein davon abgekommen, eine einzelne Strukturierungsdimension bei der Epochenbildung in den Vordergrund zu rücken. Man geht allgemein von einem Dimensionenbündel aus, das möglichst sich wandelnde Fakten sowohl der inneren als auch der äußeren Sprachgemeinschaft enthält. Wenn wir als die vier zentralen Gegenstandsbereiche einer sprachgeschichtlichen Darstellung die Strukturgeschichte, die Gebrauchsgeschichte, die Bewußtseinsgeschichte und die Kontaktgeschichte annehmen, könnte sich eine deutliche sprachhistorische Epochengrenze dort konstituieren, wo Umbrüche auf möglichst allen vier Ebenen zu verzeichnen sind. Unter diesen Bedingungen ist zwischen etwa 1770 und 1800 sicherlich eine Epochengrenze anzusetzen. Einmal tritt uns die Hochsprache zum ersten Mal in den zeitgenössischen Grammatiken, aber auch in den Werken der Schriftsteller als ein einheitlich normiertes Ganzes entgegen, in dem Abweichungen und Varianten vermehrt als 'Fehler' identifiziert werden. Auf der Ebene der Sprachgebrauchsgeschichte verursacht die Existenz einer einheitlichen und konkurrenzlosen schriftlichen Standardvarietät einen deutlichen Paradigmenwechsel, der eine Verschiebung anderer Varietäten innerhalb des Gesamtsystems Deutsch zur Folge hat. Auch bildet sich mit dem Bildungsbürgertum eine Trägerformation für diese Standardvarietät, die diese Varietät als Sozialsymbol für die gesellschaftliche Absicherung verwendet. Das leitet schon über zur Sprachbewußtseinsgeschichte, in der besonders das hohe gesellschaftliche Prestige, das mit der Hochsprache verbunden ist, seit dieser Zeit seine Wirkung auch auf die anderen sozialen Gruppen entfaltet. Auch die zeitgenössische sprachwissenschaftliche Reflexion sieht in der Zeit von 1770 bis 1800 einen bedeutsamen Einschnitt. Im Bereich der Sprachkontaktgeschichte ist der Charakter einer Epochengrenze zwischen 1770 und 1800 weniger deutlich. Hier ist allenfalls die im Rahmen der nationalen Formierung des Deutschtums einsetzende Stigmatisierung des Französischen zu nennen, sowie ein gewisser Abschluß der das 18. Jh. prägenden sprachlich-kulturellen Integration des städtischen und gebildeten Judentums, das ebenfalls zu einem wichtigen und sehr frühen Träger der Standardvarietät wurde.

Eine ähnlich deutliche Epochengrenze kann man am Ende des 19. Jhs. nicht aufzeigen. Was die innere Sprachgeschichte angeht, so ist hier allenfalls die Normierung im orthographischen Bereich und in Ansätzen auch im orthoepischen Bereich zu nennen, die um die Jahrhundertwende zum 20. Jh. einen ersten Abschluß findet und deren sprachsoziologische Durchsetzung dann im 20. Jh. beginnen konnte. Die auf die Lexik ausgerichteten Bemühungen um die Zurückdrängung fremdsprachigen Einflusses erreicht mit der Jahrhundertwende dagegen gerade einen gewissen Höhepunkt. Im Bereich der Sprachgebrauchsgeschichte ist zu Beginn des 20. Jhs. zum ersten Mal die Vollalphabetisierung der deutschen Bevölkerung erreicht. Seit 1916 erscheinen keine Analphabetenzahlen mehr in der Reichsstatistik. Seit dieser Zeit kann man von einer gewissen Präsenz der Hochsprache in der gesamten deutschen Sprachgemeinschaft sprechen. Im Bereich der Sprachbewußtseinsgeschichte weist von Polenz auf eine Sprachkrise am Ende des 19. Jhs.

hin, die zumindest im Bereich der Literatursprache das bis dahin ungebrochene Prestige des Hochdeutschen in Frage stellt (von Polenz 1983). Auf der sprachkontaktgeschichtlichen Ebene zeigt sich um 1900 der damals einsetzende dt. Imperialismus auch sprachkulturell in Bemühungen um eine Sprachverbreitungspolitik aus, die nicht nur die angrenzenden Staaten, insbesondere im Osten, sondern auch die Kolonien und die Auswanderungsgebiete deutschsprachiger Siedler in der Welt betraf.

Insgesamt hat es jedoch den Anschein, daß eine Epochengrenze um 1900 sprachhistorisch und auch sprachpragmatisch schwächer motiviert ist, als die Epochengrenze zum Jahrhundertanfang. Und man wird sich zu fragen haben, ob nicht gerade im Bereich der Entwicklung des Hochdeutschen die Epochengrenze besser zwischen 1850 und 1870 ansetzen sollte, wodurch das 19. Jh. zumindest teilweise seinen Sprachepochencharakter verlieren würde (vgl. dazu Jordan 2000). Zwar gehörte die Epoche 1770/1800 bis 1850/70 ins 19. Jh. Das Ende der Folgeepoche liegt jedoch weit im 20. Jh. Auf die Jahrhundertmitte als Epochengrenze ist schon früh von verschiedener Seite hingewiesen worden.

So schreibt etwa Friedrich Kluge 1920 (335): „Es kann im 19. Jh. kaum vorgekommen sein, daß jemand ohne Mundart aufgewachsen wäre. Mit der zweiten Hälfte des 19. Jhs. aber verfügen ungezählte Volksgenossen von Kindesbeinen an nicht mehr über eine angeborene Mundart, an ihre Stelle ist vielfach die Schriftsprache getreten." Auf ähnliche Entwicklungen weist auch Schildt 1984 (196) hin, wenn er schreibt: „Vor allem seit der Mitte des 19. Jhs. machte sich eine Tendenz wachsenden Einflusses gesprochener Sprachformen, insbesondere der Umgangssprache auf die geschriebene Literatursprache bemerkbar." Dieser Epochenansatz, den von Polenz an den Wechsel vom Absolutismus zur Industriegesellschaft bindet, korrespondiert mit frühen sozial- und mentalitätsgeschichtlichen Beobachtungen. So schreibt etwa Walter Rathenau 1912 (vgl. Plumpe 1996 a, 18): „Durch die Mitte des vergangenen Jahrhunderts geht ein Schnitt. Jenseits liegt die alte Zeit, altmodische Kultur, geschichtliche Vergangenheit (...), diesseits der Epochengrenze, etwa seit Beginn der fünfziger Jahre, (erkennen wir) die nicht mehr unterbrochene Gleichförmigkeit eines Zeitalters (...)." Dieses Epochenkonzept wird von der modernen Sozialgeschichte weitgehend bestätigt (Wehler 1995, 10–12; 1996, 23f.). Stichwörter sind dabei: Ende der Feudalzeit, Aufstieg des Wirtschaftsbürgertums, Einsetzen der Urbanisierung, Bevölkerungswachstum und Migrationszunahme, Verblassen des Neuhumanistischen, am Latein orientiertes Bildungsideal, Entstehung eines 'Vierten Standes'.

Und auch bzgl. der vier Gegenstandsbereiche der Sprachgeschichte lassen sich zwischen 1850 und 1870, bezogen auf die dt. Hochsprache, deutliche Epocheneinschnitte erkennen. Was die innere Sprachgeschichte angeht, so ist hier einmal die Orthographie zu nennen, deren Normierung um 1870 einen ersten Abschluß erfährt, aber auch das um 1860 einsetzende verstärkte Bemühen um die Verdrängung von Fremdwörtern. Weiterhin setzt um 1870 eine intensive Phase der Grammatikarbeit ein (Schieb 1981), die die Vorstellung von einer stabilen hochsprachlichen Grammatiknorm verfestigt. Im Bereich der Sprachgebrauchsgeschichte erreicht einmal die Pädagogisierung der dt. Standardvarietät einen gewissen Abschluß. Von der Jahrhundertmitte an wird der dt. Sprachunterricht als ein autonomes Bildungsfach angesehen (Vesper 1989, 252). War das Verfügen über die dt. Standardvarietät bis dahin ein Bildungsprivileg, das durchaus gegen andere gesellschaftliche Gruppen verteidigt wurde, so wird es jetzt zur Grundfertigkeit im Rahmen der normalen Bildungsziele aller Schultypen. Zugleich weitet sich der Geltungsbereich der schriftlichen − und vermehrt auch der mündlichen − Standardvarietät im Zuge der Intensivierung öffentlichen Sprachhandelns und der Ausbildung einer Massengesellschaft aus. Es gab keine Nischen mehr, in denen 'Nichtbeschulte', also Analphabeten, spannungsfrei überleben konnten. Im Bereich der Sprachbewußtseinsgeschichte haben wir um 1850 den Wechsel von der dt. Hochsprache als Sozialsymbol des Bildungsbürgertums zum Nationalsymbol der dt. Kultur, und 1871 dann zum Staatssymbol anzusetzen. Sprachkontaktgeschichtliche Epocheneinschnitte finden sich natürlich einmal in der Abtrennung des deutschsprachigen Teils des österreichischen Kaiserreiches durch die 1871 gewählte kleindeutsche Lösung. Dadurch entsteht dann künftig ein zweites deutschsprachiges Zentrum mit teilweise eigenständiger Normierung (Ammon 1995, 117−36). Aber auch die endgültige Zurückdrängung des Lateinischen aus seiner Position in Schule und Universität und sein Ersetzen durch die dt. Standardvarietät beginnt 1850/70.

Diese Fakten machen es sinnvoll, für die dt. Sprachgeschichte, speziell unter dem Aspekt des Ausbaus der Standardvarietät, neben der Epochengrenze zwischen 1770/1800 eine zweite Epochengrenze 1850/70 − jedoch keinen Einschnitt zum Jahrhundertende − zu setzen. Die mit 1870 beginnende Entwicklung der deutschen Gesamtsprache

unter dem Einfluß von Industrialisierung und Massengesellschaft dauert an bis weit in das 20. Jh. zumindest bis 1945, jedoch wahrscheinlich eher bis in die 60er Jahre. Eine Epochengrenze 1965/1990 wäre dabei sicherlich möglich.

3. Areallinguistische Aspekte der Durchsetzung der deutschen Hochsprache

Areallinguistische Aspekte zeigen sich im Zusammenhang mit dem Durchsetzungsprozeß der dt. Standardvarietät im 19. Jh. auf zwei Ebenen. Einmal setzt sich die Standardvarietät im 19. Jh. gegen die am Jahrhundertanfang noch überall dominierenden Dialekte des Deutschen durch. Zweitens werden unter dem Eindruck eines sich gleichzeitig herausbildenden Sprachnationalismus innerhalb des dt. Sprachraums und insbesondere an seinen Rändern verschiedene Fremd- bzw. Nachbarsprachen zurückgedrängt und durch die dt. Standardvarietät ersetzt.

3.1. Durchsetzung der Standardvarietät gegenüber den Dialekten

Zu Beginn des 19. Jhs. gibt es große Unterschiede zwischen dem Dialekt/Standardverhältnis auf der schriftlichen und der mündlichen Ebene. In der Sprechsprache dominiert durchweg der tiefe Ortsdialekt. Die meisten Sprecher verfügen ausschließlich über diese Varietät, die sie als Primärvarietät als Kinder erworben haben. Innerhalb dieser basisdialektalen Ebene existierten offensichtlich mehrere Stilebenen, so daß man den − stigmatisierten − derben Bauerndialekt von dem eher städtischen Dialekt höherer Gesellschaftsschichten unterscheiden konnte. Insbesondere in den mittleren und nördlichen Regionen des dt. Sprachraums entwickeln sich diese städtischen Dialekte unter dem Einfluß einer gesprochenen Form des Hochdeutschen zu regionalen Umgangssprachen, aber auch aufgrund von Konvergenzprozessen zwischen Ortsdialekten bzw. im Stadt-/Umlandbereich (Kettmann 1980).

In den Städten, und dort zuerst in den Bildungszentren bzw. den Zentren der Schriftlichkeit, hatte sich wahrscheinlich schon seit dem 16./17. Jh. eine gesprochene Form der im Entstehen begriffenen Standardschriftsprache herausgebildet. Diese, insbesondere auf der Lautebene noch deutlich vom jeweiligen Dialekt beeinflußte Vorform einer gesprochenen Standardvariante fand sich insbesondere in Predigten, als Vorlesesprache und als Sprachform mit fremddialektalen Personen. Hinzu kommt dann im 18./19. Jh. die Bühnenaussprache, von der schon früh 'Lautreinheit', d. h. Regionalismenfreiheit, gefordert wurde (Kurka 1980). Zeitgenössische Äußerungen deuten auch noch im gesamten 19. Jh. darauf hin, daß es praktisch keine dialektfreie Aussprache gab (Behagel 1927, Kretschmer 1918). Die Gruppe derer, die außer ihrem Ortsdialekt noch eine zweite Varietät sprechen konnte, ist im 19. Jh. sicherlich, insbesondere aufgrund der Pädagogisierung der Standardvarietät, angewachsen. Am Jahrhundertende bildeten die Gruppen der Monodialektalen wohl schon die Minderheit. Und bis zu dieser Zeit existiert wahrscheinlich auch eine noch kleine Gruppe von ausschließlich Standardsprechern, insbesondere im großstädtischen Bildungsbürgertum des mittleren und des nördlichen Deutschland und auch wohl in der jüdischen Bildungselite. Die meisten Sprecher verfügten jedoch neben ihrem Dialekt über verschiedene Formen der regionalen Umgangssprache und auch über die Standardsprechsprachen, in der Regel mit einem mehr oder weniger ausgeprägten Dialektakzent.

Im Bereich der Schriftsprache existierte einmal eine durch Grammatiken, aber auch die Schriftlichkeit von Sprachautoritäten genormte deutsche Standardvarietät, die nur noch sehr reduziert teils regional, teils grammatisch begründete Varianten enthielt. Diese Sprachform war der Prototyp der deutschen Nationalsprache und wurde in den Schulen vermittelt und im Geschäftsleben und Verwaltung erwartet und gefordert. Die Trägerschicht dieser Schreibvarietät ist im Laufe des 19. Jhs. stets gewachsen. Doch wird man hier Unterschiede machen müssen, etwa zwischen einer eher passiven Kenntnis bzw. Fähigkeit zur Reproduktion von Textvorbildern, wie sie in der Volksschule gelehrt wurde, und der selbständigen Gestaltung von neuen Texten, wie sie im Gymnasium im Aufsatzunterricht eingeübt wurde (Ludwig 1983).

Nur noch periphere Bedeutung hatten innerhalb des Spektrums schriftsprachiger Varietäten die traditionellen Bildungssprachen Latein und Französisch. Noch während des 19. Jhs. wird die aktive Vermittlung des Lateins in den Gymnasien kontinuierlich eingeschränkt. Lernziel ist das Übersetzen ins Deutsche und nicht mehr das Schreiben lateinischer Texte. Das Französische verliert seine Bedeutung als Schriftsprache der Gebildeten

im Zusammenhang mit den schon zu Jahrhundertbeginn auftretenden nationalistisch-antifranzösischen Tendenzen gerade im Bildungsbürgertum. Es bewahrt seine Bedeutung ausschließlich in der Nische 'diplomatischer Dienst', und auch dort nur noch für den Kontakt mit Anderssprachigen. Insbesondere der Adel gibt im Laufe des 19. Jhs. das Französische als Schriftsprache auf. Ebenfalls von peripherer Bedeutung ist im 19. Jh. die Verwendung von geschriebenem Dialekt. Ansätze dazu finden sich ausschließlich im literarischen Bereich. Allenfalls in der deutschsprachigen Schweiz hat die intensive Pflege der Dialektliteratur im 19. Jh. wohl auch noch sprachenpolitische Implikationen. Hier wird der Dialekt als Literatursprache dokumentiert und insofern als Alternative für die teilweise als fremdbestimmt empfundene dt. Standardvarietät (Sonderegger 1985).

Nach dieser Zusammenstellung hat es den Anschein, daß die Schriftlichkeit im 19. Jh. ausschließlich durch die genormte dt. Standardvarietät repräsentiert wird. Zieht man jedoch die schriftlichen Texte heran, die aus dem 19. Jh. von unterschiedlichen Textproduzenten überliefert sind, dann ergibt sich ein anderes Bild. Die überlieferte Schriftsprache entspricht häufig nicht den Normvorgaben der Grammatik. In den Studien von Schikosky (1990) über autobiographische Texte von Handwerkern oder von Klenk (1997) zu Bergarbeiterbriefen zeigt sich bei diesen Gruppen eine Schriftlichkeit, die eine Fülle von Abweichungen von der Standardnorm aufweist, die von den zeitgenössischen bürgerlichen Rezipienten als 'Fehler' gebrandmarkt worden sind. Doch finden sich dieselben Fehlleistungen und Varianten im 18. Jh. und noch zu Beginn des 19. Jhs. auch bei Autoren aus dem Bürgertum und aus dem Adel. Man denke etwa an die sprichwörtliche Schriftsprachenschwäche der Generale Wrangel oder Blücher.

Alle diese Texte weisen ähnliche Normabweichungen auf, die aus drei Bereichen stammen: Einmal finden sich typische sprechsprachige Merkmale, dann treten Einflüsse des Dialekts des Schreibers hervor und schließlich finden sich Varianten, die auf nicht oder nur oberflächlich gelernter Standardnorm gründen. Diese in der gesamten frühen Neuzeit so häufig überlieferte Form von Schriftlichkeit mit dem Hinweis auf individuelle Fehlleistungen des Schreibers abzutun, wird der Masse der Textzeugnisse nicht gerecht. Es sind nicht individuelle, sondern gesellschaftlich motivierte Varianten, die auch nicht isoliert, sondern immer wieder in vergleichbarer Weise und in ähnlichen Kombinationen auftreten. Vandenbussche hat für von Arbeitern produzierte Texte in Brügge im 19. Jh. ganz ähnliche Tendenzen und Variantentypen nachgewiesen (Vandenbussche/Willemyns 1999). Offensichtlich entwickelt sich im Zusammenhang mit der Implantierung und gesellschaftlichen Durchsetzung einer genormten Standardschriftsprache, insbesondere wenn die Alphabetisierung der Gruppe mit der Sprachnormierung einhergeht, für einige Generationen eine Übergangsform, in welcher Sprechsprachlichkeit, Dialektalität und unvollständiger Sprachnormerwerb ihre Spuren hinterlassen. Man könnte die dabei entstehende Schreibvarietät etwa 'Protostandard' nennen.

Formen eines solchen Protostandards finden sich, sobald sich eine erste Form von genormter Standardsprache ausgebildet hat, und zwar immer in den sozialen Gruppen, die von dem Durchsetzungsprozeß der Standardvarietät neu erfaßt werden. Im 16./17. Jh. finden sich derartige Erscheinungen in den Texten der Bildungseliten, im 18. Jh. eher in den informellen Texten des Bürgertums und auch des Adels (Mattheier 1979, 1986). Im 19. Jh. entwickelt sich ein Protostandard auf dem Lande und in der neu entstehenden sozialen Formation der Arbeiterschaft. Erst nachdem zu Beginn des 20. Jhs. die Pädagogisierung der Standardvarietät die gesamte dt. Sprachgemeinschaft erfaßt hat, gibt es keine Ansätze mehr für die Ausbildung eines Protostandards. Im 19. Jh. hat der Protostandard jedoch zumindest soziolinguistisch eine große Bedeutung; war doch das Bürgertum etwa in der staatlichen bzw. der Industrieverwaltung häufig direkt mit Arbeitertexten im Protostandard konfrontiert und fand seine gesellschaftlichen Vorurteile gegenüber der Arbeiterschaft durch die 'Fehler' in deren Texten immer wieder bestätigt (Klenk 1997). Der Protostandard spielt offensichtlich in der Sprachbewußtseinsgeschichte der frühen Neuzeit eine wichtige Rolle, und es zeigen sich in der Bewertung auch deutliche Entwicklungen, wenn man etwa an die Protostandardzüge in der Schriftlichkeit der vier preußischen Könige im 18. Jh. denkt, die keineswegs stigmatisiert worden sind.

Zusammenfassend kann man festhalten, daß ein zentrales Thema der Sprachgeschichte des 19. Jhs. die Durchsetzung der Standardvarietät gegenüber dem Dialekt ist. Im Bereich der Schriftsprache zeigen sich im Protostandard die letzten Reste von Dialek-

talität, die dann im 20. Jh. endgültig verdrängt werden. Im Bereich der Sprechsprache ist die regionale Bindung noch weitgehend ungebrochen, auch wenn die Standardvarietät im Bereich der Bildung von regionalen Umgangssprachen und Dialektzentren ihre Spuren hinterlassen hat.

3.2. Durchsetzung der Standardvarietät gegenüber anderen Sprachen

Das Heilige Römische Reich deutscher Nation, das gerade zu Beginn des 18. Jhs. in Auflösung begriffen war, hatte — wie auch andere mittelalterliche Staatswesen — immer einen mehrsprachigen Charakter. Trotz der seit dem 16. Jh. zu beobachtenden Tendenzen zu einem gewissen Sprachpatriotismus gibt es bis ins 18. Jh. hinein keine Ansätze zur Ausbildung einer Nationalsprachenideologie, aus der die Forderung nach einer einheitlichen dt. Hochsprache als Symbol für eine dt. Nation abgeleitet werden könnte. Diese Ideologie entwickelt sich erst unter dem Einfluß der Überlegungen Herders und insbesondere als Reaktion auf die Französische Revolution. Der frz. Forderung nach sprachlicher Einheitlichkeit einer Staatsnation wurde von der dt. Nationalbewegung das Konzept einer Sprachnation — 'eine Sprache, also eine Nation' — gegenübergestellt (Reichmann 1978). Solange noch kein Deutsches Reich existierte, also bis 1871, konnte nach diesem Konzept die „dt. Sprache", also die Standardvarietät, neben anderen Kulturgütern ein Nationalsymbol bilden. Die Durchsetzung der dt. Hochsprache in allen gesellschaftlichen Kreisen und in allen Bereichen des dt. Sprachraums konnte als Ziel des (sprachen-)politischen Handelns angesehen werden. Und die Schmälerung des Ranges und der Bedeutung der dt. Sprache in den zum Reich gehörenden Regionen konnte, wie etwa im dt.-dän. Krieg von 1849, sogar kriegerische Handlungen auslösen. Nach der Reichsgründung zeigte sich, daß innerhalb des neu entstandenen Reiches und in den Randbereichen neben deutschsprachiger Bevölkerung auch anderssprachige Menschen mit in die neugebildete Staatsgemeinschaft eingeschlossen waren. In dieser Situation griff man, insbesondere in Preußen, nicht mehr auf die Maxime der Nationalbewegung 'eine Sprache, also eine Nation' zurück, wie das noch in der Reichsverfassung von 1849 festgelegt war, sondern eher auf die revolutionäre frz. Maxime 'ein Staat, also eine Sprache'. Von dieser Grundlage her ist die preußische Sprach-

politik in Polen, in Schleswig und auch in Elsaß-Lothringen zu verstehen.

Durchsetzungsversuche des Hochdeutschen (Eichinger 1991) gegenüber einer
Fremdsprache kann man im 19. Jh. einmal
innerhalb und dann an den Grenzen des
Deutschen Reiches beobachten. Hinzu
kommt Sprachpolitik außerhalb des dt.
Sprachraumes, etwa in Sprachinseln in Europa bzw. in Übersee sowie seit der zweiten
Jahrhunderthälfte auch in den dt. Kolonien.
Innerhalb des dt. Reiches haben wir im
19. Jh. friesische, sorbische und Sinti/Romani
sprechende Bevölkerungsgruppen. Hinzu
kommen frz. sprechende Hugenotten und
provençalisch sprechende Waldenser, sowie
Sprecher verschiedener Formen des Jiddischen, und gegen Ende des 19. Jhs. polnisch
bzw. masurisch sprechende Arbeitsmigranten
aus den Ostgebieten des Deutschen Reiches.
Diese Sprachen sind im 19. Jh. von der umgebenden dt. Sprachgemeinschaft und von der
Administration in recht unterschiedlicher
Weise als soziolinguistisches oder sprachen-
politisches Problem aufgefaßt worden. Das
Französische der 1695 nach dem Toleranz-
edikt des Großen Kurfürsten nach Preußen
und in andere deutsche Staaten eingewander-
ten Hugenotten war wohl ebenso wie das
Provençalische der Waldenser Südwestdeutschlands schon zu Beginn des 19. Jhs.
nur noch eine ausschließlich auf den privaten
Bereich reduzierte Varietät einer bilingualen
Sprachbevölkerung, die dann im Laufe des
19. Jhs. ihre Sprache weitgehend verliert. Die
Sondersprache der Sinti und Roma, das Zi-
geunerische, wie es zeitgenössisch im 19. und
auch im 20. Jh. genannt wurde, wurde weitgehend nicht als eigenständige Sprache wahrgenommen, sondern der Gruppe der Geheimsprachen, der Sprache der Fahrenden und der
Gaunersprache, zugeordnet. Obrigkeitliches
Interesse fanden diese Sprachen nur, wenn es
darum ging, die Geheimkommunikation unter Gesetzesbrechern vor Gericht verständlich zu machen.

Klarere Konturen weist dagegen die Entwicklung des Sorbischen (Faßke 1994) im
19. Jh. auf. Nachdem andere westslavische
Sprachen, wie das Kaschubische bzw. das
Elbwendische, wohl schon bis zum Beginn
des 19. Jhs. ausgestorben waren, blieb das
Sorbisch der Lausitz als letzte dieser deutsch-
übersiedelten Sprachen in zwei Siedlungszen-
tren um Cottbus und um Bautzen erhalten.
Der zu Preußen gehörende Sorbenbereich um
Cottbus war schon seit dem 16. Jh. drakoni-

schen sprachpolitischen Repressionen ausgesetzt, gegen die auch der Versuch in der Reformationszeit, sorbisch als Kirchen- und
Bibelsprache zu etablieren, keine Wirkung
zeigte. Die Antisorbenpolitik Preußens basierte auf der Sprachideologie, dem Sorbischen den Charakter einer eigenständigen
Sprache abzuerkennen und es als unverständliche Mischsprache oder als bäuerlichen Dialekt einzuordnen. Dadurch wurde nicht nur
in der Umgebungsgesellschaft das Sorbische
abgewertet. Auch die sorbische Bevölkerung
selbst verlor nach und nach ihr Sprachwert-
gefühl.

In dem unter sächsischer Landeshoheit
stehenden sorbischen Siedlungsgebiet um
Bautzen, das eher katholisch geprägt war,
gab es in der Tendenz zwar insbesondere im
19. Jh. auch eine antisorbische Repres-
sionspolitik. Jedoch gelang es der sorbischen
Bevölkerung, einen Rückhalt in der katholischen Kirche und auch im benachbarten
Tschechischen zu finden. Das hatte und hat
auch heute noch eine insgesamt stärkere Position des Sorbischen im Raum Bautzen zur
Folge. Doch kann man davon ausgehen, daß
die sorbisch sprechende Bevölkerung schon
im Laufe des 19. Jhs. durchgehend bilingual
ist. Stabilisiert wurde das Sorbische seit dem
19. Jh. auch durch seinen Ausbau als Standardsprache und Schulsprache sowie durch
nationale Identifizierungsfunktion, die das
Sorbische im Zuge der im 19. Jh. einsetzenden nationalen Bewegungen erhält. So bildet
sich bis zum Jahrhundertende eine Nationalsprache Sorbisch heraus, die neben den verschiedenen dialektalen Varietäten zwei unterschiedliche Standardvarietäten, eine auf der
niedersorbischen und eine auf der obersorbi-
schen Basis, ausbildet.

Die nordseegermanische Sprache Friesisch
hatte zu Beginn des 19. Jhs. ihren räumlichen
Zusammenhang lange verloren und existierte
in den Niederlanden als Westfriesisch und im
Deutschen Reich an der Schleswig-Holstei-
nischen Westküste als Nordfriesisch sowie im
Oldenburgischen Saterland als Rest des Ostfriesischen (Stellmacher 1993, 1998). Das
Nord- und insbesondere das Ostfriesisch sind
schon in der frühen Neuzeit durch das Niederdeutsch und dann in einer zweiten Welle
durch das Hochdeutsch überschichtet worden. Durch diese Entwicklung ist das Ostfriesische schon früh eine intraethnische Familiensprache geworden, mit der der Außenstehende nur sehr selten konfrontiert wurde.
Durch diesen Dialektisierungsprozeß schied

das Ostfriesische aus dem Spektrum der Konkurrenzsprachen zum Hochdeutschen aus. Das Nordfriesische, das ein wesentlich größeres Verbreitungsgebiet aufwies, durchlief seit der frühen Neuzeit dieselben Prozesse der Überschichtung durch das Niederdeutsche und das Hochdeutsche. Doch bewahrte es mehr als das Ostfriesische im 19. und 20. Jh. den Charakter einer eigenständigen Ethnosprache, auch wenn die nordfriesische Sprachgemeinschaft wohl schon im 19. Jh. durchweg bilingual und teilweise trilingual war. Von einer aggressiven Sprachpolitik gegen die verschiedenen Formen des Friesischen kann man nicht reden. Eher finden sich hier schon im 19. Jh. Ansätze zur Pflege dieser Sprache, die die Ausbildung einer eigenständigen ethnisch-friesischen Identität anzeigen. Doch resultiert daraus nirgends eine Konstellation, in der der Status des Hochdeutschen als Standardvarietät in Frage gestellt worden wäre.

Problematischer ist die Durchsetzung des Hochdeutschen gegen das Jiddische zu beurteilen (Kiefer 1991, Simon 1988, 1991). Einmal kann man festhalten, daß im Zuge der Aufklärung die dem städtischen Bildungsbürgertum entstammenden Juden schon bis zum Jahrhundertanfang ihre besondere Sprachform zugunsten des zeitgenössischen Hochdeutschen sowohl schriftlich als auch mündlich aufgegeben hatten. Die jiddischen Landdialekte etwa im Südwestdeutschen sind jedoch während des gesamten 19. Jhs. erhalten geblieben, wenn auch überdacht durch die vermehrte Verwendung des Hochdeutschen als Schriftsprache und als Kontaktsprache mit den nicht Jiddisch-Sprechenden. Diese Entwicklung ist wohl weniger durch sprachenpolitische und administrative Maßnahmen ausgelöst worden, als vielmehr durch die negative Bewertung, die Jiddisch im Bewußtsein der Umgebungsgesellschaft im Zuge des sich ausbildenden Antisemitismus erfuhr. Nicht direkt in den Prozeß der Durchsetzung des Hochdeutschen gegen das Jiddische gehört die insbesondere die zweite Hälfte des 19. Jhs. prägende Verdrängung des Ostjiddischen, das im Zuge der Rückwanderung Ostjiddisch Sprechender aus den östlichen Nachbarstaaten insbesondere in die städtischen Regionen Preußens und Sachsens hineindrängt. Diese Bevölkerungsgruppe und ihre slawisch geprägte Sprache war besonders stark den antisemitischen Vorurteilen der Umgebungsgesellschaft ausgesetzt, was sich etwa darin zeigt, daß das Ostjiddische immer

wieder mit den Gaunersprachen gleichgesetzt wurde. Obgleich sich in Osteuropa schon am Ende des 19. Jhs. deutliche Ansätze zur Ausbildung einer eigenständigen jiddischen Standardvarietät zeigen, wird im deutschen (und auch im österreichischen) Bereich das Ostjiddische als ein deutscher Dialekt oder allenfalls als eine Mischsprache angesehen und auf diese Weise abgewertet.

Überblickt man diese unterschiedlichen Entwicklungsansätze, so kann man festhalten, daß das Hochdeutsche im 19. Jh. seine Stellung als dominierende Hochsprache durchweg gestärkt hat. Am Jahrhundertende gab es wahrscheinlich keine Region mehr, in der sie nicht, zumindest als zweite Sprache, in einer bilingualen Konstellation vertreten war. In den meisten Fällen war dazu keine explizite Sprachenpolitik nötig. Die soziolinguistische Dominanz der Standardvarietät führte zu einer Abwertung bzw. Dialektisierung dieser Sprachen. Anders zu beurteilen sind die Entwicklungen zur Durchsetzung der Hochsprache, die im 19. Jh. in den Randbereichen des Deutschen Reiches zu beobachten sind. Hier ist in erster Linie zu nennen: Elsaß-Lothringen, Luxemburg, Ostbelgien, das Niederrheingebiet, Schleswig und der dt.-poln. Übergangsbereich in Ostpreußen/Westpreußen, in Posen und in Schlesien.

Von anderer Qualität sind die sprachpolitischen Beziehungen zwischen dem Deutschen Reich und Österreich (Hutterer 1991), die geprägt sind durch eine konvergierende Phase bis in die 60er Jahre und eine anschließende divergierende Phase seit 1866 und der kleindeutschen Reichsgründung von 1871. Schon Mitte des 18. Jhs. werden in Österreich durch die Aufgabe der eigenen kaiserlichen Schriftsprache und die Übernahme der omd. Gottsched-Norm die Weichen für eine sprachliche Annäherung gestellt. Durch die Vorgänge von 1866/71 und auch durch die Umorientierung des österr. Kaiserreiches in Richtung auf einen südosteuropäischen Vielvölkerstaat beginnt jedoch eine dezentrale Phase der Entwicklung. Im 19. Jh. finden sich Hinweise auf den Ausbau einer österreichischen Norm der deutschen Hochsprache, also einer polyzentristische Konstellation, wie sie das Verhältnis zwischen deutsch und österreichisch heute prägt. Inwieweit diese Entwicklung Ergebnis einer expliziten oder impliziten Sprachenpolitik gewesen ist, wird die Forschung noch erweisen müssen.

Bei der Betrachtung der Durchsetzungsprozesse des Hochdeutschen in den Sprachgrenzregionen müssen wir unterscheiden zwischen einer Sprachpolitik gegenüber der deutschsprachigen Bevölkerung außerhalb des deutschen Staatsgebietes und den sprachpolitischen und administrativen Maßnahmen gegenüber fremdsprachigen Bevölkerungsgruppen innerhalb des Deutschen Reiches. Einmal geht es – wie etwa in Sprachinseln – um die Sicherung des Deutschen und der Sprachenrechte der deutschstämmigen Bevölkerung, und dann um eine Durchsetzung des Deutschen in einer fremdsprachigen/-ethnischen Gruppe gegen deren angestammte Dialekte bzw. Nationalsprachen. Um die Sicherung deutschen Sprachrechts ging es im 19. Jh. etwa in Luxemburg, in Altbelgien-Süd (Arel/Arlon) und im dänischen Nordschleswig. Hinzu kommt die Elsaß-Lothringer Politik bis 1871.

Luxemburg (Krier 1991) ist von alters her zweisprachig geprägt. Nach dem Erwerb der Unabhängigkeit im Wiener Kongreß entwickelt sich das Hochdeutsche als zweite Amtssprache, Alltagsschriftsprache der Mittelschichten und Kirchensprache neben dem Französischen als Kultur- und Oberschichtssprache. Trotzdem ist im gesamten 19. Jh. in Luxemburg eine deutliche Distanzierung der dt. Hochsprache und dem Deutschtum gegenüber zu konstatieren, die nicht zuletzt mit den Aversionen gegen die preußische Garnison der Bundesfestung Luxemburg und dem Übergang der benachbarten Rheinlande an Preußen zusammenhängt. Die in der zweiten Jahrhunderthälfte einsetzenden Bemühungen um einen Ausbau des Letzeburgischen zu einer eigenständigen Standardvarietät sind wohl als Distanzierung von der dt. Hochsprache anzusehen. Doch steht die Entwicklung nicht in Zusammenhang mit aktiven sprachpolitischen Bemühungen des Deutschen Reiches.

Sowohl in Schleswig als auch im Elsaß entwickelte sich eine eigenständige dt. Sprachpolitik als Reaktion auf eine aktive, die dt. Sprache gefährdende Politik der Nachbarstaaten. Im Elsaß (Hartweg 1991) setzten mit der Französischen Revolution und der durch sie propagierten Idee 'eine Nation, eine Sprache' eine systematische Durchsetzung der frz. Sprache gegenüber dem dort von alters her verbreiteten els. Dialekt und auch der dt. Kultursprache ein. Insbesondere die höhere und mittlere Administration und das Schulwesen sollten auf das Französische ausgerichtet werden. Einen Rückhalt hatten die dt. Varietäten bei den protestantischen Pfarrern. Diese antideutsche Sprachenpolitik bildete sicherlich einen der Auslöser für die massive

sprachenpolitische Gegenreaktion aus Preußen, als 1871 Elsaß und Lothringen an das Deutsche Reich fielen. Durch eine landfremde preußische Beamten- und Lehrerschaft sowie eine Militäradministration sollte das Elsaß möglichst schnell an das Deutsche Reich herangeführt werden, ohne die Interessen der Elsässer angemessen zu berücksichtigen. Auch hier waren es in erster Linie die Schule und die Administration, in denen das Hochdeutsche durchgesetzt werden sollte. Durch diese Politik ist es in der kurzen Zeit zwischen 1871 und 1914/18 gelungen, die dt. Hochsprache in der Bevölkerung weitgehend zu verankern.

Eine Sonderstellung nimmt in dem Prozeß der Durchsetzung des Hochdeutschen im 19. Jh. das nl.-dt. Grenzgebiet zwischen Aachen und Emden ein (Mihm 1992, Taubken 1981). Hier haben wir es im 18. Jh. mit einem breiten, durch Zweisprachigkeit geprägten Übergangsgebiet zu tun. Im Süden dieser Region wurde die spätmittelalterliche eigenständige rhein-maasländische Schreiblandschaft durch die nl. und die hd. Schriftsprache seit dem 16. Jh. überschichtet. Das führte jedoch in weiten Bereichen vorerst nicht zu einer Aufspaltung der Landschaft in zwei Sprachregionen, sondern zu einer Konstellation, in der zwei je nach Empfänger bzw. Situation diglossisch verwendete Schriftsprachen den anstehenden einheitlichen Dialekt überdachten. Selbst nach dem territorialen Ausgreifen Brandenburg-Preußens in diese Westregion seit 1713 wurde eine Verhochdeutschung, unter anderem durch Eingreifen der beiden Konfessionen, verhindert. In den Nordbereichen ist das 17. und 18. Jh. geprägt durch eine konfessionell und auch ökonomisch getragene Ausweitung der nl. Schriftsprache nach Osten.

Wie im Elsaß, so setzt auch hier mit der Französischen Revolution und der napoleonischen Zeit eine 'Nationalisierung' der Sprachenkonstellation ein. Die in der frz. Zeit der Rheinlande (1794–1814) einsetzende Verhochdeutschung der öffentlichen Schriftlichkeit – neben Frz. war nur noch Hd. erlaubt – wurde durch die preußische Administration der Rheinlande und auch der nördlichen Regionen (Lingen, Ostfriesland, Bentheim) noch forciert. Das traf insbesondere die mittleren Schichten, die nicht – wie die führenden Schichten – über beide Schriftsprachen, sondern nur über die nl. Schriftsprache verfügten. Etwa seit 1860 war dann die schriftsprachige Spaltung abgeschlossen. Die Schriftsprachegrenzen fielen mit den

Staatsgrenzen zwischen dem Reich und den Niederlanden zusammen. Der Differenzierungsprozeß auf sprechsprachiger Ebene setzte zu dieser Zeit jedoch erst ein und ist auch heute noch nicht abgeschlossen (Hinskens 1992).

Eine ähnliche historisch-sprachpolitische Konstellation wie im Elsaß findet sich auch im dt.-dän. Übergangsgebiet Schleswig-Holstein (Winge 1998, Dyhr 1998). Beide Territorien waren, obgleich historisch mit dem Reich verbunden, seit 1460 dän. Lehen. Anstehende Volkssprache in der gesamten Region bis zur Eider war Südjütisch. Seit dem 16. Jh. wurde diese Varietät jedoch überdacht durch die nd. Sprechsprache und die hd. Schriftsprache. Sprachpolitisch brisant wurde diese Konstellation, seit sich die Ende des 18. Jhs. einsetzenden antideutschen Tendenzen im dän. Reich auf die Südprovinzen auszuwirken begannen. Diese Dänisierungs- und Entdeutschungspolitik führte etwa 1840 zur Durchsetzung von Dän. als Verwaltungs- und Gerichtssprache in Nordschleswig. Einen ersten Höhepunkt erreichte die Entwicklung 1848 mit der dän. Annexionspolitik bis zur Eider und dem daraus entstehenden dt.-dän. Krieg 1848–1851, der noch eine Verschärfung der antideutschen Sprachenpolitik auslöste. Wie im Elsaß nach 1871 so setzte hier nach dem dt.-dän. Krieg von 1864, quasi als Reaktion auf systematische Entdeutschungsversuche, eine massive Durchsetzung der dt. Hochsprache ein, die die Maßnahmen gegen die Gegnersprache noch verstärkte und bis zum Jahrhundertende zu einer massiven Verhochdeutschung im Schriftlichen und in der Öffentlichkeit führte, sowie auch zu einer Zurückdrängung der südjütischen Volkssprache nach Norden.

Die Entwicklung des Hochdeutschen an der dt.-poln. Grenze ist als letzte Phase der schon im Mittelalter einsetzenden Germanisierungsbewegung nach Osten zu betrachten (Gessinger 1991, Glück 1978). Dabei ist zu unterscheiden zwischen rein polnischsprachigen Gebieten, etwa im Südosten oder in der Provinz Posen, und dt.-poln. Mischgebieten, etwa im größten Teil Schlesiens. Außerdem spiegelt sich hier ein über Jahrhunderte andauernder Prozeß wider. Während Ostpreußen schon seit der frühen Neuzeit im Einflußbereich Brandenburg-Preußens liegt, wird Schlesien Mitte des 18. Jhs. und Westpreußen 1772 bzw. 1793 dem preußischen Staat einverleibt. Posen wird dann in der dritten poln. Teilung 1815 Preußen zugeordnet. Und nur für die Provinz Posen galt die Zusage Friedrich-Wilhelms III. auf Minderheitenschutz auch in sprachlicher Hinsicht. In den Provinzen Preußen und Schlesien wirkt sich am Jahrhundertanfang noch eine vorpolitische, eher sozialökonomisch begründete Verdeutschungspolitik des aufgeklärten 18. Jhs. aus, in der etwa auch mit der kulturellen Überlegenheit des Deutschen argumentiert und der Sprachenstatus der dort verbreiteten Idiome in Frage gestellt wurde. So bezeichnete man die poln. Dialekte in Schlesien als Wasserpolnisch und identifizierte sie als eine dt.-poln. Mischsprache. Dagegen setzt in der neuerworbenen und weitgehend einsprachigen poln. Provinz Posen eine massive Verdeutschungspolitik ein, die die intensive Germanisierungspolitik unterstützte. Gegen Ende des 19. Jhs. und nach Gründung des Deutschen Reiches mündete diese Politik in die sozialimperialistische Ausrichtung der deutschen Bevölkerung auf eine antislavische Ideologie. Praktisch umgesetzt wurde diese Ideologie durch Institutionen wie den Deutschen Ostmarkenverein und systematische Besiedlungsprojekte im Osten. Hier war nicht mehr nur an Verhochdeutschung der poln. Bevölkerung gedacht, sondern auch an Verdrängung durch Übersiedlung mit Deutschen. Erfolgreich war diese Politik, wenn man etwa an die Volksbefragungen nach dem 1. Weltkrieg denkt, im masurischen Süden Ostpreußens und in Teilen Südschlesiens, die für die Zugehörigkeit zum Deutschen Reich votierten. In der Provinz Posen hat jedoch der massive Widerstand der poln. Bevölkerung eine tiefergehende Verhochdeutschung verhindert, wobei sich wahrscheinlich auch massiv das nationalpoln. Engagement der kath. Kirche ausgewirkt hat.

Zusammenfassend kann man festhalten, daß die teils zu Jahrhundertbeginn, teils in der zweiten Hälfte des 19. Jhs. einsetzenden Versuche zu einer Verdrängung anderer Sprachen mittels Verhochdeutschung fast überall erfolgreich gewesen sind. Sowohl innerhalb des dt. Reichsgebietes als auch an seinen Grenzen gelingt es, das Hochdeutsche durchzusetzen. Das Deutsche Reich bildet 1910/14 – was die Schriftsprache und die Sprache der Öffentlichkeit betrifft – eine relativ weitentwickelte Einheit. Kontrasprachen wie das Französische, das Niederländische, das Dänische, das Polnische, das Sorbische, das Friesische usw. sind auf dem Rückzug. Dabei wird zur ideologischen Absicherung je nach Bedarf einmal die Maxime 'eine Sprache, also eine Nation' oder die Maxime 'eine Nation, also eine Sprache' herangezogen.

Auch in den Verbreitungsgebieten der dt. Sprache außerhalb des geschlossenen dt. Sprachraums stellt sich das Problem der Verhochdeutschung. Die Grundlage der Sprachentwicklung in dt. Sprachinseln in Europa und Übersee bilden, zumindest bis zum Beginn des 19. Jhs., die jeweiligen Auswandererdialekte, da die meist bäuerlichen und nicht alphabetisierten Bevölkerungsgruppen über die Standardsprache in der Regel nicht verfügten. Dort, wo die Auswanderervarietäten nicht schnell von den fremden Kontaktsprachen aufgesogen worden sind, haben sich eigenständige dialektbasierte Varietäten gebildet, etwa das Pennsylvaniadeutsch, das Plautdietsch, das Huttererdeutsch oder das Hunsrückisch. Aber schon im 18. Jh. setzte, etwa in Pennsylvania und auch in verschiedenen Sprachinseln Osteuropas, eine Konfrontation mit dem Hochdeutschen ein, die etwa in Siebenbürgen sogar schon auf das 15./17. Jh. zurückgeht. Das Hochdeutsch konnte sich in der Regel nur dort verfestigen, wo eine schulische Vermittlung möglich war. Diese Entwicklung wird nun überlagert durch die Auswanderungsbewegungen des 19. Jhs., in denen die Siedler häufig schon Kenntnisse im Hochdeutschen mitbrachten. Man denke etwa an die Altlutheraner-Auswanderung nach Nord- und Südamerika und Australien nach den 20er Jahren des 19. Jhs., oder an die durch die 1848er-Revolution ausgelöste Auswanderbewegung, die einen hohen Anteil an Gebildeten umfaßte. Durch diese Enwicklungen wurde, insbesondere in einer Reihe von Überseesprachinseln, die Standardsprache gegen den anstehenden Dialekt und auch gegen die Kontaktsprache gestärkt. Aber auch in vielen europäischen Sprachinseln kann man im 19. Jh. eine Hinwendung zur dt. Hochsprache beobachten, etwa in Siebenbürgen, in Rußland, in den böhmischen und slowakischen Sprachinseln und ansatzweise auch in Ungarn. Dort haben wir es jedoch insofern mit einem Sonderfall zu tun, als sich das Hochdeutsche in seiner österr. Variante bis zum Ausgleich 1867 über die städtischen Zentren, insbesondere über Budapest, verbreitet und die 'Schwoben' der ländlichen Regionen nur ansatzweise Bereitschaft zur Übernahme des Hochdeutschen zeigten. Nach 1867 wird die dt. Hochsprache im Zuge der Majarisierungsbewegung in den Städten zurückgedrängt. Auf dem Lande faßt das Hochdeutsche über die Schulen jedoch erst im 20. Jh. dauerhaft Fuß. Diese Entwicklungen haben in den meisten Sprachinseln nicht dazu geführt, daß das Hochdeutsche eine be-

ständige Position erlangte. Eine Ausnahme bilden allenfalls Siebenbürgen und einige ursprünglich nd. Sprachinseln in Südafrika, in denen das Ndt. inzwischen durch das Hd. ersetzt worden ist. Sprachenpolitische Einflußnahmen des neuen Deutschen Reiches nach 1871 hat es im 19. Jh. nur in den ersten Ansätzen gegeben. Eine systematische Sprachverbreitungspolitik setzt erst im 20. Jh. ein (Ammon 1989).

4. Diastratische Aspekte der Durchsetzung der deutschen Hochsprache

Der Ausgangspunkt der Entwicklung, durch die die dt. Hochsprache sich im Laufe des 19. Jhs. zu der allgemein anerkannten und geforderten Normalvarietät aller gesellschaftlichen Gruppen geformt hat, liegt in dem sich im 17. und dann besonders im 18. Jh. herausbildenden Bildungsbürgertum (Mattheier 1991). Dieses Bildungsbürgertum stellt im 18. Jh. als verstaatlichte akademische Intelligenz die Funktionselite des spätabsolutistischen Staates dar. In dieser neuen sozialen Formation werden zum ersten Mal die neuen soziokommunikativen Bedingungen einer sich modernisierenden Gesellschaft geschichtsmächtig: weiträumige und überregionale Kommunikation innerhalb einer stark hierarchisierten Gesellschaft und Dauerhaftigkeit der Ergebnisse des sich auf allen Ebenen entfaltenden Verwaltungshandelns. Diese Anforderungen werden in idealer Weise erfüllt durch eine einheitlich genormte schriftliche Standardsprache, wie sie seit dem 16. Jh. im Entstehen war. So ist es nicht verwunderlich, wenn genau diese soziale Formation, das Bildungsbürgertum, anfänglich die eigentliche Trägergruppe dieser neuen Varietät gewesen ist, und ebenfalls nicht, daß bis weit in das 19. Jh. hinein die Standardsprache fast zu einem Identifikationsinstrument für das Bildungsbürgertum geworden ist. Nicht Heils-, Herrschafts- oder Leistungswissen, sondern ein philosophisch-historisch akzentuiertes und literarisch-musisch eingekleidetes Bildungswissen bildete nach Max Weber die Legitimationsbasis dieser sozialen Gruppe (vgl. dazu Engelhardt 1986, 24 ff.). Obgleich es zwischen den 'Gebildeten', den Verwaltungsbeamten, Pfarrern, Professoren, Juristen, Lehrern an höheren Schulen, Hofmeistern, Journalisten und Privatdozenten durchaus Differenzen in den sozialen Lebenslagen gab, erschienen sie schon den Zeitgenossen als eine einheitliche Formation, die sich durch gleich-

136. Die Durchsetzung der deutschen Hochsprache im 19. und beginnenden 20. Jahrhundert 1963

artige gesellschaftliche Verhaltensweisen, und eben auch durch das Verfügen über die 'neue' hochdeutsche Schriftsprache, gegenüber allen anderen gesellschaftlichen Gruppierungen auszeichnete.

Der die Sprachgeschichte des 19. Jhs. zentral prägende Prozeß wird von Peter von Polenz (1983, 13) als Popularisierungsprozeß der dt. Hochsprache identifiziert, also als ein Generalisierungsprozeß einer Prestigevarietät nicht auf sprachstruktureller Ebene, sondern im Sprachgebrauch schriftlicher und mündlicher und auch in den Sprachbewertungsstrukturen. Dieser mehrdimensionale und noch keineswegs auch nur annähernd erforschte Prozeß entfaltet sich auf verschiedenen soziokommunikativen Ebenen und noch weitgehend getrennt im Bereich der Schriftlichkeit und der Mündlichkeit. Auf die Durchsetzung der Hochsprache gegenüber den Dialekten ist schon zu Beginn (3.1.) eingegangen worden. Hier soll kurz skizziert werden: Die Durchsetzung der dt. Hochsprache innerhalb der nicht bildungsbürgerlichen Schichten der dt. Sprachgemeinschaft, die Ideologisierung des Durchsetzungsprozesses durch die These von den Klassikern als den legitimierenden Autoritäten für Hochdeutsch, die Pädagogisierung der dt. Standardsprachen als eigentliche Grundlage der Verbreitung, und schließlich die Ansätze zur Ausbildung und Verbreitung einer mündlichen Form des Hochdeutschen im Zusammenhang mit der Entstehung einer überregionalen Öffentlichkeit.

Die Sozialgeschichte hat für das 19. Jh. einen Entkonturierungsprozeß herausgearbeitet, durch den zuerst das Besitzbürgertum und dann seit den 70er Jahren auch das Kleinbürgertum die bildungsbürgerlichen Leitbilder der Lebensführung, seinen Lebensstil und die entsprechenden Mentalitäten übernehmen konnte und mit ihnen auch die Orientierung an einer homogenen Standardschriftsprache. Diese Entwicklung spiegelt sich etwa in der über das gesamte Bürgertum verbreiteten Beliebtheit von Zeitschriften wie der 'Gartenlaube' und von populärer Romanliteratur in der Art von Courths-Mahler wider. Verstärkt werden diese Homogenisierungsentwicklungen innerhalb des Bürgertums im Verlauf des 19. Jhs. noch durch die Ausbildung eines nationalen Ideologems von der Kulturnation, die es in einer Staatsnation zu verwirklichen gilt. Und auch hier spielt neben dem Vereinheitlichungssymbol 'Nationalliteratur' die Nationalsprache Deutsch eine zentrale Rolle. Zumindest seit der zweiten Hälfte des 19. Jhs. greift diese 'Verbürgerlichungstendenz', die sich in der Verbreitung und Durchsetzung zentraler bildungsbürgerlicher Symbole, wie des Hochdeutschen, manifestiert, auch auf die bis dahin eher abseits stehenden Sozialformationen, wie den Adel, die ländlich-bäuerliche Bevölkerung und den neuentstehenden 'Vierten Stand', die Arbeiterschaft, aus. Bildungsbürgertum und Adel stehen im 19. Jh. sowohl hinsichtlich der dominierenden Bildungsmodelle als auch beruflich in einer direkten Konkurrenz. Erziehungsziel des Adels war die auf Repräsentation angelegte Erziehung zur Standesperson. Bildungsbürgerliche Werte und Tugenden, und auch das Bemühen um eine kultivierte Sprachlichkeit, wurden eher bespöttelt. Andererseits rekrutierte der Staat seine Funktionseliten sowohl aus dem Adel als auch vermehrt aus dem für Verwaltungstätigkeit speziell ausgebildeten Bildungsbürgertum. Gymnasial- bzw. Studienabschluß, der im Adel keineswegs verbreitet war, wurde immer häufiger zur Eintrittsbedingung in den Staatsdienst.

Die adligen Ritterakademien beginnen sich an den Anforderungen der Gymnasien zu orientieren. Altadlige Bildungsideale werden durch bildungsbürgerliche ersetzt. Und erst im Rahmen dieser Entwicklung gewinnt die Standardsprache auch für den Adel die Bedeutung und das Ansehen, das sie im Bürgertum schon einige Jahrzehnte früher erreicht hatte. Noch Anfang des 19. Jhs. war es nicht unüblich, daß höchste preußische Funktionsträger, wie etwa der General Blücher, massive grammatische Fehler auch in offiziellen Briefen aufweisen. In der preußischen Militärverwaltung gibt es noch in den 60er Jahren einen Aufstand der großen Familien des preußischen Adels, als zur Bedingung für den Eintritt in die Offizierslaufbahn die Prima-Reife und eine Deutschnote besser als 'nicht hinreichend' eingeführt werden sollte (Mattheier 1991, 57f.).

Eine ähnliche soziolinguistische Verbürgerlichungsentwicklung durchläuft seit den 70er Jaren auch der sich gerade neuformierende 'Vierte Stand', die Arbeiterschaft. Die Durchsetzung des Hochdeutschen in dieser, anfangs weitgehend dialektgeprägten gesellschaftlichen Gruppe entwickelt sich einmal unter den Bedingungen der reduzierten schulischen Vermittlung des Hochdeutschen in den Volksschulen. Die nur sehr begrenzt ent-

wickelte Kompetenz in der hdt. Schriftsprache wird von einem Teil der Arbeiter, insbesondere den gelernten Facharbeitern und den
politisch-gewerkschaftlich engagierten Arbeitern, durch intensive Bemühungen ausgebaut
und ausgeglichen. Den liberalen und den sozialistischen Fortbildungsbemühungen gelingt es, insbesondere in den industrialisierten städtischen Regionen, einen wahren 'Bildungshunger' zu entfachen. Ziel dieser intensiven Bemühungen um die Bildungsgüter der
Gesellschaft — die sich etwa auch in der Zusammensetzung von Arbeiterbibliotheken widerspiegelt — ist in Deutschland nicht der
Aufbau einer proletarischen Gegengesellschaft, sondern die Verbürgerlichung. Doch
muß man festhalten, daß nur ein Teil des
'Vierten Standes' eine solche Verbürgerlichung anstrebte. Weite Kreise der Arbeiterschaft sind auch noch am Ende des Jhs. quasi
Analphabeten. In dem Maße, in dem durch
die Ausweitung der Beschulung und die Verschriftlichung der gesellschaftlichen Beziehungen die gesellschaftlichen Nischen für nur
ansatzweise Alphabetisierte sich verkleinern,
entwickelt sich dann zu Beginn des 20. Jhs.
eine komplexe und noch wenig erforschte soziolinguistische Konstellation, in der eine verbürgerlichte und eine proletarisierte Arbeitergruppe koexistierten.

Festzuhalten ist, daß die dt. Hochsprachennorm und zum Teil auch die Kompetenz
zur Verwendung dieser Hochsprache im
Laufe des 19. Jhs. im gesamten Bürgertum,
im Adel und in den verbürgerlichten Teilen
der Arbeiterschaft sich durchgesetzt hat. Dafür ist nicht zuletzt der schon zur Jahrhundertmitte intensiv einsetzende Prozeß der Pädagogisierung des Hochdeutschen verantwortlich. Mit Pädagogisierung ist einmal gemeint die Aufnahme der dt. Hochsprache
und ihre Literatur in den Bildungskanon der
Gesellschaft, wie er von den Schulen vermittelt wird. Hier führte das Unterrichtsfach
Deutsch in der ersten Jahrhunderthälfte noch
ein Randdasein, meist als Anhängsel des Lateinunterrichts. Im Zuge der Differenzierung
des gymnasialen Unterrichts in humanistische und neuhumanistische bzw. naturwissenschaftlich-technische Gymnasien/Oberrealschulen rückt das Deutsche an die Stelle der
klassischen Sprachen als Mittel der Stil- und
Charakterbildung. Schon 1829 ist es in Preu
ßen möglich, „als einen Maaßstab für den Erfolg des Gymnasialunterrichts, und gleichsam als ein Gesammtresultat desselben, die
Leistungen der Schüler in der Muttersprache
anzusehen" (zit. nach Mattausch 1980, 102).

Die Pädagogisierung des Hochdeutschen hat
zwei soziolinguistische Aspekte. Einmal führt
die schulische Aufwertung eines normgerechten Hochdeutsch zu einem deutlichen Abbau
der Normtoleranz, wie sie sich in der ersten
Hälfte des 19. Jhs. allgemein in der Gesellschaft noch findet. So war gegen Ende des
Jhs. eine Schwäche im Umgang mit der dt.
Hochsprache zugleich eine erhebliche Charakterschwäche und wurde mit gesellschaftlicher Isolierung sanktioniert. Der zweite soziolinguistische Aspekt der Pädagogisierung
betrifft die Instrumentalisierung der Standardsprachenvermittlung als Organ sozialer
Klassifizierung und Deklassierung in den
verschiedenen Schultypen. Das Gymnasium
setzte sich den eigenständigen Gebrauch der
dt. Hochsprache in Wort und Schrift zum
Ziel. Ziel des Volksschulunterrichts war neben Lesen und Schreiben nur ganz rudimentäre Kenntnisse in der dt. Sprache. Die Bildungsgüter 'deutsche Sprache und Literatur'
blieben dadurch auf die bürgerlichen Kreise
beschränkt, die das Gymnasium besuchten.
Und die Kenntnisse der bäuerlichen und der
Arbeiterbevölkerung, die die Volksschule besuchten, blieben so gering, daß eine Gefährdung der sozialen Hierarchie minimiert
wurde. Der liberale Bildungsreformer Friedrich Hartkorth schrieb dazu: „Gleich wie der
Hindu durch Kasten, so drücken wir durch
Mangel an Unterricht den unteren Ständen
den Stempel der Dienstbarkeit fürs Leben
auf" (Harkorth 1969, 129). Dieser Versuch
der Herrschaftssicherung durch Kontrolle
des Bildungswissens, wie Hans-Ulrich Wehler
(1995) ihn skizziert, scheint bis in die letzten
Jahrzehnte des 19. Jhs. wirksam und erfolgreich gewesen zu sein. Erst im Zusammenhang mit Prozessen, wie der Entkonturierung
bzw. der Verbürgerlichung und insbesondere
mit dem Ausbau einer nationalistischen Ideologie, verlieren Symbole, wie die einheitliche
dt. Schriftsprache, ihren Charakter als Sozialsymbol des (Bildungs-)bürgertums und
werden zu Nationalsymbolen.

Denjenigen, die im 19. Jh. hdt. Schriftsprache rezipierten oder auch produzierten,
schwebte durchweg eine bestimmte Leitnorm
des 'richtigen, schönen und guten' Deutsch
vor, und das war eine mehr oder weniger
vage Vorstellung von der Sprache der Klassiker. Obwohl der Kreis der Literaten durchaus
umstritten war, die man in diesem Zusammenhang als 'Klassiker' bezeichnete — im
Zentrum standen immer wieder Schiller und
Goethe — findet man im 19. Jh. sprachliche
Hinweise auf diese Orientierung, etwa im

Journalistendeutsch, bei den zahlreichen Popularautoren, in den 'berüchtigten' Schiller-Reden und ähnlichen Texten zu den Jahrestagen der Klassiker und insbesondere in den Zitatensammlungen von der Art Büchmanns. Durch die meist bruchstückhafte bzw. 'popularisierte' Verwendung von Klassikerdeutsch konnte man 'gebildet sein' signalisieren, und auf diese Weise den Wertvorstellungen der Gesellschaft entsprechen. Dabei blieb eine solche Bindung an den Klassikern in der Regel naturgemäß eine Leerformel, was etwa Nietzsche klar erkannte, als er schrieb: „Nicht wahrhaft Gebildete, sondern Bildungsphilister hat die Schule hervorgebracht. Wo der wahrhaft Gebildete stets ein sich Bildender bleibt (...), da pocht der Bildungsphilister auf seinen in der Schule angeeigneten Bildungsbesitz. Wir haben ja unsere Kultur, heißt es dann, denn wir haben ja unsere Klassiker." (zit. nach Engelhardt 1986, 131). Das Ideologem von der Klassikersprache als Leitnorm für die sich popularisierende dt. Hochsprache hat jedoch keineswegs nur auf der sprachbewußtseinsgeschichtlichen Ebene eine Rolle gespielt. Durch den Klassikerbonus konnte es in der gesamtdeutschen Sprachgemeinschaft Bedeutung gewinnen. Inwieweit sich die Klassikersprache jedoch konkret als ein homogenisierender Orientierungspunkt für die sprachstrukturelle Entwicklung erwiesen hat, wird die künftige Forschung zu erweisen haben.

5. Literatur (in Auswahl)

Ammon, Ulrich, Zur Geschichte der Sprachverbreitungspolitik in der Bundesrepublik Deutschland von den Anfängen bis 1985. In: ds 17, 1989, 229–263.

Ders., Die deutsche Sprache in Deutschland, Österreich und der Schweiz. Das Problem der nationalen Varietäten. Berlin/New York 1995.

Behaghel, Otto, Von deutscher Sprache. Lahr 1927.

Cherubim, Dieter, Sprachentwicklung und Sprachkritik im 19. Jh. Beiträge zur Konstitution einer pragmatischen Sprachgeschichte. In: Thomas Cramer (Hrsg.), Literatur und Sprache im historischen Prozeß. Vorträge des Dt. Germanistentages Aachen 1982. Bd. 2: Sprache. Tübingen 1983, 170–188.

Das 19. Jh. Sprachgeschichtliche Wurzeln des heutigen Deutsch. Hrsg. v. Rainer Wimmer. Berlin/New York 1991. (JIDS 1990).

Dyhr, Mogens, Der deutsch-dänische Sprachkontakt in Schleswig im 19. Jh. In: Dieter Cherubim/Siegfried Grosse/Klaus J. Mattheier (Hrsg.), Sprache und bürgerliche Nation. Berlin/New York 1998, 101–123.

Eichinger, Ludwig M., Sprachenpolitik gegenüber fremdsprachigen Minderheiten. In: Das 19. Jh., 95–105.

Engelhardt, Ulrich, Bildungsbürgertum. Begriffs- und Dogmengeschichte eines Etiketts. Stuttgart 1986.

Faßke, Helmut, Der Weg des Sorbischen zur Schriftsprache. In: Istvan Fodor/Claude Hagège (Hrsg.), Language Reform, Bd. 6. Hamburg 1994, 257–283.

Gessinger, Joachim, Sprachenpolitik gegenüber fremdsprachiger Bevölkerung in Preußen im 19. Jh. In: Das 19. Jh., 106–124.

Glück, Helmut, Sprachpolitik. Zur Methodik sprachwissenschaftlicher Analysen der Zusammenhänge von Sprachenpolitik, Sprachenbewußtsein, Ideologie und Sozialgeschichte am Beispiel der preußisch-deutschen Politik gegenüber der polnischen Minderheit vor 1914. Phil. Diss., Osnabrück 1978.

Harkorth, Friedrich, Schriften und Reden zu Volksschule und Volksbildung, besorgt von K.-E. Leismann, Paderborn 1969.

Hartweg, Frédéric, Sprachenpolitik im Elsaß: Die „Germanisierung" einer weitgehend deutschsprachigen Provinz. In: Das 19. Jh., 136–163.

Hinskens, Frans, Dialect levelling in Limburg. Structural and sociolinguistic aspects. Den Haag 1992.

Hutterer, Claus J., Sprachenpolitik gegenüber fremdsprachigen Minderheiten in der k. (u.) k. Monarchie. In: Das 19. Jh., 164–171.

Jordan, Anna-Luise, Wer sprach wie? Sprachmentalität und Varietätengebrauch im 19. Jahrhundert. Teil A, B (HSSK 1). Hamburg 2000.

Keller, Rudolf E., The German Language. London/Boston 1978.

Kettmann, Gerhard [u. a.], Studien zur deutschen Sprachgeschichte des 19. Jhs. Berlin 1980. (LSTA 66, 1–3).

Ders., Studien zu den Bedingungen umgangssprachlicher Entwicklung und zur Rolle der Umgangssprache in der zweiten Hälfte des 19. Jhs. In: Kettmann [u. a.] 1980, Bd. 1, 1–120.

Kiefer, Ulrike, Sprachenpolitik gegenüber fremdsprachigen Minderheiten im 19. Jh.: Jiddisch. In: Das 19. Jh., 172–177.

Klenk, Marion, Sprache im Kontext sozialer Lebenswelt. Eine Untersuchung zur Arbeiterschriftsprache im 19. Jh. Tübingen 1997. (RGL 181).

Kloss, Heinz, Die Entwicklung neuer germanischer Kultursprachen seit 1800. 2. Aufl. Düsseldorf 1978.

Kluge, Friedrich, Deutsche Sprachgeschichte. Werden und Wachsen unserer Muttersprache von ihren Anfängen bis zur Gegenwart. Leipzig 1920.

Kretschmer, Paul, Wortgeographie der hochdeutschen Umgangssprache. Göttingen 1918.

Krier, Ferdinande, Le trilinguisme au Luxembourg. In: La Bretagne Linguistique 7, 1991, 7–20.

Kurka, Eduard, Die deutsche Aussprachenorm im 19. Jh. In: Kettmann [u. a.] 1980, Bd. 2, 1–67.

Ludwig, Otto, Der Schulaufsatz. Seine Geschichte in Deutschland. Berlin/New York 1983.

Mattausch, Josef, Klassische deutsche Literatur und Entwicklung des deutschen Sprachstandards. In: Kettmann [u. a.] 1980, Bd. 1, 121–176.

Mattheier, Klaus J., Alltagssprache im 19. Jh. Zur Sprache der Autobiographie von Franz Haniel (1779–1868). In: Bodo Herzog/Klaus J. Mattheier (Hrsg.), Franz Haniel. Bonn 1979, 158–191.

Ders., „Lauter Borke um den Kopp". Überlegungen zur Sprache der Arbeiter im 19. Jh. In: RVj. 60, 1986, 222–251.

Ders., Sprache als Sozialsymbol. Über kommunikative Folgen gesellschaftlichen Wandels. In: Das 19. Jh., 41–72.

Ders., Allgemeine Aspekte einer Theorie des Sprachwandels. In: Sprachgeschichte, 2. Aufl. 824–836.

McInnes, Edward/Gerhard Plume (Hrsg.), Bürgerlicher Realismus der Gründerzeit 1848–1890. München 1996.

Mihm, Arend, Sprache und Geschichte am unteren Niederrhein. In: Jahrbuch des Vereins für niederdeutsche Sprachforschung 115, 1992, 88–122.

Plumpe, Gerhard, Einleitung. In: McInnes/Plume (Hrsg.) 1996, 17–83.

Polenz, Peter von, Geschichte der deutschen Sprache. Berlin/New York 1978. (SaGö 2206).

Ders., Sozialgeschichtliche Aspekte der neueren deutschen Sprachgeschichte. In: Thomas Cramer (Hrsg.), Literatur und Sprache im historischen Prozeß. Vorträge des Dt. Germanistentages Aachen 1982. Bd. 2: Sprache. Tübingen 1983 a, 3–21.

Ders., Die Sprachkrise der Jahrhundertwende und das bürgerliche Bildungsdeutsch. In: SuL 14, 1983, 3–13.

Ders., Deutsche Sprachgeschichte vom Spätmittelalter bis zur Gegenwart. Bd. 1: Einführung, Grundbegriffe, Deutsch in der frühbürgerlichen Zeit; Bd. 2: 17. und 18. Jh.; Bd. 3: 19. und 20. Jh. Berlin/New York 1991, 1994, 1999.

Reichmann, Oskar, Deutsche Nationalsprache. Eine kritische Einführung. In: GL 2–5, 1978, 389–424.

Roelcke, Torsten, Periodisierung in der dt. Sprachgeschichte. Analysen und Tabellen. Berlin/New York 1995. (SLG 40).

Schieb, Gabriele, Zu Stand und Wirkungsbereich der kodifizierten grammatischen Norm Ende des 19. Jhs. In: BEDS 1, 1981, 134–176.

Schikorsky, Isa, Private Schriftlichkeit im 19. Jh. Untersuchungen zur Geschichte des alltäglichen Sprachverhaltens „kleiner Leute". Tübingen 1990. (RGL 107).

Schildt, Joachim, Abriss der Geschichte der deutschen Sprache. Zum Verhältnis von Gesellschafts- und Sprachgeschichte. Berlin 1984.

Simon, Bettina, Jiddische Sprachgeschichte. Frankfurt 1988.

Dies., Zur Situation des Judendeutschen im 19. Jh. In: Das 19. Jh., 178–184.

Sonderegger, Stefan, Die Entstehung des Verhältnisses von Standardsprache und Mundarten in der deutschen Schweiz. In: Sprachgeschichte, 1. Aufl. 1873–1939.

Sprachgeschichte. Ein Handbuch zur Geschichte der deutschen Sprache und ihrer Erforschung. Hrsg. v. Werner Besch/Oskar Reichmann/Stefan Sonderegger. 2 Teilbde. Berlin/New York 1984; 1985. (HSK 2.1; 2.2).

Sprachgeschichte. Ein Handbuch zur Geschichte der deutschen Sprache und ihrer Erforschung. Hrsg. v. Werner Besch/Anne Betten/Oskar Reichmann/Stefan Sonderegger. 3 Teilbde. Berlin/New York. 2. Aufl. 1998ff. (HSK 2.1; 2.2; 2.3).

Stellmacher, Dieter, Das Saterfriesische – eine Sprache in Niedersachsen? In: ZDL 60, 1993, 280–291.

Ders., Voraussetzungen für die soziolinguistische Erforschung des Saterfriesischen. In: Peter Ernst/Franz Patocka (Hrsg.), Deutsche Sprache in Raum und Zeit. Festschrift für Peter Wiesinger. Wien 1998, 161–166.

Taubken, Hans, Niederdeutsch, Niederländisch, Hochdeutsch. Die Geschichte der Schriftsprache in der Stadt (...) Lingen vom 16. bis zum 19. Jh. Köln/Wien 1981. (NdSt 29).

Vandenbussche, Wim/Roland Willemyns, Sprachvariation in Flandern im 19. Jh.: theoretisch-methodische Probleme der historischen, soziolinguistischen Forschung. In: Sociolinguistica 13, 1999, 104–121.

Vesper, Wilhelm, Deutsche Schulgrammatik im 19. Jh. Zur Begründung einer historisch-kritischen Sprachdidaktik. Tübingen 1980. (RGL 25).

Wehler, Hans-Ulrich, Sozialgeschichte und Gesellschaftsgeschichte. In: Wolfgang Schieder/Volker Sellin (Hrsg.), Sozialgeschichte in Deutschland. 4 Bde. Göttingen 1986/87, Bd. 1, 33–52.

Ders., Deutsche Gesellschaftsgeschichte. Bd. 3. Von der „Deutschen Doppelrevolution" bis zum Beginn des Ersten Weltkrieges 1849–1914. München 1995.

Winge, Viebeke, Die deutsche Sprache in Dänemark im 19. Jh. In: Dieter Cherubim/Siegfried Grosse/Klaus J. Mattheier (Hrsg.), Sprache und bürgerliche Nation. Berlin/New York 1998, 87–100.

Klaus J. Mattheier (Heidelberg)

137. Gesprochenes und Geschriebenes Deutsch bis zur Mitte des 20. Jahrhunderts

1. Gesprochenes und Geschriebenes Deutsch: Gegenstandsbestimmung

Die gesprochene Form ist die primäre und natürliche einer jeden Sprache. Sie dient der aktuellen, momentanen und spontanen Verständigung in face-to-face Situationen. Sie entsteht jeweils erst im Augenblick des Redens und wird durch Selbstkontrolle und Rückfragen (feed backs) fortwährend korrigiert. Sie läßt sich normalerweise nicht speichern und wiederholen, auch nicht löschen. Die gesprochene Sprache bedarf außer den Sprechwerkzeugen keiner weiterer Hilfsmittel, die sich außerhalb des menschlichen Körpers befinden, wie dies bei der geschriebenen Sprache der Fall ist. Die Menschen tragen das Sprechenkönnen als Conditio Humana bei sich (Quasthoff 1996; Löffler 1996). Die gesprochene Sprache dient der allseitigen informellen Kommunikation innerhalb einer Sprachgemeinschaft. Auch Verse, Lieder, Gebete, Geschichten und Anekdoten leben in gesprochener Form. Sie werden mündlich tradiert und kollektiv im Gedächtnis aller oder einiger weniger gespeichert. Eine Sprache kann ihre eigene Schrift entwickeln oder, wie dies beim Dt. der Fall ist, beim Zusammentreffen (Akkulturation) mit einer fremden (lat.) Schriftkultur deren Schrift übernehmen, um das bisher nur Gesprochene aufzuzeichnen. Verschriftung bedeutet Formalisierung und Konservierung und damit Unabhängigkeit vom Hier und Jetzt der gesprochenen Sprache. Es entsteht somit eine eigene Sprachvarietät, die infolge des bewußteren Hervorbringens und der Möglichkeit der Speicherung gekennzeichnet ist durch komplexere syntaktische Strukturen und Sequenzen, ausgesuchten Wortschatz und formellere

Verwendungsbereiche wie Recht und Gesetz, Literatur, Liturgie, Lehre und Unterweisung. Neben der Schriftvarietät, deren Gebrauch erst durch die Kulturtechniken des Lesens und Schreibens möglich wird, existiert immer auch die gesprochene Varietät als eine von der Schrift unabhängige und auf keine körperunabhängigen Hilfsmittel angewiesene Sprechsprache für alle.

Für die Zeit zwischen 1600 und der Mitte des 20. Jhs. besteht das Gesprochene Dt. einmal aus den zahlreichen Dialekten, die der formellen Kommunikation und Beziehungspflege und als Vehikel für privates Erzählen von Geschichten und Erinnerungen dienen. Im Gefolge der allmählich entstehenden überregionalen Schriftsprache hat sich in formellen Verwendungsbereichen eine von den Dialekten unabhängige Sprechsprache – zunächst wohl als Lesesprache – entwickelt. Schriftsprache und die aus ihr abgeleitete Sprechsprache stehen in einem engen Wechselverhältnis zueinander.

Daneben hat sich für informellere Gelegenheiten im Dt. eine Umgangssprache etabliert mit regional unterschiedlichen Entstehungsbedingungen und sprachlichen Erscheinungsformen. Im Norden ist es mehr eine aus der Schriftvarietät abgeleitete Sprechvariante, die durch eine Art buchstabierendes Lautieren entstanden sein könnte. Gegen den Süden hin weisen die Umgangssprachen zwar auch in Richtung Schriftsprache, sie sind jedoch mehr oder weniger stark von dialektalen Merkmalen geprägt. Gegenstand der nachfolgenden Ausführungen werden aber nicht die Dialekte sein, sondern das seit dem 17. Jh. als Tandem auftretende Paar „Neuhochdeutsche Schriftsprache" und die Sprechvarietät „Gesprochenes Neuhochdeutsch". Da in der Sprachgeschichtsschreibung des Dt. traditionellerweise das Hauptaugenmerk auf die Herausbildung der geschriebenen (Einheits-)Sprache aus den regionalen Schriftdialekten gelegt wird, soll im folgenden der Schwerpunkt mehr auf der allmählichen Herausbildung der gesprochenen (Einheits-)Sprache liegen. Läßt sich die in Büchern und Schriften überlieferte Sprache leicht orten und kennzeichnen, so ist die gesprochene Seite des Dt. im geschichtlichen Prozeß wegen der fehlenden direkten Zeugnisse und Dokumente etwas schwieriger zu

verfolgen. Es sind bestimmte Vorkommens-
bereiche, die über die Jahrhunderte hinweg
und besonders in der hier zu beobachtenden
Zeitperiode als Orte der gesprochenen Sprache ausgemacht werden können: 1. Kanzel
und Rednerpult 2. Vorlesung und wissenschaftlicher Vortrag 3. Schule und Unterricht
4. Bühne und Theater, später auch Film und
Fernsehen 5. Der gehobenere, später auch
der alltägliche Umgang.

Trotz des Schwerpunktes auf dem gesprochenen Nhd. und nicht auf den Dialekten
wird im Folgenden das gesamte Spektrum
Gesprochen−Geschrieben zwischen Dialekt
und Standard als Hintergrund im Auge zu
behalten sein.

2. Quellenlage

Direkte Quellen und Zeugnisse gibt es aus
technischen Gründen erst seit dem Aufkommen von Tonaufzeichnungen zu Beginn des
20. Jhs. Die nach der Jahrhundertwende in
Europa entstehenden Tonarchive sind Zeugnis dafür, daß diese Speichermöglichkeit von
Sprache und allen möglichen anderen Ton-
ereignissen sogleich als bedeutsam empfunden wurde. Für die Zeit davor ist man auf
indirekte Zeugnisse angewiesen wie Berichte
(Kennzeichnung) über gesprochene Sprache;
schriftliche   Aufzeichnungen   gesprochener
Sprache; Berichte über Redner- und Prediger-
Persönlichkeiten oder theoretische Schriften
(Homiletiken/Rhetoriken). Dabei darf nicht
vergessen werden, daß gesprochene Sprache
sich nicht in der Aussprache, also im Schall-
ereignis erschöpft. Wichtige Merkmale der
gesprochenen Sprache, insbesondere der Redekunst liegen im lexikalischen und syntaktischen Bereich, in der kunstvollen oder auch
augenblicksverhafteten Formulierung. Und
hierüber gibt es sehr wohl frühe Nachrichten
und Aufzeichnungen. Man denke an die mittelalterlichen Predigtmitschriften (z. B. Berthold von Regensburg, vgl. Richter 1968) oder
an die wörtlichen Zitate aus Prozeßprotokol-
len über Beleidigungsklagen (Müller 1953).
Mitschriften von Parlamentsdebatten gibt es
bereits aus der Frankfurter Paulskirche von
1848 (Grünert 1974). Dank der Erfindung
der Stenographie um die Mitte des 18. Jhs.
sind   von   allen   Parlamentsdebatten   der
deutschsprachigen Länder bis auf den heutigen Tag in den Archiven fast lückenlos wörtliche Protokolle vorhanden.

Für den größten Teil des hier zu berück-
sichtigenden Zeitraumes von ca. 1600 an, ja

selbst noch für das 20. Jh. bis hin zur Gegenwart, gelten die genannten indirekten Zeugnisse. Empirische Arbeiten zur gesprochenen
Sprache der Gegenwart benutzen zwar Ton-
und Videoaufzeichnungen gewissermaßen als
Fixierung oder Wiederholung der Schallereig-
nisse. Diese werden aber in der Regel vor der
Analyse transkribiert, also in ein indirektes
(schriftliches) Zeugnis umgewandelt. Dieses
eignet sich aus praktischen Gründen besser
für genaues und wiederholtes Beobachten. So
wird auch das Fehlen von Original-Musik-
aufnahmen aus dem 18. und 19. Jh. in der
Musikgeschichte dank der Überlieferung der
genauen Notationen nicht als besonderer
Mangel empfunden, außer daß man die tatsächlichen Tempi der zeitgenössischen Aufführungen aus den Noten nicht exakt rekonstruieren kann. Auch über das Ahd. wüßten
wir nicht viel mehr, wenn wir Tonaufnahmen
aus der damaligen Zeit hätten. Die phonetische Beschreibung des Ahd. durch den Zeitgenossen Otfrid von Weißenburg im lat. Vorwort zu seinem Evangelienbuch aus dem
Jahre 865 und die Sprechakzente in Notkers
Autographen um das Jahr 1000 sind mindestens ebenso wichtige Zeugen für die Geschichte der gesprochenen Sprache als es Ori-
ginalaufnahmen sein könnten.

3. Historischer Rückblick/
     Vorgeschichte

Vor Beginn der schriftlichen Zeit der Dt.
Sprache um die Mitte des 8. Jhs. muß eine
längere Phase der „schriftlosen Kultur" angenommen werden. Reste eines Liedepos (Hildebrandslied) oder die „Zaubersprüche" deuten auf eine mündliche Liedtradition. Der römische Historiker Tacitus berichtet in seiner
Germania (ca. 70 n. Chr.) von Bardengesän-
gen der Germanen, und daß diese die Hel-
dentaten der Altvorderen rühmten („sunt illis
haec quoque carmina quorum relatu, quem
barditum vocant, accendunt animos", Tacitus, Germania 3.1.). Der Weißenburger
Mönch Otfrid beklagt um 865 n. Chr. andererseits, daß die Einheimischen eine Sprache
hätten, die sich nur schwer mit dem lat. Alphabet schreiben lasse. Manche Konsonanten
und Vokale hätten keine Entsprechung − ein
wichtiger Hinweis auf die phonetische Gestalt des frühen Ahd. „Ob stridorem autem
interdum dentium, ut puto, in hac lingua z
utuntur, k autem ob faucium sonoritatem"
beschreibt offensichtlich die Spirantisierung

der Verschlußlaute durch die 2. Lautverschiebung. Auch mit der „sinalipha" in allen möglichen Positionen oder Vokalausfall zwischen Konsonanten u. a. beschreibt Otfrid im Grunde die nachlässige Sprechweise seiner Zeitgenossen, der wohl seine deutliche, dem Lat. angenäherte Schreibung etwas entgegenarbeiten sollte. Wichtiger noch scheint seine Klage, daß diese Bauern-Sprache (lingua agrestis) weder Grammatikregeln kannte, noch irgendeine höhere Ausformung durch Lieder und Historien erfahren habe:

„nec scriptura nec arte aliqua ullis est temporibus expolita [...] nec historias suorum antecessorum ut multae gentes caeterae, commendant memoriae, nec eorum gesta vel vitam ornant dignitatis amore" (Otfrid 865, 5−7).

In der Schriftsprache, dem Lat., seien die Gelehrten sehr genau, was Fehler anbelangt − und in der eigenen erzeuge praktisch jedes Wort schon einen solchen, was sie wenig kümmere. Daß derselbe Otfrid dann die Evangelien in dieser Bauernsprache als Versepos gedichtet hat − und nach ihm der St. Galler Mönch und Schulrektor Notker die klassisch-antiken Autoren in diese Sprache übersetzt und kommentiert hat, zeigt noch einmal, daß die vorausgegangene Oralität der dt. Sprache so kunstlos nicht gewesen sein kann. Die Admonitio generalis Karls des Großen hatte bewirkt, daß die Mönche und Missionare den christlichen Glauben auch in der Volkssprache verkündeten. Aus dieser Zeit sind zwar keine Predigten überliefert, jedoch kirchliche Gebete und Gesänge, deren mündlich-deklamatorischer Status bis heute noch gültig ist: Pater Noster, Credo, öffentliche Sündenspiegel, Taufgelöbnis u. a. (vgl. Braune 1979, VI−XXVII).

Diese überlieferten Texte sind jedoch nur volkstümliche Varianten der ansonsten lat. Liturgie und Chorgebete der Mönche gewesen. Latein war die Buchsprache, die Sprache der Gebildeten, des Chor- und Meßgesangs und der gehobeneren und formellen Anlässe wie Briefe, Beurkundungen u. ä. Die Übersetzung der Klassiker ins Dt. war und blieb ein gewagtes Unterfangen: „paene inusitatum", schreibt der St. Galler Mönch Notker um das Jahr 1000 in einem Brief an den Bischof Hugo von Sitten (Ehrismann 1932, 421f.). Die einheimische Sprache war die Kommunikationsform des praktischen Lebens. Dies zeigt sich in den „Gesprächsbüchlein für reisende Franzosen" aus dem 10. Jh., wie man die sogenannten „Kasseler" und

„Pariser Glossen" auch bezeichnen könnte. Dort konnte ein französischsprechender Westfranke lernen, wie er sich auf Reisen in einem ofrk. Wirtshaus sprachlich mit Befehlen, Wünschen und Flüchen zurechtfinden konnte (Braune 1979, V). Im Gästetrakt eines Klosters wäre er mit Lat. durchgekommen. Auch im hohen Mittelalter war die dt. Sprache trotz ihres literarischen Höhepunktes zur Zeit des Minnesangs und der Artusepen eine mündliche geblieben. Zu jeder Zeit war sie die Sprache des gewöhnlichen, ungebildeten Volkes. Der Klerus und auch die gebildeten Laien bedienten sich schriftlich wie mündlich des Lat.

Auch wenn die Liturgie des Volksgottesdienstes bis ins 20. Jh. hinein lat. geblieben ist, fanden Predigt und andere Unterweisungen an das gemeine Volk wohl zu allen Zeiten in der Volkssprache statt. Dies galt auch seit dem hohen Mittelalter für die spirituelle Unterweisung der Nonnen in den meisten Frauenklöstern.

Wer aber wie Berthold von Regensburg (um 1250) oder später Geiler von Kaisersberg an verschiedenen Orten zum gemeinen Volk sprechen wollte (Näheres bei Weithase 1961, 14ff., 40ff.), mußte die Merkmale und Unterschiede der einzelnen Volksdialekte kennen. Daß die Unterschiede auch bis zu einem gewissen Grade bei den Leuten bekannt waren, zeigen Passagen bei Hugo von Trimberg, wo er in seinem Bildungsbuch „Der Renner" die einzelnen dt. Landschaftsdialekte (lantsprachen) phonetisch recht drastisch kennzeichnet (Hugo von Trimberg 1970, Vss. 22 237ff.). Wenn Berthold in einer seiner Predigten den Sprach- und Kleidungsunterschied zwischen Oberländern (= Auserwählten) und Niederländern (= Verdammten) symbolisch zu Hilfe nehmen kann, so muß er mit einem volkstümlichen Vorverständnis für Sprachunterschiede zwischen Norddeutschen und Süddeutschen gerechnet haben. (Berthold von Regensburg 1250: Von dem Niederlande unde von dem Oberlande; Ausg. Pfeiffer I, XVIII). Die gehobene (rhetorische) Mündlichkeit war jedoch, wie man weiß, ein Abklatsch des lat. Vorbildes. Volkspredigten wurden auf lat. konzipiert und ausgearbeitet. Die von Dante Alighieri im Jahre 1305 beschworene „vulgaris eloquentia" war wohl für das Volksitalienische wie für das Dt. lange Zeit eine abgeleitete (Dante 1925). Im Schatten des Lat. und immer noch im Umfeld der Predigt und Liturgie entwickelte sich die dt. Sprech-Sprache jedoch allmählich zu

einer rhetorischen Kunstsprache. Die dramatischen Predigtdialoge von Berthold oder
Caesarius von Heisterbach u. a. können zusammen mit den Oster- und Fastnachtspielen
als Frühformen des volkssprachlichen Theaters angesehen werden. Sie waren und blieben
lange Zeit im Umkreis der Kirche und des
Kirchenjahres angesiedelt. Mit dem Aufkommen der dt. Sprache in den Urkunden und
anderen amtlichen Dokumenten lief das Lat.
Gefahr, in die Rolle einer Allerweltssprache
abgedrängt zu werden. Es hatte auf allen
Ebenen Konkurrenz bekommen. Dabei war
das Schreiben dt. Urkunden anfänglich gegenüber dem Lat. wohl die schwierigere
Kunst, denn die Grundausbildung für Schreiber und Kanzlisten war nach wie vor lat. So
sind manchmal in geschäftlichen Aufzeichnungen (Einkünftelisten) die Haupteinträge
dt., die schnellen technischen Randbemerkungen (Bestätigungen, Zwischenrechnungen, Kommentare) jedoch lat. (Löffler 1989).

Mit der Reformation wurde das mündliche
Dt. nicht nur zur Sprache der Verkündigung,
sondern bald auch zur Sprache der Bibel und
der Liturgie. Für Luther war die Volkssprache, die der Mann auf der Straße sprach,
nicht nur Richtschnur für den Wortlaut der
Bibelübersetzung (Luther, Sendbrief vom
Dolmetschen 1530), sondern auch für die
Predigt. Rhetorik und Dialektik sollten denn
auch Maßstab für die Glaubensverkündigung
in der Volkssprache sein. Was denn genau die
neue Volkssprache sei, war dann über Generationen hin das große Thema für Gelehrte
und Laien. Mit der Erfindung des Buchdrukkes und der Etablierung von großen Druckhäusern mit ihrer auf Verbreitung angelegten
Drucksprache entstand die Frage nach der
Richtigkeit und Einheitlichkeit zunächst der
geschriebenen/gedruckten Form und in deren
Gefolge auch die Frage nach der Richtigkeit
der gesprochenen Sprache, zumindest in ihrer
gehobenen Kunstform der Rhetorik und Deklamatorik. Auch nach über dreihundert Jahren ist dieses Thema noch immer von ungebrochener Aktualität für die Wissenschaft
ebenso wie für Sprechberufe.

Im folgenden wird die Entwicklung des gesprochenen Dt. in seiner Symbiose mit der Buchsprache
Dt. in den Bereichen Predigt und Redekunst, Wissenschaft und Gelehrsamkeit, Bühne und Theater,
Schule und Volksbildung, gehobener Umgang und
Alltag und schließlich ansatzweise als Oralität und
Schriftlichkeit in der Literatur und den Medien des
20. Jhs. in groben Zügen nachgezeichnet. Auf eine
weitere zeitliche Untergliederung wird verzichtet.

Auch können nicht alle unter 2 genannten Quellentypen für jeden Vorkommensbereich in gleicher
Weise fließen, zumal eine umfassende Forschung
nicht vorliegt. Die Ausführungen basieren zu einem
Teil auf einigen wenigen eigenen Beobachtungen,
in der Hauptsache auf Socin (1888), Trümpy
(1955), vor allem Weithase (1961) und einigen Rhetoriken wie Ueding/Steinbrink (1986) und anderer
an Ort und Stelle genannten Literatur. Angesichts
der unüberschaubaren Fülle der letzteren kann
diese nur in einer handbuchgerechten Auswahl berücksichtigt werden.

4. Predigt- und Redekunst

Die schon ältere Predigttradition auch in der
Volkssprache erfuhr ihre ständige Kontrolle
und Erneuerung durch die im Trivium der
Septem Artes vorgesehene Rhetorica, neben
der Dialektik die wichtigste Grunddisziplin für die akademische Propädeutik der
Juristen, Mediziner und Theologen. Nach
Weithase (1961, 94) wollte Luther „Prediger
und Pfarrer aus Juristen- und Medizinerkreisen gewinnen", weil in jenen Berufen die Ausbildung und die andauernde Übung im Reden am ausgeprägtesten gewesen sei. Nach
alter quintilianischer Tradition galt auch für
Luther, daß der Redner „gemacht", d. h. ausgebildet werden kann, der Dichter hingegen
werde geboren. „Es ist das höchste Werck,
Gottes Wort zu predigen" (Weithase 1961,
94). Die alte klassische Rhetorik mit ihren
Tropen und Allegorien sei jedoch eitel
Kunst — „nu hab ichs fahren lassen und ist
meine erste und beste kunst: tradere scripturam, simplici sensu; denn literaris sensus, der
thuts, da ist Leben, da ist Kraft, Lehre und
Kunst innen" (Weithase 1961, 95). Von der
„Viva vox" ist an anderer Stelle die Rede.
„Der Zauber der Messe wich der Macht der
Predigt" (nach D. H. Hering, Die Lehre von
der Predigt. Berlin 1905, 99; Weithase 1961,
95). Luther war ein Mann des Wortes. Auch
er hat seine Predigten wie Berthold noch auf
lat. konzipiert, ihre Wirkung hatten sie jedoch auf dt. Auf dem Wormser Reichstag
von 1521 habe er die Fragen des Gerichts entgegen dem Brauch zuerst auf Dt. und erst danach auf lat. beantwortet (Weithase 1961,
97). Auch die Augsburger Konfession wurde
1530 entgegen der Forderung der Katholiken
ebenfalls zuerst auf dt. vorgelesen. Luther
war für das ganze folgende Jahrhundert der
„meister der wohlredenheit" (Schottel 1641;
nach Weithase 1961, 98). Im Zeitalter des Barock wich die lutherische Natürlichkeit offensichtlich einer neuerlichen Geblümtheit, die

nicht zuletzt die Dichtung als Fundus für gestelzte Formulierungen und Bilder benutzen konnte. Diese Art gekünstelter Predigt war keine Volkspredigt mehr, sie wurde vor allem von der Oberschicht gepflegt und geschätzt (Weithase 1961, 131). Einen Gegenpunkt hierzu setzte mit seiner deftigen Natürlichkeit der Schwabe Ulrich Megerle, besser bekannt als Abraham a Sancta Clara. Er war ein höchst bewußter Redner, machte Anleihen bei der weltlichen Beredsamkeit, hielt Predigten in Form dramatisierter Dialoge oder spielte ein Rollenspiel in theatralischer Verwandlung. Seine überlieferten Predigten und Schriften sind wohl unmittelbare Zeugnisse der damaligen erfolgreichen (gegenreformatorischen) Kanzelberedsamkeit, die mit ihrer Direktheit und Treffsicherheit und Darstellung der banalen Alltäglichkeit mit Mitteln wirkungsvoller Wiederholungen alle Stände in gleicher Weise in den Bann zog (Abraham a Sancta Clara 1943, Weithase 1961, 138). Der Elsässer Philipp Jakob Spener (1635−1705), Freiprediger am Straßburger Münster, hatte wie Megerle seine späteren Erfolge als Kanzelredner und Begründer des Pietismus ebenfalls außerhalb seiner Heimat in Frankfurt, Dresden und Berlin (Weithase 1961, 139ff.). Ihm ging allgemeine Verständlichkeit und leichte Faßlichkeit vor rhetorischer Form. Auch er hat alle seine Predigten schriftlich konzipiert und auswendig gehalten − kleine Abweichungen jedoch sogleich in den Text nachgetragen (Weithase 161, 145). Nikolaus Ludwig Graf von Zinzendorf, als Aristokrat des Lateins ebenso mächtig wie des Frz., hielt seine Predigten in einem eher manierierten Stil mit einer gefühlsseligen Bildlichkeit und angereichert mit modischen Fremdwörtern (Weithase 1961, 162). Immerhin versuchte er der dt. Sprache den selben Modulations- und Nuancenreichtum abzugewinnen, wie man ihn den beiden Vorbildsprachen zuzuschreiben pflegte.

Das Dt. blieb noch lange im Schatten des Lat. − und schwankte zwischen der niederen volkstümlichen Variante und dem Versuch, es dem aristokratischen Frz. (wie auch dem klerikalen und wissenschaftlichen Frz.) gleichzutun. In der von Zinzendorf gegründeten Herrnhuter Gemeinde waren die Predigt und die Predigerkonferenzen eine ständige Einrichtung geworden.

Bei Johann Gottfried Herder (1744−1803), Friedrich Schleiermacher (1768−1834) und anderen war die praktizierte Predigtkunst begleitet von theoretischen Schriften

(„Vom Redner Gottes"; Weithase 1961, 167), die sich der Frage nach der klassisch-rhetorischen Tradition widmeten ebenso wie dem Verhältnis zwischen schriftlichem Konzept und gehaltener Rede und der Wiedergabe des Akzentes als Sinnverstärker bei der schriftlichen Predigtfassung (Weithase 1961, 203). Mit den politischen Predigten des Kieler Konsistorialrates Claus Harms (1778−1855) war die Säkularisierung der Predigt eingeleitet und der Unterschied zwischen Kanzel, Rednerpult und Lehrstuhl verwischt (Weithase S. 22ff.). Die hier nur in groben Umrissen skizzierbare Geschichte der Predigt- und Redekunst zeigte in ihrem Verlauf verschiedene Stadien, deren Hauptmerkmale sich weniger auf die äußere Gestalt (Aussprache) als auf die Thematik und Wortwahl, volksnahe, derbe oder modisch-manierierte Ausdrucksweise und Eindringlichkeit durch Akzentuierung und Stimmstärke bezogen. Eine den Grammatiken vergleichbare kodifizierte dt. Redekunst war nicht das Ergebnis dieser Entwicklung. Predigt und Wirkung der Rede standen zu sehr im Vordergrund, als daß auf eine sprachliche Norm und verbindliche Regelung geachtet worden wäre. Die Praxis der Redekunst fand bis ins 19. Jh. hinein auf der Kanzel statt. Die Kanzel war auch der Ort, wo sich Entwicklungen größeren Ausmaßes anbahnten, so z. B. der Gebrauch der neuen Schriftsprache als Predigtsprache im plattsprechenden Norddeutschland. Kennzeichen der Predigt- und Redesprache war ihre Offenheit zu allen Bevölkerungskreisen: Unter der Kanzel waren selbst in Hofkirchen (fast) alle Schichten des Volkes versammelt, wobei der Besuch des Sonntagsgottesdienstes für Handwerksgesellen noch im 19. Jh. z. B. in Basel davon abhängig gemacht wurde, ob ein sonntägliches Gewand vorhanden war (so in der Hausordnung des „Engelhofs", einer Handwerker-Herberge in Basel, heute Sitz des Deutschen Seminars der Universität).

Bis heute spielt die Predigtkunst in der Theologieausbildung besonders in der protestantischen Kirche eine zentrale Rolle. Bei den Katholiken ist die Kunst der wirkungsvollen Predigt eher den Volksmissions- und Predigerorden (Kapuziner, Jesuiten u. a.) überlassen. Die großen Rednerpersönlichkeiten gibt es in der Kirche ebenso wie in der profanen Politik. Wie es mit der Wohlredenheit der Juristen vor Gericht bestellt war, darüber wurde bisher wenig geforscht und wird wohl auch auf Grund der Verfahrensabläufe und Quellenlage wenig erforschbar bleiben. Während die einen systematisch ausgebildet werden, gelten andere als Naturbegabungen und wortgewandte charismatische Persönlichkeiten.

Die Geschichte der Beredsamkeit nach dem Übergang zu konstitutionellen Monarchien im 19. Jh. und zum modernen Parlamentarismus ist noch zu schreiben. Da unter dem Postulat größtmöglicher Wirkung die Vorbildlichkeit der Sprachgestalt bis heute zurücktreten mußte, war das „Produkt" der politischen Rede („Reden, die die Welt veränderten") selten Gegenstand linguistischen oder sprachhistorischen Interesses. Selbst wenn politische Sprache untersucht wurde, war der Unterschied Gesprochen/Geschrieben unwesentlich im Vergleich zur Wirksamkeit. Seit Beginn des 20. Jhs. ist es nicht zuletzt die „Macht des Wortes", welche gewisse Zeitläufte prägte, so die berühmten Reden Kaiser Wilhelms II. oder die Ausrufung der Republik durch Philipp Scheidemann. Nicht zuletzt wurde der Zweite Weltkrieg dank der schnellen Verbreitung des Rundfunks nicht nur durch Hitlers Reden, sondern auch durch Kriegspropaganda der kriegführenden Mächte maßgeblich beeinflußt. Ohne die „Reden des Führers" und noch mehr die von Goebbels wäre die Massenhysterie des Dritten Reiches nicht erklärbar. Es ist wohl kein Zufall, daß Goebbels und auch Himmler frühen Kontakt hatten zur alten jesuitisch-katholischen Tradition. Zum Bereich Predigt und Rede liegen aus allen Zeitabschnitten Dokumente wie Predigt- und Rede-Sammlungen mit und ohne (Selbst-)Kommentare vor. Die Geschichte der dt. Predigtsprache oder der „Rede-Sprache" überhaupt ist trotz der materialreichen Darstellung bei Irmgard Weithase noch ergänzungsbedürftig. Da die Dokumente in geschriebener Form vorliegen, werden sie oft unbesehen der Geschichte der Schriftsprache zugeschlagen. Eine „Sprechkunst" (Rede-Grammatik) der Gesprochenen Sprache der Gegenwart steht allerdings noch aus.

5. Wissenschaft und Gelehrsamkeit

Die Sprache der Wissenschaft und Gelehrsamkeit an den Universitäten (Theologie, Jurisprudenz, Medizin) war bis ins 18. Jh. hinein im Schriftlichen wie Gesprochenen lat. Selbst die zeitgenössischen Reflexionen über den vermehrten Gebrauch der dt. Volkssprache (Schottel 1663, Leibniz 1680 u. a.; vgl.

auch Dante, De vulgari eloquentia von 1305) waren teilweise lat. abgefaßt. Daneben entstand in den Deutschen Sprachgesellschaften eine deutschsprachige Gelehrsamkeit, die sich um die Richtigkeit des Dt. in Rede und Schrift bemühte. Die Mitglieder der 1617 gegründeten „Fruchtbringenden Gesellschaft" hatten sich zum Ziel gesetzt, daß sie sich „sowol der besten aussprache im reden als der reinsten art im schreiben und Reimen befleißigten" (Ludwig Fürst zu Anhalt-Cöthen, nach Weithase 1961, 110). Das ganze 17. Jh. hindurch und darüber hinaus galt das Bemühen dieser Gesellschaften und ihrer herausragenden Gelehrten wie Schottel, Harsdörffer, Gueinz, Stieler u. a. nicht nur der Pflege und Erarbeitung einer einheitlichen − auch poesiefähigen (Opitz 1626) Schriftsprache. Es ging ebenso um die richtige „Mundart" oder „Ausrede". Daß die Aussprache sich nicht nach dem Sprachgebrauch richten durfte, schien klar, denn

„wenn einem Schwaben/Schweitzer/Pommer/Thüringer/Schlesier/Franken und anderen Teutschen Reichs Landesleuten/ welche zwar alle Teutsch/ aber nach der Mundart dergestalt unterschieden/ daß der Pövel kaum einander verstehen kan/ ihre Worte der Aussprache nach/ schriftlich herauszustreichen/ ... würde die so herrlich ausgeführte hochteutsche Sprache in wenig Jahren wiederum in eine solche Barbarey gerahten, daß niemand wüßte, woran er sich zu halten" (Georg Neumark, Der Neu sprossende Teutsche Palmbaum; nach Weithase 1961, 110).

So lag es näher, die korrekte Aussprache nach der Schrift sich richten zu lassen − nur war auch die Schreibung alles andere als gefestigt. Neben den vorbildlichen Personen sollte vor allem der allgemeine Gebrauch der gebildeten Kreise Richtschnur sein, ein Prinzip, das bei der schließlichen Festlegung der Orthophonie durch Theodor Siebs im Jahre 1898 immer noch Bestand hatte (Siebs 1969).

Neben der korrekten Aussprache ging es auch um die „reinliche zierliche deutsche rede" (August Buchner, Anleitung zur deutschen Poeterey 1665, Weithase 1961, II, 33), die sich der fremden Einflüsse entledigen sollte. All diese Bemühungen von Seiten des Adels und Großbürgertums sind Reflex einer alles andere als befriedigenden Sprachwirklichkeit. Daß es im 17. Jh. neben Johann Rudolf Sattlers Teutscher Rhetorick von 1604, Johann Matthäus Meyfarts Teutscher Rhetorica von 1634 und Balthasar Kindermanns Deutschem Redner von 1662, von Kaspar Stieler 1680 neu herausgegeben, keine weiteren bedeutenden Rhetoriken gab, läßt nicht gerade auf ein Jahrhundert der Redekunst schließen. Dabei hatte gerade Meyfart zu überzeugen versucht (mitten im 30jährigen Krieg), „daß die vortrefflichsten Kriegshelden vnd Siegsfürsten/ mit ihren gelehrten Lippen mehr als mit den scharffen Wehren verrichtet" (nach Stötzer 1962, 68).

Kaspar Stieler, mit dem Gesellschaftsnamen „der Spate", war es denn auch, der an der Universität Jena 1666/67 Vorlesungen in dt. Sprache gehalten hat und dies auf dringenden Wunsch der Studierenden, im dt. „Stats Stylo" unterrichtet zu werden (Weithase 1961, 265). Im Jahre 1687 hat an der Leipziger Universität der Jurist Christian Thomasius eine Vorlesung über Gracians „Oraculo manual, y arte de prudencia" nicht nur auf dt. gehalten, sondern auch das „Programm" dazu in dt. Sprache abgefaßt und angeschlagen, worin er die Ehrung der Muttersprache und die Abschaffung des Lat. als Unterrichtssprache an den Gymnasien forderte.

„[...] daß ich anno 87 dem faß gar den boden ausstieß als ich gegen die Oster-Messe das erschreckliche und so lange damahls die Universität gestanden hatte, noch nie erhörte Crimen begienge (man bedencke nur!) ein teutsch Programme [...] an das lateinische schwartze Bret zu schlagen" (Weithase 1961, 268).

Auch wenn Thomasius' Vorlesungen in dt. Sprache großen Zulauf hatten und parallel dazu auch immer mehr Gelehrte ihre Schriften nicht nur auf lat. oder frz., sondern auch auf dt. verfaßten (vgl. Leibniz 1680: Von deutscher Sprachpflege) und wenn feststand, daß die Macht der Rede es sei,

„welche bey allen freyen und frewdigen Völckern geherrschet/ die Gerichte besessen/ die Rathschläge regieret/ die Bottschafften außgefertiget/ die Regimenter geordnet/ die Kriege geführet/ die Frommen belohnet/ die Verzagten auffgemundert/ vnd die Grimmigen erschrecket" (Meyfart, Teutsche Rhetorika, Stötzer 1962, 67),

so muß noch einmal betont werden, daß die Sprache der Wissenschaft und höheren Bildung bis ins 19. Jh. hinein das Lat. geblieben ist. Auch wenn an einzelnen Schulen wie dem Zittauer Gymnasium durch Christian Weise zumindest für die „Realien"-Fächer die dt. Sprache eingeführt wurde (Stötzer 1962,76), so mußten andere Stadt- und Bürger-Schulen für breitere Volksschichten neben den Lateinschulen und Jesuitengymnasien überhaupt erst gegründet werden. Die Sprache der vornehmen Rede nicht nur bei den Adeligen ist

das Frz. geblieben. Von Karl V. (1515−56) wird berichtet, daß er lat. schrieb, mit den Hofleuten frz. sprach, Dt. zu den Knechten und Mägden und zum lieben Vieh. Wie Opitz 1624 in der „deutschen Poeterey" der dt. Schriftsprache die Poesiefähigkeit beweisen wollte, so wurde ihr mit den Vorlesungen und Rhetoriken bereits am Ende des 17. Jhs. auch die Tauglichkeit für höheren mündlichen Gebrauch in Wissenschaft und Lehre bescheinigt.

Im 18. Jh. bekam die Redekunst an den Universitäten im Gefolge von Gottfried Wilhelm Leibniz und Christian Wolff einen neuen Platz. Immer mehr Professoren (meistens der Jurisprudenz) hielten Vorlesungen zur Rhetorik und hielten die Ausbildung der dt. Redekunst wie überhaupt der dt. Sprache für eine Voraussetzung für die Herausbildung einer künftigen dt. Nation. Es war insbesondere der md. Raum, wo solche Sprachpflege ihren wissenschaftlichen Sitz hatte, mit Namen wie Friedrich Andreas Hallbauer (Politische Beredtsamkeit 1736) oder Gottfried Polycarp Müller (Abriß einer gründlichen Oratorie 1722), Johann Andreas Fabricius (Philosophische Oratorie 1724; Neuauflage als: Philosophische Redekunst 1739), Friedrich Andreas Hallbauer (Anweisung Zur Verbesserten Teutschen Oratorie 1736) und schließlich Johann Christoph Gottscheds „Grundriß zu einer vernunftmäßigen Redekunst" 1728 oder „Ausführliche Redekunst" von 1736 (alle bei Stötzer 1962, 79−93). Es war vermutlich nicht so sehr das Vorbild der sächsisch-meißnischen Aussprache, welches zahlreiche Studenten aus anderen Landen zum Studium und zur Verbesserung ihrer Rede, so auch den jungen Goethe noch 1766 nach Leipzig zog, es waren wohl neben der feineren Gesellschaft eher die Rhetorik-Kurse und Vorlesungen dortselbst (Goethe, Dichtung und Wahrheit 6. Buch, in: Goethes Werke Bd. 9, 250−252). Denn daß man im Meißnischen auch bei den vornehmen Leuten noch „manches zu hören (bekam), was sich auf dem Papier nicht sonderlich würde ausgenommen haben" (ebd. S. 252) stellte neben dem jungen Goethe auch der Schwabe Christoph Martin Wieland aus Biberach an der Riß im „Deutschen Merkur" fest (Wieland 1882). Mit Herder und Schleiermacher (s. Kap. 4) fielen dann Rhetorik, literarische Prosa, praktische Predigt und theoretische Homiletik zusammen. Der Boden war bereitet, so daß die dt. Sprache im mündlichen Vortrag, dem wissenschaftlichen Disput und im akademischen Unterricht ihren Platz einnehmen konnte. Der Ablösungsprozeß hat das ganze 19. Jh. hindurch angedauert und ist mit der Latinums-Debatte an Universitäten und der Schulfächer-Diskussion bei Gymnasialreformen bis heute noch im Gang. Auch die Jesuiten sind ihrer Tradition treu geblieben und haben in bestimmten Fächern Lat. als Ausbildungssprache beibehalten. Sprechtechnik und praktisch angewandte Rhetorik sind im 20. Jh. an den Universitäten wieder in den Status von Hilfsdisziplinen für die Philologien (Lehrerausbildung), die Jurisprudenz (forensische Rhetorik) oder Theologie (Predigtausbildung) „abgesunken" oder an außeruniversitäre Bildungseinrichtungen (Redner-Schulen) und Fachschulen (Schauspielschulen) abgewandert. Immer wieder wird dabei die klassische Rhetorik eines Cicero oder Quintilian neu entdeckt und in der Praxis wieder vergessen – bis heute.

6. Schule und Volksbildung

Rhetorica war das ganze Mittelalter hindurch Teil des Triviums, des Grundkurses der sieben freien Künste gewesen. Man darf darunter einfache Schreib-, Rede- und Stilübungen verstehen auf dem Niveau eines Elementarunterrichts. Wer lesen und schreiben lernte, tat dies bis weit in die Neuzeit hinein in lat. Sprache. Mit der Reformation und massenhaften Verbreitung von Gedrucktem war auch bei breiteren Volksschichten ein Bedürfnis nach Lesenkönnen entstanden. Bereits im 16. Jh. gibt es Sprachlehrbüchlein (z. B. von Valentin Ickelsamer, Ein Teutsche Grammatica 1530; Peter Jordan, Leyenschul 1533; Otholf Fuchßperger, Leeßkonst 1542 u. a.), nach denen man buchstabieren und syllabieren lernen konnte. Die einzelnen „Buchstaben" wurden in ihrem Lautwert beschrieben. Lesen konnte auf diese Art nur heißen, nach der Schrift buchstabieren oder lautieren. Grundlage hierfür war das „gemeine Deutsch" als eine über den provinziellen Landsprachen allmählich entstehende Überdachung, die man auch schon im 16. Jh. den Ausländern als Lernsprache anbieten wollte.

„Polen, Böhmen, Ungarn, Italiener, Franzosen, Engländer, Schotten, Dänen u. a. hätten die Kenntnis der deutschen Sprache nötig, teils wegen des wechselnden Verkehrs, teils wegen der wichtigen Dinge, die in Deutschland vorgefallen und in Deutscher Sprache aufgezeichnet seien" (aus Ölingers Grammatica von 1573 nach Weithase 1961, 78).

Das Eindringen des Dt. in die Schulen als Unterweisungssprache und als Zielsprache des Unterrichts ist wiederum ein langsamer und allmählicher Vorgang (vgl. Puff 1995). Erste Konzepte mit genauen Anweisungen, wie man lesen und reden lerne (z. B. durch stummes Zuhören, indem der Lehrer langsam und halblaut mehrmals dasselbe vorliest (Weithase 1961, 247f.); Ising 1959) stammen von Wolfgang Ratke gen. Ratichius (1571–1635). Einige Schulordnungen, die natürlich noch in Lat. abgefaßt waren, setzten das Einüben der Muttersprache vor das Erlernen von Fremdsprachen. Weithase sieht für die Ausbreitung von Sprachlehrmethoden in der Volkssprache mehrere Gründe. Zunächst ein immer stärker werdendes sprachlich orientiertes Nationalbewußtsein, das bei den Nachbarländern bereits früher bestand, dann das Drängen des Bürgertums zur höheren Bildung und schließlich die Sehnsucht breiter Schichten nach direktem Zugang zum Wort Gottes. Wieweit jeweils Wunsch und Wirklichkeit, Schulordnung und Realität auseinanderklafften, kommt indirekt an Klagen über die sprachlichen Zustände zum Ausdruck, wie sie Leibniz (1680) oder Friedrich II. in seiner Schrift „De la littérature Allemande" von 1780 führte. Darin bedauerte der große Preuße auf frz., daß die Sprache in Schulen, in der Wissenschaft und Literatur nicht genug gepflegt wurde, die Rhetorik eingeschlossen.

Trotz der steigenden Zahl von Schulordnungen, die das Dt. als Grundsprache in Lesen, Sprechen und Schreiben den Fremdsprachen gleich- oder voranstellte, ja auch die Forderung enthielten, die lat. Aufsätze („Chrien") der Oberstufen der Lateinschulen müßten zuerst auf dt. konzipiert und erst danach ins Lat. übersetzt werden, dauerte es noch länger als ein Jahrhundert, bis Dt. die allgemeine Schulsprache wurde. Angesichts der zahllosen obrigkeitlichen Zuständigkeiten noch im 18. Jh. (vgl. die Schulordnungen im 18. Jh. bei Weithase 1961, 285–290, vgl. auch die Geschichte des dt. Aufsatzes von Ludwig 1988) ist es kaum möglich, sich einen Überblick über die tatsächliche Schulsituation zu verschaffen. Die staatlichen Gegensätze vermischten sich mit geographischen und konfessionellen. Auch war das Schulwesen alles andere als einheitlich. Während Dt. als mündliche Unterrichtssprache im 19. Jh. spätestens nach der allmählichen Einführung der allgemeinen Schulpflicht der Normalfall wurde, ist das Unterrichtsziel „Deutsch" in verschiedenen dt. Gegenden bis heute noch unterschiedlich definiert: Lautes und deutliches Lesen mag als Lernziel überall gelten, die Fähigkeit zur Vortragskunst, sich auf (Hoch-)Deutsch korrekt ausdrücken zu können, ist seit dem 18. Jh. mehr in den nrddt. Schulordnungen verankert, im Süden (Weithase 1961, 287) kaum einmal und bis heute noch nicht oder schon nicht mehr (Stichwort „Hessische Rahmenrichtlinien" von 1974; vgl. Christ 1974). Lautes Lesen und sich frei (und korrekt) äußern zu einer Frage oder einem Thema, gehören auf allen Stufen der Ausbildung – wohl in allen Fächern außer Sport und Werken – zu den Grundfähigkeiten. Dabei muß wohl zwischen den Leitbildern der Lehrpläne und der Schulwirklichkeit unterschieden werden. Während sich das Sich-Ausdrücken-Können auf unteren Schulebenen im Sprechen in ganzen Sätzen und Aufsagen von Gedichten erschöpft, gehört auf höherer Schulstufe der mündliche Vortrag über ein Thema des Unterrichtsstoffes zum Obligatorium. In manchen Ländern, so auch in der Schweiz, ist der Schülervortrag in zahlreichen Fächern ständiger Bestandteil des Unterrichts.

Daß die Abschlußprüfungen aller Schularten neben den schriftlichen Leistungen auch „mündliche" Fähigkeiten in gesprochener Sprache bewerten, ist den Fachvertretern in der Regel nicht bewußt. Oftmals bewertet die Note in Physik, Biologie, Geographie oder Geschichte mehr die Fertigkeit im Sich-Ausdrücken-Können als die tatsächlichen Fachkenntnisse. Dabei wird z. B. in den Prüfungen zum Deutschdiplom des Goethe-Instituts von ausländischen Kandidaten eine größere Fertigkeit im mündlichen Vortrag, Aufbau, Ausdruck, grammatischer Richtigkeit, Intonation usw. verlangt als von einheimischen Studierenden im Fach Deutsch.

Der Vortrag, manchmal sogar ausdrücklich der „freie" Vortrag, ist häufig auch Bestandteil von akademischen und anderen Qualifikationen. So muß man an manchen Universitäten im Rigorosum die Thesen der Dissertation mündlich „verteidigen". Auch die Habilitationsordnungen verlangen in der Regel zum Nachweis der Lehrstuhlfähigkeit einen freien Probevortrag, dazu einen öffentlichen Vortrag aus dem Fachgebiet. Der Fähigkeit des Vortragens wird vor allem auch bei Lehrstuhlbesetzungen besondere Beachtung geschenkt.

7. Bühne und Theater

Relativ spät, aber dann umso nachdrücklicher hat sich die Zunft der Schauspieler der Herausbildung der dt. Orthoepie angenommen. Noch bis weit in das 18. Jh. hinein waren die Schauspieler wenig geachtet, als herumreisende Truppe eher den Jahrmarktgauklern zugerechnet als der Gilde der angesehenen Künstler. Mit der Vertreibung des Hanswurst von der Schaubühne durch die Neuberin und dem nachdrücklichen Bemühen von Gottsched um das Ansehen der Schauspielkunst nahm die Entwicklung hin zum seriösen Theater einen schnellen Lauf. Fast innerhalb einer Generation entstand das ernste Hof- und Nationaltheater, wie es bis auf den heutigen Tag als klassisches Theater besteht. Es waren einzelne Persönlichkeiten, die diese Entwicklung nachweislich beförderten. Dies war insofern möglich, als die Zahl der Schauspieler und Theaterplätze überschaubar war. Neben Gottsched waren es vor allem die Schauspieler Konrad Ekhof; nach ihm August Wilhelm Iffland und Friedrich Ludwig Schröder oder Johann Gottfried Seume (Über Schauspieler und Schauspielkunst. Seume 1954; Ende 18. Jh.), die selbst Vorbild für die neue Schauspielkunst, aber auch deren bewußte Lehrmeister waren. Die Notwendigkeit einer einheitlichen Aussprache ergab sich daraus, daß die Schauspieltruppen zu den wenigen Berufen gehörten, die ständig zwischen den weit auseinanderliegenden Theaterbühnen von Königsberg bis Wien oder Hamburg bis Mannheim pendelten und an allen Orten durch eine einheitliche Diktion gleichermaßen verstanden werden wollten. Neben einer professionellen und modernen Sprechtechnik achtete man auf eine Aussprache (Mundart), die einheitlich und frei von Provinzialismen war. Bis dahin waren es einzelne Schauspieler wie die genannten, die man sich zum Vorbild nahm. Ekhof hatte in Schwerin sogar eine Schauspiel-Akademie gegründet, die sich nach der Übersiedlung seiner Truppe nach Mannheim im Jahre 1778 als ein Zirkel fortsetzte, vergleichbar den Sprachgesellschaften und teilweise in Zusammenarbeit mit diesen. Dort wurden aktuelle Probleme der richtigen und lautreinen Aussprache, der Sprech-Pausen, des Verse-Sprechens oder der Unterschied von Schönlautung (gestelztes Deklamieren) und Wohllautung (sensible Charakterdarstellung) diskutiert und Richtlinien dazu erarbeitet. Richtschnur war nicht, wie es Adelung für die

Grammatik vorschlug, das Osächs., für die „Grammatik der Redekunst" war vielmehr der Norden Vorbild. Dort wurde neben dem Platt auf der Kanzel und in den Schulen die neue „Grundsprache," d. h. das neue Hd., am konsequentesten gepflegt (so der Schauspieler Joseph Anton Christ (2. H. 18. Jh.) nach eigenem Bekunden: (Schauspielerleben, Berlin 1949, nach Weithase 1961, 355). Die nrddt. Schauspieler hatten also am wenigsten Provinzial-Aussprache zu unterdrücken. Aber selbst Seume bekennt, daß er in Niederdeutschland seine Aussprache berichtigen mußte, um nicht von Schulkindern mißverstanden zu werden (Weithase 1961, II, 11 Anm. 142). Hier dürfte der Norddeutsche Klopstock mit seinem für den mündlichen Vortrag konzipierten „Messias" auf das ganze dt. Sprachgebiet eine große Wirkung ausgeübt haben. Selbst die „Schweizer" waren so begeistert über die Poesie des neuen Dt., daß der Zürcher Johann Jakob Bodmer das junge Sprachgenie aus dem Norden für einige Zeit in die Schweiz einlud. Wie die Aussprache geklungen haben mag, geht indirekt aus den Vorschlägen Klopstocks zur Vereinfachung der Orthographie hervor. Seine vereinfachten Schreibvorschläge geben nach dem Prinzip „Schreib, wie du richtig sprichst" deutliche Hinweise auf die in seinen Augen gültige und korrekte Aussprache. Einen Zweifel scheint er jedenfalls nicht gehabt zu haben (Über dt. Rechtschreibung 1779; nach Weithase 1961, 358). Andere mußten sich, wie Selbstzeugnisse aus der Zeit zeigen, darum bemühen, ihre dialektale Herkunft aus Karlsruhe (Karoline Bauer) oder Wien (Joseph Anton Christ; Weithase 1961, 355) möglichst zu verleugnen, um die einheitliche und leichte akzent- und dialektfreie „Nationalform" (Seume 1954) zu treffen. Es gab also im 18. Jh. eine über den Provinzen stehende dialektfreie Bühnenaussprache, wobei man wohl bei den meisten Schauspielern ihre tatsächliche Herkunft noch wahrnehmen konnte. Beim emphatischen Deklamieren der alten Alexandriner hatte man die Provinzialaussprache noch übertönen können, bei den jambischen Blankversen, die eine natürlichere Sprechweise erforderten, war dies nicht mehr so leicht möglich. Die Bühnensprache war Berufs- und Markenzeichen der Schauspieltruppen. Nach dem Tode von Ekhof holte der Kurfürst von der Pfalz die Gothaer Truppe 1778 nach Mannheim, so daß die vorbildliche Hochsprache auch auf einer sdt. Bühne gepflegt und weiter ausgebaut wurde.

Andere Zentren waren das Wiener Burgtheater, das sich die guten Schauspieler als Naturtalente aus dem ganzen Sprachgebiet aussuchten konnte (Weithase 1961, 334). Neben den genannten haben sich auch die „Klassiker" der dt. Theaterliteratur, Lessing und Schiller (in seiner Mannheimer Zeit und später) und vor allem Goethe mit dem Problem des professionellen Sprechens der Bühnenschauspieler befaßt (vgl. Goethes Regeln für Schauspieler; Goethe 1803). Es ging dann allerdings noch gut hundert Jahre, bis wiederum auf Drängen der Theaterdirektoren und der Schauspieler Theodor Siebs in Zusammenarbeit aller Beteiligten, auch der Sprachwissenschaftler, 1898 die Deutsche Bühnenausgabe als Orthoepie herausgab (s. Siebs 1969). Seine Kriterien der Normierung waren dieselben wie im 18. Jh.: Es sollte diejenige Aussprache als Norm gelten, die die weiteste Verbreitung hatte, im Zweifel war dies die nrddt., die sich schon sehr früh „nach der Schrift" gerichtet hatte. Wie schon im 18. Jh. wandten sich auch jetzt Stimmen aus dem Süden dagegen, daß man der Grammatik zwar den obd. Sprachstand zugrundelegte, für die Aussprache jedoch häufig den Norden zum Vorbild nahm, auch wenn die Lautung (Bsp. ich- für -ig) geographisch nicht repräsentativ war (vgl. heute König 1989).

8.   Gehobener Umgang und Alltag

Mit der Bühnenaussprache hatte sich aus der nhd. Schriftsprache eine der Literatursprache vergleichbare Hochvariante (Hochlautung) entwickelt. Vorbild für diese überregionale Norm war die nrddt. bzw. nd. Artikulation. Damit war nicht das Plattdeutsche gemeint, sondern die Art, wie man im plattdeutschen Norden die neue Sprache nach der Schrift buchstabengetreu artikulierte. Es war auch die Artikulation, die für das „fernende" Sprechen des Bühnenschauspielers am weittragendsten war (aspirierte Verschlußlaute, Auslautverhärtung u. a.).

Die in allen Landen von den gewöhnlichen Menschen gesprochenen Dialekte wirkten als Störfaktoren und waren in keinem Fall Vorbild für die neue Aussprache. Diese blieb jedoch nicht nur auf die Bühne beschränkt. Wie sie ihre Quelle in der nrddt. Lautung hatte, wirkte sie wiederum dort am raschesten als Vorbild für das gehobenere alltägliche Sprechen der Gebildeten auch außerhalb des Theaters auf der Kanzel, in der Schule oder am Rednerpult. Die Verwendung der neuen Sprache und Aussprache in Predigt und Liturgie war im Hannoveranischen und in Braunschweig fast zweihundert Jahre eher ein Diskussionsthema als in anderen Gegenden. In den Schulen wurde die neue Hochsprache als Alternative zur plattdeutschen Umgangssprache eingeübt. So kommt es, daß in den ehemals plattdeutschen Gebieten, deren Sprechsprache grammatisch am weitesten vom neuen Dt. entfernt war, die neue Sprache am frühesten zur allgemeinen Sprechsprache wurde, sekundär aus der überregionalen Schriftsprache abgeleitet und normiert. In den übrigen Gebieten blieb das gesprochene Hd., wenn überhaupt gebraucht, auf die Bildungsschichten beschränkt, die jedoch bis heute, vergleichbar den Schauspielern des 18. Jhs., den Akzent und Ton ihrer Herkunft nicht ganz verleugnen können. Die neue Sprechsprache als Volkssprache unterlag dann sogleich den Regeln des informellen Sprechens: Allegro-Regeln (Schnellsprechregeln) Aussprache-Erleichterungen, Endsilben-synalöphe" führten zu den Merkmalen, die man heute unter „Umgangssprache" zusammenfaßt (Bichel 1973). Diese wird entweder als informelle Variante der Hochlautung zunächst als „gemäßigte" Hochlautung (ungezwungene Mikrophonsprache im Studio-Umkreis; Siebs 1969, 6 ff.; 143 ff.) bezeichnet, oder sie führt infolge der Rede-Erleichterungen zur regionalen Umgangssprache. Hier machen sich dann alte Grundmundarten als Akzent bemerkbar, so daß die Umgangssprache, auch wenn sie aus der Hochsprache abgeleitet ist, immer einen regionalen Einschlag hat. Eine zweite Variante von Umgangssprache geht von einem regionalen Dialekt aus und nähert sich in einem übergangslosen Kontinuum mehr oder weniger der Hochlautung an. Diese regionale Umgangssprache ist eher als Umgangsvariante eines Großdialektes anzusehen und wird von Außenstehenden auch eher als Dialekt denn als Umgangssprache eingestuft (vgl. Wiesinger 1988 und Schläpfer 1979 zum sogenannten „Schweizerhochdeutsch").

Aus der Symbiose von Landschaftsdialekt und Landschaftsschriftsprache hat sich die Schrift zum überregionalen gemeinen Dt. entwickelt und den Kontakt zu den dialektalen Quellen verloren. In vielen Gegenden entstand eine Art von Diglossie: Gesprochen wurde nach wie vor der Dialekt, geschrieben, gelesen und deklamiert wurde die neue Schriftsprache (mit dialektaler Einfärbung). Da aber Schriftsprache und gesprochene Sprache zusammengehören, bildete sich aus der neuen abgehobenen Schriftsprache eine zunächst ebenfalls abgehobene Sprechvarietät als normierte Bühnensprache und als Sprache der Predigt und der gehobenen Rede — ebenfalls künstlich nach der Schrift zusammenbuchstabiert.

Diese Buchstabiermethode bekam im Norden sehr bald eine Volksvariante. Die Platt sprechenden Norddeutschen hatten mit der neuen Schriftsprache am wenigsten gemein. Sie mußten sie wie eine Fremdsprache lernen und taten dies in Schrift und Aussprache. Die alte Symbiose war nun wieder hergestellt: zunächst nur für den „higher level" der Gebrauchsanlässe, im Norden auch als alltägliche Sprechsprache aller für alle Gelegenheiten. Der Süden, vor allem die Schweiz, hielten an der Diglossiesituation fest. Dialekt oder dialektale Umgangssprache ist dort die Sprechvarietät, das Hd. ist die Schriftvarietät für gehobenere Anlässe. Dazwischen gibt es in Deutschland, nicht aber in der Schweiz, alle denkbaren Übergänge. Ganz und gar unübersichtlich wurde die Lage nach dem 2. Weltkrieg durch die Bevölkerungsfluktuation und die anschließende soziale Mobilität, die in der ehedem festen Sprachgeographie zu Ausgleichsformen und Nivellierungen, aber auch zu einer unüberschaubaren Zahl von Umgangsvarietäten geführt hat, die heute mehr pragmatisch und sozial als geographisch definiert sind.

9. Oralität und Schriftlichkeit in der Literatur und in den Medien

Zur Geschichte der gesprochenen und geschriebenen Sprache gehört auch das Verhältnis von Oralität und Schriftlichkeit im Bereich der „Literatur", insofern man auch von „mündlicher" Literaturtradition spricht.

Im fraglichen Zeitraum zwischen 1600 und der Mitte des 20. Jhs. ist die Poesie schon lange auf die Seite des geschriebenen Wortes gerückt. Nur niedere Formen wie Volkslied und Märchen existieren bis weit ins 19. Jh. hinein nur mündlich. Mit der Sammlung solcher Volkslieder wollten Herder und mit ihm der jüngere Freund Goethe näher an die Wurzeln des Volksgeists gelangen. Kurze Zeit danach haben Brentano und andere in „Des Knaben Wunderhorn" Volkslieder als der Literatur ebenbürtige Gattung herausgegeben.

Auch später noch wurden Volkslieder der Oralität entrissen, archiviert und ediert, so im Volksliedarchiv, das 1910 von John Meier in Freiburg i. Br. gegründet worden ist und bis heute existiert. Ähnliches gilt für die Märchen, welche seit Beginn des 19. Jhs. systematisch gesammelt und z. B. als Kinder- und Hausmärchen von den Brüdern Grimm als eigentlich mündliche „Literaturgattung" in die Schriftlichkeit überführt worden sind. Ob damit die Merkmale der Oralität verloren gegangen sind, ist nicht untersucht.

Weitere Themen aus dem Spannungsfeld Gesprochen−Geschrieben, sind die Dialoge in literarischen Bühnenstücken und in Romanen. Trotz ihrer literarischen Stilisierung müssen Bühnendialoge und auch „epische" Dialoge Bezug nehmen auf die Gesprächs- und Sprechweisen der Zeit, da sie sonst nicht wahrgenommen werden. Aus diesem Grunde kann man auch literarische Texte aus historischer Zeit cum grano salis als Zeitzeugen für gesprochene Sprache nehmen (vgl. Sitta 1980). Hier ist jedoch fast alles noch zu tun. Die neuere linguistische Erzählforschung könnte hierzu Analyse-Kategorien bereitstellen. So untersucht man heute die Funktion von Erzählungen und Geschichten im Ablauf von Gesprächen (Michel 1985, Lehmann 1983). Im biographischen Erzählen ist das persönliche Erleben nie unvoreingenommen. Es ist geprägt von kollektiven Erwartungsmustern. Durch diese Muster wird nicht nur das Erzählen, sondern auch das Erleben selbst geformt.

„Die Wirklichkeit von Geschichten", so lautet eine These, „ist am ehesten unter dem Gesichtspunkt der Authentizität angemessen zu erfassen. Durch die Bürgschaft des Subjekts, daß es sich um seine eigene Geschichte handelt, und durch den Vergleich mit ähnlichen, fremden Geschichten. So trägt sie der Tatsache Rechnung, daß alle Erfahrungen und Geschichten zugleich individuell und sozial, eigen und fremd sind" (Löffler 1988, 109).

Zur Geschichte der gesprochenen Sprache würde also auch die literarische Oralität gehören. Gesprochene Sprache ist Träger eines Teils der literarischen Tradition. Da diese aber nur in verschrifteter Form überliefert und zugänglich ist und damit die Form der Literatur annimmt, wird sie von der Literaturgeschichte mitbetreut. Durch die Verschriftung hindurch wird erkennbar, daß auch Oralität eine formellere Variante, eine Kunstform mit kollektiven Mustern und individuellen Variationen haben kann. Die Rekonstruktion der Mündlichkeit auf Grund

von schriftlichen Zeugnissen könnte noch systematischer erfolgen. Erst die neuere Forschung zur Oralität hat hierzu Kriterien entwickelt und Kategorien bereitgestellt. Dasselbe gilt umgekehrt für die heute oftmals implementierte „Mündlichkeit" in Printmedien. Reale („O-Ton") oder auch fiktionale Mündlichkeit dient z. B. in Reportagen der Authentizität und der Wahrheitsbeteuerung. Da selbst das Radio in den frühesten Rundfunktagen als abgelesene Presse fungierte und Mündlichkeit bis in die fünfziger Jahre dort eher vermieden wurde, allenfalls die formale Mündlichkeit eines Bühnenschauspiels angestrebt wurde, könnten sich hier für die Oralitätsforschung interessante Fragestellungen ergeben (vgl. Löffler 1996; Quasthoff 1996). Hier schließt sich der Kreis wieder hin zu den „Quellen" und Hilfsmitteln der historischen Erforschung der gesprochenen Sprache. Es sind weitgehend schriftliche Zeugnisse, welche von der Mündlichkeit direkt berichten oder sie indirekt reflektieren. Eine historische Pragmatik der gesprochenen Sprache steht noch aus. Hier könnte die Linguistik der gesprochenen Sprache der Gegenwart, wie sie sich seit den siebziger Jahren neu etabliert hat, geeignete Beschreibungsinstrumente bereitstellen.

Der hier nachgezeichnete Gang durch mehrere Jahrhunderte der Geschichte des gesprochenen und geschriebenen Dt. könnte Einleitung und Ermunterung dazu sein.

10. Literatur (in Auswahl)

Abraham a Sancta Clara, Werke aus dem handschriftl. Nachlaß. Hrsg. v. Karl Bertsche. Wien 1943.

Berthold von Regensburg, Deutsche Predigten (1250). Hrsg. v. Dieter Richter. München 1968.

Bichel, Ulf, Problem und Begriff der Umgangssprache in der germanistischen Forschung. Tübingen 1973.

Braune, Wilhelm, Althochdeutsches Lesebuch, fortgeführt von Karl Helm. 16. Aufl. Tübingen 1979.

Christ, Hannelore [u. a.], Hessische Rahmenrichtlinien. Deutsch. Analyse und Dokumentation eines bildungspolitischen Konflikts. Düsseldorf 1974.

Christ, Joseph Anton, Schauspielerleben im 18. Jh.: Erinnerungen (1949). In: Über Schauspieler und Schauspielkunst: Ausgewählte Abhandlungen von August Wilhelm Iffland und Johann Gottfried Seume; Nachwort, Anm. und Bibliogr. von Kurt Böwe. Dresden 1954, 102. [Weithase 1961 II, 111, Anm. 130].

Dante Alighieri, De vulgari eloquentia. Über das Dichten in der Muttersprache. Aus dem Lat. übersetzt und erläutert von Franz Dornseiff/Joseph Balogh. Darmstadt 1925. (Nachdruck 1966).

Ehrismann, Gustav, Geschichte der deutschen Literatur bis zum Ausgang des Mittelalters. 1. Tl.: Die Althochdeutsche Literatur. München 1932. (Nachdruck 1966).

Engelien, August, Die Geschichte des deutschsprachlichen Unterrichts. In: Geschichte der Methodik des deutschen Volksschulunterrichts. Hrsg. v. C. Kehr. Bd. 3. Gotha 1881, 50—88. (Neudruck Darmstadt 1969).

Friedrich d. Gr., De la littérature Allemande (1780). Hrsg. v. Ludwig Geiger. Stuttgart 1883.

Fuchßperger Ortholf, Leeßkonst (1442). In: Johannes Müller, Quellenschriften und Geschichte des deutschsprachlichen Unterrichts bis zur Mitte des 16. Jhs. Gotha 1882, 166—188. (Nachdruck Hildesheim 1969).

Goethe, Johann Wolfgang von, Regeln für Schauspieler (1803), [1824 von Eckermann publiziert]. In: Goethes Werke Bd. 12, Hamburg 1953, 252.

Ders., Goethes Werke, textkritisch durchgesehen und mit Anmerkungen versehen von Erich Trunz. [Versch. Aufl.]. Hamburg; später: München 1948 ff. (Hamburger Ausgabe in 14 Bänden).

Grünert, Horst, Sprache und Politik. Untersuchungen zum Sprachgebrauch der „Paulskirche". Berlin/New York 1974.

Hugo von Trimberg, Der Renner. Hrsg. v. Gustav Ehrismann/Günther Schweikle. Berlin 1970.

Ickelsamer, Valentin (Rothenburg o. T.). Die rechte weis aufs kürtzist lesen zu lernen. Ein teutsche Grammatica (1527). Hrsg. v. Karl Pohl. Stuttgart 1971.

Ising, Erika, Wolfgang Ratkes Schriften zur deutschen Grammatik (1612—1630). Berlin 1959.

Jellinek, Max Hermann, Geschichte der deutschen Grammatik von den Anfängen bis auf Adelung. 2 Bde. Heidelberg 1913/1914.

Jordan, Peter, Die „Leyenschul" von 1533; mit einem bio-bibliographischen Essay von Sigfried Gauch. Giessen 1987. („Giessener Dokumentationsreihe" Heil- und Sonderpädagogik 7).

König, Werner, Atlas zur Aussprache des Schriftdeutschen in der Bundesrepublik Deutschland. 2. Bde. Ismaning b. München 1989/1990.

Kopperschmidt, Josef (Hrsg.), Rhetorik. Bd. 1: Rhetorik als Texttheorie. Darmstadt 1990.

Lehmann, Albrecht, Erzählstruktur und Lebenslauf. Autobiographische Untersuchungen. Frankfurt/New York 1983.

Leibniz, Gottfried Wilhelm, Von deutscher Sprachpflege. Unvorgreifliche Gedanken betreffend die Ausübung und Verbesserung der deutschen Sprache 1680 (Philosophische Bibliothek) Leipzig 1916, Neudruck Darmstadt 1967. Neu hrsg. v. Uwe Pörksen. Stuttgart 1990.

Linn, Marie-Luise. Studien zur deutschen Rhetorik und Stilistik im 19. Jh. Marburg 1962.

Löffler, Heinrich, Vergangenheit in mündlicher Überlieferung aus germanistischer Sicht. In: Ungern-Sternberg/Reinau 1988, S. 100—110.

Ders., Deutsch-lateinische Schreib-Diglossie im späten Mittelalter. Zur textfunktionalen Verteilung von Deutsch und Latein in der urbarialen Verwaltungssprache des frühen 15. Jhs. Eine Fallstudie. In: Sprache—Literatur—Kultur. Studien zu ihrer Geschichte im deutschen Süden und Westen; Wolfgang Kleiber zu seinem 60. Geburtstag gewidmet. Hrsg. v. Albrecht Greule/Uwe Ruberg. Stuttgart 1989, 125—137.

Ders., Probleme der Dialektologie. 3. Aufl. Darmstadt 1990.

Ders., Germanistische Soziolinguistik. 2. Aufl. Berlin 1994.

Ders., Oralität und Schriftlichkeit im Fernsehen. Versuch eines Resumées. In: Mündlichkeit und Schriftlichkeit im Fernsehen. Hrsg. v. Bernd Ulrich Biere/Rudolf Hoberg. Tübingen 1996, 199—206.

Ludwig, Otto, Der Schulaufsatz. Seine Geschichte in Deutschland. Berlin 1988.

Luther, Martin, Sendbrief vom Dolmetschen (1530). Hrsg. v. Karl Bischoff. 2. unveränd. Aufl. Tübingen 1965.

Meyer, Kurt, Wie sagt man in der Schweiz? Wörterbuch der Schweizerischen Besonderheiten. Mannheim 1989.

Michel, Gabriele, Biographisches Erzählen zwischen individuellem Erlebnis und kollektiver Geschichtstradition. Untersuchungen typischer Erzählfiguren, ihrer sprachlichen Form und ihrer interaktiven und identitätskonstituierenden Funktion in Geschichten und Lebensgeschichten. Tübingen 1985.

Müller, Ernst Erhard, Die Basler Mundart im ausgehenden Mittelalter. Tübingen 1953.

Notker von St. Gallen, Brief an Bischof Hugo von Sitten. In: Ehrismann 1932, 421 f.

Opitz, Martin, Buch von der deutschen Poeterey (1626). Hrsg. v. Richard Alewyn. Tübingen 1963.

Otfrid von Weißenburg, Otfrids Evangelienbuch (865). Hrsg. v. Oskar Erdmann/Edward Schröder/ Ludwig Wolff. 6. Aufl. Tübingen 1973. (ATB 49).

Puff, Helmut, „Von dem schluessel aller Künsten/ nemblich der Grammatica", Deutsch im lateinischen Grammatikunterricht 1480—1560. Tübingen/ Basel 1995.

Quasthoff, Uta, Mündliche Kommunikation als körperliche Kommunikation: Beobachtungen zur direkten Interaktion und zum Fernsehen. In: Mündlichkeit und Schriftlichkeit im Fernsehen. Hrsg. v. Bernd Ulrich Biere/Rudolf Hoberg. Tübingen 1996, 9—28.

Dies., Erzählen in Gesprächen. Linguistische Untersuchungen zu Strukturen und Funktionen am Beispiel einer Kommunikationsform des Alltags. Tübingen 1980.

Raumer, Rudolf von, Der Unterricht im Deutschen. Stuttgart 1852.

Schank, Gerd/Gisela Schoenthal, Gesprochene Sprache. Eine Einführung in Forschungsansätze und Analysemethoden. 2. Aufl. Tübingen 1983. (GA 18).

Schanze, Helmut (Hrsg.), Rhetorik. Beiträge zu ihrer Geschichte in Deutschland vom 16.–20. Jh. Frankfurt/M. 1974.

Schläpfer, Robert, Schweizerhochdeutsch und Binnendeutsch. Zur Problematik der Abgrenzung und Berücksichtigung schweizerischen und binnendeutschen Sprachgebrauchs in einem Wörterbuch für Schweizer Schüler. In: Standard und Dialekt. Studien zur gesprochenen und geschriebenen Gegenwartssprache. Festschrift für Heinz Rupp zum 60. Geburtstag. Hrsg. v. Heinrich Löffler/Karl Pestalozzi/Martin Stern. Bern 1979, 151–164.

Schottel(ius), Justus Georg, Ausführliche Arbeit von der Teutschen Haubt-Sprache (1663). Braunschweig. (Neudruck 1967).

Seume, Johann Gottfried, Über Schauspieler und ihre Kunst. In: Über Schauspieler und Schauspielkunst: Ausgewählte Abhandlungen v. August Wilhelm Iffland und Johann Gottfried Seume. Hrsg. v. Kurt Böwe. Dresden 1954, 95–137. [Weithase 1961 II, 111 Anm. 129]

Siebs, Theodor, Deutsche Aussprache. Reine und gemäßigte Hochlautung mit Aussprachewörterbuch. Hrsg. v. Helmut de Boor/Hugo Moser/Christian Winkler. 19. Aufl. Berlin 1969. [1. Aufl. Deutsche Bühnenaussprache 1898].

Sitta, Horst (Hrsg.), Ansätze zu einer pragmatischen Sprachgeschichte. Tübingen 1980.

Socin, Adolf, Schriftsprache und Dialekte im Deutschen nach Zeugnissen alter und neuerer Zeit (1888). Heilbronn. (Neudruck 1970).

Stötzer, Ursula, Deutsche Redekunst im 17. und 18. Jh. Halle/Saale 1962.

Tacitus, Germania, Cornelii Taciti Opera Minora; De origine et situ Germanorum Liber, recens. J. G. C. Anderson. Oxford 1957 (1900).

Trümpy, Hans, Schweizerdeutsche Sprache und Literatur im 17. und 18. Jh. auf Grund gedruckter Quellen. Basel 1955.

Ueding, Gert/Bernd Steinbrink, Grundriß der Rhetorik. Geschichte, Technik, Methode. Stuttgart 1986.

Ungern-Sternberg, Jürgen von/Hansjörg Reinau (Hrsg.), Vergangenheit in mündlicher Überlieferung. Stuttgart 1988. (Colloquium Rauricum 1).

Weithase, Irmgard, Zur Geschichte der Gesprochenen Deutschen Sprache. 2 Bde. Tübingen 1961.

Wieland, Christoph Martin, Über die Frage, was ist Hochdeutsch. In: Der Teutsche Merkur (1782). [nach Jellinek 1913, I, 374].

Wiesinger, Peter (Hrsg.), Das österreichische Deutsch. Wien [etc.] 1988. (Schriften zur deutschen Sprache in Österreich 12).

Winkler, Christian, Elemente der Rede. Die Geschichte ihrer Theorie in Deutschland von 1750 bis 1850. Halle/Saale 1931.

Wittsack, Walter, Studien zur Sprechkultur der Goethezeit. Berlin 1932.

Heinrich Löffler, Basel (Schweiz)

138. Sprache in der Zeit des Nationalsozialismus

1. Zum Gegenstand
2. Ist die „Sprache im Nationalsozialismus" ein sprachwissenschaftlicher Gegenstand?
3. Abriß der Forschungsgeschichte sprachwissenschaftlich orientierter Beiträge zum Thema
4. Literatur (in Auswahl)

1. Zum Gegenstand

Mit der Zeit des Nationalsozialismus bezeichnet man üblicherweise die Epoche der dt. Geschichte (d. h. der Geschichte Deutschlands und der im Weltkrieg von Deutschland okkupierten Länder), in der die Politik von der nationalsozialistischen Partei (NSDAP) bestimmt wurde. Im engeren Sinne wird damit der Zeitraum vom 30. 1. 1933 (Vereidigung Hitlers als Reichskanzler) bis zum 8. 5. 1945 (Kapitulation) bezeichnet. Um das spezifisch Nationalsozialistische zu bestimmen, wird die Perspektive oft auf die Zeit der Parteigeschichte zurückverlängert (1919 Gründung der NSDAP) oder sogar darüber hinaus auf das Umfeld der völkischen und rassistischen „Bewegungen" in Deutschland und Österreich seit dem ausgehenden 19. Jh.

Ist die historische Abgrenzung des Gegenstandsbereichs insofern relativ unproblematisch, so ist es anders bei der Modellierung eines entsprechenden sprachwissenschaftlichen Gegenstands. Zweifellos ist die Zeit des Nationalsozialismus eine einschneidende Zäsur in der Geschichte der deutschen Sprachgemeinschaft. In Anbetracht der Propagandaaktivitäten in dieser Zeit ist auch das Verhältnis der Menschen (nicht nur der dt. Sprachgemeinschaft) zur Sprache nachhaltig beeinflußt worden. Damit ist aber nicht schon geklärt, ob bzw. inwieweit es sich hier um einen spezifisch abgrenzbaren Gegenstandsbereich oder sogar um eine sprachgeschichtliche Epoche mit einer internen Charakteristik handelt, wie sie oft in der Literatur als *nationalsozialistische Sprache* (bzw. *Sprache des Nationalsozialismus*) präsentiert wird.

Die Unklarheiten der heutigen Diskussion sind zum großen Teil schon von der zeitgenössischen geerbt, wo die nationalsozialistische „Bewegung" und später z. T. auch das Regime selbst sich als auf die „Macht des Wortes" (die Propaganda) gestützt inszenierte (beispielhaft Hitler in „Mein Kampf", bes. Kap. 1.6. und 2.1.). Dieser Topos wurde nicht zuletzt von der zeitgenössischen apologetischen akademischen Beschäftigung mit dem Gegenstand fortgeschrieben. Der gleiche Topos bestimmt über weite Strecken auch die politische Opposition, vor allem bei der KPD, die sich (besonders in den Anfangsjahren des noch nicht terroristisch gefestigten Regimes) um eine entsprechende „Gegenpropaganda" bemühte. Das blieb erst recht nach 1945 so, wo dieser Topos in den „Reedukationsprogrammen" der Sieger figurierte. Vor allem aber gewann dieser Topos für die im zweiten Weltkrieg Besiegten einen eminenten Gebrauchswert beim schwierigen Umgang mit dem Trauma der NS-Zeit, an deren Verbrechen auch diejenigen mitschuldig geworden waren, die sie ohnmächtig miterleben mußten, die aber im Alltag eben doch die gesellschaftlichen Verhältnisse und damit das NS-Regime mitreproduziert hatten. Das erklärt wohl die fraglose Übernahme dieses Topos in der öffentlichen Nachkriegsmeinung, in der er so etwas wie eine Pauschalabsolution der Deutschen als Opfer einer gigantischen Indoktrination ermöglichte.

Bei der folgenden Darstellung geht es vorrangig um die Analyse der sprachlichen Verhältnisse in der Zeit von 1933 bis 1945, also mit einer zeitlichen Einschränkung gegenüber vielen Analysen zum Nationalsozialismus, zugleich aber im Gegenstandsverhältnis mit einer Ausweitung auf die Gesamtheit der sprachlichen Verhältnisse unter dem nationalsozialistischen Regime. Dabei sind dann, abhängig von der spezifischen Untersuchungsfrage, trotz der kurzen Zeitspanne weitere Zeitabschnitte zu differenzieren, weil sich die Selbstdarstellung des Regimes und die Loyalitätsprobleme der Bevölkerung im Verlaufe der Entwicklung von 1933 bis 1945 sehr unterschiedlich darstellten. Zu unterscheiden sind insbesondere

- die Verhältnisse unter den Bedingungen des noch nicht gefestigten (bzw. sich nicht gefestigt fühlenden) Regimes (etwa bis Ende 1935)
- die Phase der rigorosen Militarisierung der Gesellschaft bzw. der Weltkriegsvorbereitung bis 1938 („Vierjahresplan" 1936, „Sudetenkrise" 1938)
- im Weltkrieg selbst die erste Phase der Kriegserfolge mit der raschen Expansion des NS-Machtbereiches (und den daraus folgenden materiellen Vorteilen der Bevölkerung!)
- gegenüber der zweiten Phase seit der sich abzeichnenden Niederlage im Osten (1943 Fall von Stalingrad), die auch eine Politisierung der Wehrmacht nach sich zog
- und schließlich der zunehmenden Verlagerung des Krieges auf das Reichsgebiet (Bombenkrieg des „offenen Himmels" an der „Heimatfront").

Die Frage von Zustimmung oder Dissens stellte sich unter solchen Bedingungen sehr verschieden − ebenso wie die Veranstaltungen des Regimes, Zustimmung zu erhalten: zuletzt ging es weniger um Zustimmung als um Durchhalten, um das Schüren der Angst vor der befürchteten Vergeltung, die auch Gegnern des Regimes kaum noch oppositionellen Handlungsraum ließ.

Nicht weiter betrachtet werden hier die sprachlichen Verhältnisse in den okkupierten Ländern, wo die Verhältnisse bei den deutschsprachigen Minderheiten ebenso wie die propagandistischen Aktivitäten der deutschen Besatzer zum Gegenstand im weiteren Sinne gehören. Auch die Verhältnisse in Österreich nach dem „Anschluß" 1938 gehören zum Gegenstand, obwohl dort im nachhinein gelegentlich auch versucht wird, sie als Okkupation darzustellen. Zu den sprachlichen Verhältnissen unter der Okkupation liegen noch erst wenige Arbeiten vor, zu den Niederlanden vgl. etwa Sauer (1985). Von besonderem Interesse ist hier auch der Vergleich mit Italien, s. etwa Ille (1980) − im übrigen schon ein zeitgenössisches Studienthema, s. Pipgras (1941).

2. Ist die „Sprache im Nationalsozialismus" ein sprachwissenschaftlicher Gegenstand?

Es ist nicht ohne weiteres klar, wieweit die „Sprache im Nationalsozialismus" ein Gegenstand der Sprachwissenschaft ist: Der bei weitem überwiegende Anteil der umfangreichen Literatur dazu (s. etwa die in diesem Sinne auch nur eine Auswahl präsentierende Bibliographie von Kinne/Schwitalla 1994) stammt von Nicht-Sprachwissenschaftlern.

Geht man von dem für die neuere Sprachwissenschaft grundlegenden Gegenstandsverständnis von Sprache als *langue* (also in der Differenz zu anderen *langues*) aus, kann man die Frage eher verneinen. Die hier zu betrachtende Phase der dt. Sprachgeschichte von nur 12 Jahren ist zu kurz (erheblich weniger als eine Generationsspanne), um nachhaltige Spuren im System der dt. Sprache (Phonologie, Morphologie, Syntax) zu hinterlassen. Wo solche gelegentlich vermutet wurden (Nominalstil, Funktionsverbgefüge u. dgl.), zeigt eine genauere Überprüfung, daß hier nur in vorausgehenden Phasen nicht hinreichend untersuchte Entwicklungsmomente auffällig geworden waren, die sich auch nach 1945 fortsetzten, wie insbesondere die Debatte um Sternberger u. a. (zuerst 1946) deutlich gemacht hat (s. die in den Neuauflagen, etwa 1967, auch wiederabgedruckte Beiträge daraus von Kolb, von Polenz, Sternberger u. a.). Allenfalls läßt die spezifische Dynamik der sozialen Verhältnisse (forcierte Modernisierung der Produktion, Landflucht bzw. generell Binnenmigration, Mobilisierung zum Kriegsdienst bzw. an der „Heimatfront") erwarten, daß bestimmte Entwicklungstendenzen in dieser Phase beschleunigt wurden. Genauere Untersuchungen dazu stehen noch aus.

Allein im Bereich der sehr viel labileren und insofern kurzfristiger „reagierenden" Lexik sind solche Spuren evident, wo die Auffälligkeiten zumeist aber an die Bezeichnung zeittypischer Erscheinungen gebunden — und mit diesen dann auch wieder verschwunden sind (vom „Abstammungsnachweis" zum „Zuchtwart", s. Berning 1964, Neubearbeitung Schmitz-Berning 1998). Die Neologismen sind denn auch schon zeitgenössisch registriert worden (etwa Linden 1943); und es sind auch schon zeitgenössisch spezifische Glossare angelegt worden (z. B. Paechter 1944 für die ausländische Presseberichterstattung, vgl. heute etwa Brackmann/Birkenhauer 1988).

Die meisten Veröffentlichungen zur Sprache im Nationalsozialismus zielen demgegenüber auf ein bestimmtes gesellschaftliches Verhältnis in der Sprachpraxis ab, das wie eingangs erwähnt oft als *nationalsozialistische* (im folgenden abgekürzt: NS) oder *faschisti-* *sche* Sprache angesprochen wird. Geht man von der traditionellen Saussureschen Unterscheidung aus, meint Sprache hier wohl *langage*, also keinen spezifischen Gegenstand der sprachwissenschaftlichen Disziplin, sondern die Gesamtheit der Bedingungen der Sprachpraxis, also ein Arbeitsfeld auch von Historikern, Politologen, Sozialpsychologen, die in ihren Arbeiten zum Nationalsozialismus die sprachlichen Erscheinungen mitberücksichtigen bzw. in umgekehrter Perspektive die historischen Verhältnisse auch von den sprachlichen Erscheinungen her deuten. Dabei treffen sie sich mit dem Bemühen auch von Sprachforschern, die z. B. in den vorerwähnten Glossare versuchen, in den aufgelisteten sprachlichen Auffälligkeiten einen Schlüssel zum Verständnis der faschistischen Verhältnisse zu finden.

Der dominante Tenor dieser Herangehensweisen liegt bei dem Versuch, auf einer sprachlichen Ebene einen Schlüssel zur spezifischen Funktionsweise des faschistischen Systems zu finden, was überwiegend als *totalitär* verstanden wurde, das die Praxis der Menschen kontrolliert (ausgehend von einer schon früh zu findenden Gleichsetzung unterschiedlicher gesellschaftlicher Systeme als totalitärer Systeme). Diese Kontrolle wurde nicht nur als gewaltsam-repressiv verstanden, sondern entsprechend auch dem Selbstverständnis der faschistischen Bewegungen als über die „Macht des Wortes" ausgeübt; bei den faschistischen Akteuren, insbesondere bei Hitler selbst, ist allerdings deutlich, daß damit nicht auf eine spezifische sprachliche Form abgestellt war, sondern in einem unspezifischen Sinne auf einen Mechanismus der Kontrolle, der seinen Inhalt in der Demonstration organisierter Macht und der Unterdrückung von politischen Alternativen hatte. Das zentrale Moment lag dabei in der Mobilisierung der „Massen", die unmittelbar als Adressaten erreichbar schienen; daher die zentrale Rolle von Massenkundgebungen und Rundfunk, durch die traditionelle kommunikative (erst recht reflektiert-individualisierte) Formen politischen Handelns überwindbar erschienen. Diese in den entsprechenden Texten als „Nationalisierung" der Massen apostrophierte Form von Politik (s. etwa Hadamovsky 1933) ist opak für sprachliche Formen; sie gibt dem dabei Vorkommenden eine gewisse Beliebigkeit, solange es nur dem mobilisierenden Ziel diente; das wurde durch einen umfassenden Kontrollapparat der öffentlichen Meinung kontrolliert (insbesondere den „Sicherheitsdienst" (SD) der SS mit seinem ausgedehnten Informantensystem) − was es dem Regime erlaubte, seine Selbstinszenierung außerordentlich rasch auf die so erhobenen Stimmungen zu kalibrieren.

An dieses Propaganda-Konzept schlossen auch sprachwissenschaftlich intendierte Arbeiten an (z. B. Pechau 1935), die sich damit in die rhetorische Tradition stellten, deren Sprachvorstellung außerhalb der professionellen Sprachwissenschaft ohnehin dominant geblieben war (und ist), vor allem im politischen Raum mit der Fortschreibung von Manipulationsauffassungen der gesellschaftlichen Verhältnisse (der sog. „Ideologienlehre") seit dem späten 18. Jh.

Im Sinne dieses Topos inszenierte sich die faschistische Bewegung von Anfang an selbst. Spiegelverkehrt dazu stellte sich die Position der politischen Gegenseite dar, die die Wirkungsmechanismen des Nationalsozialismus in Hinblick auf eine mögliche Gegenpropaganda analysierte (so insbes. auf seiten der KPD). Versuche, sich von diesem simplen Manipulationsschema freizumachen, finden sich nur isoliert und dann vor allem auch nur mit posthumer Wirkung nach dem Krieg, so etwa bei dem Exilanten Walter Benjamin († 1940) oder in Italien bei Antonio Gramsci († 1937).

Sprachwissenschaftler, die sich analytisch mit den zeitgenössischen Verhältnissen auseinandersetzten, waren damals i. S. der herrschenden akademischen Selbstauffassung ohnehin eine kleine Minderheit. Wo sie nicht bei der Inszenierung der Verhältnisse mitspielten, wandten sie sich zunehmend „unpolitischen" philologischen Gegenständen zu. Die Beschäftigung mit diesem Problemfeld wurde weitgehend dem außerprofessionellen Feld überlassen, sei es literarischen Transpositionen, sei es sprachkritischen Einlassungen, die zeitgenössisch im Reich zumeist allerdings nicht publiziert werden konnten und z. T. erst posthum bekannt geworden sind: Karl Kraus (1933), Viktor Klemperer (1947, jetzt auch in der Tagebuchvorlage zugänglich 1995) u. a. Die zeitgenössisch, zwangsläufig im Exil publizierten Arbeiten spiegeln die NS-Selbstinszenierung von der Macht des Wortes − oder eine intellektuelle Ignoranz den politischen Problemen gegenüber, wenn sie hier eine Verhunzung der deutschen Sprache am Werk sahen („Braunwelsch", so Fischer 1942 im engl. Exil), in einer idealisierenden Redeweise auch einen „Mißbrauch der Sprache" (Bork 1970).

Die Bedeutung der frühen Arbeiten aus der Innenperspektive der Verhältnisse heraus, insbesondere etwa von Kraus (1933), liegt vor allem bei der hier schon deutlich herausgestellten unzureichenden Indoktrinationsauffassung von den NS-Verhältnissen bzw. dem Unsinn einer entsprechend „entlarvenden" Ideologiekritik. Aufschlußreich sind diese frühen Arbeiten nicht zuletzt durch die von ihnen vorausgesetzte realistische Einschätzung der gesellschaftlichen Verhältnisse.

Durch den analytischen Zugriff sind auch heute noch Analysen deskriptiv wichtig, die z. T. mit offizieller Unterstützung von alliierten Regierungs- bzw. Militärbehörden unternommen wurden, um eine effektive Gegenpropaganda im Weltkrieg aufzubauen bzw. die „Reeducation" nach dem Krieg vorzubereiten (so von dem Psychoanalytiker Kris zuerst in England, dann in den USA, von den Politologen Paechter und Speier in den USA, Geiger in Dänemark, dem Soziologen Adorno in den USA). Die fachliche Grenzziehung ist hier problematisch, etwa bei den um eine quantitative Kontrolle bemühten Arbeiten der Inhaltsanalysen der dt. Rundfunkmeldungen von Kris/Speier (1944).

Weniger ambitioniert waren und sind Beobachtungen, die mehr oder weniger symptomatische sprachliche Erscheinungen faßten, wie es in der Tradition der Sprachkritik auch in der philologischen Zukunft praktiziert wurde. Registriert wurden früh vor allem Erscheinungen innerhalb des Wissenschaftsbetriebes, dessen Protagonisten auch in der sprachlichen Inszenierung am faschistischen Öffentlichkeitsbetrieb partizipierten, von heute her gesehen in eher grotesk anmutenden Formen des Monumentalstils, dessen sich die Nazi-Größen gerne befleißigten (da gingen dann z. B. auch die Lautgesetze in „unerbittlicher Folgerichtigkeit" ihren Weg). Eine erst nach dem Krieg publizierte frühe solche Sammlung stammt von den Emigranten Seidel/Seidel-Slotty (1960, vgl. auch Dahle 1969). Eine Charakterisierung nationalsozialistischen Redestils, die auf die Kontinuität in dieser Form politischer Redeinszenierung zielt, findet sich etwa bei von Polenz (1972, 160ff., jetzt auch 1999). Solche sprachlichen Symptome sind verräterisch, um so mehr als diese Marotten als Stereotypen zeitgenössisch bereits Gegenstand von Witzen waren (s. Buchele 1955; Gamm 1963; Danimann 1983). Die Existenz dieser Witze macht im übrigen sinnfällig, wie wenig Macht die Inszenierung des Regimes über die Köpfe der Menschen hatte (die Analyse solcher Quellen sollte aber darin nicht so sehr Akte von „Widerstand" sehen, wie es gelegentlich mit völliger Entleerung des Begriffs *Widerstand* getan wird, als eben doch die Verarbeitung der Erfahrung von Ohnmacht und Mitspielen im Dissens). Eine systematische Analyse steht hier noch aus.

Für eine sprachhistorische Betrachtung verdienen auch die Auswirkungen der sprachlichen Idiosynkrasien einiger Nazi-Größen eine Untersuchung, etwa die vom Reich aus gesehen bewahrten Archaismen in der bairisch geprägten Umgangssprache des „Führers" (z. B. flektierte Adjektive auch in prädikativer Position), die im ganzen Reich in „Mode" kamen. Solche Erscheinungen gehören, um nochmals die Saussuresche Unterscheidung aufzunehmen, in den Bereich der Analyse der *parole*, die nicht uninteressant ist; sie haben aber keine Spuren in der Sprachentwicklung hinterlassen. Im Hinblick auf die weitergehende Frage nach der Funktionsweise des Faschismus erklären sie selbstverständlich nichts. Das gilt erst recht für deskriptive Versuche zu sprachlichen Idiosynkrasien von Nazi-Größen, die nicht an den öffentlichen Auswirkungen, ihrer „modischen" Übernahme o. dgl. ansetzen (etwa Schnauber 1972).

Das gilt letztlich auch für das „Braunwelsch", das als Charakteristikum der NS-Bewegung bereits vor der Machtübergabe an die Partei Gegenstand sprachkritischer Beobachtungen geworden war und auch später, vor allem von Literaten im Exil in den sprachanalytischen Vordergrund gerückt wurde. Charakteristisch ist hier wohl nicht so sehr die dabei aufgespießte Mischung von aggressiv-polemischen Beschimpfungen der Gegner, umgangssprachlich-dialektbestimmten Unsicherheiten in der Hochsprache und eine Vorliebe für wissenschaftlich klingende Fremdwörter selbst, sondern die Tatsache, daß diese Stilelemente der agitatorischen Redepraxis jetzt bewußt auch in die schriftsprachliche Darstellung übernommen wurden (nach dem Modell von Hitlers diktierten Auslassungen in „Mein Kampf", s. dazu Maser 1965). Einen sprachkritischen Analyseversuch in dieser Richtung hat Winckler (1970) unternommen, der dort allerdings in der Tradition der Sprachkritik die „Zerstörung der Sprache" am Werke sieht (gelegentlich ist bei ihm auch von der „klassischen Sprache" die Rede, s. bes. 42ff.). In dem Spannungsfeld dieser Selbstinszenierung und der darauf reagierenden bildungsbürgerlichen Kritik hatten diese Stilelemente auch im akademischen (nicht nur studentischen!) Umfeld

eine gewisse Anziehungskraft als Mittel zum „épater le bourgeois". Insofern sind sie tatsächlich ein gewisses zeitgebundenes Stilcharakteristikum, das auch noch nicht systematisch untersucht worden ist; als situativ gebundenes Moment der *parole* charakterisieren sie diese Verhältnisse, sind sie mit diesen auch wieder verschwunden.

Auf einer anderen Betrachtungsebene als der durch die drei angeführten Saussureschen Differenzierungen gefaßten steht schließlich die der symbolischen Repräsentation der sprachlichen Verhältnisse im öffentlichen Raum, die in der Beschäftigung mit dem Problem Faschismus einen großen Platz einnimmt. Die Vorstellungen von den sprachlichen Verhältnissen spielten zur Artikulation der politischen Auseinandersetzungen vor allem im Vorfeld des nationalsozialistischen Regimes eine erhebliche Rolle. Das gilt insbesondere für das völkische Umfeld, in dem die NSDAP von ihrer Herkunft her steht, das in der romantischen Tradition des 19. Jh. die politischen Verhältnisse (das zu schaffende staatliche Gebilde der deutschen Nation) als sprachliche, als solche der deutschen Sprachgemeinschaft vorstellte.

In Hinblick auf diese Vorstellungen ist allerdings eine genaue zeitliche Verortung der Aussagen erforderlich: Allenfalls in der Frühzeit (den sog. „Kampfjahren" der Bewegung und den ersten Jahren nach der Machtübergabe) ließ das Regime die völkischen Gruppen als „nützliche Idioten" gewähren, förderte sie teilweise sogar; die Rationale der nationalsozialistischen Politik lag nicht hier, wie der vorrangig betriebene Ausschluß (die Ausbürgerung!) und die Vernichtung der Gegner und vor allem auch der als *jüdisch* stigmatisierten Träger der dt. Kultur (gerade auch der sprachlichen!) nur zu deutlich macht. Kern der an die Öffentlichkeit gerichteten Politik war die Ermächtigung der herrschenden Clique, war der Aufbau entsprechender Haltungen, wozu vor allem der entsprechend aufbereitete Rassediskurs diente (die „Rassenseele", „rassische" Haltungen u. dgl., die auch dem Terminus *Rasse* seinen rational rekonstruierbaren Inhalt nahmen). Die verbreitete Sichtweise, die die Zeit des Nationalsozialismus homogenisiert bzw. sie in der Kontinuität der Bewegung seit den Anfängen der Partei fassen will, versperrt den Blick auf die Dynamik der Entwicklung.

I. S. des in der Sozialgeschichte inzwischen Etablierten muß die Forschung bei der alltäglichen Reproduktion der Verhältnisse ansetzen, also nicht bei auffälligen Besonderheiten eines kenntlichen „Jargons", sondern bei den unauffälligen alltäglichen Formen, in denen die gesellschaftliche Reproduktion erfolgte. Diese war für viele Menschen problemlos, weil sie sich in dem Regime bzw. in seiner Politik wiederfanden; sie war aber auch für andere möglich, die im Dissens gegenüber den Zielen dieser Politik waren, die sich aber im Hinblick auf andere Momente der gesellschaftlichen Entwicklung auch in dem Regime repräsentiert finden konnten.

Insofern sind die sprachlichen Verhältnisse im Nationalsozialismus „polyphon" zu analysieren (s. Maas 1984): im gleichen Text können unterschiedliche Haltungen resonieren, die als seine „Lesweisen" herauszuarbeiten sind, anders bei denjenigen, die nur überleben wollten und sich um die „Intentionen" auch politischer Adressierungen nicht sonderlich kümmerten; anders bei denjenigen, die im witzig-ironischen (oder zynischen) Umgang mit den diskursiven Inszenierungen eine Distanz suchten und fanden; anders bei denjenigen, die im Dissens das Risiko der Repression kalkulierten und bei ihren Handlungsweisen darauf achteten, nicht weiter als bis zur kritischen Schwelle zu gehen; anders bei denjenigen, die sich rebellisch dem Mitmachen verweigerten (sei es in Protestgesten − oder auch in praktizierter Solidarität für die Opfer); schließlich anders bei denjenigen, die Formen des Widerstands praktizierten (die ihnen u. U. gerade deswegen aber auch Formen des Mitspielens abverlangten). Diese Unterscheidungen ließen sich noch weiter differenzieren (und müssen es nach Maßgabe der jeweiligen konkreten Analysen auch) − sie können so aber schon deutlich machen, daß eine homogenisierende Analyse, die aus zeitgenössischen Texten kontextfrei Aussagen über die sprachlichen Verhältnisse im Faschismus extrapoliert, den Gegenstand verfehlt.

Die bei den bisher unternommenen Analyseversuchen überwiegend im Vordergrund stehenden öffentlichen Inszenierungsformen gewinnen ihren Sinn nur auf dieser Folie. Das entscheidende Moment dabei war vor allem die in den faschistischen Verhältnissen erfolgte Monopolisierung des öffentlichen Raumes, die keinen Platz für alternative Konzepte ließ und in Verbindung mit der terroristischen Repression („Heimtückegesetz") nicht nur durch die Angst vor allgegenwärtigen Spitzeln, sondern auch durch die Gefahr unfreiwilliger Denunziation (schon durch die eigenen Kinder) alle Formen kommunikativer Vergewisserung (erst recht öffentlicher) unterband. Diese terroristische Form von Öffentlichkeit war vermutlicher wichtiger als die dabei genutzten propagandistischen Inszenierungen − auch wenn die Aufnahme sakraler Inszenierungsformen zur Erlebnisbindung u. dgl. nicht von ungefähr war (s. Vondung 1980, insbesondere auch Bohse 1988). Weniger eine positive Identifizierung mit der Politik des Regimes als die Erfahrung politischer Ausweglosigkeit dürfte hier bestimmend gewesen sein − überdeckt von den Möglichkeiten der Identifizierung der Mobilisierung für Ziele unterhalb der Politik (wozu auch der Einsatz an der Front gehörte). Die Wehrmacht kultivierte denn auch geradezu diese unpolitischen Identifizierungspotentiale; erst mit der sich abzeichnenden Niederlage nach Stalingrad setzte auch bei der Wehrmachtsführung der Versuch zur Politisierung mit entsprechenden Maßnahmen der „inneren Führung" ein.

Dramatisch mußte sich diese Konstellation insbesondere auf die Kinder und Jugendlichen auswirken, die ihre Haltungen abgeschitten von einer entsprechenden politischen Öffentlichkeit aufbauen mußten und insofern eben auch ihre Sprachpraxis unter den Bedingungen nationalsozialistischer Verhältnisse entfalten mußten. Die ältere Forschung, vor allem aber auch die schon zeitgenössische „antifaschistische" Literatur ging weitgehend von einer in diesem Sinne nationalsozialistisch formierten Jugend aus, wie sie offiziell auch von der HJ-Führung propagiert wurde. Ein differenziertes Bild, das den unterschiedlichen und meist eben auch widersprüchlichen Integrationsformen Rechnung trägt, findet sich erst in der jüngeren Forschung (s. im Überblick etwa Klönne 1982): Die Verhinderung einer politischen Vergewisserung in der öffentlichen Diskussion ließ auch vielen oppositionell eingestellten Jugendlichen nur die rebellische Geste (so bei den inzwischen vieldiskutierten „Wilden Cliquen", „Edelweißpiraten", „Swing"-Jugend u. a., s. dazu etwa Peukert 1980) − oder auch die verzweifelt-selbstopfernde Geste, die ein Mitschuldigwerden verhindern sollte (s. Bauer 1988). Analysen zur sprachlichen Form, in der diese Konfliktlage sich ausdrückte, liegen erst ansatzweise vor (s. etwa Maas 1984).

Bei den sich direkt politisch artikulierenden Gruppen ist zu differenzieren. Waren sie, wie etwa die studentische der „Weißen Rose", in erwachsene Diskussionskreise eingebunden, so konnten sie an älteren politischen Artikulationstraditionen partizipieren (bzw. diese auch fortschreiben); ähnliches gilt für Jugendliche etwa im Umfeld der KPD, die in deren Widerstandsarbeit einbezogen wurden (die unter bestimmten Bedingungen wie etwa in Berlin und Hamburg bis zum Kriegsende weitergeführt wurde). Dem stehen isolierte Jugendliche gegenüber, die mit ihrem moralischen Gewissen alleingelassen waren und wie z. B. der junge Mormone Helmuth Hübener in Hamburg nur die Möglichkeit sahen, im biblischen Pathos als „Sprachrohr der Wahrheit" auf Flugblättern wenigstens die BBC-Meldungen zu verbreiten (auch er wurde dafür hingerichtet). Aber auch bei den von diesen Jugendlichen verfaßten Texten zeigt eine Konnotationsanalyse die Spuren der Sozialisation unter faschistischen Verhältnissen in der Partizipation an deren diskursiver Formierung der Öffentlichkeit.

3. Abriß der Forschungsgeschichte sprachwissenschaftlich orientierter Beiträge zum Thema

Die in der Nachkriegszeit entstandenen Analysen sind von dem angesprochenen massiven Exkulpationsdruck der „Vergangenheitsbewältigung" bestimmt, der von konservativer Seite schon früh mit der Subsumption des Faschismus unter eine allgemeine Zivilisationskritik (Technik, Massenzeitalter) ein Ventil fand, so etwa in der Sprachkritik bei Sternberger u. a. (1945/46). Attraktiv war diese Argumentationsweise für die, die durch das Mitmachen belastet waren, jetzt aber unbeschadet ihres NS-Aktivismus die NS-Zeit als Beispiel der Manipulation politischer Sprache behandelten (etwa Mackensen 1946). Selten fehlen dabei i. S. der damals dominanten Totalitarismusanalyse parallelisierende Verweise auf die DDR (so auch bei dem ehemaligen Kommunisten Bartholomes, z. B. 1963).

In der DDR-Forschung spielte zwar die Beschäftigung mit dem Nationalsozialismus eine große Rolle; die hier einschlägigen Arbeiten beschränkten sich aber weitgehend auf die Analyse ideologischer Probleme; eine empirisch-sprachanalytische Arbeit wurde eher vermieden — hatte doch schon Klemperer (1947) auf verräterische Kontinuitäten auch im DDR- (bzw. damaligen SBZ-)Sprachgebrauch verwiesen. Die auf der anderen Seite positiv-deklamatorischen Arbeiten zur offiziellen Propagandaaktivität im Dienste der Partei standen einer solchen Arbeit noch zusätzlich im Wege. Im Kontext der „Systemkonkurrenz" zur BRD wurde hier vor allem die personelle Kontinuität in den Führungsschichten der BRD herausgestellt, was im Bereich der

Wissenschaftskritik auch sprachanalytische Aufarbeitungen mit sich brachte (etwa Seidel/Seidel-Slotty 1961; der Band ist von den beiden Autoren allerdings weitgehend schon im tschechoslowakischen Exil während der Zeit des NS redigiert worden). Dadurch wurde wiederum dann auch in der BRD (vor allem seit dem Germanistentag 1966) ein wichtiger Anstoß zur wissenschaftsgeschichtlichen Aufarbeitung gegeben; erst in jüngster Zeit wird diese nicht mehr durch das Vorführen einer entlarvenden Zitatenauswahl, sondern systematisch, gestützt z. T. auf extensive Archivstufen, betrieben (s. z. B. Roß 1994).

Im Kontext der Studentenbewegung der späten 60er Jahre begann eine analytische Auseinandersetzung mit der Vätergeneration, für die die Arbeiten von Herbert Marcuse modellbildend waren, die an die konservative Kritik der Massengesellschaft anschließen. Ansätze zu einer kritisch intendierten Sprachwissenschaft (ausgehend von frühen sowjetischen Sprachtheoretikern wie Voloschinov) sind hier nicht sehr weit gekommen. Wichtig waren diskursanalytische Versuche, wie von einer Außenseiterposition aus vor allem Faye (1972); die 1977 in Berlin erschienene dt. Übersetzung ist weitgehend unbrauchbar, vor allem weil sie die Fülle der von Faye als Collage verwendeten Zitate zumeist aus der frz. Übersetzung bei Faye ins Dt. rückübersetzt — daher ist das Buch kaum noch rezipiert (für einen daran anschließenden Versuch s. Maas 1984). Einen neuen Impuls hat die Beschäftigung mit dem NS durch die aktuelle Auseinandersetzung mit dem Rechtsradikalismus erhalten (s. Jäger 1990; Wodak u. a. 1990). Seit 1989, durch den Druck zur Bearbeitung der neuen Ost-West-Konstellation, ist das Thema Nationalsozialismus und damit die analytische Bearbeitung seiner sprachlichen Seite allerdings eher rückläufig (sieht man davon ab, daß nun auch im Rahmen der neuen DDR-Vergangenheitsbewältigung der Topos der totalitären Gleichsetzung mit dem faschistischen Regime nach wie vor seine Dienste tut).

Den Ansprüchen an eine sprachwissenschaftliche Analyse genügen die älteren Arbeiten nicht; sie sind heute vor allem noch als lexikographische Materialsammlungen brauchbar. Im analytischen Zugriff ist bei ihnen zumeist das exkulpabisierende Bemühen deutlich, in der Macht des Wortes eine übermächtige Kraft verantwortlich zu machen, der das dt. Volk als Opfer erlegen ist. Diese Figur findet sich noch in neuesten Beiträgen, s. etwa in den Sammelbänden von Ehlich (1989); Bohleber/Drews (1994).

Wandel im Zugang kam hier mit dem Einstieg in eine systematische Analyse sprachlicher Prozesse im politisch-gesellschaftlichen Raum, wie er in politologischen Analysen der Massenkommunikation, z. T. auch schon in Bezug auf faschistische Verhältnisse seit langem praktiziert wurde, wo empirische Forschungen einer globalen Manipulationsauffassung den Boden entzogen hatten. Trotzdem bleibt auch bei diesen Arbeiten die „aufklärerische" Zielsetzung einer Aufdeckung von „Propagandamechanismen" bestimmend, vor allem aber auch die dieser zugrundeliegende kommunikative Modellierung, die die Frage der Symbolisierung von Erfahrungsstrukturen ausblendet, s. auch den Forschungsbericht Marek (1990).

Wichtig sind in diesem Zusammenhang vor allem massenkommunikale Wirkungsforschungen geworden, die in den 40er und 50er Jahren in den USA zu Werbekampagnen durchgeführt wurden, in denen sich zeigte, daß wichtiger als die „Botschaft" in einem Text die Einstellung dazu und die Rezeptionsbedingungen sind, vor allem aber daß die Interpretation eines Textes im Rahmen eines sozialen Netzes erfolgt, in dem die einzelnen sich ihrer Übereinstimmung vergewissern. Die Rezeption dieser Ansätze und damit die Abkehr von der ideologisch besetzten sprachkritischen Tradition hat vor allem Dieckmann (1969, vgl. von diesem auch 1981) in die Wege geleitet. Eine neue Untersuchung, die den Rezeptionsbedingungen gilt, ist Plöckinger 1998. Die meisten neueren Veröffentlichungen zum Gegenstand folgen allerdings immer noch der älteren sprachkritischen Tradition. So ist in dem sprachgeschichtlichen Handbuch Wells (1990) nach wie vor undifferenziert von der „Sprache des Nazismus" die Rede, die den Menschen aufgezwungen wurde (vgl. dort 434ff.), eine Ausnahme ist von Polenz (1999, 547ff.). Gleiches gilt auch für die entsprechenden Analysen zu gegenwärtigen politischen Inszenierungen, zum Umgang mit „rechten" Topoi (s. dazu die Bibliographie von S. Jäger 1990), die durch die Möglichkeit eines direkten empirischen Zugangs dazu dienen könnten, auch im historischen Rückgriff differenzierter zu analysieren.

Gerade solche „transhistorischen" Analysen können helfen, das oft unterstellte Eigengewicht ideologischer Diskurselemente zu überprüfen bzw. zu relativieren. Das gilt insbesondere auch für die Kontinuitäten zur Zeit vor 1933, auch in den sprachlichen Artikulationsformen (Anfänge bei Faye 1972 und Sauer 1978), vor allem bei dem von heute aus (aber nicht notwendig in der Sicht der Zeitge-

nossen von 1933–1938) dominierenden Aspekt der rassistischen Verfolgung wird deutlich, wie sehr es nötig ist, die jeweiligen Texte in den zeitgenössischen Kontext einzubetten – die Interpretation der Texte erschließt sich nur vom Kontext her, nicht umgekehrt.

Im Sinne einer sowohl genaueren zeitlichen wie auch spezifischeren Verortung im politischen Kräftefeld sind die verschiedenen diskursiven Versatzstücke zu bestimmen, die die Zeit des Nationalsozialismus prägten. Dazu gehören insbesondere die oben schon angesprochenen „völkischen" Elemente, die vielfach, weil von heute her gesehen besonders fremdartig, als typisch für den Nationalsozialismus angesehen werden. Aber nicht nur, daß sie keineswegs für diesen spezifisch, sondern ein Produkt des 19. Jhs. sind, die Nazi-Führungsclique stand ihnen überwiegend äußerst ablehnend gegenüber. Hitler läßt sich z. B. in „Mein Kampf" recht drastisch über diese „völkischen Apostel" aus; er sieht den entscheidenden Anfang der NSDAP in der Überwindung der völkischen Strömung (die Parteizeitung behielt allerdings den Titel des aufgekauften Print-Mediums „Völkischer Beobachter"). Allenfalls in der Anfangszeit, in der das Regime sich noch nicht fest genug etabliert glaubte, behandelte es diese Strömungen und ihre Gruppierungen als Bündnispartner, um sich dann später um so deutlicher davon abzugrenzen, wie insbesondere auch gegen alle Formen des Sprachpurismus und sonstiger Deutsch- und Germanentümelei, die der forcierten gesellschaftlichen Modernisierung im Vorfeld der Militarisierung der Gesellschaft im Wege waren. Hierher gehört auch die Abschaffung der deutschen Schrifttradition auf dem Erlaßwege 1941, der offensichtlich eine ebenso radikale, am internationalen Modell ausgerichtete Rechtschreibreform folgen sollte (s. Rahn 1941). Anders ist es bei den damit oft amalgamierten militaristischen Momenten, die in der gleichen mythologisierenden Weise präsent gehalten wurden (so etwa das immer wieder beschworene „Erlebnis vom August 1914"), die nun aber gerade mit der Militarisierung und dann erst recht im Krieg eine Verstärkung erfuhren (s. zu diesem Strang etwa Vondung 1980).

Während sich in dem anarchischen Machtgerangele völkisch ausgerichtete Cliquen z. T. noch behaupten und auch öffentlich artikulieren konnten, insbesondere im Umfeld des „Beauftragten der Partei für weltanschauliche Fragen" Rosenberg, der ein eigenes „Amt Rosenberg" hatte, wurde die Ausgrenzung von sprachlichen Fragen als politischem Faktor mit Eigengewicht mit der zunehmenden Etablierung des Regimes und der fortschreitenden Militarisierung der Gesellschaft vorangetrieben, vor allem unter dem Druck der SS. Der nach der Ausschaltung der potentiellen Gegner parallel zur imperialistischen Expansion vorrangig betriebene Ausschluß der Juden aus der dt. Gesellschaft machte es unmöglich, der dt. Sprache ein systematisches Eigengewicht zu geben, weil sie ja auch die der Juden im Reich war.

Auch die genuine Sprachpolitik des Regimes war terroristisch: Sie erlaubte eine öffentliche, sozial kommunizierbare Vergewisserung des Sinns des Handelns nur i. S. einer solchen projektiven Identifikation – brutal unterbunden wurden alle Formen oppositionellen Diskurses, die eine Voraussetzung für organisierte Formen breiteren Widerstandes gewesen wäre. Was dagegen die inhaltliche Ausformung nationalsozialistischer Iszenierungen anbetrifft, so zeigte das Regime (und schon sein Vorläufer: die NSDAP) sich enorm pragmatisch, wie es schon Faye (1972) für die politischen Verlautbarungen aus der Partei von 1918 bis 1938 nachgezeichnet hat, der für die nationalsozialistischen Protagonisten eine chamäleonartige Fähigkeit aufzeigt, mit ihrer Argumentation im diskursiven politischen Feld zu changieren, wobei vor allem Hitler als „stummer Gast" (Faye) schließlich soviel an politisch konträr markierten Positionen amalgamierte, daß das traditionelle Rechts-Links-Schema politischer Orientierung seine Funktion verlor.

Bis auf den Rassismus, inbesondere den Antisemitismus, der von den Anfängen der Partei bis zur Shoah der europ. Juden eine Konstante war, standen alle Argumentationsfiguren zur Disposition: sie konnten brauchbar sein für die Einbindung von relevanten Gruppen oder die Bindung von Loyalität in der Bevölkerung – aber sie konnten auch sehr schnell wieder von der Bühne abgeräumt werden. Wenn es außer dem Rassismus eine Rationale für die Entwicklung des Regimes von 1933 bis 1945 gibt, dann die einer forcierten Modernisierung der gesellschaftlichen Verhältnisse unter dem Vorzeichen einer Kriegswirtschaft (die eben auch der Kapitalverwertung maximale Möglichkeiten bot) – was dazu nicht paßte, hatte nur strategisch-taktische Funktion. Das gilt insbesondere für die völkischen Elemente, die schon angesprochen wurden, die in der ersten Phase der Stabilisierung der Macht eine strategische Bedeutung zur Einbindung von Parteigängern im rechten konservativen Spektrum hatten,

dann aber sehr schnell als folkloristischer Humbug in der Requisitenkiste verschwunden.

Trotz der kaum noch überschaubaren Fülle von Publikationen zum Thema ist unser bisheriges Wissen um diese Zusammenhänge äußerst lückenhaft, vor allem was eine methodisch kontrollierte Modellierung der Verhältnisse betrifft. Diese ist letztlich nur durch ein vergleichendes Verfahren möglich. Statt dessen wird in vielen Arbeiten auf Texte aus der Zeit des Nationalsozialismus und von nationalsozialistisch kontrollierten Institutionen nur das projiziert, was die Autoren vom „Nationalsozialismus" wissen; die vorliegenden Arbeiten beschränken sich denn auch zumeist auf eine paraphrasierende Analyse der Quellen, die zeitgenössisch (im Lichte des Wissens von den Verhältnissen) plausibel gemacht wird, so auch noch in jüngsten Arbeiten, z. B. im kirchlichen Kontext E. Fischer (1993). Letztlich können nur auf einer solchen Folie die „Sprachregelungen" im Faschismus zureichend analysiert werden, die von Anfang an als symbolische Besetzung von Möglichkeiten zur Artikulation im öffentlichen Diskurs im Fokus germanistischer Beschäftigung mit dem Gegenstand standen (s. etwa Glunk 1966).

Eines der größten Desiderate der bisherigen Forschung, das einzulösen auch als Korrektiv gegen die simplifizierende Manipulationsvorstellung dienen kann, ist die Analyse der Argumentationsformen in oppositionellen Texten, die vor dem Hintergrund der terroristischen Monopolisierung des öffentlichen Raums zu analysieren sind. Dabei wird zu trennen sein auf der einen Seite in die strategische Aufnahme von Topoi des nationalsozialistischen Diskurses (so etwa bei Flugblättern, der Radio-Propaganda der BBC u. dgl., die ja die öffentliche Selbstinszenierung des Regimes in den Medien bei ihren Adressaten voraussetzen mußten) gegenüber geteilten argumentativen Prämissen auf der anderen Seite (etwa antidemokratische Konzepte im Widerstand, nicht nur des 20. Juli, auch etwa bei der Weißen Rose u. dgl.). Noch sehr wenig aufgearbeitet sind die vielen Artikulationen von Dissens, die von der rebellischen Geste bis zur programmatischen Äußerung reichen konnten, die vor allem in Gestapo-Akten, Prozeßakten des Volksgerichtshofs u. dgl. zugänglich sind.

Ganz allgemein gilt wohl, daß die erhellendsten Beiträge zur Sprache im Nationalsozialismus bisher wohl von einer nicht-fachspezifischen Warte aus erfaßt sind (wie z. B. das schon genannte Buch des Literarwissenschaftlers Bauer 1988). Von sprachwissenschaftlichen Arbeiten kann nur bei einer methodischen Kontrolle die Rede sein, wie sie zuerst wohl im Rahmen der Sozialwissenschaften mit inhaltsanalytischen Verfahren verfolgt wurde, die aber die sprachlichen Formen gewissermaßen auf dem Weg der Codierung „röntgen" und so komplementär zum genuin sprachwissenschaftlichen Vorgehen sind, das bei der sprachlichen Form ansetzt. In der philologischen, vor allem lexikographischen Tradition steht die Aufbereitung sprachlich-diskursiver Versatzstücke, die in einer gewissen Häufung bzw. Auffälligkeit zu finden sind, die aber eben auch als „transhistorische" Requisiten analysebedürftig sind (vor allem auch in Hinblick auf die diskursive Ambivalenz solcher Requisiten). Grundlage für ein Vorgehen, das dem hier Entwickelten angemessen ist, kann nur eine Textanalyse sein, die in Verbindung mit der Rekonstruktion von Konnotationen umfassende Kontextanalysen einbezieht (so auch von Polenz 1999). Notwendige, aber eben nicht hinreichende Voraussetzung dafür ist eine sorgfältige Beschreibung solcher Texte (als Analyse von Ganztexten, nicht unkontrollierten Textfragmenten, die etwas „belegen" sollen ...). Diese Beschreibung ist auf den interpretatorischen Horizont seiner Adressaten zu beziehen, um so konnotierte Lesweisen des Textes herauszupräparieren (der konkrete Autor eines solchen Textes verfügt eben auch nur über *eine* solcher Lesweisen ...). Texte sind in diesem Sinne polyphon aufzubereiten, gebrochen an den unterschiedlichen Erfahrungshorizonten – sie sind unterschiedlich vor allem in Hinblick auf die Art der Kollusion oder des (potentiellen) Dissenses der Adressaten (für den in die Texte des Regimes zumeist auch deutlich eine terroristische Drohung eingeschrieben ist). Ein solches Analyseverfahren setzt die aufwendige Kontrolle über eine Fülle von Kontextualisierungen voraus und ist bisher erst ansatzweise versucht worden.

Von einer theoretisch geklärten Position aus sollte eine solche Analyse zu einer Modellierung der Sprache im Nationalsozialismus führen, aus der bestimmte Hypothesen abzuleiten sind, die wiederum anhand eines Textcorpus empirisch zu verifizieren oder falsifizieren sind. I. S. des grammatiktheoretisch definierten Verständnisses von einer „harten" Sprachwissenschaft wäre dabei eine explizite Modellierung der semantischen Strukturen der analysierten Texte zu verlangen. Das derzeitige formale Rüstzeug einer semantisch interpretierten syntaktischen Analyse erlaubt eine solche Aufgabe nicht – so finden sich denn allenfalls isolierte Einzelfragmente aus derartigen Kontexten als Beispiele für eine formale Analyse. Einen der wenigen Versuche, von einer solchen Warte aus wenigstens punktuell dem Gegenstand gerecht zu werden, hat Ewald Lang in seiner Dissertation unternommen (1977, 273–279). Er rekonstruiert dort die „semantische Kohärenz" koordinativ verknüpfter Terme, die u. U. gegen deren „kontextfreie" („wörtliche") Lesweise bei der Interpretation des jeweiligen Ausdrucks hergestellt wird. Am Beispiel einer Passage aus der Ansprache bei der Bücherverbrennung 1933 („gegen Klassenkampf und Materialismus") zeigt er so, wie hier eine bestimmte Lesweise i. S. nationalsozialistischer Politik herbeigeführt wird. Von solchen „wissenschaftlichen Momentaufnahmen" ist es aber noch sehr weit bis zu einer Analyse der hier infragestehenden sprachlichen Verhältnisse.

4. Literatur (in Auswahl)

Bartholmes, Herbert, Das Wort *Volk* im Dienst der Parteiideologie der NSDAP und der SED. In: Mitteldeutsche Vorträge H. 2/1963, 33–46.

Bauer, Gerhard, Sprache und Sprachlosigkeit im „Dritten Reich". Köln 1988.

Berning, Cornelia, Vom „Abstammungsnachweis" zum „Zuchtwart". Vokabular des Nationalsozialismus. Berlin 1964 [zuerst Diss. Bonn 1958].

Bohleber, Werner/Jörg Drews (Hrsg.), „Gift, das du unbewußt eintrinkst ...". Der Nationalsozialismus und die deutsche Sprache. Bielefeld 1991.

Bohse, Jörg, Inszenierte Kriegsbegeisterung und ohnmächtiger Friedenswille. Meinungslenkung und Propaganda im Nationalsozialismus. Stuttgart 1988.

Bork, Siegfried, Mißbrauch der Sprache. Tendenzen nationalsozialistischer Sprachregelung. Bern/ München 1970.

Brackmann, Karl-Heinz/Renate Birkenhauer, NS-Deutsch. „Selbstverständliche" Begriffe und Schlagwörter aus der Zeit des Nationalsozialismus. Straelen 1988.

Bramstedt, Ernst K., Goebbels und die nationalsozialistische Propaganda 1925–1945. East Lansing 1965 [dt. Ausgabe Frankfurt/M. 1971].

Buchele, Marga, Der politische Witz als getarnte Meinungsäußerung gegen den totalitären Staat. Diss. München 1955.

Dahle, Wendula, Der Einsatz einer Wissenschaft. Eine sprachinhaltliche Analyse militärischer Terminologie in der Germanistik 1933–1945. Bonn 1969.

Danimann, Franz, Flüsterwitz und Spottgedicht unterm Hakenkreuz. Wien [etc.] 1983.

Dieckmann, Walther, Sprache in der Politik. Heidelberg 1969.

Ders., Politische Sprache. Heidelberg 1981.

Ehlich, Konrad (Hrsg.), Sprache im Faschismus. Frankfurt/M. 1989.

Faye, Jean Pierre, Langages totalitaires. Paris 1972 [dt. Ausgabe Berlin 1977].

Fischer, Elke K., Zur Sprache der Bekennenden Kirche (1934—1943). Frankfurt/M. [etc.] 1993.

Fischer, Heinrich, Die deutsche Sprache im Dritten Reich (1942). In: Deutsche Rundschau 1965, 848—850.

Gamm, Hans Jochen, Der Flüsterwitz im Dritten Reich. München 1963.

Glunk, Rolf, Erfolg und Mißerfolg der nationalsozialistischen Sprachlenkung. Diss. München 1966.

Hadamovsky, Eugen, Propaganda und nationale Macht. Oldenburg 1933.

Hadomi, Leah, Dramatic metaphors of Fascims and Antifascism. Tübingen 1996.

Heringer, Hans Jürgen (Hrsg.), Holzfeuer im hölzernen Ofen. Tübingen 1982.

Hitler, Adolf, Mein Kampf [Teil I 1925, Teil II 1927]. [lt. Titelblatt:] 312.—316. Aufl. München 1938.

Ille, Karl, Politische Sprache im Dienst der Gewalt (italienischer und deutscher Sprachraum im Vergleich). Diss. Wien 1980.

Jäger, Siegfried, Faschismus—Rechtsextrmismus—Sprache. Eine kommentierte Bibliographie. 2. Aufl. Duisburg 1990.

Kinne, Michael/Johannes Schwitalla, Sprache im Nationalsozialismus. Heidelberg 1994.

Klemperer, Victor, LTI. Notizbuch eines Philologen. Leipzig 1947.

Ders., Ich will Zeugnis oblegen bis zum letzten. Tagebücher 1933—1945. Berlin 1995.

Klönne, Arnold, Jugend im Dritten Reich. Die Hitler-Jugend und ihre Gegner. Köln 1982.

Kraus, Karl, Die Dritte Walpurgisnacht (1933) [posthum 1952 veröffentlicht]. Neuausgabe Frankfurt/M. 1989.

Kris, Ernst/Hans Speier, German Radio Propaganda. Report on Home Broadcasts during the War. London [etc.] 1944.

Lang, Ewald, Semantik der koordinativen Verknüpfung. Berlin 1977. (StGr. 16).

Linden, Walther, Aufstieg des Volkes. In: Friedrich Maurer/Fritz Stroh (Hrsg.), Deutsche Wortgeschichte. Berlin 1943, Bd. 2, 378—416.

Maas, Utz, „Als der Geist der Gemeinschaft eine Sprache fand". Sprache im Nationalsozialismus. Versuch einer historischen Argumentationsanalyse. Opladen 1984.

Mackensen, Lutz, Die deutsche Sprache unserer Zeit. Heidelberg 1956.

Marek, Michael, „Wer deutsch spricht, wird nicht verstanden". Der wissenschaftliche Diskurs über

das Verhältnis von Sprache und Politik im Nationalsozialismus. In: Archiv für Sozialgeschichte 30/1990, 454—492.

Maser, Werner, Hitlers „Mein Kampf". München 1965.

Paechter, Heinz, Nazi-Deutsch, a Glossary of Contemporary German Usage. New York 1944.

Pechau, Manfred, Nationalsozialismus und deutsche Sprache. Diss. Greifswald 1935.

Peukert, Detlev, Die Edelweißpiraten. Protestbewegungen jugendlicher Arbeiter im Dritten Reich. Köln 1980.

Pipgras, Kurt, Faschismus und Sprache. Diss. Kiel 1941.

Plöckinger, Othmar, Adolf Hitler als Redner. Forschungstendenzen und diskurs- und wirkungsanalytische Überlegungen am Beispiel des Wahlkampfes zu den Reichstagswahlen am 6. November 1932. Diss. Salzburg 1998.

Polenz, Peter von, Geschichte der deutschen Sprache. Berlin 1972.

Ders., Deutsche Sprachgeschichte vom Spätmittelalter bis zur Gegenwart. Bd. III. 19. und 20. Jahrhundert. Berlin 1999.

Projekt Ideologietheorie, Faschismus und Ideologie. Berlin 1980. (Das Argument, Sonderbände 60, 62).

Rahn, Fritz, Die Reform der deutschen Rechtschreibung. In: Das Reich Nr. 37/1941.

Römer, Ruth, Sprachwissenschaft und Rassenideologie in Deutschland. München 1985.

Roß, Klaus, Sprecherziehung statt Rhetorik. Der Weg zur rhetorischen Kommunikation. Opladen 1994.

Sauer, Christoph, NS-Sprachpolitik in der Besatzungssituation. In: F. Januschek (Hrsg.), Politische Sprachwissenschaft. Opladen 1985, 97—141.

Sauer, Wolfgang Werner, Der Sprachgebrauch von Nationalsozialisten vor 1933. Hamburg 1978.

Schmitz-Berning, Cornelia, Vokabular des Nationalsozialismus. Berlin 1998.

Schnauber, Cornelius, Wie Hitler sprach und schrieb. Frankfurt/M. 1972.

Seidel, Eugen/Ingeborg Seidel-Slotty, Sprachwandel im Dritten Reich. Halle/S. 1961.

Sternberger, Dolf [u. a.], Aus dem Wörterbuch des Unmenschen. [zuerst in: Die Wandlung, 1945—1946]. Neuausgabe Hamburg 1967.

Vondung, Klaus (Hrsg.), Kriegserlebnisse. Göttingen 1980.

Wells, C. J., Deutsch: eine Sprachgeschichte bis 1945. Oxford 1985. [dt. Ausgabe Tübingen 1990].

Winckler, Lutz, Studie zur gesellschaftlichen Funktion faschistischer Sprache. Frankfurt/M. 1970.

Wodak, Ruth [u. a.], „Wir sind alle unschuldige Täter". Diskurshistorische Studien zum Nachkriegsantisemitismus. Frankfurt/M. 1990.

Utz Maas, Osnabrück

XIV. Entwicklungstendenzen der deutschen Sprache seit der Mitte des 20. Jahrhunderts

139. Die Rolle der Fachsprachen seit der Mitte des 20. Jahrhunderts

1. Ausgangspositionen

1.1. Der Literatur, d. h. sowohl Standardwerken und Überblicksdarstellungen als auch speziellen Einzeluntersuchungen, ist unschwer zu entnehmen, daß die Fachkommunikation seit der Mitte des 20. Jh. beträchtlich an Bedeutung gewonnen und daß die Fachsprachenforschung seit den 60er Jahren eine bemerkenswerte Entwicklung genommen hat (vgl. z. B. Fluck 1976, 9; 1996, 10; Hoffmann 1976, 11 ff.; 1987, 11; 1988, 23 ff.; Beier 1980, 9 f.; Sager/Dungworth/McDonald 1980, XIII; Kocourek 1982, 1; Möhn/Pelka 1984, 1). Beobachtungen im beruflichen und alltäglichen Leben bestätigen diese beiden korrespondierenden Tendenzen.

Natürlich haben sich Fachsprachen schon wesentlich früher herausgebildet, und auch die Ansätze der Fachsprachenforschung reichen weiter zurück. Der Ursprung der Fachsprachen wird im allgemeinen in der durch Arbeitsteilung bewirkten Spezialisierung menschlicher Tätigkeiten und der sprachlichen Verständigung darüber gesucht (vgl. Fluck 1996, 27 ff.). Ansätze von Fachsprachenforschung finden sich da, wo über den fachlich determinierten Gebrauch von Sprache reflektiert wird, ohne daß sofort eine systematische Analyse und Darstellung angestrebt werden muß. Je nach Kulturkreis fällt die Datierung dafür unterschiedlich aus; unterschiedlich ist auch die Quellenlage etwa zur ägyptischen, chinesischen, indischen, antiken, arabischen und abendländischen Arbeits- bzw. Sprachwelt. Das historische Interesse an der Fachkommunikation hat sich bisher im wesentlichen auf den europäischen Raum konzentriert, wobei Antike und Abendland — geklammert durch das sogen. „Mittelalter" — nur zu leicht als Kontinuum gesehen werden. (Die Verwendung des Lat. als Sprache der Wissenschaft über Jahrhunderte hinweg und die Konstituierung ganzer Terminologien aus griech. und lat. Wortbildungselementen legen diese Sichtweise nahe!).

1.2. Eine auf Periodisierung gerichtete diachronische Sprachbetrachtung ist darauf angewiesen, mehr oder weniger deutliche Grenzen zwischen bestimmten Entwicklungsetappen zu ziehen und diese durch sichtbare Veränderungen zu belegen. Für fast alle europ. Sprachen von Rang und Bedeutung gibt es bereits Darstellungen ihrer Geschichte, häufig unterteilt in historische Phonetik und historische Grammatik (Morphologie, Syntax), seltener historische Lexik(ologie). Die dort festgehaltenen qualitativen Unterschiede im System der Gesamtsprache(n), z. B. zwischen Ahd., Mhd. und Nhd. oder zwischen Urslaw., Aruss. und Nruss. gelten gleichermaßen für die Sub- bzw. Fachsprachen. Bei diesen kommen aber quantitative Veränderungen vor allem im Fachwortschatz hinzu, die man als Innovationsschübe bezeichnen kann. Sie treten nicht bei allen Fachsprachen gleichzeitig und auch nicht gleichzeitig mit den allgemeinen qualitativen Veränderungen der Einzelsprachen ein, sondern hängen direkt von der Entwicklung der verschiedenen Fächer ab. Über den Benennungsbedarf ergibt sich eine Korrelation zwischen der Entwicklung der Fächer und ihrer Fachsprachen. Neben der Fachlexik, die sich im Laufe der Zeit in terminologischen Subsystemen organisiert, äußert sich die spezifische Entwicklung der Fachsprachen in der Gestaltung der Fachtexte bis hin zur Schaffung neuer Fachtextsorten.

Wenn in diesem Artikel eine Zäsur mitten durch das 20. Jh. gezogen wird, dann bedeutet das also nicht, daß davon alle Fachsprachen betroffen sein müssen. Aber das Ende des 2. Weltkrieges und der Neubeginn danach − in welcher Form auch immer − sind durch eine solche Zahl von Veränderungen auf allen möglichen Gebieten gekennzeichnet, daß es gerechtfertigt erscheint, auch dem damit verbundenen sprachlichen Wandel nachzuspüren.

1.3. Schaut man von der Mitte des 20. Jh. zurück, dann ergibt sich − grob skizziert − das folgende Bild:

Zunächst haben sich Fachsprachen im Zusammenhang mit dem Nahrungserwerb der Menschen herausgebildet (Jagd, Fischfang, Viehzucht, Ackerbau, samt der Verarbeitung der dabei gewonnenen Produkte); ihnen folgten solche, die mit der Befriedigung anderer elementarer Bedürfnisse zu tun haben (Herstellung von Kleidung und Behausung); hinzu kamen die Erzeugung und Benennung bzw. Beschreibung von Werkzeugen und Geräten. In dieser Phase ist Fachsprache weitgehend identisch mit Fachwortschatz und Phraseologie. Vom Handwerk und seinen Fachsprachen kann man sprechen, sobald nicht mehr jeder nur die eigenen Bedürfnisse befriedigt, sondern ganze soziale (berufliche) Gruppen ihren Lebensunterhalt vorwiegend durch spezialisierte Tätigkeiten und weiter über Tausch und Handel bestreiten. Hier vollzieht sich im Laufe der Zeit eine ständige Vermehrung und Differenzierung, stimuliert durch vielfältige und verfeinerte Bedürfnisse (z. B. Wagenbau, Waffenproduktion, Schmuckherstellung, Heilmittelzubereitung). Dabei bedient sich die Fachkommunikation gelegentlich schon spezieller Textsorten wie Bauernregeln, Handwerksurkunden, Zunftordnungen, Rezepte, Jagdgesetze, Handlungsbücher, Arzneibücher (Näheres s. von Hahn 1983, 12ff.; Hoffmann/Kalverkämper/Wiegand 1998/99, Kap. XIV).

In den Fachsprachen des Bergbaus und des Buchdrucks wird bereits die Grenze zwischen Handwerk und Technik überschritten, wie überhaupt die Fachsprachen der Technik ihre Wurzeln in den nationalen Handwerkersprachen haben und sich erst später den wissenschaftlichen Fachsprachen und der Internationalisierung öffnen. Gut dokumentiert ist der Übergang in der mittelalterlichen Artes-Literatur, insbesondere in den auf die Artes

mechanicae bezogenen „Kunstbüchern". Mit dem weiteren Aufschwung der Technik treten die Fachsprachen des Handwerks allmählich in den Hintergrund oder erscheinen eher als Teil der Gemeinsprache oder werden in die Fachsprachen der Technik integriert. Die entscheidende Phase in dieser Entwicklung war die der „industriellen Revolution" (18./ 19. Jh.). Seither hat sich in den Fachsprachen der Technik eine gewaltige Erweiterung des Wortschatzes im Sinne von Terminologie vollzogen und auch die Palette der Fachtextsorten hat sich beträchtlich vergrößert, z. B. durch Patentschriften, Normen, Prüfstandards, Bedienungsanleitungen u. ä. Nationale wissenschaftliche Fachsprachen haben sich seit der Lösung vom sogen. Gelehrtenlat. (16./17. Jh.) sehr schnell herausgebildet. In den Naturwissenschaften brachten die großen Entdeckungen des 19. Jh. auch den fachsprachlichen Durchbruch für Terminologie und Textgestaltung. Die wissenschaftliche Monographie und der wissenschaftliche Aufsatz wurden die dominierenden Textsorten, begleitet von Rezensionen und Überblicksdarstellungen bis hin zum Lehrbuch. Ähnliches gilt für die Geistes- und Sozialwissenschaften seit dem 18. Jh. im Gefolge der Aufklärung (Näheres s. Hoffmann/Kalverkämper/Wiegand 1998/99, Kap. XV und XVI).

Bei den Fachsprachen der Wirtschaft kann man die Anfänge ins Zeitalter der Entdeckungen und der Gründung von ersten Handelsniederlassungen (15./16. Jh.) zurückdatieren. Geschäftsbriefe und Verträge gehören zu den frühen Textsorten. Die Terminologie spielt erst später, d. h. seit der Begründung der Wirtschaftswissenschaften in Gestalt der klassischen Nationalökonomie (18./19. Jh.), eine größere Rolle. Hier kommt es auch relativ früh (Anfang 20. Jh.) zu einer eigenartigen Verbindung mit der Sprachwissenschaft in der sogen. Wirtschaftslinguistik bzw. Wirtschaftsgermanistik, die zu den Vorläufern der modernen Fachsprachenforschung gezählt werden kann.

1.4. Die wichtigsten anderen Wegbereiter der Fachsprachenlinguistik bis zur Mitte des 20. Jh. waren die Funktionalstilistik mit ihren Arbeiten über den wissenschaftlichen Stil, die Terminologiearbeit mit ihren Bemühungen um die Fachwortschätze und die Übersetzungswissenschaft unter dem speziellen Aspekt der Übersetzung von Fachtexten (Näheres s. Hoffmann 1987, 21ff.). Kennzeichnend für diese Etappe sind die Anlehnung der Übersetzungswissenschaft an die Funktionalstilistik und die mangelnde Bekanntschaft zwischen den aus Fachkreisen stammenden Terminologen einerseits und der Masse der technisch und naturwissenschaftlich wenig interessierten Philologen andererseits, deren Ursachen neben anderen in unterschiedlichem Anwendungsinteresse und Nutzendenken lagen. Betrachtet man den Zeitraum von der Mitte des 20. Jh. bis zur Gegenwart, dann gelangt man zu den in 2. bis 6. beschriebenen Eindrücken.

2. Neue Anstöße

2.1. Im Gefolge des 2. Weltkrieges (1939 bis 1945) und beim Wieder- bzw. Neuaufbau danach haben sich tiefgreifende Veränderungen im Leben der Menschen, insbesondere in ihrer Arbeitswelt, vollzogen, deren Spuren sich auch in ihrer Sprache, insbesondere in den Fachsprachen, wiederfinden. Einige der Bereiche, auf die das in hohem Maße zutrifft, sollen hier genannt werden.

2.1.1. Ganz offensichtlich sind die riesigen Fortschritte in der *Technik*. Dabei gibt es allerdings Abgrenzungsprobleme zwischen ihren einzelnen Zweigen, die früher leichter zu unterscheiden waren. Sie entstehen durch Prozesse der Integration und der Differenzierung zugleich. So ist es nur bedingt richtig, die Luft- und Raumfahrt, die Datenverarbeitung, die Medizintechnik, den Maschinen- und Anlagenbau, die Kraftfahrzeugtechnik, die Fernmeldetechnik, die Wärme- und Kältetechnik u. a. wegen ihrer vordergründigen Bindung an bestimmte Herstellerbetriebe und ihre Produkte hervorzuheben. Technische Neuerungen werden weit stärker von Disziplinen gefördert, die zentrale Bausteine für Antrieb und Steuerung der unterschiedlichsten Aggregate liefern, z. B. Elektrotechnik, Elektronik, Meß-, Steuerungs- und Regelungstechnik, aber auch Kerntechnik, chemische Verfahrenstechnik und vielleicht Gentechnik.

2.1.2. Nicht minder wichtig sind die Veränderungen in der *Wirtschaft*, die sich übrigens auch den Fortschritt der Technik zunutze macht. Ins Auge springt da die Weitung des Blickes von der Nationalökonomie auf die Weltwirtschaft und der Versuch zur Verwirk-lichung einer sozialistischen politischen Ökonomie. Ihre Verkörperung finden diese Bestrebungen in der Gründung internationaler Organisationen wie EWG, RGW, EFTA, IMF, WTC u. a. Deutlicher wird aber auch die innere Differenzierung durch die Unterscheidung von Volkswirtschaft(slehre), Betriebswirtschaft(slehre), Finanzwirtschaft(s-lehre) usw.

2.1.3. Die *Politik* ist bis in die 80er Jahre hinein geprägt durch die Konfrontation zweier unterschiedlicher Gesellschaftssysteme (Kapitalismus und Sozialismus, Bürgerlich-parlamentarische Demokratie und Volksdemokratie oder welche Namen man immer dafür erfunden hat), aber auch durch internationale Friedensbemühungen, z. B. der UNO und der KSZE, durch nationale Befreiungsbewegungen in Asien, Afrika und Lateinamerika, durch Stellvertreterkriege und Nationalitätenkonflikte. In diesem Zusammenhang haben sich die außenpolitischen Aktivitäten verstärkt. Doch auch in der Innenpolitik sind neue Züge zu beobachten, die etwas mit sozialer Sicherheit, Rassengleichstellung, Umweltschutz u. a. zu tun haben.

2.1.4. *Wissenschaft*, *Kultur* und *Bildungswesen* sind weitere starke Triebkräfte der Weltveränderung in der 2. Hälfte des 20. Jh. Als Stichwörter seien hier nur genannt: Kernenergie, Raumfahrt, Rechentechnik, Genforschung, Telekommunikation und Umweltschutz, oder in engeren Bezügen: Halbleiter, Mikroprozessor, Laser, Glasfaser, Polymer(isation), Tauon und Neutrino, Ozonloch, CD-ROM, und die Entstehung neuer Wissenschaftsdisziplinen wie Kybernetik, Informatik, Synergetik. Auf dem Gebiet der Kultur im engeren Sinne gewannen an Einfluß: Farbfilm, Rockmusik, Aktionskunst; im weiteren Sinne: Tourismus, Freizeitpark und Supermarkt. Interkulturelle Forschungen eröffnen den Blick über traditionelle Grenzen hinweg. (Die Stichwörter allein sind Zeugnisse des Sprachwandels und Zentren ganzer neuer Wortfelder.)

Reformen im Bildungswesen und der verstärkte Zustrom zu den Bildungsstätten, insbesondere im Hochschulwesen, führen zur Verbreitung wissenschaftlicher Kenntnisse und zum Nachdenken über Inhalte und Methoden der Ausbildung und Erziehung. Kennzeichnend für diese Bereiche ist die zunehmende Internationalisierung, gefördert von Institutionen wie UNESCO, WHO, IU-PAC, IUPAP, IAF und zahlreichen internationalen wissenschaftlichen Gesellschaften, die mittlerweile für fast alle Fächer existieren.

2.1.5. Nicht unterschätzt werden darf das gewachsene Interesse am *Sport*, seine Verwissenschaftlichung und seine Kommerzialisierung.

Schließlich ist da die enorme Expansion der *Massenmedien* mit Schwerpunktverlagerung zum Fernsehen, das gemeinsam mit Zeitschriften, Zeitungen und Rundfunk neben der allgemeinen Berichterstattung und Unterhaltung Technik, Wirtschaft, Politik, Wissenschaft und Kultur, Sport und anderen fachlich-beruflichen Aktivitäten breiten Raum gewährt und damit eine wichtige Bildungsfunktion erfüllt, aber auch Anschlußwerbung betreibt.

2.2. Bedenkt man, daß all die genannten Bereiche ihre Erkenntnisse − natürlich mit unterschiedlichen Fachlichkeitsgraden (vgl. Baumann 1994; Kalverkämper 1990) − in die fachinterne, interfachliche und fachexterne (vgl. Bungarten 1981, 19f.; Möhn/Pelka 1984; Gläser 1990; Göpferich 1995, 206f.) Kommunikation einspeisen, dann wird einem bewußt, welch großen Anteil die Fachkommunikation an der Gesamtkommunikation gewonnen hat und welch bedeutende Rolle die Fachsprachen dabei als Medium spielen.

3.   Fachwortschatz/Terminologie

3.1. Zuwachs an Fachkommunikation bedeutet erst einmal Zuwachs an Fachwortschatz, zunächst in der fachinternen und interfachlichen, dann aber auch in der fachexternen Kommunikation. Damit wird der Fachwortschatz von einem gewissen Entwicklungsstadium an zum entscheidenden Wachstumsfaktor für den Gesamtwortschatz einer Sprache. Das gilt in der 2. Hälfte des 20. Jh. für fast alle Sprachen der Welt, zumindest für die der Industrienationen. Der Anteil der Schriftsteller und Dichter an der „Bereicherung" der Lexik ist verglichen damit gering.

Wie schon früher so dient die Erneuerung und Ergänzung von Fachwortschätzen der Befriedigung des wachsenden Bedarfs an Benennungen (Signifikanten) für neue Gegenstände bzw. Begriffe und Prozesse (Signifikate). M. a. W.: Es kommt zu einer ständigen Angleichung von Kenntnissystem und Sprachsystem mit den Kernbereichen Begriffssystem und Terminussystem.

3.2. Bei der Wahl der dazu benötigten sprachlichen Mittel lassen sich allerdings seit der Mitte des 20. Jh. einige Veränderungen feststellen:

(1) Komplette (zwei- und mehrgliedrige) lat. Nomenklaturen wie in der Anatomie, Pharmazie, Biologie, z. B. *Os breve, Arteria gastrica sinistra; Linimentum ammonatum, Aqua menthae piperitae; Magnolia stellata, Canis aureus lupaster*, entstehen nicht mehr.

(2) Die Bildung sogen. „gelehrter Wörter" durch Konfigierung, d. h. durch Zusammensetzung aus Wortbildungselementen griech. und lat. Herkunft, wie sie für die Terminologien der „klassischen" Natur- und Geisteswissenschaften und besonders der Medizin charakteristisch war, z. B. *Autonomie, Geologie, Psychosyndrom, Pneumoperitoneum, Äquinoctium; Antezedens, Antigen, Enteropexie, Katalyse, Konvergenz, Metastase, Respiration, Synkretismus*, tritt mehr und mehr in den Hintergrund.

(3) Die Bereitschaft zur Anpassung (Assimilation) fachsprachlicher Lehnwörter an das phonematische, graphematische und morphologische System der entlehnenden Sprache wird immer geringer, z. B. *Abrasio/Abrasion, Code/Kode, Drainage/Dränage, Interruptio/Interruption, Recorder/Rekorder, Shredder/Schredder(?)*; es dominiert die Übernahme ohne jede Veränderung, z. B. *Compliance, Draft, Ghost writer, Management, Marketing, Monitoring, Retrieval, Screening, Software, Terminal, Top Model* (obwohl hier vielleicht die dt. Rechtschreibreform völlig neue Akzente setzt!).

(4) Lehnübersetzungen, z. B. *Adreßmarker/address marker, Schwarzer Kasten/black box, Kettenbefehl/chain instruction, Dunkelstrom/dark current, Schlüsselfeld/key field*, sind nur noch in wenigen Fächern produktiv.

(5) Abbreviaturen werden leichter akzeptiert, z. B. *AIDS, MS, VMS, PTA, ZNS, FCKW, SZA, PSU, ANIS, BGH*.

(6) Durch Terminologiearbeit werden Synonymie und Polysemie frühzeitig vermieden.

(7) Die Wege von der vielgliedrigen terminologischen Umschreibung zum kommunikativ rationellen Terminus (Kompositum) werden kürzer.

(8) Von der Terminologisierung werden neben Substantiven zunehmend Verben erfaßt, z. B. *abbilden, abfragen, belegen, durchlegieren, einbetten, eingeben, fernschreiben, handbetätigen, indexieren, ketten, laden, maskieren, rundlaufen, schrägstellen, spationieren, speichern, überlagern, umformatieren*.

3.3. Im übrigen bedienen sich die einzelnen Terminologien der für die Sprache insgesamt fruchtbaren Verfahren und Mittel der Wortbildung, das Dt. besonders der *Komposition* unterschiedlicher Komplexität aus unterschiedlichen Konstituenten, wobei Derivate eingeschlossen sein können,

z. B. *Abflachschaltung, Analogrechner, Bandspule, Bandwechsel, Bedienfeld, Betriebsart, Eingabepufferspeicher, Feldprüfung, Formatkontrollwort,*

Gleichstromsignal, Gleitpunktüberlauf, Kabelführungsplan, Kathodenstrahlmultiplizierer, Luftführung, Markierungslesezusatz, Meßverzerrer, Nicht-Glied, Paralleldruckwerk, Prüfverbindung, Rücknahmeanweisung, Rückschmelz-Abschreck-Transistor, Null-Verfahren, Scheitelsperrarbeitsspannung, Schnellzugriffspeicher, Rechner-Rechner-Übertragung, Zählfeld, Zeichenabtastung; Absatzförderung, Anlagegeschäft, Anrufbeantworter, Anteilschein, Ausfuhrabgabe, Auswahlmustersendung, Bankdarlehen, Bedarfsdeckungsgüter, Eigentumsvorbehalt, Einspruchsrecht, Erlebensfallversicherung, Forderungsabtretung, Kaufverhalten, Kostenvoranschlag, Laufzeit, Rückschein, Ro-Ro-Fähre, Schuldverschreibung, Unternehmensberatung, Zollauslieferungsschein.

Einfache *Derivation* durch Prä- und/oder Suffixe ist seltener geworden, z. B. *Abluft, Anleihe, Aufruf, Auftrag, Ausdruck, Beisatz, Eingabe, Gebühr, Gewinn, Inland, Umkehr, Unterzelle, Unwucht, Vorgabe, Vorlauf; Abrechnung, Aufzeichnung, Ausdehnung, Belegung, Nachbestellung, Prüfung, Senkung, Überweisung, Verladung, Verpackung; Abnehmer, Bediener, Lader, Lüfter, Rechner, Reißer, Sender, Speicher, Vertreter, Verbraucher, Zähler, Zubringer.*

(Die Beispiele sind nicht immer neueren Datums, wohl aber terminologisiert.)

Den Komposita im Dt. entsprechen in anderen Sprachen — etwa im Engl., Frz., Russ. — oft sogen. Mehrworttermini (Wortgruppenlexeme), z. B. engl. *diseases of early life/Kinderkrankheiten, maintenance dose/Dauerdosis, perceptive disorder/Wahrnehmungsstörung.*

3.4. Blickt man über die Einzelsprachen hinaus, dann erkennt man in vielen Fachwortschätzen eine deutliche Tendenz zur Internationalisierung und Standardisierung (Normung), die durch die systematische Terminologiearbeit internationaler und nationaler Organisationen, wie ISO, Infoterm, DIN, BSI, AFNOR, ON u. a. sowie durch die Einrichtung sogen. Terminologiebanken gefördert wird (Näheres s. Felber/Budin 1989; Galinski 1980).

4. Fachtexte

4.1. Neben der Fachlexik hat sich die Fachkommunikation auch ihre eigenen Fachtextsorten geschaffen. Die meisten davon sind schon bis zur Mitte des 20. Jh. entstanden,

z. B. die wissenschaftliche Monographie, der wissenschaftliche Zeitschriftenartikel, die wissenschaftliche Rezension, das Hochschullehrbuch, die Magisterarbeit, die Dissertation, der Lexikon- bzw. Enzyklopädieartikel, der Standard bzw. die Norm,

die Patentschrift, das Gesetz, der Vertrag, der fachbezogene Essay, die Laudatio, die Buchankündigung, die Annotation, das Abstract (Referat), der Klappentext, der Beipackzettel, die Vorlesung, der Vortrag (vgl. Baumann 1992, 1994; Gläser 1979, 83 ff., 1990; Hoffmann 1988, 122 ff., 1990; Sager/Dungworth/McDonald 1980, 148 ff.).

In den letzten Jahrzehnten haben sie allerdings eine strengere Formalisierung und z. T. eine starke Unifizierung erfahren. Die Ursachen dafür liegen in den Vorgaben der Verlage und Zeitschriftenredaktionen, aber auch in den Anforderungen der Information und Dokumentation. Hinzu kommen Prüfungsbestimmungen von Universitäten und Hochschulen, ja sogar Festlegungen von Normungsausschüssen. Dabei sind die Forderungen je nach Fachtextsorte unterschiedlich streng auf einer Skala, die von Gesetz, Standard oder Patentschrift bis zu Laudatio, Essay oder Werbetext reicht.

4.2. Sieht man von formalen Aspekten der Manuskripteinrichtung ab, dann betreffen die Gestaltungshinweise vor allem den Umfang und die Gliederung der Texte. Umfangsbeschränkungen sollen Informationsverdichtung bewirken, aber auch der Verführung durch Zeilen- oder Seitenhonorare und technische Erleichterungen bei der Textproduktion gegensteuern. Die einheitliche Textgliederung erleichtert neben der Textrezeption den Vergleich wissenschaftlicher Ergebnisse und technischer Fortschritte. Auch die Vorbildwirkung bedeutender Gelehrter hat zur Herausbildung relativ fester Textbaupläne (Teiltextfolgen bzw. Makrostrukturen) geführt, z. B. beim Eintrag in ein Nachschlagewerk: Stichwort — Definition(en) — Merkmal 1 — Merkmal 2 — Merkmal 3 ... Merkmal n — 1 — Merkmal n — Literatur (an Stelle von Merkmalen können — je nach Gegenstand — auftreten: Arten, Bestandteile, Etappen, Relationen u. a.); beim Prüfstandard: Kopf — Geltungsbereich — Allgemeine Prinzipien — Termini und Definitionen — Wesen der Methode — Auswahl und Vorbereitung der Proben — Apparatur (Reagenzien, Materialien) — Durchführung der Prüfung — Bearbeitung der Prüfungsergebnisse — Anlage (Informationen über Autor, Thema, Annahme, Einführung); bei der Erfindungsbeschreibung: Bibliographische Angaben — Referat (mit Abbildung) — Gebiet der Technik — Ziel der Erfindung — Beschaffenheit — Arbeitsweise — Fortschritt (gegenüber existierenden Lösungen) – „Erfindungsformel" bzw. Erfindungsanspruch – Abbildung(en).

Tendenzen zur Unifizierung und gleichzeitigen Ausprägung der Fachtextsorten lassen sich aber auch bei anderen Phänomenen, d. h. sprachlichen und metakommunikativen Mitteln, beobachten, z. B. Art und Intensität der Kohärenz/Kohäsion, Komplexitätsgrad der Nominalgruppen, Häufigkeit grammatischer Kategorien (Genus, Tempus und Person der Verben), Deagentivierung, Verwendung von Abkürzungen und Symbolen, Art der graphischen Darstellungen und Abbildungen usw. (vgl. Gläser 1990; Hoffmann 1987, 1990; Hoffmann/Kalverkämper/Wiegand 1998/99, Kap. VII).

Neue Fachtextsorten, deren Einführung in die 2. Hälfte des 20. Jh. datiert werden kann, sind z. B. Sachbuch, Dokumentation, Fertigungs- und Prüfvorschrift, Entwicklungsantrag, Aufgabenblatt, Pflichtenheft, Versuchsprotokoll, Checkliste (vgl. Möhn/Pelka 1984, 71 ff.; Göpferich 1995).

5. Einfluß auf die Gemeinsprache

5.1. Die Fachsprachen haben schon seit frühesten Zeiten einen beträchtlichen Beitrag zur Entwicklung der einzelnen Nationalsprachen, insbesondere zur Bereicherung ihrer Lexik, geleistet. Einmal haben die Fachleute selbst, die ja nicht nur an der fachinternen und interfachlichen, sondern auch an der fachexternen Kommunikation teilnehmen, mehr oder weniger bewußt Elemente davon in die Umgangssprache hineingetragen. Zum anderen haben Laien und Halbgebildete immer versucht, ihr Sozialprestige durch den Gebrauch von Fachtermini, besonders von solchen fremder Herkunft, „aufzuwerten". In jüngster Zeit haben die Massenmedien, in der 2. Hälfte des 20. Jh. besonders das Fernsehen, diesen Transferprozeß erheblich beschleunigt. So sprechen heute selbst die Unsportlichsten von *Champ(ion)*, *Cross-Strecke*, *Cuplauf*, *Foul*, *Handicap*, *Hattrick*, *Hinrundenfinale*, *Kantersieg*, *Mixed-Turnier*, *Puck*, *Slalom*, *Superschwergewicht*, *Tie-Break*, ganz zu schweigen von den Kranken mit ihrer *Allergie*, *Hypertonie*, *Migräne*, *Pneumonie*, *Sepsis*, ihrem *Infarkt*, *Karzinom*, *Kortex*, *Tonus*, *Tumor*, und den Computer-Freaks, die mit *Assembler*, *Bit*, *Dualcode*, *Ferritkern*, *Impulsdauer*, *Indexsatz*, *Magnetstrei-*

fen, *Phasenzeichen*, *Software*, *Terminator*, *Vektorprozessor* und *Zentraleinheit* ständig zur Hand sind. Natürlich ist die Verwendung fachsprachlicher Elemente in der fachexternen Kommunikation nicht nur ironisch zu kommentieren oder gar puristisch zu verdammen, sondern ein ganz natürlicher Vorgang, der nur in der Anfangsphase besonders auffällt und später kaum noch wahrgenommen wird, so wie sich heute keiner mehr über Wörter wie *Annexion*, *Chanson*, *Cholera*, *Havarie*, *Investition*, *Kondom*, *Neon*, *Resultat*, *Type* oder *Zone* wundert.

Auch in der allgemeinsprachlichen Syntax sind Einflüsse der Fachsprachen zu verspüren, z. B. bei Funktionsverbgefügen wie *Anwendung finden*, *einer Beanspruchung unterliegen*, *von Bedeutung sein*, *in Erscheinung treten*, *zur Folge haben*, *den Nachweis erbringen*, beim Passivgebrauch, beim Subjektschub, kurz: bei der Deagentivierung (vgl. von Polenz 1988, 182 ff.).

5.2. Da, wo Fachsprachen sich der Integration in die Gemeinsprache/Umgangssprache widersetzen, werden oft *Sprachbarrieren* vermutet, die zu Kommunikationskonflikten führen (vgl. Fluck 1996, 198 ff.; Bungarten 1981, 19 ff.; 45 ff.; Rodin 1986). Schließt man sich dieser Sichtweise an, dann sind in der 2. Hälfte des 20. Jh. die Sprachbarrieren tatsächlich sehr hoch und Kommunikationskonflikte häufiger geworden. Schaut man aber näher hin, dann sind die „Sprachbarrieren" zwischen Fachleuten unterschiedlicher Wissenszweige bzw. zwischen Fachleuten und Laien nicht die Ursache, sondern eher die Folge von Informations- und Handlungsbarrieren, die in einer wissenschaftlich und technisch hochentwickelten Welt zum natürlichen Erscheinungsbild gehören und sich von keinem Bildungssystem ausschließen lassen (vgl. Hoffmann 1986, 87 ff.).

Neue Sprachbarrieren ergeben sich verstärkt seit der Mitte des 20. Jh. aus der Verdrängung der nationalen Wissenschaftssprachen durch das Engl. (vgl. Kalverkämper/Weinrich 1986, 15 ff.; Ammon 1998) mit den entsprechenden Konsequenzen für einzelne Autoren, die von der *international scientific community* akzeptiert werden möchten, und für ganze Publikationsorgane, die sich mit engl. *Summaries* oder *Key words* allein nicht die erforderliche Auflagenhöhe verschaffen können. Von hier kommt aber auch die verstärkte Motivation für die Fachsprachen-

und Fachübersetzerausbildung mit dem Ziel der fremdsprachlichen Handlungsfähigkeit im Fach, die auch in anderen Bereichen der internationalen Fachkommunikation (Auslandsstudium, Forschungsaufenthalt, Kongreßteilnahme u. a.) an Umfang und Bedeutung gewonnen hat.

5.3. Betrachtet man die angedeuteten (und weitere) Tendenzen insgesamt, dann erkennt man, daß ihre Wertung aus ästhetischer, sprachkritischer oder sprachpflegerischer Sicht immer schwieriger wird. Den letzten Ausschlag bei der Wahl fachsprachlicher Mittel geben „Sachzwänge", so daß z. B. puristische Bestrebungen immer mehr in die Nähe der Lächerlichkeit geraten.

6. Aufschwung der Fachsprachenforschung

6.1. Da die Entwicklung der Fachsprachen ein kontinuierlicher Prozeß ist, läßt sich nicht immer mit Bestimmtheit sagen, welche ihrer Merkmale seit der Mitte des 20. Jh. besonders deutlich hervor- oder neu hinzugetreten sind. Keinen Zweifel läßt aber die Feststellung zu, daß die Fachsprachenforschung in dieser Zeit − besonders seit den 60er Jahren − starken Auftrieb erhalten hat und zu einer relativ selbständigen sprachwissenschaftlichen und sprachdidaktischen Disziplin geworden ist, die immer häufiger mit den Bezeichnungen Fachsprachenlinguistik und Fachsprachendidaktik belegt wird.

Handgreifliche Belege dafür sind z. B. die seit 1977 in zweijährigem Turnus stattfindenden Europäischen Fachsprachen-Symposien; die Einrichtung einer eigenen Sektion Fachsprachen bei den Jahrestagungen der GAL; die Arbeit der Commission on LSP der AILA; das Wirken des Fagsproglit Center an der Handelshochschule Kopenhagen, das das UNESCO ALSED-LSP Network unterhält; die Aktivitäten von Infoterm beim Österreichischen Normungsinstitut; das Erscheinen der Internationalen Zeitschrift für Fachsprachenforschung, -didaktik und -terminologie mit dem Namen „Fachsprache" und der Zeitschrift English for Specific Purposes (früher: The ESP Journal) und anderer Periodika wie UNESCO ALSED-LSP Newsletter und Termnet News. Großes Gewicht haben mittlerweile Reihen wie Forum für Fachsprachen-Forschung, Fachsprache − Fremdsprache − Muttersprache, Leipziger Fachsprachen-Studien, Hamburger Arbeiten zur Fachsprachenforschung, Infoterm Series und Travaux de Terminologie. Als

Standardwerke gelten Drozd/Seibicke 1973, 1982; Fluck 1976, 1996; Hoffmann 1976, 1987, 1988; Gläser 1979, 1990; Beier 1980; Sager/Dungworth/McDonald 1980; Kocourek 1982, 1992; von Hahn 1983; Möhn/Pelka 1984; Buhlmann/Fearns 1987; Birkenmaier/Mohl 1991; Baumann 1992. Sie werden ergänzt von zahlreichen Sammelbänden und Einzelmonographien, für die hier der Hinweis auf zwei Bibliographien genügen muß (Hoffmann/Leube 1976ff.; Yzermann/Beier 1989; s. auch die Bibliographie der Bibliographien in Hoffmann/Kalverkämper/Wiegand 1998/99, 2593 ff.).

6.2. Während der zweiten Hälfte des 20. Jh. hat sich in der Fachsprachenforschung eine allmähliche Schwerpunktverlagerung vollzogen, die sich pauschal wie folgt bestimmen läßt: Vom Fachwort (Terminus) zum Fachtext; vom Terminussystem zum Kenntnissystem; vom Fachstil zur Subsprache; von der Fachsprache zur Fachkommunikation; vom Systemaspekt zum Tätigkeitsaspekt; von den Gemeinsamkeiten zu den Unterschieden; von der horizontalen Gliederung zur vertikalen Schichtung; vom Fachtext zur Fachtextsorte; von der Form zur Funktion; von der Struktur zur Semantik; von der Beschreibung zur Erklärung; von der Textrezeption zur Textproduktion; von der menschlichen zur maschinellen Textverarbeitung; gelegentlich auch von der Synchronie zur Diachronie.

Bei den Methoden begegnet man neben neueren Verfahren der Sprachstatistik und Valenzforschung auch einer Rückkehr zur Rhetorik. An erster Stelle stehen jedoch Vergleiche (vgl. Baumann/Kalverkämper 1992). Verglichen werden: Fachwortschätze, syntaktische Strukturen und Satzgliederungen, Fachtexte und Fachtextsorten, schriftliche und mündliche Fachkommunikation u. a., sowohl intra- als auch interlingual (vgl. Hoffmann 1992).

Ansonsten wendet sich das Interesse nach den Naturwissenschaften und der Technik auch den Sozial- und Geisteswissenschaften zu; von der Untersuchung der Wissenschaftssprache(n) führt der Weg zur Analyse der Unternehmenskommunikation bzw. der Kommunikation im Betrieb, von der schriftlichen zur mündlichen Fachkommunikation.

Darin ist nur z. T. die allgemeine Entwicklung der Sprachwissenschaft wiederzuerkennen. Vieles geht auf praktische Bedürfnisse der Fachkommunikation zurück, wobei als Vermittler vor allem die Terminologiearbeit, die Informationsrecherche, die automatische Analyse und Synthese von Fachtexten sowie die Fachsprachen- und Fachübersetzerausbildung auftreten.

Zusammenfassend kann gesagt werden, daß die Fachsprachenlinguistik am Ende des 20. Jh. neben Soziolinguistik, Psycholinguistik, Pragmalinguistik und Ethnolinguistik eine gleichberechtigte Disziplin der Angewandten Linguistik ist, daß sie jedoch — trotz ambitionierter Wortmeldungen (z. B. Bungarten 1993) — noch immer auf der Suche nach einer eigenen Fachsprachentheorie ist. Ein Schritt in diese Richtung könnte der HSK-Band 14 „Fachsprachen" sein (Hoffmann/Kalverkämper/Wiegand 1998/99).

7. Literatur (in Auswahl)

Ammon, Ulrich, Ist Deutsch noch internationale Wissenschaftssprache? Englisch auch für die Lehre an den deutschsprachigen Hochschulen. Berlin/ New York 1998.

Baumann, Klaus-Dieter, Integrative Fachtextlinguistik. Tübingen 1992. (FF 18).

Ders., Fachlichkeit von Texten. Egelsbach/Frankfurt/Washington 1994. (Deutsche Hochschulschriften 1023).

Ders./Hartwig Kalverkämper (Hrsg.), Kontrastive Fachsprachenforschung. Tübingen 1992. (FF 20).

Beier, Rudolf, Englische Fachsprache. Stuttgart [etc.] 1980.

Birkenmaier, Willy/Irene Mohl, Russisch als Fachsprache. Tübingen 1991. (UTB 1606).

Buhlmann, Rosemarie/Anneliese Fearns, Handbuch des Fachsprachenunterrichts. Unter besonderer Berücksichtigung naturwissenschaftlich-technischer Fachsprachen. Berlin [etc.] 1987. (Fremdsprachenunterricht in Theorie und Praxis).

Bungarten, Theo (Hrsg.), Wissenschaftssprache. Beiträge zur Methodologie, theoretischen Fundierung und Deskription. München 1981.

Ders. (Hrsg.), Fachsprachentheorie 1. Fachsprachliche Terminologie, Begriffs- und Sachsysteme, Methodologie. Tostedt 1993.

Drozd, Lubomir/Wilfried Seibicke, Deutsche Fach- und Wissenschaftssprache. Wiesbaden 1973, 2. Aufl. 1982.

Felber, Helmut/Gerhard Budin, Terminologie in Theorie und Praxis. Tübingen 1989. (FF 9).

Fluck, Hans-Rüdiger, Fachsprachen. Einführung und Bibliographie. Tübingen 1976, 5. Aufl. 1996. (UTB 483).

Galinski, Christian (Hrsg.), Terminological Data Banks, München [etc.] 1980. (Infoterm Series 5).

Gläser, Rosemarie, Fachstile des Englischen. Leipzig 1979. (LSt).

Dies., Fachtextsorten im Englischen. Tübingen 1990. (FF 13).

Göpferich, Susanne, Textsorten in Naturwissenschaften und Technik. Pragmatische Typologie — Kontrastierung — Translation. Tübingen 1995. (FF 27).

Hahn, Walther von, Fachkommunikation. Entwicklung — Linguistische Konzepte — Betriebliche Beispiele. Berlin/New York 1983. (SaGö 2223).

Hoffmann, Lothar, Kommunikationsmittel Fachsprache. Eine Einführung. Berlin 1976, 3. Aufl. 1987. (SAV 44, Sprache).

Ders., Wissenschaftssprache als gesellschaftliches Phänomen. In: Wissenschaftssprache und Gesellschaft. Aspekte der wissenschaftlichen Kommunikation und des Wissenstransfers in der heutigen Zeit. Hrsg. v. Theo Bungarten. Hamburg 1986, 76—93.

Ders., Vom Fachwort zum Fachtext. Beiträge zur Angewandten Linguistik. Tübingen 1988. (FF 5).

Ders., Fachtexte und Fachtextsorten. Leipzig 1990. (Berichte der Sektion Fremdsprachen 5).

Ders., Vergleiche in der Fachsprachenforschung. In: Kontrastive Fachsprachenforschung. Hrsg. v. Klaus-Dieter Baumann/Hartwig Kalverkämper. Tübingen 1992, 95—107. (FF 20).

Ders./Hartwig Kalverkämper/Herbert Ernst Wiegand (Hrsg.), Fachsprachen. Ein internationales Handbuch zur Fachsprachenforschung und Terminologiewissenschaft. Berlin/New York, Bd. 1, 1998, Bd. 2, 1999. (HSK 14).

Ders./Karin Leube, Kleine Bibliographie fachsprachlicher Untersuchungen. In: Ders., Kommunikationsmittel Fachsprache. Eine Einführung. Berlin 1976, 419—493. (SAV 44, Sprache); mit jährlichen Fortsetzungen wechselnder Autoren ab Heft 3/1979 in der Zeitschrift „Fachsprache" (Wien).

Kalverkämper, Hartwig, Gemeinsprache und Fachsprache — Plädoyer für eine integrierende Sichtweise. In: Deutsche Gegenwartssprache. Tendenzen und Perspektiven. Hrsg. v. Gerhard Stickel. Berlin/New York 1990, 88—133. (JIdS 1989, Mannheim).

Ders./Harald Weinrich (Hrsg.), Deutsch als Wissenschaftssprache. 25. Konstanzer Literaturgespräch des Buchhandels, 1985. Tübingen 1986. (FF 3).

Kocourek, Rostislav, La langue française de la technique et de la science. Wiesbaden 1982, 2. Aufl. 1992.

Möhn, Dieter/Roland Pelka, Fachsprachen. Eine Einführung. Tübingen 1984. (GA 30).

Polenz, Peter von, Deutsche Satzsemantik. Grundbegriffe des Zwischen-den-Zeilen-Lesens, 2., durchgesehene Aufl. Berlin/New York 1988. (SaGö 2226).

Rodin, Davor, Kommunikationsgrenzen in der Entwicklung der Wissenschaft. In: Wissenschaftssprache und Gesellschaft. Aspekte der wissenschaftlichen Kommunikation und des Wissenstransfers in der heutigen Zeit. Hrsg. v. Theo Bungarten. Hamburg 1986, 149–162.

Sager, Juan Carlos/David Dungworth/Peter F. McDonald, English special languages. Principles and practice in science and technology. Wiesbaden 1980.

Wichter, Sigurd, Zur Computerwortschatz-Ausbreitung in die Gemeinsprache. Elemente der vertikalen Sprachgeschichte einer Sache. Frankfurt/M. [etc.] 1991.

Yzermann, Norbert/Rudolf Beier, Bibliographie zum fachsprachlichen Fremdsprachenunterricht. Frankfurt/M. 1989. (DNS-Dokumentation 1).

Lothar Hoffmann, Großdeuben

140. Ansätze neuer Gruppen- und Sondersprachen seit der Mitte des 20. Jahrhunderts

1. Allgemeines
2. Jugendgruppen
3. Studentenbewegung
4. Ökogruppen
5. Obdachlose
6. Schluß
7. Literatur (in Auswahl)

1. Allgemeines

In der zweiten Hälfte dieses Jahrhunderts haben unterschiedliche Gruppensprachen einen größeren Anteil an der Sprache der Öffentlichkeit als in den Jahren der Nazidiktatur, die von der Ideologie der Nazis geprägt war, aber wohl auch als in früheren Jahrzehnten des 20. Jhs. Im Zuge der Industrialisierung verloren einige Handwerker- und Sondersprachen an Relevanz (viele Formen des Wandergewerbes: Hausierer, Scherenschleifer, Ofensetzer, Musiker). Manche dieser Berufe und der damit verbundenen Sondersprachen starben ganz aus oder bildeten sich durch Ansiedlungen ihrer Sprechergruppen neu, indem sie sich an Orts- und Regionaldialekte anpaßten (so die verschiedenen Varianten des Jenisch; für Münster: Siewert 1991; für Gießen: Lerch 1986; für Schillingsfürst: Nierhaus-Knaus 1980). Eine Lingua Franca des Jenischen (mit jeweils dialektalen Eigenschaften ihrer Sprecher) gibt es im Schausteller- und Zirkusgewerbe (Franke 1991, 60). Es gibt nur noch wenige Reste von historischen Geheim- und Sondersprachen (Abdecker: König 1995; Sensenhändler: Jütte 1978; vgl. Art. 139). Ehemals berufsbedingte Geheimsprachen bekommen neue Funktionen, z. B. als Ortsidentität Jugendlicher gegenüber Nachbarorten (Wegera 1987, 186f.) oder als Geheimhaltung gegenüber den eigenen Kindern (Schläpfer 1981, 23; König 1995, 127). Zu den weiter bestehenden Soziolekten der Jäger, Fischer usw. kommen Gruppensprachen von neuen Freizeitgruppen hinzu (Rock, Jazz, die verschiedenen Sportarten). Ähnlich ist es mit den Soziolekten der gesellschaftlichen Randgruppen: Zu den fortbestehenden Sprechweisen der Obdachlosen, der Gefängnisinsassen und anderer Randgruppen kommen neue (Drogenszene). Der Wortschatz der Landser hat mit dem Abstand zum Krieg an Bedeutung verloren.

Die Textsortenstile der Öffentlichkeit waren in den 50-er und weit in die 60-er Jahre hinein relativ einheitlich, was Lexik, Phraseologie und Syntax betrifft (Straßner 1992, 242ff.). Danach setzten sich ideologische Differenzen auf allen Sprachebenen stärker durch. Mit einer zunehmenden Differenzierung der Lebensstile und Milieus (Alternative, Esoterik, Drogenszenen), mit neuen Problemen der Gesellschaft und Forderungen von Protestgruppen (Friedensbewegung, Umweltdiskussion, Frauenemanzipation), mit Bürgerinitiativen und neuen Parteien, mit neuen Medien („taz", „Emma", Alternativpresse auf lokaler Ebene) und privaten Fernsehendern dringen Wörter und stilistische Eigenschaften von Gruppen mehr und mehr in die Sprache der Öffentlichkeit ein (Zeitung, Radio und Fernsehen, Werbesprache; Steger 1989, 25ff.). Abgeordnete der Grünen sprachen in den Landtagen und im Bundestag bewußt provokativ (Kuhn 1983; Schlosser 1986). Durch den Zwang zur ständigen Veränderung formaler Elemente bei den elektronischen Massenmedien und bei einigen gruppenspezifischen Printmedien bedienen sich die Textproduzenten der Sonderwortschätze von großstädtischen Subkulturen und

verwenden deren Wörter als bloßes Aufmerk-
samkeitsmittel. Auch die Werbung greift auf
gruppen- und jugendsprachliche Lexik zurück (das *Tramperticket*, Werbeblatt der Bundesbahn; das *alternative Schlafzimmer für
junge Ehepaare*, Hertie-Werbung 1979; *Tri-
gema — einfach tierisch*, Werbespot 1995;
Brauns 1986, 82ff.). So entsteht ein reger
Austausch zwischen unterschiedlichen sozialen Verkehrskreisen (vgl. das Beispiel *Störfall*
unter 4.). Mit dem Wechsel von einem Kommunikationsbereich in einen anderen gehen
Bedeutungseinschränkungen und -erweite-
rungen, und je nach Standpunkt konnotative
Auf- oder Abwertungen einher. Auch die öffentliche Diskussion über gruppensprachliche
Verhaltensweisen nimmt zu (Stötzel 1990).
Semantische Kämpfe (*Berufsverbot* vs. *Radi-
kalenerlaß, Bande* vs. *Gruppe* in den 70-er
Jahren) und sprachkritische Reflexion häufen
sich („Das Unwort des Jahres"). Seit 1968 ist
in der Öffentlichkeit eine größere Bereitschaft
festzustellen, ideologieträchtige Wörter zu
hinterfragen. Nach 1968 lassen sich auch charakteristische Brüche im Vokabular einzelner
Bereiche der Gesellschaft feststellen (so das
Ergebnis mehrerer Artikel in Stötzel/Wenge-
ler 1995; Wengeler 1995).

Die Linguistik beschäftigte sich zunächst
hauptsächlich mit der Lexik von Gruppen-
und Sondersprachen, seit den 70-er Jahren
zunehmend auch mit Textphänomenen
(Flugblätter, Werbebroschüren) und sprach-
pragmatischen Eigenschaften, seit den 80-er
Jahren im Zuge der Dialogforschung und der
Ethnographie des Sprechens mit Dialogen
und öffentlichen Veranstaltungen, so daß für
die Zeit nach 1970 auch mehr untersuchtes
Material vorliegt. Neuere Arbeiten beziehen
auch gruppenspezifische Interaktionstypen
und kommunikative Interaktionsregeln ein
(z. B. Sprecherwechsel, Beziehungsgestaltung,
Gruppensolidarität, Abgrenzung nach außen). Es gibt aber noch zu wenig linguistische
Arbeiten, in denen gezeigt wird, wie der Stil
des mündlichen Sprachverhaltens einzelner
Gruppen mit der sozialen Situation ihrer
Mitglieder und ihrer sozialen Selbstverortung
zusammenhängt.

Ethnographisch orientierte Analysen von
gesprochenem Material aus unterschiedlichen
Arten von Gruppen zeigen, daß nicht nur die
Lexik von gruppenspezifischen Sichtweisen
der Welt geprägt ist (Steger 1964), sondern
daß auch die Auswahl der Themen, die Relevanz bestimmter Kommunikationstypen und
die Art ihrer Durchführung von Gruppe zu

Gruppe variiert. Kommunikationstypen wie
Klatsch und Tratsch, Frotzeln, Witze, Konfrontationserzählungen, Lästern, verbale Aggression und das Imitieren fremder Sprechweisen können sozial integrierend wie ab-
grenzend verwendet werden. Protestgruppen
und Gruppen mit einem hohen normativen
Anpassungszwang sprechen über das konträre, normverletzende Verhalten anderer
Leute in Form von empörten Tratsch- und
Konfrontationserzählungen (Christmann 1993;
Keim 1995, 96ff.; Schwitalla 1995, 332ff.),
aber auch in Formen des Sich-Mokierens
(Christmann 1996), der Klage und Anklage
(Christmann 1995) oder als gemeinsam produzierte Groteske (Schwitalla 1995, 370ff.).
Geschmacksunterschiede kommen in provokativ eingesetzten sexuellen Witzen (Keim
1995, 221ff.) und in sich-lustig-machenden
Berichten zum Ausdruck. Freizeit- und Berufsgruppen ohne programmatisch-ideologi-
schen Zusammenhalt lieben es, sich gegenseitig aufzuziehen (für Orchestermusiker:
Schütte 1991, 314ff.; für alkoholgefährdete
Kioskfrequentierer: Schmitt 1992, 180ff.).
Freizeitgruppen mit ästhetischen und künstlerischen Interessen formulieren in einer iro-
nisch-witzigen Weise, die Vergnügen bereiten
soll (für eine literaturlesende Frauengruppe:
Schwitalla 1995, 213ff.; für junge Akademiker: Kotthoff 1996).

Kommunikationstypen und ihre Realisie-
rungsweisen müßten mehr als früher erforscht werden. Dabei könnte auch der Um-
setzungsprozeß gruppeninterner Diskussionen in die Öffentlichkeit und umgekehrt das
Einbringen fachspezifischer Diskursformen
in die Gruppe (so bei politischen und ökolo-
gischen Gruppen) studiert werden.

Im folgenden sollen exemplarisch drei unterschiedliche Dimensionen von Gruppensprachen behandelt werden: Lebensalter (Jugendliche), ideologisch geprägte Gruppen
(Studentenbewegung, Ökologie) und aufge-
zwungene soziale Randexistenz (Obdachlose). Ein umfassender Überblick über neuere
Gruppensprachen wird nicht angestrebt. Von
allen Gruppen und den mit ihnen verbundenen sprachlichen Veränderungen hat die
Frauenemanzipation am einflußreichsten gewirkt (s. Art. 146).

2. Jugendgruppen

Die soziale Relevanz von Jugendgruppen
wuchs nach 1945 enorm, weil sich die Zeitspanne des Jugendlichenalters ausdehnte,

weil sich Jugendlichengruppen immer mehr differenzierten und weil sie immer häufiger bedrohlich ins öffentliche Leben eingriffen (Fußballrowdies, Neonazis). Gab es in den 50-er Jahren nur wenige Gruppen, die ihr Auftreten in einer bestimmten Weise stilisierten ("Halbstarke", Rockgruppen), so grenzten sich seit den 70-er Jahren mehrere Jugendszenen gegeneinander ab: Punks gegen Skins, beide gegen Popper. Es entstanden private Wohngemeinschaften, ideologische Gruppen (Ökogruppen, Alternative), radikale Protestgruppen (Hausbesetzer- und Demonstrationsgruppen), Psychoszenen und Studentengruppen.

Ein einigermaßen zutreffendes Bild von den sprachlichen Verhaltensweisen Jugendlicher in knapper Form zu entwerfen, ist z. Zt. (1995) nicht möglich, da zu wenig Korpora und Analysen unterschiedlicher sozialer Gruppierungen vorliegen. Die Linguistik hat ihr Hauptaugenmerk auf die Lexik gerichtet und diese lange Zeit nur negativ bewertet als "verwildert", "ruppig und pöbelhaft", "schablonenhaft" etc. (Hahn 1995, 219). Die Forschung war wie gebannt von den auffälligen, provozierenden Wörtern (*geil, arschklar, tierisch, pervers, ätzend, bärenstark, the last generation* etc.). Von den kommunikativen Formen wurden am häufigsten Sprüche und Redewendungen untersucht, in denen das Lebensgefühl der Jugendlichen allgemein (*gestern standen wir am Rand des Abgrunds, heute sind wir einen Schritt weiter*) und einzelner Gruppen verdichtet ist (*Anarchie ist machbar, Frau Nachbar*), in denen aber auch Gefühlsexpression, Provokation, sprachliche Unkonventionalität ausgedrückt werden (Weber 1984, 94 ff.; Henne 1986, 115 ff.; Androutsopoulos 1998, 221 ff.). Einige davon sind reihenbildend *(ich glaube mich knutscht ein Elch, ...; lieber (heute aktiv) ... als morgen (radioaktiv ...)*; medial sind sie als Sprayaufschriften, Aufkleber realisiert, seltener in der mündlichen Kommunikation. Sprüche eignen sich auch für die Werbung und als Aufdrucke auf T-Shirts. Jugendliche begrüßen und verabschieden sich gern mit regional, historisch und stilistisch ausgefallenen Wendungen (Henne 1986, 87 ff.; 96 ff.), sie lieben Frotzelsequenzen (Schwitalla 1994, 476 ff.) und Phantasiespiele (Schlobinski [u. a.] 1993, 121 ff.; 159 ff.) und eignen sich Versatzstücke und Texttypen aus den Medien und der offiziellen Kommunikation an (ebd., 112 ff.; 155 ff.; zu Briefen von Jugendlichen vgl. Heinemann 1988, 147).

Die Lexik von Jugendlichen allgemein ist gekennzeichnet durch:

Übertreibung (*total, unheimlich, voll*), Expressivität, Provokation, Derbheit (*man frißt den Scheiß einfach*), (tabubrechende) Bildhaftigkeit (*das kotzt mich an, geiern auf, krallen*). Jugendliche kehren die negative Bedeutung von Wörtern der Allgemeinsprache um in positive (*brutal, tierisch, pervers*), sie ändern gemeinsprachliche Wörter syntaktisch und semantisch (*gut drauf sein* = 'sich gut fühlen'), sie verstellen das Gemeinte mittels Negation (*unekelhaft* = 'ekelhaft', *jemals* = 'niemals', *ich hab's gern* = 'ich habe es nicht gern'), sie sprechen, z. T. verkomplizierend (*weit über mittelprima*), sie machen sprachliche Anleihen bei anderen (historischen, geographischen, medialen) Varianten des Deutschen und anderen Sprachen (Amerikanismen), sie imitieren Sprechgewohnheiten Erwachsener (Autoritätspersonen). Prosodisch fallen Jugendliche durch plötzliche Änderungen der Lautstärke auf (Brüllen), durch größere Variation von Artikulationsweisen (Sprechen wie Kinder, alte Leute, Betrunkene), durch bestimmte Interjektionen (*hey, ey*; Schlobinski u. a. 1993, 134 ff.) und gefühlsexpressive Laute (*uäh, brr*), aber weniger als vielleicht angenommen durch sog. Comixwörter (*jubel, kotz*; zur Lexik der Jugendlichen allgemein: Weber 1984; Henne 1986; Jakob 1988; Androutsopoulos 1998).

Entgegen manchen Imitatoren von Jugendtexten in den Medien reden Jugendliche "in der Mehrzahl der Fälle [...] ganz normal, wie die Erwachsenen auch" (Pörksen 1984, 45; vgl. das Material in Schlobinski [u. a.] 1993, 102 ff.), nur ab und zu verwenden sie typisch jugendsprachliche Wörter und nur in Gruppen, die engen Kontakt haben, hermetische Äußerungsformen, die andere nicht verstehen sollen (Interjektionen, Onomatopoetika, expressive Laute).

Das Besondere an der Sprachverwendung Jugendlicher liegt nicht nur in der Lexik, sondern in einer bestimmten Art und Weise der Durchführung von Kommunikationstypen, von denen einige nur von Jugendlichen hervorgebracht werden: Erwachsene "verarschen", sprachimitierende Kommentare zu fremden Leuten usw.

Viele Jugendliche verstehen sich weniger als Altersgruppe gegenüber Erwachsenen, sondern als Angehörige spezifischer lebensweltlicher Orientierungen, die sich gegenseitig ausschließen. Jugendliche arbeiten an dieser Differenz, indem sie andere Jugendlichengruppen sozial kategorisieren (*müsli(fresser); proll/proll, asolasi; mantafahrer; spießer, schleimer* usw.) und ihnen bestimmte lexikalische Formen zuschreiben (Neuland 1987, 78 ff.). Innerhalb der Gruppenkommunikation stellen sie eigene und fremde jugendliche Sprechweisen gegenüber (Schwitalla 1994, 496 ff.); gruppenextern verhalten sie sich verbal aggressiv (Schlobinski u. a. 1993, 127 ff.).

Mit den Metaphern „Spiegelung" und „Gegenspiegelung" hat Neuland (1987) die Abgrenzungs- und Verzerrungsprozesse beschrieben, mit denen Jugendliche ihre eigenen Weisen sprachlicher Kommunikation in Abhebung von und in Auseinandersetzung mit den herrschenden Kommunikationsweisen und Textformen der Erwachsenenwelt konstituieren. Auch die Lexik der Jugendlichen läßt sich dann re-interpretieren als ein Aufdecken gesellschaftlicher Probleme, Tabus und Widersprüche.

Über die subkulturspezifischen sprachlichen Verhaltensweisen und ihre sozialen Funktionen wissen wir nur ausschnittweise Bescheid, z. B. über allgemein jugendsprachliche Wortschöpfungen bei Landjugendlichen (Last 1989); über das identitätsstiftende Nachsingen von Songs und die Verfremdungen von Weihnachtsliedern bei Punks (Schlobinski 1989, 16 f.); über grobe Beleidigungen gegenüber Erwachsenen bei aggressiven Jugendlichen, die dieses Verhalten gruppenintern z. T. aber nur zum Schein spielen (*ich schlag dich tot, willst du eine ins Gesicht?*).

Aus einer Untersuchung von Gesprächen einer Gymnasiastengruppe in unterschiedlichen Situationen stellte sich heraus, wie sich ein Lebens- und Denkstil der kritischen Distanz, des Beobachtens, Abwägens und Hinterfragens fremder sozialer Welten und besonders die heftige Ablehnung einer gefährlichen jugendlichen Gegenwelt in einer Reihe von sprachlichen Phänomen niederschlug, die zusammengenommen einen spezifischen Gruppenstil ausmachen (Schwitalla 1994).

Zugänglicher sind den meist schon im Berufsleben stehenden Linguist/innen eher das Sprachverhalten von Studierenden. Der Sprechstil von Germanist/innen in Arbeitsdiskussionen ist nach Textausschnitten von Schmidt (1988) geprägt durch: Fachlexik (*teleologisches Moment, Transzendenzbezug*), viele Abstraktbildungen auf *-ung* (*Ideologiezertrümmerung*) und unterschiedliche Formen der Vagheit: Modaladverbien und Heckenausdrücke (*irgendwie, irgendwo, so ein, oder so, vielleicht, wohl, mehr oder weniger, letztlich*), abschwächende, selbstbezügliche Parenthesen (*ich finde/denke/meine/glaube, ich weiß nicht*), Formulierungen mit Verben des Sagens im Konjunktiv. Sätze können manchmal einen erstaunlichen Grad an Komplexität be-

kommen. Lexikalische Stilbrüche zeugen von der Anstrengung, in privaten Situationen akademisch-wissenschaftlich zu sprechen (*die Turmgesellschaft ist nicht das Gelbe vom Ei*). Der tastende, vorsichtig formulierende Stil bei studentischen Gruppendiskussionen kann aus unterschiedlichen Gründen erklärt werden: aus dem in Universitäten und in den Medien herrschenden Stil des vorsichtigen, höflich sich zurücknehmenden Argumentierens; aus den kognitiven Anstrengungen, sich einem geschriebensprachlich-wissenschaftlichen Stil anzupassen.

Der Wortschatz der Rock- und Pop-Musik der 70-er Jahre, stark gefördert durch deutsche Liedtexte und vermittelt durch Jugend- und Musikzeitschriften, wurde von Jugendlichen unterschiedlicher Milieus übernommen (Jakob 1988, 324 ff.). Das gilt gerade für die jugendsprachlichen „Vorzeigewörter": *bock haben, abfahren auf, an-/abtörnen, tierisch, cool, super, geil, heavy* u. a. Auch die Drogenszene steuert viele Wörter bei, die aber oft ihre typisch drogenbezogene Bedeutung verloren haben (*drauf sein, turkey, stoff, abfahren, relaxed*; Weber 1984, 91 f.). Einen großen Einfluß auf die (auch bei Linguisten) herrschende Vorstellung von 'Jugendsprache' dürften viel gelesene literarische (biographische) Publikationen haben: Plenzdorfs „Die neuen Leiden des jungen W." und Christiane F.: „Wir Kinder vom Bahnhof Zoo".

3. Studentenbewegung

Der wieder ziemlich einheitlich gewordene Sprachstil der Politik (Straßner 1992, 234), das Ausbleiben einer Auseinandersetzung mit dem Nationalsozialismus, die Wiederbewaffnung und das in den Medien fast durchweg gelobte „Engagement" der US-amerikanischen Regierung in Vietnam und viele andere als ungerecht und verlogen empfundene Erscheinungen des politischen Lebens ließen ab 1965 eine wachsende Zahl von meist universitären Gruppen eine immer kritischer werdende Einstellung zu Staat und Gesellschaft finden. Ihnen bot sich als universelles Deutungsmuster gesellschaftlicher Prozesse ein mit psychoanalytischen Theoriestücken verbundener Neomarxismus an (H. Marcuse, Frankfurter Schule, E. Bloch). Die Studenten forderten eine radikaldemokratische Umgestaltung der Gesellschaft und die *Hinterfragung* ihrer kulturellen Inhalte und damit auch der Sprache (*die Sprache der Herrschen-*

den). Studentengruppen und ihre Wortführer traten verbal aggressiv auf und legten es darauf an, Tabus zu brechen (Boesch 1972). Sie probierten neue Lebensformen aus, schufen neue Formen sozialer Organisation (Wohngemeinschaften, alternative Buchläden, Kinderläden) und entwickelten neue Interaktionsformen auch in der Öffentlichkeit (Demonstrationen, Go-ins, Sit-ins, Teach-ins). Das Verb *diskutieren* bekam große Bedeutung (*darüber müssen wir erst diskutieren*). Als Medium wurden hauptsächlich das Flugblatt und das Taschenbuch verwendet. Das Flugblatt förderte medienspezifische sprachliche Formen: Überschriften und Parolen, Adaptionen der Werbe- und Bildzeitungssprache, Spiegelstrichgliederung und Listen, Imperativsätze und Frage-Antwort-Sequenzen, in der Modalität Ironie (*der Schah ist ein sehr gebildeter Mörder, der fünf Sprachen, laut Quick, fließend spricht*, F. Teufel, Juni 1967) und verfremdende Adaption der Werbesprache (*Man geht nicht mehr ohne Tüte*).

Einerseits war der Sprech- und Schreibstil der Wortführer lexikalisch befrachtet mit dem Vokabular der Soziologie und des Marxismus; syntaktisch war er nominalstilhaft mit mehreren Dependenzunterordnungen: *Die Universitäten werden immer mehr zu Betrieben, die eine möglichst große Zahl wissenschaftlicher Funktionäre für die höhere Technokratie der spätkapitalistischen Leistungsgesellschaft auszustoßen haben* (SDS, Juni 1967). Andererseits wollte man sich in *Solidarität* mit der Arbeiterklasse und zur Verstärkung der Protesthaltung auch der Lexik bedienen, die vom Bürgertum als vulgär abgelehnt wurde (*Scheiße, Scheiß-* als Präfixoid und *-scheiß* als Suffixoid). Formen der gesprochenen Sprache (*Studenten, Lahmärsche und Karrieremacher! Alle mal aufpassen!* Kommune 1, April 1967) und Wörter mit stark wertenden Denotationen und Konnotationen waren beliebt (*schuften, Geschwätz, die Nase voll haben*). Drastik und Pathos gingen eine merkwürdige Verbindung ein: *Peitscht die Zuhörer auf die Straße, bis sie schreien, kreischen und alles niederreißen, was die Menschen zu Sklaven macht!* (Zentralrat der umherschweifenden Hasch Rebellen, 1967). Der wissenschaftlich getönte Schreibstil linker Intellektueller mit seinem marxistischen Erkennungsvokabular reichte weit in die 70-er Jahre. Er enthielt einige ideologische Schlagwörter (Fahnenwörter: *Demokratisierung, Proletariat, Befreiungskampf*; Stigmawörter: *repressiv, autoritär, Establishment,*

Konsumterror, Frust, Faschist u. a., vgl. Straßner 1992, 244 ff.; Wengeler 1995, 399). Dieser typische 68-er-Stil wurde oft als „puritanisch" und „pathetisch" (W. Hennis) kritisiert. In der Öffentlichkeit wurde darüber gestritten, ob mit der Forderung der *Demokratisierung* alle Bereiche der Gesellschaft auf Gleichberechtigung und Mitbestimmung basieren sollten (Wengeler 1995, 394 ff.).

Die Studentenbewegung war von Anfang an ideologisch uneinheitlich und brach schon zu Beginn der 70-er Jahre in eine Vielzahl von Richtungen auseinander (Frauenbewegung, alternative Gruppen, RAF-Terrorismus, Schwulen- und Lesbengruppen u. a.). Trotzdem ist für Stötzel/Wengeler (1995) das Jahr 1968 eine Zäsur in mehreren gesellschaftlichen Bereichen (Wirtschaft, Schule, in der Politik die Behandlung der politischen Teilung Deutschlands, Frauenbewegung, Aufwertung der Sexualität, Terrorismus). In vielen Fragen der Öffentlichkeit kam es zu neuen semantisch-ideologischen Oppositionen (z. B. in der Abtreibungsdiskussion *Unterbrechung* vs. *Abbruch*) und zu einer erhöhten Sensibilität gegenüber dem Sprachgebrauch. Die politischen Parteien reflektierten über ihren eigenen Sprachgebrauch und den ihrer Gegner („Besetzung" politischer Begriffe) und bedienten sich in der politischen Werbung neuer Wörter (z. B. in der SPD die Aufwertung des Alltags: *Geborgenheit, Menschlichkeit, gute Nachbarschaft, Heimat*; Straßner 1992, 250). In der Literatur führte die Betonung des Emotionalen, Körperlichen zu einer neuen Innerlichkeit und Subjektivität. Selbstreflektorische autobiographische Berichte (Peter Schneider, Karin Struck, Verena Stefan, Bernward Vesper) übernahmen von der 68-Bewegung den Willen, Tabus zu brechen und gesellschaftliche Widersprüche aufzudecken; gleichzeitig wiesen sie mit der Betonung des Individuellen, Emotionalen, z. T. auch Phantastischen Wege zu einer neuen Subjektivität in der Literatur.

4. Ökologische Gruppen

Wie gesagt, spaltete sich die Studentenbewegung schnell in einzelne Gruppen auf (Frauen-, Friedens-, Esoterik-, Ökologiegruppen; exemplarisch für Heidelberg: Schweitzer 1987). Träger dieser Bewegungen war weiterhin das Bürgertum mit einem überdurchschnittlichen Anteil von Akademikern. Anfangs mit radikalen Ideologien und einem

Universalanspruch auf Weltdeutung verbunden, mündeten die Protestbewegungen im Lauf der 80-er Jahre in pragmatischere Formen des Agierens und der Kommunikation. Damit war ein Prozeß zunehmender Institutionalisierung verbunden (Parteien, Umweltorganisationen, Forschungsinstitute). Entsprechend wandelten sich die Verbreitungsmedien von lokal begrenzten Flugblättern, Infoständen, Stadtzeitungen und Zeitungsinseraten zu überregionalen Zeitschriften, populärwissenschaftlichen Büchern, mündlich und schriftlich verbreiteten Sprüchen (*heute GorLeben − morgen GorTod*), deren Lexik und Weltanschauung in den elektronischen Medien und in Umwelt-Lexika aufgenommen und verbreitet wurden. Auf die Aufkleberparole *Atomkraft − nein danke* antworteten Kernkraftbefürworter mit: *Kernkraft − na klar; Steinzeit? nein danke!*, worauf die Gegner wieder mit *Atomkraft? au ja!* oder *Atomkraft − pfui Deibel!* reagierten (Jung 1994, 107). Durch Interviews, Diskussionen und Talk-Shows im Rundfunk und Fernsehen bekamen die Ökologiegruppen öffentliche Foren auch für ihren mündlichen Sprachgebrauch.

Medienübertragungen von Parlamentsdebatten kommen hinzu. Die Konsumwerbung übernahm Fahnenwörter (*Natur, sanft*) und Wortbildungsmuster mit *Bio-* und *Öko-* (*Biojoghurt, Ökofilter, Ökoreisen*). Sie fanden auch Eingang in Gesetzes- und Verordnungstexte (Wechsel von *Lebensstätten* zu *Biotop*, Haß 1989a, 447). Die betuliche Art des Redens von Öko- und Psychogruppen wird im Alltag, in Filmen (in kategoriengebundenen Formeln *das ist ja so wichtig; du, das find ich jetzt nicht okay*) und in der Literatur (in mimetischer Satire z. B. von Robert Gernhardt, „Die Toskanatherapie") karikiert. Je mehr Wörter aus dem Umfeld des Naturschutzes von nicht-ökologischen Gruppen vereinnahmt werden, desto mehr ziehen sich Ökogruppen auf gruppenspezifische Wortalternativen zurück (*Natur* vs. *Umwelt, ökologisch* vs. *umweltfreundlich*; Hermanns 1991).

Von Anfang an wurde die Umweltdiskussion emotional, mit moralischem Pathos und z. T. aggressiv geführt. Der Wortgebrauch der Umweltgruppen und ihnen verwandter Gruppierungen (Friedensbewegung) war antagonistisch gegen den der Atomindustrie und teilweise der Regierungen gerichtet. Sprachliche Verfahren der Auseinandersetzung waren dabei Distanzierung (durch Anführungsstriche, ungewöhnliche Abkürzun-

gen: *FDGO*), Zerlegungen von Komposita (*Krieger, denk mal; laß dich nicht BRD-igen*), ironische Verwendungen von Schlüsselwörtern (*Entsorgung der Vergangenheit, Restrisiko Geschichte*), Anspielungen („Der Atomstaat" von R. Jungk 1977 analog zu E. Kogons „SS-Staat") und semantische Oppositionsbildungen (Brauns 1986, 84ff.). Es kam zu lexikalischen Kämpfen (*Atom-* vs. *Kern-/Nuklear-; Plutoniumwirtschaft* vs. *Wiederaufbereitung, Brennstoffkreislauf, nukleare Entsorgung; radioaktiver Abfall* vs. *Atommüll*), zu perspektivegebundenen Interpretationen ehemals fachsprachlicher Wörter (*GAU → Super-GAU*). Die Determinantien *Kern-* vs. *Atom-* wurden zu Fahnenwörtern von Kernkraftbefürwortern und -gegnern, mit dem von jener Seite aus paradoxen Ergebnis, daß bei Umfragen in den frühen 70-er Jahren *Atomkraftwerke* für sicherer gehalten wurden als *Kernkraftwerke*. Dies kann aus dem Verblassen früherer konnotativer Anteile bei *Atom*, sowohl positiver (*Atomepoche*) wie negativer (*Atombombe*), und dem neuen Bewußtsein der Gefährlichkeit der Kernkrafttechnik erklärt werden (Jung 1994, 194). Bei den Atomgegnern wurden *Atom* und *Plutonium* zu Stigmawörtern (*Atomstaat, -filz; Plutonium-Staat, -Reich, Mafiosi*; Jung 1994, 103ff.). Bezeichnungen wie *Entsorgungspark, Störfall, Brennstab, Waldkrankheit* vs. *Waldsterben* wurden in Sprachglossen und Leserzuschriften als euphemistisch gebrandmarkt und von den Atombetreibern z. T. auch vermieden. Dennoch verwendeten auch Umweltschützer, wenn sie (populär)wissenschaftliche Gutachten, Informationsbroschüren und Lexika schrieben, den Fachwortschatz der Techniker, in denen Bezeichnungen wie *Kern-, Nuklear-, Entsorgung, Problemfall* die Regel sind. Der funktiolektale Bedeutungshof dieser Termini (Objektivität, Wissenschaftlichkeit) ist also stärker als der ideologiegebundene konnotative (Haß 1989b, 161). Sie folgten damit einem allgemeinen Prozeß des Übergangs vom volkstümlichen Wort *Atom* der 50-er Jahre zum technisch konnotierten *Kern* in Politikerreden, Verwaltungs-/Rechtstexten und Industrie (Jung 1994, 68). Am Beispiel des Terminus *Störfall* läßt sich beobachten, wie ein bezeichnungsnotwendiger Terminus der Kerntechniker (Gegenbegriff: *Unfall*) zunächst institutionssprachlich mehrfach in Verordnungen für den Verkehr zwischen Betrieben und Verwaltung definiert wird, dann aber, als er in der Öffentlichkeit bekannt wird, sofort als Verharmlosung angegriffen wird (Haß 1989a, 526 ff.).

Zwar ist mit der Partei der Grünen 1983 kein insgesamt neuer Stil in den Bundestag eingekehrt, aber einige ihrer Abgeordneten formulierten frech, witzig, spöttisch und mit beißendem Sarkasmus. Die Informalität des Redestils von Abgeordneten der Grünen (Kuhn 1983, 70 ff.) zeigt sich z. B. bei Anreden (folgende Zitate nach den Verhandlungen des Deutschen Bundestages, 10. Wahlperiode: *liebe Freundinnen und Freunde; liebe Leute*, 30. 3. 83), bei Umformulierungen (*Volkszählung* zu *Volksaushorchung, Volksverhör*), bei Abwandlungen idiomatischer Wendungen (*in diesem Hohen Haus der vielen Männer und wenigen Frauen*, Kelly 4.5.; *die drei Ks: Küche, Kinder, Kabelfernsehen*, Schoppe 5.5.), bei provokativen Neologismen (*Erstschlagwaffen*, Kelly), bei der Verwendung von Stigmawörtern der Frauenbewegung (*fahrlässige Penetration*, Schoppe 5.5.), bei gewollten Stilbrüchen (*damit die Würde dieses Hauses nicht auf den Hund kommt*, Schoppe 5.5.) bis hin zu berühmt gewordenen Verunglimpfungen (*mit Verlaub, Herr Präsident, Sie sind ein Arschloch*). Die Grünen distanzieren sich durch das Adjektiv *sogenannt* vom offiziellen Sprachgebrauch (*sogenannte Nachrüstung, sogenannter Doppelbeschluß, sogenannte Nullösung*, Bastian 4.5.) oder sprechen metakommunikativ darüber (*Massenvernichtungsmittel sind keine Waffen*, Schily 6.5.). Mit politischen Stigmawörtern wie *Völkermord, atomares Auschwitz, vergasen* (Schily 6.5.) werden die Konsequenzen der atomaren Abschreckungspolitik bezeichnet. Saloppe Formulierungen (*unterbuttern*) tragen zu dem schon seit mehreren Jahrzehnten auch bei anderen Parteien feststellbaren Trend bei, wegzukommen von einer gewählten, schriftnahen Ausdrucksweise. Die Fähigkeit einiger Abgeordneten, witzig-aggressiv zu formulieren, bleibt selbst bei den Angegriffenen nicht ohne Nachhall. Aber der Zwang zu wissenschaftlich fundierter Sachlichkeit und die Parlamentsroutine lassen auch Formelhaftigkeit, Expertenstil und geschriebensprachliche Nominalisierungen aufkommen. Das selbstgesteckte Ziel einer „Natursprache menschlicher Art [...] bunt, frisch und manchmal liederlich, aufmüpfig und frech, aber nächstennah und verständlich" (Manon Maren-Grisebach, zit. in Schlosser 1986, 106) ist unter zunehmender Institutionalisierung und Verwissenschaftlichung nicht immer durchzuhalten.

In öffentlichen Veranstaltungen, Bürgerversammlungen, Podiumsdiskussionen usw. wechseln von Umweltschäden betroffene Bürger ihre Sprechweisen zwischen Alltagsrede und wissenschaftlichem Stil (*Perpizite [...] haben also diese ringförmige Kohlenstoffanordnung [...] und äh diese Anordnung, die findet sich auch bei Dioxin, Dibenzoferan, bei Pecebe unsoweiter überall wieder*). Ebenso wechseln Experten von ihrer Fachsprache zur Alltagssprache mit kräftigen Wertungen (*weil ein Teil meiner Familie derzeit an den Folgen dieses ungeheuer dreckigen Müllverbrennungskraftwerks stirbt*). Ironie gegenüber Kraftwerksbetreibern, Sarkasmus, Anklage, starke Wertungen, Metaphorik (*Krebsschneide*) kennzeichnen den Stil öffentlicher Reden vieler solcher Veranstaltungen: *isch hab dann festgestellt daß also Europas vorbildlichste und beste Anlage der größte Verbrecher hier in Europa is* (Zitate aus Nothdurft 1992).

Analysen von internen Gruppengesprächen zeigen typische Interaktionsmuster wie z. B. Empörung-äußern durch lautes, schnelles und rhythmisches Sprechen und weit ausgreifende Intonation (Christmann 1993, 17 ff.; zu weiteren Kommunikationsformen siehe oben 1.). Obwohl die lokalen Ökogruppen sich aus sehr unterschiedlichen Milieus zusammensetzen, gibt es die Anforderung an die Mitglieder, sich durch Broschüren, Vorträge, Seminare über die Umweltprobleme kundig zu machen, um bei Infoständen und beim werbenden Gespräch kompetent argumentieren zu können. Dadurch kommt viel Fachlexik der Chemie, Biologie und der Technik in die Gruppengespräche.

5. Obdachlose

Auch für das Sprachverhalten sozialer Randgruppen gilt, daß wenig Gesprächsmaterial dokumentiert wurde (Ausnahmen: Riemann 1977; Schmitt 1992) und daß sich die Forschung mehr auf die Lexik und Syntax konzentriert hat als auf soziale Weisen des Sprechens. Anders als bei spontanen Gruppenbildungen werden bestimmte Randgruppen (Obdachlose, Knastinsassen) von der Gesellschaft zu einer stigmatisierten Gruppe gemacht. Durch Arbeitslosigkeit kommen auch Familien ins Obdachlosenmilieu, mit dem sie nichts zu tun haben wollen. Arbeits- und Obdachlosigkeit bringen vielfältig erfahrene Ausgrenzungen und Deklassierungen mit sich. Es fehlt ein sozialidentifikatorischer

Gruppenzusammenhalt und bei einzelnen Personen oft Selbstvertrauen und Selbstachtung. Zeitlich begrenzte, positive Wir-Gefühle entstehen in gelegentlichen Klatschgesprächen über andere Mitglieder (Riemann 1977, 178). Die Themen der Gespräche haben mit der Selbstbehauptung des einzelnen zu tun (Achtungsverluste bei Terrainverletzungen, Informationskontrolle). Die Ausgrenzungsbemühungen von außen werden auf die Mitglieder der Randgruppen übertragen, so daß andere Leute in ähnlicher Situation nach dem Grad der angeblichen Asozialität abgestuft und klassifiziert werden als *Bekloppte, Pack, Spaghettis, Kümmeltürken, Zigeuner.* Kommunikatives Resultat sind aggressive Zurechtweisungen (*anscheißen*) mit einer Identifikation der Fürsorger (ebd., 215). Auch die Bezeichnungen für die eigene Obdachlosensiedlung sind negativ geprägt (*Spritstraße, Knüppelranch, ich wohne dort, wo die Miete mit dem Revolver bezahlt wird*). Von außen gesehen fällt der grobe Umgangston von Arbeitslosen auf: Du-Anrede, Beleidigungsausdrücke, Schimpfen über Nachbarn.

Gegenüber der Umwelt der gesellschaftlich Integrierten entwickeln Obdachlose Strategien der Geheimhaltung und der Vermeidung: die Adresse wird verheimlicht, die Betroffenen entwerfen Biographien mit Opfercharakter; Kinder werden nicht mehr in die Wirtschaft geschickt, wo sie beschimpft wurden. In Gesprächen mit Fürsorgern sprechen Obdachlose sehr vage über ihre Probleme, z. T. thematisch so unzusammenhängend, daß ein Außenstehender sich nur schwer ein Bild über die Situation des Betroffenen machen kann; stigmatisierenden Erwartungen (Alkoholismus) wird durch Abstreiten zuvorgekommen (Reitemeier 1994, 245 ff.). Mit sozial Integrierten sprechen sozial Deklassierte hilfesuchend und um Anerkennung werbend. Zur Bewältigung eigener Probleme fallen sie in Infantilismen zurück, verkennen und verleugnen die Realität und wehren sich nicht gegen offene Diskriminierung. In Gesprächen entstehen oft Pausen. Interaktive Bezuglosigkeit führt zu Vorsichhinsprechen und lautem Denken. Themen werden schnell wieder fallengelassen; Ersatzthemen wie das Wetter werden nicht, wie üblich, zu Beginn eines Gesprächs, sondern innerhalb längerer Begegnungen besprochen (Beispiele und Analysen in Schmitt 1992, 137 ff.).

6. Schluß

Gruppensprachen sind als ganzheitliche Gebilde zu sehen, in denen sich auf allen sprachlichen Ebenen Relevanzen und Normen einer Weltsicht, Vorstellungen einer angemessenen Lebensweise oder auch passiv erfahrene, existentielle Bedrohung ausdrücken.

Gesellschaftsmitglieder haben mit der größeren sozialen Differenzierung auch eine größere Chance, tradierten Lebensformen zu entkommen, neue kennenzulernen und zu entwickeln. Journalisten greifen gruppensprachliche Wörter und Sprechweisen gerne auf und machen sie publik. Solche Wörter und Wendungen bereichern Sendeformen, die dem Zwang unterliegen, sich immer wieder neu zu präsentieren; sie dienen der adressatenspezifischen Werbung; sie haben für Außenstehende einen ästhetischen Reiz und können zitierend zur Kritik, Anklage oder nur zur (ironischen) Markierung sozialer Differenz verwendet werden. Die Wanderungen von Wortformen von einem gesellschaftlichen Bereich in andere und die damit zusammenhängenden Bedeutungsveränderungen sind kompliziert und oft schwer zu verfolgen. Insgesamt trägt das Wissen, daß nicht jede/r spricht wie der/die andere, dazu bei, die Gesellschaft als ein vielfach und oft heterogen differenziertes Supersystem zu sehen.

7. Literatur (in Auswahl)

Androutsopoulos, Jannis K., Deutsche Jugendsprache. Untersuchungen zu ihren Strukturen und Funktionen. Frankfurt/M. [etc.] 1998.

Augenstein, Susanne, Funktionen von Jugendsprache. Studien zu verschiedenen Gesprächstypen des Dialogs Jugendlicher mit Erwachsenen. Tübingen 1998.

Boesch, Bruno, Die Sprache des Protests. In: Sprache − Brücke und Hindernis. München 1972, 253−272.

Brauns, Patrick, Harte Energie und sanfte Sprache. Zum Sprachgebrauch der Energiepolitik und der Ökologiebewegung in der BRD und in Frankreich. In: OBS 33, 1986, 80−99.

Christmann, Gabriela B., 'Und da hab ich wirklich so einen Zornesausbruch gekriegt ...'. Moral mit Effekt: Die moralische Entrüstung am Beispiel von Ökologie-Gruppen. Arbeitspapier Moral Nr. 6. Fachgruppe Soziologie, Universität Konstanz 1993.

Dies., Über das Klagen. Die Familie des Klagens im allgemeinen und die spezielle Form des Sich-Beklagens am Beispiel von Ökologiegruppen. Arbeitspapier Moral Nr. 15. Fachgruppe Soziologie, Universität Konstanz 1995.

Dies., Die Aktivität des 'Sich-Mokierens' als konversationelle Satire. Wie sich Umweltschützer/innen über den 'Otto-Normalverbraucher' mokieren. In: Scherzkommunikation 1996, 49–80.

Franke, Hartwig, Zur inneren und äußeren Differenzierung deutscher Sondersprachen. In: ZDL 58, 1991, 57–62.

Hahn, Silke, *Halbstarke*, *Hippies* und *Hausbesetzer*. Die Sprache und das Bild der Jugend in der öffentlichen Betrachtung. In: Stötzel/Wengeler 1995, 212–244.

Haß, Ulrike, Umwelt. In: Brisante Wörter von Agitation bis Zeitgeist. Ein Lexikon zum öffentlichen Sprachgebrauch. Hrsg. v. Gerhard Strauß/Ulrike Haß/Gisela Harras. Berlin/New York 1989(a), 397–557.

Dies., Interessenabhängiger Umgang mit Wörtern in der Umweltdiskussion. In: Politische Semantik. Bedeutungsanalytische und sprachkritische Beiträge zur politischen Sprachverwendung. Hrsg. v. Josef Klein. Opladen 1989(b), 153–185.

Heinemann, Margot: Zur jugendsprachlichen Variation. In: DaF 25, 1988, 142–148.

Henne, Helmut, Jugend und ihre Sprache. Darstellung, Materialien, Kritik. Berlin/New York 1986.

Hermanns, Fritz, „Umwelt". Zur historischen Semantik eines deontischen Wortes. In: Diachrone Semantik und Pragmatik. Hrsg. v. Dietrich Busse. Tübingen 1991, 235–257.

Jakob, Karl-Heinz, Jugendkultur und Jugendsprache. In: Deutsche Sprache 16, 1988, 320–350.

Jung, Matthias, Öffentlichkeit und Sprachwandel. Zur Geschichte des Diskurses über die Atomenergie. Opladen 1994.

Jütte, Robert, Sprachsoziologische und lexikologische Untersuchungen zu einer Sondersprache. Die Sensenhändler im Hochsauerland und die Reste ihrer Geheimsprache. Wiesbaden 1978. (ZDL Beih. 25).

Keim, Inken, Kommunikative Stilistik einer sozialen Welt „kleiner Leute" in der Mannheimer Innenstadt. Berlin/New York 1995. (Schriften des Instituts für deutsche Sprache 4.3).

König, Werner, Das Jenische der Wasenmeister. In: „... im Gefüge der Sprachen": Studien zu System und Soziologie der Dialekte. Festschrift für Robert Hinderling. Wiesbaden 1995, 115–129. (ZDL Beih. 90).

Kotthoff, Helga, Witzige Darbietungen als Talk-Shows. Zur konversationellen Konstruktion eines Milieus. In: Scherzkommunikation 1996, 145–191.

Kuhn, Fritz, Überlegungen zur politischen Sprache der Alternativbewegung. In: SLWU 14, 1983, H. 51, 61–79.

Last, Annette, „Heiße Dosen" und „Schlammziegen" – Ist das Jugendsprache? In: OBS 41, 1989, 35–68.

Lerch, Hans-Günter, Das Manische in Gießen. Die Geheimsprache einer gesellschaftlichen Randgruppe, ihre Geschichte und ihre soziologischen Hintergründe. 3. Aufl. Gießen 1986.

Neuland, Eva, Spiegelungen und Gegenspiegelungen. Anregungen für eine zukünftige Jugendsprachforschung. In: ZGL 15, 1987, 58–82.

Nierhaus-Knaus, Edith, Geheimsprache in Franken. Das Schillingsfürster Jenisch. 2. Aufl. Rothenburg o. d. Tauber 1980.

Nothdurft, Werner, Müll reden. Mikroanalytische Fallstudie einer Bürgerversammlung zum Thema „Müllverbrennung". Jülich 1992. (Arbeiten zur Risiko-Kommunikation 32).

Pörksen, Uwe, 'Abi Nadek' oder Wer erfindet die Jugend. In: Spricht die Jugend eine andere Sprache? 1984, 9–54.

Reitemeier, Ulrich, Beraten und institutioneller Kontext. In: Beratungsgespräche: Analyse asymmetrischer Dialoge. Hrsg. v. Werner Nothdurft. Tübingen 1994, 229–259.

Riemann, Gerhard, Stigma, formelle soziale Kontrolle, das Leben mit dem anderen. Eine empirische Untersuchung zum Alltagswissen von Obdachlosen. Diplomarbeit (masch.) Universität Bielefeld 1977.

Scherzkommunikation. Hrsg. v. Helga Kotthoff. Opladen 1996.

Schläpfer, Robert, Jenisch. Zur Sondersprache des Fahrenden Volkes in der deutschen Schweiz. In: Schweizerisches Archiv für Volkskunde 77, 1981, 13–38.

Schlobinski, Peter, „Frau Meier hat Aids, Herr Tropfmann hat Herpes, was wollen Sie einsetzen?" Exemplarische Analyse eines Sprechstils. In: OBS 41, 1989, 1–34.

Ders./Gabi Kohl/Irmgard Ludewigt, Jugendsprache. Opladen 1993.

Schlosser, Horst Dieter, Sprechen die Grünen eine andere Sprache? In: Der Sprachdienst 30, 1986, 101–107.

Schmidt, Claudia, 'Typisch weiblich – typisch männlich'. Geschlechtstypisches Kommunikationsverhalten in studentischen Kleingruppen. Tübingen 1988.

Schmitt, Reinhold, Die Schwellensteher. Sprachliche Präsenz und sozialer Austausch in einem Kiosk. Tübingen 1992.

Schütte, Wilfried, Scherzkommunikation unter Orchestermusikern. Tübingen 1991.

Schweitzer, Herbert, Soziale Bewegungen im Rhein-Neckar-Raum. Von der Studentenbewegung zur Ökologie-, Frauen- und Friedensbewegung. In: Das Land zwischen Rhein und Odenwald. Eine Ringvorlesung zur Region. Hrsg. v. Uwe Uffelmann. Villingen-Schwenningen 1987, 185–196.

Schwitalla, Johannes, Die Vergegenwärtigung einer Gegenwelt. Sprachliche Formen der sozialen Abgrenzung in einer Jugendgruppe in Vogelstang. In: Kommunikation in der Stadt. Tl. 1. Hrsg. v. Werner Kallmeyer. Berlin/New York, 1994, 477–509.

Ders., Kommunikative Stilistik zweier sozialer Welten in Mannheim-Vogelstang. Berlin/New York 1995. (Schriften des Instituts für deutsche Sprache 4.4).

Siewert, Klaus, Masematte. Zur Situation einer regionalen Sondersprache. In: ZDL 58, 1991, 44–56.

Spricht die Jugend eine andere Sprache? Heidelberg 1984.

Steger, Hugo, Gruppensprache. In: ZMF 31, 1964, 125–138.

Ders., Sprache im Wandel. In: Die Geschichte der Bundesrepublik Deutschland. Bd. 4: Kultur. Hrsg. v. Wolfgang Benz. Frankfurt/M. 1989, 15–52.

Stötzel, Georg, Semantische Kämpfe im öffentlichen Sprachgebrauch. In: Deutsche Gegenwartssprache. Tendenzen und Perspektiven. Hrsg. v. Gerhard Stickel. Berlin/New York 1990, 45–65.

Ders./Martin Wengeler, Kontroverse Begriffe. Geschichte des öffentlichen Sprachgebrauchs in der Bundesrepublik Deutschland. Berlin/New York 1995.

Straßner, Erich, 1968 und die sprachlichen Folgen. In: Sprache und Politische Kultur in der Demokratie. Hrsg. v. Dieter Emig/Christoph Hüttig/Lutz Raphael. Frankfurt/M. [etc.] 1992, 241–260.

Weber, Heinz, Du hast keine Chance, aber nutze sie! Sprachfindung als Identitätsproblem. In: Spricht die Jugend eine andere Sprache? 1984, 55–124.

Wegera, Klaus-Peter, Lebber Talp. Die Geheimsprache der Backofenbauer aus Bell in der Nordosteifel. In: GL 91/92, 1987, 184–206.

Wengeler, Martin, „1968" als sprachgeschichtliche Zäsur. In: Stötzel/Wengeler 1995, 383–404.

Gerd Schank, Nijmegen
Johannes Schwitalla, Würzburg

141. Varianten des Deutschen in den Staaten mit vorwiegend deutschsprachiger Bevölkerung

1. Der Begriff „Plurizentrische Sprachen"

Deutsch ist, wie Englisch, Französisch, Chinesisch, Arabisch, Spanisch, Koreanisch und viele andere Sprachen, eine plurizentrische Sprache – das heißt, es hat einige konkurrierende, aber interagierende Nationalvarietäten mit verschiedenen Normen. Die eigentlichen Unterschiede zwischen den Nationalvarietäten sind relativ gering; sie sind aber von großer Bedeutung, weil sie Kennzeichen für die nationale Identität einer Staatsnation sind. Wie bei „Sprachen" gibt es auch bei „Nationalvarietäten" zweierlei Kriterien für deren Bestimmung und Unterscheidung – die sprachlichen Formen und die soziolinguistischen Funktionen. Auf der Basis dieser beiden Kategorien kann die Abgrenzung von Nationen ohne die Schaffung einer autonomen Sprache sprachlich gekennzeichnet werden, d. h. es gibt keine öst. Sprache, sondern eine öst. Existenzform der dt. Sprache. Manche plurizentrische Sprachen haben sich aufgelöst, indem sich ihre Nationalvarietäten zu gesonderten Sprachen erklärten. Das gilt z. B. für Indonesisch/Malaysisch, Hindi/Urdu, Kroatisch/Serbisch/Bosnisch, aber keineswegs für Deutsch.

Plurizentrische Sprachen vereinen und grenzen zugleich ab. In dieser Beziehung spiegeln sie eine mehrfache Identität wider, die auf einer Spannung zwischen zentrifugalen und zentripetalen Kräften beruht. Wer sich einer bestimmten Nationalvarietät des Dt. bedient, verbindet sich dadurch mit allen Mitgliedern der internationalen dt. Sprachgemeinschaft, drückt aber zugleich seine nationale Identität aus.

Bei Nationalvarietäten handelt es sich um mehr oder weniger standardisierte Varietäten, nicht um Dialekte. Das muß im Falle der dt. Sprache besonders betont werden, da die schweizerischen und öst. Standardvarietäten vielfach mit sdt. regionalen Varietäten verwechselt werden, die mit ihnen phonologische, lexikalische und grammatische Gemeinsamkeiten haben. Es muß aber berücksichtigt werden, daß z. B. das Hilfsverb *sein* mit *sitzen*, *stehen* und *liegen* und Wörter wie *heuer*, *Jänner*, *Feber* in Österreich als Standardformen auch in Qualitätszeitungen und in (staatlichen) Rundfunknachrichten gebraucht werden, im von nrddt. Normen in institutionellen Bereichen dominierten Süddeutschland aber kaum.

2. Die Staaten mit vorwiegend „deutschsprachiger Bevölkerung"

Die Staaten mit vorwiegend deutschsprachiger Bevölkerung sind: Das seit 1990 wieder vereinigte Deutschland (z. 80 Mio. Sprecher), Österreich (7,5 Mio.), die Schweiz (4,2 Mio. 'Deutschsprachige', das sind etwa 74% der Bürger und 65% der Gesamtbevölkerung) und Liechtenstein (15.000). In Luxemburg (Bevölkerung: 372.000) ist die ursprünglich vorwiegend mslfrk. Mundart zur letzebuergeschen Sprache ausgebaut worden; jedoch kommen dem (Standard)deutschen als kodominanter Amtssprache auch bedeutende Gebrauchsdomänen zu. In der Schweiz hingegen besteht eine Vielfalt von Mundarten, die auch keineswegs kodifiziert sind. Zu Luxemburg und der Schweiz, s. 5.

3. Normenunterschiede/Kodifizierung

Ammon (1989) hat ein quantitatives Modell der Kodifizierung von Nationalvarietäten einer plurizentrischen Sprache entworfen. Er geht von einer Graduierung von völliger Endonormativität (einheimische Normen) bis hin zu voller Exonormativität (Außennormen) aus. Es geht darum, ob der Kodex (Wörterbuch, Grammatik, Aussprachehandbuch) bzw. die Modellsprachgebraucher einheimisch sind oder von auswärts stammen. In dieser Hinsicht spielt die Anzahl eigenständiger Normen und deren Stellung in der Sprachstruktur eine weniger große Rolle als das Bestehen solcher Normen, die symbolisch signifikant sind und eine bewußte Abgrenzung von den Normen anderer Nationen darstellen. Unter den Staaten mit vorwiegend deutschsprachiger Bevölkerung verfügt

Deutschland über die eigenständigsten Normen (Kodexe − Duden-Grammatik, Wörterbücher, Goethe-Institute, Modelle − Rundfunksprecher, Journalisten, Universitätsprofessoren und andere Akademiker, Pfarrer, z. T. Politiker). Die in Deutschland festgelegten Normen werden in der Duden-Rechtschreibung, im Duden-Aussprachewörterbuch und in der Duden-Grammatik unmarkiert (als allgemein gültig) aufgezeichnet. Österreichische und schweizerische Normen, falls verzeichnet, werden auf gleicher Ebene als dialektal markiert. Wie Ammon (1994) es ausdrückt, bestehen Inventare von Austriazismen und von Helvetizismen (wie z. B. Ebner 1969; Meyer 1989), aber nicht von Teutonismen, denn diese werden in Deutschland als eine unmarkierte Menge betrachtet (vgl. auch Clyne 1984, 4; von Polenz 1988).

Seit der Vereinigung ist in Deutschland das Problem der Nation einigermaßen gelöst, wogegen in den anderen Staaten noch gewisse Unklarheiten über nationale Identität fortbestehen und auch der Wunsch existiert, sich vom 'großen Nachbarn' abzugrenzen. In Österreich bekennt sich die große Mehrheit der Bevölkerung mehr denn je zu einer öst. Nation (Bruckmüller 1994). Die öst. Normen werden zwar eingehalten, aber vielfach nicht anerkannt; Muhr (1987) unterscheidet zwischen dem „Standard nach Innen" und dem „Standard nach Außen". Der Kodex ist das *Österreichische Wörterbuch* (ÖWB), das vom Österreichischen Bundesverlag und vom Verlag Jugend und Volk veröffentlicht wird und seit 1979 dem öst. Dt. als Inventar dient. Seit dieser Ausgabe übt das Wörterbuch eine solidarisierende und separatistische Funktion aus (Dressler/Wodak 1983), die die Besonderheit des öst. Dt. in einem Klima des nationalen Bewußtseins und fortschrittlicher gesellschaftlicher Reform ausdrückt. Wörter, die als „deutsches Deutsch" empfunden werden, sind mit einem * versehen. Manche Einträge waren Gegenstand von Kontroversen, und einige Innovationen der Ausgabe 1979 wurden in der nächsten (1985) modifiziert, darunter auch grammatische Entscheidungen wie die Akzeptanz von *am* statt *auf dem* und von *statt* und *wegen* mit Dativ. Mehr Aufmerksamkeit wird der Markierung von stilistischer Ebene und regionalen Besonderheiten geschenkt. In der Ausgabe von 1990 kommt dem spezifisch Öst. wieder mehr Bedeutung zu („Ein Wörterbuch der deutschen Standardsprache in ihrer österreichischen Ausprägung", S. 37). Das Wörterbuch ist wieder

Auslöser von Sprachreform, allerdings etwas subtiler als in der 35. Auflage. Distinktive nationale und regionale Unterschiede werden besonders markiert, und der Einfluß des DSD (= Deutsches Standarddeutsch) wird anerkannt. Das ÖWB enthält ebenfalls grammatische Normen und Regeln zur Wortbildung. Endonormative Ausspracheregeln werden nicht kodifiziert.

In der Schweiz wird Standarddeutsch 'Schriftdeutsch' genannt; phonetische Aspekte der schweizerischen Existenzform wurden in einem längst vergriffenen Buch von Boesch (1957) kodifiziert. Es gibt zwar ein Schweizerisches Wörterbuch der dt. Sprache (Bigler u. a. 1987). Dies genießt aber nicht die Bekanntheit oder den offiziellen Status des ÖWB und listet nur manche der Wörter auf, die für das Schweizerische Standarddeutsch kennzeichnend sind. Unter Deutschschweizern herrscht vielfach ein Minderwertigkeitskomplex in bezug auf Ihre Kenntnis der dt. Sprache und die Einstellung, Dt. sei eigentlich für sie eine Fremdsprache (z. B. Sieber/Sitta 1986; Stevenson 1990). Noch mehr als die Schweizer grenzen sich Luxemburger durch ihren Ausbaudialekt und durch den Gebrauch des Frz. als die andere Sprache formeller Bereiche und nicht durch ihre Existenzform des Standarddeutschen von den Deutschen ab. Durch Modelle und nicht Kodexe wird bestimmt, wie Luxemburger Standarddeutsch verwenden. Für Liechtenstein gibt es keinerlei endonormative Sprachplanung. Die Rangordnung der endonormativen Sprachplanung (Deutschland, Österreich, Schweiz, Luxemburg, Liechtenstein) verträgt sich mit Ammons (1989, 89–91) Behauptung, Endonormativität sei mit Bevölkerungsstärke verbunden.

Damit soll nicht gesagt werden, daß gemeinsame Normenplanung nicht möglich ist. Ein Beispiel dafür sind die neuen orthographischen Regelungen, die zwischen den verschiedenen deutschsprachigen Staaten verhandelt worden sind (s. Neuregelung 1989; Internationaler Arbeitskreis 1992; Heller 1994). Allerdings hat die Vielfalt der Interessenkonflikte wahrscheinlich zur konservativen Endvereinbarung beigetragen.

4. Das Problem Symmetrie/Asymmetrie des Deutschen als plurizentrischer Sprache

Nur sehr selten genießen alle Nationalvarietäten einer plurizentrischen Sprache den gleichen Status – ob in den anderen Staaten, die die Sprache verwenden, im eigenen Land und im anderssprachigen Ausland. Eine Asymmetrie ist meist auf unterschiedliche politische und wirtschaftliche Macht der jeweiligen Nationalstaaten sowie auf demographische Ungleichheit zurückzuführen, wie aus der Diskussion zum Grad der Endonormativität zu ersehen ist. Auch historische Faktoren spielen bei diesen Diskussionen eine Rolle, die aber bislang weniger bearbeitet worden sind. Ähnlich wie in anderen plurizentrischen Sprachen unterliegt auch im Deutschen die Asymmetrie folgenden Einstellungen und Vorurteilen auf seiten der dominanten Sprechergruppe (d. h. der Deutschen; Clyne 1992b, 459–60):

(i) Sie verwechseln häufig das Bestehen von spezifischen Merkmalen einer identitätsprägenden Nationalvarietät mit der Zahl dieser Charakteristika.
(ii) Infolge sich überschneidender Sprachmerkmale mit dialektalen neigen sie dazu, Nationalvarietäten (z. B. Österreichisches, Schweizerisches Standarddeutsch) mit Dialekten (z. B. bair., schwäb.) zu verwechseln.
(iii) Sie betrachten sich gern als die alleinigen Normenträger und die anderen Varietäten als exotische, heimelige, charmante bzw. veraltete Nicht-Standard-Abweichungen.
(iv) Sie verfügen über die besten Mittel, ihre Nationalvarietät zu exportieren, indem sie Forschungs- und Sprachlehrinstitute unterhalten. Auch befinden sich in ihrem Land die wichtigsten Wörterbuch- und Grammatikverlage.
(v) Ihnen sind die Normen der anderen Varietäten weniger geläufig als ihre Normen den Sprechern anderer Nationalvarietäten. Die Sprecher der nichtdominanten Nationalvarietäten (hier z. B. Österreicher und Schweizer) haben einen gewissen „Minderwertigkeitskomplex" gegenüber dem dt. Standarddeutsch. Sie passen sich den deutschen Normen viel mehr an als das umgekehrt der Fall ist. Bildungseliten der anderen deutschsprachigen Nationen unterwerfen sich vielfach den dt. Normen, da sie in stark markierten Existenzformen der Nationalvarietäten Erscheinungen sozialer oder regionaler Art erkennen. Anzeichen der Asymmetrie sind z. B. der Terminus „Binnendeutsch" (dazu s. Clyne 1984, 4; von Polenz 1988) und der Gebrauch von „Standarddeutsch" für „Deutsches Standarddeutsch". Inwieweit es sich in der alten Bundesrepublik und der DDR in mancher Hinsicht um zwei Nationalvarietäten handelte, ist Gegenstand einer Kontroverse (siehe Art. 142).

Es muß erwähnt werden, daß auch innerhalb einer Nationalvarietät keine regionale Symmetrie, geschweige denn eine soziale, herrscht. Die Normen des Dt. Standarddeutsch (DSD) sind nrddt. orientiert, und die des Öst. Standarddeutsch (ÖSD) beruhen großenteils auf dem Wiener Deutsch. Das

Wort *Feber* ist in Deutschland regional (bair. oder schwäb.) aber nicht Standarddeutsch, in Österreich hingegen Standarddeutsch, denn *Februar* (DSD) kann hier als dialektal (westöst.) bezeichnet werden. *Fleischhauer* ist in Deutschland dialektal, aber in Österreich Standard; bei *Metzger* ist die Lage umgekehrt. Darauf, daß die Asymmetrie der einzelnen Nationalvarietäten der mehrfachen Identität relativ wenig Spielraum läßt, wird unter 12. ausführlicher eingegangen werden.

5. Diglossie und Ausbau

In Luxemburg, der dt. Schweiz und Liechtenstein ist die Sprachsituation durch eine Diglossie gekennzeichnet. Dieser von Ferguson (1959) eingeführte Terminus beschreibt die funktionale Verteilung der Sprachen in einer Gemeinschaft, wo eine Sprache (die L-Sprache) zu alltäglichen Zwecken, die andere, die H-Sprache, zu offiziellem (bzw. formellem) Gebrauch verwendet wird. Das heißt, es wird in der dt. Schweiz Dialekt in Situationen verwendet, in denen in Deutschland und Österreich Standarddeutsch oder eine zum Standard tendierende Umgangssprache üblich ist, z. B. für den informellen Gebrauch in formellen Domänen wie Diskussionen und Erklärungen im Unterricht auf allen Stufen, in Wetterberichten, Sport-, Kinder-, Frauen- und Talkprogrammen im Radio, Nachrichten auf lokalen Sendern, Abendgottesdiensten, selbst bei Hochzeiten und persönlichen Anzeigen in den Tageszeitungen (Ris 1979; Meili 1985; Löffler 1986; Sieber/Sitta 1986, 1988). Im großen und ganzen kann man das gleiche für Liechtenstein behaupten, obwohl dort ein gewisser Purismus im Schulwesen, die kleine Bevölkerung und die Abhängigkeit von Nachbarstaaten und der große Anteil von Deutschen und Österreichern an der Gesamtbevölkerung den Gebrauch des Standarddeutschen etwas erhöht (Clyne 1995). Wie z. B. eine Untersuchung von Spracheinstellungen unter 20-Jährigen (Schläpfer et al. 1991) festgestellt hat, herrschen negative Haltungen, die zur Abwahl des „Schriftdeutschen" unter Deutschschweizern führen. Der zunehmende schweizerische Dialektgebrauch führt zu Sprachkonflikten im Mehrsprachenstaat: Die nicht-deutschsprachigen Schweizer, vor allem die französischsprachigen, ärgert, daß sie dadurch trotz ihres Schuldeutsch „ausgeschlossen" werden. In Luxemburg ist die Lage insofern kompliziert, daß es zwei H-Sprachen gibt, Französisch und Standard-

deutsch, deren Gebrauch teilweise nach Domäne (Presse — vorwiegend dt., Gericht — vorwiegend frz.) und teilweise nach sozialer Distanz und Klassenzugehörigkeit bzw. Bildungsstand bestimmt wird (z. B. im privaten Briefwechsel), und daß Letzebuergesch nicht lediglich als L-Sprache zu betrachten ist. Seit 1985 ist Letzbuergesch, zusammen mit Französisch und Standarddeutsch Amtssprache und kann daher theoretisch in allen Bereichen gebraucht werden. Die erweiterte Verwendung des Schwyzertütschen und des Letzbuergeschen wird, besonders im letzteren Falle, voraussichtlich noch größere Ausbauversuche in Richtung einer autonomen Sprache zur Folge haben. Zugleich bedeutet dies einen geringeren Bedarf in der inländischen Kommunikation für eine Nationalvarietät des Standarddeutschen. Standarddeutsch wird zu internen Zwecken verwendet, um eine gewisse Verfremdung auszudrücken (z. B. Autorität, Distanz, Formalität), aber nicht um Identität zu demonstrieren (Hoffmann 1979, 1988; Scheidweiler 1988; Berg 1993; Davis 1994).

6. Phonologische Variation

Unter den wesentlichen Unterschieden zwischen den Nationalvarietäten auf phonetisch-phonologischer Ebene sind folgende zu rechnen:

Vokallänge nach /r/, /p/, /ʃ/ oder /t/:
Behörde, Geburt, Krebs, Nische, Notiz, Städte — lang im Deutschen Standarddeutsch (DSD), kurz in den österreichischen (ÖSD) und schweizerischen (SSD) Nationalvarietäten, im ÖSD auch in *Obst*. Im Gegensatz zum DSD und zum ÖSD hat SSD lange Vokale in: *brachte, Gedächtnis, Hochzeit, Rache* und *Rost* und eine Differenzierung zwischen geschlossenem und offenem [ɛ] z. B. in: *Esche, Wäsche; Held, hält*. Der primäre Nachdruck im SSD fällt auf die Anfangssilbe lexikalischer Transfers aus dem Französischen, z. B. *'Büffet', 'Filet', 'Glace'* (Eis) (Keller 1978, 552). Wogegen im DSD *Kaffee* und *Motor* z. B. auf der ersten Silbe betont werden, fällt der Nachdruck im ÖSD auf die letzte Silbe. Bei Adjektiven wie *allerdings, ausführlich* und *unsterblich* wird im ÖSD wie im SSD die erste Silbe betont. Im SSD können Auslautkonsonanten auch stimmhaft gesprochen werden, z. B. [braːv], vgl. DSD, ÖSD [braːf]. Auch: gib [gib], Rad [raːd].
/çl in *Chemie, China* DSD, [k] ÖSD, häufig [x] SSD (auch im Inlaut, z. B. [zɪxər]). Wörter, die mit ⟨gg⟩ geschrieben werden, sprechen die Schweizer im SD mit [k] aus (Meyer 1989, 29).

Den Kehlkopfverschlußlaut des DSD findet man weder im SSD noch im ÖSD, z. B. [tjaːtə] *Theater*. [x] ist nach Vordervokal (z. B. Schwa) im ÖSD üblich, z. B. [duəx] *durch*, [kiːəxə] *Kirche*. Leicht nasalierter Zwielaut [ɛᵉ] [ɔᵒ] [ɔᵒᵉ] im ÖSD, wie z. B. in *Kreide, Frau, Freude* (Wodak-Leodolter/Dressler 1978). [o] entspricht auch DSD [a] wie ein *fast* [fost]. Im Kontrast zum ÖSD und DSD werden im SSD Doppelkonsonanten artikuliert, z. B. [bɛllə] *Bälle*, [gassə] *Gasse*.

Wenn sich auch Luxemburgisches Standarddeutsch offiziell nach den Kodexen des DSD richtet, verwenden die Modelle ein Standarddeutsch, das durch Einflüsse aus dem Letzebuergischen und Französischen eine luxemburgische Identität ausdrückt; in der Phonetik z. B. durch Lenisierung − [d] entspricht DSD /t/, [ʃ] für /ç/. Auch die Intonation wird durch das Frz. beeinflußt (Hoffmann 1979; Magenau 1964).

Die Unterscheidung zwischen ⟨ss⟩ und ⟨ß⟩ als graphematische Repräsentation von /s/ gilt für DSD, ÖSD und LSD, aber nicht für SSD, wo lediglich ⟨ss⟩ üblich ist.

7. Lexikosemantische Variation

Auf lexikalischer Ebene sind viele der charakteristischen Formen in den Gebieten Essen, Heim und Institutionen zu finden, z. B.

DSD *Abitur*, ÖSD *Matura*, SSD *Maturität*
DSD *Abendessen*, ÖSD *Nachtmahl*, SSD *Nachtessen*
DSD *Decke*, ÖSD *Pla'fond*, SSD *'Plafond*
ÖSD *Schwamm*, DSD, SSD *Pilz*
ÖSD *Zuckerl*, DSD *Bon'bon*, SSD *'Bonbon*
ÖSD *Kasten*, DSD, SSD *Schrank*
ÖSD *Marille*, DSD, SSD *Aprikose*
ÖSD *Palatschinken*, DSD, SSD *Pfannkuchen*
ÖSD *Paradeiser*, DSD, SSD *Tomate*
ÖSD *Sessel*, DSD, SSD *Stuhl*
ÖSD *Lehrkanzel*, DSD, SSD *Lehrstuhl*
ÖSD *Putzerei*, DSD, SSD *Chemische Reinigung*
ÖSD *Flugpost*, DSD, SSD *Luftpost*
SSD *Altjahr*, DSD, ÖSD *Silvester*
SSD *Freikonzert*, DSD, ÖSD *Freiluftkonzert*
SSD *Götti*, DSD, ÖSD *Pate*
LSD *Konferenzler*, DSD, ÖSD, SSD *Konferenzteilnehmer*
LSD, SSD *Camion*, DSD, ÖSD *Lastwagen*
LSD, SSD *Velo*, DSD, ÖSD *Fahrrad*
LSD, SSD *Parking*, DSD, ÖSD *Parkplatz*
LSD *Weißkäse*, ÖSD *Topfen*, DSD, SSD *Quark*
LSD *Militär*, DSD, ÖSD, SSD *Soldat*
LSD *Televi'sion*, DSD, ÖSD *Fernsehen*, SSD *Fernsehen, Television, TV*.

Wörter, die in verschiedenen Nationalvarietäten unterschiedliche Bedeutungen haben, sind:

abdanken: SSD 'begraben, eine Lobrede bei einem Begräbnis halten'; DSD, ÖSD 'den Thron aufgeben'
Auffahrt: SSD 'Himmelfahrt', DSD, ÖSD 'Bergstraße, Einfahrt, Rampe'
Kleid: SSD 'Männeranzug/Frauenkleid', DSD, ÖSD nur für Frauen
Steigerung: SSD 'Versteigerung', DSD, ÖSD 'Erhöhung', Veränderung des Adjektivs zur Steigerungs- und Höchststufe. (Russ 1987; Meyer 1989; Bigler et al. 1987; Wiesinger 1988; ÖWB 1990).

8. Variation in der Wortbildung

Einige Morpheme sind im ÖSD in der Wortbildung sehr produktiv, z. B.

-s im Inlaut: *Ausnahmsfall* (DSD, SSD *Ausnahmefall*), *Zugskarte* (DSD *Zugkarte*)
∅: *Toilettisch* (DSD *Toilettentisch*, SSD *Frisiertisch*), *Visitkarte* (DSD, SSD *Visitenkarte*)
-erl: *Schnackerl* (DSD *Schluckauf*, Schweiz. Dialekte: *Higgsi, Glucksi*; Eichhoff 1977−78) (Rizzo-Baur 1962; Wiesinger 1988).

Die Tendenz zu Komposita mit *-s* kommt auch im LSD vor, allerdings mit anderen Beispielen, wie *Nachtstisch* (ÖSD, DSD, SSD *Nachttisch*), *Sportskritik* (andere Nationalvarietäten: Sportkritik), *Samstagsnacht* (andere Nationalvarietäten: Samstagnacht) (Magenau 1964). Im SSD hingegen ist der Gebrauch von *-s* in der Kompositabildung weniger produktiv als im DSD, z. B. *Auslandgast* (andere Nationalvarietäten: *Auslandsgast*), *Kuckuckuhr* (andere Nationalvarietäten: *Kuckucksuhr*), *Tagliste* (andere Nationalvarietäten: *Tagesliste*). Es gibt aber Ausnahmen, wo gerade im SSD eine *s*- Form bevorzugt wird, z. B. *Landsgemeinde* (DSD, ÖSD *Landgemeinde*). Manche *-en* Infix-Formen sind aber dem SSD eigen, z. B. *Maienfahrt, Krebsenmahl* (*Krebsmahlzeit*). Auch im SSD ist das Suffix *-ler* produktiv; hier wird es aber mit Umlaut verbunden (*Pöstler, Übernächtler*). (Russ 1987; Meyer 1989).

9. Variation im Genus

Manche Substantive haben in verschiedenen Nationalvarietäten ein unterschiedliches Genus, z. B.

Gehalt (im Sinne von *Lohn*): DSD, SSD *das*, ÖSD *der*
Bank (im Sinne von *Sitz*): DSD, ÖSD *die*, SSD *der*
Efeu: DSD, SSD *das*, ÖSD *der*
Foto: DSD, ÖSD *das*, SSD *die*
Koffer: DSD, ÖSD *der*, SSD *die*
Programm: LSD *der*, andere Nationalvarietäten: *das*

Jury: DSD, ÖSD *die*, LSD *der*, SSD *das*
Pedal: LSD *die Pedale*, andere: *das Pedal*
In manchen Fällen kennt das ÖSD eine Variation
zwischen zwei Genera, das DSD und SSD aber
nicht:
Ersparnis: ÖSD *die/das*, DSD, SSD *die*
Monat: ÖSD *der/das*, DSD, SSD *der*
(Rizzo-Baur 1962; Magenau 1964; Russ 1987;
Meyer 1989).

10. Morphosyntaktische Variation

Im ÖSD und im SSD bilden *Wagen* und *Kragen* den Plural mit einem Umlaut, im Gegensatz zum Null-Plural im DSD. Das ÖSD und (in etwas geringerem Maße) das SSD hat *sein* als Hilfsverb für *liegen, sitzen, stehen, knien* und *hocken. Ändern* und *bessern* werden im SSD sowohl intransitiv wie auch transitiv verwendet, im DSD und ÖSD lediglich transitiv (Meyer 1989). Im Präpositionengebrauch gibt es Unterschiede zwischen DSD und ÖSD, z. B. ein Kind auf der Schule lassen (dt.)/in der Schule lassen (öst.) (Muhr 1987).

Die Satzstellung bei Nebensätzen in den zusammengesetzten Zeiten ist im DSD generell: Aux + Inf + Inf des Modal-(Quasimodal) verbs

hätte sein können
hat abstimmen lassen
wird zugeben müssen

Im ÖSD tendiert es zu: Inf + Aux + Inf. von Modal- (od. Quasimodal)verb

sein hätte können
abstimmen hat lassen
zugeben wird müssen
(Skubjær 1993; Clyne 1995).

Im LSD werden diskontinuierliche Konstituenten manchmal näher aneinander gebracht, z. B.

Er hätte sollen die Angelegenheit genau überprüfen.
(DSD, ÖSD, SSD *Er hätte ... überprüfen sollen*)
(Magenau 1964).

11. Variation in der Pragmatik und im Diskurs

Dieser Aspekt ist am wenigsten erforscht worden. Das ÖSD wird bekanntlich durch Höflichkeitsformeln gekennzeichnet, die an historische Traditionen gebunden sind (z. B. mit vorzüglicher Hochachtung). In kontrastiven Studien zu den Antworten von (west)dt. und öst. Informanten zu Bitt- und Beschwerdeschemata stellt (Muhr 1993, i. V.) fest, daß

Österreicher längere Äußerungen mit mehr illokutiven Elementen verwenden als Deutsche und daher länger brauchen, um „zur Sache" zu kommen. Auch finden sich bei den Österreichern mehr Konjunktive, Modalverben und negative Bewertungen. Die Länge der Äußerungen hängt offensichtlich mit einem mitteleuropäischen Diskursstil zusammen, der zur Höflichkeit komplexe Anforderungs- und Bittsequenzen für Erklärungen oder Rechtfertigungen erfordert. Mißverständnisse zwischen Deutschen und Österreichern sind manchmal auf Unterschiede in Modalpartikeln zurückzuführen (z. B. Dtld. *etwa, mal, eben, denn,* öst. *denn* (oft an verschiedener Stelle), *halt* − s. Muhr 1988).

Dieser Aspekt der sprachlichen Variation ist noch relativ unerforscht. Wünschenswert wäre z. B. eine Untersuchung zum Sprechakt „Schimpfen" im öst. Deutsch. Obwohl die Linguistik sich zunehmend, wenn auch nicht sehr empirisch, mit pragmatischen und diskursanalytischen Unterschieden zwischen dem Deutsch der Ost- und Westdeutschen auseinander setzt (Auer 1993; Hellmann 1989; Schlosser 1992; Reséndiz 1992; Ylönen 1992), liegen zu den Kommunikationsmustern der Deutschschweizer bzw. Luxemburger im Vergleich zu Deutschen oder Österreichern bisher noch keine Untersuchungen vor.

12. Einwände gegen das „plurizentrische" Modell, insbes. in Österreich

Oben unter 4. sind schon Hindernisse zur Akzeptanz der Plurizentrität von seiten der dominanten und der anderen Nationen aufgelistet worden. Im letzten Jahrzehnt hat die internationale Akzeptanz des Plurizentritätsbegriffs in den meisten Sprachen wesentlich zugenommen (vgl. die Artikel in Clyne 1992). Das ist auch im dt. Sprachgebiet der Fall, wo dt. Sprachwissenschaftler wie von Polenz (1988, 1990), Steger (1985), Besch (1990) und Ammon (1989, 1994) sich mit dieser Frage auseinandergesetzt haben. Die Anerkennung der Plurizentrität durch Linguisten liegt manchmal an der sprachwissenschaftlichen Auffassung. Für den historischen Dialektologen sind die meisten öst. Dialekte bair. wie auch die Dialekte Bayerns und die schweizerischen Dialekte wie die Südwestdeutschlands alem. Das läßt keinen Spielraum für die Anerkennung einer Nationalvarietät. Eine ähnliche Geringschätzung zeigt eine systemlinguistische Auffassung vielfach für jene Dimensionen (z. B. semantische, pragmatische, diskursanalytische), in denen Kulturunterschiede stark zum Ausdruck kommen.

Gerade in der Diskussion über die öst. Identität im Zuge des EU-Beitritts spielt das öst. Dt. eine wichtige Rolle. Obwohl die Plurizentrität mehr als je zuvor in Österreich zur Diskussion steht, erschwert die Herausbildung neuer Aspekte einer mehrfachen Identität in Österreich paradoxerweise die Anerkennung und Wirksamkeit der Nationalvarietät. Österreicher stammen aus einer gewissen Region ihres Landes, sind Mitglied einer sozialen Klasse, sind männlich oder weiblich, usw. In der Kritik zum *österreichischen Wörterbuch* (eine kurze Zusammenfassung ist in Clyne 1995 zu finden) kommt immer wieder der Vorwurf zum Ausdruck, die Normen seien zu wienzentrisch und berücksichtigten zu wenig den Sprachgebrauch in Westösterreich. Zugleich ertönt der Vorwurf schockierter Bildungsbürger, das Wörterbuch hätte Formen zur Standardsprache erhoben, die mit gesellschaftlichen Unterschichten identifiziert bzw. stilistisch unangemessen seien.

13. Zukunft der Plurizentrik des Deutschen

Mit der Neugestaltung der benachbarten mitteleuropäischen Staaten, die mit Österreich historisch verbunden waren, und dem Ende der DDR und des Sowjetblocks haben die Österreicher ihre Rolle als Exporteur der dt. Sprache intensiviert. Die Ernennung von öst. LektorInnen an ung., tschech. und slowak. Universitäten, Sonderkurse für Lehrkräfte aus den Nachbarländern, öst. Auslandsschulen und ein Österreichisches Sprachdiplom sind Beispiele der zunehmenden freundlichen Konkurrenz, die Österreich Deutschland auf diesem Gebiet macht. Kulturähnlichkeiten und gemeinsame Vokabeln zwischen dem ÖSD und den Nachbarsprachen (Ung., Tschech., Slowak. und Kroat. – Nagy 1990; Spácilovà 1993; Kosmovà 1993; Glovacki-Bernardi 1993) scheinen den kontinuierlichen Einfluß des ÖSD zu bestimmen. Eine starke Motivation für den Gebrauch des DSD bietet andererseits die wirtschaftliche Macht Deutschlands, nicht zuletzt auf dem Gebiet des Tourismus.

Österreichs Beitritt zur EU könnte das ÖSD schwächen, da die EG/EU den Nationalvarietäten anderer Sprachen (Frz., Nl.) ge-

genüber bisher wenig Rücksicht gezeigt hat. Die verhältnismäßig schwache Lage des Dt. in der EU (Ammon 1991, 176–82) und der langetablierte Status des DSD wird die Österreicher vermutlich zur Anpassung zwingen. Es ist in dieser Beziehung interessant, daß die öst. Regierung in den Beitrittsverhandlungen gemäß Protokoll 10 die Beibehaltung von 23 Austriazismen, allerdings alle im kulinarischen Bereich, durchgesetzt hat. Wenn auch im neuen Europa Nationalstaatlichkeit den Besonderheiten von Region und Kultur weichen soll, steht die Schweiz genügend abseits und fungiert Österreich genügend als Kulturgebiet, daß die Plurizentrität des (Standard-) Dt. beibehalten wird, vielleicht neben zunehmenden, darunter auch grenzübergreifenden Funktionen für Regionalvarietäten, selbst grenzübergreifend. Sollten die Schweiz und Luxemburg den Gebrauch des Standarddeutschen weiter einschränken, so könnte aus der Plurizentrität eine Bizentrität entstehen. Dies ist aber unwahrscheinlich, da diese Länder das Standarddeutsch für gewisse Innenfunktionen und zum zunehmenden internationalen Gebrauch benötigen und sich in diesem Gebrauch vom Nachbarstaat weiter werden abgrenzen wollen.

14. Literatur (in Auswahl)

Ammon, Ulrich, Towards a descriptive framework for the status/function/social position of a language within a country. In: Ulrich Ammon (Hrsg.), Status and function of languages and language varieties. Berlin 1989, 21–106.

Ders., Die internationale Stellung der deutschen Sprache. Berlin/New York 1991.

Ders., Über ein fehlendes Wörterbuch „Wie sagt man in Deutschland?" und den übersehenen Wörtertyp „Nationale Varianten einer Sprache". In: DS 27, 1994, 51–65.

Auer, Peter, Broken discourses – Cultural and interactural aspects of East German job interviews. Vortrag beim Sociolinguistics Symposium, Lancaster, März 1994.

Berg, Guy, „Mir welle bleiwe, wat mir sin": Soziolinguistische und sprachtypologische Betrachtungen zur luxemburgischen Mehrsprachigkeit. Tübingen 1993.

Besch, Werner, Schrifteinheit – Sprachvielfalt. Zur Diskussion um die nationalen Varianten der deutschen Standardsprache. In: GLL XLIII, 91–102.

Bigler, Ingrid [u. a.], Unser Wortschatz: Schweizer Wörterbuch der deutschen Sprache. Zürich 1987.

Boesch, Bruno, Die Aussprache des Hochdeutschen in der Schweiz. Zürich 1957.

Bruckmüller, Ernst, Nation Österreich. Wien 1994.

Clyne, Michael, Language and society in the German-speaking countries. Cambridge 1984.

Ders. (Hrsg.), Pluricentric languages. Berlin/New York 1992.

Ders., The German Language in a Changing Europe. Cambridge 1995.

Davis, Kathryn, Language planning in multilingual contexts. Policies, communities and schools in Luxembourg. Amsterdam 1994.

Dressler, Wolfgang/Ruth Wodak, Soziolinguistische Überlegungen zum österreichischen Wörterbuch. In: Parallela, Akten des 2. österreichisch-italienischen Linguisten-Treffens. Hrsg. v. Mauritio Dardano/Wolfgang Dressler/G. Held. Tübingen 1983, 247−260.

Ebner, Jakob, Wie sagt man in Österreich? Mannheim 1969.

Eichhoff, Jürgen, Wortatlas der deutschen Umgangssprachen. 3 Bände. Marburg 1977−93.

Ferguson, Charles Albert, Diglossia. In: Word 15, 1959, 325−344.

Glovacki-Bernardi, Zrinjka, Österreichische und süddeutsche Elemente in der Agramer Mundart. In: Muhr 1993, 79−83.

Heller, Klaus, Rechtschreibreform. Sprachreport Extraausgabe, Dezember 1994.

Hellmann, Manfred, Zwei Gesellschaften − zwei Sprachgeschichten. In: Forum für interdisziplinäre Forschung 2, 1989, 27−38.

Hoffmann, Fernand, Sprachen in Luxemburg. Wiesbaden/Luxembourg 1979.

Ders., Luxembourg. In: Sociolinguistics. An International Handbook of the Science of Language and Society. Hrsg. v. Ulrich Ammon/Norbert Dittmar/Klaus Mattheier. Berlin 1988, 1254−1258. (HSK 3.2).

Internationaler Arbeitskreis für Orthographie. Deutsche Rechtschreibung. Vorschläge zu ihrer Neuregelung. Tübingen 1992.

Keller, Rudolf, The German Language. London 1978.

Kloss, Heinz, Die Entwicklung neuer germanischer Kultursprachen seit 1800. Düsseldorf 1978.

Kozmovà, Ružena, Lehnwörter österreichischen und süddeutschen Ursprungs im Slowakischen. In: Muhr 1993, 94−98.

Löffler, Heiner, Das Deutsch der Schweizer. Aarau 1986.

Magenau, Doris, Die Besonderheiten der deutschen Schriftsprache in Luxemburg und in den deutschsprachigen Teilen Belgiens. Mannheim 1964.

Meili, Ernst, Wort und Sprache in der reformierten Kirche. In: Des Schweizers Deutsch. Bern/Stuttgart 1985, 104−110.

Meyer, Kurt, Wie sagt man in der Schweiz? Mannheim 1989.

Muhr, Rudolf, Deutsch in Österreich − Österreichisch: Zur Begriffsbestimmung der Standardsprache in Österreich. In: Grazer Arbeiten zu Deutsch als Fremdsprache und Deutsch in Österreich 1, 1987, 1−18. (= a).

Ders., Regionale Unterschiede im Gebrauch von Beziehungsindikatoren zwischen der Bundesrepublik Deutschland und Österreich und ihre Auswirkungen in Deutsch als Fremdsprache. In: Deutsch als Fremdsprache und Österreich. Beiträge der Nordischen Tagung für Deutschlehrer und Germanisten, Juni 1986. Hrsg. v. Hartmut Schröder/Christer Sörensen. Jyväskälä 1987, 35−68. (= b).

Ders., Pragmatische Unterschiede im deutschsprachigen Raum: Österreichisches Deutsch − deutsches Deutsch. Habil., Univ. Graz. (i. V.).

Ders. (Hrsg.), Internationale Arbeiten zum österreichischen Deutsch und seinen nachbarsprachlichen Bezügen. Wien 1993.

Ders., Pragmatische Unterschiede in der deutschsprachigen Interaktion Österreichisch-Deutsch. In: Muhr 1993, 26−38.

Nagy, Anna, Nationale Varianten der deutschen Hochsprache und die Behandlung im Deutschunterricht des Auslandes. In: Grazer Arbeiten zu Deutsch als Fremdsprache und Deutsch in Österreich 1, 1990, 9−16.

Neuregelung. Zur Neuregelung der deutschen Rechtschreibung. Mannheim 1989.

Österreichisches Wörterbuch. 35. Auflage. Wien 1979.

Österreichisches Wörterbuch. 36. Auflage. Wien 1985.

Österreichisches Wörterbuch. 37. Auflage. Wien 1990.

Reséndiz, Julia, Liebe. Woran erkennen sich Ost- und Westdeutsche? In: GL 1993, 127−140.

Ris, Roland, Dialekte und Einheitssprache in der deutschen Schweiz. IJSL 21, 1979, 41−62.

Rizzo-Baur, Hildegard, Die Besonderheiten der deutschen Schriftsprache in Österreich und Südtirol. Mannheim 1962.

Russ, Charles, Language und society in German Switzerland. Multilingualism, diglossia and variation. In: Charles Russ/Claudia Volkmar, Sprache und Gesellschaft in deutschsprachigen Ländern. York 1987, 94−121.

Scheidweiler, Gaston, Glanz und Elend des Luxemburgischen. Muttersprache 98, 1988, 226−254.

Scheuringer, Hermann, Powidltatschkerl oder Die kakanische Sicht aufs Österreichische. In: JG 1988, 63−70.

Ders., Bayerisches Bairisch und österreichisches Bairisch. In: GL 101−103, 361−381.

Schläpfer, Robert/Jürg Gutzweiler/Beat Schmid, Das Spannungsfeld zwischen Mundart und Standard in der deutschen Schweiz. Aarau 1991.

Schlosser, Horst-Dieter, Kommunikationsbedingungen und Alltagssprache in der ehemaligen DDR. Hamburg 1992.

Sieber, Peter/Horst Sitta, Mundart und Standardsprache als Problem der Schule. Aarau 1986.

Dies. (Hrsg.), Mundart und Standardsprache im Unterricht. Aarau 1988.

Spáćilová, Libuše, Die österreichische Sprachvariante und der Deutschunterricht an tschechischen Schulen. In: Muhr 1993, 99−107.

Steger, Hugo, Über das Ganze und die Teile. Zur Situation der deutschen Sprache am Ende des 20. Jhs. In: Kolloquium. Institut für regionale Forschung und Information Flensburg 1985, 19−48.

Stevenson, Patrick, Political culture and intergroup relations in pluricentric Switzerland. JMMD 11, 1990, 227−255.

Stubkjær, Flemming Talbo, Zur Reihenfolge der Verbformen des Schlußfeldes im österreichischen Deutsch. In: Muhr 1993, 39−52.

von Polenz, Peter, 'Binnendeutsch' oder plurizentrische Sprachkultur? ZGL 16, 1988, 198−218.

Ders., Nationale Varianten der deutschen Sprache. IJSL 83, 1990, 5−38.

Wiesinger, Peter (Hrsg.), Das österreichische Deutsch. Wien 1988.

Ders., Die deutsche Sprache in Österreich. Eine Einführung. In: Ders. 1988, 9−31.

Ders., Zur Frage aktueller bundesdeutscher Spracheinflüsse in Österreich. In: Ders. 1988, 225−247.

Wodak-Leodolter, Ruth/Wolfgang Dressler, Phonological Variation in Colloquial Viennese. In: Michigan Germanic Studies 4, 1978, 30−66.

Ylönen, Sabine, Probleme deutsch-deutscher Kommunikation. Sprachreport 2−3, 1992, 17−20.

Michael Clyne, Clayton/Victoria

142. Entwicklung und Formen des offiziellen Sprachgebrauchs der ehemaligen DDR

1. Vorbemerkungen
2. Die Ausgangslage nach 1945
3. Realisation und Rezeption des offiziellen Sprachgebrauchs der DDR
4. Lexik
5. Forschungshinweis
6. Zitierte Quellentexte
7. Literatur (in Auswahl)

1. Vorbemerkungen

Eine besondere dt. „Sprache der DDR" in dem Sinne, in dem wir sonst von „deutscher", „französischer" oder „russischer" Sprache sprechen, hat es nie gegeben, genauso wenig wie eine besondere dt. „Sprache der BRD" oder − von 1933 bis 1945 − eine besondere dt. „Sprache des Deutschen Reichs" unter dem NS-Regime. Was es aber sehr wohl gab, waren charakteristische Züge der Sprachverwendung in Äußerungen und Texten der Politiker, der Funktionäre, der gesellschaftlichen Organisationen, der Mitarbeiter der staatlichen Verwaltungen und des Wirtschaftssystems, der Armee, der Polizei, des Sicherheitsapparats, also aller Personen und Institutionen, die in dem hochdifferenzierten Räderwerk tätig waren, das den real existieren-den Sozialismus in Gang hielt. Das systeminterne Prestige dieses Sprachgebrauchs wurde gestützt durch die seit 1946 beanspruchte und seit 1968 in der Verfassung festgeschriebene „führende Rolle" der „marxistisch-leninistischen Partei der Arbeiterklasse". Sie gestattete der Sozialistischen Einheitspartei Deutschlands (SED), ihren Partei-, Staats-, Wirtschafts-, Bildungs-, Medien-, Wissenschaftsfunktionären (usw.), einen Sprachgebrauch nicht nur zu praktizieren, sondern auch öffentlich durchzusetzen und bei gegebenem Anlass fast über Nacht abzuwandeln, der gerade in seinen typischen Aspekten für viele seiner Sprecher als Ausweis der Zugehörigkeit zum System galt. Durch Agitatoren der SED bei allen von ihr abhängigen Kommunikationsgelegenheiten verbreitet, durch die Medien übernommen und durch Zensoren (die nicht Zensoren hießen) überwacht, erlangte er öffentliche Geltung. Da ihm das Merkmal der offen und öffentlich erklärten Verbindlichkeit aber fast durchweg fehlte, war er streng genommen großenteils kein offizieller, sondern immer nur ein sogenannter „offizieller" Sprachgebrauch. Von wirklich offiziellen Regelungen ließe sich am ehesten bei systembezogenen festen Bezeichnungen aller Art und im Bereich der Begriffsbildung der marxistischen Philosophie und des gesteuerten Geschichtsbildes der SED sprechen. Hier existierten terminologische Festlegungen, die ähnlich den terminologischen Systemen bestimmter naturwissenschaftlicher oder technischer Fachwortschätze diskutiert und für verbindlich erklärt worden waren. Der Anspruch der SED und die ihn reflektierenden Ausdrucksweisen wurden − ganz im Sinne der Doktrin des demokratischen Zentralismus − auch durch ein − mehr oder weniger ernst genommenes − Schulungssystem verbreitet, an dem nicht nur die Mitglieder der SED und der durch die SED gesteuerten Gewerkschaften, sondern − mit bestimmten Differenzierungen − alle in irgendeinem Ausbildungsgang befindlichen Jugendlichen und alle im Berufsleben stehenden Erwachsenen passiv oder aktiv teilhatten, solange sie ein „normales" Leben als DDR-Bürger führten. Die charakteristischen Merkmale dieses Sprachgebrauchs fielen naturgemäß zuerst im Bereich der politischen und systemtypischen Lexik auf, sie waren aber nicht auf diese Lexik beschränkt. Sie wirkten sich nicht nur im Bereich der Bildung neuer Lexeme aus, sondern auch in semantischen Änderungen oder Differenzierungen der in Ost und West gemeinsamen Lexik, in stereotypen Formulierungen, in lexikalischen Vermeidungsstrategien oder in DDR-typischen Worthäufigkeiten. Da die wesentlichen Lebensbereiche des DDR-Bürgers durch spezifische Bedingungen geprägt waren und sich die meisten DDR-internen Kommunikationssituationen auf diese Lebenswirklichkeit bezogen, haben sich auch im nicht „offiziell" bzw. „politisch-ideologisch" bestimmten Geltungsbereich der Alltagssprache charakteristische Eigenheiten (Lexik, Kommunikationsstil) herausgebildet, die dem wdt. Sprachteilhaber als „typisch DDR" auffielen oder immer noch auffallen. Diese Unterschiede, die nicht zur offiziellen Sprache der DDR zu rechnen sind, haben ihr deutliches Pendant in ähnlichen Sonderentwicklungen der Bundesrepublik. Richtig ist allerdings auch, dass Einzelzüge der offiziellen Sprache der DDR sich in den privaten Bereich hinein ausbreiteten, also nicht auf offizielle Kommunikationssituationen beschränkt blieben. Wer aus beruflichen, dienstlichen oder persönlichen Gründen, z. B. aus tiefer Überzeugung von der Richtigkeit des politischen Weges der SED, sich bestimmte typische Sprachzüge ohne jede Distanz zu Eigen machte, praktizierte diese

Ausdrucksmöglichkeiten auch in eigentlich untypischen Situationen. Während der durchschnittliche DDR-Bürger neben der mehr oder weniger perfekten Beherrschung der offiziellen DDR-Sprache und neben seinem „normalen", aber ebenfalls in bestimmtem Umfang DDR-geprägten Alltagsdeutsch als aktiver Fernsehzuschauer auch das Mediendeutsch der bundesdeutschen Anstalten zur Kenntnis nahm und dadurch zumindest passiv beherrschte, fehlten den meisten Bundesdeutschen genauere Kenntnisse der Merkmale des offiziellen Sprachgebrauchs der DDR und der großen regionalen Umgangssprachen dieses Gebietes. Im Urteil der Bundesdeutschen wurden unter dem Eindruck der wichtigen Rolle, die der Sachse Walter Ulbricht bis 1971 spielte, und dank der Tatsache, dass das Sächs. die verbreitetste regionale Sprachvariante in der DDR war, nicht selten DDR-Deutsch und Sächs. gleichgesetzt: Fast alle Witze über DDR-Grenzpolizisten oder Verwaltungsfunktionäre parodieren sächs. Sprachgebrauch, und ein Ostberliner, Brandenburger oder Mecklenburger konnte sich sagen lassen: „Sie sprechen ja gar nicht dedeärsch!" Die offizielle DDR-Sprache hat aber vor allem eine erhebliche und bisher kaum angemessen untersuchte Binnenwirkung gehabt: Je nach politischer Einstellung vermittelte die offizielle Ausdrucksweise das Bewusstsein der Übereinstimmung mit der Staatsmacht, die durch die SED, ihre Mitglieder und Funktionäre fast überall und immer verkörpert und vertreten war (im Betrieb, in der Schule, im Sportverein, in der Gemeinde und, wenn es hoch kam, auch in der Familie oder im Freundeskreis), oder sie vermittelte das Gefühl der Ohnmacht gegenüber einer nicht nur politisch, sondern auch in ihren kommunikativen und sprachlichen Techniken durchgebildeten Diktatur, nicht des Proletariats, sondern einer international abgesicherten Politbürokratie mit hohem ideologischen Anspruch.

In der Bundesrepublik ist die Ausprägung der einschlägigen Besonderheiten des DDR-Deutschen von Beginn an vor allem als Versuch der Sprachspaltung durch den Osten (also der Durchsetzung eines anderen Dt.) gesehen worden. Diese Sichtweise entspricht nur sehr bedingt den Erfahrungen der Deutschen in der DDR. Sie waren − bis auf die abweichenden öffentlichen Sprachregister − durchaus überzeugt, kein anderes oder schlechteres Dt. zu sprechen, als es im Westen des Landes üblich war, und fühlten sich in diesem Bewusstsein auch durch die offizielle Wiedervereinigungspolitik gestützt. Bis in die 70er Jahre hinein, so ausdrücklich noch im Artikel 8 der bis 1974 geltenden DDR-Verfassung von 1968, gehörte die Forderung nach Wiedervereinigung der beiden dt. Staaten (natürlich unter Einhaltung östlicher politischer Bedingungen) zu den politischen Stereotypen nicht nur der schulischen Erziehung, sondern des ganzen Systems permanenter politischer Einwirkung auf die eigenen Staatsbürger. Zu dieser offiziellen politischen Wiedervereinigungsthese hätte eine bewußte oder gar staatlich gelenkte Sprachspaltungspropaganda nicht gepasst. Wenn in der DDR von Sprachspaltung die Rede war, dann in propagandistischer Weise von der Gefährdung der dt. Sprache in der BRD durch ein unbewältigtes sprachliches Erbe der NS-Zeit und eine „Überfremdung" durch modische Anglizismen, die als Ergebnis eines „imperialistischen" Spracheinflusses angeprangert wurden (Lehnert 1990, 23). Erst relativ spät sind in diese Diskussionen Äußerungen von DDR-Politikern eingeführt worden, die eher zu Unrecht als Ausdruck einer in der DDR gewünschten Spaltung der dt. Standardsprache interpretiert wurden. Ulbricht stellte 1970, also noch in der Periode DDR-offizieller Wiedervereinigungspolitik, fest: „Sogar die Gemeinsamkeit der Sprache ist in Auflösung begriffen" (Ulbricht 1970, 13). Drei Jahre später − noch vor der verfassungsrechtlichen Wende in der Deutschlandpolitik der DDR − äußerte Honecker: „Gemeinsamkeiten in der Sprache können diese Realität [gegensätzlicher Gesellschaftsordnungen, H. S.] nicht hinwegzaubern" (Honecker 1973, 19). Mit dem Ende der DDR wurde auch ihrem offiziellen Sprachgebrauch die Existenzgrundlage entzogen. Seine Auswirkungen auf die Alltagssprache der ehemaligen DDR-Bürger bleiben noch zu spüren, weil eingeübte Formulierungsstereotype (wie sie z. B. Reiher [1996] 192 f. vorführt) nicht über Nacht abgelegt und vergessen werden können. Doch in einem polyzentrischen Modell des gegenwärtigen Dt. treten sie wieder zurück gegenüber den standardsprachlichen Auswirkungen starker regionalsprachlicher Zentren wie Sachsen oder Berlin, die nun noch weniger als Ausprägungen einer politisch definierten DDR-Sprache verstanden werden dürfen als in der Vergangenheit der vierzigjährigen DDR-Geschichte und ihres vierjährigen Vorlaufs.

2.   Die Ausgangslage nach 1945

2.1. Sprachpolitische Situation

Mit der Auflösung des NS-Staates in die vier dt. Besatzungszonen und das ebenfalls zunächst durch Teilung bedrohte, aber bald wieder selbständige und in sich geeinte Österreich wurden die Weichen auch für die sprachliche Nachkriegsentwicklung gestellt. Die Notwendigkeit und die Möglichkeit einer „gesamtdeutschen" Verwaltungssprache verlor nach Beseitigung der NS-Diktatur ihre staatliche Grundlage. Auch eine Reihe anderer Faktoren, die im „Großdeutschen Reich" sprachliche Einigungstendenzen begünstigt hatten, fielen fort (staatlich gelenkte Zeitungs-, Rundfunk- und Filmpolitik, Zentralisierungstendenzen in wichtigen anderen Bereichen der politischen, wirtschaftlichen, kulturellen und wissenschaftlichen Entwicklung, im Schul- und Hochschulwesen, in der Justiz, im Militär usw.). Die Entwicklung des österreichischen Dt. fand schnell zurück zur alten Eigenständigkeit. In den drei dt. Westzonen setzten sich ebenfalls sehr früh gemeinsame Institutionen und mit ihnen neue kommunikative Prozesse und sprachliche Entwicklungen im öffentlichen Bereich durch. Hiervon abgetrennt verlief der Erneuerungsprozess in der Sowjetischen Besatzungszone (SBZ). Aus politischen Gründen (die Westmächte wünschten keine „kommunistische Infiltration", die russ. Besatzungsmacht forderte die Wiedervereinigung nach ihren Bedingungen) wurde die Beteiligung der SBZ an gesamtdeutschen Institutionen unterbunden. Zwar fanden 1946 auch hier Wahlen statt, die als Grundlage für eine parlamentarische Demokratie mit wechselnden Mehrheitsverhältnissen dienen konnten. Aber ein solcher Prozess wurde im Zusammenspiel der sowjetischen Militärverwaltung mit der durch sie zur politischen Macht gelangten Sozialistischen Einheitspartei Deutschlands sehr entschieden verhindert. Auf die künftige Entwicklung des öffentlichen Sprachgebrauchs im seit 1945 geteilten Deutschland (die Ereignisse der Jahre 1948/49, getrennte Währungsreform und getrennte Staatsgründung erst in West, dann in Ost, verfestigten die vorher begründete Teilung nur) wirkten sich trotzdem wichtige Faktoren auf beiden Seiten der neuen Grenze in ähnlicher Weise aus:

(1) die Notwendigkeit, sich in der Erneuerung der öffentlichen Sprache an älteren dt. (Weimarer Republik) und ausländischen Vorbildern (westliche

Demokratien bzw. sowjetisches System einer „Diktatur des Proletariats") zu orientieren;
(2) die Notwendigkeit, die eigene, auch regionalsprachlich differenzierte Binnenstruktur für Millionen von Deutschen aus den im Potsdamer Abkommen abgetrennten Gebieten zu öffnen und den sprachlichen Ausgleich zwischen Altansässigen und Neuansiedlern zu fördern;
(3) die Tatsache, daß auch die unterschiedlichen Ausprägungen „öffentlicher Sprache" im geteilten Deutschland je für sich mit der Alltagssprache der Bevölkerung verkoppelt blieben. Diese Alltagssprache war zwar ebenfalls kompliziert strukturiert und regional gegliedert, aber sie spiegelte die neue politische Zweiteilung viel weniger direkt. Sie war die Sprachform, in der ein wesentlicher Teil der Angehörigen der beiden politisch getrennten Bereiche über Jahrzehnte der Teilung in intensivem privaten Kontakt blieb.

2.2. Frühe Differenzierung

Wie früh die sprachlichen Eigenentwicklungen schon in der SBZ begannen, belegt ein Blick in den „Entwurf einer Verfassung für die Deutsche Demokratische Republik", den der Parteivorstand der SED am 16. 11. 1946 veröffentlichte (Neues Deutschland 16. 11. 1946, 3).

Dieser Verfassungsentwurf enthält neben Wörtern und Wortgruppen von damals gesamtdeutscher Geltung wie *Einheit der Nation, Briefgeheimnis, Fernsprechgeheimnis, Postgeheimnis, Wahlgeheimnis, persönliche Freiheit, wirtschaftliche Freiheit, Gewissensfreiheit, Glaubensfreiheit, Wahlfreiheit; öffentlicher Dienst, Gleichberechtigung der Frau, Parlament, Privateigentum, bürgerliches Recht, Recht auf Arbeit, Selbstverwaltung, Volksbegehren, Volksentscheid* oder „*allgemeine, gleiche, geheime und unmittelbare Wahl nach den Grundsätzen des Verhältniswahlrechts*" einige auffällige Wörter und Wortgruppen, die − zumindest in ihrer politischen Wertung und spezifischen Kombination − ein frühes Beispiel für den offiziellen Sprachgebrauch in Ostdeutschland geben: *aggressive Kriegspolitik, arbeitende Klasse, Bodenreform, demokratisches Schulsystem, Deutsche Demokratische Republik, Einheitsschule, faschistisch, Freundschaft mit den anderen Völkern, kulturelles Leben, landwirtschaftliche Genossenschaften, militaristische oder nationalsozialistische Auffassungen, Opfer des Faschismus, Rassenhetze, alle Schichten des Volkes, Sicherung des Friedens, Staatssicherheit, demokratische Volksrepublik, wahre Humanität, werktätige Bevölkerung, Wirtschaftsplanung.*

Daneben begegnen Formulierungen, die in den gleichen Umkreis gehören, aber in der DDR nicht traditionsbildend gewirkt haben: *Erwerbs- und Wirtschaftsgenossenschaften, Recht auf Freude und Frohsinn, alle schaffenden Volksteile, volksschädliche Vermögensan-*

häufungen. Zitiert sei die Präambel dieses Textes, die deutlich in einer dt. verfassungsrechtlichen Formulierungstradition stand, diese Tradition aber mit systemtypischen und zugleich konsensheischenden Inhalten füllte:

„In der Gewißheit, daß nur durch eine demokratische Volksrepublik die Einheit der Nation, der soziale Fortschritt, die Sicherung des Friedens und die Freundschaft mit den anderen Völkern gewährleistet ist, hat sich das deutsche Volk diese Verfassung gegeben."

Der Verfassungsentwurf belegt die Tatsache, dass das Dach der „Deutschen Demokratischen Republik" damals noch über dem ganzen deutschen Volk errichtet werden und die vorgeschlagene Staatsbezeichnung noch keineswegs in eine ausschließende Konkurrenz zu dem Begriff „Deutschland" treten sollte. Der erste Artikel begann: „Deutschland ist eine unteilbare demokratische Republik, gegliedert in Länder."

2.3. Politische Beschimpfung

Zu den entscheidenden frühen Prägungen der offiziellen Sprache der DDR gehört die Tendenz zur Abgrenzung vom „bürgerlichen" politischen System und der daraus zu erklärende auffällig frequente Einsatz polemischer Formulierungen. In welcher Intensität vor allem frühe SBZ- und DDR-Texte das Mittel politischer Beschimpfung benutzten − und zwar nicht nur als außenpolitische Waffe, sondern zur Disziplinierung der eigenen Bevölkerung − lässt sich in Tageszeitungen der vierziger und frühen fünfziger Jahre nachlesen.

Als Beispiel seien Zeitungstexte angeführt, die den SED-Sprachgebrauch aus der Frühgeschichte des 1946 gebildeten und seit 1949 in der „Nationalen Front" aufgegangenen „antifaschistisch-demokratischen Blocks", der Zwangsvereinigung der Parteien und Massenorganisationen der DDR, belegen. Naturgemäß kam es in den ersten Jahren dieser Zusammenführung der „Blockparteien" zu Auseinandersetzungen über die gemeinsam zu vertretende Politik. Aus einer Serie von fünf nicht sehr umfänglichen Artikeln der „Märkischen Volksstimme" (11. 4., 13. 4., 14. 4., 20. 4., 28. 4. 1950) sei zitiert, mit welchen Ausdrücken die lokale SED-Organisation in Frankfurt/Oder ihre Blockpartner aus der CDU und deren angebliche bundesdeutsche Hintermänner benannte. Die fünf Artikel richten sich gegen die Haltung des Frankfurter CDU-Vorsitzenden, Stadtverordneten und Mitgliedes der Vereinigung der Verfolgten des Naziregimes Walter Kuhn. Der gezielte innenpolitische Einsatz derartiger Beschimpfungen weist sie als Ausdrucksmittel des SED-gelenkten offiziellen Sprachgebrauchs aus (in Klammern sind die Frequenzen angegeben): *Adenaueragent* (2), *Adenauerfreund* (2), *Adenauerknecht* (4), *Adenauerkomplice* (1), *Adenauersöldling* (1), *Agent* (3), *Biedermannsmaske* (1), *Demagoge* (1), *Doppelzüngler* (3), *Ignorant* (1), *Komplice* (1), *Kriegstreiber* (1), *Lippenbeter* (1), *Lippenbekenner* (3), *reaktionär* (5), *Reaktionär* (20), *scheinheilig* (1), *Söldling* (1), *Spalter* (1), *Spalterpolitiker* (1), *Vaterlandsverräter* (5), *vaterlandsverräterisch* (1), *Verräter* (5), *verräterisch* (1), *Verrätermännchen* (1), *Verräterpolitik* (1), *Verräterrolle* (1), *westlich-infiziert* (1), *Wühlarbeit* (3), *Zersetzungsarbeit* (1), *Zweizüngler* (5), *Zweizüngigkeit* (2). Dazu kommen einige auffällige Wortgruppen: *amerikanisch-verseuchte Kulturbarbarei* (1), *entlarvte Adenauerknechte* (1), *Freund Adenauers* (1), *infames Beispiel der Stimmenthaltung* (1), *Kräfte der Zersetzung* (1), *Lakai der Imperialisten* (1), *reaktionäre Bremsklötze* (1), *reaktionäre Umtriebe* (2).

Wer den Schimpfwortschatz der SED-Sprache mit dem der Freisler-Verhandlungen vor dem NS-Volksgerichtshof vergliche, fände eine Reihe auffälliger Übereinstimmungen. Dass der extensive Schimpfwortgebrauch der SED-Sprache in der SBZ und der frühen DDR nicht mit dem Hinweis, es handle sich bei solchen Texten um untypische Ausrutscher der Provinzpresse, erklärt werden kann, ließe sich leicht durch zahlreiche andere Belege beweisen. Hier sei nur eine einzige Seite des in Ost und West angesehenen Alfred Kantorowicz zitiert.

Er spricht in seinem wichtigen Sammelband „Vom moralischen Gewinn der Niederlage" (1949) vom *„inneren Zirkel der dem profitablen Geschäft der antibolschewistischen Hetze zugehörigen Kamarilla"*, von den *„schreienden, knallenden, jaulenden headlines der Hearst- und Scripps-Howard-Presse"* und dem *„Geheul der entsprechenden Rundfunkschreihälse"*, von der Moskau-kritischen Ruth Fischer, die kürzlich *„ihre Exkremente hier hinterlassen"* habe, *„diese verabscheuungswürdige Polizeiagentin, die einstmals vor mehr als 25 Jahren in Deutschland mit Schimpf und Schande aus der kommunistischen Partei ausgestoßen wurde". „Diese niedere, gemeine, halbwahnsinnige Vettel", „Denunziantin"*, die *„im Blitzlicht der Öffentlichkeit mit ihrem Meineidfinger anklagend auf ihren untadligen, ehrenhaften Bruder* [den SED-Funktionär Gerhart Eisler, H. S.] *deutet […] Äx, pfui Deibel"* (Kantorowicz 1949, 324). Diese Lust zum Schimpfwortgebrauch und zur derben Polemik hielt sich z. B. in der agitatorischen Dauerserie des DDR-Fernsehens „Der schwarze Kanal" von Karl Eduard von Schnitzler bis zum Ende der DDR. In den offiziellen Texten der SED und der staatlichen Stellen der DDR trat der Schimpfworteinsatz allerdings nach der internationalen Anerkennung der DDR deutlich zurück.

2.4. Anfänge offiziellen Sprachgebrauchs

Schon SED-abhängige Texte der vierziger Jahre zeigten wesentliche Züge des späteren offiziellen Sprachgebrauchs der DDR (vgl. Schlosser 1990, 29ff.):
(1) Wichtiger als der Gebrauch einzelner auffälliger Wörter war ihre Kombination zu stereotypen Formulierungen und die Häufung solcher Wörter und Formulierungen.
(2) Solche Texte waren nicht auf ruhige Prüfung, freie Meinungsbildung und selbständiges Urteilen ihrer Adressaten angelegt, sondern auf Indoktrination und die Signalisierung der Tatsache, dass die „Machtfrage" zugunsten der SED entschieden sei. Auf dieser Grundlage entstand von Beginn an (wohl übernommen aus der Emigrationserfahrung der politischen Spitze in der Sowjetunion) ein rituelles Wechselspiel von offiziellen Verlautbarungen der SED-Führung und zustimmenden „Resolutionen" oder bestellten „Diskussionsbeiträgen" in Versammlungen, betrieblichen Wandzeitungen und öffentlichen Medien. Die SED, die in ihrer Parteihymne seit 1949 feststellte ‚Die Partei, die Partei, die hat immer recht …" (s. Schlosser 1990, 35), trat mit dem Anspruch auf Wahrheit und Wissenschaftlichkeit ihrer Botschaften auf und forderte nicht nur die Übernahme der Inhalte, sondern auch der Formulierungen.
(3) Der rituelle Charakter dieser offiziellen Texte wurde durch gezielte Wiederholungen, erhöhtes Pathos oder auch standardisierte Beschimpfungen des Gegners betont, vor allem aber durch den Ritus ihrer Kundgabe gesichert (Beschlüsse des Politbüros der SED und ihre Übernahme durch den Ministerrat, Reden vor dem ZK der SED; zentral vorgegebene Schulungsmaterialien, deren Lektüre nicht nur zur Pflicht aller SED-Mitglieder, sondern über gewerkschaftliche und staatliche Hebel zur Aufgabe der ganzen Bevölkerung erklärt wurde).
(4) Dass Glaube und Disziplin erzwungen werden sollten, zeigte sich bei den vielen Gelegenheiten, wo eine frühere Sicht der Dinge plötzlich aufgegeben und eine neue offizielle Argumentations- oder Ausdrucksweise entweder über Nacht festgelegt und durchgesetzt oder in einer gesteuerten Aktion über eine längere Periode in fast unmerklichen Schritten eingeführt wurde. Die sofortige Kenntnis und Anwendung der aktuellen Formulierungen, also die Beherrschung des offiziellen Sprachgebrauchs, bezeugte die Nähe zur Macht. Wichtige frühere und spätere Anlässe

der Einführung neuer Formulierungen und der Ablösung älterer Traditionen waren z. B.: Bruch mit Jugoslawien 1948, Diskussion der Arbeitsnormen und die Bewertung des 17. Juni 1953, Beurteilung der Rolle Stalins 1956, Ungarnaufstand 1956, Polenkrisen 1956 und 1980, Mauerbau 13. 8. 1961, Einmarsch in die CSSR 1968 unter propagandistischer Beteiligung der DDR, taktisches Einlenken der SED im Dauerkonflikt mit der Evangelischen Kirche 1978, propagandistische Begleitung des sowjetischen Einmarsches in Afghanistan 1979. Wichtige Argumentations- und Formulierungsänderungen, die zentral durchgesetzt, aber eher unterschwellig realisiert wurden, galten z. B. der Behandlung der Deutschlandpolitik, der These Ulbrichts von der sozialistischen Menschengemeinschaft in der DDR, der 1958 propagierten, aber nach zwei Jahren vergessenen Kampagne, die Bundesrepublik in 1000 Tagen (also bis Ende 1961) ökonomisch zu überflügeln, oder den langfristigen Wandlungen im Verhältnis zu China.

3. Realisation und Rezeption des offiziellen Sprachgebrauchs der DDR

Der offizielle Sprachgebrauch der DDR ist früher weder durch seine Träger, noch durch die, die ihn auffällig fanden, ausreichend genau bestimmt worden und wird als ein historischer politisch-linguistischer Komplex auch heute kaum befriedigend fassbar. Er stand in einem ebenfalls nie genau bestimmten Verhältnis zur gesamten jüngeren Sprachgeschichte (Verwaltungssprache und Propagandasprache der Weimarer Republik, des NS-Staates und der Sowjetunion; Terminologie des Marxismus in dt. und russ. Tradition; politische, wirtschaftliche und − in ihrer Folge − lexikalische Neuerungen der bis 1990 existierenden sozialistischen Staatengemeinschaft, ihres „Rates für gegenseitige Wirtschaftshilfe" und ihrer marxistischen Parteien).

3.1. Kritische Benennungen

Es ist bezeichnend für den Status des offiziellen Sprachgebrauchs der DDR, dass er von Beginn an vorzugsweise als eine Negativgröße betrachtet wurde. Dabei trifft sich die Kritik von außen vielfach mit der von innen (vgl. 4.1.). Keine der hier aufgeführten frühen Benennungen erfasst diesen Sprachgebrauch

ganz, aber alle Benennungen beziehen sich auf wichtige Züge seiner Realisierung und seiner Rezeption:

L[ingua]Q[uarti]I[mperii] ([1945] Klemperer 1996, 32; 94 u. ö.), *Sprache des Vierten Reiches* ([1945] Klemperer 1996, 31; Fricke 1952, 1243), *Parteichinesisch* (Fricke 1952, 1243), *Kaderwelsch* (Klemperer 1955, 125), *Sowjetdeutsch* (Koepp 1955, s. Hellmann 1976, 187), *Funktionärsjargon* (Zeiler 1955, 3), *Funktionärssprache* (Koebel-Tusk 1955, 133), *Funktionärsdeutsch* (Theoretische Konferenz der SED 1951, s. Hellmann 1976, 286), *SED-Sprache* (Fröhlich 1958, s. Hellmann 1976, 99), *Ostdeutsch* (König 1962), *Moskauderwelsch* (Balluseck, 1963), *Parteisprache* (Weisgerber 1963, s. Hellmann 1976, 371), *rotes Deutsch* ([1965 Bonner Rundschau] Hellmann 1976, 393), *Ostjargon* (Wilss 1966, 48), *Parteijargon* (Tschirch 1969, 254), *Ostzonale Staats- und Parteisprache* (Tschirch 1969, 254), *Sowjetzonensprache* (G. D. Schmidt 1976, 187).

Erst relativ spät sind die polemischen durch die sachlichen Bezeichnungen *deutsche Gegenwartssprache in der DDR* (Bock u. a. 1973) bzw. *deutsche Sprache in der DDR* (Fleischer 1987, 15; Schlosser 1990) fast durchgängig ersetzt worden. Aber während die frühen polemischen Bezeichnungen in der Regel den Begriff des „offiziellen Sprachgebrauchs" verkürzt haben, greifen die sachlichen für unseren Zweck zu weit, weil die „deutsche Sprache in der DDR" keineswegs zur Gänze systemtypisch oder systemabhängig und als „offiziell" legitimiert war.

3.2. Offizieller und nicht offizieller Sprachgebrauch in der DDR

Am Beispiel der politischen und Verwaltungs-Lexik ist am einfachsten abzulesen, dass schon in den vier Nachkriegs-Besatzungszonen, verstärkt aber seit der Staatenbildung des Jahres 1949, in beiden Teilen Deutschlands differenzierte Entscheidungen zur Bezeichnung neuer Institutionen, Tätigkeitsfelder und Sachverhalte aller Art fielen. Vielfach schlossen sich die Entscheidungsträger bewusst an eigene oder fremde Benennungstraditionen an, vermieden aber sorgfältig den ungewollten Zusammenfall mit Bezeichnungsentscheidungen im anderen Teil des Landes. So entstand z. B. 1949 auf der einen Seite die Reihe *Bundesrepublik Deutschland* (und damit der Anspruch auf die geschichtliche Kontinuität der ‘Deutschland’-Tradition), *Bundestag, Bundesrat, Bundespräsident, Bundeskanzler*, bis hin zu *Bundespost* und *Bundesbahn*. Auf der anderen Seite hieß es *Deutsche Demokratische Republik* (und damit fehlte − außer der Abkürzung DDR − neben der Staatsbezeichnung ein verkehrssprachlicher Landesname), *Volkskammer, Länderkammer* (bis 1952), *Präsident, Ministerpräsident, Deutsche Post* und *Deutsche Reichsbahn* (als Reliktname). Während die DDR hier stärker von der dt. Tradition abwich, blieb sie etwas später im Bereich der Wehrpflicht, des Grundwehrdienstes und der militärischen Dienstgrade trotz der Namenwahl *Nationale Volksarmee* eng beim System der Wehrmacht und damit auch bei dem der Bundeswehr (*Wehrdienst, Wehrpflicht, Wehrbezirk, Wehrbezirkskommando, Wehrkreis, Wehrkreiskommando* usw.). Die Notwendigkeit der Einführung neuer Bezeichnungen setzte sich im Laufe der getrennten Weiterentwicklung beider Staaten fort und griff auf die meisten Bereiche des öffentlichen Lebens in der DDR über, am zögerlichsten auf die Angelegenheiten der Kirchen, die ihre eigenen Wochenzeitungen besaßen und auch in ihnen bei eigenem Benennungsbedarf sehr weitgehend frei blieben vom offiziellen Sprachgebrauch. Auch die zentral gesteuerten wissenschaftlichen und technischen Terminologien funktionierten weitgehend unabhängig von den politischen Verhältnissen.

In die Alltagssprache der DDR-Bevölkerung wurden DDR-spezifische Benennungssysteme ohne weiteres übernommen, so wie auch die Bevölkerung der Bundesrepublik alle Abweichungen vom früheren gesamtdeutschen Status (*Deutsches Reich, Reichstag, Reichspräsident, Reichskanzler, Reichswehr/Wehrmacht, Reichspost, Reichsbahn*) als normale Fortentwicklungen akzeptierte. Die entstandenen Unterschiede konnten zwar Bundesbürger dazu verleiten, die partiell abweichenden Bezeichnungssysteme der DDR oder auch des Bundesstaates Österreich (*Bundespräsident, Bundeskanzler, Bundesrat*, aber *Nationalrat* usw.) auffällig oder unnormal zu finden, weil nur das eigene System für „normal" gehalten wurde, doch konnte auch umgekehrt die Identität von DDR-üblichen Bezeichnungen mit denen der Bundesrepublik Verwunderung erregen (z. B. die der meisten militärischen Dienstgrade). Ganz anders liegt es bei den ideologischen und propagandasprachlichen Elementen, die in der DDR zum offiziellen Sprachgebrauch gehörten. Hier zog sich im eigenen Land ein tiefer Graben zwischen denen, die solche Wörter und Mehrwortformeln auch in ihre Alltags- oder Familiensprache übernahmen und denen, die das sehr bewusst vermieden oder nur mit iro-

nischen Signalen praktizierten. Zahlreiche Programme der DDR-Kabaretts haben aus der Übernahme der „offiziellen" Lexik in den privaten Bereich ihre Lacherfolge gewonnen. Weil dieser Graben von Beginn an bestand, fühlte sich der DDR-Bürger bei summarischer Abwertung des DDR-Sprachgebrauchs durch Beobachter aus der Bundesrepublik regelmäßig verletzt. Er beherrschte seine Standardsprache, war dem Druck des offiziellen Sprachgebrauchs ausgesetzt, kannte auch das Mediendeutsch des Rundfunks und Fernsehens der anderen Seite vorzüglich und mußte die undifferenzierte Aburteilung seiner Sprachpraxis durch Journalisten und Sprachpfleger hinnehmen, die die abgestufte Sprachwirklichkeit der DDR kaum begriffen hatten. Dass auch auf seiner Seite genauere Kenntnisse des öffentlichen Sprachgebrauchs und der Verwaltungssprache der Bundesrepublik fehlten, erlebte er erst nach der Öffnung der Grenzen und der Auflösung seines Staates. Der Versuch, den „offiziellen Sprachgebrauch" der DDR vom „real existierenden Sprachgebrauch" genauer abzuheben, zeigt, dass die in vielen Arbeiten behandelten, kritisierten oder verteidigten auffälligen Merkmale der dt. Sprache in der DDR großenteils Merkmale eben dieses offiziellen Sprachgebrauchs waren, während die tatsächlich gesprochene Alltagssprache zwar notwendigerweise den Grundbestand des spezifischen Bezeichnungssystems der DDR aufwies, aber in allen Alltagssituationen darüber hinaus kaum auffällige systemtypische Züge besaß. Die in den Lebenssituationen des Alltags in Ost und West praktizierte Standardsprache war deutlicher durch die bekannten sozialen bzw. groß- und kleinräumigen regionalen Unterschiede des Dt. gegliedert als durch politisch begründete Merkmale der Entwicklung nach dem 2. Weltkrieg. Allerdings gab es eine Zwischenzone zwischen den Realisierungen des offiziellen Sprachgebrauchs durch die Vertreter der SED und der Staatsmacht und der in nicht politisch markierten Situationen geltenden Alltagssprache. Diese Zwischenzone erforderte das Umschalten auch des „Normalbürgers" auf öffentliche Sprachregister. Die Beherrschung mehrerer Sprachregister stellte kaum eine Besonderheit dar, sie dürfte zu den Sprachfertigkeiten der Teilhaber aller Sprachgemeinschaften zählen. In gewisser Weise charakteristisch für das DDR-System war aber wohl die Intensität und Unausweichlichkeit, mit der Kommunikationsformen der Zwischenzone (Ausübung offizieller Sprachformen durch Sprecher der Alltagssprache in Gegenwart und unter Beteiligung der Vertreter der Macht) in der DDR praktiziert wurden. Mehr oder weniger streng wurden die kommunikativen Normen (vgl. Hartung 1990, 457) einer zwar nicht dekretierten, aber praktizierten offiziellen Sprache der DDR befolgt oder nachgeahmt, wenn der Staatsbürger in kommunikativen Kontakt mit der Staatsmacht eintrat oder seine „gesellschaftlichen Rechte und Pflichten" wahrnahm. Solche Gelegenheiten ergaben sich im Betrieb, in der Partei- oder Gewerkschaftsversammlung, bei obligatorischen Schulungsveranstaltungen, in Weiterbildungskursen, in der Elternversammlung, in Zusammenkünften der Hausgemeinschaft, im Sportverein oder in Arbeitsgemeinschaften des „Kulturbundes" (Briefmarken- oder Münzensammler u. ä.) anlässlich von Rechenschaftslegungen, Berichterstattungen, bei vorbereiteten und unvorbereiteten Diskussionsbeiträgen, bei abverlangten „Zeitungsschauen", bei abgenötigten oder freiwilligen Selbstverpflichtungen, in Anträgen, Eingaben (Beschwerdebriefen), Bewerbungsschreiben, bei Beteiligung an Rechtskonflikten (Konflikt- und Schiedskommissionen) und bei vielen anderen Anlässen. Zu den Textsorten, die die Aufgabe hatten, zwischen den strengeren Formen des offiziellen Sprachgebrauchs und den freieren der Alltagssprache zu vermitteln, zählten auch Glückwünsche, Beileidsschreiben, Jugendweihe-, Hochzeits-, Jubiläums- und Begräbnisreden (vgl. Reiher 1996, 120, 289).

Die Unausweichlichkeit der Teilnahme an derartigen Kommunikationsformen und die zur Vorbereitung praktizierte Nötigung, sich durch Tageszeitungen hindurchzuarbeiten und neben den unterhaltenden Sendungen auch die politischen Angebote in Radio und Fernsehen wahrzunehmen, um für ritualisierte politische Diskussionen bereit zu sein, vermittelte vielen, die unter anderen Umständen ihre eigene dialektale, regionalsprachliche oder eingeschränkt standardsprachliche Kompetenz kaum erweitert hätten, die passive oder auch aktive Fähigkeit, mit den Realisierungsformen des offiziellen Sprachgebrauchs und den vermittelten schriftsprachlichen Normen dieses Gebrauchs zurechtzukommen. Die so erreichte Erweiterung mündlicher und schriftlicher standardsprachlicher Fertigkeiten sollte trotz der kritisierten Bedingungen ihrer Herausbildung nicht geringgeschätzt werden. Dass die über so viele Kanäle erfolgende und durch die Staats-

macht auch organisierte Einwirkung des offiziellen Sprachgebrauchs zur Verkümmerung anderer Sprachregister führen konnte, ist wohl zuzugeben. Wer sich bewußt und entschieden zum politischen System der DDR bekannte und den Kontakt mit anders organisierten sprachlichen Äußerungsformen vermied, war in der Gefahr, sprachlich ohne Abstriche durch das Funktionärsdeutsch geprägt zu werden. Tatsächlich waren aber die sprachlichen Kontaktmöglichkeiten auch in der DDR viel zu reich gegliedert, um eine solche Entwicklung zu begünstigen. Dagegen wirkten Nachbarschafts-, Freundschafts- und Verwandtschaftskontakte, die fast allgegenwärtigen elektronischen Medien der Bundesrepublik, das reiche und billige Angebot klassischer und moderner schöner Literatur an dt. und ins Dt. übersetzten Texten. Dabei ist zu beachten, dass auch die Mehrzahl der DDR-Autoren keineswegs Verbreiter eines offiziellen Sprachgebrauchs waren. Schließlich hatte jeder Zugang zu kirchlichen Zeitungen und kirchlichen Veranstaltungen, die bis zum Ende der DDR weitgehend frei von offiziellen Sprachgebräuchen blieben (vgl. Schlosser 1990, 121 f.). Unterschiede in einer DDR-typischen sprachlichen Sozialisierung ergaben sich aus dem Lebensalter: Wer als Erwachsener in die DDR hineinwuchs, beherrschte schon vor Kriegsende andere Sprachregister, die des NS-Staates oder der Weimarer Republik, und machte den sprachlichen Umstellungsprozess der Nachkriegsjahre mehr oder weniger bewusst und erfolgreich mit. Wer in die DDR hineingeboren wurde, erfuhr an sich selbst in der Regel zumindest eine doppelte sprachliche Prägung, die vor allem durch das Bildungssystem vermittelte offizielle und die der Alltagssprache, die auch in ganz auf das System eingestellten Familien kaum zu vermeiden war.

3.3. Texte

Der Sprachgebrauch der DDR ist bisher vorzugsweise über die dem Bundesdeutschen auffallende Lexik aus DDR-Texten definiert worden (vgl. Ammon 1995, 386−390). Listen auffälliger, auffällig häufiger Lexeme oder typischer (aber weniger auffälliger) Lexemvermeidungen sind sicherlich wichtige Anschauungsmittel, aber sie erzeugen eher einen allgemein bleibenden Eindruck von der in der DDR gesprochenen und geschriebenen Sprache, sie ermöglichen nur sehr indirekt ein Urteil über den hier auszugrenzenden Bereich des offiziellen Sprachgebrauchs. Am unbedeutendsten dürfte der Ertrag bei isolierender Untersuchung grammatischer Eigenheiten sein (vgl. Ammon 1995, 388). Der Schlüssel für die Beurteilung dieses Sprachgebrauchs liegt in seinen Texten, in deren ganzheitlicher Prägung durch Lexik, Syntax, Stil und ihre kommunikative Bedingtheit. Bei der Lektüre entsprechender Texte muss wohl bedacht werden, dass unser Urteil durch inhaltliche Momente mitbestimmt wird, Momente, die eben aus inhaltlichen Gründen − und nicht wegen ihrer sprachlichen Fassung − für „typisch DDR" gelten können. Es sollte aber eingeräumt werden, dass der offizielle Sprachgebrauch der DDR tatsächlich eng an bestimmte inhaltliche Momente und deren sprachlichen Ausdruck gebunden war. Das waren vor allem die in anderen politischen Ordnungen ungewohnte Allgegenwart einer Staatsideologie und die systematische Belegung der Staatsbürger mit offen ideologiehaltigen Äußerungen der Staatsgewalt und ihrer Partei. Wir gelangen bei der Rezeption entsprechender Textzeugnisse zu komplexen Urteilen, die im wesentlichen Urteile über ideologische und sprachliche Einstellungen der Textverfasser sind. Im folgenden wird auf eine erklärtermaßen unvollständige Auswahl wichtiger Aspekte hingewiesen, die für die Konstituierung von Einstellungen im Bereich des offiziellen Sprachgebrauchs der DDR eine besondere Rolle gespielt haben und die eng mit der Anwendung bestimmter Techniken des Formulierens, bevorzugter Stilmittel und darauf gegründeter Formulierungsstereotype (so z. B. die wohl nach russ. Vorbild häufigen Frage/Antwort-Formulierungen, vgl. die Beispieltexte 1 und 7) verbunden sind. Russ. Einflüsse beschränkten sich in der Tat keineswegs auf den Bereich der Lexik. Bei der Übersetzung russ. politischer und wissenschaftlicher Texte hatte jeder Übersetzer mit der Umsetzung syntaktischer Konstruktionen (z. B. langer Ketten genitivisch oder präpositional angeschlossener Attribute und komplizierter Partizipalgefüge) zu ringen, die nach den Prinzipien dt. Textproduktion kaum nachzuvollziehen waren. Die notwendige Reduzierung überfüllter Satzkonstruktionen war aber gerade bei russ. politischen Texten schwer durchsetzbar. Es ist zu vermuten, dass derartige Konstruktionen das Textverständnis dt. Russland-Emigranten und späterer Funktionäre mit sowjetischen Ausbildungsgängen geprägt und deren Vorstellung von „richtigen", „parteilichen" und „wirksamen" politischen Texten bestimmt

haben („Von der Sowjetunion lernen, heißt siegen lernen"; vgl. Schlosser 1990, 23ff., 30f., 71f.).

Wichtige Teilaspekte und Beispiele sind:

(1) Der Anspruch auf eine „historische Mission der Arbeiterklasse" und das daraus abgeleitete Verdikt über das Existenzrecht der „kapitalistischen Staaten". Entsprechende Formulierungen zeigen besonders deutlich die Neigung zum Pathos in der Darstellung der eigenen Sache und zur heftigen Polemik in der Abwehr des „Gegners" („geschichtliche Aufgabe", „die Geschichte hat den Auftrag erteilt"; „Raubgier und Bestialität des deutschen Imperialismus"):

Die geschichtliche Aufgabe der Deutschen Demokratischen Republik und die Zukunft Deutschlands.
Das deutsche Volk braucht den Frieden wie das tägliche Brot, wie die Luft zum Atmen. Ein neuer Krieg auf deutschem Boden könnte das Ende der Nation sein. Wohin aber geht die in zwei Staaten gespaltene deutsche Nation? Wohin geht die Deutsche Demokratische Republik? Ihr hat die Geschichte den Auftrag erteilt, dafür zu sorgen, daß niemals wieder auf deutschem Boden ein Krieg ausgeht. Wohin geht die westdeutsche Bundesrepublik? Sie hat das Erbe des deutschen Imperialismus und Militarismus übernommen und den Weg zur Vorbereitung eines neuen Revanchekrieges beschritten. Wie entwickeln sich die Beziehungen zwischen den beiden deutschen Staaten? Können sie sich verständigen und unter welchen Bedingungen? Oder wird es langwährende Feindschaft oder gar Bruderkrieg zwischen ihnen geben? Braut sich in Deutschland schon wieder neues Unheil zusammen? − Alle diese Fragen beschäftigen zunehmend nicht nur die Bürger der beiden deutschen Staaten, sondern auch die Bürger jener Länder, die in der Vergangenheit am meisten unter der Raubgier und Bestialität des deutschen Imperialismus zu leiden hatten (Nationalrat 1962, 3).

(2) Die „historische Mission" begründete ein spezifisches, auf Kampf angelegtes ideologisches Sendungsbewusstsein, das vor allem philosophische und gesellschaftswissenschaftliche Texte aus der DDR nachhaltig geprägt hat („Wissenschaft des Klassenkampfes", „Durchführung der sozialistischen Revolution, Errichtung ihrer politischen Herrschaft" usw.):

Der revolutionäre Charakter des Marxismus-Leninismus als einer Wissenschaft des Kampfes, des Klassenkampfes, impliziert die kontinuierlich geführte prinzipielle Auseinandersetzung mit allen Erscheinungsformen der bürgerlichen und revisionistischen Ideologie. So gesehen ist der ideologische Klassenkampf ein unabdingbarer Bestandteil der im Kommunistischen Manifest wissenschaftlich begründeten welthistorischen Mission des Proletariats. Der Kampf der Arbeiterklasse unter Führung ihrer marxistisch-leninistischen Partei verlangt dergestalt zur Durchführung der sozialistischen Revolution, zur Errichtung ihrer politischen Herrschaft, der Diktatur des Proletariats, und zur erfolgreichen Gestaltung der sozialistischen und kommunistischen Gesellschaft nicht nur die politische und ökonomische, sondern ebensosehr die konsequente ideologische und theoretische Entmachtung der Bourgeoisie (Buhr 1972, 5).

Victor Klemperer hat sehr früh auf die ungebrochene Traditionslinie eines „weltanschaulich" begründeten Kampf-Stils hingewiesen: „Wie oft ich 'Ausrichtung', 'Einsatz', 'kämpferisch' zu hören bekomme, ist gar nicht zu sagen. Jetzt fehlt nur noch 'fanatisch'" ([18. 9. 1945] Klemperer 1996, 135).

(3) Typisch war deshalb die rituelle Behauptung der Übereinstimmung mit den Gründervätern des Marxismus, die diese Mission zuerst ausformuliert hatten, und mit ihrer Umsetzung in der Sowjetunion („von Marx', Engels und Lenins Erkenntnissen sowie von den Erfahrungen der Sowjetunion ausgehend", „unter Führung der marxistisch-leninistischen Partei"). Ebenso typisch waren Formulierungen, die darauf zielten, die Ideen der Gründerväter (und des sie verwaltenden Politbüros) müssten „in die Praxis umgesetzt werden" („die Erkenntnisse der Theorie in die Massen tragen", „die bewusste revolutionäre Aktion"):

Wir, die wir von Marx', Engels' und Lenins Erkenntnissen sowie von den Erfahrungen der Sowjetunion ausgehend diese Revolution vollzogen haben und die neue, sozialistische Gesellschaftsordnung in der Deutschen Demokratischen Republik errichten, stehen nicht nur vor der Aufgabe, das ökonomische Bewegungsgesetz des Sozialismus, das heißt das ökonomische Grundgesetz, unter den Bedingungen der DDR aufzudecken, zu analysieren und seinen Bewegungsmechanismus zu beherrschen, und zwar unter Ausnutzung der Erfahrungen der Sowjetunion und anderer sozialistischer Länder. Wir hatten und haben Praxis und Theorie gleichzeitig zu betreiben und die Erkenntnisse der Theorie in die Massen zu tragen […]. So richtig die Erkenntnis ist, daß die ökonomischen Gesetze des Sozialismus, einmal ins Leben gerufen, unabhängig vom Bewußtsein der Menschen existieren, so wichtig ist die Wahrheit, daß allein durch die bewußte revolutionäre Aktion unter Führung der marxistisch-leninistischen Partei die Grundlagen für das Wirken dieser Gesetze, nämlich die politische Macht der Arbeiterklasse und ihrer Verbündeten sowie das sozialistische Eigentum an den Produktionsmitteln, geschaffen werden können (Ulbricht, Vorwort 1969, 6).

(4) Ebenso typisch war der Systembezug. Alle durch die SED geordneten Bereiche des gesellschaftlichen Systems stärkten sich gegenseitig. Der in ihnen Tätige wurde nach der Vorstellung der SED „objektiv" in das System integriert und sollte sich auch freiwillig als Teil des Systems begreifen. Die für solche offiziellen Deutungen gebrauchten Formulierungen erschienen in der Darstellungsart wissenschaftlicher Analysen („den Erfordernissen gerecht werden", „reale Zusammenhänge", „Erkennen gesellschaftlicher Zusammenhänge"), zugleich vermitteln sie ein Menschenbild, das die gesellschaftliche Einbindung des Einzelnen hervorhebt („mit verantwortlich sein", „Klassencharakter", „Parteinahme", „Integration in die sozialistische Gemeinschaft" usw.):

Das ökonomische System des Sozialismus entspricht allen Erfordernissen der DDR als einem dynamischen sozialistischen Industriestaat mit hochentwickelter Landwirtschaft. Gerade weil es diesen Erfordernissen gerecht wird, hat das ökonomische System auch gewaltige geistig-ideologische und moralische Konsequenzen. Es führt die Werktätigen in die realen Zusammenhänge der Ökonomie ein, macht ihnen ihre Arbeit als Teil der betrieblichen und der gesamtgesellschaftlichen Arbeit deutlich, beweist ihnen konkret, daß sie für das Ganze ihres sozialistischen Betriebes mit verantwortlich sind und nicht nur für bestimmte kleine Teilabschnitte. Auf diesem Wege lernen sie begreifen, daß ihre persönlichen materiellen Interessen und Bedürfnisse eine wichtige politische und gesellschaftliche Basis haben, daß ihre persönlichen Interessen Klassencharakter haben, daß die Befriedigung ihrer Bedürfnisse Gemeinsamkeit und Solidarität verlangt. Im Prozeß des Erkennens der gesellschaftlichen Zusammenhänge weiten und vertiefen sich ihre moralischen Qualitäten, festigt sich ihre Parteinahme, entwickelt sich ihre Integration in die sozialistische Gemeinschaft (Ulbricht, Vorwort 1969, 14).

Sich wissenschaftlich gebende Formulierungen erhielten in vielen Fällen durch ständige Wiederholung den Status allgemein verfügbarer Textbausteine, so z. B. die Formulierung des „ökonomischen Grundgesetzes des Sozialismus". Derartige ins Gedächtnis gehämmerte Sätze haben zur Entwicklung der typischen Stilfiguren des „noch besser", „noch effektiver", „noch intensiver" usw. wesentlich beigetragen:

Das ökonomische Grundgesetz des Sozialismus besagt: ständige Erweiterung, Vervollkommnung und Intensivierung der sozialistischen Produktion und Reproduktion auf Basis des wissenschaftlich-technischen Höchststandes zur Stärkung der sozialistischen Ordnung, der ständig besseren Befriedigung der materiellen und kulturellen Bedürfnisse der Bürger, der Entfaltung ihrer Persönlichkeit und ihrer sozialistischen gesellschaftlichen Beziehungen (Politische Ökonomie 1969, 237).

In ähnlich kompakter Formulierung wurde die auf dem VIII. Parteitag der SED 1971 formulierte „ökonomische Hauptaufgabe" im Sprachgedächtnis der DDR-Bürger befestigt:

Die Hauptaufgabe des Fünfjahrplans besteht in der weiteren Erhöhung des materiellen und kulturellen Lebensniveaus des Volkes auf der Grundlage eines hohen Entwicklungstempos der sozialistischen Produktion, der Erhöhung der Effektivität, des wissenschaftlichen Fortschritts und des Wachstums der Arbeitsproduktivität (Zimmermann/Ulrich/Fehlauer 1985, 1492).

(5) Ein besonders wichtiger Teilbereich des Systems war der Sicherheitsapparat. Auch die Sprache des Sicherheitsapparates gab sich wissenschaftlich („objektiv", „gesetzmäßiger Zusammenhang", „objektive Gesetzmäßigkeiten", „untrennbare Verflechtung" usw.):

Sicherheitspolitik, sozialistische. Bestandteil der Politik der Partei. Sie ist auf die bewußte Durchsetzung der objektiven Sicherheitserfordernisse der sozialistischen Gesellschaft gerichtet. S[icherheitspolitik] wird durch die objektive und allgemeingültige Gesetzmäßigkeit des Schutzes der Errungenschaften des Sozialismus gegen die Anschläge äußerer und innerer Feinde im untrennbaren Zusammenhang mit allen anderen objektiven Gesetzmäßigkeiten der sozialistischen Revolution und ihren aktuellen Erfordernissen, den Zielen der Arbeiterklasse, ihrer marxistisch-leninistischen Partei und des sozialistischen Staates bestimmt. Im Zentrum der S[icherheitspolitik] stehen der Schutz und die weitere Festigung der Macht der Arbeiterklasse sowie ihr wirksamer Einsatz zur vorbeugenden Verhinderung und Beseitigung aller Störungen der sozialistischen Entwicklung. Entsprechend der objektiven untrennbaren Verflechtung von Ökonomie, Politik und Ideologie mit den Fragen der Sicherheit, ist die S[icherheitspolitik] auf die ganzheitliche Entwicklung des Sozialismus ausgerichtet (Das Wörterbuch der Staatssicherheit 1993, 351).

(6) „Offizielle" polemische und repressive Formeln wurden konzentriert eingesetzt in Strafprozessen (und Berichten über Strafprozesse), die in einen Zusammenhang mit den politischen Existenzfragen der DDR gebracht werden konnten:

Scharf geißelt der Staatsanwalt in seinem Plädoyer die verbrecherische Tätigkeit der imperialistischen Sabotageorganisationen. In einem Augenblick, da sich die deutschen Patrioten in Ost und West für die Einheit Deutschlands einsetzen, verstärken die imperialistischen Spionage- und Agentenorganisationen in Westdeutschland ihre verbrecherischen Angriffe gegen die DDR, weil sie die Spaltung Deutschlands für die Vorbereitung eines Krieges gegen das Lager des Friedens brauchen (Zeitungstext 1954 bei Finn 1989, 107).

(7) Wichtig zur Durchsetzung des Willens der SED war die Technik des „Meinungsstreites", der die vorsichtige Formulierung einer abweichenden Ansicht mit der Maßgabe ermöglichte, dass diese Ansicht im Ergebnis der Diskussion überwunden wurde („Raum für den Meinungsstreit", „bourgeoise Vorurteile über das Wesen des Meinungsstreits", „Meinungsstreit ohne Sinn und Ziel ist wertlos" usw.). Dieser von der SED geforderte und gelenkte „Meinungsstreit" war eines der wichtigsten Mittel zur Durchsetzung der Parteiideologie in sich sträubenden Wissenschaftsbereichen:

Hat nun aber die Germanistik an den Universitäten der DDR die Erwartungen, die die Arbeiter- und-Bauern-Macht in sie zu setzen berechtigt ist, im Sinne der fortschrittlichen Traditionen der deutschen Geistesgeschichte erfüllt? [...]. Leider muß man unter diesem Gesichtspunkt die Frage verneinen. [...]. In der Deutschen Demokratischen Republik hat das Mittelalter endgültig ausgespielt, und die Weltanschauung unseres Jahrhunderts ist der dialektische Materialismus. Eine Germanistik, die sich nicht auf dieser Grundlage konstituiert, hat keine Zukunft. Fähigkeit und Bereitschaft, diesen Entwicklungsprozeß der Wissenschaft nach Kräften zu fördern, gehören fortan zum Merkmal des seriösen Fachwissenschaftlers. Es wird gelegentlich eingewandt, bei einer so entschiedenen Zielsetzung bleibe doch kaum noch Raum für den Meinungsstreit. Dieser Einwand geht von bourgeoisen Vorurteilen über das Wesen des Meinungsstreits aus. Meinungsstreit ohne Sinn und Ziel ist wertlos. Das Ziel unseres wissenschaftlichen Meinungsstreits ist bedingt durch die objektiven historischen Gesetze, die die Entwicklung unserer Ordnung bestimmen. Es wird weiter eingewandt, in diesem Meinungsstreit müßten auch falsche, abweichende, mithin unmarxistische Meinungen zu Worte kommen, sonst sei es kein echter Meinungsstreit. Das stimmt. Aber ebenso besteht das Recht, Revisionismus als Revisionismus, Versöhnlertum als Versöhnlertum und Dekadenz als Dekadenz zu bezeichnen (Girnus 1958, 4).

(8) Die Verfahren der Bürokratisierung machten alle Lebensvorgänge handhabbar und einordenbar in das allumfassende System der Planung und Berichterstattung. Auch wenn diese Verfahren in allen modernen Staaten geübt werden, in den sozialistischen Ländern wurden sie zur Perfektion entwickelt, und hier wieder am perfektesten durch die Sicherheitsdienste („Personen aus dem kulturellen Bereich", „es kann eingeschätzt werden, daß es gelungen ist", „im kulturellen und künstlerischen Leben der DDR", „in den einzelnen Künstlerberei-

chen", „Kunstwerke [...] auf der Höhe des VIII. Parteitages" usw.):

Information über negative und feindliche Aktivitäten von Personen aus dem kulturellen Bereich.
Es kann eingeschätzt werden, daß es gelungen ist, die vom VIII. Parteitag beschlossene kulturpolitische Konzeption im kulturellen und künstlerischen Leben der DDR durchzusetzen. Die gesellschaftliche Verantwortung der Schriftsteller und Künstler hat sich weiter erhöht. In den einzelnen Künstlerbereichen ist es – wenn auch mit unterschiedlichem Niveau – gelungen, Kunstwerke zu schaffen, die sich ideologisch und künstlerisch auf der Höhe des VIII. Parteitages befinden. Bei einigen Künstlern und Schriftstellern zeigen sich jedoch ideologische Unsicherheiten, die aus unausgereiften, wissenschaftlich ungenügend begründeten weltanschaulichen Auffassungen resultieren. Es gibt auch Handlungen, die sich gegen die Grundposition der Rolle und Politik unserer Partei und unseres sozialistischen Staates richten (Information des MfS 1975, 111).
Auffällige Merkmale (überfüllte Formulierungs-Cluster, denen es kaum noch gelingt, Realität abzubilden; scheinsystematisierende Genitivketten) werden hier bis zum Exzess praktiziert:

Protokoll
über Veränderungen und Ergänzungen zur Instruktion über die Ordnung zum Schriftwechsel mit Hilfe der direkten Chiffrierverbindung zwischen der Diensteinheit des Zusammenwirkens des Ministeriums für Staatssicherheit der Deutschen Demokratischen Republik mit dem System der vereinigten Erfassung von Informationen über den Gegner und dem Arbeitsapparat des Systems der vereinigten Erfassung von Informationen über den Gegner (Protokoll des MfS 30. 9. 1985/Der Spiegel 17/1995, 41).

(9) Selbst Rechts- und Gebrauchstexte des Alltags konnten durch Formulierungsstereotype ideologisch verbrämt und damit zu einem Mittel der Erziehung der DDR-Bürger im Sinne der SED werden, so die 1977 eingeführte Straßenverkehrs-Ordnung, in deren Präambel von der „weiteren Gestaltung der entwickelten sozialistischen Gesellschaft", den „zu schaffenden grundlegenden Voraussetzungen für den allmählichen Übergang zum Kommunismus" die Rede ist, bevor man zu den „wachsenden volkswirtschaftlichen Aufgaben im Straßenverkehr" kommt:

Bei der weiteren Gestaltung der entwickelten sozialistischen Gesellschaft und den damit zu schaffenden grundlegenden Voraussetzungen für den allmählichen Übergang zum Kommunismus in der Deutschen Demokratischen Republik ist das Wohl, die Sicherheit und Geborgenheit der Bürger vornehmstes Anliegen. Das erfordert auch eine hohe Ordnung, Sicherheit und Flüssigkeit im Straßen-

verkehr. Unter den Bedingungen der ständig zunehmenden Verkehrsdichte gilt es, jederzeit das Leben und die Gesundheit der Bürger sowie das sozialistische und persönliche Eigentum zu schützen und die Erfüllung der wachsenden volkswirtschaftlichen Aufgaben im Straßenverkehr zu sichern (Straßenverkehrs-Ordnung vom 26. 5. 1977, 1987, 7).

(10) Gern genutzt wurde das Verfahren der Nachbildung ritualisierter kirchlicher Gebrauchsformen (unter Einschluss sprachlicher Anleihen, vgl. auch Schlosser 1990, 37ff.). So kommt es bei der Nachbildung der Zehn Gebote durch die 1958 von Walter Ulbricht verkündeten „Zehn Gebote der sozialistischen Moral" zu relativ einfachen Ausprägungen des klassischen „Du sollst ..."-Musters der biblischen Formulierungen:

1. Du sollst Dich stets für die internationale Solidarität der Arbeiterklasse und aller Werktätigen sowie für die unverbrüchliche Verbundenheit aller sozialistischen Länder einsetzen. –
2. Du sollst Dein Vaterland lieben und stets bereit sein, Deine ganze Kraft und Fähigkeit für die Verteidigung der Arbeiter-und-Bauern-Macht einzusetzen. –
3. Du sollst helfen, die Ausbeutung des Menschen durch den Menschen zu beseitigen. –
4. Du sollst gute Taten für den Sozialismus vollbringen, denn der Sozialismus führt zu einem besseren Leben für alle Werktätigen. –
5. Du sollst beim Aufbau des Sozialismus im Geiste der gegenseitigen Hilfe und der kameradschaftlichen Zusammenarbeit handeln, das Kollektiv achten und seine Kritik beherzigen. –
6. Du sollst das Volkseigentum schützen und mehren. [...] (Zimmermann/Ulrich/Fehlauer 1985, 918).

Ein anderes Beispiel bieten das „Gelöbnis" und die „Gesetze der Thälmannpioniere", die einen ideologischen Glaubenskomplex wie das christliche Credo zusammenfassen und auch auswendig gelernt und feierlich aufgesagt wurden:

Gelöbnis der Thälmannpioniere.
Ernst Thälmann ist mein Vorbild. Ich gelobe zu lernen, zu arbeiten und zu kämpfen, wie es Ernst Thälmann lehrt. Ich will nach den Gesetzen der Thälmannpioniere handeln. Getreu unserem Gruß bin ich für Frieden und Sozialismus immer bereit.
Die Gesetze der Thälmannpioniere.
Wir Thälmannpioniere lieben unser sozialistisches Vaterland, die Deutsche Demokratische Republik. In Wort und Tat ergreifen wir immer und überall Partei für unseren Arbeiter-und-Bauern-Staat, der ein fester Bestandteil der sozialistischen Staatengemeinschaft ist. Wir Thälmannpioniere tragen mit Stolz unser rotes Halstuch und halten es in Ehren. Unser rotes Halstuch ist Teil der Fahne der Arbeiterklasse. Für uns Thälmannpioniere ist es eine große Ehre, das rote Halstuch als äußeres Zeichen unserer engen Verbundenheit zur Sache der Arbei-

terklasse und ihrer Partei, der Sozialistischen Einheitspartei Deutschlands, zu tragen. [...] (Pionierkalender 1977, 1976, 121f.).

(11) In ähnlicher Weise wurden sprachliche Formeln militärischer Zeremonien im Kindesalter eingeübt:

„Genosse Erich Honecker, ich melde, die Delegation der Pionierorganisation 'Ernst Thälmann' ist zur Begrüßung des IX. Parteitages angetreten. Die Losung lautet: 'Wir handeln nach dem Vorbild Ernst Thälmanns und Wilhelm Piecks, Gruß und Dank der Partei.' Liebe Genossen! Wir überbringen Euch unseren Bericht über die Pionierstafette 'Immer bereit'. Unser Stafettenstab nahm seinen Weg durch alle Pionierfreundschaften, Kreise und Bezirke" (Pionierkalender 1977, 1976, 86).

(12) Auch das Ritual der Durchführung streng disziplinierter politischer Versammlungen mit den üblichen verbalen Steuersignalen wurde im Kindesalter intensiv geübt (im Beispieltext einer Pionierversammlung absichtlich aufgelockert durch vorgegebene Heiterkeitssignale):

Ein verhinderter Beschluß [...].
Ralf: Wir haben ein dringendes Problem auf der Tagesordnung und können nicht warten. [...] Also, wir beginnen. Es ist anzunehmen, daß wir heute zur Beschlußfassung kommen und in der nächsten Woche die Ausführung des Beschlusses vorbereiten. Die Tagesordnung ist euch schriftlich zugegangen. Wir danken an dieser Stelle Mona. Sie hat ihren Auftrag vorbildlich erfüllt und die Einladungen geschmackvoll mit Kartoffeldruck versehen. (Beifall.) Schreiten wir nun zum Punkt 1. Liebe Freunde! Zu Beginn unserer Versammlung singen wir gemeinsam das Lied „Alle Vögel sind schon da". (Alle erheben sich. Die erste Strophe des Liedes wird gesungen.) Danke. Setzt euch (Pionierkalender 1977, 1976, 130).

(13) An altkirchliche Beichtpraktiken erinnert der innerhalb der SED (wie in den anderen östlichen Staatsparteien) geübte Ritus der Selbstkritik. Kommunikative Techniken und Formeln der Selbstbezichtigung, der Reue und demütige Bitten um die Gelegenheit der Wiedergutmachung waren stereotype Textelemente im Ergebnis innerparteilicher und innenpolitischer Kampagnen. Mit den Machtmitteln der Partei und des Staates wurde der Widerruf politischer und wissenschaftlicher Überzeugungen erzwungen. Erreicht wurden Resignation, Verlogenheit und Verzicht auf selbständiges Denken und Formulieren:

Politisch-ideologische und theoretische Auseinandersetzungen, besonders aber die gesellschaftliche Praxis haben mich davon überzeugt, daß Auffassungen, die ich vertrat und 1956 veröffentlichen

wollte, eine revisionistische Konzeption darstellten. Die Ausarbeitung dieser Konzeption erfolgte zu einer Zeit, als der Klassengegner den Versuch unternahm, die Ergebnisse des 20. Parteitages zu verfälschen und die Einheit der Kommunistischen und Arbeiterparteien und des sozialistischen Lagers zu untergraben, um auf diese Weise den Boden für eine konterrevolutionäre Offensive zu bereiten. Wäre die Broschüre, in der meine Auffassungen niedergelegt waren, wie vorgesehen im Herbst 1956 erschienen, so hätten die Auffassungen zur ideologischen Plattform für konterrevolutionäre Kräfte und Bestrebungen, wie z. B. die Harich-Gruppe, werden und damit die Existenz der DDR gefährden können. Kritik und entschiedene Zurückweisung der Konzeption durch die Partei haben das verhindert. In den kritischen Wochen und Monaten des Jahres 1956 habe ich somit − was ich nicht gewollt und damals nicht gewußt habe − den Interessen der Arbeiterklasse Schaden zugefügt [...]. Unter diesen Bedingungen bedurfte es der praktischen Mitarbeit im Parteikollektiv eines Betriebes, damit ich die Richtigkeit des Weges, den wir unter Führung der Partei gehen, und die Fehlerhaftigkeit meiner eigenen damaligen Position in vollem Umfang erkannte. Die Politik, die in den Dokumenten des 5. Parteitages und des 7-Jahresplanes niedergelegt ist, bestimmt heute vorbehaltlos mein politisches und fachliches Wollen und Handeln. Nachdem ich mit Hilfe der Genossen die revisionistischen Auffassungen überwunden habe, will ich gemeinsam mit ihnen den Sozialismus in unserer Republik vollenden helfen (Text eines SED-Wissenschaftlers von 1959 bei Reiher 1996, 230f.).

(14) Der offizielle Sprachgebrauch fand regelmäßig Ausdruck in den Losungen der SED, die in reicher Fülle auf Straßen, Plätzen, an Gebäuden und in mehr oder weniger öffentlichen Räumen (Parteigebäude, Verwaltungen, wirtschaftliche und wissenschaftliche Einrichtungen, Schulen und andere Bildungseinrichtungen, Armeegebäude und Armeegelände usw.) angebracht wurden oder bei den rituellen Demonstrationen mitgetragen wurden. Diese Losungen wurden regelmäßig auf ihre Aktualität überprüft und zu den wiederkehrenden Anlässen (15. Januar [Tag der Ermordung von K. Liebknecht und R. Luxemburg], 1. Mai, 7. Oktober [Gründungstag der DDR]) in der geltenden sprachlichen und inhaltlichen Fassung in den Parteizeitungen veröffentlicht. Einige dieser Losungen wurden über viele Jahre beibehalten und sind auf diese Weise fest ausformulierter Gedächtnisbesitz der DDR-Bürger geworden: „Plane mit, arbeite mit, regiere mit"; „Wir lehren, lernen und kämpfen für den Frieden"; „Wie Du heute arbeitest, wirst Du morgen leben"; „Die Republik braucht alle, alle brauchen die Republik".

(15) Auffällig war die starke Stellung einer sozialistischen Huldigungs- und Hofsprache für die Beschreibung der Zustände im Herzen des Systems. Die Tageszeitungen berichteten regelmäßig, dass der Staatsratsvorsitzende Erich Honecker „führende Persönlichkeiten" empfing oder mit ihnen Umgang hatte und dass er an Orten „weilte", wo er sich privat oder von Amts wegen befand. Zu den Usancen der sozialistischen Hofsprache gehörte die Vermeidung der sonst üblichen Abkürzungen, wenn von der ersten Person der Partei und des Staates die Rede war. Die offizielle und bis zuletzt unzählige Male praktizierte Langformel lautete: „Der Erste Sekretär des Zentralkomitees der Sozialistischen Einheitspartei Deutschlands und Vorsitzende des Staatsrates der Deutschen Demokratischen Republik Genosse Erich Honecker."

Rituelle Stilfiguren häuften sich gegen Ende der DDR, aber ihren Ursprung hatten sie auch im stark ausgeprägten Byzantinismus der sowjetischen Oberschicht, der in vielen Fällen sofort in den DDR-Zeitungen seinen Abklatsch fand. Er kennzeichnete vor allem die frühen Nachkriegsverhältnisse mit ihrem intensiven Stalinkult. Ein Text Nikita Chruschtschows, der den Stalinkult sechs Jahre später selbst beendete, aus dem ins Deutsche übersetzten sowjetischen Sammelband „Stalin der Lenin von heute":

Die Entstehung nationaler Kader in der Ukraine wie in allen anderen Bruderrepubliken ist ein Zeugnis für die tiefe Wirkung und das Ausmaß der Kulturrevolution, die sich in unserem Lande unter der Leitung des Genossen Stalin vollzogen hat. Wie ein fürsorglicher Gärtner hegt und pflegt Genosse Stalin diese Kader im Geiste des flammenden Sowjetpatriotismus. Er lehrte und lehrt sie den bolschewistischen Arbeitsstil und die schärfste Unversöhnlichkeit gegenüber der geringsten Äußerung einer fremden, bürgerlichen Ideologie, der Ideologie des bürgerlichen Nationalismus, des heimatlosen Kosmopolitismus, der Liebedienerei vor der verfaulenden bürgerlichen Kultur [...]. Heute grüßen die Völker der großen Sowjetunion und die gesamte fortschrittliche Menschheit von ganzem Herzen den teuren Genossen Stalin, den Inspirator der unzerstörbaren Freundschaft der Völker. Ruhm dem geliebten Vater, dem weisen Lehrer, dem genialen Führer der Partei, des Sowjetvolkes und der Werktätigen der ganzen Welt, dem Genossen Stalin! (Chruschtschow 1950, 127−131).

4. Lexik

4.1. Probleme

Auffällige Wortschatzanteile der dt. Sprache der DDR sind seit Gründung der DDR in einer Vielzahl sachlicher und polemischer Ar-

beiten und Artikel besprochen und in Wörterbüchern mehrfach systematisch dargestellt worden (Bartholmes 1961; Kinne/Strube-Edelmann 1980; Ahrends 1989; Röhl 1994). Schon 1945 hat Victor Klemperer sprachliche Traditionslinien zwischen NS-Staat und Herrschaftssprache in der SBZ in seinen Tagebuchaufzeichnungen erschrocken reflektiert: „Ich muß allmählich anfangen, systematisch auf die Sprache des VIERTEN REICHES zu achten. Sie scheint mir manchmal weniger von der des DRITTEN unterschieden als etwa das Dresdener Sächsische vom Leipziger" ([25. 6. 1945] Klemperer 1996, 31); „Freiheit, die ich meine − ich sehe keinen Unterschied (außer dem Vorzeichen) zwischen LTI und LQI" ([16. 8. 1945] Klemperer 1996, 94). Schwierig ist die Behandlung der Frage, welcher Teil der Lexik der deutschen Sprache in der DDR zum spezielleren Bereich des „offiziellen Sprachgebrauchs" zu zählen ist. Diese Unterscheidung ist hier nicht am Einzelfall zu treffen. Einen guten Einstieg in das Problemfeld bieten die Artikel von Sparmann, der in der Zeitschrift *Sprachpflege* zwischen 1964 und 1979 regelmäßig die in das Wörterbuch der deutschen Gegenwartssprache aufgenommenen „Neuwörter, Neuprägungen und Neubedeutungen" registriert und auszugsweise vorgestellt hat (zusammenfassend: Sparmann 1979, 103 ff., vgl. die Angaben bei Hellmann 1976, 332, 462). Auf den Angaben Sparmanns und den durch ihn erwähnten WDG-Artikeln fußen viele der sonstigen Arbeiten zum Thema. Allerdings haben auch Sparmann und das WDG zwischen dem Wortschatz der dt. Sprache in der DDR und dem engeren des offiziellen Sprachgebrauchs nicht unterschieden. Zu vermuten ist, dass alle auffälligen Wortschatzbereiche der dt. Sprache in der DDR auch bestimmte Anteile zur offiziellen Lexik beigesteuert haben. Hier können nur Hinweise auf einige interessante Gruppen, Einzelfälle und Probleme gegeben werden. Wer solche Fälle kritisch untersucht, muss allerdings bedenken, dass es gerade in der Frühzeit der DDR immer wieder heftige Kritik aus der DDR selbst (und auch von „führenden Persönlichkeiten" wie dem Volkskammerpräsidenten Johannes Dieckmann, dem Kulturminister Johannes R. Becher oder den ZK-Mitgliedern Albert Norden, Fred Oelßner und Horst Sindermann, s. Hellmann 1976 an alphabetischer Stelle) eben am „Funktionärsdeutsch" gegeben hat. Die Kritik an den Auswüchsen des sich langsam durchsetzen-

den, offiziellen und großenteils politisch umstrittenen oder ideologisch geprägten Sprachgebrauchs ist später leiser geworden, aber nie
verstummt (nicht in den Kabaretts der DDR
und nicht in der Zeitschrift *Sprachpflege*).
Das WDG hat von Beginn an (Bd. 1, 1964)
den Besonderheiten des DDR-Sprachgebrauchs Rechnung getragen. Vom 4. Band an
hat es „den gesamten Wortschatz konsequent
auf der Grundlage der marxistisch-leninistischen Weltanschauung darstellen" sollen
(Neumann/Klappenbach 1970, II). Die genauere Prüfung der ab Band 4 eingeführten ideologiekonformen Bedeutungsangaben
würde wohl ergeben, dass diese Angaben großenteils eben nur für den offiziellen Sprachgebrauch gelten und nicht für die Verwendung derselben Wörter im Alltagsgebrauch.
Obwohl die im WDG registrierten Neologismen (einschließlich der Neuprägungen und
Neubedeutungen) nach Sparmann (1979,
104) nur 3,8% des Gesamtwortschatzes bilden und die spezifischen DDR-Neologismen
nur ein Viertel dieser Menge ausmachen
(Sparmann zählt für die DDR 693 Neuprägungen, 104 Neubedeutungen und 17 Neuwörter), begegnen in DDR-typischen Texten
auffällige Wortverwendungen in schwer überschaubarer Menge. Eine Unterscheidung von
„normalem" und „offiziellem" Sprachgebrauch (im Sinne „offiziell eingeführt, gewünscht, vorgeschrieben") ist bisher kaum
vorgenommen worden. In der folgenden
stark auswählenden Beispielliste werden Lexeme und Lexemgruppen genannt, die in offiziellen Texten mit hohen Frequenzen vertreten sind (eine vorzügliche Materialsammlung,
aber ohne ausreichende Bewertung unter unserem Aspekt bietet Hellmann 1992).

4.2. Beispiele

Die folgende Liste enthält einige lexikalische
Beispiele für den Sprachgebrauch, wie er
durch die offiziellen politischen, staatlichen
und gesellschaftlichen (SED-gelenkten) Institutionen praktiziert wurde und für Texte aus
den Bereichen Politik, Verwaltung, Wirtschaft, Militär und Staatssicherheit, aber
auch Bildungswesen und Kultur typisch war.
Vor allem ältere DDR-Texte dieser Art enthalten aus gegebenem Anlass einen auffälligen Anteil auch politischer Schimpfwörter.
Relativ gleichbleibend ist der hohe Bestand
an Internationalismen, die überwiegend aus
ihrer russ. Gebrauchstradition übernommen
worden sind. Viele der hier genannten Wörter
sind keineswegs auf den offiziellen Sprachge-

brauch der DDR beschränkt. Sie zählen aber
dank charakteristischer Anwendungsbedin-
gungen und Frequenzen zu seinen typischen
Vertretern:

Agitation (in positiver Bewertung), *Agitprop* (als
Abkürzungswort aus dem Russischen), *aktiv*, *Aktiv*,
Aktivist, *Arbeiter-* und *Bauernstaat*, *bedeutsam*,
breite Massen, *Dispatcher* (als Koordinator im In-
dustriebetrieb), *Dokument* („Personalausweis",
auch: *Parteidokument* „Mitgliedsausweis"), *Effektivität*, *einmütig*, *Einmütigkeit*, *einschätzen*, *Eng-
pass*, *Ensemble*, *entfalten*, *Errungenschaften (der
Werktätigen)*, *Faschist* (für rechtsgerichtete Politiker aller Art), *festigen*, *Festigung*, *Festival*, *Fortschritt*, *fortschrittlich*, *Forum*, *Freunde* (für Russen,
Bürger der Sowjetunion, russische Soldaten), *Genosse* (als Anrede in der SED; bei Armeeangehöri-
gen und Polizisten als Anrede zusätzlich zum
Dienstgrad; die *Genossen Eltern* als Bezeichnung
der SED-Eltern in der Schule), *Humanismus* (als
summarische Bezeichnung der eigenen ideologischen Grundwerte), *ideologisch*, *Ideologie*, *Imperialismus*, *Imperialist*, *imperialistisch*, *Jahresendprä-
mie*, *Jugendfreund* (als Anrede der FDJ-Mitglie-
der), *Kampf*, *kämpfen*, *kombinierte Einrichtung*
(Kindergarten mit Kinderkrippe), *konkret*, *konstruktiv*, *Kosmonaut*, *Niethosen* (Jeans), *Norm*, *optimal*, *orientieren auf*, *Parteiaktiv*, *parteimäßiges Verhalten*, *parteilich*, *Parteilichkeit* (beides positiv markiert), *Perspektive* und *Prognose* (als zwei unterschiedlich weite Planungsdimensionen), *Propaganda* (in positiver Markierung bei Anwendung des
Wortes auf die eigene Sache), *Rationalisator* (in der
Industrie), *im Republikmaßstab*, *revolutionäre Un-
geduld*, *Schrittmacher*, *Schwerpunkt*, *sozialistische
Staatengemeinschaft*, *ständig*, *volkseigen*, *Volkseigentum*, *Volkswahl*, *volkswirtschaftliche Massen-
initiative*, *wissenschaftlich-technischer Fortschritt*,
Wohnungsbauprogramm, *zentralgeleitete Industrie*,
Zentralkomitee, *Zentralrat* (der „Freien Deutschen
Jugend"), *Zielprämie*, *Zielstellung*, *Zivilverteidi-
gung*. Fälle wie das *Zentralkomitee der deutschen
Katholiken*, bzw. vorher das *Zentralkomitee der
deutschen Katholikentage* (seit 1868) oder der *Zentralrat der Juden in Deutschland* (seit 1950) belegen
allerdings, dass unser Urteil über Bezeichnungstraditionen der DDR die gesamtdeutschen Verhältnisse nicht vernachlässigen sollte.

4.3. Besondere Fälle

In einigen Differenzfällen ist das öffentliche
Bewusstsein für den wirklich oder scheinbar
offiziellen Sprachgebrauch der DDR besonders geschärft.

(1) Das Problem der Staatsbezeichnung
1949 wurden die *Westzonen* bzw. die *Westzone*
durch die *Bundesrepublik Deutschland* und die *Ostzone* bzw. die *Russische Zone* oder (amtlich) *Sowjetische Besatzungszone* (abgekürzt *SBZ*) durch die
Deutsche Demokratische Republik abgelöst. Die

Selbstbezeichnung der *DDR* (in Vollform und abgekürzt) wurde im westlichen Sprachgebrauch bis etwa 1970 − teilweise auch später − weitgehend vermieden und in amtlichen Texten auf ministerielle Weisung durch den Ersatznamen *Mitteldeutschland* ersetzt (knapp zusammenfassend Hellmann 1992, 1307). Daneben blieben weithin und lange Zeit *SBZ*, *(Russische) Zone* oder *die sogenannte DDR* (auch in Anführungszeichen) in Gebrauch, vgl. die Kontroverse zwischen W. Betz und G. Korlén, die sich an einen Stockholmer Vortrag von Betz im Jahre 1959 anschloss (s. Korlén 1959, Betz 1962 und 1965 sowie Dieckmann 1968). Die Ersatznamen wurden auch in privater Kommunikation mit hoher Frequenz gebraucht, teilweise (*Zone*, *Ostzone*) auch längere Zeit nach 1949 in der DDR. Der Bezeichnungsstreit war ein wichtiger Aspekt in der Auseinandersetzung über die gegenseitige Anerkennung zweier deutscher Staaten. In der Alltagssprache der DDR wurde ohne polemische Absicht von *Westdeutschland*, *Bundesrepublik*, *BRD* oder auch allgemein vom *Westen* gesprochen. Die offiziellen Benennungen wechselten allmählich von *Westdeutschland* zu *BRD*. Die Abkürzung *BRD* wurde in offiziellen Äußerungen (sofern es sich nicht um unmittelbare zweiseitige Verhandlungstexte handelte) vorgezogen, weil die Deutschlandfrage in der DDR zu den unerledigten Problemen gehörte. Die Abkürzung *BRD* war auch in der Alltagssprache der DDR üblich, weil der Name *Deutschland* hier als aktuelle Bezeichnung seit den 70er Jahren offiziell tabuisiert war und auch in privater Rede ungern allein dem anderen Teilstaat zugestanden wurde.

(2) Die Bezeichnung Berlins
In bundesdeutschen Zeitungen sind die Schreibweisen *Westberlin* und *Ostberlin* sowie *Westberliner* und *Ostberliner* bis etwa 1970 als Hauptgebrauch gut bezeugt. Im Zusammenhang mit den politischen Regelungen der 70er Jahre setzte sich in bundesdeutschen Zeitungen die Bindestrichschreibung *West-Berlin*, *Ost-Berlin*, *West-Berliner*, *Ost-Berliner* durch, während in DDR-Zeitungen die alte Normalschreibung beibehalten wurde. Belege für die im Viermächteabkommen von 1972, in den Debatten um dieses Abkommen und in den Folgeverträgen gebrauchten Schreibweisen *Berlin-West* bzw. *Berlin (West)* blieben im Ganzen selten, verschiedentlich wurden diese Schreibweisen in Bibliographien gefordert und verwandt, in unkonventionellen Texten wurden sie nicht gebraucht (vgl. auch Richtlinien 1965 sowie Hellmann 1991, 1258f.). Auch andere Konkurrenznamen gewannen keine Verbreitung. Das bundesdeutsche Urteil „Wenn [...] statt von *Berlin − Hauptstadt der DDR* (so der offizielle Titel von *Berlin [Ost]*) von *Ostberlin* gesprochen wurde, verhielt sich ein DDR-Bürger sprachlich als Abweichler, denn er benutzte Ausdrücke des Klassenfeindes" (Politik 1989, 41), trifft nicht die ganze Wahrheit. Der „normale" DDR-Bürger hat immer *Berlin*, *Westberlin*, *Ostberlin* gesagt und geschrieben. Die von der SED propagierte offizielle Bezeichnung *Berlin − Hauptstadt der*

DDR eignete sich nicht für die Alltagssprache und ließ keine abgeleiteten Personenbezeichnungen zu, die an die Stelle von *Berliner*, *Westberliner*, *Ostberliner* treten konnten. Die bis in die Gegenwart z. B. durch die Berliner Zeitung „Der Tagesspiegel" vertretene Ansicht, bei den Schreibungen *Westberlin* und *Ostberlin* handle es sich um politische Erfindungen der SED (vgl. Tagesspiegel 31. 1. 1993, 14; 31. 8. 1996, 7), ist angesichts der klaren Beleglage vor 1970 nicht zu halten, auch der gesamtdeutsche DUDEN hat längst wieder zur Normalschreibung *Westberlin*, *Ostberlin* zurückgefunden (DUDEN 1991, 524; 800). Das Beispiel belegt die Tatsache, dass DDR-Sprachgebrauch auch zu Unrecht als „offiziell" und gegen die Bundesrepublik gerichtet interpretiert werden konnte.

(3) Das *Plast/Plastik*-Problem
Eines der vielbesprochenen östlichen Reizworte ist *Plast* bzw. *Plaste*. Die stereotype Werbeformel *„Plaste und Elaste aus Schkopau"* hat bundesdeutschen Benutzern der DDR-Autobahnen die Differenz zum eigenen Sprachgebrauch (*Plastik*) tief eingeprägt. Die in der DDR gebräuchlichen Varianten *Plast* (m.), *Plaste* (f.) sind so zum Schibboleth der DDR-Deutschen geworden und gelten als Erfindungen einer offiziellen DDR-Terminologie. In der Regel werden *Plast/Plaste* als DDR-Wörter erklärt, die in den späten 50er Jahren aus engl. *plastic* oder russ. *plastmassy* abgeleitet worden seien (so Carstensen/Busse 3, 1996, 1066 mit Angabe weiterer, auch DDR-Literatur). In Wirklichkeit ist das Wort als Terminus der dt. Kunststoffproduktion lange vor der Spaltung Deutschlands in der dt. technischen Literatur gut zu belegen, so bei Fischer (1945, 1ff.), im Singular und als Wortbildungsmorphem: *Aminoplast* (100), *Jaroplast* (27), *Phenoplast* (100), *Phenoplastpulver* (33), *Phenoplastmassen* (27), *Plastomoll* (24), im Plural: *Aminoplaste* (1; 106ff.), *Phenoplaste* (15; 106ff.), *Phthaloplaste* (1; 16), *Proteinoplaste* (1; 106f.). Im Jahr 1945 dient *Plaste* hier regelmäßig als Oberbegriff für einen Teilbereich der „plastischen Kunstmassen" und wird so zunächst in der chemischen Fachsprache auch nach 1945 in Geltung geblieben sein, bevor in der Bundesrepublik engl. *plastic* „in den 50er Jahren ins Dt. gekommen" ist (Carstensen/Busse 3, 1996, 1067), während in der DDR das überkommene technisch-chemische Fachwort als *Plast* und *Plaste* allgemeinsprachliche Geltung erlangt hat. Dass diese Ausdrücke zunächst auch in der Bundesrepublik eine gute Chance hatten, belegt der Wiesbadener Brockhaus (1955, 6, 717): „In den angloamerikan. Ländern heißen sie [...] *plastics*, [...] im deutschen Sprachgebrauch gibt es Bestrebungen, das Wort '*K[unststoff]*' durch Worte mit der Silbe '*plast*' zu ersetzen, z. B. *Plaste* oder *Polyplaste*" (ältere Stellungnahmen aus der Zs. *Sprachpflege* verzeichnet Hellmann 1976, 97; 131f., 191). Im übrigen haben biologische Bezeichnungen auf *-plast* auch im Engl. eine alte Tradition (OED 2, 210; 5, 230; 12, 700), und chemische Termini auf *-plaste* sind wenigstens nach 1945 auch für das Frz. bezeugt, so für 1948−56: *aminoplastes* [Plur.], 1948

phénoplaste, 1959 *thermoplaste* (Trésor 2, 1973, 777; 13, 1988, 520).

(4) Bezeichnungen von Straßen, Orten, Institutionen

Zu den charakteristischen Zügen des offiziellen Sprachgebrauchs der DDR gehört das auffällige Ausmaß von Umbenennungen und Neubenennungen von Straßen (*Karl-Marx-Straße* usw.), Plätzen (*Marx-Engels-Platz* usw.), Orten (*Stalinstadt* bzw. *Eisenhüttenstadt, Karl-Marx-Stadt, Marxwalde* usw.), aber auch Institutionen unterschiedlichster Art (*Karl-Marx-Schule, Karl-Marx-Universität; Pionierrepublik „Wilhelm Pieck", Pionierorganisation „Ernst Thälmann"*), Industrieunternehmen, Landwirtschaftlichen Produktionsgenossenschaften, Produktionsgenossenschaften des Handwerks (*Schwermaschinenbaukombinat „Ernst Thälmann", LPG Roter Oktober*), Erinnerungs- und Gedenktagen (*Tag des Eisenbahners, Tag der Werktätigen des Post- und Fernmeldewesens, Tag der Mitarbeiter des Handels* usw.), Kampagnen und Initiativen (*Frieda-Hockauf-Methode, Messe der Meister von morgen* usw.). Auch wenn derartige Benennungen zum Teil an stabile ältere Benennungstraditionen anknüpfen konnten und Umbenennungen in bestimmten Bereichen (z. B. die Umbenennung politisch motivierter Straßennahmen aus der NS-Zeit) parallel zu Umbenennungsaktionen in der Bundesrepublik verliefen, so bleibt doch die Intensität der Umbenennungen und Neubenennungen in der DDR auffällig. Aufschlussreich ist neben dem auffälligen Einsatz von Appellativen das im Kernbestand verhältnismäßig enge Namenreservoir an Bezugspersonen, das hierbei genutzt wurde. Das „Verzeichnis der Universitäten, Hoch- und Fachschulen der DDR" (1984) belegt einen bezeichnenden Ausschnitt dieser Benennungstradition. Während Namenspaten des „Kulturerbes" im Hoch- und Fachschulbereich, also in Bezeichnungen von Universitäten, Hochschulen, Fachschulen, Instituten u. ä., in der Regel nur einmal in Funktion traten, oft allerdings verknüpft mit früh umgenannten, hochrangigen Institutionen (Ernst Moritz Arndt, Carl Gustav Carus, Rudolf Diesel, Adolf Diesterweg, Otto von Guericke, Alexander und Wilhelm von Humboldt, Franz Liszt, Martin Luther, Friedrich Schiller, Carl Maria von Weber u. a.), gelangten viele Vertreter der offiziellen SED-Tradition zu mehrfachen Ehrungen, so die heute weithin erklärungsbedürftigen Otto Buchwitz, Käte Duncker, Fritz Heckert, Liselotte Herrmann, Edwin Hoernle, Walter Krämer, Franz Mehring, Theodor Neubauer, Heinrich Rau und Erich Weinert. Die höchsten Frequenzen allerdings hat der engere Kreis der ideologischen und politischen Autoritäten: Friedrich Engels, Karl Liebknecht, Rosa Luxemburg, Karl Marx (auch Jenny Marx), Wilhelm Pieck, Ernst Thälmann, Walter Ulbricht, Clara Zetkin. Auffällig dabei ist, dass Engels und Marx in der Frequenz hinter Luxemburg, Pieck und Zetkin zurückstehen. Nicht auffällig, sondern begründet im internationalistischen Bekenntnis der SED-Ideologie ist die gute Vertretung von Perso-

nen anderer Länder, die im Geschichtsbild der SED einen hervorragenden Platz einnahmen, von Funktionären der kommunistischen Bewegung, Opfern des NS-Regimes, Spanienkämpfern, Opfern rechter Militärputsche usw. (Salvador Allende, Nikos Belojannis, Olga Benario, Georg Benjamin, Georgi Dimitroff, Jacques Duclos, Geschwister Scholl u. a.). Als letzte − relativ enge − Gruppe seien die mehrfach belegten politischen und wissenschaftlichen Autoritäten aus der Sowjetunion genannt: M. I. Kalinin, A. S. Makarenko, N. K. Krupskaja. Die hier skizzierten Benennungen belegen die Wichtigkeit einer DDR-typischen Traditionsbildung im Bereich der Institutionsnamen. Sie gehörten zum offiziellen Sprachgebrauch, waren Teil des gesellschaftlichen Sprachgedächtnisses und trugen zur Ausprägung des gewünschten Geschichtsbildes bei (vgl. auch Kühn 1996, 199). Der Erfolg der volkspädagogischen Absicht, auch über Bezeichnungstraditionen ein DDR-typisches Geschichtsbild zu vermitteln, wurde durch alltagssprachliche Ausweichstrategien eingeschränkt, oft wurde gerade der ideologiehaltige Namensteil neutralisiert: *Karl-Marx-Stadt* wurde zu *K-M-Stadt*, das *Magdeburger Schwermaschinenbaukombinat „Ernst Thälmann"* zu *SKET* (in der Regel einsilbig realisiert), die *Karl-Marx-Universität Leipzig* wurde zur *K-M-U* oder folgte dem sonst üblichen alltagssprachlichen Typ *Uni Greifswald, Uni Leipzig, Uni Rostock* usw.

4.4. Charakteristische Züge der Lexik im Überblick

Den in 3.3. hervorgehobenen typischen Einstellungen, Techniken und Stilmitteln von Texten, die dem „offiziellen" Sprachgebrauch der DDR zuzurechnen sind, entsprechen einige auffallende Charakteristika des Wortgebrauchs. Außerhalb eines zwar DDR-typischen, aber weitgehend unauffälligen Wortbestands, der sich aus den eigenen Bezeichnungszwängen in Verwaltung, Wirtschaft, Sozialbereich usw. ergab und der seine Entsprechungen in allen Landessprachen findet, war der „offizielle" Sprachgebrauch der DDR gekennzeichnet durch:

(1) Einen systematisch ausgebauten (vgl. Eppler 1992, 37) und reichhaltigen Bestand an ideologischen und politischen Termini mit dem Anspruch auf allgemeine und unbedingte Geltung im eigenen Machtbereich. Dieser Bestand war weitgehend konform mit seinen Entsprechungen in anderen Ländern und Sprachen des damaligen kommunistischen Weltsystems (hierzu bereits Hunt 1958). Kernbereich dieses Bestands war die Terminologie des Marxismus in seiner sowjetisch geprägten („leninistischen") Fassung.

(2) Die auffällige Nutzung euphemistischer und pathetischer Wörter und Floskeln:

allseitig, Banner, Bastion, Bollwerk, brüderlich, flammend, heldenhaft, heroisch, kämpferisch, Kerker, kühn, leidenschaftlich, Patriot, ruhmreich, Scherge, schmachvoll, schöpferisch, stolz, stürmisch, tiefgreifend, tiefschürfend, umfassend usw.

Beispiele für stereotype pathetische Formeln:

die entwickelte sozialistische Gesellschaft, die Errungenschaften der Werktätigen, die Kampfreserve der Partei, der antifaschistische Schutzwall, die historische Mission der Arbeiterklasse, der Vortrupp der Arbeiterklasse, die Sturmvögel der Revolution, die junge Garde, die lichten Höhen der Kultur, der sozialistische Völkerfrieden, das zutiefst humanistische Grundanliegen, die unverbrüchlichen Bande der Freundschaft mit der SU, die wie der eigene Augapfel gehütete Einheit der Arbeiterklasse (vgl. Eppler 1992, 42; Lang 1994, 4).

(3) Die Neigung zu Euphemismen fand ihr Pendant im ebenso rituellen Schimpfwortgebrauch (vgl. 2.). Der politische Schimpfwortgebrauch in mehr oder weniger hochrangigen oder offiziellen DDR-Texten beruhte auf unterschiedlichen Traditionen, vor allem auf der älteren Polemik des Klassenkampfes und den entsprechenden Gepflogenheiten sowjetischer Texte; er wurde aber auch angeregt durch ähnliche Schimpfworttraditionen der westlichen Seite (*moskauhörig, Satellitenregime* usw.):

Arbeiterverräter, Büttel des Imperialismus, Diversant, Handlanger, Kapitulant, Kettenhund des Imperialismus, Kriegsbrandstifter, Lakai, Marionette, Militarist, Natobischof, Objektivist, Provokateur, Rädelsführer, Reformist, Revanchist, Spalter, Speichellecker, Bonner Ultra (vgl. Lang 1994, 4; Polenz 1972, 179).

(4) Im offiziellen Sprachgebrauch der DDR wurden zu unterschiedlichen Zeiten und aus unterschiedlichen Gründen bestimmte Wörter tabuisiert, dazu zählten z. B.:

Reizwörter der anderen Seite wie *Rotchina*, über längere Zeit auch die Vollform der Staatsbezeichnung *Bundesrepublik Deutschland*, die Fächerbezeichnung *Geisteswissenschaften* (statt *Gesellschaftswissenschaften*), die normalsprachliche Bezeichnung der DDR-Grenze als *Mauer*, die Anwendung der Bezeichnung *Smog* auf DDR-Wetterverhältnisse oder in den ersten Jahren nach 1980 der Name der polnischen Demokratiebewegung *Solidarność*.

(5) Die auffälligen Eigenheiten im Lehn- und Fremdwortbestand des offiziellen Sprachgebrauchs der DDR beruhen im wesentlichen darauf, dass viele Lehn- und (auch engl.) Fremdwörter über das Russ. in den DDR-Sprachgebrauch gelangt sind und dabei z. T. auch semantisch aus der russ. Gebrauchstradition heraus geprägt wurden:

Agronom, Aspirant, Brigade, Datsche, Estrade, Exponat, Intelligenz, Kader, Kollektiv, Kombine, Kombinat, Meeting, Objekt, Politökonomie, Rekonstruktion, Veteran usw. (vgl. Polenz 1972, 176; Lehnert 1990, 155–166). Im Einzelnen können bei Übernahmen aus dem Russischen Zitatwörter (*Kolchos, Kreml, Sowjet*), Entlehnungen (*Aspirant, Exponat, Kollektiv*), Lehnprägungen oder Lehnübersetzungen (*Industrieladen, Kulturhaus, Perspektivplan, Plankommission*), Lehnbedeutungen (*Plattform* [Oppositionsgruppe in der Partei], *Sekretär* [leitender Parteifunktionär], *Veteran, Arbeiterveteran* [Rentner]) und auch Lehnwendungen (*im Ergebnis der; mit N. N. an der Spitze*) unterschieden werden (s. Polenz 1972, 176 f.; Schlosser 1990, 23 ff.). Auch zahlreiche offizielle Ehrentitel und Ordensbezeichnungen wurden aus dem Russischen übersetzt: *Aktivist, Meister des Sports, Verdienter Aktivist, Verdienter Arzt des Volkes, Verdienter Erfinder, Verdienter Lehrer, Verdienter Meister des Sports, Verdienter Neuerer, Held der Arbeit, Hervorragender Wissenschaftler des Volkes, Banner der Arbeit* usw.

(6) Zum offiziellen Sprachgebrauch der DDR gehörte ein reich ausgebildeter Abkürzungsbestand. Viele dieser Abkürzungen blieben dem außenstehenden Beobachter unverständlich, obwohl sie für DDR-Bürger Teil des täglichen Lebens waren: *ABV (Abschnittsbevollmächtigter der Volkspolizei), ÄBK (Ärzteberatungskommission* [wichtig bei der Kontrolle von Krankschreibungen]), *AWG (Arbeiterwohnungsbaugenossenschaft), EOS (Erweiterte Oberschule)* usw. Deshalb galt die scheinbare Vorliebe für Abkürzungen als besonderes Kennzeichen des offiziellen Sprachgebrauchs der DDR. Vermutlich übersteigt ihr Umfang aber kaum die Zahl der Nachkriegsabkürzungen im Dt. der Bundesrepublik. Besonderes Interesse verdienen Fälle wie *Dederon* (die Bezeichnung des DDR-Nylons), gebildet aus der Abkürzung der Staatsbezeichnung *DDR*, und Abkürzungen, die allein durch ihre Zeichenform die ausgedrückte Sache zu ironisieren scheinen: *Gewifak (Fakultät für Gesellschaftswissenschaften), Maleweibi (Marxistisch-leninistische Weiterbildung), Ökulei (Ökonomisch-kultureller Leistungsvergleich* [z. B. von Dorftanzgruppen]) oder *Pispilei (Pionier- und Spitzenleistungen* [in der Wirtschaft und Wissenschaft]). Im Bereich der Staatssicherheit wurde zwischen *PiD* und *PUT* (*„politisch-ideologischer Diversion"* und *„politischer Untergrundtätigkeit"*) unterschieden: „auf eine Formel gebracht –

die in der Tat auch so gebraucht wurde —
lautete das 'Feindverständnis' des MfS: Ohne
PiD kein *PUT*" (Labrenz-Weiß 1994, 3).

5. Forschungshinweis

Die überaus reiche Literatur zur dt. Sprache
in der DDR und in diesem Zusammenhang
auch zum offiziellen Sprachgebrauch der
DDR ist für die Anfänge bis 1975 aufgearbeitet bei Hellmann (1976), für die Folgezeit
sind Schaeder (1981) und Schlosser (1990) zu
vergleichen. Die Literatur über sprachliche
Beobachtungen aus Anlass der Wiedervereinigung ist erfasst bei Hellmann (1995). Die
meisten bundesdeutschen Arbeiten haben
sich in ihrer Kritik an Eigenheiten der DDR-
Sprache auf die ihnen in den Medien und in
Drucktexten zugänglichen Auffälligkeiten des
offiziellen Sprachgebrauchs konzentriert und
die bei weitem weniger disziplinierte und
aspektreichere Alltagssprache beiseite gelassen. Hier ist deshalb versucht worden, wenigstens die Differenz und das Spannungsverhältnis zwischen „offiziellem" und „realem"
Sprachgebrauch in der DDR anzudeuten.
Dieses Spannungsverhältnis zwischen einer
ideologisch geprägten offiziellen Sprache, deren Realitätsferne durch Pathos und Polemik
kaschiert wurde, und einer realitätsnäheren
Alltagssprache, in der die offizielle Ausdrucksweise zunehmend kritisch reflektiert
und konterkariert wurde, beförderte am
Ende den Machtverfall des Systems (vgl. Polenz 1993, 127ff.). „Die Sprache der SED erreichte 'das Volk' [...] nicht mehr" (Eppler
1992, 51). Aus der heutigen Sicht sind die früher so engagiert diskutierten und auf beiden
Seiten oft genug eher politisch als linguistisch
motivierten Kontroversen über Sprachspaltung und Variantenproblematik weitgehend
zu entdramatisieren. Von einer einheitlichen
und einsträngigen Entwicklung des Dt. sind
wir allerdings auch heute weit entfernt. Aber
die Möglichkeiten einer polyzentrischen Entwicklung des Dt. (vgl. zuletzt Dieckmann
1989, Ammon 1995, 385ff.) müssen nun nicht
mehr als Drohung eines ungewollten politischen Schicksals, als Intrigenspiel der anderen Seite oder als Ausdruck einer „Optimierung" des Einsatzes sprachlicher Mittel . im
Dienste des sozialistischen Systems interpretiert werden. DDR-Sprachwissenschaftler
haben bis 1989 keine Chance gehabt, den
SED-abhängigen offiziellen Sprachgebrauch
öffentlich und grundsätzlich in Frage zu stel-

len. Kritik an typischen Auswüchsen dieses
Sprachgebrauchs ging deshalb eher im Ver-
borgenen ein in die lange Debatte über Möglichkeiten der Hebung der „Sprachkultur"
(vgl. zuletzt Techtmeier/Wurzel 1989; Welke
1992, 10f.; Schnerrer 1994).

Die meisten der in den Zeiten der Spaltung
begründeten Unterschiede im Sprachgebrauch, insbesondere in der politischen und
in der Verwaltungssprache, gehören inzwischen der Geschichte an. Verbleibende Differenzen zählen heute zur großräumigen Varianz der dt. Standardsprache in der Bundesrepublik Deutschland.

6. Zitierte Quellentexte

Buhr, Manfred, Vorbemerkung. In: Erhard Albrecht, Bestimmt die Sprache unser Weltbild? Zur
Kritik der gegenwärtigen bürgerlichen Sprachphilosophie. Berlin 1972, 5—6.

Chruschtschow, Nikita, Die Stalinsche Völker-
freundschaft — ein Unterpfand der Unbesiegbar-
keit unseres Vaterlandes. In: Stalin der Lenin von
heute. Die Artikel von Mitgliedern des Politbüros
und des ZK der KPdSU (B) aus der „Prawda" vom
21. Dezember 1949 zum 70. Geburtstag J. W. Stalins. o. O. u. J. (Berlin 1950).

Entwurf einer Verfassung für die Deutsche Demokratische Republik. Beschluß einer außerordentlichen Tagung des Parteivorstandes der Sozialistischen Einheitspartei Deutschlands. In: Neues
Deutschland. 16. 4. 1946, 3f.

Finn, Gerhard, Die politischen Häftlinge in der
Sowjetzone 1945—1959. Köln 1989. [Reprint der
Ausgabe 1960].

Fischer, Emil J., Laboratoriumsbuch für die organischen Plastischen Kunstmassen (Preß- und Guß-
massen), ihre Roh- und Hilfsstoffe. 2. Aufl. Halle
1945.

Girnus, Wilhelm, Perspektiven der Germanistik.
In: Neues Deutschland. 18. 1. 1958, 4.

Honecker, Erich, Zügig voran bei der weiteren Verwirklichung der Beschlüsse des VIII. Parteitages
der SED. Berlin 1973.

Information [des Ministeriums für Staatssicherheit
der DDR] über negative und feindliche Aktivitäten
von Personen aus dem kulturellen Bereich. 29. 4.
1975. In: Zensur in der DDR. Ausstellungsbuch,
Geschichte, Praxis und 'Ästhetik' der Behinderung
von Literatur. Erarb. und hrsg. v. Ernst Wichner/
Herbert Wiesner. Berlin 1991, 111—117. (Texte aus
dem Literaturhaus Berlin 8).

Kantorowicz, Alfred, Vom moralischen Gewinn
der Niederlage. Berlin 1949.

Kosing, Alfred, Vorwort. In: Alfred Kosing/Man-
fred Buhr/Wolfgang Eichhorn I [u. a.], Marxistische Philosophie. Lehrbuch. Berlin 1967.

Märkische Volksstimme [Landeszeitung der SED]. Potsdam. [Lokalseite:] Heimatzeitung für Frankfurt-Oder/Lebus. 11. 4. 1950, 6; 13. 4. 1950, 4; 14. 4. 1950, 4; 20. 4. 1950, 4; 28. 4. 1950, 4.

Nationalrat der Nationalen Front des demokratischen Deutschland, Die Geschichtliche Aufgabe der Deutschen Demokratischen Republik und die Zukunft Deutschlands. o. O. u. J. (Berlin 1962).

Pionierkalender: Pionierkalender 1977. Berlin 1976.

Politische Ökonomie des Sozialismus und ihre Anwendung in der DDR. Berlin 1969. (Vorwort von Walter Ulbricht).

Spiegel: Der Spiegel. Hamburg 1985. H. 17.

Straßenverkehrs-Ordnung − StVO − und Straßenverkehrs-Zulassungs-Ordnung − StVZO − mit Durchführungsbestimmungen. Textausgabe mit Sachregister. Hrsg. vom Ministerium des Innern. Berlin 1987.

Ulbricht, Walter, Bemerkungen zu den Beziehungen zwischen der DDR und der BRD. Berlin 1970.

Ders., Vorwort. In: Politische Ökonomie des Sozialismus und ihre Anwendung in der DDR. Berlin 1969, 5−17.

Verzeichnis der Universitäten, Hoch- und Fachschulen der Deutschen Demokratischen Republik. Hrsg. vom Ministerium für Hoch- und Fachschulwesen. Zwickau 1984.

Das Wörterbuch der Staatssicherheit. Definitionen des MfS zur „politisch-operativen Arbeit". 2. Aufl. Berlin 1993. (Reihe A, Nr. 1/93 des Bundesbeauftragten für die Unterlagen des Staatssicherheitsdienstes der ehemaligen Deutschen Demokratischen Republik).

Zimmermann, Hartmut/Horst Ulrich/Michael Fehlauer, DDR Handbuch. Hrsg. vom Bundesministerium für innerdeutsche Beziehungen 3., überarbeitete und erw. Aufl. Köln 1985.

7. Literatur (in Auswahl)

Ahrends, Martin, Allseitig gefestigt. Stichwörter zum Sprachgebrauch der DDR. München 1989.

Ammon, Ulrich, Die deutsche Sprache in Deutschland, Österreich und der Schweiz. Das Problem der nationalen Varietäten. Berlin/New York 1995.

Balluseck, Lothar von, Moskauderwelsch. In: Ders., Dichter im Dienst. 2. Aufl. Wiesbaden 1963, 41−47.

Bartholmes, Herbert, Tausend Worte Sowjetdeutsch. Beitrag zu einer sprachlichen Analyse der Wörter und Ausdrücke der Funktionärssprache in der sowjetischen Besatzungszone. Tentamensarbeit für das Fach Deutsch an der Universität Göteborg 1956. Göteborg 1961 (hekt., vgl. Hellmann 1976, 36).

Betz, Werner, Zwei Sprachen in Deutschland? In: Merkur 16/9, 1962, 873−879.

Ders., Mitteldeutschland. In: ZfdS 21/1, 2, 1965, 123−124.

Bock, Rolf [u. a.], Zur deutschen Gegenwartssprache in der DDR und in der BRD. In: ZPSK 26/5, 1973, 511−532.

Braun, Peter, Tendenzen in der deutschen Gegenwartssprache. Sprachvarietäten. 2. veränderte und erw. Aufl. Stuttgart [etc.] 1987.

Brockhaus: Der grosse Brockhaus. 16. Aufl. Bd. 6. Wiesbaden 1955.

Carstensen, Broder/Ulrich Busse (Bd. 2 und 3 unter Mitarbeit von Regina Schmude), Anglizismen-Wörterbuch. Der Einfluß des Englischen auf den deutschen Wortschatz nach 1945. 3 Bde. Berlin 1993−96.

Clyne, Michael G., Language and Society in the German Speaking Countries. Cambridge 1984.

Constantin, Theodor, Plaste und Elaste. Ein Deutsch-Deutsches Wörterbuch. Berlin 1982.

Das Aueler Protokoll. Deutsche Sprache im Spannungsfeld zwischen West und Ost. Hrsg. v. Hugo Moser: Düsseldorf 1964.

Dieckmann, Walther, Propaganda als werbende Anwendung der Sprache. In: Die Pädagogische Provinz 22/5, 1968, 298−315.

Ders., Sprache in der Politik. Einführung in die Pragmatik und Semantik der politischen Sprache. Heidelberg 1969.

Ders., Die Untersuchung der deutsch-deutschen Sprachentwicklung als linguistisches Problem. In: ZGL 17/2, 1989, 162−181.

Eppler, Erhard, Kavalleriepferde beim Hornsignal. Die Krise der Politik im Spiegel der Sprache. Frankfurt/M. 1992.

Feudel, Günter, Das Aueler Protokoll − „ein getreues Bild des Geschehens" in der deutschen Gegenwartssprache? In: Sprache in beiden deutschen Staaten. Hrsg. v. Jürgen Scharnhorst. Berlin 1970, 217−233.

Fleischer, Wolfgang, Terminologie und Fachsprache im Bereich der Politik. In: Sprache in beiden deutschen Staaten. Hrsg. v. Jürgen Scharnhorst. Berlin 1970, 65−80.

Ders., Die deutsche Sprache in der DDR. Grundsätzliche Überlegungen zur Sprachsituation. In: Zentralinstitut für Sprachwissenschaft der Akademie der Wissenschaften der DDR. LStA 111. Berlin 1983, 258−275.

Ders. [u. a.], Wortschatz der deutschen Sprache in der DDR. Fragen seines Aufbaus und seiner Verwendungsweise. Leipzig 1987.

Fricke, Karl Wilhelm, Die Sprache des Vierten Reiches. In: Deutsche Rundschau 78/12, 1952, 1243−1246.

Fröhlich, Armin, Sowjetdeutsch, die SED-Sprache. o. O. u. J. (1958?). (masch., s. Hellmann 1976, 99).

Hartung, Wolfdietrich, Einheitlichkeit und Differenziertheit der deutschen Sprache. Bemerkungen zur Diskussion um die 'nationalen Varianten'. In: ZfG 11/4, 1990, 447–466.

Hellmann, Manfred W., Bibliografie zum öffentlichen Sprachgebrauch in der Bundesrepublik Deutschland und der DDR. Düsseldorf 1976.

Ders., Deutsche Sprache in der Bundesrepublik Deutschland und der Deutschen Demokratischen Republik. In: LGL, 2. Aufl. Tübingen 1980, 519–527.

Ders., Zwei Gesellschaften – Zwei Sprachkulturen? Acht Thesen zur öffentlichen Sprache in der Bundesrepublik Deutschland und in der Deutschen Demokratischen Republik. In: Forum für interdisziplinäre Forschung. Zeitschrift der STEIG e. V. 2/2, 1989, 27–38.

Ders., Wörter und Wortgebrauch in Ost und West. Ein rechnergestütztes Korpus-Wörterbuch zu Zeitungstexten aus den beiden deutschen Staaten. 3 Bde., durchpaginiert. Tübingen 1992. (FIdS 69).

Ders., Literatur zur Sprachentwicklung in den beiden deutschen Staaten und im vereinigten Deutschland ab Januar 1990 – alphabetisch durchlaufend –. Letztes updating: 10. 1. 95. Manuskript.

Hunt, Robert Nigel Carew, Wörterbuch des kommunistischen Jargons. Freiburg 1958.

Ihlenburg, Karl Heinz, Entwicklungstendenzen des Wortschatzes in beiden deutschen Staaten. In: Weimarer Beiträge 1964, H. 3, 372–397.

Kinne, Michael/Birgit Strube-Edelmann, Kleines Wörterbuch des DDR-Wortschatzes. Düsseldorf 1980.

Klemperer, Victor, Verantwortung für die Sprache. In: Neue Deutsche Literatur 3/3, 1955, 125.

Ders., Und so ist alles schwankend. Tagebücher Juni bis Dezember 1945. Hrsg. v. Günter Jäckel unter Mitarbeit von Hadwig Klemperer. 2. Aufl. Berlin 1996.

Koebel-Tusk, Eberhard, Kritik der Sprachkritik. In: Neue Deutsche Literatur 3/10, 1955, 132–134.

König, Erna, „Hier spricht man Ostdeutsch". Wie tief ist die deutsche Sprachspaltung? Schon heute gibt es zweierlei Duden. In: Westdeutsche Allgemeine Zeitung 14. 7. 1962. (s. Hellmann 1976, 191).

Koepp, Friedrich, „Sowjetdeutsch" – Die Sprache als Opfer und Werkzeug der Sowjetisierung. In: Akademische Blätter 57/3, 1955, 41–46.

Korlén, Gustav, Zur Entwicklung der deutschen Sprache diesseits und jenseits des Eisernen Vorhangs. In: Deutschunterricht für Ausländer 9, 1959, 138–153.

Kühn, Ingrid, Von Clara Zetkin zu Dorothea. Straßennamen im Wandel. In: Von „Buschzulage" und „Ossinachweis", Ost-West-Deutsch in der Diskussion. Hrsg. v. Ruth Reiher/Rüdiger Läzer. Berlin 1996, 186–205.

Labrenz-Weiß, Hanna, Die Beziehungen zwischen Staatssicherheit, SED und den akademischen Leitungsgremien an der Humboldt-Universität. In: [Zeitschrift] Humboldt, 1993/94, H. 7, 13. 5. 1994, 3f.

Lang, Ewald, Teils Verführung, teils Verweigerung: Zum Sprachgebrauch in der DDR. Geteiltes Land, geteilte Sprache? Vortrag Haus Podewil 14. 6. 1994. [Manuskript].

Lehnert, Martin, Anglo-Amerikanisches im Sprachgebrauch der DDR. Berlin 1990.

Lerchner, Gotthard, Die deutsche Sprache und das „wirkliche Leben". Nationalsprachliche Varianten. In: Texte Ost – Texte West. Arbeitsmaterialien zur Sprache der Gegenwart in beiden deutschen Staaten. Hrsg. v. Michael Kinne. Frankfurt/M./Berlin/München 1977, 30–34.

Liebsch, Helmut, Zur Entwicklung der deutschen Sprache in der BRDDR und deren Erfassung seit Mitte des 20. Jhs. In: Deutsch-Ungarische Beiträge zur Germanistik 1991. Hrsg. v. Werner Biechele. X. Jahrgang. Budapest o. J., 77–92.

Neumann, Werner/Ruth Klappenbach, Vorbemerkung 1970. In: Wörterbuch der deutschen Gegenwartssprache. Hrsg. v. Ruth Klappenbach/Wolfgang Steinitz. Bd. 4. Berlin 1974, 1f.

OED: Oxford English Dictionary. 20 Bände. Oxford 1989.

Oschlies, Wolf, „Ddrsch" als Muttersprache? In: Civis, 1985, H. 3, 4–16.

Ders., Würgende und wirkende Wörter. Deutschsprechen in der DDR. Berlin 1989.

Polenz, Peter von, Geschichte der deutschen Sprache. 8., verb. Aufl. Berlin/New York 1972.

Ders., „Binnendeutsch" oder plurizentrische Sprachkultur? Ein Plädoyer für Normalisierung in der Frage der „nationalen" Varietäten. In: ZGL 16, 1988, 198–218.

Ders., Die Sprachrevolte in der DDR im Herbst 1989. Ein Forschungsbericht nach drei Jahren vereinter germanistischer Linguistik. In: ZGL 21/2, 1993, 127–149.

Politik und Sprachentwicklung in der DDR. Zu neuen Ufern. Hrsg. v. der Friedrich-Ebert-Stiftung. Bonn-Bad Godesberg 1989.

Reiher, Ruth, Mit sozialistischen und anderen Grüßen. Porträt einer untergegangenen Republik in Alltagstexten. 2. Aufl. Berlin 1996.

Richtlinien für die Bezeichnung I. Deutschlands, II. der Demarkationslinien innerhalb Deutschlands, III. der Orte innerhalb Deutschlands („Bezeichnungsrichtlinien" [des Bundesministeriums für gesamtdeutsche Fragen]) Juli 1965. In: Sprache in beiden deutschen Staaten. Hrsg. v. Jürgen Scharnhorst. Berlin 1970, 236–238.

Röhl, Ernst, Deutsche Sprache der DDR. Nostalgischer Rückblick. In: Sprachpflege und Sprachkultur 39/3, 1990, 83–85.

Ders., Deutsch–Deutsch. Ein satirisches Wörterbuch. 5. (2. erw.) Aufl. Berlin 1994.

Römer, Ruth, Die exotische DDR-Sprache und ihre westdeutschen Erforscher. In: Mu. 98/2, 1988, 154–160.

Schaeder, Burkhard, Deutsche Sprache in der BRD und in der DDR. Neuere Arbeiten und Ansichten über das sprachliche Ost-West-Problem. In: Mu. 91, 1981, 198–205.

Scharnhorst, Jürgen, Sprachgebrauch und Sprachentwicklung in beiden deutschen Staaten. Ein Überblick. In: Sprache in beiden deutschen Staaten. Hrsg. v. Jürgen Scharnhorst Berlin 1970, 9–45.

Schlosser, Horst Dieter, Die Deutsche Sprache in der DDR zwischen Stalinismus und Demokratie. Historische, politische und kommunikative Bedingungen. Köln 1990.

Schmidt, Günter D., [Annotation über] Friedrich Koepp, „Sowjetdeutsch". In: Manfred W. Hellmann, Bibliographie. Düsseldorf 1976, 186–187.

Schmitt, Dieter, Doktrin und Sprache in der ehemaligen DDR bis 1989. Frankfurt/M./Berlin 1993.

Schnerrer, Rosemarie, Zur Geschichte der Sprachkultur in der ehemaligen DDR. In: Förderung der sprachlichen Kultur in der Bundesrepublik Deutschland. Positionsbestimmung und Bestandsaufnahme. Hrsg. v. Hans Bickes/Annette Trabold. Stuttgart 1994, 12–62.

Schroeter, Sabina, Die Sprache der DDR im Spiegel ihrer Literatur. Studien zum DDR-typischen Wortschatz. Berlin/New York 1994.

Siegel, Elke Annalene, Duden Ost – Duden West. Zur Sprache in Deutschland seit 1945. Ein Vergleich der Leipziger und Mannheimer Dudenauflagen seit 1947. Düsseldorf 1989.

Sparmann, Herbert, Neues im deutschen Wortschatz unserer Gegenwart. In: Sprachpflege. Zeitschrift für gutes Deutsch 28/5, 1979, 103–105.

Sprachpflege (ab 1990: Sprachpflege und Sprachkultur). Zeitschrift für gutes Deutsch. 40 Jahrgänge. Leipzig 1952–1991.

Techtmeier, Bärbel/Wolfgang Ullrich Wurzel, Sprachkultur in der DDR – Probleme, Positionen, Perspektiven. In: ZPSK 42, 1989, 422–434.

Trésor: Trésor de la Langue Française. Dictionnaire de la langue du XIXᵉ et du XXᵉ siècle (1789–1960), publié sous la direction de Paul Imbs. 16 Bde. Paris 1971–94.

Tschirch, Fritz, Geschichte der deutschen Sprache. II. Entwicklung und Wandlungen der deutschen Sprachgestalt vom Hochmittelalter bis zur Gegenwart. Berlin 1969.

WDG: Wörterbuch der deutschen Gegenwartssprache. Hrsg. v. Ruth Klappenbach/Wolfgang Steinitz. 6 Bde. Berlin 1964–1977.

Weisgerber, Leo, Die deutsche Sprache im Kalten Krieg. Sprachliche Entfremdung zwischen Ost und West? In: Deutsche Rundschau 89/6, 1963, 42–49.

Welke, Klaus, Deutsche Sprache BRD/DDR – Reflexion in der Linguistik der DDR. In: Die deutsche Sprache nach der Wende. Hrsg. v. Klaus Welke/Wolfgang W. Sauer/Helmut Glück. Hildesheim/Zürich/New York 1992, 1–14. (GL 110–111).

Wenderott, Claus, Die westliche Forschung über die Entwicklung der deutschen Sprache nach 1945. Analyse der zentralen Argumente. Berlin 1972. (Magisterarbeit FU, s. Hellmann 1976, 465).

Wilss, Wolfram, Der Einfluß der englischen Sprache auf die deutsche seit 1945. In: Beiträge zur Linguistik und Informationsverarbeitung 1966, H. 8, 30–48.

Worthmann [ohne Vorname], Droht die Spaltung der deutschen Sprache? Parteichinesisch und rotes Deutsch. In: Bonner Rundschau 10. 1. 1965. (s. Hellmann 1976, 393).

Yeandle, David, Frieden im 'Neuen Deutschland'. Das Vokabular des 'Friedenskampfes'. Eine linguistische Analyse und Dokumentation des Friedensvokabulars in der offiziellen Sprache der DDR vornehmlich der ausgehenden 80er Jahre. Heidelberg 1991.

Zeiler, Horst, Funktionärsjargon – Waffe der Politik. In: Tagesspiegel 29. 7. 1955, 3.

Zum öffentlichen Sprachgebrauch in der Bundesrepublik Deutschland und in der DDR. Methoden und Probleme seiner Erforschung. Aus den Referaten einer Tagung. Hrsg. v. Manfred W. Hellmann. Düsseldorf 1973. (Spr. d. Geg. 18).

Hartmut Schmidt, Mannheim/Berlin

143. Die Rolle der Dialekte seit der Mitte des 20. Jahrhunderts

1. Einleitung

Die traditionelle Dialektforschung hat lange Zeit nicht nach der „Rolle" der Dialekte gefragt, schon gar nicht nach derjenigen in der Gegenwart. Vielmehr erforschte man den

„alten" Dialekt, wie er in ländlichen Gebieten noch von der älteren Generation gesprochen wurde. Obwohl Dialektforscher immer wieder auf soziale Aspekte des Dialektsprechens, auf Unterschiede von Stadt- und Landmundarten oder auf die Staffelung von Hochsprache, Umgangssprache und Mundarten oder Umgangssprache und „Halbmundarten" hingewiesen haben, waren die sozialen oder pragmatischen Seiten des oder der Dialekte nicht ihr eigentliches Thema. Um von der „Rolle" der Dialekte sprechen zu können, bedurfte es eines pragmatischen und soziologischen Bewusstseins von der differenzierten vertikalen Gliederung einer Gesellschaft und von der Variabilität der Handlungszusammenhänge, in denen Sprache und ihre Varianten eine maßgebliche Rolle spielen. Die Frage nach der „Rolle" der Dialekte ist daher eine moderne Fragestellung und zielt nicht zufällig auf die Zeit nach der Jahrhundertmitte. Es handelt sich dabei nicht nur um eine veränderte Sehweise und einen Wandel des Erkenntnisinteresses auf Seiten der Sprach- und Dialektforschung. In der zweiten Jahrhunderthälfte hat sich auch am Gegenstand „Dialekt" eine markante Veränderung vollzogen, die weit über die bekannten Befürchtungen der Dialektologen hinausgeht, was den Untergang der Dialekte betrifft.

Als Mitte des Jahrhunderts kann man historisch das Ende des Zweiten Weltkrieges ansehen. Auch wenn neuerdings im kultur- und gesellschaftsgeschichtlichen Sinne die „Mitte" erst in die späten sechziger Jahre gelegt wird und auch die linguistische Forschungsgeschichte dort ihre „pragmatische Wende" hatte, so kann die Entwicklung der „Rolle" der dt. Dialekte aus historischen Gründen sehr wohl mit dem Ende des Zweiten Weltkrieges und der demographischen Neugliederung Mitteleuropas beginnen.

2. Die Situation nach dem Zweiten Weltkrieg

Das Ende des Zweiten Weltkrieges brachte auf der europ. Sprachenkarte für das Dt. eine markante Verschiebung. Man schätzt die Zahl der aus den Ostgebieten geflohenen und vertriebenen Deutschen auf über 10 Millionen. Es waren dies Schlesier, Pommern, Ostpreußen, Deutschbalten, Sudetendeutsche und andere mehr. Auch die zahlreichen dt. Sprachinseln in Osteuropa, in der Sowjetunion, in Rumänien, Ungarn, Jugoslawien hörten mit wenigen Ausnahmen wie z. B. im rumänischen Siebenbürgen auf, offiziell zu

bestehen. Die dt. Sprache, ob als Dialekt oder Standard, war dort keine geduldete Varietät mehr. Dies galt sogar für einige Jahre auch im deutschsprachigen Elsass, wo der alem. Dialekt neben der frz. Hochsprache lange Zeit in der außerhäuslichen Öffentlichkeit nicht mehr gehört wurde. Ähnliches war eine Zeitlang der Fall in Südtirol. Mit dem Autonomiestatus erhielt das Dt. dort in den sechziger Jahren wieder die Stellung einer Amtssprache, und der tir. Dialekt war als Umgangssprache wieder gefestigt (Egger 1977). Dass auch die im fremdsprachigen Land verbliebenen und integrierten Deutschstämmigen noch nach fünfzig Jahren rudimentäre Dialektreste bewahrt haben, zeigen die Aussiedler aus Russland, ehemalige Wolgadeutsche, die während des Krieges nach Kasachstan und Sibirien umgesiedelt worden waren und nach 1990 in größeren Gruppen in die Bundesrepublik zurückkehren konnten. Das verbliebene deutschsprachige „Substrat", das bei der älteren Generation noch vorhanden ist, zeigt deutlich dialektale Züge (Beren/Jedig 1991).

Flucht und Vertreibung bedeuteten das Ende der betreffenden schlesischen, ostpreußischen, sudetendeutschen und anderen Dialekte an ihrem angestammten Ort. An ihren neuen Siedlungsorten konnten sie keine geschlossenen Areale mehr bilden. Dafür waren sie viel zu zerstreut. In der zweiten und dann dritten Generation sind die meisten dieser Ostdialekte denn auch verschwunden. Die Karte der dt. Dialekte hatte sich nach 1945 erheblich verkleinert und beschränkte sich auf die Bundesrepublik Deutschland, die Deutsche Demokratische Republik (DDR), auf Österreich und die Schweiz. In den beiden zuletzt genannten Ländern hat das Kriegsende zunächst keine merklichen Veränderungen in Bezug auf Dialektverbreitung und -verwendung gezeitigt. Das Schweizerdt. war in den dreißiger Jahren als Akt der „geistigen Landesverteidigung" propagiert worden und wurde nach dem Krieg mehr und mehr zum Symbol der Deutschschweizer oder der Schweizer Nationalität überhaupt. Das Schriftdeutsche wurde zunehmend mit dem „Binnenland" Deutschland in Verbindung gebracht. Es konnte sogar als Feind der echten und reinen Dialekte bezeichnet werden. Im Geleitwort, welches der Zürcher Professor Eugen Dieth für die Zürichdeutsche Grammatik von Albert Weber im Jahre 1946 schrieb, ist zu lesen: „Diese Grammatik soll ja eine Wehr und Waffe sein gegen den offenen Feind, die Schriftsprache" (Weber 1948, S. 6).

Im „Binnendeutschen" galt seitdem das Interesse der Dialektforschung einerseits der Fortsetzung der großen Atlaswerke (Deutscher Sprachatlas und Deutscher Wortatlas), die durch regionale Atlanten ergänzt wurden (Schlesischer Atlas, Luxemburgischer Atlas, Elsässischer Atlas, Tirolischer Sprachatlas; Südwestdeutscher Sprachatlas, Bayerischer Sprachatlas u. a.; vgl. Löffler 1990, 33) unter der bekannten Annahme, dass zum letzten Male die Gelegenheit bestehe, dt. Dialekte flächendeckend aufzunehmen und zu kartieren. Aus dem gleichen Interesse hat man in den sechziger Jahren im Rahmen des „Deutschen Spracharchivs" von Eberhard Zwirner die Erhebung der ehemaligen Ostdialekte vorangetrieben (Löffler 1990, 21). So sind praktisch alle vor der Mitte des Jahrhunderts existierenden Dialekte als Tondokumente mit oder ohne Transkription oder in Form von Atlaskarten konserviert. Die mehreren tausend Tonaufnahmen des „Deutschen Spracharchivs" werden seit 1995 im „Institut für deutsche Sprache" in Mannheim digitalisiert und auf CD überspielt und damit vor einem materialbedingten Zerfall gerettet.

3. Die „pragmatische Wende"

Das allgemeine Interesse insbesondere auch der Schulen war in der Nachkriegszeit auf anderes als auf die Dialekte gerichtet. Stichprobenerhebungen der fünfziger Jahre hatten für Niedersachsen ergeben, dass bei der Jugend das Plattdeutsche praktisch ausgestorben war (vgl. Steiner 1957). Auch in der DDR wurden die Dialekte offiziell nicht beachtet und gar für inexistent erklärt. Öffentliche Sprache und Bildungssprache war unbestritten das Hd. Die Dialekte hatten sich auch in weiten Teilen des Südens in die Häuser zurückgezogen oder begaben sich gar auf den Weg ins Museum. „Das Elsässische − museumsreif?" lautete der Titel einer Publikation (Ladin 1982). Die beschriebene demographische und sprachliche Vermischung führte zu neuen Umgangssprachen. Eine regionale Koiné als Kompromisssprache bot den Neubürgern die Möglichkeit der sprachlichen Annäherung und bedeutete für die Einheimischen eine Ausweitung ihres bis dahin dialektbedingten und damit engen Kommunikationsradius. In der Nordhälfte Deutschlands war dies eine standardnähere Umgangssprache. Die alten

Dialekte und das Platt kamen praktisch zum Verschwinden. Im Süden waren es großregionale Ausgleichsdialekte, die nun als Umgangssprache dienten. Der Ortsdialekt sank zu einer persönlich-familiären und lokalen Variante herab. Das ehemals schmale Sprachkontinuum, das mit den Polen Basisdialekt und Schriftsprache eher einer Diglossie-Situation ähnlich war, hatte sich um die Varietät einer großräumigeren Ausgleichssprache erweitert.

Die Entwicklung vollzog sich zunächst ohne wissenschaftliche Beobachtung und ohne besonderes öffentliches Interesse. Dies änderte sich mit einem Schlage, als gegen Ende der sechziger Jahre eine Art Kulturrevolution einsetzte, zunächst als Bildungsreform, dann als Reform der öffentlichen und politischen Kultur. Bildungskanons und Universitätsverfassungen wurden revidiert, breitere Bevölkerungsschichten sollten an die Möglichkeiten der höheren Bildung herangeführt werden. Mit den Schlagwörtern der Chancengleichheit und der Sprachbarriere als Hindernis auf dem Weg dahin, traten die Dialekte als Sprache des (bildungsfernen) Volkes neu in den Blickpunkt. Dialekte wurden aber auch wiederentdeckt als Medium der Basisdemokratie, der Bürgerinitiativen, des Protests gegen Atomkraftwerke und Umweltschädigung. Sänger und Liedermacher traten auf und sangen im jeweiligen Dialekt, der für viele Sprachrohr und Hemmnis zugleich war. Mit dem Paradigmenwechsel im Bildungs- und Wissenschaftsbereich traten neue Disziplinen und neue Erkenntnisinteressen hervor, die man rückblickend als „pragmatische Wende" bezeichnet. Nicht mehr der Sprachkörper und seine Geschichte interessierte, sondern die damit agierenden oder davon betroffenen Menschen. Sprache wurde als Handlungsinstrument angesehen, und Dialekte hatten von da an nicht nur eine soziale oder soziolektale, sondern auch eine funktionale und pragmatische Komponente. Sprecherdialektologie wurde das entsprechende linguistische Interesse genannt. Als *sprachliches Barfußgehen* wurde von Journalisten das Dialektsprechen bezeichnet. Damit war dieses als Variante auch für intellektuelle Zeitgenossen wieder gestattet, wie man auch sonst zu informelleren Lebensformen eine neue Beziehung fand (Bausinger 1977). Dabei wurde das in der Nachkriegszeit sich verstärkende Nord-Süd-Gefälle erneut deutlich. Im Norden waren die dialektalen Hausschuhe doch schon sehr weit in die Ecke gestellt, und die Wiederentdeckung des Platt hatte sehr museale und nostalgische Züge, zumal sie weitgehend von Intellektuellen getragen wurde. Bezeichnend hierfür war die Tatsache, dass Radio Bremen als einer der ersten Sender Regionalnachrichten auf Plattdeutsch sendete (Stellmacher 1981, 49–64). Im Süden gilt bis heute die funktionale Differenzierung der Sprachvarietäten Standard und Dialekt, die dem Dialekt nicht den Status einer öffentlichen Nachrichtensprache zugesteht. Selbst in der Schweiz werden im Radio der Deutschen und Rätoromanischen Schweiz (DRS), dem ehemaligen „Landessender", die Nachrichten noch auf Schweizer-Hochdeutsch gelesen. Bei den Lokal- und Regionalradios hingegen und noch mehr bei den lokalen Fernsehstationen gilt das örtliche Idiom (Berndeutsch, Baseldeutsch, Zürichdeutsch) als Marken- und Erkennungszeichen. Ob letzteres eine Veränderung im Funktionsbereich Standard-Dialekt darstellt oder nur eine Folge des Aufkommens neuer Lokal-Medien ist, bleibt dabei offen.

Mit der pragmatischen Wende ist sowohl eine Veränderung des Blickpunktes und des Interesses der Wissenschaft als auch eine Veränderung am Objekt und seiner Funktionalität eingetreten. Es könnte somit zwischen dem wissenschaftlich-anwendungsorientierten Interesse und der Dialektwelle eine gewisse Wechselwirkung bestanden haben. Die Dialektwelle der siebziger Jahre, welche vor allem von Intellektuellenkreisen getragen und die schon erwähnten Töne und Lieder, ja sogar neue regionale Zeitschriften (z. B. „Almende" im Südwesten) hervorbrachte, führte nicht unmittelbar zu einem vermehrten Gebrauch der Dialekte im Alltag. Es entstand jedoch ein Umfeld und ein öffentliches Bewusstsein, das eine größere Toleranz und Wertschätzung dialektalen Sprechens selbst bis in die Medien hinein zur Folge hatte (Straßner 1983; Nowottnick 1989).

Die Wahrnehmung der Dialekte als Sprachbarriere führte als praktische Konsequenz zu den „Sprachheften für den Deutschunterricht: Dialekt/Hochsprache – kontrastiv" (Besch/Löffler/Reich 1974ff.). Auch wenn diese Hefte, die in den siebziger Jahren für alle westdeutschen Großdialekte erarbeitet wurden, nicht unmittelbar als Unterrichtsgrundlage dienten, so hatten sie doch in der Lehrerausbildung ihren Stellenwert. Die Folge davon war nicht nur eine größere Aufmerksamkeit, sondern auch eine größere Toleranz gegenüber dem Phänomen Dialekt.

Dialekt ist seitdem als Umgangssprache zumindest in der Südhälfte auch in der gehobeneren Öffentlichkeit, ja selbst an Hochschulen als Variante wieder hörbar oder zumindest geduldet (Löffler 1990a). Im Norden beschränkt sich die Toleranz auf die Entstigmatisierung einiger signifikanter Platt-Merkmale (*dat* und *wat*) und einer Veränderung in der allgemeinen Einstellung. Das aufmerksame Interesse der Medien am Thema „Dialekt" hatte indessen nach Meinung von Fachleuten (Bausinger 1977) keine vergleichbare innovative Wirkung. Auch der jetzt feststellbare vermehrte Gebrauch regionaler Sprachformen in den Medien – besonders im Süden – ist nicht Anlass für eine neue Dialektwelle, sondern Zeichen einer vermehrten Vermittlung von früher überhörten Tönen und sorgt für eine erhöhte Wahrnehmbarkeit der bereits vorher existenten Sprachwirklichkeit.

Die pragmatische Wende führte so zu einem Stopp und teilweise zu einer Kehrtwendung im Abbauprozess der Dialekte, wie er nach der Jahrhundertmitte zunächst zu beobachten war. Insgesamt ist auch nach der pragmatischen Wende für die Beschreibung des neuen Dialektgebrauchs die alte geographische Drei-, wenn nicht gar Vierteilung in Nordhälfte, die Mitte und den Süden (mit Österreich, jedoch ohne den Sonderfall Schweiz) gültig.

Auf der Jahrestagung 1996 des Instituts für deutsche Sprache (IdS) in Mannheim lautete der Titel einer Podiumsdiskussion „Dialektverfall oder Mundartrenaissance?". Auch dort wurde die eben beschriebene Drei- oder Vierteilung deutlich. Während im Norden (Nordrhein-Westfalen, Niedersachsen, Bremen und Hamburg; Mecklenburg-Vorpommern, Sachsen-Anhalt, Berlin-Brandenburg) das Platt heute aus dem öffentlichen Sprachgebrauch verschwunden ist, also „Dialektverfall" stattgefunden hat, gelten im Süden die Dialekte nach wie vor, ohne dass von einer Renaissance gesprochen werden muss (Bausinger 1997; Goossens 1997; Herrmann-Winter 1997; Löffler 1997; Mattheier 1997; Reifenstein 1997).

4. Linguistische Entwicklungen

Der pragmalinguistische Status der Dialekte und die mutmaßlichen Wandlungen in der Domänenverteilung und der Einschätzung während der letzten 50 Jahre lässt sich einigermaßen klar nachzeichnen. Etwas schwieriger ist die Frage nach dem objektiven linguistischen Zustand, der grammatikalisierbaren Ausdrucksseite der Dialekte und deren Veränderung in den vergangenen Jahren. Beim Plattdeutschen und bei nordmitteldeutschen Dialekten (Berlin) ist der Reduktionsprozess so weit fortgeschritten, dass nur noch Reste ehemaliger Dialektsysteme in Form bestimmter Intonationen oder Einzellaut-Realisierungen (*dat*/*wat*; *berch*/*tach*) oder einem knappen Dutzend Spezialwörter (z. B. in Berlin: *Eumel*, *Stulle*, *Schrüppe* etc.) vorhanden sind. Dass diese Umgangssprachen auch als Dialekt bezeichnet werden, soll hier außer Acht gelassen werden. Diese nur noch partiellen Unterschiede zur Hochsprache können durchaus von systematischer Natur sein. Dies führt zu sogenannten Interferenzen, die sich beim Schreiben und Formulieren als Störung und Fehlerquelle (Löffler 1982) erweisen. Auf der anderen Seite sind inzwischen aus der „Hochsprache" oder dem Standard durch spannungsloses Schnellsprechen (Allegro-Regeln) neue Substandards oder Subsysteme entstanden, die man als abgeleitete oder neue Dialekte bezeichnen könnte.

Die traditionellen grammatisch-linguistischen Dialektbeschreibungen bezogen sich bewusst auf vollständige Dialektsysteme, die sogenannten Basisdialekte. Veränderungen wurden sprachhistorisch in größeren Zeiträumen beobachtet. Dasselbe gilt auch für die linguistischen Beschreibungen städtischer oder regionaler Umgangssprachen. Auch diese registrierten mehr oder weniger dialektal bedingte Abweichungen vom Standard. Einige Untersuchungen befassten sich indessen sehr wohl mit linguistischen Veränderungen in der Gegenwart, verglichen z. B. mit den Sprachdaten des Deutschen Sprachatlasses, die inzwischen über hundert Jahre alt sind. (Nail 1972; Koß 1972).

Auch der „Wortatlas der deutschen Umgangssprachen", dessen Daten gut 50 Jahre jünger sind als die des Deutschen Wortatlasses, kann als Quelle für lexikalische Veränderungen in den Gegenwarts-Dialekten herangezogen werden (Eichhoff 1977/93). Für viele Orte im Süden verzeichnet er den Dialektausdruck, da Dialekt und Umgangssprache dort zusammenfallen. Dies führte zur Annahme, dass die Dialekte verschwänden und den Umgangssprachen Platz machten. Dabei kann es sich durchaus um innerdialektale Veränderungen, Ausgleichsprozesse und Anpassungen handeln, die den Dialekt nur in ein anderes, modernes Stadium überführen.

Ohne hier die Einzelheiten aufzählen zu können, seien ein paar Tendenzen der linguistischen Entwicklung der Dialekte genannt.

Es gibt einige wenige phonologische vergleichende Beobachtungen und Beschreibungen von Basisdialekten, welche nach 50 oder mehr Jahren die Atlasdaten eines Ortes oder einer Gegend mit neueren Kontrolluntersuchungen konfrontieren (Hathaway 1973; Koß 1972). Neuerdings konnten einige Sprecher, die vor über 40 Jahren für die Spracharchiv-Aufnahmen von E. Zwirner gesprochen haben, von Forschern des Instituts für deutsche Sprache in Mannheim nach demselben Muster noch einmal aufgenommen werden. Die Untersuchung der hör- und messbaren Unterschiede beim selben Sprecher nach fast einer Lebenszeit sind noch im Gange. Es lassen sich vermutlich auch bei Individuen dieselben phonetischen Prozesse nachweisen, die großräumig in der jeweiligen Gegend zu beobachten sind, wie z. B. Sonorisierung, Kürzung und Längung von Vokalen. Es muß jedoch methodisch erst noch sichergestellt werden, wie man allgemeine Entwicklungen von idiolektal-sprachbiographischen sicher unterscheidet.

Die phonetisch-phonologischen Ausgleichs-Entwicklungen tendieren meistens zu derjenigen Regel, die am häufigsten vorkommt. Sonderfälle werden also eliminiert. Die höhere Frequenz einer phonetisch-phonologischen Regel fällt oft mit dem Geltungsbereich in einem städtischen Einzugsgebiet zusammen. So ist in der Agglomeration Basel eine Ausbreitung des „unschweizerisch"-baselstädtischen *Kind*/*Kopf* anstelle des gesamtschweizerischen *Chind*/*Chopf* als basel-städtischer Marker zu beobachten. Umgekehrt können Städte auch typische Merkmale zugunsten einer weitergeltenden Regel aufgeben: So sind die für den Basler Stadtdialekt als typisch geltenden entrundeten Formen *scheen*, *fimf*, *baim* (schön, fünf, Bäume) heute am Abklingen. Nur *-ie-* statt *-üe-* (*kiel*, *grien*, *riebli* statt *küel*, *grüen*, *Rüebli*) ist noch allgemein verbreitet. Wenn die weitergeltende Regel näher bei der Standardsprache liegt, hat sie die größeren Chancen. So ist auch ein neuer baselstädtischer zweigliedriger Plural bei Verben: *mir mache*, *ir machet*, *si mache* näher am Dreierplural des Standards als der „alte" Einheitsplural *mir mache*, *ir mache*, *si mache*. In manchen Fällen kann auch die standardfernere Regel eintreten, wenn diese die weitere Verbreitung hat oder prestigeträchtiger ist. Eine allgemeine Regel für die

Richtung dialektaler Laut- und Formenwandel gibt es nicht. Durch die zunehmende Vereinheitlichung vieler Gegenstände des täglichen Lebens und durch den größeren Mobilitätsradius bereits schon jüngerer Schüler (Mittelpunktschulen) reduziert sich die ehemalige lokale Vielfalt von Ausdrücken, und es erweitert sich der Geltungsbereich der wenigen verbliebenen (Nail 1972). Man übersieht dabei leicht, dass in einer gegenläufigen Bewegung auch neue lokale Formen entstehen, die man gerne der kurzlebigen Jugendsprache oder dem Jargon zuschreibt. Von dort füllt sich das lexikalische Reservoir der Dialekte wieder auf, falls die kommunikative Notwendigkeit hierzu besteht. Entwicklung bedeutet also nicht nur Verlust dialekttypischer Merkmale und Wörter. Lebende Dialekte können auch neue Wörter kreieren und integrieren (schwäb.: *Zaiber-schbees* oder *Wenterroifa* für *Cyberspace* und *Winterreifen*; Bausinger 1997). Das Ergebnis ist in jedem Fall wieder Dialekt, der nach einigen Jahren wieder nur von den Alten gesprochen wird. Die Beobachtung und Beschreibung solcher Prozesse ist jedoch erst im Nachhinein möglich.

Eine vergleichende Untersuchung von Dialekten, die durch Landesgrenzen getrennt sind, z. B. im Nordwesten auf beiden Seiten der dt.-nl. Grenze (Goossens 1997) oder im Südwesten beidseits der dt.-schweizerischen und schweizerisch-els. Grenze (Löffler 1987) haben gezeigt, dass das Vorhandensein von urtümlichen Wörtern nicht unbedingt für die Vitalität eines Dialekts spricht. Die neueren Wörter und insbesondere die lexikalische Vielfalt kennzeichnen jeweils den lebendigeren Dialekt. Im Norden ist dieser auf der nl. und an der Südgrenze auf der schweiz. Seite.

Die derzeit im Entstehen begriffenen Dialektatlanten nach traditionellem Muster dokumentieren noch die alten Laut-, Formen- und Wortgrenzen. An fast allen Orten gibt es auch Varianten, welche eine scharfe Grenzziehung und Festlegung von Isoglossen eigentlich unmöglich machen. Es sind Belege für Großraumdialekte oder Substandard- bzw. Umgangssprachen mit undeutlichen Abgrenzungen. Die sprachliche Vielfalt am einzelnen Ort geht nicht nur auf das schärfere Dialektologen-Auge zurück, die Vielfalt und Bandbreite ist auch beim einzelnen Sprecher größer geworden. Die drei Sprachebenen Basisdialekt, Umgangssprache, Standard (oder was man dafür hält) haben sich zu einem individuellen Sprach-Kontinuum mit

fließenden Übergängen entwickelt. Dies gilt für die Südhälfte des dt. Sprachgebietes. Alle linguistischen Entwicklungen finden letztlich auf einer dieser Ebenen des Kontinuums statt. So lässt sich der sprachliche „Stand" der Dialekte nur am einzelnen Ort oder allenfalls in einem umgrenzten Gebiet auf einer dreidimensionalen Skala mit kontinuierlichen Übergängen angeben. Vergleichende Untersuchungen dieser Mehrdimensionalität sind sehr schwierig, weil der Zustand des „Vorher" in dieser Form nicht bekannt ist.

5.   Der heutige Stand

Nach der Verschiebung der Toleranzschwelle ist es jedoch erstaunlich zu sehen, wieviele „Reste" der ehemaligen Dialekte auch im Norden noch als Zeichen der Informalität, der lokalen Loyalität und Gruppenzugehörigkeit vorhanden sind (Stellmacher 1995). Auch am Beispiel Berlins, West und Ost, (Schlobinski 1987; Schönfeld 1990) konnte das in den achtziger Jahren gezeigt werden. Der Rückgang des Platt ist jedoch so stark, dass man es museal schützen muss. Es gibt Tagungen und Festgottesdienste auf Platt und andere folkloristische Anlässe (Speckmann 1991). Nicht zufällig wurden vor allem im Norden immer wieder demoskopische Umfragen nach dem Vorhandensein von aktiven und passiven Plattkenntnissen durchgeführt (zuletzt Stellmacher 1995 mit ausführlichem Rückblick). Auch hier ist auf dem Niveau des fast Verschwindens eine Stagnation oder gar eine Wiederzunahme passiver Dialekt-Kenntnisse zu verzeichnen, verbunden mit einer zunehmend positiven Einstellung gegenüber der Sprache der Großeltern.

In der Mitte, vom Rheinland über Nordhessen, Thüringen nach Sachsen sind die alten Dialekte als Basissprachen der eher einfachen und ländlichen Bevölkerung noch vorhanden, auch die Umgangssprache ist stark regional gefärbt. In der Öffentlichkeit sowie in Schule und Universität ist der Gebrauch einer hochsprachenahen Umgangssprache die Regel. In Schulen mit gleichzeitig ländlichem und städtischem Einzugsgebiet kann die Sprachlichkeit in einzelnen Klassen zwischen standardnah und Dialekt gleichmäßig verteilt sein (Friebertshäuser 1987; Hasselberg 1975; Herrmann-Winter 1990, 1997).

Im Süden, in der Pfalz, in Südhessen, Baden-Württemberg, Bayern und Österreich sind die lokalen Dialekte als Sprache der Öf-

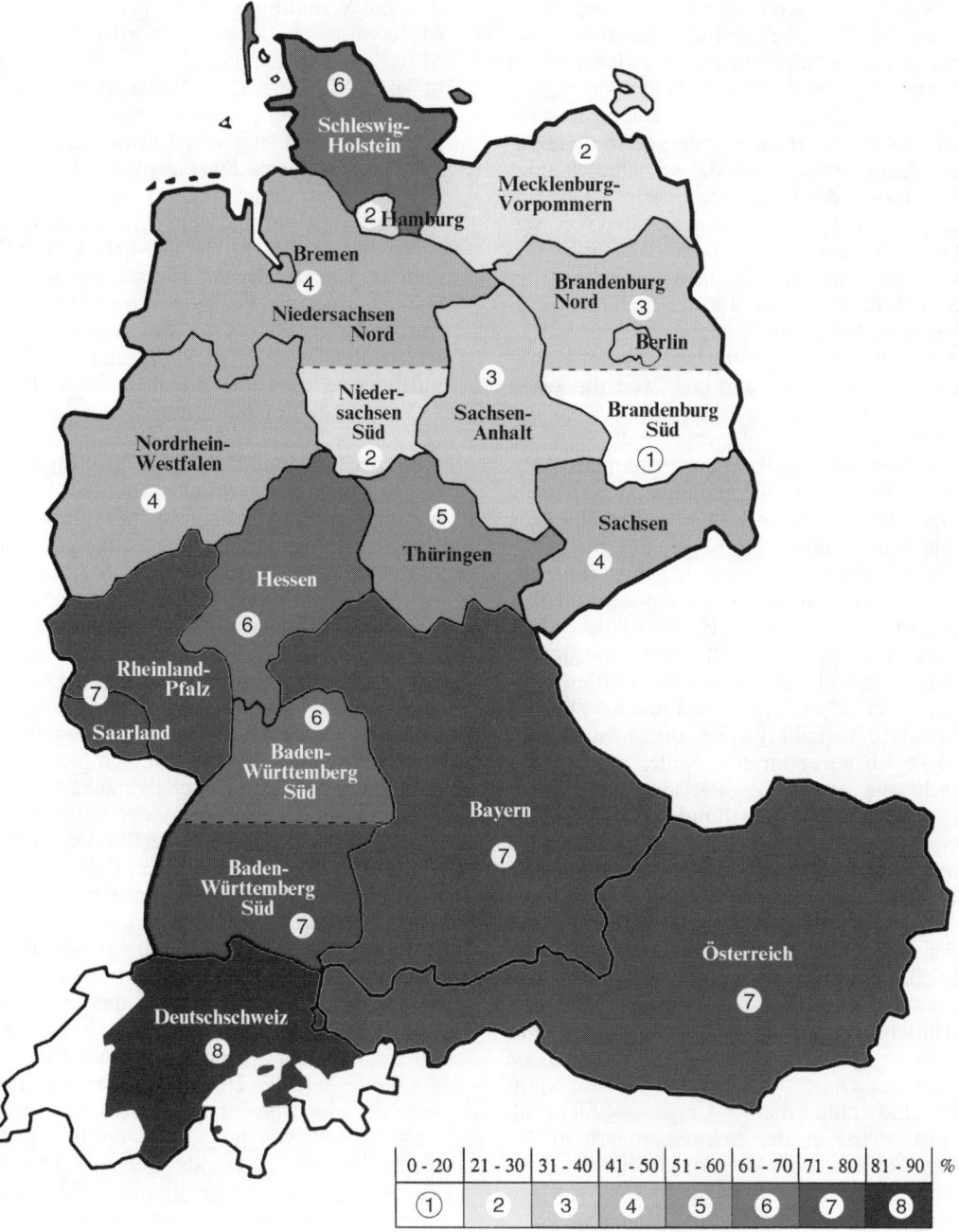

Abb. 143.1: Geographische Verteilung der Dialektkenntnis
(aus: H. Löffler, Germanistische Soziolinguistik. 2. Aufl. Berlin 1994, S. 144)

fentlichkeit noch weitgehend intakt. Dabei ist Standard vor allem in den Städten eine allseits zugelassene Varietät im Gegensatz zur Schweiz (Löffler 1990a, 1997; Reiffenstein 1997; Wiesinger 1990). Es gibt auch noch die typischen Stadtdialekte von Frankfurt, Mannheim, Stuttgart, München, und die überregionalen, stark dialektgefärbten Umgangssprachen (die von Außenstehenden fälschlicherweise für Dialekt gehalten werden). Die Beherrschung von drei Varietäten (standardnah oder hochsprachlich − dialektal gefärbte Umgangssprache − lokaler Dialekt) mit stufenlosen Übergängen ist die typische Sprecher-„Kompetenz" im Süden (Bausinger 1997). Dabei sind die Funktionsbereiche der drei Sektoren auf der Sprachskala stilistisch-vertikal und kommunikativ-areal gesteuert; stilistisch: je gehobener, desto standardnäher und je informeller, desto dialektaler; kommunikativ-areal: je nahestehender (familiärer) das Gegenüber, desto dialektaler und je weiter entfernt stehend oder von weiter her kommend, desto standardnäher. Die Grenzen sind dabei fließend sowohl auf der Sprachskala als auch auf der Ebene der auslösenden Faktoren.

In der Schweiz gibt es kein solches Kontinuum, sondern eine abrupte Zweiteilung (Diglossie): Für einige wenige formelle Anlässe sowie für alles Geschriebene gilt Standard mit markant schweizerischen (Standard-)Abweichungen, den sogenannten Helvetismen. Darunter versteht man Laute, Schreibungen und Wörter oder Ausdrücke, die nur in der Schweiz als hochsprachlich gelten. Für alle anderen Gelegenheiten, insbesondere für jede mündliche Kommunikation wird der lokale oder regionale Dialekt (das sogenannte Schweizerdeutsche) verwendet (Löffler 1995; Schläpfer 1990, 1991). Bei dieser Dialekt-Standard-Verteilung spielt die stilistisch-vertikale Ebene kaum eine Rolle, sondern nur mehr die geographisch-areale: nur Fremde (Fremdsprachige oder Bundesdeutsche) lösen einen Wechsel vom Dialekt zur Hochsprache aus. Neuere Beobachtungen zeigen indessen, dass auch fremde Einheimische sehr wohl eine kaum wahrnehmbare Verschiebung auf der dialektalen Skala bewirken, weg vom lokalen Idiom und hin zu einer großräumigeren regionalen Kompromissform (Baseldeutsch, Berndeutsch, Zürichdeutsch). Was sich im „Binnendeutschen" auf der Skala zwischen Dialekt, dialektaler Umgangssprache und standardnaher Umgangssprache abspielt, wird in der Schweiz innerhalb des „Kontinuums" des Dialekts erledigt. Nachzutragen ist, dass die 40jährige Ost-West-Teilung durch Stacheldraht und Mauer am generellen Nord-Süd-Unterschied in der Domänenverteilung von Standard und Dialekt nichts geändert hat. Ob Dialekte oder dialektale Umgangssprachen existieren und in Gebrauch sind, hängt nicht von der politisch verordneten Relevanz oder vom aktuellen Interesse der beschreibenden Linguistik ab. Allenfalls die Einschätzung und Einstellung gegenüber den regionalen Sprachvarietäten könnten über die öffentliche Meinung einen Einfluss ausüben. Nach der Wende jedenfalls

sind die Verhältnisse im Norden bzw. in der Mitte/West von denen im Norden bzw. der Mitte/Ost nicht unterschieden (Schuppenhauer 1987; Herrmann-Winter 1990; 1997). Was in Bezug auf Domänen und Funktionen älterer Zustand und was Entwicklung nach 1945 ist, lässt sich schwer angeben, da für die Zeit vor 1960 diese Frage in der Forschung nicht relevant war und deswegen kaum Beobachtungen vorliegen. Danach haben die Medien als Übermittler der alltäglichen Sprachlichkeit auch die Dialekte vermehrt hörbar werden lassen. Man kann also auch nicht unterscheiden, was Entwicklung und was Vermittlung oder erhöhte Wahrnehmbarkeit ist.

Vom Ende des Jahrhunderts aus betrachtet, ist eine Nivellierung der Dialekte von der typischen Ortsmundart hin zu großräumigeren Regiolekten festzustellen. Bei einer angenommenen Entwicklung ist bestimmt kein Rückgang eingetreten. Dabei ist die geringste Dialektalität in den mittleren Städten des Nordens, nicht in den Großstädten anzutreffen (Schuppenhauer 1980; Mihm 1984) und die größte Dialektalität findet sich im Süden auf dem Land. Dazwischen sind alle Formen und Grade nach Gegend, Ort, Situation, Thema, Geschlecht, Bildungsstand anzutreffen. Vermehrter Dialektgebrauch oder Zunahme der positiven Einschätzung kann seine Ursache in der Zunahme der informellen Situationen (Schuppenhauer/Werlen 1983, Teil 2) und in einer veränderten Einschätzung der Öffentlichkeitsgrade haben. Parallel dazu sind auch die Veränderungen im Umgang (Duzen) oder in der Kleidung (Freizeitkleidung auch im Büro) zu sehen.

Aus dieser Neuorientierung der situativen Ränge ergab sich eine generelle Neubewertung dialektalen Sprechens. Bis in die sechziger Jahre galt der Höherwert oder das Prestige der Hochsprache, wenn auch abgestuft, wohl überall. Wer hd. sprach, erschien auch im Süden gebildeter, als wer nur Dialekt konnte. Im Norden war (und ist wohl immer noch) Hochdeutschsprechen schon für eine mittlere Berufsausbildung obligatorisch. Wenige regionale Merkmale, die man im Süden allenfalls zu einer hochsprachenahen Umgangssprache rechnen würde, gelten im Ruhrgebiet schon als typisch für Raumpflegerinnen und Fabrikarbeiterinnen. Dass die akademischen Probanden dieselben Merkmale in ihrer informellen Sprechweise benutzen, ist dabei erklärungsbedürftig (Mihm 1987). Der Umschlag zur positiveren Bewertung oder Entstigmatisierung regionaler Zungenschläge erfolgte im Norden (Stellmacher 1990; Herrmann-Winter 1990, 1997) ebenso wie im Süden − jeweils bezogen auf den unteren Wert der Kontinuum-Skala, der im Süden eher noch Basisdialekt, im Norden eine der regionalen Umgangssprachen ist (Hundt 1992). Die Veränderung in der allgemeinen Bewertung und Einstellung dialektalen Sprechens, was immer das im einzelnen sein mochte, verbunden mit einer Zunahme der öffentlichen Aufmerksamkeit und der wissenschaftlichen (sprecher-dialektologischen) Beobachtung gerade auch der subjektiven Seiten, gehört wohl zu den auffälligsten Veränderungen, die sich in der 2. Hälfte des Jahrhunderts vollzogen haben.

6.   Zusammenfassung und Ausblick

Hauptkennzeichen der dt. Sprachwirklichkeit am Ende des 20. Jhs. ist wohl, dass es die beiden sprachlichen Extreme oder Pole: lautreine Hochsprache im Sinne von Bühnendeutsch auf der einen und bäuerliche Grundmundart als Lokalidiom auf der anderen Seite mit ebenfalls extremen sozialen Zuordnungen und Bewertungen nicht mehr gibt. Die Bevölkerungsfluktuation nach dem Krieg hatte zunächst zu einer Verstärkung der sprachlichen Unterschiede geführt. Danach entstand aus den Kontakten eine neue gemeinsame mittlere Ebene. Durch weitere kommunikationsrelevante Ausgleichsbewegungen wie Ausbau der Verkehrswege, Pendlerbewegungen über weite Distanzen, täglich volle Autobahnen und Züge, berufliche Mobilität, Aufstieg auch niedriger Schichten zu Abitur und Studium, Betonung des informellen Charakters großer Bereiche des öffentlichen Lebens (Freizeitverhalten in Kleidung, Umgang und Sprache auch in der Berufswelt) haben die Tendenz zu einem bei jedem Sprecher individuell gestalteten, für jede Gegend etwas anders ausgelegten Sprachkontinuum gefördert, dessen unterer Pol im Norden eher eine regional gefärbte Umgangssprache ist, im Süden noch der alte bodenständige Ortsdialekt oder sein zeitgemäßer „Nachfolger", der sich allen kommunikativen Bedürfnissen anpasst. Dazwischen sind alle Varianten der Situation, der Redekonstellation, von Alter und Geschlecht, Formalität und Privatheit möglich. Das sprachliche Ideal ist situationsadäquate Sprachbeherrschung. Dabei erhielt der Dialekt oder das, was als Gegenpol zur „gehobenen" Seite auf der Sprachskala an

seine Stelle getreten ist, im Ganzen eine Aufwertung.

Die Fortschreibung des Entwicklungsprozesses von der strengen Zweipoligkeit zum Sprachkontinuum mit einer zunehmenden Wertschätzung auch des unteren Sprachpoles bedeutet kein Wiedererstehen der alten Dialekte oder des Platts als Gebrauchssprache. Die nostalgischen Mundart-Ecken in den Zeitungen, Dialektdichter-Lesungen und plattdeutschen Gottesdienste sind museales Bewahren des Vergangenen, fördern jedoch die allgemeine Wertschätzung und Entstigmatisierung der Dialekte oder ihrer Reste dort, wo sie noch funktional in Gebrauch sind. Wenn in der Schweiz Predigten und Liturgie zunehmend auf Schweizerdt. gehalten werden, handelt es sich allerdings weder um Nostalgie noch um Dialektrenaissance. Es ist lediglich eine Verschiebung der Domänengrenzen innerhalb der Diglossie-Situation, wo sich zwei voll funktionsfähige Gebrauchsvarianten, nämlich Dialekt und Schriftsprache das Feld teilen.

Der Nord-Süd-Unterschied − mit der Schweiz als einem Spezialfall − wird sich fortsetzen. Im Süden werden die Dialekte im postmodernen Kontinuum ihre Funktionalität als eigenständige Subsysteme oder Substandards weiter behalten und noch ausbauen. Am oberen Ende wird die lautreine Hochsprache von ihrem Podest herunterkommen und als gemäßigte, regional gefärbte Standardsprache die formelleren Bereiche des Lebens abdecken. Hierbei werden die Medien, soweit sie vorbildliche Anstalten des sprachlichen Verkehrs sein wollen, eine Verstärkerfunktion übernehmen. Die Lokalmedien (Radio und Fernsehen) werden sich häufiger auch der unteren Skala nähern, ohne dass damit die deutschschweizerische Diglossie-Situation eintreten muss, die entweder das Schriftdeutsche oder den Dialekt und nichts dazwischen kennt.

Die sprachliche Regionalisierung, die mit dem Sprachkontinuum und seiner bodenständigen Verwurzelung wieder zum neuen Ideal geworden ist, kann als Gegenbewegung zur Globalisierung der Kommunikation, des Verkehrs und der gegenseitigen Wahrnehmung überhaupt angesehen werden. Die weltweite Vernetzung der Nachrichten und Unterhaltungsprogramme über Satelliten und Computernetzwerke und die damit verbundene Überwindung von Raum und Zeit erhalten mit dem dialektalen Pol auf der Sprachskala eine lokale Verankerung. Die

Kategorien Raum und Zeit treten als Einzel-
ort und -datum hervor und nehmen individuelle Züge an. Sie werden Teil einer modernen
Identität von „weltoffener Bodenständig-
keit", einer interessanten Phase in der langen
Geschichte der dt. Dialekte, die noch viele
klein- und großräumige Untersuchungen und
Abklärungen nötig macht.

7.   Literatur (in Auswahl)

Bausinger, Hermann, Provinz im Aufwind – Wer
oder was bewegt die neue Dialektpoesie? In: Spranger 1977, 12–26.

Ders., Dialektverfall oder Mundartrenaissance?
(im deutschen Südwesten). In: Stickel 1997, 388–
392.

Beckers, Hartmut, Westmitteldeutsch. In: LGL
1980, 468–473.

Berend, Nina/Hugo Jedig, Deutsche Mundarten in
der Sowjetunion. Geschichte der Forschung und
Bibliographie. Marburg 1991.

Ders./Klaus J. Mattheier (Hrsg.), Sprachinselfor-
schung. Eine Gedenkschrift für Hugo Jedig.
Frankfurt/M. 1994.

Besch, Werner/Heinrich Löffler/Hans H. Reich
(Hrsg.), Dialekt/Hochsprache – kontrastiv. Sprach-
hefte für den Deutschunterricht. Düsseldorf 1976–
1981.

Bichel, Ulf, Umgangssprache. In: LGL 1980,
379–383.

Dialektologie. Ein Handbuch zur deutschen und
allgemeinen Dialektforschung. Hrsg. v. Werner
Besch [u. a.]. 2 Halbbde. Berlin/New York 1982;
1983. (HSK 1, 1; 1, 2).

Egger, Kurt, Zweisprachigkeit in Südtirol. Probleme zweier Volkssprachen an der Sprachgrenze.
Bozen 1977. (Schriftenreihe des Südtiroler Kultur-
instituts 5).

Eichhoff, Jürgen, Wortatlas der deutschen Umgangssprachen. 3 Bde. Bern/München/Tübingen
1977–1993.

Friebertshäuser, Hans, Das hessische Dialektbuch.
München 1987.

Ders./Heinrich J. Dingeldein, Hessischer Dialektzensus. Statistischer Atlas zum Sprachgebrauch.
Tübingen 1989.

Goossens, Jan, „Dialektverfall" und „Mundartrenaissance" in Westniederdeutschland und im Osten
der Niederlande. In: Stickel 1997, 399–404.

Hartweg, Frédéric, Tendenzen in der Domänenverteilung zwischen Dialekt und nicht-deutscher Standardsprache am Beispiel des Elsaß. In: Dialektologie 1983, 1428–1442.

Hasselberg, Joachim, Tendenzen neuerer Mundar-
tenentwicklung. In: ZdPh. 94, 1975, 94–114.

Hathaway, Luise, Der Mundartwandel in Imst in
Tirol zwischen 1897 und 1973. Wien 1979. (Schriften zur deutschen Sprache in Österreich 3).

Herrmann-Winter, Renate, Standardsprache und
Mundarten in der Deutschen Demokratischen Republik. In: Stickel 1990, 184–191.

Dies., Dialektverfall oder Mundartrenaissance in
den sogenannten Neuen Bundesländern. In: Stickel
1997, 396–399.

Hundt, Markus, Einstellungen gegenüber dialektal
gefärbter Standardsprache. Stuttgart 1992. (ZDL,
Beihefte 78).

Kleiber, Wolfgang, Westoberdeutsch. In: LGL
1980, 482–486.

Koß, Gerhard, Die „Wenkerbogen" von Coburg
und Neuses. In: Jahrbuch der Coburger Landesstif-
tung 1972, 41–72.

Ladin, Wolfgang, Der Elsässische Dialekt – museumsreif? Strasbourg 1982.

Löffler, Heinrich, Interferenz-Areale Dialekt-Stan-
dardsprache. Projekt eines deutschen Fehleratlas-
ses. In: Dialektologie 1982, 528–538.

Ders., Landesgrenze als Sprachgrenze im alemannischen Dreiländereck. In: Sprachspiegel 43, 1987,
H. 3, 73–81; H. 4, 109–115.

Ders., Probleme der Dialektologie. Eine Einführung. 3. Aufl. Darmstadt 1990.

Ders., Standardsprache und Mundarten in Süddeutschland. In: Stickel 1990, 208–217.

Ders., Die Renaissance der Regionalsprachen im
grenzenlosen Europa: Eine Herausforderung an
Schule und Öffentlichkeit. Einige Überlegungen zu
Standard und Dialekt zwischen öffentlich und pri-
vat – und wie die Schule darauf reagieren kann.
In: Speckmann 1991, 121–131.

Ders., Germanistische Soziolinguistik. 2. Aufl. Berlin 1994.

Ders., Zur Sprachsituation in der Schweiz. In: Jür-
gen Scharnhorst (Hrsg.), Sprachsituation und
Sprachkultur im internationalen Vergleich. Ak-
tuelle Sprachprobleme in Europa. Frankfurt/M./
Berlin/Bern 1995, 47–68. (Sprache, System und
Tätigkeit Bd. 18).

Ders., Dialektverfall oder Mundartrenaissance?
(aus Schweizer Sicht). In: Stickel 1997, 384–388.

Mattheier, Klaus J., Pragmatik und Soziologie der
Dialekte. Einführung in die kommunikative Dialektologie des Deutschen. Heidelberg 1980.

Ders., Dialektverfall und/oder Dialektrenaissance?
Überlegungen zur Entwicklung der Dialektalität in
der gegenwärtigen deutschen Sprachgemeinschaft.
In: Stickel 1997, 404–410.

Mihm, Arend (Hrsg.), Sprache an Rhein und Ruhr.
Dialektologische und soziolinguistische Studien
zur sprachlichen Situation im Rhein-Ruhr-Gebiet
und ihrer Geschichte. Stuttgart 1985. (ZDL, Beihefte 50).

Nail, N., Untersuchungen zum Mundartlexikon jugendlicher Sprecher. In: GL 1972, 1/72, 153−158.

Nowottnick, Marlies, Jugend, Sprache und Medien. Untersuchungen von Rundfunksendungen für Jugendliche. Berlin 1989.

Sanders, Willy, Sachsensprache, Hansesprache, Plattdeutsch. Niederdeutsch und Hochdeutsch in ihrer Diglossie-Situation. Göttingen 1982. (Darin: Neuniederdeutsches „Plattdeutsch", 175−222).

Schläpfer, Robert, Standardsprache und Mundarten in der deutschen Schweiz. In: Stickel 1990, 192−197.

Ders./Jürg Gutzwiller/Beat Schmid, Das Spannungsfeld zwischen Mundart und Standardsprache in der deutschen Schweiz. Spracheinstellungen junger Deutsch- und Welschschweizer. Aarau/Frankfurt/M. 1991.

Schlobinski, Peter, Stadtsprache Berlin. Eine soziolinguistische Untersuchung. Berlin/New York 1987.

Schönfeld, Helmut, Status and Use of the Dialect in the East Low German. In: Charles V. J. Russ (Ed.), The Dialects of Modern German. London 1990, 124−135.

Schuppenhauer, Claus/Iwar Werlen, Stand und Tendenzen in der Domänenverteilung zwischen Dialekt und deutscher Standardsprache. Teil I: Die nördliche Hälfte des Deutschen Sprachgebietes; Teil 2: Die südliche Hälfte des deutschen Sprachgebietes. In: Dialektologie 1983, 1411−1427.

Speckmann, Rolf (Hrsg.), Niederdeutsch morgen. Perspektiven in Europa. Beiträge zum Kongreß des Instituts für niederdeutsche Sprache. Lüneburg 19.−21. 10. 1990. Leer 1991.

Spranger, Matthias (Hrsg.), Dialekt − Wiederentdeckung des Selbstverständlichen. Freiburg i. Br. 1977.

Stellmacher, Dieter, Wer spricht Platt? Zur Lage des Niederdeutschen heute. Eine kurzgefaßte Bestandsaufnahme. Leer 1987.

Ders., Ostniederdeutsch. In: LGL 1980, 464−468.

Ders., Niederdeutsch. Formen und Forschungen. Tübingen 1981.

Ders., Standardsprache und Mundarten im Norden der Bundesrepublik Deutschland. In: Stickel 1990, 198−207.

Ders., Niedersächsischer Dialektzensus. Statistisches zum Sprachgebrauch im Bundesland Niedersachsen. Stuttgart 1995. (ZDL, Beihefte 88).

Stickel, Gerhard (Hrsg.), Deutsche Gegenwartssprache. Tendenzen und Perspektiven. Berlin/New York 1990.

Ders., Varietäten des Deutschen. Berlin/New York 1997. Darin: Podiumsdiskussion: Dialektverfall oder Mundartrenaissance? 384−410.

Straßner, Erich, Rolle und Ausmaß dialektalen Sprachgebrauchs in Massenmedien und in der Werbung. In: Dialektologie 1983, 1509−1525.

Weber, Albert, Zürichdeutsche Grammatik. Ein Wegweiser zur guten Mundart, unter Mitwirkung von Eugen Dieth. 3. Aufl. Zürich 1987.

Wiesinger, Peter, Die sprachsoziologischen Verhältnisse in Österreich. Vorläufige Ergebnisse einer Umfrage. In: JIG 20, 1988, 71−81.

Ders., Standardsprache und Mundarten in Österreich. In: Stickel 1990, 218−232.

Zehetner, Ludwig, Das bairische Dialektbuch. München 1985.

Steiner, Otto, Hochdeutsch und Mundart bei Einheimischen und Neubürgern der Kreise Bamberg und Northeim im Jahre 1954. Ergebnisse einer Schulkindererhebung. In: Phonetica 1, 1957, 146−156.

Heinrich Löffler, Basel

144. Sprachkritik in der wissenschaftlichen Diskussion des 20. Jahrhunderts

1. Fragestellungen und Positionen
2. Logischer Positivismus und Strukturalismus
3. Der Primat der natürlichen Sprache
4. Sprachkritische Sensibilität in den Einzelwissenschaften
5. Literatur (in Auswahl)

1. Fragestellungen und Positionen

Wissenschaft spielt sich in der Sprache und mit Sprache ab. Die Gegenstände und Sachverhalte, die wissenschaftlich untersucht werden sollen, werden sprachlich bestimmt; die Methoden, mit denen Wissenschaftler vorgehen, sind sprachlich charakterisiert und möglicherweise auch fixiert; die Untersuchungsergebnisse werden sprachlich niedergelegt und an andere vermittelt. Angesichts dieser in der wissenschaftlichen Arbeit durchgehenden omnipräsenten und oft genug vorgehensleitenden Rolle der Sprache kann es nicht überraschen, dass es in den Wissenschaften und in gesellschaftlichen Auseinandersetzungen mit den Wissenschaften Diskussionen über

Sprache und insbesondere über den Gebrauch, den Wissenschaftler von der Sprache machen, gibt. In diesen Diskussionen geht es im Allgemeinen um die Analyse der Rolle von Sprache im Erkenntnisprozess, und da Analyse (im Sinne von Kant) immer auch Kritik ist, sind diese Diskussionen ein Geschäft der Sprachkritik.

Die sprachkritische Reflexion in den Wissenschaften und um die Wissenschaften wirft naturgemäß eine solche Fülle von Einzelfragen auf, dass im Folgenden lediglich eine kleine Auswahl behandelt werden kann. Alle Fragen kreisen um das Problem, wie Erkenntnis, Sprache und Wirklichkeit zusammenhängen und sich gegenseitig beeinflussen. Sprachkritik ist seit der Antike vor allem auch und immer auch Erkenntniskritik. In Platons „Kratylos"-Dialog wird die Frage nach der „Richtigkeit" der Namen gestellt (vgl. z. B. Pörksen 1979). Inwieweit sind die sprachlichen Ausdrücke geeignet, die wahrgenommenen Phänomene angemessen zu erfassen? Können Wörter so etwas wie ein Abbild der Wirklichkeit sein? Haben wir einen sprachunabhängigen Zugang zu den Gegenständen und Sachverhalten? Inwieweit bestimmt die Sprache unseren Zugang zu den Phänomenen? Welche Maßstäbe stehen uns zur Verfügung, wenn wir die Wahrheit, Richtigkeit oder Angemessenheit unserer sprachlichen Beschreibungen beurteilen wollen? Diese und ähnliche Fragen — jeweils epochenspezifisch gewendet und formuliert — haben die sprachphilosophische Reflexion und die sprachkritische Diskussion in den Wissenschaften seit der Antike bis heute geprägt. Je nach Blickrichtung, entweder von einem vermeintlich festen Grund in den Sachen hin zur sprachlichen Beschreibung oder von der sprachlichen Bestimmung und Prägung hin zu den Phänomenen, haben mehr realistische oder mehr nominalistische Theorien und Konzepte das Denken bestimmt (vgl. z. B. Schiewe 1998, Kap. II). Viele Auseinandersetzungen um den Sprachgebrauch in den Wissenschaften kreisen um die Ausdrücke „Realismus" und „Nominalismus". Hierin gibt es im Prinzip keinen Unterschied zwischen den Naturwissenschaften und den Geisteswissenschaften, obwohl im Einzelnen und Speziellen in den Naturwissenschaften naturgemäß die Überlegungen überwiegen, einen festen und methodisch sicheren Zusammenhang zwischen der sog. Realität — repräsentiert durch experimentell erhobene Da-

ten — und Beschreibungen bzw. Theorien herzustellen. Das heißt, dass in Einzelfragen in den Naturwissenschaften realistische Sprachtheorien überwiegen, während in den Geisteswissenschaften eher nominalistische Sprachauffassungen favorisiert werden. Im folgenden werden sowohl die naturwissenschaftlich orientierten Sprach- und Methodenauffassungen behandelt wie auch die geisteswissenschaftlichen; in einem sprachhistorischen Handbuch erscheint es jedoch sinnvoll, geisteswissenschaftliche Fragestellungen zu betonen.

Es gibt Ende des 19. Jahrhunderts zwei konträre sprachkritische Positionen zu dem Verhältnis von Sprache und Wirklichkeit. Aus heutiger Sicht sind diese Positionen nur in ihrem sprachkritischen Impetus vergleichbar; in den Maßstäben und Normen, die sie ihrer Sprachkritik zugrunde legen, erscheinen sie nicht vereinbar. Auf der einen Seite gibt es den logischen Konstruktivismus, der in exemplarischer Weise durch Gottlob Frege vertreten wird (vgl. Frege 1966). Die Position findet ihre Vollendung in der Vorstellung, dass es für alle wahrheitsfähigen Aussagen eine eindeutig bestimmbare Sprache gibt, die sog. Begriffsschrift (vgl. Frege 1879). Die Position eröffnet für die Wissenschaften, insbesondere für die Naturwissenschaften, die Perspektive, man könne auf sprachlicher Basis eine unumstößliche Relation zwischen naturwissenschaftlichen Experimentaldaten auf der einen Seite und theoriegeleiteten Beschreibungen der Wirklichkeit auf der anderen Seite etablieren. Dem logischen Konstruktivismus Freges steht Ende des 19. Jahrhunderts die Position einer Sprachkritik gegenüber, die auf die natürliche Sprache setzt (eben nicht auf eine Kunstsprache bzw. auf eine „Begriffsschrift" im Sinne Freges). Für diese Position steht Fritz Mauthner mit seinen „Beiträgen zu einer Kritik der Sprache" (vgl. Mauthner 1901/2; vgl. Art. 145). Für Mauthner liegt der Schlüssel zur Erkenntniskritik in der Kritik der natürlichen Sprache. Die natürliche Sprache gilt als die „letzte" Basis der Erkenntnis, in jedem Fall als Endpunkt der Beschreibung von Erkenntnis. Damit setzt er einen Maßstab, der sich klar von dem logischen Konstruktivismus abhebt und der auf den Wittgenstein der „Philosophischen Untersuchungen" verweist (vgl. Wittgenstein 1967). Für Mauthner und andere Literaten seiner Zeit ist nicht eine logische Norm das Maß für Erkenntnis, sondern die natürliche Sprache, die von unüberschaubar vielen Sprechern verwendet wird und im Prinzip so viele Verwendungsmöglichkeiten (Bedeutungen) enthält, wie es Sprecher/innen gibt (vgl. Leinfellner/Schleichert 1995). – Die beiden hier angedeuteten Positionen (logischer Konstruktivismus und Kritik der natürlichen Sprachen) haben die Kritik der Wissenschaftssprache im 20. Jahrhundert bestimmt und geprägt.

2. Logischer Positivismus und Strukturalismus

Der logische Konstruktivismus wurde in den 20er Jahren des vergangenen Jahrhunderts in exemplarischer Weise durch Rudolf Carnap entwickelt und vertreten, z. B. in seinem zuerst 1928 erschienenen Werk mit dem programmatischen Titel: „Der logische Aufbau der Welt" (Carnap 1961). Hier wird die These vertreten, erläutert und begründet, a) dass jegliche Erkenntnis der Welt aus Basisdaten abgeleitet werden kann, die entweder der Wahrnehmung unmittelbar zugänglich sind oder durch intersubjektiv nachvollziehbare Experimente gesichert werden können, b) dass alle Beschreibungen oder Theorien über die Daten mit logisch-mathematischen Sprachkonstruktionen von den sog. Protokollsätzen (die die Daten unmittelbar repräsentieren) sicher deduktiv abgeleitet werden können. Diese These beinhaltet im Kern das wissenschaftssprachliche Programm des logischen Empirismus bzw. Positivismus, das alle sprachkritischen Diskussionen in den Wissenschaften (Natur- und Geisteswissenschaften gleichermaßen) im 20. Jahrhundert maßgeblich prägt. Die Grundidee ist, dass ein sprachlich eindeutiger und logisch-methodisch gesicherter Weg konstruiert und plausibel gemacht werden kann, der von den empirisch erhobenen Basisdaten hin zu den wissenschaftlichen Theorien führt. Die logisch-empiristische Methode sichert die Theorien. Ziel ist auch, ein für alle Wissenschaften brauchbares einheitliches Methoden- und Formulierungsprogramm vorzuschlagen. Dieses – unter methodischen und sprachnormativen Gesichtspunkten – einheitswissenschaftliche Programm hat auch den Zweck, wissenschaftliche Erkenntnis und wissenschaftliche Methodik gegen ideologische Einflussnahmen zu schützen, gegen politische Interessenwahrnehmungen, die dem sog. Zeitgeist verpflichtet sind.

Es muss heute (im 21. Jahrhundert) kaum eigens darauf hingewiesen werden, dass seit den 30er Jahren des vergangenen Jahrhunderts die Nazi-Ideologen versucht haben, alle Wissenschaften (auch die Naturwissenschaften) unter das Diktat einer nationalsozialistischen „Deutschkunde" zu stellen. Die Nazis formulieren 1938 für den Unterricht an den „Höheren Schulen" (die Gymnasialausbildung ist in Deutschland seit dem 19. Jh. wissenschaftsorientiert): „Die deutsche Schule ist ein Teil der nationalsozialistischen Erziehungsordnung", und weiter: „Das nationalsozialistische Erziehungssystem ist seinem Ursprung nach nicht ein Werk der pädagogischen Planung, sondern des politischen Kampfes und seiner Gesetze" (Erziehung und Unterricht 1938, 9 bzw. 11). Die politische Indienstnahme von Wissenschaft und Unterricht im 20. Jahrhundert bleibt natürlich nicht auf die Nazis und ihre Zeit beschränkt. Es gibt in allen politischen Systemen, durch die wissenschaftliche Forschung und Ausbildung finanziert bzw. gefördert werden, Tendenzen, auf die wissenschaftliche Methodik und insbesondere auf Ergebnisformulierungen Einfluss zu nehmen. Wichtige Beeinflussungen gingen im 20. Jahrhundert auch vom Marxismus aus, insbesondere solange, wie das sowjetrussische System Bestand hatte und Einfluss auf die Wissenschaftsentwicklung in Osteuropa nahm (vgl. zu Tendenzen in den Naturwissenschaften im 20. Jh. insbesondere Hobsbawm 1998, 645–687). Der Wissenschaftshistoriker Paul Feyerabend hat verschiedentlich darauf hingewiesen, dass sprachnormierische Traditionen auch den sog. Wissenschaftsbetrieb in den „westlichen Demokratien" bestimmt haben. Feyerabend hat in seinem Hauptwerk „Wider den Methodenzwang" klargemacht, dass die Wissenschaftsgeschichte (auch die Naturwissenschaftsgeschichte) nicht auf eindeutige wissenschaftliche Methoden hinausläuft, erst recht nicht geradlinig, und dass es bis heute in der wissenschaftlichen Methodik Verstrickungen mit politischen Zielsetzungen gibt, die durchaus auch mit religiösen Zielvorstellungen vergleichbar seien. Gefordert ist aus der Sicht von Feyerabend eine entschiedene Kritik an der Sprache der wissenschaftlichen Methodik (vgl. Feyerabend 1983).

Die ideologieabweisende Kraft des logischen Empirismus beruht auf der Konstruktion einer logisch fundierten Beschreibungssprache für die Wissenschaften, die Intersubjektivität und Objektivität für die Erkenntnis sichern soll. Carnap vertritt im Anschluss an Bertrand Russell (vgl. z. B. Russell 1923) beschreibungsmethodisch einen strikten Strukturalismus, das heißt, er strebt an, Gegenstände und Sachverhalte der Erkenntnis nicht inhaltlich, sondern formal zu beschreiben. Strukturen sind die Relationen, die in einem System von wohldefinierten Gegenständen zwischen eben diesen Gegenständen bestehen. Die wissenschaftliche Beschreibung soll relational sein, d. h. sie soll absehen von spezifischen Inhalten bzw. inhärenten Eigenschaften der Gegenstände, und sie soll in diesem Sinne formal sein. Um ein einfaches Beispiel aus der Grammatik natürlicher Sprachen zu nennen: Die Kasus von Ergänzungen zum Prädikat, die Substantivkasus (Nominativ, Genitiv, Dativ, Akkusativ), sollen nicht inhaltlich z. B. als „Täterkasus" (für den Nominativ des „Subjekts") oder als „Zuwendkasus" (für den Akkusativ des „Objekts") beschrieben werden, sondern in ihrer Relationierungsfunktion; die Kasus zeigen Relationen an, die im Satz zwischen dem Prädikat und seinen Ergänzungen bestehen. Carnap formuliert: „Alle wissenschaftlichen Aussagen sind Strukturaussagen", und er stellt die These auf, „daß es für die Wissenschaft möglich und zugleich notwendig ist, sich auf Strukturaussagen zu beschränken" (Carnap 1961, 20 f.). Eine Aussage ist für ihn umso wissenschaftlicher, je strukturaler sie ist. Dies ist eine harte Anforderung an die Form wissenschaftlicher Aussagen.

Die sprachlich-methodischen Anforderungen des logischen Empirismus bzw. Positivismus und des damit verbundenen Strukturalismus werden vor dem 2. Weltkrieg vor allem im sog. Wiener Kreis (vgl. Kraft 1950; Stegmüller I 1978, Kap. IX) mit großer Intensität und Breitenwirkung vertreten. Aus dem Wiener Kreis ist eine Grammatik hervorgegangen, die die Grammatik der natürlichen Sprache an den logisch-strukturalistischen Anforderungen misst; es ist eine in diesem Sinne kritische Grammatik. Josef Schächter schreibt im Vorwort seiner „Prolegomena zu einer kritischen Grammatik": „Die Aufgabe der kritischen Grammatik ist eine logische Ergänzung und Verbesserung der traditionellen Grammatik: überall dort, wo die übliche Sprachlehre es versäumt hat, die in der Sprache geltenden Regeln aus dem Gebrauche abzulesen bzw. *richtig* abzulesen, soll die kritische Grammatik vervollständigen und korri-

gieren" (Schächter 1978, 5). Im Geleitwort zu dem Buch von Schächter schreibt Moritz Schlick, der Mentor des Wiener Kreises, im Juni 1935: „Sich über den Ursprung grammatisch-logischer Fragen klar zu werden, sollte von jedem, der in Sprachen oder in philosophischer Propädeutik unterrichtet, als dringende Notwendigkeit gefühlt werden" (Schächter 1978, 4). Diese Äußerungen demonstrieren den Impetus, die natürliche Sprache an logischen Formen zu messen und die dadurch gesetzte Norm auch wissenschaftsdidaktisch umzusetzen. Die Botschaft ist klar: Wissenschaftliche Äußerungen sollen sich ihrer Form nach an den Anforderungen der Logik, wie sie insbesondere von Frege und Russell entwickelt wurde, messen lassen, und sie sollen sich möglichst einer Wissenschaftslogik und -methodik fügen, wie sie der logische Positivismus vorgeschlagen hat. Diese Norm beinhaltet eine grundsätzliche Kritik an den Ausdrucksmöglichkeiten der natürlichen Sprache (für wissenschaftliche Zwecke): Gemessen an dem Kalkül der Prädikaten- und der Aussagenlogik, kann an der natürlichen Sprache kritisiert werden, dass sie unpräzise und unökonomisch sei und gegebene Zusammenhänge zwischen wissenschaftlichen Aussagen nicht exakt wiedergebe. Eine dermaßen pauschale Kritik am Ungenügen der natürlichen Sprache bedarf natürlich der Konkretisierung, die die Vertreter des logischen Positivismus nicht schuldig bleiben (hier sind nur Andeutungen möglich): Eine wesentliche Ungenauigkeit (Präzisionsschwäche) natürlicher Sprachen kann z. B. darin gesehen werden, dass die Ausdrücke, mit denen man sich auf Gegenstände der Welt bezieht, nicht bereits ihrer Form nach klarmachen, ob es sich z. B. um einen und nur einen Gegenstand handelt, ob der Gegenstand tatsächlich existiert usw. So kann ich mich mit dem Ausdruck *der Mensch* in bestimmten Kontexten auf genau einen Menschen beziehen, in anderen Kontexten auf alle Menschen (den Menschen „im Allgemeinen"). Die Kontextabhängigkeit des Sprachgebrauchs erscheint aus logischer Sicht unökonomisch. Strukturelle Zusammenhänge zwischen Sätzen erscheinen in der natürlichen Sprache nicht eindeutig repräsentiert, z. B. kann die Konjunktion *und* sowohl *und* wie auch so etwas wie *und/oder* bedeuten, je nach Kontext; in jedem Fall wird natürlichsprachlich zum Beispiel nicht strikt zwischen den logischen Konjunktionen „∧" („und") und „∨" („oder") unterschieden. –

Schächter behandelt in seiner kritischen Grammatik relativ umfassend und differenziert alle wesentlichen Phänomene und Kapitel der Grammatik natürlicher Sprachen, immer mit dem Ziel, die Eigenschaften natürlicher Sprachen zu prüfen im Hinblick auf ihre Tauglichkeit für eine vielleicht ideale Wissenschaftssprache auf logischer Grundlage.

Die aus dem logischen Positivismus bzw. Empirismus und dem Wiener Kreis hervorgegangenen Vorstellungen über eine ideale Wissenschaftssprache bestimmen bis heute maßgeblich die normativen Überlegungen über die Form wissenschaftlicher Aussagen und Theorien, und zwar nicht nur in den Naturwissenschaften, sondern auch in den Geisteswissenschaften (vgl. z. B. Lorenz 1970; Stegmüller II 1975; Stegmüller 1980; Balzer/Heidelberger 1983; Ros 1990; Mühlhölzer 1996; Chalmers 1999). Wilhelm Kamlah und Paul Lorenzen haben in ihrer „Logischen Propädeutik" mit dem kennzeichnenden Untertitel „Vorschule des vernünftigen Redens" sogar speziell die Geisteswissenschaften im Blick, wenn sie gegen einen verbreiteten Bildungsjargon eine Disziplinierung des wissenschaftlichen Redens und Schreibens durch eine vernünftige Logik fordern (vgl. Kamlah/Lorenzen 1996). Sie versuchen dabei, eine dogmatische Orientierung an der traditionellen Logik zu vermeiden, indem sie die Konstruktion von Gegenständen, die Aussagen über Gegenstände und Sachverhalte und die Urteile in ihrer Genese im (wissenschaftlichen) Dialog betrachten. Es werden also auch pragmatische Überlegungen in die Vorschläge für ein vernünftiges Kommunizieren in den Wissenschaften mit einbezogen. Es geht ihnen darum, sowohl einen logischen Dogmatismus wie auch einen relativierenden Skeptizismus, der auf der Basis natürlichsprachlicher Erfahrungen fast alle Aussagen wissenschaftlich für möglich hält, zu vermeiden (vgl. dazu auch Lorenz 1970).

3. Der Primat der natürlichen Sprache

Ludwig Wittgenstein hat 1922 im „Tractatus Logico-Philosophicus" konsequent einen logisch fundierten Sprachkonstruktivismus vertreten und damit entscheidend zur Etablierung des Sprachprogramms des logischen Positivismus bzw. Empirismus beigetragen (vgl. Wittgenstein 1960 und Lorenz 1970, Kap. 3). In den „Philosophischen Untersuchungen", die seit den 30 er Jahren entstanden sind und die zuerst 1953 posthum publiziert wurden, hat Wittgenstein diese Position einer Revision unterzogen (vgl. Wittgenstein 1967; Lorenz 1970, Kap. 4). Während es im „Tractatus" um die möglichst konsistente Formulierung eines Programms ging, das zum Ziel hatte, einen logisch fundierten Zusammenhang zwischen Gegenständen und Sachverhalten der Welt einerseits und Aussagen über die Welt andererseits herzustellen (strikt realistische Bedeutungstheorie), stand in den „Philosophischen Untersuchungen" der Versuch im Mittelpunkt, die Funktionen des Sprachgebrauchs von den Gebrauchsbedingungen natürlichsprachlicher Ausdrücke im Alltag her zu erfassen und zu beschreiben. Für diese letztere Position hat sich mit Bezug auf Wittgenstein die formelhafte, programmatisch-semantische Aussage verbreitet: „Die Bedeutung ist der Gebrauch in der Sprache." Dieser Satz (kontextlos, programmatisch, unkommentiert) steht bei Wittgenstein so nicht, er trifft aber eine Einstellung, eine Haltung zu semantischen Fragen, eine richtige Ausrichtung darauf, wie das Verhältnis von Sprache und Welt zu sehen ist. Ein viel zitierter Satz in den „Philosophischen Untersuchungen" ist: „Man kann für eine *große* Klasse von Fällen der Benützung des Wortes „Bedeutung" – wenn auch nicht für *alle* Fälle seiner Benützung – dieses Wort so erklären: Die Bedeutung eines Wortes ist sein Gebrauch in der Sprache" (Wittgenstein 1967, § 43). Dieser Satz hat sehr viele Interpretationen erfahren (vgl. zuletzt aus linguistischer Sicht Wiegand 1999), die im einzelnen strittig und problematisch sein mögen; er charakterisiert aber bestimmte Annahmen über die Bedeutung von sprachlichen Ausdrücken, die ohne Zweifel für den Wittgenstein der „Philosophischen Untersuchungen" stehen können: a) Die Bedeutungen von sprachlichen Ausdrücken (auch von wissenschaftlichen Termini) sind nicht die Gegenstände der Welt oder die Sachverhalte. b) Die Bedeutungen werden in der Praxis, im alltäglichen und im wissenschaftlichen Sprachgebrauch, gemacht. c) Wenn man die Bedeutung von sprachlichen Ausdrücken beschreiben will, muss man ihre Verwendung in Handlungskontexten untersuchen.

Die hier umrissene Position zur Bedeutungsfrage, d. h. zum Verhältnis von Sprache und Welt bzw. Wirklichkeit hat gravierende Auswirkungen auf die Einschätzung, Bewertung und Kritik wissenschaftlichen Redens und Schreibens. a) Es kann nicht mehr die

Rede sein von einem kunstsprachlich, idealsprachlich oder logisch verbindlichen Maßstab für die Form wissenschaftlicher Aussagen. b) Ein Primat für die Bewertung wissenschaftlicher Aussagen liegt letztlich in der natürlichen Sprache, in der Gemeinsprache, vielleicht sogar in der Alltagssprache. Alle wissenschaftlichen Terminologien müssten sich letztendlich daran messen lassen, inwieweit sie auch − zumindest auch − natürlichsprachlich legitimiert werden können. c) Ein Maß für die Beurteilung wissenschaftlicher Aussagen liegt auch in ihrer Adressierung. Es ist auch eine Frage des Handlungskontextes und damit eine pragmatische Frage, in welcher Form die Aussagen gemacht werden.

Die sog. pragmatische Wende in der sprachanalytischen Philosophie und der „linguistische Phänomenalismus" (Lorenz 1970, 106) haben zwar dazu geführt, das natürlichsprachlich Gegebene letztendlich als das Maß für den Sprachgebrauch (auch in den Wissenschaften) zu nehmen. Dies heißt aber nicht, dass im wissenschaftlichen Reden und Schreiben jetzt alles erlaubt wäre und für angemessen gehalten würde, was in der Gemeinsprache möglich ist. Die Erfahrungen der Logik und des Strukturalismus bleiben im Hintergrund. Der Wittgenstein der „Philosophischen Untersuchungen" bleibt ein scharfer und unerbittlicher Analytiker und Kritiker des gängigen Sprachgebrauchs, der die Logik des „Tractatus" stets im Hinterkopf hat. Die gemeinsame Einsicht vom „Tractatus" und von den „Philosophischen Untersuchungen" ist „die Einsicht in den irreführenden Charakter der Gebrauchssprache, der darauf beruht, daß von den sprachlichen Ausdrücken allein ihr sinnvoller Gebrauch nicht abgelesen werden kann" (Lorenz 1970, 108). Eine Hauptschwierigkeit in der Analyse des allgemeinen Sprachgebrauchs liegt in der Unübersichtlichkeit; die meisten natürlichsprachlichen (und auch wissenschaftssprachlichen) Ausdrücke haben ihren Platz und ihre Funktion in verschiedenen Kontexten und „Sprachspielen"; diese alle zu überschauen ist für einen einzelnen unmöglich. In der Unüberschaubarkeit des Sprachgebrauchs liegt auch ein wesentlicher Grund für die Schwierigkeit, mittels logischer Kunstsprachen angemessene Normierungen zu etablieren. Auch die „Sprachspiele" in der Wissenschaft (vgl. Stegmüller 1980, 87 ff.) sind unüberschaubar für den einzelnen. Die Annahme unterschiedlicher Sprachspiele sowohl im Alltag wie auch in den Wissenschaften erlaubt einen un

dogmatischen Blick auf den Sprachgebrauch in verschiedenen wissenschaftlichen Disziplinen und auch in den Vermittlungskontexten, in denen die Wissenschaften in unserer Gesellschaft stehen. Es erscheint nicht fraglos sinnvoll, wissenschaftliches Reden und Schreiben unter allen Umständen an den rigiden Vorgaben des logischen Positivismus bzw. Empirismus zu messen. Speziell in den Gesellschafts- und Geisteswissenschaften spielt die Adressierungsfrage eine bedeutende Rolle: Die Form wissenschaftlicher Theorien und Aussagen ist hier nicht nur an innerwissenschaftlichen Standards zu messen, sondern auch daran, inwieweit sie den Adressaten (Institutionen, Gruppen, Einzelpersonen in der Gesellschaft) verständlich gemacht werden können.

4. Sprachkritische Sensibilität in den Einzelwissenschaften

Die sprachkritischen Diskussionen in den Wissenschaften − gleich welcher Richtung sie sich verpflichtet fühlen: der logischen Sprachanalyse oder der Kritik der normalen Sprache − haben im 20. Jahrhundert zu einer steigenden Sensibilisierung für Fragen der Gestaltung, der Formulierung und der angemessenen Vermittlung von wissenschaftlichen Erkenntnissen geführt (vgl. z. B. Schiewe 1998, Kap. VII). Die wissenschaftssprachlichen Diskussionen beziehen sich auf verschiedene Themen, z. B.: Konstruktion von Terminologien, Syntax und Textstrukturen, Stilistik wissenschaftlicher Texte, Textsorten in den Wissenschaften, Vermittlung und Didaktik wissenschaftlicher Darstellungen (vgl. die Bibliographie Kretzenbacher 1992). Verschiedene Formen der Ausprägung von Wissenschaftssprache stehen zur Diskussion (vgl. Weinrich 1989). Die Verständlichkeit wissenschaftlicher Texte spielt für bestimmte Disziplinen, z. B. für die Medizin, für die Soziologie, für die Pädagogik und für die Jurisprudenz eine besondere Rolle (vgl. die Bibliographien Biere 1991 und Nussbaumer 1997). Es ist im internationalen Vergleich − insbesondere im Vergleich mit dem Englischen − eine besondere Herausforderung für das Deutsche als Wissenschaftssprache, sich interkulturell von den Ausdrucksformen und -möglichkeiten her zu behaupten (vgl. die Bibliographie Honnef-Becker/Kühn 1998).

5. Literatur (in Auswahl)

Balzer, Michael, Wolfgang Heidelberger (Hrsg.), Zur Logik empirischer Theorien. Berlin/New York 1983.

Biere, Bernd Ulrich, Textverstehen und Textverständlichkeit. Heidelberg 1991. (Studienbibliographien Sprachwissenschaft 2).

Bungarten, Theo (Hrsg.), Wissenschaftssprache. Beiträge zur Methodologie, theoretischen Fundierung und Deskription. München 1981.

Carnap, Rudolf, Der logische Aufbau der Welt. Hamburg 1961. [Zuerst: 1928].

Chalmers, A. F., Wege der Wissenschaft. Einführung in die Wissenschaftstheorie. Hrsg. und übers. von Niels Bergemann und Jochen Prümper. 4. Aufl. Berlin/Heidelberg/New York 1999.

Ehlich, Konrad, Kritik der Wissenschaftssprachen. In: Fachsprachen. Ein internationales Handbuch zur Fachsprachenforschung und Terminologiewissenschaft. Hrsg. von Lothar Hoffmann, Hartwig Kalverkämper, Herbert Ernst Wiegand. 1. Halbband. Berlin/New York 1998, 856–866.

Erziehung und Unterricht in der Höheren Schule. Amtliche Ausgabe des Reichs- und Preußischen Ministeriums für Wissenschaft, Erziehung und Volksbildung. Berlin 1938.

Feyerabend, Paul, Wider den Methodenzwang. Frankfurt a.M. 1983.

Frege, Gottlob, Begriffsschrift. Halle/S. 1879.

Ders., Funktion, Begriff, Bedeutung. Fünf logische Studien. Göttingen 1966.

Fricke, Harald, Norm und Abweichung. Eine Philosophie der Literatur. München 1981.

Gloy, Klaus, Sprachnormen und die Isolierung und Integration von Fachsprachen. In: Fachsprachen. Ein internationales Handbuch zur Fachsprachenforschung und Terminologiewissenschaft. Hrsg. von Lothar Hoffmann, Hartwig Kalverkämper, Herbert Ernst Wiegand. 1. Halbband. Berlin/New York 1998, 100–108.

Gmünder, Ulrich, Kritische Theorie. Horkheimer, Adorno, Marcuse, Habermas. Stuttgart 1985. (SM 220).

Granger, Gilles-Gaston, La philosophie du language dans les sciences exactes. In: Sprachphilosophie. Ein internationales Handbuch zeitgenössischer Forschung. Hrsg. von Marcelo Dascal, Dietfried Gerhardus, Kuno Lorenz, Georg Meggle. 2. Halbband. Berlin/New York 1996, 1436–1454.

Hobsbawm, Eric, Das Zeitalter der Extreme. Weltgeschichte des 20. Jahrhunderts. München 1998.

Honnef-Becker, Irmgard, Peter Kühn, Deutsch als Fremdsprache. Heidelberg 1998. (Studienbibliographien Sprachwissenschaft 24).

Kamlah,Wilhelm, Paul Lorenzen, Logische Propädeutik. Vorschule des vernünftigen Redens. 3. Aufl. Stuttgart/Weimar 1996.

Kraft, Victor, Der Wiener Kreis. Der Ursprung des Neupositivismus. Wien 1950.

Kretzenbacher, Heinz L., Wissenschaftssprache. Heidelberg 1992. (Studienbibliographien Sprachwissenschaft 5).

Kuhlmann, Wolfgang, Reflexion und kommunikative Erfahrung. Untersuchungen zur Stellung philosophischer Reflexion zwischen Theorie und Kritik. Frankfurt a.M. 1975.

Leinfellner, Elisabeth, Hubert Schleichert (Hrsg.), Fritz Mauthner. Das Werk eines kritischen Denkers. Wien/Köln/Weimar 1995.

Lorenz, Kuno, Elemente der Sprachkritik. Eine Alternative zum Dogmatismus und Skeptizismus in der analytischen Philosophie. Frankfurt a.M. 1970.

Mauthner, Fritz, Beiträge zu einer Kritik der Sprache. 3. Bde. Frankfurt a.M./Berlin/Wien 1901/2.

Mühlhölzer, Felix, Sprachphilosophie in der Wissenschaftstheorie. In: Sprachphilosophie. Ein internationales Handbuch zeitgenössischer Forschung. Hrsg. von Marcelo Dascal, Dietfried Gerhardus, Kuno Lorenz, Georg Meggle. 2. Halbband. Berlin/New York 1996, 1418–1436.

Nussbaumer, Markus, Sprache und Recht. Heidelberg 1997. (Studienbibliographien Sprachwissenschaft 20).

Philosophie als Sprachkritik im 19. Jahrhundert. Textauswahl I. Hrsg. von Hermann-Josef Cloeren. Textauswahl II. Hrsg. von Siegfried J. Schmidt. Stuttgart-Bad Cannstatt 1971.

Pörksen, Uwe, Platons Dialog über die Richtigkeit der Wörter und das Problem der Sprachkritik. In: GL 1–2/1979, 37–50.

Ders., Wissenschaftssprache und Sprachkritik. Untersuchungen zu Geschichte und Gegenwart. Tübingen 1994.

Ros, Arno, Begründung und Begriff. Wandlungen des Verständnisses begrifflicher Argumentationen. Band III: Moderne. Hamburg 1990.

Russell, Bertrand, Einführung in die mathematische Philosophie. München 1923.

Schächter, Josef, Prolegomena zu einer kritischen Grammatik. Stuttgart 1978. [Zuerst: 1935].

Schiewe, Jürgen, Die Macht der Sprache. Eine Geschichte der Sprachkritik von der Antike bis zur Gegenwart. München 1998.

Schödlbauer, Ulrich, Joachim Vahland, Das Ende der Kritik. Berlin 1997.

Stegmüller, Wolfgang, Hauptströmungen der Gegenwartsphilosophie. Eine kritische Einführung. Bd. I, 6. Aufl., 1978; Bd. II, 6. Aufl., 1979; Bd. III, 7. Aufl., 1986; Bd. IV, 1. Aufl. 1989. Stuttgart.

Ders., Neue Wege der Wissenschaftsphilosophie. Berlin/Heidelberg/New York 1980.

Weinrich, Harald, Formen der Wissenschaftssprache. In: Jahrbuch 1988 der Akademie der Wissenschaften zu Berlin. Berlin 1989, 119–158.

Wiegand, Herbert Ernst, Mit Wittgenstein über die Wortbedeutung nachdenken. Gebrauch? Regel des Gebrauchs? Ein Etwas im Kopf? In: Sprache und

Sprachen in den Wissenschaften. Geschichte und Gegenwart. Hrsg. von Herbert Ernst Wiegand. Berlin/New York 1999, 404–461.

Wittgenstein, Ludwig, Tractatus Logico-Philosophicus. Frankfurt a.M. 1960. [Zuerst: London 1922].

Ders., Philosophische Untersuchungen. Frankfurt a.M. 1967.

Zilian, Hans Georg, Sprachphilosophie in den Gesellschaftswissenschaften. In: Sprachphilosophie. Ein internationales Handbuch zeitgenössischer Forschung. Hrsg. von Marcelo Dascal, Dietfried Gerhardus, Kuno Lorenz, Georg Meggle. 2. Halbband. Berlin/New York 1996, 1454–1469.

Rainer Wimmer, Trier

145. Sprachkritik in der Öffentlichkeit seit der Mitte des 20. Jahrhunderts

1. Ziele, Tendenzen, Traditionen
2. Sprachkritik nach 1945
3. Sprachkritik seit den 70er Jahren: Verwaltung, Justiz, Medizin, Bildung, Politik, Umwelt, Feminismus, Medien
4. Literatur (in Auswahl)

1. Ziele, Tendenzen, Traditionen

Sprachkritik gibt es im 20. Jh. und insbesondere seit der Mitte des 20. Jhs. in verschiedenen Domänen des öffentlichen Sprachgebrauchs: im Journalismus, in der Literaturkritik, in der journalistischen Kommentierung des politischen Sprachgebrauchs, in den politischen Auseinandersetzungen selbst und letztlich in allen gesellschaftlichen Institutionen, die „sprachförmig" organisiert sind, d. h. die ihre Organisationsformen auf sprachliche Formulierungen und Festsetzungen gründen. Zu diesen sprachförmig organisierten Institutionen gehören insbesondere der Staat selbst (konstituiert durch die Verfassung), dann die Parlamente, das System der Jurisprudenz und die Institutionen der ausführenden Gewalt: die Regierung, die Verwaltung und alle Organe, die ihnen nachgeordnet sind. Äußerungen bzw. Feststellungen all dieser Institutionen sind Gegenstände der öffentlichen Sprachkritik.

Sprachkritik beruht auf der sprachreflexiven Kompetenz, die jeder Sprecher einer natürlichen Sprache hat. Es ist eine universale Eigenschaft aller natürlichen Sprachen, dass man in ihnen bzw. mit ihnen über die Sprache selbst sprechen kann, über Elemente der Sprache und des Sprachgebrauchs, über sprachliche Handlungen und deren Folgen in der Gegenwart und in der Geschichte. Augenfälliger Hinweis auf dieses selbstreflexive Potential natürlicher Sprachen ist die Tatsache, dass es in den Sprachen Ausdrücke wie *Wort*, *Satz*, *Aussage* gibt, mit denen man auf Elemente der Sprache und des Sprachgebrauchs Bezug nehmen kann. Entsprechend der Selbstreflexivität der Sprache gibt es Sprachkritik in allen Lebensbereichen, in denen Sprache eine Rolle spielt, z. B. im kindlichen Spracherwerb (Fehlerkorrekturen), in der schulischen Erziehung, in der beruflichen Aus- und Weiterbildung, in Situationen der Lebensplanung, in der partnerschaftlichen Beziehung. Sprachkritik und Sprachgestaltung in all diesen Bereichen haben Einfluss auf die Sprachentwicklung. Allerdings sind diese Einflüsse kaum untersucht. Die germanistische Sprachwissenschaft und die in ihrem Rahmen etablierte Sprachkritik haben sich auf die oben genannten kommunikativen Domänen und Gegenstände konzentriert.

Sprachkritik in der Öffentlichkeit ist Kritik an Sprachverwendungsweisen und an sprachlichen Haltungen sowie Einstellungen, wie sie in der Öffentlichkeit, d. h. vor allem in veröffentlichten Texten, sichtbar werden. Damit spielen die Medien, die Printmedien (die Presse, aber auch populäre Ratgeber), der Hörfunk, das Fernsehen und die neuen elektronischen Medien eine wichtige Rolle. Es geht dabei nicht nur um die Vermittlungsfunktion, vielmehr bestimmen die Medien zunehmend auch, welche Inhalte interessant (und damit relevant) sind und auf welche Art und Weise sie öffentlich diskutiert werden können. Die medialen Vermittlungs- und Präsentationsmöglichkeiten bestimmen auch weitgehend das, was unter Kritik von Sprache und Sprachgebrauch in der Öffentlichkeit verstanden werden kann. Der Sprachkritikbegriff kann nicht eingeschränkt werden auf die linguistische Analyse des Sprachsystems oder des Sprachgebrauchs. Immer sind auch Zusammenhänge zu anderen sozialen Verhaltensweisen und Einstellungen gefragt; immer geht es um Wertungen, die neben sprachlichen auch nicht-sprachliche Normen zum Hintergrund haben; und Sprachkritik bedeutet in diesem Zusammenhang immer auch Sprecherkritik, d. h. die Meinungen, Haltungen und Dispositionen der Sprecher stehen mit zur Diskussion.

Die Sprachkritik, so wie sie seit der Mitte des 20. Jhs. im deutschsprachigen Raum betrieben wird, ist in ihren Ausprägungen und Zielen nicht zu verstehen ohne ihre Ursprünge bzw. Quellen in der Sprachgeschichte des Deutschen. Schiewe 1998 hat in seiner „Geschichte der Sprachkritik von der Antike bis zur Gegenwart" insbesondere die Situation der sprachkritischen Bemühungen im deutschsprachigen Raum seit dem Beginn der Neuzeit nachgezeichnet. Danach war Sprachkritik immer Sprachgebrauchskritik, sie war methodenbewusst und orientierte sich an idealen Vorstellungen von Sprache und Sprachgebrauch, sie verstand sich als konstruktiv, eingreifend und oft auch als emanzipatorisch (vgl. Schiewe 1998, 25 ff.). von Polenz 1999 hat in seiner „Deutschen Sprachgeschichte" die Sprachkritik im 19. und 20. Jh. ausführlich behandelt (vgl. von Polenz 1999, Kap. 6.8., 294—337). Danach sind in der öffentlichen Sprachkritik nach 1945 wenigstens drei Denk- und Stiltraditionen wirksam, die ihre Quellen in den literarischen und intellektuellen Auseinandersetzungen in der Zeit vor und nach der Jahrhundertwende 1900 haben. Die angesprochenen Traditionen sind:

1. Es gibt unter Literaten der Jahrhundertwende 1900 eine intensive Diskussion über eine „Sprachkrise", die darin bestehen soll, dass die Ausdruckspotentiale der natürlichen Sprache als unzulänglich empfunden werden für die Ausdrucksbedürfnisse der Schriftsteller (vgl. von Polenz 1983; von Polenz 1999, 473 ff.).
2. Im Zusammenhang mit nationalistischen Tendenzen im letzten Drittel des 19. Jahrhunderts gibt es eine sprachkonservative Sprachkritik, die für eine „Reinerhaltung" der deutschen Sprache kämpft, gegen „Fremdwörter" (Sprachpurismus) und gegen einen angeblichen „Sprachverfall" (vgl. Schiewe 1998, Kap. V; von Polenz 1999, Kap. 6.7.).
3. Es gibt Ende des 19. Jhs. von seiten der philosophischen Logik Anstöße zu einer erkenntniskritisch orientierten Sprachkritik, die ihre Aufgabe darin sieht, zu prüfen, inwieweit die natürliche Sprache in der Lage ist, den naturwissenschaftlichen Anforderungen an eine „objektive" Darstellung der Sachverhalte gerecht zu werden. Die erkenntniskritischen Fragen an die Sprache sind ein durchgehendes Thema z. B. in der Sprachkritik Fritz Mauthners (vgl. Mauthner 1901/2).

Die drei genannten Traditionen sind virulent in der Sprachkritik der 2. Hälfte des 20. Jhs.: Die literarisch inspirierte Sprachkritik findet sich wieder in der sprachkritischen Kulturkritik nach 1945. Die konservative Sprachpflege bestimmt weitgehend die Sprachglossen und Sprachkommentierungen in der Tages- und Wochenpresse. In öffentlichen Argumentationen über den Sprachgebrauch beruft man sich häufig auf „die" Logik, die freilich in den meisten Fällen eine Logik nach dem eigenen Sprachgefühl ist.

2. Sprachkritik nach 1945

Die Sprachkritik nach 1945 entzündete sich in der Auseinandersetzung mit dem NS-Sprachgebrauch. Die kritische Analyse des Nazi-Sprachgebrauchs, die Dokumentation und die Diskussion der Konsequenzen, die aus den Erfahrungen mit dem Nazi-Sprachgebrauch zu ziehen sind, etablieren in der Bundesrepublik Deutschland eine eigenständige Forschungsrichtung (vgl. die Bibliographie von Kinne/Schwitalla 1994). In diesem Rahmen haben zwei publizistische Ereignisse eine besondere und sehr nachhaltige Wirkung entfaltet, zum einen die sprachkritischen Essays von Victor Klemperer 1947: LTI, Lingua Tertii Imperii, und zum anderen das „Wörterbuch des Unmenschen" von Dolf Sternberger, Gerhard Storz und Wilhelm E. Süskind 1968. Klemperers kulturhistorische und semantische Studien sind aus seinen akribischen Tagebuchaufzeichnungen während der NS-Zeit hervorgegangen. Die Tagebücher, die 1995 publiziert wurden, demonstrieren eindringlich den Zusammenhang zwischen den alltäglichen Erfahrungen eines durch die Nazis verfolgten Romanistik-Professors und den Sprachbeobachtungen. Klemperer hat nach dem Kriegsende 1945 seine Tagebuchaufzeichnungen fortgeführt und strukturähnliche Beobachtungen am Sprachgebrauch der neuen Machthaber gemacht. — Die Beiträge „Aus dem Wörterbuch des Unmenschen" sind kultur- und sprachhistorisch vergleichbar mit Klemperers Arbeiten. Sie zeigen anhand von literarisch-kulturhistorischen Interpretationen einzelner Wörter und Wendungen den Missbrauch, den die Nazis mit der Sprache getrieben haben. Musterbeispiel ist der Ausdruck *Betreuung* als Euphemismus für die Tötung von Juden, Roma und Sinti, Homosexuellen und anderen Angehörigen von Minderheiten in Konzentrationslagern der Nazis. Die nachhaltige Wirkung, die das „Wörterbuch des Unmenschen" auf die Sprachkritik in der Bundesrepublik Deutschland ausgeübt hat, hängt auch mit einem Methodenstreit zusammen, der in den 60er Jahren zwischen den Verfassern des Wörterbuchs und strukturalistisch orientierten Sprachwissenschaftlern ausgetragen wurde. Eine wichtige kontroverse Frage war z. B., ob Eigenschaften der sprachlichen Form (Struktur) Dispositionen dafür bieten, dass die Ausdrücke manipulativ missbraucht werden. Können beispielsweise die sprachlichen Kasusformen inhaltlich interpretiert werden? Kann der Objektkasus Akkusativ als „Zugriffskasus" gedeutet werden, so dass der Akkusativ in „jemanden betreuen" im Unterschied zu „jemandem (Dativ) treu sein" bereits von der Form her eine objektivierend-versächlichende Bedeutung hat? (Vgl. die Dokumentation der Kontroverse um den „inhumanen Akkusativ" in Sternberger/Storz/Süskind 1968). Im nachhinein betrachtet, war der Methodenstreit in mehrfacher Hinsicht fruchtbar: Die strukturalistisch orientierten Germanisten konnten deutlich machen, a) dass es nicht „die" Sprache mit ihren grammatischen Formen ist, die unter Manipulationsverdacht zu stellen ist, sondern dass der Gebrauch, den bestimmte Sprecher/innen und gesellschaftliche Gruppen von der Sprache machen, unter sozialen, politischen und ideologischen Gesichtspunkten kritikwürdig ist, b) dass vorschnelle Bewertungen des Sprachgebrauchs (als „böse", „geistlos", „unheilvoll" u. ä.) der Vermittlung einer berechtigten und sprachwissenschaftlich sehr wohl begründbaren Kritik an den Sprachmanipulationen der Nazis nicht förderlich sind, c) dass der Sprachgebrauch der Nazis eine Tradition hat, die bis ins 19. Jh. zurückreicht. Die Autoren des „Wörterbuchs des Unmenschen" konnten ihrer kulturkritischen Sprachbetrachtung eine breitere Basis verschaffen und plausibel machen, dass es tatsächlich historisch „belastete" Begriffe im heutigen Deutsch gibt, deren aufklärende Analyse einen wichtigen Teil der Auseinandersetzung mit der Nazi-Vergangenheit darstellt. (Zum „Streit über die Sprachkritik" vgl. von Polenz 1999, 317ff.; Schiewe 1998, 242ff.).

Die sprach- und kulturkritische Auseinandersetzung mit dem Nationalsozialismus hat nachhaltige Auswirkungen auf die öffentlichen Diskurse der Folgezeit gehabt und ist bis heute wirksam (vgl. Stötzel/Wengeler

1995). Die Anstöße sind vor allem von der kritischen Studentengeneration der 60er Jahre aufgenommen worden. Ausgelöst von krisenhaften Wirtschaftsentwicklungen zu Beginn der Nach-Adenauer-Ära, von der konstatierten „Bildungskatastrophe", von einer kritischen Reflexion der Nachkriegsgeschichte der Bundesrepublik Deutschland und von einer Kritik an der ideologischen „Aufrüstung" an den Fronten des „Kalten Kriegs" zwischen West- und Osteuropa wurde ein Umdenken im „Establishment" auf allen Ebenen der staatlichen Institutionen gefordert, vor allem im universitären Bildungswesen. Die sog. Systemkritik wurde zu einem guten Teil als Sprachkritik betrieben. Das Wort „Kritik" selbst wurde vorübergehend zu einem Modewort, und Wörter wie „hinterfragen", „umdenken", „umfunktionieren" erlangten die politische und institutionenkritische Bedeutung, die sie heute noch haben (vgl. von Polenz 1999, 322f.). Die Kritik am Nationalsozialismus wurde radikalisiert, verbunden mit einer Kritik an der „Verdrängung" der Nazi-Vergangenheit in den 50er Jahren. Die feuilletonistisch-kulturkritische Auseinandersetzung mit dem Nazi-Sprachgebrauch und die universitätsgermanistische Sprachkritik wurden als Ausdruck eines „hilflosen Antifaschismus" gekennzeichnet (Haug 1967). Gefordert wurde eine politische Sprachkritik auf neomarxistischer Grundlage. Den theoretischen Hintergrund für diese Art von Sprachkritik lieferte in Westdeutschland die Philosophie der Frankfurter Schule, begründet von Horkheimer und Adorno (vgl. von Polenz 1999, 322).

Die zum großen Teil akademische Sprachkritik im Umfeld der sog. Studentenbewegung von 1968 ist in der breiteren Öffentlichkeit und auch von sprachinteressierten Bürgern nur begrenzt rezipiert worden. Die Wirkungen waren eher indirekt und erfolgten mit einiger Verzögerung, nämlich dann, als die Studierenden der sog. 68er Generation selbst ins Berufsleben eintraten und beispielsweise in der Politik, in den Medien oder im schulischen Bildungswesen tätig wurden. So erfolgten a) eine allgemeine Sprachsensibilisierung in verschiedenen Bereichen des öffentlichen Lebens und Verkehrs, z. B. in der Verwaltung, im Bildungswesen und im Sozialbereich, b) eine erhöhte Aufmerksamkeit auf den Umgang mit Sprache in der Politik, c) eine sorgfältigere Beobachtung des Sprachgebrauchs in den Medien (Printmedien, Rundfunk und Fernsehen).

Eine „entmenschlichende" Sprache in der Verwaltung und Bürokratie der Nazis hatte Victor Klemperer bereits in seiner „LTI" kritisiert. Ausdrücke wie „aufziehen" und „spuren", die dem Bereich der Technik entnommen waren („eine Uhr aufziehen", „das Fahrzeug ist nicht in der Spur, spurt nicht"), ließen in ihrer Übertragung auf menschliche Handlungen und Aktivitäten („eine groß aufgezogene Aktion", „die Schulklasse spurt nicht") die Menschen wie Funktionsteile einer Maschine erscheinen. An diese Kritik konnte Karl Korn 1959 mit seinem einflussreichen Buch „Sprache in der verwalteten Welt" anknüpfen. Für ihn kam der rationalisierende, funktionalisierende und automatisierende Zugriff der Verwaltung und der Bürokratie auf die Bürger in bestimmten Sprachformen und Ausdrucksweisen zum Ausdruck; z. B. in passivischen Satzformen, in Nominalisierungen, in bestimmten Wortbildungen. So kritisierte er z. B. die Verwendung von „Betriebsangehöriger" statt „Arbeiter", „Angestellter" oder den Gebrauch einer Funktionsverbfügung wie „eine Veranstaltung zur Durchführung bringen" anstelle des einfachen verbalen Ausdrucks „etwas veranstalten". Der Nominalstil erschien ihm als Zeichen einer funktionalisierenden Betrachtungsweise der menschlichen Handlungen im Alltags- und Berufsleben. Der Mensch erschien nicht mehr als das autonom handelnde Wesen, sondern als Funktionsteil im Räderwerk der Gesellschaft. In der verwalteten Welt funktioniert der entmündigte Bürger (vgl. Schiewe 1998, 234ff.).

Die linguistische Sprachkritik hat die von Korn monierten sprachlichen Formen in der Folgezeit differenzierter interpretiert. So wurde beispielsweise gezeigt, dass eine Funktionsverbfügung wie „zur Aufführung bringen" im Vergleich zu dem einfachen Verb „aufführen" einen anderen semantischen Aspekt in der Aussage hervorhebt; der Beginn bzw. die inchoative Perspektivierung der Handlung(sfolge) wird betont bzw. ausgedrückt; die Funktionsverbfügung und das einfache Verb haben nicht dieselbe Bedeutung. Die Funktionsverbfügung ist nicht lediglich eine verwaltungssprachliche Variante des einfachen Verbs, sondern stellt eine semantische Bereicherung des Ausdruckssystems dar (vgl. z. B. von Polenz 1963; Heringer 1968). Die differenziertere sprachwissenschaftliche Interpretation relativiert zwar die Wertungen, die Karl Korn bezüglich der sprachlichen Formen vornimmt, aber sie stellt

nicht in Frage, dass die sog. Verwaltungssprache sowohl in den sprachlichen Formen wie auch den Inhalten Besonderheiten entwickelt, die auffällig sind und in der Sprachgesellschaft Kommunikationsschwierigkeiten hervorrufen. Aus linguistischer Sicht erscheinen die Wertungen und Urteile, wie sie Karl Korn vornimmt, zuweilen als kurzschlüssig, insofern allzu direkt von sprachlichen Formphänomenen auf Einstellungen, Meinungen und Gesinnungen der Sprecher/innen geschlossen wird. Die linguistische Sprachkritik setzt mehr auf die differenzierte Analyse mit dem Ziel, die besondere Funktionsweise der Verwaltungssprache als einer Art Fachsprache herauszuarbeiten. Die direkt und oft intuitiv wertende Sprachkritik nach Korns Muster bleibt aber bis heute in der Öffentlichkeit lebendig und bestimmt weitgehend die regelmäßigen feuilletonistischen Sprachglossen in den überregionalen Tageszeitungen. Die intuitive Sprachglossatorik hat den Vorteil, dass sie oft unmittelbar — wenn auch nur punktuell — das „Sprachgefühl" der „normalen" Sprecher/innen artikulieren kann.

3. Sprachkritik seit den 70er Jahren: Verwaltung, Justiz, Medizin, Bildung, Politik, Umwelt, Feminismus, Medien

Die über einzelne Monita hinausgehende, allgemeine Kritik an der Verwaltungssprache, die sich in den 70er Jahren aufgrund einer erhöhten Sprachsensibilität etabliert, richtet sich vor allem gegen die Schwerverständlichkeit und Unzulänglichkeiten von Verwaltungstexten. Die Kommunikation zwischen der öffentlichen Verwaltung und den Bürgern scheint gestört; mehr Bürgernähe wird eingefordert (Bibliographie: Becker-Mrotzek 1992; Dieckmann 1992, 18ff.). Da es auch um die Funktionsfähigkeit und die Optimierung der Verwaltung geht, interessieren sich auch die Politik und renommierte öffentliche Institutionen wie die Deutsche Akademie für Sprache und Dichtung für das Problem (vgl. Deutsche Akademie für Sprache und Dichtung 1980/81). Kritische Untersuchungen wurden vor allem zur Schwerverständlichkeit von einzelnen Wörtern und Wortbildungen angestellt (vgl. Zifonun/Strauß 1985), zum Satzbau (vgl. z. B. Glinz 1973/1978) und zum Textaufbau sowie zur Textverständlichkeit (Bibliographie: Biere 1991, 30ff.). Die Untersuchungen führten zu vieldiskutierten Vorschlägen zur Verbesserung der Kommlunikation zwischen Verwaltung und Bürgern (vgl. Grosse/Mentrup (Hrsg.) 1980, 1982).

Eng verknüpft mit der Kritik an der Verwaltungssprache ist eine öffentliche Auseinandersetzung mit dem juristischen Sprachgebrauch. Auch diese hat eine lange Tradition (vgl. von Polenz 1999, 485ff.), wird in den letzten Jahrzehnten des 20. Jhs. aber verschärft durch eine zunehmende Juridifizierung des gesellschaftlichen Lebens, auch des Alltagslebens. Den Bürger/innen erscheinen ihre gesellschaftliche Umwelt und die gesellschaftlichen Institutionen immer stärker geprägt von juristischen Konstruktionen, zu denen sie auf der Basis ihres Alltagssprachgebrauchs nur beschränkt Zugang haben (vgl. Searle 1997; Wimmer 1998). Sprachbarrieren ergeben sich, ähnlich wie bei der Verwaltungssprache, vor allem durch einen komplexen und unübersichtlichen Satzbau und durch diffizile Textstrukturen (Bibliographie: Nussbaumer 1997). Kommunikationskonflikte, die zu sprachkritischen Untersuchungen geführt haben, ergeben sich aber auch durch die Pragmatik juristischen Handelns und Entscheidens. Der Sprachgebrauch in vorgerichtlichen und gerichtlichen Verfahren ist zum Gegenstand der sog. forensischen Linguistik geworden (vgl. Becker-Mrotzek 1991; Hoffmann 1989; Grewendorf 1992; Nothdurft 1995ff.). Die schwierige Vermittlung von juristischen Gegenständen und Sachverhalten für die sog. Laien ist in den Medien zunehmend Anlass für kommunikations- und sprachkritische Betrachtungen.

Neben der Verwaltung und Justiz sind vor allem auch die institutionalisierte Medizin und das Bildungswesen zu Gegenständen kommunikationskritischer Analysen sowie öffentlicher Diskussionen geworden (Bibliographie: vgl. Becker-Mrotzek 1992, 8f.). Im Bereich der Medizin stehen Verstehens- und Verständigungsschwierigkeiten zwischen Patienten und Medizinern, zwischen Therapeuten und Klienten im Vordergrund der Betrachtung. Auch hier geht es nicht nur um die Analyse und den Abbau von fachsprachenbedingten Kommunikationsbarrieren, sondern darüber hinaus um die pragmatische Untersuchung von Gesprächssituationen, die aufgrund von unterschiedlichen Sozialisations- und Lebenserfahrungen der Beteiligten schwierig sind (vgl. Ehlich/Koerfer/Redder/Weingarten 1990). Im Bereich der schulischen Sozialisation stehen Fragen des Sprachverhaltens im Unterricht im Mittelpunkt der Betrachtung (vgl. z. B. Goeppert (Hrsg.) 1977). Es liegt auf der Hand, dass die zunehmend multikulturelle Sozialisation der Schüler/innen ein kommunikatives Konfliktpotential erzeugt, das in der Zukunft Lehrer/innen, Pädagogen, Erziehungswissenschaftler und die (notwendig interessierte) Öffentlichkeit verstärkt beschäftigen wird.

Die Bildungsinitiativen und die Protestbewegungen der 60er Jahre haben vor allem einen neuen kritischen Umgang mit der politischen Sprache in der Öffentlichkeit gefördert. Man kann von einer neuen politischen Sprachkultur und Streitkultur sprechen (vgl. von Polenz 1999, 555ff. und Wengeler in Stötzel/Wengeler 1995, 383ff.). „Mehr Demokratie wagen" war der Slogan der neuen sozialdemokratischen/freidemokratischen Bundesregierung, die Ende der 60er Jahre die konservative Regierung ablöste. Politisch-gesellschaftliche Schlüsselbegriffe wie „Chancengleichheit", „Emanzipation", „Selbstverwirklichung", „Entspannung", „Friedenspolitik", „Lebensqualität" prägten die Diskussionen um die Bildungsreform, um die Umgestaltung des Arbeitslebens und die neue Entspannungspolitik gegenüber den osteuropäischen Ländern. Die konservativen Parteien erkannten aus der Oppositionsrolle heraus, dass Politik auch als Sprachkampf betrieben werden musste. Es ging darum, die „Begriffe zu besetzen", die in der öffentlichen Diskussion die Meinungen und Einstellungen der Bürger/innen bestimmten (vgl. Behrens/Dieckmann/Kehl 1982). Bei aktiven Politikern setzte sich die Meinung durch, dass Politik auch als Sprachpolitik betrieben werden müsse, mit den Mitteln einer Art von Sprachlenkung, wenn auch einer demokratisch gemäßigten Sprachlenkung.

Die gemäßigte Sprachlenkung im demokratischen Staat wurde von Theoretikern, die der aktiven Politik nahestanden, unter Hinweis auf die Kommunikationserfordernisse und -bedürfnisse in der Demokratie gerechtfertigt. So argumentierte z. B. Wolfgang Bergsdorf (vgl. Bergsdorf 1978), dass eine relativ weite, vielleicht auch vage und unbestimmte Begrifflichkeit in der Bezeichnung von politischen Konzepten und Zielen durch Politiker durchaus wünschenswert und in bestimmten Situationen auch erforderlich sei, weil es im öffentlichen politischen Reden in der Demokratie darauf ankomme, aus sehr vielen unterschiedlichen Meinungen einen zielorientierten Konsens herzustellen. Konsensbildung ist notwendig, um die Handlungsfähigkeit und die Handlungslegitimation der Politik herzustellen. Unbestimmte Begriffe im öffentlichen Reden sind nach Bergsdorf der Konsensbildung dienlich, weil sehr viele Bürger/innen in dem weiten Begriffsumfang ihre unterschiedlichen Meinungen wiederfinden können. Vage Begriffe behindern danach nicht das Verstehen und die Verständigung, sondern fördern sie. Unbestimmte Ausdrucksweise bündelt gewissermaßen die Divergenzen in den Meinungen und Vorstellungen zu einem Konsens. Dies ist eine demokratietheoretische Rechtfertigung des Gebrauchs von Schlagwörtern in der öffentlichen politischen Auseinandersetzung. Es wird deutlich, warum das „Besetzen von Begriffen" eine wichtige politische Aufgabe ist. Zugleich wird klar, warum semantische Kämpfe in der Politik unvermeidbar sind und inwiefern die Politiker eine Art Sprachlenkung betreiben müssen. Den Politikern kommt nämlich die Aufgabe zu, die „einigenden" Schlagwörter vorzuschlagen und – vor allem über die Massenmedien – bei den Bürgerinnen und Bürgern bzw. beim Wahlvolk durchzusetzen.

Der sprachsteuernde Impetus, der vom politischen Handeln ausgeht, fördert nicht nur semantische Kämpfe zwischen den politischen Parteien, sondern provoziert auch öffentliche Kritik an den Konzeptbildungen und am Sprachgebrauch, die sich vor allem in den Printmedien artikulieren. Seit der Aufklärung, seit Immanuel Kants Beantwortung der Frage „Was ist Aufklärung?" im Jahre 1784 korrespondiert der Sprachlenkung der Regierenden „die Kunst nicht dermaßen regiert zu werden" (Foucault 1992, 12). Das autonome, vernunftbegabte Individuum fordert sein Recht gegen die anonyme Sprachgewalt der Regierenden. Die kritische Haltung führt zu einer Erkenntniskritik und Sprachkritik bezüglich der Zusammenhänge zwischen Macht, Wissen, Wahrheit und Individuum bzw. Subjekt (vgl. Foucault 1992). Zu Beginn des 20. Jhs. hat Fritz Mauthner in seinen „Beiträgen zu einer Kritik der Sprache" (Mauthner 1901/2) eine Programmatik formuliert, nach der Sprachkritik zugleich Erkenntniskritik ist und Erkenntniskritik in Form von Sprachkritik durchgeführt wird. Die Erkenntnis der gesellschaftlichen Wirklichkeit soll in ständiger Bewegung gehalten werden durch eine fortlaufende Kritik an Verfestigungen bzw. Normierungen in der Sprache. Diese Programmatik bestimmt seit den 70er Jahren zunehmend die öffentlichen

Debatten um den Sprachgebrauch in der Politik. Dabei ist zu beobachten, dass die Sprachkritiker/innen sich nicht auf die Analyse und Deskription von problematischen Sprachnormierungen beschränken, sondern Empfehlungen für einen veränderten Sprachgebrauch geben. Dieser Trend zur eingreifenden Sprachkritik, die auf öffentliche Wirksamkeit zielt, wird in einigen Kommunikationsbereichen besonders deutlich, z. B. in Debatten um die politische Streitkultur, in der Umweltdiskussion, in der feministischen Kritik um die Benachteiligung von Frauen in unserer Gesellschaft, in Debatten um die zunehmend multikulturelle Komplexität unserer Gesellschaft, in der sog. Terrorismusdebatte.

Debatten um die politische Streitkultur bzw. den angemessenen Sprachgebrauch in politischen Kontroversen flammen regelmäßig auf, wenn kommunikative Fehlgriffe von Politikern öffentliche Aufmerksamkeit erregen. Dabei geht es niemals nur um die äußerlichen Sprach- und Ausdrucksformen, sondern die Kontroversen um den Sprachgebrauch sind die Kontroversen um die politischen Gegenstände und Sachverhalte. In der Bundesrepublik gibt es seit ihrem Bestehen eine lange Kette von öffentlich geführten Auseinandersetzungen um die Verdrängung der Gewalt- und Schreckenstaten der Nazi-Diktatur, um die Verharmlosung von Antisemitismus und um Tendenzen, das Erinnern an die Gewaltherrschaft und deren Folgen mit einem sog. „Schlussstrich" zu beenden, um die deutsche Geschichte in der ersten Hälfte des 20. Jhs. als Teil einer „Normalität" erscheinen zu lassen (vgl. Stötzel in Stötzel/Wengeler 1995, 355–382). Beispielsweise muss der Bundestagspräsident Jenninger im Jahre 1988 von seinem Amt zurücktreten, weil er sich nach der Meinung vieler in seiner Gedenkrede zur sog. Reichspogromnacht 1938 in der Perspektivierung der Nazi-Gewalttaten vergriffen hatte (vgl. von Polenz 1989; Krebs 1993; Heringer 1990, 163–176). Und beispielsweise löst der Bundespräsident Richard von Weizsäcker mit einer Rede am 8. Mai 1985 zur Erinnerung an das Kriegsende am 8. Mai 1945 eine bis über die Jahrhundertwende hinausreichende Debatte über die Frage aus, ob das Kriegsende korrekterweise als „Niederlage" oder als „Befreiung" zu bezeichnen ist.

Ein virulentes Thema der öffentlichen Sprachkritik bleibt die Auseinandersetzung mit dem Antisemitismus, mit dem latenten

Rassismus und mit der Ausländerfeindlichkeit in der multikulturellen Gesellschaft (vgl. Wengeler in Stötzel/Wengeler 1995, 711 ff.). Reste von völkischem Nationalismus, Ängste vor „Überfremdung", diffuse Ängste in bezug auf wirtschaftliche Umstrukturierungen in der Gesellschaft (Verlust von Arbeitsplätzen), die Öffnung der Grenzen in Europa und die Globalisierung von Kommunikation und Wirtschaft erscheinen als Ursache für Angriffe gegen Ausländer und Minderheiten (vgl. Jäger/Jäger 1999 und S. Jäger 1999, 235 ff.). In den 60er Jahren wurden Arbeitsemigranten noch als „Gastarbeiter" begrüßt; Ende des Jahrhunderts ist häufig von „Überfremdung", von „Wirtschaftsflüchtlingen" und von einer „Ausländerflut" die Rede. In Wahlkämpfen wird mit Slogans wie „Das Boot ist voll" um Wählerstimmen geworben.

Seit den 70er Jahren, in denen die Politik das Umweltthema „entdeckt", gibt es eine breite öffentliche Diskussion über die Gefährdung der natürlichen Umwelt durch den Menschen und über eine ökologische Energiegewinnung (vgl. Haß in Strauß/Haß/Harras 1989, 397 ff.). Das Wort „Umwelt" selbst wird zu einem deontischen Wort mit Appellfunktion (vgl. Hermanns 1991). Schlüsselwörter in den Auseinandersetzungen um die richtige Umweltpolitik sind Ausdrücke wie „Entsorgung", „Risiko", „Störfall", „GAU (größter anzunehmender Unfall)", „Waldsterben", „Altlasten", „Atommüll", „Tschernobyl". Eine besondere Rolle in der Umweltdiskussion spielt der Streit um Atomkraftwerke, insbesondere seit der Katastrophe im sowjetischen Kraftwerk Tschernobyl im Jahre 1986 (vgl. Jung in Stötzel/Wengeler 1995, 619 ff.). Ende des Jahrhunderts mündet der Streit in politische Auseinandersetzungen um den sog. Ausstieg aus der Kernenergie (vgl. Jung 1994).

Eines der wichtigsten sprachpolitischen Themen, das international und vor allem in den USA wirkungsvoll diskutiert wird, ist die Frage der Gleichberechtigung und Gleichbehandlung von Frauen in der Gesellschaft (vgl. von Polenz 1999, 327 ff.; Gorny in Stötzel/Wengeler 1995, 517−562; Schiewe 1998, 270 ff.). Man spricht auch von der sprachlichen Gleichbehandlung von Frauen. Damit ist vor allem zweierlei gemeint: Zum einen, dass das weibliche Geschlecht in den sprachlichen Ausdrucksformen des Sprachsystems hinreichend markiert wird, wenn es im Kontext darauf ankommt, eben solche Markierungen vorzunehmen. Beispielsweise sollten die weiblichen bzw. movierten Formen von Berufsbezeichnungen verwendet werden, wenn Frauen bezeichnet werden: „Beamtin", „Ministerin", „Amtmännin". Zum anderen geht es darum, die Partizipationsmöglichkeiten von Frauen in der mündlichen Kommunikation, in Gesprächen und vor allem in öffentlichen und institutionalisierten Diskursen zu verbessern. Untersuchungsergebnisse deuten darauf hin, dass Frauen in zahlreichen gesellschaftlich relevanten Situationstypen hinsichtlich ihrer Gesprächsbeteiligung, ihrer Durchsetzungsmöglichkeiten und hinsichtlich der Themenwahl und Gesprächssteuerung benachteiligt werden (Bibliographie: Peyer/Groth 1996). Dabei spielt auch die Ungleichverteilung von Status- und Positionsrollen in unserer Gesellschaft eine Rolle (vgl. Trömel-Plötz 1984, 1993). Die feministisch-linguistische Sprachkritik an Verwerfungen im Sprachsystem (vgl. Pusch 1984) und an einer defizienten kommunikativen Partizipation von Frauen (vgl. z. B. Tannen 1997) hat sicher dazu beigetragen, dass im Alltag wie auch in den öffentlichen Institutionen tatsächlich ein Sprachgebrauchswandel eingetreten ist, der Frauen mehr „sprachliche Präsenz" verschafft. Das zeigt sich beispielsweise an der zunehmenden Verbreitung von movierten Personen- und Berufsbezeichnungen, auch in hyperkorrekten Formen („Mitgliederinnen"), an der Vermeidung des sog. generischen Maskulinums („der Bürger" für alle Bürgerinnen und Bürger) und an der Zunahme von gesplitteten Formen (auch mit der Binnen-I-Schreibung) wie „Schüler/in", „SchülerIn". Der Wandel wird befördert durch Verwaltungs- und Gesetzesinitiativen, nach denen ein Frauen und Männer gleichbehandelnder Sprachgebrauch empfohlen bzw. vorgeschrieben wird (vgl. Stickel 1988; Guentherodt 1980, 1983; Guentherodt/Hellinger/Pusch/Trömel-Plötz 1980).

Neben den bereits angesprochenen Themen gibt es ein weiteres Themenspektrum, das in sprachkritischen Kontroversen in der Öffentlichkeit regelmäßig eine Rolle spielt. Dazu gehören das Terrorismus-Thema (vgl. Musolff 1996), Menschenrechtsfragen, das Problem der Schwangerschaftsunterbrechung bzw. der Tötung ungeborenen Lebens, das Euthanasiethema, das Problem der sog. Sterbehilfe. Die Auseinandersetzungen um den jeweils angemessenen Sprachgebrauch und insbesondere um die angemessene Bezeichnung der relevanten Gegenstände und Tatbestände werden oft nicht nur mit großem Engagement, sondern auch mit Rigorismus und Dogmatismus geführt. Ziel ist häufig, die Sprachgebrauchsnormen und die Wahrnehmungsnormen zu verändern. Ein interessengeprägter, normgerechter, „politisch korrekter" Sprachgebrauch soll durchgesetzt und etabliert werden. Gegen übertriebene Normierungsversuche im Sinne einer „politischen Korrektheit (political correctness)" von Gruppensprachgebrauch kann eine linguistisch begründete und in der Aufklärungstradition stehende Sprachkritik ausgleichend wirken (vgl. Jung 1996; Wimmer 1998b).

In der bis 1990 bestehenden Deutschen Demokratischen Republik (DDR) konnte es aufgrund des politischen Systems keine öffentliche Sprachkritik geben, die mit der Streitkultur in der Bundesrepublik Deutschland vergleichbar gewesen wäre (Bibliographien: Hellmann (Hrsg.) 1976; Hellmann 1995). Der Sprachgebrauch in den Medien war weitgehend von der politischen Führung kontrolliert bzw. gleichgeschaltet (vgl. Schlosser 1990; von Polenz 1999, 562 ff.; Hahn in Stötzel/Wengeler 1995, 285 ff.; Eppler 1992, 36 ff.). Erst mit und nach der Vereinigung der beiden deutschen Staaten im Jahre 1990, der sog. Wende, wurde in den ostdeutschen Staaten eine Sprachkritik öffentlich, die sich vor allem auf die Bewältigung der DDR-Vergangenheit und auf die Differenzen zwischen dem Sprachgebrauch in Westdeutschland und Ostdeutschland konzentrierte (vgl. Hellmann 1997; Heringer 1994; Kämper/Schmidt (Hrsg.) 1998; Reiher/Läzer (Hrsg.) 1996; Lang 1990).

Eine in den Medien wirksame Sprachkritik hat es immer auch durch Sprachglossen in den überregionalen Tages- und Wochenzeitungen gegeben (vgl. von Polenz 1999, 310 ff.; Sanders 1992; Straßner 1995). Diese Sprachglossatorik hat ihre Ursprünge im kritischen Feuilleton Ende des 19. Jhs. und hat berühmte Vorbilder etwa in Karl Kraus oder Kurt Tucholsky. Gegenstände der Kritik sind u. a. Klagen über einen angeblichen Sprachverfall, Anglizismen bzw. Amerikanismen im Deutschen (vgl. von Polenz 1999, 400 ff.; Jung in Stötzel/Wengeler 1995, 245 ff.), „unkorrekter" Sprachgebrauch in den Medien (vgl. Biere/Henne (Hrsg.) 1993) oder bestimmte Erscheinungen der Jugendsprache (Bibliographie: Neuland 1999). Medienwirksam in der neuesten Zeit ist vor allem auch die Auswahl von „Wörtern des Jahres" und „Unwörtern des Jahres", die eine Expertenjury im Zusammenhang mit der Gesellschaft für deutsche Sprache auswählt (vgl. Hoberg 1996). Derartige Aktionen sind geeignet, die Sprachsensibilität in der breiten Öffentlichkeit zu fördern.

4. Literatur (in Auswahl)

Becker-Mrotzek, Michael, Arbeiten zur Kommunikation in juristischen Institutionen. In: DS 19, 1991, 270−288, 350−372.

Ders., Diskursforschung und Kommunikation in Institutionen. Heidelberg 1992. (Studienbibliographien Sprachwissenschaft 4).

Behrens, Manfred/Walther Dieckmann/Erich Kehl, Politik als Sprachkampf. Zur konservativen Sprachkritik und Sprachpolitik. In: Heringer (Hrsg.), 1988, 216−265.

Bergsdorf, Wolfgang, Politik und Sprache. München/Wien 1978.

Ders., Über die Schwierigkeiten des politischen Sprechens in der Demokratie. In: Wimmer (Hrsg.), 1985, 184−195.

Beutin, Wolfgang, Sprachkritik − Stilkritik. Eine Einführung. Stuttgart 1976.

Biere, Bernd Ulrich, Textverstehen und Textverständlichkeit. Heidelberg 1991. (Studienbibliographien Sprachwissenschaft 2).

Ders./Helmut Henne (Hrsg.), Sprache in den Medien nach 1945. Tübingen 1993.

Brunner, Margot/Karin M. Frank-Cyrus, Die Frau in der Sprache. Gespräche zum geschlechtergerechten Sprachgebrauch. Wiesbaden 1998.

Busse, Dietrich/Fritz Hermanns/Wolfgang Teubert (Hrsg.), Begriffsgeschichte und Diskursgeschichte. Methodenfragen und Forschungsergebnisse der historischen Semantik. Opladen 1994.

Ders./Wolfgang Teubert, Ist Diskurs ein sprachwissenschaftliches Objekt? Zur Methodenfrage der historischen Semantik. In: Busse/Hermanns/Teubert (Hrsg.), 1994, 10−28.

Deutsche Akademie für Sprache und Dichtung (Hrsg.), Der öffentliche Sprachgebrauch. Bd. I: Die Sprachnorm-Diskussion in Presse, Hörfunk und Fernsehen. Bd. II: Die Sprache des Rechts und der Verwaltung. Bd. III: Schulen für einen guten Sprachgebrauch. Stuttgart 1980/81.

Dieckmann, Walther, Sprache in der Politik. Einführung in die Pragmatik und Semantik der politischen Sprache. 2. Aufl. Heidelberg 1975.

Ders., Politische Sprache. Politische Kommunikation. Vorträge, Aufsätze, Entwürfe. Heidelberg 1981.

Ders., Sprachkritik. Heidelberg 1993. (Studienbibliographien Sprachwissenschaft 3).

Ehlich, Konrad/Armin Koerfer/Angelika Redder/Rüdiger Weingarten (Hrsg.), Medizinische und therapeutische Kommunikation. Diskursanalytische Untersuchungen. Opladen 1990.

Eppler, Erhard, Kavalleriepferde beim Hornsignal. Die Krise der Politik im Spiegel der Sprache. Frankfurt/M. 1992.

Fix, Ulla, „Gewendete" Texte − „gewendete" Textsorten. In: Heringer/Samson/Kauffmann/Bader (Hrsg.), 1994, 131−146.

Foucault, Michel, Was ist Kritik? Berlin 1992.

Gauger, Hans-Martin (Hrsg.), Sprach-Störungen. Beiträge zur Sprachkritik. München 1986.

Glinz, Hans, Textanalyse und Verstehenstheorie I, II. Wiesbaden 1973/1978.

Goeppert, Herma (Hrsg.), Sprachverhalten im Unterricht. München 1977.

Greule, Albrecht/Ahlers-Liebel 1986: Germanistische Sprachpflege. Geschichte, Praxis und Zielsetzung. Darmstadt 1986.

Grewendorf, Günther (Hrsg.), Rechtskultur als Sprachkultur. Zur forensischen Funktion der Sprachanalyse. Frankfurt/M. 1992.

Grice, H. Paul, Logik und Konversation. In: Meggle (Hrsg.), 1979, 243−265.

Grosse, Siegfried/Wolfgang Mentrup (Hrsg.), Bürger − Formulare − Behörde. Tübingen 1980.

Dies. (Hrsg.), Anweisungstexte. Tübingen 1982.

Guentherodt, Ingrid, Behördliche Sprachregelungen gegen und für eine sprachliche Gleichberechtigung von Frauen und Männern. In: LB 69, 1980, 22−36.

Dies., Andozentrische Sprache in deutschen Gesetzestexten und der Grundsatz der Gleichbehandlung von Männern und Frauen. In: Mu 94, 1983, 271−289.

Dies./Marlis Hellinger/Luise F. Pusch/Senta Trömel-Plötz, Richtlinien zur Vermeidung sexistischen Sprachgebrauchs. In: LB 69, 1980, 15−21.

Haß, Ulrike, Interessenabhängiger Umgang mit Wörtern in der Umweltdiskussion. In: Klein (Hrsg.) 1989, 153−186.

Haug, Wolfgang Fritz, Der hilflose Antifaschismus. Frankfurt/M. 1967.

Hellmann, Manfred (Hrsg.), Bibliographie zum öffentlichen Sprachgebrauch in der Bundesrepublik Deutschland und der DDR. Düsseldorf 1976.

Ders., Bibliographie zur Sprache und Kommunikation in den beiden deutschen Staaten und im vereinigten Deutschland. Mannheim 1995.

Ders., Tendenzen der sprachlichen Entwicklung seit 1989 im Spiegel der Forschung. In: DU 40, 1997, 17−32.

Hepp, Andreas/Rainer Winter (Hrsg.), Kultur − Medien − Macht. Cultural Studies und Medienanalyse. Opladen 1997.

Heringer, Hans Jürgen, Die Opposition von kommen und bringen als Funktionsverben. Düsseldorf 1968.

Ders., „Ich gebe Ihnen mein Ehrenwort". Politik − Sprache − Moral. München 1990.

Ders., Das Stasi-Syndrom. In: Heringer/Samson/Kauffmann/Bader (Hrsg.), 1994, 163−176.

Ders. (Hrsg.), Holzfeuer im hölzernen Ofen. Aufsätze zur politischen Sprachkritik. Tübingen. 2. Aufl. 1988.

Ders./Georg Stötzel (Hrsg.), Sprachgeschichte und Sprachkritik. Festschrift für Peter von Polenz zum 65. Geburtstag. Berlin/New York 1993.

Ders./Gunhild Samson/Michel Kauffmann/Wolfgang Bader (Hrsg.), Tendenzen der deutschen Gegenwartssprache. Tübingen 1994.

Hermanns, Fritz, Brisante Wörter. Zur lexikographischen Behandlung parteisprachlicher Wörter und Wendungen in Wörterbüchern der deutschen Gegenwartssprache. In: Herbert Ernst Wiegand (Hrsg.): Studien zur nhd. Lexikographie II. Hildesheim/Zürich/New York 1982, 87−108.

Ders., „Umwelt". Zur historischen Semantik eines deontischen Wortes. In: Dietrich Busse (Hrsg.): Diachrone Semantik und Pragmatik. Tübingen 1991, 235−257.

Ders., Linguistische Anthropologie. Skizze eines Gegenstandsbereiches linguistischer Mentalitätsgeschichte. In: Busse/Hermanns/Teubert (Hrsg.), 1994, 29−59.

Ders., Deutsch und Deutschland. Zur Semantik deutscher nationaler Selbstbezeichnungswörter heute. In: Ludwig Jäger (Hrsg.), Disziplinäre Identität und kulturelle Leistung. Weinheim 1995, 374−389. [1995a].

Ders, Sprachgeschichte als Mentalitätsgeschichte. In: Andreas Gardt/Klaus J. Mattheier/Oskar Reichmann (Hrsg.), Sprachgeschichte des Neuhochdeutschen − Gegenstände, Methoden, Theorien. Tübingen 1995, 69−102. [1995b].

Hoberg, Rudolf, Linguistik für die Öffentlichkeit. Wörter und Unwörter des Jahres. In: Karin Böke/Matthias Jung/Martin Wengeler (Hrsg.), Öffentlicher Sprachgebrauch. Praktische, theoretische und historische Perspektiven. Opladen 1996, 90−98.

Hoffmann, Ludger (Hrsg.), Rechtsdiskurse: Untersuchungen zur Kommunikation in Gerichtsverfahren. Tübingen 1989.

Holly, Werner, Politikersprache. Inszenierungen und Rollenkonflikte im informellen Sprachhandeln eines Bundestagsabgeordneten. Berlin/New York 1990.

Hopfer, Reinhard, Vom Konsens zum Dissens. Diskursanalytische Untersuchungen zum Wandel des Sprachgebrauchs der CDU in der DDR im Herbst 1989. In: Busse/Hermanns/Teubert (Hrsg.) 1994, 124−142.

Hughes, Robert, Political Correctness. Oder die Kunst, sich selbst das Denken zu verbieten. München 1995.

Jäger, Ludwig/Bernd Switalla (Hrsg.), Germanistik in der Mediengesellschaft. München 1994.

Jäger, Margret/Siegfried Jäger, Gefährliche Erbschaften. Die schleichende Restauration rechten Denkens. Berlin 1999.

Jäger, Siegfried, Kritische Diskursanalyse. Eine Einführung. 2. Aufl. Duisburg 1999.

Januschek, Franz (Hrsg.), Politische Sprachwissenschaft. Zur Analyse von Sprache als kultureller Praxis. Opladen 1985.

Jung, Matthias, Öffentlichkeit und Sprachwandel. Zur Geschichte des Diskurses über die Atomenergie. Opladen 1994.

Ders., Von der politischen Sprachkritik zur Political Correctness. In: SLWU 78, 1996, 18–37.

Kämper, Heidrun/Hartmut Schmidt (Hrsg.), Das 20. Jahrhundert. Sprachgeschichte – Zeitgeschichte. Berlin/New York 1998. (JiDS 1997).

Kaltenbrunner, Gerd-Klaus (Hrsg.), Sprache und Herrschaft. Die umfunktionierten Wörter. München 1975.

Keller, Rudi, Zeichentheorie. Zu einer Theorie semiotischen Wissens. Tübingen/Basel 1995.

Kinne, Michael/Johannes Schwitalla, Sprache im Nationalsozialismus. Heidelberg 1994. (Studienbibliographien Sprachwissenschaft 9).

Klein, Josef (Hrsg.), Politische Semantik. Bedeutungsanalytische und sprachkritische Beiträge zur politischen Sprachverwendung. Opladen 1989.

Klemperer, Victor, LTI. Notizbuch eines Philologen. 3. Aufl. Halle 1957. Neuauflage Leipzig 1993.

Korn, Karl, Sprache in der verwalteten Welt. München 1959.

Krebs, Birgit, Sprachbehandlung und Sprachwirkung. Untersuchungen zu Rhetorik, Sprachkritik und zum Fall Jenninger. Berlin 1993.

Lang, Ewald (Hrsg.), Wendehals und Stasi-Laus. Demosprüche aus der DDR. München 1990.

Lorenz, Kuno, Elemente der Sprachkritik. Eine Alternative zum Dogmatismus und Skeptizismus in der analytischen Philosophie. Frankfurt/M. 1970.

Mauthner, Fritz, Beiträge zu einer Kritik der Sprache. 3 Bde. Frankfurt/M./Berlin/Wien 1901/2.

Meggle, Georg (Hrsg.), Handlung, Kommunikation, Bedeutung. Frankfurt/M. 1979.

Musolff, Andreas, Krieg gegen die Öffentlichkeit. Terrorismus und politischer Sprachgebrauch. Opladen 1996.

Neuland, Eva, Jugendsprache. Heidelberg 1999. (Studienbibliographien Sprachwissenschaft 29).

Nothdurft, Werner (Hrsg.), Schlichtung. Berlin/New York 1995. (Schriften des Instituts für deutsche Sprache 5).

Nussbaumer, Markus, Sprache und Recht. Heidelberg 1997. (Studienbibliographien Sprachwissenschaft 20).

Opp de Hipt/Erich Latniak (Hrsg.), Sprache statt Politik? Politikwissenschaftliche Semantik- und Rhetorikforschung. Opladen 1991.

Oschlies, Wolf, Wir sind das Volk. Zur Rolle der Sprache bei den Revolutionen in der DDR, Tschechoslowakei, Rumänien und Bulgarien. Köln/Wien 1990.

Peyer, Ann/Ruth Groth, Sprache und Geschlecht. Heidelberg 1996. (Studienbibliographien Sprachwissenschaft 15).

Polenz, Peter von, Funktionsverben im heutigen Deutsch. Sprache in der rationalisierten Welt. Düsseldorf 1963.

Ders., Sprachkritik und Sprachnormenkritik. In: Heringer (Hrsg.), 1982, 70–93.

Ders., Die Sprachkrise der Jahrhundertwende und das bürgerliche Bildungsdeutsch. In: SLWU 52, 1983, 3–13.

Ders., Verdünnte Sprachkultur. Das Jenninger-Syndrom in sprachkritischer Sicht. In: Deutsche Sprache 17, 1989, 289–307.

Ders., Die Sprachrevolte in der DDR im Herbst 1989. In: ZGL 21, 1993, 127–149.

Ders., Deutsche Sprachgeschichte vom Spätmittelalter bis zur Gegenwart. Band III: 19. und 20. Jahrhundert. Berlin/New York 1999.

Pusch, Luise F., Das Deutsche als Männersprache. Aufsätze und Glossen zur feministischen Linguistik. Frankfurt/M. 1984.

Dies., Alle Menschen werden Schwestern. Feministische Sprachkritik. Frankfurt/M. 1990.

Reiher, Ruth/Rüdiger Läzer (Hrsg.), Von „Buschzulage" und „Ossinachweis". Ost-West-Deutsch in der Diskussion. Berlin 1996.

Sanders, Willy, Sprachkritikastereien und was der „Fachler" dazu sagt. Darmstadt 1992.

Schiewe, Jürgen, Die Macht der Sprache. Eine Geschichte der Sprachkritik von der Antike bis zur Gegenwart. München 1998.

Schlosser, Horst Dieter, Die deutsche Sprache in der DDR zwischen Stalinismus und Demokratie. Historische, politische und kommunikative Bedingungen. Köln 1990.

Schmich, Walter, Sprachkritik – Sprachbewertung – Sprecherkritik. Diss. Heidelberg 1987.

Schmid, Wilhelm, Philosophie der Lebenskunst. Eine Grundlegung. Frankfurt/M. 1998.

Schmitz-Berning, Cornelia, Vokabular des Nationalsozialismus. Berlin/New York 1998.

Schwinn, Horst, Linguistische Sprachkritik. Ihre Grenzen und Chancen. Heidelberg 1997. (Sammlung Groos 65).

Searle, John R., Die Konstruktion der gesellschaftlichen Wirklichkeit. Zur Ontologie sozialer Tatsachen. Reinbek 1997.

Sternberger, Dolf/Gerhard Storz/Wilhelm E. Süskind, Aus dem Wörterbuch des Unmenschen. Erweiterte Ausgabe. Hamburg/Düsseldorf 1968.

Stickel, Gerhard, Beantragte staatliche Regelungen zur 'sprachlichen Gleichbehandlung'. Darstellung und Kritik. In: ZGL 16, 1988, 330−355.

Stötzel, Georg/Martin Wengeler, Kontroverse Begriffe. Geschichte des öffentlichen Sprachgebrauchs in der Bundesrepublik Deutschland. Berlin/New York 1995.

Straßner, Erich, Deutsche Sprachkultur. Von der Barbarensprache zur Weltsprache. Tübingen 1995.

Strauß, Gerhard/Ulrike Haß/Gisela Harras, 1989: Brisante Wörter von Agitation bis Zeitgeist. Ein Lexikon zum öffentlichen Sprachgebrauch. Berlin/New York 1989.

Tannen, Deborah, Andere Worte, andere Welten. Kommunikation zwischen Frauen und Männern. Frankfurt/M./New York 1997.

Trömel-Plötz, Senta, Gewalt durch Sprache: Die Vergewaltigung von Frauen in Gesprächen. Frankfurt/M. 1984.

Dies., Vatersprache − Mutterland. Beobachtungen zu Sprache und Politik. 2. Aufl. München 1993.

Tucholsky, Kurt, Sprache ist eine Waffe. Sprachglossen. Hrsg. von Wolfgang Hering. Reinbek 1989.

Volmert, Johannes, Politischer Kommentar und Ideologie. Ein inhaltsanalytischer Versuch an vier frühen Nachkriegszeitungen. Stuttgart 1979.

Wimmer, Rainer, Überlegungen zu den Aufgaben und Methoden einer linguistisch begründeten Sprachkritik. In: Heringer (Hrsg.), 1982, 290−316.

Ders., Zur juristischen Fachsprache aus linguistischer Sicht. In: SLWU 81, 1998, 8−23. [1998a].

Ders., Politische Korrektheit (political correctness). Verschärfter Umgang mit Normen im Alltag. In: DU 3, 1998, 41−48. [1998b].

Ders. (Hrsg.), Sprachkultur. Düsseldorf 1985. (Jahrbuch 1984 des Instituts für deutsche Sprache).

Zifonun, Gisela, Sprachkritische Momente in der Grammatik. In: Hans Jürgen Heringer/Georg Stötzel (Hrsg.), 1993, 266−290.

Dies./Gerhard Strauß, Die Semantik schwerer Wörter im Deutschen. 2 Bde. Tübingen 1985.

Rainer Wimmer, Trier

146. Impulse der feministischen Linguistik für Sprachsystem und Sprachgebrauch

1. Feministische Sprachkritik im Deutschen
2. Sprechen über Frauen
3. Geschlechtstypisches Kommunikationsverhalten
4. Literatur (in Auswahl)

1. Feministische Sprachkritik im Deutschen

1.1. Vorbemerkung

Die Frauenbewegung ist gekennzeichnet durch radikale Kritik am gesellschaftlichen Status der Frau und breite Resonanz dieser Kritik. Im Kontext der feministischen Bewegung, und wie diese ausgehend von den USA, haben in Deutschland − mit Ausnahme der DDR − wie in vielen anderen Ländern Laiinnen, Linguistinnen und Schriftstellerinnen eine feministische Sprachkritik entfacht. Das Interesse richtet sich auch auf Sprache, weil sie als Teil und Ausdruck von Identität angesehen wird. Feministische Sprachkritik im engeren Sinne ist Kritik am Sprachbestand, Sprachbesitz im Spannungsfeld von langue − parole − Norm, gelegentlich auch Sprachfeminismus genannt (Stickel 1988, 331). Sie gilt

den fundamentalen Asymmetrien im Bereich der Personenbezeichnungen und wirft Fragen nach der Wortbildung − Movierung und Komposition −, dem Zusammenhang von Genus und Sexus, dem generischen Sprachgebrauch sowie nach den stilistischen und kommunikativen Regeln des referentiellen und prädikativen Gebrauchs von Personenbezeichnungen und den entsprechenden Pronomina − insbesondere der Kongruenz bei prädikativem Gebrauch − auf.

Frühestes Beispiel ist die viel diskutierte Ersetzung von *man* durch *frau*, eingeführt von Verena Stefan (1975) in ihrem Buch „Häutungen". Linguistische Veröffentlichungen folgten seit 1978, v. a. von Ingrid Guentherodt, Marlis Hellinger, Luise Pusch und Senta Trömel-Plötz, die nach amerikanischem Vorbild gemeinsam Richtlinien gegen den sexistischen Sprachgebrauch und Forderungen nach nicht-sexistischer Sprache formulierten. Ab Mitte der 80er Jahre griffen PolitikerInnen zunehmend die Sprachkritik auf: Es begann eine Diskussion um die Umgestaltung von Gesetzestexten. Kein anderes Sprachproblem hat die deutschen Parlamente und die öffentliche Diskussion bisher mehr beschäftigt (zur Rezeption des Themas in den Printmedien vgl. Gorny 1995). Die feministische Sprachkritik ist ein aktuelles Beispiel von Sprachwandel durch − internationale − Sprachpolitik von unten und oben und zeigt sehr deutlich Verschränkung und Wechselwirkung von gesellschaftlicher und sprachlicher Entwicklung. Sie ist eines der Teilgebiete der feministischen Linguistik (vgl. auch 2. und 3.; Samel 1995), die umfangreiche Literatur ist unter dem neutraleren Titel „Sprache und Geschlecht" erschlossen (Froitzheim 1980; Froitzheim/Simons 1981; Schoenthal 1985; Peyer/Groth 1996).

Im folgenden bilden die Entwicklungen in der BRD den Schwerpunkt, vgl. jedoch allgemeiner 1.7.

1.2. Grundgedanken der feministischen Sprachkritik

Die bisher praktizierten Möglichkeiten zur Personenbezeichnung sind asymmetrisch, sie bevorzugen Männer und machen Frauen unsichtbar, was manchmal falsch, häufig ungenau oder mißverständlich ist und subjektiv als diskriminierend empfunden wird.

Die feministische Sprachkritik konzentriert sich auf den Wortschatz der Personenbezeichnungen wie *Frau, Nichte, Linkshänderin, Wählerin, Patientin, Seniorin* in seinen grammatisch-morphologischen Kombinationsmöglichkeiten mit dem unter emanzipatorischen Gesichtspunkten wichtigen Teil der Berufsbezeichnungen wie *Schneiderin, Ministerin, Ärztin, Hebamme*, die in besonderem Maße Ausdruck von Identität sind. Detaillierte Darstellungen der Wortbildungsverhältnisse im Bereich der Personenbezeichnungen finden sich bei Ljungerud 1973, Doleschal 1992, Hellinger 1990, Schoenthal 1989 a. Personenbezeichnungen stellen als Teilwortschatz des Deutschen eine Ausnahme dar, weil sie in der Regel nicht arbiträr sind, sondern in grammatischem und natürlichem Geschlecht übereinstimmen, von Ausnahmen wie *das Weib, das Mädchen, der Gast, die Person, das Mitglied* abgesehen. Tiernamen bilden wegen der Entsprechungen in der Wortbildung eine beliebte Beispielquelle (Pusch 1984, 21 f.; Ljungerud 1973, 147 ff.; Plank 1981, 96 ff.), dennoch gilt ihnen das sprachkritische Interesse nur am Rande. Für die anderen Bereiche des Wortschatzes wird Arbitrarität zwar spielerisch-ironisch, aber nie ernsthaft in Frage gestellt (Pusch 1984, 11), obwohl Grammatiker früherer Jahrhunderte bis zu Jakob Grimm genügend Beispiele für eine sexusorientierte Erklärung des grammatischen Geschlechts von Wörtern liefern, die keine Personenbezeichnungen sind, wie *Hand, Fuß, Mut, Treue* (vgl. Forer 1986, 23 f.; Leiss 1994, 288 f.; Bußmann 1995, 123 f.).

Sprachen spiegeln die patriarchale Gesellschaft in unterschiedlicher Weise: Im Gegensatz zur vom Geschlecht abstrahierenden engl. Sprache ist das Deutsche eine geschlechtsspezifizierende Sprache (vgl. zu Besonderheiten der Entwicklung einzelner Sprachen Hellinger 1985 und 1990; Braun/Pasero 1997). Personenbezeichnungen für Frauen sind im Deutschen hauptsächlich durch Movierung von maskulinen Formen abgeleitet, in der Regel durch *-in*, seltener − aber im Sprachgebrauch Österreichs und der Schweiz durchaus üblich − durch Fremdsuffixe wie *-euse, -ice* (Wittemöller 1988, 72 f.). Feminina, die von Maskulina abgeleitet werden wie *Hexe, Witwe*, sind die Ausnahme. In den seltenen Fällen eines femininen Ausgangswortes bei Berufsbezeichnungen wird die maskuline Form nicht davon abgeleitet oder rückgebildet, sondern eine neue Bezeichnung eingeführt, die dann wieder die Ableitung der femininen von der maskulinen Form zuläßt, wie z. B. *Hebamme − Entbindungspfleger, Krankenschwester − Krankenpfleger, Kindergärtnerin − Erzieher*. Daneben gibt es jedoch eine Reihe von Lexemen wie *Tochter, Mutter, Frau, Nichte*, die auch Bestandteile unterschiedlicher Komposita v. a. für Berufsbezeichnungen sein können, z. B. *Haustochter, Tagesmutter*, am häufigsten allerdings als Komposita auf *-frau* wie *Putzfrau, Kauffrau, Kamerafrau*, sowie in der Bedeutung 'Frau von' bei *Arztfrau, Bauersfrau*, was gelegentlich, aber nicht konsequent auch als Movierung bezeichnet wird (vgl. etwa Duden-Grammatik 1995, 902, 505 f. gegenüber 232, 861). Movierung wird aus historischer Perspektive kritisiert, allerdings wird nicht ihre Abschaffung, sondern ihre konsequente Anwendung gefordert und praktiziert. Dazu gehört, daß seltene Fremdsuffixe durch *-in* ersetzt werden: *Friseuse* durch *Friseurin*, *Masseuse* durch *Masseurin*. Die Kritik gilt aber v. a. dem generischen Sprachgebrauch: Das Maskulinum von Substantiven und Pronomina ist zugleich auch geschlechtneutrale Form: *die Anwälte, Studenten*, wohingegen es fraglich ist, ob die wenigen femininen Formen wie *Witwe, Hexe* etwa wie Tierbezeichnungen (vgl. *Ratte, Ente, Gans, Katze, Maus*) generisch gebraucht werden können. Besonders anspielungsreich ist deshalb die Neubildung „Die Rättin" im Romantitel von Günter Grass (1986). Auch wichtige Indefinitpronomina mit unveränderlichem Genus sind Maskulina: *man, jemand, niemand, jedermann*. Die maskuline Form im Singular zwingt zu pronominaler Wiederaufnahme mit *er, sein*: *Der Vermieter/*

niemand kann entscheiden, wie er will. Pronominale Wiederaufnahme mit *er, sein* fordern auch die meisten Indefinita. Im Plural gibt es kein Genus und entsprechend keine Genusunterscheidungen bei Artikeln und Pronomina, es heißt ausnahmslos *sie, ihre.* Wörter mit lexeminhärentem Geschlecht klammern das andere Geschlecht explizit aus; sie sind deshalb logischerweise nicht generisch verwendbar, faktisch aber in vielzitierten Formulierungen wie *alle Menschen werden Brüder* oder *die Väter des Grundgesetzes* durchaus üblich. Diese sachlich falsche Verwendung ist eindeutig diskriminierend, aber eine Asymmetrie, die durch die Sprachverwendung zustandekommt, also in den Bereich der parole gehört. Der generische Sprachgebrauch erhöht die statistische Wahrscheinlichkeit, daß maskuline Formen verwendet werden, er fördert prototypische Wahrnehmung und erweist sich deshalb häufig als pseudogenerisch, Frauen faktisch nicht mitmeinend. Viele Beispielsätze belegen das: *Für manche ist einer schon rechts, wenn er pünktlich zur Arbeit geht, und links, wenn er eine berufstätige Frau hat* (Heiner Geissler in einer Rede 1995; für weitere Beispiele vgl. Pusch 1984, 90ff.; Gorny 1995, 526). Daß sich generische Formulierungen als nur Männer meinend herausstellen, war auch die Erfahrung von Frauen, die sich auf im geschlechtsneutralen Maskulinum formulierte Anzeigen beworben haben. Und die Schweizerinnen konnten ihr Wahl- und Stimmrecht nicht aus dem Satz im Bundesverfassungstext *Alle Schweizer sind vor dem Gesetz gleich* ableiten (Anliker 1992, 10). Das Gesetz mußte geändert werden. Generische Maskulina fehlten bezeichnenderweise für typische oder unattraktive Frauenberufe wie *Putzfrau, Haushälterin* (vgl. Wodak u. a. 1987, 17; anders in der DDR: vgl. 1.7.). Umgekehrt fehlt für Männer eine Entsprechung für die Unterscheidung zwischen *Fräulein* und *Frau,* letztlich stehen den beiden Wörtern *Herr* und *Mann* fünf Bezeichnungen für Frauen gegenüber: *Frau, Fräulein, Herrin, Dame, Weib* (vgl. Kochskämper 1993, 154). Die Asymmetrien setzen sich fort, wenn Männernamen ohne Artikel verwendet werden, Frauennamen hingegen mit dem Vornamen oder dem Zusatz *Frau* oder *die: Kohl,* aber *Frau Thatcher, Helene Weigel, die Weigel* (vgl. Trempelmann 1988b).

Gelegentlich haben die Autorinnen ähnlich wie im „Wörterbuch des Unmenschen" (Sternberger/Storz/Süskind 1957) frauendiskriminierende Unwörter zusammengestellt und zur Streichung aus der dt. Sprache empfohlen. Ne-

ben der schon genannten Anrede *Fräulein* sind das v. a. Schimpfwörter, von denen es ihrer Meinung nach mehr für Frauen als für Männer gibt, etwa *alte Jungfer, alte Schachtel, altes Weib, Mannweib, dummes Weibsbild, weibisch, spätes Mädchen, Weibergeschwätz, Tipse, Klatschbase* (s. Guentherodt u. a. 1980/81, 20; vgl. auch 2.). Feministische Linguistinnen fordern zumindest, die aufgezeigten Asymmetrien aufzuheben, d. h. Frauen und Männer sprachlich gleichzustellen, sie fordern aber auch, Frauen sprachlich sichtbar zu machen, was nicht die gleichen Konsequenzen hat. Die Argumentation der Vertreterinnen feministischer Sprachkritik ist vorrangig verwendungsorientiert, zielt aber etwa mit der Forderung nach Abschaffung oder zumindest radikaler Einschränkung des generischen Maskulinums letztlich auf das Sprachsystem.

Schließlich wird auch die Asymmetrie beim prädikativen Sprachgebrauch kritisiert. Feministische Linguistinnen plädieren hier für weitestgehende Kongruenz: *Sie ist Schriftstellerin, Raucherin, Rednerin.* Sie haben darin die Duden-Grammatik hinter sich, die seit ihrer 1. Aufl. 1959 Kongruenz im Genus mit dem Subjekt als die Regel beschreibt, wenn eine Personenbezeichnung Kern eines Gleichsetzungsnominativ ist; entsprechend erfolgt bei anderen Satzteilen Übernahme des Genus des Bezugswortes (vgl. 5. Aufl. 1995, 720). Allerdings ist prinzipiell keine Genusübereinstimmung zwischen beiden Nominalgruppen erforderlich, da jede Kombination von Personenbezeichnung und Sachbezeichnung mit unterschiedlichem Genus möglich ist. Das zeigen Beispiele wie: *Sie ist der Traum meiner schlaflosen Nächte/das Vorbild für alle.* Bei Pronomina und Diskrepanz zwischen grammatischem und natürlichem Geschlecht geht die Duden-Grammatik (etwa 1984, 657) von der Herstellung grammatischer Kongruenz aus: *Gisela war das hübscheste dieser drei Mädchen.* Im Kontext der feministischen Sprachkritik gibt es eher eine Tendenz, sich am natürlichen Geschlecht zu orientieren, wie sie sich in älteren Texten häufig findet: *eines Frauenzimmers, die sich am artigsten gegen mich erwiesen hat* (Goethe); *die hässlichste meiner Kammermädchen* (Wieland), wie sie bei anaphorischen Pronomina immer schon möglich war: *Schau dir diese Memme an, die (*der) einfach davonläuft,* aber: *wie sie/er einfach davonläuft* (Batliner 1985, 380) und speziell bei Wiederaufnahme des Wortes *Mädchen* schon vor und unabhängig von der feministischen Sprachkritik zu beobachten war (vgl. auch Oelkers 1996).

1.3. Argumente pro und kontra Sexismus in der deutschen Sprache

Die Argumentation der Kritiker der feministischen Sprachkritik ist v. a. sprachsystematisch begründet. Sie kritisieren die unzulässige Vermischung von Genus und Sexus (Kalverkämper 1979, 60; Dörfer 1985, 146 ff.; Stickel 1988, 336 ff.). Gerade im Deutschen mit drei Genera gegenüber den zwei Sexus sei besonders deutlich, daß sprachliche Grenzziehungen nicht den außersprachlichen entsprechen müssen; so gibt es Personenbezeichnungen für Frauen wie *Mädchen* oder *Weib* mit neutralem Genus. Sie betonen Arbitrarität der Genuszuweisung für den gesamten Wortschatz und bestreiten eine Sonderrolle des Teilwortschatzes der Personenbezeichnungen sowie einen Einfluß der Sprache auf das Denken. Sprachliche Änderungen erwarten sie höchstens als Ergebnis gesellschaftlichen Wandels: „Ausdrücke mit vorwiegend männlicher Geschichte wie *Minister*, *Professor* oder *Bürgermeister* werden die für manche Menschen noch vorhandene Konnotation 'männlich' in dem Maße verlieren, in dem mehr Frauen als bisher zu Ministern und Professoren ernannt und zu Bürgermeistern gewählt werden" (Stickel 1988, 351). Das generische Maskulinum stellen sie in den Kontext der sprachlichen Neutralisation generell, die es nicht nur bei Personenbezeichnungen gibt. Neutralisation wird mit sprachlicher Ökonomie begründet, habe aber mit Diskriminierung von Frauen nichts zu tun. Die Wahl des Maskulinums als unmarkierte Kategorie resultiere aus seiner morphologischen Einfachheit (Stickel 1988, 341; Kalverkämper 1979, 63 f.). Die Kritiker der feministischen Sprachkritik befürchten Sprachlenkung und Sprachgesetze und suggerieren damit, daß Sprachwandel normalerweise „natürlich" erfolgt.

Man kann nicht sinnvoll bestreiten, daß die Personenbezeichnungen eine Sonderrolle innerhalb der Gruppe der Substantive einnehmen. Genus und Sexus haben ersichtlich etwas miteinander zu tun: Das Genus der Substantive, die Personen bezeichnen, stimmt im allgemeinen mit dem natürlichen Geschlecht der Personen überein, von Ausnahmen wie *Person*, *Gast*, *Wesen* abgesehen (Duden-Grammatik 1984, 150; vgl. ausführlicher Schoenthal 1989a, 304). Selbst das Englische, das vom Geschlecht abstrahiert, unterscheidet mit den Pronomina zwischen *she* und *he*. Auch ist die Übereinstimmung zwischen den Sprachen hinsichtlich des grammatischen Geschlechts bei Personenbezeichnungen größer als im sonstigen Wortschatz. Das zeigt sich nicht zuletzt daran, daß viele Sprachen ein geschlechtsneutrales Maskulinum haben. Wandruszka (1991, 32) zählt die Kennzeichnung der Zweigeschlechtlichkeit zu den sprachlichen Universalien. In historischer Perspektive erweist sich Sprache durchaus als Spiegel der Wirklichkeit (vgl. von Polenz 1985, 153). Alle Anzeichen sprechen dafür, daß schon die germanische Gesellschaft von der Geschlechtsasymmetrie geprägt war; auch im Indoeuropäischen war ausschließlich der Mann begrifflich Mensch, die Frau nur Geschlecht (Kochskämper 1993, 168). Im Rahmen der natürlichen Morphologie begründet Mayerthaler (1981, 13) seine Entscheidung für das Maskulinum als semantisch unmarkierte Basiskategorie damit, daß der prototypische Sprecher zumindest in europäisch geprägten Gesellschaften männlich (+ maskulin) ist. Nach Ansicht von Rabofski (1990) ist das für das Deutsche zentrale Wortbildungsmuster Movierung allerdings nicht primär, wie die bisherige historisch-traditionelle Wortbildungslehre suggeriert. Die Produktivität der movierten Feminina auf *-in*, als denominal von einer persönlichen maskulinen Basis abgeleitet, setzte erst im 11. Jh. ein und ist für Rabofski (1990, 37, 151) Resultat des negativen Einflusses der Christianisierung auf die gesellschaftliche Stellung der Frau, während im Got., Ahd. und Aengl. zunächst symmetrische Personenbezeichnungssysteme dominierten, z. B. Differentialgenus wie in got. *arbjo — die Erbin*, *arbja — der Erbe*, die nach Ansicht von Rabofski (1990, 68 f.) zeigen, daß die Bedeutung beider Geschlechter für die Gesellschaft anerkannt war (kritisch dazu Kochskämper 1993, 163).

Auch das Frauenbeschimpfungsvokabular der dt. Gegenwartssprache erweist sich als Spiegel historischer und noch bestehender Machtverhältnisse. Batliners (1981) quantitative Analyse des Sexualwortschatzes ergibt, daß es im Gegensatz zur meist vertretenen Ansicht in unserem Wortschatz insgesamt nicht mehr negativ konnotierte Bezeichnungen für Frauen als für Männer gibt. Die qualitative Analyse hingegen ist eine empirische Bestätigung für den Sexismus in der dt. Sprache. An den sprachlichen Charakterisierungen von Frauen sind männliche Interessen abzulesen, während sich aus der Charakterisierung des Mannes keine vergleichbaren weiblichen Interessen entlarven lassen (vgl. ausführlich Schoenthal 1985, 148 f.). Wie alle Sprachkritik unterstellt auch die feministische wechselseitige Beeinflussung von Sprache und Gesellschaft (Guentherodt u. a. 1980/81, 2; Wodak u. a. 1987, 18; Schweizerische Bundeskanzlei 1996; Kargl u. a. 1997), häufig unhinterfragt, gelegentlich mit Beispielsätzen erläutert und nur selten argumentativ entfaltet, sehr radikal noch einmal von Frank (1992, 124). Sie betont, daß Sprache eine Sexualisierung des Denkens erzwingt, und sprachliche Normen auch Subjekte von Gewalt sein können, die gesellschaftliche Ungleichheit nicht nur reflektieren, sondern stabilisieren und perpetuieren (ähnl. auch die poststrukturalistische Sprachauffassung, vgl. Schiwy 1985, 21; Postl 1991). Empirische Untersuchungen zum Einfluß der Sprache auf das Denken sind allerdings die Ausnahme. Sie zeigen z. B., daß das Genus geschlechtsneutraler Personenbezeichnungen durchaus nicht immer arbiträr ist, sondern Übereinstimmungen mit dem Sexus, der Wirklichkeit aufweist. Im Deutschen, Englischen, Schwedischen und Dänischen sind Sätze wie *Der Mensch ändert oft einen Teil seiner Gewohnheiten, wenn er Vater wird* und *Der Mensch sollte nicht rauchen, solange er schwanger ist* für muttersprachliche Sprecher unterschiedlich akzeptabel. Die syntaktischen Merkmale von *Mensch/er* werden nach Batliner (1984, 1985) weitaus öfter semantisch interpretiert als einige Linguisten wahr haben wollen, sind also pseudogenerisch. Das gilt schon für das ahd. Wort *mennisco —* *der Mensch* (Kochskämper 1993, 162). Das erklärt auch die mittlerweile gebräuchliche Ersetzung von *Lehrling* durch *Auszubildende(r)*. Klein (1988) hat Lückensätze ergänzen lassen und herausgefunden, daß das geschlechtsneutrale Maskulinum nicht allein und in erster Linie für die Ignorierung von Frauen verantwortlich ist. Es hat aber ganz eindeutig eine Verstärkerrolle, erklärbar durch unsere Neigung, eher die typischen VertreterInnen bestimmter Klassen zu assoziieren. Umgekehrt wird es wahrscheinlicher, daß Frauen auch tatsächlich „mitgedacht" werden, je expliziter die syntaktisch-semantische Struktur die Information enthält, daß neben Männern auch Frauen gemeint sind (Scheele/Gauler 1993, 71).

1.4. Strategien feministischer Sprachpolitik

Zur Durchsetzung einer nichtsexistischen, frauenfreundlichen oder geschlechtergerechten Sprache eignen sich im Deutschen die Strategien der Feminisierung und der Neutralisierung, beide wiederholt in Richtlinientexten veranschaulicht (allg.: Guentherodt u. a. 1980/81; Häberlin/Schmid/Wyss 1992; Kargl u. a. 1997; für die Verwaltungssprache: Mül-

ler/Fuchs 1993; F. Braun 1991; Schweizerische Bundeskanzlei 1996). Ihr Einsatz kann je nach Sprache, Text, kommunikativem Anlaß und Radikalität der sprachkritischen Position divergieren. Durch Neutralisierung ist Symmetrie, Gleichbehandlung von Frauen und Männern zu verwirklichen. Im Deutschen eignen sich dazu Partizipien und Adjektive: *Studierende, Erziehungsberechtigte, Kranke*; Ausdrücke wie *Fachkraft* können *Fachmann*, Zusammensetzungen mit *-leute* solche mit *-männer* ersetzen. Neutralisierung macht Frauen jedoch nicht sichtbar. Pusch (1984, 46–68) diskutiert für das Deutsche die vollständige Neutralisierung, die auch Männer unsichtbar machen würde, als Ideallösung: *das Student*, wenn das Geschlecht keine Rolle spielt, ansonsten: *der Student* versus *die Student*, verwirft sie aber, weil sie weit radikalere Veränderungen erfordern würde als die von ihr schließlich propagierte Feminisierung. Sprachlich sichtbar werden Frauen nur durch die Strategie der Feminisierung, durch weitestgehende Ausrichtung der Bezeichnung am natürlichen Geschlecht bzw. Herstellung von Kongruenz zwischen Sexus der Person und Genus der Personenbezeichnung. Wenn ausschließlich über Frauen gesprochen wird, ist konsequenter Gebrauch sämtlicher weiblicher Personenbezeichnungen auf *-in* und *-frau* und femininen Pronomina in Haupt- und Nebensätzen möglich: *jemand/eine, die*, selbst bei wiederholtem Vorkommen in Prädikationen. Mittel zur Sichtbarmachung von Frauen und symmetrischen Verwendung von Namen, Amts- und Funktionsbezeichnungen bei gemischtgeschlechtlichen Gruppen ist das Splitting: *der Bewerber/die Bewerberin, alle Bewerberinnen und Bewerber*, gelegentlich auch partielle Feminisierung, Beidbenennung oder Paarform(el) genannt (Pusch 1984, 87; Samel 1995, 71; Schweizerische Bundeskanzlei 1996); es kann allerdings bei Wiederholungen und pronominalen Bezügen zu als störend empfundenen Häufungen führen. Pusch, Hauptvertreterin der deutschsprachigen feministischen Systemlinguistik, praktiziert deshalb als Radikalfeministin die totale Feminisierung (*Leserinnen* für *Leserinnen und Leser*) als eine Art kompensatorische Gerechtigkeit, langfristig ist sie für Gleichbehandlung von Frauen und Männern (vgl. Pusch 1990, 95). Als originelle Mischung aus Neutralisierung und Feminisierung, weil von der femininen, nicht wie bisher von der maskulinen Form gebildet, hat das Binnen-I meist in der Pluralform *LeserInnen* v. a. in linken und alternativen Kreisen und Medien, im universitären Bereich, in Fachbüchern und Kriminalromanen, AnhängerInnen gefunden, es wird allerdings auch häufig kritisiert.

1.5. Feministische Sprachkritik im Kontext von Sprachkritik allgemein

Der Gedanke, daß die Genera der Personenbezeichnungen und v. a. das generische Maskulinum in irgendeiner Weise Einfluß auf Denken und Wahrnehmung nehmen, klingt durchaus schon bei anderen Sprachkritikern an. Als „Vorläufer" einer feministischen Sprachkritik werden beispielsweise aus dem 18. Jh. Joachim Heinrich Campe, aus dem 20. Jh. Karl Kraus und Baudouin de Courtenay zitiert (s. auch Götze 1918, 45 ff.; vgl. ausführlicher Schoenthal 1989a, 297 f.). Feministische Sprachkritik läßt sich in die Tradition der aufklärerischen Sprachkritik des 18. Jhs. stellen (Schoenthal 1989a, 299). Sie will wie diese in Sprache eingreifen, Sprache ändern. Dahinter steht in beiden Fällen eine Auffassung, die Sprache und Denken im Wechselverhältnis sieht: Sprache einerseits als Spiegel, Ausdruck historisch gewachsenen Denkens, Sprache andererseits als Hindernis, eine sich wandelnde oder schon gewandelte Wirklichkeit wahrzunehmen, Sprache aber ebenso als Hilfsmittel bei sozialem Wandel. Feministische Sprachkritik steht ebenfalls in der Tradition einer moralisierenden Sprachkritik, etwa des in den 60er Jahren viel kritisierten „Wörterbuch des Unmenschen" (Sternberger/Storz/Süskind 1957), die auch das Kennzeichen anderer neuer sozialer Bewegungen wie der Friedensbewegung und der Kernkraftgegner ist, die zwischen 1977 und 1987 die politische Diskussion bestimmten und von der Diskussion um die sprachliche Gleichstellung der Frau abgelöst wurden (vgl. auch Jung 1990, 1994). Feministische Sprachkritik ist kreative, phantasievolle Auflehnung gegen bestehende Normen und Konventionen, wie wir sie z. B. auch aus der Literatursprache kennen (Ljungerud 1973; Trempelmann 1990), dabei zum Teil durchaus den Regeln des Systems der dt. Sprache folgend, zugleich aber auch rigide Festschreibung eigener neuer grammatischer Regeln und v. a. stilistischer und kommunikativer Normen, allerdings nicht mit philologisch-konservativem Interesse wie vielfach bei Fremdwortkritik, sondern mit dem fortschrittlichen Interesse der Durchsetzung sprachlicher Gleichbehandlung (*political correctness*).

1.6. Dokumentation des bisherigen Wandels in der Bundesrepublik Deutschland

Eine umfassende Dokumentation der bisher durchgesetzten Kommunikationspraxis steht noch aus, Ansätze dazu finden sich v. a. für die 80er Jahre bei Pusch (1984, 76 ff.), Doleschal (1992), Wittemöller (1988); aus den 90er Jahren gibt es einige Beobachtungen und Befragungen (Alfers/Kürschner/Pelka 1994; Gansel 1995), aber keine umfangreicheren Datenerhebungen. Hier eröffnet sich ein weites Forschungsfeld, gerade auch für die gesprochene Sprache. Die feministisch sprachkritischen Aktivitäten sind nicht im „luftleeren" Raum zu sehen, sondern stehen im Kontext einer gesellschaftlichen Entwicklung und haben von Anfang an politische und gesetzgeberische Maßnahmen als Anlaß, Folge und Begleiterscheinung. V. a. die Kritiker feministischer Sprachkritik unterschätzen den massiven Einfluß, den Verwaltungs- und Gesetzestexte auf die Sprachentwicklung nahmen und nehmen. Durch Gesetz wurde z. B. (Behn 1980, 382) eine maskuline Entsprechung zu *Hebamme* wie *Hebammer* oder *Hebammerich* in Gesetzestexten untersagt. Auch die gegenüber der Anrede *Herr* asymmetrische Anrede *Frau/Fräulein* ist wiederholt Gegenstand ministerieller Erlasse geworden: Bis 1955 mußten unverheiratete Frauen mit Kind einen Antrag stellen, wenn sie mit *Frau* angeredet werden wollten. Sprachliche Gleichbehandlung in der Anrede *Frau/Herr* ist immerhin schon seit 1972 für den behördlichen Sprachgebrauch gesetzlich vorgeschrieben (vgl. Guentherodt 1980, 29). Seit 1979 gibt es ein internationales Übereinkommen zur Beseitigung jeder Form der Diskriminierung der Frau, 1985 wurde dieses Abkommen ratifiziert und damit in der Bundesrepublik Gesetz. Im einzelnen ist nicht immer zu entscheiden, ob bestimmte Veränderungen unter dem Einfluß der feministischen Sprachkritik speziell oder der feministischen Bewegung generell erfolgt sind.

1.6.1. Nichtfeministische Sprachpraxis

Die Verwendungsbedingungen für Personenbezeichnungen vor bzw. unabhängig von den durch die feministische Sprachkritik provozierten Änderungen werden in den dt. Grammatiken recht kurz abgehandelt und mit isolierten Beispielsätzen belegt. Die einzige empirische Untersuchung stützt sich auf alle einschlägigen Sätze aus einem Roman von einem männlichen Autor aus dem Jahr 1978, Sätze aus den österreichischen Medien aus

den 80er Jahren und selbst konstruierte Beispielsätze (Doleschal 1992). Movierungen
sind am häufigsten bei referierendem (*Die
Gastgeberin bietet ihren Tee an*) und prädikativem Gebrauch (*Sie ist Ärztin*) im Singular
anzutreffen. Der Vergleich movierter und unmovierter Personenbezeichnungen zeigt, daß
prinzipiell nicht immer eine maskuline Personenbezeichnung zur Bezeichnung einer Frau
möglich ist, wie die meisten Arbeiten zur Movierung im Deutschen stillschweigend voraussetzen (Doleschal 1992, 109): Nach Ansicht von Doleschal sind Sprecher oder Spre-
cherin in referierenden (anders als in nicht-
referentiellen) Nominalgruppen im Singular
verpflichtet, das Geschlecht der von ihnen gemeinten Person klarzustellen, andernfalls ris-
kieren sie eine Kommunikationsstörung: *Ein
Kellner betrat den Saal* kann nicht über eine
Frau ausgesagt werden. Maskuline Personenbezeichnungen werden verwendet, wenn das
Geschlecht der genannten Person unbekannt,
nicht feststellbar, irrelevant ist, um gemischtgeschlechtliche Gruppen oder unpersönliche
Agentia zu bezeichnen, sowie bei metaphorischen Personifikationen. Ob das Geschlecht
von Personenklassen im Text spezifiziert
wird, hängt nach Ansicht von Doleschal weitgehend davon ab, ob die Sprechenden diese
Information für relevant halten. Eine wichtige Voraussetzung für die geschlechtsabstra-
hierende Bedeutung männlicher Personenbezeichnungen im Plural ist ihre semantische
Unmarkiertheit und nicht zuletzt die Irrelevanz des Geschlechts der Einzelpersonen für
die Identifikation einer Gruppe. Auch textuelle Gründe, die im einzelnen noch zu untersuchen wären, können Movierung deter-
minieren, etwa stilistische Aspekte wie Kohäsion, Prestige, Verwendung vor oder nach
dem Namen, auch der Zusammenhang mit
der realen Repräsentation von Frauen in gewissen Berufen und Stellungen sowie unterschiedliche Verwendung je nach Geschlecht
und Alter (Doleschal 1992, 78). Gestützt auf
biographische Eigenangaben von Frauen für
einen Ausstellungskatalog und eine Befragung von Studentinnen über ihre Berufswün-
sche hält Barz (1985, 195ff.) kommunikativ-
pragmatische Gesichtspunkte für ausschlaggebend. Steht die Berufsausübung im Vordergrund, wird die unmovierte maskuline Form
als Allgemeinbegriff verwendet. Die movierte
Form hingegen wird verwendet, wenn die Berufsausübung durch eine Frau hervorgehoben wird. Beide Gesichtspunkte überlagern
sich in vielen Fällen. In bestimmten Texten

oder Kommunikationssituationen kann die
SprecherIn/SchreiberIn bei der Wahl frei variieren, Ausschließlichkeit in der Verwendung
der Form in Bezug auf spezifische Texte ist
nicht festzustellen (vgl. auch 1.7.).

1.6.2. Feministische Sprachpraxis

Als Erfahrung im Alltag ist die Praxis feministischer Sprachkritik vielen präsent, mindestens in bestimmten Bereichen. Sie ist nicht
nur Umsetzung der von Linguistinnen aufgestellten Normen, sondern spontaner und
kreativer Laiinnensprachgebrauch. Dokumentiert wurde er bisher nur einmal, in seinen qualitativen Aspekten und unabhängig
von textsortenspezifischer Verteilung. Das
von Pusch (1984) zusammengestellte Korpus
von über 10.000 feministisch sprachkritischen
Belegen aus Zeitungen, Zeitschriften, Büchern und mündlichem Sprachgebrauch zeigt
neben Splitting, („wohin frau blickt", Pusch
1984, 95) konsequente Feminisierung durch
zum Teil spielerisch-witzigen, auch bisherige
Regeln verletzenden Gebrauch geschlechtsneutraler maskuliner Pronomina, etwa bei
Wiederaufnahme generischer Pronomina mit
femininen Formen wie *jemand/niemand, die*.
Charakteristisch ist weiter der überaus produktive Einsatz der Endung *-in* und des
Kompositums *-frau* in Opposition zu *-mann*.
Das rückläufige Wörterbuch der deutschen
Gegenwartssprache von Mater (1983) dokumentiert neben 209 Bildungen auf *-mann* erst
71 Bildungen auf *-frau*, mit gleicher erster
Komponente sogar nur sieben, darunter
Hausmann, Hausfrau, Ehefrau, Ehemann (vgl.
Trempelmann 1987); bei Muthmann (1988,
977f.) sind es immerhin schon 98. Pusch
konstatiert Kongruenz zwischen Genus und
Sexus als Ersatz für das generische Maskulinum, selbst wenn die feminine Personenbezeichnung nur Teil eines Wortes
ist: *Siegerinnenpose, Autorinnenpersönlichkeit*,
ein Sprachgebrauch, wie er allerdings auch
in Stellenangeboten gelegentlich vorkommt
(Wittemöller 1988, 112; vgl. auch Ljungerud
1973). Mit der Entscheidung für semantische
Kongruenz, also Anpassung des Genus an
den Sexus der Person, wird wegen des übergeordneten Ziels, Frauen sichtbar zu machen,
Redundanz in Kauf genommen, etwa in Verbindungen von femininen Personenbezeichnungen mit dem Adjektiv *weiblich* wie in
weibliche Linguistinnen (vgl. auch Oelkers
1996). Eines der prominentesten Beispiele feministischer Sprachpraxis ist über die Jahre
hin die Zurückweisung der neutralen Bedeu-

tung des Pronomens *man* und seine Ersetzung durch *frau* bei Bezugnahme auf Frauen – erstmalig in Verena Stefans „Häutungen" (1975) dokumentiert. *Frau* wird als nicht dudenwürdig abgewertet (Drosdowski 1989, 86). Auch von Polenz (1985, 153) hält es für eine sprachpuristische Übertreibung: Zwar sei *man* aus dem auch in *Mensch* steckenden substantivischen Stamm *man* entstanden, habe aber die allmähliche Einengung der Bedeutung des Substantivs *Mann* auf ‚männlicher Mensch' als Folge patriarchalischer Sozialordnung nicht mitgemacht. Das Pronomen *man* war orthographisch vom Substantiv ferngerückt und hatte und hat eine Sonderrolle bei der Pronominalisierung: Es kann nicht durch *er* pronominalisiert werden, sondern muß wiederholt werden, im Akkusativ und Dativ wird es durch *ein* pronominalisiert. Andererseits sieht auch von Polenz schon eine sprachliche Tatsache darin, „daß seit etwa 10 Jahren [...] die Bedeutung 'männlich' in das Pronomen *man* hineingedeutet und kleingeschriebenes *frau* als sprachliche Innovation erfolgreich als Agitations- und Solidarisierungsmittel benutzt und verbreitet wird."

Für neutrale Kontexte wird *man* durchaus auch beibehalten, feministische Linguistinnen empfehlen allerdings, es durch Passivsätze und andere unpersönliche Konstruktionen zu ersetzen bzw. durch Subjekte wie *ich*, *wir* persönlicher zu gestalten (Hellinger 1990, 164; Häberlin/Schmid/Wyss 1992, 55). Bei Männer ausschließendem Sprachgebrauch wird *frau* selbst für den Sprachgebrauch der UNESCO empfohlen (Hellinger/Bierbach 1993, 18), hier wird es mittlerweile auch in Zeitungen ohne Anführungszeichen verwendet. Auch die Werbung hat es aufgegriffen: In einer Anzeige über ein Konto für junge Leute heißt es: *Man hat es. Frau auch. Das junge Konto.* Niemand will jedoch *frau* in Gesetzestexte aufnehmen. Gelegentlich finden sich auch andere Substantive pronominal gebraucht, etwa *mensch* oder *mann* – ein individuell und inhaltlich bedingter Sprachgebrauch, der im einzelnen noch zu untersuchen wäre.

Die feministische Sprachpraxis hat die Paarform als Ersatz für das generische Maskulinum nicht erfunden, aber ihren Gebrauch massiv forciert. Als eigene feministische Alternative gilt das Binnen-I, dessen stille Revolution nicht aufhaltbar zu sein scheint (s. Etzold 1996, 33). Erfinder des Binnen-I (auch großes I oder Versalbuchstabe genannt) ist nach Ludwig (1989, 81) ein Mann: In seinem Buch über freie Radios, das 1981 im Verlag 2001 erschienen ist, hat Christoph Busch als erster das gedruckte Binnen-I in der wieder-

holt vorkommenden Bezeichnung *HörerInnen* verwendet. Zwei Jahre später tauchte dieser Ausdruck in einem Inserat des Alternativen LokalRadios Zürich, danach in einem Artikel über diese Radios in der Züricher „Wochenzeitung" (WoZ) auf. Im Dezember 1983 führte die WoZ das I als offizielle Schreibweise für alle Personenbezeichnungen ein, dadurch wurde es in der Schweiz bekannt. 1986 übernahm die Berliner „tageszeitung" (taz) die Schreibung. Schon 1989 konstatiert Ludwig eine bemerkenswerte Verbreitung auf Teile der linken Presse, Veröffentlichungen von Studierenden, Stellenausschreibungen, wissenschaftliche Darstellungen; vereinzelt findet es sich in der „Zeit" und in Ministerien. In den Empfehlungsschriften einzelner Städte ist das Binnen-I meist nicht berücksichtigt oder ausdrücklich abgelehnt, doch Städte wie Frankfurt oder Saarbrücken empfehlen es. Es gibt auch Beispiele für die Einführung des Binnen-I in parlamentarischen Gremien (Gorny 1995, 536 f.). Im Wortschatz hat es sich ebenfalls ausgebreitet, z. B. auf Kollektivbezeichnungen wie *DozentInnenschaft*. Bei Großschreibung wird es entsprechend klein geschrieben: LESERiNNEN.

Das Binnen-I stößt auf sehr viel Kritik. Der Großbuchstabe werde als „Ideologem in die deutsche Sprache eingeschleust" und passe nicht in das Schriftsystem des Deutschen, weshalb etwa Drosdowski als Leiter der Duden-Redaktion die Übernahme in den Duden ablehnt (1989, 86; 1992, 15). Es verschärfe die Genusunterschiede und habe einen polemischen, bekenntnishaften und manchmal auch komischen Effekt (Wunderlich 1993, 224) und diene als Aushängefahne für Gruppenzugehörigkeit gelegentlich einem flotten Profiliergehabe (Guentherodt 1993, 247). Es gibt aber auch linguistisches Lob: Das Binnen-I wird für eine elegante Lösung und sprachsystematisch gesehen für eine interessante Neuerung gehalten (Sanders/Niederhauser 1990, 91) und als Neuschöpfung, die Ausdruck des sozialen Umdenkens ist und als Teil eines Soziolektes zur Gruppenidentifikation beiträgt, anerkannt (Guentherodt 1993, 248). Es läßt sich durchaus in der Konsequenz der Entwicklung der Großschreibung sehen. Binnenmajuskeln in Komposita sind verbreitet (*InterCity*, *KirchenVolksBegehren*, *LokalRadio*) und waren historisch durchaus vertreten; so schreibt der Grammatiker Schottel im 17. Jh. etwa *HaubtSprache* oder *HofgerichtsAssessore* (Anliker 1992, 11; zu

Argumenten pro und kontra großes I vgl. Häberlin/Schmid/Wyss 1992, 94).

Das Binnen-I steht zwischen Splitting und geschlechtsneutralem Maskulinum bzw. Femininum. Gegenüber letzteren hat es den Vorteil eindeutig zu sein, gegenüber den Splittingvarianten den Vorteil der Ökonomie. Allerdings wird es nicht immer als generische Variante, sondern auch als abgekürzte Beidschreibung gedeutet, die beim Sprechen aufgelöst werden muß (Häberlin/Schmid/Wyss 1992, 105; Samel 1995, 79; Schweizerische Bundeskanzlei 1996, 25). Für die generische Version spricht, daß im allgemeinen vor dem -*Innen* eine Pause mit glottalem Verschlußlaut oder Knackgeräusch gemacht wird; nur als generische Version ist es tatsächlich die ökonomischste Lösung. Bei generischem Gebrauch müßte der Singular *die BürgerIn* heißen, es werden aber auch Singularformen angeboten wie *der/die BürgerIn*, was Erschwernisse für die Deklination und die Verwendung in attributiven Nominalgruppen zur Folge hat. Im Kontext des Binnen-I wird deshalb auch die Großschreibung anderer Buchstaben diskutiert (Häberlin/Schmid/Wyss 1992, 94): *eineN verständnisvolleN geduldigeN LehrerIn*. Wegen der Veränderung gegenüber der maskulinen Personenbezeichnung gelten Formen wie *BotIn*, *ÄrztInnen*, *BäuerInnen* als problematisch, weshalb auch empfohlen wird, solche Formen nur zu verwenden, wenn bei Weglassen der Endung ein vollständiges Wort übrigbleibt (Schweizerische Bundeskanzlei 1996, 27); auch die Trennung muß noch geregelt werden.

Bei der empirischen Untersuchung von Scheele/Gauler mit insgesamt 837 ProbandInnen zeigte sich, daß vielen das große I unbekannt war (1993, 65). 1992 hat es der Magistrat der Stadt Wiesbaden u. a. für den amtlichen Sprachgebrauch empfohlen (Bikkes/Brunner 1992, 76), bisher als einzige Stadt (Samel 1995, 78). In die Anträge für eine Rechtschreibreform wurde es nicht aufgenommen (vgl. Samel 1995, 81). Auch die interministerielle Arbeitsgruppe Rechtssprache des dt. Bundestages zieht es nicht in Erwägung, und selbst von feministischen Linguistinnen (Guentherodt 1993, 247f.) wird es für Rechtstexte abgelehnt. Im Leitfaden der Bundeskanzlei der Schweiz (Schweizerische Bundeskanzlei 1996, 26) ist es für verknappte, nicht aber für fortlaufende Texte empfohlen.

1.6.3. Berufsbezeichnungen, Titel und Grade

Berufsbezeichnungen sind zentrales Bindeglied zwischen fachsprachlichem und alltagssprachlichem Wortschatz. Sie sind der einzige Bereich, der seit den 50er Jahren empirisch untersucht wurde und gut, wenn auch sicher nicht ausreichend dokumentiert ist. Hier geht es primär wortschatzorientiert um die Frage nach Vorkommen und Verwendung in unterschiedlichen syntaktischen Positionen, davon abzugrenzen ist die unten behandelte primär textorientierte Frage der Gestaltung von Stellenanzeigen. Für die deutschsprachige feministische Sprachkritik ist die Feminisierung von Berufsbezeichnungen ein zentraler Aspekt (s. u. 1.7. zur Sonderentwicklung in der DDR), denn diese sagen nicht nur etwas über die ausgeübte Tätigkeit aus, sondern sind in hohem Maße auch Identifikationsmittel, ähnlich wie der Name einer Person Teil der Person selbst ist.

Die feministische Sprachkritik greift auf und forciert, was sich im Zuge der gesellschaftlichen Entwicklung längst angebahnt hat. Schon 1962 bittet die erste Bundesministerin, Frau Dr. Schwarzhaupt, darum, als *Frau Ministerin* angesprochen zu werden. Die Entwicklung der weiblichen (movierten) Berufsbezeichnungen seit den 50er Jahren zeigt, daß Movierungen auf -*in* zunächst nicht oder nur zögerlich verwendet werden, sich dann aber immer mehr durchsetzen. Eine ähnliche Entwicklung wiederholt sich in den 80er/90er Jahren bei den Komposita auf -*frau*; *die Kauffrau* war sogar schon in den 70er Jahren in der Bundesrepublik Deutschland üblich (vgl. Oksaar 1976, 89; zur unterschiedlichen Entwicklung in der DDR vgl. 1.7.). Auch der Ersatz von *Lehrling* durch *der/die Auszubildende* gehört in diesen Kontext. Bereits für den von Oksaar (1976) dokumentierten Zeitraum von 1962 bis 1972 zeigt ihre umfangreiche Belegsammlung von Berufsbezeichnungen aus Zeitungstexten, daß die movierte Form im ganzen und auch in den einzelnen Sektoren erheblich überwiegt (74—95%). Selbst Fremdwörter, die in den ersten Jahren unmoviert dokumentiert sind, werden zunehmend moviert: *Cutterin*, *Babysitterin*. Für die höheren Berufe stellt Oksaar in den drei linguistischen Kontexten (Bezeichnung vor dem Nomen, nach dem Nomen und ohne Nomen) eine annähernd gleiche Verteilung movierter und unmovierter Formen fest. Nichtverwendung des -*in* wertet sie v. a. als Indikator für die neuen Frauenberufe, das sind die sog.

klassisch männlichen Handwerksberufe wie Schlosser, Schuster, Schmied, Bäcker. Bei den unmovierten Formen sind meist im gleichen Satz Informationen über das natürliche Geschlecht enthalten. Hinzu kommen Besonderheiten in bestimmten Syntagmen, etwa ist als Titel oder Amtsbezeichnung (v. a. in einem Syntagma Frau + Beruf + Name) die unmovierte Form relativ häufiger. Auch bei der Anrede beobachtet Oksaar Variabilität: einerseits: *sie ist Professor/Professorin*, aber: *Frau Professor* oder *Frau Direktor*; andererseits: *sie ist Minister/Ministerin*, aber: *Frau Minister/Ministerin* oder *Frau Senator/Senatorin*. Oksaar deutet das Vorkommen von alternativen Bezeichnungen für Frauen bei bestimmten Berufen wie *Ministerin/Minister*, das ausschließliche Vorkommen von femininen Berufsbezeichnungen bei *Lehrerin, Ärztin, Köchin* und das ausschließlich unmovierte Vorkommen von *Frau Müller ist Schlosser/Schuster/Schmied (Bäcker?)* als Schwankungen im System. Für von Polenz hingegen stellt fehlende Movierung einen Systemverstoß dar (vgl. von Polenz 1982 bzw. 1973, 82). Fehlende Lexikalisierung oder auch nur Usualisierung eines Wortes sprechen nicht gegen seine Ableitbarkeit (vgl. von der Gabelentz 1969; Wustmann 1891). Auch die Weiterentwicklung der Berufsbezeichnungen ist dokumentiert. Zunächst gab es die weibliche Bezeichnung als Normabweichung: *Putzfrau, Abortfrau*, dann überwogen eine Zeitlang die Doppelformen, mittlerweile wird konsequent Geschlechtsdifferenzierung unter Verzicht auf die männliche Form als Norm praktiziert. Wittemöller (1988, 117) sieht die Dominanz der movierten Form im Textteil der Zeitungen für alle Berufe in den drei möglichen Kontexten gefestigt, wo Oksaar (1976) noch für die höheren Berufe in den drei linguistischen Kontexten eine annähernd gleiche Verteilung movierter und unmovierter Formen feststellte.

Gesellschaftspolitische Maßnahmen, die zugleich sprachpolitische Maßnahmen sind, gab es gerade für den Bereich der Berufsbezeichnungen vor aller feministischen Sprachkritik. In ihrer Bedeutung nicht zu unterschätzen sind die Berufsverzeichnisse. Als Nachschlagewerke, die nur in größeren Abständen verändert werden, legen sie fest, ob es einen Beruf als Frauenberuf, als Männerberuf oder geschlechtsunabhängig gibt, und können durchaus normativ wirken. Sie können gesellschaftlichen Wandel dokumentieren, wenn sie die feminine Form einführen,

ihn verdecken, wenn sie, wie das in der Regel geschieht, nur die maskuline Form aufführen, aber ihn durchaus auch vorantreiben, wenn sie die weibliche Form für Berufe vorsehen, die noch nicht von Frauen ausgeübt werden. 1979 hat das Bundesministerium für Bildung und Wissenschaft beschlossen, alle Ausbildungsberufe geschlechtsdifferenziert aufzuführen. Diese Maßnahme war zur Verbesserung der Chancengleichheit gedacht, war aber zugleich ein fundamentaler Eingriff in die Sprachentwicklung (vgl. Wittemöller 1988, 135). Die konsequente Movierung mit *-in* ermutigt zur Movierung auch bei Berufsbezeichnungen, für die dies bisher nicht üblich war. Ähnlich einflußreich war die Entscheidung für Komposita auf *-frau* anstatt *-männin: Kauffrau, Fachfrau, Amtfrau.* Solche Erlasse nehmen eine Entwicklung vorweg, die die Bürgerinnen und Bürger erst allmählich nachvollziehen: Bei im Rahmen eines Seminars durchgeführten Befragungen zeigte sich sehr deutlich, daß neue Komposita auf *-frau* noch nicht auf sehr große Akzeptanz in der Bevölkerung stoßen, daß die Akzeptanz sogar von Wort zu Wort variiert und nicht die logische Anwendung einer schon bestehenden produktiven Regel gilt, wobei Berufsbezeichnungen auf größere Akzeptanz stoßen als Wörter wie *Schneefrau.*

Bis Ende der 80er Jahre war die Unmoviertheit akademischer Grade länderübergreifend noch voll etabliert (vgl. Oksaar 1976, 82; Wittemöller 1988, 120). Von LinguistInnen wird sie kontrovers diskutiert. Während Stikkel (1983) als Leiter des Instituts für deutsche Sprache in der Verleihung von Diplomen, Graden und Amtsbezeichnungen in der femininen Form eine geradezu selbstverständliche Anwendung der Wortbildung sieht und Leuer/Fessel (1992) eine Veränderung der Sprache des Hochschulrechts insgesamt befürworten, argumentieren z. B. Lieb/Richter (1990, 157) vehement gegen sexusspezifische Grade, u. a. mit der Begründung, sie würden einen erleichterten Graderwerb für Frauen suggerieren. Ganz allmählich bahnen sich auch hier Veränderungen an, v. a. weil einzelne Frauen sich den gewünschten Titel gerichtlich erstreiten. Z. B. wurde 1988 vom Berliner Verwaltungsgericht die Klage zweier Frauen auf Umbenennung des Titels *Magister* in *Magistra* abgelehnt. In einem Vergleich verpflichtet sich die Universität, den Titel *Magistra* rückwirkend zu verleihen, falls es zu einer Änderung des Hochschulgesetzes kommen sollte. In Oldenburg hat sich 1990 eine Mathematikerin den Titel *Doktorin rer. nat.* erstritten; inzwischen hat der Fachbereich Mathematik seine Promotionsordnung geändert (vgl. Gorny 1995, 547).

1.6.4. Anzeigen

Die Gestaltung von Stellenangeboten im (pseudo)generischen Maskulinum ist ein Hauptangriffspunkt der feministischen Sprachkritik, politisch unterstützt durch die Richtlinie 76/207 des EWG-Rates von 1976 zur Verwirklichung des Grundsatzes der Gleichbehandlung von Männern und Frauen hinsichtlich des Zugangs zur Beschäftigung, Berufsausbildung und zum sozialen Aufstieg. Sie wurde 1980 in der Bundesrepublik in das deutsche Arbeitsrecht umgesetzt: § 611b BGB regelt als Sollvorschrift die geschlechtsneutrale Arbeitsplatzausschreibung im öffentlichen Dienst. Der Anteil der unmovierten Berufsbezeichnungen an allen im Anzeigenteil vorkommenden Berufsbezeichnungen lag mit 10,9% (Wittemöller 1988, 93) wesentlich höher als in der Schweiz (2,9%) und Österreich (2,2%). Nach zwei älteren Untersuchungen von 1983 und 1987 haben die Soll-Bestimmungen des § 611b BGB bisher nicht die gewünschte Wirkung gezeigt (vgl. Hellinger 1990, 114). Über die Hälfte von 6.000 Stellenanzeigen aus dem Jahr 1986 wendet sich direkt an Männer, 22% an Frauen, 21% sind geschlechtsneutral formuliert, Männer können sich also bei ca. 75% aller Anzeigen angesprochen fühlen, Frauen nicht einmal bei der Hälfte. Im EDV-Bereich werden Männer zu 87% direkt angesprochen, Frauen nur zu 2%, umgekehrt werden beim Hauspersonal zu 81% Frauen und zu 1% Männer gesucht. Auch nach Wittemöller (1988, 89) sind Anzeigen in Allgemeinform, die sich auf die Neutralität der Formulierung verlassen (*Gärtner gesucht*), in allen drei Ländern immer noch in der Überzahl. Mehrere Untersuchungen aus den 90er Jahren kommen zum Ergebnis, daß bei Führungskräften und im Topmanagement die Stellenausschreibungen ausschließlich maskuline Berufsbezeichnungen benutzen, während neutrale Formulierungen v. a. in den typischen Frauenberufen verwendet werden: *Schreibkraft, Haushaltshilfe* (vgl. Wittemöller 1988, 108; Gorny 1995, 550). Die bisher überwiegend negativen Ergebnisse hängen damit zusammen, daß das Gesetz keine Sprachanweisungen enthält, und viele Untersuchende, der feministischen Sprachkritik folgend, das generische Maskulinum nicht als geschlechtsneutrale Formulierung akzeptieren. Der

Frauen ausschließende Sprachgebrauch in Anzeigentexten ist eine primär textorientierte Fragestellung. Unklar bleibt, ob sich die Analysen am Einzelwort der jeweiligen Berufsbezeichnung orientieren oder auf den gesamten Anzeigentext stützen. Mittlerweile ist es bei Hochschulen nahezu durchgängig Praxis, Frauen explizit zur Bewerbung aufzufordern. Untersuchungen in den kommenden Jahren werden zeigen, ob das allmählich von Erfolg gekrönt ist. Texte, in denen Feminisierung/Movierung wegen des referentiellen Gebrauchs unumgänglich ist, sind Stellengesuche oder Heiratsanzeigen. Daß Frauen sich eher mit der weiblichen Form identifizieren, schließt Wittemöller (1988, 102) aus der häufigeren Verwendung von Komposita auf *-frau* in Stellengesuchen. Selbstbezeichnung ist in vielen Bereichen der entscheidende Faktor, auch dort, wo Frauen die Führung eines Titels in weiblicher Form einklagen. Nur am Rande sei erwähnt, daß bei Selbstbezeichnung sehr schnell eine andere Opposition als die von Feministinnen behauptete *Junggeselle–Jungfer* etabliert wird: die von Stolt (1976) untersuchten Heiratsanzeigen von 1973 enthalten ganz selbstverständlich schon zweimal die Ableitung *Junggesellin*. Während im allgemeinen Personenbezeichnungen auf *-ier* nicht moviert anzutreffen sind, findet sich in Heiratsanzeigen die *Hotelierin* (Wittemöller 1988, 34).

1.6.5. Verwaltungs- und Vorschriftensprache

Die Frage einer umfassenden Umgestaltung der Verwaltungs- und Vorschriftensprache wird seit Mitte der 80er Jahre in Ministerien, Parlamenten und Stadtregierungen intensiv diskutiert. 1987 gab es eine Bundestagsdebatte über „Geschlechtsneutrale Bezeichnungen, Formulierungen in Gesetzen, Rechtsvorschriften, Verwaltungsvorschriften". Gegenstand des ersten Antrags im Bundestag war der „Wahlmännerausschuß". Im Sommer 1991 stimmte das Kabinett der Bundesregierung Vorschlägen einer interministeriellen Arbeitsgruppe zu, wonach ein weiblicher Amtmann künftig auch offiziell *Amtfrau* heißen, eine Ministerin auch in Urkunden nicht mehr *Frau Minister* genannt werden soll (vgl. zu Berufsbezeichnungen 1.6.3.). In Formularen, Anträgen, Anschreiben und Vordrucken hat sich eine geschlechtergerechte Sprache am schnellsten durchgesetzt, auch wenn sie längst nicht zur Regel geworden ist. Hier war und ist der Unwille direkt vermittelbar. So wurden bei der Volkszählung 1987 noch kurz vor Drucklegung die Fragebögen entsprechend geändert, aus Angst, daß Frauen sie nicht ausfüllen würden. Bei individualisierten Rechtsbeziehungen ist eine geschlechtergerechte Anrede und eine Textgestaltung juristisch einsichtig und im Sinne einer bürgernahen Verwaltung höflicher und stärker adressatInnenorientiert. Durch die zunehmende Institutionalisierung von Frauenbeauftragten in den 80er Jahren gibt es auch genügend Ansprechpartnerinnen, die die wachsende Nachfrage nach Formulierungshilfen kompetent beantworten (bis auf Häberlin/Schmid/Wyss 1992 sind die meisten neueren Richtlinientexte in diesem Kontext entstanden, vgl. etwa Wodak u. a. 1987; F. Braun 1991; Hellinger/Bierbach 1993; Müller/Fuchs 1993; Schweizerische Bundeskanzlei 1996).

Es besteht jedoch ein wesentlicher Unterschied zwischen der eher konkret und individuell adressierten Verwaltungssprache und der teilweise generisch und abstrakt orientierten Vorschriftensprache. Inzwischen ist es auch hier, möglicherweise mitbedingt durch die Entwicklung in der Schweiz (vgl. 1.7.), zu einer Annäherung der Standpunkte gekommen.

Die Diskussion ist allerdings noch nicht abgeschlossen. Stickels (1988, 352) Plädoyer für die Beibehaltung des generischen Maskulinums war nicht durchzusetzen. Um andere sprachliche Grundsätze für die Gestaltung von Rechtsvorschriften wie Allgemeinheit, Knappheit, Verständlichkeit und Klarheit zu wahren und dennoch sprachliche Gleichbehandlung zu verwirklichen, haben der Bund und einige Bundesländer unterschiedliche Regelungen getroffen, die alle das geschlechtsneutrale Formulieren betonen (vgl. ausführlich: Gesellschaft für deutsche Sprache 1994). Selbst die in der Diskussion engagierten Feministinnen fordern keine umfassende Feminisierung der Rechtstexte, sondern Ersetzung des generischen Maskulinums, das ja lange in der Rechtssprache nur den Mann bedeutete (vgl. Grabrucker 1993, 144), durch neutrale Bezeichnungen in Gesetzen, die von der Gleichstellung der Frau nicht betroffen sind, Verwendung des Femininums in der Paarbezeichnung hingegen in Normen, die die defizitäre gesellschaftliche Stellung der Frau widerspiegeln oder fortzusetzen geeignet sind (Grabrucker 1993, 226).

Die politische Praxis ist dem schon ein Stück weit gefolgt: 1991 stimmte das Kabinett der Bundesregierung Vorschlägen der Arbeitsgruppe Rechtssprache zu, wonach durch männliche Formulierungen geprägte Vorschriften „neutralisiert" werden sollen. Aber bei Regelungen in Zusammenhang mit Mutterschutz, Schwangerschaft etc. dürfen generische Maskulina nicht verwendet werden (Arbeitsgruppe Rechtssprache 1990, 37). Nach bisheriger Lösung der Bundesregierung, mehrerer Landesregierungen und Parteien wird die Beibehaltung des generischen Maskulinums mit wenigen Einschränkungen oder seine Kombination mit anderen Formen vertreten (Gesellschaft für deutsche Sprache 1994, 31). Nach Auffassung der Gesellschaft für deutsche Sprache (1994), die im Auftrag der interministeriellen Arbeitsgruppe Rechtssprache des Deutschen Bundestages Empfehlungsschriften und Erlasse verglichen hat, wird ein Modell zur Umgestaltung von Rechtsvorschriften, das geschlechtsneutrale Formen, die Paarform und das generische Maskulinum verbindet, am ehesten den komplexen Anforderungen der Rechtssprache gerecht, wobei sich die Paarformel für „personennahe" Formulierungen anbietet und dort mindestens gelegentlich verwendet werden sollte, bei juristischen Personen (*die Stadt, der Verein*) und abstrakten Funktionen (*Gläubiger, Schuldner*) hingegen das generische Maskulinum beibehalten werden kann. (Zum Stand der rechtspolitischen Diskussion, zu Quellen aus den einzelnen Bundesländern und Broschüren zur Verwaltungssprache vgl. Grabrucker 1993; Gesellschaft für deutsche Sprache 1994). Mittlerweile ist ein gewisser Stillstand der Diskussion eingetreten, ein für 1992 geplanter Bericht wurde nicht abgefaßt, das Problem bleibt aber nach wie vor aktuell, etwa wenn aufgrund der Beschlußfassung im Europarat engl. Texte, die feministische Sprachkritik praktizieren, ins Deutsche übersetzt werden müssen.

1.6.6. Exemplarische Darstellung in Grammatiken

Beim Vergleich der verschiedenen Auflagen der Duden-Grammatik − seit 1959 etwa alle zehn Jahre − wird sehr deutlich, daß die Zahl der movierten Personenbezeichnungen steigt: 1959, 573 und 1966, 623 gibt es nur drei Beispiele: *Lehrerin, Freundin, Ärztin*; 1973, 613 und 1984, 656 sind es schon 24, darunter *Chefin, Bürgerin, Siegerin*. Seltene alternative Fremdsuffixe wie *-euse* werden aufgeführt, allerdings ohne Hinweis darauf, daß eine wachsende Tendenz besteht, *-euse* durch *-eurin* zu ersetzen: *Masseurin, Friseurin, Souffleurin*. Berufsbezeichnungen auf *-frau* werden mal der Movierung zugerechnet, mal als Komposita behandelt (Duden-Grammatik 1995, 232, 861, aber 506f.; vgl. auch Wittemöller 1988, 92).

Während grundsätzlich hervorgehoben wird, daß es eine Parallelität von Genus und Sexus nicht gibt (1959, 141; 1964, 137; 1973, 150; 1984, 200), ablesbar schon daran, daß es neben Maskulina und Feminina die Gruppe der Neutra gibt, wird seit 1959 betont, daß das Genus der Substantive, mit denen Personen bezeichnet werden, darunter besonders das der Verwandtschaftsbezeichnungen, im allgemeinen mit dem natürlichen Geschlecht, dem Sexus der Person, übereinstimmt; als Beispiel wird u. a. *Lehrer/Lehrerin* genannt. Jedoch wird seit der 1. Aufl. hervorgehoben, daß bei Berufsbezeichnungen und Titeln die weibliche Form nur schwer durchdringt.

Bis zur 3. Aufl. (1973, 613) werden Berufsbezeichnungen aufgeführt, die es noch nicht in der weiblichen Form gibt, wie *Bauassessor, Schlosser, Doktor*; bei *Professor, Rechtsanwalt* wird die weibliche Form als auch schon mögliche in Klammern angeführt. Seit 1984 werden keine maskulinen Formen für Frauenberufe mehr aufgeführt.

In der 4. Aufl. (1995, 720f.) wird betont, daß durch die Emanzipation der Frau zunehmend neue Bildungen für die Bezeichnung von Berufsrollen in Gebrauch kommen, die früher nur Männern vorbehalten waren, darunter *Mechanikerin, Maurerin, Pilotin, Soldatin, Bischöfin, Ministrantin, Optikergesellin*. Feminina werden nach der Darstellung von 1995 auch in Verbindung mit *Frau* und in der Anrede in der Regel gebraucht: *Frau Bürgermeisterin*. Ausnahmen sind die beiden akademischen Titel *Frau Professor, Frau Doktor*, gegenüber *Sie ist Professorin/Doktorin der Rechte*.

Seit der 1. Aufl. 1959 gilt Kongruenz im Genus zwischen einer Personenbezeichnung als Kern eines Gleichsetzungsnominativs und dem Subjekt als die Regel (1995, 720). Fehlende Kongruenz wird als Ausnahme dargestellt. Auch nach der letzten Aufl. (1995, 721) wird aber bei maskulinen Berufsbezeichnungen Kongruenz oft nicht beachtet. Ob dies tatsächlich empirisch gestützt ist oder von in der DDR erschienenen, im Duden zitierten Darstellungen zur Wortbildung (etwa von Fleischer 1969; Fleischer u. a. 1987) beeinflußt ist, fällt schwer zu entscheiden (vgl. auch 1.7.). Die Einschränkung auf Berufsbezeichnungen an dieser Stelle erstaunt. Nach Erfahrungen der Verfasserin werden eher bei Kurzzeitrollen die unmovierten Formen verwendet. Das wäre aber genauer zu untersuchen.

In der Aufl. von 1995 werden Probleme des generischen Sprachgebrauchs und des Redens über gemischtgeschlechtliche Gruppen angesprochen, das Binnen-I ist nicht aufgenommen. Grammatiken mit einer neueren Gesamtkonzeption behandeln das Thema in unterschiedlicher Ausführlichkeit und mit mehr oder weniger Wohlwollen. Sie zitieren Pusch (z. B. Eisenberg 1989, 173f.), charakterisieren die feministische Sprachkritik als berechtigt, lehnen aber ein generisches Femininum ab und wollen den Gebrauch des Pronomens *frau* abwarten (so Götze/Hess-Lüttich 1989, 429, 161); sie empfehlen geschlechtsneutrale anstelle von generisch maskulinen Ausdrücken und erwähnen sogar das Binnen-I (s. Weinrich 1993, 333).

1.6.7. Institutionen der Sprachpflege

An der u. a. in den Medien von LaiInnen und LinguistInnen engagiert geführten Kontroverse beteiligen sich auch die Vertreter der Institutionen, die in Deutschland über Sprache wachen: Eher insgesamt kritisch der langjährige Leiter der Dudenredaktion Drosdowski (1989, 1992; vgl. aber 1.6.6.). Stickel, Leiter des Instituts für deutsche Sprache, plädierte zunächst für Feminisierung von Diplomgraden (1983), lehnte aber eine Veränderung der Rechtssprache grundsätzlich ab (1988) und nahm ein Stück weit sogar seine Auffassung von 1983 zurück (1988, 352). Die Gesellschaft für deutsche Sprache hat insgesamt eine ausgeprägt wohlwollende Haltung gegenüber der feministischen Sprachkritik eingenommen; die interministerielle Arbeitsgruppe Rechtssprache des Deutschen Bundestages hat sich für sie als Beratungsinstanz entschieden (Bickes/Brunner 1992; Pflug 1990; Gesellschaft für deutsche Sprache 1994). Die Gesellschaft für deutsche Sprache, die schon in den 70er Jahren in der Fremdwortdiskussion eine sehr liberale Position eingenommen hatte, zeigte auch in dieser Frage relativ bald Gelassenheit und Interesse an Verbesserung und organisiert seit mehreren Jahren regelmäßig Veranstaltungen zum Thema (vgl. Bickes/Brunner 1992). Im Rahmen der hauseigenen Zeitschrift „Der Sprachdienst" hat sie durch Befragung Lücken für Personenbezeichnungen schließen lassen, z. B. *Frau Ober* als Entsprechung zu *Herr Ober* und *Politess* als maskuline Entsprechung durch (seltene) Rückbildung zu *Politesse*. Zur Umgestaltung von Rechtsvorschriften befürwortet sie ein Modell, das geschlechtneutrale Formen, die Paarform und das generische Maskulinum verbindet, exemplarisch plädiert sie für die Einführung eines neutralen Oberbegriffs *Kaufperson* zu *Kaufmann* bzw. *Kauffrau* (Gesellschaft für deutsche Sprache 1993, 5f.). Die vielfach geforderte grammatische Kongruenz bei Bezeichnungen für juristische Personen (*Gläubigerin ist die Stadt Mainz*), nach Duden seit 1959 die Regel, lehnt sie ab, da sie nicht zur Durchsetzung der Gleichberechtigung zwischen Frauen und Männern beitrage.

1.6.8. Streiflichter aus dem öffentlichen Sprachgebrauch der 90er Jahre

Stichproben aus den 90er Jahren zeigen, daß auch außerhalb feministischer Publikationen (vgl. zum Sprachgebrauch der Zeitschrift „Emma" Gansel 1995, 326) das Bewußtsein vorhanden ist, feminine Personen- und Berufsbezeichnungen für Frauen zu verwenden (vgl. auch 1.7.). Wer aufmerksam liest, findet täglich Beispiele für geschickte Neutralisierung oder Sichtbarmachung von Frauen, etwa durch Kombination von Text und Bild. Das generische Maskulinum ist hingegen in seiner Frequenz durch Varianten wie Paarform oder Binnen-I nur geringfügig eingeschränkt.

In einer Frauenzeitschrift („Brigitte" vom 8. 1. 1992) wird bei Bezugnahme auf eine Frau immer die feminine Form verwendet. Es gibt sehr viele Texte mit geschlechtsneutralem Maskulinum im Plural, gehäuft in einem Artikel über AusländerInnen, geschlechtsneutraler Singular kommt nicht vor. Die Beidbenennung als Ersatz kommt im Heft nur dreimal vor. – Bei Lektüre der Badischen Zeitung vom 10. 3. 1995 finden sich immer Feminisierungen bei Bezug auf Frauen: *Moderatorin, Stadträtin, Fragerin, Zeitzeuginnen, Podiumsdiskutiererinnen, Veranstalterinnen.* Ein Artikel über den internationalen Frauentag enthält zweimal das Pronomen *frau* ohne Anführungszeichen. Eine vorgestellte Hitliste der Berufe zeigt inkonsequente Feminisierung: *Elektroinstallateur, Schreiner, Goldschmiede, Bankkaufmann/-frau, Chemielaborant/in, Floristin.* Es gibt auch deutliche Bemühungen um Neutralisierung: neben *Mitglied/er, die Jugendlichen,* heißt es in einem Artikel (statt *Kandidaten*): *wer sich zur Wahl stellte, wurde gewählt.* In einem Artikel mit Empfehlungen für das Abfassen einer Bewerbung werden anstelle von *der Bewerber* o. ä. *man-* und Passivkonstruktionen verwendet. Neben einer Unmenge von Belegen für generischen Plural (*die Schulabgänger, Radler, Genossen, Kollegen, Stadträte, Kritiker, Müllexperten*) kommt nur zweimal die Beidbenennung vor: in einem Artikel über eine Theateraufführung in einer Schule *Schülerinnen und Schüler* neben generischen *die Zuschauer, die Akteure,* in einem anderen Artikel *Berufsberaterinnen und Berufsberater,* beides sind Artikel von Frauen. – Im Wahlverzeichnis der Kommunalwahl in Freiburg 1994 sind alle weiblichen Berufsbezeichnungen moviert, ebenso auch im Telefonverzeichnis der Universität Freiburg. Am 20. Mai 1994 veröffentlicht ein Rechtsanwaltsbüro in der Badi-

schen Zeitung in Freiburg die Todesanzeige einer Frau, die seit 1934 in dieser Kanzlei tätig war und immer Wert auf die maskuline Berufsbezeichnung legte, im Text heißt es entsprechend *Rechtsanwalt* und *Träger des großen Bundesverdienstkreuzes.* Die Anzeige der Anwaltskammer vom darauffolgenden Tag verwendet selbstverständlich die femininen Personenbezeichnungen *Rechtsanwältin* und *Trägerin.*

1995 hat sich eine veränderte Ansage in den Freiburger Straßenbahnen durchgesetzt. Anstelle von: *Die Fahrkarten bitte beim Wagenführer lösen und selbst entwerten!* heißt es: *Die Fahrkarten bitte beim Fahrpersonal lösen und selbst entwerten!*

In Freiburg gastierte 1995 Gunhild Köllner mit dem Theaterstück „Die Sündenböckin". Nach der Badischen Zeitung vom 28. 3. 1995 sind *die Burschinnen auf dem Vormarsch.* Das Binnen-I wird nicht verwendet.

Die gegenwärtige Praxis der „taz" ist gekennzeichnet durch gelegentliches Vorkommen des großen I neben dem generischen Maskulinum im Plural, nur die entsprechende Rubrik heißt immer noch *LeserInnenbriefe.* Den einzelnen AutorInnen ist die Handhabung selbst überlassen. Geschlechterunterschiede waren am 23. 5. 1995 nicht festzustellen. Es gab keinen Artikel, in dem alle generischen Maskulina ersetzt waren. Die Bezeichnung *SchülerInnen* wechselte in einem Artikel ab mit *Schüler* und *Demonstranten;* es fanden sich *BürgerInnen, LehrerInnen, Berliner TürkInnen* neben *Türken, Kurden, Insider, Hausbesitzer, Bettler, Genossinnen und Genossen.*

Alfers/Kürschner/Pelka (1994) legen ihrer empirischen Untersuchung eine Mischung aus gesprochenen und geschriebenen Texten aus dem universitären Kontext, Notizen aus Prüfungen über das Sprachverhalten der Beteiligten, eine Zeitung für Studierende und Lehrveranstaltungskommentare zugrunde, daneben auch Bewertungen von sprachlichen Formulierungen auf der Grundlage eines Fragebogens. Wesentliche Ergebnisse sind, daß viele Studentinnen mit maskulinen Personenbezeichnungen auf sich selbst Bezug nehmen, sich durch das generische Maskulinum angesprochen fühlen und es auch selbst verwenden (Alfers/Kürschner/Pelka 1994, 259; ähnl. Gansel 1995, 325) und nicht zuletzt, daß Sprachbewertung und eigener Sprachgebrauch auseinanderklaffen.

1.7. Besonderheiten der Entwicklung in den anderen deutschsprachigen Ländern

Maßnahmen zur Förderung der Gleichbehandlung im öffentlichen Dienst aufgrund von Verpflichtungen durch internationale Abkommen waren Ende der 80er Jahre in der Bundesrepublik am weitesten umgesetzt. Über die Entwicklung in Österreich zum Stand der 80er Jahre geben v. a. Wodak u. a.

(1987), die vergleichende Untersuchung von Wittemöller (1988) über Berufsbezeichnungen und in Einzelbeobachtungen auch Doleschal (1992) Auskunft. Leider fehlt bei Wittemöller eine übersichtliche Darstellung der Entwicklung nach Ländern getrennt. Insgesamt hatte sich in den 80er Jahren in Österreich die Movierung bei hochqualifizierten Berufen noch nicht durchgesetzt. Es gab auch noch keine offiziellen Regelungen zur weiblichen Form der Berufsbezeichnungen auf -mann. In Stellenangeboten fanden sich ausschließlich Komposita auf -mann, diese überwogen auch in den Gesuchen. Die umfangreichen und fundierten Empfehlungen von Wodak u. a. (1987), hg. vom Bundesministerium für Arbeit und Soziales, weisen aber in Richtung Ersetzung durch -frau. Wittemöller (1988) erwartet Wandel v. a. durch einen Einfluß dieser Empfehlungen und der Selbstbezeichnungen von Frauen. Die Autorinnen dokumentieren mit einer Einstellungserhebung beachtliche Akzeptanz der betroffenen Frauen (Wodak u. a. 1987, 53 f.). Sprachliche Gleichbehandlung in Gesetzestexten oder zur Verleihung von Amtstiteln wurden in den 80er Jahren noch von Bundesland zu Bundesland verschieden geregelt, in Ausnahmefällen auch in der weiblichen Form (Wittemöller 1988, 145). Die Empfehlungen befürworten, Amtstitel und Grade mit -in, -frau zu bilden und bei lat. Ursprung auf lat. Feminina zurückzugreifen: *Primaria, Oberstadtphysica, Magistra* (Wodak u. a. 1987, 39), bis auf letztere Ausnahmen zeigen sie Übereinstimmungen zu Regelungen in der BRD. Inzwischen empfiehlt das Handbuch der Rechtsetzungstechnik (1992, 7) geschlechtsneutrale Formulierungen bzw. Beidbenennungen, wo erstere nicht möglich sind. (Zur aktuellsten Darstellung der Entwicklung in Österreich vgl. Doleschal 1998).

Wie schon erwähnt, ist die Schweiz das Herkunftsland des Binnen-I, über dessen Einsatz in LeserInnenbriefspalten massiv gestritten wurde. Die „WoZ" wird vorwiegend von jungen und kritischen Leuten gelesen, was in der übrigen Bevölkerung beträchtliche Abwehrreaktionen auslöst (Anliker 1992, 11). Linguistische Stellungnahmen dokumentiert die Zeitschrift „Sprachspiegel" (vgl. etwa Hinderling 1990; Gallmann 1991). Der Anteil der unmovierten Berufsbezeichnungen an allen im Anzeigenteil vorkommenden Berufsbezeichnungen lag bei 2,9 %. In Texten ist, wie auch in den anderen Ländern, die unmovierte Form die Ausnahme (Wittemöller

1988, 117). Das Kompositum -frau in Berufsbezeichnungen wird eher von oben eingeführt, findet sich demnach häufiger in Stellenangeboten, während es in Österreich eher von unten eingeführt vermehrt in Stellengesuchen zu finden ist (ebd., 105). Tendenziell unmovierte Berufsbezeichnungen sind besonders häufig, wo Frauen als Berufstätige noch nicht etabliert sind (vgl. schon Oksaar 1976, 85). Bereits in den 80er Jahren war Splitting in Form der Paarformel wesentlich häufiger in Texten und Dialogen anzutreffen als in den anderen Ländern – ein Anzeichen für die Aktualität des Themas der Gleichbehandlung in der Schweizer Öffentlichkeit. 1992 haben die beiden Kammern des Parlamentes mit großer Mehrheit bzw. oppositionslos der Einführung der sprachlichen Gleichbehandlung nach den Grundsätzen der kreativen Lösung, d. h. Kombination verschiedener Lösungen, in den neuen oder totalrevidierten Erlassen der Schweizerischen Bundesversammlung (wie Gesetze, Bundesbeschlüsse) zugestimmt.

Als erste Gesetze wurden das Urheberrecht und das Topographiengesetz verabschiedet. Ausschlaggebend war weniger die Ansicht, daß Normen wegen der Verwendung rein maskuliner Personenbezeichnungen nicht auf Frauen anwendbar wären, sondern daß in so formulierten Normen Frauen ihre Rechte und Pflichten sehr viel weniger deutlich wahrnehmen können als Männer. Außerdem sind die Instanzen der Meinung, daß geschlechtergerechte Texte eine veränderte Wahrnehmung ermöglichen und aktiv zur Verwirklichung der faktischen Gleichstellung der Geschlechter beitragen (Schweizerische Bundeskanzlei 1996, 13).

Die sprachliche Gleichbehandlung in Erlassen wurde nur im Deutschen eingeführt, das Französische und Italienische behalten die bisherige Sprachpraxis bei, während Verwaltungstexte in allen drei Sprachen geschlechtergerecht zu formulieren sind. Mittlerweile liegt ein umfangreicher amtlicher Leitfaden zur sprachlichen Gleichbehandlung vor (Schweizerische Bundeskanzlei 1996; vgl. auch Albrecht 1994; Albrecht/Pantli 1996), fundierte Einführung, praktische Hilfe und Nachschlagewerk zugleich. Er dient neben Sprachberatung und gezielter Ausbildung als eine Maßnahme zur Umsetzung der sprachlichen Gleichbehandlung, auf Erlaß verbindlicher Weisungen will der Bundesrat verzichten (Schweizerische Bundeskanzlei 1996, 15). Die AutorInnen sehen die Mehrzahl der Texte im schriftlichen öffentlichen Sprachgebrauch beeinflußt von Bemühungen um geschlechtergerechte Formulierungen und betonen, daß

Texte auch danach beurteilt werden, ob und wie stilsicher sie die sprachliche Gleichbehandlung umsetzen. Sie unterscheiden im wesentlichen zwischen fortlaufenden und verknappten Texten ohne vollständige Sätze und geben Empfehlungen, die alle im Rahmen dieses Beitrags schon diskutierten Möglichkeiten umfassen: Unterlassung der Anrede *Fräulein*, Verwendung von Komposita auf *-frau*, das Binnen-I als Alternative für verknappte Texte. Damit ist die Schweiz das deutschsprachige Land mit der fortschrittlichsten Umsetzung der feministischen Sprachkritik. Die Einführung des generischen Femininums in der Gemeinde Wädenswil ist allerdings gescheitert (SPRACHE MACHT POLITIK 1994). Eine empirische Untersuchung der Einstellungen und Einschätzungen aus dem Jahr 1994 zeigt, daß die sprachliche Gleichbehandlung in Gesetzestexten durch Kombination der verschiedenen sprachlichen Möglichkeiten auf große Akzeptanz stößt und daß die Sensibilität für sprachliche Gleichbehandlung stark mit einer positiven Einstellung zur gesellschaftlichen und politischen Gleichstellung korreliert. Während Frauen über das ganze politische Spektrum hinweg gleichstellungsrelevanten Forderungen gegenüber aufgeschlossen sind bzw. sie aktiv vertreten, besteht bei Männern eine Abwehrhaltung (SPRACHE MACHT POLITIK 1994, 45). (Eine ausführliche Darstellung der Entwicklung in der Schweiz geben Peyer/Wyss 1998).

Die DDR ist sprachlich eigene Wege gegangen.

Für *Kauffrau*, nach Oksaar (1976, 89) schon in der BRD üblich, konnten Fleischer u. a. (1987, 334) in der ehemaligen DDR noch keinen Beleg erbringen. Barz (1985, 192) sieht darin allerdings einen Sonderfall, während sich die noch 1974 inakzeptable *Vertrauensfrau* zu diesem Zeitpunkt durchgesetzt hatte. Zwar gab es nach Fleischer (1969, 169) im alltäglichen Sprachgebrauch eine starke Tendenz, das biologische Geschlecht auch in der sprachlichen Form zum Ausdruck zu bringen; es wird betont, daß Movierungen zunehmen (Fleischer u. a. 1987, 336). V. a. im öffentlichen Sprachgebrauch und bei Titeln wurden jedoch Movierungen vermieden: *Ich bin Realist, geehrter Kollege Bergmann-Pohl* ist als Äußerung der aus Ostdeutschland stammenden Ministerin Merkel gegenüber der Staatssekretärin Bergmann-Pohl überliefert (vgl. Gorny 1995, 550), ein Sprachgebrauch, der nach der Wende selbst wdt. Nichtfeministen irritiert und das Bewußtsein für die maskuline Sprache gefördert hat. Das Verzeichnis der Ausbildungsberufe von 1980 enthält 355 Berufsbezeichnungen in der unmovierten und lediglich *Kosmetikerin* und *Modistin* in der movierten Form (Barz 1985, 190).

Es gab jedoch bereits seit den 50er Jahren sprachwissenschaftliche Kritik an den maskulinen Formen bei Ehrentiteln und Berufsbezeichnungen für Frauen in der Zeitschrift „Sprachpflege" (vgl. Diehl 1992). Beckers Plädoyer (1957, 130f.) für Gleichbehandlung der Geschlechter und gegen Movierung als sprachliches Mittel, die Frau zum Anhängsel des Mannes zu machen, hielt Klewitz (1957, 130) entgegen, daß die Verwendung der maskulinen Personenbezeichnung für Frauen keine Gleichbewertung, sondern eine unbewußte Minderbewertung ausdrücke. Klappenbach/Motsch (1957) betonen die Regelhaftigkeit der movierten Feminina in der dt. Sprache und Kongruenzprobleme mit Pronomina, die es bei Nichtmovierung gibt, und empfehlen entsprechend Movierung; die Redaktion der „Sprachpflege" schließt sich dieser Ansicht an. Unbehagen an der Unveränderbarkeit der überholten Sprache kam auch in den 70er und 80er Jahren in dieser Zeitschrift deutlich und wiederholt zum Ausdruck. Die an der Gleichbehandlung von Frauen orientierte Sprachforschung setzte sich jedoch aufgrund mangelnder Akzeptanz von oben, aber auch mangelnder Unterstützung von unten im öffentlichen Sprachverhalten nicht durch. Da in der früheren DDR jede Form autonomer Interessenvertretung unterbunden war (Diehl 1992, 390), konnte eine unabhängige Frauenbewegung nicht entstehen. Außerdem galt bereits 1975 die Frauenfrage als gelöst. Nach Fleischer u. a. (1987, 104) ist der Prozeß der faktischen Frauenemanzipation so weit fortgeschritten, daß es keiner vordergründigen sprachlichen Agitation mehr bedarf.

Als beachtlicher Freiraum erwies sich die Literatursprache. Schroeter (1994, 131) beobachtet in den von ihr untersuchten Romanen der Jahre 1945—1965 sowie der Jahre 1968—1989 ein sensibles Sprachverhalten: Schriftstellerinnen und Schriftsteller verwenden bis auf wenige Ausnahmen die movierte Form. Auch Trempelmann (1990) konstatiert einen Prozeß der Normveränderung, der abgelehnt, aber nicht aufgehalten werden kann. Am Beispiel des Romans von Erwin Strittmatter „Der Laden" (1983) dokumentiert sie poetische Neu- oder Einmalbildungen auf *-in*, wie *Menschin*, *Lieblingin*, *Liebstin*, *Gästin*, *Jemandin*, sowie eine Reihe von Komposita, wie *Gesellinnenstück*, *Gefährtinnenschwarm*, *Schneiderinnenspiegel* und *Schülerinnenrespekt* (1990, 38), wie sie sich Feministinnen nicht schöner hätten ausdenken können, wie sie allerdings auch bei Berufsbezeichnungen gelegentlich zu finden sind (Wittemöller 1988, 112). Eine vergleichbare Untersuchung zur Literatursprache in der BRD gibt es nur für die Zeit vor der feministischen Sprachkritik (Ljungerud 1973).

Mitte der 80er Jahre wird das nach Barz (1988, 337) potentiell gleichmäßige Inventar an movierten und unmovierten Formen für Berufsbezeichnungen, mit hoher Akzeptabilität auch seltener Formen, nicht gleichmäßig genutzt. Pragmatische Gesichtspunkte sind ausschlaggebend, wie ihre empirischen Untersuchungen (1985, 195) zeigen: Steht die Berufsbezeichnung im Vordergrund, wird die unmovierte, maskuline Form als Allgemeinbegriff verwendet; soll dagegen die Berufsausübung durch eine Frau hervorgehoben werden, die movierte Form. Die Gesichtspunkte überlagern sich in vielen Fällen, für bestimmte Texte oder Kommunikationssituationen ist die Unterscheidung gar nicht relevant, so daß die Sprechenden oder Schreibenden frei wählen können.

Im Gegensatz zu den von Oksaar (1976) und Wittemöller (1988) dokumentierten Ergebnissen (vgl. 1.6.3.) überwiegen bei Berufsbezeichnungen in journalistischen Texten und Stellenangeboten von Betrieben und Institutionen die unmovierten Formen, darunter auch von Feministinnen in der BRD vermißte Rückbildungen wie *Kindergärtner, Kosmetiker*, die movierten Formen dagegen in Reportagen und Berichten, die die besondere Leistung von Frauen hervorheben wollen. Undurchsichtig bleibt die Praxis der Notierung der femininen Personenbezeichnungen in Wörterbüchern: im Großen Duden (Leipzig 1985) gibt es sie zwar bei *Arbeiter, Maler*, aber nicht bei *Grafiker, Vertreter* (vgl. A. Schmidt 1990; ähnl. P. Braun 1990 zum Duden-Universalwörterbuch). Bei Personenbezeichnungen insgesamt diagnostiziert Porsch (1988a, 86) ein ungeregeltes Nebeneinander movierter und unmovierter Benennungen, auch für das gleiche Denotat und bei gleichem Ausgangslexem, sowie gruppen- und textsortenspezifische Bevorzugung movierter Formen im alltäglichen Sprachgebrauch. Am konsequentesten wurde/wird im Bereich des Sports moviert. A. Schmidt (1990) findet in zufällig ausgewählten Nummern der Frauenzeitschrift „Für Dich" aus den Jahren 1988 und 1989 unter den 196 untersuchten Bezeichnungen allein im Singular von insgesamt 64 Benennungen 28 maskuline, die jeweils direkt für eine Frau standen oder für eine Einzelperson ohne Geschlechtsangabe. Gemischtgeschlechtliche Gruppen wurden generell mit der maskulinen Form bezeichnet und nur reine Frauengruppen mit der femininen Form, Beidbenennung gab es überhaupt nicht.

1990 beobachtet Schmidt dann konsequente Movierung in „Für Dich". Beiträge, die über die feministische Sprachkritik in der BRD informieren, sind um die Wendezeit entstanden

und befürworten sie in der Regel (vgl. Erfurt 1988; Porsch 1988a und b; Trempelmann 1988a, b und c; A. Schmidt 1990; anders Böhlke 1991). Nach der Wende kommt es durch neugegründete autonome Frauengruppen und linke Gruppierungen zur verstärkten Movierung von Berufsbezeichnungen sowie zur Verwendung des großen I in ADN, ND, Junge Welt und anderen Medien (Diehl 1992, 391). Inzwischen hat Rostock als bisher einzige dt. Stadt die von Pusch propagierte totale Feminisierung in die Hauptsatzung der Bürgerschaft für die Bezeichnung bei Titeln übernommen (vgl. Gorny 1995, 550). Ein Sammelband zur Wendesprache (Welke/Glück/Sauer 1992) enthält nicht einmal einen Verweis auf diese Thematik. Mit einer ausführlichen Darstellung der Entwicklung in der ehemaligen DDR nach der Wende vgl. jetzt Trempelmann (1998).

1.8. Sprachwandel durch Sprachkritik: Zusammenfassung und Ausblick

Feministische Sprachkritik bedeutet für das Deutsche Feminisierung und Neutralisierung, wobei zu Beginn der Diskussion Feminisierung sehr viel radikaler gefordert wurde (vgl. 1.6.5.). Feminisierung paßt ins System der dt. Sprache, liegt im Trend der bisherigen Entwicklung und wird durch gesellschaftspolitische Aktivitäten zur Durchsetzung der Gleichbehandlung gestützt. Das zeigt sich z. B. in der Abschaffung der Anrede *Fräulein* im öffentlichen Dienst, in der Festschreibung der weiblichen Berufsbezeichnungen auf *-in* und auf *-frau*, letzteres sogar gegen das eher konservative öffentliche Sprachgefühl, das solche systemkonformen Neubildungen noch ablehnt. Feministische Sprachkritik hat sich in kurzer Zeit als überaus erfolgreich erwiesen. Sie hat das allgemeine Sprachbewußtsein beträchtlich gefördert und wie kein anderes sprachkritisches Thema die Parlamente beschäftigt. Sie hat ein öffentliches Problembewußtsein für sprachliche Ungleichbehandlung bewirkt und massiv weibliche Personen- und Berufsbezeichnungen durchgesetzt. Bei ihrer Forcierung der produktiven Anwendung schon bestehender Regeln war sie gestützt durch eine gegenüber dem Wandel aufgeschlossene Gesetzgebung, hatte aber häufig eine Öffentlichkeit gegen sich, die sich ja auch in anderen Bereichen, etwa der Orthographiereform (Zabel 1989), eher durch Konservierungsneigungen und Sprachwandelängste auszeichnet. Sie hat durch Schaffung neuer Pronomina und die Einschränkung des generischen Maskulinums durch das Binnen-I die sprachlichen Möglichkeiten zur Herstellung von Symmetrie erweitert. Der Beitrag zum Wandel des Wortschatzes und des Systems grammatischer Regeln ist nicht zu bestreiten. Ihre wichtigsten Erfolge liegen sicher im Bereich der Verwaltungs- und Vorschriftensprache.

Im Protokoll der 111. Sitzung zur Wahl von Süßmuth zur Präsidentin des Deutschen Bundestages heißt es: „Neben Vizepräsident Frau Renger nehmen zwei Schriftführerinnen Platz. Vizepräsident Frau Renger eröffnet die Sitzung und ruft Punkt XI der Tagesordnung auf: Wahl der Präsidentin/ des Präsidenten des Deutschen Bundestages. Die Fraktion der CDU/CSU schlägt Frau Prof. Dr. Süßmuth zur neuen Präsidentin des Deutschen Bundestages vor. Vizepräsident Frau Renger bittet die Schriftführer, die vorgesehenen Plätze einzunehmen und eröffnet die Wahl. Vizepräsident Frau Renger gibt das Abstimmungsergebnis für die Wahl der Präsidentin des Deutschen Bundestages bekannt. Die Abgeordnete Frau Professor Dr. Rita Süßmuth hat die Stimmen der Mehrheit der Mitglieder des Hauses erhalten. Frau Dr. Süßmuth nimmt die Wahl an. Vizepräsident Frau Renger spricht Frau Präsidentin die Glückwünsche des ganzen Hauses aus. Präsidentin Dr. Süßmuth dankt." Weiter heißt es: „Seitdem amtieren die Präsidentin und in ihrer Vertretung die Vizepräsidentin" und in den späteren Protokollen des Bundestages werden beide als solche bezeichnet (zit. nach Arbeitsgruppe Rechtssprache 1990, 25).

V. a. solche als störend empfundenen Satzbeispiele mit inkonsequenter Verwendung der Movierung, von Pusch (1990, 35ff.) „Hermaphroditenkonstruktionen" genannt, lassen eine zunehmende Vereinheitlichung in Richtung Movierung erwarten. Sie zeigen sehr deutlich, daß eine Angleichung nur in Richtung Feminisierung der Personenbezeichnung laufen kann. Ein Rückschritt im Sinne einer vollständigen Remaskulinisierung, wie es Stickel (1988, 352) befürwortet, ist undenkbar und verstößt gegen die Regeln der dt. Sprache. In der Alltagssprache entsteht aufgrund der Feminisierung von Berufs- und Funktionsbezeichnungen ein zusätzlicher Sog auf die anderen Personenbezeichnungen, z. B. Gelegenheits- und Momentanrollen wie *Raucherin, Leserin*. Es ist möglich, daß die Neigung zur Herstellung von Kongruenz auch hier weiter zunimmt, weil v. a. Frauen bei Selbstbezeichnung die femininen Formen bevorzugen. Andererseits ergibt sich im Falle von Prädikationen durch die doppelte Geschlechtsinformation eine gewisse Redundanz, die der Anlaß sein kann, daß auf Kon-

gruenz verzichtet wird, wie schon Oksaar (1976) beobachtet hat. Die Herstellung von Kongruenz wird wohl eine „normative Grauzone" bleiben (Doleschal 1992, 55), auch wenn sie laut Duden seit 1959 die Regel ist. Das gilt erst recht, wenn es sich nicht um natürliche, sondern juristische Personen handelt. Die Forderung der feministischen Linguistik nach weitestgehender Kongruenz wird teilweise übernommen (Schweizerische Bundeskanzlei 1996), aber durchaus auch abgelehnt (Gesellschaft für deutsche Sprache 1994). Die Breite der Akzeptanz der feministischen Sprachkritik ist noch nicht ausreichend untersucht (vgl. aber Wodak u. a. 1987; Hellinger/Kremer/Schräpel 1990; Alfers/Kürschner/Pelka 1994; SPRACHE MACHT POLITIK 1994; Gansel 1995; Der Sprachdienst 1996). Faktoren, die eine Rolle spielen, sind mündlicher versus schriftlicher Sprachgebrauch, spontanes versus formales Reden oder Schreiben, eigenes Reden oder Schreiben bzw. die Beurteilung des Redens oder Schreibens anderer, daneben die ideologische Einstellung zum Feminismus, das Geschlecht und Alter der sprechenden oder beurteilenden Person (Alfers/Kürschner/Pelka 1994, 265). Viele Frauen sind gegen feministische Sprachkritik (vgl. etwa Gansel 1995, 324), halten sie für unwichtig. Es überrascht allerdings, wenn Autorinnen sie im Kontext des Themas überhaupt nicht praktizieren (etwa Wittemöller 1988). Viele Frauen praktizieren sie mindestens partiell und sehen sie als einen Teil der gesellschaftlichen Veränderung in Richtung auf Durchsetzung der Gleichstellung von Frau und Mann, symbolisches Unterstreichen der Durchsetzung der Gleichberechtigung der Frau, ähnlich wie das 1976 und 1994 veränderte Namensrecht nicht das Wesentliche an der Gleichberechtigung ist: Auch wenn nur knapp 3% der Männer sich seit der Änderung jährlich dafür entschieden haben, den Namen der Frau zu führen, war sie dennoch ein wichtiger Schritt in Richtung Gleichbehandlung. Unbestreitbar fördert die Sprachgebrauchskritik legitime Diskussionen im Kampf gegen Geschlechterdiskriminierung.

Unbestritten bleibt, daß sich mit nichtsexistischer Sprache durchaus auch Sexismus verschleiern läßt. Die totale Feminisierung hat nach bisherigen Beobachtungen wenig Chancen, sich durchzusetzen. Die Abschaffung des generischen Maskulinums wird von einigen Feministinnen explizit nicht mehr gefordert, die intensive Diskussion über die Veränderung der Vorschriftensprache sowie die Entwicklung insgesamt haben zu einer Annäherung der Standpunkte geführt. Auch die Umformung sämtlicher lexikalisierter Determinativkomposita wie *Bürgersteig* oder adjektivischer Konstruktionen wie *juristische Hilfe* oder Ersetzung von Alltagsbegriffen wie *Mieter − Vermieter* durch Paarformeln sind kaum vorstellbar und werden auch nicht gefordert. Insofern kann man sagen, daß die feministische Sprachkritik aus einer Teil- oder Gegenöffentlichkeit heraus erreicht hat, Frauen im öffentlichen Sprachgebrauch sichtbar zu machen, oder diesem Ziel mindestens nähergekommen ist, die Durchsetzung von völliger Symmetrie jedoch unmöglich ist (Doleschal 1992, 80).

1.9. Empfehlungen für die Praxis

Für Neutralisierung stehen im wesentlichen drei Mittel zur Verfügung:

1. geschlechtsneutrale Personenbezeichnungen wie *Person, Mitglied* im Singular und Plural, substantivierte Adjektive und Partizipien im Plural wie *die Kranken, die Studierenden* und geschlechtsneutrale Wörter wie *Leute, Eltern.* 2. Ersatzformen für Funktions- und Amtsbezeichnungen wie *Leitung* statt *Leiter, Redepult* statt *Rednerpult.* 3. Ersatzformen durch syntaktische Fügungen, z. B. Paraphrasen mit Fokus auf Tätigkeiten statt auf Handlungsbeteiligten: *wer kandidiert hat, wurde gewählt* (vgl. Guentherodt 1993, 255).

Sprachlich sichtbar werden Frauen mithilfe von vier Ausdrucksmöglichkeiten:

1. Lexeme, die weibliche Personen bezeichnen: *Tante, Schwester, Braut,* auch als Teile von Komposita, v. a. *-frau;* 2. Suffixe zur Ableitung von Personenbezeichnungen, v. a. *-in;* 3. Artikel im Singular bei substantivierten Adjektiven oder Partizipien: *eine/die Studierende* im Gegensatz zu *ein/der Studierende(r);* 4. Attribute, v. a. das Adjektiv *weiblich* (vgl. Guentherodt 1993, 250f.).

Für die Praxis werden keine Festschreibungen vorgenommen, sondern Empfehlungen für einen kreativen Umgang mit Sprache gegeben (am ausführlichsten im Handbuch von Müller/Fuchs 1993; vgl. auch F. Braun 1991; Schweizerische Bundeskanzlei 1996). Wichtigste Empfehlung beim geschlechtergerechten Formulieren und Umformulieren ist, sich von einem vorgegebenen Satzbau zu lösen und sinnbewahrende Umstellungen, neue Satzverknüpfungen oder Satztrennungen vorzunehmen, um abschreckende Satzkonstruktionen zu vermeiden: *Der Präsident und sein Stellvertreter werden auf zwei Jahre gewählt* läßt sich in ein „Satzmonstrum" verwandeln: *Die Präsidentin oder der Präsident*

und ihre Stellvertreterin bzw. ihr Stellvertreter oder seine Stellvertreterin bzw. sein Stellvertreter werden auf zwei Jahre gewählt, aber auch wie folgt: *Die Präsidentin oder der Präsident wird auf zwei Jahre gewählt. Das gleiche gilt für die Stellvertreterin oder den Stellvertreter.* Als hilfreich gilt weiter die Verwendung des Plurals anstelle des Singulars, weil das die weiterführende Pronominalisierung erleichtert. In Formularen lassen sich Personenbezeichnungen durch die Anrede umgehen, dazu eignen sich auch Abkürzungen. Es schafft keine Probleme, nur über Frauen zu reden. Hier bedarf es nur der Ermutigung, bestehende Regeln kreativ und konsequent anzuwenden, etwa auch die Anrede *Frau Professorin Schmidt.* Es spricht auch nichts gegen die Verwendung des Pronomens *frau* in frauenspezifischen Kontexten oder die Endung *-in* in Determinativkomposita. Schwierig bleiben der generische Sprachgebrauch und das Reden über gemischtgeschlechtliche Gruppen wie in: *Jeder 20. Professor ist eine Frau.* Für verknappte Texte eignen sich die Sparformen der Beidbenennung mit Schrägstrichen: *Finanzminister/in* oder Klammern: *Finanzminister(in)* zur Sichtbarmachung von Frauen und nicht zuletzt das Binnen-I wie in *LehrerInnenschaft.* Generell abgelehnt wird für schriftliche Texte die Legaldefinition, d. h. die einmalige Klarstellung am Textanfang oder in einer Anmerkung, daß mit den maskulinen Formulierungen auch Frauen gemeint sind (vgl. etwa Schweizerische Bundeskanzlei 1996, 43f.). Schon die Metaphorik in Wörtern und zusammengesetzten Ausdrücken wie *brüderlich, Vaterhaus* oder *Väter des Grundgesetzes* schließt Frauen in unberechtigter Weise aus und läßt sich durch die richtigeren Ausdrücke *geschwisterlich, Elternhaus, Verfasser und Verfasserinnen* bzw. *Mütter und Väter des Grundgesetzes* ersetzen. In gleicher Weise lassen sich auch Phraseologismen und Redewendungen modifizieren: *ihre Frau stehen; die Starke ist am mächtigsten allein.*

2.   Sprechen über Frauen

In Richtlinien und Empfehlungen geht es − vermischt mit Kritik an den sprachlichen Möglichkeiten der Personenbezeichnungen, insbesondere dem generischen Maskulinum, aber unbedingt davon abzugrenzen − auch um Inhalte der Darstellung. Kritisiert werden das Sprechen und Schreiben über Frauen und

Männer als Reproduktionen von Klischees v. a. im fiktionalen, aber auch im alltäglichen Text, weil die Medien als wichtige Vermittler von Geschlechtsrollen angesehen werden, auch wenn sie

„im Vergleich zu Erfahrungen in direkten Interaktionen nur wirksam sind als Teilmomente des umfassenden Prozesses der symbolischen und materiellen Produktion der hierarchischen Geschlechterbeziehung" (Bilden 1991, 289).

Im ersten deutschsprachigen Richtlinientext (Guentherodt u. a. 1980/81) unterscheiden die Autorinnen drei Aspekte sexistischen Sprachgebrauchs, dem sie ihr Programm für eine sprachliche Gleichbehandlung gegenüberstellen:

Frauen sollen explizit genannt und angeredet werden. Sie sollen an erster Stelle genannt werden, bis Männer und Frauen gleichberechtigt vorkommen. Sie sollen in anderen Rollen sichtbar werden als den bisher üblichen und nicht mehr sprachlich degradiert werden.

V. a. die beiden letzten Punkte sind Empfehlungen zur inhaltlichen Gestaltung von Texten. Wenn ein Beispiel wie *Linda ist Sekretärin bei Josef Hanser und Co.* ersetzt wird durch: *Linda Wald ist Sekretärin bei Josef Hanser und Co.*, aber auch durch: *Linda Wald ist Abteilungsleiterin bei Hanser und Co.* oder: *Linda Wald ist Vorgesetzte von 10 männlichen Angestellten*, zeigt das sehr deutlich, daß es nicht nur um Symmetrie bei der Verwendung von Personennamen geht. Allerdings soll nicht zur sprachlichen Darstellung einer noch nicht erreichten Wirklichkeit aufgefordert werden, sondern die Wirklichkeit soll nicht weniger differenziert sichtbar werden, als sie es schon ist. Die Empfehlungen sind eine Hilfe, sprachliche Diskriminierung wahrzunehmen und aufzudecken und eine Aufforderung, neue Texte von Abwertung und Diskriminierung freizuhalten, gerichtet an alle,

„die professionell und offiziell geschriebene und gesprochene Sprache produzieren, vor allem [...] die, die — ob im Kindergarten, an der Schule oder an der Universität — Sprache lehren und an die, die in den Medien, in der Verlagsarbeit und anderswo Sprache verbreiten" (1981, 1).

Nach den ersten kritischen Analysen zu linguistischen Fachbüchern (Römer schon 1973, Pusch 1984) kam es v. a. in den 80er Jahren zu einer umfangreichen und durchaus erfolgreichen, die Grenzen der Sprachwissenschaft sprengenden interdisziplinären Text- und Inhaltskritik in verschiedenen Bereichen und

Medien (vgl. exemplarisch Drosdowski 1992). Das Interesse gilt dem Frauenbild, auch wenn dabei das Männerbild mituntersucht wird.

2.1. Das Frauenbild im Kinderbuch

Die erste Untersuchung von Bilderbüchern (Hess u. a. 1980) konnte von 1.200 Titeln nur 57 als nichtsexistisch empfehlen. Frauen sind in Bilder- und Kinderbüchern doppelt diskriminiert: sie treten vielfach überhaupt nicht in Erscheinung oder werden auf die Neben-, Passiv- und Dummchenrolle verwiesen (Matthiae 1986, 13). Auch Bücher für ältere Kinder machen da keine Ausnahme. Allerdings gibt es durchaus Unterschiede und Abstufungen, selbst in den in den 50er und 60er Jahren verfaßten Kinderbuchklassikern, zuspitzbar auf die Beobachtung: Bei Erich Kästner werden die Mädchen geheiratet, bei Astrid Lindgren heiraten sie. Eine ansatzweise positive Entwicklung beim Mädchenbuch der 80er Jahre zeigt Kaulen (1993). Neuere Untersuchungen zum Kinderbuch fehlen.

2.2. Das Frauenbild im Schulbuch

Eine aktuelle Dokumentation aller einschlägigen Schulbuchanalysen steht noch aus (über den Stand bis 1985 informiert Dick 1986; vgl. auch Schmerl 1984; eine Bibliographie aller Schulbuchanalysen zum Fachbereich Deutsch ab Klasse 5 für die Jahre 1970−1991 enthält Fichera 1994). Die ständige Konferenz der Kultusminister hat empfohlen, in allen Bundesländern die Schulbücher auf ihre Verfassungskonformität hinsichtlich der Geschlechterdarstellung zu untersuchen. Dieser Empfehlung sind noch längst nicht alle Länder gefolgt (vgl. die Dokumentation von Thiel 1994). Die neueste Untersuchung zum Fach Deutsch behandelt 18 Lesebücher, davon werden zwei trotz Mängeln in die Kategorie der Besten eingeordnet, d. h. sie tendieren zu einer ausgeglichenen, nicht durchgängig geschlechtsrollenstereotypen Darstellung und bieten einige Ansätze positiver Identifikation für Mädchen. 14 von 18 Lesebüchern reproduzieren und bestärken in hohem Maße traditionelle geschlechtsrollenstereotype Denk- und Verhaltensmuster und bieten keine oder kaum nennenswerte Ansätze positiver Identifikationsmöglichkeiten für Mädchen (vgl. Fichera 1994, 116, 120). Auch Mathematikbücher bilden keine Ausnahme:

So sind etwa auf Abbildungen fast nur männliche Personen zu sehen, z. B. ein Kugelstoßer, mehrere Radrennfahrer, Jungen als Pfadfinder, Soldaten.

Textaufgaben handeln von Männern, z. B. dem Lehrling Sebastian, dem Lehrer, Jochen und Klaus, einem Gabelstaplerfahrer, einem Läufer, einem Piloten, einem Steuermann. Auf 230 Seiten handelt nur eine Aufgabe von einer Frau, der Sportlerin Ulrike Meyfart (Mathematik am Gymnasium, 9. Schuljahr, Moritz Diesterweg Verlag, Frankfurt 1987).

Andere Texte und Beispiele zeigen den Mann als Familienoberhaupt, Ernährer und als denjenigen, der die Entscheidungen trifft; die Jungen handeln nach dem gleichen Muster, sie unternehmen die spannenderen Sachen, sind sportlich. Die Frauen kaufen Lebensmittel und Stoffe und machen auch noch Fehler dabei (Algebra I für Schüler der 8. Klasse, Klett Verlag, Stuttgart 1990; vgl. zu Untersuchungen über Mathematikbücher Fichera 1994, 120). Insgesamt bleibt festzuhalten, daß auch die gegenwärtigen Schulbücher in der Regel sexistische, eurozentrische und ethnozentrische Inhalte vermitteln, wobei Sprachlehrbücher, Handbücher, Arbeitshefte, Kopiervorlagen, Ganzschriften und Filme bisher nahezu überhaupt noch nicht auf Geschlechtsrollenstereotype untersucht wurden (Fichera 1990, 116). Konzept bisheriger Veränderung ist die Angleichung von Frauen an Männer, männliche Rollenklischees werden nicht durchbrochen. Immerhin ist aber nach 20 Jahren Schulbuchkritik die Abkehr von Rollenklischees Bestandteil der Lehrplanfortschreibung geworden (vgl. Thiel 1994).

2.3. Das Frauenbild in der Rechtswissenschaft

Die für den akademischen Rechtsunterricht charakteristischen Falldarstellungen in juristischen Lehrbüchern, Arbeitspapieren und Repetitorien diffamieren Frauen durch herabsetzende und lächerlich machende Namen: *Berta Bumske, Frieda Lüstlein, Frau Raffke, Frau Koofmich, Frau Emanz* sowie durch Berufe, Denk- und Handlungsweisen, die eine bemerkenswerte Geringschätzung des weiblichen Geschlechts zeigen (vgl. Limbach 1986, 91 ff.). In zivilrechtlichen Schulfällen sind Frauen unterrepräsentiert und nur selten als selbständig entscheidungs- und handlungsfähig oder als außerhäuslich erwerbstätig dargestellt. Sie werden meist über eine Beziehung zu Männern definiert und als Rechtssubjekte weniger ernst genommen, ablesbar daran, daß sie in mit sexuell-assoziativem Gehalt angereicherten Fällen erscheinen (Limbach 1986, 93). Verzerrte Frauenbilder und patriarchalisches Denken schlagen sich auch in

Urteilen bzw. in der juristischen Literatur zu bestimmten Straftatbeständen, etwa Vergewaltigung, nieder (Limbach 1986, 94).

2.4. Das Frauenbild in den Medien

Die Verbannung der Frau in die symbolische Nichtexistenz (*symbolic annihilation*, Tuchman 1978, zit. bei Huhnke 1996, 15) sei an zwei Beispielen veranschaulicht.

2.4.1. Das Frauenbild in der politischen Presse

Die politischen Printmedien (taz, dpa, Zeit, Spiegel) grenzen Frauen durch Nichtberichterstattung aus dem öffentlichen Leben aus, wie Huhnke (1995, 1996) über einen Untersuchungszeitraum von 1980−1995 anhand von fast 7.000 Texten zu den Themen „Erwerbstätigkeit", „politische Gleichberechtigung" und „feministische Themen" herausgearbeitet hat. (Zum Frauenbild in Illustrierten und Frauenzeitschriften vgl. Huhnke 1996, 21 ff.). Sie zeigt darüber hinaus, daß v. a. der Spiegel mit narrativen Konventionen wie Umdeutung von Schlagworten, Sexualisierung politischer Sachverhalte sowie einer aggressiven Bedrohungsmetaphorik Subthemen herstellt und damit Frauen und ihre Themen abwertet. (Vgl. auch die von Pusch 1990, 82 bei der Darstellung von Sexualdelikten herausgearbeiteten patriarchalischen Stiltechniken).

2.4.2. Das Frauenbild im Fernsehen

Zum Frauenbild im Fernsehen lagen in den USA schon 1977 mehr als 1.000 Titel vor. In Deutschland konnte man lange Zeit nur auf die Küchenhoff-Studie (Küchenhoff u. a. 1975) zurückgreifen, die auf einer sechswöchigen Programmbeobachtung aller Sendungen von ARD und ZDF, gegliedert in die Untersuchungsbereiche Fiktion, Quiz und Show, Non-Fiktion und Nachrichten basiert. Alle Bereiche übergreifende Merkmale der Darstellung von Frauen sind: erhebliche Unterrepräsentanz (das durchschnittliche Geschlechterverhältnis betrug 1:3), Reduktion auf zwei Typen von Frauen, die schöne, junge, unabhängige Frau und die Hausfrau und Mutter ohne Sexappeal, sowie fehlende Handlungsrelevanz von Frauen, d. h. ihre Festlegung auf Nebenrollen, Assistentinnenfunktion und Programmansage. Mädchen im Kinderfernsehen erschienen noch bedeutungsloser, unscheinbarer und langweiliger als erwachsene Frauen (Schmerl 1984). Eine der Küchenhoff-Studie vergleichbare Untersuchung aus den 90er Jahren (Weiderer 1995) zeigt bezüglich der schon 1975 bemängelten fehlenden Berücksichtigung frauenspezifischer Belange sowie der krassen Unterrepräsentanz wenig grundsätzliche Veränderungen. Auch entspricht das Gros der gezeigten Frauen und Männer in Rollenverhalten und Funktionen dem gesellschaftlich vermittelten Stereotyp. Immerhin wurden einige AusreißerInnen gefunden: aktive, dominante, kompetente Frauen in statushohen und zurückhaltende, passive Männer in untergeordneten Funktionen. Außerdem gehören Berufstätigkeit und „ernste" Themen mittlerweile zum Alltag der Fernsehfrauen.

2.5. Das Frauen- und Gottesbild in der christlichen Kirche

Besonders intensiv rezipiert wurde feministische Sprachkritik im kirchlich-theologischen Bereich, der nachhaltiger als andere gesellschaftliche Bereiche von patriarchalischem Denken durchsetzt und geprägt ist. Die Gleichstellung der Frau ist hier noch lange nicht erreicht, auch wenn es mittlerweile eine „Bischöfin" gibt. Feministische Theologie ist ohne Sprachkritik nicht denkbar. Feministische Theologinnen betrachten Bibeltexte als historische Dokumente und Teil der jüdisch-christlichen Kultur, wollen daher deren patriarchalische und frauenfeindliche Inhalte nicht verändern, fordern aber eine frauengerechte Übersetzung von einseitigen und falschen androzentrischen Formulierungen: „Sie wollen hören und lesen, daß es Prophetinnen, Jüngerinnen, Gemeindeleiterinnen und Apostelinnen gab" (Wegener/Köhler/Kopsch 1990, 95). Weiter fordern und verwenden sie eine veränderte Metaphorik in Gebeten und Liedern, die der Vielfalt der christlichen Tradition entspricht und Gott nicht auf männliche Bilder wie *Vater, Herr, König, Hirte, Schöpfer, Gott unserer Väter, Heiliger Geist* festlegt (ebd., 151). Gott soll nicht ständig als Mann bezeichnet werden, weil das theologisch falsch und Gott weder Mann noch Frau ist, weil diese Redeweise die Herrschaft von Männern unterstützt und eine gleichberechtigte Gemeinschaft von Frauen und Männern verhindert und natürlich auch, weil Frauen Gott anders erfahren. Empfohlen werden andere Texte in Gottesdiensten und alternative Metaphern für Lieder und Gebete, wie *du bist eine tröstende Mutter, eine gerechte Freundin, die Quelle der Liebe, das Licht meines Lebens, Ursprung aller Dinge, unsere Zuflucht und unsere Stärke* (ebd., 151f.). Die sprachlichen Änderungen werden als Indikatoren für eine veränderte Gesellschaft angesehen.

„Wie ernst es der Kirche wirklich mit der befreienden Botschaft für Frauen und Männer ist, und ob die Kirchenmänner endlich bereit sind, Macht mit Frauen zu teilen, wird sich allerdings erst am Reden von und mit Gott zeigen. Änderungen in der Gottessprache sind Ausdruck dafür, daß sich wirklich das eigene Denken und die eigene Haltung so geändert haben, daß weitreichende und notfalls schmerzliche Konsequenzen unausweichlich sind" (ebd., 38).

2.6. Zusammenfassung

Frauendiskriminierung ist darüberhinaus nachgewiesen im Männerwitz (Huffzky 1979), in Sexualwortschatz und -metaphorik (Frank 1992) und in der Werbung (Schmerl 1984, 1990a und b). Ergänzende Forderungen zur Gestaltung von Texten über Frauen sind, sie nicht über Männer zu definieren, nicht abzuwerten, nicht in stereotypen Rollen und als Objekte von Handlungen anderer zu zeigen (Häberlin/Schmid/Wyss 1992, 1) und Statushierarchien zwischen hochgestellten Männern und untergeordneten Frauen zu vermeiden (Hellinger/Bierbach 1993, 21).

Für die sprachliche Gestaltung empfiehlt Pusch v. a. Empathie. Ausgewogenheit des Empathiezentrums liege vor, wenn durch Abwechseln der Perspektive oder durch Wahl einer neutralen Perspektive Frauen und Männer gleich oft als aktive, handelnde Subjekte dargestellt werden. Statt zu sagen: *Ulrich K. und seine Ehefrau Rosemarie* sollte es heißen: *Das Ehepaar Rosemarie und Ulrich K.* Statt: *Nachdem sie den Mietvertrag unterschrieben hatten, nahm er sie zur Feier des Tages in ein teures Restaurant mit,* heißt es besser: *feierten sie den Erfolg in einem teuren Restaurant* (Häberlin/Schmid/Wyss 1992, 66f.).

Frauen soll kein Schonraum zugewiesen werden, sondern die langjährig und in allen Bereichen praktizierte Einseitigkeit der Darstellung soll vermieden werden (vgl. auch die Ergebnisse von Röser/Kroll 1995 über die Einstellung von Frauen zum Frauenbild im Fernsehen). Es ist nicht zu bestreiten, daß es Veränderungstendenzen in allen exemplarisch genannten Bereichen gibt. Im Kontext der Untersuchungen des Geschlechterbildes in der Werbung (vgl. Friedan 1963; Goffman 1981; Schmerl 1984, 1990b: alle zit. bei Schmerl 1990b, 189) wurden auch die Wirkungen der Präsentation traditioneller Geschlechterklischees untersucht. Die Werbung ist zwar nicht die Erfinderin der negativen Klischees über Frauen, sie behindert jedoch durch ihre fortwährende Benutzung und übertriebene Präsentation deren gesellschaftlich gewollte und in Teilen schon realisierte

2086 XIV. Entwicklungstendenzen der deutschen Sprache seit der Mitte des 20. Jahrhunderts

Überwindung und reanimiert und bekräftigt sie gegen die tägliche Realität von Frauen und Männern. Die durch sie verbreiteten Bilder vertreten hinsichtlich des Geschlechterverhältnisses eine eindeutig ideologische Position, die den realen Geschlechterverhältnissen nicht gerecht wird und den gesellschaftlich angestrebten Leitbildern der Geschlechterbefreiung aus Rollenzwängen nicht entspricht. Sie benutzt darüber hinaus speziell für Frauen entmutigende herabsetzende bis beleidigende Klischees. Die Behauptung, daß diese Bilder keine Spuren im Bewußtsein von Frauen, Männern und Kindern hinterlassen, kann als widerlegt betrachtet werden (Schmerl 1990b). Hauptgrund dafür, daß geschlechtsstereotype Werbung immer noch produziert wird, ist offenbar der eher traditionelle Geschlechtsrollengeschmack der männlichen Praktiker in den Werbefirmen. Mittlerweile versucht man, unaufgeklärte oder uneinsichtige Werber durch Empfehlungen und Leitfäden anzuregen, auf die Verwendung frauendiskriminierender Klischees zu verzichten (vgl. erste Vorschläge auf der Grundlage vergleichender internationaler Bestandsaufnahme bei Schmerl 1990a).

Auch die Wirkungsmöglichkeiten des Fernsehens auf das Selbstverständnis von Frauen und Männern und die Geschlechtersozialisation wurden durch Studien bestätigt, allerdings bisher meist ohne fundierte Analyse der (Programm-)Inhalte. (Zu Forschungsperspektiven vgl. Weiderer 1995).

Die feministischen Theologinnen stellen ihre Sprachkritik in den allgemeinen Kontext des gerechten Sprechens und wenden sich gegen Ausgrenzung und Verharmlosung, Diskriminierung und Abwertung von Frauen, aber auch von Behinderten und Menschen anderen Glaubens und anderer Hautfarbe. Auch Kritik an der Benachteiligung von Personen aufgrund ihres Alters (*ageism*) ist modern geworden. Die oben angeführten Beispiele der Text- und Inhaltskritik überzeugen. Übertreibungen sind gerade im politischen Kontext nicht auszuschließen. Übersteigerte Sprachkritik kann in Verbalfetischismus und Dogmatismus münden, ein Vorwurf, der für die feministische Sprachkritik in ihrer Grundkonzeption sicher nicht berechtigt ist, möglicherweise aber für *political correctness*, eine Bewegung, die in den USA v. a. im Universitätsmilieu aktuell ist und politische, pazifistische, ökologische und feministische Sprachkritik verbindet. Sie verbietet jedes Verniedlichen, Abwerten oder Lächerlichmachen von Gruppen und erscheint in der

Rezeption durch ihre europäischen Kritiker als intolerant und militant. Hier stehen oft nicht vorrangig Genauigkeit oder Richtigkeit im Zentrum, sondern Versuche, mit sprachlichen Mitteln Fehler und Gebrechen zu kaschieren oder euphemistisch darzustellen. Ob *political correctness*, als Terminus in Deutschland inzwischen eingeführt, in dieser übertriebenen Form rezipiert wird, bleibt abzuwarten.

3. Geschlechtstypisches Kommunikationsverhalten

Bei dem Thema Frauensprache – Männersprache geht es am Rande auch um unterschiedliche Aussprache und Intonation, Wortschätze oder unterschiedliche Satzverwendung (vgl. ausführlicher Schoenthal 1985, 158f.; Günthner/Kotthoff 1991, 10f.; Bußmann 1995, 130ff.). Im Zentrum aber stehen Analyse und Kritik des kommunikativen Verhaltens von Frauen und Männern in verschiedenen Situationen. Es interessieren Unterschiede als solche, aber auch die Bewertung dieser Unterschiede unter dem Gesichtspunkt der Veränderbarkeit. Das Thema gehört in den Rahmen der sog. feministischen Linguistik oder, wie im Laufe der Entwicklung neutraler formuliert wurde, der linguistischen Frauenforschung (Günthner/Kotthoff 1991, 15) oder Geschlechterforschung (Kotthoff 1996, 9). Die übergeordnete Begrifflichkeit stammt jedoch nicht nur aus der sprach- oder kommunikationswissenschaftlichen Diskussion, sondern auch aus der im weiten Sinne sozialwissenschaftlichen Erörterung der Geschlechterthematik. Rahmen für Gesprächs- oder Kommunikationsanalysen dieser Art ist die Soziolinguistik. Wie andere Varietäten werden im Rahmen der Soziolinguistik oder Varietätenlinguistik auch geschlechtstypische Varietäten untersucht, für die analog zu Dialekt oder Soziolekt gelegentlich der Begriff Genderlekt (Günthner/Kotthoff 1991, 17ff.) verwendet wird. Auch von weiblichen/männlichen Registern oder Codes ist die Rede, inzwischen findet allerdings am häufigsten der Begriff weiblicher/männlicher Stil Verwendung. Die meist nicht definierte Begrifflichkeit teilt die Definitionsprobleme der Varietätenlinguistik insgesamt; unklar ist, wieviele verschiedene Merkmale in welcher Häufigkeit eine Varietät ausmachen. Klar ist allerdings, daß Geschlecht nicht als ein rein biologisches, sondern als soziales Geschlecht aufzufassen ist und daß es sich nicht um exklusive bzw. spezifische, sondern präferentielle bzw. typische Erscheinungen handelt. Durch die gesprächsanalytische Fragestellung bedingt, erfordert bereits die Identifikation der untersuchten Einheiten einen Interpretationsaufwand, den viele Untersuchungen nicht leisten. Das kann hier nicht weiter ausgeführt werden (vgl. exemplarisch zu den Schwierigkeiten der Identifikation von simultanen Sprechaktivitäten als Unterbrechungen Kotthoff 1993b). Ähnlich schwierig ist die Feststellung, ob Aktivitäten eher symptomatisch oder intentional sind. Das Besondere vieler Arbeiten ist, daß dezidiert kritisch beschrieben wird, mit dem Interesse, Möglichkeiten für eine Veränderung des beschriebenen kommunikativen Verhaltens aufzuzeigen und einzufordern. Das ist für wissenschaftliche Untersuchungen nicht der Normalfall, aber die feministische Gesprächsanalyse vertritt diese Position auch nicht allein. Ein vergleichbar kritisches Interesse steht hinter vielen Analysen zur Unterrichtskommunikation, zu ÄrztInnen-PatientInnen-Gesprächen oder zur Kommunikation zwischen BürgerInnen und Verwaltung. Daß eine solche Bewertung ebenfalls Interpretationsaufwand erfordert und natürlich auch wieder kritisierbar ist, kann hier ebenfalls nur erwähnt werden. Das gilt etwa für die Merkmale nichtdominanten Gesprächsverhaltens bei Gräßel (1991, 307). Die Forschungssituation ist stark von der englischsprachigen Literatur beeinflußt, die hier deshalb miterwähnt wird, v. a. sofern sie in dt. Übersetzung vorliegt; im Mittelpunkt stehen aber Analysen deutschsprachiger Dialoge. Untersuchungsschwerpunkte im deutschsprachigen Raum sind Fernsehdiskussionen (Trömel-Plötz 1982, 1984, 1992; Gräßel 1991; Kotthoff 1992, 1993a, 1995), Kommunikation in Schule und Hochschule (Frasch/Wagner 1982; Kuhn 1982; Oswald u. a. 1986; C. Schmidt 1988; Enders-Dragässer/Fuchs 1989; Fuchs 1992; Engler/Friebertshäuser 1992). Zur nonverbalen Kommunikation wurde im deutschsprachigen Raum wenig geforscht (Wex 1979; Tramitz 1995), zu Humor und Lachen relativ viel (Kotthoff 1986, 1988). Immer wieder formuliert, aber gerade in Deutschland nur sehr wenig empirisch gestützt (Wagner u. a. 1981; zur Kritik vgl. Schoenthal 1985, 168), findet sich auch die These, daß die Unterschiede gar nicht im Sprach- oder Kommunikationsverhalten der Geschlechter liegen, sondern „im Auge des Betrachters", also durch unterschiedliche Wahrnehmung entstehen (Frank 1992, 61 ff.). Die nachfolgende Darstellung zeigt die Berechtigung dieser Annahme, aber auch, daß an der Existenz von Unterschieden kein Zweifel besteht (vgl. Maier 1992, 9).

3.1. Geschichte und Entwicklung des Themas: Defizit, Dominanz, Egalität versus Differenz

Der klassische Ansatz und erste Meilenstein in der Geschichte des Themas läßt sich unter den Stichworten Dominanz, Defizit und Egalität subsumieren. Im Rahmen der Gesprächsanalyse gilt das feministische Interesse dem Zusammenhang von Geschlechterbeziehung und Macht, zunächst v. a. mit dem Anspruch, männliche Formen der Machtausübung aufzudecken und Egalität einzufordern. Entsprechend thematisiert die feministische Gesprächsanalyse den Zusammenhang von Geschlechterbeziehung, Macht und Sprache. Im Vordergrund steht der Gedanke, daß die gesellschaftliche Ungleichheit gemacht und veränderbar ist. In den Arbeiten zu Beginn der feministischen Bewegung Mitte der 70er Jahre wird das Geschlecht als zentraler Einflußfaktor im Gespräch herausgearbeitet und betont, daß es den jeweiligen Status in gemischtgeschlechtlichen Gruppengesprächen bestimmt. Aufgrund der gesellschaftlichen Hierarchie ist die Frau in der unterlegenen Position, ihre Gesten und kommunikativen Handlungen sind Anpassungs- oder Beschwichtigungsleistungen, Submission der statusniedrigeren Person gegenüber dem Mann als der statushöheren Person, dessen Gesten Macht ausdrücken und verfestigen. Mit der Gleichsetzung von Sexismus und Rassismus, der Charakterisierung dieser Kommunikationsweisen als Rhetorik der Unterdrücker gegenüber der von Unterdrückten, wird diese Betrachtungsweise untermauert (Trömel-Plötz 1982, 129 ff.). Im englischsprachigen Raum wird die sog. Statushypothese von Henley sehr anschaulich in ihrem 1977 publizierten Buch (dt. erst 1988) entfaltet. Henley hat aufgrund der damals vorhandenen spärlichen Forschungsdaten und eigener Untersuchungen die Hypothese formuliert, daß Geschlechtsunterschiede im nonverbalen Verhalten auf Machtunterschiede zurückgeführt werden können und dazu dienen, das bestehende System von Macht und Privilegien zu stärken. Da Frauen im Patriarchat zu Sanftmut und Passivität sozialisiert werden, sind sie die geeignetsten Opfer für diese mildere Form sozialer Kontrolle. Henley stützt ihre These mit empirischen Untersuchungen, die bspw. belegen, daß Frauen mehr lächeln als Männer, Männer hingegen Frauen mehr berühren als umgekehrt. In diesen Kontext passen auch die Ergebnisse über unterschiedliche Körperhaltungen von Frauen und Männern von Wex (1979).

Weiter belegen zahlreiche, meist quantitative Untersuchungen aus verschiedenen Ländern zur Unterrichtskommunikation, daß Mädchen kommunikativ zu Opfern gemacht werden. Spender (1982) hat die Chancengleichheit der Geschlechter als Mythos entlarvt. Sie sieht nicht nur Unterrichtsgestaltung und Unterrichtsmaterialien an den Interessen der Jungen orientiert, Jungen erhalten außerdem zwei Drittel der Aufmerksamkeit. Nach Spenders Darstellung trainiert und verfestigt Schule die Geschlechtsrollenstereotypen, und Mädchen lernen zu verlieren. Die umfangreichen Untersuchungen aus dem deutschsprachigen Raum von Frasch/ Wagner (1982) zum Grundschulbereich zeigen, daß Lehrerinnen und Lehrer Jungen stärker wahrnehmen als Mädchen, sie häufiger loben, tadeln, ermahnen und mehr Kontakt zu ihnen suchen als zu Mädchen (S. 267ff.).

In den Kontext der Statushypothese gehören im deutschsprachigen Raum auch Arbeiten von Trömel-Plötz. Sie hat zu Beginn der 80er Jahre exemplarisch an einzelnen Fernsehdiskussionen männliches Dominanzverhalten aufgezeigt und die Auffassung vertreten, daß es Frauen auch bei (äußerer) Statusgleichheit in die unterlegene Position bringt. Ihre Thesen lauten, daß Männer öfter das Wort ergreifen und länger reden als Frauen, daß sie Frauen systematisch unterbrechen, was umgekehrt kaum geschieht, daß Frauen um ihr Rederecht und darum, es zu behalten, kämpfen müssen, daß Männer die Gesprächsthemen bestimmen, während Frauen die (meiste) Gesprächsarbeit leisten (1984, 58ff.). Sie lassen sich unterbrechen, stellen Fragen, hören aufmerksam zu. Ihr Kommunikationsverhalten insgesamt ist durch Unsicherheit geprägt, sie schwächen ihre Äußerungen ab, indem sie sie einschränken, sie indirekt formulieren und durch Vergewisserungsfragen und Entschuldigungen ergänzen (Lakoff 1973, 54f., Trömel-Plötz 1982, 48). Die Kritik gilt zum einen der männlichen Dominanz in einer patriarchalen Gesellschaft oder ihren patriarchal geprägten Institutionen; in der Schule sind es Lehrer und Lehrerinnen, die Schülerinnen nicht beachten. Die Kritik gilt

aber auch weiblichen Defiziten des Kommunikationsverhaltens, wobei die Neigung besteht, männliches Kommunikationsverhalten als Vorbild zu nehmen (vgl. 3.3.). Autorinnen wie Henley oder Trömel-Plötz betonen beide Aspekte (Henley 1988, 287f.; Trömel-Plötz 1984, 383ff.). In der damit verbundenen potentiellen Idealisierung des männlichen Kommunikationsverhaltens liegt die Gefahr eines „Angleichungsgebots an ein schlechtes Bestehendes" und damit eines antiemanzipatorischen Effekts, wie Klinger (1986, 68) aus feministischer Sicht kritisiert.

Der zweite historische Meilenstein ist der Differenz- oder Dualitätsgedanke als Gegenbegriff zu Dominanz, Defizit und Egalität. In Auseinandersetzung mit der ursprünglich von Pamela Fishman (1984, engl. 1980) formulierten These, daß Frauen die Gesprächsarbeit leisten, wurde Ende der 70er und in den 80er Jahren der weibliche kommunikative Beitrag genauer untersucht. Die Abwendung von der sehr einseitigen und marginalen Wahrnehmung von Frauen im öffentlichen Leben und damit von Situationen mit Geschlechterhierarchie hatte zur Folge, daß bestimmte Sprachdaten neu interpretiert und weibliche kommunikative Leistungen umgewertet wurden. In mehreren Studien wird herausgearbeitet, daß gerade kommunikative Einheiten, die zunächst als Ausdruck von Anpassung und Unsicherheit gedeutet und damit negativ bewertet wurden, auch andere Deutungen zulassen: das sind z. B. bestimmte HörerInnenaktivitäten, kommunikative Abschwächungen und Vergewisserungsfragen (*tag-questions*). Im deutschsprachigen Raum sind dazu zwei wichtige Arbeiten aus dem universitären Kontext zu nennen:

Kuhn (1982) untersucht das Kommunikationsverhalten von je neun Seminarleiterinnen und Seminarleitern in einer einleitenden Sitzung am Semesteranfang und stellt fest, daß die Frauen fast doppelt so viel abschwächende Ausdrücke wie die Männer verwenden. Dazu zählt sie einschränkende und empathische Partikeln, parenthetische Verben und den Gebrauch des Konjunktivs in Fällen, in denen er nicht nötig ist (S. 24). Außerdem beobachtet sie, daß Frauen wesentlich mehr Vergewisserungsfragen verwenden und zehnmal mehr persönliche Anreden, Bezugnahmen und Bemerkungen als Männer machen. Die Gründe für dieses Verhalten sieht Kuhn jedoch weder in einer Unsicherheit noch in der Kommunikationsgewohnheit der Frauen, als Folge weiblicher Sozialisation angepaßt und höflicher zu sprechen, sondern in der bewußten Absicht, anders zu agieren: die Zuhörenden einzubeziehen und persönlich zu sprechen. Die ergänzende Auswertung der Grobstruktur der Seminare bestätigt sie in dieser Annahme.

C. Schmidt (1988, 127 ff.) findet beim Vergleich von gleichgeschlechtlichen und gemischtgeschlechtlichen studentischen Examensgruppen der Germanistik im Umgang mit einem vorher festgelegten und von allen vorbereiteten Thema heraus, daß Frauen eher kooperativ, Männer eher kontrovers kommunizieren. Frauen gehen z. B. eher auf den Beitrag der Vorgängerinnen ein: Als Zuhörerin unterstützen sie die aktuell Redende, geben mehr Rückmeldung insgesamt (*mhm*) und mehr Rückmeldung in Form von kurzen Kommentaren (*richtig; finde ich auch*). In reinen Männergruppen zeigen sich extrem hohe Werte der durchschnittlichen Redebeitragslänge und ein sehr geringer Anteil solcher Antworten, die ganz auf den Fragenden eingehen.

Solche Darstellungen führen entsprechend zu einer Abwertung männlichen Kommunikationsverhaltens: Gemessen an der Norm des idealen Gesprächs sind es die Frauen, die diese Norm verwirklichen, und die Männer, die ihr nicht gerecht werden. Diese Auffassung wird auch in den exemplarischen Untersuchungen zur Unterrichtskommunikation von Enders-Dragässer/Fuchs (1989, 147) entfaltet. Danach ist die Gruppe der Mädchen stärker auf Kooperation, die der Jungen stärker auf Konkurrenz ausgerichtet. Die Autorinnen sehen das Lernklima wesentlich vom Interaktionsstil der Jungen bestimmt, der v. a. im mathematisch-naturwissenschaftlichen Bereich die Mädchen benachteiligt. Anliegen der Autorinnen ist, durch ihre Wendung zum Differenzkonzept die weibliche kommunikative Leistung erst als positiv wahrnehmbar zu machen und zu vermitteln und mit Forderungen nach mehr Kooperativität Richtschnur und Ziel einer anzustrebenden Veränderung zu setzen.

Borker und Maltz haben 1982 eine Vielzahl von Untersuchungen aus verschiedenen Ländern ausgewertet und daraus ihre Theorie der kulturellen Stile abgeleitet, der zufolge Unterschiede in der Interaktion zwischen den Geschlechtern durch unterschiedliche Vorstellungen von freundlichen Gesprächen und deren Durchführung sowie der Interpretation dessen, was sich in diesen Gesprächen abspielt, bedingt sind (vgl. dt. Maltz/Borker 1991, 55). In Ergebnissen über unterschiedliche Muster sozialer Interaktionen von Mädchen und Jungen sehen sie ihre Ansicht bestätigt. Ihr Erklärungsansatz ist in der popularisierenden Darstellung und Erweiterung von Deborah Tannen sehr bekannt geworden, die den Blick auf die private Beziehungskommunikation zwischen Frau und Mann (1991) sowie auf die Gesprächssituation der Geschlechter am Arbeitsplatz lenkt (1995). Nach Tannen ist männliches Kommunikationsverhalten öffentlich, auf die Etablierung von Status gerichtet und führt zu einer Berichtssprache, weibliches hingegen privat, auf die Etablierung von Bindung ausgerichtet und führt zu einer Beziehungssprache. Als weibliches Kommunikationsverhalten werden u. a. Nachgeben, Loben, Komplimente Machen, Nicht Kritisieren, Nicht Streiten, Nicht Prahlen und Nicht den Boß Herauskehren genannt. Neben dem Grundgedanken der Gleichwertigkeit der beiden durch unterschiedliche Sozialisation entstandenen Stile betont Tannen v. a., daß kommunikative Merkmale nicht unabhängig von Kontext und Situation einer immer gleichen Deutung unterzogen werden können. Exemplarisch entfaltet sie, daß v. a. Unterbrechungen nicht Ausdruck von Dominanz und Elemente eines männlichen Kommunikationsstils (1991, 206 ff.) und indirektes Sprechen nicht Ausdruck von Unsicherheit und Machtlosigkeit und Element eines weiblichen Stils sein müssen (1995, 80 ff.). Bspw. dürfen Unterbrechungen nur als Machtgebaren gewertet werden, wenn sie Gesprächsrechte einer Person verletzen. Sie können durchaus auch kooperativ sein, Ausdruck eines besonders involvierten Gesprächsstils, der charakteristisch für Frauen und private Kommunikationssituationen ist. Zu Konflikten kommt es, wenn Gesprächsbeteiligte dieses Verhalten in einem anderen kulturellen Rahmen deuten, etwa von der Vorstellung öffentlichen Sprechens ausgehen, wonach immer nur eine Person das Rederecht hat (1991, 229). Beide Stile versteht Tannen als Endpunkte einer Skala mit fließenden Übergängen (1995, 9). Differenzdenken, wie es in solchen Beschreibungen zum Ausdruck kommt, erscheint zunächst positiv, weil es weibliche Leistung nicht einseitig und pauschal abwertet: das, was Frauen können, wird nicht als Mangel betrachtet, sondern als andere, aber gleichwertige Leistung bejaht. Aber auch Differenzdenken birgt die Gefahr eines antiemanzipatorischen Moments und stößt auf feministische Kritik, weil es den stereotypen Geschlechtscharakter der Frau affirmiert und Frauen festgelegt werden auf das, was sie immer schon konnten und taten, hier etwa „mütterlich" für andere sorgen. Eine solche Betrachtungsweise gibt Geschlechterunterschieden den Anschein des Natürlichen und läßt gesellschaftliche Ungleichheit und Veränderungsinteressen aus dem Blickfeld geraten (Klinger 1986, 69f.). Tannen ist dieser Gefahr im Buch von 1991 erlegen, nicht allerdings in „Job-Talk" (1995, 19). Hier betont sie sehr deutlich, daß in der Arbeitswelt der männlich geprägte Interaktionsstil die Norm ist und sich damit zum Nachteil für Frauen auswirkt.

3.2. Zum Stand der Diskussion: Dekonstruktion der Differenz

Fazit aus vielen verschiedenartigen Untersuchungen im Umkreis des Themas ist, daß die bisher diskutierten Antworten auf die Frage nach Geschlechterunterschieden hinsichtlich des Kommunikationsverhaltens zu einfach sind. Ähnlich wie in der klassischen Soziolinguistik erweisen sich die Zusammenhänge bei genauerer Untersuchung als komplexer als gedacht und ursprünglich formuliert. Wir alle haben Erfahrungen mit prototypischem männlichen und weiblichen Kommunikationsverhalten. Aber Frauen verhalten sich nicht in allen Situationen gleich, und nicht alle Frauen verhalten sich gleich. Es läßt sich nicht behaupten, daß das Geschlecht allein als Faktor das kommunikative Geschehen bestimmt, und ebenso wenig, daß es unabhängig von dem Typ der Situation mehr als andere Faktoren das Gesprächsverhalten bestimmt. Solche weitgehenden Generalisierungen lassen sich nicht aufrechterhalten, allein schon deshalb nicht, weil eine kommunikative Handlung nicht kontextunabhängig auf eine Bedeutung festgelegt werden kann. Aufgrund der Popularität des Themas und des damit verbundenen gesellschaftspolitischen Interesses wurden und werden häufig exemplarische Untersuchungen als empirisch gesicherte Aussagen behandelt, Ergebnisse überbewertet und vorschnell und sehr weitgehend generalisiert. Frank (1992, 16ff.) ist solchen recht naiven, allerdings m. E. wissenschaftlich nie ernsthaft vertretenen Generalisierungen noch einmal mit einer Meta-Untersuchung eines Corpus von deutsch- und englischsprachigen Analysen entgegengetreten, die zwar hinter den Stand des schon erreichten soziolinguistischen Wissens über den Einflußfaktor Situation zurückfällt, aber sehr deutlich die Widersprüchlichkeit der Ergebnisse zeigt. Mehr und andere Faktoren als das Geschlecht spielen eine Rolle, v. a. der institutionelle Kontext, Aspekte der Situation wie Öffentlichkeit oder Privatheit, der Status einer Person im Gespräch sowie Alters-,

Schicht- und Kulturunterschiede. Günthner (1992) diskutiert Gesprächssituationen, in denen Frauen ihre kulturelle, berufliche und statusbezogene Identität sehr viel stärker zum Tragen bringen als ihre geschlechtliche. Daß Frauen keine homogene Gruppe sind, wurde von Anfang an gesagt. So machen z. B. die „Klassikerinnen" Lakoff (1973, 47) und Henley (1988, 255) nur Aussagen über die amerikanische (weiße) Mittelschichtfrau; auch Wex (1979, 23) findet Alters- und Schichtunterschiede. Dennoch wurden und werden solche Einschränkungen oft übersehen oder unterschätzt.

Daß und wie weibliches Kommunikationsverhalten in Abhängigkeit von der Schichtzugehörigkeit variiert, haben v. a. Keim/Schwitalla (1989, 1993) in auch methodisch vorbildhaften deutschsprachigen ethnographischen Analysen inzwischen mehrfach herausgearbeitet. Die aktuelle internationale Forschungssituation dokumentieren drei neuere Literaturberichte, deren englischsprachige Untersuchungsbasis allerdings überwiegend Laborsituationen sind, so daß andere Ergebnisse für natürliche Kommunikationssituationen nicht auszuschließen sind. Die Forschungsberichte bestätigen teilweise bisher behauptete Unterschiede im Kommunikationsverhalten, kommen aber auch zu gegensätzlichen Ergebnissen. Damit zeigen sie die Berechtigung der Fragestellung, aber auch die Schwierigkeit von Antworten.

Etwa gilt aufgrund verschiedener Untersuchungen mittlerweile als gesichert, daß Frauen häufiger lächeln. Fehlende Unterschiede bei Kindern bestätigen, daß dieses Verhalten erlernt ist. Zur Status- oder Dominanzhypothese paßt nicht, daß Frauen auch Frauen häufiger anlächeln. Ergebnisse über negative Gesichtsausdrücke stehen noch aus. Wenn Frauen auch hier einen quantitativen Vorsprung hätten, wäre die Statushypothese widerlegt und die Unterschiede müßten eher mit einer größeren Ausdrucksbereitschaft von Frauen erklärt werden (Maier 1992, 28).
Als Standardbeispiel männlichen Dominanzverhaltens gilt die Unterbrechung. James/Clarke (1993, 231) können jedoch aufgrund der Auswertung von 43 englischsprachigen Untersuchungen von 1965 bis 1991 Geschlechterdifferenzen im Gebrauch von Unterbrechungen weder für gemischtgeschlechtliche noch für gleichgeschlechtliche Interaktionen bestätigen. Das hängt mit der multifunktionalen Natur des simultanen Sprechens zusammen und mit dem offenen Problem, daß Bestimmungen von Unterbrechungen als Dominanzversuche in hohem Maße deutungsabhängig sind, d. h. sowohl den Inhalt als auch den weiteren Kontext in die Analyse miteinbeziehen müßten, was die

meisten Untersuchenden nicht tun. Immerhin stellen die Autorinnen fest, daß Unterbrechungen von Männerseite mit größerer Wahrscheinlichkeit Dominanzversuche sind als von Frauenseite (257).

James/Drakich (1993, 281) arbeiten heraus, daß sich die scheinbar inkonsistenten Ergebnisse in 63 Untersuchungen zwischen 1951 und 1991 über den Umfang des Sprechens von Männern und Frauen bei genauerer Analyse als durchaus konsistent erweisen. Ihre Erklärung dafür, daß einerseits so viele Untersuchungen zeigen, daß Männer mehr reden, daß es davon andererseits aber viele Abweichungen gibt, basiert auf sorgfältiger Analyse des Kontextes und der Struktur der sozialen Interaktion. Geschlecht wird als ein Statusfaktor betrachtet, der aber durch andere Statusfaktoren nivelliert werden kann. Etwa wenn Frauen und Männer über ein Thema diskutieren, für das aufgrund der gesellschaftlichen Erwartungen Frauen als Expertinnen gelten, kann es sein, daß Männer nicht mehr reden oder sogar, daß Frauen mehr reden als Männer.

Aufgrund der Zugänglichkeit der Daten ist der Miniaturausschnitt „öffentliche Fernsehdiskussion" inzwischen besonders gut untersucht. An zwei ganz verschiedenartigen deutschsprachigen Arbeiten soll das bisher Ausgeführte illustriert und gezeigt werden, wie es inhaltlich und methodisch und durchaus auch mit feministischem Interesse weitergehen kann.

Gräßel (1991) hat mit quantifizierenden Methoden und der Herausarbeitung von Korrelationen untersucht, was passiert, wenn Frauen in dominanten Rollen, d. h. in ihrer Terminologie als statushohe Personen kommunizieren. Das sind − leider für die Analyse nicht unterschieden − die Rollen der Expertin und der Moderatorin. Sie stellt bisherigen exemplarischen Illustrierungen der These männlicher Dominanz an einzelnen Fernsehdiskussionen, wie sie etwa Trömel-Plötz (1984) durchgeführt hat, eine Untersuchung von fünf dt. Fernsehdiskussionen gegenüber, in denen Frauen und Männer im Durchschnitt gleich vertreten waren. Aufgrund der Analyse von quantifizierbaren Aspekten der Gesprächsarbeit, der Gesprächskontrolle und Merkmalen nicht-dominanten Verhaltens kommt sie zu dem Ergebnis, daß sich in den untersuchten Fernsehdiskussionen im Durchschnitt − als Korrelation − der Status einer Person als wichtiger als ihr Geschlecht erweist: Mehr Redezeit, eine größere Zahl von Redebeiträgen, Unterbrechungsversuchen und Unterbrechungen − nach feministischen Thesen Ausdruck männlicher Dominanz − sind nicht geschlechts-, sondern statusbedingt, charakteristisch also für Personen beiderlei Geschlechts in der Rolle der ExpertIn (S. 210ff.). Grundsätzlich stellt ihre Untersuchung jedoch die Existenz von Unterschieden zwischen weiblichem und männlichem Kommunikationsverhalten nicht in Frage: Gräßel findet bei Frauen mehr Merkmale eines nicht-dominanten Sprachstils als bei Männern (S. 306)

Während Gräßel methodisch im Rahmen einer korrelativen Soziolinguistik und Registerforschung verbleibt, geht Kotthoff mit vergleichbaren Diskussionen ganz anders um. In einem qualitativen Zugriff rekonstruiert sie exemplarisch, daß und wie in solchen Diskussionen Asymmetrie der Geschlechter konstruiert wird. Dabei knüpft sie an den Grundgedanken aus der bisherigen Forschungsdiskussion an. Ihre These lautet, daß für Männer eher Expertenrollen, für Frauen eher die Rolle der Betroffenen ausgehandelt werden.

An mehreren Beispielen (Kotthoff 1992, 1993a, 1995) demonstriert sie, wie in einer Diskussion die beteiligten Männer die Rolle der Experten ausagieren und darin auch von den Frauen, z. B. der Moderatorin, durch deren Zurückhaltung unterstützt werden. Die beteiligten Frauen hingegen argumentieren, auch wenn sie als Buchautorinnen Expertinnen sind, eher als Betroffene: Sie reden persönlich, lenken das Interesse von sich weg und werden auch eher als Betroffene angesprochen. In einer anderen Diskussion spielt die Expertin ihren Status herunter, der Experte baut ihn aus; die Expertin tut sich schwer mit einer Belehrung, um die sie gebeten wurde und präsentiert ihre Information so unspektakulär wie möglich. Der Experte holt zu einer monologischen Lektion aus (1993a, 86). In einem dritten Gespräch agieren alle anwesenden Männer als Experten bezüglich des Leichenfundes (Ötzi), auch dann wenn sie etwa als Bürgermeister oder Künstler nur laienhaft mit dem Problem befaßt sind. Die Expertin hält sich zunächst zurück, wird aber durch die zahlreichen Fragen des Moderators schließlich in die Rolle der Expertin hineingezogen. Der Moderator liefert hier ein Beispiel für eine Moderation, die gruppendynamische Prozesse ausgleicht (1993a, 89). Kotthoff sieht die Konstruktion von Asymmetrie schon darin gegeben, daß Frauen häufiger als Betroffene denn als Expertin eingeladen werden, Männer dagegen eher selten, und daß außerdem Frauen sich auch als Expertin eher wie eine Betroffene äußern dürfen. In einem Gespräch wird eine thematische Hierarchie errichtet, die weibliche Expertin darf sich zu Alltagsproblemen äußern, die Männer widmen sich der Politik und richten ihre Beiträge dazu aneinander, nicht an die Frau. Dennoch gibt es erhebliche Unterschiede darin, welche situative Identität Frauen und Männer für sich aktualisieren können. Kotthoff entfaltet auch ein Beispiel, in dem sich die Geschlechter nicht in typisierter Weise, sondern eher entlang politischer Positionen von einander unterscheiden (1993a, 91). Ihr Ergebnis lautet, daß Frauen im institutionellen Kontext der Fernsehdiskussion mit einem partnerzentrierten, wenig auftrumpfenden, themenorientierten Stil häufig unterliegen, weil sie auf einen Stil der Selbstdarstellung und Statusdemonstration treffen. Sie sieht diese stilistische „Normalität" schon von außen konstruiert, etwa durch die Einladungspolitik der Medien, wonach zu politischen und wissenschaftlichen Themen immer mehr Männer eingeladen werden und somit die Themen als männlich definiert werden. Die Sender legen es außerdem auf Konfrontation an, weil die gemeinsame Entwicklung von Positionen als langweilig gilt.

Kotthoff stellt sich in den Kontext der Kommunikationssoziologie der Alltagswelt, sie geht ethnomethodologisch von der interaktiven Konstruktion der Wirklichkeit aus. Danach wird mithilfe der Sprache signalisiert, wie die Situation zu definieren ist, wie die Beteiligten zueinander stehen und welches Selbstbild sie von sich haben. Mit Zimmerman/West (1987) begreift sie auch Geschlecht (im Sinne von engl. *gender*) als soziale Konstruktion, etwas, das wir nicht haben, sondern tun, durch Gesten und Handlungen immer wieder neu inszenieren. Dieses interaktiv erworbene Verhalten zur sozialen Selbstdarstellung (*doing gender*) erscheint uns schließlich nur als natürlich. Kotthoff greift das ethnomethodologische Konzept auf, um zu rekonstruieren, wie das Arrangement der Geschlechter in diesem Ausschnitt aus dem öffentlichen Kontext erfolgt, wie situative Rangunterschiede ausgehandelt werden. Durch ihre Auswahl akzentuiert sie im Sinne von Goffman (1977, dt. 1994), was wesentlich gesellschaftlich mitinszeniert und habitualisiert ist, bedingt durch Traditionen, kulturelle Gegebenheiten und Machtverhältnisse.

Die vorgestellten Ansätze enthalten analytisch bedingte Idealisierungen, sie ergänzen sich und schließen einander nicht aus: Bestimmte Aussagen von Trömel-Plötz sind mit diesen Ansätzen vereinbar; Kotthoff greift auch auf Überlegungen von Trömel-Plötz und Tannen zurück, wenn sie Differenz eher im Sinne von Asymmetrie als von Verschiedenheit rekonstruiert. Andererseits gibt es ganz unbestreitbar eine gedankliche Weiterentwicklung, die historisch bedingte Vereinfachungen der früheren Positionen nicht mehr zuläßt. Kotthoff (1996, 9) betont resümierend die Interrelation verschiedener Faktoren, die in Gesprächen zum Tragen kommen:

„gesellschaftliche Machtasymmetrien der Geschlechter, eine geschlechtsorientierte Arbeitsteilung, verschiedene Sozialisation und dort sich bildende subkulturelle Interaktionsstrategien, medial vermittelte Idealbilder von Weiblichkeit und Männlichkeit, Geschlechterideologien und ein sich in all diesem kommunikativ positionierendes Selbst, welches sich in dauernder Interaktion mit seinem Umfeld befindet."

Nur eine kritische und sorgfältige Rekonstruktion der Differenz im Sinne von Kotthoff kann die Basis für eine Dekonstruktion dieses Arrangements der bipolaren Geschlechterdifferenz sein, das Tannen (1995, 217) mit ihrem Plädoyer für eine Vielfalt der Stimmen fordert. Das Fernziel Dekonstruktion der Differenz würde v. a. die Aufgabe des dichotomen Denkens, der bipolaren prototypischen Wahrnehmung, Darstellung und Erwartung der Kommunikationsweisen der Geschlechter bedeuten, zu deren Bestehen der Feminismus sicherlich auch beigetragen hat; statt dessen ist anzuerkennen, daß es sich um Kontinua handelt.

Einen Eindruck dieser Vielfalt vermittelt exemplarisch eine sehr umfangreiche qualitative Untersuchung über Interaktionen zwischen Mädchen und Jungen im Grundschulalter. Neben bestimmten Mustern oder Typen, die bei beiden Geschlechtern in den unterschiedlichen Altersgruppen zwischen sechs und zwölf Jahren vorkommen, etwa den „Neckern und Neckerinnen", „guten Partnern und Partnerinnen" sowie den „Abstinenten", die nicht mit dem anderen Geschlecht kommunizieren, gibt es auch Typen, die v. a. bei einem Geschlecht vorkommen, etwa die „Piesacker", das sind diejenigen unter den Jungen, die Mädchen ärgern, entsprechend bei den Mädchen die Teilgruppe der „Geärgerten" (Oswald u. a. 1986, 576f.).

Weitere Untersuchungen sollten eher einer interpretativen als einer korrelativen Soziolinguistik verpflichtet sein, den institutionellen Rahmen und den Interaktionsprozeß berücksichtigen und Einheiten im Kontext analysieren.

Als Vorbilder sind neben Kotthoff (1992, 1993a), Oswald u. a. (1986), Enders-Dragässer/Fuchs (1989), die die Institution Schule auch mit Fragebögen und Interviews erfassen, Engler/Friebertshäuser (1992), die exemplarisch rekonstruieren, wie im studentischen Rahmen Asymmetrie konstruiert wird, und Keim/Schwitalla (1989, 1993) zu nennen, deren materialreiche Untersuchungen im ethnographischen Kontext anzusiedeln sind.

3.3. Konsequenzen für die Praxis: Feministische Rhetorik

Die Autorinnen haben aus den Ergebnissen einer feministischen Gesprächsanalyse und -kritik im soziolinguistischen Kontext mehr oder weniger umfangreiche Anweisungen für die Praxis abgeleitet und damit wichtige Impulse für eine veränderte Gesprächskultur gegeben. Sie wollen Frauen nicht nur über ihre eigene Wirkung und die kommunikativen Machtmechanismen aufklären, sondern mit gesprächsrhetorischen Forderungen und Hinweisen auch die Voraussetzungen dafür schaffen, daß Frauen ihr legitimes Interesse, gehört zu werden, durchsetzen können. Als zentrale Ursache für die Benachteiligung von Frauen im Gespräch wird die Ausübung männlicher Dominanz diagnostiziert. Henley hält die stummen Tricks und Listen der Mächtigen für die wirksamste Methode, Frauen auf ihren Platz zu verweisen, und sieht im Erkennen nonverbaler Taktiken eine Hilfe, Einfluß- und Dominanzversuchen anderer zu widerstehen (1988, 289, 13). Wurde zunächst weibliches Verhalten als Ausdruck von Unsicherheit und Anpassungsbedürfnis nur abgewertet, wird in einigen Untersuchungen einem als dominant und kontrovers charakterisierten männlichen Stil das nicht-dominante, höfliche und kooperative weibliche Kommunikationsverhalten als Kommunikationsideal gegenübergestellt (z. B. Trömel-Plötz 1992, 85ff.). Das führt logischerweise zu zwei Strategierichtungen: Die Aufforderung an Männer, Dominanz zu unterlassen, erfolgt mit der Zielsetzung, dem idealen Gespräch näherzukommen. Feministische Rhetorik beinhaltet entsprechend auch Anweisungen an Männer. Gemäß Trömel-Plötz' Forderungen zur Gleichstellung von Frauen in Gesprächen (1984, 385) sollen Frauen und Männer als Zuhörende u. a. Frauen als Sprecherinnen unterstützen, sie angemessen vorstellen und ins Gespräch einführen, sie persönlich anreden, ihnen das Wort erteilen und auf Signale achten, die zeigen, daß sie zu Wort kommen wollen, Frauen nicht unterbrechen, Beiträge von Frauen wichtig und ernst nehmen und sich darauf beziehen, Frauen den gleichen Respekt zollen wie Männern und sie unterstützen, wenn ihnen andere diese Rechte nicht zugestehen. Die Empfehlung an Frauen, sich gegen (männliche) Dominanz zur Wehr zu setzen, hat als Zielsetzung eher die Verwirklichung von Selbstbehauptung im Gespräch. Die Anweisungen richten sich vorrangig an Frauen, wohl weil hier bedingt durch die Konzentration auf öffentliches und institutionelles Sprechen der größere Handlungsbedarf gesehen wird, aber sicher auch, weil die meisten Autorinnen (auch die nicht als feministisch ausgewiesenen, wie etwa Gräßel 1991) v. a. die weibliche Perspektive einnehmen und eher oder nur Frauen Leidensdruck und Veränderungsbereitschaft unterstellen. Das zeigt, daß Frauen nicht nur als hilflose Opfer männlicher Machtausübung wahrgenommen werden. Nur wenn man annimmt, daß Frauen die Situationen, in denen sie leben, auch mitproduzieren, ist es plausibel zu unterstellen, daß sie auch an ihrer Veränderung mitwirken können.

Praktische Konsequenz aus durchaus divergierenden Untersuchungen und Thesen ist die Forderung, daß Frauen ihre Rolle als Sprechende situationsangemessen ausfüllen; sie sollen flexibel über beide Stile verfügen, um erfolgreich kommunizieren zu können und ihren Kompetenzen entsprechend wahrgenommen zu werden. Nur dann haben sie die Möglichkeit, sich gegen den kontroversen männlichen Stil zur Wehr zu setzen und sich, wenn es darauf ankommt, selbst zu behaupten, wie z. B. in öffentlichen Situationen und größeren Gruppen, wo ihr Verhalten nicht honoriert wird oder Gefahr läuft, als Ausdruck von Unsicherheit und Submission mißverstanden zu werden. Hier sollen Frauen die Männer nicht gewinnen lassen, ihnen Unterstützung verweigern, sich als Sprecherinnen die gleichen Rechte nehmen, so lang und so oft reden wie diese, sich nicht unterbrechen lassen, Unterbrechungen oder andere männliche Dominanzgesten zur Sprache bringen und Positionen nicht abschwächen, sondern uneingeschränkt formulieren. V. a. wird geraten, die besonders auffälligen Formen des automatisierten Verhaltens zu kontrollieren, die Symptome von Unsicherheit und fehlender Kommunikationsroutine sind oder so gedeutet werden können: Frauen sollen sich nicht durch Körperhaltung klein und unscheinbar machen, lauter sprechen und nicht oder mindestens weniger lächeln.

Alle Verhaltensweisen werden als hochgradig automatisiert aufgefaßt, weshalb Änderungen nicht ohne weiteres als möglich angesehen werden. Für die Vermittlung solcher Fähigkeiten entstanden Rhetorikkurse speziell für Frauen zur Förderung von Selbstbehauptung und weiblicher Solidarität; mittlerweile werden auch gemischte Kurse angeboten zum leichteren Abbau von Feindbildern und zur realistischeren Einschätzung der eigenen Wirkung (Tillner/Franck 1990; Schlüter-Kiske 1991).

Angesichts der Popularität der feministischen Thesen in der öffentlichen Diskussion ist unbestreitbar, daß sie von Einfluß auch für die Gesprächs- und Kommunikationskultur waren und sind. Autorinnen, die sich explizit als Feministinnen bezeichnen und die Notwendigkeit gesellschaftlicher Veränderungen thematisieren, lassen keinen Zweifel daran, daß diese primär über Gesellschafts- und Institutionenkritik und Gesetzesänderungen, nicht allein über Änderungen kommunikativer Verhaltensweisen zu erzielen sind (Henley 1988; Günthner/Kotthoff 1991, 39). Aufgrund der Komplexität dieses Prozesses wäre es eine Illusion, allein mit der Ableitung rhetorischer Anweisungen die Möglichkeit von Veränderung zu suggerieren. Es ist jedoch nicht zu bestreiten, daß das Interesse anhält, kommunikative Veränderungen herbeizuführen. Das gilt sicher in besonderem Maße für Institutionen mit andauernden oder sich wiederholenden Interaktionsprozessen wie Schule und Hochschule (vgl. A. Schmidt 1995, 96; Lindenberg 1996, 26).

4. Literatur (in Auswahl)

Albrecht, Urs, Brauchen wir eine neue Gesetzes- und Verwaltungssprache? In: Gesetzgebung heute 1, 1990, 49–60.

Ders., Leitfaden zur sprachlichen Gleichbehandlung im Deutschen. In: Gesetzgebung heute 1, 1994, 123–137.

Ders./Ann-K. Pantli, Amtlicher Leitfaden zur sprachlichen Gleichbehandlung in der Schweiz. In: DU 48/1, 1996, 108–110.

Alfers, Sandra/Wilfried Kürschner/Christiane Pelka, Sprachsexismus? Die Bezeichnung der Geschlechter in der Sprachpraxis. In: Frauenfragen – Frauensache. Hrsg. v. Hermann van Laer/Astrid Schmitt von Mühlenfels. Cloppenburg 1994, 247–273. (Vechtaer Universitätsschriften 14).

Anliker, Peter, Geschlechtsneutrale Sprache – aus Schweizerdeutscher Sicht. In: Sprachreport 1, 1992, 10–12.

Arbeitsgruppe Rechtssprache, Maskuline und feminine Personenbezeichnungen in der Rechtssprache. 1990. Bundestagsdrucksache Bonn, 12/1041 vom 7. 8. 1991.

Barz, Irmhild, Zum Verhältnis von movierten und unmovierten Berufsbenennungen im Sprachgebrauch der DDR. In: BES 5, 1985, 190–198.

Dies., Nomination durch Wortbildung. Leipzig 1988. (Linguistische Studien).

Batliner, Anton, Sexismus und Häufigkeit. In: DS 9, 1981, 312–328.

Ders., The comprehension of grammatical and natural gender. In: Linguistics 22, 1984, 831–856.

Ders., Die semantische Interpretation des Genus. In: Arbeiten zur Skandinavistik 6, 1985, 367–390.

Becker, Henrik, Gutachten des Instituts für Sprachpflege und Wortforschung. In: Sprachpflege 9, 1957, 130–131.

Behn, Michael, „Neue" Ausbildungsberufe. In: Zeitschrift für Sozialreform 26, 1980, 375–382.

Berschin, Helmut, Sprachpfleger/in mit Deutsch als Mutter/Vatersprache gesucht. Die geschlechtsneutrale Stellenanzeige. In: Der Sprachdienst 25, 1981, 105–113.

Bickes, Hans/Margot Brunner (Hrsg.), Muttersprache frauenlos? Männersprache Frauenlos? PolitikerInnen ratlos? Wiesbaden 1992.

Bilden, Helga, Geschlechtsspezifische Sozialisation. In: Neues Handbuch der Sozialisationsforschung. Hrsg. v. Klaus Hurrelmann/Dieter Uhlich. Weinheim/Basel 1991, 279–301.

Bobillon, Jean-Marc, Wieso kann eine Frau ein guter Minister, ein Mann aber keine gute Ministerin sein? Genus versus Sexus. In: Begegnung mit dem „Fremden": Grenzen – Traditionen – Vergleiche. Akten des VIII. Internationalen Germanisten-Kongresses, Tokyo 1990. Hrsg. v. Eijiro Iwasaki. Bd. 4. München 1991, 466–472.

Böhlke, Doris, Über die Frau in der Sprache der ehemaligen DDR – gleichberechtigt? In: Germanistische Mitteilungen 33, 1991, 35–41.

Braun, Friederike, Mehr Frauen in die Sprache. Leitfaden zur geschlechtergerechten Formulierung. Hrsg. v. der Frauenministerin des Landes Schleswig-Holstein. Kiel 1991.

Dies./Ulrike Pasero, Kommunikation von Geschlecht. Pfaffenweiler 1997.

Braun, Peter, Personenbezeichnungen – der Mensch in der deutschen Sprache. In: Mu 100, 1990, 167–191.

Ders., Personenbezeichnungen – mehr oder weniger tierisch ernst. In: Mu 102, 1992, 143–152.

Brehmer, Ilse (Hrsg.), Sexismus in der Schule. Der heimliche Lehrplan der Frauendiskriminierung. Weinheim 1982.

Bußmann, Hadumod, Das Genus, die Grammatik und der Mensch: Geschlechterdifferenz in der Sprachwissenschaft. In: Genus: Zur Geschlechterdifferenz in den Kulturwissenschaften. Hrsg. v. Hadumod Bußmann/Renate Hof. Stuttgart 1995, 114–160.

Coulmas, Florian, Antisexistische Sprachregelung. In: Merkur 44, 1990, 606–609.

Dick, Anneliese, Kommentierte Bibliographie: Rolle und Bild der Frau in deutschen Schulbüchern (Teil 1). Zusammenstellung veröffentlichter Unterrichtsmaterialien zur Darstellung der Frau im Unterricht aller Schulstufen (Teil 2). Wiesbaden 1986. (Hessisches Institut für Bildungsplanung und Schulentwicklung, Sonderreihe Heft 22).

Diehl, Elke, Ich bin ein Student. In: Deutschland Archiv 25, 1992, 384–392.

Doerfer, Gerhard, Das Korana und die Linguistinik. In: Sprachwissenschaft 10, 1985, 132–152.

Doleschal, Ursula, Movierung im Deutschen. Eine Darstellung der Bildung und Verwendung weiblicher Personenbezeichnungen. Unterschleissheim/ München 1992. (Edition Linguistik 1).

Dies., Entwicklung und Auswirkungen der feministischen Sprachkritik in Österreich seit 1987. In: Schoenthal 1998, 87–115.

Drosdowski, Günther, Langer Brief der Dudenredaktion an die TAZ. In: Juchz- und Jubel-Sonderheft Hoch taz 1989, 86.

Ders., Ist das Deutsche in erster Linie eine Männersprache? In: Die Weltwoche 41, 10. 10. 1991.

Ders., [Ohne Titel]. In: Bickes/Brunner 1992, 13–19.

Der Duden. Das Standardwerk zur deutschen Sprache. Hrsg. v. Wissenschaftlichen Rat der Dudenredaktion. Band 4: Grammatik der deutschen Gegenwartssprache. 1. Aufl. Mannheim [u. a.] 1959. 2. Aufl. Mannheim [u. a.] 1966. 3. Aufl. Mannheim [u. a.] 1973. 4. Aufl. Mannheim [u. a.] 1984. 5. Aufl. Mannheim [u. a.] 1995.

Der große Duden. Wörterbuch und Leitfaden der deutschen Rechtschreibung. Mit einem Anhang: Vorschriften für den Schriftsatz, Korrekturvorschriften, Hinweise für das Maschinenschreiben. Bearb. von der Dudenredaktion Leipzig. Neubearb. der 18. Aufl. Leipzig 1985.

Eisenberg, Peter, Grundriß der deutschen Grammatik. 2. überarb. und erw. Aufl. Stuttgart 1989.

Enders-Dragässer, Uta/Claudia Fuchs, Sexismusstrukturen in der Schule. Weinheim/München 1989.

Engler, Steffani/Barbara Friebertshäuser, Die Macht des Dominanten. In: Profession und Geschlecht. Über die Marginalität von Frauen in hochqualifizierten Berufen. Hrsg. v. Angelika Wetterer. Frankfurt a. M./New York 1992, 101–120.

Erfurt, Jürgen, Feministische Sprachpolitik und soziolinguistische Aspekte des Sprachwandels. In: ZfG 9, 1988, 707–716.

Etzold, Sabine, Das Binnen-I west überall. In: Die Zeit 15, 1996, 33.

Fichera, Ulrike, Schluß mit den sexistischen Stereotypen in Schulbüchern! Gedanken zu frauenorientierten Darstellungen von Mädchen und Frauen in Unterrichtsmaterialien. In: Frauensache – Schule. Aus dem deutschen Schulalltag. Erfahrungen, Analysen, Alternativen. Hrsg. v. Uta Enders-Dragässer/Claudia Fuchs. Frankfurt a. M. 1990, 257–279.

Dies., Von „züchtigen Hausfrauen" über Werkzeugmacherinnen zu ...? Einige Ergebnisse der feministischen Schulbuchkritik. In: DD 136, 1994, 114–120.

Fischer, Erika, Das Bild der Frau im Kinder- und Jugendbuch. In: Ulrich 1991b, 43–55.

Fishman, Pamela, Macht und Ohnmacht in Paargesprächen. In: Trömel-Plötz 1984, 127–140.

Fleischer, Wolfgang, Wortbildung der deutschen Gegenwartssprache. Leipzig 1969.

Ders. [u. Autorenkollektiv], Wortschatz der deutschen Sprache in der DDR. Fragen seines Aufbaus und seiner Verwendungsweise. Leipzig 1987.

Forer, Rosa, Genus und Sexus. Über philosophische und sprachwissenschaftliche Erklärungsversuche zum Zusammenhang von grammatischem und natürlichem Geschlecht. In: Der Widerspenstigen Zähmung. Studien zur bezwungenen Weiblichkeit in der Literatur vom Mittelalter bis zur Gegenwart. Hrsg. v. Sylvia Wallinger/Monika Jonas. Innsbruck 1986, 21–41. (IBK 31).

Frank, Karsta, Sprachgewalt: die sprachliche Reproduktion der Geschlechterhierarchie. Elemente einer feministischen Linguistik im Kontext sozialwissenschaftlicher Frauenforschung. Tübingen 1992. (RGL 130).

Frasch, Heidi/Angelika C. Wagner, „Auf Jungen achtet man einfach mehr ..." Eine empirische Untersuchung zu geschlechtsspezifischen Unterschieden im Lehrer/innenverhalten gegenüber Jungen/Mädchen in der Grundschule. In: Brehmer 1982, 260–278.

Friedan, Betty, Der Weiblichkeitswahn oder die Selbstbefreiung der Frau. Hamburg 1963.

Froitzheim, Claudia, Sprache und Geschlecht. Bibliographie. Teil I. Wiesbaden 1980. (LB-Papiere 62).

Dies./Berthold Simons, Sprache und Geschlecht. Bibliographie. Teil II. Trier 1981. (L.A.U.T. Ser. B 72).

Fuchs, Claudia, Feministische Schulforschung. In: Günthner/Kotthoff 1992, 23–32.

Dies./Sigrid Müller, Handbuch zur nichtsexistischen Sprachverwendung in öffentlichen Texten. Im Auftr. des Magistrats der Stadt Frankfurt/Main – Dezernat Frauen und Gesundheit, Frauenreferat. Frankfurt a. M. 1993.

Gabelentz, Georg von der, Die Sprachwissenschaft. Ihre Aufgaben, Methoden und bisherigen Ergebnisse. Durchgesehener Nachdruck der 2. Aufl. von 1901. Hrsg. und mit einem Vorwort versehen von Gunter Narr und Uwe Petersen sowie mit einem Aufsatz von Eugenio Coseriu, Georg von der Gabelentz et la linguistique synchronique. Tübingen 1969.

Gallmann, Peter, Bezeichnungen für männliche und weibliche Personen. In: Sprachspiegel 47, 1991, 150–160.

Gansel, Christina, Sprachwandel und Feminismus. Anspruch und „Wirklichkeit". In: DU 48, 1995, 322–328.

Gesellschaft für deutsche Sprache, Gutachten zur geschlechtsneutralen Umgestaltung von Rechtsvorschriften. Wiesbaden 1993.

Gesellschaft für deutsche Sprache, Gutachten: Möglichkeiten und Grenzen geschlechtsneutralen Formulierens in Rechtstexten, dargestellt anhand von Empfehlungsschriften und Erlassen zur sprachlichen Gleichbehandlung von Frau und Mann. Wiesbaden 1994.

Götze, Alfred, Wege des Geistes in der Sprache. Gedanken und Beobachtungen zum deutschen Wortschatz. Prag/Leipzig/Wien 1918.

Götze, Lutz/Ernest W. B. Hess-Lüttich, Knaurs Grammatik der deutschen Sprache. Sprachsystem und Sprachgebrauch. München 1989.

Goffman, Erving, Geschlecht und Werbung. Frankfurt a. M. 1981.

Ders., Interaktion und Geschlecht. Hrsg. und eingeleitet von Hubert A. Knoblauch. Mit einem Nachwort von Helga Kotthoff. Frankfurt a. M. 1994. [Engl. Original 1977].

Gorny, Hildegard, Feministische Sprachkritik. In: Stötzel/Wengeler 1995, 517−562.

Grabrucker, Marianne, Vater Staat hat keine Muttersprache. Frankfurt a. M. 1993.

Dies., Neue Wege in der Rechtssprache. In: Mu 104, 1994, 63−68.

Grass, Günter, Die Rättin. Neuwied [u. a.] 1986.

Gräßel, Ulrike, Sprachverhalten und Geschlecht: eine empirische Studie zu geschlechtsspezifischem Sprachverhalten in Fernsehdiskussionen. Pfaffenweiler 1991. (Aktuelle Frauenforschung 12).

Guentherodt, Ingrid, Behördliche Sprachregelungen gegen und für eine sprachliche Gleichbehandlung von Frauen und Männern. In: LB 69, 1980, 22−36.

Dies., Androzentrische Sprache in deutschen Gesetzestexten und der Grundsatz der Gleichbehandlung von Männern und Frauen. In: Mu 94, 1983/4, 271−289.

Dies., Sprachliche Gleichbehandlung: Erkennen und Verwirklichen. Praktische Erläuterungen und Beispiele zur deutschen Rechtssprache. In: Grabrucker 1993, 246−262.

Dies./Marlis Hellinger/Luise F. Pusch/Senta Trömel-Plötz, Richtlinien zur Vermeidung sexistischen Sprachgebrauchs. In: LB 69, 1980, 15−21 und LB 71, 1981, 1−7.

Günthner, Susanne, Ist Kommunikation zwischen Frauen und Männern interkulturelle Kommunikation? In: LB 138, 1992, 123−143.

Dies./Helga Kotthoff (Hrsg.), Von fremden Stimmen: weibliches und männliches Sprechen im Kulturvergleich. Frankfurt a. M. 1991.

Dies. (Hrsg.), Die Geschlechter im Gespräch. Kommunikation in Institutionen. Stuttgart 1992.

Häberlin, Susanna/Rachel Schmid/Eva Lia Wyss, Übung macht die Meisterin: Ratschläge für einen nichtsexistischen Sprachgebrauch. München 1992.

Handbuch der Rechtsetzungstechnik. Hrsg. v. Bundeskanzleramt Österreich. Teil 1: Legistische Richtlinien. 2. Aufl. Wien 1992.

Heilmann, Christa M. (Hrsg.), Frauensprechen − Männersprechen. Geschlechtsspezifisches Sprechverhalten. München/Basel 1995. (Sprache und Sprechen 30).

Hellinger, Marlis (Hrsg.), Sprachwandel und feministische Sprachpolitik. Internationale Perspektiven. Opladen 1985.

Dies., Kontrastive feministische Linguistik. Mechanismen sprachlicher Diskriminierung im Englischen und Deutschen. München 1990.

Dies./Beate Schräpel, Über die sprachliche Gleichbehandlung von Frauen und Männern. In: JIG 1, 1983, 40−69.

Dies./Marion Kremer/Beate Schräpel, Empfehlungen zur Vermeidung von sexistischem Sprachgebrauch in öffentlicher Sprache. In: Hellinger 1990, 153−170.

Dies./Christine Bierbach, Eine Sprache für beide Geschlechter: Richtlinien für einen nichtsexistischen Sprachgebrauch. Hrsg. v. der Deutschen UNESCO-Kommission. Bonn 1993.

Henley, Nancy, Körperstrategien. Geschlecht, Macht und nonverbale Kommunikation. Frankfurt a. M. 1988. [Engl. Original 1977].

Hennig, Beate, Berufsbezeichnungen für Frauen im mittelhochdeutschen Wortschatz. In: MDGV 39/3, 1992, 37−40.

Hess, Regula/Verena Gessler/Ulrike Pittner/Sigi Friedli, Wo die wilden Mädchen wohnen − eine Auswahl nichtsexistischer Mädchenbücher. Basel 1980.

Hinderling, Robert, Ich bin richtiger geborener Sachse, ich bin Dresdnerin. In: Sprachspiegel 6, 1990, 161−166.

Huffzky, Karin, Wer muß hier lachen? Das Frauenbild im Männerwitz. Eine Streitschrift. Darmstadt 1979.

Huhnke, Brigitta, Ausgrenzung und Aggression in der politischen Berichterstattung über Frauen. In: Beiträge zur feministischen Theorie und Praxis 40, 1995, 45−58.

Dies., Macht, Medien und Geschlecht. Eine Fallstudie zur Berichterstattungspraxis der dpa, der taz sowie der Wochenzeitungen Die Zeit und Der Spiegel von 1980−1995. Opladen 1996. (Studien zur Kommunikationswissenschaft 7).

Jäger, Margret/Siegfried Jäger, Gewalt gegen Frauen − durch Sprache? Duisburg 1988.

James, Deborah/Sandra Clarke, Women, Men and Interruptions: A Critical Review. In: Tannen 1993, 231−280.

James, Deborah/Janice Drakich, Understanding gender differences in amount of talk: A critical review of research. In: Tannen 1993, 281−312.

Jung, Matthias, L'influence des Nouveaux Mouvements Sociaux sur le langage public. In: Allemagne d'aujourd'hui 4, 1990, 92−110.

Ders., Öffentlichkeit und Sprachwandel: Zur Geschichte des Diskurses über die Atomenergie. Opladen 1994.

Kalverkämper, Hartwig, Die Frauen und die Sprache. In: LB 62, 1979, 55−71.

Kargl, Maria/Karin Wetschanow/Ruth Wodak/Néla Perle, Kreatives Formulieren. Anleitungen zu einem geschlechtergerechten Sprachgebrauch. Wien 1997. (Schriftenreihe der Frauenministerin 13).

Kaulen, Heinrich, „Mädchen dürfen stark sein." Zum Wandel des Rollenbildes im Mädchenbuch der achtziger Jahre. In: DU 45/4, 1993, 78—94.

Keim, Inken/Johannes Schwitalla, Soziale Stile des Miteinander Sprechens. Beobachtungen zur Konfliktbearbeitung in zwei Frauengruppen. In: Stil und Stilisierung. Arbeiten zur interpretativen Soziolinguistik. Hrsg. v. Volker Hinnenkamp/Margret Selting. Tübingen 1989, 83—121.

Dies., Formen der Höflichkeit — Merkmale des sozialen Stils. Am Beispiel zweier Frauengruppen aus unterschiedlichen sozialen Welten. In: Kultureller Wandel und die Germanistik in der BRD. Vorträge des Augsburger Germanistentags 1991. Bd. 1: Vielfalt der kulturellen Systeme und Stile. Hrsg. v. Johannes Janota. Tübingen 1993, 129—145.

Key, Mary Richie, Male/female language. Metuchen N. J. 1975.

Klappenbach, Ruth/Wolfgang Motsch, Gutachten der Akademie der Wissenschaften zu Berlin. In: Sprachpflege 9, 1957, 131—132.

Klein, Josef, Benachteiligung der Frau im generischen Maskulinum — eine feministische Chimäre oder psycholinguistische Realität? In: Das Selbstverständnis der Germanistik. Aktuelle Diskussionen. Hrsg. v. Norbert Oellers. Tübingen 1988, 310—319. (Germanistik und Deutschunterricht im Zeitalter der Technologie. Selbstbestimmung und Anpassung. Vorträge des Germanistentages 1987, Bd. 1).

Klewitz, Johannes, Sind Ehrentitel und Berufsbezeichnungen in der männlichen Form für Frauen wider Geist und Grammatik der Sprache? In: Sprachpflege 9, 1957, 129f.

Klinger, Cornelia, Déjà-Vu oder die Frage nach den Emanzipationsstrategien im Vergleich zwischen der ersten und der zweiten Frauenbewegung. In: Kommune 12, 1986, 57—72.

Kochskämper, Birgit, Von Damen und Herren, von Männern und Frauen. Mensch und Geschlecht in der Geschichte des Deutschen. In: Frauenforschung in universitären Disziplinen: „Man räume ihnen Kanzeln und Lehrstühle ein ...". Hrsg. v. Ursula Pasero/Friederike Braun. Opladen 1993, 153—187. (Kieler Beiträge zur Politik und Sozialwissenschaft 5).

Kotthoff, Helga, Scherzen und Lachen in Gesprächen von Frauen und Männern. In: DU 38, 1986, 16—29.

Dies. (Hrsg.), Das Gelächter der Geschlechter. Humor und Macht in Gesprächen von Frauen und Männern. Frankfurt a. M. 1988.

Dies., Die konversationelle Konstruktion von Ungleichheit in Fernsehgesprächen. Zur Produktion von kulturellem Geschlecht. In: Günthner/Kotthoff 1992, 251—286.

Dies., Kommunikative Stile, Asymmetrie und „Doing Gender". In: Feministische Studien 11, 1993a, 79—95.

Dies., Unterbrechungen, Überlappungen und andere Interventionen. In: DS 21, 1993b, 162—185.

Dies., Konversationelle Belehrungsvorträge als Geschlechterpolitik. In: Heilmann 1995, 58—68.

Dies., Die Geschlechter in der Gesprächsforschung. Hierarchien, Theorien, Ideologien. In: DU 48, 1996, 9—15.

Küchenhoff, Erich, Die Darstellung der Frau und die Behandlung von Frauenfragen im Fernsehen. Eine empirische Untersuchung einer Forschungsgruppe der Universität Münster. Stuttgart 1975. (Schriften des Bundesministers für Jugend, Familie und Gesundheit 34).

Kuhn, Elisabeth, Geschlechtsspezifische Unterschiede in der Sprachverwendung. Trier 1982.

Dies., Gender and Authority. Classroom diplomacy at German and American Universities. Tübingen 1992.

Lakoff, Robin, Language and women's place. In: Language in Society 2, 1973, 45—79.

Leiss, Elisabeth, Genus und Sexus. Kritische Anmerkungen zur Sexualisierung von Grammatik. In: LB 152, 1994, 281—300.

Leuer, Hans/Susanne Fessel, Frauen in der Sprache des Hochschulrechts — ein Beitrag zu einer längst überfälligen Reform. Diskussionsbeiträge im FB Wirtschaftswissenschaft der Universität—Gesamthochschule Duisburg. Duisburg 1992.

Lieb, Hans Heinrich/Helmut Richter, Zum Gebrauch von Personenbezeichnungen in juristischen Texten. In: DS 18, 1990, 148—157.

Limbach, Jutta, Wie männlich ist die Rechtswissenschaft? In: Wie männlich ist die Wissenschaft? Hrsg. v. Karin Hausen/Helga Nowotny. Frankfurt a. M. 1986, 87—107.

Lindenberg, Dorothee, Unterrichten Lehrerinnen anders als Lehrer? Zum Gesprächsverhalten von Lehrerinnen und Lehrern im Unterricht. In: DU 48, 1996, 16—26.

Ljungerud, Ivar, Bemerkungen zur Movierung in der deutschen Gegenwartssprache. Eine positivistische Skizze. In: Linguistische Studien III. Festgabe für Paul Grebe zum 65. Geburtstag. Teil 1. Hrsg. v. Hugo Moser. Düsseldorf 1973, 145—162.

Ludwig, Otto, Die Karriere eines Großbuchstabens — zur Rolle des großen I in Personenbezeichnungen. In: DU 41/6, 1989, 80—87.

Maier, Peter, Die Geschlechtsspezifik der Körpersprache. In: Sprechwissenschaft und Psycholinguistik 5, 1992, 9—68.

Maltz, Daniel N./Ruth A. Borker, Mißverständnisse zwischen Männern und Frauen — kulturell betrachtet. In: Günthner/Kotthoff 1991, 52—74.

Mater, Erich, Rückläufiges Wörterbuch der deutschen Gegenwartssprache. 4., unveränderte Aufl. Leipzig 1983. [Erstaufl. 1970].

Matthiae, Astrid, Vom pfiffigen Peter und der faden Anna. Zum kleinen Unterschied im Bilderbuch. Frankfurt a. M. 1986.

Mayer, Reinhard, Anmerkungen zum feministischen I. In: Sprachdienst 33/6, 1989, 172–175.

Mayerthaler, Willi, Morphologische Natürlichkeit. Wiesbaden 1981. (LF 28).

Meißner, Iris, Argumentation in natürlicher Sprache. Eine empirische Untersuchung geschlechtstypischer Argumentationsformen. Frankfurt a. M. [u. a.] 1994. (EH 1, 1455).

Müller, Sigrid/Claudia Fuchs, Handbuch zur nichtsexistischen Sprachverwendung in öffentlichen Texten. Frankfurt a. M. 1993.

Müller, Ursula, Empfehlungen für Gleichberechtigung von Frauen und Männern in der Sprache einer Kommunalverwaltung. In: ZGL 16, 1988, 323–329.

Muthmann, Gustav, Rückläufiges deutsches Wörterbuch. Handbuch der Wortausgänge im Deutschen, mit Beachtung der Wort- und Lautstruktur. Tübingen 1988.

Neumann, Günter, „Männlich" und „Weiblich" in unseren Sprachen. In: Mann und Frau – Frau und Mann. Hintergründe, Ursachen und Problematik der Geschlechterrollen. Hrsg. v. Winfried Böhm/Martin Lindauer. Stuttgart [u. a.] 1992, 336–352.

Oelkers, Susanne, Der Sprintstar und ihre Freundinnen. Ein empirischer Beitrag zur Diskussion um das generische Maskulinum. In: Mu 106, 1996, 1–15.

Oksaar, Els, Zu den Genusmorphemen bei Nomina Agentis. In: Stockholm Studies in Modern Philology 3, 1967, 173–184.

Dies., Berufsbezeichnungen im heutigen Deutsch. Soziosemantische Untersuchungen. Mit deutschen und schwedischen experimentellen Kontrastierungen. Düsseldorf 1976. (Spr. d. Geg. 25).

Oswald, Hans/Lothar Krappmann/Irene Chodwuri/Maria von Salisch, Grenzen und Brücken. Interaktionen zwischen Mädchen und Jungen im Grundschulalter. In: Kölner Zeitschrift für Soziologie und Sozialpsychologie 38, 1986, 560–580.

Pabst, Franziska/Vera Slupnik, Die geschlechtsneutrale Arbeitsplatzausschreibung gemäß Paragraph 611 b BGB. Die Wirksamkeit arbeitsrechtlicher Sollvorschriften am Beispiel des Anzeigenmarktes für juristische Berufe. In: Zeitschrift für Rechtspolitik 17, 1984, 178–184.

Pauritsch, Gertrude, Frauschaft durch Sprache. In: Über Frauenleben, Männerwelt und Wissenschaft. Hrsg. v. Beate Frakele/Elisabeth List/Gertrude Pauritsch. Wien 1987, 34–55.

Peyer, Ann/Ruth Groth, Sprache und Geschlecht. Heidelberg 1996. (Studienbibliographien Sprachwissenschaft 15).

Peyer, Ann/Eva Lia Wyss, „JazzmusikerInnen – weder Asketen noch Müsli-Fifis" – Feministische Sprachkritik in der Schweiz, ein Überblick. In: Schoenthal 1998, 117–154.

Pflug, Günther, Probleme der geschlechtneutralen Rechts- und Verwaltungssprache. In: DD 21, 1990, 98–102. [Auch in: Universitas 46, 1991, 415–419].

Plank, Frans, Morphologische (Ir)Regularitäten. Aspekte der Wortstrukturtheorie. Tübingen 1981.

Polenz, Peter von, Sprachkritik und Sprachnormkritik. In: Holzfeuer im hölzernen Ofen: Aufsätze zur politischen Sprachkritik. Hrsg. v. Hans Jürgen Heringer. Tübingen 1982, 70–93. [Zuerst in: Angewandte Sprachwissenschaft und Deutschunterricht. Hrsg. v. Gerhard Nickel. München 1973, 118–167].

Ders., Deutsche Satzsemantik. Einführung in die Grundbegriffe des Zwischen-den-Zeilen-Lesens. Berlin/New York 1985. (SaGö 2226).

Porsch, Peter, Frau Oberstudienrat oder Frau Oberstudienrätin – Probleme der sprachwissenschaftlichen Begründung sprachkultureller Aktivitäten. In: ZfG 9, 1988a, 84–90.

Ders., Soziolinguistische Aspekte der Wortschatzentwicklung. In: Entwicklungstendenzen der deutschen Gegenwartssprache. Hrsg. v. Karl Ernst Sommerfeld. Leipzig 1988b, 128–145.

Postl, Gertrude, Weibliches Sprechen: feministische Entwürfe zu Sprache & Geschlecht. Wien 1991.

Pusch, Luise F., Das Deutsche als Männersprache. Aufsätze und Glossen zur feministischen Linguistik. Frankfurt a. M. 1984.

Dies., Alle Menschen werden Schwestern. Feministische Sprachkritik. Frankfurt a. M. 1990.

Rabofski, Birgit, Motion und Markiertheit. Synchrone und sprachhistorische Evidenz aus dem Gotischen, Althochdeutschen und Altenglischen für eine Widerlegung der Theorien zur Markiertheit. Frankfurt a. M. [u. a.] 1990. (EH 21, 84).

Römer, Ruth, Grammatiken fast lustig zu lesen. In: LB 28, 1973, 71–79.

Röser, Jutta/Claudia Kroll, Was Frauen und Männer vor dem Bildschirm erleben: Rezeption von Sexismus und Gewalt im Fernsehen. Studie im Auftrag des Ministeriums für die Gleichstellung von Frau und Mann des Landes Nordrhein-Westfalen. Düsseldorf 1995.

Samel, Ingrid, Einführung in die feministische Sprachwissenschaft. Berlin 1995.

Sanders, Willy/Jürg Niederhauser, Brauchen wir eine neue Gesetzes- und Verwaltungssprache? In: Gesetzgebung heute 2, 1990, 89–92.

Scheele, Brigitte/Eva Gauler, Wählen Wissenschaftler ihre Probleme anders aus als Wissenschaftlerinnen? In: Sprache und Kognition 12, 1993, 59–72.

Schiwy, Günther, Poststrukturalismus und „Neue Philosophen". Reinbek 1985.

Schlüter-Kiske, Barbara, Rhetorik für Frauen: wir sprechen für uns. Frankfurt a. M./Berlin 1991.

Schmerl, Christiane, Das Frauen- und Mädchenbild in den Medien. Expertise für den 6. Jugendbericht der Bundesregierung. Opladen 1984.

Dies., Die Darstellung von Frauen in der Werbung. Bestandsaufnahme, Vergleich internationaler Richtlinien und Leitfäden zur Vermeidung frauendiskriminierender Werbung. Expertise für das BMJFFG. Bonn 1990a.

Dies., Frauenbilder in der Werbung. In: Bildersturm. Frauen in den Medien. Hrsg. v. Gitta Mühlen-Achs. München 1990b, 183–204.

Schmidt, Antje, Frau vermißt: die unmerkliche Diskriminierung. In: Sprachpflege und Sprachkultur 39, 1990, 75–77.

Dies., „Untypisches" Gesprächsverhalten weiblicher Studierender. In: Heilmann 1995, 89–97.

Schmidt, Claudia, Typisch weiblich – typisch männlich. Geschlechtstypisches Kommunikationsverhalten in studentischen Kleingruppen. Tübingen 1988. (RGL 87).

Dies., „Dieser Emil immer destruktiv". Eine Untersuchung über weibliches und männliches Kommunikationsverhalten in studentischen Kleingruppen. In: Günthner/Kotthoff 1992, 73–90.

Schoenthal, Gisela, Sprache und Geschlecht. In: DS 13, 1985, 143–185.

Dies., Personenbezeichnungen im Deutschen als Gegenstand feministischer Sprachkritik. In: ZGL 17, 1989a, 296–314.

Dies., Sprachliche Ausdrucksformen sozialer Identität am Beispiel von geschlechtstypischem Sprachgebrauch. In: Wozu noch Germanistik? Wissenschaft – Beruf – Kulturelle Praxis. Hrsg. v. Jürgen Förster/Eva Neuland/Gerhard Rupp. Stuttgart 1989b, 248–260.

Dies., Geschlecht und Sprache. In: Jahrbuch 1991 der Deutschen Akademie für Sprache und Dichtung. Darmstadt 1992a, 90–105.

Dies., Sprache, Geschlecht und Macht. Zum Diskussionsstand feministischer Thesen in der Linguistik. In: MDGV 39, 1992b, 5–12.

Dies. (Hrsg.), Feministische Linguistik – linguistische Geschlechterforschung. Ergebnisse, Konsequenzen, Perspektiven. Hildesheim [u. a.] 1998. (GL 139–140).

Schräpel, Beate, Nichtsexistische Sprache und soziolinguistische Aspekte von Sprachwandel und Sprachplanung. In: Hellinger 1985, 212–230.

Schroeter, Sabina, Die Sprache der DDR im Spiegel ihrer Literatur: Studien zum DDR-typischen Wortschatz. Berlin/New York 1994. (Sprache, Politik, Öffentlichkeit 2).

Schulze-Fielitz, Helmut, Die maskuline Rechtssprache als Verfassungsproblem. In: Kritische Vierteljahresschrift für Gesetzgebung und Rechtswissenschaft 1, 1989, 273–291.

Schweizerische Bundeskanzlei (Hrsg.), Leitfaden zur sprachlichen Gleichbehandlung. Bern 1996.

Schwitalla, Johannes, Sozialstilistische Unterschiede beim Umgang mit dem „positiven Image". Beobachtungen an zwei Frauengruppen. In: Begeg-

nungen mit dem „Fremden". Grenzen – Traditionen – Vergleiche. Akten des VIII. Internationalen Germanistenkongresses Tokyo 1990. Hrsg. v. Eijiro Iwasaki. Bd. 4. München 1991, 473–482.

Spender, Dale, Frauen kommen nicht vor. Sexismus im Bildungswesen. Mit einer Einleitung von Senta Trömel-Plötz. Frankfurt a. M. 1985. [Engl. Original 1982].

Der Sprachdienst 40. Hrsg. v. der Gesellschaft für Deutsche Sprache. Wiesbaden 1996.

SPRACHE MACHT POLITIK. Wie die ausschließlich weiblichen Personenbezeichnungen die Gemeindeordnung von Wädenswil zu Fall brachten. Eine Analyse der Abstimmung über die Revision der Gemeindeordnung in Wädenswil vom 26. September 1993. Hrsg. v. der Fachstelle für Gleichberechtigungsfragen des Kantons Zürich [u. a.]. Zürich 1994.

Starke, Günther, Quotendeutsch und Kommunikationskultur. In: Sprachpflege und Sprachkultur 4, 1990, 111–122.

Stefan, Verena, Häutungen. Autobiografische Aufzeichnungen. Gedichte. Träume. Analysen. München 1975.

Sternberger, Dolf/Wolfgang Storz/W. E. Süskind, Aus dem Wörterbuch des Unmenschen. Neue erweiterte Ausgabe mit Zeugnissen des Streites über die Sprachkritik. 3. Aufl. Hamburg 1968.

Stickel, Gerhard, „Frau Müller ist Diplom-Bibliothekar" – Zur sprachlichen Form von Diplomgraden. In: IdSL 9, 1983, 31–41.

Ders., Beantragte Regelungen zur „sprachlichen Gleichbehandlung". Darstellung und Kritik. In: ZGL 16, 1988, 330–355.

Stötzel, Georg/Martin Wengeler (Hrsg.), Kontroverse Begriffe: Geschichte des öffentlichen Sprachgebrauchs in der Bundesrepublik Deutschland. Berlin [u. a.] 1995. (Sprache, Politik, Öffentlichkeit 4).

Stolt, Birgit, Hier bin ich – wo bist du? Heiratsanzeigen und ihr Echo, analysiert aus sprachlicher und stilistischer Sicht. Kronberg 1976.

Strittmatter, Erwin, Der Laden. Berlin/Weimar 1983.

Tannen, Deborah, Du kannst mich einfach nicht verstehen. Warum Männer und Frauen aneinander vorbeireden. Hamburg 1991. [Engl. Original 1990].

Dies. (Hrsg.), Gender and Conversational Interaction. New York/Oxford 1993. (Oxford Studies in Sociolinguistics).

Dies., Job-Talk. Wie Frauen und Männer am Arbeitsplatz miteinander reden. Hamburg 1995. [Engl. Original 1994].

Thiel, Hans, Frauen und Männer, Mädchen und Jungen in ministeriellen Richtlinien und Empfehlungen. In: DD 136, 1994, 121–127.

Tillner, Christiane/Norbert Franck, Selbstsicher reden. Ein Leitfaden für Frauen. München 1990.

Tramitz, Christiane, Irren ist männlich. Weibliche Körpersprache und ihre Wirkung auf Männer. München 1995.

Trempelmann, Gisela, Vertrauensmann oder Vertrauensfrau? In: Sprachpflege 5, 1977, 102–103.

Dies., „Hausfrau" und „Hausmann". Bemerkungen zur Bildung femininer und maskuliner Personenbezeichnungen. In: Sprachpflege 3, 1987, 32–35.

Dies., Matrosinnen und Hinterfrauen. In: Sprachpflege 2, 1988a, 21–22.

Dies., Helene Weigel − die Weigel − Weigel. In: Sprachpflege 5, 1988b, 98–99.

Dies., Brüderlichkeit − Schwesterlichkeit. In: Sprachpflege 37, 1988c, 175–176.

Dies., Die kleinste Menschin der Welt. Poetische feminine Bildungen auf „-in". In: Sprachpflege und Sprachkultur 2, 1990, 36–39.

Dies., Leserinnen/LeserInnen Ost wie West. Zu Bezeichnungen und Anredeformen in den östlichen Bundesländern. In: Schoenthal 1998, 33–47.

Trömel-Plötz, Senta, Linguistik und Frauensprache. In: LB 57, 1978, 49–68.

Dies., Frauensprache − Sprache der Veränderung. Frankfurt a. M. 1982.

Dies. (Hrsg.), Gewalt durch Sprache. Die Vergewaltigung von Frauen in Gesprächen. Frankfurt a. M. 1984.

Dies., Es ist nicht meine Haut. In: Dies., Vatersprache − Mutterland: Beobachtungen zu Sprache und Politik. München 1992, 85–106.

Tuchman, Gaye, Making News. A Study in the Construction of Reality. New York/London 1978.

Dies., Die Verbannung der Frauen in die symbolische Nichtexistenz. In: Fernsehen und Bildung 13, 1979, 10–42.

Ulrich, Miorita, „Neutrale" Männer − „markierte" Frauen. Feminismus und Sprachwissenschaft. In: Sprachwissenschaft 13, 1988, 383–399.

Ulrich, Winfried, Movierte Feminina und motivierte Femina − männliche und weibliche Personenbezeichnungen in der deutschen Sprache und ihre Akzeptanz in der gegenwärtigen Sprachgemeinschaft. In: Ulrich 1991b, 103–112. [= 1991a].

Ders. (Hrsg.), Mädchen und Junge − Mann und Frau: Geschlechtsspezifik von Verhalten und Erziehung? Frankfurt a. M. 1991b. (Folia didactica 2).

Wagner, Angelika/Christa Stahl/Hans-Eberhard Schick, Geschlecht als Statusfaktor im Gruppendiskussionsverhalten von Studentinnen und Stu-

denten − Eine empirische Untersuchung. In: LB 71, 1981, 8–25.

Walther, Helmut, Die Zimmerin. In: Der Sprachdienst 32, 1988, 81.

Wandruszka, Mario, „Wer fremde Sprachen nicht kennt ...". Das Bild des Menschen in Europas Sprachen. München/Zürich 1991.

Wegener, Hildburg/Hanne Köhler/Cordelia Kopsch (Hrsg.), Frauen fordern eine gerechte Sprache. Gütersloh 1990.

Weiderer, Monika, Das Frauen- und Männerbild im deutschen Fernsehen: eine inhaltsanalytische Untersuchung der Programme von ARD, ZDF und RTL plus. 2. Aufl. Regensburg 1995. (Medienforschung 4).

Weinrich, Harald, Textgrammatik der deutschen Sprache. Mannheim [u. a.] 1993.

Welke, Klaus/Helmut Glück/Wolfgang Sauer, Die deutsche Sprache nach der Wende. Hildesheim [u. a.] 1992. (GL 110–111).

Wex, Marianne, „Weibliche" und „männliche" Körpersprache als Folge patriarchalischer Machtverhältnisse. Hamburg 1979.

Wittemöller, Regina, Weibliche Berufsbezeichnungen im gegenwärtigen Deutsch. Bundesrepublik Deutschland, Österreich und Schweiz im Vergleich. Frankfurt a. M./Bern 1988. (EH 1, 1083).

Wodak, Ruth/Gert Feistritzer/Sylvia Moosmüller/Ursula Doleschal, Sprachliche Gleichbehandlung von Frau und Mann. Linguistische Empfehlungen zur sprachlichen Gleichbehandlung von Frau und Mann im öffentlichen Bereich. Hrsg. v. Bundesministerium für Arbeit und Soziales. Wien 1987.

Wunderlich, Dieter, SchelmEndienst. In: Sprachliche Aufmerksamkeit. Glossen und Marginalien zur Sprache der Gegenwart. Festschrift für Walther Dieckmann zum 60. Geburtstag. Hrsg. v. Wolfgang Klein/Ingwer Paul. Heidelberg 1993, 220–227.

Wustmann, Gustav, Allerhand Sprachdummheiten. Kleine deutsche Grammatik des Zweifelhaften, des Falschen und des Häßlichen. Ein Hilfsbuch für alle, die sich öffentlich der deutschen Sprache bedienen. Leipzig 1891.

Zabel, Herrmann, Der gekippte Keiser. Dokumentation einer Pressekampagne zur Rechtschreibreform. Bochum 1989.

Zimmerman, Don D./Candace West, Doing Gender. In: Gender and Society 1/2, 1987, 125–151.

Gisela Schoenthal (†), Freiburg
(für den Druck bearbeitet von
Anne Betten, Salzburg)

147. Entwicklungen der Phraseologie seit der Mitte des 20. Jahrhunderts

1. Vorbemerkungen

1.1. Eigenständigkeit der Phraseologie als linguistische Teildisziplin

Hinsichtlich der Frage, ob der Phraseologie (im weiteren: PH) eine Autonomie unter den linguistischen Teildisziplinen zuerkannt werden soll, gehen die Meinungen auseinander. Sie ist zweifellos eigenständig von ihrem Objektbereich her gesehen, insofern sie ein Segment des Lexikons untersucht, das sich von dessen übrigem Teil durch relevante Merkmale unterscheidet. So erkennt z. B. Coseriu der PH als „wiederholter Rede" im System der Sprache einen besonderen Stellenwert zu, indem er behauptet,

„daß es sich dabei nicht etwa um eine Randerscheinung der Einzelsprachen, die in einem Teil der Grammatik berücksichtigt werden könnte, sondern um ein ganzes Sprachgebiet handelt, mit seiner eigenen Grammatik, seiner eigenen Lexikologie und Stilistik, ja zum Teil sogar mit seiner eigenen Phonetik" (Coseriu 1981, 195).

In der Sowjetunion betrachtete man die Phraseologieforschung

„als eine linguistische Disziplin, die sich vor allem mit Fragen der Abgrenzung des Gebietes gegenüber Syntax auf der einen und Lexikologie auf der anderen Seite, mit der Inventarisierung und Klassifizierung der phraseologischen Einheiten, mit Problemen der Entstehung und Wanderung von Phraseologismen, mit den semantischen Veränderungen im phraseologischen Bestand der verschiedenen Sprachen und mit den Beziehungen der Phraseologismen zu anderen Subsystemen der Sprache beschäftigt" (Burger 1973, 61).

In der Germanistik war dagegen eher der Standpunkt verbreitet, daß es sich hier um ein Teilgebiet der Lexikologie handelt, obwohl die Forderung nach der Etablierung der PH als linguistischer Teildisziplin nicht unbekannt war (Pilz 1978, 789).

Polylexikalität und ganzheitliche Bedeutung als Spezifik des Untersuchungsobjekts

(vgl. 3.2.) begründen Fragestellungen, die den Betrachtungshorizont über jenen der traditionellen Lexikologie hinaus erweitern. Durch die bevorzugte Verwendung von Phraseolexemen und deren Modifikationen (vgl. 4.) in bestimmten Textsorten gewinnt die textuelle Perspektive an Bedeutung. Situative Stereotypien oder Routineformeln rücken pragmalinguistische Fragen in den Vordergrund. Neuerdings gewinnen das fachsprachliche Vorkommen sowie empirische Untersuchungen sozio- und psycholinguistischer Provenienz zu Verbreitung, Bekanntheitsgrad und Beurteilung von Phraseolexemen bei Mitgliedern der Sprachgemeinschaft zunehmend an Bedeutung (vgl. 5.).

Die Phraseologieforschung ist hingegen nicht eigenständig in dem Sinne, daß sie keine eigenen und spezifischen Arbeitsmethoden entwickelt, keinen souveränen theoretischen Rahmen absteckt. Vielmehr ist im Laufe der Zeit die Zahl der in die Erforschung der PH eingebundenen linguistischen Teildisziplinen gestiegen, von der lexikalischen Semantik über die Lexikographie und Textlinguistik bis zur linguistischen Pragmatik. Im Einklang damit bedient sie sich jeweils des entsprechenden methodologischen Instrumentariums. Die Eigenständigkeit der Phraseologieforschung wird schließlich dadurch relativiert, daß ihr Forschungsobjekt mit anderen Bereichen des Lexikons, z. B. mit Wortbildungserscheinungen durch Prozesse der Integration bzw. Univerbierung, mit Kollokationen durch die Singularität der Verknüpfung, in engster Wechselbeziehung steht. Eine starre Grenzziehung wäre daher alles andere als angemessen.

1.2. Die Anfänge der Forschung

Entscheidend für die Entfaltung der PH als mehr oder minder eigenständigen Teilbereichs der Sprachwissenschaft waren in unserem Jahrhundert Forschungen außerhalb des dt. Sprachraums. Impulse aus der russ. bzw. sowjetischen Linguistik (u. a. Burger 1973; Burger/Buhofer/Sialm 1982) wurden über die sowjetische Germanistik bzw. dt. Slawistik vermittelt. Seit Anfang der 60er Jahre schenkte man diesem Teilbereich der Sprache sowie dem Ausbau seines begrifflich-terminologischen Apparates (und methodologischen Instrumentariums) zunehmende Aufmerksamkeit. Befruchtend wirkte sich in den 70er—80er Jahren die anglo-amerikanische Phraseologie- bzw. Idiomforschung auf die Entwicklungen im dt. Sprachraum aus (u. a. Chafe 1968; Fraser 1970; Makkai 1972; Weinreich 1972). Wesentliche Beiträge sind der Auslandsgermanistik zu verdanken, die sich mit Fragen der Phraseologie des Dt. meist auf kontrastiver Basis beschäftigt (u. a. Dobrovol'skij 1988; Ďurčo 1994; Földes 1992; Hessky 1987, Korhonen 1987; Rajchštejn 1980). Neue Anregungen gingen schließlich aus der sog. „pragmatischen Wende" und der intensiveren Untersuchung des öffentlichen Sprachgebrauchs in der damaligen Bundesrepublik Deutschland hervor.

1.3. Erste Bilanzen

Der regen Forschungstätigkeit war es zu verdanken, daß Ende der 70er Jahre bereits eine solide, so gut wie vollständige Forschungsgeschichte (Pilz 1978) und Anfang der 80er Jahre erste Forschungsbilanzen vorgelegt werden konnten (Burger/Buhofer/Sialm 1982; Fleischer 1982). In diesen Arbeiten wurden die wichtigsten Forschungsschwerpunkte und auch -defizite erörtert, so konnten in der Phraseologieforschung neue Perspektiven mit z. T. neuen Aufgaben eröffnet werden. Haben sich die Arbeiten zur PH davor zumeist mit der Definitions- und Klassifikationsproblematik auseinandergesetzt, so hat man sich in den 80er Jahren um eine umfassende Beschreibung der PH in der Sprachverwendung bemüht. Vor allem Sammelbände zeigen die bunte thematische Vielfalt, die für die Forschung bis heute kennzeichnend ist (vgl. 5.).

2.   Der Begriff „Phraseologie"

2.1. Pluralistische Ansätze

Für die vergleichsweise kurze Geschichte der (sprachsystembezogenen) Untersuchung der PH war eine außerordentlich große Zahl von Definitions- und Klassifikationsvorschlägen, verbunden mit einem entsprechenden terminologischen Pluralismus, charakteristisch (vgl. dazu Pilz 1978).

Die Erklärung für die vielfältigen Forschungsansätze der ersten Phase ergibt sich daraus, daß man den Begriff „Phraseologie" weiter und auch enger fassen kann, wodurch sich größere oder kleinere Ausschnitte des Lexikons, mit teilweise verschiedenen Merkmalen einfangen lassen. Die einheimische, teils lexikographisch, teils auch parömiolo-

gisch beeinflußte Tradition legte eine engere Auffassung nahe und bevorzugte Termini wie Redensart, sprichwörtliche Redensart, Idiom. Für die sog. weite PH-Auffassung wurden Termini wie Wortgruppenlexem (z. B. Fix 1974/76), feste Wortkomplexe (Černyševa 1980) vorgeschlagen. Diese weitere Auffassung konnte sich zwar durchsetzen, die vorgeschlagenen Bezeichnungen als allgemein gebräuchliche Termini jedoch nicht.

2.2. Definitionsproblematik

Allen vorgeschlagenen Definitionen gemeinsam ist die Mehrgliedrigkeit als konstitutives Merkmal, d. h. das Verbundensein mindestens zweier Wörter. Als phraseologisch faßt man somit z. B.: „alle idiosynkratischen Wortketten" (Burger 1973, 3), „die festen Wortkomplexe verschiedener syntaktischer Strukturtypen […]" (Černyševa 1980, 35), die „syntaktische Verbindung von Wort-Komponenten […]" (Fleischer 1982, 34) auf.

Die definitorische Grundlage für eine weite PH-Auffassung, wie sie heute meistens vertreten wird, kann folgende Begriffsbestimmung bilden: „Phraseologisch ist eine Verbindung von zwei oder mehr Wörtern dann, wenn (1) die Wörter eine durch die syntaktischen und semantischen Regularitäten der Verknüpfung nicht voll erklärbare Einheit bilden, und wenn (2) die Wortverbindung in der Sprachgemeinschaft, ähnlich wie ein Lexem, gebräuchlich ist. Die beiden Kriterien stehen in einem einseitigen Bedingungsverhältnis: wenn (1) zutrifft, dann auch (2), aber nicht umgekehrt." (Burger/Buhofer/Sialm 1982, 2).

Kein Konsens besteht allerdings im Hinblick auf den Randbereich der PH. Aus der zitierten Definition geht nämlich nicht eindeutig hervor, ob die Verbundenheit mindestens zweier Wörter die Verbundenheit mindestens zweier Autosemantika festlegt. Auf dieser Basis grenzt nämlich Fleischer analytische Flexionsformen, reflexive Verben, Verb + Präposition(en), korrelative Konjunktionen usw. explizit aus (Fleischer 1982, 34), wie er auch die Zugehörigkeit von Wortbildungskonstruktionen als Eigennamen (*Schwarzes Meer, Kanarische Inseln, Rotes Kreuz*), Termini (*spezifisches Gewicht, indirekter Freistoß*) sowie Sprichwörter (*Morgenstund' hat Gold im Mund*') als problematisch betrachtet. Černyševa hatte den Gegenstand der PH unter „festen Wortkomplexen" subsumiert, die „als Zeichen der Nomination und Kommunikation dienen" (Černyševa 1980, 16). Burger/

Buhofer/Sialm greifen im Zusammenhang mit der Definition nicht, wohl aber bei der Klassifikation des phraseologischen Materials auf Černyševa zurück (Burger/Buhofer/Sialm 1982, 30ff.).

2.3. Die Identifizierung des phraseologischen Sprachzeichens

Die (semantische und/oder syntaktische) *Stabilität* wird als Eigenschaft für den gesamten Bereich der PH angenommen. Sie ist somit als grundlegendes Kriterium der Identifizierung zu betrachten: Wenn sich von einer syntagmatischen Struktur die feste Verbundenheit ihrer Konstituenten nachweisen läßt, hat man es mit einem Phraseolexem zu tun.

Erst danach ist zu untersuchen, ob einer gegebenen syntagmatischen Verbindung auch die andere Eigenschaft — *Idiomatizität* — bescheinigt werden kann. Während das Fehlen der Stabilität eine Verbindung aus dem Kreis der phraseologischen Einheiten ausschließt, ist das Fehlen der Idiomatizität lediglich ein Indiz, um eine gegebene Einheit nicht im Zentrum, sondern in der Peripherie anzusiedeln. Als offen gilt die Frage, ob *Lexikalisierung* als dritte Eigenschaft angesehen werden sollte (Fleischer 1982, 35) oder ob damit aus anderer Perspektive dieselbe Eigenschaft wie Stabilität erfaßt wird.

2.3.1. Zur Identifizierung phraseologischer Einheiten bediente man sich vielfach der Kommutationsprobe. Absolute Gültigkeit läßt sich diesem Verfahren nicht zusprechen. Kommutierbarkeit erweist sich vielfach nicht als disjunktives Merkmal, da vor allem „textlinguistische Untersuchungen zweifelsfrei die nur relative Stabilität" der Phraseolexeme erwiesen haben (B. Wotjak 1992, 4) bzw. Restriktionen der Kommutierbarkeit bestimmter Kontextpartner bestimmter Lexeme nicht auf den Bereich der PH beschränkt, sondern z. B. für Kollokationen bzw. überhaupt Lexeme mit einer recht spezifischen Semantik kennzeichnend sind.

2.3.2. Phraseolexeme lassen sich neben der Kommutationsprobe aufgrund von Irregularitäten sowie Verwendungsrestriktionen identifizieren. Bestimmte morphosyntaktische *Irregularitäten* sind an der sog. Nennform erkennbar, z. B. flexionslose Adjektive in attributivischer Position (*auf gut Glück; sich bei jmdm. lieb Kind machen*), die obligatorische Voranstellung des attributiven Genitivs (*Noch ist nicht aller Tage Abend; ein Streit um des Kaisers Bart*) oder die syntaktische und/oder semantische Nichtübereinstimmung der „konstruktionsinternen und -externen" Valenzstruktur bei verbalen Phraseolexemen (*auf den Nägeln brennen₂* — *brennen₁ Farbe bekennen₁* — *bekennen₂*). Verwendungsrestriktionen beziehen sich auf die Formveränderlichkeit einzelner Lexemkonstituenten, z. B. Blockiertheit des Plurals (*auf der Bärenhaut liegen* — **auf den Bärenhäuten liegen*), oder es sind z. B. Tempus-, Modusrestriktionen (*jmdm. ist eine Laus über die Leber gelaufen* — **jmdm. läuft eine Laus über die Leber*; *unter dem Pantoffel stehen* — **Steh(e) nicht unter dem Pantoffel!* zu beobachten (vgl. bereits Burger 1973). Die möglichen semantischen Irregularitäten reichen vom sog. konterdeterminierenden Kontext, d. h. der konstruktionsexternen Abweichung (*Nach zwei Jahren hat sie ihren Beruf an den Nagel gehängt.*) über konstruktionsinterne Abweichung(en) (*jmdm. die kalte Schulter zeigen*) bis zum Vorhandensein unikaler Konstituenten als Sonderfall der semantischen Irregularität (*Garaus* in *jmdm. den Garaus machen*, *Fersengeld* in *Fersengeld geben*).

3. Merkmale der Phraseolexeme

3.1. Stabilität — Reproduzierbarkeit

Dieses Merkmal involiert die feste Verbundenheit einer bestimmten Bedeutung mit einer polylexikalischen Form und die relative Stabilität der Verbindung, d. h. eingeschränkte bis 0-Kommutierbarkeit der Lexemkonstituenten.

Unter dem Aspekt der Sprachproduktion bedeutet die feste Verbundenheit einer bestimmten Bedeutung mit einer bestimmten polylexikalischen Form, daß Phraseolexeme im Bewußtsein der Sprecher als fertige und integrale Einheiten des Lexikons bereitstehen und jederzeit abrufbar, d. h. reproduzierbar sind. Unter dem Aspekt der Rezeption heißt das, daß der Sprachteilhaber Phraseolexeme beim Hören eher mit der phraseologischen als mit der wörtlichen Bedeutung verknüpft (vgl. Koller 1977, 13). Stabilität und Reproduzierbarkeit erweisen sich somit als zwei Aspekte desselben Merkmals.

Die Stabilität (Reproduzierbarkeit) schließt keineswegs eine relative Autonomie der Konstituenten aus:

„Die textlinguistischen Untersuchungen der deutschsprachigen Phraseologie des letzten Jahrzehnts haben mit aller Deutlichkeit gezeigt, daß die Stabilität der phraseologischen Wortfügungen nicht absolut, sondern relativ zu verstehen ist. Sowohl die syntaktische Struktur als auch die lexikalischen Konstituenten der Phraseolexeme können im Text je nach der kommunikativen Aufgabe variiert oder modifiziert werden [...]" (Černyševa 1984, 20) (vgl. 4.).

3.2. Ganzheitliche phraseologische Bedeutung

Ganzheitlichkeit der Bedeutung ist prinzipiell für sämtliche Phraseolexeme charakteristisch: damit ist die phraseologische Bedeutung als holistische (auf Lexemkonstituenten nicht verteilbare) Größe gemeint. Sie ist aufzufassen als „obligatorische Aufhebung der wörtlichen Bedeutung der Konstituenten" (Gréciano 1988, 34). Sie läßt ein Phraseolexem „wie ein Lexem" erscheinen und motiviert morphosyntaktische Blockierungen verschiedenster Art.

Die einschlägige Literatur thematisiert in diesem Zusammenhang vor allem die Frage nach dem Verhältnis der ganzheitlichen Bedeutung zur Bedeutung der Lexemkonstituenten:

„Einerseits beweisen Sprachgefühl, Paraphrasentests und enzyklopädische Definitionen, daß die idiomatische Bedeutung die litterale, lexikalische Bedeutung der Formative aufhebt. Andererseits zeugt der Großteil aller idiomatischen Okkurenzen von Anspielungen, Hinweisen und Andeutungen auf wörtlich Mitgemeintes [...]" (Gréciano 1982, 295).

3.3. Synchronische Motiviertheit

Unter synchronischer Motiviertheit ist das Nebeneinander einer „wörtlichen" und einer „phraseologischen Lesart" derselben Wortverbindung, eine Ambiguität also, zu verstehen: *etw. an den Nagel hängen; die Tapeten wechseln.* Darin besteht die Möglichkeit des Erkennens eines (inhaltlich-metaphorischen) Zusammenhangs zwischen ganzheitlicher und wörtlich-literaler Bedeutung der Konstituenten.

Trotz einer bestimmten Vagheit und Subjektivität des Begriffs — weshalb seine Praktikabilität denn auch mehrfach in Frage gestellt wurde (u. a. Weinreich 1972, 468) — spricht einiges dafür, ihn aus der Auseinandersetzung mit der Semantik von Phraseolexemen nicht ohne weiteres auszuklammern. Ein gewisses Maß an Erklärungswert besitzt er u. a. im Hinblick auf die Ontogenese von Phraseolexemen, ihre Konnotationen und die Modifikationen.

Im idealtypischen Fall ist unter synchronischer Motiviertheit zu verstehen, daß der Sprecher zwischen der ganzheitlichen und der wörtlichen Bedeutung der gleichen Formative eine „logische" (hier: metaphorische oder metonymische) inhaltliche Beziehung erkennen kann. „Es leuchtet ihm ein", warum z. B. *Nägel mit Köpfen machen* 'sich nicht mit Halbheiten begnügen, konsequent handeln' und *sich wie ein Elefant im Porzellanladen benehmen* 'sich ⟨anderen Menschen gegenüber⟩ ungeschickt, plump, taktlos verhalten' bedeutet (zur kognitiv-semantischen Erörterung dieser Problematik vgl. Dobrovol'skij 1995).

In zahlreichen Fällen handelt es sich bei Phraseolexemen allerdings nicht um die Lexikalisierung sprachlicher Metaphern, sondern um sprachliche Relikte historisch-kulturhistorischer Provenienz. Die Motive der metaphorisch-metonymischen Bezeichnungsübertragung weisen — trotz mancher verblüffender Übereinstimmungen — einzelsprachspezifisch mehr oder weniger große Unterschiede auf.

3.4. Idiomatizität als Sonderfall der ganzheitlichen Bedeutung

Von Idiomatizität spricht man im Zusammenhang mit solchen Phraseolexemen, bei denen keine zwei „Lesarten" möglich sind bzw. ein wie auch immer gearteter Zusammenhang zwischen ganzheitlicher (phraseologischer) und der potentiell möglichen wörtlichen Bedeutung fehlt: *an jmdm. einen Narren gefressen haben; jmdm. ist eine Laus über die Leber gelaufen.*

In diesem Sinn ist Idiomatizität der Bedeutung das Ergebnis der Demotivation — ein Prozeß, bei dem die wörtliche Bedeutung aufgehoben und durch eine übertragene, ganzheitliche Bedeutung völlig verdrängt wird. Phraseolexeme mit einer idiomatischen Bedeutung (Idiome) bilden den Kernbereich der PH.

3.5. Konnotationen von Phraseolexemen

Bei Phraseologismen gehören Konnotationen noch mehr als bei Einzellexemen zur Gesamtbedeutung hinzu:

„Die phraseologische Nomination ist keine rationelle Benennung des Referenten, sondern eine expressiv-wertende, konnotative. In dieser Benennung kommt primär die Stellungnahme des bezeichnenden Subjekts zur Geltung [...]. Gerade dieser Faktor ist für die Beteiligung der Phraseologismen an der Nomination entscheidend" (Černyševa 1984, 18).

Konnotationen muß man folglich als intersubjektiv bewußt betrachten, und sie können daher aus der Analyse und Beschreibung nicht ausgeklammert werden. Sie ergeben sich aus dem bildlichen Charakter, aus einzelnen, stilistisch markierten Konstituenten, oder auch aus lautlich-rhythmischen Eigenschaften bzw. den Verwendungsbeschränkungen der Phraseolexeme. Sie lassen sich in verschiedene (soziale, emotionale, historische, regionale) Subklassen gliedern und bestimmen die funktional-stilistische Verwendung der jeweiligen Phraseolexeme (vgl. u. a. Burger/Buhofer/Sialm 1982; Gréciano 1982).

4. Spezifische Funktionen der Phraseolexeme

4.1. Die herkömmliche Auffassung über den Stellenwert der Phraseolexeme (Redensarten) in der Sprache als „schmückendes Beiwerk" gilt heute als überholt. Ihren Funktionen nach lassen sich drei Grobklassen aufstellen (vgl. auch Fleischer 1982, 129 ff.):

(1) Bezeichnungsfunktion bei nominativen Phraseolexemen, wie geographische Namen, Namen von Institutionen, verschiedene Termini: *goldene Hochzeit, Rotes Kreuz, das Rote Meer, das spezifische Gewicht.*
(2) Bedeutungsfunktion bei Phraseolexemen, die zumeist als verhüllend-expressive und/oder intensivierende „Konkurrenzform" zu nichtmarkierten (standardsprachlichen) Lexemen bestehen oder als Träger von sog. „komplexen" Bedeutungen zum Ausdruck der subjektiven Stellungnahme des Sprechers zu einem bestimmten Sachverhalt (mit Wertungskomponente) dienen: *etw. ist im Eimer*; *bei jmdm. ist Hopfen und Malz verloren*; *mit seinem Latein am Ende sein* (vgl. auch 3.5.).
(3) kommunikative Funktion bei pragmatischen Phraseolexemen (auch: Routineformeln, Phraseoschablonen), die als Rede/Diskurselemente bestimmten kommunikativen Situationen zugeordnet werden können: *Das kommt nicht in Frage!, Das ist der Gipfel!*. Ihre adäquate Beschreibung ist nur unter Einbeziehung der pragmatischen Ebene möglich (vgl. u. a. Kühn 1983; 1994).

4.2. Eine besondere Funktion von Phraseolexemen pflegt man unter dem Begriff der *Modifikationen* zusammenzufassen. Es handelt sich dabei um einen von der festgeprägten Form abweichenden Gebrauch der Phraseolexeme in konkreten Ko- und Kontexten. Mit Modifikation ist jedwede Änderung an der Ausdrucksseite gemeint, als deren Ergebnis sich besondere kommunikative Effekte einstellen, die weitgehend okkasionellen Charakter tragen und sich auf den jeweiligen Ko- und Kontext beschränken. Nach verschiedenen Typisierungsversuchen der Modifikatio-

nen gelangte man zur Erkenntnis, daß an einem Phraseolexem − kontextbedingt − jede nur denkbare Modifikation vorgenommen werden kann: von Änderungen an der Phonemgestalt der Konstituenten über Austausch bzw. Erweiterung der Lexemkonstituenten bis zur Aufhebung morphosyntaktischer Irregularitäten (Burger/Buhofer/Sialm 1982, 68 ff.).

In bestimmten Textsorten (z. B. Werbetexte, Schlagzeilen) weisen Modifikationen besonders hohe Frequenz auf und dienen spezifischen kommunikativen Funktionen: „Weicher Nicki macht Furore"; „Viele Unternehmen kopieren ihr Geld zum Fenster hinaus". Dieser spielerisch-kreative Umgang mit Phraseolexemen ist in ihrer prinzipiellen Stabilität im Sinne von fester Verbundenheit einer polylexikalischen Form und in der ganzheitlichen Bedeutung verankert.

5. Schwerpunkte der gegenwärtigen Forschung und Ausblick

In der Einleitung des bislang letzten Konferenzbandes zur europ. Phraseologieforschung zeichnet Sandig die wichtigsten Etappen der Forschungsgeschichte nach und stellt die breite Palette der thematisierten Fragen dar. Sie hebt hervor, daß außer der Vielfalt der Sprachen, die zum Teil durch zahlreiche kontrastive Arbeiten mit Dt. einbezogen sind,

„eine Reihe linguistischer Teildisziplinen mit ihren Methoden und Fragestellungen Anwendung gefunden [haben]: Konversationsanalyse, Textlinguistik mit Textsortenlinguistik und Textproduktion; lexikalische Semantik, kognitive Linguistik und Lexikographieforschung; linguistische Pragmatik, Psycholinguistik, Erforschung der Sprachvariation, Kontrastive Linguistik, interkulturelle Linguistik, Übersetzungswissenschaft und Computerlinguistik" (Sandig 1994, vii).

Daraus wird ersichtlich, daß sich der Kreis der Fragestellungen von der Begriffsbestimmung der PH und der Standortbestimmung der Phraseologieforschung über die sog. „systemlinguistische" Untersuchung ununterbrochen erweitert. Zwar gewinnen in jüngster Zeit interdisziplinäre und anwendungsbezogene Aspekte zunehmende Bedeutung, es haben aber auch „traditionelle" Fragen, wie die der Abgrenzung oder der Beschreibung der phraseologischen Bedeutung − gerade im Lichte neuer Erkenntnisse −, keineswegs an Aktualität verloren. Nach wie vor bestehen Forschungsdefizite und -desiderata im Hinblick auf die Phraseographie, die angemessene Beschreibung der Phraseolexeme in ein- und zweisprachigen Lexika sowie die Phraseodidaktik, die angemessene Auswahl und Aufbereitung des phraseologischen Sprachmaterials für den Muttersprach- und Fremdsprachenunterricht (Kühn 1994).

6. Literatur (in Auswahl)

Beiträge zur allgemeinen und germanistischen Phraseologieforschung. Internationales Symposium in Oulu 13.–15. 6. 1986. Hrsg. v. Jarmo Korhonen. Oulu 1987. (Veröffentlichungen des Germanistischen Instituts 7).

Burger, Harald, Idiomatik des Deutschen. Tübingen 1973. (GA 16).

Černyševa, Irina I., Feste Wortkomplexe des Deutschen in Sprache und Rede. Moskva 1980.

Dies., Aktuelle Probleme der deutschen Phraseologie. In: DaF 21, 1984, 17–22.

Chafe, Wallace L., Idiomaticity as an Anomaly in the Chomskyan Paradigm. In: Foundations of Language 4, 1968, 109–127.

Coseriu, Eugenio, Kontrastive Linguistik und Übersetzung, ihr Verhältnis zueinander. In: Kontrastive Linguistik und Übersetzungswissenschaft. Akten des Internationalen Kolloquiums Trier/Saarbrücken 25.–30. 9. 1978. Hrsg. v. Wolfgang Kühlwein/Gisela Thome/Wolfram Wills. München 1981, 183–199.

Deutsche Phraseologie in Sprachsystem und Sprachverwendung. Hrsg. v. Csaba Földes. Wien 1992.

Dobrovol'skij, Dmitrij, Phraseologie als Objekt der Universalienlinguistik. Leipzig 1988.

Ders., Kognitive Aspekte der Idiom-Semantik. Studien zum Thesaurus deutscher Idiome. Tübingen 1995. (Eurogermanistik 8).

Durčo, Peter, Probleme der allgemeinen und kontrastiven Phraseologie. Am Beispiel Deutsch und Slowakisch. Heidelberg 1994.

EUROPHRAS 88. Phraséologie Contrastive. Actes du Colloque International 12–16 mai 1988. Hrsg. v. Gertrud Gréciano. Strasbourg 1989. (Collection Recherches Germaniques 2).

EUROPHRAS 92. Tendenzen der Phraseologieforschung. Hrsg. v. Barbara Sandig. Bochum 1994. (Studien zur Phraseologie und Parömiologie 1).

Fix, Ulla, Zum Verhältnis von Syntax und Semantik im Wortgruppenlexem. In: PBB (H) 95, 1974, 214–318; 97, 1976, 7–78.

Fleischer, Wolfgang, Phraseologie der deutschen Gegenwartssprache. Leipzig 1982.

Fraser, Bruce, Idioms within a Transformational Grammar. In: Foundations of Language 6, 1970, 22–42.

Gréciano, Gertrud, Zur Semantik der deutschen Idiomatik. In: ZGL 10, 1982, 295–316.

Dies., Der mentale Charakter des Idiomgebrauchs anhand deutscher und französischer Belege. In: Studien zur Sprachkonfrontation. Materialien der I. Internationalen Arbeitstagung zum Romanisch-Deutschen Sprachvergleich. Hrsg. v. Gerd Wotjak. Berlin 1988, 34–47. (LStA 176).

Handbuch der Phraseologie. Hrsg. v. Harald Burger/Annelies Buhofer/Ambros Sialm. Berlin [etc.] 1982.

Hessky, Regina, Phraseologie. Linguistische Grundlagen und kontrastives Modell deutsch-ungarisch. Tübingen 1987. (RGL 77).

Koller, Werner, Redensarten. Linguistische Aspekte, Vorkommensanalysen, Sprachspiel. Tübingen 1977. (RGL 5).

Kühn, Peter, Pragmatische und lexikographische Beschreibung phraseologischer Einheiten, Phraseologismen und Routineformeln. In: Studien zur neuhochdeutschen Lexikographie IV. Hrsg. v. Herbert Ernst Wiegand. Hildesheim 1983, 175–235.

Ders., Pragmatische Phraseologie: Konsequenzen für die Phraseologie und Phraseodidaktik. In: EUROPHRAS 92, 1994, 411–428.

Makkai, Adam, Idiom Structure in English. The Hague [etc.] 1972.

Pilz, Karl Dieter, Phraseologie. Versuch einer interdisziplinären Abgrenzung, Begriffsbestimmung und Systematisierung unter besonderer Berücksichtigung der deutschen Gegenwartssprache. Göppingen 1978. (GAG 239).

Rajchštejn, A. D., Sopostavitel'nyj analiz nemeckoj i russkoj frazeologii. Moskva 1980.

Weinreich, Uriel, Probleme bei der Analyse von Idioms. In: Semantik und generative Grammatik. Hrsg. v. Ferenc Kiefer. Frankfurt/M. 1972, 415–474.

Wotjak, Barbara, Verbale Phraseolexeme in System und Text. Tübingen 1992. (RGL 125).

Regina Hessky, Budapest

148. Die Rolle der Umgangssprachen seit der Mitte des 20. Jahrhunderts

1. Der Gegenstandsbereich

Im gesamten deutschen Sprachgebiet sind in der mündlichen Kommunikation durch vielfältigen Gebrauch sanktionierte Sprachverwendungsmuster üblich, die weder der gesprochenen Standardsprache noch den lokalen Basisdialekten zugerechnet werden können, aber Elemente aus beiden Varietätentypen enthalten. Sofern es sich dabei nicht um gruppengebundene Sondersprachen oder berufsbezogene Fachsprachen handelt, bilden sie neben Standard und Dialekt einen dritten Varietätentyp, für den sich seit dem Ende des 19. Jhs. (Henne 1988) in der Sprachwissenschaft der Terminus *Umgangssprache* durchgesetzt hat. Umgangssprachen sind, da sie durch eine jeweils spezifische Übereinstimmung mit basisdialektalen Merkmalen charakterisiert werden, primär diatopische Varietäten, die jedoch im Zuge der Umstrukturierung von einem System räumlich gebundener zu einem System situativ und sozial gebundener Kommunikationsmittel (Mattheier 1973, 356) häufig zusätzliche Funktionen übernommen haben, die den raumgebundenen Aspekt überlagern können.

Seit ihrer ersten zusammenfassenden Behandlung durch Henzen (1938, 21 ff., 182 ff.) gilt Umgangssprache als komplexer Varietätentyp, dessen Abgrenzung und Beschreibung wesentlich schwieriger als bei Standard und Dialekt erscheinen. In neuerer Zeit hat eine Reihe von theoretischen Auseinandersetzungen mit umgangssprachlichen Varietäten (Bellmann 1983, 1985; Munske 1983; Steger 1984; Jakob 1985; Schönfeld 1985; Auer 1990; Macha 1991; Steiner 1994) erheblich zur begrifflichen Durchdringung des Gegenstandsbereiches beigetragen und eine weitgehende Klärung der vier Hauptprobleme dieses Varietätentyps ermöglicht, nämlich 1. der Abgrenzung von den beiden anderen Varietätentypen, 2. der diatopisch unterschiedlichen Stellung im Varietätensystem, 3. der Variabilität und Heterogenität der Merkmale, 4. der terminologischen Unstimmigkeiten.

1.1. Die Abgrenzung von Dialekt und Standard

Die allgemein akzeptierte Auffassung, daß Umgangssprachen auf der Varietätenskala das Mittelfeld zwischen den Extrempolen Basisdialekt und Standard einnehmen, ist für eine praktikable Gegenstandsbestimmung weiter zu präzisieren. Versteht man unter Basisdialekt die standardfernste an einem Ort gesprochene Dialektschicht, so ergibt sich einerseits die Schwierigkeit, daß in vielen Dörfern und Städten Mittel- und Norddeutschlands keine Dialekte mehr greifbar sind und auch in den Städten anderer Regionen die jeweils standardfernsten Sprachebenen wechselnde Bezugpunkte für die Umgangssprache darstellen würden. Aus diesen Gründen ist von einem idealisierten Basisdialekt auszugehen, wie er in der älteren Dialektologie durch die Beschränkung auf die ältere ortsansässige Dorfbevölkerung beschrieben wurde (dazu Ruoff 1973, 47 ff.; Goossens 1977, 18 ff.; Jakob 1985, 7 ff.). Überall dort, wo diesen Basisdialekten keine gesprochene Realität mehr zukommt, ist auf die dialektologischen Aufnahmen der nächstgelegenen Ortsmundarten zurückzugreifen. Diesem Bezugpunkt entsprechend sind alle regionalen Varietäten oberhalb der Basisdialekte, also Halbmundarten, Stadtdialekte, Verkehrsmundarten, Regionalsprachen usw. dem Varietätentyp Umgangssprache zuzurechnen.

Als oberer Abgrenzungspunkt ist die Orthoepie als idealisierte Standardaussprache ungeeignet, da dann wegen der im Dt. üblichen landschaftlich gefärbten Artikulation und Prosodie fast der gesamte Bereich der mündlichen Standardverwendung zur Umgangssprache gehören würde. Daher sind mit Steger (1984) derartige regionale Aussprachevarianten zur gesprochenen Standardsprache zu rechnen, wobei als Bezugpunkt die von König (1989) beschriebene Schicht der regional gefärbten Leseaussprache gewählt wird. Die unterhalb dieser Ebene und oberhalb der Basisdialekte liegenden habitualisierten Sprachverwendungsmuster werden modellhaft als autonomes pragmalinguistisches System aufgefaßt, das über eine eigene Norm verfügt und in sich trägerspezifisch, situativ und funktional gegliedert ist und in dieser Weise einem Diasystem entspricht (Reichmann 1983, 7).

1.2. Die Stellung im Varietätensystem

Die Rolle der Umgangssprache für eine Sprechergemeinschaft definiert sich wesentlich aus der Verteilung der Gesamtkommunikation auf die drei Varietätentypen, d. h. aus dem komplementären Verhältnis zu Basisdialekt und Standard. Da diese Relation im dt. Sprachraum starke diatopische Ausprägungsunterschiede aufweist, hat man mindestens von drei Konstellationen auszugehen. Bei der Varietätenkonstellation I, die vor allem in nrddt. und md. Städten, aber auch in großen Landstrichen Südniedersachsens, Nordrhein-Westfalens, Brandenburgs und Ostmitteldeutschlands Gültigkeit hat, nimmt der Standard in der mündlichen Kommunikation die dominante Stellung ein, während die Basisdialekte keinen nennenswerten Anteil mehr an ihr haben. Die Umgangssprachen weisen hier eine ähnliche soziale Verteilung wie die ags. Substandards auf, zeigen eine deutliche situative Gebundenheit und werden in verschiedenen pragmastilistischen Funktionen verwendet.

In der Varietätenkonstellation II, deren Verbreitungsschwerpunkt vor allem in Westmittel- und Süddeutschland sowie in Österreich liegt, sind die Basisdialekte im alltäglichen Gebrauch geblieben, während gleichzeitig dem gesprochenen Standard ein wichtiger Anteil an der formellen Kommunikation zukommt. Die Umgangssprachen sind hier das Medium der gehobenen und überörtlichen Kommunikation und besitzen ein spezielles Sozialprestige, dementsprechend standardsprachliche Ausdrucksformen als zu hoch, mundartliche dagegen als zu tief eingestuft werden. Bei der Varietätenkonstellation III, die für das Gebiet der deutschsprachigen Schweiz gilt, kommt dem gesprochenen Standard nur eine unbedeutende Position zu, da die oberhalb der Basisdialekte verwendeten regionalen und landschaftlichen Ausgleichssprachen in fast allen institutionellen und kulturellen Funktionsbereichen Verwendung finden und sich dementsprechend zu mündlichen Kultursprachen entwickelt haben. Im Zusammenhang mit diesen Konstellationen ist auch eine jeweils spezifische Besetzung der Varietätenskala auf der Achse Standard-Basisdialekt zu sehen. Bei der Konstellation I grenzen Standard und Umgangssprache ohne Trennungslinie aneinander, während zu den Dialekten ein deutlicher Abstand besteht, für die Konstellation II ist eine relativ kontinuierliche Belegung der Varietätenskala charakteristisch, während bei der Konstellation III die Basisdialekte zwar bruchlos in die Umgangssprachen übergehen, aber im oberen Teil der Varietätenskala eine große Distanz zum gesprochenen Standard zu überbrücken ist.

Da Umgangssprache nirgends als einschichtiges homogenes System auftritt, sondern immer verschiedene Abstufungen erkennen läßt, zeigen sich innerhalb dieser Konstellationen erhebliche regionale Unterschiede. Bei empirischen Untersuchungen wurde teilweise eine Untergliederung in zwei Ebenen beobachtet, teilweise auch in drei, vier oder fünf, die entweder nach der Lage auf der Varietätenskala als dialektnahe, mittlere, standardnahe Ebenen bezeichnet wurden oder nach ihrem Gültigkeitsbereich als regionale, landschaftliche, überlandschaftliche usw. (zusammenfassend Jakob 1985, 19 ff.; Schönfeld 1985, 213 f.; Wiesinger 1997, 30). Die sehr differenzierten Gliederungssysteme sowie die Beobachtung von fließenden Übergängen zwischen den Ebenen legen zumindest für einige Orte die Annahme eines kontinuierlichen Variationsraumes zwischen Dialekt und Standard nahe (Reiffenstein 1977, 176; Bellmann 1983; Scheuringer 1997). Teilweise mögen die verschiedenartigen Befunde zur Schichtengliederung auf unterschiedliche Fragestellungen und Methoden zurückgehen, häufig reflektieren sie aber auch unterschiedliche Kommunikations- und Bewertungsstrukturen in verschiedenen Orten und Regionen. Eine generelle Entwicklungstendenz von einer gestuften Varietätenskala zu einem Kontinuum erscheint möglich, doch ist eine gleitende Variabilität auf der gesamten Dialekt-Standardskala für die Mehrzahl der Sprecher aufgrund ihrer jeweils begrenzten Kommunikationsanforderungen wenig wahrscheinlich.

1.3. Variabilität und Heterogenität der Merkmale

Umgangssprachen sind im Unterschied zu der aus historischen Regulierungsprozessen hervorgegangenen Standardsprache und den durch normierende Aufnahmeverfahren gewonnenen Basisdialekten durch größeren Variantenreichtum geprägt, so daß sie lange als kaum beschreibbare Mischungs- oder Verfallserscheinungen galten und Interesse an ihrer Erforschung erst entstand, seitdem Variabilität und Heterogenität als natürliche Aggregatzustände von Sprachen verstanden werden. Mit Variabilität ist gemeint, daß für ein und dasselbe phonologische oder morphologische Element mehrere gleichberechtigte Varianten in wechselnder Häufigkeit Verwendung finden, und zwar beim gleichen Sprecher und auf der gleichen Sprachebene. Unter Heterogenität wird die unterschiedliche Herkunft jener Merkmale verstanden, die die Abgrenzung nach oben gegenüber dem Standard und nach unten gegenüber dem Basisdialekt bewirken (Fleischer 1961, 156ff.).

Im Hinblick auf ihre Herkunft können umgangssprachliche Merkmale im weitesten Sinn aus historischen Kontakten zwischen verschiedenen Varietäten erklärt werden (Munske 1983), wobei zwischen vertikalen (a) und diatopischen Kontakten (b) zu unterscheiden ist. Die meisten vertikalen, d. h. aus dem Kontakt zwischen großräumigeren und den darunterliegenden kleinräumigen Varietäten erklärbaren Merkmale stimmen entweder mit dem Standard oder mit dem Dialekt überein und könnten aus synchronischer Sicht als direkte Übernahmen interpretiert werden (a 1). Ein kleinerer Teil (a 2) stimmt mit keiner der beiden Bezugsvarietäten überein, ist jedoch im Sinne fossilierter Interferenzerscheinungen teils als Kontrastverschiebung, teils als Hyperkorrektion zu interpretieren (Henn 1978, 142ff.; Mihm 1982; Veith 1983, 86ff.).

Die Bedeutung der durch diatopische Kontakte erklärbaren Merkmale (b) wurde mehrfach an der Ausstrahlung städtischer Substandardmerkmale auf die Umgangssprachen der angrenzenden Regionen verdeutlicht (Debus 1962, 1978; Smolka 1984; Dingeldein 1991; Protze 1994), aber auch am Eindringen dörflicher Dialektmerkmale in die Umgangssprachen der Stadt (Steiner 1994, 143). Daneben wird häufig die Übernahme aus angrenzenden Dialektlandschaften bezeugt, z. B. für die omd. Umgangssprache (Langner 1977, 208f.), für die meckl. (Dost 1975, 119f.), für die mbair. (Scheuringer 1990, 420f.); bei den Schweizer Umgangssprachen scheinen die diatopischen Ausgleichsprozesse die diastratischen sogar zu überwiegen. Auch beim diatopischen Merkmalsaustausch ist wiederum zwischen direkten Übernahmen (b1) und den unter dem Einfluß benachbarter Dialekte entstandenen Kompromißformen und Hyperkorrektionen (b2) zu unterscheiden (Spangenberg 1978; Herrgen 1986, 97ff.).

Als Erklärung für die mit den Dialekten übereinstimmenden Merkmale (a 1) wird viel-

fach Schirmunskis Unterscheidung zwischen primären und sekundären Dialektmerkmalen herangezogen, nach der die primären, d. h. die auffälligen, dem Sprecher bewußten Dialektmerkmale durch Standardvarianten ersetzt werden, während die sekundären, dem Sprecher unbewußten in die Umgangssprache aufsteigen. Dieser mehrfach als zirkulär kritisierte, aber auch mehrfach präzisierte und erweiterte Erklärungsansatz (Reiffenstein 1977, 1980; Jakob 1985, 39ff.) kann in diesem Zusammenhang nur einen begrenzten Erklärungswert beanspruchen, weil seine Kategorien keine überregionale Verbindlichkeit besitzen und gelegentlich ein und dasselbe Merkmal in einem Dialektgebiet als primär, im benachbarten als sekundär gelten muß. So wird die Senkung der Kurzvokale vor r-Verbindungen [kɛʁʃə, mɛʁb, kɔʁds] 'Kirsche', 'mürbe', 'kurz', die ein gemeinsames Merkmal der sofrk., pfälz. und hess. Mundarten ist, in der Heilbronner Umgangssprache vollständig gemieden und müßte dementsprechend als primär gelten, während sie in der südhess. und ostpfälz. Umgangssprache erhalten blieb und als sekundär zu betrachten wäre (Jakob 1985, 282; Dingeldein 1994, 281).

Die Übernahme dialektaler Merkmale in die Umgangssprache ist daher mit allgemeingültigen linguistischen oder lernpsychologischen Gründen nicht zu erkären, sondern muß auf Bewertungen der jeweiligen Sprechergemeinschaft zurückgeführt werden, die letztlich auf kulturhistorischen Traditionen basieren. Im konkreten Fall ist zu berücksichtigen, daß Heilbronn seit Jahrhunderten im Einfluß schwäbischer Prestigevarietäten liegt, die die Senkung vor r-Verbindungen nicht kennen, und man daher von einer negativen Bewertung dieses Merkmals ausgehen kann, während es im Südhessischen, unterstützt durch das Prestige der Frankfurter Stadtsprache, in die höheren Sprachschichten aufsteigen konnte.

Als Kriterium für die Aufnahme eines Dialektmerkmals in die Umgangssprache hat daher die in der regionalen Sprechergemeinschaft bestehende Bewertungshierarchie zu gelten. Dementsprechend ist die Eignung der Merkmale für die verschiedenen Varietäten in einer Weise festgelegt, die man als Konnotation der Varianten modellieren kann (Bierwisch 1978, 85ff.). Über die Entstehungsgeschichte dieser Bewertungshierarchien läßt sich nur in beschränktem Maße Aufschluß gewinnen, ihre Struktur steht jedoch in deutlicher Analogie zu den Implikationsskalen, die neuerdings für verschiedene Umgangssprachen erarbeitet wurden (Herrmann-Winter 1979, 155ff.; Scheutz 1985, 253ff.; Smazal 1986; Schlobinski 1987, 72ff.; Salewski 1998a, 108ff.).

Die Konnotiertheit der Varianten ist auch bei den Modellbildungen zu berücksichtigen, die im Sinne der generativen Grammatik die sprachliche Variabilität und die Fähigkeiten eines Sprechers, zwischen mehreren Varietäten zu wählen, rekonstruieren. Hier gingen die anfänglichen Entwürfe häufig von zwei getrennten Kompetenzen für Dialekt und Standard aus, durch deren gleichzeitige Aktivierung Umgangssprache als Code-mixing erzeugt wurde und in diesem Sinne einer Performanzerscheinung glich. Dabei blieb unberücksichtigt, daß jede Umgangssprache nur eine bestimmte Auswahl von Varianten zuläßt und das Wissen über die spezifische Varianteneignung nicht der Performanz zugerechnet werden kann. Neuere Modellierungen, die teils von einer einheitlichen Kompetenz ausgehen, teils von zwei mehrfach miteinander verzahnten (dazu Moosmüller 1987, 36ff.; Auer 1990, 225ff., 1995; Martin 1996), haben die Konnotiertheit der Varianten teilweise berücksichtigt und auch die Existenz der Varietätenkonstellation I, bei der keine Dialektkompetenz vorliegt, mit einbezogen. Wichtig erscheint auch, daß neben den mit Standard oder Dialekt übereinstimmenden Merkmalen (a 1) auch die fossilierten Interferenzen (a 2) und vor allem die für die Varietätenkonstellation III entscheidenden diatopischen Entlehnungen (b 1, b 2) in den Modellen Berücksichtigung finden müssen.

1.4. Terminologisches

Das im 18. Jh. entstandene und bereits bei Karl Philipp Moritz 1781 belegte Wort *Umgangssprache* (Schmidt 1987; Henne 1988) ist in seiner kurzen Geschichte fast ebenso vieldeutig geworden wie das Wort *Sprache* selbst, so daß seine unterschiedlichen Bedeutungen und ihre Unvereinbarkeit ausführliche Behandlung erfahren haben (Bichel 1973, 1980, 1988; Radtke 1973; Geyl 1975; Bowers 1982; Menge 1982). Zur Vermeidung dieser Mehrdeutigkeit wurden bereits von der älteren Forschung für den primär diatopisch gegliederten Varietätentyp zwischen Standard und Dialekt verschiedene Neubenennungen wie *Gebiets-*, *Gegend-*, *Landschafts-* und *Regionalsprache* vorgenommen. Neuerdings hat Bellmann (1983) im Hinblick auf die Lage im

Varietätensystem den Terminus *Neuer Substandard* vorgeschlagen, der den Vorzug hat, sich ausschließlich auf die Ausdrucksseite dieser Varietät zu beziehen und damit ein entscheidendes Kriterium der Begriffsbestimmung hervorzuheben. Steger (1984) befürwortet den Terminus *Regiolekt*, Ammon (1992) regt die Bezeichnung *Umgangsvarietät* an, Bücherl (1995, 26) führt die Bezeichnung *Dialekt* für alle regionalen Varietäten unterhalb des Standards ein. Da der Erfolg dieser Vorschläge nicht abzusehen ist und auch neue Termini in kurzer Zeit der Mehrdeutigkeit unterliegen, gibt es gute Gründe dafür, an dem seit 70 Jahren eingeführten Begriff festzuhalten, zumal die Polysemie eines Wortes nichts Irritierendes ist, solange sich die einzelnen Sememe klar voneinander abgrenzen lassen.

Demnach ist der hier verwendete Terminus fernzuhalten von den folgenden vier Bedeutungen:

1. gegenüber einer in Philosophie und Wissenschaftssprache üblichen Verwendung im Sinne von Nicht-Fachsprache oder Nicht-Formalsprache,
2. gegenüber einer älteren sprachwissenschaftlichen Bedeutung im Sinne von spontan gesprochenem oder landschaftlich gefärbtem Hd., die durch den Terminus gesprochene Standardsprache abgedeckt wird (Steger 1984, 267ff.),
3. gegenüber einer stilistischen Bedeutung im Sinne einer nicht-schriftfähigen lexikalischen Stilschicht in der Nähe von Vulgärsprache oder Slang (Küpper 1955ff.), wobei die Modelle zur Trennung von stilistischen und umgangssprachlichen Ebenen bei Cordes (1963) und Neubert (1976) nützlich sind,
4. gegenüber einer auf den Verwendungsbereich fixierten Bedeutung im Sinne von Intimsprache, Haussprache oder Alltagssprache, die in gleicher Weise auch auf Dialekt und Standard zutreffen könnte (Vgl. im folgenden 4.2.).

Da Begriffe in Hierarchien und Wechselbeziehungen stehen, bleibt daran zu erinnern, daß das hier abgegrenzte Konzept nahezu identisch mit Bellmanns *Neuem Substandard* ist und die engeren Begriffe wie *Halbmundart*, *Verkehrssprache*, *Halbstandard*, *Regionalsprache*, *Stadtmundart*, *Stadtdialekt*, *städtische Alltagssprache* usw. umfaßt und daß es sich mit den Begriffen *Stadtsprache* bzw. *Ortssprache*, sofern sie das gesamte lokale Varietätenspektrum, also auch Standard-, Sonder- und Ausländervarietäten meinen, überschneidet. Unbehindert bleibt dabei die terminologische Freiheit jedes Autors, die es etwa erlaubt, das Berlinische in gleichzeitigen Veröffentlichungen als *Dialekt*, als *Stadtsprache* und als *Umgangssprache* zu bezeichnen (Rosenberg 1986; Schlobinski 1987; Schönfeld 1988).

2. Zur Geschichtlichkeit von Umgangssprache

2.1. Die bisherigen Deutungen

Für die Entstehung der Umgangssprachen liegen verschiedene Erklärungsansätze vor, von denen hier drei zur Charakterisierung des bisherigen Forschungsstandes genügen sollen. Bellmann (1983, 106 ff.) sieht ähnlich wie Keller (1986, 495 ff.; Barbour/Stevenson 1998, 55 f.) Umgangssprachen im wesentlichen als das Ergebnis der Modernisierungsprozesse des 19. und 20. Jhs. Durch die Ausbreitung des Schulwesens sei zu Beginn des 19. Jhs. bei der bis dahin monoglossischen Landbevölkerung eine Diglossie Ortsmundart-Standard entstanden, die im Kontext der Industrialisierung und Modernisierung eine Annäherung der Basisdialekte an den Standard bewirkt habe, so daß die Umgangssprachen als mittlerer Varietätentyp entstanden seien, was im Hinblick auf die bestehende Varietätenkonstellation eine Entdiglossierung bedeutet habe. Demgegenüber datieren Protze (1969) und Schönfeld (1983) den Entstehungsprozeß der Umgangssprachen ins 17. und 18. Jh. und stellen ihn in den Zusammenhang mit dem Bemühen um eine überregionale, allgemeinverbindliche Schrift- und Hochsprache, in dessen Folge der Gegensatz zwischen Dialekt und Hochsprache bei den mittleren und höheren Bürgerschichten die Ausbildung einer vermittelnden Umgangssprache bewirkt habe. Wiesinger (1985, 1633 f.) kann aufgrund verschiedener metasprachlicher Äußerungen die Existenz von gesprochenen Varietäten oberhalb der Dialekte bereits für das 17. Jh. belegen. Ähnlich nimmt Besch (1983, 1401) bereits für diese Zeit eine großregionale Mündlichkeit an. Ausgangspunkt auch dieser Erklärung ist die Entdiglossierung durch Dialektabbau, die allerdings zwei Jahrhunderte früher angesetzt wird.

Da der erste Ansatz von der Landbevölkerung ausgeht, der zweite dagegen von den Stadtbürgern, liegt die Vermutung nahe, daß es sich hierbei um zwei Phasen eines langen Prozesses handeln könnte, denen noch weitere Entwicklungsstufen vorangegangen sind. Dafür spricht, daß monoglossische Sprachverhältnisse, wie sie im ersten Ansatz für das 18. Jh., im zweiten für das 16. Jh. modellhaft angenommen werden, aufgrund kulturhistorischer Vergleiche in entwickelten Gesellschaften als seltene Ausnahme gelten müssen (Gumperz 1971, 105 ff.) und daß Mehrschichtigkeit der gesprochenen Sprache bereits für das 16. Jh., also vor den Anfängen einer überregionalen Hochsprache, sicher bezeugt ist. So unterscheidet bereits 1603 Conradus Agyrta, der Überarbeiter des Lalebuchs, klar zwischen diatopischen und diastratischen Varietäten, nämlich einerseits *Sächsisch, Hessisch, Meißnisch, Düringisch, Wedderawisch, Westerwäldisch*, andererseits *Hochteutsch, Schlechtteutsch, Bürgerisch, Bäwrisch* (von Bahder 1914, 156 f.).

Die Ausprägung von vier mündlichen Sprachschichten, deren Bezeichnungen im unteren Bereich der Ständegliederung entstammen, im oberen offensichtlich der rhetorischen Stillehre, kann nicht erst unter dem Einfluß der lutherischen Schriftsprache entstanden sein, sondern stammt aus älterer Tradition. Frings (1944, 72) nahm bereits für das Mittelalter eine gehobene Sprachschicht oberhalb der Basisdialekte für den mündlichen Vortrag des Rechts und für die orale Poesie an und zusätzlich eine „Herrensprache" der höheren Gesellschaftsschichten, wie sie für das bairische Sprachgebiet in Ansätzen rekonstruiert wurde (Wiesinger 1980a).

Setzt man die Existenz von lokalen und regionalen Hochsprachen bereits für das Mittelalter voraus, dann können sich die neueren, raumübergreifenden Hochsprachen nur durch Überschichtung der älteren ausgebreitet haben. Mittlere Varietäten wären demnach typologisch als die Hochsprachen der vorangehenden Epoche anzusehen, die von neuen Prestigevarietäten überschichtet wurden und die ihrer sprachlichen Substanz nach nicht das Ergebnis einer unvollkommenen Anpassung der Basisdialekte an die Hochsprache darstellten, sondern frühere regionale Hochsprachen. Diesen Erklärungsansatz verwendet von Polenz (1954, 101 f.) für die Umgangssprache in Obersachsen, wo noch im 19. Jh. oberhalb der Basisdialekte eine regionale Prestigesprache belegt ist, die in den oberen Berufs- und Gesellschaftsgruppen verbreitet war und oft als „sächsische Staatssprache" bezeichnet wurde. Erst dadurch, daß gegen Ende des 19. Jhs. in dieser Region der gesprochene Standard als vorbildlich akzeptiert wurde, sei die ältere Hochsprache in die nächsttiefere funktionelle Schicht gesunken und zu einer Umgangssprache im Sinne einer mittleren Varietät geworden.

2.2. Versuch einer Synthese

Bei der Diskussion der Entstehungsgeschichte können externe gesellschaftliche Veränderungen wie Großstadtentwicklung, Industrialisierung usw. nur mit Vorsicht in direkte Kausalbeziehungen zum Sprachwandel gesetzt werden, da gerade die Entwicklung des Dialektabbaus zeigt, daß sich die überall gleichen realhistorischen Innovationen in sehr verschiedener Weise auf die Sprachverhältnisse auswirken. Zwischen den Fakten der äußeren Geschichte und den beobachtbaren Sprachveränderungen ist daher eine mittlere kommunikationsgeschichtliche Ebene zu berücksichtigen, auf der Adaptions- und Dispersionsprozesse einer eigenen Dynamik folgen. Unter einer derartigen Perspektive stimmen die verschiedenen Entstehungshypothesen darin überein, daß ihnen drei kommunikationsgeschichtliche Vorgangstypen zugrunde liegen.

A) Formationsprozesse zur Herausbildung gehobener Varietäten oberhalb der Basisdialekte. Triebkräfte dafür sind funktionale Sprachdifferenzierungen, da bestimmte Sprechhandlungen in einer Gesellschaft meist nur von ausgewählten Sprechern ausgeführt werden (Nabrings 1981, 99), aber auch soziale Segregationstendenzen.
B) Aufwärts gerichtete Annäherungsprozesse der unteren Varietäten an Prestigevarietäten. Hier ist zu unterscheiden zwischen Entlehnungen aus einer Prestigevarietät, die der Aufwertung der Basisvarietät dienen, und Versuchen zum vollständigen Übergang in die Prestigevarietät.
C) Diatopische Austauschprozesse. Hier sind ebenfalls zwei Typen zu unterscheiden.
1. Überschichtungsprozesse durch externe Prestigevarietäten. Sie werden meist dadurch ausgelöst, daß heterozentrierte Eliten zu den Varietäten anderer Regionen überwechseln, so daß die bisherigen Hochsprachen zu mittleren Varietäten herabgedrückt werden.
2. Entlehnungen aus externen Varietäten zur Aufwertung der eigenen.

Die Entstehungsgeschichte der heutigen Umgangssprachen läßt sich auf der Basis der überlieferten historischen Zeugnisse mit der kontinuierlichen Wirksamkeit der Prozesse A und B und dem zweimaligen Ablauf eines Überschichtungsvorgangs von Typ C 1 darstellen. Bereits seit dem 16. Jh. wird belegt, daß das gesprochene Hd. für den nd. Raum einen Prestigecharakter gewann, der sich auf die Schreibsprache ausdehnte (Josten 1976, 22ff.) und in allen germanischsprachigen Gebieten des Kontinents mit Ausnahme der beiden Niederlande diatopische Austauschprozesse auslöste, die landschaftsbezogen unterschiedlich abliefen. Nördlich der Benrather Linie ging das gehobene Bürgertum im Sinne eines Überschichtungsvorganges (C 1) teils zu einem gesprochenen Meißnisch über (Lasch 1910, 173), teils zu wmd. Varietäten (Mihm 1999, 72), wodurch sich in den einzelnen Regionen unter dem Einfluß der Basisdialekte hd. geprägte Hochsprachen mit unterschiedlichem nd. Substrat herausbildeten, die die sprachliche Grundlage der späteren Umgangssprachen darstellen. Im westlichen und südlichen Sprachraum führte das neue Sprachvorbild durch Entlehnungen aus der meißnischen Prestigevarietät nach dem Vorgangstyp C 2 zu einer Varietätenannäherung in der gesprochenen Sprache. Die so entstandenen regionalen Hochsprachen des Nordens und des Südens können noch nicht als Umgangssprachen im hier definierten Sinn gelten, da noch keine Überdachung durch einen gesprochenen Standard existierte.

Der zweite Überschichtungsprozeß vom Typ C 1 wurde im 19. Jh. dadurch eingeleitet, daß das gehobene Bürgertum Nord- und Mitteldeutschlands eine schriftnähere Aussprache des Dt. übernahm, die sich bei den Gebildeten der ofäl. Städte ausgebildet hatte. Fontane berichtet, daß in Berlin noch am Anfang des 19. Jhs. für die mündliche Kommunikation aller Schichten „die Berliner Ausdrucksweise" verwendet wurde, „bei Hofe gerade so gut wie draußen bei Liesens oder auf dem Wollankschen Weinberg. Das Jahr 30, vielleicht das ganze Jahrzehnt von 30 bis 40 war der Höhepunkt dieser eigenartigen Erscheinung." (Kettmann 1980, 24). Nach 1840 begann demnach, wie auch andere Quellen bezeugen, die heute als gesprochene Standardsprache bezeichnete Varietät am Hof und im gehobenen Bürgertum die alte regionale Hochsprache Berlins zu ersetzen, was nicht zuletzt auf die intensiven aufklärerischen Sprachpflegebemühungen zurückgehen wird, die seit der Jahrhundertwende an Einfluß gewannen (Schmidt 1987; 1992; 1995). In anderen Regionen setzte sich diese Überschichtung erst später durch; das Nordthür. erreichte sie erst nach 1874, das rheinische Duisburg nach 1893 (Kettmann 1980, 24; Mihm 1998). Da die Träger der neuen gesprochenen Standardsprache den höheren Berufs- und Bildungsschichten in den Städten angehörten, konnte sie die Attraktivität einer allgemeinen Prestigevarietät erlangen und sich bis zur Mitte des 20. Jhs. auch im ländlichen Raum durchsetzen, in der Schweiz allerdings nur bei einer schmaleren Bevölkerungsschicht.

Die durch die Standardüberschichtung entstandenen heutigen Umgangssprachen waren ihrer Substanz nach zunächst weitgehend identisch mit den regionalen Hochsprachen der vorangegangenen Zeit, so daß die alten Sprachwertsysteme bei veränderten Trägerschichten und Verwendungsbereichen fortlebten und ihre Attraktivität für die Sprecher der Basisdialekte behielten.

3. Erscheinungsformen und territoriale Gültigkeit

Die Beschreibung umgangssprachlicher Gliederungen und Wandlungen hat bei den Merkmalen der linguistischen Beschreibungsebenen anzusetzen und ist daher vom Stand ihrer Erforschung abhängig. Die lexikalische Ebene ist durch Dokumentationen und Atlanten relativ gut aufgearbeitet (Kretschmer 1918; Eichhoff 1977ff.; Friebertshäuser/Dingeldein 1988; Dingeldein 1991; Protze 1994, 1997), so daß großräumige Gliederungen und Interpretationen möglich werden (Munske 1983; Eichhoff 1997). Weit weniger ist über die umgangssprachliche Syntax bekannt, die, von Einzelstudien abgesehen (Baumgärtner 1959; Zimmermann 1965), fast nur zusammen mit der Dialektsyntax in den Blick genommen wurde (Veith 1978; Henn 1983; Henn-Memmesheimer 1986, 1989; Abraham 1993), ähnliches gilt für die morphologische Ebene (Veith 1977; Besch/Knoop/Putschke/Wiegand 1983, 1170ff.). Da die Merkmale dieser Ebenen relativ großräumig verteilt sind, verdienen die Elemente der phonischen Ebene wegen ihres begrenzten Gültigkeitsbereichs bei der Beschreibung und Gliederung umgangssprachlicher Erscheinungsformen den Vorzug. Sie sind auch einer präzisen Erfassung leichter zugänglich als die ebenfalls sehr informationsreichen prosodischen Merkmale (Heike 1969; Schmidt 1986, 9ff.) und werden daher den folgenden Charakterisierungen hauptsächlich zugrunde gelegt.

3.1. Norddeutsche Umgangssprachen

Im Sprachraum nördlich der Lautverschiebungslinie kann ein relativ großer Bevölkerungsteil als Standardsprecher in dem Sinne gelten, daß er in informellen Situationen zwar in eine andere Stillage wechselt, aber dabei kaum regionalsprachliche Merkmale ver-

wendet. Auch sind dort die Umgangssprachen merkmalsärmer und standardnäher als die Mehrzahl der md. und obd., so daß sogar erwogen wurde, sie als regionale Färbungen des Standards zu betrachten (Kettner 1988). Demgegenüber ist jedoch zu berücksichtigen, daß gerade geringe sprachliche Differenzen eine große funktionale Auslastung tragen können und die eindeutig soziale, situative und kommunikative Verteilung regionalsprachlicher Merkmale sich nicht im Sinne einer Standardfärbung interpretieren läßt.

Einige phonische Merkmale treten in allen nrddt. Umgangssprachen auf und werden daher bei den einzelnen Beschreibungen nicht mehr erwähnt. Hierhin gehören:

die geschlossene Aussprache des *â*-Umlauts [meːtçən] 'Mädchen', die späte und geringe Steigung der Diphthonge [kaːɛn, haːɔs, lɔːɛtə] 'kein', 'Haus', 'Leute', die Beibehaltung alter Kürzen in Einsilbern [tsʊx, gʀɔp, ʀat] 'Zug', 'grob', 'Rad', die Spirantisierung des *g* im freien und gedeckten Auslaut [max, fliːçt] 'mag', 'fliegt', Spirans statt labialer Affrikata im Anlaut [fɔstən] 'Pfosten', Gutturalnasal auslautend mit Verschluß [dɪŋk] 'Ding' und Konsonantenschwund im Auslaut [zin, dɔ, ma] 'sind', 'doch', 'mal'.

Eine raumübergreifende Charakterisierung bietet im Hinblick auf die phonischen Standarddifferenzen Lauf (1996), im Hinblick auf die lexikalischen Standarddifferenzen Müller (1980).

Die **Berlinische Umgangssprache** wurde neuerdings unter sprachdidaktischer (Rosenberg 1986), soziolinguistischer (Schlobinski 1987) und soziopragmatischer (Schönfeld 1989) Fragestellung untersucht und dabei auch im Hinblick auf ihre sprachlichen Kennzeichen beschrieben (zusammenfassend Schönfeld 1992, 231ff.). Charakteristisch sind vor allem zehn phonische Merkmale, von denen vier ausschließlich an frequente Lexeme gebunden auftreten:

unverschobenes *k* in [ɪk, bɪskən] 'ich', 'bißchen', unverschobenes *t* in [dɛt, vat, ɛt] 'das', 'was', 'es', nicht diphthongiertes *û* in [ʊf, dʀʊf] 'auf', 'darauf', nicht diphthongiertes *î* in [ʀɪn] 'herein'. Sechs Merkmale können als phonische Regeln gelten: die Entsprechungen von mhd. *ei* und *ou* werden monophthongisch wiedergegeben [keːn, boːm] 'kein', 'Baum', vor *r*-Verbindungen und [ʃ] wird *i* gerundet [byʀnə, fyʃ] 'Birne', 'Fisch', in Geminatenposition bleibt *p* unverschoben [kɔp, apəl], und im An- und Inlaut wird *g* spirantisiert [jeːjənt] 'Gegend'.

Diese Merkmale wurden bereits sämtlich vor über 200 Jahren von dem Dichter und Pädagogen Karl Philipp Moritz in einem Wör-

terverzeichnis zur Verbesserung der „fehlerhaften" Berliner Aussprache beschrieben
(Lasch 1927, 121 ff.; Schmidt 1992, 165 ff.),
was die erstaunliche diachronische Konstanz
dieser Varietät belegt. Die tiefgreifenden Veränderungen der städtischen Sozialstruktur
während des 19. Jhs., insbesondere die Entwicklung zum Industriezentrum und zur
Reichshauptstadt sowie die Verzwanzigfa-
chung der Bevölkerung führten zwar zu einer
geringen Reduktion der Merkmale, gleichzeitig aber zu einer Profilierung ihrer Verwendung, so daß die Standardannäherung insgesamt gering blieb. Bemerkenswert erscheint
auch, daß bisher für die Entstehung dieser historischen Variantenkombination weder von
dialektologischer noch von lernpsychologi-
scher oder kontaktlinguistischer Seite eine
befriedigende Erklärung gefunden wurde.
Aus diesem Grunde kann trotz des Widerspruchs von Teuchert (1929, 295 ff.) und
Schirmunski (1962, 617) die These Laschs
(1927, 72 ff., 104 f., 134 f.) keineswegs als
überholt gelten, daß nach der meißnischen
Überschichtung im 16. Jh. zu späterer Zeit
Entlehnungen aus der brandenburgischen
Grundschicht stattgefunden haben, wie sie
wegen ihres „heimlichen Prestiges" häufig zur
Abgrenzung nach oben verwendet werden
(Trudgill 1983, 172 ff.; Mihm 1985, 186 ff.;
1990, 56 ff.).

Dynamischere Veränderungen lassen sich
bei der Lexik erkennen, die nur zum Teil bis ins
19. Jh. und noch weiter zurückgeht (Wiese
1992). Bemerkenswert ist hier das schnelle
Veralten vieler Wörter, besonders der hyper-
bolischen oder saloppen Neubildungen
(Schönfeld 1997), und eine stetige Neuschöpfung, die durch spielerische Verballhornungen
und Wortkreuzungen der Standardlexik oder
affektgeladene, superlativische, oft aggressive
Neologismen (Grober-Glück 1975; Dittmar/
Schlobinski 1988, 64 ff.) eine standarddiver-
gente Grundhaltung erkennen lassen, die auch
als Erklärung für die bemerkenswerte Dauerhaftigkeit der phonischen Erscheinungsformen in Frage kommt.

Die territoriale Gültigkeit des Berlinischen
hat sich seit dem 19. Jh., bis zu dem es auf
die ummauerte Stadt begrenzt war, erheblich
erweitert. Noch 1880 wurden in den 54 Dörfern des heutigen Stadtgebietes die Wenker-
bögen überwiegend in brandenburgischem
Dialekt ausgefüllt (Schönfeld 1992, 268 f.).
Die Ausstrahlung auf die brandenburgischen
Städte wird jedoch schon beträchtlich gewesen sein, denn seit Beginn des 20. Jhs. breitete

sich das Berlinische fast flächendeckend in
Brandenburg aus (Bretschneider 1973), so
daß die Bezeichnung *Berlin-Brandenburgische
Umgangssprache* üblich wurde. Ausstrahlungen darüber hinaus werden durch die Übernahme der Leitformen *ik, det, wat* im Elbe-
Elster-Gebiet (Langner 1977, 208) und im
Kreis Greifswald (Herrmann-Winter 1979,
152) bezeugt und die Ausbreitung der Berliner Lexik über den gesamten Raum zwischen
Harz und Oder (Protze 1994), teilweise bis in
den süddeutschen Raum (Grober-Glück
1975).

Die Wandlungen des Berlinischen während
der politischen Teilung betreffen nach den bisherigen Untersuchungen (Schlobinski 1987;
Schönfeld 1997) eine situative Gebrauchseinschränkung und eine Abstufung der Merk-
malsfrequenz im Westteil, aber keine Einschränkung der Gültigkeit des traditionellen
Merkmalsbestandes. Nach der Wiedervereinigung kam es im Ostteil möglicherweise als
Identitäts- oder Abgrenzungsphänomen zu einem von Westberlinern teilweise als unange-
nehm empfundenen Gebrauchsanstieg, doch
ist langfristig die Ausbreitung der im Westteil
bevorzugten situationsspezifischen Verwendungsweise auf die gesamte Stadt zu erwarten.
Daß das Berlinische insgesamt eine ungebrochene Attraktivität besitzt, bezeugt das Verhalten zugezogener Jugendlicher, die sich bereits nach einem halben Jahr seine wichtigsten
Lautvarianten aneignen (Schönfeld 1994).

Die **Umgangssprache des Ruhrgebiets**, die
sich am Südwestrand des nd. Sprachgebietes
im Zuge der Industrialisierung herausgebildet
hatte, fand zunächst vor dem Hintergrund
sprachpflegerischer und volkskundlicher Be-
sorgnisse (Oesterlink 1938; Himmelreich
1939; Sluyterman 1958), später unter sozio-
linguistischem Aspekt (Glück 1976; Steinig
1976) und erst danach als regionalsprachliche
Varietät Beachtung (Menge 1977; Mihm
1979, 1985; Harden 1981). Von den dabei beobachteten über 40 sprachlichen Kennzeichen (zusammenfassend Mihm 1995, 17 f.)
sind für die phonische Erscheinungsform vor
allem die folgenden charakteristisch:

unverschobene Verschlußlaute lexemgebunden bei
[dat, vat, ɛt, alət] 'das', 'was', 'es', 'alles', beim Diminutiv [bɪskən, ʃtykskən] 'bißchen', 'Stückchen'
und bei alter *p*-Geminate [kɔp, hypən] 'Kopf',
'hüpfen'; inlautende *g*-Spirantisierung [kʀɪːjən,
saɣɪç] 'kriegen', 'sag ich'; *r*-Vokalisierung bzw. -Til-
gung nach gedehntem Kurzvokal in geschlossener
Silbe [kiːɐça, mœːɐdɐ, vaːnən] 'Kirche', 'Mörder',
'warnen'; Kontraktion enklitischer Pronomina un-

ter Tilgung der Verschlußlaute [hasə, vɛnə] 'hast du', 'wenn du'; Senkung der mittleren Langvokale vor r [lɛːʁɐ, hœːʁɐ, bɔːʁɐ] 'Lehrer', 'Hörer', 'Bohrer'; Dehnung und Hebung der oberen Kurzvokale vor speziellen Konsonantenverbindungen [biːɐnə, viːntɐ, fyːɐst, gyːntɐ, duːɐst, huːndɐt] 'Birne', 'Winter', 'Fürst', 'Günter', 'Durst', 'hundert'.

Fast alle diese Merkmale lassen sich auch für die heute in den Städten nicht mehr verwendeten westf. und nrhein. Basisdialekte nachweisen (Salewski 1998, 26ff.) und waren bereits, wie aus den seit 1893 aufgezeichneten Beobachtungen des Duisburger Lehrers Meyer-Markau und älteren Quellen hervorgeht, für die Honoratiorensprachen nrhein. und westf. Städte des 18. Jhs. charakteristisch (Mihm 1998). Das Ruhrdeutsch geht daher ähnlich wie das Berlinische auf eine regionale Hochsprache zurück, die während der Industrialisierung als Orientierungspunkt für die ländlichen Zuwanderer der Umgebung wurde, aber auch für die etwa 500.000 Arbeitsimmigranten polnischer oder masurischer Muttersprache, die sich vor 1914 ansiedelten, jedoch fast keine sprachlichen Spuren hinterließen (Menge 1979, 1991; Mihm 1982). Die in der Einwanderungszeit popularisierte Varietät wurde in der Folgezeit sozial und situativ eingeschränkt und trägt heute sozialsymbolische, identifikatorische und kommunikative Funktionen (Thies 1985; Mihm 1985). Ihr Gebrauch wird, wie Scholten (1988) nachweisen konnte, hauptsächlich nicht über das Elternhaus, sondern durch peer-groups während der Schulzeit vermittelt. Aus der Beobachtung, daß ältere Sprecher ein wesentlich merkmalreicheres Ruhrdeutsch verwenden als jüngere, folgert Volmert (1995) eine Stereotypisierung während der letzten 50 Jahre.

Die territoriale Gültigkeit des Ruhrdeutschen ist durch Differenzierung nach innen und fließende Grenzen nach außen gekennzeichnet. Entsprechend der teils südwestf., teils nrhein. dialektalen Grundlage lassen sich noch heute deutlich regionalspezifische Merkmalsverteilungen erkennen (Weigt 1987, 1989; Salewski 1998a, 48ff.). Bei der Abgrenzung nach außen sind die Übergänge zu benachbarten Umgangssprachen meist fließend, jedoch besteht gegenüber den ripuarischen Varietäten im Bereich der Uerdinger Linie eine deutliche Grenze.

Die **westfälische Umgangssprache** stimmt nach der Beschreibung von Lauf (1996) mit dem Ruhrdeutschen in der r-Vokalisierung nach Kurzvokalen und der Hebung der oberen Kürzen vor spezifischen Konsonantenverbindungen überein.

Zusätzlich ist sie durch die velare Realisierung des ç-Lautes charakterisiert [duɔx, mɪlx] 'durch', 'Milch', die für das an- und inlautend spirantisierte g verwendet wird [xuːt, xəbraxt, laːxən] 'gut', 'gebracht', 'lagen', die l-Velarisierung [ɛɫtɔn] 'Eltern' und die gelegentliche a-Verdumpfung [daːmɔlts] 'damals'.

Kenntnisse über die areale Binnengliederung sowie über den Verwendungsbereich innerhalb örtlicher Sprechergemeinschaften liegen bisher nur in Ansätzen vor (Kremer 1983, 81ff.; Menge 1984).

Bei den **ostfälischen Umgangssprachen** sind zwei Typen zu unterscheiden. Die braunschweigisch-hannoveranische ist deutlich durch fossilierte Dialekt-Standard-Interferenzen geprägt,

nämlich die Restituierung des dialektal geschwundenen r in [gaxtən, sɔxtə] 'Garten', 'Sorte', eine zentrale Realisierung des langen a in [zaːt, vəːgən] 'Saat', 'Wagen', die ein dialektales [ɔː] ersetzt, und die dentale Spirans im Anlaut vor p und t [spɪts, staen] 'spitz', 'Stein'. Charakteristisch ist außerdem die Senkung des auf Tondehnung zurückgehenden [eː] [lɛːbm, vɛːgə] 'Leben', 'Wege' und die weitgehende Monophthongierung [gʁaːs, baːn] 'Greis', 'Bein', [mɔːs, bɔːm] 'Maus', 'Baum'. Während diese Merkmale bis in die 60er Jahre noch bei der städtischen Bildungsschicht beobachtet werden konnten, sind sie heute nur noch in der Mittelschicht bzw. der unteren Mittelschicht anzutreffen (Blume 1987; Stellmacher 1981, 27ff.).

Die magdeburgische Umgangssprache stimmt in Merkmalen wie *keen*, *Boom*, *rin*, *druf*, *Kopp*, *Jejend* mit dem Berlinischen überein, in der Ersetzung der anlautenden Affrikata durch stimmlose Spirans [saet, suː] 'Zeit', 'zu' und in der Dentalassimilation [hʊnɔʁt] 'hundert' mit den nördlichen Umgangssprachen. Althergebracht ist auch die gerundete Realisierung vor l [œlvə] 'elf', während *ik*, *dat*, *wat* bei Jugendlichen auf den Einfluß Berlins in den letzten Jahrzehnten zurückgeht. Da die noch 1940 belegten entrundeten Umlaute und das anlautende d für t heute nicht mehr feststellbar sind, hat man mit einer diachronischen Merkmalsreduktion zu rechnen (Schönfeld 1989, 75ff.). Die Attraktivität dieser Varietät für die umliegenden Städte ist aus dem 19. Jh. bezeugt, doch gibt es für ihre heutige Reichweite keine Nachrichten, was auch für die ofäl. Umgangssprachen insgesamt gilt.

Die **hamburgische Umgangssprache**, die in Stadt und Region als *Missingsch* bezeichnet wird, ist bisher fast nur unter sprachpflegerischem (Schmidt 1921; Scheel 1963) oder orthoepischem Aspekt (Martens 1988) beschrieben worden.

Dabei wurden sieben Merkmale als charakteristisch bezeichnet: die diphthongierten mittleren Längen [ʃneːi, ʁoːuzə, ʃøːin] 'Schnee', 'Rose', 'schön', die Rundung von *i* vor Nasal [ʏmɐ, bʏn] 'immer', 'bin', die Verdumpfung des langen *a* [bɔːn, nɔːmən] 'Bahn', 'Namen', die Koronalisierung des *j*, teilweise mit vorangehendem Dentalverschluß [dʒʊŋk, ʒɔːʁə] 'jung', 'Jahre', die Ersetzung der Affrikata durch stimmlose Spirans in [saetʊŋk, sʊkɐ] 'Zeitung', 'Zucker', die Assimilation von inlautendem -*nd*-, [anɐs, hʊnɐt] 'anders', 'hundert' und die dentale Spirans im Anlaut vor *p* und *t* [spɪts, staen] 'spitz', 'Stein'.

Obwohl eine systematische Erforschung mehrfach gefordert wurde (zuletzt Möhn 1973), liegt bisher nur eine schmale korpusbasierte Untersuchung vor (Ahrens 1975), die immerhin zeigt, daß die gängige Erklärung des Missingsch aus „Unarten" oder verfehlten Versuchen, den Standard zu erreichen, unzulänglich ist. Allerdings gibt der Forschungsstand weder Hinweise auf die soziale und situative Gebrauchsverteilung innerhalb der Stadt noch auf die Abgrenzung gegenüber benachbarten Umgangssprachen.

Die **mecklenburgischen Umgangssprachen** haben von den neben alltäglichem Nd. stehenden die intensivste empirische Untersuchung erfahren, zunächst durch ein Forschungsprojekt, das in fünf Dörfern die Auswirkungen der Agrarreform auf das Sprachverhalten analysierte, danach durch eine repräsentative Spracherhebung im Kreis Greifswald (Dahl 1974; Herrmann-Winter 1974, 1979). Dabei zeigte sich unterhalb des Standards eine großlandschaftliche Sprachschicht, die in ihren Merkmalen mit der hamburgischen Umgangssprache bis auf das anlautende *st* und *sp*, das wie im Standard realisiert wird, übereinstimmt. Außerdem werden Markierungen wie *dat, wat, et, Jejend,* die auf neueren berlinischen Einfluß zurückgehen, verwendet (Gernentz 1975, 232; Herrmann-Winter 1979, 152).

Unterhalb dieser standardnahen Schicht liegt eine dialektnähere Sprachebene, deren Trägerschicht vorwiegend aus genuinen Dialektsprechern besteht. Sie ist durch Entlehnungen aus der Standardlexik und aus dem Laut- und Formenbestand der gehobenen Umgangssprache geprägt und in sich kleinräumig gegliedert (Dahl 1974, 357 ff.; Gernentz 1975, 222 ff.). Auch der Gültigkeitsbereich der standardnahen Varietät, der von der Küste bis zum brandenb. Sprachgebiet reicht, weist entlang der Dialektgrenze zwischen Vor- und Mittelpommern eine Binnendifferenzierung auf (Dost 1975; Herrmann-Winter 1979).

3.2. Mitteldeutsche Umgangssprachen

Der hier im Sinne der Dialektologie verstandene, durch das unterschiedliche Vordringen der Lautverschiebungslinien charakterisierte md. Sprachraum stellt im Hinblick auf die Bedeutung der bodenständigen Dialekte und die Gültigkeit der Varietätenkonstellationen keine Einheit dar (Dingeldein 1997). In dem über 200 km breiten Abschnitt zwischen Rhein und Saale spielen die hess. und thür. Dialekte im privaten und öffentlichen Verkehr eine so geringe Rolle, daß hier wie teilweise in Norddeutschland mit der Varietätenkonstellation I zu rechnen ist; links von Rhein und Main dagegen, im Saarland, in Rheinland-Pfalz, der Ostpfalz und Südhessen, weisen die Dialekte eine ähnliche Stabilität wie in Oberdeutschland auf, so daß hier die Konstellation II anzunehmen ist, im Rip. und im Obersächs. haben sie sich nur in Reliktgebieten gehalten, weshalb teils von der Konstellation I, teils von II auszugehen ist.

Neben der Dialektstabilität ist auch die Standardakzeptanz innerhalb einer Sprechergemeinschaft für den Status der Umgangssprachen entscheidend. Wo, wie im überwiegenden Teil des Md., der Standard als „zu hochmütig" empfunden wird (Steger 1984), stabilisieren sich merkmalsreiche Umgangssprachen mit vielfältiger kommunikativer Verwendung; wo dagegen der Standard die Konnotation von Formalität und Fremdheit verliert, sind die Varietäten merkmalsärmer und zeigen eine deutliche soziale wie situative Verteilung. Dementsprechend sind im Md. vier großräumige Umgangssprachen mit hoher Gebrauchsfrequenz entstanden, nämlich die rip., die südhess., die ostpfälz. und die osächs., außerdem zwei weitere großräumige Varietäten, nämlich die nordhess. und westthür., die nur einen eingeschränkten Verwendungsbereich und Merkmalsbestand haben, und schließlich im mslfrk. und westpfälz. Bereich eine Vielzahl von kleinräumigen Umgangssprachen mit einem dialektnahen Merkmalsbestand.

Trotz der regionalen Verschiedenheiten haben die Umgangssprachen dieses Raumes drei Gemeinsamkeiten, die über die unverschobene *p*-Geminate in *Appel* und *Kopp*, die ja das Abgrenzungskriterium dieses Raumes darstellt, hinausgehen:

die in älteste Zeit zurückreichende *g*-Spirantisierung, die überall im gedeckten und ungedeckten Auslaut gilt [kʁiːç, gəzaxt, beʁç] 'Krieg', 'gesagt', 'Berg', die spätmittelalterliche Konsonantenschwächung, die sich in postkonsonantischer Position überall ausbreitete [ʃdaɛn, gəʃiçdə, vɪʀglɪç, ʃbɛːt] 'Stein', 'Geschichte', 'wirklich', 'spät', und schließlich die erst im letzten Jahrhundert gegen die Dialekte durchgeführte Koronalisierung der palatalen Spirans [ç] im Wort- und Silbenauslaut [glaeʃ, ʀɛʃt] 'gleich', 'Recht' und die Übertragung dieser Lauterscheinung auf das spirantisierte g [veːʃ, kʀɪʃtə, bɛʁʃ] 'Weg', 'kriegte', 'Berg' (Herrgen 1986; Macha 1991, 149ff.).

Die **ripuarischen Umgangssprachen** haben in den letzten Jahrzehnten durch mehrere Bonner Untersuchungen eine intensive Erforschung erfahren (Besch 1981, 1983; Mattheier 1987, 1990; Jünger-Geier 1989; Macha 1991; Lausberg 1993; Kreymann 1994), die, modellhaft von einer Dialekt-Standard-Diglossie ausgehend, Dialekte und unterschiedliche umgangssprachliche Abstufungen beschreiben. Dabei zeigt eine jeweils in Interviews erhobene obere Sprachlage die Existenz einer standardnahen Umgangssprache, die nach Macha (1991, 138ff.) vor allem durch acht Merkmale markiert wird.

Davon sind fünf als fossilierte Dialektvarianten aufzufassen, die teils lexikalisiert in frequenten Kleinwörtern auftreten, wie der unverschobene Verschlußlaut in [dat, vat, ɛt] 'das', 'was', 'es', und die Konsonantentilgung im Auslaut bei den Kleinwörtern [ɪs, ʊn, sɪn, jɛts, nɪʃ] 'ist', 'und', 'sind', 'jetzt', 'nicht', teils als phonische Regeln, wie die nicht nur im Auslaut, sondern auch im An- und Inlaut durchgeführte g-Spirantisierung [jeːbn̩, ɪʁjənt, zaːɣən] 'geben', 'irgend', 'sagen', die l-Velarisierung [fiːɫ, zaɫts] 'viel', 'Salz' und die spirantische Realisierung von anlautendem *pf*. Als historische Interferenz ist die stimmlose Spirans in [vɪxt, haxt] 'wird', 'hart' aufzufassen, die einmal die dialektale *r*-Vokalisierung kompensierte. Als diatopische Entlehnungen müssen die *ç*-Koronalisierung und die Auslauttilgung in der 1. Singular Präsens gelten [ɪʃ ɛs] 'ich esse'.

Fast alle diese Merkmale finden sich nicht nur bei Sprechern mit Mundartkenntnis oder -kontakt, sondern werden auch von städtischen Hochdeutschsprechern ohne jede Dialektkenntnis situationsspezifisch eingesetzt (Froitzheim 1984, 178ff.).

Von der in der Regel auch durch eine ausgeprägte rheinische Akzentuierung gekennzeichneten standardnahen Sprachebene ist im Untersuchungsgebiet eine dialektnahe zu unterscheiden, die auf „einer Art mundartlicher Koine" der Köln-Bonner-Bucht operiert und verschiedene Annäherungen an den Standard erlaubt. Sie findet sich ebenso in der Alltagskommunikation sprachgewandter Handwerksmeister (Macha 1991, 201ff.) wie in der

Interviewsprache standardfernerer Sprecher aus Erp (Lausberg 1993, 205ff.) und ist offensichtlich identisch mit der „rheinischen Umgangssprache" bzw. dem „Deutsch mit Knubbeln", das bei einer Befragung 13% als ihre sprachliche Normallage bezeichneten (Jünger-Geier 1989, 232f., 268f.). Die Varietäten der dialektnahen Ebene, die sich kleinräumig auch in anderen Gegenden des Rip. ausgebildet haben, befinden sich gegenwärtig in einer Phase des Umbaus und weisen eine geringe lokale und diachronische Stabilität auf, wobei die dialektalen Merkmale kontinuierlich zurückgehen. Als Zielvarietät dieses Umbaus ist jedoch weniger die Standardsprache anzusehen als ein „regionaler Sprachusus" (Kreymann 1994, 239ff., 295), der weitgehend der beschriebenen standardnahen Varietät entspricht, mit deren Gebrauchszunahme daher im gesamten Rip. zu rechnen ist.

Bei den **südhessischen Umgangssprachen** dominieren die merkmalsreicheren, dialektnäheren Varietäten in der alltäglichen Kommunikation, was eindrücklich durch eine empirische Spracherhebung bei 30 Postbediensteten in Mainz belegt wird, die in einem Interview gegenüber einem fremden Explorator 83% ihrer Dialektalität beibehalten, obwohl sie durchaus in der Lage wären, diesen Anteil auf 27% zu senken (Steiner 1994, 106ff.). Den sprachlichen Merkmalen nach gehört das Mainzische zu einer großräumigen Ausgleichsvarietät, zu der auch das mehrfach beschriebene Frankfurtische zu rechnen ist (Veith 1972, 1983; Brinkmann to Broxten 1986) und die seit den 60er Jahren oft als „Neuhessisch" bezeichnet wird (dazu Dingeldein 1994).

Der Vokalismus dieser Varietät ist durch sechs umfangreiche Regeln geprägt:

die Monophthongierung von mhd. *ei* und *ou* [vaːsd, baːm] 'weißt du', 'Baum', Entrundung [mɪsə, kɛb, faiɛ] 'müssen', 'Köpfe', 'Feuer', Senkung der oberen Kürzen vor *r*-Verbindung [kɛʁʃə, mɛʁb, kɔʁds] 'Kirsche', 'mürbe', 'kurz', Erhaltung mhd. Kürzen in offener Silbe [tsvɪbəl, kʊxəl, fɛdɛ, fɛʃəl, hɔbəl] 'Zwiebel', 'Kugel', 'Feder', 'Vögel', 'Hobel', *a*-Verdumpfung mit Nasalierungsresten [kɔn, ɔ̃ːfaŋə] 'Kanne', 'anfangen' und Schwa-Tilgung im Auslaut [vold, lɔɪd] 'wollte', 'Leute'. Der Konsonantismus unterscheidet sich durch neun Regeln vom Standard: *ç*-Koronalisierung, Lenisierung der stimmlosen Konsonanten in In- und Auslaut [labə, fʊdɛ, ʀaˈgeːd, ʃtivəl, ezə, aʒə] 'Lappen', 'Futter', 'Rakete', 'Stiefel', 'essen', 'Asche', Tilgung von Endsilben-*n*, Spirantisierung von g in In- und Auslaut, Realisierung des auslautenden -*er* als [ɛ], Tilgung von *r* zwischen tiefem Vokal und Konsonant [mɔʒə, gɑdə] 'morgen', 'Garten', Spirantisierung von *b* im Inlaut [sivə, ʃdɛʁvə] 'sieben', 'sterben', Nasalierung von auslautendem *n* [hĩ, bã:] 'hin', 'Bein', Assimilation von *-nd-* [anɛs, gəfʊnə] 'anders', 'gefunden' (dazu Veith 1972; Dingeldein 1994; Steiner 1994).

Neben dieser vielgebrauchten und weitverbreiteten Varietät hat sich eine merkmalsarme ausgebildet, die in höheren sozialen und situativen Straten Standarddivergenz markiert. Dazu werden nur die fünf ersten konsonantischen Merkmale verwendet, von den vokalischen nur die Schwa-Tilgung und die Kürzung. Darüber hinaus wird eine mittlere Ebene bezeugt, auf der auch Vokalsenkungen und Nasalierungen, *b*-Spirantisierungen und *-nd*-Assimilation üblich sind.

An der Herkunft dieser Varietäten aus alten rhfrk. Stadtsprachen ist nicht zu zweifeln. Bereits 1875 beschreibt Wilhelm Vietor eine „dialektische Umgangssprache", die die „besseren Stände in engeren Kreisen" verwenden und die dem Volk „geradezu für vornehm gilt" (Dingeldein 1994, 276 f.). Seit den letzten Jahrzehnten befinden sich diese Varietäten in einer Phase territorialer Expansion. Von einem Kerngebiet zwischen Mainz, Frankfurt, Darmstadt ausgehend, haben sie sich im gesamten Rhein-Main-Gebiet zwischen Odenwald, Spessart und Taunus durchgesetzt und besitzen als Verkehrssprache bereits in den angrenzenden rheinhessischen Gebieten, aber auch im Zentralhessischen bis zur Lahn Gültigkeit.

Die **ostpfälzischen Umgangssprachen**, die sich in der städtischen Siedlungszone des Neckarmündungsgebietes mit den Städten Heidelberg, Mannheim, Ludwigshafen herausgebildet haben, zeigen in ihrer Merkmalskombination weitgehende Übereinstimmungen zum Neuhessischen. In den aufgestellten Variablenlisten, mit denen neuerdings die Sprachvariation in verschiedenen Mannheimer Stadtteilen vermessen wurde (Kallmeyer/ Keim 1994, 147 ff.; Keim 1995, 256 ff.; Davies 1995, 102 ff.), treten gegenüber dem Neuhess. nur zwei zusätzliche Merkmale auf, nämlich die inlautende *s*-Palatalisierung vor *t* und *p* [fɛʃd, vɛʃpə] 'Fest', 'Wespe' und die Monophthongierung von mhd. *ei* zu [e:], [kle:n] 'klein'. Obwohl diese Varietät im Hinblick auf ihre Genese (Bräutigam 1934), auf ihre linguistische Dokumentation (Karch 1975, 1988) und besonders auf die Beschreibung ihrer konversationellen Funktionen (Kallmeyer/ Keim 1994; Kallmeyer 1995; Keim 1995a;

Schwitalla 1995a) als vorbildlich bearbeitet gelten kann, läßt sich im Augenblick noch nicht beurteilen, ob sie sich langfristig dem Neuhess. annähert oder davon entfernt.

Die **obersächsischen Umgangssprachen** und ihre Vorläufer haben seit Jahrhunderten im Blickpunkt des übrigen Deutschland gestanden, anfangs mit besonders anerkennenden, nach 1775 mit zunehmend reservierten Bewertungen (Zimmermann 1992). Von den vielfältigen Beschreibungen sind die bisher umfassendsten vor der Mitte des 20. Jhs. entstanden, jedoch im wesentlichen durch die osächs. Dialektologie bestätigt worden (Bekker 1936, 1969).

Danach ist der Konsonantismus vor allem durch Zusammenfall der beiden Verschlußlautreihen zu stimmlosen Lenes [b̥, d̥, g̊] geprägt, der im An- und Inlaut zu Homophonien führt [bɔgn̩] 'packen', 'backen', [de:nə] 'Töne', 'ich dehne', [gʁi:çn̩] 'kriechen', 'Griechen', [laedn̩] 'leiten', 'leiden', außerdem durch *g*- und *b*-Spirantisierung im Inlaut [fli:çl, fo:xl, lə'vɛ:ndç] 'Flügel', 'Vogel', 'lebendig', die stimmlose Aussprache von anlautendem *j*- und *s*- [çɛts, so:xn̩] 'jetzt', 'sagen' und die *s*-Palatalisierung zwischen *r* und *t* [æʁʃd, dʊʁʃd] 'erst', 'Durst'. Der Vokalismus zeigt Monophthongierung von mhd. *ei, ou* [gle:d, bo:m] 'Kleid', 'Baum', Entrundung der Umlaute [ʃe:n, fʁi:, naɪn] 'schön', 'früh', 'neun', Vokalsenkung vor *r* [bɛːʁə, he:ʁə] 'Beere', 'hören', und Verdumpfung der *a*-Laute [fʁɔːxn̩, ʃbɔːdn̩] 'fragen', 'Spaten'; wichtige Markierungen stellen auch die Kleinwörter dar [ɛ, ɛnə, mae, mɔʁ, sɪn, nɪʃd] 'ein', 'eine', 'mein', 'wir', 'sind', 'nichts' (Schirmunski 1962, 606 ff.; Becker 1969, 142 ff.).

Die Merkmalsmuster dieser Varietät haben sich, wie aus Gottscheds Karikatur in den „Vernünftigen Tadlerinnen" 1725 hervorgeht, schon im 17. Jh. herausgebildet (Becker 1969, 145 ff.). Das externe Prestige führte zu einer Übernahme und Anverwandlung in anderen Sprachräumen (vgl. oben 2.2.), zu einer vollständigen Überdachung und weitgehenden Auflösung der obersächsischen Dialekte und einer Ausdehnung nach Ostthüringen, so daß diese Umgangssprache heute die einzige regionale Substandardvarietät im Großraum zwischen Saale und Neiße darstellt (Schönfeld 1983, 432 ff.). Trotz der großräumigen Verbreitung dieser Merkmalsbündel zeichnet sich vor allem im Bereich lexemgebundener Lautvarianten eine differenzierte Binnengliederung ab, die teilweise die ehemaligen Dialektverhältnisse reflektiert (Große 1967), teilweise die sich überschneidenden Ausstrahlungen der drei großstädtischen Zentren Leipzig, Dresden und Chemnitz (Protze 1969, 329 ff.). Zur vertikalen Gliederung und zur sozialen und situativen Verteilung fehlen neuere Untersuchungen.

Die **westthüringische Umgangssprache** steht dem Standard wesentlich näher als die ostthür.-osächs., was Spangenberg (1990, 115ff.; 1994, 530f.) darauf zurückführt, daß in den Städten Westthüringens bis ins 20. Jh. ein jeweils eigener Stadtdialekt verwendet wurde und sich eine überregionale Umgangssprache daher erst spät konstituieren konnte. Unter den überwiegend konsonantischen Merkmalen ist der Zusammenfall der beiden Verschlußlautreihen hervorzuheben, daneben gelten im Anlaut stimmloses *s* und *f* statt *pf* sowie eine beträchtliche Anzahl lexemgebundener Lautvarianten. Bemerkenswert ist die erst nach dem Zweiten Weltkrieg von Westen her bis zur Saale vorgedrungene *ç*-Koronalisierung (Spangenberg 1994, 529ff.).

Die **nordhessischen Umgangssprachen** sind standardnahe Varietäten, die sich im Städtedreieck Kassel, Fulda, Marburg, wo die Dialekte auf breiter Front zurückgewichen sind, ausgebildet haben. Von dialektologischer Seite wurden sie gelegentlich als „verderbtes Schuldeutsch mit einigen Dialektbrocken" bezeichnet (Bromme 1936, 4*) und, abgesehen von Mitzka (1946), nur unter wortgeographischem Aspekt behandelt (Debus 1962; Herwig 1977; Smolka 1984; Dingeldein 1991). In Zukunft könnte hier ein dialektfreier Raum entstehen, in dem auch keine ausgeprägte Substandardvarietät mehr existiert (Dingeldein 1997, 128), doch ist es ebenso wahrscheinlich, daß wie in verschiedenen nrddt. Gebieten die verwendeten Regionalmerkmale durch funktionale Auslastung für soziale, situative und kommunikative Zwecke eine Stabilisierung und Systematisierung erfahren. Eine korpusbasierte Untersuchung gesprochener Sprache müßte hier Klärung bringen.

Die **moselfränkischen Umgangssprachen** sind kleinräumig gegliedert und durch eine extreme Standarddistanz gekennzeichnet. Die im Mittelrheinischen Sprachatlas als Regionaldialekte bezeichneten Varietäten der mobilen jüngeren Bevölkerungsschicht (Bellmann 1997, 274) behalten durchschnittlich 93% der basisdialektalen Merkmale bei, wobei der dialektale Konsonantismus vollständig erhalten ist, der Langvokalismus dagegen den großräumigeren Varietäten angenähert wird (Herrgen/Schmidt 1989). Nur in unmittelbarem Umkreis von Trier und Koblenz finden sich standardnähere Sprachebenen, was auf einen begrenzten Ausstrahlungsbereich der Stadt-

sprachen und eine dauerhafte Varietätenkonstellation deutet.

Bei den **westpfälzischen Umgangssprachen** lassen sich ländliche Regionalvarietäten deutlich von städtischen Umgangssprachen abgrenzen, wie sie im saarl. Verdichtungsgebiet zwischen Saarbrücken und Neunkirchen (Bonner 1986) oder im Umkreis von Kaiserslautern (Senft 1982) gesprochen werden. Diese unterscheiden sich im Konsonantismus kaum von den ostpfälz. Stadtsprachen, sind jedoch in der Realisierung der Substandardmerkmale konsequenter; im Vokalismus zeigen sie eine größere Variantenvielfalt. Die ländlichen Regionalvarietäten dagegen bleiben eng auf die jeweilige Basismundart bezogen und entsprechen ihr nach dem Meßverfahren von Herrgen/Schmidt (1989) durchschnittlich zu 88%, wobei es für einen baldigen Übergang zu den gehobenen städtischen Varietäten keine Anzeichen gibt.

3.3. Süddeutsche Umgangssprachen

Während die Dialekte des alem. und bair. Sprachgebiets bruchlos über die politischen Grenzen des obd. Raumes hinweggehen, besitzt die Staatszugehörigkeit für die Gliederung der Umgangssprachen maßgebliche Bedeutung, da die öffentliche Kommunikation und die Besonderheiten von Administration, Wirtschaft und Kultur vor allem das Bewußtsein jener überörtlich orientierten Bevölkerung prägen, die die Trägerschicht dieses Varietätentyps bildet. So bestehen zwischen den Umgangssprachen auf beiden Seiten der Staatsgrenzen oft auch dort, wo der Basisdialekt der gleiche ist, deutliche Unterschiede in Merkmalsmustern und im situativen Verwendungsbereich (Scheuringer 1990, 424f.). Es ist daher strikt zwischen den bundesdeutschen 'bayrischen' und den österreichischen Umgangssprachen zu unterscheiden, obwohl sie teilweise auf denselben 'bairischen' Dialektgrundlagen beruhen. Im heute bundesdeutschen Teil des Obd., der seit 1871 verstärkt durch die Ausrichtung auf die Zentren München und Stuttgart sowie auf die nördlichen Nachbarländer geprägt wurde, haben trotz unumstrittener Stellung des Standards die Basisdialekte einen gesicherten Verwendungsbereich behalten, so daß durchgehend die Varietätenkonstellation II anzunehmen ist. Die Umgangssprachen haben hier eine zweifache Verwendungsfunktion. Sie sind gehobenes Sprechen in Relation zum Dialekt und können etwa honorative Intentionen zum Ausdruck bringen; sie sind aber auch gesenktes Sprechen in Relation zum Standard und können eine Abneigung gegen Formalität, Unpersönlichkeit und Überheblichkeit signalisieren.

Die gemeinsamen Rahmenbedingungen des Raumes bewirkten, daß überall merkmalsreiche Varietäten mit hoher Gebrauchsfrequenz entstanden sind und daß den standardnahen Umgangssprachen geringere Bedeutung zukommt. Etwa acht umgangssprachliche Merkmale sind so weit verbreitet, daß man von allgemein sdt. Erscheinungen sprechen kann:

die Schwächung der stimmlosen Konsonanten, die Entrundung der Umlaute, der stimmlose s-Anlaut, die a-Verdumpfung, die Tilgung von Schwa und -n im Endungsauslaut, die kontrahierten Präfixe [dsamǝ, bsɔndɐs, gsakt, gmyːs] 'zusammen', 'besonders', 'gesagt', 'Gemüse', die Pro- und Apokope der Klitika 's Auto, 'zfrüh, wennst', daß 's, kommen S' und die reduzierten Kleinwörter wie [iː, ɑ, eː, aː] 'ich', 'ein', 'ehe', 'auch'.

Trotz gemeinsamer Voraussetzungen haben sich die Umgangssprachen unterschiedlich entfaltet. Standardnahe Varietäten konnten sich nur im bayr. und schwäb. Raum ausbilden, besitzen aber auch dort gegenüber den dialektnäheren Landschaftssprachen der Münchener Region bzw. der Region Stuttgart—Reutlingen, die sich gegenwärtig über die Nachbargebiete ausbreiten, keine besondere Attraktivität. Auf dem Boden des ofrk. und alem. Dialektgebietes sind dagegen nur Umgangssprachen mit begrenzter oder mittlerer Reichweite in Gebrauch, ohne daß vereinheitlichende Tendenzen deutlich werden.

Die **bayrischen Umgangssprachen** wurden unter dem Aspekt des phonologischen Wandels und des Dialektabbaus eingehend untersucht (Kufner 1961; Keller 1966; Reiffenstein 1968; Keller 1976). Über ihren Verwendungsbereich und ihre vertikale Gliederung gibt eine Arbeit zur gesprochenen Sprache in Simbach am Inn Aufschluß, der eine nach Alter und Sozialstatus geschichtete Stichprobe zugrunde liegt (Scheuringer 1990). Sie bestätigt die mehrfach beobachtete differenzierte Stratifizierung der bayr. Umgangssprachen und belegt zugleich, daß gegenwärtig eine auf den oberbayr. Dialekten des Münchener Raumes basierende Prestigevarietät die übrigen Regionalsprachen und auch die Umgangssprache Niederbayerns überschichtet.

Die besonderen Kennzeichen dieser oberbayr. Umgangssprache sind die l-Vokalisierung [fui, geid, hɔid] 'viel', 'Geld', 'Holz', die drei verschiedenen

Entsprechungen des Phonems /ai/ in [hɔas, kɛi, drai] 'heiß', 'kein', 'drei', die Monophthongierung von mhd. ou [bam, kafɐ] 'Baum', 'kaufen', die Realisierung der alten mittleren Längen als [ʃnɛː, bɛːs, roud] 'Schnee', 'böse', 'rot', die Erhaltung der fallenden mhd. Diphthonge [liɐb, guɐd, briɐda] 'lieb', 'gut', 'Brüder'. Hinzu kommen die allgemein bair. Merkmale wie die r-Vokalisierung [meɐkɐ, ɔɐm] 'merken', 'arm', die b-Spirantisierung [avɐ, liɐvɐ] 'aber', 'lieber', die Opposition der beiden a-Laute [i wɔːɐ, i waːɐ] 'ich war', 'ich wäre' und die Einsilberdehnung vor ehemals stimmlosen Konsonanten [koːbf, sɔːg, friːʃ] 'Kopf', 'Sack', 'frisch' (Zehetner 1985, 54ff.).

Diese oberbayr. Umgangssprache, die teilweise als zukünftige Ausgleichsvarietät angesehen wird (Scheuringer 1990, 314), dringt im Westen gegen das Schwäb. vor (Renn 1994, 132; Bücherl 1995, 142), im Süden überschichtet sie das Südbair. im Landkreis Garmisch-Partenkirchen, und im Norden wird sie von den oberpfälz. Städten übernommen (Bücherl 1982); Regensburg stellt in diesem Sinne bereits eine oberbayr. Sprachinsel dar (Keller 1976). Im nordbair. Dialektraum zwischen Isarmündung und Mainquelle, der durch die gestürzten Diphthonge [lɛib, goud, brɛida] 'lieb', 'gut', 'Brüder' und durch die diphthongierten mhd. Längen [ʃnɛi, bɛis, ʃlouf] 'Schnee', 'böse', 'Schlaf' gekennzeichnet ist, zeigen die Umgangssprachen eine kleinräumige Gliederung (Rowley 1997, 171ff.) und besitzen keine hohe Selbst- und Fremdeinschätzung, so daß eine weitere Überschichtung von Westen durch die Nürnberger Stadtsprache und von Süden durch die oberbayr. Umgangssprache nicht unwahrscheinlich ist.

Für die vertikale Gliederung verwendet Rein (1991) im umgangssprachlichen Bereich ein dreistufiges Schema, indem er eine regionsgebundene, eine großräumige und eine standardnahe Ebene unterscheidet. Die großräumigen Varietäten, die sich diatopisch in die oberbayr., die niederbayr. sowie die nordbayr. Umgangssprachen gliedern, sind durch großen Merkmalsreichtum und die alltägliche Verwendung auch bei einem Großteil der städtischen Bevölkerung charakterisiert. Für höhere soziale und situative Anlässe wird häufig nicht der gesprochene Standard verwendet, der meist als zu gestelzt empfunden wird (Zehetner 1985, 75), sondern eine merkmalsarme Umgangssprache, die durch r-Vokalisierung, Einsilberdehnung, a-Verdumpfung, Verschlußlautlenisierung sowie durch die allgemeinen sdt. Pro- und Apokopen gekennzeichnet ist und als gesamtbayrische

Umgangssprache gelten kann. Ihre Verwendungsfrequenz wird jedoch auch weiterhin begrenzt bleiben, da gegenwärtig zwar immer mehr Sprecher statt des Dialekts eine regionsgebundene Umgangssprache oder statt einer regionsgebundenen eine großräumige zu ihrer Hauptsprachlage machen, aber eine weitere Annäherung an den gesprochenen Standard meiden.

Die **schwäbischen Umgangssprachen** sind eingehend von Engel (1954, 217 ff.) untersucht und später unter dem Aspekt der Merkmalsschichtung mehrfach diskutiert worden (Schirmunski 1962, 590 ff.; Bynon 1971; Bethge/Knetschke/Sperlbaum 1975; Mironov 1980). Danach ist von drei umgangssprachlichen Ebenen auszugehen, von denen die standardnächste für den ganzen Dialektraum vom Lech bis zur alten baden-württembergischen Landesgrenze gilt und daher als gesamtschwäbische Umgangssprache bezeichnet werden kann; teilweise ist dafür auch der problematische Begriff Honoratiorenschwäbisch gebräuchlich. Sie ist durch vier konsonantische und fünf vokalische Regeln geprägt:

die *s*-Palatalisierung von *st* und *sp* im In- und Auslaut, in der 2. Singular kombiniert mit *t*-Tilgung [maxʃ, vɪʀʃ, bɪʃ] 'machst', 'wirst', 'bist', Lenisierung der Verschlußlaute im In- und Auslaut, stimmloser *s*-Anlaut, Tilgung von *-ch* und *-n* im Auslaut [iː, no, ɛːbə, gaʀdə] 'ich', 'noch', 'eben', 'Garten', die Senkung von mhd. *ë* in offener Silbe [fɛːlʀ, lɛːsə] 'Fehler', 'lesen', die Hebung der mittleren Kürzen in geschlossener Silbe [besa, lok] 'besser', 'Locke', die Differenzierung der alten und neuen Diphthonge [haɪs, lɔufə, tsəɪt, səufə] 'heiß', 'laufen', 'Zeit', 'saufen', die Folgeerscheinungen ehemaliger Nasalierung [gänts, ɔːbɪndə, drɔː, hiː] 'ganz', 'anbinden', 'dran', 'hin' und die Reduktion der Nebentonvokale [hɔɪt, gmyːs, gvɛːsə, iː sak] 'heute', 'Gemüse', 'gewesen', 'ich sage'.

Diese Varietät, die es einem Einheimischen erlaubt, sich „ohne Affektation" dem Standard anzunähern (Ruoff 1973, 193), ist in Stuttgart die Hauptsprachlage für einen größeren Bevölkerungsteil, in den übrigen schwäb. Städten nur für eine schmale Berufs- und Bildungsschicht. Die große Mehrheit der Bevölkerung verwendet im Alltag Varietäten einer dialektnäheren Ebene, die als landschaftliche (bei Engel 1954 als provinzielle) Umgangssprachen zu verstehen sind. Die diatopische Gliederung dieser Ebene ist nicht eindeutig; Engel (1954, 239 ff.) zieht eine südostschwäb., nordostschwäb., südwestschwäb. und zentralschwäb. Varietät in Erwägung. Ohne Zweifel ist jedoch die zentralschwäb.

Landschaftssprache des Raumes Stuttgart—Reutlingen die dominante, die mit ihren Substandardmerkmalen auf die übrigen ausstrahlt (Ruoff 1997, 151).

Charakteristika dieser Ebene sind die Beibehaltung der mhd. Diphthonge [liːəb, guːət, miːəsə] 'lieb', 'gut', 'müssen', vor Nasalen allerdings verändert [ʀẽːmə, blõːmə] 'Riemen', 'Blumen', die Senkung der oberen Kurzvokale vor Nasalverbindung [fendə, bondə] 'finden', 'gebunden', die Entrundung der Umlaute [nɪs, ʀek, həɪsʀ] 'Nüsse', 'Röcke', 'Häuser', die *a*-Verdumpfung von mhd. *ei* und *â* [hɔɪs, joːʀ] 'heiß', 'Jahr' sowie von *-an* im Morphemauslaut [mɔː, ɔːfaŋə] 'Mann', 'anfangen' und die spezifischen Verbformen [hɔn, gaŋ, ʃtant, sext, gvɛː] 'habe', 'gehe', 'stehe', 'sagt', 'gewesen'.

Zwischen den landschaftlichen Umgangssprachen und den Basisdialekten liegt die kleinräumig gegliederte Ebene der regionalen Umgangssprachen, die in den ländlichen Gebieten die Hauptsprachlage für die jüngere, mobile Dorfbevölkerung darstellen, in den kleinen Städten für die Arbeiter und Handwerker. Der diachronische Wandel dieses Varietätensystems vollzieht sich durch den Wechsel von den Basisdialekten zu den Regionalvarietäten im Umkreis der Städte (Renn 1994, 131 f.), aber auch in entlegenen Gebieten (Baur 1967, 263 f.), außerdem durch den Übergang der städtischen Bevölkerung zur landschaftlichen Umgangssprache. Die zunehmende Kenntnis des Standards im 20. Jh. hat jedoch nicht zu einer entsprechenden Akzeptanz in der interpersonalen Kommunikation geführt, so daß manches auf eine Stabilisierung einer annähernd diglossischen Verteilung von gesamtschwäbischer und landschaftlicher Umgangssprache hindeutet, nicht zuletzt die Tatsache, daß sich kein kontinuierlicher Übergang zwischen diesen Varietäten ausbildet, sondern eine deutliche Abstufung zu erkennen bleibt (Bethge/Knetschke/Sperlbaum 1975, 26 ff.).

Über die **alemannischen Umgangssprachen** geben stadtsprachliche Untersuchungen zu Freiburg (Günther 1967) und Konstanz (Auer 1990) Aufschluß, die jeweils eine nach Alter und Ausbildung geschichtete Stichprobe gesprochener Sprache auswerten. Dabei zeigen sich merkmalsreiche Varietäten, deren Abstand zu den Basisdialekten sich offensichtlich zunehmend vergrößert.

So wird die Beibehaltung der mhd. Langvokale *î*, *û*, *iu*, die das Charakteristikum alem. Dialekte ist [ʃʀiːbə, bʀuːxə, gʀids] 'schreiben', 'brauchen', 'Kreuz', in Freiburg 1967 noch in 30—40% der möglichen Fälle belegt, in Konstanz tritt sie 1990 nurmehr in frequenten Kleinwörtern auf [us, uf, bi, min] 'aus', 'auf', 'bei', 'mein', die als lexikalisierte Formen, ähnlich den nrddt. *dat, wat, et*, Standard-divergenz markieren. Weitere Dialektmerkmale wie die Erhaltung der mhd. Diphthonge *ie, uo, üe* sind in beiden Städten auf unter 30% gesunken, die Ent-rundungen der Umlaute sogar unter 20%. Dagegen werden andere alem. Dialektkennzeichen wie die Beibehaltung der mhd. Kürzen in offener Tonsilbe [sbɪlə, hɔlə, sagə] 'spielen', 'holen', 'sagen' oder die Verdumpfung der *a*-Laute [mɔːl, ɔːbənd, hɔus, bɔum] 'mal', 'Abend', 'Haus', 'Baum', die *s*-Palata-lisierung in [haʃ, vɛʃb, dɪʃgʊdiːʁə] 'hast', 'Wespe', 'dis-kutieren' und die finale *n*-Tilgung fast vollständig in die städtischen Umgangssprachen übernommen.

Die für die zweite Jahrhunderthälfte festzu-stellende Entfernung der Umgangssprachen von den Basisdialekten hat demnach keines-wegs den Standard zum Ziel, vielmehr stellt Auer (1990, 83–189) eine zunehmende Fülle von durch spezifische „Dissimilierungsteleo-logien" entstandenen Substandardvarianten fest. Da über die territoriale Reichweite sowie die situative und funktionale Differenzierung der alem. Umgangssprachen bisher keine Er-gebnisse vorliegen, verdient die Hierarchisie-rung der Merkmale des Konstanzer Reper-toires, die Auer (1990, 219ff.) aufgrund des Sprachlagenwechsels einzelner Sprecher vor-geschlagen hat, besondere Beachtung.

Die **ostfränkischen Umgangssprachen** sind neuerdings am Beispiel zweier Stadtsprachen an der östlichen und westlichen Grenze des Dialektraumes untersucht worden. Im groß-städtischen Oberzentrum Nürnberg rekon-struierte Klepsch (1988) die umgangssprach-liche Entwicklung, indem er die tiefste er-reichbare Varietät bei Einwohnern verschiede-ner Altersstufen und Gewährspersonen des Umlands erhob und diese mit dem Dialektni-veau der Wenkererhebung verglich.

Danach erreichen die über 60jährigen Städter noch einen Dialektizitätsgrad von 65% im Vergleich mit der historischen Mundart, die unter 30jährigen Städter von 45%, gleichaltrige Sprecher aus dem ländlichen Umkreis von 69%. Die jüngeren Spre-cher grenzen sich gegen die im älteren Nürnber-gischen gebräuchliche ofrk. Hebung der gedehn-ten Kurzvokale ab [fiːg], uːfn̩, soːŋ] 'Vögel', 'Ofen', 'sagen', gegen die nordbair. Diphthongie-rungen der alten Längen [ʃnɛi, bɛis, ʀɔud, ʃlouf] 'Schnee', 'böse', 'rot', 'Schlaf', gegen die Mono-phthongierung von /au/, gegen die Senkung der oberen Kürzen vor Nasalverbindungen und die Entrundung der Umlaute.

Welche Merkmale die Sprecher zur Abgren-zung gegenüber dem Standard verwenden, konnte in dieser Arbeit methodenbedingt nicht erfaßt werden.

Für Heilbronn hat Jakob (1985) durch einen Vergleich der tiefsten erreichbaren Stadtmundart mit der Interviewsprache von Gewährspersonen mittlerer Mobilität nach-gewiesen, daß die Umgangssprache durch eine regelhafte Merkmalsauswahl geprägt ist, bei der basisdialektale Charakteristika wie die Vokalsenkung vor *r*-Verbindungen, z. B. [kerʃə, merb, kords] 'Kirsche', 'mürbe', 'kurz', die *o*-Hebung vor Nasalverbindungen und die Monophthongierung von mhd. *ei* voll-ständig unterdrückt werden. Andere Dialekt-merkmale wie Entrundung, *b*-Spirantisierung und die *a*-Verdumpfung werden um mehr als 50% reduziert, während eine Auswahl basis-dialektaler Kennzeichen, nämlich Senkung von mhd. *ë* in offener Silbe [lɛːzə, fɛːlɐ] 'le-sen', 'Fehler', *s*-Palatalisierung in *-st* und *-sp*, die Lenisierung der Verschlußlaute sowie Synkopierungen und Apokopierungen konse-quent beibehalten wird. Ihnen wird eine Ab-grenzungsfunktion gegenüber dem Standard zugeschrieben (Jakob 1985, 215ff.). Da der Gültigkeitsbereich der Heilbronner Um-gangssprache kaum einen Radius von 30 km überschreitet, hätte man, ähnliche Verhält-nisse für andere städtische Zentren vorausge-setzt, mit einer Vielzahl regionaler Umgangs-sprachen im Ofrk. zu rechnen, und zwar ohne Überdachung durch eine raumübergreifende Substandardvarietät.

3.4. Österreichische Umgangssprachen

Wie zahlreiche Untersuchungen der letzten Jahrzehnte belegen, weisen die umgangs-sprachlichen Varietäten Österreichs eine be-sonders differenzierte vertikale Gliederung auf, was möglicherweise auf die frühe hoch-sprachliche Orientierung der alten Reichs-hauptstadt Wien zurückzuführen ist. Dress-ler u. a. (1976, 83) nehmen für Wien acht Sprachebenen zwischen Standard und Dia-lekt an, Scheutz (1985, 257ff.) hält eine Ver-doppelung dieser Zahl jederzeit für möglich, Scheuringer (1997, 336) geht wie schon Reif-enstein (1977) von einem Varietätenspek-trum mit fließenden Übergängen aus, dessen Unterteilung nicht nach linguistischen Krite-rien, sondern nur nach solchen der konkreten Sprachverwendung möglich sei. Eine idealty-pische Vereinfachung dieser differenzierten Abstufung hat nach dem Kriterium der Ge-brauchshäufigkeit Wiesinger (1980b, 1983) vorgeschlagen, indem er von drei flexiblen Varietätenebenen ausgeht, nämlich einer standardnäheren, die mit einigen Abwand-lungen in fast ganz Österreich Gültigkeit besitzt, einer merkmalsreicheren, die eine landschaftsbezogene Reichweite hat, und einer dialektnahen, die an kleinräumige Regionen gebunden ist.

Für die Existenz der ersteren bietet die Studie von Moosmüller (1991, 23 ff., 186), in der sie die Interviewsprache von etwa 100 akademisch gebildeten Gewährspersonen aus Wien, Graz, Salzburg und Innsbruck analysiert, interessantes Belegmaterial. Dabei zeigt sich eine überregional gültige Kombination von Substandardvarianten, mit der die Sprecher eine Abgrenzung gegenüber dem Standard markieren.

Neben der Verdumpfung der a-Laute und der Lenisierung der Verschlußlaute sind es vorrangig die Monophthongierung von mhd. *ei* und *ou* in verschiedenen Varianten [hæːs, haːs, baːm, bɔːm] 'heiß', 'Baum', die *l*-Vokalisierung nach a-Lauten [ɔeso, ɔegəmæːn] 'also', 'allgemein' und die Verwendung der Wortvarianten [ma, dɔːs, iːz] 'wir', 'das', 'ist'. Monophthongierung und Lenisierung treten besonders häufig in Wien auf, die abgeschwächten Wortvarianten dagegen in Salzburg und Innsbruck.

Unterhalb dieser standardnahen Varietät sieht Scheuringer (1997) die Schicht der landschaftlichen Umgangssprachen vor allem entlang der innerösterreichischen Verwaltungsgrenzen gegliedert, wobei allerdings Niederösterreich und das Burgenland, die vor allem durch Wien geprägt sind, eine Einheit bilden. In Oberösterreich, wo die Basisdialekte weitgehend mit denen Niederbayerns übereinstimmen, sind die Umgangssprachen Ulrichsbergs (Weiss 1982; Scheutz 1985) und Braunaus (Scheuringer 1990) untersucht worden. Bemerkenswert erscheint hier der deutliche Einfluß der wienerisch-niederöst. Prestigevarietät, durch den die Differenzen zu den niederbayr. Umgangssprachen mit steigender Sprachschicht zunehmen (Scheuringer 1990, 425). Auch für das Salzburgische (Reiffenstein 1985; Braverman 1984) und Steyrische (Tatzreiter 1985) liegen neuere Beobachtungen vor, die erkennen lassen, daß sich die auf südmittelbair. bzw. südbair. Dialektbasis entstandenen Ausgleichssprachen ebenfalls auf Wien hin orientieren. Dies gilt offenbar in geringerem Umfang für Tirol (Hathaway 1979) und fast gar nicht für das zum Alem. gehörende Vorarlberg (Scheuringer 1997, 338 f.).

Generell zeichnet sich im öst. Varietätenspektrum ein stufenweiser Übergangsprozeß von den kleinräumigeren zu den nächst großräumigeren Varietäten ab (Reiffenstein 1997), der, der jeweiligen Vitalität der Basisdialekte entsprechend, unterschiedlich schnell verläuft. Allerdings könnte auf den oberen Ebenen des Spektrums das häufig diskutierte kulturelle Segregationsbedürfnis gegenüber dem westlichen Nachbarland (Muhr u. a. 1995) die ohnehin vorhandene Tendenz zur Standarddivergenz verstärken.

3.5. Schweizerdeutsche Umgangssprachen

In der deutschsprachigen Schweiz unterscheidet sich das Varietätenspektrum grundlegend von dem des übrigen oberdeutschen Dialektraums, da es keine standardnahen Umgangssprachen gibt und daher auch kein Hinübergleiten vom Standard in die Umgangssprachen, sondern nur einen Wechsel zwischen deutlich unterschiedenen Sprachebenen. Dies steht im Zusammenhang mit dem besonderen politischen Gewicht der Sprachenfrage in der Schweiz und ist das Ergebnis von bereits im 19. Jh. wirksamen sprachpflegerischen Bestrebungen zur phonischen Dissimilierung von Standardlautung und alltäglich gesprochener Sprache (Sonдеregger 1985, 1912 ff.; Haas 1992a, 587 ff.). Das dabei gültige System von Lautumsetzungsregeln (Oglesby 1991, 84 ff.) wird an den häufig kritisierten Standardentlehnungen sichtbar wie *hutfründlig* 'hautfreundlich', *pflägelycht* 'pflegeleicht', *Chüelschrank* 'Kühlschrank', *zuesätzligi Choschteversicherig* 'zusätzliche Kostenversicherung' (Strübin 1976). Es kennzeichnet zugleich die wichtigsten phonischen Merkmale, die die schweiz. Varietäten vom Standard unterscheiden, nämlich im Vokalismus die Nichtdiphthongierung von mhd. *î, û, iu*, die Beibehaltung der mhd. Diphthonge *ie, ue, üe* und die offene bzw. überoffene Realisierung von mhd. *ë*; im Konsonantismus die Spirantisierung oder Affrizierung von anlautendem *k* und die generelle *s*-Palatalisierung vor *t* und *p* (dazu ausführlicher Lötscher 1983, 80 ff.).

Unter dem Aspekt der vertikalen Schichtung stehen nicht alle der von den Schweizern unterschiedslos als Mundarten bezeichneten Varietäten auf gleicher Ebene. Die Basisdialekte befinden sich ebenso wie in anderen obd. Gebieten in einem Prozeß des Ab- und Umbaus (Wolfensberger 1967). Berufspendler, aber auch Ortsfeste bei nichtinterner Kommunikation verwenden bereits Regionalvarietäten, die wiederum von großräumigeren Varietäten überlagert werden. Ris (1979, 52 f.) unterscheidet oberhalb der Basisdialekte drei Schichten, nämlich 1. „regionale Mundarten mit beschränkter regionaler Reichweite", 2. „regionale Mundarten mit überregionaler Reichweite", 3. „regionale Ausgleichsmundarten mit gesamtschweizerischer Reichweite". Dabei stellt er fest, daß für die genuinen Sprecher der dialektnäheren Sprachschichten ein „Zwang zur Bi- oder gar Pluridialektie" bestehe. Die bisher noch wenig erforschte vertikale Staffelung dieser Varietäten beruht phonisch weniger auf größerer Standardnähe als auf dem Ausgleich sprachgeographischer Profile, insbesondere auf Variantenlizenz und Variantenselektion. Unter lexikalisch-semantischem und syntaktischem Aspekt heben sie sich durch eine stufenweise vermehrte Standardannäherung voneinander ab.

Über die territoriale Reichweite der schweizerischen Varietäten liegen, abgesehen von den Basisdialekten (Hotzenköcherle 1984), keine genauen Kenntnisse vor. Sicher ist allerdings, daß sich für die in der Schweiz verbreitete Vorstellung, daß jeder der 16 Kantone seine eigene Varietät besitze (Schwarzenbach 1969, 106ff.), keine entsprechenden Sprachmerkmale finden lassen (Christen 1995, 38f.). Eine grobe Orientierung nach phonischen Merkmalen muß mindestens von einer Dreiteilung in West-, Zentral- und Ostschweiz ausgehen, wobei in jedem Abschnitt wieder eine Nord- und Südhälfte zu unterscheiden ist (dazu die Skizze bei Haas 1992b, 323). Diese Gliederung wird noch überlagert durch die Strahlungszentren Basel, Bern und Zürich, wobei für den überlandschaftlichen Annäherungsprozeß vor allem Zürich und Bern die beiden Brennpunkte einer Ellipse bilden (Baur 1983, 53). Eine gesamtschweizerische Koine, wie sie von Auswärtigen häufig irrtümlicherweise angenommen und von nicht wenigen Schweizern angestrebt wird, ist nach einer neueren empirischen Studie (Christen 1997) in naher Zukunft noch nicht zu erwarten. Ob sie entsteht und welche Bedeutung ihr möglicherweise zukommen kann, wird auch davon abhängen, in welche Richtung sich das Kräfteverhältnis zwischen innerschweizerischem Regionalbewußtsein und nationalem Identifikationsbedürfnis entwickelt.

4. Der gesellschaftliche Gebrauch

Für eine Positionsbestimmung des umgangssprachlichen Sprachgebrauchs innerhalb der Gesamtkommunikation des Sprachraumes liefert die territoriale Gliederung nur vorläufige Anhaltspunkte, da sich innerhalb eines Areals die verschiedenen Sprechergemeinschaften in ihrem „Registerensemble" (Henzen 1938, 198f.), d. h. in der Verfügbarkeit verschiedener Sprachlagen unterscheiden. Es gilt daher, zusätzlich die spezifischen Trägerschichten der Umgangssprache zu charakterisieren und soweit möglich allgemeinere Typologien zu entwickeln. Weiterhin bestehen in den einzelnen Arealen unterschiedliche Gewohnheiten und Normen darüber, in welchen Kommunikationsbereichen bzw. Domänen die Verwendung umgangssprachlicher Varietäten gefordert, erlaubt bzw. unangebracht ist, so daß die Beobachtung des Anwendungsbereichs der Umgangssprache an verschiedenen Schauplätzen und in verschiedenen gesellschaftlichen Organisationsformen erforderlich ist, um allgemeinere Regelmäßigkeiten zu erkennen. Nicht zuletzt aber besitzen umgangssprachliche Varietäten in einer Sprechergemeinschaft auch indexikalische oder sogar symbolische Bedeutung, so daß sie als Mittel zur Verwirklichung von Sprecherintentionen in aktuellen Sprachverwendungssituationen eingesetzt werden können.

Für den Gesamtbereich der Sprachverwendung wird häufig die Teilung in geschriebene und gesprochene Sprache verwendet, wobei dann die Umgangssprachen in der Regel dem zweiten Bereich zugeordnet werden (Bichel 1973, 179ff.). Da die geschriebene Umgangssprache seit dem 19. Jh. in der poetischen Literatur eine wichtige Rolle spielt und sich auch heute noch in der Werbung, in Briefen und im Internet auszuweiten scheint, verdient diese Einteilung eine Überprüfung (Steger 1984, 256; Henn-Memmesheimer 1989b).

4.1. Trägerschichten

Über die Sprecher der Umgangssprache bemerkte Henzen (1938, 21) „daß von den hundert und mehr Millionen Deutschen kaum ein Drittel Mundart, sozusagen niemand die Schriftsprache und alle übrigen diese Zwischenstufe sprechen". Diese Aussage ist heute sicherlich zu modifizieren, weil die gesprochene Standardsprache die Hauptvarietät für viele Millionen Sprecher geworden ist, doch machen die Benutzer von Umgangssprachen noch immer die große Mehrheit der Bevölkerung aus. Der Varietätentyp kann daher nicht in der Weise einer bestimmten Bevölkerungsschicht zugeordnet werden, wie dies im Ansatz für die Basisdialekte oder die Standardsprache möglich ist, vielmehr bleibt er, auf den gesamten Sprachraum bezogen, sozial indifferent, insbesondere weil jedes Mitglied einer Umgangssprachgemeinschaft über mehrere Sprachebenen verfügt (Reiffenstein 1968, 687).

Charakterisieren läßt sich jedoch in Umrissen jene eigentliche Trägerschicht, durch deren kommunikative und soziale Bedürfnisse die gegenwärtige Ausbildung, Benutzung und Weiterentwicklung der Umgangssprachen geprägt wird. Ein von Steger (1984, 259 ff.) vorrangig für den sdt. Raum entworfenes Sprecherprofil enthält sieben Bestimmungsstücke, von denen sich fünf mit leichter Modifizierung auf den gesamten Sprachraum ausdehnen lassen.

Die Sprecher von Umgangssprachen gehören einer prinzipiell seßhaften Bevölkerung mit regional begrenzter Mobilität an. Sie haben diese Varietät bei der Primärsozialisation erlernt, möglicherweise neben oder nach einem Basisdialekt. Sie haben mindestens durch die Schule eine Kompetenz in der Standardsprache erworben. Sie werden bei der Verwendung der Umgangssprache durch die sprachliche Homogenität ihrer engeren Umgebung bestätigt. Sie haben eine Tendenz, sich nach oben hin gegenüber der Standardsprache und damit von einer bestimmten sozialen Bedeutung, die diese für sie besitzt, abzugrenzen.

Mit dieser Bestimmung ist zugleich die weitverbreitete Auffassung zurückgewiesen, die Sprecher von Umgangssprachen strebten nach einem absoluten Anschluß an die Standardsprache, verfehlten ihr Ziel aber aus Unvermögen, wobei man dann die letztgenannte Eigenschaft als charakteristisches Kennzeichen der Trägerschicht betrachten müßte. Hiergegen hatte bereits Fleischer (1961, 154) festgestellt, daß das Streben des einzelnen nach standardsprachlichem Anschluß „durch den Zwang zur Anpassung an die Gemeinschaft gezügelt" wird, womit er zugleich die Existenz von besonderen umgangssprachlichen Normen konstatierte. Aber auch das Selbstverständnis eines Sprechers innerhalb einer Gruppe kann durch die Verwendung von Substandardmerkmalen ähnlich wie z. B. durch die Kleidung markiert werden, wobei es häufig unentscheidbar und von geringer Bedeutung ist, ob ein Sprecher prinzipiell in der Lage wäre, diese Merkmale abzulegen.

Für eine Differenzierung der Trägerschicht mit dem Ziel, Typen von Sprechergemeinschaften sichtbar zu machen, sind die spezifischen Gebrauchsbedingungen von Umgangssprache zu berücksichtigen, insbesondere ob sie in privater oder öffentlicher Kommunikation verwendet wird. Nach diesem Kriterium lassen sich vier Typen von Sprechergemein-

schaften unterscheiden und ansatzweise nach Lebensumfeld und arealer Zugehörigkeit charakterisieren.

Sprechergemeinschaften, die im privaten Bereich Dialekt sprechen, öffentlich aber Umgangssprache, gehören meist einer ortsgebundenen ländlichen Bevölkerung an und stammen überwiegend aus dem wmd. oder obd. Raum; ihre Mitglieder werden hier als Sprechertyp A bezeichnet. Andere Sprechergemeinschaften verwenden in der privaten wie in der öffentlichen Kommunikation Umgangssprache, wobei sie allerdings zwischen tieferen und gehobenen Sprachlagen differenzieren (Sprechertyp B); sie sind durch überörtliche Orientierung und größere Mobilität gekennzeichnet und sowohl im ländlichen Raum als auch in mittel- und großstädtischer Umgebung verbreitet. Bei einem dritten Sprechergemeinschaftstyp ist es üblich, im privaten Bereich Umgangssprache zu verwenden, im öffentlichen den gesprochenen Standard (Sprechertyp C); für ihn ist ein weiter Kommunikationsradius und ein vorwiegend städtischer Lebensbereich charakteristisch. Der vierte Typ (D) verwendet öffentlich wie privat die Standardsprache, die allerdings intern eine stilistische Abtönung erfährt; er ist vorwiegend in den Städten Norddeutschlands verbreitet.

An dieser Gliederung der Sprechergemeinschaften wird bereits deutlich, daß die Trägerschicht nicht generell in ein soziolinguistisches Schichtenmodell einzuordnen ist. Im sdt. Bereich zählen Einzelhandelskaufleute, Apotheker, Handwerker, Techniker usw., aber auch Lehrer, Ärzte und Rechtsanwälte zu den „typischen Umgangssprachenbenutzern" im Sinne des Sprechertyps B, die mit dieser Varietät den sozialen Kontakt zu den Sprechern lokaler Mundarten sichern (Steger 1984, 261 f.). In der deutschsprachigen Schweiz muß sogar die Gesamtbevölkerung den Sprechertypen A und B zugeordnet werden, weshalb hier wie im ganzen obd. Raum die Umgangssprachenverwendung kaum eine soziale Einordnung des Sprechers erlaubt, allenfalls die Verwendung bestimmter umgangssprachlicher Merkmale. Demgegenüber unterscheiden sich deutlich die Verhältnisse in Norddeutschland, wie eine Erhebung von Herrmann-Winter (1979, 153 ff.) zeigt. Danach sind die Träger der meckl. Umgangssprache vor allem Werktätige in Industrie und Landwirtschaft, während die Angehörigen der Intelligenz und die Mitarbeiter in Partei- und Staatsapparat zu den Sprechertypen C und D gehören. Auch für Berlin konnte eine signifikante Stratifikation beim Vergleich von Arbeiterbezirken mit anderen Wohngebieten festgestellt werden (Schlobinski 1987, 164), und ähnliches dürfte auch für das Ruhrgebiet und für andere nd. und omd. Großstädte gelten.

In den Regionen, wo sich die Sprecher der Umgangssprache bevorzugt aus einer bestimmten Sozialschicht zusammensetzen, nehmen auch die sprachlichen Merkmale soziale Konnotationen an und unterliegen entsprechenden sozialen Bewertungen (Mihm 1985, 163 ff.; Schlobinski 1987, 175 ff.). Gleichwohl ist der Zusammenhang zwischen Umgangssprachenverwendung und Schichtenzugehörigkeit nirgends so eng, daß sich eine „Isomorphie zwischen sozialer Schicht und Sprachschicht" erkennen ließe (Langner 1974, 102). Ebensowenig hat sich eine Abhängigkeit der Varietätenverwendung von der wesentlich konkreteren Kategorie des sozialen Netzwerks nachweisen lassen, da die beobachteten sozialen Alltagskontakte nicht genügend über das Selbstverständnis eines Sprechers bzw. seine Identifikationsgruppe aussagen (Weigt 1987; Schlobinski 1987, 147 ff.). Aus diesem Grunde hält es Macha (1991, 3 ff.) zu Recht für unzureichend, die Varietätenpräferenz eines Sprechers hauptsächlich von den sozialen Parametern her zu erklären und plädiert für eine Auswertung der Sprecherbiographien im Hinblick auf sprachrelevante Fakten.

4.2. Anwendungsbereiche

Nach verbreiteter Auffassung wird Umgangssprache primär durch ihren Anwendungsbereich definiert, nämlich den alltäglichen Umgang etwa mit der Familie und mit Bekannten (Bichel 1973, 388 ff.; Löffler 1994, 106 ff.). Diese Definition ist, wie bereits bemerkt (vgl. oben 1.4.), für den hier behandelten Varietätentyp ungeeignet, da für den Umgang mit der Familie der Sprechertyp A den Dialekt verwendet, der Sprechertyp D die gesprochene Standardsprache. Außerdem wird im wmd. und obd. Raum die Umgangssprache gerade als hohe Varietät für öffentliche Anwendungsbereiche etwa im Gemeinderat, auf dem Standesamt und in Vereinen bevorzugt (Steger 1984, 269). Der Situationsbezug der Umgangssprache ist daher allgemeiner zu fassen. Sie tritt zwar, weil sie immer neben anderen Varietäten zur Verfügung steht, jeweils nur in bestimmten Anwendungsbereichen auf, wird durch diesen situationsspezifischen Gebrauch geformt und kann daher zu Recht als „Situalekt" bezeichnet werden. Was allerdings unter Situation zu verstehen ist, hängt von der jeweiligen Sprechergemeinschaft ab, die auch Normen darüber entwik-

kelt, welche Varietät für welche Situationen anzuwenden ist.

Erkenntnisgrundlage für die in der einzelnen Sprechergemeinschaft geltenden Situationskategorisierungen und Normen sind teilnehmende Beobachtungen und ethnographische Beschreibungen, wie sie etwa für ein salzburgisches Dorf (Reiffenstein 1985) und verschiedene Stadtteile Mannheims vorliegen (Keim 1995b; Schwitalla 1995b). Sie machen deutlich, daß es kein allgemeingültiges Situationskonzept gibt und Informantenbefragungen über die Zuordnung möglicher Situationen zu möglichen Varietäten begrenzten Erkenntniswert besitzen. Die Eignung einer Umgangssprache für bestimmte Anwendungsbereiche einer Sprechergemeinschaft kann daher nur durch empirische Felduntersuchungen gesprochener Sprache objektiviert werden. Die bisher vorliegenden Untersuchungsergebnisse auf diesem Gebiet beziehen sich fast ausschließlich auf Sprechergemeinschaften vom Typ A und B, wobei die letzteren in mehreren Varianten beschrieben wurden, die durch unterschiedliche Ortsgrößen und Sozialschichten gekennzeichnet waren. Diesen Kriterien folgt daher auch die Darstellung des gegenwärtigen Kenntnisstandes.

Als eine Sprechergemeinschaft vom Typ A können die Bauern und Arbeiter des öst. Dorfes Ulrichsberg gelten, die in Gesprächen den bodenständigen Dialekt verwenden, bei einem Interview mit einem Fremden aber in eine ortsübliche Umgangssprache wechseln, die auch im Gemeinderat gesprochen wird und deren Merkmalsmuster deutlich eine implikative Struktur erkennen lassen (Weiss/ Haudum 1976; Scheutz 1985, 226 ff.). Bei einer vergleichbaren Sprechergemeinschaft im rip. Dorf Kelzenberg verglich Jünger-Geier (1989, 76 ff.) die Varietätenverwendung gegenüber verschiedenen Gesprächspartnern und beobachtete, daß umgangssprachliche Merkmalsmuster vor allem gegenüber Respektspersonen und Kindern auftraten. Auch die Ergebnisse des Erp-Projektes, bei dem ein umfassender Bevölkerungsausschnitt eines rip. Ortes in Privatgesprächen und Interviews aufgezeichnet wurde (Besch 1981, 1983), geben Aufschluß über die situative Varietätenverteilung. Die ortsfesten Landarbeiter des Sprechertyps A wechseln im Interview in eine dialektnahe Umgangssprache, während die Mehrheit der Untersuchten, die dem Sprechertyp B zuzurechnen ist, standardnähere Sprachlagen verwenden, wobei deutlich zwischen einer überregional-rip. und einer regionalen zu unterscheiden ist (Lausberg 1993, 173 ff.).

Eine besondere Aussagekraft über die umgangssprachlichen Anwendungsbereiche in rheinischen Kleinstädten besitzt die Aufzeichnung authentischer Alltagskommunikation von Handwerksmeistern, die Macha (1991, 195 ff.) vorstellt. Sie wechseln im Kontakt mit ihren Kunden, Mitarbeitern, Lieferanten und Familienmitgliedern virtuos zwischen drei verschiedenen umgangssprachlichen Lagen, wobei die dialektnächste, die etwa gegenüber der eigenen Mutter und engen Freunden gesprochen wird, auch in der Werkstattkommunikation gilt. Die standardnächste wird gegenüber den eigenen Kindern, in der Einleitungsphase von Telefonanrufen und gegenüber Standard sprechenden Kunden verwendet, während die mittlere gegenüber Kunden, die selbst die Umgangssprache verwenden, zu beobachten ist.

Eine Sprechergemeinschaft vom Typ B stellen auch die großstädtischen Jugendlichen eines Arbeiterviertels im Ruhrgebiet dar, deren Varietätenverteilung Scholten (1988) untersuchte, indem sie den gruppeninternen Sprachgebrauch mit dem eines arrangierten Bewerbungsgespräches verglich. Dabei zeigten sich zwei durch Merkmalsfrequenzen klar unterschiedene umgangssprachliche Lagen, von denen die gehobene in einer deutlichen Distanz zum Standard blieb. Für die umgangssprachlichen Anwendungsbereiche in einer wmd. Großstadt liefert die Studie Steiners (1994, 104 ff.), die das Sprachverhalten von 30 Bediensteten eines Mainzer Postamts analysiert, wichtige Aufschlüsse. In einem unbeobachteten Kollegengespräch verwenden sie eine tiefe Sprachlage, in der sie nur 4% ihrer zuvor ermittelten standardsprachlichen Möglichkeiten ausschöpfen. Die Sprachlage in einem Interview mit einem fremden Explorator hebt sich durchschnittlich deutlich davon ab, doch werden auch dort nur 18% der standardsprachlichen Möglichkeiten realisiert. Ein Drittel der Sprecher wechselt allerdings die Sprachlage zwischen Kollegengespräch und Interview überhaupt nicht, was die große Akzeptanz und den breiten Anwendungsbereich dieser tiefen Sprachlage kennzeichnet.

Nicht leicht zu deuten ist schließlich ein Befund, den Moosmüller (1991, 140 ff.) in ihrer Studie zum situationsspezifischen Sprachgebrauch von Akademikern öst. Großstädte vorstellt. Dabei zeigt sich, daß zahlreiche Merkmale der gehobenen Umgangssprache,

die in einer Interviewsituation mit einer Häufigkeit von über 50% auftreten, auch noch in formellen bzw. öffentlichen Situationen, wie Vorträgen und Vorlesungen, zu 20–30% vorkommen. Da man Varianten wie [ɔegəmæːn, iːz, aːx, maxəmɐ] 'allgemein', 'ist', 'auch', 'machen wir' nicht mehr zu einem regional gefärbten Standard im Sinne Königs (1989) rechnen kann, würde das die Annahme nahelegen, daß mindestens ein Teil dieser Sprecher auch in formeller Situation Standarddivergenz markiert. Vor diesen Hintergründen kann dem in Nord- und Mitteldeutschland beobachteten Prozeß der Zurückdrängung von Umgangssprachen aus ihren früheren Anwendungsbereichen kaum ein prognostischer Wert für die zukünftige Entwicklung im gesamten Sprachraum zuerkannt werden.

4.3. Kommunikative Funktionalisierungen

Daß die Sprachlagenwahl nicht nur von der äußeren Situation bestimmt sein kann, sondern umgekehrt auch die Situation bestimmt, hat durch die Anregung ags. Forschung in den letzten Jahrzehnten zunehmend Beachtung gefunden. Gumperz (1971, 294 ff.; 1982, 59) hatte das nicht durch äußere Gegebenheiten bedingte „metaphorical switching" als Mittel der Gesprächsorganisation interpretiert, Giles (1973, 1982) als ein Instrument, um dem Adressaten im sozialpsychologischen Sinn Konvergenz bzw. Divergenz zu signalisieren. In den dt. Untersuchungen, die zunächst Funktionalisierungen zum Zweck der Dialogsteuerung (Schwitalla 1979), Imagearbeit (Holly 1979), Rollenzuweisung (Sornig 1983) und Beziehungsgestaltung (Selting 1983) beschrieben, zeichneten sich früh zwei Hauptfunktionen des Sprachlagenwechsels ab: 1. die inhaltliche Bewertung des Besprochenen, 2. die Steuerung des Interaktionsverlaufs bzw. seines Interpretationshintergrundes.

Die Ausschöpfung dieser Möglichkeiten ist allerdings den verschiedenen Sprechergemeinschaften in unterschiedlichem Maße möglich. In Gemeinschaften vom Typ A hat der Dialekt zwar in der Regel den Beiklang der Vertrautheit und Direktheit, die Umgangssprache dagegen des Unpersönlichen und Geschäftlichen, doch bleiben die Möglichkeiten zur Instrumentalisierung dieser Bedeutungen begrenzt. Beim Sprechertyp B konnte jedoch, auch wo er nur über einen begrenzten Kommunikationsradius verfügte, mehrfach gezielter Varietätenwechsel nachgewiesen werden. Sandhöfer-Sixel (1988, 208 ff.)

beobachtete in einem rhfrk. Dorf den Wechsel in Standardrichtung als Mittel zur Charakterisierung arroganter Personen, den Wechsel in Richtung Basisdialekt bei der symbolischen Darstellung einfältiger Menschen. Bei den „kleinen Leuten" der Mannheimer Innenstadt kennzeichnen Sprachlagenänderungen in ähnlicher Weise die emotionelle Einstellung gegenüber besprochenen Personen oder Maximen, dienen aber auch zur Intensivierung und Pointierung von Äußerungen (Kallmeyer/Keim 1994, 161 ff.; Keim 1995a, 254 ff.). Vergleichbare Funktionalisierungen beobachtete Salewski (1998a, 124 ff., 1998b) bei älteren Bergleuten des Ruhrgebietes.

Eine wesentliche Funktionserweiterung erfährt die Sprachlagenwahl in Sprechergemeinschaften mit einem weiteren Kommunikationsradius. So beobachtete Auer (1986) in einem Telefongespräch zwischen obd. Antiquitätenhändlern, daß durch Sprachlagenmodulation in Richtung Standard die geschäftliche Relevanz von Äußerungen markiert wird, während Verschiebungen in Dialektrichtung zur Sicherung der Beziehungsebene dienen. Rheinische Handwerksmeister wechseln in eine standardnahe Lage, um spielerisch eine moralisierende Rolle einzunehmen, während sie dialektnahe Lagen wählen, um den Formalitätsgrad einer Äußerung abzuschwächen, gelegentlich auch um den niedrigen Rang eines Adressaten zu markieren (Macha 1991, 201 ff.). Für die politische Frauengruppe eines Mannheimer Neubaugebietes signalisieren standardnahe Lagen den Übergang zu formellen Interaktionen wie Diskussionseröffnung, Auftragserteilung und Appell an Grundsätze, während eine mittlere Lage der schnellen Verständigung untereinander dient, der Wechsel in die Dialektnähe der Abschwächung von Vorwürfen (Schwitalla 1995a, 483 ff.).

Über noch umfassendere Möglichkeiten zur Instrumentalisierung der Sprachlagenwahl verfügt der Sprechertyp C, für den Standard- und Substandardlagen in der Alltagskommunikation in gleicher Weise ausschöpfbar sind. Beispiele dafür sind etwa der Chef, der seine Angestellten in der Umgangssprache anspricht, um seine Anordnungen leichter durchzusetzen, und der Bürgermeister, der seine Rede zur Preisverleihung in versuchter Mundart hält (Henn-Memmesheimer 1989b), aber auch die erfolgreiche Journalistin, die durch den Wechsel zwischen drei Lagen Verständnis bzw. Distanz markiert (Selting 1983),

und der ehemalige Bundespräsident v. Weizsäcker, der sich auf eine Provokation hin mit einem Wechsel ins Berlinische und dem gleichzeitigen Übergang zum *Du* Respekt verschafft (Schlobinski 1988). Eingehendere Beschreibungen liegen bereits vor über den Abgeordneten mit akademischem Grad, der auf Versammlungen seine umgangssprachlichen Lagen gezielt zur Steuerung von Situationsinterpretation und Adressatenbeziehung einsetzt (Holly 1990), über den offiziellen Schlichter eines Nachbarschaftsstreites, der institutionelles und menschlich vermittelndes Sprachhandeln durch Lagenwechsel indexikalisiert (Henn-Memmesheimer u. a. 1998) und über die gebildeten Frauen eines Lesekreises, die den Sprachlagenwechsel zur Beziehungsgestaltung und Selbstdarstellung einsetzen (Schwitalla 1995a, 238 ff.).

Insgesamt macht die Vielfalt der beobachteten Funktionalisierungen den Entwurf eines übergreifenden Bedeutungssystems erforderlich, für das etwa die von Levinson (1990, 91 ff.) entwickelte Kategorie der Sozialdeixis einen Rahmen geben kann.

Sprachlagenwahl wäre dann in ähnlicher Weise wie die Verwendung von Anredepronomina, von Titeln und Hypokoristika oder von sozialstilistisch konnotierter Lexik als Mittel zur Gestaltung der Rollenbeziehung und zur Steuerung des Interpretationshorizontes von Sprachhandlungen zu verstehen (Mihm 1995, 28 ff.). Da diese abgeleiteten Verwendungen der Umgangssprache mit der Zunahme der Sprechergemeinschaften vom Typ C noch an Bedeutung gewinnen werden, verdienen die Funktionalisierungsverfahren das weitere Interesse der Linguisten.

5. Literatur (in Auswahl)

Abraham, Werner/Josef Bayer (Hrsg.), Dialektsyntax. Opladen 1993.

Ahrens, Ingrid, Merkmale des gesprochenen Missingsch im Hamburger Raum, untersucht an einem kompetenten Sprecher. Zulassungsarbeit (masch.). Hamburg 1975.

Ammon, Ulrich, Vorbereitung einer Explizit-Definition von „Dialekt" und benachbarten Begriffen mit Mitteln der formalen Logik. In: Klaus J. Mattheier (Hrsg.), Aspekte der Dialekttheorie. Tübingen 1983, 27—68.

Ders., Varietäten des Deutschen. In: Vilmos Ágel/ Regina Hessky (Hrsg.), Offene Fragen — offene Antworten in der Sprachgermanistik. Tübingen 1992, 203—223.

Auer, Peter, Konversationelle Standard/Dialekt-Kontinua (Code-Shifting). In: DS 14, 1986, 97–124.

Ders., Phonologie der Alltagssprache. Untersuchung zur Standard/Dialekt-Variation am Beispiel der Konstanzer Stadtsprache. Berlin 1990.

Ders., Modelling Phonological Variation in German. In: Werlen 1995, 9–37.

Bahder, Karl von (Hrsg.), Das Lalebuch. Halle 1914.

Barbour, Stephen/Patrick Stevenson, Variation im Deutschen. Soziolinguistische Perspektiven. Berlin 1998.

Baumgärtner, Klaus, Zur Syntax der Umgangssprache in Leipzig. Berlin 1959.

Baur, Arthur, Was ist eigentlich Schweizerdeutsch? Winterthur 1983.

Baur, Gerhard W., Die Mundarten im nördlichen Schwarzwald. Marburg 1967.

Becker, Horst, Umgangssprache und Dialekt im Obersächsischen. In: Mitteldeutsche Blätter für Volkskunde 11, 1936, 1–16.

Ders., Sächsische Mundartenkunde. Entstehung, Geschichte und Lautstand der Mundarten des obersächsischen Gebietes. Neu bearb. v. Gunter Bergmann. Halle 1969.

Bellmann, Günter, Probleme des Substandards im Deutschen. In: Klaus J. Mattheier (Hrsg.), Aspekte der Dialekttheorie. Tübingen 1983, 105–130.

Ders., Substandard als Regionalsprache. In: Germanistik. Forschungsstand und Perspektiven. Tl. 1: Germanistische Sprachwissenschaft. Didaktik der Deutschen Sprache und Literatur. Berlin 1985, 211–218.

Ders., Zweidimensionale Dialektologie. In: Ders. (Hrsg.), Beiträge zur Dialektologie am Mittelrhein. Stuttgart 1986, 1–55.

Ders., Zur Technik und Aussagefähigkeit zweidimensionaler Dialekterhebung und Dialektkartographie am Beispiel des Mittelrheinischen Sprachatlasses. In: Stickel 1997, 271–290.

Beranek, Franz J., Die Umgangsprache und ihre Erforschung. In: Mu 60, 1950, 65–71, 263–267.

Besch, Werner (Hrsg.), Sprachverhalten in ländlichen Gemeinden. Ansätze zur Theorie und Methode. Forschungsbericht Erp-Projekt. Bd. 1–2. Berlin 1981, 1982.

Ders., Entstehung und Ausprägung der binnensprachlichen Diglossie im Deutschen. In: Besch [u. a.] 1983, 1399–1411.

Ders., Standardsprache und Mundarten in den deutschsprachigen Staaten. In: Stickel 1990, 182–232.

Ders. [u. a.] (Hrsg.), Dialektologie. Ein Handbuch zur deutschen und allgemeinen Dialektforschung. 1.–2. Halbbd. Berlin 1982, 1983.

Besch, Werner/Klaus J. Mattheier (Hrsg.), Ortssprachenforschung. Beiträge zu einem Bonner Kolloquium. Berlin 1985.

Besch, Werner/Oskar Reichmann/Stefan Sonderegger (Hrsg.), Sprachgeschichte. Ein Handbuch zur Geschichte der deutschen Sprache und ihrer Erforschung. Bd. 2. Berlin 1985. (HSK 21).

Bethge, Wolfgang/Edeltraud Knetschke/Margret Sperlbaum, Sekundäre Mundartmerkmale und umgangssprachliche Typika in Stuttgarter Aufnahmen. In: Ulrich Engel/Paul Grebe, Sprachsystem und Sprachgebrauch. Festschrift für Hugo Moser zum 65. Geburtstag. Bd. 2. Düsseldorf 1975, 18–48.

Bichel, Ulf, Problem und Begriff der Umgangssprache in der germanistischen Forschung. Tübingen 1973.

Ders., Umgangssprache. In: LGL 1980, 379–383.

Ders., Zur Fragwürdigkeit der Einordnung von „Umgangssprache" zwischen „Mundart" und „Hochsprache". Ketzereien zum Thema: Aufbau einer Gesamtsprache. In: JIG 20, 1988, 18–33.

Bierwisch, Manfred, Struktur und Funktion von Varianten im Sprachsystem. In: Wolfgang Motsch (Hrsg.), Kontexte der Grammatiktheorie. Berlin 1978, 81–130.

Blume, Herbert, Gesprochenes Hochdeutsch in Braunschweig und Hannover. Zum Wandel ostfälischer Stadtsprachen vom 18. bis ins 20. Jh. In: Braunschweigische Heimat 73, 1987, 21–32.

Bonner, Maria, Umgangssprache in Neunkirchen. Eine Studie zur Sprachschichtenmischung. Saarbrücken 1986.

Bowers, David, Umgangssprache = Alltagssprache? In: Mu 92, 1982, 163–173.

Bräutigam, Kurt, Die Mannheimer Mundart. Heidelberg 1934.

Braverman, Sigrun H., The City Dialect of Salzburg: A Definition of Dialect in Its Social Reality. Göppingen 1984.

Bretschneider, Anneliese, Berlin und „Berlinisch" in der märkischen Sprachlandschaft. In: Jahrbuch für brandenburgische Landesgeschichte 24, 1973, 68–84.

Brinkmann to Broxten, Eva, Stadtsprache – Stadtmundart. Studie zum Gebrauch und zur Funktion mundartnaher Sprachvarietäten in Frankfurt/Main. Tübingen 1986.

Bromme, Ernst, Studien zur Dialektographie der Kreise Marburg, Kirchhain, Frankenberg. Marburg 1936.

Bücherl, Rainald F. J., Regularitäten bei Dialektveränderung und Dialektvariation. Empirisch untersucht am Vokalismus nord-/mittelbairischer Übergangsdialekte. In: ZDL 49, 1982, 1–27.

Ders., Dialektwandel und Sprachvariation als didaktisches Problem. Eine Bestandsaufnahme im

bairisch-schwäbischen (lechrainischen) Übergangs-
dialekt. Regensburg 1995.

Bynon, Theodora, Swabian Umgangssprache. In:
Transactions of the Philological Society 1970. Oxford 1971, 25−61.

Christen, Helen, Schweizerische Umgangssprachen: eine Herausforderung für die Dialektologie.
In: Heinrich Löffler (Hrsg.), Alemannische Dialektforschung. Bilanz und Perspektiven. Beiträge
zur 11. Arbeitstagung alemannischer Dialektologen. Tübingen 1995, 27−46.

Dies., Koiné-Tendenzen im Schweizerdeutschen?
In: Stickel 1997, 346−363.

Cordes, Gerhard, Zur Terminologie des Begriffs
„Umgangssprache". In: Werner Simon/Wolfgang
Bachofer/Wolfgang Dittmann (Hrsg.), Festgabe für
Ulrich Pretzel zum 65. Geburtstag dargebracht.
Berlin 1963, 338−354.

Czichocki, Sieglinde/Ingeborg Heydrich/Helmut
Langner, Die Erscheinungsformen der Sprache.
Kritische Einschätzungen der Begriffsbestimmun-
gen und Versuch einer terminologischen Abgrenzung. In: WZPP (Gesellsch.-Sprachw. Reihe. Sonderheft 1964), 113−124.

Dahl, Eva-Sophie, Interferenz und Alternanz −
zwei Typen der Sprachschichtenmischung im Norden der Deutschen Demokratischen Republik. In:
Aktuelle Probleme der sprachlichen Kommunikation. Soziolinguistische Studien zur sprachlichen
Situation in der Deutschen Demokratischen Republik. Berlin 1974, 339−387.

Davies, Winifred V., Linguistic Variation and Language Attitudes in Mannheim-Neckarau. Stuttgart 1995.

Debus, Friedhelm, Zwischen Mundart und Hochsprache. Ein Beitrag zur Stadtsprache − Stadtmundart und Umgangssprache. In: ZMF 29, 1962,
1−43.

Ders., Stadt-Land-Beziehungen in der Sprachforschung. Theoretische Ansätze und Ergebnisse.
Ludwig Erich Schmitt zum 70. Geburtstag gewidmet. In: ZfdPh 97, 1978, 362−393.

Dingeldein, Heinrich J., Studien zur Wortgeographie der städtischen Alltagssprache in Hessen. Areale, stratische und diachron-kontrastive Analysen.
Tübingen 1991.

Ders., Grundzüge einer Grammatik des Neuhessischen. In: Joseph Kohnen/Hans-Joachim Solms/
Klaus-Peter Wegera (Hrsg.), Brücken schlagen ...
„weit draußen auf eigenen Füßen". Festschrift für
Fernand Hoffmann. Frankfurt 1994, 273−309.

Ders., Sprachvarietäten in „Mitteldeutschland".
Gebrauch und Räumlichkeit. In: Stickel 1997,
109−141.

Dittmar, Norbert/Peter Schlobinski, Forschungsergebnisse aus dem Projekt „Stadtsprache Berlin".
In: Dies. (Hrsg.), Wandlungen einer Stadtsprache.
Berlinisch in Vergangenheit und Gegenwart. Berlin
1988, 41−81.

Domaschnev, Anatoli I., Umgangssprache/Slang/
Jargon. In: Ulrich Ammon/Norbert Dittmar/Klaus
J. Mattheier (Hrsg.), Sociolingustics. Soziolingui-
stik. 1. Halbbd. Berlin 1987, 308−315.

Dost, Wolfgang, Untersuchungen zu den sprachlichen Existenzformen Mundart und Umgangssprache im Raum Wittstock unter Einschluß seines
nördlichen Vorlandes. Diss. (masch.). Rostock
1975.

Dressler, Wolfgang/Ruth Leodolter/Eva Chromec,
Phonologische Schnellsprechregeln in der Wiener
Umgangssprache. In: Wolfgang Viereck (Hrsg.),
Sprachliches Handeln − Soziales Verhalten. Ein
Reader zur Pragmalinguistik und Soziolinguistik.
München 1976, 71−92.

Eichhoff, Jürgen, Wortatlas der deutschen Umgangssprachen. Bd. 1−2. Bern 1977, 1978. Bd. 3.
München 1993.

Ders., Der „Wortatlas der deutschen Umgangssprachen": Neue Wege, neue Erkenntnisse. In: Stikkel 1997, 183−220.

Engel, Ulrich, Mundart und Umgangssprache in
Württemberg. Beiträge zur Sprachsoziologie der
Gegenwart. Diss. (masch.). Tübingen 1954.

Ders., Schwäbische Mundart und Umgangssprache. In: Mu 72, 1962, 257−261.

Ders., Sprachkreise, Sprachschichten, Stilbereiche.
Zur Gliederung der Alltagssprache. In: Mu 72,
1962, 298−307.

Fleischer, Wolfgang, Namen und Mundart im
Raum von Dresden. Bd. 1. Berlin 1961.

Friebertshäuser, Hans, Heinrich J. Dingeldein,
Wortgeographie der städtischen Alltagssprache in
Hessen. Tübingen 1988.

Frings, Theodor, Der Weg zur deutschen Hochsprache. In: Erich Gierach (Hrsg.), Jahrbuch der
deutschen Sprache. Bd. 2. Leipzig 1944, 67−121.

Froitzheim, Claudia, Artikulationsnormen der
Umgangssprache in Köln. Tübingen 1984.

Gernentz, Hans Joachim, Die Umgangssprache in
der Schichtung der deutschen Nationalsprache. In:
WB 11, 1965, 570−589.

Ders., Die kommunikative Funktion der niederdeutschen Mundart und der hochdeutschen Umgangssprache im Norden der DDR. In: Sprachwissenschaftliche Arbeiten der Germanistenkommission Deutsche Demokratische Republik − Volksrepublik Polen. Berlin 1975, 88−139. (LStA 28).

Geyl, Ernst-Günther, Was ist Umgangssprache? In:
Muttersprache 85, 1975, 25−32.

Giles, Howard, Accent mobility. A model and
some data. In: Anthropological linguistics 15,
1973, 87−105.

Ders., Interpersonale Akkomodation in der voka-
len Kommunikation. In: Klaus R. Scherer (Hrsg.),
Vokale Kommunikation. Nonverbale Aspekte des
Sprachverhaltens. Weinheim, Basel 1982, 253−277.

Glück, Helmut, Sprachbewußtsein und Sprachwandel. Untersuchungen zur Geschichte des Ruhrgebietsdialekts. In: Osnabrücker Beiträge zur Sprachtheorie (OBST) 1, 1976, 33−68.

Göschel, Joachim/Pavle Ivić/Kurt Kehr (Hrsg.), Dialekt und Dialektologie. Ergebnisse des internationalen Symposions „Zur Theorie des Dialekts", Marburg/Lahn 5.−10. September 1977. Wiesbaden 1980.

Goossens, Jan, Deutsche Dialektologie. Berlin 1977.

Ders., Dialectologie en Taalvariatie. In: „Verslagen en Mededelingen" van de Koninklijke Academie voor Nederlands Taal- en Letterkunde 1979, 1−16.

Grober-Glück, Gerda, Berlin als Innovationszentrum von metaphorischen Wendungen der Umgangssprache. In: ZfdPh 94, 1975, 321−367.

Große, Rudolf, Tradition und Innovation in der Umgangssprache der Großstadt. Theodor Frings zum 80. Geburtstag. In: Beiträge zur Geschichte der deutschen Sprache und Literatur 89, 1967, 440−451.

Ders. (Hrsg.), Sprache in der sozialen und kulturellen Entwicklung. Beiträge eines Kolloquiums zu Ehren von Theodor Frings (1886−1968). Berlin 1990.

Günther, Johannes, Die städtische Umgangssprache von Freiburg im Breisgau − eine sprachsoziologische Untersuchung. Diss. Freiburg 1967.

Gumperz, John J., Language in Social Groups. Selected and Introduced by Anwar S. Dil. Stanford 1971.

Ders., Discourse Strategies. Cambridge 1982.

Haas, Walter, Reine Mundart. In: Harald Burger/Alois M. Haas/Peter von Matt (Hrsg.), Verborum Amor. Studien zur Geschichte und Kunst der deutschen Sprache. Festschrift für Stefan Sonderegger zum 65. Geburtstag. Berlin 1992(a), 578−610.

Ders., Mundart und Standardsprache in der deutschen Schweiz. In: Jan Arnoldus van Leuvensteijn/Jan Berns (Hrsg.), Dialect and Standard Language in the English, Dutch, German and Norwegian Language Areas. Amsterdam 1992 (b).

Harden, Theo, Untersuchungen zur r-Realisation im Ruhrgebiet. Analyse einer diatopisch-diastratischen Variation und ihrer Bewertung. Wiesbaden 1981.

Hartmann, Dietrich, Standardsprache und regionale Umgangssprachen als Varietäten des Deutschen. Kriterien zu ihrer Bestimmung aus grammatischer und soziolinguistischer Sicht. In: International Journal of the Sociology of Language 83, 1990, 39−58.

Hathaway, Luise, Der Mundartwandel in Imst in Tirol zwischen 1897 und 1973. Wien 1979.

Heike, Georg, Suprasegmentale Analyse. Marburg 1969.

Henn, Beate, Mundartinterferenzen am Beispiel des Nordpfälzischen. Wiesbaden 1978.

Dies., Syntaktische Eigenschaften deutscher Dialekte. Überblick und Forschungsbericht. In: Besch [u. a.] 1983, 1255−1282.

Henn-Memmesheimer, Beate, Nonstandardmuster. Ihre Beschreibung in der Syntax und das Problem ihrer Arealität. Tübingen 1986.

Dies., Über Standard- und Nonstandardmuster generalisierende Syntaxregeln. Das Beispiel der Adverbphrasen mit deiktischen Adverbien. In: Holtus/Radtke 1989(a), 169−228.

Dies., Nonstandard in optimalen Texten? In: Gerd Antos/Gerhard Augst (Hrsg.), Textoptimierung. Das Verständlichermachen von Texten als linguistisches, psychologisches und praktisches Problem. Frankfurt/M. 1989(b), 38−51.

Dies. [u. a.], Nonstandard als Faktor bei der Strukturierung kommunikativer Situationen. Zur charakteristischen Verteilung von Indikatoren und Markern. In: Beate Henn-Memmesheimer (Hrsg.), Sprachliche Varianz als Ergebnis von Handlungswahl. Tübingen 1998.

Henne, Helmut, Stichwort Umgangssprache. Werkstattbericht zum neuen 'Paul'. In: Munske, Horst Haider u. a. (Hrsg.), Deutscher Wortschatz. Lexikologische Studien. Ludwig Erich Schmitt zum 80. Geburtstag von seinen Marburger Schülern. Berlin 1988, 813−826.

Henzen, Walter, Schriftsprache und Mundarten. Ein Überblick über ihr Verhältnis und ihre Zwischenstufen im Deutschen. Zürich und Leipzig 1938. 2. Aufl. Bern 1954.

Herrgen, Joachim, Koronalisierung und Hyperkorrektion. Das palatale Allophon des /ch/-Phonems und seine Variation im Westmitteldeutschen. Stuttgart 1986.

Ders./Jürgen Erich Schmidt, Dialektalitätsareale und Dialektabbau. In: Wolfgang Puschke/Werner Veith/Peter Wiesinger (Hrsg.), Dialektgeographie und Dialektologie. Günter Bellmann zum 60. Geburtstag von seinen Schülern und Freunden. Marburg 1989, 304−346.

Herrmann-Winter, Renate, Auswirkungen der sozialistischen Produktionsweise in der Landwirtschaft auf die sprachliche Kommunikation in den Nordbezirken der Deutschen Demokratischen Republik. In: Aktuelle Probleme der sprachlichen Kommunikation. Soziolinguistische Studien zur sprachlichen Situation in der Deutschen Demokratischen Republik. Berlin 1974, 135−190.

Dies., Studien zur gesprochenen Sprache im Norden der DDR. Soziolinguistische Untersuchungen im Kreis Greifswald. Berlin 1979.

Herwig, Axel, Kasseländisch von A bis Z. Kassel 1977.

Himmelreich, Hildegard, Volkskundliche Beobachtungen an der Umgangssprache in Gelsenkirchen. Diss. (masch.) Münster 1939.

Hofmann, Else, Sprachsoziologische Untersuchung über den Einfluß der Stadtsprache auf mundartsprechende Arbeiter. In: Ludwig Erich Schmitt (Hrsg.), Marburger Universitätsbund. Jahrbuch 1963. Bd. 2. Marburg 1963, 201−281.

Holly, Werner, Imagearbeit in Gesprächen. Zur linguistischen Beschreibung des Beziehungsaspekts. Tübingen 1979.

Ders., Politikersprache. Inszenierungen und Rollenkonflikte im informellen Sprachhandeln eines Bundestagsabgeordneten. Berlin 1990.

Holtus, Günter/Edgar Radtke (Hrsg.), Sprachlicher Substandard. Bd. 1—3. Tübingen 1986, 1989, 1990.

Hotzenköcherle, Rudolf, Die Sprachlandschaften der deutschen Schweiz. Aarau 1984.

Jakob, Karlheinz, Dialekt und Regionalsprache im Raum Heilbronn. Zur Klassifizierung von Dialektmerkmalen in einer dialektgeographischen Übergangslandschaft. Marburg 1985.

Josten, Dirk, Sprachvorbild und Sprachnorm im Urteil des 16. und 17. Jhs. Sprachlandschaftliche Prioritäten. Sprachautoritäten. Sprachimmanente Argumentation. Frankfurt/M. 1976.

Jünger-Geier, Ursula, Die Ortssprache des rheinischen Dorfes Kelzenberg. Köln 1989.

Kallmeyer, Werner, Zur Bestimmung von kommunikativem und sozialem Stil. In: Keim 1995(a), 4—25.

Ders./Inken Keim, Phonologische Variation als Mittel der Symbolisierung sozialer Identität in der Filsbachwelt. In: Werner Kallmeyer (Hrsg.), Exemplarische Analysen des Sprachverhaltens in Mannheim. Berlin 1994, 141—249.

Karch, Dieter, Mannheim — Umgangssprache. Tübingen 1975.

Ders., Zur Umgangssprache im Raum Heidelberg, Kaiserslautern, Worms. Tl. 1—2. Tübingen 1988.

Keim, Inken, Kommunikative Stilistik einer sozialen Welt „kleiner Leute" in der Mannheimer Innenstadt. Berlin 1995(a).

Dies., Die Westliche Unterstadt. In: Werner Kallmeyer (Hrsg.), Ethnographien von Mannheimer Stadtteilen. Berlin 1995(b), 42—188.

Dies., Sprachvariation und Kategorisierung. In: Werlen 1995, 159—174.

Keller, Randolf E., Some Problems of German Umgangssprache. In: Transactions of the Philological Society. London 1966, 88—106.

Ders., Die Deutsche Sprache und ihre historische Entwicklung. Bearbeitet und übertragen von Karl-Heinz Mulagk. Hamburg 1986.

Keller, Thomas L., The City Dialect of Regensburg. Hamburg 1976.

Kettmann, Gerhard, Sprachverwendung und industrielle Revolution. Studien zu den Bedingungen umgangssprachlicher Entwicklung und zur Rolle der Umgangssprache in der zweiten Hälfte des 19. Jhs. In: Studien zur deutschen Sprachgeschichte des 19. Jhs. Existenzformen der Sprache. Berlin 1980, 1—120. (LStA 66/1).

Ders., Die Existenzformen der deutschen Sprache im 19. Jh. Ihre Entwicklung und ihr Verhältnis zueinander unter den Bedingungen der industriellen Revolution. In: Joachim Schildt (Hrsg.), Auswirkungen der industriellen Revolution auf die deutsche Sprachentwicklung im 19. Jh. Berlin 1981, 34—97.

Kettner, Bernd-Ulrich, Die norddeutsche Umgangssprache — eine neue Zweitsprache? In: Niederdeutsche Zweisprachigkeit. Befunde — Vergleiche — Ausblicke. Leer 1988, 95—113.

Klepsch, Alfred, Lautsystem und Lautwandel der Nürnberger Stadtmundart im 19. und 20. Jh. Tübingen 1988.

Kloss, Heinz, Die Entwicklung neuer germanischer Kultursprachen seit 1800. Düsseldorf 1978.

König, Werner, Atlas zur Aussprache des Schriftdeutschen in der Bundesrepublik Deutschland. Bd. 1—2. Ismaning 1989.

Kremer, Ludger, Mundart im Westmünsterland. Aufbau, Gebrauch, Literatur. Borken 1983.

Kretschmer, Paul, Wortgeographie der hochdeutschen Umgangssprache. Göttingen 1918.

Kreymann, Martin, Aktueller Sprachwandel im Rheinland. Empirische Studie im Rahmen des Erp-Projektes. Köln 1994.

Kufner, Herbert L., Strukturelle Grammatik der Münchner Stadtmundart. München 1961.

Küpper, Heinz, Wörterbuch der deutschen Umgangssprache. Bd. 1—6. Hamburg 1955—1970.

Langner, Helmut, Sprachschichten und soziale Schichten. Zu einigen Problemen des Einflusses sozialer Faktoren auf den Sprachgebrauch. In: ZPSK 27, 1974, 93—104.

Ders., Untersuchungen zur Mundart und zur Umgangssprache im Raum um Wittenberg. Berlin 1977.

Ders., Zum Einfluß des Ostmitteldeutschen auf den Süden des Mittelmärkischen — Ein Vergleich mit der Entwicklung des Berlinischen. In: Schmidt 1988, 26—36. (LStA 174).

Lasch, Agathe, Geschichte der Schriftsprache in Berlin bis zur Mitte des 16. Jhs. Dortmund 1910.

Dies., „Berlinisch". Eine Berlinische Sprachgeschichte. Berlin [o. J.] 1927.

Lauf, Raphaela, „Regional markiert": großräumliche Umgangssprache(n) im niederdeutschen Raum. In: Jahrbuch des Vereins für niederdeutsche Sprachforschung 119, 1996, 193—218.

Lausberg, Helmut, Situative und individuelle Sprachvariation im Rheinland. Variablenbezogene Untersuchung anhand von Tonbandaufnahmen aus Erfstadt-Erp. Köln 1993.

Levinson, Stephen C., Pragmatik. Ins Deutsche übersetzt von Ursula Fries. Tübingen 1990.

Löffler, Heinrich, Gegenstandskonstitution in der Dialektologie: Sprache und ihre Differenzierungen. In: Besch [u. a.] 1982, 441—463.

Ders., Germanistische Soziolinguistik. 2. überarb. Aufl. Berlin 1994.

Lötscher, Andreas, Schweizerdeutsch. Geschichte, Dialekte, Gebrauch. Frauenfeld 1983.

Macha, Jürgen, Der flexible Sprecher. Untersuchungen zu Sprache und Sprachbewußtsein rheinischer Handwerksmeister. Köln 1991.

Martens, Hiltrud und Peter, Niederdeutsch-bedingte Abweichungen von der hochdeutschen Standard-Aussprache. In: Helma Behme (Hrsg.), Angewandte Sprechwissenschaft. Interdisziplinäre Beiträge zur mündlichen Kommunikation. Stuttgart 1988, 123−138.

Martin, Victoria C., Modelle der Umgangssprache. Überlegungen zum theoretischen Status eines linguistischen Begriffs am Beispiel des Wiener Deutsch. In: ZDL 36, 1996, 129−156.

Mattheier, Klaus J., Funktionswandel der Mundart. In: Rheinische Vierteljahrsblätter 37, 1973, 348−356.

Ders., Pragmatik und Soziologie der Dialekte. Einführung in die kommunikative Dialektologie des Deutschen. Heidelberg 1980.

Ders., Variabilität zwischen Dialekt und Standardsprache. In: ZfG 1, 1987, 544−558.

Ders., Überlegungen zum Substandard im Zwischenbereich von Dialekt und Standardsprache. In: Holtus/Radtke 1990, 1−16.

Menge, Heinz H., 'Regionalsprache Ruhr'. Grammatische Variation ist niederdeutsches Substrat. Eine forschungsleitende Hypothese. In: KVndSpr. 84, 1977, 48−59.

Ders., Einflüsse aus dem Polnischen im Ruhrgebiet? In: NdW 19, 1979, 86−116.

Ders., Was ist Umgangssprache? Vorschläge zur Behandlung einer lästigen Frage. In: ZDL 49, 1982, 52−63.

Ders., Westfälische Stadtsprachenforschung. In: NdW 24, 1984, 129−150.

Ders., Sprachenpolitik gegenüber fremdsprachigen Minderheiten im 19. Jh. „Polen" an der Ruhr. In: Rainer Wimmer (Hrsg.), Das 19. Jh. Sprachgeschichtliche Wurzeln des heutigen Deutsch. Berlin 1991, 125−135.

Meyer-Markau, Wilhelm, Unsere hochdeutsche Sprache in ihrem Duisburger Alltagsgewande. In: Ders. (Hrsg.), Niederrheinische Sprachbilder. Duisburg 1893, 7−36.

Mihm, Arend, Sprachlandschaft Duisburg. In: Literatur und Industriegesellschaft. Schriften der Gesellschaft der Freunde der Niederrheinischen Universität Duisburg 10, 1979, 211−236. [Wiederabdruck in: Ders. (Hrsg.) 1985, 201−222].

Ders., Soziale Sprachvarietäten im niederrheinischen Industriegebiet. Opladen 1981.

Ders., Zur Entstehung neuer Sprachvarietäten. Ruhrdeutscher Kasusgebrauch und seine Erklärung. In: ZGL 10, 1982, 263−294.

Ders. (Hrsg.), Sprache an Rhein und Ruhr. Dialektologische und soziolinguistische Studien zur sprachlichen Situation im Rhein-Ruhr-Gebiet und ihrer Geschichte. Stuttgart 1985.

Ders., Prestige und Stigma des Substandards. Zur Bewertung des Ruhrdeutschen im Ruhrgebiet. In: Ders. 1985, 163−193.

Ders., Alter und neuer Dialekt im Industriegebiet. Zum Sprachgebrauch in der Region Duisburg. In: Volkskultur an Rhein und Maas 8, 1989, 64−77.

Ders., Die Bedeutung des Niederdeutschen für die Umgangssprachen Norddeutschlands. In: Beiträge zur deutschen Linguistik, Methodik und Didaktik (Kyoto) 4, 1990, 46−60.

Ders., Die Realität des Ruhrdeutschen − soziale Funktion und sozialer Ort einer Gebietssprache. In: Konrad Ehlich u. a. (Hrsg.), Sprache und Literatur an der Ruhr. Essen 1995, 15−34.

Ders., Arbeitersprache und gesprochene Sprache im 19. Jh. In: Dieter Cherubim/Siegfried Grosse/Klaus J. Mattheier (Hrsg.), Sprache und bürgerliche Nation. Beiträge zur deutschen und europäischen Sprachgeschichte des 19. Jhs. Berlin 1998.

Ders., Gesprochenes Hochdeutsch in der norddeutschen Stadt. Zur Modalität des Sprachwechsels im 16. und 17. Jh. In: Wagener, Peter (Hrsg.), Sprachformen. Deutsch und Niederdeutsch in europäischen Bezügen. Festschrift für Dieter Stellmacher zum 60. Geburtstag. Stuttgart 1999, 67−80.

Mironov, Sergej A., Zur Schichtung der Schwäbischen Umgangssprache. In: ZPSK 33, 1980, 80−82.

Mitzka, Walther, Beiträge zur hessischen Mundartforschung. Gießen 1946.

Möhn, Dieter, Deutsche Stadt und niederdeutsche Sprache. In: Jahrbuch des Vereins für niederdeutsche Sprachforschung 96, 1973, 111−126.

Moosmüller, Sylvia, Soziophonologische Variation im gegenwärtigen Wiener Deutsch. Eine empirische Untersuchung. Stuttgart 1987.

Dies., Hochsprache und Dialekt in Österreich. Soziophonologische Untersuchungen zu ihrer Abgrenzung in Wien, Graz, Salzburg und Innsbruck. Wien 1991.

Moser, Hugo, „Umgangssprache". Überlegungen zu ihren Formen und ihrer Stellung im Sprachganzen. In: ZMF 27, 1960, 215−232.

Müller, Gunter, Hochsprachliche lexikalische Norm und umgangssprachlicher Wortschatz im nördlichen Teil Deutschlands. In: NdW 20, 1980, 11−130.

Muhr, Rudolf/Richard Schrodt/Peter Wiesinger (Hrsg.), Österreichisches Deutsch. Linguistische, sozialpsychologische und sprachpolitische Aspekte einer nationalen Variante des Deutschen. Wien 1995.

Munske, Horst Haider, Umgangssprache als Sprachkontakterscheinung. In: Besch [u. a.] 1983, 1002—1018.

Nabrings, Kirsten, Sprachliche Varietäten. Tübingen 1981.

Neubert, Albrecht, Stilschichten. In: Neumann 1976, 597—603.

Neumann, Werner (Hrsg.), Theoretische Probleme der Sprachwissenschaft. Bd. 1—2, Berlin 1976.

Niekerken, Walter, Zu den Problemen der Zweisprachigkeit im niederdeutschen Raum (mit besonderer Berücksichtigung des Nordniedersächsischen). In: Jahrbuch des Vereins für niederdeutsche Sprachforschung 76, 1953, 64—76.

Ders., Probleme der Sprachschichten im Niederdeutschen Raum. In: Jahrbuch des Vereins für niederdeutsche Sprachforschung 83, 1960, 115—125.

Oesterlink, Elisabeth, Mundartliche Züge in der Umgangssprache. Betrachtungen in Essens Süden (masch.). Essen 1938.

Oglesby, Stefan, Mechanismen der Interferenz zwischen Standarddeutsch und Mundart in der Schweiz. Eine empirische Untersuchung bei Einwohnern der Agglomeration Luzern. Bern 1991.

Polenz, Peter von, Die Altenburgische Sprachlandschaft. Untersuchungen zur ostthüringischen Sprach- und Siedlungsgeschichte. Tübingen 1954.

Ders., Mundart, Umgangssprache und Hochsprache am Beispiel der mehrschichtigen Wortkarte 'voriges Jahr'. In: HBV 51/52, 1960, 224—234.

Protze, Helmut, Mundart und Umgangssprache. In: Erhard Agricola/Wolfgang Fleischer/Helmut Protze (Hrsg.), Die Deutsche Sprache. Bd. 1. Leipzig 1969, 312—345.

Ders., Bedeutung und Wirkung der städtischen Umgangssprache, vor allem Berlins und sächsischer Großstädte. In: Wolfgang Viereck (Hrsg.), Verhandlungen des Internationalen Dialektologenkongresses. Bamberg 29. 7.—4. 8. 1990. Regionalsprachliche Variation, Umgangs- und Standardsprachen. Stuttgart 1994, 425—451.

Ders., Wortatlas der städtischen Umgangssprache. Zur territorialen Differenzierung der Sprache der Länder Mecklenburg-Vorpommern, Brandenburg, Berlin, Sachsen-Anhalt und Thüringen. Köln 1997.

Radtke, Ingulf I., Ein weiterhin ungeklärtes Problem der Sprachwissenschaft: Die Umgangssprache. In: Mu 83, 1973, 161—171.

Reichmann, Oskar, Theorie des Dialektes: Aussagen und Fragestellungen der germanistischen Forschungsgeschichte. In: Klaus J. Mattheier (Hrsg.), Aspekte der Dialekttheorie. Tübingen 1983, 1—26.

Reiffenstein, Ingo, Zur phonologischen Struktur der Umgangssprache. In: Verhandlungen des 2. Internationalen Dialektologenkongresses in Marburg/Lahn. Wiesbaden 1968, 686—698.

Ders., Sprachebenen und Sprachwandel im österreichischen Deutsch der Gegenwart. In: Herbert Kolb/Hartmut Lauffer (Hrsg.), Sprachliche Interferenz. Festschrift für Werner Betz zum 65. Geburtstag. Tübingen 1977, 175—183.

Ders., Zur Theorie des Dialektabbaus. In: Göschel/Ivić/Kehr 1980, 97—105.

Ders., Sprachlicher Konservatismus im sozialen Umbruch. Rollen und soziale Schichten in ihrem Einfluß auf das Sprachhandlungsverhalten in Ortsgemeinschaften. In: Besch/Mattheier 1985, 109—122.

Ders., Dialektverfall oder Mundartrenaissance? — in Bayern und Österreich. In: Stickel 1997, 392—396.

Rein, Kurt, Bestimmende Faktoren für den variierenden Sprachgebrauch des Dialektsprechers. In: Besch [u. a.] 1983, 1443—1455.

Ders., Bayerns Mundarten. Eine Einführung in Verbreitung und Verwendung. In: Wolfgang Küpper (Hrsg.), Bayerns Mundarten. München 1991, 8—35.

Renn, Manfred, Die Mundart im Raum Augsburg. Untersuchungen zum Dialekt und zum Dialektwandel im Spannungsfeld großstädtisch-ländlicher und alemannisch-bairischer Gegensätze. Heidelberg 1994.

Ris, Roland, Dialekte und Einheitssprache in der deutschen Schweiz. In: International Journal of the Sociology of Language 21, 1979, 41—61.

Rosenberg, Klaus-Peter, Der Berliner Dialekt — und seine Folgen für die Schüler. Geschichte und Gegenwart der Stadtsprache Berlins sowie eine empirische Untersuchung der Schulprobleme dialektsprechender Berliner Schüler. Tübingen 1986.

Rowley, Anthony Robert, Morphologische Systeme der nordostbayerischen Mundarten in ihrer sprachgeographischen Verflechtung. Stuttgart 1997.

Ruoff, Arno, Grundlagen und Methoden der Untersuchung gesprochener Sprache. Einführung in die Reihe „Idiomatica" mit einem Katalog der ausgewerteten Tonbandaufnahmen. Tübingen 1973.

Ders., Sprachvarietäten in Süddeutschland. In: Stickel 1997, 142—154.

Salewski, Kerstin, Zur Homogenität des Substandards älterer Bergleute im Ruhrgebiet. Stuttgart 1998(a).

Dies., Intrasituative Sprachvariation bei Bergleuten im Ruhrgebiet. In: Beate Henn-Memmesheimer (Hrsg.), Sprachliche Varianz als Ergebnis von Handlungswahl. Tübingen 1998 (b), 125—134.

Sandhöfer-Sixel, Judith, Modalität und gesprochene Sprache. Ausdrucksformen subjektiver Bewertung in einem lokalen Substandard des Westmitteldeutschen. Stuttgart 1988.

Scheel, Käthe, Hamburger Missingsch. In: Werner Simon/Wolfgang Bachofer/Wolfgang Dittmann

(Hrsg.), Festgabe für Ulrich Pretzel zum 65. Geburtstag dargebracht von Freunden und Schülern. Berlin 1963, 381–389.

Scheuringer, Hermann, Sprachentwicklung in Bayern und Österreich. Eine Analyse des Substandardverhaltens der Städte Braunau am Inn (Österreich) und Simbach am Inn (Bayern) und ihres Umlandes. Hamburg 1990.

Ders., Sprachvarietäten in Österreich. In: Stickel 1997, 332–345.

Scheutz, Hannes, Strukturen der Lautveränderung. Variationslinguistische Studien zur Theorie und Empirie sprachlicher Wandlungsprozessc am Beispiel des Mittelbairischen von Ulrichsberg/Oberösterreich. Wien 1985.

Schildt, Joachim/Hartmut Schmidt (Hrsg.), Berlinisch. Geschichtliche Einführung in die Sprache einer Stadt. 2. Aufl. Berlin 1992.

Schirmunski, Viktor M., Deutsche Mundartkunde. Vergleichende Laut- und Formenlehre der deutschen Mundarten. Berlin 1962.

Schläpfer, Robert, Standardsprache und Mundarten in der deutschen Schweiz. In: Stickel 1990, 192–197.

Schlobinski, Peter, Stadtsprache Berlin. Eine soziolinguistische Untersuchung. Berlin 1987.

Ders., Code-switching im Berlinischen. In: Dittmar/Schlobinski 1988, 83–102.

Schmidt, Gustav, Eine heimatliche Sprachschule – Auf der Grundlage des hamburgischen Sprachgebietes. Hamburg 1921.

Schmidt, Hartmut, Überregionaler Sprachausgleich und städtische Umgangssprache aus Berliner Sicht. In: ZPSK 40, 1987, 743–757.

Ders. (Hrsg.), Berlinisch in Geschichte und Gegenwart. Stadtsprache und Stadtgeschichte. (LStA 174). Berlin 1988.

Ders., Von der mittelalterlichen Stadtsprache zum Berlinischen des 19. Jhs. Aspekte der Sprachgeschichte Berlins. In: Ders. (Hrsg.) 1988, 3–15.

Ders., Die sprachliche Entwicklung Berlins vom 13. bis zum frühen 19. Jh. In: Schildt/Schmidt 1992, 111–182.

Ders., Karl Philipp Moritz über Sprache, Hochdeutsch, Berliner Umgangssprache und märkischen Dialekt. In: Martin Fontius/Anneliese Klingenberg (Hrsg.), Karl Philipp Moritz und das 18. Jh. Tübingen 1995, 61–73.

Schmidt, Jürgen Erich, Die mittelfränkischen Tonakzente. (Rheinische Akzentuierung). Stuttgart 1986.

Schönfeld, Helmut, Die Umgangssprache. In: Wolfgang Fleischer u. a. (Hrsg.), Kleine Enzyklopädie. Deutsche Sprache. Leipzig 1983, 430–440.

Ders., Varianten, Varietäten und Sprachvariation. In: ZPSK 38, 1985, 206–224, 264–267.

Ders., Regional und sozial bedingte Differenzierungen im Berlinischen und ihre Wandlungen. In: Schmidt 1988, 65–74.

Ders., Sprache und Sprachvariation in der Stadt. Zu sprachlichen Entwicklungen und zur Sprachvariation in Berlin und anderen Städten im Nordteil der DDR. (LStA 197). Berlin 1989.

Ders., Die berlinische Umgangssprache im 19. und 20. Jh. In: Schildt/Schmidt 1992, 222–303.

Ders., Aneignung und Verwendung städtischer Umgangssprache durch Zugewanderte. Forschungsmethoden und Erkenntnisse. (Am Beispiel von Berlin/Ost). In: Viereck 1994, 513–522.

Ders., Berliner Stadtsprache. Tradition und Umbruch. In: Stickel 1997, 308–331.

Scholten, Beate, Standard und städtischer Substandard bei Heranwachsenden im Ruhrgebiet. Tübingen 1988.

Schwarzenbach, Rudolf, Die Stellung der Mundart in der deutschsprachigen Schweiz. Studien zum Sprachgebrauch der Gegenwart. Frauenfeld 1969.

Schwitalla, Johannes, Dialogsteuerung in Interviews. Ansätze zu einer Theorie der Dialogsteuerung mit empirischen Untersuchungen von Politiker-, Experten- und Starinterviews in Rundfunk und Fernsehen. München 1979.

Ders., Die Vergegenwärtigung einer Gegenwelt. Sprachliche Formen der sozialen Abgrenzung einer Jugendlichengruppe in Vogelstang. In: Werner Kallmeyer (Hrsg.), Exemplarische Analysen des Sprachverhaltens in Mannheim. Berlin 1994, 467–577.

Ders., Kommunikative Stilistik von zwei Sozialwelten in Mannheim-Vogelstang. Berlin 1995(a).

Ders., Vogelstang. In: Werner Kallmeyer (Hrsg.), Ethnographien Mannheimer Stadtteile. Berlin 1995(b), 189–343.

Selting, Margret, Institutionelle Kommunikation: Stilwechsel als Mittel strategischer Interaktion. In: Linguistische Berichte 86, 1983, 29–48.

Senft, Günter, Sprachliche Varietät und Variation im Sprachverhalten Kaiserslauterer Metallarbeiter. Untersuchung zu ihrer Begrenzung, Beschreibung und Bewertung. Bern 1982.

Sluyterman v. Langeweyde, Wolf, Das Ruhrgebiet und seine Sprache. In: Mu 68, 1958, 1–7.

Smazal, Lothar, Zur Implikationsanalyse. Ihre Möglichkeiten bei der Beschreibung dialektaler Sprachvariation. In: Günter Bellmann (Hrsg.), Beiträge zur Dialektologie am Mittelrhein. Stuttgart 1986, 192–229.

Smolka, Hans Henning, Untersuchungen zur Umgangssprache in Nordhessen. Eine wortgeographische Studie. Marburg 1984.

Sonderegger, Stefan, Die Entwicklung des Verhältnisses von Standardsprache und Mundarten in der deutschen Schweiz. In: Besch/Reichmann/Sonderegger 1985, 1873–1939.

Sornig, Karl, Indikatoren der Rollendistanz in All-tagsgesprächen. In: GL 5–6/81, 1983, 223–260.

Ders., Umgangssprache: Zwischen Standardnorm und Intim-Variante. In: International Journal of the Sociology of Language 83, 1990, 83–103.

Spangenberg, Karl, Eigenständige Merkmale der Umgangssprache und hyperkorrekte Interferenzen im Spannungsfeld zwischen Mundart und Litera-tursprachze. In: WZUR 27, 1978, 15–21.

Ders., Sprachsituation und Sprechweisen in thürin-gischen Städten. In: Große 1990, 114–119.

Ders., Determinanten für Funktion und Gestalt der Umgangssprache in Thüringen. In: Viereck 1994, 523–532.

Steger, Hugo, Bemerkungen zum Problem der Um-gangssprachen. In: Werner Besch u. a. (Hrsg.), Festschrift für Siegfried Grosse zum 60. Geburts-tag. Göppingen 1984, 251–278.

Ders., Über Sprachvarietäten und Existenzformen der Sprache. In: Große 1990, 39–50.

Steiner, Christiane, Sprachvariation in Mainz. Quantitative und qualitative Analysen. Stuttgart 1994.

Steinig, Wolfgang, Soziolekt und soziale Rolle. Un-tersuchungen zu Bedingungen und Wirkungen von Sprachverhalten unterschiedlicher gesellschaftli-cher Gruppen in verschiedenen sozialen Situatio-nen. Düsseldorf 1976.

Stellmacher, Dieter, Niederdeutsch. Formen und Forschungen. Tübingen 1981.

Ders., Ortssprachenanalysen und Regionalspra-chenanalysen. Ein Vergleich. In: Besch/Mattheier 1985, 189–200.

Stickel, Gerhard (Hrsg.), Deutsche Gegenwarts-sprache. Tendenzen und Perspektiven. Berlin 1990.

Ders. (Hrsg.), Varietäten des Deutschen. Berlin 1997.

Strübin, Eduard, Zur deutschschweizerischen Um-gangssprache. In: Schweizerisches Archiv für Volkskunde 72, 1976, 97–145.

Tatzreiter, Herbert, Sprachentwicklung und Sprachveränderung in Ortsgemeinschaften (an Bei-spielen aus dem steirischen Murgebiet). In: Besch/ Mattheier 1985, 123–138.

Teuchert, Hermann, Ag. Lasch, „Berlinisch". In: Teuthonista 5, 1929, 295–306.

Thies, Udo, Die gesprochene Sprache im Ruhrge-biet – eine Monovarietät? Korpus- und Analysebe-schreibung des Bochumer Projekts. In: Mihm 1985, 107–148.

Trudgill, Peter, On Dialect. Social and Geographi-cal Perspectives. Oxford 1983.

Ungeheuer, Gerold, Bemerkungen zum Thema „Umgangssprache". In: Ders. (Hrsg.), Sprache und Kommunikation. Hamburg 1972, 207–212.

Veith, Werner H., Zum Problem der umgangs-sprachlichen Unsystematik. In: Mu 78, 1968, 370–376.

Ders., Intersystemare Phonologie. Exemplarisch an diastratisch-diatopischen Differenzierungen im Deutschen. Berlin 1972.

Ders., Zur Variation der deutschen Verbflexion. In: Mu 87, 1977, 148–158.

Ders., Zur Syntax der Umgangssprache. In: Diet-rich Hartmann/Hansjürgen Linke/Otto Ludwig (Hrsg.), Sprache in Gegenwart und Geschichte. Festschrift für Heinrich Matthias Heinrichs zum 65. Geburtstag. Köln 1978, 199–208.

Ders., Die Sprachvariation in der Stadt. Am Bei-spiel von Frankfurt am Main. In: Mu 93, 1983, 82–90.

Viereck, Wolfgang (Hrsg.), Regionalsprachliche Variation, Umgangs- und Standardsprachen. Ver-handlungen des Internationalen Dialektologen-kongresses. Bamberg 29. 7.–4. 8. 1990. Bd. 3. Stuttgart 1994.

Volmert, Johannes, Jugend und Ruhrgebietsspra-che: Die regionale Varietät in der Freizeit – und als Unterrichtsgegenstand? In: Konrad Ehlich u. a. (Hrsg.), Sprache und Literatur an der Ruhr. Essen 1995, 53–75.

Weigt, Hans Georg, Dörfer in der Stadt? Lokale Sprachausprägung im Ruhrgebiet. In: Sprachre-port 4, 1987, 17–18.

Ders., Ruhrdeutsch: Mischsprache oder 'Hoch-deutsch auf Klompen'? In: Volkskultur an Rhein und Maas 8, 1989, 78–82.

Weiss, Andreas, Sprachgebrauch in Ulrichsberg/ Oberösterreich. Eine Pilotstudie in kommunikati-ver Dialektologie. In: Besch [u. a.] 1982, 375–396.

Ders./Peter Haudum, Sprachliche Variation im Zu-sammenhang mit kontextuell-situativen und sozial-strukturellen Bedingungen. In: Gerlinde Weiss (Hrsg.), Festschrift für Adalbert Schmidt zum 70. Geburtstag. Stuttgart 1976, 537–557.

Werlen, Iwar (Hrsg.), Verbale Kommunikation in der Stadt. Tübingen 1995.

Wiese, Joachim, Kleines Berliner Wörterverzeich-nis. In: Schildt/Schmidt 1992, 347–422.

Wiesinger, Peter, Die Ermittlung oberschichtiger Sprachformen des mittelalterlichen Deutsch mit Hilfe der Dialektgeographie. In: Heinz Rupp/ Hans-Gert Roloff (Hrsg.), Akten des VI. Interna-tionalen Germanisten-Kongresses Basel 1980. Tl. 2. Bern 1980(a), 345–357.

Ders., „Sprache", „Dialekt" und „Mundart" als sachliches und terminologisches Problem. In: Gö-schel/Ivić/Kehr, 1980(b), 177–198.

Ders., Sprachschichten und Sprachgebrauch in Österreich. In: ZfG 1, 1983, 184–195.

Ders., Die Diagliederung des Deutschen seit dem 17. Jh. In: Besch/Reichmann/Sonderegger 1985, 1633–1651.

Ders., Sprachliche Varietäten – Gestern und Heute. In: Stickel 1997, 9–45.

Wolfensberger, Heinz, Mundartwandel im 20. Jh. Dargestellt an Ausschnitten aus dem Sprachleben der Gemeinde Stäfa. Frauenfeld 1967.

Zehetner, Ludwig, Das bairische Dialektbuch. München 1985.

Zimmermann, Gerhard, Das Sächsische. Sprachliche und außersprachliche Einschätzungen der

sächsischen Umgangssprache. In: Mu 102, 1992, 97—113.

Zimmermann, Heinz, Zu einer Typologie des spontanen Gesprächs. Syntaktische Studien zur baseldeutschen Umgangssprache. Bern 1965.

Arend Mihm, Duisburg

149. Neue Formen des Verhältnisses von Sprache und Visualität seit der Mitte des 20. Jahrhunderts

1. Mediale Kommunikation
2. Voraussetzungen
3. Die Wort-Bild-Medien
4. Die Bild-Wort-Medien
5. Sprache und Kunst
6. Literatur (in Auswahl)

1. Mediale Kommunikation

Die mediale Kommunikation wird heute beherrscht von den Wort-Bild- bzw. Bild-Wort-Medien. Sie haben sich überall durchgesetzt und meist eine Leitfunktion übernommen. Medien durchdringen sich gegenseitig oder ergänzen sich. Aus einem Roman entsteht ein Film oder ein Fernsehspiel. Eine Fernsehserie erscheint als Buch, reich bebildert aus der Vorlage. Medienprodukte wie Plakate, Zeitungen und Zeitschriften, bebilderte Bücher oder Bildbände, Bildergeschichten, Collagen, Filme, Fernsehbeiträge etc. sind als Wort-Bild- bzw. Bild-Wort-Formen kennzeichnend für die Kultur der vergangenen fünfzig Jahre. Mit ihr verbunden sind Charakteristika wie Simulation, Interface, Immaterialität, Simultaneität, Flüchtigkeit, Beschleunigung, Steigerung der Komplexität, Auflösung der räumlichen und zeitlichen Dimensionen, Auflösung der Einheit und Kontinuität des normalen Wahrnehmungsraumes, zuletzt des Sprachverlustes oder gar der Sprachlosigkeit.

2. Voraussetzungen

2.1. Fotografie

Die Erfindung der Fotografie erfolgte zu einer Zeit, in der die in der Renaissance einsetzenden Bemühungen, Erkenntnisse nicht durch Spekulation, sondern durch Naturbeobachtung und Experiment zu gewinnen, in

Gestalt des Positivismus ihren Höhepunkt erreichten. Wie das Mikroskop die unsichtbare Welt und das Teleskop die der Ferne erschlossen, so konnte die Fotografie neben der zugänglichen die unzugängliche und bewegte Natur der Beobachtung öffnen. Darüber hinaus diente sie der Dokumentation, der Vervielfältigung, der Veranschaulichung und der Verbreitung von Wissen.

Als Abbildungen des Menschen technisch möglich wurden, mußte man betroffen feststellen, daß Aufnahmen exakt waren, den Abgebildeten aber unähnlich und untypisch zeigten. Deshalb begann man sich mit der Kunsttheorie auseinanderzusetzen und sich deren Gestaltungsmittel zu bedienen. Fotografen übernahmen Aufgaben der Maler, indem sie Portraits erstellten und dabei auf Komposition, Pose, Kleidung und Belichtung achteten.

Unter dem Einfluß der Neuen Sachlichkeit entsteht Ende der Zwanziger Jahre ein Programm, nach dem die sichtbare Welt mit den Mitteln der Fotografie so abzubilden sei, daß ein ästhetisch reizvolles Bild entsteht, durch das zugleich ein erhellendes Licht auf den dargestellten Gegenstand fällt. Mit Hilfe der Fotografie sollten Welt und Menschen besser beobachtet und verstanden werden. Die neusachliche Fotografie drang vor allem in sich stark entwickelnde Bereiche des modernen Lebens vor, in die Werbung und in die Massenmedien.

Dabei kam beiden die Nachrichtentechnik entgegen, die kostengünstige Sendenetze ermöglichte. Weltweit organisierten sich nach 1945 große Agenturen, die neben Nachrichtentexten auch Fotos anboten. Die bildjournalistischen Möglichkeiten wurden erweitert durch verbesserte Schwarz-Weiß- und Farbfilme, Kameras und Elektronenblitzgeräte.

Schließlich erbrachte eine ständig verbesserte Drucktechnik Möglichkeiten, die Bildreproduktion zu optimieren. Der ein Jahrhundert lang für die Zeitung maßgebliche Hochdruck wurde weitgehend durch den Offsetdruck ersetzt, der eine wesentlich feinere Bildrasterung bei hohen Druckgeschwindigkeiten zuläßt. Zudem sind die Ergebnisse bei schlechterer Papierqualität besser als beim Hochdruck, insbesondere auch beim Farbdruck. Seit der Fotosatz in die Verlage einzog, werden die Rasternegative zusammen mit einem Blatt Positivmaterial durch ein Entwicklungsgerät geschickt. Dabei entsteht ein gerastertes Positiv, das gemeinsam mit den Textfahnen auf die Seite geklebt wird. Von der montierten Seite werden Seitennegativ und Druckform gewonnen.

Zunehmend löst die Elektronik die fotomechanische Reproduktion von Bildern ab. Scanner, die alle Reproarbeiten minutenschnell gleichzeitig ausführen, ersetzen die Reprokamera. Sie tasten auch farbige Vorlagen elektronisch ab und geben sie in gerasterter Form wieder aus. Elektronische Montagesysteme sorgen für die Integration des Bildes in den Text. – Zur Bildübertragung dient heute die FAX-Technik.

2.2. Film

Indem er Bewegung und damit auch zeitlich Dauer fixiert, übertrifft der Film den dokumentarischen Charakter der Fotografie. Er macht Körper in der Bewegung speicherbar und stellt so die zeitliche Entfaltung der Realität dar. Der Film ermöglicht es dem Zuschauer, gleichzeitig an mehreren Plätzen zu sein. Abgesehen vom Dokumentarfilm besteht das Wesen des Films nicht im Versuch einer einfachen Wiedergabe von Wirklichkeit, sondern in der artifiziellen Synthese von Bildern. Montage und Schnitt charakterisieren ihn und können ihn zu einem Werk der Kunst machen. Der Film bildet 'Wirklichkeit' nicht einfach ab, sondern verweist auf mögliche und unter Umständen 'neue' Wirklichkeiten.

Die ersten brauchbaren Film-Aufnahme- und Wiedergabe-Apparate entstanden kurz vor der Jahrhundertwende. Es dauerte bis in die zwanziger Jahre, bis mit dem Triergon-Verfahren bei Einsatz von Elektronenröhren, elektrostatischen Lautsprechern und fotoelektrischen Zellen der moderne Tonfilm möglich wurde. 1929 kam der erste in Deutschland ins Kino. 1941 folgte der erste Farbspielfilm.

2.3. Fernsehen

Das Fernsehen ist eine Weiterentwicklung des Rundfunks. Es ist ein 'visuelles Radio'. 1923/24 steht der erste brauchbare elektronische Bildabtaster, die Ikonoskop-Röhre, zur Verfügung, die seit 1934 serienmäßig hergestellt wird. 1935 wurde in Berlin ein auf 180-Zeilen-Bilder ausgereifter 'Fernseh-Versuchsbetrieb' eröffnet. Ein ab 1936 ausgestrahltes Programm mit der Übertragung der XI. Olympischen Spiele blieb ein publizistischer Torso, ein Medium ohne Publikum. Erst 1952 begann nach zweijähriger Erprobung das Fernsehprogramm der Nachkriegszeit, nun mit der Europa-Norm von 625 Zeilen.

2.4. Video

Video ist eine Art 'optisches Tonband'. Der Videorecorder speichert den Bewegungsfluß von Fernsehsignalen, macht ihn beliebig wiederholbar und damit in seiner Zeitstruktur veränderbar. Video dient ursprünglich der Dokumentation von und der Information über Wirklichkeiten. Durch Zeitraffer, Standbild und Zeitlupe ist der Zuseher befreit, der Linearität des Bildablaufs zu folgen, was es ihm ermöglicht, deren Künstlichkeit zu erkennen. Videorecorder wurden in den fünfziger Jahren eingesetzt in Fernsehstudios zur Programmdistribution. Seit Mitte der sechziger Jahre ist die Kommunikationstechnologie individuell verfügbar.

2.5. Computernetze

Die durch Schrift und Druck bewirkte 'Technologisierung des Wortes' tritt durch den Computer in ihre dritte Phase. Die schnelle Verfügbarkeit und die räumliche Darstellung des Wortes werden durch seine Verwendung gesteigert. Nicht das Hören, sondern das Sehen bestimmt die Auffassung. Die Wirklichkeit, bzw. der Wirklichkeitsausschnitt wird digitalisiert. Wirklichkeiten werden nicht mehr dargestellt, sondern erzeugt. Digitalisiert werden nicht nur Wörter, Geräusche, Töne, sondern auch Bilder, Zeichenaussagen, Filme. Schrift und Druck werden in ihrer Speicherfunktion weithin abgelöst, aber nicht ersetzt. Es ist zu erwarten, daß der Umgang mit Presseerzeugnissen, vielleicht auch deren Form, sich verändern werden.

3. Die Wort-Bild-Medien

3.1. Zeitschriften und Zeitungen

Lange Zeit war das Bild Informationsmittel vor allem für Analphabeten, denen in erster Linie religiöse und politische Inhalte vermittelt wurden. Der Verbreitung von Wand- oder Buchmalerei waren jedoch enge Grenzen gesetzt. Erst die Erfindung des Holzschnitts Ende des 14. Jhs. und nachfolgender Drucktechniken (Kupferstich, Radierung) ließ die Verwertung in Büchern, mehr aber in Flugblättern und -schriften, Meßrelationen, Zeitungen und Zeitschriften zu. Die Illustrationen gaben den Käufern das Gefühl, etwas Wertvolles zu besitzen. Ihre langwierige Herstellung kümmerte nicht, da die Publikationen noch keinen Anspruch auf Aktualität erhoben. Der Naturalismus setzte mehr auf die Wirklichkeitstreue der Bilder, denen die traditionellen Techniken nicht mehr entsprachen. Zugleich machten die Reproduktionsmöglichkeiten für die Fotografie seit 1881 den Druck wesentlich billiger. Kulturpessimisten warnten vor einer Illustrationskrankheit, der 'Autotypitis'. Die seit 1891 erscheinenden Illustrierten, eine Presseform, die vom Bild quasi geschaffen wird, nutzten neben der Autotypie vor allem die neu entwickelte Momentfotografie. Es folgen die übrigen Zeitschriften sowie die Zeitungen, als deren Papierqualität dies zuläßt. Durch die 1907 geschaffene Möglichkeit, Bilder telegrafisch zu übermitteln, wird der Spielraum wesentlich erweitert.

Die immer nuancierter werdende Fotografie erweitert nicht nur den Blick auf alle Lebenssphären. Sie verklärt zunehmend ihre Objekte, ästhetisiert sie. Es gelingt ihr, auch Bilder des Elends zum Gegenstand des Genusses zu machen, wofür vor allem die Arbeiter-Illustrierte-Zeitung zwischen 1925 und 1933 Beispiele liefert. Durch Bildmontagen, wie sie in den Arbeiten von John Heartfield gipfeln, sowie durch Bildfolgen kann ein zusätzlicher ästhetischer Reiz gewonnen werden, zugleich auch eine besondere, evtl. neue Sicht der zu vermittelnden Sachverhalte. Die Wirkung einer fotografischen Gegenüberstellung, gekoppelt mit einer knappen, aber treffenden Unterschrift, kann wesentlich größer sein als die eines zündenden Leitartikels. Im NS-Staat wird die Illustration zu einem 'hervorragenden publizistischen Kampfmittel'. Die Schnelligkeit, mit der ein Leser ein Bild erfassen kann, prädestiniert es gegenüber dem Text, der Wort nach Wort aufbereitet werden muß. Durch seine „Anschaulichkeit spricht das Pressefoto zu jedem in einer sofort verständlichen Sprache" (Stiewe 1936, 34). Aufgrund seiner unbegrenzt suggestiven Kraft und einer starken gefühlsmäßigen Wirksamkeit bietet das Bild einen hohen Grad von Identifikationsmöglichkeit, läßt dann den Eindruck auch nachhaltig im Gedächtnis haften. Der Zeitungsleser nehme ein Bild

„augenblicklich in sich auf, schlagartig dringt es in das Bewußtsein des Beschauers ein, selbst wenn er gar nicht die Absicht hatte, sich mit dem dargestellten Gegenstand zu beschäftigen. Das kommt vor allem dem aufklärenden und belehrenden, dem appellierenden wie überhaupt jeder Art tendenziösen Bild zugute" (Stiewe 1936, 34).

Der dokumentarische Schein des Fotos, der den Leser quasi zum Augenzeugen macht, belegt ihm Wahrheitsgehalt und Authentizität des Dargestellten. Von den Produzenten her sind Bildfälschung wie Bildlüge einkalkuliert. Wichtig ist der propagandistische Effekt, in den natürlich der Begleittext mit einbezogen wird. Ein Bild mit amerikanischen Luftgeschwadern kann informierend mit der Zeile „Luftmanöver amerikanischer Streitkräfte" betitelt werden oder suggerierend mit „So rüsten die anderen!".

Die 1952 von Springer im Direktverkauf herausgebrachte 'Bild'-Zeitung wendete sich an den 'optischen' Menschen, den modernen Analphabeten, der hungrig war nach visuellen Eindrücken, und dem eine „gedruckte Antwort auf das Fernsehen" angeboten werden sollte (Springer 1972, 144 A. 1). Springer hatte die Hinwendung zum bloßen Bildblatt, zur 'Tagesillustrierten' damit erklärt, er sei sich „seit Kriegsende darüber klar" gewesen, „daß der deutsche Leser eines auf keinen Fall wollte, nämlich nachdenken. Und darauf habe ich meine Zeitungen eingerichtet" (Springer 1959). Deshalb erinnerte er sich daran, „daß Bilder tausendmal schneller den Weg zum Gehirn des Menschen fänden" als Texte (Müller 1968, 73), und ließ ein Billigblatt konzipieren, das vor allem angefüllt war mit Agenturfotos. Die Action-Bilder auf den Schauseiten des vierseitigen Blattes waren knapp betextet. Ihnen gesellten sich Comic-Strip-Serien und eine Kunstbetrachtung als visuelle Einheiten, der Tagesspruch sowie der Kommentar, weiter Nachrichten, kurze Artikel, Kolportagen, 'Novelletten', Horoskope und Witze und zwischengestreut vor allem Anzeigen hinzu. Die angepeilten Massen der Nichtdenker wurden mit dem 10-Pfennig-Blatt allerdings nicht erreicht, so daß man rasch übergehen mußte, die Bild-Legenden auszuweiten, neben Meldungen auch Berichte, Geschichten, Erzähl-Serien aufzunehmen. Riesige Schlagzeilen als 'Augenfänger' sollten zum Kauf am Kiosk animieren. Aus dem Bildblatt mit eingestreuten Texten wurde ein Textblatt, dessen immer noch überaus zahlreiche Bilder aber die Aufgabe der visuellen Ergänzung übernahmen. Anders als bei normalen Zeitungen blieb auch die Grundkonzeption, die von der Auflösung bzw. Zersetzung der Genres des klassischen Journalismus (Bericht, Reportage, Nachricht, Kommentar etc.), der Texte und Sätze ausging. Die Dynamisierung des Umbruchs zielte auf maximale Reizeffekte für den schnellen Leser. Er bekam Sensationen und Exklusivitäten schreiend angekündigt, mußte sich aber dann auf einer der nächsten Seiten mit Banalitäten, Alltäglichkeiten oder Erfindungen abspeisen lassen.

Seit 1983 vermochte es der Verlag, durch Ableger die Bild-Konzeption zu multiplizieren.

Die Regenbogen-Presse selbst mit Wochenendblättern wie 'Neue Post für die Frau', 'Das Neue Blatt', 'Das Neue', '7 Tage', '2. die zwei', 'Frau im Spiegel', 'Praline', 'Freizeit Revue', 'Das goldene Blatt' setzt auf bunte Bilder von Prominenten sowie mehr oder weniger erfundene Stories über diese. Wichtig ist der leichte Konsum wie der Appell an die Gefühle.

Für den Markt der Yellow-Press ist es wichtig, junge Leser und Leserinnen an ihre Produkte heranzuführen. Blätter wie 'Bravo' haben vor allem diese Funktion. Seriöser als die Regenbogen-Blätter geben sich vor allem Frauenzeitschriften wie 'Freundin', 'Für Sie', 'Petra', 'Madame', 'Cosmopolitan', überwiegend Bildblätter mit Themen wie Mode, Kosmetik, Wohnen, Kochen, Gesundheit, Lebenshilfe. Emanzipatorischen Anspruch erheben 'Emma' und 'Courage'.

Auf 'originelle' Optik, technisch perfekt präsentiert, setzen vor allem die Illustrierten. Wenigstens fünfzig Prozent des verfügbaren redaktionellen Raumes werden von Bildern eingenommen, wobei sich der Bildanteil gegenüber der Vorkriegszeit verdoppelte. Thematisiert kann nur werden, was optimal zu visualisieren ist. Wenn nicht der Idealzustand eintritt, daß auf ein Thema ein begnadeter Fotograf zusammen mit einem flotten Schreiber angesetzt werden kann, dann gilt die Priorität des Bildes, das groß und geschickt plaziert herauszustellen ist. Die Illustrierte bietet nicht den primären Nutzen der Aktualität, noch verfügt sie über den Zwang, lesernahes Geschehen bis hin zu den Todesanzeigen anzubieten. Sie muß den Rang eines Markenartikels gewinnen, ein Produkt sein, an dessen Lektüre

man sich gewöhnt. Während die Zeitung überwiegend vom Agenturangebot lebt, sowohl auf der bildlichen wie auf der textuellen Ebene, muß die Zeitschriftenredaktion kreativ sein, das ins Bild zu rücken, was nicht schon in der Tageszeitung abgebildet war oder im Fernsehen durch Nachrichten oder Magazine flimmerte. Was die Agenturen nicht brachten, was im Fernsehen überhaupt nicht oder nur kurz zu sehen war, muß in seinen Einzelheiten wie in seiner Emotionalität sichtbar gemacht werden. Wenn ein Rennwagen in der Luft zerbricht oder an einer Mauer zerschellt, dann zeigt das Bild oder die Bildserie die Details, das davonfliegende Rad oder den Fahrer oder beide. Als Beate Klarsfeld 1968 den Bundeskanzler Kiesinger ohrfeigte, brachte der 'Stern' die Phasen dieser Ohrfeige auf drei Doppelseiten, geliefert von einem Amateurfotografen, den es aber durch Recherche aufzustöbern galt.

Wo Bilder vom Originalereignis nicht vorhanden sind, werden sie nachgestellt. Sie gelingen dann häufig besser, sind schärfer, wirken affektiver auf den Betrachter. Im Textbereich wird meist differenziert zwischen recherchierenden und gestaltenden Journalisten. Es herrscht Arbeitsteilung. Jeder Text durchläuft mehrere Stationen, wird immer wieder daraufhin kontrolliert, vom Anfang bis zum Ende hochinteressant zu sein. Deshalb werden Artikel mehrfach neu geschrieben, immer wieder der bildlichen Umgebung, dem Layout neu angepaßt. Man müht sich um die sprachliche Form, um den Artikelaufbau, um die Dramaturgie des Textes, um die integrierten Effekte.

In den Grenzbereich zur Visualisierung gehört die Überschrift. Man setzt auf treffende, pointenhafte Schlagzeilen. Zur Hochzeit von Tina Onassis mit einem russischen Schiffsmakler brachte der 'Stern' über einem opulenten Hochzeitsmenü den Titel „Hummer und Sichel". Als Franz Josef Strauß Kanzlerkandidat wurde, zeigte der 'Stern' auf einer Doppelseite Strauß mit riesigem Nacken von hinten und betitelte „Das Kreuz des Südens", womit wenigstens drei Bedeutungen suggeriert waren.

'Herzstück' der Illustrierten sind die Bild-Reportagen, und unter diesen wieder die Titel- oder Aufreißer-Story. Zentral ist die Wechselwirkung zwischen Bild und Text. Während der Text überwiegend informiert und determiniert, den weiteren situativen Kontext, in dem die Bilder stehen, erläutert, konkretisiert und 'versinnlicht' das Bild die Text-Information.

Die gegenseitige Kommentierung wird durch das Layout festgelegt. Der hochentwickelte Rotationstiefdruck erlaubt zahlreiche raffinierte Varianten. Das einfachste Prinzip besteht in der Addition auf der einen, in der polaren Anordnung auf der anderen Seite. Diese formalen Mittel entpuppen sich in Verbindung mit konkreten Bildinhalten als wichtiger Bestandteil der sich zwischen den Bildern abspielenden Bildrhetorik innerhalb der größeren Einheit Bildreportage. Mit dem Prinzip der parallelen Wiederholung oder Redundanz bestimmter Bildinhalte kann ein Verstärkereffekt erreicht werden. Dagegen tendiert die polare Anordnung inhaltlich zur Darstellung von Kontrasten, von Gegensätzen, von Widersprüchen. Antithetisches Operieren kann aber Widersprüche nicht nur deutlich machen im Sinne einer aufklärerischen Wirkung; es können auch Pseudo- oder Scheinwidersprüche manipulativ, im Sinne einer Verschleierung realer Widersprüche, hochgeputscht werden.

Möglich sind auch alle Arten der Überblendung und Montage. Kleinere Bilder können in größere, Texte in Bilder und Bilder in Texte integriert werden. Helle Texte können vor dunklem Bildhintergrund aufscheinen. Schlagzeilen können sich dunkel von grauen oder frischfarbigen Fotos abheben. Alle Elemente können halbtonig ineinander verfließen oder abrupt kontrastreich aufeinanderprallen.

Unterstreicht die Bild-Unterschrift die Bildaussage, versucht sie durch Zusatzinformation eindeutig zu machen, zu bekräftigen, evtl. auch zu ironisieren, antithetisch zu kommentieren, so nimmt der eigentliche Textteil der Reportage die in der Bilderserie angeschlagene thematische Tendenz sammelnd und ordnend, ergänzend, Schwerpunkte setzend auf und bringt sie auf einen Gesamtnenner. Der Text ist gewissermaßen das informatorische Gerüst, um das sich die visual-sinnlichen Bildaussagen einhüllend legen.

Eine spezielle Sonderform der Bild-Reportage bietet die 'Bunte'. Sie lebt fast ausschließlich von den im Druck brillant wiedergegebenen Farbfotos. Die Bildmontage wird lediglich durch längere Bild-Über-, Unter- und Nebenschriften ergänzt. Hier nähert sich die Illustrierte den Blättern der Yellow-Press.

Neben der Bild-Reportage steht der Foto-Essay, der vor allem die Handschrift des Fotografen verrät. Er berichtet und kommentiert fast ausschließlich durch seine Bilder, die er selbst durch wenige Textzeilen ergänzt.

In sog. Klatschecken herrschen Einzelbilder vor, die lediglich durch längere Unterschriften ergänzt werden und so eine eigenständige und abgeschlossene Mini-Reportage bilden.

Der Versuch, in den Anzeigenmarkt der Illustrierten einzudringen, führte die Zeitungsverleger dazu, ihren Zeitungen sog. Supplements beizugeben. Dabei entwickelten sich seit Anfang der siebziger Jahre immer eigenständiger werdende Magazine, oft farbig, in Heftformat und im Kupfertiefdruck auf Papier von höchster Qualität. Redaktionell bedeutete dieser Trend eine Diversifizierung der Tageszeitung, ein Mehr für die Leser und vor allem für die Betrachter. Im Spezialbereich der sog. Programm-Supplements erhielten die Hörfunk- und Fernsehprogrammzeitschriften Konkurrenz. Die Illustrierte 'Stern' schlug insofern zurück, als jedem Exemplar das 'stern-tv-Magazin' beigelegt wird.

Der Erfolg, den die Bildblätter seit den fünfziger Jahren erzielten, verleitete natürlich auch die Tagespresse dazu, immer mehr auf die 'Bildinformation' zu setzen. Dabei geht es um Veranschaulichung vor allem von Dingen, die geschrieben nicht so gut zu vermitteln sind. Es geht um die Illustration des Textes, der notfalls auch alleine stehen könnte. Es geht um die Auflockerung des Umbruchs, um das Vermeiden des Eindrucks einer 'Bleiwüste', und es geht vor allem um optische Anreize. Bilder erfüllen für Leser von Tageszeitungen die Aufgabe von Fixpunkten, die zuerst die Aufmerksamkeit auf sich lenken, die man zuerst betrachtet. Die Bildnachricht kann deshalb auch eine starke Beeinflussung ausüben, manchmal eine stärkere als der Text. Sie kann mehr emotionalisieren und meinungsbildend wirken. Dabei bleibt unberücksichtigt, daß bestimmte Bilder gegenüber anderen vom gleichen Geschehen redaktionell bevorzugt werden, um eben in eine bestimmte Richtung zu wirken, etwa Aktion vorzutäuschen, wo diese nur partiell stattfand. Bilder dienen zudem stark der Personalisierung. In der Abonnementpresse sind es vor allem die Politiker, die 'Repräsentanten' des Volkes. Durch deren Fotos wird dem Leser immer wieder verdeutlicht, daß andere für ihn handeln, politisch aktiv sind. Politisches Handeln findet im Vollzug dieser Tatsachen heute fast ausschließlich in Begleitung von Fototerminen statt, wobei die realen Situationen oft geschönt werden, z. B. durch einen freundlich erscheinenden Händedruck von Kontrahenten.

Zentral für die Bildauffassung ist die Bild-unterschrift. In manchen Fällen genügen Namensnennung und Ort der Aufnahme. Meist sind Ergänzungen notwendig. Ein Foto heftig agierender Händler in einem Börsen-saal gewinnt durch den Begleittext 'Panik an der Börse. Vermögen werden vernichtet, Tau-sende sind ruiniert' eine andere Bedeutung als mit dem folgenden: 'Hausse an der Börse. Aktien notieren phantastische Preise'. Insge-samt kann die Bildaussage durch den Text er-gänzt, damit aussagekräftiger und wahrer werden. Sie kann aber auch eingeengt oder gar verfälscht werden. Der Text kann dem Bild eine eindeutige Tendenz zuweisen, oder er kann dem zu Sehenden zuwiderlaufen.

3.2. Buch

Über die Jahrhunderte hinweg sind Illustra-tionen in einem Buch dem Text funktionell untergeordnet, erläutern ihn mit den bildli-chen Mitteln, bedeuten eine mehr oder weni-ger entbehrliche Beigabe. Seit in Frankreich 1851 fotografisch illustrierte Bücher erschie-nen, wurde der Bild-Bestandteil zunehmend selbständiger, gewichtiger, kam ihm eine grö-ßere Bedeutung für die Konstitution des Ganzen zu, so daß heute bei Bildbänden nicht mehr eigentlich von Illustration die Rede sein kann.

Die in Zeitschriften zuerst auftauchenden Wort-Bild-Formen wie der Bildbericht, der Fotoroman und andere Formen der Bilderge-schichten, vor allem der Comic strip, gibt es auch in Buchform, wo sie einen Teil der Pro-duktion von 'illustrierten' Büchern ausma-chen. Hier sind die Bilder nicht mehr Beigabe zu einem in sich geschlossenen Text, sondern integraler, konstitutiver Teil des Gesamttex-tes. Eine solche mittragende Bedeutung ha-ben Bilder vielfach auch in Kinder- und Jugendbüchern. Maßgeblich sind dann di-daktische Ziele, während sonst Ausstattungs- oder Repräsentationsüberlegungen maßgeb-lich werden. Wenn während der Weimarer und der NS-Zeit einem Buch zur Erläuterung bzw. zum besseren Verständnis des Inhalts Bilder, vor allem Fotografien beigegeben wa-ren, so wurden diese, meist auf glänzend-glat-tem Papier gedruckt und damit qualitativ schlecht, gemeinsam auf mehreren Seiten zu-sammengefaßt und irgendwo zwischen die Textseiten gesteckt. Sie waren also nicht dort, wo sie den Text illustrieren sollten. Nach 1945 bekamen Bücher mehr Bilder auf besse-rem Papier und einen Platz, wo sie eine Funktion übernahmen. Texte und Bilder ent-

stammen überwiegend dem gleichen Stoff-kreis, was nicht bedeutet, daß sich nebenein-ander angeordnete Bilder und Textteile un-mittelbar aufeinander beziehen. Sie müssen sich weder in den Stoff teilen, etwa indem die Bilder die Personen zeigen, die im Text agie-ren, noch müssen sie ihrer Faktur nach auf-einander bezogen sein, etwa indem im Text Fehlendes ergänzt wird. Der Zusammenhang kann sehr eng sein, aber auch sehr lose.

Literarisch-ästhetisches Interesse wird vor allem dort geweckt, wo sich Wort-Bild-Kon-struktionen als Mittel oder Gegenstand künstlerischer Tätigkeit zeigen, etwa im 'Bil-derbuch' von Kurt Tucholsky und John Heartfield 'Deutschland, Deutschland über alles' von 1929, in Bert Brechts 'Kriegsfibel' von 1945 bzw. 1955, oder in R. D. Brink-manns Journal 'Rom, Blicke' von 1979, das mit einer Fülle von Bildmaterial durchsetzt ist, bzw. in dessen Gedichtesammlung 'West-wärts 1 & 2', die von umfangreichen Fotofol-gen eingerahmt ist. Andere Autoren wie Peter Handke oder Jochen Gerz wären anzuführen.

3.3. Plakat

Die Semiotisierung der Umwelt gibt dem Pla-kat breiten Raum, vor allem in der Groß-stadt. In ihm war der Text zu Anfang ein Mit-tel zur Aufhebung der Bildillusion, am Ende ist er geradezu ein Aspekt der Illusionierung.

4. Die Bild-Wort-Medien

4.1. Film

Das steigende Bedürfnis nach visueller An-schauung trug nicht nur zum Aufschwung der Illustrierten Presse in der Weimarer Zeit bei, sondern auch des Films. Im Zeitraum zwischen 1924 und 1929 wuchs die Zahl der Kinos von 3.669 auf 5.078 und die der Sitz-plätze von 1.315.246 auf 1.946.513 an (Schmitt 1932). Die Mehrzahl der Kinobesu-cher stammte aus proletarischen Kreisen, wo-bei als Grund vermutet wurde, daß sich das Filmbild „meist direkt an die Gefühlssphäre wende" und „eine rationale Umsetzung der Bildgehalte nicht erforderlich sei" (Siemek 1953). Der Stummfilm war Bild-Medium im eigentlichen Sinn, denn in ihm mußte die Lo-gik der Handlung aus dem Auftreten und Be-nehmen der Schauspieler, ihrer Körperhal-tung und ihren Körperbewegungen, ihrer Ge-stik und Mimik erschlossen werden. Zwi-schenstation zum Tonfilm ist der Stummfilm mit eingeblendeten Zwischentiteln, die um

1907 auftauchen. Anfänglich waren diese überlang, ja es gab Filme, die gut zur Hälfte aus Titeln bestanden. Dann lernte man, sich auf wesentliche Aussagen zu beschränken. Beim Tonfilm soll das Wort nur das Bild ergänzen, unterstützen, unterstreichen, erweitern, abrunden. Es soll deuten und begründen, gegenständlich vorausweisen und psychologisch vertiefen.

Dialogisch rekapituliert wird im besonderen auf gezeigte Handlungen oder Ereignisse, wenn neue Handlungspartner hinzutreten, denen das vorher Geschehene unbekannt ist. Weiter besteht eine wichtige Aufgabe des Dialogs darin, gezeigte Handlungen zu motivieren, sie zu begründen, abzusichern, zu ergänzen, zu vertiefen. Die einzelnen Dialogsequenzen charakterisieren die handelnden Personen, kennzeichnen sie als Typen, können sie trefflich karikieren, ihre Tätigkeiten ironisch pointieren oder zynisch kommentieren. Mit der Dialogorganisation kann im Film das Wesentliche herausgehoben, besonders Bedeutungsvolles unterstrichen werden, ist Spannung zu erregen und zu steigern. Gerade durch verbale Mißverständnisse, durch ein Aneinandervorbeireden können Konflikte entstehen, kann sich eine Katastrophe abzeichnen oder anbahnen. In Einzelfällen läßt sich Sprache auch verwenden, um in gestalterische Dimensionen vorzudringen, die dem reinen Bildzusammenhang verschlossen sind. Weiter läßt sich Sprache abheben vom Bildgeschehen, man kann ihr eine eigenständig deklamatorische Funktion übertragen wie z. B. in 'Hiroshima mon amour' oder ihr Vernunft und Logik nehmen wie in 'Zazie'. Im experimentellen Film können visuelle, akustische, literarische oder triviale Komponenten so weit getrennt werden, daß eigenständige Ausdruckseinheiten entstehen, die aber evtl. neue Sinnzusammenhänge erschließen. Für den Filmdialog ist wichtig, daß alle genannten Charakteristika Eindeutigkeit besitzen. Die Dialogführung muß in sich stimmig und nach außen, dem Zuschauer gegenüber als dem eigentlichen Adressaten des Dialogs, verständlich und durchsichtig sein. Sprache transportiert die Handlung nicht im Film, aber diese muß durch sie markiert, eindeutig verstehbar gemacht werden. Es dürfen beim Zuschauer keine Reflektionen ausgelöst werden, keine Spekulationen über den Gang und das mögliche Fortschreiten der Handlung bzw. der Entwicklung der Charakteure. Filmdialog ist konzentrierter Dialog, denn die im Film agierenden Personen sprechen dann,

wenn zu machende Aussagen von Bedeutung sind oder sein sollten, wenn etwas auszudrücken ist, was mit dem Bild, mit Bildsequenzen nicht allein auszudrücken wäre. Abweichungen von dieser Regel kennzeichnen den Gebrauchs- oder Trivial- bzw. den Experimentalfilm. Sparsamer Einsatz der Sprache ist funktional für die Wirkung eines Films, für seine Qualifikation, für seine Ästhetik.

Im Qualitätsfilm erzählt vor allem das Bild. Das Wort ist ihm unter- bzw. nebengeordnet. Es ergänzt, verdeutlicht, klärt. Ist es eindeutig, bedarf es keiner Redundanz, die ein Kennzeichnen des Dialogs in der Alltagssprache ist. Der Monolog ist Sache der Bühne, nicht des Films. Versuche, Sprachsymbole direkt in Bildsymbole zu übertragen, könnten zu lächerlichen Bilderkolportagen führen, etwa eine Bebilderung des Faust-Eingangsmonologs durch das Zeigen von Tier- oder Menschenskeletten oder Teilen davon („umgibt in Rauch und Moder nur/Dich Tiergeripp und Totenbein"). Gegenüber der theatralisch gehobenen Atmosphäre des Theaters ist die des Films gebremst. Große Ausbrüche, Emotionen, Affekte wären störend. Eine normale, ausgeglichene Sprechweise sowie eine zivile, leicht untertriebene Deklamation sind angemessen.

Das filmische Bild diktiert dem Zuschauer das Tempo seiner Betrachtung. Es steuert durch Kamerabewegungen oder durch die Bewegung des Dargestellten die subjektive Auswertung des dargebotenen optischen Materials. Das Wort ist Teil des Tons, muß sich gegen Geräusche und begleitende Musik durchsetzen, evtl. dagegen ankämpfen, die Aufmerksamkeit von dem eher dem Bild zugeneigten Zuschauer erheischen.

4.2. Fernsehen

Seit dem Ende des 19. Jhs. strebten Modelldenker und Technikpraktiker darnach, ein Live-Bild-Wort-Medium zu schaffen. In der Weimarer Zeit wurden Experimente veranstaltet, die mit Etiketten wie 'Radiomovie', 'Bildfunk', 'Fernkino', 'Funkfilm', 'Fernsehsprechverkehr', 'Bildrundfunk', 'Fernkinematographie' o. ä. versehen waren. Der Durchbruch kam jedoch erst Anfang der Fünfziger Jahre und ging einher mit einer Verlagerung des Bild-Wort-Konsums aus dem öffentlichen in den Privatbereich. Als 1957/58 die Verbreitung des Fernsehens die Millionengrenze überspringt, sinkt der Kinobesuch dramatisch. Aus anfänglichen knapp zwei Stunden Versuchsfernsehen wurde schnell ein Programm mit strukturiertem Zeitraster, das sich dem Alltag der Menschen anschmiegte. Feste Sendeplätze wurden eingerichtet für die Nachrichten, für Magazine, Shows, Serien, Spielfilme usw.

Betrachtet man das Fernsehangebot als Collage, als Mixtur unterschiedlichster Elemente, hier allerdings im nahezu ununterbrochenen Fluß, so zeigt sich, daß in ihr die Bild-Elemente weit stärkere Beachtung finden als die sprachlichen. Wenn auch wichtige Unterscheidungsmerkmale zum Film bestehen, etwa technische (Filmband contra elektronische Zeilen; kleiner Bildschirm mit damit verbundenem Verlust der Suggestion; begrenztes Auflösungsvermögen; Reduktion der Informationsdichte; Bevorzugung des Zooms statt der Kamerafahrt), solche der Ausstattung (Fortfall der Preziosität kinematographischer Operationen zugunsten einfacher Lösungen aus Zeit-, Technik-, Geld- oder Phantasiegründen), der Empfangssituation, dem Live-Prinzip, der massenmedialen Verbreitung (Bilderschwemme, Bildinflation, Senkung der optischen Ansprüche), so betrachten TV-Theoretiker wie -Praktiker das Fernsehen primär als Bild-Medium. Aber auch für bewußte kreative Bildgestaltung fehlen Zeit und Geld, so daß die bildlich-formale Gestaltung von Tatsachen, Berichten, Meinungen überwiegend als beliebig austauschbar gesehen werden muß. Werden die filmischen Formen nicht entsprechend den Inhalten mitgedacht, mitgeplant, mitgestaltet, so bleiben die übermittelten Inhalte folgenlos, verschwinden in der 'Bilderschwemme'. Fernsehen als Bild-Kunst wäre möglich. Die Sternstunden sind aber verschwindend gering. Die Anerkennung einer Ästhetik des Aktuellen, Spontanen, Fragmentarischen, speziell auch des Journalistischen, führte weg vom Kunstcharakter des Mediums, hin zum überwiegend Live-Informierenden. In das auf Dauerkonsum angelegte Programm, in dem ein Beitrag jeweils den vorhergehenden 'verdrängt', sind alle Elemente psychohygienischen Wissens eingebaut: Reizflut, leicht zu erreichende Ablenkung, Entmüdung, Entspannung, Problemverdrängung, Kulissenwechsel. Die entwickelte Ästhetik entspricht allen elementaren Forderungen der Wahrnehmungspsychologie: prägnante Figuren (überschaubarer Aufbau der Einzelsendungen, Ankerpersonal; geometrische Ballette etc.), dynamische Elemente (Musik), Wiedererkennungseffekte (Publikumslieblinge), überraschende affektive Einschübe (Humor), Präsentation des Unvorhersehbaren (Quiz, Rätsel), Präsentation des Unwahrscheinlichen (Zauberer), des Risikoreichen (Artisten), des von herkömmlichen Normen Abweichenden (Exoten), des Signalisierenden (Erotisches, Buntes, Glitzerndes). Die Wirkung bleibt aber flach, weil keine programmatischen, inhaltlichen 'Superzeichen' produziert werden, die sich durch ihre Gestaltqualität einprägen könnten. Lediglich die zahlreichen Wiederholungen von Typen, Stereotypen, Klischees als rhetorische Mittel des Bildes und vor allem auch der Sprache führen durch Redundanz zur ritualisierten Wahrnehmung.

Im Fernsehen ist die reproduzierte Welt oder Wirklichkeit eine bebilderte, z. T. eine vertonte. Sprache müßte in ihr zusätzlich eine Textwelt schaffen, die mit der Seh-, Hör- und Sinneswelt zu verknüpfen wäre. Die Sprache müßte Brückenfunktion erhalten, diese verschiedene und sonst getrennte Welt zu verbinden. Über ein sorgfältiges Formulieren der Texte, über eine möglichst genaue Kongruenz der Texte mit den Bildern, Geräuschen und der Begleitmusik müßte eine Einheit geschaffen werden, die über das Medium die Orientierung in der realen Welt für den Zuschauer erleichtern würde. Wo Sprache die Phantasie anregt, sie hungrig macht auf ihre eigenen Bilder, da bietet das Fernsehen eine Bilderflut an, sättigt damit die eigenen Vorstellungen, übersättigt sie aber meist. Phantasie wird dann vom Rezipienten gar nicht mehr erst gefordert. Bilder führen zu Bildern, die die Assoziation anregen können, die Umsetzung in Sprache bzw. die Deckung mit dem angebotenen Text aber verhindern. Die Orientierung des Zuschauers verbleibt in der Seh- und Hörwelt des Mediums, die ein Fertigbild anbietet, das die Mühe des Selbstbewältigens erspart. Die Fernsehwelt zeigt eine Als-Ob-Welt, suggeriert das Dabeisein sowohl in der Nah- wie in der Fernwelt, ersetzt das eigene Denken und Sprechen, die Eigensprache. Dauerkonsum des Mediums führt zur Sprachlosigkeit, wenn es hochkommt, zur Übernahme des Medienjargons.

4.3. Videoclip

Mit dem Videoclip entstand Ende der siebziger Jahre eine neue mediale Form, die zwar bestimmt ist von einer Film- bzw. Fernsehtechnik, die aber den eingeübten Sehgewohnheiten Hohn spricht. Bilder sollen die Musik visualisieren, zielen dabei bewußt auf Provokation. Die Schritte folgen nicht den Bildhandlungen, sondern dem Rhythmus der

Musik. Die Farben sind grell. Die Technik orientiert sich am Machbaren, folgt nicht ästhetischen Kategorien. Videoclips repräsentieren Symbole, Jargon, Identifikationsmuster der jugendlichen Subkultur.

5.   Sprache und Kunst

Im 20. Jh. treten Sprache und Bild, konkrete Literatur und bildende Kunst in einen qualitativ neuen, interaktiven Prozeß ein, der vor allem Positionen der 'avantgardistischen' Kunst verändert. Seit den Bewegungen des Kubismus, des Futurismus und des Dadaismus läßt sich in den verschiedenen Strömungen eine wechselseitige Durchdringung von Literatur und bildender Kunst beobachten. Die Literatur findet zur bildhaften Gestaltung, und die bildende Kunst eignet sich Elemente des Sprachlichen an. Seit Kubisten erstmals einzelne Buchstaben, Wortfragmente und Worte in ihre Bilder oder Textfragmente und ganze Texte in ihre Zeichnungen und Leinwände 'collagierten', wird die Kunst zunehmend 'lingualisiert'. Wird Sprache in das Kunstwerk integriert, so wird sie zum 'Medium' der Kunst. Geht Sprache einher mit dem Kunstwerk, so wird sie zu seinem komplementären 'Kommentar'. Tritt Sprache an die Stelle des Kunstwerks, so hebt sie das 'Werk' als 'artefactum' auf.

Mit der Integration von Sprachelementen in Bildern versuchen die Künstler, diese näher an die Realität heranzuführen. Die Zweidimensionalität der Bildfläche kann durch die eingemalten und collagierten Sprachversatzstücke betont werden. Zum anderen wird die graphische Qualität der Buchstaben und Texte betont. Indem die Sprachelemente dem Bild 'eingeschrieben' sind, verweisen sie auf ihre mediale Eigenständigkeit im Bildgefüge.

In den fünfziger und sechziger Jahren geht die 'konkrete' oder 'visuelle Poesie' davon aus, sich mit Sprache als 'Material' auseinanderzusetzen. Versucht wird eine Interaktion oder gar eine Fusion von Kunst- und Literatursystem. Schrifttexte werden zu Bildern, Bilder zu Schrifttexten. Bei Eugen Gomringer etwa gehen in den 'Konstellationen' Text und Fläche eine untrennbare, nicht linear zu 'lesende' Einheit ein. Die Anordnung ist so, daß sich der Text aus der optischen nicht in die akustische Dimension bringen läßt. Er bleibt fest verhaftet. Der Einzelbegriff oder Einzelbuchstabe verweist provokativ auf seine Existenz und auf den ästhetischen Eigenwert von Schrift und Sprache. Die materiellen Substrate verselbständigen sich. Auf den semantischen Bereich der Sprache wird weitgehend verzichtet. Die Fläche erhält ihre eigene Grammatik. Sie nötigt dazu, den Text von ihr her zu denken, damit ihre Funktionen zur Geltung kommen können. Durch Aktionen, Performances, Videos und Multi-Media-Shows wird Sprache sowohl phonetisch wie optisch in die Kunst einbezogen. Über 'Entwürfe' und 'Rudimente' findet deren Bild und Text dann integriert wiederum den Weg in Ausstellungen und Museen.

Ausgehend von den Photo-Text-Montagen, die in der ersten Jahrhunderthälfte etwa von John Heartfield agitatorisch eingesetzt wurden, referiert eine junge Künstlergeneration in der Zeit nach dem Zweiten Weltkrieg kritisch die Mittel des literarischen Zitats, der Werbung, der Comics. Die Befragung heroischer Metaphern, die Banalität sprachlicher Standards, die poetisch-existentielle Erfassung des Lebens, das aggressiv politische Statement und die Irrealität einer Comic-Kultur zeigen die Spannweite an, in der Künstler ein neu definiertes Bewußtsein des Verhältnisses von Sprache und Bild aufweisen.

6.   Literatur (in Auswahl)

Altrogge, Michael/Rolf Amann, Videoclips – die geheimen Verführer der Jugend? Berlin 1991.

Buddemeier, Heinz, Panorama, Diorama, Photographie. Entstehung und Wirkung neuer Medien im 19. Jh. München 1978.

Die Sprache der Kunst – die Beziehung von Bild und Text in der Kunst des 20. Jhs. Hrsg. v. Frankfurter Kunstverein. Frankfurt/M. 1994.

Faust, Wolfgang Max, Bilder werden Worte. Zum Verhältnis von bildender Kunst und Literatur im 20. Jh., oder Vom Anfang der Kunst im Ende der Künste. München 1977.

Freeman, Judi, Das Wort-Bild in Dada und Surrealismus. München 1990.

Gidalewitsch, Nahum, Bildbericht und Presse. Ein Beitrag zur Geschichte und Organisation der illustrierten Zeitungen. (Diss.) Basel 1956.

Hinkel, Hermann, Zur Funktion des Bildes im deutschen Faschismus. Bildbeispiele, Analysen, didaktische Vorschläge. Steinbach/Gießen 1974.

Macias, José, Die Entwicklung des Bildjournalismus. München 1990.

Marckwardt, Wilhelm, Die Illustrierten der Weimarer Zeit. Publizistische Funktion, ökonomische Entwicklung und inhaltliche Tendenzen (unter Einschluß einer Bibliographie dieses Pressetypus 1918–1932). München 1982.

Müller, Hans Dieter, Der Springer-Konzern. Eine kritische Studie. München 1968.

Müller-Brockmann, Josef, Geschichte der visuellen Kommunikation. Von den Anfängen der Menschheit, vom Tauschhandel im Altertum bis zur visualisierten Konzeption der Gegenwart. Teufen 1971.

Schmitt, Walter, Das Filmwesen und seine Wechselbeziehungen zur Gesellschaft. Versuch einer Soziologie des Filmwesens. Freudenstadt 1932.

Schweikhardt, Josef, Ästhetik des Fernsehens. Wien 1980.

Siemek, Hermann, Der Film als kultursoziologisches Phänomen. Seine Physiognomie und seine Wirkung in der Gesellschaft. (Diss.) Heidelberg 1953.

Springer, Axel, Von Berlin aus gesehen. Zeugnisse eines engagierten Deutschen. Stuttgart 1972.

Springer, Axel im Evangelischen Sonntagsblatt, 5. 7. 1959, zit. nach Karlpeter Arens, Manipula-tion. Kommunikationspsychologische Untersuchung mit Beispielen aus Zeitungen des Springer-Konzerns, Berlin 1973, 59.

Stiewe, Willy, Die Pressephotographie als publizistisches Mittel. Diss. Leipzig 1936.

Text und Bild. Bild und Text. Hrsg. v. Wolfgang Harms. Stuttgart 1990.

Unger, Eva-Maria, Illustrierte als Mittel der Kriegsvorbereitung in Deutschland. Köln 1984.

Weiß, Christina M., Seh-Texte. Zur Erweiterung des Textbegriffs in konkreten und nachkonkreten visuellen Texten. Diss. Saarbrücken 1982.

Zielinski, Siegfried. Audiovisionen. Kino und Fernsehen als Zwischenspiele in der Geschichte. Reinbek 1989.

Erich Straßner, Tübingen

150. Entwicklungstendenzen der Werbesprache seit der Mitte des 20. Jahrhunderts

1. Unveränderliche Grundzüge der Werbesprache
2. Unveränderte Grundzüge der Werbesprache
3. Die heutige Situation der Werbung
4. Auswirkungen auf die Werbesprache
5. Die Rolle der Frau in der Werbung
6. Werbung als Kunst?
7. Literatur (in Auswahl)

1. Unveränderliche Grundzüge der Werbesprache

Wirtschaftswerbung ist die Unterrichtung eines anonymen Publikums von der Existenz von Waren und Dienstleistungen und ihren Eigenschaften durch den Erzeuger oder Dienstleistenden oder eine von ihm beauftragte Agentur über verschiedene öffentliche Kommunikationswege in der Absicht, den Absatz des Angebotenen zu fördern. Die Wirtschaftswerbung ist eine neue, historisch einmalige Erscheinung, da sie an das Vorhandensein von Werbeträgern, an die Produktion von Massengütern und an die Kaufkraft eines egalitären Publikums gebunden ist. Sie ist zugleich eine neue und besondere Form der Massenkommunikation, und zwar ist sie eine künstliche und eine asymmetrische Kommunikation, in der es keinen kommunikativen Austausch der Partner gibt. Niemand, der in einem Kulturkreis mit Überproduktion lebt,

kann sich dieser einsträngigen Kommunikation entziehen. Der älteste Kommunikationsweg der Werbung führt über das Wort und das Bild in Druckmedien; jünger ist das gesprochene Wort im Hörfunk, das häufig mit Melodien und Gesang unterlegt ist, und der jüngste Weg ist die Kombination von Bild, Wort und Melodie im Fernsehen. Die Absicht des Anbieters, in dem anonymen Massenpublikum einen Kaufentschluß herbeizuführen, ruft unausweichlich einige grundlegende sprachliche Strategien hervor, die sich seit dem Auftauchen der modernen Wirtschaftswerbung im 18. Jh. (Stolze 1982) nicht verändert haben. Der Anbieter muß Aufmerksamkeit erregen und ersinnt dazu allerlei Auffälligkeiten in der Präsentation der Botschaft. Das geht bis zu Anstoß Erregendem in der Grammatik: *König Pilsener, das König der Biere.* Der Anbieter spricht von sich und seinem Produkt mit Worten hohen Selbstlobes: *Was man hier zu sehen bekommt, ist die vollkommene Harmonie zwischen Form und Funktion, zwischen Architektur und Hochspannungstechnik.* Er schmeichelt dem Verstand und dem Geschmack des potentiellen Kunden: *Wenn Sie von einem Fahrzeug mehr erwarten als andere, dann haben Sie gewiß von Haus aus Ihre eigenen Wertvorstellungen* (Auto). Die Sprache der Werbung hat ein einziges stilistisches Register, das hyperbolische, und damit einen unverwechselbaren Charakter. Sie ist in keinem anderen gesellschaftlichen Zusammenhang benutzbar und von jedermann leicht zu erkennen. Doch ist sie keine Subsprache oder Variante einer Sprache mit einem eigenen Code oder bestimmten grammatikalischen Regeln wie ein Dialekt oder ein Soziolekt (Schifko 1982, 989). Öfters sagt man ihr einen Einfluß auf die Umgangs- oder sogar die Gemeinsprache nach (Baumgart 1992, 324 ff.), aber dafür gibt es keinen Beweis. Man kann nur sagen, daß die Werbung Sprachmoden mitmacht, kaum, daß sie sie kreiert. Allenfalls vermehrt sie in der Gemeinsprache die Fremdwörter und die zusammengesetzten Adjektive nach dem Muster *atmungsaktiv, frühlingsfrisch.* Hin und wieder werden Slogans zitiert und parodiert, z. B. *Katzen würden Whiskas kaufen* als *Katzen würden Whisky saufen,* aber das wird auch sofort verstanden.

2. Unveränderte Grundzüge der Werbesprache

Sämtliche Eigenheiten der Werbesprache, die in einem 1968 erschienenen Buch über die „Sprache der Anzeigenwerbung" (Römer) verzeichnet sind, haben sich bis zum Ende des Jahrhunderts erhalten, keine ist gänzlich verschwunden, und keine der heutigen Eigenheiten ist völlig neu. Nach wie vor bevorzugt die Werbung Substantive, vernachlässigt Verben und gebraucht unvollständige Sätze: *High Tech auf den ersten Blick*; kumuliert ihre Aussagen pleonastisch: *vollendet veredelter Spitzenkaffee*; benennt einfache Güter mit unangemessen „hohen" Namen: So heißt ein einfaches Brathähnchen *Majestät*; gebraucht aufwertend zusammengesetzte Adjektive: *superbequem* (Schuhe); befiehlt: *Telefonieren Sie doch, wo Sie wollen*; liebt das Wortspiel: *WahnZinskonto/High Leitz/Das einzig Wahre: Warsteiner* (Bier) und den Doppelsinn: *Die Fahrkultur der Oberklasse* (Auto); hat ihre Schlüsselwörter, heute: *Anspruch, Freude, Genuß, Erlebnis, Bio-, ich will*; entkonkretisiert die Begriffe: *Schlafprogramm aus massiver Erle* (statt: *Schlafzimmer aus …*). Im Verlauf der letzten vierzig Jahre sind allerdings Verschiebungen in den Eigentümlichkeiten eingetreten, manche Tendenzen haben sich verstärkt. Folgende Veränderungen fallen dem Betrachter auf: in Anzeigen die Zunahme längerer, belehrender Texte mit Informationen über die Produktherstellung und mit Erläuterungen fremdsprachiger Wörter, eine enorme Vermehrung der Fachwörter und der Fremdwörter und eine Komplizierung der Produktnamen.

3. Die heutige Situation der Werbung

Veränderungen im Stil der Werbung sind zum Teil einer veränderten Marktsituation geschuldet. Die Werbung betreibt ihr Geschäft in einer Phase der Überproduktion und steht vor „gesättigten Märkten" (Kroeber-Riehl 1991, 20), d. h. das Marktpotential ist nahezu ausgeschöpft und erzwingt einen bloßen Verdrängungswettbewerb. Hinzu kommt, daß die Produkte inzwischen voll ausgereift und gleich gut, d. h. nahezu austauschbar sind. Das erzeugt beim Empfänger der Werbung Informationsüberlastung und Desinteresse. Ohnehin wird geschätzt, daß nur 5% der Werbung ihren Adressaten erreichen (Kroeber-Riehl 1991, 15). Die Botschaften sind zwar persuasiv gemeint, aber der perlokutionäre Effekt ist höchst unsicher. Es gibt keine strenge Wirkungsforschung, die Käufe sind wahrscheinlich mehr der Kaufkraft des Publikums zu verdanken. Weiter kommt hinzu, daß eine Fülle neu entwickelter, hochkomplizierter technischer Geräte anzubieten ist: Telefone, Kameras, Musik- und Fernsehgeräte und Computer, die sämtlich in großer Vielfalt auf dem Markt sind. Die Werbung geht trotz dieser Umstände nicht etwa zurück, sondern hat noch immer zugenommen: Von 1970 bis 1985 hat sich die Zahl der beworbenen Marken nahezu verdoppelt, und zugleich hat sich die Zahl der Anzeigenseiten in den Zeitschriften verdoppelt (Kroeber-Riehl 1991, 23). 1993 hat die Werbung in Deutschland einen Umsatz von 50 000 000 000 DM erzielt (FAZ 12. 5. 1993). Die öffentlich-rechtlichen Fernsehanstalten werden zu 30−40% von der Werbung finanziert, die Privatsender zu 100% (Kloepfer-Landbeck 1991, 17). Aus diesen materiellen Gründen, aber auch als Konzession an einen vielbeklagten Zeitgeist setzt die Werbung stärker noch als früher auf die Faktoren Prestige, Erlebnis und Individualität (Kroeber-Riehl 1991, 21; Stark 1992, 6, 93). Sie setzt voraus, daß der Kunde in erster Linie an Erlebnissen, Spaß, Freude, Unterhaltung, Prestige und „Selbstverwirklichung" interessiert ist (Kroeber-Riehl 1991, 27) und sein Selbstwertgefühl aus dem Verbrauch teurer Waren bezieht. Folglich wird ein schlichtes Dessert zum *Desserterlebnis*, das Autofahren zum *Fahrerlebnis*, das Hören und Sehen mit Unterhaltungsgeräten zum *Bild- und Klangerlebnis*. Der Kunde wird gefragt: *Ist Ihr Anspruch hoch genug?* (Auto), und ihm wird zugesagt, daß er durch den Verbrauch jener massenhaft produzierten Güter Individualität erlange: *Die Reifen, die Ihrem individuellen Fahrstil Farbe geben/individueller Duft* (Rasierwasser). Die Werbung bildet den potentiellen Käufer vielfach als ideal-schöne Figur in edler Umgebung ab, zwischen vornehmen Möbeln, neben eleganten Limousinen, die vor Schloß- und Hoteleinfahrten und vor Luxusläden stehen, oder als lachend-vergnügten und sportlich-legeren Menschen in der Freizeit. Sie schmeichelt: *Die schönen Seiten des Lebens sind für Sie keine Wunschträume, sondern ein selbstbewußter Ausdruck Ihrer persönlichen Freiheit* (Auto; der Satz ist gedanklich unklar). Die Gesellschaft, die in Texten und Bildern der Werbung dargestellt wird, ist noch mehr als vor Jahrzehnten eine Gesellschaft der Jungen, der Reichen, der Glücklichen, der Erfolgreichen und Selbstbewußten. Ein Schluß von der Werbung auf unsere Gesellschaft, die von ideologisierten Seiten ja als eine Elendsgesellschaft geschildert wird, müßte völlig fehlgehen.

Der Bildanteil der Werbung für Konsumgüter ist in Publikumszeitschriften von 50% in den sechziger Jahren auf 70–80% in den achtziger Jahren gewachsen (Kroeber-Riehl 1991, 17). Die Bilder sind manchmal von hoher künstlerischer Qualität, auch hier hat eine Entwicklung stattgefunden. Hinzugekommen ist eine umfangreiche szenische Werbung im Fernsehen, die eine besondere Behandlung verdiente. Hier nur so viel: Die dort beworbenen Waren sind meist einfacher Natur: Bier, Autos, Speisen, Speisezutaten, Waschmittel, häufig durch Kinder und Tiere und durch eine tränenselige Ausdrucksweise des Ansagers emotional aufgeladen. Aber die Sprache in den Fernsehspots ist einfach, verzichtet auf Raffinessen. Nach wie vor ist die Anzeige in Printmedien der hauptsächliche Werbeinformant, 60% der Werbeaufwendungen gehen in diesen Sektor (Stark 1992, 4), und nach wie vor ist die Sprache, trotz des eindrücklichen Bildes, das wichtigste Instrument der Werbung (Baumgart 1992, 315).

4. Auswirkungen auf die Werbesprache

4.1. Textlänge in Anzeigen

Unterschiedlich ist die Textlänge nur in Anzeigen, in Funk und Fernsehen ist sie von vornherein genormt. Es gibt nach wie vor keine Präferenzen für kurze oder lange Texte in den Anzeigen, vielmehr kommen alle Typen vor: Bilder, die mitunter eine ganze Seite oder eine Doppelseite ausfüllen, mit wenigen Wörtern oder nur mit dem Warennamen oder mit dem Slogan und dem Warennamen; Texte mit wenig, unter 50 Wörtern, Texte mittlerer Länge, zwischen 50 und 100 Wörter, in einem Block über oder unter dem Bild; und Texte mit viel Wörtern, über 200 bis zu mehreren hundert Wörtern. Auffällig ist jedoch die Zunahme längerer, und zwar jeweils erklärender Texte. Darin werden Werkstoffe, technische Verfahren und besonders die Umweltverträglichkeit beider erläutert, und es werden darin sogar Fach- und Fremdwörter für den Leser übersetzt und erläutert. Gewiß rücken diese Anzeigen in die Nähe der Public Relations, sie werben aber doch auch für Produkte: *Die automobile Spitzenklasse ist an ökologische Grenzen gestoßen. Nur ein Quantensprung kann sie überwinden. Ein Quantensprung ist der plötzliche Übergang aus einem Zustand in einen anderen* (Auto).

4.2. Zunahme des Fachwortes

Gegenwärtig wird eine „Verfachlichung und Verwissenschaftlichung der Sprache und der Kommunikation" diagnostiziert (Drozd 1988, 1527, 1524), und das gilt auch für die Werbesprache. Noch vor zwanzig, dreißig Jahren war der Anteil der Fachwörter nicht so groß, wie er es heute ist. Die Gründe dafür liegen in der vermehrten Produktion hochtechnischer Gebrauchsgegenstände. Dabei ist zu berücksichtigen, daß es sich bei der Werbesprache nicht um eine Kommunikation zwischen Fachleuten handelt, sondern um die einseitige Information interessierter Käufer. Darum sind die fachsprachlich durchsetzten Werbetexte auch niemals echte Fachtexte. Ob der Empfänger die Fachwörter versteht, hängt von seinem Interesse an der Ware und von seinen Vorkenntnissen ab. Die Zielgruppen der Werbung sind in diesem Falle unterschiedlich. Man kann schließen: Je mehr Fachwörter in einer Werbeinformation vorkommen, desto kleiner wird der Empfängerkreis. Solche Werbung kann keine Breitenwirkung entfalten wie eine für Sonnenschutzcreme oder für Sekt. Lernprozesse werden von der Werbung kaum angeregt, da schon der Einstieg in die Kommunikation für Nichtkenner nahezu unmöglich ist. Die Fachwörter erfüllen bei den technischen Geräten durchaus einen Informationszweck und werden kaum aus Prestigegründen benutzt.

Allerdings wird ein Prestigebedürfnis noch immer auch mit Fachwörtern befriedigt, und seien es scheinbare Fachwörter wie *Aromaentfaltungsröstung* und *Vakuum-Kaffee.*

Die Fachwörter der Werbung sind zumeist dem Engl. entnommen, doch kommen auch dt. Fachwörter vor;

hochauflösend (Kamera)/*Maus* (eine Lehnübersetzung), *Rechner, Speicher* (Computer)/*Umdrehungen, Gußknoten* (Auto)/*Schnellschlagstampfer* (Baumaschine)/*tiefziehende Feinbleche* (Metallverarbeitung)/*Wirbelstromprüfanlage* (Elektronik).

Neu und fremdartig für viele Umworbene, am stärksten wohl für ältere Menschen, sind die Fachwörter aus der Unterhaltungselektronik:

Autoreverse, Baß-Booster, Cinch-Kabel, Dolby Surround Pro-Logic Klangprozessor, High Speed Dubbing, Oversampling, Subwoofer-System, Antireflex-Kontrastfilterscheibe, und dem Bereich der Computer: *Hostsysteme, Kompatibilitätsmodus, Multitasking, On Board Memory, Paralax-Scrolling, superscalarer RISC-Prozessor, Trackball.*

Die Vielfalt der Computer mit ihrem weitgefächerten Zubehör und die Vielzahl der Anbieter haben in den Printmedien Erscheinungen hervorgebracht, die es bisher nicht gegeben hat.

Erstens: in Zeitungen und Zeitschriften gab es bisher keine bestimmte Reihenfolge der Warensorten, Werbung für Parfüm folgte auf Werbung für Flugreisen. In anspruchsvollen Illustrierten kann Werbung für Computer, Unterhaltungsgeräte oder Handtelefone auch heute noch mitten in anderer Werbung auftauchen. In Zeitungen hingegen erscheint die Werbung für diese speziellen Produkte auf separaten Seiten blockartig geschlossen.

Zweitens: Werbung für solche, hochtechnisierten Produkte in hochspezifizierten Termini erscheint auch in Provinzzeitungen und in Prospekten von Supermärkten in kleinen Provinzstädten, so daß es zu einer leicht kuriosen Zusammenstellung wie der folgenden kommen kann: Auf den Anfangsseiten eines Supermarktprospektes wird für Gemüse, Rinderrouladen und Kekse geworben, und auf den letzten Seiten erscheinen elaborierte Texte der folgenden Art:

PS 1 486 DX 33 Personal-Computer Prozessor Intel 80486 DX 33 MHz. 4 MB RAM. 170-MB-Festplatte. 1 Laufwerk 3,5"/1,44 MB. S-VGA Karte (max. 1024 × 768). Vesa-Local-Bus. 2 serielle + 1 paralleler Anschluß. Mouse und Tastatur. Software: MS-Works für Windows 2.0 + Anti-Virus-Programm + Windows 3.1 + MS-DOS 6.01 (Text für einen einzigen Computer).

Das zeigt, daß die teuren und technisch komplizierten Artikel in unserer Zeit den Status gewöhnlicher Gebrauchsgegenstände erreicht haben, wenn auch die Sprache, mit der sie vorgestellt werden, nur von Kennern verstanden wird und an Werbewirkung einbüßt.

4.3. Komplizierung von Artikelnamen

In Deutschland waren 1993 340 000 Produktnamen registriert (Spiegel 32/1993, 157). Es ist verständlich, wenn die Sprache für die Produktnamen aufs äußerste strapaziert wird. Noch immer gibt es einwortige „romantische" Namen für Waren, die der Schönheit und Eleganz von Personen dienen und die der Allgemeinsprache entnommen sind: *Safari, Laguna* für Parfüms. Inzwischen hilft man sich mit der probeweisen Zusammenstellung von Lauten und Silben im Computer, um Namen zu erhalten, die gut klingen und in entfernter Weise Assoziationen erwecken. Sie haben keine Semantik, aber einfachen Wortcharakter: *Kelts* (Bier), *Vectra, Corrado* (Autos) sind so entstanden. Bei technischem Gerät, auch einfachster Natur, sind die Namen manchmal zweigliedrig: *Lamy soft* und *Lamy persona* (Schreibgeräte). Jedoch hat sich die alte Tendenz, Artikelnamen durch Reihen von Zahlen und Buchstaben, oft durch beides, zu differenzieren, in großem Stil durchgesetzt. Die Bestandteile der Namen sind manchmal durch Bindestrich verbunden, manchmal auch nicht, manchmal wechselt der Bindestrich mit bloßer Nebeneinandersetzung: *Pilot HX 235/50 ZR 16* (Reifen)/*High Tech-SAT-Receiver PRD 900 IRD* (Computer). Diese Namen wirken nicht wie Namen, sondern wie innerbetriebliche Bestellzeichen, sie sind für einfache Käufer kaum mündlich benutzbar. Es bedürfte erheblicher Prozesse des Auswendiglernens, wenn jemand die betreffenden Gegenstände leichthin im Laden erwerben wollte. Aber die Mode scheint so beliebt, daß sogar ein einfaches belegtes Brötchen, ein sogenannter Hamburger, *Royal Super TS* genannt wird. Mitunter wird als erstes oder letztes Glied des Namens noch ein Firmenname oder eine Gattungsbezeichnung aufgenommen, so daß die Namen völlig überladen werden: *Pendelsticksäge PST 700 PAE*/*Rollei Prego Zoom AF* (Kamera)/*Commodore Amiga 600 HD 20* (Computer)/*Braun exact 6 memory universal* (Bartschneider)/*BOSCH Bodenstaubsauger BBS 5010.* Eine extravagante Schreibung: graphische Besonderheiten wie Fettdruck, Hoch- oder Tiefstellung von Namensteilen,

Versalien und Schrägdruck von Buchstaben mitten im Namen, kompliziert die Gebilde in einer Weise, daß sie nicht mehr aussprechbar sind und geradezu kontraproduktiv wirken: *NEC MultiSync ErgoDesign-Monitor/Travel-Mate 4000 E WinDX 2/50 Color mit Aktiv-Matrix Display (TFT)/PowerLatch* [TM]*-Technologie/i486* [TM]*-SXA-Prozessor* (sämtlich Computer). In dem Gebilde *CorelDRAW! 3.0 Buch* (Buch für Computerbenutzer) ist der Bestandteil *DRAW* kursiv gesetzt, was sich einer mündlichen Kommunikation widersetzt.

4.4. Zunahme englischer Textbestandteile

Der Zustrom engl. Wörter ins Dt. hält in allen öffentlichen Sprachkreisen unvermindert an und hat sich in den letzten Jahrzehnten noch gesteigert. Die Werbung benutzt engl. Wörter und Sätze in einem noch nicht dagewesenen Ausmaß, und zwar in jedem Umfang: als Einzelwörter in alter Tradition für Kleidungsstücke: *shirt, T-shirt, sweatshirt, sportswear, menswear, longchair* (Sofa), *light* als Auszeichnung für viele Lebensmittel, obwohl es das dt. Wort *leicht* gibt; auch als Hybridbildungen: *Snowboard-Stiefel, Rippenbody* (Unterkleid für Damen). Sie flicht mitten in ihre dt. Texte engl. Wörter ein: ein Gegenstand wird *in verschiedenen styles* angeboten, eine Puppe heißt *My girl*, ein Eisenbahnzug *People Mover*. In den Anzeigen kommt es geradezu zu einer Sprachmischung, und das auch in Provinzzeitungen. Plakate in den Städten und Anzeigen tragen mitunter einen engl. Slogan: *The art of walking* (Schuhe)/*In touch with the future* (Sprachlerngerät)/*Too much for me?* (Auto)/*When personality becomes style* (Kleidung)/*You'll love the way we fly* (Fluglinie). Es erscheinen Plakate und in den Zeitungen, auch in der Provinzpresse, Anzeigen, die gänzlich in Engl. abgefaßt sind, ohne ein einziges dt. Wort: *Shoes for men/Taste the adventure/Come to Marlboro country/Come together. So much to enjoy* (sämtlich Zigaretten). Anscheinend messen die Werbungtreibenden den engl. Slogans und den gänzlich engl. Anzeigen einen so hohen werbewirksamen Arroganzeffekt zu, daß sie es in Kauf nehmen, von der Mehrheit kaum verstanden zu werden.

5.   Die Rolle der Frau in der Werbung

Trotz vieler Proteste von Feministinnen gegen eine Werbung, die die Frau zum Sexualobjekt herabwürdigt, ist die Emanzipation der Frau in der Werbung nicht weit gediehen. Gewiß sieht man in den Abbildungen junge, energische, selbstbewußte Frauen, die einem ernsthaften Beruf nachzugehen scheinen, doch noch gibt es die Hausfrau und Mutter, deren einziges Glück darin zu bestehen scheint, daß sie Flecken aus Hemden und Blusen zu waschen und einen blitzsauberen Fußboden zu pflegen weiß. In Fernsehspots werden erotische Beziehungen über Kaffee und Bier angeknüpft. Eine Werbung für Gold und Diamanten stellt geradezu eine Mätressenatmosphäre her, indem sie zeigt, wie ein Mann einer Frau Schmuck schenkt und sie ihn dafür innig küßt. Es gibt vulgäre Anspielungen wie: *Ein Nachthemd braucht sie nicht. Aber einen Schmuckkoffer/Die schnelle Nummer am Telefon* (Speicher für Telefonnummern. Eine *schnelle Nummer* ist ein schneller Coitus. Außerdem taucht die Assoziation an „Telefonsex" auf)/*Reiß mir mal ne Neue auf* (Zigarette. Gemeint ist die Zigarettenschachtel. *Eine Frau aufreißen* bedeutet: sich ihr in sexueller Absicht nähern). Die Grenze zur Obszönität wird überschritten, wenn gezeigt wird, wie sich ein junger Mann in Unterwäsche auf einem Sessel räkelt, im Hintergrund, offenbar in seiner Phantasie, eine nackte Frau schwebt und der Text lautet: *Sie hat grüne Augen, Grübchen hinter dem Knie und den Kopf voller IQs. Sie kommt in zehn Minuten und bleibt den ganzen Tag. Ich werde mich von meiner besten Seite zeigen und darüber Moonday tragen.*

6.   Werbung als Kunst?

In den letzten Jahren ist die Auffassung laut geworden, die heutige Werbung sei nicht nur selbst Kunst, sondern sei an die Stelle der bisherigen Kunst getreten:

„Die Werbung hat heute die Funktion übernommen, die früher die Kunst hatte: die Vermittlung ästhetischer Inhalte ins alltägliche Leben. [...] Die massenkulturellen Ausdrucksformen wie Werbung, Pop-Musik oder Mode sind an die Stelle der früheren Kunst getreten" (Schirner 1988, 12).

Diese Äußerungen eines Werbefachmannes verraten reines Wunschdenken. Die Werbung, die lediglich ein Subsystem der Massenkommunikation ist (Krüger 1977, 31), verrät zwar über die heutige materielle Produktion und die geistige Einstellung eines Großteils der Gesellschaft sehr viel, ist somit ein erstrangiges kulturelles Phänomen, kann aber niemals zur Kunst werden. Ein Kunstwerk ist die freie Schöpfung eines Individuums, es erträgt keinen unmittelbaren politischen oder ökonomischen Auftrag und schon gar nicht den einen und einzigen Befehl, den die Werbung in jeder ihrer Äußerungen gibt: *Kaufe X!* Werbeinformationen sind ein Gemeinschaftswerk, zumeist anonym hervorgebracht, ein künstlerisches Individuum ist nicht erkennbar, auch gibt es kein Kunstoriginal wie bei jedem anderen Kunstwerk. Sie sind auch trotz der vielfältigen Oberfläche im Grunde alle gleich, sind endlos über die ganze Welt reproduzierbar, bleiben eine gewisse Zeit im Blickpunkt der Öffentlichkeit und verschwinden unwiederbringlich aus ihr. Gewiß sind die Fotografien in den Anzeigen und den Werbespots häufig von künstlerischer Qualität, jedoch der Hauptfaktor der Werbung, die Sprache, ist niemals künstlerisch oder poetisch. Die angepriesenen Gegenstände sind banale Alltagsgegenstände, und die Abbildungen etwa von Lebensmitteln erreichen wegen der erkennbaren Verkaufsabsicht nicht einmal den Status von herkömmlichen Stilleben. Anpreisungen von Autos und von Kräuterquark können eo ipso unter keinen Umständen zur Kunst werden. In Anzeigen, noch mehr in Funk und Fernsehen, bedient sich die Werbung hin und wieder bestehender Kunstformen wie Märchen, Witz, Musical, dramatischer Szenen, sie dichtet auch gereimte und ungereimte Verse, sie benutzt Melodien edler Musik von Beethoven und Grieg, aber stets ist das eine Banalisierung und Trivialisierung. Die gedichteten und vertonten Verschen der Werbung sind dürftig und meistens albern. Die Topoi der Erfüllung lediglich materieller Wünsche, die Beschränktheit der Thematik, das ungeistige, genormte Menschenbild entfernt sie von jeder Form der Kunst. Niemals kann eine Werbeinformation in die Tiefe einer Persönlichkeit eingreifen, wie das ein Kunstwerk, häufig zu lebenslanger Beschäftigung mit ihm, tun kann. Hinzu kommt das eigenartige Verhältnis zur Realität und zur Wahrheit, in dem die Werbung steht. Ihre Aussagen sind nicht direkt Lüge zu nennen, aber das Empfängerpublikum weiß doch, daß höchstens die Behauptungen über die Bestandteile und Eigenschaften der Ware wahr sein müssen, daß aber alles, was darüber hinausgeht, nicht wahr zu sein braucht. Es ist nicht die Fiktionalität der Kunst, die hinter solchen Aussagen steht, sondern gewöhnliche Übertreibung und Aufschneiderei. Der Anspruch, den Werbemanager erheben, mit ihren Anzeigen oder Filmszenen die Jahrtausende alte Kunst verdrängt zu haben, muß als maßlose Selbstüberschätzung zurückgewiesen werden.

7. Literatur (in Auswahl)

Baumgart, Manuela, Die Sprache der Anzeigenwerbung. Eine linguistische Analyse aktueller Werbeslogans. Heidelberg 1992. (Konsum und Verhalten 37).

Drozd, Lubomir, Fachliche Spezialisierung und Verwissenschaftlichung. In: Sociolinguistics. An International Handbook of the Science of Language and Society. Soziolinguistik. Ed. by Ulrich Ammon/Norbert Dittmar/Klaus J. Mattheier. Zweiter Halbbd. Berlin/New York 1988. (HSK 3. 2), 1524—1535.

Kloepfer, Rolf/Hanne Landbeck, Ästhetik der Werbung. Der Fernsehspot in Europa als Symptom neuer Macht. Frankfurt/M. 1991. (Fischer Tb 10720).

Kroeber-Riehl, Werner, Strategie und Technik der Werbung. Verhaltenswissenschaftliche Ansätze. Stuttgart/Berlin/Köln 1991.

Krüger, Cordula Andrea, Semantische Strategien der Werbung und ihre pragmatische Bedeutung. Hamburg 1977.

Römer, Ruth, Die Sprache der Anzeigenwerbung. Düsseldorf 1968. 6. Aufl. 1980. (Spr. d. Geg. 4).

Schifko, Peter, Die Werbetexte aus sprachwissenschaftlicher Sicht. In: Die Werbung. Handbuch der Kommunikations- und Werbewirtschaft. Bd. 2: Die Werbebotschaften, die Werbemittel und die Werbeträger. Hrsg. von Bruno Tietz. Landsberg/L. 1982, 982—996.

Schirner, Michael, Werbung ist Kunst. München 1988.

Stark, Susanne, Stilwandel von Zeitschriften und Zeitschriftenwerbung. Analyse zur Anpassung des Medienstils an geänderte Kommunikationsbedingungen. Heidelberg 1992. (Konsum und Verhalten 31).

Stolze, Peter, Untersuchungen zur Sprache der Anzeigenwerbung in der zweiten Hälfte des 18. Jhs. Eine Analyse ausgewählter Anzeigen in den 'Leipziger Zeitungen' von 1741—1801. Göppingen 1982. (GAG 375).

Ruth Römer, Bielefeld

151. Zeitungssprache und Massenpresse in der jüngeren Geschichte des Deutschen

1. Massenpresse
2. Zeitungssprache 1850 bis 1945
3. Literatur (in Auswahl)

1. Massenpresse

Unter Massenpresse wird ein nach englischen, französischen und auch amerikanischen Vorbildern („Penny Magazine", „La Presse") seit dem zweiten Drittel des 19. Jhs. sich herausbildender Pressetyp gefaßt, der merkmalhaft durch einen hohen Grad der Verbreitung bestimmt ist. In Deutschland begünstigte die Reichsgründung von 1871 den weiteren Ausbau der Massenpresse und damit den Ausbau jener periodischen Druckerzeugnisse, die als *Zeitungen* und *Zeitschriften* bis ins frühe 19. Jh. hinein häufig nur ein kollektives Lesepublikum erreicht haben (Lesegesellschaften, Bibliotheken, Poststationen).

Zeitungen (als Massenpresse):

„alle periodischen Veröffentlichungen, die in ihrem redaktionellen Teil der kontinuierlichen, aktuellen und thematisch nicht auf bestimmte Stoff- oder Lebensgebiete begrenzten Nachrichtenübermittlung dienen, also in der Regel mindestens die Sparten Politik, Wirtschaft, Zeitgeschehen, Kultur, Unterhaltung sowie Sport umfassen und im allgemeinen mindestens zweimal wöchentlich erscheinen. Die Sonntagszeitungen, die die Nachrichtenlücke eines Tages schließen, werden [...] einbezogen."

Der Sprachgebrauch in den Zeitungen soll hier im Vordergrund stehen.

Zeitschriften (als Massenpresse):

„alle periodischen Druckwerke mit kontinuierlicher Stoffdarbietung [...], die mit der Absicht eines zeitlich unbegrenzten Erscheinens mindestens viermal jährlich herausgegeben werden, soweit sie keine Zeitungen sind. Hierzu zählen insbesondere Publikumszeitschriften, wissenschaftliche Zeitschriften, andere Fachzeitschriften, Zeitschriften der Vereine, Verbände, Körperschaften u. ä., überregionale oder lokale Wochenblätter, auch wenn sie die Bezeichnung 'Zeitung' führen, sowie Anzeigenblätter, Kunden- und Kennziffernzeitschriften, unabhängig davon, ob sie unentgeltlich abgegeben werden oder nicht" (Stat. Bundesamt 1992, 6).

Die Voraussetzungen für das Entstehen und die Ausbreitung der Massenpresse in Deutschland sind vielschichtig:
1) Die Zeitungszensur fand mit dem am 7. Mai 1874 erlassenen Reichspressegesetz, das die deutsche Publizistik innerhalb der Schranken der allgemeinen Gesetze in umfassender Weise freisetzte, ein Ende (Meyn 1993, 13ff.; Weg zur freien Presse 1990, 36); Restriktionen erstreckten sich weiterhin auf den „staatlichen Notstand" (z. B. Sozialistengesetze 1878, Militärzensur im 1. Weltkrieg).

„Preßmörderisch war in früheren Tagen der Geist in den meisten Verwaltungsbehörden, Polizeiämtern, Gerichtshöfen. Von Koncessionen und Kautionen hing der Zeitungen Dasein ab, mit Entrichtung eines 'Pflichtexemplares' und hoher Stämpelsteuer außer den sonstigen Abgaben war es in Preußen beschwert, ausgesetzt der Willkür der Post, die gänzlich neutral sein müßte, doch nach Gefallen den Vertrieb entzog, ausgesetzt ferner Anklagen, die [...] Unruhe und Unkosten, [...] schwere Strafen, selbst Unfähigkeitserklärung zur Herausgabe einer Zeitung nach sich zogen." (Wuttke 1875, 330).

2) Erfindungen und Neuerungen auf dem Gebiet der Drucktechnik (Doppelschnellpresse, Rollenrotation, Falzmaschine, Setzmaschine), der Papierherstellung (Holzschliffpapier, Endlosrollen) und der Illustration (Holzschnitte, Photographien) einerseits und 3) Veränderungen in der Informationsbeschaffung (Telegraph; lithographierte Korrespondenzen; Nachrichtenbüros), im Transport (Eisenbahnen, Nahverkehrssysteme = kürzere Vertriebszeiten), in der Verbreitung (Abonnement und Straßenverkauf, letzterer in Großstädten und auf Bahnhöfen überall im Lande) sowie der Finanzierung (Einnahmen aus Anzeigen übersteigen solche aus dem Verkauf und sichern damit den wirtschaftlichen Gewinn; Begünstigung der meinungslosen Generalanzeiger-Presse) der Zeitungen/Zeitschriften andererseits ermöglichten Massenauflagen und machten Presseerzeugnisse für jedermann erschwinglich. Diese Auflagen, in nunmehr verändertem Format (Folio und größer, mehr Spalten pro Seite, kleinere Drucktypen), mit zusätzlichen Seiten und vielfältigerem Inhalt, erreichten tagtäglich eine zunehmend in Städten zusammengeballte Bevölkerung, deren Lesefähigkeit und Leseinteresse durch vermehrte Schulbildung entwickelt worden waren: „Gar mancher Geselle hält sich, um am Abende auch etwas zum Lesen zu haben, sein Blättchen. Billigkeit und Bilder sind da Erfordernisse." (Wuttke 1875, 77).

Der wirtschaftliche Aufstieg der Presse korrespondierte nicht unbedingt mit dem inhaltlichen Niveau namentlich der Tageszeitungen. Gemessen z. B. am amerikanischen Standard, enthalten deutsche Tageszeitungen um 1880

„keinen einzigen Leitartikel [...], keine Witzecke [...], keine Information über Preisboxen oder andere Balgereien, keine über Pferderennen, Wettgehen, Segelregatten, Schießwettkämpfe oder irgendwelche anderen sportlichen Vorkommnisse [...], keine Lokalnachricht, die enthüllt, was sich in der Stadt tut – ja, überhaupt nichts von örtlichem Interesse außer dem Kommen und Gehen irgendeines Fürsten oder dem geplanten Zusammentreffen irgendeiner Ratsversammlung." (Mark Twain 1985, 553f.).

Fatal auf die Zeitungsarbeit wirkte sich die Namenlosigkeit der Zeitungsaufsätze aus; sie war Freibrief für schlechten Journalismus.

„Die [...] auf das ehrloseste mißbrauchte Preßfreiheit sollte wenigstens durch ein Verbot aller und jeder Anonymität und Pseudonymität bedingt sein, damit jeder für das, was er durch das weitreichende Sprachrohr der Presse öffentlich verkündet, wenigstens mit seiner Ehre verantwortlich wäre," mahnte der Philosoph Schopenhauer (S. 471).

Auch hier ging das Ausland beispielhaft voran:

„Im Jahre 1850 stellte in der französischen Volksvertretung der Legitimist de Fingny den Antrag: es sollte jeder Zeitungsaufsatz politischen, filosofischen, religiösen Inhalts von seinem wirklichen Verfasser unterzeichnet werden. Im Namen der Linken erklärte [Léonce Guilhard] Lavergne das Einverständniß mit dieser Forderung unter der Voraussetzung, daß die Unterschrift die einzige Beschränkung der Preßfreiheit sei [...]. Es war ein weiser Beschluß. [...] Trotz der Gedrücktheit des Staatslebens unter Napoleon III. standen die französischen Zeitungsschreiber an Feinheit, Gewandtheit und Geschick über den deutschen, die sich nicht scheuen Plumpes, Ungeschicktes und Unüberlegtes in die Welt hinauszusenden. Wol gibt es auch unter uns gar manche vortreffliche Federn, aber dieses große Deutschland mit seinen tausend Zeitungen besitzt nicht einen einzigen *berühmten* Zeitungsschreiber, wol aber erfreut es sich einer Unzahl in den Zeitungen herumstümpernder Gesellen." (Wuttke 1875, 27).

Theater- und Buchkritiker kassierten wie selbstverständlich Bestechungsgelder, „Lob und Tadel [wurden zur] Waare" (Wuttke 1875, 30). „Menschen ohne alle schriftstellerische Befähigung, selbst ohne Universitätsbildung, gründeten kleine Blättlein in der Ab-

sicht, Erpressungswerkzeuge gegen Personen, welche gut zahlen konnten, in die Hände zu bekommen." Der *Revolverjournalist* und die *Revolverpresse* (vgl. Wuttke 1875, 378ff.) traten ins Leben.

Doch gibt es auch Positives: Die Stelle der früheren Unterhaltungsblätter und Literaturzeitungen nahm nach 1848 die Tagespresse ein, indem diese aus den ursprünglichen „Lückenbüßern" (z. B. Novellen, Anekdoten, Berichte über musikalische Aufführungen) ein umfangreiches „Feuilleton" entwickelte. Die 1853 gegründete Zeitschrift „Gartenlaube" traf den Geschmack der Zeit:

„Der Vorliebe für die Naturwissenschaften entsprachen [Emil Adolf] Roßmäßler's Darstellungen in ihr, der Sorge eines jeden für seine Gesundheit kam [Carl Ernst] Bock mit seiner Klarheit und derben Offenheit zu Hülfe, und wer recht Spannendes begehrte [...], dem thaten [Jodocus Donatus Hubertus] Temme's Kriminalgeschichten Genüge. Andere Modeschriftsteller wurden nach und nach herangezogen, in der Regel die Namen der Verfasser genannt [...], größere Holzschnitte auch beigegeben, der Preis auffallend billig gestellt. Die Aufsätze zielten [...] dahin, einen starken Eindruck hervorzubringen, wobei Richtigkeit und Genauigkeit Nebensache war" (Wuttke 1875, 75).

1874 zählte Wuttke (S. 83) in Europa an die 4.500 deutschsprachige Zeitungen und Zeitschriften, darunter eine Unmenge kleiner Zeitungen mit geringer Auflage. In diesem Punkt unterschied sich die dt. beispielsweise von der engl. Zeitungspresse, die weniger Titel, dafür aber größere Auflagen vorweisen konnte.

2. Zeitungssprache 1850 bis 1945

Die Beobachtungen am Sprachgebrauch der neuen Massenpresse sind ambivalent. Einerseits gesteht man der Zeitung eine eigene Redeweise zu:

„Stets neu, stets interessant, stets wachsam, wichtig und alarmierend, wie sie ist, sein muß und sein will, spricht sie die Sprache der Aufregung. Stets fatiguiert [...], stets sklavisch im Joche, mit Schnellpressen und Setzmaschinen, mit Posten und Telegraphen stets im Wettrennen, spricht sie aber auch die Sprache der Abspannung. Drittens spricht die Zeitung, die mit der ganzen Mitwelt mitleben [...] muß [...], die Sprache der Schonung, der Höflichkeit. Auf dieses dreiteilige Schema ungefähr wird sich alles zurückführen lassen, was von neuerungssüchtiger Eigentümlichkeit den Zeitungsstil kennzeichnet, was seine Phraseologie motiviert." (Kürnberger 1866, 27).

Bei Schopenhauer (S. 413) heißt es:

„Uebertreibung in jeder Art ist der Zeitungsschrei-
berei ebenso wesentlich, wie der dramatischen
Kunst: denn es gilt, aus jedem Vorfall möglichst
viel zu machen. Daher auch sind alle Zeitungsschreiber, von Handwerks wegen, Alarmisten: dies
ist ihre Art sich interessant zu machen."

Daneben werden die kreativen Aspekte der
Zeitungssprache hervorgehoben:

„Der Journalismus dringt, wie der Sauerstoff in der
Luft, zerstörend, zersetzend, auflösend und freilich
auch neubildend auf das feste Gebilde der Bücher-
sprache ein, er allein reagiert tätiger auf sie als alle
übrigen Sprach-Agenzien zusammengenommen.
Neuerungen in einzelnen Wörtern und ganzen Redensarten, Neuerungen in Orthographie und Syntax, kurz Sprach-Neuerungen in allen Mustern
kreiert der Journalismus" (Kürnberger 1866, 19).

Andererseits sind es gerade die vielen sprachlichen Neubildungen, die zur Kritik heraus-
fordern, ist mit ihnen doch Jahr für Jahr ein
Stück von der Sprache Goethes und Lessings
(vgl. Kürnberger 1866, 28) abhanden gekommen. Schopenhauer (S. 488) spricht von einer
„Verhunzung der Grammatik und des Geistes
der Sprache durch nichtswürdige Tintenkleckser", und Nietzsche (S. 72) poltert:

„Das Übergewicht nämlich bei dem, was der Deutsche jetzt jeden Tag liest, liegt ohne Zweifel auf Seiten der Zeitungen nebst dazugehörigen Zeitschriften: deren Deutsch prägt sich, in dem unaufhörli-
chen Tropfenfall gleicher Wendungen und gleicher
Wörter, seinem Ohre ein, und da er meistens Stunden zu dieser Leserei benutzt [...], so wird allmählich sein Sprachgehör in diesem Alltags-Deutsch
heimisch [...]."

Unter dem Gesichtspunkt, daß die Zeitungspresse, das „echteste Kind des modernen
Bürgertums", eines der „wirksamsten Bildungsmittel" (Kürnberger 1876, 9ff.) ist, werden Übernahmen aus dem Sprachgebrauch
des feudalen Rittertums (*mit offenem Visier
kämpfen, eine Lanze brechen*) ebenso abgelehnt wie solche aus der „Sprache des Pöbels"
(*in den Kot zerren, mit ätzender Lauge über-
schütten*) oder der regionalen Umgangssprache (*Der Rhein ist beständig am Fallen.*). Mißfallen erregen der „soldatische Ton" mancher
Zeitung (*Civilisten, militärfrei* 'nicht dienen
müssen') und das national-chauvinistische
Pathos (*aus den Tiefen der Nation heraus, Die
nationalen Parteien sind von dem ganzen Ge-
bahren der Centrumspartei mit tiefem Ekel erfüllt, können ihr Bedauern darüber nicht unterdrücken, daß Fürst Bismarck die ultramon-
tanen Kläffer einer Antwort würdigt* [...])
(Wuttke 1875, 315).

Den Zeitungen ist nach Wustmann (1891,
18) allgemein eine „Verschlechterung unsrer
Schriftsprache" zuzuschreiben.

„Die Politik und alles, was damit zusammenhängt,
die Thätigkeit der Landtage und Parlamente, das
Vereins- und Versammlungswesen, das alles konnte
seinen Niederschlag in den Zeitungen nur in jenem
Papier- und Aktendeutsch [der Juristen] finden.
[...] und wenn man jetzt in einem Atem von Amts-
und Zeitungsdeutsch spricht, so begeht man damit
gar keinen Fehler [...]. Die arge Fehlerhaftigkeit
der Zeitungssprache ist natürlich der Unsumme
von Halbbildung und Unbildung zu verdanken, die
bei der Herstellung der Zeitungen thätig ist."

Positiver werden die Zeitschriften beurteilt:
„In den Wochen- und Monatsschriften erscheinen ja die Kritiken über politische und
litterarische Ereignisse etwas später, und sie
sind teilweise auch etwas besser, gehaltvoller
als die in den Tageszeitungen" (Sabin 1893,
48).

Kritikwürdig sind u. a. die Vielzahl von Interferenzen, die durch eiliges und nachlässiges
Übersetzen primär aus ausländischen Zeitungen in die deutsche Presse gelangt sind (*eine
Menge des Neuen und Interessanten, starten*
'abgehen'/'abreiten'). Transferenzen aus dem
Frz. reflektieren die in der Presse behandelten
Sachbereiche „Politik" und „Militär", engl.
Entlehnungen den „Sport" und die „Kleider-
mode". Das Lat. der Juristen schmückt ausgiebig den Sachbereich „Verwaltung" (*Sport-
eln* 'Gebühren für Amtshandlungen'). Damit zusammenhängend wird vor übertriebe-
nem und gar falschem Fremdwortgebrauch
gewarnt (*Der Schlaganfall repetierte am
10. Juni.*). Es werden Übernahmen aus dem
„Judendeutsch" (*warnen gegen* statt *vor*) angeprangert, ebenso Provinzialismen (*fort* für
weg) und natürlich Austriazismen (*Kundma-
chung, Jänner*) in den öst. bzw. Helvetismen
(*Zugsanzeiger, büßen* 'mit einer Geldstrafe belegen') in den schweiz. Zeitungen.

Im übrigen gab es kaum einen sprachlichen Bereich der Zeitung, der nicht als „auffällig" gewürdigt wurde. „Die Zeitungen − in
Deutschland und bei uns − haben eine
Rechtschreibung, die weder mit der Berliner,
noch mit der österreichischen Civil- und Mili-
tär-Orthographie übereinstimmt", schreibt
der Wiener Halatschka (1885, 5). Er listet folgende Besonderheiten und „Fehler" der Pressesprache auf:

Neologismen (*Blumist* 'Florist'), Bindestrich-Kom-
posita, also Univerbierungen (*Arabien-Forscher*),
verbale Streckformen (*Anstand nehmen* 'anstehen',
namhaft machen 'nennen', *zur Durchführung brin-*

gen 'durchführen'), Wechsel der Wortart (*ein theil-weises Aufgeben*), Ersetzen des Gradadverbs *sehr* durch *hoch-* (*hochinteressant*), Ausfall des Dativ-*e* (*nach seinem Triumph*), Überhandnehmen des *s*-Plurals in Lehnwörtern (*Ultras, Reserveparks, Plateaus*) und in „deutschen" Wörtern (*Mädels, Stelldicheins, Fräuleins*), Vordringen des analytischen Genitivs (*die Zerstörung von Jerusalem*), Bildung des Konjunktivs starker Verben mit *würde* (*er würde kommen* für *käme*), Aufgabe der Klammerstellung trennbarer Verben (*wir anerkennen*), Übernahme „unedler", also umgangssprachlicher Ausdrücke (*flöten gehen* 'verlorengehen').

Besserung für die Zeitungsorthographie bringt 1901 die nach Berlin einberufene staatliche Rechtschreibkonferenz, die die DUDEN-Richtlinien für verbindlich erklärte.

Die mancher Meldung zugrundeliegenden Telegramme sind nach Wuttke (1875, 175) „mit großer Vorsicht aufzunehmen. [...] Weil das Telegrafiren theuer ist, faßt man die Nachricht so knapp als möglich, überspringt also Zwischenworte, übergeht Nebensächliches. Zu dem ausdrücklich Telegrafirten muß das nach des Absenders Meinung leicht zu Ergänzende hinzugedacht werden. Der Empfänger füllt die unvollständige Kunde aus". Mißverständnisse und (Ver-)Fälschungen („Emser Depesche") waren an der Tagesordnung.

Außerdem führte offenbar die Unmenge telegraphischer Ein-Satz-Meldungen in den Zeitungen dazu, daß das „Imperfekt" zum bevorzugten Tempus des Berichtens avancierte. Darüber empörte sich u. a. Schopenhauer (S. 485):

„[...] haben diese unwissenden Tintenkleckser in den 1840er Jahren [Das Bernhard Wolffsche Telegraphenbüro wurde 1849 gegründet!] aus der deutschen Sprache das Perfekt und Plusquamperfekt ganz verbannt, indem sie, beliebter Kürze halber, solche überall durch das Imperfekt ersetzen, so daß dieses das einzige Präteritum der Sprache bleibt, auf Kosten, nicht etwa bloß aller feineren Richtigkeit, oder auch nur aller Grammatizität der Phrase [...]. Man darf im Deutschen das Imperfekt und Perfekt nur da setzen, wo man sie im Lateinischen setzen würde; denn der leitende Grundsatz ist in beiden Sprachen derselbe [...]".

Eine unzulässige Verwischung funktionaler Aspekte des Tempusgebrauchs sieht auch Wustmann (1891, 137):

„Also mit dem Imperfekt wird erzählt, es ist daher das durchgehende Tempus aller Romane, aller Novellen, aller Geschichtswerke. Das Perfektum ist das Tempus der Meldung, der thatsächlichen Mitteilung."

Eine Einschätzung sprachlicher Eigenheiten der Massenpresse im ausgehenden 19. Jh. bliebe unvollständig, wollte man aber nicht zugleich jene sprachlich-strukturellen Neuerungen anführen, die prägend für den modernen Zeitungsstil wurden. War es beispielsweise bis gegen 1850 nicht unüblich, Meldungen und Berichte in Anlehnung an das Textvorbild „Wissenschaftliche Abhandlung" mit kommentierenden Fußnoten zu versehen, so wurde diese Praxis als dem Informationsfluß von Zeitungstexten abträglich aufgegeben. Länger erhalten blieb hingegen die Gewohnheit, analog zu narrativen Textmustern wie „Brief" oder „Erzählung" in Berichtstexten (politische Meldungen, Sportberichte) Vorgänge aus Sicht eines *ich-* bzw. *wir-*Erzählers schildern zu lassen (Burger 1990, 11 f.; Nail 1983, 39).

Auch die direkte Leseransprache war nicht ungewöhnlich:

Ein wegen Preßvergehen verurtheilter Schriftsteller ist [...] geknebelt, in Begleitung eines Spitzbuben in's Gefängniß geführt worden. Sie glauben vielleicht, daß eine solche Handlung unter der väterlichen Verwaltung des [...] Kaisers vorgefallen ist? Enttäuschen Sie sich; der König von Holland [...] wollte auch mal beweisen [...]. (Der Saarbote 1849).

Verbesserungen sind bei der optischen Aufbereitung des Zeitungsstoffes festzustellen. Neben globalen Überschriften zur Einordnung von Berichtetem (*Deutsches Reich, Staat und Kirche, Aus Stadt und Land*) bzw. in eckige Klammern vorangestellten „Stichwörtern" (*Großbritannien ... [Das neue englische Hinterladungsgewehr] ...*) gewinnen thematische Überschriften als Strukturmittel und als Mittel des Leseanreizes an Bedeutung (*Der deutsche Kaiser in England, Zum Tode König Humberts von Italien*); zumeist sind es Nominalbildungen (vgl. Sandig 1971, 138 ff.). Neben der Rubrizierung (*Telegraphische Depeschen, Feuilleton des Einheimischen und Fremden*) waren ansonsten Sperr- und Fettdruck gängige Mittel, das Leseinteresse auf sinnträchtige Aussagen zu lenken bzw. überhaupt die überfrachteten Zeitungsseiten („Bleiwüsten") etwas zu gliedern.

Textintern ist ein „Zurückgehen des expliziten Satzbaus [a] und die Zunahme des komprimierten Satzbaus oder Nominalstils [b]" (Püschel 1991, 435) zu beobachten:

a) *Vor einigen Tagen stand, wie wir in der Zeitung lesen, in Anklam ein Mann vor den Geschwornen, der angeklagt war durch die Aeußerung „der König muß bei Auflösung der Nationalversammlung Champagner getrunken haben", die Ehrfurcht gegen die Majestät verletzt zu haben* (Der Saarbote 1849).

b) *Die durch das Spielen von Kindern mit Streich-zündhölzern verursachten Bände fangen allmälig an, eine Art Landeskalamität zu werden* (Jenaische Zeitung 1889).

b) *Nach dem im Abgeordnetenhause vorliegenden Gesetzentwurf über die Fürsorge für die Wittwen und Waisen der Lehrer an öffentlichen Volksschulen würde die durchschnittliche Pension im ganzen Staate für jede Wittwe 625 Mk., für jede Halbwaise 94 und für jede Vollwaise 144 Mk. betragen* (Ober-hessische Zeitung 1899).

Die Textstruktur in Mehr-Satz-Meldungen des Nachrichtenteils der Zeitungen des ausge-henden 19. Jhs. läßt sich wie folgt charakteri-sieren (Nail 1988, 122 ff.):

– chronologischer Berichtsaufbau (noch keine in-haltliche Zuspitzung),
– Vorliebe für Sätze, die durch Nebensätze erwei-tert werden (häufig: Relativsätze, mit *daß* einge-leitete Inhaltssätze, satzwertige Infinitive und satzwertige Partizipien; Nebensätze mit logisch gliedernden Konjunktionen sind in der Minder-zahl),
– überwiegende Verwendung langer und überlan-ger Sätze (mehr als 20 bzw. 30 Wörter pro Satz),
– aufkommende Tendenzen zur substantivischen Füllung der Sätze (nominale Blockbildungen/ bes. Genitiv- und Präpositionalattribute, Funk-tionsverbgefüge),
– Tendenz zur Univerbierung und zur Bildung mehrgliedriger Zusammensetzungen (*polizeili-che Behörden/Polizeibehörden, Ansprüche auf Entschädigung/Entschädigungs-Ansprüche, Jahre der Ausnahme/Ausnahmsjahre, sehr vermögend/ hochvermögend*),
– Verwendung von interpretativen Kleinraum-deiktika (*daselbst, vorgestern*),
– Verwendung von „Funktionsvokabular" der Amtssprache (*behufs, in Betreff, betreffend, zwecks, zur Vorlage kommen, zur Durchberatung befinden, zur Erörterung gelangen*),
– Entwicklung einer abstrahierenden Darstel-lungsweise (Zunahme des Passivgebrauchs/*wer-den*-Passivs, Zunahme des Gebrauchs von Verbalabstrakta auf *-ung/Einbringung, Thronbe-steigung*).

Zum Sprachgebrauch im Feuilleton bemerkt ein zeitgenössischer Beobachter (Sabin 1893, 9):

„Wortbildung und Wortwitz sind die hervorragend-sten Eigenschaften dieser Sprache. Die Sätze sind nicht logisch an einander gereiht, sondern die Ge-danken [...] springen, und das alles nur, um die Neugierde nach dem Kommenden anzustacheln und den pikanten Reiz zu erhöhen."

In der Zeit noch kaum konventionalisierte Textbereiche wie beispielsweise die der Sport-berichterstattung sind von Sprachnot geprägt (terminologische Unsicherheiten, Stilanleihen bei der Amtssprache; Nail 1983, 38 ff.). We-nige Jahrzehnte später ist es ausgerechnet der (Automobil-)Sport, der neben der „Wirt-schaft", dem „Film" oder der „Technik" die Bildsprache der Zeitungen bereichert: *die Wirtschaft ankurbeln, auf Touren kommen, eine Panne haben, Gas geben* (Groth 1961, 220 ff.). Darüber hinaus sollte sich die journa-listische Sportsprache leserbezogener und aus Gründen des Spannungsaufbaus häufig um-gangssprachlicher Formen bedienen:

Nach der Pause vorerst das gleiche Bild, dann kann die Polizei[mannschaft] gleichzeitig mit dem Nach-lassen des Universitäts-Mittelläufers etwas aufkom-men und hauptsächlich durch die aufopferungsvolle Arbeit von Müller als Mittelläufer zwar etwas glück-lich, aber doch nicht gerade überraschend gleichzie-hen (Godesberger Tageszeitung 1933).

Mit der weiteren Verbreitung des Telephons und dem Ausbau des Fernschreibwesens ist seit Beginn des 20. Jhs. in der Zeitungspresse ein beschleunigter Informationsdurchlauf zu beobachten, d. h. Meldungen sind nicht län-ger Tage oder gar Wochen alt, sondern stam-men in der Regel vom Vortage einer jeweili-gen Zeitungsausgabe, mitunter – bei Spät-ausgaben – vom gleichen Tage. Damit redu-ziert sich das für das 19. Jh. so typische Refe-rieren von Meldungen fremder Zeitungen.

Das Bildungsniveau der im Journalismus Tätigen hat sich ausgangs des 19. Jhs. inso-weit gebessert, als nunmehr auch die deut-schen Zeitungen über eine Anzahl guter Stili-sten verfügten (Engel 1919, 440). Streitig blei-ben unzählige Fragen der „richtigen" Anwen-dung grammatischer und stilistischer Details (Kraus 1954). Nach wie vor ist Zeitungs-sprache auf „Leseanreiz" (Dovifat 1976, I/ 167) aus, lebt vom Steigern und Übertreiben ebenso wie vom Fettdruck der Überschriften und von der Vorliebe für gängige Ausdrucks-formeln.

Als problematisch empfindet man die Übernahme zahlreicher „Fremdwörter", de-nen, soweit sie Fach- oder Bildungswort-schätzen angehören, ein Mangel an Allge-meinverständlichkeit nachgesagt wird (Bek-ker 1927, 32 ff.; Engel 1919, 442). Anglo-ame-rikanisches Lehngut löst den im 19. Jh. noch vorherrschenden frz. Lehneinfluß in den Zei-tungen ab (Burger 1966). „Lehnwörter" und „Lehnübersetzungen" werden relativ schnell in das System der dt. Sprache integriert (*flir-ten < flirt, Strafstoß < penalty kick*).

Innerhalb der Zeitungssyntax setzen sich bereits bekannte Tendenzen fort: Die Zahl substantivischer Satzglieder nimmt insgesamt zu, substantivische Abstrakta mit gruppenbildenden Suffixen wie *-heit, -keit, -ismus, -ität, -wesen* treten verstärkt auf, ebenso mehrgliedrige Substantiv-Komposita. Dies wirkt sich auf die Informationsdichte aus. Die Sätze werden im Durchschnitt kürzer, der periodische Satzbau ist rückläufig, satzwertige Partizipkonstruktionen werden seltener, die funktionalstilistischen Möglichkeiten des *werden*-Passivs (Agens-Aussparung, Fokussierung sinntragender Satzglieder) häufiger genutzt. Schlagzeilen erscheinen seit den 1930er Jahren auch als vollständige Überschrift-Sätze (mit verbalem Prädikat), Substantive (außer Eigennamen) in Überschriften enthalten noch regelmäßig einen Begleitartikel. Daneben kennt man bereits reißerisch gestaltete „Verkaufsüberschriften" (Kiener 1938, 39). Häufige Tempusform in Einleitungssätzen von Mehrsatzmeldungen ist das Perfekt, das Tempus des „Vergegenwärtigen" eines Ereignisses (Nail 1981, 91 ff.).

Nachdem die Nationalsozialisten den Zeitungen „Aufgaben von höchster nationalpolitischer Bedeutung" (Rodens 1938, 14) zuerkannt hatten, die Presse „im Führerstaat ein hervorragendes Mittel für die Staatsführung" (Kiener 1938, 47) geworden war, setzte ab 1933 eine rigide Einschränkung der Pressefreiheit ein. Vorausgegangen war die Enteignung jüdischer Zeitungsverlage und ein Verbot regimekritischer Blätter. Die Statistik reflektiert diese Maßnahmen: So wurden 1932 im Deutschen Reich noch 4275 Tageszeitungen gezählt, 1934 waren es nur noch 2988 (Noelle-Neumann [u. a.] 1999, 382). Die Presse wurde fortan als Plattform und Multiplikator nationalsozialistischer Ideologie mißbraucht. „NS-Deutsch" nistete sich in den Zeitungen ein (*Arbeitsmaid, Reichsnährstand, Volksempfänger* u. v. m.).

Hervorzuheben ist der häufige Gebrauch von Initialwörtern wie *BDM* (Bund deutscher Mädel), *NSKK* (NS-Kraftfahrkorps), *RAD* (Reichsarbeitsdienst), *Gestapo* (Geheime Staatspolizei), *Napola* (Nationalpolitische Erziehungsanstalt) u. a. (vgl. Berning 1964; Brackmann/Birkenhauer 1988).

Als bemerkenswerte Tat des Nationalsozialismus auf dem „Sektor Sprache" kann ein Reichsleitererlaß von 1941 gelten, der eine Umstellung von der traditionellen *Frakturschrift* dt. Zeitungen zugunsten der Antiquaschrift („Norm-Schrift") bewirkt hat (Rück 1993). Die NS-Propagandisten betrachteten die Frakturschrift wegen ihrer engen Bindung an dt. Schrifttum und ihrer international eingeschränkten Lesbarkeit als „Hindernis bei der Missionierung des geknechteten Europa" (Nail 1988, 122 f.).

Andererseits blieb es den ab April 1944 von den Anglo-Amerikanern über den dt. Linien an der Westfront abgeworfenen „Nachrichten für die Truppe" vorbehalten, deutsche Leser mit Meldungen vertraut zu machen, die konsequent nach dem amerikanischen „Lead"-Prinzip gestaltet, d. h. informationshierarchisch entlang den journalistischen „W"-Fragen organisiert waren (Wer? Was? Wo? Wann? Wie? Warum? Welche Quelle?). Dieses Strukturprinzip sollte dann von einer erneuerten dt. Nachkriegspresse aufgegriffen werden (Straßner 1994, 252).

3. Literatur (in Auswahl)

Becker, Nikolaus Paul, Die Schäden der deutschen Zeitungssprache, ihre Ursachen und ihre Heilung. Preisschrift des Deutschen Sprachvereins. [Berlin, um 1928].

Berning, Cornelia, Vom „Abstammungsnachweis" zum „Zuchtwart". Vokabular des Nationalsozialismus. Berlin 1964.

Brackmann, Karl-Heinz/Renate Birkenhauer, NS-Deutsch. „Selbstverständliche" Begriffe und Schlagwörter aus der Zeit des Nationalsozialismus. Straelen 1988.

Burger, Antje, Die Konkurrenz englischer und französischer Fremdwörter in der modernen deutschen Pressesprache. In: Mu 76, 1966, 33–48.

Burger, Harald, Sprache der Massenmedien. 2., durchges. u. erw. Aufl. Berlin/New York 1990.

Demmin, August, Verschiedenes Zeitungs- und Landtags- wie Reichstagsdeutsch. Wiesbaden 1893.

Dovifat, Emil, Zeitungslehre. Bd. I: Theoretische und rechtliche Grundlagen, Nachricht und Meinung, Sprache und Form. Bd. II: Redaktion, Die Sparten, Verlag und Vertrieb, Wirtschaft und Technik, Sicherung der öffentlichen Aufgabe. 6., überarb. Aufl. v. Jürgen Wilke. Berlin/New York 1976.

Engel, Eduard, Deutsche Stilkunst. 25. bis 29. Aufl. Wien/Leipzig 1919, 440–446 („Zeitungsstil").

Fallersleben, [Heinrich] Hoffmann von, Wie ist doch die Zeitung interessant. In: Ders., Auswahl in drei Teilen. Zweiter Tl. Zeitgedichte, Gelegenheitsgedichte und Trinksprüche. Hrsg. v. Augusta Weldler-Steinberg. Berlin [etc.] [o. J.], 48.

Groth, Otto, Die unerkannte Kulturmacht. Grundlegung der Zeitungswissenschaft (Periodik). Bd. 2: Das Sein des Werkes. Berlin 1961, 219–241 („Der Stil").

Halatschka, Raimund, Zeitungsdeutsch. Wien [um 1885].

Kiener, Franz, Die Zeitungssprache. Eine Deutung ihrer psychologischen Grundlagen. Würzburg 1938. (Zeitung und Leben 43).

Kraus, Karl, Die Sprache. 2., durch einige neue Stücke erg. Aufl. München 1954. (2. Bd. der Werke von Karl Kraus, hrsg. v. Heinrich Fischer).

Kürnberger, Ferdinand, Die Blumen des Zeitungsstils (1876) und Sprache und Zeitung (1866). In: Ders., Gesammelte Werke. Hrsg. v. Otto Erich Deutsch. 2. Bd. Literarische Herzenssachen. Reflexionen und Kritiken. Neue wesentlich vermehrte Ausg. München/Leipzig 1911, 8—32.

Meyn, Hermann, Massenmedien in der Bundesrepublik Deutschland. Alte und neue Bundesländer. Berlin 1993.

Nachrichten für die Truppe. London, 1944/1945. No. 9—381. 3 Bde. Nendeln/Liechtenstein 1973.

Nail, Norbert, Nachrichten aus Köln, London, Moskau und Prag. Untersuchungen zum Sprachgebrauch deutschsprachiger Auslandssendungen. Marburg 1981.

Ders., Die Lokalzeitung als Hilfsmittel der Sprachgeschichtsforschung. Beobachtungen am Beispiel der „Oberhessischen Zeitung" (Marburg/Lahn) in den Jahren 1866—1966. In: SLWU 52, 14. Jg. 1983, 2. Hlbj., 30—42.

Ders., Zeitungsnachrichten und ihre Sprache. Die „Oberhessische Zeitung" 1866 bis 1985. In: Wolfgang Brandt (Hrsg.), Sprache in Vergangenheit und Gegenwart. Beiträge aus dem Institut für Germanistische Sprachwissenschaft der Philipps-Universität Marburg. Marburg 1988, 122—140.

Nietzsche, Friedrich, Unzeitgemäße Betrachtungen. Stuttgart 1955, 72. (Kröners Taschenausgabe 71).

Noelle-Neumann, Elisabeth/Winfried Schulz/Jürgen Wilke (Hrsg.), Das Fischer Lexikon Publizistik/Massenkommunikation. Akt., vollst. überarb. Neuausg. Frankfurt/M. 1999.

Polenz, Peter von, Deutsche Sprachgeschichte vom Spätmittelalter bis zur Gegenwart. Bd. III: 19. und 20. Jh. Berlin/New York 1999. [6.3. Entwicklung der Massenmedien; 6.15. Sprache in Massenmedien].

Püschel, Ulrich, Journalistische Textsorten im 19. Jh. In: Rainer Wimmer (Hrsg.), Das 19. Jh. Sprachgeschichtliche Wurzeln des heutigen Deutsch. Berlin/New York 1991, 428—447.

Ders., Zeitungsstil und Öffentlichkeitssprache. In: Dieter Cherubim/Siegfried Grosse/Klaus J. Mattheier (Hrsg.), Sprache und bürgerliche Nation. Beiträge zur deutschen und europäischen Sprachgeschichte des 19. Jahrhunderts. Berlin/New York 1998, 360—383.

Rodens, Franz, Die Zeitungssprache. Bonn 1938. (Vorträge und Abhandlungen, H. 3).

Rück, Peter, Die Sprache der Schrift — Zur Geschichte des Frakturverbots von 1941. In: Jürgen Baurmann/Hartmut Günther/Ulrich Knoop (Hrsg.), homo scribens. Perspektiven der Schriftlichkeitsforschung. Tübingen 1993, 231—272.

Sabin, J., Die Sprache der Presse und des Parlaments. Kiel/Leipzig 1893. (Deutsche Schriften für Litteratur und Kunst, 2. Reihe, H. 6).

Sandig, Barbara, Syntaktische Typologie der Schlagzeile. Möglichkeiten und Grenzen der Sprachökonomie im Zeitungsdeutsch. München 1971.

Schopenhauers sämtliche Werke. Genaue Textausgabe mit den letzten Zusätzen. Eingeleitet und mit Sachregister versehen von Max Frischeisen-Köhler. Siebenter und achter Band, Berlin [o. J.].

Statistisches Bundesamt. Bildung und Kultur. Fachserie 11. Reihe 5: Presse 1990. Wiesbaden 1992.

Straßner, Erich, Deutsche Presse und Pressesprache nach 1945. In: Heinrich Löffler/Karlheinz Jakob/Bernhard Kelle (Hrsg.), Texttyp, Sprechergruppe, Kommunikationsbereich. Studien zur deutschen Sprache in Geschichte und Gegenwart. Festschrift für Hugo Steger zum 65. Geburtstag. Berlin/New York 1994, 225—260.

Ders., Zeitung. 2., veränd. Aufl. Tübingen 1999 (Grundlagen der Medienkommunikation 2).

Twain, Mark, Deutsche Zeitungen. In: Ders., Gesammelte Werke in zehn Bänden. Ausgew. u. zusammengest. v. Norbert Kohl. Bd. 4: Bummel durch Europa. Frankfurt/M. 1985, 553—560.

Der Weg zur freien Presse in Deutschland. Eine Ausstellung des Bundesverbandes Deutscher Zeitungsverleger e. V. Gestaltung: Deutsches Zeitungsmuseum (Meersburg). Bonn [1990].

Wilke, Jürgen, Auf dem Weg zur „Großmacht": Die Presse im 19. Jh. In: Rainer Wimmer (Hrsg.), Das 19. Jh. Sprachgeschichtliche Wurzeln des heutigen Deutsch. Berlin/New York 1991, 73—94.

Wustmann, Gustav, Allerhand Sprachdummheiten. Kleine deutsche Grammatik des Zweifelhaften, des Falschen und des Häßlichen. Ein Hilfsbuch für alle, die sich öffentlich der deutschen Sprache bedienen. Leipzig 1891.

Wuttke, Heinrich, Die deutschen Zeitschriften und die Entstehung der öffentlichen Meinung. Ein Beitrag zur Geschichte des Zeitungswesens. Zweite bis auf die Gegenwart fortgeführte Aufl. Leipzig 1875.

Norbert Nail, Marburg (Lahn)

152. Sprache in Hörfunk und Fernsehen

1. Die Massenmedien Hörfunk und Fernsehen
2. Rundfunk-Sprache und ihre Bedeutung für die jüngste Geschichte des Deutschen
3. Literatur (in Auswahl)

1. Die Massenmedien Hörfunk und Fernsehen

1.1. Begriffsklärung

Der Terminologie der Funkhäuser folgend, wird Rundfunk (RF) als Oberbegriff der elektronischen Massenmedien Hörfunk (HF) und Fernsehen (FS) verwendet.

1.2. Entwicklung und Ausbreitung

Fast 2¾ Stunden sitzt jeder Deutsche täglich vor dem Fernseher, und 2¾ Stunden hat er sein Radio eingeschaltet. Nichts verdeutlicht den Siegeszug der elektronischen Massenmedien HF und FS in den vergangenen 75 Jahren und den dadurch bedingten gesellschaftlichen und kulturellen Wandel mehr als diese Durchschnittswerte. Als Geburtstag des öffentlichen dt. RF gilt der 29. 10. 1923: An diesem Tag beginnt die Berliner *Deutsche Stunde* ihre regelmäßigen HF-Sendungen für Private. 1932 gehen die privaten Geschäftsanteile der 1925 gegründeten *Reichs-Rundfunk-Gesellschaft* in staatlichen Besitz über, 1933 wird der RF zum Staatsfunk der nationalsozialistischen Machthaber, ab 1948 geben die Westalliierten die Funkhäuser als Anstalten öffentlichen Rechts wieder in dt. Verantwortung, 1950 konstituiert sich die *ARD*. In der DDR übernimmt 1952 ein staatliches RF-Komitee die zentrale Leitung der Bezirkstudios. In der Schweiz geht bereits 1922 die erste öffentliche Sendeanlage in Betrieb. 1931 wird die privatrechtliche *Schweizerische Rundspruch-Gesellschaft (SRG)* gegründet, die Vorläuferin der heutigen *Schweizerischen Radio- und Fernsehgesellschaft*. In Österreich beginnt 1924 das RF-Zeitalter mit der Gründung der *Radio-Verkehrs AG*, die 1938 in die *Reichs-Rundfunk-Gesellschaft* eingegliedert wird. 1954 kommt es zur Neugründung des *Österreichischen Rundfunks (ORF)*. Die Entwicklung des FS (erste Versuchssendungen 1928; örtliches FS-Programm seit 1935 in Berlin) wird durch die Kriegs- und Nachkriegszeit aufgehalten. Erst seit 1950 gibt es wieder Versuchssendungen. Offizieller Sendestart ist in der Schweiz und der BRD 1952,

in der DDR 1955 und in Österreich 1957. Seit 1963 wird in der BRD, seit 1969 in der DDR und seit 1970 in Österreich ein zweites Programm ausgestrahlt. In der 2. Hälfte der 70er Jahre erfolgt der Ausbau regionaler ARD-Programme zu „dritten" Programmen. Ab 1984/85 verändert die Zulassung privatkommerzieller Sender die dt. RF-Landschaft grundlegend. Im FS etablieren sich neben Vollsendern (z. B. *RTL*, *SAT 1*) zunehmend Ballungsraum- und Spartensender. Hinzu kommen Pay-TV (*Premiere*) und internationale Gemeinschaftsprogramme (*arte*, *3sat*). Nach der Wiedervereinigung wird der DDR-RF in neue Landesanstalten überführt (*MDR*, *ORB*) bzw. in bestehende integriert (*NDR*, *SFB*). Im HF hat die Einführung des „dualen Systems" zur Folge, daß zahlreiche private Lokal- und Regionalsender auf den Markt drängen.

Die rasche Durchsetzung beider Medien läßt sich an der sprunghaft ansteigenden Zahl der HF- und FS-Haushalte ablesen. Der dt. HF startete 1923 mit 467 Teilnehmern; 1925 waren es bereits 800.000, 1928 2 Mio., 1943 16 Mio.; 1952 sind es in der BRD wieder 10 Mio.; 1976 steht in 97 von 100 Haushalten mindestens ein Radio. Noch schneller hat sich das FS durchgesetzt: 1953 sind es 2.000, 1955 106.000, 1968 19 Mio., 1994 über 32 Mio. FS-Haushalte. Vergleichbar verläuft die Entwicklung in Österreich und der Schweiz.

Im Sinne einer Wirkungsspirale ist die Zunahme der RF-Haushalte begleitet von einer ständigen Verbesserung beider Medientechniken, z. B. Erhöhung der Sendestärke, flächendeckende Erstellung von Füllsendern, UKW (seit 1949), Stereo, Farbfernsehen (1967 BRD, 1968 Schweiz, 1969 DDR und Österreich), Cassetten- und Videorecorder, Bildschirmtext, Satelliten- und Kabelkanäle, über die 1995 bereits 19,2 bzw. 59,9% der dt. Haushalte ihre FS-Programme empfangen. Die Entwicklung ist damit keineswegs abgeschlossen. Die durch Digitalisierung ermöglichte Verknüpfung von FS, PC und Telefon („Multimedia") wird nicht nur mit ihren vielseitigen Nutzungsmöglichkeiten − vom Telebanking bis zum Interaktiven Video − Eingang in die Privathaushalte finden, sondern wohl auch durch zunehmende Kommerzialisierung das FS und seine Nutzung verändern (z. B. *Pay per View* oder *Channel*, *Video on Demand*).

1.3. Angebot

Mit der generellen Ausbreitung des RF steigt gleichzeitig das Sendeangebot. 1923 beträgt die tägliche Sendezeit im dt. HF 1 Stunde, 1924 über 6, 1929 über 12, 1933–45 ca. 16, heute 24 Stunden. 1950 strahlte die ARD 6, 1984 34, 1995 53 HF-Programme aus. Hinzu kommen mittlerweile 185 private Regional- bzw. Lokalsender (von *Antenne Sachsen* bis *Radio Neandertal*), die überwiegend „musik-dominierte" oder „Info"-Programme senden (Hickethier 1994, 108ff.). Aber auch bei der ARD ist der Trend zur weiteren Regionalisie-rung (z. B. *NDR 1*, *HR 4 radio regional*) und zur zielgruppenorientierten Differenzierung bzw. Spartengliederung unverkennbar (z. B. *MDR live, info, Kultur, Sputnik*). – 1952 konnte man in der BRD täglich 1 FS-Pro-gramm ca. 2,5 Stunden sehen, 1983 minde-stens 3 mit einer Sendezeit zwischen 7 und 14 Stunden, 1995 im Schnitt 30 Programme, wobei *ARD* und *ZDF* sich mit ca. 22 Sende-stunden dem „Rund-um-die-Uhr"-Angebot annähern, das *RTL*, *SAT 1* und *PRO 7* prak-tisch schon erreicht haben. Auch im FS han-delt es sich bei der Mehrzahl der 75 privaten Programme um Ballungsraumsender (z. B. *Nachtschau, tv weiß-blau*) oder um Sparten-sender, z. B. Nachrichten: *Euronews, n-tv*, Sport: *Eurosport, DSF*, Jugend/Musik: *MTV, VIVA*, Frauen: *tm 3*. Das öffentlich-rechtli-che FS schließt sich mit *Kinderkanal* und *Phoenix* diesem Trend an.

Stark ausgeweitet und verändert hat sich das inhaltliche Angebot, wenn auch im HF die Dominanz der Musik ungebrochen ist. 1930 waren 20% der Sendezeit Vorträgen, 13% der Literatur und lediglich 2% aktueller Berichterstattung vorbehalten. Der national-sozialistische HF sendete 68,5% Musik, 9,3% Hörspiele und Vorträge, 9,1% Nachrichten, 4,1% Zeitfunk, etwa je 3% Schulfunk, Politik und Sport. Die ARD-Statistik 1995 weist fol-gende Anteile auf: U-Musik 43,8%, E-Musik 14,3%, Politik 14,3%, Magazine 12,2%, Kul-tur 4,8%, Unterhaltung 1,8%, Familie 1,6%, Sport 1%, Bildung 0,7%, Hörspiele 0,6%. Dabei bestehen zwischen den bis zu 8 Pro-grammen der einzelnen ARD-Sender ganz er-hebliche Abweichungen von diesen generellen Werten. Im FS konnte man bis in die 2. Hälfte der 80er Jahre von einem 2 : 1-Ver-hältnis zwischen „Unterhaltungs"- und „In-formations"-Angeboten ausgehen. Dies hat sich in den letzten 10 Jahren grundlegend ge-ändert. Die Unterhaltung dominiert mittler-weile mit 3 bis 4 : 1. Selbst *ARD* und *ZDF*

haben von 1983 bis 1993 den Anteil ihrer fik-tionalen „Spielhandlungen" mehr als verdop-pelt. 1985 konnte der Zuschauer wöchentlich unter 50, 1991 bereits unter 200 Spielfilmen wählen. Bei den 5 großen Programmen, die 1995 71,5% des FS-Konsums abdeckten, er-gibt sich folgende Reihung: Fiction 40,6%, Information/Bildung 24,4%, Werbung 10%, nicht-fiktionale Unterhaltung 8,4%, Kinder- und Jugendsendungen 8%, Sport 3,6%, Mu-sik 2%, der Rest entfällt auf „sonstige Pro-grammsparten". Nach wie vor bestehen zwi-schen den öffentlich-rechtlichen und den kommerziellen Vollprogrammen, aber auch zwischen diesen selbst, große Angebotsunter-schiede. Z. B. ist das Nachrichten-/Informa-tions-Angebot bei *ARD* und *ZDF* fast drei-mal so hoch wie bei *RTL*, *SAT 1* und *PRO 7*, bei den Serien ist es umgekehrt. Noch gravie-render sind die Unterschiede bei der Wer-bung. 2% Sendeanteil bei *ARD* und *ZDF*, 14% bei *RTL* und – bedingt durch Dauer-werbesendungen – gar 19% bei *SAT 1*. – Der enormen quantitativen Ausweitung des FS-Angebots entspricht im inhaltlichen Be-reich nur eine partielle Programmbereiche-rung und -differenzierung. Einerseits füllen Wiederholungen aller Art, nicht zuletzt von Spielfilmen und Serien, die Sendezeit, ande-rerseits sind die zahlreichen Talkshows (allein 80 pro Woche), Magazine und Serien fast austauschbar geworden, was Gäste, Themen und Plots betrifft. Sieht man von wenigen Sparten ab, besteht die Wahl nicht so sehr zwischen Verschiedenem, sondern zwischen Ähnlichem und Gleichem. Deutlich sind sechs Tendenzen: 1. der Trend zum 24-Stunden-Programm; 2. der raschere Wechsel der Programmeinhei-ten, die „Programmdynamik"; sie ist bei den privaten Sendern am stärksten ausgeprägt, hat sich aber von 1988 bis 1995 „bei allen Sendern verdoppelt" (Krüger 1996, 429); 3. die Enttabuisierung der privatesten Bereiche und die Darstellung realer und fiktionaler Gewalt; 4. die „Boulevardisierung" von In-formationen, der Trend zur unterhaltsamen Informationsvermittlung („Infotainment"); 5. die Tendenz zur „Serialisierung", zugleich aber auch zum raschen Angebotswechsel; 6. die „Einschaltquote" als Maß aller Dinge – eine Folge der Kommerzialisierung und des Konkurrenzkampfes um Werbekunden, Sen-derechte und Publikumstars.

1.4. Nutzung

Bei der Vervielfachung des Angebots kommt der Nutzung durch den RF-Rezipienten eine entscheidende Rolle zu. Trotz FS und anderer Tonträger hat das Radio nicht an Beliebtheit eingebüßt, sich allerdings „in den zurückliegenden Jahren vom Überraschungsmedium zum Geräuschmöbel gewandelt" (Esser 1996, 63). Denn in knapp zwei Drittel aller Fälle üben die HF-Hörer gleichzeitig eine andere berufliche oder häusliche Tätigkeit aus (FS nur 14%). Drei von vier Deutschen schalten täglich das Radio an. Im Schnitt hörte jeder Deutsche 1995 jeden Tag 2h 42' HF (1964: 1h 29'; 1980: 2h 15'). Wie sehr allerdings das FS den HF-Konsum beeinflußt hat, zeigt sich daran, daß die Einschaltquote, die vormittags am höchsten ist, ab 20 Uhr auf unter 5% absinkt (1954 noch ca. 35%). Trotz der großen Wahlmöglichkeit nutzt der Radiohörer im Regelfalle nur drei Programme. Dabei haben sich die privaten Sender mittlerweile einen Marktanteil von 41,4% gesichert. − Das Interesse am inhaltlichen Angebot ist großen Wandlungen unterworfen. 1924 standen Operetten, Tagesneuigkeiten, Zeitangaben und Kammermusik an der Spitze der Publikumsgunst, erst an 12. und 13. Stelle folgten politische Nachrichten und Sportmeldungen. 1935 interessierten am meisten Wetter- und Tagesnachrichten, Reden und Vorträge, dann mit Abstand Sport und Theater/Hörspiele. Heute hält zweifellos die U-Musik den Spitzenrang. Beim *HR* schalten z. B. zehnmal so viele Hörer *radio mobil* wie *radio kultur* ein. Neben den Nachrichten erreichen aber auch einzelne, wenn auch in Musik verpackte Wortsendungen relativ viele Hörer, z. B. die samstäglichen Konferenzsendungen über die Fußball-Bundesliga.

Beim FS haben soziale Veränderungen (z. B. kürzere Arbeitszeiten, hohe Arbeitslosigkeit) und die starke Angebotsausweitung offenbar zu einem Anstieg des FS-Konsums geführt. 1995 sahen 83% der Deutschen täglich fern, jeder Deutsche dabei im Schnitt 2h 38' (1964: 1h 10'; 1983: 1h 53'). Dabei wird von den Älteren mehr als von den Jüngeren, abends mehr als tagsüber, am Wochenende mehr als werktags, im Winter mehr als im Sommer, in den neuen Bundesländern mehr als in den alten, dort wiederum im Norden mehr als im Süden ferngesehen. Nach der Umbruchsituation, die die Einführung des dualen Systems zwangsläufig zeitigte, scheint der Fernsehmarkt in eine Konsolidierungsphase eingetreten zu sein. Herauskristallisiert haben sich 5 Programme, die in der Publikumsgunst eindeutig vorne liegen. 1995 kamen sie auf folgende Sehanteile: *RTL* 17,6%,

ZDF und *SAT 1* je 14,7%, *ARD* 14,6%, *PRO 7* 9,9%. Das restliche gute Viertel teilten sich die 3. Programme (8,9%) und die kleineren Sender, deren Anteil aber − vor allem wegen der Erhöhung ihrer technischen Reichweite − stetig zunimmt. Unübersehbar ist, „daß die im Vergleich zum Angebot unterproportionale Nutzung der Informationsangebote schon bei den öffentlich-rechtlichen Programmen sich bei den Privaten noch einmal spürbar verstärkt" (Kiefer 1994, A 123). Offenbar als Folge der Reizüberflutung sinkt die Verweildauer bei einem Programm bzw. einer Sendung. Der „Programmdynamisierung" der Sender entspricht das „Zappen" der Zuschauer. Während das FS bei der individuellen Freizeitgestaltung weiterhin an Gewicht gewonnen hat, hat es zugleich an politischer und gesellschaftlicher Bedeutung verloren: politisch durch den Wegfall der nationalen Bindefunktion nach der Vereinigung, gesellschaftlich durch die „Fragmentierung des Publikums" (Krüger 1996, 418) bei der TV-Nutzung. Die Zeiten, in denen einzelne Unterhaltungs- und Sportsendungen Einschaltquoten von 40 bis über 60% und selbst politische Magazine bis zu 25% erreichten und anschließend tagelang Gesprächsstoff lieferten, gehören der Vergangenheit an. 30% Sehbeteiligung, also die 20 Mio.-Grenze, überspringen nur noch „Selbstläufer" wie z. B. Fußball-WM-Übertragungen (die „Top Ten" 1994 waren ausschließlich WM-Spiele). Kein einziger Spielfilm brachte es 1995 auf 10 Mio. Zuschauer. Politische Magazine werden von 1 bis 4 Mio. gesehen. Selbst die 20 Uhr-*Tagesschau*, die FS-Institution schlechthin, hat zwischen 1986 und 1994 ein Viertel ihrer Zuschauer verloren (12,3 vs. 9,2 Mio.).

2. Rundfunk-Sprache und ihre Bedeutung für die jüngste Geschichte des Deutschen

2.1. Forschungssituation und -probleme

Obgleich die Sprache im RF in den letzten Jahrzehnten ein beliebtes Untersuchungsfeld der Linguisten geworden ist − die Fülle der Publikationen reicht von Detailuntersuchungen wie z. B. der *ä*-Aussprache im österreichischen RF (Patocka 1988) bis zu Gesamtdarstellungen (Burger 1990; Bucher/Straßner 1991) −, sind empirisch abgesicherte Erkenntnisse in vielen Bereichen noch die Ausnahme. Dies liegt zum einen daran, daß es weder „die" RF-Sprache noch eine halbwegs einheitliche HF- bzw. FS-Sprache gibt, sondern eine fast unüberschaubare Menge verschiedenartiger Sendeformen, die sich günstigenfalls in eigenen, relativ konstant bleibenden Textsorten (z. B. Nachrichten, Verkehrsmeldungen) abbilden, häufig aber auch ein „Konglomerat äußerst heterogener Textsorten" (Fluck 1993, 94) darstellen (z. B. HF-Magazine). Zum andern läßt die schier unendliche, täglich neu produzierte Textmenge nur vergleichbar kleine Ausschnittuntersuchungen zu, wobei sich „der rasche Wandel von Sendeformen, Strukturplänen" und „journalistischen Moden" für die „sprachwissenschaftliche Beschreibung von Medientexten" (Burger 1990, 3) besonders erschwerend auswirkt. Dementsprechend ist die Basis der einzelnen Untersuchungen recht unterschiedlich. Die Pole bilden Arbeiten, die Burgers Forderung nach „großen Datenmengen" genügen, „um verläßliche Aussagen machen zu können" (1990, 3), und dem bewußten Verzicht, „Hypothesen empirisch-analytisch zu verifizieren oder falsifizieren". An die Stelle der Empirie tritt dabei der Versuch, „Regelhaftigkeiten" anhand exemplarisch durchgeführter hermeneutischer Inhaltsanalysen „evident und plausibel" zu machen (Holly/Kühn/Püschel 1986, 47). Insgesamt beruht die Forschungslage also „auf der Analyse geringer Textmengen und weist [...] kaum vergleichende Untersuchungen auf" (Fluck 1993, 104), wie es auch „wenig diachrone Untersuchungen des Textsortenwandels" gibt (Schwitalla 1993, 1), ja mangels Materialbasis (keine Aufzeichnung bzw. Archivierung) in vielen Fällen gar nicht geben kann.

Im Mittelpunkt des Interesses steht zweifellos die Kerntextsorte des RF, die „Nachrichten" (z. B. Straßner 1982, Fluck 1989, Schmitz 1989, Püschel 1992, Wittwen 1995, Kamps 1998), wobei das Untersuchungsmaterial von deutschsprachigen Auslandssendungen (Nail 1981) über Nachrichten-Magazine (Kübler 1975, Straßner 1982, Narr 1988) und „Tagesthemen"-Kommentare (Kurz 1996) bis zu plattdeutschen Nachrichten (Stellmacher 1978), die Aspekte von der Handlungstheorie (Schmitz 1985) über das Text-Bild-Verhältnis (z. B. Bentele 1985, Muckenhaupt 1986) bis zur Verständlichkeitsproblematik (z. B. Abend 1975, Weber 1980, Ebner 1986, Lutz/Wodak 1987, Ordolff/Wachtel 1997) reichen. Breiten Raum nehmen auch die Arbeiten zu den unterschiedlichen Gesprächsformen (z. B. Weinrich 1992) ein, seien es Interviews (z. B. Schwitalla 1979, Hoffmann 1982), poli-

tische Diskussionen (z. B. Sucharowski 1985, Linke 1985, Holly/Kühn/Püschel 1986, 1989, Rütten 1989, Petter-Zimmer 1990) oder Unterhaltungssendungen, Spiel- und Talkshows (z. B. Mühlen 1985, Woisin 1989, Burger 1991). Diskussionssendungen des RF dienen auch der geschlechtsspezifischen Sprachforschung als Materialgrundlage, wobei zunehmend der pauschale, feministische Ansatz „Vergewaltigung von Frauen in Gesprächen" (Trömel-Plötz 1984) relativiert bzw. differenziert wird (z. B. Gräßel 1991, Heilmann 1995), ja RF-Diskussionen wegen der medialen Sonderbedingungen (Mehrfachadressiertheit, Rollenverhalten u. a.) mehr und mehr als ungeeignet angesehen werden. Aber auch andere RF-Bereiche sind auf das Interesse der Linguisten gestoßen, so z. B. die Samstagabend-Fernsehshow (Holly 1992), Kinder-/Jugendsendungen (Nowottnick 1989, Reinke 1993, Gornik 1996), politische und kommerzielle Werbespots (z. B. Wachtel 1988, Seyfarth 1995), die HF-Moderation (Troesser 1986), ratgebende Beiträge (Franke 1997) sowie Sportreportagen (z. B. Brandt 1979, 1983, 1984, Neugebauer 1986, Quentin 1989, Fingerhut 1991) und -interviews (Thomas 1988), Hörspiele und Fernsehserien (Hannes 1990, Herbst 1994).

„Intermediäre und interstaatliche Vergleiche" (Burger 1990, 371) sowie diachrone Untersuchungen sind zwar nach wie vor Ausnahmen, gewinnen aber an Interesse. So vergleichen z. B. Hemmi (1994) den Phraseologismen-Gebrauch in Anzeigen und RF-Spots, Cruz-Saco (1986) Fußballreportagen im dt. und peruanischen HF, Ramseier (1988) die Mundart-Verwendung im HF der dt. und der rätoromanischen Schweiz, Hardt-Mautner (1992) englische und österreichische, Landbeck (1991) dt. und französische Nachrichten und Schlickau (1996) dt. und britische Moderatoren. Informative Überblicke über sprachliche Entwicklungen finden sich z. B. in dem von Biere/Henne (1993) herausgegebenen Sammelband „Sprache in den Medien nach 1945" und im 3. Band der „Deutschen Sprachgeschichte" von P. v. Polenz (1999, 510 ff.).

2.2. Tendenzen der Rundfunksprache

Selbst unter Berücksichtigung des Faktums, daß sich manche Untersuchung nur am Rande mit Sprache im engeren Sinne befaßt, ist es schier unmöglich, auf knappem Raum die Menge der Einzelergebnisse aufzulisten. Ebenso wäre es bei der Vielfalt der sich rasch wandelnden Sendeformen und -gattungen mit ihren unterschiedlichen Funktionen, Handlungsschemata und Ausdrucksformen mehr als vermessen, zusammenfassende, allgemeingültige und abgesicherte Aussagen über den konkreten Sprachgebrauch machen zu wollen. Was möglich bleibt, ist der Versuch, auf der Grundlage der bisherigen Forschung und eigener Beobachtungen einige Tendenzen aufzuzeigen, Tendenzen, die Sendeformen übergreifen, die sich z. T. überschneiden und sich gegenseitig bedingen, die aber auch bisweilen gegenläufig sind und immer die Möglichkeit zur Abweichung und Ausnahme einschließen.

1. Keine wesentlichen Veränderungen, was die Rolle des Zeichensystems „Sprache" gegenüber den anderen Zeichensystemen betrifft. Im HF ist die Sprache für die Vermittlung von Informationen jeglicher Art konkurrenzlos, mußte sich aber immer gegen die quantitative Übermacht der Musik behaupten, was ihr bis heute gelungen ist. Andererseits darf nicht übersehen werden, daß es sich bei den meisten Musik-Darbietungen im HF um „gesungene", also mit Text verbundene Musik handelt. Im FS teilt sich die Sprache die kommunikative Aufgabe primär mit dem visuellen Zeichensystem „Bild". Dabei kann es, wenn das Bild der geeignetere Informationsträger ist, zu einer deutlichen Reduzierung der Sprachanteile kommen (ein Sportreporter im FS spricht nur halb so viel wie sein HF-Kollege). Daraus den Schluß zu ziehen, das FS sei primär ein visuelles Medium, geht an den Fakten vorbei. Tendenziell nehmen eher die Sendeformen zu, in denen die sprachliche Information im Vordergrund steht.

2. Der absolute Vorrang der gesprochenen gegenüber der geschriebenen Sprach-Realisierung. Er versteht sich bei dem akustischen Medium HF von selbst, trifft aber fraglos auch auf das FS zu. Allerdings nimmt die Verwendung geschriebener Sprache hier leicht zu (vermehrter Einsatz von Übersichten, Tabellen, Graphiken, Fließtexten), vor allem aber hat sich das FS mit dem Videotext einen eigenen, rein schriftlichen Bereich geschaffen.

3. Die gesprochene Standardsprache als klar dominierende Varietät. Dies beinhaltet zum einen die endgültige Abkehr von der literatur-geprägten Schriftsprache als Vorbild, zum anderen — sieht man von dem Sonderfall Schweiz und teilweise Österreich ab (vgl. Bur-

ger 1990) — die weitgehende Ausklammerung dialektaler Varietäten.

4. Die Integration fachsprachlicher Lexik in die gesprochene Standardsprache. Neben die traditionellen Bildungssendungen sind in zunehmendem Maße Ratgeber-, Wissenschafts- und anderen „Fächern" gewidmete Spezialsendungen getreten. Nicht zuletzt fördert der Themen-Mix publikumswirksamer Magazine und Talkshows diesen Integrationsprozeß.

5. Die Zunahme der Oralität, verstanden als „spontane Mündlichkeit". Schon in den Anfängen des HF gab es das ganze Spektrum vom verlesenen bis zum spontan geäußerten Text. Vor allem neue Sendeformen, z. B. die mit O-Tönen arbeitenden HF-Magazine, haben die Tendenz zur Oralität wesentlich verbreitet. Allerdings handelt es sich bei den „Medienprofis" aus RF, Politik, Show und anderen Bereichen im Regelfalle um eine simulierte Spontaneität („sekundäre Oralität"). Auf der anderen Seite ist das Bemühen unverkennbar, sich bei der Formulierung schriftlicher Textvorlagen an der gesprochenen Sprache zu orientieren.

6. Die Zunahme dialogischer Darstellungsformen. Sie betrifft sowohl die massenhafte Ausstrahlung originär „literarischer" Gattungen (Film, FS-Spiel und -Serien) als auch die „oraler" Sendeformen (z. B. Talkshows). Der Dialog greift aber auch über in die Moderation (z. B. *Frontal*), die Sportreportage (Reporter/Experte) und in Nachrichten-Sendungen (Studiosprecher/Korrespondent). Vor allem im HF verstärkt sich der Trend, Radiohörer via Telefon „dialogisch" einzubeziehen. Die „Mehrfachadressiertheit" (Dialogpartner, Saalpublikum, RF-Rezipient), die „Inszenierung" (Zweck und Struktur der Sendung, Vorabsprachen u. a.), das Rollenverhalten sowie die völlig unterschiedlichen Interessen der Gesprächspartner bewirken allerdings, daß die Mehrzahl der RF-Dialoge weit entfernt von Alltagsdialogen ist.

7. Der „Stimmwechsel" der RF-Sprecher. Bis in die Nachkriegszeit hinein war die artifiziell-pathetische „Burg"-Schauspieler- und die ans Marktschreierische grenzende „Wochenschau"-Sprechweise Vorbild vieler RF-Sprecher. Dieser Sprechstil ist vollständig durch den sachlich-nüchternen (Informationssendungen) und den nuancenreicheren, „alltagssprachlichen" bis saloppen Sprechausdruck (Unterhaltung, Sport) abgelöst worden.

8. Die Toleranz gegenüber Abweichungen aller Art von den Normen der gesprochenen

Standardsprache. Sie ist allenthalben vorhanden, gleich ob man an den Übergang von der Bühnen- zur gemäßigten Hochlautung und weiter zur umgangssprachlichen Lautung denkt, an die Verwendung soziolektaler Lexik (z. B. Jugendsprache) oder umgangssprachlicher Syntax (z. B. die Inversion in Fragesätzen: „Sie sind von Beruf was?"). Dabei fördert die Fragmentierung des Publikums den Trend zur dia- und soziolektal gefärbten Sprache, die Konkurrenzsituation den bei „Medienstars" schon immer vorhandenen Trend zur Pflege ideolektaler Merkmale.

9. Die Textsorten-Vielfalt bzw. -Mischung in zahlreichen Sendeformen. Ausgehend von HF-Magazinen (z. B. *Hallo Ü-Wagen*), ist sie nicht nur in die zahlreichen FS-Magazine übernommen worden, sondern greift zunehmend auch auf Sendeformen über, die lange Zeit selbst eine Textsorte bildeten oder aus dem Wechselspiel zweier Textsorten bestanden. Man nehme die HF-Nachrichten zum Beispiel, in die mehr und mehr O-Töne, Kurzkommentare, Korrespondentenberichte und Mini-Interviews eingeführt werden, oder man nehme die Entwicklung von der „alten" *ARD-Sportschau* über das *ZDF-Sportstudio* zu *ran* in *Sat 1*.

10. Die Informationskomprimierung als Folge der Programmdynamisierung. Die Verkürzung der Zeiteinheiten, die für bestimmte Informationen zur Verfügung stehen, fördert den Trend zu inhaltlicher Pauschalierung und damit zu normiertem, mit Stereotypen, Phraseologismen und Schlagwörtern durchsetztem Sprachgebrauch (z. B. Politiker-Statements). Zugleich verstärkt sich die Tendenz zum Nominalstil (z. B. Setzungen, Komposita, Abkürzungen, Nominalattribute). *Der Wetterberichts-*Stil wird z. B. zum Vorbild für andere Bereiche (z. B. Verkehr, Börse).

11. Das Bemühen um Verständlichkeit und sprachliche Attraktivität. Trotz des Problems der Informationsverdichtung ist das Bemühen vorhanden, kürzere und einfachere Sätze zu bilden, knappe Begriffserläuterungen zu geben, prägnante Vergleiche und einprägsame Metaphern zu verwenden, mit Augenblickskomposita und Wortspielen zu glänzen, durch Rezipienten-Ansprache die massenmediale Distanz zu verkürzen. Diese in der Unterhaltung immer schon starke Tendenz greift zusehends auch auf Informationssendungen über (Infotainment) und verändert Sendeformstrukturen (z. B. Abkehr vom *Lead*-

Prinzip in einigen Nachrichten-Sendungen der Privaten).

12. Der Übergang vom „ideologischen" zum „politisch-korrekten" Sprachgebrauch. Der RF hat immer die jeweils vor- oder alleinherrschenden staats- und gesellschaftspolitischen Verhältnisse in seiner Sprache gespiegelt. Nach der Propagandafunk-Phase von 1933−45 führte die politische Zweistaatlichkeit zu einem Kampf um Begriffe, sei es daß jede Seite sie für sich reklamierte (*Frieden*), sei es daß es um das jeweils „richtige" Denotat (*demokratisch*) oder Konnotat (*kommunistisch*) ging. Seit dem Wegfall dieser ideologischen Auseinandersetzung hat sich der Trend zur „political correctness" und damit verbunden zum „feministischen" Sprachgebrauch im RF verstärkt. Kaum ein Journalist und Moderator wagt es noch, Wörter wie *Zigeuner* und *Neger* in den Mund zu nehmen, kaum ein Politiker, dem *Bürger* nicht die *Bürgerin* hinzufügen. Diesen neuen „Zwängen" im öffentlichen Sprachgebrauch steht die seit längerem zu beobachtende „Befreiung" in zuvor tabuisierten Bereichen gegenüber (z. B. Sexualität).

2.3. Einfluß des RF auf die Gegenwartssprache

Daß HF und FS wie jedes Massenmedium in irgendeiner Weise ihr Publikum beeinflussen, ist unumstritten. Doch sieht man von generellen Fakten ab (z. B. starke Beeinflussung des Freizeitverhaltens) stößt bereits der Nachweis konkreter Wirkungen (z. B. Wahlen, Kaufentscheidungen) auf erhebliche Schwierigkeiten. Wenn also „schon im Bereich der Inhalte der Schluß vom Medienereignis auf die Wirkung beim Rezipienten nur mit größter Vorsicht möglich ist, so erst recht im Bereich der Kommunikationsformen" (Burger 1991, 3). Weitgehend wird man hier nur mit Hypothesen arbeiten können.

1. Die vorherrschende Varietät im RF ist die Standardsprache; RF-Texte repräsentieren also Standardsprache. Man kann folglich eine gegenseitige Beeinflussung zwischen der Sprache im RF und anderen standardsprachlichen Kommunikationsbereichen unterstellen. So hat der RF die Lead-Struktur der Nachricht von der Presse übernommen, während der seit einigen Jahrzehnten praktizierte nüchtern-sachliche Sprechstil der Nachrichtensprecher offenbar vorbildhaft auf Politiker, Funktionäre und Wissenschaftler gewirkt hat.

2. Durch den RF ist innerhalb der Standardsprache das Gewicht der gesprochenen Variante größer geworden. Durch die gegenseitige
Beeinflussung beugt der RF einer Auseinanderentwicklung beider Standardvarianten
vor, ja man darf „von der beherrschenden
Rolle", die der RF „in der Massenkommunikation" spielt, „auf die Dauer vielleicht eine
heilsame Rückwendung zur hörerbezogenen
Sprache erwarten" (v. Polenz 1978, 155; vgl.
auch dens. 1999, 39 ff.).
3. Was die Massenmedien Buch und Zeitung
für den Schriftstandard geleistet haben, wird
man HF und FS fraglos für den gesprochenen Standard zubilligen: sie haben ihn über
die Bildungs- und Funktionseliten hinaus der
ganzen Sprachgemeinschaft zugänglich gemacht. Jeder Deutschsprachige versteht mittlerweile die Standardsprache passiv und beherrscht sie aktiv zumindest so, daß es keine
unüberbrückbaren Verständigungsprobleme
mehr gibt. Darüber hinaus hat der RF die
Literatursprache als Vorbild abgelöst: Der
gegenwärtige gesprochene Standard orientiert sich an den zwangloseren Formen und
Normen der elektronischen Massenmedien
(Drosdowski/Henne 1980, 620).
4. Die Bedeutung der Funkmedien liegt primär in ihrer Funktion als „Medium", als
„Mittler". HF und FS sind nicht so sehr
sprachliche Innovatoren, sondern Multiplikatoren, Verstärker, teils Beschleuniger, teils
Verzögerer bereits vorhandener Sprach-
trends. Während z. B. der RF die Aufnahme
fremden Wortguts beschleunigt, bremst er zugleich deren Integration in das dt. Lautsystem, indem er an der fremdsprachigen
Aussprache festhält. Gegensätzliche Tendenzen, die der RF bei der Vielfalt von Themen,
Formen und Zielgruppen zwangsläufig realisiert, wirken sich nicht im Sinne eines *entweder — oder*, sondern eines *sowohl — als auch*
aus. So fördert der RF nicht nur den gesprochenen Standard, sondern auch die Kenntnis
anderer Varietäten, seien sie funktionaler, so-
zio- oder dialektaler Art. Oder: Einerseits
sorgt der RF für einen schnellen Austausch
von Mode- und Schlagwörtern, andererseits
trägt er zur Verfestigung von Sprachkli-
schees bei.
5. Am auffälligsten ist die Multiplikator-
Funktion im lexikalischen Bereich. Noch nie
in der Geschichte der dt. Sprache sind so
viele neue Wörter und Denotate, gleich ob sie
Fach-, Gruppen- oder Fremdsprachen entlehnt sind, so rasch Allgemeingut aller
Sprachteilnehmer geworden. Daß seit 1900

die Zahl der Wörter, die Kinder aktiv verwenden, stetig gestiegen ist (Augst 1984,
XVIII), ist wohl nicht zuletzt auf den RF-
Konsum der Kinder und ihrer Eltern zurückzuführen. Zumindest ist unbestreitbar, daß
die modernen Massenmedien jedem Sprachteilnehmer die Chance zur Kompetenzerweiterung bieten, zumal das FS in vielen Fällen Sache und Wort gleichzeitig vermittelt.
6. Eine vergleichbare Kompetenzerweiterung
hat offenbar im Text-Bereich stattgefunden.
Infolge ihres rekurrenten Auftretens und sich
ständig wiederholender Rezeption sind uns
die ganz unterschiedlichen Strukturmuster
der zahlreichen Textsorten, -gattungen und
-typen, von den jeweiligen Bauprinzipien bis
zu den sprachlichen Eingangs- und Schluß-
signalen, mittlerweile so geläufig, daß der immer rascher erfolgende Wechsel und die Mischung innerhalb von Sendeformen mühelos
mitvollzogen wird.
7. Bei allen gravierenden Unterschieden, die
etwa zwischen der Syntax eines Kommentars
und der eines Werbespots bestehen, folgt der
RF den Tendenzen, die seit langem in der
Schriftsprache zu beobachten sind. Ob er
hierbei eher „neutrales" Medium ist oder als
Trendverstärker fungiert, sei dahin gestellt.
Gefördert dürfte er aber die Kenntnis haben,
daß bestimmte Satzformen ganz unterschiedlichen Zwecken dienen. Man nehme als Beispiel den funktional differierenden Gebrauch
des Satzstrukturtyps „Setzung" in Schlagzeilen, Live-Reportagen, Wetterberichten, Dialogen und Werbespots.
8. Sprachkritiker — häufig aus den Medien
selbst — beklagen, daß der RF zum „Verfall"
der dt. Sprache beitrage. Diese Klage erstreckt sich nicht zuletzt auf den grammatisch-morphologischen Bereich (z. B. falscher
Konjunktiv-Gebrauch, Kasuswechsel bei
Präpositionen, *wie* statt *als* beim Komparativ). Ob derartige sprachkonservative Kritik
der empirischen Überprüfung standhält,
kann bezweifelt werden. Auch hier scheint
der RF generell vorhandene Prozesse, z. B.
Übergang von synthetisch zu analytisch gebildeten Formen, teils zu fördern, teils zu
hemmen (z. B. *von* + Dativ in umgangssprachlichen Dialogen, Genitiv in Nachrichten).
9. Zum Schluß sei auf zwei Einzelphänomene
hingewiesen, bei denen dem RF eine entscheidende Rolle zukommen dürfte. Setzt sich der
Trend fort, daß Moderatoren Gesprächspartner und RF-Rezipienten duzen, könnte dies
zu einem über die jüngere Generation hinaus-

gehenden Rückgang des „Siezens" beitragen. Noch interessanter, da für die gesprochene Standardsprache folgenreicher, wird das künftige Verhalten des RF im Falle der Personenbezeichnungen sein (z. B. *die Studenten* vs. *die Studenten und Studentinnen* bzw. *die Studierenden*).

3. Literatur (in Auswahl)

Abend, Michael, Verständliche Fernseh-Nachrichten. In: Straßner 1975, 180−198.

Augst, Gerhard (Hrsg.), Kinderwort. Der aktive Wortschatz (kurz vor der Einschulung). Frankfurt [etc.] 1984.

Bentele, Günter, Die Analyse von Mediensprachen am Beispiel von Fernsehnachrichten. In: Bentele/Hess-Lüttich 1985, 95−127.

Ders./Ernest W. B. Hess-Lüttich (Hrsg.), Zeichengebrauch in Massenmedien. Zum Verhältnis sprachlicher und nicht-sprachlicher Information in Hörfunk, Film und Fernsehen. Tübingen 1985.

Biere, Bernd Ulrich/Helmut Henne (Hrsg.), Sprache in den Medien nach 1945. Tübingen 1993.

Ders./Rudolf Hoberg (Hrsg.), Mündlichkeit und Schriftlichkeit im Fernsehen. Tübingen 1996.

Brandt, Wolfgang, Zur Sprache der Sportberichterstattung in den Massenmedien. In: Mu 86, 1979, 160−178.

Ders., Zeitstruktur und Tempusgebrauch in Fußballreportagen des Hörfunks. Marburg 1983.

Ders., Sprechgeschwindigkeit in Fußballreportagen des Hörfunks. In: Lothar Berger (Hrsg.), Sprechausdruck. Frankfurt/M. 1984, 97−110.

Bucher, Hans-Jürgen/Erich Straßner (Hrsg.), Mediensprache, Massenkommunikation, Medienkritik. Tübingen 1991.

Burger, Harald, Sprache in den Massenmedien. 2., durchgeseh. u. erw. Aufl. Berlin/New York 1990.

Ders., Das Gespräch in den Massenmedien. Berlin/New York 1991.

Cruz-Saco, Alvaro, Fußballreportagen im peruanischen und deutschen Hörfunk. Eine empirische, sprachvergleichende Untersuchung. Freiburg 1987.

Drosdowski, Günther/Helmut Henne, Tendenzen der deutschen Gegenwartssprache. In: LGL 1980, 619−632.

Ebner, Wolfgang, Kommunikative Probleme tagesaktueller Berichterstattung im Fernsehen − dargestellt am Beispiel der „Landesschau Baden-Württemberg". Frankfurt/M. [etc.] 1986.

Esser, Michael, Kino für die Ohren. In: DIE ZEIT 13/1996, 63.

Fingerhut, Monika, Fußballberichterstattungen in Ost und West. Eine diachronische Sprachanalyse. Frankfurt/M. [etc.] 1991.

Fluck, Hans-Rüdiger, Hörfunknachrichten und ihre Vermittlung. In: Mu 99, 1989, 249−264.

Ders., Zur Entwicklung von Rundfunk und Rundfunksprache in der Bundesrepublik Deutschland nach 1945. In: Biere/Henne 1993, 87−107.

Franke, Wilhelm, Massenmediale Aufklärung. Eine sprachwissenschaftliche Untersuchung zu ratgebenden Beiträgen von elektronischen und Printmedien. Frankfurt/M. 1997.

Gornik, Hildegard, Das Erklärungsstück − ein Spezifikum von Fernsehnachrichten für Kinder. In: Hess-Lüttich/Holly/Püschel 1996, 161−178.

Gräßel, Ulrike, Sprachverhalten und Geschlecht. Eine empirische Studie zu geschlechtsspezifischem Sprachverhalten in Fernsehdiskussionen. Pfaffenweiler 1991.

Hannes, Rainer, Erzählen und Erzähler im Hörspiel. Ein linguistischer Beschreibungsansatz. Marburg 1990.

Hardt-Mautner, Gerlinde, Making Sense of the News. Eine kontrastiv-soziolinguistische Studie zur Verständlichkeit von Hörfunknachrichten. Frankfurt/M. [etc.] 1992.

Heilmann, Christa M. (Hrsg.), Frauensprechen − Männersprechen. Geschlechtsspezifisches Sprachverhalten. München/Basel 1995.

Hemmi, Andrea, „Es muß wirksam werben, wer nicht will verderben." Kontrastive Analyse von Phraseologismen in Anzeigen-, Radio- und Fernsehwerbung. Bern [etc.] 1994.

Herbst, Thomas, Linguistische Aspekte der Synchronisation von Fernsehserien. Phonetik, Textlinguistik, Übersetzungstheorie. Tübingen 1994.

Hess-Lüttich, Ernest W. B./Werner Holly/Ulrich Püschel (Hrsg.), Textstrukturen im Medienwandel. Frankfurt/M. [etc.] 1996.

Hickethier, Knut, Rundfunkprogramme in Deutschland. In: Internationales Handbuch für Hörfunk und Fernsehen 1994/95. Baden-Baden/Hamburg 1994, A 106−115.

Hoffmann, Rolf-Rüdiger, Politische Fernsehinterviews. Eine empirische Analyse sprachlichen Handelns. Tübingen 1982.

Holly, Werner, Die Samstagabend-Fernsehshow. Zu ihrer Medienspezifik und ihrer Sprache. In: Mu 102, 1992, 15−36.

Ders./Ulrich Püschel, Sprache im Fernsehen. Heidelberg 1996 (Studienbibliographien zur Sprachwissenschaft 17).

Ders./Peter Kühn/Ulrich Püschel, Politische Fernsehdiskussionen. Zur medienspezifischen Inszenierung von Propaganda als Diskussion. Tübingen 1986.

Diesn. (Hrsg.), Redeshows. Fernsehdiskussionen in der Diskussion. Tübingen 1989.

Kamps, Klaus (Hrsg.), Fernsehnachrichten. Prozesse, Strukturen, Funktionen. Opladen 1998.

Kiefer, Marie-Luise, Mediennutzung in der Bundesrepublik. In: Internationales Handbuch für Hörfunk und Fernsehen 1994/95. Baden-Baden/Hamburg 1994, A 116–131.

Krüger, Udo Michael, Tendenzen in den Programmen der großen Fernsehsender 1985 bis 1995. In: Media Perspektiven 8/96, 418–440.

Kübler, Hans Dieter, Abendschau – Unterhaltung und Information im Fernsehen. Tübingen 1975.

Kurz, Harald, Die Wiedervereinigung im Spiegel der „Tagesthemen"-Kommentare von 1988 bis 1992. Eine sprachwissenschaftliche Analyse. Frankfurt/M. [etc.] 1996.

Landbeck, Hanne, Medienkultur im nationalen Vergleich. Inszenierungsstrategien von Fernsehnachrichten am Beispiel der Bundesrepublik Deutschland und Frankreichs. Tübingen 1991.

Linke, Angelika, Gespräche im Fernsehen. Eine diskursanalytische Untersuchung. Bern 1985.

Lutz, Benedikt/Ruth Wodak, Information für Informierte. Linguistische Studien zur Verständlichkeit und zum Verstehen von Hörfunknachrichten. Wien 1987.

Muckenhaupt, Manfred, Text und Bild – Grundfragen der Beschreibung von Text-Bild-Kommunikationen aus sprachwissenschaftlicher Sicht. Tübingen 1986.

Mühlen, Ulrike, Talk als Show. Eine linguistische Untersuchung der Gesprächsführung in den Talkshows des deutschen Fernsehens. Frankfurt/M. 1985.

Nail, Norbert, Nachrichten aus Köln, London, Moskau und Prag. Untersuchungen zum Sprachgebrauch deutschsprachiger Auslandssendungen. Marburg 1981.

Narr, Andreas, Verständlichkeit im Magazin-Journalismus. Probleme einer rezipientengerechten Berichterstattung im Hörfunk. Frankfurt/M. 1988.

Neugebauer, Eva, Mitspielen beim Zuschauen. Analyse zeitgleicher Sportberichterstattung des Fernsehens. Frankfurt 1986.

Nowottnick, Marlies, Jugend, Sprache und Medien. Untersuchungen von Rundfunksendungen für Jugendliche. Berlin/New York 1989.

Ordolff, Martin/Stefan Wachtel, Texte für TV. Ein Leitfaden zu verständlichen Fernsehbeiträgen. München 1997.

Patocka, Franz, Norm und Realität. Zur Aussprache des Phonems /ä:/ im Österreichischen Rundfunk. In: DS 16, 1988, 226–239.

Petter-Zimmer, Yvonne, Politische Fernsehdiskussionen und ihre Adressaten. Tübingen 1990.

Polenz, Peter von, Geschichte der deutschen Sprache. 9., überarb. Aufl. Berlin/New York 1978.

Ders., Deutsche Sprachgeschichte vom Spätmittelalter bis zur Gegenwart. Bd. III: 19. und 20. Jahrhundert. Berlin/New York 1999.

Püschel, Ulrich, Von der Pyramide zum Cluster. Textsorten und Textsortenmischung in Fernsehnachrichten. In: Ernest W. B. Hess-Lüttich (Hrsg.), Medienkultur – Kulturkonflikt. Opladen 1992, 233–258.

Quentin, Regina, Sprache im Bild. Fußballreportagen in Sportsendungen des deutschen Fernsehens. Marburg 1989.

Ramseier, Markus, Mundart und Standardsprache im Radio der deutschen und rätoromanischen Schweiz. Aarau/Frankfurt/M. 1988.

Reinke, Marlies, Jugend, Sprache und Medien nach 1945 – Beispiele aus Rundfunksendungen. In: Biere/Henne 1993, 108–127.

Rütten, Dirk, Strukturelle Merkmale politischer Rundengespräche im Fernsehen. Dargestellt am Beispiel der „Elefantenrunde". In: Josef Klein (Hrsg.), Politische Semantik – Beiträge zur politischen Sprachverwendung. Opladen 1989, 187–230.

Schlickau, Stephan, Moderation im Rundfunk. Diskursanalytische Untersuchung zu kommunikativen Strategien deutscher und britischer Moderatoren. Frankfurt/M. 1996.

Schmitz, Ulrich, Kein Licht ins Dunkel – der Text zum Bild der 'Tagesschau'. In: Bentele/Hess-Lüttich 1985, 137–155.

Ders., Postmoderne Concierge: Die Tagesschau. Wortwelt und Weltbild der Fernsehnachrichten. Opladen 1989.

Schwitalla, Johannes, Dialogsteuerung in Interviews: Ansätze zu einer Theorie der Dialogsteuerung mit empirischen Untersuchungen von Politiker-, Experten- und Starinterviews in Rundfunk und Fernsehen. München 1979.

Ders., Textsortenwandel in den Medien nach 1945 in der Bundesrepublik Deutschland. Ein Überblick. In: Biere/Henne 1993, 1–29.

Seyfarth, Horst, Bild und Sprache in der Fernsehwerbung. Eine empirische Untersuchung der Bereiche Auto und Kaffee. Münster/Hamburg 1995.

Stellmacher, Dieter, Niederdeutsch. Formen und Forschungen. Tübingen 1981.

Straßner, Erich (Hrsg.), Nachrichten. Entwicklungen – Analysen – Erfahrungen. München 1975.

Ders., Fernsehnachrichten. Eine Produktions-, Produkt- und Rezeptionsanalyse. Tübingen 1982.

Ders., Sprache in Massenmedien. In: LGL 1980, 328–337.

Sucharowski, Wolfgang (Hrsg.), Gesprächsforschung im Vergleich. Analysen zur Bonner Runde nach der Hessenwahl 1982. Tübingen 1985.

Thomas, Jobst, Denn sie leben ja voneinander ... Analyse von Sport-Interviews im Zweiten Deutschen Fernsehen und im Fernsehen der DDR. Frankfurt/M. 1988.

Trömel-Plötz, Senta (Hrsg.), Gewalt durch Sprache. Die Vergewaltigung von Frauen in Gesprächen. Frankfurt/M. 1984.

Troesser, Michael, Moderieren im Hörfunk. Handlungsanalytische Untersuchung zur Moderation von Hörfunksendungen des Westdeutschen Rundfunks mit Publikumsbeteiligung. Tübingen 1986.

Wachtel, Martin, Die Darstellung von Vertrauenswürdigkeit in Wahlwerbespots. Eine argumentationsanalytische und semiotische Untersuchung zum Bundeswahlkampf 1987. Tübingen 1988.

Weber, Andreas, Untersuchungen zur Verständlichkeit von Nachrichtensendungen im Fernsehen am Beispiel der Tagesschau. In: Mu 90, 1980, 43–67.

Weinrich, Lotte, Verbale und nonverbale Strategien in Fernsehgesprächen. Eine explorative Studie. Tübingen 1992.

Wittwen, Andreas, Infotainment. Fernsehnachrichten zwischen Information und Unterhaltung. Bern [etc.] 1995.

Woisin, Matthias, Das Fernsehen unterhält sich: Die Spiel-Show als Kommunikationsereignis. Frankfurt/M. [etc.] 1989.

Wolfgang Brandt, Marburg

153. Auswirkungen elektronischer Medien und neuer Kommunikationstechniken auf das Sprachverhalten von Individuum und Gesellschaft*

1. Neue Medien und immaterieller Zeichenkörper

„Wir haben heute noch keine zuverlässigen, diachronisch-empirischen Antworten auf die Frage nach den Auswirkungen der elektronischen Medien auf Sprachverhalten, Sprachkompetenz und Sprachsystem" (von Polenz 1991, 4). Gleichwohl sind Funktionen und Erscheinungsformen von Sprache in den herkömmlichen Massenmedien Presse, Hörfunk und Fernsehen vielfältig erforscht worden (Forschungsberichte Brandt 1985; Nail 1985; Schmitz 1987; Straßner 1980), erst wenig aber in neuen Medien (Forschungsbericht Schmitz 1995). Als neue Medien gelten heute insbesondere alle computergestützten elektronischen Digitalmedien, hochauflösendes Fernsehen (HDTV) sowie Satelliten- und Kabeltechnologie. Sie erlauben technisch und ästhetisch neue Produktionsmöglichkeiten, eine erhebliche Vermehrung der Distributionswege und einen interaktiven Umgang mit dem Informationsangebot. Produktion, Verteilung, Nutzung und Weiterverarbeitung von Informationen aller Art werden durch neue Medien zunehmend vervielfältigt und differenziert. Gleichzeitig werden alle Medien über elektronische Wege immer enger miteinander vernetzt. Auf diese Weise wird auch die hergebrachte Grenze zwischen Individual- und Massenkommunikation allmählich schwinden.

Elektronische Medien befreien den Zeichenkörper von seiner hergebrachten materiellen Bindung an Schallwellen, Graphit, Tinte, Druckfarbe etc. und transportieren Informationen auf unhör- bzw. unsichtbare Weise. Sie verändern „den Bestand der Bibliotheken in Richtung 'immaterieller Güter'"; und im Gegensatz zu den Printmedien bedarf es bei herkömmlichen audiovisuellen wie bei neuen elektronischen Medien „zur Informationserfassung mit den menschlichen Sinnesorganen (Auge, Ohr) eines Hilfsgerätes, welches die codierten Informationen in dem Menschen verständliche Signale 'zurückübersetzt'" (Rehm 1991, 202). Nach dem Abschalten des Geräts „verschwindet die Information ohne Spur" (Schanze 1988, 81), wie das sonst nur bei der – gerätlosen – mündlichen Sprache geschieht. Diese den menschlichen Sinnesorganen nicht unmittelbar zugängliche (und deshalb scheinbar immaterielle) Flüchtigkeit des Zeichenkörpers eröffnet zum ersten Mal in der menschlichen Geschichte räumlich, zeitlich und mengenmäßig grenzenlose Kommunikationsmöglichkeiten, erlaubt die Integration aller (z. B. akustischer und optischer) Kommunikationskanäle und läßt dabei neuartige Kommunikationsnormen und -formen entstehen.

* Stand: März 1995

2. Neue Wörter, Kommunikationsweisen und Stilformen

Die neuen Kommunikationsgeräte und -vorgänge werden mit neuen Wörtern und Wendungen bezeichnet. Seltener handelt es sich dabei um Wörter dt. Herkunft (z. B. *Schnittstelle*, *Festplatte*), häufiger um Lehnübersetzungen aus dem Englischen (z. B. *Maus*, *Menü*), meist aber um engl. Internationalismen (z. B. *Computer*, *Laptop*), darunter oft auch abkürzende Kunstwörter lat. Ursprungs (z. B. *Modem* von *modulare/demodulare*) oder einfache Abkürzungen aus dem Engl. (z. B. *CD*, *ISDN*). Neues technisches Wissen wird gern mithilfe von Metaphern an bekannte Alltagserfahrungen geknüpft. So spricht man animistisch über Computer, als wären sie belebt (z. B. *der Rechner spinnt*). Auch im 'Dialog' mit Computern werden maschinelle Operationen metaphorisch wie menschliche Handlungen dargestellt (Schmitz 1988). Teilweise dringen ursprüngliche Fachtermini umgekehrt auch als Metaphern in die Alltagssprache ein (z. B. *programmieren*, *umprogrammieren*). Wichter (1992, 12) schätzt den Anteil des Computerwortschatzes am Wortschatz der Gemeinsprache auf derzeit an die 3 Promille.

Neue Medien ziehen aber nicht nur neue Wörter, sondern auch neue Kommunikationsformen nach sich. Dort, wo sie Massenmedien sind, setzen sie früher beschriebene Einflüsse von Massenmedien auf die Gegenwartssprache intensiver fort. Dort, wo sie wechselseitiger Kommunikation dienen, erzeugen sie neuartige Kommunikationsverhältnisse und Textsorten. So gehen in computervermittelter Kommunikation in Netzwerken, also z. B. in elektronischen Konferenzen oder per e-mail, einige typische Elemente mündlicher bzw. schriftlicher Kommunikation eine charakteristische Mischung mit bisher ungekannten Kommunikationsweisen ein (nach Kiesler/Siegel/McGuire 1984):

(1) Die Geschwindigkeit bis hin zur Gleichzeitigkeit kennt man sonst nur aus mündlichen und fernmündlichen Gesprächen.
(2) Sie kann die Erwartung erzeugen, daß unmittelbar geantwortet werde, obwohl ja, wie stets in schriftlicher Kommunikation, jegliche Art von nonverbalem Feedback fehlt und Computerkommunikation deshalb dramaturgisch sehr schwach ist.
(3) Es gibt sehr wenig Möglichkeiten, Bedeutungsnuancen und situationsabhängige Feinheiten auszudrücken.
(4) Deshalb wirkt elektronische, wie übrigens auch schriftliche, Kommunikation unpersönlich.
(5) Die Software für elektronische Kommunikation ist blind für soziale Hierarchien (Status- und Prestige-Unterschiede); das erlaubt gleichberechtigtere Teilhabe aller.
(6) Traditionelle Arbeitszeiten und Grenzen zwischen beruflicher und privater Kommunikation lösen sich tendenziell auf.
(7) Alles in allem gibt es in computervermittelter Kommunikation nicht nur sehr wenig Information über den sozialen Kontext (Status, Persönlichkeit etc.), sondern auch wenig weithin anerkannte Normen.
(8) Dies kann Koordination und Verstehen erschweren, soziale Gleichheit erhöhen, gesellschaftliche Standards bedeutungsloser und Kommunikation unpersönlicher und freier machen.
(9) So richtet sich die Aufmerksamkeit weg von den Kommunikationspartnern und konzentriert sich auf den Kommunikationsinhalt.
(10) Dadurch wird Anonymität befördert und Selbstbeobachtung der Kommunikationsteilnehmer vermindert (ebd. 1125f.).

Die Umwälzung hergebrachter Normen schlägt sich auch sprachlich in einigen Neuerungen nieder: in neuen stilistischen Formen jenseits der Standardschriftsprache, teils formalisierter, teils salopper als diese (Abschn. 2.), in ganz neuen Schreibweisen und Textsorten, die ohne die neuen technischen Mittel nicht denkbar waren (Abschn. 3.), und in einer neuartigen Mischung von Mündlichkeit und Schriftlichkeit sowie von Verbalität und Nonverbalität (Abschn. 4.).

Aus technischen oder finanziellen Gründen erfordert Kommunikation mit neuen Medien manchmal eine sparsame Kürze des Ausdrucks. Daraus können sich dann oft elliptische und schematische Formen ergeben, die sich unter Umständen auch präzisierend oder restringierend auf den Inhalt auswirken können. Zwecks Ökonomie und Exaktheit werden in der Kommunikation mit Computern, z. B. in maschinell gestützten Dialogsystemen für Datenbankanfragen, meist noch stark restringierte Sprachregister benutzt, die nur über ein begrenztes und eindeutiges Vokabular sowie über eine sehr eingeschränkte, oft elliptische Syntax verfügen. Derartiger „Computer talk" ist gekennzeichnet durch eine teilweise formalisierte Sprechweise, signifikant weniger Merkmale mündlichen Sprachgebrauchs, weniger Höflichkeit und teilweise semantische Überspezifikation (Krause/Hitzenberger 1992). Für bestimmte Zwecke bilden sich elektronische Formulare heraus; sie schematisieren und standardisieren nicht nur die Form, sondern auch den Inhalt der übermittelten Nachrichten. Daneben findet man in elektronischer Kommunikation aber auch einen laxeren Briefstil, Internationalisierung, „Computersprache" und u. U. die Elemente einer Gruppensprache, nämlich Kürzel, Selbstbestätigung der Gruppenteilhabe durch 'In-Talk' und Abgrenzung gegenüber 'Nicht-Eingeweihten' (Schanze/Kammer 1990). Mathiassen/Andersen (1986) zeigen, wie die Einführung von Computern in den beruflichen Alltag professionelle Sprechweisen erheblich verändern kann. In dem untersuchten Krankenhaus werden u. a. die Ausdrücke strikter formularisiert und damit normiert und weniger feinkörnig; die patientenbezogene Information entfernt sich mehr von persönlicher Erfahrung und orientiert sich stärker an fester definierten Standardformulierungen. Freilich hat die Benutzung eines Computers „keinesfalls automatisch" Auswirkungen auf Sprache und Form der Texte, wie Janich (1994, 254) für e-mail herausfand. Sie beobachtet zwar „eine gewisse Aufweichung formaler und grammatischer Regeln" und vielfältige „Strategien zur Textkomprimierung" einschließlich abkürzender Ausdrucksweisen bis hin etwa zu *mfg* für *Mit freundlichen Grüßen*. Jedoch: „Immer sind Kommunikationssituation und Teilnehmerkreis (wie ja auch auf anderen Feldern − aktueller − Sprachverwendung) Hauptsache für die Wahl der Sprach- und Stilmittel" und nicht das technische Medium selbst (ebd., 255−257). So können technische Medien ebensogut zu schematisierenden wie zu saloppen, zu strikt geregelten wie zu anarchischen, zu sparsam restringierten wie zu üppig kreativen Kommunikations- und Stilformen verwendet werden.

3.   Neue Schreibweisen und Textsorten

Neue Medien bringen neue Textsorten mit sich und drängen alte teilweise zurück. Der Computer vor allem dient als ein sehr universeller Schreibapparat. Zwar ist er bei weitem nicht so leicht und frei handhabbar wie Bleistift und Papier; er kann aber für das ganze Spektrum von Schreibtechniken zwischen herkömmlichem Maschineschreiben, schriftlichem Dialog und multimedialem Hypertext verwendet werden. Wir betrachten hier den Computer der Reihe nach als monologisches, dialogisches, nichtlineares und interaktives Schreibgerät.
(1) Traditionell wird beim Schreiben sogleich die äußere Form des Geschriebenen festge-

legt. Der Computer ist das erste Medium, bei dem diese „Einheit zwischen dem wahrnehmbaren Text und seiner materiellen Form" aufgelöst wird; letztere kann gar nicht eingesehen werden (Weingarten, 1994, 578f.). Schreiben per Computer lädt deshalb zu neuartigen Gestalten des Schreibprozesses ein, erlaubt flexiblere Schreibtechniken (Holt/ Williams 1992; Jakobs/Knorr/Molitor-Lübbert 1995) und gibt dem Schreibprodukt schneller eine vollendetere äußere Form. Deshalb können elektronische Schreibgeräte dazu verleiten, ungehemmter und disziplinloser zu schreiben als mit anderen Schreibwerkzeugen; sie können aber auch auf neuartige Weise einschränken, und sie eröffnen neue Darstellungswege mit neuartigen Anforderungen an Verfasser und Leser. Denn die festen Grenzen klassischer Schreibweisen fallen: Computergeschriebenes hat eine leicht bewegliche Textgestalt, läßt Schreiber und Leser leichter ihre Rollen tauschen und kann die schriftgewohnten Grenzen linearer Darstellung leichter überschreiten. Bolter (1989, 130f.) gibt die Stichworte: „The elements, structure and visual display of electronic text are all in flux", „the computer works against the fixity of text", „the distinction between reading and writing tends to disappear"; und der Computerschreiber „is working topically − thinking and writing in terms of verbal units or topics", das heißt, er braucht seine Gedanken nicht entlang einer Schreiblinie aufzureihen, sondern kann sie auch netzwerkartig und assoziativ darstellen.
(2) Schriftliche on-line-Dialoge oder Konferenzen am Computer werden auf der ganzen Welt meist in engl. Sprache, manchmal in pidginisierten Mischformen, geführt, wie überhaupt die weltweite Computervernetzung das Engl. als internationale Verkehrssprache weiter begünstigt. Geschriebene Standardsprache ist hier gemischt mit salopper Umgangssprache, Kürzeln, typographischen Zeichen und on-line-typischen Formeln. Der Gesprächsablauf wird vom Programm gesteuert. In den öffentlichen Konferenzen, zum Beispiel im Internet Relay Chat (IRC), kann sich jederzeit jedermann unter Decknamen ein- und ausschalten und risikolos eintippen, was und wie es ihm gefällt. Das kann solche schriftlichen Gespräche gänzlich heterogen, verwirrend und inkonsistent machen. Die gewohnten Konversationsregeln sind außer Kraft gesetzt. Der Sprecher kann einen zweiten Gesprächsbeitrag bringen, bevor er auf den ersten eine Antwort erhalten

hat; der Hörer braucht nicht unbedingt zu antworten; man kann ohne Schaden jederzeit unterbrechen; die üblichen Eröffnungs- und Schlußfloskeln entfallen; die persönliche Anrede fungiert nicht als Einladung zum Sprecherwechsel; tag questions (z. B. *nicht wahr?*) kommen fast nicht vor (Murray 1989; vgl. Feenberg 1989; Chapman 1992). Je nach Gesprächsanlaß bilden sich eher neue, experimentelle Regeln oder eine spielerische Anarchie in Gesprächsführung und sprachlichem Stil heraus. Einerseits entwickeln die Teilnehmer neuartige Techniken, um Mitteilungen zu komprimieren, verschiedene Themen parallel zu entwickeln und Text und Kontext in neuen Kohärenzformen miteinander zu verknüpfen (McCarthy/Wrigh/Monk 1992). Andererseits eignen sich anonyme Computerdialoge bestens für „irony, pastiche, playfulness and a celebration of ephemeral and essentially superficial examples of witty bravado" (Reid 1991, 13). Im Extremfall interagieren anonyme Mitspieler in allerlei Rollen aus reiner Spiellust in den textbasierten simulierten Phantasiewelten der sogenannten Multi User Dungeons (MUDs). Enthusiasten machen dabei neuartige, normentlastete Spracherfahrungen zwischen Schriftlichkeit und Mündlichkeit, zwischen persönlicher Direktheit und sozialer Distanz: „In both language structure and social implications, MUD allows people to express themselves and explore identity in a simple (text only), user-controlled environment." (Young 1994).

(3) Hypertext bezeichnet eine gänzlich neue, computerabhängige Textsorte, in der Informationen auf mehreren Ebenen netzwerkartig und oft multimedial dargestellt werden (Bibliographie Knee 1990). „Die Grundidee von Hypertext besteht darin, daß gedankliche Einheiten und ihre assoziativen Verknüpfungen zu diskreten, manipulierbaren Bildschirmobjekten korrespondieren. Durch Erzeugung und Veränderung derartiger Objekte kann Wissen in einer nichtlinearen Organisationsform dargestellt („nonlinear writing") und erworben („nonlinear reading") werden" (Hannemann/Thüring 1993, 140). Der Leser kann und muß seinen eigenen Weg durch das semiotische Angebot suchen. Er navigiert nach Bedarf durch ein schriftlich oder multimedial dargestelltes Wissensnetz, und die „neuen Formen zeilenloser Schrift" „konfigurieren ihre Typographie im Akt des Lesens" (Bolz 1993, 186, 199). Hypertext kann besonders gut für didaktische, enzyklopädische

und gebrauchsanweisende Zwecke verwendet werden. Einfache Formen sind z. B. als Online-Manuals für Computersoftware weit verbreitet; und das wissenschaftliche Informationssystem „World Wide Web" im Internet ist als Hypertextmenge konfiguriert.

(4) Die neuen multimedialen und synästhetischen elektronischen Textsorten „will be flexible, dynamic, and interactive and will blur the distinction between author and reader/viewer" (Bolter 1989, 139). Mit zunehmender Vernetzung von Computern wird die individuelle Autorschaft in Frage gestellt; immer mehr Texte und Arbeiten werden von mehreren, unter Umständen auch anonymen und einander unbekannten, Personen gemeinsam verfaßt, redigiert, bearbeitet und fortlaufend verändert. Damit verliert die Frage nach der 'authentischen' Fassung eines Textes an Sinn (vgl. Weingarten 1994, 579).

Entsprechend den anderen, insbesondere kooperativen, nonlinearen und multimedialen Bedingungen der neuen Textsorten verändern sich auch Lesewege: Sie werden selektiver, punktueller, variabler und verzweigt. Immer seltener gibt sich der Leser ganzen Texten hin, immer mehr irrt, zappt oder navigiert er durch die unendlich, oft chaotisch wuchernde Semiose. In dieser schon mit den traditionellen Massenmedien begonnenen Entwicklung geben die neuen Medien dem Endnutzer ganz erheblich mehr aktive Gestaltungsmöglichkeiten an die Hand als jene. An die Seite schrift-und-papier-gebundener Vorstellungen von äußerer Ganzheit und innerer Geschlossenheit sowie massenmedialer Konzepte von Offenheit und Zerstücktheit treten neue Entwürfe beweglicher, anwendungsabhängiger und multimedialer Kohärenz.

4. Mündlichkeit und Schriftlichkeit, Sprachlichkeit und Multimedia

Neue Medien, allen voran die semiotische Universalmaschine Computer, verwischen die klassischen Grenzen zwischen Mündlichkeit und Schriftlichkeit sowie zwischen sprachlichen und nonverbalen (insbesondere visuellen und akustischen) Kommunikationsweisen immer mehr. Unmittelbar vor der PC-Ära beschreibt Ong (1987, 10, 136f.) das „elektronische Zeitalter" als „eine Periode der sekundären Oralität", die geprägt sei durch technischen Aufwand, Konzentration auf die Gegenwart, Gebrauch von Formeln, Bezug auf ein öffentliches, aber nicht am gleichen Ort versammeltes Publikum, dennoch Exklusivität und innere Abgeschlossenheit sowie literalisierte Sprechweisen. Viele neue Medien nun teilen mit den Massenmedien einige dieser Aspekte, vermischen darüber hinaus aber Oralität und Literalität viel konsequenter bis in einzelne Merkmale von Produktion und Produkt und erlauben die unkontrollierte auch aktive Teilnahme aller, die über die entsprechenden (immer kleineren und billigeren, aber trotzdem keineswegs jedermann zugänglichen) Geräte verfügen. Während Telefon, Radio und Fernsehen eine neue Mündlichkeit in freier, spontaner Rede nicht nur im privaten, sondern auch im geschäftlichen und öffentlichen Bereich unterstützen, laden die jüngsten Medien zu einer sekundären Schriftlichkeit ein. Wo man in Bildschirme tippt und jederzeit löschen kann, dringen Elemente lässiger Mündlichkeit in Geschriebenes ein. Tatsächlich wird bei neuen Medien oft weder gesprochen noch (im klassischen Sinne, d. h. mit der ganzen Hand analog) geschrieben, sondern mit einzelnen Fingerkuppen in die Tastatur getippt, mit der Maus geklickt oder auf den Bildschirm gezeigt. Diese „Konstellation von Taktilität, Befehl und Innervation der Technik" setzt laut Bolz (1993, 197) den, wie Heidegger sagt, von der Schreibmaschine begonnenen „Einbruch des Mechanismus in den Bereich des Wortes" konsequent fort. Das verändert die Sprachform.

Elektronische Konferenzen mit ihrem simultanen Austausch schriftlicher Botschaften sind genau zwischen fernmündlichem Gespräch und schriftlichem Briefwechsel angesiedelt. „The divisions between spoken and written, and synchronous and asynchronous forms of language, are broken down" (Reid 1991, 22). Mailbox-Kommunikation weist „deutlich sprachstrukturelle Züge der gesprochenen Sprache" auf (Wichter 1991, 65). Außerdem fallen auf typische Abkürzungen (z. B. *demnxt* für *demnächst*, *konf* für *Konferenz*), Interjektionen aus der Comic-Sprache (z. B. *oops*, *hehe*), teilweise Verzicht auf Großschreibung sowie unkonventionelle orthographische Anlehnungen an die Phonematik gesprochener Umgangssprache (z. B. *kannsuhaben*, *oda*, *aba*) (ebd., 81 ff.).

Doch nicht nur Mündlichkeit und Schriftlichkeit, auch Verbalität und Nonverbalität gehen ineinander über. Das ergibt sich zunächst aus der körperlichen Abwesenheit des Partners (wie bei der Schrift) trotz synchroner Kommunikation (wie beim mündlichen Gespräch). Stärker als beim Telefon und beim handschriftlichen Brief fehlen in computervermittelter Kommunikation nicht nur optische bzw. akustische, sondern gänzlich alle nonverbalen Signale persönlicher Kommunikation. Fehlende nonverbale Information wird deshalb auf höchst erfinderische Weise durch textuelle Information ausgeglichen. Dazu zählen auch spezielle 'Emoticons' zur typographischen Darstellung von Aussehen, Verhalten, Haltungen, persönlichen Wertungen und Emotionen; so bedeutet beispielsweise „ :−(" (um 90 Grad gedreht zu lesen) so viel wie „traurig".

Darüber hinaus greifen die neuen technischen Möglichkeiten aber viel radikaler in kommunikative Bedingungen ein, indem sie erstmals die völlige multimediale Integration aller semiotischen Kanäle (außer bisher dem olfaktorsichen) zulassen. Insbesondere erlauben computergestützte Multimedia-Anwendungen die unmittelbare Verknüpfung von geschriebenem und gesprochenem Text, Ton, Musik, Grafik, Bild, Animation und Film, die sämtlich bis in kleinste Details hinein vom Programmierer und vom Benutzer kopiert oder erzeugt, ad hoc verändert und auf alle erdenklichen Weisen simultan und mehrdimensional aufeinander bezogen werden können. Damit setzen computergestützte Medien die in Massenmedien schon seit Jahrzehnten vorangetriebene Integration von Text, Bild und Ton in radikalerer und flexiblerer Weise fort. Im Cyberspace wird auch der haptische Kanal greifbar, so daß sich in der künstlich simulierten Cyberwelt schließlich der Unterschied zwischen materieller Realität und künstlich erzeugtem Abbild tendenziell auflöst. Die Sprache wird dann immer mehr ein Medium neben anderen, um sich in vielfältig erzeugten künstlichen Welten zurechtzufinden.

Doch auch in der unmittelbar wirksamen Realität des Alltags verändert sich das kulturelle Gewicht der Sprache gegenüber anderen Ausdrucksmöglichkeiten, insbesondere dem Bild. Damit nimmt die alte abendländische Konkurrenz zwischen der (protestantischen, diskursiven) Macht des Wortes und der (katholischen, ergreifenden) Macht des Bildes eine neue Dimension an. Seltener steht das Wort allein, häufiger kommt es nur mit Bildern vor; Texteinheiten werden kürzer, Bildmengen komplexer. Bei allen Klagen über ein vermeintliches Ende der Buchkultur sollte man die heuristischen, didaktischen und kommunikativen Chancen nicht unterschätzen, die elektronische Text-Bild-Integrationsverfahren bieten. Das gesprochene oder geschriebene Wort ist mitnichten ein Garant von Rationalität und Vernunft; und es wird von elektronischen Medien ebenso unterstützt wie Bild und Ton. Das Wort freilich distanziert mehr als das Bild und dieses mehr als der Tanz. Manche der neuen Medien nehmen die rationale Distanzierung, die eine Hauptlinie der abendländischen Geistesgeschichte bildet, ersatzweise zurück. Walkman, Multimedia und Cyberspace scheinen ursprüngliche Authentizität und Körpernähe ein Stück weit zurückzugeben, freilich vermittelt durchs Medium. So erhält die Sprache eine veränderte Stellung nicht nur „in der Gesamtheit der semeologischen Erscheinungen", sondern auch „in der Gesamtheit der menschlichen Verhältnisse" (Saussure 1967, 19).

5. Technisierung der Kommunikation

Was Mackensen (1971, 62) übers neunzehnte Jahrhundert schreibt, gilt ganz gleich fürs ausgehende zwanzigste:

„Überall regte die Technik an, brachte sie Neues, lockerte sie die alten Bande und Begriffe. Ihr Einfluß auf die Umgangssprache vergrößerte nicht nur deren Vorstellungs-, Begriffs- und Bilderschatz; er lenkte die Sprache auch von früheren Zielen und Mustern ab und änderte ihr damit nicht nur die Außenseite."

Die neuen Kommunikationsverhältnisse und der materielle oder jetzt vielmehr 'immaterielle' (elektronische) Träger färben nicht nur auf die Form, sondern auch auf den Inhalt der Botschaften ab. Die „Technologisierung des Wortes" (Ong 1987), die mit der Schrift begann, scheint das Denken nach außen zu verlagern und entbindet es von der unwiederbringlich einzelnen Situation. Schrift als dominantes Kommunikationsmittel hat der Kultur „bestimmte allgemeine Formen aufgeprägt, für die syllogistisches Denken und lineare Kodifizierungen der Realität zwei Beispiele wären" (Gough 1986, 145). McLuhan (1994, 134) zufolge ist das phonetische Alphabet für „die lineare Strukturierung unseres rational orientierten Lebens" verantwortlich. Neue Medien nun überschreiten die Linie. Sie erlauben auch nichtlineare, assoziative, mehrdimensionale, hierarchische, netzartige, rhizomatische, multimediale Darstellungsweisen. „Perhaps Joyce himself would have preferred to write *Finnegans Wake* in the electronic medium" (Bolter 1989, 136; vgl.

Theall 1992). Neue Medien verändern narrative Strukturen und lösen sie teilweise in heterogene oder enzyklopädische Informationsstücke auf.

Wo man sich den Vorgaben des Mediums gedankenlos überläßt, können offene Perspektiven dabei auch auf neue Weise eingeengt werden. Das provokante Schlagwort heißt 'digitales Denken': Kommunikationsinhalte und -abläufe würden methodisiert, formalisiert, mathematisiert und also vom Situations- und Persönlichkeitsbezug abgelöst und von Mehrdeutigkeiten befreit (vgl. die Diskussion in Gauger/Heckmann 1988 und Weingarten 1990). Weingarten (1989, 12) meint, daß wir uns „einer fortschreitenden Formatierung der Sprache gegenübersehen, einer Festlegung und Vorstrukturierung von Handlungsmöglichkeiten", während gleichzeitig „aber das Wissen über Sprache durch das Rationalisierungspotential der Technik differenzierter und die individuellen Handlungsmöglichkeiten […] durch technische Unterstützung potentiell erweitert" würden. Weitere Forschungen über die hier skizzierten Entwicklungen sollten mit dazu beitragen, dieses von technischen Möglichkeiten und gesellschaftlichen Verhältnissen aufgespannte Feld näher zu erkunden und für verantwortungsvollen und produktiven Umgang mit technisierter Kommunikation auszuschöpfen und zu überschreiten.

6. Literatur (in Auswahl)

Bolter, Jay David, Beyond word processing: The computer as a new writing space. In: Language & Communication 9, 2/3, 1989, 129–142.

Bolz, Norbert, Am Ende der Gutenberg-Galaxis. Die neuen Kommunikationsverhältnisse. München 1993.

Brandt, Wolfgang, Hörfunk und Fernsehen in ihrer Bedeutung für die jüngste Geschichte des Deutschen. In: Sprachgeschichte. Ein Handbuch zur Geschichte der deutschen Sprache und ihrer Erforschung. Hrsg. v. Werner Besch/Oskar Reichmann/Stefan Sonderegger. Zweiter Halbbd. Berlin/New York 1985, 1669–1678. (HSK 2.2).

Chapman, David, Computer Rules, Conversational Rules. In: Computational Linguistics 18, 1992, 531–536.

Feenberg, Andrew, A user's guide to the pragmatics of computer mediated communication. In: Semiotica 75–3/4, 1989, 257–278.

Gauger, Hans-Martin/Herbert Heckmann (Hrsg.), Wir sprechen anders. Warum Computer nicht sprechen können. Frankfurt/M. 1988.

Gough, Kathleen, Implikationen der Literalität im traditionalen China und Indien. In: Jack Goody/Ian Watt/Kathleen Gough, Entstehung und Folgen der Schriftkultur (engl. 1968). Frankfurt/M. 1986, 123–145.

Hannemann, Jörg/Manfred Thüring, Schreiben als Designproblem. Kognitive Grundlagen einer Hypertext-Autorenumgebung. In: Kognitionswissenschaft 3, 1993, 139–160.

Holt, Patrick O'Brian/Noel Williams (Eds.), Computers and Writing. State of the Art. Oxford 1992.

Jakobs, Eva-Maria/Dagmar Knorr/Sylvie Molitor-Lübbert (Hrsg.), Wissenschaftliche Textproduktion. Mit und ohne Computer. Frankfurt/M. [etc.] 1995.

Janich, Nina, Electronic Mail, eine betriebsinterne Kommunikationsform. In: Mu 104, 1994, 248–259.

Kiesler, Sara/Jane Siegel/Timothy W. McGuire, Social Psychological Aspects of Computer-Mediated Communication. In: American Psychologist 39, 1984, 1123–1134.

Knee, Michael, Hypertext/Hypermedia. An annotated bibliography. New York 1990.

Krause, Jürgen/Ludwig Hitzenberger (Hrsg.), Computertalk. Hildesheim/Zürich/New York 1992.

Mackensen, Lutz, Die deutsche Sprache in unserer Zeit. Zur Sprachgeschichte des 20. Jhs. (1956). 2. Aufl. Heidelberg 1971.

Mathiassen, Lars/Peter Bøgh Andersen, Semiotics and Informatics. The Impact of Computer Based Systems upon the Professional Language of Nurses. In: Journal of Pragmatics 10, 1986, 1–26.

McCarthy, John C./Peter C. Wright/Andrew F. Monk, Coherence in text-based electronic conferencing: coupling text and context. In: Journal of language and social psychology 11, 1992, 267–277.

McLuhan, Marshall, Die magischen Kanäle. Understanding Media [amerik. 1964; dt. Erstausgabe 1968]. Dresden/Basel 1994.

Murray, Denise E., When the medium determines turns: turn-taking in computer conversation. In: Working with Language. A Multidisciplinary Consideration of Language Use in Working Contexts. Ed. by Hywel Coleman. Berlin/New York 1989, 319–337.

Nail, Norbert, Zeitungssprache und Massenpresse in der jüngeren Geschichte des Deutschen. In: Sprachgeschichte. Ein Handbuch zur Geschichte der deutschen Sprache und ihrer Erforschung. Hrsg. v. Werner Besch/Oskar Reichmann/Stefan Sonderegger. Zweiter Halbbd. Berlin/New York 1985, 1663–1669. (HSK 2.2).

Ong, Walter J., Oralität und Literalität. Die Technologisierung des Wortes [amerik. 1982]. Opladen 1987.

Perlman, Gary, The HCI Bibliography Projekt. [= Elektronische Bibliogrphie im Internet mit (1994) über 10 000 Einträgen zur Mensch-Maschine-Interaktion; e-mail-Adresse des Verfassers: perlman@cis.ohio-state.edu].

von Polenz, Peter, Mediengeschichte und deutsche Sprachgeschichte. In: Erscheinungsformen der deutschen Sprache. Literatursprache, Alltagssprache, Gruppensprache, Fachsprache. Festschrift zum 60. Geburtstag von Hugo Steger. Hrsg. v. Jürgen Dittmann/Hannes Kästner/Johannes Schwitalla. Berlin 1991, 1–18.

Rehm, Margarete, Lexikon Buch – Bibliothek – neue Medien. München [etc.] 1991.

Reid, Elizabeth M., Electropolis: Communication and Community on Internet Relay Chat. Honours Thesis. University of Melbourne, Department of History. 1991. [Elektronisch verteilt im Internet].

de Saussure, Ferdinand, Grundfragen der allgemeinen Sprachwissenschaft. Hrsg. v. Charles Bally/Albert Sechehaye. [frz. 1916]. 2. dt. Aufl. Berlin 1967.

Schanze, Helmut, Modellierung des Textverstehens durch EDV. In: Neue Technologien und Medien in Germanistik und Deutschunterricht. Hrsg. v. Norbert Oellers. (Vorträge des Germanistentages Berlin 1987, 4). Tübingen 1988, 81–89.

Ders./Manfred Kammer, Brief, Dokument und Memorial. Zum Problem der „Formulare" in der elektronischen Kommunikation. In: Code-Wechsel. Texte im Medienvergleich. Hrsg. v. Ernest W. B. Hess-Lüttich/Roland Posner. Opladen 1990, 257–270.

Schmitz, Ulrich, Maschinelle Operationen als menschliche Handlungen. Vom Sprechen über Computer und mit ihnen. In: Weingarten/Fiehler 1988, 159–177.

Ders., Neue Medien und Gegenwartssprache. Lagebericht und Problemskizze. In: Ders. Hrsg., Neue Medien. Oldenburg 1995. (Osnabrücker Beiträge zur Sprachtheorie 50), 7–51.

Ders., Sprache und Massenkommunikation. In: Sociolinguistics. An International Handbook of the Science of Language and Society. Hrsg. v. Ulrich Ammon/Norbert Dittmar/Klaus J. Mattheier. Berlin/New York 1987, 820–832. (HSK 5.1).

Straßner, Erich, Sprache in Massenmedien. In: LGL 1980, 328–337.

Theall, Donald F., Beyond the Orality/Literacy Dichotomy: James Joyce and the Pre-History of Cyberspace. 1992. [Elektronisch verteilt im Internet: ftp-server wiretap.spies.com, Verzeichnis /Library/Cyber; Absender: dtheall@trentu.ca].

Weingarten, Rüdiger, Die Verkabelung der Sprache. Grenzen der Technisierung von Kommunikation. Frankfurt/M. 1989.

Ders., Perspektiven der Schriftkultur. In: Schrift und Schriftlichkeit. Writing and its Use. Ein interdisziplinäres Handbuch internationaler Forschung. Hrsg. v. Hartmut Günther/Otto Ludwig. 1. Halbbd. Berlin/New York 1994, 573–586. (HSK 10.1).

Ders. (Hrsg.), Information ohne Kommunikation? Die Loslösung der Sprache vom Sprecher. Frankfurt/M. 1990.

Ders./Reinhard Fiehler (Hrsg.), Technisierte Kommunikation. Opladen 1988.

Wichter, Sigurd, Zur Computerwortschatz-Ausbreitung in die Gemeinsprache. Elemente der vertikalen Sprachgeschichte einer Sache. Frankfurt/M. [etc.] 1991.

Ders., Zur Entwicklung des gemeinsprachlichen Computerwortschatzes. In: Sprachreport, 1992, H. 4, 10−13.

Young, Jeffrey R[ichard], Textuality in Cyberspace: Muds and Written Experience. [Elektronisch verteilt im Internet, 26. 5. 1994; Absender: jryoung@phoenix.princeton.edu].

Ulrich Schmitz, Essen

154. Die Stellung des Deutschen in den europäischen Institutionen*

1. Deutsch in Europa − Integrations- und Sprachpolitik

Für eine systematische Beschreibung der Stellung des Dt. in den europ. Institutionen sind normative Regelungen und Entwicklungstendenzen relevant:

Inwieweit wird Dt. in den Institutionen benutzt? In welchem Maße ist die Sprache im europ. Rahmen sprachpolitischer und -pädagogischer Gegenstand? Wie werden „Arbeitssprachen" definiert − gelten sie nur für den internen Verkehr einer Institution der europ. Integration oder auch für Kommunikation mit Mitgliedstaaten und europ. Bürgern? Welche Konsequenzen hat die fortschreitende Integration Europas („Vertiefung" und „Erweiterung") für die Sprachenregelung? Spielen Fragen einer europ. Sprachenpolitik eine Rolle bei der Diskussion und bei Konflikten um die europ. Integration? Unterscheiden sich normative Festschreibungen vom Arbeitsalltag in den europ. Institutionen? Wie entwickelt sich eine europ. Sprache wie das Dt. in Lexikon und Morphosyntax durch ständigen Sprachkontakt in den europ. Institutionen weiter? Werden Neologismen und präferierte Syntagmen in die Alltagssprache übernommen (so daß sich auch sprachlich eine europ. Identität herausbildet), oder führen

sie zu einer „Insel-Varietät" in Brüssel, Straßburg, Luxemburg u. a., die die Bürger in den Mitgliedstaaten distanziert aufnehmen und einer europ. Integrationspolitik entfremden?

2. Sprachenregelungen in europäischen Institutionen

2.1. Rechtliche Rahmenbedingungen

Nach dem II. Weltkrieg wuchs die Überzeugung, daß nur durch ein „organisiertes Europa" erneute kriegerische Auseinandersetzungen zu verhindern seien. Anstelle einer bundesstaatlichen Lösung wurde für die Integration eine „funktionsorientierte Strategie" favorisiert, schrittweise eine echte Macht zur Ausübung der den Organen der Gemeinschaft übertragenen Befugnisse zu schaffen (vgl. Louis 1988, 8).

Die Europäischen Gemeinschaften (EG) wurden durch den am 18. 4. 1951 in Paris unterzeichneten „Vertrag über die Gründung der Europäischen Gemeinschaft für Kohle und Stahl" (EGKS, „Montanunion") und die sog. „Römischen Verträge" zur Gründung der Europäischen Wirtschaftsgemeinschaft (EWG) und der Europäischen Atomgemeinschaft (EURATOM) vom 25. 3. 1957 geschaffen. Der EGKS-Vertrag wurde nur in einem einzigen frz. Exemplar abgeschlossen, für die Römischen Verträge gab es dagegen dt., frz., ital. und nl., in ihrem Wortlaut gleichermaßen verbindliche Urschriften (Oppermann 1991, 75). Nach der Ratifizierung des Vertrags von Maastricht wird die Gemeinschaft seit dem 1. 11. 1993 als „Europäische Union" (EU) bezeichnet, um programmatisch den Übergang von einer wirtschaftlichen zu einer auch politischen Integration mit gemeinsamer Außen- und Sicherheitspolitik sowie Zusammenarbeit im Justizbereich

---

* Stand: Mai 1995

zu markieren. Nach Art. 217 des EWG-Vertrags ist die Sprachenfrage für die Organe der Gemeinschaft vom Ministerrat zu regeln. So hat er Amts- und Arbeitssprachen dem Prinzip nach durch seine „Verordnung Nr. 1 zur Regelung der Sprachenfrage für die Europäische Wirtschaftsgemeinschaft" vom 15. 4. 1958 eingeführt; die ursprünglich 4 Sprachen der 6 Gründungsstaaten (Dt., Frz., Ital. und Nl.) wurden durch die Beitrittsakte von 1972 (Dänemark, Großbritannien und Irland), 1979 (Griechenland), 1985 (Spanien und Portugal) und 1994 (Finnland, Österreich und Schweden) um Dän., Engl., Griech., Port. und Span. auf 11 erweitert. Irisch spielt dabei eine Sonderrolle: Zwar gibt es eine ir. Fassung der EG-Verträge und ist Irisch eine Verfahrenssprache vor dem Europäischen Gerichtshof (EuGH), die Sprache ist aber nicht in die Sprachenverordnung aufgenommen worden. Ob das Prinzip Nationalsprache = Amtssprache bei EU-Erweiterungen durchgehalten werden kann, erscheint angesichts einer exponentiell steigenden Zahl möglicher Sprachenkombinationen für Übersetzungen und Dolmetschen fraglich.

Nach der Verordnung Nr. 1 werden Amts- und Arbeitssprachen begrifflich gleichgesetzt. Bei „Schriftstücken", die ein Mitgliedstaat oder ein Bürger an EU-Organe richtet, kann der Absender unter den Amtssprachen wählen und eine Antwort in derselben Sprache erwarten. Wenn ein EU-Organ Schriftstücke an einen Mitgliedstaat oder Bürger richtet, muß es sich an die Sprache des betreffenden Staates halten. Größerer Übersetzungsaufwand ist bei Rechtsakten notwendig: „Verordnungen und andere Schriftstücke von allgemeiner Geltung" (Art. 4) sowie das „Amtsblatt" (sowohl der legislative Teil L als auch der Teil C mit Mitteilungen und vorbereitenden Rechtsakten) erscheinen in allen EU-Amtssprachen. Art. 4 läßt einen Ermessensspielraum, welche Texte tatsächlich in allen Amtssprachen vorzulegen sind, ebenso Art. 6 der Verordnung, wonach die Organe der Gemeinschaft in ihren Geschäftsordnungen festlegen können, wie die Regelung der Sprachenfrage im einzelnen anzuwenden ist. Dabei ist das Prinzip maßgeblich, daß die sog. „Vollsprachenregelung" für alle Institutionen und deren (Sub-) Gremien verbindlich ist, die im sog. „primären Gemeinschaftsrecht" (Römische und nachfolgende Integrationsverträge) institutionalisiert worden sind. Beispielsweise gibt der Wirtschafts- und Sozialausschuß (WSA) Stellungnahmen zu Rechtsaktvorschlägen der

Kommission ab; dabei werden Entwürfe zunächst in kleinen „Studiengruppen", danach in „Fachgruppen" zu den Hauptsachgebieten der EU-Verträge beraten, schließlich vom Plenum ratifiziert. Fachgruppe und Plenum sind im primären Gemeinschaftsrecht vorgesehen und verhandeln daher in allen Amtssprachen. Die nicht abstimmungsberechtigten Studiengruppen sind nur von der WSA-Geschäftsordnung als interne Arbeitshilfe eingerichtet worden; obwohl in ihnen am intensivsten die Textentwürfe diskutiert und einzelne Formulierungen vorab ausgehandelt werden, ist hier die Zahl der Arbeitssprachen auf 4, maximal 5 beschränkt.

Der im Vergleich zur UNO mit ihren 6 Amtssprachen große Aufwand bei der Vorbereitung und Übersetzung von EU-Rechtsakten wird gemeinhin damit begründet, daß diese Texte nicht nur von Experten, Politikern und Diplomaten rezipiert werden, sondern (z. T. unmittelbar) Gesetzeskraft in den Mitgliedstaaten und damit für EU-Bürger haben. Die Rechtsakte müssen mithin in authentischen Versionen in der jeweiligen Muttersprache vorliegen. Das gilt auch für „Entscheidungen" der EU-Kommission, weil sie direkt EU-Bürger betreffen. EU-Doktrin ist somit, daß es keine Übersetzungen, sondern nur Originalversionen in allen Amtssprachen gibt. Parteien können sich vor dem EuGH auf die Sprachfassung beziehen, die ihnen für ihre Argumentation am vorteilhaftesten erscheint, andererseits Dokumente in der Verfahrenssprache nicht aus rein sprachlichen Gründen anfechten (Tabory 1980, 122 und 25). Die Rechtsverbindlichkeit war stets das Hauptargument für eine Zentralisierung der Sprachendienste, so daß Rationalisierungsvorschläge zur teilweisen Verlagerung in die Mitgliedstaaten (u. a. Kusterer 1980), die vor allem bei bisherigen EG-Erweiterungen vorgebracht wurden, stets chancenlos waren. Rechtstexte in den Mitgliedstaaten übersetzen zu lassen, würde zu Rechtsunsicherheiten führen. Es fehlte dann eine zentrale Revisionsinstanz, die u. a. verhindert, daß über Übersetzungsalternativen indirekt Partikularinteressen gefördert werden. Aus dem Dolmetscherdienst wurde vor der EG-Erweiterung auf 12 Mitglieder eine asymmetrische Sprachenregelung vorgeschlagen (Verdolmetschung aus allen, aber nicht in alle Sprachen; Van Hoof 1978).

Der Sprachenregelung der EU liegt eine Garantie sprachlicher Pluralität zugrunde: Integrationsfortschritte sollen nicht zur Einebnung sprachlicher und kultureller Unterschiede führen (vgl. Coulmas 1991, 17). Für den Arbeitsalltag der Institutionen ist Mehrsprachigkeit ein Hindernis, das mit allerdings beträchtlichem technokratischen Aufwand zu überwinden ist. 1992 arbeiteten im Übersetzungsdienst der Kommission 1200 Übersetzer und Revisoren, im Rat 500, im EP 400 und im WSA 120; im Dolmetscher- und Konferenzdienst (SCIC) waren 650 beamtete Dolmetscher beschäftigt. Diese ca. 3000 Beamten der Sonderlaufbahn „Sprachendienst" machten fast 25% aller EG-Beamten mit Hochschulausbildung aus (Volz 1993, 74). Die durch Mehrsprachigkeit verursachten Kosten werden auf 40% des EG-Verwaltungsbudgets geschätzt (vgl. Coulmas 1991, 23), die jährlichen Kosten mit etwa 1,3 Milliarden DM beziffert (Oppermann 1991, 76). In einem Bericht für das EP hat Nyborg (1982) für das politische Argument uneingeschränkter Gleichrangigkeit zwischen den Amtssprachen der Gemeinschaft plädiert und Überlegungen zur Kosteneinsparung verworfen, zumal die Kosten für den Sprachendienst nur 2% des gesamten Gemeinschaftshaushalts ausmachten.

Fremdsprachenkenntnisse können weder für Mitglieder des EP oder WSA noch für Tagungen des Ministerrats oder des zweimal jährlich stattfindenden „Europäischen Rats" der Regierungschefs als Teilnahmevoraussetzung gefordert werden. Auf diese Weise wird eine Benachteiligung von Repräsentanten politischer, wirtschaftlicher oder sozialer Interessen und Experten verhindert, die in Gremiensitzungen auf ihre Muttersprache angewiesen sind. Gerade für das EP wären vorausgesetzte Fremdsprachenkenntnisse ein undemokratisches soziales Selektionskriterium; freilich sind Fremdsprachenfertigkeiten für direkte, informelle Kontakte durchaus nützlich.

2.2. Der Ministerrat

Die im Rat tagenden Fachminister aller Mitgliedstaaten äußern sich in ihrer Muttersprache und stützen sich im Bedarfsfall auf die Simultanverdolmetschung. Das Gleiche gilt für die nationalen Experten in den Arbeitsgruppen, die die Sitzungen des Rates unter der Führung des COREPER (*Co*mité des *Re*présentants *Per*manents, Ausschuß der Ständigen Vertreter) vorbereiten. Dabei sind Dolmetscher oft nicht wegen fehlender Fremdsprachenkenntnisse, sondern aus Prinzip dabei; gerade den dt. Vertretern im Rat wird

nachgesagt, daß sie seit der Wiedervereinigung verstärkt auf Dt. als dritter Arbeitssprache bestehen (vgl. La Guérivière 1992).

2.3. Die Kommission

Der Begriff Kommission bezeichnet zum einen das Kollegium der (seit 1. 1. 1995) 20 Kommissare, zum anderen als „Bürokratie der Generaldirektionen" den nach Ressorts gegliederten Verwaltungsapparat der EU-Beamten, in dem Rechtsakte initiiert und deren Umsetzung kontrolliert werden. Für EU-Beamte wird eine besondere sprachliche Qualifikation bei der Einstellung gefordert: Sie müssen neben ihrer Muttersprache eine weitere EU-Amtssprache beherrschen. In der Praxis sind aber sehr gute Kenntnisse der internen Lingua franca Frz. notwendig, um an der intra-institutionellen Kommunikation schriftlich und mündlich teilhaben zu können. Die Kommission als Kollegium hat 1993 als gültige Regelung festgeschrieben:

„Wenn Dokumente nach außen gerichtet sind, werden sie in den Amtssprachen der Europäischen Gemeinschaft vorgelegt, d. h. in Dänisch, Deutsch, Englisch, Französisch, Griechisch, Italienisch, Niederländisch, Portugiesisch und Spanisch. Soweit Dokumente für den internen Gebrauch der Kommission vorgelegt werden, werden sie in den Arbeitssprachen Deutsch, Englisch und Französisch verfaßt." (Erklärung des Kommissionssprechers Bruno Dethomas vom 1. 9. 1993).

Bei den wichtigen vorbereitenden Sitzungen der Kabinettchefs sind Frz. und Engl. alleinige Arbeitssprachen. Schriftliche Unterlagen für Kommissionssitzungen müssen seit 1989 2 Arbeitstage davor auch auf dt. vorliegen (Dietz/Glatthaar 1991, 44). Für die Pressekonferenzen des Kommissionssprechers ist Frz. ohne Verdolmetschung einzige Arbeitssprache.

2.4. Das Europäische Parlament (EP)

Für die Vollsprachenpraxis im EP spricht dessen Anspruch einer demokratischen Kontrollfunktion: Nur die Debatten im Parlament sind öffentlich, Sitzungen der Kommission und des Ministerrates gelten als vertraulich. So ist die Diskussion im EP die einzige Gelegenheit zu einer öffentlichen Erörterung von Gesetzesvorlagen (vgl. Nyborg 1982, 12). Die mit großem Aufwand betriebene Mehrsprachigkeit des EP führt zu Kosten nicht nur finanzieller Art. Der spezifische Rede- und Argumentationsstil im EP geht auf besondere institutionelle Zwänge zurück: limitierte Redezeiten, die zu Verzicht auf Rheto-

rik zwingen, und Orientierung an den Verdol-
metschungsmöglichkeiten als Nivellierung
idiosynkratischer Stile. Der Übergang von einer Sprache zur anderen neutralisiert die Dynamik der Debatte, die Plenartagungen wirken oft wie eine Folge von Monologen (Abélès 1992).

2.5. Der Europäische Gerichtshof (EuGH)

Französisch ist im EuGH als Verfahrenssprache und als Verkehrssprache für interne
Beratungen dominant. Allerdings können
Kläger in jeder EU-Amtssprache vortragen
und sie damit als Verfahrenssprache festlegen, in der die Schriftsätze, das Protokoll der
Sitzung, die Schlußanträge und schließlich
das Urteil in verbindlicher Form ergehen
(Dietz/Glatthaar 1991, 10).

2.6. Europäische Institutionen außerhalb der EU

Im Europarat ist Dt. wie Ital. „Arbeitssprache"; dieser Begriff kontrastiert hier mit
„offiziellen Sprachen" (Engl. und Frz.). Das
führt zu einer gewissen „Terminologieverwir-
rung" (Ammon 1991, 309), da „offizielle
Sprache" im Sinne von „Verkehrssprache"
verwendet wird und „Arbeitssprachen" nur
eingeschränkten Status haben: Abschlußbe-
richte werden lediglich auf engl. und frz. abgefaßt. Im Mai 1993 ist ein Antrag, Deutsch
zur dritten offiziellen Sprache neben Engl.
und Frz. aufzuwerten, von der „Parlamentarischen Versammlung" des Europarates aus
Kostengründen abgelehnt worden. Auch in
der NATO sind nur Engl. und Frz. Amtssprachen. Das ist nicht durch den Vertrag von
1949, sondern durch eine Resolution des
Ständigen Rates vom 17. 9. 1949 festgelegt
worden (Tabory 1980, 29). Gelegentlich
wurde in Deutschland mit Befremden aufgenommen, wenn der dt. NATO-Generalsekre-
tär Wörner dt. Parlamentariern auf ihren dt.-
sprachigen Brief hin auf engl. antwortete,
weil nur das eine der beiden Amtssprachen
sei. Die Schlußakte der „Konferenz über Sicherheit und Zusammenarbeit in Europa"
(KSZE, heute: OSZE) in Helsinki 1975 ist in
6 Sprachen auf dt., engl., frz., ital., russ. und
span. abgefaßt. Daneben gibt es Institutionen, in denen zusätzliche Verdolmetschung
auf Kosten des Antragstellers möglich ist. So
ist in der Internationalen Atomenergie-Orga-
nisation (IAEA) in Wien in der Vollversamm-
lung auch ins Dt. gedolmetscht worden (Tabory 1980, 22).

3. Rechtsakte und ihre spezifischen Vertextungsprobleme

Die Gesetzgebung der Europäischen Union
erfolgt über Verordnungen und Richtlinien.
Für beide hat die Kommission das Initiativ-
recht. Bevor ein Rechtsvorschlag von der
Kommission verabschiedet werden kann,
müssen mehrere andere Ebenen ihrer Verwal-
tungsstruktur beteiligt werden (Berlin 1987,
80). So muß der Textentwurf vor allem vom
Juristischen Dienst gutgeheißen werden, der
die Übereinstimmung des Textentwurfs mit
dem Gemeinschaftsrecht, sowohl substantiell
wie auch die Kongruenz in allen Amtssprachen, sicherstellt (Berlin 1987, 402). Ebenso
muß der Text von den Rechts- und Sprachsachverständigen dieses Dienstes hinsichtlich
der Konkordanz der juristischen Terminologie in allen Amtssprachen der Gemeinschaft
revidiert werden. Verordnungen sind allgemein gültig. Sie entfalten unmittelbar bindende Wirkung und sind in allen Mitgliedstaaten direkt anwendbar. Richtlinien ver-
pflichten die Mitgliedstaaten zwar auf das zu
erreichende Ziel, Form und Methoden ihrer
Umsetzung bleiben aber ins Ermessen der nationalen Behörden gestellt, die auf dieser
Grundlage nationale Gesetze erlassen (vgl.
Leonard 1989, 37).

3.1. Verständlichkeit

EU-Rechtsakte werden durch Bezugsver-
merke zu den rechtlichen Grundlagen und
durch sog. „Erwägungsgründe" eingeleitet.
Exemplarisch wird daran die Verständlichkeitsproblematik der EU-Rechtsakte deutlich: Zum einen sind Erwägungsgründe Mittel zur Verständigungssicherung, zum anderen der Struktur dt. Rechtstexte fremd und
syntaktisch exotisch formuliert: *gestützt auf*
(...), in der Erwägung, daß (...) (vgl. Schütte
1992). Die vom Generalsekretariat des Rates
herausgegebene Broschüre mit formalen Mustern und Hinweisen für Rechtsakte (sog.
„Gelbe Bibel") fordert eine „gedrängte Begründung für die wichtigsten Vorschriften des
verfügenden Teils des Rechtsaktes" (Generalsekretariat 1983, 99). Den Erwägungsgrün-
den wird die kommunikative Funktion zugeschrieben, „den Parteien die Wahrnehmung
ihrer Rechte, dem Gerichtshof die Ausübung
seiner Rechtskontrolle und den Mitgliedstaaten sowie deren etwa beteiligten Angehörigen
die Unterrichtung darüber" zu ermöglichen,
„in welcher Weise das erlassende Organ den
Vertrag angewandt hat" (Generalsekretariat
1983, 99). So können nach Ansicht von Ex-

perten des Juristischen Dienstes EU-Bürger Rechtsakte über die Erwägungsgründe auch dann begreifen, wenn sie den verfügenden Teil nicht verstehen. Diese Adressatenorientierung wird konterkariert durch die Sperrigkeit der Formulierung und die Tatsache, daß dt. Rezipienten diesen Teil der EU-Rechtsakte als typisch frz. empfinden.

3.2. Mehrsprachigkeit und Übersetzungsqualität

Zu einer schlechten Arbeitsqualität des EU-Übersetzerwesens können führen:
(a) Aus Zeitmangel müssen Übersetzungen oft mit sehr kurzen Fristen ausgeführt werden. Längere Texte werden zudem oft zwischen mehreren Übersetzern aufgeteilt, so daß auch für die Arbeit der Revisoren dann zu wenig Zeit bleibt.
(b) Auch „free lance"-Übersetzer müssen nach einem engen Zeitplan arbeiten und haben durch ihre isolierte Situation keinen ausreichenden Zugang zu dokumentarischen Übersetzungshilfen.
(c) Die oft sehr technische Diktion der Texte bereitet Übersetzern Probleme, weil sie sich mit einer großen Bandbreite von Texten befassen müssen.
(d) Oft sind schon die Ursprungstexte von schlechter Qualität, wenn sie von Nichtmuttersprachlern unter Zeitdruck verfaßt werden.
(e) Schließlich variiert die Qualität einzelner Übersetzer ungeachtet ihrer formellen Qualifikation beträchtlich (vgl. Pedersen 1989).

4. Argumentationsmuster

Für die institutionsinterne Kommunikation in der EU und für Kontakte mit EU-Behörden ist − unabhängig von der gewählten Arbeitssprache − eine Konvergenz einzelkultureller Argumentationsstile kennzeichnend. So sichert Indirektheit angesichts manifester Interessengegensätze Effizienz. Gardner (1991) rät in einem Handbuch für amerikanische EG-Lobbyisten, partikulare Perspektiven zu „europäisieren" und zu demonstrieren, daß die eigene Botschaft insbesondere mit den Zielen des Binnenmarktprogramms der Einheitlichen Europäischen Akte von 1985 (z. B. Beseitigung der Handelshemmnisse für den innereurop. Wettbewerb) harmoniere. Für Debattenbeiträge in EU-Gremiensitzungen sind expandierte Rahmungen mit auffällig vagen und formelhaften Topoi zur Stabilisierung des eigenen Selbstverständnisses und zur Definition des akzeptierten Interaktionsstils typisch; dieser Jargon dient zur Definition einer gemeinsamen EU-Perspektive und taucht darum gehäuft in den Einräumungsteilen von Redebeiträgen auf, um so die folgende partikulare Perspektive abzufedern (Schütte 1993). Einräumungen sind überdies systematisch der Ort, sich auf konsensfähige Punkte zu beziehen, die durch Kernvokabeln von „Eurospeak" angedeutet werden. Dabei werden nicht allgemeinpolitische Leitvorstellungen wie Demokratie, sondern EU-spezifische Verweise auf die bereits durch die Römischen Verträge gestifteten besonderen Integrationsziele der Gemeinschaft axiomatisch als Grundwerte behandelt (Woodland 1985, 505). Die europ. Streitkultur im Rahmen der EU ist nicht die Summe der vorhandenen nationalen Konfliktaustragungsmuster. Vielmehr haben sich in den Organen und Gremien der EU eigenständige Verfahren und Verhaltensstile entwickelt, die von Konsenssuche und Rücksichtnahme, aber auch vom Bestreben nach einer möglichst effektiven nationalen Interessenwahrnehmung geprägt sind (Schmuck/Wessels 1990, 285; Born/ Schütte 1995; Schütte 1996).

5. Amts- und Arbeitssprachenregelung vs. sprachlicher Alltag

Zahlreiche Klagen belegen, daß sich zwischen dem Mehrsprachigkeitspostulat der EU und der Realität im Arbeitsalltag Widersprüche auftun. Die Beschwerden haben üblicherweise zum Tenor, trotz der de jure-Gleichheit aller Sprachen würden de facto Engl. und Frz. als „Arbeitssprachen" (im Sinne von „Verkehrssprachen") gegenüber den anderen bevorzugt. Schriftliche Anfragen von Europaparlamentariern zwischen 1970 und 1991 unterstellen dem Frz. (5 Anfragen) und Engl. (3) eine *positive* Diskriminierung, während sie bei allen anderen Sprachen Benachteiligungen ausmachen (Dän. 15, Nl. 11, ..., Dt. 1) (Labrie 1993, 127).

Da die wichtigsten Organe der EU auf mehrheitlich frz.-sprachigem Territorium (Brüssel, Luxemburg, Straßburg) angesiedelt sind, hat sich das Frz. institutionsintern als Lingua franca durchgesetzt und auch neben dem 1973 hinzugekommenen Engl. behauptet (Ammon 1994, 48). Diese Diskriminierung wird von dt. Politikern, Wirtschaftsführern und Journalisten des öfteren bedauert und ein Ende des Status quo unter dem vereinfachenden Slogan: „Deutsch muß dritte Arbeitssprache werden" eingefordert, wobei außer acht gelassen wird, daß in der EU-Terminologie „Amts-" und „Arbeitssprache" identisch sind (vgl. Born 1994b, 75ff.). Dabei wird häufig übersehen, daß Deutsch in der Praxis hinter Engl. und Frz. eine Sonderstellung einnimmt, da für Arbeitssitzungen fast immer Versionen in den drei hier genannten Sprachen vorliegen, so etwa auch in den wöchentlichen COREPER-Vorbereitungstreffen (Laponce 1987, 169).

Der Kompromiß der „Eurokraten" auf zwei in der intra-institutionellen Kommunikation allgemein verständliche Verhandlungssprachen geht keineswegs auf offizielle oder offiziöse Kampagnen zurück, sondern ist als Maßnahme zu verstehen, die möglichst reibungslose und weitestgehend effiziente Arbeitsgänge gewährleisten soll. Daß dabei schon in frühen Phasen gerade der Texterstellung Ungleichgewichte zu Lasten der „kleinen" Sprachen zustande kommen, weist die folgende Tabelle nach, in der die gesamte Textproduktion der Kommission in den ersten acht Monaten des Jahres 1992 aufgeführt ist:

Sprache	Seitenzahl absolut	Seitenzahl in %
Französisch	294.605	47,76%
Englisch	213.142	34,56%
Deutsch	40.343	6,54%
Italienisch	13.341	2,16%
Spanisch	13.008	2,11%
Niederländisch	9.239	1,50%
Griechisch	7.877	1,28%
Portugiesisch	7.318	1,19%
Dänisch	5.463	0,89%
andere Sprachen	12.449	2,01%
insgesamt	616.785	100,00%

Abb. 154.1: Ausgangssprache bei Texten der EU-Kommission (nach Karcher 1993, 37; Born 1994b, 76)

Umfragen in den Generaldirektionen (Gehnen 1991) und unter EG-Praktikanten (Haselhuber 1991) haben die Befunde eines Ungleichgewichts der Amtssprachen in mündlicher und schriftlicher Kommunikation bestätigt.

6. Europäische Sprachsonderformen

Sprachliche Isolierung der „Eurokraten" einerseits, Sprachkontakte zwischen zahlreichen Sprachen andererseits haben neben den erforderlichen fachsprachlichen Neologismen zu einer Reihe von Sprachsonderformen geführt. Diese Neuerungen werden zumeist (insbesondere von Presse und Politik) heftigst

kritisiert, von der Sprachwissenschaft bisher nur zögerlich analysiert und interpretiert. Zu den umstrittensten linguistischen Phänomenen gehören unterstellte „Sprachmischungen" oder „Mischsprachen" wie (das auch über den Rahmen der EU hinaus bekämpfte) „Franglais" (aus frz. und engl.), „Denglisch" (aus dt. und engl.) oder „Frutsch" (aus frz. und dt., vgl. Kusterer 1980, 694). Spezifische Ausprägungen eines EU-typischen Codes werden wahlweise als „Eurospeak", „Eurotalk", „Eurojargon", „Eurokratisch", in abwertender Absicht auch als „Eurokauderwelsch" etc. definiert (vgl. Crampton [1991]; Gondrand 1991; Ramsay 1991; Born 1992). Einige EU-Sprachphänomene können allerdings auch in anderen Institutionen oder Sprachkontaktsituationen beobachtet werden oder als generelle Charakteristika interkultureller Kommunikation gelten.

Zusammenfassend können als „Eurospeak" insbesondere folgende Phänomene bezeichnet werden: a) eine besonders frequente und markante Bildung von nur Insidern verständlichen Abkürzungen und vor allem Akronymen; b) eine starke Neigung zur Verwendung von Metonymien oder Anthroponymien; c) die Bildung von Neologismen; d) ein vielfaches Auftreten von Inter- und Transferenzen sowie ein gehäuftes Vorkommen von „code-switching"; e) eine unterstellte Pidginisierung der standardisierten Nationalsprachen; f) der Einsatz vorgeblich fachsprachlicher Termini zur bewußten Vagisierung oder Verschleierung nicht konsensfähiger Problembereiche; g) eine Reduzierung der sprachlichen Register zum Zwecke der besseren (vor allem maschinellen) Übersetzbarkeit, und zwar zum einen auf lexikalischer (Internationalismen) und morpho-syntaktischer Ebene (Vereinfachungen), zum anderen im stilistischen Bereich (Verzicht auf Komik, Ironie, Metaphorik etc.); h) die Inflation von Wortzusammensetzungen mit einem präfixartigen „euro-" (vgl. Born 1996).

6.1. Akronymik

Die von der EU für ihre mannigfachen Programme, Aktivitäten und Unterinstitutionen geprägten Akronyme und Abkürzungen entstammen zumeist der frz. oder engl. Sprache. So gehen etwa die Bildungs- und Forschungsförderungsprogramme der EU ESPRIT ('European Strategic Programme for Research and Development in Information Technologies'), ERASMUS ('European Community Action Scheme for the Mobility of University

Students') oder BRIDGE ('Biotechnology Research for Innovation, Development and Growth in Europe') auf das Englische, POSEIDOM ('Programmes d'Options Spécifiques à l'Éloignement et l'Insularité des Départements d'Outre-Mer') und ICONE ('Index Comparatif des Normes Nationales et Européennes') sowie das Abkürzungswort TÉLÉMAN ('Télémanipulations dans les environnements nucléaires dangereux et perturbés') auf das Frz. zurück und werden u. a. auch im Dt. in dieser Form verwendet. Dagegen sind dt. Akronyme wie GASP ('Gemeinsame Sicherheits- und Außenpolitik') oder Abkürzungen wie AKP ('Afrika-Karibik-Pazifik')-Staaten auf den Gebrauch im dt. Sprachraum beschränkt. Insbesondere dem Außenstehenden ist oft nicht ersichtlich, ob es sich im entsprechenden Fall um Abkürzungen, Akronyme oder einfach um nicht auflösliche Programmnamen handelt (so etwa bei AQUARIUS, GALILEO, HERMES).

6.2. Metonymien und Anthroponymien

EU-typisch ist die metonymische Verwendung von Ortsnamen, insbesondere *Maastricht*, im Sinne von 'Maastrichter-Verträge', und *Lomé*, das für die EU-Abkommen Lomé I—IV mit den AKP-Staaten steht, ohne daß heute noch ein räumlicher Zusammenhang mit der togolesischen Hauptstadt bestünde. Insbesondere bei näherrückenden Gipfelverhandlungen tauchen (teils ephemere) Formulierungen wie *bis Edinburgh*, *in Lissabon*, *nach Essen* etc. auf. Bisweilen finden Urteile des EuGH Eingang in den Alltagssprachgebrauch: Die *Cassis-de-Dijon-Philosophie* bezeichnet seit einer wegweisenden Gerichtsentscheidung eine Ideologie, die dem freien Verkehr von Waren den Vorzug gegenüber nationalen Sonderwünschen einräumt. Lexikalisierung von Eigennamen ist u. a. bei *Antici* zu konstatieren, womit — nach ihrem ersten Vorsitzenden — eine EU-Gipfel vorbereitende Arbeitsgruppe bezeichnet wird. In anthroponymischer Weise verewigt hat sich auch der ausgeschiedene Kommissionspräsident, Jacques Delors, mit den *Delors-Paketen I* und *II*.

6.3. Neologismen und
       Fachsprachenterminologien

Wie alle Standards und Normen setzende Einrichtungen kreiert die EU Neologismen und Fachsprachenterminologien, zumal nationale Rechtsprechungen EU-weit harmonisiert werden müssen. Dabei müssen unter

Umständen Glossare geschaffen werden, die für den einzelnen Mitgliedstaat bis dato irrelevant waren (z. B. in Dänemark Binnenschiffahrt, in Griechenland Frostschutzmittel, in Deutschland Olivenkulturen). Daneben richtet sich die EU aber auch intern mit Gremien oder Ausschüssen ein, für die eigens Bezeichnungen geprägt werden. Bekanntestes Beispiel hierfür ist die *Komitologie*, worunter Ausschüsse zu verstehen sind, die der Kommission bei Kompetenzschwierigkeiten zwischen Rat und Kommission zur Seite gestellt werden.

6.4. Pidginisierungstendenzen

In allen Mitgliedstaaten — besonders aber im engl. Sprachraum — wird geklagt, die zunehmende Verwendung der Sprachen im internationalen Kontext führe zu einer „Verarmung" der nationalen Standardsprachen. Von dt. Seite wird oftmals die sprachliche Qualität von EU-Texten beklagt, wobei unberücksichtigt bleibt, daß schon die Ausgangstexte oft Pidginisierungstendenzen aufweisen, da sie — aus unterschiedlichen Motiven: Zeitersparnis, Höflichkeit, Hierarchie, Fehleinschätzung persönlicher Sprachkompetenz — von Autoren in einer anderen als ihrer Muttersprache verfaßt wurden (s. 3.2.).

6.5. Vagisierung, Euphemismen,
       Überexplizitheit

Da oftmals eine Vereinheitlichung der Ansichten von Eurokraten und den einzelnen Mitgliedstaaten im Detail nicht möglich ist, werden derartige Diskrepanzen sprachlich verschleiert. Insbesondere der Terminus *Subsidiaritätsprinzip*, der in den meisten EU-Amtssprachen ungebräuchlich ist, weist ein breites Interpretationsspektrum auf, das von 'möglichst viel nationaler Zentralgewalt' bis hin zu 'weitestmöglichem Föderalismus oder Regionalismus' reicht. Besonders in Bereichen, wo Konsens nur schwer zu erzielen ist (Ausmaß der EU-Kompetenzen, Umwelt- und Verbraucherschutz, Sozialgesetzgebung, Kulturförderung), können verschwommene oder unverständliche Formulierungen politisch gewollt sein. Verschleiernde oder euphemistische Wortprägungen und Formulierungen sind die Folge, so etwa *Kerneuropa*, *Europa der zwei Geschwindigkeiten*, *Sozialraum* usw. Gegenläufig dazu ist die Tendenz, Rechtsakte überaus detailliert und präzise zu verfassen. Dadurch soll einer Rechtsunsicherheit durch Spielräume bei einzelkultureller Auslegung vorgebeugt werden (Donat 1977, 35).

6.6. Reduzierung sprachlicher Register, Internationalismen

Nicht zuletzt zur Reduzierung von Kosten für den Übersetzungsdienst setzt die EU verstärkt auf die Standardisierung von Texten bei Ausschreibungen (Einstellung von Mitarbeitern, Projektmittelvergabe). Das hat zur Folge, daß syntaktische Konstruktionen vereinfacht werden und ein soweit wie möglich austauschbares Vokabular mit zahlreichen Internationalismen gewählt wird. Insbesondere in der mündlichen Kommunikation werden metasprachliche Elemente, die in einsprachiger Kommunikation zur Verdeutlichung oder Bildhaftmachung gerne verwendet werden (Witze, Wortspiele, Ironie, Metaphern, Paraphrasen), im EU-Bereich zugunsten leichter realisierbarer Übersetzbarkeit „geopfert".

6.7. Wortbildungen mit dem Bestandteil „euro-"

Die große Zahl der den europ. Vereinigungsprozeß begleitenden Multiplikatoren (Lobbyisten, Journalisten, Wissenschaftler) hat einen Wortbildungsprozeß begünstigt: Alle Phänomene, die mit dem Komplex „Europa" verwachsen sind, werden mit einem Präfixelement „euro-" komponiert. Diese Neuschöpfungen stehen entweder in direktem Zusammenhang mit der EU und ihren Institutionen (*Eurokrat*, *Euroskeptizist*, *Europhorie*), bezeichnen Verbände, die im Umfeld der EU tätig sind (*Eurocotton*, *Eurofish*, *Eurotrade*) oder dienen dazu, Termini — je nach Position des Sprachbenutzers — einen positiven oder negativen Wortsinn zu verleihen. In diese Gruppe gehören Begriffe, die Internationalität, Mobilität, Partnerschaft, Koordination konnotieren wollen (z. B. *Euroregio*, *Eurocorps*, *Eurosport*), aber auch das sprachlich geäußerte Mißfallen an EU-Aktivitäten (*Eurobanane*, *Euroeinheitsbrei*, *Eurowahnsinn*, vgl. Schumacher 1976, Born 1995). Das Wortbildungsmuster „euro- + x" ist für alle EU-Amtssprachen produktiv und entsprechend weitverbreitet.

7. Europäische Übersetzungs-, Bildungs-, Forschungs- und Erziehungsprogramme

7.1. Datenbanken, „language industries", maschinelle Übersetzung

Allein die Kommission beschäftigt etwa 50 Terminologen, die ihren Kollegen im Übersetzungsdienst in spezifischen Fragen zu Hilfe kommen. Stets abrufbereit ist für Übersetzer die 1973 (nach kanadischem Vorbild) begonnene Datenbank EURODICAUTOM, die derzeit etwas mehr als eine halbe Million Termini enthält und über 150.000 Abkürzungen aufschlüsselt; sie steht über die EU-Sprachendienste hinaus jedem Bürger in der Gemeinschaft zur Verfügung (Risch 1994, 221). 1990 umfaßte die Datenbank EURODICAUTOM insgesamt 2.567.878 Begriffe, davon entfielen auf:

Französisch	451.103	17,57%
Englisch	428.041	16,67%
Deutsch	330.378	12,87%
Dänisch	273.993	10,67%
Niederländisch	266.807	10,39%
Italienisch	252.564	9,84%
Spanisch	225.484	8,78%
Portugiesisch	183.050	7,13%
Griechisch	156.458	6,09%
	2.567.878	100,00%

Abb. 154.2: In EURODICAUTOM enthaltene Termini (aus Labrie 1993, 101)

Das länderübergreifende Projekt EUROTRA hat die Schaffung eines prototypischen Systems für automatische Übersetzung unter EU-Regie zum Ziel; mit „greifbaren Ergebnissen" ist jedoch erst in „einigen Jahren" zu rechnen (Volz 1993, 68). Dagegen hat die Gemeinschaft das automatische Übersetzungssystem SYSTRAN vom amerikanischen „World Translation Centre" erworben und für 13 Sprachpaare (7 aus dem Engl., 4 aus dem Frz., 2 aus dem Dt. — ins Engl. und Frz.) adaptiert (Labrie 1993, 108). Die Verwendbarkeit von SYSTRAN ist aber auf wenige Sprachenpaare und eigens vereinfachte Texte beschränkt und einstweilen „keine Konkurrenz für die menschliche Übersetzung" (Volz 1993, 68). Auch im Rahmen der EU-Programme TEDIS ('Trade Electronic Data Interchange System') und COMETT ('Community Action Programme in Education and Training for Technology') stehen finanzielle Mittel für die Förderung maschinengestützter Übersetzung zur Verfügung.

7.2. Europäische Sprach- und Kulturförderprogramme

Die Förderung von Austauschprogrammen soll die europ. Bevölkerung dem erklärten EU-Ideal näherbringen, daß jeder EU-Bürger neben seiner Muttersprache zumindest 2 weitere EU-Amtssprachen beherrscht (vgl. Born 1994c, 24f.). Das ERASMUS-Projekt der EU fördert den Austausch von Studenten aus den EU-Staaten. Diesem Zwecke standen z. B. von 1990−1992 192 Mio. Ecu zur Verfügung. Einer Rats- und Kommissionsinitiative entstammt das LINGUA-Programm, das am 1. 1. 1990 in Kraft trat und in dessen Zuständigkeit die Weiterbildung von Fremdsprachenlehrern, EU-weite Kooperation von Universitäten im Fremdsprachensektor, der Ausbau von Fremdsprachenerwerb und -unterricht im Wirtschaftswesen, der Austausch junger Leute aus den EU-Mitgliedstaaten und der Einsatz verbesserter Methoden für den Fremdsprachenunterricht fallen. Des weiteren soll LINGUA zu einer stärkeren Diversifizierung der erlernten Fremdsprachen beitragen und so an die Stelle der für das Schulwesen fast aller Mitgliedstaaten charakteristischen 2 prioritären Fremdsprachen treten. Die Kenntnis zweier Fremdsprachen sollte mit Hilfe von LINGUA nicht mehr die Ausnahme sein, sondern zur Regel werden (Coulmas 1991, 10 und 13; Haarmann 1991, 112). Kritisch wird allerdings vermerkt, daß durch das LINGUA-Programm kaum die kleineren Gemeinschaftssprachen oder gar die Regionalsprachen profitieren würden (Ó Riagáin 1991, 271f.); Großbritanniens damalige Premierministerin Margaret Thatcher wandte sich explizit gegen LINGUA, weil sie darin − nicht zu Unrecht − eine Bedrohung für die unbestrittene weltweite Lingua franca Engl. witterte (Coulmas 1991, 24).

Die Austauschtätigkeit im Rahmen des LINGUA-Programms zeigt eindeutige Präferenzen für engl.- und frz.-sprachige Länder als aufnehmende Nationen; die Bedeutung des Dt. entspricht in etwa der des Span. und Ital. Das Programm MEDIA ('*Me*sures pour encourager le *D*éveloppement de l'*I*ndustrie *A*udiovisuelle') dient der Förderung von mehrsprachiger Kommunikation im Bereich der audiovisuellen Medien und wird durch einen besonderen Fonds, BABEL ('*B*roadcasting *A*cross the *B*arriers of *E*uropean *L*anguages'), finanziert (Van Hoof-Haferkamp 1991, 68).

TEMPUS ist ein EU-Programm, das es vor allem Studenten aus den ehemaligen CO-MECON-Staaten ermöglichen soll, durch einen Aufenthalt an EU-Universitäten bessere Qualifikationen und Sprachkenntnisse zu erwerben. Es ist Bestandteil des größeren Projekts PHARE ('*P*ologne, *H*ongrie, *A*ssistance à la *R*estructuration *É*conomique').

8.   Literatur (in Auswahl)

Abélès, Marc, La vie quotidienne au Parlement européen. Paris 1992.

Ammon, Ulrich, Die internationale Stellung der deutschen Sprache. Berlin/New York 1991.

Ders., Deutsch als internationale Verkehrssprache in Wirtschaft, Wissenschaft und Politik. In: Sprache zwischen Markt und Politik. Über die internationale Stellung der deutschen Sprache und die Sprachenpolitik in Europa. Dokumentation einer Tagung der Evangelischen Akademie Loccum vom 14. bis 16. Januar 1994. Hrsg. v. Karl Ermert. Rehburg-Loccum 1994, 7−52. (Loccumer Protokolle 1/94).

	entsandte Lehrer		aufgenommene Lehrer		entsandte Jugendliche		aufgenommene Jugendliche	
Belgien	4,7	(286)	0,5	(32)	2,6	(665)	3,0	(754)
Dänemark	1,9	(112)	0,0	(2)	4,4	(1124)	4,6	(1170)
Deutschland	32,4	(1957)	9,6	(581)	12,2	(3120)	9,5	(2418)
Frankreich	12,9	(778)	23,8	(1434)	18,8	(4801)	23,7	(6052)
Griechenland	2,8	(169)	1,4	(87)	2,1	(533)	2,5	(627)
Großbritannien	14,3	(864)	44,7	(2700)	12,7	(3229)	32,5	(8289)
Irland	1,7	(101)	3,3	(199)	3,5	(895)	2,6	(662)
Italien	11,3	(683)	4,7	(283)	12,6	(3212)	8,1	(2066)
Luxemburg	0,1	(7)	0,3	(20)	0,2	(62)	0,3	(72)
Niederlande	3,5	(212)	1,0	(62)	6,7	(1708)	3,7	(938)
Portugal	4,0	(243)	0,8	(49)	2,8	(715)	2,2	(551)
Spanien	10,4	(625)	9,7	(588)	21,3	(5424)	7,4	(1889)
gesamt	100,0	(6037)	100,0	(6037)	100,0	(25488)	100,0	(25488)

Abb. 154.3: Inanspruchnahme des LINGUA-Programmes in den EU-Mitgliedstaaten 1992/93 (in % und absolut) (aus: Tätigkeitsbericht 1993, 8 bzw. 10)

Berlin, Dominique, Organisation et fonctionne-
ment de la Commission des Communautés européennes. In: The European Administration. Hrsg.
v. Sabino Cassese. Brüssel 1987, 21–442.

Born, Joachim, Eurospeak + Eurotexte = Eurolin-
guistik? Anmerkungen zu sprachlichen Gewohnheiten im Brüsseler „Euro-Alltag". In: Sprachreport 2–3, 1992, 1–4.

Ders., Sprache, Markt und Politik – Sprachenpolitik in Europa. In: Sprache zwischen Markt und Politik. Über die internationale Stellung der deutschen Sprache und die Sprachenpolitik in Europa.
Dokumentation einer Tagung der Evangelischen
Akademie Loccum vom 14. bis 16. Januar 1994.
Hrsg. v. Karl Ermert. Rehburg-Loccum 1994,
207–217. (Loccumer Protokolle 1/94). [= 1994a].

Ders., Zur Sprachenpolitik der EU: Festhalten an
der Amtssprachenideologie oder Erleichterung des
Arbeitssprachenalltags? In: Gesetzgebung heute 1,
1994, 69–91. [= 1994b].

Ders., 'Europa der Regionen' – Terminologische
und sprachpolitische Anmerkungen zu den Minderheiten in den Mitgliedstaaten der Europäischen
Union. In: Mehrsprachigkeit in Europa – Hindernis oder Chance? Hrsg. v. Uta Helfrich/Claudia
Maria Riehl. Wilhelmsfeld 1994, 11–29. (pro lingua 24). [= 1994c].

Ders., Wortbildung im europäischen Kontext –
„euro-" auf dem Wege vom Kompositionselement
zum Präfix. In: Muttersprache 105 (1995), 347–
359.

Ders., Vertiefung, Kerneuropa oder Subsidiaritätsprinzip? Beobachtungen zu Eurospeak und Schlüsselwörtern der europäischen Integration aus sprachwissenschaftlicher Sicht. In: Verstehen und Verständigung in Europa – Konzepte von Sprachenpolitik und Sprachdidaktik unter besonderer Berücksichtigung des Deutschen als Fremdsprache.
Hrsg. v. Hermann Funk/Gerd Neuner 1996, 66–
83. (Dt. als Fremdsprache. Mehrsprachigkeit. Unterricht. Theorie).

Born, Joachim/Wilfried Schütte, Eurotexte. Textar-
beit in einer Institution der EG. Tübingen 1995.
(Studien zur deutschen Sprache. Forschungen des
Instituts für deutsche Sprache 1).

Coulmas, Florian, European integration and the
idea of the national language. In: A language policy for the European Community. Prospects and
quandaries. Ed. by Florian Coulmas. Berlin/New
York 1991, 1–43. (Contributions to the Sociology
of Language 61).

Crampton, Stephen, 1992 Eurospeak explained.
London o. J. [= 1991].

Dietz, Wolfgang A./Christiane Glatthaar, Das Räderwerk der EG-Kommission. Strukturen, Zuständigkeiten, Entscheidungswege, Adressen. Bonn 1991.

Donat, Marcell von, Brüsseler Machenschaften:
dem Euro-Clan auf der Spur. 3. Aufl. Baden-Baden 1977.

Gardner, James, Effective lobbying in the European Community. Deventer/Boston 1991.

Gehnen, Marianne, Die Arbeitssprachen in der
Kommission der Europäischen Gemeinschaften
unter besonderer Berücksichtigung des Französischen. Eine Fragebogenerhebung in den Generaldirektionen, konzipiert von Hartmut Kleineidam (†).
In: Sociolinguistica 5, 1991, 51–63.

Generalsekretariat des Rates der Europäischen Gemeinschaften, Dienst der Rechts- und Sprachsachverständigen, Muster und Hinweise für die Rechtsakte, die von den Gruppen der Rechts- und
Sprachsachverständigen des Rates der Europäischen Gemeinschaften überarbeitet werden. 2.
Ausgabe. Brüssel 1983.

Gondrand, François, Parlez-vous eurocrate? Les
1000 mots clés du marché unique. Paris 1991.

Haarmann, Harald, Language politics and the new
European identity. In: A language policy for the
European Community. Prospects and quandaries.
Ed. by Florian Coulmas. Berlin/New York 1991,
103–119. (Contributions to the Sociology of Lan-
guage 61).

Haselhuber, Jakob, Erste Ergebnisse einer empirischen Untersuchung zur Sprachensituation in der
EG-Kommission (Februar 1990). In: Sociolinguistica 5, 1991, 37–50.

Karker, Allan, Dansk i EF – en situationsrapport
om sproget. København/Oslo 1993. (Nordisk
Språksekretariats Skrifter 16).

Kusterer, Hermann, Das Sprachenproblem in den Europäischen Gemeinschaften. Ein Plädoyer für Pragmatik. In: Europa-Archiv 35, 22, 1980, 693–698.

Labrie, Normand, La construction linguistique de
la Communauté européenne. Paris 1993.

La Guérivière, Jean de, Voyage à l'intérieur de l'eu-
rocratie. Paris 1992.

Laponce, Jean A., Languages and their territories.
Translated from the French by Anthony Martin-
Sperry. Toronto/Buffalo/London 1987.

Leonard, Dick, Das EG-Handbuch. Frankfurt/M.
1989.

Louis, Jean-Victor, Die Rechtsordnung der Europäischen Gemeinschaften. 2. Aufl. Luxemburg 1988.

Metzeltin, Michael, Textsorten. In: Lexikon der
Romanistischen Linguistik. V, 1: Französisch.
Hrsg. v. Günter Holtus/Michael Metzeltin/Chri-
stian Schmitt. Tübingen 1990, 167–180.

Nyborg, Kai, Bericht im Namen des Ausschusses
für Geschäftsordnung und Petitionen über die
Mehrsprachigkeit der Europäischen Gemeinschaft,
21. Juni 1982. Europäisches Parlament, Sitzungs-
dokumente 1982–1983. (DOKUMENT 1-306/82/
PE 73 706/endg.).

Ó Riagáin, Pádraig, National and international di-
mensions of language policy when the minority
language is a national language: the case of Irish
in Ireland. In: A language policy for the European
Community. Prospects and quandaries. Ed. by Florian Coulmas. Berlin/New York 1991, 255–277.
(Contributions to the Sociology of Language 61).

Oppermann, Thomas, Europarecht. Ein Studienbuch. München 1991.

Pedersen, Viggo Hjørnager, EEC speak: Some linguistic repercussions of the EEC's languages of administration, law and economics on modern Danish. In: Unesco ALSED-LSP Newsletter 12, H. 1, 1989, 17–27.

Ramsay, Anne, Eurojargon. A dictionary of EC acronyms, abbreviations and sobriquets. Lincoln 1991.

Risch, Benno, Die Sprachendienste der Europäischen Gemeinschaft und die Perspektiven der Sprachenfrage in Europa. In: Sprache zwischen Markt und Politik. Über die internationale Stellung der deutschen Sprache und die Sprachenpolitik in Europa. Dokumentation einer Tagung der Evangelischen Akademie Loccum vom 14. bis 16. Januar 1994. Hrsg. v. Karl Ermert. Rehburg-Loccum 1994, 218–226. (Loccumer Protokolle 1/94).

Schmuck, Otto/Wolfgang Wessels, Die Streitkultur in der EG. Konfliktlösung zwischen nationaler Identität und gebündelter Interessenwahrnehmung. In: Demokratische Streitkultur. Theoretische Grundpositionen und Handlungsalternativen in Politikfeldern. Hrsg. v. Ulrich Sarcinelli. Opladen 1990, 273–287.

Schumacher, Nestor, Der Wortschatz der europäischen Integration. Eine onomasiologische Untersuchung des sog. ‚europäischen Sprachgebrauchs' im politischen und institutionellen Bereich. Düsseldorf 1976. (Spr. d. Geg. 27).

Schütte, Wilfried, Zur Verständlichkeit von EG-Rechtstexten. In: Gesetzgebung heute 1992, H. 2, 11–38.

Ders., Mehrsprachig-interaktive Textarbeit und Argumentationsmuster in einer EG-Institution. In: Dialoganalyse IV. Hrsg. v. Heinrich Löffler. Tl. 1.

Tübingen 1993, 249–263. (Beiträge zur Dialogforschung 4).

Ders., Argumentationsmuster beim Aushandeln von EG-Texten: 'Stellungnahmen' zwischen Fachfragen, Interkulturalität und institutioneller Entscheidungsfindung. In: Fachliche Textsorten. Komponenten – Relationen – Strategien. Hrsg. von Hartwig Kalverkämper/Klaus-Dieter Baumann. Tübingen 1996, 637–662. (Forum für Fachsprachenforschung 25).

Tabory, Mala, Multilingualism in international law and institutions. Alphen aan den Rijn/Rockville, Maryland 1980.

Tätigkeitsbericht 1993: Programm Lingua. Hrsg. v. d. Kommission der Europäischen Gemeinschaften. Luxemburg 1994. (KOM (94) 280 endg.).

Van Hoof, Renée, Élargissement et problèmes linguistiques: l'interprétation de conférence. In: A community of twelve? The impact of further enlargement on the European Communities. Bruges week 1978. Ed. by W. Wallace/I. Herreman. Bruges 1978, 126–134.

Van Hoof-Haferkamp, Renée, L'interprétation de conférence de la Communauté européenne. In: Sociolinguistica 5, 1991, 64–69.

Volz, Walter, Deutsch im Übersetzeralltag der EG-Kommission. In: Deutsch als Verkehrssprache in Europa. Hrsg. v. Joachim Born/Gerhard Stickel. Berlin/New York 1993, 64–76.

Woodland, Philippe, Le processus législatif dans la Communauté économique européenne (Aspects de droit des sociétés). In: Revue du marché commun 290, 1985, 503–511.

Joachim Born, Dresden/
Wilfried Schütte, Mannheim

155. Geltungsverlust und Geltungsgewinn der deutschen Sprache seit der Mitte des 20. Jahrhunderts

1. Vorbemerkung
2. Muttersprache und Minderheitssprache
3. Staatliche Amtssprache
4. Internationale Organisationen
5. Wissenschaft
6. Schul- und Hochschulfremdsprache
7. Neue Formen: Tourismus und „Sprachinseln mit Brücken"
8. Literatur (in Auswahl)

1. Vorbemerkung

Als Folge von Wanderung und Tourismus kann man heute der deutschen Sprache wie vielen anderen Sprachen allerorts in der Welt begegnen. Die folgenden Ausführungen beschränken sich jedoch auf das regelmäßige und einigermaßen stabile Vorkommen, das durch die „Geltung" des Dt. gewährleistet ist. Damit ist einerseits gemeint, daß die Verwendung des Dt. die Norm ist. Andererseits verstehen wir hierunter spezieller, daß es sich dabei nicht nur um eine private Norm handelt, die zum Beispiel die Sprachwahl in einer Familie regelt, sondern um eine im weiteren Sinn öffentliche Norm, die für öffentliche Institutionen gilt (Vereine, Schulen, Kirchen, Ämter und dergleichen). Die „Geltung" einer Sprache in diesem Sinn gewährleistet meist ihre regelmäßige Verwendung.

2. Muttersprache und Minderheitssprache

Man kann unterscheiden, ob Dt. Muttersprache einer Gruppe von Menschen *ist* oder ob es als ihre Muttersprache *gilt*, wobei eine Feinanalyse weiterer Differenzierungen bedarf. Im ersten Fall meint man, daß es entweder die erstgelernte oder die bestbeherrschte oder die am häufigsten verwendete oder die emotional nächststehende Sprache ist (Vieldeutigkeit des Terminus *Muttersprache*); im zweiten Fall meint man, daß die betreffende Sprache als *Muttersprache* (*mother tongue* usw.) der betreffenden Gruppe in irgendeinem Sinne rechtlich oder öffentlich anerkannt ist. Dies ist auch dann möglich, wenn sie überhaupt nur von einer Minderheit der betreffenden Gruppe beherrscht wird. Beide Möglichkeiten schließen einander natürlich nicht aus, sondern gehen vielfach Hand in Hand.

Infolge des Nationalsozialismus hat Dt. als Muttersprache vor allem in Osteuropa stark an Geltung verloren. Dies begann schon während des Krieges, vor allem mit der Auflösung der dt. Wolgarepublik 1941 und durchgreifenden Umsiedlungen von Angehörigen der dt. Nationalität in der Sowjetunion wie auch mit massenhaften Rückführungen „ins Reich" durch die nationalsozialistische Regierung. Diese Entwicklung setzte sich fort in der Umsiedlung Deutschsprachiger, vor allem aus den Gebieten östlich von Oder und Neiße und aus dem Sudetenland durch die polnische bzw. tschechoslowakische Regierung. Sofern Deutschsprachige in Osteuropa verblieben, wurden sie Jahrzehnte lang entweder nicht als solche anerkannt (Jugoslawien, Polen, Tschechoslowakei, Ungarn) oder wurde der Gebrauch ihrer Sprache faktisch stark eingeschränkt (Sowjetunion − und trotz weitgehender Rechte − Rumänien) (Kloss 1973). Erst im Zuge der Auflösung der Sowjetunion und des sozialistischen Staatenbundes wurden die vertriebenen deutschsprachigen Minderheiten allgemein als solche anerkannt und erhielten − mit Unterschieden im einzelnen − das Recht auf Pflege und öffentliche Verwendung ihrer Sprache (zuerst in Ungarn, dann auch in Polen und der Tschechoslowakei, Verbesserungen in Rußland und Rumänien). Allerdings verstärkte sich nun die Abwanderung in die deutschsprachigen Länder, vor allem aus Rumänien und den GUS-Staaten, so daß heute teilweise ihr Exodus droht.

Bei deutschsprachigen Minderheiten besteht auch ansonsten weltweit die Tendenz zur sprachlichen Assimilation an die Umgebung, der vielfach allenthalben mit spracherhaltenden Maßnahmen entgegengewirkt wird. Trotz Assimilation oder Abwanderung bestehen aufgrund institutioneller (Schule, Medien, Kirchen) und rechtlicher Absicherung Aussichten auf längerfristigen Erhalt deutschsprachiger Minderheiten in den folgenden 25 Ländern: Argentinien, Australien, Belize, Bolivien, Brasilien, Chile, Dänemark, Ecuador, Frankreich, Israel, Kanada, Kolumbien, Mexiko, Namibia, Paraguay, Peru, Polen, Rumänien, Rußland, Südafrika, Tschechien, Ungarn, Uruguay, USA und Venezuela (Born/Dickgießer 1989). Inwieweit dies auch für andere GUS-Staaten, vor allem für Kasachstan, sowie für die baltischen Staaten gilt, läßt sich derzeit nur schwer abschätzen.

3. Staatliche Amtssprache

Dt. ist staatliche Amtssprache auf nationaler Ebene in Deutschland, Österreich und Liechtenstein (jeweils einzige nationale Amtssprache) sowie in der Schweiz (neben Frz., Ital. und Rätorom.) und in Luxemburg (neben Frz. und Letzeburgisch), auf regionaler Ebene in der Deutschsprachigen Gemeinschaft im Osten Belgiens (bei subsidiärer Verwendung von Frz.) und in der Provinz Bozen-Südtirol im Norden Italiens (neben Ital. und tälerweise auch Ladinisch). Geltungsveränderungen seit der Mitte unseres Jahrhunderts hat es in Luxemburg, in Italien und in Belgien gegeben. Die Luxemburger Verfassung von 1948 ließ die Frage der Amtssprache zunächst offen, wodurch allerdings die alte Verfassung von 1848 (§ 30) weiterhin wirksam blieb, die Dt. und Frz. gleichberechtigt als Amtssprachen zuließ (Hoffmann 1987, 95f.; Ammon 1991, 60−65). Seit dem 24. 2. 1984 ist in einem neuen Sprachengesetz Dt. erneut als staatliche Amtssprache anerkannt, neben Frz. und dem neu hinzugekommenen Letzeburgischen, das zugleich zur Nationalsprache Luxemburgs erklärt wird (vgl. zu einer Gesamtdarstellung des Dt. in Luxemburg Hoffmann 1989). − In der Autonomen Provinz Bozen-Südtirol in Norditalien ist seit dem Autonomiestatut vom 20. 1. 1972 Dt. gleichberechtigte Amtssprache neben dem Ital. (Egger 1977, 52; Ammon 1991, 71 − 75). Infolge dieses Gesetzes und der Politik der *Südtiroler Volkspartei*, die die Interessen der deutschsprachigen Mehrheit in dieser Provinz vertritt, hat sich die dt. Sprache dort stabilisiert, nachdem sie in der Zeit des Faschismus durch Repression und durch die zwischen Italien und Deutschland vereinbarte Assimilation oder Auswanderung (Geheimabkommen vom 23. 6. 1939) in hohem Maße gefährdet war (Egger 1977, 20–23, 35f.). – Im Osten Belgiens wird in einem zweigeteilten Gebiet, das insgesamt 9 Gemeinden umfaßt, laut Gesetz vom 30. 7. 1963 Dt. als Amtssprache anerkannt (Nelde 1979; Rosensträter 1985; Ammon 1991, 66–71). Durch Verfassungsänderungen 1978 und 1988/89 erhielt dieses amtlich deutschsprachige Gebiet den Status einer eigenen Gemeinschaft in der Region Wallonien. Dt. ist offiziell einzige Amtssprache, daneben spielt jedoch faktisch das Frz. eine wichtige, ergänzende Rolle. Besonders nachdrücklich vertritt die *Partei der deutschsprachigen Belgier (PDB)* die Interessen der Deutschsprachigen; sie hat aber – vermutlich wegen ihrer als zu radikal empfundenen Forderungen – keine Mehrheit in der Regierung der Deutschsprachigen Gemeinschaft. – Auch in Namibia, das aus dem kolonialen Deutsch-Südwestafrika (1884–1915/1919) hervorging, hatte Dt. vorübergehend einen allerdings rechtlich nicht ganz geklärten amtlichen Status, der auf die Gruppe der Weißen beschränkt war (Ammon 1991, 75–80). 1958 wurde Dt. neben Afrikaans und Engl. zur „Nationalsprache" Namibias deklariert. Amtlicher Status wurde dem Dt. zugestanden durch Proklamation und Schreiben des Generaladministrators von 1980 und 1983. Mit der Unabhängigkeit Namibias am 21. März 1990 hat Dt. ebenso wie Afrikaans seinen amtlichen Status verloren; allerdings besteht weiterhin eine wirtschaftlich bedeutsame, selbstbewußte deutschsprachige Minderheit mit eigenen Medien und Schulen.

4. Internationale Organisationen

Für Europa darf auf Artikel 154 verwiesen werden (vgl. auch Schloßmacher 1996). Infolge von Nationalsozialismus und Kriegsniederlage, aber auch wegen der Begrenztheit von numerischer Stärke (Anzahl der Muttersprachler) und weltweiter Verbreitung, wurde Dt. nicht Amtssprache der 1945 gegründeten Vereinten Nationen (Amtssprachen: Engl., Frz., Span., Chinesisch, Russ. und seit 1973 auch Arabisch) (Ammon 1991, 300–315).

Allerdings wurde Dt. am 1. 7. 1975, rund zwei Jahre nach Aufnahme von BRD und DDR in die Organisation, *Dokumentensprache* der Vereinten Nationen. Aufgrund dieses Status werden die wichtigsten offiziellen Schriftstücke der Generalversammlung sowie die Resolutionen des Sicherheitsrates und des Wirtschafts- und Sozialrates ins Deutsche übersetzt. Ansonsten beschränkt sich die amtliche Stellung des Dt. auf europ. internationale Organisationen, und auch dort besteht häufig nur ein Teilstatus (offizielle Sprache, aber nicht Arbeitssprache). (Überblick im Bericht der Bundesregierung 1985: „Anwendung von Sprachen in internationalen Organisationen", statistischer Anhang).

5. Wissenschaft

Im Bereich der Wissenschaft hat die dt. Sprache seit der Mitte unseres Jahrhunderts stark an Boden verloren, womit sich eine Entwicklung fortsetzte, die schon im und auch infolge des Nationalsozialismus anhob (Ammon 1998). Während Dt. noch in den 20er Jahren als Sprache internationaler wissenschaftlicher Konferenzen mit dem Engl. und Frz. ungefähr gleichrangig war (Shenton 1933, 223, 229, 241–243), spielt es als solche heute nur noch eine marginale Rolle (Skudlik 1990, 294–298). Es handelt sich hierbei durchaus um eine Geltungs- und nicht eine bloße Verwendungsfrage, denn Dt. ist heute meist gar nicht mehr als Sprache internationaler Konferenzen zugelassen. Ähnlich dramatisch ist seine Verdrängung aus den wissenschaftlichen Publikationen. Sogar viele im dt. Sprachgebiet verlegte Zeitschriften haben sich ganz auf das Engl. umgestellt und lassen deutschsprachige Beiträge nicht mehr zu. Die Umstellung wird meist auch in den Titeln sichtbar und ist bisweilen über Zwischenstufen verlaufen, wo Beiträge in verschiedenen Sprachen zugelassen waren (vgl. Abb. 155.1).

A	B	C	D	E
Dt. Titel	Dt. Titel	Lat. Titel	Engl. Titel	Engl. Titel
Nur deutschsprachige Beiträge		Beiträge in mehreren Sprachen		Nur englischsprachige Beiträge

Abb. 155.1: Stufen der Umstellung vom Deutschen aufs Englische bei Zeitschriften

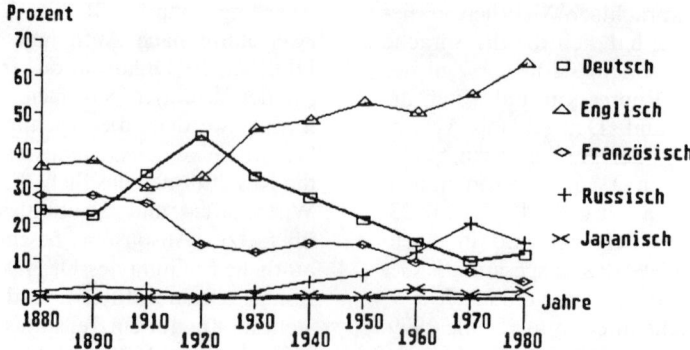

Abb. 155.2: Anteil der Sprachen an naturwissenschaftlichen Publikationen (Biologie, Chemie, Physik, Mathematik, Medizin) im Verlauf von 100 Jahren (aufgrund von Tsunoda 1983).

Beispiele solcher Titeländerungen bei gleichzeitiger Umstellung der Publikationssprachen sind: *Archiv für Verdauungskrankheiten > Gastroenterologia > Digestion* oder *Zeitschrift für Tierpsychologie > Ethology*. Nicht selten drängen die Verleger die Herausgeber zur Umstellung auf das Engl., da sich ihnen damit ein größerer Markt eröffnet. Vor allem in den naturwissenschaftlichen Publikationen ist der Anteil des Dt. seit der Mitte des Jahrhunderts weiter gesunken (Ammon 1998; vgl. Abb. 155.2).

Gründe für den Rückgang sind die Schwächung der Wissenschaften in den deutschsprachigen Ländern durch den Nationalsozialismus (Vertreibung und Ermordung von Spitzenwissenschaftlern) und der Aufstieg der USA zur wissenschaftlichen Weltmacht nach dem II. Weltkrieg.

Deutschsprachige Wissenschaftler publizieren heute vielfach selber auf Engl., um international rezipiert zu werden. Diese Tendenz hat sich allerdings nicht in allen Fächern oder Textsorten gleich stark durchgesetzt (vgl. Abb. 155.3).

Stärkere Neigung zum Englischen	Stärkere Neigung zum Deutschen
Naturwissenschaften	Geistes-/Kulturwissenschaften
Reine/ Theoretische Wissenschaften	Angewandte Wissenschaften
Reine Forschungstexte	Texte für die Lehre
Ergebnisse gut geprüfter Forschung	vorläufige Veröffentlichungen

Abb. 155.3: Präferenzen der Sprachwahl deutschsprachiger Wissenschaftler

Folgendes sind die wichtigsten Gründe für diese Unterschiede:

- Die Gegenstände und Themen der Geistes- und Kulturwissenschaften sind in höherem Maße als die der Naturwissenschaften von nur nationalem Interesse, so daß auch die Kommunikation darüber eher in der eigenen Sprache stattfindet.
- Die Geistes- und Kulturwissenschaften sind aufgrund des geringeren Formalisierungsgrades erkenntnismethodisch stärker an die Alltags- und damit an die jeweilige Muttersprache der Wissenschaftler gebunden als die stärker formalisierten Naturwissenschaften.
- In den angewandten Wissenschaften spielt die Kommunikation mit den Laien aus der eigenen Sprachgemeinschaft eine größere Rolle als in den reinen/theoretischen Wissenschaften.
- Letzteres gilt mutatis mutandis auch für die Lehre.
- Mit vorläufigen Forschungsbefunden wagt man sich noch nicht an die größere internationale Öffentlichkeit, der man sich mit der Wahl des Engl. aussetzt.

Aus diesen Gründen ist anzunehmen, daß auch in der Zukunft Residuen für das Dt. in den Wissenschaften erhalten bleiben.

6. Schul- und Hochschulfremdsprache

In der Zeit vor dem II. Weltkrieg war Dt. in allen europ. Ländern außer den Mittelmeeranrainern Schulpflichtfach, ebenso in Japan, und vielfach war es zugleich die meistgelernte Schulfremdsprache. Nach dem II. Weltkrieg wurde es praktisch überall zurückgestuft. Im westlichen Europa ist es vor allem weit hinter das Engl., teilweise auch hinter das Frz. zurückgetreten, im Osten während der sozialistischen Zeit hinter das Russ.; in Japan wurde Dt. auf rund 100 Schulen eingeschränkt und zum bloßen Wahlfach gemacht (Itoi 1994).

Dennoch ist Dt. auch heute als Wahlpflicht- oder Wahlfach in den Schulen fast aller europ. Länder vertreten. Zwar hat es seinen Schwerpunkt als Schulfach in Europa, jedoch verteilt es sich darüber hinaus auf alle Kontinente. Nach Erhebungen in den Jahren 1982/83 und 1988 ist es Schulfremdsprache in insgesamt 88 bzw. 83 Ländern, und zwar außer in praktisch allen europ. Ländern in 29 Ländern Afrikas, 17 Ländern Amerikas, 3 Ländern des Mittleren Ostens und 14 Ländern Asiens/Ozeaniens (Ammon 1991, 434f. – Kontinenteneinteilung nach Bericht der Bundesregierung 1985).

An den Hochschulen ist der Rückgang des Deutschstudiums in den nichtdeutschsprachigen Ländern nach dem II. Weltkrieg nicht so auffällig wie an den Schulen, da keine förmliche Rückstufung erfolgt ist. Vermutlich sind die Verhältnisse dort insgesamt stabiler geblieben. Trotz eines relativen Rückgangs in vielen Ländern, insbesondere gegenüber Engl., sind die Gesamtzahlen von Deutschlernenden und Germanistikstudierenden an den Hochschulen in der 2. Hälfte unseres Jahrhunderts gestiegen. Dabei gibt es vor allem in den letzten Jahrzehnten die Tendenz, daß der Anteil des umfassenden Germanistikstudiums gegenüber dem Anteil des praxisbezogenen Erlernens von Deutsch als Fremdsprache sinkt. In den Jahren 1982/83 gab es in 94 Ländern Germanistik oder Unterricht in Deutsch als Fremdsprache auf Hochschulebene, in 57 Ländern gab es beides zugleich (Ammon 1991, 460f.). Daneben spielen in manchen Ländern außerschulische und außeruniversitäre Lernangebote eine beträchtliche Rolle (Radio und Fernsehen, Privatschulen, Goethe-Institute). Die Gesamtzahl der weltweit Dt. Lernenden wird für die 90er Jahre unseres Jahrhunderts auf rund 20 Millionen geschätzt. Dabei gibt es einerseits die Tendenz der stärkeren Konzentration auf Europa, wo die Lernerzahlen teilweise erhebliche Zuwächse verzeichnen, und andererseits außerhalb Europas Stabilität oder Ausbreitung in den weniger entwickelten und Rückläufigkeit in den höchst entwickelten Ländern. Am deutlichsten rückgängig sind die Zahlen in den USA und in Japan, wobei im letzteren Fall diese Tendenz durch eine Hochschulreform im Jahr 1991 gefördert wird, die im Gegensatz zu früher die Beschränkung auf eine einzige Fremdsprache, in aller Regel das Engl., erlaubt. Die rückläufigen Tendenzen in Nordamerika und Japan erklären sich teilweise aus der Schwächung von Dt. als Wis-

senschaftssprache (vgl. 5.) und dem technologischen Rückstand der deutschsprachigen Länder, aufgrund deren die Texte in dt. Sprache keine wirtschaftlich verwertbaren Informationen mehr versprechen. – Dies stellt sich aus der Sicht der weniger entwickelten Länder anders dar. Das Interesse an Wirtschaftskontakten ist auch das Hauptinteresse für das stabile, teilweise sogar noch wachsende Interesse an Deutsch als Fremdsprache in den europäischen Ländern. Vor allem in Osteuropa ist nach der Auflösung der Sowjetunion das Interesse an Dt. als Fremdsprache stark gewachsen. Vereinfacht gesagt, ist Dt. auf dem Weg von einer Weltwissenschaftssprache zu einer europ. Wirtschaftssprache (vgl. Glück 1992; Vandermeeren 1998). In Rußland selber ist Dt. allerdings wegen der stärkeren Zuwendung zum Engl., teilweise auch zum Frz., rückläufig. Ansonsten findet es in allen ehemaligen Comecon-Ländern verstärkten Zuspruch, zusammen mit dem Engl. und teilweise dem Frz., anstelle des gegenüber früher stark in den Hintergrund getretenen Russ. 1994 lagen die Lernerzahlen von Dt. als Fremdsprache an den Schulen in den folgenden Ländern an erster Stelle, also auch vor denen für Engl.: Tschechische Republik, Ungarn, Slowakische Republik, Kasachstan und Georgien (pari passu mit Engl.); in Polen lag Dt. fast gleichauf mit Engl. (26% gegenüber 31% der Schüler) (Sprachstatistik 1994 des Auswärtigen Amtes, unveröffentlicht). In welchem Umfang Dt. auch in Zukunft als Fremdsprache in Osteuropa gelernt wird, ist entscheidend dafür, inwieweit es dort in Zukunft wieder eine Rolle als Lingua franca zwischen den verschiedenen Sprachgemeinschaften spielen kann (vgl. dazu Born/Stickel 1993; Ermert 1994; Ammon 1994).

7. Neue Formen: Tourismus und „Sprachinseln mit Brücken"

Während die neuen Medien weitgehend vom Engl. dominiert werden, haben die verbesserten Verkehrsmittel und die wachsende Mobilität zu neuen Formen der Verbreitung der dt. Sprache in der Welt geführt. Am wichtigsten davon sind der Tourismus und die wirtschaftlichen Auslandsaktivitäten, die von den deutschsprachigen Ländern ausgehen. In den bevorzugten Reisezielen deutschsprachiger Touristen kommt man den Gästen sprachlich entgegen durch deutschsprachige Broschüren, Gebäudebeschriftungen, Speisekarten und Medienangebote. Auch das Personal der Tourismusbetriebe lernt vielfach Dt., um sich zu verständigen (Ammon 1991, 331–360). Vor allem in den Mittelmeerländern sind häufig Arbeitsremigranten (ehemalige „Gastarbeiter") in der Tourismusindustrie tätig und nutzen und stabilisieren dabei die in den deutschsprachigen Ländern erworbenen Sprachkenntnisse. Darüber hinaus gibt es immer mehr Firmen aus deutschsprachigen Ländern, die in ihren Niederlassungen oder bei der Durchführung größerer Projekte im Ausland deutschsprachiges Personal einsetzen, das dort meist mehrere Jahre bleibt („Kontraktdeutsche"). Dabei entsteht bisweilen deutschsprachiges kulturelles Leben, oder es werden deutschsprachige Schulen eingerichtet, die oft zusätzlich auch von Einheimischen besucht werden. Es entwickeln sich „Sprachinseln mit Brücken" (Ammon 1995, 290), die – im Unterschied zu herkömmlichen Sprachinseln – intensive Kontakte zum Mutterland unterhalten. Deswegen und wegen des in der Regel nur vorübergehenden Auslandsaufenthalts der Deutschsprachigen assimilieren sich diese Inseln sprachlich nicht oder zumindest nicht vollständig an ihre Umgebung. Inwieweit und unter welchen Bedingungen sie an Ort und Stelle zur Verbreitung von Kenntnissen und zur Verwendung der deutschen Sprache bei den Einheimischen führen, wäre eine interessante, zukünftige Forschungsaufgabe.

8. Literatur (in Auswahl)

Ammon, Ulrich, Die internationale Stellung der deutschen Sprache. Berlin/New York 1991.

Ders. (Hrsg.), English Only? In Europa/In Europe/En Europe. Tübingen 1994. (Sociolinguistica 8).

Ders., Einzelaspekt: Die deutsche Sprache in den USA. In: Handbuch Englisch als Fremdsprache. Hrsg. v. Rüdiger Ahrens/Wolf-Dietrich Bald/Werner Hüllen. Berlin 1995, 285–290.

Ders., Ist Deutsch noch internationale Wissenschaftssprache? Englisch auch für die Lehre an den deutschsprachigen Hochschulen. Berlin/New York 1998.

Bericht der Bundesregierung über die deutsche Sprache in der Welt. Bonn 1985. (Bundestagsdrucksache 10/3784).

Born, Joachim/Silvia Dickgießer, Deutschsprachige Minderheiten. Ein Überblick über den Stand der Forschung für 27 Länder. Mannheim 1989.

Born, Joachim/Gerhard Stickel (Hrsg.), Deutsch als Verkehrssprache in Europa. Berlin/New York 1993. (IdS 1992).

Egger, Kurt, Zweisprachigkeit in Südtirol. Probleme zweier Volksgruppen an der Sprachgrenze. Bozen 1977.

Ermert, Karl (Hrsg.), Sprache zwischen Markt und Politik. Loccum 1994. (Loccumer Protokolle 1/94).

Glück, Helmut, Die internationale Stellung des Deutschen auf dem europäischen Arbeitsmarkt. In: Fremdsprachen in der Wirtschaft. Ein Beitrag zu interkultureller Kompetenz. Hrsg. v. Wolfgang Kramer/Reinhold Weiß. Köln 1992, 47–75.

Hoffmann, Fernand, Pragmatik und Soziologie des Lëtzebuergeschen. Ein Versuch kommunikativer Sprachwissenschaft. In: Aspekte des Lëtzebuergeschen. Hrsg. v. Jean Pierre Goudaillier. Hamburg 1987, 9–194.

Ders., Sprachen in Luxemburg. Unter besonderer Berücksichtigung der Situation nach 1945. In: JIG 20, 1989, 45–62.

Itoi, Tōru, Die Oberschulen mit Deutsch als Fremdsprache. In: Die deutsche Sprache in Japan. Verwendung und Studium. Hrsg. v. Ulrich Ammon. München 1994, 207–220.

Kloss, Heinz, Vier Verlierer: Verluste der dänischen, der niederländischen, der jüdischen und der deutschen Sprachgemeinschaften in jüngerer Zeit. In: Linguistische Studien III, Festgabe für Paul Grebe zum 65. Geburtstag. Düsseldorf 1973, 28–39. (Spr. d. Geg. 23).

Nelde, Peter H. (Hrsg.), Deutsch als Muttersprache in Belgien. Wiesbaden 1979. (Deutsche Sprache in Europa und Übersee 5).

Rosensträter, Heinrich, Deutschsprachige Belgier. Geschichte und Gegenwart der deutschen Sprachgruppe in Belgien. 3 Bde. Aachen 1985.

Schloßmacher, Michael, Die Amtssprachen in den Organen der Europäischen Gemeinschaft. Status und Funktion. Frankfurt/M. [etc.] 1996. (Duisburger Arbeiten zur Sprach- und Kulturwissenschaft 25).

Shenton, Herbert N., Cosmopolitan Conversation. The Language Problems of International Conferences. New York 1933.

Skudlik, Sabine, Sprachen in den Wissenschaften. Deutsch und Englisch in der internationalen Kommunikation. Tübingen 1990. (Forum für Fachsprachen-Forschung 10).

Tsunoda, Minoru, Les Langues internationales dans les publications scientifiques et techniques. In: Sophia Linguistica 1983, 144–155.

Vandermeeren, Sonja, Fremdsprachen in europäischen Unternehmen. Untersuchungen zu Bestand und Bedarf im Geschäftsalltag mit Empfehlungen für Sprachenpolitik und Sprachunterricht. Waldsteinberg 1998.

Ulrich Ammon, Duisburg

Atlas of Languages of Intercultural Communication in the Pacific, Asia, and the Americas
Stephen A. Wurm, Peter Mühlhäusler and
Darrell T. Tyron (Editors)

Two text volumes, one map volume (299 maps on 151 A3 map sheets).
1996. 29,7 x 22 cm. XXXVIII, 1642 pages (text volumes);
XXIV, 151 pages (map volume) in a boxed set.
Cloth. DM 1.098,– /€ 561,40 /öS 8.015,– /sFr 977,–/approx. US$ 549.00
• ISBN 3-11-013417-9

The two text volumes cover a large geo-
graphical area, including: Australia,
New Zealand, Melanesia, South-East
Asia (Insular and Continental),
Oceania, the Philippines, Taiwan,
Korea, Mongolia, Central Asia, the
Caucasus Area, Siberia, Arctic Areas,
Canada, Northwest Coast and Alaska,
United States Area, Mexico, Central
America, South America.
The Atlas is a detailed, far-reaching
handbook of fundamental importance,
dealing with a large number of diverse
fields of knowledge, with the reported
facts based on sound scholarly research
and scientific findings, but presented in
a form intelligible to non-specialists and
educated lay persons in general.

"The Atlas [...] deserves to be in every
university library."
Gerhard Leitner in *Newsletter
Gesellschaft für Australienstudien e.V.*

Price is subject to change

WALTER DE GRUYTER GMBH & CO. KG
Genthiner Straße 13 · 10785 Berlin
Telefon +49-(0)30-2 60 05-0
Fax +49-(0)30-2 60 05-251
www.deGruyter.de

Mouton
de Gruyter
Berlin · New York